Teisman/Birker

Handbuch Praktische Betriebswirtschaft

Teisman/Birker

Handbuch Praktische Betriebswirtschaft

Cornelsen
GIRARDET

Herausgeber:
Prof. Dipl.-Kfm. Klaus Birker

Autoren:
Prof. Dipl.-Kfm. K. Birker (Beiträge 1, 5, 7)
Prof. Dr. B. Schott (Beitrag 2)
Dr. H. Hahn (Beitrag 3)
Prof. Dr. J. Baus (Beitrag 4)
R. Ehrental (Beitrag 6)
Dipl.-Ing. P. Aubel (Beitrag 8)
Prof. J. Becker (Beitrag 9)
RA K. Hensler (Beitrag 10)
Dr. F.-J. Lammert (Beitrag 11)

Beratung zu Beitrag 7:
Ralf Bartsch, Thyssen-Haniel-Logistik, Duisburg

Redaktionelle Bearbeitung:
Erich Schmidt-Dransfeld
Ralf Boden

Herstellerische Betreuung:
Jürgen Rehsen, Düsseldorf
Typeart, Grevenbroich

Die Deutsche Bibliothek – CIP-Einheitsaufnahme

Handbuch praktische Betriebswirtschaft /
Teisman/Birker.
[Hrsg.: Klaus Birker. Autoren: K. Birker...]. –
1. Aufl. – Berlin: Cornelsen Girardet, 1994

ISBN 3-464-49001-7

NE: Teisman, ... [Begr.]; Birker, Klaus [Hrsg.]

Bestellnummer 490017
1. Auflage
Druck 4 3 2 1 / 97 96 95 94

Grafik: Holger Stoldt, Düsseldorf
Gesamtherstellung: Parzeller, Fulda

ISBN 3-464-49001-7

Vorwort

Der Teisman kann auf eine mehr als 70jährige Tradition zurückblicken. Dennoch ist er jung geblieben, da er mit seinen bisher 41 Auflagen in Inhalt und Darstellungsweise stets dem aktuellen Stand der Betriebswirtschaftslehre angepaßt wurde. Zur Tradition gehört es gleichfalls, jeweils in gewissen Abständen eine völlige Überarbeitung vorzunehmen. Dies ist auch bei der vorliegenden Neufassung erfolgt.

Bewährtes wurde beibehalten. So erleichtern zum Beispiel die strukturierte Gestaltung, ein sachgerecht geliedertes Inhaltsverzeichnis sowie ein umfassendes Stichwortverzeichnis das rasche Auffinden einzelner Themen. Damit eignet sich dieses Buch als griffiges und zuverlässiges Nachschlagewerk.

Als *Handbuch Praktische Betriebswirtschaft* zeigt der Band Zusammenhänge auf und schafft Verständnis für betriebliche Abläufe. In gesonderten Beiträgen werden wesentliche Teilgebiete vertiefend dargestellt. Die Übersichtsgrafik zur Themenvernetzung auf der Folgeseite verdeutlicht die Verzahnung zwischen dem einführenden Beitrag zur Betriebswirtschaftslehre und den zehn eigenständigen Beiträgen zu ausgewählten Bereichen.

Dieses Handbuch Praktische Betriebswirtschaft wendet sich einerseits als Lehrbuch gleichermaßen an Schülerinnen bzw. Schüler und Studierende an Fachschulen, Akademien, höheren beruflichen Schulen oder in der betrieblichen Weiterbildung, aber auch im Grundstudium an Fachhochschulen. Ebenso kann es den in der betrieblichen Praxis Stehenden im beruflichen Alltag ein wertvoller Ratgeber sein.

Zusammen mit Verlag und Mitautoren wünsche ich auch diesem neugestalteten Werk eine gute Aufnahme. Für konstruktive Anregungen zur Verbesserung und Aktualisierung kommender Auflagen bin ich dankbar.

Köln, im Sommer 1994 *Klaus Birker*

Themenvernetzung

Der Beitrag 1 Betriebswirtschaftslehre bietet eine in sich geschlossene Abhandlung, die Zusammenhänge zwischen den Themen berücksichtigt und darstellt. Die folgende Übersicht zeigt auf, wie sich die einzelnen Fachbeiträge des Handbuchs an diesen Leitbeitrag angliedern.

	Kapitel im Beitrag 1	Fachbeitrag
Grundzüge der Betriebswirtschaftslehre	Kapitel 1 Das Unternehmen – Aufgaben und Umfeld	
	Kapitel 2 Zielorientierte Unternehmensführung	
Typische Bereiche	Kapitel 3 Materialwirtschaft	Beitrag 7 Logistik
	Kapitel 4 Produktion – Leistungserstellung	
	Kapitel 5 Absatz – Leistungsverwertung	Beitrag 2 Marketing
	Kapitel 6 Der Mensch im Betrieb – Personal und Führungsstil	Beitrag 6 Personalwirtschaft
	Kapitel 7 Investition – Leistungsbereitschaft	Beitrag 5 Finanzwirtschaft
	Kapitel 8 Finanzierung	
	Kapitel 9 Betriebliches Rechnungswesen	Beitrag 3 Buchführung und Bilanz Beitrag 4 Kostenrechnung
Koordination und Führung	Kapitel 10 Führung	
	Kapitel 11 Organisation	Beitrag 8 Datenverarbeitung und Bürokommunikation
	Kapitel 12 Strategisches Management	
	Kapitel 13 Operatives Management	
	Kapitel 14 Controlling und Budget	
Sonderthemen	Kapitel 15 Spezielle Themen	Beitrag 9 Recht des Kaufmanns Beitrag 10 Steuerpraxis
	Kapitel 16 Konstitutioneller Rahmen und Sonderanlässe	
	Kapitel 17 Entwicklung der Betriebswirtschaftslehre	Beitrag 11 Volkswirtschaftslehre

Inhalt

1 Betriebswirtschaftslehre

Prof. Dipl.-Kfm. K. Birker

2 Marketing

Prof. Dr. B. Schott

3 Buchführung und Bilanz

Dr. H. Hahn

4 Kostenrechnung

Prof. Dr. J. Baus

5 Finanzwesen

Prof. Dipl.-Kfm. K. Birker

6 Personalwirtschaft

R. Ehrental

7 Logistik

Prof. Dipl.-Kfm. K. Birker

11 Volkswirtschaftslehre

Dr. F.-J. Lammert

Betriebswirtschaftslehre

1

Die 17 Kapitel dieses Beitrages bilden vier Hauptteile. Zunächst werden am Leistungs- und Zahlungsstrom sowie am Unternehmensumfeld Grundbegriffe erläutert. Es folgt ein Kapitel zur zielorientierten Unternehmensführung.
Aus den primären Leistungsfunktionen und den Zusatzaufgaben ergeben sich die im 2. Teil dargestellten typischen Unternehmensbereiche, die auch in gesonderten Beiträgen ergänzend behandelt werden.
Der 3. Teil ist den Themen der Unternehmensführung und des Managements gewidmet – einschließlich der Organisation sowie dem Controlling und der Budgetierung.
Sonderthemen sind Gegenstand des letzten Teiles. Dabei werden Zusammenhänge aufgezeigt. Gesonderte Beiträge vertiefen die Gebiete Steuern und Recht des Kaufmanns.

1

Das Unternehmen – Aufgaben und Umfeld

Betrieblicher Wertekreislauf

Der Zweck eines Unternehmens besteht darin, Leistungen zu erstellen und diese auf dem Absatzmarkt den Kunden und potentiellen Abnehmern anzubieten. Um diese Aufgaben erfüllen zu können, werden zunächst Leistungen von außen aufgenommen, d. h. beschafft (Input). Hierzu zählen Güter, Arbeitsleistung und Dienstleistungen. Aus der Kombination dieser Faktoren entsteht das Leistungsangebot des Unternehmens. Dies ist bei Industrie- und Handwerksbetrieben als produzierenden Unternehmen besonders deutlich, gilt aber auch für die übrigen Unternehmungen. Im Bereich des Absatzes erfolgt die Leistungsverwertung (Output), d. h. der Verkauf an die Abnehmer. Diese drei Funktionen zusammen ergeben den in Abb. 1.1 dargestellten *Leistungsstrom*. Parallel hierzu – jedoch in entgegengesetzter Richtung – fließt der *Zahlungsstrom*: Die Abgabe von Leistungen führt zu Zahlungseingängen, hingegen der Bezug von Gütern und Leistungen zu Zahlungsausgängen.
Um diese Bereiche sinnvoll führen, planen, steuern und kontrollieren zu können, ist der Aufbau eines geeigneten Rechnungs- und Informationswesens erforderlich. Die Abbildung zeigt damit die Hauptbereiche des Unternehmens.
In den nächsten Abschnitten dieses Kapitels wird dieser Überblick erweitert. Jeder Aspekt wird in einem eigenen Kapitel ausführlich behandelt, soweit zur Vertiefung gesonderte Beiträge folgen, wird entsprechend darauf hingewiesen.

Güterwirtschaftlicher Prozeß – Leistungsstrom

Der güterwirtschaftliche Prozeß umfaßt die unmittelbar am Leistungsprozeß beteiligten Funktionen. Dabei stehen die einzelnen Bereiche nicht isoliert, sondern in gegenseitiger Abhängigkeit zueinander. Zum einen orientiert sich die Beschaffung am geplanten Absatz und den Erfordernissen der Produktion. Zum anderen wird der Absatz z. B. durch die im Unternehmen erbrachten Leistungen beeinflußt. Bei Waren und Gütern werden innerbetrieblich und bei Beschaffung und Absatz externe Transporte, eventuelle Zwischenlagerungen und sonstiges Handling notwendig. Hiermit befaßt sich der Beitrag „Logistik".

Beschaffung
Es ist üblich, bei der Bereitstellung der für die betrieblichen Leistungsprozesse notwendigen Faktoren allgemein von Beschaffung zu sprechen. Da es sich jedoch um sehr unterschiedliche Güter und Leistungen handelt, ist im weiteren zu differenzieren. Die nachfolgend angesprochenen Gruppen werden später ausführlich behandelt.

• Materialwirtschaft
Die Materialwirtschaft sorgt sowohl für die Bereitstellung von Verbrauchsgütern, wie z. B. Roh-, Hilfs- und Betriebsstoffen in Produktionsbetrieben, als auch für den Wareneinkauf bei Handelsunternehmungen.

• Investitionen
Von Investitionen spricht man bei der Anschaffung von Gebrauchsgütern, wie z. B. Gebäuden, Maschinen, Geschäftsausstattung etc.

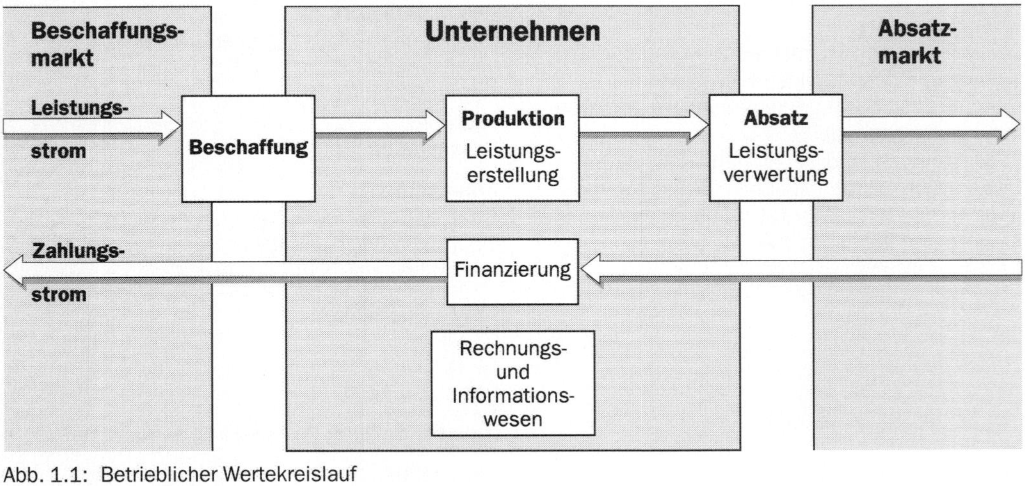

Abb. 1.1: Betrieblicher Wertekreislauf

• Arbeit
Arbeitsleistungen werden den Unternehmungen durch Personen zur Verfügung gestellt. Ihr sinnvoller Einsatz erfordert entsprechende Personalführung. Neben dem vereinbarten Arbeitsentgelt fallen weitere, vielfach gesetzlich geregelte Personalnebenkosten an, und es gilt, eine Fülle rechtlicher Regelungen zu beachten. All dies wird im Beitrag 6 „Personalwirtschaft" behandelt.

• Dienstleistungen
Hierzu zählen z. B. Dienstleistungen anderer Unternehmungen oder Freiberufler und Berater, z. B. Rechtsanwälte, Steuerberater, Werbeagenturen, Ingenieurbüros etc.

Produktion – Leistungserstellung
Leistungserstellung bezeichnet die Kombination der eingesetzten Produktionsfaktoren zu der vom Betrieb angebotenen Leistung. Nur wenn diese Leistung vom Markt höher bewertet wird als das, was das Unternehmen für die Beschaffung der einzelnen Produktionsfaktoren aufwenden mußte, wird ein Überschuß erwirtschaftet. Zur betrieblichen Leistungserstellung gehört sowohl die Produktion im engeren Sinne – wie die Herstellung von Erzeugnissen, die Gewinnung von Rohstoffen oder deren Bearbeitung bzw. die Veredlung von Vorprodukten – als auch die Ausführung von Dienstleistungen.

Absatz – Leistungsverwertung
Hier geht es um die Abgabe, den Verkauf der erstellten Güter und Dienstleistungen an die Abnehmer. Nur wenn sich genügend Kunden finden, die zum entsprechenden Preis das Angebot abnehmen, haben sich letztendlich die vorangegangenen Tätigkeiten gelohnt. Damit steht zwar der Absatz am Ende eines güterwirtschaftlichen Prozesses; bei der Planung gehört er jedoch zu den Anfangsüberlegungen.
Zum Absatz gehört es, sowohl Kunden zu gewinnen und den Verkauf vorzubereiten, als auch den Vertrieb im engeren Sinne durchzuführen.

Finanzwirtschaftlicher Prozeß – Zahlungsstrom

Die Aufgaben der Finanzwirtschaft gehen über die Abwicklung der Ein- und Auszahlungen, also des Zahlungsverkehrs, hinaus. Wie aus Abb. 1.2 zu erkennen ist, fallen in aller Regel Ausgaben für die Beschaffung der für die Leistungserstellung notwendigen Güter und Leistungen zeitlich früher an als Einnahmen, die aus dem Absatz resultieren. Hieraus ergibt sich die Aufgabe, dem Unternehmen die entsprechenden Finanzierungsmittel zur Verfügung zu stellen, auch als Finanzierungsfunktion bezeichnet.
Üblicherweise gehen die beschafften Güter nicht direkt in den Leistungsprozeß ein, so daß ein Lager an Roh-, Hilfs- und Betriebsstoffen unterhalten werden muß. Entsprechendes gilt in der Regel zwischen Produktion und Absatz, was hier zu einem Fertigteilelager führt. Die Investitionen stehen als Gebrauchsgüter dem Unternehmen langfristig zur Verfügung. Die für ihre Beschaffung aufgewandten Finanzmittel fließen nur in dem Maße über Einnahmen zurück, in dem für ihre Nutzung ein entsprechender Anteil im Preis der erstellten Leistungen verrechnet werden kann. Diese zusätzlich zu finanzierenden Anlagen und Vorratshaltungen sind in Abb. 1.2 aufgezeigt.

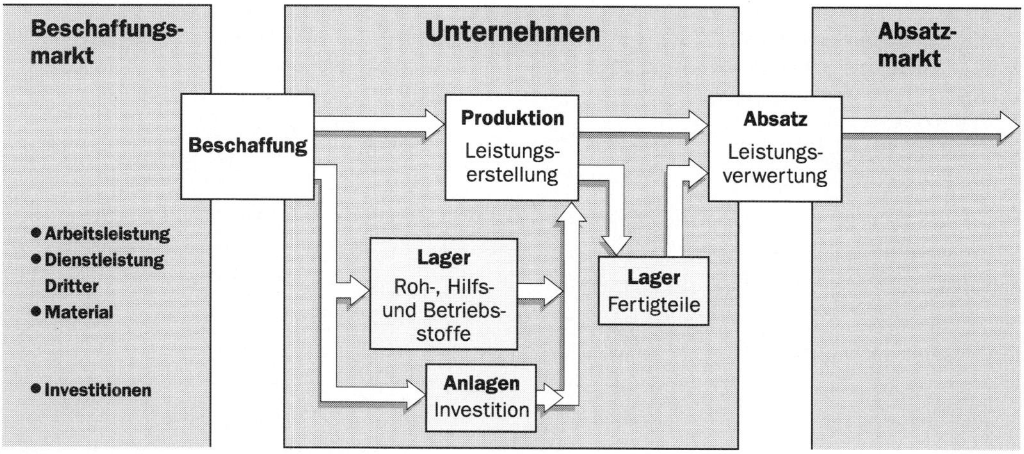

Abb. 1.2: Erweiterungen zum betrieblichen Wertekreislauf

1

Insoweit entsteht im Unternehmen ein ständiger Bedarf an Vorfinanzierungen, der als Kapitalbedarf bezeichnet wird. Die Kapitalbeschaffung ist Teil der Finanzierungsfunktion.

Betriebliches Rechnungswesen
Dem betrieblichen Rechnungswesen kommt zunächst die Dokumentations- und Kontrollaufgabe zu, alle Vorgänge aufzuzeichnen, die sich aus dem Leistungsstrom und dem Zahlungsstrom ergeben. Sodann sind diese in geeigneter Weise zu gliedern, so daß sie als Informationen für die Planung, Steuerung und Kontrolle des Unternehmens auswertbar sind.

- Rechnungslegung nach handelsrechtlichen und steuerrechtlichen Grundsätzen

Sie wird auch als Finanzbuchhaltung bezeichnet. In dieser periodischen Rechnungslegung wird in nachprüfbarer und übersichtlicher Weise Rechenschaft abgelegt über
– Vermögen und Verbindlichkeiten und das
– Ergebnis (Gewinn und Verlust) einer Periode.
Aus den Forderungen als Teil des Vermögens ergeben sich die Zahlungsansprüche und aus den Verbindlichkeiten bestehende Zahlungsverpflichtungen. Jeweils am Ende einer Periode wird die Buchhaltung abgeschlossen, d. h. Rechenschaft über die abgelaufene Periode gegeben.
Hierbei entsteht zum einen die Bilanz, die Aufschluß gibt über die Betriebsstruktur. Sie ist gegliedert einerseits nach dem Vermögen (Aktiva) und zum anderen nach der Finanzierung (Passiva), Eigen- und Fremdkapital. Durch Vergleich des Eigenkapitals am Anfang und am Ende der Periode plus/minus Einlagen/Entnahmen ermittelt sich der Unternehmenserfolg.
Ein weiterer Teil des Jahresabschlusses ist die Gewinn- und Verlustrechnung, die gleichfalls den Unternehmenserfolg ausweist. Hier werden den Erträgen aus Leistungserstellung und Leistungsverwertung die entsprechenden Aufwendungen für die im Laufe der Periode verbrauchten Güter und Leistungen gegenübergestellt.
Da die Bilanz sowie die Gewinn- und Verlustrechnung gegenüber Dritten (z. B. Gläubigern, Anlegern, Finanzamt) verbindlich sein müssen, unterliegen sie gesetzlichen Bestimmungen.

- Kosten- und Leistungsrechnung

Sie sammelt betriebsinterne Informationen, die eine Bewertung der Wirtschaftlichkeit betrieblicher Prozesse ermöglichen sowie der Ermittlung von Kalkulationshilfen für die Preisgestaltung und auch der Gewinnung von Informationen für Dispositionen und zukunftsgerichtete Planungsüberlegungen dienen.
Sie unterliegt keinen gesetzlichen Bestimmungen, da sie allein aus wirtschaftlichen, innerbetrieblichen Interessen erstellt wird.

- Fundamentale Grundbegriffe des Rechnungswesens

Auf das Rechnungswesen und die hierzu gleichfalls gehörenden Bereiche der Planungsrechnung sowie der betriebswirtschaftlichen Statistik und Vergleichsrechnung wird später vertiefend eingegangen werden. Außerdem folgen die Beiträge „Buchführung und Bilanz“ und „Kostenrechnung“ (Internes Rechnungswesen), die die Zusammenhänge ausführlich erläutern. Die Abb. 1.3 zeigt die Grundbegriffe in ihrer Zuordnung, wie sie sich in der Betriebswirtschaftslehre herausgebildet haben.

Umfeld des Unternehmens

Die Personen, Firmen und Dienstleister, mit denen das Unternehmen in unmittelbaren Kontakt tritt, bilden sein engeres Umfeld, den *Markt* im engeren Sinne. Hierzu gehören die bereits im güterwirtschaftlichen Prozeß dargestellten Geschäftspartner. Einerseits sind dies die Kunden,

Anwendung	Input	Output
Einnahmerechnung	Ausgaben	Einnahmen
Zahlungsbereich	Auszahlungen	Einzahlungen
G+V (Periodenrechnung)	Aufwand	Ertrag
Kosten- und Leistungsrechnung	Kosten	Leistung (Erlös)

Abb. 1.3: Fundamentale Grundbegriffe des Rechnungswesens

die auf dem Absatzmarkt die Leistung abnehmen. Zum anderen zählen hierzu die Mitarbeiter, Lieferanten und Dienstleister, also diejenigen, von denen das Unternehmen Leistungen in Anspruch nimmt. Ergänzt wird dieser Kreis durch diejenigen, die dem Unternehmen finanzielle Mittel für den Aufbau und die Aufrechterhaltung der Leistungsbereitschaft zur Verfügung stellen – z. B. die Banken. Schließlich muß das Unternehmen aufgrund gesetzlicher Bestimmungen und Verordnungen Steuern und Gebühren zahlen. Über die Entwicklung dieser Geschäftsbeziehungen gibt das externe Rechnungswesen Auskunft, soweit hierdurch Zahlungen ausgelöst werden bzw. Zahlungsverpflichtungen oder Zahlungsansprüche entstehen.

Die Entscheidungen und Handlungsweisen eines Unternehmens werden jedoch auch durch sein weiteres Umfeld, den Markt im weiteren Sinne, beeinflußt. Die sich hier vollziehenden Veränderungen müssen rechtzeitig erkannt und berücksichtigt werden, damit das Unternehmen in seinem Geschäftsbereich erfolgreich sein kann.

Dieses erweiterte Umfeld wird auf der Absatzseite durch die Konkurrenten geprägt, die sich um die gleichen Abnehmer bemühen, und durch die die potentiellen Abnehmer, die noch nicht zum eigenen Kundenstamm gehören. Auf der Beschaffungsseite erweitert sich der Markt um all jene Anbieter, von denen das Unternehmen alternativ oder ergänzend zu seinen bisherigen Geschäftspartnern Leistungen in Anspruch nehmen kann. Der sich hieraus auf dem Markt ergebende Wettbewerb konkurrierender Anbieter sowie in Frage kommender Abnehmer beeinflußt für das Unternehmen den Preis, den es einerseits für seine Leistungen auf dem *Absatzmarkt* erzielen kann, bzw. den es auf dem *Beschaffungsmarkt* für beanspruchte Leistungen zahlen muß. Daraus ergibt sich eine unmittelbare Einwirkung auf den wirtschaftlichen Erfolg eines Unternehmens.

Vom Markt im engeren Sinne wird auf der Absatzseite gesprochen, wenn sich Anbieter der gleichen Branche um dieselben Abnehmer, die *Zielgruppe*, z. B. in einer Region, dem *Einzugsgebiet*, bemühen. Je stärker diese Wettbewerbssituation ist und je unproblematischer der Kunde die angebotene Leistung auch von einem Mitbewerber erhalten kann, umso enger ist der Spielraum des Unternehmens bei seiner Preisbestimmung. Entsprechendes gilt für den Beschaffungsmarkt.

Der für das Unternehmen relevante Markt ist jedoch nicht auf die unmittelbare Konkurrenz konzentriert. Werden für die angebotenen Güter und Leistungen unangemessene Preise vom Abnehmer verlangt, so kann es geschehen, daß zusätzliche Wettbewerber auftreten, die bisher in anderen Märkten tätig waren. Eine solche Situation kann gegeben sein, wenn entweder die eigene Leistungserstellung im Unternehmen nicht optimal, also zu teuer erfolgt oder zu hohe Gewinne realisiert werden sollen. Ungünstige Entwicklungen in angrenzenden Märkten können gleichfalls die Wahrscheinlichkeit erhöhen, daß andere Unternehmen das Eindringen in diesen Markt planen. Hieran muß sich die Unternehmenspolitik bei gleichzeitiger Realisierung ausreichender Gewinne orientieren, um langfristig die Existenz des Unternehmens zu sichern.

In aller Regel fragen die Abnehmer Güter auf verschiedenen Märkten nach und verfügen zumeist über begrenzte finanzielle Mittel. Deshalb steht auch nur der Geldbetrag, den sie bereit sind, auf dem Markt des Unternehmens auszugeben, dort als Nachfrage zur Verfügung. Werden insgesamt die verfügbaren Mittel geringer oder erfolgen höhere Ausgaben auf anderen Märkten, so wird für den speziellen Markt das finanzielle Nachfrage-

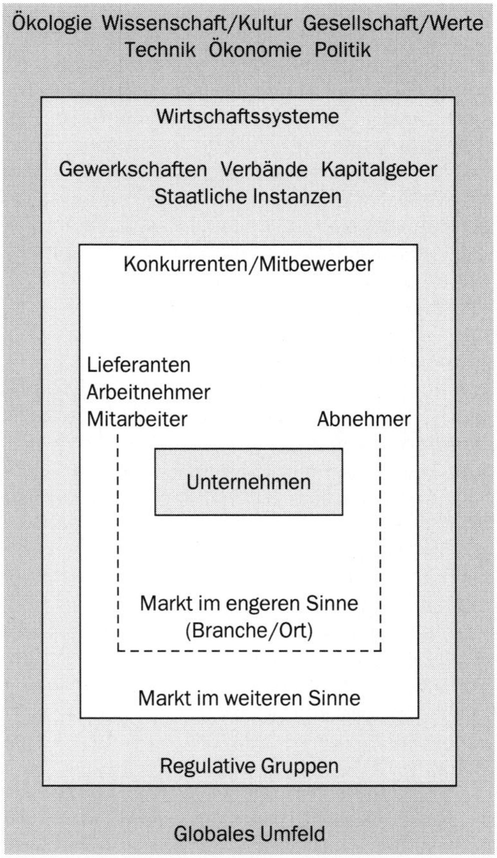

Abb. 1.4: Umfeld des Unternehmens

1

volumen geringer. Werden z. B. für einen privaten Haushalt bei konstantem verfügbaren Einkommen die Aufwendungen für das Wohnen erheblich teurer, so könnte er reagieren, indem er andere Budgets, wie z. B. Autofahren, Urlaub oder Möbelkauf, reduziert.
Damit konkurriert das Unternehmen und der spezielle Markt seiner Branche mit anderen Marktbereichen und somit in einem Markt im weitesten Sinne. In Abb. 1.4 ist dies durch fließende Grenzen zwischen dem engeren Markt und dem Gesamtmarkt gekennzeichnet.
Über die unmittelbar am Markt Beteiligten hinaus gibt es Institutionen, die deren Verhalten beeinflussen. Sie sind als *regulative Gruppen* dargestellt. Gewerkschaften und Verbände, z. B. Handwerkskammern, Arbeitgeberverbände etc., sind bemüht, ihren Mitgliedern im Wettbewerb eine bessere Position zu verschaffen, als sie sie als einzelne erreichen könnten – auch dies beeinflußt das Marktgeschehen. Kapitalgeber können ihr Geld in unterschiedlichen Branchen und bei unterschiedlichen Unternehmen anlegen. Erhöhen oder verringern sie ihre Mittelbereitstellung für ein Unternehmen, so beeinflussen sie damit gleichzeitig dessen Gestaltungsrahmen. Insoweit ist es auch Aufgabe der Unternehmensführung, stets für genügend Kapitalgeber interessant zu bleiben, um die notwendigen finanziellen Mittel zur Verfügung gestellt zu bekommen. Staatliche Instanzen haben über ihre Steuern, Gebühren, eventuelle Subventionen und steuerliche Anreize etc. Einfluß auf die Ergebnisse und Verhaltensweisen der Unternehmen. Außerdem wirken gesetzliche Regelungen. Die Beachtung behördlicher Auflagen kann zu zusätzlichen Aufwendungen des Unternehmens führen.
Das Verhalten staatlicher Instanzen und sonstiger regulativer Gruppen wiederum wird durch verschiedene Strömungen und Entwicklungen beeinflußt, die in Abb. 1.4 als *globales Umfeld* aufgezeigt sind. Die hier genannten Faktoren wirken darüber hinaus auch auf die Entscheidungen der unmittelbar am Marktgeschehen Beteiligten ein. Neue Techniken oder ein verändertes Ökologieverständnis verändern beispielsweise das Käuferverhalten und veranlassen eine entsprechende Anpassung bei den anbietenden Unternehmen. Der Wertewandel prägt das gesellschaftliche und wirtschaftliche Umfeld und mit mehr oder weniger zeitlicher Verzögerung auch das Verhalten derer, die am Markt agieren.
Die Betriebswirtschaftslehre kann also das Unternehmen nicht isoliert betrachten, wenn sie dessen komplexe Führungsaufgaben durch eine relevante Hilfestellung unterstützen will.

Unternehmensführung

Ein Unternehmen muß sinnvoll im Markt positioniert werden. Einige Aspekte, die hierbei zu beachten sind, wurden im vorherigen Abschnitt angesprochen. Je langfristiger diesbezüglich Entscheidungen wirken, umso mehr sind neben den unmittelbaren Marktdaten auch relevante Veränderungen im Unternehmensumfeld zu berücksichtigen. Hierzu zählt die Auswahl des richtigen Marktes bei der Unternehmensgründung. Aber auch bei laufender Geschäftsführung kann es zur langfristigen Sicherung des Unternehmens sinnvoll sein, auf zusätzlichen Märkten aktiv zu werden. Auch die Standortwahl oder Investitionen von Anlagegütern mit mehrjähriger Nutzungsdauer zählen zu den Entscheidungen, die langfristige Entwicklungen berücksichtigen müssen. Das Unternehmen am Markt richtig zu positionieren und darzustellen schließt neben den langfristigen Entscheidungen jedoch auch aktuelle und laufende Führungsaufgaben ein.
Daneben ist die Unternehmensführung gefordert, den innerbetrieblichen Leistungsprozeß so optimal wie möglich zu gestalten. Versäumnisse und Fehlentscheidungen führen hier zu erhöhten Aufwendungen und damit zu einer Minderung des Unternehmensgewinnes. Dies hat auch finanzielle Auswirkungen und kann eine möglicherweise notwendige Kapitalbeschaffung erschweren. Schwächen in der Leistungsfähigkeit des Unternehmens führen auch zu einer Wettbewerbsschwächung.
Die Unternehmensführung ist also nicht nur nach innen, sondern auch nach außen gerichtet. Hierarchisch läßt sie sich untergliedern in Geschäftsleitung und die Führung nachgeordneter Ebenen. Hierzu zählen z. B. Bereichs-, Abteilungs- und Gruppenleiter etc. Der Umfang der Untergliederungen hängt von der Unternehmensgröße und seiner Organisation ab.
Sachlich umfaßt die Führung alle am Leistungsprozeß und seiner Überwachung beteiligten Bereiche, somit: Beschaffung (Materialwirtschaft und Investitionen), Produktion, Absatz, Personalführung, Finanzierung und betriebliches Rechnungswesen. Diese einzelnen Bereiche werden inhaltlich in den nachfolgenden Kapiteln gesondert behandelt. Zum Teil werden sie in eigenen Beiträgen vertieft, auf die dann hingewiesen werden wird. Auch den Führungsfunktionen gilt ein eigenes Kapitel. Zu den Grundfunktionen zählen Planen, Durchführung und Kontrolle. Die Organisation regelt dabei die Aufgabenverteilung und unterstützt den Vollzug. Sie wird gleichfalls in einem gesonderten Kapitel behandelt werden. Zur

Unterstützung der Geschäftsführung und der für die einzelnen Bereiche Verantwortlichen kann ein gesonderter Controllingbereich geschaffen werden, der relevante Daten für die Planung sowie laufende Bewertungen bereitstellt. Dieser Aufgabenbereich wird gleichfalls in einem gesonderten Kapitel dargestellt.

Ausgangspunkt und Ergebnis von Planungen sind Ziele. Vor der Behandlung der einzelnen Unternehmensbereiche wird daher im zweiten Kapitel einleitend die „Zielorientierte Unternehmensführung" dargestellt. In den Kapiteln „Strategisches Management" sowie „Operatives Management" wird dies weiter vertieft werden nach der Behandlung der einzelnen Teilbereiche, auf deren wechselseitige Abhängigkeiten gleichfalls noch einzugehen ist.

Recht, Steuern und Versicherungen werden als spezielle Themen behandelt. Auf besondere Entscheidungen eines Unternehmens wie die über Rechtsform, Zusammenschlüsse und Standort wird im Kapitel über den konstitutionellen Rahmen eingegangen werden. Den Abschluß bildet der Überblick über die Entwicklung der Betriebswirtschaftslehre.

Betriebswirtschaftliche Prinzipien

Ziel dieses einleitenden Kapitels ist es, einen Überblick über Aufgaben und Umfeld des Unternehmens zu geben. Damit soll das Verständnis für den Komplex der Betriebswirtschaftslehre vor der Behandlung der einzelnen Teilgebiete vertieft werden. Nachfolgend wird dies durch einige weitere Grundbegriffe der Betriebswirtschaftslehre abgerundet.

Wirtschaftlichkeitsprinzip

Es ist ein grundlegendes Prinzip wirtschaftlichen Handelns, daß der Leistungsprozeß effizient gestaltet werden muß. Dieses Prinzip wird als Wirtschaftlichkeitsprinzip oder auch als ökonomisches Prinzip bezeichnet. Es besagt, daß der Wert der erbrachten Leistung größer sein soll als der Wert der verbrauchten Güter und Leistungen. Das Verhältnis von Output zu Input soll also >1 sein. Je nachdem, ob der Input oder der Output als gegebene Größen angenommen werden, findet das ökonomische Prinzip zwei verschiedene Ausprägungen.

Maximalprinzip: Mit einem gegebenen Input ist ein größtmöglicher Output zu erreichen.

Minimalprinzip: Ein vorgegebener Output soll mit minimalem Input erzielt werden.

In vielen konkreten Entscheidungssituationen ist weder der Input noch der Output fest vorgegeben. Es wird dann die Kombination aus Input und Output – bei Beachtung vorliegender Rahmenbedingungen – gesucht, bei der das Ergebnis am günstigsten ist. Als Maßstab dient hierbei entweder ein absoluter Wert (Input minus Output) oder eine relative Kennzahl (Verhältnis Output zu Input). Das Wirtschaftlichkeitsprinzip wird damit zu einer Optimierungsaufgabe.

Wird eine Input-Output-Beziehung lediglich durch Mengengrößen (gemessen in Stück, Kilogramm, Arbeitsstunden etc.) dargestellt, so wird sie als mengenmäßige bzw. technische Wirtschaftlichkeit oder als *Produktivität* bezeichnet. Produktivität ist die Ausbringungsmenge zum Faktor Einsatzmenge. Sie verdeutlicht den technischen Aspekt der Leistungserstellung.

Praktische Bedeutung für das betriebliche Rechnungswesen entsteht erst, wenn Verbrauchsmengen und Ausbringungsmengen in Geld bewertet und damit gleichnamig gemacht werden. Erfolgt eine Bewertung zu den jeweiligen, tatsächlichen Preisen, so ergibt sich:

$$\text{Wirtschaftlichkeit} = \frac{\text{Leistung nominal}}{\text{Kosten nominal}}$$

Hier wird bereits deutlich, daß die Wirtschaftlichkeit sich verändern kann, wenn sich entweder Input- bzw. Output-Mengen oder aber die Preise verändert haben. Sollen die Auswirkungen von Preisänderungen als Marktbeeinflussungen unberücksichtigt bleiben, so erfolgt für einen bestimmten Zeitraum oder einen konkreten Wirtschaftlichkeitsvergleich die Bewertung zu konstanten Preisen, und wir erhalten:

$$\text{Wirtschaftlichkeit} = \frac{\text{Leistung real}}{\text{Kosten real}}$$

Werden alle im Unternehmen erwirtschafteten oder verbrauchten Güter und Dienstleistungen in die Berechnung einbezogen, unabhängig davon, ob sie durch den eigentlichen Leistungsprozeß verursacht wurden, so ergibt sich die Wirtschaftlichkeit als Ertrag zu Aufwand.

Das Wirtschaftlichkeitsprinzip als Basis ökonomischen Handelns ist unabhängig vom jeweiligen Wirtschafts-System, d. h., es hat sowohl in einer Marktwirtschaft als auch für die Betriebe einer zentralistischen Planwirtschaft Gültigkeit. Durch unterschiedliche Vorgaben werden jedoch die Entscheidungen, die aus den Wirtschaftlichkeitsüberlegungen resultieren, voneinander abweichen. Zum einen kann vorgegeben sein, welche Güter zu erstellen sind und/oder welche Faktoren hierfür zur Verfügung stehen. Zum anderen

1

wurde bereits aufgezeigt, welche wesentliche Bedeutung den Preisen bei der Bewertung sowohl der Leistungen als auch der Kosten und damit auch letztendlich für die Wirtschaftlichkeitsentscheidung zukommt. Den Kriterien der Marktwirtschaft entsprechend entwickeln sich die Preise am Markt aus Angebot und Nachfrage; je knapper und begehrter ein Gut, umso höher ist sein Preis. Welche Leistungen erbracht werden sollen und welche Mittel dafür einzusetzen sind, planen die am Wirtschaftsprozeß unmittelbar Beteiligten in weitgehender Eigenverantwortung, auch wenn hierauf eine Reihe von Gesetzen, Regeln und Bestimmungen regulierend Einfluß nehmen. In einer zentralistischen Planwirtschaft – bei der in aller Regel das Gemeineigentum gegenüber dem Privateigentum an Produktionsmitteln vorherrscht – dominiert ein zentraler Volkswirtschaftsplan. Die Preise sind zumindest in wesentlichen Teilen vorgegeben, oftmals auch die zu erstellenden Leistungen sowie die Verfügbarkeit der einzusetzenden Mittel nach Art, Menge oder Zeit.

Bei drastischen Veränderungen der Vorgaben oder dem Wechsel vom einen Wirtschaftssystem in ein anderes (z. B. von der zentralen Planwirtschaft zur Marktwirtschaft) ändert sich für die Betriebe auch die Wirtschaftlichkeit ihrer bisherigen Planungen. Da die Entscheidungen über den Leistungsprozeß und die notwendigen Investitionen oftmals sehr langfristigen Charakter haben, ist auch eine Umstellung entsprechend aufwendig und langwierig.

In der erwerbswirtschaftlich orientierten Marktwirtschaft ist für den Erfolg entscheidend, inwieweit einem Unternehmen auf Dauer finanzielle Mittel zur Verfügung gestellt werden. Neben dem Gewinn in seiner absoluten Höhe ergibt sich aus der Relation zu den eingesetzten finanziellen Mitteln die Grundlage für die Entscheidung zwischen verschiedenen Alternativen beim Mitteleinsatz. Das Verhältnis des Periodenerfolgs zum Kapital eines Unternehmens ergibt die *Rentabilität*. Hierbei kann man sich zum einen auf das Eigenkapital oder auf das Gesamtkapital, also Eigenkapital plus Fremdkapital beziehen. Im letzteren Fall sind dem Gewinn die für das Fremdkapital gezahlten Zinsen hinzuzurechnen, um zum Gesamtergebnis zu kommen. Es ergibt sich daraus:

$$\text{Gesamtkapital-Rentabilität} = \frac{\text{Gewinn} + \text{Fremdkapitalzinsen}}{\text{Gesamtkapital}} \times 100$$

$$\text{Eigenkapital-Rentabilität} = \frac{\text{Gewinn}}{\text{Eigenkapital}} \times 100$$

Die Rendite gibt an, zu welcher Verzinsung des Kapitals der Periodenerfolg führt. Bezieht man den Erfolg nicht auf das Kapital, sondern auf den Umsatz als die Meßgröße des Outputs, so erhält man:

$$\text{Umsatz-Rentabilität} = \frac{\text{Gewinn}}{\text{Umsatz}} \times 100$$

Werden Leistungen erbracht oder in Anspruch genommen, ohne daß hierfür ein Preis zu entrichten ist, so gehen diese nicht in die Wirtschaftlichkeitsberechnung und damit in diesem Sinne auch nicht in die Entscheidungsfindung ein:

Menge x Preis 0 = Wert 0.

Werden jedoch für die Inanspruchnahme oder Belastung von Gütern, die bisher frei zur Verfügung standen, Zahlungen erhoben, so finden diese auch Eingang in die Wirtschaftlichkeitsrechnung. Dies ist z. B. der Fall, wenn für Umweltbelastungen zusätzliche Gebühren erhoben werden, hierdurch ausgelöste Überprüfungen bisheriger Planungen sind zumeist auch gesellschaftspolitisch gewollt. Hier wird nochmals der Bezug des Unternehmens zu dem im vorigen Abschnitt dargestellten Umfeld deutlich: Verändern sich z. B. das ökologische Verständnis und das Wertesystem einer Gesellschaft, so beeinflußt dies die Politik, das Verhalten staatlicher Instanzen als Teil der regulativen Gruppen und damit letztendlich die Daten für unternehmerische Planungen. Teilweise wird in der Literatur das ökonomische Prinzip auch als das Rationalprinzip bezeichnet. Dies würde jedoch implizieren, daß nur wirtschaftlich zu berechnende Daten eine Grundlage für vernünftige Entscheidungen sein können. Gerade im Bemühen, auf den gesellschaftlichen Wandel zu reagieren, gewinnen das Humanprinzip (Stichwort: Humanisierung der Arbeit) und das Prinzip geringstmöglicher Umweltbelastung (Stichwort: Schonung der Ressourcen und der Natur) zunehmend an Beachtung. Die Entscheidungstheorien beschäftigen sich damit, inwieweit persönliche Ziele der Entscheidungsträger die Unternehmensplanung beeinflussen. An späterer Stelle wird hierauf noch einmal einzugehen sein, so auch im nächsten Abschnitt über „Zielorientierte Unternehmensführung“. Unabhängig davon bleibt jedoch das Wirtschaftlichkeitsprinzip die kalkulierbare Grundlage unternehmerischen Handelns.

Prinzip des finanziellen Gleichgewichts

Ein Unternehmen befindet sich im finanziellen Gleichgewicht, wenn es jederzeit in der Lage ist, seinen Zahlungsverpflichtungen nachzukommen. Ist diese Zahlungsfähigkeit aktuell und nachhaltig nicht mehr gegeben, so führt das zu einer Exi-

stenzbedrohung und gefährdet die Fortführung des Unternehmens.
Die Mittelbereitstellung verursacht Zahlungsverpflichtungen und führt erst dann wieder zu entsprechenden Einnahmen, wenn durch Leistungserstellung und Leistungsverwertung die nötigen Umsätze realisiert werden. Die Dauer dieses Prozesses und eventuelle Störungen im Ablauf beeinflussen diesen Finanzierungsbedarf. Die Sicherung der jederzeitigen Zahlungsbereitschaft erfordert die Beachtung des Prinzips des finanziellen Gleichgewichts sowohl im aktuellen Geschäftsablauf als auch bei längerfristigen Planungen. Insoweit können sich Entscheidungen im Unternehmen nicht nur am angestrebten Erfolg orientieren, sondern müssen gleichzeitig den Anforderungen aus dem Prinzip des finanziellen Gleichgewichts Rechnung tragen. In die Zukunft gerichtete Planungen stehen unter der Unsicherheit der Vorhersage künftiger Entwicklungen. Sie müssen dabei nicht nur die Risiken und Chancen im Hinblick auf die Erreichung eines optimalen Betriebsergebnisses abwägen, sondern gleichzeitig unter dem Gesichtspunkt der Sicherung des finanziellen Gleichgewichts.

Betriebswirtschaftslehre

Einteilung der Betriebswirtschaftslehre

Objekt der Betriebswirtschaftslehre ist der Betrieb. Die Volkswirtschaftslehre schließt dagegen öffentliche und private Haushalte mit ein. In der Betriebswirtschaftslehre finden sie nur insoweit Berücksichtigung, als sie das betriebliche Geschehen beeinflussen, z. B. die Haushalte als Konsumenten oder die öffentliche Hand durch Erhebung von Steuern und Gebühren.
In der Betriebswirtschaftslehre werden die Betriebe nach unterschiedlichen charakteristischen Merkmalen in verschiedene Gruppen eingeteilt. Dies dient nicht nur der Übersichtlichkeit. Die Differenzierung der Betriebstypen führt sowohl in der Theorie als auch in der Praxis zu unterschiedlichen Schwerpunkten und Ausprägungen bei der Unternehmensführung.

• Einteilung nach Funktionen
Diese Einteilung nach Wirtschaftszweigen (Branchen) unterscheidet zunächst in Sachleistungsbetriebe und Dienstleistungsbetriebe. Bei den *Sachleistungsbetrieben* wird weiter differenziert in Betriebe der Rohstoffgewinnung und der Produktion. Zur letzteren Gruppe gehören sowohl die Industrie als auch das Handwerk. Zu den *Dienstleistungsbetrieben* zählen der Handel – differenziert in Groß- und Einzelhandel –, Banken, Versicherungen, Verkehrsbetriebe sowie sonstige Dienstleistungsbetriebe. Darüber hinaus kann in weitere Branchen differenziert werden.

• Einteilung nach Größe
Maßstäbe hierfür können sein: Mitarbeiterzahl, Umsatz und/oder Kapitalausstattung. *Klein-, Mittel- und Großbetriebe* haben z. B. unterschiedlichste Anforderungen an die organisatorischen Strukturen oder die Auswahl der richtigen Rechtsform.

• Einteilung nach Geschäftsprinzip
Das Kriterium dieser Einteilung ist die Ausgestaltung des Gewinnstrebens.
Ein Unternehmen, das sich an dem *erwerbswirtschaftlichen Wirtschaftssystem* orientiert, ist bemüht, sein Handeln so einzurichten, daß im Leistungsprozeß ein Gewinnmaximum erreicht wird. Weitere Ziele, wie z. B. die Erhöhung des Marktanteils oder die Erschließung weiterer Märkte, Forschung und Entwicklung sowie die Erhöhung der Wirtschaftlichkeit im Leistungsprozeß ebenso wie die Beachtung finanzieller Zielsetzungen werden dabei letztendlich als langfristige Gewinnmaximierung und Existenzsicherung aufgefaßt. Gewinn, Kapital und die daraus ermittelte Kapitalrendite sind wichtige Steuerungszahlen in diesem System, welches in seiner rationalen Ausprägung die Entwicklung der Betriebswirtschaftslehre wesentlich beeinflußt hat.
Beim *genossenschaftlichen Wirtschaftssystem* steht der Nutzen für die Mitglieder, die Genossen, im Vordergrund. Einkaufs- oder Verkaufsgenossenschaften wollen z. B. durch den Zusammenschluß und die damit verbesserte Marktposition für ihre Mitglieder bessere Preise sichern. Für das eigene Handeln wird dabei lediglich ein „angemessener" Gewinn oder bloße Kostendeckung angestrebt. In der Praxis haben sich gelegentlich Betriebe, die in der Rechtsform einer Genossenschaft entwickelt wurden, soweit „verselbständigt", daß Eigeninteressen gleichberechtigt oder dominierend erscheinen.
Vom *gemeinwirtschaftlichen Wirtschaftssystem* wird gesprochen, wenn das Gewinnstreben hinter übergeordneten Zielen zurücktritt. Dies ist z. B. gegeben, wenn sich die Preisfestsetzung an sozialer Rücksichtnahme oder ordnungspolitischen Leitlinien orientiert. Meistens werden diese Betriebe als unselbständige Bereiche innerhalb der Behörden geführt oder als Eigenbetriebe mit alleiniger oder wesentlicher Beteiligung des Staates, z. B. der Gemeinden. Oft wird dabei noch nicht einmal Kostendeckung erreicht, sondern es

1

werden Zuschußzahlungen in Kauf genommen. Die Entscheidungsautonomie der Betriebsleitung ist dabei vielfach eingeschränkt durch Vertreter der öffentlichen Verwaltung oder politischer Gremien.
Erwerbswirtschaftlich orientierte Unternehmen stehen im Mittelpunkt der Betriebswirtschaftslehre.

Gliederung der Betriebswirtschaftslehre
Das Gesamtgebiet der Betriebswirtschaftslehre wird danach untergliedert, ob Themen und Probleme behandelt werden, die in mehr oder weniger starker Ausprägung für alle Betriebe von Bedeutung sein können (allgemeine Betriebswirtschaftslehre) oder die Besonderheiten einzelner Wirtschaftszweige betreffen (spezielle Betriebswirtschaftslehren).

• Allgemeine Betriebswirtschaftslehre
Sie beschreibt und erklärt betriebliche Erscheinungen und Aufgabenbereiche, die für alle Betriebe, unabhängig von ihrer Zugehörigkeit zu einem speziellen Wirtschaftszweig, von Bedeutung sind. In ihrer theoretischen Ausrichtung sucht sie dabei nach grundsätzlichen Erkenntnissen über die betrieblichen Prozesse und Funktionen. Als angewandte Betriebswirtschaftslehre will sie dem Praktiker Hilfestellung bei der Gestaltung geben.

• Spezielle Betriebswirtschaftslehren
Gegenstand der speziellen Betriebswirtschaftslehren sind die betriebswirtschaftlichen Probleme und Themen, die sich aus der Besonderheit einzelner Wirtschaftszweige ergeben. Hierzu gehören die Industriebetriebslehre, die Handelsbetriebslehre, die Bankbetriebslehre, die Betriebswirtschaftslehren der Versicherung, des Handwerks, des Verkehrs oder sonstiger Spezialeinrichtungen.
Dieser Beitrag behandelt Themen der allgemeinen Betriebswirtschaftslehre. Dabei wurden spezielle Bereiche wie Recht, Steuern und Versicherungen mit einbezogen. Im Vordergrund steht die Auswirkung dieser Themen auf die allgemeine Unternehmensführung.

Zielorientierte Unternehmensführung

Unternehmen sind als komplexes System zu verstehen, das auf einen Zweck ausgerichtet ist. Dabei orientiert sich die unternehmerische Tätigkeit daran, angestrebte Ergebnisse zu erreichen. Unternehmensstrukturen und Handlungsabläufe haben sich dieser Aufgabe unterzuordnen. Der Unternehmensführung obliegt es, die hierfür notwendigen Voraussetzungen zu schaffen. Besonders wichtig ist es, die Ziele klar und konkret zu definieren.
Wegen dieser grundsätzlichen Bedeutung wird auch der Behandlung der einzelnen Sach- und Funktionsbereiche eines Unternehmens erst eine Einführung in die zielorientierte Unternehmensführung vorangestellt. Neben den Aspekten der Zielfindung und Zielbeschreibung werden dabei die Beziehungen zu den betrieblichen Funktionen, zum Controlling sowie zum strategischen und operativen Management aufgezeigt. Im Mittelpunkt steht das *Szenario* als Systembeschreibung der verschiedenen, im Unternehmen wirkenden Ziele. Sind mehrere Personen in einem Unternehmen tätig, so müssen sie ihre Entscheidungen und Handlungen an gleichen Zielen ausrichten, um ein optimales Ergebnis zu erreichen. Je weniger den Mitarbeitern der Bezug ihrer Tätigkeit zu den Unternehmenszielen bewußt ist, umso mehr muß die Leitung durch Vorplanung und klare Anweisungen auf sie einwirken.
Je besser Mitarbeiter die Ziele ihres Aufgabenbereiches kennen und akzeptieren, umso selbständiger können sie arbeiten. Die Ausprägung zielorientierter Unternehmensführung hat auch Auswirkungen auf das Personal und den Führungsstil eines Betriebes. Im ersten Abschnitt wird das Konzept zielorientierten Handelns allgemein dargestellt.

Konzept zielorientierten Handelns

Ziele sind Motiv und Antrieb des menschlichen Handelns. Sie sind zugleich die Ursache entsprechend ausgerichteten Verhaltens als auch dessen Wirkung, das angestrebte Ergebnis.
Aus dieser Doppelnatur der Ziele, Beginn und Abschluß, Auslöser und Ergebnis von Handlungsabläufen zu sein, ergibt sich die motivierende, bewegende Dynamik. Zielorientierte Vorgehensweise nimmt das, was sein soll, als Ausgangspunkt – also Ursache des Tätigwerdens – und zugleich als Entscheidungskriterium, wenn zwischen verschiedenen Alternativen zur Zielerreichung ausgewählt werden muß. Fehlt es an der Zielklarheit, so besteht die Gefahr, daß das eigene Verhalten sich primär an Zufälligkeiten orientiert. Damit wird es eher zur Reaktion auf bestehende Zustände oder Handlungen anderer, als daß es selbst zukunftsgestaltend agiert. Dies gilt sowohl für die verschiedenen Unternehmensberei-

che als auch im Privatleben; es gilt für aktuelle Gesprächssituationen und für alle Planungsprozesse.
Für den zielorientierten Prozeß ergibt sich zunächst die Zielbestimmung, also das Beschreiben dessen, was sein soll. Sodann geht es um die Zielerreichung durch entsprechende Maßnahmen und Handlungen.
Oftmals zeigt sich, daß durch die eingeleiteten Maßnahmen nicht das angestrebte Ergebnis erreicht wird. Hier setzt die Zielüberprüfung ein, um solche Situationen möglichst frühzeitig zu erkennen und Abweichungsursachen zu analysieren. Danach erfolgt die Rückkopplung, um entweder neue oder zusätzliche Maßnahmen einzuleiten oder das Ziel zu überdenken.

Ziel-Bestimmung
Sinnvolle Ziele auszuwählen und als Richtschnur für künftiges Handeln verbindlich festzulegen, ist das Schlüsselproblem zielorientierten Vorgehens und erfolgreichen Handelns. Die Bestimmung, was sinnvolle Ziele sind, wird bei den verschiedenen Menschen und unterschiedlichen Unternehmungen unterschiedlich sein. Dies gilt sowohl für längerfristige Planungen als auch für konkrete Handlungssituationen. Die Zielinhalte werden dabei geprägt sein von den jeweiligen Absichten, Wertvorstellungen und Wünschen, von den eigenen Möglichkeiten und gegebenen Voraussetzungen sowie vom Umfeld, der Situation, wie sie sich zur Zeit darstellt, und – da Ziele zukunftsgerichtet sind – von der Einschätzung, wie sich diese Situation entwickeln wird. Für die Zielinhalte gibt es keine Allgemeingültigkeit. Wohl aber ist es hilfreich, im Prozeß der Zielbestimmung „systembedingte Regeln“ zu beachten.
Die Zielfindung umfaßt die Suche möglicher Zielalternativen, deren Analyse und Bewertung sowie die Zielentscheidung. Auf die Ausgestaltung im betrieblichen Prozeß der Zielbestimmung wird im nachfolgenden ausführlich eingegangen werden. Hier ergibt sich die besondere Aufgabenstellung, daß in aller Regel mehrere an der Zielfestlegung beteiligt sind und darüber hinaus zusätzliche Personen für die Zielerreichung tätig werden, also in den Ablauf zielorientierter Unternehmensführung eingebunden werden müssen.
Der wesentliche kreative Aspekt liegt in dem Aufspüren sinnvoller Ziel-Alternativen. Die Berücksichtigung von Erfahrungen und von Werten ist hilfreich zur Erhaltung der Kontinuität und erlaubt nachprüfbare Analysen. Sie ist jedoch ihrer Natur nach vergangenheitsbezogen. Je mehr für die Zukunft grundsätzliche Veränderungen erwartet werden, umso notwendiger ist es, zusätzliche Alternativen aufzuspüren, um Ziele zu bestimmen, die sich an künftigen Entwicklungen orientieren. Meist fällt es schwer, Energien und Ressourcen auf ein Ziel zu konzentrieren, da häufig mehrere Ziele von Bedeutung sind. Hier gilt es zu erkennen, inwieweit sie sich ergänzen, konkurrieren oder durch Variationen in Einklang gebracht werden müssen. Hiermit befaßt sich der Abschnitt „Zielszenario“, der komplexen betrieblichen Situationen Rechnung trägt.
Nicht erkannte Handlungsmotive können, zum Teil unbewußt, Antrieb für bestimmte Verhaltensweisen sein, die bei der Zielerreichung als störend empfunden werden, wenn sie nicht im Einklang stehen zu den festgelegten Zielen. Daher ist es Aufgabe eines Zielszenarios, möglichst alle wesentlichen Einflüsse bewußtzumachen.

Ziel-Verwirklichung
Auf der Basis der vorgegebenen Ziele sind Maßnahmen zu planen und durchzuführen, die geeignet sind, das angestrebte Ergebnis zu erreichen, also die Zielverwirklichung. Ausgangspunkt ist die gegebene Situation, der Ist-Zustand. Die Maßnahmen müssen sich dabei an den verfügbaren oder zu beschaffenden Ressourcen orientieren. Dies gilt sowohl für die personelle Kapazität als auch für den Einsatz von Sachmitteln. Im Rahmen der Zielverwirklichung ist darüber hinaus die Vorgehensweise und die Abfolge unter Berücksichtigung der zeitlichen Verfügbarkeit zu regeln.
Für die Durchführung ist in aller Regel das Gesamtziel in verschiedene Einzel- und Detailziele aufzugliedern; hierauf wird noch weiter eingegangen werden. Sind in einem Unternehmen verschiedene Abteilungen und eine Vielzahl von Personen an der Durchführung beteiligt und haben dabei in ihrem Zuständigkeitsbereich Detailentscheidungen zu treffen, so ist es im Sinne zielorientierter Unternehmensführung erforderlich, daß die jeweils notwendigen Zielvorgaben den betreffenden Entscheidungsträgern bekannt sind und von ihnen akzeptiert werden. Um sie angemessen zu vermitteln, müssen sie in aufgabenbezogene Teilziele untergliedert werden und in einer den Adressaten angepaßten Weise formuliert werden. Probleme der Akzeptanz können insbesondere dann auftreten, wenn der Betreffende entweder an der Zielbestimmung nicht beteiligt war oder für ihn wesentliche Aspekte bei der Zielfestlegung nicht berücksichtigt wurden. Entsprechende Erläuterungen zu den Zielvorgaben können hierbei hilfreich sein, die Akzeptanz und damit auch die Motivation zu fördern, sich für die Zielverwirklichung einzusetzen und auftretende Schwierigkeiten zu überwinden.

1

Ziel-Überprüfung
Während der Durchführungsphase können eine Reihe unterschiedlicher Ereignisse die Zielverwirklichung beeinflussen. Es liegt also eine Zielabweichung vor. Soweit hierbei eine – möglichst im voraus festgelegte – Toleranzbreite überschritten wird, sind Gegenmaßnahmen angezeigt. Eine regelmäßige Überprüfung zwischen vorgegebenem Ziel und erreichtem Ergebnis hilft dabei, Gegenmaßnahmen frühzeitig einzuleiten. Bei längerfristigen und/oder besonders risikoreichen Vorhaben sind dafür entsprechende zeitliche Teilziele festzulegen.
Treten Abweichungen auf, sind ihre Ursachen zu analysieren. Zum einen kann der Grund in der Durchführung liegen. Sei es, daß die Maßnahmen nicht einwandfrei durchgeführt wurden oder daß sie sich wider Erwarten als wenig wirksam herausstellen. Hier bedarf es dann entsprechender Korrekturen bei der Zielverwirklichung.
Da die Zielbestimmung wegen ihrer Zukunftsausrichtung zum Großteil auf Prognosen und Erwartungen aufbaut, die z. B. auch das relevante Umfeld betreffen, kann der Grund für die Zielabweichung auch in unerwarteten Entwicklungen liegen. Dann kann es sinnvoll sein, die Zielbestimmung zu überprüfen und ggf. zu verändern.

Rückkopplung
Nach der Zielüberprüfung und der Analyse eventueller Abweichungen sind weitere Maßnahmen, entweder im Bereich der Zielverwirklichung oder der Zielbestimmung, auszulösen. Hierzu dient die Rückkopplung. Daraus ergibt sich das in Abb. 1.5 dargestellte Grundkonzept zielorientierten Handelns.
In der Betonung dieser Steuerungsfunktion wird in der Literatur oftmals vom Regelkreis zwischen Vorgabe bzw. Planung, Durchführung und Kontrolle gesprochen. Das hier vorgestellte Modell bewertet eine Struktur weniger als ein sich selbst regelndes System sondern als Anstoß zu neuen Entscheidungen bei der Durchführung und/oder Zielbestimmung, deshalb wurde der Begriff des Regelkreises nicht übernommen.

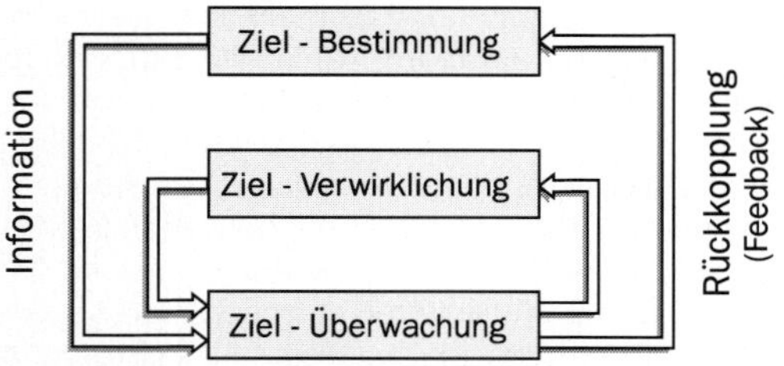

Abb. 1.5: Rückkopplung als Steuerungshilfe

Je qualifizierter die Rückmeldungen nicht nur die Abweichungen anzeigen, sondern auch die Ergebnisse ihrer Analyse und ggf. zusätzliche Informationen für die erneute Entscheidungsfindung zur Verfügung stellen, umso hilfreicher sind sie. Da dabei oftmals Auswirkungen zu berücksichtigen sind, die über den Bereich, in dem die Abweichungen erkennbar werden, hinausgehen, wird die Funktion der Zielüberwachung mit der entsprechend qualifizierten Rückkopplung oftmals bei größeren Unternehmungen in einem eigenen Controlling-Bereich organisiert (vgl. auch „Controlling").

Erfolgreiches Handeln
Welche Ergebnisse ein Unternehmen nach einem Betrachtungszeitraum als Erfolg wertet, kann unterschiedlich sein. Beim einen stand möglicherweise die Sicherung von Marktanteilen im Vordergrund, beim anderen z. B. die Gewinnerhöhung oder die Steigerung des Eigenkapitalanteils, um Fremdeinflüsse zu minimieren etc. Der Maßstab für Erfolg im Konzept zielorientierter Unternehmensführung ist das Ziel. Dabei geht es um den Grad der Annäherung an das Ziel sowie die Art und Weise, wie es erreicht wurde. Dies ist oft mitbestimmend für das Image, welches ein Unternehmen sich bei seinen Mitarbeitern oder potentiellen Bewerbern, seinen Geschäftspartnern oder im weiteren Umfeld, z. B. der öffentlichen Meinung, aufbaut. Insoweit kann abgeleitet werden:

Erfolg = Grad und Art der Zielerreichung.

Die Verhaltensweisen eines Unternehmens und die Art seiner Zielerreichung können den Handlungsrahmen für zukünftige Planungen wesentlich beeinflussen, z. B. auch die Fragen, inwieweit qualifizierte Mitarbeiter für das Unternehmen interessiert werden können oder inwieweit Kooperationsbereitschaft bei Geschäftspartnern, z. B. auch bei Banken, besteht etc. Im Abschnitt „Zielszenario" des hier dargestellten Konzeptes zielorientierter Unternehmensführung werden daher diese Aspekte mit in die Zielbestimmung einbezogen. Damit können sie auch als Zielvorstellung an die Mitarbeiter weitergegeben werden und Bestandteil eines einheitlichen, umfassenden Beurteilungssystems sein.

Zielpyramide und Planung

Will ein Unternehmen seine Ziele erreichen, so müssen in den beteiligten Unternehmensbereichen zuvor bestimmte Voraussetzungen erfüllt werden. Auch diese Voraussetzungen sind Ziele, die jedoch jeweils für bestimmte Bereiche festgelegt werden und sinnvoll aufeinander abzustimmen sind. In aller Regel werden bei der Bereichsplanung Aufgaben auf einzelne Abteilungen oder Arbeitsgruppen verteilt, die ihrerseits ihre Maßnahmen planen. Hierzu müssen Detailziele weitergegeben werden. Aus dieser Ziel-Mittel(Maßnahmen)-Beziehung ergibt sich eine Zielpyramide, die notwendig ist, um sinnvolles Planen auf den Hierarchie-Stufen zu ermöglichen.

Ziel als Voraussetzung und Ergebnis der Planung

Planung als Willensbildungsprozeß ist das systematische Vorausdenken zukünftiger Maßnahmen und Handlungen. Sie beinhaltet in aller Regel die Erarbeitung, Analyse und Bewertung von Handlungsalternativen und anschließend die Entscheidung für ein konkretes Vorgehen. Die einzelnen Planungsphasen werden im Kapitel über Führungsfunktionen näher behandelt; auf die einzelnen Planungsinhalte wird in den Kapiteln der entsprechenden Sachbereiche eingegangen.

Die Planung orientiert sich an einem Ziel. Sie ist darauf ausgerichtet, dieses zu verwirklichen, und das Planungsergebnis ist seinerseits wieder Ziel und Vorgabe für die daraus resultierenden Maßnahmen und Handlungen. Die Abb. 1.6 zeigt, wie die Planung zwischen diesen beiden Zielen eingebunden ist und im Prozeß der Zielpyramide das Unternehmensziel in immer detailliertere Handlungsziele aufgelöst wird.

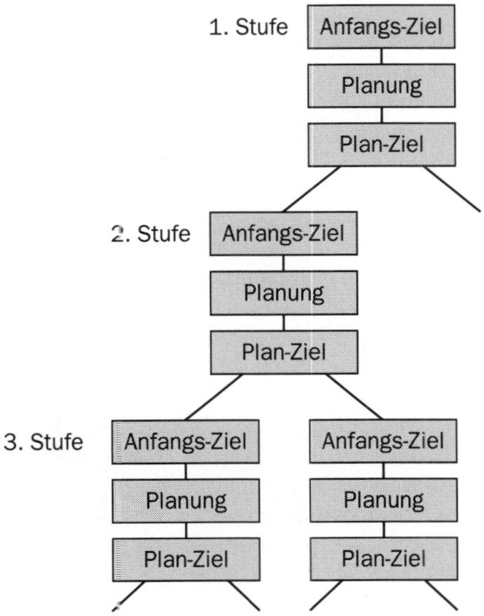

Abb. 1.6: Zielpyramide und Planungsprozeß

• Anfangsziel

Als Anfangsziel bezeichnet man die Vorgaben, die anhand der Planung verwirklicht werden sollen. Im System der hierarchischen Gliederung wird das Anfangsziel den Planenden von der übergeordneten Entscheidungsebene vorgegeben. Die Ebenen können hierarchisch, sachlich oder zeitlich gebildet werden. Bestehen formal noch keine Anfangsziele – z. B. bei der Festlegung oberster Unternehmensziele – so ist das Anfangsziel dieses Planungsprozesses, die Unternehmensziele, festzulegen. Detailplanungen oder Planungen auf unteren Entscheidungsebenen bedürfen im Sinne der zielorientierten Unternehmensführung der Vorgabe von Anfangszielen, auch wenn diesen Hauptzielen ggf. situationsbedingt Nebenziele und Bedingungen hinzugefügt werden müssen.

• Planziele

Am Ende des Entscheidungsprozesses vor einer Planung stehen die Planziele. Aus ihnen werden die Anfangsziele nachfolgender Instanzen, Planungen oder Maßnahmen abgeleitet. Planziele sind Ziele, die sich aus einer abgeschlossenen Planung ergeben und die weiterführenden Planungen als Anfangsziel vorgelagert sind.

Abstufung von Zielen

Aus der Zielpyramide leitet sich die Abstufung von Zielen ab. Während zunächst in den Unternehmenszielen die allgemeine Vorgabe erfolgt, werden diese in der weiteren Gliederung immer weiter konkretisiert, um zu immer eindeutigeren Handlungsvorgaben zu führen. Hier kann bei der Zielpyramide auch von einer Zielhierarchie gesprochen werden.

• Gesamtziel/Teilziel

Hier werden aus dem Unternehmensziel als Gesamtziel die Teilziele für die einzelnen Unternehmensbereiche abgeleitet. Danach kann eine weitere Untergliederung nach Abteilungen, Arbeitsgruppen etc. erfolgen. Die Gliederung folgt der organisatorischen Struktur eines Unternehmens, um so die Teilziele und ihre Verwirklichung eindeutig den verschiedenen Instanzen im Unternehmen zuordnen zu können. Diese Ziele sind damit gleichwertige Teile des Gesamtziels.

• Oberziel/Unterziel

Bei den Unterzielen handelt es sich um vom Oberziel abgeleitete Ziele. Diese Unterziele sollen mit ihrer Verwirklichung die Voraussetzungen schaffen, daß das Oberziel erreicht werden kann. Soll z. B. der Umsatz eines Unternehmens gesteigert

1

werden durch eine Erweiterung des Leistungsangebotes (Oberziel), so sind möglicherweise als Unterziele zunächst neue Produkte auszuwählen, zu entwickeln, Produktionsvoraussetzungen zu schaffen, der Markt aufzubereiten etc. Erst wenn diese Unterziele verwirklicht sind, kann das Oberziel erreicht werden. Unter- und Oberziele bauen hierarchisch und in zeitlicher Abfolge aufeinander auf und gliedern auch die Zielpyramide innerhalb einer Abteilung.

Zeitrahmen

Die weitere Untergliederung der Ziele kann nach dem Zeitaspekt erfolgen. Üblicherweise wird in lang-, mittel- und kurzfristige Ziele unterschieden. Zu den kurzfristigen Zielen zählen die Monats-, Quartals- und Jahresziele. Mittelfristige Ziele umfassen einen Zeitraum von 4 bis 5 Jahren, und langfristige Ziele gehen darüber hinaus. Die Abgrenzung zwischen mittel- und langfristiger Planung ist bei einzelnen Unternehmen fließend, zum Teil auch abhängig vom Innovationsgrad der Branche und der Dynamik der Marktentwicklungen.

Kurzfristige Ziele können als Zwischenziele mittel- oder langfristiger Planung festgelegt werden, um die Basis für eine laufende und kurzfristigere Zielüberprüfung zu bilden. Sie helfen, die Zielverwirklichung auf längere Sicht zu überwachen und Abweichungen kurzfristig zu erkennen, um möglichst frühzeitig Gegenmaßnahmen einleiten zu können. Die Gewichtung der Ziele kann in den einzelnen Zeitdimensionen durchaus variieren. So ist es denkbar, daß kurzfristig die regionale Ausdehnung und die Erhöhung des Marktanteils bei geringerer Rendite im Vordergrund stehen, aber die Renditeverbesserung das wesentliche mittel- oder langfristige Ziel ist. Auch können kurzfristig konjunktur- oder liquiditätsbedingte Ziele im Vordergrund stehen. Bei der Zielabstimmung ist zu beachten, daß die kurzfristigen Ziele die längerfristigen Ziele nicht behindern.

Phasen zielorientierter Unternehmensführung

Die Systematisierung der einzelnen Zielphasen führt zu einem Konzept zielorientierter Unternehmensführung. Die Struktur eines solchen Konzeptes ist in Abb. 1.7 dargestellt. Sie zeigt den Zusammenhang der einzelnen Phasen, wie er in diesem Beitrag im weiteren zugrundegelegt wird. Oftmals wird in der Literatur zur betrieblichen Planung zwischen strategischer und operativer Planung noch die taktische Planung angesiedelt. Ihre Aufgabe ist dann die Umsetzung strategischer Ziele zu Vorgaben für die operative Durchführung. In kleineren und mittleren Unternehmen werden oftmals die strategische und die operative Planung sowie die Budgetierung zu einer jährlichen Planung zusammengefaßt. Dann werden Begriffe wie Zielfestlegung, Planung oder Budgetierung etc. nicht einheitlich verwendet. Auch in der Literatur werden die Begriffe zum Teil unterschiedlich definiert oder benutzt. Gelegentlich fehlt es an präzisen Formulierungen der Unternehmensziele. Die laufende Unternehmenssteuerung hat häufig kein gesondertes Controlling.

Es ist nachvollziehbar, daß sich in kleineren Unternehmen häufig die verschiedenen Funktionen weitgehend in der Hand des Unternehmers vereinen. Eine genau definierte Struktur erhöht auch hier die Sicherheit, einzelne Zielphasen in der Dynamik des Alltags nicht zu vernachlässigen. Oftmals verdrängen sonst die dringlichen Problemstellungen eines laufenden Geschäftsbetriebes wichtige Phasen der Zielfindung und der strategischen Planung. Dies erschwert es, das Unternehmen mit seinen Möglichkeiten dauerhaft erfolgreich auf die Anforderungen des Umfeldes auszurichten.

Unternehmensziele

Ein Unternehmen muß übergreifende Leitlinien festlegen, die seine Identität, die „Corporated Identity", nach innen und nach außen prägen. Einerseits sollen sie weit gefaßt werden und auf wesentliche Grundsätze konzentriert sein, um eine längerfristige Kontinuität zu sichern. Zum anderen müssen sie konkret genug sein, um als Richtschnur für die letztendlich aus ihnen abgeleiteten Maßnahmen und Vorgehensweisen des Unternehmens dienen zu können. Im Rahmen des Zielszenarios werden wir diese Phase weiter behandeln.

Strategische Planung

Strategien sind Wege, die von einer konkreten Position im gegebenen Umfeld aus ein angenommenes Ziel bestimmen. Insoweit umfaßt die strategische Planung die Analyse und konkrete Formulierung der Unternehmensziele, die ihr als Richtschnur zugrundeliegen. Des weiteren umfaßt die Unternehmensanalyse eine Bestandsaufnahme der internen Voraussetzungen. Sie beschreibt die Position des Unternehmens, um sowohl Stärken als auch Schwächen zu erkennen. Engpässe beschränken die strategischen Handlungsmöglichkeiten; gleichzeitig sollten Strategien entwickelt werden, diese Engpässe zu beseitigen oder zumindest zu mildern.

Bei der *Umfeldanalyse* handelt es sich beispielsweise um eine Untersuchung der unternehmensrelevanten Möglichkeiten und Grenzen und insbesondere um eine Analyse der Absatz- und Beschaffungsmärkte, die für das Unternehmen relevant sind. Dies gibt Aufschluß über Chancen und Risiken der einzelnen Geschäftsfelder. Da die Planung grundsätzlich zukunftsorientiert ist, sind Prognosen über zukünftige Entwicklungen einzubeziehen.

Operative Planung
Anfangsziel der operativen Planung ist der verabschiedete strategische Plan, der in festgelegte Einzelmaßnahmen umgesetzt und konkretisiert wird. Hier wird bestimmt, was wie und wann in den operativen Einheiten des Unternehmens zu geschehen hat. Die Maßnahmendurchführung erfordert Ressourcen. Personaleinsatz und Mitteleinsatz sind zu planen, d. h., wer macht was womit.
Da Ressourcen zumeist nur begrenzt verfügbar sind, müssen bei der Abstimmung zwischen den Planungsschritten auch entsprechende Prioritäten bei der Mittelzuteilung gesetzt werden. Das Planziel der operativen Planung umfaßt die *Maßnahmenbestimmungen* und die *Ressourcenzuteilungen*.

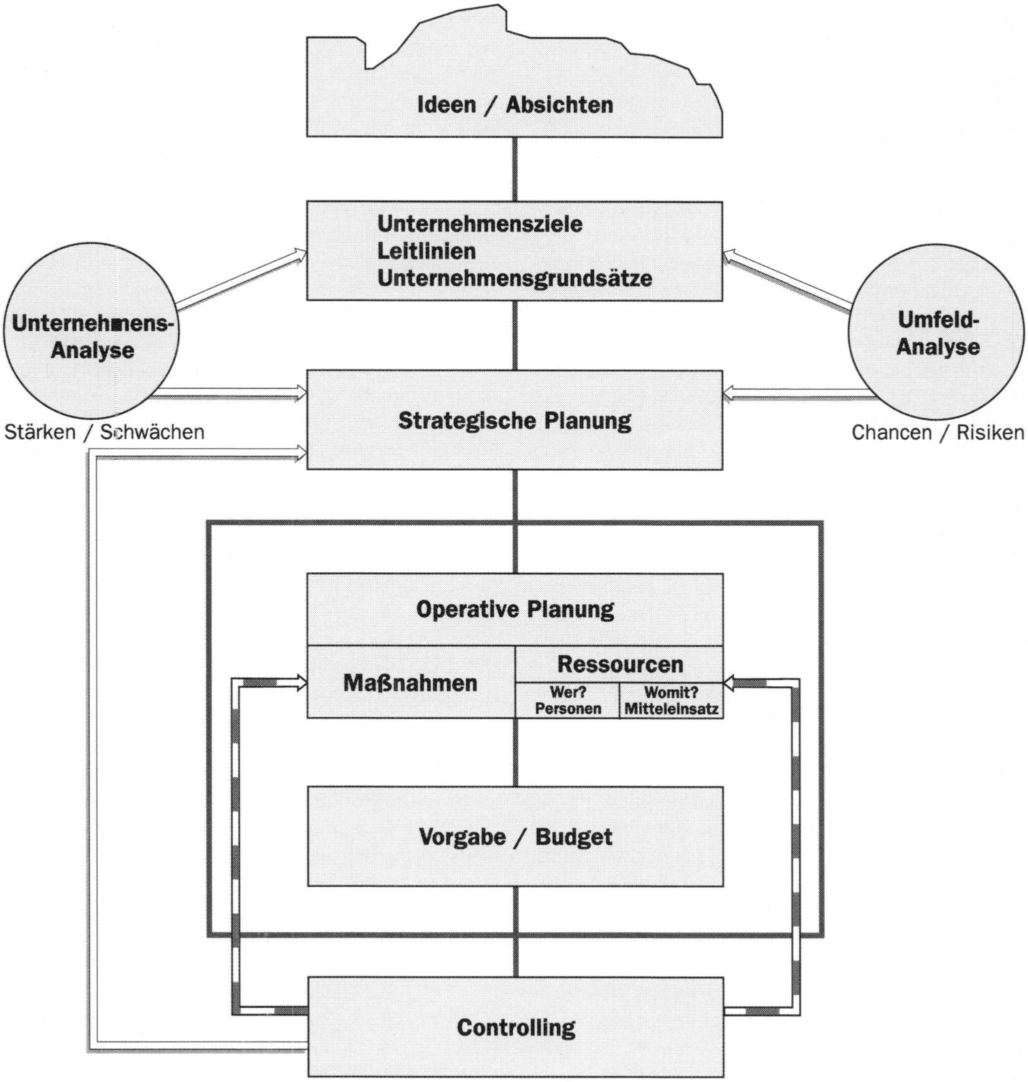

Abb. 1.7: Phasen zielorientierter Unternehmensführung

1

Budget
Wenn die Planungsvorgaben systematisch in Zahlen festgehalten werden, entsteht so das Budget – als Brücke zum Rechnungswesen, das mit finanziellen Größen arbeitet. Budgets werden üblicherweise für ein Jahr erstellt, oftmals unterteilt in kürzere Perioden. Das Budget macht damit für diesen Zeitraum deutlich, welche finanziellen Mittel einer organisatorischen Einheit für die Erledigung der ihr zugeteilten Aufgaben zur Verfügung gestellt werden. Dem Charakter nach ist das Budget mit der *Festlegung des Solls* sowohl Vorgabe als auch Basis für Überwachung und Kontrolle.

Controlling
Begleitend oder die Durchführung (Zielverwirklichung) abschließend, erfolgt die Phase der Zielüberprüfung. Einerseits dient sie der vergangenheitsbezogenen Kontrolle budgetgerechter Mittelverwendung. Darüber hinaus gewinnt diese Phase im Prozeß zielorientierter Unternehmensführung zunehmend an Bedeutung für die Unternehmenssteuerung. Diese zukunftsorientierte Denkrichtung leitet aus der Feststellung und Analyse der Abweichung für die weitere Planung geeignete Regulierungsmaßnahmen und optimale Gegensteuerung im Sinne der vorgegebenen Ziele ab. Abweichungen in einem Sektor werden nach ihren Ursachen und Auswirkungen in anderen Bereichen beurteilt. Die Optimierung der Ergebnisse für das Unternehmen als Ganzes steht im Vordergrund. Die Rückkopplung erfolgt zum operativen Management und, soweit Ziele überprüft werden müssen, auch zum strategischen Management.
Nach der Behandlung der einzelnen Sachbereiche wird die „Strategische Planung“, die „Operative Planung“ und das „Controlling“, zusammen mit dem Budget, in eigenen Kapiteln ausführlich behandelt werden.

Zielbeschreibung

Ziele sind so zu beschreiben, daß für nachfolgende Planungen oder Handlungen die Zielabsicht erkennbar ist. Sie sollen konkret genug sein, um als Führungsgröße zu dienen, und zugleich aber auch nicht zu eng gefaßt werden, damit die Anpassungsspielräume für nachfolgende Maßnahmen nicht zu sehr eingegrenzt werden. Man unterscheidet qualitative und quantitative Ziele.

Qualitative Ziele
Qualitative Ziele haben oft den Charakter allgemeiner Grundsätze oder Verhaltensnormen. Insoweit sie oftmals im Rahmen des operativen Managements weiter konkretisiert werden, um als Vorgabe für Maßnahmen und als Grundlage für Überprüfungen geeignet zu sein. Innerhalb der qualifizierten Zielbeschreibung können wir weitere Unterscheidungen vornehmen.
Wird z. B. als Unternehmensziel formuliert: „Erhaltung des Unternehmens als Familienbetrieb“, „Konzentration der Tätigkeit auf einen bestimmten Raum, z. B. die eine Stadt“, oder „die Begrenzung auf eine bestimmte Branche“, so ist dies hinreichend klar, um als Vorgabe und in der Umsetzung überprüfbar zu sein.
Wenig meßbar sind Zielvorgaben wie „Kundenfreundlichkeit“ oder „Verbesserung des Firmen-Images“. Sie haben eher den Charakter allgemeiner Vorsätze – oftmals auch als Ausdruck eines erkannten Defizits – und müssen genauer formuliert werden, um sie als Zielvorgabe nutzen und später überprüfen zu können. Ansonsten kann nicht ausgeschlossen werden, daß verschiedene Beteiligte die Zielformulierung mit unterschiedlichen Inhalten ausfüllen.
Ungenau, jedoch ihrer Art nach quantifizierungsfähig sind Zielvorgaben wie „Erhöhung des Marktanteils“, „Erzielung einer angemessenen Rendite“ oder „Reduzierung des Fremdkapitalanteils“. Sie legen zunächst die Absicht fest. Um sie auf der operativen Ebene weiterzuverfolgen, ist es sinnvoll, durch quantifizierte Beschreibung auszudrücken, was jeweils als angemessen oder als sinnvolle Erhöhung etc. angesehen wird.

Quantitative Ziele
Quantifizierte, in Zahlen ausgedrückte Ziele sind meßbar und insoweit auch operational. Sie dienen als eindeutige Vorgaben und ermöglichen die Überprüfung des Erfolgsgrades. Dabei kann es sich zum einen um monetäre Ziele handeln, z. B. Umsatz, bestimmte Kostengrößen etc., die als DM-Betrag angegeben werden. Neben solchen Vorgaben in absoluten Größen sind auch relative Formulierungen als Kennzahlen gebräuchlich.
Quantitative, aber nicht monetäre Zielvorgaben sind z. B. Mengenbezeichnungen, Arbeitsstunden, Vertreterbesuche pro Tag etc., die im technischen Bereich oder als Vorgabe für Arbeitsabläufe verwendet werden.

Zielszenario

Die Anforderungen, denen die Unternehmensleitung sowohl nach innen als auch zum Umfeld hin gerecht werden muß, sind zu vielfältig, um sie in einem einzigen Ziel ausdrücken zu können. Sie lassen sich auch nicht im Sinne einer Zielhierarchie auf ein einziges Oberziel reduzieren. Die früher in der Literatur oft behandelte Dominanz der Gewinnmaximierung als Leitziel reduziert die Wirklichkeit, so daß sie für die Praxis der Unternehmensführung nur eingeschränkt nützlich ist. Sie hat ihre Bedeutung in konkreten, begrenzten Entscheidungsmodellen, wie sie im Rahmen der Planung und Wirtschaftlichkeitsrechnungen als Vorbereitung von Entscheidungen behandelt werden wird. Je mehr die Zielfindung zu einem wesentlichen Thema der Betriebswirtschaftslehre wurde, umso differenzierter entwickelten sich die Betrachtungsweisen. In der Tat kommt diesem Prozeß der Zielbestimmung, die künftiges Handeln vorwegnehmen soll, entscheidende Bedeutung zu. Versäumnisse führen zu Fehlentwicklungen oder Zielkonflikten bei der Durchführung auf den verschiedenen operationalen Ebenen, zu häufigen Rückdelegationen oder unwirtschaftlichen Korrekturmaßnahmen. Die Folgen sind einem Hausbau vergleichbar, bei dessen Erstellung laufend die Pläne verändert werden, z. B. nach Errichtung des Rohbaues die Größe der Zimmer, die Anzahl und Lage der Fenster und Türen.

Vielfach wird heute die Erstellung eines Zielkataloges angeregt. Hiermit ist jedoch noch nicht ausgesagt, welchen Zielen im Konfliktfall Priorität einzuräumen ist oder in welchem Verhältnis zueinander sie bei Entscheidungen berücksichtigt werden sollen. Die Entwicklung von Zielsystemen hin zu Zielfunktionen bemüht sich um die Gliederung der Ziele in Hauptziel und Nebenziele. In mathematischen Entscheidungsmodellen werden dann Hauptziele zu Zielfunktionen und Nebenziele zu Bedingungen oder Restriktionen.

Dies sind hilfreiche Modelle bei operationalen Entscheidungen oder bei der Analyse von Alternativen zur Entscheidungsvorbereitung. Den Anforderungen an die Festlegung von Unternehmenszielen können sie kaum gerecht werden.

Das hier behandelte Zielszenario will die Transparenz schaffen, um:

- das Ableiten hinreichend klarer Zielvorgaben für nachfolgende Ebenen zu ermöglichen,
- Auslegungshilfe bei der Lösung von Zielkonflikten zu sein und
- offen zu bleiben für Entwicklungen und dynamische Anpassung bei Veränderung der Rahmenbedingungen oder Extremsituationen.

Relativierung von Zielen

In aller Regel erfolgt die Entscheidung für ein konkretes Ziel unter bestimmten Voraussetzungen und Annahmen. Je sicherer und langfristiger von diesen Bedingungen ausgegangen werden kann, umso beharrlicher kann am Ziel festgehalten werden. Bei plötzlichen und grundlegenden Umwandlungen kann die Zielkonstanz für den Bestand des Unternehmens gefährlich werden und deshalb Zielanpassungen oder -veränderungen erfordern. Waren gerade noch die Expansion und Erschließung neuer Märkte vorrangige Ziele, so können z. B. erhebliche Forderungsausfälle, Konjunktureinbrüche etc. Anlaß sein, daß finanzielle Ziele und Konsolidierung im Vordergrund stehen. Die Fähigkeit, diese Zielveränderung möglichst schnell auf allen Unternehmensebenen bewußt zu machen und umzusetzen, kann zur Existenzfrage werden.

• Risiko und Unsicherheit

Die Unsicherheit ist eine Folge unvollkommener Informationen über die Zukunft. Vom *Risiko* wird gesprochen, wenn zwar der Eintritt eines konkreten Ereignisses nicht sicher vorhergesagt werden kann, aber bestimmte, auch mathematisch erfaßbare Wahrscheinlichkeiten bestehen. In Statistiken wird die Ungewißheit als Grad der Wahrscheinlichkeit gemessen, ohne daß damit das Risiko für den Einzelfall ausgeschlossen werden kann. Als *Unsicherheit* wird jene Ungewißheit bezeichnet, die sich der Messung entzieht und die im Sprachgebrauch oft als Zufall benannt wird. Zielentscheidungen – die ihrer Natur nach zukunftsgerichtet sind – erfolgen unter dem Aspekt der Ungewißheit. Ist es wahrscheinlich, daß Entwicklungen anders verlaufen als zunächst unterstellt, sind Alternativüberlegungen angebracht. Dabei kann es sinnvoll sein, sich für Ziele zu entscheiden, die bei der erhofften Situation nicht alle Chancen ausnutzen, aber bei möglichen andersartigen Entwicklungen dem Unternehmen eine bessere Ausgangsposition verschaffen, hierauf zu reagieren. Die Risikobereitschaft der entscheidenden Gremien oder Personen spielt eine wesentliche Rolle bei der Zielfindung eines Unternehmens. Risikobereitschaft setzt aber voraus, daß die Risiken bewußt wahrgenommen werden.

• Dokumentation der Annahmen

Werden die Annahmen, unter denen die Entscheidung für ein Ziel erfolgte, dokumentiert – was leider oft unterbleibt –, so geschieht dies aus zwei Gründen. Zum einen wird dadurch der Prozeß der Zielbestimmung transparenter. Zum anderen kann unabhängig von der Kontrolle der Ergebnisse bei der Zielverwirklichung auch überprüft werden, ob die Annahmen so eintreten wie erwartet oder ob sich gravierende Veränderungen ergeben. Dies ermöglicht es dem Unternehmen, auf wesentliche Abweichungen schnell zu reagie-

1

ren, da die Probleme nicht erst beim unbefriedigenden Erfolg der Maßnahmen erkannt werden, sondern schon bei den Ursachen, d.h. den neuen Rahmenbedingungen. Gegensteuern heißt dann, möglichst frühzeitig überarbeitete Ziele zur Orientierung der Unternehmensführung zu verabschieden.
Je höher die Wahrscheinlichkeit solcher Ereignisse ist und je schwerwiegender ihre Auswirkungen für das Unternehmen sind, umso hilfreicher ist es im Sinne einer schnellen Reaktion, wenn zuvor im Rahmen strategischer und operativer Planung Alternativplanungen entwickelt werden, auf die zurückgegriffen werden kann.

Beziehungen zwischen den Zielen
Ziele können in unterschiedlicher Beziehung zueinander stehen.

- Komplementarität

Maßnahmen zur Erreichung eines Zieles führen gleichzeitig zu einer verbesserten Zielerreichung bei anderen Zielen. Eine Kostensenkung in der Produktion bei gleichem Ausstoß führt z. B. auch zur Gewinnerhöhung. Solche Ziele stehen in positiver Wirkung zueinander und stützen sich gegenseitig.

- Konkurrenz

Ziele konkurrieren miteinander, wenn Maßnahmen zur Erreichung eines Zieles gleichzeitig zu einer Abnahme der Zielerreichung bei einem anderen Ziel führen, z. B. kleine Serien bei Auftragsfertigung gegenüber Senkung der Rüstkosten.

- Indifferenz

Ziele sind in ihrer Wirkung zueinander neutral, wenn die Erfüllung des einen Zieles ohne Auswirkung auf die Erreichung eines anderen Zieles bleibt, z. B. Rationalisierung im Zahlungsverkehr und Reduzierung in den Maschinenausfallzeiten.

- Zielkonflikte

Werden Ziele als nicht miteinander vereinbar angesehen, so ergeben sich Zielkonflikte. Dies ist bei tatsächlicher oder vermeidlicher Konkurrenz von Zielen der Fall. Aber auch bei zunächst neutral zueinander stehenden Zielen kann sich eine Konkurrenz ergeben, wenn bei der Festlegung der zur Erreichung vorgesehenen Maßnahmen auf gleiche Ressourcen zugegriffen werden soll, z. B. sowohl für die Rationalisierung des Zahlungsverkehrs als auch für die Minimierung der Maschinenausfallzeiten von der EDV-Abteilung statistische Auswertungen verlangt werden und dort eine begrenzte Kapazität zur Verfügung steht. Dies soll veranschaulichen, daß auf der operativen Ebene bei der Bestimmung von Maßnahmen im zeitlichen Ablauf oder im Zugriff auf Ressourcen Ziele konkurrieren können, die auf vorangegangenen Ebenen zunächst als indifferent gesehen wurden. Unter dem Zeitaspekt können selbst grundsätzlich komplementäre Ziele zu Zielkonflikten führen: Erfordert z. B. die kurz- oder mittelfristige Kostensenkung im Produktionsbereich kurzfristig zusätzliche Aufwendungen, so kann sie für die laufende Abrechnungsperiode zu Gewinnminderungen führen.
Zielkonflikte können innerhalb eines Zuständigkeitsbereiches auftreten. Von *innerorganisatorischen Konflikten* wird gesprochen, wenn nach dem Prinzip der Zielpyramide einzelne Abteilungen für bestimmte Teilziele verantwortlich sind, die jeweils miteinander konkurrieren. In der operativen Planung und im Bezug auf die Konkurrenz um finanzielle Mittel durch die Budgeterstellung sollen solche Konkurrenzen möglichst weitgehend vorab entschieden werden, auch wenn dadurch nicht alle Konflikte in der nachfolgenden Durchführung vermeidbar sind.
Zielkonflikte können zu starken Reibungsverlusten im Unternehmen, zu Verzögerungen bei Entscheidungen und Handlungen und zur Minderung der Motivation führen. Insoweit kommt dem konstruktiven Umgang mit Konflikten entsprechende Bedeutung zu. Konkurrieren zwei Maßnahmen, so kann oft die Lösung aus dem gemeinsamen übergeordneten Ziel abgeleitet werden. Das Beispiel aus der Konkurrenz zwischen Losgröße und Rüstkosten könnte also unter dem Aspekt der Auswirkungen auf das Gesamtbetriebsergebnis entschieden werden. Zu starres Bereichsdenken der „Konfliktparteien" könnte dem entgegenstehen. Dann ist eine Entscheidung der übergeordneten Hierarchiestufe erforderlich. Je besser es gelingt, Zielkonflikte bei der Zielvorgabe an nachgelagerte Ebenen zu vermeiden oder im Vorfeld zu klären, umso weniger wird dieser zusätzliche Führungsaufwand nachträglicher Entscheidungen erforderlich. Im Unterabschnitt über Bestimmungsmerkmale kommen wir hierauf nochmals zurück.
Bilden sich Spannungen zwischen den Zielen der Unternehmung und den privaten Zielen, so entstehen *Individualkonflikte*. Solche Zielkonflikte können bewußt oder unbewußt das Verhalten der betreffenden Entscheidungsträger beeinflussen. Dabei sind Motivation und Solidaritätsgrad zum Unternehmen wichtige Einflußfaktoren, auf die durch die Personalpolitik und den Führungsstil Einfluß genommen werden kann, aber auch durch die Berücksichtigung im Prozeß der Zielbestim-

mung. Je einflußreicher der Entscheidungsträger ist und je wesentlicher für ihn die unberücksichtigten, in Konflikt stehenden privaten Ziele sind, umso stärker sind die Störungen, die ein Erreichen der Unternehmenziele erschweren.

• Prioritäten
Dort, wo Zielkonflikte nicht durch die Besinnung auf übergeordnete gemeinsame Ziele gelöst werden können, ist die Festlegung von Prioritäten, also der Rangfolge der einzelnen Ziele, erforderlich. Übersteigt dies die Zuständigkeit eines Entscheiders oder eines Bereiches, so sind diese Festlegungen vorwegzunehmen, oder sie müssen rückdelegiert werden. Je eindeutiger im Rahmen der Zielpyramide Planziele aus Anfangszielen abgeleitet wurden und je klarer die Zielformulierung ist, umso seltener sind diese Fälle.

Ziele und Interessenvertretung
Unternehmensziele werden durch verschiedene Interessengruppen beeinflußt. Dies kann in direkter Weise geschehen, indem mehrere Eigentümer oder Geschäftsführer, Mitglieder in Aufsichtsgremien oder Beirat sowie Mitarbeitervertreter etc. am Prozeß der Zielbestimmung mitwirken. Die Erwartungen zusätzlicher Gruppen, die für das Unternehmen von Bedeutung sein können, so z. B. Banken, sonstige Kreditgeber, Lieferanten, Kunden, Gewerkschaft, Mitarbeiter, staatliche Einrichtungen oder sonstige gesellschaftliche Gruppierungen wirken indirekt.
Aus ihren subjektiven Zielen leiten die Beteiligten ihre Ziele für das Unternehmen ab; im Verhandlungsprozeß entstehen daraus die Ziele des Unternehmens. Inwieweit dabei die einzelnen Zielvorstellungen Eingang in die Unternehmensziele finden, hängt von dem jeweiligen Machtpotential und der Durchsetzungsfähigkeit in diesem Entscheidungsprozeß ab. Das Zielszenario ist auch ein Ergebnis dieses Interessenausgleichs.
Welche Interessen dabei die größere Durchsetzungskraft besitzen, kann unterschiedlich nach Unternehmen und wirtschaftlicher Situation sein. Probleme können sich ergeben, wenn Abhängigkeiten entstehen, die unternehmensfremden Individualzielen ein Übergewicht einräumen. Eine Zielfestlegung kann in der Praxis unterschiedlich ausfallen, neben rationalen und ökonomischen Gesichtspunkten wirken entscheidungstheoretische und soziologische Aspekte auf sie ein.

Akzeptanz von Zielen und Konsequenzen
Ziele haben nicht nur Nebenbedingungen, die bei ihrer Durchführung zu beachten sind, sondern auch Nebenwirkungen, die sich mit der Zielverfolgung und Zielerreichung ergeben können. Wird z. B. eine Marktausdehnung mit der zusätzlichen Aufnahme notwendiger Finanzierungsmittel angestrebt, kann sich später hieraus eine Abhängigkeit ergeben, aus der neue Mitspracherechte abgeleitet werden. Mit der Akzeptanz von Zielen wird auch die Entstehung solcher Konsequenzen begründet. Soll dies nicht zu späteren Überraschungen führen, so müssen sie bereits im Rahmen der Zielfestlegung erkannt werden.

• Zielanalyse
Die Analyse der Ziele einschließlich ihrer Nebenbedingungen und Nebenwirkungen soll diese Zusammenhänge transparent machen. Gleichzeitig ist dabei die Beziehung zu anderen Zielen (s. o.) aufzudecken. Insbesondere die auftretenden Zielkonflikte bedürfen eingehender Beachtung.

• Zielanpassung
Wird das Ergebnis nicht akzeptiert, so sind zusätzliche Zielvarianten zu untersuchen. Die einzelnen Ziele sind dabei so lange zu konkretisieren, zu verändern, zu ergänzen oder zu streichen, bis durch diese Anpassung ein Zielszenario entsteht, das auch in seinen Konsequenzen von den Entscheidungsträgern akzeptiert werden kann.

Zielsysteme – Zielszenario
Die Entscheidung für ein Ziel erfolgt nicht isoliert, sondern auch unter Berücksichtigung seiner Auswirkung auf andere Ziele. Die Zielfindung muß als Prozeß angesehen werden, in dessen Verlauf die Chance besteht, Einwendungen und Bedenken zu berücksichtigen. Erst dann kann ein tragfähiges Zielszenario entwickelt werden. Dabei müssen die unterschiedlichen Interessen ausbalanciert werden. Diese Balance ist nicht starr, sondern kann im Zeitablauf durchaus dynamisch sein, d. h., daß z. B. in einer Phase der Verwirklichung die Stabilitätsüberlegungen, in einer anderen Phase die der Marktausdehnung oder der Gewinnrealisierung im Vordergrund stehen. Je klarer und vollständiger dieses Zielbild formuliert wird, umso eher ist es geeignet, Richtschnur für künftiges Handeln zu sein und als „Auslegungshilfe“ bei eventuell später auftretenden Zweifelsfragen zu dienen. Hierzu müssen einige Voraussetzungen erfüllt sein.

• Widerspruchsfreiheit
Soweit Ziele generell oder in bestimmten Zeitabschnitten miteinander konkurrieren können (s. „Beziehungen zwischen den Zielen“), sind für diese Situationen in der Phase der Zieldurchführung Prioritäten und Beurteilungskriterien festzulegen.

• Konkretisierung
Das Zielszenario muß konkret genug sein, daß sich hieraus auf den weiteren Ebenen entsprechende Handlungsziele eindeutig ableiten lassen (vgl. auch den folgenden Unterabschnitt über Bestimmungsmerkmale).

• Verbindlichkeit
Das Zielszenario gewinnt für die nachfolgende strategische Planung normativen Charakter, indem es als Unternehmensziel für verbindlich erklärt wird.

Bestimmungsmerkmale
Damit Ziele als Grundlage nachfolgender Planungen und Handlungsabläufe dienen können, müssen sie einige Merkmale erfüllen.

• Funktionalität
Zunächst müssen die Ziele realistisch und realisierbar sein. Dies gilt im Bezug auf die im Unternehmen gegebenen Voraussetzungen (Unternehmensanalyse) und den Gegebenheiten des Marktes und des weiteren Umfeldes (Umfeldanalyse). Ihrer Funktion als Leitlinie für die durchführenden Mitarbeiter werden Ziele umso eher gerecht, je umfassender sie von diesen akzeptiert werden, auch wenn sie im einzelnen nicht an den Zielbestimmungen mitgewirkt haben. Je stärker aus Zielvorgaben Zielvereinbarungen werden, umso geringer wird dieses Problem. Die Identifikation mit den Zielen fördert die Motivation, sich für ihre Verwirklichung einzusetzen, auch wenn dabei Schwierigkeiten auftreten sollten.

• Operationalität
Werden Ziele so präzisiert, daß sie meßbar werden, so sind sie operational in dem Sinne, daß sie als Vorgabe und zur Überprüfung herangezogen werden können. Hierzu gehört, daß sie im Sinne von Inhalt, Ausmaß (quantifiziert) und Zeit eindeutig sind.

Materialwirtschaft – Beschaffung

Aufgaben

Die Bereitstellung der für die betrieblichen Leistungsprozesse notwendigen Faktoren ist die Aufgabe der Beschaffung. Nach außen wird sie auf dem Beschaffungsmarkt tätig, von wo sie die erforderlichen Leistungen bezieht. Intern ist sie verantwortlich für die Verfügbarkeit der Mittel zur rechten Zeit, in ausreichender Menge und richtiger Qualität. Im Hinblick auf die Unternehmensziele hat sie diese Funktionen in wirtschaftlicher Weise und im Rahmen der bereitgestellten Finanzmittel durchzuführen.

Abgrenzung
Die Bereitstellung finanzieller Mittel (Kapitalbeschaffung) ist die Aufgabe des Finanzierungsbereiches. Im Abschnitt „Güterwirtschaftlicher Prozeß – Leistungsstrom" wurde dargelegt, daß die Einstellung und Bereitstellung von Arbeitskräften als gesonderter Aufgabenbereich im Personalwesen erfolgt. Üblicherweise zählt die Beschaffung von Dienstleistungen gleichfalls nicht zu den Aufgaben der für den Einkauf von Gütern zuständigen Abteilung, sondern wird von der Geschäftsleitung oder den betreffenden Fachabteilungen direkt vorgenommen.
Die Beschaffung von Gebrauchsgütern, z. B. Gebäude, Maschinen, Geschäftsausstattungen, ist je nach Unternehmen, nach seiner Größe und Organisationsstruktur, generell oder fallweise dem Einkauf oder anderen Bereichen zugeordnet. Je nach Bedeutung und Umfang der einzelnen Maßnahmen können gesonderte Regelungen oder Mitwirkungsrechte, z. B. auch der Geschäftsleitung, vorgesehen werden. Da Investitionen sich wesentlich von der Beschaffung der Verbrauchsgüter oder des Wareneinsatzes in Handelsunternehmungen unterscheiden, werden sie ebenfalls ausgegliedert und gesondert behandelt.

Gegenstand der Materialwirtschaft, z. B. im Produktionsunternehmen, sind:
- Rohstoffe, die als wesentliche Bestandteile unmittelbar in die Fertigerzeugnisse eingehen,
- Hilfsstoffe, die zwar auch ein Bestandteil des Fertigerzeugnisses werden, aber wert- und mengenmäßig weit geringere Bedeutung haben,
- Betriebsstoffe, die nicht in das Fertigerzeugnis eingehen,
- Zukaufteile, die von anderen Firmen bezogen werden und unmittelbar in die Fertigerzeugnisse eingehen (ihre Bedeutung nimmt bei arbeitsteiliger Produktion zu).

Roh, Hilfs- und Betriebsstoffe werden als *Werkstoffe* bezeichnet. Unter *Handelsware* versteht man die Güter, die eingekauft und ohne weitere Be- oder Verarbeitung wieder vertrieben werden.

Wesen und Bedeutung
Einige Autoren – insbesondere jene, die auf Gutenberg und Wöhe zurückgehen – behandeln die Beschaffung als einen Teil der Produktion, also der Leistungserstellung. Hierbei wird im Vorder-

grund gesehen, daß es sich aus dem Produktionsprozeß ergibt, welche Güter einzukaufen und bereitzustellen sind. Gelegentlich wird der Einkauf auch bezeichnet als „Absatz mit umgekehrten Vorzeichen". Diese Sicht betont die Marktbezogenheit beider Bereiche.
Strategien und Verhaltensweisen eines Nachfragers (Beschaffung) sind aber nicht gleich oder umgekehrt denen eines Anbieters (Absatz), insbesondere, wenn es sich um unterschiedliche Märkte handelt. So ist es denkbar, daß sich bei einem Unternehmen der Absatz auf das Inland konzentriert, die Beschaffung aber auch im Ausland, durch Importe, erfolgt oder entsprechend umgekehrt. Beide Betrachtungsweisen werden der Bedeutung des Beschaffungsbereiches für ein Unternehmen in aller Regel nicht gerecht. Sowohl in der Unternehmenspraxis als auch in der Betriebswirtschaftslehre wird der Materialwirtschaft als selbständigem Teilbereich ein zunehmendes Interesse entgegengebracht. Störungen in ihrer Funktionsfähigkeit und unwirtschaftliche Durchführung haben erheblichen Einfluß auf die Leistungsfähigkeit anderer Bereiche und damit letztendlich auf den Unternehmenserfolg.
Die Beschaffung ist eng mit den übrigen Bereichen des Unternehmens verbunden. Will man sie sinnvoll betreiben, sind jedoch Planungen und Entscheidungsprozesse vorzunehmen, die sich nicht allein aus den Funktionen mit entsprechenden Vorgehensweisen in Produktion und Absatz ableiten lassen.

Zielvorgaben

Die wesentlichen Zielvorgaben lassen sich auf drei Ebenen wie folgt beschreiben:

Operative Maßnahmen
- Sicherung der Materialbereitstellung im Unternehmen nach Art, Güte und Beschaffenheit zur rechten Zeit am richtigen Ort,
- Flexibilität bei Lieferverzögerungen und/oder Sonderanforderungen seitens des Betriebes.

Dispositives Vorgehen
- Sicherung der operativen Maßnahmen,
- Kostenwirtschaftlichkeit, bezogen auf die Materialkosten einschließlich Nebenkosten und Finanzierungskosten der Materialvorhaltung,
- Beachtung der Kapitalbindung und Liquiditätsbeanspruchung.

Strategische Blickrichtung
- Sicherung der Basis für die Erfüllung der dispositiven und operativen Aufgaben,
- Analyse des Beschaffungsmarktes, um rechtzeitig Impulse zu geben für Unternehmensstrategie und Planungen in anderen Bereichen.

Materialbereitstellung

Unter dem Gesichtspunkt rechtzeitiger Verfügbarkeit und Kostenoptimierung sind im Beschaffungsplan Bestellmenge und Bestellzeitpunkt zu bestimmen. Basis hierfür ist die Ermittlung des Bedarfs, welche Materialien wann in welchen Betriebsabteilungen benötigt werden.

Bedarfsermittlung

Bei Fertigungsunternehmen ermittelt sich der Bedarf aus der Fertigungsplanung im Bereich der Leistungserstellung. Grundlage sind hierfür in aller Regel sogenannte *Stücklisten*. Unter Stückliste versteht man die Aufstellung der für die Erzeugung eines Produktes oder die Durchführung eines Auftrages erforderlichen Einzelteile und Materialien. Was den Bedarf an Betriebsstoffen und geringwertigen Hilfsstoffen angeht, begnügt man sich meistens mit Schätzungen. Aus den Stücklisten ergibt sich, welche Materialien verfügbar sein müssen, um den Produktionsprozeß reibungslos durchzuführen. Damit sind sie die Basis für die Arbeitsvorbereitung im Rahmen der Fertigungsplanung (vgl. auch Kapitel „Leistungserstellung") und für die Vor- und Nachkalkulation (vgl. auch Beitrag 4 „Kostenrechnung"). Aus der Fertigungsplanung ergibt sich neben der Spezifikation nach Art, Menge und Qualität der Materialien auch der zeitliche Rahmen.
Bei Handelswaren erfolgt die Bedarfsermittlung auf der Grundlage des erwarteten Absatzes, also des Absatzplans, eventuell angepaßt an aktuelle Absatzentwicklungen.
Je zuverlässiger diese Planungsvoraussetzungen sind, umso konkreter läßt sich der Bedarfsplan als Grundlage der Beschaffungsmaßnahmen erstellen. Erfolgt eine Bedarfsanforderung objektweise erst nach Vorliegen entsprechender Kundenaufträge, so ist die Bedarfsplanung relativ genau durchzuführen. Diese der Kundenbestellung nachgelagerte Beschaffung erfordert entsprechende Vorlaufzeiten in der Fertigung und Lieferzeiten bei der Ausführung des Kundenauftrages. Insoweit ist sie meistens bei Großprojekten anzutreffen oder wenn wertvolle Sonderanfertigungen bei Zukaufteilen erforderlich sind. In der Praxis treten sie beispielsweise im Schiffsbau oder bei der Erstellung größerer Anlagen auf.
Der häufigere Fall ist die *verbrauchsorientierte Bedarfsermittlung*. Hier wird auf der Grundlage von Vergangenheitswerten und unter Anwendung statistischer Berechnungsmethoden sowie auf der Basis von Absatz- und Fertigungsplanungen der künftige Materialbedarf an Ersatzteilen, Roh-, Hilfs- und Betriebsstoffen sowie von Verschleiß-

1

werkzeugen und Zukaufteilen prognostiziert. Die beschafften Materialien werden einem Vorratslager zugeführt und von dort für die weiteren Leistungsprozesse entnommen.

Vorratswirtschaft

Die Vorratshaltung dient als Puffer zwischen Materialbeschaffung und Materialverwendung. Hierdurch werden zusätzliche Handlungsabläufe und Vorkehrungen erforderlich, die zu entsprechenden Kosten führen. Für die Lagerung sind geeignete Räume und Lagereinrichtungen notwendig, deren Umfang durch das Lagervolumen und die Art der zu lagernden Artikel bestimmt wird. Verderbliche oder besonders gefährliche Waren machen zusätzliche Sicherungsaufwendungen notwendig. Als zusätzliche Arbeitsabläufe ergeben sich Einlagerung, Lagerverwaltung mit eventueller Materialpflege und Entnahme.
Diese Vorgänge einschließlich der für ihre Durchführung erforderlichen Investitionen auch unter Kostengesichtspunkten optimal zu gestalten ist Teil der internen Logistik und wird in dem gesonderten Beitrag 7 „Logistik“ detailliert behandelt.

• Funktion

Je umfassender die Verfügbarkeiten von Waren auch bei Unsicherheiten in der Planung des Fertigungs- und Absatzbereiches gewährleistet werden sollen, umso umfassender wird eine Lagerhaltung im Sinne von Risikovorsorge erforderlich. Eine weitere Risikofunktion der Lagerhaltung besteht in der Vorsorge gegen Lieferverzögerungen. Diese können ihre Ursachen beim Lieferanten haben, aber auch in Transportverzögerungen oder Streiks.
Eine weitere Funktion der Lagerhaltung ist die Bevorratung, wenn beispielsweise mit Preissteigerungen gerechnet wird oder durch größere Bezugsmengen Preisvorteile durch Mengenrabatte, günstigere Transport- und Nebenkosten zu erzielen sind.
Der wesentliche Nutzen einer Lagerhaltung liegt in der *Risikovorsorge* und der *Optimierung der Beschaffungspreise*. In Einzelfällen, z. B. bei Wein, kann eine Lagerhaltung auch zu Wertsteigerungen führen.
In aller Regel sind mit der Lagerhaltung eher Gefahren im Bezug auf Schwund, Beschädigung sowie technische oder modische Veralterung der Ware verbunden. Zusätzlich ist die Lagerhaltung neben den mit ihr verbundenen Kosten für Handling und Investitionen mit Finanzierungskosten für die gelagerten Waren belastet.

• Bestandsrechnung

Damit die Lagerhaltung sinnvoll geplant werden kann und der Einkauf rechtzeitig informiert wird – wenn erneut Bestellungen notwendig werden –, sind entsprechende Informationen erforderlich. Diese liefert die Bestandsrechnung. Die wichtigsten Daten und Begriffe verdeutlicht Abb. 1.8. Durch Entnahmen nimmt der Lagerbestand ab, dargestellt durch die fallende Linie *a–z*. Der Wareneingang erfolgt im Zugangszeitpunkt *z*, so daß um die Zugangsmenge *z–n* der Lagerbestand auf die neue Bestandsmenge *n* ansteigt. Es folgen weitere Lagerentnahmen.
Ein *Mindestbestand* stellt die Risikovorsorge dar. Sie ist die geplante Reservemenge, um auch bei unvorhergesehenem Verbrauch oder Verzögerungen in der Belieferung durch ausreichende Materialbereitstellung vom Lager aus den störungsfreien Ablauf der Betriebsprozesse zu gewährleisten. Bei normalem Geschäftsbetrieb soll dieser Mindestbestand nicht unterschritten werden, so

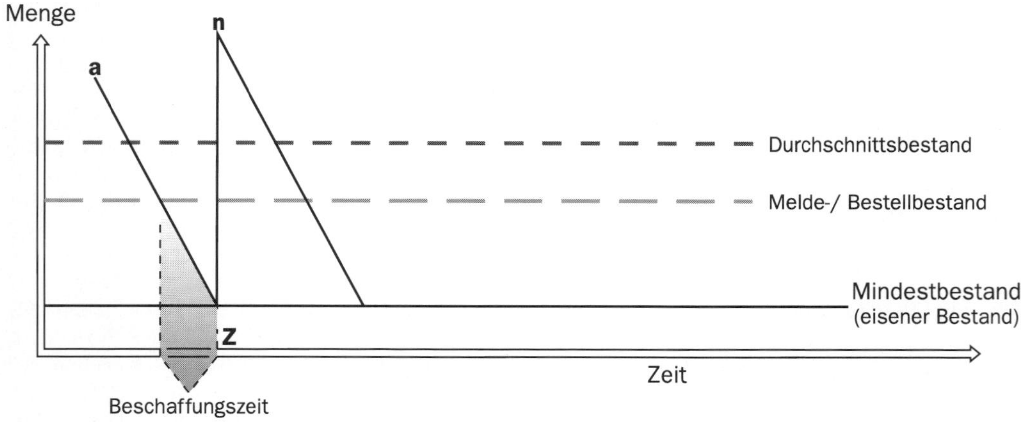

Abb. 1.8: Lagerbestand

daß er auch als „eiserner Bestand“ bezeichnet wird. Verlangsamen sich die Entnahmen oder beschleunigt sich die Zulieferung, so liegt der Zeitpunkt z, an dem der Wareneingang dem Lagerbestand zugeht, oberhalb des Mindestbestandes, bei entsprechend schnellerem Abgang bzw. Lieferverzögerungen unterhalb des Mindestbestandes.

Als *Beschaffungszeit* bezeichnet man den Zeitraum von der Bestellauslösung bis zur Verfügbarkeit der Waren. Dieser Zeitraum wird durch die Bearbeitung der Bestellung, die Lieferzeit des Lieferanten, die Transportzeit sowie innerbetrieblich für die Zeit der Warenübernahme und Eingangskontrolle einschließlich eventueller Qualitätsprüfungen bestimmt.

Zur Überbrückung der während der Beschaffungszeit erfolgenden Abgänge ist eine zusätzliche Bevorratung notwendig. Zusammen mit dem Mindestbestand bildet sie den *Melde- oder Bestellbestand*. Dies ist der Bestand, bei dessen Erreichen vom Lager eine Meldung an den Einkauf ergeht, um eine Bestellung auszulösen. Zwischen dem Tiefststand der Lagerhaltung vor Wareneingang und dem sich danach ergebenden Höchststand ergibt sich im Zeitablauf der *Durchschnittsbestand*. Dieser bestimmt den aus der Vorratshaltung ergebenden durchschnittlichen Finanzierungsbedarf. Dies wiederum löst entsprechende Finanzierungskosten aus, also Zinsen und Nebenkosten der Bereitstellung. Der *Höchstbestand* n zeigt eventuelle Finanzierungsspitzen an.

Abb. 1.9 zeigt, wie durch häufigere Bestellungen geringerer Zugangsmengen der Durchschnittsbestand abnimmt und der Bestellrhythmus steigt. Der sinkende Lagerbestand führt dann zu geringeren Finanzierungskosten und vermindert das Risiko von Schwund und eventueller Veralterung der Ware.

Demgegenüber steht, daß häufigere Bestellungen zusätzliche Arbeitsgänge und damit verbundene Kosten verursachen. Ferner kann es sein, daß bei kleineren Bestellmengen höhere Bezugspreise und ungünstigere Transportkosten in Kauf genommen werden müssen. Zwischen all diesen Einflüssen abzuwägen ist Aufgabe des Beschaffungsplans und hier insbesondere der Ermittlung der optimalen Bestellmenge.

Außerdem sind einmal ermittelte Mindestbestände und Bestellbestände von Zeit zu Zeit zu analysieren und eventuell anzupassen, wenn sich der Verbrauch, die Notwendigkeit der Risikovorsorge und/oder die Lieferzeiten entscheidend verändert haben.

Beschaffungsplan

Beim Einkauf der Waren geht es um die Frage: Welcher Artikel wird wann in welchen Mengen von wem und zu welchen Konditionen bezogen?

Wird das Erreichen der Bestellmenge im Rahmen der Bestandsrechnung gemeldet, ergibt sich der Hinweis auf Artikel und Zeitpunkt. Die Vorratsplanung ist die Basis für die Mengenfestlegung. Da weitere Faktoren bei der Entscheidung mit zu berücksichtigen sind, wird die Ermittlung der sogenannten „optimalen Bestellmenge“ im folgenden näher behandelt, nachdem zunächst auf weitere Aspekte aus dem Beschaffungsmarkt hinzuweisen ist.

Mit der Auswahl des Lieferanten und der Vereinbarung von Preisen und Nebenkonditionen fällt die Entscheidung, von wem und zu welchen Konditionen die Ware bezogen wird. Hierin liegt eine wesentliche Aufgabe des Einkäufers, von dem eine möglichst gute Kenntnis des jeweiligen Be-

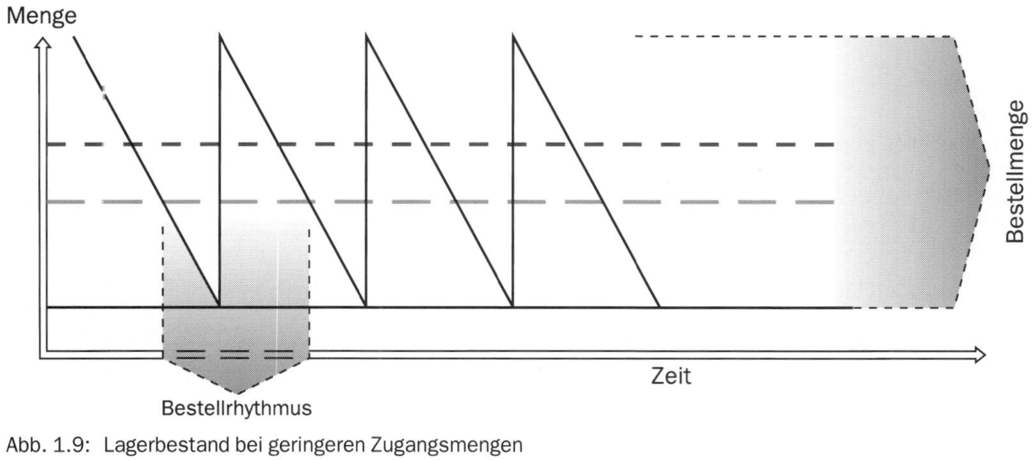

Abb. 1.9: Lagerbestand bei geringeren Zugangsmengen

1

schaffungsmarktes gefordert wird. Marktbeobachtung, Besuch von Einkaufsmessen, Anfragen und das Einholen von Angeboten möglicher Lieferanten sowie entsprechende Verhandlungen dienen der Vorklärung. Erfolgt diese Markterkundung erst, wenn die Bedarfsanforderung an den Einkauf gerichtet wird, so verlängert sich die Bestellzeit – gleichzeitig verschafft sie zu diesem Zeitpunkt die aktuellsten Informationen. Bei kontinuierlich wiederkehrenden Bestellungen eines Artikels ist zumindest eine Vorauswahl der Lieferanten bereits getroffen, so daß der Bestellvorgang zügig abgewickelt werden kann. Oftmals ist bei einem Artikel, wenn es sich beispielsweise um Markenartikel handelt, ein fester Stamm-Lieferant vorgesehen, zumindest für einen bestimmten Zeitraum. Dabei werden zum Teil auch Rahmenverträge geschlossen, in denen die Liefer- und Zahlungskonditionen geregelt sind, oftmals auch z. B. die Preise für eine Saison festgelegt wurden.

• Optimale Bestellmenge
Im Bereich der Bestandsrechnung wurde gezeigt, daß die Bestellmenge sowohl den durchschnittlichen Lagerbestand beeinflußt als auch den Bestellrhythmus, d. h. die Häufigkeit, in der nachbestellt werden muß. Je kleiner der Durchschnittsbestand, umso häufiger sind neue Bestellungen notwendig und entsprechend umgekehrt. Die mit der Höhe des Bestandes steigenden Lager- und Zinskosten sprechen für häufigere Bestellungen in kleineren Mengen. Die mit jeder Bestellung verbundenen Grundkosten wirken sich genau umgekehrt aus. Zu diesen Kosten gehören u. a. die Bestelldurchführung und Überwachung im Einkauf, die Rechnungs- und Wareneingangskontrolle, die Einlagerung und die Behandlung in der Buchhaltung. Außerdem sind in der Regel bei kleineren Liefermengen die Transportkosten, bezogen auf den einzelnen Artikel, höher. Oftmals honoriert der Lieferant die Abwicklung mengenmäßig größerer Aufträge durch Mengenrabatte, also Preisvorteile.
Die Abwägung dieser unterschiedlichen Aspekte führt zur optimalen Bestellmenge. Zur Unterstützung wurden sowohl in der Praxis als auch in der Theorie verschiedene mathematische Hilfsmodelle entwickelt. Teilweise arbeiten sie mit vereinfachenden Annahmen, wie kontinuierlichem Lagerabgang und gleichem Konditionsrahmen bei den alternativen Zeitpunkten für die Bestellungen. Andererseits wurden im Rahmen des „Operations Research" eine Vielzahl mathematischer Modelle entwickelt, auf die an dieser Stelle nicht näher eingegangen werden kann. Da es sich hierbei um Planungs- und Entscheidungshilfen handelt, ergibt sich die besondere Problematik, daß Prognosen zu berücksichtigen sind, also zukunftsgerichtete Aussagen.
Diese Unsicherheiten können sich zum einen auf die Frage nach der Zuverlässigkeit der Bedarfsermittlung beziehen. Je weniger hierbei auf vorliegende Kundenaufträge oder konkrete Fertigungsplanungen zurückgegriffen werden kann, umso stärker wird der Prognoseanteil. Für mathematische Modelle bedeutet dies, daß aus festen Annahmen Wahrscheinlichkeiten werden.
Andere Einflüsse können von den Beschaffungsmärkten ausgehen. Wird mit steigenden, sinkenden oder konstanten Preisen gerechnet? Zeichnen sich Lieferengpässe ab? Sind Störungen bei den Transportwegen zu befürchten, z. B. durch Streiks? Bei Importen gegen Fremdwährungen kommt noch die Frage nach der Entwicklung des Wechselkurses hinzu. Wenn sich aufgrund der zu erwartenden Markt- und Preisentwicklungen eine größere Bestellmenge und damit eine höhere Bevorratung als wirtschaftlich vertretbar ergibt, so bleibt noch zu prüfen, ob die damit verbundenen höheren Kapitalbindungen finanziell abgesichert sind. Soweit ein dem Einkauf vorgegebener finanzieller Planungsrahmen überschritten wird, sind zusätzlich Abstimmungen mit dem Finanzbereich erforderlich.

• Sonderfälle
Bei modischen Artikeln kann ein zu hoher Einkauf nicht nur eine höhere Lagerbindung zur Folge haben, sondern auch Artikel, die anschließend kaum oder nur mit erheblichen Preisabschlägen zu verkaufen sind. Bei einer zu geringen Disposition sind oft Nachbestellungen nicht mehr rechtzeitig möglich.
Bei Saisonartikeln bestehen ähnliche Probleme. Insbesondere bei entsprechenden Handelsunternehmen beeinflußt der Einkauf entscheidend die Möglichkeiten des Vertriebs.
Ein Extremfall ergibt sich aus dem Prinzip des *Just-in-Time*. Hierunter versteht man eine Vereinbarung mit dem Lieferanten, daß die Waren in genau festgelegter Qualität und Menge exakt zu dem Zeitpunkt zu liefern sind, in dem sie im Betrieb benötigt werden. Dies bedeutet, daß auf eine Lagerhaltung im Betrieb verzichtet wird und der Lieferant die Vorkehrungen zu treffen hat, die eine rechtzeitige und ordnungsgemäße Materialbereitstellung sichern. Treten hierbei Lieferverzögerungen auf, so wirken sie sich direkt im Produktionsprozeß aus, so daß in aller Regel mit den Lieferanten erhebliche Konventionalstrafen vereinbart werden.

Sortiments- und Artikelanalyse

Die optimale Vorratswirtschaft und die Bestellmengenermittlung erfordern umfassende Planungen. Dies ist mit entsprechendem Aufwand sowohl in der Einkaufsabteilung als auch in der Aufbereitung des entsprechenden Informationsmaterials verbunden. Dabei soll natürlich der Aufwand für eine Optimierung nicht größer als der daraus resultierende Nutzen sein. Insoweit ist es sinnvoll, nicht alle Artikel mit der gleichen Intensität zu behandeln, sondern sich auf die wichtigen zu konzentrieren. Unbedeutendere und im Wert geringere Materialien werden nach einem Standard abgewickelt, der erwarten läßt, daß die Kosteneinsparungen im Ablauf höher sind als ein eventueller Nutzen bei ausgefeilter Optimierung. Damit sich der Einkäufer auf die richtigen Artikel konzentriert, ist eine Analyse des Sortiments erforderlich.

A-B-C-Analyse

Die Abb. 1.10 zeigt, daß der Großteil eines Umsatzes mit wenigen Artikeln erzielt wird, hier 70% Umsatz mit 10% der Artikel. Ähnliche Werte sind bei Analysen in der Praxis immer wieder bestätigt worden. Diese Artikel werden als *A-Artikel* bezeichnet. Die *B-Artikel* machen ca. 20% aus und erbringen 25% des Umsatzes. Bei den *C-Artikeln* handelt es sich um die Vielzahl der Artikel, die nur einen geringen Umsatzanteil repräsentieren; in der Abbildung bringen 70% der Artikel nur 5% des Umsatzes.

Das besondere Augenmerk gilt den A-Artikeln. Die Praxis zeigt, daß einige wenige, aber ausgewählte Artikel, die nur wenig zum Umsatz beitragen – also dem Prinzip nach B- oder C-Artikel – dennoch der A-Gruppe zugerechnet werden sollten. Dies beeinflußt kaum die aufgezeigte prozentuale Gewichtung. Es handelt sich hierbei im Handel um Artikel, die z. B. durch Werbung der Konkurrenz im Blickpunkt der Kunden stehen, oder in der Fertigung um sensible Teile. Gerade bei der A-Gruppe würden sich Konditionsverbesserungen im Einkauf überproportional auf die Verbesserung des Gesamtergebnisses auswirken. Hier lohnen sich Preisverhandlungen und die Suche nach günstigeren Alternativlieferanten besonders. Ein höherer Aufwand für die Ermittlung optimaler Bestellmengen ist hier gleichfalls gerechtfertigt, da einerseits Fehlbestände zu überproportionalen Einbußen führen können, andererseits der Anteil an der Gesamtlagerhaltung bedeutender ist.

X-Y-Z-Analyse

Ergänzend zum Anteil dieser Artikel am Umsatz bzw. am Jahresverbrauch ist für die Bestellbearbeitung von Bedeutung, inwieweit Verbrauchsschwankungen die Genauigkeit der Bedarfsvorhersage beeinträchtigen. Dies wird als X-Y-Z-Analyse bezeichnet. Abb. 1.11 zeigt die 3 typischen Kurven. *X-Artikel* haben eine hohe Vorhersagegenauigkeit, *Z-Artikel* eine niedrige. Handelt es sich bei den Z-Artikeln gleichzeitig um A-Artikel der vorausgegangenen Analyse, so ist die Untersuchung nach Trend, Saisonschwankung und Zufallseinflüssen besonders bedeutsam.

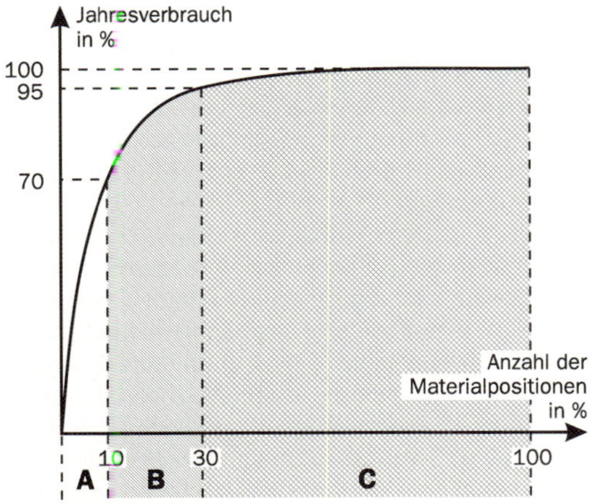

Abb. 1.10: A-B-C-Analyse

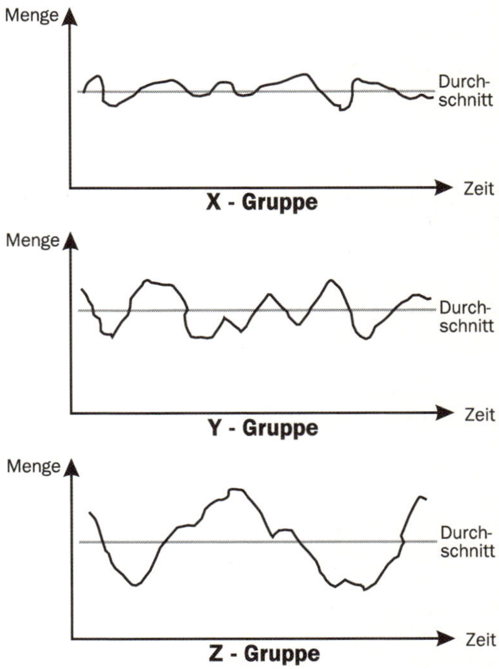

Abb. 1.11: X-Y-Z-Analyse

Abstimmung mit anderen Bereichen
Optimale Einkaufskonditionen sind nur schwer zu erreichen, wenn es lediglich einen möglichen Lieferanten gibt. Auch können Lieferengpässe eines bestimmten Artikels dazu führen, daß mit hohen Risikobeständen und damit ansteigenden Durchschnittsbeständen operiert werden muß.
Hier könnte es sinnvoll sein, wenn der Einkauf versucht, geeignete Austauschartikel ausfindig zu machen, bei denen bessere Bedingungen auf dem Beschaffungsmarkt gegeben sind. Sodann ist eine Abstimmung, z. B. mit dem Fertigungsbereich oder mit dem Vertrieb, erforderlich, um zu prüfen, ob künftig der Bedarf des Unternehmens auf diese Artikel verlagert werden kann. Hier liegt teilweise ein erhebliches Potential zur Ergebnisverbesserung. Oftmals erfolgt in der Firma eine Überspezifizierung des Artikels bei der Bedarfsanmeldung, indem z. B. aus Tradition heraus eine konkrete Marke verlangt wird, obgleich in der Zwischenzeit neuere Entwicklungen preiswerter und möglicherweise sogar mit besserer Qualität erhältlich sind. Die Beschaffung sollte also nicht eingeschränkt als ausführender Bereich für die Beschaffung des angemeldeten Bedarfs verstanden werden. Vielmehr sollte der Einkauf auch seine Marktkenntnisse einsetzen, um innovative, gestaltende Anstöße weiterzugeben. Zeichnen sich z. B. für die Zukunft bei bestimmten Produkten Lieferengpässe oder extrem steigende Preise ab, so ist es hilfreich, wenn im Bereich der Fertigung bzw. Forschung und Entwicklung rechtzeitig nach Alternativen gesucht wird.

Lieferantenanalyse

Der Lieferant ist auch Partner des Einkaufs. Einerseits wollen beide Parteien jeweils für ihr Unternehmen die günstigsten Konditionen aushandeln, zum anderen verbindet sie das Ziel einer guten Geschäftsbeziehung. Leistungsfähige und zuverlässige Lieferanten erleichtern die Beschaffung. Um sowohl die langfristigen Strategien als auch die sich im Tagesgeschäft ergebenden Dispositionen sinnvoll planen zu können, muß der Einkäufer die Struktur seiner Lieferanten kennen. Er muß den Beschaffungsmarkt und seine Entwicklungen beobachten. Zeichnen sich dabei für das Unternehmen entscheidende Veränderungen ab, so sind sie für die Unternehmensplanung als Teil der Umfeldanalyse transparent zu machen.

Lieferantenstruktur
Kriterien für die Beurteilung eines Lieferanten sind Zuverlässigkeit, Größe und Lieferkonditionen. Schließlich ist die Marktposition zu beachten, vor allem, wenn hieraus für den Einkäufer Abhängigkeiten entstehen, z. B. wenn der Lieferant über Exklusivrechte an den Artikeln verfügt. Gelegentlich ergibt sich auch die Konstellation, daß der Lieferant gleichzeitig für das Unternehmen ein bedeutsamer Abnehmer ist, so daß die wechselseitigen Auswirkungen zu beachten sind.
Über die *Zuverlässigkeit* eines Lieferanten können interne Statistiken gut Auskunft geben. Hier wird z. B. die Termintreue analysiert, die Vollständigkeit der Lieferungen, das Einhalten der zugesagten Qualität und das Verhalten bei eventuellen Reklamationen. Je zuverlässiger der Lieferant ist, umso exakter kann der Einkäufer planen. Bei erheblichen Störungen kann es angezeigt sein, sich nach Ersatz-Lieferanten umzuschauen. Zur guten Zusammenarbeit gehört auch, daß der Lieferant den Einkäufer rechtzeitig von sich aus informiert, wenn z. B. Lieferengpässe drohen oder Preiserhöhungen anstehen, so daß der Einkäufer noch rechtzeitige Bevorratung disponieren kann.
Die *Leistungsfähigkeit* gibt Auskunft darüber, inwieweit auch in Zukunft mit einer kontinuierlichen und gesicherten Belieferung gerechnet werden kann. Dies kann sich auch auf die technische Weiterentwicklung der Lieferprodukte beziehen. Die Größe, das Know-how (z. B. Patente) und die Bonität des Lieferanten können zusätzliche Anhaltspunkte sein. Wird die Leistungsfähigkeit besser beurteilt als die erfahrungsgemäße Zuverlässigkeit, so kann es angezeigt sein, daß der Einkauf darauf hinwirkt, daß die Bedeutung des eigenen Unternehmens bei dem betreffenden Lieferanten höher eingeschätzt wird. Dies kann geschehen, indem z. B. zusätzliche Artikel beim Lieferanten bezogen werden, die Zukunftsaussichten dargestellt werden und ganz allgemein ein besserer Kontakt gepflegt wird.
Neben Preis, Mengenrabatten (bezogen pro Lieferung oder auf die Abnahmemenge eines Zeitraumes) und Boni gehören zu den *Lieferbedingungen* insbesondere die Zahlungsbedingungen, also Skontiregelungen, Zahlungsziele und eventuelle zusätzliche Valuta bei Bevorratungen, z. B. bei Saisonbeginn.
Stehen bei einem Artikel dem Einkäufer mehrere Lieferanten zur Auswahl, so kann es sein, daß je nach Bewertung der einzelnen vorgenannten Kriterien die Entscheidung unterschiedlich ausfällt. Möglicherweise bietet ein Lieferant günstige Konditionen an, aber seine Leistungsfähigkeit läßt an einer guten Zusammenarbeit zweifeln. Trotz guter Alternativen kann es oftmals sinnvoll sein, den Artikel bei dem Lieferanten zu bestellen, von dem bereits eine Reihe anderer Waren bezogen wer-

den, um so eine Konzentration auf weniger Lieferanten zu erreichen.
Inwieweit eine Konzentration auf wenige Lieferanten – und bei einem Artikel möglicherweise auf nur einen Lieferanten – sinnvoller ist als die Zusammenarbeit mit einer Vielzahl, ist nur in der konkreten Situation zu entscheiden. Oft wird eine Strategie verfolgt, gerade bei bedeutenden Artikeln einen Hauptlieferanten zu haben und kleinere Teilmengen bei einem Zweitlieferanten zu ordern. Auch dort, wo eine starke Konzentration erfolgt, ist es zumeist angezeigt, den Informationsstand über Alternativlieferanten aktuell zu halten, um bei Lieferstörungen möglichst schnell ausweichen zu können.

Beschaffungsmarkt
Der Markt wird durch die Lieferanten als Anbieter und die Einkäufer als Nachfrager gebildet. Zu Störungen aus der Sicht des Einkäufers kommt es, wenn das Angebot nicht mehr ausreicht, um die Nachfrage zu befriedigen. Übersteigt also die Nachfrage das Angebot, so wird von einem *Verkäufermarkt* gesprochen, d. h. der Verkäufer ist in einer stärkeren Marktposition. Entsprechend umgekehrt sind die Verhältnisse auf dem *Käufermarkt*.
Ist die Situation eines Verkäufermarktes gegeben, so wird der Einkäufer die höheren Preise und ungünstigeren Konditionen akzeptieren müssen, um gegenüber den Mitnachfragern den Zuschlag zu erhalten. In dieser ungünstigen Situation sind entlastende Maßnahmen denkbar, wie z. B. den Materialeinsatz im Unternehmen sparsamer zu gestalten und eventuell auf zusätzliche Lieferanten auszuweichen, indem z. B. die Waren trotz Währungsrisiko und längerer Transportwege aus dem Ausland importiert werden. Ist nachhaltig mit unzureichender Lieferbereitschaft und/oder überhöhten Preisen zu rechnen, so wird die Strategie des Unternehmens dahin gehen, Möglichkeiten für den Einsatz von alternativen Werkstoffen zu entwickeln. In extremen Fällen wird sie diversifizieren, also zu völlig neuen Produktgruppen übergehen. Diese Prozesse brauchen oftmals eine längere Vorbereitungszeit. Treffen das Unternehmen erhebliche Lieferengpässe plötzlich und unvorhergesehen, so wirkt sich dies äußerst ungünstig auf den Fertigungs- und Absatzbereich und damit auf die Ergebnisrechnung des Unternehmens aus.
Deshalb ist es wichtig, daß der Einkauf Entwicklungen auf dem Beschaffungsmarkt rechtzeitig erkennt. Analysiert er die Entwicklung früher als die übrigen Marktbeteiligten, so ist er ggf. noch in der Lage, durch längerfristige Lieferabschlüsse oder erhebliche Bevorratung Vorsorge für eine Übergangszeit zu treffen.

Information für die Unternehmensstrategie
Die Darstellung hat gezeigt, daß der Einkauf sehr wohl geeignet ist, Impulse für die Entwicklung von Unternehmensstrategien zu geben. Die Entscheidung, ob beispielsweise bestimmte Zwischenprodukte selbst hergestellt oder zugekauft werden sollen, berührt einerseits den Fertigungsbereich mit den dort dafür anfallenden Kosten und zum anderen die Beschaffung und deren Möglichkeit, den Fremdbezug gesichert, in genügender Qualität und zu günstigeren Preisen durchzuführen. Erhöhen sich die Preise solcher Zukaufsteile drastisch, kann es möglicherweise wieder sinnvoll werden, selbst zu produzieren oder durch Kooperationen bis hin zu Beteiligungen beim Vor-Lieferanten den Bezug zu sichern.
Bei Handelsunternehmen bestimmter Branchen, insbesondere in der Modebranche und in saisonalen Bereichen, bestimmt der Einkauf mit seinen Abschlüssen bei Messebesuchen oder Auslandsreisen im wesentlichen die Produktionspalette eines Unternehmens. Auch in Versandhäusern ist es zumeist so geregelt, daß der Einkäufer wesentliche Verantwortung für den Umsatz trägt, der mit den von ihm betreuten Produktgruppen erzielt wird. Hier ist es von großem Vorteil, wenn der Einkäufer auf ein gut ausgebautes Informationswesen im Unternehmen zurückgreifen kann.

Warenwirtschaftssysteme

Von einem Warenwirtschaftssystem spricht man, wenn die Bestandsrechnung, das Bestellwesen und der Wareneingang integriert werden und ein gegenseitiger Informationsfluß vorgegeben ist, in aller Regel heute EDV-unterstützt.
Es entwickelt sich zu einem geschlossenen Warenwirtschaftssystem, wenn auch der Warenausgang integriert wird, also die Materialentnahme für den Fertigungsbereich oder bei Handelsware die Bestandsabbuchung integriert mit dem Verkaufsvorgang durchgeführt wird. Ein solches System gibt dem Einkäufer eine Fülle statistischer Dispositionshilfen und erleichtert auch die angesprochene X-Y-Z-Analyse.
Ein geschlossenes Warenwirtschaftssystem integriert damit den Wareneingang, den Warenausgang und das Dispositions- und Bestellwesen. Außerdem liefert es Marketing- und Managementinformationen, auf die an dieser Stelle nicht weiter eingegangen werden kann.

1

Wareneingang
Wird Ware an ein Unternehmen geliefert, so liegt eine Bestellung an den Lieferanten vor und vielfach intern eine „Soll-Rechnung", die aufgrund der Konditionsvereinbarung mit dem Lieferanten erstellt worden ist. So ergibt sich mit der Wareneingangskontrolle gleichzeitig eine Rechnungskontrolle. Zeigt sich eine Abweichung der gelieferten Menge gegenüber der berechneten und/oder eine Differenz zwischen dem vereinbarten und dem in Rechnung gestellten Preis, so kann direkt eine Korrektur in Form einer Belastungsanzeige erfolgen. Die Praxis zeigt, daß häufig Differenzen auftreten, daß z. B. bei der Bestellung ein besonderer Aktionspreis vereinbart wurde, auf der Rechnung aber der höhere Normalpreis eingesetzt ist.

• Bezug zur Bestandsführung
Nach erfolgter Wareneingangs- und Rechnungsprüfung wird dieser Zugang direkt der Bestandsführung zugerechnet, und zwar sowohl mengenmäßig als auch wertmäßig. Gleichzeitig erfolgt eine Verrechnung mit dem disponierten Bestand, d.h. also mit der Menge, die bereits bestellt, aber noch nicht geliefert ist. Die Ergebnisse der Wareneingangsprüfung in bezug auf die Lieferzuverlässigkeit können zusätzlich für die Lieferantenanalyse abgespeichert werden.

• Bezug zum Rechnungswesen
Die geprüfte Wareneingangsrechnung kann direkt im Datenverbund an das Rechnungswesen für die Verbuchung und Zahlung weitergegeben werden. Wenn sich Abweichungen zur Rechnungsstellung des Lieferanten ergeben, kann eine Belastungsanzeige unmittelbar erfolgen und bereits bei der Zahlung in Abzug gebracht werden.

Warenausgang
Auf die eher für die Fertigung oder den Marketing-Bereich relevanten Zahlen soll hier nicht näher eingegangen werden. Für den Einkauf und die nachfolgende Disposition ergibt sich jedoch aus einer detaillierteren Aufzeichnung der Warenabgänge eine Analysemöglichkeit. So zeigt sie, ob z. B. eher mit kontinuierlichem *X-Typ* oder stark schwankendem *Z-Typ* kalkuliert werden muß. Als weitere längerfristige statistische Auswertung ermöglicht sie die Entwicklung eines Trends sowie die Erkenntnis, in welchem Umfange saisonale Schwankungen vorliegen.

Dispositions- und Bestellwesen
Insbesondere aus Trend- und Saison-Analysen läßt sich die Bedarfsvorhersage für den anstehenden Dispositionszeitraum besser absichern. Ist z. B. für einen Artikel ein Bestellrhythmus von 30 Tagen vorgesehen, so wird für die Disposition der Bedarf des entsprechenden Zeitraums in der vorhergehenden Saison zugrundegelegt, multipliziert mit einem Trendfaktor. Ein geplanter Bestellrhythmus ist für spätere Dispositionen eine gute Hilfe. Erfolgt eine erneute Anforderung, also die Unterschreitung des Meldebestandes, früher als im Rhythmus vorgesehen, ist ein erhöhter Lagerabgang zu verzeichnen – dementsprechend ein schleppenderer Abgang gegenüber den bisherigen Analysen, wenn der Bestellzeitpunkt später liegt als der errechnete aus dem Bestellrhythmus (siehe Abb. 1.12).
Gleichzeitig können in einem solchen integrierten System dem Einkäufer direkt Informationen über die aktuellen Preise, den Lieferanten der letzten Sendung und eventuelle Ersatzlieferanten usw. verfügbar gemacht werden. Ferner kann mit dem Ausdruck der Bestellung und der Vorgabe der Lieferzeit auch eine entsprechende Terminüberwachung erfolgen. Die Bestellung wird dann ergänzt durch die „Soll-Rechnung" zur Grundlage der Wareneingangs- und Rechnungsprüfung, womit sich der Kreislauf schließt.

Planung und Kontrolle
Für die Disposition sind dem Einkauf Handlungsziele vorzugeben. Eine wesentliche Vorgabe ist, wieviel finanzielle Mittel zur Finanzierung des Lagerbestandes bereitstehen. Durch die permanente Bestandsrechnung ergibt sich immer der gesamte Warenwert in DM. Außerdem muß der Einkauf wissen, in welchem Umfang und zu welchen voraussichtlichen Lieferzeiten Bestellungen disponiert worden sind. Eine andere entscheidende Zielvorgabe ist die Verfügbarkeit, also die rechtzeitige Warenbereitstellung. Eine 100%ige Absicherung, auch bei außergewöhnlichen Situationen, würde derart extreme Mindest-Reserven erfordern, daß diese nicht mehr wirtschaftlich sein könnten. Hier ist es sinnvoll, möglichst gegliedert nach A-, B- und C-Artikeln Vorgaben zu planen.

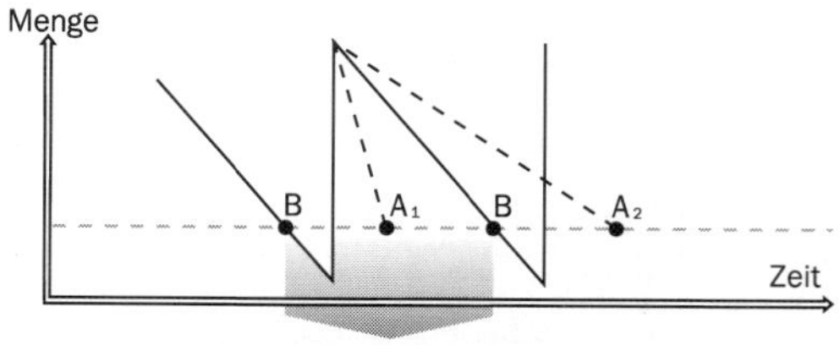

Bestellrhythmus in Tagen:
B - B = geplant
B - A_1 = bei schnellerem Abgang
B - A_2 = bei langsameren Abgang

Abb. 1.12: Bestellrhythmus

Produktion – Leistungserstellung

Wesen und Aufgabe

Aus dem Zweck des Unternehmens ergibt sich, welche Leistungen erstellt und bereitzustellen sind, um mit dem angestrebten Leistungsangebot auf dem Absatzmarkt aufzutreten. Dies können sowohl Sachgüter als auch Dienstleistungen sein, wie in Abb. 1.13 dargestellt.
Auf die spezielle Leistungserbringung der Dienstleistungsunternehmen wie Banken, Versicherungen, Verkehrsbetriebe etc. wird nicht weiter eingegangen werden, gleichfalls nicht auf die Besonderheiten der Handelsunternehmungen. Die Darstellung konzentriert sich auf die Produktion als industrielle Leistungserstellung mit dem Schwerpunkt der Fertigung von Sachgütern.
Die Fertigung ist in diesem Kontext die Be- bzw. Verarbeitung von Gütern, mit dem Ziel, Erzeugnisse herzustellen, die entweder einer innerbetrieblichen Nutzung dienen oder Produkte darstellen, die für den Absatz – also den Verkauf an Dritte – vorgesehen sind. Die Abb. 1.14 zeigt den Zusammenhang zwischen Erzeugnis-, Fertigungs- und Absatz-Programm.
Leider werden die Begriffe nicht immer einheitlich verwendet, weder in der Praxis noch in der Literatur. Insbesondere der Begriff Produktionsprogramm wird zum Teil synonym für Erzeugnis- oder Fertigungsprogramm verwendet oder, wie hier, als Gesamtheit der Produkte. Zum Teil werden auch Bezeichnungen mit unterschiedlicher Definition verwendet wie Fabrikations-, Auftrags- oder Leistungsprogramm.
Entscheidend für die weitere Darstellung ist es hier, neben einer Klärung der Begriffe die Abgrenzung der einzelnen Bereiche deutlich zu machen.

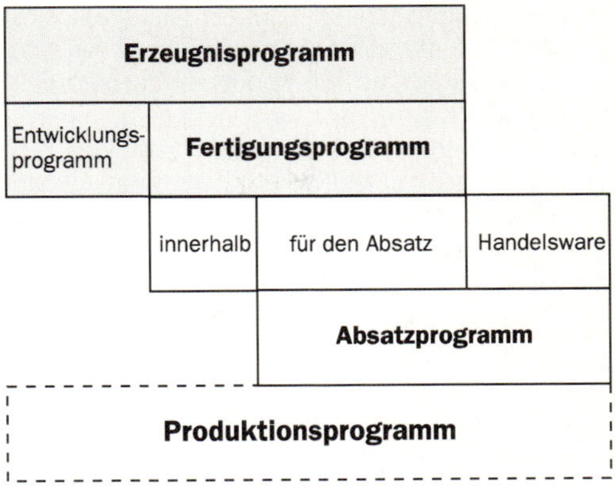

Abb. 1.14: Produktionsprogramm

Im Rahmen einer betrieblichen Leistungserstellung sind Kapazitäten erforderlich, um Erzeugnisse herzustellen, die noch nicht zum Fertigungsprogramm gehören. Hierzu zählen z. B. noch nicht absatzreife Erzeugnisse wie Muster oder Prototypen. Sie werden hier als *Entwicklungsprogramm* bezeichnet.
Im Rahmen eines *Fertigungsprogramms* können Güter erstellt werden, die nicht für den Absatz bestimmt sind, sondern für den innerbetrieblichen Einsatz, z.B. selbst erstellte Anlagen, Vorrichtungen oder Werkzeuge.
Andererseits geht das *Absatzprogramm* des Unternehmens über die im Rahmen des Fertigungsprogramms selbst erstellten und für den Absatz bestimmten Erzeugnisse hinaus, wenn das Produktangebot des Unternehmens durch Zukaufartikel, sogenannte Handelsware, ergänzt wird. Die Handelsware umfaßt bei Fertigungsunternehmen zumeist solche Güter, die nicht im Rahmen der ei-

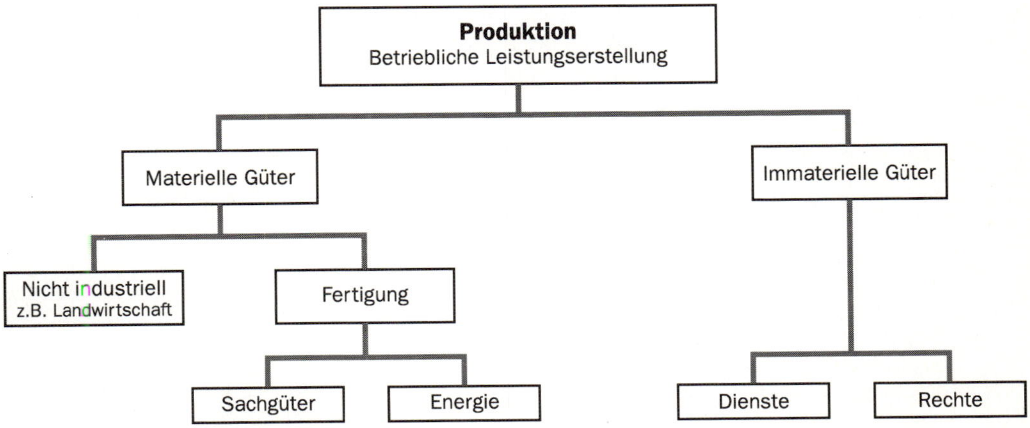

Abb. 1.13: Gliederung der Leistungserstellung

genen Erzeugnisse liegen, jedoch aus Marketinggründen zur Abrundung des Angebots hinzugenommen werden, um die Kunden bedarfsgerecht betreuen zu können. Die Begründung kann jedoch auch darin liegen, daß die eigene Fertigung z. B. in kleineren Stückzahlen teurer kommt als der Zukauf oder daß – zumindest für eine Übergangszeit – die eigenen Fertigungskapazitäten überlastet sind.

Die Fertigung integriert insbesondere zwei Bereiche:
- die Technik, die aufbauend auf Naturgesetzen mit industriell anwendbaren Vorrichtungen und Verfahren unter Einsatz entsprechender Werkstoffe die Leistungserstellung bestimmt und
- die Betriebswirtschaft, die, basierend auf dem ökonomischen Prinzip, den Einsatz technischer Verfahren zur Leistungserstellung bewertet und steuert.

Zunehmend sind Fragen der Umweltbelastung sowohl im Hinblick auf die Auswahl der verwendeten Materialien als auch der eingesetzten Produktionsverfahren zu berücksichtigen.

Produktbestimmung
Die Planung und Entscheidung, welche Produkte in den Leistungsumfang eines Unternehmens aufgenommen werden sollen, wird zwischen Fertigungsbereich und Marketing abgestimmt und letztendlich durch die Unternehmensleitung beeinflußt. Unter Berücksichtigung der Absatzorientierung wird dieser Zusammenhang im nachfolgenden Abschnitt der Leistungsverwertung dargestellt. Selbstverständlich sind die gegebenen Voraussetzungen im Produktionsbereich wesentlich mitbestimmend. Das Absatzprogramm gibt Auskunft über das Angebot der selbstgefertigten Erzeugnisse sowie der ergänzenden Handelswaren, die direkt im Beschaffungsbereich zu disponieren sind. Das Fertigungsprogramm ist nun genauer zu betrachten.

• Erzeugnisbeschreibung
Die zu erstellenden Erzeugnisse sind zu Beginn so zu beschreiben und zu dokumentieren, daß für den Produktionsprozeß eine Planung, Disposition und Steuerung ermöglicht wird.
Das für die Produktion vorgesehene Produkt ist zunächst vom Konstruktionsbüro zu entwickeln und ggf. von der Versuchsabteilung zu erproben sowie zum Teil durch Kontrollinstanzen, wie z. B. dem TÜV, abzunehmen. Zumeist werden das Erzeugnis und seine Konstruktion durch technische Zeichnungen grafisch beschrieben. Dabei sind entsprechende Normen zu beachten, damit jeder Sachkundige eindeutig die entsprechenden Informationen herauslesen kann. Soweit Patente oder sonstige Schutzrechte zu beachten sind, ist dies gleichfalls zu vermerken.
Zur Dokumentation werden die Erzeugnisse in einem für das Unternehmen sinnvollen Ordnungsprinzip verschlüsselt, d. h. mit einer Numerierung versehen, die der Identifikation und der Klassifizierung dient. Für die Konstruktion werden sämtliche Einzelteile, aus denen sich das Produkt zusammensetzt, in einer sogenannten „Stückliste" erfaßt.

• Stückliste
Die Stückliste ist eine Aufstellung der Rohstoffe, Baugruppen und Einzelteile, aus denen sich ein Produkt zusammensetzt. Durch die Hinzufügung zusätzlicher Daten gibt sie auch Auskunft über den mengenmäßigen und qualitativen Aufbau des Produktes sowie die Anforderungen an die zur Erstellung benötigten Einzelteile. Stücklisten sind die analytische Gliederung eines Erzeugnisses, die in verschiedener Weise erfolgen kann:
Struktur-Stückliste: Sie zeigt bei mehrstufiger Fertigung, in welcher Fertigungsstufe die Materialien oder Baugruppen jeweils verwendet werden. Die Abb. 1.15 zeigt, wie die Stückliste in grafischer Form die Struktur eines Erzeugnisses veranschaulicht. Die Zahl der Stufen gibt an, wie viele Fertigungsstufen in der Produktion durchlaufen werden. Auch eine tabellarische Darstellung ist möglich.
Baukasten-Stückliste: Sie ist die Darstellung einer einzigen Fertigungsstufe. Um ein Erzeugnis, das aus mehreren Fertigungsstufen besteht, darstellen zu können, sind entsprechend viele Baukasten-Stücklisten erforderlich; im o. g. Beispiel 4, und zwar für die Produkte A, B, D und E. Ihre Verwendung ist vor allem sinnvoll, wenn die Zwischenprodukte B, D und/oder E auch in anderen Erzeugnissen Verwendung finden.

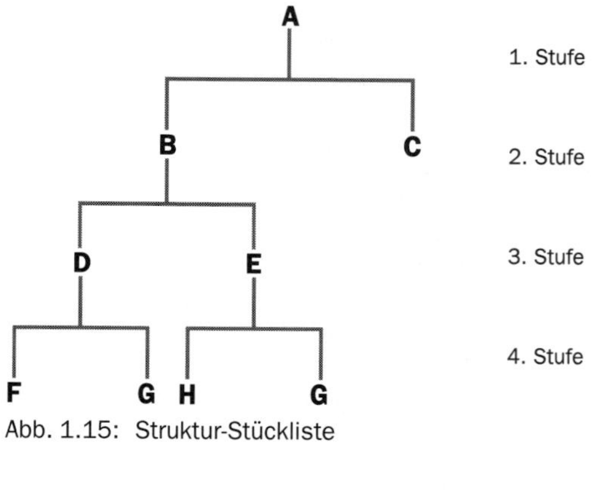

Abb. 1.15: Struktur-Stückliste

Mengen-Stückliste: Sie ist nicht geeignet, die Fertigungsstruktur eines Erzeugnisses darzustellen, sondern dient lediglich der mengenmäßigen Dokumentation der einzelnen Bestandteile.

Varianten-Stückliste: Sie wird verwendet, wenn mehrere Erzeugnisse sich nur geringfügig unterscheiden.

Zunächst beschreibt die Stückliste das Erzeugnis und die verwendeten Komponenten mit den jeweils benötigten Mengen. Daneben sollte sie als Basis-Information eine eindeutige Numerierung und Benennung aller Einzelteile sowie die Maßeinheit für die Mengenangaben beinhalten. Außerdem kann angezeigt werden, ob es sich um Erzeugnisse, Baugruppen, Einzelteile, Kleinteile oder Rohstoffe handelt. Des weiteren sollte angegeben sein, ob es sich um Eigenfertigung handelt, um Fremdbezug oder z. B. beides im Wechsel, abhängig von der Fertigungskapazität. Üblicherweise sind technische Daten angefügt, die abhängig von der Fertigungskapazität über technische Definitionen, Klassifizierungen, den Entwicklungsstand, den zuständigen Konstrukteur, den Stand und das letzte Datum von Änderungen etc. informieren.

Darüber hinaus sind Stücklisten die Basis für die Materialbedarfs-Rechnung. Sinnvolle Materialdaten sind Angaben über: A-, B- und C-Schlüssel, Sicherheitsbestand, Lagerort, Preiseinheit, Einkaufspreis, Lieferant und Lieferzeit. Schließlich ist die Stückliste auch die Grundlage für die Vor- und Nachkalkulation. Entsprechend können weitere Daten für die Buchhaltung und die Kostenrechnung in den Stücklisten abgespeichert werden, wie z. B. Kostenträger, Kalkulationsschlüssel, Materialkonto, Durchschnittspreis, Verrechnungswert, Inventurangaben etc.

In einigen speziellen Industriezweigen werden für die Stücklisten auch andere Bezeichnungen verwendet, z. B. „Rezeptur“ in der chemischen Industrie oder „Materialliste“ in der Bauindustrie.

Fertigungskapazität

Die Kapazität gibt, bezogen auf einen bestimmten Zeitabschnitt, das Leistungsvermögen eines Unternehmens oder einzelner Betriebseinheiten an. Sie wird sowohl durch die Betriebsmittel und deren Leistungspotential, allen Mitarbeitern mit ihren Leistungsfähigkeiten, die Verfügbarkeit der benötigten Werkstoffe und Materialien, die organisatorische Struktur als auch den Betrachtungszeitraum bestimmt.

Die angestrebte Kapazitätsauslastung kann aus technischer und wirtschaftlicher Sicht bestimmt werden. Entsprechendes gilt für die Kapazitätsobergrenze. Für die Kapazitätsplanung kann auf die gegenwärtig rein technisch verfügbare Kapazität zurückgegriffen werden oder auf Erfahrungswerte, wie z. B. die durchschnittliche Kapazität. Ein vom Marketingbereich erstellter Absatzplan für selbsterstellte Produkte muß anhand der verfügbaren Fertigungskapazität unter Berücksichtigung bestehender Läger an Fertigmaterial überprüft werden. Die verfügbare Kapazität bestimmt sich aus den vorhandenen Möglichkeiten zuzüglich einer eventuell im Zeitrahmen möglichen Kapazitätserweiterung.

Brachliegende Kapazitäten können Grundlage für Vorgaben an den Marketing-Bereich sein, durch entsprechende Maßnahmen für zusätzlichen Absatz zu sorgen. Hierauf wird auch unter Kostengesichtspunkten noch einmal eingegangen werden, da die Kapazitätsauslastung auch den Spielraum der Preisgestaltung beeinflussen kann.

Produktionsprogramm

Die Planung des Produktionsprogrammes für eine Periode ergibt sich also aus der sinnvollen Abstimmung zwischen den Gegebenheiten des Absatzmarktes, den betrieblichen Voraussetzungen für die Leistungserstellung und der Materialverfügbarkeit bei der Beschaffung. Aus diesem Plan leiten sich die Aufgaben für die einzelnen Bereiche ab. Beim Produktionsprogramm ist zwischen Fremdbezug und eigener Fertigung zu unterscheiden.

• Zukaufartikel

Zum einen handelt es sich hierbei, wie bereits erläutert, um die Handelsware, die aus absatzpolitischen oder aus Kapazitätsgründen zugekauft wird. Ergeben sich Engpässe in der Kapazität eines Betriebes, so können auch Baugruppen und Zwischenerzeugnisse – die grundsätzlich im eigenen Fertigungsbereich erstellt werden könnten – zu Zukaufartikeln werden, zumindest zeitweise. Auch aus Kostengründen kann von der Eigenfertigung auf Zukauf umgestellt werden. Die Spezialisierung bei Zuliefererfirmen und deren mögliche Kostendegression bei größeren Produktionsmengen fördern diese Tendenz der Arbeitsteilung. Andererseits ist zu beachten, daß hierdurch zusätzliche Abhängigkeiten entstehen und Entwicklungen behindert werden können und daß die Gefahr eines Know-how-Abflusses gegeben ist.

• Fertigungsprogramm

Das Fertigungsprogramm umfaßt die für den Absatz vorgesehenen Endprodukte und Ersatzteile sowie die in Eigenfertigung erstellten Zwischenprodukte. Je mehr Zwischenprodukte bei mehrstufiger Fertigung, z. B. als Baugruppen oder Zwischenteile für mehrere Enderzeugnisse verwendbar sind, umso mehr Flexibilität ergibt sich für die Planung. Dies kann bei weiteren Produktentwicklungen berücksichtigt werden. Die innerbetriebliche Leistungserstellung kann entweder fest oder auch variabel als Puffer bei eventueller Unterbeschäftigung vorgeplant werden. Das Fertigungsprogramm ist die Vorgabe für den Fertigungsbereich.

Zielvorgaben

Die Zielvorgaben des Produktionsbereiches leiten sich aus den Unternehmenszielen und deren Umsetzung im Rahmen der strategischen und der operativen Planung ab.

Rendite und Ergebnisplanungen basieren auf der Wirtschaftlichkeit des Leistungsprozesses, also der Relation zwischen Input und Output. Für die Produktion stellt sich daher die Frage: Welche Leistungen werden mit welchen Kosten erstellt? Hinzu kommen finanzielle Zielsetzungen, so daß sich bereits drei Grundvorgaben ergeben:
- absatzgerechte Leistungserstellung,
- Kostenoptimierung im vorgegebenen Rahmen und
- optimale Kapitalbindung.

Weitere Zielvorgaben können hinzukommen, z. B. die Entwicklung neuer Produkte oder Verfahren zur längerfristigen Unternehmenssicherung oder die Umstellung auf ökologische Anforderungen.

Ziele im Leistungsprozeß
Die zu erstellende Leistung ist zwischen Produktions- und Absatzbereich abzustimmen. Den Rahmen bildet das Produktionsprogramm. Zu konkretisieren ist: Welche Erzeugnisse sind nach Art, Menge, Qualität und zu welcher Zeit bereitzustellen?
Wieweit hierbei die Produktion auf die Anforderungen des Vertriebes Rücksicht nehmen kann, hängt sehr stark vom Einzelfall und der Art des Unternehmens ab. Werden z. B. durch das Fertigungsverfahren verschiedene Erzeugnisse im Verbund und in fester Mengenrelation zueinander gefertigt, so kann die Produktion nur eingeschränkt auf die unterschiedliche Nachfrageentwicklung einzelner Erzeugnisse reagieren. Die notwendigen Entscheidungen können dann also nicht mehr im Absatzbereich getroffen werden, sondern sind auf einer höheren Ebene zu treffen. Dies wird aber in den Kapiteln „Strategische und operative Planung" besprochen. Auf spezielle, auch produktionstechnische Voraussetzungen soll hier nicht näher eingegangen werden. Es sind lediglich einige grundsätzliche Abstimmungsfragen zu behandeln.
Ein wesentliches Kriterium besteht darin, ob die Leistungserstellung auf einen konkreten vorliegenden Kundenauftrag bezogen oder unabhängig davon, z. B. auf Vorrat, produziert wird. Im ersteren Fall kann zwar sehr speziell auf Kundenwünsche eingegangen werden, andererseits ist die Produktion jedoch vom Vorliegen eines Kundenauftrages abhängig. Die Produktionsauslastung wird dabei von der Gleichmäßigkeit der Auftragseingänge sowie den Vorlaufs- und Lieferzeiten bestimmt, die vom Kunden akzeptiert werden müssen. Ist mit größeren Auslastungsschwankungen zu rechnen, so muß zuvor festgelegt werden, auf welches Niveau die Kapazitäten im Produktionsbereich ausgerichtet werden sollen.
Auch bei der Produktion von Massengütern ist eine Abstimmung zwischen Fertigung und Absatz erforderlich. Hierbei können einige typische Situationen unterschieden werden:
Ist ein konstanter Absatz der Güter nach Art, Menge und Zeit gegeben, so kann das Fertigungsprogramm den Verkaufsanforderungen folgen, ohne daß es zu Beschäftigungsschwankungen kommt. Die Lagerhaltung kann sich auf den „eisernen Bestand" begrenzen, um für Störfälle vorzusorgen. Dieser Idealfall ist nur bei wenigen Betrieben gegeben, zumeist bei solchen, die den täglichen Bedarf abdecken.
Häufig treten Schwankungen bei den Verkaufsmengen auf, z. B. bei Saisonartikeln. Hier kann das Unternehmen unterschiedlich reagieren.
- Unabhängig von Saison und Absatzschwankungen wird ein kontinuierlicher Produktionsprozeß geplant. Hierdurch können einerseits die Produktionskosten und die Kapazitätsvorhaltung optimiert werden. Auf der anderen Seite werden relativ hohe Lagerhaltungen und damit verbundene Kosten verursacht.
- Die Produktionsmengen werden den schwankenden Absatzmengen angepaßt. Dadurch wird zwar die Lagerhaltung minimiert, andererseits sind höhere Produktionskapazitäten vorzuhalten, die in auftragsschwachen Zeiten nicht ausgelastet sind und dann entsprechend zu „Leerkosten" führen.
- Es wird ein Optimum gesucht zwischen der Anpassung der Produktionsmenge und deren Kontinuität mit entsprechender Lagerhaltung. Dieses Optimum ist dort gegeben, wo die Summe der Kosten für die nicht ausgelastete Kapazitätsvorhaltung und die Lagerkosten ein Minimum bilden. Im Rahmen der Kostenbetrachtungen im Abschnitt „Durchführung" dieses Bei-

trags kommen wir nochmals darauf zurück. Inwieweit dieses Problem durch den Absatz aufgefangen werden kann, ohne die Optimierung des Unternehmensergebnisses aus den Augen zu verlieren, wird im Kapitel über Leistungsverwertung behandelt.

Bei manchen Erzeugnissen werden Produktionsanpassungen durch Saisonschwankungen auf der Beschaffungsseite notwendig, z. B. bei frisch zu verarbeitenden Grunderzeugnissen. Auch allgemeine Wirtschaftsentwicklungen und Konjunkturschwankungen können eine Anpassung der Programmplanung erfordern.

Je mehr Artikel das Produktionsprogramm enthält, die einem weitgehend entgegengesetzten Saison- und Konjunkturverlauf folgen, aber auf den gleichen Anlagen gefertigt werden können, umso eher ist ein Kapazitätsausgleich im Rahmen der Produktionsplanung möglich.

Abgeleitete Ziele

Neben den Anforderungen aus der absatzgerechten Leistungserstellung sind weitere Zielgrößen zu berücksichtigen, die sich aus dem vorgeplanten Rahmen und der gegebenen Ausgangssituation ableiten.

Im Sinne einer optimalen Kapitalbindung sollen möglicherweise die finanziellen Mittel reduziert werden, wenn sich z. B. der Kapitalrahmen in einem zeitweiligen Engpaß befindet oder aber die Einsparungen durch geringere Kapitalkosten den erwarteten Produktionsgewinn übersteigen. Hieraus können sich folgende Zielvorgaben ergeben:

- die Reduzierung der Durchlaufzeiten während des Produktionsprozesses,
- die Reduzierung der Lagerhaltung, bezogen auf Vorräte, Zwischenläger und/oder Fertigprodukte oder/und
- die Reduzierung der Kapazitätsvorhaltung bei den Betriebsmitteln.

Soweit bei den vorgenannten Zielen unabhängig von den Kostenüberlegungen im Hinblick auf eine eventuell angespannte Liquidität bestimmte Rahmen eingehalten werden müssen, sind sie dem Fertigungsbereich als eindeutige Vorgaben mitzuteilen.

Aus der Kostenoptimierung können weitere Ziele abgeleitet werden, z. B.:

- Optimierung der Rüstkosten,
- die Reduzierung der Transportkosten oder/und
- die Reduzierung von Stand- und Ausfallzeiten.

Ziele mit Bezug auf die Entwicklung von Produkten und Fertigungsverfahren sind unter längerfristigen Aspekten zu bewerten. Schwerpunkte können hierbei sein:

- die Aktualisierung des Sortiments, um langfristig die Absatzchancen zu sichern,
- eine bessere Umweltverträglichkeit,
- kostengünstigere Verfahren in der Produktion und/oder
- der Übergang zu kostengünstigeren Rohstoffen und Zukaufteilen, eventuell auch die Verbesserung der Beschaffungskonditionen durch stärkere Standardisierung.

Maßnahmen und Ressourcen

In der Produktion werden Werkstücke be- oder verarbeitet und Einzelteile oder Baugruppen zu Fertigerzeugnissen montiert. Dies geschieht in entsprechend sinnvoll aufeinander abgestimmten Arbeitsgängen. Für die Durchführung ist der Einsatz von Mitteln erforderlich, die als Produktionsfaktoren bezeichnet werden bzw. auch als Elementarfaktoren. Dies sind: menschliche Arbeit, Betriebsmittel und Werkstoffe.

Produktionsprozeß

Um die Kombination und das Zusammenwirken dieser Produktionsfaktoren sinnvoll zu gestalten, muß geklärt sein: Was tut wer wann, wie, warum, wo, womit und mit welchem Erfolg?

Entsprechend sind die benötigten Produktionsmittel (wer, wo, womit) zur rechten Zeit (wann) in der richtigen Qualität und ausreichenden Menge bereitzustellen, damit es nicht zu Störungen im Ablauf kommt. Zusätzlich sind den betreffenden Bereichen die erforderlichen Pläne als Anweisungen und Informationen zur Verfügung zu stellen, damit sie genau wissen, welche Maßnahmen von ihnen erwartet werden (was, wie, warum).

Hierzu sind umfassende Planungen erforderlich, sowohl langfristig, um ausreichende Kapazitäten verfügbar zu haben, als auch im täglichen Arbeitsprozeß. Es schließen sich die Durchführung der Maßnahmen und die abschließende Kontrolle an.

Menschliche Arbeit

Zur menschlichen Arbeit gehört hier die körperliche und geistige Tätigkeit des Menschen zum Zwecke einer Leistungserstellung. Ausführlicher und bereichsübergreifend wird die Personalplanung, Führung etc. im Kapitel „Der Mensch im Betrieb“ behandelt.

Mit zunehmender Technisierung ist die reine Muskelkraft der menschlichen Arbeitsleistung weniger gefragt als die Fähigkeit, zum Teil hochkomplizierte Maschinen zu bedienen und komplexe Arbeitsvorgänge zu steuern. Mit der Einführung neuer Verfahren ändern sich oftmals auch die An-

1

forderungen. Durch rechtzeitige Planung, Schulung des Personals und eventuelle Neueinstellungen sind hier Vorsorgen zu treffen. Durch eine ergonomische Gestaltung der Arbeitsplätze und Betriebsmittel läßt sich die Leistungsfähigkeit des bedienenden Menschen erheblich steigern. Dies gilt gleichfalls für die physiologische und psychologische Anpassung von Arbeitsplatz und Arbeitsmittel. Nicht zuletzt sind auch sicherheitstechnische Gesichtspunkte zu berücksichtigen.
Die Zeitermittlung spielt für die Beschäftigten im Fertigungsbereich eine große Rolle, und zwar unter anderem für die Personalplanung, die Arbeitsbewertung und die Entlohnung.
Von der Analyse der jeweiligen Tätigkeit, also der Gliederung des Arbeitsablaufes in verschiedene Abschnitte, geht jede Zeitermittlung aus. Die Basis dafür sind üblicherweise die vom REFA entwickelten Grundsätze (REFA = „Reichsausschuß für Arbeitsstudien“, jetzt „Verband für Arbeitsstudien“). Zeitermittlungen sind auch Grundlage für die Prozeßplanung und werden in dem entsprechenden Abschnitt im Zusammenhang mit der Betriebsmittelbelegung behandelt.
Der Lohn, den der Arbeitgeber dem Arbeitnehmer zahlt, ist das vertragliche Entgelt für die zur Verfügung gestellte Arbeitsleistung. Zusammen mit den Lohn-Nebenkosten bilden sie die Kosten für die menschliche Arbeit. Im Detail werden die Fragen der Lohnermittlung in Beitrag 6 im Abschnitt „Personalkosten“ erläutert.
Für eine Disposition der verfügbaren Arbeitsleistung spielt die Urlaubsplanung für manche Betriebe eine wichtige Rolle. In ihr sind die Interessen der Arbeitnehmer – z. B. auf Urlaub während der Schulferienzeit – in Einklang mit den betrieblichen Erfordernissen zu bringen. Insbesondere Betriebe, für die eine hohe, gleichzeitige Präsenz vieler Mitarbeiter für einen reibungslosen Fertigungsablauf erforderlich ist, sind dazu übergegangen, Betriebsferien einzuführen, d. h. für eine gewisse Zeit zumindest die gesamte Produktion ruhen zu lassen. Zum Teil wird dann diese Zeit für Renovierungsarbeiten etc. genutzt. Durch entsprechende Vorproduktion und Lagerhaltung ist Vorsorge zu treffen, daß es nicht zu ungeplanten Störungen in der Lieferfähigkeit kommt.

Betriebsmittel

Alle beweglichen und unbeweglichen Mittel, die der Leistungserstellung dienen, bezeichnet man als Betriebsmittel. Sie werden im Rechnungswesen auf der Aktivseite der Bilanz als Sachanlagen geführt.
Zum einen gehören hierzu die *Grundstücke, Gebäude* und *baulichen Anlagen*. Beim Grundstück sind vor allem die Lage, Größe und Form, die topografischen Gegebenheiten, die Verkehrsanbindung, baurechtliche Bestimmungen und das Vorhandensein von Ver- und Entsorgungseinrichtungen von entscheidendem Einfluß. Je besser die Gebäude den Anforderungen der Fertigung entsprechen, umso wirtschaftlicher können sie genutzt werden. Zu den wesentlichen Eigenschaften gehören das Raumangebot, die technische Ausstattung und Statik, d. h. die Fähigkeit, die Belastung größerer Maschinen und Lagereinrichtungen aufnehmen zu können. Aus einer ungünstigen Raumzuordnung können sich zusätzliche innerbetriebliche Transportwege ergeben. Ver- und Entsorgungsanlagen sind nicht zuletzt auch Umweltanforderungen anzupassen.
Maschinen und *maschinelle Einrichtungen* werden von der Art der Fertigungsverfahren und der jeweils angewendeten Technik geprägt. Waren es zunächst eher Hilfsmittel, um die menschliche Arbeitsleistung zu unterstützen, so reicht das Spektrum heute über Bediener-orientierte Maschinen und Halbautomaten bis hin zu roboterbedienten Automaten und Fertigungsstraßen. Hier spiegelt sich die technische Entwicklung am deutlichsten wider.
Ergänzt werden die Betriebsmittel durch *Werkzeuge* und *Vorrichtungen*. Dabei kann es sich um Hand- oder Maschinenwerkzeug handeln. Vorrichtungen dienen dazu, das Werkzeug oder ein Werkstück in einer bestimmten Lage zu fixieren.
Transport- und *Fördermittel* dienen der Beförderung von Material oder Personen. Die Mittel können nach verschiedenen technischen Merkmalen gegliedert werden. Zum einen können sie im Produktionsprozeß eingesetzt sein, z. B. zur Weiterleitung von Werkstücken von einer Maschine zur anderen. Zum anderen können sie Teil der Lagerhaltung und betrieblichen Logistik sein. Schließlich zählt hierzu der gesamte Fuhrpark.
Die *Lagereinrichtungen* orientieren sich an dem Umfang der Vorratshaltung sowie an der Art der zu lagernden Güter, z. B. ihrer Verderblichkeit, ihrer Gefährlichkeit (Möglichkeit der Explosion oder Verflüchtigung) oder ihres Wertes, insbesondere bei Kleinteilen.
Schließlich zählen noch die *Meß-* und *Prüfwerkzeuge* zu den Betriebsmitteln sowie die *Büro-* und *Geschäftsausstattung*, die sowohl Möbel und Arbeitsmittel beinhaltet als auch die heute zum Teil aufwendigen *Kommunikationsmittel* und *Büromaschinen*.
Anders als die Werkstoffe gehen die Betriebsmittel nicht in das Erzeugnis ein oder werden bei einem Produktionsvorgang verbraucht, sondern können mehrfach und über eine längere Zeit, oft-

mals viele Jahre, genutzt werden. Ihre Lebensdauer kann durch Abnutzung und Verschleiß technisch bedingt sein *(technische Nutzungsdauer)*. Daneben steht die *wirtschaftliche Nutzungsdauer*, unter der die Zeitspanne verstanden wird, in der es wirtschaftlich sinnvoll ist, eine Anlage zu nutzen. Gründe, eine Anlage vor ihrer technischen Abnutzung nicht mehr zu nutzen, können z. B. im technischen Fortschritt liegen, wenn Neuentwicklungen zu wesentlich günstigeren Kosten betrieben werden können. Veränderungen der Produktionsmethoden, des Sortiments etc. können weitere Anlässe sein. Je langlebiger ein Gut ist, umso eher muß damit gerechnet werden, daß die voraussichtliche wirtschaftliche Nutzungsdauer – zumindest in unveränderter Weise – kürzer ist als die technisch mögliche. Die technische Nutzungsdauer wird mit von der Intensität der Nutzung (Ein- oder Mehrschichtbetrieb), der Sorgfalt in der Wartung oder sonstigen Faktoren, wie z. B. Aufstellungsort mit zusätzlichen Umwelteinflüssen, geprägt.

Für die Anschaffung von Betriebsmitteln müssen Finanzmittel bereitgestellt werden. Diese fließen erst im Laufe der Nutzung zurück, und zwar in der Höhe, die in die Preisgestaltung eingeht. Der Umfang der geplanten Nutzung mit der Unsicherheit der Zukunftsprognose ist ein Problem für die Kalkulation. Die voraussichtliche Nutzungsdauer ist grundlegend für die Abschreibung im Rechnungswesen (vgl. auch das Kapitel „Betriebliches Rechnungswesen" sowie die beiden gesonderten Beiträge zum Thema).

Neben den Abschreibungen und den Zinsen für die eingesetzten Finanzmittel fallen zusätzliche Kosten an. Diese können zum einen unmittelbar im Zusammenhang mit der Nutzung stehen, wie beispielsweise bei Maschinen der Verbrauch an Energie, Schmiermitteln und sonstigen Betriebsstoffen. Es können jedoch auch weitere Kosten sein, die sich relativ unabhängig von dem Auslastungsgrad der Betriebsmittel ergeben, z. B. anteilige Platzkosten für die Standfläche, Kosten für Wartungs- und Pflegeaufwand oder evtl. technische Prüfgebühren.

Die Abb. 1.16 zeigt, daß der Anteil an den Fixkosten, der der einzelnen Ausbringungseinheit zugerechnet werden muß, von der Fertigungsmenge im entsprechenden Zeitraum abhängig ist. Es handelt sich hierbei um die Kostendegression bei größerer Ausbringungsmenge im Zusammenhang mit der Kapazitätsauslastung. Der Grad der Kapazitätsauslastung hat gleichfalls Einfluß auf die Kalkulation und die Wirtschaftlichkeitsrechnung eines Unternehmens. Eine gute Kapazitätsauslastung führt zu besseren Ergebnissen; gleichzeitig gibt sie jedoch wenig Reserven. Bei einer intensiveren Nutzung über die optimale Kapazitätsauslastung hinaus können zusätzliche Kosten entstehen, z. B. für erhöhten Verschleiß oder höhere Stundensätze für die Wartung außerhalb der Normalzeiten. Dies ist in Abb. 1.16 mit der gestrichelten Fortführung der Linie für den Fixkostenanteil angedeutet.

Je flexibler ein Betriebsmittel einsetzbar ist, umso eher kann es auch anderweitig genutzt werden, wenn der ursprünglich vorgesehene Produktionseinsatz geringer ausfällt. Andererseits führen Spezialmaschinen oft zu einem besseren Wirkungsgrad. Auch dies ist bei der Anschaffung von Betriebsmitteln zu bedenken.

Um den verschiedenen Faktoren gerecht zu werden, die bei der Entscheidung über die Anschaffung von Betriebsmitteln zu berücksichtigen sind, werden Wirtschaftlichkeitsrechnungen durchgeführt. Zumindest für größere Anschaffungen ist diese Teil einer Investitionsentscheidung, die im Kapitel „Investition – Leistungsbereitschaft" weiterbehandelt wird auch unter Berücksichtigung von Entscheidungskomponenten außerhalb des Fertigungsbereiches.

Werkstoffe

Unter der Bezeichnung Werkstoffe werden Rohstoffe, Hilfsstoffe und Betriebsstoffe zusammengefaßt. Auf eine begriffliche Abgrenzung wurde bereits im Kapitel „Materialwirtschaft – Beschaffung" eingegangen. Ebenso wie auf die Abstimmung zwischen der Beschaffung und Produktion im Bezug auf die Bedarfsermittlung und Vorratswirtschaft. *Rohstoffe* gehen als Hauptbestandteile in die Fertig-Erzeugnisse ein, *Hilfsstoffe* lediglich mit mengenmäßig oder wertmäßig geringerer Bedeutung. *Betriebsstoffe* werden bei der Fertigung verbraucht, gehen aber nicht in das Erzeugnis ein.

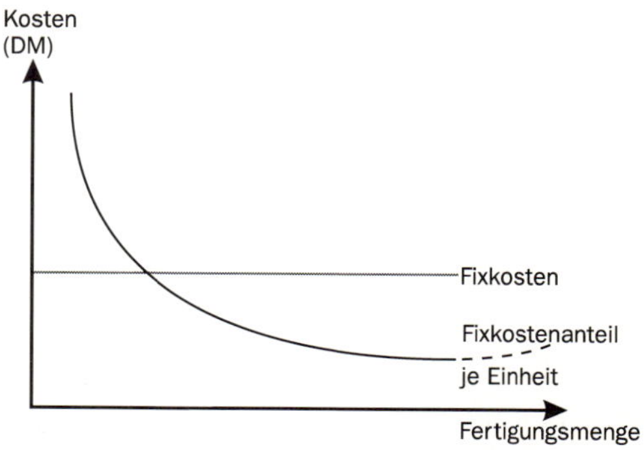

Abb. 1.16: Fixkostenanteil in Abhängigkeit zur Fertigungsmenge

1

Im Rechnungswesen werden Roh-, Hilfs- und Betriebsstoffe in der Bilanz auf der Aktivseite unter Umlaufvermögen als Teil des Vorratsvermögens aufgeführt.
Je präziser die Fertigung ihren Bedarf an Werkstoffen vorausplanen kann, umso optimaler läßt sich auch im Hinblick auf das dadurch gebundene Kapital eine Vorratswirtschaft disponieren, ohne daß es zu zusätzlichen Störungen im Fertigungsprozeß kommt. Bei der Berechnung des Materialbedarfs kann nicht nur von den fertigen Erzeugnissen ausgegangen werden, sondern es sind den Erfahrungen entsprechende Aufschläge für Materialverluste, z. B. Ausschuß im Fertigungsprozeß, vorzunehmen.
Im Bereich der Materialwirtschaft wurde darauf hingewiesen, daß die Fertigung durch ihre Anforderungen, z. B. nach preiswerteren Werkstoffen oder Normung der Zukaufteile, auf die Kosten und damit auf die gesamte Wirtschaftlichkeit Einfluß nehmen kann.
In aller Regel sind die von einem Unternehmen bezogenen Werkstoffe für das vorausgelagerte Unternehmen – den Lieferanten – Enderzeugnisse. Zunehmende Arbeitsteilung führt dazu, daß Betriebe mit geringer Fertigungstiefe relativ hochwertige Bauteile von Zulieferern übernehmen, so daß eventuell nur noch die Montage oder der Einbau in das Enderzeugnis in der eigenen Produktion vorgenommen wird.
Damit steigt der Werkstoffanteil und seine Bedeutung. Das macht vielfach bei der Neuentwicklung von Produkten eine intensivere Abstimmung mit den Zulieferanten erforderlich.

Schutzrechte, Lizenzen

Die Entwicklungen von Erzeugnissen und Verfahren können gegebenenfalls rechtlich geschützt werden. Gewerbliche Schutzrechte sind: *Patente*, *Gebrauchsmuster*, *Geschmacksmuster* und *Warenzeichen*. Hierauf wird unter „Erwerb und Veräußerung von Schutzrechten" am Ende dieses Abschnittes noch einmal eingegangen werden. Die juristischen Aspekte sind im gesonderten Beitrag „Recht des Kaufmanns" behandelt. Schutzrechte anderer sind zu beachten. Will ein Unternehmen Erzeugnisse herstellen oder im Rahmen der Produktion Verfahrensweisen anwenden, die durch Schutzrechte anderer gesichert sind, so kann es sich um den Erwerb entsprechender *Lizenzen* bemühen. Die Lizenznahme bedeutet, daß vom Inhaber eines registrierten Schutzrechtes eine Nutzungsberechtigung erworben wird.

Im Hinblick auf den gestatteten Umfang kann unterschieden werden in:

- unbeschränkte Lizenzen, d. h., der Lizenznehmer erwirbt die gleichen Nutzungsrechte, wie sie der Inhaber des Schutzrechtes besitzt; und
- beschränkte Lizenzen, die Nutzung durch den Lizenznehmer ist eingeschränkt, z. B. örtlich, zeitlich, mengenmäßig oder auf bestimmte Gegenstände und Anwendungsbereiche.

Die Lizenzvergabe kann ausschließlich (exklusiv) an einen Lizenznehmer oder aber an mehrere erfolgen. Als Vergütung können einmalige, fortlaufende oder an Mengen gebundene Zahlungen vereinbart werden sowie auch eine entsprechende Mischform.
Das Vorhandensein eigener Patente, der Erwerb von Lizenzen ebenso wie deren Fehlen oder Auslaufen beeinflussen die Planung von Maßnahmen und Ressourcen.

Ökologische Anforderungen

Die größere Bedeutung des Umweltschutzes sowohl in seiner Auswirkung auf den Produktionsprozeß als auch unter Imageaspekten lassen die gesonderte Aufführung der ökologischen Anforderungen sinnvoll erscheinen. Dabei sollen hier nur einige Themen skizziert werden.
Zum einen sind natürlich die gesetzlichen oder behördlichen Umweltauflagen im Produktionsprozeß zu beachten, z. B. bei Emissionen, verwendeten Materialien und der Entsorgung. Dies hat Einfluß auf die Kosten und damit auf Wirtschaftlichkeitsüberlegungen. Hierdurch veranlaßte Änderungen in den Fertigungsverfahren sind durch entsprechende Planungen der Maßnahmen und Ressourcen zu berücksichtigen. Dies kann auch Auswirkungen auf die Auswahl von Werkstoffen, die Vorkehrungen bei Betriebsmitteln und darüber hinaus bei der Schulung und Ausbildung der Mitarbeiter haben.
Zur Zukunftssicherung kann es erforderlich werden, sich rechtzeitig auf weitere gesetzliche und technische Entwicklungen sowie die zunehmende Erwartungshaltung der Abnehmer einzustellen.

Arbeitsvorbereitung, Planung der Fertigung

Jeweils am Beginn einer Arbeitsperiode – z. B. einer Woche – ist vorauszuplanen, was auf den einzelnen Fertigungsanlagen produziert werden soll und welches Personal wo einzusetzen ist. Vor Beginn der Arbeit sind umfangreiche Vorbereitungen erforderlich, um einen sinnvollen und möglichst störungsfreien Ablauf zu ermöglichen.
Bei der Entscheidung, welche Aufträge in den Fertigungsprozeß gegeben werden sollen – also wel-

che Erzeugnisse in welchen Mengen produziert werden sollen – ist zunächst die Dringlichkeit der Aufträge zu beachten. Bei den Aufträgen kann es sich einerseits um Kundenaufträge handeln, aber auch um interne Aufträge zur Lagerauffüllung von Fertigteilen oder Halbfabrikaten.
Voraussetzung ist, daß die benötigten Ressourcen zur Verfügung stehen. Im Hinblick auf die Betriebsmittel erfordert dies die Kenntnis darüber, wie lange die Bearbeitung der einzelnen Aufträge die entsprechenden Einrichtungen belegen wird. Ergeben sich dabei Kapazitätsengpässe, so sind ggf. Aufträge oder Teilaufträge terminlich zu verschieben. Andererseits soll soweit wie möglich vermieden werden, daß einzelne Betriebsteile unausgelastet sind. Ggf. sind für später terminierte Aufträge vorzuziehen. Dies ist ebenfalls erforderlich, wenn sich bereits absehen läßt, daß in der Zukunft Engpässe entstehen.
Es wird also ein optimaler Mix an Auftragsabwicklung und Kapazitätsauslastung angestrebt. Aufbauend auf dem Produktionsprogramm und den Stücklisten ergeben sich drei Planungsphasen.

Arbeitsplan
Der Arbeitsplan ist das Ergebnis der Arbeitsplanung. Er wird für alle Teile, Halbfabrikate und Enderzeugnisse, jeweils bezogen auf eine Fertigungsstufe, erstellt, also für alle zu fertigenden Stücklistenpositionen. Zusammen mit den Zeichnungen und der Stückliste gehört der Arbeitsplan zu den Fertigungsunterlagen, also den Basisdaten für die Fertigung.

Aus dem Arbeitsplan ergibt sich für jedes zu fertigende Teil, welches durch Nummer und Bezeichnung eindeutig zu identifizieren ist:
- in welcher Weise (Arbeitsgänge),
- in welcher Reihenfolge (Arbeitsablauf),
- auf welchen Maschinen (Arbeitsplätze),
- mit welchen Hilfsmitteln (Werkzeuge und Vorrichtungen) und
- mit welchem Zeitbedarf (Arbeitszeit)

zu fertigen ist. Soweit Transportwege erforderlich werden, ist dies gleichfalls zu vermerken. Die Vorgabezeiten dienen der Terminierung, Kalkulation, Entlohnung sowie der Investitions- und Personalplanung.

Bereitstellungsplan
Hier geht es darum, sicherzustellen, daß die Produktionsfaktoren zur Verfügung stehen:
- in der richtigen Menge,
- in der richtigen Art und Qualität,
- zur richtigen Zeit und
- am richtigen Ort.

Bei den Betriebsmitteln sind evtl. Kapazitätserweiterungen langfristig zu planen. Die laufende Arbeitsplanung geht von den Gegebenheiten aus. Hierbei ist zu berücksichtigen, in welcher Weise, z.B. durch Zusatzschichten und Überstunden, Kapazitätsengpässe ausgeglichen werden können. Soweit möglich, sind Ausfallzeiten für Reparaturen und Wartung zu berücksichtigen.
Auch die Planung der Arbeitskräfte hat einen langfristigen Aspekt. Bei der kurzfristigen Arbeitsplanung orientiert sie sich weitestgehend an der Einsatzplanung der Betriebsmittel. Dabei sind Ausfälle für Urlaub, Krankheit usw., soweit vorauszusehen, einzuplanen. Ggf. müssen Überstunden vorgesehen werden, soweit nicht Aushilfen oder flexible Arbeitszeiten zur Verfügung stehen.
Die Verwendung der Werkstoffe wird in Abstimmung mit der Vorratshaltung geplant, soweit sie nicht auftragsweise bestellt werden. Hier ist eine enge Zusammenarbeit mit der Materialbeschaffung erforderlich. Zeichnet sich bereits ab, daß notwendige Werkstoffe nicht rechtzeitig zur Verfügung stehen, so hat es wenig Sinn, den betreffenden Auftrag vorzeitig in die Produktion zu geben.

Prozeßplanung
Nachdem durch den Arbeitsplan die Anforderungen für jedes zu fertigende Erzeugnis oder Zwischenerzeugnis vorliegen und mit Hilfe des Bereitstellungsplans die Verfügbarkeit der benötigten Ressourcen geprüft wurde, erfolgt die eigentliche Planung des Fertigungsprozesses. Die benötigten Zeiten und die vorhandenen Kapazitäten beeinflussen, welche Aufträge wann mit welchen Mengen für den Fertigungsprozeß eingeplant werden können.
Die Abb. 1.17 zeigt, daß sich die Zeit, während der ein Betriebsmittel für die Bearbeitung eines Auftrages blockiert ist, zusammensetzt aus der Rüstzeit und der Bearbeitungszeit.

Bearbeitungszeit = Menge x Stück x Leistungsgrad

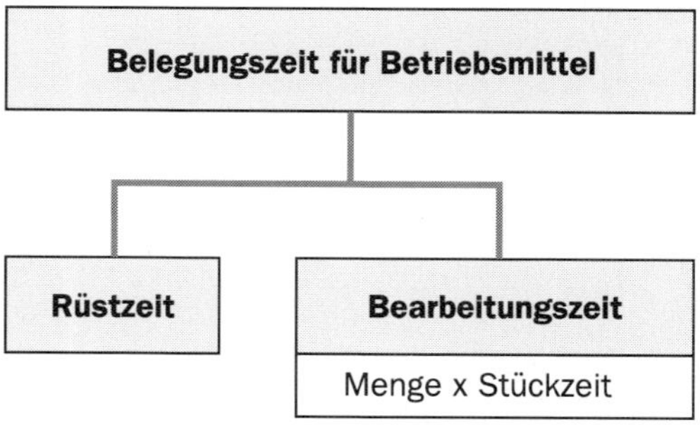

Abb. 1.17: Gliederung der Belegungszeit

1

Die *Rüstzeit* ist weitgehend unabhängig von der zu produzierenden Menge, es sei denn, daß bei größeren Stückzahlen z. B. durch Verschleiß ein Werkzeugwechsel erforderlich wird. Je kleiner die zu fertigende Menge ist, umso größer wird die Rüstzeit in Relation zur Bearbeitungszeit, also der Anteil der Belegzeit pro Exemplar. Insoweit ist es sinnvoll, in größeren Mengen zu disponieren.

Dies kann dadurch geschehen, daß mehrere im Produkt gleichartige Kundenaufträge zu einem Fertigungsauftrag zusammengefaßt werden oder verbunden werden mit einem zusätzlichen internen Auftrag für die Lagerbevorratung. Dabei sind den Einsparungen in der Produktion zusätzliche Kosten für Lagerhaltung gegenüberzustellen, um zur optimalen Losgröße (Menge in einem Arbeitsprozeß) zu gelangen. Andererseits wird durch eine höhere Stückzahl sowie die damit verbundene Belegzeit die Maschine länger für andere Aufträge blockiert. Ggf. kann auf andere Maschinen ausgewichen werden, die dann aber möglicherweise einen ungünstigeren Leistungsgrad aufweisen und/oder längere Rüstzeiten, z. B., weil es sich um ältere Maschinen handelt oder um universell einsetzbare Maschinen, auf denen die Bearbeitung je Stück daher eine längere Zeit erfordert.

Die Rüstzeit kann unabhängig vom jeweiligen Betriebsmittel auch vom vorangegangenen Auftrag abhängen, wenn z. B. nicht komplett umgerüstet werden muß, sondern nur einzelne Formen, Werkzeuge oder ähnliches.

Die Abb. 1.18 zeigt die Durchlaufzeit eines Auftrages. Zusätzliche Zeitfaktoren sind hier z. B. die *Liegezeit* vor Bearbeitungsbeginn, z. B. die Wartezeit, die sich ergibt, weil der vorangegangene Auftrag noch nicht abgeschlossen ist. Die Liegezeit nach der Bearbeitung kann entweder fertigungsbedingt sein – wenn z. B. ein Produkt abkühlen muß – oder durch Warten auf die notwendigen Transporteinrichtungen entstehen. Die *Transportzeit* wird benötigt, um Erzeugnisse entweder zum nächsten Bearbeitungsprozeß oder an das Lager weiterzureichen.

Durchläuft ein Auftrag mehrere Stationen, so ergibt sich die *Durchlaufzeit* aus der Addition des anfallenden Zeitbedarfs. Für diejenigen Arbeitsschritte, die parallel ausgeführt werden können, bestimmt sich die minimale Durchlaufzeit nach dem längsten Arbeitsschritt; bei den anderen Arbeitsgängen entstehen dann entsprechend auftragsbedingte Wartezeiten. Aus der Durchlaufzeit ergibt sich die Zeitspanne, die zwischen Auftragsbeginn und -ende benötigt wird.

Die *Terminierung* wird je nach Berechnungsweg unterschiedlich festgelegt. Bei der sogenannten Vorwärtsterminierung wird von einem bestimmten Anfangstermin aus gerechnet, und es ergibt sich der frühestmögliche Endtermin. Für die Rückwärtsterminierung wird von einem feststehenden Endtermin – z. B. vom Kunden vorgegeben – zurückgerechnet, um zu erfahren, wann spätestens mit der Bearbeitung gestartet werden muß.

Aus der Durchlaufterminierung, z. B. für eine Wochenplanung, errechnet sich die Kapazitätsauslastung der Betriebsmittel und der Arbeitskräfte. Übersteigen die notwendigen Kapazitäten die verfügbaren in einem Bereich, so sind hier entsprechende Umdispositionen gefordert. Wie bereits beim Bereitstellungsplan aufgeführt, ist eventuell eine Ausweitung der Kapazität möglich, z. B. durch Zusatzschichten und Überstunden, wenn auch zu höheren Kosten. Eventuell können auch Spitzen durch Auftragsvergabe, z. B. an Lohnbearbeitungsbetriebe ausgeglichen werden. Kann jedoch die Kapazität kurzfristig nicht den Erfordernissen angepaßt werden, so müssen Aufträge aufgeschoben werden. Durch die Planung sollen solche Engpässe bereits im voraus erkannt werden, um rechtzeitig die richtigen Prioritäten bei den einzelnen Aufträgen festlegen zu können. Die Prioritäten können anhand verschiedener Krite-

Abb. 1.18: Durchlaufzeit eines Auftrages

rien festgelegt werden, so z. B. der Optimierung der Produktionskosten, der Bedeutung des Auftraggebers oder sonstiger Dringlichkeiten, sowie ggf. auch anhand des Wertes der Erzeugnisse, da eine Terminverschiebung in der Regel auch eine spätere Auslieferung und damit verbunden eine verzögerte Zahlung bewirkt.
Ist die verfügbare Kapazität größer als die erforderliche Kapazität, so ist keine volle Auslastung gegeben. Dies bedeutet, daß Kapazitäten vorgehalten werden, die jetzt nicht eingesetzt werden und somit in aller Regel zu Leerkosten führen, die man einzelnen Aufträgen nicht zurechnen kann. Weiteres Ziel der Arbeitsvorbereitung ist es daher, zu einer wirtschaftlichen Auslastung der Kapazitäten beizutragen.
Am Ende der Planung stehen die konkreten Arbeitsaufträge an die einzelnen Stellen der Fertigung. Diese erfolgen durch geeignete Arbeitspapiere.

Durchführung

Die Planung realisiert sich in den einzelnen Fertigungsstufen. Dieser Ablauf wird durch die Fertigungsverfahren mit beeinflußt, die erst an dieser Stelle behandelt werden, obwohl sie natürlich bereits bei der Planung zu beachten waren. Gegenstand des zweiten Unterabschnitts ist die eigentliche Fertigungssteuerung. Schließlich werden einige Aspekte der Kostenoptimierung skizziert.

Fertigungsverfahren

Verschiedene technische, wirtschaftliche sowie räumliche Gegebenheiten und Vorentscheidungen prägen das Fertigungsverfahren. Die Vielfalt der möglichen Kombinationen wird nach verschiedenen Kriterien beurteilt, technische Fragen können hier nicht näher erörtert werden.
Ein Gesichtspunkt sind die erzeugten Mengen, also die Unterteilung danach, wie viele Erzeugnisse der gleichen Art gleichzeitig oder unmittelbar nacheinander im Betrieb hergestellt werden. Man spricht hier von *Fertigungsausführung* oder auch *Fertigungstypen*.
Eine weitere Einteilung orientiert sich an der organisatorischen Gestaltung des Fertigungsablaufes, der räumlichen Anordnung der Betriebsmittel und der damit verbundenen Struktur. Üblicherweise spricht man hier von der *Fertigungsart* oder auch vom *Organisationstyp der Fertigung*.

• Fertigungsausführung
Nach der Menge der Erzeugnisse, die in einem Los gefertigt werden, wird unterschieden:

Einzelfertigung: Gleichzeitig oder in einer Periode wird nur ein einziges Erzeugnis der gleichen Art hergestellt, beispielsweise im Schiff- und Anlagenbau.

Serienfertigung: Von einer Erzeugnisart wird jeweils eine bestimmte Menge in einem Auftrag (Losgröße) gefertigt. Man unterscheidet in Klein- serien- und Großserienfertigung.
Sonderformen der Serienfertigung sind die Sortenfertigung – wenn aus einem oder mehreren gemeinsamen Rohstoffen verschiedene Sorten einer Erzeugnisart hergestellt werden – bzw. von Chargenfertigung, falls es trotz einheitlicher Fertigungsabläufe, beeinflußt durch den Prozeß oder die Ausgangsbedingungen, zu Unterschieden bei den gefertigten Erzeugnissen kommt.

Massenfertigung: Es wird über eine längere Zeit hinweg gefertigt, ohne eine bestimmte Fertigungsmenge konkret vorzugeben.

• Fertigungsart
Die Fertigungsart wird nach der räumlichen, organisatorischen und zeitlichen Struktur unterschieden.

Werkstattfertigung: Maschinen und sonstige Betriebsmittel sowie die Arbeitsplätze mit gleichartigen Arbeitsverrichtungen sind in einer „Werkstatt“ zusammengefaßt. Ist ein Werkstück auf verschiedenen Maschinen zu bearbeiten, so muß dieses von einer Werkstatt in eine andere transportiert werden. Die Vorteile liegen in der hohen Anpassungsfähigkeit an unterschiedlichste Aufgaben, geringer Anfälligkeit bei Störungen in den anderen Fertigungsbereichen sowie in einer Leistungsverbesserung durch Spezialisierung.
Dem stehen als Nachteile die erheblichen Transportzeiten und Transportkosten, die Notwendigkeit von Zwischenlägern sowie teilweise eine geringere Transparenz der Fertigung gegenüber.

Fließfertigung: Maschinen und Arbeitsplätze werden räumlich nach dem Fertigungsablauf geordnet, also nach dem Weg, den das Werkstück in seiner Bearbeitung durchlaufen muß. Dadurch werden die Transportwege, -zeiten und -kosten minimiert. Dies verbessert die Übersichtlichkeit und die Durchlaufzeiten.
Auf der anderen Seite ist die Anpassungsfähigkeit eingeschränkt. Störungen an einer Stelle beeinflussen den gesamten Ablauf. Erfahrungsgemäß wirkt sich diese Art der Fertigung häufig negativ auf die Motivation des Personals aus.
Die Fließfertigung wird in weitere Arten unterschieden. Zum einen in die *Fließbandfertigung*, bei der die Werkstücke kontinuierlich oder in einem bestimmten Takt transportiert werden und die Taktzeit oder die Fördergeschwindigkeit des

Fließbandes die Arbeitszeit bestimmen. Demgegenüber fehlt es der *Reihenfertigung* am zeitlichen Zwangsablauf.
Die *Gruppenfertigung* versucht, durch eine Kombination von Werkstatt- und Fließfertigung die Vorteile beider Organisationsformen zu verbinden. Während lange Zeit die industrielle Entwicklung durch einen stärkeren Einsatz der Fließfertigung geprägt war, scheint nun wieder zunehmend die Gruppenfertigung, auch im Hinblick auf Personalführung und Personalmotivation, an Bedeutung zu gewinnen.

Baustellenfertigung: Bei Großobjekten ist es oft unmöglich, die Werkstücke zu den Betriebsmitteln zu befördern. Stattdessen werden die Betriebsmittel an die Werkstücke herangeführt, z. B. im Hoch- und Tiefbau sowie im Schiffbau.

Fertigungssteuerung

Zunächst ist die Fertigungssteuerung darauf ausgerichtet, nach der Freigabe des Auftrages die Durchführung plangemäß anhand der erstellten Arbeits- und Fertigungspapiere, die die notwendigen Informationen und Vorgaben enthalten, zu sichern.
Störungen werden jedoch Steuerungs-Maßnahmen erforderlich machen. Die Störungen können arbeitsbedingt (z. B. Erkrankungen, Unfälle etc.), betriebsmittelbedingt (z. B. Ausfälle von Maschinen), materialbedingt (Materialfehler oder Transportschäden) und dispositionsbedingt (z. B. fehlerhafte Vorgaben und Unterlagen) sein.
Um diesen Störungen zu begegnen, bedarf es unterschiedlicher Gegenmaßnahmen, abhängig von Art sowie Ausmaß der Störungen, Fertigungsverfahren, technischen Voraussetzungen und eventuellen Ersatzkapazitäten. Demzufolge werden in der Realisationsphase andere Führungsqualitäten gefragt als bei der Strategieentwicklung und Vorausplanung. Hierzu gehören z. B. Improvisations-, Entscheidungs- und Motivationsfähigkeit. In aller Regel sind die einzuleitenden Ersatzmaßnahmen teurer als die geplanten. Hier gilt es abzuwägen, bis zu welcher Höhe Zusatzbelastungen vertretbar sind oder wann es angezeigt wäre, Aufträge zurückzustellen, also die zu erreichenden Ziele im Bezug auf die Leistungserstellung zu reduzieren.
Es ist sinnvoll, den Führungskräften vor Ort hierzu die entsprechenden Informationen entweder bereits mit vorzugeben, diese abrufbar zu halten oder zumindest deutlich zu machen, wann Rückfragen erforderlich werden. Eine wichtige Information ist z. B., welche Aufträge besonders dringend sind, damit bei Verschiebungen die richtigen Prioritäten gesetzt werden können. Liegt z. B. ein Terminauftrag mit einer Vertragsstrafe bei Lieferverzögerung vor (oder mit einem befristeten Akkreditiv, siehe Finanzierung), so sind höhere Zusatzkosten für Ausweichmaßnahmen gerechtfertigt als z. B. für einen internen Auftrag zur Lagerauffüllung.

Aspekte der Kostenoptimierung

Entscheidende Weichen für eine Kostenoptimierung werden bereits in der langfristigen strategischen Planung und Kapazitätsbereitstellung, der operativen Planung und auch bei den kurzfristigeren Dispositionen der Arbeitsvorbereitung gestellt. Neben der Einführung in die allgemeine Betriebswirtschaftslehre befassen sich noch gesonderte Beiträge mit der Kostenrechnung und der Wirtschaftlichkeitsrechnung, so z. B. bei Investitionsentscheidungen, also der Beschaffung von Betriebsmitteln und damit den Voraussetzungen für die Leistungserstellung.
Die tatsächlichen Kosten werden jedoch gleichfalls von der Ausführung wesentlich beeinflußt. Mangelnde Sorgfalt führt z. B. zu erhöhtem Ausschuß. Die hierdurch entstehenden Verluste bestimmen sich vor allem durch den Wert der Werkstücke und dem Umfang der bereits eingebrachten Arbeitsleistungen. Frühzeitige Zwischenkontrollen können also zusätzliche Kosten für Ausschußware verhindern helfen. Dabei ist zwischen den Kosten dieser Prüfung und den eventuellen Einsparungen abzuwägen. Ähnliches gilt auch für Prüfungen zwischen der Rüstung eines Betriebsmittels und dem Beginn der eigentlichen Bearbeitung. Auch ein sinnvoller Einsatz der in Qualität und Sorgfalt unterschiedlichen Mitarbeiter gehört mit zu den Einflußmöglichkeiten der unmittelbaren Fertigungssteuerung auf die Kostenentwicklungen. Hierzu zählt ebenso der sorgfältige Umgang mit Energien sowie sonstigen Betriebsstoffen. Ungenügende Einweisung oder übermäßige Mitarbeiterbelastung können zu Bedienungsfehlern führen, die sich nicht nur auf die Ausschußquote auswirken, sondern z. B. auch zu Defekten an den Betriebsmitteln führen könnten, was Reparaturkosten und Stillstandzeiten bedeutet.
Neben fachlichen Kenntnissen der Führungskraft über den technischen Fertigungsverlauf werden auch Fähigkeiten in der Mitarbeiterführung erwartet. Dies beinhaltet die richtige Einschätzung des jeweiligen Leistungsvermögens – sowohl der individuellen Voraussetzungen als auch in der konkreten Situation, z. B. unter Beeinflussung durch außerbetriebliche Umstände. Ausbildung, Einweisung und Motivation sind zu beachtende Aspekte, zu denen noch eine sinnvolle Kontrolle hinzukommt.

Kontrolle

Die laufende Kontrolle unterstützt die Plandurchführung. Darüber hinaus gibt sie Hinweise für weitere Planungen und eventuell zusätzlich erforderlich werdende Maßnahmen und Dispositionen. Dabei kann die Fertigungskontrolle nach mehreren Arten unterschieden werden.
Häufig wird Kontrolle zunächst als *Fremdkontrolle* verstanden. Die Arbeit eines Mitarbeiters und das Ergebnis werden von außen überprüft, z. B. vom unmittelbaren Vorgesetzten. Außerdem sind in aller Regel ständige Kontrollinstanzen eingeführt, die innerhalb des Fertigungsbereiches entweder bei Abgabe der erstellten Leistung und/oder während des laufenden Produktionsprozesses Prüfungen vornehmen. Im Rahmen der Gesamtunternehmensführung wird schließlich der Fertigungsbereich seinerseits, z. B. im Rahmen der Budgetierung, von außen überprüft.
Darüber hinaus ist es sinnvoll, dem jeweils Betroffenen eine *Selbstkontrolle* zu ermöglichen, indem ihm die Ziele und die Beurteilungskriterien für die Überprüfung offengelegt werden. Dies fördert die Motivation und führt zu Leistungsverbesserungen.
Auf die Bedeutung der Kontrolle für Frühwarnsysteme wird im Kapitel über Controlling zurückgekommen. In Sachen Absatz sei nochmals auf den Beitrag „Marketing“ verwiesen.

Leistungskontrolle
Im Vordergrund steht der Vergleich der Planwerte mit den Ist-Werten. Die Ist-Werte beziehen sich auf die erstellten Leistungen – also auf die Auftragserledigung sowie auf den Fertigungsprozeß. Analysiert werden im einzelnen Mengen und Ausschußquoten, Durchlaufzeiten und Termine – bezogen auf Rüsten, Bearbeiten, Transportieren – sowie ungeplante Unterbrechungen. Hinzu kommen Verfügbarkeitsgrad und Auslastung der Betriebsmittelkapazitäten sowie sonstige Maßstäbe der Produktivität.

Kostenkontrolle
Als umfangreiches Hilfsmittel steht hier die Kostenrechnung zur Verfügung, die in einem eigenen Beitrag dargestellt ist. Auch der vorangegangene Abschnitt zur „Durchführung“ erläutert Aspekte der Kostenoptimierung. Aufgabe der Führung im Fertigungsbereich ist es, möglichst bei allen Mitarbeitern ein Kostenbewußtsein zu wekken und aufrechtzuerhalten. Dazu ist es hilfreich, möglichst kurzfristig die Ursachen unnötiger Kostenentstehung aufzudecken und Möglichkeiten der Vermeidung aufzuzeigen.

Qualitätskontrolle
Der Maßstab ist ein Qualitätsstandard oder eine auftragsspezifische Beschreibung qualitativer Eigenschaften. Die Kontrolle kann alle gefertigten Erzeugnisse überprüfen (100%-Kontrolle) oder in sogenannten „Stichproben“ erfolgen, also nur einen geringeren Prozentsatz zufällig ausgewählter Produkte überprüfen. Oft erfolgt eine Kombination: Liegt die Fehlerquote bei einer Stichprobe extrem hoch, so werden alle Artikel kontrolliert. Nach dem jeweiligen Stadium wird zwischen Eingangs-, Zwischen- und Endkontrolle unterschieden.
In welchem Umfang und in welchem Stadium Qualitätskontrollen durchgeführt werden, hängt auch von Wirtschaftlichkeitsüberlegungen ab. Die Kosten für die Überprüfung sind den Belastungen durch Qualitätsabweichungen gegenüberzustellen. Folgen von Qualitätsmängeln können Ersatzlieferung oder eine Nachbesserung beim Kunden sein, aber auch Garantieverpflichtungen oder Haftungsentschädigungen einschließen. Je umfangreicher diese Zusatzaufwendungen werden (oder wenn sogar Imageverluste drohen), umso mehr rechtfertigt sich eine umfassende Qualitätskontrolle.

Unterstützung durch Computereinsatz

Die Fertigungswirtschaft wird zunehmend durch den Einsatz von Computern unterstützt. Ab Ende der 60er Jahre standen zunächst die Disposition, die Arbeitsvorbereitung und die Steuerung im Vordergrund. Seit den 70er Jahren gewinnt die Computerunterstützung zunehmende Bedeutung bei der Maschinensteuerung sowie in der Entwicklung und der Konstruktion. Heute können ganze Fertigungsstraßen mit Automaten und Robotern computergesteuert werden.
Der zunehmende Computereinsatz beeinflußt die gesamte Entwicklung im Fertigungsbereich – sowohl bezogen auf die Investitionen der Betriebsmittel, die Kostenstrukturen und die Planung als auch die Anforderungen an Mitarbeiter und Führungskräfte. Dies führt zu Spannungen und Zielkonflikten, z. B., wenn der internationale Wettbewerb zu mehr Rationalisierungen, stärkerem Einsatz von Computern, Fertigungsautomaten und Robotern veranlaßt, dadurch aber die Freisetzung von Arbeitskräften und erhöhte finanzielle Anforderungen erforderlich werden.
Dieser Themenbereich ist im Rahmen der Unternehmensziele bei der strategischen Planung zu bedenken.

1

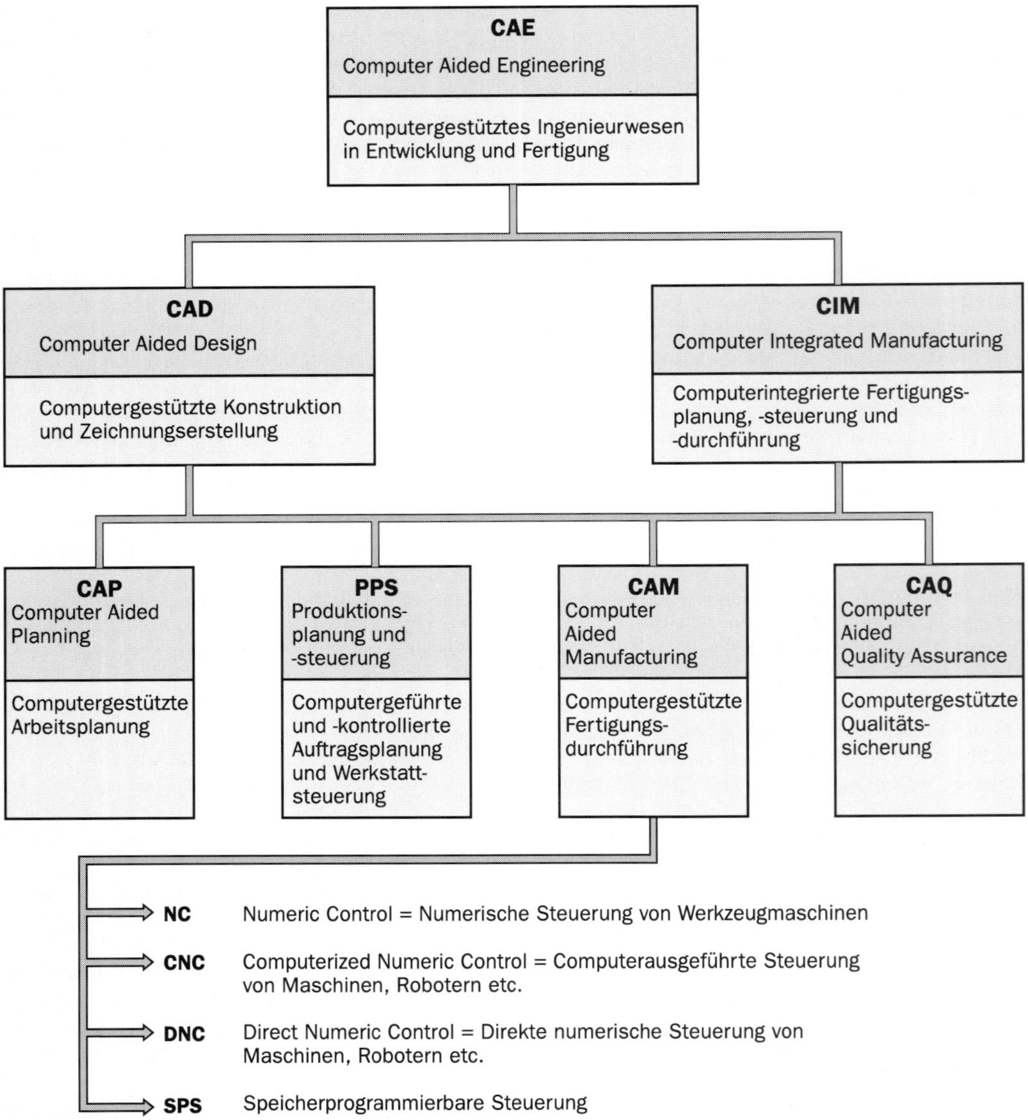

Abb. 1.19: Begriffe des Computereinsatzes in der Fertigung

Mit der Entwicklung und dem Einsatz der Datenverarbeitung befaßt sich ein eigener Beitrag. Daher soll hier (Abb. 1.19) nur ein kurzer Überblick über einige wichtige Begriffe gegeben werden.

Forschung und Entwicklung

Aufgabe von Forschung und Entwicklung ist die Sicherung der Wettbewerbsfähigkeit des Unternehmens. Die Vorgaben leiten sich aus der strategischen Planung ab. Dabei sind die Auswirkungen auf die verschiedenen Bereiche des Unternehmens zu berücksichtigen und zu koordinieren. Hierbei ist auch zu entscheiden, wie weit dies im eigenen Unternehmen, durch Kooperationen oder Drittaufträge – z. B. an Forschungseinrichtungen oder Entwicklungsbüros – erfolgen soll. Natürlich sind auch Kombinationen möglich.
Vernachlässigungen in diesem Bereich führen gelegentlich kurzfristig zu Ergebnisverbesserungen, können aber langfristig zu einem Defizit führen, das die Existenz des Unternehmens oder zumindest seine Unabhängigkeit gefährdet.

Sicherung der Leistungsfähigkeit

Kürzere Lebenszyklen der Produkte (siehe auch die Kapitel „Absatz – Leistungsverwertung“ sowie „Strategische Planung“) erfordern die immer schnellere Entwicklung neuer Erzeugnisse. Dabei sind die Marktanforderungen sowie die betrieblichen Gegebenheiten in Einklang zu bringen, nicht zuletzt aus kostenwirtschaftlichen Gründen. Neben den Erzeugnissen steht dabei die Entwicklung und Anpassung der Produktionsverfahren im Zentrum des Interesses.

Gerade bei High-Tech-Produkten ergibt sich ein enormer Zeitdruck für die Forschungs- und Entwicklungsabteilung. Wenn z. B. in der Computerindustrie neue Produkte oder Baugruppen schon nach einer kurzen Einführungszeit zum Preisverfall führen, so kann die rechtzeitige Verfügbarkeit neuer Produkte für Unternehmen entscheidend dafür sein, inwieweit die hohen Entwicklungskosten noch über die Preise am Markt gedeckt werden können.

• Produkte

Die Produktentwicklung kann nach zwei Zielrichtungen unterschieden werden.

Mit der Veränderung der bestehenden Produkte soll den Marktanforderungen differenzierter entsprochen werden. Im Rahmen von neuen Produktvariationen können den Erzeugnissen zusätzliche funktionelle oder physische Eigenschaften hinzugefügt werden. Durch eine reduzierte Angebotsgestaltung sind auch preiswertere Produktlinien zu schaffen. Variationen in Farbe und Design etc. können das Produkt stärker an die Kundenwünsche anpassen sowie zu Imageverbesserungen beitragen.

Neue Produkte lösen entweder bisherige Erzeugnisse des Produktionsprogrammes eines Unternehmens ab oder erweitern dieses. Dabei wird von *Produktdifferenzierung* gesprochen, wenn die zusätzlichen Erzeugnisse vom Markt als Ergänzung des bisherigen Angebotes betrachtet werden. Gründe hierfür können in einer steigenden Bedürfnisdifferenzierung liegen. Von *Produktdiversifizierung* wird dann gesprochen, wenn die zusätzlichen Produkte keinen unmittelbaren Bezug zum vorhandenen Produktprogramm aufweisen. Wachstumsstrategien eines Unternehmens oder Schrumpfungen auf dem bisherigen Absatzmarkt können dies veranlassen.

Neue Produkte wirken auf die Vorratshaltung – auf der Beschaffungsseite, bei Zwischenlagerungen, Baugruppen und Fertigprodukten, Ersatzteilen und Werkstoffen. Außerdem ist bei den einzelnen Werkstoffen die Markt- und Preisentwicklung auf der Beschaffungsseite zu berücksichtigen. Standardisierungen können sich in der betrieblichen Praxis als vorteilhaft erweisen. Dies gilt sowohl im Bezug auf die Zulieferer als auch auf die Produktion und die eigene Lagerhaltung. Man unterscheidet hierbei zwischen der *Normung* als Vereinheitlichung bei den Einzelteilen und der *Typisierung* für ganze Erzeugnisse oder Aggregate hinsichtlich der Art, Größe, Qualität und Ausführung.

Die Normung schränkt zwar einerseits die Vielfalt der denkbaren Problemlösungen bei der Entwicklung ein, sie gewährt jedoch andererseits auch Vorteile, wie z. B. eine größere und kostengünstigere Serienfertigung, die Austauschbarkeit von Produkten und Verfahren sowie eine vereinfachte und billigere Konstruktion neben den erwähnten Vorteilen bei der Materialbeschaffung und Lagerhaltung.

Zum Teil sind Normungen international, national oder durch Verbände festgelegt, z. B. die DIN-Normen.

• Produktionsverfahren

Die Schaffung neuer Produktionsverfahren kann durch die Produktentwicklung notwendig geworden sein.

Sie kann jedoch auch auf die Rationalisierung und Verbesserung der bisherigen Verfahren gerichtet sein. Ihr Ziel ist dann allgemein die Verbesserung der Wirtschaftlichkeit oder speziell etwa die Sicherung der Produktqualität, ein geringerer Ausschuß, eine höhere Energieausnutzung und kostengünstige Verfahrensweisen, Rationalisierungen im Materialeinsatz oder verbesserte Arbeitsbedingungen.

Diese Überlegungen gehen in die Wirtschaftlichkeitsrechnung und die Investitionsentscheidung ein, die mit der Bereitstellung neuer Produktionsverfahren verbunden ist. Darüber informiert das Kapitel „Investitionen“ ausführlicher.

Forschung

Die Forschung wird unterschieden in Grundlagenforschung und angewandte Forschung. Zur letzteren gehören Erfindungen und Entdeckungen. Insgesamt dienen sie der Fortentwicklung des technologischen Know-hows, also unserer Kenntnisse von naturwissenschaftlichen und technischen Zusammenhängen.

Es hängt von den speziellen Gegebenheiten des Unternehmens, seiner Größe und Branche ab, inwieweit Forschung systematisch im eigenen Hause betrieben werden kann. Meistens wird jedoch auf allgemein zugängliche wissenschaftliche Forschungsergebnisse unabhängiger Einrichtungen zurückgegriffen.

1

Entwicklung
Entwicklung heißt hier, Technologien zum Vorteil des Unternehmens für technische Innovationen nutzbar zu machen. Diese kann sich sowohl auf die Produkttechnik als auch auf die Verfahrenstechnik beziehen.
Durch entsprechende Prämiensysteme können Anreize geschaffen werden, die die Mitarbeiter außerhalb des F + E-Bereiches zu sachkundigen Anregungen motivieren und so das Praxispotential eines Unternehmens nutzen.

Erwerb und Veräußerung von Schutzrechten
Die Ergebnisse von Forschung und Entwicklung können im Hinblick auf ihre gewerbliche Nutzung schutzfähig sein (vgl. dazu auch die Hinweise zu Schutzrechten und Lizenzen im Abschnitt über „Maßnahmen und Ressourcen").
Diese gewerblichen Schutzrechte unterscheidet man in Patente, Gebrauchsmuster, Geschmacksmuster und Warenzeichen. Sie werden im gesonderten Beitrag „Recht des Kaufmanns" unter juristischen Gesichtspunkten behandelt.
Wirtschaftlich ermöglicht der Besitz von Schutzrechten eine Sonderstellung gegenüber den Nichtberechtigten. Dies kann sich sowohl auf die Produkte als auch auf die Produktionsverfahren und die damit eventuell verbundenen Kostenvorteile beziehen und führt in den meisten Fällen zu Wettbewerbsvorteilen.
Die Ergebnisse der eigenen Forschung und Entwicklung eines Unternehmens können also zur Sicherung des Wettbewerbs vorteilsgeschützt werden. Ist damit das Unternehmen Inhaber solcher Schutzrechte, so kann es durch die Veräußerung von Nutzungsberechtigungen – die Lizenzen – Gebühreneinnahmen erhalten, die den eigenen Aufwand für Forschung und Entwicklung entlasten. Lizenzen können unbeschränkt oder beschränkt an einen bzw. mehrere Interessenten vergeben werden, wenn sie für das eigene Unternehmen nur entsprechend eingeschränkt selbst zu nutzen wären.
Fehlen entsprechende eigene Entwicklungen, so kann das für das Unternehmen nutzbare Knowhow seinerseits durch den Erwerb von Lizenzen anderer erweitert werden.
Wird die Entwicklung und die Veräußerung von Schutzrechten Hauptziel der Forschung und Entwicklung, so wird sie zu einem eigenen Dienstleistungsbereich. In aller Regel besteht ihre Hauptaufgabe im Rahmen der Fertigung darin, sowohl zur Verbesserung und Wettbewerbsfähigkeit des Produktprogramms als auch der Produktionsverfahren beizutragen.

Absatz – Leistungsverwertung

Wesen und Aufgabe

Die Aufgabe der Leistungsverwertung ist es, die durch die Beschaffung und Leistungserstellung bereitgestellten Güter bzw. Dienstleistungen am Markt abzusetzen. Gleichzeitig werden durch den Absatz und die daraus resultierenden Einnahmen die zunächst gebundenen finanziellen Mittel wieder zurückgewonnen. Nur wenn dabei ein ausreichender Verkauf zu entsprechenden Preisen erreicht wird, so daß dieser Ertrag (Wert des Outputs) größer ist als die Aufwendungen (Wert des Inputs), kann ein Überschuß erwirtschaftet werden. Hier entscheidet sich, ob die vorausgegangenen Bemühungen sich letztendlich gelohnt haben. Insoweit steht der Absatz einerseits am Ende des güterwirtschaftlichen Prozesses und andererseits gleichzeitig für die Planung am Anfang einer markt- und bedarfsgerechten Orientierung des Unternehmens.
Reicht das Angebot für ein Produkt nicht aus, die Nachfrage zu decken, so wird von einem *Verkäufermarkt* gesprochen. Hier ergibt sich für das anbietende Unternehmen ein entsprechender Spielraum bei der Preisbestimmung. Selbst überhöhte Beschaffungs- oder Herstellungskosten lassen sich hier weitergeben, und ein entsprechender Gewinnaufschlag wird möglich. Der Verkauf wird eher zu einer Verteilungsaufgabe als zu einem Verkaufsproblem. Näheres über den Markt als Zusammenspiel von Angebot und Nachfrage ist im Beitrag „Volkswirtschaftslehre" dargestellt. Überwiegend sind die Unternehmen der Industrieländer heute auf einem *Käufermarkt* tätig, d. h., die Kunden können auf Mitbewerber ausweichen, wenn ihnen das Angebot nicht zusagt. Diese Konkurrenzsituation erfordert umfassende und sorgfältig geplante Maßnahmen, um erfolgreich im Wettbewerb um die Gunst der Kunden zu sein.

Marketing
Die vorgezeigte Entwicklung hat die Bedeutung des Marketings im Verhältnis zur Fertigung erhöht. Welche Produkte, in welcher Qualität, mit welchen Nebenleistungen und zu welchem Preis ist der Markt abzunehmen bereit? Diese Faktoren beeinflussen eine sinnvolle Leistungserstellung. Je mehr der Kunde umworben werden muß, umso intensiver orientiert sich das Unternehmen an dessen Bedürfnissen.
Zunehmend wird der Begriff Marketing an Stelle älterer Bezeichnungen wie Absatz, Vertrieb oder Verkauf verwendet. Zu Recht soll damit der An-

spruch verdeutlicht werden, das Unternehmen vom Markt her auszurichten. Dennoch wird hier am Begriff Absatz festgehalten. Zwei Argumente sollen dies begründen.

1. Marketing zielt letztendlich darauf ab, das gesamte Unternehmen an den Erfordernissen des Marktes zu orientieren. Damit werden mehr oder weniger alle Unternehmensbereiche berührt, sowohl Fertigung und Beschaffung wie auch Personalwesen und sogar das Rechnungswesen, um nicht nur für die Kostenüberwachung, sondern auch für Marktüberlegungen die entsprechenden Informationen bereitzustellen. Damit umschreibt Marketing eher ein Konzept der Unternehmensführung und Unternehmensphilosophie, das die strategische Planung prägt.
2. Durch die Bezeichnung *Absatz* wird der Bereich, der sich mit der Leistungsverwertung befaßt, im Rahmen des gesamten Marketingprozesses enger eingegrenzt.

Die Begriffe *Verkauf* und *Vertrieb* werden eher als Teilbereiche des Absatzes aufgefaßt. Dabei steht Vertrieb stärker für die technisch-logistische Seite der Leistungsverwertung.

Funktionen

Die Aufgaben des Absatzbereiches lassen sich in zwei größere Blöcke einteilen. Der erste Bereich dient sowohl als Basis für das weitere Vorgehen beim Absatz als auch zur Grundlage einer marketingorientierten Unternehmensplanung, Abstimmung mit anderen Unternehmensbereichen und letztendlich zur konkreten Zielvorgabe für den Absatz. Der zweite Teil ist auf die Umsetzung dieser Ziele im Absatz ausgerichtet.

Zum ersten Teilbereich gehört die Marktanalyse, die Informationen über die Marktentwicklung und die Konkurrenz gewinnen soll. Zum anderen sind die Möglichkeiten zu untersuchen, in welcher Weise das Unternehmen erfolgreich auf das Marktgeschehen einwirken kann – hiermit befaßt sich der Abschnitt „Marketing-Mix“.

Nachdem aus der Unternehmensplanung die Zielvorgaben für den Absatz abgeleitet wurden, geht es um deren Realisierung. Hiermit befassen sich die drei Abschnitte „Planung“, „Realisierung“ sowie „Kontrolle“.

Marktforschung

Die Aufgabe der Marktforschung ist die systematische Erfassung und Beobachtung von Zuständen, Strukturen und Vorgängen auf einem Markt. Damit ist sie ein wesentlicher Bestandteil der Umfeldanalyse. Die durch die Absatzmarktforschung bereitgestellten Informationen bilden die Grundlage für Marketing-Entscheidungen. Wesentliche Faktoren für die Abschätzung der eigenen Marktchancen sind das Marktwachstum und der eigene Marktanteil.

Für einen bestimmten Markt bzw. einen produktmäßig und räumlich abgrenzbaren Teilmarkt soll möglichst zuverlässig das *Marktvolumen* für den tatsächlichen Absatz sowie das *Marktpotential* für den möglichen Absatz ermittelt werden. Der *Marktanteil* ist das Verhältnis des Absatzes (mengenmäßig) bzw. Umsatzes (wertmäßig) eines Unternehmens zum Marktvolumen. Beim Bezug auf das gesamte Marktvolumen wird vom absoluten Marktanteil gesprochen. Zur Ermittlung des relativen Marktvolumens wird der Marktanteil eines Unternehmens in Relation zu dem eines Mitbewerbers, z. B. des wichtigsten Konkurrenten, gesetzt. Ein weiterer Aspekt ist die Erkundung von Käuferstruktur und Käuferverhalten.

Die Qualität einer Marktübersicht hängt von der Zuverlässigkeit der ermittelten Daten und deren sinnvollen Auswertung ab.

Datenerhebung

Die *Marktanalyse* als Teil der Marktforschung soll die Marktverhältnisse zu einem bestimmten Zeitpunkt aufzeigen. Sie kann einmalig, fallweise sowie in wiederkehrenden Rhythmen durchgeführt werden.

Bei der *Marktbeobachtung* soll die Veränderung der Marktverhältnisse im Zeitablauf erkannt werden. Diese Marktentwicklung gibt Auskunft über Marktverschiebungen, Marktschwankungen oder z. B. Wandlungen im Verhalten der Käufer, Modegeschmack etc.

Durch die *Marktprognose* soll ein Bild zukünftiger Marktsituationen entwickelt werden. Sie ist von Unsicherheiten der Vorhersage geprägt. Zum Teil liegen aber Urache-Wirkung-Verhältnisse vor, die eine Wahrscheinlichkeitsrechnung ermöglichen, z. B. voraussichtlicher Bedarf an Ersatzteilen in der Zukunft auf der Basis jetziger Neuverkäufe.

Bei der Beschaffung der Informationen kann entweder auf bestehende Daten zurückgegriffen werden – *Sekundärerhebung* –, oder die Daten werden speziell und für einen bestimmten Zweck erhoben – *Primärforschung*.

Bei der Sekundärerhebung wird auf externes Material, wie z. B. amtliche Statistiken, Statistiken von Verbänden und Kammern, wissenschaftlichen Einrichtungen und Instituten, Veröffentlichungen in Fachzeitschriften etc., oder auf interne Quellen, z. B. Kundenkarteien, Außendienstberichte und interne Statistiken, zurückgegriffen. Sie ist sehr kostengünstig und liefert gerade für die gesamt-

1

wirtschaftlichen Auswertungen recht brauchbare Grundlagen. Leider ist sie oft zu unspezifisch, und es mangelt an Transparenz über die zugrundeliegenden Fakten. Selbst wenn eigene Erhebungen sinnvoll erscheinen, so können sie in der Vorbereitung eine nützliche Hilfestellung sein.
Die Primärforschung liefert Daten über spezielle Zielgruppen und orientiert sich an ausgesuchten Fragen. Sie ist aber wesentlich kostenintensiver. Vom Umfang her können alle Personen einer Zielgruppe einbezogen werden oder nur eine repräsentative, begrenzte Anzahl. Als Methoden eignen sich Befragung, Beobachtung, Experimente oder die sogenannten Panel-Erhebungen, bei denen mehrfach über einen längeren Zeitraum hinweg Befragungen oder Beobachtungen bei dem gleichen repräsentativen Personenkreis durchgeführt werden.

Auswertung
Oft müssen die gewonnenen Daten zunächst noch ausgewertet und sinnvoll miteinander verbunden werden, um eine verwertbare Basis für künftige Entscheidungen zu beschreiben. Da Entscheidungen ihrer Natur nach zukunftsorientiert sind, müssen vergangenheits- oder gegenwartsbezogene Daten aufbereitet, analysiert und zu Prognosen erweitert werden.
Neben einer Beschreibung des Gesamtmarktes und den bereits zuvor genannten Daten der Marktentwicklung und des eigenen Marktanteils sind für eine Planung konkreter Maßnahmen genaue Kenntnisse der Kunden und der Konkurrenz Voraussetzung.

• Kundenanalyse
Die Absatzbemühungen sind ausgerichtet auf die bestehenden Kunden und potentielle, zukünftige Abnehmer. Demographische Erhebungen, z. B. bei Endverbrauchern über Alter, Geschlecht, Familienstand, Haushaltsgröße sowie sonstige soziale und ökonomische Variablen, können hilfreich sein, die Struktur genauer zu erkennen. Um das Konsumverhalten richtig einzuschätzen und das eigene Vorgehen zu optimieren, sind oftmals weitere Informationen notwendig, wie z. B.: Wer trifft wo und wann welche Kaufentscheidung, und wodurch wird sie primär beeinflußt? Was sind aus der Sicht des Kunden die wesentlichsten Alternativprodukte? Im einleitenden Teil unter dem Abschnitt „Umfeld des Unternehmens" wurde auf die Einflüsse aus dem Wertewandel, z. B. veränderte ökologische Anforderungen, und die Konkurrenz mit anderen Märkten durch Kaufkraftentzug hingewiesen. Letztendlich entscheidet der Kunde, und es ist hilfreich zu wissen, welche Faktoren für ihn den Ausschlag geben; manchmal hält sie der Produzent aus einer rationalen Sicht heraus für untergeordnet, und doch können sie das wesentliche Hemmnis oder der auslösende Zusatznutzen sein. Für die Entwicklung der hier eingesetzten Verfahren der Motivforschung stellt sich gelegentlich das Problem, daß das relativ stärkste Motiv möglicherweise dem Befragten selbst nicht bewußt ist oder von ihm nicht zugegeben wird, also nur indirekt abgeleitet werden kann.

• Konkurrenzanalyse
Um im Wettbewerb bestehen zu können, muß die Konkurrenz realistisch eingeschätzt werden. Hierbei interessieren sowohl das derzeitige Verhalten der Mitbewerber als auch ihre Potentiale, mit denen sie auf Maßnahmen des eigenen Unternehmens reagieren können, beispielsweise ihre finanzielle Ausstattung, ihr technisches Knowhow sowie ihre Marktpräsenz. Ein Vergleich der eigenen Stärken und Schwächen mit denen der Konkurrenz sind Ansatzpunkte für strategische Entscheidungen.
Das rechtzeitige Erkennen potentieller Konkurrenten stellt eine besondere Thematik dar. Sie kann sich aus Diversifikationsabsichten von Anbietern aus anderen Märkten, durch Produktions- oder Produktveränderungen (Metallprodukte konkurrieren „plötzlich" gegen Kunststoffartikel) oder durch räumliche Markterweiterung, z. B. den EG-Markt, ergeben. Oft entsteht Konkurrenz durch Außenstehende dann, wenn sich die Wettbewerber im Branchenmarkt ungenügend auf Kundenwünsche eingestellt haben, weil es ja z. B. die Konkurrenz auch nicht tat oder die Analyse unzureichend blieb.

Marktsegmentierung
Einerseits ist es also sinnvoll, die Marktbeobachtung über den angestammten eigenen Markt hinaus auszudehnen, um rechtzeitig zu erkennen, ob und wo sich Konkurrenz entwickelt. Zum anderen hilft es der Analysegenauigkeit, wenn durch entsprechende Segmentierung des Marktes relevanten Unterschieden zu Mitbewerbern oder Konkurrenzprodukten Rechnung getragen wird. Differenzierungen können ferner auf der unterschiedlichen Qualität des Produktes, in der räumlichen Einteilung oder in verschiedenen Zielgruppen bestehen. Bei den einzelnen Marktsegmenten kann sich dann durchaus ergeben, daß die Möglichkeiten des eigenen Unternehmens, im Konkurrenzkampf erfolgreich zu sein, sehr unterschiedlich sind. Hier gilt es dann zu entscheiden, inwieweit es sinnvoll ist, sich auf die Segmente zu konzen-

trieren, in denen die besten Wettbewerbsvorteile gegeben sind. Selbst, wenn das Unternehmen in mehreren Segmenten tätig bleibt, ist die Einteilung hilfreich, um sich konkreter auf die spezifischen und unterschiedlichen Bedürfnisse der Kunden einzelner Segmente einstellen zu können.
Zeigt die Marktforschung für das bisherige Marktsegment geringe Wachstums-Chancen oder gar ein rückläufiges Marktvolumen und/oder einen unbedeutenden eigenen Marktanteil bei starker Konkurrenz, so müssen rechtzeitig neue Marktsegmente erkannt und aufgebaut werden. Aufgabe der Marktforschung ist es dabei, geeignete Informationen in systematischer Weise bereitzustellen, um eine Auswahlentscheidung zu ermöglichen.

Marketing-Mix

Um die Ziele des Unternehmens auf dem Markt umzusetzen, stehen verschiedene Mittel zur Verfügung. Üblicherweise wird heutzutage vom Marketing-Mix gesprochen, wenn diese Mittel und ihr Zusammenwirken beschrieben werden. Zum Teil wird auch vom Einsatz des *absatzpolitischen Instrumentariums* gesprochen. Vorherrschend erfolgt die Einteilung in vier Gruppen, wie die Abb. 1.20 zeigt.
Im Mittelpunkt des ersten Feldes steht die Frage: „Was wird angeboten?“ Hier geht es um die Bestimmung von Produkt und Sortiment, aber auch um die Nebenleistungen.
Das zweite Feld bezieht sich auf die Frage: „Was ist die Gegenleistung des Kunden?“ Dabei soll eine optimale Politik für Preise und Zusatzkonditionen entwickelt werden.
Im Mittelpunkt des dritten Feldes steht die Frage: „Wie erreicht unser Produkt/Leistung den Kunden?“ Untersucht werden hier die Möglichkeiten verschiedener Absatzwege und allgemein die Fragen der Distribution.

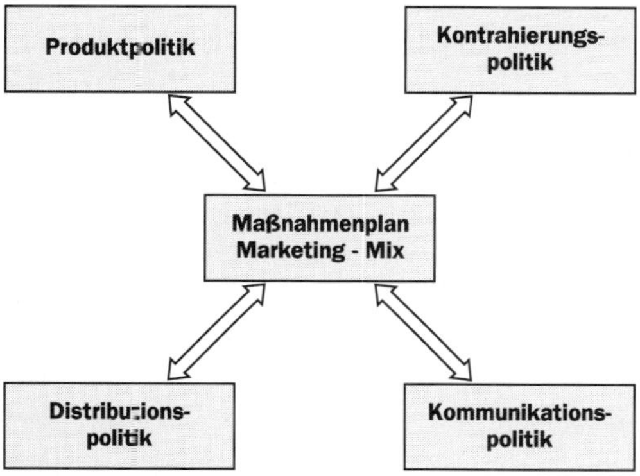

Abb. 1.20: Marketing-Mix

Das vierte Feld beschäftigt sich mit der Frage: „Wie wird Kaufbereitschaft für unsere Leistung beim Kunden geweckt?“ Unter Kommunikationspolitik werden dabei Werbung, Verkaufsförderung und Öffentlichkeitsarbeit zusammengefaßt.
Die Ausgestaltung der Instrumente, anhand derer diese Fragenkomplexe behandelt werden, ist abhängig vom jeweiligen Markt, z. B. von den Erwartungen der Kunden, der Konjunkturlage, den konkreten Gegebenheiten des Unternehmens und dem Verhalten der Wettbewerber. Dabei ist die Wirkung einzelner Maßnahmen nicht isoliert zu beurteilen, denn erst ihr Zusammenwirken prägt das Erscheinungsbild und die Erfolgsaussichten des Unternehmens auf dem Markt. So müssen z. B. Produkt und Verpackung, Preis, Präsentation und Werbung übereinstimmen. Sie sind für ein Billigprodukt anders zu gestalten als bei einem hochwertigen Angebot, wenn sie auf den Kunden überzeugend wirken sollen.

Produkt und Sortiment
Der zentrale Gegenstand des Verkaufs, der Leistungsverwertung, ist das Leistungsangebot. Dabei kann es sich zum einen um selbsterstellte Erzeugnisse (Fertigungsunternehmen) handeln und zum anderen um Produkte, die eingekauft und unverarbeitet weiterverkauft werden. Letzteres ist typisch bei Handelsunternehmen sowie bei Fertigungsunternehmen als Zukaufsartikel zur Sortimentsabrundung. Bei der Sortiments-/Produktbestimmung ergeben sich entsprechende Wechselwirkungen zu den Bereichen Beschaffung und Produktion. Letztendlich entscheidet der Kunde über den Erfolg der Angebotspolitik. Der Handel, der keine Fertigungsbelange zu berücksichtigen hat, kann oft schneller auf Kundenverhalten reagieren, insbesondere, wenn es darum geht, nicht erfolgreiche Produkte aus dem Sortiment zu nehmen oder durch andere zu ersetzen. Andererseits kann ein Fertigungsunternehmen durch Eigenentwicklungen reagieren und sich Vorteile durch ein spezialisiertes Angebot verschaffen.

• Sortimentsgestaltung
Die Zusammenstellung des Leistungsangebotes kann sich an unterschiedlichen Prinzipien orientieren:
Von einer *herkunftsorientierten* Sortimentspolitik spricht man, wenn das Angebot sich auf ausgewählte Materialien oder Lieferanten konzentriert. Dies kann fertigungsbedingt sein oder im Handel durch Exklusivvertretungen erfolgen.

1

Die *problem-* bzw. die *bedarfsorientierte* Sortimentspolitik orientiert sich stärker am Kunden. Seine Probleme und Bedürfnisse sollen umfassend berücksichtigt werden, auch wenn dafür vorhandene Branchengrenzen überschritten werden müssen. Unter der Devise: „Alles unter einem Dach" sind im Handel unterschiedliche Vertriebsformen entstanden, die den einmal gewonnenen Kunden möglichst umfassend betreuen wollen. Hierzu gehört auch eine branchenübergreifende Sortimentsausweitung bei gleichzeitiger Kundenspezialisierung, wie z. B. „Alles für das Kind (den Heimwerker...)".

Konzentriert sich das Angebot auf eine bestimmte Preisklasse, so handelt es sich um eine *preisorientierte* Sortimentspolitik. Verfügt das Unternehmen nur über spezialisierte Erfahrungen, so kann dies der Maßstab für eine Sortimentsauswahl sein. Die Sortimentsauswahl kann auch *präsentationsspezifisch* ausgerichtet sein, sich z. B. durch Selbstbedienung oder Beratung, durch Katalog-, Muster- oder Mitnahme-Artikel etc. unterscheiden.

Eine Sortimentsstruktur wird durch Breite und Tiefe bestimmt. Die *Sortimentsbreite* bezeichnet die Anzahl der Produktlinien innerhalb des Sortiments. Die *Sortimentstiefe* beschreibt die Anzahl verschiedener Typen, Modelle und Ausführungen eines Artikels.

Der *Sortimentspflege* kommt die Aufgabe zu, innerhalb der vorhandenen Sortimentskonzeption – die auch eine Kombination der verschiedenen Ausrichtungen sein kann – neue Artikel hinzuzunehmen, bestehende Artikel auszutauschen oder herauszunehmen.

• Produktgestaltung

Neben Zweck und Fertigungstechnik wird die Produktgestaltung auch durch das äußere Design wie Form und Farbe mitbestimmt. Von besonderer Bedeutung sind Qualitätsmerkmale, wie z. B. Gebrauchsfähigkeit, Sicherheit, Fehlerfreiheit, Reparaturanfälligkeit und Lebensdauer.

Teilweise sind hier besondere Prüfbestimmungen zu beachten, wie z. B. die TÜV-Abnahme oder das VDI-Gütezeichen. Auch können gesetzliche Regelungen oder Verordnungen von Bedeutung sein, wie z. B. die Lebensmittel-Kennzeichnungsverordnung.

Die Produzentenhaftung gewinnt zunehmend an Bedeutung, d. h. die Haftung des Herstellers für Personen, Sach- und Vermögensschäden, die bei der Benutzung eines Produktes auftreten und in einem Fehler des Produktes begründet sind.

Ein Markenimage soll dem Produkt eine ganz bestimmte Identifikation verleihen. Die Verpackung dient neben dem Schutz des Artikels gleichzeitig einer vorteilhaften Präsentation und ist oftmals mitbestimmend für die Kaufentscheidung. Ökologische Fragen, wie z. B. Umweltschutz und Recycling, gewinnen zunehmend an Bedeutung.

Durch die *Variation eines Produktes* kann, ausgehend von einem Grundprodukt, eine Ausrichtung auf verschiedene Zielgruppen erfolgen. Die Variationen können sich auf funktionelle, technische oder physische Eigenschaften oder das Design eines Produktes auswirken. Dabei können Eigenschaften verändert, reduziert sowie hinzugefügt werden, um sich auf unterschiedliche Bedürfnisse und/oder Preisvorstellungen einzurichten (vgl. hierzu auch das vorhergehende Kapitel „Produktion", Unterabschnitt „Sicherung der Leistungsfähigkeit", speziell „Produkte"). Produktdifferenzierungen können auch dazu beitragen, den Lebenszyklus eines Produktes zu verlängern, wenn das Vertrauen auf Bekanntes durch neue Details aktualisiert wird. Produktinnovation und die Produktlebenszyklen werden im Kapitel über „Strategisches Management" behandelt werden, da hier die Abstimmung mit anderen Bereichen erforderlich ist.

• Kundendienst

Die Hauptleistung des Unternehmens kann durch Kundendienstleistungen ergänzt werden, die vor, bei oder nach einem Kaufabschluß erfolgen. Sie umfassen zum einen technische Leistungen wie Installation, Einweisung, Wartung und Reparatur sowie kaufmännische Leistungen wie Beratung, Information, Gebrauchsunterstützung und Zustellung.

Kundendienstleistungen können kostenlos oder gegen gesonderte Berechnung angeboten werden. Ihre Bedeutung nimmt ständig zu. Dies ist nicht nur durch die Technik der Produkte begründet, sondern vielfach auch dadurch, daß der Einsatz z. B. komplizierterer High-Tech-Produkte vom Kunden organisatorische Veränderungen fordert, denen er möglicherweise ohne Hilfestellung nicht gewachsen ist. Daher nimmt der Dienstleistungsbereich ständig zu. Insoweit bietet der Kundendienst einem Unternehmen die Möglichkeit, sich sowohl positiv von den Mitbewerbern abzusetzen, als auch am wachsenden Dienstleistungsbereich teilzunehmen. Darüber hinaus eröffnet sich hier die Möglichkeit, im engeren Kontakt zu den Kundenproblemen die eigenen Leistungen ständig anpassen zu können.

• Garantien

Grundsätzlich hat der Lieferant Gewährleistungsverpflichtungen für die von ihm gelieferten Pro-

dukte. Der Kunde hat dann Anspruch auf Rücktritt vom Vertrag (Wandlung), Preisnachlaß (Minderung) oder Umtausch und Nachbesserung. Durch Lieferbedingungen können die Gewährleistungsansprüche im gewissen Rahmen eingeschränkt werden (vgl. hierzu auch den Beitrag „Recht des Kaufmanns“).
Andererseits kann sich das Unternehmen durch großzügigere Garantieregelungen, z. B. eine verlängerte Garantiezeit, positiv von der Konkurrenz absetzen und beim Kunden das Gefühl der Sicherheit und des Vertrauens in die Qualität der angebotenen Leistung erhöhen.

Preis und Konditionen
Die richtige Preisbestimmung ist ein sehr sensibler Bereich und von unterschiedlichen Faktoren abhängig. Zum einen beeinflußt sie die Absatzchancen, zum anderen ist sie die kalkulatorische Grundlage für die Berechnung des geplanten Umsatzes, der in seinem Unterschied zu den Aufwendungen den Gewinn bestimmt. Insoweit bildet, zumindest auf längere Sicht, die Kostenstruktur die Untergrenze für die Preisfindung (vgl. dazu auch die Kalkulationshilfen im Kapitel „Betriebliches Rechnungswesen“ sowie im gesonderten Beitrag „Kostenrechnung“). Als Obergrenze wird der Preis angesehen, der sich am Markt unter den entsprechenden Wettbewerbsbedingungen durchsetzen läßt (vgl. hierzu den Abschnitt „Preisbildungsprozeß am Markt“ im gesonderten Beitrag „Volkswirtschaftslehre“).
In der Praxis sind die Verhältnisse zumeist nicht so eindeutig gegeben. Gerade durch den Einsatz des absatzpolitischen Instrumentariums soll ja das eigene Leistungsangebot gegenüber dem der Konkurrenz differenziert werden. Daraus kann sich ein Spielraum für die Preisgestaltung ergeben. Gelegentlich wird dieser überschätzt und der Einfluß eines Preises auf die Kaufentscheidung des Kunden unterschätzt. Oftmals wird andererseits auf Absatzprobleme zu schnell mit Preisreduzierungen reagiert, ohne auf Versäumnisse in anderen Bereichen des Marketing-Mixes zu achten.
In der Regel wird der Preis, den der Kunde bereit ist zu akzeptieren, davon geprägt, wie dieser den Nutzen des Produkts und der Nebenleistungen, das *Preis-Leistungs-Verhältnis*, im Vergleich zum Angebot der Konkurrenz einschätzt. Werden bestimmte Produkteigenschaften und Leistungsteile von den verschiedenen Kundengruppen unterschiedlich honoriert, so kann es sinnvoll sein, über die bereits zuvor erwähnte Produktdifferenzierung zu einer Marktsegmentierung mit unterschiedlicher Preisbildung zu kommen. Dies ist insbesondere dann angezeigt, wenn die Wertschätzung für angebotene Differenzleistungen bei einer Kundengruppe höher ist als die hierfür auftretenden Kosten. Sie kann bei anderen Kunden auch geringer ausfallen, was eine Wertanalyse notwendig macht.
Werden für die gleiche Leistung von verschiedenen Abnehmern unterschiedliche Preise verlangt, so wird dies als *Preisdifferenzierung* bezeichnet. Hierzu müssen sich die einzelnen Absatzsegmente eindeutig abgrenzen lassen. Unterscheidungsmerkmale können räumlich (z. B. Inland, Ausland, Regionen), zeitlich (besondere Nacht- oder Wochenendtarife, Vorsaison), mengenmäßig (Groß- und Kleinabnehmer) oder personell (Schüler/Studenten, Senioren etc.) bedingt sein.
Weitere Möglichkeiten der Preispolitik bestehen darin, zunächst durch niedrigere Preise einen höheren Marktanteil zu sichern, um dann entweder die Preise anzuheben oder durch größere Absatzmengen und deshalb mögliche Rationalisierungen in der Fertigung die Ergebnisse zu verbessern. Abweichend davon wäre es auch denkbar, zunächst mit erhöhten Preisen an den Markt zu gehen, wenn z. B. noch wenig Wettbewerbsdruck spürbar ist, und diese dann später nach unten anzupassen. Darüber hinaus kann auch ein preispolitischer Ausgleich innerhalb des Sortiments so geschehen, daß bei besonders sensiblen, im Wettbewerb sowie im Blickpunkt der Kunden stehenden Artikeln mit niedrigen Preisen kalkuliert wird und ein Ausgleich über gewinnbringendere Sortimentsteile erfolgt.
Rabatte bieten die Möglichkeit, gezielte Preisnachlässe zu gewähren, ohne die Grundpreise zu verändern. Zum einen kann es sich hier um Funktionsrabatte handeln, wenn Nebenleistungen, die zunächst im Preis eingeschlossen sind, vom Kunden durchgeführt werden und der Lieferant die sich hierdurch ergebenden Kostenvorteile zumindest anteilig weitergibt. Mengenrabatte werden in Relation zur Absatzmenge gewährt. Dies kann auf den einzelnen Auftrag oder auf die gesamte Ordermenge für einen bestimmten Zeitraum bezogen werden. Schließlich gibt es noch eine Reihe von Sonderrabatten, die zu bestimmten Anlässen gewährt werden und in aller Regel den Kaufentschluß des Kunden beschleunigen oder zu Bestellungen in einer produktionsgünstigen Phase veranlassen sollen. Beispiele hierfür sind: Messerabatte, Einführungsrabatte, Frühbezugsrabatte vor Saisonbeginn oder Auslaufrabatte.
Rabatte können als Preisnachlässe (Barrabatt) oder durch kostenlose Mehrlieferung (Naturalrabatt) gewährt werden. Bei weiteren Zugaben ist die Zugabenverordnung zu beachten.

Durch *Bonus* kann ein Preisnachlaß für die Abnahme innerhalb eines Zeitraumes gewährt werden, wobei in aller Regel nicht die Menge eines einzelnen Artikels die Bemessungsgrundlage ist, sondern der wertmäßige Umsatz mit dem gesamten Sortiment oder Sortimentsteilen.

Die *Lieferbedingungen* können mehr oder weniger kundenfreundlich gestaltet werden. Dies gilt insbesondere für die Regelung bezüglich der Übernahme der Versandkosten oder des Transport-Risikos. Sie beeinflussen also die Bezugsnebenkosten der Abnehmer.

Auch über die *Zahlungsbedingungen* können Angleichungen oder Differenzierungen gegenüber den Angeboten der Wettbewerber vorgenommen werden. Hierzu gehören Skonti-Regelungen, die Zahlungsfristen und die Entscheidung über die festgelegte Zahlungsweise, z. B. im Einzelhandel, inwieweit Schecks, Kreditkarten etc. akzeptiert werden.

Die *Kreditpolitik* geht noch darüber hinaus, indem sie dem Kunden den Kaufabschluß dadurch erleichtert, daß auch die Finanzierung zumindest teilweise mit gelöst wird. Dies geschieht durch Lieferantenkredite, Teilzahlungskredite bis hin zu Leasingangeboten oder die Vermietung der Produkte mit späterer Kaufoption.

Distribution

All die Fragen und Entscheidungen, die den Weg eines Produktes bzw. einer Leistung vom Hersteller zum Verbraucher bzw. Anwender betreffen, sind Themen der Distribution. Dabei werden die Wege zum Kunden behandelt, die Methoden der Kundenbetreuung und die Organisation des Absatzes.

Die *Absatzwege* können direkt, also ohne den Zwischenhandel einzuschalten, oder indirekt gestaltet sein. Beim direkten Absatzweg kann der Kontakt zum Kunden durch interne Absatzorgane, wie z. B. Verkäufer, Vertriebsbeauftragte, Reisende und Berater sowie (dann zumeist ergänzend) durch Führungskräfte der Geschäftsleitung, des Marketing oder der Technik, wahrgenommen werden. Das Unternehmen kann sich jedoch auch externer Absatzorgane bedienen, wie es z. B. Handelsvertreter, Handelsmakler oder Kommissionäre sind.

Die indirekten Absatzwege sind dadurch gekennzeichnet, daß die Großhandels- und/oder Einzelhandelsbetriebe eingeschaltet werden. Der Großhandel seinerseits bedient wieder den Einzelhandel oder sonstige Wiederverkäufer, wie z. B. das Handwerk, wenn dort als Ergänzung zur eigenen Dienstleistung auch Handelsprodukte vertrieben werden.

Der Weg zum Kunden kann sowohl als akquisitorische als auch als physische Distribution betrachtet werden. Die physische Seite der *Vertriebs-Logistik* umfaßt Transport, Lagerung und Auslieferung der Erzeugnisse. Häufig sind beide Wege in gleicher Weise geregelt. Denn auch bei der Akquisition durch externe Absatzorganisationen, z. B. Handelsvertreter, kann die Logistik in Eigenregie erfolgen. Andererseits kann es sinnvoll sein, trotz eigener Akquisition für die Logistik Fremdfirmen einzuschalten, z. B. Transportunternehmen oder Montagebetriebe. Detaillierter werden die diesbezüglichen Probleme im Beitrag „Logistik" behandelt.

Unter *Absatzmethoden* sind die Regelungen zu verstehen, die alle Kundenkontakte sowie Kauffunktionen charakterisieren, z. B.: die Art und Häufigkeit von Kundenbesuchen, die Bedienung in eigenen Verkaufsräumen mit Zustellung, der Verkauf an Selbstabholer, der Katalogverkauf sowie der Versandhandel.

Die *Absatzorganisation* setzt die Konzepte bezüglich der Absatzwege und -methoden um und muß dabei Aspekte der Kunden- und Sortimentsstruktur berücksichtigen. Hierzu gehört auch die Einrichtung von Verkaufs- und Beratungsstellen oder Auslieferungslagern. Insbesondere für Handelsunternehmen ergeben sich hier eine Fülle von Gestaltungsfragen auch in Abhängigkeit von der jeweiligen Betriebsform.

Kommunikation

Aufgabe der Kommunikationspolitik ist es, ein positives Firmenimage zu fördern, das letztendlich Kaufanreize bieten soll. Gelingt es, das eigene Leistungsangebot positiv von dem der Mitbewerber abzuheben, so kann dies auch zu einem entsprechenden Spielraum bei der Preisgestaltung führen.

Zu den Instrumenten der absatzorientierten Kommunikation zählen *Werbung*, *Verkaufsförderung* und *Öffentlichkeitsarbeit*. Inwieweit der persönliche Verkauf als ein viertes Instrument anzusehen ist, wird in der Literatur sehr unterschiedlich behandelt. Zum Teil wird er als Verkauf der Distribution zugeordnet. Unstrittig ist die besondere Bedeutung eines Verkaufsgespräches für den Kaufabschluß. Die Bereitschaft des Kunden, die Geschäftsbeziehung zum Unternehmen aufrechtzuerhalten, wird auch geprägt vom Verhalten der Mitarbeiter des Unternehmens dem Kunden gegenüber, z. B. in der Telefonzentrale, bei der Anlieferung, bei der Behandlung von Reklamationen oder Rückfragen in der Buchhaltung. Hier ist vorrangig Personalführung und -schulung gefordert, worauf hier nicht weiter eingegangen wird.

• Werbung

Der Werbung kommt die Aufgabe zu, das Unternehmen und sein Leistungsangebot bekanntzumachen und den Kunden bzw. Interessenten zu „umwerben". Die dafür verwendeten Mittel sind erheblich, so daß eine sorgfältige Planung erforderlich ist, um positive Beachtung zu finden.

Zur Vorbereitung sind eine Reihe von Fragen zu klären:

Werbeziel: Wird allgemein auf eine Image-Verbesserung oder auf eine Steigerung des Bekanntheitsgrades abgezielt oder soll eine spezielle Reaktion, z. B. eine Rückantwort, angeregt werden?

Werbeobjekt: Wofür wird geworben? Für das Unternehmen oder für ein bestimmtes Produkt?

Werbesubjekt: Wer wird umworben? An welche Zielgruppe wendet sich die Werbung?

Werbebotschaft/Werbeinhalt: Welche Aussagen bzw. Informationen sollen vermittelt werden?

Werbemittel: Sollen Anzeigen, Beilagen, Radio- oder Fernsehspots, Plakate, Prospekte, Kataloge oder Werbebriefe eingesetzt werden?

Werbeträger: Mit welchem Medium wird am optimalsten die Zielgruppe erreicht? Welches konkrete Medium wird eingesetzt, z. B. bei Anzeigen welche Zeitung oder welche Zeitschrift, bei Spots welcher Fernsehsender oder welcher Rundfunksender?

Werbegestaltung: Wie soll die Werbung gestaltet werden? Was paßt zum Produkt? Was spricht die Zielgruppe an? Was entspricht Werbemittel und Werbeträger? Wie paßt dies zum Image des Unternehmens?

Werbetermin/Periode: Wann und wie häufig in welchem Rhythmus soll geworben werden?

Werbegebiet: Wo soll geworben werden? Regional begrenzt oder überregional?

Werbebudget: Wie viele Kosten werden entstehen? Welche Beträge stehen zur Verfügung?

Werbekontrolle: Wie kann der Erfolg der Werbung überprüft werden?

Ein Unternehmen kann die Werbung für sich alleine durchführen oder zusammen mit anderen Unternehmen. Werben die Mitglieder einer Branche oder die Einzelläden eines Einkaufsplatzes gemeinsam, dann wird von Gemeinschaftswerbung gesprochen. Unter Verbundwerbung wird das gemeinsame Werben von Hersteller und Handel verstanden.

• Verkaufsförderung

Ergänzend zur Werbung umfaßt die Verkaufsförderung alle Maßnahmen, die die Verkaufsbemühungen unterstützen. Sie wird oftmals als *Sales Promotion* bezeichnet.

Wendet sie sich an das eigene Verkaufspersonal, so kann sie Schulung (z. B. Produktkenntnis, Gesprächsführung), Unterstützung (z. B. Prospekte, Muster, Fachartikel) sowie motivationsfördernde Maßnahmen (z. B. Verkaufswettbewerbe, Prämien) beinhalten.

Für die Händler können spezielle Beratungen und Unterstützungen angeboten werden sowie Maßnahmen, die den innerbetrieblichen vergleichbar sind.

Verbraucherpromotions umfassen z. B. die Ausgabe von Proben, Preisausschreiben und Gewinnspielen, Werbegeschenke, Vorführungen und Demonstrationen sowie preisgünstige Sonderaktionen. Als Teil einer Verkaufsförderung kommt den Maßnahmen direkt am Verkaufsort (Point of Sale oder Purchase) bei stationären Verkaufseinrichtungen, insbesondere im Handel, eine besondere Bedeutung zu. Dies schließt u. a. die Dekoration, die Schaffung einer Einkaufsatmosphäre in den Verkaufsräumen und eine sinnvolle Regalgestaltung ein.

• Öffentlichkeitsarbeit

Public Relations (PR), wie Öffentlichkeitsarbeit auch bezeichnet wird, kann eine sinnvolle Ergänzung für das Unternehmen sein, um Vertrauen und ein positives Ansehen in der Öffentlichkeit zu schaffen. Pressekonferenzen, Informationen an Redakteure, eine Hauszeitschrift, Betriebsbesichtigungen, Ausstellungen und ähnliches sind Instrumente, durch die das Bild des Unternehmens nach außen mitgestaltet werden kann.

Auf Dauer werden solche Maßnahmen nur dann glaubhaft sein, wenn sie sensibel und ehrlich gehandhabt werden; gewinnen Redakteure den Eindruck, daß sie mit Fehlinformationen mißbraucht werden, kann sich die Wirkung schnell ins Gegenteil verkehren.

Ehrliche Öffentlichkeitsarbeit kann insoweit auch die Chance zur Unternehmensentwicklung sein, wenn sie als Anlaß genutzt wird, die Unternehmensrealität dem angestrebten Image anzupassen. Es ist sinnvoll, parallel zur Öffentlichkeitsarbeit das Personal und bestimmte Gruppen unter den Geschäftspartnern ebenfalls zu informieren.

Zielvorgaben

Aus den Unternehmenszielen werden die absatzwirtschaftlichen Ziele abgeleitet. Auf eine Ausarbeitung der Zielvorgaben wird in dem Kapitel über „Strategisches Management" noch näher eingegangen werden. Es kann sich dabei um monetäre und nichtmonetäre Ziele handeln. Eine wichtige

1

Zielgröße ist der Umsatzerlös – also Absatzmengen x Verkaufspreis. Meistens wird sie in weitere Teilgrößen untergliedert, z. B. nach Produkten oder Produktgruppen zur Abstimmung mit der Fertigung und dem Beschaffungsbereich. Zusätzlich können zeitliche Einteilungen, z. B. nach Monaten oder Quartal, vorgenommen werden. Hilfreich für die Absatzsteuerung sind auch die Informationen darüber, inwieweit sich die Fertigung und/oder Beschaffung auf einen erhöhten Auftragseingang einrichten kann.
Weitere monetäre Zielvorgaben können der aus den Umsatzerlösen zu erzielende Deckungsbeitrag sowie die Kostenvorgabe für die Durchführung der Maßnahmen im Absatzbereich sein. Der Rahmen für Investitionen kann gleichfalls vorgegeben werden. Ein weiteres Ziel kann vorgeben, in welchem Umfang finanzielle Mittel für kreditpolitische Maßnahmen bereitgestellt werden. Bietet ein Unternehmen seine Produkte nicht nur zum Kauf, sondern auch zur Miete o. ä. an, so kann das Verhältnis dieser beiden Bereiche zueinander Gegenstand einer Zielvorgabe sein.
Die meisten nichtmonetären Zielvorgaben beziehen sich auf die Sicherung oder Ausweitung der Marktposition und wirken oftmals über die nächste Planperiode hinaus.
Hierzu zählt die Erschließung neuer Marktsegmente. Dies kann sich auf bisher nicht oder nur unzureichend bearbeitete Regionen, Abnehmergruppen und/oder neue Produkte beziehen. Andererseits kann auf eine Konzentration mit stärkerer Durchdringung eines Teilmarktes abgezielt werden. Gerade im Außenhandel kann für bestimmte Märkte eine größere Ausdehnung oder ein Rückzug angestrebt werden, z. B. durch die Erwartung bestimmter allgemeiner, wirtschafts- oder währungspolitischer Entwicklungen. Zur Sicherung der Unabhängigkeit kann auch vorgegeben werden, daß einzelne Kunden oder Branchen einen bestimmten Umsatzanteil nicht überschreiten sollen.
Zu der Entwicklung weiterer marketingorientierter Ziele und Strategien siehe auch den gesonderten Beitrag „Marketing“.

Planung

Zur Umsetzung der Zielvorgaben im Marketingbereich sind Planungen erforderlich. Vier Arten von Plänen werden nachfolgend kurz dargestellt.

Absatzplan

Die Absatzplanung kann mengen- und/oder wertmäßig erfolgen. Hierbei wird das Gesamtumsatzziel in Teilziele gegliedert. Dies erfolgt üblicherweise nach Produkten bzw. Produktgruppen und nach Absatzgebieten.
Dabei werden zumeist auch die Vorgaben für die einzelnen Verkaufsmitarbeiter oder Absatzorgane festgelegt. Ferner kann eine Zuordnung nach Abnehmergruppen erfolgen, teilweise bis hin zu einer Vorplanung, zumindest für wichtige Schlüsselkunden.
Erfolgte die Zuordnung zunächst nach Mengen, so ergibt die Bewertung zu den Preisvorgaben die einzelnen Umsatzwerte. Die mengenmäßige Produktplanung dient der Abstimmung mit der Fertigung und Beschaffung.
Die Einzelpläne geben an, wer welche Produkte zu welchen Preisen an welche Abnehmer bzw. in welchem Gebiet zu verkaufen hat. Es ist wichtig, bei der Ausarbeitung dieser Planungen die betroffenen Verkäufer mit einzubeziehen, so daß aus den Zielvorgaben Zielvereinbarungen werden können (vgl. auch die Ausführungen im Kapitel „Personalwesen“ unter „Führungsstil“).

Maßnahmen

Der Einsatz der einzelnen absatzpolitischen Instrumente wird konkret geplant, um die Ziele vorzubereiten und erreichen zu können. Hierbei sind mögliche Alternativen gegeneinander abzuwägen und Entscheidungen im Bezug auf die Marktgegebenheiten und die konkrete Situation des Unternehmens zu treffen. Bezüglich der Instrumente wird auf den vorhergehenden Abschnitt „Marketing-Mix“ verwiesen.
Sofern Ziele angestrebt werden, die sich für den einzelnen Mitarbeiter nicht in Provisionen auszahlen, sind im Rahmen der Verkaufsförderungsmaßnahmen entsprechende Vorbereitungen und motivationsfördernde Aktionen – z. B. Prämien oder Verkaufswettbewerbe – vorzusehen.

Personalplan

Für die Umsetzung der Maßnahmen ist entsprechendes Personal erforderlich. Durch die Planung ist sicherzustellen, daß dies ausreichend, in der nötigen Qualität und zur rechten Zeit verfügbar ist. Eventuell ergeben sich hieraus Unterpläne für Personaleinstellungen, Umbesetzungen oder Personalausbildung, Schulung und Training. Ist eigenes Personal nicht verfügbar, muß überprüft werden, inwieweit auf die Dienstleistungen Dritter zurückgegriffen werden kann oder aber Maßnahmen verschoben oder abgesetzt werden müssen.

Kostenplan

Die geplanten Maßnahmen und das Personal verursachen Kosten, die mit den Vorgaben in Ein-

klang gebracht werden müssen. Werden aus der Vorplanung bereits Abweichungen erkennbar, so sind Umplanungen erforderlich, die sich sowohl auf die Maßnahmen als auch auf den Personal- und Absatzplan auswirken können.
Wird durch den Planungsprozeß bereits erkennbar, daß nicht alle Teilziele erfüllt werden können, so ist durch eventuelle Plankorrekturen sicherzustellen, daß Maßnahmen zur Erreichung höherrangiger Ziele entsprechende Priorität erhalten.

Realisierung

Auf der Basis der Maßnahmen erfolgt die Durchführung. Dabei sind die einzelnen Instrumente des Marketing-Mix einzusetzen und zu realisieren. Auf diese einzelnen Aspekte wird hier nicht weiter eingegangen, sondern auf den Abschnitt „Marketing-Mix“ verwiesen.
Die Realisierung vollzieht sich in Phasen von der Absatzvorbereitung über den Auftragsabschluß bis zur Auftragsabwicklung. Auftretende Störungen machen eventuelle Gegensteuerungen erforderlich.

Absatzvorbereitung

Unabhängig von den längerfristigen Vorbereitungen durch Investitionen sind hier die Vorbereitungsmaßnahmen im Geschäftsablauf zu behandeln. Hierzu gehört die rechtzeitige Vorbereitung und Durchführung von Werbe- und Verkaufsförderungsmaßnahmen. Zum Teil sind langfristige Vordispositionen erforderlich, z. B. beim Besuch von Messen durch das Anmieten von Flächen und die Standgestaltung. Prospekte, Unterlagen, Muster etc. müssen rechtzeitig und in genügender Menge bestellt werden. Das Standpersonal ist vorzuplanen, Werbung und Kundeneinladungen durchzuführen. Bei der Aufnahme neuer Produkte sind auch rechtzeitig Mitarbeiterschulungen zu organisieren.
Zur Planung und Überwachung der Termine kann der Einsatz von Netzplantechniken bei umfangreichen Aktionen äußerst hilfreich sein (vgl. das entsprechende Kapitel „Organisation“).
Im Einzelhandel ist die rechtzeitige Lagerdisposition ein entscheidender Teil der Vorbereitung. Verzögerungen führen zu Umsatzeinbußen.

Auftragsabschluß

Was bei einem Auftragsabschluß zu beachten ist, hängt gleichfalls in starkem Maße von der Branche, dem Unternehmenstyp und der ausgewählten Distribution ab. Insoweit sollen auch hier nur einige Aspekte angesprochen werden.
Die Entscheidungen über die Auswahl und den Einsatz konkreter Maßnahmen des absatzpolitischen Instrumentariums sollten eindeutig dokumentiert und festgelegt werden, so daß sie bei der Organisation (vgl. das entsprechende Kapitel „Organisation“) berücksichtigt werden können. Auch ist die rechtzeitige Mitarbeiterschulung sicherzustellen, damit es nicht zu Unsicherheiten während eines Kundenkontaktes kommt. Für die Kredit- und/oder Termingeschäfte sind die formalen Abläufe und zulässigen Konditionen festzulegen, beispielsweise, inwieweit Anzahlungen oder bei Neukunden Kreditauskünfte erforderlich werden. Verkaufsgespräche und Kassenorganisationen etc. sind Spezialgebiete der Handelslehre.

Auftragsabwicklung

Soweit nicht zusammen mit dem Kaufabschluß auch die Abwicklung und Warenübergabe erfolgt – wie z. B. üblicherweise im Einzelhandel bei Barverkäufen –, ist nach dem Auftragsabschluß die termingerechte und auftragsgetreue Abwicklung sicherzustellen.
Hierzu gehören entsprechende Terminierungen in der Fertigung und/oder Beschaffung sowie ggf. Terminbestätigungen an den Kunden. Auch hier ist vieles abhängig von den konkreten Gegebenheiten des Einzelfalles, auch, inwieweit der Verkauf hier mit anderen Unternehmensbereichen zusammenarbeitet. Organisatorisch sind auf jeden Fall klare Zuständigkeiten zu schaffen. Zumindest bei größeren Projekten sowie wichtigen Kunden sollte der Verkäufer sich auch innerbetrieblich als „Anwalt des Kunden“ für die Überwachung der ordnungsgemäßen und termingerechten Abwicklung mitverantwortlich fühlen.

Behandlung von Störungen

Trotz aller Vorplanungen wird es immer wieder zu Störungen kommen. Je schneller sie erkannt werden, umso eher können Maßnahmen eingeleitet werden, die die Auswirkungen in Grenzen halten. Können diese Störungen nicht mehr intern ausgeglichen werden, so daß es z. B. zu Terminverzögerungen bei einem Auftrag kommt, so sollte der Kunde möglichst frühzeitig und aufrichtig informiert werden. Kompetenz und Fairneß, gerade beim Umgang mit Störungen und Reklamationen, kann entscheidend sein für die künftige Entwicklung der Geschäftsbeziehung.
Ein versierter Außendienstler ist auch dann noch Verkäufer, wenn er unberechtigte Kundenreklamationen zurückweisen muß – er weiß, daß er jetzt mehr für künftige Aufträge tun kann als manche aufwendige Werbemaßnahme. Absatz heißt in allen Phasen Kundenorientierung.

1

Kontrolle

Kontrolle wird übergreifend im Rahmen der Führungsfunktionen und als Teilbereich des Controllings in den beiden entsprechenden Kapiteln behandelt werden.
Grundsätzlich gilt, daß Zielvorgaben und Pläne die Basis für die Kontrolle bilden. Soweit den einzelnen Gruppen oder Mitarbeitern ihre Planziele mitgeteilt werden und sie laufend die sie betreffenden Informationen über die Durchführung erhalten, ist ihnen eine Selbstkontrolle ermöglicht, ohne daß dadurch die zuständige Führungskraft von ihrer Kontrollfunktion befreit wird. Die Selbstkontrolle führt jedoch in aller Regel zu einer höheren Motivation und zum Bemühen, beim Auftreten von Abweichungen möglichst schnell Initiativen zur Gegensteuerung zu entwickeln.
Die Kontrolle bezieht sich zum einen auf die Einhaltung monetärer Ziele, wie z. B. Umsatz, Dekkungsbeitrag und Kosteneinhaltung bei den verschiedenen Maßnahmen. Die Grundlagen dieser Überwachung bietet das Rechnungswesen. Nicht monetäre, aber doch quantifizierbare Zielvorgaben können z. B. die Anzahl von Kundenbesuchen sein, Werbekontakte, die Kundenabdeckung in einem Gebiet etc. Zur Überprüfung können Statistiken oder Meßzahlen herangezogen werden.
Ziele wie Kundenzufriedenheit oder die Verbesserung des Images sind zumeist nicht direkt prüfbar. Soweit aus konkretem Kundenverhalten keine Rückschlüsse gezogen werden können, sind gesonderte Untersuchungen oder Befragungen, z. B. auch im Rahmen der Marktanalyse, nötig.

Der Mensch im Betrieb – Personalwesen und Mitarbeiterführung

Aufgabe

Im Mittelpunkt des Personalwesens steht der Mensch. Auch wenn der Mitarbeiter als ein Produktionsfaktor neben anderen steht, so unterscheidet er sich doch von den übrigen Produktionsmitteln. Zum einen kann die Arbeitsleistung nicht isoliert zu der Person gesehen werden, die sie erbringt. Darüber hinaus wirkt der Mensch nicht nur im Leistungsprozeß mit, sondern er gestaltet ihn auch entscheidend. Für die Wettbewerbsfähigkeit eines Unternehmens wird es immer wichtiger, die richtigen Mitarbeiter zu gewinnen, sie sinnvoll einzusetzen und ihre Leistungsbereitschaft zu entwickeln.
Zudem ist der Mitarbeiter auch Mitglied der Gesellschaft und damit zugleich ein Teil des Unternehmens-Umfeldes. Insoweit hat auch die Personalwirtschaft Aspekte zu berücksichtigen, die über den betrieblichen Prozeß hinausgehen. Für den Personalbereich ergeben sich daraus zusätzliche Aufgaben, aber auch Chancen, die betriebliche Entwicklung positiv zu beeinflussen.
Ergänzend zu dieser Einführung in die Betriebswirtschaftslehre gilt dem „Personalwesen" ein eigener Beitrag. Die arbeitsrechtlichen Bestimmungen sind im Beitrag „Recht des Kaufmanns" dargelegt.

Begriff

Bei den umfangreichen Aufgaben, die mit dem Personaleinsatz in Unternehmen verbunden sind, können die Akzente für die organisatorische Eingliederung unterschiedlich gesetzt werden. Entsprechend vielfältig sind die Bezeichnungen. Gelegentlich werden dabei jedoch nur Teilfunktionen betont.
Bei den Begriffen „Lohnbüro" sowie „Personalbuchhaltung" stehen die Abrechnungsfragen des Entgelts und die verwaltungstechnischen Aufgaben im Vordergrund. Soweit sie für die Mitarbeiter auch Ansprechpartner in sonstigen Personalangelegenheiten sind, verbindet sich hiermit überwiegend die Vorstellung, daß die eigentliche Personalführung im Rahmen allgemeiner Führungsfunktionen von anderen Bereichen erledigt wird.
Personalwirtschaft ist ein heute weitverbreiteter Begriff, der alle Bereiche effizienter, wirtschaftlicher Mitarbeiterversorgung umfaßt und zugleich die Bedürfnisse sowohl des Unternehmens als auch der Mitarbeiter berücksichtigt.
Die Begriffe wie Personalpolitik, Personalmanagement, Personalmarketing oder Personalorganisation sind auf jeweils unterschiedliche Schwerpunkte konzentriert: die Zielbestimmung der Personalwirtschaft, die Führung und Leitung der Mitarbeiter, die Beobachtung des Personalmarktes sowie seine Berücksichtigung z. B. für die Personalbeschaffung und die Fluktuation oder organisatorische Aspekte im Rahmen des Leistungsprozesses.
Unter *Personalwesen* wird zumeist die konkrete Organisationseinheit der Personalwirtschaft im Unternehmen verstanden.

Der Mensch ist nicht nur Arbeitskraft

Unter technisch-ökonomischen Gesichtspunkten wird der Mitarbeiter als betrieblicher Produktionsfaktor gesehen. Andererseits gibt es einen funktionalen Zusammenhang zwischen dem Betrieb und den persönlichen Zielen der Mitarbeiter, die

mittels der Tätigkeit, des Entgelts oder ihres innerbetrieblichen Status auch individuelle Bedürfnisse befriedigen.
Dies birgt ein Spannungspotential, aber auch die Chance, durch konstruktive Personalpolitik die darin liegende mögliche Motivation in zielgerichtete Leistungsbereitschaft umzusetzen. Dies wird heute nicht nur bei Personen mit Leitungsfunktionen als dispositiver Faktor gewertet, sondern auch bei sogenannter ausführender Arbeit.
So wie in der Gesellschaftspolitik aus Untertanen Staatsbürger wurden, muß auch im Betrieb dem veränderten Rollenverständnis Rechnung getragen werden (siehe dazu auch „Menschenbild und Führungsverhalten“ im letzten Abschnitt).
Im Verhältnis zwischen Mitarbeiter und Unternehmen sind heute eine Fülle von arbeits- und sozialversicherungsrechtlichen Bestimmungen zu beachten. Sie werden im Abschnitt „Verwaltung“ angesprochen und im gesonderten Beitrag „Recht des Kaufmanns“ zusätzlich behandelt.
Im Betrieb und als Auswirkung auf den Unternehmenserfolg ist die menschliche Arbeitsleistung als Leistungsträger, als Kostengröße und als gestaltendes Element zu sehen.

Grenzen der Betriebswirtschaft
Die Fähigkeiten in Menschenführung, Kommunikation und all den Bereichen, die heute als „soziale Kompetenz“ bezeichnet werden, haben offenbar deutlich an Bedeutung gewonnen. Hierbei werden Aspekte angesprochen, die bis in die Psychologie, Soziologie oder Arbeitsmedizin hineinreichen.
Auch wenn entsprechende Kenntnisse heute bei der Förderung von Führungskräften zu Recht stärker beachtet werden, so bleibt doch die Frage, ob sie damit Inhalt der Betriebswirtschaftslehre werden. Führungskräfte, z. B. in Forschung und Fertigung, benötigen oftmals auch erhebliche technische und naturwissenschaftliche Kenntnisse, ohne daß damit die Grenzen zwischen diesem Wissenschaftsgebiet und der Betriebswirtschaftslehre aufgehoben wären. Betriebswirtschaftliche Lösungen müssen zwar dem technischen Kontext entsprechen – ihn daher auch kennen –, dennoch weichen sie oftmals von rein technischen Lösungen ab. Um diesen Widerspruch aufzulösen, ist es Aufgabe der Unternehmensführung, sinnvolle Ziele zu vereinbaren und in wirtschaftlicher Weise zu realisieren.

Zielvorgaben
Zielgruppe ist der Mitarbeiter, sowohl als Einzelperson als auch kollektiv, vertreten durch Gewerkschaft oder Betriebsrat.
Das primäre Ziel besteht darin, den Anforderungen des Unternehmens entsprechend Personal bereitzustellen, und zwar in quantitativer (gemessen z. B. an Mitarbeiterzahl und Arbeitsstunden) und qualitativer Hinsicht. Dies gilt einerseits für den aktuellen Bedarf und andererseits für mittel- und langfristige Vorsorge. Den Interessen und Bedürfnissen der Mitarbeiter ist in angemessener Weise Rechnung zu tragen. Dabei ist ein abgestimmter Kostenrahmen einzuhalten. Schließlich müssen umfangreiche gesetzliche Bestimmungen beachtet werden.
Zusätzlich können weitere konkrete Ziele abgeleitet werden, z. B. eine Verringerung der Fluktuation, die Einführung eines neuen Abrechnungsverfahrens oder die Umgestaltung des Prämiensystems.

Personalbereitstellung

Personal wird infolge entsprechender Planungen bereitgestellt, aus denen dann die notwendigen Maßnahmen abzuleiten sind. Teilweise werden Personalkosten noch als variabel bezeichnet, also als dem jeweiligen Beschäftigungsgrad im Unternehmen anpaßbar (vgl. hierzu das Kapitel über betriebliches Rechnungswesen und den gesonderten Beitrag „Kostenrechnung“).
Dies gilt jedoch nur sehr eingeschränkt und unter längerfristiger Perspektive. Ursachen hierfür sind insbesondere die Kündigungsfristen und Schutzbestimmungen sowie die zum Teil erheblichen Kosten bei der Personalfreisetzung oder Neueinstellung und Einarbeitung. Bereitgestellte, aber nicht sinnvoll nutzbare Arbeitsleistung ist in aller Regel zu entgelten; zeitliche Mehrleistungen meistens mit zusätzlichen Zuschlägen belastet. Zuverlässige Planungen haben also wesentliche Auswirkungen auf die Wirtschaftlichkeit des Personaleinsatzes.

Personalplanung
Ausgangspunkt ist der *Personalbedarfsplan*. Er ergibt sich aus den Anforderungen der einzelnen Unternehmensbereiche in quantitativer und qualitativer Aufschlüsselung. Vielfach mündet er in einen *Stellenplan*, in dem alle genehmigten Positionen mit ihren Einstufungen (z. B. Tarifgruppen, außertariflich, Bezeichnung, Anforderungsmerkmale usw.) aufgenommen werden. Gegebenenfalls sind zusätzliche Qualitätsanforderungen zu vermerken.
Aus dem *Personalbestandsplan* ergibt sich, welches Personal zur Verfügung steht. Dazu wird der aktuelle Personalbestand bis zu dem Zeitpunkt,

1

für den der Personalbedarfsplan entwickelt wurde, mit Blick auf bereits absehbare Veränderungen fortgeschrieben.
Hierbei handelt es sich zum einen um bereits absehbare Abgänge durch Pensionierung, schon erfolgte Kündigungen oder Freisetzungen, z. B. Mutterschutz, Wehrdienst, langfristige Fortbildungsmaßnahmen etc. Zugänge ergeben sich aus bereits vorgenommenen Einstellungen, Übernahme aus Ausbildungsverhältnissen oder der Rückkehr aus früheren Freistellungen.
Aus dem Vergleich beider Pläne leitet sich der *Personalveränderungsplan* ab. Aus ihm zeigt sich, welche Maßnahmen erforderlich sind, um die Personalbereitstellung nach Anzahl und Qualifikation zur rechten Zeit zu sichern. Insoweit ist er die Basis für weitere Teilpläne: Sollen freie Stellen, z. B. durch Beförderung oder Versetzung, ausgefüllt werden, so wird dies im *Umbesetzungsplan* festgehalten. Werden generell Stellen abgebaut oder einige Mitarbeiter können aufgrund ihrer Qualifikation nicht weiterbeschäftigt werden, so ergibt sich ein *Freistellungsplan*; hier sind Kündigungsfristen sowie Schutzbestimmungen zu beachten, ggf. können auch Abfindungszahlungen fällig werden. Wenn freiwerdende Stellen nicht aus den internen Reihen besetzt werden können, sind Neueinstellungen vorzunehmen, so daß sich hier ein *Personalbeschaffungsplan* ergibt.
Der *Personalfortbildungsplan* ist zugleich grundlegend für die Personalentwicklung, die in einem gesonderten Abschnitt behandelt wird. Hier können sowohl generelle Ziele festgelegt werden, als auch individuelle Entwicklungsplanungen für einzelne Mitarbeiter. Die unterschiedlichen Maßnahmen finden in der Besetzung des Stellenplanes ihren Niederschlag, so daß sich hieraus Stelleninhaber und eventuell noch unbesetzte Stellen ergeben. Durch den *Einsatzplan* erfolgt die kurz- oder mittelfristige „Feinabstimmung", indem unter Berücksichtigung der noch unbesetzten Stellen und bereits erkennbarer Abwesenheiten, z. B. durch Urlaube, Krankheiten sowie sonstige Freistellungen, eine Anpassung an einen Bedarf erfolgt. Hier ist dann auch zu entscheiden, inwieweit Überstunden und interne oder externe Aushilfen notwendig werden bzw. bei mangelnder Beschäftigungslage Kurzarbeit oder Feierschichten vereinbart werden müssen.
Die *Kostenplanung* umfaßt zwei Aspekte. Zum einen enthält sie die aus dem Personaleinsatz sich ergebenden Personalkosten. Außerdem entstehen im Personalwesen Zusatzkosten, z. B. für Stellenanzeigen, Fortbildungsmaßnahmen – aber auch für sachliche Bereiche wie Büroausstattung und Bürobedarf.

Auswahl und Einstellung
Zunächst ist zu entscheiden, über welchen Weg auf dem Arbeitsmarkt geeignete Bewerber gesucht werden. Neben Arbeitsverwaltung und eigenen Stellenanzeigen können hierbei auch Personalberater mit hinzugezogen werden. Auch längerfristig betriebene Maßnahmen können hier hilfreich sein, wie z. B. die Zusammenarbeit mit entsprechenden Fach- oder Hochschulen, das Anbieten von Praktikantenstellen oder sonstige Aktionen, die geeignet sind, entsprechend qualifizierte Bewerber anzusprechen.
Die eingehenden Bewerbungsunterlagen sind zu prüfen und anschließend auszuwerten, um zu entscheiden, mit wem ein konkretes Einstellungsgespräch geführt werden soll. Hierbei ist auch festzulegen, inwieweit die Auswahl durch die Personalabteilung oder die Fachabteilung oder durch beide gemeinsam erfolgen soll. Bei der Auswahl geht es nicht um die Suche des höchstqualifizierten, sondern desjenigen Bewerbers, der mit seinen Kenntnissen und Eigenschaften die Anforderungen der zu besetzenden Stelle optimal erfüllt. Nicht nur Minderqualifikation soll erkannt werden, sondern auch Überqualifizierung, wobei ggf. zu überprüfen ist, ob in einem anderen Unternehmensbereich eine entsprechende Stelle frei ist. Bei der Entscheidung sind Mitwirkungsrechte des Betriebsrates zu beachten.
Jede Personalbeschaffung endet mit dem Abschluß eines Arbeitsvertrages, der grundsätzlich formlos, in aller Regel aber schriftlich geschlossen wird. Selbst wenn die Auswahl des Personals in den Fachabteilungen erfolgt, sollte auf jeden Fall die Personalabteilung rechtzeitig hinzugezogen werden.
Oftmals endet hier das Einstellungsverfahren. Sinnvollerweise wird aber auch der eigentliche Arbeitsbeginn vorbereitet, z. B. durch Erstellung eines Einarbeitungsplans, Bestimmung eines Ansprechpartners, der den neu beginnenden Mitarbeiter empfängt, ihn vorstellt und ihn mit den Gegebenheiten des Betriebes bekanntmacht. Auch muß der Arbeitsplatz rechtzeitig vorbereitet werden, um dem „Neuen" das Gefühl zu vermitteln, willkommen zu sein.

Einsatzgestaltung
Die Gestaltung des Personaleinsatzes soll die Voraussetzungen für die vom Unternehmen erwartete Arbeitsleistung schaffen. Arbeit ist eine zweckgerichtete Tätigkeit sowohl körperlicher als auch geistiger Art. Das bewertete Ergebnis dieser Arbeit ist die Leistung.
Die Arbeitsleistung wird insbesondere durch die nachfolgenden Faktoren beeinflußt.

Die *Leistungsfähigkeit* des Mitarbeiters beruht zum einen auf seinen Kenntnissen und Fertigkeiten durch Ausbildung und Erfahrung, auf Eigenschaften wie Gesundheit, körperliche Kondition und Geschicklichkeit sowie auf persönlichkeitsbezogenen Faktoren, z. B. Belastbarkeit, Anpassungs-, Koordinations- und Konfliktbereitschaft und Durchsetzungsvermögen, die teilweise veranlagungs- und verhaltensbedingt sind, zum Teil aber auch trainiert und ausgebildet werden können.

Durch die *Leistungsbereitschaft* wird die Fähigkeit in effektive Leistung umgesetzt. Zum einen wird sie vom persönlichen Leistungswillen geprägt. Darüber hinaus kann die Motivation durch eine konstruktive Personalförderung, sinnvolle Arbeitsbedingungen sowie durch Entlohnungssysteme und sonstige Konditionen, die Anreiz zur Leistung bieten, gefördert werden.

Mit der *Aufgabengestaltung* erfolgt die Zweckorientierung, d. h., es wird die Funktion beschrieben, durch deren Erfüllung Fähigkeiten sowie Bereitschaft zur Leistung werden. Je klarer und konstruktiver sie gestaltet ist, umso besser der Leistungsgrad. Hierzu muß eine Vorgabe einerseits konkret genug sein, damit die Erwartungen erkannt und erfüllt werden können und Leistungseinsatz nicht unproduktiv vertan wird. Andererseits ist es sinnvoll, für die Durchführung so viel Freiraum zu lassen, daß kreative und individuelle Lösungen unterstützt werden.

Schließlich gehören hierzu die *Umfeldgestaltungen*, die den Wirkungsgrad verbessern können. Dazu zählt die ergonomische wie psychologische Anpassung von Arbeitsmethoden, Arbeitsmitteln und Arbeitsplatz. Ein weiteres Gebiet ist die Regelung der Arbeitszeit. Fragen nach fester oder gleitender Arbeitszeit, individuellen Arbeitsrhythmen und Pausen sollen einerseits eine möglichst weitgehende Anpassung an die Bedürfnisse des einzelnen Mitarbeiters ermöglichen und müssen zum anderen den organisatorischen Anforderungen Rechnung tragen, wo das Zusammenwirken mehrerer eine Abstimmung erfordert.

Strategische Planung

Das Personalwesen muß sich vorwiegend an Erwartungen orientieren, die von außen herangetragen werden. Der längerfristige Aspekt, z. B. die Förderung von Führungsnachwuchs, orientiert sich dann an den strategischen Unternehmensplanungen, für deren Umsetzung die personellen Ressourcen zu schaffen sind. Andererseits werden die Unternehmenspolitik und die Strategien von Menschen festgelegt. In dem Maße, in dem das Personalwesen Einfluß auf die Besetzung von Führungspositionen nimmt – sei es durch Neueinstellung oder Nachwuchsförderung –, werden über deren Einstellung, Ziele und Wertvorstellungen Unternehmensentwicklungen mitgeprägt.

Personalkosten

Der Betrieb muß für die beanspruchten Arbeitsleistungen Gegenleistungen erbringen. Dazu gehört zum einen das Entgelt, das den jeweiligen Arbeitnehmern aufgrund tarifvertraglicher Regelungen und/oder einzelvertraglicher Vereinbarung direkt zusteht. Hinzu kommen Nebenkosten, die entweder gesetzlich oder tarifvertraglich geregelt oder freiwillig gewährt werden.

Mitarbeiterbeteiligungen, die als ein Anteil am Gewinn gezahlt werden, bilden im strengeren Sinne keine Kosten; sie werden hier jedoch der Systematik halber mitbehandelt.

Entlohnung

Alle geldlichen Leistungen des Unternehmens an den Mitarbeiter bilden das Entgelt. Dies kann durch sogenannte geldwerte Vorteile, wie z. B. die private Nutzung eines Dienstfahrzeuges, ergänzt werden.

Eine absolute Lohngerechtigkeit gibt es mangels allgemein gültiger, objektiver Bewertungsmaßstäbe nicht. Insoweit ist eine „richtige“ Lohnbemessung ein zentrales Problem im Personalwesen. Zum einen muß die Entlohnung von dem betreffenden Mitarbeiter als angemessen angesehen werden, denn sie steht in unmittelbarem Zusammenhang zu seiner Leistungsbereitschaft. Der Arbeitslohn hat also auch eine motivierende Wirkung. Zum anderen soll dem Gedanken einer „relativen“ Lohngerechtigkeit entsprochen werden, d. h., die einzelnen Entgelte sollen untereinander in ihrer Gleichheit oder Abstufung von den Betroffenen als berechtigt empfunden werden. Dabei stellt die Berücksichtigung sozialer, nicht unmittelbar leistungsbezogener Aspekte eine zusätzliche Problematik dar. Für das Unternehmen sind die Entgelte Kosten, die letztendlich in die Kalkulation der Preise für die erbrachten Leistungen eingehen müssen. Schließlich sind Situationen auf dem Arbeitsmarkt Rechnung zu tragen, wenn z. B. bei bestimmten Fachrichtungen einem knappen Angebot eine erhöhte Personalnachfrage der Unternehmungen gegenübersteht.

• Arbeitsbewertung

Durch die Untersuchung von Arbeiten und deren Verhältnis zueinander nach Arbeitsinhalt und Arbeitsanforderung werden Grundlagen für eine „re-

1

lative" Lohngerechtigkeit ermittelt. Mit dieser Arbeitsbewertung werden keine absoluten Lohngrößen bestimmt, sondern nur deren Relationen zueinander.
Bei der summarischen Arbeitsbewertung wird ein Vorgang als Einheit betrachtet und beurteilt. Dabei wird üblicherweise nach zwei Verfahren unterschieden. Beim *Rangfolgeverfahren* werden alle anfallenden Arbeiten aufgrund von Arbeitsbeschreibungen in der Rangfolge ihrer Bewertung aufgelistet. Beim *Lohngruppenverfahren* werden unterschiedliche Lohn- und Gehaltsgruppen je nach Schwierigkeitsgrad gebildet. Sie sind häufig die Basis bei Tarifabschlüssen.
Bei der *analytischen Arbeitsbewertung* wird der Arbeitswert nicht als Ganzes ermittelt, sondern durch Beurteilung der einzelnen Anforderungsarten, z. B. Können (Kenntnisse und Geschicklichkeit), Verantwortung, Belastbarkeit (geistige und muskelmäßige) und Arbeitsbedingungen. Auch hier können wieder entweder Rang-, Reihen- oder Stufenwertzahlen gebildet werden.

• Lohnformen

Neben der Arbeitsbewertung und der Festlegung der Lohnsätze ist die Lohnform zu bestimmen. Die Abb. 1.21 zeigt die wesentlichen Lohnformen. Zeiteinheit können Monat, Woche, Tag oder Stunde sein. Die Multiplikation aus der Anzahl der Zeiteinheiten mit dem jeweiligen Lohnsatz ergibt den *Zeitlohn*. Seine Berechnung, insbesondere beim Monatslohn bzw. Gehalt, ist relativ einfach. Er wird dort angewendet, wo andere Ermittlungen unmöglich oder unwirtschaftlich sind, sowie stets dann, wenn besondere Anforderungen an schöpferische, kreative oder dispositive Leistungen gestellt werden, bzw. wenn bei anderen Entlohnungen negative Auswirkungen auf Qualität oder Unfallsicherung zu erwarten wären. Dort, wo durch das Fertigungsverfahren der Arbeitstakt vorgegeben wird, wie z. B. bei Fließbandarbeiten durch die Bandgeschwindigkeit, erübrigen sich gleichfalls aufwendige Formen der Bemessung. Seine Nachteile für das Unternehmen liegen im Risiko eventueller Minderleistungen der Arbeitnehmer. Ggf. können durch die Gewährung von Leistungszulagen Motivationsanreize geschaffen werden. Basis für den *Akkordlohn* ist die geleistete Arbeitsmenge. Ein zumeist tariflich garantierter Mindestlohn – Akkordzuschlag (üblicherweise 15–20 %) bilden den Grundlohn oder Akkordrichtsatz, d. h. die Entlohnung bei Normalleistung. Akkordrichtsatz geteilt durch Normalleistung ergibt den Akkordsatz. Aus der Multiplikation der tatsächlichen Leistungsmenge x Akkordsatz ergibt sich der Akkordlohn. Beim Zeitakkord werden für die einzelnen Leistungseinheiten Vorgabezeiten ermittelt, die für die Abrechnung herangezogen werden, unabhängig von dem tatsächlichen Zeitaufwand. Akkordlöhne haben demnach einen unmittelbaren Leistungsbezug. Sie sind dann anwendbar, wenn der Arbeitsablauf vorhersehbar, gleichartig, regelmäßig und wiederkehrend ist, die Leistungsmenge vom Arbeitnehmer mit beeinflußt werden kann sowie die Messung genau und wirtschaflich möglich ist.
Vom *Prämienlohn* wird dann gesprochen, wenn zu einem Grundlohn – zumeist als Zeitlohn – eine leistungsabhängige Prämie gezahlt wird. Beispiele sind: Mengenleistungs-, Güte-, Ersparnis-, Nutzungs- oder Termineinhaltungsprämien und Umsatzprämien, beispielsweise beim Verkaufspersonal. Akkordlöhne und Prämien können entweder für Einzelpersonen ermittelt werden oder für Gruppen, bei denen dann noch ein Verteilungsschlüssel festzulegen ist.

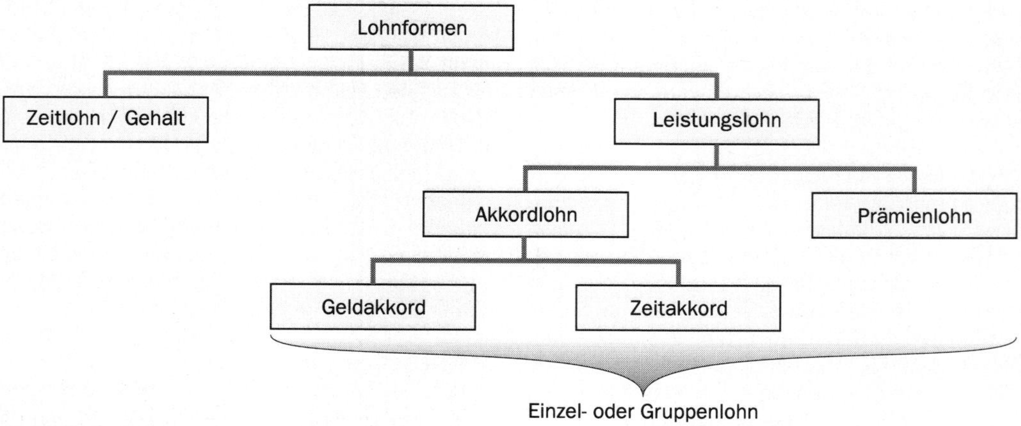

Abb. 1.21: Lohnformen

• Zusatzleistungen
Neben dem Grundentgelt (Gehalt, Zeit, Akkord- und Prämienlöhne sowie Ausbildungsvergütungen) können zusätzlich gezahlt werden:
- Entgelte für besondere Leistungen, z. B. Erfindervergütungen, Provisionen und Prämien für Verbesserungsvorschläge,
- Zulagen, z. B. für Anlernzeit und Einarbeitung sowie als Leistungs-, Funktions-, Bereitschafts- und Erschwerniszulage,
- Zuschläge für Mehrarbeit (Überstunden, Sonn- und Feiertage, Schicht- und Nachtarbeit).

Neben den Vergütungen für tatsächlich geleistete Arbeitszeiten ergeben sich noch Zahlungen für Fehlzeiten, z. B. Krankheit oder Freistellungen, sowie sonstige Ausfallzeiten wie gesetzliche Feiertage, Urlaub einschließlich Bildungsurlaub.

Nebenkosten
Für das Unternehmen ergeben sich aus der Personal-Beschäftigung zusätzliche Nebenkosten, die kein Arbeitsentgelt für die Mitarbeiter darstellen. Sie können entweder durch Gesetz oder Tarifvertrag begründet sein oder freiwillig geleistet werden.

• Nach Gesetz und Tarifvertrag
Zu den gesetzlichen Nebenkosten zählen die Arbeitgeberanteile bei den verschiedenen Zweigen der Sozialversicherung sowie Beiträge zur Berufsgenossenschaft und ähnliches.
Zusätzliche Nebenkosten durch Tarifverträge (allgemeinverbindlich oder Haustarif) sind u. a.: Urlaubsgeld, Sonderzahlungen wie Gratifikationen, 13. Monatsentgelt etc. sowie Leistungen zur Vermögensbildung oder Beihilfen.

• Auf freiwilliger Basis
Hierzu zählen freiwillige Zuwendungen, entweder an alle Belegschaftsmitglieder oder für ausgewählte Gruppen. Man unterscheidet hier in soziale Maßnahmen, die den Mitarbeitern direkt zukommen, sowie in soziale Einrichtungen im Rahmen der Personalbetreuung.
Insgesamt stellen die Personalnebenkosten eine beachtliche Größenordnung dar.

Mitarbeiterbeteiligung
Zuwendungen, die den Mitarbeitern z. B. als Gewinnbeteiligung gezahlt werden, sind kein Bestandteil der Entlohnung. Sie haben keinen Kostencharakter wie Löhne und Gehälter, sondern sind ein Teil der Gewinnverwendung. Für die Mitarbeiter sind sie jedoch zusätzliche steuerpflichtige Einkünfte, die im Zusammenhang mit ihrer Betriebszugehörigkeit entstanden sind.

Zum einen können durch eine Beteiligung leistungsverbessernde Ziele verfolgt werden, weil der Mitarbeiter durch den Leistungsanreiz zu erhöhter Arbeitsproduktivität motiviert wird. Zusätzlich soll der Mitarbeiter ein stärkeres Verständnis für die betrieblichen Ziele entwickeln, z. B. ein gesteigertes Kostenbewußtsein, das sich positiv auf das Betriebsergebnis auswirkt. Schließlich kann durch die Beteiligung das Zugehörigkeitsgefühl zum Unternehmen gefestigt werden; inwieweit dies jedoch allein als Mittel gegen unerwünschte Fluktuation ausreichend ist, kann bezweifelt werden. Je mehr solche Ziele im Vordergrund stehen, umso eher wird der Mitarbeiter die ihm aus der Beteiligung zufließenden Beträge unabhängig von ihrer rechtlichen Ausgestaltung als Teil seines Arbeitsentgelts ansehen, insbesondere, wenn die Zahlungen regelmäßig und über einen längeren Zeitraum hinweg in etwa konstanter Höhe geleistet werden.
Zum anderen kann der partnerschaftliche Gedanke Basis der Mitarbeiterbeteiligung sein. Hierzu gehören die Überlegungen, die Mitarbeiter am Ergebnis des betrieblichen Geschehens zu beteiligen. Werden Mitarbeiter in den Prozeß der Unternehmensführung z. B. durch sogenannte „Organisationsentwicklung" (siehe hierzu auch den Abschnitt „Führungsfunktionen") einbezogen, so können Partnerschaftsmodelle dazu dienen, die angestrebten Formen des Miteinanders auch materiell glaubhaft zu machen. Durch die Einbeziehung der Problemkreise Mitbestimmung und Vermögensbildung in Arbeitnehmerhand umfassen die Konzepte der Mitarbeiterbeteiligung auch gesellschaftspolitische Aspekte.
In der Praxis begegnen wir sowohl der reinen Erfolgsbeteiligung als auch der reinen Kapitalbeteiligung, ebenso wie Modellen, die beide Formen beinhalten, sei es unabhängig voneinander oder in gegenseitiger Verzahnung. Die Vielfalt der verschiedenen Konzepte ist auf die jeweilige betriebliche Situation und die Einstellung der Entscheidungsträger zugeschnitten. Die Arbeitsgemeinschaft zur Förderung der Partnerschaft in der Wirtschaft e. V. (AGP) gibt interessierten Firmen Hilfestellung und hat eine Reihe von Schriften zu diesem Thema herausgegeben.
Auf einzelne Modelle soll im Rahmen dieses Abschnitts nicht eingegangen werden, jedoch sind nachfolgend einige grundsätzliche Fragen, die der Regelung bedürfen, angeführt. Will man ein Konzept zur *Erfolgsbeteiligung* formulieren, so ist vorab folgendes zu klären:
- Die Bemessungsgrundlage: Ist die Basis der Erfolg aus der Steuer- oder Handelsbilanz, oder wird eine gesonderte Form der Berechnung ge-

1

wählt, eventuell mit einer Vorabverzinsung für das Eigenkapital?
- Die Berechnungsgrundlage: Welcher Anteil der Bemessungsgrundlage wird als Erfolgsbeteiligung ausgezahlt?
- Der berechtigte Personenkreis: Sind Wartezeiten (Mindestbetriebszugehörigkeit) vorgesehen, oder werden ganz bestimmte Mitarbeitergruppen ausgeschlossen, z. B. die, die bereits umsatzabhängige Tantiemen erhalten?
- Die Verteilung des Gesamtbetrages auf die berechtigten Personen: Kriterien hierfür können u. a. sein: Zuteilung pro Kopf, Höhe der einzelnen Arbeitsentgelte, Dauer der Betriebszugehörigkeit der Mitarbeiter oder Mischformen.
- Die Verwendungsmöglichkeiten: Hier ist zu klären, ob der dem einzelnen zustehende Betrag ausgezahlt wird bzw. ganz oder teilweise als Vermögensbildung im Unternehmen verbleiben soll.

Die *Kapitalbeteiligung* kann sich durch das Einbehalten von Beträgen aus der Erfolgsbeteiligung ergeben, die jährlich zu verzinsen sind. Sie kann jedoch auch unabhängig davon erfolgen und damit ihrerseits zur Grundlage einer Gewinnbeteiligung der Mitarbeiter werden. Die Höhe des Gewinnanteils der einzelnen Mitarbeiter ist abhängig von ihren Kapitaleinlagen. Die Kapitalanteile können im Unternehmen in Form von Darlehn oder als Gesellschaftsanteile angesammelt werden. Dies können auch stille Gesellschaftsanteile sein, die entweder direkt am Unternehmen oder durch zwischengeschaltete Beteiligungsgesellschaften erworben werden.

Entsprechend sind dann die Fragen der jeweiligen Darlehns- oder Gesellschaftsverträge in Abhängigkeit von den Rechtsformen einschließlich der Frage zu klären, welche Mitarbeiter anlageberechtigt sind. Zusätzlich ist festzulegen, ob es für die Höhe der Beteiligungen eines einzelnen Mitarbeiters Obergrenzen geben soll, welche Kündigungsfristen gelten und inwieweit eine Weiterveräußerung des Kapitalanteils, z. B. auf andere Mitarbeiter, zugelassen wird. Ebenfalls ist die Behandlung der Kapitalanteile beim Ausscheiden des Mitarbeiters zu regeln.

Vieldiskutiert ist die Frage, ob bei Einführung einer Gewinnbeteiligung auch zwangsläufig eine Verlustbeteiligung vorzusehen ist. So richtig die These grundsätzlich ist, daß derjenige, der am Gewinn teilnimmt, auch ggf. den Verlust mitzutragen hat – und zwar über das Ausbleiben eines Gewinnanteils hinaus –, so ist die Entscheidung doch abhängig vom konkreten Einzelfall, der Belastbarkeit der Beteiligten und den Zielen der Mitarbeiterbeteiligung.

Personalverwaltung

Die Beschäftigung von Mitarbeitern zieht eine Reihe von Verwaltungsaufgaben nach sich, die organisatorisch zumeist einem eigenständigen Personalbereich zugeordnet sind.

Aufgaben

Die Aufgaben der Personalverwaltung leiten sich unmittelbar aus den Zielen des Personalwesens ab. Zum einen sind für die Unternehmensführung und die jeweiligen Unternehmensbereiche die notwendigen Personalinformationen zur Verfügung zu stellen und Hilfestellung bei der Personalbetreuung zu leisten. Daneben ist die Personalverwaltung Ansprechpartner für die einzelnen Mitarbeiter. Häufig ist sie auch zuständig für den Kontakt zum Betriebsrat oder zu anderen Mitarbeitervertretungen.

Funktional gehören personalbezogene Vorgänge zu den Abwicklungsaufgaben, wie z. B. eine Einstellung, Versetzung, Beförderung, Veränderung, Freistellung, Kündigung oder sonstige Beendigung des Arbeitsverhältnisses.

Einen weiteren Schwerpunkt bilden die Abrechnungsaufgaben, die als ein Teilbereich des Rechnungswesens zumeist in Form einer gesonderten Personalbuchhaltung der Personalverwaltung zugewiesen werden.

Mit den Abwicklungs- und Abrechnungsaufgaben sind eine Reihe von Meldepflichten zu erfüllen. Zum einen handelt es sich um externe Empfänger, wie z. B. das Finanzamt, die Sozialversicherungsträger, die Berufsgenossenschaften oder das Arbeitsamt. Interne Meldungen richten sich entweder direkt an den Mitarbeiter oder dienen der Zusammenarbeit mit den Fachabteilungen.

Oft ist der Personalbereich auch für eine Reihe von Überwachungsaufgaben zuständig, wie z. B. Arbeitszeiterfassung einschließlich Überstundenanfall, Krankenstand sowie Urlaubsabrechnung und Fluktuation.

Rechtliche Bestimmungen

Neben einer Wahrnehmung unternehmerischer Zielsetzungen muß die Personalverwaltung dafür sorgen, daß die rechtlichen Vorschriften eingehalten werden.

Zum einen handelt es sich hierbei um eine Fülle arbeitsrechtlicher Regelungen, die zu beachten sind. Siehe hierzu auch den Abschnitt „Arbeits- und Ausbildungsrecht“ im Beitrag „Recht des Kaufmanns“. Die Abrechnung wird durch steuerrechtliche und sozialversicherungsrechtliche Bestimmungen geprägt. Zur Lohnsteuer siehe auch den entsprechenden Abschnitt im Beitrag „Steu-

erpraxis". Durch Betriebsprüfungen des Finanzamtes und der Sozialversicherungsträger werden die korrekte Ermittlung und Abführung der einzubehaltenden Beträge überwacht. Fehlerhafte Abrechnungen führen zu Haftungsverpflichtungen des Unternehmens.
Bei der Abwicklung der Arbeiten sind schließlich die Bestimmungen des Datenschutzes einzuhalten.

Personaladministration
Hierzu gehören alle organisatorischen Maßnahmen. Die Grundlage sind die Personaldaten. Zum einen sind sie die Basis für die Erstellung der individuellen Arbeitspapiere und Abrechnungen für die Mitarbeiter. Zum anderen dienen sie der Personalplanung.
In der Personalbuchhaltung ist der Bruttolohn zu ermitteln und nach Abzug von Steuern und Versicherungsbeiträgen der Nettolohn. Der endgültige Auszahlungsbetrag kann durch weitere Abrechnungen beeinflußt werden, wie z. B. durch Darlehnsgewährung bzw. Darlehnstilgung, Einbehaltungen für Essensgeld, Werksverkäufe, private Telefonate etc. oder Zahlungen aus Reisekostenabrechnungen und Beihilfen.

Personalstatistiken
Statistiken über den Personal- bzw. Sozialaufwand aus dem Rechnungswesen und insbesondere aus der Personalbuchhaltung dienen der Planung und der Kostenüberwachung. Zur besseren Transparenz der Personalsituation können eine Reihe weiterer Statistiken erstellt werden. Durch den innerbetrieblichen Vergleich mit Planwerten oder im zeitlichen Vergleich, z. B. zu Vorjahren, sowie durch zwischenbetriebliche Vergleiche mit anderen Unternehmen oder mit Durchschnittswerten, z. B. der Branche oder der Region, können Schwachstellen bzw. Reserven aufgedeckt werden.
Bei der Personalstruktur werden ganz bestimmte Merkmale der Mitarbeiter untersucht, z. B. Alter, Betriebszugehörigkeit, Geschlecht, Funktion, Arbeitnehmerart (Arbeiter, Angestellter, Auszubildender, Leitender etc.), Staatsangehörigkeit, Vollzeit- oder Teilzeitbeschäftigung, Qualifikationen oder Funktionen. Zusätzlich können besondere Ereignisse betrachtet werden, wie z. B. Fluktuation, Fluktuationsgründe, Kündigungen während der Probezeit, Einstellungen, Versetzungen, Überstunden, Krankenstand, Urlaub, sonstige Fehlzeiten, Betriebsunfälle, Fortbildungsmaßnahmen oder Jubiläen.
Die Statistiken können auch für bestimmte Unternehmensbereiche gesondert erstellt und mit dem Betriebsdurchschnitt verglichen werden. Personalreserven sowie Schwachstellen sind – mit Blick auf den künftigen Bedarf – der Ansatz für Maßnahmen der Personalentwicklung.

Personalentwicklung

Vorrangiges Ziel des Personalwesens ist es, dem Unternehmen bestgeeignete Mitarbeiter für eine optimale Aufgabenerledigung bereitzustellen. Ein Weg ist es, im Rahmen der Personalbeschaffung neue Mitarbeiter zu gewinnen. Der andere Weg richtet sich auf eine Verbesserung der Mitarbeiterqualifikation. Alle Maßnahmen, die dieser Aufgabe dienen, zählen zur Personalentwicklung.
Vieles spricht dafür, der Personalentwicklung Vorrang vor Neueinstellungen einzuräumen. Für die Mitarbeiter eröffnen sich dadurch Zukunftsperspektiven. Dies gilt insbesondere, wenn durch Personalentwicklung Führungspositionen besetzt werden sollen. Hiermit sind auch für das Unternehmen positive Aspekte verbunden, denn eine erhöhte Bindung und Zufriedenheit der Mitarbeiter senkt die Fluktuation. Gleichzeitig steigert ein gutes Image der Personalentwicklung die Chancen des Unternehmens, bei notwendig werdenden Neueinstellungen qualifizierte Bewerber zu gewinnen. Darüber hinaus kann sich die betriebliche Weiterbildung konkreter an den Anforderungen des Unternehmens orientieren.
Der technische Fortschritt und der beschleunigte Wandel führen dazu, daß die meisten Mitarbeiter im Laufe ihres Berufslebens nicht mehr mit dem auskommen, was sie eingangs gelernt haben. Die Wettbewerbsfähigkeit der Unternehmen ist zunehmend davon abhängig, wie gut sie die Qualifikation ihrer Mitarbeiter stets den aktuellen Ansprüchen und zukünftigen Herausforderungen anpassen können. Damit gewinnt Personalentwicklung auch eine zukunftssichernde Dimension, die den Sachinvestitionen vergleichbar ist. Bezeichnungen wie „human capital" unterstreichen das Gewicht qualifizierter Personalentwicklung für die Wertbeständigkeit eines Unternehmens.
Schließlich kommt der Personalentwicklung auch volkswirtschaftliche und gesellschaftspolitische Bedeutung zu. Ausführlich wird die Personalentwicklung auch im gesonderten Beitrag „Personalwirtschaft" behandelt.

Ziele
Gegenstand der Personalentwicklung ist einerseits die Vermittlung von Kenntnissen und Fähigkeiten, die für eine optimale Erledigung der im Unternehmen gestellten Aufgaben erforderlich sind.

1

Ferner soll sie die Motivation der Mitarbeiter fördern und die Lernbereitschaft aktivieren.
Neben der Qualifikation des einzelnen wird auch das Ziel verfolgt, die Zusammenarbeit im Unternehmen zu verbessern. Hierzu gehören Teamfähigkeit, konstruktives Gruppenverhalten und Betriebsklima sowie eine Verbesserung des Führungsverhaltens von Vorgesetzten und Führungsnachwuchs im Sinne des vom Unternehmen angestrebten Führungsstils.
Weitere Teilziele sind die Sicherung eines qualifizierten Berufsnachwuchses sowie eine Verringerung der Fluktuation, zumindest soweit sie oberhalb einer „gesunden" Rate liegt. Auf die Bedeutung eines positiven Unternehmens-Images am Arbeitsmarkt wurde bereits hingewiesen.
Da für die Durchführung ein angemessenes Kostenbudget zur Verfügung gestellt werden muß, ist auch auf die Effizienz der einzelnen Maßnahmen zu achten. In den letzten Jahren sind die Ausgaben für betriebliche Weiterbildung erheblich gestiegen, und es ist nicht absehbar, daß die Anforderungen sinken werden, besonders im Hinblick auf den internationalen Wettbewerb. Somit wird dem Controlling in diesem Bereich zunehmende Bedeutung zukommen. Zum Teil fehlt es jedoch an geeigneten Bewertungsmaßstäben, wobei es hier weniger um die Kostenüberwachung als um die Effizienzbewertung der personellen Vorsorge geht.
Der strategische Aspekt der Personalentwicklung wird zunehmende Beachtung finden, denn Personalvorsorge ist nicht nur die Reaktion auf künftig erwarteten Personalbedarf. Die Ausbildung und die strategische Kreativität der Führungskräfte sowie des Führungsnachwuchses gestalten das Unternehmen und bestimmen die künftigen Anforderungen. Anpassungsfähige Organisationen entwickeln sich aus erfahrenen und lernbereiten Mitarbeitern.

Maßnahmen
Bei den Maßnahmen einer Personalentwicklung wird üblicherweise in drei große Bereiche unterschieden: Ausbildung, Fort- (Weiter)bildung und Umschulung.

• Ausbildung
Hierunter wird üblicherweise die berufliche Erstausbildung in einem Betrieb verstanden. Für den Auszubildenden ist hiermit meist auch der Übergang von den allgemeinen Schulen in die berufliche Praxis verbunden.
In der Bundesrepublik Deutschland erfolgt eine Ausbildung grundsätzlich im sogenannten *Dualen System*: Für die praktische Ausbildung ist der Betrieb zuständig und für den theoretischen Teil die Berufsschulen als Teil des staatlichen Bildungssystems. Gelegentlich erfolgt die berufliche Ausbildung in überbetrieblichen Lehrwerkstätten, besonders dann, wenn die innerbetrieblichen Möglichkeiten den Anforderungen nur begrenzt gerecht werden können.
Basis für die berufliche Ausbildung ist das Berufsbildungsgesetz (BBiG), das an die Eignung sowohl des ausbildenden Unternehmens als auch des zuständigen Ausbilders entsprechende Anforderungen stellt. Für die einzelnen Ausbildungsberufe sind durch Berufsbilder die zu vermittelnden Bildungsinhalte festgelegt. Die Ausbildung endet mit einer Abschlußprüfung.
Das Unternehmen ist primär für die Planung und Durchführung der beruflichen Ausbildung nach dem Berufsbild, der Ausbildungsordnung und den Ausbildungsrahmenplänen zuständig. Vielfach ergänzen Unternehmen die praxisbezogene Ausbildung in den einzelnen Fachbereichen durch zusätzlichen betrieblichen Unterricht.
Die Qualität der betrieblichen Ausbildung ist bis zu einem gewissen Grad auch daran überprüfbar, wie gut die „eigenen" Auszubildenden bei den Prüfungen im Verhältnis zu denen aus anderen Betrieben abschneiden.

• Fortbildung
Aufbauend auf bereits erworbenen beruflichen Kenntnissen, geht es bei der Fortbildung um die weitere Qualifizierung für die aktuellen Anforderungen. Vielfach wird auch die Bezeichnung „Weiterbildung" gewählt.
Von *Anpassungsfortbildung* spricht man, wenn sich die Fortbildung an den Qualifikationsanforderungen orientiert, die sich aus der Veränderung des Arbeitsplatzes ergeben, z. B. durch den technischen Fortschritt oder organisatorische Umgestaltung. Hierzu kann auch die Einarbeitung neuer Mitarbeiter gehören, wenn sie bereits mit ähnlichen Aufgaben betraut waren, aber noch in die spezifischen Gegebenheiten des Unternehmens eingewiesen werden müssen.
Bei der *Erweiterungsfortbildung* werden zusätzliche Berufsfähigkeiten erworben. Geht es um die Auffrischung bereits einmal erlernter Kenntnisse und Fähigkeiten, z. B. nach Berufsunterbrechung, so spricht man auch von *Erhaltungsfortbildung*. Diese Weiterbildung betrifft grundsätzlich – wenn auch mehr oder weniger intensiv – jeden Mitarbeiter, unabhängig davon, ob damit eine Förderung verbunden ist.
Dem gegenüber steht die *Aufstiegsfortbildung*, mit deren Hilfe der Mitarbeiter z. B. für künftige Führungsaufgaben vorbereitet werden soll. Hier

stehen neben fachlichen Kenntnissen verstärkt Managementwissen und Führungsverhalten im Vordergrund, also all das, was heute zunehmend als „soziale Kompetenz" bezeichnet wird.
Die Fortbildung kann entweder direkt am Arbeitsplatz oder durch spezielle Schulungs- und Trainingsmaßnahmen erfolgen. Dabei können interne (also Betriebsangehörige) oder externe Trainer (Selbständige) eingesetzt werden. Die Maßnahmen werden auf die konkreten Anforderungen des Unternehmens ausgerichtet. Darüber hinaus kann den Mitarbeitern auch die Teilnahme an externen Seminaren und Trainingsveranstaltungen ermöglicht werden, die – da offen ausgeschrieben – sich in aller Regel aus Teilnehmern verschiedener Unternehmen, zum Teil auch unterschiedlicher Branchen, zusammensetzen. Sie ermöglichen einen Erfahrungsaustausch, der über die Grenzen des eigenen Unternehmens hinausgeht. Die Notwendigkeit ständiger Weiterbildung macht es sinnvoll, den Mitarbeitern auch Gelegenheit zu geben, ihre persönliche Lernfähigkeit zu verbessern.

• Umschulung
Hierunter wird die berufliche Neuorientierung eines Mitarbeiters verstanden, der im Rahmen seiner weiteren Ausbildung einen anderen Beruf als den bisher ausgeübten erlernt.
Zielgruppe können Mitarbeiter sein, deren bisherige Aufgaben entfallen, oder von außen eingestellte Umschüler. Zum Teil kann das Unternehmen für solche Maßnahmen auch öffentliche Zuschüsse erhalten.

Balance zwischen Person und Organisation
Im Rahmen der Persönlichkeitsentwicklung zielen Fortbildungsmaßnahmen zum Teil auch auf Verhaltensänderungen oder Entwicklungen hin, z. B. im Bezug auf die Teamfähigkeit in Arbeits- und Projektgruppen oder in Vorbereitung auf eventuelle Führungsaufgaben. Das Verhalten wird sowohl durch die Struktur und Entwicklung der eigenen Persönlichkeit als auch von der Umwelt geprägt. Dies wird häufig in der folgenden Formel ausgedrückt:

$$V = f\sqrt{P, U \ldots}$$

V = Verhalten, P = Person, U = Umwelt

Zum betrieblichen Umfeld gehören die Organisationsstrukturen im Unternehmen und das Führungsverhalten der Vorgesetzten. Neu gelernte Verhaltensformen, die als konstruktiv akzeptiert wurden, werden umso nachhaltiger und erfolgreicher angewendet, wenn sie auch zu den Gegebenheiten des betrieblichen Alltags passen. Insoweit ist es sinnvoll, wenn Personalentwicklung (PE) durch eine entsprechende *Organisationsentwicklung* (OE) begleitet wird. Hierauf wird im Abschnitt „Führungsfunktionen" noch einmal eingegangen. Führungsverhalten von Vorgesetzten hat durch die Art der Mitarbeiterführung unmittelbaren Einfluß auf das Personal, seine Motivation, sein Verhalten und letztendlich seine Leistung. Daher wird bereits hier, im letzten Abschnitt dieses Kapitels, auf die Mitarbeiterführung eingegangen.

Mitarbeiterführung

Umfassender werden die verschiedenen Aspekte des Führens im Abschnitt „Führungsfunktionen" behandelt. Hier geht es um den Teilbereich der Mitarbeiterführung.
Von der Person eines Vorgesetzten werden fachliche Qualifikation sowie Fähigkeiten bei der Erledigung organisatorischer und funktionaler Führungsaufgaben als selbstverständlich erwartet. Dies reicht jedoch nicht aus. Für den Erfolg eines Verantwortungsbereiches ist immer die Leistung aller in ihm Tätigen maßgeblich, so daß der Mitarbeiterführung wesentliche Bedeutung zukommt. Das Arbeitsklima, die konstruktive Form der Zusammenarbeit und die Motivation der Mitarbeiter ist neben deren fachlichen Voraussetzungen sowie den Bedingungen der Arbeit entscheidend für das Leistungsvermögen und die Leistungsbereitschaft.
Fähigkeiten in diesem Bereich werden als soziale Kompetenz bezeichnet und bestimmen den verschiedenen Umfragen nach zunehmend die Führungsqualifikationen.

Aufgabe
Mitarbeiterführung ist bewußte und zielgerichtete Verhaltensbeeinflussung mit der Absicht, sowohl die Ziele der Unternehmung als auch die der in ihr tätigen Menschen möglichst weitgehend zu verwirklichen. Es geht dabei um die Berücksichtigung leistungs- und mitarbeiterbezogener Gesichtspunkte.
Bei der Suche nach einer „Theorie der Führung", d. h. danach, was im Führungsprozeß das Wesentliche ist, sind verschiedene Wege eingeschlagen worden. Zunächst wurde versucht, Führung als Ausdruck von bestimmten Eigenschaften des Vorgesetzten zu beschreiben (Eigenschaftstheorie). Als dies nicht gelang, wandte man sich mehr den Bedingungen der Situation zu, in denen sich Führen entfaltet (Situations-Theorien).

1

Da sich auch diese Sichtweise als zu einseitig erwies, wird Führen zunehmend beschrieben als das Zusammenwirken verschiedenster Faktoren (Interaktionstheorie). Der Vorgesetzte, die Erwartungen, Einstellungen und Bedürfnisse der Mitarbeiter und die Bedingungen der Situation beeinflussen sich darin gegenseitig.
Maßstab für den Erfolg sind der Grad und die Art der Zielerreichung, also was wie erreicht wurde. Der Vorgesetzte ist dafür verantwortlich, daß die ihm und seinem Team übertragenen Unternehmens- und Leistungsziele erreicht werden. Die Art wird beeinflußt durch die Form der Mitarbeiterführung.

Möglichkeiten der Verhaltensbeeinflussung

Nachfolgend werden drei Extrempositionen skizziert, obgleich in der Praxis eine Fülle von Varianten denkbar und zu beobachten sind.
Bei der *formalen Autorität* entscheidet die Position, die jemand innehat. Um ihre Ziele zu erreichen, delegiert die Institution die Macht auf den Vorgesetzten, Mitarbeiter zu belohnen oder zu bestrafen, je nachdem, ob sie Anweisungen und Vorschriften einhalten bzw. mißachten. Autorität hat als ordnendes und strukturierendes Mittel ihre Bedeutung. Formale Autorität als alleiniges Mittel einer Verhaltensbeeinflussung setzt jedoch „blinden Gehorsam" voraus – von Blinden kann aber keine Umsicht verlangt werden.
Bei der *Kooperation* versuchen der Vorgesetzte und seine Mitarbeiter, gemeinsam durch Information und Verständigung die Ziele der Organisation unter Berücksichtigung der Situation sowie der Ziele und Bedürfnisse aller Beteiligten zu erreichen. Der Mitarbeiter führt Handlungen durch, weil er ihren Sinn akzeptieren kann. Gleichzeitig werden ihm Möglichkeiten geboten, Eigeninitiative, Selbständigkeit und Mitverantwortung zu entwickeln.
Ein Vorgesetzter, der auf *Manipulation* setzt, geht nur scheinbar auf die Ziele und Bedürfnisse seiner Mitarbeiter ein und schafft nur scheinbar offene und nahe Beziehungen und nützt so das Vertrauen der Mitarbeiter aus. Dies kann zu kurzfristigen Erfolgen führen, ist aber langfristig keine tragfähige Grundlage für eine wirklich konstruktive Zusammenarbeit.

Menschenbild und Führungsverhalten

Wie ein Vorgesetzter führt, das wird wesentlich von seinen persönlichen Einstellungen und Wertsystemen bestimmt. Dazu gehört auch sein Menschenbild, d.h. seine Annahme darüber, wie Menschen sich normalerweise verhalten, welche Motive und Bedürfnisse sie haben und wozu sie fähig sind. Der amerikanische Psychologe McGregor hat zwei berühmt gewordene Menschenbilder formuliert – die „Theorie X" und die „Theorie Y". Sie charakterisieren zwei Extreme, die man in verschiedenen Varianten antrifft.
Theorie X: Der Mensch hat eine angeborene Abneigung gegen die Arbeit und arbeitet nur, um möglichst viel Geld zu verdienen, ist vor allem auf Sicherheit bedacht und drückt sich grundsätzlich vor Engagement und Verantwortung. Ein Vorgesetzter, der dieses Menschenbild – oftmals unbewußt – in sich trägt, neigt dazu, seine Mitarbeiter stark zu lenken, für sie zu denken, sie zu kontrollieren und mit Strafe zu bedrohen.
McGregor glaubt, daß das Menschenbild dieser Theorie X nicht der tatsächlichen Natur des Menschen entspricht, sondern vielmehr die Folge von Situationen ist, die keine Möglichkeiten bieten, seine Persönlichkeit sowie seine Fähigkeiten zu entwickeln.
Mc Gregor vertritt deshalb das Menschenbild der Theorie Y: Für Ziele, denen sich der Mensch verpflichtet fühlt, setzt er sich freiwillig ein, ist er bereit und fähig, sich zu engagieren, mitzuentscheiden und Verantwortung zu tragen.
Auf der einen Seite beeinflußt das Menschenbild das Führungsverhalten des Vorgesetzten. Auf der anderen Seite trägt die Art der Mitarbeiterführung dazu bei, ob sich Mitarbeiter eher nach der Theorie X oder der Theorie Y verhalten. Die Kenntnis dieser Zusammenhänge eröffnet die Chance zur positiven Veränderung, auch wenn dies oftmals recht viel Geduld erfordert. Zielorientierte Personalentwicklung kann diesen Prozeß konstruktiv unterstützen – der Lohn ist die Freisetzung zusätzlicher Leistungsressourcen.

Führungsstile

Die unterschiedlichen Möglichkeiten von Mitarbeiterführung lassen sich als Führungsstile modellhaft beschreiben. Das effektive Führungsverhalten eines Vorgesetzten in der Praxis wird nur selten genau einem Führungsstil entsprechen, sondern mehr oder weniger ausgeprägt zu einem Führungsstil tendieren. Auch kann es sein, daß je nach Gegebenheit unterschiedliche Tendenzen in den Vordergrund treten. Wesentlich ist dann, daß diese Variationen situationsgerecht und nicht etwa rein reaktiv oder streßbedingt erfolgen. Die Führungsstile können nach unterschiedlichen Gesichtspunkten gegliedert werden.

• Imperativer und kooperativer Führungsstil
Unterscheidungskriterium sind Art und Umfang der Beteiligung der Mitarbeiter, insbesondere am Prozeß der Willensbildung.

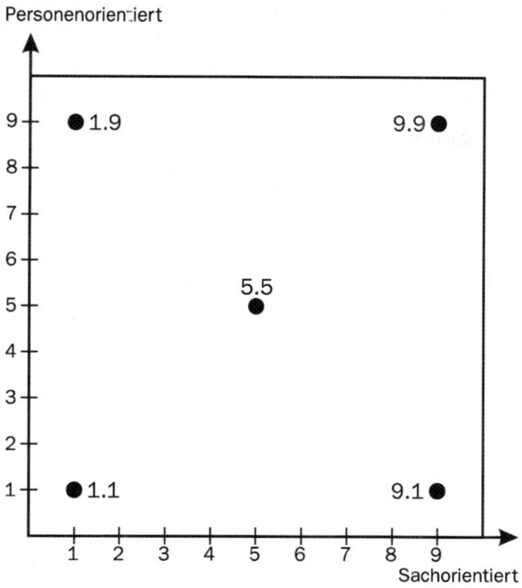

Abb. 1.22: Führungsstile im Verhaltensgitter nach GRID® von Blake/Mouton

Bei dem *imperativen* Führungsstil trifft der Vorgesetzte komplexe Entscheidungen allein, ohne Konsultation der Mitarbeiter. Er hat die ungeteilte Entscheidungs- und Anweisungskompetenz; die Mitarbeiter führen nur aus. Der Informationsaustausch erfolgt überwiegend auf dem Dienstweg und konzentriert sich weitgehend auf das für die Aufgabenerfüllung Notwendige. Es besteht eine Vielzahl organisatorischer Regeln und ein hoher Formalisierungsgrad. Der Vorgesetzte tritt seinen Mitarbeitern gegenüber distanziert auf. Er achtet vor allem auf Leistungsziele und Pflichterfüllung und umfassende Kontrollen.

Dieser Führungsstil wird auch als autoritärer oder direktiver und in etwas gemilderter Form als patriarchalischer Führungsstil bezeichnet.

Der *kooperative* Führungsstil ist dadurch gekennzeichnet, das komplexe Entscheidungen in der Arbeitsgruppe nach einer Diskussion getroffen werden – der Vorgesetzte leitet den Entscheidungsprozeß. In einem bestimmten Rahmen kann jeder Mitarbeiter selbständig entscheiden. Informationen sind reichlich vorhanden und leicht zugänglich. Der Vorgesetzte geht von einem hohen Sachverstand seiner Mitarbeiter aus. Er achtet darauf, daß sowohl Leistungsziele als auch Gruppen- und Individualziele erreicht werden können. Er glaubt, daß seine Mitarbeiter durch Interesse sowie Mitverantwortung geleitet werden.

Synonym, nur mit leichter Nuancierung, werden hier auch die Begriffe demokratischer oder partizipativer Führungsstil verwandt.

- Aufgaben- und Mitarbeiterorientierung

Die Einteilung erfolgt hier nach der jeweiligen Orientierung des Vorgesetzten und unterscheidet zwischen Aufgaben- und Mitarbeiterorientierung. Weitere Differenzierungen bietet das sogenannte „Verhaltensgitter" von Blake/Mouton an, das in Abb. 1.22 erläutert wird.

Es wird zwischen 5 typischen Führungsstilen unterschieden, je nachdem, in welchem Maße die Aufgaben- (Sach)Orientierung oder die Mitarbeiter- (Personal)Orientierung erfolgt.

Beim 5.5- sowie 9.9-Führungsstil werden beide Aspekte gleichwertig behandelt. Während jedoch der 5.5-Stil eher dem Kompromiß zuneigt, nutzt der 9.9-Stil die Synergie, indem sein Verhalten dazu angetan ist, daß die stärkere Mitarbeiterbeteiligung und die Sachziele sich gegenseitig unterstützen.

Die Analyse der Aufgaben- und der Mitarbeiterorientierung dient nicht nur einer Beschreibung von Führungsstilen, sondern bildet auch den Ansatz für Konzepte der Organisationsentwicklung. Zur Definition „Erfolg ist der Grad und die Art der Zielerreichung" ergibt sich eine Verbindung, wenn der Grad (was) als Aufgaben- und Sachorientierung und die Art (wie) als Mitarbeiter- (Personen) orientierung gesehen wird. Die Vorstellung, daß eine Mitarbeiterorientierung der Verfolgung von Sachzielen nicht entgegensteht, sondern sie im Gegenteil fördert und langfristig sichert, kann insgesamt für das Personalwesen eine konstruktive Leitlinie sein.

Investitionen – Leistungsbereitschaft

Investition und betrieblicher Kreislauf

Am Beginn des einleitenden Abschnitts wurde der betriebliche Wertekreislauf durch den Leistungs- und Zahlungsstrom dargestellt. Beschaffung, Leistungserstellung und Leistungsverwertung bilden einen sich ständig wiederholenden Prozeß. Am Anfang werden für die Beschaffung von Material, Betriebsmitteln, Arbeits- und Dienstleistungen Finanzmittel erforderlich; mit der Leistungsverwertung werden wieder Finanzmittel frei. Bezieht man die Finanzierung ein, so läßt sich der Prozeß als ein sich wiederholender Kreislauf darstellen (siehe Abb. 1.23).

Die Finanzierung hat die notwendigen Geldmittel bereitzustellen, dies wird als *Kapitalbeschaffung*

1

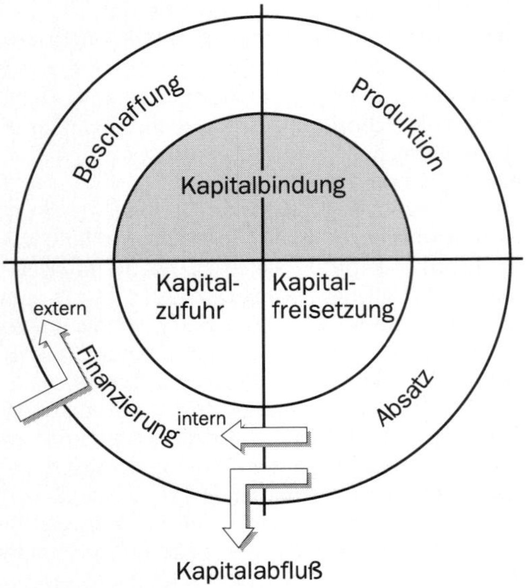

Abb. 1.23: Betrieblicher Wertekreislauf

bezeichnet. Durch die Beschaffung von Investitionen und sonstigen Produktionsmitteln am Beginn des Leistungsprozesses erfolgt die *Kapitalbindung*, auch *Kapitalverwendung* genannt. Die Leistungsverwertung führt zu der *Kapitalfreisetzung*, und zwar in Höhe der zunächst im verkauften Produkt gebundenen Mittel zusätzlich eventueller Gewinnaufschläge.
Die Besonderheit von Investitionen liegt darin, daß sie nicht nur einem Produktionszyklus dienen, sondern dem Unternehmen längerfristig zur Verfügung stehen. Insoweit wird bei dem Verkauf eines Produktes auch nur der Anteil freigesetzt, der ihm in der Kalkulation auf der Basis der in Anspruch genommenen Nutzung der Investitionen (Anteil an der Abschreibung) zugerechnet wurde. Investitionen führen also zu einer längerfristigen Kapitalbindung. Gleichzeitig werden durch Investitionen die Rahmenbedingungen der betrieblichen Leistungsbereitschaft auf Jahre hinaus mitbestimmt. Daher kommt den Entscheidungen für oder gegen ein Investitionsprojekt besondere Bedeutung zu.
Wegen ihrer langfristigen Kapitalbindung werden Investitionen in der Literatur häufig mit der Finanzierung behandelt. Durch die mit der Investition gestaltete Leistungsbereitschaft eines Unternehmens werden aber auch Produktion und Absatz sowie ganz allgemein die Wettbewerbsfähigkeit und damit der langfristige Bestand des Unternehmens beeinflußt. Fehlentscheidungen sind häufig nur schwer oder mit erheblichem Aufwand zu korrigieren.
Ihre Anforderungen ergeben sich aus dem betrieblichen Leistungsprozeß, beispielsweise aus den Bedürfnissen der Fertigung. Deshalb werden Investitionen in einem eigenen Kapitel behandelt, auch wenn darüber letztendlich nur unter Beachtung finanzieller Möglichkeiten und der Sicherung des finanziellen Gleichgewichts entschieden werden kann.

Investitionsbegriff

Die vielfältige Natur von Investitionen, die durch sie bestimmte Gestaltung der Leistungsbereitschaft einerseits und die langfristige Kapitalbindung andererseits, führen auch in der Literatur zu unterschiedlichen Begriffsbestimmungen.
Im weitesten Sinne werden alle kapitalbindenden Ausgaben als Investitionen aufgefaßt. Für die wirtschaftliche Praxis ist diese Definition zu umfassend. Üblicherweise erfolgen Eingrenzungen dahingehend, daß Ausgaben für Roh-, Hilfs- und Betriebsstoffe (siehe auch „Materialwirtschaft – Beschaffung") und für Personalausgaben (siehe auch „Der Mensch im Betrieb", „Personalwesen und Mitarbeiterführung") den Investitionen nicht zugerechnet werden.
Unter dem Gesichtspunkt des längerfristigen Einsatzes, der Nutzung in mehreren Produktionszyklen sowie ihren Auswirkungen für die zukünftige Leistungsbereitschaft eines Unternehmens wird heute teilweise gefordert, Ausgaben für das Personal – z. B. für Ausbildung – und sonstige Maßnahmen mit zukunftsweisendem Charakter einzubeziehen. Hierzu gehören Begriffe wie Personalinvestitionen und human capital. Auf deren zweifellos bestehende Bedeutung für die langfristige Leistungsbereitschaft und Wettbewerbsfähigkeit des Unternehmens wurde im vorangegangenen Kapitel hingewiesen. Gleichwohl werden sie im weiteren hier nicht als Investition aufgefaßt, da einerseits die bisherigen Methoden der Investitionsentscheidung nur bedingt anwendbar sind und zum anderen die in diesem Bereich aufgewendeten Ausgaben nicht aktivierungsfähig sind (vgl. dazu „Betriebliches Rechnungswesen") und als ein selbständiges Wirtschaftsgut kaum veräußert werden können.
Während die entsprechende Kapitalbindung als Investition bezeichnet wird, spricht man bei der Kapitalfreisetzung von *De-Investition* und bei ihrer Wiederanlage von *Re-Investition*.
Die vielfältigen Investitionsbegriffe werden nachfolgend anhand von zwei Definitionsmerkmalen zusammenfassend dargestellt, die für die Sichtweise charakteristisch sind.

Güterwirtschaftlicher Begriff
Die Vertreter eines güterwirtschaftlichen (bonitären) Investitionsbegriffes gehen von den Güterströmen im betrieblichen Wertekreislauf aus und sehen Investitionen als die Zunahme von Realvermögen an. Zumeist konzentrieren sie sich dabei auf das Anlagevermögen auf der Aktivseite der Bilanz. Teilweise wird das Umlaufvermögen hinzugezählt, insbesondere dann, wenn über einen „eisernen Bestand" eine Lagerbevorratung zur Sicherung der Leistungsbereitschaft erforderlich wird. In enger Übereinstimmung mit der Praxis wird hier unter Investitionen eine langfristige, zumeist betragsmäßig höhere Kapitalbindung im Realvermögen verstanden. Diese Definition wird der weiteren Behandlung in diesem Kapitel zugrundegelegt.

Geldwirtschaftlicher Begriff
Bei den geldwirtschaftlichen (monetären) Investitionsbegriffen steht der Geldabfluß beim Zahlungsstrom im betrieblichen Wertekreislauf im Vordergrund. Insoweit wird neben dem Anlagevermögen auch das reale Umlaufvermögen mit einbezogen. Vereinzelt wird auch das finanzielle Anlage- und Umlaufvermögen hinzugerechnet. Die Vertreter dieser Richtung konzentrieren sich auf den finanziellen Aspekt der Investitionsentscheidung. Dabei ist es sicherlich richtig, nicht nur die Finanzierung der unmittelbaren Investitionsausgaben zu sichern, sondern auch die mit der Nutzung zusammenhängenden Folgeausgaben. Viele Verfahren der Investitionsrechnung sind von dieser Auffassung mitgeprägt. Auch erklärt sich hieraus ihre häufige Behandlung im Rahmen der Finanzwirtschaft.
Im gesonderten Beitrag „Finanzwirtschaft" werden die sich hieraus ergebenden Aspekte berücksichtigt. Gleichzeitig wird auch die Finanzanlage als Alternative zur Real-Investition in die Überlegungen mit einbezogen.

Investitionsarten

Die Summe aller Investitionen bezeichnet man als Brutto-Investitionen. Brutto-Investitionen ·/· De-Investitionen ergeben die Netto-Investitionen, die positiv oder negativ sein können, je nachdem, ob mehr oder weniger neu investiert als aus früheren Investitionen freigesetzt wird. Weiter kann nach Investitionsobjekten unterschieden werden und – für die Unternehmensplanung besonders wichtig – danach, ob die betriebliche Leistungsbereitschaft durch die Investition begründet und erweitert oder erhalten werden soll.

Investitionsobjekt
Zum einen kann in Sachinvestitionen, Finanzinvestitionen und immaterielle Investitionen unterschieden werden.
Zu den *Sachinvestitionen* gehören beispielsweise Gebäude, Maschinen und sonstige Geschäftsausstattungen. Aktien, sonstige Beteiligungen an anderen Unternehmen sowie sonstige langfristige Anlagen, z. B. in Wertpapieren, zählen zu den *Finanzinvestitionen*. Unter *immateriellen Investitionen* werden der Erwerb von Patenten, Lizenzen und sonstigen Schutzrechten sowie Ausgaben für den Firmenwert beim Kauf eines Unternehmens verstanden.
Weiter kann danach unterschieden werden, für welche Unternehmensbereiche die Investitionen erfolgen, also z. B. Beschaffung, Produktion, Absatz oder allgemeine Verwaltung.

Schaffung der Leistungsbereitschaft
Mit der Gründung eines Unternehmens werden eine Reihe von Investitionen notwendig, um die Leistungs- und Betriebsbereitschaft herzustellen, die sogenannten *Gründungsinvestitionen*. Andere Bezeichnungen hierfür sind: Anfangsinvestitionen, Erstinvestitionen, Neuinvestitionen oder Errichtungsinvestitionen. Die *Erweiterungsinvestitionen* dienen der Vergrößerung des vorhandenen Leistungspotentials. Dabei kann es sich um Kapazitätsausweitungen im bisherigen Betätigungsfeld des Unternehmens oder um die Schaffung zusätzlicher Bereiche handeln.
Bei Investitionsentscheidungen, mit denen erstmals oder als Erweiterung neue Leistungspotentiale geschaffen werden, sind mit besonderer Sorgfalt neben den Fragen der Investitionsnutzung und Finanzierung auch Aspekte des Absatzes zu prüfen. Dabei stellt sich die Frage, inwieweit die zusätzlichen Leistungen auch am Markt zu kostendeckenden Preisen umgesetzt werden können. Investitionsentscheidungen sind damit Teil einer umfassenden Unternehmensplanung. Oftmals werden in diesem Zusammenhang auch Standortentscheidungen getroffen, wie es in dem Kapitel „Konstitutioneller Rahmen des Unternehmens" näher erläutert ist.

Erhaltung der Leistungsbereitschaft
Mindert sich durch Abnutzung bzw. Gebrauch, durch technischen Fortschritt oder aus anderen Gründen die Einsatzfähigkeit vorhandener Anlagen, so sind zur Aufrechterhaltung der bisherigen Leistungsbereitschaft *Ersatzinvestitionen* erforderlich. Bei Großreparaturen oder umfangreichen Renovierungen wird auch von *Erhaltungsinvestitionen* gesprochen.

1

Bei den *Rationalisierungsinvestitionen* werden vorhandene Investitionsgüter durch neue ersetzt, die zumeist technisch verbessert einen optimaleren Leistungsprozeß ermöglichen. Durch *Umstellungsinvestitionen* werden mengenmäßige Verschiebungen im Fertigungsprogramm ermöglicht. Da hiermit häufig auf Anforderungen des Marktes reagiert wird, werden sie auch als Anpassungsinvestitionen bezeichnet.
Sollen neue Märkte durch Veränderung des Absatzprogrammes und/oder der Absatzorganisation gewonnen werden, so liegt eine *Diversifizierungsinvestition* vor. Sie kann eine Anpassung der Leistungsbereitschaft bewirken, oftmals ist sie mit einer Ausweitung verbunden. *Sicherungsinvestitionen* dienen der Sicherung der Existenz des Unternehmens. Dazu können Umweltschutzmaßnahmen (z. B. durch behördliche Auflagen), Investitionen in Forschung und Entwicklung, aber auch Beteiligungen zur Sicherung von Beschaffungs- oder Absatzmärkten gehören.
Nicht immer sind Erhaltungsinvestitionen klar gegen Erweiterungsinvestitionen abzugrenzen. Oftmals wird z. B. mit Rationalisierungsmaßnahmen auch eine Ausweitung der Leistungskapazität vorgenommen. Andererseits ist es sinnvoll, bei umfangreichen Ersatzinvestitionen zu prüfen, inwieweit auch weiterhin mit entsprechendem Absatzpotential gerechnet werden kann oder ob Diversifikationen und auch Kapazitätsreduzierungen wirtschaftlicher sind.

Investitionsplanung

Die Investitionsplanung ist Teil der gesamten Unternehmensplanung mit den entsprechenden Abhängigkeiten zu anderen Teilplänen. Durch Investitionen werden die Voraussetzungen der Leistungsbereitschaft in den jeweiligen Unternehmensbereichen geschaffen bzw. aufrecht erhalten. Insoweit müssen sich Investitionsvorhaben an deren konkreten Anforderungen und Planungen orientieren. Durch ihren langfristigen Charakter prägen Investitionen betriebliche Rahmenbedingungen entsprechend lange.
Ferner wirken sie sich auf die Kosten- und Leistungsrechnung aus. Investitionsgüter verursachen zum einen unmittelbare Kosten, z. B. für ihre Unterhaltung, ihre Abnutzung (Abschreibung) und Finanzierung. Darüber hinaus sind mit ihrer Nutzung weitere Kosten, z. B. für Materialeinsatz und Arbeitsleistung, verbunden, denen jedoch andererseits die Erlöse aus der Leistungsverwertung gegenüberstehen. Beachtet man das Wirtschaftlichkeitsprinzip, kommt bei der Entscheidung für oder gegen eine Investition den insgesamt durch sie verursachten Kosten und Erträgen eine besondere Bedeutung zu.
Schließlich besteht eine enge Verbindung mit der Finanzplanung. Neben den Finanzanforderungen im kontinuierlichen Geschäftsablauf führen Investitionen typischerweise zu längerfristigen Kapitalbindungen. Es müssen so langfristig Finanzmittel bereitgestellt werden, bis Einnahmeüberschüsse aus der Nutzung die Investitionsausgaben tilgen können. Diese Auswirkungen sind zu beachten, entsprechend dem Prinzip des finanziellen Gleichgewichts.
Ist die Finanzierung nicht gesichert, so sind Investitionen zu unterlassen bzw. zu verschieben, bis die erforderlichen zusätzlichen Finanzmittel bereitgestellt werden können.
Eine Investitionsplanung dient unter Beachtung der vorgenannten Aspekte der Entscheidung darüber:
- ob die Durchführung einer Investition auch sinnvoll ist,
- welche bei Vorliegen von Alternativen die vorteilhafteste ist,
- eine Rangfolge festzulegen bei mehreren sich nicht gegenseitig ausschließenden Möglichkeiten, insbesondere, wenn die zur Verfügung stehenden Finanzmittel begrenzt sind.

Einzelinvestitionen
Hier geht es um die Beurteilung eines einzelnen Investitionsvorhabens. Zunächst ist das Investitionsobjekt daraufhin zu überprüfen, ob es für das Unternehmen sinnvoller ist, die Investition durchzuführen oder zu unterlassen, d. h. den bisherigen Zustand beizubehalten. Das Ausmaß dieser Untersuchungen wird sehr von der Bedeutung und den finanziellen Auswirkungen der Investition abhängen. Zum Teil sind umfangreiche Analysen, z. B. auch der künftigen Marktentwicklungen, erforderlich. Bei einer Reihe von Ersatzbeschaffungen – zumindest mit geringerer finanzieller Auswirkung – oder bei der Erfüllung behördlicher Auflagen geht es weniger um die Frage, ob die Investition erfolgen soll, als vielmehr darum, die wirtschaftlichste Durchführung zu planen.
Zu jedem Investitionsobjekt sollten wenn möglich mehrere Alternativen ermittelt und in der Planung gegeneinander abgewogen werden. Hierauf wird nachfolgend im Unterabschnitt „Phasen des Entscheidungsprozesses“ noch näher eingegangen werden.
Bei einer Reihe von Ersatzbeschaffungen geht es um die Wahl des richtigen Zeitpunktes, d. h.: Ab wann überwiegen die Vorteile der Neuinvestition, z. B. durch geringere Ausfallzeiten, bessere Lei-

stungsqualität, geringere Unterhaltungs- und Reparaturaufwendungen etc., die mit ihr verbundenen Kosten, z. B. für Abschreibungen und Finanzierung? Oftmals können Ersatzbeschaffungen ein guter Anlaß sein, die bisherigen Verfahrensweisen aufgrund technischer oder organisatorischer Entwicklungen zu überprüfen.

Investitionsprogramm
Üblicherweise fallen in einem Unternehmen für ein Geschäftsjahr eine Reihe von Investitionsvorhaben an. Um den Bedarf für diese Investitionen zu ermitteln, müssen die einzelnen Anforderungen gebündelt werden. Dabei wird üblicherweise zwischen jenen Investitionen, die zur Erreichung der vorgegebenen Ziele des Gesamtplanes erforderlich sind, und jenen, die zwar nicht zwingend, aber doch wünschenswert wären, unterschieden. Welche dieser Maßnahmen in das vorläufige Investitionsprogramm aufgenommen werden, richtet sich dabei nach der zuvor behandelten Beurteilung der Einzelinvestitionen.
Danach wird für das vorläufige Investitionsprogramm der Kapitalbedarf ermittelt, und es wird überprüft, inwieweit Finanzierungsmittel zur Verfügung stehen oder bereitgestellt werden können. Das Investitionsvolumen ist auch im Zusammenhang mit den strategischen Planungen des Unternehmens zu sehen.
Soweit nicht alle Vorhaben realisiert werden können oder sollen, ist eine Rangfolge zwischen den einzelnen Investitionen zu bestimmen. Danach richtet sich das Investitionsprogramm. Vielfach wird für Ersatzbeschaffungen oder geringwertige Investitionen auf der Basis von Vergangenheitswerten ein pauschaler Betrag angesetzt, ggf. unterteilt nach einzelnen Unternehmensbereichen.

Probleme der Investitionsentscheidung
Grundsätzlich gilt für die zukunftsorientierten Planungen und Entscheidungen, daß gesicherte Informationen nur aus Erfahrungswerten gewonnen werden können. Zukunftswerte müssen zumeist prognostiziert werden. Wegen der langfristigen Wirkung von Investitionsentscheidungen kommt diesem Umstand hier besondere Bedeutung zu. Für die Entscheidungen in der Praxis ist diese Unsicherheit oftmals relevanter als theoretische Bemühungen, durch Verfeinerung von Berechnungsverfahren zu einer exakteren Beurteilung der Zahlen zu gelangen, die letztendlich ein Risiko nicht ausschalten können.
Im gesonderten Beitrag „Finanzwirtschaft" wird auf die Behandlung von Risiko und Unsicherheit bei Investitionsentscheidungen näher eingegangen.

Bei den Zukunftsentscheidungen ist zwischen zwei Aspekten abzuwägen: den erwarteten Gewinnchancen und möglichen Gefahren eines Verlustes bei nicht vorhergesehenen Entwicklungen. Dies führt zum Bemühen um elastische Pläne (flexible Planung). Für die Investitionsplanung bedeutet dies, daß zum Teil Investitionen der Vorzug gegeben wird, die zwar etwas geringere Gewinnchancen ausweisen als denkbare Alternativen, jedoch andererseits bei ungünstigeren Entwicklungen schneller (elastischer) angepaßt werden können, um Gewinneinbrüche bzw. Verluste zu verhindern oder doch deutlich zu mindern.
Die erwähnte Auswirkung der Investitionsplanung auf die Leistungsbereitschaft des Unternehmens erfordert es, die Auswirkungen auf die verschiedenen Teilbereiche zu berücksichtigen. Im Rahmen eines wirtschaftlichen Planungsprozesses erfolgt die gesamtbetriebliche Beurteilung oftmals nur bei Großprojekten, d. h. bei solchen Investitionen, die finanziell besonders umfangreich sind oder starke Auswirkungen auf andere Planungsbereiche haben. Für kleinere Investitionsobjekte stehen die Wirtschaftlichkeitsüberlegungen – oftmals reduziert auf kostenwirtschaftliche Aspekte – sowie die finanziellen Auswirkungen im Vordergrund. Gelegentlich konkurrieren die Anforderungen nach technischer Perfektion mit den Forderungen nach Wirtschaftlichkeit.

Phasen des Entscheidungsprozesses
Um auch komplexe Problemstellungen transparent werden zu lassen, kann der Entscheidungsprozeß mehrstufig erfolgen. Besondere Bedeutung kommt einer Suchphase zu, um vor der Entscheidung über eine ausreichende Anzahl von Alternativen zu verfügen; hier ist die Kreativität gefordert, die auch zu qualitativ optimalen Ansätzen führen soll.
Stellvertretend für die verschiedenen in der Literatur entwickelten Stufenmodelle zur Investitionsentscheidung werden nachfolgend vier typische Phasen dargestellt.

Erste Phase: Zunächst sind die verschiedenen Alternativen zu beschreiben, die im Hinblick auf einen bestimmten Investitionszweck betrachtet werden sollen. Dazu sind für jede Alternative die charakteristischen Faktoren zu präzisieren, und zwar:
- in monetärer Hinsicht, z. B. Anschaffungspreis, Wartungskosten etc.,
- in quantitativer, aber nicht monetärer Weise, z. B. die Maßeinheit für Energieverbrauch, Leistungsabgabe etc., und
- in qualitativer, also nicht quantifizierbarer Weise, z. B. Neuigkeitsgrad, Image, Design etc.

1

Schließlich erfolgt die Zusammenstellung der relevanten, nicht monetären Unterschiede.

Zweite Phase: Hier werden für die einzelnen Alternativen die zugehörigen Einnahmen- und Ausgabenreihen ermittelt.

Dritte Phase: Jetzt erfolgt die Auswahl desjenigen Verfahrens der Investitionsrechnung, das im konkreten Fall angewendet werden soll. Häufig werden auch zwei oder drei Verfahren parallel eingesetzt, wenn hieraus zusätzliche Erkenntnisse erwartet werden können. Verschiedene Verfahren der Investitionsrechnung werden im folgenden Abschnitt behandelt. Soweit für eine Berechnung zusätzliche Annahmen, z. B. über den anzuwendenden Zinssatz, zu treffen sind, sind hier die entsprechenden Werte festzulegen.

Anschließend erfolgt die Berechnung der ausgewählten Investitionsverfahren für die konkreten Alternativen der Investitionsentscheidung.

Vierte Phase: Berechnungsverfahren dienen der Vorbereitung von Entscheidungen – können diese aber nicht ersetzen. Daher erfolgt in der abschließenden Phase eine kritische Beurteilung, Bewertung und letztendlich die Entscheidung.

Die Ergebnisse der in der dritten Phase durchgeführten Investitionsrechnungen sind zu interpretieren, insbesondere, wenn für einzelne Alternativen auf verschiedenen Wegen unterschiedliche Vorteile ermittelt wurden. Risiken und Unsicherheiten sind zu beurteilen und ggf. in Ergänzungen zu den Rechnungen zu berücksichtigen.

Schließlich sind die nicht monetären Faktoren zu diskutieren. Hierbei kann es sinnvoll sein, zunächst in einem ersten Schritt festzulegen, in welcher Gewichtung die einzelnen nicht monetären Faktoren in die Entscheidung eingehen sollen; sodann wird bewertet, in welchem Umfang diese Faktoren bei den einzelnen Investitionsalternativen zutreffen.

Alles zusammen ermöglicht dann die endgültige Investitionsentscheidung.

Investitionsrechnung

In der betriebswirtschaftlichen Theorie und in der Praxis sind eine Fülle von Verfahren der Investitionsrechnung entwickelt worden, die der Bedeutung einer Investitionsentscheidung für das Gesamtunternehmen entsprechen. Sie bilden den Inhalt der dritten Phase der zuvor dargestellten Investitionsplanung, d. h., es soll auf der Basis der investitionsbedingten Auszahlungen und Einzahlungen ermittelt werden, ob eine Investition wirtschaftlich ist bzw. bei Vorliegen mehrerer Alternativen die vorteilhafteste ermittelt werden.

Die unterschiedlichen Methoden lassen sich darstellen in: statische, dynamische und komplexe Verfahren. Eine detailliertere Behandlung erfolgt im Beitrag „Finanzwirtschaft".

Statische Verfahren

Statische Verfahren verzichten darauf, die gesamte Lebensdauer einer Investition zu untersuchen. Insoweit sind sie einfacher zu berechnen. Sie betrachten eine Durchschnittsperiode oder die nächste Periode, insbesondere, wenn es um die Frage geht, ob eine Ersatzinvestition bereits jetzt oder erst in einer späteren Periode erfolgen soll.

• Kostenvergleichsrechnung

Die Kostenvergleichsrechnung bezieht die Leistungserlöse nicht mit ein – unter den Alternativen ist diejenige auszuwählen, die die geringsten Kosten verursacht.

Hier wird nicht die Frage nach der generellen Wirtschaftlichkeit eines Investitionsvorhabens untersucht, sondern die kostengünstigste Alternative ermittelt. Die Alternative zu Ersatzbeschaffungen kann durchaus sein, die bisherige Anlage noch weiter zu benutzen, z. B. auch, wenn sie zunächst eine größere Reparatur verursacht.

Der Kostenvergleich kann auf der Basis einer Zeitperiode erfolgen, wenn die Leistung der einzelnen Alternativen – zumindest für die betriebliche Nutzung – gleich ist. Führen die einzelnen Investitionsalternativen zu verschiedenen Leistungen, so werden die Kosten je Leistungseinheit für jede Alternative ermittelt und verglichen.

• Gewinnvergleichsrechnung

Hierbei handelt es sich um eine Erweiterung der Kostenvergleichsrechnung, indem die Erlöse mit in den Vergleich einbezogen werden. Bei dem auf eine Periode abgestellten Zeitvergleich werden so eventuell unterschiedliche Leistungsmengen der einzelnen Alternativen berücksichtigt. Dabei kann man z. B. die Erlöse für die Leistungen entweder als gleichbleibend für jede Einheit ansetzen oder aber deren Sinken bei zunehmender Leistung annehmen. Die Alternative, die den höchsten durchschnittlichen Jahresgewinn erbringt, wird als die wirtschaftlichste angesehen.

• Amortisationsrechnung

Hier steht der Sicherheitsaspekt im Vordergrund. Es wird der Zeitraum ermittelt, in dem das durch die Investition eingesetzte Kapital durch entsprechende Einnahmen zurückgeflossen ist. Eine Investition gilt dann als vorteilhaft, wenn diese Wiedergewinnungszeit entweder im Rahmen einer

Vorgabe liegt oder beim Alternativvergleich kleiner ist als die der anderen Möglichkeiten.
Dabei kann dieser Wiedergewinnungszeitraum gut mit den Fristen eventueller objektbezogener Finanzierungen verglichen werden. Die Betonung der Sicherheit und die einfache Handhabung sind Gründe dafür, daß dieses Verfahren häufig ergänzend zu anderen Methoden eingesetzt wird. Die Amortisationsrechnung ist auch bekannt als *pay-off-Methode* oder pay-back- bzw. pay-out-Periode.

• Rentabilitätsvergleichsrechnung
Rentabilität als Verzinsung des eingesetzten Kapitals ist das Ergebnis (Erlöse ·/· Kosten) im Verhältnis zum eingesetzten Kapital. Dabei kommt der Gewinn einer Durchschnitts- oder Vergleichsperiode zum Ansatz. Der durchschnittliche Kapitaleinsatz bei abnutzbaren Anlagen wird durch halbe Anschaffungskosten, bei den nicht abnutzbaren Anlagen oder notwendigem Umlaufvermögen durch die Anschaffungskosten ermittelt.
Nach der Rentabilitätsvergleichsrechnung gilt eine Investition dann als wirtschaftlich, wenn sich eine Rentabilität in mindestens vorgegebener Höhe auf der Basis der Finanzierungskosten zuzüglich eines Sicherheitszuschlages ergibt. Bei mehreren Alternativen gilt diejenige als die vorteilhafteste, die die größte Rentabilität ausweist.

• MAPI-Methode
Als eine spezielle Variante des Rentabilitätsvergleichs wurde diese Methode 1962 von George Terborgh – dem Forschungsdirektor des MAPI-Instituts (Machinery and Allied Products Institute, Washington D. C.), USA – entwickelt. Sie hebt auf die relative Rentabilität im Vergleich zu anderweitigen Kapitalanlage-Alternativen eines Unternehmens ab.

Dynamische Verfahren
In der Einfachheit der statischen Verfahren liegt ihr wesentlicher Vorteil, insbesondere auch für die praktische Anwendung. Ihre Anwendung auf komplexere Investitionsvorhaben stößt auf eine Reihe von Bedenken, z. B. werden Interdependenzen zu anderen Teilbereichen des Unternehmens nicht ausreichend beachtet.
Im Vergleich zu den dynamischen Verfahren sind wesentliche Einwände, daß nur ein Teil der Nutzungsdauer einer Investition in die Betrachtung einbezogen wird und der zeitliche Unterschied bei den verschiedenen Einzahlungen und Auszahlungen gar nicht oder nur ungenügend berücksichtigt wird.
Demgegenüber werden bei den dynamischen Verfahren mehrere Perioden – meistens die geplante Gesamtnutzungsdauer – einbezogen. Den unterschiedlichen Zeitpunkten, zu denen Einnahmen oder Ausgaben anfallen, wird durch finanzmathematische Methoden (z. B. Abzinsung) Rechnung getragen.

• Finanzwirtschaftliche Betrachtung
Den einzelnen Verfahren sollen einige Begriffe finanzwirtschaftlicher Betrachtungsweise vorangestellt werden. Spätere Einzahlungen haben finanzwirtschaftlich einen geringeren Wert als frühere, die ja inzwischen wieder verzinslich angelegt werden können. Entsprechendes gilt für die Auszahlungen. Dies wird bei der Betrachtung der Einnahmen- und Ausgabenreihen einer Investition berücksichtigt.
Als *Barwert* – auch Gegenwartswert genannt – wird der Wert bezeichnet, den eine Einnahme bzw. eine Ausgabe durch Abzinsung (Diskontierung) zu einem bestimmten Bezugszeitpunkt hat. Bei Investitionsrechnungen ist dies zumeist der Zeitpunkt der Investition. Gelegentlich wird auch auf den Endzeitpunkt gerechnet, dann jedoch durch Aufzinsungen. Der Barwert der Ausgaben ergibt sich durch die Ausgabe zum Investitionszeitpunkt, zuzüglich den abdiskontierten laufenden Ausgaben späterer Perioden. Der Barwert der Einnahmen wird aus den abgezinsten Einnahmen der einzelnen Perioden ermittelt.
Aus dem Barwert der investitionsbedingten Einnahmen minus dem Barwert der investitionsbedingten Ausgaben ergibt sich der *Kapitalwert* einer Investition.
Dem *kalkulatorischen Zins*, mit dem z. B. die Diskontierung erfolgt, kommt damit für das Ergebnis eine besondere Bedeutung zu.

• Kapitalwertmethode
Das Kriterium der Vorteilhaftigkeit ist hier der Kapitalwert, also die absolute Differenz aus dem Barwert der Einnahmen minus dem Barwert der Ausgaben. Die Investition gilt dann als wirtschaftlich, wenn ihr Kapitalwert gleich oder größer 0 ist, also zumindest die Abzinsung ausgeglichen wird. Bei mehreren Alternativen ist diejenige die vorteilhafteste, die den größten Kapitalwert ausweist.
Besondere Probleme ergeben sich jedoch, wenn sich z. B. für eine Investition A ein höherer Kapitalwert (absoluter Betrag) errechnet, diese aber eine höhere Investitionssumme und/oder eine längere Nutzungsdauer gegenüber einer Alternative B aufweist. Hier könnte bei einer Entscheidung für B der am Anfang eingesparte Betrag (Investitionssumme A minus Investitionssumme B) bzw. der durch die kürzere Nutzungsdauer von B

1

früher freiwerdende Betrag möglicherweise anderweitig ertragsbringend angelegt werden. Die Auswahl der Investition A aufgrund ihres höheren Kapitalwertes würde also nur dann zu einer richtigen Entscheidung führen, wenn eine weitere ertragsbringende Kapitalanlage für das Unternehmen nicht möglich ist. Um den unterschiedlichen Anschaffungswerten und/oder Nutzungsdauern verschiedener Investitionsalternativen Rechnung zu tragen, wird daher oftmals mit sogenannten Differenzinvestitionen kalkuliert.

- Methode des internen Zinsfußes

Mit dieser Methode wird jener Zinsfuß gesucht, bei der der Kapitalwert einer Investition gleich 0 ist, also der Barwert der abgezinsten Einnahmenreihe gleich dem Barwert der abgezinsten Ausgabenreihe ist.
Eine Investition gilt dann als wirtschaftlich, wenn dieser so für sie ermittelte interne Zinsfuß höher ist als ein vorgegebener Kalkulationszinsfuß, der einer geforderten Mindestrentabilität (z. B. Finanzierungszins plus Risikozuschlag) entspricht. Bei Investitionsalternativen wird diejenige mit dem höchsten internen Zinsfuß als die vorteilhafteste angesehen.

- Annuitätenmethode

Zuerst werden, wie bei der Kapitalwertmethode, der Barwert der Einnahmen und der Barwert der Ausgaben errechnet. Danach werden diese beiden Barwerte in gleiche Jahresbeträge (Annuitäten) für die Einnahmen und für die Ausgaben aufgeteilt, indem der entsprechende Barwert mit einem Wiedergewinnungsfaktor multipliziert wird, der sich aus der zugrundegelegten Nutzungsdauer und dem Kalkulationszinsfuß finanzmathematisch ergibt. Bei dieser Methode werden also den durchschnittlichen Jahreseinnahmen die durchschnittlichen Jahresausgaben gegenübergestellt. Basis ist deshalb nicht der Gesamterfolg einer Investition, sondern das durchschnittliche Jahresergebnis, nachdem jedoch zuvor durch Diskontierung den unterschiedlichen Zahlungszeitpunkten Rechnung getragen wurde.
Eine Investition ist dann wirtschaftlich, wenn die Einnahmenannuität (durchschnittliche jährliche Einnahmen) höher ist als die Ausgabenannuität (durchschnittliche jährliche Ausgaben). Bei vorhandenen Alternativen gilt diejenige Investition als die vorteilhafteste, bei welcher der höchste Überschuß erreicht wird.

- Dynamische Amortisationsrechnung

Wie bei der statischen Amortisationsrechnung stehen hier Sicherheitsüberlegungen im Vordergrund, während die übrigen Investitionsrechnungen rentabilitätsorientiert sind. Bei der dynamischen Amortisationsrechnung werden im Gegensatz zum statischen Verfahren Zinsen und Zinseszinsen in die Berechnung einbezogen, so daß sich bei der dynamischen Methode eine längere Wiedergewinnungszeit (pay-off-Periode) ergibt.

Komplexe Verfahren

Die dynamischen und die statischen Verfahren werden zusammenfassend auch als traditionelle Methoden der Investititonsrechnung bezeichnet. Ihnen wird entgegengehalten, daß sie eher für die Beschaffung einzelner Investitionsobjekte – wenn auch mit der dabei notwendigen Auswahl zwischen verschiedenen Alternativen – geeignet sind, daß sie jedoch zur Optimierung eines übergreifenden Investitionsprogrammes nicht ausreichen.
Der Interdependenz aller Unternehmensbereiche im Sinne eines optimalen Unternehmensergebnisses wird demzufolge nur eine simultane und langfristige Planung des Investitionsprogramms gerecht, das die sinnvoll aufeinander abgestimmte Leistungsbereitschaft aller Bereiche sichert. Auf der Basis mathematischer Verfahren – insbesondere der *linearen Programmierung* – wurden hierzu Modelle entwickelt, die entweder eher produktionstheoretisch oder kapitaltheoretisch orientiert sind, d. h., die simultane Entscheidung erfolgt im ersten Fall über Investitions-, Beschaffungs-, Produktions- und Absatzprogramme bzw. im zweiten Fall über Investitions- und Finanzierungsprogramme. Sie kommen damit den theoretischen Forderungen nach einer exakteren Abbildung der betrieblichen Realität wesentlich näher; für ihre praxisrelevante Anwendung ergeben sich jedoch noch eine Reihe von Fragen, die über die Darstellung der Investitionsrechnungen, insbesondere im Rahmen einer betriebswirtschaftlichen Einführung, hinausgehen.

Auswahlkriterien

Die dynamischen Verfahren der Investitionsrechnung erfordern gegenüber den statischen einen deutlich höheren Rechenaufwand, der jedoch mit Einsatz der Datenverarbeitung (auch für Personal Computer stehen heute schon entsprechend leistungsfähige Programme zur Verfügung) an Bedeutung verloren hat.
In der betrieblichen Praxis sind insbesondere die Methode des internen Zinsfußes sowie auch die Kapitalwertmethode weit verbreitet. Unabhängig von theoretischen Bedenken werden auch statische Verfahren oftmals angewendet, vor allem die Amortisationsrechnung wegen der Transpa-

renz des Sicherheitsaspektes und die Kostenvergleichsrechnung speziell bei den Ersatzbeschaffungen.
Bei vielen Unternehmen sind mehrere Verfahren gleichzeitig im Einsatz und werden je nach Investitionsobjekt ausgewählt. Darüber hinaus gibt es vielfach Sinn, ein Investitionsvorhaben nach mehreren Verfahren durchzurechnen, da die Ergebnisse bei einer Alternativauswahl durchaus nicht immer übereinstimmen müssen. So kann es sein, daß die Alternative A einen höheren Kapitalwert als B ausweist, B jedoch einen höheren internen Zinsfuß. Dies wird verständlich, wenn bei A eine höhere Investitionssumme und/oder eine längere Nutzungsdauer gegeben sind. Für eine abschließende Beurteilung der Investitionsplanung werden dann u. a. die allgemeinen finanziellen Rahmenbedingungen, die Möglichkeit zusätzlicher Anlagen im Falle einer Entscheidung für B sowie Risikoüberlegungen zu berücksichtigen sein. Möglich ist z. B. auch, daß eine Investition X zwar einen geringeren internen Zinsfuß, jedoch eine kürzere pay-off-Periode als die Alternative Y ausweist.
Hier wird man zwischen Rentabilitätsüberlegungen und Sicherheitsaspekten abwägen müssen, möglicherweise auch im Zusammenhang mit der Fristigkeit vorhandener Finanzierungen. Auf Wirtschaftlichkeitsrechnungen als Bestandteil der Investitionsplanung sowie auf den Zusammenhang zur Finanzierung wird im bereits erwähnten Beitrag „Finanzwirtschaft" eingegangen.

Investitions-Controlling

Die besondere Bedeutung der Investitionen für das gesamte Unternehmen und die langfristigen Auswirkungen erfordern ein effektives Controlling (vgl. auch Kapitel „Controlling und Budget"), auf das hier schon hingewiesen werden soll. Dabei geht es sowohl um die einzelne Investitionsentscheidung als auch um das Investitionsprogramm als Ganzes.
Bei den Einzelentscheidungen steht neben der Verfahrensüberprüfung die Bereitstellung geeigneter Informationen zur Entscheidungsvorbereitung im Vordergrund.
Bezüglich des Investitionsprogramms sind u. a. die wechselseitigen Abhängigkeiten und die Ausgewogenheit zwischen den einzelnen Bereichen des Unternehmens zu beachten. Die Altersstruktur der Anlagen kann Hinweise auf den künftigen Investitionsbedarf geben. Dies ist auch bei der Investitionspolitik im Rahmen der Unternehmensplanung und der Budgetierung zu beachten.

Finanzierung

Wesen

Die vorherigen Kapitel konzentrierten sich auf den güterwirtschaftlichen Prozeß des betrieblichen Wertekreislaufes. Der diesem parallel entgegenlaufende Zahlungsstrom spiegelt die betroffenen Bereiche auf seine Weise ebenso, nämlich in Form von Ausgaben bei der Beschaffung (Materialwirtschaft, Arbeitsleistung und Investitionen) sowie Einzahlungen bei der Leistungsabgabe (Absatz). Wie bereits ausgeführt, sind die Einzahlungen den Auszahlungen zumeist zeitlich nachgelagert. Aus der Überbrückung dieser Lükke ergibt sich ein Finanzierungsbedarf.
Die noch nicht verbrauchten Güter, Rechte und Forderungen bilden das *Vermögen* eines Unternehmens und stehen auf der Aktivseite der Bilanz als Anlage- und Umlaufvermögen. Dieser Mittelverwendung stehen auf der Passivseite der Bilanz die zur Deckung notwendigen Geldmittel gegenüber, die als *Kapital* bezeichnet werden, und zwar untergliedert in Eigen- und Fremdkapital.

Aufgaben
Aus der Notwendigkeit von Ein- und Auszahlungen und der rechtzeitigen Bereitstellung der hierfür erforderlichen Geldmittel ergeben sich die Aufgaben der Finanzierung.

• Steuerung des Zahlungsstroms
Die Zahlungsvorgänge sind rechtzeitig vorzubereiten, abzuwickeln und zu überwachen. Im Beitrag „Finanzwesen" wird auf „Finanzdisposition/Zahlungsverkehr" eingegangen.

• Kapitalbereitstellung
Neben der eher dispositiven und operativen Aufgabe der Zahlungsabwicklung hat die Finanzierung auch langfristig eine Zahlungsbereitschaft des Unternehmens durch rechtzeitige Mittelbereitstellung und ggf. zusätzliche Kapitalbeschaffung sicherzustellen. Der Abschnitt „Finanzplanung" befaßt sich mit der Ermittlung des Kapitalbedarfs und der Kapitalbereitstellung.

Ziele
Aus den Unternehmenszielen leiten sich auch die Ziele für den Finanzbereich ab. Diese müssen das Wirtschaftlichkeitsprinzip (Rentabilität) und das Prinzip des finanziellen Gleichgewichts beachten. Wesentlich sind für die Finanzierung die drei nachfolgend behandelten Ziele. Im konkreten Einzelfall können sich aus weiteren Unterneh-

1

menszielen zusätzliche Nebenziele für die Finanzierung ergeben, z. B. bei der Auswahl der Finanzierungspartner oder der Absicherung oder Risikobereitschaft bei Zahlungen in Auslandswährungen etc.

• Sicherung der Liquidität
Die Fähigkeit eines Unternehmens, fällige Zahlungen jederzeit termingerecht erfüllen zu können, wird als Liquidität bezeichnet. Fehlende Liquidität führt zu Zahlungsunfähigkeit (Illiquidität) und kann zum Konkurs des Unternehmens führen. Selbst nur kurzfristige Zahlungsunfähigkeiten können den Betriebsablauf und das Verhältnis zu Geschäftspartnern erheblich stören. Dementsprechend kommt der Sicherung der Liquidität besondere Bedeutung bei der Finanzierung zu.

• Wirtschaftlichkeit
Der Maßstab der Wirtschaftlichkeit ist die Rentabilität, also der Gewinn im Verhältnis z. B. zum Eigenkapital bei der Eigenkapitalrentabilität. Im Finanzbereich kann die Rentabilität durch verschiedene Aktivitäten positiv beeinflußt werden:
- Bei der Abwicklung des Zahlungsverkehrs, der Geldbeschaffung und den Fremdkapitalzinsen sind kostengünstige Alternativen auszuwählen.
- Überschüsse an liquiden Mitteln sollten bis zu ihrer Verwendung zinsbringend, also möglichst ertragreich zwischenangelegt werden, z. B. als Termin- oder Festgeld.
- Die Bereithaltung von Liquiditätsreserven ist mit Kosten oder mit Ertragsminderungen belastet, so daß sie aus Rentabilitätsgründen möglichst klein gehalten werden sollten. Dem kann jedoch das Streben nach Sicherheit bei der Aufrechterhaltung der Liquidität entgegenstehen. Hier gilt es, eine optimale Balance zu finden.

• Finanzielle Unabhängigkeit
Ein Kapitalgeber fordert möglicherweise mit der Bereitstellung finanzieller Mittel auch Mitbestimmungsrechte. Hierzu können Informations- und Kontrollrechte gehören, aber auch Mitwirkung bei der Festsetzung der Unternehmensziele oder der Beteiligung in den Aufsichtsgremien oder der Geschäftsführung des Unternehmens. Je mehr das Unternehmen – z. B. bei drohender Illiquidität – auf zusätzliche Mittel angewiesen ist und keine Zeit für das Verhandeln von Alternativen verbleibt, umso eher wird man solchen Forderungen nachgeben. Der Finanzführung obliegt also auch das Ziel, durch rechtzeitige Disposition im Rahmen der Finanzplanung die Unabhängigkeit des Unternehmens gegenüber übermäßigen Einwirkungsmöglichkeiten Dritter zu sichern.

Arten der Finanzierung

Zur Kapitalbereitstellung stehen eine Reihe von Finanzierungsalternativen zur Verfügung. Die wesentlichsten von ihnen werden in den nachfolgenden Abschnitten dargestellt.
Bei ihrer Auswahl sind u. a. die Fristigkeit der Mittelüberlassung (kurz-, mittel- oder langfristig), notwendige Sicherheitsleistungen, Kosten, Haftung, Mitwirkungsrechte, Finanzierungszweck sowie Finanzierungsanlaß zu beachten. Die gebräuchlichsten Gliederungen der Finanzierungsarten erfolgen nach der Rechtsstellung der Kapitalgeber sowie nach der Mittelherkunft.

Eigen- und Fremdfinanzierung
Kriterium dieser Einteilung ist die Rechtsstellung des Kapitalgebers zum Unternehmen. Beim Eigenkapital ist der Geldgeber am Unternehmen beteiligt. Das Entgelt für das bereitgestellte Eigenkapital besteht aus dem Anteil am Gewinn sowie in aller Regel am Wertzuwachs des Unternehmens. Einzelheiten hierzu regeln gesetzliche Bestimmungen und der Gesellschaftsvertrag (Satzung), in denen auch die Mitbestimmungsrechte und die Haftungsverpflichtungen festgelegt sind. Nicht entnommene Gewinnanteile zählen zum Eigenkapital. Beim Fremdkapital hat der Geld- bzw. Kreditgeber die Rechtsstellung eines Gläubigers. Seine Rechte beziehen sich insbesondere auf die fristgemäße Rückzahlung der zur Verfügung gestellten Beträge sowie die Zahlung der vereinbarten Zinsen, die als Entgelt für eine Kreditgewährung gewinnmindernde Aufwendungen für das Unternehmen darstellen. Daneben können weitere Sonderrechte vereinbart werden, z. B. im Bezug auf Sicherheitsleistungen oder Mitsprache.

Außen- und Innenfinanzierung
Bei der Kapitalherkunft kann in Außenfinanzierung und Innenfinanzierung unterschieden werden. Bei der Außenfinanzierung stammt das Kapital aus externen Quellen, und zwar entweder als Beteiligungskapital der Eigentümer bzw. zusätzlicher Gesellschafter (Eigenkapital) oder als Fremdfinanzierung.
Von Innenfinanzierung wird gesprochen, wenn Finanzmittel im Unternehmen gebildet werden, z. B. wenn durch Umsatzerlöse oder sonstige Erlöse Finanzmittel zufließen, denen nicht oder nicht in voller Höhe Auszahlungen gegenüberstehen. Diese Mittel können für Finanzierungsmaßnahmen verwendet werden. Hierbei handelt es sich zum einen um die in den Umsatzerlösen enthaltenen Gewinnanteile – soweit sie nicht ausgeschüttet werden, stehen sie dem Unternehmen als Selbst-

Rechtsstellung des Kapitals	Herkunft des Kapitals	
	bei Außenfinanzierung	bei Innenfinanzierung
Eigenfinanzierung	Beteiligungsfinanzierung	Selbstfinanzierung
Fremdfinanzierung	Kredite etc.	Rückstellungen
Neutral	—	Finanzierung aus Kapitalfreisetzung

Abb. 1.24: Übersicht der Finanzierungen

finanzierung und Teil des Eigenkapitals zur Verfügung. Für Aufwendungen, die dem Grunde nach entstanden sind, deren Höhe, Anspruchsberechtigte und/oder Zeitpunkt der Zahlungsverpflichtungen noch ungewiß sind, werden in der Bilanz Rückstellungen gebildet (siehe auch das nachfolgende Kapitel „Betriebliches Rechnungswesen"). Sie sind ihrem Charakter nach Fremdkapital, verursachen aber noch keine Auszahlungen, so daß die Mittel in der Zwischenzeit als Innenfinanzierung zur Verfügung stehen.
Ferner sind in den Umsatzerlösen Aufwendungen für Abschreibungen aus der Nutzung früher getätigter Investitionen enthalten. Über die hier freigesetzten Mittel kann neu disponiert werden, sei es für Ersatzbeschaffungen oder – eventuell auch nur zwischenzeitliche – anderweitige Verwendung. Auch können aus der Umschichtung von Vermögensteilen, die keine Absatzgüter sind, Mittel freigesetzt werden. Aus ihnen entstehen keine neuen Eigen- oder Fremdkapitalverhältnisse, so daß sie als *Finanzierung aus Kapitalfreisetzungen* eine gesonderte Gruppe der Innenfinanzierung bilden.
In Abb. 1.24 ist das Zusammenwirken der Gliederung nach Rechtsstellung der Kapitalgeber und Kapitalherkunft als Übersicht dargestellt.

Kapitalschonende Finanzierungen
Zusätzlich zu den Wegen über die „klassischen" Finanzierungsarten kann das Unternehmen auch mit den notwendigen Gütern (insbesondere Anlagegütern) versorgt werden, ohne daß hierfür Kapitalmittel bereitgestellt werden müssen, zumindest nicht im vollen Umfang.
Eine typische Form solcher zumeist langfristiger Finanzierung ist das *Leasing*. Hierbei wird ein Leasingvertrag zwischen dem Unternehmen als Leasingnehmer und einem Leasinggeber abgeschlossen, der dem Unternehmen für einen befristeten Zeitraum das entsprechende Wirtschaftsgut gegen Zahlung einer Gebühr (die Leasingrate) zur Verfügung stellt. Durch das Leasen von Wirtschaftsgütern kann gegenüber der Eigenbeschaffung die Liquidität des Unternehmens entlastet werden, wobei zur Entscheidung auch kostenwirtschaftliche Aspekte hinzuzuziehen sind. Die langfristige Verpflichtung des Unternehmens zur Zahlung der Leasingraten wird zumeist bei einer Kreditbeurteilung mit berücksichtigt.
In der Regel wird durch die Nutzung eines Wirtschaftsgutes auch ein zusätzlicher Mitteleinsatz erforderlich, z. B. für die erhöhte Vorratshaltung oder für die eventuelle Finanzierung von Forderungen beim Umsatz etc. Insoweit können bei der Realisierung eines Vorhabens durch Leasen des entsprechenden Anlagegutes dennoch Finanzierungsanforderungen entstehen. Da das Leasinggut in der Regel nicht in der Bilanz aktiviert wird und entsprechend auch ein Passivposten unterbleibt, wird Leasing hier nicht als Sonderform der Fremdfinanzierung angesehen, sondern als *kapitalschonende Finanzierung* bezeichnet.
Auf die verschiedenen Formen des Leasing und ihre Beurteilung wird hier in der Einführung nicht näher eingegangen werden, sondern auf den gesonderten Beitrag „Finanzwesen" verwiesen. Gleiches gilt für Factoring und Franchising als weitere Formen kapitalschonender Finanzierung.

Eigenkapital

In einem Unternehmen kann die Bildung von Eigenkapital (Eigenfinanzierung) in zweifacher Form erfolgen. Zum einen können als Beteiligungsfinanzierung Mittel von außen zur Verfügung gestellt werden. Zum anderen liegt eine Erhöhung des Eigenkapitals vor, wenn Gewinne – ganz oder teilweise – nicht ausgeschüttet werden, sondern im Unternehmen verbleiben, also eine Erhöhung des Eigenkapitals durch Selbstfinanzierung als Innenfinanzierung gegeben ist.
Grundsätzliches zur Beteiligungs- und zur Selbstfinanzierung wird in den beiden nachfolgenden Unterabschnitten dargestellt.
Die Modalitäten der Eigenfinanzierung sind in hohem Maße von der Rechtsform eines Unternehmens abhängig. Daher werden die speziellen Gesichtspunkte in den folgenden Unterabschnitten gegliedert nach den Rechtsformen behandelt, und zwar konzentriert auf die für die Finanzierungsentscheidungen bedeutsamsten Aspekte.
Auf Überlegungen bei der Wahl der Rechtsform für ein Unternehmen wird unter „Rechtsform" im Kapitel „Konstitutioneller Rahmen des Unternehmens" eingegangen werden. Außerdem sei verwiesen auf die Darstellung der verschiedenen

1

Rechtsformen im gesonderten Beitrag „Recht des Kaufmanns".
Auf die mit besonderen Anlässen wie Umwandlung, Fusion, Kapitalherabsetzung und Liquidation zusammenhängenden Fragen kann im Rahmen der „Finanzierung" nicht eingegangen werden.
Dem Eigenkapital kommt bei der Finanzierung eine doppelte Bedeutung zu. Zum einen wird dem Unternehmen durch die Eigenfinanzierung entsprechendes Kapital zugeführt. Darüber hinaus beeinflußt das Eigenkapital als Haftungskapital die Kreditfähigkeit eines Unternehmens, d. h. die Möglichkeit, zusätzliches Fremdkapital aufzunehmen.

Beteiligungsfinanzierung
Das Eigenkapital kann dem Unternehmen von außen in unterschiedlicher Form zur Verfügung gestellt werden:
- Als *Bareinlage* – auch Geldeinlage genannt –, bei der das Unternehmen die Verfügungs- und Dispositionsgewalt über Barmittel erhält. Sie ist problemlos und daher am häufigsten, weil der nominelle Wert der Geldbeträge feststeht und somit eine Bewertung nicht notwendig ist. Oder
- als *Sacheinlage*, bei der die Eigenkapital-Einbringung geleistet wird durch die Überlassung von z. B. Maschinen, Waren und sonstigen Gütern, aber auch durch Rechte wie Patente, Wertpapiere oder Forderungsrechte. Damit besteht das Problem, den realistischen Wert zu ermitteln. Dabei können die Auffassungen der verschiedenen Beteiligten auseinandergehen, da durch die Höhe der Eigenkapitaleinlagen bei Gesellschaften das Beteiligungsverhältnis der Gesellschafter untereinander bestimmt wird.
  Hinzu kommt der Gesichtspunkt des Gläubigerschutzes, d. h. das Vertrauen Dritter darauf, daß das eingebrachte Eigenkapital auch tatsächlich dem Werte nach dem Unternehmen zugeführt wurde. Aus diesem Grund ist für eine Reihe von Rechtsformen auch zwingend vorgeschrieben, daß eine Prüfung des Wertes bei Sacheinlagen durch einen unabhängigen Prüfer zu erfolgen hat. Außerdem sind steuerliche Überlegungen zu beachten.

Mit dem Erwerb von Beteiligungen sind neben der Einbringung der übernommenen Kapitaleinlage Rechte und Pflichten verbunden. Ihre konkreten Ausgestaltungen sind abhängig von der jeweiligen Rechtsform.
Zu den Rechten gehören ein entsprechender Anteil am Gewinn und am Liquidationserlös sowie die Legitimation zur Geschäftsführung, Vertretung der Unternehmung, Kontrolle bzw. Mitwirkung in Aufsichtsgremien. Je nach Gesellschaftsform sind die Rückzahlungen der Kapitaleinlage, Kündigungen oder Übertragung des Beteiligungsanteils zu regeln. Zu den zusätzlichen Pflichten gehören je nach Gesetz oder Gesellschaftsvertrag die Mitwirkung in der Geschäftsführung, zusätzliche, über die Kapitaleinlage hinausgehende Haftungen sowie die Übernahme von Verlustanteilen.
Weitere Kapitaleinlagen können entweder durch die bisherigen Gesellschafter – bzw. dem Eigner bei einem Einzelunternehmen – oder durch neu hinzugekommene Gesellschafter erfolgen. Daß den neuen Gesellschaftern wiederum Rechte und Pflichten zustehen, wirkt sich auf die entsprechenden Berechtigungen der bisherigen Gesellschafter aus, was bei der Beteiligungsfinanzierung durch Aufnahme weiterer Gesellschafter zu berücksichtigen ist. Bei unterschiedlicher Aufstockung der Beteiligungen durch bisherige Gesellschafter können sich durch die Veränderung der Beteiligungsverhältnisse ähnliche Probleme ergeben. Insoweit ergeben sich aus solchen Beteiligungsfinanzierungen zusätzliche Themen, die über reine Finanzierungsfragen hinausgehen, jedoch in ihrem Zusammenhang zu regeln sind.

Selbstfinanzierung
Die Eigenfinanzierung als eine Innenfinanzierung durch zurückbehaltene Gewinne kann in Form der offenen oder stillen Selbstfinanzierung erfolgen. Unterscheidungskriterium ist dabei, ob die einbehaltenen Gewinne in der Bilanz offen ausgewiesen werden oder nicht.
Von stiller Selbstfinanzierung wird gesprochen, wenn in der Bilanz sogenannte „stille Reserven" gebildet werden. Dies geschieht dadurch, daß in der Bilanz Vermögensteile auf der Aktivseite niedriger und/oder Verbindlichkeiten auf der Passivseite höher bewertet werden, als es ihrem tatsächlichen Wert am Bilanzstichtag entspricht.
Die Bewertungsregeln des Bilanzierungsrechts (vgl. „Betriebliches Rechnungswesen" sowie den gesonderten Beitrag „Buchführung und Bilanz") führen entweder nach dem Vorsichtsprinzip durch z. B. Festlegung von Bewertungsobergrenzen bei Vermögensposten zwangsweise zu stillen Reserven oder wahlweise bei der Nutzung von Bewertungsspielräumen entsprechend der Bilanzpolitik eines Unternehmens. Der Finanzierungseffekt stiller Reserven wird nicht durch eine absolute Erhöhung des Eigenkapitals sichtbar. Die stillen Reserven führen jedoch zu einer Minderung des ausgewiesenen Gewinns, so daß diese Beträge auch nicht für die Ausschüttung zur Disposition

stehen. Erst mit ihrer Auflösung, z. B. durch Veräußerung der entsprechenden Vermögensgegenstände oder bei einer Liquidation, werden sie erkennbar. In der Zwischenzeit erhöhen sie den „inneren Wert" des Unternehmens. Soweit ihre Bildung auch steuerrechtlich anerkannt ist, führen sie zusätzlich zu einer finanziellen Entlastung, indem durch die Minderung des steuerlichen Gewinns auch die Steuerzahlungen reduziert werden.

Eine offene Selbstfinanzierung liegt vor, wenn die in der Bilanz und der Gewinn- und Verlustrechnung eines Unternehmens ausgewiesenen Gewinne nicht oder nur zum Teil ausgeschüttet werden. Die Nichtausschüttung kann freiwillig oder zwangsweise erfolgen.

- *Gesetzliche Einbehaltung* liegt vor, wenn z. B. aufgrund von aktienrechtlichen Gewinnverwendungsvorschriften Teile des Gewinns den Rücklagen zuzuführen sind.
- *Satzungsmäßige Selbstfinanzierung* ist gegeben, wenn aufgrund des Gesellschaftsvertrages bestimmte Teile des Gewinnes nicht ausgeschüttet werden dürfen.
- *Freiwillige Selbstfinanzierung* wird betrieben, wenn ausschüttungsfähige Gewinne aufgrund von Beschlüssen der zuständigen Organe der Gesellschaft (oder des Unternehmers bei Einzelunternehmungen) nicht oder teilweise nicht entnommen werden.

Die Regelungen hierzu sind je nach Rechtsform der Unternehmung unterschiedlich. Dies gilt auch für die Art ihres Ausweises, z.B. ob hierfür gesonderte Bilanzpositionen des Eigenkapitals gebildet werden und inwieweit sie bereits den Beteiligungen der einzelnen Gesellschafter zugerechnet werden oder in Gesamtposten erfaßt sind.

Personenbezogene Gesellschaften

• Einzelunternehmung

Die Einzelunternehmung ist ihrer Natur nach keine Gesellschaft. Bei Einzelunternehmungen kann der Inhaber, ohne rechtliche Begrenzungen beachten zu müssen und ohne zusätzliche formale Beschlüsse, ganz nach seinem Willen und den Gegebenheiten Veränderungen seines Eigenkapitals durch weitere Einzahlungen oder Entnahmen durchführen. Der im Laufe einer Periode entstandene Gewinn eines Unternehmens wird seinem Kapitalkonto zugerechnet, entsprechend wird ein eventueller Verlust abgezogen. Das Eigenkapital ergibt sich also am Ende einer Periode durch den Anfangsbestand plus Gewinn der Periode und eventuell erfolgter zusätzlicher Einlagen und abzüglich eventueller Entnahmen und ggf. minus Verlust der Periode. Die Befugnis zur Geschäftsführung liegt beim Inhaber. Der weitgehenden Gestaltungsfreiheit, die sich im wesentlichen nur nach den betrieblichen Belangen und den eigenen Vermögensverhältnissen zu richten braucht, steht auf der anderen Seite die unbegrenzte private Haftung des Einzelunternehmers gegenüber. Dies bedeutet, daß er den Gläubigern des Unternehmens gegenüber auch mit seinem gesamten privaten Vermögen haftet.

Durch die Hinzunahme eines oder mehrerer weiterer Partner kann aus dem Einzelunternehmen eine Personengesellschaft werden. Haften alle Gesellschafter mit ihrem Privatvermögen – wie der Einzelunternehmer –, entsteht eine offene Handelsgesellschaft (OHG). Wird bei wenigstens einem der Gesellschafter die Haftung auf eine bestimmte Summe, seine Kapitaleinlage, begrenzt, so handelt es sich hier um eine Kommanditgesellschaft (KG).

• Offene Handelsgesellschaft

Eine OHG entsteht, wenn zwei oder mehrere Personen, die alle persönlich und unbegrenzt haften, sich zu einer Firma zusammenschließen. Gesellschafter können natürliche und/oder juristische Personen sein. Gesetzlich geregelt ist sie im Handelsgesetzbuch (§§ 105 bis 160 HGB). Abgesehen von der persönlichen Haftung jedes einzelnen Gesellschafters und der Einhaltung einiger Mindestrechte und -pflichten gewährt die OHG den Beteiligten große Gestaltungsfreiheit, durch einen Gesellschaftsvertrag Regelungen zu treffen, die den konkreten Bedürfnissen des Einzelfalles gerecht werden. Dies betrifft insbesondere die Gewinnverteilung, das Recht auf Entnahmen und den Umfang der Mitwirkung im Unternehmen sowie sonstiger Regelungen im Innenverhältnis. Wegen der Vollhaftung der Gesellschafter und entsprechend ihrer Bonität besitzt die OHG eine relativ hohe Kreditwürdigkeit. Soll die Gesellschaft jedoch über die Möglichkeiten der bisherigen Gesellschafter hinaus mit Eigenkapital ausgestattet werden, so ist es bei einer OHG verhältnismäßig schwer, zusätzliche Gesellschafter zu finden, da diese nicht nur eine Kapitaleinlage zu erbringen haben, sondern insbesondere durch die Vollhaftung mit der Gesellschaft und ihrem Schicksal auch persönlich eng verbunden werden.

In solchen Fällen können Überlegungen angebracht sein, der Gesellschaft zusätzliches Eigenkapital durch die Aufnahme neuer Gesellschafter zuzuführen, die jedoch keiner persönlichen Haftung unterliegen. Dies kann dann zur Umwandlung in eine KG führen.

1

• Kommanditgesellschaft
Die KG ist, wie die OHG, eine Personengesellschaft mit zwei oder mehreren Gesellschaftern. Charakteristisch ist für diese Gesellschaftsform eine Unterscheidung in zwei Gesellschaftsgruppen.

Komplementär: Die Gesellschaft muß mindestens einen Vollhafter haben, dessen Haftung und Rechtsstellung der eines Gesellschafters einer OHG entspricht.

Kommanditist: Neben dem Komplementär hat die Gesellschaft einen oder mehrere Teilhafter, also Gesellschafter, welche nur für die von ihnen gezeichnete Einlage – die mit der Betragshöhe im Handelsregister eingetragen wird – haften. Auch bei Verlusten besteht keine Nachschußpflicht der Kommanditisten, sondern der zu übernehmende Verlustanteil wird einem Sonderkonto des Teilhafters zugebucht und mit eventuellen späteren Gewinnen verrechnet, bevor eine Gewinnausschüttung erfolgen kann, die nicht als Kapitalrückzahlung anzusehen ist. Der Kommanditist ist von der Geschäftsführung sowie von der Vertretung der Gesellschaft nach außen hin ausgeschlossen. Erhält er dennoch Vertretungsrecht, so ist er, unabhängig von seiner Kommanditistenstellung, entweder als Prokurist oder Handlungsbevollmächtigter zu bestellen.

Die Bezeichnung „Kommanditgesellschaft" weist auf das Vorhandensein von Kommanditisten hin. Ansonsten ist die KG rechtlich der OHG sehr ähnlich, so daß einerseits gleichfalls die §§ 105 bis 160 HGB sowie zusätzlich die §§ 161 bis 177 HGB gelten, in Verbindung zu den Regelungen in den §§ 705 bis 740 BGB.

Wie bei der OHG besteht auch bei der KG eine weitestgehende Gestaltungsfreiheit beim Gesellschaftsvertrag, der formlos erfolgen kann. Abgesehen von einer Reihe von Möglichkeiten, die bei der Behandlung der Auswahl der Rechtsform eines Unternehmens zu behandeln sein werden, bietet die KG einige Vorzüge bei der Finanzierung. Leichter als bei der OHG kann zusätzliches Eigenkapital aufgenommen werden, das den Kommanditisten bei positivem Ertrag einen entsprechenden Anteil am Gewinn sichert, bei evtl. Verlusten aber die Gesellschaft nicht mit festen Zinsverpflichtungen wie bei einer Kreditaufnahme belastet. Ansonsten ist die Beurteilung der KG auch im Bezug auf die Kreditfähigkeit ähnlich der einer OHG.

• GmbH & Co. KG
Auch hier handelt es sich um eine Kommanditgesellschaft – also eine Personengesellschaft –, bei der der Vollhafter keine natürliche, sondern eine juristische Person ist, und zwar eine Kapitalgesellschaft, deren Gesellschafter nicht persönlich haften, sondern lediglich mit der Höhe ihrer Einlage bei der Komplementär-GmbH.

Gründe für die Wahl einer GmbH als Komplementärin können u. a. in der besseren Sicherung der Kontinuität einer Unternehmung liegen, als dies z. B. bei Tod einer natürlichen Person als Vollhafterin und den damit verbundenen Fragen der Erbfolge gegeben ist. Insoweit ist es möglich – wenn auch in der Praxis relativ selten –, daß eine GmbH & Co. KG sowohl über mindestens einen Komplementär als natürliche Person als auch zusätzlich über eine Komplementär-GmbH verfügt. Zumeist wird die Rechtsform der GmbH & Co. KG gewählt, um die Vorzüge einer Personengesellschaft auch steuerlich zu sichern und dennoch die persönliche Haftung der Gesellschafter zu begrenzen. Dabei sind zwei Formen anzutreffen. Typischerweise sind die Gesellschafter der GmbH zugleich Kommanditisten, so daß Personenidentität mit zumeist gleichen oder zumindest doch ähnlichen Beteiligungsquoten besteht. In der untypischen Form ist keine Personengleichheit bei den Gesellschaftern der GmbH und den Kommanditisten gegeben.

Trotz anfänglicher erheblicher Bedenken hat sich die GmbH & Co. KG als Rechtsform der Kommanditgesellschaft durchgesetzt und in der Praxis eine hohe Bedeutung erlangt. Bei einer zusätzlichen Beteiligungsfinanzierung durch die Aufnahme neuer Gesellschafter bietet sie ähnliche Vorteile wie die klassische Kommanditgesellschaft; jedoch können dem Kommanditisten über zusätzliche Beteiligungen an der Komplementär-GmbH weitergehende Mitwirkungs- und Kontrollrechte bei der Geschäftsführung eingeräumt werden. Bezüglich der Fremdfinanzierung entfällt die zusätzliche Bonität der auch mit ihrem Privatvermögen haftenden natürlichen Personen als Komplementäre.

Kapitalgesellschaften
Kapitalgesellschaften sind als juristische Personen im Gegensatz zu den Personengesellschaften rechtsfähig und können zu jedem gesetzlich zulässigen Zweck errichtet werden, sind also im Gegensatz zur OHG und zur KG nicht auf den Betrieb eines Handelsgewerbes beschränkt. Zu ihrer Gründung ist die notarielle Beurkundung und für den Beginn der Rechtsfähigkeit die Eintragung im Handelsregister notwendig. Ihre Rechtsgrundlage bilden eigene Gesetze, die umfassendere Regelungen als bei den Personengesellschaften enthalten, und zwar das GmbH-Gesetz und das Aktiengesetz.

Für die Finanzierung bedeutsamer ist die stärkere Trennung zwischen der Kapitalbeteiligung einerseits und der Person der Gesellschafter andererseits. So können in die Organe der Gesellschaft wie Geschäftsführung bzw. Vorstand, Aufsichtsrat oder Beirat Personen berufen werden, die nicht Gesellschafter zu sein brauchen. Die Haftung der Gesellschafter ist auf die Erbringung ihrer Einlage begrenzt. Die Gründung der Gesellschaft und die Einhaltung der formalen Vorschriften sind in der Regel mit höheren Kosten als bei einer Personengesellschaft verbunden.

- Gesellschaft mit beschränkter Haftung (GmbH)

Das nominale Beteiligungskapital einer GmbH wird *Stammkapital* genannt und muß insgesamt mindestens DM 50.000,— betragen, je Stammeinlage im Minimum DM 500,—. Davon müssen bei der Anmeldung mindestens DM 25.000,— sowie bei einer Ein-Mann-GmbH DM 50.000,— geleistet werden. Die Kapitaleinbringung ist als Geld- oder Sacheinlage möglich. Bei der Sacheinlage sind entsprechende Bewertungsprüfungen notwendig.
Die Rechtsgrundlage ist das GmbH-Gesetz. Seit 1981 ist die Gründung einer Ein-Mann-GmbH im Grundsatz möglich. Organe der Gesellschaft sind eine Gesellschafterversammlung sowie eine Geschäftsführung – bei mehr als 500 Mitarbeitern ein Aufsichtsrat. Durch den Gesellschaftsvertrag kann bereits unabhängig davon ein Aufsichtsrat oder Beirat bestellt werden. Die Verteilung von Gewinn und Verlust erfolgt nach Gesellschaftsanteilen, soweit der Gesellschaftsvertrag nichts anderes regelt.
Die Haftung des einzelnen Gesellschafters beschränkt sich auf die Einbringung der Einlage. Dabei ist zu beachten – was in der Praxis oftmals übersehen wird – daß die Gesellschafter insgesamt für ausstehende Einlagen haften, wenn mit der Gründung nicht bereits das gesamte Stammkapital eingebracht wird.
Unabhängig von Ausnahmen zeigt sich in der Praxis doch, daß die Rechtsform der GmbH eher für kleinere und mittlere Unternehmen geschaffen wurde. Daher ist dort häufig anzutreffen, daß die Geschäftsführer gleichzeitig GmbH-Gesellschafter sind. Anders als bei der AG sind die GmbH-Geschäftsführer weisungsgebunden, d. h., daß z. B. durch Gesellschaftsvertrag bestimmte Rechtsgeschäfte als zustimmungsbedürftig durch die Gesellschafterversammlung festgelegt werden können.
Die oftmals engere persönliche Bindung der Personen an die Gesellschaft einer GmbH im Gegensatz zu einer AG führt nicht selten dazu, daß gerade bei kleineren GmbHs nach Gesellschaftsrecht die Gesellschafter zwar nur begrenzt haften, in der Praxis jedoch z. B. den Banken oder sonstigen Großgläubigern gegenüber zur Erlangung bestimmter Kredite die persönliche zusätzliche Haftung übernehmen. Dies ist insbesondere der Fall, wenn das Stammkapital der Gesellschaft relativ niedrig ist und die Gesellschafter über höheres Privatvermögen, z. B. private Grundstükke und Gebäude, verfügen.
Zusätzliches, durch Selbstfinanzierung gebildetes Kapital wird neben dem Stammkapital auf eigenen Kapitalkonten ausgewiesen, die Teil des Eigenkapitals der Gesellschaft darstellen.
Besondere Vorteile einer GmbH gegenüber den Personengesellschaften bestehen darin, daß keiner der Gesellschafter eine persönliche Haftung übernehmen muß (ohne daß, wie bei einer GmbH & Co. KG, eine zusätzliche Gesellschaft gegründet werden muß) und bezüglich der AG ein größerer Spielraum für die vertragliche Gestaltung gegeben ist. Gegenüber Personengesellschaften liegen die Nachteile in höheren Kosten sowie komplizierteren Verfahren bei der Gründung, zusätzlichen steuerlichen Belastungen und durch die Haftungsbegrenzung in der Regel in geringerem Spielraum bei der Beschaffung von Fremdkapital, falls nicht weitere Sicherheiten geleistet werden.

- Aktiengesellschaft (AG)

Sie ist die für Großunternehmen häufige Rechtsform. Die Rechtsgrundlage ist das Aktiengesetz (AktG). Die Beteiligung an einer solchen Aktiengesellschaft erfolgt durch den Erwerb von Anteilsscheinen, Aktien genannt. Diese lauten auf einen Nennbetrag, der mindestens DM 50,— betragen muß. Das Nominalkapital – die Summe der Nennbeträge der Aktien – wird *Grundkapital* genannt und muß mindestens DM 100.000,— betragen. Für die Gründung bedarf es einer notariellen Beurkundung. Es sind mindestens 5 Gründer erforderlich. Die Ausgabe der Aktien muß mindestens zum Nennbetrag erfolgen, d. h., eine sogenannte Ausgabe „unter pari" ist nicht zulässig. Bei einem höheren Ausgabekurs wird der den Nennbetrag übersteigende Wert nach Abzug der Gründungskosten einer gesetzlichen Kapitalrücklage zugeführt. Eine Einlage kann sowohl als Geld- oder Sacheinlage erfolgen. Bei einer Sacheinlage ist eine Wertprüfung notwendig. Hierbei ist zu beachten, daß auch Forderungen als Sacheinlagen gelten, die somit ebenfalls eine entsprechende Prüfung erfordern. Über die Einbringung der Einlage hinaus besteht keine persönliche Haftung der Gesellschafter.

1

Grundsätzlich gewähren Aktien folgende Rechte:
- das *Stimmrecht*, also Mitbestimmungsrecht in der Hauptversammlung,
- das *Recht auf Dividende*, also auf Anteile am ausgeschütteten Gewinn,
- das *Bezugsrecht* bei der Ausgabe von Aktien durch die Umwandlung von Rücklagen und
- die Teilnahme am Liquidationserlös.

Organe der AG sind die Hauptversammlung als Vertretung aller Aktionäre, der Aufsichtsrat zur Überwachung der Geschäftsführung sowie der Vorstand als Leitungsorgan, der die laufenden Geschäfte eigenverantwortlich führt.

Wie bereits erwähnt, werden bei der Ausgabe von Aktien „über pari" (also bei einem Kurs von über 100 %) die übersteigenden Beträge einer Kapitalrücklage zugeführt, die neben dem Grundkapital einen Teil des Eigenkapitals darstellt.

Darüber hinaus erfolgt eine zusätzliche Eigenkapitalbildung durch Selbstfinanzierung. Dies sind zuerst die *gesetzlichen Rücklagen*, denen gemäß § 150 AG 5 % des Jahresüberschusses zugeführt werden müssen, bis sie 10 % des Grundkapitals erreicht haben. Darüber hinaus kann durch Gesellschaftsvertrag (Satzung) die Bildung weiterer Rücklagen vereinbart sein, sie werden satzungsgemäße oder *statutarische Rücklagen* genannt. Ferner können weitere, sogenannte *freie Rücklagen* gebildet werden. Soweit mehr als die Hälfte eines Jahresüberschusses in die freien Gewinnrücklagen eingestellt werden soll, sind entweder ein zustimmender Beschluß der Hauptversammlung oder entsprechende Satzungsregelungen erforderlich. Insbesondere die gesetzlichen Rücklagen dienen als weitere Sicherheit und dürfen nur zum Ausgleich von Verlusten verwendet werden.

Der *Kurs* einer Aktie ist der Wert, zu dem eine Aktie gehandelt wird, also der Preis, den ein Aktionär beim Verkauf seiner Aktie erhält. Ist dieser Kurswert höher als derjenige, den der Aktionär bei der Übernahme der Aktie bezahlen mußte, so ergibt sich ein Veräußerungserlös, der unter Einhaltung bestimmter Fristen steuerfrei sein kann, so daß die Erwartung einer Kursentwicklung Teil der Renditeüberlegung bei einer Übernahme von Aktien darstellt. Für die an der Börse zugelassenen Aktien ergibt sich dort aus Angebot und Nachfrage der Börsenkurs. Für die Einführung an der Börse gelten strenge Anforderungen. Daneben können Aktien auch frei gehandelt werden – diese außerbörsliche Käufersuche und Kursbestimmung ergibt sich bei allen nicht an der Börse zugelassenen Aktien. Der Verkauf der Aktien bleibt, unabhängig von der Kursentwicklung, ohne Einfluß auf die Kapitalkonten der Gesellschaft.

Aktien bieten über den Zugang zum Kapitalmarkt in besonderer Weise Finanzierungsmöglichkeiten bei der Aufbringung zusätzlichen Beteiligungskapitals. Dies gilt insbesondere für Börsenpapiere. Weitere Vorteile liegen in der Haftungsbeschränkung, der Trennung zwischen Kapitalgeber und Geschäftsführung sowie dem unproblematischen Erwerb und der Übertragbarkeit der Aktien – soweit nicht der seltene Fall vinkulierter Namensaktien vorliegt. Nachteile sind insbesondere die hohen Kosten bei der Gründung sowie auch hohe laufende Kosten für Prüfungs- und Publikationspflichten, Abhaltung und Beurkundung der Hauptversammlung etc.

- Kommanditgesellschaft auf Aktien (KGaA)

Hier sind Elemente der AG und der KG miteinander verbunden. Sie hat mindestens einen persönlich haftenden Gesellschafter. Der oder die Komplementäre bilden einen Vorstand als geborene Mitglieder. Im übrigen erfolgen die Einlagen auf das Grundkapital durch die Ausgabe von Aktien; die Kommandit-Aktionäre haften wie bei der AG lediglich mit ihrer Einlage.

Die KGaA ist eine Kapitalgesellschaft, also eine juristische Person, d. h., es überwiegt der aktienrechtliche Charakter mit seinen strengen Formvorschriften. Die Rechtsgrundlage ist das AktG (§§ 278 bis 290) und die §§ 161 bis 177 HGB. Als Vorteile können angesehen werden die Kapitalbeschaffung auf dem Kapitalmarkt, ähnlich einer AG, sowie die stärkere persönliche Bindung der Komplementäre. Dies kann jedoch auch zu Problemen führen, da selbst bei sehr hohem Aktienkapital die Geschäftsführung bei den Komplementären verbleibt und sich bei Tod sowie Ausscheiden von Komplementären auf einen einzigen Komplementär konzentrieren kann, selbst wenn bei der Gründung zunächst mehrere Komplementäre gemeinsam den Vorstand bildeten. In der Satzung können jedoch hierfür Vorsorgen getroffen werden, z. B. durch Bestimmungen einer eventuellen Umwandlung in eine normale Aktiengesellschaft oder aber durch die Hinzunahme einer GmbH als Komplementärin, über deren Geschäftsführer eine Erweiterung möglich ist. In der Praxis ist eine KGaA relativ selten anzutreffen, wenn auch in einigen Fällen mit recht gutem Erfolg. Bezüglich der Kosten gilt das gleiche wie bei der AG.

Genossenschaften

Rechtsgrundlage für Genossenschaften ist das Genossenschaftsgesetz (GenG). Als juristische Person entsteht sie mit der Eintragung in das Genossenschaftsregister des zuständigen Amtsgerichts, wobei die Firmierung aus einer Sachfirma und dem Zusatz „e. G." (eingetragene Genossenschaft) besteht. Zur Gründung sind mindestens 7 Mitglieder erforderlich. Im übrigen ist die Zahl der Mitglieder (Genossen) nicht geschlossen. In den Statuten der Genossenschaft ist festzulegen, ob die einzelnen Genossen lediglich in der Höhe ihrer Einlagen (Geschäftsanteile) haften oder ob Nachschüsse in unbeschränkter Höhe oder beschränkt auf eine bestimmte Haftsumme eingefordert werden können.

Organe der Genossenschaft sind die Generalversammlung, der Aufsichtsrat als Überwachungsorgan sowie der Vorstand, der durch den Aufsichtsrat berufen wird und die Genossenschaft nach außen vertritt.

Ihrem Wesen nach ist die Genossenschaft ein freiwilliger Zusammenschluß zur Förderung des Erwerbs oder der Wirtschaft ihrer Mitglieder. Insoweit ist sie nicht auf eigenes Gewinnstreben ausgerichtet. Der Selbsthilfegedanke der Mitglieder und die Erwartung, durch den Zusammenschluß ihre Interessen besser vertreten zu können, war oft der Anlaß für die Gründung einer Genossenschaft. Bekannt sind diese Zusammenschlüsse als Bezugs-, Absatz-, Kredit-, Produktiv- und Verkehrsgenossenschaften.

Gesellschaft bürgerlichen Rechts (GbR)

Die GbR ist ein Zusammenschluß von mindestens 2 Personen, die sich durch einen Vertrag zur gemeinsamen Zweckverfolgung zusammenschließen. Die Gesellschafter können natürliche oder juristische Personen sein, also auch Einzelpersonen, Personengesellschaften oder Kapitalgesellschaften etc. Die Zusammenarbeit kann für längere Dauer oder vorübergehend auf die Erreichung eines bestimmten Zwecks vereinbart werden. Für die Verbindlichkeiten der Gesellschaft haften alle Gesellschafter sowohl gemeinsam als auch jeder einzeln, persönlich und unbeschränkt. Rechtsgrundlage sind die §§ 705 bis 740 BGB. Abgesehen von bestimmten Sonderfällen, wenn z. B. Grundstücke eingebracht werden, ist der Gesellschaftsvertrag formlos abschließbar und bietet eine Fülle von Gestaltungsmöglichkeiten. Sogar die mündliche Vereinbarung ist zulässig, aber in der Regel nicht empfehlenswert. Die GbR ist häufiger bei einer Zusammenarbeit von Freiberuflern anzutreffen, z. B. in Bürogemeinschaften. Ihre Bedeutung für die gewerbliche Wirtschaft liegt vor allem in dem zeitlich oder auf ein Projekt begrenzten Zusammenarbeit. Hierzu zählen Arbeitsgemeinschaften, z. B. der Zusammenschluß mehrerer Bauunternehmungen bei einem Großprojekt, das die Kapazität oder finanziellen Möglichkeiten eines einzelnen Unternehmens übersteigt oder aus sonstigen Gründen eine Zusammenarbeit opportun erscheinen läßt. Bei der Abdeckung größerer Risiken können sich Versicherungen vorübergehend zu einer GbR zusammenschließen. In Form von Konsortien auf der Basis einer GbR können Banken z. B. gemeinsam die Emission von Aktien durchführen oder gewerbliche Unternehmen den Bau von Großanlagen.

Der Vorteil der GbR liegt also in diesem Sinne in der Risikostreuung oder in der Abwicklung größerer Vorhaben, ohne daß das einzelne Unternehmen im vollen Umfange Kapital, Kapazität und/oder Personal allein bereitstellen muß. Der Nachteil besteht in der Haftung der einzelnen Gesellschafter mit ihrem gesamten Vermögen, so daß eine entsprechende Sorgfalt bei der Auswahl der Mitgesellschafter und der Abfassung der vertraglichen Regelungen geboten ist, um auch faktisch die Risikominderung zu sichern.

Stille Gesellschaft

Die Rechtsgrundlagen sind die §§ 230 bis 237 HGB sowie ergänzend die §§ 705 bis 740 BGB. Eine stille Gesellschaft entsteht, wenn sich ein Kapitalgeber (ein stiller Gesellschafter) an einem Handelsgewerbe in der Weise beteiligt, daß seine Einlage in das Vermögen dieses Geschäftsinhabers übergeht. Sowohl der stille Gesellschafter als auch der Geschäftsinhaber können natürliche oder juristische Personen sein, also auch Einzelunternehmen, Personengesellschaften oder Kapitalgesellschaften. Eine stille Gesellschaft tritt nach außen hin nicht in Erscheinung. Zwischen den Gesellschaftern entstehen lediglich interne Ansprüche und Verpflichtungen. Es handelt sich um eine Personengesellschaft, die jedoch selbst nicht rechtsfähig ist, sondern eher schuldrechtliche Züge trägt. Obgleich sie üblicherweise der Gesetzessystematik folgend unter Personengesellschaften dargestellt wird, wird sie hier gesondert behandelt, weil sie nach außen nicht als Gesellschaft in Erscheinung tritt und den verschiedensten Gesellschaftstypen für zusätzliche Kapitalbeschaffung zur Verfügung steht, wobei die Grenzen zur Darlehnsfinanzierung recht fließend sein können.

Die Beteiligung kann durch Geld- oder Sacheinlage erfolgen. Eine Eintragung im Handelsregister erfolgt nicht. Im Konkursfalle ist der stille Gesellschafter Gläubiger, er nimmt also die Stellung eines Darlehnsgebers ein.

Der Gesellschaftsvertrag ist an keine Formvorschriften gebunden und bietet ein hohes Maß an individuellen Gestaltungsmöglichkeiten und Flexi-

1

bilität. In der Praxis sind 2 Grundformen zu unterscheiden:
- Bei der typischen stillen Gesellschaft ist der stille Gesellschafter nicht an den stillen Reserven des Unternehmens beteiligt.
- Die atypische stille Gesellschaft ist dadurch gekennzeichnet, daß der stille Gesellschafter am Wertzuwachs teilnimmt, also bei seinem Ausscheiden seinen Anteil an den gebildeten stillen Reserven einschließlich Firmenwert erhält – daher ist der atypische stille Gesellschafter steuerrechtlich ein Mitunternehmer.

Eine Verlustbeteiligung kann ganz oder teilweise durch Vertrag ausgeschlossen werden. Ist kein Verlustausschluß vereinbart, so ist eine Haftung auf die Höhe der Einlage begrenzt. Für die Regelung der Gewinnbeteiligung besteht eine Vielzahl vertraglicher Gestaltungsmöglichkeiten, die z. B. Mindest- oder Höchstgrenzen beinhalten können. Ist in einer typischen stillen Gesellschaft die Verlustbeteiligung ausgeschlossen, so entspricht sie praktisch einem patriarchalischen Darlehn mit gewinnabhängiger Verzinsung.
Die stille Gesellschaft bietet einige Vorteile als Instrument der Finanzierung, z. B. bei der Kapitalbeteiligung von Mitarbeitern, bei zusätzlicher Mittelbereitstellung durch die Gesellschafter einer Kapitalgesellschaft, für die Beteiligung von Familienmitgliedern, ggf. auch im Zusammenhang mit Erbregelungen, oder als Vorbereitung einer künftigen „echten" Beteiligung.

Fremdkapital

Fremdkapital sind diejenigen Finanzierungsmittel, die dem Unternehmen zur Verfügung gestellt werden, ohne daß damit Beteiligungsrechte verbunden sind. Vom Eigenkapital unterscheidet es sich in zweierlei Hinsicht.
Die Aufwendungen, die für die Überlassung von Fremdkapital zu entrichten sind, z. B. Zinsen sowie sonstige Beschaffungskosten (Nebenkosten der Finanzierung), sind für das Unternehmen Kosten, d. h., sie mindern den Gewinn. Demgegenüber wird das Entgelt für das Eigenkapital als Gewinnanteil – bei Aktien als Dividende bezeichnet – ausbezahlt. Dem Charakter von Fremdkapital entspricht es, daß die Zinsen unabhängig von der Ertragssituation des Unternehmens zu zahlen sind, also auch bei Verlusten.
Mit einer Überlassung von Fremdkapital ist ein Schuldverhältnis verbunden, d. h., der Kapitalgeber – zumeist Kreditgeber genannt – hat als Gläubiger dem Unternehmen gegenüber einen Zahlungsanspruch. Fremdkapital steht einem Unternehmen nur befristet zur Verfügung. Können die Rückzahlungsfristen nicht mehr eingehalten werden, so droht die Illiquidität.
Fremdkapital kann einem Unternehmen durch Geldmittel oder durch die Überlassung von Gütern und Dienstleistungen zur Verfügung gestellt werden, die nicht sofort, sondern erst später zu bezahlen sind, also kreditiert werden.
Fremdfinanzierung, auch Kreditfinanzierung genannt, ist die Beschaffung neuen Fremdkapitals im Wege der Kreditaufnahme. Die Fremdfinanzierung hat für das Unternehmen einen hohen Stellenwert. Die Bilanzen der meisten deutschen Unternehmen weisen einen Fremdkapitalanteil von 70% und mehr aus. Die Beachtung der Rückzahlungsfristen sowie die rechtzeitige Beschaffung neuer Kreditmittel ist der wesentliche Teil einer Finanzplanung. Eine detaillierte Darstellung der Fremdfinanzierung gibt der gesonderte Beitrag „Finanzwesen".

Finanzierung aus Kapitalfreisetzungen

Kapitalfreisetzungen sind Innenfinanzierungen, die weder dem Eigen- noch dem Fremdkapital zugerechnet werden können. Es werden Finanzmittel freigesetzt, ohne daß ein zusätzliches Beteiligungskapital oder Fremdkapital aufgenommen wird. Als Umschichtungsfinanzierung kann es aus der Veräußerung von Vermögensteilen oder zum anderen als Finanzierung aus Abschreibungsgegenwerten entstehen. Sie sind dadurch gekennzeichnet, daß gebundenes Kapital in disponibles Kapital umgewandelt wird.
Rationalisierungsmaßnahmen, wie z.B. die Senkung des Lagerbestandes durch eine verbesserte Materialdisposition oder geringere Kapitalbindung durch Beschleunigung des Produktionsprozesses, können gleichfalls zur Kapitalfreisetzung führen. Sie werden hier nicht als ein besonderer Punkt behandelt, da sie in einem engen Zusammenhang zu den Planungen in den einzelnen Leistungsbereichen und dem sich daraus ergebenden Kapitalbedarf stehen. Im konkreten Fall lassen sich hier jedoch erhebliche Finanzierungsreserven freisetzen.

Veräußerung von Vermögensteilen
Hierbei handelt es sich um die Beschaffung liquider Mittel durch die Veräußerung von materiellen und/oder immateriellen Vermögenswerten. Zum einen kann es sich um interne Liquiditätsreserven handeln, z. B. Wertpapiere im Umlaufvermögen, die in einer guten Liquiditätslage zur Rendite-

verbesserung erworben wurden. Bei der Anlage solcher Werte sollte nicht nur auf die Verzinsung und eventuelle Rendite durch Kursgewinne geachtet werden, sondern auch auf die gesicherte, schnelle Veräußerbarkeit.
Die Veräußerung von Vermögensteilen, die nicht dem eigentlichen Unternehmenszweck dienen, bleibt gleichfalls ohne Auswirkung auf die Leistungsbereitschaft des Betriebes. Dazu könnten z. B. vermietete Gebäude zählen. Gelegentlich ist die Grenze zu Gütern fließend, die der Vorsorge, der eventuellen Kapazitätserweiterung oder als Reservevermögen dienen.
Problematischer ist es, wenn Gegenstände des Anlage- und/oder Umlaufvermögens, die der Leistungsbereitschaft dienen, nur aus Liquiditätsüberlegungen verkauft werden. Gelegentlich wird hierbei auch auf das *Sales-and-lease-back-Verfahren* zurückgegriffen, d. h., das Wirtschaftsgut wird an eine Leasinggesellschaft veräußert und dann von dieser zurückgeleast. Ein solches Verfahren kann zwar unter bestimmten Umständen sinnvoll sein – möglicherweise ist es aber auch ein Indiz für mangelnde Eigenkapitalausstattung des jeweiligen Unternehmens. Genauere Hinweise kann eine Bilanz- oder Finanzanalyse geben, auf die an dieser Stelle nicht weiter eingegangen wird (vgl. dazu „Controlling" sowie „Betriebliches Rechnungswesen"). Aspekte zum Abwägen zwischen Möglichkeiten der Innenfinanzierung und eventuellen Alternativen einer Außenfinanzierung werden im Beitrag „Finanzwesen" dargestellt.

Finanzierung aus Abschreibungsgegenwerten

Am Beginn des vorangegangenen Kapitels über Investitionen wurde im Rahmen des betrieblichen Kreislaufs bereits gezeigt, daß die vom Unternehmen kalkulierten Abschreibungen auf das Anlagevermögen zur Freisetzung von finanziellen Mitteln führen, wenn der Gegenwert für die Erlöse, also der Verkaufspreis, zumindest den so ermittelten Selbstkosten entspricht. Ausführlicher werden die Abschreibungen in dem Abschnitt „Betriebliches Rechnungswesen" und insbesondere in den gesonderten Beiträgen „Buchführung und Bilanz" und „Kostenrechnung" behandelt.
Die Mittel, die einem Unternehmen aus den Abschreibungsgegenwerten zur Verfügung stehen, werden entweder für erneute Anlagen eingesetzt oder den allgemeinen Finanzierungsmitteln zugeführt. In welchem Umfang von den beiden Möglichkeiten Gebrauch gemacht wird, muß im Einzelfall entschieden werden. Hierbei wird auch von einem *Kapazitätserweiterungseffekt* bzw. vom *Kapitalfreisetzungseffekt* gesprochen. Um die Auswirkungen zu verdeutlichen, sind die Zusammenhänge zwischen Finanzierung und Investition kurz so darzustellen, wie es Abb. 1.25 zeigt.

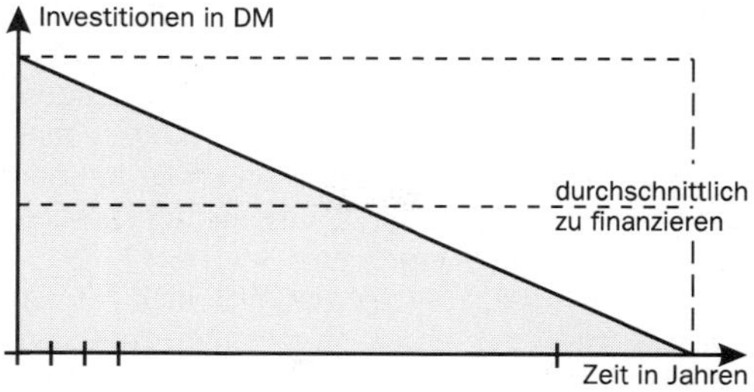

Abb. 1.25: Wert nach Abschreibung

Zum Zeitpunkt der Investition ist zunächst der gesamte Anschaffungswert zu finanzieren. Er wird durch die Abschreibung auf die Nutzungsdauer verteilt, im Beispiel nach der Methode der linearen Abschreibung, also der Verteilung in gleichen Jahresbeträgen. Am Ende der Nutzungsdauer ist der Wert 0, und durch die Wiederbeschaffung ist eine erneute Finanzierung erforderlich. Während der gesamten Nutzungszeit ist damit im Durchschnitt nur die Hälfte bzw. durch die zeitversetzte Abschreibung ein Betrag etwas oberhalb von 50% zu finanzieren. Hieraus ergeben sich theoretisch zwei extreme Modelle.
Erstens können die freigesetzten Abschreibungsgegenwerte zur Finanzierung verwendet werden, bis dann am Ende der Nutzungsdauer die Beträge wieder zur Anschlußinvestition benötigt werden. Dies nennt man *Kapitalfreisetzungseffekt*.
Im zweiten Fall, beim *Kapazitätserweiterungseffekt*, werden in jeder Periode die Abschreibungsgegenwerte zusätzlich investiert, was langfristig dazu führt, daß mit dem Kapital, welches den Anschaffungskosten einer neuen Anlage entspricht, Kapazitäten in nahezu der doppelten Höhe vorgehalten werden können. Dieser Kapazitätserweiterungseffekt ist in der Literatur unter *Lohmann-Ruchti-Effekt* bekannt. Im Grundsatz wurde dieser Tatbestand bereits von Marx/Engels erkannt, aber nicht in allen seinen Konsequenzen ausgeleuchtet. Das Lohmann-Ruchti-Modell ist eine typische theoretische Darstellung, die von Voraussetzungen ausgeht, welche so in der Praxis kaum anzutreffen sind. Hierzu gehören insbesondere: Die Finanzierung einer Erstausstattung ist dauerhaft, so daß keine Kapitalrückzahlungen erforderlich werden; es wird eine weitgehende Teilbarkeit der gesamten Anlagegüter angenommen, so daß in jeder Periode eine Zusatzinvestition vorgenommen werden kann, die zu entsprechenden Kapazitätssteigerungen führt; es wird mit konstanten Preisen auf der Seite der Beschaffung gerechnet;

1

der Absatzmarkt ist jederzeit in der Lage, die zusätzlichen Kapazitäten zu gleichen Preisen abzunehmen, so daß auch der Abschreibungsgegenwert entsteht – und letztendlich wird ein technischer Fortschritt ausgeschlossen sowie bei den Abschreibungen unterstellt, daß sie der tatsächlichen Abnutzung entsprechen.
Für die Praxis kann dieses Modell jedoch genutzt werden, wenn die einzelne Investition nicht isoliert betrachtet wird, sondern das gesamte Anlagevermögen und das totale Investitionsprogramm hinzugezogen werden. Durch eine sinnvolle Staffelung der Anschaffungen läßt sich dabei erreichen, daß für die Aufrechterhaltung der Leistungsbereitschaft dann nur etwa 2/3 der Summe aller Anschaffungswerte dauerhaft zu finanzieren ist. Steht der volle Betrag als Kapital zur Verfügung, so läßt sich durch eine laufende Neuinvestition ein an die Absatzmöglichkeiten angepaßter Kapazitätserweiterungseffekt erzielen, der möglicherweise auch Diversifikationen mit einschließt.

Finanzplanung

Die Finanzplanung ist Teil der gesamten Unternehmensplanung. Wie jeder planerische Prozeß nimmt sie zukünftiges Handeln vorweg. Sie soll helfen, Auswirkungen frühzeitig erkennbar zu machen, um rechtzeitig korrigierend oder ergänzend eingreifen zu können. Es gelten die allgemeinen Grundsätze der Planung wie Vollständigkeit, regelmäßige Erstellung, Beachtung des Wirtschaftlichkeitsprinzips sowie das Prinzip der Elastizität der Planung, d.h. Anpassungen an sich ändernde Bedingungen zu ermöglichen.

Ziele der Finanzplanung

Hauptziel der Finanzplanung ist es, die finanziellen Auswirkungen der verschiedenen im Unternehmen vorgesehenen Maßnahmen transparent zu machen und im Hinblick auf ihre Finanzierbarkeit zu überprüfen. Dabei sind die aufgezeigten Ziele der Finanzierung schon erläutert.
Zeigt sich eine *Unterdeckung*, d. h., der Finanzierungsbedarf ist höher als die erwarteten Finanzierungsmittel, so wird das finanzielle Gleichgewicht gefährdet. Es gilt, entweder zusätzliche Finanzierungsquellen zu erschließen oder aber vorgesehene Maßnahmen zeitlich und/oder in ihrer Intensität zu strecken bzw. ganz abzusetzen.
Bei einer *Überdeckung* sind die zur Verfügung stehenden Mittel höher als der Finanzierungsbedarf unter Berücksichtigung notwendiger Liquiditätsreserven. Hier gilt es, entweder zusätzliche Anlagealternativen zu finden oder finanzielle Überschüsse so wirtschaftlich wie möglich anzulegen, im Zweifelsfalle auch als Termingeld oder durch Wertpapiere im Umlaufvermögen. Bei nachhaltiger Überliquidität kann auch eine vorzeitige Kapitalrückführung in Betracht kommen.

Kapitalbedarfsermittlung

Der Kapitalbedarf ergibt sich aus der zeitlichen Diskrepanz zwischen den Ausgaben und den Einnahmen eines Unternehmens sowie aus der Kapitalbindung, wie sie am Beginn des Abschnitts über „Investitionen" im Rahmen des betrieblichen Kreislaufs dargestellt wurden. Aus den Plänen der übrigen Unternehmensbereiche, auf die im Rahmen der Abschnitte über strategisches und operatives Management nochmals eingegangen wird, ergeben sich die Einnahmen und Ausgaben. Hinzu kommen aus dem Finanzbereich die Ausgaben für den Kapitaldienst, das sind z. B. Kreditrückzahlungen und Zinsleistungen. Durch aktive Finanzierung werden zusätzliche Einnahmen zugeführt.
Nachfolgend soll ein kurzer Überblick über drei gebräuchliche Arten der Kapitalbedarfsrechnung im finanzwirtschaftlichen Rechnungswesen gegeben werden.

Finanzplan

Aus der Gegenüberstellung der geplanten Einzahlungen einschließlich des Zahlungsmittelbestandes am Beginn der Planperiode mit den geplanten Ausgaben ergibt sich der Finanzplan. Dabei werden die Zahlungsströme nicht nur sachlich, sondern auch zeitlich aufeinander abgestimmt. Für eine Sicherung des finanziellen Gleichgewichtes reicht es nicht aus, daß die Gesamtheit der Auszahlungen einer Periode die Summe der Einzahlungen zuzüglich des Zahlungsmittelanfangsbestandes nicht übersteigen. Es muß Vorsorge getroffen werden, daß auch während der Planungsperiode, z. B. für ein Jahr, zumindest keine nachhaltigen Unterdeckungen entstehen. Daher wird üblicherweise ein solcher Jahresplan in Monate unterteilt und z. B. die Monate des nächstfolgenden Quartals ihrerseits in Wochen oder Dekaden. Die Abb. 1.26 zeigt ein Beispiel eines solchen Finanzplans.
Ein Finanzplan ist eine gute Basis für die finanzpolitischen Entscheidungen. Dabei gilt, wie bei allen Plänen, daß die Güte der Aussagen von der Zuverlässigkeit der Voraussagen abhängt, d. h., daß die Zahlungseingänge tatsächlich zum erwarteten Zeitpunkt eingehen. Unvorhergesehene Anforderungen sind vorsorglich abzusichern, hierzu zählt insbesondere ein Dispositionsspielraum bei kurzfristigen Krediten.

Finanzplan für die Zeit von __________ bis __________

Zahlungsbeträge in DM	Januar		Februar		....
	Plan	Ist	Plan	Ist	
I. Zahlungsmittel – Anfangsbestand					
II. Einnahmen aus: Umsatzerlöse a.o. Erlöse (ohne Zinsen) Sachanlagen Immaterielle Anlagen Finanzanlagen Eigenkapital (Einlage) Fremdkapital Zinsen Sonstiges					
Summe der Einnahmen					
III. Ausgaben für: Material Personal Steuern/Abgaben Allgemeine Aufwendungen a.o. Aufwendungen (ohne Zinsen) Sachanlagen Immaterielle Anlagen Finanzanlagen Eigenkapital (Entnahmen) Fremdkapital Zinsen Sonstige					
Summe der Ausgaben					
I. + II. – III. = Zahlungsmittel – Schlußbestand					

Abb. 1.26: Aufbau eines Finanzplanes

Kapitalbindungsplan

Der Kapitalbindungsplan soll helfen, den langfristigen Kapitalbedarf für eine Planperiode zu ermitteln. Eine solche Periode dauert üblicherweise ein Jahr, oftmals mit Ausblick auf Folgejahre. Während ein Finanzplan die Einzahlungs- sowie Auszahlungsströme für die Planperiode aufzeigt, werden mit Hilfe eines Kapitalbindungsplans die hierdurch am Ende der Periode verursachten Bestandsveränderungen aufgezeigt. Man analysiert mit ihm das Gleichgewicht von Investition und Finanzierung. Seiner Form nach entspricht er einer *geplanten Bewegungsbilanz* (siehe auch „Bilanzanalyse“ im Kapitel „Betriebliches Rechnungswesen“). Die Abb. 1.27 zeigt die *Beständedifferenzbilanz*, aus der sowohl die *Veränderungsbilanz* als Basis der *Bewegungsbilanz* als auch der Kapitalbindungsplan abgeleitet werden (vgl. Abb. 1.28). Auf der Aktivseite werden die Positionen der Kapitalverwendung dargestellt. Hierbei handelt es sich um die kapitalbindenden Ausgaben (Investitionen) sowie um die kapitalentziehenden Ausgaben (Definanzierung). Die Passivseite zeigt die Kapitalherkunft, unterteilt in die kapitalzuführenden Einnahmen (Finanzierung im engeren Sinne) und kapitalfreisetzenden Einnahmen (Desinvestitionen oder auch Finanzierung im weiteren Sinne).

Aktiva	Passiva
A + Kapitalbindung (Investitionen)	P + Kapitalzuführung (Finanzierung i.e. Sinne)
A – Kapitalfreisetzung (Desinvestitionen)	P – Kapitalentzug (Definanzierung)

Abb. 1.27: Schema der Beständedifferenzbilanz als Grundlage der Kapitalflußrechnung

I. (A +) Kapitalbindende Ausgaben (Investitionen)	III. (P +) Kapitalzuführende Einnahmen (Finanzierung i. e. Sinne)
II. (P –) Kapitalentziehende Ausgaben (Definanzierung)	IV. (A –) Kapitalfreisetzende Einnahmen (Desinvestitionen/ Finanzierung i. w. Sinne)

Abb. 1.28: Schema der Veränderungsbilanz und des Kapitalbindungsplans

Zu den Investitionen bzw. Desinvestitionen zählen auch die geplanten Veränderungen im Umlaufvermögen. Die Finanzierung im engeren Sinne umfaßt die verschiedenen Formen der Zuführung von Eigenkapital und lang- oder kurzfristigem Fremdkapital; Definanzierungen ergeben sich aus Rückzahlungen. Aus dem Kapitalbindungsplan als Bewegungsbilanz läßt sich auch, wie in Abb. 1.28 dargestellt ist, eine Veränderungsbilanz ableiten, die Grundlage für eine Planbilanz sein kann.
Ziel des Kapitalbindungsplans ist es zu zeigen, ob die Finanzierungen ausreichend sind, den geplanten Kapitalbedarf zu decken. Zur leichteren Erfassung von Ergänzungen oder Korrekturen ist die in Abb. 1.29 dargestellte Tabellenform für die Praxis geeignet. Tritt eine Unterdeckung auf, so ist zu entscheiden, ob zusätzliches Kapital beschafft werden soll (z. B. auch durch Lieferantenkredite in Form von Kaufpreisstundungen bei Investitionen) oder ob Maßnahmen der Kapitalverwendung gestrichen bzw. in eine spätere Periode verschoben werden müssen. Bei Überschüssen können dann zusätzliche Investitionen, Kapitalrückzahlungen oder Zwischenanlagen eingeplant werden. Für die Überwachung der Liquiditätssicherung während der Planperiode ist der Kapitalbindungsplan weniger geeignet.

Täglicher Finanzstatus

Die Bedeutung des täglichen Finanzstatus liegt weniger in der eigentlichen Finanzplanung, sondern eher in dessen Tauglichkeit als Grundlage für die laufende Finanzdisposition. Durch die Aufzeichnung der Guthaben, Kreditlinien und Kreditinanspruchnahmen ergibt sich die Zahlungskraft für die einzelnen Zahlungswege (vgl. Abb. 1.30). Treten beispielsweise durch einen schleppenden Zahlungseingang Engpässe auf, so können kurzfristige Maßnahmen geplant werden. Der tägliche Finanzstatus dient auch dazu, die anstehenden Zahlungen, die Zahlungswege (Barzahlung, Überweisung/Scheck über unterschiedliche Banken, eventuell Wechsel etc.) zu lenken. Bei Guthaben ist über eine eventuelle Anlage zu entscheiden.

Finanzwirtschaftliche Analyse

Vorrangige Aufgabe finanzwirtschaftlicher Analysen ist es, einen Überblick über das Finanzierungs- und Investitionsverhalten einer Unternehmung zu gewinnen. Dabei stehen die Fragen nach der Gewährleistung der Liquidität und der Bonität eines Unternehmens im Vordergrund.
Grundlage ist hier in erster Linie der Jahresabschluß, daher wird die finanzwirtschaftliche Analyse unter dem Abschnitt „Bilanzanalyse" im folgenden Kapitel „Betriebliches Rechnungswesen" behandelt. Trotz vieler Bedenken gegen die dabei entwickelten „Finanzierungsregeln" aus Bilanz- bzw. Finanzierungskennziffern sind sie oft für den

Geplante Maßnahmen			Mittelverwendung		Mittelherkunft		Saldo
Nr.	Titel	Betrag	I. +	II. +	III. –	IV. –	
1	Investition 1	100	100				
2	Investition 2	80	80				
3	Auszahlung Teilhaber	60		60			
4	Darlehn zu Investition 2	50			50		
5	Abschreibungen	35				35	
6	Verkauf Altanlage zu 2	10				10	
		335	180	60	50	45	+145
7	Aufnahme Stiller Gesellschafter	55			55		
8	*1 Storno Investition 1	–100	–100				
		290	80	60	105	45	–10 = Reserve

Abb. 1.29: Kapitalbindungsplan in Tabellenform

Täglicher Finanzstatus zum ___________

Zahlungsmittel Bestände in DM	Guthaben + (1) +	Kreditlinie (2) +	Kredit-Ist (3) –	bereits dispon. (4) –	Zahlungskraft = verfügbar
Barbestand Postscheckkonto Bank A Bank B ... Schecks Wechsel					
Summe					

Abb. 1.30: Täglicher Finanzstatus

außenstehenden Dritten einer der wenigen Maßstäbe zur Beurteilung der Kreditwürdigkeit.
Für die unternehmensinterne Analyse stehen weitere Informationsquellen zur Verfügung. Hier bietet aber das Instrumentarium der Finanzplanung eine bessere Basis für die Vorsorge. Da jedoch die Kreditbeurteilung Dritter aus der externen Finanzanalyse abgeleitet wird, gewinnt die interne Analyse an Bedeutung, um auf dieser Grundlage entweder rechtzeitig Maßnahmen einzuleiten, im Rahmen einer aktiven Bilanzpolitik die entsprechenden Strukturen zu schaffen oder aber den Geschäftspartnern, die über Kreditgewährungen zu entscheiden haben, zusätzliche Erläuterungen an die Hand zu geben. Die Analyse wird dann Bestandteil der Finanzpolitik, die in dem gesonderten Beitrag „Finanzwesen" behandelt wird.

Betriebliches Rechnungswesen

Wesen und Aufgaben

Das betriebliche Rechnungswesen ist Teil des Informationswesens eines Unternehmens. Dabei zeichnet es alle relevanten und zahlenmäßig erfaßbaren Vorgänge auf, die sich im Verhältnis des Unternehmens zu Dritten oder aus dem innerbetrieblichen Geschehen ergeben.
Damit wird es zu einer Art Geschichtsschreibung des Unternehmens, indem es Aufbau und Ablauf der betrieblichen Prozesse widerspiegelt. Dabei sind die Sichtweisen und entsprechend die Ansprüche an die Datenauswertung sehr vielfältig. Hieraus leiten sich die verschiedenen Bereiche des Rechnungswesens ab. Neben der Systematik der zahlenmäßigen Erfassung sowie der Darstellung und Methodik der Auswertung werden sie durch die mit ihnen verfolgten Ziele geprägt.

Ziele und Funktionen
Die Rechnungslegung hat Dokumentations-Charakter und macht Zustände, Prozesse oder Ergebnisse transparent und überprüfbar. Sie unterliegt dem Zweck, bestimmte Fakten und Entwicklungen nachzuweisen – z. B. ob und in welcher Größe einem Geschäftspartner gegenüber eine Forderung oder Verbindlichkeit besteht –, indem alle mit ihm abgewickelten Geschäftsvorfälle in nachprüfbarer Weise aufgezeichnet werden. Die Methodik dient dem Ziel der Abstimmbarkeit mit Dritten.
Zum anderen soll die Rechnungslegung entscheidungsrelevante Informationen zur Verfügung stellen und die Daten derart aufbereiten, daß sie als Grundlage für künftiges Handeln dienen können. So gewinnen diese neben ihrer vergangenheitsbezogenen Dokumentationsfunktion auch eine Zukunftsorientierung und werden zur Basis für Planungen.

Für das Unternehmen dient das Rechnungswesen vorwiegend folgenden Zielen:
- dem Nachweis über Vermögen und Verbindlichkeiten,
- der Ermittlung des Erfolges einer Periode,
- der Überprüfung der Wirtschaftlichkeit der betrieblichen Prozesse,
- als Basis und Überwachung für die Preisgestaltung und
- als Grundlage für Planungen und Kontrolle.

Neben dem Unternehmen und den Anteilseignern haben auch weitere Interessengruppen Informationsansprüche, deren Erfüllung die Rechnungslegung zu berücksichtigen hat. Zu diesem Kreis zählen Arbeitnehmer, Kreditgeber, Kunden, Lieferanten und sonstige Dritte, wie z. B. das Finanzamt oder eine interessierte Öffentlichkeit. Für die Geschäftspartner gilt dabei das Zahlenmaterial als Hilfestellung bei der Entscheidung über die Gestaltung der künftigen Zusammenarbeit, z. B. zur

1

Prüfung der Kreditwürdigkeit. Dem Finanzamt dienen die Auswertungen als Bemessungsgrundlage für die Steuerermittlung. Damit hat das Rechnungswesen mit Blick auf Dritte weiteren Zielen zu entsprechen:
- der Beurteilung und Sicherung der Liquidität,
- der Prüfung der Bonität und der zu erwartenden Ertragskraft,
- der Bereitstellung beweiskräftiger Unterlagen in Rechts- und Vermögensstreitigkeiten, und
- es dient als Bemessungsgrundlage für die Ermittlung der Steuer-/Abgabeverpflichtungen.

Abrechnungen über die Vergangenheit bezeichnet man als *Ist-Rechnung*, die zukunftsbezogene Vorausschau als *Plan-Rechnung* bzw. *Soll-Rechnung* mit Vorgabecharakter. Der Zweck der Rechnungslegung hat durchaus Auswirkungen, z. B. auf die zu wählende Methodik und einen sinnvollen Wertansatz. Ein Beispiel soll dies erläutern: Soll die Abrechnung eine noch offene Zahlungsverpflichtung aus einem in der Vergangenheit erfolgten Anlagekauf ausweisen, so ist von dem tatsächlichen (historischen) Kaufpreis auszugehen. Soll der jetzige Wert – eventuell für eine Veräußerung – ermittelt werden, so ist der Gegenwartswert zugrundezulegen, und für eine neue Anschaffung im Rahmen einer Planrechnung der künftige Wiederbeschaffungswert.

Gliederung

Die sich aus den verschiedenen Zielen ergebenden Aufgaben können nicht alle in einer einzigen Rechnungslegung erfüllt werden. Üblicherweise wird daher das betriebliche Rechnungswesen in verschiedene Gebiete untergliedert:
- die Buchführung und den Jahresabschluß als periodische Rechnungslegung,
- die Kosten- und Leistungsrechnung als Informationsgewinnung nach den wirtschaftlichen Grundsätzen und
- die betriebswirtschaftliche Statistik, Vergleichsrechnung und den Kennziffern.

Teilweise wird die Betriebsplanung als viertes Gebiet des Rechnungswesens aufgeführt. Dem wird hier nicht gefolgt, da Planrechnungen in verschiedener Weise Teil der zuvor aufgeführten Gebiete sein können. Außerdem werden die strategische und operative Planung sowie im Zusammenhang mit Controlling die Budgetrechnung als Planungsrechnung gesondert behandelt. Sie gehen deutlich über die Funktionen eines Rechnungswesens hinaus.

• Periodische Rechnungslegung

Eine Zentralstellung nimmt die *Buchführung* ein, in der alle Geschäftsvorfälle planmäßig in zeitlicher Folge aufgezeichnet und systematisch geordnet werden. Damit ist sie wesentliche Grundlage für alle übrigen Zweige des Rechnungswesens. Mit dem *Jahresabschluß* wird jeweils in gewissen Zeitabschnitten – üblicherweise ein Jahr, gelegentlich je Quartal oder Monat – die Vermögens-, Bilanz- und Ertragslage eines Unternehmens dargestellt.

Der Jahresabschluß dient sowohl internen als auch externen Zwecken. Durch gesetzliche Vorschriften zur Rechnungslegung wird dem Interesse Dritter an zuverlässigen Zahlen entsprochen.

• Informationsgewinnung nach wirtschaftlichen Grundsätzen

Demgegenüber stellt die *Kosten- und Leistungsrechnung* ein innerbetriebliches Instrumentarium dar, das sich – ohne an gesetzliche Bestimmungen gebunden zu sein – an den betrieblichen Informationsbedürfnissen orientiert. Hierbei stehen Wirtschaftlichkeitsbetrachtungen im Vordergrund, bezogen auf den innerbetrieblichen Leistungsprozeß, den Leistungsverbrauch in einzelnen Stellen (Kosten), die Leistungsausbringung sowie auch als Stückrechnung und Kalkulationsgrundlage zur Preisfindung.

• Betriebsstatistik

Sowohl Buchführung und Jahresabschluß, Kosten- und Leistungsrechnung als auch eigene Erhebungen können Grundlage statistischer Auswertungen sein. Zahlen werden zum Teil verdichtet oder in Relation zu anderen Daten in Tabellen und Grafiken dargestellt, damit die Zusammenhänge, Entwicklungen oder Beziehungen deutlich gemacht werden können.

Vergleichsrechnung und *Kennziffern* sind wesentliche Teilgebiete.

Darstellung

In den gesonderten Beiträgen „Buchführung und Bilanz“ sowie „Kostenrechnung“ (Internes Rechnungswesen) werden wesentliche Teile des betrieblichen Rechnungswesens ausführlich behandelt. Unter Verweis auf diese Darstellungen erfolgt hier im einleitenden Beitrag zur Betriebswirtschaftslehre lediglich eine Konzentration auf die wesentlichen Grundzüge.

Ergänzend zum gesonderten Beitrag „Buchführung und Bilanz“ wird hier im Kapitel „Konstitutioneller Rahmen und Sonderanlässe“ ein Überblick zum Konzernabschluß und zu den Sonderbilanzen gegeben. Ferner wird die Bilanzanalyse in einem separaten Abschnitt dieses Kapitels behandelt, um zu zeigen, in welcher Weise der Jahresabschluß als Informationsquelle dienen kann.

1

Periodische Rechnungslegung

Als Zeitrechnung gliedert sich die periodische Rechnungslegung in Buchführung und Jahresabschluß (oft wird verkürzt nur von Bilanz gesprochen). Dabei ist die Buchführung eine *Zeitraumrechnung*, in der alle in Zahlenwerten ausdrückbaren Geschäftsvorfälle einer Periode chronologisch erfaßt sowie in nachprüfbarer und übersichtlicher Form geordnet werden.
Der Jahresabschluß ist eine *Zeitpunktrechnung*, in der jeweils am Anfang bzw. am Ende einer Periode Abrechnung über Vermögens-, Finanz- und Ertragslage gegeben wird, also „Bilanz gezogen wird". Der Jahresabschluß gliedert sich in Bilanz, Gewinn- und Verlustrechnung sowie ggf. Anlage und Lagebericht. Auf unterschiedliche Bilanztheorien wird hier nicht genauer eingegangen.
Die Zusammenhänge lassen sich auf zweierlei Art beschreiben:
- Die Entwicklung von einer vorhergehenden Bilanz zu einer nachfolgenden wird durch die Buchführung beschrieben.
- Die Buchführungen von zwei aufeinanderfolgenden Perioden sind durch die Bilanz miteinander verbunden, bzw. die Bilanz ist eine Zäsur in der kontinuierlichen Rechnungslegung einer Geschäftsbuchhaltung, indem eine übersichtliche Zusammenfassung mit einer periodengerechten Abgrenzung gegeben wird.

Aufgaben und Rechtsgrundlagen des Jahresabschlusses

Der Jahresabschluß ist die offizielle Rechnungslegung des Unternehmens. Einerseits muß er den Informationsbedürfnissen der verschiedenen internen und externen Interessengruppen entsprechen und ein zuverlässiges Bild über die Vermögens-, Finanz- und Ertragslage vermitteln. Andererseits hat er die Aufgabe der Gewinnermittlung, die besonders bei Kapitalgesellschaften Grundlage für die Bemessung ergebnisabhängiger Dividenden- und Gewinnausschüttungen sowie sonstiger Erfolgsbeteiligungen ist.
Die an die Feststellung des Jahresabschlusses geknüpften Rechtsfolgen, z. B. Ausschüttung und Steuerfestsetzung, sowie die möglichen Interessenskonflikte der verschiedenen Adressaten und der Unternehmensleitung machten es erforderlich, verbindliche Richtlinien für die Erstellung eines Jahresabschlusses zu schaffen, damit auch die Zuverlässigkeit für Außenstehende gegeben ist. Eine Reihe von Unternehmungen müssen aufgrund ihrer Rechtsform oder ihres Geschäftsumfanges (Bilanzsumme, Umsatz oder Mitarbeiterzahl) die Einhaltung dieser Vorschriften und ihre ordnungsgemäße Anwendung durch ein Testat eines Wirtschaftsprüfers bestätigen lassen.
Seinem Wesen nach ist der Jahresabschluß vergangenheitsorientiert, d. h., er gibt Auskunft über eine abgeschlossene Periode. Dabei hat er von objektiv nachprüfbaren Angaben auszugehen. Als Grundlage bietet sich der Zahlungsverkehr des Unternehmens an – die vereinbarten Zahlungen bilden also den Wertansatz bei der Erfassung der Geschäftsvorfälle (pagatorisches Prinzip).
Der Jahresabschluß ist jedoch keine reine Ein- und Ausgabenrechnung, sondern eine möglichst sachgerechte Zuschreibung zu den einzelnen Perioden. Mit der zahlungsorientierten Abbildung einer Berichtsperiode soll der Jahresabschluß sowohl durch Verrechnung der entstandenen und verbrauchten Werte eine periodengerechte Gewinnermittlung ermöglichen, als auch das Vermögen als erworbenen, aber noch nicht verbrauchten Wertbestand darstellen. Hieraus ergibt sich die eigentliche Aussagefähigkeit des Jahresabschlusses, aber auch die Problemstellung einer Bewertung bei seiner Erstellung. Zur Verdeutlichung: Nicht verbrauchte Werte dürften im Interesse einer „richtigen" Ermittlung des Gewinnes einer Periode dieser nicht zugerechnet werden; andererseits würde bei einer Aktivierung als Vermögenswert die Lage des Unternehmens zu gut dargestellt, falls auch in der Zukunft eine Nutzung nicht mehr oder nur sehr eingeschränkt möglich ist. Hieraus können sich Konfliktsituationen ergeben, in denen möglicherweise die Kapitaleigner an einer höheren Gewinnausweisung interessiert sind, Gläubiger und Kreditgeber an einer vorsichtigeren Bewertung des Vermögens und damit verbunden einer geringeren Gewinnausweisung, der Fiskus an hohen Gewinnen und Vermögenswerten als Bemessungsgrundlage für die Ermittlung der Steuern sowie die Unternehmensleitung an niedrigeren Gewinnen und Vermögensausweisen bzw. höheren, je nachdem, ob z. B. Gesichtspunkte der Steuerersparnis oder der Verbesserung der Kreditwürdigkeit im Vordergrund stehen. Durch handels- und steuerrechtliche Vorschriften sind willkürlichen Handhabungen Grenzen gesetzt.

• Handelsrechtliche Regelungen
Mit dem Bilanzrichtliniengesetz vom 18. 12. 1985 wurde eine Reihe von Grundsätzen, die sich im Lauf der Zeit entwickelt und immer mehr Verbindlichkeitscharakter angenommen hatten, als gesetzliche Regelungen festgeschrieben. Mit Wirkung vom 01. 01. 1986 enthält seither das neu eingeführte dritte Buch des HGB schwerpunktmäßig handelsrechtliche Vorschriften zur Rechnungslegung. Darüber hinaus enthalten handels-

1

rechtliche Nebengesetze Bestimmungen, die auf Besonderheiten der jeweiligen Rechtsform zugeschnitten wurden, z. B. das Aktiengesetz, GmbH-Gesetz und Genossenschaftsgesetz. Das dritte Buch gliedert sich in drei Bereiche:

- Vorschriften, die für alle Kaufleute gelten – ab § 238 HGB,
- ergänzende Vorschriften für Kapitalgesellschaften – ab § 264 HGB, und
- ergänzende Vorschriften für eingetragene Genossenschaften – ab § 336 HGB.

Die allgemein geltenden Vorschriften betreffen die Buchführung und das Inventar, Eröffnungsbilanz und Jahresabschluß sowie die Aufbewahrungspflicht von Unterlagen etc. Der Jahresabschluß gliedert sich dabei in die Bilanz und die Gewinn- und Verlustrechnung (G–V). Die Bewertungsvorschriften sind als *Gläubigerschutz* vom Vorsichtsprinzip geprägt, d. h., der Kaufmann soll sich nicht „reicher" darstellen, als er tatsächlich ist.

Die ergänzenden Vorschriften für Kapitalgesellschaften enthalten zusätzliche Bestimmungen zum Jahresabschluß, der durch Anlage und Lagebericht zu ergänzen ist, wodurch dem Informationsbedürfnis Dritter Rechnung getragen wird. In vier Unterabschnitten werden zusätzliche Regelungen zum Jahresabschluß einer Kapitalgesellschaft behandelt, Bestimmungen zum Konzernabschluß, zur Prüfung und zur Veröffentlichung der Abschlüsse. Dabei sind die Vorschriften zum Teil unterschiedlich für kleine, mittlere oder große Kapitalgesellschaften. Der § 267 HGB regelt die Einteilungen in die Größenklassen.

Gemäß Publizitätsgesetz gelten diese Vorschriften zum Teil auch für Großunternehmen und wegen deren besonderer volkswirtschaftlichen Bedeutung auch unabhängig von der Rechtsform, d. h. also auch für Einzelfirmen und Personengesellschaften.

• Steuerrechtliche Regelungen

Gesetzliche Vorschriften zur Buchführungspflicht enthalten z. B. die §§ 140 ff. AO (Abgabenordnung). Die für die Erstellung der Steuerbilanz wesentlichen Bestimmungen über die Bilanzierung und Bewertung eines Unternehmensvermögens enthalten die §§ 4–7g EStG (Einkommensteuergesetz). Unabhängig davon gelten bei der Ermittlung der Steuerbemessungsgrundlagen, z. B. bei Vermögenssteuern, zum Teil andere Bewertungsvorschriften.

• Maßgeblichkeitsprinzip

Wie sich aus § 5 Abs. 1 EStG ergibt, richten sich die Ansätze in der Steuerbilanz nach den handelsrechtlichen Grundsätzen der ordnungsgemäßen Buchführung – soweit nicht steuerliche Bestimmungen etwas anderes zwingend vorschreiben. Dies wird auch als Maßgeblichkeitsprinzip der Handelsbilanz für die Steuerbilanz bezeichnet; die Steuerbilanz ist demnach eine aus der Handelsbilanz abgeleitete Bilanz. Dies gilt sowohl für den Bilanzansatz als auch für die Bewertung der Bilanzpositionen auf der Aktiv- und der Passivseite.

Fragen des Bilanzansatzes regeln sowohl für die Aktiv- als auch für die Passivseite, inwieweit Positionen bilanziert werden müssen, das *Ansatzgebot*, nicht in die Bilanz aufgenommen werden dürfen, das *Ansatzverbot*, oder in welchem Rahmen ein Wahlrecht für den Ansatz besteht. Es gibt jedoch einige wenige Ausnahmen, in denen Posten der Handelsbilanz nicht in die Steuerbilanz übernommen werden. Hierbei handelt es sich auf der Aktivseite um die sogenannten *Bilanzierungshilfen*. Zu diesen gehören die Aktivierung von Aufwendungen für die Ingangsetzung und die Erweiterung eines Geschäftsbetriebes gemäß § 269 HGB und die Aktivierung von Steuerabgrenzungsposten wegen künftiger Steuerentlastungen (latente Steuern) gemäß § 274 Abs. 2 HGB. Entsprechend werden auch passive latente Steuerabgrenzungen in der Handelsbilanz wegen ihres speziellen handelsrechtlichen Charakters nicht übernommen.

Eine Sonderstellung hat noch der *derivative Firmenwert*, also ein entgeltlich erworbener immaterieller Vermögensgegenstand. Handelsrechtlich gilt ein Ansatzwahlrecht und bei dessen Aktivierung eine Abschreibung von mindestens 25 % pro Jahr (§ 255 Abs. 4 HGB). Steuerrechtlich besteht eine Aktivierungspflicht und eine Abschreibungsmöglichkeit über 15 Jahre (§ 6 Abs. 1 Nr. 2 Satz 1 bzw. § 7 Abs. 1 Satz 3 EStG).

Im Grundsatz gilt das Prinzip der Maßgeblichkeit auch im Bereich der Bewertung, die Bewertungsgrundsätze werden in einem gesonderten Unterabschnitt behandelt. Insoweit sind Wertansätze in der Handelsbilanz auch in die Steuerbilanz zu übernehmen, sofern dem keine zwingenden steuerlichen Vorschriften entgegenstehen. Ziel ist es, die Steuer- und Handelsbilanz in möglichst weitgehender Übereinstimmung zu halten. Besondere Bedeutung für eine Wahrung der Einheit zwischen Handels- und Steuerbilanz hat dabei das sogenannte *umgekehrte Maßgeblichkeitsprinzip*, nach dem gesetzliche Vorschriften sowohl im Handels- als auch im Steuerrecht sicherstellen, daß steuerliche Wahlrechte in die Handelsbilanz übernommen werden können, auch wenn sie von den handelsrechtlichen Bewertungsregeln abweichen.

Dies gilt insbesondere durch eine klarstellende Neufassung des § 5 Abs. 1 Satz 2 EStG, die ab dem Wirtschaftsjahr 1990 gültig ist. Nichtkapitalgesellschaften haben die Möglichkeit, steuerliche Werte in die Handelsbilanz zu übernehmen, siehe § 254 bzw. § 247 (3) und § 253 (5) HGB. Für Kapitalgesellschaften gilt gemäß § 279 Absatz 2 HGB die Übernahme niedrigerer Werte nur dann, wenn die Anwendung der steuerlichen Vorschriften entsprechend handelsrechtliche Vorgehensweisen voraussetzen.

Da das Steuerrecht nunmehr bei allen Sonderabschreibungen eine Anerkennung von entsprechenden Handelsbilanzansätzen abhängig macht, ist diese Einschränkung heute ohne praktische Bedeutung (siehe außerdem § 273, § 280 und § 281 Abs. 1 HGB).

Zusammenhang zwischen Buchführung und Bilanz

Wie bereits erwähnt, kann die Buchführung als Weiterentwicklung von einer vorhergehenden Bilanz zu einer nachfolgenden gesehen werden. Die Bilanz erfaßt auf der Aktivseite die Vermögensteile und auf der Passivseite die Verbindlichkeiten und das Eigenkapital. Jeder Posten der Bilanz erhält in der Buchführung ein gesondertes Konto, auf dem alle Veränderungen in der Periode verrechnet werden und das am Ende eines Jahres seinen Endbestand (Saldo) wieder zur Bilanz abgibt. Dies sind die sogenannten *Bestandskonten* (in Abb. 1.31 wird vernachlässigt, daß oft mehrere Konten zu einer Bilanzposition zusammengefaßt werden).

Sie gliedern sich in die Aktiv- und in die Passivkonten. Letztere erfassen ihren Anfangsbestand und die Zugänge im Haben sowie die Abgänge und den Endbestand im Soll. Die Aktivkonten enthalten im Soll den Anfangsbestand und die Zugänge sowie im Haben die Abgänge und den Endbestand.

Zum einen gibt es eine Reihe von erfolgsunwirksamen Vorgängen, die lediglich die Zusammensetzung des Vermögens und/oder der Verbindlichkeiten verändern. Zahlt z. B. ein Kunde seine Rechnung bar, so nimmt der Kassenbestand zu (Soll-Buchung), und die Forderung nimmt ab (Haben-Buchung) – es erfolgt also ein Aktivtausch, da lediglich zwei Aktivkonten beteiligt sind. Gleiches gilt für einen Passivtausch, z. B. Zahlung einer Verbindlichkeit (Soll) durch Aufnahme eines Bankkredits (Haben). Würde die Lieferantenrechnung bar bezahlt, so ergäbe sich eine *Bilanzverkürzung*, indem auf dem Passivkonto „Lieferant" im Soll und auf dem Aktivkonto „Kasse" im Haben gebucht würde. Entsprechend führt ein Wareneinkauf auf Kredit mit den Buchungen auf dem Warenkonto (Aktivkonto, Soll) und dem Lieferantenkonto (Passivkonto, Haben) zu einer *Bilanzverlängerung*.

Alle Geschäftsvorfälle, die nur ein Vermögenskonto oder ein Verbindlichkeitskonto berühren, müßten im Kapitalkonto gegengebucht werden, um die Bilanzgleichung (Aktiva gleich Passiva) zu erhalten. Soweit es sich nicht um private Entnahmen oder Einlagen handelt, stellt jede Kapitalverminderung (z. B. Zahlungen für Gehälter, Mieten etc.) *Aufwand* dar, und jede Kapitalerhöhung (z. B. Zahlungseingänge für erbrachte Leistungen) *Erträge*.

Durch die Vielzahl solcher Buchungen im Laufe einer Periode würde das Kapitalkonto unübersichtlich. Daher wird nicht direkt auf das Kapitalkonto gebucht, sondern auf davorgeschaltete Konten, *Erfolgskonten* genannt. In Abhängigkeit von den betrieblichen Erfordernissen und im Sinne einer ausreichenden Differenzierung werden entsprechend viele unterschiedliche Erfolgskonten gebildet, die sich in betriebliche sowie außerbetriebliche Aufwands- und Ertragskonten einteilen lassen.

Da die Erfolgskonten aus dem Kapitalkonto (Passivkonto) entwickelt wurden, verrechnen sie alle Kapitalerhöhungen (Erträge) im Haben und alle Kapitalverminderungen (Aufwendungen) im Soll. Allen Erfolgskonten ist gemeinsam, daß sie am Periodenanfang mit 0 – also ohne Saldovortrag – beginnen und am Jahresende über das „Gewinn- und Verlustkonto" abgeschlossen werden. Der Saldo dieses Kontos, der den Gesamterfolg der Periode darstellt, wird auf dem Kapitalkonto gegengebucht, das nunmehr statt einer Vielzahl von Buchungsvorgängen nur noch die eine Erfolgsbuchung enthält.

Das Kapitalkonto – auf dem eventuell im Soll Entnahmen und im Haben Einlagen verbucht sind – kann nun, wie alle anderen Bestandskonten, über die Bilanz abgeschlossen werden, in der jetzt wieder zwangsläufig die Summe der Aktiva gleich der der Passiva ist.

Neben der Verbuchung der Geschäftsvorfälle im Laufe der Periode werden vor Erstellung der Gewinn- und Verlustrechnung und der Endbilanz zur Vorbereitung des Jahresabschlusses sogenannte Abschlußbuchungen notwendig. Einerseits dienen sie der Korrektur eventueller Fehlbuchungen. Vor allem jedoch werden hierdurch Wertveränderungen – z. B. Abschreibungen für Abnutzung auf das Anlagevermögen etc. – erfaßt, die notwendig werden, um die Vermögensteile und die Verbindlichkeiten mit den richtigen Wertansätzen in der Bilanz auszuweisen.

1

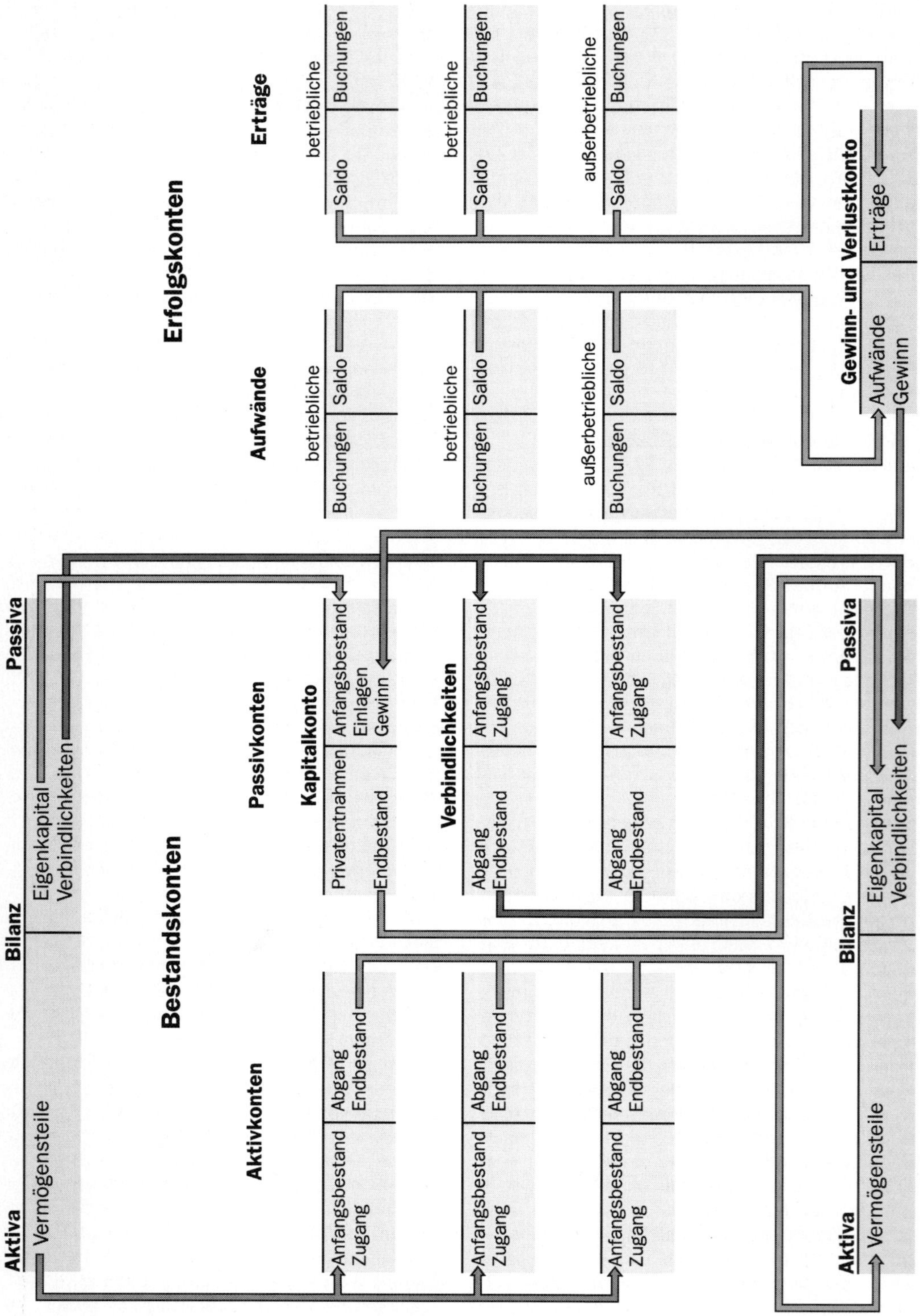

Abb. 1.31: Ableitung eines Kontenplans aus der Bilanz (schematische Darstellung)

Grundsätze ordnungsmäßiger Buchführung (GoB)

Die allgemein anerkannten Regeln zur Aufzeichnung der Geschäftsvorfälle (Dokumentation) sowie zur Erstellung des Jahresabschlusses (Rechnungslegung) werden als Grundsätze ordnungsmäßiger Buchführung (GoB) bezeichnet. Sie haben sich in der Praxis durch die praktische Übung ordentlicher Kaufleute, die Rechtsprechung, durch Gutachten und Empfehlungen von Verbänden (z. B. Wirtschaftsprüfer) und Behörden, betriebswirtschaftliche Literatur sowie durch die Gesetze und Verordnungen entwickelt.

Besonders durch das Bilanzrichtliniengesetz vom 18. 12. 1985 und die Formulierung eines dritten Buches über „Handelsbücher" im HGB (§§ 238 bis 339) wurden eine Reihe von Grundsätzen kodifiziert, d. h. gesetzlich geregelt. Gleichzeitig bezieht sich das Handelsrecht durch Formulierungen wie „nach den Grundsätzen ordnungsmäßiger Buchführung" (z. B. § 238 (1), § 239 (4), § 243 (1), § 256, § 264 (2) HGB) auf die GoB. Hierdurch wird sowohl der Rechtssicherheit Rechnung getragen, als auch eine praktische Weiterentwicklung ermöglicht, wie z. B. einer veränderten Kontoführung etc. durch den Einsatz der EDV.

Die in der Literatur mehrfach unternommenen Versuche, die GoB logisch abzuleiten und als ein geschlossenes System darzustellen, stoßen insoweit letztendlich immer an ihre Grenzen, da die Rechnungslegung – wie bereits ausgeführt – sich an unterschiedliche Zielgruppen mit ebenso unterschiedlichen Informationsansprüchen richten muß, so daß für einen Ausgleich der Interessen Kompromisse für die praktische Handhabung erforderlich sind.

Das HGB gliedert die für alle Kaufleute geltenden Vorschriften zur Führung von Handelsbüchern in zwei Unterabschnitte. Der erste betrifft Buchführung und Inventar, also die Dokumentation. Der zweite behandelt Eröffnungsbilanz und Jahresabschluß, also die Rechnungslegung.

• GoB für Buchführung und Inventar

§ 238 (1) über Buchführungspflicht lautet: „Jeder Kaufmann ist verpflichtet, Bücher zu führen, und in diesen seine Handelsgeschäfte und die Lage seines Vermögens nach den Grundsätzen ordnungsmäßiger Buchführung ersichtlich zu machen. Die Buchführung muß so beschaffen sein, daß sie einem sachverständigen Dritten innerhalb angemessener Zeit einen Überblick über die Geschäftsvorfälle und über die Lage des Unternehmens vermitteln kann. Die Geschäftsvorfälle müssen sich in ihrer Entstehung und Abwicklung verfolgen lassen." Weitere Einzelheiten folgen im Absatz 2 sowie im § 239 über die Führung der Handelsbücher.

§ 240 befaßt sich mit dem Inventar und regelt, daß jeder Kaufmann zu Beginn seines Handelsgewerbes sowie jeweils am Schluß eines jeden Geschäftsjahres seine Grundstücke, seine Forderungen und Schulden, den Betrag seines baren Geldes sowie seine sonstigen Vermögensgegenstände genau zu verzeichnen und dabei den Wert der einzelnen Vermögensgegenstände und Schulden anzugeben hat. Die Dauer eines Geschäftsjahres darf 12 Monate nicht überschreiten. Weitere Einzelheiten sind in den übrigen Absätzen des § 240 sowie im § 241 geregelt.

Die Rechnungslegung basiert auf fortlaufender Aufzeichnung und auf physischer Aufnahme jeweils zum Bilanzstichtag. Zu der materiellen Ordnungsmäßigkeit gehört der *Grundsatz der Wahrheit.* Dieser enthält die Forderung nach der Richtigkeit und Vollständigkeit aller Aufzeichnungen. Der *Grundsatz der Klarheit* bezeichnet die formelle Ordnungsmäßigkeit. Er enthält auch die Forderung nach Übersichtlichkeit und Nachprüfbarkeit. Hierzu zählen zeitliche und sachliche Ordnungskriterien der Buchführung, die Aufzeichnung in einer lebenden Sprache, die Nichtveränderung ursprünglicher Aufzeichnungen, Belegzwang sowie deren ordnungsgemäße Ablage unter Beachtung von Aufbewahrungsfristen.

• GoB und Jahresabschluß

„Der Jahresabschluß ist nach den Grundsätzen ordnungsmäßiger Buchführung aufzustellen. Er muß klar und übersichtlich sein." (§ 243 Abs. 1 und 2 HGB) Hierzu zählen im einzelnen:

- Grundsatz der Vollständigkeit (§ 246 Abs. 1 HGB),
- Grundsatz des Verbots der Saldierung (§ 246 Abs. 2 HGB)

sowie gemäß § 252 Abs. 1

- Grundsatz der Bilanzidentität (Ziffer 1),
- Grundsatz der Fortführung des Unternehmens (Ziffer 2),
- Grundsatz der Einzelbewertung (Ziffer 3),
- Grundsatz der Vorsicht (Ziffer 4) als Realisationsprinzip, nach dem nur bis zum Bilanzstichtag realisierte Gewinne berücksichtigt werden dürfen, und als Imparitätsprinzip, d. h., alle vorhersehbaren Risiken und Verluste, die bis zum Bilanzstichtag entstehen, sind zu berücksichtigen,
- Grundsatz der Periodenabgrenzung (Ziffer 5), d. h., Aufwendungen und Erträge sind dem Geschäftsjahr nach dem Verursachungsprinzip zuzurechnen, unabhängig vom Zeitpunkt der entsprechenden Zahlung,

- Grundsatz der Stetigkeit (Ziffer 6), auch materielle Bilanzkontinuität oder Methodenstetigkeit genannt, im Hinblick auf die Bewertungsmethoden.

Bilanz
Die Bilanz soll Auskunft über die Vermögens-, Finanz- und Ertragslage eines Unternehmens geben. Durch die Darstellung des Vermögens auf der Aktivseite und der Finanzierung auf der Passivseite ist sie eine wertmäßige Abbildung der Betriebsstruktur. Die Passivseite gliedert sich in Eigenkapital und Fremdkapital (Schulden). Aus der Bilanzgleichung ergibt sich das Eigenkapital als Vermögen minus Schulden.
Der Unternehmenserfolg läßt sich aus der Bilanz durch den Eigenkapitalvergleich ermitteln, d. h.: Eigenkapital am Ende minus Eigenkapital am Anfang minus Kapitaleinlage plus Kapitalentnahme gleich Gewinn. Anders ausgedrückt bedeutet das jedoch, daß sich das Eigenkapital am Ende der Periode neben der Ermittlung aus dem Vermögens/Schulden-Vergleich auch über die Gewinnzuschreibung verproben läßt durch die Rechnung: Eigenkapital am Anfang plus Kapitaleinlage minus Kapitalentnahme plus Gewinn gleich Eigenkapital am Ende der Periode.
Aus dem im § 246 (1) HGB enthaltenen Grundsatz der Vollständigkeit ergibt sich, daß der Jahresabschluß sämtliche Vermögensgegenstände, Schulden, Rechnungsabgrenzungen und die Aufwendungen und Erträge (als Saldo ergeben sie den Gewinn bzw. Verlust der Periode) zu enthalten hat, soweit gesetzlich nichts anderes bestimmt ist. Für die Bilanzierung ergeben sich drei Fragen, die jeweils zu entscheiden sind:
- Ist der Posten in die Bilanz aufzunehmen? Dies geschieht durch Aktivierung oder Passivierung.
- Wo ist der Posten in der Bilanz auszuweisen? Hier geht es um die Bilanzgliederung.
- Mit welchem Betrag ist der Posten auszuweisen? Hier geht es darum, in welcher Höhe der Posten zu bilanzieren ist, bzw. wie seine Bewertung erfolgt.

• Aktivierung und Passivierung
Die Ansatzvorschriften regeln eine Bilanzierung dem Grunde nach. Es wird unterschieden in Bilanzierungsgebot, Bilanzierungsverbot und Bilanzierungswahlrecht.
Das *Bilanzierungsgebot* folgt dem Grundsatz der Vollständigkeit und Bilanzwahrheit. Hier hat sich jedoch eine wirtschaftliche Betrachtungsweise herausgebildet. Diese besagt, daß nicht allein danach entschieden werden kann, wem juristisch das Eigentum zuzurechnen ist. Danach sind auch die unter Eigentumsvorbehalt – oder mit Sicherungseigentum belegten – Vermögensgegenstände zu aktivieren und die entsprechenden Schulden zu passivieren. Ähnlich sind Bauten auf fremden Grundstücken nach dem BGB Eigentum des Grundstückseigentümers, in einer Bilanz jedoch vermögensmäßig dem jeweiligen Bauherrn zuzurechnen (siehe § 266 (2) A.I.1). Andererseits werden Forderungen und Verbindlichkeiten, die zivilrechtlich mit dem Abschluß eines Kauf-, Werks- oder Dienstvertrages etc. entstehen, nicht bilanziert, solange der Vertrag von keiner Seite erfüllt wurde. Das Ansatzgebot von Rückstellungen und Rechnungsabgrenzungsposten wird im folgenden Unterpunkt besonders behandelt.
Ein *Bilanzierungsverbot* ergibt sich aus § 248 für alle Kaufleute – also nicht nur für Kapitalgesellschaften – zum einen für Aufwendungen für die Gründung des Unternehmens und die Beschaffung des Eigenkapitals sowie für die Aktivierung immaterieller Vermögensgegenstände des Anlagevermögens, die nicht entgeltlich erworben wurden. Diese Regelung gilt auch für das Steuerrecht. Ausschlaggebend ist hierbei, daß in der Regel immaterielle Anlagewerte nur schwer bewertbar sind, so daß im Interesse des Vorsichtsprinzips als Gläubigerschutz ein Ansatz unterbleibt. Entgeltlich, also von Dritten erworbene immaterielle Vermögensgegenstände sind jedoch aktivierungsfähig.
Ein *Bilanzierungswahlrecht* ergibt sich zum einen als Ansatzwahlrecht auf der Passivseite. Hierbei handelt es sich überwiegend um Möglichkeiten bei der Bildung von Rückstellungen, so daß sie unter diesem folgenden Punkt behandelt werden. Für eine Steuerbilanz führt ein solches handelsrechtliches Passivierungswahlrecht bei der Bildung von Rückstellungen zu einem Ansatzverbot, d. h., der Kaufmann soll sich im Interesse einer Steuergerechtigkeit durch die Praktizierung solcher Wahlrechte nicht ärmer darstellen. Auch auf der Aktivseite ergeben sich handelsrechtliche Ansatzwahlrechte bei der Bildung von Rechnungsabgrenzungsposten, die gleichfalls im folgenden Unterabschnitt behandelt werden. Hierbei gilt im Steuerrecht ebenfalls abweichend vom Maßgeblichkeitsprinzip – jedoch entgegengesetzt zur Passivseite beim handelsrechtlichen Ansatzwahlrecht – eine steuerrechtliche Aktivierungspflicht. Gleiches gilt für die Aktivierung eines derivativen Geschäftswertes, für den gemäß § 255 (4) HGB ein Aktivierungswahlrecht besteht, während das Steuerrecht von einem Aktivierungsgebot ausgeht (§ 5 Abs. 2 EStG). Der derivative Firmenwert ist der Betrag, um den die Gegenleistung für die Übernahme eines Unternehmens den Wert der

einzelnen Vermögensgegenstände des Unternehmens abzüglich der Schulden im Zeitpunkt der Übernahme übersteigt. Während bei einer handelsrechtlichen Aktivierung üblicherweise die Abschreibung innerhalb von 4 Jahren erfolgt, geht das Steuerrecht von einer 15jährigen Abschreibungsfrist aus.
Ebenfalls zum Aktivierungswahlrecht zählen die *Bilanzierungshilfen*, die das Handelsrecht Kapitalgesellschaften einräumt. Dies betrifft zum einen die Aktivierung von Aufwendungen für die Ingangsetzung und Erweiterung des Geschäftsbetriebes gemäß § 269 HGB, indem Positionen, die ihrer Natur nach Aufwendungen sind, dennoch aktiviert werden können, wenn auch mit entsprechendem Ausschüttungsverbot für die daraus resultierende Ergebnisverbesserung. § 274 (2) des HGB eröffnet ein Wahlrecht zur aktivischen Abgrenzung latenter Steuern, wenn der zu versteuernde Gewinn höher war als das handelsrechtlich ausgewiesene Ergebnis.
Das Steuerrecht verneint die Aktivierungsfähigkeit der Bilanzierungshilfen.

• Rechnungsabgrenzungen und Rückstellungen
Rechnungsabgrenzungsposten auf der Aktivseite regelt § 250 Abs. 1 und 3 HGB. Es besteht ein Aktivierungsgebot für Ausgaben vor dem Abschlußstichtag, soweit sie Aufwendungen für eine bestimmte Zeit danach darstellen. Ein Aktivierungswahlrecht besteht bei der Abgrenzung von Zöllen, Verbrauchssteuern und der Umsatzsteuer auf Anzahlungen.
Ebenso darf der Unterschiedsbetrag aktiviert werden, wenn der Rückzahlungsbetrag einer Verbindlichkeit höher ist als der Ausgabebetrag. Dieser Differenzbetrag wird bei einer Anleihe als Disagio sowie bei Hypotheken und Grundschulden als Damnum bezeichnet. Sie sind planmäßig über die Laufzeit der Verbindlichkeit abzuschreiben.
Bei den *Rechnungsabgrenzungsposten auf der Passivseite* handelt es sich um ein Ansatzgebot für Einnahmen vor dem Abschlußstichtag, soweit sie Erträge für eine bestimmte Zeit danach darstellen.
Die Bildung von *Rückstellungen* regelt § 249 HGB. Eine Passivierungspflicht besteht für ungewisse Verbindlichkeiten (zu denen auch die Pensionsrückstellungen gehören), drohende Verluste aus schwebenden Geschäften, Gewährleistungen, die ohne rechtliche Verpflichtungen erbracht werden, sowie im Geschäftsjahr unterbliebene Aufwendungen für Instandhaltungen, die im folgenden Geschäftsjahr innerhalb von drei Monaten bzw. bei Abraumbeseitigungen innerhalb des Folgegeschäftsjahres nachgeholt werden. Ein Passivierungswahlrecht besteht bei solchen unterlassenen Aufwendungen für Instandhaltung, die im folgenden Geschäftsjahr, jedoch nach Ablauf der ersten drei Monate nachgeholt werden, bzw. für Aufwandsrückstellungen, soweit sie der Art nach bestimmt, einer Zeit vor Ende des Geschäftsjahres zuzuordnen und am Abschlußstichtag wahrscheinlich oder sicher sind, jedoch hinsichtlich ihrer Höhe oder des Zeitpunktes ihres Eintritts noch unbestimmt sind. Darüber hinaus dürfen keine Rückstellungen gebildet werden.

• Gliederung
Während der § 247 HGB für Einzelkaufleute und Personengesellschaften kein Bilanzschema vorschreibt, sondern lediglich eine hinreichende Aufgliederung fordert, enthält der § 266 detailliertere Bestimmungen, wobei hier jedoch auf die Ausführungen im gesonderten Beitrag „Buchführung und Bilanz" verwiesen wird.

Grundsätze der Bewertung
Die handelsrechtlichen Bewertungsvorschriften sind in den §§ 252 bis 256 sowie ergänzend für Kapitalgesellschaften in den §§ 279 bis 283 geregelt. Hier sollen nur die Grundzüge dargestellt werden.

• Anschaffungs- und Herstellungskosten
Ausgangspunkt für die Bewertung von Vermögensgegenständen sind die Anschaffungs- oder Herstellungskosten, die gleichzeitig eine Wertobergrenze darstellen.

Die Anschaffungskosten berechnen sich wie folgt (§ 255 Abs. 1):
Anschaffungspreis; soweit er in einer ausländischen Währung zu erbringen ist, ist der Kurs im Zeitpunkt der Anschaffung maßgebend,
zuzüglich der Aufwendungen zur Herbeiführung der Betriebsbereitschaft; hierzu zählen insbesondere Transport- und Montagekosten,
zuzüglich Anschaffungsnebenkosten, wie z. B. Gerichts-, Notariats- oder Registrierkosten, Provisionen etc., und nachträgliche Anschaffungskosten, zu denen z. B. nachträglich erhobene Grunderwerbssteuer oder nachträgliche – z. B. im Prozeßwege – erfolgte Kaufpreiserhöhungen zählen,
abzüglich Anschaffungspreisminderungen, wie z. B. Skonti, Rabatte und Boni.

§ 253 (2) HGB bestimmt: „Herstellungskosten sind die Aufwendungen, die durch den Verbrauch von Gütern und die Inanspruchnahme von Diensten für die Herstellung eines Vermögensgegenstandes, seine Erweiterung oder für eine über

Kostenarten	HGB muß	HGB kann	EStG muß	EStG kann
Materialeinzelkosten	X	X	X	X
Fertigungseinzelkosten	X	X	X	X
Fertigungssonderkosten	X	X	X	X
Materialgemeinkosten		X	X	X
Fertigungsgemeinkosten		X	X	X
Verwaltungsgemeinkosten		X		X
Zinsen im Herstellungszeitraum		X		X
Vertriebskosten	–	–	–	–
Summe Herstellungskosten				

Abb. 1.32: Herstellungskosten

seinen ursprünglichen Zustand hinausgehende wesentliche Verbesserung entstehen." Wie die Abb. 1.32 zeigt, besteht hierbei ein Bewertungsspielraum, der im Handels- und Steuerrecht unterschiedlich geregelt ist. Vertriebskosten dürfen nicht in die Herstellungskosten eingerechnet werden. Das gleiche gilt für Zinsen auf Fremdkapital, soweit sie nicht auf den Zeitpunkt der Herstellung entfallen.

• Abschreibungen auf Anlagevermögen
Bei Gegenständen des Anlagevermögens, deren Nutzung zeitlich begrenzt ist, sind die Anschaffungs- oder Herstellungskosten durch planmäßige Abschreibungen auf die Zeit der voraussichtlichen Nutzung zu verteilen. Der Abschreibungsplan ergibt sich aus der voraussichtlichen, in der Regel betriebsüblichen Nutzungsdauer sowie der gewählten Abschreibungsmethode. Die Methode bestimmt, ob die Verteilung gleichmäßig (linear), in fallenden Beträgen (degressiv) oder leistungsabhängig erfolgt. Auf Einzelheiten, auch im Hinblick auf steuerliche Einschränkungen, wird hier nicht eingegangen.

Die im Handels- und Steuerrecht unterschiedlich verwendeten Begriffe ergeben sich aus der Abb. 1.33. Neben den planmäßigen Abschreibungen kennt das Handelsrecht auch *außerplanmäßige Abschreibungen*, durch die Posten des Anlagevermögens – gleichgültig, ob sie in ihrer Nutzungsdauer begrenzt sind oder nicht – auf einen niedrigeren Wert reduziert werden, der ihnen am Abschlußstichtag beizulegen ist. Weil diese Art der Abschreibung auf einen niedrigeren Wert nur bei einer voraussichtlich dauernden Wertminderung zwingend vorgeschrieben ist, im übrigen aber ein Wahlrecht besteht, wird hier beim Anlagevermögen vom *gemilderten Niederstwertprinzip* gesprochen.
Steuerliche Sonderabschreibungen, die ihrer Art nach keinen handelsrechtlichen Abschreibungsgrund darstellen, werden jedoch im Wege des erwähnten umgekehrten Maßgeblichkeitsprinzip in das Handelsrecht übernommen.

• Bewertung des Umlaufvermögens
Für das Umlaufvermögen gilt grundsätzlich das *strenge Niederstwertprinzip*, d. h., die Anschaffungs- bzw. Herstellungskosten bilden die Obergrenze. Ist der Wert am Abschlußstichtag geringer, so muß dieser angesetzt werden.
Sowohl das strenge als auch das gemilderte Niederstwertprinzip bei einem Anlagevermögen dienen dem Gläubigerschutz, indem sich das Unternehmen nicht besser darstellen soll, als es einer vorsichtigen Bewertung entspricht. Auf Einzelheiten, auch bezogen auf die Wertansätze bei Vorräten und Forderungen, wird im gesonderten Beitrag „Buchführung und Bilanz" eingegangen.

• Wertaufholung
Haben die Einzelkaufleute oder Personengesellschaften aufgrund außerplanmäßiger Abschreibung einen geringeren Wert angesetzt – z. B. auch

Abschreibungsursache/Entwertungsgrund	Handelsrecht (HGB)	Steuerrecht (EStG)
Normaler technischer Verschleiß bzw. Fristablauf	Planmäßige Abschreibung § 253 (2) Satz 1 und 2	AfA = Absetzung für Abnutzung § 7 (1) Satz 1 bis 3
Substanzverringerung		AfS = Absetzung für Substanzverringerung, § 7 (6)
Katastrophenverschleiß, versteckte Mängel, erhöhte Inanspruchnahme etc.	Außerplanm. Abschreibung auf den niedrigeren Wert § 253 (2) Satz 3	AfaA = Absetzung für außergew. Abnutzung, § 7 (1) letzter Satz
Fallende Wiederbeschaffungspreise, Fehlmaßnahmen		Teilwertabschreibung § 6 (1)
Wirtschaftspolitische Gründe u. ä.	Umg. Maßgeblichkeitsprinzip soweit notwendig, § 254	Sonder-AfA § 6 b

Abb. 1.33: Abschreibungsarten auf Anlagevermögen

gemäß § 253 (4) im Rahmen vernünftiger kaufmännischer Beurteilung – so dürfen sie diesen Wert beibehalten, auch wenn die Gründe dafür nicht mehr bestehen (§ 253 (5) HBG). Sie haben also ein Wahlrecht, entweder den niedrigeren Wert fortzuführen oder durch Zuschreibung eine sogenannte *Wertaufholung* vorzunehmen.
Für Kapitalgesellschaften sind gemäß § 279 HGB Abschreibungen gemäß § 253 (4) nicht zulässig, und außerplanmäßige Abschreibungen dürfen außer bei voraussichtlich andauernder Wertminderung nur auf Finanzanlagen durchgeführt werden. Darüber hinaus bestimmt der § 280 HGB ein Wertaufholungsgebot. Hieraus wird deutlich, daß im Handelsrecht zwar grundsätzlich der Gläubigerschutz Vorrang genießt, diesem aber im Bezug auf Kapitalgesellschaften Grenzen im Sinne des Schutzes der Kapitalanleger gesetzt sind, um nicht durch zu geringe Wertansätze diesen die Ausschüttung von Gewinnen vorzuenthalten.
Faktisch wird das Wertaufholungsgebot jedoch durch die Bestimmungen im Absatz 2 des § 280 HGB relativiert, da hiernach von Zuschreibungen abgesehen werden kann, wenn der niedrigere Wertansatz bei der steuerrechtlichen Gewinnermittlung beibehalten werden darf und die Voraussetzung dafür die Beibehaltung des niedrigeren Wertansatzes in der Handelsbilanz ist. Im Anhang ist jedoch auf die unterlassene Zuschreibung hinzuweisen. Hieraus wird wiederum die Vorgehensweise bei der Entscheidung von Wertansätzen deutlich: Zunächst sind die allgemein gültigen Bestimmungen des Handelsrechts zu berücksichtigen, sodann muß bei Kapitalgesellschaften geprüft werden, inwieweit Sonderregelungen in den §§ 279 bis 283 HGB bestehen, um schließlich abzuklären, ob im Rahmen steuerlicher Regelungen und des umgekehrten Maßgeblichkeitsprinzips letztendlich noch eine andere Beurteilung zulässig oder geboten ist.

• Bewertung von Verbindlichkeiten

Während der Grundsatz vorsichtiger Bewertung bei der Aktivseite sich im Niederstwertprinzip widerspiegelt, führt er bei der Bewertung von Verbindlichkeiten auf der Passivseite zum *Höchstwertprinzip*. Dies bedeutet, daß der ursprüngliche Rückzahlungswert der Verbindlichkeit bei ihrer Entstehung nicht unterschritten werden darf, jedoch ein höherer Wert anzusetzen ist, wenn sich z. B. bei Verbindlichkeiten in Auslandswährungen der Gegenwert erhöht.

Gewinn- und Verlustrechnung (GuV)

Zusammen mit der Bilanz bildet die Gewinn- und Verlustrechnung (GuV) gemäß § 242 (3) HGB den Jahresabschluß, bei Kapitalgesellschaften erweitert durch einen Anhang und gegebenenfalls zusätzlich einen Lagebericht.
Während die Bilanz als Bestandsrechnung auf einen Zeitpunkt bezogen die Vermögens- und Finanzlage eines Unternehmens darstellt und die Höhe des erwirtschafteten Gewinnes bzw. Verlustes ausweist, läßt die GuV als Zeitraumrechnung die Entstehung des Betriebsergebnisses in der Abrechnungsperiode erkennen. Hier bestimmen die Gliederungsvorschriften, inwieweit Einblick in die verschiedenen Quellen des Gewinnes bzw. Verlustes gegeben werden muß. Für Kapitalgesellschaften ist dies in den §§ 275 bis 278 geregelt. Auf die Gewinn- und Verlustrechnung wird hier nicht weiter eingegangen.

Anhang und Lagebericht

Gemäß § 264 HGB haben Kapitalgesellschaften den aus Bilanz und Gewinn- und Verlustrechnung bestehenden Jahresabschluß um einen Anhang zu erweitern sowie zusätzlich einen Lagebericht aufzustellen. Zum einen beinhaltet der Anhang Pflichtangaben, die die Posten der Bilanz sowie der Gewinn- und Verlustrechnung erläutern und die angewandten Bilanzierungs- und Bewertungsmethoden angeben etc. Daneben stehen die Wahlpflichtangaben, die im Anhang aufzunehmen sind, falls sie nicht in der Bilanz oder der Gewinn- und Verlustrechnung ausgewiesen wurden (z. B. der Anlagespiegel beim Anlagevermögen). Zusätzliche Angaben sind aufzunehmen, wenn sie notwendig sind, um die tatsächlichen Verhältnisse der Vermögens-, Finanz- und Ertragslage zu vermitteln. Schließlich sind freiwillige Angaben möglich. Rechtliche Regelungen für den Anhang finden sich in den §§ 284 bis 288 HGB. § 289 behandelt den Lagebericht, der auf Vorgänge eingehen soll, die nach Schluß des Geschäftsjahres eingetreten sind und die voraussichtliche Entwicklung der Kapitalgesellschaft aufzeigen.

Kosten- und Leistungsrechnung

Neben dem Dokumentationscharakter liegt eine wesentliche Funktion des betrieblichen Rechnungswesens darin, entscheidungsrelevante Informationen zur Verfügung zu stellen. Die periodische Rechnungslegung – als Finanz- oder auch Geschäftsbuchführung bezeichnet – hat dabei so vielen verschiedenen, auch externen Anforderungen zu genügen und demgemäß handels- sowie steuerrechtliche Bestimmungen zu beachten, daß sie allein den internen Informationsbedürfnissen über den betrieblichen Leistungspro-

zeß nicht gerecht werden kann. Daher wurde als weiterer Bereich die Kosten- und Leistungsrechnung entwickelt, deren Aufgabe es ist, den betrieblichen Werteverzehr (Kosten) und Wertezuwachs (Leistung) darzustellen.
Sie wird auch Betriebsbuchführung genannt, als Gegenstück zur Finanzbuchhaltung. Vielfach wird die verkürzende Bezeichnung „Kostenrechnung" verwendet.

Ziele und Anforderungen
Als Informationsgewinnung nach wirtschaftlichen Grundsätzen soll die Kosten- und Leistungsrechnung der Unternehmensführung besonders das Zahlenmaterial für Entscheidungen an die Hand geben. Es geht darum:

- den betrieblichen Leistungsprozeß im Hinblick auf Wirtschaftlichkeit und Rentabilität zu optimieren,
- die dem Leistungsvermögen eines Unternehmens entsprechenden Produkte und die Sortimentszusammensetzung zu ermitteln und
- die Preiskalkulation an den betrieblichen Kosten zu orientieren.

Die Rechnungslegung hat Auskunft darüber zu geben, was ist und was sein soll. Daraus können eventuelle Leistungsreserven abgeleitet werden, die dann zu Innovationen, also zu dem, was sein könnte, führen können. Es werden auch alternative Berechnungen angestellt. So wird beispielsweise ermittelt, ob für ein Produkt die Eigenfertigung oder der Fremdbezug preiswerter ist. Dazu ist der Leistungsprozeß zu durchleuchten.
Die verschiedenen Berechnungen sollen transparent machen, welche Güter oder Dienstleistungen an welchen Stellen und wofür verbraucht wurden. Aus solchen Fragestellungen leiten sich *Kostenarten-*, *Kostenstellen-* und *Kostenträgerrechnungen* ab.
Anders als die Finanzbuchhaltung ist die Kosten- und Leistungsrechnung nicht an gesetzliche Bewertungsregeln gebunden, sondern kann jeweils die Werte zum Ansatz bringen, die dem konkreten Informationszweck am besten entsprechen.
Je umfassender der innerbetriebliche Leistungsprozeß ist, umso größer sind die Notwendigkeit einer Betriebsbuchführung und die daran gerichteten Anforderungen. Insoweit hat die Kosten- und Leistungsrechnung für die Industrieunternehmen eine besondere Ausprägung gefunden. Bei Handels- und Dienstleistungsunternehmen wird sie vielfach noch gar nicht oder nur in sehr reduzierter Form eingesetzt.
Nachfolgend werden die Grundzüge der Kosten- und Leistungsrechnung dargestellt, insbesondere auch im Bezug auf eine ziel- und erfolgsorientierte Unternehmensführung. Im übrigen sei auf den Beitrag „Kostenrechnung" verwiesen.

Analyse des Leistungsprozesses
Die genauere Betrachtung des Leistungsprozesses erfolgt in den bereits genannten Kostenarten-, Kostenstellen- sowie Kostenträgerrechnungen, die in gesonderten Unterabschnitten dargestellt sind. Zunächst sind jedoch Kosten und Leistungen als die Komponenten der Betriebsbuchführung genauer zu betrachten.

• Kosten
Kosten können als ein leistungsbezogener und zweckgerichtet bewerteter Verbrauch von Gütern und Dienstleistungen im Rahmen des Betriebsablaufes und zur Sicherung der Betriebsbereitschaft definiert werden. Daraus folgt, daß zum einen die Abgrenzung des Mengengerüstes, also der Verbrauch von Gütern und Dienstleistungen, und zum anderen deren Bewertung zu betrachten ist.

Zunächst sind *Kosten* von *Aufwendungen* als Teil der Ergebnisrechnung in der Finanzbuchhaltung abzugrenzen. Hierbei sind zu unterscheiden:
Aufwandsgleiche Kosten: Dies sind Posten, die sowohl Aufwand als auch Kosten sind, z. B. Löhne und Gehälter etc.
Anderskosten: Hier besteht zwar im Grundsatz eine Übereinstimmung zwischen Aufwand und Kosten, jedoch erfolgt in der periodischen Mengenzuordnung und/oder im Wertbezug eine voneinander abweichende Anrechnung, beispielsweise bei Abschreibungen, beim Aufwand nach rechtlichen Bewertungsregeln und bei den Kosten nach dem Verursachungsprinzip.
Zusatzkosten: Hierbei handelt es sich um Kosten, die bei der finanzwirtschaftlichen Rechnung nicht im Aufwand enthalten sind (ggf. Bestandteile im Gewinn sind), aber ursächlich an der Leistungserstellung mitwirken, z. B. insbesondere der Unternehmerlohn und kalkulatorischer Eigenkapitalzins.
Neutraler Aufwand: Nach dem Verursachungsprinzip gehört der neutrale Aufwand nicht zu den Kosten, obgleich er als Aufwand in die periodische Erfolgsrechnung eingeht, z. B. als betriebsfremder, außerordentlicher oder periodenfremder Aufwand.

An die Kostenermittlung sind also folgende Anforderungen zu stellen: Vollständigkeit, Leistungsbezug, Zeitbezug, Mengen- und Wertgenauigkeit. Im Bezug darauf, inwieweit sich die Kosten einer Abrechnungseinheit (Stück bzw. Stelle) zurechnen lassen, wird unterschieden in:

Einzelkosten: Sie lassen sich direkt zuordnen; bezogen auf die erstellte Leistungseinheit wird hier auch von direkten Kosten oder Kostenträgereinzelkosten gesprochen,

Gemeinkosten: Sie sind nicht unmittelbar zurechenbar, sondern erfordern eine vorausgehende Rechnung, eventuell mit einer Verteilung nach Verbrauchsannahmen. Mit Bezug auf eine Leistungseinheit wird auch von indirekten Kosten oder Kostenträgergemeinkosten gesprochen.
Die Verteilung der Gemeinkosten ist eine der wesentlichsten Problemstellungen der Kostenrechnung, für die je nach Zweck der Auswertung unterschiedliche Ansätze entwickelt wurden.

Eine weitere Aufteilung der Kosten bezieht sich darauf, inwieweit sie an eine unterschiedliche Beschäftigungslage angepaßt werden können:

Variable Kosten: Sie lassen sich an eine unterschiedliche Auslastung anpassen und werden teilweise auch als beschäftigungsproportionale Kosten bezeichnet.

Fixe Kosten: Sie bleiben konstant, unabhängig vom Beschäftigungsgrad. Die fixen Kosten stellen betriebswirtschaftlich zum einen ein besonderes Risiko dar, weil sie nicht an einen sinkenden Auftragsbestand anzupassen sind, also auch anfallen, ohne daß ihnen entsprechende Leistungen gegenübergerechnet werden können. Andererseits sind eine Reihe von produktiveren Fertigungsmethoden nur erreichbar, wenn durch entsprechende Investitionen die dabei anfallenden Fixkosten erhöht werden. Darüber hinaus ist die Abgrenzung zwischen variablen und fixen Kosten nicht immer einfach. Zum einen treten Mischformen auf – die im Wege der Kostenauflösung erst in ihre fixen und variablen Bestandteile aufzuschlüsseln sind – und zum anderen ist die Einteilung abhängig von der Länge der zu betrachtenden Periode. So sind z. B. Gehälter kurzfristig fix, langfristig jedoch variabel zu gestalten.

• Leistung
Abstrakt ausgedrückt wird unter Leistungen der sachbezogene positive Gegenpol zu den Kosten verstanden, also das Ergebnis des zweckgerichteten Werteschaffens.

Leistungen sind gegenüber Erträgen (Bestandteil der Gewinn- und Verlustrechnung im periodischen Rechnungswesen) wie folgt abzugrenzen:

Grundleistungen: Es sind Posten aus betriebsbedingter Tätigkeit, z. B. dem Verkauf von Fertigerzeugnissen oder Dienstleistungen. Es handelt sich sowohl um Leistungen als auch um Erträge.

Zusatzleistungen: Hierbei handelt es sich um im Leistungsprozeß durch entsprechenden Werteverzehr erstellte Erzeugnisse oder Dienstleistungen, die also für die Abrechnung Leistungen darstellen, aber in der periodischen Rechnungslegung nicht zu Erträgen führen, weil sie z. B. unentgeltlich abgegeben wurden.

Neutrale Erträge: Dies sind betriebsfremde, außerordentliche oder periodenfremde Erträge, die insoweit keine Leistung darstellen.
In der Betriebsbuchführung werden die Leistungen auch als Erlöse bezeichnet. Leistungen müssen, ähnlich wie Erträge, nicht bereits schon zu Einnahmen geführt haben, so z. B., wenn die Produkte auf Lager liegen oder es sich um selbsterstellte Anlagen handelt.

Zeitbezug
Die Kosten- und Leistungsrechnung kann sowohl die Abrechnung einer abgeschlossenen Periode, als auch eine in die Zukunft gerichtete Vorausplanung sein.

• Ist-Rechnung – Vergangenheit
Hier werden für eine abgeschlossene Periode die tatsächlichen Kosten (Ist-Kosten) und die entsprechenden Leistungen abgerechnet, soweit es sich nicht um eine reine Kostenrechnung handelt. Durch die Verrechnung des tatsächlichen Mengenverbrauchs – bewertet zu den tatsächlichen Preisen als Ist-Kosten – ist im Vergleich zu z. B. früheren Perioden nicht ohne weiteres erkennbar, ob Abweichungen auf Preisveränderungen oder auf den unterschiedlichen Wertverzehr zurückzuführen sind. Insoweit ist sie zur Kostenkontrolle nur bedingt verwendbar (vgl. auch Sollrechnung).

• Plan-Rechnung – Zukunft
Hier wird die Rechnung für eine in der Zukunft liegende Periode auf der Basis einer geplanten Beschäftigung durchgeführt, die sich z. B. aus einer prognostizierten Absatzentwicklung und dem daraus entwickelten Marketingplan ergibt. Die Planrechnung ermöglicht es, vorausschauend auf der Basis einer angenommenen Entwicklung zu ermitteln, inwieweit ein positives Ergebnis zu erzielen ist. Gleichzeitig gibt sie einen Überblick über die einzusetzenden Ressourcen und bildet damit eine Grundlage zur Optimierung des innerbetrieblichen Leistungsprozesses. Deshalb kommt ihr eine Steuerungsfunktion zu.
Der geplante Güter- und Dienstleistungseinsatz ist demnach als Kosten anzusetzen, bewertet nach den für die Zukunft erwarteten Preisen.

• Soll-Rechnung – Vorgabe und Kontrollmaßstab
Zunächst bildet der Plan die Vorgabe. Es ist jedoch möglich, daß der Grund für die Abweichun-

gen der Ist-Kosten von den Plan-Kosten darin liegt, daß die Auslastung stärker oder schwächer ist als für die Planung angenommen. Dann sind die Plan-Kosten kein geeigneter Maßstab. Es wurde bereits darauf hingewiesen, daß es per Definition im Wesen der Fixkosten liegt, daß sie in ihrer Höhe nicht an schwankende Beschäftigungen anpaßbar sind. Auf der anderen Seite können bei einer Mehrauslastung überproportional ansteigende variable Kosten anfallen, z. B. wenn zum normalen Arbeitslohn noch Überstunden-, Feiertags- oder Nachtzuschläge kommen.
Zum Vergleich mit den Ist-Kosten werden daher sogenannte Soll-Kosten ermittelt. Hierbei handelt es sich um die auf die Ist-Beschäftigung bezogenen Plankosten. Konkret ermitteln sie sich aus den geplanten Fix-Kosten zuzüglich des auf die Ist-Beschäftigung entfallenden Anteils an den geplanten variablen Mengen, multipliziert mit den Planpreisen.
Zu den Einzelheiten der Kostenauflösung vgl. den Beitrag „Kostenrechnung". Auf Kostenkontrolle wird am Ende dieses Abschnittes eingegangen.

Ermittlungsumfang
Eine wesentliche Funktion der Kostenrechnung liegt in der Kalkulationshilfe zur Preisermittlung der im Unternehmen erstellten Produkte und Leistungen. Dabei ergeben sich insbesondere zwei Problemkreise, die aus der Kostenstruktur begründet sind.
Die eine Themenstellung resultiert aus dem bereits angesprochenen Verhältnis der fixen und variablen Kosten. Würden alle im Unternehmen anfallenden Kosten auf die Preise der erstellten Produkte umgelegt, so hätte dies zur Folge, daß bei einer geringen Beschäftigungsauslastung die Fixkosten auf weniger Produkte umgelegt und damit zu höheren Preisen führen würden. Gerade eine schlechte Auftragslage würde aber kaum eine Preissteigerung rechtfertigen, sondern eher im Gegenteil dazu anregen, zu überprüfen, inwieweit die Preise gesenkt werden könnten, um insgesamt zu einem besseren Ergebnis zu gelangen, da jeder über die variablen Kosten hinausgehender Preis zur Abdeckung der Fixkosten beiträgt. Andererseits ergeben sich die Fixkosten aus der Sicherung der Betriebsbereitschaft, indem die notwendigen Betriebsmittel und die Unternehmensstruktur vorgehalten werden. Wird auf Dauer kein Ausgleich über die Preise der am Markt absetzbaren Leistungen erzielt, so ist der Bestand des Unternehmens gefährdet.
Das zweite Problem liegt in der Zurechenbarkeit, die für Einzelkosten gegeben ist, während die Gemeinkosten nur durch mehr oder weniger umfangreiche Aufschlüsselungen verteilt werden können. Vor diesem Hintergrund sind die in der Theorie und Praxis entwickelten verschiedenen Formen der *Kostenrechnungssysteme* auf Vollkosten- und auf Teilkostenbasis zu betrachten.

- Vollkostenrechnung

Hierbei werden alle Kostenbestandteile erfaßt und auf die Kostenträger verteilt. Damit widersprechen sie dem Verursachungsprinzip der Kostenrechnung, da sie nur im Sinne der Betriebsbereitschaft, nicht aber im Bezug auf den Kostenträger zweckverursacht sind.
Sowohl Ist-, Plan- als auch Sollkostenrechnungen können auf der Basis von Vollkosten durchgeführt werden, ebenso wie die im Rahmen der Kostenkontrolle noch zu erläuternde Normalkostenrechnung.

- Teilkostenrechnung

Nur diejenigen Kosten werden den Kostenträgern zugerechnet, die durch sie verursacht wurden. Auch dies kann sowohl auf Ist- wie auch auf Plan-Rechnungen angewendet werden.
Zu den wesentlichsten Systemen der Teilkostenrechnung zählen, z. T. mit unterschiedlichen Varianten:
Direct-Costing als eine ein- oder mehrstufige Deckungsbeitragsrechnung,
Fixkostendeckungsrechnung als eine mehrstufige Deckungsbeitragsrechnung,
Deckungsbeitragsrechnung mit relativen Einzelkosten,
Grenzplankostenrechnung als eine Plankostenrechnung auf der Basis der Grundgedanken des Direct Costing.

Kostenartenrechnung
Der Aufbau der Kostenrechnung besteht aus der Kostenartenrechnung, die die Grundlage für die Kostenstellenrechnung und die Kostenträgerrechnung bildet. Sie fragt danach, welche Kosten anfallen. Dabei kann die Betriebsbuchführung integriert zur Geschäftsbuchführung oder als ein selbständiger Bereich organisiert sein.
Aufgabe der Kostenartenrechnung ist die Erfassung des leistungsbezogenen Verbrauchs von Gütern und Diensten (Produktionsfaktoren) in zeitlicher und sachlicher Abgrenzung. Dabei werden sie nach ihrer Art gegliedert, also z. B. in Personalkosten, Materialkosten etc. Die Bewertung der Kostengüter erfolgt je nach Zweck der Rechnung mit Ist- oder Planwerten oder aber auch im Interesse z. B. periodischer Vergleichbarkeit zu Durchschnitts-, Normal- bzw. Standardpreisen. Neben den vergangenheitsbezogenen Anschaf-

fungspreisen oder zukunftsorientierten Wiederbeschaffungspreisen (Marktpreisen) liegt der Sinn von Festpreisen insbesondere darin, durch Preiskonstanz bei Kostenabweichungen unmittelbar die Verbrauchsunterschiede deutlich zu machen.

Die Rechnungslegung und die mit ihr verbundene Bewertung der Kostengüter wird von einigen Anforderungen bestimmt. Dazu zählen insbesondere die Verrechnungsfunktion, die Leitungsfunktion, die Produktivitätskontrolle (mengenorientiert) oder die Rentabilitätskontrolle (bewerteter Verbrauch).

Kostenstellenrechnung

Bei der Kostenstellenrechnung geht es um die Frage, wo die Kosten entstehen. Die Kostenstellenrechnung ist eine Bereichsrechnung, bezogen auf die einzelnen Kontroll- bzw. Verantwortungseinheiten.

Das Bereichsergebnis ist die Bereichsleistung abzüglich der Bereichskosten (Stelleneinzel- und Stellengemeinkosten). Oftmals erfolgt keine Leistungszuordnung, insbesondere, wenn eine Kostenstelle ihre Leistungen innerbetrieblich weitergibt, also keine Bewertung der Leistung über Marktpreise möglich ist. Dann wird die Bereichsrechnung zur reinen Kostenrechnung mit Soll-/Ist-Vergleich und/oder Zeitvergleich. Die Konzentration auf die Einhaltung der Kosten kann die Gefahr mangelnder Leistungserbringung in sich bergen, indem Belastungen auf andere Kostenstellen überwälzt werden.

Die Kostenstellenrechnung dient der Kontrolle der einzelnen Funktionsbereiche des Betriebes, dies ist auch eine wesentliche Grundlage bei der Bildung der einzelnen Kostenstellen, als genaue Grundlage für die Kalkulation, also als Basis für die nachfolgende Kostenträgerrechnung, und als Unterlage für zukunftsorientierte Entscheidungen.

Die Zurechnung der Kosten erfolgt entweder direkt (Kostenstellen-Einzelkosten) oder indirekt (Kostenstellen-Gemeinkosten) mit Hilfe von Verteilungsschlüsseln.

Im Sinne der Verrechnung des innerbetrieblichen Leistungsaustausches werden die Kostenstellen eingeteilt in:

Hauptkosten- bzw. Endkostenstellen: Die hier erfaßten Kosten können später auf die Kostenträger verteilt werden,

Hilfs- bzw. Vorkostenstellen: Die hier anfallenden Kosten werden letztendlich auf die sie in Anspruch nehmenden Hauptkostenstellen umgelegt. Diese Umlage erfolgt in der Praxis normalerweise über einen *Betriebsabrechnungsbogen* (BAB), der ein- oder mehrstufig gestaltet sein kann (vgl. Beitrag „Kostenrechnung").

Kostenträgerrechnung

Den Abschluß einer Kostenrechnung bildet die Kostenträgerrechnung. Hier geht es um die Frage, wofür die Kosten angefallen sind. Dabei bilden die erstellten Erzeugnisse (Produkte/Dienstleistungen) bzw. die durchgeführten Aufträge die Kostenträger. Da ihnen auch die Erlöse zugerechnet werden können, kann durch eine „richtige" Kostenbelastung der Erfolg ermittelt werden. Dieser kann als *Kostenträgerzeitrechnung* in Form einer kurzfristigen Erfolgsrechnung erstellt werden. Als *Kostenträgerstückrechnung* bezieht sich die Kostenträgerrechnung auf das einzelne Erzeugnis und dient der *Kalkulation*.

Die Aufgabenbereiche der Stückrechnung bestehen in der Datenermittlung für:

Bestandsbewertung, hierzu zählen die Herstellungskosten als Wertansatz gemäß § 255 (2) HGB,

Selbstkosten, sie sind die kalkulierten Herstellkosten plus Verwaltungs- und Vertriebskosten,

Stückerfolgskontrolle,

Preiskontrolle, hierzu zählt auch die Ermittlung einer Preisuntergrenze. Dies geschieht durch die Beantwortung der Frage, welcher Preis bei mangelnder Auslastung wenigstens die variablen Kosten abdeckt und eventuell noch zu einem Dekkungsbeitrag der Fixkosten führt,

Sortimentsplanung und -kontrolle, indem insbesondere bei Auslastung die Ressourcen für solche Kostenträger bereitgestellt werden, die optimal zu einem positiven Ergebnis beitragen können.

Die Kostenträgerrechnung kann gleichfalls als Ist- oder Planrechnung durchgeführt werden. Vom Umfang her kann ein Vollkosten- oder ein Teilkosten-Konzept eingesetzt werden.

Die Vollkostenrechnung kann zum einen als *Divisionskalkulation* durchgeführt werden, indem insbesondere bei Kuppelproduktion über Äquivalenzziffern eine Aufteilung auf die Erzeugnisse erfolgt. Bei der *Zuschlagskalkulation* werden die *Einzelkosten* (Material, Fertigungslohn und Sondereinzelkosten) aus der Kostenartenrechnung übernommen sowie die *Gemeinkosten* der vom Kostenträger in Anspruch genommenen Kostenstellen über ein- oder mehrstufig ermittelte Zuschlagssätze zugerechnet.

Ein Kritikpunkt an der Vollkostenrechnung ist – wie bereits ausgeführt –, daß bei nachlassender Kapazitätsauslastung steigende Selbstkosten ausgewiesen werden (Verteilung der Gemeinkosten

1

	Bruttoerlös der Produktart
–	Erlösschmälerung (Skonti, Rabatte etc.)
=	Nettoerlös der Produktart
–	variable Kosten der Produktart
=	Deckungsbeitrag I der Produktart
–	Fixkosten der Produktart
=	Deckungsbeitrag II der Produktart
	Summe der Deckungsbeiträge der Produktarten einer Produktgruppe
–	Fixkosten der Produktgruppe
=	Deckungsbeitrag der Produktgruppe
	Summe der Deckungsbeiträge der Produktgruppen des Leistungsbereiches
–	Fixkosten des Leistungsbereiches
=	Deckungsbeitrag des Leistungsbereiches
–	Betriebsfixkosten
=	Betriebserfolg

Abb. 1.34: Beispiel einer mehrstufigen Fixkostenrechnung

auf weniger Kostenträger), während es gerade sinnvoll sein könnte, durch Preisnachlässe zu reagieren und zu einer besseren Auslastung zu gelangen.
Die Teilkostenkonzeption will entscheidungsrelevante Kosten ermitteln, d. h. jene, die in der Periode beeinflußbar sind. Hiermit kommt sie in kurz- oder langfristiger Betrachtung zur Kalkulation der Preisuntergrenzen. Die variablen Kosten sind dabei die Summe der Grenzkosten einer Gesamtmenge. Die Abb. 1.34 zeigt das Beispiel einer Deckungsbeitragsrechnung.

Kostenplanung und Kostenkontrolle
Planung ist mehr als die Fortschreibung der Vergangenheit in die Zukunft, z. B. die Bewertung bestehender Mengengerüste in der Kostenrechnung mit den erwarteten künftigen Preisen. Vielmehr dient die Planung als Grundlage für Unternehmensentscheidungen.
Von der Kostenrechnung ist deshalb gefordert, auf veränderte Kostenstrukturen und Preisentwicklungen zu reagieren. Nach der Entscheidung ist die Kostenplanung zugleich Vorgabe (z. B. für die Verantwortungsbereiche, die einzelnen Kostenstellen) und Maßstab für die Beurteilung der Durchführung (Kostenkontrolle). Der Kostenrechner interessiert sich vorrangig für die Erfassung und Verrechnung der Kosten.
Aus der Sicht des Controllings sind gerade diejenigen Aufwendungen bedeutsam, die aufgrund des Verursachungsprinzips nicht als Kosten einbezogen wurden. Hieraus ergibt sich das Risiko, daß durch die Aufwendungen in der finanzwirtschaftlichen Erfolgsrechnung Gewinn-Minderungen entstehen, die nicht durch einen Leistungsbezug begründet sind.
Zum anderen können sie eine Chance darstellen, wenn es gelingt, die bereits getätigten Aufwendungen durch einen unterproportionalen zusätzlichen Mitteleinsatz in Kosten umzufunktionieren, d. h. eine Leistungserstellung zu initiieren (zu verursachen). Vgl. hierzu auch das Kapitel „Controlling und Budget".

Bilanzanalyse

Obgleich in die Betrachtung des Jahresabschlusses neben der Bilanz auch GuV-Rechnung, Anhang und Lagebericht einzubeziehen sind, hat sich der Begriff „Bilanzanalyse" eingebürgert. An ihren Erkenntnissen sind die bereits im einleitenden Abschnitt dieses Kapitels unter „Ziele und Funktionen" genannten Personengruppen interessiert. Von einer *externen Bilanzanalyse* wird gesprochen, wenn sie von Außenstehenden durchgeführt wird. Bei der *internen Bilanzanalyse*, die innerhalb des Unternehmens durchgeführt wird, stehen über den Jahresabschluß und sonstige veröffentlichte Unterlagen zusätzliche Informationen zur Verfügung, so daß sie umfassender und zuverlässiger sein kann.
Sie dient der Aufbereitung entscheidungsrelevanter Informationen für das Unternehmen. Sinnvollerweise sollte eine interne Analyse zusätzlich unter den gleichen Bedingungen wie eine externe Analyse durchgeführt werden, um nachvollziehen zu können, zu welchen Erkenntnissen – und damit Rückschlüssen für den Umgang mit dem eigenen Unternehmen – außenstehende Dritte durch die Bilanzanalyse gelangen können. Besteht dabei die Gefahr, daß durch unvollständige Informationen ein ungünstiges Bild entsteht, so ist es sinnvoll, rechtzeitig weitere Informationen zur Verfügung zu stellen, z. B. durch einen zusätzlichen Geschäftsbericht oder in aller Regel überzeugender durch Aufnahme in den Anhang oder den Lagebericht zum Jahresabschluß, so daß die Angaben auch von der Bestätigung, z. B. durch ein Wirtschaftsprüfertestat, erfaßt sind.

Ziele
Die Bilanzanalyse soll es ermöglichen, die derzeitige Lage und die künftigen Aussichten eines Unternehmens besser beurteilen zu können. Dabei zielt sie insbesondere ab auf:

- die Beurteilung der Vermögenslage,
- Erkenntnisse zur Sicherheit der Finanzstruktur,
- eine Einschätzung der Ertragskraft einschließlich Begutachtung der Kostenstruktur,
- eine Einschätzung von Wachstumsmöglichkeiten und Zukunftssicherung,
- die Beurteilung der Liquidität und
- die Begutachtung der Kreditwürdigkeit.

Dabei steht die Frage im Mittelpunkt, ob das Unternehmen in der Lage sein wird, die ihm zur Verfügung gestellten Finanzmittel termingerecht mit den entsprechenden Zinsen bzw. Gewinnanteilen zurückzuzahlen. Hierzu sind Ertragskraft, Bonität und Liquidität zu untersuchen.

Beurteilungsmaßstäbe
Die Aussagekraft der Analyse einer einzelnen Bilanz ist eingeschränkt. Zur Beurteilung werden daher die gewonnenen Werte mit anderen Zahlen verglichen. Hierbei handelt es sich insbesondere um folgende Vergleiche:

Branchenvergleich: Die Analyse der Bilanz eines Unternehmens wird mit den Auswertungen vergleichbarer Unternehmungen, insbesondere der gleichen Branche, aber auch unter Berücksichtigung auf Größe, Region, Rechtsform etc. verglichen.

Zeitvergleich: Er zieht zur Beurteilung die Analyse der Jahresabschlüsse vorangegangener Jahre heran und wird auch als dynamische Bilanzanalyse bezeichnet.

Soll-Ist-Vergleich: Dies ist die Beurteilung der Analyse eines Jahresabschlusses im Bezug auf die zu Beginn des Jahres erstellte Planbilanz bzw. die Plan-GuV-Rechnung. Sie wird nur in wenigen Betrieben durchgeführt, kann aber in besonderer Weise zur Vertrauensbildung z. B. bei Banken beitragen.

Die Maßstäbe aus betriebswirtschaftlichen Überlegungen, wie z. B. „goldene Bilanzregel" etc., sind Hilfen, auf die im letzten Teil dieses Abschnittes unter „Aussagefähigkeit und Grenzen der Bilanzanalyse" nochmals Bezug genommen wird.

Aufbereitung des Zahlenmaterials
Da bei der Aufstellung von Jahresabschlüssen zum Teil Wahlrechte bei dem Bilanzansatz (z. B. Bilanzierungshilfen) und Bewertungsspielräume gegeben sind, müssen eventuelle Unterschiede bereinigt werden, wenn zwei oder mehrere Bilanzen miteinander verglichen werden sollen. Üblicherweise werden dabei die nur aus steuerlichen Gründen abweichenden Bilanzansätze eliminiert. Der Übersichtlichkeit halber werden zumeist Bilanzposten zusammengezogen.

Hinzu kommt, daß durch eine stärkere Beachtung der Liquiditätsgesichtspunkte oftmals eine andere Gliederung vorgenommen wird, wie z. B. bei den Verbindlichkeiten in eine Einteilung nach Fälligkeitsfristen. Üblicherweise werden die zur Ausschüttung vorgesehenen Gewinnanteile dabei den kurzfristigen Verbindlichkeiten zugerechnet, mindern also entsprechend den Eigenkapitalansatz.
Im einzelnen sei bezüglich der Aufbereitung der Bilanzpositionen für die Analyse auf den Beitrag „Buchführung und Bilanz" verwiesen. Dabei ist die Aufbereitung des Jahresabschlusses mehr als eine inhaltliche Überarbeitung und Neugliederung, sondern das „Einlesen" in das Zahlenwerk des zu analysierenden Unternehmens.

Kennzahlen
Absolute Zahlen – z. B. die Summe des Anlagevermögens in der Bilanz, die Anzahl der Mitarbeiter am Bilanzstichtag (Bestandszahlen), der Umsatz in der abgelaufenen Periode (Bewegungszahlen) – haben nur eine begrenzte Aussagekraft. Erst in Relation zu anderen Daten gewinnen sie ihren Informationsgehalt. Die Kennzahlen dienen dazu, wesentliche betriebswirtschaftliche Tatbestände in konzentrierter Form zu beschreiben und Relationen aufzuzeigen.
Kennzahlen werden auch als Verhältniszahlen bezeichnet und finden gleichfalls in der betrieblichen Auswertung und Statistik eine wesentliche Rolle. Die Bilanzanalyse ist zum großen Teil eine Kennzahlenrechnung. Dabei wird unterschieden nach:

Gliederungszahlen: Hier wird der Teil ins Verhältnis zum Ganzen gesetzt, häufig als Prozent ausgedrückt, z. B. Anlagevermögen in Prozent zur Bilanzsumme, Anteil Export am Gesamtumsatz, Anteil Materialkosten an den Herstellungskosten oder auch Anteil Mitarbeiterinnen an der Gesamtbelegschaft.

Beziehungszahlen: Wesensverschiedene Zahlen, die aber in einem logisch-sinnvollen Zusammenhang zueinander stehen, können in Beziehung zueinander gesetzt werden, z. B. Umsatz je Mitarbeiter, Eigenkapital zu Anlagevermögen etc.

Indexzahlen: Zwei gleichartige Größen, die zu unterschiedlichen Zeiten oder an verschiedenen Orten entstanden sind, werden zueinander ins Verhältnis gesetzt, indem die eine Größe den Wert 100 erhält und die andere an diesem Index gemessen wird, so daß insbesondere Entwicklungen recht gut aufgezeigt werden können, z. B. Entwicklung der Löhne und Gehälter, Preisentwicklung oder in der Volkswirtschaft der Lebenshaltungskosten-Index.

1

Ähnlich wie bei der Beurteilung von Planungen werden auch in der Bilanzanalyse verschiedene Kennzahlen im sinnvollen Zusammenhang zueinander dargestellt, um ein Gesamtbild zu vermitteln. Hierbei spricht man von *Kennzahlensystemen*.

Finanzwirtschaftliche Bilanzanalyse
Ziel der finanzwirtschaftlichen Bilanzanalyse ist es, Kenntnisse über die Kapitalverwendung, die Kapitalaufbringung und die Beziehung beider Bereiche zueinander zu erzielen. Insoweit gliedert sie sich in die Investitionsanalyse, die die Vermögensstruktur, also die Aktivseite der Bilanz, zum Gegenstand hat, und in die Finanzierungsanalyse, die sich auf die Kapitalstruktur, also die Passivseite der Bilanz, konzentriert, sowie die Liquiditätsanalyse.

• Investitionsanalyse, Vermögensstruktur
Das Gesamtvermögen wird in Anlage- und Umlaufvermögen untergliedert. Die drei Werte können in Beziehung zueinander gesetzt werden, wobei die nachfolgenden drei Kennziffern materiell den gleichen Aussagewert beinhalten:

$$\frac{\text{Anlagevermögen}}{\text{Gesamtvermögen}} = \text{Anlageintensität}$$

$$\frac{\text{Umlaufvermögen}}{\text{Gesamtvermögen}} = \text{Umlaufintensität}$$

$$\frac{\text{Anlagevermögen}}{\text{Umlaufvermögen}} = \text{Anlagenkoeffizient}$$

Die verallgemeinernde Annahme, daß ein höherer Anteil des Anlagevermögens zu einer geringeren Flexibilität des Unternehmens führt (da die Mittel nur längerfristig freigesetzt werden können) und ein Indiz für geringere Kapazitätsauslastung darstellt, gilt nicht zwingend. So können z. B. Rationalisierungsmaßnahmen im Umlaufvermögen zur Minderung von Vorräten und/oder Forderungen führen und damit den Anlageanteil erhöhen, ohne daß damit die zuvor angezeigten Gefahren verbunden wären. Zusätzliche Auskunft geben Kennziffern, die Vermögensteile in Beziehung zum Umsatz setzen.
Umsatzrelationen werden üblicherweise durch zwei Formen der Umschlagskoeffizienten dargestellt:

$$\text{Umschlagshäufigkeit} = \frac{\text{Abgang in der Periode}}{\text{durchschnittlicher Bestand}}$$

$$\text{Umschlagsdauer (z. B. in Tagen)} = \frac{\text{durchschnittl. Bestand x 365}}{\text{Abgang in der Periode}}$$

Diese Kennziffern zeigen z. B. an, inwieweit es gelingt, durch Rationalisierung im Prozeßablauf Kapitalbindungen zu reduzieren. Bei den Relationen Umsatzerlöse zu durchschnittlichem Lagerbestand ist zu beachten, daß die Umsatzerlöse zunächst zu Verkaufspreisen und die Lagerbestände zu Anschaffungs- oder Herstellungskosten im Jahresabschluß ausgewiesen sind, also für die Relation eine *Preisbereinigung* erforderlich wird. Der Durchschnittsbestand an Warenforderungen zum Umsatzerlös zeigt das Kundenziel in Tagen an.
Erst, wenn mit gleichem Anlagevermögen geringere Umsatzerlöse erzielt wurden und das Anlagevermögen in Relation zum Umlaufvermögen gestiegen ist, zeigt sich, daß im Anlagebereich weniger flexibel auf Umsatzreduzierungen reagiert werden konnte. Steigendes Anlagevermögen bei nicht sinkendem Umsatz kann Vorsorge-Investition für die Zukunft sein oder der Übergang zu einer kapitalintensiveren, möglicherweise erfolgreicheren Leistungserstellung. Hier geht es nicht darum, die verschiedenen Möglichkeiten, die im konkreten Einzelfall gegeben sein können, aufzuzeigen. Es muß deutlich gemacht werden, daß in der Bilanzanalyse in der Regel eine einzelne Zahl für sich keine Beurteilung erlaubt. Sie kann ein Indiz sein, dem dann durch weitere Analyse nachzugehen ist.
Ein weiteres Gebiet sind die Kennzahlen zur *Investitions- und Abschreibungspolitik*. Hierzu zählen der Anlageabnutzungsgrad, der über die Altersstruktur des Anlagevermögens Auskunft gibt:

$$\frac{\text{kumulierte Abschreibungen des Sachvermögens}}{\text{Sachvermögen zu historischen Anschaffungs- bzw. Herstellungskosten}}$$

Ist ein hoher, weit über 50% liegender Abnutzungsgrad gegeben, so kann vermutet werden, daß demnächst erhöhte Investitionen erforderlich werden, um die Leistungsbereitschaft des Unternehmens aufrechtzuerhalten.
Bei der Investitionsquote werden die Netto-Investitionen des Sachanlagevermögens, bei der Abschreibungsquote die Abschreibung auf Sachvermögen im Geschäftsjahr in Beziehung gesetzt zum Sachvermögen, bewertet zu den historischen Anschaffungs- bzw. Herstellungskosten, die sich aus dem Anlagespiegel zur Bilanz ergeben. Aus der Relation beider Quoten ergibt sich die *Investitionsdeckung*:

$$\frac{\text{Abschreibung auf Sachanlagen im Geschäftsjahr}}{\text{Netto-Investitionen Sachanlagen im Geschäftsjahr}}$$

Diese Relation gibt Auskunft darüber, inwieweit Abschreibungen zur Neuinvestition, also zur Aufrechterhaltung der Leistungsbereitschaft, investiert wurden.

• Finanzierungsanalyse, Kapitalstruktur

Hier wird die Passivseite der Bilanz untersucht, und zwar, indem wieder die beiden großen Blöcke Eigenkapital und Fremdkapital zueinander bzw. zum Gesamtkapital in Beziehung gesetzt werden. Im einzelnen ergeben sich hierbei:

$$\text{Eigenkapitalanteil} = \frac{\text{Eigenkapital}}{\text{Gesamtkapital}}$$

$$\text{Anspannungsgrad} = \frac{\text{Fremdkapital}}{\text{Gesamtkapital}}$$

$$\text{statischer Verschuldungsgrad} = \frac{\text{Eigenkapital}}{\text{Fremdkapital}}$$

$$\text{Verschuldungskoeffizient} = \frac{\text{Fremdkapital}}{\text{Eigenkapital}}$$

Auch hier ist der materielle Kenntniswert aller vier Kennziffern gleich. Welches Verhältnis zwischen Eigen- und Fremdkapital sinnvoll ist, hängt von verschiedenen Kriterien ab. Da Eigenkapital Haftungskapital ist, führt es in aller Regel zu einer höheren Sicherheit, auch für eventuelle Kreditgeber. Auf der anderen Seite kann, wenn die Leistung des Unternehmens zu einer Gesamtrentabilität führt, die über dem Fremdkapitalzins liegt, durch eine Ausdehnung des Volumens und damit einem höheren prozentualen Anteil des Fremdkapitals eine Steigerung der Eigenkapitalrendite erreicht werden – dies ist in der Literatur als *Leverage-Effekt* bekannt. Diese Abhängigkeit wird auch als Hebelgesetz bezeichnet und kann bei steigendem Fremdkapitalzins und/oder einer sinkenden Gesamtrendite zum entgegengesetzten Ergebnis führen. Siehe hierzu den gesonderten Beitrag „Finanzwirtschaft“.

Eine weitere Kennziffer, die über den Wert einer Beteiligung oder in Relation zu einem eventuellen Börsenkurs Erkenntnisse liefern kann, ist der

$$\text{Bilanzkurs} = \frac{\text{Bilanzielles Eigenkapital x 100}}{\text{gezeichnetes Eigenkapital (nominell)}}$$

• Liquiditätsanalyse

Für eine Beurteilung der finanziellen Sicherheit kommt der Liquidität besondere Bedeutung zu. Sie bezeichnet die Fähigkeit des Unternehmens, jederzeit seinen Zahlungsverpflichtungen nachkommen zu können. Kreditgebern sollen entsprechende Analysen zeigen, ob die fristgemäßen Tilgungs- und Zinszahlungen gesichert sind. Die Liquiditätsanalyse kann entweder auf Bestandsgrößen der Bilanz basieren oder auf Stromgrößen des Jahresabschlusses.

Bei einer Liquiditätsanalyse auf der Basis von Bestandsgrößen werden Posten der Passivseite als Kapitalherkunft zu Positionen der Aktivseite als Kapitalverwendung in Relation gesetzt. Die Überlegung dieser Liquiditätsbeurteilung gründet auf der Annahme, daß sich liquiditätsmäßig dann Probleme ergeben können, wenn Kapitalien auf der Vermögensseite langfristiger gebunden wurden, als sie dem Unternehmen zur Verfügung stehen, bzw. umgekehrt eine kurzfristigere Bindung die rechtzeitige Liquidisierung für die Kapitalrückzahlung ermöglicht. Es wird also eine Fristenkongruenz gefordert, d. h.:

– Das langfristig zur Verfügung stehende Kapital soll möglichst größer, zumindest gleich dem langfristigen Vermögen sein.
– Das kurzfristige Vermögen soll größer, zumindest gleich dem kurzfristigen Kapital sein.

Hieraus ergeben sich zwei Formen der Liquiditätskennzahlen, und zwar der Deckungsgrad und der Liquiditätsgrad.

Deckungsgrad: Der Deckungsgrad dient der langfristigen und mittelfristigen Betrachtung. Zu ihm zählt auch die sogenannte „goldene Bankregel“ oder „goldene Bilanzregel“ etc., die besonders dann zu einer Kreditbeurteilung hinzugezogen wird, wenn keine weitergehenden Analysen möglich sind. Der Deckungsgrad wird normalerweise in drei Stufen eingeteilt:

$$\frac{\text{Eigenkapital}}{\text{Anlagevermögen}} = \text{Deckungsgrad A}$$

$$\frac{\text{Eigenkapital + langfristiges Fremdkapital}}{\text{Anlagevermögen}} = \text{Deckungsgrad B}$$

$$\frac{\text{Eigenkapital + lang- und mittelfristiges Fremdkapital}}{\text{Anlagevermögen + langfristig gebundenes Umlaufvermögen}} = \text{Deckungsgrad C}$$

Zum langfristig gebundenen Umlaufvermögen gehört besonders ein für die Aufrechterhaltung der Betriebsbereitschaft nötiges Vorratsvermögen.

Liquiditätsgrad: Der Liquiditätsgrad basiert auf kurzfristigerer Betrachtungsweise:

$$\text{Liquidität 1. Grades (Barliquidität)} = \frac{\text{liquide Mittel}}{\text{kurzfristiges Fremdkapital}}$$

$$\text{Liquidität 2. Grades (auf kurze Sicht)} = \frac{\text{monetäres Umlaufvermögen}}{\text{kurzfristiges Fremdkapital}}$$

$$\text{Liquidität 3. Grades (auf mittlere Sicht)} = \frac{\text{monetäres UV + Vorräte}}{\text{kurzfristiges Fremdkapital}}$$

Unter liquiden Mitteln versteht man Kasse, Bank und Postscheck. Beim monetären Umlaufvermögen kommen noch die Forderungen hinzu (minus Wertberichtigung) und Wertpapiere des Umlaufvermögens sowie aktive Rechnungsabgrenzungsposten, soweit sie nicht Disagio darstellen.

1

Die Liquiditätsanalyse auf der *Basis von Stromgrößen* geht von der Erkenntnis aus, daß eine Momentaufnahme durch den Vergleich von Bestandsgrößen am Bilanzstichtag nicht zur Beurteilung der zukünftigen Zahlungsbereitschaft ausreicht. Methodisch sind zwei Ansätze zu unterscheiden, und zwar die Betrachtung von Umsatzüberschußziffern sowie die Kapitalflußrechnung.
Das Prinzip der *Umsatzüberschußziffern* basiert auf den im Leistungsprozeß anfallenden Einzahlungen, z. B. aus Umsatzerlösen, sowie den verursachten Auszahlungen, z. B. für Personalkosten, Material etc. Die direkte Ermittlung berücksichtigt:

  finanzwirksame Erträge
– finanzwirksame Aufwendungen
= Umsatzüberschuß

Da die Mehrzahl der Erträge und Aufwendungen gleichzeitig finanzwirksam sind, erfolgt die Ermittlung häufig durch die indirekte Methode:

  Jahresüberschuß
+ finanzunwirksame Aufwendungen
– finanzunwirksame Erträge
= Umsatzüberschuß

Zu den finanzunwirksamen Aufwendungen zählt z. B. der Nutzungsanteil am Anlagevermögen, das bereits in früheren Perioden finanzwirksam war. Ein Beispiel für finanzunwirksame Erträge ist die Auflösung von Pauschalwertberichtigungen oder Rückstellungen.
Eine vereinfachte, aber verbreitete Form der Umsatzüberschußrechnung ist der *Cash-flow*, der sowohl in der Praxis als auch in der Theorie unterschiedlich detailliert definiert wird. Zwei Beispiele seien angeführt:

  Jahresüberschuß/Jahresfehlbetrag
+ Abschreibungen
  (·/· Zuschreibung zugunsten des Ergebnisses)
+ Erhöhung
  (·/· Verminderung) von langfristigen Rückstellungen
= vereinfachter Cash-flow

  nicht entnommener Gewinn
+ neugebildete Rücklagen
+ Abschreibungen
+ Pauschalwertberichtigungen
= Cash-flow im engeren Sinne

Grundsätzlich soll die Umsatzüberschußziffer angeben, wie viele Mittel für Investitionen (Selbstfinanzierung), Dividendenzahlung und Schuldentilgung zur Verfügung stehen. Da der Cash-flow im engeren Sinne vom nicht entnommenen Gewinn ausgeht, ist bereits die Verwendung für Dividendenzahlungen erfolgt, so daß der zur Verfügung stehende Betrag entweder für Investitionen oder zur Schuldentilgung verwendet werden kann. Ist der Umsatzüberschuß größer als die Netto-Investitionen, so bedeutet dies, daß letztere ohne zusätzliche Außenfinanzierung vorgenommen werden konnten.
Da bei der Umsatzüberschußrechnung nur aus dem Leistungsprozeß bedingte Liquiditätsbeeinflussungen Berücksichtigung finden, reichen sie zur Liquiditätsanalyse nicht aus. Vielmehr sind auch die Zuflüsse aus Finanzierung – z. B. Eigenkapitalerhöhung oder Darlehnsaufnahme – ebenso wie entsprechende Rückzahlungen und Tilgungen zu berücksichtigen.
In der *Kapitalflußrechnung* werden für einen bestimmten Zeitraum in einer Bewegungsrechnung die Herkunft sowie die Verwendung liquiditätswirksamer Mittel dargestellt. Sie basiert auf der Bestände-Differenzen-Bilanz, die im Rahmen der Auswertungen auch in dem gesonderten Beitrag „Buchführung und Bilanz" behandelt ist. In dem Abschnitt „Finanzierung" wurde unter „Finanzplanung" der Kapitalbindungsplan behandelt sowie entsprechende Verbindungen zur Bewegungsbilanz aufgezeigt. Auf die schematische Darstellung dort sei verwiesen.
Bei der Finanzplanung werden durch die Kapitalbindung eventuelle Überschüsse oder Unterdeckungen aufgezeigt. Die Veränderungsbilanz der Kapitalflußrechnung muß zwangsweise aus der Logik der Bilanz einen Ausgleich der Aktiv- und Passivseite aufzeigen, da z. B. eine in ihrer Finanzierung noch nicht gesicherte Investition auf der Aktivseite als kapitalbindende Ausgabe ausgewiesen ist und ihr auf der Passivseite eine Zunahme des Fremdkapitals als Lieferantenkredit gegenübersteht, ohne daß damit eine dauerhafte Finanzierung gewährleistet wäre. Andererseits sind Liquiditätsreserven, z. B. durch einen Dispositionsrahmen bei Bankkrediten, aus der Bilanz nicht erkennbar. Einem Außenstehenden vermittelt die Veränderungsbilanz im Rahmen der Kapitalflußrechnung jedoch Einblick in das Investitions- und Finanzierungsgebaren eines Unternehmens.

Erfolgswirtschaftliche Bilanzanalyse
Von wesentlicher Bedeutung für die Beurteilung eines Unternehmens ist die Einschätzung der Ertragskraft. Dabei stößt eine externe Analyse eines Unternehmenserfolges an gewisse Grenzen, weil eine Reihe verschiedener Konten in der Ge-

winn- und Verlustrechnung zu einer Position zusammengefaßt werden können. Zudem wird vielfach selbst intern erst durch die Kosten- und Leistungsrechnung eine ursachengerechte Zuordnung möglich. Dennoch können einige Erkenntnisse gewonnen werden, insbesondere auch im Zeit- und (eventuellen) Branchenvergleich.

• Aufbereitung
Bewertungen für den Jahresabschluß wirken sich auch materiell bei der Gewinn- und Verlustrechnung aus. So könnte es z. B. in einem Jahr angezeigt sein, auf einen Posten des Anlagevermögens eine außerplanmäßige Abschreibung vorzunehmen. Wenn im Folgejahr die Notwendigkeit entfällt, so könnte im Rahmen einer Wertaufholung eine entsprechende Zuschreibung erfolgen, d. h., die außerplanmäßige Abschreibung wird in einem Folgejahr wieder rückgängig gemacht. Im Ergebnis bedeutet dies: Im ersten Jahr wurde der Unternehmenserfolg durch die außerplanmäßige Abschreibung gekürzt, im Folgejahr entsprechend durch die Zuschreibung erhöht, so daß im Vergleich beider Jahre eine Differenz um den doppelten Betrag ausgewiesen wäre. Soll die wirkliche Leistungskraft eines Unternehmens erkannt werden, so sind solche Vorgänge zu bereinigen. Zur Vorbereitung des Zahlenmaterials für die Ergebnisanalyse ist also nicht nur die GuV-Rechnung zugrundezulegen, sondern auch die Erkenntnisse aus Bilanz, Anhang und ggf. Lagebericht, aus denen Bewertungsveränderungen sowie Sondervorgänge hervorgehen. Hierzu gehören z. B. auch steuerliche Sonderabschreibungen, Bewertungs- und Ansatzwahlrechte.

• Strukturelle Ergebnisanalyse
Für die Einschätzung, wie nachhaltig mit Ergebnissen gerechnet werden kann, ist eine Analyse dahingehend sinnvoll, ob Ergebnisse aus dem „ordentlichen" Betriebsverlauf entstanden sind oder auf besondere Ereignisse zurückgehen. Insoweit wird unterschieden in:

ordentliches Betriebsergebnis, das also der eigentlichen Unternehmenstätigkeit entspringt,

ordentliches betriebsfremdes Ergebnis, also z. B. mit wiederkehrendem Charakter aus Nebentätigkeiten wie Vermietung,

außerordentliches Ergebnis, mit dessen Wiederholung nicht ohne weiteres zu rechnen ist,

periodenfremdes Ergebnis, also Aufwands- oder Ertragsposten zur Korrektur und Ergänzung der Ergebnisse früherer Jahre.

Des weiteren kann die Intensität bestimmter Kostengruppen ermittelt werden, um aus dem Zeit- und/oder Branchenvergleich Rückschlüsse zu ziehen, inwieweit das Unternehmen für die Zukunft gerüstet ist. Dabei wird als Bezug zumeist der Gesamtaufwand gewählt, gelegentlich auch die Gesamtleistungen. So könnten ermittelt werden:

$$\text{Personalintensität} = \frac{\text{Personalaufwand}}{\text{Gesamtaufwand}}$$

$$\text{Materialintensität} = \frac{\text{Materialaufwand}}{\text{Gesamtaufwand}}$$

$$\text{Abschreibungsintensität} = \frac{\text{Abschreibung auf Sacheinlagen}}{\text{Gesamtaufwand}}$$

Soweit entsprechende Zahlen vorliegen, können auch bei den Umsatzerlösen entsprechende Anteile ermittelt werden, z. B. für Sparten, Produktgruppen oder Exportquoten. Insbesondere, wenn in den einzelnen Bereichen unterschiedliche Entwicklungen und Risiken erwartet werden, ist eine solche Aufteilung hilfreich.

• Rentabilitätsanalyse
Für die Beurteilung der Wirtschaftlichkeit sind Kennzahlen über die erzielte Rendite besonders hilfreich. Meistens wird hierbei vom Jahresüberschuß ausgegangen, gelegentlich auch vom Cashflow. Zu beachten ist hierbei, daß bei einem Zeit- oder Branchenvergleich auf entsprechend analog aufbereitete Daten zurückgegriffen wird. Wesentliche Kennzahlen sind:

$$\text{Eigenkapitalrentabilität} = \frac{\text{Jahresüberschuß}}{\text{Eigenkapital}}$$

$$\text{Gesamtkapitalrentabilität} = \frac{\text{Jahresüberschuß (einschließlich Zinsen)}}{\text{Gesamtkapital}}$$

$$\text{Umsatzrentabilität} = \frac{\text{Jahresüberschuß}}{\text{Umsatz}}$$

Wichtiger Maßstab ist daraus abgeleitet der *Return on Invest (RoI)*. Er ergibt sich aus Umsatzrentabilität x Umschlagshäufigkeit des investierten Kapitals (Umsatz zu investiertem Kapital), insoweit also:

$$\frac{\text{Jahresüberschuß}}{\text{Umsatz}} \times \frac{\text{Umsatz}}{\text{investiertes Kapital}}$$

$$= \text{RoI} = \frac{\text{Jahresüberschuß}}{\text{investiertes Kapital}}$$

Hieraus wird bereits erkennbar, daß der RoI – also die Rentabilität des investierten Kapitals – durch die Umsatzrentabilität und/oder die Umschlagshäufigkeit beeinflußt werden kann. Auf die hieraus ableitbaren Rückschlüsse wird nochmals im Rahmen der Kapitel über Planung und über Controlling eingegangen.

1

Aussagefähigkeit und Grenzen

Zum einen ist die Bilanzanalyse ihrem Wesen nach vergangenheitsbezogen. Externen Analytikern ermöglicht sie zumeist nur eine um mehrere Monate veraltete Bestandsaufnahme. Insoweit ist der Aktualitätswert eingeschränkt, insbesondere, wenn davon ausgegangen werden kann, daß ernsthafte Störungen bei der Liquidität – deren Betrachtung einen wesentlichen Teil der Bilanzanalyse ausmacht – in der Zeit zwischen Bilanzstichtag und Verfügbarkeit des Jahresabschlusses auch anderweitig bekanntgeworden wären. Auch sind wesentliche laufende Zahlungsverpflichtungen aus dem Unternehmensprozeß nicht ersichtlich, ebensowenig eventuelle Verzögerungen im Zahlungseingang durch rückläufige Auftragslage etc. Zudem wird nur eingeschränkt erkennbar, inwieweit notwendige Zukunftsvorsorgen getroffen oder unterlassen wurden. Auf der anderen Seite sind aber Liquiditätsreserven, z. B. durch zur Verfügung gestellte, jedoch noch nicht ausgenutzte Kreditlinien, aus der Bilanz heraus nicht erkennbar. Auch können in den Aufwendungen nicht aktivierungsfähige bzw. aktivierungspflichtige Investitionen für die Zukunftssicherung enthalten sein.

Gerade jedoch im Zeit- oder Branchenvergleich kann die Analyse wertvolle Hinweise liefern. Dabei sind starre Anforderungen an Kennziffern, wie z. B. die „goldene Bilanzregel" oder die „goldene Bankenregel" (die Forderung nach bestimmten Relationen zwischen Eigenkapital und Anlagevermögen bzw. Eigenkapital und Fremdkapital) weniger für eine wirkliche Urteilsfindung im konkreten Fall geeignet. Vielmehr kann die Entwicklung von Bilanzrelationen im Zeitvergleich oder in Beziehung zu Werten anderer Unternehmen Tendenzen in der Unternehmenspolitik aufzeigen, die entweder bisherige Erfahrungen bestätigen oder aber Auslöser für gezielte Rückfragen nach eingeleiteten Veränderungen sein können.

Die Bilanzanalyse ist kein schlüssiger Beweis, aber bei sorgfältiger Anwendung eine ernstzunehmende „Indizien-Kette", insbesondere, wenn einzelne Teile nicht isoliert betrachtet werden.

Betriebliche Auswertung und Statistik

Ergänzend zum Jahresabschluß und zum betriebswirtschaftlichen Rechnungswesen (Kosten- und Leistungsrechnung) können durch die betriebliche Auswertung – z. B. durch Kennziffern, Grafiken oder sonstige Aufbereitungen – Erkenntnisse besser und anschaulicher verdeutlicht werden, die inhaltlich auch durch andere Bereiche des betrieblichen Rechnungs- oder Berichtswesens verfügbar sind. Die Bedeutung von Kennziffern zur Analyse und Aufzeichnung von Zusammenhängen wurde bereits im vorangegangenen Abschnitt der Bilanzanalyse aufgezeigt. Daneben kann die betriebliche Auswertung und Statistik auch Informationen zugänglich machen, die ansonsten nicht zur Verfügung stehen.

Zum einen kann es sich hierbei um nicht monetäre Werte handeln, die in dieser Form vom übrigen Bereich des Rechnungswesens nicht erfaßt werden. Einige solcher Werte wurden bei der Behandlung der einzelnen Bereiche des Leistungsprozesses bereits angesprochen, z. B. bei der Materialwirtschaft der Anteil fehlerhafter Artikel an der Gesamtlieferung, die Termintreue der Lieferanten etc., im Personalwesen die Altersstruktur, die Anzahl der Fehltage etc., im Produktionsbereich die Ausschußquoten, Maschinenlaufzeiten und Liegezeiten etc. sowie umfassende Statistiken im Absatzbereich.

Besonders die Marktanalysen zeigen, daß die betriebliche Statistik – anders als die übrigen Bereiche des Rechnungswesens – neben internen Daten auch externe Informationen selbständig erhebt, auswertet und analysiert.

Über die in den einzelnen Bereichen beispielhaft angesprochenen Statistiken und Kennzahlen hinaus soll hier keine weitere Darstellung erfolgen. Auch wird nicht auf die zum Teil eher mathematisch orientierten Ermittlungsverfahren oder die Darstellungsformen eingegangen, für die sich in der betrieblichen Praxis insbesondere durch komplexe und preiswerte PC-Programme erhebliche Anwendungsbereiche erschlossen haben.

Im Rahmen des Informationswesens ist sicherzustellen, daß einmal im Unternehmen durchgeführte Erhebungen und Statistiken auch anderen Bereichen verfügbar gemacht werden, um mehrfache Aufwendungen zu vermeiden. So können z. B. die Erhebungen, die in der Personalabteilung durchgeführt werden, entsprechend aufbereitet auch für die Fachabteilungen hilfreich sein. Erhebungen, z. B. über Kundenerwartungen im Marketing-Bereich, haben gleichfalls Aussagewert für die Forschung und Entwicklung und entsprechend umgekehrt.

Wie durch andere Bereiche des betrieblichen Rechnungswesens auch, sollen über Statistik und Auswertungen entscheidungsrelevante Informationen zur Verfügung gestellt werden. Dabei sind sie nicht an die Systematik geschlossener Rechnungslegung gebunden und auch nicht auf die Erhebung unternehmensinterner Daten beschränkt.

1

Führung

Wesen und Aufgaben

Führung kann als das gestaltende Element im Unternehmen bezeichnet werden, bei dem es letztendlich um Willensbildung, Willensdurchsetzung und Überprüfung geht. Damit kann Führung funktional als Tätigkeit beschrieben werden. Personen, die diese Aufgaben durchführen, werden als Führungskräfte bezeichnet.
Hieraus ergibt sich eine institutionelle Sicht, indem bestimmten Positionen entsprechende Führungszuständigkeit und -verantwortung zugewiesen werden. Dabei ist der Anteil an der Gesamttätigkeit bei der unteren Führungsebene relativ gering, und es überwiegen die Durchführungsarbeiten – während umgekehrt bei der Unternehmensleitung die Führungstätigkeiten dominieren, was auch in den Bezeichnungen „Unternehmensführung", „Geschäftsführung" oder „Führungsebene" zum Ausdruck kommt.
Somit ist die Behandlung betrieblicher Führung ein wesentlicher Teil der Betriebswirtschaftslehre. Dabei werden die Akzente unterschiedlich gesetzt, je nach Ansatz der verschiedenen Richtungen (siehe hierzu auch das abschließende Kapitel „Entwicklung der Betriebswirtschaftslehre"). Mit stärkerer praxisorientierter Ausrichtung als Führungs- bzw. Managementlehre werden im Bezug auf die betriebswirtschaftliche Umsetzung auch Erkenntnisse aus anderen Wissenschaftsbereichen integriert, z. B.: Betriebspsychologie, Betriebssoziologie, Betriebspädagogik, Betriebstechnik und Arbeitswissenschaft.

Sach- und Personenorientierung
Bereits im Kapitel „Der Mensch im Betrieb – Personalwesen und Führungsstil" wurde unter „Personalentwicklung" und „Mitarbeiterführung" auf diese beiden Aspekte hingewiesen. Zum einen ist die Führungskraft für die Erreichung sachlicher Ziele verantwortlich. Da dies wiederum im starken Maße vom Einsatz der Mitarbeiter beeinflußt wird, hat der personenorientierte Aspekt zunehmend an Bedeutung gewonnen. Insoweit wird von der Führungskraft sowohl fachliche als auch soziale Kompetenz als Erfolgsbasis für die Umsetzung der Ziele erwartet.

Führungsfunktionen
Die Führung eines Unternehmens erfordert es, durch Zielvorgabe, Planen und Entscheiden die zukünftige Entwicklung vorauszudenken und zu gestalten. Sowohl hierbei als auch insbesondere bei der Realisierung bedient sie sich der Hilfe von Mitarbeitern. Sie hat dabei die anfallenden Aufgaben auf die im Betrieb Tätigen sinnvoll zu verteilen und sicherzustellen, daß die einzelnen Tätigkeiten ein konstruktives Ganzes bilden. Außerdem muß sie veranlassen, daß die einzelnen Abteilungen und Mitarbeiter tätig werden und wissen, was von ihnen erwartet wird. Für den Erfolg des Unternehmens und damit auch für die Führungskräfte wird es immer wichtiger, bei der Aufgabenzuteilung auch das Engagement und das Interesse der betreffenden Mitarbeiter zu wecken. Zu diesen Aufgaben gehört es auch, daß der jeweils richtige Mitarbeiter am richtigen Platz eingesetzt wird. Schließlich haben die mit einer Leitungsfunktion Betrauten Kontrollaufgaben wahrzunehmen.
In der Literatur werden die Aufgaben einer Betriebsführung zum einen in die drei Teilbereiche Planung, Organisation sowie Kontrolle eingeteilt (z. B. Gutenberg und Wöhe in der Behandlung des dispositiven Faktors Betriebsführung), zum anderen aber auch in einzelne Aufgaben mit neun und mehr Tätigkeiten gegliedert. Nachfolgend wird in fünf Führungsfunktionen unterschieden.

• Zielbestimmung durch Planen und Entscheiden

Auf die Bedeutung der Ziele für erfolgreiches Handeln wurde bereits im Kapitel „Zielorientierte Unternehmensführung" eingegangen. Die dort angesprochenen Phasen werden in den nachfolgenden Kapiteln über strategisches Management, operatives Management sowie Controlling/Budget näher behandelt. Dieses Kapitel wird noch auf die Entscheidungsfindung im Gruppenprozeß eingehen, weil dies gleichermaßen für alle Planungsbereiche gilt.

• Aufgabenverteilung und Koordination

Die Gliederung in Einzelaufgaben und ihre Koordination bildet das primäre Spannungsfeld der Organisation sowohl für die Regelungen des Organisationsaufbaues und der Leitungsstruktur als auch für die Handlungsabläufe.
Der Organisation ist das nachfolgende Kapitel gewidmet. Hierzu zählen auch Delegation und Informationswesen.

• Andere zum Handeln anleiten

Führung als bewußte und zielgerichtete Verhaltensbeeinflussung kann in ihren Extremen durch Befehl oder durch Motivation erfolgen. Sie wurde bereits als „Mitarbeiterführung" im Rahmen des Kapitels „Der Mensch im Betrieb – Personalwesen und Führungsstil" behandelt.

1

- Kontrolle (sachbezogen)

Es ist darauf zu achten, inwieweit Vorgaben eingehalten und Ziele erreicht wurden. Es kann unterschieden werden in eine Kontrolle des laufenden Betriebsprozesses (Gegenwart) oder in eine abschließende Überprüfung, die damit vergangenheitsorientiert ist. Eine Prüfung kann sowohl intern orientiert sein (Innenrevision), als auch der Rechenschaftslegung gegenüber Außenstehenden dienen. Wesentliche Basis hierfür ist das betriebliche Rechnungswesen. Ferner kann eine Revision prüfen, inwieweit Anweisungen eingehalten wurden und ob dabei Unregelmäßigkeiten vorgekommen sind. Auf Aspekte der Kontrolle wird im Kapitel „Controlling/Budget“ nochmals eingegangen.

- Auswahl, Förderung und Bewertung der Mitarbeiter

Sie ist die Grundlage einer Personalführung, die auf den richtigen Einsatz sowie die Aus- und Weiterbildung der Mitarbeiter abzielt. Von der Mitarbeiterführung im laufenden Arbeitsprozeß ist sie insoweit abzugrenzen, als es dort darum geht, mit dem gegebenen Personal optimale Ergebnisse zu erreichen. Hier steht die Analyse und Vorsorge im Vordergrund. In manchen Betrieben sind Teile dieser Funktion durch Fördergespräche (teilweise auch als Beurteilungsgespräche bezeichnet) zwischen Vorgesetzten und Mitarbeitern institutionalisiert.

Bereiche der Führung

Die betriebliche Führung erstreckt sich sowohl auf die Unternehmensführung als Ganzes als auch auf alle Teilbereiche des Betriebes. Sie umfaßt damit insbesondere Beschaffung, Produktion, Absatz und Personalwesen sowie Investition, Finanzierung und Rechnungswesen, die zuvor dargestellt wurden.

Dazu werden den einzelnen Bereichen im Rahmen der Planung – und soweit durchgeführt, im Budget – die entsprechenden Zielsetzungen sowie die Plandaten für die vorgesehenen Mittel zur Verfügung gestellt.

Führung nach innen und außen, Gleichgewicht im offenen System

Bei der originären, mehr institutionell bezogenen Sicht der Führungsaufgaben steht die interne Führung im Vordergrund. Daneben wird gefordert, unter Berücksichtigung der Entwicklung externer Einflüsse, das Unternehmen nach außen im Umfeld zu führen und insbesondere sinnvoll im Markt zu positionieren. Siehe hierzu auch den Abschnitt „Umfeld des Unternehmens“.

Sowohl das Umfeld als auch das Unternehmen sind laufenden Entwicklungen und Veränderungen unterworfen. Hinzu kommt eine wechselseitige Beeinflussung: Die Einstellung auf externe Gegebenheiten führt zu internen Anpassungen – interner Wandel im Leistungsprozeß etc. wirkt mitgestaltend auf das Umfeld ein. Die permanenten Veränderungen und die ständigen Austauschbeziehungen sind Merkmale dieses offenen Systems. Sie erfordern von einer Führung zum einen Stetigkeit als Orientierungshilfe, nicht zuletzt auch für Mitarbeiter und Geschäftspartner, sowie zum anderen Flexibilität. In einem fließenden Prozeß kann ein einmal gefundenes Gleichgewicht nur durch regelmäßige Anpassung aufrechterhalten werden. Dabei können die zentralen Aspekte wechseln. Man könnte dies als *dynamische Balance* bezeichnen oder, wie in der Literatur zum Teil vorgenommen, als *Fließgleichgewicht*. Durch die erste Bezeichnung dürfte die gestaltende Komponente hinreichender zum Ausdruck kommen, d. h., ein Gleichgewicht stellt sich nicht von allein ein, sondern es bedarf immer wieder der Führungsentscheidung.

Führungskonzeptionen

Im vorangegangenen Abschnitt wurde die Komplexität des Führens umrissen. Eine Führungskraft muß in der Lage sein, sich auf Personen und Gruppen in ihrer jeweiligen Individualität einzustellen. Die verschiedenen Funktionen sind wahrzunehmen. Internen und externen Anforderungen ist Rechnung zu tragen. Dabei können die Bereiche in vier wesentliche Hauptsegmente gegliedert werden, die in einer Wechselwirkung zueinander stehen und im Zusammenhang berücksichtigt werden müssen, auch wenn, je nach Situation, die Prioritäten unterschiedlich gesetzt sein können. Hierbei handelt es sich um:

- Marktorientierung einschließlich des erweiterten Umfeldes,
- die eher funktional bzw. technisch ausgerichtete Führung in den internen Leistungsbereichen,
- die Personalführung und
- die finanzwirtschaftliche Führung.

Die einzelnen Bereiche sind zu planen und zu überwachen. Hierfür sind Informationen nötig, die sich die Führungskraft einerseits beschaffen muß und die sie andererseits weiterzugeben hat. Die Organisation hat für die Struktur und den Ablauf die Voraussetzungen zu schaffen. Schließlich sollte die Unternehmensführung die einzelnen Teilbereiche in ein ausgewogenes Gleichgewicht zueinander bringen.

In den vergangenen Jahrzehnten wurden eine Fülle von Systemen, Konzeptionen, Techniken und Prinzipien für Führung und Management entwikkelt, sowohl aus der Praxis heraus, als auch auf der Basis von Beratungstätigkeiten oder durch die betriebswirtschaftliche Theorie. Hierbei sind die vorgenannten Begriffe nicht eindeutig voneinander abzugrenzen, sondern häufig synonym verwendet. Zwei Tendenzen sind erkennbar. Für die eine stehen die Modelle, die sich nur auf einen Aspekt der Führungskomplexität konzentrieren, der zumindest für bestimmte Situationen als besonders wesentlich angesehen wird. Andere Konzepte betonen gerade wieder die wechselseitige Vernetzung und die Integration der verschiedenen Bereiche. Da Führung in allen Unternehmensbereichen stattfindet, müßte eine umfassende Managementlehre letztlich alle Teile der Betriebswirtschaftslehre und der angrenzenden Wissensgebiete einschließen.
Die nachfolgenden knappen Darstellungen von Managementmodellen und Ansätze integrierender Führungssysteme sollen vor allem die Spannweite der Problematik sowie die Führungsanforderungen aufzeigen, die je nach Situation in einem konkreten Fall unterschiedliche Gewichtung erfahren.

Management-by-Modelle
Sie betonen in aller Regel nur Teilaspekte der gesamten Führungsaufgabe und können nicht als eine geschlossene Führungskonzeption verstanden werden. Stärkere Bedeutung haben vor allem „Management by obejctives“, „Management by exception“ und „Management by delegation“ erlangt. Sie sind auf mehrere Führungsbereiche anwendbar und wurden zum Teil Ausgangspunkt für weiterentwickelte Konzeptionen.

• Management by objectives (M 60)
Als Management durch Zielvereinbarung ist dieses Modell Ausdruck einer zielorientierten Unternehmensführung, die mit der Vorgabe von operationalisierten Zielen für alle Bereiche und auf jeder Hierarchiestufe arbeitet. Budgetierung und Kontrolle sind gleichzeitig Hilfsmittel ihrer Umsetzung.
Sie zählt zu den sachbezogenen Modellarten, so wie auch das nachfolgend behandelte „Management by exception“. Als Nachteil kann gelegentlich ein überhöhter Leistungsdruck auf die Beschäftigten, Planungshektik und insbesondere bei starrer Ausgestaltung ein erhöhter Kontroll- und Verwaltungsaufwand entstehen.
Vorteilhaft muß gesehen werden, daß die Zielausrichtung der einzelnen Betriebsteile und der persönlichen Arbeitsziele einen Freiraum für individuelle Durchführung eröffnen können. Insbesondere gepaart mit dem gleichfalls noch darzustellenden „Management by delegation“, das zu den personenbezogenen Modellen gehört, kann eine Balance zwischen den Sachanforderungen und persönlicher, leistungssteigenderer Entfaltung herbeigeführt werden. Insoweit dient dieses Modell als Basis zweckorientierter Umsetzung.

• Management by exception
Dieses Prinzip besagt, daß Vorgesetzte nur dann eingeschaltet werden oder eingreifen, wenn Abweichungen – ggf. mit gewissen Toleranzwerten – zu Vorgaben oder Zielvereinbarungen eintreten. Hierbei werden gleichfalls eindeutige Ziele und Pläne vorausgesetzt. Damit wird eine zuverlässige und möglichst zeitnahe Abweichungsanalyse notwendig.
Als Gefahr wird auch hier die gelegentliche „Überplanung“ sowie „Übersteuerung“ gesehen. Hinzu kommt, daß an sich tolerierbare Abweichungen vor dem Hintergrund sich verändernder Umfeldbedingungen durchaus eine Einbeziehung höherer Führungsebenen sinnvoll werden lassen. Der Vorteil dieses Prinzips liegt insbesondere in der Entlastung der Führungskräfte von Routinetätigkeiten.
Auch dieses Modell betont die Konzentration der Führungskräfte auf eine zielorientierte Planung und die Behandlung von Abweichungen und Ausnahmefällen. Seine Wirksamkeit erfordert entsprechende Delegation.

• Management by delegation
Bei der Führung durch Delegation werden Verantwortung und Kompetenz auf nachfolgende Personen und Instanzen übertragen. Dies erfordert klare Stellen-, Aufgaben- und Zuständigkeitsbeschreibungen, um selbständiges Arbeiten innerhalb eines Kompetenzbereiches zu ermöglichen. Dieses Prinzip zählt zu den personenbezogenen Modellen. Für seine effiziente Umsetzung sind eine entsprechende Personalentwicklung und hinreichende Informationssysteme angezeigt.
Gefahren werden darin gesehen, daß zum Teil mehr Verantwortung als Kompetenz übertragen wird. Oft enthalten solche Aufgabenbereiche nur Routinetätigkeiten, und eine ausreichende Einbindung der Mitarbeiter in den eigentlichen Entscheidungsprozeß erfolgt nicht.
Vorteile können in einer besseren Transparenz und einer höheren Akzeptanz der Unternehmensziele gesehen werden, insbesondere, wenn dieses Prinzip kombiniert wird mit Management by objectives.

1

Das *Harzburger Modell* (Führung im Mitarbeiterverhältnis) beinhaltet als wesentlichen Aspekt der Führung die Delegation von Verantwortung, auch wenn im Rahmen einer klar hierarchisch gegliederten Führungsstruktur Führungsverantwortung und Dienstaufsichtsverpflichtung beim Vorgesetzten verbleiben. Um dem Konzept gerecht zu werden, ist es nicht mit den Maßstäben neuerer Ansätze zu messen, als vielmehr vor dem zeitlichen Hintergrund seines Entstehens kurz nach Ende des 2. Weltkrieges zu sehen.

- Sonstige sachbezogene „Management-by-X"-Modelle

In dem Bemühen, der Praxis einfache Management-Techniken zur Verfügung zu stellen, wurden eine Reihe von sachbezogenen Modellen entwickelt, die mit der Bezeichnung „Management by" sich teilweise eher an eine vermarktungswirksame Formel anschlossen, als über die Betonung von Einzelaspekten hinauszugehen, die zum Teil nur in bestimmten Bereichen und Phasen eines Unternehmens die vorrangige Bedeutung verdienen. Andererseits sind sie jedoch hilfreich, verschiedene bedeutsame Aspekte des Führens ins Bewußtsein zu rufen.
Zu den eher sachbezogenen Management-by-Modellen zählen neben den bereits genannten MbO und Management by exception:
- *Management by alternatives*, Aufspüren mehrerer Entscheidungs- und Handlungsmöglichkeiten,
- *Management by break-through*, als Durchbruch zum Erfolg,
- *Management by crises*, Konzept zur Krisenbewältigung,
- *Management by ideas*, Orientierung an Leitbildern,
- *Management by innovation*, Betonung der Kreativität und Neuerung für die Bestandserhaltung des Unternehmens,
- *Management by results*, Führungsorientierung am Ergebnis, und
- *Management by systems*, Systemsteuerung bei Beachtung komplexer und interdependenter Prozeßzusammenhänge der Führungsaufgaben mit hohem Lernwert, jedoch auch anspruchsvollen Voraussetzungen sowie zum Teil recht technokratischer Ausgestaltung und entsprechender Störanfälligkeit.

- Sonstige personenbezogene „Management-by-X"-Modelle

Entsprechendes gilt auch für die personenbezogenen Modelle, die zum Teil Bereiche der Personalentwicklung aufgreifen. Zu ihnen zählen u. a.:
- *Management by conflicts*, Techniken zur Behandlung und Lösung von Konflikten,
- *Management by control and direction*, Kontroll- und Leitungssystem zur Überwachung von Ergebnissen, Verhalten und Leistungen in den verschiedenen Prozeßstufen,
- *Management by communication*, Kommunikation als Fähigkeit zur effektiveren Wahrnehmung von Führungsaufgaben,
- *Management by development*, Ausbildung und Training von Führungskräften zur Vorbereitung auf ihre Aufgaben,
- *Management by information*, zielgerichtete Information, und
- *Management by motivation*, Erzielung einer höheren Leistungsbereitschaft bei Mitarbeitern durch Motivation.

Zu diesen personenbezogenen Modellen gehört auch das bereits erwähnte Management by delegation.

Ansätze integrierender Führungssysteme

Zum Teil handelt es sich um Konzeptionen, die auch die Entwicklung der Betriebswirtschaftslehre beeinflußt haben hin zu einer Lehre der Unternehmensführung. Gelegentlich werden Einzelaspekte oder neue Herausforderungen – ähnlich wie bei vielen Management-by-Modellen – hervorgehoben, nachdem früher oftmals die eher technischfunktionalen oder auf das Rechnungswesen bzw. die Finanzierung bezogenen Gesichtspunkte im Vordergrund standen.
Hierzu zählen u. a.: Der Marketing-Ansatz (Orientierung der gesamten Unternehmensführung an den Anforderungen des Marktes, nicht nur als Aufgabe des Absatzes), der Ökologie-Ansatz (Berücksichtigung der Umweltfaktoren) sowie eine informationsorientierte Betriebswirtschaftslehre (Beachtung der EDV und anderer Kommunikationstechniken als ein zusätzlicher Produktionsfaktor, der als Informationsmanagement sowohl die Entscheidungsfindung als auch deren Umsetzung wesentlich beeinflußt).
Nachfolgend werden noch Ansätze aufgelistet, die grundsätzliche Fragen von Führungssystemen aufgreifen, ohne einzelne Teilbereiche, Führungsmittel etc. in den Vordergrund zu stellen.

- Entscheidungsverhalten

Bei dieser wesentlich durch E. Heinen beeinflußten Entwicklung stehen Führung und Entscheidungsprozesse im Mittelpunkt. Neben den inhaltlichen Elementen eines zweckorientierten Unternehmens steht die Menschenführung.
Sie beeinflußt einerseits das menschliche Handeln, andererseits beeinflussen Menschen die

Entscheidungsprozesse. Damit werden auch verhaltens- und sozialwissenschaftliche Elemente in die Betriebswirtschaftslehre integriert.

• System und Vernetzung
Hier wird die Unternehmung als ein komplexes, dynamisches System aufgefaßt, für das vergleichbare Gesetze gelten wie für Organismen. Das systemische Management ist vor allem durch die St.-Gallener-Schule (H. Ulrich, W. Krieg) bekannt geworden. Entscheidungen und Maßnahmen können danach nicht isoliert betrachtet werden, sondern sie müssen Auswirkungen einbeziehen, die sich in zeitversetzter Konsequenz und/oder in anderen Teilbereichen ergeben. Zu diesem Ansatz gehören die Begriffe wie „ganzheitliche Betrachtung" oder „vernetztes Denken". Damit wird komplexen Problemsituationen Rechnung getragen. Für die Betriebswirtschaftslehre werden Perspektiven eröffnet, die über die materiellen und funktionellen Betrachtungen hinausgehen und die Sinn-Ebene einbeziehen.

• Kybernetik und Konzentration
Die „Vernetzung" im systemischen Denken ersetzt die lineare Kausalität (Ursache – Wirkung) durch die Berücksichtigung wechselseitiger Beeinflussung. Hierzu zählt auch die Kybernetik, die durch einen Regelkreis aus Lenkung und Rückkopplung Zustände im Gleichgewicht bzw. unter Kontrolle hält. Durch Analogie zu entsprechenden Vorgängen in der Biologie oder in der Technik (z. B. die Aufrechterhaltung einer bestimmten Körpertemperatur – das Nervensystem als Informations- und Leitungsstruktur – Temperaturregler bei Heizungsanlagen) sollen Erkenntnisse abgeleitet werden für das „System Unternehmung" mit seinen mehrstufig vernetzten Teilsystemen, die sich auf die Informations-, Steuerungs- und Kontrollstruktur betrieblicher Führung auswirken. W. Mewes hat für seine Theorie einer kybernetischen Management-Lehre, die EKS (Engpaß-konzentrierte Strategie, auch übersetzt als Energokybernetisches System), die Kenntnisse kybernetischer Effekte als Selbststeuerungsprozesse auf das System Unternehmen übertragen. Grundlage der EKS-Strategien ist, daß eine Wachstumsspirale ausgelöst wird, indem der bestehende Engpaß einer Zielgruppe (externer Nutzen) durch eine Konzentration auf das Kernproblem beseitigt wird. D. h., man bemüht sich, den jeweils wirksamsten Mangel zu beseitigen.

• Zielorientierung
Soweit das Ausmaß der Zielerreichung als Maßstab des Erfolges angesehen wird, muß sich eine auf Erfolg angelegte Unternehmensführung am Ziel orientieren. Selbstverständlich haben Ziele auch bei den zuvor genannten Führungskonzeptionen ihre Bedeutung. Unterschiede bestehen in der Akzentuierung und Dominanz der verschiedenen Aspekte. Im Kapitel „Zielorientierte Unternehmensführung" wurde bereits die Entwicklung eines Zielszenarios aufgezeigt. Auch hier wurden einerseits die Anliegen der verschiedenen Interessenvertretungen (mit entsprechenden Verhaltensweisen) und andererseits auch die Nebenwirkungen und die Beziehungen verschiedener Ziele (Anerkennung komplexer Systemzusammenhänge) berücksichtigt. Andererseits dienen abgeleitete Ziele der koordinierten Führung in mehrstufigen Untersystemen. Zielorientierung ist damit eine Leitlinie der Führung, unkontrollierte Eigendynamik der Organisation zu vermeiden bzw. ihr entgegenzusteuern.

Organisationsentwicklung (OE)

Gegenstand der Organisationsentwicklung ist eine geplante Veränderung der Organisation, was als Teilgebiet betrieblichen Führens zu verstehen ist. Dabei geht es nicht primär um formale Veränderungen der Strukturgestaltung oder Funktionsgestaltung, sondern um eine Erweiterung der Zielsetzungen.
Hierzu zählt insbesondere die Absicht, die Mitarbeiter stärker einzubeziehen und nicht nur als funktionalen Arbeitsfaktor zu sehen. Hierauf wurde bereits im Kapitel „Der Mensch im Betrieb – Personalwesen und Führungsstil" eingegangen, insbesondere unter „Balance zwischen Personal und Organisation" und im Abschnitt „Mitarbeiterführung". Vergleiche hierzu auch den gesonderten Beitrag „Personalwirtschaft".
Die Aufgabe einer Organisationsentwicklung liegt darin, die sich aus der Personalentwicklung ergebenden Ansätze in die Gestaltung der Organisation zu integrieren, um eine konstruktive Balance zwischen sachbezogenen und personenorientierten Zielen zu ermöglichen. Durch diesen doppelten Ansatz, der im Gegensatz zu einer eindimensional auf Wirtschaftlichkeit und Rentabilität ausgerichteten Unternehmenslehre steht, beeinflußt sie auch die Anforderungen an die betriebliche Führung.
Dabei dominiert die Förderung des Leistungsvermögens und der Leistungsbereitschaft des einzelnen sowie seines Zusammenwirkens in Gruppen, die in die Erfüllung von Führungsaufgaben wie Ziel-Bestimmung, -erreichung und -kontrolle einbezogen sind.

1

Ansätze der Organisationsentwicklung (OE)
Die Organisationsentwicklung hat sich in den 50er Jahren herausgebildet – in den Vereinigten Staaten als die Organization Development (OD) – und seither zunehmend an Bedeutung gewonnen, nachdem sich Sozialwissenschaftler intensiver der Wirtschaftswelt zugewandt haben. Organisationspsychologie und Verhaltenswissenschaften als Teilgebiete der Humanwissenschaften bilden die theoretischen Grundlagen der Methoden der OE, die das Verhalten in Organisationen und das Leiten von Organisationen behandelt. Die Organisationsentwicklung ist damit zu einem wesentlichen Zweig der angewandten Sozialwissenschaften geworden und wird gelegentlich als „geplanter sozialer Wandel" bezeichnet.
Hierbei wird zum einen den sozialen Prozessen Rechnung getragen, und zwar der Beziehung des einzelnen zur Organisation und dem Verhältnis von Gruppen untereinander sowie zum anderen dem Bezug zwischen Organisationen und ihrem Umfeld. Die Veränderungen im Umfeld erfordern nicht nur vom Unternehmen eine ständige Anpassung, sondern sie beeinflussen ihrerseits alle im Unternehmen tätigen Menschen, die ja gleichzeitig Mitglieder der Gesellschaft sind, in die das Unternehmen eingebettet ist. Durch individuelle Einstellungen und Verhaltensweisen verändern Personen die Organisation in ihrer Struktur und im Prozeßablauf. Dies gilt insbesondere für die Führungskräfte und im übrigen, soweit gestaltender Einfluß eingeräumt wird.
Die Organisationsentwicklung wird zumeist auf zwei Quellen zurückgeführt. Die erste wird in der Gruppendynamik und in ihrer Anwendung in unstrukturierten Trainingsgruppen gesehen, die es den einzelnen Mitgliedern der Gruppe ermöglicht, durch die wechselseitige Interaktion sich selbst, ihr Verhalten in Gruppen, die Eigendynamik innerhalb der Gruppen und verschiedener Gruppen untereinander kennenzulernen. Als zweite Quelle werden die Verfahren von „Survey-Research" und „Survey-Feedback" angesehen. Diese bestehen aus Mitarbeiterbefragungen über die Einstellung etc. mit einer anschließenden, intensiven Gruppendiskussion, die die Ergebnisse im Bezug auf die Organisationsveränderung nutzbar machen soll.
Die Einführung der OE geht im Gegensatz zur klassischen Beratung in der Regel davon aus, daß kein fertiges Rezept, sondern Hilfe zur Selbsthilfe geboten wird, d. h., es soll ein Lernprozeß in Gang gesetzt werden, der das in der Organisation und bei ihren Mitgliedern vorhandene Potential – das für die konkrete Aufgabenstellung in der Regel über mehr Detailwissen verfügt, als es ein Außenstehender (oftmals auch der Vorgesetzte) besitzt – zur eigenen optimalen Problemlösung aktiviert. Das Training kann sich dabei auf verhaltensorientierte Kenntnisse und Fähigkeiten, auf die Entwicklung der Kreativität und auf die Entscheidungsprozesse beziehen. Dabei finden Fragen der Kommunikation und der individuellen Normen und Wertsysteme Beachtung. Zumeist steht keine Schulung im herkömmlichen Sinne im Vordergrund, sondern das lebendige und erlebnisorientierte Lernen durch aktive Lernmethoden und Selbsterfahrung.
Auf die verschiedenen Strömungen kann hier im einzelnen nicht eingegangen werden. Zum Teil sind sie auch sehr individuell geprägt. Die nachfolgende Aufzählung einiger in der Praxis zu beobachtender Ansätze soll jedoch einen Einblick in die Themenvielfalt geben, wobei zum Teil ein deutlicher Bezug zum Führungsverhalten erkennbar ist.

Das *GRID-Modell* wurde bereits in dem Unterabschnitt über Führungsstile (siehe Kapitel zum Personalwesen) aufgezeigt. Die insgesamt sechs Phasen seiner Einführung gehen jedoch über das Erkennen und Verbessern des eigenen Führungsverhaltens hinaus und führen bis zur Integration eines OE-Konzeptes.

Weitere Impulse für die OE gingen auch von den zunächst in den Humanwissenschaften entwickelten und dort angewendeten Konzepten der *Transaktionsanalyse (TA)* und der *Themen-zentrierten Interaktion (TZI)* aus. Bei der TA stehen dabei die Kommunikation sowie die Erkenntnis über verhaltenssteuernde Normen, Wertsysteme und Programme bei sich selbst und anderen im Vordergrund. Durch das ICH-WIR-ES-Dreieck (Einzelperson – Gruppenprozeß – gemeinsames Thema im entsprechenden Umfeld) sowie die Prinzipien einer dynamischen Balance und der Eigenverantwortlichkeit (Chairman) kann TZI die OE-Einführungen sinnvoll bei einer Bestimmung geeigneter Themen (Aufgaben und Ziele) begleiten und die unterschiedlichen Potentiale aller Beteiligten einbeziehen, ohne selbst ein geschlossenes OE-Konzept zu sein.

Das *Differenzierungs- und Integrationsmodell* (Bowers, Franklin) geht davon aus, daß die Organisation das Optimum, den größtmöglichen Nutzen, aus dem Spannungsverhältnis zwischen den spezialisierten und differenzierenden einzelnen und der von ihnen geforderten Integration in eine zielgerichtet arbeitende Gruppe ziehen muß.
Die Methode der Arbeitsbereicherung (Job enrichment; Herzberg, Ford) zielt darauf ab, die Motivation der Mitarbeiter durch zweckdienliche Veränderung der Arbeit selbst zu steigern. Ähnliche

Ziele verfolgen die Arbeits- oder Aufgabenerweiterung (Job enlargement) oder der Arbeits- bzw. Aufgabenwechsel (Job rotation).

Die gegenseitigen Abhängigkeiten der Organisationsvariablen sowohl untereinander als auch im Bezug auf die Bedingungen des Umfelds finden Berücksichtigung im Ansatz der *Kontingenztheorie* (Lawrence, Lorsch). Organisationsstruktur, formaler Ablauf und Managementverhalten haben sich hierbei auf die jeweiligen Gegebenheiten der Organisation auszurichten. Durch die für die Entscheidung erforderlichen Informationen wird eine Veränderung des Verhaltens in der Organisation und damit deren Entwicklung angestrebt.

Human Relations-Modelle gehen von der Annahme aus, daß Menschen sich als nützlich und bedeutend empfinden wollen, Anerkennung und Zuwendung also die Arbeitsmotivation fördern. Hierauf hat sich das Führungsverhalten im Unternehmen einzustellen. Durch eine Befriedigung dieser Bedürfnisse wird eine verbesserte Zusammenarbeit erwartet.

Human Ressources-Modelle gehen darüber hinaus von der Vorstellung aus, daß Menschen zur Formulierung und Erreichung sinnvoller Ziele beitragen wollen und dabei deutlich kreativere sowie verantwortungsvollere Aufgaben übernehmen können, als sie zumeist von ihnen gefordert werden. Gelingt es den Führungskräften, Atmosphäre und Strukturen zu schaffen, in denen sich die Mitarbeiter entsprechend entfalten können, soll dies zu einer verbesserten Qualität der Arbeitsergebnisse führen.

Die Organisationsentwicklung im engeren Sinne bezieht sich auf die Organisation als Ganzes, im Gegensatz zur Ausbildung des Führungspersonals (Management Development), die auf eine Steigerung der persönlichen Fähigkeiten des Führens in einer Organisation abzielt. Diese Management-Ausbildung kann dabei im Rahmen oder zur Vorbereitung einer umfassenden Organisationsentwicklung erfolgen. Sie bezieht sich dann nicht nur auf das Erlernen von Management-Techniken, sondern berücksichtigt, daß trotz aller Entscheidungstechniken sowie Modellrechnungen letzten Endes die Entscheidungen von Menschen getroffen werden.

Qualitätszirkel

Neue Impulse erhielten die vorstehend bei den Wurzeln der Organisationsentwicklung behandelten Aspekte – insbesondere Theorien der Arbeitszufriedenheit, statistische Kontrollen und totale Qualitätskontrolle, Arbeitsstudien und Motivationstheorie – durch das in den 70er Jahren entstandene Interesse an den japanischen Management-Methoden, hier insbesondere das Konzept der „Quality Circles". Ihr Ziel ist es, Schwachstellen im Arbeitsprozeß zu erkennen, Lösungen zu erarbeiten und somit zu einer verbesserten Qualität und einer damit verbundenen höheren Wirtschaftlichkeit beizutragen.

Leitgedanke aller Kleingruppenarbeiten im Rahmen von „Zirkel-Modellen" ist es, die unmittelbar im jeweiligen Arbeitsprozeß involvierten Mitarbeiter/innen bei der Problemanalyse und Lösungssuche einzubeziehen – gemäß dem OE-Grundsatz, „Betroffene zu Beteiligten zu machen". Man geht davon aus:

- daß die Mitarbeiter durch ihre tägliche Arbeit mit den auftretenden Problemen, Störungen und Unzulänglichkeiten besser vertraut sind als außenstehende Stabsstellen,
- daß ihr Potential an Kreativität zur Problemlösung über die aktive Einbeziehung besser gefördert und genutzt wird,
- daß hierdurch die Motivation und damit zusätzlich die Leistungsbereitschaft aller Mitarbeiter gefördert wird,
- daß somit auch die Belastung von Führungskräften und eventuellen Stabsstellen reduziert wird, und
- schließlich, daß mit steigender Zufriedenheit, sinkender Fehlerrate und verbesserten Kostenrelationen auch qualitativ erhöhte Leistungen erbracht werden.

Die Einbeziehung und Förderung der unmittelbar Beteiligten führt also zu qualitativ besseren Entscheidungen (Lösungswegen) und mehr Engagement bei deren Umsetzung, insbesondere, wenn dabei erneut Hindernisse auftreten. Inzwischen wurde eine Vielzahl verschiedener Begriffe (mit zum Teil auch unterschiedlichen Inhalten) für die Arbeit von Kleingruppen in Betrieben entwickelt, z. B.: Qualitätszirkel, Qualitätsgruppen, Initiativgruppen, Werkstattkreis und Lernwerkstatt oder Lernstatt etc. Ihnen gemeinsam ist die Überzeugung, daß die Qualität der Arbeit wesentlich durch die in ihm tätigen Menschen beeinflußt wird.

Lernende Organisation – lebendige Organisation

Bereits die genannten Begriffe „Lernwerkstatt" oder kurz „Lernstatt" machen deutlich, daß es dabei zugleich um „Lernen in der Werkstatt" geht, oder anders ausgedrückt, um ein betriebsnahes Lernen am, im und für den Arbeitsprozeß. Das gemeinsame Erkennen, Analysieren und Lösen von Problemen führt dabei über erlebnisorientierte Erfahrungen zu Lernvorgängen, die zunächst die Qualität der Mitarbeiter und damit die Qualität ihrer Arbeitsleistungen verbessern.

1

Aus dem zweckorientierten Lernen der Mitarbeiter entstehen „Lernende Organisationen“, die in der Lage sind, ihre Verhaltensweise an veränderte Rahmenbedingungen und entsprechende Zielvereinbarungen anzugleichen. In Abgrenzung zu eher auf Stabilisierung ausgerichteten Regelkreisen oder zu eigendynamischen Organismen führt dies zielgerichtet zu Formen, die man auch als „Lebendige Organisation“ bezeichnen kann. Was lebt, kann wachsen und sich im Sinne von Organisationsentwicklung und Unternehmenswachstum entwickeln.

Führungsverantwortung für Prozeß und Struktur

Die beschriebene Entwicklung bleibt nicht ohne Auswirkung auf das Führungsverhalten. Den Führungskräften kommt dabei die Verantwortung zu, die den Prozeß fördernden Strukturen zu schaffen und zu sichern. Hierzu gehört auch die Beteiligung der Mitarbeiter an der Lösung der in ihrem Arbeitsbereich anfallenden Probleme und Aufgabenstellungen, natürlich mit der entsprechenden Delegation von Zuständigkeit und Verantwortung. Je besser es den Führungskräften gelingt, die erforderlichen Voraussetzungen zu schaffen, umso mehr entlasten sie sich langfristig von Detailaufgaben und gewinnen Zeit für wichtige und strategische Arbeiten. Bei der Schaffung der Struktur sowie bei der Prozeßbegleitung ist – wie bereits früher angesprochen – stärker die soziale Kompetenz der Führungskräfte gefordert als das fachliche Detailwissen in den einzelnen Bereichen ausführender Tätigkeiten.

Wie bereits im Rahmen der Personalentwicklung ausgeführt, ist Verhalten eine Funktion aus Persönlichkeit und Umfeldbedingung. Die Entwicklung des Potentials des einzelnen Mitarbeiters und die Ausbildung seiner Fähigkeiten zur Mitarbeit in Gruppen ist Aufgabe der Personalentwicklung. Ziel einer Organisationsentwicklung ist es, entsprechende Umfeldbedingungen, Strukturen und Prozeßabläufe im Unternehmen zu schaffen.

Zusammenarbeit in Gruppen

Neben der Entwicklung von Arbeitsgruppen zu Lerngruppen und Qualitätszirkeln führt die zunehmende technische Entwicklung und stärkere Spezialisierung auch zu komplexeren Aufgaben, die oftmals nicht mehr von einer Person alleine ausgeführt werden können, sondern nur im Zusammenwirken mehrerer.

Dies hat zur Folge, daß nicht nur die Arbeitsergebnisse verschiedener Personen und Abteilungen aufeinander abzustimmen sind, sondern in zunehmendem Maße die Zusammenarbeit mehrerer Personen am gleichen Projekt (Projektgruppen) organisiert werden muß. Ein solches Gremium sollte nicht zu groß sein, um funktionsfähig zu bleiben. Inwieweit in der Praxis die oftmals geforderte Begrenzung auf 6, maximal 12 Personen eingehalten werden kann, ist im Einzelfall zu untersuchen. Wenn ein größerer Kreis vorgesehen ist, so sollte jedoch in jedem Falle überprüft werden, ob alle tatsächlich zu einer Problemlösung beitragen können oder aber ihre Mitwirkung deshalb sinnvoll ist, weil sie die Entscheidungen umsetzen oder anderweitig vertreten müssen.

Selbst- und Fremdführung

Je klarer sich jemand über sich und seine Ziele ist, umso klarer und kompetenter kann er in aller Regel auch mit anderen in Gruppen zusammenarbeiten. In diesem Sinne basieren die verschiedenen Kommunikations- und Team-Trainings (TA, TZI, NLP, Drei-S-Methode) auf Persönlichkeitsentwicklung, dem Erkennen der das Verhalten steuernden Normen und Programme sowie der eigenen Stärken und Schwächen. Insoweit gilt seit alters her der Satz: „Erkenne dich selbst“ – um dann die Partner auch in ihrem Anderssein besser erkennen und akzeptieren zu können. Entscheidungen gewinnen an Qualität, wenn sie durch mehrere Personen und ihre unterschiedlichen Kenntnisse, Fähigkeiten, Sichtweisen und Denkansätze, ggf. auch differenziertere Urteilsfähigkeit herbeigeführt werden. Eine neue Chance liegt also gerade in der Abweichung trotz gleichzeitiger Orientierung am gemeinsamen Ziel.

Ein solcher Synergie-Effekt kann jedoch nur erreicht werden, wenn gegenseitige Akzeptanz und Respekt – d. h. die Bereitschaft zur konstruktiven Zusammenarbeit – vorherrschen, also nicht nur auf eigenen Meinungen beharrt wird und abweichende Ansichten als fehlerhaft oder gar als Angriff bekämpft werden. Die Bereitschaft, Einwände ernstzunehmen, erhöht die Chance, zu verbesserten Lösungen zu gelangen.

Dabei besteht durchaus ein Spannungsfeld, die eigenen Meinungen überzeugend und konstruktiv vorzutragen und gleichzeitig die Bereitschaft zu behalten, sich von Argumenten anderer überzeugen zu lassen. Die Aufgabe der Führungskraft besteht darin, den einzelnen zu fördern, für die Klarheit des Themas zu sorgen und die Zusammenarbeit im Gruppenprozeß zu unterstützen.

Entscheidung im Gruppenprozeß

Üblicherweise erfolgt eine Strukturierung durch Einteilung in drei Phasen:

– Planungs- und Entscheidungsprozeß,
– Realisierung und Durchführung,
– Kontrolle.

Zunächst sind jedoch die Voraussetzungen für einen optimalen Planungs- und Entscheidungsprozeß zu schaffen.

Hierzu gehört es, eine konstruktive Zusammenarbeit und einen kreativen Gruppenprozeß zu ermöglichen. Dies wurde bereits unter Persönlichkeits- und Team-Entwicklung angesprochen. Dabei ist auch auf eine sinnvolle Zusammensetzung der Gruppe zu achten. Abgesehen von den Mitgliedern, die aufgrund ihrer Zuständigkeit teilnehmen sollen bzw. müssen, kann es sinnvoll sein, zusätzlich interne oder externe Personen hinzuzuziehen. Dies kann zum einen der Bereicherung bei ungenügender fachlicher Kompetenz dienen oder als fachliche Ergänzung gedacht sein. Gerade bei der Einführung der Gruppenarbeit kann es auch sinnvoll sein, in Gruppenprozessen Erfahrene hinzuzuziehen. Für die Qualität der Beratungsergebnisse ist oftmals die Beachtung der Strukturen und Prozesse in einem Gruppenablauf von wesentlicher Bedeutung.

Des weiteren sind als Grundlage zur sinnvollen Mitarbeit jedem Mitglied alle die Informationen zugänglich zu machen, die für die Themen- und Problembeschreibung sowie die Entscheidungsfindung erforderlich sind. Die Beteiligung mehrerer Personen an der Entscheidungsfindung erfordert also auch ein entsprechendes Informationssystem, das sowohl die ausreichenden Informationen gewährleistet, als auch sicherstellt, daß alle Beteiligten von den gleichen Daten ausgehen. Schließlich muß für alle Mitglieder die Aufgabenstellung klar sein, d. h., es muß Einigkeit über die zu erreichenden Ziele bestehen (siehe dazu auch Anfangsziel unter „Ziel als Voraussetzung und Ergebnis der Planung“ im Kapitel „Zielorientierte Unternehmensführung“).

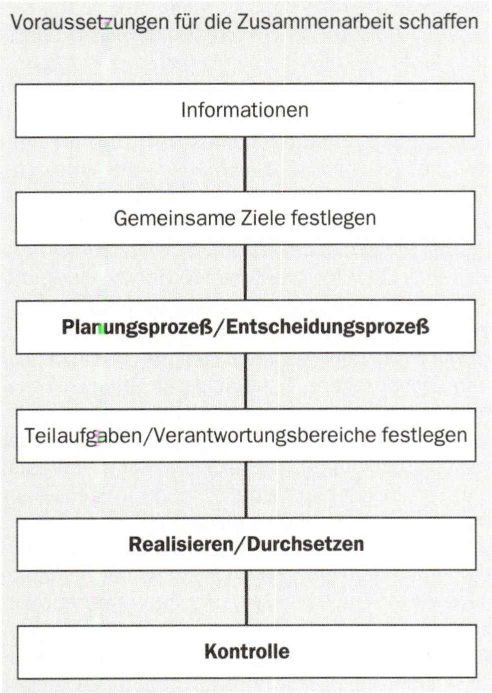

Abb. 1.35: Gruppenprozeß

Abb. 1.35 zeigt die vorausgehenden Phasen, die eine konstruktive Zusammenarbeit einer Gruppe im Planungs- und Entscheidungsprozeß fördern. Störungen sowie Vernachlässigungen in diesen vorausgehenden Bereichen können dazu führen, daß die eigentliche Beratung über Planung und Entscheidung behindert wird oder das Lösungspotential einiger Mitglieder ungenutzt bleibt. Zum Entscheidungsprozeß selbst gehören nach dem Vorliegen der Entscheidungsziele:

- Die Behandlung des Ist-Zustandes, des zu behandelnden Themas, und zwar so ausführlich, wie es für das Verständnis der Beteiligten notwendig ist.
- Die Konkretisierung des darin liegenden Problems oder des erkannten Mangels, also dessen, was es zu verbessern und zu lösen gilt, sowohl in quantitativer als auch in qualitativer Beschreibung.
- Die Festlegung der Maßstäbe, nach denen Lösungen beurteilt werden sollen.
- Die Sammlung von Lösungs-Alternativen. Dies ist die eigentlich schöpferische Phase, bei der verschiedene Kreativitätstechniken angewendet werden können, denen gemeinsam ist, daß die Phantasie nicht zu früh durch Bewertungen und Vorurteile gebremst werden sollte, damit auch Raum für neue Denk- und Lösungsansätze gegeben wird.
- Die Bewertung der Alternativen, nach den zuvor festgelegten quantitativen und qualitativen Maßstäben, ggf. unter Zuhilfenahme von Wirtschaftlichkeitsrechnungen (s. „Phasen des Entscheidungsprozesses“ unter „Investitionen“).
- Die Abschätzung eventueller Zusatzwirkungen, Risiken, Auswirkungen auf andere Entscheidungen oder sonstige Einwände von Teilnehmern.
- Die Entscheidung und Zielvereinbarung.

Gelegentlich wird übersehen, daß die organisatorische Gestaltung es erfordert, neben der Bildung von Gruppen auch anschließend wieder deren Auflösung vorzusehen. Dies entspricht dem Spannungsfeld des Organisierens, nämlich Aufgaben und Abläufe aufzugliedern und dann wieder sinnvoll zu Strukturen und Handlungsprozessen zusammenzufügen. Hier bedeutet dies, daß nach der gemeinsamen Entscheidung und vor der Phase der Realisierung die klare Zuordnung von Teilaufgaben und Verantwortungen auf jeden einzelnen Beteiligten zu erfolgen hat (siehe Abb. 1.35). Dies ist sinnvoll, damit nicht eine Gruppe auseinandergeht, aber bezüglich der Durchführung sich jeder auf den anderen verläßt, so daß die Frage, wer eigentlich für bestimmte Maßnahmen verantwortlich sein sollte, erst gestellt wird, wenn die Kontrolle auf Unterlassungen stößt.

Gerade, weil das Zusammenwirken mehrerer in einem Entscheidungsprozeß auch die Einbeziehung von nicht unmittelbar zuständigen – aber für die Verbesserung eines Ergebnisses wertvollen – Mitarbeitern ermöglicht, ist es erforderlich, anschließend die Zuständigkeiten einschließlich eventueller Terminvorgaben und Verantwortungsbereiche wieder deutlich zu machen. Hilfreich ist hierbei ein Ergebnisprotokoll über Entscheidungen und Zielvereinbarung mit einer Zusatzspalte für Vermerke, wer was bis wann mit wem und mit welchen Hilfsmitteln zu erledigen hat. Damit ist gleichzeitig die Voraussetzung für eine Kontrolle geschaffen, und zwar für eine Selbstkontrolle der jeweils Betroffenen wie auch für die des Gesamtverantwortlichen.

Führen durch Zielvereinbarung

In einem solchen Konzept lassen sich auch die Grundsätze der Führung durch Zielvereinbarung und Delegation sinnvoll verbinden. Durch die Klarheit der Ziele auf allen Ebenen, die unter Beteiligung der jeweils Betroffenen vereinbart wurden, lassen sich für den einzelnen bzw. für die Arbeitsgruppen optimale Freiräume bei der Realisierung der Aufgaben schaffen.

Neben der vor allem strategischen Planung wird es damit zur wesentlichen Aufgabe der Führungskräfte, die Mitarbeiter zu fördern, sinnvoll einzusetzen und zu unterstützen und somit erfolgreich zu sein.

Organisation

Wesen, Aufgaben, Ziele

Die Organisation kann als ein auf den jeweiligen Zweck ausgerichtetes System von Ordnungsstrukturen und Regelungen verstanden werden. Sie ist eine ordnende Gestaltung für zielgerichtetes Handeln, deren ein jedes Sozialgebilde bedarf. Organisation umfaßt dabei sowohl den Aufbau des Ordnungsrahmens, in dem sich die Handlungen vollziehen, als auch die Regelungen des Handlungsablaufes selbst.

In der betrieblichen Literatur wird der Organisationsbegriff unterschiedlich weit gefaßt. Zum einen wird die Organisation umfassend als die Gestaltung eines planvollen Rahmens gesehen, in dem die Aufgabenerfüllung vonstatten geht, und als systematische, planvolle Zuordnung von Menschen sowie Sachen zum Zwecke geregelter Arbeitsabläufe. Andere fassen den Organisationsbegriff relativ eng, lediglich als das Gehäuse, das erst durch die Disposition mit wirtschaftlichem Inhalt gefüllt werden muß; Organisation also nur als die Realisierung der durch Planung vorgegebenen Ordnung im Betrieb. Planung und Kontrolle werden dann nicht als Teilbereiche der Organisation angesehen, sondern dem Organisationsbegriff als zwei selbständige Gebiete zur Seite gestellt. Die engen Wechselbeziehungen zwischen Planung und Organisation sind sicherlich unbestritten. So spricht man einerseits von der Planung der Organisation und andererseits von der Organisation der Planung. Aus der Sicht der betrieblichen Praxis sollen hier dem Begriff der Organisation die Zuordnung von Planungsaufgaben und Entscheidungskompetenzen auf bestimmte Stellen zugerechnet werden. In der Organisationsliteratur werden auch üblicherweise Fragen der Delegation behandelt, z. T. auch die der Führungsstile und Entscheidungsprozesse.

Als zu gestaltende Bereiche in der Organisation kann zunächst die Integration von Menschen in einem Betrieb durch ein gemeinsam zu erreichendes Ziel gesehen werden (Mensch-Systeme). Daneben geht es um die Zuordnung von Menschen und Sachen zu zweckdienlichen Arbeitsabläufen (Mensch-Maschine-System). Schließlich wird als weiteres Feld mit zunehmender technischer Entwicklung die Integration von Sachmittel-Einheiten gesehen (Maschine-Systeme).

Sowohl die rein menschbezogene als auch die rein sachbezogene Auslegung des Organisationsbegriffes werden den heutigen Anforderungen an die Organisation nicht mehr gerecht. Dabei ist nicht zu verkennen, daß sich der Faktor Mensch und der Faktor Sache zunehmend in vielfältiger und komplizierter Weise entwickeln.

In der *Aufbauorganisation* geht es zum einen darum, Aufgaben und Verantwortung auf verschiedene Stellen zu verteilen, und zum anderen, Vorsorge zu treffen, daß die unterschiedlichen, von verschiedenen Personen oder Abteilungen ausgeführten Aufgaben und Entscheidungen wieder zu einem sinnvollen Ganzen koordiniert werden.

Gliederung und Koordination sind wesentliche Teile dieser Organisation. Die Aufgliederung kann aus quantitativen und/oder qualitativen Gründen veranlaßt sein. Ein quantitatives Problem liegt vor, wenn die Arbeit mengenmäßig von einer Person allein nicht mehr erledigt werden kann. Ein qualitatives Problem ist gegeben, wenn an die Erledigung der einzelnen Aufgaben ganz unterschiedliche Anforderungen gestellt werden, also unterschiedliches Fachwissen erforderlich ist. Der erste Fall tritt bei Wachstumsphasen auf, der zweite bei zunehmender Spezialisierung und Technisierung. Beide Probleme können auch zugleich gegeben sein.

Bei der *Ablauforganisation* geht es um die in bezug auf die Zielerreichung sinnvolle Regelung der Folge einzelner Arbeitsprozesse.

Neben diesem materiellen Arbeitsprozeß gewinnt die Strukturierung des informellen Arbeitsprozesses im Informationsfluß zunehmende Bedeutung, der im Abschnitt „Organisation des betrieblichen Informationswesens" näher erläutert wird. Da Organisation zweckbestimmt ist, hat sie sich an den jeweiligen Aufgaben und letztendlich an den obersten Unternehmenszielen zu orientieren.

Organisationsgrundsätze

Wesen der Organisationsgrundsätze

In der Literatur werden Organisationsgrundsätze in der unterschiedlichsten Weise gegliedert und behandelt. Während teilweise eine Vielzahl von detaillierten Forderungen aufgestellt werden, begnügen sich andere mit wenigen Grundsätzen. Die Zurückführung aller Einzelregelungen auf einen einzigen übergeordneten Grundsatz ist bisher nicht gelungen.

Das Wesen der Organisationsgrundsätze liegt darin, daß es sich bei ihnen nicht um Gesetzmäßigkeiten im naturwissenschaftlichen Sinne handelt, sondern um Fragen der Zweckmäßigkeit. Sie sind also danach auszurichten, wie die Organisation am sinnvollsten gestaltet werden muß, um einen zu organisierenden Betrieb bei seiner Zielerreichung zu unterstützen. Gelegentlich wird z. B. als Grundsatz der klaren Unterstellungsverhältnisse gefordert, daß jeder Mitarbeiter nur von einer Person Anweisungen erhalten soll. In seiner strengen Anwendung bedeutet dies bereits eine Festlegung auf ein Liniensystem, während die Organisationslehre auch andere Leitungssysteme kennt, wie an späterer Stelle noch zu zeigen ist. Dies zeigt auch, daß mit der Aufstellung solcher Grundsätze bereits bestimmte Festlegungen erfolgen.

Organisationsgrundsätze sind von den grundsätzlichen Regelungen im Betrieb zu unterscheiden. Organisationsgrundsätze behandeln das, was bei der Aufstellung von organisatorischen Regelungen und Gestaltungsprinzipien in einem Betrieb zu berücksichtigen ist. Unter diesem Gesichtspunkt werden sie auch im nachfolgenden behandelt.

Die Regelungen im Betrieb haben sich dabei an den Unternehmenszielen und den geschäftspolitischen Grundsätzen zu orientieren. Der Organisation fällt die Aufgabe zu, dem Unternehmen die erforderliche Ordnung zu geben, sowohl in bezug auf den Organisationsaufbau als auch für eine Strukturierung des Prozesses. Bei letzterem wird noch in einem zunehmenden Maße unterschieden in materielle und informelle Arbeitsprozesse. Entsprechend behandeln die folgenden drei Abschnitte jeweils die Aufbauorganisation, die Ablauforganisation sowie das betriebliche Informationswesen. Hier wird noch auf einige grundsätzliche Überlegungen bei der Festlegung organisatorischer Regelungen eingegangen.

Substitutionsprinzip der Organisation

Das Substitutionsprinzip der Organisation gilt dann, wenn die spezielle Entscheidung im Einzelfall durch generelle Regelungen ersetzt wird. Die Anwendung dieses Prinzips erwartet, daß nach Möglichkeit die zu organisierenden Tatbestände und Arbeitsabläufe zu gleichförmigen und sich wiederholenden Vorgängen geordnet werden, so daß für ihre Behandlung generelle Regelungen aufgestellt werden können.

Sinn und Vorteil dieser allgemeinen Regel liegen darin, daß die Entscheidungsperson nicht jeden einzelnen Fall gesondert behandeln muß, sondern durch eine einmalige Entscheidung die Erledigung einer Vielzahl von Einzelfällen vorbestimmen kann. Damit wird die Führungskraft entlastet und eine Anwendung der allgemeinen Regelung bei der Erledigung des konkreten Einzelfalles auf eine tiefere Stufe der Organisation verlagert. Die den Einzelfall bearbeitende Person braucht nunmehr nur noch zu überprüfen, ob der konkrete Fall auch unter diese allgemeine Regelung fällt, d. h. also, ob er die für die Anwendung erforderlichen Merkmale aufweist. Bei einer allgemeinen Regelung ist es also wesentlich, daß auch eindeutige Bestimmungen darüber vorliegen, welche Fälle unter dieser allgemeinen Regelung erfaßt werden sollen. Es muß auch deutlich werden, welche Fälle hiervon gesondert zu regeln sind, damit gegebenenfalls rückdelegiert werden kann.

Die Einführung genereller Regelungen kann auch sinnvoll sein, wenn derjenige, der die Regeln aufstellt, jeweils ein und dieselbe Person ist. Sie dienen dann dazu, gleichartige Fälle gleich zu behandeln und den Arbeitsaufwand für die Behandlung der konkreten Fälle zu minimieren. Diese Fälle sind zumeist nicht in schriftlich fixierter Form festgehalten.

Darüber hinaus haben generelle Regelungen ihren Vorteil und ihre Berechtigung dadurch, daß auch nicht mit der Erledigung des konkreten Vorgangs befaßte Personen und Abteilungen durch die Kenntnis der generellen Regelungen wissen, wie entsprechende Fälle behandelt werden. Sie führen somit nicht nur zur gleichartigen Behandlung gleicher Fälle, sondern ebenfalls auch zur größeren Klarheit und Sicherheit. Die Nachteile der generellen Regelung können darin bestehen, daß die Anwendung zu schematisch geschieht sowie besondere Fälle nicht speziell genug bearbeitet werden. Wenn nun der mit der Anwendung betraute Mitarbeiter den Sinn dieser Regelung nicht mehr sieht und die dahinter stehende Entscheidung nicht nachvollziehen kann, so fühlt er sich schnell nur noch als mechanisch ausführender Vollzugsgehilfe.

Neben einer klaren und eindeutigen Form dieser Regelungen ist es daher sinnvoll, diejenigen, die sie anwenden sollen, bei deren Festlegung zu beteiligen. Sind solche Regelungen und Vorschriften für den Mitarbeiter einsichtig oder werden sie von ihm nicht nur als vorgegeben, sondern als mitgestaltet angesehen, so wird auch die Identifikation mit der erwarteten Aufgabe verbessert. Auf diese Weise kann der Entpersonifizierung, die mit der Zunahme genereller Regelungen verbunden ist, zum Teil entgegengewirkt werden. Allgemeine Regelungen müssen aus den Unternehmenszielen und den geschäftspolitischen Grundsätzen abgeleitet sein und in dieser Zweckausrichtung auch die optimale Bearbeitung der Fälle, auf die sie angewendet werden, sicherstellen.

Einmal festgelegte Regelungen und Grundsätze drohen immer zu erstarren. Es ist daher erforderlich, sie von Zeit zu Zeit in Frage zu stellen und auf ihre Zweckdienlichkeit hin zu kontrollieren. Auch diese Überprüfung kann organisiert werden. Dies geschieht im Rahmen der Organisationsprüfung, die von Zeit zu Zeit für die einzelnen Bereiche durchgeführt werden sollte. Dabei kann es hilfreich sein, kurze schriftliche Begründungen über die Zweckdienlichkeit der Regelungen anzufordern, sowohl von denjenigen, die sie anwenden, als auch von demjenigen, der den Anwendungsbereich zu verantworten hat.

Eine günstige Gelegenheit hierzu, die sich in der Praxis des Betriebsablaufes immer wieder bietet, ist die Einarbeitung neuer Mitarbeiter in diesen Aufgabenbereich. Die Einweisung in die Handhabung der Vorschriften kann gleichzeitig zu einer kritischen Überprüfung genutzt werden. All diese Hilfsmittel sollen sicherstellen, daß nicht allgemeine Regelungen noch angewendet werden, obwohl sich ihre Entscheidungsgrundlagen in der Zwischenzeit verändert haben.

Prinzip des organisatorischen Gleichgewichts

Ziel der Organisation muß es ein, das Optimum zwischen grundsätzlicher Regelung und fallweiser Bearbeitung zu erreichen, also ein ausgewogenes Gleichgewicht. Eine Organisation, die über zu viele geschäftspolitische Grundsätze und allgemeine Regelungen verfügt, wird starr und unbeweglich – sie ist überorganisiert. Eine Organisation, in der es weitgehend an allgemeinen Regelungen mangelt und in der es durch die spezielle Bearbeitung der Einzelfälle, eventuell sogar noch durch verschiedene Personen, zu ungleicher Behandlung von gleichen Vorgängen kommt – ein Betrieb also, in dem eine fallweise Entscheidung auch dort vorherrscht, wo generelle Regelungen hilfreich sind, ist unterorganisiert.

Ein hohes Maß an Gleichheit, Regelmäßigkeit und Einfachheit der zu organisierenden Vorgänge spricht für generelle Regelungen – zunehmende Unübersichtlichkeit sowie Unbeständigkeit sprechen für die flexiblere fallweise Bearbeitung. Letzteres kann z. B. auch durch Unsicherheiten und starke Preisschwankungen auf dem Absatz- oder Beschaffungsmarkt verursacht werden. Hieraus folgt, daß das Optimum zwischen den beiden Systemen für einen Betrieb nicht ein für allemal gefunden werden kann, sondern selbst einer Dynamik unterliegt.

Darüber hinaus ist festzuhalten, daß generelle Regelungen dem Betriebsablauf eine Sicherheit geben, demgegenüber die fallweise Bearbeitung oftmals im konkreten Einzelfall eine vereinfachte und damit wirtschaftlichere Lösung ermöglichen würde. Hier gilt es dann abzuwägen, ob der Gewinn an Sicherheit nicht doch insgesamt zu einem störungsfreien und damit wirtschaftlicheren Ablauf führt. Aufgabe des Organisierens bleibt es also, das für einen konkreten Fall zweckdienlichste Verhältnis zwischen Stabilität und Elastizität zu finden.

Festlegung von Aufgaben, Kompetenzen und Verantwortung

In diesem Zusammenhang wird oftmals vom Grundsatz der Übereinstimmung von Aufgabe, Kompetenz und Verantwortung gesprochen. In der Organisationslehre kennen wir jedoch die

Trennung in Ausführungs-, Leitungs- und Kontrollfunktion. So übernimmt z. B. ein Abteilungsleiter auch die Verantwortung für die Erfüllung von Aufgaben, die er nicht selber ausführt. Insoweit bedarf dieser Grundsatz einer Konkretisierung.
Zunächst sind die einem jeden übertragenen Teilaufgaben klar festzulegen. Dabei sollte bereits erkennbar sein, wann Ausnahmefälle vorliegen, zu deren Erledigung die Hinzuziehung z. B. des Vorgesetzten erforderlich ist. Jeder sollte für die ihm übertragenen Aufgaben die notwendigen Vollmachten und Kompetenzen erhalten, die eine zufriedenstellende Bearbeitung ermöglichen. Ist eine Trennung oder Aufteilung dieser Kompetenzen erforderlich, so sind organisatorische Vorkehrungen für ein zweckdienliches Zusammenwirken zu treffen. Auf dieser Grundlage sind die Verantwortungen zu übertragen und klare Verantwortungsbereiche zu bilden. Jeder soll nur für Dinge zur Rechenschaft gezogen werden, die er wirksam beeinflussen kann und deren Erledigung zu seinem Aufgabenbereich gehört.

Delegation und einheitliche Willensbildung
Je mehr Personen in einem Unternehmen zusammenarbeiten, um so umfangreicher wird die Arbeitsteilung d. h. die Verteilung mehrerer Teilaufgaben und Funktionen auf verschiedene Personen. Dies bedeutet nicht nur die Übertragung von Ausführungsarbeiten, sondern auch die Übertragung von Leitungsaufgaben nach unten zur Entlastung obererer Instanzen. In diesem Zusammenhang wird oftmals folgender Organisationsgrundsatz erhoben: Leitungsaufgaben sollen jeweils von der untersten noch dazu befähigten Instanz wahrgenommen werden. Ob ein solcher Grundsatz der Delegation in der Praxis in vollem Umfange aufrechterhalten werden kann, hängt natürlich auch von der Arbeitsauslastung der einzelnen Instanzen ab. Sicherlich trägt die zunehmende Spezialisierung auch zu einer weitergehenden Delegation bei.
Mit zunehmender Delegation von Entscheidungsbefugnissen wächst die Anforderung, organisatorisch sicherzustellen, daß Teilentscheidungen sich nicht gegenseitig widersprechen und behindern, sondern im Hinblick auf die Unternehmensziele ein zweckvolles Ganzes bilden. Wirken mehrere Personen an einer Willensbildung mit, so ist entweder Einigkeit zu erzielen oder aber zumindest sicherzustellen, daß Entscheidungen nach außen geschlossen vertreten werden, auch von denen, die eventuell hier nicht zugestimmt haben. Das Maß der Delegation und Dezentralisation bestimmt den Umfang der organisatorischen Vorkehrungen zur Koordination.

Prinzip der Beherrschbarkeit
Ganz allgemein bedeutet dieses wesentliche Organisationsprinzip, daß bei der Gestaltung von Stellen die Voraussetzungen geschaffen werden müssen, die die Erfüllung der übertragenen Aufgaben durch den Stelleninhaber sichern. Hierbei ist in leitende und ausführende Tätigkeiten zu unterscheiden. Neben der Berücksichtigung von Fähigkeiten und Kenntnissen der Mitarbeiter gehört hierzu auch, die organisatorischen Regelungen in bezug auf den Informationsfluß zu treffen, damit jeder die für seine Aufgabenerfüllung notwendigen Daten erhält.
Insbesondere bei Aufgabenbündelungen an einer Stelle sind Anforderungen überschaubar zu halten. Für Personen mit Leitungsbefugnis bedeutet dies, daß niemandem mehr Mitarbeiter unmittelbar unterstellt werden sollen, als er auch leiten, führen und kontrollieren kann. Soweit es für die ordnungsgemäße Wahrnehmung einer Leitungsfunktion erforderlich ist, sind solche Stelleninhaber von der Durchführung detaillierter Ausführungsarbeiten freizuhalten oder zu entlasten.

Prinzip der Eindeutigkeit und Klarheit
Dieser Grundsatz verlangt eine einfache, klare und übersichtliche Ausrichtung der Organisation auf das Betriebsziel hin. Er kann auch dahingehend verstanden werden, daß alle wesentlichen Strukturen, Arbeitsabläufe und Informationswege eindeutig, d. h. vollständig und widerspruchsfrei geregelt sind. Zumindest ab einer bestimmten Größenordnung sollte dies in formaler Weise schriftlich und/oder durch Schaubilder festgehalten werden, z. B. in Form von Organisationsplänen, Stellen- sowie Aufgabenbeschreibungen, Arbeitsanweisungen, Ablaufdiagrammen usw.

Aufbauorganisation

Aufgabenanalyse
Durch Zerlegen und Analysieren einer komplexen Gesamtaufgabe eines Unternehmens werden die Teilaufgaben deutlich. Diese Aufgabengliederung gibt dann einen Überblick über die meist komplizierte Struktur der Teilaufgaben.
Eine Aufgabenanalyse ist die Vorstufe zur dann folgenden Gestaltung der Organisation durch Zusammenfassung aller Teilaufgaben zu Aufgabenbereichen (Aufgabensynthese) einschließlich der sich daraus ergebenden Beziehungszusammenhänge (Instanzen- und Abteilungsbildung).
Als Aufgabe wird gemeinhin die Zielvorschrift verstanden, einen bestimmten Zustand zu verwirklichen, meist durch menschliches Handeln bei ge-

gebenen Voraussetzungen. Insoweit wird bei der Zergliederung der betrieblichen Gesamtaufgabe in Teilaufgaben nach den Merkmalen Verrichtung oder Objekt sowie verschiedentlich noch zusätzlich nach Rang (leitende oder ausführende Tätigkeiten), Phase (Planung, Realisation, Kontrolle) oder Zweckbeziehung (primäre oder sekundäre Aufgaben) unterschieden.

Für die betriebliche Praxis dürften gerade für den Zweck der späteren Synthese Beschreibungskriterien hinzukommen. Zum einen die Sach- und Arbeitsmittel, die für die Aufgabendurchführung einzusetzen sind, und zum anderen die Anforderung an die Person, die die Aufgabe durchführen soll, z. B. Kenntnisse und Fähigkeiten und die räumliche Zuordnung.

Neben der Festlegung der Gliederungsmerkmale steht die Fragen nach der Gliederungstiefe. Hierbei geht es darum, inwieweit eine Teilaufgabe in immer kleinere Teilaufgaben gegliedert werden soll. Dies hängt vom konkreten Fall der Analyse ab. Allgemein läßt sich für die Praxis sagen: Eine weitere Zergliederung hat dann zu unterbleiben, wenn von ihr keine weiteren Erkenntnisse für den Zweck der Aufgabenanalyse zu erwarten sind. Es ist nicht sinnvoll, Teilaufgaben mühsam weiter zu zergliedern, wenn bereits feststeht bzw. zu erkennen ist, daß anschließend wieder die gleiche Zusammenlegung in der Synthese erfolgt. Hieraus wird bereits der Zusammenhang zwischen Aufgabenanalyse und -synthese deutlich.

Für die Aufgabenzuordnung mag z. B. die Untergliederung in „Limitprüfung" hinreichend tief genug sein, als Programmvorgabe für die elektronische Datenverarbeitung ist eine wesentlich detailliertere Gliederung erforderlich. In der Praxis zeigt sich, daß in bezug auf die Stellenbildung im Rahmen der Aufbauorganisation oftmals nur eine weniger tiefe Zergliederung der Aufgaben erforderlich ist als für die Ablauforganisation.

Es sei deshalb an dieser Stelle noch darauf hingewiesen, daß die Trennung in „Aufbauorganisation" sowie „Ablauforganisation", wie sie sich in der Betriebswirtschaftslehre eingebürgert hat, eigentlich eine theoretische Einteilung in zwei Betrachtungsweisen darstellt. Auch in der Literatur erkennt man an, daß sich diese klare Unterscheidung in der betrieblichen Praxis nicht immer aufrechterhalten läßt.

Da eine mehrdimensionale Gliederung der Aufgaben oft wenig praktikabel ist, hat sich eine zweistufige Aufgabenanalyse herausgebildet:

- 1. Stufe : Bildung von sachlichen Elementaraufgaben niederer Ordnung, und
- 2. Stufe: Ergänzung durch Phasen- und Rangelemente.

Ein solcher Aufgaben-Gliederungsplan ist in Abb. 1.36 schematisiert. Dieser vereinfachten Verfahrensweise liegt zugrunde, daß jede Aufgabe eine Verrichtung an einem Objekt darstellt, womit sich die sachliche Gliederung der Aufgaben aus beiden Komponenten gleichzeitig ergibt. Die sachliche Gliederung ist also abhängig von den konkreten Zweckaufgaben und Voraussetzungen eines einzelnen Betriebes. Hierbei können bereits Arbeitsmittel oder personenbezogene Gesichtspunkte berücksichtigt werden.

Auch raumbezogene Aspekte (z. B. Zweigniederlassungen) können eine weitere Sachgliederung erfordern. Der Zeitfaktor wird ebenfalls berücksichtigt, da es sinnvoller ist, ständig wiederkehrende und/oder zeitaufwendige Aufgaben weitergehend zu untergliedern als gelegentlich anfallende, nicht zu zeitaufwendige Aufgaben. Deren Ausführung kann durch eine Stelle wirtschaftlicher erfolgen als durch Arbeitsteilung.

In der Betriebspraxis wird die Aufgabenanalyse zumeist durch eine geplante Überprüfung oder Neuorientierung der bestehenden Organisationsstruktur veranlaßt. Dieser kann zugrunde liegen: Wachstum des Unternehmens, personelle Veränderung, Einführung neuer Sachmittel und Verfahren (beispielsweise EDV), Neubau und anderes. Hierbei kann die Aufgabenanalyse auf bestehende Gegebenheiten zurückgreifen. Es muß jedoch auf jeden Fall sichergestellt werden, daß die Analyse über eine Ist-Beschreibung hinausgeht, d. h., daß die Gliederung in der Regel tiefer als die bisherige Stellenbildung geht, insbesondere bei den zu ermittelnden Schwachstellen.

Um den Aufwand einer Analyse in wirtschaftlich vertretbarem Rahmen zu halten, ist es durchaus sinnvoll, bei dem Umfang und der Tiefe der Gliederung bereits hier sich abzeichnende Gegebenheiten der Aufgabensynthese zu berücksichtigen.

Aufgabengliederungsplan

Sachgliederung	Ranggliederung: Entscheidung	Ausführung	Phasengliederung
			Planung
			Realisierung
			Kontrolle
			Planung
			Realisierung
			Kontrolle

Abb. 1.36: Aufgabengliederungsplan

Andererseits besteht hierin jedoch die Gefahr, bestehende Aufgaben-Zusammenfassungen als unabänderlich anzusehen und sie nicht ausreichend in Frage zu stellen, d. h. also bereits in dieser Phase das Ergebnis vorwegzunehmen und andere denkbare Alternativen auszuschließen.

Aufgabensynthese

In der Aufgabensynthese werden die in der Aufgabenanalyse gebildeten Elementaraufgaben zum Aufgabenbereich einer Person, der sogenannten Stelle, zusammengefaßt. Aus diesen Stellen, zusammen mit ihren Verknüpfungen, entstehen die größeren Organisationseinheiten. Dieses Ergebnis der Aufgabensynthese konkretisiert sich somit in der Stellen- und Abteilungsbildung.

Stellen, Abteilungen und ihre Verknüpfungen bilden die organisatorische Struktur des Betriebes. Wie aus den Elementaraufgaben Stellen und Abteilungen gebildet werden, hängt einerseits von Zweck und Gegebenheiten des konkreten Betriebes ab sowie andererseits von der Gestaltungsfähigkeit der Verantwortlichen, in der Regel also der Unternehmensleitung selbst. Ihr kommt für die Wirksamkeit der Organisation eines Betriebes wesentliche Bedeutung zu.

Auf die Bildung von Instanzen und Abteilungen sowie ihrer Verbindung in Leitungssystemen wird in den folgenden Abschnitten gesondert eingegangen.

Die Aufgabensynthese zu den Aufgabeneinheiten kann grundsätzlich nach denselben Kriterien erfolgen wie zuvor die Gliederung der Aufgaben in einer Analyse, d. h., es ist festzulegen, welches Gliederungsmerkmal für die Zusammenfassung von Teilaufgaben Vorrang haben soll.

So kann eine Zusammenfassung nach Verrichtungen erfolgen (Verrichtungszentralisation), indem gleiche Arbeiten an unterschiedlichen Objekten auf einer Stelle vereinigt werden. Im Gegensatz dazu ist es möglich, unterschiedliche Verrichtungen am gleichen Objekt auf eine Stelle zu vereinigen (Objektzentralisation). Diese Merkmale gelten nicht nur im Fertigungsbereich. Die Zusammenlegung von Arbeiten gleicher Art erhöht die Spezialisierungsmöglichkeit, sie führt jedoch auch andererseits oft zu einer Monotonie für den Stelleninhaber. Außerdem wird vielfach ein größerer innerbetrieblicher Transportweg der Objekte erforderlich, was mit Kosten verbunden ist, die dem Rationalisierungserfolg gegenüberzustellen sind.

Räumliche, zeitliche sowie auf die einzusetzenden Sachmittel bezogene Aspekte geben oft den Ausschlag für die Stellenbildung. So entfällt z. B. bei Filialbetrieben (räumliche Dezentralisation) im Einzelhandel die Alternative, alle Kassiervorgänge zusammenzufassen; hier wird in jeder Filiale mindestens eine Kassiererstelle geschaffen werden müssen. Bei teuren Arbeits- und Sachmitteln verbietet sich oft der Einsatz mehrerer Anlagen an mehreren Stellen, wenn eine Anlage kapazitätsmäßig für das Unternehmen ausreicht (Sachmittel-Zentralisation). Viel diskutiert im Bereich der Aufgabensynthese ist die Frage, ob die Bildung der Stellenaufgabe auf die Person des in Aussicht genommenen Stelleninhabers Rücksicht nehmen soll oder ob sie unabhängig zu erfolgen hat.

Die Meinung hierzu ist nicht einheitlich. Wird bei der Zusammenfassung von Aufgaben zu einer Stelle auf die persönlichen Eigenheiten und Wünsche des in Aussicht genommenen Stelleninhabers Rücksicht genommen, so ergibt sich als Vorteil, daß die Motivation des Stelleninhabers vermutlich höher ist und sein Potential an Kenntnissen besser genutzt werden kann. Nachteilig ist hingegen bei einer solchen personenorientierten Ausrichtung des Aufgabengebietes, daß bei einem Stellenwechsel möglicherweise der Aufgabenbereich neu gegliedert werden muß, weil er zu sehr auf den ursprünglichen Stelleninhaber ausgerichtet war. Dies kann der Fall sein, wenn die Stelle zunächst Aufgaben beinhaltete, die zwar der frühere Stelleninhaber erfüllen konnte, nicht jedoch sein Nachfolger. Andererseits wäre auch denkbar, daß bestimmte Teilaufgaben mit Rücksicht auf den Stelleninhaber nicht enthalten waren, die jedoch ein künftiger Nachfolger gern mit zum Aufgabengebiet hinzu hätte.

Bei der personenungebundenen Festlegung der Aufgaben einer Stelle ergibt sich als Vorteil, daß die Stellenbeschreibung für längere Zeit und auch über einen Inhaberwechsel hinaus Gültigkeit hat. Nachteile können jedoch darin liegen, daß das Potential des vorhandenen Personals nicht genügend berücksichtigt wird. Dies ist zunächst dann gegeben, wenn der Stelleninhaber durch die ihm mit der Stelle zugewiesenen Aufgaben seine Fähigkeiten und Kenntnisse nicht voll zum Einsatz bringen kann. Zum anderen kann jedoch auch der Fall gegeben sein, daß die Stellenbeschreibung das Leistungspotential des gegebenen Mitarbeiterstabes übersteigt.

In der Praxis herrschen auf tieferen Organisationsstufen die personenunabhängigen Stellenbeschreibungen vor, während in den oberen Organisationsstufen gelegentlich die personenbezogene Aufgabenfestlegung einer Stelle anzutreffen ist.

In der Regel sollte eine Aufgabenzusammenstellung für eine Stelle zwar nicht auf eine konkrete Person hin orientiert sein, aber dennoch den Per-

1

sonenaspekt nicht gänzlich außer acht lassen. Hier bietet es sich an, die Stelle mit solchen Aufgaben zu füllen, wie sie dem Persönlichkeitsbild entsprechen, das üblicherweise Personen mitbringen, die als Stelleninhaber in Frage kommen können. Eventuell ist es auch sinnvoll, an einigen Stellen in den Randbereichen Aufgaben zu definieren, die sowohl der einen als auch einer anderen Stelle zugeordnet werden könnten und somit den auf die Personen bezogenen Spielraum für die Organisation und die Personalabteilung gleichermaßen erkennbar machen.
Auf die Stellenbeschreibungen wird im Abschnitt über Hilfsmittel der Organisation noch näher eingegangen werden. Die mit der Aufgabensynthese geschaffenen Stellen bilden den Stellenplan eines Unternehmens.

Abteilungs- und Instanzenbildung
Die Zusammenfassung mehrerer Stellen unter einer übergeordneten Leitungsstelle (Instanz) wird als Abteilungsbildung bezeichnet. Die Instanz selbst und die ihr untergeordneten Stellen zusammen bilden also die Abteilung. Die Instanz ist dabei die ranghöhere Stelle, die Leitungsaufgaben für eine Reihe von rangniederen Stellen übernimmt.
Diese Zusammenfassung mehrerer Stellen unter einer übergeordneten Leitungsstelle wird auch oft primäre Abteilungsbildung genannt, im Gegensatz zur sekundären Abteilungsbildung, unter der man eine Vereinigung von Abteilungen zu Abteilungen höherer Ordnung versteht. Statt von Abteilungen verschiedener Rangordnung zu sprechen, werden auch oftmals folgende Bezeichnungen verwendet: Untergruppen, Gruppen, Abteilungen, Hauptabteilungen. Diese Bildung von Abteilungen kann im wesentlichen nach drei Gesichtspunkten erfolgen, wobei in der Praxis sehr häufig Mischformen auftreten.

• Verrichtungsorientierte Gliederung
Bei der verrichtungsorientierten Gliederung werden Stellen mit gleichen oder ähnlichen Aufgaben zu einer Abteilung zusammengefaßt.

• Objektorientierte Gliederung
Die objektorientierte Gliederung von Hauptabteilungen bedeutet demgegenüber die Vereinigung von Abteilungen oder Stellen nach Produkten bzw. Produktgruppen oder territorialen Gesichtspunkten. Die objektzentralisierten Hauptabteilungen, oftmals auch Divisions oder Divisionen genannt, stellen mehr oder weniger selbständige Betriebe innerhalb der Gesamtunternehmung dar. Sie ermöglichen damit den Abteilungsleitern unternehmerisches Engagement, das durch eine auf die jeweiligen Hauptabteilungen bezogene Erfolgsrechnung ergänzt werden kann (Profit-Center).
Der Nachteil einer solchen Gliederung liegt darin, daß die in sich abgeschlossenen Bereiche zu einer eigenständigen Entwicklung tendieren mit der Gefahr des Sich-Auseinanderlebens. Der mit dieser Gliederung grundsätzlich gewünschte „innerbetriebliche Wettbewerb" von Abteilungen, z. B. um das beste Rendite-Ergebnis oder um die Zuteilung von Finanzmitteln, kann dazu führen, daß die von den einzelnen „Divisons" verfolgten Teilziele kurzfristiger sind. Dies würde jedoch die für das Gesamtunternehmen notwendigen längerfristigen Planungen berühren, z. B. auf den Gebieten Forschung und Entwicklung.
In der Praxis ist gelegentlich eine Vermischung der objektorientierten und der verrichtungsorientierten Bildung von Hauptabteilungen zu beobachten, indem z. B. Produktion und Absatz objektorientiert, die allgemeine Verwaltung und sonstige Hilfsfunktionen verrichtungsorientiert werden.

• Trägerorientierte Gliederung
Unter trägerorientierter Gliederung versteht man die Zusammenfassung mehrerer Stellen zu Abteilungen oder von Abteilungen zu Hauptabteilungen nach dem Gesichtspunkt, welche Anforderungen bzw. Erwartungen üblicherweise an die Person, die die bestimmte Leitungsfunktion übernehmen soll, gestellt werden können.
Wie viele Leitungsbereiche und wie viele hierarchische Stufen in einem Betrieb gebildet werden sollen, hängt von den jeweiligen Gegebenheiten und der Betriebsgröße ab. Die Tendenz geht heute hin zu „schlanker Verwaltung" – zu weniger Instanzen.
Unabhängig von der Auswahl der Gliederungsgesichtspunkte ist zu überprüfen, ob jede Instanz den ihr zugewiesenen Leitungsaufgaben gerecht werden kann, und andererseits, ob sie durch die ihr übertragenen Aufgaben ausgelastet ist. Die sogenannte Leitungsspanne ist abhängig von der Art der Aufgaben der Abteilung und den zur Verfügung stehenden Sachmitteln einschließlich der Kommunikations- und Kontrollmöglichkeiten, die einer Leitungsperson zur Verfügung gestellt werden. Darüber hinaus hängt die Leitungsspanne jedoch auch von der Qualifikation der der Abteilung zugewiesenen Mitarbeiter ab sowie von den persönlichen Fähigkeiten des Stelleninhabers der Instanz.
Auf der Basis von Aufgabenanalyse und Aufgabensynthese wurde die Bildung von Stellen, Abteilungen niedrigerer Ordnung und Abteilungen höherer Ordnung als Kombinationsprozeß von un-

ten nach oben gesehen. Es sei jedoch ausdrücklich darauf hingewiesen, daß in der Praxis die Bildung von Abteilungen und Instanzen oftmals umgekehrt, d. h. von oben nach unten, erfolgt. Man spricht dann von der Delegation von Aufgaben, insbesondere von der Delegation von Leitungsbefugnissen.

Die Bildung von Abteilungen durch einen solchen Delegationsprozeß ist gerade in Wachstumsphasen bei kleineren und mittleren Unternehmen zu beobachten. Hier besteht die Gefahr der zu starken personenbezogenen Aufgabengliederung, und zwar oftmals nicht bezogen auf den Stelleninhaber der Leitung einer Abteilung, sondern bezogen darauf, welche Aufgaben der bisherige Stelleninhaber aus dem Verbund seiner Aufgaben ausgliedern möchte. Oftmals geschieht diese Ausgliederung nur halbherzig, also unter dem Druck der Arbeitsüberlastung, gleichzeitig mit dem Wunsch, sich auch zukünftig „gelegentlich noch um diese Aufgaben mit zu kümmern", was eine klare Aufgaben- und Verantwortungszuordnung erschwert.

Leitungssysteme

Jedes Leitungssystem stellt die Rangverhältnisse der einzelnen Abteilungen und Stellen so dar, daß die Anweisungsbefugnisse deutlich werden. Hiermit werden auch die Verhältnisse der Über- bzw. der Unterordnung aufgezeigt. Der sich hieraus ergebende Instanzenweg legt fest, wer wessen unmittelbarer Vorgesetzter ist, d. h. wer wem gegenüber weisungsbefugt ist, bzw. wer an wen zu berichten hat.

Für die Regelung dieses hierarchischen Aufbaus gibt es mehrere Grundformen: das Liniensystem, das Funktionssystem, das Stab-Liniensystem sowie die Matrix-Organisation.

• Das Liniensystem

Die für ein Liniensystem charakteristische Grundforderung besteht darin, daß jede Instanz nur von einer ihr klar zugeordneten ranghöheren Instanz Anweisungen und Aufträge erhält und an diese Instanz ihre Rückmeldungen gibt. Deshalb wird auch vom Ein-Linien-System gesprochen. Von der Anweisung der obersten Geschäftsleitung bis hin zur untersten Stelle führt jeweils eine eindeutige Weisungslinie – der *Dienstweg*. Das System geht zurück auf die Lehre von Fayol, bei der das Prinzip der Einheitlichkeit der Auftragserteilung an erster Stelle steht.

Die Einheitlichkeit der Leitung wird somit garantiert, indem sowohl von oben nach unten als auch von unten nach oben der Dienstweg einzuhalten ist. Auf diese Weise wird verhindert, daß eine untergeordnete Stelle von verschiedenen Stellen Anweisungen erhält. Auch darf der Vorgesetzte innerhalb seines Bereiches untergeordnete Instanzen nicht übergehen. Es werden somit klare und übersichtliche Verhältnisse sowie eindeutige Abgrenzungen geschaffen.

Nachteilig wirkt sich in diesem System aus, daß insbesondere bei mehrstufiger Organisation Anweisungen von oben nach unten bzw. Informationen von unten nach oben durch die erzwungene Einhaltung des Dienstweges oftmals nur mit erheblicher zeitlicher Verzögerung ankommen, verbunden mit der Gefahr, daß Informationen bei der Weiterleitung verfälscht werden. Darüber hinaus führen diese langen und schwerfälligen Dienstwege bei größerem Arbeitsanfall zu einer erheblichen zusätzlichen Belastung, die sich nach obenhin vergrößert.

Bereits Fayol erkannte an, daß es in manchen Fällen sinnvoller sein kann, den Dienstweg nicht einzuhalten. So kann als Ausnahme von dem direkten, der Linie entsprechenden Verkehrsweg zugelassen werden, daß Stellen gleicher Ranghöhe direkt miteinander verkehren, um auf diesem Wege der unmittelbaren Zusammenarbeit Fragen zu erledigen, die beide betreffen. Dies muß jedoch im Grundsatz von der vorgesetzten Stelle genehmigt

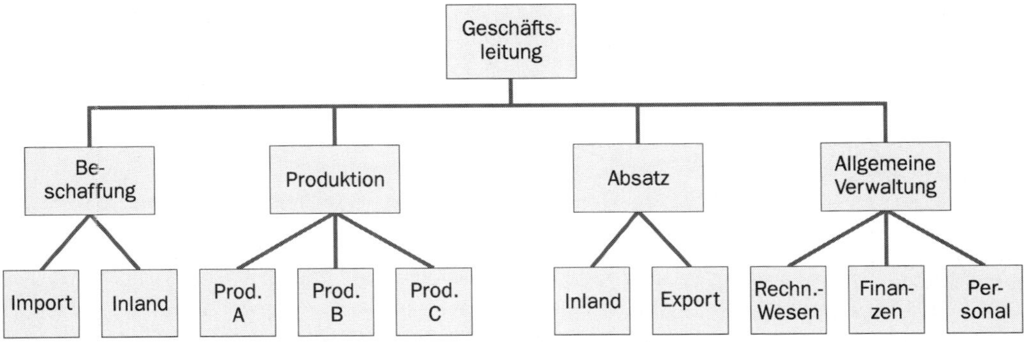

Abb. 1.37: Liniensystem nach dem Prinzip der Verrichtungszentralisation

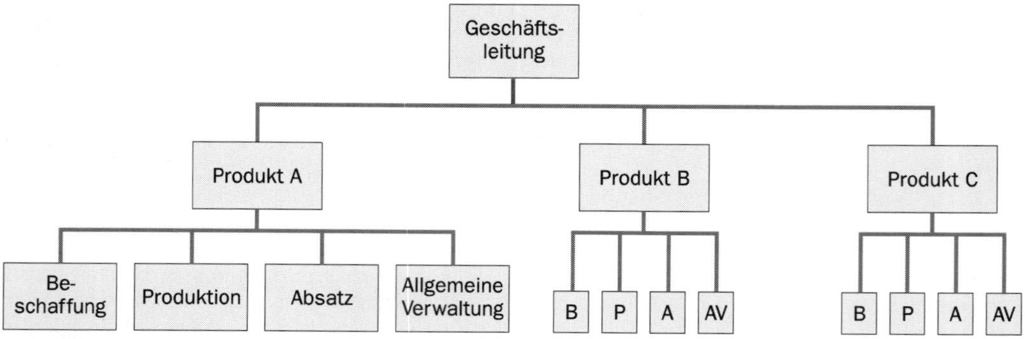

Abb. 1.38: Liniensystem nach dem Prinzip der Objektzentralisation

sein, die auch gleichzeitig die Form der nachträglichen Berichterstattung festlegt.
Die organisatorische Gliederung des Betriebes nach dem Liniensystem läßt sich sowohl beim Prinzip der Verrichtungszentralisation anwenden, als auch beim Prinzip der Objektzentralisation. Beim Prinzip der Verrichtungszentralisation handelt es sich um eine Gliederung nach Funktionen. Bei Anwendung des Prinzips der Objektzentralisation zur Bildung von Hauptabteilungen unterhalb der Geschäftsleitung ergibt sich eine Spartenorganisation, die zu einer Schaffung von Profit-Centern führen kann. Die Schaffung von Abteilungen unterhalb dieser Hauptabteilungen erfolgt dann in der Regel jedoch nach Funktionen.

• Das Funktionssystem
Während beim Liniensystem jede Instanz ihre Anweisungen nur von einer einzigen Instanz erhält, beruht das Grundprinzip des Funktionssystems darauf, daß eine Stelle von mehreren Stellen Aufträge empfangen kann, und zwar jeweils von den Vorgesetzten, die für ein ganz bestimmtes Teilgebiet verantwortlich sind. Da eine Stelle in diesem System von mehreren Stellen Anweisungen empfangen kann, spricht man auch vom *Mehr-Linien-System* oder nach Taylor vom Taylorschen *Funktions-Meister-System*.

Da keine Zwischeninstanzen eingeschaltet werden müssen, sind hier die Informationswege sehr kurz. Als zusätzlicher Vorteil wird die weitgehende Spezialisierung der Vorgesetzten angesehen.
Nachteilig ist jedoch, daß eine Reihe von Koordinations- und Abstimmungsproblemen zwischen den Vorgesetzten aufgeworfen wird und die untergeordneten Stellen in den Konflikt hineingezogen werden, da sie mehreren Stellen gleichzeitig gerecht werden sollen.

• Das Stab-Liniensystem
Das Stab-Liniensystem will die Einheitlichkeit der Leitung und des Auftragsempfangs wie beim Liniensystem erhalten, jedoch gleichzeitig den Anforderungen nach fortschreitender Spezialisierung Rechnung tragen, indem gewisse Aufgaben abgespalten und sogenannten „Stabsstellen" zugeordnet werden. Stabsstellen sind weder Leitungs- noch Ausführungsstellen. Ihre Aufgabe besteht vielmehr in der Unterstützung der Instanz, der sie zugeordnet sind. In den Stabsstellen sollen Spezialisten mit beratender Funktion ohne eigene Weisungsbefugnis eingesetzt werden. Sie sollen bei einer Vorbereitung von Entscheidungen den Stelleninhaber einer Instanz entlasten. Die Anweisungsbefugnis und die Verantwortung verbleiben jedoch bei der Linieninstanz.

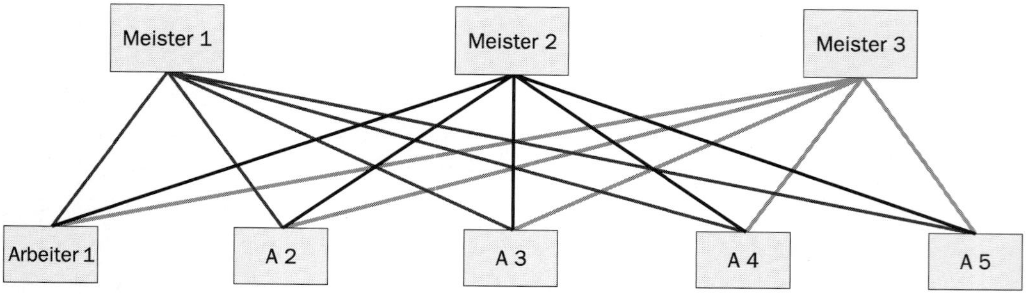

Abb. 1.39: Funktionssystem

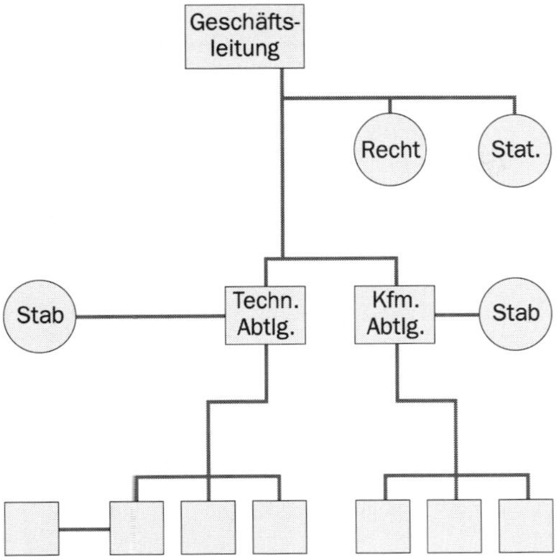

Abb. 1.40: Stab-Liniensystem

Werden Vorschläge der Stabsstelle aus Zeitmangel oder sonstigen Gründen ohne genügende eigene Prüfung übernommen, so ergibt sich – trotz der formalen Einhaltung des Prinzips der Einheitlichkeit der Auftragserteilung durch die Linie – im Grunde doch, daß die Entscheidung von den Stäben herbeigeführt wird, ohne daß sie dafür Verantwortung tragen. Es sollte daher berücksichtigt werden, daß Stabsstellen nicht nur eine Entlastung darstellen, sondern ihrerseits auch der Leitung und Kontrolle durch die Instanz bedürfen, der sie zugeordnet sind.

Wegen der besonderen Bedeutung soll auf Leitungsgehilfen im nachfolgenden Abschnitt näher eingegangen werden.
Neben den Stabsstellen, die unmittelbar einer Instanz angegliedert sind, hat sich auch der Begriff der sogenannten Service-Abteilungen herausgebildet. Sie liegen ebenfalls außerhalb der Linie, stehen jedoch mehreren Abteilungen zur Verfügung.

- Die Matrix-Organisation

Die Darstellung der Organisation in Form einer Matrix (siehe Abb. 1.41) ermöglicht es, gleichzeitig die funktionsorientierten und die objektorientierten Strukturmerkmale in ihrer Überlagerung zu berücksichtigen.
In einer solchen Form der Organisation sind funktions-(verrichtungs-)orientierte Instanzen und objekt-(produkt-)orientierte Instanzen gleichberechtigt. Die Schnittpunkte in der Matrix geben an, wo Entscheidungen nur gemeinsam von zwei Instanzen getroffen werden können.
Aus diesem Ansatz läßt sich eine Matrix-Organisation (siehe Abb. 1.42) entwickeln, die angibt, welche beiden Instanzen ohne die Einschaltung einer oder mehrerer übergeordneter Instanzen (wie beispielsweise im Liniensystem) zusammenarbeiten können. Eine übergeordnete Instanz ist nur dann anzurufen, wenn eine Einigung nicht herbeigeführt werden kann. Die Matrix macht gleichzeitig die gemeinsame Verantwortung deutlich, wobei jedoch die Weisungsbefugnis eindeutig zu regeln ist.

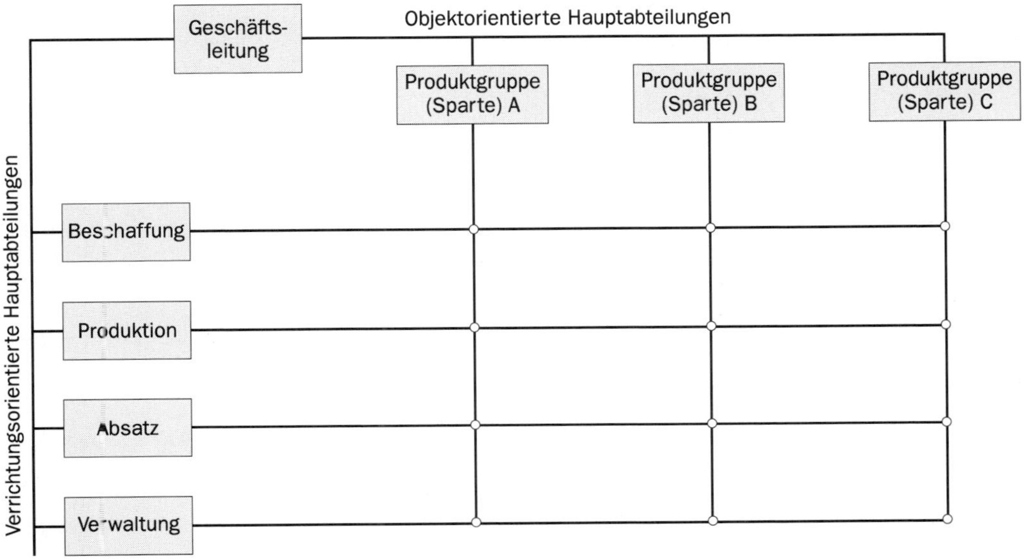

Abb. 1.41: Matrix

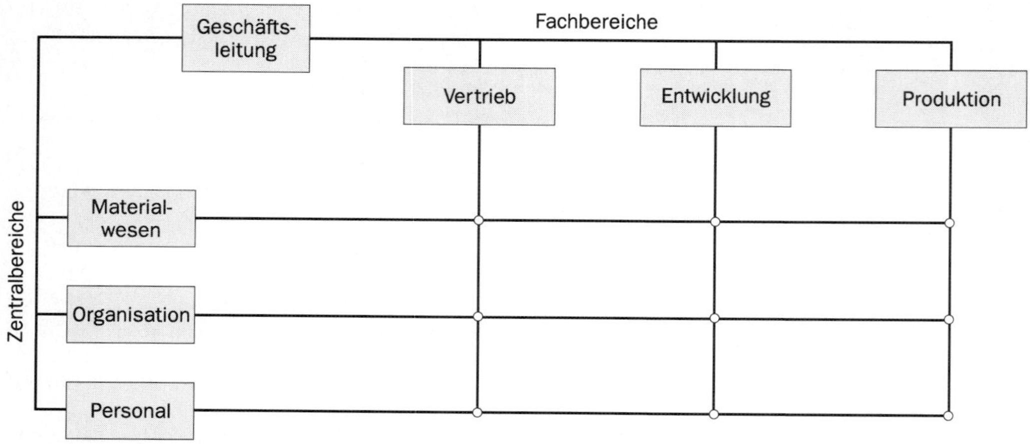

Abb. 1.42: Matrix-Organisation

Wie es scheint, sind die Vorteile und Einsatzmöglichkeiten einer Matrix-Organisation in manchen Bereichen eines Betriebes günstiger als in anderen. Häufiger sind daher gewisse Grundgedanken beim Einsatz von Produkt-Managern oder Projektgruppen wieder anzutreffen. Gelegentlich werden diese Organisationsformen als Teilanwendungen des Matrix-Prinzips gesehen.

Leitungshilfen

Bei der vorhergehenden Beschreibung des Stab-Liniensystems wurde bereits auf Leitungshilfen hingewiesen. Stäbe, Assistenten und Sekretariate sind diese Leitungshilfsstellen. Ihnen allen gemeinsam ist, daß sie keine Entscheidungs- und Weisungsbefugnis besitzen, dem Stelleninhaber zuarbeiten und sich in der Regel mit Detailproblemen befassen.

Assistenten verfügen in der Regel nicht über einen fest umrissenen Aufgabenbereich, sondern werden fallweise und flexibel so eingesetzt, wie es der Unterstützung der Leitungsinstanz am besten entspricht. Normalerweise benötigen sie zur Erfüllung ihrer Aufgaben kaum fachliche Spezialkenntnisse. Diese Aufgabenvielfalt ohne das Erfordernis von Spezialkenntnissen führt dazu, daß die Assistentenstelle oftmals als Eingangs- und Schulungsposition für Hochschulabsolventen gesehen wird.

Der Aufgabenbereich der Sekretariate ist in der Praxis zumeist ähnlich flexibel, jedoch mehr auf die Erbringung ausführender Dienstleistungen für eine Leitungsinstanz ausgerichtet, der sie zugeordnet sind.

Stabsstellen (oder auch ganze Stabsabteilungen) werden dadurch charakterisiert, daß sie einen fest umrissenen Aufgabenbereich haben, der seinem Umfang nach eine Dauertätigkeit erfordert. Die Stelleninhaber benötigen für ihre Aufgabenerledigung spezielle Fachkenntnisse. Sinn der Bildung von Stäben ist es gerade, eine ausgewogene Kombination zwischen der einheitlichen Wahrnehmung der Führungsfunktion durch den Linienmanager sowie den Spezialkenntnissen der Mitarbeiter in den Stäben zu finden.

Diese Organisationsform beruht auf der Erkenntnis, daß die Linienmanager, insbesondere in den höheren Rängen, zur besseren Erfüllung ihrer Aufgaben auf fachliche Beratung durch Spezialisten angewiesen sind.

Mit Recht wird immer wieder auf die Gefahr hingewiesen, daß Leitungsgehilfen entgegen ihrer eigentlichen organisatorischen Stellung de facto doch Macht und indirekte Leitungsbefugnis ausüben, indem sie nicht nur Entscheidungen vorbereiten, sondern im Grunde Entscheidungen herbeiführen, die sie jedoch nicht zu verantworten haben. Dies kann zum einen in der unterschiedlichen fachlichen Qualifikation zwischen dem Linienmanager und dem Leitungsgehilfen begründet sein – in vielen Fällen wird sie jedoch durch den Zeitmangel des Vorgesetzten verursacht, der die Vorschläge seines Leitungsgehilfen nicht zu prüfen vermag. Hinzu kommt sicherlich, daß die Leitungsgehilfen durch ihre in der Regel engere Zusammenarbeit mit dem jeweiligen Vorgesetzten den unteren Instanzen gegenüber an Autorität gewinnen.

Leitungsgehilfen können zu einer Verbesserung der Aufgabenerfüllung ihrer Leitungsinstanz beitragen und diese wesentlich entlasten. Zum anderen bedürfen sie jedoch ihrerseits der Leitung, Koordination sowie Kontrolle durch ihren Vorgesetzten, so daß insoweit eine Begrenzung der ei-

1

ner Führungskraft zugeordneten Leitungsgehilfen erforderlich ist.
Stabsstellen könnten beispielsweise eingerichtet werden für Rechtsfragen, Steuerwesen, Revision, Volkswirtschaft, Öffentlichkeitsarbeit, Personalwesen, Statistik, Planung usw.
Obgleich sie nicht in die eigene Organisation eingegliedert sind, sei an dieser Stelle noch auf die externen Berater hingewiesen, die ebenfalls hinzugezogen werden können, um die Führungskräfte in der Wahrnehmung ihrer Aufgaben zu unterstützen. Als externe Berater werden in der Regel Personen mit speziellen Fachkenntnissen herangezogen, und zwar vornehmlich dann, wenn diese Tätigkeit im eigenen Betrieb nicht so umfangreich ist, daß sie eine dauerhafte Beschäftigung eines Spezialisten erfordert bzw. ermöglicht.

Ausschüsse
Durch Zusammenkünfte in Ausschüssen (oder Komitees, Kommissionen, Konferenzen, Besprechungen usw.) soll die Zusammenarbeit gefördert werden, ohne daß hierdurch eine neue Abteilung oder Stelle entsteht.

Die Ausschüsse werden nach ihrer Zusammensetzung unterschieden in:
Vertikaler Ausschuß: Er wird aus dem Vorgesetzten mit seinen unmittelbaren Untergebenen gebildet, also aus hierarchisch direkt verbundenen Stellen.
Horizontaler Ausschuß: Er wird aus Stellen derselben Rangstufe ohne einen gemeinsamen Vorgesetzten gebildet.
Gemischter (diagonaler) Ausschuß: Er wird aus Stellen verschiedener Rangstufen gebildet, ohne daß alle in einem unmittelbaren Unter-/Überordnungsverhältnis zueinander stehen.

Ausschüsse werden in der Regel dann gebildet, wenn es der Kenntnisse und der Urteilsfähigkeit verschiedener Führungskräfte und Mitarbeiter bedarf. Zur Ausschußarbeit können auch Externe hinzugezogen werden. Wichtig für die Besetzung eines Ausschusses ist, daß Prestigefragen nicht zu sehr im Vordergrund stehen. Wesentlicher sind solche Fragen: Wessen Aufgabenbereiche werden durch die Ausschußarbeit berührt? Wer kann noch zur Verbesserung des Ergebnisses beitragen (das muß nicht unbedingt nur durch Spezialwissen sein)? Wer muß eventuelle Entscheidungen später durchführen?
Rechtzeitig sollte geregelt sein, ob es sich bei einem solchen Ausschuß um ein Informations-, Beratungs-, Entscheidungs- oder Ausführungsgremium handelt. Ausschüsse tagen fallweise oder in regelmäßigen Abständen.

Produkt-Management und Projekt-Management

• Produkt-Management
Das Prinzip des Produkt-Managements bedeutet in der Regel, daß zu den verrichtungsorientiert gebildeten Hauptabteilungen der objektorientierte Produkt-Manager hinzukommt. Hierdurch sollen die Starrheit und ein gelegentlicher Abteilungsegoismus aufgelockert und die Zusammenarbeit verbessert werden. Der Produkt-Manager ist eine Person im Unternehmen, die für alle Probleme eines bestimmten Produktes oder einer Produktgruppe zuständig ist.
Das System des Produkt-Managements hat sich in der Praxis besonders in der Markenartikel- und in der Konsumgüterindustrie durchgesetzt, zum Teil auch im Konsumgüterhandel sowie in der Investitionsgüterindustrie. Meistens setzt es qualifizierte Marketing-Kenntnisse voraus. Organisatorisch ist der Produkt-Manager oftmals dem Vertriebsleiter unterstellt. Hier wird deutlich, daß es oft die Aufgabe eines Produkt-Managers ist, den Marktanforderungen an ein Produkt in den Abteilungen des Betriebes Geltung zu verschaffen und damit als innerbetrieblicher Anwalt des Vermarktungsinteresses eines Produktes aufzutreten.

• Projekt-Management
Projektgruppen werden in der Regel fallweise zur Lösung von Sonderaufgaben eingesetzt. Unter einem Projekt versteht man ein Bündel von Tätigkeiten, die auf ein eindeutiges, in absehbarer Zeit zu erreichendes Ziel ausgerichtet sind. Ein Projekt-Manager wird also im Gegensatz zum Produkt-Manager und zur Stabsabteilung nicht unbefristet, sondern bis zur Lösung der Sonderaufgabe, also bis zum Abschluß des Projektes, eingesetzt. Bei solchen Projekten kann es sich um die Errichtung eines Neubaues, die Einführung einer elektronischen Datenverarbeitung, ein bestimmtes Forschungsprojekt usw. handeln.
Daneben kennt man die „Projekt-Organisation", in der Projektgruppen als ständige Einrichtung – z. B. im Anlagenbau – existieren, wenn auch von Projekt zu Projekt die Zusammensetzung der Mitglieder und die Projektleitung wechseln können. In diesem Fall haben die Projektgruppen Stellencharakter.

Ablauforganisation

Grundfragen
In der Aufbauorganisation befaßten wir uns mit der Gliederung und organisatorischen Strukturierung des Betriebes in ein Ordnungssystem von

1

Stellen, Abteilungen und Instanzen sowie deren Beziehung untereinander.
Demgegenüber behandelt die Ablauforganisation die Ordnung von Handlungsabläufen (Arbeitsprozessen) innerhalb einer betrieblichen Struktur. Dabei handelt es sich um zwei unterschiedliche Betrachtungsweisen ein und desselben betrieblichen Gebildes. Beide beeinflussen und ergänzen sich gegenseitig, sie können also in der betrieblichen Praxis nicht unabhängig voneinander entwickelt werden, da bestimmte Arbeitsprozeßfolgen entsprechende Abteilungsbildung verlangen und umgekehrt.
Als Arbeitsablauf bezeichnet man die Folge von einzelnen Arbeitsleistungen, bezogen auf ein bestimmtes Ziel oder auf eine Aufgabe. Die Ordnung des Arbeitsprozesses hat nach unterschiedlichen Gesichtspunkten zu erfolgen:

- Festlegung der Arbeitsinhalte nach Objekt und Verrichtung,
- Ordnung der Arbeitszeit,
- Ordnung der Arbeitsräume und
- Zuordnung zu Personen und Arbeitsmitteln.

Im Sinne der Prozeßstrukturierung sind Planung, Entscheidung, Kontrolle sowie Verwaltung allgemeine Verrichtungen eigener Art. Die Arbeitsinhalte können stärker objektkonzentriert oder verrichtungskonzentriert bestimmt sein. Dies bleibt nicht ohne Auswirkung auf die räumliche Anordnung und die Arbeitszuordnung zu Personen und Arbeitsmitteln.
Bei der Ordnung der Arbeitszeit geht es zunächst um die Festlegung der zeitlichen Reihenfolge einzelner Teilaufgaben sowie um eine Bestimmung der Zeitdauer von Arbeitsgängen. Aus der zeitlichen Reihenfolge und der Zeitdauer vorgelagerter Arbeiten ergibt sich der frühestmögliche Beginn einer nachfolgenden Arbeit. Je stärker also eine Aufgabe in verschiedene Teilarbeiten zergliedert wird, umso wichtiger ist eine richtige zeitliche Ordnung. Sie muß Transport- sowie Wartezeiten mit berücksichtigen und kann Pufferzeiten vorsehen. In ihrer strengsten Form bestimmt sie exakt den Zeitpunkt für Beginn und Ende eines Arbeitsprozesses.
Die räumliche Anordnung wird arbeitstechnische Gegebenheiten berücksichtigen sowie die durch die räumliche Entfernung bedingten Faktoren Wege, Zeit und Kosten. Die räumliche Anordnung und die Raumausstattung können erheblichen Einfluß auf die Arbeitsleistung ausüben.
Mit der Arbeitszuordnung zu Personen und Arbeitsmitteln ist auch die Frage nach dem Grad der Mechanisierung verbunden. Die Gestaltung der Arbeitsinhalte ist dabei nicht ohne Einfluß auf die Auswahl der Personen.

Bei der Gestaltung von Arbeitsprozessen im Hinblick auf die vorgenannten Aspekte können unterschiedliche Schwerpunkte gesetzt werden.

Wirtschaftlichkeit: Hierzu gehören Stück- und Fixkosten, Kapitalbindungen in Investitionen und Lagern, Bestimmung der Losgrößen usw.
Durchlaufsverbesserungen: Hierzu zählen die Verkürzung von Bearbeitungs- und Wartezeiten usw. sowie auch das innerbetriebliche Transportwesen.
Arbeitsbedingungen: Neben der Beachtung von gesetzlichen Vorschriften wie Arbeitszeitordnung, Unfallverhütungsvorschriften usw. gehört hierzu das Feld der Arbeitswissenschaften mit ihren Erkenntnissen, die sich u. a. auch auf die Arbeitszeitregelung und die Arbeitsplatzgestaltung auswirken.
Kapazitätsausnutzung: Diese soll helfen, Engpässe zu vermindern und Leerkapazitäten abzubauen.
Produktqualität: Durch die Einschaltung einer Qualitätskontrolle ist gegebenenfalls zu überwachen, daß die Verfolgung der vorgenannten Ziele nicht zu Lasten der angestrebten Qualität geht.

Bei der Überprüfung oder bei der Reorganisation von Arbeitsabläufen können je nach betrieblicher Situation die vorgenannten Schwerpunkte unterschiedlich gewichtet werden. Die Methode dieses Ablaufes wird im folgenden kurz dargestellt: Ist-Aufnahme, Analyse und Beurteilung, Soll-Konzeption sowie Einführung und Durchsetzung.

Ist-Aufnahme

Das Ziel der Ist-Aufnahme besteht darin, den Arbeitsablauf im Betrieb oder zumeist nur für einen Teilbereich des Betriebes zu ermitteln und darzustellen. Die Einzeluntersuchungen beziehen sich auf:

- Verzeichnisse der Arbeitsabläufe,
- Arbeitsprozeßdarstellungen,
- Häufigkeitsermittlungen,
- Zeitermittlungen,
- Verzeichnisse der erforderlichen Arbeitsmittel, sowie gegebenenfalls auf
- Raumzuordnung und Wege und
- Kostenermittlung.

Die Darstellung der Arbeitsprozesse kann in textlicher Form durch die Übernahme der Aufgabenbeschreibungen und Arbeitsanweisungen erfolgen oder auch in symbolischen Zeichnungen wie Arbeitsablaufdiagrammen und Datenflußplänen. Die einzelnen Arbeitsgänge werden dabei üblicherweise in fünf Gruppen klassifiziert, und zwar in Bearbeitung, Transport, Überprüfung, Verzögerung und Lagerung.

Die Frage, wann aus organisatorischer Sicht ein neuer Arbeitsgang beginnt, wird in der Regel danach bestimmt, ob eines der nachfolgenden Kriterien zutrifft:
- der Bearbeiter wechselt,
- das Arbeitsobjekt wird gewechselt,
- das Arbeitsprojekt wird zerlegt,
- mehrere Arbeitsobjekte werden vereinigt,
- Arbeitshilfsmittel (Werkzeuge) wechseln, oder
- ein bestimmter Bearbeitungszustand wird erreicht.

Hieraus wird deutlich, daß umso mehr Arbeitsgänge entstehen, je ausgeprägter die Arbeitsteilung ist.

Die Ist-Aufnahme wird auf bestehende Arbeitsanweisungen usw. zurückgreifen, sich jedoch nicht damit begnügen. Ergänzend können damit Mitarbeiterbefragungen in Form von Interviews oder Fragebogen, das Ausfüllen von Arbeitsberichten am Arbeitsplatz sowie Beobachtungen oder Zeitmessungen durchgeführt werden.

Analyse und Beurteilung

Schon bei der Ist-Aufnahme können Kriterien und Änderungsvorschläge vermerkt werden, wenn sie bereits hier deutlich oder während der Erhebung von den betreffenden Mitarbeitern genannt wurden. Der Aufnahme des Ist-Zustandes folgt eine Phase der Kritik, damit in systematischer Analyse und Beurteilung Schwachstellen sowie verbesserungsfähige Arbeitsabläufe deutlich gemacht werden. Eventuell werden hierdurch noch weitere detaillierte Ist-Aufnahmen veranlaßt.

Die Beurteilung erfolgt nach den bereits erwähnten Aspekten und Schwerpunkten. Dabei werden Punkte, die besonders häufig zur Beanstandung führten, stärker in den Mittelpunkt gerückt. Wertvoll ist es, wenn der Organisator in der Lage ist, hier möglichst frühzeitig zu erkennen, wo Verbesserungen möglich sind und der daraus erwartete Nutzen den Aufwand rechtfertigt. Häufig konzentrieren sich daher die Rationalisierungsmaßnahmen zunächst auf sehr zeitaufwendige, sich oft wiederholende oder sehr kostenintensive Arbeitsprozesse, weil hier bereits kleinere Verbesserungen schon zu beachtlichen Einsparungen führen können.

Soll-Konzeption

Aufgabe der Soll-Konzeption ist es, für die in der Analyse ermittelten Schwachstellen verbesserte Arbeitsabläufe zu entwickeln. In dieser Planungsphase wird nach kreativen neuen Lösungsmöglichkeiten gesucht. Hierbei ist es oftmals erforderlich, nicht nur nach Verbesserungen im bestehenden Verfahren zu suchen, sondern gegebenenfalls auch das zur Zeit angewendete Verfahren generell in Frage zu stellen.

Sodann sind die Alternativen zu bewerten, und zwar sowohl im Hinblick auf die Verbesserung der ermittelten Schwachstellen als auch in ihren sonstigen Auswirkungen. Benachteiligungen anderer Bereiche, die zu erneuten Schwachstellen führen können, sind zu minimieren. Trotzdem ist oft eine Verbesserung nur durch Beeinträchtigung eines anderen Gesichtspunktes erreichbar. So konkurrieren die Minimierung des Lagerbestandes mit der Lieferfähigkeit, die Kapazitätsauslastung mit den Sicherheitsreserven usw. Bei der Bewertung der einzelnen Verfahrensalternativen geht es also um eine Gesamtoptimierung.

Gerade auf dem Gebiet der Ablauforganisation sind eine Reihe von mathematischen Entscheidungs- und Optimierungsmodellen entwickelt worden (siehe dazu auch das Kapitel „Operatives Management").

Am Ende des Prozesses steht die Entscheidung über den neuen Prozeßablauf. Hierbei konkurrieren oftmals Gesichtspunkte der Kostenminimierung einerseits mit denen der Flexibilität andererseits.

Einführung und Durchsetzung

Nach der Entscheidung für ein neues Konzept ist seine Einführung zu planen. Die Darstellung des einzuführenden Arbeitsablaufes kann wie bei einer Ist-Aufnahme durch Aufgabenbeschreibungen, Arbeitsanweisungen oder durch grafische Ablaufpläne sowie Entscheidungstabellen erfolgen. Sowohl für die Beschreibung des neuen Verfahrens selbst als auch für die Planung seiner Einführung kann die Netzplantechnik eingesetzt werden, um eine Terminplanung und Terminüberwachung zu erleichtern. Gegebenenfalls kann die neue Konzeption auch Auswirkungen auf einzelne Stellenbeschreibungen haben.

Neben einer eindeutigen Darstellung der neuen Soll-Konzeption sind im allgemeinen noch weitere Maßnahmen erforderlich: Beschaffung und Austausch von Arbeitsmitteln, Einweisung, Ausbildung und gegebenenfalls Einstellung des entsprechenden Personals, Einführung von Organisationshilfsmitteln, wie z. B. Vordrucke usw.

Ob die neue Soll-Konzeption stufenweise oder zu einem bestimmten Stichtag in ihrer Gesamtheit eingeführt werden soll, hängt von den Gegebenheiten des Einzelfalles ab.

Die Umstellung des Prozeßablaufes sollte von einer Kontrolle begleitet werden, um zunächst einmal sicherzustellen, daß auch nach dem neuen Konzept gearbeitet wird, und um zum anderen nach einer gewissen Übergangszeit zu überprüfen, ob auch der geplante Erfolg eingetreten ist. Diese Umstellungsphase findet ihren Abschluß, wenn die Kontrollfunktion vom Organisator wieder voll auf die Linienverantwortlichen übergeht.

Arbeitsablaufdiagramme

Das Arbeitsablaufdiagramm stellt einen Arbeitsprozeß in seinen einzelnen Stufen grafisch dar. Durch seine stark formalisierte Gestaltung zwingt es zu einer übersichtlichen Aufzeichnung der einzelnen Arbeitsgänge in optisch stets gleicher Weise und fördert dadurch die Übersichtlichkeit. Das Grundprinzip besteht darin, daß in den mit einer laufenden Nummer versehenen Zeilen die einzelnen Arbeitsgänge aufgeführt sind und daneben in fünf verschiedenen Spalten die Tätigkeiten. Die Tätigkeiten sind bereits für jede Zeile in den Konturen ihrer Symbole vorgezeichnet und werden im Bedarfsfall ausgeschwärzt (Abb. 1.43).

Durch das Hineinzeichnen einer Verbindungslinie wird der Arbeitsprozeß besonders deutlich. Quantifizierende Angaben können hinzugefügt werden. Außerdem ist Platz für Anmerkungen vorgesehen. Das Arbeitsablaufdiagramm, auch Arbeitsprozeßbogen genannt, findet Anwendung sowohl für die Darstellung der Ist-Aufnahme als auch für die Aufzeichnung der Soll-Konzeption. Durch die gesonderte Darstellung der Tätigkeiten Transport, Verzögerung und Lagerung als eigene Arbeitsgänge wird die Schwachstellenanalyse begünstigt. Für die Abbildung verzweigter und komplizierter Prozeßstrukturen ist die Darstellung nicht geeignet.

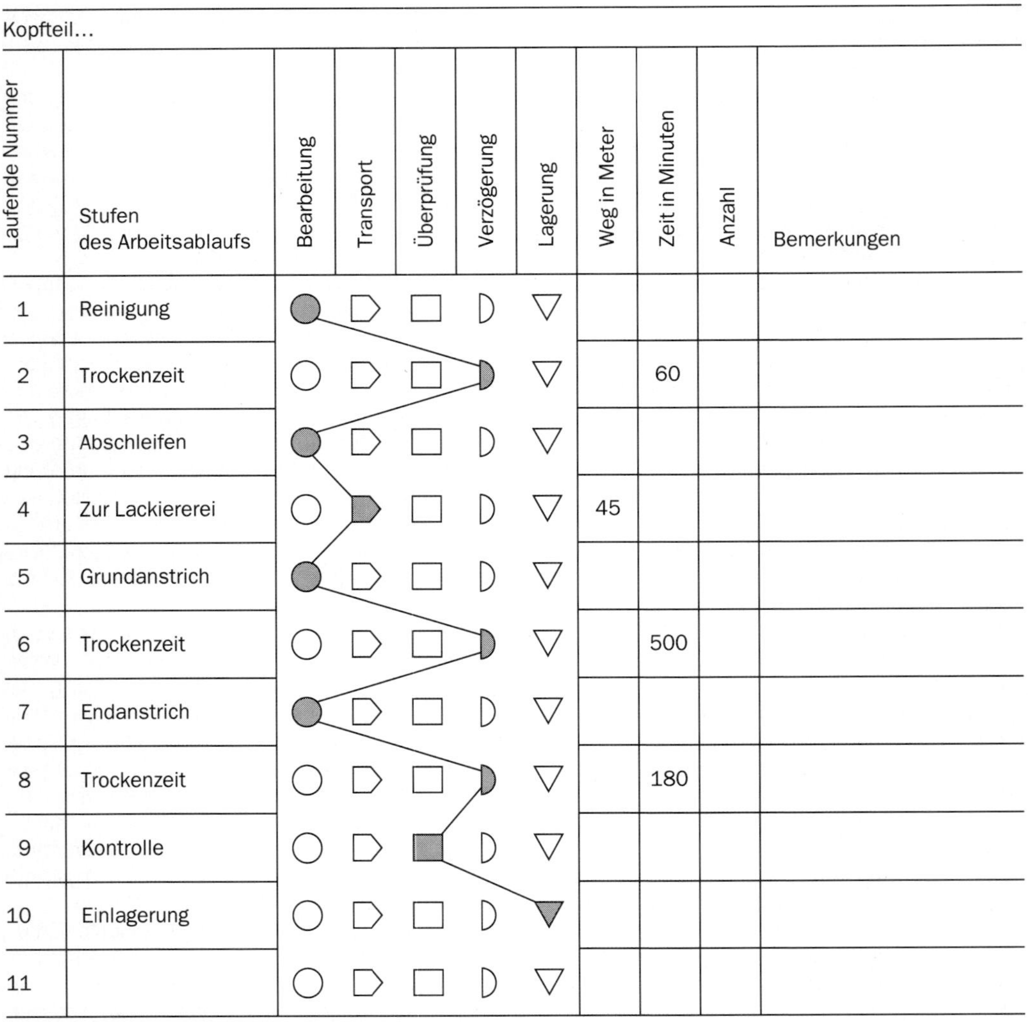

Abb. 1.43: Arbeitsablaufdiagramm

1

Organisation des betrieblichen Informationswesens

Information und Kommunikation

Das Geschehen im Betrieb kann einerseits als Erbringung und Austausch von Gütern und Leistungen aufgefaßt werden – dieser materielle Arbeitsprozeß wurde im Rahmen der Ablauforganisation behandelt. Daneben läuft als informeller Verkehr der Austausch von Informationen, der den eigentlichen Arbeitsablauf überlagert.
Im Hinblick auf Zielvorgaben, ordnungsgemäßen Arbeitsablauf und Überwachung erlangt das Informationswesen in einer Organisation immer stärkere Bedeutung. Daher wurde es auch nicht, wie noch vielfach üblich, im Rahmen der Ablauforganisation mitbehandelt, sondern hier in einem eigenen Abschnitt.
Ziel der Organisation der betrieblichen Kommunikation ist es, die Informationen so zu kanalisieren und zu strukturieren, daß einerseits die wachsende Informationsflut sowohl innerhalb des Betriebes als auch von außen beherrschbar bleibt und andererseits auch den berechtigten Informationsbedürfnissen Rechnung getragen wird. Die Begriffe Kommunikation, Information, Daten und Nachrichten werden sowohl in der Betriebswirtschaftslehre als auch in anderen Wissensgebieten nicht einheitlich definiert und zum Teil auch synonym verwendet.
Daten können als Einzelgegebenheiten angesehen werden, die Angaben über Tatsachen, Ereignisse, Abläufe und dergleichen liefern. In bezug auf das Unternehmen können somit die betrieblich relevanten Nachrichten als Daten aufgefaßt werden. Die Fülle der zu verarbeitenden Daten macht in zunehmendem Maße die Nutzung entsprechender Maschinen (Datenverarbeitungsanlagen) erforderlich. Die Daten müssen in diesem Falle in einer Form erstellt werden, die eine maschinelle Verarbeitung, Speicherung und Übertragung erlaubt.
Daten werden erst durch ihren Zweckbezug zu Informationen. Die Information wird hier als handlungsorientiertes Wissen verstanden. Es wird davon ausgegangen, daß eine Handlung um so wirkungsvoller wird, je umfangreicher und genauer das Wissen über die Handlungsbedingungen sowie Handlungsalternativen ist. Der Informationsaustausch wird als Kommunikation bezeichnet. In der Praxis wird normalerweise nicht so genau differenziert – Datenverarbeitung und Informationsverarbeitung, Nachrichten und Informationen, Kommunikation und Informationswesen, Kommunikationswege und Informationsfluß usw. werden synonym verwendet.

Die Kommunikation kann eine einseitige oder eine wechselseitige Informationsübermittlung zwischen einem Sender und einem/mehreren Empfängern sein. Von einer einseitigen Kommunikation wird gesprochen, wenn die Information nur in eine Richtung fließt.
Eine wechselseitige oder auch zweiseitige Kommunikation liegt dann vor, wenn der Informationsaustausch in beiden Richtungen erfolgt. In einem solchen System sind alle Beteiligten sowohl Sender als auch Empfänger – zumindest Sender von Rückmeldungen.
Der Einbau von Informationswegen für Rückmeldungen in ein betriebliches Kommunikationssystem erhöht wesentlich die Sicherheit, da es dem Sender, z. B. der eine Anordnung erteilenden Stelle, die Überprüfung ermöglicht, ob die Anweisung auch richtig angekommen und verstanden worden ist.
Der Kommunikationsprozeß besteht also aus Informationsabgabe, Informationsbeförderung und Informationsaufnahme. In diesen Phasen können Störungen auftreten, die es zu erkennen und zu beseitigen gilt.
Der Informationsaustausch zwischen zwei Personen hängt nicht nur davon ab, ob die Information den Empfänger auch vollständig und unverfälscht erreicht, sondern er führt nur dann zu richtigen Ergebnissen, wenn der Empfänger mit dem, was er wahrnimmt, auch die gleichen Vorstellungen verbindet wie der Sender. Ist dies nicht der Fall, so kommt es zu Mißverständnissen. Dies liegt oftmals an unterschiedlichen Ausdrucksweisen von Mitarbeitern verschiedener Ausbildung und Sachbereiche, insbesondere dort, wo sich Fachsprachen herausgebildet haben. Neben diesen Störungen der Informationsübermittlung im semantischen Bereich sind auch die soziologisch-psychologischen Einflüsse zu beachten, auf die hier nicht detailliert eingegangen werden kann. Für die Verständigung zwischen Sender und Empfänger bedeutet dies, daß eine Kommunikation sich gleichzeitig auf zwei Ebenen abspielt, also nicht nur auf der intellektuellen und verstandesmäßigen Sachebene, sondern ebenfalls auf der emotionalen Beziehungsebene, und dies oftmals unbewußt und unkontrolliert. Für die Organisation der Kommunikation im Betrieb erfordert dies, daß sich sowohl bei der mündlichen als auch bei der schriftlichen Information Inhalt und Form weitgehend entsprechen. Eine erfolgreiche Organisationsentwicklung kann die gegenseitige Verständigungsfähigkeit und -bereitschaft fördern.
Die Informationsbeförderung kann direkt oder indirekt erfolgen, also ohne oder mit Einschaltung weiterer Stellen zwischen Sender und Empfänger.

1

Die indirekte Form liegt z. B. vor, wenn die Information über einen Dienstweg mit mehreren Stellen übermittelt wird. Hier kann sich die Gefahr ergeben, daß die Information auf diesem Weg von den zwischengeschalteten Stellen bewußt oder unbewußt verändert wird. Andererseits kann eine Aufbereitung oder Zusammenfassung auf den Zwischenstufen sinnvoll und gewollt sein.

Die Wege der Kommunikation verlaufen sehr unterschiedlich:

Vertikale Kommunikation: Sie ergibt sich aus dem Vorgesetzten-Untergebenen-Verhältnis.

Horizontale Kommunikation: Sie besteht zwischen Aufgabenträgern derselben Rangstufe, ohne übergeordnete Stellen einbeziehen zu müssen.

Diagonale Kommunikation: Der Informationsaustausch findet zwischen Stellen verschiedener Bereiche sowie unterschiedlicher hierarchischer Rangstufen statt.

Die betriebliche Information kann in mündlicher, fernmündlicher oder schriftlicher Weise geschehen, mit oder ohne Verwendung von Tabellen, grafischen Schaubildern usw.

Formale und informale Information

Als formales Kommunikationsnetz bezeichnet man den durch die Organisation geplanten und strukturierten Informationsaustausch. Darüber hinaus erfolgt jedoch in den Betrieben ein mehr oder weniger intensiver Austausch von Informationen auf sogenannten informalen Kommunikationswegen.

Die Gliederung der Informationen geschieht vorwiegend in Anordnungen, Richtlinien, Berichten, Vorschlägen usw. Andere Einteilungen erfolgen in Zuordnung zu den Objekten, auf die sich die Informationen beziehen, also in:

- Planungsinformation,
- Entscheidungsinformation,
- Durchführungsinformation oder
- Kontrollinformation.

Überall dort, wo ein geplanter Informationsfluß nicht eingehalten wird und/oder das Informationsbedürfnis der einzelnen Stellen nicht hinreichend berücksichtigt ist, können informale Kommunikationswege eine wertvolle Ergänzung sein. Insoweit finden informale Informationen durchaus positive Beurteilungen. Es gibt jedoch keine Sicherheit, daß in all solchen Fällen Ersatzkanäle für Informationen geschaffen werden und daß dort, wo sie sich entwickeln, eine reibungslose und zuverlässige Funktion erreicht wird.

Die informalen Kommunikationsbahnen entstehen auf der Basis zwischenmenschlicher Beziehungen der im Betrieb tätigen Personen. Sie können dabei auf Sympathie und Antipathie sowie auf außerbetrieblichen Kontakten basieren, wie z. B. Zugehörigkeit zum gleichen Verein usw. Auf diese Weise bilden sich Untergruppen im Betrieb, die mit der organisatorisch vorgegebenen Struktur nicht übereinstimmen. Sie können für den Arbeitsablauf sowohl förderlich als auch hinderlich sein. Auf ihre Ergänzungsfunktion zur formalen Struktur kann sicherlich in keinem Unternehmen verzichtet werden, ganz abgesehen davon, daß sie auch nicht beseitigt werden können.

Das Netz der informalen Kommunikation ist durch den Wechsel der im Betrieb tätigen Personen und ihrer Beziehungen untereinander Veränderungen unterworfen. Soweit hierdurch geplante Informationswege verändert, ausgehöhlt, verzerrt oder umgangen werden, sind Überprüfungen der Organisation auch auf diese Bereiche auszudehnen.

Organisation und Kommunikationsleistung

Die Organisation des betrieblichen Kommunikationssystems soll die Voraussetzungen schaffen, daß jede Stelle über die für ihre Aufgabenerfüllung notwendigen Informationen verfügt, ohne dabei zur Überinformation zu führen. Welche Informationen eine Stelle erreichen müssen, richtet sich somit sachlich nach deren Aufgaben. Dabei kann es sich handeln um eine Kommunikation zum Zwecke der Steuerung des Arbeitsablaufes durch Anordnungen und Aufträge (innerbetrieblich oder von außen) usw. oder um Kommunikation im Sinne von Instruktionen zum Zwecke der Unterrichtung und der Vermittlung von Kenntnissen über die erwartete Art und Weise einer Aufgabenerfüllung oder von Verhalten. Die mit Planungs- sowie Entscheidungsaufgaben betrauten Mitarbeiter benötigen Informationen über die Entwicklung der relevanten inner- und außerbetrieblichen Daten, der Zielvorgabe und der Entscheidungskriterien. Für den Zweck der Kontrolle kann die Kommunikation als ein vollständiges System von Rückmeldungen über den Ablauf oder aber lediglich als Informationen über Planungsabweichungen aufgebaut sein. Letzteres hat den Vorteil gezielter zu sein, stellt jedoch besondere Anforderungen an die Prüfung, ob die notwendigen Informationen auch stets ausreichend und rechtzeitig erfolgen.

Das persönliche Informationsbedürfnis der Mitarbeiter kann über die sachliche Notwendigkeit hinausgehen. Auch auf die einzugehen, kann Zweck der organisatorisch-strukturierten Kommunikation sein, soweit dadurch die Motivation der Informationsempfänger verbessert werden soll. Eine

Gefahr der Überinformation besteht dann, wenn die im Betrieb tätigen Personen zu viel ihrer Zeit für die Abgabe, Aufnahme oder Weiterleitung von Informationen aufwenden müssen, so daß es zur Beeinträchtigung der eigentlichen Aufgabenerfüllung kommt.
Wie für die materiellen Arbeitsprozesse im Abschnitt über Ablauforganisation bereits gezeigt, arbeitet die Organisation auch bezüglich der Kommunikationsbedingungen mit den Phasen der Ist-Aufnahme, Analyse, Entwicklung der Soll-Konzeption sowie der Einführung. Untersuchungsgegenstand ist dabei:

- das Kommunikationsnetz, d. h. wer mit wem über welche Kommunikationswege Informationen austauscht,
- die Häufigkeit und Zeitgebundenheit der Kontakte und
- die Kommunikationsart und Kommunikationsmittel, d. h. welche organisatorischen und technischen Einrichtungen für die Übermittlung von Informationen eingesetzt werden.

Wer mit wem und wie häufig Informationen austauscht, kann in Tabellen oder in einem sogenannten Kommunigramm dargestellt werden (siehe Abb. 1.44).
Stellen, zwischen denen keine Verbindung eingezeichnet worden ist, haben keinen Kontakt miteinander. Sind die Verbindungen dick eingezeichnet, handelt es sich um sehr häufige Kontakte, die weniger häufigen sind durch gestrichelte Linien gekennzeichnet. Je nach Anforderung können verschiedene Unterteilungen grafisch dargestellt werden. Es ist festzuhalten, wenn eine Stelle von einer anderen die für eine ordnungsgemäße Aufgabenerledigung notwendigen Informationen zu ganz bestimmten Zeiten benötigt.
Bei den Kommunikationsarten kann es sich um persönliche, fernmündliche oder schriftliche Kontakte handeln. Für einen persönlichen Informationsaustausch können Besprechungen, Konferenzen und Arbeitsgruppen organisiert sein. Als Kommunikationsmittel dienen daneben Telefon, Sprech- und Gegensprechanlagen, Telefax, Telex, Funkgeräte, Rohrpost, Aktennotizen, Boten oder auch Terminals an EDV-Anlagen usw.

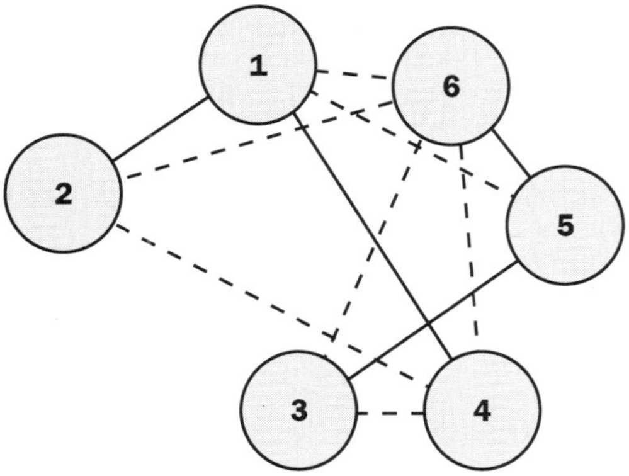

Abb. 1.44: Kommunigramm

Die Beurteilung eines Kommunikationssystems hat im Hinblick darauf zu erfolgen, wie schnell, sicher, genau und kostengünstig die Informationsübermittlung bezüglich der notwendigen Kommunikationsleistung erfolgt. Soweit beispielsweise die Verbesserung der Schnelligkeit der Übermittlung mit der Erhöhung von Kosten verbunden ist, sind Nutzen-Bewertungen erforderlich. Das direkte Gespräch, auch das telefonische, kann im Hinblick auf einen persönlichen Kontakt begrüßenswert sein. Es beansprucht jedoch die Gesprächspartner zur gleichen Zeit, wodurch nicht unerhebliche Abstimmungsprobleme entstehen können, z. B. die Fehlversuche bei der Kommunikationsaufnahme, weil der andere zur Zeit „gerade besetzt“ ist.
Die Organisation umfaßt in zunehmendem Maße nicht nur die Kommunikation zwischen Menschen, sondern auch zwischen Menschen einerseits und Maschinen und Informationsspeichern andererseits. Die in letzter Zeit intensiv diskutierten maschinenunterstützten Informationssysteme haben die Aufnahme, Verarbeitung, Speicherung und Übermittlung bzw. Abrufe der Informationen zu regeln. Sie sollen dabei sicherstellen, daß trotz unterschiedlicher Aufbereitung der Informationen – bedingt durch die verschiedenen Anforderungen einzelner Stellen – bei vergleichbaren Tatbeständen auch von den gleichen Daten ausgegangen wird. Sie sollen die Verdichtung und Übermittlung von Informationen unterstützen und eine Einhaltung geplanter Kommunikationswege sichern, insbesondere auch im Hinblick auf Kontrollinformationen und zusätzliche Unterrichtung von Vorgesetzten oder nicht unmittelbar beteiligten Stellen. Ihre Einführung erfordert detaillierte organisatorische Vorarbeit.

Berichtswesen
Ein Bericht ist die sachliche, folgerichtige Wiedergabe eines Vorgangs, einer Handlung oder einer Situation. Im engeren Sinne wird der Bericht von Anordnungen und Richtlinien oder von Arbeitsunterlagen unterschieden. Im weitesten Sinne kann jede Zusammenstellung von Nachrichten, ausgerichtet auf einen bestimmten Zweck, als Bericht aufgefaßt werden, gleichgültig, ob sie dem Informationsaustausch zwischen verschiedenen Stellen eines Betriebes oder zwischen dem Betrieb und seinem Umfeld dienen.

1

Wie eng oder wie weit der Begriff im Einzelfall gesehen werden soll, ist nicht so bedeutungsvoll, jedenfalls sind die Gestaltungsprinzipien für alle diese systematischen Zusammenstellungen von Informationen gleich. Daher wird im nachfolgenden stets von Bericht gesprochen, auch wenn es sich hierbei ebenso um Anordnungen oder um einen Geschäftsbrief handeln könnte, bei dem im Hinblick auf den Empfänger und das angestrebte Ziel eine andere Form gewählt wird als beispielsweise bei einer sachlichen Anordnung.
Die Gestaltung eines Berichtes ergibt sich demnach aus dem Informationsziel. Die zugrunde liegende Fragestellung lautet: Wozu berichtet wer, wem, was, wann, wie und mit welchem Erfolg. Alle diese Fragen stehen in einer Wechselbeziehung zueinander und beeinflussen sich demnach gegenseitig.
„Wozu“ ist die grundlegende Frage nach dem Zweck des Berichtes, so wie sie sich für jede gestaltende Arbeit stellt. Ziel kann dabei sein, bestimmte Reaktionen und Handlungen beim Empfänger auszulösen oder ihm bestimmte Auswertungen zu ermöglichen, d. h. die eigentliche Entscheidung beim Empfänger zu belassen.
Die organisatorische Prüfung eines Berichtswesens richtet sich dann darauf, ob in den einzelnen Fällen das jeweilige Ziel in angemessener Weise erreicht wird und wieweit dieses Ziel bezüglich des Unternehmensziels sinnvoll ist. In der Praxis zeigt sich, daß oftmals Berichte verfaßt werden, um vorsorglich den Ersteller gegen künftig erwartete Vorwürfe abzusichern, statt bereits rechtzeitig auf die Auslösung bestimmter Gegenmaßnahmen abzuzielen. Es sollen nur solche Informationen weitervermittelt werden, die man auch auswertet.
„Wer“ und „wem“ bestimmen die beteiligten Stellen bzw. Personen. Der oder die Empfänger können danach unterschieden werden, ob aufgrund des Berichtes von ihnen unmittelbar eine Handlung erwartet wird oder ob die Zustellung lediglich zur Information erfolgte. Üblicherweise werden bei innerbetrieblichen Berichten für jeden Empfänger erkenntlich alle Empfänger genannt, gegebenenfalls die zweite Gruppe mit einem Zusatz „zur Kenntnisnahme“.
„Was“ berichtet werden soll, hängt vom Informationsziel ab. Hierbei ist deutlich zu machen, inwieweit es sich um Tatsachen, um Annahmen oder um Planungen handelt. Auch z. B. der Zeitraum oder der Gegenstand, auf den sich der Bericht bezieht, sind klar kenntlich zu machen. Inhalt der Berichterstattung und der Genauigkeitsgrad von Zahlenangaben sollten sich nach dem Auswertungszweck richten. Die verwendeten Begriffe sollten einheitlich und klar definiert, den Empfängern bekannt und vergleichbar sein. Daraus ergibt sich, daß das, was einer ausführenden Stelle über denselben Sachverhalt berichtet wird, wesentlich ausführlicher sein kann als die Mitteilung an eine übergeordnete Stelle zur Unterrichtung. Dies kann dann in der Form geschehen, daß entweder zwei unterschiedliche Berichte verfaßt werden oder der Bericht eine Kurzfassung enthält und zusätzlich einen detaillierteren Anhang.
„Wann“ eine Berichterstattung erfolgt, hängt davon ab, zu welchem Zeitpunkt sie der Empfänger für seine Schlußfolgerungen benötigt. Die Organisation muß sicherstellen, daß die Informationen rechtzeitig vermittelt werden. Es wird unterschieden in gelegentliche Berichte und in eine laufende Berichterstattung mit fester oder ohne fester Terminierung.
„Wie“ bezieht sich auf Art und Form des Berichts sowie auf den Informationsweg. Der Bericht kann mündlich, fernmündlich oder schriftlich erfolgen oder auch in einer Mischform, wie z. B. durch Konferenzen mit anschließendem Protokoll. Man unterschiedet dabei in völlige Formfreiheit, Formfreiheit mit festgelegtem Anspruch an den Inhalt und in vorgegebene Form, in der strengsten Ausgestaltung durch Formulare. Eine Berichterstattung kann rein textlich erfolgen oder auch unter der Verwendung von beispielsweise Tabellen oder Schaubildern. Die Form der Berichte soll dem Inhalt und der Bedeutung entsprechen – das Wesentliche ist klar hervorzuheben und vom Unwesentlichen zu trennen. Soweit für die Methoden einer Erstellung, Übermittlung, Speicherung und Auswertung der Berichte verschiedene Alternativen möglich sind, ist die kostengünstigste auszuwählen. Je mehr es sich um regelmäßige Berichte mit festgelegtem Inhalt handelt, umso häufiger werden Formulare eingesetzt, die die Erstellung, Auswertung und Vollständigkeitsprüfung erleichtern. Formulare werden auch dort verwendet, wo eine Reihe von ggfs. gesetzlichen Vorschriften zu beachten sind, wie z. B. im Personalwesen. Vielfach werden Formulare so gestaltet, daß noch ein Freiraum für Anmerkungen bei Sonderfällen vorgesehen wird.
„Mit welchem Erfolg“ umfaßt die Kontrolle, inwieweit die Ziele erreicht wurden.
Allgemein gilt, daß eine ausreichende Elastizität der Berichterstattung sichergestellt sein soll. Die einzelnen Stufen einer Berichterstattung sind so aufeinander abzustimmen, daß ein geschlossener, harmonischer Arbeitsablauf entsteht. Die Berichterstattung ist also als ein Ganzes zu sehen, dessen Teile bezüglich Inhalt, Form und Zeitpunkt aufeinander abgestimmt sind.

1

Strategisches Management

Wesen und Aufgabe

Der Ausgangspunkt eines strategischen Managements liegt in der Erkenntnis, daß selbst das, was in der Vergangenheit richtig war, nicht das Optimale für zukünftiges Handeln sein muß. Veränderungen des Umfeldes (z. B. im Kundenverhalten, allgemeine Konjunkturlage oder neue Produkte etc.) sowie in den Gegebenheiten des eigenen Unternehmens (z. B. Kostenentwicklungen in Relation zu Konkurrenten, finanzieller Spielraum etc.) können neue Vorgehensweisen für die Zukunft erforderlich machen. Dies ist eine Binsenwahrheit; Handlungen und Maßnahmen können nur im Zusammenhang zu dem Kontext beurteilt werden, in dem sie erfolgen. Diesen Zusammenhang zu beachten kann bei einer Ausarbeitung zukünftiger Strategien hilfreich sein. Die Entwicklung neuer Ansätze muß nicht als Kritik an früherem Verhalten verstanden werden, zumal sie dann eher zur Ablehnung statt zur konstruktiven Mitarbeit führt. In einer sich verändernden Welt reicht es nicht aus, ein Unternehmen vergangenheitsorientiert in vorhandenen Strukturen, Tätigkeitsfeldern und Abläufen zu führen, also eher zu verwalten. Darum soll der Wert von Erfahrungen dennoch nicht mißachtet werden. So wichtig es ist, auf Veränderungen schnell reagieren zu können, so reicht dieses eher gegenwartsbezogene Management nicht für eine verläßliche sowie zukunftsorientierte Unternehmensführung aus. Je schneller und umfassender sich der Wandel vollzieht und je komplexer die Verflechtungen der einzelnen Einflüsse werden, umso bedeutender wird das strategische Management für die Sicherung eines Unternehmens.

Der Hauptzweck strategischen Führens ist es, Erfolgspotentiale zu schaffen und zu erhalten. Darum müssen erfolgsversprechende Ziele im Sinne des Unternehmenszweckes und als Vorsorge die für eine Umsetzung notwendigen Voraussetzungen entwickelt werden.

Stellung im Prozeß zielorientierter Führung: Ziel-Bestimmung

Wie bereits in dem Kapitel „Zielorientierte Unternehmensführung" insbesondere über die Phasen ausgeführt wurde, besteht die Aufgabe der strategischen Planung in der Bestimmung konkreter und realistischer Ziele. Dabei orientiert sie sich an den Grundsätzen und Zielen bzw. Leitlinien eines Unternehmens. Im Vordergrund der Entwicklung von Strategien steht die Frage: „Was soll gemacht werden?", während die operative Planung Antworten auf die Frage „Wie und mit welchen Mitteln soll die Durchführung erfolgen?" gibt.

Strategische Planung ist problem- und zukunftsbezogen und wird daher stets bemüht sein, auch längerfristige Aspekte in Überlegungen einzubeziehen, auch wenn solche Vorhersagen und Prognosen immer mit Unsicherheiten behaftet sind. Der entscheidende Wesensunterschied zur operativen Planung liegt jedoch nicht in der Fristigkeit, sondern in der Zielbestimmung im Gegensatz zur Durchführungsplanung. Auch die strategischen Planungen sollen regelmäßig, z. B. jährlich, überprüft werden.

Grundlagen strategischer Planung

Anliegen der Führung ist es, das Unternehmen optimal im Markt zu positionieren. Demnach werden Strategien durch die Entwicklung des Marktes sowie der eigenen Gegebenheiten des Unternehmens geprägt. Ausgangspunkt strategischer Planung sind somit die Umfeldanalyse und die Unternehmensanalyse, auf die im nachfolgenden in zwei gesonderten Abschnitten eingegangen wird. Zuvor wird in einem gesonderten Abschnitt noch das Innovationsmanagement behandelt, da hieraus der Zeithorizont vorausschauender Strategieentwicklungen erkennbar ist.

Planungen sind durch ihre Zukunftsorientierung naturgemäß mit vielen Unsicherheiten behaftet. Zum Teil sind auf der Basis der Vergangenheit Vorausrechnungen möglich. Oftmals sind Annahmen und Prognosen erforderlich, um ein Szenario zu beschreiben, auf das sich die Planung der Strategien beziehen soll. Dabei ist es sinnvoll, nicht nur die Ergebnisse der Planung, also die strategischen Ziele, zu dokumentieren, sondern auch die bei einer Entscheidung zugrundegelegten Prognosen. Besondere Beachtung verdienen dabei solche Annahmen, bei denen eine hohe Wahrscheinlichkeit für Abweichungen besteht, besondere Relevanz für die Entscheidung vorliegt oder ggf. nur kurze Reaktionszeiten gegeben sind. Bei solchen „kritischen Prämissen" kann es sinnvoll sein, bereits Alternativpläne zu entwickeln, um bei abweichender Entwicklung schneller auf die veränderte Situation reagieren zu können.

Solche Alternativplanungen sind auch zur Sensitivitätskontrolle sinnvoll, indem sie anzeigen, in welchem Toleranzbereich der ursprüngliche Plan bei Abweichungen noch als optimal angesehen werden kann und ab wann Alternativen sinnvoller werden. Zeigt sich, daß eine Strategie unter bestimmten Voraussetzungen zwar am ertragreichsten ist, aber bei sich möglicherweise ändernden Entwicklungen nur schwer anpaßbar und dann zu

1

hohen Verlusten führt, so kann es sinnvoll sein, Strategiealternativen in Erwägung zu ziehen, die zwar bei optimaler Entwicklung geringere Erträge, bei Anpassungsnotwendigkeiten aber auch geringere Risiken beinhalten. Das Aufzeichnen der Planungsprämissen ermöglicht als Frühwarnsystem – auf das im Rahmen des Kapitels „Controlling und Budget" noch eingegangen wird – eine Reaktion nicht erst nach dem Eintritt von Ergebnisabweichungen, sondern bereits beim Erkennen relevanter Veränderungen bei den Planungsprämissen.

Innovationsmanagement

Ein wesentlicher Teil des strategischen Managements besteht darin, das Unternehmen rechtzeitig auf veränderte Kundenbedürfnisse, Kundenverhalten, Konkurrenzsituation, Entwicklung neuer Produkte usw. einzustellen. Dem Innovationsmanagement kommt dabei die Aufgabe rechtzeitiger Neuentwicklungen und ggf. Neuorientierung zu. Nach außen gerichtet, beinhaltet dies das Leistungsangebot (Produkt) und die Marktpräsenz, gegliedert nach Kundengruppen und Regionen. Die Kombination dieser beiden Aspekte wird auch als *strategische Geschäftsfelder* bezeichnet. Diesem Bereich kommt eine besondere Bedeutung zu, da Produkte – die gleichzeitig Umsatz- und Erlösträger sind – Lebenszyklen unterliegen, so daß für eine rechtzeitige Nachfolge gesorgt werden muß. Intern geht es darum, die Leistungsbereitschaft ständig zu aktualisieren, und zwar bei einer Kostenstruktur, die auch gegenüber der Konkurrenz die Sicherung des Unternehmens gewährleistet. Bei der organisatorischen Zuordnung dieser Verantwortungen und Zuständigkeiten wird auch von Innensegmentierung bzw. den *strategischen Geschäftseinheiten* gesprochen.

Lebenszyklen von Produkten

Die Abb. 1.45 zeigt verschiedene Marktphasen im Lebenszyklus eines Produktes. Die Einführungsphase kann zum Teil auch als Testphase gesehen werden, da die künftige Entwicklung noch unbestimmt ist. Die Zeit des Wachstums ist durch ein schnelles und die Reifephase durch ein geringes Wachstum bzw. eine Stagnation gekennzeichnet. Am Beginn überwiegen oft die Einführungskosten, so daß erst während der Wachstumsphase und in der Reifephase Gewinne erzielt werden. In der Phase des Abschwunges verringert sich der Umsatz durch Marktsättigung und/oder das Aufkommen von Ersatzprodukten. Der Gewinn sinkt dann gleichfalls, zum Teil jedoch geringer, insbesondere, wenn Vorbereitungskosten abgedeckt und ein rationeller Fertigungsgrad erreicht wurden. Nach der Wachstumsphase sind in der Regel größere Marktanteile nur durch einen Verdrängungswettbewerb zu erreichen.

Bevor es zu einer Markteinführung – also zum ersten Umsatz – kommt, sind Phasen der Produktplanung und -entwicklung zu bewältigen, wie dies in Abb. 1.46 zum „erweiterten Produktlebenszyklus" dargestellt ist. Diese Vorlaufphasen können zum Teil mehrere Jahre in Anspruch nehmen, so daß eine frühzeitige strategische Vorausplanung erforderlich wird.

Während besonders im ersten Schritt der Analyse und Zielplanung die Kreativität auf neue Ideen, auch im Hinblick auf neue oder noch nicht erfüllte Kundenwünsche, ausgerichtet ist, geht es später zunehmend um die Konkretisierung und Umsetzung, auch unter technischen Aspekten. Dabei treten zumeist in den ersten beiden Phasen in Relation zum Gesamtaufwand nur geringe Kosten auf, die dann in der Phase der Produktent-

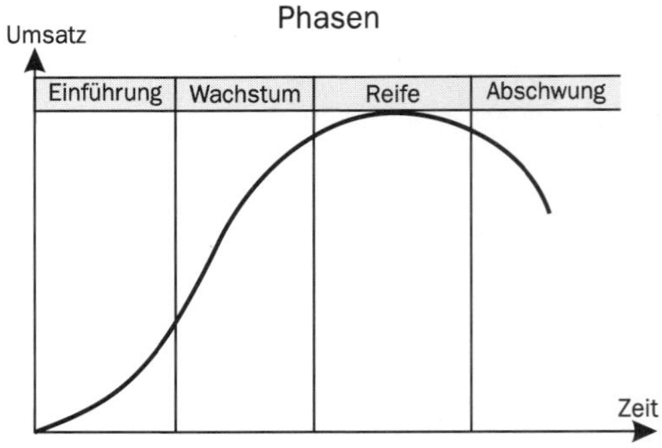

Abb. 1.45: Typischer Lebenszyklus eines Produktes

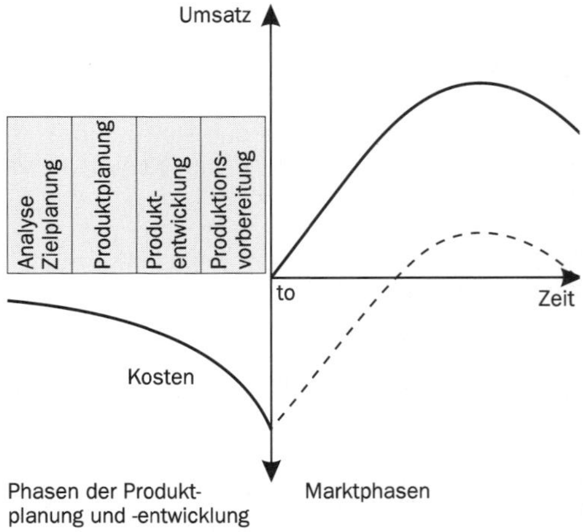

Abb. 1.46: Erweiterter Lebenszyklus eines Produktes

wicklung und vor allem der Produktionsvorbereitung erheblich steigen.

Markterweiterung
Neben den zum Teil erheblichen Entwicklungskosten ist zu beobachten, daß im Verlauf der Marktphasen eine kostengünstigere Leistungserstellung möglich wird. Die Ursachen hierfür können in kostengünstigeren Verfahren, größeren Volumen, der Abdeckung der Fixkosten oder im Phänomen der sogenannten „Erfahrungskurven" liegen. Diese bezeichnen die Feststellung, daß zunehmende Wiederholungen und damit verbundene Lernvorgänge zu Leistungssteigerungen führen.
Dies macht es sinnvoll, die Strategien nicht allein auf die Innovation neuer Produkte zu konzentrieren, sondern eine Verlängerung des Lebenszyklus anzustreben, insbesondere durch Erweiterung der ertragreichen Phasen. Dazu zählen die Strategien zur Erschließung neuer Märkte (Intensivierung neuer Kundengruppen oder regionale Ausdehnung) und zur Produktdifferenzierung sowie der Einsatz des Marketing-Instrumentariums (vgl. dazu das Kapitel „Absatz – Leistungsverwertung" und den Beitrag „Marketing").

Strategische Produktentwicklung
Das Erfordernis rechtzeitiger Innovation wurde bereits behandelt. Dies bedeutet, daß in einem aus Umsatz- und Ertragsgesichtspunkten sinnvollen Zeitpunkt geeignete Ergänzungs- oder Ersatzprodukte zur Verfügung stehen. Bei den meisten Unternehmen besteht das Absatzprogramm aus einer Vielzahl von Produkten. Da diese in den verschiedenen Phasen des Lebenszyklus unterschiedliche Beiträge zum Gewinn liefern, hat die strategische Planung auch einen sinnvollen Produkt-Mix im Interesse einer ausgewogenen Entwicklung zu berücksichtigen. Außerdem werden in den einzelnen Phasen die verschiedenen Bereiche eines Unternehmens unterschiedlich beansprucht, so daß auch dies bei der Zielbestimmung zu berücksichtigen ist. Ein strategisches Management ist also darum bemüht, ein ausgewogenes Verhältnis zwischen den Produkten in den verschiedenen Phasen ihres Lebenszyklus zu erreichen.
Gerade bei sehr schnellebigen oder High-Tech-Produkten kann recht kurzfristig das Ende der Wachstumsphase erreicht sein, oftmals mit einem deutlichen Preisverfall in der Konkurrenz mit anderen Anbietern und/oder neuen Produktentwicklungen. Dies bedeutet dann, daß eine Verzögerung in der Entwicklungsphase und ein verspäteter Markteintritt zu einer Preissituation führt, die die Entwicklungskosten nicht mehr deckt. Insoweit sind auch entsprechende Terminüberwachungen vorzuplanen und sicherzustellen, damit z. B. kein „überzogener Perfektionismus" zu unwirtschaftlichen Verzögerungen führt.
Es wurde bereits aufgezeigt, daß insbesondere die Phasen der Produktentwicklung und Produktionsvorbereitung mit erheblichen Kosten verbunden sind. Hieraus folgt, daß das strategische Management sinnvollerweise durch ein Controlling ergänzt wird, das begleitend oder zu Ende einer jeden Entwicklungsphase überprüft, ob die Entwicklung noch im Sinne strategischer Vorgaben oder geänderter Rahmenbedingungen liegt und die vorgeplante Kostenstruktur eingehalten werden kann. So notwendig Innovationen auch sind, so zeigen doch Untersuchungen aus der Praxis, wie wichtig es ist, Projekte rechtzeitig zu stoppen, bevor hohe Kostenbereiche und Belastungen der Markteinführung eintreten.
Einzelne Entwicklungsphasen erfordern durchaus unterschiedliches Führungsverhalten. Im ersten Schritt der Analyse und Zielbestimmung ist es hilfreich, auch für unorthodoxe Ideen aufgeschlossen zu sein und die kreative Entfaltung der betreffenden Mitarbeiter zu fördern. In den letzten Phasen gewinnen Fragen der Kosten und der Termineinhaltung zunehmende Bedeutung. Insofern kann es sinnvoll sein, Projekte an verschiedene Verantwortungsbereiche weiterzureichen. Dies unterstützt die Möglichkeit, bei der Übergabe eine Dokumentation mit Controlling durchzuführen. Gleichzeitig kann dieses Vorgehen auch Vorsorge dagegen treffen, daß während der Phase der Vorbereitung ständig kosten- und zeitintensive Umplanungen erfolgen.
Die Bestimmung der Aspekte des strategischen Schwerpunktes ist Aufgabe des Managements.

Umfeldanalyse

Gegenstand der Umfeldanalyse ist die Untersuchung des Umfeldes eines Unternehmens. Hierzu zählen die Möglichkeiten und Begrenzungen, einerseits auf den Absatzmärkten, andererseits auf den Beschaffungsmärkten wie auch bei den Rahmenbedingungen des weiteren Umfeldes.
Die Marktforschung, besonders die Kunden- und Konkurrenzanalyse, wurde in dem Kapitel „Absatz – Leistungsverwertung" dargestellt. Neben dem absoluten Marktanteil (Prozentanteil am gesamten Marktvolumen) kommt dem relativen Marktanteil (das Verhältnis des eigenen Marktanteils zu dem des größten Konkurrenten) Bedeutung bei einer Entwicklung von Strategien und Prognosen über Wettbewerbsreaktionen zu.

1

Zu einer Beurteilung des Beschaffungsmarktes gehört sowohl die Lieferantenanalyse (die im Kapitel „Materialwirtschaft“ behandelt wurde) als auch die Beurteilung des Arbeitsmarktes und der Möglichkeiten, sich Know-how, Patente, Beratungen etc. zu beschaffen.
Als Rahmenbedingungen sind u. a. die allgemeine Konjunktur- und Wirtschaftsentwicklung, Steuern, der Finanzmarkt und das zu erwartende Zinsniveau von Bedeutung. Soweit Außenhandel betrieben wird, sind die Erwartungen an die Wechselkurse und die politischen Verhältnisse der jeweiligen Partnerländer zu beurteilen.
Weitere Zusammenhänge im Unternehmensumfeld wurden im entsprechenden Absatz des Einführungskapitels aufgezeigt.

Risiken und Chancen
Aufgrund der Zukunftsorientierung der Strategien kommt die Planung nicht ohne Prognosen aus, die jedoch naturgemäß mit Unsicherheiten behaftet sind. Hieraus ergibt sich das Risiko, daß im Grunde folgerichtig geplante Vorhaben dennoch ihr Ziel verfehlen, weil sich wesentliche Voraussetzungen, Kundenverhalten und Konkurrenzreaktionen anders entwickeln als erwartet. Würde jedoch mit den Entscheidungen gewartet, bis gesicherte Daten vorliegen, so wären viele Chancen nicht mehr rechtzeitig nutzbar. Das Wesen von *Unternehmen* besteht eben nicht im *Unterlassen*, sondern darin, etwas in die Tat umzusetzen, ziel- und zweckorientiert zu handeln.
Dies bedeutet jedoch nicht, daß Risiken schicksalhaft hingenommen werden, sondern in den Planungs- und Entscheidungsprozeß einzubeziehen sind. Teilweise wird dabei von einem *Risk-Management* gesprochen, d. h., es sind Strategien zu entwickeln, um bei ungünstigen Entwicklungen – dem Eintritt von Risiken – angemessen zumindest im Sinne einer Schadensbegrenzung reagieren zu können. Hierbei können verschiedene Schritte notwendig werden:

Risikoerkennung: Hierbei geht es um eine Bestandsaufnahme der für das Unternehmen bedeutsamen Risiken.

Risikobewertung: Die Wahrscheinlichkeit des Risikoeintritts und seine möglichen Auswirkungen werden quantitativ veranschlagt.

Risikobegegnung: Welche Maßnahmen können im Risikofall ergriffen werden, um die Auswirkungen zu minimieren (hierzu kann, soweit möglich, auch der Abschluß von Versicherungen oder das Bilden von Reserven zählen).

Risikobeurteilung: Hier ist zu entscheiden, inwieweit das Risiko eingegangen werden soll, wobei Wahrscheinlichkeitsberechnungen nicht ausreichen, wenn das Eintreten der Risikosituation zur Existenzgefährdung führen würde.

Risikostreuung: Dies bedeutet, strategische Geschäftsfelder zu besetzen, die in ihren Chancen und Risiken nicht von den gleichen Entwicklungen abhängig sind. Die Risikobereitschaft ist individuell unterschiedlich. Ziel des Risk-Managements ist es nicht, durch Minimierung der Risiken auch auf Chancen zu verzichten, sondern durch ein Risikobewußtsein ausgewogene Strategien zu entwickeln, die auch ergänzt werden durch ein im Rahmen des Abschnitts „Controlling“ noch zu behandelndes Frühwarnsystem.

Portfolio-Betrachtungen
Für die Abschätzung von Strategien und damit verbundenen Chancen und Risiken wurden insbesondere aus der Beratungstätigkeit heraus sogenannte „Portfolios“ entwickelt. Hierbei handelt es sich, wie Abb. 1.47 zeigt, um eine Matrix, die dazu dient, Zusammenhänge in einfacher Weise zu veranschaulichen. Eines der klassischen Portfolios betrachtet das Marktwachstum und den eigenen Marktanteil als wesentliche Determinanten zur Bestimmung einer strategischen Stoßrichtung. Dabei ist ein hohes Wachstum zumeist mit zusätzlichen Investitionen und damit einem niedrigeren Cash-flow verbunden. Ein hoher Marktanteil ermöglicht häufig, in Relation zur Konkurrenz, bessere Kostenvoraussetzungen und damit mehr Einflußnahme auf die Preisentwicklung als ein niedriger Marktanteil, also positive Auswirkungen auf den Ertrag, die jedoch bei den sogenannten „Stars“ (gleichzeitig hohes Marktwachstum) häufig für Investitionen wieder benötigt werden. Die Strategieentwicklungen wurden den Anlageüberlegungen eines Financiers (Wertpapierportefeuille) nachempfunden. Beim Segment I. handelt es sich häufig um Nachwuchsprodukte, die noch in der Einführungsphase sind. Deshalb ist eine genauere Entwicklung noch nicht vorhersehbar, die entweder einen Ausstieg oder bei der Entwicklung zum „Star“ zusätzliche Investitionen und Engagement erfordern kann. Beim Segment II. (Stars) handelt es sich um Produkte in der Wachstumsphase mit hohem Marktanteil und entsprechend positiven Auswirkungen, die jedoch zumeist zur Absicherung ihrer Position finanzielle Anforderungen stellen. Im Segment III. (Cash) befindet sich das Produkt in der Reifephase des Lebenszyklus und erwirtschaftet Erträge, ohne daß größere Investitionen erforderlich werden. Das Segment IV. wird als Problemfall bezeichnet, wenn es nicht lediglich das Durchgangsstadium zur Entwicklung einer der anderen Bereiche ist. Häufig handelt es sich hierbei um erfolglose Markteinführungen

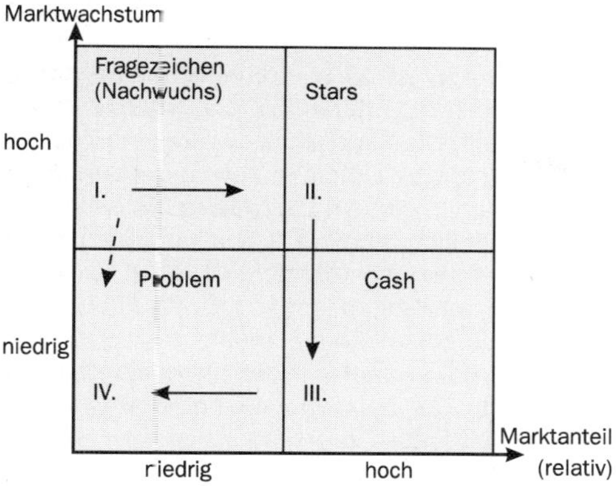

Abb. 1.47: Portfolio

oder Produkte in der Endphase ihres Lebenszyklus.
Die Portfolios können für einzelne Produkte oder auch für Produktgruppen aufgestellt werden. Bei der Entwicklung einer Gesamt-Unternehmensstrategie ist es sinnvoll, Geschäftsfelder in den verschiedenen Segmenten zu besetzen, insbesondere auch, über genügend Produkte im Segment III. zu verfügen. Auf die Portfolio-Darstellung anderer Zusammenhänge oder auf mehrdimensionale Portfolios, die durch die Einteilung in niedrig, mittel und groß dann insgesamt neun Felder ausweisen, wird hier verzichtet. Der Nutzen der Portfolio-Betrachtungen liegt in der Orientierungshilfe und nicht im Ersatz detaillierterer Strategieüberlegungen.

Kundenorientierung – Nutzen bieten
Die besten Chancen, die Akzeptanz der Kunden zu finden und damit erfolgreich zu sein, sind gegeben, wenn sich die Entwicklung von Strategien am Nutzen für den Kunden orientiert. Wem dies am besten gelingt – und wer es durch den Einsatz des Marketing-Instrumentariums den Kunden bewußt macht –, hat auch im Wettbewerb die bessere Position. Risikominimierung bei der Entwicklung von Strategien ist also auch das Bemühen um die beste Problemlösung für den Kunden, und zwar für ein für den Kunden wirklich existierendes Bedürfnis.

Zielgruppen
Je klarer die Zielgruppen definiert und abgegrenzt wurden, umso konkreter lassen sich deren Bedürfnisse analysieren und Problemlösungen entwickeln. Zudem wird es bei abgegrenzten Marktsegmenten und Zielgruppen eher möglich, hohe Marktanteile oder gar partielle Marktführerschaft zu erlangen.

Unternehmensanalyse

Eine Bestandsaufnahme interner Voraussetzungen bzw. Entwicklungsmöglichkeiten ist Gegenstand der Unternehmensanalyse. Sie wird durch ein entsprechendes Rechnungs- und Berichtswesen unterstützt. Dabei geht es nicht nur um eine Ist-Analyse, sondern auch um das Aufdecken von Leistungsreserven.

Schwächen und Stärken
Erst im Rahmen marktorientierter Zielsetzungen, in bezug auf Problemlösungen für konkrete Zielgruppen sowie im Vergleich mit den Leistungsprofilen der wesentlichen Konkurrenten, lassen sich die Stärken und Schwächen im Unternehmen bestimmen.
Stärken sind dabei jene Bereiche, bei denen im Vergleich zum Wettbewerb ein hohes Leistungsvermögen bezüglich der Problemlösung und Profilierung bei der konkreten Zielgruppe vorhanden ist. Dabei wird im Rahmen der strategischen Planung die Zielgruppenbestimmung zu einem wechselseitigen Prozeß, bei dem die Chancen aus der Umfeldanalyse in eine optimale Relation zu den betrieblichen Stärken gesetzt werden.
Schwachstellen sind in diesem Sinne Bereiche, in denen das eigene Unternehmen aus der Sicht der Kunden schlechter abschneidet als die Konkurrenten. Ferner zählen hierzu Engpässe, die die Entfaltung des vollen Leistungsvermögens begrenzen oder als Mangelbereich mit unwirtschaftlichen Kostenrelationen den möglichen Unternehmenserfolg beeinträchtigen.

Ausgleichsgesetz der Planung
Dieses in seiner Formulierung auf Gutenberg zurückgehende „Gesetz" besagt, daß sich die Gesamtplanung des Unternehmens kurzfristig am Minimumsektor (Engpaß-Sektor, schwächster betrieblicher Teilbereich) orientieren muß, während die langfristige Planung auf die Beseitigung dieses Engpasses abzielt, soweit er auch nachhaltig von Bedeutung ist. Dabei können unterschiedliche Bereiche zum Minimumsektor werden. So bildet z. B. im Käufermarkt der Absatz häufig die Begrenzung bei der Unternehmensplanung. Kommt es jedoch zur überproportionalen Absatzsteigerung (z. B. Ausfall von Konkurrenten, Hochkonjunktur oder Marktausdehnung wie bei der Wiedervereinigung), so kann die Produktion oder der Einkauf zum Engpaßbereich werden. D. h., selbst bei Vorliegen höherer Auftragsbestände ist nicht mehr umzusetzen, als beschafft und produziert werden kann. Langfristig wäre auf den ersten Blick eine Erhöhung des Leistungspotentials an-

1

gezeigt, z. B. durch Investition weiterer Produktionsanlagen. Aufgabe der strategischen Planung mit ihrer Chancen- und Risiko-Abwägung ist die Analyse, inwieweit auch künftig die Produktion Minimumsektor sein wird, also nachhaltig mit einem entsprechenden Absatz gerechnet werden kann. Wird ein lediglich kurzfristiger Engpaß zur Basis der langfristigen Planung, so führt dies zu Überkapazitäten und entsprechenden Fixkostenbelastungen und Einengung finanzieller Spielräume in der Zukunft, zur Beeinträchtigung der Wirtschaftlichkeit und im Extremfall zur Existenzgefährdung. Ein weiteres Ziel strategischer Planung ist es, künftige Schwachstellen im voraus zu erkennen, um rechtzeitig vorzusorgen.

Engpaß beseitigen: Der „wirksamste Mangel"

Als wirksamster Mangel wird jener Engpaß bezeichnet, bei dessen Beseitigung die dazu erforderlichen Aufwendungen in der günstigsten Relation zu den Erträgen der damit verursachten Steigerung der gesamten Leistung stehen. Ausgangspunkt ist die Erkenntnis, daß in einigen Bereichen Leistungsreserven vorgehalten werden, die aufgrund des Engpasses nicht zur Nutzung kommen, die aber ohne nennenswerte Zusatzkosten eingesetzt werden könnten, sobald der Engpaß beseitigt ist.
Die Konzentration auf den jeweils wirksamsten Mangel führt zur größten Leistungs- und Ergebnisverbesserung, also weit mehr, als wenn in allen Bereichen eine gewisse Anhebung erfolgen würde. Dieses Prinzip ist nicht nur im strategischen, sondern auch im operativen Management anwendbar, indem nicht eine Vielzahl von Projekten mit einer eventuellen Verzettelung der Energien aufgesetzt werden, sondern die Konzentration auf den wirksamsten Mangel erfolgt.

Erfolg multiplizieren: Stärken nutzen

Hierzu zählt die Auswahl zukunftsträchtiger, strategischer Geschäftsfelder, für die das Unternehmen mit seinen Stärken bereits gute Voraussetzungen besitzt. Im weiteren Wachstum können dann solche Marktausweitungen oder Diversifizierungen geplant werden, die bestehende Stärken nutzen. Dies wirkt sich optimal auf die Wirtschaftlichkeit – also die Kosten- und Leistungsstruktur – aus. Außerdem bieten sie gute Voraussetzungen, im Vergleich zur Konkurrenz und bezogen auf die zusätzliche Zielgruppe, erfolgreich zu sein. Strategische Planung zielt also darauf ab, eigene Stärken zu analysieren und einzusetzen sowie Schwächen dort zu beseitigen, wo sie die Wirksamkeit der Stärken behindern.

Strategische Ziele

Für die Bestimmung der strategischen Ziele gilt, wie bereits in dem Kapitel „Zielorientierte Unternehmensführung" ausgeführt wurde, die Zusammenfassung von Zielen in einem Zielszenario. Dabei sollen in diesem Zielsystem die einzelnen Ziele verbindlich, konkret und zueinander widerspruchsfrei sein, so daß sie eine Basis für nachfolgende Planungen bilden – z. B. für die Umsetzung im operativen Management.
Abgesehen von weiteren Zielen im konkreten Einzelfall sollte das Zielszenario einer strategischen Planung folgende Ziele berücksichtigen: *Marktziele* (Zielgruppen, Marktsegmente, Wachstumsraten, Marktanteil), *Ertragsziele* (Ertrag vor/nach Steuern, Ergebnisse des Betriebes im Verhältnis zum eingesetzten Kapital, z. B. Return-on-Invest, oder Eigenkapitalrendite, Umsatzrendite und Kapitalumschlag), *interne Zielsetzungen* (eventuelle Standortverlagerungen bzw. -erweiterungen, Anforderungen an Personal oder Forschung und Entwicklung etc.) und *finanzielle Ziele* (Eigenkapitalrelation, Selbstfinanzierungsgrad sowie sonstige Maßnahmen zur Sicherung der finanziellen Unabhängigkeit).
Strategische Ziele sind keine Fortschreibung der Vergangenheit und auch keine Prognose, wie die Entwicklung verlaufen könnte, sondern eine gedankliche Vorwegnahme zukunftsorientierter Gestaltung und damit Basis für das nachgelagerte unternehmerische Handeln.

Operatives Management

Wesen und Aufgabe

Dem operativen Management obliegt es, die strategischen Ziele umzusetzen. Hierzu müssen im Unternehmen die notwendigen Voraussetzungen geschaffen und die erforderlichen Maßnahmen durchgeführt werden.
Dabei sind den einzelnen Unternehmensbereichen die Aufgaben zuzuteilen und die Abwicklung zu koordinieren.

Stellung im Prozeß zielorientierter Führung: Ziel-Verwirklichung

Während im strategischen Management die Frage „Was soll erreicht werden?" im Vordergrund stand, geht es hier vorrangig um die Frage „Wie wird dies erreicht, welche Maßnahmen und Voraussetzungen sind erforderlich?".

Im operativen Management sind die Konkretisierung und die Realisierung der Ziele zu planen sowie im „Tagesgeschäft" die Durchführung einzuleiten, zu steuern und zu kontrollieren. Neben der Gesamtverantwortung der Unternehmensleitung sind hier die oberen und mittleren Führungskräfte der Unternehmensbereiche und Abteilungen etc. gefordert.

• Zielkonkretisierung – operative Planung
Aus den strategischen Zielen als Oberziele im Unternehmen sind die zur Zielerreichung nachgelagerten Unterziele abzuleiten und für eine Planungsperiode – üblicherweise 1 Jahr, vielfach untergliedert in Monats- und Quartalsziele – zu konkretisieren. Hierzu werden gleichzeitig aus dem Gesamtplan die Teilpläne für die einzelnen Bereiche entwickelt. Dabei müssen die Ziele funktional und operational bestimmt sein. Außerdem müssen die Ziele konkret genug im Sinne einer Überprüfung der Zielerreichung formuliert werden.

• Zielrealisierung – dispositive Planung
Sie ist der operativen Planung nachgelagert, häufig auf einzelne Handlungen und Maßnahmen im Prozeßablauf ausgerichtet und insoweit in der Regel noch kurzfristiger orientiert und auf einer unteren Stufe der Planung angesiedelt. Neben den Zielvorgaben sind ggf. Rückmeldungen über Abweichungen vorangegangener Handlungsabläufe durch Gegensteuerung mit in die Planung einzubeziehen. Sie bilden den Großteil der laufenden Entscheidungen im Tagesgeschäft.
Gelegentlich wird hier auch von taktischer Planung gesprochen (ein Begriff, der in der Betriebswirtschaftslehre aber sehr uneinheitlich verwendet wird – teilweise vor der operativen Planung).

Hilfsmittel
Bei einer Planung und Umsetzung sind die fach- und personenbezogenen Führungsfunktionen gefragt. Auf besondere Aspekte und Ausgestaltungen wurde zum Teil bei der Behandlung der einzelnen Bereiche eingegangen. Allgemein steht das Instrumentarium der Organisation und die Informationen aus dem Rechnungswesen zur Verfügung. Außerdem wurden zur Lösung betrieblicher Planungs- und Koordinierungsprobleme eine Reihe wissenschaftlicher Methoden, Modelle und Verfahren entwickelt. Sie sind auch unter der Bezeichnung *Operations Research* bekannt. Eines der wesentlichen mathematischen Verfahren ist hier die *lineare Programmierung*, bei der durch eine Zielfunktion und die Berücksichtigung der Restriktion durch entsprechende Nebenbedingungen Minimierungs- oder Maximierungsprobleme berechnet werden – also Wirtschaftlichkeitsfragen. Für die Planung und Überwachung komplexer Handlungsabläufe, bei deren Einzelmaßnahmen wechselseitige Abhängigkeiten zu beachten sind, stehen verschiedene Verfahren der *Netzplantechnik* zur Verfügung.

• Mathematische Methoden
Als Operations Research wird der Einsatz von wissenschaftlichen, zumeist mathematisch formulierten Methoden und Verfahren bezeichnet. Sie erlauben durch Optimierungsrechnungen die Lösung betrieblicher Probleme auch bei Mehr-Dimensionalität, also bei Berücksichtigung der Einflüsse mehrerer Variablen.
Diese Verfahren werden insbesondere bei der Lösung von Dispositionsaufgaben und bei Entscheidungsvorbereitungen angewendet, z. B. bei Transportfragen im Rahmen der Logistik, als Modelle zur Optimierung von Reihenfolgefragen und Abläufen, bei Engpaßproblemen, zur Bestimmung optimaler Bestellmengen und Losgrößen sowie sonstigen Entscheidungsrechnungen.

Sie lassen sich in die folgenden Modellgruppen einteilen:
- lineare Programmierung,
- Lagerhaltungsmodelle,
- Warteschlangenmodelle,
- Ablaufplan- und Reihenfolgemodelle,
- Planspiele und Simulationsmodelle.

Auf die einzelnen Modelle kann hier nicht näher eingegangen werden. Die generelle Methodik bei ihrer Anwendung läßt sich in folgenden Schritten systematisieren:
- Analyse und verbale Formulierung eines Problems,
- Entwicklung und Auswahl eines mathematischen Modells,
- Beschaffung der Daten,
- Berechnung und Ableitung einer Lösung aus dem Modell,
- Prüfung der Lösung auf Realitätsnähe und Zuverlässigkeit als Entscheidungsgrundlage und
- laufende Kontrolle der Lösung während der Anwendung.

Der Einsatz von Operations-Research-Verfahren erfordert oft die Zusammenarbeit mehrerer Mitarbeiter unterschiedlicher Fachrichtungen. Durch die Entwicklung der Datenverarbeitung haben die Einsatzmöglichkeiten erheblich zugenommen.

• Netzplantechnik
Wird bei Projekten zur Darstellung der Struktur der einzelnen Teilaufgaben und Tätigkeiten die Netzplantechnik eingesetzt, so macht sie nicht

1

nur die gegenseitigen Abhängigkeiten und die Prozeßfolge der einzelnen Arbeitsgänge deutlich, sondern ermöglicht auch die Abstimmung bezüglich der Termine und Kapazitätsauslastungen sowie bei einigen Verfahren auch die Berücksichtigung der Kosten.

Der Netzplan zeigt für jede einzelne Tätigkeit, welche anderen Tätigkeiten in Abhängigkeit zu ihr stehen, sei es, daß sie vor Beginn abgeschlossen sein müssen oder daß sie ihrerseits erst beginnen können, wenn diese Tätigkeit beendet wurde. Dabei gibt es auch Arbeiten, die unabhängig – also parallel zueinander – erledigt werden können. In diesem Netz von Tätigkeiten existiert eine Folge von in Abhängigkeit zueinander stehenden Arbeitsgängen ohne zusätzliche Pufferzeiten, so daß die Terminverzögerung einer dieser Arbeiten die Termineinhaltung des gesamten Projektes gefährdet.

Diese Tätigkeitsfolge wird in der Netzplantechnik als der *kritische Weg* bezeichnet. In der Verdeutlichung liegt einer der besonderen Stärken der Netzplantechnik, denn diese Kenntnis ermöglicht es, der Terminüberwachung dieser Tätigkeiten besondere Aufmerksamkeit zu widmen und bei Störungen rechtzeitig Gegenmaßnahmen einzuleiten, um nicht das gesamte Projekt zu gefährden.

Insoweit ist die Netzplantechnik ein Instrument für die Planung, Steuerung und Kontrolle. Aufgrund der mathematischen Erfassung der Struktur ermöglichen einige der verschiedenen Verfahren der Netzplantechnik nicht nur eine grafische Darstellung, sondern auch eine Berechnung des Netzes, des kritischen Weges und der Pufferzeiten für jene Tätigkeiten, die nicht auf dem kritischen Weg liegen.

Damit kann die Erstellung des Netzplanes in der EDV erfolgen. Dies ist insbesondere bei umfangreichen Projekten sinnvoll, wenn in der Planungsphase verschiedene Varianten oder während der Durchführung Korrekturen und Veränderungen zu berücksichtigen sind. Auch kann man die Terminüberwachung und den Ausdruck von Kontrollmeldungen der EDV übertragen, wenn die Rückmeldung von einzelnen Arbeitsgängen nach ihrer jeweiligen Beendigung vorgesehen ist.

Diese Überlegenheit der um 1957/58 entwickelten Netzplantechnik gerade auch bei der Behandlung komplexer Projekte macht es verständlich, daß sie innerhalb weniger Jahre eine solch umfangreiche Verbreitung gefunden hat. Dabei haben sich neben den beiden ersten Methoden, die zwar abhängig voneinander, aber fast gleichzeitig entstanden sind, eine Reihe weiterer Verfahren entwickelt. Einige Beispiele:

CPM	= Critical Path Method
PERT	= Program Evaluation and Review Technique
LESS	= Least Cost Estimating and Scheduling
CPS	= Critical Path Scheduling
CPPS	= Critical Path Planning and Scheduling
RAMPS	= Resource Allocation and Multi-Project Scheduling
NMT	= Network Management Technique
PCS	= Project Control System
MPM	= Metra Potential Method

Die mit der Netzplantechnik zu bearbeitenden Projekte werden in ihre Teilaufgaben und in die zu ihrer Erfüllung notwendigen Tätigkeiten aufgegliedert. Unter Tätigkeiten werden hier alle zeitbeanspruchenden Vorgänge gesehen, also auch Wartezeiten, wie beispielsweise die Trockenzeit zwischen zwei Anstrichen.

Jede Tätigkeit beansprucht eine bestimmte Zeitdauer, die auch durch zwei Zeitpunkte angegeben werden kann, nämlich durch eine Start- und eine Endzeit. Ein Zeitpunkt, der mit dem Beginn oder dem Ende einer Tätigkeit zusammenfällt, wird in der Netzplantechnik als Ereignis bezeichnet. Das Projekt wird im Netz also durch die zwei Elemente Tätigkeit und Ereignis beschrieben.

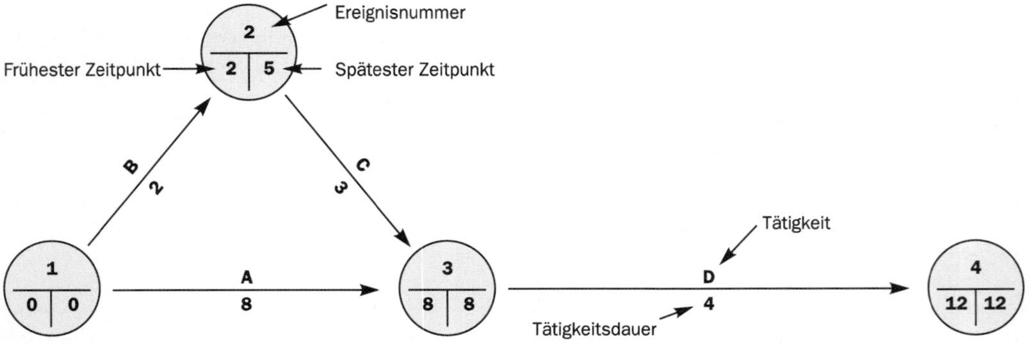

Abb. 1.48: Netzplantechnik

Die grafische Darstellung beruht auf den beiden Bestandteilen Knoten sowie deren Verbindung durch Linien. Bei dem tätigkeitsorientierten Netzplan wird die Tätigkeit durch einen Pfeil (Linie) und das Ereignis durch einen Kreis (Knoten) symbolisiert. Der Pfeil wird mit der Bezeichnung der Tätigkeit und mit der Tätigkeitsdauer versehen – dabei ist die Länge des Pfeiles kein Maßstab für die Zeitdauer. Der Knoten enthält eine laufende Numerierung des Ereignisses sowie zwei Terminangaben, und zwar für den frühesten und für den spätesten Beginn einer durch den abgehenden Pfeil gekennzeichneten Tätigkeit bzw. für das Ende einer durch den ankommenden Pfeil symbolisierten Tätigkeit. Die Differenz zwischen beiden Zeitpunkten ist die Pufferzeit. Sind beide Zeitpunkte gleich, so ist die Pufferzeit = 0, d. h., die Tätigkeit muß zu einem ganz bestimmten Zeitpunkt beginnen – dies ist bei allen Tätigkeiten des kritischen Weges der Fall.

Für die grafische Gestaltung ergeben sich folgende Grundregeln:

- Jede Tätigkeit beginnt mit einem Ereignis und endet mit einem Ereignis.
- Mehrere Tätigkeiten, die alle beendet sein müssen, ehe eine neue Tätigkeit beginnen kann, enden alle im Anfangsereignis der Folgetätigkeit. In der Abb. 1.48 bedeutet dies, daß die Tätigkeiten A und C beide im Ereignis 3 enden, dem Anfangsereignis der Tätigkeit D.
- Kann man mehrere Tätigkeiten erst beginnen, nachdem eine vorangegangene Tätigkeit beendet ist, so ist deren Endereignis Startpunkt für alle nachfolgenden Tätigkeiten.
- Laufen zwei Tätigkeiten parallel, d. h., haben sie gemeinsame Anfangs- und Endereignisse, so ist der eindeutigen Kennzeichnung wegen eine sogenannte Scheintätigkeit einzufügen. Diese wird, abgehend vom Anfangsereignis, durch eine gestrichelte Linie mit Zeitdauer 0 dargestellt und endet in einem zusätzlichen Ereignis, das den Beginn für die zweite, parallele Tätigkeit bedeutet (siehe Abb. 1.49).
- Scheintätigkeiten sind zur Verdeutlichung der Darstellung auch zu verwenden, wenn mehrere Tätigkeiten in einem Ereignis enden und beginnen, ohne daß alle beginnenden Tätigkeiten den Abschluß aller vorangegangenen Tätigkeiten erfordern. Im Beispiel (Abb. 1.50) bedeutet dies, daß der Beginn der Tätigkeit B die Beendigung der Tätigkeiten A und C voraussetzt, die Tätigkeit D jedoch nur die Beendigung der Tätigkeit C.
- Der Netzplan darf keine Schleifen enthalten, da eine Tätigkeit zur selben Zeit nur einmal erfolgen kann.

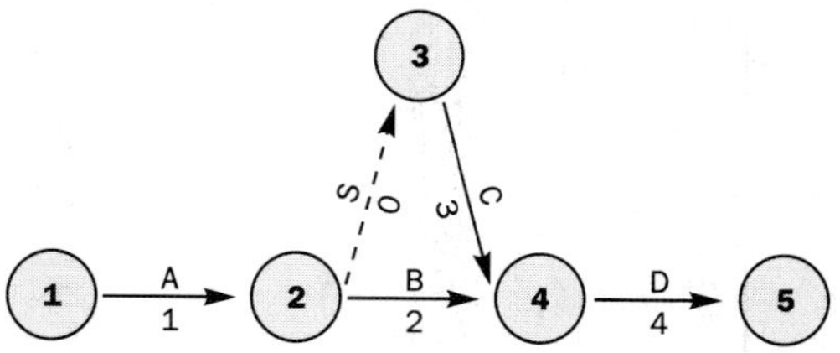

Abb. 1.49: Parallele Tätigkeiten im Netzplan

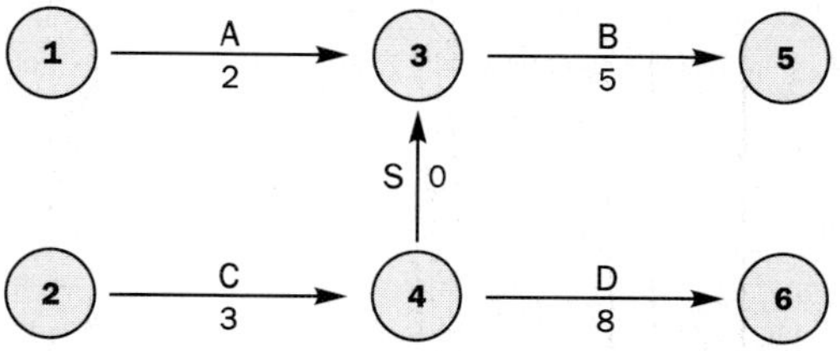

Abb. 1.50: Scheintätigkeit im Netzplan

Neben der vorher beschriebenen gebräuchlichsten Darstellung verwendet die Vorgangsknotenmethode im MPM-Verfahren eine Form, in der die Tätigkeiten und ihre Dauer in Knoten dargestellt werden (siehe Abb. 1.51). Auf sie soll hier im einzelnen nicht weiter eingegangen werden.

Die Planung eines Projektes mit Hilfe der Netzplantechnik erfolgt in zwei Stufen. In der Strukturplanung erfolgen die Analyse und Gliederung der Projektaufgabe, die ihren Niederschlag in einer Tätigkeitsliste findet.

Zur Bestimmung der richtigen Reihenfolge einer Tätigkeit und zur Analyse sind folgende vier Fragen zu beantworten:

- Welche Tätigkeiten müssen unmittelbar vorher beendet sein?
- Welche Tätigkeiten können erst anschließend beginnen?
- Welche Tätigkeiten können unabhängig und parallel zu welcher anderen Tätigkeit erfolgen?
- Welche Zeitdauer erfordert die Tätigkeit?

Hieraus ergibt sich die Zeit- und Terminplanung, in der die frühestmöglichen und die spätestzulässigen Zeitpunkte für alle Ereignisse und Tätigkeiten festgelegt werden und damit auch die Pufferzeiten. Hieraus bestimmt sich der kritische Weg. Nach Festlegung der Planungszeitpunkte für Beginn und Ende der Tätigkeiten erfolgt die Umrechnung in Kalenderdaten.

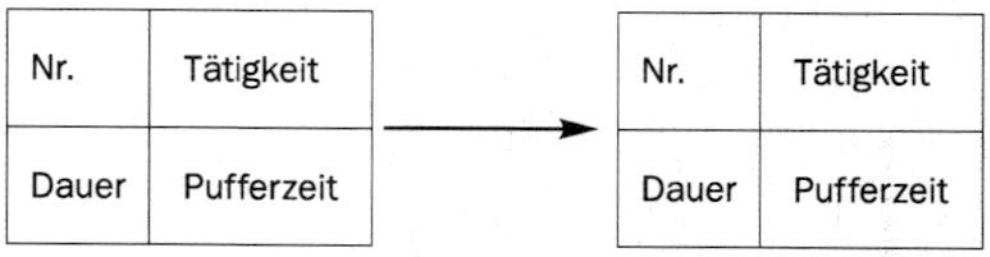

Abb. 1.51: Knotendarstellung

1

Tabellenbezeichnung	Regeln
B1 Bedingungsteil ... B_n	Bedingungsanzeiger
A1 Aktionsteil ... A_n	Aktionsanzeiger

Abb. 1.52: Entscheidungstabelle

	1	2	3	4
B1 Bedingung A	J	J	N	N
B2 Bedingung B	J	–	J	J
B3 Bedingung C	J	J	N	–
A1 Aktion X			X	X
A2 Aktion Y	X	X	X	

Abb. 1.53: Begrenzte Entscheidungstabelle (fehlerhaft)

• Entscheidungstabellen

Als Hilfsmittel zur Beschreibung komplexer Entscheidungssituationen finden Entscheidungstabellen ihre Anwendung, indem sie ihre Entscheidungsregeln in übersichtlicher Form zusammenfassen. Unter einer Entscheidungsregel versteht man dabei die Festlegung, welche Bedingungen oder Kombinationen von Bedingungen erfüllt sein müssen, damit eine bestimmte Aktion oder Aktionsfolge ausgelöst wird. Die Bedingungen und Aktionen und deren Verknüpfung zu Regeln werden in einer Tabelle dargestellt, die im Standardformat das Aussehen hat, wie es oben Abb. 1.52 zeigt.

Man unterscheidet in drei Formen der Entscheidungstabelle: die begrenzte, die erweiterte und die gemischte Entscheidungstabelle.

Bei der begrenzten Entscheidungstabelle werden Bedingungen und Aktionen im Bedingungsteil bzw. im Aktionsteil so vollständig beschrieben, daß in der einzelnen Spalte einer Regel im Bedingungsanzeiger nur noch anzugeben ist, ob eine Bedingung erfüllt sein muß (J), nicht erfüllt sein darf (N) oder ob diese Bedingung in Kombination mit den übrigen Bedingungen für die Auslösung der Aktion ohne Bedeutung ist (–). Im Aktionsanzeiger wird zu den einzelnen Aktionen angegeben, ob sie ausgelöst werden (X) oder nicht.

Bei den erweiterten Entscheidungstabellen sind zusätzliche verbale oder zahlenmäßige Eintragungen in den einzelnen Spalten des Anzeigerteils erforderlich, da die Bedingungen nicht einfach mit ja oder nein oder irrelevant gekennzeichnet werden können bzw. die Aktionen nicht lediglich durch Ankreuzen.

Die gemischte Entscheidungstabelle ist die Kombination aus einer begrenzten und einer erweiterten Entscheidungstabelle.

Die Entscheidungstabellen sollen jedoch nicht nur der übersichtlichen Dokumentation der Entscheidungssituationen dienen, sondern die Überprüfung auf Redundanzen, Widerspruchsfreiheit sowie Vollständigkeit ermöglichen. Redundanzen sind Wiederholungen, wenn z. B. eine spezielle Regelung vollständig durch eine generelle Regelung abgedeckt ist. Ein Widerspruch liegt dann vor, wenn der Bedingungsanzeiger einer Regel logisch mit dem einer anderen Regel identisch ist, aber dennoch andere Aktionsfolgen auslöst. Im gezeigten Beispiel (Abb. 1.53) einer begrenzten Entscheidungstabelle widersprechen sich die Regeln 3 und 4, da die Regel 4 besagt, daß, wenn die Bedingungen A = N und B = J ist, die Bedingung C irrelevant ist, die Regel 3 aber für den Fall, daß die Bedingung C mit „nein" beantwortet wird, eine andere Aktion auslöst. Da die Regel 1 in der Regel 2 enthalten ist (Bedingung B = J in „–"), so liegt hier eine Redundanz vor.

Vollständig ist eine Entscheidungstabelle dann, wenn alle denkbaren Kombinationen von Bedingungsanzeigen geregelt sind. Insoweit ist die Tabelle überdies unvollständig.

Mit Hilfe von Entscheidungstabellen-Übersetzern können die Entscheidungstabellen auch in die Datenverarbeitung übernommen werden. In diesem Falle können die Prüfungen auf Vollständigkeit, Widerspruchsfreiheit sowie Redundanzen durch die EDV-Anlage durchgeführt werden. Entscheidungstabellen werden dann zu einem wirksamen Kommunikationsmittel zwischen Anwendern und EDV, zumal die Entscheidungstabellen unmittelbar in die Programme eingebaut werden können. Insoweit dienen Entscheidungstabellen auch als Hilfsmittel der Systemplanung und der Dokumentation. Sie können aber auch ihre Anwendung finden zur Analyse von Entscheidungssituationen während der Entscheidungsvorbereitung, zur Verdeutlichung von Richtlinien und zur Beschreibung von Arbeitsanweisungen.

Operative Planung

Sinn dieser Planung ist es, ausgehend von den vorgegebenen Zielen den einzelnen Abteilungen – und dann weiter aufgegliedert und konkretisiert nach Arbeitsgruppen etc. – die von ihnen erwarteten Aufgaben als Ziele vorzugeben.

Maßnahmenplan
Der Maßnahmenplan enthält für jeden Verantwortungsbereich die anfallenden Tätigkeiten. Dabei können die Angaben in der Übersichtsplanung (Grobplan) zunächst allgemein gehalten werden, z. B. Auftragsannahme oder Produktion. Je umfassender eine Abstimmung zwischen den Tätigkeiten verschiedener Mitarbeiter und/oder einem Maschineneinsatz zu planen und zu steuern ist, umso genauere Vorgaben sind erforderlich. Vergleiche hierzu z. B. „Arbeitsvorbereitung" im Kapitel „Produktion – Leistungserstellung".
In der Planung der Maßnahmen sind die sachlichen und die zeitlichen Abhängigkeiten zu beachten. Dabei ist sicherzustellen, daß alle notwendigen Tätigkeiten einem Verantwortungsbereich zugeordnet wurden – ggf. mit entsprechender Terminangabe – und auch Doppelarbeiten vermieden werden.

Planung der Ressourcen
Bevor ein Maßnahmenplan verabschiedet werden kann, ist zu überprüfen, inwieweit auch die zur Durchführung notwendigen Voraussetzungen gegeben sind. Dies soll sicherstellen, daß nicht Tätigkeiten aufgenommen und Kosten und Zeit aufgewendet werden, wenn später wegen fehlender Mittel die Maßnahmen abgebrochen werden müßten, bevor ein verwertbares Ergebnis erzielt wurde.

• Personalbereitstellung
So hat es z. B. wenig Sinn, eine aufwendige Werbekampagne zu starten, wenn anschließend das Personal fehlt, um den Kundenanfragen nachzugehen. Es ist also zu prüfen, inwieweit den betreffenden Bereichen das erforderliche Personal zur rechten Zeit und in der richtigen Qualität (z. B. Ausbildung und Vorbereitung etc.) zur Verfügung steht. Treten Defizite auf, ist entweder rechtzeitig vorzusorgen, oder aber die Maßnahmen müssen zeitlich gestreckt bzw. verschoben werden.

• Sachmitteleinsatz
Entsprechendes gilt für eine Bereitstellung notwendiger Sachmittel. Auch hier würden unnötigerweise Kosten ohne entsprechende Leistungsergebnisse aufgewendet, wenn z. B. Personal eingestellt und bereitgehalten würde und dann die entsprechenden Betriebsmittel oder Werkstoffe nicht verfügbar wären, also Leer- bzw. Wartezeiten entständen.
Neben der zeitlichen Abstimmung zwischen Personal- und Sachmittelbereitstellung besteht auch ein sachlicher Zusammenhang in ihrem Einsatz. So kann eine Maßnahme z. B. personalintensiver mit geringerem Betriebsmitteleinsatz durchgeführt werden oder aber mit weniger Personal bei entsprechend umfangreichen Investitionen. Diese Abstimmung erfolgt dann nach Wirtschaftlichkeitsüberlegungen im Rahmen der vorhandenen finanziellen Möglichkeiten (Finanzplanung).

Lean Management

Seitdem in den letzten Jahren europäischen Unternehmen der Wettbewerbsdruck auf den Weltmärkten sowie der japanische Produktivitätsvorsprung bewußter werden, hat auch die Auseinandersetzung mit den japanischen Fertigungsmethoden zugenommen. Inzwischen wird viel über Lean Production, schlanke Produktion, oder allgemein Lean Management, schlanke Verwaltung, gesprochen. Geschäftsleitungen versuchen, ihre Unternehmen schlanker zu machen, d. h., die in guten Jahren „angesetzten Polster" abzubauen. „Lean" bedeutet aber auch „mager". Hier könnte die Gefahr bei falscher Anwendung liegen.

Denkansätze
Die Handwerksfertigung im Automobilbau wurde nach dem 1. Weltkrieg durch Henry Ford und Alfred Sloan – dem damaligen Präsidenten von General Motors – durch die Massenproduktion ersetzt. Dies bedeutete u. a., daß spezielle Fachleute Produkte konstruierten, die von an- oder ungelernten Arbeitern durch die Bedienung teurer Spezialmaschinen hergestellt werden konnten. Um eine reibungslose Produktion zu sichern, wurden eine Reihe von Reserven (Mitarbeiter, Raum- und Materialpuffer) in den Produktionsprozeß eingeplant, da bei den teuren Maschinen und der Unflexibilität bei Betriebsmitteln sowie Personal Störungen vermieden werden sollten. Die Spezialisierung führte zu starker Reduzierung der Arbeitszeit und der Kosten.
Nach den im Jahre 1950 durchgeführten Studien in Detroit – dem damaligen Zentrum der Massenproduktion –, kam Eiji Toyoda zu dem Ergebnis, daß dies nicht der richtige Weg für den Aufbau einer Produktion in Japan sein könnte. Zusammen mit Taiichi Ohno entwickelten sie bei der Firma Toyota die „schlanke Produktion" als ein System, welches die Flexibilität der Handwerksfertigung mit den niedrigen Kosten einer Massenproduktion kombinierte. Anders ausgedrückt: Es sollten die Nachteile vermieden werden, also die hohen Kosten der Handwerksfertigung und die Starrheit einer Massenproduktion, die auch mit hohen Aufwendungen bei Produktvariationen und Sonderwünschen verbunden war.

1

Grundprinzipien der schlanken Produktion sind:
- die Verlagerung der Kompetenzen in selbständig arbeitende Teams (Arbeitsgruppen),
- die Materialbeschaffung möglichst nach dem Just-in-Time-Prinzip und
- die Methode einer kontinuierlichen, schrittweisen Verbesserung.

So wurde die Automobilindustrie zunächst zum Vorreiter der Arbeitsteilung (Ford) und signalisiert nunmehr deren wahrscheinliches Ende bzw. deren Ergänzung.

Voraussetzungen und Maßnahmen

Die Verlagerung der Kompetenzen in selbständig arbeitende Teams führt dazu, daß die starre Trennung zwischen planenden und ausführenden Arbeiten weitgehend aufgehoben ist. Die einzelnen Arbeitsgruppen arbeiten eigenverantwortlich und kontrollieren sich selbst. Ziel ist es dabei, auftretende Hindernisse sowie Verbesserungsmöglichkeiten vor Ort schneller erkennen zu können und bei entsprechender Kompetenz Maßnahmen zur Realisierung einleiten zu können. Dies führt zu höherer Qualität der Leistung, besserer Produktivität der Arbeitsmethoden und gesteigerter Motivation aller Beteiligten. Zusätzlich wird die Führungskraft entlastet, so daß eine „schlanke Produktion" auch zu flacheren Hierarchien im Management führt.

Just-in-Time bedeutet, daß der Zulieferer den Bedarf für die jeweils nächste Fertigungsstufe direkt an den entsprechenden Arbeitsplatz in der Produktion anliefert. Dies führt zu Kostenersparnissen in der Lagerhaltung und zu einem geringeren Kapitalbedarf. Für das langfristige Funktionieren ist eine gute Partnerschaft mit den Lieferanten hilfreich.

Durch regelmäßige Gruppenbesprechungen, in denen Anregungen und Vorschläge unter den unmittelbar Betroffenen diskutiert werden, wird der Prozeß einer kontinuierlichen, schrittweisen Verbesserung realisiert.

Inzwischen ist Lean Management nicht mehr auf Produktion und Materialwirtschaft beschränkt, sondern umfaßt zunehmend alle Bereiche des Unternehmens einschließlich Verwaltung, Marketing sowie Forschung und Entwicklung.

Realisierungschancen

Für die Effizienz kompetenter und im Rahmen vereinbarter Ziele selbständig arbeitender Gruppen ist es sinnvoll, die Aspekte der Organisationsentwicklung und der zielgerichteten Unternehmensführung konsequent unter Beachtung der konkreten situativen Gegebenheiten umzusetzen. Hierzu wurden auch in Europa und Amerika durch Unternehmungen, Wissenschaft und Berater entsprechende Ansätze entwickelt, die teilweise im Abschnitt „Führungsfunktionen" angesprochen wurden. Vielleicht fördert die Herausforderung im weltweiten Wettbewerb die Bereitschaft und die Kreativität zur umfassenderen – eventuell zum Teil auch pragmatischeren – Umsetzung. Dabei kann das Studium japanischer Erfahrungen hilfreich sein. Der Unterschied in den Kulturen (z. B. Gruppenzugehörigkeitsgefühl bzw. Individualität) sprechen jedoch nicht für ein reines Kopieren. Erst recht scheinen autoritäre Einführungen unter dem Druck sinkender Ergebnisse der Unternehmen weniger geeignet, zusätzliche Ressourcen freizusetzen durch das Engagement des Einzelnen in zielorientierten Gruppen, wenn dies nicht durch sinnvolle und glaubwürdige Fördermaßnahmen begleitet wird. Für unternehmerische Phantasie und Gestaltungskraft dürften sich jedoch gute Chancen ergeben.

Zusammenwirken der verschiedenen Abteilungen

Der arbeitsteilige Leistungsprozeß im Unternehmen führt dazu, daß in vielen Arbeitsgruppen Aufgaben erledigt werden, die allein innerbetrieblichen Zwecken dienen. Daraus können sich neben einer Reihe von Vorteilen auch Nachteile ergeben. Es ist dem Prinzip entgegenzuwirken, daß ab einer bestimmten Größenordnung eine Abteilung in der Lage ist, sich mehr mit sich selbst zu beschäftigen als mit den Leistungen, die sie entweder für den Markt oder für andere Bereiche des Unternehmens erbringt.

Leistungsaustausch

Zur Analyse kann es hilfreich sein, wenn von jeder Abteilung zwei Listen über die Beziehung zu anderen Abteilungen aufgestellt werden. Nur einige Abteilungen erbringen unmittelbar Leistungen gegenüber den Kunden, denen in der Regel dann entsprechende Entgelte gegenüberstehen. Zumeist enthält die erste Liste als Output die Leistungen, die die Abteilung glaubt, für andere Abteilungen des Unternehmens zu erbringen. In der Input-Liste sind die Leistungen aufgeführt, die die Abteilung zur Erledigung ihrer Aufgaben von anderen empfängt. Bei der Bearbeitung sind zunächst alle Fälle zu beachten, in denen eine Abteilung glaubt, einer anderen Leistungen für deren Aufgabenerfüllung zu erbringen, ohne daß sie dort bei der Input-Liste aufgeführt wurden, bzw. die umgekehrten Fälle. Soweit die Aufnahme in die Input-Liste nicht irrtümlich unterblieb, zeigt die Diskrepanz, daß eine Leistung erbracht ist, die so und von dieser Stelle nicht benötigt wird, z. B. die Ent-

wicklung einer Statistik, obgleich die andere Abteilung die Zahlen bereits unmittelbar aus der EDV erhält. Hier kann sich ein Rationalisierungspotential ergeben, wenn Tätigkeiten künftig entfallen können. Soweit es unterlassen wurde, Aufgaben in die Output-Liste aufzunehmen, so kann dies ein Indiz dafür sein, daß die Bedeutung für die empfangende Abteilung unterschätzt und der Erledigung keine besondere Aufmerksamkeit geschenkt wird.
Ähnliche Analysen können dann innerhalb einer Abteilung zwischen deren einzelnen Arbeitsgruppen durchgeführt werden etc.

• Output-Beschreibung
In der Diskussion über die Leistung, die eine Stelle für eine andere erbringt, ergibt sich die Möglichkeit, die Anforderungen zu konkretisieren. So kann es z. B. sein, daß die Buchhaltung bisher andere Aufgaben wichtiger nahm als die Weitergabe der auf Bonität überprüften Kundenaufträge, während für die empfangende Stelle eine vorzeitige Information darüber für die Erfüllung ihrer Aufgaben von wesentlicher Bedeutung wäre. Andererseits könnte sich ergeben, daß Aufstellungen, die mit zeitlichem Druck und entsprechendem Aufwand jeweils zum Mittag eines Tages bereitgestellt wurden, erst zusammengefaßt für eine Woche am folgenden Montag benötigt werden. Somit läßt sich der Output einer Stelle – und damit die an diese zu stellenden Ziele – konkreter, klarer und im Bezug auf die gesamte Leistungserstellung optimaler beschreiben. Dies dient einer zielorientierten Unternehmensführung, auch unter Einbeziehung qualifizierender Merkmale.

• Input-Bestimmung
Entsprechend enthält der Input die Leistungen, die die Stelle von anderen im Unternehmen empfängt. Ergänzend zu dem der jeweiligen Stelle zur Verfügung gestellten Personal und Betriebsmittel bilden sie das Kostengerüst. Als unnötig erkannte Anforderungen führen zur Aufdeckung von Ergebnisreserven.

Wertanalyse als Steuerungsinstrument
Durch den Output ergibt sich, welchen Wert eine Stelle für andere und damit für die gesamte Leistungserstellung im Unternehmen hat. In Relation zum gesamten Input ergeben sich Hinweise auf die Wirtschaftlichkeit. Dabei sind die Arbeitsabläufe innerhalb der Stelle im Hinblick auf den erwarteten Output zu rationalisieren. Selbst, wo dieser nicht monetär ausgedrückt werden kann, ermöglicht die klare Beschreibung der Aufgaben doch, daß neben der Kostenüberwachung eine Erfolgskontrolle der Stelle auch im Hinblick auf die Leistung gegeben ist. Dies wird möglich, wenn der Output neben dem Inhalt nach Ausmaß und Zeit (z. B. Genauigkeit, Fehlerquote, Termintreue) mit dem zu erreichenden Ziel verglichen wird, wobei Vereinbarungen mit der empfangenden Stelle zu beachten sind.

• Innerbetriebliche Zuordnung
Ergänzend sind Modellrechnungen möglich, inwieweit die Leistungen in den anderen Bereichen kostengünstiger erbracht werden könnten. Diese Vorgehensweise kann zu einem stärkeren „Dienstleistungsdenken" zwischen den Bereichen eines Unternehmens führen.

• Make-or-buy-Entscheidungen
Entsprechend können auch unter Zuhilfenahme von Kostenrechnungen Vergleichsüberlegungen durchgeführt werden, inwieweit innerbetrieblich erstellte Leistungen von außen preiswerter bezogen werden können – also Kauf statt Selbermachen.

Arbeitsplatzbeschreibung für Gruppen

Soweit die Kompetenz und Zuständigkeit für die Aufgabenerledigung an Gruppen übertragen wird, ist es auch sinnvoll, Arbeitsplatzbeschreibungen nicht nur für einzelne Mitarbeiter, sondern gleich für ganze Gruppen zu erstellen. Dadurch wird die Gesamtverantwortung verdeutlicht. Zunächst ist die Gruppe, Abteilung etc. zu bezeichnen und ihre Stellung im Organisationsaufbau.

Verantwortungsträger
Hier ist der Gruppenleiter zu benennen, sei es als verantwortlicher Vorgesetzter oder vom Team gewählter Sprecher. Ferner sind der Dienstrang des Stelleninhabers sowie eventuelle Unterschriftsbefugnisse etc. anzugeben.
Sodann ist die Regelung der Stellvertretung zu vermerken. Hierbei geht es zum einen darum, wer den Gruppenleiter vertritt. Zum anderen kann es sein, daß auf den Gruppenleiter Vertretungsaufgaben zukommen, z. B. in der Vertretung einer anderen Gruppe oder als Vertreter seines Vorgesetzten.

Ziele
Durch eine konkrete Beschreibung der Ziele einschließlich der Rahmenbedingungen werden die Aufgaben der Arbeitsgruppe angegeben und zugleich die Maßstäbe, nach denen die Leistung

1

der Gruppe zu bewerten ist. Die organisatorische Struktur des Unternehmens spiegelt sich damit in einer Zielhierarchie von Detail- und Unterzielen wider.

Ressourceneinsatz
Hieraus ergibt sich, welche Mittel der Gruppe für die Erledigung ihrer Aufgaben zur Verfügung stehen.

• Personal
Hier ist anzugeben, wie viele Personen mit welcher Qualifikation und (eventuell) in welchen Vergütungsstufen für die Gruppe vorgesehen sind. Eventuell können hier auch Regelungen über Gruppenprämien bzw. Gruppenakkord aufgeführt werden.

• Sachmittel
Diese Position umfaßt den geplanten Betriebsmitteleinsatz. Zusammen mit den Aufwendungen für das Personal bilden sie die Kosten der Gruppe, deren Einhaltung bei einem entsprechenden Planungs- und Kontrollsystem überwacht werden kann (siehe auch das nachfolgende Kapitel „Controlling und Budget“).

Controlling und Budget

Wesen und Aufgabe des Controllings

Sowohl in der Praxis als auch in der Theorie weichen die Definitionen dessen, was unter Controlling zu verstehen ist, oft weit voneinander ab. Der Begriff leitet sich vom englischen Verb „to control“ ab, das mit lenken, steuern, regeln, planen, kontrollieren, überwachen etc. zu übersetzen ist. Die Bezeichnung „Kontrolle“ ist also zu eng und würde die Planungs- und Steuerungsfunktionen ausblenden.
Eine wesentliche Ursache für die unterschiedliche Bedeutung, die dem Controlling zugerechnet wird, dürfte darin liegen, daß eine Reihe von Führungsfunktionen erfaßt werden: Zielbestimmung durch Planen sowie Entscheiden, Koordination, sachbezogene Kontrolle einschließlich Analyse und Information. Dabei ist Controlling bereichsübergreifend, d. h., es umfaßt und koordiniert die verschiedenen Tätigkeitsfelder im Unternehmen. Schließlich kann das Controlling sowohl das strategische als auch das operative Management sowie das taktische und dispositive Handeln unterstützen. Controlling leitet sich also aus dem Gesamtbereich der zielorientierten Unternehmensführung (u. a. Planen, Überwachen) ab. Dabei ist es weder als Unternehmensführung selbst zu sehen, noch kann es auf einen der „klassischen“ Teilbereiche im Leistungsprozeß oder der Zusatzfunktionen reduziert werden. Controlling dient einer Unternehmensführung bei der Vorbereitung von Entscheidungen, dem Steuern von Prozeßabläufen sowie der Kontrolle. Je nachdem, inwieweit diese Führungsfunktionen auf ein Controlling delegiert werden und welche Schwerpunkte dabei gesetzt sind, ergibt sich dessen unterschiedliche Ausgestaltung im konkreten Einzelfall. Daher auch die Verschiedenartigkeit der Beschreibungen.
Unternehmensgröße, Ausgestaltung des Rechnungswesens und Aufbau der organisatorischen Gliederung können Einflußfaktoren für die Aufgabenbestimmung sein. Mitte der 70er Jahre ordneten Unternehmen die wesentlichen Aufgaben des Controllings in der folgenden Gewichtung ein: Kostenrechnung, Gesamtplanung, Finanzbuchhaltung, Berichtswesen, Finanzwesen, Organisation und allgemeine Verwaltung sowie Analysen. Mitte der 80er Jahre hatte sich die Rangfolge wie folgt verändert: Gesamtplanung, Berichtswesen und Analyse vor Kostenrechnung etc. Hierin spiegelt sich die Akzeptanz der übergreifend unterstützenden Tätigkeit des Controllings wider.
Definitionen, die das Controlling als eine Form der Unternehmensführung ansehen, erscheinen als zu dominant. Sie resultieren wohl eher aus der Überbetonung eines möglicherweise im konkreten Fall über längere Zeit festgestellten Defizitbereiches.

Stellung im Betrieb
So vielfältig wie die Begriffsbestimmung und die Aufgabenzuteilungen ist auch die Stellung eines Controllings im Unternehmen. Hierzu zählen die institutionelle Eingliederung in den Organisationsaufbau, die interne Organisation des Controllings sowie das Anforderungsprofil an den Controller.

• Institutionelle Einordnung
Bei der Einordnung in die Unternehmensorganisation kann Controlling nach Linienstelle oder Stabsstelle unterschieden werden (vgl. auch das Kapitel „Organisation“).
Als Linienstelle kann eine Controllingabteilung zum einen der zweiten Ebene zugeordnet sein, z. B. unterhalb des Geschäftsführungsbereiches Finanzen, gelegentlich auch des Rechnungswesens. Das Controlling kann jedoch auch ein eigener Bereich der Geschäftsführung sein und damit

der ersten Ebene angehören. Im ersteren Falle sind stärkere Abhängigkeiten gegeben, im zweiten Fall wird zwar die Bedeutung eines Controllings hervorgehoben, sie kann aber zu Konflikten zwischen der Servicefunktion des Controllings für alle Geschäftsbereiche und der Stellung des Controllers als Mitglied der Geschäftsleitung und damit auch als Entscheidungsträger führen.
Oftmals wird daher das Controlling als Stabsstelle eingerichtet, z. B. in Zuordnung zum Vorsitzenden bzw. Sprecher der Geschäftsführung. Insbesondere wenn dieser, wie oft üblich, kein eigenes Fachressort betreut, kann damit eine Voraussetzung für die bereichsübergreifende Servicefunktion des Controllings geschaffen sein.

• Interne Organisation
Sind mehrere Personen in der Controlling-Abteilung tätig, so ist ihre Verantwortung intern zu regeln. Dabei kann zwischen einer zentralen Struktur oder einer dezentralen Gliederung unterschieden werden, bei der Controlling-Aufgaben auf verschiedene Sub-Controller verteilt werden.
Letzteres wird zum Teil dann gewählt, wenn das Unternehmen in Profitcenter oder Sparten organisiert ist und/oder selbständige Filialen hat.

• Anforderungsprofil
Angesichts der bereichsübergreifenden Tätigkeit und der Unterstützung auf verschiedenen Führungsebenen wird von einem Controller ein breites Verständnis für die verschiedenen betrieblichen Gebiete und deren Zusammenwirkung gefordert. Entsprechendes Wissen und Erfahrung können hier als fachliche Anforderungen bezeichnet werden. Hierzu gehört auch die Forderung, die verschiedenen Hilfsmittel, z. B. aus dem Bereich des Rechnungswesens, der Informationsverarbeitung und des Berichtswesens einschließlich EDV zu beherrschen. Ferner sollte ein Controller fähig sein, analytisch zu denken und in gesamtwirtschaftlicher Sicht zu urteilen.
Daneben stehen Anforderungen an die Persönlichkeit des Controllers, besonders geprägt von der Servicefunktion des Controllings. Das bedeutet, daß der Erfolg seiner Arbeit weitgehend davon abhängt, inwieweit er und seine Anregungen von den Führungskräften in der Linie akzeptiert und umgesetzt werden. Gerade das Einleiten von Veränderungen sowie das Aufdecken von Abweichungen und Unzulänglichkeiten kann zu Konfliktsituationen führen. Entscheidungen in Situationen ohne hierarchische Weisungsbefugnis durchzusetzen erfordert eine hohe persönliche Qualifikation, z. B. in zielorientierter Gesprächsführung und konstruktiver Teamarbeit.

Ziele
Aus der Fülle dieser Aufgaben lassen sich durch drei Zielbeschreibungen die Sichtweisen des Controllings verdeutlichen.
1. Indem Schwachstellen und Reserven aufgedeckt werden, soll das Leistungsvermögen verbessert und damit die Stabilisierung des Unternehmens gesichert werden. Der Weg dazu besteht oft darin, überkommene Erfahrungen und Verhaltensweisen zu hinterfragen. Probleme werden aus unterschiedlichen Blickwinkeln betrachtet, um im Realitätsbezug mehrere Handlungsalternativen als Basis einer Entscheidungsfindung im Sinne der Unternehmensziele als Ganzes entwickeln zu können. Damit wird die Konzentration auf die konkrete Aufgabe und das bereichsübergreifende Denken unterstützt.
2. Die Zielorientierung des Controllings impliziert auch die Ausrichtung auf die Zukunft. Um kommenden Herausforderungen gewachsen zu sein, muß bei schnellerer Änderung der Umfeldbedingungen auch im Unternehmen ein Anpassungsprozeß in Gang gesetzt und erhalten werden, der nicht nur reagierend hinterherhinkt, sondern gestaltend vorausplant. Controlling ist somit in einem Spannungsfeld zwischen Beständigkeit und Wandel angesiedelt.
3. Aufgrund seiner Stellung im Unternehmen ist das Controlling eine Dienstleistung. Zuständigkeit und Verantwortung bleiben bei den Fachbereichen mit ihrem Sachverstand. Dabei soll der Controller beraten und unterstützen. Er kann dabei die Bereitschaft zur Kooperation und die Voraussetzungen für eine „lernende Organisation" fördern, also für eine sinnvolle und zweckorientierte Entwicklung.

Funktionen des Controllings
Im Prozeß zielorientierter Unternehmensführung ist die Durchführungsphase (Ziel-Verwirklichung) zwischen der vorausgehenden Planung (Ziel-Bestimmung) und der nachfolgenden Kontrolle (Ziel-Überprüfung) eingebettet. Bei einem arbeitsteiligen Unternehmen ist mit der Planung gleichzeitig die Koordination zwischen den verschiedenen Bereichen des Unternehmens sicherzustellen. Die Kontrolle beinhaltet die Analyse der Abweichungen, um eine sinnvolle Rückkopplung zu ermöglichen und ursachengerechte Reaktionen auszulösen. Zusammen mit der Bereitstellung von Informationen und Methoden bilden diese Aufgaben die Hauptfunktionen des Controllings.

• Informationen und Methoden
Im Abschnitt „Organisation des betrieblichen Informationswesens" unter „Organisation" wurde

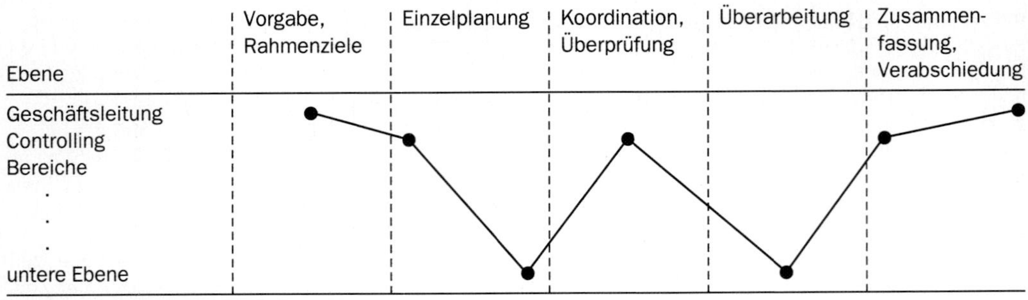

Abb. 1.54: Down-up-/W-Planung

Information als ein zweckorientiertes Wissen im Hinblick auf die Vorbereitung von Handlungen gekennzeichnet. Erst durch diesen Zweckbezug werden Daten zu Informationen. Neben externen Daten stehen dem Controlling Angaben aus dem betrieblichen Informationswesen und dem Rechnungswesen zur Verfügung. Sie bilden damit eine wichtige Basis für die Arbeit des Controllers, so daß er auf ihre Gestaltung im Sinne von Effizienz und Aussagefähigkeit entsprechend Einfluß nehmen wird.

Das Controlling hat sicherzustellen, daß die Führungskräfte eines Unternehmens mit den Informationen versorgt werden, die sie zur Lösung ihrer Aufgaben benötigen. Dabei sollen diese zwar einerseits ausreichend Information erhalten, dürfen jedoch andererseits nicht damit „überfüttert" werden. Sinnvoll ist es, eine Information für die jeweils empfangende Stelle mit Hinweisen zu verbinden, die für die Bearbeitung und Auswertung hilfreich sind. Dabei soll das Controlling im Rahmen seiner Dienstleistungsfunktion bei Auswertungen unterstützen und die hierfür hilfreichen Methoden (Modelle, Instrumente, Techniken etc.) zur Verfügung stellen.

Gleichzeitig ist sicherzustellen, daß neben dem unmittelbar betroffenen Bereich auch jene informiert werden, die von möglichen Auswirkungen betroffen sein können. Hier ist Vorsorge zu treffen, daß alle Beteiligten die gleichen bzw. aufeinander abgestimmte (z. B. unterschiedlich detaillierte) Informationen erhalten. Hilfsmittel hierzu sind das Berichtswesen sowie im zunehmenden Maße auch die elektronische Informationsverarbeitung. Controlling kann auch als ein Teil des Informationsprozesses aufgefaßt werden, da es Informationen aufnimmt (Input), sie aufbereitet (verarbeitet) und dann den einzelnen Bereichen zur Verfügung stellt (Output).

• Planung und Koordination

Für die Planungsinhalte, für das, *was* geplant wird, sind die Führungskräfte der einzelnen Fachbereiche zuständig. Die Verantwortung eines Controllings ergibt sich in der Regel dafür, *daß* geplant wird und *wie* und *wann* geplant wird. Auf die Notwendigkeit der Planung als gedankliche Vorwegnahme zukünftigen Handelns und auf verschiedene Planungsinhalte wurde bereits eingegangen. Bei der Vorgehensweise, also wie geplant wird, können verschiedene Formen unterschieden werden. Folgt man der Zielhierarchie, so gelangt man zur *Planung von oben* (Top down), d. h., aus den oberen Unternehmenszielen leiten sich die weiteren Ziele in die Bereiche etc. ab.

Der Nachteil ist hierbei zum einen sachlicher Natur, indem Engpässe und Reserven, die sich in einzelnen Teilbereichen ergeben können, nur unzureichend für eine Planoptimierung berücksichtigt werden. Daneben ergibt sich der persönliche Aspekt durch die ungenügende Einbeziehung der Führungskräfte auf den nachgelagerten Ebenen, da Zielvorgaben weniger als Zielvereinbarungen dazu geeignet sind, Anregungen aus den Detailkenntnissen heraus in einem Planungsprozeß zu nutzen und die Motivation bei einer Plandurchführung zu steigern.

Demgegenüber steht die *Planung von unten* (Bottom up), während der ein Plan aus der schrittweisen Zusammenfassung von Teilplänen entsteht. Hierdurch ist zwar die Planungsfreiheit auf unteren Ebenen vergrößert, aber die Ausrichtung an übergeordneten Gesamtzielen leidet.

Üblicher sind daher Mischformen, die z. B. als *Gegenstromverfahren*, *Down-up-Planung* oder auch als *W-Planung* bezeichnet werden. Abb. 1.54 zeigt das Schema einer solchen Vorgehensweise: Die Geschäftsleitung gibt die Rahmenziele vor. Nach Aufbereitung durch das Controlling erfolgt nach unten eine zunehmend konkretisierte und detaillierte Teilplanung. Sodann erfolgt deren Überprüfung und Koordination, in der Regel in der Verantwortung des Controllings, das dann die aufeinander abgestimmten Teilpläne als Zusammenfassung der Geschäftsleitung zur Verabschiedung vorlegt; stimmt die Geschäftsleitung zu, wird der

Plan verbindlich. Sollte der Planungsprozeß ergeben, daß der vorgegebene Zielrahmen nicht realisierbar ist oder die vorgenommenen Korrekturen nicht die Zustimmung der Geschäftsleitung finden, so ist der Prozeß mit modifizierten Rahmenzielen zu wiederholen.
Dieser Planungsprozeß ist zwar zeitaufwendiger – durch die Integration der verschiedenen Ebenen erfolgt jedoch eine weitgehende Zielvereinbarung (anstelle von Zielvorgabe) und damit ein stärkeres Engagement und eine entsprechende Motivation auf den verschiedenen Ebenen. Die Planung kann dabei absehbare Schwierigkeiten entweder durch Korrekturen berücksichtigen oder durch die entsprechenden Vorsorgen beseitigen, bevor sie später die Durchführung behindern.
Die Vorgehensweise bei einer Planung hat also entscheidenden Einfluß auf die Koordination der Teilpläne und die Motivation der Beteiligten, die mit ihnen abgestimmten Ziele zu erreichen, auch wenn bei der Realisierung zusätzliche Schwierigkeiten auftreten sollten.
Die zeitliche Abstimmung ist darauf ausgerichtet, wann und wie oft geplant wird. Häufig erfolgt die operative Planung einmal jährlich am Ende eines vorangegangenen Geschäftsjahres für das nachfolgende. Wie früh im zweiten Halbjahr oder im letzten Quartal mit der Planung begonnen wird, hängt von der Größe des Unternehmens sowie dem Zeitaufwand der Abstimmungsvorgänge ab, deren Koordination im Zuständigkeitsbereich des Controllings liegt. Systemgerecht ist es, die strategische Planung nicht mit der operativen Planung zu verbinden, sondern ihre Überprüfung bereits vor Beginn der operativen Planung abgeschlossen zu haben.
Das Problem der starren Einjahresplanung liegt zum Teil darin, daß am Beginn weiter in die Zukunft prognostiziert werden muß, während zum Jahresende hin der bereits vorgeplante Zeitraum immer kürzer wird. Daher wird zum Teil auch ein revolvierendes Verfahren angewendet. Dies kann z. B. wie folgt geschehen: Nach Ende des 1. Quartals eines Jahres (also in der Regel am Beginn des 2. Quartals) wird der Jahresplan mit seinem Teilplan des 1. Quartals mit den Ist-Werten des 1. Quartals verglichen. Gleichzeitig wird das 1. Quartal des nächsten Jahres bereits vorgeplant, so daß wieder einschließlich des laufenden Quartals ein Planungshorizont von mindestens vier Quartalen entsteht.
Damit ist es möglich, eventuelle Plananpassungen beim 3. oder 4. Quartal vorzunehmen, falls sich entsprechende Notwendigkeiten ergeben. Manchmal werden auch insgesamt fünf Quartale vorgeplant, so daß sich über das laufende Quartal hinaus stets ein Planungshorizont von vier Quartalen ergibt.

• Kontrolle und Abweichungsanalyse
Die Planung wird erst durch die Kontrolle zu einem sinnvollen Steuerungsinstrument, während umgekehrt ohne Planung der Kontrolle der Maßstab fehlen würde. Kontrolle ist der Vergleich dessen, was lt. Plan sein soll mit dem, was tatsächlich ist. Je schneller zuverlässige und vollständige Ist-Daten vorliegen, umso zeitnaher kann die Analyse und das Einleiten eventueller Gegensteuerungen erfolgen. Dies bedarf einer entsprechenden Organisation im Rechnungswesen.
Eine sinnvolle Reaktion auf festgestellte Abweichungen kann erst erfolgen, wenn deren Ursache analysiert ist. Einer Abweichungsanalyse kommt also eine entscheidende Bedeutung zu. Vielfach können erst durch Zusammenarbeit der Fachabteilungen und durch kritisches Hinterfragen des Controllers die wahren Ursachen aufgedeckt werden. Gelegentlich wird das Aufdecken von Ursachen erschwert, da man nach Schuldigen sucht und damit natürlich Entschuldigungen hervorruft. Aber erst wenn das Ursache-Wirkungs-Verhältnis erkannt ist, lassen sich auch wirksame Maßnahmen einleiten.
Die Ursachen für Abweichungen lassen sich in drei Hauptgruppen einteilen:
- Geänderte Rahmenbedingungen – man hat andere Annahmen über die Zukunftsentwicklung, die nicht beeinflußbar ist, prognostiziert, z. B. andere Konjunktur- und Wechselkursentwicklungen etc.
- In der Planung wurden Fehler gemacht, indem z. B. Vorgänge, Kosten oder zeitliche Abhängigkeiten nicht berücksichtigt wurden.
- In der Durchführung wurden Fehler gemacht, die z. B. zu Doppelarbeit, Ausschuß und/oder höheren Kosten führen.

Alle drei Ursachen verlangen nach unterschiedlichen Reaktionen. Bei den beiden erstgenannten Fällen ist parallel zu den Korrekturmaßnahmen zu überprüfen, inwieweit Erfahrungen genutzt werden können, um künftig die Qualität der Planungen zu verbessern und um als Chance für einen in die Zukunft gerichteten Lernprozeß dienen zu können.
Oftmals treten Wirkungen und Korrekturaufwand in einem nachgelagerten Bereich auf, während die Ursachen bereits in einer vorangegangenen Phase angelegt wurden, z. B. ein erhöhter Montageaufwand, weil die Fertigung der Einzelteile unkorrekt war. In einem eher revisionsorientierten Kontrolldenken wird das Augenmerk stärker auf das Aufdecken negativer Abweichungen gelenkt,

während positive Abweichungen als nicht weiter beachtenswert abgehakt werden. Das Controlling interessiert sich auch für solche Entwicklungen, die günstiger verlaufen, als vorausgeplant wurde. Hat z. B. das Verkaufsteam einer Region höhere Abschlußquoten durch eine kundengerechtere Aufbereitung der Verkaufsunterlagen, so kann es eine Ursachenanalyse ermöglichen, auch für die anderen Regionen entsprechende Voraussetzungen zu schaffen. Die Beachtung positiver Abweichungen einschließlich ihrer Ursachen kann also die Basis dazu sein, Erfolge zu multiplizieren. Eine Kontrolle in diesem Sinne ist also nur zum Teil vergangenheitsorientiert und auf schnelle Reaktionen ausgerichtet, sondern gleichermaßen zukunftsbezogen, indem durch die Frage nach dem „warum" Lerneffekte und damit Entwicklungen für die Zukunft ausgelöst werden.

Eine Zielklarheit auf allen Unternehmensebenen macht auch den Führungskräften deutlich, nach welchen Maßstäben ihre Ergebnisse gemessen werden. Wird sichergestellt, daß ihnen auch die notwendigen Ist-Werte zeitnah zur Verfügung gestellt werden, ist neben der Fremdkontrolle die Basis für eine Selbstkontrolle gegeben. Ähnlich wie bei der Planung die Zielvereinbarung anstelle der Zielvorgabe zu höherer Motivation führt, kann auch die Selbstkontrolle dazu motivieren, schnelle Anpassungen vorzunehmen und sich zukunftsweisenden Lernprozessen zu öffnen. Dies kann dazu führen, daß sich die Notwendigkeit des Eingreifens der nächsthöheren Führungskraft reduziert, ohne daß damit deren Kontrollfunktion hinfällig würde. Das Controlling kann dafür sorgen, daß den jeweiligen Entscheidungsträgern auch die für ihre Selbstkontrolle notwendigen Informationen zur Verfügung gestellt werden.

Bei erheblichen – insbesondere negativen und durch Gegenmaßnahmen nicht mehr ausgleichbaren – Planabweichungen ist zu überprüfen, ob die ursprünglich vorgesehenen Maßnahmen z. B. auch mit gemindertem Erfolg (eventuell Verlust) durchgeführt werden sollen oder ob sogar eine grundsätzliche Plankorrektur erforderlich wird.

Anwendungen des Controllings

Aus den Aufgaben des Controllings als Führungsunterstützung ergibt sich, daß der Controller in allen Gebieten tätig werden kann, in denen er die Führungskräfte in der Wahrnehmung ihrer Funktionen beraten oder entlasten kann. Die Dienstleistung kann sich sowohl auf das strategische als auch auf das operative Management beziehen.

Wesentliche Basis für die Tätigkeit des Controllers ist das betriebliche Rechnungswesen, sowohl die Kosten- und Leistungsrechnung als auch die Auswertungen externer Rechnungslegung. Inwieweit Funktionen aus dem Finanzbereich einbezogen werden, ist in der Praxis unterschiedlich – nach der „reinen Lehre" ist hierfür nicht der Controller, sondern ein gesonderter Treasurer zuständig. Im Vordergrund der Controller-Tätigkeiten stehen Planungs- und Kontrollrechnungen. Insoweit kann er die Führungskräfte bei der Aufbereitung von Planungsunterlagen sowie der Planungsausgestaltung und der Planüberwachung unterstützen. Neben der unterstützenden Management-Beratung ist der Controller im Unternehmen oftmals direkt (Linienverantwortung) für das Berichtswesen zuständig.

Strategisches Controlling

Bei der strategischen Planung wirkt der Controller zunächst bei einer Umfeld- und Unternehmensanalyse mit (vgl. hierzu auch das Kapitel „Strategisches Management"). Hierzu zählen u. a. Portfolio- und Lebenszyklusanalysen sowie die Trendentwicklungen und Szenario-Beschreibungen. Gegenstand ist aber auch die Analyse vorliegender Kennzahlen, der Stärken/Schwächen und der Risiken. Der Planungsvorgang wird z. B. durch Wirtschaftlichkeitsrechnungen begleitet. Außerdem werden durch Planrechnungen die wahrscheinlichen Auswirkungen der Entscheidungen auf wichtige Unternehmensbereiche abgeprüft, z. B. auf finanzielle Anforderungen und sonstige Ressourcen sowie Ertrag und Rentabilität.

Neben der Unterstützung bei der strategischen Planung (die bereits unter „Strategisches Management" behandelt wurde) steht die strategische Kontrolle, die als Frühwarnsystem im letzten Abschnitt dieses Kapitels behandelt wird.

Operatives Controlling

Wie bereits im Kapitel über operatives Management dargelegt, steht hier im Kern der Planung, die für die Durchführung erforderlichen Maßnahmen und eine Bereitstellung der dafür notwendigen Ressourcen festzulegen. Gebiete des Controllings können dabei einzelne Teilbereiche und deren Abstimmung untereinander oder Projekte (Projektcontrolling) sein. Im Bezug auf die rechtzeitige Durchführung von Maßnahmen geht es um die Terminplanung und Kontrolle, z. B. mit Hilfe von Netzplänen. Basis für einen Ressourceneinsatz ist die Kapazitätsplanung, die untergliedert werden kann in Personal, Material- und Betriebsmittelplanung. Auch hier kann das Controlling einerseits die gesamten Planungen sowie die Ab-

stimmung der verschiedenen Teilpläne unterstützen, insbesondere dann, wenn es zu Kapazitätsengpässen kommt.
Die Kontrolle erfolgt durch den Vergleich der Planwerte mit den tatsächlichen Werten (Ist-Werte). Bei Abweichungen sind die Ursachen zu analysieren, um geeignete Maßnahmen der Gegensteuerung einzuleiten und Erfahrungen für künftig zu verbessernde Planungen nutzbar zu machen, wie bereits im vorhergehenden Abschnitt unter den Funktionen des Controllings dargelegt.
Wird der Ressourceneinsatz mit Preisen bewertet, ergibt sich eine Kostenplanung und Kostenkontrolle, wofür das interne Rechnungswesen die erforderlichen Zahlen zur Verfügung stellt.
Ist eine operative Planung umfassend und vollständig und werden alle hierbei vorgenommenen Ressourcenzuteilungen in Geldeinheiten bewertet, so sind die Voraussetzungen für eine Budgetierung als umfassende Form der operativen Planung im Rahmen des Controllings gegeben. Das Budget wird daher nachfolgend gesondert behandelt werden.

Berichtswesen
Im Rahmen des Kapitels „Organisation" wurde auf das Berichtswesen eingegangen. Im Rahmen der Bilanzanalyse wurden Kennzahlen behandelt. Da Kennzahlen isoliert betrachtet oftmals nicht für Schlußfolgerungen ausreichen, wird viel mit sogenannten Kennzahlensystemen gearbeitet.
Die Abb. 1.55 zeigt als Beispiel das „Du Pont-System of Financial Control", dessen Spitzenkennzahl der Return on Invest (RoI), also die Rentabilität in Prozent des eingesetzten Kapitals ist. Andere Systeme stellen z. B. auf den Cash flow ab. Aus der Abbildung wird erkennbar, daß z. B. bei einem Kapitalumschlag von 10 bei einer Umsatzrendite von 3% ein gleich hoher RoI (30%) erwirtschaftet wird wie bei einer Umsatzrendite von 7,5% bei einem Kapitalumschlag von lediglich 4. Solche Zahlensysteme können im Abgleich zwischen aktuellen Werten sowie geplanten Zahlen und Kennziffern gute Informationen zur Vorbereitung von Plänen liefern oder Entscheidungen ermöglichen, die auf festgestellte Planabweichungen reagieren.

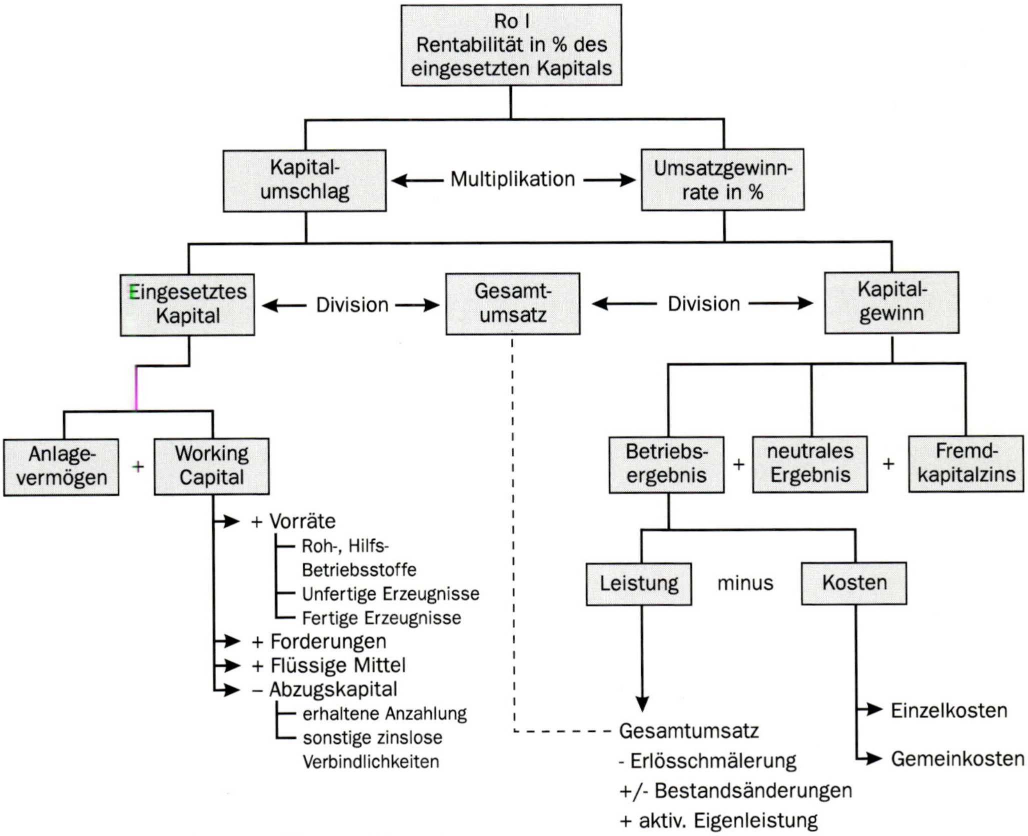

Abb. 1.55: Du Pont-System of Financial Control

1

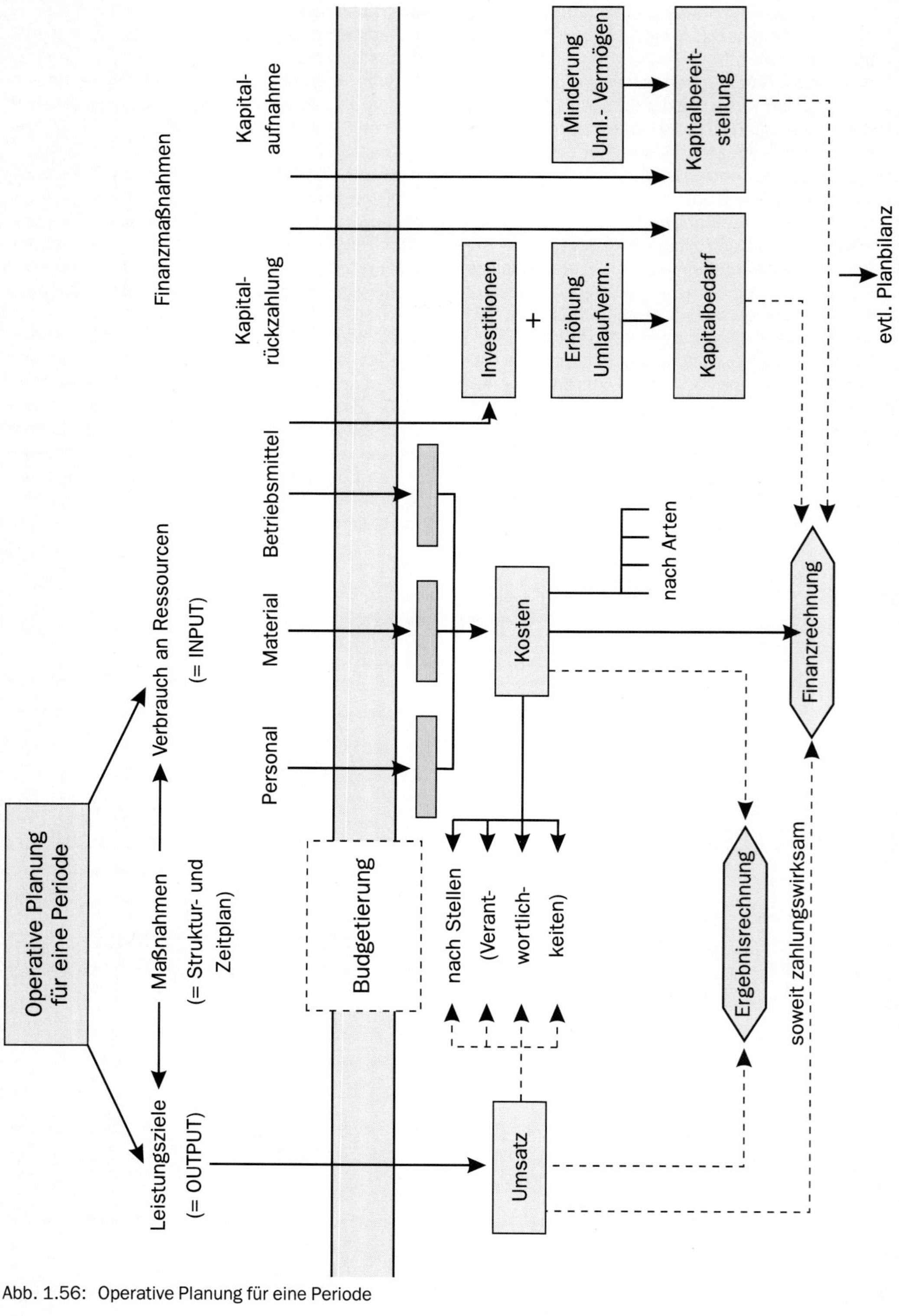

Abb. 1.56: Operative Planung für eine Periode

1

Budget

Auch der Begriff Budget wird sowohl in der Literatur als auch in der Praxis nicht einheitlich verwendet. Einerseits erfolgt eine Einengung lediglich auf ein Kostenüberwachungssystem, andererseits wird jede in finanziellen Größen ausgedrückte Zielsetzung als Budget bezeichnet. Einige verwenden Budgetierung synonym mit Planung, für andere ist sie lediglich ein Teil des Planungsprozesses. In der Praxis gerade kleiner und mittlerer Betriebe mit wenig ausgeprägten Planungsinstanzen werden oftmals im Rahmen einer Jahresplanung strategische und auch operative Überlegungen mit einem budgetmäßigen Wertansatz zu einem Vorgang zusammengefaßt.
Hier wird das Budget verstanden als eine Überleitung (Brücke, Bridge) der operativen Planung – als Vorgabe für die Verantwortlichen der Durchführung, bezogen auf eine Periode. Mit seiner Verabschiedung wird das Budget verbindlich.
Mit dem Budget werden also einer organisatorischen Einheit (z. B. einer Abteilung etc., einem Profitcenter oder einem Projekt) für die Erledigung der ihr übertragenen Aufgaben (Maßnahmen) bestimmte Mittel (ausgedrückt als finanzielle Zielgrößen) für einen festen Zeitraum (Geltungsdauer zumeist 1 Jahr, untergliedert in Quartale und Monate) zur Verfügung gestellt. Dabei sind der Grad der Verbindlichkeit (z. B. starre Vorgabe von Werten oder variabel mit Angabe von Orientierungsgrößen) sowie die Verantwortlichkeiten zu regeln. Das Budget verfügt also über einen hohen Grad an Detaillierung und Verbindlichkeit. Abb. 1.56 zeigt diese Umsetzung einer operativen Planung.

Aufgaben und Ziele

Seinem Charakter nach ist das Budget sowohl Vorgabe für die Verantwortlichen als auch Basis für die Kontrolle der Durchführung. Somit wird das Budget zu einem wesentlichen Instrument eines operativen Controllings.
Wie aus Abb. 1.56 erkennbar, werden aus den Leistungszielen sowie dem geplanten Verbrauch an Ressourcen Kosten-Budgets ermittelt. Soweit nicht nur – wie vereinzelt in der Praxis anzutreffen – allein eine Konzentration auf die Budgetierung der Kosten erfolgt, sondern auch ein Umsatzbudget erstellt wird, kann aus der Zusammenführung eine Ergebnisrechnung als Planergebnis oder Ergebnisbudget ermittelt werden. Oft ist die Festlegung der Leistungsziele und das Umsatzbudget wieder Ausgangspunkt nachfolgender Planungen und Budgetierungen.
Das Kostenbudget kann einerseits in die wesentlichen Gruppen der Kostenarten aufgeschlüsselt werden. Wesentlicher Teil der Budgetierung ist die hierarchische Aufgliederung des Kostenbudgets auf Bereiche und Abteilungen bis hin zu Kostenstellen, also den einzelnen Verantwortungsbereichen. Diesen wird damit – unterteilt nach Kostenarten – vorgegeben, welche Mittel für die Aufgabenerfüllung zur Verfügung stehen.
Bei der Nutzung der Betriebsmittel geht deren zurechenbare Abnutzung als nicht zahlungswirksamer Kostenteil in das Kostenbudget ein. Andererseits sind zur Aufrechterhaltung der Betriebsbereitschaft und eventueller Kapazitätsausdehnungen entsprechend den Ressourcenanforderungen Ersatz- und/oder Erweiterungsinvestitionen erforderlich. Sie bilden das Investitionsbudget. Verbunden mit einer aus der laufenden Geschäftstätigkeit heraus eventuell eingeplanten Erhöhung des Umlaufvermögens und vorgesehenen Kapitalrückzahlungen ergibt sich der benötigte Kapitalbedarf. Eventuelle Kapitalaufnahmen und geplante Minderungen des Umlaufvermögens ergeben die Kapitalbereitstellung. Aus beiden Posten zusammen läßt sich der Kapitalbindungsplan entwickeln (vgl. auch „Finanzplanung“ im Kapitel „Finanzierung“). Neben Kapitalbedarf und Kapitalbereitstellung gehen die zahlungswirksamen Kosten und der Umsatz in die Finanzrechnung ein. Hier ist dann insbesondere zu überprüfen, ob mit der Verabschiedung dieses Gesamtbudgets die jederzeitige Zahlungsbereitschaft des Unternehmens gesichert ist.
Eine Budgetierung muß dem Anspruch der Vollständigkeit sowie der Widerspruchsfreiheit genügen. Innerhalb einer Budgetperiode müssen die einzelnen Budgets der Sparten und Abteilungen eines Unternehmens vertikal und horizontal aufeinander und mit zeitlich angrenzenden Budgetperioden abgestimmt werden, so daß sie ein sinnvolles Ganzes bilden. Somit ist ein wesentliches Ziel der Budgetierung, die Planung und Koordination zu unterstützen, durch Ergebnis- und Finanzrechnung abzusichern und mit der Budgetverabschiedung abzuschließen.
Wird eine Ergebnisrechnung durch solche Aufwendungen und Erträge ergänzt, die nicht bereits verursachungsgemäß als Kosten und Leistungen verrechnet wurden, so ergibt sich eine Plan-GuV. Aus dem Kapitalbindungsplan (Kapitalbedarf und Kapitalbereitstellung) sowie dem Ergebnisüberschuß bzw. der Unterdeckung läßt sich auf der Basis der Anfangsbilanz eine Planbilanz für das Ende der Budgetperiode erstellen. Damit kann die Budgetierung auch Planungsaufgaben im Rahmen des externen Rechnungswesens unterstützen. Solche Planrechnungen können – insbesondere, wenn sie sich über mehrere Perioden hin-

weg als recht zuverlässig erwiesen haben – eine gute Unterstützung sein, u. a. bei Kreditverhandlungen, wenn eventuell, z. B. im Rahmen von Expansionen, ein erhöhter Kapitalbedarf entsteht. Das verabschiedete Budget dient dem Unternehmen als Instrument der Steuerung in der Durchführungsphase. Gleichzeitig ist es die Basis der Kontrolle.
Neben der Erstellung eines Gesamtbudgets mit entsprechender hierarchischer Aufgliederung in Teilbudgets nach Verantwortungsbereichen lassen sich auch Budgets für besondere und umfangreichere Maßnahmen aufstellen. Solche Projekt-Budgets finden z. B. im Anlagenbau Anwendung. Oft geht ein solches Projekt über die Periode eines Geschäftsjahres hinaus. Ein solches Projektbudget ermöglicht dem Projektmanagement über die gesamte Dauer hinweg die Planung, Steuerung und Kontrolle. Auch hier dient es, neben der Ressourcenzuteilung und der Ausrichtung auf das Leistungsziel, der Überwachung in bezug auf das erwartete Ergebnis und den Finanzbedarf. Ggf. lassen sich aus der Finanzrechnung Anforderungen nach Abschlagszahlungen des Kunden oder eine anderweitig bereitzustellende Finanzierung ableiten.

Traditionelle Budgetierung
Vielfach basiert die Budgetierung – insbesondere bei den in den Abteilungen anfallenden Kosten – auf Vergangenheitswerten, die an die Änderungen durch Planvorgaben angepaßt werden. Für die Kostenbewertung werden dann zum Teil zentral für das gesamte Unternehmen Richtwerte ermittelt, z. B. über erwartete Steigerungsraten bei den Personal- und Personalnebenkosten, Materialpreisen etc. oder bei Kursentwicklungen bei Auslandsgeschäften.
Auf die Vergangenheit bezogene Zahlen des betrieblichen Rechnungswesens werden damit zu einer entscheidenden Grundlage für zukunftsbezogene Vorgaben. Hierdurch besteht die Gefahr, daß unwirtschaftliche Verhaltensweisen früherer Perioden mit in die Planung übernommen werden und Rationalisierungsreserven unaufgedeckt bleiben. Der Vorteil dieser Vorgehensweise liegt allerdings im geringeren Erstellungsaufwand und in einer relativ hohen Sicherheit, daß keine Kostenpositionen beim Ansatz vergessen werden.

Zero-Base-Budgetierung
Dieses auch als Null-Basis-Budgetierung bezeichnete Verfahren zielt darauf ab, daß nicht bereits aufgrund von Vergangenheitswerten einzelnen Kostenbereichen für ihre Aktivitäten Mittel zur Verfügung gestellt werden, sondern daß „von Null ausgehend“ jede Ressourcenzuteilung zuvor begründet werden muß. Hiermit sollen erhöhte Budgetansätze vermieden werden. Das Hauptaugenmerk richtet sich dabei auf die Zuteilung von Mitteln für Gemeinkosten. Einzelkosten sind durch ihre direkte Zurechnung und durch Wertanalysen bereits im traditionellen Verfahren leichter analysierbar.
Die Zero-Base-Budgetierung ist wesentlich aufwendiger, da vollständig neu geplant und Alternativen aufgespürt werden sollen. In der Praxis zeigt sich – soweit ein solches Verfahren angewendet wird –, daß zumeist nur wenige Kostenstellen in dieser Weise geplant werden, während es im übrigen bei der traditionellen Budgetierung verbleibt. Damit werden insbesondere die gemeinkostenintensiven Kostenstellen etwa alle drei bis fünf Jahre auf der Null-Basis budgetiert. Im innerbetrieblichen Rechnungswesen findet diese Vorgehensweise eine gewisse Entsprechung durch die in den letzten Jahren verstärkt entwickelte *Prozeßkostenrechnung*.
Unabhängig davon, inwieweit das Zero-Base-Budgeting in seiner vollständigen Form Anwendung findet, sollte auf jeden Fall sichergestellt werden, daß im Rahmen der Budgetierung gerade bei Positionen mit einem erheblichen Gemeinkostenansatz bereits im Planungsprozeß alternative Rationalisierungsreserven erkannt und auch realisiert werden. Hierbei Hilfestellung zu leisten ist eine wesentliche Aufgabe des Controllings. Dabei können Kennzahlen aus Branchenvergleichen nützlich sein bzw. die Vergleiche verschiedener Zweigstellen eines Betriebes etc.

Budgetkontrolle
Eine Budgetkontrolle erfolgt anhand des verabschiedeten Budgets, das detailliert nach Verantwortungsbereichen und Beurteilungsperioden (zumeist 1 Monat) gegliedert sein sollte, um sowohl eine wirtschaftlich noch vertretbare Datenermittlung als auch eine einigermaßen schnelle Reaktion zu ermöglichen.
Neben diesem Kontrollmaßstab ist die vollständige, wahrheitsgemäße und zeitnahe Ermittlung der Ist-Daten erforderlich, und zwar in der gleichen Gliederungsart wie die Vorgabewerte. Hierzu ist ein entsprechendes Rechnungswesen aufzubauen, das auch regelmäßig auf seine Zuverlässigkeit hin überprüft werden sollte.
Danach erfolgt in einem Soll-Ist-Vergleich die Abweichungsermittlung. Bei den Sollwerten handelt es sich um gegebenenfalls für Vergleichszwecke korrigierte Planwerte, wie z. B. die Anpassung der Plankosten an den Ist-Beschäftigungsgrad zu Soll-Kosten, d. h. die veränderte Zurechnung von

Gemeinkosten bei abweichender Beschäftigung. Bei einer Budgetaufbereitung zu Kontrollzwecken kann dies bei variablen Budgetierungen erforderlich werden (Ermittlung der Budgetansätze durch den Bezug auf Orientierungsgrößen) oder durch die Berücksichtigung zeitlicher Abgrenzungen bei vorgezogenen, zusätzlichen oder unterlassenen Leistungserstellungen.

Der vierte Schritt besteht in einer Abweichungsanalyse, bei der es gilt, hinter den festgestellten Auswirkungen die zugrundeliegenden Ursachen zu erkennen. Diese können – wie bereits ausgeführt – zum einen in den Plänen liegen, z. B. durch fehlerhafte Ansätze oder von den Prognosen abweichende Entwicklungen. Neben beschäftigungsbedingten Abweichungen kann die Ursache bei Abweichungen des Mitteleinsatzes in dem veränderten Mengenverbrauch und/oder in der Preisentwicklung begründet sein.

Aufgrund der Ursachen sind Vorschläge für korrigierende Maßnahmen zu entwickeln und entsprechende Gegensteuerungen zu veranlassen. Abweichungen, Analyseergebnisse und vereinbarte zusätzliche Maßnahmen sind in einem Berichtswesen zu dokumentieren. Ggf. sind die Vorschaurechnungen zu korrigieren. Soweit es sich dabei um Planungsfehler handelte, ist sicherzustellen, daß solche künftig vermieden werden. Generell sollte sichergestellt werden, daß Erfahrungen in Lernprozesse umgesetzt werden. Die Budgetkontrolle ist ein wesentlicher Teil der Überwachung im Rahmen des operativen Controllings.

Frühwarnsysteme

Frühwarnsysteme sind Teil der Kontrollfunktion des strategischen Controllings. Ziel ist es, Veränderungen bei Rahmenbedingungen, die der strategischen Planung zugrundegelegt wurden, frühzeitig zu erkennen, d. h. nicht erst dann, wenn sie zu Auswirkungen geführt haben, die im Rahmen des operativen Controllings, z. B. der Budgetkontrolle, entdeckt werden. Ziel der Früherkennung ist also, möglichst rechtzeitig Alternativen und Ergänzungen planen zu können und entsprechende Maßnahmen einzuleiten.

Eine relativ pragmatische Form von Frühwarnsystemen im eher mittelfristigen Bereich, also für die bereits angelaufenen Plandurchführungen, besteht darin, daß zunächst solche Prämissen dokumentiert werden, die unter Unsicherheit prognostiziert wurden und für die Planentscheidung von Bedeutung waren, d. h., daß bei abweichender Entwicklung die Entscheidung zugunsten anderer Alternativpläne erfolgt wäre. In diesen Fällen wird dann nicht gewartet, bis im Budget eine Abweichung erkennbar wird (z. B. Verluste bei bestimmten Auslandsgeschäften durch veränderte Kursentwicklung), sondern die Prämissen werden ihrerseits regelmäßig überprüft, so daß im Beispiel bei einer Kursveränderung rechtzeitig die Maßnahmen gestoppt oder verändert würden, möglichst durch das Inkraftsetzen eines bereits zuvor entwickelten Alternativplanes.

Das Frühwarnsystem im eigentlichen Sinne will jedoch Entwicklungen erkennen, bevor die Veränderungen in den Planungsprämissen eingetreten sind. Es sucht also nach Indikatoren, die bereits vorher Entwicklungen anzeigen.

Entsprechend den Ansätzen einer strategischen Planung geht es hierbei sowohl um die Unternehmensanalyse als auch vor allem um die Umfeldanalyse mit ihren vielseitigen Facetten, also den Entwicklungen in technologischer, ökonomischer, sozialer, politischer sowie ökologischer Hinsicht. Aus den analysierten Indikatoren wird dann für die Zukunft abgeschätzt, wie sich die Planungsprämissen entwickeln könnten, und zwar in Form eines Szenarios, das neben einem Mittelwert die Spannweite wahrscheinlicher Entwicklungen umschreibt durch Ober- und Unterwerte bzw. optimistischer und pessimistischer Erwartung. Hiernach wird analysiert, ob dies Anlaß zu Planveränderungen gibt. Sind Reaktionen erforderlich, so können sie in der Weise geschehen, daß:

- Maßnahmen ergriffen werden, die Entwicklung gestaltend zu beinflussen, oder
- Pläne und Verhalten an die neuen Entwicklungen angepaßt werden oder
- bei einer fehlenden Beeinflussungs- oder Anpassungsmöglichkeit das Vorhaben nicht mehr weiterverfolgt wird, sondern eventuell neue Geschäftsfelder gesucht werden.

Im Vordergrund steht das rechtzeitige Erkennen von Risiken, vor denen gewarnt werden soll. Da sich durch Veränderungen jedoch auch weitere Chancen ergeben können, wird in der Literatur zum Teil auch von den *Frühaufklärungs- bzw. Früherkennungssystemen* oder vom strategischen Radar gesprochen. Beschleunigte technische Entwicklung (z. B. kurze Lebenszyklen im High-tech-Bereich) sowie schnelle Veränderungen im Wertsystem (auch in ökologischer Hinsicht) und in den politischen Rahmenbedingungen, verbunden mit wachsenden, auch internationalen Verbindungen und entsprechenden Vernetzungen, erschweren einerseits die langfristigen Planungen, während sie andererseits geradezu erfordern, sich rechtzeitig auf zukünftige Gegebenheiten einzustellen und den Unternehmensbestand zu sichern. Dadurch steigt die Bedeutung von Früherkennungssystemen und flexibler Planung. Zunehmend wird versucht, Führungskräften für eine Bewältigung dieses Spannungsfeldes Unterstützung anzubieten. Dies wird nicht allein durch instrumentierte Hilfestellungen gelingen, sondern muß ergänzt werden durch Erweiterungen im Denk- und Führungsverhalten, das eine Vielfalt verschiedenartiger Sichtweisen nutzt und im Risiko auch das Chancenpotential erkennt, z. B. durch schnellere sowie marktgerechtere Reaktion als der Wettbewerber. In der Entwicklung vom Problem- zum Lösungsdenken gehört es jedoch auch, Erfahrungen zu nutzen, ohne auf Fragen von morgen die Antworten von gestern zu geben. Rechtzeitiges Agieren heißt, zum Teil Entscheidungen zu treffen, bevor über alle Rahmenbedingungen der Zukunft „ausreichende" Sicherheit besteht. Somit beinhaltet strategisches Planen stets das Führen vom Bekannten zum Unbekannten – aus deren Kombination entsteht Kreativität. Frühwarnsysteme und das strategische Controlling wollen die Führungskräfte unterstützen, diese Wege mit der gleichzeitigen Bereitschaft zu gehen, bei anders verlaufender Entwicklung, insbesondere der Rahmenbedingungen, den Weg zu ändern, das Tempo zu drosseln oder gar ganz abzubrechen, bevor größere Verluste und Risiken entstehen.

Spezielle Themen

Recht, Steuern und Versicherungen werden hier als spezielle Themen angesprochen. Zu den beiden erstgenannten Gebieten liegt jeweils ein gesonderter Beitrag vor, auf den hier verwiesen wird. Üblicherweise bedienen sich die Unternehmen in der Praxis bei allen drei Gebieten spezieller Berater (z. B. Rechtsanwalt, Wirtschaftsprüfer, Steuerberater, Versicherungsfachmann). Die Großunternehmen verfügen meistens zusätzlich über entsprechende Spezialabteilungen.
In der betriebswirtschaftlichen Literatur wird insbesondere im Bezug auf die Steuerlehre die Frage diskutiert, inwieweit es sich bei diesen Gebieten um Teile der allgemeinen oder der speziellen Betriebswirtschaftslehre handelt. Sinnvoll dürfte eine Beurteilung des Sowohl-als-auch sein:

- Einerseits werden – unabhängig von der Branchenzugehörigkeit eines Unternehmens – eine Fülle allgemeiner betriebswirtschaftlicher Entscheidungen und Berechnungen durch rechtliche, steuerliche und zum Teil auch versicherungsmäßige Betrachtungen beeinflußt. Insoweit gehören entsprechende Kenntnisse zur allgemeinen betriebswirtschaftlichen Ausbildung, um entweder Aspekte richtig zu würdigen oder rechtzeitig zu wissen, wann der Rat und die Unterstützung von Spezialisten benötigt wird.
- Andererseits sind die Wissensgebiete so umfassend, daß nicht alle Details von den Betreffenden neben ihrem originären Fachwissen beherrscht werden können. Dazu kommt, daß sich infolge der Tendenz, externe Berater hinzuzuziehen, selbständige Branchen für diese Dienstleistung entwickelt haben.

Die Themen Recht und Steuern werden hier nur einführend umrissen. Sie werden in jeweils eigenen Beiträgen ausführlich behandelt.

Recht

Nahezu alle Gebiete des öffentlichen und weite Bereiche des privaten Lebens sind rechtlich geregelt oder doch zumindest von Rechtsvorschriften beeinflußt. Gesetze, sonstige Rechtsvorschriften und die Rechtssprechung der Gerichte sollen das Zusammenleben regeln und erleichtern. Dabei dehnt sich das in Rechtsnormen schriftlich niedergelegte Recht gegenüber dem nicht schriftlich verfaßten Gewohnheitsrecht beständig aus und führt so zu einer Fülle von Gesetzen und Verordnungen. Dies soll der Überprüfung rechtlicher Entscheidungen dienen. Da Gesetze ihrer Natur nach nicht von der konkreten Situation ausgehen, sondern abstrakte Normen zum Inhalt haben, ergibt sich dabei ein Spannungsfeld zwischen der „gerechten Beurteilung" im Einzelfall und dem Streben nach einer Rechtssicherheit in allgemeinen Regeln.
Die Vielfalt zeigt sich auch in der Entwicklung unterschiedlicher Gerichtsbarkeit. Neben den sogenannten „ordentlichen Gerichten" (Amtsgericht, Landgericht, Oberlandesgericht und Bundesgerichtshof) haben sich zusätzliche Gerichtsbarkeiten für spezielle Rechtsgebiete entwickelt. Da die Verfassung (in der Bundesrepublik Deutschland Grundgesetz genannt) über allen Rechtsnormen steht, ist die Verfassungsgerichtsbarkeit als erstes zu nennen, zu der gemäß unserer bundesstaatlichen Ordnung auch Landesverfassungsgerichte gemäß den Landesverfassungen gehören.
Im einzelnen gliedert sich die deutsche Gerichtsbarkeit in:

- Verfassungsgerichte,
- ordentliche Gerichte,
- Finanzgerichte (zuständig für Steuerrecht),
- Arbeitsgerichte,
- Sozialgerichte und
- Verwaltungsgerichte.

Ferner gewinnt das internationale Recht durch wachsenden Außenhandel sowie zwischenstaatliche Vereinbarungen (z. B. Gemeinsamer Markt) zunehmend an Bedeutung.
Nahezu alle kaufmännischen Bereiche werden von rechtlichen Regelungen tangiert. Auf Arbeits- und Sozialrecht wurde im Rahmen des Personalwesens bereits hingewiesen. Das Rechnungswesen wird durch handelsrechtliche und steuerrechtliche Bestimmungen wesentlich geprägt. Bei einem Kauf bzw. Verkauf und sonstigen Vertragsabschlüssen, in der Beschaffung und im Vertrieb sind rechtliche Regelungen zu beachten, innerhalb des Unternehmens das Gewerberecht usw. Im Kapitel „Finanzierung“ wurde unter „Eigenkapital“ ein Überblick über handelsrechtliche Regelungen zum Gesellschaftsrecht gegeben. Im übrigen wird auf den gesonderten Beitrag „Recht des Kaufmanns“ verwiesen.
Der Verstoß gegen Rechtsvorschriften oder rechtlich unklare bzw. ungültige Vereinbarungen in Verträgen können zu Beanstandungen, Störungen im Ablauf bis hin zu gerichtlichen Auseinandersetzungen führen. Um die hiermit verbundenen Risiken, zeitlichen Verzögerungen und Kosten zu vermeiden, ist in der Personalauswahl sowie bei der Mitarbeiterschulung dafür zu sorgen, daß die jeweiligen Fachabteilungen für ihr Aufgabengebiet über die notwendigen rechtlichen Kenntnisse verfügen und auch rechtzeitig erkennen, wann ein Spezialist hinzugezogen werden muß. Im Gegensatz zum steuerlichen Bereich wird in der Praxis vielfach der Rechtsbeistand weniger zur vorbeugenden Beratung hinzugezogen als vielmehr erst bei Streitigkeiten oder wenn gerichtliche Auseinandersetzungen drohen. Große Unternehmungen verfügen oftmals über eigene Rechtsabteilungen. Hier ist dann gelegentlich eher zu beachten, daß Entscheidungen zwar rechtlich abgesichert sein sollen, aber primär aus wirtschaftlichen Gesichtspunkten getroffen werden.

Steuern

Begriff und Wesen

„Steuern sind Geldleistungen, die nicht eine Gegenleistung für eine besondere Leistung darstellen und von einem öffentlich-rechtlichen Gemeinwesen zur Erzielung von Einnahmen allen auferlegt werden, bei denen der Tatbestand zutrifft, an den das Gesetz die Leistungspflicht knüpft; die Erzielung von Einnahmen kann Nebenzweck sein. Zölle und Abschöpfungen sind Steuern im Sinne dieses Gesetzes.“ (Legaldefinition lt. § 3 Abs. 1 AO – Abgabenordung). Steuern sind also Geldleistungen, die erbracht werden müssen, ohne daß damit ein Anspruch auf besondere Gegenleistungen entsteht. Die Zahlungsverpflichtung kann einmalig oder wiederkehrend sein. Hauptzweck der Steuer ist die Erzielung staatlicher Einnahmen. Zusätzlich können jedoch – wie ausdrücklich zugelassen – Nebenzwecke verfolgt werden, indem z. B. durch zusätzliche Steuerbelastung oder spezielle Steuerbefreiungen Einfluß auf das Verhalten der Steuerpflichtigen genommen werden soll. Für die betriebliche Praxis gehören hierzu beispielsweise Steueranreize für Investitionen zu bestimmten Zeiten oder in bestimmte, als förderungswürdig angesehene Regionen oder ökologische Maßnahmen. Nur, wenn der im Steuergesetz ausdrücklich genannte Tatbestand gegeben ist, entsteht die Steuerpflicht.
Steuern haben für viele Unternehmensentscheidungen eine erhebliche Bedeutung erlangt. Dies ergibt sich zum einen aus der Höhe der abzuführenden Beträge und zum anderen aus der Fülle verschiedener Steuerarten, die für das Unternehmen bedeutsam werden können. Dabei ist insbesondere zu beachten, an welche Tatbestände eine Steuerpflicht geknüpft ist und wie sich der Zahlungsbetrag errechnet.

Hieraus ergeben sich für die Unternehmenspraxis zwei wesentliche Teilaufgaben:

Erfüllung formaler Anforderungen: Hierzu gehören z. B. die Beachtung steuerrechtlicher Regelungen, wie sie im Rahmen des Rechnungswesens behandelt wurden, und sonstige Dokumentations- und eventuelle Meldeverpflichtungen.

Steuerminimierung: Inhaltlich ist das Unternehmen bestrebt, nicht mehr Steuern zu zahlen als notwendig. Es gilt also bei den einzelnen Entscheidungen zu überprüfen, inwieweit damit steuerliche Zahlungsverpflichtungen verbunden sind und ob sinnvolle Alternativen zur Verfügung stehen, mit denen auf legale Weise – also durch die Ausnutzung rechtlich zulässiger Gestaltungsmöglichkeiten – die Steuerpflicht insgesamt vermieden oder doch die Bemessungsgrundlage gesenkt werden kann. Vielfach wird vom Ziel der Steuerminimierung gesprochen. Da es jedoch nicht darum gehen kann, auf Gewinne oder wirtschaftlich sinnvolle Vorhaben zu verzichten, nur um Steuern zu sparen, ist das Ziel korrekterweise so zu umschreiben, daß es nur darum geht, das Ergebnis unter Berücksichtigung von Steuerzahlungen zu optimieren.

Zusätzlich zu den Fragen, wie sich das Unternehmen im Rahmen der steuerrechtlichen Gegebenheiten in den verschiedenen Situationen am sinnvollsten verhält, kann aus zunächst mehr theo-

retischer Sicht die betriebswirtschaftliche Steuerlehre analysieren, ob der Einfluß steuerlicher Vorschriften auf betriebliches Verhalten ökonomisch sinnvoll ist und den Anliegen des Gesetzgebers bei der Verabschiedung der entsprechenden Steuergesetze entspricht. Insoweit kann die betriebswirtschaftliche Steuerlehre das Steuerrecht zwar nicht direkt verändern, aber doch Anregungen für die weitere Ausgestaltung geben.
Zu den einzelnen Steuerarten, den Tatbeständen für die Steuerpflicht, der Ermittlung der Bemessungsgrundlagen und danach – gegebenenfalls nach gestaffelten Tarifen – der steuerlichen Zahlungsverpflichtung wird auf den gesonderten Beitrag „Steuerpraxis“ verwiesen.

Gliederung
Steuern können nach verschiedenen Gesichtspunkten eingeteilt werden. Zu den gebräuchlichsten zählen:

- Einteilung nach den Steuergläubigern, also in Bundes-, Landes- und Gemeindesteuern sowie Gemeinschaftssteuern, also solche, deren Aufkommen zwischen z. B. Bund und Land aufgeteilt werden. Diese Einteilung ist für die betriebliche Praxis von geringer Bedeutung, lediglich bei der Standortfrage können unterschiedliche Hebesätze, z. B. bei Gemeindesteuern, von Bedeutung sein.
- Systematisierung nach Bemessungsgrundlage und den wirtschaftlichen Vorgängen, die als Tatbestand einer Steuererhebung zugrundeliegen. Hier wird eingeteilt in Steuern auf Einkommen sowie Ertrag (Einkommensteuer, Körperschaftsteuer und Gewerbeertragsteuer), Steuern vom Vermögensbesitz und Vermögenszugang (Vermögensteuer, Grundsteuer und Gewerbekapitalsteuer sowie Grunderwerbsteuer, Erbschaftsteuer und Kapitalverkehrsteuern), Steuer auf den Verbrauch einschließlich der Zölle (Umsatzsteuer, spezielle Verbrauchssteuern und Zölle).
- Gliederung danach, inwieweit die Leistungsfähigkeit eines Steuerpflichtigen (natürliche oder juristische Person) berücksichtigt wird. Zu den Steuern, die unmittelbar die Leistungsfähigkeit eines Steuerpflichtigen berücksichtigen, zählen die Einkommensteuer einschließlich Lohnsteuer, Körperschaftsteuer und Gewerbeertragsteuer und (soweit die Leistungsfähigkeit nicht nur auf Gewinne und Erträge bezogen wird) die Vermögensteuer, Gewerbekapitalsteuer und Grundsteuer.
  Demgegenüber stehen besonders die Verkehrsteuern wie Umsatzsteuer, Kapitalverkehrsteuer, Grunderwerbsteuer, Wechselsteuer und Erbschaftsteuer etc.
- Die Einteilung danach, inwieweit Steuerschuldner und Steuerträger identisch sind (oft als direkte Steuer bezeichnet) oder unterschiedliche Personen (indirekte Steuern), ist zwar weit verbreitet, aber nicht unumstritten. Sie unterstellt die Auswirkung, daß bei indirekten Steuern die Steuerlast vom Steuerschuldner (z. B. dem Unternehmen) auf den Steuerträger (z. B. den Kunden) abgewälzt werden kann. Tatsächlich entscheidet sich die Möglichkeit jedoch nicht danach, ob dies steuerrechtlich vorgesehen ist, sondern nach der Marktsituation. So kann es sein, daß aufgrund des Wettbewerbes indirekte Steuern nicht abgewälzt werden können und somit vom Unternehmen zumindest zum Teil zu tragen sind (z. B. wenn die Erhöhung der Mehrwertsteuer nicht durch Preisanhebung an den Endverbraucher weitergegeben werden kann), während andererseits durch die Kalkulation bei entsprechender Marktstellung auch die direkten Steuern in die Preise eingerechnet werden.
- Hilfreich für den betrieblichen Alltag ist eine Einteilung der Steuern danach, wie sie im betrieblichen Rechnungswesen zu behandeln sind und sich auf das steuerliche Jahresergebnis auswirken. Hierauf wird nochmals im übernächsten Unterabschnitt eingegangen werden.

Unterschiedliche Steuerbehandlung bei Kapital- und Personengesellschaften
Im Gegensatz zu Einzelunternehmungen und Personengesellschaften werden Kapitalgesellschaften als juristische Personen mit eigener Rechtspersönlichkeit im Bezug auf die Besteuerung des Gewinns anders behandelt, da für sie das Körperschaftsteuergesetz und die selbständige Vermögensteuerpflicht gilt.
Bei den Einzelunternehmen und Personengesellschaften unterliegt der Gewinn als Einkünfte aus Gewerbebetrieb der Einkommensteuer und ist bei dem Einzelunternehmer bzw. anteilig bei dem Gesellschafter zu versteuern, also nicht durch die Gesellschaft. Zur Einkommensteuer vgl. den Beitrag „Steuerpraxis“, in dem aufgezeigt wird, wie die verschiedenen Einkünfte und eventuellen absetzbaren Minderungen sowie die Anwendung eines gestaffelten Steuertarifes zur Ermittlung der Steuerzahlung führen. Bei Personengesellschaften wird der Gewinn nach den Vorschriften des Einkommensteuergesetzes einheitlich ermittelt und entsprechend den vereinbarten bzw. gesetzlichen Gewinnverteilungsvorschriften jedem einzelnen Gesellschafter zugerechnet (einheitliche Gewinnfeststellung). Dabei wird nicht danach unterschieden, ob der Gewinn ausgeschüttet wird oder im Unternehmen verbleibt. Soweit die Steu-

erzahlung vom Unternehmen für den Unternehmer bzw. Gesellschafter durchgeführt wird, ist sie auf einem getrennten Privatkonto zu verbuchen, entsprechend den anderen Privatentnahmen. Sie berühren also nicht die Konten der Gewinn- und Verlustrechnung des Unternehmens.
Die Kapitalgesellschaften unterliegen der Körperschaftsteuer (einer Einkommensteuer für Körperschaften). Grundlage ist auch hier der Gewinn der Steuerbilanz, der jedoch nicht auf die einzelnen Gesellschafter aufgeteilt wird. Es gilt auch – im Gegensatz zur Einkommensteuer – keine Steuerprogression. Andererseits unterscheidet die Körperschaftsteuer jedoch nach der Gewinnverwendung in nicht ausgeschüttete, einbehaltene Gewinne, für die der Normalsteuersatz gilt, und in ausgeschüttete Gewinne, für die ein geminderter Steuersatz zur Anrechnung kommt. Während bei den Personengesellschaften grundsätzlich der einzelne Gesellschafter für die Abführung seiner Einkommensteuer zuständig ist, besteht hier die Steuerpflicht der Kapitalgesellschaft.
Um eine Doppelbesteuerung – und damit auch eine Diskriminierung von Kapitalgesellschaften in dieser Hinsicht – zu vermeiden, gilt seit dem 01.01.1977, daß die Körperschaftsteuer (zuzüglich der mit einer Auszahlung verbundenen Kapitalertragsteuer), die auf den an einen Gesellschafter ausgeschütteten Gewinnanteil entfällt, diesem zugerechnet wird. Er muß also einerseits die Gewinnausschüttung brutto, d. h. einschließlich der darauf entfallenden Steuern, seiner Einkommensteuer unterwerfen, während gleichzeitig die bereits einbehaltenen und abgeführten Steuern als Vorauszahlung bei der Ermittlung der einkommensteuerlichen Zahlungsverpflichtungen angerechnet werden. Insoweit sind Gesellschafter einer Personen- oder Kapitalgesellschaft steuerlich gleichgestellt. Bei den einbehaltenen Gewinnen können sich jedoch Unterschiede ergeben, da bei der Körperschaftsteuer ein einheitlicher Steuersatz gilt, bei Personen jedoch der gestaffelte Steuertarif, der bei geringeren Gewinnen zu niedrigeren Steuersätzen führt.
Eine Doppelbesteuerung für Kapitalgesellschaften ist jedoch bei der Vermögensteuer gegeben. Während Personengesellschaften nicht der Vermögensteuer unterliegen, sondern diese nur bei den einzelnen Gesellschaftern anteilig ermittelt wird, unterliegen die Kapitalgesellschaften einer selbständigen Vermögensteuerpflicht. Außerdem müssen die Gesellschafter ihren Vermögensanteil an einer Kapitalgesellschaft noch einmal der persönlichen Vermögensteuer unterwerfen, ohne daß es zu einer Anrechnung der bei der Kapitalgesellschaft gezahlten Vermögensteuer kommt.
Eine zusätzliche Steuer für Kapitalgesellschaften ergibt sich auch bei der Einbringung von Eigenkapital, für die eine Gesellschaftsteuer erhoben wird, die bei Personengesellschaften nicht zum Ansatz kommt. Unterschiede ergeben sich zudem bei der Einbringung von Grundstücken als Sacheinlage, indem die Grunderwerbsteuer bei Kapitalgesellschaften in voller Höhe erhoben wird, bei den Personengesellschaften jedoch nicht in Höhe des Anteils, mit dem der Einbringende am Gesellschaftsvermögen beteiligt ist.
Unterschiede ergeben sich ferner bei der Ermittlung des Gewinns und eines daraus mit Zu- und Abrechnungen abzuleitenden Gewerbeertrages. Kapitalgesellschaften als juristische Personen können mit ihren Gesellschaftern dienst- und schuldrechtliche Verträge abschließen und diesen damit Gehälter, Mieten und Pachten, Beratungshonorare etc. zahlen, die sie als Aufwand verbuchen. Hierbei ist lediglich auf die Verhältnismäßigkeit zu achten, um verdeckte Gewinnausschüttungen mit ihren ungünstigen steuerlichen Konsequenzen zu vermeiden. Bei Einzelunternehmungen und Personengesellschaften gelten solche Zahlungen nicht als Betriebsausgaben, sondern werden den Unternehmern als Gewinnanteile und damit als Einkünfte aus Gewerbebetrieb zugerechnet und der Einkommensteuer unterworfen. Materiell ergeben sich jedoch keine gravierenden Unterschiede im Bezug auf die Einkommensteuerpflicht der Gesellschafter, da die im Unternehmen als Betriebsaufwand verrechneten Positionen von den empfangenden Gesellschaftern entsprechend zu versteuern sind, z. B. als Einkünfte aus unselbständiger Arbeit (bei Gehältern etc.) oder aus Vermietung und Verpachtung etc. Vorteile ergeben sich lediglich im Hinblick auf eventuell günstigere Regelungen bei den absetzbaren Werbungskosten.
Eine Minderung ergibt sich jedoch für die Kapitalgesellschaften in bezug auf den Gewerbeertrag, der um die entsprechenden Positionen gemindert ist. Andererseits gilt bei Personengesellschaften ein Freibetrag beim Gewerbeertrag, der bei Kapitalgesellschaften nicht zum Ansatz kommt.

Steuerliche Behandlung im Rechnungswesen
Im handelsrechtlichen Gliederungsschema für Gewinn- und Verlustrechnungen sind zwei Positionen für den gesonderten Ausweis von Steuern vorgesehen, und zwar Steuern vom Einkommen und Ertrag sowie sonstige Steuern. Hinzu kommen noch Steuern, die entweder anderweitig zu aktivieren oder als Zahlungsschuld auszuweisen sind. Demnach läßt sich die folgende Einteilung durchführen.

1

• Steuern vom Einkommen und vom Ertrag
Bei den Steuern vom Einkommen und Ertrag ist die Gewerbeertragsteuer aufzuführen und bei Kapitalgesellschaften die Körperschaftsteuer. Hier wirken sich die in dem vorangegangenen Unterabschnitt aufgezeigten Unterschiede zwischen den Personen- und Kapitalgesellschaften aus. Während der Gewerbeertrag zwar ergebniswirksam berechnet, jedoch als Aufwand angesetzt bleibt, ist die Körperschaftsteuer bei der Ableitung des steuerlichen Ergebnisses aus dem handelsrechtlichen Jahresabschluß als Gewinnanteil hinzuzurechnen.

• Sonstige Steuern
Zu den sonstigen Steuern gehören zum einen die Steuern vom Vermögen (Grund, Gewerbekapital, Erbschaft, Schenkungssteuer) sowie bei Kapitalgesellschaften die Vermögensteuer. Darüber hinaus können Beförderungs-, Kfz-, Mineralöl-, Versicherungssteuern etc. und Ausfuhrzölle zum Ansatz kommen.

• Zu aktivierende Steuer
Soweit Steuern – z. B. Grunderwerbsteuer – oder Eingangszölle gemäß den Bewertungsregeln zu den Anschaffungskosten zählen, sind sie nicht als Steueraufwand geltend zu machen, sondern bei den entsprechenden Positionen zu aktivieren.

• Umsatzsteuer
Eine besondere Behandlung besteht bei der Umsatzsteuer (siehe hierzu den Beitrag „Steuerpraxis" sowie für ihre Verbuchung den Beitrag „Buchführung und Bilanz"). Hier gilt der Grundsatz, daß es sich nicht um eine Kostensteuer handelt, sondern daß sie, wenn auch auf den einzelnen Stufen erhoben, letztendlich vom Endverbraucher getragen wird. Die Umsatzsteuer wird als Mehrwertsteuer bei der Berechnung von Lieferungen und Leistungen zusätzlich erhoben und ist an das Finanzamt abzuführen nach Abzug der Vorsteuer, die dem Unternehmen seinerseits beim Empfang von Lieferungen und Leistungen in Rechnung gestellt wird. Die Vorstellung geht also dahin, daß die Umsatzsteuer wettbewerbs- und konzentrationsneutral ist. Sie soll damit nicht die Kostenrechnung des Unternehmens belasten, aber vom Unternehmen für die Finanzverwaltung bei der Inrechnungstellung von Lieferungen und Leistungen erhoben werden.

• Lohn- und Kirchensteuer
Ebenso sind die Lohn- und Kirchensteuern Beträge, die das Unternehmen zwar einbehält und an das Finanzamt abzuführen hat, die jedoch nicht unmittelbar vom Unternehmen getragen werden. Das Unternehmen ist aufwandsmäßig mit dem Bruttolohn belastet, der als Personalkosten verbucht wird. Dem Arbeitnehmer wird jedoch nur der Nettolohn ausgezahlt, also der Bruttolohn nach Abzug von Lohn- und Kirchensteuer sowie eventueller Sozialversicherungsbeiträge etc. Die Lohn- und Kirchensteuer hat das Unternehmen jeweils am Beginn des Folgemonats an die Finanzverwaltung abzuführen.
Dabei hat das Unternehmen einzustehen für eine ordnungsgemäße Ermittlung der Steuerbeträge, was durch Lohnsteuerprüfungen des Finanzamtes kontrolliert wird. Werden hierbei Fehler festgestellt, so ist das Unternehmen, unabhängig von der Steuerpflicht des einzelnen Arbeitnehmers, für entgangene Beträge haftbar.

• Haftung
Mit Bezug auf die Haftung gilt, daß neben dem Unternehmen die Geschäftsführung – z. B. in Fällen von Insolvenz – persönlich für die Abführung einbehaltener Steuerbeträge haftbar ist, also der Lohn- und Kirchensteuer und der für das Finanzamt eingezogenen Umsatzsteuer.

Versicherungen

Wesen und Aufgabe

So wie für Privatpersonen bestehen auch für Unternehmen eine Vielzahl von Risiken, daß durch „zufällige" Ereignisse Schäden entstehen, die zu Vermögensverlusten oder Zahlungsverpflichtungen führen und somit das Unternehmensergebnis negativ beeinflussen, im Extremfall sogar die Existenz des Unternehmens gefährden. Eine Reihe dieser Risiken sind der Natur, daß viele Betriebe von ihnen bedroht sind, der Eintritt des Schadensfalles jedoch nur mit einer gewissen Wahrscheinlichkeit zu erwarten ist und es unvorhersehbar bleibt, wen das Ereignis trifft. Hier kann es sinnvoll sein, wenn die Betroffenen eine Gefahrengemeinschaft bilden. Die organisierte Verteilung auf zahlreiche, gleichartig bedrohte Wirtschaften oder Personen zur Deckung solcher Ereignisse ist Aufgabe der Versicherungen, auch Assekuranz genannt. Im Rahmen einer vertraglichen Vereinbarung zahlt der einzelne als Versicherungsnehmer der Versicherungsgesellschaft als Versicherungsgeber einen Beitrag, unabhängig davon, ob bei ihm ein Schaden eintritt oder nicht. Auf der anderen Seite erhält er vom Versicherungsgeber entsprechend den Vereinbarungen Entschädigungen, wenn ihn der Schadensfall trifft.

In diesem Sinne werden solche Risiken für das Unternehmen kalkulierbar. Es entstehen einerseits überschaubare Aufwendungen und zum anderen die Absicherung im Schadensfall.
Der Abschluß von Versicherungen kann auf freiwilliger Basis erfolgen oder aufgrund von gesetzlichen Bestimmungen. Solche Pflichtversicherungen sind insbesondere dort vorgesehen, wo im Interesse der Allgemeinheit dies zum Schutz des Versicherten und/oder des Geschädigten angezeigt ist. Ein Beispiel hierfür ist die Kraftverkehrsversicherung. Wäre ein Kraftfahrzeughalter/-führer nicht als Versicherungsnehmer versichert und würde er einen Unfall verursachen, so könnte es sein, daß sein Einkommen und Vermögen nicht ausreichen den Schaden eines Opfers zu ersetzen. Die durch den Straßenverkehr bedingte Gefährdung und damit verbundene eventuelle Schadensersatzverpflichtung geht also für viele Teilnehmer über deren Leistungsvermögen hinaus, so daß eine Solidargemeinschaft angezeigt ist. Solche Gefahren sollen durch gesetzliche Versicherungspflicht erfaßt werden.
Welche Versicherungen zu welchen Prämien und Bedingungen für das Unternehmen abgeschlossen werden sollen, bedarf einer sorgfältigen und regelmäßigen Untersuchung. Von besonderer Bedeutung sind dabei der Versicherungsumfang und dessen Bezifferung, um Unterversicherungen zu vermeiden, sowie die Versicherungsbedingungen im Hinblick darauf, welche Schadensfälle tatsächlich abgedeckt sind. Nebenbedingungen und Haftungsumfang in den Vertragsvereinbarungen können oft entscheidender sein als Unterschiede in den Prämien. Ist der Schadensfall erst einmal eingetreten, kommen solche Überlegungen zu spät. Verfügt das Unternehmen nicht über eine eigene Versicherungsabteilung oder zumindest über einen hinreichend sachkundigen Mitarbeiter, so ist es sinnvoll, fachkundigen Rat hinzuzuziehen.

Grundlagen

Risiko ist die Gefahr, daß Ereignisse mit negativen Auswirkungen eintreten. Im Sprachgebrauch der Versicherungen wird oft auch das zu versichernde Objekt als Risiko bezeichnet. Den Eintritt des Ereignisses selbst nennt man Schadensfall. Grundsätzlich bestehen bei der Vorsorge drei Alternativen (den gänzlichen Verzicht auf Vorsorge ausgenommen):

- Schaffung von finanziellen *Reserven durch Vermögensbildung*. Hierdurch wird ein eventueller Schadensfall nicht verhindert, jedoch kann vorgebeugt werden, daß sein Eintritt nicht zu finanzieller Existenzbedrohung wird. Diese Alternative ist insbesondere dann zu berücksichtigen, wenn das Risiko nicht versicherbar ist, wie z. B. das allgemeine Geschäftsrisiko unternehmerischer Tätigkeit. Auch kann diese Alternative gewählt werden, wenn die finanziellen Auswirkungen überschaubar sind und in sinnvoller Relation zur eigenen Vermögenslage stehen, z. B. bei der Entscheidung für oder gegen eine Vollkaskoversicherung für das eigene Kfz. Dieses Thema wird nachfolgend nicht weiter behandelt.
- *Risiko-Vermeidung bzw. -Verminderung*. Hierauf wird im folgenden Unterabschnitt „Risk Management " nochmals eingegangen.
- *Abschluß einer Versicherung*. Durch Zahlung einer Gegenleistung in Form einer Prämie wird gegenüber einer Versicherung ein *Leistungsanspruch* im Schadensfalls erworben, wobei der Umfang der Regulierungen im Einzelfall sehr unterschiedlich ausgestaltet sein kann.

Alle drei Vorsorge-Maßnahmen können auch kombiniert getroffen werden, z. B. durch Abschluß einer Versicherung mit Selbstbeteiligung, die auf die eigenen Vermögensverhältnisse abgestimmt sein kann, oder Risikominderung in Kombination mit Vorsorge durch Sparen und/oder Versicherung.
Unabhängig von weiterer Untergliederung ist zu unterscheiden zwischen der Sozialversicherung und der Individualversicherung.
Mit der *Sozialversicherung* sollen die Risiken wie Krankheit, Berufsunfall, Invalidität, Alters- und Hinterbliebenenversorgung und Arbeitslosigkeit abgedeckt werden. Das Versicherungsverhältnis entsteht kraft Gesetz. Die Beitragsbemessung, also die Prämienhöhe, orientiert sich an den Einkommensverhältnissen des Versicherten. In einem der folgenden Unterabschnitte werden die wesentlichsten Elemente der Sozialversicherung skizziert.
Die *Individualversicherung* umfaßt grundsätzlich alle versicherbaren Risiken. Das Versicherungsverhältnis entsteht durch freie Vereinbarung, wobei durchaus bei einer Reihe von Risiken gesetzlich der Abschluß einer Versicherung vorgeschrieben ist. Die Prämie bemißt sich nach Risiko und vereinbarter Leistung in einem Schadensfall. Im vorletzten Teil dieses Abschnittes unter „Betriebliche Versicherungen" wird ein Überblick über die für das Unternehmen wesentlichsten Versicherungen gegeben. Auf private Versicherungen, wie z. B. Lebens-, freiwillige Kranken-, Hausrat- und Privathaftpflicht-Versicherungen wird nicht weiter eingegangen, jedoch sei darauf hingewiesen, daß eine Reihe von Unternehmen generell oder für bestimmte Gruppen ihrer Mitarbeiterinnen und Mitarbeiter z. B. im Rahmen freiwilliger Sozialleistungen solche Versicherungen abschließen, z. B. Zu-

satzversicherungen im Krankheitsfall, Reiseversicherungen bei Außendienstmitarbeitern, Unfallversicherungen oder Lebensversicherungen als zusätzliche Altersversorgung. Bei einigen Mitarbeiterinnen oder Mitarbeitern, deren Ausfall auch für das Unternehmen zusätzliche Probleme und Belastungen bringt, könnte es sinnvoll sein, Lebens-, Unfall- oder Krankenversicherungen abzuschließen, bei denen das Unternehmen selbst und nicht der Versicherte der Begünstigte ist.
Bei den Sozialversicherungen sind im Streitfall die Sozialgerichte, bei den Individualversicherungen die ordentlichen Gerichte zuständig.
Neben dem gesetzlichen Zwang zum Abschluß einer Versicherung – wie z. B. bei der bereits erwähnten Kfz-Haftpflicht-Versicherung – kann auch im Rahmen einer Kreditgewährung der Abschluß einer bestimmten Versicherung gefordert sein, z. B. für das einem Realkredit zugrundeliegende Sicherungsgut gegen die Gefahren des Unterganges, so daß der Kreditgeber im Schadensfall zwar den Zugriff auf das Sicherungsgut verliert, aber einen Anspruch auf die Ersatzleistung der Versicherung erhält.
Grundlage für das Verhältnis zwischen Versicherungsgesellschaften und Kunden sind bei den Individualversicherungen die im jeweiligen Einzelfall abgeschlossenen Versicherungsverträge. Sie begründen ein vertragliches Schuldverhältnis. Ergänzend zum Bürgerlichen Gesetzbuch (BGB) gelten Sondergesetze, insbesondere das Versicherungsaufsichtsgesetz (VAG) in seiner Erstfassung vom 12. 05. 1901 sowie das Versicherungsvertragsgesetz (VVG), das auf den 30. 05. 1908 zurückgeht. Zu beachten sind weiter das Gesetz zur Regelung des Rechts der allgemeinen Geschäftsbedingungen (AGBG), dessen Unterbereich die allgemeinen Versicherungsbedingungen sind, das Handelsgesetzbuch (HGB) sowie internationales Vertragsrecht, je nach Beteiligten und Versicherungsobjekt.
Zu den Pflichten eines Versicherungsnehmers gehört zunächst die *Prämienzahlungspflicht*. Dabei kann es sich bei den Prämien um einmalig oder laufend zu zahlende Beiträge handeln. Die Einmalprämie oder die erste von Folgeprämien ist sofort nach Abschluß des Vertrages fällig, in der Regel gegen Aushändigung des Versicherungsscheins. Die Nichtzahlung einer Prämie trotz Fälligkeit und Mahnung führt zum Prämienzahlungsverzug mit besonderen Rechtsfolgen. Abgesehen von der Einklagbarkeit der Prämie kann der Versicherungsschutz verlorengehen, indem bei Verzug der Erstprämie Leistungsfreiheit eines Versicherungsgebers entsteht und er außerdem vom Vertrag zurücktreten kann. Zahlungsverzug bei Folgeprämien führt nach fruchtloser qualifizierter Mahnung gleichfalls zur Leistungsfreiheit und gewährt dem Versicherungsgeber ein Kündigungsrecht.
Darüber hinaus hat der Versicherte vor Vertragsabschluß die Verpflichtung, auf besondere, insbesondere risikoerhöhende Umstände hinzuweisen. Verstößt er dagegen, so entsteht gleichfalls ein Rücktritts- oder ein Anfechtungsrecht. Auch können Verstöße des Versicherungsnehmers, die zu einer schuldhaften Gefahrenerhöhung führen, den Versicherer von der Leistungspflicht befreien oder zu Regreßforderungen führen, falls die Versicherung Dritten gegenüber leistet.
Beim Eintritt des Versicherungsfalles hat der Versicherungsnehmer eine Anzeigepflicht sowie auf Verlangen des Versicherers eine Auskunfts- und Belegpflicht. Darüber hinaus ist er gehalten, zur Schadensminderung beizutragen.
Die Versicherungsunternehmen und ihr Vertragsverhalten unterliegen der Versicherungsaufsicht, dem Bundesaufsichtsamt für das Versicherungswesen (BAV).

Risk-Management

Die Möglichkeit des Unternehmens, sich bei einer Reihe von Schadensfällen gegen die Folgen zu versichern, sollte nicht dazu führen, nachlässig zu werden bei der Vorsorge zur Schadensvermeidung. Dies kann bei Abstimmung mit dem Versicherer auch prämienmindernd wirken.
Bei Versicherungsarten mit häufigen Schadensfällen (z. B. im Rahmen der Transport- oder Diebstahlsversicherungen) kann es sinnvoll sein, eine betragsmäßige Begrenzung zu finden. Dies bedeutet, daß kleinere Schäden selbst getragen werden und der Versicherungsschutz nur bei den größeren und die Unternehmung auch stärker belastenden Vorgängen eintritt. In Relation durch die damit erzielbaren Prämienreduzierungen kann dies für das Unternehmen durchaus wirtschaftlich sein, da die Versicherungen in ihren Beitragsbemessungen nicht nur die Schadensersatzleistungen einzubeziehen haben, sondern auch den Verwaltungsaufwand, der mit den einzelnen Vorgängen verbunden ist.
Darüber hinaus bezieht sich ein Risk-Management auch auf die Vorgänge, für die kein Versicherungsschutz besteht, sei es, daß sie generell nicht versicherbar sind oder aber sich ein Abschluß bisher als nicht sinnvoll gezeigt hat – was sich jedoch durchaus ändern kann. Generell ist es das Ziel eines Risk-Managements – auf das hier nicht näher eingegangen werden kann –, das Bewußtsein und die Vorsorge im Unternehmen zu erhöhen, Schäden zu vermeiden.

Sozialversicherungen
Aufgabe der Sozialversicherung ist es, Lebensrisiken breiter Bevölkerungsschichten durch eine „Zwangsversicherung" der unselbständig Tätigen (insbesondere der Arbeitnehmer eines Unternehmens) zu versichern. Dies bedeutet, daß im Sozialgesetzbuch und in anderen Sozialgesetzen festgelegt ist, welche Personen bei der Ausübung einer Beschäftigung von der Versicherungspflicht erfaßt werden, ohne daß es deren ausdrücklicher Willenserklärung bedarf. Selbst ein entgegenstehender Wille ist unwirksam. Zum Teil ist jedoch der freiwillige Beitritt für Personengruppen möglich, die grundsätzlich nicht von der Pflicht erfaßt sind.
Bei den wesentlichen Teilen der Sozialversicherung werden die Beiträge in der Regel je zur Hälfte vom Arbeitgeber und vom Arbeitnehmer getragen. Der *Arbeitnehmeranteil* wird bei der Ermittlung des Nettolohns vom Bruttolohn abgezogen und zusammen mit dem *Arbeitgeberanteil* an den Versicherungsträger abgeführt. Hierzu zählen:
- Krankenversicherung: Deren Versicherungsträger können die Ortskrankenkasse oder Ersatzkrankenkassen oder auch Betriebs-, Innungs- sowie landwirtschaftliche Krankenkassen sein.
- Rentenversicherung der Arbeiter-/Angestelltenversicherung: Deren Versicherungsträger sind in aller Regel die Landesversicherungsanstalten bzw. die Bundesanstalt für Angestellte.
- Arbeitslosenversicherung: Die Bundesanstalt für Arbeit (Arbeitsämter) als Versicherungsträger tritt für Arbeitslosigkeit, Kurzarbeit und Betriebsstillegung ein.

In besonderen Fällen gilt auch die Knappschaftliche Versicherung oder die Altershilfe für Landwirte.
Die Beitragsermittlung erfolgt auf der Basis des Einkommens – wobei bestimmte Höchstgrenzen für die Bemessungsgrundlage gelten – multipliziert mit den jeweiligen Beitragssätzen. Insoweit wird nicht nur das Risiko, sondern auch die Leistungsfähigkeit der Versicherten bei der Prämienberechnung berücksichtigt. Die Leistungen sind für alle Versicherten teils gestuft, teils gleich (bei der Krankenversicherung).
Ferner gehört die Unfallversicherung mit zu den Sozialversicherungen, mit denen Arbeitsunfälle – sowie Unfälle auf dem Weg zur Arbeit – und Berufskrankheiten abgesichert werden. Versicherungsträger sind die *Berufsgenossenschaften.* Mitglied der Berufsgenossenschaften sind nicht die einzelnen Versicherten, sondern nur die Unternehmen, die auch die Beiträge aufzubringen haben. Die Beiträge berechnen sich auf der Basis der Anzahl der Beschäftigten.
Die Arbeitgeberanteile zu den Sozialversicherungen sind zusätzliche Personalnebenkosten. Für die einbehaltenen Arbeitnehmeranteile besteht – analog zu den Regelungen bei der Lohn- und Umsatzsteuer – unabhängig von den Zahlungsverpflichtungen der Unternehmen, z. B. bei deren Insolvenz, auch die persönliche Haftpflicht der Geschäftsführer für eine korrekte Abführung.

Betriebliche Versicherungen
Grundsätzlich kann nach dem Gegenstand der Versicherung gegliedert werden in *Personenversicherung* und *Güterversicherung* (Nicht-Personen-Versicherung). Im ersteren Falle bezieht sich das zu versichernde Risiko auf die Sphäre der Personen, z. B. Lebens-, Kranken- oder Unfall-Versicherung. Bei der Güterversicherung wird unterschieden in Sachen – z. B. Feuer-Versicherung – oder Vermögen – z. B. Haftpflichtversicherungen. Der Art nach wird auch untergliedert in:
- Aktiven-Versicherung und
- Passiven-Versicherung.

Mit der Aktiven-Versicherung soll das Risiko eines Vermögensverlustes – also ein Wert, der auf der Aktivseite in einer Bilanz ausgewiesen wird – abgedeckt werden. Versicherungsgegenstände können hierbei Sachen werden (beispielsweise Feuer- oder Einbruch-Diebstahl-Versicherung), Forderungen (Kredit-Versicherung) oder Gewinnanwartschaften (Betriebsunterbrechungs-Versicherung).
Die Passiven-Versicherung zielt darauf ab, den Versicherungsnehmer vor einer Vermehrung seiner Verbindlichkeiten – also einer Erhöhung der Passiva in einer Bilanz – infolge von Schadensersatzansprüchen (Haftpflicht-Versicherung) oder Kosten der Rechtsverfolgung (Rechtsschutz-Versicherung) zu schützen.
Die maximale Schadenshöhe, die beim Eintritt des Risikofalls anfallen kann, ist bei den Aktiva als Vermögenswert des zu versichernden Gegenstandes relativ überschaubar, jedoch bei eventuell entstehenden Ansprüchen Dritter schwer einzuschätzen. Nachfolgend wird ein Überblick über die wesentlichsten betrieblichen Versicherungen gegeben, wobei auf spezielle Fälle oder Besonderheiten bestimmter Branchen nicht eingegangen werden kann. Dabei folgt diese Aufstellung einer häufig verwendeten Einteilung in Sach-Versicherungen, HUKR-Versicherungen (Haftpflicht-, Unfall-, Kraftfahrt-, Rechtsschutz- und Verkehrs-Service-Versicherungen), Transport-Versicherungen und sonstige Versicherungen.

- Sach-Versicherungen

Das versicherte Risiko bezieht sich in der Regel auf Beschädigung, Zerstörung oder Abhanden-

1

kommen einer bestimmten Sache, die Gegenstand der Versicherung ist. Dabei kann die Erstattung weiterer Kosten einbezogen sein, z. B. für Aufräumen oder Abbruch sowie eventuelle Folgeschäden, z. B. Betriebsunterbrechung oder Mietausfall. Ausgeschlossen sind zumeist Schadensfälle, die durch Erdbeben, Krieg, innere Unruhen oder Kernenergie verursacht wurden.
Bei der gewerblichen oder industrieellen Sachversicherung geht es zum Teil um erhebliche Vermögenswerte, so daß der Eintritt des Schadensfalles zu entsprechenden Großschäden führen kann. Demgemäß bedeutungsvoll ist für den Versicherer eine hinlänglich genaue Risikobeurteilung.

Feuer-Versicherung: Versicherungsgegenstand können sein Geschäfts-, Betriebs- oder Verwaltungs-Gebäude sowie deren Inhalt. Bei der Prämienermittlung wird versucht, sich der individuellen Gefahrensituation anzupassen, indem u. a. durch Berücksichtigung des Industrie- bzw. Gewerbezweiges und eine Einteilung in Bauartenklassen, also der Gebäudebeschaffenheit im Bezug auf eine Brandgefahr, Risiko und wahrscheinlicher Höchstschaden abgeschätzt werden sollen. Insoweit kann es auch sinnvoll sein, bereits bei der Bauplanung solche versicherungstechnischen Überlegungen mit einzubeziehen, nicht nur im Hinblick auf die Prämiengestaltung, sondern auch für vorsorgliche Schadensbegrenzung, z. B. durch Sicherungsabschnitte. Für einen Lagerbestand als Teil des Gebäudeinhaltes werden oftmals in den Versicherungsverträgen Höchstwerte festgesetzt und zur endgültigen Prämienermittlung z. B. monatliche Stichtagsmeldungen über die Bestandshöhen vereinbart.
Ergänzend zu der Gebäude-Versicherung können durch die *Rohbau-Feuer-Versicherung* bereits der Rohbau und die auf dem Grundstück lagernden und für die Gebäudeerrichtung notwendigen Rohstoffe abgesichert werden.
Durch die *Feuerhaftungs-Versicherung* kann sich der Versicherungsnehmer absichern, wenn er bei Schäden an fremden Sachen von dem Eigentümer aufgrund gesetzlicher Bestimmungen haftbar gemacht wird. In der Regel tritt diese Haftung nur subsidiär ein, also dann, wenn für die Sache keine originäre eigenständige Versicherung bestand.

Feuer-Betriebs-Unterbrechungs-Versicherung: Oft ist der Folgeschaden eines Brandes größer als der Wert des vernichteten oder beschädigten Gegenstandes, und zwar dann, wenn bis zur Wiederherstellung der Betrieb ganz oder teilweise stillgelegt – unterbrochen – werden muß. Dieses Risiko wird durch eine Feuer-Betriebs-Unterbrechungs-Versicherung (FBU-Versicherung) abgedeckt. Von der versicherten Gefahr her entspricht sie der Feuerversicherung – die Ursache muß also ein entsprechender Versicherungsfall sein. Der versicherte Gegenstand, auf den sich im Schadensfall auch die Ersatzleistung bezieht, ist jedoch kein materielles Gut (z. B. Gebäude oder Lagerbestand), sondern der Ersatz der fortlaufenden Aufwendungen, die durch den Brandschaden jedoch nicht in die Leistungserstellung umgesetzt werden können. In welchem Umfang während der Unterbrechung Ersatz für die verschiedenen fortlaufenden Kosten des Betriebes (z. B. Personalkosten) oder einen entgangenen Betriebsgewinn geleistet wird, ist im Versicherungsvertrag festzulegen. Weiterhin ist zu regeln, während welcher Zeitspanne die Leistungen erfolgen. Ggf. werden gestaffelte Beiträge vereinbart. Da die Beträge im Schadensfall erheblich sein können, ist es für einen Versicherungsnehmer bedeutungsvoll, vorauszuplanen, welche Kosten auch im Unterbrechungsfall weiter entstehen, u. a. im Hinblick auf eine Wiederinbetriebnahme, sowie ab wann und in welcher Weise eine Notproduktion aufgenommen werden kann.

Glas-Versicherung: Versicherungsgegenstand sind eingesetzte Scheiben, auch Schaufenster und sonstige Verglasungen. Zur Prämienermittlung erfolgt zumeist entweder eine Anlehnung an die Feuer-Versicherungsbeträge oder der Bezug auf die Abmessungen der Glasscheiben im sogenannten Flächentarif. Eine zusätzliche Form ist die Leuchtröhren-Versicherung.

Leitungswasser-Versicherung: Hierdurch sind die Schäden, die an den versicherten Gegenständen durch Leitungswasser verursacht werden, gedeckt. Hauptsächliche Schadensursachen sind Rohrbrüche, schadhafte Ventile, Verstopfung von Fallrohren oder Korrosion von Leitungen, die fest verlegt sind.

Einbruch-Diebstahl-Versicherung: Hierzu gehört auch die Raub-Versicherung. Der Versicherungsfall beruht auf strafrechtlichen Handlungen Dritter. Das Risiko ergibt sich daher u. a. aus den Sicherungsvorsorgen, aus speziellen Risiken infolge des betriebenen Gewerbes sowie der allgemeinen Entwicklung der Kriminalität. Durch Einbruchsicherungen, Alarmmelder usw. kann der Versicherungsnehmer auf das Risiko und die Prämie Einfluß nehmen (Vorsorge). Für nicht in Panzerschränken aufbewahrtes Geld bestehen meistens Höchstgrenzen beim Versicherungsschutz. Nicht versichert ist dabei der einfache Diebstahl, d. h., der Täter muß ein Hindernis überwinden, damit der versicherte Schadensfall gegeben ist. Inwieweit auch Gegenstände in Außenbereichen

bei leichter Umzäunung mit in die Versicherung einbezogen werden, ist im konkreten Fall auszuhandeln.
Bei einem Raub handelt es sich um die Wegnahme von versicherten Sachen unter Anwendung von Gewalt gegenüber dem Versicherungsnehmer oder seinem Beauftragten. Dem wurde die räuberische Erpressung gleichgesetzt.

Sturm-Versicherung: Versicherbar sind hierbei Schäden, die durch unmittelbare Einwirkung des Sturmes – dies bedeutet mindestens Windstärke 8 – an in die Versicherung einbezogenen Gebäuden sowie deren Inhalt entstehen oder hierdurch hervorgerufen werden, wie z. B. Eindringen von Regenwasser infolge eines Sturmschadens.
Eine Sturm-Versicherung wird zu den *Elementarschaden-Versicherungen* gezählt. Hierzu gehört auch die Hagel-Versicherung, die insbesondere in der Landwirtschaft oder bei Gewächshäusern Bedeutung hat. Bei einer Reihe von Naturereignissen wie Erdbeben, Erdrutsch, Erdsenkung, Hochwasser, Lawinen, Sturmflut etc. ist die Versicherbarkeit oft nicht gegeben infolge des schwer kalkulierbaren Schadensverlaufes und besonderer regionaler Katastrophen-Risiken sowie mangelnden Ausgleichs durch Abschlüsse bei Objekten in weniger gefährdeten Gebieten.

Elektronik-Versicherung (Schwachstrom-Versicherung): 1985 wurde die Bezeichnung Schwachstrom-Versicherung durch den Begriff Elektronik-Versicherung abgelöst, wodurch der technischen Entwicklung Rechnung getragen wird. Versichert werden hier Fernmelde-Einrichtungen und sonstige elektronische Anlagen und Geräte, die keine elektrischen Energien erzeugen, verteilen oder in mechanische Kraft umwandeln. Neben den früher im Mittelpunkt stehenden Fernmelde-Anlagen hat die Bedeutung durch die Elektronische Datenverarbeitung entsprechend zugenommen. Zumeist sind Risiken wie Feuer, Einbruchdiebstahl, Entwendung sowie Sabotage eingeschlossen. Auch können Daten und Datenträger gegen Beschädigung, Zerstörung oder Verlust versichert werden.

Maschinen-Versicherung: Versicherbar sind hier Maschinen, Einrichtungen und Apparate gegen unvorhersehbare Schäden, d. h., die auf den normalen Betrieb der Maschinen durch Abnutzung und Verschleiß entstehenden Schäden sind nicht eingeschlossen. Schadensursachen sind insbesondere Konstruktions-, Material- oder Ausführungsfehler und menschliches Versagen, Wassermangel bei Dampfkesseln etc., Über- oder Unterdruck, das Versagen von Meß-, Regel- oder Sicherungseinrichtungen.

Technische Betriebsunterbrechungs-Versicherungen: Bei der Elektronik- und Maschinen-Versicherung ist der Ersatz grundsätzlich auf einen Sachschaden begrenzt. Ähnlich der FBU-Versicherung können hier auch Folgeschäden abgedeckt werden.

Sonstige technische Versicherungen: Elektronik-, Maschinen- und technische BU-Versicherungen gehören zu den sogenannten technischen Versicherungen, zu denen auch die Montage- und Maschinen-Garantie-Versicherungen zählen. Von Bedeutung ist hier weiterhin die *Bauleistungs-Versicherung*. Dabei sind zwei Vertragsformen zu unterscheiden, je nachdem, ob der Versicherungsnehmer als Bauherr oder als Bauunternehmer sich gegen Sachschäden bei der Errichtung oder dem Umbau eines Bauwerkes absichern will.

• HUKR-Versicherungen

Aus wachsendem Verkehr und zunehmender Industrialisierung steigt die Gefahr, in Schadensereignisse verwickelt zu sein. Dabei kann der Versicherte selbst an Person oder Sachen Schaden erleiden oder als Allein- oder Mitverursacher zu Schadensersatzleistungen verpflichtet werden. Der Abdeckung dieser Risiken dienen die nachfolgend aufgeführten Versicherungen, die in ihrer Struktur zum Teil sehr unterschiedlich sind.

Haftpflicht-Versicherung: Der Versicherungsschutz umfaßt die gesetzliche Haftpflicht des Versicherungsnehmers, d. h., die Versicherung tritt dann ein, wenn aufgrund von Gesetz oder Rechtsprechung Schadensersatz zu leisten ist. Dabei kann sich der Versicherungsschutz sowohl auf die Schadensersatzleistung als auch auf die Abwehr entsprechender Ansprüche erstrecken. Der Abschluß der Versicherung dient sowohl dem Versicherten als Schädiger als auch den Geschädigten, und zwar insbesondere dann, wenn der Versicherungsnehmer aus seinen Einkommens- und Vermögensverhältnissen heraus den Schadensersatz nicht leisten könnte. Hieraus ergibt sich, daß die Versicherungssummen, d. h. die Höchstsätze, die im Einzelfall als Schadensersatz geleistet werden, relativ hoch anzusetzen sind, um tatsächlich das Risiko im gesamten Umfang zu erfassen.
Nicht eingeschlossen ist in der Regel, wenn der Schaden durch vorsätzliches Handeln verursacht wurde. Ebenfalls nicht eingeschlossen sind vertragliche Haftungsübernahmen, also Schadensersatzverpflichtungen aus Schlecht- oder Nichterfüllung von Verträgen. Üblicherweise wird die Haftpflichtversicherung auf Personen- und Sachschäden begrenzt, schließt also den Ersatz für reine Vermögensschäden nicht ein. Dabei wird im Vertrag die Deckungssumme, also der Betrag, der maximal von der Versicherung zu ersetzen ist,

1

limitiert, und zwar zumeist differenziert durch Höchstbeträge jeweils für Personen- und Sachschäden.

Im nichtprivaten Haftpflichtbereich wird unterschieden zum einen in die *Betriebs-Haftpflichtversicherung*, die das aus dem Betrieb eines Gewerbes (Industrie, Handel, Handwerk) entstehende Haftpflicht-Risiko umfaßt. Entsprechend ist die *Berufs-Haftpflicht-Versicherung* für Selbständige in sogenannten freien Berufen, z. B. Architekten und Ärzten, vorgesehen. Spezielle Versicherungsformen mit der Abdeckung besonderer Risiken wurden für bestimmte Berufsgruppen geschaffen, u. a. für Wirtschaftsprüfer, Notare, Rechtsanwälte und Steuerberater, indem z. B. in einer *Vermögensschaden-Haftpflicht-Versicherung* auch der in einer allgemeinen Haftpflicht-Versicherung ausgeschlossene Versicherungsschutz für Vermögensschäden – beispielsweise durch Beratung – eingeschlossen ist.

Das Haftpflicht-Risiko ist oftmals sowohl für den Versicherer als auch für den Versicherungsnehmer schwer kalkulierbar. Abgesehen von den objektiven Schwierigkeiten und den Problemen, mit vergangenheitsbezogenen Statistiken die zukünftige Entwicklung zu prognostizieren, kommt hinzu, daß durch Gesetz, aber oftmals auch durch die Rechtsprechung in bezug auf Haftpflicht und Bemessung eines Schadensersatzes zum Teil erhebliche Risiken begründet sind. Dabei scheint teilweise die Existenz und Entwicklung entsprechender Haftpflicht-Versicherungen dahin zu führen, Schadensverpflichtungen großzügiger zu bemessen.

So haben die Produkthaftung und die hieraus entstehenden Risiken soweit an Bedeutung zugenommen, daß Versicherungswirtschaft und Industrie ein spezielles Konzept der *Produkt-Haftpflicht-Versicherung* entwickelt haben. Einen Spezialfall bildet dabei die Produkt-Haftpflicht-Versicherung für pharmazeutische Unternehmen, bei der im Rahmen eines Pools Mittel für die Abdekkung von Personenschäden durch Arzneimittel bereitgestellt werden.

Weiterhin zunehmende Haftungsrisiken ergeben sich auch im ökologischen Bereich, so daß *Umwelt-Haftpflicht-Versicherungen* für einen weiteren Spezialbereich entwickelt wurden, zu denen u. a. die Gewässerschaden-Haftpflicht-Versicherung gehört, die Haftungen nach dem Wasserhaushalts-Gesetz abdeckt. Die aus diesen Entwicklungen gekennzeichneten zunehmenden Risiken sind von den Unternehmen zu beachten und in die Vorsorge einzubeziehen und werden durch ein wachsendes Umweltbewußtsein immer mehr an Bedeutung zunehmen.

Unfall-Versicherung: Ein Unfallereignis ist gegeben bei einer äußeren Einwirkung auf die Person des Versicherten, so daß dieser unfreiwillig eine Gesundheits- oder Körperschädigung erleidet, wobei auch die Invalidität (dauernde Beeinträchtigung der Arbeitsfähigkeit) oder Tod die Folgen sein können. Teilweise schließen Unternehmen generell oder zugunsten bestimmter Gruppen von Mitarbeiterinnen und Mitarbeitern oder sonstigen Geschäftspartnern Unfall-Versicherungen ab, um auch dort einen Versicherungsschutz zu bieten, wo die Berufsgenossenschaft nicht eintritt und Schadensersatzleistungen aus der Haftpflicht-Versicherung infolge mangelnder gesetzlicher Regreßansprüche nicht greifen.

Kraftfahrt-Versicherung: Sie umfaßt die private wie auch die betriebliche Nutzung von Kraftfahrzeugen. Durch das ständig zunehmende Verkehrsaufkommen ist sie in der Zwischenzeit hinter der Lebensversicherung zur zweitgrößten Versicherungssparte aufgestiegen. Sie umfaßt drei auch versicherungstheoretisch unterschiedliche Bereiche:

Für die *Kraftfahrzeug-Haftpflicht-Versicherung* gilt prinzipiell, was auch grundsätzlich zur Haftpflichtversicherung gesagt wurde. Der Gedanke, nicht nur den Versicherten als Schädiger, sondern auch den Geschädigten, z. B. bei einem Verkehrsunfall, zu schützen, hat dazu geführt, daß die Kraftfahrzeug-Haftpflichtversicherung gesetzlich vorgeschrieben ist, d. h., der Kraftfahrzeughalter ist zum Abschluß einer Versicherung mit bestimmten Mindestsummen für Personen-, Sach- und sonstigen Vermögensschäden verpflichtet und hat auch durch Vorlegen der sogenannten Versicherungsdoppelkarte bei der Anmeldung eines Kfz gegenüber der Zulassungsstelle einen Versicherungsnachweis zu erbringen. Im Gegensatz zur allgemeinen Haftpflichtversicherung haften Schädiger und Haftpflichtversicherer gesamtschuldnerisch, d. h., der Geschädigte kann sich auch direkt an den Haftpflichtversicherer wenden. Ist der Schädiger nicht zu ermitteln, z. B. wegen Unfallflucht, oder war das Fahrzeug nicht versichert – z. B. zuvor stillgelegt und nicht neu angemeldet worden – so tritt ein vom Verein Verkehrsopferhilfe e. V. verwalteter Entschädigungsfonds ein. Die Tarifgestaltung berücksichtigt objektive wie auch subjektive Gefahrensmerkmale. Zu den objektiven zählt die Art der Nutzung, also Eigennutzung oder als Mietwagen. Subjektive Merkmale sind zum einen Tarifklassen nach Wohnorten und Sondertarife für bestimmte Berufsgruppen sowie der Schadensverlauf, indem bei Schadensfreiheit durch Rabatte günstigere Prämien eingeräumt werden. Für Fahranfänger wird ein Zuschlag erhoben.

Bei der *Fahrzeug-Versicherung*, die allgemein als „Kasko" bezeichnet wird, ist das Kfz selbst Gegenstand einer Versicherung. Dabei wird unterschieden in die Teil- und die Vollkasko-Versicherung. Die *Teilkasko-Versicherung* schließt Brand, Explosion, Entwendung und Sturm, Hagel, Blitzschlag, Überschwemmung, Glasbruch sowie einen Zusammenstoß des in Bewegung befindlichen Fahrzeuges mit Haarwild ein. Darüber hinaus umfaßt die *Vollkasko-Versicherung* auch sonstige Unfallschäden sowie Schäden aus mut- oder böswilligen Handlungen betriebsfremder Personen. Abweichend von der Kraftfahrzeug-Haftpflichtversicherung erfolgt die Prämienkalkulation aufgrund von Tarifen, die nach modelltypischen Schadensbelastungen des Fahrzeuges (Typenklassen) gebildet wurden. Sowohl bei der Teil- als auch bei der Vollkasko-Versicherung können unterschiedlich hohe Selbstbeteiligungs-Beträge mit entsprechender Prämienminderung vereinbart werden. Die *Kraftfahrzeug-Unfallversicherung* bietet Schadensersatzleistungen zugunsten der Insassen bei Eintritt eines Versicherungsfalles. Sie ist insbesondere dann von Bedeutung, wenn Schadensersatzleistungen nicht durch die Haftpflicht abgedeckt sind.

Rechtsschutz-Versicherung: Der durch diese Sparte gewährte Versicherungsschutz besteht darin, daß dem Versicherten die für die Durchsetzung seiner Rechte erforderlichen Aufwendungen bereitgestellt werden, insbesondere handelt es sich hierbei um Rechtsanwaltsgebühren und Gerichtskosten. Ihre Ursprünge entwickelten sich im Bereich des Verkehrsrechts. Eine rechtliche Abwehrung von Schadensersatzansprüchen ist bereits durch die Haftpflichtversicherung abgedeckt, wobei sich im Erfolgsfall auch für den Versicherer die Ersatzleistungen entsprechend reduzieren. Bei der Rechtsschutzversicherung geht es um die Geltendmachung von Ansprüchen des Versicherten gegenüber Dritten oder die Abwehr von Rechtsfolgen, z. B. aus Bußgeldbescheiden oder auch Strafrechtsverfolgung. Neben verschiedenen Rechtsschutzversicherungen im privaten Bereich oder für besondere Berufsgruppen, wie z. B. Landwirte, wird unterschieden in Verkehrs-, Fahrzeug- oder Fahrer-Rechtsschutz, in Rechtsschutz für Gewerbetreibende und freiberuflich Tätige, sowie Rechtsschutz für Grundstückseigentum und Miete. Besondere Formen der Rechtsschutz-Versicherung wurden entwickelt für Aufsichtsräte, Betriebsräte und Vorstände sowie für den Datenrechtsschutz.

Verkehrsservice-Versicherung: Mit dem Schutzbrief für Autofahrer bietet die Verkehrsservice-Versicherung als Sonderform der Kraftfahrt-Versicherung Ersatz bei besonderen Aufwendungen, insbesondere für die Kosten bei Pannen- und Unfallhilfe, Abschleppen des Fahrzeuges, notwendig werdende Übernachtungen, Mietwagen oder Kranken-Rücktransporte.

• Transport-Versicherung

Sie ist die wohl älteste kaufmännische Versicherungsart, deren Ursprünge bis in das Mittelalter nach Oberitalien zurückgehen, zunächst insbesondere für den Seehandel. Tarife sind nicht bei der Aufsichtsbehörde vorlagepflichtig. Vertragsgestaltung und Prämien können also den vielfachen Gegebenheiten im jeweiligen Einzelfall angepaßt werden.

Der Versicherungsschutz umfaßt die Gegenstände während der Beförderung (Vorgang der Bewegung) und der damit zusammenhängenden Einlagerung (Bewegungsbereitschaft). Vom Ort her wird unterschieden in die See-Versicherung, für die überwiegend internationale Gepflogenheiten gelten, und in die Binnentransport-Versicherung, die ihrerseits wieder untergliedert wird in Fluß- und Land-Versicherungen. Vom Gegenstand der Versicherung her wird differenziert in die beförderten Güter und die Transportmittel. Im Gegensatz zu den meisten anderen Versicherungen, die spezielle Risiken abdecken, wird eine Transport-Versicherung meist nach dem sogenannten Prinzip der Allgefahren-Deckung betrieben. Danach sind folgende Arten zu unterscheiden:

- Warenversicherung: sie bezieht sich auf die beförderten Güter,
- Kasko-Versicherung (Kasko, im Spanischen = Schiffsrumpf): durch sie erfolgt eine Versicherung der Transportmittel – dabei schließt die See-Kasko-Versicherung auch Risiken während des Baues sowie der Reparatur in Werften mit ein,
- Verkehrs-Haftungs-Versicherung: hiermit werden Spediteure und Kraftwagen-Unternehmen gegen Haftungsleistungen aus dem Beförderungsvertrag versichert; für sie besteht eine Verpflichtung zum Abschluß solcher Versicherungen, die die Risiken aus Beschädigung oder Verlust der Güter umfaßt.

Beim Abschluß einer Transport-Versicherung ist für die Unternehmung von Bedeutung, ab wann bei einem Warenbezug das Risiko für Verlust oder Beschädigung vom Lieferanten auf den Empfänger übergeht, bzw. wie lange das Unternehmen als Lieferant für die entsprechenden Risiken einzustehen hat. Manchmal kommt es bewußt zu einer gewissen Mehrfachversicherung, indem sich die Versicherungen der beiden Handelspartner überlagern, insbesondere, wenn im Außenhandel

im nachhinein Ort und Zeitpunkt des Schadenseintritts nicht eindeutig rekonstruierbar sind und auf jeden Fall eine Versicherungslücke vermieden werden soll.
Zum Beispiel durch die Entwicklung hin zu Schiffen mit größerem Ladevolumen wächst das Risiko von Großschäden und damit der Höchstbetrag für Schadensersatzleistungen im Einzelfall, mit dem kalkuliert werden muß. Spezielle Versicherungen gelten für Musterkollektionen, Ausstellungen oder besondere Werttransporte.

• Sonstige Sparten
Im Laufe der Zeit hat sich eine Vielzahl von Versicherungen entwickelt, die den speziellen Bedürfnissen und Risiken Rechnung tragen. Eine Reihe von Aufteilungen beruhen auf dem Grundsatz der Spartentrennung, mit dem den Regelungen des Versicherungsaufsichtsgesetzes (VAG) und der Aufsichtspraxis Rechnung getragen wird. Danach sind die Risiken verschiedener Sparten im Interesse auch der Versicherungsnehmer zu trennen, einige Zweige dürfen nur in jeweils rechtlich selbständigen Unternehmen der Versicherungswirtschaft betrieben werden. Durch eine Zusammenfassung mehrerer, aber rechtlich selbständiger Versicherungsunternehmen unter einheitlicher Leitung zu einem Versicherungskonzern wird versucht, weitgehend den Versicherungskunden dennoch Versicherungsschutz „aus einer Hand“ anzubieten.
Ein besonderes Risiko im Unternehmen kann der Ausfall von Forderungen sein. Hierbei stehen verschiedene Sparten der *Kredit-Versicherung* zur Verfügung.

Delkredere-Versicherung: Sie ist die wichtigste dieser Gruppe. Delkredere bedeutet im Handelsverkehr die Haftung für die Erfüllung der Verbindlichkeiten des Geschäftspartners einem Unternehmen gegenüber. Weiter unterschieden wird hierbei in Warenkreditversicherung bei insolvenzbedingtem Ausfall kurzfristiger Forderungen, Investitionsgüter-Kredit-Versicherung, z. B. bei mittelfristigen Krediten und aus Investitionen oder Leasing, Ausfuhr-Kreditversicherung bei Forderungen der Exporteure und Konsumentenkredit-Versicherungen als Versicherungsschutz für Banken und Geldinstitute.

Kautions-Versicherung: Besondere Garantien und Bürgschaften sind insbesondere in der Bauwirtschaft sowie im Schiffs- und Anlagenbau üblich. Der Versicherungsschutz bietet dem Versicherungsnehmer Sicherheit für Anzahlungen, Vertragserfüllung und Mängelhaftungen. Diese Versicherung konkurriert mit dem Avalgeschäft der Banken.

Vertrauensschaden-Versicherung: Sie bietet Versicherungsschutz gegen Veruntreuung durch Mitarbeiter, die entweder namentlich bezeichnet oder einer bestimmten Personengruppe im Unternehmen zugeordnet werden können. Eine spezielle Form ist die Computer-Mißbrauch-Versicherung.

Insolvenz-Versicherung: Hiermit ist gemäß dem Betriebsrenten-Gesetz durch Umlageverfahren Vorsorge zum Schutz der betrieblichen Altersversorgung im Falle der Insolvenz eines Arbeitgebers zu treffen.

Auf weitere Versicherungsformen, zum Teil auch für spezielle Branchen, soll hier verzichtet werden.

Versicherungsumfang
Der Abschluß ausreichender Versicherungen soll die Existenz des Unternehmens gewährleisten, auch beim Eintritt von Schadensfällen. Inwieweit dabei spezielle Risiken einzubeziehen sind, muß im Einzelfall geprüft werden. Dabei ist eine Abwägung vorzunehmen mit den Möglichkeiten im Rahmen des Risk-Managements im Sinne von Schadensminderung bzw. -vermeidung. Für die existenziellen und im Schadensfall die Leistungskraft des Unternehmens übersteigenden Risiken sollte auf jeden Fall Vorsorge getroffen werden, die durch die Prämie der Versicherung kalkulierbar wird.
Über den Abschluß einer Versicherung wird eine Urkunde ausgehändigt, die als Versicherungsschein oder Police bezeichnet wird und in der die Vertragsinhalte festgelegt sind. Soll für ein umfassendes Risiko eine Versicherung abgeschlossen werden, bei der die Prüfung der genauen Vertragsbestandteile, z. B. durch Hinzuziehung von Gutachtern, noch eine gewisse Zeit erfordert, so kann auch eine vorläufige Deckungszusage erteilt werden, z. B. mit Eingang der Antragstellung. Sie erlischt, wenn entweder die endgültige Versicherung abgeschlossen oder die Verhandlungen abgebrochen werden. Für die Unternehmung als Versicherungsnehmer kann dies die notwendige Sicherheit bieten, ohne bei der Bestimmung der Einzelheiten einem Zeitdruck zu unterliegen.

Besondere Themen können sich aus einer *mehrfachen Versicherung* ergeben. Hierbei sind drei Formen zu unterscheiden:
– Mitversicherung: Sie ist dadurch gekennzeichnet, daß mehrere Versicherer an der Abdeckung eines Risikos beteiligt sind, indem sie bestimmte Quoten an der Gesamtsumme übernehmen. Dabei übernimmt zumeist ein Versicherer die Geschäftsführung und die unmittel-

bare Kundenbetreuung (Führungsklausel). Je nachdem, ob die übrigen Versicherer einvernehmlich mit dem Versicherungsnehmer ausgewählt und diesem namentlich bekanntgemacht werden oder nicht, wird auch in offene bzw. stille Mitversicherung unterschieden.

Mitversicherung ist vor allem bei der Abdeckung größerer Risiken üblich. Für Versicherer besteht bei umfangreichen Risiken auch die Möglichkeit der sogenannten „Rückversicherung", auf die hier nicht eingegangen wird, da sie weniger den Versicherungsnehmer direkt berührt, sondern ein bedeutsames Thema innerhalb der Versicherungswirtschaft darstellt.

– Nebenversicherung: Im Unterschied zur Mitversicherung, bei der mehrere Versicherer zusammenwirken, liegt der Fall einer Nebenversicherung vor, wenn der Versicherungsnehmer seinerseits für das gleiche Risiko und die gleiche Gefahr mehrere Versicherungsverträge abschließt, wobei jedoch der Gesamtbetrag der Versicherungssummen den Versicherungswert nicht übersteigt. In diesen Fällen ist der Versicherungsnehmer jedoch verpflichtet, jeden Versicherer von den anderen Verträgen unverzüglich Mitteilung zu machen.
– Doppelversicherung: Von einer Doppelversicherung wird dann gesprochen, wenn die Versicherungssummen verschiedener Verträge den Versicherungswert übersteigt. Der Versicherungsnehmer darf jedoch im Schadensfall insgesamt nicht mehr als den Ersatz des ihm entstandenen Schadens beanspruchen.

  Erfolgt die Doppelversicherung wissentlich mit der Absicht, sich unberechtigt zu bereichern, so ist sie nichtig. Bei unbewußter Doppelversicherung kann der Versicherungsnehmer die Aufhebung des später abgeschlossenen Vertrages verlangen. Liegt im Schadensfall eine gültige Doppelversicherung vor, so haften die Versicherer dem Versicherungsnehmer gegenüber als Gesamtschuldner, wobei im Innenverhältnis ein Ausgleich vorgenommen wird nach den jeweils durch einen Versicherungsvertrag übernommenen Zahlungsverpflichtungen.

Die Leistung eines Versicherungsnehmers ist insbesondere die Prämienzahlung, die Gegenleistung des Versicherers liegt dem gegenüber in der Gewährung des Versicherungsschutzes, der in der Regel in einem Ersatz des entstandenen Schadens durch Geldzahlung besteht. Bei der Ermittlung des Schadensersatzes – z. B. aus einer Haftungsverpflichtung gegenüber dem Unfallgegner – wird ein eventueller eigener Verschuldensanteil entsprechend betragsmindernd berücksichtigt. Hierbei ist zu beachten, daß in einigen Fällen, z. B. bereits durch die Teilnahme am Straßenverkehr mit dem Kfz, eine sogenannte Gefährdungshaftung entsteht.

Die Ermittlung der tatsächlichen Schadenersatzleistung wird zudem beeinflußt einerseits vom Versicherungswert sowie zum anderen von der Versicherungssumme. Der in Geld abgeschätzte Wert des versicherten Interesses (z. B. des Gebäudes bei einer Feuer-Versicherung), wird als Versicherungswert bezeichnet. Im Zweifel gilt bei Versicherungen von Sachen der sogenannte „gemeine Wert" als *Versicherungswert*. Gerade bei Gebäudeversicherungen kann jedoch auch anstelle des Zeitwertes die Erstattung des Neuwertes vertraglich vereinbart sein. In diesen Fällen soll die Versicherungssumme ausreichen, eine gleichwertige Sache wieder zu erstellen bzw. neu zu erwerben. Die vertraglich vereinbarte *Versicherungssumme* stellt in der Schadensversicherung jedoch den Höchstbetrag für die Leistung des Versicherers dar. Sie ergibt sich aus dem Versicherungsschein und ist auch für die Prämienberechnung ausschlaggebend.

Übersteigt die Versicherungssumme den Versicherungswert erheblich, so wird von einer *Überversicherung* gesprochen. Eine *Unterversicherung* ist gegeben, wenn die Versicherungssumme niedriger als der Versicherungswert ist. Bei der Überversicherung kann in der Regel jede Vertragspartei eine Beseitigung durch Herabsetzen der Versicherungssumme und der Prämie mit sofortiger Wirkung verlangen, es sei denn, der Versicherungsnehmer hat die Überversicherung in betrügerischer Absicht mit dem Ziel der Bereicherung herbeigeführt. In diesem Fall kann der Versicherer die erhöhte Prämie bis zum Abschluß des Vertrages beanspruchen, ohne in entsprechender Höhe Schadensersatz leisten zu müssen. Für das Unternehmen als Versicherungsnehmer ist die Gefahr einer Unterversicherung von größerer Bedeutung. Sie führt im Schadensfall dazu, daß durch die Begrenzung auf die Versicherungssumme nicht der volle Wert des versicherten Gutes erstattet wird. Dabei ist zu beachten, daß diese Begrenzung nicht nur im Falle eines Totalschadens gilt, sondern auch bei Teilschäden. Dies bedeutet z. B., wenn die Versicherungssumme nur 60 % des Wertes eines versicherten Lagerbestandes beträgt und ein Schaden von 20% eintritt, daß dieser auch nur mit 60 % reguliert wird (also die Versicherung in der Summe somit 12% abdeckt). Für die Entschädigungsleistung ist also das Verhältnis der Versicherungssumme zum Versicherungswert ausschlaggebend.

Solche Mißverhältnisse können bereits seit Vertragsabschluß bestehen oder aber sich im Laufe

1

der Zeit ergeben, z. B. durch Neuanschaffungen, Preissteigerungen sowie Werterhöhungen, ohne daß die Versicherungssummen jeweils rechtzeitig und ausreichend angeglichen werden. Hierdurch entsteht zwar einerseits eine geringere Prämienzahlung, andererseits jedoch eine zumeist ungewollte Selbstbeteiligung des Versicherungsnehmers.

Daher sollten Unternehmen Vorsorge treffen, daß die Versicherungssummen ausreichend angepaßt werden. Da z. B. Warenbestände oft erheblichen Schwankungen unterworfen sind, wird zur Vermeidung sowohl von Unterversicherung, als auch von überhöhter Prämienzahlung oft eine Höchstdeckungssumme vereinbart, die dann durch regelmäßige Stichtagsmeldungen aktualisiert und für die Prämienberechnung angepaßt wird.

Von der Unterdeckung zu unterscheiden ist die *Selbstbeteiligung*. Sie kann zum einen beinhalten, daß der Versicherungsnehmer nur einen Teil seines Schadens ersetzt bekommt und einen bestimmten Prozentanteil selbst trägt. Zumeist wird jedoch die Form gewählt, bei der Schäden bis zur vertraglich vereinbarten Selbstbeteiligung vom Versicherungsnehmer zu bezahlen sind und bei übersteigenden Schäden der Ersatz durch den Versicherer erfolgt. Dabei kann der Selbstbehalt bezogen sein auf jedes einzelne Schadensereignis oder als Summe von Kleinschäden innerhalb einer bestimmten Periode, z. B. eines Versicherungsjahres. Da für den Versicherer bei der Schadensregulierung nicht nur Aufwendungen durch die Ersatzleistungen entstehen, sondern auch durch Schadensermittlung, Verwaltung etc. und dieser Anteil gerade bei Kleinschäden unverhältnismäßig hoch ist, kann die Vereinbarung von Selbstbeteiligungen für den Versicherungsnehmer sinnvoll sein im Bezug auf dadurch erreichbare Prämienreduzierung und eine Verminderung des eigenen Abwicklungsaufwandes.

Wird eine versicherte Sache, z. B. eine Anlage, veräußert, so sieht das Gesetz vor, daß der Erwerber in die Rechte und Pflichten aus dem Versicherungsverhältnis eintritt. Hiermit soll der Versicherungsschutz für den versicherten Gegenstand erhalten bleiben und eine verkaufsbedingte Unterbrechung verhindert werden. Die Veräußerung – d. h. die rechtsgeschäftliche Übertragung des Eigentums an einer Sache – ist vom Veräußerer oder Erwerber unverzüglich dem Versicherer anzuzeigen. Unterbleibt diese Anzeige, so wird der Versicherer grundsätzlich nach einem Monat von der Leistungspflicht befreit. Außerdem kann der Versicherungsvertrag nach Übereignung der Sache gekündigt werden, und zwar vom Erwerber mit sofortiger Wirkung oder auf den Schluß der laufenden Versicherungsperiode hin seitens des Versicherers mit einer Frist von einem Monat. Wird das Kündigungsrecht nicht innerhalb eines Monats ausgeübt, so erlischt es. Bei Fortführung des Versicherungsverhältnisses haften Veräußerer und Erwerber für die Prämie der zur Zeit der Veräußerung laufenden Versicherungsperiode als Gesamtschuldner. All diese Regelungen bei Veräußerung erlauben dem Unternehmen als Erwerber, das Versicherungsgut in die eigenen Versicherungen einzubeziehen, ohne daß im Übergang eine versicherungslose Zeit entsteht. Gelegentlich können sich hieraus auch Informationen für einen Prämienvergleich ergeben.

Selbstverständlich wird ein Unternehmen als Versicherungsnehmer bemüht sein, durch günstige Prämienvereinbarungen seinen Aufwand für Versicherungen zu optimieren. Dabei ist jedoch zu beachten, daß oftmals Details und Einzelbestimmungen eines vereinbarten Leistungsumfanges und der Risikobestimmung für den Schutz des Unternehmens ausschlaggebender sein können als Differenzen in der Prämie zwischen einzelnen Versicherern. Der vertraglichen Klarheit über die abzudeckenden Risiken kommt eine große Bedeutung zu, der von vornherein Rechnung zu tragen ist. Im Schadensfall kommen solche Abwägungen zu spät. Oftmals stehen Prämienvergleiche ohne genügende Abwägung der Unterschiede in den vereinbarten Leistungen zu sehr im Vordergrund, insbesondere, wenn in Unternehmen die Betreuung der Versicherungen Personen als zusätzliche Aufgabe übertragen wird, ohne daß diese genügend mit den Einzelheiten der Versicherungen vertraut sind.

Durch Gruppenversicherungen oder die Begünstigungsverträge können sich Prämienminderungen ergeben. Wird durch einen Versicherungsnehmer mit einem Versicherungsschein eine Mehrheit von Personen versichert, so liegt ein *Gruppenversicherungs-Vertrag* vor. Im Unternehmen kommen sie in Form einer Belegschaftsversicherung (das Unternehmen schließt den Vertrag ab, insbesondere als Lebens- und Unfallversicherung für Mitarbeiterinnen und Mitarbeiter) oder auch als Verbands-Gruppenversicherungen (das Unternehmen schließt sich einem vom Verband abgeschlossenen Vertrag an) vor. Der Vorteil für den Versicherer liegt im geringeren Verwaltungsaufwand, was durch Prämiennachlaß honoriert wird. Von *Begünstigungs-Verträgen* wird gesprochen, wenn einzelnen Personen oder Personengruppen Sondervorteile gewährt werden hinsichtlich der Versicherungsbedingungen, der Prämien oder der Nebenkosten. Abgewickelt wird dies in der Regel durch Mantel-, Sammel- oder Listen-Verträge.

Auch in diesen Fällen gibt der Versicherer Kosteneinsparungen weiter. Eine Grenze zwischen der Weitergabe tatsächlicher Kostenersparnis oder wettbewerbsmäßiger Bemühungen ist nicht immer eindeutig zu ziehen. Die Aufsichtsbehörde kann derartige Begünstigungsverträge allgemein oder für einzelne Versicherungszweige untersagen. Oftmals versuchen Verbände etc., durch Abschluß solcher Verträge ihren Mitgliedern Vorteile zu bieten, während der Versicherer von zusätzlichen Kontakten und geringeren Abschlußaufwendungen profitiert. Im Einzelfalle sind die für ein Unternehmen sich ergebenden Möglichkeiten zu prüfen, sei es im Bezug auf eine eigene Mitgliedschaft bei Vereinigungen oder durch Vertragsabschlüsse, mit denen eventuelle Vorteile für die Belegschaft erreicht werden können.
Im vorliegenden Abschnitt wurden Versicherungen umfangreicher aufgelistet als entsprechende Darstellungen in den Abschnitten Recht und Steuern, da zu diesen – anders als bei den Versicherungen – gesonderte Beiträge folgen.

Konstitutioneller Rahmen und Sonderanlässe

Einige Unternehmensentscheidungen sind von grundlegender Bedeutung und besonders langfristiger Wirkung. Fehlentscheidungen sind nur schwer oder nur mit erheblichem Aufwand zu korrigieren. Die Fragen stellen sich zunächst bei der Gründung eines Unternehmens sowie bei besonderen Anlässen, wie z. B. einer umfassenden Änderung der Umfeldbedingungen oder in Phasen größerer Expansion. Durch sie werden die Rahmenbedingungen für weitere Entscheidungen im laufenden Geschäftsbetrieb geschaffen.
Zu diesen konstitutiven Entscheidungen gehören neben der Gestaltung des inneren Organisationsaufbaues und einer Markteinordnung des Unternehmens die Wahl des Standortes sowie der Rechtsform. Trotz ihres grundlegenden Charakters sind sie von Zeit zu Zeit zu überprüfen und ggf. zu korrigieren (Standortwechsel oder Umwandlung der Rechtsform), wenn Veränderungen der den Entscheidungen zugrundeliegenden Prämissen dies erforderlich machen, z. B. Eintritt oder Austritt eines Gesellschafters.
Entscheidungen darüber, ob ein Unternehmen sich mit anderen enger zusammenschließen soll, sind gleichfalls von überragender Bedeutung, so daß dieses Thema neben Standort und Rechtsform und den Sonderfragen der Betriebsaufspaltung in einem separaten Unterabschnitt behandelt wird, einschließlich eines gesonderten Abschnitts zur Rechnungslegung von Konzernen. Abschließend werden anhand von Sonderbilanzen besondere Vorgänge mit konstitutionellen Auswirkungen behandelt.
Dem Prinzip nach stellen sich bei den konstitutiven Entscheidungen ähnliche Probleme, wie sie im Rahmen der Investitionsentscheidungen aufgezeigt wurden, indem neben der Unsicherheit im Bezug auf künftige Entwicklungen sowohl quantitative als auch qualitative (also nicht exakt meßbare) Kriterien zu berücksichtigen sind. Auf die Darstellung der Phasen eines Entscheidungsprozesses in dem Kapitel „Investitionen – Leistungsbereitschaft" sei verwiesen. Dabei haben gerade bei der Wahl des Standortes und der Rechtsform subjektive Präferenzen der Entscheidungsträger ausschlaggebende Bedeutung. Hierzu gehören z. B. regionale Verbundenheit und familiäre Situationen. Daher erfolgt zunächst in der Regel aus der Fülle der Möglichkeiten eine gewisse Vorauswahl.
Hilfreich kann es sein, für die Entscheidungen die Zielkriterien in eine Rangfolge zu bringen bzw. jeden Aspekt zu gewichten, z. B. mit einer Bewertung von 1 (gering) bis 6 (bedeutungsvoll). Später werden dann die jeweiligen Alternativen danach beurteilt, inwieweit sie den einzelnen Gesichtspunkten gerecht werden, und zwar wieder durch eine Klassifizierung, z. B. von 1 (gering) bis 9 (in hohem Maße). Die Multiplikation aus den Kennziffern für Bedeutung und Erreichung zeigt die Gewichtung der Alternative für das jeweilige Zielkriterium, und die Additionen je Alternative ergeben eine Klassifizierung, die die subjektiven Beurteilungen transparenter macht. Dies kann zu einer Klärung im Entscheidungsprozeß beitragen.

Standort

Die Frage des Standortes, also die Entscheidung, von wo aus das Unternehmen tätig werden will, stellt sich zum einen bei der Betriebseröffnung, aber auch bei Entscheidungen über Zweigniederlassungen und Außenstellen, ggf. bei Betriebsverlegungen. Sie kann sich auf nationale Alternativen beschränken oder auch auf einen internationalen Wirkungskreis ausdehnen. Im letzteren Falle sind erhebliche zusätzliche, auch allgemeinpolitische, sprachliche und auf die Volksmentalität bezogene Gesichtspunkte genau zu berücksichtigen.
Die Auswahl umfaßt einerseits die äußere Anbindung und Eingliederung ins Umfeld sowie die in-

1

nere Struktur des Standortes. Zu letzterem gehören z. B. Fragen nach der baurechtlichen Nutzung, den Erschließungskosten, der Nutzbarkeit für die innere Logistik etc. Sie können im Hinblick auf das Investitionsvolumen und die laufenden Unterhalts- und Nutzungskosten von erheblicher Bedeutung sein. Ihre Beurteilung ist jedoch stark abhängig von den speziellen Branchenanforderungen und den Gegebenheiten im konkreten Einzelfall. Daher konzentriert sich die Standortwahl im Rahmen der allgemeinen Betriebswirtschaftslehre eher auf nach außen orientierte Aspekte.

Orientierung am Absatzmarkt

Insbesondere für Unternehmen des Einzelhandels und für bestimmte Dienstleistungsbetriebe haben Kundennähe und Kundenattraktivität für die Standortentscheidung eine wesentliche Bedeutung. Hierzu gehören z. B. ein einkaufsfreundliches Umfeld, ausreichende Parkplätze, gute Erreichbarkeit für das geplante Einzugsgebiet (wobei Fahrzeiten in aller Regel entscheidender sind als Entfernungskilometer).

Erst einmal ist die Konkurrenzsituation im Einzugsgebiet des in Aussicht genommenen Standortes zu überprüfen. Dies entweder, um zur Vermeidung eines ruinösen Wettbewerbs rechtzeitig auf einen Standort zu verzichten, oder aber sich in der Ausgestaltung eigener Marktaktivitäten von vornherein auf die Gegebenheiten der Situation einzustellen und entsprechend zu positionieren. Dabei zeigte sich, daß für eine Reihe von Einzelhandelsunternehmen bei einem ausreichenden Kundenpotential eine gewisse Konkurrenzsituation nicht schädlich ist, sondern im Gegenteil den gesamten Standort als Einkaufsgebiet aufwerten kann.

Schwierig bleibt stets die Frage, inwieweit Betriebe, die auf eine gute Kundenansprache angewiesen sind, auf Ersatzstandorte im Einzugsgebiet ausweichen sollten, wenn zunächst der „Idealstandort" nicht zu realisieren ist. Ein Ablehnen führt einerseits zu Verzögerungen. Andererseits kann ein ungünstiger Standort im Laufe der Jahre zu einer Belastung werden, insbesondere, wenn später an besseren Standorten Konkurrenz entsteht.

Orientierung an Beschaffungs- und Produktionsgegebenheiten

Bei bestimmten Betrieben, z. B. im Bergbau, ist der Standort vorbestimmt durch Rohstoffvorkommen, Produktion bzw. Abbau etc. Ferner können Beschaffungskosten für Material – z. B. Transportkosten – von Bedeutung sein. Je voluminöser die Materialien, umso größer die Bedeutung. Dabei ist in der Gegenrechnung der Transportaufwand für die Verbringung der Güter zu den Kunden zu berücksichtigen.

Für eine Beschaffung von Arbeitskräften sind zunächst die Personalkosten zu beachten. Trotz des Bestehens von Tarifverträgen sind hier durchaus regionale Unterschiede gegeben. Dies gilt erst recht für die Frage, inwieweit genügend qualifiziertes Personal zur Verfügung steht. Soweit man davon ausgeht – z. B. bei Unternehmen in der Entwicklung für High-Tech-Produkte – daß Spezialisten aus verschiedenen Regionen eingestellt werden müßten, ist sicherzustellen, daß für diese der Standort attraktiv genug ist, u. a. im Hinblick auf den sogenannten Wohnwert.

Darüber hinaus haben Verfügbarkeit und Kosten für Energien gerade bei Produktionsunternehmen oftmals einen wesentlichen Einfluß auf die Standortwahl. Hierzu zählt bei entsprechendem Verbrauch auch das Wasser, dessen Bewirtschaftung in den einzelnen Regionen durchaus unterschiedlich erfolgt. Schließlich sind auch umweltschützende und sonstige ökologische Auflagen zu berücksichtigen.

Orientierung an der Infrastruktur

Die Verkehrsanbindung eines Standortes kann über die Frage der Transportkosten hinaus von Bedeutung sein. Wenn beispielsweise das Unternehmen häufiger den Besuch von Geschäftspartnern empfangen muß oder Mitarbeiter des Unternehmens – z. B. Monteure, Kundenbetreuer etc. – zu Geschäftspartnern zu reisen haben, hat die Qualität der Verkehrsstruktur Auswirkungen auf Kosten und Zeit. Hierzu zählen z. B. Anbindung an das Autobahnnetz, Bahnverbindungen und die Nähe zu einem Flughafen.

Zur einer Infrastruktur gehört auch, inwieweit in der Nähe benötigte Dienstleistungsunternehmen ansässig sind, so daß deren Inanspruchnahme ohne große Aufwendungen an Zeit und Reisekosten erfolgen kann. In manchen Fällen ist die Nähe zu Forschungsinstituten, Hochschulen etc. von Bedeutung.

Orientierung an Abgaben und sonstigen Kosten

Unterschiedlich hohe Steuern, Gebühren und Beiträge gehören zu den standortabhängigen Abgaben. Hierbei handelt es sich in erster Linie um die von den Gemeinden erhobenen Steuern (insbesondere abhängig von den Hebesätzen bei Gewerbesteuer und Grundsteuer) sowie die Abgaben.

Auf der anderen Seite können für bestimmte Standorte steuerliche Entlastungen im Rahmen

von Förderungsprogrammen vorgesehen sein, z. B. durch Subventionen in Form von Zuschüssen oder Steuererleichterungen.
Ist die Standortentscheidung ausgedehnt auf Alternativen in verschiedenen Ländern, so sind im internationalen Vergleich auch die Unterschiede der einzelnen Steuersysteme und -belastungen zu analysieren. Weiter sind dann auch Währungsfragen zu beachten, so daß die Behandlung internationaler Fragen den Rahmen dieser Einleitung sprengen würde.
Schließlich sind Grundstückspreise und Mieten etc. von Standort zu Standort sehr unterschiedlich und insoweit als Kostenfaktor mit in die Entscheidungsfindung einzubeziehen.

Rechtsform

Durch die Wahl einer Rechtsform wird die juristische Struktur eines Unternehmens bestimmt, womit im Rahmen von zum Teil unterschiedlichen Gestaltungsspielräumen auch unterschiedliche rechtliche Konsequenzen verbunden sind, u. a. im Hinblick auf Haftungsrecht und Steuerrecht. Zum Teil wird auch vom „Firmenmantel" gesprochen – einerseits wirkt er nach außen, andererseits kann sich unter ihm die interne Struktur entwickeln.

Überblick

Im Privatrecht stehen als Rechtsformen die Einzelunternehmungen, die Stiftungen des privaten Rechts sowie die Gesellschaften, untergliedert in Personengesellschaften, Kapitalgesellschaften, Genossenschaften und einige Sonderformen, zur Verfügung.
Im Kapitel „Finanzierung" wurde unter „Eigenkapital" ein Überblick über die gebräuchlichsten Gesellschaftsformen gegeben. Außerdem wird verwiesen auf die Ausführungen in dem gesonderten Beitrag „Recht des Kaufmanns".
In Deutschland überwiegen bei weitem die Einzelunternehmen (nahezu 90%). Bei den Gesellschaften hat sich die GmbH zu der nunmehr häufigsten Rechtsform entwickelt. Dies ist sicherlich nicht zuletzt neben der Haftungsbegrenzung auf die Steuerreform zum 01. 01. 1977 zurückzuführen, mit der durch das Anrechnungsverfahren bei der Einkommensteuer in dieser Hinsicht die frühere Doppelbelastung beseitigt wurde. Auch ohne die Einbeziehung zusätzlicher Gesellschafter ist die GmbH als „Ein-Mann-GmbH" (alle Anteile werden von einer Person gehalten) möglich, wobei strengere Bestimmungen im Bezug auf die Einzahlung des Gesellschaftskapitals bestehen. Außerdem ist zu beachten, daß eine GmbH – wie alle anderen Gesellschaften auch – als Gewerbebetrieb im Sinne der Gewerbesteuer gilt, somit eine Steuerpflicht entsteht, selbst dann, wenn es sich um eine freiberufliche Tätigkeit handelt, die ansonsten bei einem Einzelbetrieb nicht gewerbesteuerpflichtig wäre. Hier zeigt sich bereits, wie bei der Wahl der Rechtsform verschiedene rechtliche Folgen gegeneinander abgewogen werden müssen. Bei Einzelunternehmen besteht die größte Formfreiheit, jedoch auch die persönliche Haftung des Unternehmers. Die Stiftungen privaten Rechts sind juristische Personen, ohne Gesellschaften zu sein. Sie erlangen ihre Rechtsfähigkeit durch staatliche Genehmigung.
Für einige Betriebe ist die Rechtsform zwingend vorgeschrieben oder die Wahlmöglichkeit doch erheblich eingeschränkt. Hierzu zählen u. a. Hypothekenbanken, bestimmte Versicherungsunternehmen und Kapitalanlagegesellschaften. Spezielle Rechtsformen wie Reederei, bergrechtliche Gewerkschaft oder Genossenschaft sind besonderen Betätigungen vorbehalten.

Entscheidungskriterien

In welchem Ausmaß die einzelnen Gesichtspunkte bei der Wahl der Rechtsform zu berücksichtigen sind, hängt vom konkreten Einzelfall ab. Dabei sind neben wirtschaftlichen und persönlichen Erwägungen auch rechtliche und steuerliche Auswirkungen einzubeziehen.
Insoweit wird in aller Regel fachkundige Beratung hinzugezogen, z. B. Rechtsanwälte, Steuerberater, Wirtschaftsprüfer oder spezielle Wirtschaftsjuristen. Zu den wesentlichsten Entscheidungskriterien gehören:

Haftung: Hierzu zählt das Risiko des Vermögensverlustes über eine begrenzte Kapitalbeteiligung hinaus, wie sie durch die persönliche Haftung gegeben ist, z. B. bei Einzelunternehmen, OHG-Gesellschaftern, Vollhaftern einer KG oder KGaA sowie bei BGB-Gesellschaftern.

Entscheidungsbefugnis: Sie gliedert sich in die nach innen gerichtete Geschäftsführung und Entscheidungsfindung, die Vertretungsbefugnis nach außen sowie die Kontrollrechte. Während für einen Einzelunternehmer keine Beschränkungen bestehen, sind bei den sonstigen Rechtsformen spezielle Regelungen vorgesehen, die zu beachten sind und für die zum Teil nur eine begrenzte Gestaltungsfreiheit besteht.

Finanzierungsmöglichkeiten: Hier muß unterschieden werden in die Möglichkeit zusätzlicher Eigenkapitalbeschaffung und der Fremdkapitalbeschaffung. Hierzu wurden bereits im Rahmen der Finanzierung einige grundsätzliche Hinweise gegeben.

1

Steuerliche Belastung: Das vorherige Kapitel „Spezielle Themen" enthielt bereits einen Stichpunkt „Unterschiedliche Steuerbehandlung bei Kapital- und Personengesellschaften", auf den hier verwiesen sei.

Ergebnisbeteiligung: Hierbei ist zwischen der Gewinn- und Verlustbeteiligung sowie der Teilnahme an stillen Reserven und der Einflußmöglichkeit auf Gewinnentnahmen zu unterscheiden, die z. B. durch Beschlüsse zur Einstellung von Gewinnen in die Rücklagen gegen das Votum eines einzelnen Gesellschafters eingeschränkt werden können.
Die Regelungen sind bei den einzelnen Rechtsformen nach Gesetz und Gesellschaftsvertrag recht unterschiedlich.

Flexible Vertragsgestaltung: Für die einzelnen Rechtsformen sind die gesetzlichen Bestimmungen unterschiedlich streng oder durch vertragliche Vereinbarungen ersetz- bzw. ergänzbar.
Grundsätzlich gilt, daß bei Personengesellschaften der Gestaltungsfreiraum größer ist und bei Aktiengesellschaften am engsten.

Besondere Anforderungen: Diese können sich z. B. auf das Rechnungswesen, Prüfungsverpflichtungen und Publizität beziehen. Auch hier gelten grundsätzlich bei Kapitalgesellschaften und insbesondere bei der AG strengere Regelungen.

Besondere Kosten: Dabei handelt es sich neben den laufenden Kosten – zu denen auch die Aufwendungen für die besonderen Anforderungen, insbesondere der Prüfung und der Publikationen, gehören – auch um die Kosten bei Gründung oder Kapitalerhöhung, die bei den Aktiengesellschaften am höchsten sind.

Besondere Voraussetzungen: Dabei ist zu beachten, inwieweit für bestimmte Rechtsformen ein Mindestkapital und Mindesteinlagen gefordert sind oder eine Mindestzahl von Gesellschaftern verlangt wird.

Eigene Rechtsfähigkeit: Diese ist nur bei Kapitalgesellschaften, Genossenschaften, Stiftungen privaten Rechts sowie Sonderformen gegeben, nicht jedoch bei Einzelunternehmen und Personengesellschaften.

Veräußerungsfähigkeit: Die Veräußerungsfähigkeit von Beteiligungen regelt, wie leicht sich ein Gesellschafter von seinem Engagement zurückziehen kann, also wie schnell er von seinen Verpflichtungen als Gesellschafter entlassen wird, den Gegenwert seiner Beteiligung ausbezahlt erhält und auch keinen weiteren Haftungsverpflichtungen Dritten gegenüber unterliegt. Grundsätzlich gilt, daß bei Personengesellschaften die Bindung des einzelnen Gesellschafters höher ist als bei Kapitalgesellschaften. Da mit dem Ausscheiden des Gesellschafters auch dessen Anspruch auf Auszahlung eines Auseinandersetzungsguthabens entsteht, ergibt sich vielfach ein Spannungsfeld zwischen den Interessen des Unternehmens (langfristige Kündigungs- bzw. Auszahlungsfristen im Hinblick auf finanzielle Stabilität) und den Bedürfnissen eines ausscheidungswilligen Gesellschafters. Vielfach werden zur Sicherung des Unternehmens die gesetzlichen Bestimmungen durch vertragliche Regelungen ergänzt und erweitert. Für persönlich haftende Gesellschafter gelten bestimmte Haftungsregeln, auch nach deren Ausscheiden. Bei Kapitalgesellschaften besteht die Möglichkeit, Kapitalbeteiligungen an Dritte zu veräußern, ohne daß dies die Gesellschaft direkt berührt, am ausgeprägtesten bei an der Börse gehandelten Inhaberaktien.

Anpassungsfähigkeit: Im Sinne einer Anpassung an künftige Veränderungen sind zum einen die Fragen bezüglich des Ausscheidens bzw. Neueintritts von Gesellschaftern oder unterschiedlicher Teilnahme an Kapitalerhöhungen zu beachten. Hierzu zählen aber auch Überlegungen im Hinblick auf Nachfolge- und Erbschaftsregelungen. Sie werden oftmals bei der Unternehmensgründung gegenüber den „vorrangigen" Themen vernachlässigt, da sie zum Teil sehr weit in die Zukunft reichen, schwer abschätzbar und von persönlichen Aspekten überlagert sind.
Für den langfristigen Bestand des Unternehmens und der damit verbundenen Arbeitsplätze können sie jedoch von wesentlicher Bedeutung sein, z. B. in der Vorsorge für eine sachkundige Geschäftsführung, wenn diese durch die direkten Erben nicht gesichert ist. Darüber hinaus können gerade auch bei Personengesellschaften Zahlungsverpflichtungen im Erbschaftsfall (oder auch Ausgleichszahlungen im Rahmen der ehelichen Zugewinngemeinschaft) zu hohen Entnahmen und damit finanziellen Belastungen des Unternehmens führen. Die Gestaltungsmöglichkeiten sind in den einzelnen Rechtsformen unterschiedlich.
Die Wahl einer geeigneten Rechtsform erfordert stets die Abstimmung zwischen wirtschaftlichen, juristischen und steuerrechtlichen Überlegungen sowie persönlichen Aspekten.

Betriebsaufspaltung

Das Wesen der Betriebsaufspaltung liegt darin, daß eine zunächst als wirtschaftliche Einheit gedachte Unternehmung in rechtlich selbständige (zwei oder mehr) Unternehmen aufgeteilt wird, die in der Regel unterschiedliche Rechtsformen erhalten. In diesem Zusammenhang wird auch von „Doppelgesellschaften" gesprochen. So können z. B. dem einen Unternehmen die wesentlichen Vermögensteile übertragen werden (Besitzgesellschaft), das diese dann zur Nutzung gegen Entgelt (Miete) dem zweiten Unternehmen überläßt, in welchem die eigentliche Betriebstätigkeit erfolgt (Betriebsgesellschaft). Eine andere Form der Aufteilung ist die in eine Produktions- und eine Vertriebsgesellschaft. Auch können regional für die verschiedenen Standorte unterschiedliche Unternehmen gegründet werden mit oder ohne einer „Dachgesellschaft" für die zentralen Dienstleistungen.

Den Zielen solcher Betriebsaufspaltungen liegen insbesondere folgende Gedanken zugrunde:

Risikoverteilung: So kann z. B. angestrebt werden, durch die Eigenständigkeit der Besitzgesellschaft die Vermögenswerte aus der Haftungsverpflichtung bei der Betriebsgesellschaft herauszuhalten.
Ähnliche Überlegungen liegen in einer Gründung von selbständigen Gesellschaften (zumeist in der Rechtsform einer GmbH) für die Abwicklung von Betätigungsfeldern, die als besonders risikoreich angesehen werden.

Steuerrechtliche Überlegungen: Es kann z. B. die Betriebsgesellschaft als Kapitalgesellschaft sowie die Besitzgesellschaft als Personengesellschaft geführt werden, um eine Minderung der Doppelbelastung bei der Vermögensteuer zu erreichen.

Differenzierte Beteiligung: Die differenzierte Beteiligung von Gesellschaftern kann z. B. dann ausschlaggebend sein, wenn der für einen Bereich Verantwortliche als tätiger und geschäftsführender Gesellschafter mit den entsprechenden Rechten und Pflichten eingebunden sein soll, ohne gleichzeitig an den anderen Aktivitäten und Gesellschaften beteiligt zu werden, sei es, daß seine finanziellen Mittel zu einer Gesamtbeteiligung nicht ausreichen – um noch einigermaßen nennenswert zu sein –, oder aber, daß die Beteiligungsmöglichkeit dort für andere Verantwortliche vorbehalten bleiben soll.

Sonstige Überlegungen: Die Vermögensgesellschaft kann dazu dienen, in der Erbfolge der Familie erhalten zu bleiben, auch wenn für die eigentliche unternehmerische Tätigkeit kein geeigneter Nachfolger zur Verfügung steht und in der Betriebsgesellschaft ein zusätzliches Management bestellt wird. Zum Teil werden auch Absichten mit Blick auf das Betriebsverfassunggesetz und die Mitbestimmungsfragen verfolgt.

Die Aufteilung kann entweder bereits bei der Gründung vorgesehen werden oder aber später erfolgen. Im letzteren Falle sind jedoch die Regelungen des Umwandlungs-Steuergesetzes zu beachten, nach dem bei der Übertragung von Vermögen aus einer Kapitalgesellschaft in eine Personengesellschaft stille Reserven mit steuerlicher Wirkung aufzulösen sind.
Die Betriebsaufspaltung führt zu dem Verbund rechtlich selbständiger Unternehmungen als wirtschaftliche Einheit.

Unternehmenszusammenschlüsse

Die Vereinigung rechtlich selbständiger Unternehmen zu größeren wirtschaftlichen Einheiten wird als Unternehmenszusammenschluß bezeichnet, wobei die Intensität der Verbindung und die damit verfolgten Ziele von Fall zu Fall sehr unterschiedlich sein können.

Wesen

Die Art solcher Zusammenschlüsse kann in ihrer Intensität von reinen Absprachen ohne vertragliche Bindung über rechtlich bindende Verträge bis hin zu Kapitalbeteiligungen reichen. Es wird auch untergliedert in:

- Kooperationen im weiteren Sinne, d. h. Erhalt der rechtlichen Selbständigkeit, wenn auch zum Teil mit vereinbarten Einschränkungen,
- Kooperation im engeren Sinne ohne eine wettbewerbsbeschränkende Bindung, entweder für die Erledigung von zeitlich begrenzten Aufgaben (Arbeitsgemeinschaften und Konsortien) oder ohne eine zeitliche Begrenzung in Wirtschaftsverbänden, Interessengemeinschaften oder in Form eines Joint-Venture, speziell bei Auslandsinvestitionen,
- Kartelle als Kooperationsformen mit wettbewerbsbeschränkender Wirkung,
- Unternehmensvereinigung, d. h. Aufgabe oder erhebliche Einschränkung der wirtschaftlichen Selbständigkeit,
- Konzernbildung, meistens durch Kapitalbeteiligungen eines beherrschenden Unternehmens, und
- Fusion durch Übernahme und Verschmelzung, indem entweder ein Unternehmen in einem anderen aufgeht oder beide (oder mehrere) ein gemeinsames neues Unternehmen gründen unter Aufgabe ihrer rechtlichen Selbständigkeit.

Die Tendenzen zur Konzentration und Kooperation scheinen zuzunehmen im Bemühen, die Stellung im Wettbewerb zu stärken, nicht zuletzt auch im Hinblick auf internationale Konkurrenz. Teilweise werden Kooperationen auch erforderlich, wenn Aufgaben in ihrem Volumen, finanziellen An-

forderungen und Risiken für ein Unternehmen zu groß werden. Durch Vereinbarungen mit Wettbewerbern oder auf der Beschaffungsseite wird angestrebt, die wirtschaftlichen Voraussetzungen zu verbessern und Risiken zu mindern.
Hierbei kann es zu Konflikten zwischen den Bestrebungen der Unternehmen und dem Funktionieren eines ausreichenden Wettbewerbs als Basis für eine marktwirtschaftliche Ordnung kommen. Daher sind ordnungspolitisch vom Gesetzgeber Grenzen gesetzt, die hier nur kurz skizziert werden können.

Wettbewerbsrecht
Neben dem *Gesetz gegen den unlauteren Wettbewerb* (UWG) steht im Wettbewerbsrecht das *Gesetz gegen Wettbewerbsbeschränkung* (GWB). Neben der nachfolgenden Übersicht wird verwiesen auf die Ausführungen zum Wirtschaftsrecht im gesonderten Beitrag „Recht des Kaufmanns".

• Kartell
Anstelle von umfassenden Kartell-Definitionen im Schrifttum wird hier Bezug genommen auf § 1 GWB: „Verträge, die Unternehmen oder Vereinigungen von Unternehmen zu einem gemeinsamen Zweck schließen, und Beschlüsse von Vereinigungen von Unternehmen, sind unwirksam, soweit sie geeignet sind, die Erzeugung oder die Marktverhältnisse für den Verkehr mit Waren oder gewerblichen Leistungen durch Beschränkungen des Wettbewerbs zu beeinflussen. Dies gilt nicht, soweit in diesem Gesetz etwas anderes bestimmt ist."

Es gilt also grundsätzlich das Kartellverbot, von dem jedoch nach § 28 GWB eine Reihe von Ausnahmen gelten:

Anmeldekartelle: Hierzu zählen Normen- und Typenkartelle, Kalkulationsverfahren-Kartelle sowie reine Exportkartelle, die durch eine reine Anmeldung bei der zuständigen Kartellbehörde wirksam werden. Die Information dient als Basis für eine eventuelle Mißbrauchskontrolle.

Widerspruchskartelle: Zu ihnen gehören die Konditionen-Kartelle, Rabatt-Kartelle, Spezialisierungs-Kartelle sowie Kooperations-Kartelle. Sie sind zunächst der Kartellbehörde anzumelden und werden erst wirksam, wenn diese nicht innerhalb von drei Monaten widerspricht. Hier wird einerseits von einer Beeinträchtigung des freien Wettbewerbs ausgegangen, der jedoch unter dem Gesichtspunkt verbesserter Wirtschaftlichkeit in vielen Fällen hingenommen wird.

Erlaubnis-Kartelle: Die hiermit erfaßten Strukturkrisen-Kartelle, Rationalisierungs-Kartelle, Export-Kartelle mit Inlands-Bindung, Import-Kartelle und Sonder-Kartelle bedürfen der ausdrücklichen Genehmigung der Kartellbehörde oder in bestimmten Fällen des Bundesministers für Wirtschaft. Bei den Import-Kartellen und den Sonder-Kartellen besteht kein Anspruch auf Erlaubnis, sondern diese liegt im Ermessen der zuständigen Behörde.
Hingegen besteht bei den restlichen Erlaubnis-Kartellen ein Anspruch auf Genehmigung, wenn gesetzliche Voraussetzungen erfüllt werden. Die Kartelle werden erst wirksam, wenn die Erlaubnis erteilt ist.

• Mißbrauchsaufsicht über marktbeherrschende Unternehmen
Auch die Mißbrauchsaufsicht ist im GWB geregelt. Hier ist zu beachten, daß nicht die Marktbeherrschung an sich verboten ist, sondern deren Mißbrauch. Dabei ist es unerheblich, ob ein Unternehmen seine Marktbeherrschung als Anbieter oder als Nachfrager mißbräuchlich ausübt. Es müssen also die Tatbestände der Marktbeherrschung und des Mißbrauchs zutreffen.
Eine marktbeherrschende Stellung ist gegeben (§ 22 GWB), wenn das Unternehmen ohne Wettbewerber oder ohne wesentlichen Wettbewerb ist oder im Verhältnis zu seinen Wettbewerbern eine überragende Marktstellung besitzt oder bestimmte Marktanteile erreicht hat. Zu den Marktanteilen, bei denen die Vermutung einer Marktbeherrschung vorliegt, zählen, wenn ein Unternehmen einen Marktanteil von mindestens einem Drittel, drei oder weniger Unternehmen zusammen wenigstens einen Marktanteil von 50% und 5 oder weniger Unternehmen zusammen einen Marktanteil von mindestens zwei Drittel haben. Die Regelung kommt nicht zum Ansatz, wenn die Umsatzerlöse im ersten Falle weniger als 250 Mio DM im letzten abgeschlossenen Geschäftsjahr betragen oder bei den zwei folgenden Regelungen weniger als 100 Mio DM.
Mißbrauch ist die Behinderung von Konkurrenten oder die Ausbeutung anderer Marktteilnehmer.

• Fusionskontrolle
Durch die Fusionskontrolle soll der Zusammenschluß verhindert werden, der die Schaffung oder den Ausbau einer marktbeherrschenden Stellung erwarten läßt, es sei denn, die beteiligten Unternehmen weisen nach, daß durch den Zusammenschluß Verbesserungen der Wettbewerbsbedingungen zu erwarten sind und daß diese Verbesserungen gegenüber den Nachteilen der Marktbeherrschung überwiegen (gemäß § 24 Abs. 1 GWB).

Konzernabschluß

Zu einem Konzern werden rechtlich selbständige Unternehmen unter einheitlicher Leitung zusammengefaßt. Einzelne Konzerngesellschaften – die *Tochterunternehmen* – treten rechtlich selbständig nach außen auf, obwohl sie wirtschaftlich von einer übergeordneten Einheit – dem *Mutterunternehmen* – abhängen. Bei diesem Über- bzw. Unterordnungsverhältnis, also der Mutter-/Tochter-Beziehung, liegt ein sogenannter *Unterordnungskonzern* vor, für den eine Verpflichtung zu einer Konzernrechnungslegung gegeben ist, im Gegensatz zum *Gleichordnungskonzern*. Die wirtschaftliche Abhängigkeit führt dazu, daß der Jahresabschluß eines Tochterunternehmens für sich allein keine zuverlässige Analyse der wirtschaftlichen Verhältnisse erlaubt. Außerdem können ohne Verletzung der Bilanzierungsvorschriften der Tochterunternehmungen die Einzelabschlüsse durch die Gestaltung von Transaktionen zwischen den Konzernunternehmen beeinflußt werden.
Wie bereits bei den Grundsätzen ordnungsmäßiger Buchführung und den Wertansätzen in der Bilanzierung ausgeführt, kommt dem Realisierungsgebot im Rahmen des Vorsichtsprinzips erhebliche Bedeutung zu, d. h., für die Vermögensgegenstände auf der Aktivseite der Bilanz stellen die Anschaffungs- bzw. Herstellungskosten die Bewertungsobergrenze dar. Dies bedeutet, Wertsteigerungen im Anlagevermögen oder die im Verkaufspreis von Waren einkalkulierten Vertriebskosten und Gewinnaufschläge dürfen nur dann ergebniserhöhend ausgewiesen werden, wenn sie durch Verkauf vor Bilanzstichtag realisiert wurden. Werden z. B. solche Verkäufe zwischen rechtlich selbständigen, aber zum gleichen Konzern gehörenden Gesellschaften durchgeführt, so würde beim verkaufenden Unternehmen der Gewinn als realisiert ergebnisverbessernd ausgewiesen, während er beim übernehmenden Unternehmen durch Ansatz der Anschaffungskosten ergebnisneutral bliebe. Insgesamt stellen sich die rein wirtschaftlich verbundenen Unternehmen günstiger dar als jene, die auch rechtlich eine Einheit bilden. Außenstehende Dritte haben bei der Beurteilung der Vermögens-, Finanz- und Ertragslage eines Unternehmens durchaus ein Informationsbedürfnis über solche Transaktionen. Da die Zahl der konzernabhängigen Unternehmen – also die Unternehmensverflechtung – zunimmt, gewinnt auch der Konzernabschluß an Bedeutung.

Ziele und Bedeutung

Die Aufgabe des Konzernabschlusses liegt in der zusätzlichen Informationsfunktion, die die Einzelabschlüsse der Konzernunternehmen im Überblick ergänzen soll. Die einem Jahresabschluß zusätzlich zukommende Funktion der Zahlungsbemessung – Grundlage der Gewinnausschüttung und sonstiger Zahlungen an die Gesellschafter sowie für Steuerzahlungen – kommt lediglich den Einzelabschlüssen der rechtlich selbständigen Unternehmen zu. Der Konzern selbst ist keine Rechtsperson und somit auch kein Träger von Rechten und Pflichten. Für die gesetzlichen Vertreter einer Muttergesellschaft besteht zwar die Pflicht zur Aufstellung eines Konzernabschlusses (§ 290 HGB), der den jeweiligen Gremien (Vorstand, Aufsichtsrat, Hauptversammlung bzw. Gesellschafterversammlung) jedoch lediglich vorzulegen ist, deren Genehmigung aber nicht bedarf. Jedoch bestimmt § 316 (2) HGB: „Der Konzernabschluß und der Konzernlagebericht von Kapitalgesellschaften sind durch einen Abschlußprüfer zu prüfen."
Die theoretische Basis für die konsolidierte Rechnungslegung bildet die sogenannte „Einheitstheorie", indem § 297 (3) HGB ausführt: „Im Konzernabschluß ist die Vermögens-, Finanz- und Ertragslage der einbezogenen Unternehmen so darzustellen, als ob diese Unternehmen insgesamt ein einziges Unternehmen wären."

Grundlagen der Konzernrechnungslegung

Grundlage des Konzernabschlusses bilden die Einzelabschlüsse, die so aufzubereiten und zu behandeln sind, daß sie zusammengefaßt einen Gesamtabschluß ergeben, so als bildeten die in Abhängigkeit miteinander stehenden Gesellschaften nicht nur wirtschaftlich, sondern auch in der Rechnungslegung eine Einheit.

- Rechtsgrundlage

Das durch das Bilanzrichtlinien-Gesetz von 1985 im HGB eingeführte dritte Buch über Handelsbücher enthält im zweiten Abschnitt „Ergänzende Vorschriften für Kapitalgesellschaften" im zweiten Unterabschnitt die Regelungen zum Konzernabschluß und Konzernlagebericht (§§ 290–315). Die Bestimmungen sind in neun Titel gegliedert:

1. Anwendungsbereich,
2. Konsolidierungskreis,
3. Inhalt und Form des Konzernabschlusses,
4. Vollkonsolidierung,
5. Bewertungsvorschriften,
6. Anteilmäßige Konsolidierung,
7. Assoziierte Unternehmen,
8. Konzernanhang und
9. Konzernlagebericht.

Auf Einzelheiten wird hier zugunsten der Konzentration auf die Aufstellungspflicht, die Anforde-

rungen an den Konzernabschluß sowie die Grundzüge der Konsolidierung verzichtet.
Im Bezug auf die Prüfung (§ 316 ff. HGB) und Offenlegung (§ 325 ff. HGB) des Konzernabschlusses und des Lageberichtes sind die gleichen Vorschriften anzuwenden, die auch für den Jahresabschluß und den Lagebericht von Kapitalgesellschaften gelten.

• Aufstellungspflicht
Kapitalgesellschaften sind gemäß § 290 HGB zur Erstellung eines Konzernabschlusses verpflichtet, soweit sie an anderen Unternehmen (Tochterunternehmungen) beteiligt sind und die einheitliche Leitung ausüben (Abs. 1) oder zu diesen Tochterunternehmen in einem sogenannten „Control-Verhältnis" (Abs. 2) stehen. Das Handelsrecht bestimmt also nunmehr den Kreis der in einen Konzernabschluß zusammenzufassenden Unternehmen nach zwei unterschiedlichen Kriterien.
Zum einen handelt es sich um das sogenannte Konzept der einheitlichen Leitung. Dies ist zwar theoretisch folgerichtig, jedoch im praktischen Einzelfall nicht immer eindeutig bestimmbar. Daher erfolgt ergänzend das Control-Konzept, das aus dem angloamerikanischen Recht übernommen wurde. Danach ist eine Kapitalgesellschaft mit Sitz im Inland stets zur Aufstellung eines Konzernabschlusses verpflichtet, wenn ihr an einem Unternehmen (Tochterunternehmen)
- die Mehrheit der Stimmrechte zusteht,
- das Recht zusteht, die Mehrheit der Mitglieder des Verwaltungs-, Leitungs- oder Aufsichtsratsorgans zu bestellen oder abzuberufen, und sie gleichzeitig Gesellschafter ist oder
- ihr nach einem Beherrschungsvertrag oder entsprechender Satzungsbestimmungen ein beherrschender Einfluß zusteht.

Diese Regelungen erhöhen die Rechtssicherheit. Grundsätzlich gilt die Pflicht zur Aufstellung eines Konzernabschlusses nur für Kapitalgesellschaften, jedoch bestimmt § 11 Abs. 1 des *Publizitätsgesetzes*, daß auch Unternehmen anderer Rechtsformen zur Aufstellung verpflichtet sind, wenn sie ihren Sitz im Inland haben, die einheitliche Leitung über andere Unternehmen ausüben und ein so zu erstellender Konzernabschluß bestimmte Größenmerkmale erfüllt. Hierzu zählt eine Konzernbilanzsumme von > 125 Mio. DM, ein Konzernumsatzerlös von > 250 Mio. DM und eine Arbeitnehmerzahl der inländischen Konzern-Unternehmen von mehr als 5.000. Die Verpflichtung ist gegeben, wenn in drei aufeinanderfolgenden Jahren mindestens zwei dieser Merkmale erfüllt sind, wobei es nicht jährlich dieselben Merkmale zu sein brauchen. Für Kreditinstitute und Versicherungen gelten zusätzliche Bestimmungen. Die Einbeziehung der Tochterunternehmen erfolgt unabhängig von deren Rechtsform und unabhängig davon, ob sie ihren Sitz im Inland oder im Ausland haben.
Auf bestimmte Sonderregelungen zur Befreiung oder zu einem Konsolidierungswahlrecht soll hier nicht eingegangen werden.

• Anforderungen an den Konzernabschluß
Neben dem Grundsatz der Vollständigkeit, also der Einbeziehung aller zum Konzern gehörenden Unternehmen, und der bereits genannten Fiktion einer rechtlichen Einheit – d. h., die Rechnungslegung erfolgt so, als wären alle Unternehmen eine rechtliche Einheit – spielt der Grundsatz der einheitlichen Bilanzierung und Bewertung eine wesentliche Rolle. Im Rahmen der bestehenden Wahlrechte sollen also die Vorschriften bezüglich Bilanzansatz und Bewertung bei den einzelnen Unternehmungen einheitlich angewandt werden. Wurde bei einem Tochterunternehmen – z. B. weil neben dem Mutterunternehmen noch weitere Gesellschafter beteiligt sind – anders bilanziert als für den Konzern üblich, so muß durch die Erstellung einer sogenannten Handelsbilanz II für dieses Einzelunternehmen die Anpassung an die konzerneinheitlichen Vorgehensweisen erfolgen. Die Handelsbilanz II ist dann Ausgangspunkt aller Konsolidierungsmaßnahmen.

Grundzüge der Konsolidierung
Unter „Konsolidierung" wird die Zusammenfassung der Einzelabschlüsse – ggf. aufbereitet in der sogenannten Handelsbilanz II – zum Konzernabschluß verstanden. Dabei reicht es nicht aus, die gleichartigen Positionen der Einzelabschlüsse für den Konzernabschluß zu einer Summe zu addieren. Da beispielsweise eine rechtliche Einheit (Einheitstheorie) keine Forderungen gegen sich selbst haben kann, sind für den Konzernabschluß die Forderungen eines Unternehmens gegenüber einem anderen Unternehmen des Konsolidierungskreises mit den dort ausgewiesenen entsprechenden Verbindlichkeiten zu verrechnen. Die Behandlung solcher korrespondierend zueinander in Beziehung stehender Positionen der Einzelabschlüsse bildet die wesentliche Problemstellung der Konsolidierung. Hierbei handelt es sich um die Kapitalkonsolidierung, die Zwischenerfolgseliminierung und die Schuldenkonsolidierung, die im nachfolgenden dargestellt werden. Hinzu kommt die Konsolidierung der GuV, bei der innerkonzernliche Aufwendungen und Erträge sowie Umsätze zu bereinigen sind. Auf die Darstel-

lung der Eliminierung konzerninterner Zwischenerfolge in der GuV wird verzichtet, da sie dem Ergebnis nach mit der bilanziellen Behandlung korrespondiert.
Im Interesse der Übersichtlichkeit kann die anteilige Konsolidierung (§ 310 HGB), bei der kein Unterordnungsverhältnis vorliegt, sondern das Mutter- oder ein Tochterunternehmen gemeinsam mit einem oder mehreren anderen nicht zum Konzern gehörenden Unternehmen ein weiteres Unternehmen (Gemeinschaftsunternehmen) führt, nicht ausführlich behandelt werden. In einem solchen Fall erfolgt nur eine Teilkonsolidierung. Auf assoziierte Unternehmen gemäß § 211 HGB mit konsolidierungsähnlicher Bewertung kann hier ebenfalls nicht näher eingegangen werden.

• Kapitalkonsolidierung

Für die Kapitalkonsolidierung – mit Ausnahme der beiden vorgenannten Sonderfälle – gilt die Vollkonsolidierung. Hierbei wird unterschieden in die im Regelfall zur Anwendung kommende *Erwerbsmethode* (§ 301 HGB) und die unter bestimmten Bedingungen anwendbare *Interessenzusammenführungsmethode* (§ 302 HGB).
Das auf die Beteiligung des Mutterunternehmens anteilig entfallende Eigenkapital des Tochterunternehmens darf im Konzernabschluß nicht zusätzlich dem Eigenkapital zuaddiert werden, sondern ist mit der ausgewiesenen Beteiligung (Aktivposten bei der Muttergesellschaft) zu verrechnen, da der Konzern sonst ein zu hohes Gesamteigenkapital ausweisen würde.
Weitere Probleme ergeben sich, wenn der Wertansatz der Beteiligung beim Mutterunternehmen ungleich ist dem anteiligen Eigenkapital in der Bilanz des Tochterunternehmens. Dies ergibt sich dann, wenn die Beteiligungen zu einem Wert über oder unter pari (100 % des Nominalwertes) übernommen worden sind. Die Aufrechnungsdifferenz weist, wenn der Beteiligungsbuchwert größer ist als das anteilige Eigenkapital, einen aktiven bzw. im umgekehrten Fall einen passiven *Konsolidierungsausgleichsposten* aus.
Die Erwerbsmethode geht von der Fiktion aus, daß mit dem Erwerb einer Beteiligung an einem Tochterunternehmen alle Vermögensgegenstände und Schulden durch den Konzern einzeln erworben wurden, so daß bei der erstmaligen Aufnahme von Bilanzpositionen in den Konzernabschluß eine entsprechende Behandlung eventueller Konsolidierungsausgleichsposten zu erfolgen hat.
Dabei bietet das Handelsrecht zwei alternative Vorgehensweisen an, und zwar die *Buchwertmethode* und die *Neubewertungsmethode*. Materiell unterscheiden sich diese beiden Methoden nur dann, wenn eine Beteiligung von unter 100 % erworben wurde.
Bei der Buchwertmethode wird der Konsolidierungsausgleichsposten soweit wie möglich auf die Bilanzposition des Tochterunternehmens verteilt, indem stille Reserven bzw. stille Lasten aufgedeckt werden. Dabei dürfen die stillen Reserven max. bis zur Höhe des Konsolidierungsausgleichspostens aufgelöst werden. Sind die stillen Reserven kleiner als der aktive Kapitalausgleichsposten, so ist der nicht aufteilbare Restbetrag als Geschäfts- oder Firmenwert auf der Aktivseite der Konzernbilanz auszuweisen. Soweit ein passiver Unterschiedsbetrag nicht vollständig verrechnet werden kann, wird dieser auf der Passivseite als „Unterschiedsbetrag aus Kapitalkonsolidierung" ausgewiesen.
Die Erstkonsolidierung kann statt nach der Buchwertmethode auch nach der Neubewertungsmethode durchgeführt werden. In diesem Fall werden bereits in der Handelsbilanz II die Wertansätze für Vermögen und Schulden neu bewertet, bevor diese in den Konzernabschluß übernommen werden. Dabei sind bei einer Neubewertung die Wertansätze, z. B. durch Auflösung stiller Reserven, gleichfalls so zu begrenzen, daß das anteilige Eigenkapital bei dem Tochterunternehmen nicht den aus der Anschaffung der Beteiligung resultierenden Wertansatz beim Mutterunternehmen übersteigt.
Der wesentliche Unterschied dieses Verfahrens gegenüber der Buchwertmethode liegt darin, daß durch die Neubewertung der Handelsbilanz II im Gegensatz zum veränderten Wertansatz im Rahmen der Konsolidierung bei der Tochterunternehmung auch stille Reserven bei Vermögenspositionen (bzw. eventuelle stille Lasten) aufgedeckt werden, die auf die Beteiligung Dritter, nicht zum Konzern gehörender Gesellschafter entfallen.
Die Erwerbsmethode wird auch als „erfolgswirksame Erstkonsolidierung" bezeichnet. Erstkonsolidierung insoweit, als bei der erstmaligen Aufnahme in den Konzernabschluß entsprechende Wertansätze erfolgen. Erfolgswirksame Auswirkungen können sich in den Folgejahren ergeben. Sind beispielsweise bei einem Anlagegut mit einer zeitlich begrenzten Nutzungsdauer stille Reserven aufgedeckt worden, so sind sie in den Folgejahren weiterzuführen, jedoch mit erhöhten Abschreibungsbeträgen, die damit auch das Ergebnis einer Tochterunternehmung in bezug auf die Einbindung in den Konzernabschluß mindern. Ein eventuell ausgewiesener Firmenwert ist in den Folgejahren mit mindestens 25 % abzuschreiben oder gegen offene Rücklagen zu verrechnen.

1

Die Konsolidierung von Tochterunternehmen eines Konzerns nach der *Methode der Interessenzusammenführung* ist erst seit dem 01. 01. 1986 als Alternative zur Erwerbsmethode unter bestimmten Voraussetzungen in Deutschland zulässig. Zu den Bedingungen nach § 302 HGB zählen:

- das Mutterunternehmen ist zumindest mit 90% am Kapital des Tochterunternehmens beteiligt,
- als Gegenleistung beim Anteilserwerb wurden Anteile an einem in dem Konzernabschluß einbezogenen Unternehmen abgegeben, und
- eine eventuell zusätzlich geleistete Barzahlung darf 10% des Nennbetrages nicht übersteigen.

Der theoretische Ansatz dieser Methode geht also davon aus, daß der Erwerb nicht durch einen Kauf erfolgt ist, sondern daß ein Zusammenschluß vorliegt. Die Besonderheiten der Methode der Interessenzusammenführung liegen darin, daß die Buchwerte aus der Einzelbilanz des Tochterunternehmens – auch das anteilig gezeichnete Kapital – unverändert in die Konzernbilanz übernommen werden und eine entstehende Aufrechnungsdifferenz sofort erfolgsneutral gegen das Konzernkapital verrechnet wird. Damit entfallen auch Erfolgsauswirkungen in den Folgejahren.

• Eliminierung konzerninterner Zwischenerfolge

Grundlage der Zwischenerfolgseliminierung ist das Realisationsprinzip. Die in einem Einzelabschluß ausgewiesenen realisierten Erfolge sind insoweit zurückzurechnen, als sie auf Umsätze mit anderen Unternehmen des gleichen Konzerns zurückzuführen sind, ohne daß von dort eine Veräußerung auf außenstehende Dritte bereits vor Bilanzstichtag erfolgt ist. Die Frage der Realisierung ist also nicht aus der Sicht eines Einzelunternehmens zu beurteilen, sondern aus der Konzernsicht gemäß der Einheitstheorie. Zwischengewinne sind somit dann gegeben, wenn das liefernde Konzernunternehmen aus innerkonzernlichen Transaktionen einen Gewinn realisiert und beim empfangenden Konzernunternehmen der Vermögensgegenstand nunmehr mit den erhöhten Anschaffungskosten bilanziert wird. Solche Zwischengewinne können sich sowohl beim Anlagevermögen wie auch beim Umlaufvermögen ergeben. Es ist also von Konzern-Anschaffungskosten bzw. Konzern-Herstellungskosten auszugehen.

Zur Zwischenerfolgseliminierung kann auch der Ausgleich für Zwischenverluste gehören. Allerdings ist in einem solchen Fall, z. B. einem innerkonzernlichen Verkauf unter dem Wertansatz des abgebenden Unternehmens, zu überprüfen, ob nicht eine außerplanmäßige Abschreibung auf einen niedrigeren beizulegenden Wert begründet ist. Bei der Eliminierung von Zwischengewinnen werden die Aktiva in der Konzernbilanz gegenüber der Summenbilanz (Zusammenfassung aller entsprechenden Bilanzpositionen der in die Konsolidierung einzubeziehenden Unternehmen) verringert bzw. bei einem Zwischenverlust erhöht. Entsprechend wird in Übereinstimmung damit das Jahresergebnis des Konzerns in der Erfolgsrechnung angepaßt.

• Forderungs-/Schuldenkonsolidierung

Wie bereits einleitend zur Konsolidierung ausgeführt, kann der Konzern als rechtliche Einheit keine Forderungen und Verbindlichkeiten gegenüber sich selbst haben. Entsprechend sind Forderungen, Rückstellungen sowie Verbindlichkeiten zwischen den einzelnen, in den Konzernabschluß einbezogenen Unternehmen gegeneinander aufzurechnen. Gleiches gilt entsprechend für Rechnungsabgrenzungsposten.

Soweit sich Forderungen und Verbindlichkeiten in gleicher Höhe gegenüberstehen, erfolgt die Konsolidierung durch eine einfache Verrechnung, d. h. durch Weglassen der entsprechenden Positionen. Die Saldierung führt also erfolgsneutral zu einer Bilanzverkürzung.

Jedoch können in den Einzelabschlüssen die Forderungen und entsprechenden Schulden in voneinander abweichender Höhe angesetzt sein. Abgesehen von eventuell zu eliminierenden Fehlbuchungen oder zeitlich versetzter buchhalterischer Erfassung kann es sich um Differenzen aufgrund gesetzlicher Bilanzierungs- und Bewertungsvorschriften handeln. Gegenstand der eigentlichen Schuldenkonsolidierung sind diese echten Aufrechnungsdifferenzen.

Solche unterschiedlichen Wertansätze können sich daraus ergeben, daß bei Vermögensgegenständen das Niederstwertprinzip, bei Schulden das Höchstwertprinzip bei der Erstellung der Einzelabschlüsse gilt. So ist z. B. bei einem langfristigen zinslosen Kredit die Forderung auf einen niedrigeren Zeitwert abzuschreiben, während bei dem Schuldner der volle Rückzahlungsbetrag zu passivieren ist. Wie die sich ergebenden Unterschiedsbeträge zu eliminieren sind, ist gesetzlich nicht vorgegeben. Nach der Einheitstheorie ist jedoch der Konzernabschluß so darzustellen, als sei ein solches Schuldverhältnis zwischen den Konzernunternehmen nie entstanden. Nur die erstmalige Eliminierung der Aufrechnungsdifferenzen führt zu Erfolgsveränderungen in einem Konzernabschluß.

Bei der Umrechnung konzerninterner Forderungen bzw. Verbindlichkeiten in Fremdwährungen wird allgemein die Anwendung des Wechselkurses zum Bilanzstichtag vorgeschlagen und eine hiermit verbundene Verletzung des Imparitätsprinzips aus der Sicht innerkonzernlicher gegenseitiger Deckung von Forderungen und Verbindlichkeiten als zulässig angesehen.

Sonderbilanzen

Neben den periodisch in regelmäßigen Abständen vorzulegenden Bilanzen – auch *ordentliche Bilanzen* genannt –, zu deren Aufstellung Kaufleute im Rahmen des Jahresabschlusses zum Ende eines jeden Geschäftsjahres verpflichtet sind, stehen die *Sonderbilanzen*.

Ziele und Bedeutung

Sonderbilanzen fallen nicht regelmäßig an, sondern werden zu einem ganz besonderen einmaligen Zweck erstellt. Man könnte sagen, daß sie damit außergewöhnliche Ereignisse im Leben eines Unternehmens markieren. Dies beginnt bereits mit der Gründung. Weitere Anlässe können die Umwandlung sein, d. h. der Wechsel in der Rechtsform, der Zusammenschluß mit anderen Gesellschaften (Fusion) oder das Ausscheiden von Gesellschaftern (Auseinandersetzung). Treten Schwierigkeiten auf, so können Sanierungen oder Vergleiche Anlässe für Sonderbilanzen sein. Schließlich löst sich das Unternehmen mit der Liquidation oder dem Konkurs auf, wozu wiederum Sonderbilanzen zu erstellen sind.
Soll ein Unternehmen weitergeführt werden, so sind für einen zusätzlichen Gesellschafter bei der Bemessung des Preises, den er für eine Beteiligung aufzuwenden bereit ist, weniger die vergangenheitsorientierten fortgeschriebenen Anschaffungs- oder Herstellungswerte der einzelnen Vermögensteile von Bedeutung, sondern zukunftsbezogene Aspekte sowie der Wert des Unternehmens als Ganzes.
Ähnliches gilt für einen ausscheidenden Gesellschafter, wenn er bei seiner Abfindung auch Anspruch auf entsprechende Anteile an den stillen Reserven und dem geschaffenen Firmenwert hat.

Unternehmensbewertung als Ganzes

Die Einschätzung eines potentiellen Erwerbers eines Unternehmens oder einer Unternehmensbeteiligung anhand des angemessenen Verkehrswerts kann durchaus von den Vorstellungen des Veräußerers abweichen. Nicht nur durch die unterschiedliche Interessenlage, sondern auch wegen der in der Zukunft liegenden Unsicherheiten gehört die Gesamtbewertung eines Unternehmens mit zu den schwierigsten Fragen der Betriebswirtschaftslehre. In der Praxis werden dabei in aller Regel mehrere Werte ermittelt, aus denen dann ein Mittelwert gebildet wird. Welches Gewicht dabei den einzelnen Wertermittlungen zugemessen wird, hängt vom Zweck ab. Letztendlich können sich im Falle einer Ermittlung eines Kaufpreises auch die persönlichen Verhältnisse von Käufer und Verkäufer auswirken, z. B. wenn der Veräußerer auf eine schnelle Kaufpreiszahlung angewiesen ist.
Nachfolgend sind die wesentlichen Wert-Ermittlungen aufgeführt.

• Buchwert
Der Buchwert ergibt sich aus der ordentlichen Bilanz und ist nicht für diesen besonderen Zweck ermittelt. Durch die Verpflichtung, handels- und steuerrechtliche Regelungen zu beachten, gibt er jedoch eine gewisse Orientierung, vor allem, wenn die Bilanz mit einem Wirtschaftsprüfertestat versehen ist. Insbesondere wegen des Vorsichtsprinzips sind jedoch meistens die Wertansätze im Bezug auf Zukunftsaussichten durch stille Reserven und durch das Verbot der Aktivierung eines selbstgeschaffenen Firmenwertes etc. zu gering.

• Substanzwert
Hier soll der Betrag ermittelt werden, der aufzuwenden wäre, um einen Betrieb zu errichten, der die gleiche Leistungsfähigkeit hat wie der zu bewertende Betrieb. Insoweit wird auch von einem Reproduktionswert gesprochen. Üblicherweise wird hierunter die Summe der zu Wiederbeschaffungspreisen – ggf. gemindert um Abschreibungen für Abnutzung – bewerteten materiellen und immaterielle Gegenständen des Unternehmens (Bruttosubstanzwert) verstanden, abzüglich der Schulden, aus denen sich der Nettosubstanzwert ergibt.
In der Praxis werden zunächst die Bilanzansätze analysiert. Zum einen sind, soweit vorhanden, Bilanzposten zu eliminieren, die für eine zukünftige Geschäftstätigkeit ohne Bedeutung sind, also z. B. Fehlinvestitionen. Zum anderen sind Positionen zusätzlich aufzunehmen, die in der ordentlichen Bilanz nicht aktivierungsfähig sind. Hierzu zählen insbesondere immaterielle Werte.
In einem zweiten Schritt wird der aktuelle Verkehrswert der einzelnen Bilanzpositionen ermittelt, unabhängig von den aus den historischen Anschaffungs- und Herstellungskosten ermittelten Wertobergrenzen beim Vermögen oder den sich aus dem Höchstwertprinzip des Vorsichtsgrundsatzes auf der Passivseite ergebenen Wertuntergrenzen.

1

• Liquidationswert
Hier wird nicht von der Weiterführung eines Unternehmens, sondern von dessen Auflösung ausgegangen. Insoweit stellt der Liquidationswert die Wertuntergrenze dar, indem die einzelnen Vermögensgegenstände lediglich mit dem Wert angesetzt werden, der ihnen im Falle eines Einzelverkaufs beizumessen wäre.

• Ertragswert
Hier steht die Überlegung im Vordergrund, daß der Wert eines Unternehmens als Ganzes sich weniger aus der Summe der Einzelteile ergibt als aus dem Barwert zukünftiger Erfolge. In diesem Sinn kann der Unternehmenserwerb weniger als ein Kauf gebrauchter Wirtschaftsgüter angesehen werden, sondern als eine Investition mit der Aussicht auf zukünftige Erträge. So eindeutig einerseits der theoretische Ansatz ist, so problematisch ist auf der anderen Seite die praktische Ermittlung. Hierzu zählt zum einen die generelle Unsicherheit bei zukunftsbezogenen Berechnungen. Hinzu kommen Risiken bei der Unternehmensbeurteilung, insbesondere durch Außenstehende.
Theoretisch wären für eine wahrscheinliche Nutzungsdauer die künftigen Erträge zu ermitteln, um sie dann mit einem kalkulatorischen Zins auf einen Ertragswert abzudiskontieren. In der Praxis wird zumeist versucht, auf der Basis vergangener Ergebnisse einen repräsentativen Durchschnittsertrag zu ermitteln, ggf. unter Berücksichtigung eines Risikoabschlages.
Neben den bereits angesprochenen Problemen einer Projektion auf die Zukunft ist zu beachten, daß gelegentlich Unternehmen mit starker Zukunftsvorsorge und nicht aktivierungsfähigen Investitionen in Forschung und Entwicklung, Personalausbildung, Markterschließung etc. geringere Gewinne ausweisen bzw. andere Unternehmen durch Verzicht auf solche Maßnahmen – also zu Lasten einer Zukunftsvorsorge – sich ertragsmäßig nach außen zunächst besser darstellen.
Sodann ergibt sich die Frage nach einem Kapitalisierungszinsfuß. Gelegentlich wird jedoch auch in Analogie zur Amortisationsmethode der Investitionsrechnung ein 6- bis 10facher Wert des Durchschnittsertrages angesetzt, davon ausgehend, daß im Verlauf einer solchen Periode die Investition über Erträge zurückgeflossen sein soll.

• Mittelwert
Häufig wird in der Praxis ein Mittelwert gebildet, indem z. B. Substanzwert + Ertragswert durch 2 geteilt wird. Teilweise werden auch ungleiche Gewichtungen vorgenommen. Der Mittelwert ist das Bemühen, verschiedene Aspekte einzubeziehen, wenn die Beurteilung nach lediglich einer Methode als nicht zutreffend angesehen wird. Teilweise wird auch der aus dem Steuerrecht stammende Vermögenswert hinzugenommen.
Für einen Erwerber kann bei der Bewertung eines Unternehmens auch noch von Bedeutung sein, inwieweit er durch den Zusammenschluß des Betriebes mit seinen sonstigen unternehmerischen Tätigkeiten Synergie-Effekte erzielen kann, sei es durch kostengünstigere Leistungserstellung oder bessere Marktstellung im Absatzbereich.

Bilanzen zu Sonderanlässen
Nachfolgend werden die wesentlichsten Sonderbilanzen aufgelistet, ohne auf Einzelheiten, insbesondere auch buchhalterischen Darstellungsweisen, einzugehen.

• Gründungsbilanz
Die Gründungsbilanzen stellen einerseits Sonderbilanzen dar. Zum anderen sind sie jedoch auch Eröffnungsbilanz für die nachfolgenden periodischen Rechnungslegungen. Gemäß § 242 Abs. 1 Satz 2 HGB sind auf die Eröffnungsbilanz die für den Jahresabschluß geltenden Vorschriften entsprechend anzuwenden. Wie bereits bei der Eigenkapitalfinanzierung ausgeführt, stellt die Erbringung der Einlagen durch Einzahlung (Bargründung) kein Bewertungsproblem dar. Anders ist es bei sogenannten Sachgründungen, die bei Kapitalgesellschaften durch einen Gründungsprüfer zu bestätigen sind.

• Umwandlungsbilanz
Unter Umwandlung wird die Änderung der Rechtsform eines Unternehmens verstanden. Man unterscheidet zunächst in die *formwechselnde Umwandlung*, bei der sich lediglich die Rechtsform ändert, ohne daß das Vermögen auf ein anderes Unternehmen übertragen wird (Fortbestehen der Identität). Hierbei handelt es sich z. B. um die Umwandlung von einer Kapitalgesellschaft in eine andere oder von einer Personengesellschaft in eine andere, z. B. OHG in eine KG oder umgekehrt. Mit einer solchen Umwandlung sind keine steuerlichen Folgen verbunden.
Eine *übertragende Umwandlung* ist dadurch gekennzeichnet, daß im Wege der Gesamtrechtsnachfolge Bestandteile eines Unternehmens mit allen Rechten und Pflichten auf einen neuen Rechtsträger übertragen werden. Hier ist das Umwandlungsgesetz (UmwG) zu beachten. Es wird unterschieden in die Umwandlung einer Kapitalgesellschaft auf eine Personengesellschaft oder ein Einzelunternehmen, die entweder schon be-

stehen (Verschmelzung) oder neu errichtet werden. Die weiteren Fälle behandeln die Umwandlung einer Personengesellschaft oder eines Einzelunternehmens in eine Kapitalgesellschaft, was nur als errichtende Umwandlung möglich ist.
Durch die Notwendigkeit der Beachtung des *Umwandlungssteuergesetzes* (UmwStG) zur Vermeidung steuerlicher Nachteile stellt die übertragende Umwandlung ein komplexes Gebiet dar, das in der Praxis nicht ohne fundierte Kenntnisse oder fachkundige Beratung angegangen werden sollte.
Bei der Umwandlung einer Personengesellschaft in ein Einzelunternehmen – indem bis auf einen alle übrigen Gesellschafter ausscheiden – liegt gemäß § 738 BGB eine *Anwachsung* vor. Soweit ausscheidende Gesellschafter hierbei eine über dem Buchwert liegende Abfindung erhalten, ist der Differenzbetrag als Veräußerungsgewinn unter Berücksichtigung eines Freibetrages und begünstigenden Steuersatzes steuerpflichtig.

• Auseinandersetzungsbilanz
Hierbei geht es um das Ausscheiden eines Gesellschafters aus einer Personengesellschaft, ohne daß damit eine Umwandlung in ein Einzelunternehmen verbunden ist. Ein Veräußerungsgewinn durch ein über dem Buchwert des Kapitalkontos liegendes Abfindungsguthaben unterliegt auch hier einer Steuerpflicht mit Freibetrag und ermäßigtem Steuersatz. Ist das Ausscheidungsguthaben geringer, so ergibt sich ein Veräußerungsverlust. Für die Ermittlung des Abfindungsguthabens sind die Berechnungen der Unternehmensbewertung als Ganzes zugrundezulegen, soweit der Gesellschaftsvertrag nichts anderes bestimmt und sich die Gesellschafter auch nicht auf eine andere Bemessung einigen. Ist das Abfindungsguthaben höher als der Buchwert des ausscheidenden Gesellschafters, so ist der Differenzbetrag in der Bilanz der Gesellschaft aufzunehmen, indem als Gegenposten stille Reserven aufzudecken sind oder, soweit dies nicht möglich ist, ein derivativer Firmenwert ausgewiesen wird. Entsprechende Korrekturen gelten bei einem geringeren Abfindungsbetrag. Die neuen Bilanzwerte sind in der Gesellschaft fortzuführen.

• Fusionsbilanz
Die Vereinigung mehrerer Unternehmungen zu einem einzigen, rechtlich selbständigen Unternehmen, wird als Verschmelzung oder Fusion bezeichnet. Hierbei kann es sich entweder um die Verschmelzung von Kapitalgesellschaften mit einer vorhandenen oder neuzugründenden AG, von GmbH's mit Kapitalgesellschaften oder Genossenschaften durch Aufnahme einer Genossenschaft gleicher Haftungsart handeln. Bei der Verbindung von Personengesellschaften und/oder Einzelunternehmen bedeutet dies entweder die Gründung einer neuen Personengesellschaft oder die Aufnahme weiterer Gesellschafter in eine bestehende, d. h., es ist entweder eine Gründungs- oder eine Umwandlungsbilanz zu erstellen.
Bei einer Fusion von Kapitalgesellschaften wird entweder bei der Verschmelzung durch Aufnahme das Vermögen einer Gesellschaft im Wege der Gesamtrechtsnachfolge auf eine andere übertragen oder bei einer Verschmelzung durch Neubildung eine neue Kapitalgesellschaft gegründet, auf die die Gesellschaften ihr Vermögen übertragen. Bei der Durchführung sind nach Aktienrecht einige Besonderheiten zu beachten: So sind Zwischenbilanzen zu erstellen, wenn der letzte Jahresabschluß sich auf einen länger als sechs Monate zurückliegenden Stichtag bezieht; für die letzten drei Jahre sind für die an der Verschmelzung beteiligten Gesellschaften Jahresabschlüsse sowie Lageberichte vorzulegen, und die sich aus einer Übertragung ergebende Schlußbilanz der Gesellschaft ist innerhalb von acht Monaten für eine Anmeldung beim Handelsregister einzureichen. Die in der Schlußbilanz angesetzten Werte sind in der Jahresbilanz der übernehmenden Gesellschaft als Anschaffungskosten aufzunehmen.
Die Gesellschafter einer übertragenden Gesellschaft erhalten Gesellschaftsanteile an der übernehmenden Gesellschaft. Ausschlaggebend ist hierfür das Umtauschverhältnis, das sich wiederum aus der Bewertung der Unternehmen ergibt. Wie bei der Umwandlung sind die Vorschriften des Umwandlungssteuergesetzes zu beachten.

• Übernahmebilanz
Bei der Übernahme einer Personengesellschaft oder eines Einzelunternehmens als Ganzes hat der Erwerber einen von dem Buchwert des Eigenkapitals der übernommenen Gesellschaft abweichenden Kaufpreis in die Übernahmebilanz aufzunehmen. Liegt der Kaufpreis über dem Buchwert, so ist der Differenzbetrag durch eine Aufdeckung stiller Reserven gegenzubuchen oder, soweit dies nicht möglich ist, durch den Ausweis eines derivativen Firmenwertes. Die Ansätze sind dann in der Zukunft fortzuführen. Für den Verkäufer ergibt sich ein steuerlich begünstigter Veräußerungserlös bzw. bei geringerem Verkaufspreis ein Veräußerungsverlust.

• Sanierungsbilanz
Ertragslosigkeit und Auszehrung des Unternehmens, die zumeist von Liquiditätsschwierigkeiten begleitet sind, können eine Sanierung notwendig

1

machen. Die Sanierung kann durch innerbetriebliche Maßnahmen (stille Sanierung), durch Vergleich (siehe Vergleichsbilanz) oder als finanzielle Sanierung mit oder ohne Zuführung neuer Finanzmittel erfolgen. Hier geht es um eine finanzielle Sanierung von Kapitalgesellschaften.
In den Bilanzen der Einzelunternehmen und Personengesellschaften führt Ertragslosigkeit zu einer Minderung der Kapitalkonten, während bei Kapitalgesellschaften das Nominalkapital auf der Passivseite erhalten bleibt und Verluste (soweit sie Gewinnvorträge und Rücklagen übersteigen) auf der Aktivseite als Unterbilanz erscheinen. Die buchmäßige Bereinigung des Kapitalausweises, d. h. die Verrechnung der Unterbilanz durch Kapitalherabsetzung, also Minimierung des Nominalkapitals, führt zur Sanierungsbilanz. Sie kann ohne oder mit gleichzeitiger Zuführung neuen Kapitals verbunden werden. Sanierungsgewinne, die durch Kapitalzusammenlegung oder Kapitalherabsetzung entstehen, sind keine steuerpflichtigen Einkünfte. Oftmals wird die Sanierung durch einen Vergleich begleitet.

• Vergleichsbilanz
Es wird unterschieden zwischen dem außergerichtlichen Vergleich und dem gerichtlichen Vergleichsverfahren, siehe auch im Beitrag „Recht des Kaufmanns". Ein Vergleich kommt zustande, wenn die Gläubiger mit der erforderlichen Mehrheit einem Vergleichsvorschlag zustimmen; das Vergleichsverfahren wird in aller Regel erst dann aufgehoben, wenn der Vergleich erfüllt ist. Beteiligt sind die Gläubiger (Vergleichsgläubiger), denen im Falle des Konkurses kein Absonderungs- oder Aussonderungsrecht oder keine Vorrechtsforderung zusteht. Durch den Verzicht der Gläubiger ergibt sich in der Bilanz des Vergleichsunternehmens eine Minderung der Verbindlichkeiten, so daß der Differenzbetrag zu einer Verbesserung des Kapitals, z. B. der Saldierung mit einer Unterbilanz, Verwendung findet.
Sanierungsgewinne durch Schuldenerlaß sind gemäß EStG steuerfrei, soweit gleichzeitig lt. BGH-Rechtsprechung folgende vier Voraussetzungen gleichzeitig gegeben sind: Der Erlaß der Schulden muß rechtsverbindlich ausgesprochen werden in der Absicht, dadurch die Sanierung zu ermöglichen. Die Sanierungsbedürftigkeit und die Sanierungseignung müssen vorliegen.
Die Eröffnung eines gerichtlichen Vergleichsverfahrens erfolgt durch Antragstellung des Schuldners. Neben anderen Grundsätzen ist der Schuldner während des Verfahrens gegen die Vollstreckungsmaßnahmen geschützt, er behält – anders als im Konkursverfahren – die Verwaltungs- und Verfügungsbefugnis über sein Vermögen; jedoch wird die Geschäftsführung durch einen Vergleichsverwalter überwacht. Scheitert das gerichtliche Vergleichsverfahren, so führt dies zum Anschlußkonkurs.

• Konkursbilanz
Durch das Konkursverfahren soll die gleichmäßige Befriedigung aller beteiligten Gläubiger aus dem Vermögen des Gemeinschuldners erreicht werden unter Berücksichtigung geregelter Ausnahmen (siehe hierzu auch den Beitrag „Recht des Kaufmanns"). Konkursgründe sind Zahlungsunfähigkeit sowie bei Kapitalgesellschaften oder Personengesellschaften ohne eine natürliche Person als Vollhafter die Überschuldung.
Für die Gläubiger bestehen Aussonderungsrechte bei einer Sicherung durch Eigentumsvorbehalt, verlängertem Eigentumsvorbehalt oder Abtretung (Zession) sowie Absonderungsrechte bei Sicherung durch Faustrechte, Forderungsverpfändung, Hypothek, Grundschulden und Sicherungsübereignung. Bevorrechtigte Gläubiger sind in nachfolgender Reihenfolge:
1. Löhne und Gehälter (bis 12. Monat vor Konkurseröffnung),
2. Forderungen öffentlicher Kassen,
3. Forderungen von Kirchen, Schulen und Versicherungen gegen Feuer u. ä.,
4. Forderungen von Ärzten, Apotheken u. a. sowie
5. Forderungen von Kindern und Mündeln.

Die Aufstellung einer Konkurseröffnungs-Bilanz wird als Status bezeichnet. Sie enthält die Vermögensgegenstände, bewertet mit den zu erwartenden Verwertungserlösen, und die Verbindlichkeiten, gegliedert nach der Stellung der Gläubiger. Nach Antrag auf Eröffnung eines Konkursverfahrens wird zunächst durch das Konkursgericht ein Sequester bestimmt. Die Eröffnung des Konkursverfahrens und die Bestellung eines Konkursverwalters erfolgen nur dann, wenn der Status eine für die Abwicklung des Verfahrens ausreichende Masse erkennen läßt. Die meisten Konkursverfahren werden mangels Masse abgelehnt. Die Unternehmen sind dann im Rahmen einer Liquidation abzuwickeln. Wird ein Konkursverfahren eröffnet und ordnungsgemäß abgewickelt, so endet es mit dem Abschluß aller Konten über ein Konkursverteilungs-Bilanzkonto.

• Liquidationsbilanz
Die Beendigung der „werbenden" Geschäftstätigkeit führt zur Auflösung einer Gesellschaft. Die Liquidation hat das Ziel, Geschäfte abzuwickeln, Vermögenswerte zu verflüssigen, Verbindlichkeiten auszugleichen sowie das Liquidationskapital

entsprechend zu verteilen. Gründe für die Auflösung eines Unternehmens können vielfältiger Natur sein, begründet in persönlichen Verhältnissen der Inhaber oder deren Tod, Ablauf des Gesellschaftsvertrages, mangelnde Rentabilität etc. Bei Kapitalgesellschaften und Genossenschaften ist die Liquidation gesetzlich vorgeschrieben. Bei Personengesellschaften ist die Liquidation nicht zwingend vorgeschrieben, jedoch die gewöhnliche Form der Auflösung. Gesellschaften, die sich in Liquidation befinden, erhalten den Zusatz „i. L." (in Liquidation).
Die Liquidation ist in den §§ 145–158 HGB geregelt, mit Zusatzbestimmungen im AktG, GmbHG und GenG. Die Liquidatoren haben zu Beginn und bei Beendigung der Liquidation eine Bilanz aufzustellen. Kapitalgesellschaften müssen daneben auch jährliche Zwischenbilanzen aufstellen, wenn sich die Liquidation über ein Geschäftsjahr hinaus erstreckt. Das Eigenkapital wird in den Liquidationsbilanzen als „Abwicklungskapital" ausgewiesen.
Mit Bezug auf die Einkommensteuer ist die Liquidation eines Einzelunternehmens oder einer Personengesellschaft der Veräußerung eines Unternehmens gleichgestellt, führt also entweder zu steuerbegünstigten Veräußerungsgewinnen oder zu Veräußerungsverlusten. Auch bei den Kapitalgesellschaften können Liquidationsgewinne bzw. -verluste auftreten.

Entwicklung der Betriebswirtschaftslehre

In der betriebswirtschaftlichen Literatur gehen die Ansichten darüber auseinander, worin die eigentliche Identität der Betriebswirtschaftslehre als Wirtschaftswissenschaft zu sehen ist und wann demgemäß der geschichtliche Beginn datiert werden soll. Ziel dieses abschließenden Abschnitts ist es, Ansätze und Entwicklungstendenzen aufzuzeigen, ohne daß diese Skizzierung Anspruch auf Vollständigkeit erhebt. Auch würde es den Rahmen sprengen, auf Einzelheiten der Theorien sowie ihre Abgrenzungen und Meinungsunterschiede einzugehen.
Aufzeichnungen über Wirtschaftsrechnen, Buchhaltung und kaufmännischen Schriftverkehr sind schon aus dem Altertum – bei den Ägyptern, Griechen und Römern – bekannt. Auch aus dem Mittelalter existieren Niederschriften, die zeigen, wie das für den Handel notwendige Wissen innerhalb der Kaufmannschaft – und insbesondere innerhalb einzelner Kaufmannsfamilien – weitergereicht wurde. Bereits aus dem Jahre 1458 stammen Aufzeichnungen aus dem Archiv eines Handelshauses über die doppelte Buchführung; jedoch erst 1573 wurde in Venedig eine Abhandlung veröffentlicht. Das System umfaßt bereits Personen- und Sachkonten, Inventar, den doppelten Buchungssatz bis hin zum formellen Abschluß einer Periode, nachdem bis dahin die Abrechnung einzelner Geschäfte und Transaktionen im Vordergrund stand. Über die Aufzeichnung der Handels- und Rechentechniken hinaus existierte jedoch keine wissenschaftliche Ausarbeitung der einzelnen Gebiete. Die ersten Handelshochschulen wurden 1898 im deutschsprachigen Raum gegründet. Hierin wird meistens der Beginn der Betriebswirtschaftslehre als selbständige wirtschaftswissenschaftliche Disziplin gesehen, also wesentlich später als die der Volkswirtschaftslehre.
Die Zeit seit der Jahrhundertwende ist zum Teil geprägt durch die „Standortbestimmung" der Betriebswirtschaftslehre als Wissenschaft. Andererseits ist sie auch Reaktion auf besondere Themen und Herausforderungen des Umfeldes. So sind Theorieentwicklungen zur Finanzierung und Liquidität, insbesondere aber zu Bewertungsfragen in der Bilanztheorie und zur Substanzerhaltung von Unternehmungen vor dem Hintergrund der Inflation zwischen den beiden Weltkriegen zu sehen. Zusätzlich finden neben den Fragen des Handels, der Finanzierung und des Rechnungswesens Problemstellungen der Produktion, Rationalisierung und Investition sowie die der Kosten – auch im Zusammenhang mit Kalkulation und Preisfindung – immer stärkere Beachtung. Dies ist sicherlich im Zusammenhang zunehmender Industrialisierung und ihrer Auswirkung zu sehen. Nach dem 2. Weltkrieg und der Neugestaltung der Marktwirtschaft treten Fragen des Absatzes – Marktforschung, Werbung und das übrige Marketing-Instrumentarium – in den Vordergrund betriebswirtschaftlicher Forschung, insbesondere, nachdem in überwiegenden Teilen der Verkäufermarkt – bei dem der Vertrieb zum Teil auf eine Verteilungsfunktion und kostenwirtschaftliche Abwicklung reduziert war – vom Käufermarkt mit seinen Herausforderungen abgelöst wurde. Weitere Forschungsgebiete waren die Investitionstheorie und Theorien zur Unternehmensführung. Zunehmende Bedeutung gewannen dabei mathematische Modelle, zum Teil zur übersichtlichen Problemdarstellung, andererseits auch als Lösungsansätze bei Entscheidungsfragen. Die Entwicklung der elektronischen Datenverarbeitung unterstützte diese Richtung.

1

Die Wirtschaftlichkeit – in ihrer eher technischen Ausrichtung als Produktivität bezeichnet – ist eine wesentliche Meßgröße des Wirtschaftens. Allgemein ausgedrückt bedeutet dies, einen wirtschaftlichen Erfolg mit möglichst geringem Aufwand zu erreichen, d. h. einen optimalen Werteverzehr der eingesetzten Güter im Bezug auf die erbrachte Leistung. Insoweit ist es naheliegend, daß sich die Theorie auch immer wieder um die grundlegenden Erkenntnisse über die einzusetzenden Güter bemühte sowie um ihre Kombination und die Produktivitätsbeziehung zwischen Faktoreinsatz und Faktorertrag. Am bedeutendsten sind hierzu wohl die Veröffentlichungen von Gutenberg zu Beginn der 50er Jahre mit seinem System der betrieblichen Produktionsfaktoren und deren Kombinationsprozeß. Dieser Ansatz wurde auch von Wöhe fortgeführt.

Besonders vom angloamerikanischen Raum gingen Anstöße auf die Management-Konzeptionen mit humanistischen und verhaltenswissenschaftlichen Erkenntnissen aus. Die Ansätze wurden nach dem 2. Weltkrieg auch in Deutschland aufgenommen, besonders in den Bewegungen der Organisationsentwicklung. In der Entwicklung des betrieblichen Miteinanders spiegelte sich eine gesellschaftlichspolitische Entwicklung vom Untertanen zum Staatsbürger wider. Die Bedeutung der Motivation und die Berücksichtigung der Mitarbeiter nicht nur als Faktoreinsatz sind in der Führungslehre heute unbestritten.

Die weitere noch anhaltende Entwicklung ist im wesentlichen durch die Öffnung der Betriebswirtschaftslehre zu ergänzenden Wissensbereichen gekennzeichnet, insbesondere, wenn es darum geht, die verschiedenen, für die Unternehmensführung bedeutsamen Aspekte einzubeziehen. Zum Teil wurde hierauf Bezug genommen unter „Führungskonzeption" im Abschnitt „Führungsfunktionen". Zum einen steht hier die entscheidungsorientierte Betriebswirtschaft, indem neben eher rationalen Lösungsansätzen sozialwissenschaftliche Erkenntnisse in ihrer Auswirkung für den Entscheidungsprozeß betont werden (vgl. hierzu insbesondere Heinen). Eine weitere Tendenz liegt im „vernetzten" Denken in Systemzusammenhängen und den – zum Teil kybernetischen – Wechselwirkungen. Dies bezieht sich sowohl auf innerbetriebliche Strukturen und Prozesse als auch darauf, daß der Betrieb enger, als dies bereits im marktwirtschaftlichen Ansatz geschieht, in seinem Umfeld und als Teil desselben gesehen werden muß (vgl. hierzu auch die Ansätze der St. Gallener-Schule).

Zum Teil ist die Forschung durch die Betonung spezieller Aspekte geprägt, deren bisherige Behandlung als ungenügend empfunden wurde. Dies dient sicherlich der Erweiterung betriebswirtschaftlicher Erkenntnisse. Bei einer Überbetonung – wenn sie als neues Konzept Bisheriges eher ersetzen als ergänzen soll – kann sie jedoch gerade wieder zur einseitigen Einengung führen.

Zum Teil dürften neue Schwerpunkte und Richtungen mit ihren zusätzlichen Erkenntnissen ihre Ursache in der zunehmenden Bedeutung moderner Herausforderungen (z. B. Ökologie), oder verfeinerter Hilfsmittel und Techniken (z. B. EDV-orientierter Ansatz) haben.

So sind z. B. der stärkere Einsatz von mathematischen und EDV-gestützten Modellen im Rahmen des Operations Research und die Berücksichtigung des nicht nur rational motivierten menschlichen Verhaltens in einem Entscheidungsprozeß kein Widerspruch, sondern vielmehr eine Ergänzung im Sinne einer zielorientierten Unternehmensführung. Dabei ist jedoch zu beachten, daß mathematische Konzepte mit ihren Lösungen selbst bei der Einbeziehung von Wahrscheinlichkeitsparametern nur das Ergebnis quantifizierbarer Größen widerspiegeln, also nicht den gesamten Entscheidungsrahmen.

Entwicklungen hin zu einer Lehre der Unternehmensführung bzw. des Managements sind m. E. keine Ansätze, die den Rahmen der Betriebswirtschaftslehre einengen oder sprengen. Untersuchungs- und Erkenntnisgegenstand der Betriebswirtschaftslehre ist stets der gesamte Betrieb – in marktwirtschaftlicher Ausrichtung konzentriert auf das Unternehmen – mit all seinen Facetten. Zu seinen Feldern gehören die Technologie (z. B. in Produktion und Logistik), Administration (u. a. im Rechnungswesen und Finanzen), der Mensch (Mitarbeiterführung), das Umfeld (sowohl im Hinblick auf Marketing als auch im ökologischen und politischen Kontext etc.) sowie die Ziele in ihrer Bestimmung (Entscheidungsprozeß), ihre Durchführung und Kontrolle unter Nutzung des Führungsinstrumentariums (u. a. Organisation und Controlling). Gegenstand sind dabei sowohl die Struktur als auch die Prozesse innerhalb und die Wechselbeziehungen nach außen.

Insoweit ist es auch denkbar, daß sich der Gegenstand betriebswirtschaftlicher Betrachtungen zukünftig über die privatwirtschaftlichen Bereiche auch stärker auf öffentliche Institutionen ausdehnt, und zwar nicht nur auf die Regiebetriebe der öffentlichen Hand, sondern auch auf Verwaltungseinheiten, soweit sie sich als Dienstleistungen am Bürger verstehen, deren Erbringung sich also durchaus an Wirtschaftlichkeitsüberlegungen orientieren kann.

Literatur

Deyhle, A.: Arbeitshandbuch Gewinn-Management. 5. Auflage, Landsberg a. L., 1985

Gutenberg, E.: Grundlagen der Betriebswirtschaftslehre.
- Band 1: Die Produktion. 23. Auflage, Berlin/Heidelberg/New York, 1979
- Band 2: Der Absatz. 16. Auflage, Berlin/Heidelberg/New York, 1979
- Band 3: Die Finanzen. 8. Auflage, Berlin/Heidelberg/New York, 1980

Heinen, E.: Grundfragen der entscheidungsorientierten Betriebswirtschaftslehre. München, 1976

Hopfenbeck, W.: Allgemeine Betriebswirtschafts- und Managementlehre. 6. Auflage, Landsberg a. L., 1992

Kirsch, W./Esser, W./Gabele, E.: Das Management des geplanten Wandels von Organisationen. Stuttgart, 1979

Mann, R.: Praxis strategisches Controlling mit Checkliste und Arbeitsformularen. 3. Auflage, Landsberg a. L., 1983

Mellerowicz, K.: Betriebswirtschaftslehre der Industrie. Freiburg, 1968

Schneider, D.: Geschichte betriebswirtschaftlicher Theorien – Allgemeine Betriebswirtschaftslehre für das Hauptstudium. München/Wien, 1981

Tiez, B.: Grundlagen des Marketing – Marketing-Management. Landsberg a. L., 1976

Treude, B. (Hrsg.): Organisationsentwicklung – Praxisfälle. Hamburg, 1981
- Birker, K.: Organisationsentwicklung als zusätzliche Dimension. Ebenda

Ulrich, H.: Management – Philosophie für die Zukunft. Bern/Stuttgart, 1981

Ulrich, H.: Unternehmenspolitik. Bern 1981

Ulrich, H.: Die Unternehmung als produktives, soziales System. Bern/Stuttgart, 1970

Wöhe, G.: Einführung in die Allgemeine Betriebswirtschaftslehre. 16. Auflage, München, 1986

Ziegler, F. (Hrsg.): Betriebswirtschaftliches Grundwissen. Essen, 1982
- Wöhe, G.: Betriebswirtschaftslehre. Ebenda
- Birker, K.: Betriebliche Organisation/Elektronische Datenverarbeitung. Ebenda

Marketing

Verständnis von Marketing
Marketing als Unternehmensphilosophie
Instrumenteller Marketingansatz
Struktur des Marketingkonzepts

Marketingziele
Zieldimensionen und Zielfestsetzung

Marktsegmentierung
Einführung und praktische Bedeutung
Marktsegmentierungskriterien
– Demographische Kriterien
– Verhaltensorientierte Kriterien
– Psychographische Kriterien
Einstellungen
– Verbrauchertypologien

Marketingstrategien
Strategietypen
Marktfeldstrategien
– Marktstimulierungsstrategien
– Marktparzellierungsstrategien
– Marktarealstrategien
– Konkurrenzstrategien

Marketing-Mix
Instrumente der Mixgestaltung
Planung des Marketing-Mix

Planungsschritte für ein Marketing-Konzept

Fallbeispiel: Firma H.
(Authentisches Beispiel aus einem Beratungsauftrag)
Betriebliche Ist-Analyse
Marktanalyse
Konzeptionelle Neuorientierung
Strategieentwicklung
Differenzierung in zeitliche Phasen

Standort und Überblick

Marketing: Die zweifache Orientierung

Im Abschnitt „Absatz – Leistungsverwertung" des Beitrags „Betriebswirtschaftslehre" ist Marketing als Bündel all jener Maßnahmen verstanden worden, die das gesamte Unternehmen an den Erfordernissen des Marktes orientieren. Die Darstellung beschränkte sich dort in der Gegenüberstellung zur Leistungserstellung auf den Subaspekt des Absatzes.

Dieser angesprochene umfassende Marketingansatz wird in der Literatur in zahlreichen Facetten vertreten. So kleidet ihn z. B. der Marketingexperte Magyar in eine einleuchtende und praxisnahe Beschreibung: „Marketing ist, herauszufinden, was die Kunden gerne haben, und sie damit zu füttern. Marketing ist, herauszufinden, was die Kunden nicht gerne haben, und das tunlichst zu vermeiden."

Von den insgesamt mehr als 100 bekannten Marketingdefinitionen stellt diese Sichtweise die auf Ganzheitlichkeit pointierte dar.

Sie versteht Marketing übergreifend als Denkweise und macht es zur tragenden Säule in der Unternehmensphilosophie. Dies bedeutet, daß sich alle Entscheidungen in einem Unternehmen am Kundennutzen orientieren. Marketing ist damit als Führungsaufgabe erkannt – nämlich als Führung des Unternehmens vom Markt her.

Aus anderem Blickwinkel stellt sich Marketing als instrumentelle Aufgabe, nämlich sämtliche Marketingentscheidungen systematisch zu planen und in Aktivitäten umzusetzen. Der Schwerpunkt liegt hierbei darauf, das Instrumentarium zu optimieren. Wesentliches Hilfsmittel ist das Marketingkonzept, also der Plan, der den gezielten Einsatz der aufeinander abgestimmten Marketinginstrumente – und damit die Zielerreichung im Marketing mit Hilfe des passenden Marketing-Mix – gewährleisten soll.

Marketing als Unternehmensphilosophie

Der Markt bietet einschränkende Umfeldbedingungen wie Sättigungserscheinungen, Engpässe auf dem Arbeitsmarkt, Wechselkursveränderungen, Änderungen der Verbrauchertrends, regionale Kaufkraftunterschiede und schnelle Technologieänderungen. Beim globalen Marketingansatz stehen solche Probleme im Mittelpunkt aller unternehmerischen Entscheidungen und Aktivitäten, und der bestmögliche Unternehmenserfolg, ja sogar der Unternehmensbestand als solcher, wird davon abhängig gesehen, ob sie in konsequenter Orientierung am Nutzen für den Kunden gelöst werden können.

Ein grundsätzliches Beispiel bietet der Wandel vom Verkäufermarkt zum Käufermarkt, wozu es die bekannte Anekdote über Henry Ford in den 20er Jahren gibt, der seinen Kunden beim Verkäufermarkt sagen konnte: „Sie können das Modell T in jeder Farbe kaufen, die Sie wollen, solange sie schwarz ist." Längst zwingen schrumpfende oder gar gesättigte Märkte zum Umdenkungsprozeß: statt zu verkaufen was produziert ist, wird produziert und verkauft, was den Kunden nützt. Der Marketingexperte Peter F. Drucker hat dies pointiert zum Ausdruck gebracht: „Das Ziel des Marketing besteht darin, das Verkaufen überflüssig zu machen." Dies gelingt aber nur, wenn die anzustrebene Kundenorientierung in allen Unternehmensbereichen verwirklicht wird: Die Kundenwünsche vor Augen, muß jede Führungskraft ihre Hauptaufgabe darin sehen, den geplanten Nutzen für die Kunden zu schaffen. Das Verkaufskonzept weicht dem Marketingkonzept.

Abb. 2.1: Marketingkonzept statt Verkaufskonzept

Ein modernes Beispiel für eine solch konsequente Kundenorientierung steckt in einer Äußerung eines weltbekannten japanischen Uhrenherstellers: „Man muß stets den anderen einen Schritt voraus sein, sonst sind die anderen schneller. Für uns bedeutet das: jedesmal, wenn wir etwas Neues entwickelt haben, versuchen wir, festzustellen, welcher Kundengruppe unsere Produktidee den größten Nutzen bringt, und erst die Spezifikation auf diese Gruppe führt zu neuen Produkten!" Mit diesem Prinzip entwickelte die Uhrenfirma beispielsweise den Taschenfernseher.

Abb. 2.2: Die Bausteine des Marketingkonzepts

Der instrumentelle Marketingansatz

Es ist trivial, daß die konkrete Aufgabe Marketing sich als ausgesprochen komplex darstellt, weil auch auf instrumenteller Ebene alle Teilbereiche des Unternehmens wie Forschung und Entwicklung, Produktion, Finanz- und Rechnungswesen und Verwaltung, um einige zu nennen, mit dem Absatzbereich bei der Befriedigung von Kundenwünschen bzw. der Lösung der Kundenprobleme zusammenwirken müssen.

Produkt- und Absatzmarketing
Die Erkenntnis, daß ein optimales Marketing nur im Zusammenwirken der Unternehmensbereiche möglich ist, hat zu der heute gängigen Doppelsicht von Produkt- und Absatzmarketing geführt. Es muß das produziert und dem Kunden in der geeigneten Form präsentiert werden, was ihm einen höheren Nutzen bringt als die Leistung der Konkurrenz. Marketinginstrumente sind so einzusetzen, daß ein besonderer Wettbewerbsvorteil geschaffen wird, der die Existenz eines Unternehmens dauerhaft sichert. Die Praxis spricht hier auch von externen Erfolgspotentialen, weil diese Wettbewerbsvorteile den Erfolg auf den Absatzmärkten auch in Zukunft gewährleisten.

Das Marketingkonzept als Voraussetzung
Angesichts der schnellen Änderung in der heutigen Wirtschaft ist das nur möglich, wenn Entscheidungen auf einer hinreichenden Informationsgrundlage systematisch vorbereitet, geplant und durchgeführt werden. Die entscheidende Hilfe hierfür ist das Marketingkonzept. Es hat die Aufgabe, die Marketingphilosophie eines Unternehmens zielorientiert, systematisch und effizient in konkrete Einzelschritte umzusetzen.
Man könnte es also auch als den Fahrplan bezeichnen, der den roten Faden für alle Marketingentscheidungen bis zum Einsatz des Marketing-Instrumentariums im Tagesgeschäft festlegt.

Die Struktur des Marketingkonzepts

Die Grundstruktur eines Marketingkonzepts läßt sich durch drei voneinander abhängige Strukturelemente bzw. Bausteine beschreiben: Ziele, Strategien und Marketing-Mix.

Strukturelement Marketingziel
In den Zielen wird festgelegt, welche Ergebnisse erreicht werden sollen. Dabei werden Zeiträume, Kundenkreise, Absatzwege, Gebiete etc. angegeben. Selbstredend erfolgt die Ableitung der Ziele aus den übergeordneten Unternehmenszielen.

Strukturelement Marketingstrategie
Die Strategien geben an, wie die Marketingziele längerfristig angesteuert werden sollen. Sie sind die Leitlinien für das jeweilige Handeln und verhelfen bei Auswahl der täglichen Entscheidungsalternativen zu Effizienz. Beispielsweise müssen sich anhand der Marketingstrategien Fragen wie die folgenden beantworten lassen:
- Soll sich das Unternehmen auf eine oder auf mehrere Zielgruppen konzentrieren?
- Welcher Absatzweg soll längerfristig besonders gefördert werden? Sollen alle Händler, die das Produkt überhaupt führen können, ausgewählt werden oder nur eine bestimmte Anzahl, die beispielsweise bestimmte Anforderungen in bezug auf die Ausstattung erfüllt?
- Welches Verhalten soll langfristig gegenüber der Konkurrenz gewählt werden?

Handlungsleitlinien, die in einer Marketingstrategie festgelegt werden, sind bevorzugt solche, die als Rahmen für die Tagesentscheidungen fungieren. Ihre kurzfristige Änderung wäre mit hohen Kosten verbunden.

Strukturelement Marketing-Mix
Die Einzelschritte der Marketingmaßnahmen ergeben sich schließlich aus dem Marketing-Mix. Für jedes Marketingziel wird eine bestimmte Auswahl

2

unter den Marketinginstrumenten mit der Intention getroffen, daß die gemeinsame Wirkung aller Instrumente genau die geplanten Ziele erfüllt. Die optimale Kombination der Instrumente bildet den Marketing-Mix. Zur weitergehenden Unterteilung wird eine in der US-amerikanischen Praxis und auch bei uns gängige Gliederung nach den vier P's vorgenommen – die im übrigen mit der Unterteilung im Beitrag „Betriebswirtschaftslehre" dieses Handbuchs korrespondiert (die vier P's leiten sich von den Anfangsbuchstaben der englischen Bereichsbezeichnungen ab).

• Product
Dies betrifft die Leistung bzw. die Funktionen, die das Unternehmen im Markt anbietet, um die Bedürfnisse einer bestimmten Zielgruppe zu erfüllen bzw. ihre Probleme zu lösen (= Produktpolitik).

• Price
Darunter fällt die Gegenleistung der Kunden, und zwar die Preishöhe, mögliche Preisabschläge, Finanzierungskonditionen usw. (= Preispolitik).

• Placement
Es klärt die Frage, wie der Kunde die Ware oder Dienstleistung erhält. Dies betrifft sowohl die physische Verteilung als auch Fragen, ob beispielsweise über den Fachhandel, über eigene Vertreter oder im Direktversand verkauft wird. Die Absatzpartner sind in die Überlegungen einbezogen (= Distributionspolitik).

• Promotion
Sie besagt, wie der Kunde etwas über die Leistung und die geforderte Gegenleistung erfährt. Welche Medien bzw. welche Personen übermitteln diese Botschaft (= Kommunikationspolitik)?

Der Ansatz dieses Beitrages

Marketing als Unternehmensphilosophie und instrumenteller Marketingansatz sind theoretische Standpunkte, die in der Praxis eines jeden Unternehmens in einer wie auch immer gearteten Gewichtung anzutreffen sind.
Zum Instrumentarium des Marketing und seiner Optimierung gibt es umfassende theoretische und praxisbezogene Literatur. Die folgenden Abschnitte dieses Beitrages geben einen knappen Überblick zur Theorie sowie zu den Grundsätzen des Vorgehens, was, soweit es abstrakt möglich ist, bis in Checklisten konkretisiert wird.
Dabei soll zugleich verdeutlicht werden, daß betriebliches Handeln nach einem Marketingkonzept nicht auf Kurzfristigkeit fixiert ist, sondern in Zielen und Strategien auf Langfristigkeit ausgelegt sein muß, im Tagesgeschäft jedoch durchaus Flexibilität wahrt. Das vorgestellte Vorgehen im Unternehmen kann nur auf fundierten Informationen über Märkte, Konkurrenten und generellen Umfeldeinflüssen beruhen, was einen ausführlichen Abschnitt über Marktsegmentierung rechtfertigt.
Die übergreifend zu verstehende Umsetzung von Marketing als Unternehmensphilosophie muß – wenn dies mit den Zielen eines Unternehmens konform geht und von Inhabern und Management gewünscht wird – unternehmensspezifisch ablaufen. Sie kann naturgemäß kaum Gegenstand eines Handbuchbeitrages sein.
Um einen solchen Prozeß zu verdeutlichen, und sein Ineinandergreifen mit der instrumentellen Ebene zu demonstrieren, wird zum Abschluß dieses Beitrages ein umfangreiches Fallbeispiel vorgestellt. Der namentlich geänderte und geographisch neutralisierte Fall beruht authentisch auf einer Beratung in den neuen Bundesländern, wo sich ein tiefgreifender Umbau von Unternehmen innerhalb überschaubarer Zeiträume vollzog und daher die weitreichende Umorientierung auf ganzheitliche Marketingkonzepte systematisch beobachtet werden konnte.

Marketingziele

Die Marketingziele werden aus dem Zielsystem des Unternehmens abgeleitet. Praktisch jedes Unternehmensziel zergliedert sich in Unterziele, von denen mehrere oder nahezu alle über das Marketing realisiert werden müssen. Grundsätze einer solchen Ableitung sind in den Abschnitten „Absatz" sowie „Strategisches Management" des gesonderten Beitrags „Betriebswirtschaftslehre" angesprochen.
Da die Ziele immer unternehmensspezifisch sind, lassen sich keine generalisierten Regeln aufstellen, wohl aber läßt sich eine Struktur definieren, und Zusammenhänge können aufgezeigt werden. Für die Zwecke des Marketing unterscheidet man im allgemeinen zwei Zielkategorien:
– marktökonomische Ziele und
– marktpsychologische Ziele.
Ziele beider Kategorien müssen über Zieldimensionen genau definiert werden, wenn sie kontrollierbar und meßbar sein sollen.

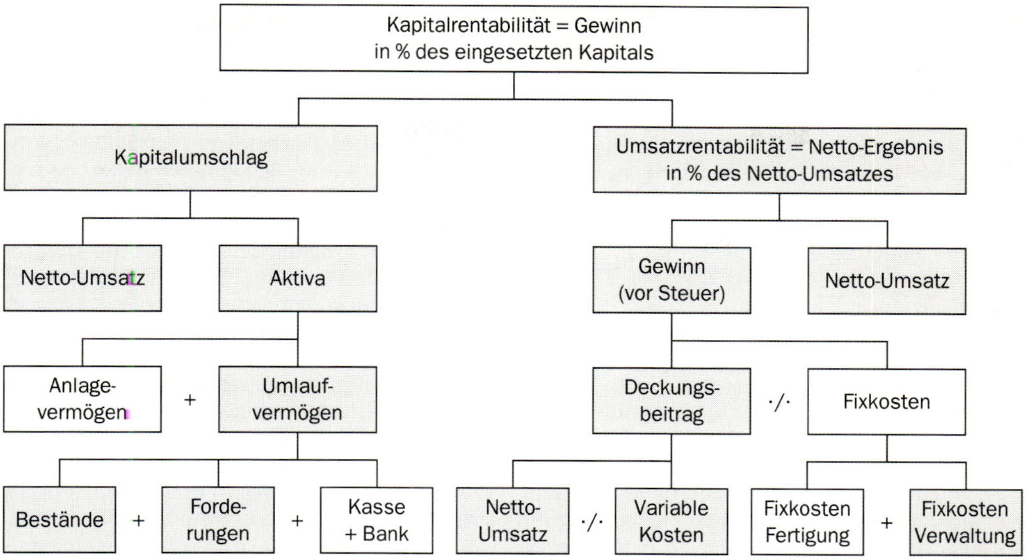

Abb. 2.3: Zusammenhang von Unternehmens- und Marketingzielen (grau: vom Marketing beeinflußbare Größen)

Erfahrungsgemäß wird jedoch in der Praxis immer wieder gegen eine klare Zielformulierung verstoßen – so werden Mitarbeiter oft genug unspezifisch angewiesen, „mehr zu machen", „mehr umzusetzen" oder Außendienstmitarbeiter müssen sich „um die schwachen Kandidaten kümmern".

Zieldimensionen

Strukturell lassen sich Ziele nach Dimensionen gliedern und operationalisieren.

- Zielinhalt: Er legt fest, in welcher Größe der Erfolg gemessen werden soll. Für das Marketing relevante Größen sind Umsatz, Absatz, Marktanteil und Deckungsbeitrag pro Absatzweg. Auch die Konkretisierung von Unternehmenszielen in bezug auf Kundengruppen, Absatzwege oder -gebiete ist denkbar. Besonders bei den ökonomischen Zielen wie Rentabilität, Marktanteil usw. werden die Marketingziele inhaltlich festgelegt, indem spezifiziert wird, wo und mit welchen Kundengruppen das jeweilige Ziel im einzelnen erreicht wird.
- Zielausmaß: Damit wird der Wert angegeben, den der Zielinhalt im Zielzeitpunkt annehmen soll, also beispielsweise die Höhe der Rentabilität bei bestimmten Kunden in bestimmten Märkten in einer bestimmten Produktgruppe.
- Zielperiode: Sie nennt den Zeitraum, innerhalb dessen oder den Zeitpunkt, bis zu dem ein Ziel erreicht werden soll. Eine zeitliche Festlegung ist notwendig für Einzelschritt- und Endkontrolle.

Marktökonomische Ziele

Sie sollten stets mit Inhalt, Ausmaß und Periode angegeben werden. Es können drei Kategorien unterschieden werden:

- Marktpositionsziele: z. B. die Umsatz- oder Absatzsteigerung in der Produktgruppe um x% in einem bestimmten Zeitraum, die Erhöhung des Marktanteils im Inland um y% pro Jahr, Steigerung der Exportquote um z% pro Periode.
- Gewinn- und Rentabilitätsziele: z. B. die Erhöhung des Deckungsbeitrags einer bestimmten Produktgruppe um x% bis zu einem bestimmten Zeitpunkt, die Verbesserung der Umsatzrendite in einer anderen Produktgruppe um y% bis zu einem bestimmten Zeitpunkt sowie die Aufgabe solcher Produkte, deren Deckungsbeitrag geringer als z% des Abgabepreises ist.
- Finanzierungsziele: z. B. Verringerung der Zahlungsziele auf x Tage, Reduktion der Kapitalbindung auf y% des Umsatzes in einer Produktgruppe in einem bestimmten Zeitraum.

Marktpsychologische Ziele

Bei den marktökonomischen Zielen werden konkret meßbare Marktergebnisse angestrebt. Marktpsychologische Ziele stellen hingegen auf ein bestimmtes Kundenverhalten ab. Ist dem Kunden etwas vertraut und hat er einen guten Eindruck, so ist es wahrscheinlich, daß er später eher zum Kauf bereit ist. Die beiden wichtigsten marktpsy-

2

chologischen Ziele sind Bekanntheitsgrad sowie Image.

Bekanntheitsgrad
Ein sehr gängiges Beispiel ist Markenbekanntheit durch Werbung. Die Frage der Zielplanung lautet hier, wieviel Prozent der Kunden Marken, Werbeslogans usw. ohne Hilfen wiedererkennen bzw. welche Hilfen der Kunde erhalten muß, um eine Marke zu identifizieren.

Image
Gemeint ist damit z. B. die Einstellung zum Unternehmen, zum Produkt, zu den Verkäufern des Unternehmens. Eine Anfang der 90er Jahre durchgeführte Imageanalyse der 200 umsatzstärksten deutschen Unternehmen ergab, daß über 80% der Befragten meinten, dem Image der Unternehmen komme eine entscheidende Bedeutung für den Markterfolg zu. Rund 50% der Befragten sagten zusätzlich, daß ihrer Meinung nach das Image bisher in Deutschland in seiner Bedeutung unterschätzt worden sei (befragt wurden ca. 2.000 Führungskräfte aus 12 Branchen). Angestrebt wird – aus Sicht der Zielgruppe, d.h. der Kunden und der Geschäftspartner –, ein positives Image mit dem Unternehmen in Verbindung zu bringen.

Zielfestsetzung

Eine konkrete Zielfestsetzung ist Sache jedes einzelnen Unternehmens und läßt sich kaum als Handlungsanweisung formulieren. Sie ist das „Geheimnis" der erfolgreichen Führungskräfte, die die Ziele zusammen mit anderen erreichen müssen. Um einen globalen Ansatz von Marketing zu verwirklichen, bedeutet dies, nicht nur den Mitarbeitern der Marketingabteilung, sondern allen Mitarbeitern konkret zu sagen, was auf den Absatzmärkten erreicht werden soll und wie sich eine Kundenorientierung in jeder Abteilung und bei jeder Entscheidung im Unternehmen angemessen berücksichtigen läßt.
Als Hilfestellung für eine systematische Zielplanung möge die folgende Checkliste dienen, nach der sich eine Zielplanung in Phasen gliedern läßt:
- Zielsuche und Ableitung aus den Unternehmenszielen,
- Konkretisierung der Ziele nach Inhalt, Ausmaß und Zeit,
- Zielanalyse in bezug auf Zielverträglichkeit und Zielhierarchien,
- Prüfung der Realisierbarkeit,
- Zielauswahl und Durchsetzung der Ziele,
- Zielüberprüfung und Zielrevision.

Marktsegmentierung

Einführung

Bevor aus den Marketingzielen die Marketingstrategien abgeleitet werden können, bedarf es einschlägiger Marktinformationen, die man aus einer Marktbeobachtung gewinnt. Eine *Marktbeobachtung* kann unmittelbar und ohne besondere Instrumentarien erfolgen, wie sie im Regelfall von kleinen Betrieben und/oder solchen mit kleinem regionalen Aktionsradius durchgeführt wird. Größere Betriebe und/oder solche, die überregional oder auch international operieren, werden sich selbstverständlich *umfassenderer Marktbeobachtungsmechanismen* bedienen (müssen) bzw. auf Ergebnisse von *Marktforschung* zurückgreifen. Je umfassender die von einem Unternehmen angesprochenen Märkte sind, desto sinnvoller ist es, sie zu untergliedern, d. h. eine Marktsegmentierung vorzunehmen.
Analog zu den unterschiedlichen Sichtweisen von Marketing wird auch Marktsegmentierung unterschiedlich interpretiert: als *Managementphilosophie*, als *Marketingstrategie*, als *Methoden der Zielgruppenfindung* oder als *Methode der Produktdifferenzierung*. Von der Grundidee her läßt sich dies auf zwei Aspekte reduzieren: Marktsegmentierung kann, wie oben angedeutet, im wesentlichen als eine *Marktforschungsmethode* angesehen werden oder aber – umfassender – als *Marketingstrategie*.
Hinter einer Marktsegmentierung steht oft der Wunsch oder sogar die Notwendigkeit, differenziert auf die den Markt einschränkenden Umfeldeinflüsse zu reagieren. Dies ist beispielsweise bei Massengüterherstellern der Fall, die seit dem Ende der 60er Jahre Sättigungserscheinungen ihrer Märkte verzeichnen. Verschärfter Wettbewerb auf gesättigten Märkten geht mit Preiskämpfen einher und läßt die Hersteller auf ein Wachstum durch qualitative Verbesserung setzen. Dies setzt voraus, daß dem Markt Produkte und Leistungen angeboten werden, welche einerseits individualisierte Verbraucherbedürfnissse befriedigen und andererseits (noch) den Charakter des Massenprodukts aufweisen. Die Notwendigkeit, den Zusatznutzen der Produkte oder Leistungen individueller zu gestalten, führt dazu, daß die Unternehmen den Gesamtmarkt in kleinere, spezifische und homogene Teilmärkte aufspalten müssen, um diese separat bearbeiten zu können.
Diese Segmentierung eines Gesamtmarktes ist aber – losgelöst von diesem Beispiel – allgemein sinnvoll und durch die Marktentwicklung in vielen

anderen Branchen ebenso notwendig, um eine optimale Befriedigung der Konsumentenwünsche zu realisieren. Wenn vorhergeplante Verkaufserfolge ausbleiben, so kann dies daran liegen, daß entweder die falsche Personengruppe angesprochen wurde, oder nicht wirklich auf die speziellen Wünsche und Bedürfnisse der entsprechenden Zielgruppe eingegangen wurde.

Praktische Bedeutung
In der Praxis bedeutet die Verwirklichung von Marktsegmentierung, mit Hilfe von Segmentierungskriterien den heterogenen Gesamtmarkt in homogene Teilmärkte zu gliedern. Die einzelnen definierten Segmente werden mit jeweils einem (teil-)zielgruppengerechten Marketing-Mix angesprochen. Konkret ist also angestrebt, eine Gesamtheit – nämlich alle Verbraucher in einem Marktgebiet – in unterschiedliche Teilgruppen mit jeweils gleichen Merkmalen bzw. Merkmalkombinationen zu gliedern.
Ein Marktsegment stellt dann eine spezielle Abnehmergruppe dar, deren Bedürfnisstruktur, Verhaltensmuster und Eigenschaften homogen sind. Es wird dabei von der Annahme ausgegangen, daß sich die Käufergruppen auch tatsächlich in solche Segmente mit spezifischen Bedürfnissen und Wünschen nach für sie typischen Merkmalen gliedern lassen (Breuer 1980). Aus diesen Marktsegmenten sind die Zielgruppen ableitbar, die mit dem entsprechenden Marketing-Mix erreicht werden sollen. Die im Rahmen der Marketing-Forschung gewonnenen Erkenntnisse sollen die Bearbeitung der Fragen ermöglichen, welches Produkt mit welcher Aussage zu welchem Preis an wen verkauft werden kann.

Bestimmung von Zielgruppen
In dieser Weise aufgefaßt, dient das Instrument einer „Marktsegmentierung" der Zielgruppenbestimmung, wobei die Zielgruppe für den Anbieter eine potentielle Abnehmergruppe darstellt, die gewisse Absatzchancen verspricht (Berekoven). Der Begriff der „Zielgruppe" kann gegenüber dem Begriff „Marktsegment" als übergeordnet verstanden werden, da die Marktsegmente auch Teilzielgruppen sein können (Unger). Oft wird auf eine derartig feine Differenzierung aber verzichtet, und die beiden Begriffe werden synonym verwendet (Schmied-Braekling).

Gliederung in Maßnahmen
Für die Verfeinerung der beiden Grundansätze – Marktforschungsmethode und Marketingstrategie – in Kategorien bietet sich die Aufspaltung nach Markterfassungs- und nach Marktbearbeitungsseite an. Das folgende Schema ist an Weis (1990) und Böhler (1991) angelehnt.

Aspekt der zielgruppenbezogenen Markterfassung:	Aspekt der produktbezogenen Marktbearbeitung:
Ermittlung von Zielgruppen mit weitgehend homogener Bedürfnisstruktur	Ermittlung der Stellung der Produkte aufgrund von Einschätzungen der Käufer und des einzusetzenden Marketing-Mix

In der Praxis sind beide – sich einander nicht ausschließenden – Ansätze gemeinsam anzutreffen, und sie werden auch in der Literatur als Kombination beschrieben (Freter 1983). Dies mündet in eine Aufgaben- bzw. Maßnahmenbeschreibung der Marktsegmentierung (nach Unger 1988 und Freter 1993).

Markterfassung umfaßt:
- die Differenzierung der Konsumentenwünsche,
- das Auffinden von homogenen Teilmärkten für ein Produkt,
- die Ermittlung von Marktnischen,
- die Analyse der eigenen Marktposition im Hinblick auf wettbewerbsfähige Mitbewerber,
- die differenzierte Analyse einer Marktentwicklung und
- die Hilfestellung für die Entwicklung neuer Produktideen.

Marktbearbeitung umfaßt:
- Konkretisierung der Marketingziele,
- Kontrolle der Zielerreichung,
- richtige Positionierung neu entwickelter Produkte und
- gezielter Einsatz der Marketinginstrumente.

Stufenweises Vorgehen
Der erste Schritt einer Marktsegmentierung setzt die Ableitung der geeigneten Segmentierungskriterien voraus. Üblicherweise werden demographische und sozioökonomische, verhaltensorientierte und – zunehmend – psychologische Kriterien herangezogen.
An die Kriterien stellt man ähnliche Anforderungen wie in der empirischen Sozialforschung:
- es sollen Variable herangezogen werden, die für die Bedarfsvorstellung in ursächlicher (und nicht nur statistischer) Beziehung stehen,
- sie sollen operationalisierbar sein,
- sie sollen über einen bestimmten Zeitraum hinweg Bestand haben, und
- die mit ihrer Hilfe gebildeten Marktsegmente sollten ausreichend groß sein, um auch ökonomisch sinnvoll bearbeitet werden zu können.

2

Der Vorgang einer Marktsegmentierung selbst vollzieht sich dann in mehreren Stufen. Grundlegend wird in einem zweistufigen Verfahren zwischen Nicht-Verwendern und Verwendern eines Produkts unterschieden – die Verwender werden als potentielle Käufer des eigenen Produkts in die unterschiedlichen Marktsegmente untergliedert (Freter 1983).
In der Ausweitung auf ein dreistufiges Verfahren können auf der ersten Stufe die Nicht-Verwender bereits differenziert werden. Auf der zweiten Stufe werden die Verwender dann nach Käufern des eigenen sowie fremder Produkte unterschieden, um schließlich auf der dritten Stufe weiter zu segmentieren (Unger 1988).

Marktsegmentierungskriterien

Die bisher genannten Anforderungen an die Segmentierungskriterien können weiter ausdifferenziert werden. Die Segmentierungskriterien sollen dafür sorgen, daß die mit ihrer Hilfe abgeleiteten Marktsegmente homogen sind, und sie sollen Beschreibungen liefern, die eine zielgerechte Bearbeitung ermöglichen.

Im einzelnen ist angestrebt:
- Kaufverhaltensrelevanz: Die abgegrenzten Segmente sollten ein in sich homogenes, doch untereinander heterogenes Kaufverhalten aufweisen.
- Aussagefähigkeit für den Einsatz der Marketinginstrumente: Die Segmente sollten so abgesetzt sein, daß sie Ansatzpunkte für einen differenzierten Einsatz der Marketinginstrumente bieten.
- Zugänglichkeit: Mit Hilfe der Segmentierungskriterien sollen die abgegrenzten Segmente für Marketingmaßnahmen zugänglich sein.
- Meßbarkeit: Die Erfassung der Segmente mit Hilfe der Kriterien sollte mit den vorhandenen Marktforschungsmethoden möglich sein.
- Zeitliche Stabilität: Die Aussagefähigkeit der Segmentierungskriterien sollte über eine sinnvolle Zeitspanne gewährleistet sein.
- Wirtschaftlichkeit: Die Segmente sollten eine lohnende Bearbeitung voraussetzen, so daß der Kosten-Nutzen-Aufwand für das Unternehmen ein sinnvolles Verhältnis darstellt.

Inhaltlich lassen sich die Kriterien, wie schon angeführt, in drei Kategorien einordnen:
- demographische (einschließlich der sozioökonomischen und geographischen Kriterien),
- verhaltensorientierte und
- psychographische.

Demographische Marktsegmentierung
Da dieser Ansatz der älteste und häufigste ist, wird er auch als „klassisch" bezeichnet. Gängig sind (nach Unger 1989) Kriterien wie:
- Geschlecht,
- Alter,
- Familienstand,
- Ausbildung,
- Tätigkeit,
- Anzahl der Kinder im Haushalt,
- Alter der Kinder,
- Haushalts-Netto-Einkommen,
- Zahl der Verdiener,
- Beruf des Haushaltsvorstands,
- Schulbildung des Haushaltsvorstands,
- Haushaltstyp,
- soziale Schicht,
- regionale Gliederung.

In der Praxis finden verschiedene Kombinationsmöglichkeiten dieser und ähnlicher Kriterien Anwendung.

• Familien-Lebenszyklus
Aus einer Kombination von Alter, Familienstand, Berufstätigkeit und Anzahl der im Haushalt lebenden Kinder wurden Modelle des Familien-Lebenszyklus entwickelt. Ein solches Modell beschreibt einzelne Phasen, die die Menschen in zeitlicher Folge in ihrem Haus durchlaufen (Unger 1989):
- Junge Menschen, die in Gründung eines eigenen Haushalts begriffen sind. Ihre bevorzugte Einkommensverwendung: Bekleidung, Unterhaltung, Fahrzeuge.
- (Jungverheiratete) Paare ohne Kinder, charakterisiert durch hohen Wohnbedarf. Bei doppelter Berufstätigkeit mit hohem Anteil frei verfügbaren Einkommens.
- Junge Paare mit kleinen Kindern, deren frei verfügbarer Einkommensanteil durch fehlende Berufstätigkeit eines Partners oftmals erheblich kleiner wird. Bei diesen Haushalten nimmt der Bedarf an Konsumprodukten zu, wobei auch ein stärkeres Preisbewußtsein zutage tritt.
- Paare mit größeren Kindern, die zum Teil schon über ein eigenes Einkommen verfügen und wo der bisher nicht berufstätige Partner wieder ins Berufsleben zurückgekehrt ist. Dadurch steigt das frei verfügbare Einkommen dieser Familie wieder an, das Anspruchsniveau des Haushaltes wächst aufgrund zunehmener Konsumerfahrungen.
- Haushalte, deren Kinder das Elternhaus bereits verlassen haben. Diese (Senioren-)Haushalte stehen aufgrund ihrer Kaufkraftstärke und Aufgeschlossenheit wieder zunehmend im Interesse des Marketing.

Dieses hier beschriebene Modell des Familien-Lebenszyklus läßt sich noch erheblich präzisieren und ist entspechend neuerer Entwicklungen zu modifizieren. Eine zunehmend bessere Ausbildung breiterer Bevölkerungsschichten hat einen allgemein anspruchsvolleren Konsumbedarf zur Folge. Außerdem muß das Modell um die zunehmende Anzahl der Single-Haushalte, der Zwei-Personen-Haushalte ohne Kinderwunsch sowie auch der Alleinerziehenden ergänzt werden.
Verschiedene Autoren haben nun Kombinationen unterschiedlicher demographischer Kriterien untersucht, beispielsweise die Verbindung von Einkommen, Familiengröße und Alter (Becker 1992). Eine herausragende Rolle spielt die Kombination von Einkommen, Ausbildung und Berufstätigkeit, die auf das Modell der sozialen Schichtung führt. Freter definiert: „Soziale Schichten oder Klassen stellen relativ dauerhafte, wesentliche homogene Gesellschaftsgruppen mit ähnlichen Wertvorstellungen, Interessen, Lebensstilen und Verhaltensmustern dar."
Eine der üblichen Gliederungen geht von drei, jeweils nochmal unterteilten Schichten aus:
- obere Oberschicht,
- untere Oberschicht,
- obere Mittelschicht,
- untere Mittelschicht,
- obere Unterschicht,
- untere Unterschicht.

In bezug auf den Besitz verschiedener hochwertiger Produkte weisen die sozialen Schichten ein unterschiedliches Kaufverhalten auf. Vor allem für Produkte des gehobenen Bedarfs mit Statussymbolcharakter kann das Kriterium der sozialen Schicht einen Aussagewert für Marktsegmentierungsüberlegungen haben.
In der letzten Zeit wird dieses Kriterium jedoch kritisch betrachtet. Ausgehend von einer Beobachtung stärkerer Angleichung der schichtenspezifischen Verhaltensweisen besteht die Annahme, daß die Schichtzugehörigkeit „mehr für den Konsumstil, weniger jedoch für einen Kauf bestimmter (speziell täglicher) Konsumgüter entscheidend ist" (Berekoven).

• Geographische Segmentierungskriterien
Geographische Kriterien sind relativ einfach sowie wirtschaftlich erfaßbar. Aufgrund der Bevölkerungsverteilung und der unterschiedlichen Entwicklung bestimmter geographischer Gebiete hinsichtlich Rechtsordnung, Kultur, Klima sowie Lebensgewohnheiten werden sie schon lange für eine Marktsegmentierung herangezogen. Die ist naturgemäß insbesondere für die Unternehmen relevant, die ihr Absatzgebiet regional definiert haben oder regional unterschiedliche Ziele verfolgen. Man unterscheidet hier (u. a. nach Böhler) grundsätzlich:
- Strukturräume und
- Funktionsräume.

Ein Strukturraum wird als eine Region definiert, die hinsichtlich eines Strukturmerkmals eine gewisse Gleichförmigkeit aufweist. Solche Strukturräume können z. B. sein:
- natürliche Regionen,
- politisch-administrative Regionen,
- wirtschaftliche Strukturräume,
- Stadtregionen,
- Agglomerationsräume.

Funktionsräume beziehen sich hingegen auf die funktionale Verbindung zwischen Wohnorten der Verbraucher und dem Standort der Anbieter. Da diese Orte meist auseinanderfallen, entsteht ein Netz von Bezugs- und Absatzverflechtungen.
Dabei spielt die regionale Mobilität der potentiellen Abnehmer eine Rolle. Seit 1969 bietet die GfK (Gesellschaft für Kommunikation) Kaufkraftkarten mit regional bezogenen Kaufkraftkennziffern an. Diese Kerndaten geben über das generelle Kaufkraftpotential der betrachteten Region Auskunft und liefern weitere Informationen, wie z. B. die Angabe der Wirtschaftszentren, der Bevölkerungsdichte etc. Die Unterlagen werden jährlich aktualisiert.
Ihre Untergliederung ist kleinräumig und bezieht sich auf Stadt- und Landkreise bzw. Gemeinden, was praktisch mit der Segmentierung nach (alten) Postleitzahlen korrespondiert, wie sie bisher üblich war. Heute gibt es bereits Ansätze zur mikrogeographischen Marktsegmentierung. Grundgedanke ist hierbei, daß sich innerhalb eines regional definierten Gebietes, z. B. einer Stadt, kleinere Wohngebietseinheiten befinden, die einzeln jeweils homogene Gruppen darstellen, sich untereinander jedoch erheblich unterscheiden.

• Aussagekraft demographischer Kriterien
Freter nennt als Vorteile der demographischen Kriterien, daß sie relativ einfach erfaßt werden können, medial erreichbare Segmente ergeben und eine Abschätzung von Marktpotentialen ermöglichen. Er weist aber auch darauf hin, daß sie leider keinerlei Rückschlüsse darauf zulassen, *warum* eine Kaufentscheidung getroffen wird. Es ist in keinem Fall anzunehmen, daß homogene Gruppen in bezug auf demographische Variablen auch das gleiche Kaufverhalten an den Tag legen. Diese mangelnde Kaufverhaltensrelevanz ist wesentlicher Ansatzpunkt für die Kritik.

2

Verhaltensorientierte Marktsegmentierung
Die verhaltensorientierten Segmentierungskriterien setzen am beobachtbaren Konsumverhalten an und lassen sich in produkt- und distributionsseitig differenzieren.

Produktseitig unterscheidet man Käufergruppen nach:
- Produktartwahl,
- Verbrauchsintensität,
- Markenwahl und
- Markentreue.

Insbesondere die Verbrauchsintensität stellt ein wichtiges Kriterium dar, mit dessen Hilfe Kaufvolumen abgeschätzt werden können. Für die Zielgruppenansprache unterscheidet man ferner graduell nach Intensivverwendern eines Produktes („heavy user") und Normal- oder Schwachverwendern („light user").

Distributionsseitig untersucht man:
- kommunikationsbezogene,
- preisbezogene und
- einkaufsstättenbezogene Segmentierungskriterien.

Auf der Kommunikationsseite ist das Mediennutzungsverhalten der Konsumenten ausschlaggebend. Es wird daraufhin analysiert, wie die Zielpersonen eines Unternehmens bestimmte Medien nutzen.
Ansatzpunkte für die preisbezogenen Segmentierungskriterien ergibt die Wahl bestimmter Preisklassen und beispielsweise der Kauf von Sonderangeboten. Preisbezogene Aspekte können dabei persönlichkeitsbezogen und damit genereller Natur oder produktbezogen sein (Freter 1983). Die Beobachtung von Kaufverhalten steht dabei im Vordergrund, während Preisbewußtsein kein verhaltensorientiertes sondern ein psychographisches Kriterium darstellt.
Die einkaufsstättenbezogenen Kriterien wiederum sprechen für sich. Sie geben Aufschluß darüber, wo die einzelnen Konsumenten mit welcher Intensität einkaufen und wie – aus dem anderen Blickwinkel – die Käuferschaft der einzelnen Einkaufsstätten strukturiert ist.

- Beurteilung verhaltensorientierter Kriterien

Die verhaltensorientierten Segmentierungskriterien lassen sich analog zu den sozio-demographischen Kriterien relativ einfach operationalisieren und problemlos erheben. Sie liefern ebenfalls erste Anhaltspunkte über die Struktur der Käuferschaft. Ferner geben sie Hinweise auf den Einsatz der Instrumente des entsprechenden Marketing-Mix und setzen enger am Kaufverhalten, dem Ergebnis des Kaufentscheidungsprozesses, an. Aussagen über ursächliche Bestimmungsgründe des Kaufverhaltens lassen sich mit Hilfe dieser Kriterien jedoch ebenfalls nicht treffen. Dies mag ausschlaggebend dafür sein, daß man sich verstärkt den psychographischen Segmentierungskriterien zuwendet.

Psychographische Marktsegmentierung
Die hierunter gefaßten Merkmale werden in der Literatur nicht einheitlich beschrieben. Für die Zwecke dieses Beitrags bietet sich an, sich einer Klassifikation von Böhler anzuschließen, die eine praxisrelevante Zuordnung psychographischer Segmentierungskriterien und gängiger Segmentierungsansätze zuläßt (Zuordnung nach Berekoven, Marktforschung, 1991, S. 264).

Psychographische Kriterien	Segmentierungsansätze
Persönlichkeitsmerkmale: – Charaktermerkmale – Einstellungen – Motive	Personality-segmentation
Lebensgewohnheiten: – Aktivitäten – Interessen – Meinungen	Life-style-segmentation
Wahrnehmungen: – Präferenzen – Kaufabsichten	Perceptual-/Preference-segmentation
Nutzungserwartungen	Benefit-segmentation

Die Segmentierungsvariable „Einstellung" kann zwar bevorzugt den Persönlichkeitsmerkmalen zugeordnet werden, wird aber indirekt in sämtlichen psychographischen Segmentierungsansätzen berücksichtigt.
Anschaulich ist klar, daß die verschiedenen Konsumenten das gleiche Produkt aus unterschiedlichen Beweggründen zur Erfüllung individueller Bedürfnisse kaufen. Ein Konsumgut, z. B. ein Erfrischungsgetränk, kann gut schmecken, kalorienreduziert, mit Vitaminen angereichert oder biologisch kontrolliert sein, Mineralien enthalten, einer bekannten Marke angehören usw. Warum ein Konsument gerade dieses Getränk und kein anderes kauft, gilt es zu untersuchen, wobei dieses kleine Beispiel illustriert, daß ein stark differenziertes Warenangebot mit seinen zahlreichen Wahlmöglichkeiten für einen Verbraucher einen ebenso differenzierten Zugriff für eine Analyse benötigt. Hier liegt einer der Gründe für die zunehmende Berücksichtigung psychographischer Segmentierungskriterien, mit deren Hilfe die viel-

schichtigen Kaufentscheidungsaspekte bearbeitet werden sollen. Es bleibt anzumerken, daß diese Kriterien nur schwer in meßbare Variable gebracht werden können und daß mit ihrer Anwendung ein beträchtlicher Erhebungs- und Meßaufwand verbunden ist.

Einstellungen

Wie oben schon angesprochen, werden bei psychographischen Segmentierungsansätzen durchweg Einstellungen berücksichtigt. Das erfolgt, obwohl es umstritten ist, inwieweit die Einstellung ein brauchbares Konstrukt für die Verhaltensvorhersage bezüglich des Kaufverhaltens ist. Eine der diesbezüglichen differenzierten Einschätzungen unterscheidet zwischen einstellungsbedingten Aussagewerten bei „Low-Involvement-Produkten" und „Produkten mit hoher Ich-Bedeutung", denen eine höhere Verhaltensrelevanz zukommt.

Erklärung des Begriffs Einstellung
Einstellungen stellen eine psychologische Kategorie dar, für die es zahlreiche Definitionen gibt. Diese stimmen darin überein, daß sie Einstellungen als eine – im psychologischen Sinne – erlernte Reaktion (Prädisposition) auffassen, nach der ein Individuum auf ein Objekt in konsistenter Weise entweder positiv oder negativ reagiert. Bei Anwendung für die Zwecke der Marktsegmentierung sind eine Reihe von Eigenschaften zu beachten (nach Martens 1988):
- Einstellungen beeinflussen das Fühlen, Wahrnehmen und Handeln des Individuums,
- sie sind relativ dauerhaft,
- sie sind wertorientiert und affektiv,
- sie variieren zwischen Individuen und zwischen Kulturen,
- sie sind hypothetische Konstrukte, die nicht direkt beobachtet, sondern nur erschlossen werden können.

Gegen Einstellungen abzugrenzen sind die Begriffe Image, Motiv, Überzeugung und Wert. Ein Image wird vom Konsumenten aufgrund seiner verschiedenen Einstellungen einem Produkt oder Gegenstand gegenüber gebildet. Es kann als ein komplexes Einstellungsgefüge aus Ideen, Gefühlen und Haltungen beschrieben werden.
Im Rahmen der Marktforschung wird der Begriff Image oft durch die Begriffe Einstellung (= attitude) und Annahmen (= beliefs) ersetzt. Die Annahmen entstehen innerhalb einer Person während eines Bewertungsprozesses und finden ihren Niederschlag in der Einstellung dieser Person zu einem bewerteten Objekt. Verfahren der Imagemessung sind im allgemeinen solche Verfahren, die auch zur Einstellungsmessung herangezogen werden. Die Einstellungen gegenüber einem Produkt werden mit ein- oder mehrdimensionalen Verfahren ermittelt. Die Summe der Einstellungswerte ergibt das Image, welches der Konsument gegenüber dem Produkt gebildet hat.
Motive zielen hingegen direkt auf das Verhalten, sie werden als Antriebskräfte menschlichen Verhaltens aufgefaßt, die durch zwei Merkmale charakterisiert sind:
- Motive aktivieren den Konsumenten, Handlungen vorzunehmen und
- sie steuern diese Handlungen.

Überzeugungen und Meinungen sind wiederum den Einstellungen, und zwar dem kognitiven Bereich, zuzuordnen. Sie können als Gewißheit aufgefaßt werden, die eine Person durch jemanden oder durch Erfahrungen gewinnt und für sich als Tatsache auffaßt.
Der Begriff des Werts wird teilweise zum Begriff der Einstellung synonym verwendet. In einer Abgrenzung werden Werte jedoch als generelle Konzepte verstanden, während sich Einstellungen in der Regel auf einzelne Objekte, Subjekte oder Situationen beziehen.

Einstellungskomponenten
Für die praktische Arbeit im Rahmen der Marktsegmentierung wird das psychologische Konstrukt der Einstellung weiter in zwei oder drei Komponenten zergliedert. Ähnlich wie in der empirischen Sozialforschung differenziert man in die kognitive Komponente (Denken, Wissen) und die affektive Komponente (Fühlen). Wird dreifach gegliedert, kommt noch eine konative Komponente (Willen, Verhalten) hinzu.

Entstehung und Beeinflussung
Die Psychologie hat beobachtet, daß sich Einstellungen bevorzugt aus der Konfrontation mit wiederkehrenden Objekten herausbilden, zu denen das Individuum zunehmend Kenntnisse erwirbt, Gefühle aufbaut und Handeln darauf ausrichtet. Es entstehen regelmäßige Wahrnehmungs- und Verhaltensmuster, die sich verfestigen. Interaktionsarten, die in diesem Zusammenhang eine Rolle spielen, sind beispielsweise
- die Übernahme fertiger Einstellungen von Vorbildern,
- die Übernahme von Einstellungen aus Gruppennormen,
- die Entstehung und Änderung von Einstellungen in Abhängigkeit von Information und ihre
- Entstehung und Änderung aufgrund stark affektiver Erlebnisse.

2

Dabei entwickelt jedes Individuum aufgrund seiner Erfahrungen positive und negative Einstellungen gegenüber bestimmten Objekten. In der Regel haben die Einstellungen gegenüber Produkten, die man selbst verwendet, positiven Charakter und bieten Ansatzpunkte für die Erklärung und Beeinflussung von Kaufverhalten. Eine neutrale Einstellung ist in diesem Zusammenhang keinesfalls mit einer fehlenden Einstellung gleichzusetzen.
Oft ist es das Ziel werblicher Kommunikation, die Einstellungen von Mitgliedern der Zielgruppe zu verändern oder zu beeinflussen. Da Einstellungen jedoch ein relativ dauerhaftes System innerhalb eines Individuums darstellen, ist eine Einstellungsänderung ein zumeist langwieriger und schwer nachvollziehbarer Prozeß. Sie sind umso schwieriger zu beeinflussen, je stärker die affektive Komponente ausgeprägt ist, je intensiver die Vernetzung mit anderen Einstellungen zu bewerten ist und je stärker die Einstellungen bei dem jeweiligen Individuum ausgeprägt sind (Martens 1988).
Für genauere Untersuchungen des Käuferverhaltens ist deshalb das Wissen über die Stärke oder Intensität sowie die Richtung einer Einstellung von besonderer Bedeutung.
Die Richtung einer Einstellung wird auch als ihre „affektive Ladung" bezeichnet. Danach kommt es nicht so sehr darauf an, welche Kenntnisse über ein Objekt vorliegen, sondern mehr darauf, wie intensiv sich die positiven sowie negativen Gefühle zu einem Objekt unterscheiden lassen (Schub von Bossiazky 1992).

Einstellungen als Kriterium für die Marktsegmentierung

Um Einstellungen direkt als Kriterien zur Marktsegmentierung verwenden zu können, ist ihre Operationalisierung notwendig. Dazu wurden in der Marktforschung in den vergangenen Jahren mehrere Skalen und Datenanalyseverfahren entwickelt. Sie zielen teils

- auf generelle, persönlichkeitsbezogene Einstellungen und teils
- auf produkt- oder marktbezogene Einstellungen, auch als konsumsteuernde Einstellungsebene bezeichnet.

Persönlichkeitsbezogene Einstellungskriterien
Persönlichkeitsbezogene Einstellungen werden mit Einstellungsskalen ermittelt, die verschiedene allgemeine Einstellungskriterien der Verbraucher ermitteln. Dabei wird versucht, generelle psychographische Kriterien für die Marktsegmentierung zu finden, die sich nicht auf spezielle Produkte oder Warensegmente beziehen. Beispielsweise hat die Gesellschaft für Kommunikation entsprechende Skalen entwickelt („GfK-Skala"), die die folgenden Anforderungen berücksichtigen (Jahrbuch der Absatz- und Verbraucherforschung 1971):

- Die zu messenden Einstellungen des Verbrauchers sind universal und stellen psychische Faktoren dar, die prinzipiell allen Menschen zukommen. Sie sind also nicht nur für die Erklärung eines speziellen Konsumverhaltens relevant und treten nicht nur bei einer bestimmten Gruppe von Käufern auf.
- Die Erfassung derartiger Einstellungen bleibt ohne Einfluß auf das aktuelle Konsumverhalten (d. h. die Methode beeinflußt hier nicht den Forschungsgegenstand).

An Einstellungsdimensionen wurden ermittelt:

- Aufgeschlossenheit gegenüber dem modernen Warenangebot,
- Qualitätsanspruch im Kaufverhalten,
- Ansprechbarkeit für Werbebotschaften,
- preisbewußtes Einkaufsverhalten,
- Einstellung zu Hausarbeit und Haushalt,
- Beachtung der Gesundheit,
- intro- oder extravertierte Persönlichkeitseigenschaften,
- Vorsorge- und Sicherheitsstreben,
- Prestigestreben,
- Informationsfreudigkeit,
- Einstellung zur Freizeitgestaltung,
- Einstellung zur Körperdemonstration.

Die Anwendung dieser Dimensionen wird allerdings teils zurückhaltend beurteilt. So findet man bei den Marktforschungsexperten Skepsis, ob eine Segmentierung nach solch offenen Kriterien tatsächlich bestimmte Verhaltensweisen in einer speziellen Situation erklären oder prognostizieren kann. Demgegenüber gibt es jedoch optimistische Einschätzungen, nach denen solche persönlichkeitsbezogenen Einstellungen sich durchaus für die Erklärung des Kaufverhaltens in einer Vielzahl von Produktarten einsetzen lassen.

Produktspezifische Einstellungskriterien
Produktspezifische Einstellungen werden zu Produktgattungen, einzelnen Marken, neuen Produkten oder auch zu imaginären Produkten ermittelt, die nach Ansicht der Verbraucher ideale Eigenschaften aufweisen (Idealprodukt).
Derart erfaßte Einstellungen werden durchweg für brauchbar gehalten, um eine Marktsegmentie-

rung vorzunehmen, d. h. Produkt(weiter)entwicklungen für bestimmte Marktsegmente darauf zu gründen oder Marketinginstrumentarien gezielt in Marktsegmenten einzusetzen.

Verbrauchertypologien
Als generell nutzbares Ergebnis der Einstellungsforschung sind Verbrauchertypologien erarbeitet worden. Sie leiten sich sowohl aus persönlichkeitsspezifischen als auch aus den produktspezifischen Einstellungstypen ab. Die vorgenommene Typenbildung führt auf Verbrauchergruppen, die – analog zu Marktsegmenten – bezüglich eines Merkmalsbereiches in sich möglichst homogen sind, sich aber voneinander weitmöglichst unterscheiden.
Als Beispiel wird eine produktbezogene Typologie der Gesellschaft für Kommunikation aus dem Bekleidungssektor wiedergegeben (GfK 1987).

	Typ	Anteil
I.	Unauffällig gekleidete ältere Dame	17,0%
II.	Korrekt Gekleidete	12,3%
III.	Zweckmäßig-sportlich	14,9%
IV.	Anspruchsvolle Dame	6,8%
V.	Weiblich-charmant	11,2%
VI.	Modeorientierte	7,9%
VII.	Unkonventionelle	11,4%
VIII.	Junge sportlich Modische	10,7%
IX.	Junge modisch Amüsante	7,8%

Verbrauchertypologien werden von unterschiedlichen Urhebern erstellt, u. a. von großen Zeitschriftenverlagen, die diese Ergebnisse teilweise regelmäßig veröffentlichen. Diese Verlage gehen dabei so vor, daß sie die Nutzer ausgewählter Print-Medien auf der Basis genereller wie spezieller Einstellungsmerkmale typisieren, und zwar als Ergänzung zu regelmäßig erhobenen sozio-demographischen Merkmalen. Wichtige motivationale und verhaltensspezifische Dimensionen werden miterhoben.
Die besondere Situation dieser Typologien besteht im übrigen darin, daß soziographisch erfaßbare Gruppen der Bevölkerung danach segmentiert werden können, welches Kaufverhalten sie zeigen (Haushaltspanel), welche Medienwahl sie treffen (Media-Analyse) und welche Einstellungen bei ihnen bestehen.

Weitere Segmentierungsansätze
Wie oben angesprochen, sind Einstellungen indirekt in den meisten Marktsegmentierungsansätzen angesprochen. Die drei wichtigsten, die jeweils auf weitere psychographische Kriterien zielen, werden kurz vorgestellt.

• Die Benefit-Segmentierung
Der Grundgedanke dieses Ansatzes liegt in der Marktaufteilung nach der Nutzungserwartung der Konsumenten. Dabei sind die Einstellungskriterien relevant, die sich auf das spezifische Angebot konzentrieren. Es handelt sich durchaus um subjektiv erlebte Produkteigenschaften sowie damit verbundene Nutzungserwartungen, nicht um objektiv gegebene Produkteigenschaften, so daß es gilt, produktspezifische Einstellungen zu messen und auszuwerten.

• Die Perceptual-/Preference-Segmentierung
Für diesen Segmentierungsansatz sind die Wahrnehmungen, Präferenzen und Kaufabsichten als Kriterien relevant. Auch hier ist zu berücksichtigen, daß die Konsumenten die angebotenen Produkte nicht nach ihren objektiven Eigenschaften beurteilen, sondern nach ihrer subjektiv wahrgenommenen Qualität.
Entsprechendes gilt für Präferenzen, nach denen Verbraucher Produkte oder auch Marken für sich selbst einordnen. Als Instrumentarium zur Präferenzbestimmung bietet sich beispielsweise die Gegenüberstellung von Real- und Idealmarken an, bei der die Bewertungsdistanz zwischen den Real- und Idealobjekten zur Bewertung in einem „Einstellungsraum“ herangezogen wird. Die Segmentierung kann letztlich nach der Position des realen oder des idealen Produkts oder auch nach Einstellung und Präferenzen erfolgen.
Eine Kaufabsicht kann letztlich als Vorstufe der eigentlichen Kaufhaltung bezeichnet werden. Sie läßt sich prinzipiell über die Handlungskomponente von Einstellungen messen, was für neu einzuführende Produkte oder längerfristige Gebrauchsgüter in Frage kommt.

• Segmentierung nach Life-stile-Kriterien
Es liegt auf der Hand, daß die Segmentierung nach „Lebensstil bzw. -gewohnheiten“ in engem Zusammenhang mit der Analyse psychographischer Merkmale steht. Zur Operationalisierung sind zwei Methoden üblich:
- Das Konsumverhalten des Verbrauchers (Besitz, Verwendung von Gebrauchsgütern) wird als Bestimmungsmerkmal von Lebensgewohnheiten interpretiert und als Indikator für andere Verhaltensweisen betrachtet.
- Der Konsument wird anhand einer großen Vielfalt von psychographischen Eigenschaften beschrieben, wobei den zentralen Konstrukten wie „Activities“, „Interests“ und „Opinions“ besondere Bedeutung zukommt. Unter Hinzuziehung von „Values“ wird dies in der amerikanischen Literatur als „AIOV-Approach“ bezeichnet.

2

Ähnlich den Verbrauchertypologien werden eine ganze Reihe von Life-Style-Konzepten angeboten, u. a. ein von der Gfk-Forschungsgemeinschaft für Marketing entwickelter Ansatz des „Euro-Styles", der auf den Zusammenschluß der europäischen Märkte und die dort dann anzutreffenden Konsumententypen zielt.

Marketingstrategien

Markterfolge strategisch absichern

Der wesentliche Planungsschritt nach der Festlegung der Marketingziele ist die Suche nach alternativen Wegen, um diese Ziele unter den Bedingungen, die sich aus Markt und Umfeld sowie ggf. Segmentierungsüberlegungen, aber auch den gegebenen Restriktionen im Unternehmen ergeben, zu realisieren.
Der Begriff der Strategie stammt ursprünglich aus dem militärischen Bereich. Über die (mathematische) Spieltheorie fand er Eingang in die betriebswirtschaftliche Planungslehre und das Marketing.
Mit den Marketingstrategien wird der Handlungsrahmen festgelegt, innerhalb dessen die einzelnen Instrumente des Marketing-Mix eingesetzt werden sollen. Die Strategien sind, wie in dem Abschnitt „Die Struktur des Marketing-Konzepts" schon dargelegt, langfristig angelegte Maßnahmen, die die Brücke zwischen den Marketingzielen und den operativen und taktischen Maßnahmen des Marketing schlagen. Der Sinn dieser bewußten Ausrichtung des unternehmerischen Vorgehens liegt in der Vermeidung von ineffizienten und orientierungslosen Maßnahmen, unkoordinierten Mehrfachwegen sowie Umwegen oder gar falschen Wegen. Bildlich gesprochen geht es also um die Festlegung einer Stoßrichtung, an der sich alle auf den Markt gerichteten Einzelaktivitäten ausrichten müssen.
Bei hohen (zweistelligen) Zuwachsraten führen die falschen Entscheidungen im Marketing-Mix zu Wachstumsverlusten. In stagnierenden oder gar schrumpfenden Märkten braucht der Marketing-Mix erst recht eine Zielrichtung oder einen Rahmen, denn Umwege in der Zielerreichung führen zu einem Zeitverlust, den die Konkurrenz intensiv zum Ausbau ihres Wettbewerbsvorteils nutzt, und dies kann in dieser Situation sogar existenzgefährdend sein.
Beispiele hierfür gibt es in Branchen, in denen Großunternehmen überwiegen. Bekannt ist die Problematik der Speichertechnik. Der Preisverfall beträgt hier zeitweise ein Drittel pro Jahr. Da es sich um Weltmärkte handelt, geraten die Unternehmungen, die einen Entwicklungsrückstand von nur 2 bis 3 Jahren gegenüber den technologischen Marktführern in den USA oder Japan haben, schnell in große Schwierigkeiten. Ein weiteres Beispiel ist die Autoindustrie, für die Entwicklungszeiten bei einer Modellreihe von 7 bis 8 Jahren typisch sind, während anderwärtig teilweise nicht einmal die Hälfte der Zeit benötigt wurde. Eine Verzögerung bei der Entwicklung kann mehrere Jahre Zeitverlust bedeuten, damit ist vielleicht der Markt dann vergeben.

Strategietypen

Konkrete Marketing-Stragien sind individuelle Angelegenheit der einzelnen Unternehmen, sie basieren jedoch auf Grundstrukturen. Die Betriebswirtschaftslehre hat in Theorie und Praxis eine große Anzahl von Strategietypen entwickelt. Eine Reihe dieser Typen werden aus dem Portfolio des Unternehmens abgeleitet (siehe zu dieser Methode den Abschnitt „Portfolio" im Beitrag „Betriebswirtschaftslehre").
Die Portfoliostrategien berücksichtigen Chancen und Risiken im Markt einerseits und Stärken und Schwächen der Unternehmung andererseits und geben damit den Rahmen für die detaillierteren Marketingstrategien ab. Es sind jedoch keine reinen Marketingstrategien, sondern eher Unternehmens-Modelle.
Strategietypen des Marketing beziehen sich entweder auf einen Zielmarkt oder auf die Art der Marktbearbeitung. Ansatzpunkte für die Bildung von Strategien sind demnach:
- Kunde,
- Konkurrenz und/oder
- Marketinginstrumente.

Marktfeldstrategien

• Beschreibung
Marktfelder lassen sich als spezifische Produkt-/Markt-Kombinationen beschreiben (siehe Becker 1992). Die Entscheidung darüber, welche Marktfelder ein Unternehmen besetzen will, d. h. wie es sein Leistungsprogramm gestalten will, ist grundlegend für alle anderen marktstrategischen Aktivitäten.
Die wichtigsten Marktfelder ergeben sich aus einer Matrix, die Kombinationen von alten (bisherigen) und neuen Produkten mit bisherigen und neuen Kunden oder Märkten herstellt (Abb. 2.4).

Die vier potentiellen Produkt-/Markt-Kombinationen des Unternehmens und ihre Charakteristik:

A. Marktdurchdringung Kennzeichen: Produkt alt, Markt alt = Natürlichste Strategie („Minimum"-Strategie)	B. Marktentwicklung Kennzeichen: Produkt alt, Markt neu = Naheliegende Strategie („Melk"-Strategie)
C. Produktentwicklung Kennzeichen: Produkt neu, Markt alt = Wettbewerbsinduzierte Strategie (Innovationsstrategie)	D. Diversifikation Kennzeichen: Produkt neu, Markt neu = Marktpotentialinduzierte Strategie (Absicherungsstrategie)

Abb. 2.4: Marktfeldstrategien

Es gibt nur wenige Unternehmen, die lediglich ein Feld besetzen. Der zunehmende Wettbewerb sowie Sättigungserscheinungen auf einzelnen Teilmärkten zwingen ein Unternehmen, mehrere Felder gleichzeitig zu besetzen. Generell sind ältere Unternehmen eher in mehreren Marktfeldern aktiv als junge Unternehmen.

• Marktdurchdringung

Die Strategie der Marktdurchdringung wird auch als „marketing-strategische Urzelle" jedes Unternehmens bezeichnet. Damit wird versucht, das latente Potential des bisherigen Leistungsproduktprogramms bzw. eines gegenwärtig bearbeiteten Marktes weiter auszuschöpfen. Um dieses Ziel zu erreichen, bieten sich grundsätzlich drei Möglichkeiten an:

- Die Intensivierung des Konsums bei den bestehenden Kunden durch z. B. verstärkte Werbeaktivitäten oder Beschleunigung des Ersatzbedarfs.
- Die Gewinnung neuer Kunden durch Abwerbung von der Konkurrenz mit Hilfe z. B. aggressiver Preispolitik und
- die Gewinnung neuer Kunden, die diese Produktgattung bis jetzt nicht verwendet haben, durch z. B. Werbung oder neue Vertriebswege.

Dabei ist die Ertragslage zu beachten, denn das Ziel der Marketingbemühungen kann nicht eine Expansion um jeden Preis sein. Die Ertragslage des Unternehmens verbessert sich, wenn im Sinne der Erfahrungskurve bei steigender Absatz- bzw. Produktionsmenge die Stückkosten gesenkt werden können, ohne daß die Preise in gleichem Umfang reduziert werden müssen.

Ein eindrucksvolles Beispiel für diese Strategie lieferte in den letzten Jahren die Computerindustrie. Mit Hilfe großangelegter Werbekampagnen legte sie die Vorteile eines Personal- bzw. Home-Computers in der Öffentlichkeit dar, verbesserte die Produkte, insbesondere wurde größerer Wert auf ihre Benutzerfreundlichkeit gelegt, wodurch die Absatzzahlen in die Höhe schossen. Infolge der höheren Produktion konnten die hohen Forschungs- und Entwicklungskosten der Vorlaufphase auf eine viel größere Produktzahl umgeschlagen werden, wodurch bei einigen Unternehmungen die kalkulatorischen Kosten z. T. um über 70% sanken, also weit mehr, als die auch kontinuierlich sinkenden Absatzpreise nachgaben.

• Marktentwicklung

Bei der Marktentwicklungsstrategie hält das Unternehmen an seinem ursprünglichen Leistungsprogramm fest und versucht, auf bisher nicht erreichte Märkte vorzudringen bzw. solche erst zu entwickeln.

Die naheliegendste Spielart ist die Erschließung neuer geographischer Märkte, d. h. die Ausdehnung der unternehmerischen Aktivitäten auf andere Regionen (derzeit verstärkt im Einzelhandel beobachtbar) oder auf andere Nationen. So sind vor allen Dingen rezessive Zeiten dazu angetan, derartige Internationalisierungsbestrebungen zu unterstützen.

Eine weitere Möglichkeit besteht in der Erschließung von Zusatzmärkten, indem die Produktfunktionen erweitert werden. Authentische Beispiele für solches Vorgehen sind, Babynahrungsprodukte für den Erwachsenenmarkt nutzen oder Backpulver als Geruchsverbesserer für Kühlschränke anbieten.

Schließlich können neue Teilmärkte auch mit Hilfe der Produktvariationen geschaffen werden, wodurch bisher nicht erreichte Kundengruppen angesprochen werden können.

Die Marktentwicklungsstrategie erscheint vor allem für solche Unternehmen geeignet, die ihren Marktanteil im traditionellen Markt nicht mehr erhöhen können bzw. deren Kernprodukte sich in einer fortgeschrittenen Phase des Lebenszyklus – z. B. Reife oder Sättigung – befinden.

2

• Produktentwicklung
Die immer kürzer werdenden Produkt-Lebenszyklen sowie der härtere Verdrängungswettbewerb infolge stagnierender Märkte haben dazu geführt, daß die Produktentwicklungs- bzw. Innovationsstrategie wohl den bedeutendsten Stellenwert innerhalb der Marktfeldstrategien erlangt hat. Bereits vor 50 Jahren wies Schumpeter darauf hin, daß ein längerfristiges Unternehmenswachstum nur durch einen permanenten Innovationsprozeß zu realisieren ist, durch den das Pionierunternehmen zu temporär monopolähnlichen Positionen gelangen kann. Bis zu dem Zeitpunkt, zu dem andere Unternehmen das neue Produkt imitieren, kann das innovative Unternehmen hohe Gewinne realisieren. Darüber hinaus ist es möglich, mit Hilfe neuer Produkte die Sättigungsgrenzen auf Teilmärkten weiter hinauszuschieben.
Produktinnovationen müssen stets darauf abzielen, die latenten Bedürfnisse der Konsumenten in wirksame Nachfrage umzuwandeln. Neben der Herstellung und Entwicklung des Produktes ist daher auch eine aktive Informationspolitik nötig, um dem Verbraucher die gesteigerten Nutzungsmöglichkeiten zu verdeutlichen. Das Timing der Produktentwicklung ist für den Erfolg im Markt von entscheidender Bedeutung. Im Hinblick auf kontinuierliche Gewinne des Unternehmens ist es möglich, daß der Entwicklungsprozeß des neuen Produkts früh genug anfängt und daß das neue Produkt verfügbar ist, bevor das alte Produkt in die Sättigungs- oder Degenerationsphase hineingerät. Daß sich ein Unternehmen mit permanenten Innovationen Wettbewerbsvorteile gegenüber der Konkurrenz verschaffen sowie diese auch in Form höherer Erträge ausnutzen kann, ist in der Realität oft bestätigt worden. Die Erfolge deutscher „Technologie-Riesen" beruhen zum großen Teil darauf, daß – nach Angaben einschlägiger Hersteller – etwa 50% des Umsatzes mit Produkten erzielt werden, die in den letzten fünf Jahren entwickelt wurden.

• Diversifikation
Die Strategie der Diversifikation ist dadurch charakterisiert, daß ein Unternehmen den Rahmen seiner traditionellen Produkte und Märkte verläßt und in benachbarte oder auch weitab liegende Aktivitätsfelder vorprescht. Gründe sind zum einen der Wille, durch Streuung der Risiken die gesamte Risikoposition des Unternehmens zu vermindern, zum anderen das Streben nach Wachstum und Macht. Die Verbesserung der Ertragssituation ist möglich, wenn Synergie-Potentiale ausgeschöpft werden können. Solche Synergie-Effekte können sowohl auf der Absatzseite (z. B. bessere Ausnutzung des bestehenden Betriebssystems), als auch auf der Produktionsseite (bessere Kapazitätsauslastung der vorhandenen Produktionsmittel) auftreten. In der Gegenwart diversifizieren die Unternehmungen hauptsächlich in der Weise, daß sie andere Unternehmen aufkaufen. Bis Mitte der achtziger Jahre beschränkte sich diese Entwicklung noch weitgehend auf die USA (Take-overboom), inzwischen hat sie allerdings auch den deutschen Markt erfaßt.

Marktstimulierungsstrategien
Während die Marktfeldstrategien die grundsätzliche strategische Entscheidung im Marketing beinhalten, befassen sich die Marktstimulierungsstrategien mit der Art und Weise der Marktbeeinflussung.
Grundlegend für diese Strategien ist die Auffassung, daß Märkte dynamische Gebilde sind, die sich im Zeitablauf verändern und von der Unternehmung beeinflußbar sind. Zwei Ansatzmöglichkeiten der Beeinflussung haben sich dabei herausgebildet:
– Präferenzen und
– Preis-/Mengen-Kombinationen.

• Präferenzstrategie
Das zunehmende Gewicht der Präferenzstrategie in der Unternehmenspraxis resultiert aus der Tatsache, daß sich immer mehr Märkte vom Verkäufer- zum Käufermarkt entwickelt haben – die Grundbedürfnisse der Verbraucher sind weitgehend gesättigt, und deshalb stagniert die Nachfrage tendenziell. In diesem Bezugsfeld erarbeiten sich die Unternehmen über den Aufbau von Präferenzen für ihre Produkte monopolistische Bereiche, in denen die eigenen Produkte gegenüber den aggressiven Strategien der Konkurrenz abgeschirmt werden.
Weil das Güterangebot markttechnisch weitgehend homogen ist, versuchen die einzelnen Anbieter, eine künstliche Heterogenisierung durchzusetzen, indem sie die Konsumenten für spezielle Zusatznutzen ihrer Produkte sensibilisieren und ihren Produkten den Anschein von Individualität verleihen. Der Markt wird vom Leistungsniveau und damit vom Preisniveau in drei Schichten zerlegt (Abb. 2.5).
Solche Zusatznutzen könnten sein: Anspruchsvoller Stil oder Design, Verpackung, überdurchschnittliche Qualität oder auch kundengerechter Service. Die bedeutendste Form einer Präferenzstrategie ist jedoch der Aufbau eines individuellen Markenimages. Erfolgreiche Unternehmen erreichen dies häufig auf die Weise, daß sie ein Produkt im Markt Nr. 1 aufbauen und mit syste-

Idealtypische Markt-, Preis- und Abnehmerschichten sowie marktstimulierender Strategietyp:

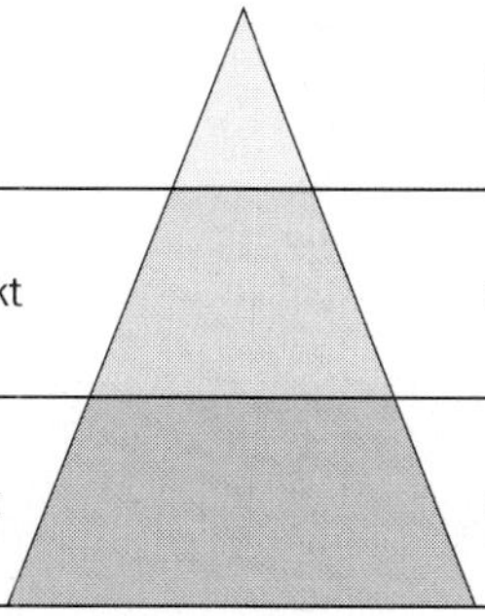

Marktschichten	Preisschichten	Abnehmerschichten	Strategietyp
oberer Markt	hochpreisiger Markt	sogenannte Marken-Käufer	Präferenzstrategie
mittlerer Markt	mittelpreisiger Markt		
unterer Markt	niedrigpreisiger Markt	sogenannte Preis-Käufer	Preis-Mengen-Strategie

Abb. 2.5: Marktstimulierungsstrategien

matischem Marketing für das „Flaggschiff" das Image der gesamten Marke aufpolieren.

Generell geht es bei einer Markenartikel-Strategie darum, attraktive Produktpersönlichkeiten zu schaffen, was entweder durch eine objektive Profilierung (Verbesserung des Produktkerns) oder subjektive Profilierung über die Werbung zu erreichen ist. Bei der subjektiven Profilierung wird die psycho-soziale Dimension einer Präferenzbildung deutlich, d. h. es wird weniger auf die objektiven Produktqualitäten als vielmehr auf die vom Abnehmer empfundene Qualität abgestimmt. Ziel der Präferenzstrategie ist es, dem Preiswettbewerb aus dem Weg zu gehen und damit ein hohes, möglichst überdurchschnittliches Abgabepreisniveau zu realisieren. In mittel- bis langfristiger Sicht bieten sich demnach hohe Ertragschancen, wobei die Voraussetzung eine strategische Marktforschung ist, die genügend Vorinformationen über die lohnenden Produkt-/Markt-Kombinationen bietet.

• Preis-Mengen-Strategie

Im Gegensatz zur Präferenzstrategie baut die Preis-Mengen-Strategie auf eine aggressive Niedrig-Preis-Politik auf, die auf sog. preisempfindliche Käufer abzielt. Dieser Kundentyp legt weniger Wert auf hohe Qualität oder Design/Stil und orientiert sich hauptsächlich an günstigen Preisen. Die Vorteilhaftigkeit einer solchen Strategie ist allerdings in den einzelnen Produktklassen sehr unterschiedlich.

Besonders die Standardprodukte, bei denen der Kunde ein sicheres und genaues Preis-Leistungs-Empfinden hat, eignen sich für diese Strategie, wie sich am Verbrauchsgütermarkt des täglichen Bedarfs ablesen läßt.

Am überzeugendsten sind Preis-/Mengen-Strategien bisher im Lebensmittel-Discount umgesetzt worden: Auf jegliche präferenzbildende Maßnahme wird konsequent verzichtet, um das Kostenniveau möglichst niedrig zu halten und eine aggressive Preispolitik realisieren zu können. Die Reaktion auf die Erfolge von Discountern im Markt sind sog. Eigenmarken, d. h. die Handelsmarken aller großen Handelsorganisationen sowie Filialunternehmen im Einzelhandel, die auch mit einer Preis-Mengen-Strategie gegen die Discounter ins Feld geschickt werden.

Große Unternehmen werden in der Regel eine Mischstrategie realisieren, um alle Preissegmente abdecken zu können. In der Möbelbranche gibt es Fälle, wo umfangreiche Unternehmensexpansionen durch die Konzentration auf die recht preisempfindliche Gruppe junger Familien begründet zu sein scheinen. Aber auch dort stoßen die Unternehmen an eine Käufergrenze, wo eine Expansion durch die Preis-Mengen-Strategie nicht mehr sinnvoll ist. Dies führt zur Erweiterung des Kerngeschäftes auf anspruchsvollere Produkte, z. B. Bauhausmöbel.

Voraussetzung für diese Strategie sind mehrere Marken (Multi-Brand-Strategy), um einen negativen Imagetransfer von den billigen zu den teueren Produkten zu vermeiden. Dafür gibt es gute Beispiele auf dem Getränkemarkt.

Marktparzellierungsstrategie

Hier werden Entscheidungen über die Differenzierung des Marktes getroffen.

Undifferenziertes Marketing wird nur im Rahmen einer Massenmarktstrategie betrieben, die nicht die unterschiedlichen Bedürfnisse oder Kaufverhaltensweisen der Abnehmer berücksichtigt, sondern auf eine Abdeckung von Massenmärkten abzielt. Das heißt, man konzentriert sich bei der Gestaltung des eigenen Angebots für den Markt nicht auf das, worin sich die Abnehmer unter-

2

scheiden, sondern vielmehr auf das, was sie verbindet. Generell wird dabei versucht, die größtmögliche Zahl von Nachfragen für ein bestimmtes Produkt zu gewinnen, was bezüglich der Kommunikationspolitik den Einsatz von Massenmedien (TV, Werbung) und hinsichtlich der Distributionspolitik die Nutzung von Massenabsatzwegen erleichtert. Diese Strategie wird schwerpunktmäßig mit einer Markenartikelstrategie kombiniert. Wie schon im Abschnitt „Standort und Überblick" angesprochen, führen aber veränderte Marktbedingungen wie Sättigungserscheinungen, Verdrängungswettbewerb, Zwang zu einer Befriedigung

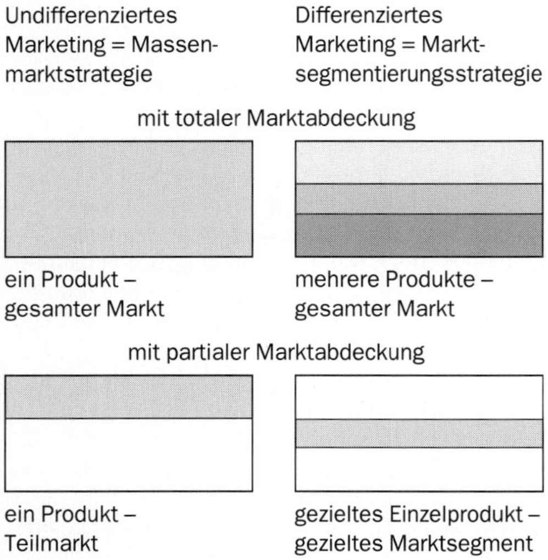

Abb. 2.6: Marktparzellierungsstrategien

von Zusatzbedürfnissen und die Forderung nach individuellen Gütern zu der Notwendigkeit, Märkte differenzierter zu bearbeiten. Dies ist im Abschnitt „Marktsegmentierung" ausführlich dargestellt. Im folgenden Zusammenhang wird Marktsegmentierung praxisbezogen unter dem strategischen Aspekt gesehen.

Marktarealstrategien

In der Praxis wird die Bedeutung der gebietsstrategischen Komponente häufig unterschätzt. Derweil werden mit der Entscheidung über das oder die Absatzgebiet(e) Gegebenheiten geschaffen, die langfristig bindend sind und einen starken Einfluß auf die Einsatzmöglichkeit der Marketinginstrumente haben.
Auf nationaler Ebene können lokale, regionale und vollständig nationale Markterschließung unterschieden werden – auf internationaler Ebene multinationale oder Weltmarkterschließung. Für die meisten Unternehmen ist es typisch, daß das Absatzgebiet stufenmäßig erweitert wurde. Im Inland wird dieser Prozeß heute insbesondere durch die Konzentration im Handel beschleunigt. Die internationale Ausdehnung deutscher Großunternehmen hat ihre Ursache vor allem in dem Zwang, Mindestabsatzmengen zu realisieren, die die Ausnutzung von Betriebsgrößenersparnissen ermöglichen, um damit die Konkurrenzfähigkeit gegenüber ausländischen Wettbewerbern mit größeren Heimatmärkten wettzumachen. Besonders deutlich wird dies in der Automobil- und der Chemieindustrie, die heute ca. 60 % ihrer Produkte im Ausland absetzen und z.T. auch dort produzieren, um Standortvorteile auszunutzen.

		Merkmale der Zielkunden	
		Allgemeine Merkmale der Zielpersonen	Kaufspezifische Merkmale der Zielpersonen
Erfassung der Merkmale	Direkt beobachtbare Einzelmerkmale	– Demographische Merkmale: Alter, Geschlecht, Familienstand, geographische Merkmale usw. – Sozioökonomische Merkmale: Einkommen, Beruf, Schulbildung, Religion, soziale Schicht usw.	– Abnahmemenge bzw. -häufigkeit – Verwendungszweck – Marken-, Lieferanten-, Ladentreue – Reaktionsbereitschaft auf Marketinginstrumente und gleichförmiges Verhalten in bestimmten Kaufsituationen ohne erkennbare andere Strukturmerkmale
	Ableitbare komplexe Merkmale	– Persönlichkeitsmerkmale: Risikoneigung, Entscheidungsfreudigkeit, Selbstvertrauen usw. – Life-Style	– Kaufmotive – Erwartungen gegenüber einem Produkt oder Lieferanten – Einstellungen gegenüber einem Produkt oder Lieferanten – Präferenzen

Abb. 2.7: Segmentierungskriterien im Überblick

Der Ausdehnungspolitik steht die Schrumpfungspolitik eines Unternehmens gegenüber, die erforderlich werden kann, wenn die Expansion zu selektiv und zu rasch betrieben wurde und zu Verlusten führte. Die Konzentration auf ein kleines Absatzgebiet im Sinne einer Neubesinnung auf den Wettbewerbsvorteil und damit die Besinnung auf die eigenen Stärken kann in einem solchen Fall sinnvoll sein.
Die Entscheidung über das Absatzgebiet ist eng mit der Leistungsprogrammentscheidung verbunden und beeinflußt die Ausgestaltung der Marketingmaßnahmen auf der Instrumentalebene ganz erheblich. Im internationalen Rahmen stellt sich dabei die Frage einer Differenzierung des Marketing-Mix nach den einzelnen Ländern bzw. Ländergruppen.

Konkurrenzstrategien
Infolge einer zunehmenden Konkurrenzorientierung im Rahmen des strategischen Marketing gewinnt der Wettbewerbsstil jedoch immer mehr an Bedeutung. Konkurrenzrichtlinien werden langfristig geplant. Der friedliche Wettbewerbsstil beschreibt ein der Konkurrenz gegenüber zurückhaltendes Verhalten. Der kooperative Wettbewerbsstil zielt auf fruchtbare und für beide Seiten vorteilhafte Zusammenarbeit mit der Konkurrenz ab. Der aggressive Wettbewerbsstil umfaßt hingegen offensive Angriffsstrategien gegenüber der Konkurrenz, wobei es sich um Frontal- oder um Flankenmaßnahmen handeln kann.

• Frontalmaßnahmen
Die Absicht bei Frontalmaßnahmen besteht darin, den oder die Hauptkonkurrenten in ihrem spezifischen Wettbewerbsvorteil zu überflügeln. Das ist z. B. dann der Fall, wenn es einem neuen Anbieter gelingt, erfolgreich in einen durch ein Oligopol charakterisierten Markt einzubrechen.

• Flankenmaßnahmen
Hier wird ein Marktsegment bzw. eine Kundengruppe gesucht, die zwar die Produkte der Konkurrenz kauft, aber dennoch in ihren Bedürfnissen nicht ganz befriedigt ist. Das Marketing-Mix konzentriert sich hier auf eine bessere Problemlösung, die der Hauptkonkurrent nicht so schnell imitieren kann. Dies ist die sogenannte Nischenstrategie.

• Kooperativer Wettbewerbsstil
Hier herrscht die Devise „if you can't beat them, join them". Ist der Wettbewerbsvorteil des Gegners eine Schlüsselgröße im Markterfolg, so bietet sich als letzter Ausweg eine Kooperation an.

Auch die Konkurrenzstrategie wird mit dem Strategieprofil verknüpft zu einer strategischen Stoßrichtung. Sobald sie festgelegt ist, folgt die Planung des Marketing-Mixes.

Strategieprofil

Die vier dargestellten strategischen Ansätze sind nicht ausschließlich zu sehen. Sie fügen sich vielmehr mit der Konkurrenzstrategie zu einem Gesamtkonzept für die Marketing-Strategie der Unternehmung zusammen.
Ein solches Strategieprofil ergibt sich aus einer zweckmäßigen Kombination der einzelnen Strategien in horizontaler und vertikaler Sicht, so daß ein Strategiebündel entsteht, in dem Synergieeffekte zwischen den einzelnen Strategien ausgeschöpft werden können.
Horizontale Kombinationen sind beispielsweise auf der Marktfeldebene die gemeinsame Anwendung der Marktdurchdringungs- und Produktentwicklungsstrategie. Vertikale Kombinationen hingegen werden über mehrere Strategieebenen hinweg gebildet (z. B. Produktentwicklungs- und Präferenzstrategie). Dies wird im Fallbeispiel (dem letzten Abschnitt dieses Beitrags) dann prototypisch vorgeführt.

Marketing-Mix

Instrumente und Möglichkeiten der Mixgestaltung

Die Ableitung eines Marketing-Mix aus den Marketingzielen wird durch eine Marketingstrategie keinesfalls linear vorgegeben. Der Marketingexperte im Unternehmen als „Mixer of Ingredients" hat eine Vielzahl von Marketinginstrumenten zur Auswahl, um das optimale Marketing-Mix zur Erreichung der Marketingziele zusammenzustellen – er muß in gewisser Weise ein „Künstler" in bezug auf die Auswahl und die Koordination einzelner Marketinginstrumente sein. Die Auswahlmöglichkeiten sind unbegrenzt. Zwar gibt es nur die vier Hauptbereiche im Instrumentarium des Marketing, nämlich die 4 P's Product, Price, Placement, Promotion – es gibt jedoch eine Reihe von Unterinstrumenten in jedem P-Bereich, so daß insgesamt die Zahl der Kombinationen der Instrumente fast beliebig groß ist. (Allein bei vier Instrumenten und jeweils vier Ausprägungen erreicht man 256 mögliche Kombinationen.)

2

Zielorientierte Leistungsverwertung durch die optimale Auswahl des Marketing-Mix, bestehend aus den 4 P's:

Product	(Welche Leistung?)
Price	(Welche Gegenleistung?)
Place	(Wie Leistung zum Kunden?)
Promotion	(Wie Information an den Kunden?)

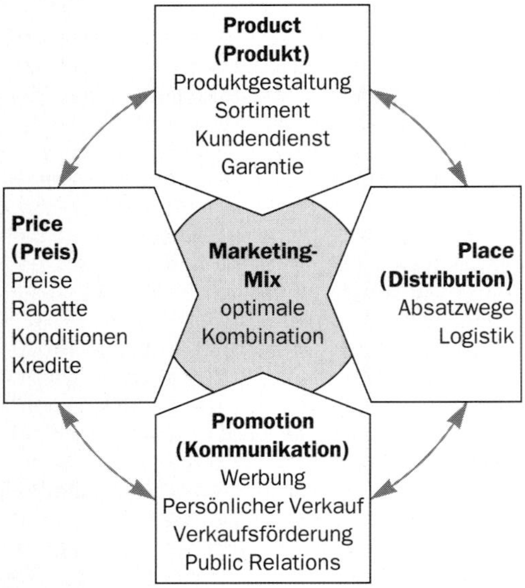

Abb. 2.8: Marketing-Mix

Die Abb. 2.8 zeigt die 4 P's und ihre Unterinstrumente, aus denen das Marketing-Mix zusammengestellt wird. Auch innerhalb jedes P-Bereiches müssen die Unterinstrumente aufeinander abgestimmt werden. Man spricht deshalb von Produkt-Mix, von Preis-Mix, von Kommunikations-Mix und von Distributions-Mix. Im folgenden sollen die einzelnen Sub-Mixe kurz charakterisiert werden.

Produkt-Mix
Er umfaßt produkt- und sortimentspolitische Entscheidungen, die die Frage beantworten, welche Leistungen bzw. Problemlösungen im Markt angeboten werden sollen. Dies betrifft Entscheidungen über die Funktion und die Funktionserfüllung des Produktes, die Markierung, die Verpackungsgestaltung, den produktbezogenen Kundendienst (Reparatur, Wartung und Ersatzteile) und die art- und mengenmäßige Zusammensetzung des Sortiments. Auch die Garantie wird zum Produkt-Mix gerechnet. An dieser Stelle wird somit der übergeordnete Aspekt von Marketing deutlich (siehe den Abschnitt „Marketing: Die zweifache Orientierung"), da nicht sämtliche Entscheidungen zu einem Produkt-Mix in der Zuständigkeit der Marketingabteilung liegen.

Preis-Mix
Hierzu gehört die Festlegung der Gegenleistungen – in unserer Wirtschaftsordnung also Preise, Rabatte, Boni und die Finanzierungskonditionen. Dieser Instrumentenbereich wird auch als Kontrahierungs-Mix bezeichnet, da Lieferungs- und Zahlungsbedingungen hier mitgeplant werden. Ähnlich wie beim Produkt-Mix überschreitet dies meistens die alleinige Zuständigkeit der Marketingabteilung.

Kommunikations-Mix
Alle Maßnahmen, mit denen die Unternehmung ihre Abnehmer über ihr Angebot informiert oder die Kaufentscheidungen zu beeinflussen sucht, werden unter dem Begriff Kommunikation zusammengefaßt, der sich in vier Gruppen gliedern läßt:
- Die erste Gruppe umfaßt die Medienwerbung mit der Bestimmung der Werbeausgaben, der Werbekonzeption für Unternehmen und Produkte und der Streupläne für die Medien. Dies sind die sogenannten *direkten Kommunikationsmaßnahmen.*
- Zu der zweiten Gruppe gehören die *indirekten Kommunikationsmaßnahmen*, beispielsweise der persönliche Verkauf mit der Entscheidung über die Zahl und Qualifikation des Außendienstes sowie dessen einsatzweise Kontrolle und Schulung.
- Eine dritte Kategorie ist die *Verkaufsförderung* (Sales promotion) mit dem Einsatz von Displaymaterial, Preisausschreiben, Händlerschulung etc.
- Eine vierte Kategorie bildet die *Öffentlichkeitsarbeit* (Public Relations).

Distributions-Mix
Hierzu rechnen alle Maßnahmen im Rahmen der Auswahl der Absatzkanäle und die Aufgabenverteilung zwischen Unternehmen sowie Absatzmittlern. Die physische Distribution, auch Marketinglogistik genannt, wird ebenfalls zu einem Distributions-Mix gerechnet.

Überlappung und wechselseitige Beeinflussung
Neben der Vielzahl der möglichen Kombinationen gibt es weitere Probleme, die eine Planung des Marketing-Mixes zu einer „Kunst" machen:
- Die Wirkungen aller Instrumente beeinflussen und überlagern sich gegenseitig. Einige Instrumente unterstützen sich in den Auswirkungen, so daß die Gesamtwirkung größer ist als die Addition ihrer Teilwirkungen. Man denke beispielsweise daran, daß massive Verbraucherwerbung dem Unternehmen auch einen größeren Preis-

spielraum gibt. Einige Instrumente substituieren sich in der Wirkung. So vermindert ein Discountabsatzweg eventuell die Attraktivität eines besonderen Designs.
- Instrumente wirken langfristig, z. B. eine Werbekampagne über einen längeren Zeitraum.
- Instrumente haben bei Veränderungen um das gleiche Aktivitätsniveau nicht immer die gleiche Wirkung. Zum Beispiel führt eine 10%-ige Preiserhöhung, die nach einiger Zeit wieder auf das alte Preisniveau zurückgenommen wird, nicht automatisch dazu, daß die alte Nachfragemenge wieder abgesetzt wird. Die Kunden machen einen Lernprozeß durch und warten vielleicht erst einmal ab. Der Benzinmarkt zeigt einen solchen irreversiblen Effekt des Preisinstruments sehr deutlich.
- Die Wirkung der Instrumente in bezug auf die Zielerreichung hängt von den Umfeldbedingungen ab. So sind die Lebensmitteldiscountläden in Gegenden mit hoher Arbeitslosigkeit erfolgreicher als in wohlhabenderen Regionen.
- Die Effektivität jedes einzelnen Instrumentes wechselt auch von Land zu Land, von Branche zu Branche, von Unternehmen zu Unternehmen, und häufig auch von Produktgruppe zu Produktgruppe.

Die Planung des Marketing-Mix

Generelle Modelle der optimalen Instrumentenauswahl und der optimalen Koordination im Marketing-Mix hat die Theorie bisher nicht entwickeln können. Daher existieren zahlreiche qualitative Auswahlregeln (siehe auch Abb. 2.9).
In der Praxis wird ein zweistufiges Planungsvorgehen im Marketing-Mix als zweckmäßig erachtet:
- In der ersten Phase werden zur Grobplanung die nicht realistischen Alternativen aussortiert. In einer Politik kleiner Schritte werden ineffiziente oder ineffektive Alternativen eliminiert. Ziel ist in dieser Phase, die Vielzahl der Kombinationsmöglichkeiten auf ein überschaubares Maß zu bringen.
- In der zweiten Phase erfolgt eine Feinplanung auf der Basis quantitativer Entscheidungsmodelle, wie z. B. Investitionsrechnungen, Breakeven-Analyse etc.

In der Grobauswahl werden die Schlüsselinstrumente des Marketing-Mix identifiziert. Gängig in der Praxis sind, wie gesagt, Punktbewertungsverfahren. Für jede einzelne Kundengruppe bzw. für jedes Produkt wird die Bedeutung der einzelnen Marketinginstrumente aus dem Gesamt-Mix mit Hilfe einer Notenskala festgestellt. Ein gängiges Verfahren verwendet dafür eine vierstufige Skala bei der Bewertung. Dabei bedeuten z. B. 1 Punkt: keine Bedeutung, 2 Punkte: geringe Bedeutung, 3 Punkte: große Bedeutung, 4 Punkte: größte Bedeutung. Durch diese Notengebung aller möglichen Instrumente, die für die Schaffung des Kundennutzens für die Zielgruppe in Frage kommen, sind die Schlüsselinstrumente leicht zu identifizieren. Es handelt sich natürlich um eine absolut subjektive Einschätzung der Bedeutung einzelner Instrumente für eine bestimmte Kundengruppe. Derartige Bewertungsmodelle haben allerdings den Vorteil, eine Diskussionsbasis klarzulegen, und Unterschiede in den Marketing-Mix-Bündeln für einzelne Kundengruppen deutlich zu machen. Weitere Erkenntnisse lassen sich gewinnen, indem man auch die Konkurrenzmaßnahmen nach ihrer Bedeutung in ein solches Bewertungsschema einbezieht, ebenso die Vergangenheit, die gegenwärtige Situation und die zukünftige Bedeutung der einzelnen Instrumente des Marketing-Mixes für eine bestimmte Zielgruppe des Unternehmens. Die Abb. 2.9 „Grobplanung des Marketing-Mixes" zeigt eine solche Checkliste, in der sowohl die Konkurrenzinstrumente auf der Skala 1–4 in ihrer Bedeutung bewertet werden, als auch eine Notenskala die Schlüsselgröße des eigenen Marketing-Mixes der Vergangenheit, Gegenwart und Zukunft herausstellt.
In diesem Prozeß der Auswahl der Schlüsselinstrumente im Marketing sind exzellente Firmen in den USA ganz besonders erfolgreich. Firmen mit besonders guten Erfolgen überprüfen nicht nur ständig ihre Strategie an den Chancen im Markt, sondern beherrschen die Tagesgeschäfte besonders gut. Nicht überraschend ist, daß jeder Spitzenreiter unter diesen Firmen einen anderen Satz Schlüsselfaktoren in seinem Marketing-Mix ausgewählt hat, wenn es um die gleiche Branche geht:
Z. B. in der Kosmetikbranche findet man Firmen, die als Schlüsselfaktoren ihres Marketing-Mixes jährlichen Modellwechsel, Betonung des Produktdesign, intensive Direkt-Distribution mit Haustürverkäuferinnen und sehr geringen Lagerbeständen pro Verkäuferin haben. Andere Firmen dagegen erneuern das Produktspektrum nicht so häufig, sondern legen großen Wert auf eine genaue werbliche Ansprache ihrer Zielgruppe („Hoffnungen und Träume verkaufen").
Nach der Auswahl der Schlüsselinstrumente erfolgt die Feinplanung mit genauen Informationen über die Effektivität des gewählten Instruments, über das effiziente Aktivitätsniveau und über die Synergieeffekte zwischen den Instrumenten. Besonders schwierig ist eine Informationsbeschaf-

2

Marketinginstrumente (4 P's)	Bewertung der Marketinginstrumente			
	Eigene Unternehmung			Konkurrenz
	Vergangenheit	Gegenwart	Zukunft	Gegenwart
1 Produktpolitik:				
1.1 Produkte	....	....	....	....
1.2 Programm	....	....	....	....
1.3 Kundendienst/Garantie	....	....	....	....
2 Distributionspolitik:				
2.1 Absatzwege	....	....	....	....
2.2 Logistik	....	....	....	....
3 Preispolitik:				
3.1 Preise	....	....	....	....
3.2 Rabatte	....	....	....	....
3.3 Konditionen	....	....	....	....
3.4 Kreditite/Finanzen	....	....	....	....
4 Kommunikationspolitik:				
4.1 Werbung	....	....	....	....
4.2 Persönlicher Verkauf	....	....	....	....
4.3 Verkaufsförderung	....	....	....	....
4.4 Publik Relations	....	....	....	....

Bewertungsskala: Noten, z. B. von 1–4

Quelle: K. M. Magyar, Das Marketing-Puzzle und wie man es sinnvoll zusammensetzt, Landsberg/Lech, 1985, S. 238

Abb. 2.9: Grobplanung des Marketing-Mix

fung, da die Marktreaktion auf die Veränderung eines Instruments immer davon abhängt, wie die Ausgangslage ist, was die Konkurrenz macht etc. Den Abschluß dieser Planungsphase bildet das Maßnahmenprogramm für die nächste Periode.

Marketing-Mix im Gleichgewicht

Auf den meisten Verbrauchs- und Gebrauchsgütermärkten läßt sich heute feststellen, daß die preisempfindlichen Käuferschichten zunehmen. Es wird hier von einer Polarisierung der Märkte entlang der Preis-/Leistungsachse gesprochen. Ein sehr gutes Beispiel ist der Lebensmittelhandel: Einerseits gibt es Discount-Läden mit minimalem Service, knappem Sortiment und intensivem Preisappell, andererseits haben z. B. große Kaufhäuser Delikateßabteilungen, die vom Party-Service bis hin zu lebenden Meerestieren alles anbieten, was einen Gourmet erfreut. Verbrauchermärkte und andere Großbetriebsformen des Handels besetzen die Niedrigpreissegmente bei fast allen Konsumgütern, wobei der Fachhandel mit seinem Marketing-Mix – anspruchsvolles Sortiment, hoher Qualitätsanspruch, intensive Beratung – sehr gut neben den Discountformen des Handels überlebt. Eine mittlere Position, wie sie manche Kaufhäuser einnehmen, bietet schlechte Überlebenschancen, wie Klagen über niedrige Gewinnpositionen einiger dieser Häuser zeigen.

Auch Märkte, die lange kein preissensibles Segment hatten, polarisieren sich nun: Beispielhaft ist hier der Möbelmarkt mit dem Mitnahmemöbelsegment, auf das heute rund ein Viertel der gesamten Möbelnachfrage entfällt. Ein weiteres Beispiel ist der Baumarkt mit dem Do-it-yourself-Segment, das neben dem traditionellen Fachhandel eine immer größere Bedeutung gewinnt. Die Versicherungen sowie Banken waren die letzten Bastionen, wo eigentlich nur ein sehr hochwertiges, anspruchsvolles Marketing-Mix mit einer starken Servicebetonung erfolgreich schien. Hier scheint die Technologie (mit BTX, Geldautomaten, Direktmarketing) andere Marketing-Mix-Kombinationen mit Preisappell zu ermöglichen. Die Versicherungen fangen an, sich darauf einzustellen, daß Anbieter ohne einen Außendienst auch Erfolge haben können.

Diese möglichen alternativen Marketing-Mix-Bündel lassen sich in einer zweidimensionalen Grafik auf der Diagonalen von links unten nach rechts oben darstellen (Abb. 2.10). (An sich müßte man das Marketing-Konzept in vierdimensionaler Ach-

sendarstellung verdeutlichen – dies scheitert allerdings an unserem Vorstellungsvermögen.) Das Marketing-Mix ist in Leistung und Gegenleistung geteilt auf den Achsen abgetragen: nämlich vertikal das Produkt-, Distributions- und Kommunikations-Mix und horizontal das Preis-Mix mit seinen Unterinstrumenten.
Die diagonale Achse in Abb. 2.10 ist der Gleichgewichtspfad möglicher Marketing-Mix-Bündel. Eine extreme Position wie die in Feld 1 ist z. B. das Marketing-Mix von Boutiquen und Fachhändlern mit exklusivem Sortiment, anspruchsvoller Qualität und fachkundiger Beratung. Natürlich rechtfertigt ein solches Leistungsangebot auch höhere Preise. Das andere Extrem auf der Diagonalen im Feld 2 ist das Selbstbedienungs-Mix, wie es besonders typisch bei Lebensmittel-Discountern verwirklicht ist.
Ein extrem niedriger Preis bedeutet natürlich eine starke Konzentration auf niedrige Kosten und eine genaue Kontrolle aller Preiselemente. Beispielhaft für ein solches Marketing-Mix ist wiederum der Lebensmittel-Discount. In den Hochzinsphasen sind die Barzahlung und eine geringe Lagerdauer besondere Kostenvorteile. Statt teurer Preisauszeichnungen lernen die Kassiererinnen die Preise auswendig. Damit der Kunde Vertrauen in diese Art des Kassierens hat, werden die Kassiererinnen ständig überprüft sowie ihr Wissen kontrolliert. Die neueste Entwicklung sind Barcodekassen mit ihrem zusätzlichen Vorteil, daß bei anstehenden Preisänderungen nur noch die Kasse umprogrammiert zu werden braucht. Dies bringt weniger Irrtümer, weniger Nachdenkzeiten und kürzere Durchlaufzeiten an den Kassen (vgl. im Beitrag „Datenverarbeitung und Bürokommunikation"). Das Preis-Mix wurde von der Produktpolitik her durch ein schmales Sortiment von ca. 600 Produkten unterstützt.

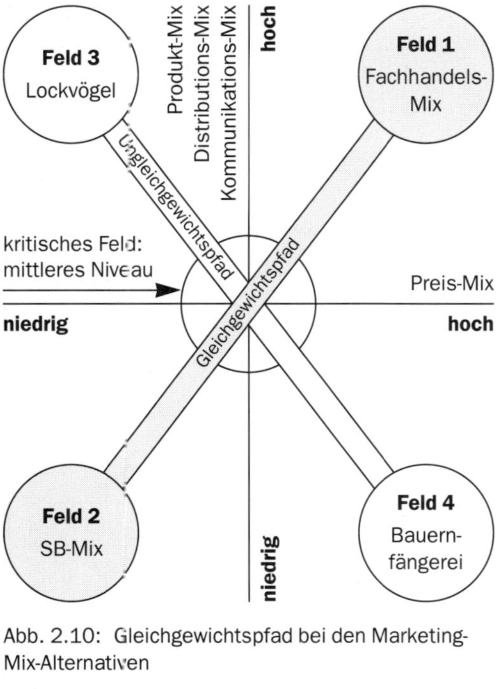

Abb. 2.10: Gleichgewichtspfad bei den Marketing-Mix-Alternativen

Auch in einer Zeit, als im Einzelhandel typischerweise noch abgepackt wurde, hatten sich diese Discounter auf Produkte konzentriert, die keine Verkäuferleistung brauchten. Das waren in erster Linie Dosen und Gläser mit Gemüse oder Obst. Der Verzicht auf Markenartikel und die Schaffung eigener Handelsmarken ergibt jedoch einen größeren Spielraum gegenüber den Lieferanten und den Konkurrenzprodukten. Um das Vertrauen der Kunden in die eigenen Marken zu stärken, werden Reklamationen sehr großzügig abgewickelt, und es gilt das Prinzip, was nicht gefällt, wird zurückgenommen.
Dieses konsequente preisorientierte Marketing-Mix hat einem der Anbieter nach einer unlängst durchgeführten Image-Studie den Platz 1 bei dem Faktor Preis/Leistung unter den 200 größten Unternehmen der BRD eingetragen.
Für jede Branche lassen sich die Mix-Alternativen auf der Diagonalen zwischen Feld 1 und Feld 2 planen, denn auf dieser Diagonalen entsprechen sich Produkt-Mix und Preis-Mix, wenn der Distributions-Mix und der – hier nicht in Erscheinung tretende – Kommunikations-Mix das ausgewählte Aktivitätsniveau erreichen. Das kritische Feld ist ein mittleres Niveau, wie es z. B. manche Kaufhäuser lange Zeit angeboten haben, also ein Marketing-Mix, das vom Preisappell her nicht attraktiv genug ist, um den Kunden zum Kauf zu veranlassen, und vom Qualitäts- und Sortimentsanspruch nicht hoch genug, um ihn vom Fachhandel abzuwerben.
Alle Kombinationen, die auf der zweiten Diagonalen von rechts unten nach links oben liegen, sind Ungleichgewichtspositionen. Die Extremposition in Feld 3 ist typisch für die Lockvogelpolitik im Einzelhandel, weil die Leistung zu einem zu geringen Preis abgegeben wird. Feld 4 zeigt die entgegengesetzte Mix-Position, die man als Bauernfängerei bezeichnen könnte.
Besonders schwierig ist eine Entscheidung, sowohl das preissensitive als auch das serviceintensive Käufersegment zu bedienen. Diese zweigleisige Vertriebspolitik ist nur erfolgreich, wenn die Trennung der beiden Marktsegmente gelingt. Sehr erfolgreiche Hersteller erreichen diese Trennung durch Produktänderungen.

2

Zusammenfassung: Schritte der Planung des Marketingkonzeptes

Die drei Stufen des Marketingkonzeptes – Ziele, Strategien und Marketing-Mix – leiten einen Prozeß ein, der sukzessive zu immer detaillierteren Entscheidungen führt. Alle diese Entscheidungsebenen sind von einem Informationsprozeß umgeben, der auf jeder Stufe neue Impulse bringt und sich im ständigen Fluß befindet.

Um die drei Ebenen systematisch zu planen, bietet es sich deshalb an, den Planungsprozeß von den Marketingzielen bis hin zum Marketing-Mix in eine Reihe von Stufen zu zerlegen, die bis zu einer endgültigen Fertigstellung des Marketingkonzeptes immer wieder neu durchlaufen werden, so daß der Planungsprozeß eines Marketingkonzeptes einen Kreislauf darstellt aus den folgenden Stationen:

- Beschreibung und Analyse der Ausgangslage,
- genaue Erfassung der Hauptprobleme,
- Formulierung der Ziele,
- Entwicklung von Strategien, d. h. von langfristigen Handlungsalternativen zur Zielerreichung,
- Auswahl der am besten für die Zielerreichung geeigneten Strategien,
- Umsetzung der Strategien in ein Maßnahmenprogramm (Planung des Marketing-Mix),
- Kontrolle der Teilziel- bzw. Zielerreichung,
- bei Abweichung Rückkopplung zur betreffenden Stufe.

Abb. 2.11 zeigt ein solches Schema der Marketingkonzept-Planung mit allen Schritten. Die Innovationszyklen der Technologie sind heute so kurz, daß sich unsere Märkte mit einer bisher nicht gekannten Geschwindigkeit verändern. Das bedeutet, daß das Marketingkonzept laufend überprüft werden muß. Daher ist eine Kontrollstufe sowie eine Stufe der Zuständigkeit eingebaut. Eine unsystematische oder etwa oberflächliche Ausführung der einzelnen Phasen kann gravierende Folgen haben. Das wird durch die Kontrolle und die Zuständigkeitsfrage vermieden.

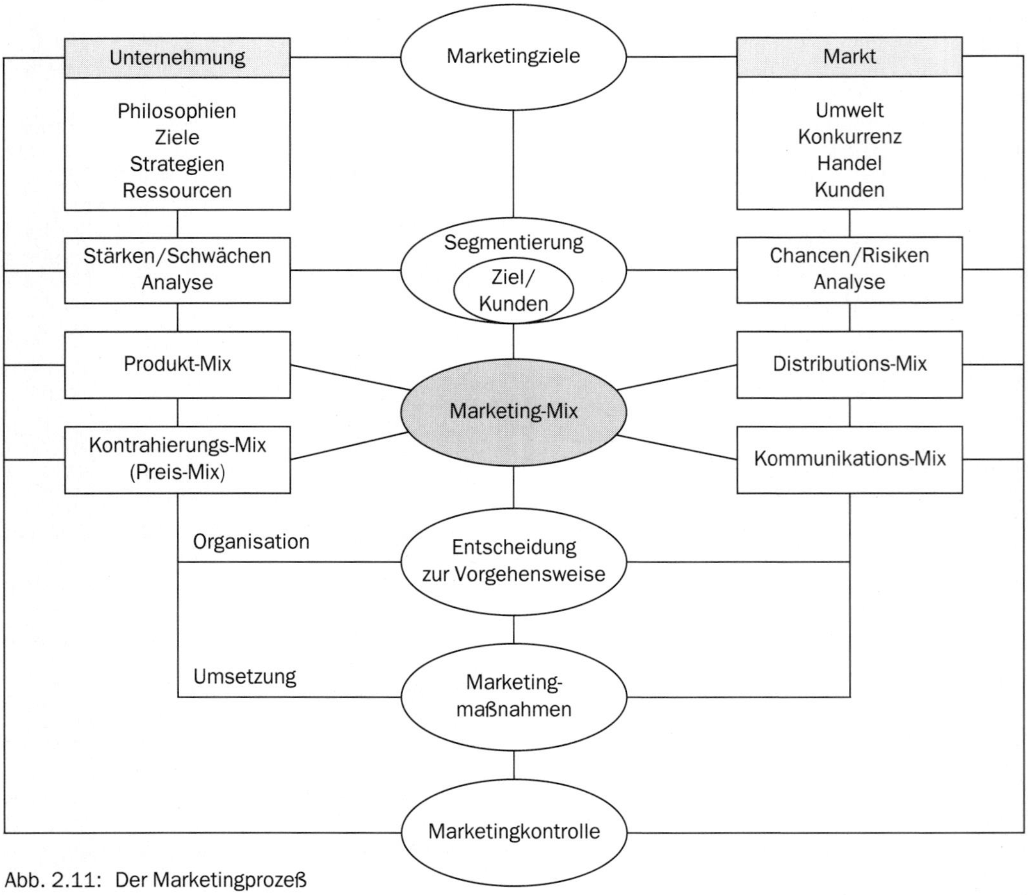

Abb. 2.11: Der Marketingprozeß

Fallbeispiel

Für das Fallbeispiel wurde eine kleine Möbelfirma, „Firma H.", in den neuen Bundesländern gewählt, die real existiert. Sie war Gegenstand einer Beratungstätigkeit, und die dabei vorgenommene Ist-Analyse sowie die nachfolgende Erarbeitung eines Marketingkonzepts werden in einzelnen Konzeptionsschritten praxisnah verdeutlicht. Sämtliche Namen und die Angaben wurden anonym gehalten.
Die Firma H. wies zum Zeitpunkt der Analyse insbesondere Defizite im Absatzbereich auf. Marktseitig war – in Übereinstimmung mit einer Studie der Gesellschaft für Mittelstandsberatung – aber noch ein erhebliches Aufschwungpotential in der Umsetzung von wirksamen Vertriebsstrategien gegeben. Der entscheidende Mangel lag darin, daß der Firma H. (und auch vergleichbaren Unternehmen) eine marktorientierte strategiegelenkte Unternehmensführung fremd war. Der Grund ist in diesem Fall in den Nachwirkungen des Verkäufermarkts der ehemaligen DDR zu suchen, aber die Grundsituation des Fallbeispiels ist prinzipiell auf andere Gegebenheiten übertragbar. Diese Grundsituation kann dadurch beschrieben werden, daß ein entsprechendes Marketing-Know-how auf breiter Basis fehlte und daß Werbeträger und Werbemittel ohne eine langfristige Zielorientierung genutzt wurden: die Firma reagierte spontan, ohne zu agieren.

Ist-Anlayse der Firma H.

Firmenvorgeschichte

Die Firma H. existiert seit über 100 Jahren als ein traditionsreicher Hersteller von Polstermöbeln. Sie wurde in den fünfziger Jahren enteignet und nach der Wende den Erben zurückgegeben. Kurze Zeit später erwarb Herr H. die Anteile der übrigen Verwandten und wurde Alleineigentümer der als GmbH geführten Firma. Die Firma ist vollständig eigenfinanziert. Herr H. ist Ingenieur und hervorragend in der Lage, die technische Seite des Betriebes zu koordinieren.

Standort und Region

Der Sitz der Firma befindet sich in einem kleinen Ort (S.), ca. 10 km entfernt liegt eine Kleinstadt (M.). Der Ort S. hat einen Bahnhof, die Firma H. ist für den Güterverkehr günstig an einer Ausfallstraße gelegen, und es stehen ausreichend Kundenparkplätze für einen Fabrikverkauf zur Verfügung.

Als geographisches Marktpotential wird die Region in einem Umkreis von ca. 30 km um den Ort S. betrachtet (vgl. dazu auch den Abschnitt „Geographische Segmentierungskriterien"). Dieser Umkreis überschneidet bzw. berührt drei Kammerbezirke mit zwei Ballungszentren. Gerundete Einwohner- und Haushaltszahlen – während der Beratung aus den IHK-Unterlagen entnommen – sind tabellarisch zusammengestellt.

Kammerbezirk	Einwohner	Haushalte
Bezirk A (incl. Ballungsgebiet)	1.800.000	500.000
Ballungsgebiet B	500.000	180.000
Umgebungsregion B	200.000	70.000
Bezirk C	120.000	50.000

Produktionspalette und -umfang

Es wurde ein schmales, aber tiefes Sortiment von Polstergarnituren hergestellt. Produziert werden
- Einsitzer,
- Zweisitzer und
- Dreisitzer

in 35 vorhandenen und 416 kurzfristig beschaffbaren Bezügen. Diese Produkte sind einzeln oder als Garnitur erhältlich. Die tägliche Produktion lag bei 20, die monatliche im Schnitt bei 400 Garnituren.

Wirtschaftliche Eckdaten

Die Firma H. beschäftigte 50 Mitarbeiter. Die Kosten- und die Gewinnsituation waren nur sehr begrenzt erfaßt. Es wurde eine Art Einnahmen-Ausgaben-Rechnung getätigt, welche aber nur völlig unzureichende Informationen über Kosten- und Ertragslage lieferte. Ein differenziertes Kostenrechnungswesen wurde erst im Zuge dieser Beratung etabliert. Im Jahr vor der Beratung erwirtschaftete das Unternehmen nach der Inanspruchnahme sämtlicher Förderungsmittel (z. B. Investitionszulage, Kurzarbeiterzulagen, ABM-Kräfte usw.) nach Auskunft der regional zuständigen Treuhand-Anstalt einen Nettogewinn von etwa DM 20.000,—, entsprechend einer Umsatzrentabilität von 0,4 %. Das war weder eine tragfähige Existenzgrundlage für Herrn H., noch konnte dies die Sicherung der Firmenexistenz gewährleisten.

Absatzverteilung und Umsatz

20 % der Produktion wurden direkt im Fabrikverkauf von den Privatkunden abgenommen. Diese Nachfrage entstand hauptsächlich durch die günstigen Fabrikabgabepreise, welche ca. um 10 % über dem Abgabepreis an den Handel lagen. Damit lag die Firma H. im Preisgefüge deutlich unter anderen Anbietern aus dem Billigpreissegment.

2

80 % der Produktion wurden von einem Importeur aus dem EG-Raum abgenommen, allerdings ohne eine vertragliche Abnahmesicherung.
Die Stückverkäufe im ersten Halbjahr vor Beginn der Beratung ergaben einen durchschnittlichen Verkaufspreis von DM 930,—, und es wurden jeden Monat zwischen 390 und 430 Stück abgesetzt, was einen Umsatz zwischen DM 330.000 und 370.000 erbrachte.
Im Monat 6 stellte der Großimporteur ferienbedingt seine Abnahme ein, der Umsatz fiel auf unter DM 100.000, was die Firma H. in ernste Liquiditätsschwierigkeiten brachte und wegen der fehlenden Abnahmeverträge auch nicht nur einfach überbrückt werden konnte. Die Situation war Auslöser für die Beratung und die konsequente Orientierung an einem systematischen Marketingkonzept. Als Überbrückung wurde zunächst eine „Rumpfkonzeption" im Bereich Kommunikation erstellt, welche Werbung und Verkaufsförderung beinhaltete. Darauf wird nicht näher eingegangen.

Abnehmergruppen der Firma H.
Die nähere Beschreibung der bisherigen Privatkunden der Firma H., die 20 % der Produktion (entsprechend durchschnittlich 80 Garnituren monatlich) abnahmen, konnte zum großen Teil nach den Beobachtungen von Herrn H. erfolgen, der selbst den Verkauf leitete.
Soziodemographische Kriterien:
- Verheiratet, mit einem Kind oder mehreren Kindern,
- Alter zwischen 30 und 50 Jahren,
- mindestens ein Partner steht (noch) in einem Arbeitsverhältnis,
- die Wohnungsgröße beträgt mindestens 45 m^2,
- ein Wohnzimmer ist vorhanden,
- untere bis mittlere Mittelschicht,
- ansässig im eigenen Kammerbezirk, bevorzugt in der Kleinstadt M.

Psychographische Kriterien/Kaufverhalten:
- Preisorientiertes Kaufverhalten,
- Gemeinschaftsentscheidung der Partner,
- Kaufentscheidung nach Konkurrenzvergleich.

Da bisher Endverbraucherwerbung fast völlig unterblieben war, blieb es fraglich, ob es sich um ein zufälliges Zusammentreffen (Mund-zu-Mund-Propaganda in einer bestimmten Region oder Gruppe) handelt oder ob diese Gruppe als zentrale Abnehmergruppe in der Form in Frage kam, wie sie sich über die obenstehenden Kriterien darstellt. Sicher ist, daß dieser Gruppe die nötigen finanziellen Mittel zur Verfügung standen, um sich auch das Bedürfnis nach adäquatem Wohnen erfüllen zu können.

Stärken-Schwächen-Analyse

Ausgehend von der so gegebenen Beschreibung des Firmenprofils wurde zunächst eine Stärken-Schwächen-Analyse der Firma H. mit dem Ziel vorgenommen, den Handlungsspielraum des Unternehmens gegenüber seinen Wettbewerbern einzuschätzen. Dabei wurden die Erkenntnisse über die spezifischen Fähigkeiten des Unternehmens mit Hilfe eines sogenannten Stärken-Schwächen-Profils visualisiert.
Eine systematische Gegenüberstellung der Befunde legte die wesentlichen Vor- und Nachteile der Firma H. im Vergleich zu den wichtigsten Wettbewerbern offen. Die Leistungsfähigkeit dieser Stärken-Schwächen-Analyse zeigte sich nicht nur in einer Potentialbeurteilung, sondern auch in der grundlegenden Potentialerfassung innerhalb dieser Firma. Lücken in der Erfassung des Firmengeschehens wurden offensichtlich und konnten bei einer nachfolgenden Konzeptionserarbeitung gezielt beseitigt werden.
Da detailliertere Daten zur regional ansässigen Konkurrenz allerdings nicht zur Verfügung standen, wurde die Firma anhand ihrer durchschnittlichen Abweichung vom Skalenwert 6 beurteilt. Als Bewertungsmaßstab diente hierbei eine imaginäre Firma mit branchentypischen Eckdaten.
Die Kriterien für die Stärken-Schwächen-Analyse wurden in vier Kategorien eingeteilt, die getrennt voneinander beurteilt und optimiert werden können (vgl. dazu Kreilkamp, E. 1987):
- Marketing,
- Fähigkeiten,
- Kosten und
- Ressourcen.

Der Bereich Marketing wird differenzierter erfaßt durch die
- Marktstellung als Ausdruck des Images, Marktanteils, Kundenstamms und des
- Preis-Leistungs-Verhältnisses als Ausdruck von Preis und Qualität.

Die Kostensituationen in den verschiedenen Bereichen des Unternehmens wurden unter dem Aspekt von Kostensparpotentialen betrachtet. Hinter den Fähigkeiten verbirgt sich das Unternehmensverhalten auf die externen sowie internen Impulse. Die Ressourcen werden als Ausdruck der vorhandenen Potentiale betrachtet.
Bei der Strategiefestlegung mußte sich die Firma festlegen, inwieweit die Stärken ausgebaut, die Schwächen eliminiert oder eine Mischung aus beiden, also der Abbau von Schwächen und der gezielte Ausbau von Stärken vorgenommen werden sollte.

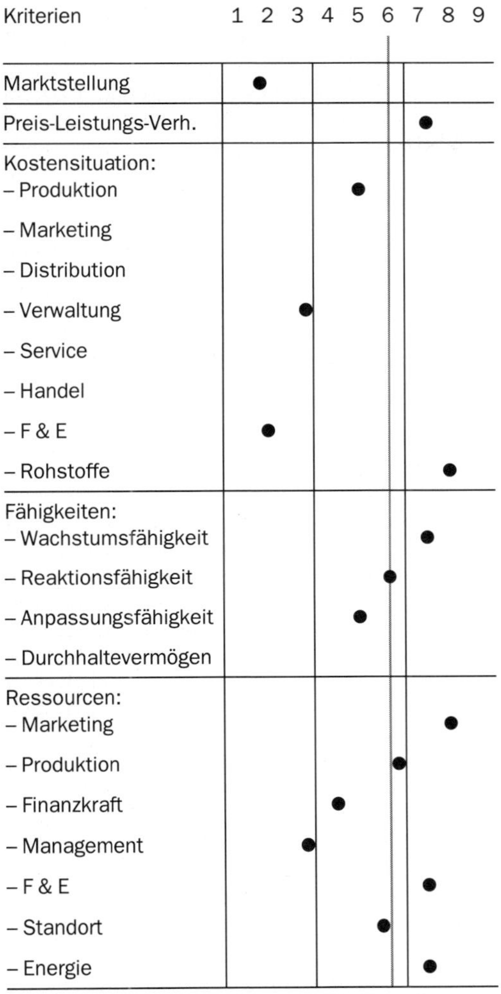

Abb. 2.12: Das Stärken- und Schwächenprofil der Firma H.

Marktanalyse

Die Verlagsgruppen Bauer und Axel Springer stellten 1991 die erste gesamtdeutsche Studie zum Möbelmarkt Ost- und Westdeutschlands vor. Diese Studie (siehe Bauer und Axel Springer Verlag, AWA 91, 1991, S. 11 ff.) gibt Anhaltspunkte für die Marktbeurteilung der Firma H., gestattet es, das regionale Marktpotential der Firma H. hochzurechnen, sowie Abweichungen des Käufermarktes Ost im Vergleich zum Käufermarkt West zu berücksichtigen.

Soziodemographische Verbraucheranalyse
Aus der Studie geht hervor, daß ca. 60 % der ostdeutschen Haushalte (= 6,58 Mio) die Anschaffung neuer Möbel planen (= 3,96 Mio). 45 % bevorzugen den konservativen, rustikalen Bereich – welcher auch von der Firma H. angeboten wird –, wovon 73 % Wohnzimmermöbel im Fach-/Spezialgeschäft zu kaufen beabsichtigen.
Dabei hatte ein Haushalt im Westen zum damaligen Zeitpunkt durchschnittlich DM 30.000,— an angesparten Mitteln, während die Haushalte im Osten durchschnittlich DM 10.000,— angespart hatten. Die Einkommensverteilung in den neuen Ländern stellte sich wie folgt dar:

	Einkommen	Anteil
A-Schicht	DM 3.500,— und mehr	21,70 %
B-Schicht	DM 2.000,— bis 3.499,—	23,00 %
C-Schicht	DM 1.500,— bis 1.999,—	2,37 %
D-Schicht	bis DM 1.500,—	3,16 %

Ein Haushalt in den fünf neuen Ländern hatte jährlich DM 3.046,— für die Anschaffung von Möbeln sowie Hausrat zur Verfügung (zum Vergleich: ein Haushalt in den Altbundesländern wendete dafür DM 3.531,— auf). Der Eigenheimanteil betrug in den fünf neuen Ländern 40 % (in den Altbundesländern 45 %) – die durchschnittliche Wohnungsgröße lag bei ca. 65 m^2 (in den Altbundesländern 90 m^2).

Psychographische Analyse
36 % der Ostbürger und 40 % der Westbürger bejahten die Aussage, daß an ihrer Wohnung nichts gespart werden solle. Sie unterstützten im einzelnen folgende Aussagen:

	Ost	West
Für hohe Qualität gebe ich gerne mehr aus	61 %	77 %
Eine Wohnungseinrichtung kaufe ich mir für's Leben	43 %	34 %
Ich beschäftige mich gerne mit Verschönern der Wohnung	76 %	74 %
Ein Kreditkauf ist möglich	8 %	18 %

In West wie Ost wollen 31 Prozent der männlichen und 37 Prozent der weiblichen Haushaltsvorstände (HHV) in den nächsten zwei Jahren Wohnzimmermöbel anschaffen.
Die oben getroffenen Aussagen sprechen zwar für die Entwicklung eines Qualitätsbewußtseins in den neuen Ländern. Dabei existiert aber über die verschiedenen Einkommensverhältnisse ein geringeres finanzielles Niveau.

Die Marktgrößen auf der Basis der Verbraucheranalyse

- Marktpotential

Das Marktpotential umfaßt die potentiellen Käufer in der Region, und zwar zunächst unabhängig

2

davon, ob sie über die Mittel verfügen, Polstermöbel anzuschaffen. Im Abschnitt „Standort und Region“ wurde das Potential dieses Marktes mit etwa 800.000 Haushalten angegeben.

• Marktvolumen
Nach der Studie von Bauer und Springer lag der Anteil der Polstermöbelkäufer bei ca. 30% – die beim Kauf durchschnittlich aufgewendeten Ausgaben bei DM 905,—. Hieraus errechnete sich ein regionales Marktvolumen von rund 217 Mio DM. Davon entfielen 45% auf Möbel des Stils der Firma H. (konservativ), und 73% der Kunden beabsichtigten, bei Fachhändlern oder Herstellern zu kaufen. Das Marktvolumen für die Firma H. betrug mithin rund 71 Mio DM. Auf das für die Firma mögliche Absatzvolumen wird im Abschnitt „Neuorientierung“ eingegangen.

• Konkurrenzanalyse
Aus Unterlagen der Industrie- und Handelskammer sowie durch eigene Recherchen ließen sich in der Region fünf Konkurrenzhersteller ermitteln. Alle Konkurrenten haben Fabrikverkauf angegliedert – davon zwei in Form eigener Polstermöbelhäuser, die eigene Produkte und auch Handelsware anbieten. Zusätzlich bedienen beide Firmen ein regionales Einzelhandelsnetz. Zwei der anderen drei Firmen sind in Größe und Produktpalette mit der Firma H. vergleichbar. Der dritte ist auf Bettenbau spezialisiert und steht damit nicht in direkter Konkurrenz.

Vertriebswege

• Polstermöbelgroßhandel
In den drei Kammerbezirken existieren rund 110 Großhändler, die als Geschäftspartner der Firma H. in Frage kommen. Hier laufen, bis auf die großen Möbelhäuser, die über eigene Logistik verfügen, die Fäden der Einzelhändler zusammen, und ein Einstieg in den Großhandel bedeutet auch einen Einstieg beim Einzelhandel.

• Polstermöbeleinzelhandel
Die in den drei Bezirken nachzuweisenden 700 Einzelhändler können aber parallel auch direkt angesprochen und auf den Lieferanten vor der Haustür aufmerksam gemacht werden.

• Absatzmittler
Eine Sondersituation nehmen die Absatzmittler ein, aus deren Sicht die Firma H. aufgrund ihres Handelssortiments ein Konkurrenzpotential darstellt. Vordergründig bieten sie jedoch der Fa. H. Absatzchancen durch ihre Absatzmittlerfunktion. Um hier die Konkurrenz im Einzelhandel von den möglichen Absatzmittlern zu trennen, empfiehlt sich eine direkte Anfrage bei den etwa 700 Einzelhändlern im relevanten Markt, inwieweit eine Aufnahme in die Orderlisten der Handelsbetriebe möglich ist.

Einschätzung der Marktsituation
Im Marktareal der Firma H. besteht ein ausreichend großes Marktvolumen um die Produktionsmengen deutlich zu steigern. Die Märkte werden in den folgenden zwei Jahren sicherlich überproportional expandieren, d. h. das regionale Wachstum des Marktes wird deutlich über dem Wachstum des nationalen Marktes liegen.
Der Markt bietet für die Firma H. in dieser Frühphase des Marktgeschehens die Chance, einen hohen Bekanntheitsgrad zu erreichen. Momentan zeigt sich der Markt bedingt durch die geringeren Einkommen preisorientiert. Ein Wandel des Marktes vom preisorientierten zum qualitätsorientierten Käufermarkt ist an steigende Einkommen gekoppelt. Das frei verfügbare Einkommen bestimmt den Zeitpunkt, der diesen Markt den bestehenden Märkten im Westen gleichziehen läßt. Dieses Gleichziehen äußert sich dann auch in einem erwartbar ähnlichen Verbraucher- und Kaufverhalten.
Über die Konkurrenz innerhalb des Marktes ist wenig Sekundärmaterial vorhanden. Damit kann die Konkurrenz zwar vollständig erfaßt, aber nur in geringem Umfang analysiert werden. Intensive Konkurrenz kann insbesondere von den Handelsketten erwartet werden.

Neuorientierung der Firma H.

Nachdem die Analyse in der dargestellten Form abgeschlossen war, zielte die Beratung auf eine Neuorientierung der Firma H.

Ziele
Ausgangspunkt war das allgemeine Zielsystem des Unternehmens.
Sein bisheriges Ziel faßte Herr H. als „Überleben am Markt“ zusammen, ein Wunsch, der keinen Ansatz für eine systematische Kontrolle des unternehmerischen Handelns bot und weder kurz- noch langfristig Sicherheit gab, was eigentlich als Ergebnis erzielt werden sollte. Deshalb wurden zur Operationalisierung Produktions- und Umsatzziele festgelegt, und zwar getrennt für eine Konsolidierungs- und eine Expansionsphase.
In einer etwa sechsmonatigen Konsolidierungsphase war angestrebt, die Produktion unter Bei-

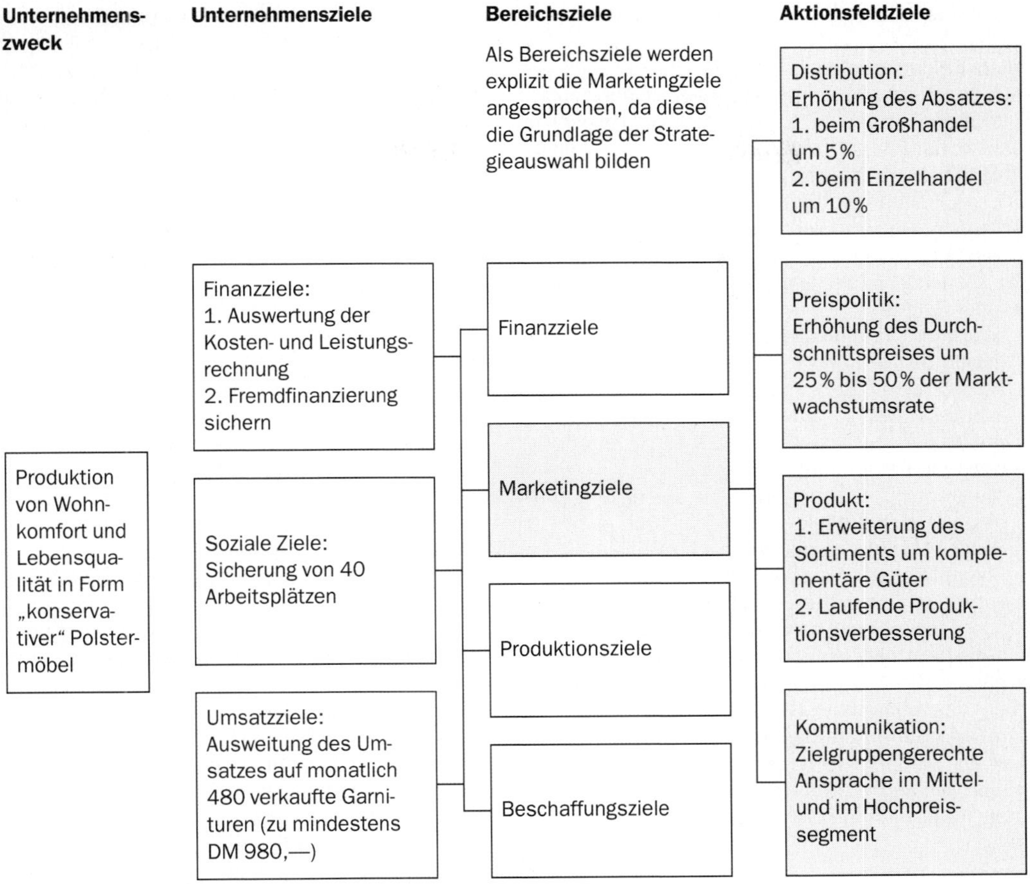

Abb. 2.13: Ziele in der Expansionsphase

behaltung der Produktpalette um ca. 20% auf 480 Garnituren monatlich zu steigern, womit sich ein Umsatz von rund DM 450.000 erzielen ließ. Dabei sollte vor allem die Absatzstruktur verändert und das Verhältnis von 80% Großabnehmer zu 20% Privatkunden auf ein Verhältnis 50% zu 50% gebracht werden. Diese Zielvorstellung erschien mit Blick auf das ermittelte Marktvolumen realistisch.
In einer dreijährigen Expansionsphase war dann angestrebt, ein Unternehmenswachstum zu erzielen, das dem Wachstum des angesprochenen Marktes folgt, nämlich 8% jährlich.

Marketingbudget und -ziele in der Konsolidierungsphase

Das branchenübliche Marketingbudget beträgt etwa 3 bis 6% des Umsatzes. Die Firma H. setzte ein überdurchschnittliches Marketingbudget von etwa DM 40.000 monatlich an und wählte den Schwerpunkt im kommunikationspolitischen Bereich gegenüber den Endverbrauchern. Weder die Produktpolitik (bestehendes Produktsystem wird beibehalten), noch die Distribution und die Preisgestaltung (Preise sind konkurrenzinduziert) werden in dieser Phase kostenintensiv eingesetzt. Das Budget stand voll für die Kommunikation, erzeugt über Werbung, VKF, persönlichen Verkauf, Bekanntheitsgrad und Image zur Verfügung.
Erst im Rahmen der Expansionsphase sollte sich die Kommunikation auch auf den Handel hin orientieren. Die Distribution sollte in dieser Zeit den Absatzkanal Groß- und Einzelhandel auf- und ausbauen. Dazu benötigt die Firma modifizierte Produkte sowie eine differenzierte Preisgestaltung (Kalkulation von Handels-Abgabepreisen, Rabatt- und Konditionensystemen). Das Marketingbudget muß dann entsprechend diesen Anforderungen aufgeteilt werden. Bleibt das Budget an den Umsatz gekoppelt, teilt es sich auf den gesamten Marketing-Mix auf. Das bisherige Kommunikationsbudget vermindert sich.

2

Erstellung des Marketingkonzepts

Marktfeldstrategien

Auf der Basis der bisher dargelegten Markt- und Situationsanalyse wird jetzt das Leistungsprogramm der Firma H. auf dem Markt in Form einer Produkt-/Markt-Kombination dargestellt.

Dieses Leistungsprogramm bildet die strategische „Urzelle“ und den Ausgangspunkt des strategischen Handlungsfeldes jeder Unternehmung. Für die Firma H. verlangt das die Festlegung folgender Punkte:

- Marktdurchdringungsstrategie, als eine Kombination der vorhandenen Produkte auf dem gegenwärtigen Markt,
- Produktentwicklungsstrategie, als eine Kombination neuer Produkte, die auf dem bestehenden Markt angeboten werden sollen,
- Marktentwicklungsstrategie, die aufzeigt, für die bestehenden Produkte neue oder noch nicht erkannte Märkte zu generieren,
- Diversifikation, die eine mögliche Kombination von neuen Produkten in neuen Märkten untersucht, sowie die Chancen eines solchen Vorgehens beurteilt.

Während die ersten drei Strategien die Optimierung des bisherigen Geschäftsgeschehens anstreben oder an die bestehende Geschäftstätigkeit anzuknüpfen versuchen, dehnt die Diversifikation den angestammten Geschäftsbereich aus, oder verläßt ihn in Form einer lateralen Diversifikation.

• Marktdurchdringung

Da das Marktvolumen weder von der Firma H. noch von der Konkurrenz ausgeschöpft ist, kann die Firma H. ihre bisher schwache Position mit einer Marktdurchdringung merklich verbessern. Das regionale Marktvolumen wird aufgrund der gegebenen Eckdaten für noch mindestens zwei Jahre als konstant angesehen.

Nach zwei Jahren wird durch die Sättigung des Bedarfs sicher ein Rückgang der Polstermöbelkunden zu verzeichnen sein, also eine Stagnation und in der Folge eine Schrumpfung des Marktes eintreten. Ein Rückgang der Bevölkerungszahlen wird diesen Effekt verstärken.

Weil aber auch die Konkurrenz keine intensive Marktdurchdringung betreibt, also insbesondere der Kernmarkt der Firma H. momentan nur durch die großen Polstermöbelmärkte, die über 30 km entfernt liegen, erfaßt wird und in diesen auch die Polstermöbel der Firma H. angeboten werden sollen, existiert im Kernmarkt (bis 30 km) keine direkte Konkurrenz, die die Gefahr eines Verdrängungswettbewerbs beinhaltet. Damit können die Mittel, die für die Marktdurchdringung zur Verfügung stehen, optimal genutzt werden.

So ist es über die Marktdurchdringung möglich, das latente Potential, das in der Marktanalyse erkannt wurde, auszuschöpfen. Für die Firma H. wirkt sich die Potentialausschöpfung über Marktmacht (gestiegener Marktanteil) sowie die Stückkostendegression vorteilhaft aus. Die Ausschöpfung des Marktes soll dabei im kurzfristigen Horizont über ein kombinatives Vorgehen erreicht werden.

Erstens sollen neue Kunden durch eine Abwerbung bei der Konkurrenz gewonnen werden. Da die Konkurrenzbetriebe intensive Preis-Mengen-Politik betreiben und die Verbraucher der neuen Bundesländer ein preisorientiertes Kaufverhalten aufweisen, ist eine Abwerbung im momentanen Marktgeschehen hauptsächlich über die konkurrenzorientierte Preisstellung möglich. Zusätzlich wird das Preis-Leistungs-Verhältnis gegenüber der Konkurrenz mit in die kommunikativen Aktivitäten einfließen, jedoch ist der Schwerpunkt der Werbebotschaft der Preis. Im Rahmen des nach etwa einem Jahr vorgesehenen Wechsels vom Billigpreissegment in die Mittellage wird schwerpunktmäßig das Preis-Leistungs-Verhältnis als Kommunikationsbotschaft betont werden. Zweitens soll die Gewinnung bisheriger Nichtverwender durch erhöhten Marketingeinsatz (Kommunikation) und verbesserte Distribution im relevanten Markt erfolgen. Die zuvor angesprochenen Ansatzpunkte konzentrieren sich bei den Verbrauchern auf drei Hauptbereiche des Marketing-Mix:

- Kommunikation mit Schwerpunkt Endverbraucherwerbung,
- Distribution an den Endverbraucher und
- Preispolitik im Fabrikverkauf über Endverbraucherpreise.

Das erlaubt es, in dieser Kommunikationspolitik Messages einzusetzen, die den bisherigen Kunden der Konkurrenz sowie den Nichtkunden gleichermaßen gerecht werden.

Ein differenzierter Einsatz des Marketing-Mix soll gegenüber den Absatzmittlern gehandhabt werden. Im Bereich Absatzmittler werden neue Absatzmärkte (Groß- und Einzelhandel) benötigt, die einen marktabdeckenden Verkauf sichern können. Um diesen Markt aufzubrechen, werden die Absatzmittler über eine Niedrigpreisstrategie angesprochen.

Der begrenzte Markt erlaubt die Ansprache aller Absatzmittler (etwa 700 Groß- und Einzelhandel) über Direct Mails. Darauf baut sich sukzessive treppenartig eine höherpreisige Strategie auf, mit deren Hilfe der strategische Umbau der Firma H. durchgeführt werden soll.

In der ersten Phase des Überlebens dominieren im Marketing-Mix:
- Hohe Handelsspannen,
- Verkaufsförderungsaktionen im Handel wie z. B. Kommisionsware, Ladenpflege, Verkaufsveranstaltungen, Schulungen etc. und
- günstige Liefer- und Zahlungsbedingungen.

Die bisherigen Schwerpunkte in den einzelnen Mixelementen verlagern sich später auf höherwertige Instrumente, vorausgesetzt, die richtige Zielgruppe kann gefunden werden:
- Kommunikation mit Schwerpunkt VKF gegenüber dem Handel,
- Preispolitik durch Abgabepreise an den Handel, Rabattkonditionen sowie differenzierte Liefer- und Zahlungsbedingungen,
- Produktpolitik als Qualitäts- und Sortimentspolitik.

Die Erhöhung der Produktverwendung bei bestehenden Kunden ist durch den Produktcharakter als Gebrauchsgüter mit hoher Lebensdauer nicht möglich. Auch andere Ansatzpunkte, wie künstliche Obsoleszenz (Mode), eignen sich aus der Charakteristik der Produkte heraus nicht zu einer Intensivierung des Konsums.

• Produktentwicklung

Das Produktprogramm der Firma H. charakterisierte sich eingangs als schmales, aber tiefes Programm. Ein Handelssortiment gab es nicht. Damit demonstrierte die Firma im Marktauftritt klare und kompromißlose Kompetenz als preiswerter Spezialist in der Herstellung von Polstermöbeln.

Um auf dem bestehenden relevanten Markt den Verdrängungswettbewerb zu umgehen, ist es für die Firma sinnvoll, Wettbewerbsvorteile in Form von neuen Produkten zu schaffen.

Die vorhandenen Produktionsmittel beschränken eine Produktentwicklung auf den Bereich Polstermöbel. Die Entwicklung von Produkten außerhalb des jetzigen Sortiments (beispielsweise Küchenmöbel oder Schlafzimmermöbel) ist aus Kosten- und Investitionsgründen nicht realisierbar. Auch existiert innerhalb der Firma H. keine Forschung und Entwicklung, die es erlaubt, systematische Produktentwicklung zu betreiben.

Eine Produktentwicklungsstrategie der Firma H. im Umfeld der Marktfeldstrategie bietet drei Möglichkeiten (vgl. J. Becker 1992), nämlich
- echte Innovationen,
- quasi neue Produkte und
- „Me-too" Produkte.

Echte Innovationen: Die Chance, eine echte Innovation im Polstermöbelmarkt zu entwickeln und zu plazieren, muß als sehr gering eingestuft werden. Das Produkt zeichnet sich durch seinen hohen Reifegrad von Produktinnerem sowie Produktäußerem aus. Eine Suche nach neuen Anwendungsmöglichkeiten der Möbelpolsterei würde für den Mittelbetrieb einen unangemessenen Aufwand bedeuten.

Quasi neue Produkte: Die durchschnittlichen Wohnraumgrößen weichen erheblich von den Altbundesländern ab. Kleinere Raumverhältnisse benötigen auch kleinere Möbelmaße. Mit einem „verkleinerten" Abbild der „klotzigen" Garnituren wird auf dem Markt eine Marktnische betreten werden, die dem Konsumenten statt der überall erhältlichen Garnituren ein quasi neues Produkt mit Zusatznutzen bietet.

„Me-too"-Produkte: Die Produkte der Firma H. sind Me-too-Produkte. Sie zeigen auch den Ansatz der Firma als Marktfolger, der sich an den anderen Anbietern im Mittelpreissegment von Polstermöbeln ausrichtete.

Die aufgeführte Situationsbeschreibung soll aber nicht den Blick auf Produktentwicklungspotentiale innerhalb der Firma oder aus dem Markt heraus verstellen.

Profitable Produktentwicklungspotentiale liegen ebenfalls in einer Analyse der Nutzenstruktur der Polstermöbelkunden; Ansatzpunkte für eine Produktentwicklung bieten Grundnutzen und Zusatznutzen.

Der Grundnutzen ist eine technisch funktionale Qualität der Polstermöbel, die sich z. B. über Sitzkomfort, Materialien, Verarbeitung, Lebensdauer oder Anwendungsbereiche definiert. Ein Zusatznutzen bietet die formal-ästhetische Qualität:
- Bezüge/Farben,
- Design,
- Abmessungen,
- Gewicht,
- Marke.

Es bieten sich vielfältige Variationsmöglichkeiten der bestehenden Produkte, die zu der Me-too-Produktentwicklung durch die Firma H. führen.

Erst mit dem späteren Aufbau einer Präferenzstrategie werden im Hochpreisbereich bedeutsame Gestaltungselemente des Produktäußeren benötigt bzw. die Ausstattung des Produktes (Verpackung und Markierung) als präferenzbildendes Element wirksam. Diese Elemente werden dann im Marketing-Mix entwickelt.

Die Zielvorstellungen des Unternehmens sollen zu einem Fabrikverkauf seiner Produkte führen. Die Aufnahme zusätzlicher komplementärer Produkte im Unternehmen würde Kapital binden (Lager, Produktionsmittel), was zu einem zu hohen Finanzierungsvolumen führen würde.

Hingegen wäre der einfache Zukauf von Handelswaren in der mittelfristigen Planung mit Vorteilen verbunden:
- Zusätzliche Gewinne,
- Komplettierung des Sortiments,
- Verlängerung von Serviceleistungen auf einen Hersteller,
- kurzfristiger Aufbau, aber, falls notwendig, auch Abbau des Sortiments,
- kurzfristige Erweiterung des Sortiments,
- mögliche Beteiligung der Hersteller an den Marketingkosten.

Diese Handelswaren müssen aber eng an das bestehende Produktprogramm gekoppelt werden.

• Marktentwicklung

Marktentwicklungen mit dem Ziel einer Erschließung neuer Kundengruppen können in verschiedener Hinsicht von der Firma H. eingeleitet werden:
- Erschließung zusätzlichen Marktraumes,
- Eindringung in Zusatzmärkte,
- Erschließung neuer Teilmärkte.

Offensichtlich ist hier, daß dies die Marktdurchdringung unterstützt. Die in der Folge angesprochenen Potentiale sollten also im Sinne einer Marktausdehnung aktiviert werden.

Insbesondere Zusatzmärkte können über gezielte Funktionserweiterungen erreicht werden. In Kombination mit der Produktentwicklungsstrategie können Produktvarianten neue Kunden gewinnen. Diesbezügliche Ideen sind naturgemäß branchenspezifisch (z. B. Einsatz als Fernsehsessel, Zwei- oder Mehrsitzer als Schlafcouch verwendbar, Drehsessel, elektrisch betriebene Sessel).

Eine langfristige Erschließung neuer Teilmärkte führt über Sonderanfertigungen. Individuelle Anfertigungen werden mit der Entstehung einer kaufkräftigen Ober- und Mittelschicht auf breiteres Interesse stoßen, das nicht durch die momentanen Billiganbieter befriedigt werden kann. Langfristig bildet sich hier durch den Bevölkerungsrückgang das sicherste Potential für das Unternehmen heraus.

Ein weiterer attraktiver Teilmarkt ist der Markt der Rentner. Eine gezielte Hinwendung auf diesen Markt würde für die Firma H. ein sehr lukratives Marktsegment erschließen. Auch ihre Produktpalette mit konservativ-rustikaler Gestaltung hätte dort Marktchancen. Der Verdrängungswettbewerb in einem schrumpfenden Markt (Wohnmöbel für die 25–40-jährigen) wird vermieden.

Mehr Aufwand für die Firma liegt jedoch in dem erforderlichen höheren Servicegrad (z. B. Transport) und in der kommunikativen Ansprache der Zielgruppe.

In der zukünftigen Entwicklung wird dieser Markt stark expandieren. Eine zusätzliche Positionierung der Firma auf dieses Marktsegment würde sich zu einem Zukunftsgarant entwickeln.

• Diversifikation

In der Produktentwicklungsstrategie sind mögliche Diversifikationsrichtungen schon unter sortimentsgestalterischen und unter Produktentwicklungs-Gesichtspunkten angesprochen worden. Im Hinblick auf den langfristigen Horizont und die bestehenden Kostenrestriktionen ist eine horizontale Diversifikation zu prüfen. Dazu gehören:
- Aufnahme von Handelswaren,
- eigene Forschung und Entwicklung und
- Übernahme von Lizenzen.

Aufnahme von Handelsware: Mit der Übernahme von problemlosen Handelswaren im Bereich Wohnzimmermöbeleinrichtungen (z. B. Beleuchtung, Couchtische, Beistelltische, Regale und zerlegbare Regalsysteme) wird mit niedrigen Kosten und geringem Risiko eine Ausweitung des Sortiments der Firma H. durchgeführt. Bei der Übernahme ist auf den Charakter der Handelsware zu achten:
- Nicht voluminös (Lagerplatz),
- kurzfristig beschaffbar,
- Handelsspanne von mindestens 40%,
- als komplementäre Produkte zur vorhandenen Produktpalette verwendbar,
- zielgruppen-adäquates Design.

Vor allem muß die Handelsware auf die strategische Situation hin ausgewählt werden, wobei insbesondere der richtige Zeitpunkt entscheidend ist. Der Stukturwandel muß so weit fortgeschritten sein, daß hinreichende Nachfrage besteht.

Eigene Forschung und Entwicklung: Parallel zur Geschäftstätigkeit kann eine eigene Forschung und Entwicklung aufgebaut werden. Ein Mittelbetrieb in der Größe der Firma H. ist allerdings nicht in der Lage, eine eigene F&E-Abteilung zu betreiben. Wichtig ist deshalb die Koordination des Betriebsgeschehens und des Marktgeschehens als Ersatz für eigenständige Forschung und Entwicklung: Anregungen und Ideen, die aus dem Markt (Konkurrenz, Absatzmittler, Kunden) fließen oder durch die Mitarbeiter (Qualitätszirkel, Vorschlagssysteme) entstehen, sind aufzunehmen und umzusetzen (beispielsweise kleinere Garnituren als Reaktion auf geringere Durchschnittswohnungsgrößen oder Prämiensysteme für innovative Produktentwicklungsvorschläge).

Ein Vorgehen in dieser Form bietet der Firma H. Vorteile:
- Es werden keine Produktionsfaktoren in Forschung und Entwicklung gebunden,

- Forschung und Entwicklung ist immer marktnah, d. h. Entwicklungen sind sofort markttauglich,
- Forschung und Entwicklung verursacht geringere Kosten, da sie in die laufende Produktion integriert werden kann.

Nachteilig ist die der Nachfrage zeitlich nachgelagerte Produktentwicklung. Sie sollte optimalerweise im Agieren (z. B. durch Neuproduktentwicklung) bestehen und bleibt beim gewählten Vorgehen auf der Ebene eines Reagierens (Forschung und Entwicklung durch Nachfrage). Zeitlich ist der Einsatz in dieser Form der Forschung und Entwicklung unbefristet und kontinuierlich vorgesehen.

• Kauf von Lizenzen

Als dritte kostengünstige Diversifikationsmöglichkeit bietet sich der Lizenzkauf an. Gerade mit dem Übergang von Preis-Mengen-Strategie auf Präferenzstrategie besteht die Notwendigkeit individueller Produkte. Designmöbelhersteller bieten Lizenzen im Polstermöbelbereich an. Die Lizenzgebühren bemessen sich dabei nach produzierten Kontingenten oder nach Zeitdauer der Lizenznahme. Lizenzkauf ist für die Firma H. eine attraktive Möglichkeit der Ausweitung ihrer Produktpalette ab Ende der Expansionsphase (Umstieg auf Präferenzstrategie).

Der schrittweise Aufbau der Diversifikation führt unter Kostengesichtspunkten schnell und ohne großes Risiko zu einer Angebotsausweitung auf dem Hochpreismarkt.

Andere Formen der Diversifikation, wie Joint Ventures oder Unternehmenskauf, eignen sich aufgrund der Ertragssituation dieser Firma hingegen nicht, denn sie kann keinen punktuellen Abfluß von Kapital verkraften.

Resümee zur Marktfeldstrategie

Zwei der zur Verfügung stehenden Strategien sind sofort umsetzbar:

- Marktdurchdringung: Umsetzung des strategischen Vorgehens durch ein an den Zielgruppen orientiertes Marketing-Mix und
- marktorientierte Produktentwicklung.

Bis zur Umsetzung der kompletten Marktfeldstrategie kann der durch die Konsolidierungsphase geschaffene Zeitvorteil für den Aufbau eines Marketing-Informationssystems genutzt werden. Dieses kann auf Basis der EDV (über Daten-, Methoden- und Modellbank) oder auf manueller Basis (Karteien) entstehen und die geplante Marktentwicklung und Diversifikation unterstützen, sowie Informationen für die Marktdurchdringung und die Produktentwicklung bereitstellen. In der Firma H. wird also kurzfristig über folgende Strategiefolge nachgedacht:

- Marktdurchdringung durch Nutzen von Marktpotentialen,
- Marktentwicklung durch Aufbau bisher unbearbeiteter Märkte,
- Produktentwicklung,
- Diversifikation als Risikoausgleich.

2

Marktstimulierungsstrategien

Als zweite Strategieebene wird die Art und Weise der Marktbeeinflussung durch die Firma H. festgelegt. In den fünf neuen Ländern ist die Marktstimulierung durch den bestehenden Wettbewerb eine Notwendigkeit für jedes Unternehmen. Das Handlungsfeld liegt zwischen dem reinen Preis-Mengen-Wettbewerb und einem Qualitätswettbewerb. Die Preiskäufer dominierten zum Zeitpunkt der Fallstudie den Markt mit einem Anteil von ca. 60%, 12% hatten zuwenig frei verfügbares Einkommen (Sozialhilfeempfänger, Arbeitslose) und die restlichen 28% kamen als Marktpotential für einen Qualitätswettbewerb in Frage (vgl. Einkommensstruktur in dem Abschnitt „Soziodemographische Verbraucheranalyse"). Eine Angleichung des Umfangs der Marktschichten an die Verhältnisse in den Altbundesländern ist erst mittelfristig bis langfristig zu erwarten.

Damit erscheinen Preisstrategien in der kurzfristigen Ausrichtung des Unternehmens erfolgversprechender als Qualitätsstrategien. Ausschlaggebend für diese Wahl war nicht nur die Marktsituation, sondern auch die prekäre Lage der Firma, die nur über begrenzte Finanzmittel verfügte und die Veränderungen des Firmengeschehens aus den eigenen Ressourcen heraus herbeiführen mußte.

Für die Firma H. stellte sich die Frage der Wahl zwischen Preis-Mengen-Strategie oder Präferenzstrategie im mittel- bis langfristigen Horizont. Würde sich die Firma nicht einem der Preisfelder zuordnen, entstünden Probleme von Seiten des Marktes. Eine unklare Definition der Position der Firma H. würde verunsichern. Eine Definition der Geschäftstätigkeit der Firma sollte daher nicht einer „Sowohl Preis als auch Qualität"-Philosophie entsprechen, sondern entweder

- klare Betonung des Preisvorteils oder
- klare Betonung des Leistungsvorteiles bieten.

• Präferenzstrategie versus Preis-Mengen-Strategie

Eine Präferenzstrategie (vgl. Abschnitt „Marktstimulierungsstrategien") würde Vorteile bieten:

- Nur wenig lokale Konkurrenzanbieter auf dem Hochpreismarkt (Markenmarkt),

2

- auf Verbraucherseite gut erfaßbare Zielgruppen (z. B. Ärzte, Rechtsanwälte),
- durch die Nischenstrategie weniger konkurrenzexponiert,
- höhere Verkaufspreise werden akzeptiert = höhere Gewinnspanne,
- das Unternehmen könnte die vorhandenen Produktionsfaktoren nutzen.

An Nachteilen ist zu verzeichnen:
- Fehlender Markenname der Firma H.,
- fehlender Bekanntheitsgrad,
- „Festsitzen" in der Nischenposition,
- hohe geographische Streuung der Zielgruppen,
- hohes Etatniveau,
- hoher Marketingaufwand (Distribution),
- Umstellung von Teilen der Produktion von Massenfertigung auf Auftragsfertigung,
- hoher Servicegrad erforderlich.

Aus diesen Nachteilen heraus ist die reine Präferenzstrategie, wie oben schon festgestellt, in der kurzfristigen Betrachtung unrentabler. Umgekehrt würde mit einer Preis-Mengen-Strategie, die im Vergleich zu Billiganbietern objektiv bessere Produktqualität (z. B. Massivholzgestelle, Bezugsstoffe oder die Dreifachnaht) für den Verbraucher nicht erkennbar werden. Die Preis-Mengen-Strategie bietet andere Vorteile:
- Hohes Marktpotential,
- hohe Trefferquote auch bei undifferenziertem Marketing, und damit kleiner Marketingorganisations- und -planungsaufwand,
- geringere Marketingkosten,
- keine Produktionsumstellungen notwendig,
- schnellere Anfangserfolge,
- Ausnutzen des Gesetzes von der Massenproduktion,
- definierte Zielgruppen,
- leichteres Eindringen in den Groß- und Einzelhandel über Handelsspannen.

Nachteile:
- Geringere Stückerlöse,
- mögliche Konkurrenzreaktion,
- Qualitätsverluste,
- Marktsättigung durch andere Billiganbieter,
- im absehbaren Horizont stagnierender und in der Folge schrumpfender Markt im Billigpreissegment.

Um im mittel- bis langfristigen Horizont eine Strategiefestlegung zu treffen, wird das erwartbare Marktgeschehen unter dem Gesichtspunkt einer Zukunftssicherung für die Firma H. betrachtet: Die Situation des Marktgeschehens in den neuen Bundesländern wandelt sich erwartbar entsprechend den Altbundesländern. Die Marktphasen der Altbundesländer vom Verkäufermarkt zum Käufermarkt wurden im Osten Deutschlands seit der deutschen Einheit im Eiltempo durchlaufen. Die Wandlung des Marktes in Richtung eines tragfähigen Hochpreismarktes verläuft in Sprüngen. Die Durchlaufgeschwindigkeit hängt von frei verfügbaren Einkommen ab. Bis dieses Einkommen in der Höhe der Altbundesländer vorliegt, wird eine hohe Preis-Mengen-Orientierung der Käuferschichten zu beobachten sein, die es vorteilhaft macht, den Preisvorteil zu betonen, um das Überleben der Firma zu garantieren.
Tritt eine Situation der Einkommensangleichung (ab 90 % Westsituation) ein, wird, um dem massiven Verdrängungswettbewerb im schrumpfenden Markt der Billiganbieter zu entkommen, die Betonung des Leistungsvorteils (Präferenzstrategie) notwendig sein. Es ist kein abrupter Umstieg geplant, sondern nur die Minimierung der Risikoposition „zwischen den Stühlen". Die Gefahr einer „Sowohl als auch"-Position der Firma im Rahmen eines Trading up in das Mittelpreissegment kann durch eine kurze Übergangszeit und die Trennung des Hochpreisgeschäftes vom Niedrigpreisgeschäft vermieden werden (z. B. Hochpreiskollektionen und Niedrigpreiskollektionen werden über verschiedene Absatzkanäle vermarktet).

- Die zeitliche Abfolge der Marktstimulierungsstrategien

Die Firma H. arbeitet im kurzfristigen Horizont mit einer Aktionsstrategie im Preis-Mengen-Bereich, welche aber in Erwartung der Präferenzstrategie schon das Preis-Leistungs-Verhältnis integriert. Der Schwerpunkt liegt während der Aktionsstrategie in der Betonung des Preises. Im mittelfristigen Horizont wird über eine weitere Bewegung im Mix hin zu mehr Qualität die Voraussetzung einer Präferenzstrategie geschaffen, die langfristig verfestigt wird. Damit arbeitet die Firma H. in der mittelfristigen Positionierung des Unternehmens auf die Präferenzstrategie hin. Innerhalb eines definierten Zeitraumes ab dem zweiten Drittel der Expansionsphase soll der Anteil des Preis-Mengen-Geschäftes unter 30 % des Umsatzes fallen.
Nicht-preisliche Parameter wie Qualität, Service oder Design werden schon in der Aktionsstrategie im Marketing-Mix integriert. An das steigende Einkommen wird der Strategiewechsel gekoppelt, so daß die Kernaussagen der Kommunikation, die distributionspolitischen Entscheidungen, die Bandbreite des Preises und der Sortimentsumfang neu bestimmt werden müssen. Im ersten Drittel der Expansionsphase wählt die Firma also schwerpunktmäßig eine Preis-Mengen-Strategie, welche die Preis-Leistungs-Information betont –

anschließend vollzieht sich in Abhängigkeit der Einkommensentwicklung die Hinwendung zu einer Präferenzpolitik. Aufmerksamkeit verdient in diesem Zusammenhang der branchenbezogene Umgang mit Marken – sie werden im Handel oft wenig herausgestellt, bis hin dazu, daß für die Durchsetzung einer Marke eine eigene Distribution notwendig werden kann. Solange sich die Firma jedoch auf den regionalen Markt konzentriert, ist die Gestaltung einer eigenen Markenpersönlichkeit nicht dringend erforderlich, um die Verbraucher und den Handel anzusprechen. Die kurzen Wege und die werbetechnische Abdeckung, die durch die Firma H. auf diesem Markt möglich ist, führt automatisch zu einem Imageaufbau in der Region. Die marketingtechnische Umsetzung der Strategiegrundlagen stellt aber im mittelfristigen Horizont an die Kommunikation, Produktgestaltung und die Distribution die Anforderung, die operative Umsetzung unter perspektivischer Einbeziehung des Markenartikelgedankens durchzuführen.

Die Ausweitung des Geschäftsareals bedingt die bewußte Integration und den Aufbau des Markenartikelgedankens in der Geschäftstätigkeit. Da im nationalen Feld der Bekanntheitsgrad gering ist, muß im harten Handelsmillieu primär über die Marke und die Umsetzung einer Push-Strategie entgegengearbeitet werden.

Marktparzellierung

Marktparzellierung legt die strategische Handlungsgrundlage des Marketing im Hinblick auf die Differenzierung der Märkte über Massenmarketing oder Marktsegmentierung fest und knüpft daran die Abdeckung des Marktes als partiale oder totale Marktabdeckung.

Die Gegenüberstellung von Vor- und Nachteilen der einzelnen Differenzierungsmöglichkeiten geht aus Abb. 2.14 hervor. Aus dieser Gegenüberstellung ergibt sich die grundlegende Strategierichtung nach zeitlicher Abfolge:

- im kurzfristigen Horizont Konsolidierungsphase wird der Schwerpunkt auf die Ansprache des Massenmarktes gelegt,
- ab der Expansionsphase erfolgt die Marktsegmentierung.

Der Umbau der Massenmarktstrategie vom undifferenzierten Marketing zur differenzierenden Marktsegmentierung erfolgt parallel zu der in der Marktanalyse dargestellten Marktwandlung. Das stellt Zeitkapazitäten zur Verfügung. Der damit verbundene Zeitvorteil erlaubt es zusätzlich, in der Marktwandlungsphase die anvisierten Zielgruppen auf Tragfähigkeit und Profit hin zu untersuchen.

• Undifferenziertes Massenmarketing

Aufgrund einfacher Deduktion werden diejenigen Zielgruppen ausgegrenzt, die als direkte Abnehmer nicht in Frage kommen. Hierbei ist darauf zu achten, daß wichtige Entscheidungsbeeinflusser nicht ausgeklammert werden. Für die Firma werden lediglich Kinder und Jugendliche bis 14 Jahre sowie Einkommensschichten unter DM 1.000,— unberücksichtigt gelassen.

• Marktsegmentierung

Die mittel- und langfristig vorgesehene Marktsegmentierung durchläuft zwei Phasen:

- Definitionsphase: Bildung von Teilmärkten, in denen das Nachfrageverhalten homogener ist als zwischen den Teilmärkten;
- Bewertungs- und Entscheidungsphase: Durch die Erwartungen der Konsumenten können hier Segmente im Absatzmarkt lokalisiert werden, die im Rahmen des Marketing-Mix gezielt bearbeitet werden können.

	Massenmarkt	Segmentierung
Vorteile	Kostenvorteile der Massenproduktion von Polstermöbeln (Erfahrungskurse, Gesetz der Massenproduktion)	Sonderwünsche werden erfüllt
	Abdeckung des Regionalmarktes	Hohe Preise der Polstermöbel
	Geringerer Marketingaufwand	Vermeidung des ruinösen Preiswettbewerbs durch Qualitätswettbewerb
Nachteile	Keine Maßanfertigungen oder Sonderwünsche in der Gestaltung	Höheres Marketingbudget erforderlich
	Preise werden von der Konkurrenz bestimmt	Serienfertigung ohne Massenproduktionsvorteile
	Marktfolger im Polstermöbelmarkt	Spezialwissen über die Vermarktung von Designmöbeln erforderlich (Marketing-Know-how)
	Gefahr des ruinösen Wettbewerbs	

Abb. 2.14: Vor- und Nachteile der Massenmarkt- und Segmentierungsstrategien für die Firma H.

Meßbarkeit	Möglichkeit, die speziellen Käufereigenschaften des oder der Marktsegmente(s) hinreichend zu erfassen
Tragfähigkeit	Möglichkeit, Größe und Potential des bzw. der Marksegmente(s) zu ermitteln
Erreichbarkeit	Möglichkeit einer wirksamen Zielung spezieller Marketingprogramme auf das oder die Marktsegment(e)
Profitabilität	Möglichkeit, den erhöhten Produktions-, Marketing- und/oder Verwaltungsaufwand in den Abgabepreisen entsprechend weitergeben zu können
Stabilität	Aussichten darauf, daß das bzw. die gefundenen Marktsegment(e) eine ökonomische Mindestzeit tragfähig ist bzw. sind

Abb. 2.15: Wichtigste Kriterien/Voraussetzungen für eine erfolgreiche Kundensegmentierung

An die Segmente sind Anforderungen zu stellen, die in Abb. 2.15 zusammengefaßt werden. Auf Basis dieser Beurteilung der Segmente wird die Entscheidung über totale Marktabdeckung oder partiale Marktabdeckung getroffen.

• Die demographische Marktsegmentierung
Ein wichtiges demographisches Kriterium ist für höherwertige Möbelangebote zweifellos das Einkommen. Die Einkommensstruktur wurde bereits in der Marktanalyse vorgestellt. Sie wird zur weiteren Segmentierung des Marktes genutzt. Zum Zeitpunkt der Fallstudie erwies sich die differenziertere Bestimmung der Einkommen im Regionalmarkt allerdings als schwierig, weil z. B. über hohe Abfindungen und dem Verkauf von Immobilien ein Wohlstandsniveau gegeben schien, das in vielen Fällen nicht den Einkommensverhältnissen aus langfristiger Arbeitstätigkeit entsprach. Um dennoch eine praktisch verwertbare Umsetzung einer Marktsegmentierung für die Firma H. erreichen zu können, sollte über die Segmentierung des Marktes nicht eine Gruppe lokalisiert werden, die über die notwendigen Einkommen verfügt, sondern es sollten im Sinne einer geographischen Festlegung Gebiete mit hohem Einkommensniveau als Marktsegmente bestimmt werden. Diese Segmente ermöglichen dann die jeweils gezielte marketingtechnische Bearbeitung. Untersucht wurden zwei Segmente des Marktes:
– Neubauviertel und
– gehobene Wohngegenden.
Als weiteres Segment wurden die Käuferschichten berücksichtigt, deren Einkommen auf Westniveau lag.

• Das Segment der Neubauviertel
Nach der von den bisherigen Erfahrungswerten der Firma H. abgeleiteten Zielgruppe, die eher den unteren Einkommensgruppen zuzurechnen ist, ist deren Sitz primär in den Neubauvierteln, die regional bezogen als Viertel mit gehobenen Wohnverhältnissen einzuordnen sind. Die außerhalb dieser Neubausiedlungen vorhandene Bausubstanz macht den Abzug dieser Klientel in großem Umfang innerhalb des hier gegebenen Planungszeitraums unwahrscheinlich.
Bevölkerungsstatistisch fällt die Zielgruppe der Neubauviertel-Bewohnung in die Altersklasse der 30–50-jährigen – die Größe der Kommunen liegt über 15.000 Einwohner. Das Segment bietet von seiner Struktur her geringe Werbefehlstreuungen und erlaubt die effektive Kommunikation mit dem Endverbraucher.

• Segment der gehobenen Wohngegenden
Ein zusätzliches tragfähiges Segment entsteht in den ehemaligen Villenvierteln, welche mit hohem Aufwand saniert werden. Dort werden sich erwartbar die Spitzenverdiener in den besten Wohnlagen der Städte ansiedeln. Diese Entwicklung ist aber noch nicht zum Tragen gekommen und kann in ihrem Umfang noch nicht beurteilt werden.
Die demographische Segmentierung führt zwar zu einer Lokalisierung von Marktsegmenten, aber zu undifferenzierten Ergebnissen in der Umsetzung (z. B. Werbebotschaft) im Marketing-Mix. Deshalb soll im Rahmen der Marktsegmentierung ein weiterer Segmentierungsansatz untersucht werden.

• Das Segment der Einkommensstruktur auf Westniveau
Hier handelt es sich um ca. 50.000 Pendler im Markt der Firma H., welche in den Altbundesländern einer Arbeitstätigkeit nachgehen und dafür nach Tarif (West) oder übertariflich bezahlt werden. Hinzu kommen ca. 5.000 bis 7.000 Arbeitnehmer aus dem Westen, die in den neuen Bun-

desländern in Verwaltung und in Betrieben tätig sind und dafür Einkommen auf Höhe des Westgehaltes beziehen. Empfehlenswert ist die Konzentration des Marketings auf Verwaltungsorganisationen wie Treuhand, Behörden, Krankenkassen usw.

• Der Benefit-Ansatz
Aus der Gruppe der einstellungsbezogenen Segmentierungsansätze bietet sich für die Firma H. bevorzugt der Benefit-Ansatz an (siehe dazu den Abschnitt „Weitere Segmentierungsansätze“). Insbesondere im Hochpreissegment ist die Konzentration auf die Kundenwünsche ein wesentlicher Erfolgsfaktor. Die Verfeinerung des Ansatzes bedarf entsprechender branchenbezogener Marktforschungsergebnisse (z. B. die Befragungen von Kunden), wozu im Rahmen dieses Beitrags nur einige Grundzüge dargestellt werden können.

Segmentierungskriterien: Die Polstermöbel erfüllen Nutzenfunktionen, die bereits im Rahmen der Produktentwicklung analysiert wurden, nämlich einen technisch-funktionalen Nutzen und einen Nutzen als ästhetisches Element.
In einem Hochpreismarkt tritt der technisch-funktionale Nutzen gegenüber der Qualität, dem Design und der Ausstattung des Produktes in den Hintergrund. Basis der Segmentierung im Hochpreissegment ist vielmehr der ästhetische Nutzen, und je höher die Kombinationen der Nutzenebenen sind, desto wahrscheinlicher wird eine Kaufentscheidung. Der letztendlich kaufentscheidende Mix aus objektivem Nutzen (z. B. Massivholzbau, Bezugsstoffqualität oder Füllstoffe) und subjektivem Nutzen (Design, Farbe oder Beschaffenheit) wird sich, wie angesprochen, nur durch Markterkundung und -forschung bestimmen lassen.

Marktabdeckung: Im undifferenzierten Massenmarketing des kurzfristigen Planungshorizontes wird mit totaler Marktabdeckung gearbeitet. Der partialen Marktabdeckung wird im mittel- bis langfristigen Planungszeitraum der Vorzug vor der totalen Marktabdeckung auch aus Kostengründen gegeben. Eine totale Marktabdeckung würde zwar absolute höhere Zielgruppenrichtwerte aufweisen, wäre jedoch besonders im ländlichen Bereich mit hohen Marketingkosten belastet. (Distribution von z. B. Werbematerial ist kostenintensiv, da die Tageszeitungen geringe Reichweiten in den ländlichen Gebieten aufweisen.) Auch hohe Werbefehlstreuungen wären unvermeidlich.
Die Kombination von Benefit-Ansatz als Zielgruppenansprache und der demographischen Analyse bzw. Ermittlung der Zielgruppe würde die partiale Marktabdeckung auf der Basis geographischen Vorgehens schaffen und eine Strategie auf dem Hochpreismarkt ermöglichen, die Verbraucher in Neubausiedlungen und gehobenen Wohngegenden mit freien Einkommen anspricht, bei denen Qualitäts- und Designwünsche dominieren.

Marktarealstrategie
Bei der Betrachtung des Absatzgebietes befindet sich die Firma H. noch im Zustand der lokalen Markterschließung. Um die Nachfrage auch über den „Schornstein“ hinaus anzukurbeln, werden zwei strategische Stoßrichtungen ausgebaut:
- Die konzentrische Ausdehnung im lokalen Bereich und
- die inselförmige Gebietsausdehnung in die Ballungszentren der Region.

Die im Umkreis von 30 Kilometern liegenden Gemeinden weisen Neubaugebiete auf und bilden das Kerngebiet einer kreisförmigen Ausdehnung um die Firma H.. Innerhalb dieses Gebietes ist eine marketingtechnische Abdeckung durch Printmedien (Tageszeitungen mit Regionalausgaben, Anzeigenblätter) möglich. Zusätzlich kann die Firma H. über die Werbung (z. B. Wurfzettelaktionen) beschleunigend auf die Mund-zu-Mund-Propaganda einwirken.
Die inselförmige Gebietsausdehnung in die Ballungsgebiete muß hingegen eine andere Marktsituation berücksichtigen. Überdurchschnittlichem Einkommen und hoher Nachfrage steht ein intensiver Verdrängungswettbewerb gegenüber.
Die beiden Areale werden in der genannten Reihenfolge marketingtechnisch abgedeckt. Das erlaubt eine in der Startphase konzentrische Gebietsausweitung, die in der Folge zu einer Stoßrichtung auf die Ballungsgebiete als Inselarreale ausgebaut wird. Die lokale Konzentration soll zunächst folgende Vorteile integrieren:
- die Nähe zum Heimatabsatzgebiet,
- die Einbindung der Firma H. in das lokale Geschehen und
- eine Rolle als Arbeitgeber in der Region.

Eine Marktarealstrategie in dieser Form erlaubt als weiteren Vorteil eine kontinuierliche Beobachtung des Absatzes zweier Bevölkerungsgruppen, nämlich der urbanen Bevölkerungsanteile in den Städten und der ruralen Bevölkerungsanteile auf dem Land. Dadurch kann der Erfolg der Firma H. in beiden Gruppen beobachtet werden und in der Phase intensiven Konkurrenzkampfes (Stagnation des Marktes infolge Marktsättigung) der nachfragestabile Bevölkerungsteil als Absatzzielgruppe bearbeitet werden.
Becker weist hier auf die enge Verzahnung der Produktpolitik mit einer Marktarealstrategie hin. Gerade die Entwicklung von Produkten für spezi-

fische Abnehmerwünsche birgt die Möglichkeit der Schaffung abnehmerspezifischer Präferenzen auch in den konkurrenzintensiven Ballungsgebieten.

Die Kombination der Strategien

Aus Analyse und Auswahl der einzelnen Strategien ergibt sich ein Gesamtbild der Strategiekombination. Für die Firma H. teilt sich das gesamtstrategische Vorgehen in die Konsolidierungsphase und in die Expansionsphase auf. Der Übergang zwischen beiden Phasen soll im Sinne eines strategischen Anbaus über eine „Und"-Strategie erfolgen. Um die Risiken in dieser Übergangszeit zu minimieren, sowie die klare Firmendefinition nicht zu verwässern, wird die Phase des strategischen Anbaus kurz gehalten. Das bedeutet nicht, daß ein abrupter Übergang vom Billigpreissegment in das Hochpreissegment stattfinden sollte. Vielmehr soll die klare Schwerpunktwahl des Preissegments zugunsten eines Mehrschichten-Marketings aufgegeben werden, das es erlaubt, den Einstieg in das Hochpreissegment langfristig zu konzipieren und am Markt in den Billigpreissegmenten zu partizipieren.

Es wäre sicherlich auch möglich, im Sinne eines zweigleisigen Konzepts vorzugehen. Ein solches Konzept würde jedoch im Laufe der Strategieevolution dringend benötigte Ressourcen innerhalb des Unternehmens beanspruchen. Gerade in der Konsolidierungsphase stehen diese Ressourcen, wie Budget oder Kapazitäten von Betriebsmitteln, Werkstoffen und Arbeitszeit, nicht in dem benötigten Ausmaß zur Verfügung, um ein zweigleisiges Vorgehen zu ermöglichen.

Einen Umbruch zu erkennen bedeutet, auf ihn vorbereitet zu sein. Im Sinne dieses Marktumbruches bieten die nachfolgenden Strategiechips die Orientierung des marketingstrategischen Zusammenspiels der Firma H.. Die Strategiekombination der Konsolidierungsphase geht aus Abb. 2.16 hervor.

Eine Ausklammerung einzelner Strategieebenen als Minimallösung des strategischen Vorgehens ist zwar möglich, schmälert jedoch seine Wirksamkeit und würde in der praktischen Umsetzung im ungünstigsten Fall zu einer „Weder-noch-Strategie" führen, die eine Umsetzung der Strategie im Marketing-Mix erschwert. Zu warnen ist vor einer „Weder-noch-Strategie", welche nicht nur auf dem Markt zu Irritationen der Verbraucher führt, sondern auch Rückwirkungen auf die Rentabilität der Unternehmung hat.

Strategiechip im langfristigen Horizont

Aus der Marktanalyse folgt der Umbau des Strategiechip der Firma H., um auf dem Markt überlebensfähig sein zu können. Als problematisch erweist sich hierbei die Umorientierung der Firma vom Billigpreissegment (Aktionsstrategie) in das Segment des gehobenen Mittelpreismarkts. Das kurzfristige Auftreten der Firma H. im Billigpreissegment definiert die Erwartungen der Verbraucher. Ein Erscheinungsbild (Image) als Billigpreisanbieter und zugleich Hochpreisanbieter läßt sich nicht durchführen. Eine eindeutige Zuordnung der Firma H. durch die Verbraucher und Absatzmittler wäre nicht mehr möglich. Langfristig muß jedoch, um dem Markt und der Konkurrrenz teilweise im Verdrängungswettbwerb ausweichen zu können, eine Positionierung der Firma H. im Hochpreisbereich durchgeführt werden – also eine neue Strategiepositionierung stattfinden, wie sie in Abb. 2.17 dargestellt ist.

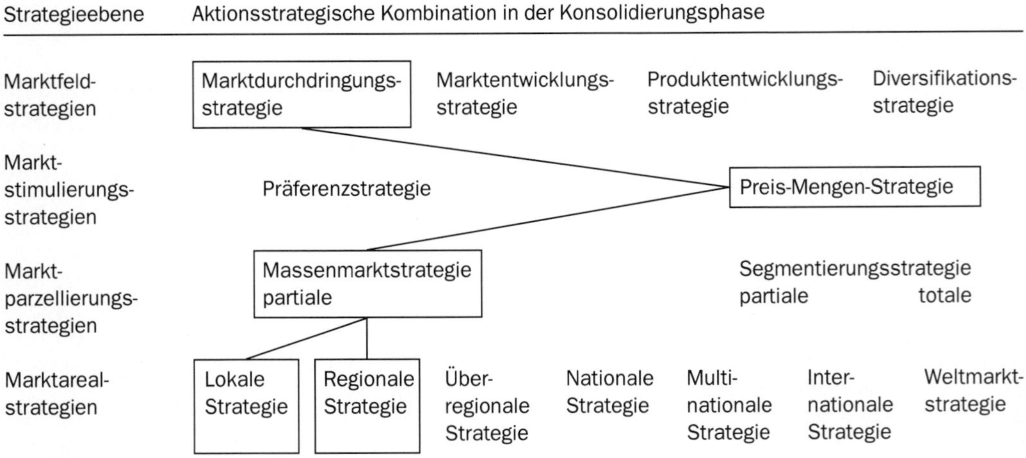

Abb. 2.16: Kurzfristiges Strategieprofil

Eine mögliche Umsetzung wäre hier die Gestaltung eines Markenkonzeptes, das in der marketing-technischen Umsetzung gegenüber den Verbrauchern getrennt auftritt. Auch die Aufspaltung der Firma in den Billigsegmentanbieter Firma H. sowie einen H-Design Möbelanbieter, der den differenzierenden Marktauftritt nach außen gestaltet, ist möglich. Erfolgsrelevant ist die klare Definition gegenüber dem Markt.
Wann sich die Schwerpunkte des Geschäftsgeschehens austauschen, ist momentan im Zeithorizont nicht übersehbar, weil dies an die demographische Entwicklung gekoppelt ist.

Wettbewerbsstrategien
Bisher wurde das strategische Vorgehen der Firma H. untersucht. Da der Markterfolg nicht nur vom Verhalten der Firma gegenüber den Kunden bestimmt ist, sondern natürlich auch vom Verhalten der Konkurrenz abhängt, werden die strategischen Wettbewerbsvorteile den Unternehmenserfolg mitbestimmen. Einige Analyse-Instrumente (Stärken-Schwächen-Analyse) integrieren die Konkurrenzanalyse. Diese Potentialanalyse wird aber unter dem Gesichtspunkt eines Ressourcenvergleichs und nicht auf der Basis einer konkurrenzorientierten Verhaltensgestaltung für die Firma H. durchgeführt.
Zu unterscheiden ist in zwei symmetrische Handlungsrichtungen, die konventionell-defensive sowie die unkonventionell-offensive Handlungsrichtung. Diese Alternativen definieren sich über die strategischen Schlüsselfaktoren:
– Leistung im Vergleich zur Konkurrenz,
– Preis im Vergleich zur Konkurrenz,
– Raum im Vergleich zur Konkurrenz,
– Zeit im Vergleich zur Konkurrenz.

In der Betrachtung der strategischen Schlüsselfaktoren entstehen gegenüber den Wettbewerbern strategische „Klumpen“:
– das Preis-Leistungs-Verhältnis und
– das Raum-Zeit-Verhältnis,
die Wettbewerbsvorteile determinieren.
Die Strategien der Marktstimulierung, der Marktparzellierung sowie die eines Marktareals untersuchten bereits die Preis-Leistungs-Komponente und bestimmten den Raum auch im Verhältnis zur Konkurrenz. Die zeitliche Komponente der Firma H. wurde ebenfalls in die Strategieüberlegungen mit einbezogen.

• Die Firma H. als Marktfolger
Unter dem Aspekt der Wettbewerbsstrategie bestimmt sich das Erscheinungsbild der Firma H. als Marktfolger. Nach Abschluß der Konsolidierungsphase der Firma wird die innerbetriebliche Stabilität so weit hergestellt sein, daß ein verstärktes Agieren auf dem Markt möglich ist. Vorzeitiges aggressives Auftreten würde gerade in der Phase des Preiswettbewerbs Reaktionen der Konkurrenz (ruinöse Preiskämpfe) oder ein verstärktes Abwandern von Käuferschichten (Preiselastizitäten) auslösen, wodurch die Firma in ihrer Existenz gefährdet werden könnte. Als Marktfolger setzt sich die Firma diesen Gefahrenquellen nicht aus.

• Die Firma H. als Marktnischenbearbeiter
Mit dem geplanten Rückzug aus dem Preis-Mengen-Geschäft hin zum Hochpreismarkt wird sich die Firma H. in einer Marktnische ansiedeln. Aus dieser relativ sicheren Position heraus kann sie dem Verdrängungswettbewerb entgehen und auf dem Hochpreismarkt aktiv werden. Von ausschlag-

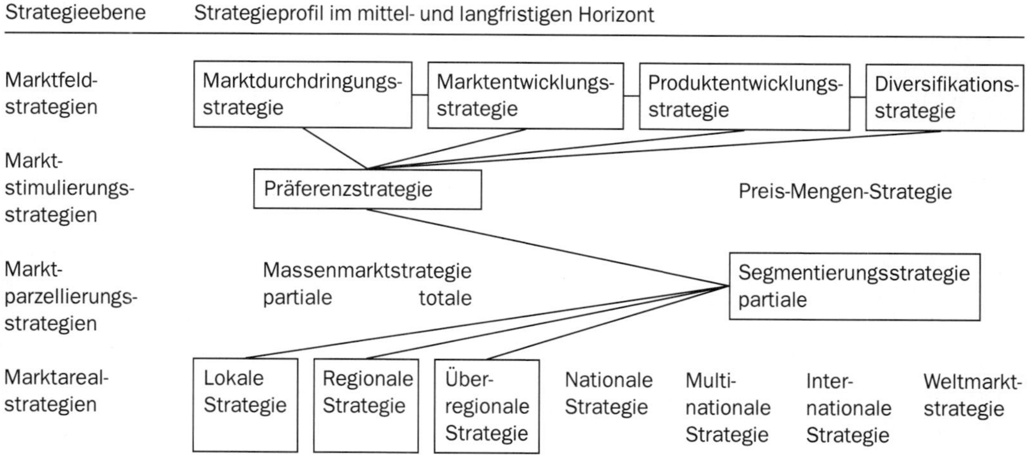

Abb. 2.17: Mittel- und langfristiges Strategieprofil

2

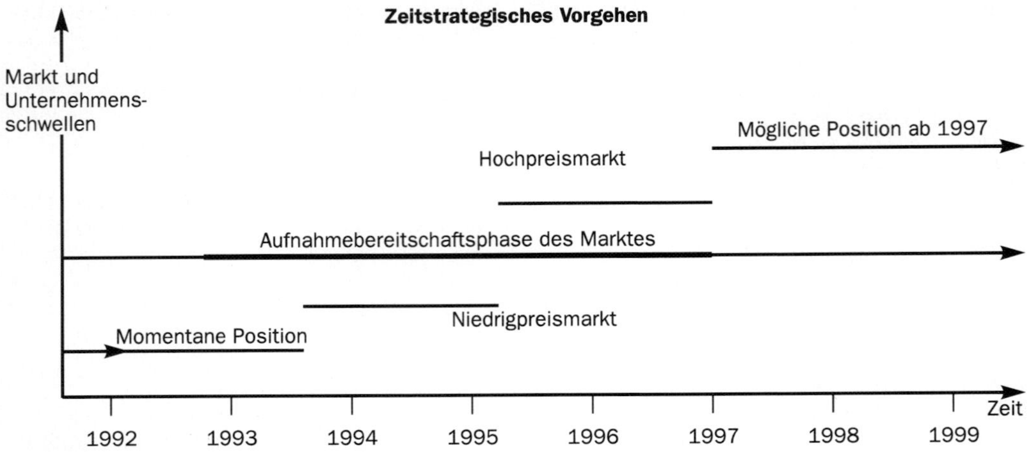

Abb. 2.18: Zeitstrategisches Vorgehen der Firma H.

gebender Bedeutung ist – wie schon an anderer Stelle erwähnt – die Synchronisation des Wechsels. Aufgrund der Marktwandlung (siehe Marktanalyse) wird sich die Aufnahmebereitschaft des Marktes im Hochpreissegment verstärken.
Die Phasen der aufgezeigten Entwicklung in Form eines „Trading up" in Abhängigkeit von der Marktentwicklung wird abschließend in Abb. 2.18 deutlich.

Literatur

Bauer, E.: Marktsegmentierung. Stuttgart, 1977

Becker, J.: Marketing-Konzeptionen: Grundlagen des strategischen Marketing-Managements. 4. Auflage, München, 1992

Benninghaus, H.: Soziale Einstellungen und soziales Verhalten, in: Albrecht, G./Daheim, H./Sack, F. (Hrsg.): Soziologie. Köln, 1973

Berekoven, L./Eckert, W./Ellenrieder, P.: Marktforschung: Methodische Grundlagen und praktische Anwendungen. 5. Auflage, Wiesbaden, 1991

Berekoven, L.: Erfolgreiches Einzelhandelsmarketing: Grundlagen und Entscheidungshilfen. München, 1990

Böhler, H.: Methoden und Modelle der Marktsegmentierung. Stuttgart, 1977

Böhler, H.: Marktforschung. Stuttgart, 1985

Breuer, N.: Einstellungstypen für die Marktsegmentierung, in: Koppelmann (Hrsg.): Beiträge zum Produkt-Marketing, Band 5. Köln, 1980

Freter, H.: Marktsegmentierung. Stuttgart, 1983

Jahrbuch der Absatz- und Verbraucherforschung: Die GfK-Skalen – Ansatz, Methodik und Verfahren der psycholgischen Einstellungsmessung durch die GfK-Nürnberg. Nürnberg, 1971

Kroeber-Riel, W.: Konsumentenverhalten. 2. Auflage, München, 1980

Martens, J. U.: Verhalten und Einstellung ändern: Veränderung durch gezielte Ansprache des Gefühlsbereichs. Ein Lehrkonzept für Seminarteilnehmer. Hamburg, 1988

Rosenstiel, L. v./Ewald, G.: Marktpsychologie: Konsumverhalten und Kaufentscheidung, Band 1. Stuttgart, 1979

Rosenstiel, L. v./Ewald, G.: Marktpsychologie: Psychologie der absatzpolitischen Instrumente, Band 2. Stuttgart, 1979

Roth, E.: Einstellung als Determination individuellen Verhaltens. Göttingen, 1967

Schmidt-Braekling, R.: Zielgruppenbestimmung mit Hilfe von Einstellungsskalen: Ein Beitrag zur Marktsegmentierung. Diss., Münster, 1973

Schub von Bossiazky, G.: Psychologische Marketingforschung: Qualitative Methoden und ihre Anwendung in der Markt-, Produkt- und Kommunikationsforschung. München, 1992

Unger, F.: Marktforschung: Grundlagen, Methoden und praktische Anwendungen. Heidelberg, 1988

Unger, F.: Werbemanagement. Heidelberg, 1989

Weis, H. C.: Marketing. 7. Auflage, Ludwigshafen, 1990

Buchführung und Bilanz

Aufgaben und Rechtsgrundlagen der Buchführung

Das System der doppelten Buchführung
Inventar, Inventur und Bilanz
Grundlegende Buchungen auf Bestands- und Erfolgskonten
Umsatzsteuersystem und Umsatzsteuerbuchungen
Organisation der Buchführung
- Kontenrahmen und Kontenplan
- Computergestützte Finanzbuchhaltung – EDV Buchhaltung

Jahresabschluß
- Erstellung von Gewinn- und Verlustrechnung und Bilanz

Besondere Buchungsprobleme in den Funktionsbereichen der kaufmännischen Unternehmung
Beschaffungs- und Absatzwirtschaft, Zahlungsverkehr und Finanzwirtschaft,
Personalwirtschaft, Anlagenwirtschaft

Besondere Buchungen im Rahmen des Jahresabschlusses
Rechnungsabgrenzungsposten, Rückstellungen, Abschluß und Gewinnverteilung bei den verschiedenen Unternehmensformen, Betriebsübersicht

Bewertung nach Handels- und Steuerrecht

Auswertung des Jahresabschlusses
Bilanzstruktur, Statistische Aufbereitung von Bilanz und Gewinn- und Verlustrechnung

3

Aufgaben und Bereiche des betrieblichen Rechnungswesens

Aufgaben des Rechnungswesens

Industriebetriebe kaufen über ihren Beschaffungsmarkt *Werkstoffe* (Roh-, Hilfs- und Betriebsstoffe) sowie *Betriebsmittel* (z. B. Maschinen, Werkzeuge) ein.
Täglich werden bestimmte Mengen von Werkstoffen unter Nutzung der menschlichen Arbeitskräfte, der Maschinen und Werkzeuge im *Produktionsprozeß* zu neuen *Erzeugnissen* be- oder verarbeitet. Die für den Absatz bestimmten fertigen Erzeugnisse werden von der Unternehmung über den Absatzmarkt an die Kunden der Industrieunternehmung verkauft.
Das *betriebliche Rechnungswesen* dient der Information des Unternehmens sowie der Kontrolle und Steuerung des Betriebsgeschehens.

- *Informationssystem:* Die in den Unternehmen auftretenden Geld- und Leistungsströme verändern fortwährend Zusammensetzung und Werthöhe der Vermögensteile (Fuhrpark, Werkstoffe, Forderungen, Bankguthaben) und der Schulden (Darlehen, Verbindlichkeiten). Über die Ursachen, die Art und den Umfang der Veränderungen des Vermögens und der Schulden muß der Unternehmer umfassend, schnell und strukturiert informiert werden.
- *Kontrollsystem:* Die Verwirklichung betrieblicher Zwecke, wie höchstmögliche Gewinne oder Verbesserung der Marktstellung, zwingt die Unternehmung zur gewissenhaften Kontrolle des Einsatzes der Produktionsfaktoren (Arbeitskräfte, Betriebsmittel, Werkstoffe) und der aus dem Produktionsprozeß erzielten Erträge.
- *Steuerungssystem:* Auf der Grundlage der Informationsdaten und Kontrollergebnisse kann die Unternehmungsleitung betriebswirtschaftlich begründete und zielgerichtete Entscheidungen planen und verwirklichen.

Aufgabenbereiche des Rechnungswesens

Das Rechnungswesen der Industrieunternehmung umfaßt

- die *Geschäfts- oder Finanzbuchhaltung,*
- die *Kosten- und Leistungsrechnung* (Betriebsbuchhaltung),
- die *betriebliche Statistik,*
- die *betriebliche Planung.*

Geschäfts- oder Finanzbuchhaltung
Sie erfaßt

- den *Wertefluß (Einnahmen und Ausgaben)* zwischen Betrieb und Außenwelt (Lieferer, Kunden, Kreditinstitute, Versicherungen, Finanzbehörde u. a.) und damit die Veränderungen des Vermögens und des Kapitals,
- den *Werteverzehr* und *Wertezuwachs,* die durch die Verfolgung unternehmerischer Ziele verursacht werden (Aufwendungen und Erträge), den *Erfolg (Gewinn und Verlust)* als Vergleich zwischen Aufwendungen und Erträgen zur Dokumentation der *Ertragslage* der Unternehmung,
- das Vermögen und das Kapital der Unternehmung zur Dokumentation der Vermögens- und Finanzlage.

Die Geschäfts- und Finanzbuchhaltung liefert wichtige Informationen über Bestände an Vermögen und Kapital sowie über den Erfolg der Unternehmung, die für den Unternehmer selbst, für Gläubiger, Gesellschafter, Finanzverwaltung und andere Behörden wichtig sind.

Kosten- und Leistungsrechnung
Während die Finanzbuchhaltung u. a. den Erfolg der Unternehmung aus verschiedenen Quellen (z. B. aus betrieblicher Tätigkeit und aus der Verfolgung von Nebenzielen, wie Vermietung, Verpachtung, Kreditgeschäften, Wertpapiergeschäften) ermittelt, beabsichtigt die KLR, ausschließlich den Erfolg aus der eigentlichen Betriebstätigkeit (Sachziel), der Produktion und dem Verkauf von Erzeugnissen festzustellen (vgl. Beitrag „Betriebswirtschaftslehre“).

Betriebliche Statistik
Die betriebliche Statistik sammelt betriebliches und außerbetriebliches Zahlenmaterial. Sie ordnet dieses Zahlenmaterial in Tabellen übersichtlich an, ermittelt daraus aussagekräftigere Verhältniszahlen, berechnet Zahlen, durch die eine Reihe von Beobachtungswerten charakteristisch dargestellt werden, und bemüht sich um eine anschauliche graphische Darstellung ermittelter Werte, beispielsweise der Lagerbewegungen, der Umsatz- und Erfolgsentwicklung (vgl. Beitrag „Betriebswirtschaftslehre“).

Betriebliche Planung
Die Planung erfaßt betriebliche Daten (z. B. Kosten, Lagerbestände, Umsätze, Ausgaben, Einnahmen, Kundenbesuche) und außerbetriebliche Daten (z. B. Preisentwicklung, Mitteilungen der Warenbörse, Vergleichszahlen der Verbände und Industrie- und Handelskammern, Voraussagen

der Wirtschaftsinstitute, Erhebungen von Marktforschungsinstituten) und wertet diese zur Erstellung von Plänen aus. Sie werden für einen bestimmten Zeitraum (Planperiode) ausgestellt.

Aufgaben und Rechtsgrundlagen der Buchführung

Aufgaben der Buchführung

Die Buchführung muß in drei Richtungen Aufgaben erfüllen:
- gegenüber dem Unternehmer selbst,
- gegenüber der öffentlichen Hand,
- gegenüber Gläubigern.

Die wichtigsten Aufgaben:
- Ermittlung von Vermögen und Schulden in gleichen Zeitabständen, in der Regel zum Ende eines Wirtschaftsjahres;
- Erfassung der Art, Ursache und Höhe der Veränderungen im Laufe der Rechnungsperiode;
- Aufzeichnung aller Aufwendungen und Erträge zur Ermittlung des Erfolges, d.h. des Gewinnes oder des Verlustes;
- Erfassung der Kosten und Leistungen zum Zwecke einer genauen Kalkulation;
- Bereitstellung von Vergleichs- oder Meßzahlen zum Zwecke statistischer Auswertung für die Maßnahmen und Entscheidungen des Unternehmers;
- Bereitstellung von Auskünften für die Gläubiger, z. B. Aktionäre, Kreditinstitute usw.;
- Bereitstellung von nachprüfbaren Unterlagen bei Steuerveranlagungen: richtige Gewinnermittlung für die Einkommen- und Kapitalertragsteuer, Umsatzermittlung für die Umsatzsteuer, Umsatz- und Vermögensermittlung für die Einheitswertberechnung usw.;
- Bereitstellung von beweiskräftigen Unterlagen in Rechts- und Vermögensstreitigkeiten gegenüber dem Finanzamt und dem Gericht.

Rechtsgrundlagen zur Buchführungspflicht im Handels- und Steuerrecht

Handelsrecht
Der Kaufmann ist an einer ordnungsgemäßen Buchführung interessiert, weil sie ihm *genaue Informationen für Entscheidungen* liefert.
Das Interesse des Staates gilt dem Schutz des Kaufmanns selbst und dem seiner Gläubiger und Gesellschafter. Daher verpflichtet das Gesetz den Vollkaufmann, „Bücher zu führen und in diesen seine Handelsgeschäfte und die Lage seines Vermögens nach den Grundsätzen ordnungsmäßiger Buchführung ersichtlich zu machen“ (§ 38 HGB). Somit muß der *Kaufmann nach jedem Geschäftsjahr Rechenschaft ablegen über den Stand des Geschäfts.* 3

Geschäftsjahr
Das Geschäftsjahr umfaßt den Zeitraum, für den der Kaufmann seinen Erfolg ermitteln muß. Die Dauer des Geschäftsjahres darf 12 Monate nicht überschreiten (§ 242 Abs. 2 HGB). Das Geschäftsjahr *muß* jedoch *nicht mit dem Kalenderjahr übereinstimmen,* wenn gewichtige Gründe, wie beispielsweise erhebliche Arbeitsbelastungen durch Inventurarbeiten zum Jahresende, vorliegen. Die Umstellung auf ein vom Kalenderjahr abweichendes Geschäftsjahr kann nur im Einvernehmen mit dem Finanzamt erfolgen. *Wirtschaftsjahr* ist die steuerliche Bezeichnung für das Geschäftsjahr.
Bei Gründung, Erwerb, Aufgabe oder Veräußerung des Unternehmens sowie bei Umstellung auf ein abweichendes Geschäftsjahr ist es möglich, daß das Geschäftsjahr weniger als 12 Monate umfaßt. Es wird dann als *Rumpfgeschäftsjahr* bezeichnet.

Vorschriften für die Buchführung und den Jahresabschluß
Die Vorschriften für die Buchführung und den Jahresabschluß befinden sich im dritten Buch des Handelsgesetzbuches (HGB), *Handelsbücher* genannt.
Der Buchführungspflichtige muß:
- in seinen Büchern die Geschäftsfälle und die Lage seines Vermögens nach den Grundsätzen ordnungsmäßiger Buchführung ersichtlich machen (§ 238 Abs. 1 HGB),
- eine mit der Urschrift übereinstimmende Wiedergabe des Wortlauts der abgesandten Geschäftsbriefe zurückbehalten (§ 238 Abs. 2 HGB),
- beim Beginn des Betriebes ein Inventar (§ 240 HGB), eine Eröffnungsbilanz (§ 242 HGB) und für den Schluß jeden Geschäftsjahres ein Inventar (§ 240 HGB), eine Bilanz (Schlußbilanz: § 242 HGB) und eine Gewinn- und Verlustrechnung (§ 242 HGB) aufstellen. Bilanz und Gewinn- und Verlustrechnung bilden den Jahresabschluß (§ 242 HGB).
  Der Jahresabschluß ist vom Buchführungspflichtigen unter Angabe des Datums zu unterzeichnen (§ 242 HGB).

3

Neben diesen Vorschriften sind ergänzende Bestimmungen für einzelne Unternehmungsformen im Aktiengesetz, GmbH-Gesetz und Genossenschaftsgesetz enthalten.

Steuerrecht
Die *Finanzverwaltung will als Bemessungsgrundlage für die Steuern* die Geschäftserfolge des Kaufmanns erkennen können. Daher fordert das Steuerrecht im § 140 AO (Abgabenordnung) auch die vom Handelsrecht (HGB) auferlegten Buchführungspflichten. § 141 Abs. 1 AO führt außerdem für bestimmte, nicht durch die handelsrechtliche Vorschrift erfaßte Personen (kleinere Gewerbetreibende und kleinere land- und forstwirtschaftliche Betriebe) eine *steuerliche Buchführungs- und Aufzeichnungspflicht* ein.
Diese Personen sind dann zur Buchführung verpflichtet, wenn eines der in Abb. 3.1 dargestellten Besteuerungsmerkmale von der Finanzbehörde festgestellt wurde.
Unter dem *Betriebsvermögen* ist der Einheitswert des gewerblichen Betriebs zu verstehen. Der *Wirtschaftswert* ist der Einheitswert der land- und forstwirtschaftlich genutzten Fläche.
Für einzelne Steuerarten sind neben den grundsätzlichen Vorschriften der AO Spezialgesetze zu beachten, so z. B. das Einkommensteuergesetz (EStG), das Körperschaftsteuergesetz (KStG), das Umsatzsteuergesetz (UStG) u. a.

Grundsätze ordnungsmäßiger Buchführung

Das Handelsrecht legt bewußt nur im geringen Umfang die Anforderungen an die ordnungsgemäße Buchführung genau fest, um für Möglichkeiten Raum zu lassen, die Buchführung in ihrer Ausgestaltung weiterzuentwickeln (z. B. von der manuellen zur automatisierten Buchführung). Das Handelsrecht und auch das Steuerrecht verweisen auf die Grundsätze ordnungsmäßiger Buchführung, die insbesondere dann gelten, wenn spezielle Buchführungsvorschriften fehlen.

Als wichtigste *Ordnungskriterien* gelten:
1. *Die Buchführung muß klar und übersichtlich* sein, so daß sie einem sachverständigen Dritten (Steuerberater, Buchprüfer) innerhalb angemessener Zeit (abhängig von der Art und Größe des Unternehmens) „einen Überblick über die Geschäftsvorfälle und über die Vermögenslage des Unternehmens vermitteln kann" (§ 145 Abs. 1 AO).
2. „Die Buchführung und die sonst erforderlichen Aufzeichnungen sind *vollständig, richtig, zeitgerecht* und *geordnet* vorzunehmen" (§ 146 Abs. 1 AO; vgl. auch § 239 HGB).
- Der *Grundsatz der Vollständigkeit* besagt, daß alle Geschäftsfälle in der Buchführung festgehalten werden müssen und einzelne Geschäftsfälle nicht miteinander verrechnet werden dürfen.
- Der *Grundsatz der Richtigkeit* fordert die Buchung aufgrund eines richtigen Beleges, nach richtiger Kontierung des Geschäftsfalles und der wahren Buchung, die dem tatsächlichen Inhalt des Beleges entspricht.
- Der *Grundsatz der zeitgerechten Buchungen* fordert neben einem möglichst geringen Zeitraum (bis zu 4 Wochen) zwischen Geschäftsvorgang und Buchung zeitnahe Erstellung des Jahresabschlusses (Frist von etwa 6 Monaten).
- Der *Grundsatz geordneter Buchungen* und Aufzeichnungen beinhaltet, daß die Buchführung nach einem genau festgelegten und nachvollziehbaren System geführt wird. Danach sind die Aufzeichnungen in einer lebenden Sprache und den Schriftzeichen dieser Sprache (auch Kurzschrift, auch die der EDV üblichen Zeichen und Symbole) zu machen. Ebenso dürfen keine Buchungen und Aufzeichnungen in der Weise verändert werden, daß der ursprüngliche Inhalt nicht mehr feststellbar ist (z. B. durch Radieren geschriebener bzw. Löschen oder Überspielen gespeicherter Daten; § 146 Abs. 3 und 4 AO; § 239 HGB).

3. Bestandteil der Buchführungspflicht sind auch die handels- und steuerrechtlichen *Aufbewahrungspflichten* (§ 257 HGB; § 147 AO).

Unternehmer / Merkmale	Gewerbetreibende	land- und forstwirtschaftliche Betriebe
Umsatz	mehr als 500.000 DM	mehr als 500.000 DM
Betriebsvermögen	mehr als 125.000 DM	
Wirtschaftswert		mehr als 40.000 DM
Gewinn	mehr als 36.000 DM	mehr als 36.000 DM

Abb. 3.1

- Handelsbücher, Inventare und Jahresabschlüsse sowie Arbeitsanweisungen und sonstige Organisationsunterlagen (Programme, Ablaufpläne) sind 10 Jahre aufzubewahren;
- empfangene Geschäftsbriefe, Wiedergaben abgesandter Geschäftsbriefe, Rechnungen, Rechnungsdurchschriften, Buchungsbelege und sonstige Unterlagen, soweit sie für die Besteuerung von Bedeutung sind, müssen 6 Jahre aufbewahrt werden.

Folgen bei Verstößen gegen die gesetzlichen Bestimmungen

Formelle Mängel
Die Buchführung kann formelle Mängel aufweisen: z. B. Kasseneinnahmen und -ausgaben wurden nicht täglich festgehalten; Belege wurden nicht nach einer sinnvollen Ordnung aufbewahrt. *Sind diese Mängel so gering,* daß das sachliche Ergebnis der Buchführung unbeeinflußt bleibt, dann gilt die Buchführung trotz formeller Mängel als ordnungsmäßig.
Sind die formellen Mängel jedoch sehr wesentlich (z. B. zahlreiche und auffallend hohe Kassenfehlbeträge; jährliche körperliche Inventur unterblieb; unvollständige Aufbewahrung von Belegen), dann kann dieser Buchführung das Merkmal der Ordnungsmäßigkeit abgesprochen werden.

Materielle Mängel
Die Buchführung kann materielle Mängel aufweisen. Diese Mängel beeinträchtigen die Vollständigkeit und Richtigkeit der Buchführung (z. B. Geschäftsfälle wurden nicht oder falsch gebucht; ein Teil des Warenbestandes wurde in der Bilanz nicht ausgewiesen), so daß der Hauptzweck der Buchführung, nämlich die Vermögenslage des Kaufmanns richtig auszuweisen, teils oder unter Umständen völlig verhindert wird. Lassen sich die Fehler in vollem Umfang berichtigen, so wird dieser Buchführung das Merkmal der Ordnungsmäßigkeit nicht abgesprochen. Wirken sich die Mängel nicht sehr stark auf das Ergebnis aus und läßt sich durch eine Ergänzungsschätzung das Ergebnis ermitteln, so gilt auch für diese Buchführung noch, daß sie ordnungsmäßig ist. Sind diese Mängel jedoch so schwerwiegend, daß das ausgewiesene Ergebnis auch durch eine Zusatzschätzung nicht richtiggestellt werden kann, so muß unter Verwendung von Buchungsunterlagen eine Vollschätzung erfolgen. Eine solche Buchführung gilt als nicht ordnungsgemäß.

Einführung in das System der doppelten Buchführung

3

Inventur, Inventar, Bilanz

Inventur
• Zeitpunkt und Gegenstand der Inventur
Der *Kaufmann und die zur Buchführung Verpflichteten* müssen beim *Beginn des Betriebes und für den Schluß jeden Geschäftsjahres ein genaues Verzeichnis* über Grundstücke, Maschinen, Forderungen und Schulden, den Betrag des baren Geldes sowie der sonstigen Vermögensgegenstände aufstellen. Die Wirtschaftsgüter müssen in ihrer Art, mit ihren Mengen sowie mit ihren Werten vollständig aufgeführt werden *(Inventar* § 240 HGB).

• Arten der Inventur nach der Art der Bestandsaufnahme
Körperliche Inventur: Um die gesetzliche Verpflichtung zur Aufstellung eines Inventars erfüllen zu können, sind die *Vermögensgegenstände* (Werkstoffe, Bargeld) *körperlich aufzunehmen.* Zu einem bestimmten Zeitpunkt sind also alle Vermögensgegenstände, die im Unternehmen vorzufinden sind (lat.: invenire = finden, vorfinden), *zu zählen, zu messen, zu wiegen* oder ordnungsgemäß *zu schätzen und zu bewerten.*
Buchinventur: Wird der Bestand eines Wirtschaftsgutes nur *anhand von schriftlichen Unterlagen* ermittelt, liegt eine Buchinventur vor (z. B. Forderungen und Verbindlichkeiten anhand von Saldenlisten noch nicht bezahlter Rechnungen, Bankguthaben mit Hilfe von Kontenauszügen). Grundsätzlich braucht die körperliche Inventur nicht durchgeführt zu werden, wenn auch aufgrund von Aufzeichnungen eine ordnungsmäßige buchmäßige Erfassung sichergestellt ist.

• Arten der Inventur nach dem Zeitpunkt der Bestandsaufnahme
Stichtaginventur und zeitnahe Inventur: Der Gesetzgeber fordert die Inventur für den Schluß des Geschäftsjahres. Die Finanzverwaltung legte den Gesetzestext früher recht eng aus und verlangte den Ablauf der Bestandsaufnahme am Schluß des Geschäftsjahres, dem Bilanzstichtag *(Stichtaginventur).*
Das Aufnahmeverfahren läßt sich in zahlreichen Fällen wegen des Arbeitsumfangs *am Schluß des Geschäftsjahres* aufgrund beispielsweise großer Stoffe- und Erzeugnisbestände nicht durchführen. Daher brachte die Finanzverwaltung die unumgängliche Erleichterung, daß die *Bestände*

nur zeitnah, d. h. in der Regel innerhalb einer Frist von 10 Tagen vor oder nach dem Bilanzstichtag, aufzunehmen sind (Abschnitt 30 Abs. 1 EStR: Zeitnahe Inventur). Dabei muß sichergestellt werden, daß die Bestandsveränderungen zwischen dem Bilanzstichtag und dem früher oder später liegenden Inventurstichtag anhand von Belegen *mengen- und wertmäßig berücksichtigt werden.* Stichtag- und zeitnahe Inventur sind ohne Einschränkung zulässig.

Permanente Inventur: Die permanente Inventur (§ 241 Abs. 2 HGB) ist möglich, wenn sich der Bestand eines körperlichen Wirtschaftsgutes auch ohne körperliche Bestandsaufnahme aufgrund entsprechender Unterlagen (z. B. Lagerbücher, Lagerkarteien), in denen ständig die Zu- und Abgänge mengenmäßig erfaßt werden, *buchmäßig ermitteln läßt.* Der am Bilanzstichtag vorliegende *buchmäßige Bestand (Sollbestand)* darf dann als *tatsächlicher Bestand (Istbestand)* angesetzt werden (vgl. Abb. 3.2).

Diese Vorgehensweise setzt voraus:

- In Lagerkarteien bzw. Lagerdateien müssen täglich mit Angabe des Datums, der Art und der Menge alle *Zu- und Abgänge* auf der Grundlage nachprüfbarer Belege eingetragen werden.
- Mindestens *einmal im Jahr* muß durch *körperliche Inventur* geprüft werden, ob der zu diesem Inventurstichtag ausgewiesene buchmäßige Bestand (Sollbestand) mit dem durch körperliche Inventur ermittelten Bestand (Istbestand) übereinstimmt. Der buchmäßige Bestand ist zu berichtigen, falls der durch körperliche Inventur ermittelte Bestand von ihm abweicht. Das *Datum der körperlichen Inventur* ist in der Lagerkartei/-datei für das betreffende Wirtschaftsgut zu *vermerken.*
- Es sind Aufzeichnungen anzufertigen über die Durchführung und das Ergebnis der körperlichen Inventur, die von den aufnehmenden Personen zu unterzeichnen sind. *Diese Niederschriften sind 10 Jahre aufzubewahren.*

Die permanente Inventur ist eine enge *Kombination von „Buchinventur“* und *„körperlicher Inventur“.* Sie kommt insbesondere bei den Werkstoffen, Handelswaren und Erzeugnissen zur Anwendung und hat folgende *Vorteile:*

- Die *Inventurarbeiten* können bei den einzelnen Vorratsgruppen *zu unterschiedlichen Terminen* während des Geschäftsjahres erfolgen.
- Die personal- und zeitaufwendigen Inventurarbeiten können *in Zeiten* durchgeführt werden, *in denen Arbeitskräfte* ohne erhebliche Schwierigkeiten von anderen Arbeiten *freigestellt werden können.*
- Anhand der Lagerbuchhaltung kann *zu jedem Termin* der vorhandene Lagerbestand als *Sollbestand* ausgedruckt werden.

Für Vermögensgegenstände, bei welchen durch Schwund oder Verderb die Annahme Soll- = Istbestand nicht gerechtfertigt erscheint (z. B. wertvolle und leicht aufnehmbare Wirtschaftsgüter) ist sie unzulässig.

Zeitlich verlegte Inventur: Bei der zeitlich verlegten Inventur wird

- die Bestandsaufnahme zu einem Zeitpunkt *innerhalb der letzten drei Monate vor dem Bilanzstichtag* oder *innerhalb der ersten zwei Monate nach dem Bilanzstichtag* durchgeführt;
- der festgestellte Bestand nach Art und Menge in einem besonderen Verzeichnis festgehalten und mit den Werten zum Inventurstichtag (nicht Bilanzstichtag) bewertet;
- der zum Inventurstichtag (Aufnahmetag) berechnete Gesamtwert des Bestandes wird dann *nur noch wertmäßig* (nicht mengenmäßig) auf den Bilanzstichtag *fortgeschrieben* oder *zurückgerechnet* (vgl. Abb. 3.3).

Die zeitlich verlegte Inventur ist sinnvoll, wenn die Stichtaginventur und die zeitnahe Inventur wegen umfangreicher Bestände nicht denkbar sind und die permanente Inventur aufgrund fehlender Fortschreibung der Zu- und Abgänge nicht möglich ist.

Artikel Nr.	58	Lieferer	BARMER & Co	Mindestbestand	15
Warenart	KOFFERRADIO		ESSEN	Höchstbestand	40

Datum	Beleg	Zugang	Abgang	Bestand	Einkaufspreis	Aufnahme		Bemerkungen
						am	von	
03.04.	UEBERTRAG	—	—	16	115,00			
08.04.	ER 422	20	—	36	102,00			
15.04.	AR 873	—	11	25				
18.04	AR 901	—	5	20		19.04.19	P. Klein	

Abb. 3.2

Wertfortschreibung		Wertrückrechnung	
Bestand am Aufnahmetag (01.10.)	5.720,00 DM	Bestand am Aufnahmetag (15.02.)	3.300,00 DM
+ Wert der Zugänge (01.10.-31.12.)	3.680,00 DM	+ Wert der Abgänge (Verbrauch) (31.12.-15.02.)	2.200,00 DM
Bestand am Bilanzstichtag (ohne Verbrauch)	9.400,00 DM	Bestand am Bilanzstichtag (ohne Zugänge)	5.500,00 DM
– Wert der Abgänge (Verbrauch) (01.10.-31.12.)	5.400,00 DM	– Wert der Zugänge (31.12.-15.02.)	1.500,00 DM
= Bestand am Bilanzstichtag	4.000,00 DM	= Bestand am Bilanzstichtag	4.000,00 DM

Abb. 3.3

Für besonders wertvolle und leicht aufnehmbare und für Wirtschaftsgüter, die starken Preisschwankungen unterliegen, ist diese Inventurmethode nicht zulässig.

Stichprobeninventur: Der art-, mengen- und wertmäßige Bestand der Vermögensgegenstände kann mit Hilfe anerkannter mathematisch-statistischer Methoden (z. B. geschichtete Mittelwertverfahren, gebundene Stichprobenverfahren) aufgrund von Stichproben ermittelt werden. Dabei wird der Inventurwert ermittelt, indem mit Hilfe einer Stichprobe eine Schätzung des durchschnittlichen Istwertes weniger Lagerpositionen erfolgt und davon mittels einer Hochrechnung auf den Gesamtwert des Lagers geschlossen wird.

• Ablaufplanung der Inventur

Dem Unternehmen bringt die Inventur eine erhebliche Arbeitsbelastung, die bei umsichtiger Planung über einen schnellen und reibungslosen Ablauf verringert werden kann. Dazu sind *Inventuranweisungen* auszuarbeiten, in denen für alle Bereiche der Unternehmung Aufnahmevorschriften enthalten sind. Ein zusätzlicher *Ablaufplan enthält Informationen darüber,*

- *wer* die Inventur an den verschiedenen Orten im Unternehmen durchzuführen hat,
- *wo* im Unternehmen die Bestände zu erfassen sind (Werkshallen, Werkstoff- und Erzeugnislager, Verwaltungsräume, die jeweils in Aufnahmebezirke aufzuteilen sind) und
- *wann* die Bestandsaufnahme in den verschiedenen Aufnahmebezirken abzuwickeln ist.

Damit die Inventur den Grundsätzen ordnungsmäßiger Buchführung entspricht, sollten die Inventurlisten zur Aufzeichnung der aufgenommenen Bestände die folgenden Angaben enthalten:

- genaue Mengen nach Zahl, Maßen und Gewichten;
- fachgerechte Bezeichnung der Gegenstände nach Art, Größe und Qualität;
- übersichtliche Gruppierungen der aufgenommenen Wirtschaftsgüter nach Standorten, Lagerstellen oder Abteilungen;
- den Wert je Einheit und den Gesamtwert des jeweiligen Postens;
- das Datum der Bestandsaufnahme und die Unterschrift der mit der Inventur beauftragten Person.

Inventar

• Aufnahmelisten

Durch die Bestandsaufnahme (Inventur) ermittelt der Kaufmann, *was er im einzelnen* an Vermögensgegenständen und Schulden zum Stichtag im Unternehmen vorfindet. Es liegen ihm Originalnotizen über die Aufnahme der Werkstoffe und Erzeugnisse mit ihren genauen Bezeichnungen, den vorhandenen Mengen und den jeweiligen Werten vor. Nach der sauberen und klar verständlichen Übertragung dieser Angaben in *Aufnahmelisten* (Abb. 3.4) und der Bestätigung des

3

Wahrheitsgehaltes durch Unterschrift können die Originalaufzeichnungen vernichtet werden.
Auch über die Zusammenstellung der Bestände der sonstigen Vermögensgegenstände (Bargeld, Bankguthaben, Forderungen, Maschinen, Betriebs- und Geschäftsausstattung usw.) geben nachprüfbare Inventurunterlagen – *Kassenbuch, Kontoauszüge, Rechnungsdurchschriften, Maschinenkarten, Aufnahmelisten für Betriebsanlagen* – genauen Aufschluß.

• Gliederung des Inventars
Aufgrund der durchgeführten Inventur ist der Kaufmann in der Lage, ein Bestandsverzeichnis (Inventar) anzulegen, in dem *Vermögensteile* und *Schulden* der Unternehmung zum Abschlußstichtag nach Art, Menge und Wert aufgezeichnet sind. Vergleicht der Kaufmann die Summe des Wertes der Vermögensteile mit der Summe des Wertes der betrieblichen Schulden, so kann er den Schluß ziehen, daß der verbleibende Rest vom Gesamtwert der Vermögensteile sein *Reinvermögen* (Eigenkapital) ausdrückt.
Daraus ergibt sich folgende Gliederung des Inventars (Bestandsverzeichnis):
A. Vermögen
B. Schulden
C. Errechnung des Reinvermögens (Eigenkapital)

Vermögen
Das Vermögen wird in Anlage- und Umlaufvermögen gegliedert.
– Anlagevermögen
Zum Anlagevermögen rechnen die Vermögensgegenstände, die am Abschlußstichtag dazu bestimmt sind, dauernd dem Geschäftsbetrieb zu dienen (§ 247 HGB).
Das Anlagevermögen wird wiederum gegliedert wie aus Abb. 3.5 ersichtlich.
Das Anlagevermögen bildet die *Grundlage der Betriebstätigkeit;* mit seiner Hilfe kann die eigentliche Aufgabe des Betriebes, wie Einkauf, Lagerung, Produktion und Verkauf, erst durchgeführt werden.
– Umlaufvermögen
Der Gesetzgeber fordert vom Kaufmann die Unterscheidung seines Vermögens in *Anlage- und Umlaufvermögen* (§ 247 Abs. 1 HGB).
Zum *Umlaufvermögen* rechnen die Vermögensgegenstände, die am Abschlußstichtag dazu bestimmt sind, veräußert (Erzeugnisse, Handelswaren) oder nur einmalig genutzt (Bargeld, Bankguthaben, Forderungen, Werkstoffe) zu werden.
Das Umlaufvermögen bildet den eigentlichen *Gewinnträger.* Es kann gegliedert werden, wie in Abb. 3.6 aufgeführt.

Original-Aufnahmeliste Stichtag:

Abteilung/Lagerart/Fach:

Waren-Nr.	Gegenstand Handels-übliche Bezeichnung	Beschaffenheit	Festgestellte Menge Anzahl	Stück kg, m	Einstandspreis mit Fracht und Bezugskosten	Verkaufspreis evtl. Marktpreis	%	Minus Wertabschlag Rabatt	Richtiger Inventurpreis
1									

Aufnahme-Datum: Aufgenommen durch: Berechnet durch:

Abb. 3.4

Immaterielle Vermögensgegenstände	Sachanlagen	Finanzanlagen
Lizenz (Recht zur Nutzung einer Erfindung) Geschütztes Warenzeichen Software	Grundstücke und Gebäude Maschinen Lagereinrichtung Fuhrpark, Büromaschinen	Beteiligungen an anderen Unternehmen Ausleihungen (Darlehensforderungen)

Abb. 3.5

Vorräte	Forderungen	Liquide Mittel
Roh- Hilfs. und Betriebsstoffe, Unfertige Erzeugnisse, Handelswaren	Forderungen aus Lieferungen und Leistungen	Kassenbestand Postbankguthaben Bankguthaben

Abb. 3.6

Rohstoffe gehen als Haupt-, Hilfsstoffe als Nebenbestandteile in die Erzeugnisse ein. Betriebsstoffe gehen nicht in die Erzeugnisse ein. Unfertige Erzeugnisse befinden sich noch auf Zwischenstufen der Fertigung, fertige Erzeugnisse sind absatzreife Produkte. Bei den *Handelswaren* handelt es sich um Handelsartikel, die von fremden Unternehmen bezogen und ohne weitere wesentliche Veränderung zum Verkaufspreis veräußert werden. Handelswaren sind die typischen Vorräte der Handelsunternehmungen. Im Gegensatz zum Anlagevermögen wird das *Umlaufvermögen* durch die betrieblichen Tätigkeiten *ständig verändert und umgewandelt:*

Umlaufvermögen

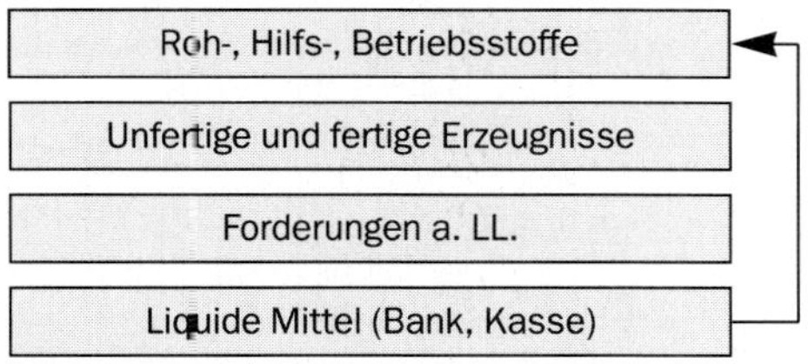

Abb. 3.7

- Ordnung der Vermögensteile
  Die Gegenstände des Vermögens werden nach *zunehmender Flüssigkeit* (Liquidität) geordnet.
- Ordnung der Schulden
  Die verschiedenen Verbindlichkeiten werden nach dem *Kriterium der Fälligkeit,* dem Grad der wahrscheinlichen Inanspruchnahme durch fällige Rückzahlungen bzw. nach abnehmenden Kapitalüberlassungsfristen geordnet (vgl. Abb. 3.8).

Da unter den Hypotheken- und Darlehensschulden auch Schulden enthalten sein können, deren Restlaufzeit möglicherweise nur noch wenige Monate beträgt, müssen Kapitalgesellschaften bei der Offenlegung ihrer Verbindlichkeiten jeweils den Teil deutlich herausstellen, der kurzfristig, mittelfristig oder langfristig ist (Verbindlichkeitenspiegel; Abb. 3.9).

Errechnung des Reinvermögens (Eigenkapital): Vergleicht der Kaufmann die Summe des Wertes der Vermögensteile mit der Summe des Wertes der betrieblichen Schulden, so kann er den Schluß ziehen, daß der verbleibende Rest vom Gesamtwert der Vermögensteile sein Reinvermögen (Eigenkapital) ausdrückt:

  Summe der Vermögensteile
– Summe der Schulden
= Reinvermögen (Eigenkapital)

Das Reinvermögen zeigt den Wert der Vermögensteile, die mit eigenen Mitteln *(Eigenkapital)* und nicht mit fremden Mitteln (Schulden oder Fremdkapital) beschafft worden sind.

Das Inventar mit allen zu seinem Verständnis erforderlichen Unterlagen darf auch auf *Bildträgern* (Mikrokopien) oder auf *anderen Datenträgern* (z. B. Magnetband, Magnetplatte, Diskette) angefertigt bzw. aufbewahrt werden, wenn sie bei Bedarf innerhalb angemessener Frist lesbar gemacht werden können (§§ 239 HGB, 147 Abs. 2 AO). Daher ist es auch verständlich, daß das Inventar *nicht vom Kaufmann unterzeichnet* werden muß.

Schulden	Fälligkeit	Restlaufzeit von ...
Hypothekenschuld Darlehensschuld	langfristig	mehr als 5 Jahren
Verbindlichkeiten a. LL. Sonstige Verbindlichkeiten	mittelfristig und kurzfristig	1 bis 5 Jahren bis 1 Jahr

Abb. 3.8

Verbindlichkeitsspiegel

	insgesamt	Restlaufzeit		
Verbindlichkeiten	31.12.19.. DM	bis 1 Jahr DM	über 1 bis 5 Jahre DM	mehr als 5 Jahre DM
Verbindlichkeiten gegenüber Kreditinstituten	3.750.000,00	750.000,00	937.500,00	2.062.500,00
Verbindlichkeiten a. LL.	912.000,00	866.400,00	45.600,00	
Sonstige Verbindlichkeiten	88.000,00	88.000,00		
Summe	4.750.000,00	1.704.400,00	983.100,00	2.062.500,00

Abb. 3.9

3

Inventar der Textilfabrik Alfred Lux, Bielefeld, zum 31.12.19..

Art, Menge, Einzelwert	DM	DM
A. Vermögen		
I. Anlagevermögen		
1. Grundstück mit Gebäude, Eifelstr. 15-21		2.200.000,00
2. Maschinen lt. Maschinenkartei (Anlage 1)		6.400.000,00
3. Geschäftsausstattung ((Anlage 2)		1.250.000,00
II. Umlaufvermögen		
1. Vorräte		
a) Roh-, Hilfs- und Betriebsstoffe		
Rohstoffe (Anlage 3)	385.600,00	
Hilfsstoffe (Anlage 4)	83.150,00	
Betriebsstoffe (Anlage 5)	15.670,00	484.420,00
b) Unfertige Erzeugnisse (Anlage 6)		312.400,00
c) Fertige Erzeugnisse		
Wintermäntel (Anlage 7)	450.000,00	
Anzüge (Anlage 8)	625.400,00	
Sakkos (Anlage 9)	510.000,00	
Hosen (Anlage 10)	214.100,00	
Sonstige (Anlage 11)	185.900,00	1.985.400,00
2. Forderungen aus Lieferungen und Leistungen (Anlage 12)		1.245.800,00
3. Kassenbestand		6.250,00
4. Bankguthaben		
Sparkasse der Stadt Bielefeld	593.200,00	
Commerzbank Bielefeld	813.820,00	1.407.020,00
Summe des Vermögens		15.291.290,00
B. Schulden		
1. Verbindlichkeiten gegenüber Kreditinstituten (Anlage 13)		6.000.000,00
2. Verbindlichkeiten aus Lieferungen und Leistungen (Anlage 14)		1.240.300,00
3. Sonstige Verbindlichkeiten (Anlage 15)		822.950,00
Summe der Schulden		8.063.250,00
C. Errechnen des Reinvermögens (Eigenkapital)		
Gesamtvermögen		15.291.290,00
– Gesamtschulden		8 063 250,00
Eigenkapital = Reinvermögen		7.228.040,00

Abb. 3.10

Erfolgsermittlung durch Eigenkapitalvergleich
Das Inventar gibt dem Kaufmann einen Überblick über den *Stand seines Vermögens* und *seiner Schulden zu einem bestimmten Stichtag.*
Durch Vergleich der Inventare zweier aufeinanderfolgender Jahre wird die Entwicklung der Bestände an Vermögen und Schulden erkennbar. Die Beobachtung des Eigenkapitalbestands, der sich erhöht oder vermindert haben kann, verdeutlicht, mit welchem Erfolg ein Unternehmen im Geschäftsjahr gearbeitet hat (vgl. Abschnitt „Grundlegende Buchungen auf Erfolgskonten"; Abb. 3.11).

Bilanz
Nach § 242 HGB ist neben dem Inventar eine Bilanz zu erstellen. Sie stellt Vermögen und Kapital

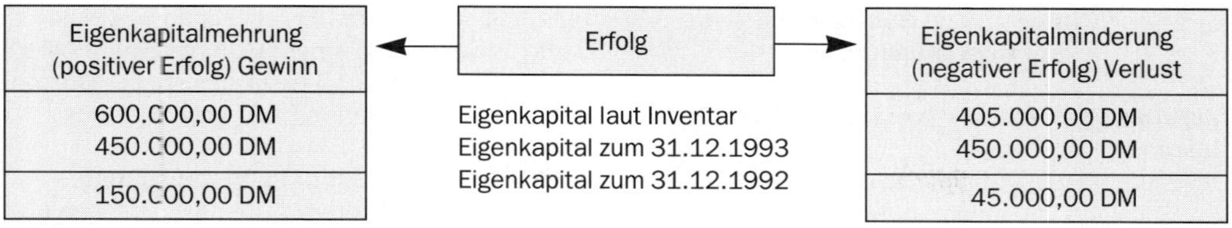

Abb. 3.11

in Kontenform gegenüber. Im Gegensatz zum Inventar in Staffelform wird auf eine Darstellung nach Menge und Einzelwerten verzichtet. Die Bilanz enthält nur Gesamtwerte gleichartiger Vermögens- und Kapitalposten. Grundlage für ihre Aufstellung ist, wie oben beschrieben, das Inventar (Abb. 3.12).

Die linke Seite zeigt alle arbeitenden Güter (Aktiva) eines Unternehmens, die rechte Seite das Kapital (Passiva). Die Ordnungs- und Gliederungsgesichtspunkte sind die gleichen wie bei der Vermögens- und Schuldenaufstellung im Inventar. Das Eigenkapital ist die Differenz zwischen Vermögen und Schulden. Diese Gegenüberstellung bringt ganz bestimmte Beziehungen der einzelnen Posten zueinander zum Ausdruck.

- Die Passivseite erläutert die Kapitalquellen, d. h. die Finanzierung des Unternehmens.
- Die Aktivseite zeigt, in welche Werte das Kapital investiert wurde.
- Sie gewährt eine Übersicht über die Finanz- und Vermögensstruktur.
- Beide Seiten vermitteln einen Einblick in die Haftungssubstanz und Liquidität des Unternehmens.

Die Bilanz macht also das Gesamtgefüge des Vermögens und des Kapitals ersichtlich. Bei einer Beurteilung (s. Abschnitt „Auswertung der Buchführungsergebnisse") kommt es darauf an, Vermögens- und Kapitalteile immer im Verhältnis zu ihren betrieblichen Aufgaben zu sehen.

Diese Bilanzdarstellung entspricht den Mindestgliederungsvorschriften des § 247 HGB. In Kapitalgesellschaften (AG und GmbH) sind die ausführlichen Gliederungsangaben des § 266 HGB zu beachten. *Der Jahresabschluß* – dazu gehört neben der *Bilanz* auch eine *Gewinn- und Verlustrechnung* (s. Abschnitt „Jahresabschluß") – ist unter Angabe des Datums vom Kaufmann zu *unterzeichnen* (§ 245 HGB). Die Bilanz einer Unternehmung (Abb. 3.13) zeigt in übersichtlicher Form, woher das Kapital stammt und wie es angelegt wurde. Die Summe des Vermögens ist gleich der Summe des Kapitals *(Bilanzgleichung)*.

Inventar und Bilanz, ein Vergleich

Das Inventar und die Bilanz sind Übersichten über das Vermögen und das Kapital einer Unternehmung. Sie unterscheiden sich nur in der Art der Darstellung. Die Unterschiede zeigt die Übersicht in Abb. 3.14. Inventare und Bilanzen müssen 10 Jahre aufbewahrt werden.

Gegenüberstellung in T-Kontenform von Vermögen und Kapital in der Bilanz zum Inventar (Seite 242)

Aktiva	**Bilanz** der Firma Alfred Lux zum 31. Dezember 19..		**Passiva**
I. Anlagevermögen		**I. Eigenkapital**	7.228.040,00
1. Grundstück mit Gebäudem	2.200.000,00	**II. Schulden**	
2. Maschinen	6.400.000,00	1. Verbindlichkeiten gegenüber Kreditinstituten	6.000.000,00
3. Geschäftsausstattung	1.250.000,00	2. Verbindlichkeiten a. LL	1.240.300,00
II. Umlaufvermögen		3. Sonstige Verbindlichkeiten	822.950,00
1. Vorräte (Roh-, Hilfs- und Betriebsstoffe	484.420,00		
Unfertige Erzeugnisse	312.400,00		
Fertige Erzeugnisse)	1.985.400,00		
2. Forderungen a. LL.	1.245.800,00		
3. Kasse	6.250,00		
4. Bankguthaben	1.407.020,00		
	15.291.290,00		15.291.290,00

Bielefeld, den 10. Januar 19.. Alfred Lux

Abb. 3.12

Grundlegende Buchungen auf Bestandskonten

Auswirkungen von Wertveränderungen auf die Bilanz

Die Bilanz ist eine Aufstellung des Vermögens und der Schulden zu einem bestimmten Zeitpunkt. Durch die Geschäftstätigkeit werden die Vermögens- und Kapitalbestände aber laufend verändert. Damit ändern sich die Bestände einzelner Positionen. Die aus Abb. 3.15 ersichtlichen vier Wertbewegungen in der Bilanz sind zu unterscheiden.

Aufgliederung der Bilanz in Bestandskonten

Um eine genaue Übersicht über Art, Ursache und Höhe der Veränderungen der Bilanzposten zu er-

Vermögen oder Aktiva	**Bilanz** **Kapital oder Passiva**
Diese Seite erfaßt **die Formen des Vermögens,**	Diese Seite erfaßt **die Quellen des Kapitals,**
d. h. die Mittelverwendung **(Investierung)**	d. h. die Mittelherkunft **(Finanzierung)**
Anlagevermögen	Eigenkapital
+ Umlaufvermögen	+ Schulden (Fremdkapital)
= Vermögen der Unternehmung	= Kapital der Unternehmung

Abb. 3.13

Inventar		**Bilanz**
– ausführlich, aber unübersichtlich – Angabe der Arten, Mengen, Einzelpreise und Gesamtwerte – Vermögen, Schulden und Reinvermögen untereinander	Das Inventar ist die Grundlage zur Aufstellung der Bilanz	– kurz, aber übersichtlich – nur Angabe der Gesamtwerte gleichartiger Vermögensteile oder Schulden – Vermögen und Kapital in – Kontenform nebeneinander – vom Inhaber zu unterschreiben

Abb.3.14

Aktiva — Bilanz zum Beginn des Geschäftsjahres — Passiva

Aktiva		Passiva	
Rohstoffe	8.000,00	Eigenkapital	8.000,00
Bankguthaben	3.000,00	Darlehensschulden	2.000,00
Kasse	1.500,00	Verbindlichkeiten a. LL.	2.500,00
	12.500,00		12.500,00

Beispiel 1: Aktivtausch

Bareinkauf von Rohstoffen: 300,00 DM

Rohstoffe	+ 300,00 DM
Kasse	– 300,00 DM

Der Geschäftsfall betrifft nur die Aktivseite der Bilanz. Inhaltlich werden liquide Mittel in weniger liquide umgewandelt und umgekehrt.

Aktiva — Bilanz — Passiva

Aktiva		Passiva	
Rohstoffe	*8.300,00*	Eigenkapital	8.000,00
Bankguthaben	3.000,00	Darlehensschulden	2.000,00
Kasse	*1.200,00*	Verbindlichkeiten a. LL.	2.500,00
	12.500,00		12.500,00

Abb. 3.15 (Teil 1)

zielen, müssen diese einzeln abgerechnet werden. Die Bilanz wird daher in Konten aufgegliedert. Für jeden Bilanzposten wird ein Konto eingerichtet.
Den Seiten der Bilanz entsprechend werden *Aktiv- und Passivkonten* unterschieden. Ihre Seiten tragen die Bezeichnung *„Soll“* (links) und *„Haben“* (rechts). Aus der Bilanz am Anfang eines Abrechnungszeitraumes, der *Eröffnungsbilanz,* übernehmen die Konten die Anfangsbestände (AB). Deshalb werden die Aktiv- und Passivkonten auch als *Bestandskonten* bezeichnet (Abb. 3.16).

Beispiel 2: Passivtausch

Eine kurzfristige Verbindlichkeit wird in eine Darlehensschuld umgewandelt: 600,00 DM

Verbindlichkeiten a. LL.	– 600,00 DM
Darlehensschulden	+ 600,00 DM

Der Geschäftsfall betrifft nur die Passivseite der Bilanz. Kurzfristige Kapitalien werden in langfristige umgewandelt und umgekehrt.

Aktiva		Bilanz	Passiva
Rohstoffe	8.300,00	Eigenkapital	8.000,00
Bankguthaben	3.000,00	*Darlehensschulden*	*2.600,00*
Kasse	8.000,00	*Verbindlichkeiten a. LL.*	*1.900,00*
	12.500,00		12.500,00

Beispiel 3: Aktiv-Passiv-Mehrung (Bilanzverlängerung)

Rohstoffeinkauf auf Ziel: 500,00 DM

Rohstoffe	+ 500,00 DM
Verbindlichkeiten a. LL.	+ 500,00 DM

Der Geschäftsfall betrifft Aktiv- und Passivseite der Bilanz. Ein Posten der Aktiv- und ein Posten der Passivseite vermehren sich um den gleichen Betrag. Die Bilanzsummen nehmen um den gleichen Betrag zu. Die Bilanzgleichung bleibt erhalten. Der Unternehmung wurde neues Kapital zugeführt (Passivmehrung). Seine Verwendung wird auf der Aktivseite sichtbar (Aktivmehrung).

Aktiva		Bilanz	Passiva
Rohstoffe	*8.800,00*	Eigenkapital	8.000,00
Bankguthaben	3.000,00	Darlehensschulden	2.600,00
Kasse	1.200,00	*Verbindlichkeiten a. LL.*	*2.400,00*
	13.000,00		13.000,00

Beispiel 4: Aktiv-Passiv-Minderung (Bilanzverkürzung)

Ausgleich einer Liefererrechnung durch Banküberweisung: 800,00 DM

Verbindlichkeiten a. LL.	– 800,00 DM
Bankguthaben	– 800,00 DM

Ein Posten der Aktiv- und ein Posten der Passivseite werden um den gleichen Betrag vermindert. Die Bilanzsummen nehmen um den gleichen Betrag ab. Das Gleichgewicht der Bilanzwaage bleibt erhalten. Es werden der Unternehmung Kapitalien zurückgezahlt (Passivminderung). Hierfür verwendete Mittel zeigt die Aktivseite (Aktivminderung).

Aktiva		Bilanz	Passiva
Rohstoffe	8.800,00	Eigenkapital	8.000,00
Bankguthaben	*2.200,00*	Darlehensschulden	2.600,00
Kasse	1.200,00	*Verbindlichkeiten a. LL.*	*1.600,00*
	12.200,00		12.200,00

Abb. 3.15 (Teil 2)

Erfassung von Wertveränderungen auf Bestandskonten

Jeder Geschäftsfall ruft Veränderungen auf mindestens zwei Konten hervor.

Vor jeder Buchung sind folgende Überlegungen anzustellen:

- Welche Konten werden berührt?
- Um welche Kontenart handelt es sich?
- Wie wirkt sich der Geschäftsfall auf den Bestand der Konten aus?
- Auf welcher Kontenseite wird gebucht?

Es muß genau überlegt werden, ob es sich um ein Aktiv- oder Passivkonto handelt, da auf beiden Kontenarten unterschiedlich gebucht wird.

- Bei *Aktivkonten* werden *Mehrungen zur Addition zum Anfangsbestand auf der Sollseite, Minderungen* zur Subtraktion auf der *Habenseite* gebucht.
- Bei *Passivkonten* ist es folglich umgekehrt: *Mehrungen stehen auf der Habenseite, Minderungen* auf der *Sollseite.*

Den einzelnen Buchungen müssen entsprechende Belege zugrunde liegen (z. B. Kassenbelege = KB, Eingangsrechnungen = ER, Ausgangsrechnungen = AR, Bankkontoauszüge = BA u. a.). Nur mit Hilfe der Belege kann die Ordnungsmäßigkeit der Buchführung nachgewiesen werden (Abb. 3.18).

Buchungssatz

- Einfacher Buchungssatz

Der Buchhalter erteilt mit Hilfe eines *Buchungsstempels* auf den Belegen Anweisungen, wie die Geschäftsfälle zu buchen sind. Für diese Anweisungen hat sich eine feste Form herausgeprägt, *der Buchungssatz.*

Der Buchungssatz ist eine kurze Anweisung für die Durchführung der Buchung aufgrund des Beleges.

Er gibt die Konten an, auf denen gebucht werden muß. Er nennt zuerst das Konto, bei dem im Soll, dann das Konto, bei dem im Haben gebucht wird.

Aktiva — Eröffnungsbilanz — Passiva

Aktiva		Passiva	
I. Anlagevermögen		**I. Eigenkapital**	
Geschäftsausstattung	6.000,00	Eigenkapital	15.000,00
II. Umlaufvermögen		**II. Schulden**	
Rohstoffe	12.500,00	Darlehensschulden	2.000,00
Kasse	2.500,00	Verbindlichkeiten a. LL.	4.000,00
	21.000,00		21.000,00

S	Geschäftsausstattung	H
AB	6.000,00	

S	Eigenkapital	H
	AB	15.000,00

S	Rohstoffe	H
AB	12.500,00	

S	Darlehensschulden	H
	AB	2.000,00

S	Kasse	H
AB	2.500,00	

S	Verbindlichkeiten a. LL.	H
	AB	4.000,00

Die *Aktivkonten* werden durch Auflösung der Aktiv- oder Vermögensseite der Bilanz gebildet. Bei ihnen wird der *Anfangsbestand auf der Sollseite* gebucht, weil er in der Bilanz auch auf der linken Seite steht.

Die *Passivkonten* werden durch Auflösung der Passiv- oder Kapitalseite der Bilanz gebildet. Bei ihnen wird der *Anfangsbestand auf der Habenseite* gebucht, weil er in der Bilanz auch auf der rechten Seite steht.

Abb. 3.16

S	Aktiv- oder Vermögenskonto	H
Anfangsbestand Mehrungen		Minderungen

S	Passiv- oder Kapitalkonto	H
Minderungen		Anfangsbestand Mehrungen

Abb. 3.17

Beispiel 1 Kassenbeleg: Rohstoffeinkauf bar 500,00 DM

Auswirkung	Buchung	
Mehrung des Rohstoffbestandes	Rohstoffe (Aktivkonto): Soll	500,00 DM
Minderung des Kassenbestandes	Kasse (Aktivkonto): Haben	500,00 DM

Beispiel 2 Vertrag: Umwandlung einer Verbindlichkeit in ein Darlehen 1.000,00 DM

Auswirkung	Buchung	
Minderung der Verbindlichkeiten	Verbindlichkeiten a. LL. (Passivkonto): Soll	1.000,00 DM
Mehrung der Darlehensschulden	Darlehensschulden (Passivkonto): Haben	1.000,00 DM

Beispiel 3 Eingangsrechnung: Zieleinkauf von Rohstoffen 800,00 DM

Auswirkung	Buchung	
Mehrung des Rohstoffbestandes	Rohstoffe (Aktivkonto): Soll	800,00 DM
Mehrung der Verbindlichkeiten	Verbindlichkeiten a. LL. (Passivkonto): Haben	800,00 DM

Beispiel 4 Kassenbeleg: Ausgleich einer fälligen ER 700,00 DM

Auswirkung	Buchung	
Minderung der Verbindlichkeiten	Verbindlichkeiten a. LL. (Passivkonto): Soll	700,00 DM
Minderung des Kassenbestandes	Kasse (Aktivkonto): Haben	700,00 DM

Eröffnungsbilanz

Aktiva		Passiva	
I. Anlagevermögen		**I. Eigenkapital**	
Geschäftsausstattung	6.000,00	Eigenkapital	15.000,00
II. Umlaufvermögen		**II. Schulden**	
Rohstoffe	12.500,00	Darlehensschulden	2.000,00
Kasse	2.500,00	Verbindlichkeiten a. LL.	4.000,00
	21.000,00		21.000,00

S Geschäftsausstattung		H	
AB	6.000,00		

S Eigenkapital		H	
		AB	15.000,00

S Rohstoffe		H	
AB	12.500,00		
(1) Kasse	500,00		
(3) Verb.	800,00		

S Darlehensschulden		H	
		AB	2.000,00
		(2) Verb.	1.000,00

S Kasse		H	
AB	2.500,00	(1) Rohst.	500,00
		(4) Verb.	700,00

S Verbindlichkeiten a. LL.		H	
(2) Darl.	1.000,00	AB	4.000,00
(4) Verb.	700,00	(3) Rohst.	800,00

Abb. 3.18: Beispiele zur Buchung von Geschäftsfällen auf Bestandskonten

3

Sollbuchung = Lastschrift
vor
Habenbuchung = Gutschrift

Beispiel: Banküberweisung der Möbelgroßhandlung Thomas Linde zum Ausgleich der ER vom 30.05.19.. über 9.200,00 DM (Abb. siehe unten)

Die *ausführliche Buchungsanweisung* aufgrund dieses Beleges müßte lauten:

Im Konto „Verbindlichkeiten" sind auf der Sollseite 9.200,00 DM und im Konto „Bank" sind auf der Habenseite 9.200,00 DM zu buchen.

Der Buchungssatz faßt das zusammen, indem er die zu berührenden Konten in der Reihenfolge „erst Soll, dann Haben" nennt und durch das Wort „an" verbindet.

Verbindlichkeiten a. LL.	9.200,00 DM
an Bank	9.200,00 DM

Der Buchungssatz wird im Buchungsstempel auf dem Beleg eingetragen (= Vorkontierung):

	Konto	Soll	Haben
Buchungssatz	Verb. Bank	9.200,00	 9.200,00
Buchungsvermerk	Geb.:	S. 95/7,8	

– Im *Buchungsstempel* wird der Buchungssatz eingetragen. Diese Vorkontierung ist die Grundlage der späteren Buchung auf den Konten.
– Der *Buchungsvermerk* ist der Beweis, daß die Buchung ausgeführt worden ist.
– Der Buchungsvermerk verhindert Doppelbuchungen und zeigt an, *wo gebucht wurde.*

• Zusammengesetzter Buchungssatz

Beim einfachen Buchungssatz ruft der zugrundeliegende Geschäftsfall nur auf zwei Konten Wertveränderungen hervor. Durch Geschäftsfälle können aber mehr als zwei Konten berührt werden. Dann entstehen zusammengesetzte Buchungssätze (Abb. 3.19).

Nach der Buchung werden die Belege abgelegt und aufbewahrt.

Häufig müssen Belege für Prüfungen und Vergleiche aus der Registratur hervorgeholt werden. Eine Ordnung nach Belegart und Belegnummer schließt zeitraubendes Suchen aus.

Die *Aufbewahrungsfrist (Abb. 3.20) der Belege* beträgt 6 Jahre, vom Ende des Kalenderjahres (31.12.) gerechnet (§ 147 AO, § 257 HGB).

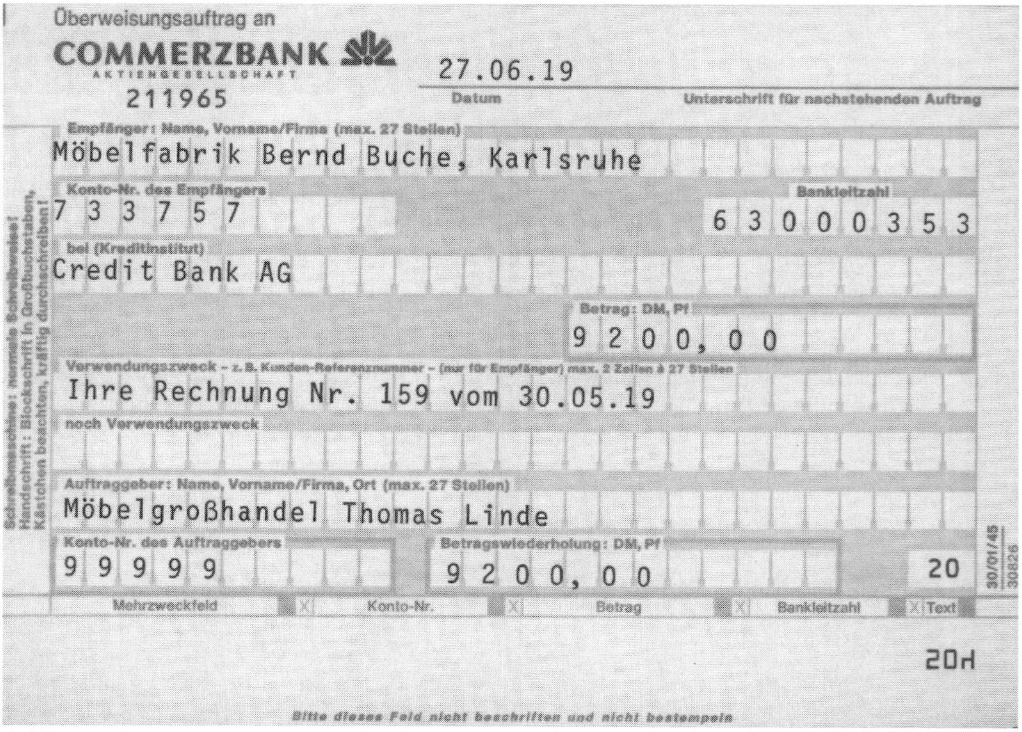
Überweisungsauftrag an
COMMERZBANK
AKTIENGESELLSCHAFT
211965
27.06.19
Datum
Unterschrift für nachstehenden Auftrag
Empfänger: Name, Vorname/Firma (max. 27 Stellen)
Möbelfabrik Bernd Buche, Karlsruhe
Konto-Nr. des Empfängers
733757
Bankleitzahl
63000353
bei (Kreditinstitut)
Credit Bank AG
Betrag: DM, Pf
9200,00
Verwendungszweck – z. B. Kunden-Referenznummer – (nur für Empfänger) max. 2 Zeilen à 27 Stellen
Ihre Rechnung Nr. 159 vom 30.05.19
noch Verwendungszweck
Auftraggeber: Name, Vorname/Firma, Ort (max. 27 Stellen)
Möbelgroßhandel Thomas Linde
Konto-Nr. des Auftraggebers
99999
Betragswiederholung: DM, Pf
9200,00
20
30/01/45
30826
Schreibmaschine: normale Schreibweise! Handschrift: Blockschrift in Großbuchstaben, Kästchen beachten, kräftig durchschreiben!
Mehrzweckfeld | Konto-Nr. | Betrag | Bankleitzahl | Text
20H
Bitte dieses Feld nicht beschriften und nicht bestempeln

Beispiel 1

Ausgleich einer Liefererrechnung	DM	DM
durch Banküberweisung	1.000,00	
und Barzahlung	400,00	1.500,00
Buchungssatz:	**Soll**	**Haben**
Verbindlichkeiten a. LL.	1.500,00	
an Bank		1.100,00
an Kasse		400,00

Sollbuchung auf dem Konto Verbindlichkeiten a. LL. = **Habenbuchung** auf den Konten Bank und Kasse

Beispiel (Fortsetzung)

Buchung

S	Bank (Ba)		H
AB	4.000,00	Vb	1.100,00

S	Kasse (Ka)		H
AB	2.500,00	Vb	400,00

S	Verbindlichkeiten a. LL. (Vb)		H
Ba, Ka	1.500,00	AB	8.000,00

Beispiel 2

Ein Kunde begleicht eine Rechnung über		650,00 DM
durch Banküberweisung		450,00 DM
und Barzahlung		200,00 DM
Buchungssatz:	**Soll**	**Haben**
Bank	450,00	
Kasse	200,00	
an Forderungen a. LL.		650,00

Sollbuchung auf den Konten Bank und Kasse = **Habenbuchung** auf dem Konto Forderungen a. LL.

Abb. 3.19

Buchungen von Geschäftsfällen im Grundbuch und im Hauptbuch

Sind die Belege vorkontiert, kann gebucht werden. Nach der Ordnung der Buchungen sind Grundbuch und Hauptbuch zu unterscheiden.

• Grundbuch

Im Grundbuch, auch *Journal* oder *Primanota* genannt, werden die Buchungssätze in *zeitlicher Reihenfolge* festgehalten.

Daneben werden zur besseren Kontrolle Buchungsdatum, Eingangs- bzw. Ausstellungsdatum des Beleges, Belegnummer, Buchungstext u. a. festgehalten.

Da in diesem Buch alle Geschäfte fortlaufend und lückenlos gebucht werden, bildet es die *Grundlage bei Prüfungen durch die Behörden* (z. B. Finanzamt). Gleichzeitig liefert das Grundbuch *alle Unterlagen für die Buchung der Geschäftsfälle auf den Konten* (Abb. 3.21).

• Hauptbuch

Die chronologische Aufzeichnung im Grundbuch vermittelt dem Unternehmer allerdings keinen Überblick über die Veränderungen der einzelnen Vermögens- und Kapitalposten. Daher werden alle Geschäftsfälle auf den Konten gebucht. Die Konten befinden sich im Hauptbuch.

Die *Eintragung des Gegenkontos* läßt auf den zugrundeliegenden Geschäftsfall und damit *auf die Ursache der Änderung* schließen (Abb. 3.22).

Beispiel:

Aus dem Konto „Bank“ geht durch die Angabe des Gegenkontos „Verbindlichkeiten a. LL.“ hervor, daß Warenschulden beglichen worden sind. Das Konto „Verbindlichkeiten a. LL.“ zeigt durch die Gegenbuchung Bank, daß die Verbindlichkeiten über Bank beglichen wurden.

Die *Angabe der Belegnummer* oder des Datums vor der Gegenbuchung ermöglicht ein schnelles Wiederfinden des Beleges, der der Buchung zu-

Aufbewahrungsfristen

10 Jahre

1. Handelsbücher (z. B. Grund- und Hauptbuch)
2. Inventare
3. Eröffnungsbilanzen
4. Jahresabschlüsse
5. Die zum Verständnis notwendigen Arbeitsanweisungen und sonstige Organisationsunterlagen

6 Jahre

1. Empfangene Handelsbriefe
2. Wiedergabe der abgesandten Handelsbriefe
3. Buchungsbelege

- Mit Ausnahme von Eröffnungsbilanzen und Jahresabschlüssen können alle Unterlagen
  – als Wiedergaben auf einem Bildträger oder
  – auf Datenträgern
  aufbewahrt werden.
- Sie müssen **während der Aufbewahrungsfrist**
  – verfügbar und
  – jederzeit innerhalb angemessener Frist lesbar gemacht werden können.
- Der Aufbewahrungszeitraum beginnt mit dem Schluß des Kalenderjahres, in dem der Beleg anfiel.

Abb. 3.20

Grundbuch

Datum oder Lfd.-Nr.	Beleg	Buchungstext	Soll	Haben
15.04.19..	BA 187	Verbindlichkeiten a. LL. an Bank	9.200,00	9.200,00

Abb. 3.21

Hauptbuch

S	Bank		H	S	Verbindlichkeiten a. LL.		H
AB	28.000,00	Vb	9.200,00	Ba	9.200,00	AB	34.500,00

Abb. 3.22

grunde liegt. Abb. 3.23 zeigt die Zusammenhänge auf.
An die Stelle *gebundener Bücher* können *Loseblattsammlungen* in ausgedruckter Form oder auf *Datenträgern* (Magnetbänder, -platten, Disketten) gespeicherte Journale und Konten treten (§ 239 HGB; siehe auch S. 275 ff.).

Abschluß der Bestandskonten

Am Ende des Geschäftsjahres möchte der Kaufmann wissen:

– Wie groß ist der Bestand auf den einzelnen Konten? (Beispiel: Wie groß sind die Verbindlichkeiten a. LL. am 31. Dezember?)
– Wie groß ist das gesamte Vermögen (= Anlage- + Umlaufvermögen) bzw. das gesamte Kapital (= Eigen- + Fremdkapital)?
– Wodurch wurden die Veränderungen gegenüber der Eröffnungsbilanz hervorgerufen?

Diese Fragen löst er, indem er die Konten abschließt, d. h. den *Saldo = Schlußbestand (SB)*

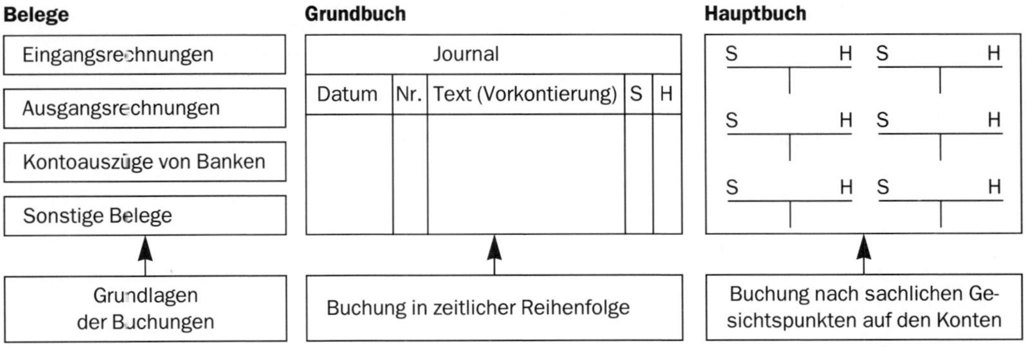

Abb. 3.23

auf jedem Konto errechnet. Die so festgestellten Schlußbestände *(Sollbestände)* müssen mit den durch Inventur ermittelten Beständen *(Istbestände)* der Bilanz am Ende des Jahres (= Schlußbilanz) übereinstimmen. Die Schlußbestände werden wie in Abb. 3.24 berechnet.

- Der *Schlußbestand* wird immer auf der *wertmäßig kleineren Seite* des Kontos *eingetragen:* der *Sollsaldo des Aktivkontos im Haben,* der Habensaldo des Passivkontos im Soll. Dadurch weisen die beiden Seiten jedes Kontos am Ende des Rechnungszeitraumes die gleiche Summe aus (Waage, ähnlich der Bilanz).
- Die Summen der Aktiv- und Passivseite der Schlußbilanz müssen gleich sein, da bei jedem Geschäftsfall der gleiche Betrag im Soll und im Haben gebucht wurde.
- *Lösungsweg von der Eröffnungs- zur Schlußbilanz:*
  1. Aufstellung der Eröffnungsbilanz
  2. Einrichtung von Konten für die Bilanzposten
  3. Übertragung der Anfangsbestände aus der Bilanz auf die Konten
  4. Buchung der Geschäftsfälle im Grundbuch und im Hauptbuch
  5. Abschluß der Konten und Aufstellung der Schlußbilanz

Eröffnungsbilanzkonto und Schlußbilanzkonto

• Eröffnungsbilanz und Eröffnungsbilanzkonto

Die Bilanz am Ende eines Jahres ist gleich der Eröffnungsbilanz des neuen Geschäftsjahres *(Grundsatz der Bilanzgleichheit, Bilanzidentität).* Um die Geschäftsfälle des neuen Jahres zu buchen, wird die Eröffnungsbilanz in Konten aufgelöst.

Die Anfangsbestände wurden bisher in folgender Weise vorgetragen:
- von der Aktivseite der Eröffnungsbilanz auf die Sollseite der Aktivkonten,
- von der Passivseite der Eröffnungsbilanz auf die Habenseite der Passivkonten (siehe auch S. 246).

Am Ende des Jahres werden die Konten abgeschlossen. Der Endbestand wird errechnet und auf der kleineren Seite eines jeden Kontos zum Ausgleich eingetragen.

Die Anfangsbestände wurden also in den Konten auf der gleichen Seite eingetragen, wo sie in der Bilanz stehen. Der Grundsatz der doppelten Buchführung wird dadurch durchbrochen. Dieser verlangt, daß jeder Buchung im Soll eine Buchung im Haben entspricht. Dieser Grundsatz gilt insbesondere für die Buchführungen mit Computer. Soll ständig nach diesem Grundsatz verfahren werden, muß ein Konto im Hauptbuch eingerichtet werden, das bei der Buchung der Anfangsbestände der Konten die Gegenbuchung aufnimmt. Diese Aufgabe übernimmt das *Eröffnungsbilanzkonto (EBK; Abb. 3.25).*

- *Buchungen bei Eröffnung:*

Aktivkonten	an EBK
EBK	an Passivkonten

• Schlußbilanz und Schlußbilanzkonto

Am Ende des Geschäftsjahres werden die Konten abgeschlossen. Der Endbestand wird errechnet und auf der kleineren Seite eines jeden Kontos zum Ausgleich eingetragen. Zur Aufnahme der Gegenbuchung ist wiederum ein Konto erforderlich: das *Schlußbilanzkonto* (SB*K; Abb. 3.25).*

- *Buchungen beim Abschluß:*

SBK	an Aktivkonten
Passivkonten	an SBK

Vorgeschrieben ist die Aufstellung der Bilanz aus dem Inventarverzeichnis (Schlußbilanz). Die durch Inventur ermittelten Bestände (Istbestände) sollen mit den auf den Konten errechneten Beständen (Sollbestände) übereinstimmen.

3

Aktivkonto (Beispiel Kasse)		**Berechnung des Schlußbestandes**	**Passivkonto** (Beispiel Verb.)	
Sollzahlen	2.500,00 DM	Anfangsbestand + Mehrungen	Habenzahlen	4.800,00 DM
– Habenzahlen	1.200,00 DM	– Minderungen	– Sollzahlen	1.700,00 DM
= Sollsaldo	1.300,00 DM	= Schlußbestand (Saldo)	= Habensaldo	3.100,00 DM

Beispiel (vgl. Abb. 3.18):

Eröffnungsbilanz

Aktiva		**Passiva**	
I. Anlagevermögen		**I. Eigenkapital**	
Geschäftsausstattung	6.000,00	Eigenkapital	15.000,00
II. Umlaufvermögen		**II. Schulden**	
Rohstoffe	12.500,00	Darlehensschulden	2.000,00
Kasse	2.500,00	Verbindlichkeiten a. LL.	4.000,00
	21.000,00		21.000,00

S	Geschäftsausstattung		H
AB	6.000,00	SB	6.00,00

S	Eigenkapital		H
SB	15.000,00	AB	15.000,00

S	Rohstoffe		H
AB	12.500,00	SB	13.800,00
(1) Kasse	500,00		
(3) Verb.	800,00		
	13.800,00		13.800,00

S	Darlehensschulden		H
SB	3.000,00	AB	2.000,00
		(2) Verbind.	1.000,00
	3.000,00		3.000,00

S	Kasse		H
AB	2.500,00	(1) Rohst.	500,00
		(4) Verb.	700,00
		SB	1.300,00
	2.500,00		2.500,00

S	Verbindlichkeiten a. LL.		H
(2) Darl.	1.000,00	AB	4.000,00
(4) Kasse	700,00	(3) Rohstoffe	800,00
SB	3.100,00		
	4.800,00		4.800,00

Schlußbilanz

Aktiva		**Passiva**	
I. Anlagevermögen		**I. Eigenkapital**	
Geschäftsausstattung	6.000,00	Eigenkapital	15.000,00
II. Umlaufvermögen		**II. Schulden**	
Rohstoffe	13.800,00	Darlehensschulden	3.000,00
Kasse	1.300,00	Verbindlichkeiten a. LL.	3.100,00
	21.100,00		21.100,00

Abb. 3.24

Grundlegende Buchungen auf Erfolgskonten

Veränderungen des Eigenkapitals durch Aufwendungen und Erträge

Die bisher gebuchten Geschäftsfälle veränderten Bestände der Bilanz. Eine Bilanzposition wurde nicht berührt: das Eigenkapital.

- Minderungen des Eigenkapitals durch Aufwendungen

Der Industriebetrieb erstellt mit Hilfe der Fachkenntnisse qualifizierter Arbeiter und Ingenieure sowie dem Einsatz moderner Maschinen aus bezogenen Materialien neue *Erzeugnisse,* die er über den Absatzmarkt an seine Kunden verkauft.

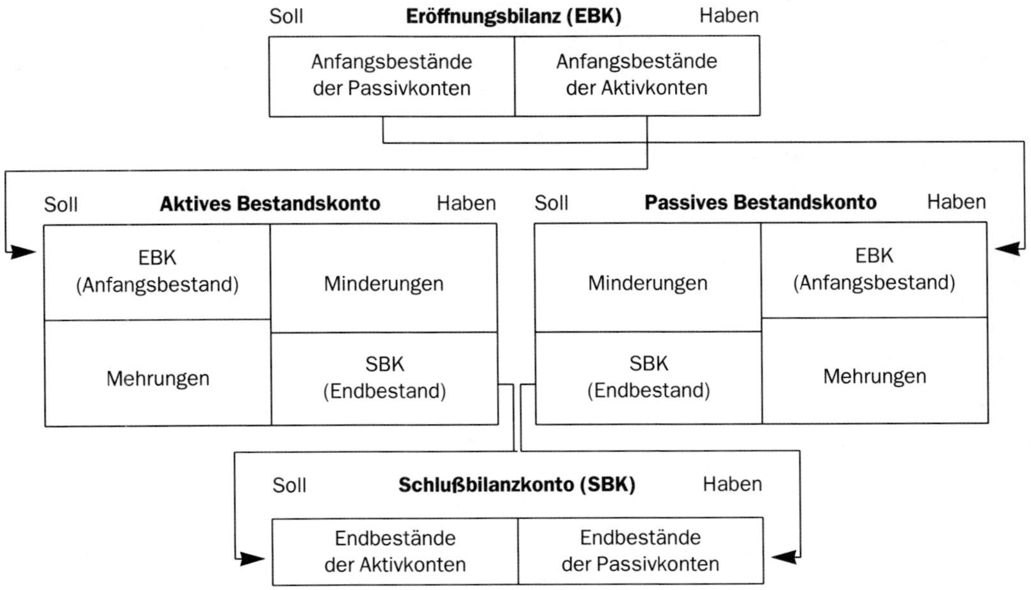

Abb. 3.25

Um die Erzeugnisse produzieren zu können, muß der Unternehmer Materialien, menschliche Arbeitsleistung, die Nutzung von Gebäuden, Geschäftseinrichtungen, Maschinen und Fahrzeugen in diesen Prozeß der Erstellung und Verwertung von Leistungen einsetzen. Diese *Produktionsfaktoren* werden als *Input* in diesem Produktionsprozeß *verzehrt.* Alle Ausgaben für diese eingesetzten Produktionsfaktoren, wie Mietzahlungen, Gehaltszahlungen oder Materialieneinkäufe, *mindern* letztlich das *Vermögen und zugleich* das *Eigenkapital,* weil dem Unternehmen zunächst nur der Werteverzehr entsteht und noch kein Wertezuwachs vorliegt. Solche *Werteverzehre an Produktionsfaktoren* werden als *Aufwendungen* bezeichnet. Sie können beispielsweise mit der Buchung „Eigenkapital an Bank oder Kasse" als Eigenkapitalminderungen erfaßt werden (siehe Abb. 3.26).
Beim *Einkauf* der Roh-, Hilfs- und Betriebsstoffe wird unterstellt, daß diese *Werkstoffe unmittelbar* als Produktionsfaktoren im Prozeß der Leistungserstellung *verzehrt* werden, um über ihren Einsatz neue Erzeugnisse zu schaffen. Durch diesen Materialverbrauch entstehen *Aufwendungen,* die als *Rohstoff-, Hilfsstoff- und Betriebsstoffaufwand* bezeichnet werden.

• Mehrungen des Eigenkapitals durch Erträge

Die *Ergebnisse des Prozesses der Leistungserstellung* sind fertige Erzeugnisse. Sie werden auf dem Absatzmarkt an die Kunden verkauft. Die dadurch erzielten *Umsatzerlöse* sollen den eingesetzten Werteverzehr an Produktionsfaktoren ersetzen und darüber hinaus dem Unternehmer einen Gewinn bringen. Will der Unternehmer dieses Ziel erreichen, dann muß der *Umsatzerlös größer sein* als der gesamte *Einsatz an Produktionsfaktoren* (Input; siehe Abb. 3.27).
Umsatzerlöse des Industriebetriebes sind daher auch *Eigenkapitalmehrungen,* die als *Erträge* bezeichnet werden. Der Industriebetrieb erbringt neben diesen *Hauptleistungen* auch *Nebenleistungen* wie Montage von Anlagen, Reparaturen an bereits verkauften Erzeugnissen, Dienstleistungen durch die Vermietung von Räumen oder die Gewährung von Krediten. Die dafür zufließenden Entgelte sind ebenfalls als Eigenkapitalmehrungen und somit als Erträge zu erfassen.

• Besondere Veränderungen des Eigenkapitals im Großhandelsunternehmen

Während die Hauptaufgabe der Industrieunternehmung in der Fertigung und dem Absatz von Erzeugnissen besteht, hat sich die Großhandelsunternehmung die Aufgabe gesetzt, Waren einzukaufen und zu verkaufen.
Beim Einkauf von Waren wird unterstellt, daß diese eingekauften Waren unmittelbar als Produktionsfaktoren eingesetzt und verzehrt werden, um Verkäufe durchführen zu können. In Höhe dieses Anschaffungswertes der Ware findet also ein Werteverzehr statt, der als Aufwand oder Eigenkapitalminderung zu erfassen ist.

3

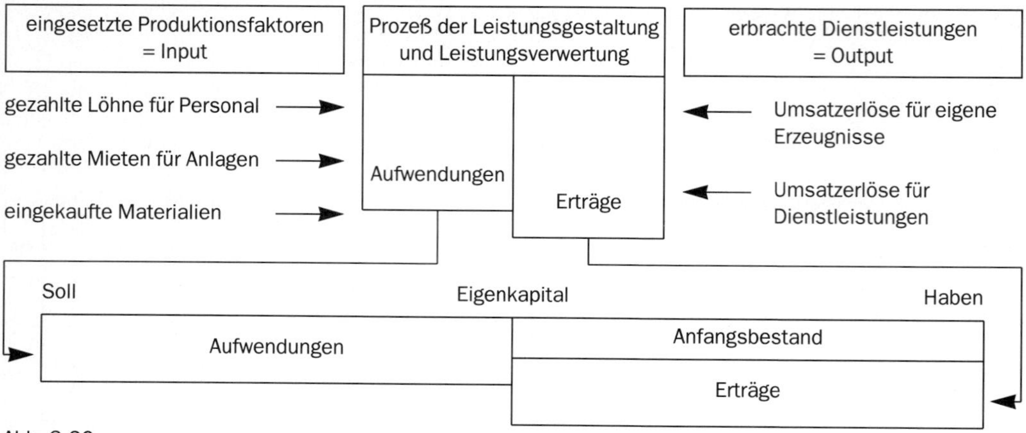

Abb. 3.26

Werte des Beispiels S. ...

Einsatz an Produktionsfaktoren: Input zur Erstellung von 20.000 Einheiten		
Personaleinsatz:	Löhne	325.000,00 DM
Nutzung von Anlagen:	Miete	90.000,00 DM
Materialeinsatz:	Rohstoffaufwand	75.000,00 DM
	Hilfsstoffaufwand	10.000,00 DM
Gesamtaufwand (eingesetzte Produktionsfaktoren)		500.000,00 DM
Umsatzerlöse für Erzeugnisse: Output		
20.000 verkaufte Erzeugnisse		600.000,00 DM
Gewinn für 20.000 erstellte und verkaufte Erzeugnisse		100.000,00 DM

Abb. 3.27

Der Verkauf der Waren führt zu einem Wertezuwachs, den Umsatzerlösen für Waren, die zu einer Vermögens- und Eigenkapitalmehrung führen. Die Umsatzerlöse für Waren sind der wichtigste *Ertrag* des Handelsunternehmens.

Buchungen der Aufwendungen und Erträge auf Unterkonten des Eigenkapitals und Erfolgsermittlung

• Buchungen der Aufwendungen und Erträge

Eine *unmittelbare Buchung* der Aufwendungen und Erträge *auf dem Eigenkapitalkonto* hat *Nachteile:*
- das *Eigenkapitalkonto* wird *unübersichtlich,*
- aus den Buchungen geht nicht hervor, *wodurch* das *Eigenkapital verändert* wurde,
- der Unternehmer kann die *Höhe einzelner Aufwendungen und Erträge* nur mit zusätzlichem Arbeitsaufwand ermitteln.

Daher werden die Aufwendungen und Erträge auf *Unterkonten des Eigenkapitalkontos* gebucht, den *Aufwands- und Ertragskonten (Abb. 3.28).*

• Buchungsregeln für Aufwands- und Ertragskonten

Für die Buchungen der Aufwendungen als Eigenkapitalminderungen auf den Aufwandskonten und für die Buchungen der Erträge als Eigenkapitalmehrungen auf den Ertragskonten gelten die *Buchungsregeln für passive Bestandskonten:*
- *Aufwendungen* sind auf Aufwandskonten als Eigenkapitalminderungen *im Soll,*
- *Erträge* auf Ertragskonten als Mehrungen des Eigenkapitals *im Haben* zu buchen.

Es wird *unterstellt,* daß die *eingekauften Werkstoffe unmittelbar* im Prozeß der Leistungserstellung und Leistungsverwertung eingesetzt und somit bereits beim Eingang als *Aufwand* zu erfassen sind. Der Materialaufwand und die durch den Einsatz der weiteren Produktionsfaktoren entstandenen *Aufwendungen mindern das Eigenkapital.* Ergebnisse des Prozesses der Leistungsverwertung sind die *Umsatzerlöse.* Sie *erhöhen* das *Eigenkapital* und werden als *Erträge* bezeichnet. Um Art, Ursache und Höhe der Eigenkapitalveränderungen durch Aufwendungen und Erträge

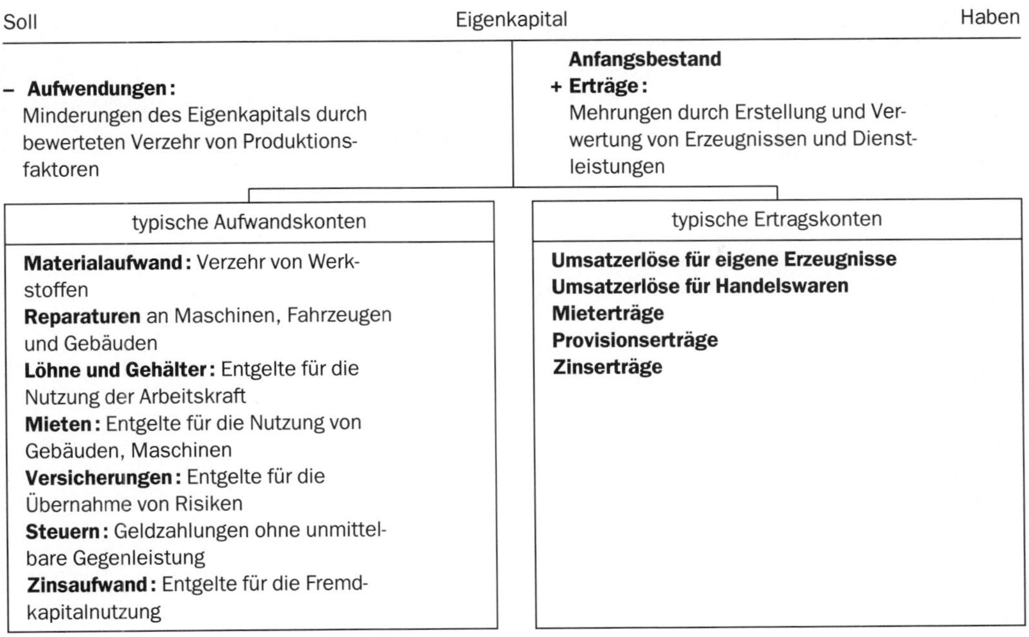

Abb. 3.28

erkennen zu können, werden sie auf *Unterkonten des Eigenkapitals (Erfolgskonten)* gebucht.
Für die Buchungen auf den Unterkonten des Eigenkapitals gelten die Buchungsregeln für passive Bestandskonten :
Aufwandskonten nehmen die Eigenkapitalminderungen im Soll auf, Ertragskonten erfassen die Eigenkapitalmehrungen im Haben (vgl. Abb. 3.29).

Abschluß der Erfolgskonten über das Gewinn- und Verlustkonto
Am Ende des Geschäftsjahres werden die Konten abgeschlossen. Aufwendungen und Erträge werden gesammelt und gegenübergestellt, um den *Erfolg* (Gewinn oder Verlust) festzustellen. Aufwendungen und Erträge werden auf dem *Gewinn- und Verlustkonto* (GuV) gegenübergestellt (§ 242 HGB). Der Gewinn oder der Verlust wird als endgültige Eigenkapitalveränderung auf das Eigenkapitalkonto übertragen (Abb. 3.30).

Der **Abschlußbuchungssatz** lautet:
- *bei Gewinn:*
  Gewinn- und Verlustkonto an Eigenkapital
- *bei Verlust:*
  Eigenkapital an Gewinn- und Verlustkonto

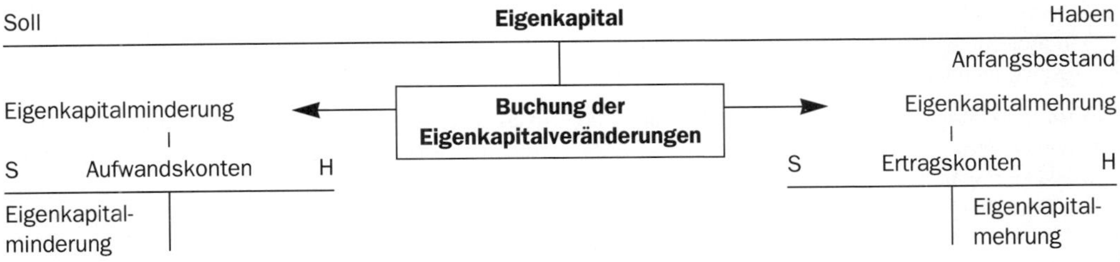

Abb. 3.29

Abb. 3.30

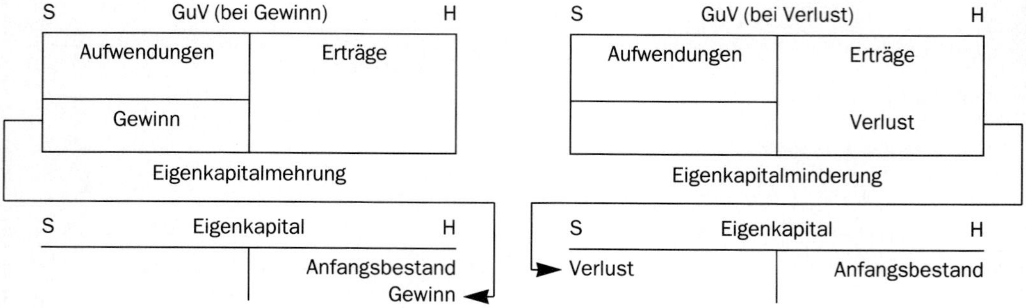

Beispiel

Aktiva — Bilanz einer Industrieunternehmung zum 31.12... — Passiva

Aktiva		Passiva	
Anlagevermögen		**Eigenkapital**	
Geschäftsausstattung	200.000,00	Eigenkapital	600.000,00
Umlaufvermögen		**Schulden**	
Forderungen a. LL.	50.000,00	Verbindlichkeiten a. LL.	150.000,00
Bank	500.000,00		
	750.000,00		750.000,00

Die Industrieunternehmung produzierte in der Rechnungsperiode 20.000 Einheiten eines Erzeugnisses.

1. **BA:**	Banküberweisung der Löhne für Facharbeiter	325.000,00
2. **BA:**	Banküberweisung der Miete für gemietete Anlagen	90.000,00
3. **BA, ER:**	Einkauf von Rohstoffen gegen Zahlung mit Bankscheck	50.000,00
4. **ER:**	Einkauf von Hilfsstoffen auf Ziel	10.000,00
5. **AR:**	Verkauf von fertigen Erzeugnissen auf Ziel 15.000 Einheiten à 30,00 DM	450.000,00
6. **ER:**	Einkauf von Rohstoffen auf Ziel	25.000,00
7. **AR, BA:**	Verkauf von fertigen Erzeugnissen gegen Bankscheck 15.000 Einheiten à 30,00 DM	150.000,00

Buchung der Fälle 1 bis 4 und 6 auf Aufwandskonten

1. Löhne an Bank	325.000,00
2. Miete an Bank	90.000,00
3. Rohstoffaufwand an Bank	50.000,00
4. Hilfsstoffaufwand an Verbindlichkeiten a. LL.	10.000,00
6. Rohstoffaufwand an Verbindlichkeiten a. LL.	25.000,00

Buchung der Fälle 5 und 7 auf dem Ertragskonto

5. Forderungen a. LL. an Umsatzerlöse	450.000,00
7. Bank an Umsatzerlöse	150.000,00

Abschlußbuchungen für die Aufwandskonten

GuV an Löhne	325.000,00
GuV an Mieten	90.000,00
GuV an Rohstoffaufwand	75.000,00
GuV an Hilfsstoffaufwand	10.000,00
GuV an Eigenkapital (Gewinn)	100.000,00

Abschlußbuchung für das Ertragskonto

Umsatzerlöse an GuV	600.000,00

Abschlußbuchungen: aktive Bestandskonten

SBK an Geschäftsausstattung	200.000,00
SBK an Forderungen a. LL.	500.000,00
SBK an Bank	185.000,00

Abschlußbuchungen: passive Bestandskonten

Eigenkapital an SBK	700.000,00
Verbindlichkeiten a. LL. an SBK	185.000,00

Abb. 3.31 (Teil 1)

Bestandskonten

aktive Bestandskonten | **passive Bestandskonten**

S — Geschäftsausstattung — H

EBK	200.000,00	SBK	200.000,00

S — Forderungen a. LL. — H

EBK	50.000,00	SBK	500.000,00
U.-E.	450.000,00		
	500.000,00		500.000,00

S — Bank — H

EBK	50.000,00	Löhne	325.000,00
U.-E.	150.000,00	Miete	90.000,00
		Ro.-A.	50.000,00
		SBK	185.000,00
	650.000,00		650.000,00

S — Eigenkapital — H

SBK	700.000,00	EBK	600.000,00
		GuV	100.000,00
	700.000,00		700.000,00

S — Verbindlichkeiten a. LL. — H

SBK	185.000,00	EBK	150.000,00
		Hi.-A.	10.000,00
		Ro.-A.	25.000,00
	185.000,00		185.000,00

Abb. 3.31 (Teil 2)

Erfolgskonten

Aufwandskonten | **Ertragskonto**

S — Löhne — H

Ba	325.000,00	GuV	325.000,00

S — Miete — H

Ba	90.000,00	GuV	90.000,00

S — Rohstoffaufwand — H

Ba	50.000,00	GuV	75.000,00
Vb	25.000,00		
	75.000,00		75.000,00

S — Hilfsstoffaufwand — H

Vb	10.000,00	GuV	10.000,00

S — Umsatzerlöse — H

GuV	600.000,00	Fo	450.000,00
		Ba	150.000,00
	600.000,00		600.000,00

Soll — Gewinn- und Verlustkonto — Haben

Löhne	325.000,00	Umsatzerlöse	600.000,00
Miete	90.000,00		
Rohstoffaufwand	75.000,00		
Hilfsstoffaufwand	10.000,00		
Eigenkapital	100.000,00		
	600.000,00		600.000,00

Abb. 3.31 (Teil 2)

3

Aktiva	Bilanz einer Industrieunternehmung zum 31.12..		Passiva
Anlagevermögen		**Eigenkapital**	
Geschäftsausstattung	200.000,00	Eigenkapital	700.000,00
Umlaufvermögen		**Schulden**	
Forderungen a. LL.	500.000,00	Verbindlichkeiten a. LL.	185.000,00
Bank	185.000,00		
	885.000,00		885.000,00

Abb. 3.31 (Teil 3)

Bestandsveränderungen

- Materialbestandsveränderungen im Industrieunternehmen

Materialbestandsmehrungen: Bisher wurde bei der Buchung von Materialeinkäufen *unterstellt,* daß alle beschafften Materialien in demselben Geschäftsjahr verbraucht wurden. Daher wurden die *eingekauften Materialien* als Aufwand – *Materialaufwand* – auf den Aufwandskonten „Aufwendungen für Rohstoffe“, „Aufwendungen für Hilfsstoffe“ und „Aufwendungen für Betriebsstoffe“ *gebucht.*
Es ist jedoch *in der Regel der Fall, daß nicht alle eingekauften Materialien verbraucht werden* und somit zum Ende des Geschäftsjahres Materialien noch vorhanden sind, die als Bestände an Vermögen in das Inventar und die Bilanz übernommen werden müssen.
Der wertmäßige Materialeinsatz ist also *kleiner als* der wertmäßige Materialeinkauf. Es entstand *zusätzliches Vermögen in der Form eines Lagerbestandes* an Materialien, der zum Beginn des Geschäftsjahres nicht vorhanden war. Der im Laufe des Geschäftsjahres auf den Materialaufwandskonten gebuchte *Materialeingang muß* daher vor dem eigentlichen Abschluß der Konten um diese Lagerbestände *korrigiert werden.* Dieser wird als Vermögensmehrung bzw. *Zugänge auf den aktiven Bestandskonten „Rohstoffe“, „Hilfsstoffe“* und *„Betriebsstoffe“* und als *Korrektur des gebuchten Materialeinsatzes* auf den Konten *„Aufwendungen für Rohstoffe“, „Aufwendungen für Hilfsstoffe“* und *„Aufwendungen für Betriebsstoffe“ erfaßt.* Diese Buchungen werden als *vorbereitende Abschlußbuchungen oder Umbuchungen* bezeichnet.

Materialbestandsminderungen: Nicht während des Geschäftsjahres verbrauchte Materialien werden bei der Inventur als *Endbestände an Rohstoffen, Hilfsstoffen oder Betriebsstoffen laut Inventur* erfaßt. Sie werden auf den aktiven Bestandskonten „Rohstoffe“, „Hilfsstoffe“ oder „Betriebsstoffe“ gebucht und über das Schlußbilanzkonto abgeschlossen.
Im folgenden Geschäftsjahr werden nun diese Bestände für den Produktionsprozeß eingesetzt. Entsprechende Buchungen, aus denen sich die Einsätze der Anfangsbestände als Aufwendungen ergeben würden, erfolgen nicht. Dann werden die Einkäufe des Geschäftsjahres an Materialien über die Konten „Aufwendungen für Rohstoffe“, „Aufwendungen für Hilfsstoffe“ oder „Aufwendungen für Betriebsstoffe“ als Materialaufwendungen erfaßt. Am Ende des Geschäftsjahres werden durch Inventur die noch vorhandenen Bestände an Materialien ermittelt.
Der *Vergleich der Anfangs- und Endbestände* der Materialien *zeigt* jetzt, *um welchen Wert der jeweilige Materialeingang bzw. Materialaufwand zu niedrig oder zu hoch angesetzt wurde.*
Ist der *Anfangsbestand* der Materialart *größer als* der *Endbestand* der betreffenden Materialart, dann wurden rechnerisch im Geschäftsjahr nicht nur die eingekauften Materialien verbraucht, sondern zusätzlich auch noch Werkstoffe aus den vorliegenden Beständen; denn der Materialbestand verringerte sich.
Die *Materialbestandsminderung* führte über den Abgang von Materialien aus dem Lagerbestand in die Produktion zu einer *Vermögensminderung* und einer *Eigenkapitalminderung,* die als Aufwand *(zusätzlicher Materialeinsatz)* zu bezeichnen ist.
Mit den vorbereitenden Abschlußbuchungen *„Aufwendungen für Rohstoffe“ an „Rohstoffe“* bzw. *„Aufwendungen für Hilfsstoffe“ an „Hilfsstoffe“* oder *„Aufwendungen für Betriebsstoffe“* an „Betriebsstoffe“ werden die Korrekturen des Materialeinsatzes durchgeführt.
Auf den Konten „Rohstoffe“, „Hilfsstoffe“ oder „Betriebsstoffe“ ergibt sich jetzt aus dem Anfangsbestand abzüglich der Bestandsminderung als Endbestand ein *Sollbestand, der dem Istbestand* der betreffenden Materialart *laut Inventur entspricht.*
Die Buchung der Materialbestandsminderung dient also gleichzeitig der Anpassung des Sollbestandes der Materialart an den durch Inventur ermittelten Istbestand der betreffenden Materialart (Abb. 3.32 und 3.33).

- Bestandsveränderungen an Unfertigen und Fertigen Erzeugnissen

Bestandsmehrung: Wurden alle im Geschäftsjahr produzierten Erzeugnisse verkauft, dann stehen auf dem Konto „Gewinn und Verlust" bei der Erfolgsermittlung den Umsatzerlösen genau die Aufwendungen gegenüber, die die Produktion und der Absatz dieser Erzeugnisse verursacht haben.

Wurden jedoch *nicht alle produzierten Erzeugnisse verkauft,* sondern teilweise auf Lager genommen, dann stehen auf dem Gewinn- und Verlustkonto den Aufwendungen der gesamten Produktion nur die Erträge der umgesetzten Erzeugnisse (Umsatzerlöse) gegenüber. Es sind jedoch auch *Erträge durch die auf Lager genommenen Erzeugnisse* entstanden, deren Wert durch die dafür verursachten Aufwendungen bestimmt wird. Dieser Wert wird aus dem Vergleich des Anfangs- und Endbestandes der Erzeugnisse laut Inventur dann ersichtlich, wenn am Ende des Geschäftsjahres der *wertmäßige Bestand an Erzeugnissen größer ist als* am Anfang des Geschäftsjahres. Es liegt eine *Bestandsmehrung* vor, durch die eine Vermögens- und Eigenkapitalmehrung eingetreten ist, die als Ertrag bei der Erfolgsermittlung zu erfassen ist.

- Die *Bestandsmehrung* wird in einer Nebenrechnung ermittelt und dann als *Zugang auf dem Konto „Unfertige Erzeugnisse"* bzw. „Fertige Erzeugnisse" erfaßt. Damit wird die *Lagerleistung aktiviert.*
- Die *Gegenbuchung* (Ertrag durch den Vermögenszuwachs in Form von Erzeugnissen) wird auf einem Erfolgskonto, dem Konto *„Bestandsveränderungen"* durchgeführt.
- *Buchung bei Bestandsmehrung:*
  Unfertige Erzeugnisse an Bestandsveränderungen
  Fertige Erzeugnisse an Bestandsveränderungen

Bestandsminderung: Bei einer *Bestandsminderung* ist der *Anfangsbestand* an unfertigen und fertigen Erzeugnissen *größer als* der *Endbestand.* Der Betrieb hat also nicht nur alle im Abrechnungszeitraum hergestellten Erzeugnisse verkauft, sondern darüber hinaus noch einen Teil des Lagerbestandes an fertigen Erzeugnissen. Den Erlösen für die verkauften Erzeugnisse stehen in diesem Falle nur die Aufwendungen für die hergestellten Erzeugnisse gegenüber, obwohl die *Absatzmenge größer* war *als* die *Produktionsmenge.* Um den Erfolg ermitteln zu können, müssen die Aufwendungen für die vom Lager in den Verkauf übernommenen Erzeugnisse ebenfalls bei der Erfolgsermittlung als Aufwendungen angesetzt werden, um alle Aufwendungen für die abgesetzten Erzeugnisse den Erlösen für diese abgesetzten Erzeugnisse gegenüberstellen zu können. Die Aufwendungen für die vom Lager zusätzlich in den Verkauf übernommenen Erzeugnisse ergeben sich als Differenz aus dem höheren Anfangsbestand und dem niedrigeren Endbestand an fertigen Erzeugnissen.

- *Buchung bei Bestandsminderung:*
  Bestandsveränderungen an Unfertige Erzeugnisse
  Bestandsveränderungen an Fertige Erzeugnisse

- Warenbestandsveränderungen im Großhandelsbetrieb

Warenbestandsmehrungen: Der wertmäßige *Wareneinsatz* ist *kleiner als* der wertmäßige *Wareneingang.* Es entstand zusätzliches Vermögen in der Form eines Lagerbestandes an Waren, der zum Beginn des Geschäftsjahres nicht vorhanden war. Der im Laufe des Geschäftsjahres gebuchte *Wareneingang muß* daher vor dem eigentlichen Abschluß der Konten um diesen Lagerbestand *korrigiert werden.* Dieser wird als Vermögensmehrung bzw. *Zugang auf dem Konto „Warenbestand"* und als Eigenkapitalmehrung bzw. *Korrektur des gebuchten Wareneinsatzes* auf dem Konto *„Wareneingang"* erfaßt.

Warenbestandsminderungen: Ist der *Anfangsbestand* an Waren größer als der Endbestand, dann wurden rechnerisch im Geschäftsjahr nicht nur die eingekauften Waren für den Verkauf ein-

Aktiva	Bilanz einer Industrieunternehmung zum 31.12..		Passiva
Anlagevermögen		**Eigenkapital**	
Geschäftsausstattung	200.000,00	Eigenkapital	600.000,00
Umlaufvermögen		**Schulden**	
Forderungen a. LL.	50.000,00	Verbindlichkeiten a. LL.	150.000,00
Bank	500.000,00		
	750.000,00		750.000,00

Abb. 3.32 (Teil 1)

3

Die Industrieunternehmung produzierte im vorliegenden Geschäftsjahr 20.000 Einheiten eines Erzeugnisses.

1. **BA:**	Banküberweisungen an		
	a) Facharbeiter wegen Lohnzahlungen	325.000,00	
	b) Vermieter wegen Miete für Betriebsanlagen	90.000,00	415.000,00
2. **BA, ER:**	Rohstoffeinkauf gegen Zahlung mit Bankscheck		60.000,00
3. **ER:**	Materialeinkäufe auf Ziel		
	a) Hilfsstoffe	14.000,00	
	b) Rohstoffe	31.000,00	45.000,00
4. **AR, BA:**	Verkauf von fertigen Erzeugnissen		
	a) 17.000 Einheiten à 30,00 DM gegen Zielgewährung von 30 Tagen		510.000,00
	b) 3.000 Einheiten à 30,00 DM gegen Zahlung mit Bankscheck		90.000,00

Abschlußangaben:

1. Endbestand an Rohstoffen laut Inventur	16.000,00
2. Endbestand an Hilfsstoffen laut Inventur	4.000,00

Nr.	Buchungssätze			
1.	Löhne	325.000,00 DM		
	Miete	90.000,00 DM	an Bank	415.000,00 DM
2.	Aufwendungen für Rohstoffe	60.000,00 DM	an Bank	60.000,00 DM
3.	Aufwendungen für Hilfsstoffe	14.000,00 DM		
	Aufwendungen für Rohstoffe	31.000,00 DM	an Verbindlichkeiten	45.000,00 DM
4.	Forderungen	510.000,00 DM		
	Bank	90.000,00 DM	an Umsatzerlöse	600.000,00 DM

Nr.	vorbereitende Abschlußbuchungen			
1.	Rohstoffe	16.000,00 DM	an Aufw. für Rohst.	16.000,00 DM
2.	Hilfsstoffe	4.000,00 DM	an Aufw. für Hilfsst.	4.000,00 DM

Berechnung der Materialbestandsmehrung	Rohstoffe DM	Hilfsstoffe DM
Anfangsbestand	0,00	0,00
+ Materialeingang laut Konto	91.000,00	14.000,00
= möglicher Materialaufwand	91.000,00	14.000,00
– Endbestand an Material laut Inventur	16.000,00	4.000,00
= tatsächlicher Materialaufwand	75.000,00	10.000,00
bereits gebuchter Materialaufwand	91.000,00	14.000,00
= Bestandsmehrung bzw. zu korrigierender Materialaufwand	16.000,00	4.000,00

Abschlußbuchungen für die Aufwandskonten

GuV an Aufwendungen für Rohstoffe	75.000,00
GuV an Aufwendungen für Hilfsstoffe	10.000,00
GuV an Löhne	325.000,00
GuV an Mieten	90.000,00
GuV an Eigenkapital	100.000,00

Abschlußbuchung für das Ertragskonto

Umsatzerlöse an GuV	600.000,00

Abb. 3.32 (Teil 2)

Abschlußbuchungen: aktive Bestandskonten

SBK an Geschäftsausstattung	200.000,00
SBK an Rohstoffe	16.000,00
SBK an Hilfsstoffe	4.000,00
SBK an Forderungen	560.000,00
SBK an Bank	115.000,00

Abschlußbuchungen: passive Bestandskonten

Eigenkapital an SBK	700.000,00
Verbindlichkeiten an Bank	234.500,00

HS Rohstoffe H

S		H	
Aufw-Ro	16.000,00	SBK	16.000,00

S Hilfsstoffe H

S		H	
Aufw-Hi	4.000,00	SBK	4.000,00

S Schlußbilanzkonto H

S		H	
Ge.-A.	200.000,00	Eigenk.	700.000,00
Rohst.	16.000,00	Verb.	195.000,00
Hilfsst.	4.000,00		
Ford.	560.000,00		
Bank	115.000,00		
	895.000,00		895.000,00

S Aufwendungen für Rohstoffe H

S		H	
Bank.	60.000,00	Rohst.	16.000,00
Verb.	31.000,00	GuV	75.000,00
	91.000,00		91.000,00

S Umsatzerlöse H

S		H	
GuV	600.000,00	Fo, Ba	600.000,00

S Aufwendungen für Hilfsstoffe H

S		H	
Verb.	14.000,00	Hilfsst.	4.000,00
		GuV	10.000,00
	14.000,00		14.000,00

S Gewinn- und Verlust H

S		H	
Aufw.-Rohst.	75.000,00	Umsatzerl.	600.000,00
Aufw.-Hilfsst.	10.000,00		
Löhne	325.000,00		
Mieten	90.000,00		
EK	100.000,00		
	600.000,00		600.000,00

Gesamtaufwand zur Herstellung von 20.000 Einheiten / Gewinn

Gesamterträge (Umsatzerlöse) für 20.000 Einheiten

Abb. 3.32 (Teil 3)

Materialbestandsveränderungen

- Materialbestandsminderung: Materialanfangsbestand > Materialendbestand
- Materialbestandsmehrung: Materialanfangsbestand < Materialendbestand

Abb. 3.33 (Teil 1)

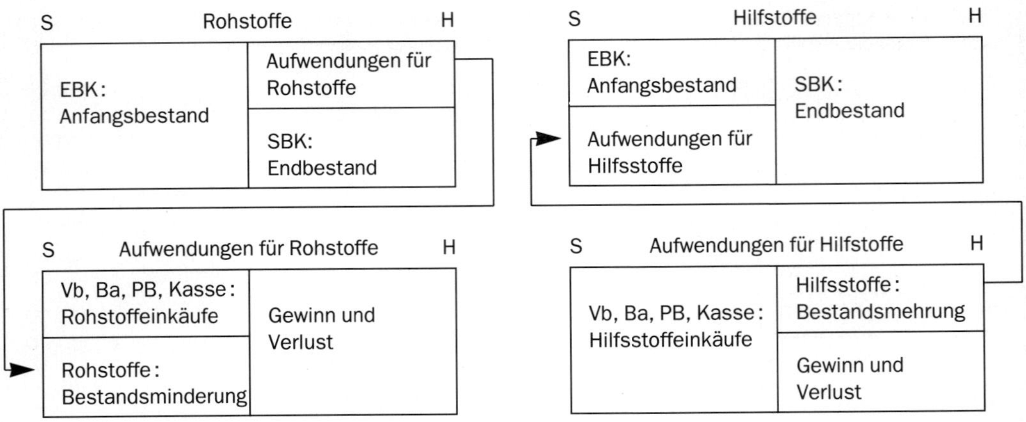

Abb. 3.33 (Teil 2)

Siehe Beispiel Abb. 3.32 (Teil 3)

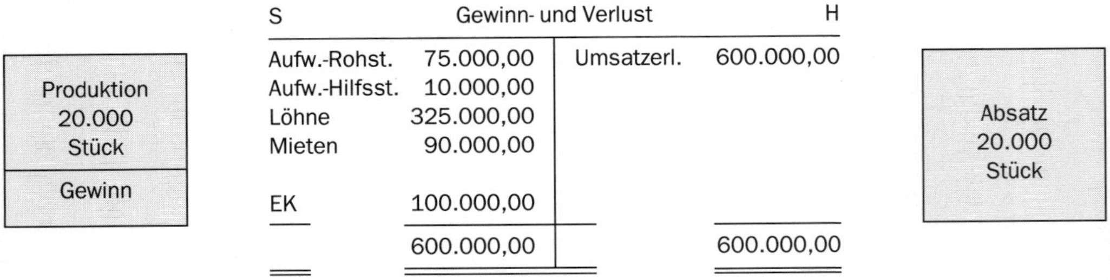

Abb. 3.34

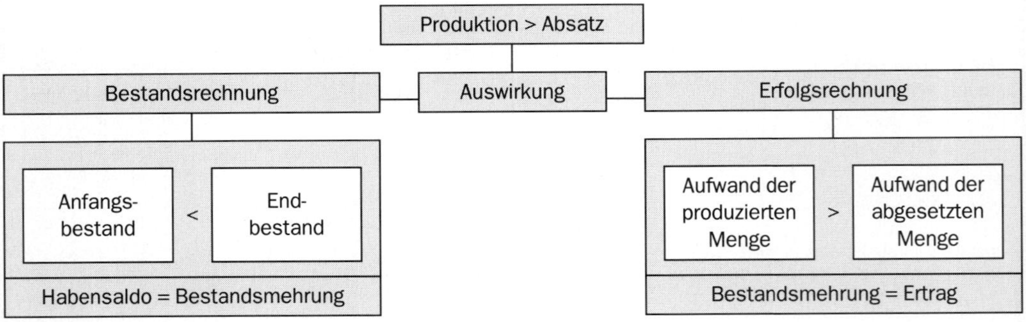

Abb. 3.35

Aktiva	Bilanz einer Industrieunternehmung zum 31.12...		Passiva
Anlagevermögen		**Eigenkapital**	
Geschäftsausstattung	200.000,00	Eigenkapital	550.000,00
Umlaufvermögen		**Schulden**	
Fertige Erzeugnisse	25.000,00	Verbindlichkeiten a. LL.	150.000,00
Bank	475.000,00		
	700.000,00		700.000,00

Abb. 3.36 (Teil 1)

Die Industrieunternehmung produzierte im vorliegenden Geschäftsjahr 20.000 Einheiten eines Erzeugnisses. Aus dem Vorjahr besteht noch ein Lagerbestand von 1.000 Einheiten.

1. **BA:**	Banküberweisung der Löhne für Facharbeiter	325.000,00
2. **BA:**	Banküberweisung der Miete für gemietete Gebäude und Maschinen	90.000,00
3. **ER:**	Einkauf von Rohstoffen auf Ziel	70.000,00
4. **ER, BA:**	Einkauf von Hilfsstoffen gegen Zahlung mit Bankscheck	15.000,00
5. **AR, BA:**	Verkauf von fertigen Erzeugnissen gegen Zahlung mit Scheck 18.000 Einheiten à 30,00 DM	540.000,00

Abschlußangabe:
Endbestand an fertigen Erzeugnissen laut Inventur 75.0000,00

Buchung der Fälle 1 bis 4 auf Aufwandskonten

1. Löhne an Bank 325.000,00
2. Miete an Bank 90.000,00
3. Aufwendungen für Rohstoffe an Verbindlichkeiten a. LL. 70.000,00
4. Aufwendungen für Hilfsstoffe an Bank 15.000,00

Buchung des Falles 5 auf dem Ertragskonto

5. Bank an Umsatzerlöse 540.000,00

Ermittlung der Bestandsveränderungen:
AB: Fertige Erzeugnisse 25.000,00 < EB: Fertige Erzeugnisse: 75.000,00
Bestandsmehrung an fertigen Erzeugnissen: 50.000,00

Vorbereitende Abschlußbuchung – Umbuchung –
Fertige Erzeugnisse an Bestandsveränderungen 50.000,00

Berechnung der Bestandsveränderung	Menge	DM
Anfangsbestand: Fertige Erzeugnisse	1.000	25.000,00
+ Produktion an fertigen Erzeugnissen	20.000	500.000,00
= möglicher Absatz an fertigen Erzeugnissen	21.000	525.000,00
– Endbestand: Fertige Erzeugnisse	3.000	75.000,00
= tatsächlicher Absatz/Herstellungsaufwand des Umsatzes	18.000	450.000,00
Produktion an fertigen Erzeugnissen	20.000	500.000,00
= Lagerzugang bzw. Bestandsmehrung	2.000	50.000,00

S — Fertige Erzeugnisse — H

S		H	
EBK	25.000,00	SBK	75.000,00
BVÄ	50.000,00		
	75.000,00		75.000,00

S — Schlußbilanzkonto — H

S		H	
BuG	200.000,00	Eigenk.	640.000,00
Fert. Erz.	75.000,00	Verb.	220.000,00
Bank	585.000,00		
	860.000,00		860.000,00

S — Bestandsveränderungen (BVÄ) — H

S		H	
GuV	50.000,00	FE	50.000,00

S — Umsatzerlöse — H

S		H	
GuV	540.000,00	Ba	540.000,00

Abb. 3.36 (Teil 2)

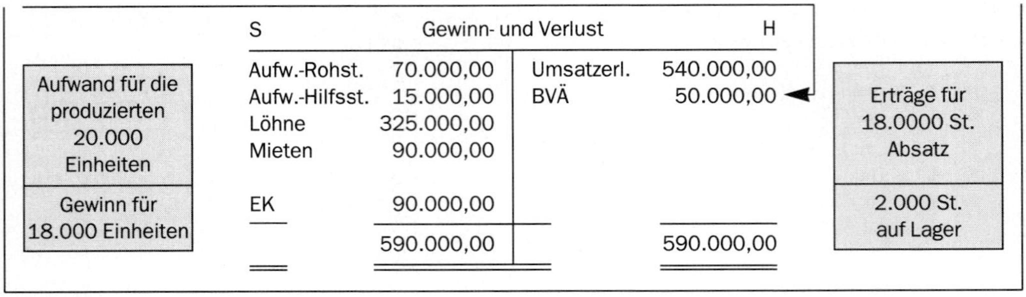

Abb. 3.36 (Teil 3)

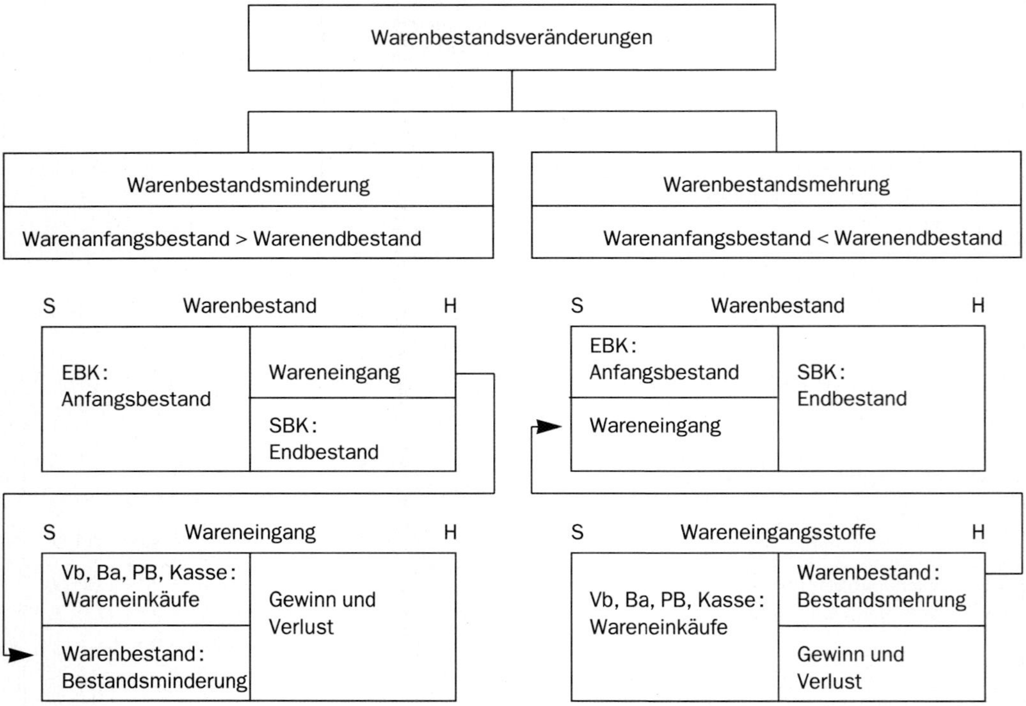

Abb. 3.37

gesetzt, sondern zusätzlich auch noch Waren aus den vorliegenden Beständen; denn der Warenbestand verringerte sich. Die *Warenbestandsminderung* führte über den Abgang von Waren aus dem Lagerbestand in den Verkauf zu einer *Vermögensminderung* und einer *Eigenkapitalminderung,* die als Aufwand *(zusätzlicher Wareneinsatz)* zu bezeichnen ist.

Mit der vorbereitenden Abschlußbuchung *„Wareneingang"* an *„Warenbestand"* wird die Korrektur des Wareneinsatzes durchgeführt. Auf dem Konto „Warenbestand" ergibt sich jetzt aus dem Anfangsbestand abzüglich der Bestandsminderung als Endbestand ein *Sollbestand, der dem Istbestand* an Waren *laut Inventur entspricht.* Die Buchung der Warenbestandsminderung diente also gleichzeitig zur Anpassung des Sollbestandes an Waren an den durch Inventur ermittelten Istbestand an Waren (Abb. 3.37).

Umsatzsteuersystem und Umsatzsteuerbuchungen

Umsatzsteuer als Verkehr- und Verbrauchsteuer

Die Umsatzsteuer (USt) ist eine *Verbrauchsteuer, die vom Endverbraucher getragen* werden soll. Der Staat könnte dieses Ziel verwirklichen, indem er den Umsatz der letzten Stufe des Produktionsprozesses (z. B. Einzelhandel) mit dem Verbraucher

Steuergegenstand (Umsatz)	Beispiele
1. Lieferungen und Sonstige Leistungen	Verkauf von fertigen Erzeugnissen
	Reparatur einer Maschine Vermittlung von Vertragsabschlüssen
2. Eigenverbrauch	Verwendung und Entnahmen von Gegenständen und sonstigen Leistungen durch den Unternehmer für Privatzwecke
3. Einfuhr von Erzeugnissen (Einfuhrumsatzsteuer - EUSt)	Einfuhr von Eisenerzen aus Schweden

Abb. 3.38

besteuert. Der Einzelhandel, der diese Steuer über den Preis auf den Verbraucher überwälzt, hätte dann diese Umsatzsteuer an den Staat abzuführen. Da diese Besteuerungstechnik nur eine Unternehmergruppe treffen würde (Arbeitsaufwand, Liquiditätsbelastung), erreichte der Gesetzgeber durch die Ausgestaltung der USt als Mehrwertsteuer eine *Verteilung des USt-Einzugsverfahrens* auf alle an der Deckung des Konsums beteiligten Wirtschaftsstufen. Danach werden alle *Unternehmer verpflichtet, diese Steuer einzuziehen:* sie sind also *Steuerschuldner.* Wer nicht Unternehmer ist, kann somit also nicht umsatzsteuerpflichtig werden.

Steuerbare Umsätze

Die Umsatzsteuerpflicht entsteht bei den in Abb. 3.38 dargestellten Vorgängen, die als steuerbare Umsätze bezeichnet werden. Der Gesetzgeber hat verschiedene steuerbare Umsätze ausdrücklich im UStG von der Umsatzsteuer befreit.

Beispiele:

- Lieferung vom Inland ins Ausland (Export)
- Entgelte für Kreditgewährung (Ausnahme: Warenkredite)
- Umsätze von inländischen amtlichen Wertzeichen (Briefmarken, Stempelmarken, Kostenmarken der Behörden, Beitragsmarken der Sozialversicherung)
- bestimmte Umsätze der deutschen Bundespost TELEKOM
- Verkauf von Grundstücken und Gebäuden
- Vermietung von Gebäuden und Verpachtung von Grundstücken

Der Wert, von dem die USt berechnet wird, ist die *Bemessungsgrundlage.*

Sie ist

1. für Lieferungen und Sonstige Leistungen das vereinbarte Entgelt. Entgelt ist alles, was der Empfänger der Lieferung oder Leistung aufwenden muß, um diese zu erhalten. Die Umsatzsteuer ist nicht Bestandteil der Bemessungsgrundlage.
2. für den Eigenverbrauch der Wert, mit dem dieser Gegenstand aus dem Betrieb entnommen wird, bzw. sind es die Aufwendungen, mit denen die private Verwendung eines betrieblichen Gegenstandes angesetzt würde.
3. für die Einfuhr von Erzeugnissen der Rechnungsbetrag einschließlich Zoll und Beförderungskosten.

Der Umsatzsteuersatz beträgt zur Zeit 15% der Bemessungsgrundlage. Für verschiedene Umsätze, z. B. Lebensmittel, Bücher, Blumen und Kunstgegenstände, gilt der ermäßigte Steuersatz von 7%.

Umsatzsteuerschuld

Der Unternehmer schuldet dem Staat aufgrund der steuerpflichtigen Umsätze die Umsatzsteuer. Da sie eine Verbrauchsteuer ist, entspricht es der Absicht des Staates, wenn der Unternehmer beim Verkauf seiner Erzeugnisse die an das Finanzamt abzuführende Umsatzsteuer zuzüglich zum Warenwert weiterberechnet (indirekte Steuer).

Der Unternehmer muß auf Verlangen des Kunden Rechnungen ausstellen, in denen die Umsatzsteuer gesondert ausgewiesen ist (im Beispiel 225,00 DM lt. AR; siehe Abb. 3.39). Bei Rechnungen *über Kleinbeträge* bis zu 200,00 DM einschl. USt genügt die Angabe des Umsatzsteuersatzes.

Gehen aus den Belegen der Bruttorechnungsbetrag und der Umsatzsteuersatz hervor, muß die USt zum Zwecke der Buchung herausgerechnet werden (Abb. 3.40).

Beispiel

Rechnungsbetrag	172,50 DM
USt-Satz	15%

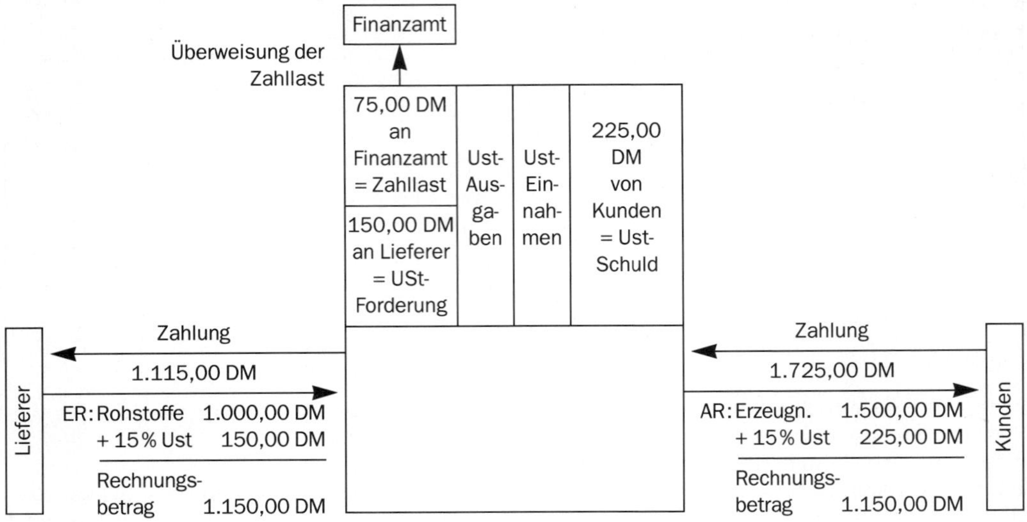

Abb. 3.39

Vorsteuer

Der Unternehmer kann nur dann Erzeugnisse herstellen, wenn er in seinem Produktionsprozeß Erzeugnisse anderer, ihm vorgelagerter Unternehmen einsetzt (Roh-, Hilfs- und Betriebsstoffe, Maschinen, Strom, Fremdarbeiten). Da diese Vorgänge für die vorgelagerten Unternehmen steuerpflichtige Umsätze sind, enthalten die Eingangsrechnungen neben dem Warenpreis die vom Lieferer abgewälzte Umsatzsteuer. Die dem *eigenen Umsatz* (Absatz) *vorgelagerten Umsätze* im Rahmen der Beschaffung sind *Vorumsätze*. Daher wird die darauf lastende Umsatzsteuer als Vorsteuer bezeichnet (in Abb. 3.39 150,00 DM lt. ER). Das steuerpflichtige Unternehmen soll nicht durch die bei der Beschaffung bezahlte Vorsteuer belastet werden. Ebenfalls soll die bei der Beschaffung bezahlte Vorsteuer nicht in den Preis einkalkuliert werden. Daher wird die *Vorsteuer* dem steuerpflichtigen Unternehmen vom Staat erstattet.

Somit stellt die Vorsteuer aufgrund der *Eingangsbelege* eine *Forderung gegenüber dem Finanzamt* dar.

Verrechnung von Umsatzsteuer und Vorsteuer gegenüber dem Finanzamt

Die Verrechnung mit dem Finanzamt muß grundsätzlich *innerhalb 10 Tagen* (5 Tage Schonfrist) *nach Ablauf jedes Kalendermonats (Voranmeldungszeitraum)* erfolgen.

Dabei sind zwei Möglichkeiten denkbar:

1. Umsatzsteuerschuld > Vorsteuerforderung = Umsatzsteuer-Zahllast
2. Umsatzsteuerschuld < Vorsteuerforderung = Vorsteuerüberhang

Im Falle eines Vorsteuerüberhangs wird dieser Überschuß vom Finanzamt ausbezahlt oder gegebenenfalls mit Steuerschulden verrechnet (Beispiel Abb. 3.41).

Die Unternehmung selbst wird nicht durch die Umsatzsteuer belastet, weil die *vereinnahmte Umsatzsteuer* mit den *verausgabten Beträgen der Vorsteuer + Zahllast* übereinstimmt. Bei der Gegenüberstellung von Umsatzsteuer und Vorsteuer ist darauf zu achten, daß grundsätzlich die *Ausführung der Lieferung oder Leistung* für die Fälligkeit der Umsatzsteuer entscheidend ist. Es spielt also keine Rolle, wann die Rechnung erteilt wird oder wann die vereinbarten Entgelte vereinnahmt werden.

Der *Vorsteuerabzug* ist demgegenüber an zwei Voraussetzungen gebunden:

1. Der Unternehmer muß eine Lieferung oder Leistung empfangen haben, *und*
2. der Unternehmer muß eine Rechnung mit Ausweis der Umsatzsteuer empfangen haben.

$$\text{Umsatzsteuerbetrag} = \frac{\text{Bruttorechnungsbetrag} \cdot 15}{115} \quad \frac{172{,}50 \cdot 15}{115} = 22{,}50 \text{ DM}$$

Abb. 3.40

Buchung der Umsatzsteuer
Die aufgrund von ausgeführten Lieferungen und Leistungen geschuldete Umsatzsteuer muß als Schuld des steuerpflichtigen Unternehmens gegenüber dem Finanzamt auf dem passiven Bestandskonto „Umsatzsteuer" erfaßt werden.

Beispiel

AR:	Erzeugnisse	1.500,00 DM
	+ 15% USt	225,00 DM
		1.725,00 DM

Buchung:

Forderungen a. LL.	1.725,00 DM
an Umsatzerlöse	1.500,00 DM
an Umsatzsteuer	225,00 DM

Die *Vorsteuer* ist als *Geldforderung gegenüber dem Finanzamt* auf dem *aktiven Bestandskonto „Vorsteuer"* zu buchen.

Beispiel

ER: Rohstoffe	1.000,00 DM
+ 15% USt	150,00 DM
	1.150,00 DM

Buchung:

Rohstoffaufwand	1.000,00 DM
Vorsteuer	150,00 DM
an Verbindlichkeiten a. LL.	1.150,00 DM

Bei der Verrechnung von geschuldeter Umsatzsteuer und zu fordernder Vorsteuer sind, wie in Abb. 3.41 gezeigt, zwei unterschiedliche Fälle möglich.
Ein *Vorsteuerüberhang* entsteht dann, wenn die Vorumsätze größer sind als die Umsätze. Dies kann erfolgen aufgrund von Vorratskäufen oder vermehrten Investitionen im Anlagevermögen. Besonders häufig entsteht ein Vorsteuerüberhang, weil die Ausfuhrlieferung umsatzsteuerfrei ist und die Vorsteuer trotzdem erstattet wird.

Umsatzsteuererhebung durch Besteuerung der Wertschöpfung der Unternehmung
Der Staat will den Verbrauch, der sich im Endwert eines Produktes ausdrückt, besteuern.
Dieser Wert ergibt sich
1. aus den Umsätzen der Unternehmen an Letztverbraucher
(in folgender Abb. 3.42 2.300,00 DM),
2. als Summe der *Wertschöpfung (Mehrwerte)* der an der Bereitstellung des Konsumgutes beteiligten Unternehmen (in Abb. 3.42 1.000,00 + 500,00 + 800,00 = 2.300,00 DM).

Die *Mehrwerte* ergeben sich jeweils als *Differenz der Umsätze laut Ausgangsrechnungen und der Vorumsätze laut Eingangsrechnungen.* Indem der Staat auf jeder Stufe der Volkswirtschaft im Ergebnis lediglich die Steuer vom Mehrwert (daher Mehrwertsteuer) vereinnahmt (Differenz aus Umsatzsteuerschuld und Vorsteuerforderung jeder Stufe) ergibt die *Summe dieser Zahllasten die gesamte Umsatzsteuer.* Abb. 3.42 zeigt die Zusammenhänge.

3

Privatkonto

Betriebs- und Privatvermögen
Das Gesamtvermögen eines Unternehmers setzt sich aus dem *Betriebsvermögen* und *Privatvermögen* zusammen.

Privatentnahmen und Eigenverbrauch

• Geldentnahmen
Zu seinem Lebensunterhalt entnimmt der Unternehmer Geld aus seinem Betrieb. *Geldentnahmen* sind auch Zahlungen an Dritte, soweit sie vom Unternehmer für die persönliche Lebensführung zu leisten sind, wie Überweisungen von Miete für die Privatwohnung, Telefongebühren für den Privatanschluß, Gehaltszahlung für die Hausangestellte, Einkommen- und Kirchensteuerzahlungen, Vermögensteuer, Kranken- und Lebensversicherungsprämien und Spenden.
Kapitalgesellschaften, die als juristische Pesonen (vgl. Recht des Kaufmanns) keine Privatsphäre kennen, müssen geleistete Spenden als Aufwendungen auf dem Konto „Spenden" erfassen.
- *Privatentnahmen* sind Wertabgaben des Betriebsvermögens an den außerbetrieblichen privaten Bereich des Unternehmers.
- *Privatentnahmen mindern das Eigenkapital* (Betriebsvermögen).
- *Statt* der Buchung auf der Sollseite des Eigenkapitalkontos (passives Bestandskonto) erfolgt die Buchung zur besseren Übersicht auf einem Unterkonto des Eigenkapitalkontos, dem *Privatkonto.*
- Auf dem Privatkonto ist so zu buchen wie auf dem Eigenkapitalkonto: die *Eigenkapitalminderung* (Privatentnahme) im Soll des Privatkontos.

Buchung:
Privat an Kasse

• Eigenverbrauch
Außer Geld können auch Gegenstände (Waren, Erzeugnisse), Nutzungswerte und Leistungen aus dem Betriebsvermögen entnommen werden (siehe Abb. 3.44).

3

Umsatzsteuerzahllast

Vorsteuer	150,00 DM < Umsatzsteuer		225,00 DM
Umsatzsteuerschuld an das Finanzamt			75,00 DM

Umbuchung der Vorsteuer
zur Ermittlung der Zahllast:
Umsatzsteuer 150,00 DM an Vorsteuer 150,00 DM

Buchung der Zahllast:
Überweisung der USt-Zahllast an das Finanzamt **75,00 DM**
Umsatzsteuer 75,00 DM an Bank 75,00 DM
oder
Abschluß der USt-Zahllast über das SBK zum Ende des Jahres:
Passivierung der Zahllast
Umsatzsteuer 75,00 DM an SBK 75,00 DM

S Vorsteuer H

Verb.	150,00	USt	150,00

S Umsatzsteuer H

VSt	150,00	Ford.	225,00
SBK	75,00		
	225,00		225,00

Aktiva Bilanz Passiva

		Umsatzsteuer	75,00

Vorsteuerüberhang

Vorsteuer	400,00 DM > Umsatzsteuer		225,00 DM
Vorsteuererstattungsanspruch an das Finanzamt			175,00 DM

Umbuchung der Umsatzsteuer
zur Ermittlung des Vorsteuerüberhangs:
Umsatzsteuer 225,00 DM an Vorsteuer 225,00 DM

Buchung des Vorsteuerüberhangs:
Überweisung des VSt-Überhangs vom Finanzamt **175,00 DM**
Bank 175,00 DM an Vorsteuer 175,00 DM
oder
Übernahme des VSt-Überhangs zum Ende des Jahres:
Aktivierung des VSt-Überhangs
SBK 175,00 DM an Vorsteuer 175,00 DM

S Vorsteuer H

Verb.	400,00	USt	225,00
		SBK	175,00
	400,00		400,00

S Umsatzsteuer H

VSt	225,00	Ford.	225,00

Aktiva Bilanz Passiva

Vorsteuer	175,00		

Abb. 3.41

3

an der Wertschöpfung beteiligte Betriebe	Umsatz	Vor-umsatz	Mehr-wert	Umsatz-steuer-schuld an FA	Vorsteuer-forderung an FA	MWSt oder USt-Zahllast
1. Möbelfabrik	1.000,00	-	1.000,00	150,00	-	150,00
2. Möbelgroßhandel	1.500,00	1.000,00	500,00	225,00	150,00	75,00
3. Möbeleinzelhandel	2.300,00	1.500,00	800,00	345,00	225,00	120,00
	2.300,00 ◄──►		2.300,0			345,00

15 % vom Mehrwert

Abb. 3.42

Die Entnahme von Gegenständen des Anlage- und Umlaufvermögens in den außerbetrieblichen privaten Bereich ist nach dem Umsatzsteuergesetz ein *steuerbarer Umsatz* (§ 1 UStG), der als *Eigenverbrauch* bezeichnet (§ 1 Abs. 1 Ziffer 2 UStG) und wie eine Lieferung des Unternehmers an sich selbst angesehen wird.
Auch die Verwendung von Gegenständen des Unternehmens (z. B. Pkw, Schreibmaschine) für Privatzwecke ist umsatzsteuerpflichtiger Eigenverbrauch.
Durch die Besteuerung des Eigenverbrauchs soll erreicht werden, daß eine weitgehend gleichmäßige Behandlung des Unternehmers, der sich aus seinem Unternehmen selbst versorgt, mit dem Verbraucher erreicht wird, der die Gegenstände kaufen und die im Kaufpreis auf ihn überwälzte Umsatzsteuer tragen muß.Der Wert, von dem die Steuer berechnet wird *(Bemessungsgrundlage),* ist für die Entnahme von Gegenständen für außerbetriebliche Zwecke der *Teilwert.*
Der Teilwert entspricht bei eigenen Erzeugnissen in der Regel dem Herstellkostenwert, bei erworbenen Gegenständen dem Einkaufspreis zuzüglich der Bezugskosten und bei abnutzbaren Anlagegegenständen den Anschaffungskosten abzüglich der Abschreibung.
Bei der *Verwendung von Gegenständen* für unternehmensfremde Zwecke wird der Eigenverbrauch nach den auf die Verwendung entfallenden Kosten bemessen. Jeder Eigenverbrauch wird einschließlich USt auf dem Privatkonto als Entnahmen erfaßt.
Alle Formen des Eigenverbrauchs werden als steuerbare Umsätze im Sinne des UStG behandelt und daher auf dem *Ertragskonto* „Eigenverbrauch" gebucht.

Betriebsvermögen	**Privatvermögen**
Dazu rechnen · alle Vermögensgegenstände, die betrieblichen Zwecken dienen und · alle betrieblich veranlaßten Schulden. Der Unterschiedsbetrag zwischen den betrieblichen Vermögensgegenständen und betrieblichen Schulden ist das Eigenkapital oder Betriebsvermögen des Unternehmers.	Dazu rechnen · alle Vermögensgegenstände, die dem Unternehmer und seinen Angehörigen zur persönlichen Lebensführung dienen und · privat veranlaßte Schulden. Kapitalgesellschaften (AG, GmbH) als künstlich geschaffene, juristische Personen haben kein Privatleben und damit auch kein Privatvermögen.
Der Unternehmer ist als Vollkaufmann verpflichtet, die Vermögenslage des Unternehmens mit Hilfe der Bilanz darzustellen (§ 238 ff. HGB).	Der Unternehmer ist nicht verpflichtet, die Lage seines Privatvermögens darzustellen. Vorgänge im außerbetrieblichen Bereich müssen somit nicht aufgezeichnet werden.

Abb. 3.43

3

Entnahmen für Einzelunternehmen und Personengesellschaften				
Geld	Gegenstände	Nutzungen	Leistungen	Repräsentationsaufwendungen
Entnahmen aus der Geschäftskasse; Abhebung vom betrieblichen Bankkonto, Überweisungen vom betrieblichen Bankkonto zur Tilgung einer privaten Schuld oder zur Zahlung privater Steuern, Versicherungen usw.	Entnahme von Werkstoffen, Handelswaren oder Gegenständen des Anlage–vermögens für den privaten Verbrauch oder Gebrauch – Entnahme eines Grundstücks zum Bau eines Einfamilienhauses* – Entnahme eines Geschäftswagens als Geschenk für einen Familienangehörigen	Eine Überführung des Gegenstandes in das Privatvermögen erfolgt nicht. Der Gegenstand wird nur verschiedentlich für private Zwecke genutzt. Entnommen wird der Anteil der Kosten für diesen Gegenstand, der auf die private Nutzung anteilmäßig entfällt. – Nutzung eines betrieblichen Pkw für private Fahrten	Inanspruchnahme von Dienstleistungen – Betriebsinstallateur repariert die Heizung in der Wohnung des Inhabers	Aufwendungen, die den steuerpflichtigen Gewinn nicht schmälern dürfen; Geschenke an Personen, die nicht Arbeitnehmer des Steuerpflichtigen sind, von insgesamt bis zu 75,00 DM an denselben Empfänger im Geschäftsjahr; Aufwendungen für betriebseigene Gästehäuser außerhalb des Niederlassungsortes (Jagd-, Bootshaus)
	Eigenverbrauch für Einzelunternehmen und Personengesellschaften			
			Eigenverbrauch der Kapitalgesellschaften	

* Nach § 4 Ziffer 9 UStG entsteht jedoch für diesen Eigenverbrauch keine USt-Schuld, da die grundsätzlichen USt-Befreiungen auch für den Eigenverbrauch gelten.

Abb. 3.44

Beispiele

Im laufenden Geschäftsjahr lagen zur Buchung in der Finanzbuchhaltung der Möbelfabrik Fritz Esche u. a. folgende Privatentnahmen vor:

1. Entnahme von Erzeugnissen

	DM
1 Wohnschrank, Eiche furniert, altdeutsch, 310 cm breit, (Hochzeitsgeschenk für Tochter des Inhabers)	2.300,00
+ 15 % USt	345,00
	2.645,00

Buchung:

Privat	2.645,00	an	Eigenverbrauch	2.300,00
			Umsatzsteuer	345,00

2. Entnahme von Rohstoffen

240 m² Spanplatten mit Edelholzfurnieren (Innenausbau des Wochenendhauses)	14.400,00
+15 % USt	2.160,00
	16.560,00

Buchung:

Privat	16.560,00	an	Eigenverbrauch	14.400,00
		an	USt	2.160,00

3. Entnahmen von Anlagen

Bei der Privatentnahme von Sachanlagen ist der Eigenverbrauch als steuerbarer Umsatz auf dem Konto „Eigenverbrauch" gutzuschreiben. Diesem Ertrag muß der Buchwert des Anlagegutes gegenübergestellt werden (vgl. auch Abschnitt Anlagenwirtschaft).

Aus diesem Grunde wird der Buchwert des Anlagegutes auf dem Aufwandskonto *„Aufwendungen zu Eigenverbrauch"* gebucht. Es wird wie das Konto „Eigenverbrauch" über das GuV-Konto abgeschlossen.

Beispiel:

Entnahme eines Pkw zum Teilwert, der dem Buchwert entsprechen soll, von	8.000,00
+ 15% USt	1.200,00
	9.200,00

Buchung bei Entnahme:

Privat	9.200,00	an Eigenverbrauch	8.000,00
		an USt	1.200,00

Buchung des Anlagenabgangs zum Buchwert:

Aufwendungen zu Eigenverbrauch	8.000,00	an Fuhrpark	8.000,00

4. Nutzungsentnahme

Privatanteil ge Pkw-Kosten im Geschäftsjahr	2.180,00
+ 15% USt	327,00
	2.507,00

Buchung:

Privat	2.507,00	an Eigenverbrauch	2.180,00
		an USt	327,00

Privateinlagen

Privateinlagen sind *Wertzuführungen aus dem außerbetrieblichen Bereich in das Betriebsvermögen.* Privateinlagen *mehren das Eigenkapital* (Betriebsvermögen). *Statt* der Buchung auf der Habenseite des Eigenkapitalkontos (passives Bestandskonto) erfolgt die Buchung auf dem *Privatkonto.*

Beispiele

Eine Darlehensschuld des Betriebes gegenüber der Bank wurde durch private Zahlung getilgt	20.000,00 DM
Das unbebaute Grundstück Dammstraße 15 dient ab Anfang Januar als Holz-Lagerplatz. Das Grundstück ist in das Betriebsvermögen aufzunehmen	45.000,00 DM

Buchungen:

Darlehensschulden	an Privat	20.000,00
Grundstücke	an Privat	45.000,00

Abschluß des Privatkontos

Das Konto „Privat" rechnet zum Abschluß des Geschäftsjahres seinen Saldo aus Privatentnahmen und Privateinlagen mit dem Eigenkapitalkonto wie in Abb. 3.45 dargestellt ab.

Erfolgsermittlung durch Betriebsvermögensvergleich

Vergleicht der Unternehmer das *Betriebsvermögen am Schluß des Wirtschaftsjahres* mit dem *Betriebsvermögen am Schluß des vorangegangenen Wirtschaftsjahres,* so ist ihm bewußt, daß sich alle *Aufwendungen* und alle *Privatentnahmen mindernd* auf die Höhe des Betriebsvermögens zum Schluß des Wirtschaftsjahres auswirkten.

Ebenfalls weiß er, daß sich *alle Erträge und alle Privateinlagen mehrend* auf die Höhe des Betriebsvermögens zum Schluß des Wirtschaftsjahres ausgewirkt haben. Die sich ergebende Betriebsvermögensveränderung wurde aufgrund betrieblicher Vorgänge (Aufwendungen, Erträge) und außerbetrieblicher Vorgänge (Privatentnahmen, Privateinlagen) verursacht. Beabsichtigt der Unternehmer, den *Gewinn oder Verlust,* also die *Auswirkung ausschließlich betrieblicher Vorgänge,* durch Betriebsvermögensvergleich zu ermitteln, dann muß er die Auswirkungen, die sich durch Privatentnahmen und Privateinlagen auf das Betriebsvermögen zum Schluß des Wirtschaftsjahres ergaben, wieder rückgängig machen, indem er zum *Unterschiedsbetrag* (Betriebsvermögensveränderung) die *Privatentnahmen* hinzuzählt und die *Privateinlagen* abzieht (siehe Abb. 3.46).

Organisation der Buchführung

Kontenrahmen und Kontenplan

- Kontenrahmen

Ein wichtiges Werkzeug zur Herbeiführung der *Ordnungsmäßigkeit der Buchführung* ist der Kontenrahmen mit der *Gliederung der Konten und der Abgrenzung der Konteninhalte.* Er gibt den Unternehmen eine *Übersicht sämtlicher Konten,* die in der Finanzbuchhaltung dieser Unternehmen notwendig sein könnten.

Aufbau des Kontenrahmens

Der Kontenrahmen ist nach dem *Zehnersystem* (Dezimalklassensystem, dekadisches System) aufgebaut. Jedes Konto (z. B. „Betriebs- und Geschäftsausstattung") ist durch eine Ziffernfolge (z. B. 08) gekennzeichnet. Aufgrund der 10 Ziffern von 0 bis 9 wurden 10 *Kontenklassen* eingerichtet. Jede Kontenklasse wird in 10 *Kontengruppen* eingeteilt. Jede Kontengruppe kann wiederum 10 *Kontenarten* aufnehmen. Im Bedarfsfalle können die Kontenarten jeweils in 10 *Kontenunterarten* aufgeteilt werden (siehe Abb. 3.47).

3

AS	Eigenkapital		H
SBK	2.187.628,00	EBK	2.034.000,00
		GuV	122.040,00
		Privat	31.588,00
	2.187.628,00		2.187. 628,00

S	Gewinn- und Verlust		H
Aufw.	870.000,00	Erträge	992.040,00
EK	122.040,00		
	992.040,00		992.040,00

S	Privat		H
Kasse	2.500,00	Darl.	20.000,00
EEV, USt	2.645,00	Grundst.	45.000,00
EV, USt	16.560,00		
EV, USt	9.200,00		
EV, USt	2.507,00		
EK	31.588,00		
	65.000,00		65.000,00

Das Privatkonto wird über das Eigenkapitalkonto abgeschlossen.

Saldo	Soll	Haben
Entnahmen < Einlagen	Privat	Eigenkapital
Entnahmen > Einlagen	Eigenkapital	Privat

Abb. 3.45

Erfolgsermittlung durch Betriebsvermögensvergleich	
Betriebsvermögen zum Schluß des Wirtschaftsjahres	2.187.628,00 DM
Betriebsvermögen zum Schluß des vorangegangenen Wirtschaftsjahres	2.034.000,00 DM
Betriebsvermögensveränderung	153.628,00 DM
+ Privatentnahmen	33.412,00 DM
– Privateinlagen	65.000,00 DM
= Gewinn des Wirtschaftsjahres	122.040,00 DM

Abb. 3.46

Kontennummer			Stellenwert	Bedeutung	Konteninhalt
6			einstellig	Kontenklasse	Betriebliche Aufwendungen
6	8		zweistellig	Kontengruppe	Aufwendungen für Kommunikation
6	8	1	dreistellig	Kontenart	Zeitungen und Fachliteratur

Abb. 3.47

Für EDV-Zwecke übliche Kontenrahmen sehen eine gleichbleibende Länge der Kontennummern vor. Durch Auffüllen der leeren Stellen mit Nullen wird die konstante Länge der Kontennummern erreicht. Inhaltlich sind die Konten den Kontenklassen nach dem *Abschlußgliederungsprinzip* zugeordnet:

- Die Kontenklassen 0 bis 4 enthalten die Bestandskonten. Sie sind über das Schlußbilanzkonto abzuschließen.
- Die Kontenklassen 5 bis 7 beinhalten die Erfolgskonten. Sie sind über das Gewinn- und Verlustkonto abzuschließen.

- Die Kontenklasse 8 schließt den nach dem Abschlußgliederungsprinzip geordneten Rechnungskreis I mit den zur Eröffnung und zum Abschluß notwendigen Konten.
- Die Kontenklasse 9 kann für eine buchhalterische Ausgestaltung der Kosten- und Leistungsrechnung (Betriebsbuchhaltung) – Rechnungskreis II – genutzt werden.

Der Kontenrahmen sieht zwei Rechnungskreise – *Zweikreissystem* – vor, zwischen denen ein ständiger Datenaustausch besteht. Der *Rechnungskreis I* umfaßt mit den Kontenklassen 0 bis 8 die *Finanzbuchhaltung.* Der *Rechnungskreis II,* die *Kosten- und Leistungsrechnung,* kann kontenmäßig oder statistisch in Tabellen (Abgrenzungsrechnung, Betriebsabrechnung, Kostenträgerblatt) durchgeführt werden (siehe Abb. 3.48).
Aufbau und Gliederung der *Bilanz gem. § 266 HGB und der Gewinn- und Verlustrechnung gem. § 275 HGB* für Kapitalgesellschaften bestimmen Inhalte, Reihenfolge und Unterteilung einzelner Kontenklassen.

- Die Kontenklassen 0, 1 und 2 enthalten die aktiven Bestandskonten, die Kontenklassen 3 und 4 die passiven.
- Die Konten der Klassen 0-4 werden über das SBK abgeschlossen.
- Die Inhalte des SBK werden dann für die Bilanzerstellung nach § 266 HGB abgerufen.

Die *Reihenfolge der Erfolgskonten* der Kontenklassen 5, 6 und 7 richtet sich weitgehend nach dem *Aufbau der Gewinn- und Verlustrechnung in Staffelform* gem. § 275 HGB bei Kapitalgesellschaften.
Die Gewinn- und Verlustrechnung in Staffelform ist nur für Kapitalgesellschaften zwecks Veröffentlichung des Jahresabschlusses zwingend vorgeschrieben.

• Kontenplan
Jedes Unternehmen stellt sich *bei Beachtung* der Besonderheiten der *Branche, der vorliegenden Rechtsform, des Informationsbedürfnisses* der Unternehmungsleitung sowie der Größe und Struktur des Unternehmens *einen betriebsindividuellen Kontenplan* auf. Er wird in Anlehnung an den Kontenrahmen, dessen Anwendung nicht verbindlich vorgeschrieben wird, erstellt. Er enthält nur die *Konten, die in der Finanzbuchhaltung* dieser Unternehmung tatsächlich *erforderlich sind* (siehe Abb. 3.49).
Aufgrund des dekadischen Systems ist eine sehr *weitgehende Tiefengliederung* denkbar, um eine eindeutige systematische Gliederung und Bezeichnung der Konten für das Unternehmen aufzubauen.

Bücher der Buchführung
Buchführungsbücher sind Geschäftsbücher, in denen die Geschäftsfälle erfaßt werden. Gebundene Bücher können durch eine fortlaufend numerierte *Loseblattsammlung* oder die *geordnete Ablage von Belegen* ersetzt werden. Die Bücher und die sonst erforderlichen Aufzeichnungen können auf Datenträger geführt werden, sofern sichergestellt ist, daß die Daten während der Dauer der Aufbewahrungsfrist verfügbar sind und jederzeit innerhalb angemessener Frist lesbar gemacht werden können.

• Grundbuch
In Grundbüchern, auch Journale oder Primanota genannt, werden *alle Geschäftsfälle* anhand der Belege *in zeitlicher Reihenfolge* (s. S. 249 f.) eingetragen.
Grundbücher können nach Sachgebieten oder Abteilungen gegliedert und somit arbeitsteilig geführt werden: Kassenbuch, Eingangsrechnungen, Ausgangsrechnungen, Bank- und Postbankauszüge.

• Hauptbuch
Im Hauptbuch werden die *Geschäftsfälle* nach ihrer *Auswirkung* auf einzelne Vermögens- oder Kapitalposten (= sachliche Gliederung) *gegliedert* und auf den entsprechenden Sachkonten gebucht (s. S. 249 f.).
Im Hauptbuch werden für die Bilanzposten *Bestandskonten* und für die Erfolgsquellen *Erfolgskonten* eingerichtet.
Auf diesen *Sachkonten* werden die Wertveränderungen anhand von Belegen und über die einzelnen Buchungen ordnungsgemäß festgehalten.

• Nebenbücher
Die Übersicht, die das Hauptbuch über die Vermögens- und Kapitalveränderungen vermittelt, genügt bei einigen Posten nicht. Aus den Konten des Hauptbuches kann der Unternehmer beispielsweise nicht ersehen, wie hoch seine Schulden gegenüber einzelnen Lieferern oder seine Forderungen gegenüber einzelnen Kunden sind.
Daher werden verschiedene *Nebenbücher* – meistens in Dateiform – geführt, in denen die *Buchungen einzelner Hauptbuchkonten* näher erläutert werden: Kunden- oder Debitorenbuchhaltung, Lieferer- oder Kreditorenbuchhaltung, Lagerbuchhaltung, Wechselbuch, Lohn- und Gehaltsbuch, Anlagenbuchhaltung.
In den Nebenbüchern werden *keine Buchungen mit Gegenbuchungen* vorgenommen. Der Inhalt

Aufbau des Kontenrahmens

Kontenbereich	Rechnungskreis I – Finanzbuchhaltung –										Rechnungskreis II
	Bestandskonten					Erfolgskonten					
	aktive			passive		Ertragskonten	Aufwandskonten				
Klasse	0	1	2	3	4	5	6	7	8		9
	Immaterielle Vermögensgegenstände und Sachanlagen	Finanzanlagen	Umlaufvermögen und aktive Rechnungsabgrenzung	Eigenkapital und Rückstellungen	Verbindlichkeiten und passive Rechnungsabgrenzung	Erträge	Betriebliche Aufwendungen	Weitere Aufwendungen	Ergebnisrechnung	Datenaustausch → ←	Kosten- und Leistungsrechnung KLR

S 8010 Schlußbilanzkonto H

aktive Bestandskonten	passive Bestandskonten

S 8020 Gewinn- und Verlustkonto H

Aufwandskonten	Ertragskonten

Abschluß der Bestandkonten	
aktive (Kl. 0, 1, 2)	passive (Kl. 3, 4)
8010 Schlußbilanzkonto an Kontenklassen 0, 1, 2	Kontenklasse 3, 4 an 8010 SBK

Abschluß: Erfolgskonten (Kl. 5 – 7)	
Aufwand (Kl. 6, 7)	Erträge (Kl. 5)
8020 GUV an Kl. 6, 7	Kontenkl. 5 an 8020 GuV

Abb. 3.48

Kontenplan (Auszug) der Fa. Karl Eich, Holzgroßhandel, Breite Str. 12-14, 50667 Köln

05	Grundstücke und Gebäude
050	Unbebaute Grundstücke
0501	Grundstück: Waldstraße 25, Dresden
0502	Grundstück: Rosenweg 18, Bonn
051	Bebaute Grundstücke
0511	Grundstück: Breite Str. 12-14, Köln
0512	Grundstück: Schloßstraße 28, Dresden
053	Betriebsgebäude
0531	Verwaltungsgebäude: Breite Str. 12-14, Köln
0532	Lagerhalle I: Breite Str. 12-14, Köln
0533	Lagerhalle II: Breite Str. 12-14, Köln
0534	Vertriebsniederlassung: Schloßstraße 28, Dresden
.	
.	
.	

Abb. 3.49

der Eintragungen in den Nebenbüchern muß jedoch mit dem Inhalt der Buchungen auf den entsprechenden Sachkonten übereinstimmen.

Beispiel:
So muß die Summe aller Salden der Personenkonten für die Kunden aus der Debitorenbuchhaltung dem Saldo des Sachkontos „2400 Forderungen a. LL." des Hauptbuches entsprechen.

Kontokorrentbuch (Geschäftsfreundebuch): Kundenforderungen und Liefererschulden werden im Hauptbuch auf den Sachkonten „2400 Forderungen a. LL." und „4400 Verbindlichkeiten a. LL." mit den entsprechenden Gegenbuchungen erfaßt. Eine nochmalige Eintragung des Vorgangs erfolgt ohne Bindung an einen Buchungssatz für den einzelnen Kunden und einzelnen Lieferer auf den *Personenkonten* des Geschäftsfreundebuches. Hier wird für jeden Kunden ein *Kunden-* oder *Debitorenkonto* eingerichtet (siehe Abb. 3.50). Beim monatlichen, vierteljährlichen oder jährlichen Abschluß der Kontokorrentkonten werden alle Salden in einer *Saldenliste* gesammelt(siehe Abb. 3.51).

Lagerbuchhaltung: Das Lagerbuch enthält für *jede Art der Stoffebestände* ein eigenes Konto. Zugänge und Abgänge werden fast immer nur mengenmäßig erfaßt. Dadurch wird eine ständige Bestandskontrolle aller Artikel erzielt. Am Ende des Jahres werden die Salden der Konten (Sollbestände) mit den Inventurergebnissen (Istbestände) verglichen. Durch Diebstahl, Verderb, Schwund und falsche Buchung können Unterschiede auftreten. Das Lagerbuch wird heute meistens durch die *Lagerdatei/-kartei* (Lagerfachkartei) ersetzt. Die einzelnen Karteikarten enthalten dann noch weitere Angaben, wie Lieferer des Artikels, Mindestbestand (= Eiserner Bestand), Meldebestand und Höchstbestand. Das Lagerbuch oder die Lagerdatei erläutert Bestände, Zu- und Abgänge aller Artikel der Stoffebestände (vgl. Abb. 3.2)

Belegwesen

• Belege als Buchungsunterlagen

Keine Buchung ohne Beleg: Ein Kriterium für die Ordnungsmäßigkeit der Buchführung besteht darin, daß sich Geschäftsfälle in ihrer Entstehung und Abwicklung verfolgen lassen. *Die Unterlage, aus der sich die Übereinstimmung der Daten* des eingetretenen Geschäftsfalls *mit den Buchungsergebnissen ableiten läßt,* wird als Beleg bezeichnet. Daher gilt der *Grundsatz:* „Keine Buchung darf ohne Beleg" erfolgen *(Belegzwang).*

Anforderungen an Belege: Damit der Beleg die obengenannte Funktion erfüllen kann, muß er
- *rechnerisch richtig* sein,
- einen *Belegtext* aufweisen, der den *Geschäftsfall* hinreichend *verdeutlicht,*
- durch Anweisungsberechtigte gezeichnet sein,
- das *Ausstellungs- oder Eingangsdatum* enthalten,
- *fortlaufend numeriert* und *vollständig aufbewahrt* werden,
- *Verweise* zur Erkennbarkeit der Zusammengehörigkeit von Buchung und Beleg (z. B. Kontierungsstempel mit Eintragung) aufweisen.

• Belegarten

Die in Abb. 3.52 dargestellte Übersicht zeigt eine Möglichkeit der *Gliederung der Belege.*

Zu den Besonderheiten der Belegfunktion bei der EDV-Buchhaltung siehe folgenden Abschnitt.

• Belegablage

Die Belegablage muß nach einheitlichen Kriterien in der Unternehmung durchgeführt werden, so daß eine *übersichtliche Belegregistratur* entsteht. Mit Ausnahme der Eröffnungsbilanz und der Jahresabschlüsse können alle Buchführungsunterlagen auf einem *Bildträger* (z. B. Mikrofilm) oder auf *anderen Datenträgern* (maschinenlesbare Belege) gespeichert werden. Innerhalb angemessener Frist muß jedoch die Reproduktion oder der Ausdruck der Buchungsunterlagen möglich sein (zur Belegaufbewahrung siehe Abb. 3.20).

Computergestützte Finanzbuchhaltung – EDV-Buchhaltung

• Merkmale und Arbeitsweise der EDV-Buchführung

Jede *manuell durchgeführte Buchführung* weist folgende *Nachteile* auf:
- langsame Buchung der Geschäftsfälle,
- zahlreiche Fehlerquellen wegen menschlicher Unzulänglichkeit,
- mangelhafte bzw. langsame Auswertbarkeit, da die Ergebnisse nur durch zeitraubende Abschlüsse tagfertig gemacht werden können,
- unzulängliche Unterlagen für betriebliche Entscheidungen,
- aufwendiger menschlicher Arbeitseinsatz.

Diese Nachteile konnten auch nicht ganz mit Hilfe der rechnenden Schreibmaschine, der schreibenden Rechenmaschine und der Registrierbuchungsmaschine ausgeschaltet werden, da die Leistungsfähigkeit, Schnelligkeit und Sicherheit dieser Maschinen in erster Linie von der des Bedieners abhängig ist. Hinzu kommt, daß die meisten Arbeiten immer wiederkehren. Sie bedürfen also keiner besonderen geistigen Anstrengung des Menschen. Daraus resultiert die Erkenntnis, daß solche Tätigkeiten sicherer und schneller von *Automaten* durchgeführt werden können.

So erklärt sich der rasche Übergang zur vollautomatischen Buchführung über EDV-Anlagen. Die EDV-Buchführung ist eine Form der maschinellen Buchführung, bei der bestimmte Schreib- und Rechenarbeiten von der EDV-Anlage durchgeführt werden.

Besondere Merkmale der EDV-gestützten Buchführung sind
- die automatische Verarbeitungsmöglichkeit zahlreicher wiederkehrender Vorgänge,
- die Speichermöglichkeit aller Vorgänge,
- die Auswertungs- und Abrufungsmöglichkeit der Ergebnisse zu jeder Zeit.

3

Buchungen auf dem Hauptbuchkonto (Sachkonto) „2400 Forderungen a. LL."

Soll		2400 Forderungen a. LL.			Haben
02.01.	8000	6.210,00	10.01.	2800	3.450,00
16.03.	5000, 4800	1.150,00	14.01.	2850	2.760,00
18.04.	5000, 4800	4.600,00	30.03.	2850	1.150,00
18.12.	5000, 4800	6.900,00	18.06.	2800	4.600,00
27.12.	5000, 4800	9.200,00	31.12.	8010	16.100,00
		28.060,00			28.060,00

Eintragungen auf den Kundenkonten (Personenkonten) „D 24001 Alfred Abel" und „D 24002 Bernd Bube"

D 24001 Abel, Alfred, Bonner Str., 50996 Köln

Datum	Beleg	Text	Soll	Haben
02.01.		Saldovortrag: AR 420	2.760,00	
14.01.	BA 012	Überweisung AR 420		2.760,00
18.04.	AR 125	Zielverkauf	4.600,00	
18.06.	BA 115	Überweisung AR 125		4.600,00
27.12.	AR 435	Zielverkauf	9.200,00	
31.12.		Saldo: AR 435		9.200,00
			16.500,00	16.500,00
02.01.		Saldovortrag: AR 435	9.200,00	

D 24002 Bube, Bernd, Mainzer Str., 60329 Frankfurt/Main

Datum	Beleg	Text	Soll	Haben
02.01.		Saldovortrag: AR 413	3.450,00	
10.01.	BA 008	Überweisung AR 413		3.450,00
16.03.	AR 095	Zielverkauf	1.150,00	
30.03.	BA 058	Überweisung AR 095		1.150,00
18.12.	AR 423	Zielverkauf	6.900,00	
31.12.		Saldo: AR 423		6.900,00
			11.500,00	11.500,00
02.01.		Saldovortrag: AR 423	6.900,00	

Abb. 3.50

Konto	Bezeichnung	Saldovortrag	Jahres- Soll	Jahres- Haben	Saldo
D 24001	Abel, Alfred, Bonner Str., 50996 Köln	2.760,00	13.800,00	7.360,00	9.200,00
D 24002	Bube, Bernd, Mainzer Str., 60329 Frankfurt/M.	3.450,00	8.050,00	4.600,00	6.900,00
					16.100,00

Abb. 3.51

Belegarten	Erläuterungen
natürliche Belege	entstehen durch den Geschäftsablauf
• externe Belege	entstehen aus dem Geschäftsverkehr des Unternehmens mit Außenstehenden, Lieferern, Kunden, Banken, Post, Versicherungen, Finanzamt usw.
	Beispiele: Eingangsrechnungen für Waren oder Dienstleistungen Durchschriften von Ausgangsrechnungen für Waren und Dienstleistungen Bankauszüge der Kreditinstitute Frachtbrief der Deutschen Bundesbahn
• interne Belege	entstehen aus innerbetrieblichen Vorgängen
	Beispiele: Lohn- und Gehaltslisten Quittung des Unternehmers über Barentnahme Entnahmeschein von Betriebsstoffen (Diesel) für LKW
künstliche Belege	Da nicht automatisch ein Beleg anfällt, werden sie als Buchungsgrundlage erstellt.
	Beispiele: Anweisungen für eine Rückbuchung (Stornierung) Anweisung für eine vorbereitende Abschlußbuchung

Abb.3.52

Bei der Buchung mit EDV-Anlagen sind *Eingabe, Verarbeitung* und *Ausgabe der Daten* zu unterscheiden.

Dateneingabe: Sie kann direkt über *Eingabetastatur* erfolgen und gleichzeitig am Bildschirm kontrolliert werden.
Auch können die Daten mittels Datenträger (Magnetband, Magnetplatte, Diskette) eingegeben oder mittels *Belegleser* direkt von *Klarschriftbelegen* oder von *Markierungsbelegen* in den Speicher der Zentraleinheit eingelesen werden.
Eine wesentliche Vereinfachung und Beschleunigung der Dateneingabe ergibt sich dadurch, daß gleichbleibende wiederkehrende Daten als *Stammdaten* eingegeben und mittels Buchführungsprogramm bei Bedarf abgerufen werden können.
Typische Stammdaten der Buchhaltung sind
- Kunden (Name, Anschrift, Kontonummer),
- Lieferer (Name, Anschrift, Kontonummer, Bankverbindung),
- Kontennummern und Kontenbezeichnungen lt. Kontenplan (= Festkonten- oder Sachkontenstamm),
- Umsatzsteuersätze zur automatischen Berechnung und Buchung der Vor- und Umsatzsteuer,
- Buchungstexte, die mit Hilfe bestimmter Schlüsselzahlen abgerufen werden,
- Auswertungstexte, wie z. B. Aufbau und Gliederung der Bilanz und GuV-Rechnung.

Von den Stammdaten sind die Bewegungsdaten, die sich mit jedem Geschäftsfall ändern, zu unterscheiden:
- Beleg-Nummer
- Beleg-Datum
- Art des Buchungsbelegs
- Buchungsdatum
- Sollkonto
- Habenkonto

Die Bewegungsdaten werden von vorkontierten Belegen oder mittels externer Speicher (Diskette, Magnetband) erfaßt und gespeichert.

Datenverarbeitung: Die eingegeben Daten (Stamm- und Bewegungsdaten) werden dann von einem Programm in kürzester Zeit aufgrund der eingegebenen Buchungsanweisungen des Anwenders und der Systematik des Verarbeitungsprogramms untereinander verkettet, so daß die Buchungen im Grundbuch und auf den Konten der Haupt- und Nebenbücher vorgenommen werden.
Die Datenverarbeitung findet statt in der Zentraleinheit mit
- *Speicher* der Programme und Daten,
- *Rechenwerk* für Rechenvorgänge,
- *Steuerwerk* für Leitung und Koordination programmgemäßer Abläufe.

3

Datenausgabe: Über Bildschirm und Drucker erfolgt die Datenausgabe:
- Erfassungsprotokoll zur Kontrolle der Buchungen
- Buchungsjournal (Grundbuch)
- Sachkonten
- Personenkonten (Debitoren und Kreditoren)
- Saldenliste
- Bilanz
- Gewinn- und Verlustrechnung
- Umsatzstatistiken
- Kostenvergleich
- Umsatzsteuererklärung
- Bilanz- und GuV-Analysen

• Grundsätze ordnungsmäßiger Datenverarbeitung – GoDV

Notwendigkeit spezifischer Grundsätze für die EDV-Buchführung: Die Grundsätze der ordnungsgemäßen Buchführung – GoB – (vgl. Abschnitt „Grundsätze ordnungsmäßiger Buchführung") *gelten für alle Ausführungsformen* der Finanzbuchhaltung, d. h. für manuell und für maschinell durchgeführte Buchhaltungstechniken. Die maschinell durchgeführten *EDV-Buchführungen* zeigen jedoch einige *Besonderheiten:*
- *hohe Geschwindigkeit in der Erfassung und Verarbeitung* von Daten,
- Speicherung der *Daten in sehr großen Mengen bei äußerster Speicherdichte* in nicht direkt lesbarer Form,
- *Möglichkeit* der nicht feststellbaren nachträglichen *Datenveränderung* auf den Datenträgern,
- für den Menschen *unsichtbare* und direkt kontrollierbare *Durchführung der Buchungen* in der Zentraleinheit,
- *automatische Verarbeitung* von Daten zu Buchungen *ohne* einzelne *Buchungsanweisungen.*

Wegen dieser Merkmale, die bei manueller Buchführung nicht vorliegen, entwickelten sich zu den bereits bestehenden Grundsätzen ordnungsmäßiger Buchführung (GoB) *spezifische Anforderungen an die EDV-Buchführung* (z. B. *Grundsätze ordnungsmäßiger Speicherbuchführung*), die zusammengefaßt als Grundsätze ordnungsmäßiger Datenverarbeitung (GoDV) bezeichnet werden.

Vorschriften und Hinweise für die Grundsätze ordnungsmäßiger Datenverarbeitung (GoDV)
- §§ 238 ff. HGB, §§ 140 AO, Abschnitt 29 EStR
- Mitteilung des Bundesministers für Finanzen (BdF Schreiben vom 01.02.1984)
- Stellungnahme des Instituts der Wirtschaftsprüfer (FAMA 1/87)

Wesentliche Anforderungen an die EDV-Buchführung:

– Grundsätze der Klarheit und Wahrheit

Der grundlegende *Beurteilungsmaßstab* für eine Buchführung besagt, daß sich ein sachverständiger Dritter ohne große Schwierigkeiten und in angemessener Zeit einen Überblick über die Geschäftsfälle und über die Vermögenslage verschaffen können muß. Um diesem Anspruch entsprechen zu können, muß eine *EDV-Dokumentation* vorliegen. In dieser EDV-Dokumentation wird z. B. *graphisch über Ablaufpläne der gesamte Buchungsvorgang* von der Buchungsdatenerfassung in den Unternehmungsabteilungen, über die Eingabe der Buchungsdaten, deren Verarbeitung in der Zentraleinheit und der möglichen Ausgaben der Ergebnisse *verdeutlicht.* Die einzelnen wesentlichen Schritte in diesem Erfassungs- und Verarbeitungsprozeß von Buchungsdaten werden sorgfältig erklärt.

– Buchungen müssen wahr, vollständig und zeitnah sein.

Bei der EDV-Buchführung muß nachgewiesen werden, daß bereits in den Abteilungen der Unternehmung die Buchungsdaten *unverfälscht, vollständig* und *ohne zeitliche Verzögerung erfaßt werden.* Es muß dargestellt werden, daß die *Übernahme der Daten* auf maschinell lesbare Datenträger *aufgrund sorgfältig gewarteter Anlagen und eingebauter Kontrollen* sicher und vollständig erfolgt. Die *Verarbeitung der Daten* durch das Programm *muß sich nachprüfen lassen.* Automatische *Plausibilitätskontrollen* des Programms müssen Fehler verhindern (z. B. unlogische Buchungen wie Anfangsbestände bei Erfolgskonten, Abweichungen von Soll- und Habensummen).

– Keine Buchung ohne Beleg

Der *Beleg muß* die *Übereinstimmung zwischen* der *Buchung und dem Geschäftsfall nachweisen.* In der EDV-Buchführung gibt es zahlreiche *automatisch ablaufende Buchungen,* wie z. B. die Skontibuchungen mit der Korrektur der VSt und USt, die Bonibuchungen mit den Korrekturen usw. Hier ist *kein Einzelbeleg* als Buchungsunterlage notwendig, sondern es *genügt* eine *vorliegende Dokumentation* über den Ablauf dieser Buchung und die Nachprüfbarkeit der Ergebnisse an einem konkreten Geschäftsfall. Hier ist die EDV-Dokumentation der *Dauerbeleg* für alle Buchungen dieser Art. Sehr häufig werden *Belege* als Grundlage für Buchungen ausschließlich *auf einem maschinell lesbaren Datenträger* erstellt, so daß sie nicht direkt lesbar sind. Gewährleistet die Unternehmung die stete *Ausdruckbereitschaft* solcher Buchungsunterlagen, dann entsprechen auch sie den geforderten Ordnungsmäßigkeitskriterien. Aufgrund der *Datenfernübertragung* ist es heute vielfach üblich, auf einen „papiernen Beleg“ zu verzichten. Hier genügt der *Nachweis der Vollständigkeit* der abgesandten und empfangenen *Daten* als Belegfunktion.

– *Grundbuch- und Hauptbuchfunktion der EDV-Buchführung*

Die verarbeiteten Buchungsdaten müssen in chronologischer Reihenfolge in übersichtlicher Form mit den erforderlichen Daten, wie Buchungsdatum, Belegverweis, Beträge, Soll- und Habeneintragungen sowie Gegenkonten, in angemessener Zeit über Ausgabegeräte ausgegeben werden können *(Grundbuchfunktion).*

Die *EDV-Buchführungen müssen gewährleisten,* daß diese Bücher der Buchführung ausgedruckt oder sorgfältig gespeichert und bei Bedarf ausgedruckt werden können. Daher ist eine ständige *Datensicherung,* eine sorgfältige *Wartung der Hardware und* eine *Bereitstellung geschulter Arbeitskräfte* nachzuweisen.

– *Aufbewahrung von Buchungsbelegen und Handelsbüchern*

Die *Datenträger,* auf denen digitale Informationen gespeichert sind, *müssen* vor Beeinträchtigung und Verlust der Daten *sorgfältig geschützt werden.* Ihre *Vollständigkeit* und *Funktionsfähigkeit* ist in bestimmten Abständen zu *prüfen* und zu protokollieren.

Aufbewahrungsfristen

10 Jahre	Handelsbücher: Datenträger, auf denen die Buchungen gespeichert sind. Dokumentation über das EDV-Buchhaltungssystem sowie über die Arbeitsabläufe der EDV-Buchungsdatenerfassung, -verarbeitung und ausgabe
6 Jahre	Datenträger, die ausschließlich die Funktion von Belegen haben.

Die Grundsätze ordnungsmäßiger Datenverarbeitung sind wegen des technischen Fortschritts der Hard- und Software einer ständigen Veränderung und Entwicklung unterworfen. Der Kaufmann und Steuerpflichtige trägt die Verantwortung, daß sein Buchführungssystem den handels- und steuerrechtlichen Vorschriften entspricht.

Jahresabschluß

Jahresabschluß und Lagebericht

Nach § 242 HGB müssen *alle Vollkaufleute* zum Ende des Geschäftsjahres zur Darstellung ihrer *Vermögens-, Kapital- und Ertragslage* einen Jahresabschluß erstellen. Bei *Einzelunternehmen und Personengesellschaften* (OHG, KG) besteht der Jahresabschluß aus der Bilanz zum Ausweis der Vermögenslage und der Gewinn- und Verlustrechnung zur Darstellung der Ertragslage. Nach § 264 Abs. 1 HGB müssen *Kapitalgesellschaften* (AG, GmbH) einen Jahresabschluß erstellen, der aus der *Bilanz,* der *Gewinn- und Verlustrechnung* und dem *Anhang* besteht. Sie haben neben der Vermögens- und Ertragslage ihre *Finanzlage* darzustellen. Der *Anhang zum Jahresabschluß* dient den Kapitalgesellschaften insbesondere dazu, Angaben zu den einzelnen Posten der Bilanz sowie der Gewinn- und Verlustrechnung zu machen.

Beispiele für Erläuterungen im Anhang:

- „Die Vorräte wurden körperlich erfaßt und zu den Anschaffungskosten bewertet.“
- „Die Verbindlichkeiten wurden zum Rückzahlungswert angesetzt.“
- „Die sonstigen betrieblichen Aufwendungen enthalten 460 TDM Entwicklungskosten für eine neue Produktion.“
- „Die der Geschäftsführung für die Tätigkeit im Berichtsjahr gewährten Gesamtbezüge beliefen sich auf 788 TDM.“
- „Im Durchschnitt waren während des Geschäftsjahres 464 gewerbliche Arbeitnehmer, 155 Angestellte und 17 Auszubildende beschäftigt.“

Außerdem haben Kapitalgesellschaften den Jahresabschluß durch einen Lagebericht zu ergänzen, der Angaben

- zum Geschäftsverlauf und zur Lage der Kapitalgesellschaft enthalten muß:
  „Nach einer Vorjahressteigerung um rund 7% konnten die Umsatzerlöse im Berichtsjahr um rund 18% auf 880 TDM erhöht werden.“
  „Das Eigenkapital hat sich im Berichtsjahr um 703 TDM auf 17.343 TDM erhöht.“
- über die voraussichtliche Entwicklung enthalten soll:
  „Für das laufende Geschäftsjahr wird eine Umsatzsteigerung von rund 17% und eine weitere Ertragsverbesserung erwartet.“ „Die Gesellschaft beabsichtigt, ihr Grundkapital von derzeitig 12 Mio. DM um weitere 6 Mio. DM auf insgesamt 18 Mio. DM durch die Ausgabe von Aktien zu erhöhen.“ (siehe Abb. 3.53)

Gliederungsvorschriften für den Jahresabschluß

Das HGB enthält für *Einzelunternehmen und Personengesellschaften* nur *grobe Hinweise zur Gliederung* der Bilanz sowie Gewinn- und Verlustrechnung. So müssen beispielsweise in der Bilanz das Anlage- und das Umlaufvermögen, das Eigenkapital, die Schulden sowie die Rechnungsabgrenzungsposten gesondert ausgewiesen und hinreichend gegliedert werden. Da jedoch für sol-

3

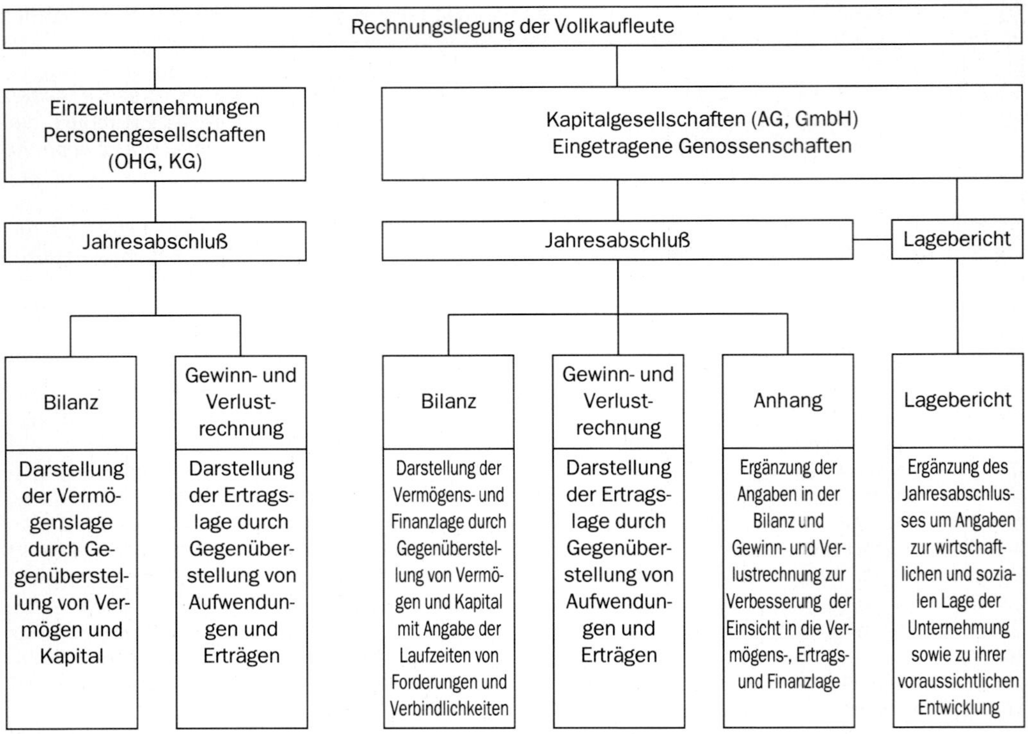

Abb. 3.53

che Unternehmen auch der Grundsatz der Klarheit und Übersichtlichkeit gilt, sollten sich auch Einzelunternehmen und Personengesellschaften unter Berücksichtigung ihrer Größe (vgl. S. 281) *an den Gliederungsvorschriften der Kapitalgesellschaften orientieren.*

Im Unterschied zu Einzelunternehmen und Personengesellschaften haben *Kapitalgesellschaften* die Positionen in der Bilanz und in der Gewinn- und Verlustrechnung nach den *Vorschriften des Handelsgesetzbuches* (§§ 266, 275 HGB) zu bezeichnen und anzuordnen.

Offenlegung des Jahresabschlusses

Die *Vermögens- und Ertragslage* von Kapitalgesellschaften ist von großem *Interesse* inbesondere *für*

- die Kapitalgeber – Aktionäre, GmbH-Gesellschafter – sowie
- die Gläubiger, denen als Haftungskapital das Gesellschaftsvermögen zur Verfügung steht.

Zur Information und damit zum Schutz dieser Personenkreise verpflichtet der Gesetzgeber die Kapitalgesellschaften zur *Veröffentlichung* (Publizierung) des Jahresabschlusses und des Lageberichtes *im Bundesanzeiger sowie* zur *Einreichung beim* zuständigen *Handelsregister.* Dabei bestehen für mittelgroße und kleine Kapitalgesellschaften (vgl. § 267 HGB) erhebliche Erleichterungen.

Größenabgrenzung der Kapitalgesellschaften:
Das HGB unterscheidet zwischen *kleinen, mittelgroßen* und *großen Kapitalgesellschaften.* Dabei sind die Bilanzsumme, die Umsatzerlöse und die Zahl der im Jahresdurchschnitt beschäftigten Arbeitnehmer Merkmale für die Größenabgrenzung (§ 267 HGB; siehe Abb. 3.54).

Erstellung der Gewinn- und Verlustrechnung (GuV) gemäß HGB

- Erfolgsbuchungen bei Kapitalgesellschaften

Bei Kapitalgesellschaften sind die Gesellschafter als *Eigentümer* der Unternehmung *nicht als Unternehmer* in diesem Unternehmen *tätig.* Die *Leitung* des Unternehmens hat bei einer AG der *Vorstand* und bei einer GmbH der *Geschäftsführer.* Vorstand und Geschäftsführer erhalten für ihre Tätigkeit als Vergütung Gehälter, die als Aufwendungen des Geschäftsjahres erfaßt werden.

Kapitalgesellschaften ermitteln wie Einzelunternehmen und Personengesellschaften ihren *Er-*

Kapital-gesellschaft	Bilanzsumme Mio. DM	Umsatzerlöse Mio. DM	Zahl der Arbeitnehmer	Erläuterung
kleine	bis 3,9	bis 8,0	bis 50	Zwei der drei Merkmale dürfen an Abschlußstichtagen von zwei aufeinanderfolgenden Geschäftsjahren nicht überschritten werden.
mittelgroße	bis 15,5	bis 32,0	bis 250	
große	über 15,5	über 32,0	über 250	Zwei der drei Merkmale werden an den obigen Abschlußstichtagen überschritten.

Abb. 3.54

folg auf dem Konto *„8020 Gewinn und Verlust"* durch Gegenüberstellung der Aufwendungen und Erträge. Für Kapitalgesellschaften ist zum Schutz der Gläubiger ein bestimmtes Mindestkapital bei der Gründung vorgeschrieben. So muß die *Aktiengesellschaft* ein *Grundkapital von mindestens 100.000,00 DM* haben, das in Aktien zerlegt ist. Es wird in der Finanzbuchhaltung auf dem Konto *„3000 Gezeichnetes Kapital"* erfaßt. Eine Veränderung des Grundkapitals und damit des Bestandes des Kontos „3000 Gezeichnetes Kapital" ist nur durch Beschluß der Hauptversammlung möglich. Das gezeichnete Kapital entspricht dem Kapital, auf das die Haftung der Gesellschafter für die Verbindlichkeiten des Unternehmens gegenüber den Gläubigern beschränkt ist. Daher ist es *nicht statthaft,* das *Gewinn- und Verlustkonto* über das Konto *„3000 Gezeichnetes Kapital" abzuschließen.*
Die *GmbH* erfordert zu ihrer Gründung ein *Mindestkapital von 50.000,00 DM.* Es wird als *Stammkapital* bezeichnet und setzt sich aus den Stammeinlagen der Gesellschafter zusammen. Das Stammkapital der GmbH wird ebenfalls auf dem Konto „3000 Gezeichnetes Kapital" erfaßt. Da auch die Stammkapitalerhöhung den Beschluß der Gesellschafterversammlung voraussetzt, ist der *Abschluß des Kontos „8020 Gewinn und Verlust" über* das Konto *„3000 Gezeichnetes Kapital" nicht möglich.*
Der *Gewinn* der Kapitalgesellschaften wird als *Jahresüberschuß,* der *Verlust als Jahresfehlbetrag* bezeichnet. Das Konto „8020 Gewinn und Verlust" ist zur Erstellung des Jahresabschlusses *im Falle eines Gewinns* (Jahresüberschuß) über das Konto „3400 Jahresüberschuß" bzw. *im Falle eines Verlustes* (Jahresfehlbetrag) über das Konto „3400 Jahresfehlbetrag" abzuschließen. Die Konten „Jahresüberschuß" bzw. „Jahresfehlbetrag" sind dann über das Konto „8010 Schlußbilanzkonto" abzuschließen und erscheinen in der Bilanz der Kapitalgesellschaften, die nach dem Gliederungsschema gemäß § 266 HGB zu erstellen ist, als Unterposition des Gliederungspunktes „A. Eigenkapital" (siehe Abb. 3.55 Teil 1 und 2).

• GuV-Rechnung für kleine Kapitalgesellschaften
Für Zwecke der Darstellung der Ertragslage Dritten gegenüber werden Aufwendungen und Erträge sinnvoll gegliedert. So können die *Aufwendungen nach der Art der eingesetzten Produktionsfaktoren* (Materialaufwand, Personalaufwand, Sonstige betriebliche Aufwendungen) zusammengefaßt und angeordnet werden. *Erträge* können artgemäß in *Umsatzerträge* (Absatzleistungen) und *Sonstige betriebliche Erträge* (Mieterträge, Provisionserträge) unterteilt werden. Durch diese Umgestaltung wird aus dem Gewinn- und Verlustkonto die *Gewinn- und Verlustrechnung* zur Darstellung der Ertragslage nach außen entwickelt.
In der Finanzbuchhaltung der Kapitalgesellschaften wird das Gewinn- und Verlustkonto zur Ermittlung des Jahresüberschusses oder des Jahresfehlbetrages in Kontoform durchgeführt. Nach *§ 275 Abs. 2 HGB* müssen die Kapitalgesellschaften die Gewinn- und Verlustrechnung
- in *Staffelform* und
- nach einem verbindlichen *Gliederungsschema* aufstellen.

Dabei werden häufig mehrere Konteninhalte der Finanzbuchhaltung zu einer GuV-Position zusammengefaßt.
Das folgende verkürzte *Gliederungsschema gemäß § 275 Abs. 2 HGB* verdeutlicht die untereinander angeordneten unterschiedlichen Erfolgsquellen und die Zuordnung der Aufwandsarten und Ertragsarten zu den Positionen der Gewinn- und Verlustrechnung (siehe Abb. 3.56).
Kleine und mittelgroße Kapitalgesellschaften dürfen die Posten:
1. Umsatzerlöse,
2. Erhöhung oder Verminderung des Bestandes an fertigen und unfertigen Erzeugnissen,

Beispiel

S 8020 Gewinn- und Verlustkonto H

6000	120.000,00	5000	750.000,00
6020	20.000,00	5200	5.000,00
6160	30.000,00	5400	35.000,00
6200	180.000,00	5710	10.000,00
6300	185.000,00		
6400	60.000,00		
6700	23.000,00		
6800	12.000,00		
7000	15.000,00		
7510	13.000,00		
7700	22.000,00		
3400	120.000,00		
	800.000,00		800.000,00

S 3400 Jahresüberschuß H

8010	120.000,00	8020	120.000,00

S 8010 Schlußbilanzkonto H

		3000	1.200.000,00
		3400	120.000,00

Buchung des Jahresüberschusses:
8020 GuV an 3400 Jahresüberschuß

Abschluß des Kontos Jahresüberschuß:
3400 Jahresüberschuß an 8010 SBK

Bilanz einer GmbH Passiva

A. Eigenkapital	
I. Gezeichnetes Kapital	1.200.000,00
II. Jahresüberschuß	120.000,00

S 8020 Gewinn- und Verlustkonto H

6000	172.000,00	5100	750.000,00
6020	70.000,00	5200	10.000,00
6160	50.000,00	5400	30.000,00
6200	210.000,00	3400	120.000,00
6300	250.000,00		
6400	70.000,00		
6500	20.000,00		
6700	28.000,00		
6800	15.000,00		
7000	5.000,00		
7510	35.000,00		
7700	5.000,00		
	910.000,00		910.000,00

S 3400 Jahresfehlbetrag H

8020	120.000,00	8010	120.000,00

S 8010 Schlußbilanzkonto H

3400	120.000,00	3000	1.200.000,00

Buchung des Jahresfehlbetrages:
3400 Jahresfehlbetrag an 8020 GuV

Abschluß des Kontos Jahresfehlbetrag:
8010 SBK an 3400 Jahresfehlbetrag

Bilanz einer GmbH Passiva

A. Eigenkapital	
I. Gezeichnetes Kapital	1.200.000,00
II. Jahresfehlbetrag	–120.000,00

Abb. 3.55 (Teil 1)

3. Sonstige betriebliche Erträge und
4. Materialaufwand
zu einem Posten, der als „Rohertrag" zu bezeichnen ist, zusammenfassen (§ 276 HGB) (siehe Abb. 3.57).

Erstellung der Bilanz gemäß HGB

• Rücklagen der Kapitalgesellschaften
Rücklagen sind Eigenkapital. Zu unterscheiden sind *stille* und *offene* Rücklagen (Reserven). *Stille Rücklagen* (stille Reserven) werden nicht in der Bilanz ausgewiesen. Sie entstehen durch Unterbewertung der Aktiva, Überbewertung der Passiva, zu hohe Bemessung des Aufwandes, zu geringen Ausweis des Ertrages (z. B. Bestandsmehrungen werden zu niedrig bewertet). Häufigste *Ursachen ihrer Bildung* sind *zu hohe Abschreibungen* sowie *überreichliche Bemessung der Rückstellungen* (Siehe S. 313ff. und Abschnitt „Rückstellungen"). Die *Auflösung stiller Reserven* erfolgt beim Verkauf eines mit einer stillen Reserve belasteten Gegenstandes über dem Buchwert (Ertrag aus Vermögensabgängen), durch Unterlassung der Abschreibung usw. *Offene Rücklagen* werden in der Bilanz neben dem „Gezeichneten Kapital" (feststehendes Nominalkapital) als zusätzliches Eigenkapital auf der Passivseite ausgewiesen. Das HGB unterscheidet *Kapitalrücklagen* (z. B. Agio bei Ausgabe von Aktien über dem Nennwert)

Erfolgsbuchungen bei Kapitalgesellschaften

Abschluß des Kontos Gewinn und Verlust

Aufwendungen < Erträge ➔ Jahresüberschuß ➔	8020	GuV an 3400 Jahresüberschuß
Aufwendungen > Erträge ➔ Jahresfehlbetrag ➔	3400	Jahresfehlbetrag an 8020 GuV

Abschluß des Kontos Jahresüberschuß oder des Kontos Jahresfehlbetrag

Jahresüberschuß:	3400 Jahresüberschuß	an 8010	Schlußbilanzkonto
Jahresfehlbetrag:	8010 Schlußbilanzkonto	an 3400	Jahresfehlbetrag

S 8020 Gewinn und Verlust H

S	H
Aufwendungen der Konten der Klassen 6 und 7	Erträge der Konten der Klasse 5
3400: Jahresüberschuß	

S 3000 Gezeichnetes Kapital H

S	H
8010 SBK: Stammkapital	8000 EBK: Stammkapital

S 3400 Jahresüberschuß H

S	H
8010 SBK: Jahresüberschuß	8020 GuV: Jahresüberschuß

Bilanz einer GmbH vor Verwendung des Jahresüberschusses

Aktiva — Bilanz der Firma ... zum 31.12.19.. — Passiva

Aktiva	Passiva
A. Anlagevermögen	A. Eigenkapital I. Gezeichnetes Kapital II. Jahresüberschuß
B. Umlaufvermögen	B. Verbindlichkeiten

Ein Jahresfehlbetrag würde ebenfalls auf der Passiva-Seite der Bilanz unter dem Gliederungsabschnitt „A. Eigenkapital" mit der Bezeichnung „II. Jahresfehlbetrag" als Korrekturposten des Eigenkapitals ausgewiesen.

Abb. 3.55 (Teil 2)

und *Gewinnrücklagen* (aus dem Ergebnis des Geschäftsjahres lt. GuV-Rechnung gebildet).
Als Bilanzposten treten sie daher nur bei Unternehmungsformen mit feststehendem Nominalkapital (= gezeichnetes Kapital) auf, also bei Kapitalgesellschaften.
Die offenen Rücklagen werden gebildet,
- um Verluste auszugleichen, ohne daß das feste Kapital angegriffen wird,
- um die Haftungsbasis zu verbessern,
- um die Betriebsbereitschaft in Krisenzeiten zu erhalten,
- um außergewöhnliche Belastungen durch künftige Erneuerungen oder Umstellungen zu verkraften.

(Siehe Abb. 3.58)

Zum in der Bilanz ausgewiesenen *Eigenkapital* der Kapitalgesellschaften gehören also

A. Eigenkapital
- I. Gezeichnetes Kapital
- II. Kapitalrücklagen
- III. Gewinnrücklagen
- IV. Gewinnvortrag/Verlustvortrag
- V. Jahresüberschuß/Jahresfehlbetrag

Wenn die Hauptversammlung der AG bzw. die Gesellschafterversammlung der GmbH von den Gewinnverwendungsvorschlägen abweicht und mehr Gewinne einbehält als vom Vorstand bzw. der Geschäftsführung vorgeschlagen wurde, entsteht der *Gewinnvortrag* als nicht ausgeschütteter Gewinnanteil, der ursprünglich für eine Ausschüttung vorgesehen war. Die Posten „Gewinnvor-

Positionen der Gewinn- und Verlustrechnung		Kontenarten des Kontenrahmens
1. Umsatzerlöse	+	5000, 5100
2. Bestandserhöhung oder -verminderung	+/–	5200
3. Sonstige betriebliche Erträge	+	5400, 5410, 5430, 5460, 5490
= Als Zwischensumme kann zur Erleichterung der Erfolgsanalyse die „Gesamtleistung" ausgewiesen werden.		
4. Materialaufwand:		
a) Aufwendungen für Rohstoffe, Hilfsstoffe, Waren/Wareneingang		6000, 6020, 6060
Aufw. f. Betriebsstoffe, Energie	–	6030, 6040, 6040, 6055, 6060
b) Aufwendungen für bezogene Leistungen	–	6100 bis 6170
= Als Zwischenergebnis kann der Saldo aus der Gesamtleistung und dem Materialaufwand vermerkt werden, der als „Rohergebnis" bezeichnet wird.		
5. Personalaufwand:		
a) Löhne und Gehälter	–	6200, 6300
b) soziale Abgaben	–	6400 bis 6495
6. Abschreibungen auf		
a) immaterielle Vermögensgegenstände und Sachanlagen	–	6520
b) Umlaufvermögen	–	6570, 7460
7. Sonstige betriebliche Aufwendungen	–	6600 bis 6990
= Als Zwischensumme kann der Saldo aus den Erträgen und den Aufwendungen als sogenanntes „Betriebsergebnis" ausgewiesen werden.		
8. Zinsen und ähnliche Erträge	+	5710
9. Zinsen und ähnliche Aufwendungen	–	7510
= Als Zwischensumme kann der Saldo aus den Finanzierungserträgen und den Finanzierungsaufwendungen, das sogenannte Finanzergebnis, ausgewiesen werden.		
10. ERGEBNIS DER GEWÖHNLICHEN GESCHÄFTSTÄTIGKEIT		
11. Steuern vom Einkommen und vom Ertrag	–	7710, 7720
12. Sonstige Steuern	–	7000, 7010, 7020, 7030
13. JAHRESÜBERSCHUSS/JAHRESFEHLBETRAG		

Abb. 3.56

trag/Verlustvortrag" bzw. „Jahresüberschuß/Jahresfehlbetrag" in der Bilanz der Kapitalgesellschaft drücken zugleich aus, daß die *Bilanz vor* der *Verwendung des Jahresergebnisses* aufgestellt wurde (siehe Abb. 3.59).

- Ableitung der Bilanz der kleinen Kapitalgesellschaft gem. HGB aus dem Schlußbilanzkonto der Finanzbuchhaltung

Auf der Grundlage der Buchungen des Hauptbuches und der Abstimmung der Endbestände mit den Beständen an Vermögen und Schulden laut Inventur ergibt sich das Konto „8010 Schlußbilanzkonto". Es bildet die *Grundlage zur Erstellung der Bilanz* als Teil des Jahresabschlusses.

Kapitalgesellschaften haben die *Bilanz* in *Kontoform* aufzustellen. Das *Bilanzschema* nach § 266 Abs. 2 HGB ist *verpflichtend für große und mittelgroße Kapitalgesellschaften*. Bezeichnungen des Bilanzgliederungsschemas, die für die bilanzierende Kapitalgesellschaft unzutreffend sind, können abgeändert werden. Bilanzpositionen des Schemas, die nicht benötigt werden, sollten nicht aufgeführt werden. Die freiwerdende Ziffer des Schemas wird dann der nächsten Bilanzposition zugewiesen.

Kleine Kapitalgesellschaften (vgl. Erfolgsbuchungen bei Kapitalgesellschaften, Abb. 3.55) können bei der Aufstellung der Bilanz gewisse Erleichterungen nutzen. Sie brauchen nach § 266 Abs. 1 Satz 3 HGB nur eine *verkürzte Bilanz* zu erstellen,

Beispiel:
Ableitung der GuV-Rechnung einer kleinen Kapitalgesellschaft aus dem GuV-Konto der Finanzbuchhaltung

Soll		8020 Gewinn- und Verlustkonto			H
6000	Aufw.f.Rohstoffe	120.000,00	5000	Umsatzerlöse	750.000,00
6020	Aufw.f.Hilfsstoffe	20.000,00	5200	BVÄ	5.000,00
6160	Fremdinstandsetzg.	30.000,00	5400	Mieterträge	35.000,00
6200	Löhne	180.000,00	5710	Zinserträge	10.000,00
6300	Gehälter	185.000,00			
6400	AG-Anteil zur SV	60.000,00			
6700	Mieten	23.000,00			
6800	Büromaterial	12.000,00			
7000	Gewerbesteuer	15.000,00			
5710	Zinsaufwendungen	13.000,00			
7700	Körperschaftst.	22.000,00			
3400	Jahresüberschuß	120.000,00			
		800.000,00			800.000,00

Berechnung des Rohergebnisses:

		DM
	1. Umsatzerlöse	750.000,00
+	2. Erhöhung des Bestandes an unfertigen und fertigen Erzeugnissen	5.000,00
+	3. Sonstige betriebliche Erträge: Mieterträge	35.000,00
–	4. Materialaufwand: 6000 + 6020 + 6160	170.000,00
=	Rohergebnis	620.000,00

Gewinn- und Verlustrechnung für die Zeit vom 01.01.19.. bis zum 31.12.19..

	DM	DM
1. Rohergebnis		620.000,00
2. Personalaufwand		
a) Löhne und Gehälter	365.000,00	
b) soziale Abgaben	60.000,00	425.000,00
3. Sonstige betriebliche Aufwendungen		35.000,00
Betriebsergebnis		160.000,00
4. Zinsen und ähnliche Erträge	10.000,00	
5. Zinsen und ähnliche Aufwendungen	13.000,00	
Finanzergebnis		– 3.000,00
6. ERGEBNIS DER GEWÖHNLICHEN GESCHÄFTSTÄTIGKEIT		157.000,00
7. Steuern vom Einkommen und vom Ertrag	22.000,00	
8. Sonstige Steuern	15.000,00	– 37.000,00
9. JAHRESÜBERSCHUSS		120.000,00

Abb. 3.57

in die lediglich die mit Großbuchstaben und römischen Ziffern bezeichneten Posten gesondert und in der vorgeschriebenen Reihenfolge aufgeführt werden müssen.

Für *Einzelunternehmen* und *Personengesellschaften* bestehen *keine strengen Gliederungsvorschriften.* Da sie jedoch auch *das Gebot der Klarheit* und *Übersichtlichkeit* sowie der *Vollständigkeit* beachten müssen, sollten sie sich an den Gliederungsvorschriften der Kapitalgesellschaften orientieren.

Das in Abb. 3.60 dargestellte vereinfachte Bilanzgliederungsschema der kleinen Kapitalgesellschaft zeigt die Zuordnung der im Kontenrahmen vorhandenen Bestandskonten zu den Bilanzpositionen.

Die Mitglieder des Vorstands bei der AG bzw. die der Geschäftsführung bei der GmbH haben *den Jahresabschluß unter Angabe des Datums zu unterzeichnen.* Da der Jahresabschluß aus der Bilanz, der Gewinn- und Verlustrechnung und dem

Rücklagen		
Offene Rücklagen Unterposition des Kapitals in der Bilanz		**Stille Rücklagen**
Kapitalrücklagen	Gewinnrücklagen	in der Bilanz nicht „offen“ ausgewiesen – auch „stille Reserven“ genannt (Innenfinanzierung)
Rücklagen, die nicht aus Gewinnen der Gesellschaft gebildet werden (Außenfinanzierung)	Rücklagen, die aus den Gewinnen der Gesellschaft gebildet werden (Innenfinanzierung)	
– Agio bei Aktienausgabe – Zuzahlungen von Gesellschaftern für Vorzugsrechte – Zuzahlungen von Gesellschaftern in das Eigenkapital	– gesetzliche Rücklagen (nur möglich bei AG, KGaA und Genossenschaften) 5 % des um einen gegebenfalls vorhandenen Verlustvortrag aus dem Vorjahr geminderten Jahresüberschusses, bis die gesetzliche Rücklage und die Kapitalrücklage zusammen 10% oder den in der Satzung bestimmten höheren Teil des Grundkapitals erreichen (§ 150 Abs. 2 AktG). – Satzungsmäßige Rücklagen	Sie entstehen durch – Unterbewertung von Aktiva – Überbewertung von Passiva

Abb. 3.58

Anhang besteht, erfolgen diese Unterschriften nach dem Anhang.
Bei *Einzelunternehmen und Personengesellschaften* müssen der Einzelunternehmer bzw. die persönlich haftenden Gesellschafter (OHG-Gesellschafter, Komplementäre der KG) persönlich unterzeichnen. Da der Jahresabschluß aus der Bilanz sowie der Gewinn- und Verlustrechnung besteht, unterzeichnen diese Kaufleute am Ende des Jahresabschlusses, also nach der Gewinn- und Verlustrechnung. Der Jahresabschluß und der Lagebericht sind 10 Jahre aufzubewahren.

Besondere Buchungsprobleme in den Funktionsbereichen der kaufmännischen Unternehmung

Beschaffungswirtschaft

Buchmäßige Erfassung der Anschaffungskosten
Industrieunternehmen kaufen von ihren Lieferern Roh-, Hilfs- und Betriebsstoffe ein, um sie im Produktionsprozeß zur Herstellung neuer Produkte einzusetzen. Alle *Vermögensgegenstände sind* bei ihrer Beschaffung *mit den Anschaffungskosten zu erfassen.* Nach § 255 HGB sind Anschaffungskosten die *Aufwendungen,* die geleistet werden, *um* einen *Vermögensgegenstand zu erwerben und ihn* – bei Anlagegütern – in einen *betriebsbereiten Zustand zu versetzen.* Anschaffungspreisminderungen sind abzusetzen.

• Sofortrabatte mindern Anschaffungspreise
Die als Mittel der Konditionenpolitik häufig gewährten *Preisnachlässe* (Mengen-, Wiederverkäufer-, Sonderrabatte) *mindern* den *Anschaffungspreis.* Diese *Sofortrabatte* werden in der Finanzbuchhaltung *nicht gebucht,* weil die Vermögensgegenstände höchstens mit ihren Anschaffungskosten aufgenommen werden sollen.

• Vorsteuer - keine Anschaffungskosten
Die vom Lieferer in Rechnung gestellte Umsatzsteuer – *Vorsteuer* – wird vom Finanzamt durch Verrechnung mit der eigenen Umsatzsteuerschuld erstattet. Sie belastet also nicht das einkaufende Unternehmen. Ein Vorsteuerbetrag, der umsatzsteuerlich abzugsfähig ist, gehört daher nicht zu den Anschaffungskosten des Wirtschaftsgutes, auf dessen Anschaffung er entfällt (siehe Abb. 3.61).

Die Golden-AG legt vor Verwendung des Jahresergebnisses folgende Bilanz vor:

Aktiva	Bilanz der Golden-AG zum 31.12.19..		Passiva
	A.	Eigenkapital	
	I.	Gezeichnetes Kapital	9.000.000,00
	II.	Kapitalrücklagen	50.000,00
	III.	Gewinnrücklagen	350.000,00
	IV.	Verlustvortrag	– 10.000,00
	V.	Jahresüberschuß	1.800.000,00

Die Hauptversammlung hat folgenden Beschluß zur Gewinnverwendung getroffen:
1. Einstellung in die gesetzliche Rücklage: 5% gem. 150 Abs. 2 AktG
2. An die Aktionäre sind 18,5% Dividende auszuschütten
3. Der Rest des Jahresüberschusses ist als Gewinnvortrag zu übernehmen

Jahresüberschuß	1.800.000,00
— Verlustvortrag aus dem Vorjahr	10.000,00
	1.790.000,00
– Einstellung in die Gewinnrücklage: 5%	89.500,00
	1.700.500,00
— 18,5% Dividende	1.665.000,00
Gewinnvortrag	35.500,00

1. Umbuchung des Jahresüberschusses auf das Ergebnisverwendungskonto:

3400 Jahresüberschuß	an 3300	Ergebnisverwendung	1.800.000,00

2. Einstellung in die gesetzliche Rücklage:

3300 Ergebnisverwendung	an 3200	Gewinnrücklage	89.500,00

3. Buchung der auszuschüttenden Dividende

3300 Ergebnisverwendung	an 4870	Verbindlichkeiten gegenüber Gesellschaftern	1.665.000,00

S	3400 Jahresüberschuß		H
3300	1.800.000,00	8000	1.800.000,00

S	3300 Ergebnisverwendung (Gewinn- bzw. Verlustvortrag)		H
8000	10.000,00	3400	1.800.000,00
3200	89.500,00		
4870	1.665.000,00		
8010	35.500,00		
	1.800.000,00		1.800.000,00

S	3200 Gewinnrücklagen		H
8010	439.500,00	8000	350.000,00
		3300	89.500,00
	439.500,00		439.500,00

S	4870 Verbindlichkeiten gegenüber Gesellschaftern		H
8010	1.665.000,00	3300	1.665.000,00

Abb. 3.59

Beim Kauf von *Hilfs- und Betriebsstoffen* werden die Anschaffungskosten entsprechend in der Kontenklasse 6 auf den Konten *„6020 Aufwendungen für Hilfsstoffe“* bzw. *„6030 Aufwendungen für Betriebsstoffe“* gebucht. Handelt es sich bei den eingekauften Betriebsstoffen um Heizungsmaterial, dann erfolgt die Buchung auf dem Konto „6050 Aufwendungen für Energie“.

Einkaufskosten und Bezugskosten als Anschaffungsnebenkosten

Nach § 255 HGB gehören auch die *Nebenkosten*

3

Aktiva	Vereinfachte Bilanzgliederung und Zuordnung der Bestandskonten		Passiva
A. Anlagevermögen:		A. Eigenkapital:	
I. Immaterielle Vemögensgegenstände	0300	I. Gezeichnetes Kapital	3000
II. Sachanlagen	0500 – 0890	II. Kapitalrücklagen	3100
III. Finanzanlagen	1300 – 1600	III. Gewinnrücklagen	3200
B. Umlaufvermögen:		IV. Gewinnvortrag/	3300
		Verlustvortrag	3300
I. Vorräte	2000 – 2300	V. Jahresüberschuß/	3400
		Jahresfehlbetrag	3400
II. Forderungen und sonst. Vermögensgegenstände	2400 – 2690	B. Rückstellungen	3700 – 3900
III. Wertpapiere	2700	C. Verbindlichkeiten	4100 – 4890
IV. Schecks, Kassenbestand, Bank- und Postgiroguthaben	2800 – 2880	D. Rechnungsabgrenzungsposten	4900
C. Rechnungsabgrenzungsposten	2900		

Beispiel: Die Finanzbuchhaltung der Industrieunternehmung Exakta GmbH erstellte zum Ende des Geschäftsjahres folgendes Schlußbilanzkonto:

Soll	**8010 Schlußbilanzkonto**				**Haben**
0510	Grundstücke mit Gebäude	650.000,00	3000	Gezeichnetes Kapital	1.200.000,00
0700	Maschinen	570.000,00	3200	Gewinnrücklagen	70.000,00
0820	Werkzeuge	19.000,00	3400	Jahresüberschuß	120.000,00
0840	Fuhrpark	76.000,00	3800	Steuerrückstellungen	18.000,00
0860	Geschäftsausstattung	90.000,00	4200	Kurzfristige Verbindlichkeiten gegenüber Kreditinstituten	12.000,00
1600	Darlehensforderungen	30.000,00			
2000	Rohstoffe	125.000,00			
2020	Hilfsstoffe	53.000,00	4250	Langfristige Verbindlichkeiten gegenüber Kreditinstituten	402.000,00
2030	Betriebsstoffe	32.000,00			
2100	Unfertige Erzeugnisse	10.000,00			
2200	Fertige Erzeugnisse	12.000,00	4400	Verbindlichkeiten a. LL.	79.800,00
2400	Forderungen a. LL.	102.600,00	4800	Umsatzsteuer	19.500,00
2690	Übrige sonst. Forderungen	15.000,00	4890	Übrige sonstige Verbindlichkeiten	6.500,00
2800	Bankguthaben	120.000,00			
2850	Postgiro	14.000,00	4900	Passive Rechnungsabgrenzung	4.200,00
2880	Kasse	6.000,00			
2880	Aktive Rechnungsangrenzung	7.400,00			
		1.932.000,00			1.932.000,00

Aktiva	**Bilanz der Exakta GmbH zum 31.12.19..**		**Passiva**
A. Anlagevermögen:		A. Eigenkapital:	
I. Sachanlagen	1.405.000,00	I. Gezeichnetes Kapital	1.200.000,00
II. Finanzanlagen	30.000,00	II. Gewinnrücklagen	70.000,00
B. Umlaufvermögen:		III. Jahresüberschuß	120.000,00
I. Vorräte	232.000,00	B. Rückstellungen	18.000,00
II. Forderungen und sonstige Vermögensgegenstände	117.600,00	C. Verbindlichkeiten a. LL.	519.800,00
III. Kassenbestand, Bank- und Postgiroguthaben	140.000,00	D. Rechnungsabgrenzungsposten	4.200,00
C. Rechnungsabgrenzungsposten	7.400,00		
	1.932.000,00		1.932.000,00

Abb. 3.60

Beispiel

	Eingangsrechnung: Rohstoffeinkauf auf Ziel	
Listenpreis	Gesamtpreis, netto	40.000,00
– Sofortrabatt –	– 5% Mengenrabatt	2.000,00
= Anschaffungskosten	Rechnungsbetrag, netto	38.000,00
	+ 15% Umsatzsteuer	5.700,00
	Rechnungsbetrag, brutto	43.700,00

Buchung:

6000	Aufwand für Rohstoffe	38.000,00		
2600	Vorsteuer	5.700,00	an Verbindlichkeiten a. LL.	43.700,00

Abb. 3.61

zu den Anschaffungskosten. Das Unternehmen hat im Zusammenhang mit der Beschaffung von Materialien oder Waren vielfach *Einkaufskosten* und *Bezugskosten* zu zahlen, die sich anhand bestimmter Rechnungen erfassen lassen und *den Anschaffungspreisen der betreffenden Güter zugerechnet* werden müssen.

Beispiele für Bezugskosten:
Einkaufskosten: Handelsvertreterprovision, Provision des Einkaufskommissionärs
Bezugskosten: Verpackungskosten, Rollgeld, Fracht, Umschlagskosten, Lagerkosten, Versicherungskosten, Zoll

Die zur Finanzierung aufgewendeten *Kosten der Geldbeschaffung,* wie Zinsen und Bearbeitungskosten für einen Kredit, Diskont für einen Wechsel, *sind keine Anschaffungsnebenkosten* des gekauften Wirtschaftsgutes.

• Umsatzsteuer auf Anschaffungsnebenkosten
Auch die vom Unternehmen im Zusammenhang mit den Einkaufs- und Bezugskosten zu zahlenden Umsatzsteuern sind *abziehbare Vorsteuern,* und als solche *gehören sie nicht zu den Anschaffungsnebenkosten* der eingekauften Wirtschaftsgüter. Die Einkaufs- und Bezugskosten sind also mit ihren Nettowerten als Anschaffungsnebenkosten einzusetzen (siehe Abb. 3.62).

Zwei Wege sind, wie in Abb. 3.63 dargestellt, zur Erfassung der Anschaffungsnebenkosten beim Kauf von Wirtschaftsgütern möglich.
Das *zweite Verfahren* zur Erfassung der Anschaffungsnebenkosten beim Kauf von Materialien (6001, 6021, 6031) und von Waren (6061) *liefert* dem Unternehmer schneller und genauer *Informationen über die Entwicklung, Höhe* und *Zusammensetzung* der *Einkaufs- und Bezugskosten.* Diese Informationen benötigt die Unternehmungsleitung, um beispielsweise die Frachtpreise zu mindern oder u. U. fremde Frachtführer durch eigenen Werkskraftverkehr zu ersetzen.
Hochwertige *Spezial- oder Mehrwegverpackungen* (Kühlsteigen, Kisten, Gas- oder Säurebehälter) werden häufig vom Lieferer zur Verfügung gestellt und dem Kunden mit den Selbstkosten belastet. Solche *Verpackungskosten* werden als *Anschaffungsnebenkosten* ebenfalls auf dem Unterkonto „Bezugskosten" gebucht. Bei *Rückgabe* der Verpackung *(Leihemballagen)* an den Lieferer erfolgt dann eine zumeist teilweise *Gutschrift* der Verpackungskosten, weil der Lieferer für die Abnutzung der Verpackungen sich ein Entgelt vergüten läßt.
Da die *Bezugskosten Bestandteil der Anschaffungskosten* der beschafften Waren sind, müssen die *Bezugskostenkonten* (6001, 6021, 6031) beim Abschluß der Finanzbuchhaltung

Beispiel

	Eingangsrechnung: Rohstoffeinkauf auf Ziel		
Anschaffungspreis	Gesamtpreis, netto		8.000,00
	+ Versandverpackung	70,00	
+ Anschaffungsnebenkosten	+ Fracht	600,00	
	+ Transportversicherung	10,00	680,00
= Anschaffungskosten	Rechnungsbetrag, netto		8.680,00
	+ 15% USt		1.302,00
	Rechnungsbetrag, brutto		9.982,00

Abb. 3.62

Buchung der gesamten Anschaffungskosten „unmittelbar“ auf dem Aufwandskonto

„6060 Aufwendungen für Rohstoffe“

Buchung:

6000	8.680,00		
2600	1.302,00		
		an 4400	9.982,00

S	6000 Aufw. für Rohstoffe		H
4400	8.680,00		

Buchung des Anschaffungspreises auf dem Aufwandskonto „6060 Aufwendungen für Rohstoffe“ und der Anschaffungsnebenkosten auf dem zugeordneten Unterkonto „6061 Bezugskosten“

Buchung:

6000	8.000,00		
6061	680,00		
2600	1.302,00		
		an 4400	9.982.00

S	6000 Aufw. für Rohstoffe		H
4400	8.000,00		
6001	680,00		

S	6001 Bezugskosten		H
4400	680,00	6000	680,00

Abb. 3.63

über die ihnen zugeordneten Materialeingangskonten (6000, 6020, 6030) im Rahmen der vorbereitenden Abschlußbuchungen *abgeschlossen werden.*

Buchung zum Abschluß der Bezugskosten für Rohstoffe:

6000	Aufwendungen für Rohstoffe	
	an 6001 Bezugskosten	680,00 DM

Rücksendungen an Lieferer und Gutschriften

Rücksendungen von Materialien wegen Falschlieferungen oder mangelhafter Lieferungen bewirken eine *Gutschriftanzeige des Lieferers,* die mit eventuellen Zahlungsansprüchen des Lieferers verrechnet werden kann. Die zurückgesandten falschen oder mangelhaften Materialien werden unmittelbar auf dem Materialaufwandskonto gutgeschrieben, da der laut Eingangsrechnung ursprünglich erfaßte Materialaufwand sich verringert. Es handelt sich um eine *Korrektur- oder Stornobuchung.* Sie führt umsatzsteuerrechtlich gleichzeitig zu einer Minderung des Vorsteueranspruchs gegenüber dem Finanzamt. Die Vorsteuer ist daher zu berichtigen (siehe Abb. 3.64). Der

Beispiel

ER: Zieleinkauf von Rohstoffen				
Materialwert, netto	15.000,00	6000	Aufwendungen für Rohstoffe	15.000,00
+ 15% Umsatzsteuer	2.250,00	2600	Vorsteuer	2.250,00
	17.250,00	an 4400	Verbindlichkeiten a. LL.	17.250,00
Schreiben des Rohstofflieferers:				
Gutschrift für zurückgesandte		4400	Verbindlichkeiten a. LL.	2.300,00
Rohstoffe, netto	2.000,00	an 6000	Aufwendungen für Rohstoffe	2.000,00
+ 15% Umsatzsteuer	300,00	an 2600	Vorsteuer	300,00
	3.956,00			

S	6000 Aufwendungen für Rohstoffe		H
4400	15.000,00	4400	2.000,00

S	2600 Vorsteuer		H
4400	2.250,00	4400	300,00

S	4400 Verbindlichkeiten a. LL.		H
2600	2.300,00	6000, 2600	17.250,00

Abb. 3.64

Beispiele

Schreiben des Rohstofflieferers:			
Verpackung der Rohstoffe	800,00	6001 Bezugskosten	800,00
+ 15% Umsatzsteuer	120,00	2600 Vorsteuer	120,00
	920,00	an 4400 Verbindlichkeiten a. LL.	920,00
Schreiben der Rohstofflieferers:			
Gutschrift für zurückgesandte		4400 Verbindlichkeiten a. LL.	736,00
Verpackung 80% des Wertes	640,00	an 6001 Bezugskosten	640,00
+ 15% Umsatzsteuer	96,00	an 2600 Vorsteuer	96,00
	736,00		

S	6001 Bezugskosten		H
4400	800,00	4400	640,00

S	2600 Vorsteuer		H
4400	120,00	4400	96,00

S	4400 Verbindlichkeiten a. LL.		H
6001, 2600	736,00	6001, 2600	920,00

Abb. 3.65

Lieferer belastet im allgemeinen den Käufer mit dem Verpackungsmaterial für die gelieferten Materialien. Die *Rücksendung von Verpackung,* die der Lieferer in Rechnung gestellt hatte, führt ebenfalls zu einer *Korrektur-* oder *Stornobuchung.* Je nach ursprünglich vorgenommener Buchung der Belastung mit Verpackungskosten *unmittelbar auf den Materialaufwandskonten* 6000, 6020, 6030 *bzw. auf den speziellen Unterkonten für Bezugskosten* 6001, 6021, 6031 erfolgt auch jetzt die Gutschrift für das zurückgesandte Verpackungsmaterial. Die ursprünglich gebuchte Vorsteuer ist entsprechend zu korrigieren (siehe Abb. 3.65).

Nachlässe durch den Lieferer: Minderungen und Boni

Wegen eines *Mangels der Materialien,* den der Lieferer zu vertreten hat, kann das Unternehmen das *Recht auf Minderung* oder Herabsetzung des Kaufpreises beanspruchen. Dieser Rechtsanspruch ist dann sinnvoll, wenn die Materialien trotz des Mangels verarbeitet oder verkauft werden können. Der Lieferer gewährt daher eine Herabsetzung des Kaufpreises (Minderung) der gelieferten, nicht mangelfreien Materialien oder Waren.

Der *nachträglich gewährte Preisnachlaß,* auch *Bonus* oder *Umsatzrückvergütung* genannt, soll den Kunden stärker an den Lieferer binden und ihn zu höheren Einkäufen innerhalb eines Zeitraums veranlassen.

Beide Vorgänge führen zu *Lieferergutschriften,*

- die die *Verbindlichkeiten a. LL.* gegenüber dem Lieferer *vermindern,*
- die die *Anschaffungskosten* der eingekauften Materialien oder Waren **nachträglich mindern**
- und die folglich eine *Korrektur der Vorsteuer* notwendig machen.

Die *Anschaffungskostenminderungen* durch nachträgliche Preisnachlässe und Boni werden zum Unterschied von Rücksendungen auf den entsprechenden Unterkonten *„Nachlässe"* zu den Materialaufwandskonten oder dem Wareneingangskonto gebucht.

Zum Jahresabschluß sind die Unterkonten *„Nachlässe"* (6002, 6022, 6032) auf die Materialaufwandskonten 6000, 6020, 6030 *umzubuchen* (vorbereitende Abschlußbuchungen; siehe Abb. 3.66).

Absatzwirtschaft

Absatzleistungen der Industrie

• Sofortrabatte beim Verkauf

Sofortrabatte werden im Rahmen der Konditionenpolitik zur Beeinflussung des Absatzmarktes dem Kunden in der Form von *Mengen- oder Sonderrabatten* (Messerabatt, Treuerabatt) *auf die Listenverkaufspreise* gewährt.

Insbesondere Mengenrabatte *sollen* Kunden *zu größeren Bestellmengen veranlassen* und damit zu verminderten Auftragsabwicklungs- und Frachtkosten sowie zu vergrößertem Absatz führen.

3

Beispiele

Schreiben des Rohstofflieferers:					
Minderung:		4400	Verbindlichkeiten a. LL.	10.350,00	
15% vom Rohstoffwert	9.000,00	an 6002	Nachlässe		9.000,00
+ 15% Umsatzsteuer	1.350,00	an 2600	Vorsteuer		1.350,00
	10.350,00				
Schreiben des Rohstofflieferers:					
Bonus: Lieferungen I/93		4400	Verbindlichkeiten a. LL.	9.832,50	
5% von netto 171.000,00	8.550,00	an 6002	Nachlässe		8.550,00
+ 15% Umsatzsteuer	1.282,50	an 2600	Vorsteuer		1.282,50
	9.832,50				

S	6000 Aufwendungen für Rohstoffe		H
4400	180.000,00	6062	17.550,00

S	4400 Verbindlichkeiten a. LL.		H
6002, 2600	10.350,00	6000, 2600	207.000,00
6002, 2600	9.832,50		

S	6062 Nachlässe		H
6000	17.550,00	4400	9.000,00
		4400	8.550,00
	17.550,00		17.550,00

S	2600 Vorsteuer		H
4400	27.000,00	4400	1.350,00
		4400	1.282,50

Abb. 3.66

- Verkäufe von Erzeugnissen und Dienstleistungen

Die *Absatzleistungen* setzen sich zusammen aus *Verkäufen von Fertigen Erzeugnissen und* aus den für Kunden erbrachten *Dienstleistungen,* wie Montage und Wartung verkaufter Maschinen, Schulung der Kunden, berechnete Transportleistungen. Sie werden als *„Umsatzerlöse"* auf dem Konto *„5000 Umsatzerlöse für eigene Erzeugnisse"* gebucht. In der Praxis ist es sinnvoll, zusätzlich zu diesen Konten, auf denen die Hauptleistungen der Unternehmen erfaßt werden, spezielle Umsatzerlöskonten für die Dienstleistungen einzurichten (siehe Abb. 3.67).

Verpackungskosten, Frachten, Vertriebsprovisionen

- Verpackungskosten

Das verkaufende Unternehmen hat als Vertragspartner die Erzeugnisse so zu verpacken, daß sie vom Käufer übernommen werden können. Die *Kosten für solche Verpackungen hat der Verkäufer zu tragen* (siehe Abb. 3.68).
Die *Kosten für die Verpackungen,* die zum Versand der Erzeugnisse notwendig werden, sind in der Regel *vom Käufer zu übernehmen.* Vielfach besorgt jedoch der Verkäufer diese Verpackungen und stellt die Kosten dann nach Auslieferung der Erzeugnisse dem Kunden in Rechnung (siehe Abb. 3.69).

- Transportkosten

Ebenso hat in der Regel der Käufer die *Frachten* für die Zusendung seiner Erzeugnisse zu zahlen. Der Verkäufer führt die Auslieferung vielfach mit eigenem Werksverkehr durch oder beauftragt fremde Frachtführer mit der Zusendung. Die *Frachtkosten* werden dann *vom verkaufenden Unternehmen gezahlt* und später *dem Kunden belastet* (siehe Abb. 3.70).

- Vertriebsprovisionen

Industrieunternehmen setzen als *Maßnahme ihrer Absatzpolitik Handelsvertreter* ein, um ihre Erzeugnisse abzusetzen. Die Handelsvertreter er-

Beispiel

Geschäftsfälle		Buchungssätze			
AR: Erzeugnisse, netto	40.000,00				
– 6% Mengenrabatt	2.400,00	2400	Forderungen a. LL.		43.240,00
			an 5000	Umsatzerlöse für	
	37.600,00			eigene Erzeugnisse	37.600,00
+ 15% USt	5.640,00		an 4800	Umsatzsteuer	5.640,00
	43.240,00				
AR: Maschinenmontage:					
16 Std. à 90,00 DM	1.440,00				
+ Kleinmaterialien	160,00	2400	Forderungen a. LL.		1.840,00
			an 5000	Umsatzerlöse für	
	1.600,00			eigene Erzeugnisse	1.600,00
+ 15% USt	240,00		an 4800	Umsatzsteuer	240,00
	1.840,00				

Abb. 3.67

Beispiel

Kassenbeleg: Barkauf von Verpackungsmaterial für auszuliefernde Erzeugnisse				
Verpackung, netto	300,00	6040	Verpackungsmaterial	300,00
+ 15% USt	45,00	2600	Vorsteuer	45,00
	345,00		an 2880 Kasse	345,00

Abb. 3.68

Beispiel

Briefkopie: Lastschrift an Kunden wegen Verpackungsmaterial					
Verpackung, netto	300,00	2400	Forderungen a. LL.		345,00
+ 15% USt	45,00		an 5000	Umsatzerlöse für	
				eigene Erzeugnisse	300,00
	345,00		an 4800	Umsatzsteuer	45,00

Abb. 3.69

halten für ihre Dienstleistungen eine *Handelsvertreterprovision*, die für das Industrieunternehmen Aufwand darstellt (siehe Abb. 3.71).

Gutschriften für Rückgabe von Erzeugnissen und Verpackung durch Kunden

Die *Zurücknahme falsch gelieferter* bzw. *mangelhafter Erzeugnisse verursacht* eine Rückbuchung oder *Stornierung* der ursprünglich gebuchten Umsatzerlöse, der gebuchten Umsatzsteuer und der entstandenen Forderung a. LL. gegenüber diesem Kunden. Ebenfalls führt die *Rücknahme von Verpackungsmaterial* zu dieser Buchung. Dabei wird dem Kunden häufig nicht der insgesamt berechnete Wert an Verpackungsmaterial gutgeschrieben, um für die Abnutzung der Verpackung ein angemessenes Entgelt zu erzielen (siehe Abb. 3.72).

Gutschriften für Minderungen bei mangelhafter Lieferung und Umsatzrückvergütungen (Boni)

Erhält der Kunde wegen berechtigter Mängelrüge eine *Gutschrift für Minderungen oder* nach Ablauf eines Rechnungszeitraums für seine erzielten Umsätze einen *nachträglichen Rabatt (Bonus)*, werden ebenfalls *Korrekturbuchungen der* ursprünglich gebuchten *Umsatzerlöse, Umsatzsteuern* und *Forderungen* notwendig.
Um jedoch eine *Kontrolle* über zurückgegebene Erzeugnisse und Verpackungen einerseits und

3

Beispiel

Geschäftsfälle	**Buchungssätze**			
KB: Frachtzahlung an den Frachtführer für die Versendung von fertigen Erzeugnissen				
Fracht, netto	120,00	6140	Frachten und Fremdlager	120,00
+ 15% USt	18,00	2600	Vorsteuer	18,00
	138,00		an 2880 Kasse	138,00
AR: Zielverkauf von fertigen Erzeugnissen				
Erzeugnisse, netto	7.000,00			
– 6% Mengenrabatt	420,00			
	6.580,00			
+ Fracht	120,00	2400	Forderungen a. LL.	7.705,00
			an 5000 Umsatzerlöse für	
	6.700,00		eigene Erzeugnisse	6.700,00
+ 15% Umsatzsteuer	1.005,00		an 4800 Umsatzsteuer	1.005,00
	7.705,00			

Abb. 3.70

Beispiel

ER, BA: Zahlung mit Bankscheck 5% Provision vom Umsatz des II. Quartals 19..	4.250,00	6150	Vertriebsprovisionen	4.250,00
+ 15% USt	637,50	2600	Vorsteuer	637,50
	4.887,50		an 2800 Bank	4.887,50

Abb. 3.71

Beispiel

Geschäftsfälle		**Buchungssätze**		
Briefkopie: Gutschrift an Kunden wegen zurückgesandter fertiger Erzeugnisse		5000	Umsatzerlöse für	
Warenwert, netto	6.000,00		eigene Erzeugnisse	6.000,00
+ 15% USt	900,00	4800	Umsatzsteuer	900,00
	6.900,00		an 2400 Forderungen a. LL.	6.900,00
Briefkopie: Gutschrift an Kunden wegen zurückgesandter Verpackung 80% der Selbstkosten		5000	Umsatzerlöse für	
von 300,00 DM	240,00		eigene Erzeugnisse	240,00
+ 15% Umsatzsteuer	36,00	4800	Umsatzsteuer	36,00
	276,00		an 2400 Forderungen a. LL.	276,00

Abb. 3.72

Minderungen ursprünglich vereinbarter Umsatzerlöse durch Gutschriften andererseits zu ermöglichen, sind die *Vorgänge, bei denen Erzeugnisse zurückgegeben werden,* zu trennen von den *Vorgängen, bei denen die* ursprünglich vereinbarten *Umsatzerlöse lediglich gemindert werden.* Das Industrieunternehmen bucht *sowohl die Gutschriften an Kunden wegen Minderungen als auch die Gutschriften an Kunden wegen Boni* auf dem Konto *„5001 Erlösberichtigungen“*. Das Konto *„5001 Erlösberichtigungen“* ist dann im Rahmen der vorbereitenden Abschlußbuchungen *über* das Konto *„5000 Umsatzerlöse für eigene Erzeugnisse“ abzuschließen (siehe* Abb. 3.73).

Zahlungsverkehr, Finanzwirtschaft

Zahlungsverkehr mit den Lieferern und den Kunden (Zahlungsformen, Skonti)

- Liefererskonti

Der Lieferer kann sofortige Zahlung verlangen, falls über den Zahlungszeitpunkt keine vertraglichen Vereinbarungen vorliegen. Wird für die Zahlung ein bestimmtes Ziel – z. B. zahlbar innerhalb 60 Tagen ab Rechnungsdatum – vereinbart, dann *gewährt* der *Lieferer Kredit,* den er sich verzinsen läßt.

Der *Zins* für den Liefererkredit *wird in den Preis* für die Waren oder Materialien einkalkuliert.

Beispiel: Gutschriften für Minderungen und Boni

Die letzte Lieferung fertiger Erzeugnisse im Werte von netto 80.000,00 DM an einen Kunden wies Qualitätsmängel auf. Dem Kunden wurde daher eine Minderung von 15 % gewährt. Da der gesamte Halbjahresumsatz mit diesem Kunden unter Berücksichtigung der Gutschrift 388.000,00 DM netto betrug, erhält der Kunde vereinbarungsgemäß eine Umsatzrückvergütung von 5 ‰.

Briefkopie: Gutschrift an Kunden wegen anerkannter Mängelrüge				
Minderung, netto	12.000,00	5001	Erlösberichtigungen	12.000,00
+ 15 % Umsatzsteuer	1.800,00	4800	Umsatzsteuer	1.800,00
	13.800,00		2400 Forderungen a. LL.	13.800,00
Briefkopie: Gutschrift an Kunden				
5 ‰ Bonus, netto	1.940,00	5001	Erlösberichtigungen	1.940,00
+ 15 % Umsatzsteuer	291,00	4800	Umsatzsteuer	291,00
	2.231,00		an 2400 Forderungen a. LL.	2.231,00
vorbereitende Abschlußbuchung				
Abschluß des Kontos 5001 Erlösberichtigungen		5000	Umsatzerlöse für eigene Erzeugnisse	13.940,00
			an 5001 Erlösberichtigungen	13.940,00

S 2400 Forderungen a. LL. H

5000, 4800	456.000,00	5001, 4800	13.800,00
		5001, 4800	2.231,00

S 5000 Umsatzerlöse für eigene Erzeugnisse H

5001	13.940,00	2400	400.000,00
8020	386.060,00		
	400.000,00		400.000,00

S 5001.Erlösberichtigungen H

2400	12.000,00	5000	13.940,00
2400	1.940,00		
	13.940,00		13.940,00

S 4800 Umsatzsteuer H

2400	1.800,00	2400	56.000,00
2400	291,00		

Abb. 3.73

Will der Lieferer vorzeitige Zahlung erreichen, dann gewährt er als Verzicht auf den Kredit einen Nachlaß auf den Rechnungsbetrag, der als Skonto bezeichnet wird – z. B. 3% Skonto bei Zahlung innerhalb von 10 Tagen. *In der Regel* ist es sehr
3 *lohnend,* den *Liefererskonto auszunutzen* – im Beispiel 22,3% – und damit auf den Liefererkredit zu verzichten (siehe Abb. 3.74).

Der Skontoabzug war bei vorzeitiger Zahlung vereinbart. Daher wird mit der Überweisung des Bareinkaufspreises (Überweisungsbetrag) die *gesamte Schuld* auf dem Konto „4400 Verbindlichkeiten a. LL." (Rechnungsbetrag, brutto) *getilgt.* Die *Anschaffungskosten der Materialien* werden durch den Skontoabzug *gemindert.* Die nachträglichen Minderungen der Anschaffungskosten eingekaufter Materialien werden auf den jeweiligen Unterkonten *„Nachlässe"* (6002, 6022, 6032) *beim Skontoabzug auf Materialeingangsrechnungen* gebucht. *Umsatzsteuerrechtlich* bewirkt der Skontoabzug eine *Änderung der ursprünglich gebuchten Vorsteuer;* denn das Finanzamt erstattet letztlich nur die tatsächlich bezahlte Vorsteuer. Die Herausrechnung des Vorsteuerbetrages aus dem Skontobetrag kann wie in Abb. 3.75 dargestellt durchgeführt werden.

Die *Trennung des Skontobetrages* einschließlich 15% USt *von der* darin enthaltenen *Vorsteuer* kann bei der computerunterstützten Finanzbuchhaltung automatisch bei Eingabe des Bruttobetrages über das Programm herausgerechnet werden (siehe Abb. 3.76).

- Bruttobuchung der Nachlässe durch den Lieferer

Umsatzsteuerrechtlich führt jede Änderung des vereinbarten Entgelts durch *Skonti, Boni* oder *Minderung* des Einkaufspreises zur *Berichtigung der* ursprünglich in Anspruch genommenen *Vorsteuer.* Die Vorsteuerberichtigung ist für den Besteuerungszeitraum (Monat) vorzunehmen, in dem die Änderung des Entgelts eingetreten ist. Daher bietet sich das *Bruttoverfahren als arbeitssparende Buchungstechnik* an. Danach wird der gesamte Betrag an Skonto, Bonus oder Preisminderung einschließlich der darin enthaltenen und zu korrigierenden Vorsteuer auf dem Konto „Nachlässe" (6002, 6022 oder 6032) gebucht. Der zu korrigierende Vorsteueranteil wird dann zum Ende des Besteuerungszeitraums aus der Summe der Bruttonachlässe herausgerechnet und mit einer Buchung umgebucht (siehe Abb. 3.77).

- Kundenskonti

Die Einräumung des Zahlungszieles an die Kunden bei Zielverkäufen stellt eine Kreditgewährung dar, für die *Zinsen in der Form des Kundenskontos* bereits in den Preis einkalkuliert werden. Nimmt der Kunde das gewährte Zahlungsziel nicht in Anspruch, weil er vorher über die nötigen Zahlungsmittel verfügt, kann er den in den Zahlungsbedingungen angegebenen Skonto vom Rechnungsbetrag abziehen.

Mit der Zahlung des verminderten Rechnungsbetrages hat der Kunde seine *Schuld insgesamt beglichen.* Mit dem *Skontoabzug* ist eine *nachträgliche Minderung der Umsatzerlöse und* damit *der ursprünglichen Bemessungsgrundlage für die Umsatzsteuer* verbunden.

Der Kundenskonto führt daher zu einer *Berichtigung der Umsatzsteuer,* die aufgrund des ursprünglich vereinbarten Entgelts für die Lieferung zu zahlen war. Die nachträgliche Minderung der Umsatzerlöse durch Skonto wird in der Finanzbuchhaltung als Erlösberichtigung bezeichnet, die auf dem Unterkonto „5001 Erlösberichtigungen" zu buchen ist (siehe Abb. 3.78).

Bei der *Bruttobuchung* wird der *gesamte Skontobetrag* einschließlich der darin enthaltenen *Umsatzsteuer* auf dem Konto „5001 Erlösberichtigungen" gebucht. Der zu *korrigierende Umsatzsteueranteil* wird am Ende des Besteuerungszeitraums aus der Summe der Bruttoskonti herausgerechnet und *mit einer Buchung umgebucht.*

Beispiel

	Bankauszug: Überweisung an Rohstofflieferer	
Zieleinkaufspreis, brutto	Rechnungsbetrag, brutto	46.000,00
– Liefererskonto –	3% Skonto	1.380,00
Bareinkaufspreis, brutto	Überweisungsbetrag	44.620,00

Abb. 3.74

$$\frac{\text{Liefererskonto} \cdot \text{USt-Satz}}{115} = \text{VSt-Anteil} \qquad \frac{1.380 \cdot 15}{115} = 180{,}00 \text{ DM}$$

Abb. 3.75

Auswirkung des Liefererskontos	auf die Anschaffungskosten	auf die Vorsteuer	insgesamt
Rechnungsbetrag lt. ER – 3% Skonto	40.000,00 DM 1.200,00 DM	6.000,00 DM 180,00 DM	46.000,00 DM 1.380,00 DM
= Überweisungsbetrag	38.800,00 DM	5.820,00 DM	44.620,00 DM

Beispiel

ER: Rohstoffe, netto	40.000,00	6000	Aufwendungen für Rohstoffe		40.000,00
+ 15% Umsatzsteuer	6.000,00	2600	Vorsteuer		6.000,00
	46.000,00	an 4400	Verbindlichkeiten a. LL.		46.000,00
BA: Banküberweisung an		4400	Verbindlichkeiten a. LL.		46.000,00
Rohstofflieferer nach Abzug		an 6002	Nachlässe		1.200,00
von 3% Skonto	44.620,00	an 2600	Vorsteuer		180,00
		an 2800	Bank		44.620,00
vorbereitende Abschlußbuchung					
Das Konto „Nachlässe" ist zum Jahresabschluß		6002	Nachlässe		1.200,00
über das Materialaufwandskonto abzuschließen.		an 6000	Aufw. für Rohstoffe		1.200,00

S	6000 Aufwendungen für Rohstoffe		H
4400	40.000,00	6002	1.200,00

S	4400 Verbindlichkeiten a. LL.		H
6002, 2600, 2800	46.000,00	6000, 2600	46.000,00

S	6002 Nachlässe		H
6000	1.200,00	4400	1.200,00

S	2600 Vorsteuer		H
4400	6.000,00	4400	180,00

S	2800 Bank		H
8000	100.000,00	4400	44.620,00

Abb. 3.76

Beispiele

Schreiben des Rohstofflieferers:				
Minderung wegen Mängel	4.000,00	4400	Verbindlichkeiten a. LL.	4.600,00
+ 15% Umsatzsteuer	600,00		an 6002 Nachlässe	4.600,00
	4.600,00			
Schreiben des Rohstofflieferers:		4400	Verbindlichkeiten a. LL.	690,00
5% Bonus einschl. 15% USt	690,00		an 6002 Nachlässe	690,00
BA: Banküberweisung an		4400	Verbindlichkeiten a. LL.	8.050,00
Rohstofflieferer nach			an 6002 Nachlässe	241,50
Abzug von 3% Skonto	7.808,50		an 2800 Bank	7.808,50

S	2600 Vorsteuer		H
Summe	70.000,00	6002	721,50

S	6002 Nachlässe		H
2600	721,50	4400	4.600,00
		4400	690,00
		4400	241,50

Abb. 3.77

Beispiel

Banküberweisung vom Kunden für fällige AR über 46.000,00 DM abzüglich 2% Skonto

Auswirkung des Kundenskontos	auf die Umsatzerlöse	auf die Umsatzsteuer	insgesamt
Rechnungsbetrag lt. AR	40.000,00 DM	6.000,00 DM	46.000,00 DM
– 2% Skonto	800,00 DM	120,00 DM	920,00 DM
= Überweisungsbetrag	39.200,00 DM	5.880,00 DM	45.080,00 DM

Beispiel: Zahlung einer Kundenrechnung mit Skontoabzug

Geschäftsfall	Buchung
AR: Zielverkauf von fertigen Erzeugnissen Warenwert, netto .... 40.000,00 + 15% Umsatzsteuer 6.000,00 46.000,00	2400 Forderungen a. LL. 46.000,00 an 5000 Umsatzerlöse für eigene Erzeugnisse 40.000,00 an 4800 Umsatzsteuer 6.000,00
BA: Banküberweisung vom Kunden für fällige AR nach Abzug von 2% Skonto 45.080,00	2800 Bank 45.080,00 5001 Erlösberichtigungen 800,00 4800 Umsatzsteuer 120,00 an 2400 Forderungen a. LL. 46.000,00
vorbereitende Abschlußbuchung Das Konto „Erlösberichtigungen" ist zum Jahresabschluß über das Konto „Umsatzerlöse für eigene Erzeugnisse" abzuschließen.	5000 Umsatzerlöse für eigene Erzeugnisse 800,00 an 5001 Erlösberichtigungen 800,00

S 2400 Forderungen a. LL. H

S		H	
5000, 4800	46.000,00	2800, 5001, 4800	46.000,00

S 5000 Umsatzerlöse für eigene Erzeugnisse H

S		H	
5001	800,00	2400	40.000,00

S 5001 Erlösberichtigungen H

S		H	
2400	800,00	5000	800,00

S 4800 Umsatzsteuer H

S		H	
2400	120,00	2400	6.000,00

S 2800 Bank H

S		H	
2400	45.080,00		

Abb. 3.78

Aufnahme und Rückzahlung von Krediten

• Kapitalbeschaffung und Kapitalverwendung
Die Unternehmen benötigen Kapital zur *Finanzierung* ihrer *Investitionen* im Anlage- und Umlaufvermögen.
Alle *Maßnahmen* im Zusammenhang mit der *Kapitalbeschaffung* für die Unternehmung werden als Finanzierung bezeichnet. Die *Anlage des Kapitals* im Vermögen stellen die *Investitionen* dar. Die Finanzierung beschafft *Sachkapital* und/oder *Geldkapital.*

Beispiele
Beschaffung von Sachkapital:
Einkauf von Waren oder Anlagen auf Ziel
Beschaffung von Geldkapital:
Bareinlage des Unternehmers
Aufnahme eines Darlehens bei der Bank

Bei der Beschaffung von Sach- und Geldkapital kann es sich um *Eigenkapital oder Fremdkapital* handeln. Bei der Finanzierung durch Eigenkapital, die als *Eigenfinanzierung* bezeichnet wird, stellen das Unternehmen, der Unternehmer oder die Ge-

Finanzierung	Beschaffung von Sach- und Geldkapital	– Unternehmer übereignet ein Grundstück aus seinem Privatvermögen in das Betriebsvermögen – Bank überläßt dem Unternehmen 50.000,00 DM auf 5 Jahre
Eigenfinanzierung	Beschaffung von Eigenkapital	Die Exakta-GmbH erhöht ihr gezeichnetes Kapital (Stammkapital) um 40.000 DM durch Zuzahlung der Gesellschafter Alfred Abel und Bernd Bube
Fremdfinanzierung	Beschaffung von Fremdkapital	Zielkauf von Waren oder Anlagegegenständen Aufnahme eines Darlehens bei der Bank

- Kredit bedeutet Vertrauen des Kreditgebers, daß seiner Leistung in der Gegenwart eine vereinbarte Gegenleistung des Kreditnehmers in der Zukunft folgt.

Bilanz der Unternehmung

Aktiva Investitionen – Kapitalverwendung	Passiva Kapitalherkunft – Finanzierung
Anlagevermögen	Eigenkapital
Umlaufvermögen	Fremdkapital

Abb. 3.79

sellschafter dem Unternehmen Geld- und/oder Sachkapital zur Verfügung.
Bei der Finanzierung durch Fremdkapital, die als *Fremdfinanzierung* bezeichnet wird, erhält das Unternehmen von nicht beteiligten Dritten Geld- und/oder Sachkapital für einen begrenzten Zeitraum. Der Kapitalgeber vertraut darauf, daß er das Kapital nach Ablauf der vereinbarten Zeit zurückerhält. Vertrauen oder glauben heißt in der lateinischen Sprache „credere". Das Unternehmen erhält einen *Kredit* (siehe Abb. 3.79).

- Kreditaufnahme und -tilgung

Jede Kreditaufnahme wird rechtlich in einem Darlehensvertrag geregelt. Nach der *Art der Leistung* des Kreditgebers sind die in Abb. 3.80 dargestellten Kreditarten zu unterscheiden.
Wird der vom Lieferer gewährte Kredit aufgrund von Lieferungen *nicht zum* vereinbarten *Fälligkeitstermin* der Eingangsrechnung *getilgt,* dann befindet sich der Kunde als Schuldner im *Zahlungsverzug.* Der Gläubiger kann dann den *Ersatz des Verzögerungsschadens* verlangen. Der Schuldner muß gem. § 288 BGB eine *Geldschuld*

Kreditarten	Waren- bzw. Leistungskredite	Geldkredite
Art der Leistung	Einkauf von Rohstoffen bzw. Inanspruchnahme von Dienstleistungen gegen Zahlung nach Ablauf eines Ziels	Entgegennahme von Geld mit der Vereinbarung der Rückzahlung zu einem späteren Zeitpunkt
Beispiel	ER: Zieleinkauf von Rohstoffen Rohstoffwert, netto 25.000,00 + 15% Umsatzsteuer 3.750,00 28.750,00	Aufnahme eines Bankdarlehens über 50.000,00 DM mit der Laufzeit von einem Jahr. Der Betrag wird auf dem Girokonto bereitgestellt.
Buchung	6000 Aufwendungen für Rohstoffe 25.000,00 2600 Vorsteuer 3.750,00 an 4400 Verbindlichkeiten a.LL. 28.750,00	2800 Bank 50.000,00 an 4200 Kurzfristige Verbindlichkeiten gegenüber Kreditinstituten 50.000,00

Abb. 3.80

3

Beispiele

Brief des Rohstofflieferers: Lastschrift 5% Verzugszinsen für ER 18/II v. 20.02.19.. bis 20.03.19.. 119,79 DM	7510	Zinsaufwendungen an 4400 Verbindlichkeiten a. LL.	119,79 119,79
BA: Lastschrift – Banküberweisung Verzugszinsen laut Schreiben vom 20.03.19.. an den Lieferer 119,79 DM	4400	Verbindlichkeiten a. LL. an 2800 Bank	119,79 119,79
Briefkopie: Lastschrift an Kunden 5% Verzugszinsen für AR 520/V v. 03.05.19.. bis 30.05.19.. 103,50 DM	2400	Forderungen a. LL. an 5710 Zinserträge	103,50 103,50
BA: Gutschrift – Banküberweisung Verzugszinsen laut Schreiben vom 30.05.19.. 103,50 DM	2800	Bank an 2400 Forderungen a. LL.	103,50 103,50

Nach der Laufzeit oder Überlassungsfrist des Fremdkapitals sind zu unterscheiden:

Einteilung der Kredite nach ihrer Laufzeit

kurzfristige Kredite	mittelfristige Kredite	langfristige Kredite
Laufzeit bis zu einem Jahr	Laufzeit > 1 bis 5 Jahre	Laufzeit von mehr als 5 Jahren
Liefererkredit – Zielgewährung, z. B. 90 Tage	Liefererkredit – Zielgewährung für Maschinenkauf, z. B. 2 Jahre	Aufnahme eines Darlehens mit einer Laufzeit von 20 Jahren zum Bau einer Fabrikhalle

Abb. 3.81

Beispiel

Eine Industrieunternehmung erhält am 1. März d.J. ein Bankdarlehen über 60.000,00 DM, zu einem Zinssatz von 8%, rückzahlbar zum 1. März des folgenden Jahres. Die erste Zinszahlung ist fällig zum 31.12.d.J. Die zweite Zinszahlung zum 01.03. d.f.J. Das kurzfristige Bankdarlehen wird auf dem Girokonto bereitgestellt.

Buchung bei Darlehensaufnahme	2800 Bank an 4200 Kurzfristige Verbindlichkeiten gegenüber Kreditinstituten	60.000,00 60.000,00
Berechnung der Zinsen a) bis zum 31.12. des Geschäftsjahres	K = 60.000,00 DM p = 8% t = 01.03. bis 31.12. Z = x	$X = \frac{60.000 \cdot 8 \cdot 299}{100 \cdot 360} = 3.986{,}67$ DM
b) bis zum 01.03.d.f.Gj. des folgenden Geschäftsjahres	K = 60.000,00 DM p = 8% t = 31.12. bis 01.03. Z = x	$X = \frac{60.000 \cdot 8 \cdot 61}{100 \cdot 360} = 813{,}33$ DM
Buchung der Zinsen Zinszahlung am 31.12.d.Gjs. per Banküberweisung	7510 Zinsaufwendungen an 2800 Bank	3.986,67 3.986,67
Buchung der Zinsen und der Darlehenstilgung zum 01.03.des folgenden Geschäftsjahres	7510 Zinsaufwendungen 4200 Verbindlichkeiten gegenüber Kreditinstituten an 2800 Bank	813,33 60.000,00 60.813,33

Abb. 3.82

mit Eintritt des Zahlungsverzugs *verzinsen.* Ist der Zinssatz von den Vertragspartnern nicht vereinbart worden, dann gilt nach § 352 HGB der *Zinssatz von 5%.* Da die Verzugszinsen kein Entgelt für eine Gegenleistung darstellen, sondern eine Schadenersatzleistung sind, *unterliegt* dieser Vorgang *nicht der Umsatzsteuer* (siehe Abb. 3.81).

Buchungen bei Aufnahme und Tilgung von Darlehen werden am Beispiel des Festdarlehens dargestellt. Bei einem Festdarlehen wird das *Darlehen nach Ablauf der Laufzeit zurückgezahlt.* Als Entgelt für die Nutzungsmöglichkeit des Fremdkapitals während der Laufzeit verlangt der Kreditgeber im allgemeinen *Zinsen,* die für den Kreditnehmer Aufwendungen darstellen (siehe Abb. 3.82).

Vielfach verlangen die Kreditinstitute *neben den Zinsen noch Bearbeitungsgebühren und* zu erstattende *Spesen.*

Zinsen und diese zusätzlichen Kosten sind die für den Kreditzeitraum anfallenden *Kreditkosten.* Durch diese einmalig zu zahlenden Spesen und Bearbeitungskosten erhöht sich der tatsächlich für den Kredit zu zahlende Zinssatz, wenn man die Kreditkosten auf ein Jahr bezieht. Dieser vom vereinbarten Zinssatz abweichende tatsächliche Zinssatz wird als *effektiver Zinssatz* bezeichnet.

Bearbeitungsgebühren und Spesen sind wie die Zinsen Aufwendungen für das Unternehmen. Im Gegensatz zu den Zinsen sind jedoch Bearbeitungsgebühren und Spesen auf dem Konto *„6750 Kosten des Geldverkehrs"* zu buchen (siehe Abb. 3.83).

Buchungen im Wechselverkehr

Der Wechsel ist ein viel verwendetes Zahlungs- und Kreditmittel. Zur Unterscheidung der Arten vgl. Abb. 3.84.

Die buchtechnische Behandlung des Wechsels ergibt sich aus seinen vielfältigen Verwendungsmöglichkeiten.

Beispiel

Eine Industrieunternehmung erhält am 31.01.d.J. ein Bankdarlehen über 15.000,00 DM. Bei Auszahlung des Bankdarlehens berechnet die Bank 0,5% vom Darlehensbetrag an Bearbeitungsgebühren. Die bei Auszahlung ebenfalls einbehaltenen Bankspesen betragen 8,00 DM. Die Zinsen von 12% sind bei Rückzahlung des Darlehens am 31.12.d.J. fällig.

Berechnung des Auszahlungsbetrages	Darlehen – Bearbeitungsgebühren 0,5% – Spesen	15.000,00 75,00 8,00	 14.917,00
Buchung bei Darlehensaufnahme	2800 Bank 6750 Kosten des Geldverkehrs an 4200 Kurzfristige Verbindlichkeiten gegenüber Kreditinstituten		14.917,00 83,00 15.000,00

Berechnung der Zinsen, der Kreditkosten und der Effektivverzinsung

a) Zinsen	K = 15.000,00 DM p = 12% t = 31.01. bis 31.12. Z = x	$X = \frac{15.000 \cdot 12 \cdot 330}{100 \cdot 360} = 1.650,00$
b) Kreditkosten	1.650,00 DM Zinsen + 75,00 DM Gebühren + 8,00 DM Spesen	
c) Effektivverzinsung	K = 15.000,00 DM Z = 1.733,00 DM t = 31.01. bis 31.12. p = x	$X = \frac{1733 \cdot 100 \cdot 360}{15000 \cdot 330} = 12,6\%$

Buchung der Zinsen und der Darlehenstilgung zum 31.12 des Geschäftsjahres	7510 Zinsaufwendungen 4200 Verbindlichkeiten gegenüber Kreditinstituten an 2800 Bank	1.650,00 15.000,00 16.650,000

Abb. 3.83

3

Wechselforderungen (Besitzwechsel)	**Wechselverbindlichkeiten** (Schuldwechsel)
Es sind auf den Kunden gezogene oder vom Kunden erhaltene Wechsel.	Es sind vom Gläubiger auf uns gezogene und von uns akzeptierte Wechsel.
Sie verbriefen (Wertpapier) eine **Geldforderung gegenüber dem Bezogenen.**	Sie verbriefen (Wertpapier) eine **Geldschuld gegenüber dem Aussteller.**
Sie werden auf dem Konto **„2450 Wechselforderungen"** gebucht.	Sie werden auf dem Konto **„4500 Wechselverbindlichkeiten"** gebucht.

Abb. 3.84

• Wechselforderungen (siehe Abb. 3.85)

Beispiel 1
Zum Ausgleich einer Rechnung über 5.060,00 DM, fällig am 15.07., überreicht uns ein Kunde am gleichen Tag ein Dreimonatsakzept über den gleichen Betrag.
Buchung:

2450	Wechselforderungen	5.060,00	
	an 2400 Forderungen a. LL.		5.060,00

Wurde bei Erteilung bzw. bei der Ausstellung des Wechsels noch nicht berücksichtigt, daß der Fälligkeitstermin des Wechsels nach dem Fälligkeitstermin der Rechnung liegt, so erhält der Unternehmer für seine Lieferung ein geringeres Entgelt, als ursprünglich vereinbart worden war.
Er wird sich deshalb den Differenzbetrag von seinem Kunden bezahlen lassen. Dieser *Differenzbetrag* ist der *Umsatzsteuer zu unterwerfen,* weil der Kaufmann in Form des *Diskonts* den *Rest des Preises für die Lieferung* fordert (siehe Abb. 3.86).

Buchung:

2400	Forderungen a. LL.	145,48	
	an 5730 Diskonterträge		126,50
	an 4800 Umsatzsteuer		18,98

Beispiel 2
Bei Inkasso des Wechsels (siehe Beispiel 1) am Verfalltag geht bares Geld ein.

Buchung:

2880	Kasse	5.060,00	
	an 2450 Wechselforderungen		5.060,00

Beispiel 3
Bei Inkasso durch die Bank schreibt sie uns den Wechselbetrag abzüglich der Kosten gut, die ihr bei der Wechseleinziehung entstanden sind:

Wechselbetrag (siehe Beispiel 1)	5.060,00 DM
– Einzugsspesen	15,00 DM
Gutschrift der Bank	5.045,00 DM

Buchung:

2800	Bank	5.045,00	
6750	Kosten des Geldverkehrs	15,00	
	an 2450 Wechselforderungen		5.060,00

Einzugsspesen (z. B. Porto, Inkassoprovision) sind *Kosten des Geldverkehrs,* die das umsatzsteuerpflichtige Entgelt nicht mindern.

Beispiel 4
Ein Zweimonatsakzept über 3.450,00 DM eines Kunden wird im Unterschied zu Beispiel 3 der Bank zum Diskont eingereicht.

2450 Wechselforderungen (Besitzwechsel)

Zugänge	Abgänge
Wechsel, die von Kunden eingehen – vom Kunden akzeptierte Wechsel (Kundenakzepte) – vom Kunden indossierte Wechsel	– Einzug des Wechselbetrages **(Inkasso)** durch Vorlage des fälligen Wechsels beim **Bezogenen** – **Inkasso** des Wechselbetrages **durch unsere Bank** – **Verkauf** des Wechsels **abzüglich Diskont** an unsere Bank – **Weitergabe** (Indossierung) **an einen Lieferer** zum Rechnungsausgleich

Abb. 3.85

Abrechnung der Bank

Wechselbetrag	3.450,00 DM
– Diskont: 6 % für 60 Tage	34,50 DM
Gutschrift der Bank (Barwert)	3.415,50 DM

Buchung:

2800	Bank	3.415,50
7530	Diskontaufwendungen	30,00
4800	Umsatzsteuer	4,50
	an 2450 Wechselforderungen	3.450,00

Durch den *Diskontabzug* ist eine *Kürzung* des mit dem Kunden vereinbarten *Bruttoentgelts* eingetreten. Will unser Betrieb den im *Diskont* enthaltenen Umsatzsteueranteil (4,50 DM) berichtigen, *muß* er gemäß § 17 UStG dem *Kunden die Höhe des Diskonts mitteilen,* damit dieser seine Vorsteuer entsprechend berichtigt. Dann erhöhen sich beim Kunden die Finanzierungskosten. In der Praxis wird in der Regel auf diesen Belegaustausch verzichtet. Dann hat die Wechseldiskontierung keine umsatzsteuerrechtliche Auswirkung.

Beispiel 5

Wir geben einen Kundenwechsel über 2.300,00 DM an einen Lieferer weiter.

Buchung:

4400	Verbindlichkeiten a. LL.	2.300,00
	an 2450 Wechselforderungen	2.300,00

Der Lieferer stellt Diskont in Rechnung – er behält das Akzept als Inkassowechsel

netto (6% für 60 Tage)	34,50 DM
+ 15 % USt	5,18 DM
	39,68 DM

Buchung:

7530	Diskontaufwendungen	34,50
2600	Vorsteuer	5,18
	an 4400 Verbindlichkeiten a. LL.	39,68

Für Forderungen a. LL. zahlungshalber erhaltene Wechsel (Besitzwechsel) werden in *Kapitalgesellschaften* nicht mehr in einer gesonderten Position ausgewiesen. Diese *mit Wechseln gesicherten Forderungen* werden dort *unter dem Posten „Forderungen a. LL."* erfaßt, indem sie zum Bestand der Forderungen addiert werden.
Durch Wechsel gesicherte Forderungen werden nicht als vollwertigere behandelt als andere Forderungen. Das Bilanzschema des § 266 Abs. 2 HGB sieht für Wechselforderungen keine Position vor.

- Wechselverbindlichkeiten (siehe Abb. 3.87)

Beispiel 1

Vereinbarungsgemäß hat ein Lieferer einen Wechsel über 6.900,00 DM auf uns gezogen, den wir akzeptieren und versteuert an ihn zurückschicken.

Buchung:

4400	Verbindlichkeiten a. LL.	6.900,00
	an 4500 Wechselverbindlichkeiten	6.900,00

Stellt der Lieferer Diskont in Rechnung, lautet die Buchung wie oben unter Beispiel 5.

Beispiel 2

Wir lösen den Wechsel am Verfalltag bar ein.

Buchung:

4500	Wechselverbindlichkeiten	6.900,00
	an 2880 Kasse	6.900,00

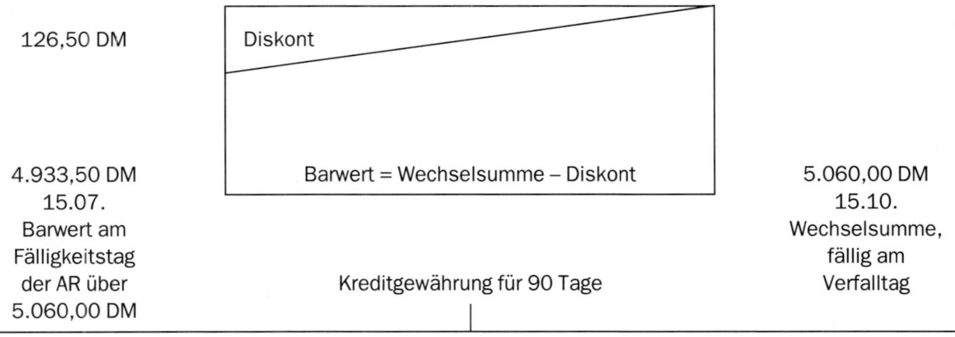

Für diese Zeit wird dem Kunden Diskont in Rechnung gestellt:

Diskont, 10 % für 90 Tage, netto	126,50 DM
+ 15 % USt	18,98 DM
	145,48 DM

Abb. 3.86

3

4500 Wechselverbindlichkeiten (Schuldwechsel)	
Abgänge	Zugänge
– Einlösung von uns akzeptierter Wechsel am Verfalltag – Einlösung von uns akzeptierter Wechsel am Verfalltag durch unsere Bank (Zahlstelle)	von uns gegebene Akzepte

Abb. 3.87

Beispiel 3
Unsere Bank löst den Wechsel ein.

Buchung:

4500	Wechselverbindlichkeiten	6.900,00
	an 2800 Bank	6.900,00

• Das Wechselkopierbuch
Um einen ständigen Überblick über alle Wechsel zu haben, die ein Betrieb erhält oder akzeptiert, führt der Betrieb ein *Wechselkopierbuch.* Es wird meist aufgeteilt in ein *Schuldwechsel-* und *Besitzwechselbuch.*

Jedes dieser Bücher enthält folgende Angaben:
1. Laufende Nummer
2. Name des Einreichers
3. Tag der Einreichung
4. Buchungshinweise beim Eingang
5. Tag der Ausstellung
6. Aussteller
7. Bezogener
8. Zahlungsort
9. Verfalltag
10. Name des Empfängers
11. Tag der Weitergabe
12. Buchungshinweis beim Ausgang
13. Wechselsumme

Beim Schuldwechsel kommen außerdem Datum der Einlösung und Einlösungsvermerk hinzu. Mit Hilfe dieses Buches ist bei Wechselverlust leicht ein Duplikat herzustellen; außerdem dient es der Fälligkeits- und Einlösungskontrolle. Die Führung von Wechselbüchern ist gesetzlich nicht vorgeschrieben.

• Buchungen beim gestörten Wechselverkehr
Löst der Bezogene oder die von ihm als Zahlstelle angegebene Bank den Wechsel nicht rechtzeitig ein, muß der letzte Inhaber des Wechsels zur Wahrung seiner Rechte Protest mangels Zahlung erheben lassen.
Wechsel, die zu Protest gegangen sind, werden von den einwandfreien Wechseln getrennt und auf das Konto *„248 Protestwechsel"* gebucht.

Beispiel 1
Ein *Kundenwechsel* über 1.800,00 DM, der keinen Zahlstellenvermerk trägt, ist mangels Zahlung (m. Z.) protestiert worden. Die uns entstandenen Protestkosten betrugen 23,00 DM einschl. 15% USt. Sie wurden von uns gegen Aushändigung des Wechsels und der Protesturkunde bar bezahlt.

Buchungen:

6750	Kosten des Geldverkehrs	20,00
2600	Vorsteuer	3,00
	an 2880 Kasse	23,00
2480	Protestwechsel	1.800,00
	an 2450 Wechselforderungen	1.800,00

Umsatzsteuer fällt nur an, wenn ein Notar zur Protesterhebung eingeschaltet wurde, dagegen nicht bei Protesterhebung durch Gerichtsvollzieher oder Bundespost.

In Wahrung unserer Rechte nehmen wir Rückgriff auf einen Vormann oder den Aussteller. Lt. Wechselgesetz stehen uns zu:

1. die Wechselsumme	1.800,00 DM
2. Erstattung der Protestkosten	20,00 DM
3. 1/3% Provision von der Wechselsumme	6,00 DM
4. mindestens 6% Zinsen	1,80 DM
5. sonstige Auslagen (Notifikation u. a.)	2,20 DM
	1.830,00 DM

Alle beim Regreß berechneten Kosten unterliegen als *Schadenersatz nicht der Umsatzsteuer.* Forderungen bzw. Verbindlichkeiten, die sich aus dem Rückgriff ergeben, sind *„Sonstige Forderungen"* (Konto 2690) bzw. *„Sonstige Verbindlichkeiten"* (Konto 4890).

Es ergeben sich folgende Buchungen:

2690	Sonstige Forderungen	1.830,00
	an 2480 Protestwechsel	1.800,00
	an 5400 Sonstige betriebliche Erträge	28,20
	an 5700 Zinsen u. ä. Erträge	1,80

Beispiel 2
Auch ein an den Lieferer *weitergegebener Be-*

sitzwechsel kann zu Protest gehen. Dann macht der Lieferer folgende Rechtsansprüche geltend:

1. die Wechselsumme	3.300,00 DM
2. die Protestkosten	30,00 DM
3. 1/3% Provision der Wechselsumme	11,00 DM
4. 6% Zinsen/10 Tage	5,50 DM
5. Auslagen für Benachrichtigung	3,50 DM
	3.350,00 DM

Buchung:

2480	Protestwechsel	3.300,00
6750	Kosten des Geldverkehrs	44,50
7510	Zinsaufwendungen	5,50
	an 4890	
	Sonstige Verbindlichkeiten	3.350,00

Personalwirtschaft (Gehälter, Löhne, Sozialkosten)

Die Arbeitnehmer stellen dem Unternehmen ihre Arbeitskraft zur Verfügung. Als Vergütung erhalten die *Arbeiter Löhne*, die *Angestellten Gehälter.* Löhne und Gehälter sind für den Arbeitnehmer *Einkommen,* für das Unternehmen (Arbeitgeber) *Aufwand.*

Einbehaltene Lohn- und Kirchensteuer

• Steuerpflichtiger oder steuerfreier Arbeitslohn
Mit dem Bezug von Lohn bzw. Gehalt (Einkommen) wird der Arbeitnehmer wie jeder andere Bezieher von Einkünften steuerpflichtig. Er zahlt *Lohnsteuer.* Der *Arbeitslohn* kann *steuerpflichtig* oder *steuerfrei* sein (siehe Abb. 3.88).

• Lohnsteuer – eine besondere Erhebungsform der Einkommensteuer
Die *Lohnsteuer* ist eine besondere *Erhebungsform der Einkommensteuer.* Bei *Einkünften aus nichtselbständiger Arbeit* wird die Einkommensteuer als sogenannte Lohnsteuer vom Arbeitslohn erhoben. Die Lohnsteuer richtet sich nach
- der *Höhe des Arbeitslohnes,*
- der *Steuerklasse* (Familienstand, Kinder des Arbeitnehmers, Zahl der Arbeitsverträge) und
- eventuellen Freibeträgen (wegen erhöhter Werbungskosten, Sonderausgaben, außergewöhnlichen Belastungen, Sonderfreibeträgen, wie z. B. Altersfreibetrag).
- *Schuldner* der Lohnsteuer ist der *Arbeitnehmer.*
- Der *Arbeitgeber hat die Lohnsteuer* für Rechnung des Arbeitnehmers bei jeder Lohnzahlung vom Arbeitslohn *einzubehalten.*
- Er hat spätestens *am 10. Tag* nach Ablauf eines jeden Monats die einbehaltene Lohnsteuer *anzumelden und abzuführen.* Der *Arbeitgeber haftet* für die Einbehaltung und Abführung der Lohnsteuer.

3

Lohnsteuerkarte (LSt-Karte): Die *Gemeinden* haben dem Arbeitnehmer für jedes Kalenderjahr *unentgeltlich* eine *Lohnsteuerkarte auszustellen* und zu übermitteln. Die Gemeinde hat auf der Lohnsteuerkarte insbesondere die *persönlichen Daten,* die Steuerklasse und die Zahl der Kinderfreibeträge für Kinder des Arbeitnehmers, die das 18. Lebensjahr noch nicht vollendet haben, einzutragen. Die Zahl der Kinderfreibeträge wird mit dem Zähler 0,5 für Kinder bescheinigt, für die ein (halber) Kinderfreibetrag von 2.052,00 DM gewährt wird; der Zähler 1 steht für den (vollen) Kinderfreibetrag von 4.104,00 DM.
Eventuelle *Freibeträge* (z. B. erhöhte Sonderausgaben und Werbungskosten) werden auf Antrag des Arbeitnehmers *vom Finanzamt* auf der LSt-Karte eingetragen.

Lohnsteuerklassen (siehe Abb. 3.89): Wenn beide Ehegatten Arbeitslohn beziehen, stellt der Gesetzgeber *zwei Steuerklassenkombinationen* zur Wahl. Die *Kombination IV/IV* führt über den monatlichen Steuerabzug zu einem Jahresergebnis an Lohnsteuer, das annähernd der Jahreslohnsteuerschuld beider Steuerpflichtigen entspricht, wenn sie etwa gleich hohen Arbeitslohn erhalten. Bekommt der eine Arbeitnehmer erheblich mehr als der andere, dann ist die *Steuerklassenkombination III/V* empfehlenswert; denn der in der Steuerklasse III besteuerte Ehegatte wird nach einem sehr günstigen Tarif besteuert. Die eventuellen Mehr- oder Minderzahlungen an Lohnsteuer werden durch den Lohnsteuerjahres-

steuerpflichtiger Arbeitslohn	steuerfreier Arbeitslohn
Gehalt oder Lohn	Heiratsbeihilfen (bis 700,00 DM stfr.)
Fahrtkostenersatz	Geburtsbeihilfen (bis 700,00 DM stfr.)
Gefahrenzulage	Fehlgeldentschädigung (bis 30 DM stfr.)
Gewinnbeteiligung	Kindergeld
Mehrarbeitszuschlag	Abfindungen wegen Entlassung aus dem
Weihnachtsgratifikationen	Dienstverhältnis (begrenzt steuerfrei)

Abb. 3.88

3

ausgleich oder die Veranlagung zur Einkommensteuer ausgeglichen.

Lohnsteuertabellen: Lohnsteuertabellen dienen der schnellen Durchführung des Lohnsteuerabzugs. In ihnen werden die *Abzüge* für die einzelnen Steuerklassen *unter Berücksichtigung allgemeiner Freibeträge* (Arbeitnehmerpauschbetrag, Vorsorgepauschale, Sonderausgaben-Pauschbetrag) ausgewiesen. Aus der Lohnsteuertabelle kann häufig auch die Kirchensteuer, die Rentenversicherung (K = Rentenversicherung der Arbeiter, L = Rentenversicherung der Angestellten) und die Arbeitslosenversicherung (Beitragsgruppe M) entnommen werden.

• Kirchensteuer

Die *Kirchensteuer* ist *nicht* in allen Bundesländern *gleich hoch.* Sie beträgt in Bayern, Baden-Württemberg, Bremen, und Hamburg *8%* und in den übrigen Bundesländern *9%* der Lohnsteuer. Sind nach den Eintragungen der Lohnsteuerkarte Kinderfreibeträge zu berücksichtigen, so ist in den Steuerklassen II und III sowie IV die monatliche Lohnsteuer vor Anwendung des Kirchensteuersatzes wie in Abb. 3.90 dargestellt zu kürzen.

Einbehaltene Sozialversicherungsbeiträge

Der Arbeitnehmer ist verpflichtet, über die *gesetzlichen Sozialversicherungen* eine Vorsorge gegen Krankheit, Arbeitslosigkeit, Alter und Invalidität zu treffen. Die *Rentenversicherung* und die *Arbeitslosenversicherung* sind Pflichtversicherungen für alle Arbeiter, Angestellte und zur Berufsausbildung Beschäftigte. Der genannte Personenkreis wird in der *Krankenversicherung* versicherungsfrei, wenn das Arbeitsentgelt 75% der Beitragsbemessungsgrenze der Rentenversicherung übersteigt. An der Risikoabsicherung muß sich der Unternehmer zur Hälfte *(Betriebsanteil zur Sozialversicherung)* beteiligen. Für Arbeitnehmer mit geringem Einkommen (Geringverdiener bis 610,00 DM bzw. 370,00 im Beitrittsgebiet) hat der Arbeitgeber den gesamten Sozialversicherungsbeitrag zu übernehmen. Die Erhebung und Abführung der Sozialversicherungsbeiträge geschieht durch die Unternehmung, wobei der Arbeitnehmeranteil, wie die Lohn- und Kirchensteuer, vom Bruttolohn einbehalten wird. Die So-

Kl.	Zuordnungskriterien
I	Arbeitnehmer, die ledig sind oder verheiratet, verwitwet oder geschieden sind.
II	Die in der Steuerklasse I genannten Personen, sofern bei ihnen der Haushaltsfreibetrag von 5.616,00 DM berücksichtigt wird (Alleinstehende mit mindestens einem Kinderfreibetrag).
III	Verheiratete Arbeitnehmer, wenn der Ehegatte keinen Arbeitslohn bezieht oder wenn der Ehegatte in die Steuerklasse V eingereiht wird.
IV	Verheiratete Arbeitnehmer, wenn beide Ehegatten Arbeitslohn beziehen.
V	Verheiratete Arbeitnehmer, wenn der Ehegatte ebenfalls Arbeitslohn bezieht und die Einreihung des einen Ehegatten in die Steuerklasse III auf Antrag beider Ehegatten erfolgt.
VI	Arbeitnehmer, die gleichzeitig Arbeitslohn von mehreren Arbeitgebern beziehen; Eintragung auf der zweiten oder jeder weiteren Steuerkarte.

Abb. 3.89

Steuerklasse	Kinderfreibetragszähler				
	0,5	1,0	1,5	2,0	je weitere 0,5
II und III	12,50 DM	25,00 DM	37,50 DM	50,00 DM	12,50 DM
IV	6,25 DM	12,50 DM	18,75 DM	25,00 DM	6,25 DM

Beispiel

Arbeitnehmer, verheiratet, 2 Kinder: Arbeitslohn	2.530,00 DM
Lohnsteuer: III/2,0	49,50 DM
Kirchensteuer: NRW 9% von: (49,50 DM – 50,00 DM)	0,00 DM
Arbeitnehmer, verheiratet, 2 Kinder: Arbeitslohn	2.530,00 DM
Lohnsteuer: IV/2,0	236,16 DM
Kirchensteuer: NRW 9% von: (236,16 DM – 25,00 DM)	19,00 DM

Abb. 3.90

zialversicherungsbeiträge werden *bis zu einer Höchstgrenze vom Bruttoentgelt berechnet* (siehe Abb. 3.91).
Zu den Sozialversicherungen zählt ebenfalls die *Unfallversicherung,* deren Ziel es ist, Arbeitsunfälle zu verhüten und Folgen von Arbeitsunfällen zu mindern oder zu beseitigen. Die *Finanzierung* der Unfallversicherung erfolgt durch die *Beiträge der Unternehmer.* Es sind für das Unternehmen Aufwendungen, die auf dem Konto *„6420 Beiträge zur Berufsgenossenschaft"* zu buchen sind.

Lohnabzugstabellen: Sie werden von den verschiedenen Krankenversicherungsträgern herausgegeben und dienen der beschleunigten *Ermittlung der Sozialversicherungsbeiträge.* Die Buchstaben G/H/F sind Beitragsgruppenbezeichnungen. Die *Beitragsgruppe G (allgemeine Krankenversicherung)* gilt für alle Arbeitnehmer, die im Krankheitsfalle Anspruch auf Fortzahlung ihres Arbeitsentgelts für mindestens 6 Wochen haben. Die Beitragsgruppe H (erhöhte Krankenversicherung) betrifft Arbeitnehmer, die keinen entsprechenden Entgeltfortzahlungsanspruch im Krankheitsfalle haben. Die Beitragsgruppe F (ermäßigte Krankenversicherung) gilt für Arbeitnehmer, die keinen Anspruch auf Krankengeld haben (z. B. Altersruhegeldempfänger).

Buchung der Löhne und Gehälter

Der mit dem Arbeitnehmer vereinbarte *Lohn* und das mit dem Arbeitnehmer vereinbarte *Gehalt sowie* die vom Unternehmer zu übernehmenden *Arbeitgeberanteile zur Sozialversicherung* des Arbeitnehmers *sind* als Gesamtentgelt für die Nutzung der menschlichen Arbeitskraft im betrieblichen Leistungserstellungs- und -verwertungsprozeß *Aufwendungen.* Die vom Unternehmer einbehaltenen und zu einem späteren Termin abzuführenden *Lohnsteuern, Kirchensteuern und Sozialversicherungsbeiträge* stellen eine *Schuld der Unternehmung* gegenüber dem Finanzamt und der Krankenkasse dar, an die die Sozialversicherungsbeiträge zu zahlen sind. Die *Auszahlung des* nach Einbehaltung der Abzüge verbleibenden *Nettolohnes oder Nettogehalts* führt dann je nach Art der Auszahlung zu einer *Minderung des Bank- oder Postbankguthabens* bzw. *des Kassenbestandes.*

Beispiel: Gehaltsabrechnung

Der Angestellte Karl Jäger, r. k., verheiratet, 1 Kind, Ehegatte bezieht keinen Arbeitslohn, erhält ein Bruttogehalt von 2.520,00 DM

BA:	Gehaltszahlung am 30.04. durch Banküberweisung		1.903,58 DM
Gehaltsabrechnung:			
Bruttogehalt			2.520,00 DM
LSt III/1,0		114,83 DM	
KiSt 9%		8,08 DM	122,91 DM
Krankenversicherung:	13,5%	169,96 DM	
Rentenversicherung:	19,2%	241,72 DM	
Arbeitslosenversicherung:	6,5%	81,83 DM	493,51DM
			1.903,58 DM
Arbeitgeberanteil zur Sozialversicherung			493,51 DM

Lohn- oder Gehaltskonten der Arbeitnehmer

Der Arbeitgeber hat für jeden Arbeitnehmer ein *Lohn- oder Gehaltskonto* zu führen. In das Lohnkonto sind die *für den Lohnsteuerabzug erforderlichen Merkmale* zu übernehmen:

Art der Versicherung	Versicherungsträger	Beitragssatz	Beitragsbemessungsgrenze[1]
Krankenversicherung	Ortskrankenkassen Betriebskrankenkassen Innungskrankenkassen Ersatzkassen u.a.	12,6 bis 14,4% je nach Krankenkasse NFL[2]: 12,8%	5.700,00 DM monatlich NFL: 4.425,00 DM
Rentenversicherung der Arbeiter Rentenversicherung der Angestellten	Landesversicherungsanstalten Bundesversicherungsanstalt für Angestellte	19,2%	7.600,00 DM monatlich NFL: 5.900,00 DM
Arbeitslosenversicherung	Bundesanstalt für Arbeit	6,5%	7.600,00 DM monatlich NFL: 5.900 DM

[1] Die Beitragsbemessungsgrenzen (Stand 1994) werden jährlich neu festgesetzt.
[2] NFL: Beitrittsgebiet der fünf neuen Länder

Abb. 3.91

Name, Familienstand, Geburtstag, Anschrift, Steuerklasse, eingetragene Zahl der Kinderfreibeträge, Religionsbekenntnis, Gemeinde, Steuerfreibetrag.
Bei jeder Lohnabrechnung sind im Lohnkonto
3 u. a. *aufzuzeichnen:*
Tag der Lohnzahlung und der Lohnzahlungszeitraum, der Bruttoarbeitslohn sowie eventuelle steuerfreie Bezüge.
Lohn- und Gehaltslisten als Sammelbelege
Die Beträge der einzelnen Lohn- und Gehaltskonten werden auf einer *Lohn- und Gehaltsliste* zusammengestellt. Sie ist *Sammelbeleg* für die zusammengefaßte Buchung aller Löhne bzw. Gehälter (siehe Abb. 3.92).

- *Einbehaltene Abzüge,* wie Lohn- und Kirchensteuern und Sozialversicherungsbeiträge, *sind Verbindlichkeiten* gegenüber der Finanzbehörde und den Sozialversicherungsträgern.
- Da die einbehaltenen *Steuern* regelmäßig *bis zum 10., Sozialversicherungsbeiträge* entsprechend Kassensatzung *spätestens bis zum 15. Tag* nach Ablauf eines jeden Anmeldungszeitraumes abgeführt werden müssen, haben die Konten 4830 und 4840 den Charakter von *Durchgangskonten.*
- Wurden bis zum Bilanzstichtag noch nicht alle einbehaltenen Abzüge abgeführt, sind die Salden der passiven Bestandskonten 4830 und 4840 über das Schlußbilanzkonto abzuschließen und auf der Passivseite der Bilanz aufzuführen *(Passivierung).*

Lohn- und Gehaltsvorschüsse
Vorschüsse auf den Lohn oder das Gehalt haben den *Charakter eines kurzfristigen Kredits* des Unternehmens an den Arbeitnehmer, der seine Arbeitsleistung noch nicht erbracht hat. Vorschüsse werden daher als *Sonstige Forderungen* auf dem Konto *„2650 Forderungen an Mitarbeiter"* erfaßt. Die ratenweise *Rückzahlung* des Vorschusses durch *Einbehaltung* und *Verrechnung* bei der monatlichen Lohn- und Gehaltszahlung führt zur Minderung der „Forderungen an Mitarbeiter".

Beispiel:
BA vom 19.10.: Banküberweisung eines zinslosen Gehaltsvorschusses von 2.000,00 DM an einen Angestellten. Der Vorschuß soll mit 100,00 DM monatlich durch Verrechnung mit dem Gehalt zurückgezahlt werden.

Gehaltsabrechnung vom 30.11. in DM:

Bruttogehalt				2.545,00
LSt III/2,0		53,00		
KiSt 9%		0,27	53,27	
Krankenvers.	12,6%	160,33		
Rentenvers.	19,2%	244,31		
Arbeitslosenvers.	6,5%	82,71	487,35	
Nettogehalt				2.004,38
einbehaltener Vorschuß				100,00
Auszahlungsbetrag				1.904,38
Arbeitgeberanteil zur Sozialversicherung				487,35

Buchung der Banküberweisung des Gehaltsvorschusses am 19.10.:

2650	Forderungen an Mitarbeiter	2.000,00	
	an 2800 Bank		2.000,00

Buchung bei Auszahlung des Gehalts durch die Bank am 30.11.:

6300	Gehälter	2.545,00	
	an 4830 Verbindlichkeiten gegenüber Finanzbehörden		53,27
	an 4840 Verbindlichkeiten gegenüber Sozialversicherungsträgern		487,35
	an 2650 Forderungen an Mitarbeiter		100,00
	an 2800 Bank		1.904,38
6400	Arbeitgeberanteil zur Sozialversicherung	487,35	
	an 4840 Verbindlichkeiten gegenüber Sozialversicherungsträgern		487,35

Vermögenswirksame Leistungen
Nach dem 5. Vermögensbildungsgesetz können ab 1990 Arbeitnehmer *jährlich bis zu 936,00 DM (monatlich 78,00 DM) begünstigt* vermögenswirksam anlegen, und zwar zugunsten
1. *von Vermögensbeteiligungen*
- Sparvertrag mit einem Kreditinstitut über Wertpapiere (Aktien, Anteilscheine an Aktienfonds, Kuxe) oder andere Vermögensbeteiligungen (GmbH-Anteil, stille Beteiligung),
- Wertpapierkaufvertrag zwischen Arbeitnehmer und Arbeitgeber zum Zwecke des Erwerbs von Wertpapieren vom Arbeitgeber (z. B. Belegschaftsaktien),
- Beteiligungskaufvertrag über den Erwerb nicht verbriefter Anteile (Genossenschafts-, GmbH-Anteile, stille Beteiligungen, Arbeitnehmer-Darlehen);

2. *von Anlagen nach dem Wohnungsbau-Prämiengesetz*
(z. B. Bausparvertrag mit einer Bausparkasse, Verträge über den Erwerb von Anteilen an einer Baugenossenschaft);
3. *von Anlagen zum Wohnungsbau*
- Erwerb eines Grundstücks,
- Bau, Erwerb, Ausbau von Wohngebäuden und Eigentumswohnungen.

Vermögenswirksame Leistungen werden häufig im Rahmen einzelvertraglicher, tariflicher oder betrieblicher Vereinbarungen *zusätzlich zum Ar-*

Beispiel

Familienname Vorname	Familien-stand	Steuer-klasse	Brutto-gehalt	Lohn-steuer	Kirchen-steuer	Sozialver-sicherung	Gesamt-abzüge	Netto-gehalt	Sonstige Abzüge	Auszah-lung	AG-Anteil
Beier, Elmar	ledig	I	2.540,00	333,33	29,99	463,63	826,95	1.713,05	–	1.713,05	463,63
Jäger, Karl	verh.	III/1	2.520,00	114,83	8,08	493,51	616,42	1.903,58	–	1.903,58	493,51
Müller, Udo	ledig	I	2.550,00	335,50	30,19	465,26	830,95	1.719,05	–	1.719,05	465,26
...											
...											
...											
Zimmer, Doris	verh.	IV/2	2.530,00	251,41	20,37	461,99	733,77	1.796,23	–	1.796,23	461,99
			12.600,00	2.100,00	153,00	2.299,50	4.552,50	8.047,50	–	8.047,50	2.299,50

Buchungen

1) 30.04.: bei Auszahlung der Gehälter durch die Bank
(siehe Gehaltsliste)

6300 Gehälter	12.600,00 DM	an 4830	Verbindlichkeiten gegenüber Finanzbehörden	2.253,00 DM
		an 4840	Verbindlichkeiten gegenüber Sozialversicherungsträgern	2.299,50 DM
		an 2800	Bank	8.047,50 DM

2) 30.04.: des Betriebsanteils zur Sozialversicherung

6400 Arbeitgeberanteil zur Sozialversicherung	2.299,50 DM	an 4840	Verbindlichkeiten gegenüber Sozialversicherungsträgern	2.299,50 DM

3) 10.05.: bei Banküberweisung der LSt und KiSt an das Finanzamt

4830 Verbindlichkeiten gegenüber Finanzbehörden	2.253,00 DM	an 2800	Bank	2.253,00 DM

4) 15.05.: bei Banküberweisung der Sozialversicherungsbeiträge
an die zuständige Krankenkasse

4840 Verbindlichkeiten gegenüber Sozialversicherungsträgern	4.599,00 DM	an 2800	Bank	4.599,00 DM

S 6300 Gehälter H

S		H	
1) 4830, 4840, 2800	12.600,00		

S 4830 Verbindlichkeiten gegenüber Finanzbehörden H

S		H	
3) 2800	2.253,00	1) 6300	2.253,00

S 6400 Arbeitsgeberanteil zur Sozialversicherung H

S		H	
2) 4840	2.299,50		

S 4840 Verbindlichkeiten gegenüber Sozialversicherungsträgern H

S		H	
4) 2800	4.599,00	1) 6300	2.299,50
		2) 6400	2.299,50

S 2800 Bank H

S		H	
8000	50.000,00	1) 6300	8.047,50
		3) 4830	2.253,00
		4) 4840	4.599,00

Abb. 3.92

beitsentgelt gewährt. In diesem Falle sind sie zusätzlich zum Gehalt *steuer-* und *sozialversicherungspflichtig.*

3

Soweit dies nicht der Fall ist, kann jeder Arbeitnehmer bei seinem Arbeitgeber beantragen, daß Teile seines Arbeitslohnes einbehalten und vermögenswirksam angelegt werden. Der Arbeitgeber hat die Sparbeiträge entweder an die entsprechenden Institute zugunsten der berechtigten Arbeitnehmer oder – im 3. Fall – direkt an den Arbeitnehmer zu leisten, der dann den Nachweis über die vorgeschriebene Verwendung erbringen muß.

Für vermögenswirksame Leistungen bis zu jährlich 936,00 DM zahlt der Staat im Rahmen von Verträgen ab 01.01.1990 eine Arbeitnehmer-Sparzulage. Sie beträgt für vermögenswirksame Leistungen, die nach dem 31. Dezember 1993 angelegt wurden, einheitlich 10% von höchstens 936,00 DM. Die Auszahlung der Arbeitnehmer-Sparzulage erfolgt auf Antrag des Arbeitnehmers nach Ablauf des Anlagejahres durch das Finanzamt im Rahmen des Lohnsteuerjahresausgleichs bzw. der Einkommensteuerveranlagung. Bei Verträgen mit Sperr- oder Rückzahlungsfristen werden die Sparzulagen vom Finanzamt gesammelt und nach Ablauf der Fristen in einer Summe ausgezahlt.

Die Arbeitnehmer-Sparzulage wird auf höchstens 936,00 DM vermögenswirksame Leistungen bei einer Einkommensgrenze von 27.000,00 DM (Verheiratete 54.000,00 DM) gewährt. Die Sparrate, die vermögenswirksam angelegt werden soll, wird vom Arbeitgeber vom Nettogehalt einbehalten und an die entsprechenden Sparinstitute zugunsten der Arbeitnehmer abgeführt.

Beispiel:

Gehalt	1.461,00 DM
Arbeitgeberzuschuß zur vermögenswirksamen Leistung	39,00 DM
steuer- und sozialversicherungspflichtig	1.500,00 DM
Lohn- und Kirchensteuer	200,00 DM
Sozialversicherungsbeiträge	233,00 DM
Nettogehalt	1.067,00 DM
– Vermögenswirksame Leistung (VwL)-Bausparkasse	78,00 DM
Auszahlungsbetrag	989,00 DM
Arbeitgeberanteil	233,00 DM

Buchung:

6300	Gehälter	1.500,00
	an 2800 Bank	989,00
	an 4830 Verbindlichkeiten gegenüber Finanzamt	200,00
	an 4840 Verbindlichkeiten gegenüber Sozialversicherungsträgern	233,00
	an 4860 Verbindlichkeiten aus VwL	78,00
6400	Soziale Abgaben	233,00
	an 4840 Verbindlichkeiten gegenüber Sozialversicherungsträgern	233,00

Anlagenwirtschaft

Anschaffung von Anlagen und ihre Buchung

- Erfassung der Anschaffungskosten bei Anlagekäufen

Bei der Beschaffung von Anlagegütern ist das Anlagegut auf dem jeweiligen Bestandskonto mit dem Wert zu erfassen, den es *zum Zeitpunkt seiner Anschaffung* bzw. Betriebsbereitschaft besitzt.

Daher sind neben dem Anschaffungspreis auch alle im Rahmen der Beschaffung angefallenen Nebenkosten auf dem Bestandskonto zu erfassen und eventuelle Anschaffungspreisminderungen, wie Rabatte und Skonti, abzusetzen (Aktivierung zu Anschaffungskosten; siehe auch § 255 Abs. 1 HGB und Abb. 3.93).

– *Anschaffungskosten* der Anlagegüter werden mit den Anschaffungspreisen der Anlagegüter zusammen *auf den entsprechenden Anlagekonten* erfaßt und dann über die Abschreibung als Aufwand auf die Nutzungsdauer des Anlagegutes verteilt.

– *Anschaffungspreisminderungen* (Skonto, Minderung) werden den *entsprechenden Anlagekonten direkt gutgeschrieben.*

- Erfassung der Anschaffungskosten bei Anlagen im Bau

Als Anlagen im Bau sind Anschaffungsaufwendungen für Investitionen auszuweisen, die bis zum Bilanzstichtag gemacht worden sind, ohne daß die Anlagen am Bilanzstichtag bereits endgültig fertiggestellt sind. Die aktivierungspflichtigen Aufwendungen werden in der Kontengruppe „09 Anzahlungen auf Sachanlagen und Anlagen im Bau“ gesammelt.

Erst nach Fertigstellung wird dann der gesamte Betrag auf das entsprechende Anlagekonto umgebucht. Dieser Zeitpunkt ist dann auch maßgebend für den Beginn der AfA.

Mit dem getrennten Ausweis der Anlagen im Bau von den übrigen Sachanlagen soll bewirkt werden, daß Investitionen,

– die noch nicht abgeschlossen sind und

– die noch nicht der Abschreibung unterliegen,

aus der Bilanz zu erkennen sind.

Bruttoanschaffungspreis	Listenpreis ohne Umsatzsteuer
– Anschaffungspreisminderungen	Rabatte (auch Boni), Skonti, Zuschüsse, Subventionen
+ Anschaffungsnebenkosten	Transportkosten, Versicherung, Fundamentierungs- und Montagekosten, Gebühren für Beurkundung von Verträgen, Provision, Vermittlungsgebühr, Grunderwerbsteuer, Zölle
= Anschaffungskosten	

Nicht zu den *Anschaffungskosten* gehören *Finanzierungsaufwendungen* (Zinsen, Disagio u. ä.) sowie die in Rechnung gestellte *Umsatzsteuer* (abzugsfähige Vorsteuer).

Beispiel

ER 104

Zieleinkauf einer Maschine		Berechnung der Anschaffungskosten	
Listenpreis, netto	25.000,00 DM	Listenpreis	25.000,00 DM
– Messerabatt 20%	5.000,00 DM	– Anschaffungspreisminderung	5.000,00 DM
	20.000,00 DM		20.000,00 DM
+ Montagekosten	1.500,00 DM	+ Anschaffungsnebenkosten	1.500,00 DM
	21.500,00 DM	= Vorläufige Anschaffungskosten	21.500,00 DM
+ 15% Umsatzsteuer	3.225,00 DM		
	24.725,00 DM		

KB, ER 105: Barzahlung der Fracht für die Anlieferung der Maschine

Fracht, netto	300,00 DM	
+ 15% Umsatzsteuer	45,00 DM	345,00 DM

Auswirkung auf die Anschaffungskosten

Vorläufige Anschaffungskosten	21.500,00 DM
+ Fracht (Anschaffungsnebenkosten)	300,00 DM
Vorläufige Anschaffungskosten	21.800,00 DM

BA: Banküberweisung an den Lieferer der Maschine

Rechnungsbetrag netto	24.725,00 DM
– 2% Skonto	494,50 DM
Überweisungsbetrag	24.230,50 DM

Auswirkung auf die Anschaffungskosten

Der Abzug von Skonto führt zu einer Minderung der ursprünglichen *Anschaffungskosten.* Durch den Skontoabzug *mindert* sich *außerdem* die ursprünglich in Rechnung gesetzte *Vorsteuer,* weil der Beschaffungspreis der gekauften Maschine sich mindert. Daher sind die bisher gebuchten Anschaffungskosten *und* die *Vorsteuer zu korrigieren.*

Vorläufige Anschaffungskosten	21.800,00 DM
- 2% Skonto vom Rechnungsbetrag, netto	430,00 DM
(die im Skonto enthaltene VSt von 64,50 DM mindert die AK nicht)	
Endgültige Anschaffungskosten	21.370,00 DM

Buchungen beim Kauf eines Anlagegutes

1) Buchung der Eingangsrechnung 104

0700	Maschinen	21.500,00			
2600	Vorsteuer	3.225,00	an 4400	Verbindlichkeiten a. LL.	24.725,00

Abb. 3.93 (Teil 1)

3

3

2) Buchung des Kassenbelegs 105

0700	Maschinen	300,00			
2600	Vorsteuer	45,00	an 2880	Kasse	345,00

3) Buchung der Banküberweisung mit Skontoabzug

4400	Verbindlichkeiten a. LL.	24.725,00	an 2800	Bank	24.230,50
			an 0700	Maschinen	430,00
			an 2600	Vorsteuer	64,50

S 0700 Maschinen H

S		H	
1)4400	21.500,00	3)4400	430,00
2)2880	300,00		

S 4400 Verbindlichkeiten a. LL. H

S		H	
3)2800, 0700, 2600	24.725,00	1)0700, 2600	24.725,00

S 2600 Vorsteuer H

S		H	
1)4400	3.225,00	3)4400	64,50
2)2880	45,00		

S 2880 Kasse H

S		H	
8000	10.000,00	2)0700, 2600	345,00

S 2800 Bank H

S		H	
8000	50.000,00	3)4400	24.230,50

Abb. 3.93 (Teil 2)

Beispiel:
Bau einer Ausstellungshalle im Laufe des Geschäftsjahres.

1. ER 107 für Rohbauerstellung,

netto	80.000,00 DM
+ 15% USt	12.000,00 DM
	92.000,00 DM

Buchung der ER

0950	Anlagen im Bau	80.000,00
2600	Vorsteuer	12.000,00
	an 4400 Verbindlichkeiten a. LL.	92.000,00

Buchung beim Jahresabschluß

8010	SBK	80.000,00
	an 0950 Anlagen im Bau	80.000,00

2. ER 25 für Innenausbau der

Ausstellungshalle, netto	140.000,00 DM
+ 15% USt	21.000,00 DM
	161.000,00 DM

Buchung der ER 25

0950	Anlagen im Bau	140.000,00
2600	Vorsteuer	21.000,00
	an 4400 Verbindlichkeiten a. LL.	161.000,00

Umbuchung der Anschaffungskosten bei Fertigstellung

0500	Grundstücke mit Gebäude	220.000,00
	an 0950 Anlagen im Bau	220.000,00

• Anzahlungen auf Anlagekäufe
Geleistete Anzahlungen auf Anlagekäufe sind als Vorleistungen auf schwebende Verträge auf dem Konto „0900 Anzahlungen auf Sachanlagen" zu aktivieren. Bei Lieferung und Erteilung der Endrechnung sind sie dann aufzulösen. Beträgt die Anzahlung netto 10.000,00 DM und mehr, so ist der Lieferer verpflichtet, eine Rechnung mit gesondertem Ausweis der USt über diese Anzahlung zu erteilen. Liegt die Rechnung vor und wurde die Zahlung geleistet, kann die USt als Vorsteuer verrechnet werden. Wird die Endrechnung erteilt, so sind in ihr die vor Ausführung der Lieferung vereinnahmten Teilentgelte und die auf sie entfallenden Steuerbeträge abzusetzen. Das gilt nicht, wenn das vereinnahmte Teilentgelt weniger als 10.000,00 DM beträgt und der Lieferer keine Rechnung mit gesondertem Ausweis der Steuer erteilt hat.

Beispiel:
Bestellung einer Spezialmaschine am 10.11.: 45.000,00 DM.
Zahlungsbedingung: ein Drittel bei Bestellung, ein Drittel bei Lieferung, ein Drittel 60 Tage Ziel. Die Maschine wird am 31.01. des folgenden Geschäftsjahres geliefert. Die Zahlungsabwicklung erfolgt über das Bankkonto jeweils nach vorangegangener Rechnungserteilung.

Buchung am 10.11.:

0900	Anzahlungen auf Sachanlagen	15.000,00
2600	Vorsteuer	2.250,00
	an 2800 Bank	17.250,00

Buchung am 31.12.:

8010	SBK	15.000,00
	an 0900 Anzahlungen auf Sachanlagen	15.000,00

Buchungen am 31.01. des folgenden Jahres bei Lieferung und Erteilung der Endrechnung

0700	Maschinen	45.000,00
2600	Vorsteuer	4.500,00
	an 0900 Anzahlungen auf Sachanlagen	15.000,00
	an 2800 Bank	17.250,00
	an 4400 Verbindlichkeiten a.LL	17.250,00

Für erhaltene Anzahlungen gilt entsprechendes. Sie sind umsatzsteuerpflichtig, wenn das in Rechnung gestellte Entgelt netto 10.000,00 DM und mehr beträgt (§ 13 I UStG).

Planmäßige Abschreibungen auf abnutzbare Sachanlagen

• Notwendigkeit der Abschreibungen
Gegenstände des Anlagevermögens sind dazu bestimmt, dem Unternehmen *dauernd* zu dienen. Die Nutzung der meisten Anlagegüter ist jedoch zeitlich begrenzt (*abnutzbares Anlagevermögen,* wie Gebäude, Maschinen, Regale, Fahrzeuge, Werkzeuge usw.). Sie unterliegen einem ständigen Werteverfall und müssen von Zeit zu Zeit durch neue Anlagegüter ersetzt werden. Die *buchmäßige Erfassung der Wertminderung* des Vermögens wird als *Abschreibung* bezeichnet. Dadurch werden die Anschaffungskosten nach und nach als Aufwand auf die Jahre der Nutzung verteilt *(planmäßige Abschreibung).*

Häufigste Abschreibungsursachen gehen aus der in Abb. 3.94 dargestellten Übersicht hervor.

• Abschreibungsplan
Für jeden Gegenstand des abnutzbaren Anlagevermögens ist ein *Abschreibungsplan* festzulegen, aus dem alle Daten hervorgehen müssen, die bei der Errechnung künftiger Abschreibungsbeträge zu beachten sind.
Daten des Abschreibungsplanes:
- Tag der Anschaffung oder Herstellung
- Höhe des Anschaffungs- oder Herstellungsaufwandes (siehe Abb. 3.93)
- Voraussichtliche betriebsgewöhnliche Nutzungsdauer (Jahre) bzw. geschätzte Gesamtleistung (Betriebsstunden, km-Leistung)
- Gewählte Abschreibungsmethode (Berechnung des Abschreibungsbetrages)

Bereits im Jahr der Anschaffung ist die zu erwartende *Nutzungsdauer abzuschätzen* und die Methode festzulegen, nach der die Abschreibungsbeträge für die einzelnen Jahre der Nutzung berechnet werden. Anhaltspunkte für die Schätzung der Nutzungsdauer sind durchschnittliche *Erfahrungswerte* vergleichbarer Betriebe *(betriebsgewöhnliche Nutzungsdauer)* und *Abschreibungstabellen* (AfA-Tabellen) der Finanzverwaltung (siehe Abb. 3.95).
Alle wesentlichen *Daten über das Anlagegut für den Abschreibungsplan* ergeben sich in der Regel aus den *Anlagekarteikarten* (siehe Abb. 3.96).

Abschreibungsursachen

für eine planmäßige Abschreibung (Absetzung für Abnutzung = AfA)	für eine außerplanmäßige Abschreibung (Absetzung für außergewöhnliche Abnutzung = AfaA)
– **technischer Verschleiß** durch Gebrauch – **ruhender Verschleiß** (Verwitterung, Verrosten, Zersetzung) – **wirtschaftliche Abnutzung** (üblicherweise auftretende Änderungen der Anlagegüter)	– **außergewöhnliche technische und wirtschaftliche** Abnutzung (Neuerfindung, Modewechsel, Geschmackswandel) – **Katastrophenverschleiß** (durch Feuer, Hochwasser, Hagel, Unfall, unsachgemäße Behandlung)

Abb. 3.94

Auszug aus der allgemeinen AfA-Tabelle

Anlagegüter	Nutzungsdauer in Jahren	AfA-Satz in % vom Anschaffungswert
Gebäude	40 – 50	2 – 2,5
Maschinen zur Be- und Verarbeitung	10	10
Büromaschinen	5	20
Lastkraftwagen	4	25
Personenkraftwagen	4	25

Abb. 3.95

3

- Methoden zur Ermittlung der Abschreibung

Lineare Abschreibung (Abschreibung mit gleichbleibenden Jahresbeträgen): Bei der linearen Abschreibung werden die Anschaffungs- oder Herstellungskosten *gleichmäßig auf die Jahre der Nutzung verteilt.*

$$\text{Abschreibungsbetrag} = \frac{\text{Anschaffungskosten}}{\text{Nutzungsdauer}}$$

$$\text{Abschreibungssatz} = \frac{100\%}{\text{Nutzungsdauer}}$$

Beispiel (siehe Abb. 3.97)
Anschaffungswert einer Maschine 60.000,00 DM, Nutzungsdauer 5 Jahre.

$$\text{Abschreibungsbetrag} = \frac{60.000}{5} = 12.000{,}00 \text{ DM}$$

$$\text{Abschreibungssatz (\%)} = \frac{100}{5} = 20\%$$

Betriebswirtschaftlich ist diese Methode bei *gleichmäßiger Nutzung* des Anlagegutes während der einzelnen Nutzungsjahre empfehlenswert. *Steuerrechtlich* bestehen gegen die lineare Methode *keine Einwände* (§ 7 Abs. 1 EStG).

Geometrisch-degressive Abschreibung (Abschreibung mit fallenden Abschreibungsbeträgen):
Der Abschreibungssatz wird auf den jeweiligen Buchwert angewandt (Buchwertabschreibung):

$$\text{Abschreibungsbetrag} = \frac{\text{Buchwert} \cdot \text{Abschreibungssatz}}{100}$$

Beispiel (siehe Abb. 3.97)

$$\text{Abschreibungsbetrag nach dem 1. Jahr} = \frac{60.000 \cdot 30}{100} = 18.000{,}00 \text{ DM}$$

$$\text{Abschreibungsbetrag nach dem 2. Jahr} = \frac{42.000 \cdot 30}{100} = 12.600{,}00 \text{ DM}$$

Bei *gleichbleibendem Abschreibungssatz* sinken infolge des *fallenden Buchwertes* die Abschreibungsbeträge von Jahr zu Jahr. *Steuerrechtlich* ist die geometrisch-degressive Abschreibung *nur bei beweglichen Anlagegütern* anwendbar, wenn der Abschreibungssatz
– nicht mehr als das Dreifache des Prozentsatzes beträgt, der sich bei linearer AfA ergibt,
– 30 % nicht übersteigt.

Die geometrisch-degressive Abschreibung führt zu einem wesentlich höheren *Restwert nach Ablauf der Nutzungsdauer,* der jedoch im letzten Jahr der Nutzungsdauer als Teil der Gesamtabschreibung mit abgeschrieben werden darf. Es ist jedoch sinnvoller, zu einem früheren Zeitpunkt *auf die lineare Abschreibung überzugehen,* indem man den Buchwert durch die restliche Nutzungsdauer dividiert (im Beispiel nach dem 2. Jahr: 29.400 : 3 = 9.800,00 DM). *Der Übergang von der linearen zur degressiven AfA ist nicht zulässig.*
Der Übergang von der geometrisch-degressiven auf die lineare Abschreibung ist aus steuerlichen Gründen dann empfehlenswert, wenn mit Hilfe der linearen Abschreibung ein größerer Abschreibungsbetrag pro Jahr erreicht wird.
– Betriebswirtschaftlich ist die geometrisch-degressive Abschreibungsmethode empfehlenswert, wenn in den ersten Nutzungsjahren eine

GEGENSTAND: Abfüllanlage				ANSCHAFFUNGS- BZW. HERSTELLUNGS-KOSTEN 72.000,00 DM		MASCHINENKARTE Lfd-Nr. 24
FABRIKAT-TYP: XE 1 Baujahr 19..						Konto-Nr. 072 Kenn-Nr. 15/9
LIEFERER: Schneider Maschinenbau GmbH, Essen		LIEFERDATUM: 06.04.19..				Standort Lager II
NUTZUNGSDAUER 8 Jahre		ABSCHREIBUNGSMETHODE linear		ABSCHREIBUNGSSATZ 12,5 %		

DATUM			Text	ZAHLEN DER BUCHHALTUNG		
Jahr	Tag	Monat		ZUGÄNGE	ABGÄNGE/ABSCHREIBUNGEN	SALDO/BUCHWERT
19..	06.	04.	ER 107/IV	72.000,00		72.000,00
19..	31.	12.	Buchungsanweisung 85		9.000,00	63.000,00
19..	31.	12.	Buchungsanweisung 112		9.000,00	54.000,00

Abb. 3.96

starke Wertminderung zu erwarten ist.
- Der erhöhte Abschreibungsaufwand der ersten Nutzungsjahre führt im Vergleich zur linearen Abschreibung zum geringeren Gewinnausweis, folglich zu geringeren Ausschüttungen an die Unternehmer und zu einer geringeren Steuerzahlung (Steuerverschiebung auf spätere Nutzungsjahre).
- Dies führt umgekehrt zu einer Verbesserung der Liquidität, die zur vorzeitigen Investition genutzt werden kann.

Leistungsabschreibung: Bei der *Abschreibung nach Leistungseinheiten* bei beweglichen Anlagegütern wird die Nutzungsdauer des Wirtschaftsgutes nicht in Jahren ausgedrückt, sondern in Leistungseinheiten, die das Wirtschaftsgut während der Dauer seiner Nutzung erzeugen (leisten) kann (Soll-Kapazität).

$$\text{Abschreibungsbetrag} = \frac{\text{AK} \cdot \text{Istleistung im Abschreibungsjahr}}{\text{geschätzte Gesamtleistung}}$$

Betriebswirtschaftlich ist diese Methode zweckmäßig bei *schwankender Leistungsabgabe.* Steuerrechtlich ist sie nur zulässig, wenn diese jährliche Leistungsabgabe nachgewiesen werden kann (z. B. durch Zähler, Fahrtenbuch).

Beispiel
Anschaffungskosten der Maschine: 60.000,00 DM
Voraussichtliche Gesamtleistung :
10.000 Betriebsstunden
Nachgewiesene Betriebsstunden in den Nutzungsjahren:

1. Jahr: 4.000 Stunden
2. Jahr: 2.000 Stunden
3. Jahr: 1.500 Stunden
4. Jahr: 1.500 Stunden

Abschreibungsbetrag für das 1. Jahr =

$$\frac{60.000 \cdot 4.000}{10.000} = 24.000{,}00 \text{ DM}$$

(Siehe Abb. 3.97)

Wird ein Anlagegut über die geschätzte Nutzungsdauer hinaus genutzt, muß es im Inventarverzeichnis aufgeführt werden. Daher wird es dort mit einem **Erinnerungswert von 1,00 DM** angegeben.

Außerplanmäßige Abschreibung auf Sachanlagen

Neben der planmäßigen Abschreibung kann in einem Geschäftsjahr bei Vorliegen bestimmter Voraussetzungen eine *zusätzliche außerplanmäßige Abschreibung* angesetzt werden. *Planmäßige und außerplanmäßige Abschreibungen* sind *Begriffe des Handelsrechts.* Die Vorschrift, unter bestimmten Voraussetzungen außerplanmäßige Abschreibungen vornehmen zu müssen, erzwingt die Beachtung der Bewertung von Wirtschaftsgütern mit den Werten, die ihnen am Abschlußstichtag beizulegen sind.
Bei beweglichen abnutzbaren Wirtschaftsgütern des Anlagevermögens ist die Absetzung für außergewöhnliche technische oder wirtschaftliche Abnutzung (Verkürzung der geschätzten Nutzungsdauer) *nicht zulässig* bei vorhergegangener degressiver AfA.

Gegenüberstellung der wichtigsten Abschreibungsmethoden

	lineare	geometrisch-degressive 30%	geom.-degr. mit Übergang zur linearen	Leistungs-abschreibung
Anschaffungswert	60.000,00	60.000,00	60.000,00	60.000,00
AfA nach dem 1. Jahr	12.000,00	18.000,00	18.000,00	24.000,00
Buchwert	48.000,00	42.000,00	42.000,00	36.000,00
AfA nach dem 2. Jahr	12.000,00	12.600,00	12.600,00	12.000,00
Buchwert	36.000,00	29.400,00	29.400,00	24.000,00
AfA nach dem 3. Jahr	12.000,00	8.820,00	9.800,00	9.000,00
Buchwert	24.000,00	20 580,00	19.600,00	15.000,00
AfA nach dem 4. Jahr	12.000,00	6.174,00	9.800,00	9.000,00
Buchwert	12.000,00	14.406,00	9.800,00	6.000,00
AfA nach dem 5. Jahr	12.000,00	4.321,80	9.800,00	6.000,00
Buchwert	0,00	10.084,20	0,00	0,00

Abb. 3.97

Beispiel: Außerplanmäßige Abschreibung wegen Verkürzung der Nutzungsdauer
Aufgrund eines Besuches der Hannover-Messe wird im 6. Nutzungsjahr einer Abfüllanlage festgestellt, daß die Maschine technisch überholt ist.
Die Anlage kann im Betrieb nur noch 2 Jahre wirtschaftlich vertretbar genutzt werden. Die ursprünglich geschätzte Nutzungsdauer von 10 Jahren ist falsch, die vorgenommene Abschreibung von 20.000,00 DM jährlich vom Anschaffungswert in Höhe von 200.000,00 DM war unzureichend.

- *planmäßige lineare Abschreibung* für das 6. Nutzungsjahr 20.000,00 DM
- *außerplanmäßige Abschreibung* im 6. Nutzungsjahr
  - Gesamtabschreibung bei verkürzter Nutzungsdauer
  - lineare AfA bei verkürzter ND:

25.000,00 DM → 6 Jahre	150.000,00 DM
durchgeführte AfA:	
20.000,00 DM → 6 Jahre	120.000,00 DM
folglich *außerplanmäßige AfA*	30.000,00 DM

- *neuer Abschreibungsplan*

Buchwert der Abfüllanlage nach dem 5. Jahr	100.000,00 DM
– planmäßige AfA im 6. Jahr	20.000,00 DM
– außerplanmäßige AfA im 6. J.	30.000,00 DM
Buchwert nach dem 6. Jahr	50.000,00 DM
planmäßige Abschreibung im 7. und 8. Jahr jeweils	25.000,00 DM

Abschreibungen und Wertberichtigungen auf Anlagen
In der *buchungstechnischen Durchführung der Abschreibung* unterscheidet man die *direkte* und die *indirekte* Abschreibung.

Beispiel

Buchung bei linearer Abschreibung am Ende des 1. Jahres:

6500 Abschreibungen an 0700 Maschinen 20.000,00

S	0700 Maschinen		H
4400	60.000,00	6500	12.000,00
		8010	48.000,00

S	6500 Abschreibungen		H
0700	12.000,00	8020	12.000,00

S	8010 SBK		H
0700	48.000,00		

S	8020 GuV		H
6960	25.000,00	5460	20.000,00

Abb. 3.98

Beispiel

Das oben dargestellte Beispiel der direkten Abschreibung einer Maschine zeigt bei indirekter Abschreibung dann folgendes Bild:

Buchung:

6520	Abschreibungen auf Sachanlagen	an 3617	Wertberichtigungen zu Maschinen	12.000,00
8020	GuV	an 6520	Abschreibungen auf Sachanlagen	12.000,00
8010	SBK	an 0700	Maschinen	60.000,00
3617	Wertberichtigungen zu Maschinen	an 8010	SBK	12.000,00

S	0700 Maschinen		H
4400	60.000,00	8010	60.000,00

S	3617 Wertbericht. zu Maschinen		H
8010	12.000,00	6520	12.000,00

S	8010 SBK		H
0700	60.000,00	3617	12.000,00

S	6520 Abschr. auf Sachanlagen		H
3617	12.000,00	8020	12.000,00

S	8020 GuV		H
6520	12.000,00		

Abb. 3.99

• Direkte Abschreibung

Abschreibungen auf das abnutzbare Anlagevermögen sind *Aufwendungen,* die im Soll auf dem Aufwandskonto *„6520 Abschreibungen auf Sachanlagen"* und als *Minderungen des Anlagevermögens* im Haben auf dem entsprechenden aktiven Bestandskonto des Anlagegutes gebucht werden müssen. Das Anlagekonto weist dann nach der durchgeführten Abschreibung den Buchwert aus (siehe Abb. 3.98).

Mit Hilfe der Abschreibung können somit die *Vermögenslage* in der Bilanz und die *Ertragslage* in der GuV-Rechnung je nach Wahl der Abschreibungsmethode unterschiedlich dargestellt werden.

• Indirekte Abschreibung

Soll in der Bilanz der *Anschaffungswert der Sachanlagen erkennbar bleiben,* dann darf die Abschreibung nicht direkt auf dem Anlagekonto gebucht werden. In diesem Falle wird der *Abschreibungsbetrag zwar auch als Aufwand auf dem Konto „6520 Abschreibungen auf Sachanlagen"* belastet, die Gegenbuchung erfolgt jedoch *auf dem besonderen passiven Bestandskonto „3610 Wertberichtigungen zu Sachanlagen".* Dieses Konto hat die Aufgabe, die Abschreibungen auf vorhandene abnutzbare Anlagegüter über die Jahre der Nutzungsdauer zu sammeln und in der Bilanz die Wertekorrektur der Sachanlagen darzustellen.

Wird diese Buchungsmethode der Abschreibung angewandt, dann müssen *für die Positionen des abnutzbaren Anlagevermögens gesonderte Wertberichtigungskonten* geführt werden. Diese Buchungsmethode darf von jedem Vollkaufmann angewandt werden. Jedoch dürfen nur Einzelkaufleute und Personengesellschaften die Position „Wertberichtigung" in der Bilanz ausweisen. *Kapitalgesellschaften weisen nur den Buchwert der Sachanlagen in der Bilanz aus.* Zur Erstellung der Bilanz vermindern sich die Anschaffungskosten der abnutzbaren Sachanlagen um die jeweiligen Wertberichtigungen (kumulierte Abschreibungen) (siehe Abb. 3.99).

Sondervorschriften im Rahmen der steuerlichen Abschreibung (AfA)

• Abschreibungen bei Anschaffungen im Laufe des Jahres

Wurde das Anlagegut im Laufe des Jahres angeschafft, gilt für die Bemessung des Abschreibungsbetrages die in Abb. 3.100 folgende vereinfachende Regelung.

• Sondervorschriften für Gebäude

Bei Grundstücken, die nicht abnutzbar sind, ist die AfA nicht möglich. Die Abschreibung auf Gebäude ist im § 7 EStG genau geregelt. Sie wird zur Verfolgung wirtschaftspolitischer Ziele häufig geändert.

Beispiele für die Regelung der Gebäudeabschreibung im § 7 EStG finden sich in Abb. 3.101.

• Geringwertige Wirtschaftsgüter des Anlagevermögens

Nach § 6 Abs. 2 EStG können (Bewertungswahlrecht) die Anschaffungskosten von *beweglichen Wirtschaftsgütern des Anlagevermögens,* die der *Abnutzung unterliegen* und *selbständig nutzbar sind, im Jahr der Anschaffung als Aufwand abgesetzt werden* (Nachholen nicht möglich!). Voraussetzung ist, daß die *Anschaffungskosten* für das einzelne Anlagegut *800,00 DM nicht übersteigen.*

Zu ihrer Erfassung sind in der jeweiligen Anlagegruppe besondere Konten zu führen, wenn die so-

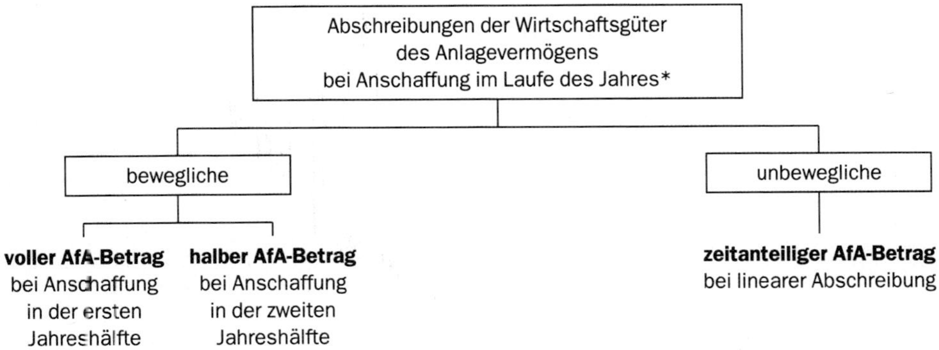

* Bei Veräußerungen im Laufe des Jahres ist jedoch die AfA zeitanteilig zu berücksichtigen.

Abb. 3.100

3

Zeitpunkt der Fertigstellung	Abschreibung
vor dem 01.01.1925	2,5% jährlich linear
nach dem 31.12.1924	2% jährlich linear
nach dem 31.03.1985 (Antrag auf Baugenehmigung)	4% jährlich linear
nach dem 31.08.1977	im Jahr der Fertigstellung und in den folgenden 3 Jahren jeweils 10% in den folgenden 3 Jahren jeweils 5% in den letzten 18 Jahren jeweils 2,5%

Abb. 3.101

fortige Abzugsfähigkeit wahrgenommen werden soll:
- 0790 Geringwertige Anlagen und Maschinen
- 0890 Geringwertige Vermögensgegenstände der Betriebs- und Geschäftsausstattung

Geringwertige Wirtschaftsgüter des Anlagevermögens (z. B. Gebrauchswerkzeuge, Ordner, Locher) mit einem Anschaffungswert *bis zu 100,00 DM können* bereits bei der Anschaffung als Aufwand auf dem Konto 6030 beim Einsatz im Fertigungsbereich, sonst auf dem Konto 6800 gebucht werden und nicht auf einem besonderen Anlagekonto.
Bei Anschaffung oder Herstellung von Wirtschaftsgütern mit einer *Nutzungsdauer unter 1 Jahr* ist immer eine *Aktivierung im Umlaufvermögen* vorzunehmen. Ihr Verbrauch oder Gebrauch im Fertigungsbereich ist als Materialaufwand (6030) zu erfassen.

Beispiel 1
Einkauf eines Lichtpausgerätes bar

Listenpreis	1.020,00 DM
– 20% Sonderrabatt	204,00 DM
	816,00 DM
– 2% Skonto	16,32 DM
	799,68 DM
+ 15% USt	119,95 DM
	919,63 DM

Buchung:

0890	GWG der BuG	799,68
2600	Vorsteuer	119,95
	an 2880 Kasse	919,63

Beispiel 2
Barkauf einer Heftzange am 27.11.

Barkauf einer Heftzange am 27.11.	40,00 DM
+ 15% USt	6,00 DM
	46,00 DM

Buchung:

6800	Büromaterial	40,00
2600	Vorsteuer	6,00
	an 2880 Kasse	46,00

Beispiel 3
Im Konto „0890 Geringwertige Vermögensgegenstände der Betriebs- und Geschäftsausstattung“ wurden im Laufe des Jahres geringwertige Wirtschaftsgüter im Werte von 17.800,00 DM erfaßt.

Buchung am 31.12.:

6500	Abschreibung	17.800,00
	an 0890 Geringwertige Vermögensgegenstände der Betriebs- und Geschäftsausstattung	17.800,00

Verkauf von Anlagegütern

- Verkauf von Anlagegütern nach direkter Abschreibung

Beim Verkauf von Gegenständen des betrieblichen Anlagevermögens werden fast durchweg *Verkaufserlöse* ausschließlich der an das Finanzamt zu zahlenden Umsatzsteuer erzielt, die nur höchst selten mit den auf den Anlagekonten ausgewiesenen *Buchwerten* übereinstimmen. Die *Differenz* zwischen dem Verkaufserlös ausschließlich der Umsatzsteuer und dem Buchwert ist als *Verlust* aus dem Abgang von Gegenständen des Anlagevermögens oder als *Ertrag* aus dem Abgang von Gegenständen des Anlagevermögens zu erfassen (siehe Abb. 3.102).
Die in der Vergangenheit auf das Wirtschaftsgut durchgeführte Abschreibung hatte nicht zu einem Buchwert geführt, der dem Tageswert des Wirtschaftsgutes entsprach. Die in der Vergangenheit durchgeführte *Abschreibung war zu gering* (siehe Abb. 3.103).
Das Wirtschaftsgut war im Verhältnis zum Tageswert niedriger bewertet. Die *Unterbewertung der Aktiva* führte zu *stillen Reserven*, die durch den Verkauf nunmehr aufgedeckt werden.

- Verkauf von Anlagegütern nach indirekter Abschreibung

Scheidet ein Anlagegut, das indirekt abgeschrieben worden ist, aus dem Betrieb aus, ist die darauf entfallende Wertberichtigung aufzulösen. Dies geschieht durch Rückübertragung der auf dieses Wirtschaftsgut entfallenden Wertberichtigung auf das entsprechende Anlagekonto.

Buchung der Auflösung der Wertberichtigung:

3610 Wertberichtigung zu Sachanlagen
an Anlagekonto

Mit dieser Buchung werden auf dem Anlagekonto neben den Anschaffungskosten die aufgelaufenen Abschreibungen sichtbar.

Die *Differenz beider Werte* ergibt den *Buchwert* des Anlagegutes. Die weiteren Buchungen zum Anlagenverkauf entsprechen den Buchungen bei vorhergegangener direkter Abschreibung (siehe Abb. 3.104).

Erfassung des Anlagevermögens bei Kapitalgesellschaften im Anlagegitter

Bei Kapitalgesellschaften *muß* die *Entwicklung des Anlagevermögens* auf der Aktivseite der Bilanz oder im Anhang *dargestellt werden.* Aus dieser Darstellung (Anlagegitter) müssen Anschaffungskosten, Zugänge, Abgänge und die gesamten Abschreibungen (kumulierte Abschreibungen) hervorgehen (§ 268 HGB). Die Daten für das Anlagegitter werden der kartei- oder dateimäßig geführten Anlagenbuchführung (Nebenbuchführung) entnommen. In der Anlagekartei/-datei sind nach § 268 Abs. 2 HGB *Spalten* bzw. *Datenfelder* – wie in Abb. 3.105 dargestellt – einzurichten.

Die Addition der Beträge der Datenfelder aller erfaßten Datensätze ergibt den Wert des Anlagespiegels zur Bilanz. Zur Kontrolle der Buchwerte werden die in der Anlagebuchführung getrennt erfaßten Bewegungen direkt auf dem jeweiligen

Beispiel 1: Verkaufspreis < Buchwert

AR, BA: Verkauf eines gebrauchten Pkws

Verkaufspreis, netto	5.000,00 DM
+ 15% USt.	750,00 DM
	5.750,00 DM
Buchwert des Pkws zum Verkaufszeitpunkt	6.000,00 DM
Der Tageswert für den Pkw	5.000,00 DM
ist niedriger als der Buchwert des Pkws	6.000,00 DM
Verluste aus dem Abgang von Gegenständen des Anlagevermögens	1.000,00 DM

2800 Bank	5.750,00	an 0840	Fuhrpark	5.000,00
		an 4800	Umsatzsteuer	750,00
6960 Verluste aus dem Abgang von AV	1.000,00	an 0840	Fuhrpark	1.000,00

Abb. 3.102

Beispiel 2: Verkaufspreis > Buchwert

AR, BA: Verkauf eines gebrauchten Pkws

Verkaufspreis, netto	5.000,00 DM
+ 15% USt.	750,00 DM
	5.750,00 DM
Buchwert des Pkws zum Verkaufszeitpunkt:	1,00 DM
Der Tageswert für den Pkw	5.000,00 DM
ist höher als der Buchwert des Pkws	1,00 DM
Erträge aus dem Abgang von Gegenständen des Anlagevermögens	4.999,00 DM

2800 Bank	5.700,00	an 0840	Fuhrpark	5.000,00
		an 4800	Umsatzsteuer	700,00
0840 Fuhrpark	4.999,00	an 5460	Erträge aus dem Abgang von AV und UV	4.999,00

Abb. 3.103

3

Beispiel

Erlös < Buchwert

AR, BA: Verkauf eines gebrauchten Pkws gegen Bankscheck

Verkaufspreis, netto	4.000,00 DM
+ 15% USt	600,00 DM
	4.600,00 DM
Anschaffungskosten des Pkws	36.000,00 DM
Wertberichtigung auf Pkw	27.000,00 DM

Buchungen

1. Auflösung der Wertberichtigung		
36184	Wertberichtigungen auf Fuhrpark	27.000,00
an 0840	Fuhrpark	27.000,00
2. Buchung des Zahlungseingangs		
2800	Bank	4.600,00
	an 0840 Fuhrpark	4.000,00
	an 4800 Umsatzsteuer	600,00
3. Buchung des Verlustes aus Anlagenabgang		
6960	Verlust aus dem Abgang von AV	5.000,00
	an 0840 Fuhrpark	5.000,00

Erlös > Buchwert

AR, BA: Verkauf eines gebrauchten Pkws gegen Bankscheck

Verkaufspreis, netto	12.000,00 DM
+ 15% USt	1.800,00 DM
	13.800,00 DM
Anschaffungskosten des Pkws	36.000,00 DM
Wertberichtigung auf Pkw	27.000,00 DM

Buchungen

1. Auflösung der Wertberichtigung		
36184	Wertberichtigungen auf Fuhrpark	27.000,00
	an 0840 Fuhrpark	27.000,00
2. Buchung des Zahlungseingangs		
2800	Bank	13.800,00
	an 0840 Fuhrpark	12.000,00
	an 4800 Umsatzsteuer	1.800,00
3. Buchung des Gewinnes aus Anlagenabgang		
0840	Fuhrpark	3.000,00
	an 5460 Erträge aus dem Abgang von AV und UV	3.000,00

Abb. 3.104

Anlagekonto gebucht, auf dem dann als Saldo zum Jahresende der Buchwert erscheint.

Beispiel

Die Anlagenbuchführung einer Maschinenbau-GmbH wies folgende Werte zur Bilanzposition Maschinen aus:

Anschaffungskosten der vorhandenen Maschinen zu Beginn des Geschäftsjahres	500.000,00 DM
Maschinenkauf während des Geschäftsjahres (netto) gegen Bankscheck	40.000,00 DM
Kumulierte Abschreibungen bis zum Beginn des Geschäftsjahres	208.000,00 DM
Abschreibungen des Geschäftsjahres	108.000,00 DM
Buchwert des Vorjahres (vgl. Abb. 3.106)	292.000,00 DM

Das Anlagegitter ermöglicht Rückschlüsse auf die Investitionspolitik (Bruttoinvestition, Ersatzinvestition), die Abschreibungspolitik (Abschrei-

3

Spalten/Datenfelder im Anlagegitter der Abb. 3.106	Inhalt
1. Anschaffungs-/Herstellungskosten (AK/HK)	AK/HK aller zu Beginn des Geschäftsjahres vorhandenen Anlagegüter
2. Zugänge	Mengenmäßige Erhöhung durch Anschaffung oder Selbsterstellung (Bruttoinvestition)
3. Abgänge	Mengenmäßige Minderung durch Verkäufe, Verschrottung u. ä. Ausscheidungsvorgänge
4. Umbuchungen	Umgliederungen innerhalb des Anlagevermögens, wie z. B. die Fertigstellung von Anlagen im Bau
5. Zuschreibungen	Werterhöhende Korrekturen von Bilanzansätzen aufgrund von gesetzlichen Vorschriften oder durchgeführten Außenprüfungen der Finanzverwaltung
6. Kumulierte Abschreibungen	Aufgelaufene Abschreibungen lt. Vorjahresbilanz – Zuschreibungen des Geschäftsjahres + Abschreibungen im Geschäftsjahr – auf die Abgänge des Geschäftsjahres entfallende kumulierte Abschreibungen
7. Abschreibungen	Erfassung der auf das Geschäftsjahr entfallenden Wertminderungen
8. Buchwert des Geschäftsjahres	Anschaffungs- oder Herstellungskosten (Spalte 1) + Zugänge (Spalte 2) – Abgänge (Spalte 3) ± Umbuchungen (Spalte 4) – Kumulierte Abschreibungen (Spalte 6)
9. Buchwert des Vorjahres	Vergleichbarer Buchwert des Vorjahres (Spalte 8 aus dem Anlagegitter des Vorjahres)

Abb. 3.105

Darstellung im Hauptbuch

S	0700 Maschinen		H
8000 EBK	292.000,00	6500 Abschreibungen	108.000,00
2800 Bank	40.000,00	8010 SBK	224.000,00
	332.000,00		332.000,00

Darstellung im Anlagegitter

0	1	2	3	4	5	6	7	8	9
Anlagevermögen	Anschaffungs- oder Herstellungskosten	Zugänge	Abgänge	Umbuchungen	Zuschreibungen	Abschreibungen insgesamt	Abschreibungen des Abschlußjahres	Buchwert zum 31.12.	Buchwert des Vorjahres
Maschinen	500.000,00	40.000,00	-	-	-	316.000,00	108.000,00	224.000,00	292.000,00

Abb. 3.106

3

bungen, Zuschreibungen) und den technischen Stand der Anlagen (Verhältnis vom Buchwert zum Anschaffungswert).

Erfassung zweifelhafter und uneinbringlicher Forderungen
Forderungen sind Ansprüche auf Geldleistungen, die der Unternehmer als Gläubiger aus Vertragsverhältnissen (z. B. Kaufvertrag, Werkvertrag, Werklieferungsvertrag) gegenüber seinen Kunden (Schuldner) besitzt. Forderungen sind nach § 253 HGB und § 6 Abs. 1 EStG grundsätzlich mit den *Anschaffungskosten* zu erfassen. Diese stimmen mit dem in der Ausgangsrechnung genannten Betrag *(Nennwert)* überein. Nachträglich gewährte Nachlässe an den Kunden (Rabatte, Skonti, Gutschriften) mindern diesen Nennwert. Ebenso ist es denkbar, daß die Forderungen dem Nennwert nicht mehr entsprechen, wenn beispielsweise aufgrund einer verschlechterten Vermögenslage des Schuldners Zahlungen in der Höhe der ursprünglichen Forderungen nicht mehr erwartet werden können. Daher wird es erforderlich, die Forderungen ständig hinsichtlich ihrer *Bonität* (Güte) zu überprüfen, um sie *zum Bilanzstichtag* auch mit ihrem wahrscheinlichen Wert (niedrigerer Wert) ansetzen zu können.

• Erfassung zweifelhafter Forderungen
Kann der Unternehmer aufgrund ihm vorliegender Informationen (Mahnverfahren, Protestwechsel, Eröffnung von Vergleichs- und Konkursverfahren) annehmen, daß eine Forderung nicht in vollem Umfang beglichen wird, sollte eine solche *zweifelhafte Forderung von den übrigen wahrscheinlich einwandfreien Forderungen getrennt* werden.

Beispiel
Von den Forderungen werden infolge der Eröffnung des Konkursverfahrens über das Vermögen eines Kunden 1.150,00 DM zweifelhaft.

Buchung

2470	Zweifelhafte Forderungen	1.150,00
	an 2400 Forderungen a. LL.	1.150,00

• Erfassung uneinbringlicher Forderungen
Ist damit zu rechnen, daß eine zweifelhafte Forderung *ganz ausfällt* (z. B. bei Einstellung des Konkursverfahrens mangels Masse), dann ist diese *uneinbringliche Forderung* abzuschreiben (§§ 252 f. HGB) und damit auszubuchen. Die *Abschreibung der uneinbringlichen Forderungen* bedeutet umsatzsteuerrechtlich, daß auch das Entgelt uneinbringlich geworden ist. Weil die Entgeltsminderung in diesem Falle feststeht, muß nach § 17 Abs. 2 UStG die Umsatzsteuer entsprechend berichtigt werden. Die Umsatzsteuer kann daher für den Unternehmer nie Verlust verursachen und darf somit nicht zum Bestandteil des Abschreibungsaufwandes werden.

1. Die *uneinbringliche Forderung* wird *mit ihrem Nettowert direkt abgeschrieben* (6950 bzw. 6951).
2. Die in der Forderung enthaltene *Umsatzsteuer* ist gleichzeitig *in voller Höhe zu berichtigen.*
3. Kann ein Teil der *voll abgeschriebenen Forderungen* zu einem späteren Zeitpunkt *wider Erwarten* vereinnahmt werden, ist der darin enthaltene *Umsatzsteueranteil als Steuerschuld* gegenüber dem Finanzamt auszuweisen.

Beispiel 1
Eine zweifelhafte Forderung über 6.900,00 DM wird nach Mitteilung des Konkursverwalters uneinbringlich.

Buchung:

6950	Abschreibung auf Forderungen	6.000,00
4800	Umsatzsteuer	900,00
	an 2470 Zweifelhafte Forderungen	6.900,00

Beispiel 2
Nachträglich und unerwartet zahlt der Schuldner noch 379,50 DM (USt-Anteil 49,50 DM) auf Bankkonto ein.

Buchung:

2800	Bank	379,50
	an 5460 Erträge aus dem Abgang von Vermögensgegenständen	330,00
	an 4800 Umsatzsteuer	49,50

Wird von einer zweifelhaften Forderung des Geschäftsjahres wegen Konkurs oder Vergleich nur ein Teilbetrag beglichen, dann muß der nicht ausgeglichene Forderungsanteil als Forderungsverlust über das Konto „6950 Abschreibungen auf Forderungen“ abgeschrieben werden.
Die auf den Forderungsausfall entfallende Umsatzsteuer wird vom Finanzamt zurückgefordert. Daher werden die auf dem Konto „4800 Umsatzsteuer“ erfaßten USt-Schulden um diesen Rückforderungsanspruch korrigiert.

Beispiel:
Am 18.10.19.. wurde die Forderung an einen Kunden über 5.750,00 DM einschl. 15% USt wegen der Eröffnung des Vergleichsverfahrens als zweifelhaft umgebucht. Am 30.11.19.. wurden nach Abschluß des Vergleichsverfahrens 2.300,00 DM einschl. 15% USt (40% Vergleichsquote) auf das Bankkonto überwiesen.

1. Buchung des Zahlungseingangs:

2800	Bank	2.300,00
	an 2470 Zweifelhafte Forderungen	2.300,00

2. Buchung des Forderungsverlustes:

Der Forderungsverlust beträgt 3.000,00 DM, also 60% der Netto-Forderung.

6950	Abschreibungen auf Forderungen	3.000,00
	an 2470 Zweifelhafte Forderungen	3.000,00

3. Buchung der USt-Korrektur

Der USt-Rückforderungsanspruch an das Finanzamt beläuft sich auf 450,00 DM, also 60% der ursprünglich gezahlten USt.

4800	Umsatzsteuer	450,00
	an 2470 Zweifelhafte Forderungen	450,00

Forderungen des Geschäftsjahres, deren Ausfall ganz oder teilweise bis zum Ende des Geschäftsjahres feststeht, sind als Forderungsverluste über das Konto „6950 Abschreibungen auf Forderungen" abzuschreiben.
Der auf den Forderungsverlust entfallende Umsatzsteueranteil ist zu berichtigen.

• Einzelwertberichtigungen zu Forderungen
Abschreibungen und Wertberichtigung wegen spezieller Kreditrisiken: Bei den übrigen zweifelhaften Forderungen muß der Unternehmer zum Bilanzstichtag den in der Bilanz anzusetzenden niedrigeren Wert schätzen. Der damit geschätzte Ausfall (spezielles Kreditrisiko) ist abzuschreiben. Es ist eine Einzelbewertung dieser Forderung erforderlich, durch die sich der zum Bilanzstichtag auszuweisende *niedrigere Wert* ergibt. Bei kleineren Forderungen ist es durchaus üblich, wegen gemeinsamer spezieller Risiken pauschal ermittelte Abschläge vorzunehmen (z. B. eingetretene Abwertungsverluste bei mehreren kleinen Auslandsforderungen) und abzuschreiben. Weil der *Forderungsausfall nicht exakt feststeht,* ist es für die Praxis wichtig, den Anspruch auf die *ursprüngliche Forderung* und den *vermutlichen Nettoforderungsverlust* aus den Buchführungsunterlagen zu ersehen. Darum wird der geschätzte Forderungsausfall nicht direkt von dem Forderungskonto abgeschrieben, sondern dem passiven Bestandskonto *„3670 Einzelwertberichtigung zu Forderungen"* gutgeschrieben. Dieses Konto wird wie das Konto *„2470 Zweifelhafte Forderungen"* über das Schlußbilanzkonto abgeschlossen. Dadurch werden im Schlußbilanzkonto den ursprünglichen zweifelhaften Forderungen auf Konto „2470 Zweifelhafte Forderungen" die vermutlichen Forderungsverluste bzw. Abschreibungen auf dem Konto „3670 Einzelwertberichtigung zu Forderungen" als Wertkorrektur gegenübergestellt.

Beispiel

Über das Vermögen eines Kunden wurde am 28.11.19.. das Konkursverfahren eröffnet. Unsere Forderung beträgt 5.750,00 DM einschließlich 15% USt. Zum Jahresabschluß wird die Konkursquote nach Angaben des Konkursverwalters auf 10% geschätzt.

Buchung am 28.11.19..:

2470	Zweifelhafte Forderungen	5.750,00
	an 2400 Forderungen a. LL.	5.750,00

Buchung des geschätzten Forderungsverlustes zum 31.12.19..:

6950	Abschreibungen auf Forderungen	4.500,00
	an 3670 Einzelwertberichtigung zu Forderungen (EWB)	4.500,00

Abschlußbuchungen:

8020	GuV	4.500,00
	an 695 Abschreibungen auf Forderungen	4.500,00
8010	Schlußbilanzkonto	5.750,00
	an 2470 Zweifelhafte Forderungen	5.750,00
3670	EWB	4.500,00
	an 8010 Schlußbilanzkonto	4.500,00

S	801 Schlußbilanzkonto		H
2470 Zweifelh. Ford.	5.750.00	3670 EWB	4.500,00

Zahlungseingänge auf einzelwertberichtigte Forderungen

Die Konten „2470 Zweifelhafte Forderungen" und „3670 Einzelwertberichtigung zu Forderungen" sind zum Beginn des Geschäftsjahres zu eröffnen.

Beispiel

Eröffnungsbuchungen:

2470	Zweifelhafte Forderungen	5.750,00
	an 8000 Eröffnungsbilanzkonto	5.750,00
8000	Eröffnungsbilanzkonto	4.500,00
	an 3670 EWB	4.500,00

– Erst beim *Abschluß des Konkurs- oder Vergleichsverfahrens* steht fest, wie hoch der *tatsächliche Forderungsverlust* ist. Daher kann erst jetzt ein Erstattungsanspruch wegen nicht erhaltener Umsatzsteuer gegenüber dem Finanzamt gestellt werden. Zum Zwecke der Umsatzsteuer-Verprobung sollten aus den Buchungsunterlagen
  – der eingetretene Forderungsverlust und
  – die sich hieraus ergebende Umsatzsteuer-Korrektur

erkennbar sein (vgl. § 22 UStG).
Folgende Fälle sind möglich:

1. Die angenommene Schätzung des Forderungsverlustes stimmt.

3

3

Beispiel
Die Konkursquote beträgt 10%. Der Betrag von 575,00 DM einschließlich 15% USt wird auf das Bankkonto überwiesen.

Zweifhafte Forderung	5.750,00 DM
– Abschlußzahlung	575,00 DM
Forderungsausfall, brutto	5.175,00 DM
– USt-Korrekturanspruch	675,00 DM
Forderungsausfall, netto	4.500,00 DM
Einzelwertberichtigung zu Forderungen	4.500,00 DM
	0,00 DM

Buchung:
1. *Zahlungseingang*
   2800 Bank 575,00
   an 2470 Zweifelhafte Forderungen 575,00
2. *USt-Berichtigung*
   4800 Umsatzsteuer 675,00
   an 2470 Zweifelhafte Forderungen 675,00
3. *Auflösung der Einzelwertberichtigung zu Forderungen*
   3670 EWB 4.500,00
   an 2470 Zweifelhafte Forderungen 4.500,00

2. Der Forderungsverlust ist höher als die angenommene Schätzung.

Beispiel
Die Konkursquote beträgt 5%. Der Betrag von 287,50 DM einschließlich 15% USt wird auf das Bankkonto überwiesen.

Zweifhafte Forderung	5.750,00 DM
– Abschlußzahlung	287,50 DM
Forderungsausfall, brutto	5.462,50 DM
– USt-Korrekturanspruch	712,50 DM
Forderungsausfall, netto	4.750,00 DM
Einzelwertberichtigung zu Forderungen	4.500,00 DM
Verlust aus dem Abgang von Vermögensgegenständen	250,00 DM

Buchung:
1. *Zahlungseingang*
   2800 Bank 287,50
   an 2470 Zweifelhafte Forderungen 287,50
2. *USt-Berichtigung*
   4800 Umsatzsteuer 712,50
   an 2470 Zweifelhafte Forderungen 712,50
3. *Auflösung der Einzelwertberichtigung zu Forderungen*
   3670 EWB 4.500,00
   6960 Verluste aus dem Abgang von Vermögensgegenständen 250,00
   an 2470 Zweifelhafte Forderungen 4.750,00

3. Der Forderungsverlust ist geringer als die angenommene Schätzung.

Beispiel
Die Konkursquote beträgt 20%. Der Betrag von 1.150,00 DM einschließlich 15% USt wird auf das Bankkonto überwiesen.

Zweifhafte Forderung	5.750,00 DM
– Abschlußzahlung	1.150,00 DM
Forderungsausfall, brutto	4.600,00 DM
– USt-Korrekturanspruch	600,00 DM
Forderungsausfall, netto	4.000,00 DM
Einzelwertberichtigung zu Forderungen	4.500,00 DM
Ertrag aus dem Abgang von Vermögensgegenständen	500,00 DM

Buchung:
1. *Zahlungseingang*
   2800 Bank 1. 150,00
   an 2470 Zweifelhafte Forderungen 1.150,00
2. *USt-Berichtigung*
   4800 Umsatzsteuer 600,00
   an 2470 Zweifelhafte Forderungen 600,00
3. *Auflösung der Einzelwertberichtigung zu Forderungen*
   3670 EWB 4.500,00
   an 2470 Zweifelhafte Forderungen 4.000,00
   an 5460 Erträge aus dem Abgang von Vermögensgegenständen 500,00

Reihenfolge der Buchungen:
1. Erfassung des Zahlungseingangs,
2. Umsatzsteuerberichtigung,
3. Auflösung der Einzelwertberichtigung und eventuelle Erfassung eines zusätzlichen Forderungsverlustes auf dem Konto „6960 Verluste aus dem Abgang von Vermögensgegenständen" oder eines buchmäßigen Forderungsgewinns auf dem Konto „ 5460 Erträge aus dem Abgang von Vermögensgegenständen".

• Pauschalwertberichtigung zu Forderungen wegen des allgemeinen Kreditrisikos

Wegen des allgemeinen Kreditrisikos (Ausfallrisiko wegen Konjunkturschwankung, Abwertung, Enteignung) gestattet der Gesetzgeber die Bildung einer *Pauschalwertberichtigung* zu allen Forderungen (also nicht nur Warenforderungen), die nicht mit speziellen Kreditrisiken behaftet sind. Die Höhe dieses Satzes ergibt sich aufgrund betrieblicher Erfahrungen über die Forderungsausfälle in einem längeren Zeitraum. Die Berechnung der Pauschalwertberichtigung wird von den Forderungen ausschließlich der Umsatzsteuer vorgenommen. Eine Umsatzsteuer-Korrektur ist auch hierbei nicht möglich, weil der tatsächliche Ausfall nicht feststeht.

Beispiel

Gesamtforderung am Bilanzstichtag, brutto	116.150,00 DM
– Forderungen mit speziellen Kreditrisiken	1.150,00 DM
	115.000,00 DM
– Umsatzsteueranteil	15.000,00 DM
Netto: Forderungen mit allgemeinen Kreditrisiken	100.000,00 DM
Pauschal zu berichtigen, z. B. 4%	4.000,00 DM

Buchung am Ende des Geschäftsjahres:

6950 (bzw. 6953) Abschreibungen auf Forderungen 4.000,00
an 3680 Pauschalwertberichtigungen zu Forderungen 4.000,00

Das Konto 3680 wird als Korrekturposten über das SBK abgeschlossen.

Danach ergibt sich im vorstehenden Beispiel folgendes Bild im SBK:

S	8010 SBK H
2400 Forderungen a. LL. 115.000,00	3680 Pauschalwertberichtigung 4.000,00
2470 Zweifelhafte Forderungen 1.150,00	3670 Einzelwertberichtigung 700,00

Inanspruchnahme der Pauschalwertberichtigung während des Geschäftsjahres: Treten bei den *pauschal wertberichtigten Forderungen* Ausfälle ein, so sind diese in Höhe des Nettowertes mit der Pauschalwertberichtigung zu verrechnen. Da bei diesen Forderungen der Ausfall nunmehr feststeht, ist die Umsatzsteuer zu berichtigen.

Beispiel

Auf eine pauschalwertberichtige Forderung in Höhe von 1.380,00 DM gehen aufgrund eines Vergleichsverfahrens 552,00 DM auf das Bankkonto ein.

Buchung:

2800	Bank	552,00
4800	Umsatzsteuer	108,00
3680	Pauschalwertberichtigungen zu Forderungen (Kapitalgesellschaften 2491)	720,00
	an 2400 Forderungen a. LL.	1.380,00

Anpassung der Pauschalwertberichtigung: Gegenüber dem Vorjahr ergibt sich aufgrund der während des Jahres vorgenommenen Auflösungen und des neuen Bestandes an Forderungen die Notwendigkeit einer Anpassung der Pauschalwertberichtigung. Dabei ist eine Aufstockung (im Falle der Zunahme der mit allgemeinen Kreditrisiken behafteten Forderungen) oder eine Herabsetzung (bei Verminderung solcher Forderungsbestände) möglich.

3

Beispiel 1: Aufstockung der Pauschalwertberichtigung

Gesamtforderungen, brutto	184.000,00 DM
– Forderungen mit speziellen Kreditrisiken	27.600,00 DM
	156.400,00 DM
– Umsatzsteueranteil	20.400,00 DM
pauschal zu berichtigen	136.000,00 DM
davon z. B. 4%	5.440,00 DM
noch bestehende Pauschalwertberichtigung (4 000 - 720)	3.280,00 DM
neu zu bildende Pauschalwertberichtigung	2.160,00 DM

Buchung:

6950 Abschreibungen auf Forderungen 2.160,00
an 3680 Pauschalwertberichtigungen zu Forderungen 2.160,00
(Kapitalgesellschaften 2492)

Beispiel 2: Herabsetzung der Pauschalwertberichtigungen

Gesamtforderungen, brutto	184.000,00 DM
– Forderungen mit speziellen Kreditrisiken – einzelwertberichtigt	27.600,00 DM
	156.400,00 DM
– Umsatzsteueranteil	20.400,00 DM
pauschal zu berichtigen	136.000,00 DM
davon z. B. 2%	2.720,00 DM
noch bestehende Pauschalwertberichtigung (4 000 - 720)	3.280,00 DM
Ertrag aus der Herabsetzung von Wertberichtigungen auf Forderungen	560,00 DM

Buchung:

3680 Pauschalwertberichtigung zu Forderungen 560,00
(Kapitalgesellschaften 2492)
an 5450 Erträge aus der Herabsetzung von Wertberichtigungen auf Forderungen 560,00

• Darstellung der Forderungen a. LL. in der Bilanz
In *Einzelunternehmen* und *Personengesellschaften* können in der Bilanz zur Erzielung einer größe-

ren Bilanzklarheit auf der *Aktivseite* die Positionen *„Forderungen a. LL."* und *„Zweifelhafte Forderungen a. LL."* mit ihren Nennwerten (Anschaffungskosten) ausgewiesen werden.
Auf der *Passivseite* werden bei niedrigerer Bewertung der Forderungen die Positionen *„Einzelwertberichtigungen zu Forderungen"* und *„Pauschalwertberichtigung zu Forderungen"* als Korrekturposten gegenübergestellt.

Ausweismöglichkeit der Forderungen a. LL. in Einzelunternehmen und Personengesellschaften

Bilanz der Einzelunternehmung und Personengesellschaft

Aktiva		Passiva	
Forderungen a. LL.	156.400,00	Pauschalwertberichtigung zu Forderungen	2.720,00
Zweifelhafte Forderungen a. LL.	27.600,00	Einzelwertberichtigung zu Forderung	14.400,00

Die *Gliederungsvorschriften zur Bilanz* der *Kapitalgesellschaften* sehen gemäß § 266 HGB die Positionen „Einzelwertberichtigung" und „Pauschalwertberichtigung" nicht vor.
Zur Bilanzerstellung müssen daher die Wertberichtigungen mit den entsprechenden Forderungspositionen verrechnet werden. Die Forderungen sind außerdem in einer Position zusammenzufassen.

Ausweis der Forderungen a. LL. in der Bilanz der Kapitalgesellschaft

Aktiva	Passiva
B. Umlaufvermögen II. Forderungen und sonstige Vermögensgegenstände 1. Forderungen auf Lieferungen und Leistungen 166.880,00	

Wegen dieser Vorschrift für den Ausweis der Forderungen in der Bilanz der Kapitalgesellschaft sieht der Kontenrahmen für diese Unternehmungsformen *Unterkonten der Forderungskonten zur Erfassung der Wertberichtigungen* zu Forderungen vor:

2491 Einzelwertberichtigung zu Forderungen
2492 Pauschalwertberichtigung zu Forderungen

Besondere Buchungsprobleme im Rahmen des Jahresabschlusses

Posten der Rechnungsabgrenzung (Transitorische PdR)

Während des Geschäftsjahres fallen gelegentlich *Zahlungen für Aufwendungen* oder *Erträge* an, die *ganz oder teilweise dem neuen Geschäftsjahr zuzurechnen* sind. Andererseits stehen am Ende des Geschäftsjahres häufig noch *Zahlungen für Aufwendungen und Erträge aus, die ganz in die Erfolgsrechnung des auslaufenden Geschäftsjahres gehören.*

– Aufwendungen und Erträge sind für den Zeitraum zu erfassen, in dem sie entstanden sind *(periodengerechte Erfolgsermittlung).*

Ausgaben oder *Einnahmen im laufenden Geschäftsjahr,* die *für Aufwendungen* oder *Erträge nach dem Bilanzstichtag* getätigt werden, sind als Posten der Rechnungsabgrenzung zu erfassen. Zu unterscheiden sind *aktive* und *passsive Rechnungsabgrenzungsposten,* die von allen Kaufleuten gesondert in der Bilanz auszuweisen sind (§§ 247, 266 HGB).

Aktive Rechnungsabgrenzung
Wird im laufenden Geschäftsjahr eine Ausgabe *für einen Aufwand des folgenden Geschäftsjahres* getätigt, dann darf sich diese Ausgabe nicht auf den Erfolg des laufenden Geschäftsjahres auswirken. Sie ist daher als Aufwand erst im folgenden Jahr zu erfassen. Bis zu diesem Zeitpunkt wird sie daher in der Bilanz auf einem aktiven Bestandskonto *„2900 Aktive Rechnungsabgrenzung (ARA)"* gespeichert. Diese zeitliche Abgrenzung des Aufwandes wird als vorbereitende Abschlußbuchung durchgeführt.

Beispiel
Die Feuerversicherungsprämie für das Geschäftsinventar wird am 28.08. für die Zeit vom 01.09. des laufenden Geschäftsjahres bis zum 31.08. des nächsten Jahres durch Bankscheck bezahlt: 300,00 DM.

Die Ausgabe betrifft den *Aufwand zweier Geschäftsjahre.* Zum Zwecke einer periodengerechten Erfolgsermittlung ist der Geschäftsfall so zu buchen, daß *im alten Jahr* nur 100,00 DM (Versicherungsprämie für 4 Monate) *erfolgswirksam* werden. Die Versicherungsprämie für die 8 Monate des neuen Geschäftsjahres, also *200,00 DM,* dürfen erst im folgenden Geschäftsjahr erfolgswirksam werden. Das Konto *„2900 Aktive Rechnungsabgrenzung (ARA)"* führt den Betrag von 200,00 DM ins neue Geschäftsjahr hinüber und *grenzt* somit den *Aufwand* des alten Geschäftsjahres vom Aufwand des neuen Geschäftsjahres *ab* (siehe Abb. 3.107).

Passive Rechnungsabgrenzung (PRA)

Wenn die Unternehmung im Laufe des Geschäftsjahres eine *Einnahme für einen Ertrag des folgenden Geschäftsjahres* erzielt, darf diese Einnahme den Erfolg des laufenden Geschäftsjahres noch nicht beeinflussen. Bis zu ihrer Erfassung als Ertrag wird sie daher auf dem passiven Bestandskonto *„4900 Passive Rechnungsabgrenzung (PRA)“* gespeichert.

Beispiel

Am 02.11. des laufenden Geschäftsjahres hat ein Mieter für Räume, die er im Geschäftshaus des Unternehmens bewohnt, seine laut Vertrag im voraus zu zahlende Miete für die Monate November, Dezember und Januar in Höhe von 500,00 DM je Monat bar bezahlt.

Die Einnahme betrifft den *Ertrag zweier Geschäftsjahre.* Zum Zwecke der periodengerechten Erfolgsermittlung ist der Geschäftsfall so zu buchen, daß im *alten Geschäftsjahr 1.000,00 DM* (Miete für November und Dezember) als Ertrag *erfolgswirksam* werden. Der Ertrag des neuen Geschäftsjahres in Höhe von *500,00 DM* (Miete für Januar) *darf erst im folgenden Geschäftsjahr erfolgswirksam werden.* Das Konto *„4900 Passive Rechnungsabgrenzung (PRA)“* führt den Betrag von 500,00 DM ins neue Geschäftsjahr hinüber und *grenzt* somit den *Ertrag* des alten Geschäfts- 3

altes Geschäftsjahr	31.12.19.. Bilanzstichtag	**neues Geschäftsjahr**
Ausgabe am 28.08.19.. 300,00 DM	Aufwand im alten Jahr 100,00 DM	Aufwand im neuen Geschäftsjahr 200,00 DM

Buchungen im alten Geschäftsjahr	**Buchungen im neuen Geschäftsjahr**
28.08.: Zahlung durch Bankscheck 6900 Versicherungsbeiträge an 2800 Bank 300,00 **31.12.: zeitliche Abgrenzung** 2900 ARA an 6900 Versicherungsbeiträge 200,00 **31.12.: Abschlußbuchung** 8020 GuV an 2900 ARA 200,00 8010 Schlußbilanzkonto an 2900 ARA 200,00	**02.01.: Eröffnung** 2900 ARA an 8000 EBK 200,00 **02.01.: Auflösung der Abgrenzung** 6900 Versicherungsbeiträge an 2900 ARA 200,00

Kontenmäßige Darstellung der Buchungen im alten Geschäftsjahr:

S	6900 Versicherungsbeiträge		H
2800	300,00	2900	200,00
		8020	100,00
	300,00		300,00

S	2900 ARA		H
6900	200,00	8010	200,00

S	8020 Gewinn und Verlust		H
6900	100,00		

S	8010 Schlußbilanzkonto		H
2900	200,00		

Kontenmäßige Darstellung der Buchungen im neuen Geschäftsjahr:

S	2900 ARA		H
8000	200,00	6900	200,00

S	6900 Versicherungsbeiträge		H
2900	200,00		

Abb. 3.107

3

jahres vom Ertrag des neuen Geschäftsjahres *ab* (siehe Abb. 3.108).

Unmittelbare zeitliche Abgrenzung bei Buchung der Ausgabe oder Einnahme

Es kann durchaus üblich sein, die *Rechnungsabgrenzung direkt* bei der Erfassung der Ausgabe oder Einnahme vorzunehmen. Daher wird der *Teil des Aufwandes, der* im laufenden Geschäftsjahr *nicht als Aufwand gebucht werden darf, unmittelbar auf* dem Konto „2900 Aktive Rechnungsabgrenzung" gebucht.

Buchung zum Beispiel S. 326f.

28.08.: Buchung der Zahlung und zeitliche Abgrenzung

6900	Versicherungsbeiträge	100,00
2900	ARA	200,00
	an 2800 Bank	300,00

Entsprechend wird der *Teil des Ertrags, der das folgende Geschäftsjahr betrifft, unmittelbar auf* dem Konto *„4900 Passive Rechnungsabgrenzung"* gebucht.

Buchung zum Beispiel S. 327

02.11.: Barzahlung der Miete vom Mieter und zeitliche Abgrenzung

2880	Kasse	1.500,00
	an 5400 Mieterträge	1.000,00
	an 4900 PRA	500,00

Sonstige Verbindlichkeiten und Sonstige Forderungen

Am Bilanzstichtag sind *noch nicht geleistete Zahlungen* (Ausgaben) *für Aufwendungen des laufenden Geschäftsjahres* als *„Sonstige Verbindlichkeiten"* auf dem Konto „4890 Übrige sonstige Verbindlichkeiten" und *noch nicht erhaltene Zah-*

altes Geschäftsjahr | 31.12.19..Bilanzstichtag | **neues Geschäftsjahr**

Einnahme am 02.11.19.. 1.500,00 DM	Ertrag im alten Jahr 1.000,00 DM	Ertrag im neuen Geschäftsjahr 500,00 DM

Buchungen im alten Geschäftsjahr	**Buchungen im neuen Geschäftsjahr**
02.11.: Zahlung in bar 2880 Kasse an 5400 Mieterträge 1.500,00 **31.12.: zeitliche Abgrenzung** 5400 Mieterträge an 4900 PRA 500,00 **31.12.: Abschlußbuchung** 4900 PRA an 8010 SBK 500,00	**02.01.: Eröffnung** 8000 EBK an 4900 PRA 500,00 **02.01.: Auflösung der Abgrenzung** 4900 PRA an 5400 Mieterträge 500,00

Kontenmäßige Darstellung der Buchungen im alten Geschäftsjahr:

S 5400 Mieterträge H

S		H	
4900	500,00	2880	1.500,00
8020	1.000,00		
	1.500,00		1.500,00

S 4900 PRA H

S		H	
8010	500,00	5400	500,00

S 8020 Gewinn und Verlust H

S		H	
		5400	1.000,00

S 8010 Schlußbilanzkonto H

S		H	
		4900	500,00

Kontenmäßige Darstellung der Buchungen im neuen Geschäftsjahr:

S 5400 Mieterträge H

S		H	
		4900	500,00

S 4900 PRA H

S		H	
5400	500,00	8000	500,00

Abb. 3.108

lungen (Einnahmen) *für Erträge des laufenden Geschäftsjahres* als *„Sonstige Forderungen“* auf dem Konto „2690 Übrige sonstige Forderungen“ auszuweisen.

Sonstige Verbindlichkeiten

Vielfach liegen am Bilanzstichtag *Aufwendungen* vor, *für die noch keine Zahlungen vorgenommen wurden.* Um eine periodengereche Erfolgsermittlung sicherzustellen, muß der Aufwand am Bilanzstichtag für das alte Geschäftsjahr erfaßt werden. Dies geschieht durch eine vorbereitende Abschlußbuchung zur vollständigen Erfassung des Aufwandes im Geschäftsjahr.

Beispiel:

Am 01.11. wurde ein Darlehen aufgenommen, für das am 31.10. des folgenden Geschäftsjahr 600,00 DM Zinsen zu zahlen sind. Bis zum 31.12. (Bilanzstichtag) sind 100,00 DM Zinsaufwendungen entstanden, die in der Gewinn- und Verlustrechnung des alten Geschäftsjahres zu berücksichtigen sind. Bis zum Tag der Zahlung sind die noch offenstehenden Ausgaben als Sonstige Verbindlichkeiten auszuweisen (siehe Abb. 3.109).

Sonstige Forderungen

Erträge des abzuschließenden Geschäftsjahres, die noch nicht vereinnahmt wurden, müssen wegen der periodengerechten Erfolgsermittlung als Ertrag des abgelaufenen Geschäftsjahres *erfaßt werden.* Dies geschieht durch eine vorbereitende Abschlußbuchung.

Beispiel:

Zum 31.12. (Bilanzstichtag) wird festgestellt, daß die Miete für den Monat Dezember in Höhe von 400,00 DM für einen vermieteten Lagerraum noch nicht vom Mieter gezahlt wurde. Die Zahlung der Miete erfolgt am 08.01. des folgenden Jahres durch Banküberweisung (siehe Abb. 3.110).

Vergleich der sonstigen Verbindlichkeiten und sonstigen Forderungen mit den Rechnungsabgrenzungsposten

Im Gegensatz zu den *Rechnungsabgrenzungsposten der Aktiva-Seite* als *Leistungs*forderungen und den *Rechnungsabgrenzungsposten der Passiva-Seite* als *Leistungs*verbindlichkeiten handelt es sich bei den *„sonstigen Forderungen“* um echte *Geld*forderungen und bei den *„sonstigen Verbindlichkeiten“* um echte *Geld*verbindlichkeiten, die nach dem Bilanzstichtag zu Einnahmen und Ausgaben führen.

Rückstellungen

Für *Aufwendungen,* die dem *abgelaufenen Jahr zugerechnet* werden müssen, aber *der Höhe nach* am Bilanzstichtag *nicht bekannt* sind, werden zwecks periodengerechter Erfolgsermittlung in der Bilanz die hierfür zu schätzenden Verbindlichkeiten als Rückstellung ausgewiesen.

Ursachen

Nach § 249 HGB *müssen* Rückstellungen gebildet werden für

altes Geschäftsjahr	31.12.19.. Bilanzstichtag	**neues Geschäftsjahr**
Aufwand vom 01.11.-31.12. 100,00 DM		Aufwand vom 01.01.-31.10. 500,00 DM; Ausgabe am 31.10. 600,00 DM

Buchungen im alten Geschäftsjahr			**Buchungen im neuen Geschäftsjahr**		
31.12.: vorbereitende Abschlußbuchung			**02.01.: Eröffnung**		
7510	Zinsaufwendungen	100,00	8000	EBK	100,00
	an 4890 Übrige sonstige Verbindlichkeiten	100,00		an 4890 Übrige sonstige Verbindlichkeiten	100,00
31.12.: Abschlußbuchung			**31.10.: Zinszahlung bar**		
8020	Gewinn und Verlust	100,00	4890	Übrige sonstige Verbindlichkeiten	100,00
	an 7510 Zinsaufwendungen	100,00	7510	Zinsaufwendungen	500,00
4890	Übrige sonstige Verbindlichkeiten	100,00		an 2880 Kasse	600,00
	an 8010 SBK	100,00			

Abb. 3.109

- ungewisse Verbindlichkeiten (z. B. Garantieverpflichtungen und zu erwartende Steuernachveranlagungen, Prozeßkosten);
- drohende Verluste aus schwebenden Geschäften (Preisrückgang bei einer zum Festpreis bestellten, am Bilanzstichtag noch nicht gelieferten Maschine);
- unterlassene Aufwendungen für Instandhaltung, die in den ersten drei Monaten des folgenden Geschäftsjahres, oder Abraumbeseitigung, die im folgenden Geschäftsjahr nachgeholt wird;
- Gewährleistungen, die ohne rechtliche Verpflichtungen erbracht werden (Kulanzleistungen);
- Pensionsverpflichtungen.

Außerdem *dürfen* Rückstellungen für genau beschriebene andere Aufwendungen gebildet werden.

Bildung von Rückstellungen

Die Höhe einer Rückstellung muß *geschätzt* werden. Ihre Begründung muß natürlich wirtschaftlich vertretbar sein. Wegen der Unsicherheit bei der Bemessung besteht die *Gefahr der Unterbewertung* (zu niedriger Ansatz der Schuld) oder die *Möglichkeit der Überbewertung* (Bildung stiller Reserven). Rückstellungen sind immer zweckgebunden. Bei der Bildung der Rückstellung wird der geschätzte Betrag dem entsprechenden Aufwandskonto belastet und den Konten

- 3700 Pensionsrückstellungen
- 3800 Steuerrückstellungen und
- 3900 Sonstige Rückstellungen (für Prozesse, Gewährleistungen)

gutgeschrieben. Hierdurch wird der zurückgestellte Betrag in der Erfolgsrechnung des laufenden Jahres berücksichtigt, obgleich keine Geldmittel in dieser Höhe aus der Unternehmung abgeflossen sind.
Somit stehen dem Unternehmen bei Eintritt der zu erwartenden Verpflichtung (z. B. bei Gewährleistungsverpflichtungen) diese Mittel zur Verfügung.

Beispiel

Ein negativ verlaufender Rechtsstreit mit einem Kunden hat bis zum Bilanzstichtag etwa 800,00 DM Kosten verursacht. Eine entsprechende Rückstellung ist zu bilden.

Buchungen zum Bilanzstichtag:

6770	Rechts- und Beratungskosten		800,00
	an 3900	Sonstige Rückstellungen	800,00
8020	Gewinn und Verlust		800,00
	an 6770	Rechts- und Beratungskosten	800,00
3900	Sonstige Rückstellungen		800,00
	an 8010	SBK	800,00

(siehe Abb. 3.111)

Auflösung der Rückstellungen

Eine Rückstellung ist aufzulösen, wenn *der Grund für ihre Bildung weggefallen ist* und damit der angenommene Aufwand und die geschätzte Schuld nicht entstehen (§ 249 Abs. 2 HGB).
Die Auflösung der Rückstellung macht in folgenden Fällen *erfolgswirksame Korrekturbuchungen* notwendig.

- Zahlungsverpflichtung > Rückstellung = Buchung des bisher nicht erfaßten Aufwandes

altes Geschäftsjahr	31.12.19.. Bilanzstichtag	**neues Geschäftsjahr**

Ertrag im Monat Dezember 400,00 DM	Einnahme im Monat Januar 400,00 DM
Buchungen im alten Geschäftsjahr	**Buchungen im neuen Geschäftsjahr**
31.12.: vorbereitende Abschlußbuchung 2690 Übrige sonstige Forderungen 400,00 an 5400 Mieterträge 400,00 **31.12.: Abschlußbuchung** 8020 GuV 400,00 an 5400 Mieterträge 400,00 8010 SBK 400,00 an 2690 Übrige sonstige Forderungen 400,00	**02.01.: Eröffnung** 2690 Übrige sonstige Forderungen 400,00 an 8000 EBK 400,00 **08.01.: Banküberweisung der Miete** 2800 Bank 400,00 an 2690 Übrige sonstige Forderungen 400,00

Abb. 3.110

S	3900 Sonstige Rückstellungen		H
8010	800,00	6770	800,00

S	6770 Rechts- und Beratungskosten		H
3900	800,00	8020	800,00

S	8010 SBK		H
		3900	800,00

S	8020 GuV		H
6770	800,00		

Abb. 3.111

– Zahlungsverpflichtung < Rückstellung = Buchung eines Ertrages aus der Auflösung von Rückstellungen

Beispiel
Nach Beendigung des Rechtsstreites im neuen Geschäftsjahr sind wegen einer Kostenteilung zwischen dem Kläger und dem Beklagten nur 750,00 DM an die Gerichtskasse durch Banküberweisung zu zahlen.
Buchung:

3900	Sonstige Rückstellungen	800,00
	an 2800 Bank	750,00
	an 5490 Periodenfremde Erträge	50,00

Ist die Zahlung höher (z. B. 900,00 DM) als die gebildete Rückstellung (800,00 DM), ergibt sich folgende Buchung:

3900	Sonstige Rückstellungen	800,00
6770	Rechts- und Beratungskosten	100,00
	an 2800 Bank	900,00

Abschluß und Gewinnverteilung bei verschiedenen Unternehmensformen

Jede Unternehmung kann die Rechtsform wählen, die ihr am günstigsten erscheint. Die Wahl der Rechtsform ist in erster Linie abhängig von
– dem Haftungsverhältnis,
– der Gewinnbeteiligung,
– der Möglichkeit der Kapitalbeschaffung,
– der steuerlichen Belastung und
– dem Mitspracherecht.

Diese Fragen werden im Gesellschaftsvertrag geregelt. Mit der Wahl der Rechtsform bindet sich das Unternehmen an handels- und steuerrechtliche Vorschriften, die für die jeweilige Rechtsform gelten. In der Buchführung ergeben sich insofern gegenüber den Einzelunternehmen Besonderheiten, als sie mit die Aufgabe hat, das Haftungsverhältnis zu dokumentieren. Dieses wird durch die Darstellung der Kapitalverhältnisse auf der Passivseite der Bilanz offengelegt.

Weitere buchungstechnische Besonderheiten ergeben sich bei der Gewinnverteilung und bei Entnahmen bzw. zusätzlichen Einzahlungen. Hier ist besonders darauf zu achten, sofern der Gesellschaftsvertrag nichts anderes bestimmt, daß die Kapitalverhältnisse sich nicht verschieben dürfen.

Die stille Gesellschaft

Das vertraglich geregelte Verhältnis vom Unternehmer zum stillen Gesellschafter tritt nach außen nicht in Erscheinung. Es ist ein Innenverhältnis. Aus Geschäften, die das Unternehmen abschließt, wird allein der Inhaber berechtigt oder verpflichtet (§ 335 Abs. 2 HGB).

Der stille Gesellschafter hat seine Einlage so zu leisten, das sie in das Vermögen des Gewerbetreibenden übergeht (§ 335 Abs. 1 Handelsgesetzbuch). In der Bilanz wird seine Einlage als „Darlehen" oder „Stille Einlage" dokumentiert. In seiner Gläubigerstellung unterscheidet er sich jedoch von partiarischen Darlehensgebern dadurch, daß er seine Einlage erst bei Auseinandersetzung zurückverlangen kann. Eine vorherige Kündigung ist nicht möglich.

Die Rechte des stillen Gesellschafters beschränken sich auf die Gewinnbeteiligung und die Kontrolle des Jahresabschlusses durch Einsicht in die Bücher und Belege. Im Gegensatz zum Darlehensgeber ist er lt. Gesetz auch bis zum Betrag seiner gezahlten oder rückständigen Einlage am Verlust beteiligt, sofern im Gesellschaftsvertrag nichts Gegenteiliges vereinbart wurde. Wurde seine Einlage durch Verluste vermindert, so ist in folgenden Jahren der Gewinnanteil zum Ausgleich zu verwenden, bis die vereinbarte Einlage wieder erreicht ist (§ 336 HGB). Entsprechend ist zu verfahren, wenn die Einlage noch nicht voll eingezahlt ist. Im Falle des Konkurses kann der stille Gesellschafter seine Forderung über die vereinbarte Verlustbeteiligung als Gläubiger geltend machen (§ 341 HGB).

Der Gewinnanteil wird dem stillen Gesellschafter am Jahresende ausgezahlt oder auf einem besonderen Verbindlichkeitskonto gutgeschrieben. Grundsätzlich darf er nicht der vereinbarten Einlage zugeführt werden, wenn nicht eine vertragliche Regelung besteht (§ 337 Abs. 2 HGB).

Beispiel:
1. Ein stiller Gesellschafter bringt die vertragliche Einlage über 100.000,00 DM durch Banküberweisung ein.

3

Buchung:
2800 Bank 100.000,00
an 4870 Verbindlichkeiten gegenüber Gesellschaftern (Beteiligung stiller Gesellschafter) 100.000,00

2. Am Ende des ersten Geschäftsjahres wird ein Verlust errechnet. Der Verlustanteil des stillen Gesellschafters beträgt 3.000,00 DM.

Buchung:
4870 Verbindlichkeiten gegenüber Gesellschaftern (Beteiligung stiller Gesellschafter) 3.000,00
an 8020 GuV 3.000,00

3. Am Ende des zweiten Geschäftsjahres wird ein Gewinn errechnet. Der Anteil des stillen Gesellschafters beträgt 8.000,00 DM

Buchung:
8020 GuV 8.000,00
an 4870 Verbindlichkeiten gegenüber Gesellschaftern (Beteiligung stiller Gesellschafter) 3.000,00
an 4870 Sonstige Verbindlichkeiten (Gewinnanteilkonto stiller Gesellschafter) 5.000,00

4. Auszahlung des Gewinns

Buchung:
an 4870 Sonstige Verbindlichkeiten (Gewinnanteilkonto stiller Gesellschafter) 5.000,00
an 2800 Finanzkonto 3.000,00

Die offene Handelsgesellschaft

„Eine Gesellschaft, deren Zweck auf den Betrieb eines Handelsgewerbes unter gemeinschaftlicher Firma ausgerichtet ist, ist eine Offene Handelsgesellschaft, wenn bei keinem der Gesellschafter die Haftung gegenüber den Gesellschaftgläubigern beschränkt ist“ (§ 105 HGB).

Wie der Einzelunternehmer haften die Gesellschafter Gläubigern gegenüber nicht nur bis zur Höhe ihrer Einlage, sondern darüber hinaus mit ihrem Privatvermögen. Da im Privatbereich Haftungsbeschränkungen möglich sind, beispielsweise durch Gütertrennung, Übertragung des Privatvermögens auf Kinder u. a., ist die Beurteilung der Gesellschaft durch Gläubiger weitgehend von der Kapitaleinlage und der Fähigkeit der Gesellschafter abhängig.

Im Gegensatz zu den Kapitalgesellschaften (GmbH, AG) enthält das Gesetz keine Vorschriften über die Höhe einer Mindesteinlage. Darüber hinaus kann diese nach vertraglicher Regelung durch Entnahmen und Einlagen schwanken. Allerdings kann ein Gesellschafter den einmal eingebrachten Kapitalanteil nur mit Einwilligung der anderen Gesellschafter vermindern (§ 122 Abs.2 HGB). Nicht zuletzt ist für die Einschätzung der Einlagen von Bedeutung, daß keine Schutzvorschriften gegen eine Überbewertung bei Sacheinlagen bestehen. Nach § 40 HGB und § 6 des Einkommensteuergesetzes ist eine Bewertung bis zu Anschaffungskosten möglich. Dadurch ist eine Überbewertung mit dem Ziel höherer Abschreibungen in den folgenden Jahren oder eine Unterbewertung mit dem Ziel der Bildung stiller Reserven möglich.

Zur Darstellung der Kapital- und Haftungsverhältnisse werden die Einlagen der Gesellschafter in der Bilanz getrennt ausgewiesen. Änderungen, die durch Entnahmen und zusätzliche Einlagen hervorgerufen werden, können direkt über die Kapitalkonten oder über entsprechende Privatkonten verrechnet werden, die am Jahresende über die Kapitalkonten abzuschließen sind. Anteile an Gewinn oder Verlust werden direkt auf den Kapitalkonten erfaßt.

Die Gewinnbeteiligung ist meistens vertraglich geregelt und von der Arbeitsleistung, der Höhe der Einlage und der Haftung abhängig.

Häufig sind einzelne Gesellschafter mit der Geschäftsführung beauftragt, andere ausgeschlossen. In diesem Falle ist die Arbeitsleistung mit einem angemessenen Betrag (Geschäftsführergehalt) vorweg vom Gewinn zu entgelten. Der verbleibende Gewinn wird nach Kapitalanteilen oder nach Risikobelastung verteilt.

Fehlt eine vertragliche Regelung der Gewinnverteilung, erhält jeder Gesellschafter 4% seiner Einlage. Der Rest wird in gleichen Anteilen auf die Gesellschafter umgelegt. Einlagen und Entnahmen im Jahresverlauf sind bei der Berechnung der Gewinnanteile zu berücksichtigen (§ 121 HGB).

Beispiel: Der Gewinn einer OHG, an der A mit 50.000 DM, B mit 40.000 DM und C mit 60.000 DM beteiligt sind, beträgt 45.000 DM. Nach den vertraglichen Bedingungen ist folgende Verteilung vorgesehen: Alle Gesellschafter erhalten 6% ihrer Kapitaleinlage. Der Rest wird im Verhältnis 3 : 2 : 1 verteilt. Privatentnahmen am 1.4. und 1.9. des A von je 5.000 DM, des B von je 4.000 DM und des C von je 3.000 DM sind zu berücksichtigen (s. Abb. 3.112).

In der Praxis wird der Gewinn bzw. Verlust häufig vor der Verteilung auf ein Gewinn- oder Verlust-Verwendungs- oder Verteilungskonto übertragen.

Berechnung der Kapitalverzinsung unter Berücksichtigung der Privatentnahme						
Gesellschafter	Kapitaleinlage	6% der Einlage	./.	6% der Privatentnahme	=	Kapitalverzinzung
A	50.000,00	3.000,00	./.	325,00	=	2.675,00
B	40.000,00	2.400,00	./.	260,00	=	2.140,00
C	60.000,00	3.600,00	./.	195,00	=	3.405,00
	150.000,00	9.000,00	./.	780,00	=	8.220,00

Berechnung der Gesamtgewinnanteile und Kapitalveränderungen						
Gesellschafter	Anfangskapital	6% (s. o.)	Anteil am Rest 3 : 2 : 1	Gesamtgewinn	Privatentnahmen	Kapitalmehrung
A	50.000,00	2.675,00	18.390,00	21.065,00	11.065,00	10.000,00
B	40.000,00	2.140,00	12.260,00	14.400,00	6.400,00	8.000,00
C	60.000,00	3.405,00	6.130,00	9.535,00	3.535,00	6.000,00
	150.000,00	8.220,00	36.780,00	45.000,00	24.000,00	21.000,00

Buchungsbeispiel: Gewinnverteilung einer OHG

S	3001 Privat A		H
2800	10.000,00	3000	10.000,00

S	3000 Kapital A		H
3001	10.000,00	8000	50.000,00
8010	61.065,00	8020	21.065,00
	71.065,00		71.065,00

S	3011 Privat B		H
2800	8.000,00	3010	8.000,00

S	3010 Kapital B		H
3011	8.000,00	8000	40.000,00
8010	46.400,00	8020	14.400,00
	54.400,00		54.400,00

S	3021 Privat C		H
2800	6.000,00	3020	6.000,00

S	3020 Kapital C		H
3021	6.000,00	8000	60.000,00
8010	63.535,00	8020	9.535,00
	69.535,00		69.535,00

Soll	8020 Gewinn- und Verlust		Haben
Aufwand	420.000,00	Ertrag	465.000,00
Gewinn A (3000)	21.065,00		
Gewinn B (3010)	14.400,00		
Gewinn C (3020)	9.535,00		
	465.000,00		465.000,00

Abb. 3.112

Die Kommanditgesellschaft

Die buchhalterischen Unterschiede zur OHG liegen im Wesen der Kommanditgesellschaft begründet. Hier sind die Komplementäre von den Kommanditisten zu unterscheiden. Komplementäre sind Vollhafter der KG. Ihre rechtliche Stellung entspricht der der OHG-Gesellschafter. Bei den Kommanditisten oder Teilhaftern ist die Haftung auf eine bestimmte Vermögenseinlage beschränkt (§ 161 HGB), deren Höhe ins Handelsregister einzutragen ist (§ 162 HGB). Mit dieser Einlage nehmen sie am Gewinn und am Verlust teil. Privatentnahmen sind ihnen nicht gestattet (§ 169 HGB).

3

Berechnung der Kapitalverzinsung:						
Gesellschafter	Einlage	6% der Einlage	–	Zinsen für Entnahme bzw. Einlagenrückstand	=	Kapitalzinsen
A	150.000,00	9.000,00	–	360,00	=	8.640,00
B	120.000,00	7.200,00	–	360,00	=	6.840,00
C	180.000,00	10.800,00	–	600,00	=	10 200,00
	450.000,00	27.000,00	–	1.320,00	=	25.680,00

Berechnung der Gewinnanteile						
Gesellschafter	Einlage	Gehalt	Kapitalzinsen (s. o.)	Anteil am Rest 2 : 2 : 1	Gesamtgewinn	Privatentnahme
A	150.000,00	24.000,00	8.640,00	16.000,00	48.640,00	12.000,00
B	120.000,00	24.000,00	6.840,00	16.000,00	46.830,00	12.000,00
C	180.000,00	–	10.200,00	8.000,00	18.200,00	–
	450.000,00	48.000,00	25.680,00	40.000,00	113.680,00	24.000,00

Buchungsbeispiel: Gewinnverteilung einer KG

S	3001 Privat A		H
2800	12.000,00		

S	3000 Kapital Vollhafter A		H
		8000	150.000,00
		8020	48.640,00

S	3011 Privat B		H
2800	12.000,00		

S	3010 Kapital Vollhafter B		H
		8000	120.000,00
		8020	46.840,00

S	8020 GuV		H
Aufw. 1	120.000,00	Ertrag	1.233.680,00
Gewinn A	38.630,00		
Gewinn B	46.840,00		
Gewinn C	18.200,00		
	1.233.680,00		1.233.680,00

S	3020 Kapital Teilhafter C		H
		8000	180.000,00
		8020	10.000,00

S	4870 Gewinnanteil C (Verbindlichkeiten gegenüber Gesellschaftern)		H
		8020	8.200,00

Abb. 3.113

Die Buchführung muß der unterschiedlichen Stellung der Voll- und Teilhafter Rechnung tragen. Während die Kapitalanteile der Komplementäre ständigen Änderungen durch Gewinnbeteiligung und Entnahmen unterliegen, bleibt die Einlage der Kommanditisten konstant. Gewinne werden ihr nur dann zugeschrieben, wenn der Kommanditist die bedungene Einlage nicht voll eingezahlt hat (§ 167 HGB). Ansonsten wird der Gewinn dem Gewinnanteilkonto gutgeschrieben, das bei Entnahme des Gewinns ausgeglichen wird.

Beläßt der Kommanditist seinen Gewinnanteil über die vertraglich festgelegte Einlage hinaus im Betrieb, ist der Anteil als sonstige Verbindlichkeit auszuweisen.

Diese zusätzlichen Einlagen haben Darlehenscharakter und sind für die Gewinnverteilung unbedeutend. An dem Verlust nimmt der Kommanditist bis zum Betrag des im Handelsregister eingetragenen Kapitalanteiles teil. Einmal bezogene Gewinne braucht der Teilhafter in Fällen späterer Verluste nicht zurückzuzahlen. Für rückständige Einlagen des Kommanditisten, die in der Bilanz auszuweisen sind, werden wie für die Privatentnahmen der Komplementäre Zinsen in Rechnung gestellt.

Beispiel: Der Gewinn einer KG in Höhe von 113.080 DM ist nach den vertraglichen Vereinbarungen zu verteilen.
Die Vollhafter A und B erhalten für die Geschäftsführung vorweg je 24.000 DM. Alle Gesellschafter erhalten 6% ihrer Einlage. Sie beträgt bei A 150.000 DM, bei B 120.000 DM und beim Teilhafter C 180.000 DM. Die Privatentnahmen des A und B am 1.7. von je 12. 000 DM sowie die noch rückständige Einlage des C in Höhe von 10.000 DM lt. letzter Bilanz sind zu berücksichtigen.
Der verbleibende Rest ist im Verhältnis 2 : 2 : 1 aufzuteilen (s. Abb. 3.113).
Auch hier kann die Gewinnverteilung unter Einschaltung eines Gewinnverwendungs- oder - verteilungskontos vorgenommen werden.
Abweichend von vorstehender Darstellung kann die vereinbarte Einlage des Kommanditisten auf der Passivseite der Bilanz voll ausgewiesen werden. Bei Rückständen ist dann ein Konto „Ausstehende Einlagen (Sonstige Forderungen)" zu führen.

Gesellschaft mit beschränkter Haftung (GmbH)
Nach dem „Gesetz betreffend die GmbH" (GmbHG) vom 4.7.1980 setzt die Gründung einer GmbH ein *Mindestkapital von 50.000 DM* voraus. Die Eintragung in das Handelsregister kann erst erfolgen, wenn 25% auf die Stammeinlagen, jedoch mindestens 25.000 DM, eingezahlt sind. Im Falle der auch zulässigen Einmann-GmbH ist zusätzlich für die nicht geleistete Stammeinlage vor der Eintragung eine Sicherheit zu bestellen.
Die Mindesthöhe der Stammeinlage des einzelnen Gesellschafters ist auf 500 DM festgesetzt. Die Haftung der Gesellschafter ist auf ihre Stammeinlage beschränkt. Die Gesamtsumme der Stammeinlagen, zu deren Leistung die Gesellschafter verpflichtet sind, ist das „Stammkapital" (§ 5 GmbHG). Es wird auf dem Konto „Stammkapital" gebucht und in der Bilanz in einer Summe als „gezeichnetes Kapital" ausgewiesen. Noch nicht eingezahlte Beträge sind als „Ausstehende Einlagen auf das Stammkapital" zu aktivieren (§§ 272 HGB, 42 GmbHG).
Es ist nicht statthaft, die Anteile der einzelnen Gesellschafter unter Nennung ihrer Namen auszuweisen. Der Geschäftsanteil jedes Gesellschafters bestimmt sich nach dem Betrag der von ihm übernommenen Stammeinlage (§ 14 GmbHG).
Das Stammkapital ist unveränderlich. Es wird bei der Gründung festgelegt. Es kann nur unter Wahrung der gesetzlich vorgeschriebenen Form durch satzungsändernden Gesellschafterbeschluß erhöht oder herabgesetzt werden (§ 55 GmbHG).

Bei der Erstellung des Jahresabschlusses sind die in §§ 266 und 275 HGB verfügten Formvorschriften für die Bilanz und Gewinn- und Verlustrechnung zu beachten. Sie gelten für Kapitalgesellschaften mit einer bestimmten Größenordnung (§ 266 Abs.1 i. V. mit § 267 HGB). Auf der Passivseite der Bilanz können *„Rücklagen"* (freie oder zweckbestimmte), obwohl sie im GmbHG nicht verlangt werden, zusätzlich zum gezeichneten Kapital ausgewiesen werden. Sie sollen zur Deckung von Verlusten oder für Sonderzwecke Verwendung finden. Die Bezeichnung braucht allerdings über die Zweckbestimmung nichts zu enthalten. Es genügt, wenn diese Posten unter der Bezeichnung „Gewinnrücklage" in der Bilanz ausgewiesen werden.
Für den *Abschluß* und die *Erfolgsverteilung* gelten folgende Bestimmungen:
§ 264 HGB verpflichtet die Geschäftsführung zur Aufstellung einer Bilanz und einer Gewinn- und Verlustrechnung für das vergangene Jahr innerhalb der ersten drei Monate des laufenden Geschäftjahres. Bei der Aufstellung der Bilanz sind zur Bewertung grundsätzlich die allgemeinen Vorschriften der §§ 252 f. HGB zu beachten.
Die Gesellschafter haben Anspruch auf den Gewinn, der sich aufgrund der Jahresbilanz ergibt, vorausgesetzt, daß der Gesellschaftsvertrag nichts anderes bestimmt (§ 29 GmbHG). Die Verteilung regelt sich nach dem Verhältnis der Geschäftsanteile.
Durch Gesellschaftsvertrag kann allerdings ein anderer Verteilungsmaßstab festgelegt werden. § 30 Abs.1 GmbHG schreibt vor, daß das zur Erhaltung des Stammkapitals erforderliche Vermögen der Gesellschaft nicht an die Gesellschafter ausgezahlt werden darf (Gläubigerschutz).
§ 42 Ziff.5 GmbHG bestimmt, daß der aus dem Vergleich sämtlicher Aktiven und Passiven sich ergebende Gewinn oder Verlust am Schluß der Bilanz besonders anzugeben ist. Beim Abschluß ist der Jahresgewinn also unmittelbar auf das Bilanzkonto zu übertragen:
Gewinn und Verlust an SBK
Im neuen Jahr wird der *Jahresgewinn im Rahmen der Eröffnungsbuchungen* zunächst wieder auf das Gewinn- und Verlustkonto zurückgebucht:
EBK an GuV
Sobald der Beschluß der Gesellschaftsversammlung darüber vorliegt, wie der Gewinn auf die Gesellschafter im einzelnen zu verteilen ist und welcher Betrag im Unternehmen verbleiben soll, also den Rücklagen zuzuweisen ist (§ 46 Ziff.1 GmbHG), wird gebucht:
GuV an Gewinnverteilungskonto
Weist der Jahresabschluß einen Verlust auf, so

3

ist dieser, da das Stammkapital doch unverändert bleibt, zunächst zu Lasten der Rücklagen abzubuchen:

Rücklage an GuV (für Ausgleich des Verlustes)

Ist eine Rücklage nicht vorhanden oder kann der Verlust nicht im vollem Umfang durch die Rücklage gedeckt werden, so ist der nicht ausgeglichene Verlust zu aktivieren:

Verlustvortrag an GuV(für Verlust)
SBK an Verlustvortrag

Unter den Aktivposten der Bilanz erscheint damit der *Verlustvortrag* gewissermaßen als *Wertberichtigung zum (unveränderlichen) Stammkapital* auf der Passivseite.

Die Geschäftsführer haben die Gesellschaftsversammlung unverzüglich einzuberufen, wenn der Verlustvortrag die Hälfte des Stammkapitals erreicht hat (§ 49 Abs.3 GmbHG). In diesem Fall haben die Gesellschafter nun die Wahl, entweder das Stammkapital durch Gesellschafterbeschluß auf mindestens die Hälfte herabzusetzen (aber Mindestkapital 50.000 DM) oder aber den Verlust durch *Nachschüsse* wieder auszugleichen.

Ergibt sich aus der Aufstellung der Jahres- oder einer Zwischenbilanz, daß das Vermögen der Gesellschaft die Schulden nicht mehr deckt (Überschuldung) oder Zahlungsunfähigkeit vorliegt, so haben die Geschäftsführer die Eröffnung des Konkursverfahrens oder des gerichtlichen Vergleichsverfahrens zu beantragen (§ 64 GmbHG).

Die Aktiengesellschaft (AG)

Die Aktiengesellschaft hat sich als Rechtsform in den Fällen weitgehend durchgesetzt, in denen Gründung und Ausgestaltung von Unternehmen einen großen finanziellen Aufwand erfordern.

Der Mindestbetrag des Grundkapitals beträgt 100.000 DM (§ 7 des Aktiengesetzes [AktG]). Da die Aktien einen niedrigen Nominalbetrag haben – nach § 8 AktG mindestens 50 DM oder einen höheren, auf volle 100 DM lautenden Betrag – und die Aktien meistens leicht übertragbar sind, ist die Kapitalbeschaffung relativ einfach. Außerdem bietet sie den Aktionären infolge der Pflichtprüfung und Publizitätspflicht (§§ 162 bis 177 AktG) weitreichenden Schutz.

Wie für die GmbH gelten auch für die AG die Gliederungs- und Formvorschriften zur Jahresbilanz (§ 266 HGB) und Gewinn- und Verlustrechnung (§ 275 HGB).

• Ausweis des Grundkapitals

Das Grundkapital (gezeichnetes Kapital) ist zum Nennbetrag anzusetzen (§ 283 HGB), unabhängig davon, daß nicht der ganze Betrag eingezahlt ist. Allerdings muß bei Anmeldung der Aktiengesellschaft mindestens ein Viertel des Nennbetrages und bei Ausgabe der Aktien für einen höheren als den Nennbetrag auch der Mehrbetrag angefordert sein (§ 36 Abs.2 AktG). Nicht eingezahlte Beträge sind als „Ausstehende Einlagen auf das Grundkapital" zu aktivieren.

• Die Gewinnverwendung der Aktiengesellschaft (§§ 170/174 AktG)

Die Hauptversammlung beschließt über die Verwendung des Bilanzgewinns. Sie ist hierbei an den festgestellten Jahresabschluß gebunden.

In dem Beschluß ist die Verwendung des Bilanzgewinns im einzelnen darzulegen, namentlich sind anzugeben:

- Bilanzgewinn;
- der an die Aktionäre auszuschüttende Betrag (Dividende);
- die in offene Rücklagen einzustellenden Beträge;
- ein Gewinnvortrag;
- der zusätzliche Aufwand auf Grund des Beschlusses;
- ferner kann Vorstand und Aufsichtsrat für ihre Tätigkeit eine Beteiligung am Gewinn gewährt werden.

Der Bilanzgewinn:

Der Bilanzgewinn ergibt sich aus den aktenrechtlichen Vorschriften zur GuV-Rechnung (§ 158 AktG) wie folgt:

Jahresüberschuß/Jahresfehlbetrag
+ Gewinnvortrag (– Verlustvortrag) aus dem Vorjahr
+ Entnahmen aus Gewinnrücklagen
– Einstellung in Gewinnrücklagen

= Bilanzgewinn/Bilanzverlust

Grundlage für die Berechnung der gesetzlichen Rücklage ist der um einen eventuellen Verlustvortrag aus dem Vorjahr gekürzte Jahresüberschuß (§ 158 Abs. 1 AktG). Von dem verbleibenden Betrag können Vorstand und Aufsichtsrat freie Rücklagen bilden. Diese können die Hälfte oder gar auf Grund der Schutzbestimmungen einen darüber hinausgehenden Betrag ausmachen.

Die Bildung von freien Rücklagen durch Vorstand und Aufsichtsrat ist jedoch ausgeschlossen, wenn sie die Hälfte des Grundkapitals übersteigen (§ 58 AktG).

Beispiel (ohne Berücksichtigung von Tantiemen):

Jahresüberschuß	320.000,00
– Verlustvortrag des Vorjahres	20.000,00
	300.000,00

– 5% Einstellung in die gesetzliche Rücklage	15.000,00
	285.000,00
– 50% Einstellung in die freie Rücklage (lt. Satzung)	142.500,00
Bilanzgewinn	142.500,00

Der vorstehend ermittelte Bilanzgewinn ist die Basis für die Berechnung der gewinnabhängigen Vorstandstantieme, sofern den Vorstandsmitgliedern lt. Statuten ein Anteil am Gewinn zusteht (§ 86 Abs.2 AktG).
Abweichend davon werden die Tantiemen der Aufsichtsratmitglieder vom Bilanzgewinn, vermindert um einen Betrag von mindestens 4% der auf den Nennbetrag der Aktien geleisteten Einlagen (Vordividende), ermittelt.

Beispiel
Vorstand und Aufsichtsrat erhalten 10% Tantieme.
Grundkapital 2.000.000,00 DM.

Tantieme des Vorstandes:

10% von 142.500,00 DM (vorläufiger Bilanzgewinn)	= 14.250,00 DM

Tantieme des Aufsichtrates:

vorläufiger Bilanzgewinn	142.500,00 DM
– 4% Vordividende von 2.000.000,00 DM	80.000,00 DM
	62.500,00 DM
10% Aufsichtsratstantieme	6.250,00 DM

Obwohl die Vorstands- und Aufsichtsratstantieme Aufwendungen der Aktiengesellschaft sind, dürfen Jahresüberschuß bzw. Bilanzgewinn nicht vorher um sie gekürzt werden, da der Ausgangswert für ihre Berechnung der erwirtschaftete Jahresüberschuß ist, abzüglich der im Gesetz (Verlustvortrag, gesetzliche Rücklage, Vordividende) und in den Statuten (freie Rücklagen) vorgesehenen Kürzungen.
Folgt man dem aktienrechtlichen Gliederungsschema zur GuV-Rechnung, sieht die Rechnung anders aus, da Tantiemen bereits als Aufwand des abgelaufenen Jahres in den Positionen „6a Löhne und Gehälter" (Vorstandstantieme) und „8 Sonstige Aufwendungen" (Aufsichtsratstantieme) enthalten sind. Der Bilanzgewinn ist getrennt vom Grundkapital in der Bilanz auszuweisen, da dieses nicht verändert werden darf.

Buchung: Bilanzgewinn
an SBK 122.000,00 DM

Entsprechend ist ein etwaiger Verlust zu aktivieren. Nach Wiedereröffnung im folgenden Jahr wird der Bilanzgewinn auf das Gewinnverwendungskonto übertragen:

Vorläufiger Jahresüberschuß	320.000,00 DM
– Tantieme des Vorstandes (Pos.6)	14.250,00 DM
– Tantieme des Aufsichtsrats (Pos.8)	6.250,00 DM
= Jahresüberschuß	299.500,00 DM
– Verlustvortrag des Vorjahres	20.000,00 DM
– 5% gesetzliche Rücklage	15.000,00 DM
– 50% freie Rücklage	142.500,00 DM
= Bilanzgewinn	122.000,00 DM

3

Buchungen der Gewinnverteilung zum Jahresende:

Löhne und Gehälter	14.250,00	
Sonstige Aufwendungen	6.250,00	
an Sonstige Verbindlichkeiten		20.500,00
Gewinn und Verlust	299.500,00	
an Verlustvortrag		20.000,00
an Gesetzliche Rücklagen		15.000,00
an Freie Rücklagen		142.000,00
an Gewinnvortrag		122.000,00

Gewinnvortrag
an Gewinnverwendung 122.000,00

Die Hauptversammlung beschließt die Gewinnverwendung.

Beispiel
Ausschüttung von 6% Dividende von 2.000.000,00 DM Grundkapital.
Buchung:
Gewinnverwendung
an Sonstige Verbindlichkeiten 120.000,00

Der Gewinnrest ist auf neue Rechnung vorzutragen:

Buchung:
Gewinnverwendung
an Gewinnvortrag 2.000,00

Betriebsübersicht

Die Betriebsübersicht zeigt in einer tabellarischen Form *alle Sachkonten* der Finanzbuchhaltung *in ihrer Entwicklung bis zur Bilanz und zur Gewinn- und Verlustrechnung.*
Sie erfüllt häufig folgende *Aufgaben:*
- Bevor eine Unternehmung auf den Sachkonten des Hauptbuches den Jahresabschluß durchführt, kann sie durch Aufstellung einer Betriebsübersicht oder Hauptabschlußübersicht diesen endgültigen Abschluß der Konten vorbereiten.
- Außerdem informiert die Betriebsübersicht die Unternehmungsleitung, die Gesellschafter, die Behörden und sonstige Interessierte in übersichtlicher Form über die Entwicklung der Aktiva

3

und Passiva sowie der Aufwendungen und Erträge.

Die Betriebs- oder Hauptabschlußübersicht umfaßt meistens *sechs Spalten:*

1. Summen- oder Probebilanz

Die Summenbilanz enthält *alle Sachkonten* des Hauptbuches *mit den Summen ihrer Soll- und Habenbuchungen.* Die Summen enthalten *bei den* aktiven und passiven *Bestandskonten* also auch die mit den Eröffnungsbuchungen vorgetragenen *Anfangsbestände.* Da bei jeder Buchung die Beträge im Soll und im Haben gebucht wurden, *müssen die Summen der Sollspalte mit der Summe der Habenspalte übereinstimmen* (vgl. Abb. 3.115).

Rechenfehler bei der Addition der Summen auf den Sachkonten sowie fehlende Gegenbuchungen oder doppelte Buchungen im Soll oder im Haben führen also zur Abweichung der Soll- und Habenspalte der Summenbilanz. Da beim Einsatz computerunterstützter Finanzbuchhaltung die Summen der Konten über das Programm addiert werden und eine Buchung ohne Gegenbuchung vom Programm nicht durchgeführt wird, treten rechnerische Differenzen bei einer Summenbilanz nicht mehr auf. Selbstverständlich besagt die Richtigkeit der Summenbilanz nicht, daß auch die Buchungen sachgerecht durchgeführt werden.

2. Saldenbilanz I oder Überschußbilanz

Bei jedem Konto der Summenbilanz wird festgestellt, welcher Saldo sich ergibt.

Sind die *Sollzahlen des Kontos größer als die Habenzahlen,* dann liegt ein *Sollsaldo* vor, der im Gegensatz zum Konto *in der Saldenbilanz* ebenfalls in der *Sollspalte* einzutragen ist.

Sind die *Sollzahlen des Kontos kleiner als die Habenzahlen,* dann liegt ein *Habensaldo* vor, der in der *Habenspalte* der Saldenbilanz I einzutragen ist. Wenn die Summenbilanz in der Sollspalte und in der Habenspalte übereinstimmte, dann müssen auch die Salden der Saldenbilanz in der Soll- und Habenspalte übereinstimmen (vgl. Abb. 3.114).

3. Umbuchungsspalte

Bevor man den Jahresabschluß auf den Sachkonten durchführt, sind im allgemeinen zahlreiche *vorbereitende Abschlußbuchungen* durchzuführen. Damit solche Buchungen noch durchgeführt werden können, enthält die Betriebsübersicht nach der Saldenbilanz I eine *Spalte für die Umbuchungen.* In einer *Umbuchungsliste* werden die durchzuführenden Umbuchungen genauer erläutert. Mit einer Buchung, bei der die betreffenden *Sachkonten* der Betriebsübersicht *im Soll und im Haben angesprochen* werden, sind die Umbuchungen durchzuführen (siehe Abb. 3.114).

Die Summen der Sollspalte und der Habenspalte der Umbuchungsspalte müssen bei folgerichtigen Soll- und Habenbuchungen wieder übereinstimmen (vgl. Abb. 3.114 und 3.115)

4. Saldenbilanz II

Die *Umbuchungen bewirken Veränderungen der in der Saldenbilanz I ermittelten Werte.* Um nunmehr die veränderten Salden der Sachkonten festzustellen, wird die *Saldenbilanz II* in der Betriebsübersicht geführt. Sie ergibt sich aus den *Salden der Saldenbilanz I und der Verrechnung der Werte aus der Umbuchungsspalte.* Die Salden der Bestandskonten sollten nun mit den durch Inventur ermittelten Beständen an Vermögen und Schulden übereinstimmen (vgl. Abb. 3.115).

5. Vermögensbilanz

Die Vermögensbilanz übernimmt die *Salden der Bestandskonten aus der Saldenbilanz II,* wobei die *Sollsalden in die Spalte „Aktiva"* und die *Habensalden in die Spalte „Passiva"* übernommen werden. Die Differenz zwischen den Aktiva und den Passiva sollte mit der Differenz übereinstimmen, die sich bei der folgenden Erfolgsbilanz ergibt (vgl. Abb. 3.115).

6. Erfolgsbilanz

Die Erfolgsbilanz übernimmt *aus der Saldenbilanz II die Salden der Erfolgskonten,* wobei die *Salden der Aufwandskonten in die Spalte „Aufwendungen"* und die *Salden der Ertragskonten in die Spalte „Erträge"* übernommen werden. Die *Differenz* beider Spalten zeigt den *Gewinn oder Verlust des Geschäftsjahres.* Um diese Differenz müssen auch Aktiva und Passiva voneinander abweichen, da noch keine Korrektur des Eigenkapitals um den Gewinn oder Verlust buchhalterisch durchgeführt wurde (vgl. Betriebsübersicht Abb. 3.115).

Bewertung nach Handels- und Steuerrecht

Bewertungsprobleme

Im Rahmen der Inventur muß der Kaufmann zur Aufstellung des Inventars und der Bilanz Vermögen und Schulden bewerten. *Bewerten* heißt entscheiden, mit welchen Geldwerten die einzelnen Vermögensteile und Schulden zu inventarisieren oder zu bilanzieren sind. *Schwierigkeiten bereitet die Bewertung* vor allem bei solchen Wirtschaftsgütern,

- die Preisschwankungen unterliegen (Waren),
- die Wertminderungen (zweifelhafte Forderungen, Anlagevermögen wird abgenutzt) erleiden,

Umbuchungsliste **Vorbereitende Abschlußbuchungen aufgrund der Abschlußangaben**	SOLL Konto		DM	Haben Konto		DM
1. Darlehensnehmer Adams hat die Zinsen für das restliche Darlehen (Konto 1000: 60.000,00 DM) in Höhe von 8% p. a. für das letzte Quartal des Geschäftsjahres noch nicht überwiesen.	2690	Übrige sonstige Forderungen	1.200,00	5710	Zinserträge	1.200,00
2. Die Zinsen für die restliche Darlehensschuld (Konto 4250: 135.000,00 DM) in Höhe von 8% p. a. wurden für den Zeitraum 30.09. bis 31.12. des Geschäftsjahres noch nicht an den Darlehensgeber überwiesen.	7510	Zinsaufwendungen	2.700,00	4890	Übrige sonstige Verbindlichkeiten	2.700,00
3. Der Mieter Bernd Bube hatte die Miete für den Zeitraum Januar bis einschl. März des folgenden Geschäftsjahres am 20. 12. des Geschäftsjahres im voraus überwiesen 4.500,00 DM	5400	Mieterträge	4.500,00	4900	PRA	4.500,00
4. Kfz-Steuern für betriebliche Fahrzeuge wurden in der Zeit vom 01.10.19.. bis zum 30.09. des folgenden Geschäftsjahres im voraus bezahlt und auf dem Konto „7000 Betriebliche Steuern" gebucht 1.440,00 DM	2900	ARA	1.080,00	7000	Betriebliche Steuern	1.0800
5. Das Honorar für eine Werbeaktion für den Zeitraum Januar des folgenden Geschäftsjahres wurde im voraus an die Werbeagentur bezahlt und auf dem Konto „6870 Werbung" gebucht 3.000,00 DM	2900	ARA	3.000,00	6870	Werbung	3.000,00
6. Abschreibungen 6.1 Betriebsgebäude: 4% von 500.000,00 DM Anschaffungsk. 6.2 Fuhrpark: 30% von 65.000,00 DM Buchwert	6520	Abschreibungen auf Sachanlagen	39.500,00	0510 0840	Gebäude Fuhrpark	20.000,00 19.500,00
7. Endbestände lt. Inventur 7.1 Warenbestand zum 31.12.19.. 175.000,00 DM Warenbestandsminderung 25.000,00 DM 7.2 Kassenbestand zum 31.12.19.. 12.500,00 DM Kassenfehlbetrag 300,00 DM	6060 6930	Aufw. für Waren/WE Verluste aus Schadensfällen	25.000,00 300,00	2280 2880	Warenbestand Kasse	25.000,00 300,00
8. Abschluß von Unterkonten 8.1 Privatkonto 72.000,00 DM 8.2 Erlösberichtigungen 40.000,00 DM 8.3 Bezugskosten 16.000,00 DM 8.4 Nachlässe 5.000,00 DM 8.5 Lieferskonti 8.000,00 DM	300 5100 6060 6062 6063	Eigenkapital Umsatzerlöse/WV WE Nachlässe Lieferskonti	72.000,00 40.000,00 16.000,00 5.000,00 8.000,00	3001 5101 6061 6060 6060	Privat Erlösberichtigungen Bezugskosten WE WE	72.000,00 40.000,00 16.000,00 5.000,00 8.000,00
9. Sonstige monatliche Umbuchungen Buchung zur Ermittlung der Zahllast 30.000,00 DM	4800	USt	30.000,00	2600	Vorsteuer	30.000,00

Abb. 3.114

3

Beispiel

Konto	Bezeichnung	Summenbilanz S	Summenbilanz H	Saldenbilanz I S	Saldenbilanz I H	Umbuchungen S	Umbuchungen H	Saldenbilanz II S	Saldenbilanz II H	Schlußbilanz S	Schlußbilanz H	Erfolgsbilanz S	Erfolgsbilanz H
0510	Grundstück mit Gebäude	450.000,00	30.000,00	420.000,00	-	-	20.000,00	400.000,00	-	400.000,00	-	-	-
0840	Fuhrpark	80.000,00	15.000,00	65.000,00	-	-	19.500,00	45.500,00	-	45.500,00	-	-	-
1600	Darlehensforderungen	70.000,00	10.000,00	60.000,00	-	-	-	60.000,00	-	60.000,00	-	-	-
2280	Warenbestand	200.000,00	-	200.000,00	-	-	25.000,00	175.000,00	-	175.000,00	-	-	-
2600	Vorsteuer	67.900,00	37.900,00	30.000,00	-	-	30.000,00	-	-	-	-	-	-
2690	Übrige sonstige Forderungen	4.600,00	4.600,00	-	-	1.200,00	-	1.200,00	-	1.200,00	-	-	-
2800	Bank	1.591.200,00	1.165.420,00	425.780,00	-	-	-	425.780,00	-	425.780,00	-	-	-
2880	Kasse	91.640,00	78.840,0	12.800,00	-	-	300,00	12.500,00	-	12.500,00	-	-	-
2900	ARA	7.200,00	7.200,00	-	-	4.080,00	-	4.080,00	-	4.080,00	-	-	-
3000	Eigenkapital	-	770 900,00	-	770.900,00	72.000,00	-	-	698.900,00	-	698.900,00	-	-
3001	Privat	72.000,00	-	72.000,00	-	-	72.000,00	-	-	-	-	-	-
4250	Verb. geg. Kreditinstituten	15.000,00	150.000,00	-	135.000,00	-	-	-	135.000,00	-	135.000,00	-	-
4400	Verbindlichkeiten a. LL.	493.620,00	592.800,00	-	99.180,00	-	-	-	99.180,00	-	99.180,00	-	-
4800	Umsatzsteuer	178.000,00	237.600,00	-	59.600,00	30.000,00	-	-	29.600,00	-	29.600,00	-	-
4890	Übrige sonstige Verb.	3.000,00	3.000,00	-	-	-	2.700,00	-	2.700,00	-	2.700,00	-	-
4900	PRA	1.140,00	1.140,00	-	-	-	4500,00	-	4.500,00	-	4.500,00	-	-
5100	Umsatzerlöse für Waren	12.000,00	1.090.000,00	-	1.078.000,00	40.000,00	-	-	1.038.000,00	-	-	-	1.038.000,00
5101	Erlösberichtigungen	40.000,00	-	40.000,00	-	-	40.000,00	-	-	-	-	-	-
5400	Mieterträge	-	22.500,00		22.500,00	4.500,00	-	-	18.000,00	-	-	-	18.000,00
5710	Zinserträge	-	3.600,00	-	3.600,00	-	1.200,00	-	4.800,00	-	-	-	4.800,00
6060	Aufwendungen für Waren/WE	423.100,00	-	23.100,00	-	41.000,00	13.000,00	451.100,00	-	-	-	451.100,00	-
6061	Bezugskosten	16.000,00	-	16.000,00	-	-	16.000,00	-	-	-	-	-	-
6062	Nachlässe	-	5.000,00	-	5.000,00	5.000,00	-	-	-	-	-	-	-
6063	Liefererskonti	-	8.000,00	-	8.000,00	8.000,00	-	-	-	-	-	-	-
62–64	Personalaufwendungen	215.000,00	-	215.000,00	-	-	-	215.000,00	-	-	-	215.000,00	-
6520	Abschreibungen auf Sachanl.	-	-	-	-	39.500,00	-	39.500,00	-	-	-	39.500,00	-
6700	Mieten	105.000,00	-	105.000,00	-	-	-	105.000,00	-	-	-	105.000,00	-
6870	Werbung	39.000,00	-	39.000,00	-	-	3.000,00	36.000,00	-	-	-	36.000,00	-
6930	Verlust aus Schadensfällen	15.000,00	-	15.000,00	-	300,00	-	15.300,00	-	-	-	15.300,00	-
7000	Betriebliche Steuern	35.000,00	-	35.000,00	-	-	1.080,00	33.920,00	-	-	-	33.920,00	-
7510	Zinsaufwendungen	8.100,00	-	8.100,00	-	2.700,00	-	10.800,00	-	-	-	10.800,00	-
		4.233.500,00	4.233.500,00	2.181.780,00	2.181.780,00	248.280,00	248.280,00	2.030.680,00	2.030.680,00	1.124 .060,00	969.800,00	906.620,00	1.060.800,00
								Gewinn des Geschäftsjahres		-	154.180,00	154.180,00	-
										1.124.060,00	1.124.060,00	1.060.800,00	1.060.800,00

Abb. 3.115

– die aufgrund gesetzlich eingeräumter Wahlrechte unterschiedlich hoch angesetzt (Rückstellungen) werden können.

Zu hohe Bewertung des Vermögens und *zu niedrige Bewertung der Schulden* können die Gläubiger und Kapitalgeber zu falschen Entscheidungen veranlassen. Jedoch ist zu beachten, daß eine *zu niedrige Bewertung des Vermögens* und *eine zu hohe Bewertung der Schulden* wegen des geringeren steuerpflichtigen Gewinns gegen die Interessen der Finanzverwaltung verstoßen. Bewertungsentscheidungen müssen daher im Rahmen handels- und steuerrechtlicher Vorschriften erfolgen (siehe Abb. 3.116).

Zur Vereinheitlichung der Bewertung hat der Gesetzgeber *Bewertungsgrundsätze* festgelegt.

Bewertungsgrundsätze

Bei der Bewertung von Vermögen und Schulden sind gem. § 252 HGB folgende Grundsätze zu beachten:

Bilanzidentität (Bilanzgleichheit)
Die Eröffnungsbilanz eines Geschäftsjahres muß als *Ganzes* und in den *einzelnen Positionen* und Werten mit der Schlußbilanz des vorangegangenen Geschäftsjahres übereinstimmen.

Fortführung der Unternehmenstätigkeit (going concern)
Bei der Bewertung ist von der *Fortführung* der Unternehmenstätigkeit auszugehen.

Einzelbewertung
Jedes Wirtschaftsgut und jede Schuld sind grundsätzlich einzeln zu bewerten.

Vorsichtsprinzip, Gläubigerschutzprinzip
Es sind alle vorhersehbaren Risiken und Verluste im Jahresabschluß zu berücksichtigen, um einen zu hohen Vermögens- und einen zu niedrigen Schuldenausweis zu vermeiden. Demnach *dürfen* Gewinne infolge von Wertsteigerungen nur berücksichtigt werden, wenn sie am Abschlußtag realisiert sind *(Realisationsprinzip)*. *Drohende*

Bewertungsvorschriften	
Handelsrechtliche	**Steuerrechtliche**
Die grundlegenden Vorschriften sind im 3. Buch des HGB (Handelsbücher) enthalten.	Grundlegende Vorschriften finden sich im Einkommensteuergesetz.
Sie gelten für alle Vollkaufleute, die Vermögen und Erfolg ermitteln müssen.	Sie gelten für alle, die nach steuerrechtlichen Vorschriften Bücher führen oder Aufzeichnungen machen müssen.
Sie dienen dem Gläubigerschutz, weil Vermögen und Schulden möglichst vorsichtig (wichtigster Grundsatz) bewertet werden müssen.	Sie sollen bewirken, daß der Gewinn als Steuerbemessungsgrundlage nach einheitlichen Grundsätzen ermittelt wird. Damit dienen sie der gerechten Besteuerung.

Bilanz nach Handelsrecht = Handelsbilanz	**Bilanz nach Steuerrecht = Steuerbilanz**

Die Wertansätze in der Handelsbilanz sind grundsätzlich auch für die Steuerbilanz maßgeblich.

Maßgeblichkeitgrundsatz

Nur zwingende Vorschriften des Steuerrechts führen zu Abweichungen von Handels- und Steuerbilanz.

Abb. 3.116

3

Wertverluste müssen dagegen berücksichtigt werden, obwohl sie noch nicht eingetreten sind. Wegen der unterschiedlichen Behandlung nicht realisierter Gewinne und Verluste spricht man auch vom *Imparitätsprinzip*.
Das Vorsichtsprinzip findet seinen Ausdruck im
- Anschaffungskostenprinzip,
- Niederstwertprinzip,
- Höchstwertprinzip.

Anschaffungskostenprinzip
Vermögensgegenstände sind höchstens mit ihren *Anschaffungskosten* anzusetzen. Die Anschaffungskosten bilden die *Wertobergrenze,* auch wenn am Bilanzstichtag der Wert über den Anschaffungskosten liegt (§ 253 Abs. 1 HGB).

Beispiel
Der Anschaffungswert einer im November gekauften Ware betrug 78,00 DM. Am Bilanzstichtag beträgt der Marktpreis 84,00 DM. Der Wertansatz im Inventar und in der Bilanz muß zum Anschaffungswert von 78,00 DM erfolgen. 6,00 DM stellen nicht realisierte Gewinne dar, die nicht ausgewiesen werden dürfen.

Niederstwertprinzip
Liegt der Wert zum Bilanzstichtag unter dem Anschaffungswert oder dem vorherigen Wertansatz in der Bilanz, liegen auszuweisende nicht realisierte Verluste vor. Demnach *muß* das Vermögen zum *niedrigeren Wert* ausgewiesen werden *(strenges Niederstwertprinzip).* Das strenge Niederstwertprinzip gilt nur für *Gegenstände des Umlaufvermögens.*

Beispiel

Anschaffungswert einer Ware:	
je Stück	78,00 DM
Niedrigerer Wert zum Bilanzstichtag:	68,00 DM
Wertansatz in der Bilanz gem. § 253 Abs. 3 HGB	68,00 DM

Beim *Anlagevermögen* wird das Niederstwertprinzip *gemildert,* indem der niedrigere Wert nur dann angesetzt werden muß, wenn eine *voraussichtlich dauernde Wertminderung* vorliegt.
Bei vorübergehender Wertminderung *kann* der niedrigere Wert angesetzt werden *(gemildertes Niederstwertprinzip).* Es liegt also im letzten Falle ein *Bewertungswahlrecht* vor. Das Bewertungswahlrecht gilt bei *Kapitalgesellschaften* allerdings nur für das *Finanzanlagevermögen.*

Beispiel

Anschaffungswert einer Abfüllanlage	50.000,00 DM
Vorläufiger Buchwert zum Bilanzstichtag	35.000,00 DM
Niedrigerer Wert zum Bilanzstichtag wegen eines erheblichen Nachfragerückgangs nach dem Abfüllgut	25.000,00 DM
Bilanzansatz: alle Werte zwischen	25.000,00 und 35.000,00 DM

Höchstwertprinzip
Das Höchstwertprinzip gilt bei der Bewertung von Verbindlichkeiten. Wie beim Niederstwertprinzip gilt auch hier das Imparitätsprinzip. Drohende Verluste und ungewisse Verbindlichkeiten *müssen* ausgewiesen werden.

Wertbeibehaltungswahlrecht
Einzelunternehmen und Personengesellschaften können den niedrigeren Wertansatz von Vermögensgegenständen auch dann beibehalten, wenn die Gründe für die Wertminderung fortgefallen sind.

Wertaufholungsgebot
Kapitalgesellschaften müssen nach § 280 HGB bei einer Wertsteigerung den höheren Wert ansetzen *(Wertaufholungsgebot).* Eine *Zuschreibung* bis zum Anschaffungswert (beim AV bis zum Anschaffungswert abzüglich planmäßige Abschreibungen) und damit verbundene *Auflösung stiller Reserven* ist also zwingend vorgeschrieben.

Beispiel: Abfüllanlage
Buchwert zu Beginn des Geschäftsjahres: 25.000,00 DM
Zum Beginn des neuen Geschäftsjahres stieg die Nachfrage nach dem Abfüllgut wieder unerwartet an.

Bewertung:
- der niedrigere Wertansatz wird beibehalten:

Buchwert zum Beginn des Geschäftsjahres	25.000,00 DM	
– AfA 30%	7.500,00 DM	17.500,00 DM

- der niedrigere Wertansatz wird nicht beibehalten: vorläufiger Buchwert zum Bilanzstichtag: Wert, der zwischen 25.000,00 und 35.000,00 DM liegen kann.

Annahme: vorläufiger Wert	30.000,00 DM
Buchwert zum Beginn des Geschäftsjahres	25.000,00 DM
Zuschreibung: 0700 Maschinen an 5490 Periodenfremde Erträge	5.000,00 DM
vorläufiger Buchwert zum Ende des Geschäftsjahres	30.000,00 DM
– AfA 30%	9.000,00 DM
Buchwert zum Ende des Geschäftsjahres	21.000,00 DM

Kapitalgesellschaften müssen in diesem Falle wegen des *Wertaufholungsgebotes* die Zuschreibung bis zum höheren Wert vornehmen und folglich als vorläufigen Buchwert ansetzen:

	35.000,00 DM
– AfA 30 %	10.500,00 DM
Buchwert zum Ende des Geschäftsjahres	24.500,00 DM

Bewertung des Vermögens

Bewertung des Anlagevermögens

Wirtschaftsgüter des Anlagevermögens sind grundsätzlich zu Anschaffungs- oder Herstellungskosten zu bewerten.

Typische *Anschaffungsnebenkosten einzelner Anlagegüter* sind

- bei *Grundstücken und Gebäuden:* Beurkundungsgebühren, Maklergebühren, Grunderwerbsteuer;
- bei *Maschinen:* Frachten, Rollgelder, Transportversicherung, Montage- und Fundamentierungskosten;
- bei *Wertpapieren:* Maklergebühr (Courtage), Bankprovision.

Bei Anlagegütern, die der Abnutzung und damit der Wertminderung unterliegen, sind die *fortgeführten Anschaffungs- oder Herstellungskosten* anzusetzen.

Fortgeführte AK =
Anschaffungskosten
– planmäßige Abschreibungen (Siehe S. 313ff.)

Bei *anhaltender Unterschreitung* der Anschaffungs- bzw. fortgeführten Anschaffungskosten *muß* der tiefere Wert angesetzt werden *(gemildertes Niederstwertprinzip;* siehe Abb. 3.117)

3

Bewertung des Umlaufvermögens

Für die Bewertung des Umlaufvermögens gilt das *strenge Niederstwertprinzip.* Es dürfen höchstens die Anschaffungs- oder Herstellungskosten angesetzt werden. Der Betrag unter Anschaffungskosten *kann* auch dann beibehalten werden, wenn der Wert steigt. Die Rückkehr bis zum Anschaffungswert ist möglich *(Wertbeibehaltungswahlrecht)*, bei Kapitalgesellschaften nach § 280 HGB grundsätzlich vorgeschrieben.

• Bewertung der Vorräte

Die Vorräte sind, was ihre Wertmaßstäbe betrifft, in fremdbezogene und vom eigenen Betrieb hergestellte Vorräte zu unterteilen.

Ausgangswert für die Bewertung sind grundsätzlich

- *bei fremdbezogenen Vorräten die Anschaffungskosten,*
- *bei hergestellten Vorräten die Herstellungskosten.*

Grundsätzlich bilden die Anschaffungs- oder Herstellungskosten aus Gründen der Vorsicht die

Abnutzbare Wirtschaftsgüter des AV	**Nicht abnutzbare Wirtschaftsgüter des AV**
Beispiele: Gebäude, Güter der Betriebs- und Geschäftsausstattung	**Beispiel:** Grundstücke
Bewertung: Anschaffungskosten – planmäßige Abschreibungen = Fortgeführte Anschaffungskosten	**Bewertung:** Anschaffungskosten
Eine außerplanmäßige Abschreibung ist bei kurzfristiger Wertunterschreitung der fortgeführten Anschaffungskosten für Einzelunternehmungen und Personengesellschaften möglich, bei dauernder Unterschreitung der Anschaffungskosten für alle Unternehmen zwingend vorgeschrieben.	Eine außerplanmäßige Abschreibung ist bei kurzfristiger Wertunterschreitung der Anschaffungskosten möglich (bei Kapitalgesellschaften nur beim Finanzanlagevermögen), bei dauernder Unterschreitung der Anschaffungskosten für alle Unternehmen zwingend vorgeschrieben.
Für Einzelunternehmen und Personengesellschaften gilt beim Wegfall der Gründe für die außerplanmäßige Abschreibung das Wertbeibehaltungswahlrecht, für Kapitalgesellschaften das Wertaufholungsgebot.	

Abb. 3.117

3

Wertobergrenze für die Bilanzierung der Vorräte (§ 253 HGB). Liegt jedoch am Bilanzstichtag der Börsen- oder Marktpreis bzw. der den Gegenständen beizulegende Wert unter den Anschaffungs- oder Herstellungskosten, ist handelsrechtlich ein niederer Wertansatz gemäß § 253 Abs. 3 HGB zwingend *(strenges Niederstwertprinzip)*. Nach Steuerrecht ist der niedrigere Teilwert anzusetzen (§ 6 Abs. 1 Nr. 2 EStG). Der niedrigere Teilwert oder der niedrigere Wert *kann* auch dann beibehalten werden, wenn der Wert steigt. Die Rückkehr zum Anschaffungswert ist möglich *(Beibehaltungswahlrecht),* bei Kapitalgesellschaften nach § 280 HGB grundsätzlich zwingend.

• Einzelbewertung
Grundsätzlich gilt auch für die Bewertung der Vorräte der Grundsatz der *Einzelbewertung* (§ 252 HGB, § 6 Abs. 1 EStG). Besonders bei der Bewertung der Vorräte am Bilanzstichtag lassen sich aber die Anschaffungskosten in der Regel nur schwer individuell feststellen.
Gründe dafür sind
- Einkauf von verschiedenen Rohstoff-, Hilfsstoff-, Betriebstoff- und Warenposten zu *verschiedenen Zeitpunkten und zu verschiedenen Anschaffungskosten,*
- *gemischte Lagerung der verschiedenen Sendungen gleichartiger Vorräte.*

Eine Einzelbewertung würde in diesem Falle oft zu einem Mißverhältnis zwischen Arbeitsaufwand und Erfolg an Bewertungsgenauigkeit führen. Der Gesetzgeber gestattet daher *bei gleichartigen Gütern* die Durchbrechung des Grundsatzes der Einzelbewertung, indem er verschiedene Schätzverfahren zuläßt, aus denen zwei dargestellt werden:

• Durchschnittsmethode
Hiernach wird in der einfachsten Form aus dem Anfangsbestand und den Zugängen während des Geschäftsjahres ein gewogener Durchschnittswert ermittelt (siehe Abb. 3.118).
Genauer als diese globale Berechnung des Durchschnittswertes ist die der Errechnung des gewogenen Durchschnitts nach jedem Zugang, zu dem dann jeder Abgang bis zum nächsten Zugang bewertet wird *(gleitender Durchschnitt)*. Die Durchschnittsbewertung ist bei gleichartigen Gütern zulässig (§ 240 Abs. 4 HGB), bei denen die Anschaffungskosten wegen schwankender Einstandspreise im Laufe des Geschäftsjahres im einzelnen nicht mehr einwandfrei feststellbar sind (siehe Abb. 3.119).
Beim Vergleich der beiden Formen der Durchschnittsbewertung wird deutlich sichtbar, daß bei der letzten Form die Anschaffungskosten der zuletzt bezogenen Waren den Durchschnittswert wesentlich beeinflussen. Somit ist der gewogene Durchschnittspreis aktueller. Der Inventurwert kann auf diese Weise unmittelbar aus der Lagerkartei ermittelt werden. Der Durchschnittswert kommt nur zum Ansatz, wenn der Tageswert darüber liegt. Sonst ist der Tageswert für die Bilanzierung entscheidend. Die Differenz ist dann abzuschreiben. Gegen die Durchschnittsmethode bestehen handels- und steuerrechtlich keine Bedenken.

• Bewertung des übrigen Umlaufvermögens
Zu dem übrigen Umlaufvermögen gehören Forderungen a. LL., Besitzwechsel, Wertpapiere des Umlaufvermögens. Ihre Bewertung, die grundsätzlich auch für die Vorräte gilt, geht aus Abb. 3.120 hervor.

Bewertung der Schulden

In der *Steuerbilanz* sind Schulden gemäß § 6 Abs. 1 Nr. 3 EStG mit den *Anschaffungskosten* (= Nennwert) oder mit einem *höheren Teilwert* (z. B. bei Verbindlichkeiten im Ausland im Falle von Kurssteigerungen) anzusetzen, da das *Höchstwertprinzip* gilt (siehe S. 342).
Handelsrechtlich ist die Bewertung der Verbindlichkeiten in § 253 HGB geregelt. Demnach sind sie grundsätzlich mit ihrem *Rückzahlungsbetrag* zu bilanzieren.
Der Rückzahlungsbetrag ist der Nennbetrag, der bei Erfüllung in der gesetzlich oder vertraglich vorgesehenen Art aufzubringen ist. „Dies gilt vor allem für Verbindlichkeiten aufgrund von Warenlieferungen und Leistungen, Bankverbindlichkeiten, Lohn- und Gehaltsverbindlichkeiten, Steuerverpflichtungen und ähnliche Verpflichtungen, die keinen Darlehenscharakter tragen" (Adler-Düring-Schmalz, § 156, TZ 10). Zusätzlich aufzubringende Beträge bei Nichtbeachtung festgelegter Bedingungen, wie Säumniszuschläge und Verzugszinsen, verändern den Rückzahlungsbetrag nicht. Auch darf der Betrag nicht um Liefererskonti gekürzt werden, die voraussichtlich in Anspruch genommen werden (Realisationsprinzip).

Beispiel:
Ein Großhandelsunternehmen kaufte am 13.11.19..
Waren im Werte von 20.000 $, Ziel 60 Tage

Briefkurs für den $ am 13.11.19..	1,60 DM
Briefkurs für den $ am 31.12.19..	
Fall a)	1,70 DM
Fall b)	1,50 DM

Beispiel

Eingänge	Ausgänge				
01.01.	800 kg zu je 7,50 DM	=	6.000,00 DM	15.03.	400 kg
15.06.	500 kg zu je 6,30 DM	=	3.150,00 DM	02.10.	600 kg
15.11.	900 kg zu je 6,40 DM	=	5.760,00 DM	12.12.	500 kg
2.200 kg		=	14.910,00 DM		1.500 kg

Bestand am 31.12.: 700 kg

$$\text{Durchschnittspreis} = \frac{\text{Warenwert des Anfangsbestandes und der Zugänge}}{\text{Menge aus Anfangsbestand + Zugänge}}$$

$$\text{Durchschnittspreis} = \frac{14 \cdot 910}{2 \cdot 200} = \underline{\underline{6{,}777 \text{ DM je kg}}}$$

Wertansatz des Warenpostens: 700 · 6,777 = 4.743,90 DM

Abb. 3.118

Beispiel (Zahlen wie oben)

01.01. Anfangsbestand	800 kg zu je 7,50 DM = 6.000,00 DM
15.03. Ausgang	400 kg zu je 7,50 DM = 3.000,00 DM
Bestand	400 kg zu je 7,50 DM = 3.000,00 DM
15.06. Zugang	500 kg zu je 6,30 DM = 3.150,00 DM
Bestand	900 kg zu je 6,833 DM = 6.150,00 DM
02.10. Ausgang	600 kg zu je 6,833 DM = 4.100,00 DM (Aufrundung)
Bestand	300 kg zu je 6,833 DM = 2.050,00 DM
15.11. Zugang	900 kg zu je 6,40 DM = 5.760,00 DM
Bestand	1.200 kg zu je 6,508 DM = 7.810,00 DM
12.12. Ausgang	500 kg zu je 6,508 DM = 3.254,00 DM
31.12. Bestand	700 kg zu je 6,508 DM = 4.556,00 DM

Abb. 3.119

Bewertung des Umlaufvermögens in der Bilanz

Handelsrecht (§ 253 HGB)	Steuerrecht (§ 6 Abs. 1 Nr. 2 EStG)
Anschaffungs- oder Herstellungskosten	Anschaffungs- oder Herstellungskosten
AK oder HK > Tageswert → Ansatz des niedrigeren Wertes (strenges Niederstwertprinzip)	Strenges Niederstwertprinzip, weil Handelsbilanz für die Steuerbilanz maßgeblich ist
Tageswert > vorheriger Bilanzansatz → Zuschreibung des Wertes bis zum Tageswert, höchstens bis zu den AK oder HK möglich (Bewertungswahlrecht), jedoch bei Kapitalgesellschaften nach § 280 HGB zwingend	Handelsrechtliche Vorschrift gilt auch für die Bewertung nach Steuerrecht

Abb. 3.120

Lösung zu a)

3

Da Verbindlichkeiten gemäß § 253 Abs. 1 Satz 2 HGB mit ihrem Rückzahlungsbetrag anzusetzen sind, muß aus Vorsichtsgründen am 31.12.19.. (vgl. § 252 Abs. 1 Nr. 4 HGB) zum Briefkurs von 1,70 DM bewertet werden. In der Bilanz wird die Verbindlichkeit daher mit 34.000,00 DM ausgewiesen *(Höchstwertprinzip)*. Der hier auftretende Bewertungsverlust ist als Aufwand zu erfassen (Kontengruppe 69).

Lösung zu b)

Der niedrigere Briefkurs zum Bilanzstichtag bewirkt einen Rückzahlungsbetrag, der kleiner ist als der Nennwert der ursprünglichen Verbindlichkeit (30.000,00 DM zu 32.000,00 DM). Da gemäß § 252 Abs. 1 Nr. 4 HGB Gewinne nur dann zu berücksichtigen sind, wenn sie zum Abschlußstichtag realisiert sind, darf der sich rechnerisch ergebende Gewinn noch nicht berücksichtigt werden.
In der Bilanz sind die Verbindlichkeiten mit 32.000,00 DM auszuweisen *(Realisationsprinzip)*. Ist der Ausgabebetrag (Betrag, der dem Schuldner zugeflossen ist) niedriger als der Rückzahlungsbetrag, so darf der Unterschied unter die aktive Rechnungsabgrenzung aufgenommen werden (§ 250 Abs. 3 HGB). Das trifft häufig bei Darlehen und Anleihen zu, bei deren Aufnahme meist ein Disagio (z. B. Auszahlung mit 97%), gelegentlich ein Rückzahlungsagio (z. B. Rückzahlung mit 102%) vereinbart wird. Im ersten Fall ist dann der Nennwert, im zweiten Fall der um das Agio erhöhte Nennbetrag als Rückzahlungsbetrag anzusetzen.
Ein aktiviertes Disagio (2900 ARA) ist durch planmäßige Abschreibung zu tilgen, die auf die gesamte Laufzeit des Darlehens verteilt werden dürfen.

Beispiel

Eine AG hat eine Anleihe in Höhe von 1.000.000,00 DM zum Kurs von 96% genommen. Laufzeit 10 Jahre, rückzahlbar in voller Höhe zum Parikurs.

Aktiva	Bilanz bei der Anleihe		Passiva
Bank	960.000,00	Anleihe	1.000.000,00
ARA (Disagio)	40.000,00		

Das Disagio wird anteilmäßig in 10 Jahren zu Lasten des Gewinn- und Verlustkontos getilgt:

7000 Zinsen und ähnliche Aufwendungen		an 2900 Disagio	4.000,00

Aktiva	Bilanz am Ende des 1. Jahres		Passiva
ARA (Disagio)	36.000,00	Anleihe	1.000.000,00

Aktiva	Bilanz am Ende des 2. Jahres		Passiva
ARA (Disagio)	32.000,00	Anleihe	1.000.000,00

usw. vom 3. bis 10. Jahr

Auswertung des Jahresabschlusses

Notwendigkeit der Auswertung

Mit der Erstellung des Jahresabschlusses ist die Aufgabe des kaufmännischen Rechnungswesens nicht erfüllt. Vielmehr will der Unternehmer über eine kritische Analyse der Zahlen der Buchführung und der Kosten- und Leistungsrechnung seine Marktstellung erkennen und Daten zur Unternehmenssteuerung gewinnen. Diese Daten dienen

- der richtigen Beurteilung und systematischen Kontrolle der Geschäftsgebarung,
- der Ergänzung betriebswirtschaftlicher Daten bei Verbesserungs- und Anpassungsmaßnahmen und bei Planungen.

Die Ergebnisse sind jedoch nicht nur für die Geschäftsleitung von außerordentlicher Bedeutung, sondern auch für Außenstehende. So versuchen die Gläubiger, z. B. Lieferer und Geldgeber, Institute und Verbände, aus den veröffentlichten bzw. vorgelegten Bilanzen Einblick in ein Unternehmen zu gewinnen:

- bei Kreditwürdigkeitsprüfungen (§ 18 KWG),
- vor einer Beteiligung,
- bei steuerlichen Betriebsprüfungen,
- bei Marktbeobachtungen, -forschungen und -beurteilungen.

In diesem Zusammenhang wird beispielsweise erörtert, ob der Betrieb über genügend Haftungskapital verfügt, ob die flüssigen Mittel reichen, kurzfristige Schulden zu tilgen, ob die Ertragslage eine Beteiligung sinnvoll erscheinen läßt, ob der richtige steuerliche Gewinn dokumentiert wurde usw.

Die Übersicht in Abb. 3.121 zeigt, daß die Interessengruppen unterschiedliche Ziele verfolgen und dementsprechend unterschiedliche Schwerpunkte der Beobachtung setzen.
Es gilt also, an Hand der Unterlagen Teilbereiche des Unternehmens oder das Gesamtunternehmen kritisch zu beleuchten und richtig zu beurteilen. Die Auswertungsunterlagen dürfen daher keine Zahlen enthalten, die über die wirkliche Vermögens- und Erfolgslage des Unternehmens hinwegtäuschen.

Gegenstand der Kritik

Formelle und materielle Kritik
Die formelle Kritik untersucht die Ausgangsdaten, ob sie nach den Grundsätzen ordnungsmäßiger Buchführung und Bilanzierung ermittelt wurden. Sie beschränkt sich also auf die Feststellung, ob die Prinzipien der Wahrheit, Klarheit und Kontinuität beachtet und die gesetzlichen Vorschriften befolgt wurden.
Die formelle Kritik wird dadurch besonders notwendig, daß detaillierte Gliederungs- und Formvorschriften sowie genaue Hinweise zu einzelnen Posten des Jahresabschlusses nur von bestimmten Unternehmen zu beachten sind (vgl. Abb. 3.123).

Gegenstand der *formellen Kritik* sind z. B. folgende Gesichtspunkte:
- Bezeichnung der Posten,
- Reihenfolge der Aufführung,
- Gliederung der Posten,
- Art des Ausweises wichtiger Gruppen,
- Art der Bewertung der Posten,
- Form und Gliederung des Anhangs und Lageberichtes bei Kapitalgesellschaften.

Die *materielle Kritik* zielt auf den Vergleich und die Beurteilung der Daten. Sie will Strukturen transparent machen und erläutern, die richtungsweisend für Entscheidungen sind:
- Rentabilität,
- Kapitalbindung,
- Vermögensstruktur,
- Unternehmenswachstum,
- Ertragsstruktur,
- Anlagendeckung,
- Aufwandsstruktur,
- Liquidität,
- Produktivität.

Die Dokumentation der Strukturmerkmale soll dem Betrachter helfen, die Marktstellung, Entwicklung, Vermögens- und Ertragslage richtig einzuschätzen und die mit Investitionen und ihrer Finanzierung verbundenen Risiken zu minimieren.

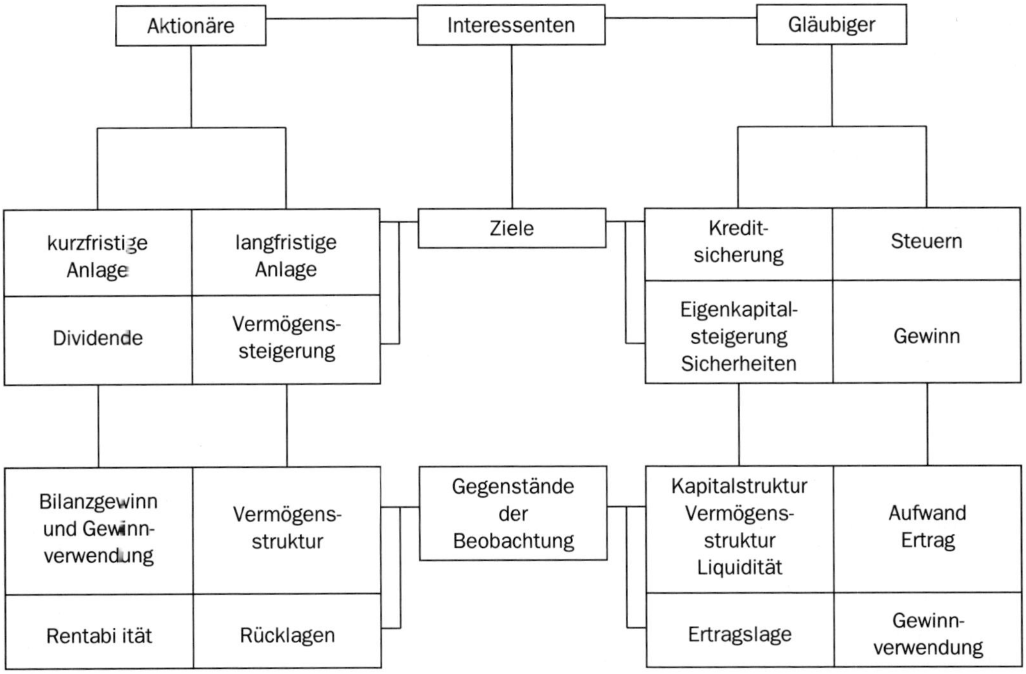

Abb. 3.121

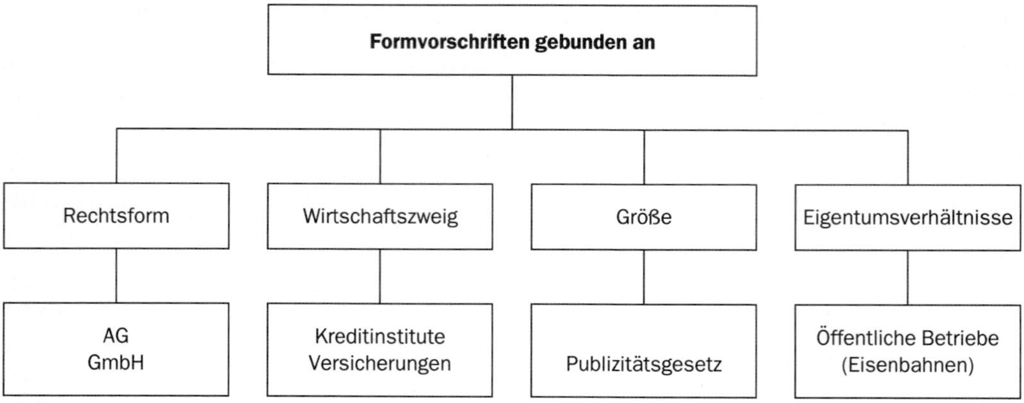

Abb. 3.122

Teil- und Gesamtkritik

Bei der Teilkritik beschränkt sich die Kritik auf Teilfragen oder auf Teilstrukturen der Bilanz und GuV-Rechnung. So wird beispielsweise der Kreditgeber sein Hauptaugenmerk auf die Liquidität und die Erfolgsaussichten richten, der Aktionär auf die Rentabilität usw. Die Gesamtkritik soll die Gesamtlage des Unternehmens transparent machen, woran jeder Unternehmer interessiert ist.

Interne und externe Kritik

- Interne Kritik

Dem Auswertenden stehen neben den Jahresabschlüssen sämtliche betriebsinternen Unterlagen zur Verfügung, wie z. B. Absatzprogramm, Finanzpläne, Investitionsprogramme und -rechnungen, Unterlagen über kurzfristige Forderungsfälligkeiten und Verbindlichkeiten, Informationen über noch schwebende Geschäfte, Statistiken.

- Externe Kritik

Dem Auswertenden stehen nur publizierte Daten zur Verfügung, wie z. B. Jahresabschlüsse, Lagebericht, Berichte von Hauptversammlungen, Berichte in der Fachpresse. Die Ergebnisse externer Kritik sind daher in der Regel weniger aufschlußreich und detailliert als bei interner Kritik.

Methoden der Auswertung

Einzelanalyse

Es wird der Jahresabschluß *einer* Rechnungsperiode untersucht. Die Ergebnisse werden nicht mit früheren Rechnungsperioden oder anderen Betrieben verglichen.

Diese Analyse läßt keine Aussagen über Entwicklung und Marktstellung der Unternehmung zu.

Zeitvergleich

Die Ergebnisse einzelner Rechnungsabschnitte (Monate, Vierteljahr, Jahre) werden miteinander verglichen. Dadurch können Entwicklungstendenzen aufgezeigt werden, wie z. B. Umsatz-, Kostenarten-, Erfolgs-, Eigen- und Fremdkapitalentwicklung und Entwicklung des Anlagevermögens und des Umlaufvermögens usw.

Betriebs- oder Branchenvergleich

Die Ergebnisse des ausgewerteten Betriebes werden mit Durchschnittswerten der Branche oder den Kennzahlen gleichartiger Betriebe verglichen. Hierbei ist zu beachten, daß Größe, Organisation und Tätigkeitsbereiche der Vergleichsbetriebe möglichst übereinstimmen.

Mit Hilfe von Betriebs- und Branchenvergleichen kann die Marktstellung (z. B. Umsatzanteil am Gesamtmarkt, Kostenstruktur, Liquiditätslage, Eigenkapitalanteil im Vergleich zu konkurrierenden Unternehmungen) sichtbar gemacht werden.

Soll-Ist-Vergleich

Geplante Werte werden mit verwirklichten verglichen, um Art und Höhe der Abweichungen festzustellen. Es soll kontrolliert werden, ob getroffene Entscheidungen sinnvoll waren und zielgerecht ausgeführt wurden. Diese Ergebnisse bilden dann die Ansätze für die Ursachenforschung solcher Abweichungen, um korrigierte Plangrößen vorgeben zu können.

Daher sollen Soll-Ist-Vergleiche in möglichst kurzen Abständen vorgenommen werden, um Chancen und Risiken rechtzeitig zu erkennen.

Wichtige Beispiele solcher Soll-Ist-Vergleiche sind:

– Vergleich des Absatzplanes mit dem erreichten Absatz,

- Vergleich der Kostenvorgaben für die Kostenstellen mit den Istkosten lt. Kostenstellenrechnung,
- Vergleich der geplanten Zuschlagssätze mit den Istzuschlagssätzen,
- Vergleich geplanter Einnahmen und Ausgaben mit eingetretenen Einnahmen und Ausgaben.

Strukturierung der Bilanz

Für Zwecke der Auswertung muß die veröffentlichte Bilanz aufbereitet und strukturiert werden. Dabei werden gleichartige Positionen zusammengefaßt, um die Aussagekraft der Bilanz zu erhöhen (siehe Abb. 3.123).

Kapital-bindung	Vermögensstruktur	Bilanzstruktur	Kapital-überlassung
langfristig	**I. Anlagevermögen** **1. Immaterielle Anlagen** (Firmenwert, Patente, Lizenzen, Software) **2. Sachanlagen** (Grundstücke, Gebäude, Maschinen, Betriebs- und Geschäftsausstattung, Fuhrpark) **3. Finanzanlagen** (Beteiligungen, Wertpapiere des AV, langfristige Forderungen)	**I. Eigenkapital** **1. Gezeichnetes Kapital** (Grundkapital der AG, Stammkapital der GmbH) **2. Rücklagen** (Kapitalrücklagen, gesetzliche und freie Gewinnrücklagen) **3. Gewinnvortrag** (eventueller Verlustvortrag wird subtrahiert) **4. Jahresüberschuß** (siehe unten) (Jahresfehlbetrag wird subtrahiert)	langfristig
mittel- bis kurzfristig	**II. Umlaufvermögen** **1. Vorräte** (Stoffebestände, Fremdbauteile, unfertige und fertige Erzeugnisse, Handelswaren, Anzahlungen auf Vorräte) **2. Kurzfristige Forderungen** (Forderungen a. LL., Wertpapiere des UV, Wechselforderungen, sonstige kurzfristige Forderungen, aktive Posten der Rechnungsabgrenzung)	**II. Schulden/Fremdkapital** **1. Langfristige Schulden** (Pensionsrückstellungen, Verbindlichkeiten mit einer Restlaufzeit von mehr als 5 Jahren) **2. Mittelfristige Schulden** (Verbindlichkeiten mit einer Restlaufzeit von mehr als einem bis 5 Jahren) **3. Kurzfristige Schulden** (Verbindlichkeiten mit einer Restlaufzeit bis zu einem Jahr, wie Steuerrückstellungen, sonstige Rückstellungen, Verbindlichkeiten a. LL., Wechselverbindlichkeiten, Verbindlichkeiten aus Steuern, abzuführende Sozialversicherungsbeiträge, Sonstige Verbindlichkeiten, passive Posten der Rechnungsabgrenzung)	langfristig mittelfristig kurzfristig
kurzfristig	**3. Liquide Mittel** (Kasse, Bank, Postbank)		

Abb. 3.123

Häufig tritt in Bilanzen anstelle der Position Gewinn-/Verlustvortrag und Jahresüberschuß/-fehlbetrag die Position Bilanzgewinn/-verlust auf. Diese Position tritt dann auf, wenn der Jahresabschluß nach teilweiser Verwendung des Jahresüberschusses (Einstellung in die Rücklagen) aufgestellt wurde. Es muß aus Vorsichtsgründen davon ausgegangen werden, daß dieser Bilanzgewinn ausgeschüttet wird und somit dem Fremdkapital zuzurechnen ist.

3

Statistische Aufbereitung der Bilanz

Die absoluten Zahlen sind in Verhältniszahlen (Prozentsätze) zur Bilanzsumme (= 100%) umzurechnen, um die Vergleichbarkeit der Werte im Jahresabschluß zu verbessern (siehe Abb. 3.124). Dadurch lassen sich Veränderungen (Trends) vom Berichtsjahr gegenüber dem Vorjahr schneller erkennen. Ein ausgewiesener Jahresüberschuß läßt nicht erkennen, ob er im Unternehmen einbehalten und damit Eigenkapital ist oder ausgeschüttet wird und dann dem kurzfristigen Fremdkapital zuzurechnen ist. Fehlen Informationen über die Verwendung des Jahresüberschusses, ist er aus dem Grundsatz der Vorsicht höchstens zu 50% dem Eigenkapital zuzurechnen.
Zur Auswertung der aufbereiteten Bilanz mit Hilfe von Bilanzkennzahlen vgl. Kapitel Controlling.

Beispiel: Aufbereitung der Bilanzen der Süd-Chemie Aktiengesellschaft

Aktiva — Süd-Chemie AG München 31.12. 1992 und 1993 (Werte in TDM) — Passiva

1993	1992	1993	1992		
A. Anlagevermögen			A. Eigenkapital		
I. Immaterielle Vermögens-			I. Gezeichnetes Kapital	30.375	30.375
gegenstände			II. Gewinnrücklagen	86.157	83.310
1. Konzessionen, Schutz-			III. Jahresüberschuß1	7.540	7.563
rechte	1.280	1.488	B. Rückstellungen		
II. Sachanlagen			1. Pensionsrückstellungen	29.130	27.629
1. Grundstücke, Gebäude	37.145	27.943	2. Steuerrückstellungen	10.750	7.710
2. Maschinen	29.708	25.410	3. Sonstige Rückstellungen	56.970	58.290
3. Geschäftsausstattung	11.006	9.354	C. Verbindlichkeiten		
4. Anzahlungen und			1. Anleihen mit einer Rest-		
Anlagen im Bau	1.300	3.372	laufzeit über 5 Jahre	24.075	5.082
III. Finanzanlagen			2. Bankverbindlichkeiten	2.560	1.328
1. Beteiligungen	6.500	6.484	davon mit einer Restlaufzeit		
2. Wertpapiere des AV	61.000	45.672	bis zu einem Jahr 560 (328)		
B. Umlaufvermögen			3. Verbindlichkeiten a. LL.	16.480	17.172
I. Vorräte			4. Sonstige Verbindlichkeiten	5.500	5.723
1. Roh-, Hilfs- und					
Betriebsstoffe	30.378	33.530			
2. Unfertige Erzeugnisse	2.283	2.517			
3. Fertige Erzeugnisse	15.700	14.912			
4. Geleistete Anzahlungen					
auf Vorräte	492	734			
II. Forderungen und sonstige					
Vermögensgegenstände					
1. Forderungen a. LL.	50.240	47.568			
2. Sonstige Forderungen	17.400	17.281			
III. Wertpapiere	1.928	1.928			
IV. Kasse, Postgiro-,					
Bankguthaben	3.040	5.989			
C. Rechnungsabgrenzung	137				
	269.537	244.182		269.537	244.182

[1)] Zu beiden Bilanzen lag ein Gewinnverwendungsvorschlag vor, nach dem der Jahresüberschuß ganz auszuschütten ist.

Abb. 3.124 (Teil 1)

A	Aufbereitete Bilanzen					P
	Berichtsjahr		Vorjahr		Veränderungen	
	TDM	%	TDM	%	TDM	%
Vermögensstruktur						
I. Anlagevermögen						
1. Immaterielles AV	1.280	0,5	1.488	0,6	– 208	– 14,0
2. Sachanlagen	79.159	29,4	66.079	27,1	+ 13.080	+ 19,8
3. Finanzanlagen	67.500	25,0	52.156	21,3	+ 15.344	+ 29,4
Summe Anlagevermögen	147.939	54,9	119.723	49,0	+ 28.216	+ 23,6
II. Umlaufvermögen						
1. Vorräte	48.853	18,1	51.693	21,2	– 2.840	– 5,5
2. Kurzfristige Forderungen	60.705	25,9	66.777	27,3	+ 2.928	+ 4,4
3. Liquide Mittel	3.040	1,1	5.989	2,5	– 2.949	– 49,2
Summe Umlaufvermögen	121.598	45,1	124.459	51,0	– 2.861	– 2,3
Summe Vermögen	269.537	100,0	244.182	100,0	+ 25.355	+ 10,4
Kapitalstruktur						
I. Eigenkapital	116.532	43,2	113.685	46,6	+ 2.847	+ 2,5
II. Langfristige Schulden	53.205	19,7	32.711	13,4	+ 20.494	+ 62,7
Summe langfristiges Kapital	169.737	62,9	146.396	60,0	+ 23.341	+ 15,9
III. Mittelfristige Schulden	2.000	0,7	1.000	0,4	+ 1.000	+ 100,0
IV. Kurzfristige Schulden	97.800	36,3	96.786	39,6	+ 1.014	+ 1,0
Summe Schulden	153.005	56,8	130.497	53,4	+ 22.508	+ 17,2
Summe Kapital	269.537	100,0	244.182	100,0	+ 25.355	+ 10,4

Abb. 3.124 (Teil 2)

Beispiel: GuV-Rechnung des Jahre 1992 und 1993 der Süd-Chemie AG in TDM

	Berichtsjahr	Vorjahr
Umsatzerlöse	340.674	314.725
Erhöhung des Bestandes an Fertigen und Unfertigen Erzeugnissen	250	280
Sonstige betriebliche Erträge	981	838
	341.905	315.843
Materialaufwand	191.724	174.375
Personalaufwand	80.000	85.000
Abschreibungen	48.236	37.060
Sonstige betriebliche Aufwendungen	12.250	10.070
	9.695	9.338
Erträge aus Beteiligungen	650	640
Erträge aus anderen Wertpapieren und Ausleihungen des Finanzvermögens	4.800	3.650
Sonstige Zinsen u. ä. Erträge	80	60
Abschreibungen auf Finanzanlagen und auf Wertpapiere des UV	15	25
Zinsen u. ä. Aufwendungen	2.080	510
Ergebnis der gewöhnlichen Betriebstätigkeit	13.130	13.153
Außerordentliche Erträge	50	30
Außerordentliche Aufwendungen	200	160

Außerordentliches Ergebnis	– 150	– 130
Ergebnis vor Steuern	12.980	13.023
Steuern vom Einkommen und Ertrag	4.240	4.250
Sonstige Steuern	1.200	1.210
Jahresüberschuß	7.540	7.563

Abb. 3.125 (Teil 1)

Aufbereitung der Gewinn- und Verlustrechnung

Die Einbeziehung der Erfolgsrechnung in die Betriebsanalyse ermöglicht genauere Aussagen über die *Aufwands- und Ertragsstruktur* und damit über die Ertragskraft und ihre Bestimmungsfaktoren. Im Vergleich mit früheren GuV-Rechnungen und in Verbindung mit den Bilanzdaten können zusätzlich Kennziffern zur Entwicklung des Unternehmens gewonnen werden. Wie bei der Bilanzanalyse muß der Ermittlung von Kennzahlen eine entsprechende Aufbereitung vorausgehen.

Im folgenden Beispiel werden in den aufbereiteten GuV-Rechnungen die Anteile (Intensitätskennziffern) der Erfolgsquellen am Gesamtertrag (= 100 %) dargestellt (Abb. 3.125).

Zur Auswertung der aufbereiteten Bilanz mit Hilfe von Bilanzkennzahlen vgl. auch das Kapitel „Controlling".

Aufbereitete Gewinn- und Verlustrechnung

	Berichtsjahr		Vorjahr		Veränderungen	
Struktur der GuV-Rechnung	TDM	%	TDM	%	TDM %	
Umsatzerlöse	340.674	98,0	314.725	98,3	+ 25.949	+ 8,2
Bestandsmehrungen	250	0,1	280	0,1	– 30	– 10,7
Sonstige betriebliche Erträge	981	0,3	838	0,2	+ 143	+ 17,1
Betriebliche Erträge	341.905	98,4	315.843	98,6	+ 26.062	+ 8,3
Materialaufwand	191.724	55,2	174.375	54,5	+ 17.349	+ 9,9
Personalaufwand	80.000	23,0	85.000	26,5	– 5.000	– 5,9
Abschreibungen	48.236	13,9	37.060	11,6	+ 11.176	+ 30,2
Sonstige betriebliche Aufwendungen	12.250	3,5	10.070	3,1	+ 2.180	+ 21,6
Betriebliche Aufwendungen	332.210	95,6	306.505	95,7	+ 25.705	+ 8,4
Betriebsergebnis	9.695	2,8	9.338	2,9	+ 357	+ 3,8
Erträge aus Finanzanlagen	5.530	1,6	4.350	1,4	+ 1.180	+ 27,1
Aufwendungen aus Finanzanlagen	2.095	0,6	535	0,1	+ 1.560	+ 291,6
Ergebnis der gewöhnlichen Geschäftstätigkeit	13.130	3,8	13.153	4,1	– 23	– 0,2
Außerordentliche Erträge	50	0,0	30	0,0	+ 20	+ 66,7
Außerordentliche Aufwendungen	200	0,1	160	0,1	+ 40	+ 25,0
Außerordentliches Ergebnis	– 150	– 0,1	– 130	– 0,1	– 20	+ 15,4
Ergebnis vor Steuern	12.980	3,7	13.023	4,1	– 43	– 0,3
Steuern	5.440	1,5	5.460	1,7	– 20	– 0,4
Gesamtertrag	347.485	100,0	320.223	100,0	+ 27.262	+ 8,5
Gesamtaufwand	339.945	97,8	312.660	97,6	+ 17.285	+ 8,7
Jahresüberschuß	7.540	2,2	7.563	2,4	– 23	– 0,3

Abb. 3.125 (Teil 2)

Kostenrechnung

4

Notwendigkeit und Aufgaben der Kostenrechnung

Eine externe Rechnungslegung durch die Buchführung und Bilanzierung wird gesetzlich vorgeschrieben (§§ 238 und 242 HGB). Wieso ist dann eine Kostenrechnung als zusätzliches internes Rechnungswesen notwendig?
Das externe Rechnungswesen soll Informationen über die Vermögens-, Finanz- und Ertragslage und den sich daraus ergebenden ausschüttungsfähigen Periodengewinn an Außenstehende (i. e. L. Gläubiger, Aktionäre) geben. Diese Informationen sind aber zur Ausübung der Führungsaufgaben im Unternehmen nicht ausreichend. Die Bewertung in der Bilanz, entsprechend dem Gläubigerschutzprinzip zu vorsichtigen Wertansätzen überwiegend aus der Vergangenheit, läßt eine Beurteilung der aktuellen Wettbewerbsfähigkeit nicht zu.
Auch müssen zur Messung des betrieblichen Erfolges die leistungsbezogenen Ergebniselemente abgegrenzt werden, nämlich betriebsneutrale Positionen bzw. kalkulatorische Kosten. Weiter fehlen Artikel- oder Artikelgruppenergebnisse zur Beurteilung von deren Wirtschaftlichkeit. Schließlich müssen auch während des laufenden Jahres Zwischenergebnisse vorliegen, um rechtzeitig gewinnsteuernd eingreifen zu können.
Die Notwendigkeit einer aussagefähigen betrieblichen Kostenrechnung begründet sich also aus dem zusätzlichen Informationsbedarf für die Bewältigung der unterschiedlichen Aufgabenstellungen im Betrieb. Dabei hat die Kostenrechnung die nachfolgend aufgeführten drei Aufgaben.

- Kalkulation der betrieblichen Leistung

Für Zwecke der *Bewertung* von fertigen und unfertigen Erzeugnissen in der Bilanz müssen deren Herstellungskosten ermittelt werden (§ 253 HGB). Die gesamten Kosten eines Erzeugnisses (Selbstkosten) dienen als Grundlage für die *Angebotspreiskalkulation* und als langfristige Preisuntergrenze. Für die kurzfristigen Preisuntergrenzen wird in variable und fixe Kosten der betrieblichen Leistung unterschieden.

- Kontrolle der Wirtschaftlichkeit

Zu Zwecken der *Kostenkontrolle* werden die Kosten für die jeweiligen Verantwortungsbereiche ermittelt und im Vergleich mit Vergangenheits-, Plan-, Branchen- oder sonstigen sinnvollen Vergleichswerten beurteilt. Im Rahmen der *kurzfristigen Erfolgsrechnung* stellt man die Kosten der jeweiligen Leistung den durch sie erzielten Umsatzerlösen gegenüber.

- Datenbereitstellung zur Entscheidungsvorbereitung und Planung

Für viele *Entscheidungen* im Betrieb liefert die Kostenrechnung wichtiges Zahlenmaterial: zum Beispiel Entscheidungen zur Produktionsprogrammplanung, Fremdvergabe von Teilleistungen (Make-or-buy), Annahme eines zusätzlichen Auftrages, vorübergehende Stillegung; sowie für die betriebliche Planung und Budgetierung.

Besonderheiten des betrieblichen Rechnungswesens in der Industrie

Auswirkungen der Produktionsfunktion auf das Rechnungswesen

Die Besonderheiten einer Industriebuchführung ergeben sich aus der für die Industriebetriebe typischen *Produktionsfunktion*, die einen innerbetrieblichen Wertefluß zwischen Beschaffung und Absatz bedingt. Somit sind *Gegenstand der Industriebuchführung* zum einen wie bei Handelsbetrieben die Geschäftsbeziehungen zur Außenwelt und zum anderen die Erfassung des auf die Fertigung (Betrieb) bezogenen Werteflusses. Diesen unterschiedlichen Aufgaben wird die grundsätzliche Gliederung der Buchführung in *Finanz-* und *Betriebsbuchhaltung* gerecht (Abb. 4.1).

Finanzbuchhaltung
Sie erfaßt alle Veränderungen der Vermögens- und Kapitalverhältnisse des Unternehmens aufgrund der Einkäufe, Verkäufe und Zahlungen und liefert das Zahlenmaterial für den Jahresabschluß (Bilanz und GuV-Rechnung). Hauptaufgabe ist die Darstellung der Vermögens- und Ertragslage des Unternehmens.
Betriebsbuchhaltung
Sie erfaßt den durch die Produktionsfunktion bedingten innerbetrieblichen Wertefluß, und zwar einerseits den Werteverzehr der bei der Herstellung eingesetzten Produktionsfaktoren (Kosten), andererseits den Wertezuwachs durch die produzierten Erzeugnisse (Leistungen). Bewertung der Leistungen und Überwachung der Wirtschaftlichkeit des Betriebes sind ihre Hauptziele.

Abb. 4.1: Gliederung der Industriebuchführung

Der Industriekontenrahmen

Der Industriekontenrahmen (IKR), 1971 vom Bundesverband der Deutschen Industrie (BDI) herausgegeben, stellt die Finanz- und Betriebsbuchhaltung wie der ältere Gemeinschaftskontenrahmen der Industrie (GKR) in zwei getrennten Rechnungskreisen dar:

IKR

Rechnungskreis I	Rechnungskreis II
Finanzbuchhaltung: Kontenklassen 0–8	Betriebsbuchhaltung: Kontenklasse 9

Rechnungskreis I: Finanzbuchhaltung

Die Durchsicht der Kontenbezeichnungen der ersten fünf Kontenklassen (0, 1, 2, 3, 4) zeigt, daß es ausschließlich *Bestandskonten* sind, die weitgehend in der *Reihenfolge der Bilanz für Kapitalgesellschaften* (vgl. § 266 HGB) angeordnet wurden. Dabei erfassen die ersten *drei* Kontenklassen (0, 1, 2) alle möglichen Konten für die Positionen der *Aktivseite* (aktive Bestandskonten). Die *zwei* nachfolgenden Kontenklassen (3, 4) er-

4

Abschluß der Bestandskonten (Klassen 0–4)

aktive (Klassen 0, 1, 2)		passive (Klassen 3, 4)	
801 SBK	an Kontenklassen 0, 1, 2	Kontenklassen 3, 4	an 801 SBK

aktive Bestandskonten			Vereinfachtes Bilanzschema (ausgewählte Konten)		passive Bestandskonten	
0	1	2	Aktiva	Passiva	3	4
			A. Anlagevermögen:	A. Eigenkapital	30	
05			Grundstücke und Bauten			
07			Maschinen und techn. Anlagen	B. Fremdkapital:		
08			Betriebs- und Geschäftsausstattung	Rückstellungen		40
				Darlehensschulden		41
	16		Darlehensforderungen	Bankschulden		42
				Verbindlichkeiten a. L. u. L.		44
			B. Umlaufvermögen:	Sonstige Verbindlichkeiten		48
		20	Roh-, Hilfs- Betriebsstoffe			
		21	Unfertige Erzeugnisse			
		22	Fertige Erzeugnisse und Waren			
		24	Forderungen a. L. u. L.			
		280	Bankguthaben			
		288	Kassenbestand			

Abb. 4.2: Bestandskonten

Abschluß der Erfolgskonten (Klassen 5–7)

Aufwandskonten (Klassen 6, 7)		Ertragskonten (Klasse 5)	
802 GuV	an Kontenklassen 6, 7	Kontenklasse 5	an 802 GuV

Aufwandskonten	Gewinn- und Verlustrechnung (in DM) Soll			Haben	Ertragskonten
60	Aufwendungen für Roh-, Hilfs- und Betriebsstoffe	16.231.000,—	Umsatzerlöse	55.957.000,—	50
			Bestandsveränderungen	63.000,—	52
62/63	Löhne und Gehälter	14.957.000,—	Sonstige betriebliche Erträge	4.081.000,—	54
65	Abschreibungen	5.433.000,—	Zinsen und ähnliche Erträge	1.019.000,—	57
66–70	Sonstige betriebliche Aufwendungen	14.416.000,—			
77	Steuern	8.963.000,—			
	EK (Reingewinn)	1.120.000,—			
		61.120.000,—		61.120.000,—	

Abb. 4.3: Gewinn- und Verlustkonto

4

Ertrags- und Aufwandskonten			Gewinn- und Verlustrechnung in Staffelform	
5	6	7		DM
50			Umsatzerlöse	55.957.000,—
52			Bestandserhöhung der Erzeugnisse	63.000,—
54			Sonstige betriebliche Erträge	1.019.000,—
	60		Aufwendungen für Roh-, Hilfs- und Betriebsstoffe	(16.231.000,—)
	62		Löhne und Gehälter	(14.957.000,—)
	65		Abschreibungen	(5.433.000,—)
	67		Sonstige betriebliche Aufwendungen (Miete, Post u. a.)	(14.416.000,—)
57			Zinsen und ähnliche Erträge	4.081.000,—
		77	Steuern	(8.963.000,—)
			Jahresüberschuß (Reingewinn)	1.120.000,—

Abb. 4.4: Gewinn- und Verluststaffel

fassen die Konten für die Positionen der *Passivseite* der Bilanz (passive Bestandskonten).
Die Kontenklassen 5, 6 und 7 enthalten *nur Erfolgskonten*. Sie sind in der *Reihenfolge der Staffelform der Gewinn- und Verlustrechnung* bei den Kapitalgesellschaften (vgl. § 275 HGB) geordnet, so daß erst die Kontenklasse 5 mit den *Ertragskonten* und dann die Kontenklassen 6 und 7 mit den *Aufwandskonten* aufgeführt werden.
Die Darstellung der Gewinn- und Verlustrechnung in der Staffelform ist nur für Kapitalgesellschaften *zwingend* vorgeschrieben (§ 275 HGB). Einzelkaufleute sowie Personenhandelsgesellschaften bevorzugen oft die kontenmäßige Darstellung der Gewinn- und Verlustrechnung.
Der *Kerngedanke*, der sich hinter dieser Reihenfolge und Bezeichnung der Konten der ersten acht Kontenklassen verbirgt, ist das *Abschlußgliederungsprinzip*. Die Kontenklasse 8 schließt den nach dem Abschlußgliederungsprinzip geordneten Rechnungskreis mit den zur Eröffnung und zum Abschluß notwendigen Konten. In diesem ersten Rechnungskreis mit *neun* Kontenklassen kann jedes Industrieunternehmen den Teil des Rechnungswesens unterbringen, der als *Finanzbuchhaltung* bezeichnet wird. Ihr stellen sich folgende wesentliche Aufgaben:
- Fortlaufende Darstellung der Beziehungen der Unternehmung zur Außenwelt (Lieferanten, Banken, Kreditgeber, Behörden, Kapitaleigner, Kunden), indem alle Ausgaben und Einnahmen aufgezeichnet werden;
- ständige Informationsbereitschaft über die Entwicklung des Erfolges (Gewinn und Verlust);
- jederzeitige Auskunftsbereitschaft zur finanziellen Situation (flüssige Mittel und Zahlungsverpflichtungen);
- rationelle und geordnete Zusammenstellung aller Positionen, um möglichst rasch nach Ablauf eines Geschäftsjahres eine ordnungsgemäße Bilanz und Gewinn- und Verlustrechnung erstellen zu können.

Vorteile des Kontenrahmens sind:
- Vereinfachung und Vereinheitlichung der Buchungsorganisation sowie der Buchungs- und Abschlußarbeiten;
- eindeutige Bezeichnung und scharfe Abgrenzung aller Konten;
- die Beschaffung von brauchbaren Unterlagen für Zeit- und Betriebsvergleiche.

Rechnungskreis II: Betriebsbuchhaltung
Ein Industrieunternehmen, dessen Rechnungswesen nur den Bereich der Finanzbuchhaltung umfaßt, käme mit den genannten neun Kontenklassen aus; denn die zehnte Kontenklasse, *IKR-Kontenklasse 9*, soll für die Zwecke der *Kosten- und Leistungsrechnung (KLR)* genutzt werden. Bewußt wird darauf verzichtet, im Industriekontenrahmen die Kontengruppen der Kontenklasse 9 in allen Einzelheiten vorzugeben, denn die *Ausgestaltung* einer wirkungsvollen Kosten- und Leistungsrechnung wird bestimmt von der Branchenzugehörigkeit, der Größe des Unternehmens und den Zielsetzungen der Unternehmensleitung.
In diesem zweiten Rechnungskreis mit *einer* Kontenklasse – der Kontenklasse 9 – läßt sich aufgrund der weiteren Unterteilungsmöglichkeit die Organisation einer modernen Kosten- und Leistungsrechnung unterbringen. Ihr sind folgende wesentliche Aufgaben gestellt:
- *Erfassung des Verzehrs* der Vermögenswerte, der entstand, um über den betrieblichen Produktionsprozeß Güter und/oder Dienstleistungen zu erstellen;
- *Ermittlung des Erfolgs* von Produktion und Absatz (Betriebsergebnis), in dem die betrieblichen Aufwendungen (Kosten) sowie die betrieb-

	Rechnungskreis I: Finanzbuchhaltung										Rechnungskreis II: Betriebsbuchhaltung
Kontenbereich:	Bestandskonten					Erfolgskonten					
	aktive			passive		Ertragskonten	Aufwandskonten				
Klasse:	0	1	2	3	4	5	6	7	8		9
Inhalt:	Immaterielle Anlagewerte, Sachanlagen	Finanzanlagen	Vorräte, Forderungen, Geldkonten, Rechnungsabgrenzung	Eigenkapital, Wertberichtigung, Rückstellung	Verbindlichkeiten, passive Rechnungsabgrenzung	Erträge	Aufwendungen für Material und Personal, Abschreibungen	Zinsen, Steuern, A. o. Aufwendungen	Eröffnung und Abschluß	← Datenaustausch →	Kosten- und Leistungsrechnung

S	801 Schlußbilanzkonto H
aktive Bestandskonten	passive Bestandskonten

S	802 Gewinn- und Verlustkonto H
Aufwandskonten	Ertragskonten

Abb. 4.5: Aufbau des Industriekontenrahmens

lichen Erträge (Leistungen) einer Rechnungsperiode verglichen werden;
- *Lieferung von Informationen* an die Unternehmensleitung zur Beobachtung und zur Kontrolle des Betriebsgeschehens, für die Vorbereitung bedeutender betrieblicher Entscheidungen, zur sachlich begründeten Preispolitik und zur Berechnung der Werte (Bewertung) der Bestände an unfertigen und fertigen Erzeugnissen.

Besondere Probleme bei der Buchung nach dem IKR

Die Materialbeschaffung

Zur Herstellung seiner Erzeugnisse bezieht der Industriebetrieb Rohstoffe, Fremdbauteile, Hilfsstoffe und Betriebsstoffe, die zur genauen Überwachung auf verschiedenen Konten der Kontenklasse 2 erfaßt werden.

• 200 Rohstoffe/201 Fremdbauteile
Rohstoffe sind alle die Stoffe, die *unmittelbar* in das herzustellende Erzeugnis eingehen und dessen Hauptbestandteile darstellen. *Fremdbauteile* sind ebenfalls notwendige Bestandteile des Erzeugnisses, die allerdings im eigenen Betrieb nicht gefertigt werden.

• 202 Hilfsstoffe
Auch die *Hilfsstoffe* gehen *unmittelbar* in das zu erstellende Erzeugnis ein, jedoch bilden sie nicht die Grundstoffe des Erzeugnisses, sondern ergänzen die Rohstoffe und die eingebauten Fertigteile. Entscheidend für die Zuordnung des Materials zu den Rohstoffen oder Hilfsstoffen ist also die Art des durch den Produktionsprozeß zu fertigenden Erzeugnisses. Das gleiche Material kann, je nach Art des Erzeugnisses, in dem einen Fall Rohstoff und im anderen Fall Hilfsstoff sein.

• 203 Betriebsstoffe
Betriebsstoffe werden nur *mittelbar* für die Herstellung des Erzeugnisses gebraucht, so daß sie *keine Bestandteile* des Erzeugnisses darstellen. Sie sind erforderlich zur Aufrechterhaltung des Fertigungsganges und für die Durchführung der Arbeiten in der Verwaltung und im Absatz.

Zum Beispiel Bierproduktion:
- Rohstoff: Gerste
- Hilfsstoffe: Wasser, Hopfen, Bierhefe

Art des Materialverbrauchs	Aufwandskonto
Rohstoffe	600 Fertigungsmaterial
Fremdbauteile	601 Aufwendungen für Fremdbauteile
Hilfsstoffe	602 Aufwendungen für Hilfsstoffe
Betriebsstoffe	603 Aufwendungen für Betriebsstoffe/Werkzeugaufwendungen (Schmierfette, Reinigungsmaterial, Verbrauchswerkzeuge)
	605 Energie

Abb. 4.6: Materialaufwandskonten

- Betriebsstoffe: Ersatzteile für Kraftfahrzeuge, Reparaturmaterial, Schmiermittel, Beleuchtungsmaterial, Werbeprospekte, Treibstoffe, Brennstoffe, Kartons usw.

Zum Beispiel Waagenproduktion:

- Rohstoffe: Guß, Bleche, Metallstäbe, -profile, -rohre, Kunststoffplatten, -stäbe, -profile, -rohre
- Bezogene Fertigteile (Fremdbauteile): Elektroteile, Pneumatikteile, Hydraulikteile, Maschinenbauteile, mit dem Erzeugnis verkaufte Werkzeuge
- Hilfsstoffe: Spachtel, Grundierung, Farben, Lacke, Fett
- Betriebsstoffe: Bohröl, Schmierstoffe, Schweißmaterial, Lötmaterial, Verdünnungsmittel, Holzwolle, Schaumstoffe, Folien, Pappe, Holzkisten, Verbrauchswerkzeuge (Nutzung bis ein Jahr) usw.

Die typischen Aufwendungen und Erträge des Industriebetriebes
– Der Materialeinsatz, Gliederung und Erfassung

Die eingekauften Roh-, Hilfs-, Betriebsstoffe und Fremdbauteile werden zur Herstellung neuer Erzeugnisse vom Lager entnommen (Materialentnahme) und im Produktionsprozeß verzehrt (Materialeinsatz). Durch diesen Verzehr mindern sich die Bestände der entsprechenden Vermögensposten und dadurch auch das Eigenkapital, weil das zu produzierende Erzeugnis als Vermögenswert (unfertiges bzw. fertiges Erzeugnis) erst später erfaßt wird.

Die *durch den Produktionsprozeß verzehrten Materialien* werden als betrieblicher Stoffaufwand artenmäßig getrennt auf Unterkonten der Erfolgskonten erfaßt (Abb. 4.6).

Übliche Verfahren der Materialverbrauchs-Erfassung sind die Fortschreibung (Skontration) und die Befundrechnung (Inventurmethode).

• Fortschreibung (Skontration)

Der Verbrauch wird in der Regel laufend erfaßt (Fortschreibung = Skontration) und durch *Materialentnahmescheine* belegt, auf denen neben der Höhe des Verbrauchs Stoffart, Verwendungszweck und Verwendungsstelle festgehalten werden. Durch diese fortlaufende Erfassung des Ver-

Beispiel 1.1: Materialentnahmeschein

Materialentnahmeschein Nr. 17				Datum: 17.04.19...		
Lager 30/4	Teile-Nr. 175	Werkstatt 4	Auftrags-Nr. 2480	Bearbeitungsvermerk 17.04.19...		
Menge	Benennung			Einzelpreis	Gesamtpreis	Letzter Bestand auf der Fachkarte
220	LEICHTMETALLDRUECKER, ELOXIERT, MIT LANGSCHILD			5,00	1.100,00	980

Beispiel 1.2: Ermittlung des Rohstoffverbrauchs nach der Skontration (Fortschreibung)

S	200 Rohstoffe		H		S	600 Rohstoffaufwand	H
80 EBK	80.000,—	600	1.100,—	→	200	1.100,—	
44 Verb. a. L. u. L.	50.000,—	600	12.000,—	→	200	12.000,—	
		600	6.000,—	→	200	6.000,—	
		600	900,—	→	200	900,—	

brauchs wird eine Bestandsfortschreibung durchgeführt. Der Saldo im Konto Rohstoffe (im Beispiel 1.2 = 110.000,— DM) müßte beim Abschluß des Bestandskontos mit dem Ist-Bestand laut Inventur (Endbestand) übereinstimmen.

• Befundrechnung (Inventurmethode)
Der Verbrauch an Roh-, Hilfs- und Betriebsstoffen und Fertigteilen kann auch am Ende eines Rechnungsabschnittes nach einer erfolgten *Inventur* ermittelt und in einer Summe gebucht werden.

Beispiel 2.1: Ermittlung des Rohstoffverbrauchs nach der Inventurmethode (Befundrechnung)

Anfangsbestand	80.000,— DM
+ Zugänge	50.000,— DM
= Sollbestand	130.000,— DM
– Endbestand lt. Inventur	110.000,— DM
= Rohstoffverbrauch	20.000,— DM

Der Verbrauch wird mit einer *einmaligen Umbuchung* erfaßt (Beispiel 2.2).

4

Beispiel 2.2: Verbrauchsbuchung nach der Inventurmethode (Befundrechnung)

S 200 Rohstoffe H

S		H	
80 EBK	80.000,—	600	20.000,—
44 Verb. a. L. u. L.	50.000,—		

→

S 600 Rohstoffaufwand H

S		H	
200	20.000,—		

Nach der Eintragung des Rohstoffverbrauchs lt. Befundrechnung weist das Konto Rohstoffe den Endbestand lt. Inventur aus. Alle anderen Aufwendungen wie Löhne, Gehälter, Abschreibungen, Reparaturen, Werbungsaufwand u. a. werden in den Kontenklassen 6 und 7 erfaßt.

Beispiel 3: Buchung von Materialaufwand und sonstiger Aufwand

– Verbrauch lt. Materialentnahmeschein:	
Rohstoffe	20.000,— DM
Fremdbauteile	1.100,— DM
– Mietzahlung durch Banküberweisung	12.000,— DM
– Fremdreparatur am Betriebsgebäude	7.000,— DM
+ 14 % USt	980,— DM

Buchungen

– 600 Fertigungsmaterial		an	200 Rohstoffe	20.000,—
601 Fremdbauteileaufwand		an	201 Fremdbauteile	1.100,—
– 670 Miete		an	280 Bank	12.000,—
– 616 Fremdinstandsetzung	7.000,—			
260 Vorsteuer	980,—	an	44 Verbindlichkeiten a. L. u. L.	7.980,—

Bestandskonten | Aufwandskonten

S 200 Rohstoffe H

S		H	
800	80.000,—	600	20.000,—

→ S 600 Fertigungsmaterial H

S		H	
200	20.000,—		

S 201 Fremdbauteile H

S		H	
800	23.000,—	601	1.100,—

→ S 601 Fremdbauteileaufwand H

S		H	
201	1.100,—		

S 280 Bank H

S		H	
		800	87.000,—
		670	12.000,—

→ S 670 Miete H

S		H	
280	12.000,—		

S 616 Fremdinstandsetzung H

S		H	
44	7.000,—		

– Die Umsatzerlöse

Durch den Verbrauch von Gütern und Leistungen sind neue Güter erzeugt worden.

Unfertige Erzeugnisse: Zu den unfertigen Erzeugnissen werden alle die Erzeugnisse oder Erzeugnisbestandteile gerechnet, die sich noch auf Zwischenstufen der Fertigung befinden und noch kein absatzreifes Erzeugnis darstellen.

Fertige Erzeugnisse: Fertige Erzeugnisse sind folglich absatzreife Produkte.

Das Unternehmen versucht, die durch den Aufwand verursachte Eigenkapitalminderung über den Verkauf seiner Erzeugnisse auf die Kunden abzuwälzen und somit über die Verkaufserlöse eine Erstattung des Aufwandes und zusätzlich einen Gewinn zu erzielen. Die Verkaufserlöse bewirken folglich eine Eigenkapitalmehrung. Diese Eigenkapitalmehrung entsteht auch durch Erlöse aus erbrachten Dienstleistungen (zum Beispiel Montageleistungen, Vermietung von Räumen und Maschinen, Zinsen) und aus dem Absatz fremdbezogener Erzeugnisse (zum Beispiel Handelswaren).

Diese Eigenkapitalmehrungen der Industrieunternehmen werden auf den Ertragskonten der Kontenklasse 5 erfaßt.

Beispiel 4: Ertragskontenbuchung

– Ausgangsrechnung 211: Verkauf von fertigen Erzeugnissen auf Ziel	56.000,— DM
+ 14 % USt	7.840,— DM
– Bankauszug 12: Zinsgutschrift	850,— DM

Buchungen bei Eigenkapitalmehrungen

– 24	Forderungen a. L. u. L.	63.840,—	an	50 Umsatzerlöse	56.000,—
			an	480 USt	7.840,—
– 280	Bank		an	57 Zinserträge	850,—

Ertragskonten	Bestandskonten

S 50 Umsatzerlöse H

S		H
	24	56.000,—

→ S 24 Forderungen a. LL H

S		H
800	172.000,—	
50, 480	63.840,—	

S 57 Zinserträge H

S		H
	280	850,—

→ S 280 Bank H

S		H
800	27.000,—	
57	850,—	

– Abschluß der Erfolgskonten

Nach dem Industriekontenrahmen werden alle Aufwandskonten (Kontenklassen 6 und 7) und alle Ertragskonten (Kontenklasse 5) über das Konto 802 GuV abgeschlossen.

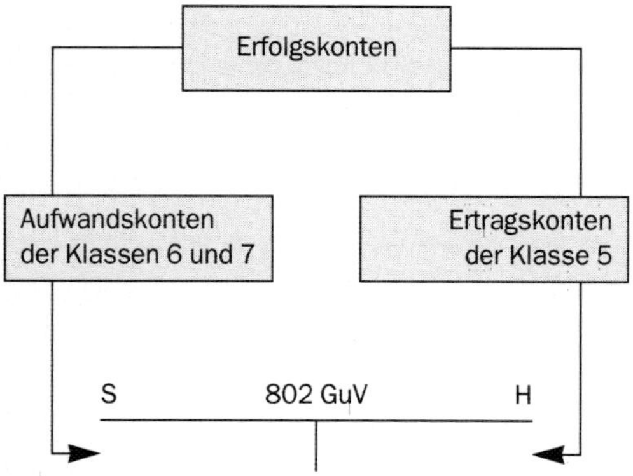

Bestandsveränderungen an unfertigen und fertigen Erzeugnissen

Wurden alle im Geschäftsjahr produzierten Erzeugnisse verkauft, dann stehen auf dem GuV-Konto bei der Erfolgsermittlung den Umsatzerlösen genau die Aufwendungen gegenüber, die die Produktion sowie der Absatz dieser Erzeugnisse verursacht haben.

• Bestandsmehrung

Wurden jedoch nicht alle produzierten Erzeugnisse verkauft, sondern teilweise *auf Lager genommen*, stehen auf dem GuV-Konto den Aufwendungen der gesamten Produktion nur die Erträge der umgesetzten Erzeugnisse (Umsatzerlöse) gegenüber. Es sind jedoch auch Erträge durch die auf Lager genommenen Erzeugnisse entstanden, deren Wert durch die dafür verursachten Aufwendungen bestimmt wird. Dieser Wert wird aus dem Vergleich des Anfangs- und Endbestandes der Erzeugnisse lt. Inventur dann ersichtlich, wenn am Ende des Geschäftsjahres der wertmäßige Bestand an Erzeugnissen größer ist als am Anfang des Geschäftsjahres. Es liegt eine Bestandsmehrung vor, durch die eine Vermögens- und Eigenkapitalmehrung eingetreten ist, die als Ertrag bei der Erfolgsermittlung zu erfassen ist.

Die Bestandsmehrung wird in einer Nebenrechnung ermittelt und dann als Zugang auf dem Konto „unfertige Erzeugnisse“ bzw. „fertige Erzeugnisse“ erfaßt. Damit wird die Lagerleistung aktiviert. Die Gegenbuchung wird auf einem dem GuV-Konto vorgeschalteten Konto „Bestandsveränderungen“ aufgenommen.

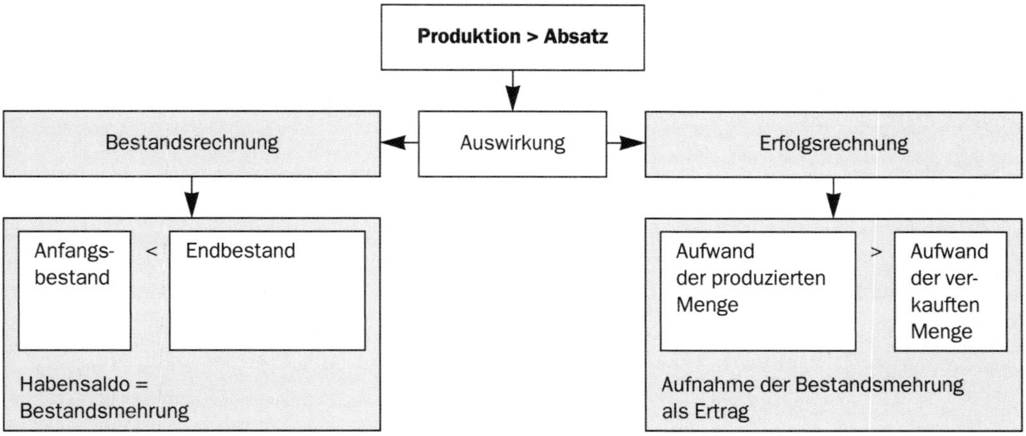

Abb. 4.7: Buchungen bei Bestandsmehrungen

220 Fertige Erzeugnisse	an	52 Bestandsveränderungen
21 Unfertige Erzeugnisse	an	52 Bestandsveränderungen

Beispiel 5: Bestandszunahme
Ein Unternehmen stellte im Jahre 19… 10.000 Stück eines Erzeugnisses her. Die dafür entstandenen Aufwendungen betrugen insgesamt 520.000,— DM. Es wurden im gleichen Jahr insgesamt 6.000 Stück zu 78,— DM je Stück verkauft. Der Lagerbestand am Anfang des Jahres betrug noch 500 Stück.

S	Fertige Erzeugnisse		H
EBK	26.000,—	SBK	234.000,—
BVÄ	208.000,—		
	234.000,—		234.000,—

S	Bestandsveränderungen (BVÄ)		H
GuV	208.000,—	Fertige Erzeugnisse	208.000,—

	S	GuV		H	
Produktionsaufwand für 10.000 Stück	Aufwand	520.000,—	Umsatzerlöse	468.000,—	Ertrag für abgesetzte 6.000 Stück
Gewinn für abgesetzte Erzeugnisse	Gewinn	156.000,—	BVÄ	208.000,—	Ertrag für nicht verkaufte 4.000 Stück
		676.000,—		676.000,—	

- Bestandsverminderung

Hat der Betrieb nicht nur alle im Abrechnungszeitraum hergestellten Erzeugnisse verkauft, sondern darüber hinaus noch einen Teil des Lagerbestandes, so ist der Endbestand geringer als der Anfangsbestand. Den Erlösen für die verkauften Erzeugnisse stehen in diesem Falle nur die Aufwendungen der hergestellten Erzeugnisse gegenüber, nicht aber die bereits in der vergangenen Abrechnungsperiode angefallenen Aufwendungen für die *vom Lager verkauften* Erzeugnisse, die den *Minderbestand* ausmachen.

Um den Erfolg zu ermitteln, muß den Umsatzerlösen neben dem Produktionsaufwand zusätzlich der Minderbestand als Aufwendung gegenübergestellt werden.

Beispiel 6: Buchungen bei Bestandsminderungen

52 Bestandsveränderungen	an	21 Unfertige Erzeugnisse
52 Bestandsveränderungen	an	220 Fertige Erzeugnisse

Bestandsveränderungen

Bestandsminderung | Bestandsmehrung

S 21 Unfertige Erzeugnisse H

S		H	
80 EBK	10.000,—	52 BVÄ	2.000,—
		89 SBK	8.000,—

S 220 Fertige Erzeugnisse H

S		H	
80 EBK	20.000,—	89 SBK	25.000,—
52 BVÄ	5.000,—		

S 52 BVÄ* H

S		H	
21 UE	2.000,—	220 FE	5.000,—
802 GuV	3.000,—		

S 802 GuV H

S		H	
		52 BVÄ	3.000,—

* Bei Mehrwegproduktbetrieben ist es zweckmäßig, für die Erfassung der Bestandsveränderungen der unfertigen und der fertigen Erzeugnisse jeweils ein eigenes Bestandsveränderungskonto zu führen.

- Zusammenfassung
  - Zur Feststellung des wirklichen Umsatzerfolges dürfen den Erlösen eines Rechnungsabschnittes nur die Aufwendungen der abgesetzten Erzeugnisse gegenübergestellt werden.
  - Der Herstellungsaufwand der Erzeugnisse, die zusätzlich zum Anfangsbestand auf Lager genommen werden, muß als Bestandsmehrung auf einem Erzeugniskonto sowie als Ertrag auf dem Bestandsveränderungskonto erfaßt werden.
  - Der Herstellungsaufwand der aus dem Lagervorrat früherer Geschäftsjahre stammenden Erzeugnisse, die zusätzlich in der laufenden Periode verkauft werden (Bestandsminderung), muß dem Gesamtaufwand des Geschäftsjahres zugezählt werden.
  - Die als zusätzlicher Aufwand zu erfassenden Bestandsminderungen und die als zusätzliche Erträge zu berücksichtigenden Bestandsmehrungen werden auf dem Konto Bestandsveränderungen erfaßt.

Soll Bestandsveränderungen Haben

Soll	Haben
Minderbestand oder Lagerbestandsabnahme = **Werteverzehr** von Vorräten des Vorjahres ↓ = **Aufwand**	Mehrbestand oder Lagerbestandszunahme = **Wertezuwachs** der Vorräte durch Produktion auf Lager ↓ = **Ertrag**

Kosten- und Leistungsrechnung

Grundlagen

Zur Sicherung und Erhaltung der Wettbewerbsfähigkeit ist eine ständige Kontrolle der Kosten und Leistungen notwendig. Eine Pauschalkontrolle und damit eine Überprüfung der Wirtschaftlichkeit ist mit Hilfe der Buchführung durch eine jährliche Gegenüberstellung von Aufwand und Ertrag möglich. Doch sagt dieser allgemeine Vergleich von Aufwand und Ertrag noch nichts über die Wirtschaftlichkeit einzelner Teilbereiche – Produktionsphasen oder -stufen – sowie über die Wirtschaftlichkeit einzelner Produkte oder Leistungsgruppen aus.

Für die Kontrolle des Betriebsgeschehens ist es daher notwendig festzustellen, wo Kosten entstehen und auf welche Leistungseinheiten sie sich beziehen. Es gilt also, die Kosten nach ihrer Verursachung zu lokalisieren, sie in Funktionsbereiche oder Prozeßphasen der Leistungserstellung einzuordnen sowie den einzelnen Leistungsgruppen nach dem Umfang ihrer Inanspruchnahme zuzurechnen.

Diese Aufgaben übernimmt die Kostenrechnung als Teil des Rechnungswesens oder als Nebenrechnung der Buchführung. Sie umfaßt

- die Kostenartenrechnung als artmäßige Erfassung aller Kosten,
- die Kostenstellenrechnung als Erfassung der Kosten nach Verursachungsbereichen und
- die Kostenträgerrechnung als Erfassung der Kosten nach Leistungseinheiten.

Die Einordnung der Kosten- und Leistungsrechnung in den Industriekontenrahmen

Die *Kosten- und Leistungsrechnung* wird im Industriekontenrahmen in einem *eigenen Rechnungskreis*, getrennt von der Finanzbuchhaltung, in der Kontenklasse 9 untergebracht. Dabei wird darauf verzichtet, Kontengruppen in Kontenarten und in Kontenunterarten zu unterteilen, um so jedem Unternehmen den Ausbau einer auf die besonderen betrieblichen Bedingungen zugeschnittenen Kosten- und Leistungsrechnung zu ermöglichen. Der Rechnungskreis II ist für sich genommen ein geschlossener Rechnungskreis, der jedoch mit der Finanzbuchhaltung über eine Abgrenzungsrechnung in der Kontengruppe 90 in Verbindung steht. In dieser Abgrenzungsrechnung beginnt die Kosten- und Leistungsrechnung mit dem *Aufgabengebiet der Kostenerfassung*, indem sie die Aufwendungen und Erträge der Kontenklassen 5, 6 und 7 der Finanzbuchhaltung daraufhin untersucht, inwieweit die aus der Finanzbuchhaltung übernommenen Aufwendungen und Erträge als Kosten und Leistungen im Rahmen der Kosten- und Leistungsrechnung weiterverarbeitet werden können.

Die Kostenartenrechnung

Die Kostenartenrechnung erfaßt die kalkulatorischen Kosten, aufgeschlüsselt nach dem Charakter des Güter- und Leistungsverzehrs. Zu den kalkulatorischen Kosten zählen der Zweckaufwand für die innerbetrieblichen Leistungen sowie die Zusatzkosten (kalkulatorische Kosten).

Zum Zwecke der Weiterverrechnung werden die Kostenarten gegliedert. Hauptprobleme der Kostenartenrechnung sind die zeitliche und sachliche Abgrenzung. Aus Vergleichbarkeitsgründen (wichtig für Betriebs- und Zeitvergleiche) werden alle Kostenarten von einem zum anderen Verrechnungszeitraum nach gleichen Prinzipien eingeordnet.

Die Abgrenzungsrechnung wird in zwei Schritten durchgeführt (siehe Abb. 4.9).

Rechnungskreis I			Rechnungskreis II	
Finanzbuchhaltung			Kosten- und Leistungsrechnung (Betriebsbuchhaltung)	
Klassen 0–4	Klassen 5–7	Klasse 8	Kontengruppen 90, 91	Kontengruppen 92–99
Dokumentation der Vermögenslage	Dokumentation der Ertragslage	Eröffnung und Abschluß	Abgrenzungsrechnung zur Finanzbuchhaltung im Rahmen der Kostenerfassung	Weiterführung der Kostenerfassung; Kostenverrechnung in Form der Kostenarten-, Kostenstellen-, Kostenträgerrechnung; Kostenauswertung

Abb. 4.8: Rechnungskreise des IKR

Werte der Finanzbuchhaltung	1. Unternehmensbezogene Abgrenzungsrechnung	2. Betriebsbezogene Abgrenzungsrechnung	Kosten- und Leistungsarten	
Zusammenstellung der Aufwendungen und Erträge der Finanzbuchhaltung	Abgrenzung der betriebsfremden Aufwendungen und Erträge	Korrekturen der Kosten und Leistungen für Zwecke der KLR	Grundkosten, Anderskosten, Zusatzkosten	Absatzleistungen, Lagerleistungen, aktivierte innerbetriebliche Leistungen
Gesamtergebnis oder Unternehmensergebnis	Ergebnis der Abgrenzungsrechnung	Ergebnis aus kostenrechnerischen Korrekturen	Betriebsergebnis	

Abb. 4.9: Abgrenzung zwischen den Rechnungskreisen

Die unternehmensbezogene Abgrenzungsrechnung

Die unternehmensbezogene Abgrenzungsrechnung steht im Dienst der Kosten- und Leistungserfassung. Sie ist die Verbindung zwischen der Finanzbuchhaltung und der Kosten- und Leistungsrechnung. Sie hat die Aufgabe eines *Filters*.

- Aus dem Block der Gesamtaufwendungen der Finanzbuchhaltung muß die Abgrenzungsrechnung die Aufwendungen aussondern, die nicht durch das eigentliche Sachziel des Unternehmens, die Leistungserstellung und -verwertung, verursacht werden und in einer Kosten- und Leistungsrechnung nicht weiterverrechnet werden dürfen. Sie *muß* daher aus den Gesamtaufwendungen der Finanzbuchhaltung *betriebsfremde Aufwendungen* aussondern (neutralisieren).
- Aus dem Blick der Gesamterträge der Finanzbuchhaltung muß sie daher auch die *betriebsfremden Erträge* neutralisieren.

Als Vorbereitung einer unternehmensbezogenen Abgrenzungsrechnung werden die Aufwendungen und Erträge der Kontenklassen 5, 6 und 7 in die Spalte „Werte der Finanzbuchhaltung“ übernommen. Zusätzlich benötigt die unternehmungsbezogene Abgrenzungsrechnung möglichst eindeutige Informationen (Belege, Anmerkungen) der Finanzbuchhaltung, um aus den Aufwendungen und Erträgen die für die Kosten- und Leistungsrechnung nicht geeigneten betriebsfremden Aufwendungen und Erträge herausarbeiten zu können – denn diese sind in der Finanzbuchhaltung nicht alle gesondert erfaßt worden.

In die *unternehmensbezogene* Abgrenzungsrechnung (Spalte 2) werden aufgenommen:

- Aufwendungen der Finanzbuchhaltung, die *insgesamt betriebsfremd* sind,
- Aufwendungen der Finanzbuchhaltung, die *zum Teil betriebsfremd* – somit also hier abzugrenzen – sind, indem nur die betriebsfremden Teile in Spalte 2 eingetragen werden. Die restlichen Aufwendungen werden in die betriebsbezogene Abgrenzung weitergeleitet (Spalte 3).

Entsprechend den Aufwendungen werden auch die Erträge der Finanzbuchhaltung in einer unternehmensbezogenen Abgrenzungsrechnung abgegrenzt. Die gesamte unternehmensbezogene Abgrenzungsrechnung wird zweckmäßigerweise in der vom BDI vorgeschlagenen *statistischen Darstellungsform* durchgeführt (Beispiel 7.7).

Beispiel 7.1: GuV-Rechnung einer Möbelfabrik GmbH

Soll — 802 Gewinn- und Verlustrechnung zum 31.12.19... — Haben

Konto	Soll	Betrag	Konto	Haben	Betrag
600	Fertigungsmaterial	498.400,—	50	Umsatzerlöse	1.391.331,—
616	Fremdinstandhaltungen	80.208,—	52	Bestandsveränderungen	76.320,—
62/63	Löhne/Gehälter	560.000,—	540	Nebenerlöse aus Vermietung	64.800,—
65	Abschreibungen	115.200,—	546	Vermögensabgänge (Erträge)	18.720,—
688	Spenden	800,—			
690	Versicherungsprämien	7.776,—			
696	Vermögensabgänge (Verluste)	53.280,—			
699	Periodenfremde Aufwendungen	16.000,—			
70	Betriebliche Steuern	45.944,—			
75	Zinsen u. ä. Aufwendungen	35.200,—			
801	SBK (Jahresüberschuß)	138.363,—			
		1.551.171,—			1.551.171,—

Beispiel 7.2: Die Betriebsbuchhaltung erhält aus der Finanzbuchhaltung Informationen zu den Einzelpositionen

Konto	Anmerkungen zu einzelnen Positionen	DM
540	Teile der Betriebsgebäude sind zu Wohn- und Gewerbezwecken vermietet; Erträge hieraus	64.800,—
616	Reparaturen an vermieteten Gebäudeteilen	8.544,—
65	Abschreibungen auf vermietete Gebäudeteile	8.000,—
688	Spenden an das Deutsche Rote Kreuz	800,—
690	Versicherungsanteil der vermieteten Gebäude	1.256,—
70	Grundsteueranteil für vermietete Gebäudeteile	4.800,—
75	Hypothekenzinsanteile für vermietete Gebäudeteile	2.200,—

Beispiel 7.3: Unternehmensbezogene Abgrenzungsrechnung

			I		II	
			Werte der Finanzbuchhaltung		Unternehmensbezogene Abgrenzungsrechnung	
Aufwands- und Ertragspositionen			1	2	3	4
Zeile	Konto	Kontenbezeichnung	Aufwendungen	Erträge	Aufwendungen	Erträge
1	50	Umsatzerlöse		1.391.331,—		
2	52	Bestandsveränderungen		76.320,—		
3	540	Nebenerlöse aus Vermietung		64.800,—		64.800,—
4	546	Erträge aus Vermögensabgängen	18.720,—			
5	600	Fertigungsmaterial	498.400,—			
6	616	Fremdinstandhaltungen	80.208,—		8.544,—	
7	62/63	Löhne/Gehälter	560.000,—			
8	65	Abschreibungen	115.200,—		8.000,—	
9	688	Spenden	800,—		800,—	
10	690	Versicherungsprämien	7.776,—		1.256,—	
11	696	Verluste aus Vermögensabgängen	53.280,—			
12	699	Periodenfremde Aufwendungen	16.000,—			
13	70	Betriebliche Steuern	45.944,—		4.800,—	
14	75	Zinsen und ähnliche Aufwendungen	35.200,—		2.200,—	
Zwischensummen			1.412.808,—	1.551.171,—	25.600,—	64.800,—
Salden			138.363,—		39.200,—	
Summenzeile			1.551.171,—	1.551.171,—	64.800,—	64.800,—

Unternehmensergebnis

Ergebnis aus unternehmensbezogener Abgrenzungsrechnung

Der Saldo der unternehmensbezogenen Abgrenzungsrechnung wird als „Ergebnis aus unternehmensbezogener Abgrenzungsrechnung" bezeichnet.

Nach Abfilterung der betriebsfremden Erfolge verbleiben nur die betriebsbezogenen Aufwendungen und Erträge. Daraus läßt sich das endgültige *Betriebsergebnis* der Rechnungsperiode noch nicht ableiten, weil einerseits nicht alle betrieblichen Aufwendungen und Erträge für Zwecke der KLR geeignet sind (betriebliche außerordentliche Aufwendungen und Erträge) und andererseits noch Zusatz- und Anderskosten berücksichtigt werden müssen. Die Abgrenzungsrechnung ermittelt aus

4

der Gewinn- und Verlustrechnung der Finanzbuchführung in zwei Verfahrensschritten das *Betriebsergebnis* der Kostenrechnung. Die *unternehmensbezogene* Abgrenzungsrechnung als erster Schritt der Abgrenzungsrechnung sondert die betriebsfremden Erträge sowie betriebsfremden Aufwendungen aus und zeigt den Erfolg aus den Vorgängen, die nicht im Zusammenhang mit der Verwirklichung des Sachziels der Unternehmung stehen. Die Summe aus „Unternehmensergebnis" sowie „Ergebnis aus der unternehmensbezogenen Abgrenzungsrechnung" kann als „vorläufiges, noch zu korrigierendes Betriebsergebnis" bezeichnet werden. Die Abgrenzungsrechnung wird in tabellarischer Form durchgeführt.

Die betriebsbezogene Abgrenzungsrechnung (kostenrechnerische Korrekturen)

Aufwendungen und Erträge, die in der unternehmensbezogenen Abgrenzungsrechnung nicht abgefiltert wurden, sind betriebsbezogen. Sie werden nun in die *betriebsbezogene Abgrenzungsrechnung* weitergeleitet. Dort wird geprüft, ob sie unmittelbar als Kosten und Leistungen verrechnet werden können.

Ist dies der Fall, werden sie als *Grundkosten* in gleicher Höhe in die Spalte 4 der Abb. 4.9 übernommen.

Unter den restlichen betrieblichen Aufwendungen und Erträgen befinden sich folgende *korrekturbedürftigen* Aufwendungen und Erträge:

- *außerordentliche betriebsbezogene* Aufwendungen und Erträge,
- Aufwendungen und Erträge, die nicht in gleicher Höhe in die KLR übernommen werden (*Anderskosten*).

Außerdem sind in der betriebsbezogenen Abgrenzungsrechnung aufwandlose Kosten – denen in der Finanzbuchhaltung kein Aufwand gegenübersteht (*echte Zusatzkosten*) – zu erfassen.

Beispiel 7.4: Aufwendungen und Kosten der Abgrenzungsrechnung

Aufwendungen und Kosten der Abgrenzungsrechnung		Finanzbuchführung			Kostenrechnung	
Aufwandsgleiche Kosten (Zweckaufwand) = Grundkosten	Der Aufwand der Finanzbuchführung entspricht den tatsächlich verursachten Kosten	62/63	Löhne und Gehälter	560.000,—	Löhne und Gehälter	560.000,—
Aufwandsungleiche Kosten = Anderskosten	Der Aufwand der Finanzbuchführung entspricht nicht dem tatsächlich verursachten sachzielbezogenen Werteverzehr	695	Abschreibung auf Forderungen	17.000,—	kalkulatorisches Vertriebswagnis	20.000,—
		65	Abschreibung auf Sachanlagen	98.000,—	kalkulatorische Abschreibungen	70.000,—
Aufwandslose Kosten = Zusatzkosten	Den verursachten und daher anzusetzenden Kosten der Kostenrechnung entspricht kein Aufwand in der Finanzbuchführung				kalkulatorischer Unternehmerlohn	48.000,—

Der Ansatz kalkulatorischer Kosten in der Abgrenzungsrechnung wird durchgeführt, indem in der Spalte 5 (siehe Abb. 4. 10) die Aufwendungen der Finanzbuchhaltung in voller Höhe aufgenommen werden, für die in der KLR kalkulatorische Kosten anzusetzen sind.

Die statt dessen zu übernehmenden kalkulatorischen Kosten werden in Spalte 7 als Kosten angesetzt und in Spalte 6 als verrechnete Kosten den nicht für die KLR geeigneten betrieblichen Aufwendungen der Finanzbuchhaltung gegenübergestellt.

Aussonderung außerordentlicher betriebsbezogener Aufwendungen und Erträge

Außerordentliche betriebsbezogene Aufwendungen und Erträge würden das Betriebsergebnis verfälschen, weil sie bezüglich ihrem Anlaß und ihrer Höhe nach ungewöhnlich, d. h. untypisch sind. Enthält die Aufwands- oder Ertragsposition *ausschließlich* solche außerordentlichen betriebsbezogenen Aufwendungen oder Erträge, so sind diese in voller Höhe in der Spalte 5 (Aufwendungen) bzw. 6 (Ertrag) einer betriebsbezogenen Abgrenzungsrechnung einzutragen und somit von einer

Zeile	Aufwands-/Ertragspositionen	Finanzbuchhaltung 1 Aufwand	Finanzbuchhaltung 2 Ertrag	… 3 und 4 …	Betriebsbez. AGR 5 Aufwand	Betriebsbez. AGR 6 Ertrag	Kostenrechnung 7 Kosten	Kostenrechnung 8 Leistungen
11	696 Verluste aus Vermögensabgängen	—	—	—	→			
16	kalkulatorische Wagnisse					—	→	

Abb. 4.10: Abgrenzung der kalkulatorischen Kosten

weiteren Verrechnung ausgeschlossen (siehe Zeile 11 der Abb. 4.10).
Nach Angaben der Finanzbuchhaltung handelt es sich im Beispiel 7.5 bei den Erträgen aus Vermögensabgängen um Erträge aus dem Verkauf von Anlagevermögen über dem Buchwert. Es liegen ausschließlich betriebliche außerordentliche Erträge vor, die in der betriebsbezogenen Abgrenzungsrechnung von der KLR abgefiltert werden müssen (siehe Beispiel 7.7 Spalte 6 Zeile 4).
Die Verluste aus Vermögensabgängen betreffen nach Angaben der Finanzbuchhaltung einen Totalschaden eines betrieblichen Fahrzeugs, Verluste aus Anlageverkäufen unter Buchwert sowie Zahlungseingänge unter dem Buchwert von Forderungen. Sind sie der Höhe nach ungewöhnlich, so handelt es sich um betriebliche außerordentliche Aufwendungen, die in die Spalte 5 (betriebsbezogene Abgrenzungsrechnung) aufzunehmen sind (siehe dazu Beispiel 7.7 Spalte 5 Zeile 11).
Enthält die Aufwands- oder Ertragsposition nur *zum Teil* außerordentliche betriebsbezogene Aufwendungen oder Beträge, so ist dieser Teil hier abzugrenzen.
Beispiel 7.7 beinhaltet unter Position 70 „Betriebliche Steuern" u. a. eine Gewerbekapitalsteuer-Nachzahlung für die vergangenen Geschäftsjahre. Bei dem restlichen Steueraufwand handelt es sich um Zweckaufwand (siehe Beispiel 7.7 Zeile 12 Spalte 3 und Spalte 5/7).
Abgegrenzte Aufwendungen werden in der Spalte 5, Erträge in der Spalte 6 eingetragen. Die restlichen Aufwendungen werden dann weitergeleitet zwecks Prüfung hinsichtlich ihrer Verwendbarkeit für die KLR.

Verrechnungskorrekturen durch Ansatz kalkulatorischer Kosten

Betriebliche Aufwendungen, deren Wertansätze für die KLR nicht geeignet sind, müssen ausgesondert werden. An ihrer Stelle sind Werte in anderer Höhe anzusetzen *(Anderskosten).*
Darüber hinaus sind auch jene Kosten in der betrieblichen Kostenrechnung zu berücksichtigen, denen überhaupt kein Aufwand gegenübersteht *(Zusatzkosten).*

Abb. 4.11 zeigt, welche betrieblichen Aufwendungen korrekturbedürftig sein können und welche Zusatzkosten statt dessen anzusetzen sind:

Konto	Korrekturbedürftiger betrieblicher Aufwand
65	Abschreibungen Abschreibungen auf Maschinen, maschinelle Anlagen, Betriebs- und Geschäftsausstattung
Anders-/Zusatzkosten: kalkulatorische Abschreibung	
75	Zinsen und ähnliche Aufwendungen Zinsen für Kredite (jedoch nicht Hypothekenzinsen), Verzugszinsen, Diskontaufwendungen, Kredit- und Überziehungsprovision
Anders-/Zusatzkosten: kalkulatorische Zinsen	
65	Abschreibungen außerplanmäßige Abschreibungen auf Vorräte wegen Schwund, Diebstahl, Qualitätsverlust
693	Andere sonstige betriebliche Aufwendungen Kassenmanko
695	Abschreibungen auf Forderungen Uneinbringliche Forderungen, Abschreibungen wegen Konkurs oder Vergleichseröffnung
696	Verluste aus Vermögensabgängen Verluste aus den Verkäufen von betrieblichem Anlagevermögen unter Buchwert und Verluste aufgrund von Zahlungseingängen auf zu hoch bewertete Forderungen
Anders-/Zusatzkosten: kalkulatorische Wagnisse	
616	Fremdinstandhaltungen Erhaltungsaufwand (Fremdreparaturen) für betriebsnotwendige Gebäude
65	Abschreibungen auf betrieblich genutzte Gebäude
690	Versicherungsbeiträge Gebäude-, Feuer-, Sturm-, Haftpflichtversicherung für betriebsnotwendige Gebäude
70	Gewerbliche Steuern Grundsteuer für betriebsnotwendige Gebäude
75	Zinsen auf ähnliche Aufwendungen Zinsen für Hypothekendarlehen bei betriebsnotwendigen Gebäuden
Anders-/Zusatzkosten: kalkulatorische Miete	

Abb. 4.11: Korrekturbedürftige Aufwendungen

4

Beispiel 7.5: Betriebsbezogene Abgrenzungsrechnung
Die Fortsetzung des Beispiels 7.1 der Möbelfabrik wird unter Berücksichtigung folgender Angaben durchgeführt:

Nr.	Konto	Aufwands- bzw. Ertragsposition mit Erläuterungen	DM
1	546	Erträge aus Vermögensabgängen: Es handelt sich dabei um Verkäufe von betriebsnotwendigem Anlagevermögen über Buchwert	18.720,—
2	616	Fremdinstandhaltungen: davon Fremdreparaturen an betrieblich genutzten Gebäuden die in der kalkulatorischen Miete berücksichtigt werden.	4.800,—
3	65	Abschreibungen: Abschreibung auf betriebliche Gebäude, für die eine kalkulatorische Miete angesetzt wird, beträgt Für die restlichen Abschreibungen werden kalkulatorische Abschreibungen angesetzt.	10.000,—
4	690	Versicherungsbeiträge: davon Gebäudeversicherung für betrieblich genutzte Gebäude die in der kalkulatorischen Miete berücksichtigt werden.	120,—
5	696	Verluste aus Vermögensabgängen: Statt der hier erfaßten Forderungsausfälle in Höhe von werden kalkulatorische Vertriebswagnisse der Kosten verrechnet. Ferner liegt ein Totalschaden eines betrieblichen Fahrzeugs vor (für solche Schäden wurde eine Fremdversicherung abgeschlossen, die im Konto 690 als Kosten enthalten ist). Außerdem lagen noch Verkäufe von Abgängen unter Buchwert vor:	21.600,— 26.000,— 12.000,— 5.680,—
6	70	Betriebliche Steuern: Gewerbekapitalsteuer-Nachzahlung für vergangene Geschäftsjahre	16.000,—
7	75	Zinsen und ähnliche Aufwendungen: Für die gezahlten Fremdkapitalzinsen in Höhe von werden kalkulatorische Kosten (Miete und Zinsen) angesetzt.	33.000,—
8		Kalkulatorische Abschreibungen Kalkulatorische Zinsen Kalkulatorische Vertriebswagnisse Kalkulatorische Miete	90.000,— 50.000,— 40.000,— 17.000,—

Beispiel 7.6: Korrektur des Restaufwands
Nach den Angaben der Finanzbuchhaltung der Möbelfabrik wurden für folgende Positionen angesetzt:

Restaufwand nach der unternehmensbezogenen Abgrenzungsrechnung			Anzusetzende kalkulatorische Kosten (siehe Beispiel 7.7)
616	Fremdinstandhaltungen	71.664,—	Davon werden 4.800,— DM in der kalkulatorischen Miete berücksichtigt, beim Restaufwand handelt es sich um Grundkosten.
65	Abschreibungen	107.200,—	Abschreibungen auf Gebäude werden in der kalkulatorischen Miete, die übrigen in der kalkulatorischen Abschreibung berücksichtigt.
690	Versicherungsbeiträge	6.520,—	Davon werden 120,— DM Gebäudeversicherung für betriebsnotwendige Gebäude in der kalkulatorischen Miete berücksichtigt, beim Restaufwand handelt es sich um Grundkosten.
696	Verluste aus Vermögensabgängen	53.280,—	Für eingetretene Forderungsverluste werden kalkulatorische Wagnisse angesetzt.
75	Zinsen und ähnliche Aufwendungen	33.000,—	Für gezahlte Fremdkapitalzinsen für betriebsnotwendiges Vermögen werden kalkulatorische Zinsen und für gezahlte Hypothekenzinsen für betriebsnotwendige Gebäude wird kalkulatorische Miete angesetzt.

Abgrenzungsrechnung

Aufwands- und Ertragspositionen			I Werte der Finanzbuchhaltung		II Unternehmensbezogene Abgrenzungsrechnung		III Betriebsbezogene Abgrenzungsrechnung		IV Kosten- und Leistungsarten	
			1	2	3	4	5	6	7	8
Zeile	Konto	Kontenbezeichnung	Aufwendungen	Erträge	Aufwendungen	Erträge	Aufwendungen	Erträge	Kosten	Leistungen
1	50	Umsatzerlöse		1.391.331,—						1.391.331,—
2	52	Bestandsveränderungen		76.320,—						76.320,—
3	540	Nebenerlöse aus Vermietung		64.800,—		64.800,—				
4	546	Erträge aus Vermögensabgängen		18.720,—				18.720,—		
5	600	Fertigungsmaterial	498.400,—						498.400,—	
6	616	Fremdinstandhaltungen	80.208,—		8.544,—		4.800,—		68.864,—	
7	62/63	Löhne und Gehälter	560.000,—						560.000,—	
8	65	Abschreibungen	115.200,—		8.000,—		107.200,—			
9	688	Spenden	800,—		800,—					
10	690	Versicherungsprämien	7.776,—		1.256,—		120,—		6.400,—	
11	696	Verluste aus Vermögensabgängen	53.280,—				53.280,—			
12	70	Betriebliche Steuern	61.944,—		4.800,—		16.000,—		41.144,—	
13	75	Zinsen und ähnliche Aufwendungen	35.200,—		2.200,—		33.000,—			
14		Kalkulatorische Abschreibungen						90.000,—	90.000,—	
15		Kalkulatorische Zinsen						50.000,—	50.000,—	
16		Kalkulatorische Wagnisse						40.000,—	40.000,—	
17		Kalkulatorische Miete						17.000,—	17.000,—	
			1.412.808,—	1.551.171,—	25.600,—	64.800,—	214.400,—	215.720,—	1.369.808,—	1.467.651,—
			138.363,—		39.200,—		1.320,—		97.843,—	
			1.551.171,—	1.551.171,—	64.800,—	64.800,—	215.720,—	215.720,—	1.467.651,—	1.467.651,—
			Gesamtergebnis		Ergebnis der unternehmensbezogenen Abgrenzungsrechnung		Ergebnis der betriebsbezogenen Abgrenzungsrechnung		Betriebsergebnis	

Beispiel 7.7: Zusammenfassende Darstellung der unternehmens- und betriebsbezogenen Abgrenzungsrechnung

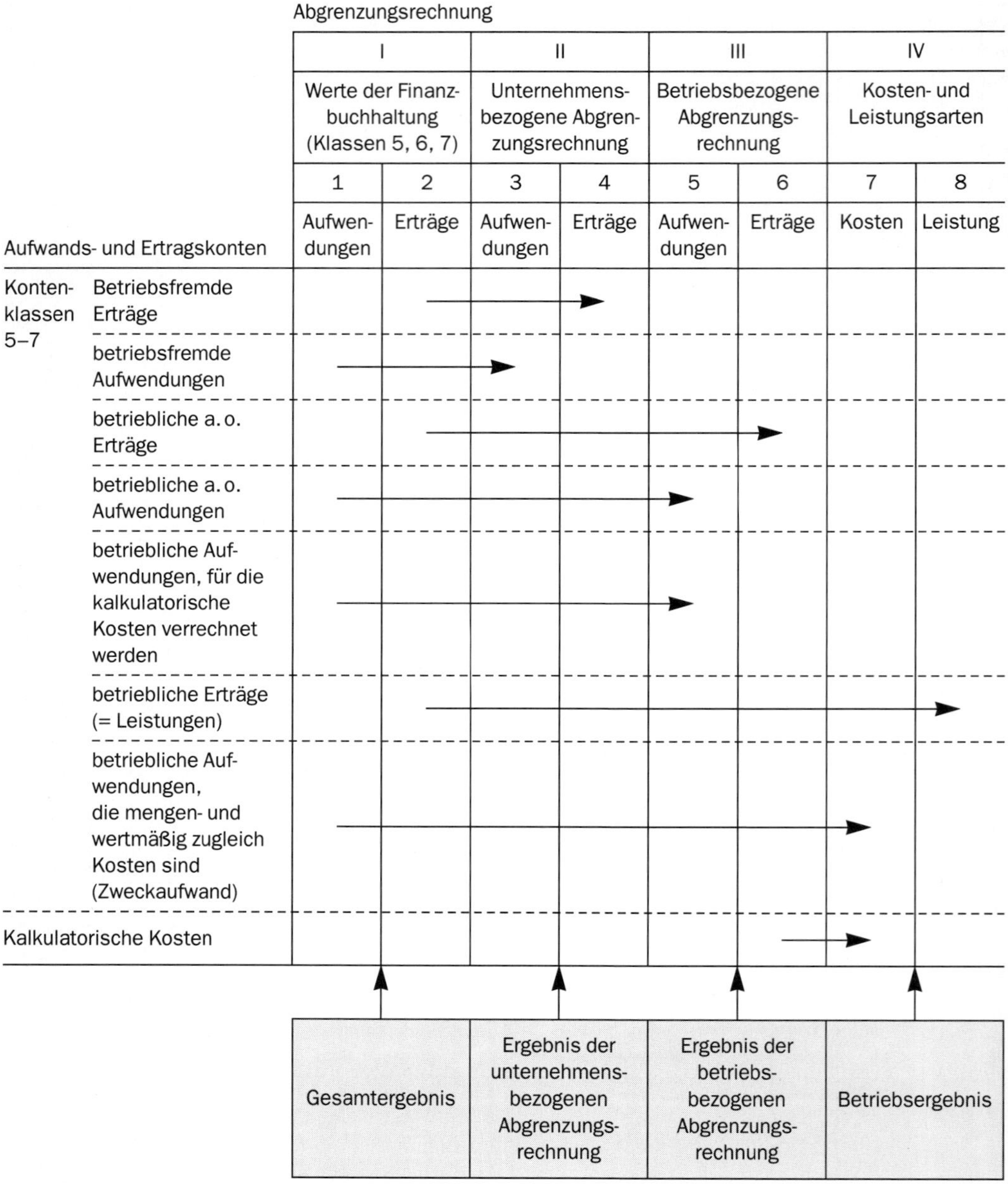

Abb. 4.12: Fälle der Abgrenzungsrechnung

Im Falle der *Einzelunternehmung* und der *Personengesellschaft* kann in Spalte 7 (Beispiel 7.7)

- ein kalkulatorischer Unternehmerlohn,
- eine kalkulatorische Miete für die betriebliche Nutzung von Räumen in Gebäuden des Privatvermögens

angesetzt werden. Diesen kalkulatorischen Kosten stehen keine Aufwendungen in einer Finanzbuchhaltung gegenüber (echte Zusatzkosten). Wie bei allen übrigen kalkulatorischen Kosten werden in der Spalte 6 die verrechneten Kosten eingesetzt.

Die Abstimmung der Ergebnisse

Auf dem Wege der Abgrenzungsrechnung werden die Kosten des Betriebes für eine bestimmte Abrechnungsperiode den Leistungen dieser Periode gegenübergestellt.

Der Saldo zeigt das *Betriebsergebnis*:
Kosten > Leistungen ⟶ Betrieblicher Verlust = Negatives Betriebsergebnis
Kosten < Leistungen ⟶ Betrieblicher Gewinn = Positives Betriebsergebnis

Beispiel 7.8: Abstimmung der Ergebnisse

Betriebsergebnis	97.843,—
± Ergebnis aus betriebsbezogener Abgrenzungsrechnung (Saldo der kosten- und leistungsrechnerischen Korrekturen	1.320,—
= Vorläufiges Betriebsergebnis	99.163,—
± Ergebnis aus unternehmensbezogener Abgrenzungsrechnung (Saldo der betriebsfremden Aufwendungen und Erträge)	39.200,—
= Gesamtergebnis des Unternehmens	138.363,—

Das Betriebsergebnis unterscheidet sich von dem Gesamtergebnis des Unternehmens laut Finanzbuchhaltung durch
- das Ergebnis aus kosten- und leistungsrechnerischen Korrekturen (betriebsbezogene Abgrenzungsrechnung) und
- das Ergebnis der unternehmensbezogenen Abgrenzungsrechnung.

Bei der *Abstimmung* dieser beiden Ergebnisse ist *vom Betriebsergebnis auszugehen* und unter Berücksichtigung der beiden Abgrenzungsergebnisse das Unternehmensergebnis (= Gesamtergebnis) zu ermitteln. Dabei sind folgende Überlegungen zu beachten.

Um das *vorläufige Betriebsergebnis* aus dem Betriebsergebnis der KLR abzuleiten, ist
- ein positives Ergebnis der betriebsbezogenen Abgrenzungsrechnung (Habensaldo) dem Betriebsergebnis hinzuzurechnen, weil die in der KLR verrechneten Anderskosten höher sind als der hier abgefilterte Aufwand der Finanzbuchhaltung (betrieblicher außerordentlicher und als Kosten nicht verrechenbarer Aufwand),
- ein negatives Ergebnis der betriebsbezogenen Abgrenzungsrechnung (Sollsaldo) vom Betriebsergebnis abzuziehen, weil diese Summe der Anderskosten kleiner ist als die Summe der Aufwendungen, die in der Finanzbuchhaltung abgefiltert wurden.

Um das *Gesamtergebnis* aus dem vorläufigen Betriebsergebnis zu ermitteln, ist
- ein positives Ergebnis aus der unternehmensbezogenen Abgrenzungsrechnung (Habensaldo = betriebsfremder Gewinn) dem vorläufigen Betriebsergebnis hinzuzurechnen,
- ein negatives Ergebnis aus der unternehmensbezogenen Abgrenzungsrechnung (Sollsaldo = betriebsfremder Verlust) von dem vorläufigen Betriebsergebnis abzuziehen.

Gliederung der Kosten in Kostenarten
Die in der Abgrenzungsrechnung ermittelten Kosten sind zur Lösung des Problems der Kostenverrechnung zu gliedern. Dabei sollen Besonderheiten der Kostenentstehung aufgrund von betriebsindividuellen Bedingungen mit berücksichtigt werden. In dem Zusammenhang können die Kosten nach der Art der Verrechnung oder nach dem Verhalten bei Beschäftigungsschwankungen aufgeteilt werden.

Kostenträgereinzelkosten und Kostenträgergemeinkosten
Da es bei Mehrproduktbetrieben nicht möglich ist, für ein Produkt oder eine Serie (Los) alle anfallenden Kosten genau zu berechnen (zum Beispiel Gehälter der Einkaufsabteilung), ist es notwendig, die Gesamtkosten nach dem Gesichtspunkt ihrer Zurechnung auf die einzelnen Kostenträger (Einheit, Serie, Los, Auftrag) in Einzel- und Gemeinkosten zu unterteilen.

• Einzelkosten
Einzelkosten, wie Werkstoffe, bezogene Fertigteile lt. Stückliste bzw. Rezepturen oder Fertigungslöhne (Akkordlöhne), lassen sich einem Produkt unmittelbar zurechnen.
Einzelkosten, die aufgrund besonderer Produktions- und Lieferungsbedingungen nur für einen bestimmten Auftrag anfallen, sind *Sondereinzelkosten*. Diese werden in Sondereinzelkosten der Fertigung (zum Beispiel für Modelle, Lizenzgebühren) sowie des Vertriebs (Spezialverpackung, Provision u. a.) gegliedert (siehe Abb. 4.13).

• Gemeinkosten
Sie werden durch mehrere oder alle Leistungen gemeinsam verursacht und sind daher den einzelnen Erzeugnissen oder Aufträgen nur auf dem Wege besonderer Umlageverfahren zurechenbar.

Einzelkosten		Fertigungsmaterial: Rohstoff- und Fremdbauteileaufwand (Hilfsstoffe nur soweit als ihre Ermittlung als Einzelkosten wirtschaftlich vertretbar ist)
		Fertigungslöhne: die in mittelbarem Herstellungszusammenhang stehen (Löhne lt. Konto 62)
Sonder-einzelkosten	der Fertigung	Besondere Konstruktionspläne, Vorrichtungen, Verbrauchswerkzeuge, Modelle, Formen, stückabhängige Lizenzgebühren für einen bestimmten Auftrag oder eine bestimmte Serie (zum Beispiel Konten 601, 603, 604, 672)
	des Vertriebs	Vertreterprovision, Versandspesen, Spezialverpackung für einen bestimmten Auftrag oder eine bestimmte Serie (zum Beispiel Konten 614, 615)
Gemeinkosten		Gemeinkostenmaterial: Verbrauch von Hilfsstoffen wie Schrauben, Muttern, Unterlegscheiben, Schweißdraht, Farben, Lacke, Nägel, bei denen es wirtschaftlich nicht vertretbar ist, den Verbrauch für einen Auftrag oder eine Serie gesondert zu ermitteln. Sie stehen der Fertigung für alle Produkte zur Verfügung. Ebenfalls führt der Verbrauch von Verbrauchswerkzeugen und Betriebstoffen (Schmierstoffe, Holzwolle, Kühlmittel, Schleifmaterial, Poliermittel) zu Gemeinkosten (Konto 603).
		Weitere Beispiele für Gemeinkosten sind Brennstoffe und Energie, Hilfslöhne, Gehälter, soziale Abgaben, Aufwendungen für die Inanspruchnahme von Rechten sowie für Fremdleistungen, Aufwendungen für Büromaterial und Kommunikation, Aufwendungen für den Zahlungsverkehr sowie Versicherungen und Gebühren, soweit alle diese Aufwendungen für die KLR geeignet sind. Diese Gemeinkosten werden mit den Begriffen der Finanzbuchhaltung in die KLR übernommen.

Abb. 4.13: Einzelkosten und Gemeinkosten

Fixe und variable Kosten
Nach der Kostenreaktion auf Beschäftigungsveränderungen sind *fixe* und *variable* Kosten zu unterscheiden, wobei Beschäftigungsschwankungen als Veränderung der abgesetzten Menge zu verstehen sind.

• Fixe Kosten
Die fixen Kosten sind „unabhängig" von einer Beschäftigung. Sie bleiben bei Absatzschwankungen fix (= konstant). Auf die Einheit der Leistung (Stück, 1,— DM Umsatz) bezogen, nehmen sie mit zunehmender Beschäftigung ab – sie verlaufen degressiv. Beispiele: Miete, Kfz-Steuer, Kfz-Versicherung, Abschreibungen.

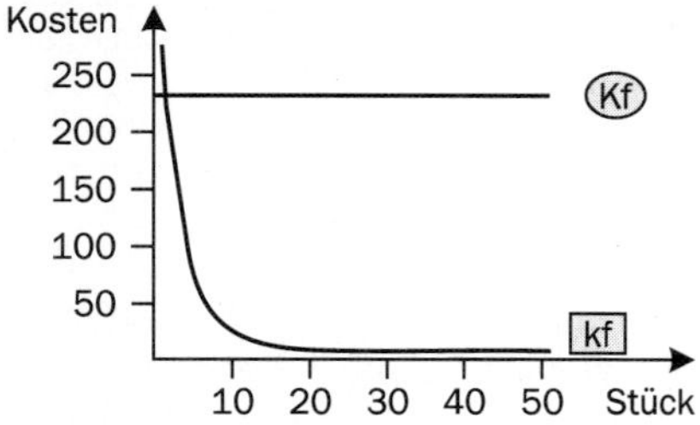

Abb. 4.14: Fixe Kosten

Absatzmenge (x)	Fixe Kosten insgesamt (K_f)	Fixe Kosten pro Stück (k_f)
0	240,—	—
10	240,—	24,—
20	240,—	12,—
30	240,—	8,—
40	240,—	6,—
50	240,—	4,80

Die fixen Kosten bleiben in vielen Fällen *nur in bestimmten Beschäftigungsbereichen konstant*; schon dadurch, daß die Kapazitäten, welche die fixen Kosten verursachen, begrenzt sind. Diese in Beschäftigungsintervallen konstant bleibenden Kosten sind *intervallfixe* oder *sprungfixe* oder *relativ fixe* Kosten, wie beispielsweise Abschreibungen, Gehälter von Abteilungsleitern.

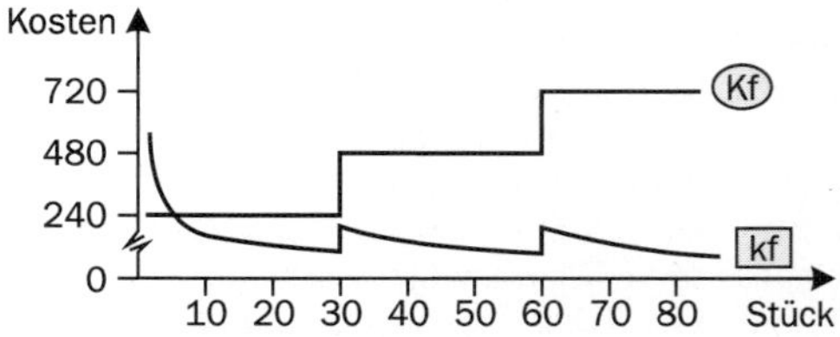

Abb. 4.15: Sprungfixe Kosten

Absatzmenge (x)	Fixe Kosten insgesamt (K_f)	Fixe Kosten pro Stück (k_f)
0	240,—	—
10	240,—	24,—
20	240,—	12,—
30	240,—	8,—
40	480,—	12,—
50	480,—	9,60
60	480,—	8,—
70	720,—	10,30
80	720,—	9,—
90	720,—	8,—

- Variable Kosten

Variable Kosten sind abhängig von der Beschäftigung. Bei Veränderung der Absatzmenge können sie sich *proportional, degressiv* oder *progressiv* im Verhältnis zur Absatzmenge verhalten.

Proportionale Kosten: Proportional verhalten sich Kosten, wenn das Verhältnis von Beschäftigung zu Kosten bei Beschäftigungsänderungen gleich bleibt. Die Kosten je Einheit jeder Absatzmenge bleiben gleich. Die variablen Gesamtkosten steigen gleichbleibend an, so z. B. bei Spezialverpackungen, Akkordlöhnen, Stromkosten für Maschinen, Materialverbrauch lt. Stückliste.

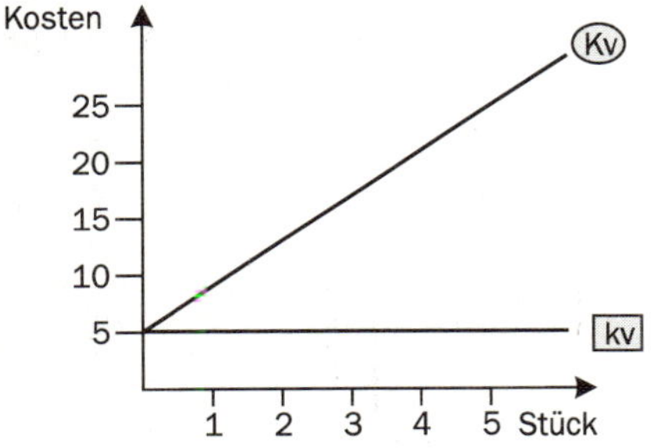

Abb. 4.16: Proportionale Kosten

Absatzmenge (x)	Variable Gesamtkosten (K_v)	Variable Stückkosten (k_v)
1	5,—	5,—
2	10,—	5,—
3	15,—	5,—
4	20,—	5,—
5	25,—	5,—

Degressive Kosten: Die degressiven Kosten verhalten sich unterproportional zu einer Beschäftigungsänderung. Bei einer Beschäftigungszunahme steigen die Kosten vergleichsweise in geringerem Maße als die Absatzmenge. Der Anstieg der variablen Gesamtkosten verringert sich mit zunehmender Ausbringungsmenge, so beispielsweise bei fallenden Bezugspreisen aufgrund von gestaffelten Mengenrabatten beim Einkauf, fallendem Energieverbrauch bei einer optimalen Beanspruchung der Maschinen oder Fahrzeuge.

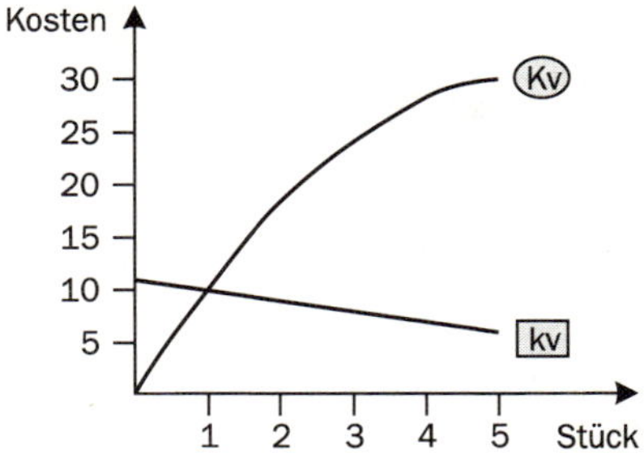

Abb. 4.17: Degressive Kosten

Absatzmenge (x)	Variable Gesamtkosten (K_v)	Variable Stückkosten (k_v)
1	10,—	10,—
2	18,—	9,—
3	24,—	8,—
4	28,—	7,—
5	30,—	6,—

Progressive Kosten: Progressive Kosten verhalten sich bei steigendem Absatz überproportional. Dadurch steigen die Stückkosten mit steigender Absatzmenge. Dabei steigen die Gesamtkosten prozentual stärker als die Absatzmenge. Der Anstieg der variablen Gesamtkosten wird mit zunehmenden Stückzahlen verstärkt, so z. B. bei erhöhtem Energieverbrauch bei überdurchschnittlicher Beanspruchung von Maschinen, Überstundenzuschlägen, zunehmenden Reparaturen.

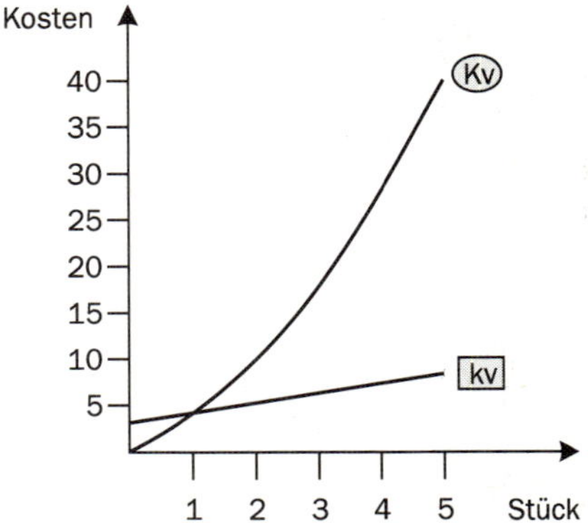

Abb. 4.18: Progressive Kosten

Absatzmenge (x)	Variable Gesamtkosten (K_v)	Variable Stückkosten (k_v)
1	4,—	4,—
2	10,—	5,—
3	18,—	6,—
4	28,—	7,—
5	40,—	8,—

4

Die Auflösung der Kosten in fixe und variable ist wichtig, um Ursachen von Kostenschwankungen festzustellen. Die Verteilung der fixen Kosten auf unterschiedliche Ausbringungsmengen zeigt, daß ihr Stück-Anteil von dem *Kapazitätsausnutzungs-* oder *Beschäftigungsgrad* abhängig ist.

$$\text{Kapazitätsausnutzungsgrad (Beschäftigungsgrad)} = \frac{\text{Tatsächlich genutzte Kapazität} \times 100}{\text{Verfügbare Kapazität}}$$

Unter Kapazität wird dabei die Leistungsfähigkeit eines Betriebes *in einer Rechnungsperiode* verstanden.
Grundsätzlich wird unter verfügbarer Kapazität die *wirtschaftliche Kapazität* verstanden. Es ist die Kapazität, bei der das Betriebsmittel am kostengünstigsten arbeitet (optimale Kapazität). Zu unterscheiden ist davon die *maximale Kapazität*, mit der die rechnerische Leistungsfähigkeit des Betriebsmittels gekennzeichnet wird. Durch diese überhöhte, aber technisch mögliche Beschäftigung entstehen progressive Kosten. Die Kapazität kann gemessen werden

- am Output, d. h. der möglichen Ausbringungsmenge an Fertigprodukten;
- am Input, d. h. der notwendigen Anzahl an Beschäftigten, Arbeitsstunden u. ä. bei voller Produktion.

Beispiel 8: Beschäftigungsgrad
Bei voller Ausnutzung seiner wirtschaftlichen Kapazität kann ein Autohersteller 1.200 Pkw am Tag produzieren. Zur Zeit werden täglich aber nur 780 Pkw hergestellt.

$$\text{Beschäftigungsgrad} = \frac{780 \times 100}{1.200} = 65\,\%$$

Der niedrigere Beschäftigungsgrad bewirkt, daß die gesamten fixen Kosten auf eine verringerte Ausbringungsmenge verteilt werden müssen und dadurch höhere Gesamtkosten je Stück verursachen. Die Aufteilung in fixe und variable Kosten ist notwendig für preis- und beschäftigungspolitische Entscheidungen (siehe dazu Abschnitt „Teilkostenrechnung").

Die Kostenstellenrechnung

Die Gliederung der Kostenarten genügt nicht zur Durchleuchtung und Beurteilung des Kostengefüges, bezogen auf das Leistungsgefüge, und vermittelt somit keinen Überblick über die durch eine Fertigung einzelner Produkte verursachten Kosten. Die Kostenartenrechnung allein gibt keine Auskunft über die den einzelnen Produkten zuzurechnenden Kosten.

Die Kostenkontrolle hat jedoch nur Sinn, wenn durch sie unwirtschaftliche Bereiche des gesamten Betriebsprozesses und unwirtschaftliche Produkte erkannt werden können. Daher sind die Kosten so zu gliedern, daß sie jeder Leistungseinheit entsprechend ihrer Kostenverursachung kalkulatorisch angelastet werden können. Die Aufgabe übernimmt die Kostenstellenrechnung.
Ziel der Kostenstellenrechnung ist also die Erfassung der Kosten nach ihren Verursachungsbereichen zur Umlage auf die Kostenträger, soweit sie nicht direkt zurechenbar sind. Zwecke der Kostenstellenrechnung sind

- Unterlagen zur Kalkulation (Kostenträgerrechnung),
  zur Errechnung der Herstellungskosten,
  zur Selbstkosten-Errechnung,
  zur Bewertung auf Lager produzierter Erzeugnisse sowie
- Kontrolle der einzelnen Funktionsbereiche des Betriebes durch innerbetriebliche Vergleiche,
- Unterlagen für zukunftsorientierte Entscheidungen.

Einrichtung von Kostenstellen (Kostenstellenplan)

Hauptproblem der Kostenstellenrechnung ist, die Kostenarten, entsprechend ihrer Kostenverursachung, auf verschiedene Leistungen (Produkte) aufzuschlüsseln. Zu diesem Zweck wird die Gesamtfunktion des Betriebes nach Teilfunktionen, Arbeitsgängen oder Verantwortungsbereichen in Kostenstellen gegliedert.
Die Gliederung in einem Kostenstellenplan kann bis zu einer Einteilung nach Arbeitsplätzen oder Produktionsanlagen reichen. Entsprechend der unterschiedlichen Inanspruchnahme der Kostenstellen durch die Kostenträger können die Kostenarten dann umgelegt werden.
Die Zahl der Kostenstellen ist von der Struktur des Betriebes und dem Grad der Erzeugnisdifferenzierung abhängig. Wird beispielsweise nur ein Produkt hergestellt, genügt zur genauen Ermittlung der Herstellungs- und Selbstkosten eine Aufteilung in die beiden Kostenstellen Fertigung und Verwaltung einschließlich Vertrieb. Bei differenzierter Fertigung wird eine tiefere Gliederung notwendig.
Zu unterscheiden sind – bezogen auf die Erzeugung – Haupt-, Neben- und Hilfsstellen; hinsichtlich einer Verrechnung auf die Kostenträger Vor- und Endkostenstellen.

Hauptkostenstellen: In den Hauptkostenstellen werden die Kosten gesammelt, die unmittelbar bei einer Fertigung der Haupterzeugnisse anfallen.

Nebenkostenstellen: Nebenkostenstellen dienen der Kostenerfassung für Nebenprodukte.

Hilfskostenstellen: Hilfskostenstellen dienen nur indirekt der Fertigung (Verwaltung, Vertrieb, Stromerzeugung usw.). Hilfskostenstellen stellen verrechnungstechnisch Vorkostenstellen dar, deren Kosten auf andere Kostenstellen oder Endkostenstellen umgelegt werden, denen sie vorgelagert sind.

Endkostenstellen: Von diesen Endkostenstellen (Hauptkostenstellen) werden die Kosten unmittelbar auf die Erzeugnisse umgelegt. Sie liefern somit die Grundlage zur Berechnung von Zuschlagssätzen für die Kalkulation. Aber auch Hilfskostenstellen können Endkostenstellen sein und mit eigenen Zuschlagssätzen abrechnen.

In Anlehnung an die Hauptfunktion des Betriebes beschränkt sich die Endkostenstellen-Einteilung auf die vier Bereiche Materialbeschaffung, Fertigung, Verwaltung sowie Vertrieb. Diesen können dann je nach Bedarf zur genauen Lokalisierung der Kosten Vorkostenstellen zugeordnet werden.

Alle Kostenstellen können in die nachfolgend genannten Kostengruppen eingeordnet werden.

Allgemeine Kostenstellen: Sie dienen dem gesamten Betrieb und werden von allen Kostenstellen in Anspruch genommen. Es sind Hilfskostenstellen, deren Kosten auf die Hauptkostenstellen umgelegt werden, zum Beispiel Grundstücke und Gebäude, Soziale Einrichtungen, Wasser- und Energieversorgung, Betriebsfeuerwehr.

Materialkostenstellen: Es sind Kostenstellen, die der Materialbeschaffung und -annahme, -prüfung, -lagerung und -ausgabe dienen und alle Kosten erfassen, die durch die Materialverwaltung entstehen.

Fertigungskostenstellen: Sie umfassen die Kostenstellen der Fertigung. Dabei kann in Haupt-, Neben- und Hilfsstellen gegliedert werden. Sie erfassen die Gemeinkosten, die bei der Herstellung der Haupt- und Nebenprodukte entstehen, sowie jene Kosten, die indirekt mit einer Fertigung zusammenhängen (technisches Büro für Entwicklung und Konstruktion, Arbeitsvorbereitung, Lohnbüro, Werkzeugmacherei, Reparaturwerkstätte).

Verwaltungskostenstellen: Diese erfassen alle Kosten, die durch die Leitung des Betriebes verursacht werden (Kaufmännische Leitung, Personalabteilung, Rechnungswesen mit Buchführung, Kosten- und Leistungsrechnung, Statistik).

Vertriebskostenstellen: Dazu zählen die Hilfskostenstellen Verkauf, Werbung, Vertreter, Versand, Fertiglager u. a..

Die Material-, Fertigungs-, Verwaltungs- und Vertriebskostenstellen sind Endkostenstellen.

Der Betriebsabrechnungsbogen (BAB)

Die Verrechnung der Kostenarten auf Kostenstellen beschränkt sich auf die Gemeinkosten, also die Kosten, die den Erzeugnissen nicht unmittelbar zuzurechnen sind (siehe dazu Ablaufstruktur Abb. 4.19).

Sie kann buchhalterisch oder statistisch-tabellarisch durchgeführt werden. In der Praxis tritt die buchhalterische Verrechnung wegen des aufgeblähten Kontenapparates gegenüber der statistischen Form im Betriebsabrechnungsbogen (BAB) zurück. Nur in Betrieben mit wenigen Kostenstellen ist die buchhalterische Durchführung vertretbar. In einen BAB werden die Gemeinkosten aus der Kostenartenrechnung übernommen und nach Schlüsseln auf die Kostenstellen verteilt. Von der Genauigkeit dieser Verteilung ist der Wert der Kostenstellenrechnung und der auf ihr aufbauenden Kostenträgerrechnung abhängig. Das Problem besteht darin, für jede Kostenart einen Verteilungsmaßstab zu finden, der der Kostenverursachung durch die einzelnen Kostenstellen gerecht wird.

- Direkte Zurechnung der Kostenstelleneinzelkosten

Viele Gemeinkosten können den Kostenstellen aufgrund entsprechender Bemerkungen auf Belegen direkt zugerechnet werden, wie zum Beispiel Gehälter, Hilfslöhne mit Hilfe von Lohn- und Gehaltslisten, Hilfs- Betriebsstoffe, Ersatzteile aufgrund von Materialentnahmescheinen.

Kosten, die den Kostenstellen direkt zugerechnet werden können, sind Kostenstelleneinzelkosten. Je mehr Kosten den einzelnen Kostenstellen direkt zugerechnet werden können, um so genauer ist die Kostenstellenrechnung. Daher werden zur Verfeinerung Hilfskostenstellen gebildet, die eine Umwandlung der Gemeinkosten in Kostenstelleneinzelkosten möglich machen.

- Indirekte Zurechnung der Kostenstellengemeinkosten

Gemeinkosten, die einzelnen Kostenstellen nicht direkt zugerechnet werden können, sind Kostenstellengemeinkosten. Diese fallen bei mehreren oder allen Kostenstellen an – Raumkosten, Steuern, Abschreibungen, Wachdienstkosten, Versicherungsprämien usw. Sie werden mit Hilfe von Schlüsseln auf die Kostenstellen verteilt, die auf Schätzungen oder Berechnungen beruhen.

Mengenschlüssel: m, m^2, m^3, l, kg, kWh, Heizrippen, Arbeiterzahl usw.

Wertschlüssel: Löhne, Gehälter, Anlagewerte, Maschinenstundensätze usw.

Zeitschlüssel: Arbeitsstunden, Maschinenstunden usw.

4

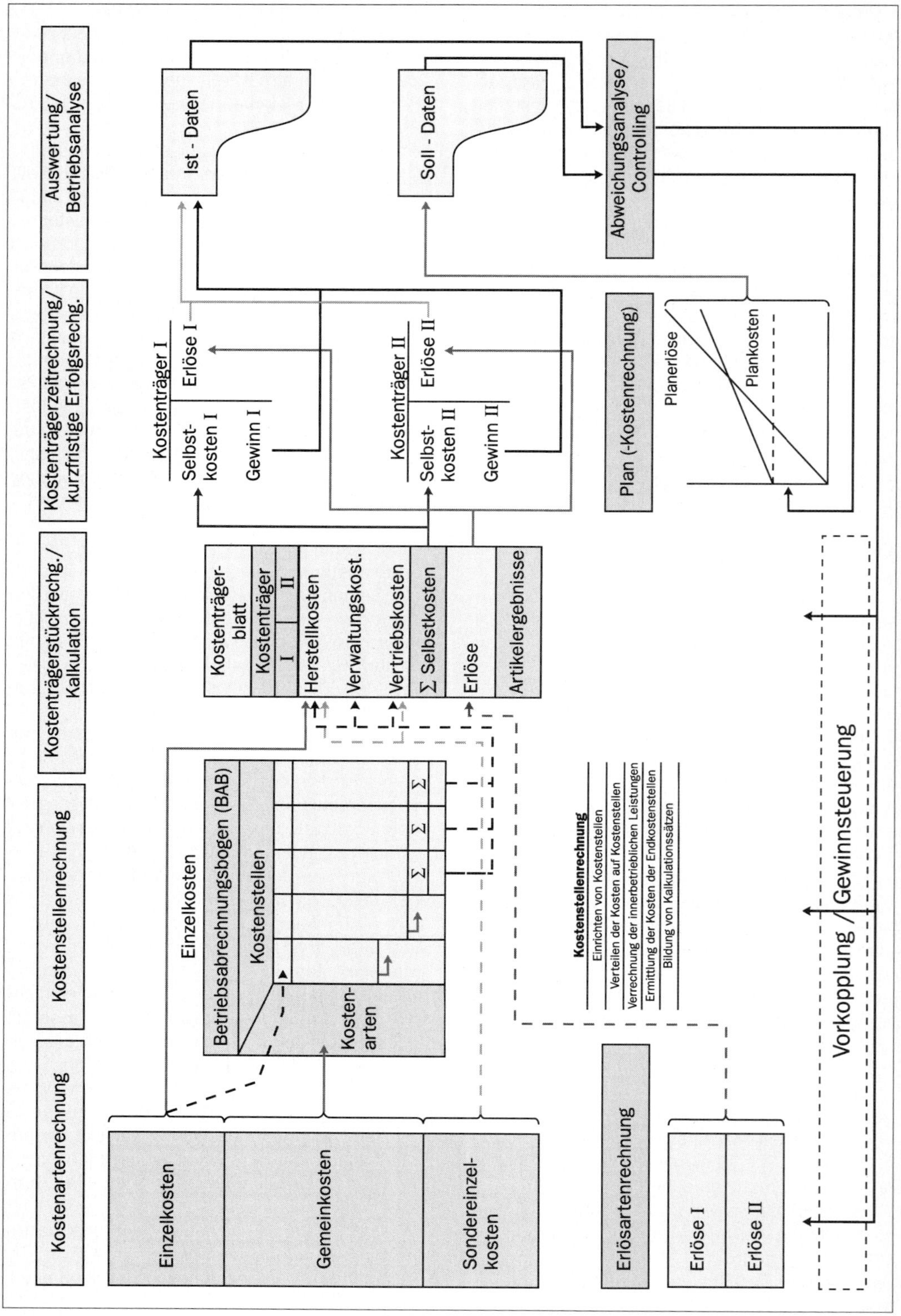

Abb. 4.19: Ablaufstruktur der Kostenrechnung bis zur Auswertung und Gewinnsteuerung (Controlling)

Kombinierte Schlüssel: Wert x Zeit, Menge x Zeit, Menge x Wert.
Die Schlüssel sollen das Verhältnis der Kostenstellen an der Kostenverursachung wiedergeben. Ausgewählte Schlüssel sind aus Gründen der Vergleichbarkeit beizubehalten. Nur bei langfristigen Abweichungen sind sie zu ändern. Verrechnungstechnisch ist der einstufige (einfache) vom mehrstufigen (erweiterten) BAB zu unterscheiden.

• Der einstufige BAB
Der einstufige BAB enthält nur Endkostenstellen, die die Gemeinkosten auf die vier Hauptverursachungsbereiche umlegen.

I. Material:	Materialgemeinkosten
II. Fertigung:	Fertigungsgemeinkosten
III. Verwaltung:	Verwaltungsgemeinkosten
IV. Vertrieb:	Vertriebsgemeinkosten

Diese Gliederung genügt in der Regel in Klein- und Mittelbetrieben. Das Beispiel 9 zeigt einen einstufigen BAB.
Die Tiefe der Kostenstellengliederung und damit auch der Umfang des Kostenstellenplans richtet sich ausschließlich nach wirtschaftlichen Kriterien. Sie wird vom „in Kauf genommenen“ Fehler bestimmt.

Beispiel 10: Tiefe der Kostenstellengliederung

	Bohren gesamt	Teilbereiche: Maschinenbohrerei	Handbohrerei
Gemeinkosten in DM	50.000,—	40.000,—	10.000,—
Stunden	1.000	500	500
Kalk.-Satz	50,—	80,—	20,—
Unterschiede	ø	+60%	–60%

Diese Unterschiede sind normalerweise nicht tolerabel und müssen in der Betriebsabrechnung erfaßt werden; es sei denn, die Bohrkosten sind unbedeutend im Verhältnis zu den Gesamtkosten.

• Der mehrstufige BAB
Der mehrstufige BAB enthält neben den Endkostenstellen mehrere Vorkostenstellen, deren Kosten auf Endkostenstellen umgelegt werden. Die Reihenfolge der Umverteilung richtet sich nach der Leistungsabgabe der Vorkostenstellen an andere Kostenstellen. Zweckmäßigerweise werden zuerst die Kosten der Vorkostenstellen umgelegt, die von anschließenden Kostenstellen keine oder nur noch geringe Leistungen empfangen. Das betrifft in erster Linie die Hilfskostenstellen des allgemeinen Bereichs (Grundstücke und Gebäude,

Beispiel 9: Einstufiger Betriebsabrechnungsbogen

Kostenarten	Zahlen der Buchführung	Verteilungsgrundlage	Verteilungsschlüssel	Kostenstellen I. Material	II. Fertigung	III. Verwaltung	IV. Vertrieb
Hilfsstoffaufwand	48.000,—	Entnahmeschein	—	6.000,—	27.000,—	3.000,—	12.000,—
Fremdstrom	18.000,—	Watt x Zeit	3 : 12 : 2 : 3	2.700,—	10.800,—	1.800,—	2.700,—
Fremdwasser	2.000,—	Zapfstellen x Zeit	4 : 12 : 1 : 3	400,—	1.200,—	100,—	300,—
Hilfslöhne	20.000,—	Lohnlisten	—	4.000,—	10.000,—	2.000,—	4.000,—
Gehälter	102.000,—	Gehaltslisten	—	15.300,—	25.500,—	45.900,—	15.300,—
Sozialkosten	20.000,—	Lohn- und Gehaltslisten	—	1.700,—	12.000,—	4.300,—	2.000,—
Instandhaltung	8.000,—	Eingangsrechnungen	—	—	—	8.000,—	—
Versicherungen	16.000,—	m², Inventurlisten	2 : 9 : 1 : 4	2.000,—	9.000,—	1.000,—	4.000,—
Miete	80.000,—	Nutzfläche (m²)	2 : 9 : 1 : 4	10.000,—	45.000,—	5.000,—	20.000,—
Reisekosten	35.000,—	Abrechnungen	—	—	—	—	35.000,—
Abschreibungen	54.000,—	Anlagenkartei	—	2.500,—	42.500,—	2.500,—	6.500,—
Summe der Gemeinkosten	403.000,—			44.600,—	183.000,—	73.600,—	101.800,—

Energieversorgung u. a.), die an alle anderen Kostenstellen Leistungen abgeben sowie die Fertigungshilfsstellen (Entwicklung und Konstruktion, Reparaturwerkstatt u. a.), die ihre Leistungen an die Fertigungshauptstellen abgeben.
Für die Umlage haben sich in der Praxis zwei Verfahren durchgesetzt:

Die Summenumlage: Nach der Aufschlüsselung der Gemeinkosten einer Vorkostenstelle werden die empfangenden Kostenstellen mit diesen belastet. Dieses Verfahren setzt also eine genau bestimmte Reihenfolge der Verteilung der Kostenstellengemeinkosten voraus, damit einmal entlastete Kostenstellen keine Kosten mehr empfangen, die eine erneute Umlage notwendig machen. Beispiel 11.1 zeigt einen mehrstufigen BAB mit Summenumlage.

Die Ausgleichsumlage: In die Spalte der umzulegenden Kostenstellen werden alle Entlastungsbeträge als negative Zahlen eingetragen, so daß

Beispiel 11.1: Mehrstufiger Betriebsabrechnungsbogen mit Summenumlage

Kostenarten	Zahlen der Buchführung	Verteilungsgrundlage	Allgemeine Hilfskostenstellen	
			a	b
Hilfsstoffaufwand	119.100,—	Entnahmeschein	—	10.800,—
Brennstoffe, Energie	58.500,—	Einzelzähler	2.100,—	1.800,—
Hilfslöhne	237.900,—	Lohnlisten	2.100,—	9.600,—
Gehälter	282.000,—	Gehaltslisten	—	—
Sozialkosten	101.400,—	Lohn- und Gehaltslisten	600,—	900,—
Instandhaltungen	39.000,—	Rechnungen	7.500,—	2.700,—
Versicherungsbeiträge	57.000,—	Schlüssel	10.400,—	1.500,—
Verschiedene Kosten	38.100,—	Belege	600,—	600,—
Abschreibungen	245.100,—	Anlagekartei	22.500,—	5.100,—
Summe der Gemeinkosten	1.178.100,—		45.800,—	33.000,—
Umlage der allgemeinen				
Hilfskostenstellen: a				2.400,—
b				
Umlage der Fertigungs-				
hilfskostenstellen: c				
d				
Gemeinkosten der Endkostenstellen	1.178.100,—			

Beispiel 11.2: Mehrstufiger Betriebsabrechnungsbogen mit Ausgleichsumlage

Kostenarten	Zahlen der Buchführung	Verteilungsgrundlage	Allgemeine Hilfskostenstellen	
			a	b
(wie Beispiel 11.1)				
Summe der Gemeinkosten	1.178.100,—		45.800,—	33.000,—
Umlage der allgemeinen				
Hilfskostenstellen: a			– 45.800,—	2.400,—
b				– 35.400,—
Umlage der Fertigungs-				
hilfskostenstellen: c				
d				
Summe der Endkostenstellen	1.178.100,—		0,—	0,—

– bei allen Vorkostenstellen die Summe aller Entlastungsbeträge gleich der Summe der Kosten ist, die anderen Kostenstellen belastet werden,
– in allen Spalten der Vorkostenstellen nach Verrechnung der Vorkostenstellensumme mit den Entlastungsbeträgen die Summe Null erscheint (siehe Beispiel 11.2).

Bei gegenseitigen Leistungsverflechtungen der Kostenstellen tritt ein besonderes Problem auf. Die Kosten einer Vorkostenstelle können nicht nur auf Beschaffungen von außerhalb (Primärkosten), sondern auch auf Leistungsabgaben betriebsinterner Kostenstellen zurückzuführen sein (Sekundärkosten). Empfangen Vorkostenstellen solche innerbetrieblichen Leistungen gegenseitig, so entsteht die Problematik, daß die zu verrechnenden Kosten einer leistenden Vorkostenstelle von den Kosten einer leistungsempfangenden Kostenstelle als Sekundärkosten abhängig sind.

‹laterial	Fertigung					Verwaltung	Vertrieb
	Hilfskostenstellen		Hauptkostenstellen				
	c	d	A	B	C		
1.200,—	9.000,—	5.400,—	26.400,—	50.100,—	14.400,—	900,—	900,—
600,—	21.900,—	2.400,—	1.200,—	19.800,—	6.300,—	1.200,—	1.200,—
—	3.900,—	12.000,—	63.600,—	105.000,—	38.100,—	—	3.600,—
30.000,—	4.500,—	5.100,—	77.100,—	74.700,—	36.600,—	30.000,—	24.000,—
3.300,—	900,—	900,—	26.700,—	50.400,—	13.800,—	2.400,—	1.500,—
900,—	300,—	600,—	8.700,—	14.100,—	2.100,—	—	2.100,—
1.200,—	1.800,—	1.200,—	10.200,—	16.200,—	4.500,—	8.400,—	1.600,—
2.700,—	600,—	600,—	3.600,—	4.800,—	1.500,—	9.900,—	13.200,—
3.300,—	6.000,—	4.200,—	75.900,—	78.900,—	37.800,—	6.000,—	5.400,—
43.200,—	48.900,—	32.400,—	293.400,—	414.000,—	155.100,—	58.800,—	53.500,—
3.000,—	3.000,—	1.800,—	12.600,—	9.300,—	7.200,—	3.900,—	2.600,—
1.800,—	1.200,—	1.200,—	10.800,—	8.700,—	6.300,—	2.700,—	2.700,—
	→	3.100,—	21.000,—	18.000,—	11.000,—		
		→	8.500,—	17.000,—	13.000,—		
48.000,—			346.300,—	467.000,—	192.600,—	65.400,—	58.800,—

‹aterial	Fertigung					Verwaltung	Vertrieb
	Hilfskostenstellen		Hauptkostenstellen				
	c	d	A	B	C		
43.200,—	48.900,—	32.400,—	293.400,—	414.000,—	155.100,—	58.800,—	53.500,—
3.000,—	3.000,—	1.800,—	12.600,—	9.300,—	7.200,—	3.900,—	2.600,—
1.800,—	1.200,—	1.200,—	10.800,—	8.700,—	6.300,—	2.700,—	2.700,—
	– 53.100,—	3.100,—	21.000,—	18.000,—	11.000,—		
		– 38.500,—	8.500,—	17.000,—	13.000,—		
48.000,—	0,—	0,—	346.300,—	467.000,—	192.600,—	65.400,—	58.800,—

Verfahren der innerbetrieblichen Leistungsverrechnung

Bei differenzierter Betrachtung von größeren Betrieben mit einer Vielzahl von Kostenstellen ist festzustellen, daß diese Betriebseinheiten nicht nur unmittelbare Absatzleistungen erbringen, sondern auch Leistungen, die im Betrieb von anderen Kostenstellen verbraucht werden.

Diese *innerbetrieblichen Leistungen* können in der gleichen Rechnungsperiode verbraucht werden, zum Beispiel Erzeugung von Strom, Dampf, Gas, Transportleistungen, Reparaturleistungen, Modellen. Oder im Falle von *aktivierbaren* innerbetrieblichen Leistungen werden sie mehrjährig genutzt, zum Beispiel selbsterstellte Bauten, Maschinen oder Werkzeuge.

Im letzteren Fall entstehen keine besonderen Probleme. Diese Eigenleistungen können wie bei der Kalkulation von absatzbestimmten Leistungen (Kostenträger) behandelt werden. Der Verbrauch dieser Leistungen wird dann in den Jahren der Nutzung analog den Primärkosten an die empfangenen Kostenstellen verrechnet.

Schwieriger ist die Verrechnung von innerbetrieblichen Leistungen beim Verbrauch in der gleichen Rechnungsperiode, insbesondere bei gegenseitigen Leistungsverflechtungen der abzurechnenden Kostenstellen, zum Beispiel Wasserwerk verbraucht betriebseigene Strom- und Reparaturleistung – Stromwerk verbraucht Wasser (Dampf) und Reparaturleistung – Reparaturwerkstatt verbraucht Strom und Wasser. Hier bieten sich je nach Umfang und Bedeutung der Leistungsverflechtung verschiedene Verfahren an.

Um die Unterschiede und Auswirkungen der verschiedenen Verfahren herauszustellen, gehen wir von dem folgenden gemeinsamen Zahlenbeispiel (in DM) aus.

Beispiel 12.1: Innerbetriebliche Leistungen

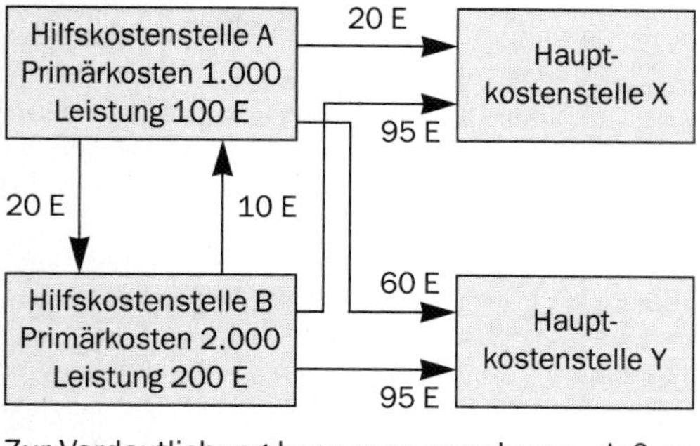

Zur Verdeutlichung kann man annehmen, daß es sich bei den Hilfskostenstellen (A und B) um eine Reparaturwerkstatt und den Fuhrpark handelt, die sich gegenseitig beliefern, aber hauptsächlich als Hilfsstellen Leistungen für die Fertigung der Produkte X und Y erbringen (E = Leistungseinheiten, beispielsweise Reparaturstunden, gefahrene km). Die ursprünglichen Kosten (Primärkosten) betragen vereinfacht bei A 1.000,— DM und bei B 2.000,— DM (zum Beispiel Lohn, Material, Abschreibungen für Gebäude, Maschinen, Betriebs- und Geschäftsausstattung).

• Kostenartenverfahren

Das Grundprinzip des *Kostenartenverfahrens* beinhaltet lediglich eine Verrechnung der Einzelkosten von – in der Regel – Leistungen von Hauptkostenstellen, beispielsweise werden für Reparaturleistungen von Fertigungsstellen für Materiallager oder Fuhrpark nur das verbrauchte Material und die effektiven Lohnstunden berechnet.

Das Kostenartenverfahren sollte nur angewendet werden, wenn solche innerbetrieblichen Leistungen für die leistende Kostenstelle bezüglich ihrer Gesamtleistung unbedeutend und/oder unregelmäßig sind, so daß eine exakte Erfassung der Vollkosten unwirtschaftlich wäre. Im Beispiel, in dem die innerbetriebliche Leistung von A an B 20% und der vernachlässigte Gemeinkostenanteil 10% der Gesamtprimärkosten beträgt, wäre das Kostenartenverfahren wohl nicht zu rechtfertigen, zumal es sich um Hilfskostenstellen handelt, die Leistungen üblicherweise *voll* an Hauptkostenstellen abrechnen.

Für die Entlastung einer leistenden Kostenstelle von anteiligen Gemeinkosten der innerbetrieblichen Leistungen können auch Gemeinkostenzuschlagssätze verrechnet werden (Kostenstellenzuschlagsverfahren). In unserem Beispiel 12.2 wären die Einzelkosten der innerbetrieblichen Leistungen zwischen A und B mit 100% zu beaufschlagen.

• Anbauverfahren (Blockumlageverfahren)

Beim *Anbauverfahren* werden die Primärkosten der leistenden, in der Regel Vorkostenstellen, voll in *einem Block* auf Haupt- oder Endkostenstellen entsprechend deren Leistungsinanspruchnahme umgelegt. Jedoch bleiben die gegenseitigen Leistungsverflechtungen der Vorkostenstellen, zum Beispiel zwischen A und B, unberücksichtigt (siehe Beispiel 12.3).

Dieses relativ einfache Verfahren ist nur zu rechtfertigen, wenn Vorkostenstellen einen sehr geringen oder gar keinen gegenseitigen Leistungsaustausch aufweisen. Beispielsweise gilt dies für eine Umlage von Fertigungshilfsstellen wie Arbeitsplanungsbüro, Lohnbüro, Modellwerkstatt, Werkzeugmacherei etc. Es weist im Vergleich zu den anderen Verfahren auch die größte Abweichung zum exakten Ergebnis auf.

Beispiel 12.2: Kostenartenverfahren
Unterstellen wir, die gegenseitigen Leistungen sollten zwischen Kostenstelle A und B nach dem Kostenartenverfahren verrechnet werden, wobei die Primärkosten 50 % Einzelkosten (zum Beispiel Material und Lohn) enthalten.

Kostenstellen	A	B	X		Y	
in DM			von A, B		von A, B	
Primäreinzelkosten	500	1.000				
Umlage A/B	– 100	+ 100	(20 E bzw. 20%)			
Umlage B/A	+ 50	– 50	(10 E bzw. 5%)			
Sekundäreinzelkosten	450	1.050				
Primärgemeinkosten	500	1.000				
Sekundärkosten	950	2.050				
Weiterverrechnung	→		20/80	237,5	60/80	712,5
der Sekundärkosten		→	95/190	1.025	95/190	1.025
Sekundärkosten				1.262,5		1.737,5

Beispiel 12.3: Anbauverfahren

Kostenstellen	A	B	X		Y	
in DM			Verteilung		Verteilung	
Primärkosten	1.000	2.000				
Umlage A	→		20/80	250	60/80	750
Umlage B		→	95/190	1.000	95/190	1.000
Sekundärkosten				1.250		1.750

Beispiel 12.4: Stufenleiterverfahren

Kostenstellen	A		B		X		Y	
in DM	von B		von A		von A, B		von A, B	
Primärkosten		1.000		2.000				
Umlage A		→	20/100	200	20/100	200	60/100	600
Umlage B				→	95/190	1.100	95/190	1.100
Sekundärkosten						1.300		1.700

• Stufenleiterverfahren (Treppenverfahren)
Das *Stufenleiterverfahren* sieht eine schrittweise Umlage der gesamten Kosten einer Vorkostenstelle auf nachgelagerte Kostenstellen vor. Dabei werden die Vorkostenstellen zuerst abgerechnet, die gar keine bzw. die geringsten Leistungen von anderen Kostenstellen empfangen. Zuletzt werden die Vorkostenstellen auf jene Endkostenstellen verrechnet, die am meisten Leistungen von Vorkostenstellen empfangen (Beispiel 12.4).

Der geringe Leistungsstrom zwischen B und A von 100,— DM (5% von 2.000,— DM) wurde vernachlässigt. Die Treppenform der stufenweisen Verrechnung hat zu der Bezeichnung Treppenverfahren geführt. Es handelt sich hierbei um ein relativ einfaches Verfahren bei weitgehender Berücksichtigung der Leistungsverflechtung von Vorkostenstellen. Typische Anwendungen sind allgemeine Hilfskostenstellen wie Wasser- und Stromerzeugung oder Sozialeinrichtungen.

Beispiel 12.5: Gleichungsverfahren
Für unser Zahlenbeispiel errechnen wir algebraisch die Kosten nach Verrechnung gegenseitiger Leistungen von den Vorkostenstellen A und B. Deren Kosten bestehen jeweils aus den Primärkosten und den Sekundärkosten durch empfangene innerbetriebliche Leistungen (in DM):

4 (1) $K_A = 1.000 + 10/200\ K_B$ — K_A = Gesamtkosten Kostenstelle A

(2) $K_B = 2.000 + 20/100\ K_A$ — K_B = Gesamtkosten Kostenstelle B

(1) in (2) eingesetzt

(3) $K_B = 2.000 + 20/100\ (1.000 + 10/200\ K_B)$

(4) $K_B = 2.000 + 200 + 1/100\ K_B$

(5) $99/100\ K_B = 2.200 \quad K_B = \underline{2.222{,}22}$

(5) in (1) eingesetzt

(6) $K_A = 1.000 + 10/200 \times 2.222{,}22$

(7) $K_A = \underline{1.111{,}11}$

Die Umlage sieht wie folgt aus:

Kostenstellen	A		B		X		Y	
	von B		von A		von A, B		von A, B	
Primär- und Sekundärkosten		1.111		2.222				
Umlage A		→	20/100	222	20/100	222	60/100	667
Umlage B	10/200	111	←	→	95/190	1.055,5	95/190	1.055,5
Sekundärkosten						1.277,5		1.722,5

Beispiel 12.6: Iteratives Verfahren mit Kostensummen

Kostenstellen	A		B		X		Y	
in DM	von B		von A		von A, B		von A, B	
Primärkosten		1.000		2.000				
1. Umlage A		→	20/100	200				
B	10/200	100	←					
2. Umlage A		→	20/100	20				
B	10/200	10	←					
3. Umlage A		→	20/100	2				
B	10/200	1	←					
Primär- und Sekundärkosten		1.111		2.222				
Umlage A		→	20/100	222	20/100	222	60/100	667
Umlage B	10/200	111	←	→	95/200	1.055,5	95/200	1.055,5
Sekundärkosten						1.277,5		1.722,5

Beispiel 12.7: Iteratives Verfahren mit Stückkosten
Im ersten Schritt werden die Stückkosten ohne Sekundärkosten ermittelt. In den weiteren Schritten werden die Stückkosten unter der Berücksichtigung von Sekundärkosten solange neu errechnet, bis sich die Ergebnisse stabilisiert haben.

Stückkosten A: $\frac{1.000}{100} = 10 \qquad \frac{1.000 + 10 \times 11}{100} = 11{,}1 \qquad \frac{1.000 + 10 \times 11{,}11}{100} = \underline{11{,}11}$

Stückkosten B: $\frac{2.000 + 20 \times 10}{200} = 11 \qquad \frac{2.000 + 20 \times 11{,}1}{200} = 11{,}11 \qquad \frac{2.000 + 20 \times 11{,}11}{200} = \underline{11{,}11}$

Kostenumlage:

Kostenstellen	A		B		X		Y	
in DM	verr. E	Stückk. 11,11	verr. E	Stückk. 11,11	verr. E		verr. E	
Primärkosten		1.000		2.000				
Umlage A Umlage B	– 100 10	– 1.111 111	20 – 200	222 – 2.222	20 95	222 1.055,5	60 95	667 1.055,5
						1.277,5		1.722,5

Beispiel 12.8: Festpreisverfahren
Die Leistungen der Kostenstelle A sollen mit einem Verrechnungspreis von 12,— DM und die von B mit 11,— DM verrechnet werden.

Kostenstellen	A		B		X		Y	
in DM	E von B	verr. P 12,—/E	E von A	verr. P 11,—/E	E von A, B		E von A, B	
Primärkosten		1.000		2.000				
Umlage A Umlage B	– 100 10	– 1.200 110	20 – 200	240 – 2.200	20 95	240 1.045	60 95	720 1.045
Abweichung/ Sekundärkosten		– 90		+ 40		1.285		1.765

- Gleichungsverfahren (mathematisches Verfahren)

Das exakteste Verfahren ist die simultane Berechnung der Sekundärkosten aller innerbetrieblichen Leistungen (LP-Verfahren, Matrizenrechnung). Durch den Einsatz der EDV wird auch die Lösung von komplexen Gleichungssystemen zur innerbetrieblichen Leistungsverrechnung ermöglicht (Beispiel 12.5 ist eine einfache algebraische Lösung). Zu *mathematischen Lösungsverfahren* sei hier auf Spezialliteratur verwiesen (zum Beispiel Müller-Merbach: Operations Research).

- Iteratives Verfahren

Dieses Verfahren bietet eine dem Gleichungsverfahren vergleichbar exakte Lösung, indem durch schrittweise Umlage der Kosten der gegenseitigen Leistungen der Vorkostenstellen näherungsweise die Sekundärkosten für die Vorkostenstellen ermittelt werden. Das Näherungsverfahren wird abgebrochen, wenn die weiterzuverrechnenden Umlagen einen vernachlässigbaren Betrag erreichen, zum Beispiel 1,— DM (siehe Beispiel 12.6). Durch die Unterstützung mittels Datenverarbeitung können mit dem Iterationsverfahren auch komplexe innerbetriebliche Leistungsbeziehungen berechnet werden.
Für eine laufende Verrechnung von innerbetrieblichen Leistungen ist es jedoch zweckmäßiger, statt Kostensummen die Leistungseinheiten mal den Kosten je Leistungseinheit (Stückkosten) zu verrechnen. Im Beispiel 12.7 ist zu sehen, welche *Stückkosten* sich mit Hilfe des Iterationsverfahrens für die Vorkostenstellen A und B ergeben.

4

• Festpreisverfahren
Alle bisher behandelten Verfahren haben den Nachteil, daß die Verrechnung von innerbetrieblichen Leistungen erst nach Vorliegen sämtlicher Kosten erfolgen konnte. Die Kostenumlage von innerbetrieblichen Leistungen mittels *festen Verrechnungspreisen* lassen dagegen eine laufende Abrechnung von Sekundärkosten (Leistungseinheiten x Verrechnungspreise) zu. Dieser Verrechnungspreis fußt dabei nicht auf den (zufälligen) Ist-Kosten, sondern entspricht den Stückkosten des Vorjahres, Normalkosten oder Standardkosten unter Berücksichtigung von Marktpreis- und Kostensteuerungsgesichtspunkten.
Die Abweichungen im Beispiel 12.8 enthalten die gegenüber den Ist-Kosten zuviel (beispielsweise −90) oder zuwenig (beispielsweise +40) verrechneten Kostenstellenkosten. Diese Abweichungen können summarisch auf die Endkostenstellen der Kostenträger verteilt, direkt dem Gesamtbetriebsergebnis zugerechnet oder als Vortrag auf neue Rechnung auf der Kostenstelle belassen werden. Die Anwendung von Verrechnungspreisen bei innerbetrieblichen Leistungen vereinfacht wesentlich die Abrechnung von insbesondere komplexen Leistungsstrukturen. Weiter abstrahiert sie von Zufallsschwankungen bei den Primärkosten oder von Auswirkungen durch Beschäftigungsschwankungen der Vorkostenstellen auf die zu verrechnenden Sekundärkosten.

Die Kostenträgerrechnung

Ziel und Aufgaben

Neben einer Überwachung der Kostenartenentwicklung insgesamt und in einzelnen Funktionsbereichen ist es mit das wichtigste Ziel der Kostenrechnung, Kosten auf Kostenträger umzulegen.
Kostenträger sind die Leistungen, bei deren Erstellung die Kosten verursacht wurden:
- Absatzleistungen (fertige Erzeugnisse) oder
- Leistungen für den eigenen Betrieb, die wieder sukzessiv in die Produktion eingehen (selbsterstellte Anlagen, unfertige Erzeugnisse).

Je nach Zielsetzung sind Kostenträgerzeitrechnung und Kostenträgerstückrechnung zu unterscheiden.

• Die Kostenträgerzeitrechnung
Sie erfaßt alle Kostenarten eines bestimmten Zeitraumes (Monat, Vierteljahr usw.) und stellt sie den entsprechenden Leistungen im gleichen Zeitraum gegenüber. Die gesamten Kosten werden also auf die gesamten Leistungen des gleichen Zeitraumes abgerechnet. Die Kostenträgerzeitrechnung stellt somit eine zeitraumbezogene Erfolgsrechnung dar, die durch eine Gegenüberstellung von Kosten und Erträgen einen Überblick über die Wirtschaftlichkeit des Gesamtbetriebes gibt (kurzfristige Erfolgsrechnung).

• Die Kostenträgerstückrechnung
Während eine Kostenträgerzeitrechnung sämtliche Kosten mit den gesamten Leistungen eines Rechnungsabschnittes verrechnet, ermittelt die Kostenträgerstückrechnung die Kosten für eine Einheit des Kostenträgers (Kalkulation).

Die Kalkulation

Mit der Kalkulation der Herstellungs- und Selbstkosten pro Leistungseinheit liefert die Kostenträgerstückrechnung unentbehrliche Unterlagen für die Bewertung der erstellten Erzeugnisse im Inventar bzw. in der Bilanz und für die richtige Preispolitik des Unternehmens.
Darüber hinaus liefert sie wichtige Informationen über die Wirtschaftlichkeit von Teilleistungen des Betriebes. Nicht zuletzt ist sie Grundlage der Kostenträgerzeitrechnung.

• Zeitpunkt der Kostenträgerstückrechnung
Vorkalkulation: Es werden die Kosten von zukünftig zu erstellenden Leistungen ermittelt. Die Notwendigkeit hierzu besteht vor allem bei der Angebotspreisermittlung in Fällen von Einzelaufträgen. Die Hauptschwierigkeit der Vorkalkulation besteht im Abschätzen der Lohn- und Preisentwicklung zur Zeit der Fertigung.
Zwischenkalkulation: Sie ist nötig bei Erzeugnissen mit langer Produktionsdauer. Zwischenzeitlich wird durch Kontrolle der angefallenen Kosten (Ist-Kosten) überprüft, ob die vorkalkulierten Preise eingehalten werden können. Die Zwischenkalkulation ist also wesentlich sicherer als eine Vorkalkulation, da sie bereits auf belegten Angaben der begonnenen Produktion aufbauen kann. Sie ist bedeutend für die Bewertung von unfertigen Erzeugnissen und für die Ermittlung von Entschädigungsforderungen bei Widerruf eines Auftrages. Außerdem können mit ihrer Hilfe Verlustquellen noch rechtzeitig ausgeschlossen werden.
Nachkalkulation: Sie stützt sich auf tatsächlich entstandene Kosten und erfolgt nach Fertigstellung der Kostenträger. Ihre Aufgabe ist es also, den Anteil der Stückkosten an den Gesamtkosten zu ermitteln sowie diesen den Erlösen der einzelnen Leistungseinheiten gegenüberzustellen. Zugleich werden durch die Nachkalkulation die Werte der Vorkalkulation überprüft und Unterlagen für künftige Vorkalkulationen bereitgestellt.

Kalkulationsmethoden
Die zu wählende Kalkulationsmethode ist abhängig von der Betriebsstruktur, insbesondere vom Fertigungsprogramm.

• Die einstufige Divisionskalkulation
Sie ist die einfachste Methode. Nach ihr werden die Stückkosten durch die Division der Gesamtkosten (z. B. Spalte 7 im Beispiel 7.7) durch die Produktionsmenge ermittelt.

$$\text{Selbstkosten (Stückkosten)} = \frac{\text{Gesamtkosten}}{\text{Produktionsmenge}}$$

Der gesamte Betrieb wird als eine Kostenstelle gesehen. Diese Methode ist jedoch nur ausreichend genau, wenn
- die gefertigten Erzeugnisse gleichartig sind. Sie findet daher überwiegende Anwendung in Betrieben mit einer einheitlichen Massenfertigung, wie zum Beispiel in Zement- und Kalkwerken, Elektrizitätswerken, Ziegeleien, Bergwerken, Zuckerfabriken u. ä.;
- die Kosten pro Leistungseinheit gleich bleiben (Proportionalitätsgesetz);
- Bestandsveränderungen von den Gesamtkosten abgezogen (Bestandsmehrungen) bzw. zugezählt (Bestandsminderungen) werden. Es dürfen aber keine unfertigen Erzeugnisse in den Beständen sein.

Treten Bestandsveränderungen auf, so ist zum Zwecke der Bewertung der gelagerten Erzeugnisse eine Aufteilung der Gesamtkosten in Herstellungskosten und nicht mit der Herstellung zusammenhängende Verwaltungs- und Vertriebskosten notwendig, da ja nicht verkaufte Erzeugnisse als Herstellungskosten zu bewerten sind. Einer Kostenträgerrechnung muß dann eine einfache Kostenstellenrechnung vorangehen mit den Kostenstellen Herstellung einerseits sowie Verwaltung/Vertrieb andererseits (siehe Beispiel 13).
Die einstufige Divisionskalkulation ist zwar leicht zu handhaben, besitzt aber nur eine geringe Aussagekraft bezüglich der Kostenkontrolle, da sie die Kosten des gesamten Erzeugungsprozesses erfaßt, ohne Unterscheidung von Produktionsstufen und Kostenstellen.
Um diese zu verbessern, aber auch um diese einfache Methode in Betrieben mit einem vielseitigen Produktionsprogramm anzuwenden, wurden verschiedene andere Verfahren der Divisionskalkulation entwickelt.

• Die mehrstufige Divisionskalkulation
Sie findet Anwendung, wenn die Herstellung sich in mehreren Produktionsstufen vollzieht. Die Kosten und Leistungen einer jeden Stufe werden gesondert ermittelt. Die Stückkosten werden dann durch Division der Gesamtkosten einer Produktionsstufe durch die Produktionsmenge errechnet. Mit diesen Kosten belastet, gehen die Produkte einer Stufe auf ein Zwischenlager und von dort sukzessiv in die nächste Produktionsstufe. Diese Methode setzt zwar eine Kostenstellenrechnung voraus, ermöglicht aber eine einfache Ermittlung der Selbst- und Herstellungskosten – letztere bei getrennter Erfassung der Verwaltungs- und Vertriebskosten – der Produktionseinheiten jeder Stufe, insbesondere der Zwischen- oder Halberzeugnisse. Von Vorteil ist außerdem, daß Zwischenprodukte verkauft, bezogene Fertigteile in jeder beliebigen Produktionsstufe in einen Fertigungs-

4

Beispiel 13: Einstufige Divisionskalkulation
Eine Fruchtsaftfabrik erstellte in einem Monat 5.000 hl Apfelsaft. Dabei entstanden folgende Kosten:

Kostenarten	Zahlen der Buchführung	I Herstellungskosten	II Verwaltungs- und Vertriebskosten
Äpfel	45.000,— DM	45.000,— DM	
Sonstige Stoffe	30.000,— DM	30.000,— DM	
Löhne	50.000,— DM	40.000,— DM	10.000,— DM
Gehälter	30.000,— DM	10.000,— DM	20.000,— DM
Abschreibungen	10.000,— DM	7.000,— DM	3.000,— DM
Sonstige Kosten	35.000,— DM	18.000,— DM	17.000,— DM
	200.000,— DM	150.000,— DM	50.000,— DM

$$\text{Selbstkosten} = \frac{200.000,\text{— DM}}{5.000\text{ hl}} = 40,\text{— DM/hl}$$

$$\text{Herstellungskosten} = \frac{150.000,\text{— DM}}{5.000\text{ hl}} = 30,\text{— DM/hl}$$

prozeß hineingegeben werden können, ohne daß die Bewertung Schwierigkeiten bereitet.

$$\text{Selbstkosten je Leistungseinheit der Stufe I} = \frac{\text{Gesamtkosten I}}{\text{Leistungsmenge I}}$$

4

$$\text{Selbstkosten je Leistungseinheit der Stufe II} = \frac{\text{Kosten der von Stufe I übernommenen Leistungseinheiten + Kosten der Stufe II}}{\text{Leistungsmenge der Stufe II}}$$

$$\text{Selbstkosten je Leistungseinheit der Endstufe} = \frac{\text{Kosten der von Stufe II übernommenen Leistungseinheiten + Kosten der Endstufe}}{\text{Leistungsmenge der Endstufe}}$$

Hier wird unterstellt, daß alle Leistungen alle Produktionsstufen durchlaufen. Ist das nicht der Fall, weil ein Teil der Zwischenproduktion verkauft oder länger auf Lager liegt (wichtig beim Abschluß), werden nur die Herstellungskosten der übernommenen Leistungseinheiten von einer Stufe auf die folgende abgewälzt. Verwaltungs- und Vertriebskosten werden den jeweiligen Stufen anteilig zugerechnet.

Beispiel 14: Mehrstufige Divisionskalkulation
Ein Industriebetrieb erzeugt ein Fertigprodukt in drei Produktionsstufen. Die Zwischenprodukte werden gelagert bzw. teilweise verkauft, teilweise in der folgenden Produktionsstufe weiterverarbeitet.

Stufe	Kosten in DM	Produktions-menge	Weiter-verarbeitung
I	600.000,—	50.000 Stück	50.000 Stück
II	300.000,—	40.000 Stück	30.000 Stück
III	150.000,—	15.000 Stück	

$$\text{Selbstkosten je Stück der Stufe I} = \frac{\text{600.000 DM}}{\text{60.000 Stück}} = \text{10,— DM/Stück}$$

$$\text{Selbstkosten je Stück der Stufe II} = \frac{\text{500.000 DM + 300.000 DM}}{\text{40.000 Stück}} = \text{20,— DM/Stück}$$

$$\text{Selbstkosten je Stück der Stufe III} = \frac{\text{600.000 DM + 150.000 DM}}{\text{15.000 Stück}} = \text{50,— DM/Stück}$$

• Die Divisionskalkulation mit Äquivalenzziffern
Sie findet Anwendung, wenn ein Betrieb mit den gleichen Einrichtungen verschiedene, jedoch verwandte Erzeugnisse produziert (Drähte, Bleche, Garne, Bier usw.). Bei gleichem Produktionsablauf sind die Kosten der Erzeugnisse nicht gleich hoch, bedingt zum Beispiel durch verschiedene Materialmengen oder ganz unterschiedliche Materialmengen oder auch ganz unterschiedliche Inanspruchnahme der gleichen Einrichtungen. Das Verhältnis der Kosten eines Produktes zu den Kosten anderer Produkte kann mit Hilfe von Äquivalenzziffern (Wertigkeitsziffern) ausgedrückt werden. Eine einmalige genaue Aufzeichnung der Kosten ist Voraussetzung für das Auffinden dieser Kostenverhältnisziffern. Dabei besteht natürlich für die Zukunft die Gefahr, daß bei der Ist-Kostenermittlung gemachte Fehler immer mitgeschleppt werden oder Kostenänderungen das Verhältnis verfälschen.
Rechnerisch wird ein Erzeugnis gleich 1 gesetzt und die anderen Erzeugnisse werden auf dieses Schlüsselprodukt umgerechnet. Als Grundlage für die Berechnung können beispielsweise Rohmaterialverbrauch, Fertigungszeiten, Verkaufspreise und Kosten in Frage kommen. Mit Hilfe der Äquivalenzziffern werden die Produkte zu Rechnungseinheiten umgerechnet:

$$\text{Rechnungseinheiten} = \text{Produktionsmenge x Äquivalenzziffer}$$

Die Divisionskalkulation ermöglicht dann die Errechnung der Kosten pro Rechnungseinheit:

$$\text{Kosten pro Rechnungseinheit} = \frac{\text{Gesamtkosten}}{\text{Rechnungseinheiten}}$$

Multipliziert man nun die Kosten pro Rechnungseinheit mit den Äquivalenzziffern, so erhält man die Stückkosten der einzelnen Produkte (siehe Beispiel 15).

• Die Divisionskalkulation bei Kuppelproduktion
Kuppelprodukte sind verschiedenartige Erzeugnisse, die jedoch zwangsläufig in einem Produktionsgang in konstantem Mengenverhältnis anfallen (Beispiel: Koks, Gas, Teer, Benzol). Eine genaue Errechnung der Stückkosten ist nicht immer möglich, da die Kosten für alle Produkte teilweise in einem gemeinsamen Erzeugungsvorgang anfallen.
Erst vom Moment der Gabelung des Produktionsprozesses können die Kosten für jedes Produkt ermittelt werden. Die Kosten des gemeinsamen Produktionsvorganges müssen umgelegt werden. Folgende Methoden sind möglich.

1) Restwert- oder Restkostenrechnung oder Subtraktionsmethode: Eines der Kuppelprodukte wird als das Haupterzeugnis angesehen. Alle Kosten werden bis zur Verzweigung des Produktionsprozesses für die Gesamtproduktion erfaßt. Vom Punkt der Gabelung (split-off-point) werden die noch notwendigen Aufbereitungskosten der Nebenprodukte gesondert ermittelt.

Beispiel 15: Divisionskalkulation mit Äquivalenzziffern
Ein Walzwerk stellt Feinbleche unterschiedlicher Stärke her: I = 1 mm, II = 1,5 mm, III = 2 mm
Gesamtkosten 882.000,— DM

Sorte	Frühere Ist-Kosten je t (DM)	Äquivalenzziffer	Erzeugung	Rechnungseinheiten	Kosten je Erzeugnis (DM)	Kosten je t
I	540,—	1	800 t	800	480.000,—	600,—
II	432,—	0,8	400 t	320	192.000,—	480,—
III	378,—	0,7	500 t	350	210.000,—	420,—
Summe				1.470	882.000,—	

$$\text{Kosten je Rechnungseinheit} = \frac{882.000\ \text{DM}}{1.470} = 600,\!—\ \text{DM}$$

4

Zur Ermittlung der Stückkosten des Haupterzeugnisses werden nun die Erlöse der Nebenprodukte nach Verrechnung mit den Aufbereitungskosten von den Gesamtkosten subtrahiert, die Restkosten durch die Produktionsmenge des Haupterzeugnisses dividiert:

Gesamtkosten
– Überschuß aus Nebenprodukten

= Gesamtkosten des Haupterzeugnisses

$$\text{Stückkosten des Haupterzeugnisses} = \frac{\text{Gesamtkosten des Haupterzeugnisses}}{\text{Produktionsmenge des Haupterzeugnisses}}$$

Nach dieser Methode haben die Nebenprodukte die Aufgabe, die Hauptprodukte kostenmäßig zu entlasten. Mithin lohnt sich die Aufbereitung nur, wenn sie einen Marktpreis erzielen, der über den Aufbereitungskosten liegt.
Andererseits sind die Kosten des Hauptproduktes in starkem Maße abhängig von der Nachfrage und dem Absatz der Nebenprodukte. Da die Betriebe mit Kuppelprodukten sich jedoch wegen des weitgehend unauflöslichen Erzeugnisvorganges nicht einseitig anpassen können, müssen die Kosten der Nebenprodukte bis zum Gabelpunkt vom Hauptprodukt mitgetragen werden.
Nach der Restwertrechnung wird das Haupterzeugnis also zum einzigen Kostenträger. Es zeigt, welche Kosten mindestens über den Preis hereingeholt werden müssen, damit der Betrieb seine Kosten deckt. Dieses Verfahren ist also eher in die Wirtschaftlichkeitsrechnung als in die Kostenrechnung einzuordnen.

2) Marktpreisrechnung und Lösung über technische Daten: In beiden Fällen handelt es sich um eine Art Äquivalenzziffernrechnung. Grundlage der ermittelten Kostenrelationen sind aber nicht analytisch ermittelte Ist-Kosten, sondern Marktpreise (Verkaufspreise) oder technische Daten (zum Beispiel Wärmeeinheiten bei Kohle und Gas).

Insbesondere bei der Marktpreisrechnung richtet sich die Kostenverteilung nach den Verkaufserlösen der einzelnen Erzeugnisse und damit nach der Nachfrage und Konkurrenz.

• Die Zuschlagskalkulation
In Betrieben mit Einzel- und Serienfertigung ist wegen der Verschiedenheit der Leistungen eine Zurechnung der Kosten auf dem Wege der Divisionskalkulation nicht möglich. Für diese Fälle ist ein Kalkulationsverfahren nötig, das der Kostenerfassung für die einzelnen Kostenträger mit unterschiedlichem Fertigungsablauf Rechnung trägt. Es ist die Zuschlagskalkulation. Sie basiert
- auf der Trennung der Gesamtkosten in „Einzel- und Gemeinkosten“ (siehe Abb. 4.13) und
- auf der Kostenstellenrechnung, die im BAB (siehe Beispiele 10, 11) ihren Niederschlag findet.

Anhand von genauen Aufwendungen werden die Einzelkosten wie
- Materialeinzelkosten (Stücklisten)
- Fertigungslöhne (Lohnlisten) und
- Sondereinzelkosten

dem einzelnen Kostenträger direkt zugerechnet. Mit Hilfe der Kostenstellenrechnung wird ermittelt, an welchen Stellen die Gemeinkosten angefallen sind. Da die einzelnen Kostenstellen in unterschiedlichem Maße von den Kostenträgern beansprucht werden, muß eine Zuschlags- oder Vergleichsgrundlage für die Gemeinkosten gefunden werden, die das Verhältnis einer Beanspruchung durch die Kostenträger wiedergibt.
Es muß eine Größe sein, von der die Gemeinkosten des einzelnen Kostenträgers abhängig sind. Solche Bezugsgrößen können sein
- Materialeinzelkosten,
- Fertigungseinzelkosten,
- Arbeits- oder Maschinenstunden,
- die gesamten Einzelkosten,
- Stückzahl
- Gewicht usw.

Zwischen der Zuschlagsgrundlage und den Gemeinkosten muß also eine Proportionalität bestehen. Aus dem Verhältnis der Zuschlagsgrundlage zu den Gemeinkosten lt. BAB kann dann ein für alle Kostenträger mit gleicher Bezugsbasis gemeinsamer Zuschlagssatz ermittelt werden.

$$\text{Zuschlagssatz} = \frac{\text{Stellengemeinkosten} \times 100}{\text{Zuschlagsgrundlage}}$$

1) Die summarische oder einfache Zuschlagskalkulation: Hierbei wird eine Proportionalität aller Gemeinkosten zu einer Zuschlagsbasis angenommen. Eine Aufteilung des Gemeinkostenfeldes erübrigt sich. Der ganze Betrieb bildet eine Kostenstelle. Für die Ermittlung der Herstellungs- und Selbstkosten müßten allerdings die Verwaltungs- und Vertriebskosten in einer besonderen Kostenstelle erfaßt werden. Diese Methode findet häufig in Kleinbetrieben Anwendung. Sie ist aber grundsätzlich nur dann anwendbar, wenn eine Verwandtschaft der Kostenträger besteht (gemeinsames Ausgangsmaterial, weitgehend gleicher Produktionsablauf usw.).

2) Die selektive oder differenzierte Zuschlagskalkulation: Es handelt sich um eine Zuschlagskalkulation mit mehreren Zuschlagssätzen. Sie ist dann anzuwenden, wenn die Proportionalität aller Gemeinkosten zu einer Grundlage nicht gegeben ist. Gemeinkosten werden also nach ihrer Proportionalität zu verschiedenen Zuschlagsgrundlagen aufgeteilt (siehe den Abschnitt „Die Kostenstellenrechnung"). Voraussetzung ist somit eine verfeinerte Kostenstellenrechnung, die dem Grundsatz der Proportionalität in der Kalkulation Rechnung trägt.

In Anlehnung an die „Leitsätze für die Preisermittlung aufgrund von Selbstkosten" (LSP) für Betriebe mit öffentlichen Aufträgen hat sich folgendes Kalkulationsschema durchgesetzt:

1. Materialeinzelkosten (Fertigungsmaterial)	
+ 2. Materialgemeinkosten (MGK)	
Materialkosten	(1+2)
3. Fertigungseinzelkosten (Fertigungslöhne)	
+ 4. Fertigungsgemeinkosten (FGK)	
+ 5. Sondereinzelkosten der Fertigung (SKF)	
Fertigungskosten	(3 bis 5)
Herstellkosten	(1 bis 5)
+ 6. Verwaltungsgemeinkosten (VwGK)	
+ 7. Vertriebsgemeinkosten (VtGK)	
+ 8. Sondereinzelkosten des Vertriebes (SKV)	
Selbstkosten	(1 bis 8)

Beispiel 16: Selektive Zuschlagskalkulation
In der Betriebsbuchführung entsprechend GKR eines Industrieunternehmens werden u. a. folgende Zahlen ermittelt (in DM):

Kto. 40	Materialeinzelkosten	120.000,—
Kto. 431	Fertigungslöhne	180.000,—
Kto. 494	Sondereinzelkosten Fertigung	35.400,—

Die gesamten Gemeinkosten der Klasse 4 betragen 298.200,—

Davon entfallen nach BAB auf
MGK 9.600,— VwGK 96.000,—
FGK 135.000,— VfGK 57.600,—

Materialeinzelkosten	120.000,—	
8 % ↓		
Materialgemeinkosten	9.600,—	
Materialkosten		129.600,—
Fertigungseinzelkosten	180.000,—	
75 % ↓		
Fertigungsgemeinkosten	135.000,—	
Sondereinzelkosten der Fertigung	35.400,—	
Fertigungskosten		350.400,—
Herstellungskosten		480.000,—
20 % ↓		
Verwaltungsgemeinkosten		96.000,—
Vertriebsgemeinkosten ← (12 %)		57.600,—
Selbstkosten		633.600,—

Dabei wird die gleiche Inanspruchnahme der Kostenstellen durch alle Kostenträger unterstellt. In vielen Firmen mit sehr heterogenen Fertigungsprogrammen durchlaufen die Produkte verschiedene Fertigungsstellen. Eine Erfassung aller Fertigungsgemeinkosten in einer Fertigungskostenstelle sowie die Ermittlung eines gemeinsamen Gemeinkostenzuschlagssatzes wird dieser Heterogenität nicht gerecht. So kann beispielsweise ein Teil der Gemeinkosten von der Fertigungszeit (Rüst- und Ausführungszeit), ein anderer von der Maschinenlaufzeit, wieder ein anderer von den Fertigungslöhnen abhängig sein.

Die Fertigungseinzel- und -gemeinkosten werden daher nach Fertigungsstellen gegliedert, um den verschiedenen Zuschlagsbasen die entsprechenden Gemeinkosten zuzuordnen. Aus kalkulatorischen Gründen bezieht man die Fertigungseinzelkosten also mit in die Kostenstellenrechnung ein. Diese Aufgliederung kann bis zu einer platzbezogenen (Arbeitsplatz, Maschine) Zuschlagskalkulation (Platzkostenrechnung) führen.

Bezugsgröße	Kennzahl mit Berechnung
Fertigungskosten einer Kostenstelle	$\text{Abteilungsstundensatz} = \frac{\text{Fertigungskosten der Kostenstelle}}{\text{Fertigungsstunden der Kostenstelle}}$
Produzierte oder verarbeitete Menge einer Kostenstelle	$\text{Abteilungsmengensatz} = \frac{\text{Fertigungskosten der Kostenstelle}}{\text{Produzierte Menge}}$

Abb. 4.20: Berechnung von Abteilungsstunden- und mengensätzen

3) Bezugsgrößenkalkulation: Nur in arbeits- und damit lohnintensiven Betrieben bzw. Fertigungsstellen ist der Fertigungslohn eine geeignete Zuschlagsgrundlage der Fertigungsgemeinkosten. In Betrieben mit mechanisierter bzw. automatisierter Fertigung, in denen die Fertigungslöhne in der Regel weit hinter den maschinenabhängigen Kosten zurücktreten, wird der größte Teil der Fertigungskosten unter den Gemeinkosten erfaßt. Ihre Verteilung in der Kostenstellen- und Kostenträgerrechnung ist daher problematisch. Mit Hilfe anderer Bezugsgrößen der Gemeinkosten wird versucht, diese Probleme zu lösen (siehe Abb. 4.20). In beiden Fällen werden auch die Fertigungseinzelkosten mit in die Kostenstellenrechnung einbezogen.

Beispiel 17: Bezugsgrößenkalkulation
Aus dem BAB-Auszug eines Industriebetriebes sind zu errechnen:
für die Fertigungsstelle I der Abteilungsstundensatz,
für die Fertigungsstelle II der Abteilungsmengensatz.

Kosten in DM	Fertigungsstelle I	Fertigungsstelle II
Fertigungsgemeinkosten	340.000,—	213.000,—
Fertigungslöhne	124.000,—	115.000,—
Bezugsgröße	18.560 Std.	820 Stück

Berechnung der Fertigungskosten:

Fertigungslöhne	124.000,—	115.000,—
+ Fertigungsgemeink.	340.000,—	213.000,—
= Fertigungskosten	464.000,—	328.000,—

Abteilungsstundensatz der Fertigungsstelle I =

$$\frac{464.000 \text{ DM}}{18.560 \text{ Stunden}} = 25,\text{— DM je Stunde}$$

Abteilungsmengensatz der Fertigungsstelle II =

$$\frac{328.000 \text{ DM}}{820 \text{ Stück}} = 400,\text{— DM je Stück}$$

Nachteil der Kalkulationsverfahren mit Stunden- oder Mengensätzen ist eine kostenrechnerische Mehrarbeit, die mit der Aufgliederung der Fertigungsbereiche in mehrere Kostenstellen verbunden ist.

Maschinenabhängige Gemeinkosten	Restfertigungsgemeinkosten
Kalkulatorische Abschreibungen, Kalkulatorische Zinsen, Instandhaltungs- und Wartungskosten, Raumkosten, Energiekosten, Werkzeugkosten	Hilfslöhne, Gehälter, Sozialkosten, Hilfsstoffe, Heizung, Sonstige Fertigungsgemeinkosten

Abb. 4.21: Auflösung der FGK

a) Die Berechnung von Maschinenstundensätzen: Die Maschinenstundensatzrechnung (MSR) von dem Verein Deutscher Maschinenbau-Anstalten e. V. (VDMA) entwickelt, trägt der Mechanisierung und Automatisierung im Fertigungsbereich besonders Rechnung. Sie berücksichtigt, daß Produkte teilweise von Maschinen mit hohen Kosten, teilweise von Maschinen mit geringen Kosten hergestellt werden, und daß dieselbe Maschine von verschiedenen Produkten zeitlich unterschiedlich in Anspruch genommen wird. Entsprechend der Maschinenlaufzeit bzw. der Zeit ihrer Inanspruchnahme werden die Kosten einer Maschine mit Hilfe von Maschinenstundensätzen auf die jeweiligen Erzeugnisse verrechnet.
Es können jedoch nur die Kosten in den Maschinenstundensatz einbezogen werden, die unmittelbar *maschinenabhängig* sind. Die MSR macht somit die Auflösung der Fertigungsgemeinkosten in maschinenabhängige und maschinenunabhängige Gemeinkosten (Restgemeinkosten) notwendig (siehe Abb. 4.21). Die Restgemeinkosten können dann zusammengefaßt mit Hilfe eines einheitlichen Stunden-, Mengen- oder Prozentsatzes den maschinenabhängigen Kosten zugerechnet werden.

b) Planung der Maschinenlaufzeit: Zur Ermittlung eines Maschinenstundensatzes muß die erreichbare Nutzungszeit einer Maschine bestimmt werden. Um den Standardcharakter des Maschinenstundensatzes zu erhalten, empfiehlt der VDMA, bei der Berechnung der Nutzungszeit von der verfügbaren Kalenderzeit im Jahr unter Berücksichtigung der Arbeitszeit auszugehen.

4

Der VDMA hat eine Maschinenstundensatz-Karte entwickelt, in der sowohl die Daten zur Berechnung als auch die Anteile der Kostenarten pro Maschinenstunde eingetragen werden (Abb. 4.22).

Kostenstelle		
Bezeichnung der Maschine	Abwälzfräsmaschine	
Baumuster		
Hauptabmessungen		
Hersteller und Lieferant		
Antriebsleistung in kW	Nennleistung	Mittl. Leistung
Hauptmotor		7,5
Servomotor für:		
Servomotor für:		
Servomotor für:		
Installierte Leistung insgesamt		

Maschinengruppe				Nr.
Standort				
Gewicht netto	Raumanteil	20 m²	Baujahr	1976
Anschaffungspreis (inkl. Transport und Zollkosten)	DM 75.000			
+ Normalzubehör	DM			
Eigentlicher Grundpreis	DM 75.000	100 %		
+ Elektrische Ausrüstung	DM 4.000	%		
+ Aufstellungskosten	DM 1.000	%		
+ Sonderzubehör	DM	%		
Gesamtanschaffungspreis der Maschine	DM 80.000			
Anschließbare Aggregate				

Ermittlung des Maschinenstundensatzes

Kostenkomponenten	Berechnungsgrundlagen						Maschinenkosten/Stunde				
	Bezeichnung	a	b	c	d	e	a	b	c	d	e
Wiederbeschaffungswert	—	100.000									
Gesamtnutzungsdauer	—	10									
Soll-Laufstunden/Jahr	—	1.600									
Kalkulat. Abschreibungen	Jahresrate	10.000					6,25				
Kalkulatorische Zinsen	Zinssatz und Jahresrate	6 %					1,88				

Energiekosten	kWh-Satz	0,15					1,13				
Werkzeugkosten	Jahresrate	6.000					3,84				
Maschinenstundensatz	—	—	—	—	—	—	15,11				
Feste Kosten	%										
Bewegliche Kosten	%										
Datum der jeweiligen Ermittlung	Anfang 1976										

Kostenkomponenten	Berechnungsgrundlagen						Maschinenkosten/Stunde				
	Bezeichnung	a	b	c	d	e	a	b	c	d	e
Wiederbeschaffungswert	—										
Gesamtnutzungsdauer	—										
Soll-Laufstunden/Jahr	—										
Kalkulat. Abschreibungen	Jahresrate										
Kalkulatorische Zinsen	Zinssatz und Jahresrate										
Instandhaltungen	Plansatz vom WBW										
Raumkosten	m^2- oder m^3-Satz/Monat										
Energiekosten	kWh-Satz										
Werkzeugkosten	Jahresrate										
Maschinenstundensatz	—	—	—	—	—	—					
Feste Kosten	%										
Bewegliche Kosten	%										
Datum der jeweiligen Ermittlung											

Abb. 4.22: Maschinenstundensatz-Karte (in Anlehnung an VDMA)

4

Beispiel 18.1: Ermittlung der Maschinenlaufzeit bei einschichtiger Auslastung

52 Wochen á 40 Arbeitsstunden	2.080 Std.
– Durchschnittliche Ausfallzeit (Krankheit)	60 Std.
– 10 Feiertage á 8 Arbeitsstunden	80 Std.
– Durchschnittliche Ausfallzeit (Urlaub)	120 Std.
– Reinigungszeit: 1 Stunde pro Woche	52 Std.
– Durchschnittliche Ausfallzeit (Störungen: Kälte, Stromausfall, Anlernzeiten, Maschinenschäden)	268 Std.
= Soll-Maschinenlaufzeit	1.500 Std.

c) Ermittlung der maschinenabhängigen Kosten pro Maschinenstunde: Dividiert man die Summe der maschinenabhängigen Kosten eines Jahres durch die Maschinenlaufstunden, erhält man den Maschinenstundensatz.

$$\text{Maschinenstundensatz} = \frac{\text{Maschinenabhängige Fertigungsgemeinkosten (Jahr)}}{\text{Soll-Maschinenlaufstunden}}$$

Beispiel 19.1: Maschinenabhängige Kosten im BAB

Kostenarten in DM	Zahlen der Buchführung	Material
Hilfsstoffeaufwand	150.100,—	25.700,-
Energiekosten	67.400,—	3.000,-
Hilfslöhne	45.800,—	5.800,-
Gehälter	185.200,—	19.200,-
Sozialkosten	34.000,—	2.200,-
Instandhaltungen	36.000,—	600,-
Steuern, Abgaben	22.000,—	2.300,-
Raumkosten	18.000,—	2.000,-
Verschiedene Bürokosten	45.800,—	4.100,-
Kalkulat. Abschreibungen	65.400,—	5.200,-
Kalkulatorische Zinsen	38.200,—	4.100,-
Kostensumme	707.900,—	74.200,-
		Fertigungsmateri
Zuschlagsgrundlage		185.500,-
Gemeinkostenzuschläge		40

Beispiel 18.2: Maschinenstundensatz-Rechnung
Für eine Anlage mit einem Anschaffungswert von 500.000,— DM sind die maschinenabhängigen Kosten je Laufstunde unter Berücksichtigung folgender Angaben zu ermitteln:
Nutzungsdauer 10 Jahre, Wiederbeschaffungswert 600.000,— DM, kalkulatorische Zinsen 7 % (p), beanspruchte Fläche 102 m² bei einem Jahresverrechnungssatz von 30,— DM/m², Instandhaltungs-/Wartungskosten im Jahr 12.000,— DM (= Jahresbetrag von 2 % der Wiederbeschaffungskosten), Werkzeugkosten 6.000,— DM/Jahr, Energiekosten 40 kWh bei mittl. Inanspruchnahme á 0,10 DM/Laufstunde, Soll-Laufzeit 1.500 Stunden lt. Beispiel 18.1

Berechnung der maschinenabhängigen Kosten je Stunde in DM

Maschinenabhängige Gemeinkosten	Definition	Berechnung	Kosten pro Jahr
Kalkulatorische Abschreibungen	$\frac{\text{Wiederbeschaffungskosten}}{\text{Nutzungsdauer}}$	$\frac{600.000}{10}$	60.000,—
Kalkulatorische Zinsen	$\frac{\text{Wiederbeschaffungswert}}{2} \times \frac{p}{100}$	$\frac{600.000}{2} \times \frac{7}{100}$	21.000,—
Instandhaltungs- und Wartungskosten	$\frac{\text{Wiederbeschaffungswert}}{\text{Nutzungsdauer}} \times \frac{p}{100}$	$\frac{600.000}{10} \times \frac{20}{100}$	12.000,—
Raumkosten	Flächenbedarf in m² x Verrechnungssatz	120 x 30	3.600,—
Energiekosten	Menge x Preis/Einheit x Stunden	40 x 0,10 x 1.500	6.000,—
Werkzeugkosten	Wiederbeschaffungswert	6.000,—	6.000,—
Maschinenabhängige Fertigungsgemeinkosten im Jahr			108.600,—

Maschinenstundensatz =

$$\frac{108.600}{1.500} = 72{,}40 \text{ DM/Stunde}$$

Fertigung				Verwaltung	Vertrieb
Maschinenabhängige Kosten			Restfertigungs-gemeinkosten		
I	II	III			
—	—	—	106.400,—	—	18.000,—
14.800,—	18.600,—	9.400,—	4.100,—	12.400,—	5.100,—
—	—	—	25.100,—	—	14.900,—
—	—	—	28.300,—	121.000,—	16.700,—
—	—	—	15.100,—	13.200,—	3.500,—
6.700,—	9.200,—	7.400,—	3.600,—	1.400,—	7.100,—
—	—	—	—	17.000,—	2.700,—
3.000,—	3.700,—	2.100,—	2.400,—	4.000,—	800,—
—	—	—	3.800,—	32.000,—	5.900,—
11.000,—	12.000,—	8.200,—	6.000,—	13.000,—	10.000,—
6.500,—	8.500,—	5.100,—	1.900,—	8.000,—	4.100,—
42.000,—	52.000,—	32.200,—	196.700,—	222.000,—	88.800,—
Maschinenstunden			Fertigungslöhne	Herstellungskosten des Umsatzes*	
1.600 Stunden	1.600 Stunden	1.750 Stunden	140.500,—	740.000,—	740.000,—
26,25 DM	32,50 DM	18,40 DM	140%	30%	12%

*siehe Gesamtkalkulation im Beispiel 19.2

d) Einfluß der MSR auf die Kostenstellenrechnung: Die maschinenabhängigen Kosten müssen aus den Fertigungsgemeinkosten herausgelöst und getrennt nach Maschinen bzw. bei mehreren gleichartigen Maschinen nach Maschinengruppen in besondere Spalten des BAB erfaßt werden (siehe Beispiel 19.1).

Beispiel 19.2: Gesamtkalkulation

Fertigungsmaterial	185.000,—	
Materialgemeinkosten	74.200,—	
Materialkosten		259.700,—
Maschinenkosten I	42.000,—	
Maschinenkosten II	52.000,—	
Maschinenkosten III	32.200,—	
Fertigungslöhne	140.500,—	
Rest-FGK	196.700,—	
Fertigungskosten		463.400,—
Herstellungskosten der Fertigung		723.100,—
Bestandsminderungen		16.900,—
Herstellungskosten des Umsatzes		740.000,—
Verwaltungsgemeinkosten		222.000,—
Vertriebsgemeinkosten		88.800,—
Selbstkosten des Umsatzes		1.050.800,—

- Die Zuschlagskalkulation mit Normalzuschlagssätzen

Die oben errechneten Zuschlagssätze für die Gemeinkosten wurden auf der Basis der Ist-Zahlen – nach Buchführung und BAB – einer vergangenen Rechnungsperiode ermittelt. Diese dienen einem Vergleich mit den Ergebnissen der Vorkalkulation (Soll-Ist-Vergleich) früherer Rechnungsabschnitte (Zeitvergleich) und anderer Betriebe (Betriebsvergleich).

Gleichzeitig bilden die Ist-Sätze wieder eine wichtige Unterlage für die künftige Vorkalkulation. Um ständige Schwankungen von Angebotspreisen zu vermeiden, wird in der Praxis fast ausschließlich mit sogenannten Normalzuschlägen gerechnet. Bei ihrer Ermittlung wird grundsätzlich – bei normaler Beschäftigung – von den Erfahrungs- oder Durchschnittswerten der Vergangenheit ausgegangen.

Natürlich muß man feststellen, ob die angenommenen Normalkosten ausreichen, um die später tatsächlich angefallenen zu decken. Da Soll- und Ist-Kosten wohl selten übereinstimmen, werden sich Kostenabweichungen ergeben:

Kostenüberdeckung =

Normalkosten > Ist-Kosten

Kostenunterdeckung =

Normalkosten < Ist-Kosten

4

Beispiel 20.1: Kostenüber-/-unterdeckung

In der Buchführung eines Industriebetriebes nach GKR werden u. a. nachstehende Zahlen festgestellt:

40	Materialkosten	124.000,—
431	Fertigungslöhne	98.000,—
41–48	Gemeinkosten	359.760,—

Von den gesamten Gemeinkosten entfallen auf

Material	15.500,—
Fertigung	172.840,—
Verwaltung	118.610,—
Vertrieb	53.170,—

Im vorausgegangenen Rechnungsabschnitt wurde mit den folgenden Normalzuschlagssätzen gerechnet:

Material	12%
Fertigung	175%
Verwaltung	30%
Vertrieb	15%

Für die Ermittlung der eventuell aufgetretenen Kostenüber- oder -unterdeckung siehe die Beispiele 20.2 und 20.3.

Beispiel 20.2: Ermittlung der Kostenüber-/-unterdeckung in der Kalkulation

Kostenarten	Normalkosten		Ist-Kosten		Kostenabweichung (DM)
	DM	%	DM	%	Überdeckung/ Unterdeckung
Materialeinzelkosten Materialgemeinkosten	124.000,— 14.880,—	12	124.000,— 15.500,—	12,50	– 620,—
Materialkosten	138.880,—		139.500,—		
Fertigungseinzelkosten Fertigungsgemeinkosten	98.000,— 171.500,—	175	98.000,— 172.480,—	176	– 980,—
Fertigungskosten	269.500,—		270.480,—		
Herstellkosten	408.380,—		409.980,—		
Verwaltungsgemeinkosten Vertriebsgemeinkosten	122.514,— 61.257,—	30 15	118.610,— 53.170,—	28,93 13,97	+ 3.904,— + 8.087,—
Selbstkosten	592.151,—		581.760,—		+ 10.391,—

Beispiel 20.3: Ermittlung der Kostenüber-/-unterdeckung im Betriebsabrechnungsbogen

Kostenarten	Zahlen der Buchführung	Kostenstellen				
		Verteilung	Material	Fertigung	Verwaltung	Vertrieb
Summe der Gemeinkosten	359.760,—		15.500,—	172.480,—	118.610,—	53.170,—
Zuschlagsgrundlagen Materialeinzelkosten Fertigungseinzelkosten Herstellkosten			 124.000,— 	 98.000,— 	 409.980,—	 409.980,—
Ist-Zuschläge			12,5%	176%	28,93%	13,97%
Normalzuschläge Verrechnete Normalgemeinkosten			12,0% 14.880,—	175% 171.500,—	30,00% 122.514,—	15,00% 61.257,—
Kostenüberdeckung (+)					+ 3.904,—	+ 8.087,—
Kostenunterdeckung (–)			– 620,—	– 980,—		

Kostenträgerzeitrechnung (kurzfristige Erfolgsrechnung)
Bei einer *Kostenträgerzeitrechnung* werden analog der Gewinn- und Verlustrechnung des Jahresabschlusses die positiven Ergebniskomponenten (Leistungen = Umsatzerlöse) den negativen (Kosten) einer Periode gegenübergestellt. Das in der handelsrechtlichen Gewinn- und Verlustrechnung ermittelte Betriebsergebnis reicht allerdings zur Kontrolle der Wirtschaftlichkeit nicht aus.

- Es sind auch unterjährige Ergebnisermittlungen notwendig (*kurzfristige* Erfolgsrechnung).
- Die Bewertung in der Gewinn- und Verlustrechnung dient statt der Wirtschaftlichkeit in erster Linie anderen Gesichtspunkten (beispielsweise dem Gläubigerschutz).
- Das pagatorische Bewertungsprinzip der bilanziellen Gewinn- und Verlustrechnung ist zur Beurteilung einer Wettbewerbsfähigkeit unzureichend (beispielsweise die Bewertung von Material aufgrund der günstigen Einkaufspreise des Vorjahres statt hohen aktuellen Wiederbeschaffungspreisen).
- Die kurzfristige Erfolgsrechnung als Artikelergebnisrechnung sieht eine Ermittlung von Produkt- oder Produktgruppenergebnissen vor.

Die Kostenträgerzeitrechnung hat damit die Aufgabe, eine zeitnahe, nach Produkten differenzierte, unter Wettbewerbsgesichtspunkten bewertete Kontrolle der aktuellen Wirtschaftlichkeit des Unternehmens zu erfüllen. Wenn in der Abrechnungsperiode die produzierten Mengen mit den abgesetzten Mengen der Kostenträger nicht übereinstimmen, sind in der Kostenträgerergebnisrechnung Bestandsveränderungen zu berücksichtigen. Das kann nach zwei Verfahren erfolgen.

Gesamtkostenverfahren: Das Verfahren stellt den *Gesamtkosten* eines Abrechnungszeitraums den gesamten Betriebsertrag dieses Zeitraums gegenüber (Umsatzerlöse plus Bestandsveränderungen zu Herstellungskosten).

Umsatzkostenverfahren: Das Verfahren stellt den *Umsatzerlösen* eines Abrechnungszeitraums die Herstellungskosten des Umsatzes sowie die Verwaltungs- und Vertriebskosten der Umsatzperiode gegenüber. Werden die Herstellkosten bei beiden Verfahren einheitlich bewertet, so führen sie zu gleichen Resultaten. Sie unterscheiden sich lediglich im Ausweis der Bestandsveränderungen (Beispiel 21.1). Das Gesamtkostenverfahren ist das einfachere, setzt jedoch eine zeitnahe Bestandsverwaltung oder Inventur sowie eine Bestandsbewertung voraus. Dagegen baut das Umsatzkostenverfahren auf einer Selbstkostenkalkulation (Kostenträger-Stückrechnung) auf. Es erhält dadurch allerdings eine höhere Aussagekraft über die Erfolgsquellen auf Produkt- und Produktgruppenebene (als Artikelergebnisrechnung).

Beispiel 21.1: Gesamt-/Umsatzkostenverfahren

Kostenarten	Selbstkosten (in TDM) Herstellung	Verwaltung	Vertrieb	Σ
Materialkosten	20			20
Personalkosten	20	6	4	30
Abschreibung	10	2	8	20
sonst. Kosten		2	8	10
Summe	50	10	20	80

Herstellung: 10 Stück zu Kosten von 5 TDM/Stück
Absatz: 12 Stück zu 10 TDM/Stück

Gesamtkostenverfahren (in TDM)

Materialkosten	20	Umsatzerlöse	120
Personalkosten	30	Bestandsveränderung	–10
Abschreibung	20		
sonst. Kosten	10		
Gewinn	30		
	110		110

Umsatzkostenverfahren (in TDM)

Herstellkosten des Umsatzes	60	Umsatzerlöse	120
Verwaltungskosten	10		
Vertriebskosten	20		
Gewinn	30		
	120		120

Artikelergebnisrechnung: Für das Beispiel werden anteilige Kosten und die jeweiligen Umsatzerlöse für die Artikel A, B und C hinzugefügt.
Die Artikelergebnisrechnung zeigt beispielsweise, daß das Produkt A die höchsten Kosten verursacht, aber auch den höchsten Gewinnbeitrag leistet. Produkt C dagegen weist trotz höheren Umsatzerlösen im Vergleich zu Produkt B ein negatives Artikelergebnis aus. Daraus zu schließen, eine Aufgabe von Produkt C würde das Gesamtergebnis (auf 25 + 8 = 33) verbessern, ist voreilig, wie wir im weiteren noch zeigen werden.

Beispiel 21.2: Artikelergebnisrechnung

(in TDM)	Artikel A	Artikel B	Artikel C	Σ
Umsatzerlöse	70	24	26	120
Herstellkosten	30	10	20	60
Verwaltungskosten	5	2	3	10
Vertriebskosten	10	4	6	20
Artikelergebnis	25	8	–3	30

4

4

Moderne Kostenrechnungssysteme

Die bisher beschriebenen Verfahren stellen traditionell das Grundgerüst des betrieblichen Rechnungswesens dar. Für bestimmte Problemstellungen in einem Betrieb hat sich dieses Gerüst allerdings als ergänzungs- bzw. verfeinerungsbedürftig erwiesen.

Für bestimmte, besonders kurzfristige Entscheidungen ist die Kosten- und Leistungsrechnung als Vollkostenrechnung nicht ausreichend. Dafür wurde die *Teilkostenrechnung* entwickelt. Für eine Beurteilung der Kostenwirtschaftlichkeit sollten die tatsächlichen Kosten (Ist-Kosten) am Kostenziel – den geplanten Kosten – unter Berücksichtigung der Auslastung eines Betriebes (Beschäftigung) gemessen werden. Dafür sowie zur Unterstützung einer betrieblichen Planung (Budgetierung) ist die *Plankostenrechnung* entwickelt worden. Veränderungen in der Kostenstruktur der Betriebe verlangen auch Weiterentwicklungen in der Kostenrechnung. Daher hat die Erhöhung der Gemeinkosten durch Automation und der Verringerung des Einzelkostenanteils sowohl bezüglich der Lohnstunden als auch Maschinenstunden im Fertigungsbereich bei gleichzeitiger Zunahme der Kosten typischer Gemeinkostenbereiche zur Entwicklung der *Prozeßkostenrechnung* geführt.

Teilkostenrechnung (Deckungsbeitragsrechnung)

Mängel der Vollkostenrechnung

In den oben dargestellten Verfahren der Kostenträgerstückrechnung wurden folgende Unterstellungen gemacht:

- Alle Kosten wurden auf die Produkte abgewälzt (Vollkostenprinzip), ohne Rücksicht auf die Beschäftigung.
- Die fixen Kosten (die in den Gemeinkosten enthalten sind) verhalten sich wie die variablen Gemeinkosten proportional zu den Zuschlagsgrundlagen.

Als Folge daraus ergibt sich, daß bei Beschäftigungsschwankungen die gleichbleibenden fixen Kosten auf die jeweilige Ausbringungsmenge umzulegen sind:

- Bei *abnehmender Beschäftigung* nehmen die fixen Kosten pro Stück und damit die gesamten Stückkosten zu. Durch die Kalkulation wird die negative Wirkung des Beschäftigungsrückganges verstärkt: Gewinnschmälerungen bzw. Preiserhöhungen. Der Betrieb kalkuliert sich in die Unterbeschäftigung.
- Bei *zunehmender Beschäftigung* nehmen die fixen Kosten pro Stück und damit die gesamten Stückkosten ab. Gewinnsteigerungen bzw. Preissenkungen sind möglich.

Der Hauptmangel der Vollkostenrechnung ist in der Behandlung der fixen Kosten zu sehen. Da eine Abhängigkeit der Gemeinkosten von den Einzelkosten unterstellt wird, werden zeitabhängige fixe Kosten künstlich zu produktabhängigen gemacht. Die Zuschlagssätze sind ein Ausdruck dafür, daß an die Stelle des *Verursachungsprinzips* das *Durchschnittsprinzip* tritt.

Wirtschaftlichkeitskontrollen der Vollkostenrechnung führen langfristig zu einer Ausscheidung jener Produkte, deren Verkaufspreis die Vollkosten (Selbstkosten) nicht mehr deckt.

Die Möglichkeit des kalkulatorischen Ausgleichs wird nicht beachtet. Es wird übersehen, daß „unwirtschaftliche" Produkte im Sinne einer Vollkostenrechnung andere Produkte solange kostenmäßig entlasten können, als sie neben den variablen Kosten noch einen Teil der fixen Kosten über den Verkaufspreis hereinholen. Die *Preisuntergrenze* eines Produkts wird also nicht richtig gesehen.

Beispiel 22.1: Fehlentscheidung bei der Vollkostenrechnung
Ein Hersteller von Küchengeräten produziert drei Geräte zu folgenden Bedingungen (in DM):

	Gerät I	Gerät II	Gerät III
Fertigungsmaterial	9,—	12,—	15,—
Fertigungslöhne	6,—	7,—	8,—
Verkaufspreis	58,—	68,—	48,—

Es wird mit folgenden Gemeinkostenzuschlagssätzen kalkuliert: MGK 10 %, FGK 100 %, VwGK 50 %, VtGK 20 %. Stückerfolg und Monatserfolg bei einem Absatz von 1.000 Stück je Geräteart:

Stückerfolg	+ 20,77	+ 21,76	– 7,25
Monatserfolg	+ 20.770,—	+ 21.760,—	– 7.250,—
Gesamtergebnis		+ 35.280,—	

Nach der Vollkostenrechnung müßte die Produktion des Gerätes III eingestellt werden, da der Verkaufspreis die Selbstkosten nicht mehr deckt. Eine solche Maßnahme erscheint aber nur sinnvoll, wenn der Verkaufspreis von Gerät III die *variablen* Kosten nicht mehr deckt. Solange es noch Fixkostenanteile hereinholt (hier DM 25,— pro Stück), werden die Geräte I und II kostenmäßig entlastet.

Die Deckungsbeitragsrechnung (Direct costing)

Nach der Deckungsbeitragsrechnung ist ein Produkt noch wirtschaftlich, wenn der Verkaufspreis neben den variablen Stückkosten noch einen Teil der fixen Kosten des Betriebes deckt. Um dieses festzustellen, geht sie vom erzielbaren Verkaufspreis aus. Von diesem sind die stückbezogenen, leistungsabhängigen variablen Kosten (= direkte Kosten) zu subtrahieren. Die Differenz bildet den *Deckungsbeitrag*, der die Fixkosten- und Gewinnanteile abdecken soll:

Deckungsbeitrag = Verkaufserlöse – variable Kosten
bzw. Deckungsbeitrag = fixe Kosten + Gewinn

Für die Ermittlung des Betriebserfolges nach der Deckungsbeitragsrechnung sind folgende Schritte notwendig:

Deckungsbeitragsrechnung Stückrechnung	Zeitrechnung
Verkaufspreis	Verkaufserlöse lt. Erlöskonten
– variable Stückkosten (kv)	– variable Kosten (Kv) lt. Kostenartenrechng.
= Deckungsbeitrag (db)	= Deckungsbeitrag (DB)
– fixe Kosten je Stück (kf)	– fixe Kosten (Kf) lt. Kostenartenrechng.
= Erfolg je Stück (Artikelergebnis)	= Erfolg eines Abrechnungszeitraums

Abb. 4.23: Deckungsbeitragsrechnung

4

Beispiel 22.2: Deckungsbeitragsermittlung		Gerät I	Gerät II	Gerät III	Geräte I + II + III
Angaben (in DM von Beispiel 22.1)	Variable Kosten (kv):				
	Fertigungsmaterial	9,—	12,—	15,—	
	Fertigungslöhne	6,—	7,—	8,—	
	Variable Gemeinkosten	8,50	12,40	16,30	
	Σ Variable Stückkosten	23,50	31,40	39,30	
	Fixe Kosten (Kf)		44.520,—		
Ermittlung des Stückerfolges (zu Vollkosten)	Fertigungsmaterial	9,—	12,—	15,—	
	MGK (10%)	0,90	1,20	1,50	
	Fertigungslöhne	6,—	7,—	8,—	
	FGK (100%)	6,—	7,—	8,—	
	Herstellkosten	21,90	27,20	32,50	
	VwGK (50%)	10,95	13,60	16,25	
	VtGK (20%)	4,38	5,44	6,50	
	Selbstkosten	37,23	46,24	55,25	
	Verkaufspreis	58,—	68,—	48,—	
	Stückerfolg	20,77	21,76	–7,25	
Ermittlung des Deckungsbeitrages je Gerät	Verkaufspreis	58,—	68,—	48,—	
	– Variable Stückkosten	23,50	31,40	39,30	
	= Deckungsbeitrag	34,50	36,60	8,70	
Ermittlung des Betriebserfolges	Verkaufserlöse (Stk. x Preis)	58.000,—	68.000,—	48.000,—	174.000,—
	– Variable Kosten	23.500,—	31.400,—	39.300,—	94.200,—
	= Deckungsbeitrag	34.500,—	36.600,—	8.700,—	79.800,—
	– Fixe Kosten (Kf)				44.520,—
	= Betriebserfolg des Abrechnungszeitraums				35.280,—

Nach der Deckungsbeitragsrechnung würde das Gerät III weiterproduziert, da es einen Beitrag zur Deckung der fixen Kosten leistet. Würde seine Produktion eingestellt, müßten unter sonst gleichen Bedingungen die fixen Kosten in Höhe von DM 8.700,— von den Produkten I und II mitgetragen werden bzw. den Erfolg entsprechend schmälern, wie nebenstehende Beweisrechnung zeigt.

Beispiel 22.3: Beweisrechnung (in DM)	
Deckungsbeitrag Geräte I und II	71.100,—
– Fixe Kosten	– 44.520,—
= Betriebserfolg ohne Gerät III	26.580,—
+ Deckungsbeitrag Gerät III	+ 8.700,—
= Betriebserfolg mit Gerät III	35.280,—

- Besondere Anforderungen der Deckungsbeitragsrechnung an die Kostenartenrechnung

Gegenüber der Vollkostenrechnung setzt die Deckungsbeitragsrechnung eine Spaltung der Kostenarten in *zeitabhängige fixe* und *beschäftigungsabhängige variable* (direkte Kosten) voraus. Ein großer Teil der Kostenarten – nämlich die *Mischkosten* – kann nur bei vorliegenden betriebsindividuellen Angaben aufgelöst werden.
Die Kostenauflösung wird in der Kostenartenberechnung durchgeführt (für Verfahren der Kostenspaltung wird auf die Literatur am Ende dieses Beitrages verwiesen). Die Ergebnisse werden in der Kostenstellenrechnung weiterverarbeitet.

- Die Behandlung der fixen Kosten im Betriebsabrechnungsbogen

Die Aufgaben der Kostenstellenrechnung im Rahmen des Direct costing unterscheiden sich grundsätzlich nicht von denen im Rahmen der Vollkostenrechnung. Primäre Aufgaben sind die Verteilung der *Gemeinkosten* sowie die Wirtschaftlichkeitskontrolle der Kostenstellen. Im Hinblick auf die Kostenträgerrechnung sind jedoch die fixen und variablen Kosten für jede einzelne Kostenstelle getrennt auszuweisen.

- Die Kostenträgerrechnung im Direct costing

Im Gegensatz zur Vollkostenrechnung werden nur die variablen Kosten auf die Kostenträger umgelegt. Die fixen Kosten, die nicht verursachungsgemäß verteilt werden können, werden um die Kostenträgerrechnung herum sofort in die Ergebnisrechnung geleitet und dort der Kostenträgerrechnung gegenübergestellt (die Ermittlung des Deckungsbeitrages wurde bereits in dem vorhergehenden Beispiel 22.2 dargestellt).
Abb. 4.24 veranschaulicht die Zusammenhänge unter Verwendung der in den Beispielen errechneten Werte.

Gewinn (G) = Deckungsbeitrag (DB) - Fixkosten (Kf)

Wenn man in dieser Gleichung den Deckungsbeitrag durch die gleichwertige Differenz zwischen Verkaufserlösen (E) und variablen Kosten (siehe Abb. 4.23 auf der vorhergehenden Seite) ersetzt, wird deutlich, daß jeder zusätzliche Auftrag mit positivem Deckungsbeitrag den Gewinn erhöht.

$$G = (E - Kv) - Kf$$

Aus dieser Gleichung wird ebenfalls ersichtlich, daß der Erfolg nur für den Gesamtbetrieb und nicht auch für Teilleistungen (einzelne Kostenträger) errechnet werden kann.

Anwendungsbereiche der Deckungsbeitragsrechnung

Eine Teilkostenrechnung verschafft dem Unternehmer weit bessere Unterlagen zur Kostenkontrolle, Fertigungs- und Absatzplanung sowie zum Verhalten in Krisenzeiten als die Vollkostenrechnung. Dies sei an einigen Anwendungsbeispielen aufgezeigt.

- Die Break-even-Analyse (Gewinnschwellen-Analyse)

Die Break-even-Analyse verdeutlicht Beziehungen zwischen Umsatz, Kosten, Gewinn und Beschäftigung. Diese Zusammenhänge werden sichtbar, wenn man die Fixkosten- und Gesamtkostenkurve sowie die Erlöskurve in das gleiche Diagramm einträgt. Trägt man auf der Abszisse die Menge (m) bzw. den Beschäftigungsgrad und auf der Ordinate die Kosten und Erlöse ein, so lassen sich der Betriebserfolg und die Gewinnschwelle (m_x) ablesen.

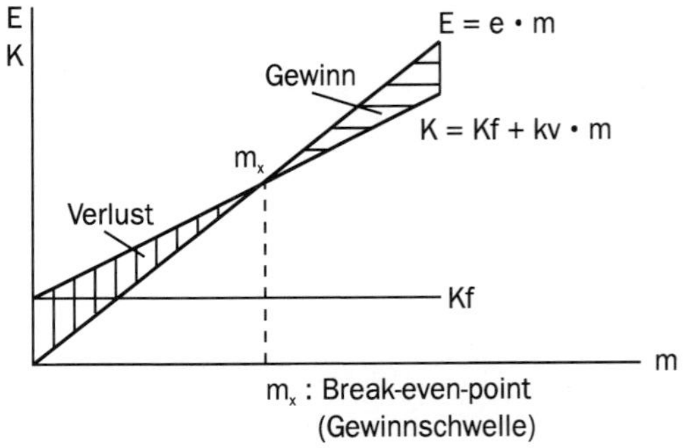

Gewinnschwelle m_x:
Erlös (E) = Gesamtkosten (K)

e = Erlös pro Stück
m = Menge (Stück) bzw. Beschäftigungsgrad

$$e \cdot m = Kf + kv \cdot m$$

Auflösung nach Kf:
$Kf = e \cdot m - kv \cdot m$
$Kf = m \cdot (e - kv)$
$e - kv$ = Stück-DB (db)
$Kf = m \cdot db$

$$\text{Gewinnschwelle } (m_x) = \frac{Kf}{db} = \frac{Kf}{e - kv}$$

Abb. 4.24: Gewinnschwellen-Analyse

Insbesondere lassen sich ablesen:
- Gesamtkosten, Gesamterlöse und Gewinn bei jeder Stückzahl,
- der Beschäftigungsgrad, bei dem Kostendeckung vorliegt (Gesamtkosten [K] = Gesamterlöse [E]):

$$Kf + kv \cdot m = e \cdot m$$

Er wird dargestellt durch den Schnittpunkt der K- und E-Kurve. Jede weitere Absatzeinheit bringt dem Betrieb Gewinn. Daher wird dieser Schnittpunkt auch als Gewinnschwelle bezeichnet (Toter Punkt, Break-even-Point, kritischer Punkt).

Abb. 4.24 gilt für Einproduktbetriebe und Betriebe mit mehreren Produkten, die rechnerisch vergleichbar gemacht werden können (zum Beispiel durch Äquivalenzziffernrechnung).
Für die systematische Gewinnplanung und -steuerung macht das Gewinnschwellendiagramm deutlich:
- Der Deckungsbeitrag wird nur durch Veränderung der Erlöse und der variablen Kosten beeinflußt.
- Eine Veränderung der fixen Kosten verschiebt die Gewinnschwelle, hat aber keine Auswirkungen auf den Deckungsbeitrag.
- Eine Änderung der variablen Stückkosten oder der Erlöse pro Stück (Preise) verschiebt ebenfalls die Gewinnschwelle.

Die dabei unterstellten Prämissen verdeutlichen die Problematik der Break-even-Analyse:
- Linearer Gesamtkostenverlauf: $K = Kf + kv \cdot m$,
- Aufteilung der Kosten in fixe und variable,
- konstante Verkaufspreise im Laufe der Periode,
- konstantes Produktionsprogramm im Laufe der Periode,
- konstantes Fertigungsverfahren im Laufe der Periode,
- Produktionsleistung = Absatzleistung, keine Lagerhaltung bzw. Bestandsveränderung.

• Bestimmung von Preisuntergrenzen

Für die meisten Erzeugnisse bilden sich die Preise am Markt. Der einzelne Betrieb kann lediglich darüber entscheiden, ob es sich im Hinblick auf den erzielbaren Preis lohnt, die Aufträge anzunehmen und zu produzieren, oder nicht.
Langfristig kann eine solche Entscheidung nur bejaht werden, wenn die Gesamtkosten gedeckt werden und dem Unternehmen der gesamte Werteverzehr über diese Preise zurückfließt. *Kurzfristig* kann es jedoch aus absatzpolitischen (Konkurrenzkampf, erstmalige Kundengewinnung) und kostenrechnerischen Gründen (Ausnutzung freier Kapazitäten, Vorteile bei Großaufträgen) sinnvoller sein, Preise am Markt zu unterschreiten.

Beispiel 23: Break-even-Analyse bei Preissenkung

Ein Industriebetrieb kann bei voller Ausnutzung seiner Kapazität monatlich 5.000 Stück eines Produktes herausbringen. Zur Zeit beträgt die Beschäftigung (B) aber nur 3.000 Stück monatlich zum Preis von 30,— DM. Die variablen Stückkosten (kv) betragen 12,— DM, die fixen Kosten (Kf) 72.000,— DM. Marktuntersuchungen haben ergeben, daß bei einer Preissenkung von 10 % der Absatz um 1.000 Stück gesteigert werden könnte.
Vor einer Entscheidung ist zu überprüfen, welche Auswirkungen die Preisherabsetzung bei unveränderter Kostensituation
- auf den Beschäftigungsgrad,
- auf den Deckungsbeitrag,
- auf den Break-even-Point,
- auf Umsatz, Deckungsbeitrag und Gewinn hat.

Definition: Lösung:

Auswirkung auf den Beschäftigungsgrad (Bg):

$$Bg = \frac{\text{Ist-B} \cdot 100}{\text{Kann-B}} \quad \text{vorher} \quad \frac{3.000 \cdot 100}{5.000} = 60\,\%$$

$$\text{nachher} \quad \frac{4.000 \cdot 100}{5.000} = 80\,\%$$

Auswirkung auf den Deckungsbeitrag (db):

in DM	vorher	nachher
Verkaufspreis (e)	30,—	27,—
– Variable Stückkosten (kv)	12,—	12,—
= Stück-DB (db)	18,—	15,—

Auswirkung auf den Break-even-point:

$$m_x = \frac{Kf}{db} \quad \text{vorher} \quad \frac{45.000}{18} = 2.500 \text{ Stk.}$$

$$\text{nachher} \quad \frac{45.000}{15} = 3.000 \text{ Stk.}$$

Auswirkung auf Umsatz, Deckungsbeitrag, Gewinn:

in DM	vorher	nachher
Umsatz (m · e)	90.000,—	108.000,—
– Kv (m · kv)	36.000,—	48.000,—
= DB	54.000,—	60.000,—
– Kf	45.000,—	45.000,—
= Gewinn	9.000,—	15.000,—

Verbesserung der Beschäftigung, Erweiterung des Marktanteils und Erhöhung des Gewinnes sprechen für die Preissenkung.

4

4

In diesem Zusammenhang ist zwischen einer
- kostenbestimmten,
- erfolgsbestimmten und
- liquiditätsbestimmten

Preisuntergrenze zu unterscheiden.

Kostenbestimmte Preisuntergrenze: Kurzfristige Preisuntergrenzen bilden die variablen Kosten, also die Kosten, die mit jedem zusätzlichen Produkt oder Auftrag entstehen und die nicht anfallen würden, wenn der Kostenträger nicht gefertigt würde. Läßt sich ein Preis über dieser kostenbestimmten Preisuntergrenze erzielen, leistet der Kostenträger einen Beitrag zur Deckung der fixen Kosten bzw. zur Erzielung eines Gewinnes. Stehen mehrere Aufträge zur Wahl, bestimmt die Höhe der Deckungsbeiträge die Entscheidung.

Beispiel 24: Programmentscheidung aufgrund DB

	Deckungsbeitrag in DM	Reihenfolge der Annahme
Auftrag 1	100	3
Auftrag 2	500	1
Auftrag 3	300	2

Erfolgsbestimmte Preisuntergrenze: In Mehrproduktbetrieben wird durch den Absatz eines Produktes auch der Absatz anderer Erzeugnisse beeinflußt. In diesem Fall wäre es nicht sinnvoll, ein Produkt aus der Produktion zu nehmen, wenn es die kostenbestimmte Preisuntergrenze unterschreitet, weil dadurch auch der Absatz anderer Produkte leiden würde.
Vielmehr wird die Preisuntergrenze eines Produktes jetzt vom Erfolg der Produktgruppe bestimmt. Der negative Deckungsbeitrag eines Produktes dieser Gruppe muß dann im Wege eines kalkulatorischen Ausgleichs durch die entsprechende Zunahme der positiven Deckungsbeiträge der übrigen Produkte (d. h. Preiserhöhungen) ausgeglichen werden.

Beispiel 25: Produktgruppen – DB-Rechnung

	Deckungsbeiträge in DM	
Produkte	vor Preissenkung von Produkt C	nach Preissenkung von Produkt C
A	300	310
B	150	165
C	20	- 30
D	180	205
Gruppen-DB	650	650

Liquiditätsbestimmte Preisuntergrenze: Gerät der Betrieb in Liquiditätsschwierigkeiten, kann er kurzfristig auf solche Kosten in der Preisstellung verzichten, die nicht zu Ausgaben führen, zum Beispiel kalkulatorischer Unternehmerlohn, kalkulatorische Eigenkapitalzinsen.
Ein solcher Verzicht erscheint jedoch nur sinnvoll, wenn über eine Preissenkung eine Absatzerhöhung und damit eine Liquiditätsverbesserung herbeigeführt werden kann. Voraussetzung zur Findung der Liquiditäts-Preisuntergrenze ist eine Kostenspaltung in Kosten, die keine Ausgaben verursachen, sowie in Kosten, die ausgabenwirksam sind.

• Ermittlung des gewinnmaximalen Produktionsprogramms

Die Rechnung mit Deckungsbeiträgen ermöglicht dem Unternehmer, den Einfluß des einzelnen Produktes auf den Erfolg genau zu bestimmen und damit Produktions- und Absatzbestrebungen systematisch auf eine Erfolgsmaximierung auszurichten.

Beispiel 26: Entscheidung aufgrund Stück-DB
Ein Betrieb produziert drei Produkte unter folgenden Bedingungen:

	Produkte		
	P1	P2	P3
Deckungsbeitrag/ Stück (DM)	300,—	400,—	500,—
Kapazität/ Monat (Stück)	1.200	2.000	700
Deckungsbeitrag/ Monat (DM)	360.000,—	800.000,—	350.000,—

Nimmt der Markt von jedem Produkt eine unbegrenzte Menge auf, wird der Betrieb die Produkte mit dem höheren Deckungsbeitrag je Monat produzieren, im Beispiel 26 also in der Reihenfolge P2, P1, P3. Nimmt der Markt jedoch nur eine begrenzte Menge auf, beispielsweise nur 3.000 Erzeugnisse pro Monat, wird die Produktionsreihenfolge vom Deckungsbeitrag je Stück bestimmt, im Beispiel P3, P2, P1.

• Wahl des Produktionsverfahrens

Können Erzeugnisse wahlweise maschinell oder manuell oder wahlweise auf mehreren Maschinen produziert werden, muß festgestellt werden, welches Verfahren die geringsten variablen Stückkosten und damit den höchsten Deckungsbeitrag bewirkt.

Beispiel 27.1: Verfahrenswahl
Ein Produkt kann auf zwei verschiedenen Maschinen zu folgenden Bedingungen gefertigt werden:

	Maschine A	Maschine B
Laufzeit/Jahr	2.000 Std.	2.500 Std.
Kosten in DM		
Kf	80.000,—	40.000,—
Kv	30.000,—	50.000,—
Verfahrenswahl		
Kf Maschine A	80.000,—	80.000,—
Kf Maschine B	40.000,—	40.000,—
Kv Maschine A	30.000,—	—
Kv Maschine B	—	50.000,—
Kostensumme	150.000,—	170.000,—

Diese Gegenüberstellung zeigt, daß die variablen Kosten die Verfahrenswahl bestimmen. Wird die Kapazität nicht voll ausgenutzt oder ist die Ausbringung der Maschinen in gleicher Zeit unterschiedlich, können die variablen Kosten jedes Verfahrens mit Hilfe der Stundensatzrechnung ermittelt werden:

Beispiel 27.2: Variable Kosten pro Maschinenstunde

$$\text{Stundensatz} = \frac{\text{Kv}}{\text{Maschinenstunden}}$$

Maschine A/B	15,—	20,—

• Eigenfertigung oder Fremdbezug (Make or Buy)
Bestehen in einem Betrieb noch freie Kapazitäten, taucht die Frage auf, ob es nicht besser ist, bisher bezogene Produkte oder Fertigteile selbst zu produzieren. Umgekehrt muß sich der Unternehmer in Zeiten der Vollbeschäftigung fragen, ob es nicht günstiger ist, bisher gefertigte Produkte durch andere Betriebe herstellen zu lassen, um so kostengünstig Kapazitäten für Produkte mit höheren Deckungsbeiträgen freizumachen. Für die Beantwortung solcher Fragen sind den Beschaffungspreisen nur die variablen Kosten gegenüberzustellen.

Plankostenrechnung

Notwendigkeit und Aufgaben der Plankostenrechnung

Für die Beurteilung der Kostenwirtschaftlichkeit und die betriebliche Planung reichen die Kosten aus der Vergangenheit als Ist-Kosten (der Vorperiode) oder Normalkosten (als Durchschnittskosten mehrerer Perioden) nicht aus.

Können beispielsweise bei einem gleichen Produktionsvolumen die aktuellen Kosten auf dem Vorjahresniveau gehalten werden, so muß dies noch keine Kostenwirtschaftlichkeit bedeuten. Es kann nämlich auch beinhalten, daß genauso schlecht gewirtschaftet wurde wie im Jahr zuvor. Schon Schmalenbach, der bedeutendste deutsche Betriebswirt, nannte dies „Schlendrian mit Schlendrian vergleichen". Die realisierten Kosten müssen vielmehr gegenüber den angestrebten bzw. erzielbaren Kosten beurteilt werden. Diese *Plankosten* werden auch als Soll-Kosten, Standardkosten oder Budgetkosten in der Regel in anderem Zusammenhang bezeichnet.

Weiter kann es nicht befriedigen, wenn die Kosten der Vorperiode eingehalten wurden, aber die produzierten Mengen geringer waren als in der Vorperiode.
Der in Kosten bewertete Verbrauch von Produktionsfaktoren muß vielmehr immer hinsichtlich des Beschäftigungsgrades beurteilt werden. Für die Kostenplanung, zum Beispiel im Rahmen der Budgetierung (Jahresplanung), sind die Zahlen der Vergangenheit meistens nicht ausreichend. Geplante Kosten müssen vielmehr für den zukünftigen Beschäftigungsgrad unter Berücksichtigung der zukünftigen Faktorpreise ermittelt werden.
Somit sind *Plankosten* das Produkt aus *geplanten* Mengen und Preisen von benötigten Produktionsfaktoren für eine *geplante* Produktionsmenge (Beschäftigung).
Die Aufgaben der Plankostenrechnung bestehen somit im wesentlichen in der Kontrolle der Wirtschaftlichkeit und der Bereitstellung von Zahlenmaterial für die betrieblichen Dispositions- und Planungszwecke.

Formen der Plankostenrechnung

Obwohl es etwa 1920 schon erste Plankostenrechnungen – insbesondere in den USA – gab, ist die Verbreitung in der Praxis eher zögerlich. Plankostenrechnungen werden wesentlich nach zwei Gesichtspunkten unterschieden (Abb. 4.25). Einmal, ob der Beschäftigungsgrad fest vorgegeben oder eine Planung verschiedene Beschäftigungsgrade zuläßt, und zum anderen, ob bei der flexiblen Planung die Kosten als ganzes herangezogen oder ob sie nach fixen und variablen differenziert werden.
Die Anwendung der starren Plankostenrechnung ist nur sinnvoll für beschäftigungsunabhängige Betriebsbereiche wie die Forschung und Entwicklung und überwiegend die Verwaltung. Die flexible Plankostenrechnung empfiehlt sich dagegen für die stark beschaffungsabhängigen Bereiche wie die Fertigung. Erfolgt dabei die Betriebsabrech-

4

nung als Teilkostenrechnung, so wäre die Grenzplankostenabrechnung anzuwenden. Erfolgt eine Vollkostenrechnung, wäre die flexible Plankostenrechnung auf Vollkosten-Basis heranzuziehen.

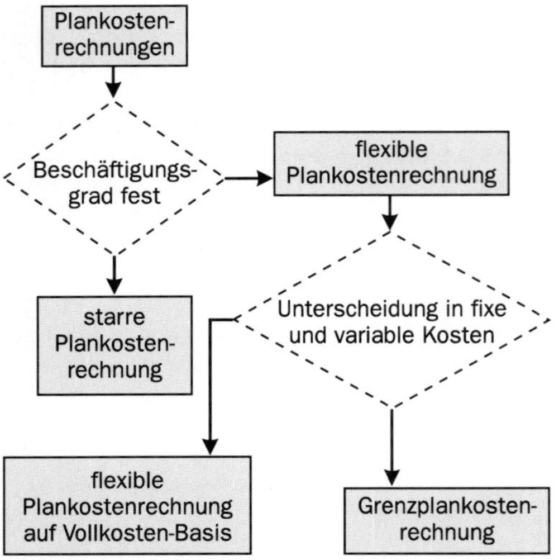

Abb. 4.25: Hauptformen der Plankostenrechnung

• Flexible Plankostenrechnung auf Vollkosten-Basis

Bei der traditionellen Kosten- und Leistungsrechnung handelt es sich um eine Vollkostenrechnung. Das heißt, sämtliche Kosten werden beschäftigungsproportional verrechnet, auch wenn sich Teile davon beschäftigungsunabhängig verhalten (Fix-Kosten). Die so *verrechneten Kosten* können somit nicht als Vergleichsmaßstab für eine Beurteilung der Kostenwirtschaftlichkeit oder zur Kostenplanung herangezogen werden. Es müssen vielmehr die Kostenwerte herangezogen werden, die sich bei Unterscheidung von fixen und variablen Kosten ergeben sollten: die *Soll-Kosten*.

• Grenzplankostenrechnung

Erfolgt die betriebliche Kostenrechnung als Teilkostenrechnung, so wird die flexible Plankostenrechnung wesentlich vereinfacht. Durch eine Unterscheidung in fixe und variable Kosten bei der Verrechnung stimmen die verrechneten Kosten mit den Soll-Kosten überein (Abb. 4.27). Eine kostenrechnerische Abweichung der Beschäftigung taucht dadurch gar nicht erst auf, wodurch die Verbrauchsabweichung unmittelbar abzulesen ist.

Beispiel 28.1: Flexible Plankostenrechnung auf Vollkosten-Basis

Eine Fertigungskostenstelle hat eine normale Beschäftigung von 100 Stück. In der Abrechnungsperiode werden 80 Stück produziert, geplant waren nur 60 Stück. Die Fix-Kosten der Stelle betragen normalerweise 30 TDM und die variablen Kosten 0,5 TDM pro Stück.

Die Kostenstelle verrechnet auf Vollkosten-Basis 0,8 TDM/Stück (Vollkosten 80 TDM durch 100 Stück bei Normalbeschäftigung = 0,8 TDM Stückkosten). Als Kostenstellenkosten werden 75 TDM realisiert (= Ist-Kosten). Insgesamt ergibt sich eine Kostenabweichung von 11 TDM, weil 80 produzierte Stück zu 0,8 TDM verrechnet wurden (75 - 64 = 11).

Um zu ermitteln, wieweit die Kostenabweichung auf Mehr- oder Minderverbrauch an Produktionsfaktoren zurückzuführen ist, muß sie aufgrund des abweichenden Beschäftigungsgrades (die Beschäftigungsabweichung) herausgerechnet werden:

	Beschäftigung (in Stück)		
Kosten (in TDM)	Normal = 100	Plan = 60	Ist = 80
(1) Kostenstellenrechnung = verrechnete Kosten	100 x 0,8 = 80	60 x 0,8 = 48	80 x 0,8 = 64
(2) Plankostenrechnung = Soll-Kosten	30 + 100 x 0,5 = 80	30 + 60 x 0,5 = 60	30 + 80 x 0,5 = 70
(2) – (1) = (3) = Beschäftigungsabweichung	= 0	geplante = 12	Ist = 6
(4) Betriebsabrechnung = Ist-Kosten			= 75
(4) – (2) = (5) = Verbrauchsabweichung			75 – 70 = 5
(3) + (5) bzw. (4) – (1) = (6) = Gesamtabweichung			6 + 5 bzw. 75 – 64 = 11

Siehe dazu auch Abb. 4.26

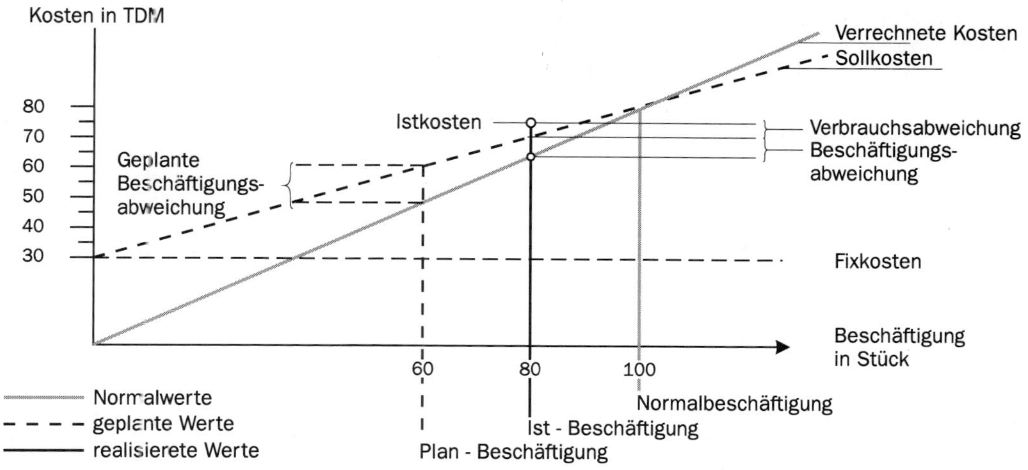

Abb. 4.26: Flexible Plankostenrechnung auf Vollkosten-Basis

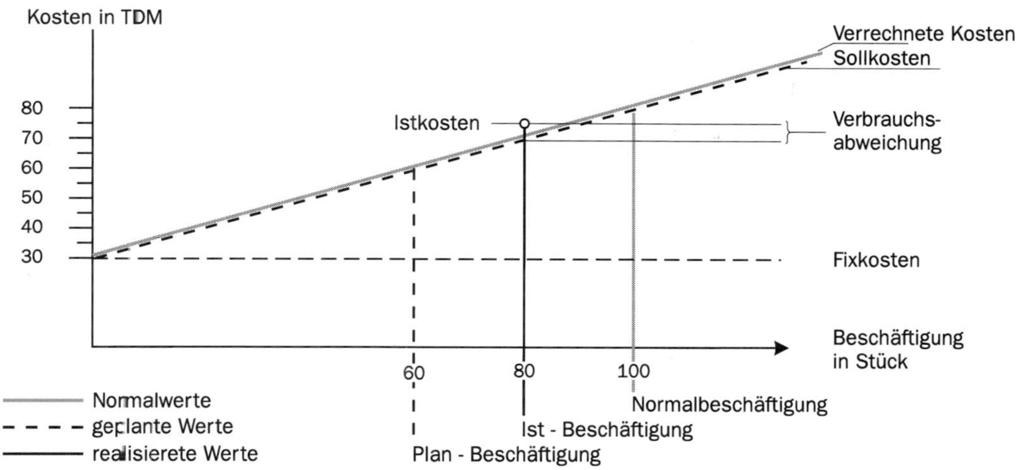

Abb. 4.27/Beispiel 28.2: Grenzplankostenrechnung (Zahlen wie im Beispiel 28.1)

In der Praxis kann aber auf die Vollkostenrechnung aus verschiedenen Gründen nicht verzichtet werden. Beispielsweise dürfen bei der Vorratsbewertung von Fertigerzeugnissen gemäß § 255 Abs. 2 HGB nur „angemessene Teile" der Fix- bzw. Gemeinkosten eingerechnet werden. Deswegen wird die Teilkostenrechnung meistens als kombinierte Rechnung eingeführt, indem man die Kostenarten der Vollkostenrechnung in die variablen (Einzelkosten + Teile der Gemeinkosten) und Fixkosten (Restgemeinkosten) differenziert. Diese Vorgehensweise erleichert auch wesentlich die Ermittlung der Soll-Kosten, die sonst kostenanalytisch ermittelt werden müßten. Gleichzeitig sind die Soll-Kosten auch eine wichtige Grundlage für eine Kostenplanung innerhalb der betrieblichen Planung (Budgetierung).

Prozeßkostenrechnung

Begründung und Aufgaben der Prozeßkostenrechnung

Die bisherigen Kostenrechnungsverfahren gehen von Kostenstrukturen aus, die in den letzten Jahren einen zunehmenden Wandel erfahren haben. Geringere Einzel- und variable Kosten stehen einem zunehmenden Anteil an Gemein- bzw. Fixkosten gegenüber. Dadurch wird die Zurechnungsbasis herkömmlicher Kostenrechnungsverfahren immer kleiner und damit das Rechnungsergebnis immer fragwürdiger.

In der Fertigung ist das auf die zunehmende Automatisierung – verbunden mit computergesteuerten flexiblen Produktionssystemen – zurückzuführen, die eine direkte Zurechnung der Kosten

4

vergleichbar den Fertigungslöhnen nicht mehr zulassen. Eine derart gewandelte Kostenstruktur führt aufgrund der hohen Gemeinkostenteile, beispielsweise in der Fahrzeugindustrie, zu Gemeinkostenzuschlägen von über 2.000% – d. h. die Zuschlagsbasis beträgt weniger als 5% der gesamten verrechneten Kosten. Außerdem ist eine Zunahme der typischen Gemeinkostenbereiche wie Verwaltung, Einkauf, Forschung und Entwicklung festzustellen.

Die Prozeßkostenrechnung versucht, dieser Entwicklung der Gemeinkosten gerecht zu werden. Neben dieser Aufgabe einer verursachungsgerechteren Kalkulation soll die Prozeßkostenrechnung auch die Planung und Kontrolle von Leistungen ermöglichen, die von den herkömmlichen Verfahren nicht erfaßt werden.

Die Systematik der Prozeßkostenrechnung

Das Bezugsobjekt für die Zurechnung der Gemeinkosten ist zunächst nicht das Produkt als Kostenträger, sondern hier sind es die gemeinkostenverursachenden *Prozesse*, zum Beispiel Einkaufen, Fertigen, Fakturieren etc. Diese Prozesse werden hinsichtlich ihrer Kostenverursachung nach *Aktivitäten* sowie deren Bezugsgröße (cost-driver) analysiert. Beispielsweise werden beim Einkaufsprozeß die Kosten der Aktivität „Angebote einholen" durch die Anzahl der Angebote bestimmt. Der Kostensatz für eine Aktivität ergibt sich aus der Division der gesamten Kosten dieser Aktivität durch das gesamte Leistungsvolumen in Bezugsgrößeneinheiten.

Die Zuschlagskalkulation hätte lediglich einen globalen Aufschlag auf den Einkaufs*wert* vorgenommen. Eine unterschiedliche Inanspruchnahme der Einkaufs*leistungen*, beispielsweise durch außergewöhnliche Sonderteile gegenüber Standardteilen, erfährt in einer Zuschlagskalkulation keine Berücksichtigung. Auch Rationalisierungen durch Zusammenfassung von Bestellungen oder Verringerungen von Reklamationen wirken sich bei den Materialgemeinkosten des betroffenen Materialteils praktisch nicht aus. Erste Erfahrungen mit der Prozeßkostenrechnung ergaben beispielsweise bei einem Fahrzeughersteller folgende Unterschiede zwischen einer herkömmlichen Zuschlagskalkulation und der Prozeßkostenrechnung für die anteiligen Fertigungsgemeinkosten ausgewählter Teile:

Beispiel 30: Stückkostenvergleich Zuschlagskalkulation versus Prozeßkostenrechnung

		Fertigungsgemeinkosten ausgewählter Fertigungsteile		
Teile-Nr.		4711	4712	4713
Stücke		171	2.501	55
Zuschlags-kalkulation	in DM	187,68	163,53	166,89
Prozeßkosten-rechnung	in DM	234,02	151,76	272,71
Differenz	in DM	– 46,34	+ 11,77	– 105,82
	in %	– 24,70	+ 7,20	– 63,40

Es fällt auf, daß bei Teilen mit geringer Stückzahl (Exoten) der Unterschied, d. h. die bisher mangelnde Berücksichtigung von kostentreibenden Leistungen, am größten ist.

Beispiel 29.1: Einkaufsprozeß

Aktivitäten	Kosten in DM	Cost-driver	Volumen	Kostensatz in DM
Angebote einholen	800.000,—	Anzahl Angebote	2.000	400,—
Bestellungen aufgeben	120.000,—	Anzahl Bestellungen	4.000	30,—
Reklamationen bearbeiten	240.000,—	Anzahl Reklamationen	400	600,—
Abteilung leiten	80.000,—	Einkaufsvolumen* in DM	16 Mio	0,5%

*Hier könnte auch die Anzahl der Mitarbeiter als Cost-driver wirken

Beispiel 29.2: Einkaufsprozeßkosten (für ein Materialteil 4711 bei folgenden Aktivitäten):

Aktivitäten	Umfang	Kostensatz in DM	anteilige Prozeßkosten in DM
Angebote einholen	3	400,—	1.200,—
Bestellungen aufgeben	12	30,—	360,—
Reklamationen bearbeiten	1	600,—	600,—
Abteilung leiten	0,1 Mio	0,5%	500,—
Prozeßkosten Einkauf 4711			2.660,—

Die Weiterverrechnung auf die Kostenträger wird vergleichend in der Abb. 4.28 dargestellt.
Die Integration der Prozeßkostenrechnung in das Gesamtsystem der Betriebsabrechnung soll die Abb. 4.29 zeigen. Dieses Schaubild zeigt auch, daß nicht sämtliche Gemeinkosten und die ihnen zugrunde liegenden Prozesse in die Prozeßkostenrechnung einbezogen werden. Die Prozeßkostenrechnung ist nämlich nur dort anzuwenden, wo die zweifellos verbesserte Kosteninformation den erhöhten Aufwand der Prozeßkalkulation rechtfertigt. Denn ein Instrument zur Beurteilung der Wirtschaftlichkeit sollte auch selbst dem Wirtschaftlichkeitsprinzip unterliegen.

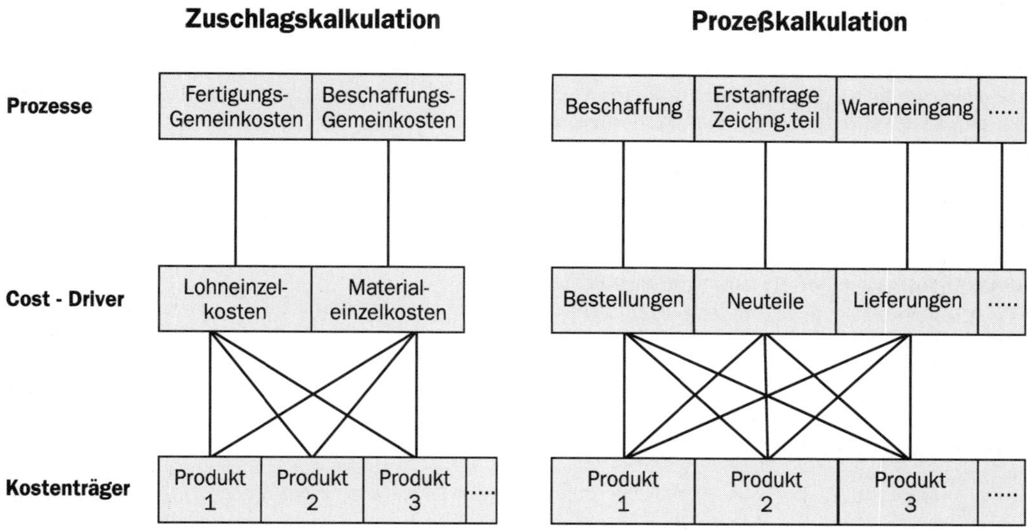

Abb. 4.28: Vergleich Zuschlagskalkulation – Prozeßkalkulation sowie die Weiterverrechnung auf Kostenträger

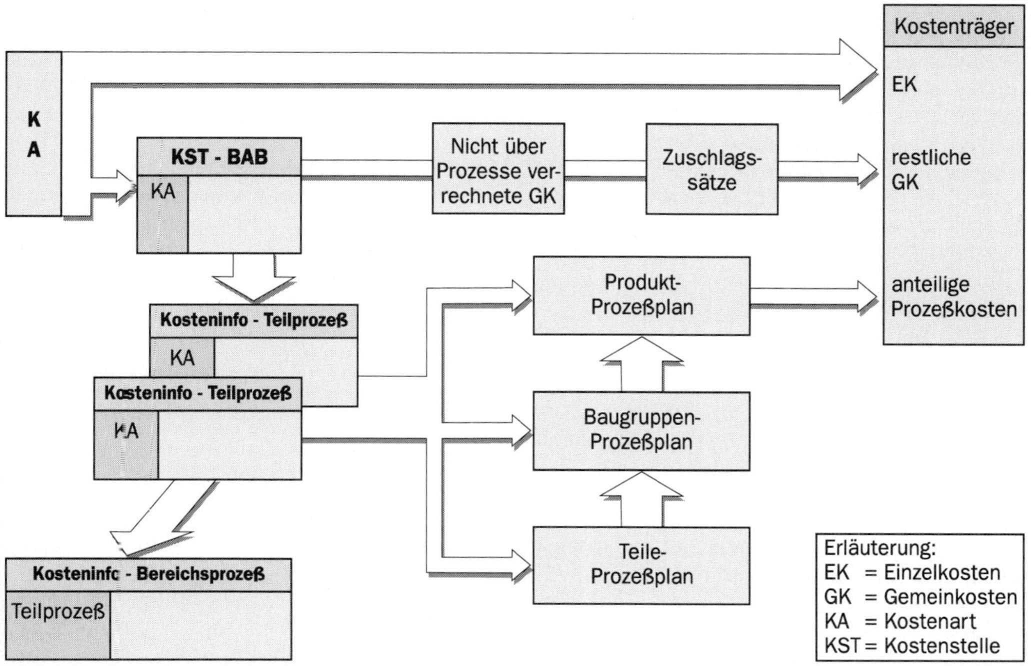

Abb. 4.29: Gesamtsystem der Betriebsabrechnung mit Prozeßkostenrechnung

4

Auswertung der Ergebnisse des Rechnungswesens

Notwendigkeit und Ziele der Auswertung

Mit der Abrechnung des Wirtschaftsjahres ist die Aufgabe des kaufmännischen Rechnungswesens nicht erfüllt. Vielmehr will der Unternehmer über eine kritische Analyse der Zahlen des Jahresabschlusses seine Marktstellung erkennen und Unterlagen für Verbesserungsmaßnahmen gewinnen.
Die Ergebnisse dieser Betriebsanalyse sind jedoch nicht nur für die Geschäftsleitung von außerordentlicher Bedeutung, sondern auch für Außenstehende. So versuchen Gläubiger, Aktionäre und sonstige Interessenten aus den veröffentlichten bzw. vorgelegten Bilanzen Einblick in das Unternehmen zu gewinnen, beispielsweise bei der Kreditwürdigkeitsprüfung zur Gewährung von Darlehen, vor einer langfristigen Beteiligung, vor Aufnahme oder zur Aufrechterhaltung von Geschäftsbeziehungen (Lieferanten, Kunden, Arbeitnehmer etc.).

Vorbereitung zur Auswertung

• Formelle und materielle Kritik
Die formelle Kritik untersucht die Ausgangsdaten, ob sie nach den Grundsätzen ordnungsmäßiger Buchführung und Bilanzierung ermittelt wurden.
Sie beschränkt sich also auf die Feststellung, ob die Prinzipien der Wahrheit, Klarheit und Kontinuität beachtet und damit die gesetzlichen Vorschriften eingehalten wurden. Gegenstand einer formellen Kritik sind
- Bezeichnung der Posten,
- Reihenfolge der Aufführung,
- Gliederung der Posten,
- Ausweisform wichtiger Gruppen,
- Art der Bewertung der Posten (oft nur bei interner Kritik – siehe unten – möglich) und
- Form und Gliederung des Geschäftsberichtes bei Kapitalgesellschaften (GmbH und AG).

Während sich die formelle Kritik auf die Darstellung sowie das Zustandekommen der Daten bezieht, zielt die materielle Kritik auf die Beurteilung der Daten. Sie will Strukturen erläutern, die für die Geschäftsführung eines Unternehmens richtungsweisend sind.
Nach dem Gegenstand der Untersuchung will sie transparent machen:

Die Bilanzstruktur:
- Konstitution (Vermögensstruktur)
- Finanzierung (Kapitalstruktur)
- Kapitalbindung (Anlagendeckung)
- Liquidität (Zahlungsfähigkeit)

Die GuV-Struktur:
- Kostenstruktur
- Ertragsstruktur

Auswirkungen auf:
- den Umsatz
- das Fertigungsprogramm bzw. Warensortiment
- die Investitionspolitik
- die Kalkulation (Preispolitik)
- die Vorratshaltung
- die Produktivität
- die Rentabilität
- die Kapitalbeschaffung usw.

• Teil- und Gesamtkritik
Bei der Teilkritik beschränkt sich die Kritik auf Teilfragen, auf einzelne Positionen. So wird zum Beispiel der Kreditgeber sein Hauptaugenmerk auf die Liquidität und die Kapitalstruktur richten, der Aktionär auf die Rentabilität usw.
Die Gesamtkritik soll die Gesamtlage des Unternehmens transparent machen, woran alle Beteiligten, Externe und Interne, interessiert sind.

• Interne und externe Kritik
Die interne Kritik wird meistens von Betriebsangehörigen oder Personen durchgeführt, denen die gesamten betriebsinternen Unterlagen zur Verfügung stehen. Sie ist in der Regel aufschlußreicher als die externe Kritik, die von Außenstehenden vorgenommen wird. Bei letzterer können einmal die Grundsätze ordnungsmäßiger Bilanzierung nicht überprüft werden – Ausnahmen bei Kapitalgesellschaften, Genossenschaften sowie Kreditinstituten, die einer Pflichtprüfung unterliegen. Zum anderen besteht kein Einblick in Hilfsdaten wie Fälligkeitstermine, Verpflichtungen aus noch nicht erfüllten Geschäften wie Bestellungen von Investitionsgütern, zugesagten, aber noch nicht ausgezahlten Krediten, Ergebnisse der Betriebsstatistik wie Umsatzziffern, Höhe einzelner Kostengruppen usw.

• Einzelkritik und vergleichende Kritik
Während die Einzelkritik die Situation eines Betriebes an einem bestimmten Zeitpunkt isoliert beurteilt, will eine vergleichende Kritik Entwicklungstendenzen erkennbar machen. Das ist nur mit Hilfe von Vergleichen möglich. Zu unterscheiden sind innerbetriebliche (Periodenvergleiche) von zwischenbetrieblichen Vergleichen. Durch die

Ermittlung von Vergleichszahlen werden Veränderungen und Relationen sichtbar. Solche Vergleiche eignen sich besonders zur Verlustquellenforschung, Betriebsdurchleuchtung und Marktbeobachtung. Bei zwischenbetrieblichen Vergleichen ist darauf zu achten, daß die Betriebe der gleichen Branche angehören und in Betriebsgröße, Organisationsaufbau, Fertigungsstruktur, Erzeugungsprogramm, Marktsituation, Absatzstruktur u. a. weitgehend vergleichbar sind.

Informationsquellen

Neben den vorgelegten bzw. veröffentlichten Abschlüssen sind zahlreiche andere Informationsquellen vorhanden, die der Beleuchtung einzelner Abschlußpositionen bzw. der Beurteilung des Gesamtunternehmens dienen können. Besonders aufschlußreich können Geschäftsberichte sein, Reden der Aufsichtsrats- und Vorstandsvorsitzenden auf den Hauptversammlungen, Interviews auf Pressekonferenzen, Berichte in Werkszeitungen, Werbe-, Fest- und Fachzeitschriften, Tageszeitungen, Veröffentlichungen der Banken, Wirtschafts- und Fachverbände, Mitteilungen der Börse, Veröffentlichungen von Konjunkturforschungs-Instituten, Statistischen Ämtern, wissenschaftlichen Instituten usw. Allerdings bergen viele dieser Informationsquellen große Gefahren in sich (eventuell tendenziöse Darstellungen), die bei bedenkenloser Berücksichtigung in der Auswertung auch zu falschen Aussagen führen können. Daher muß das Ausgangsmaterial gewissenhaft hinsichtlich seiner Verwendbarkeit untersucht und aufbereitet werden.

Aufbereitung des Quellenmaterials

• Eliminierung von Störfaktoren

Störfaktoren sind Daten innerhalb des Quellenmaterials, die die Auswertungsergebnisse verfälschen können. So sind insbesondere bei vergleichender Kritik die Ausgangsdaten auf unterschiedliche Gliederung, Inhalte und Bewertung von Bilanzpositionen, Betriebsgröße, Unternehmensform, unterschiedliche betriebswirtschaftliche und technische Größen u. a. zu untersuchen und in vergleichbare Relationen zu bringen. Die Beseitigung dieser Störfaktoren ist Gegenstand der formellen Kritik.

• Beachtung von Korrekturposten

Korrekturposten sind Positionen in der Bilanz, die in einem bestimmten Zusammenhang mit anderen Positionen stehen. So bilden ausstehende Einlagen auf das Grundkapital auf der Aktivseite der Bilanz einen Korrekturposten zum Grundkapital, das in seiner vollen Höhe auf der Passivseite auszuweisen ist. Gleichzeitig sind es Forderungen. Je nach Zielsetzung der Beurteilung sind sie auszuschalten oder zu berücksichtigen.
Ähnliches gilt für den Bilanzverlust. Zu verteilende Gewinne sind dem Fremdkapital zuzurechnen, einbehaltene erhöhen das Eigenkapital. Besonders problematisch ist im Zusammenhang mit der Eigenkapitalbeurteilung die Bewertung etwaiger stiller Reserven. Weitere Korrekturposten bilden die Wertberichtigungen, die im Zusammenhang mit bestimmten Vermögensteilen wie Sachanlagen, Beteiligungen, Wertpapieren des Anlagevermögens und Forderungen zu sehen sind.

• Gliederung und Gruppierung des Zahlenmaterials

Die Eliminierung von Störfaktoren und Korrekturposten und nicht zuletzt die Zielsetzungen haben zur Folge, daß das Zahlenmaterial nach Auswertungskriterien zusammengestellt werden muß. Maßstäbe für eine Gliederung der Bilanzposten können beispielsweise Risikohaftung (besonders beim Anlagevermögen) oder Abschreibungsquote bzw. Nutzungsdauer, Liquidierbarkeit (besonders beim Umlaufvermögen) oder Fälligkeiten (Schulden) sein. Das in Abb. 4.30 generalisierte Aufbereitungsschema liegt fast allen Bilanzanalysen zugrunde.
Bei einer Einzelpostenanalyse tritt an die Stelle der zusammenfassenden Gruppierung eine detailliertere Gliederung.

Aktiva	Bilanz Passiva
I. Anlagevermögen	I. Eigenkapital
1. Sachanlagen	1. Grundkapital
2. Finanzanlagen	2. Rücklagen
II. Umlaufvermögen	II. Fremdkapital
1. Vorräte bzw. Waren	1. Rückstellungen
2. Forderungen	2. Langfristige Verbindlichkeiten
3. Liquide Mittel	3. Kurzfristige Verbindlichkeiten

Abb. 4.30: Bilanzaufbereitungsschema (vereinfacht)

Zum Beispiel kann das Sachanlagevermögen wie folgt aufgegliedert werden:

I. Betriebliches Anlagevermögen
   1. Bebaute Grundstücke
      a) Fabrikgebäude
      b) Lagergebäude
      c) Verwaltungs- und Vertriebsgebäude
   2. Unbebaute Grundstücke
   3. Maschinen und maschinelle Anlagen
   4. Betriebsausstattung
   5. Geschäftsausstattung
   6. Im Bau befindliche Anlagen
   7. Anzahlungen auf Neuanlagen

II. Nicht betriebsnotwendiges Anlagevermögen
   1. Wohngebäude
   2. Andere Gebäude
   3. Unbebaute Grundstücke
   4. Sonstiges nicht betriebsnotwendiges Sachanlagevermögen

Zur Bemessung der Wirtschaftlichkeit, des Anlagenrisikos, des zukünftigen Kapitalbedarfs usw. kann diese Aufgliederung sehr behilflich sein.

• Statistische Aufbereitung des Zahlenmaterials

Oft haben die nackten absoluten Zahlen keine oder nur geringe Aussagekraft. Ihre Aussage ist praktisch mit der Darstellung realisierter Größen erschöpft. Von ihnen allein geht kaum ein Impuls zur kritischen Analyse bzw. zur Einsicht in die Relation der Werte aus. Daher eignen sie sich kaum als Grundlage für eine konstruktive Kritik. Die Bildung von Mittelwerten oder die Heranziehung von Standardwerten (Mittelwerte oder Richtzahlen einer Branche), die Errechnung von Verhältniszahlen (Proportionen, Prozentzahlen) sind daher zur Ermittlung von Abweichungen, Beziehungen und Tendenzen unerläßlich. Besondere Bedeutung für eine Betriebsanalyse haben die Verhältniszahlen, bei denen Gliederungszahlen, Beziehungszahlen und Indexzahlen zu unterscheiden sind.

Gliederungszahlen geben die Bedeutung eines Postens in der Gesamtmasse an, wie beispielsweise Anlagevermögen zu Gesamtvermögen, Eigenkapital zu Gesamtkapital, Löhne zu Gesamtkosten usw. und eigenen sich insbesondere für die Strukturuntersuchung. Beziehungszahlen ergeben sich aus einer Gegenüberstellung von zusammenhängenden Größen wie Gewinn zu Kapital, Kosten zu Leistungen, Anlagevermögen zu Umsatz. Indexzahlen sind Meßzahlen des Trends. Die Zahlenwerte werden mit einer Grundzahl (z. B. Index = 100 %) vergleichbar gemacht. Mittelwerte oder Verhältniszahlen (nur Gliederungs- und Beziehungszahlen), die der Betriebsanalyse dienen, werden als betriebliche Kennzahlen bezeichnet.

Der Veranschaulichung statistischer Ergebnisse dienen graphische Darstellungen, besonders Diagramme (Säulen-, Stab-, Kreis-, Kurven-, Liniendiagramme). Für die Verdeutlichung der Bilanzpostenveränderung innerhalb eines Abrechnungszeitraumes sowie für die Beurteilung der finanzwirtschaftlichen Entwicklungszahlen haben Bewegungsbilanzen besonderen Erkenntniswert.

• Bewegungsbilanz

Es wird zunächst für alle Positionen der Bilanz des Berichtsjahres die Differenz zur gleichen Position der Bilanz des Vorjahres errechnet. Die Salden werden unter den Gesichtspunkten der Mittelherkunft sowie Mittelverwendung gegenübergestellt. Dadurch wird deutlich, welche Mittel das Unternehmen investiert hat, woher die Mittel kamen (Eigen- oder Fremdfinanzierung, Innen- oder Außenfinanzierung) und wohin sie flossen.

Die Aktivseite einer Bewegungsbilanz zeigt die Mittelverwendung, die sich in Mehrungen der Aktivposten und Minderungen der Passivposten äußert. Erhöhungen der Passivposten und Minderungen der Aktivposten sind gleichzeitig Ausdruck der Mittelherkunft, die auf der Passivseite der Bewegungsbilanz dargestellt wird. Sie kann aus den Zahlen des Jahresabschlusses (siehe Beispiel 30) oder aus der Gegenüberstellung der Bestände der Inventurbilanzen zweier Jahre entwickelt werden.

Die auf dem Jahresabschluß aufbauende Bewegungsbilanz enthält detailliertere Angaben über Mittelherkunft und -verwendung als die aus den Inventurbilanzen entwickelte, da sie die Erfolgskonten mit einbezieht. Erträge geben zusätzliche Auskunft über die Mittelherkunft, Aufwendungen über deren Verwendungen.

Überdies kann die Bewegungsbilanz leicht zu einer *Kapitalflußrechnung* zur Betrachtung der Investitions- und Liquiditätsentwicklung umgestaltet werden. Ziel der Kapitalflußrechnung ist es, den Kapitalstrom – Zufluß bzw. Abfluß – einzelnen Bereichen wie Umsatz-, Investitions-, Kapital- und Liquiditätsbereich zuzuordnen. Der gesamte Zufluß deckt sich mit den Posten der Mittelherkunft, der gesamte Abfluß mit den Posten der Mittelverwendung in der Bewegungsbilanz.

Die Auswertung mittels Kennzahlen

Anhand des Jahresabschlusses eines Industriebetriebes werden die wichtigsten Kennzahlen entwickelt und ihre Aussagekraft dargestellt. Ausgangsdaten sind der aufbereitete Jahresabschluß eines Industriebetriebes (siehe Beispiel 31).

Beispiel 30: Bewegungsbilanz für ein Berichtsjahr

Bilanzposten als Ausgangsdaten		Vorjahr in TDM	Berichtsjahr in TDM	Veränderungen in TDM
A. Aktiva	I. Anlagevermögen			
	Verwaltungsgebäude	170	210	+ 40
	Fabrikgebäude	320	450	+ 130
	Unbebaute Grundstücke	29	12	– 17
	Maschinen und maschinelle Anlagen	400	580	+ 180
	Betriebs- und Geschäftsausstattung	35	40	+ 5
	II. Umlaufvermögen			
	Roh-, Hilfs- und Betriebsstoffe	190	153	– 37
	Unfertige Erzeugnisse	44	69	+ 25
	Fertige Erzeugnisse	60	48	– 12
	Forderungen a. L. u. L.	195	220	+ 25
	Besitzwechsel	30	60	+ 30
	Sonst. Forder. und Vermögensgeg.	16	6	– 10
	Wertpapiere des Umlaufvermögens	36	15	– 21
	Kasse, Schecks, Bankguthaben	26	8	– 18
Bilanzsumme		1.551	1.871	
B. Passiva	I. Eigenkapital	1.000	1.100	+ 100
	II. Fremdkapital			
	Hypothekenschulden	185	185	—
	Darlehensschulden	150	300	+ 150
	Rückstellungen	30	40	+ 10
	Verbindlichkeiten a. L. u. L.	143	176	+ 33
	Sonstige Verbindlichkeiten	43	70	+ 27
Bilanzsumme		1.551	1.871	

Bewegungsbilanz in TDM

Mittelverwendung		Mittelherkunft	
Verwaltungsgebäude	40	Unbebaute Grundstücke	17
Fabrikgebäude	130	Roh-, Hilfs- und Betriebsstoffe	37
Maschinen und maschinelle Anlagen	180	Fertige Erzeugnisse	12
Betriebs- und Geschäftsausstattung	5	Sonst. Forderungen und Vermögensgeg.	10
Unfertige Erzeugnisse	25	Wertpapiere des Umlaufvermögens	21
Forderungen a. L. u. L.	25	Kasse, Schecks, Bankguthaben	18
Besitzwechsel	30	Eigenkapital	100
		Darlehensschulden	150
		Rückstellungen	10
		Verbindlichkeiten a. L. u. L.	33
		Sonstige Verbindlichkeiten	27
Summe Bewegungsbilanz	435		435

• Vermögensaufbau (Konstitution)

Die aufbereitete Bilanz zeigt den prozentualen Anteil der einzelnen Posten zu der Bilanzsumme (= 100 %). Einen Einblick in die Vermögensstruktur gewährt das prozentuale Verhältnis vom Anlage- zum Umlaufvermögen (oder zum Gesamtvermögen = Anlagenintensität).

$$\text{Konstitution} = \frac{\text{Anlagevermögen}}{\text{Umlaufvermögen}} = 0{,}5 \text{ bzw. } 50\,\%$$

Die Vermögensstruktur ist in erster Linie abhängig von der Art und Zielsetzung eines Betriebes. So haben Unternehmen des Großhandels in der Regel ein großes Umlaufvermögen, während Betriebe der Grundstoffindustrie sehr anlageintensiv sind. Daneben sind auch Fertigungsverfahren, Automatisierungsgrad sowie Absatzorganisation mitbestimmend für das Verhältnis dieser beiden Vermögensteile zueinander. Das Anlage-

Beispiel 31: Jahresabschluß eines Industrieunternehmens (AG)

Aktiva		Bilanz			Passiva
	DM	%		DM	%
I. Anlagevermögen			I. Eigenkapital		
1. Bebaute			1. Grundkapital	2.000.000,—	55,56
Grundstücke	600.000,—	16,67	2. Rücklagen	200.000,—	5,56
2. Maschinen und ma-			3. Bilanzgewinn	200.000,—	5,56
schinelle Anlagen	400.000,—	11,11	II. Fremdkapital		
3. Betriebs- und Ge-			1. Rückstellungen	25.000,—	0,69
schäftsausstattung	200.000,—	5,55	2. Darlehensschulden		
II. Umlaufvermögen			(5 Jahre Restlaufzeit)	500.000,—	13,89
A. Vorräte			3. Verbindlichkeiten		
1. Roh-, Hilfs- und			a. L. u. L.	490.000,—	13,61
Betriebsstoffe	720.000,—	20,00	4. Schuldwechsel	125.000,—	3,47
2. Unfertige			5. Sonstige Verbind-		
Erzeugnisse	138.000,—	3,83	lichkeiten	60.000,—	1,66
3. Fertige					
Erzeugnisse	86.000,—	2,39			
B. Andere Gegen-					
stände des Umlauf-					
vermögens					
1. Forderungen					
a. L. u. L.	506.000,—	14,06			
2. Besitzwechsel	100.000,—	2,78			
3. Kasse, Postgiro,					
Bankguthaben	350.000,—	23,61			
Bilanzsumme	3.600.000,—	100,00		3.600.000,—	100,00

Gewinn- und Verlustrechnung nach dem Gesamtkostenverfahren

Umsatzerlöse	10.200.000,—	
Bestandsmehrungen	50.000,—	
Gesamtleistung		10.250.000,—
Stoffaufwand und bezogene Waren		7.934.000,—
Rohertrag		2.316.000,—
Erträge aus Anlagenabgängen	64.000,—	
Sonstige betriebliche Erträge	17.000,—	81.000,—
		2.397.000,—
Löhne und Gehälter	1.175.000,—	
Soziale Abgaben	232.000,—	
Aufwendungen für die Altersversorgung und Unterstützung	65.000,—	
Abschreibungen auf Sachanlagen	152.000,—	
Sonstige betriebliche Aufwendungen	375.000,—	
Verluste aus Anlagenabgängen	18.000,—	
Zinsen und ähnliche Erträge	49.000,—	
Zinsen und ähnliche Aufwendungen	67.000,—	
Steuern		
vom Einkommen, Ertrag und Vermögen	84.000,—	
sonstige	58.000,—	2.226.000,—
Jahresüberschuß		220.000,—
Einstellung aus dem Jahresüberschuß in die Rücklage		20.000,—
Bilanzgewinn		200.000,—

vermögen bildet zwar die Grundlage der Betriebsbereitschaft, verursacht aber immer gleichbleibend hohe fixe Kosten, wie Abschreibungen, Instandhaltung, Zinsen (bei einer Finanzierung mit Fremdkapital) und Versicherungsprämien.
Dies wirkt sich besonders negativ bei einer rückläufigen Beschäftigung in Krisenzeiten des Betriebes oder bei technischer und wirtschaftlicher Überholung der Anlagen aus. Daher ist mit dem Anlagevermögen ein großes Risiko (siehe Kapitalbindung) verbunden. Deshalb muß bei jeder Anlagenpolitik die künftige Beschäftigung und technische Entwicklung betrachtet werden.
Das Umlaufvermögen ist der eigentliche Gewinnträger. Durch Verkauf der produzierten Güter fließen dem Unternehmen Geldwerte (Kosten und Gewinne) zurück, die zum Zwecke der Wiederbeschaffung, Rationalisierung, Mechanisierung und Erweiterung eingesetzt werden können.
In unserem Beispiel beträgt das Verhältnis von Anlage- zum Umlaufvermögen 1 : 2. Das Anlagevermögen macht 33,33%, das Umlaufvermögen 66,67% des Geschäftsvermögens aus.
Diese Kennzahlen können erschöpfend nur im Vergleich mit denen anderer Zeitabschnitte beurteilt werden. Sie sind durch die Abschreibungen und die meist schwankenden Neuinvestitionen einerseits und Absatzschwankungen andererseits ständigen Änderungen unterworfen. Letztere äußern sich in der Bilanz in starken Mehrungen oder Minderungen der Vorräte gegenüber dem vorigen Berichtsjahr.
Andere Daten wie Angaben über preis- und konjunkturbedingte Lagerpolitik, saisonbedingte Vorratsproduktion, Betriebserweiterung sowie Sortimentsverbreiterung u. a. sind daher notwendig, um die Gewinnträgerschaft des Umlaufvermögens beurteilen zu können. Eine parallele Betrachtung der Entwicklung des Umsatzes, der Umschlagshäufigkeit und Lagerdauer dürfte außerdem wichtige Hinweise liefern (s. Umschlagskennziffern).

• Kapitalstruktur (Finanzierung)
Das Verhältnis von Eigen- und Fremdkapital gibt Aufschluß über die Finanzierung eines Unternehmens.

$$\text{Finanzierung} = \frac{\text{Eigenkapital}}{\text{Fremdkapital}} = 2{,}0 \text{ bzw. } 200\,\%$$

Je mehr das Eigenkapital das Fremdkapital überwiegt, desto gesünder ist der Betrieb. Das Eigenkapital ist das Haftungskapital und bestimmt neben der Ertragsentwicklung die Kreditwürdigkeit des Unternehmens weitgehend.
Fremdkapital bringt durch Zinsen und Rückzahlungen eine ständige Belastung für den Betrieb mit sich, was sich besonders negativ in Krisenzeiten auswirkt, wenn Umsatz und Ertrag zurückgehen. Darüber hinaus führt ein hohes Fremdkapital oft zu betriebsfremder Einflußnahme auf die Geschäftsleitung (Verlust der Selbständigkeit). Im Beispielsfalle beträgt dieses Verhältnis 2 : 1 (vorausgesetzt, der Bilanzgewinn wird nicht ausgeschüttet). Eine Umkehrung dieses Verhältnisses ergibt den Verschuldungskoeffizienten, das Verhältnis des Fremdkapitals zum Gesamtkapital den Anspannungsgrad.

$$\text{Verschuldungskoeffizient} = \frac{\text{Fremdkapital}}{\text{Eigenkapital}} = 0{,}5 \text{ bzw. } 50\,\%$$

$$\text{Anspannungsgrad} = \frac{\text{Fremdkapital}}{\text{Gesamtkapital}} = 0{,}33 \text{ bzw. } 33\,\%$$

Der Verschuldungskoeffizient gibt Auskunft über die Schuldenlage eines Unternehmens, der Anspannungsgrad gibt Auskunft über die Kapitalanspannung, die durch das Fremdkapital hervorgerufen wird. Für die erschöpfende Beurteilung der Vermögens- und Kapitalstruktur müssen die Beziehungen zwischen der Mittelherkunft und -verwendung aufgedeckt werden.

• Kapitalbindung
Oben wurde bereits gesagt, daß das Anlagevermögen die Grundlage einer Betriebsbereitschaft bildet. Damit diese auch nicht in Krisenzeiten gefährdet ist, soll das Anlagevermögen möglichst mit Eigenkapital finanziert werden.
Eine Finanzierung des Anlagevermögens mit langfristigem Fremdkapital sichert zwar die Betriebsbereitschaft, bringt aber den Nachteil ständiger Zinsbelastung mit sich. Entsprechend sind zwei Anlagendeckungskennziffern zu unterscheiden.

$$\text{Anlagendeckungsgrad A} = \frac{\text{Eigenkapital}}{\text{Anlagevermögen}} = 2 \text{ bzw. } 200\,\%$$

Im Beispiel ist das Eigenkapital doppelt so groß wie das Anlagevermögen. Die Hälfte des Eigenkapitals kann daher zur Finanzierung langfristiger Teile des Umlaufvermögens (zum Beispiel eiserne Bestände) herangezogen werden.

$$\text{Anlagendeckungsgrad B} = \frac{\text{Eigenkapital + langfristiges Fremdkapital}}{\text{Anlagevermögen}} = 2{,}42 \text{ bzw. } 242\,\%$$

In diesem Zusammenhang muß auf die „goldene Finanzierungsregel“ verwiesen werden, nach der die Investitionsdauer nicht länger als die Finan-

4

zierungsdauer sein darf. Darin wird der innere Zusammenhang zwischen den Aktiva und der Fälligkeit der Passiva deutlich.

• Die Liquidität (Zahlungsbereitschaft)
Da das im Anlagevermögen investierte Kapital grundsätzlich gebunden bleibt, müssen fällige Schulden aus dem Umlaufvermögen getilgt werden. Die unpünktliche Erfüllung der Zahlungsverpflichtungen kann zum Verlust der Kreditwürdigkeit führen (besonders wichtig bei Wechselschulden). Anhaltende Zahlungsunfähigkeit führt sogar zum Konkurs. Daher sollte das Unternehmen jederzeit in der Lage sein, Zahlungsverpflichtungen nachzukommen. Das ist nur möglich, wenn liquide Mittel einer bestimmten Fristigkeit mit entsprechenden Verbindlichkeitsfälligkeiten übereinstimmen. Die Praxis arbeitet mit verschiedenen Liquiditätsziffern.

$$\text{Liquidität 1. Grades} = \frac{\text{Liquide Mittel (Kasse, Bank, Postscheck, diskontfähige Wechsel, Schecks)}}{\text{fällige Verbindlichkeiten}}$$

$$\text{Liquidität 2. Grades} = \frac{\text{Liquide Mittel + Wertpapiere + Forderungen}}{\text{kurzfristige Verbindlichkeiten (Verbindlichkeiten a. L. u. L., Schuldwechsel, Sonstige Verbindlichkeiten)}}$$

$$\text{Liquidität 3. Grades} = \frac{\text{Liquide Mittel + Wertpapiere + Forderungen + Vorräte}}{\text{kurz- und mittelfristige Verbindlichkeiten}}$$

Die derart gewonnenen Liquiditätsziffern sollten, selbst wenn sie größer als 1 sind, mit Vorsicht beurteilt werden. Sie gelten nur für den Bilanzstichtag und geben somit einen Status an, der sich schnell ändern kann. Aussagen für die nächste Zukunft können nur bei Kenntnis der Fälligkeitsdaten einerseits, der Einkaufsdispositionen, Liquidierbarkeit der Posten des Umlaufvermögens (Umsatzentwicklung, Marktlage, Zahlungsgepflogenheiten der Kunden sind zu beachten) gemacht werden. So geht beispielsweise aus vorstehender Bilanz – will man die Liquidität 1. Grades ermitteln – nicht hervor, welche Verbindlichkeiten sofort fällig sind. Daher muß sich die Liquiditätsbetrachtung hier auf die Gegenüberstellung von liquiden Mitteln und kurzfristigen Verbindlichkeiten bzw. von Umlaufvermögen und kurz- und mittelfristigen Verbindlichkeiten beschränken.

Liquidität 2. Grades =
40,45 % : 19,43 % bzw. 208 %

Liquidität 3. Grades =
66,67 % : 19,43 % bzw. 343 %

Beide Kennzahlen unseres Beispiels deuten auf eine außergewöhnlich gute Liquidität hin. Eine im Zeitvergleich ermittelte rückläufige Tendenz des Liquiditätsquotienten kann auf Fehldisposition oder aber auf die Verwendung aller liquiden Reserven zur Finanzierung von Anlagen oder Vorräten beispielsweise zum Zwecke einer Betriebserweiterung und Umsatzsteigerung zurückzuführen sein. Parallel zur Liquidität ist also die Entwicklung anderer Bilanzposten und der Kapitalfluß zu betrachten (siehe „Bewegungsbilanz"). In diesem Zusammenhang ist die Heranziehung des „(Net) working capital" interessant. Diese in Amerika gebräuchliche Kenngröße ergibt sich als Differenz zwischen dem Umlaufvermögen und den kurzfristigen Verbindlichkeiten. Ein steigendes Working capital bedeutet eine Liquiditätsverbesserung.

• Die Rentabilität
Die Gegenüberstellung von Aufwendungen und Erträgen in der GuV-Rechnung zeigt, mit welchem Erfolg das Unternehmen gearbeitet hat und welche Erfolgsarten Gewinn oder Verlust entscheidend beeinflußt haben. Inner- und zwischenbetriebliche Vergleiche liefern wichtige Unterlagen für die Erkenntnis der Erfolgsentwicklung und Ansatzkriterien für Verbesserungsmaßnahmen. Zu solchen Untersuchungen wird der Unternehmer wohl immer gezwungen, wenn die Rentabilität seinen Vorstellungen nicht mehr entspricht. Darunter wird das prozentuale Verhältnis des Gewinns zum eingesetzten Kapital oder zum erzielten Umsatz verstanden.
Entsprechend ist die Kapitalrentabilität von der Umsatzrentabilität zu unterscheiden.

Rentabilität des Eigenkapitals: Sie stellt das Verhältnis des Reingewinnes zu dem Eigenkapital (Grundkapital, Rücklagen) dar.

$$\text{Eigenkapitalrentabilität} = \frac{\text{Reingewinn} \times 100}{\text{Eigenkapital}} \approx 9\,\%$$

Sie wird auch als Unternehmerrentabilität bezeichnet und ist ein Maßstab dafür, welche Verzinsung das eingesetzte Unternehmerkapital erreicht hat. Mit dieser Quote müssen neben den Zinsen Unternehmerlohn und übernommenes Risiko gedeckt werden.
Bleibt das Unternehmerrisiko unberücksichtigt, kann die Verzinsung des Eigenkapitals nach Kürzung des Reingewinns um einen angemessenen Unternehmerlohn wie folgt errechnet werden.

$$\text{Unternehmerrentabilität} = \frac{(\text{Reingewinn} - \text{Unternehmerlohn}) \times 100}{\text{Eigenkapital}}$$

Rentabilität des Gesamtkapitals: Der Gewinn wird mit dem Gesamtkapital erzielt. Dieses setzt sich aus Eigen- und Fremdkapital zusammen. Der Gewinn wurde in der Erfolgsrechnung durch die Zinsen gemindert, die für das Fremdkapital gezahlt wurden. Diese müssen zum Reingewinn hinzugerechnet werden, um die Rentabilität des Gesamtkapitals, auch Unternehmensrentabilität genannt, zu ermitteln.

$$\text{Unternehmensrentabilität} = \frac{(\text{Reingewinn} + \text{Fremdkapitalzinsen}) \times 100}{\text{Gesamtkapital}} \approx 8\%$$

Sie zeigt, ob der Einsatz von Fremdkapital günstig ist. Der Fk-Zins muß hier niedriger als 8% sein.

Umsatzrentabilität: Sie gibt den prozentualen Anteil des Unternehmensgewinnes am Umsatzerlös an.

$$\text{Umsatzrentabilität} = \frac{(\text{Reingewinn} + \text{Fk-Zinsen}) \times 100}{\text{Umsatzerlöse}} \approx 2{,}8\%$$

Umgekehrt zeigt diese Kennziffer die Kostenbelastung des Umsatzes (im Beispiel 98%). Der Vergleich der Umsatzrentabilität mehrerer Jahre läßt die Entwicklung des Unternehmens erkennen. Je geringer der prozentuale Anteil ist, desto knapper ist der Gewinnzuschlag auf die Waren. Der geringe Gewinnzuschlag kann durch einen erhöhten Umsatz ausgeglichen werden. Somit liefert die Umsatzrentabilität auch wertvolle Aussagen über die Marktstellung des Unternehmens.

- Cash flow

Der Cash flow ist ebenfalls eine Kennzahl zur Beurteilung sowohl der Ertrags- als auch der Finanzkraft eines Unternehmens. Es ist damit der Ertrag gemeint, der über die reine Aufwandsdeckung einer Rechnungsperiode hinausgeht.

Jahresüberschuß
+ Abschreibungen auf Anlagevermögen

= Cash flow I

Vielfach werden auch noch andere Positionen wie die Erhöhung langfristiger Rückstellungen mit in den Cash flow eingerechnet.

Cash flow I
+ Veränderung langfristiger Rückstellungen
(in der Regel Pensionsrückstellungen)

= Cash flow II (allgemeiner Cash flow)

Wie bei der Rentabilitätsberechnung kann das Verhältnis des Cash flow zum Eigenkapital, Gesamtkapital und Umsatz errechnet werden.

$$\frac{\text{Cash flow} \times 100}{\text{Eigenkapital}} = \frac{372.000 \times 100}{2.180.000} \approx 17\%$$

$$\frac{\text{Cash flow} \times 100}{\text{Gesamtkapital}} = \frac{372.000 \times 100}{3.380.000} \approx 11\%$$

$$\frac{\text{Cash flow} \times 100}{\text{Umsatzerlöse}} = \frac{372.000 \times 100}{10.200.000} \approx 3{,}7\%$$

Das prozentuale Verhältnis des Cash flow-Ertrages zum Eigenkapital enthält sowohl die Zinsquote des Eigenkapitals als auch die Rückflußquote der Abschreibungsbeträge über die Verkaufserlöse. Die Größen geben damit wertvollen Aufschluß über die Selbstfinanzierung des Unternehmens.

- Abschreibungskennziffern

Das prozentuale Verhältnis von Abschreibungen und Neuinvestitionen zum Anlagevermögen gibt an, ob die Zugänge durch hereingewirtschaftete Mittel finanziert werden konnten.

$$\text{Investitionsdeckung} = \frac{\text{Abschreibungen} \times 100}{\text{Neuinvestitionen}}$$

Sofern die Unterlagen zur Verfügung stehen, das ist nach dem aktienrechtlichen Bilanzgliederungsschema der Fall, kann diese Kennziffer getrennt nach Anlageposten ermittelt werden. Das gleiche gilt für die Ermittlung der Abschreibungssätze. Bei direkter Abschreibung ergibt sich der Grundwert aus Summe des Buchwerts und des in der GuV-Rechnung ausgewiesenen Abschreibungsbetrags.

$$\text{Durchschnittlicher Abschreibungssatz des Berichtsjahres} = \frac{\text{Abschreibung} \times 100}{\text{Anlagevermögen}} = 11{,}24\%$$

Daraus kann die Amortisationsdauer des vorhandenen Anlagevermögens errechnet werden.

$$\text{Amortisationsdauer} = \frac{100\% - \text{Abschreibungssatz des Berichtsjahres}}{\text{Abschreibungssatz}} = 8 \text{ Jahre}$$

Das gleiche Ergebnis wird durch Gegenüberstellung des Buchwertes des abnutzbaren Anlagevermögens (also bei direkter Abschreibung) mit dem Abschreibungsbetrag errechnet.

$$\text{Amortisationsdauer} = \frac{\text{Buchwert des Anlagevermögens}}{\text{Abschreibungsbetrag}} \approx 8 \text{ Jahre}$$

- Personalkosten- und Produktivitätskennziffern

Liegen nähere Personalangaben vor, so können die Durchschnittskosten pro Belegschaftsmitglied sowie Produktivitätskennziffern ermittelt werden (es werden 50 Belegschaftsmitglieder angenommen).

Durchschnittliche Personalkosten pro Belegschaftsmitglied (Durchschnittslohn) =

$$\frac{\text{Personalkosten}}{\text{Belegschaftsmitglieder}} = 29.440 \text{ DM}$$

Umsatz pro Mitarbeiter =

$$\frac{\text{Umsatz}}{\text{Belegschaftsmitglieder}} = 204.000 \text{ DM}$$

Umsatz pro 1 DM Personalkosten =

$$\frac{\text{Umsatz}}{\text{Personalkosten}} = 7{,}25 \text{ DM}$$

- Kostenintensität

Sie gibt das prozentuale Verhältnis der einzelnen Kosten am Umsatz an.

Materialintensität =

$$\frac{\text{Materialkosten x 100}}{\text{Umsatz}} = 77{,}8\%$$

Personalintensität =

$$\frac{\text{Personalkosten x 100}}{\text{Umsatz}} = 13{,}8\%$$

Abschreibungsintensität (Kapitalintensität) =

$$\frac{\text{Abschreibungen x 100}}{\text{Umsatz}} = 1{,}5\%$$

- Umschlagskennziffern zur Beurteilung der Wirtschaftlichkeit

Die Umschlagskennziffern werden durch Gegenüberstellung des Umsatzes mit einzelnen Posten der Bilanz errechnet. Mit ihrer Hilfe wird nun die „Höhe der Bestände" kritisch beleuchtet. Besonders aussagefähig sind der Lagerumschlag, der Umschlag der Forderungen, der Verbindlichkeiten sowie des Kapitals. Zur Ausschaltung von Zufallsergebnissen wird vom durchschnittlichen Jahresbestand ausgegangen.

Durchschnittlicher Bestand eines Bilanzpostens =

$$\frac{\text{Anfangsbestand + Endbestand}}{2}$$

oder

$$\frac{\text{Anfangsbestand + 12 Monatsbestände}}{13}$$

Bei der Gegenüberstellung mit dem Umsatz ist auf die Vergleichbarkeit zu achten. Hierbei ist der Umsatz zu Anschaffungs- oder Herstellungskosten vom Umsatz zu Verkaufspreisen (Umsatzerlös) zu unterscheiden (als Bestände hier mangels Angaben nur Endbestände).

Lagerumschlag =

$$\frac{\text{Wareneinsatz (Materialaufwand)}}{\text{Ø Lagerbestand}} = 8{,}4\text{-fach}$$

Ø Lagerdauer =

$$\frac{365}{\text{Lagerumschlag}} = 43{,}5 \text{ Tage}$$

Forderungsumschlag =

$$\frac{\text{Umsatzerlöse}}{\text{Ø Forderungsbestand}} = 20{,}2\text{-fach}$$

Kreditgewährung (Kundenziel) =

$$\frac{365}{\text{Forderungsumschlag}} = 18{,}1 \text{ Tage}$$

Beispiel 32: DuPont-Kennzahlensystem

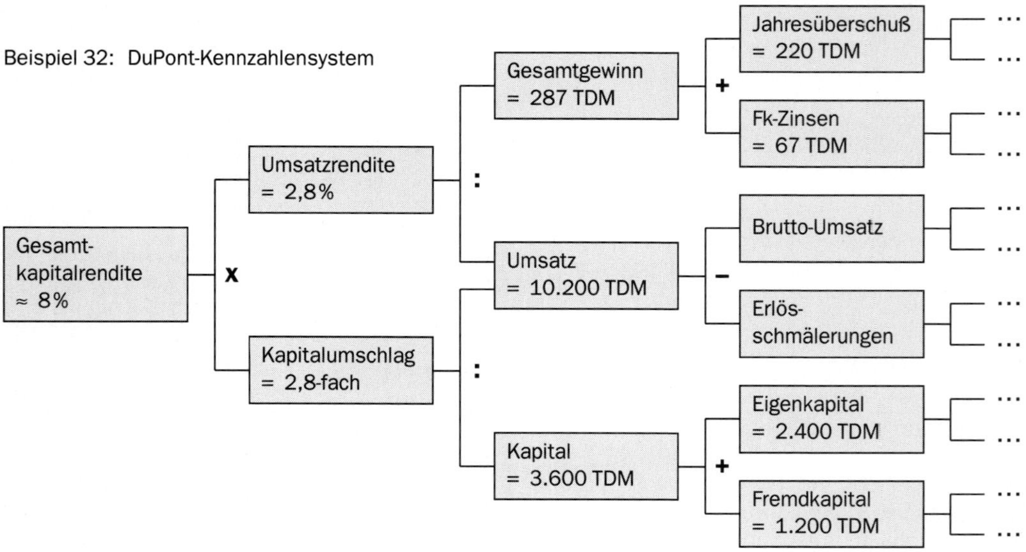

Umschlagshäufigkeit der Verbindlichkeiten =

$$\frac{\text{Wareneinsatz (Materialaufwand)}}{\text{Bestand an Verbindlichkeiten}} = 12{,}9\text{-fach}$$

Laufzeit der Verbindlichkeiten (Lieferantenkreditdauer) =

$$\frac{365}{\text{Umschlagshäufigkeit der Verbindlichkeiten}} = 28{,}3 \text{ Tage}$$

Kapitalumschlag =

$$\frac{\text{Umsatz}}{\text{Gesamtkapital}} = 2{,}8\text{-fach}$$

Je höher die Umschlagshäufigkeit ist, um so geringer ist der Kapitalbedarf, die Zinsbelastung und das Risiko des Unternehmens.

• Kennzahlensysteme

Zur Forschung nach den Ursachen von Veränderungen bei den Kennzahlen ist es sinnvoll, ihre verschiedenen Abhängigkeiten darzustellen.

Das bekannteste, auf mathematischen Beziehungen aufbauende, ist das DuPont-Schema mit der Gesamtkapitalrendite als Spitzenkennzahl (siehe Beispiel 32).

Literatur zu Buchführung und Kostenrechnung

4

BDI (Hrsg.): Kosten- und Leistungsrechnung als Planungsrechnung. 2. Aufl., Bergisch Gladbach, 1986

– Empfehlungen zur Kosten- und Leistungsrechnung. 3. Aufl., Bergisch Gladbach, 1991

Falterbaum, H./Beckmann, H.: Buchführung und Bilanz. 13. Aufl., Achim, 1989

Haberstock, L.: Grundzüge der Kosten- und Leistungsrechnung. 4. Aufl., München, 1994

Hahn, H.: Rechnungswesen der Industriebetriebe, Jahresabschluß – Betriebsanalyse – Kosten- und Leistungsrechnung. 3. Aufl., Bad Homberg v. d. H., 1982

Hahn/Lenz/Tunnissen: Einführung in die kaufmännische Buchführung und Bilanz. 61. Aufl., Bad Homburg v. d. H., 1993

Hahn/Lenz/Tunnissen: Großhandelsbuchführung. 2. Aufl., Bad Homburg v. d. H., 1992

Hahn/Meyer/Werner: Rechnungswesen für kaufmännische Unternehmen, Bürokaufmann/Bürokauffrau. Bad Homburg v. d. H., 1992

Hahn/Meyer/Werner: Rechnungswesen für kaufmännische Unternehmen, Kaufmann/Kauffrau für Bürokommunikation. Bad Homburg v. d. H., 1992

Hahn/Meyer: Rechnungswesen im Einzelhandel (EKR). 4. Aufl., Bad Homburg v. d. H., 1994

Hahn/Meyer: Rechnungswesen im Einzelhandel (EKR), Ausgabe AKA-Länder. Bad Homburg v. d. H., 1993

Hahn/Werner: Buchführung und Kostenrechnung des Groß- und Außenhandels. 3. Aufl., Bad Homburg v. d. H., 1992

Hahn/Werner: Buchführung und Kostenrechnung der Industriebetriebe (IKR). 10. Aufl., Bad Homburg v. d. H., 1994

Hahn/Werner: Finanzbuchhaltung und Kostenrechnung in kaufmännischen Unternehmungen, Schulkontenrahmen NRW (IKR). 2. Aufl., Bad Homburg v. d. H., 1993

Hahn/Lenz/Tunnissen/Werner: Buchführung und Kostenrechnung der Industriebetriebe (IKR). 8. überarb. und erw. Aufl., Bad Homburg v. d. H., 1990

– Buchführung und Kostenrechnung der Industriebetriebe (GKR). 3. Aufl., Bad Homburg v. d. H., 1987

IFVA, Horváth & Partner GmbH (Hrsg.) Prozeßkostenmanagement. München, 1991

Kilger, W.: Einführung in die Kostenrechnung. Nachdruck der 3. Aufl., Wiesbaden, 1992

– Flexible Plankostenrechnung und Deckungsbeitragsrechnung. 10. Aufl., Wiesbaden, 1993
Klümper, P.: Grundlagen der Kostenrechnung. 3. Aufl., Herne/Berlin, 1979
Kosiol/Chmielewicz/Schweitzer (Hrsg.): Handwörterbuch des Rechnungswesens. 3. Aufl., Stuttgart, 1993
4 Löschke/Sikorski: Buchführung und Bilanzierung. München, 1990
Riebel, P.: Einzelkosten- und Deckungsbeitragsrechnung. 6. Aufl., Wiesbaden, 1990
Schweitzer/Hettrich/Küpper: Systeme der Kostenrechnung. 5. Aufl., Landsberg, 1991
Wöhe, G.: Bilanzierung und Bilanzpolitik. 7. Aufl., München, 1987

Finanzwesen

5

Grundlagen

Im Rahmen der Einführung im Beitrag „Betriebswirtschaftslehre" wurde der finanzwirtschaftliche Prozeß – die Darstellung der Geld- und Zahlungsströme – als Ergänzung zum güterwirtschaftlichen Prozeß aufgezeigt. Auch wurden dort in den beiden Abschnitten „Finanzierung" sowie „Investition – Leistungsbereitschaft" die Grundlagen behandelt. Hierauf wird verwiesen, um weitgehend auf Wiederholungen verzichten zu können.
In diesem ersten Abschnitt werden die Aufgaben und Ziele noch einmal rekapituliert. Hieraus wird der Gegenstand dieses Beitrages abgeleitet und im dritten Abschnitt über finanzwirtschaftliche Instrumente auch ein Zusammenhang zu dem gegeben, was bereits im Rahmen der allgemeinen Betriebswirtschaftslehre dargestellt wurde.

Aufgaben und Ziele

Aufgaben der Finanzierung im engeren Sinn sind:
- die Steuerung des Zahlungsstroms im Rahmen von Finanzdisposition und Zahlungsverkehr,
- die Kapitalbereitstellung, also eine rechtzeitige und ausreichende Versorgung des Unternehmens mit Eigen- und Fremdkapital.

Mit der Konzentration auf Funktionen der Kapitalbeschaffung ist der klassische Finanzierungsbegriff überwiegend ausgerichtet an der Passivseite der Bilanz, also der Darstellung und Gliederung der Kapitalherkunft.
In der umfassenderen Sichtweise beinhaltet das Finanzwesen sowohl die Mittelherkunft als auch die Mittelverwendung. In der bilanzmäßigen Betrachtung spiegelt sich dies in der Bewegungsbilanz wieder. Für die finanzwirtschaftliche Analyse – also zur Beurteilung der Bonität und der Liquidität eines Unternehmens – ist neben der Finanzierung ebenso die Mittelverwendung zu berücksichtigen, sowohl in der Fristigkeit der Mittelbindung als auch in ihren Wirtschaftlichkeitsaspekten. Insoweit wird das Finanzwesen hier als die Planung und Steuerung der Zahlungsströme mit den Aspekten der Mittelzuführung, Mittelbindung und Mittelfreisetzung im Hinblick auf eine Erreichung der jeweiligen Unternehmensziele behandelt. Dies steht auch im Einklang mit der vorherrschenden Finanzierungstheorie und der betrieblichen Praxis. Seine primären Ziele sind:

Sicherung der Liquidität
Dies bedeutet die jederzeitige Fähigkeit eines Unternehmens, fällige Zahlungen termingerecht erfüllen zu können. Fehlende Liquidität führt zur Zahlungsunfähigkeit (Illiquidität) und kann auch den Konkurs des Unternehmens zur Folge haben. Selbst kurzfristige Zahlungsunfähigkeiten – also mangelnde Liquidität – können den Betriebsablauf und das Verhältnis zu Geschäftspartnern erheblich belasten. Insoweit kommt der Liquiditätssicherung vorrangige Bedeutung bei der Finanzierung zu. Dies entspricht auch dem Prinzip des finanziellen Gleichgewichts.

Wirtschaftlichkeit
Hierunter wird verstanden, daß in der Art und Weise, wie die Finanzwirtschaft ihre Aufgaben durchführt, das Wirtschaftlichkeitsprinzip zu beachten ist. Maßstab ist die Rentabilität. Bei der Finanzierung kann sie im wesentlichen durch drei Maßnahmenbereiche positiv beeinflußt werden: Bei der Abwicklung des Zahlungsverkehrs, der Geldbeschaffung sowie den Fremdkapitalzinsen sind kostengünstige Alternativen auszuwählen.
Überschüsse an liquiden Mitteln sollten bis zu ihrer Verwendung zinsbringend – also möglichst ertragreich – angelegt werden, z. B. als Termin- oder Festgeld.
Dabei ist ein Abwägungsprozeß durchzuführen, da die Bereitstellung von Liquiditätsreserven mit Kosten bzw. mit Ertragsverzicht belastet ist – also aus Wirtschaftlichkeitsgründen möglichst gering gehalten werden sollten –, was jedoch konkurrieren kann mit dem Bestreben, die jederzeitige Liquidität zu sichern.

Finanzielle Unabhängigkeit
Hier ist zu beachten, daß die Zurverfügungstellung finanzieller Mittel seitens der Kapitalgeber beispielsweise mit Forderungen nach Informations-, Kontroll- oder Mitbestimmungsrechten verbunden sein kann. Damit nicht in einer Phase finanzieller Anspannung – z. B. drohender Illiquidität – Dritten übermäßige Einwirkungsmöglichkeiten zugestanden werden müssen, ist es Ziel der finanziellen Führung, durch rechtzeitige Disposition im Rahmen der Finanzplanung Vorsorge zu treffen.
Aus den konkreten Unternehmenszielen sind im jeweiligen Einzelfall ergänzend weitere Teilziele des Finanzwesens abzuleiten.

Gegenstand

Als die Funktionen der Finanzwirtschaft werden üblicherweise genannt: Finanzierung als Kapitalbeschaffung, Investition als Kapitalverwendung und Zahlungsverkehr als Kapitalverwaltung.

Bei den Arten der Finanzierung werden vor allem das Fremdkapital sowie die kapitalschonende Finanzierung behandelt, nachdem im Rahmen der allgemeinen Betriebswirtschaft das Eigenkapital in bezug auf die verschiedenen Rechtsformen bereits dargestellt wurde.
Wenn auch in bezug auf die Wirtschaftlichkeitsberechnungen die Investitionen im Mittelpunkt stehen, so ist auch zu berücksichtigen, daß über eine Finanzierung der Investitionen im engeren Sinne hinaus Mittel bereitzustellen sind für sonstige Zahlungsverpflichtungen, z. B. für die laufenden Betriebsausgaben oder zur Finanzierung von Kundenforderungen. Insoweit wird vor der Wirtschaftlichkeitsrechnung für Investitionen die Ermittlung des Kapitalbedarfs behandelt.
Eine wesentliche Aufgabe finanzwirtschaftlicher Führung besteht darin, Kapitalbedarf und Finanzierung im Hinblick auf die finanziellen Ziele in Einklang zu bringen. Hiermit befaßt sich der Abschnitt über Kapitaldeckung, zu dem auch die Frage nach dem „optimalen" Verschuldungsgrad gehört. Gegenstand des letzten Abschnitts sind die Finanzdisposition und der Zahlungsverkehr.

Instrumente

Die der finanziellen Führung zur Verfügung stehenden Instrumente werden üblicherweise eingeteilt in die drei Bereiche Finanzplanung, Finanzdisposition und Finanzanalyse. Hinzu kommt für die Beurteilung der Investitionen im Rahmen einer Kapitalbedarfsermittlung die Investitions- bzw. Wirtschaftlichkeitsrechnung. Auf die gebräuchlichsten Methoden der Investitionsrechnung wird nachfolgend noch eingegangen werden, ebenso auch auf die sich ergebenden Grenzen und Probleme.
Die *Finanzplanung* mit den Instrumenten Finanzplan, Kapitalbindungsplan und Finanzstatus wurde bereits behandelt unter dem Abschnitt „Finanzierung" im Rahmen der allgemeinen Betriebswirtschaftslehre. Im Abschnitt „Kapitaldeckung" dieses Beitrags wird hierauf noch einmal Bezug genommen.
Bei der *Finanzdisposition* geht es darum, den Dispositionsbestand an liquiden Mitteln zu überwachen und zu steuern. Dieser Bereich wird nachfolgend – zusammen mit dem *Zahlungsverkehr* – behandelt.
Aufgabe einer *finanzwirtschaftlichen Analyse* ist es, das Finanzierungs- und Investitonsverhalten eines Unternehmens zu untersuchen. Im Mittelpunkt stehen hierbei die Zahlen des Rechnungswesens und des Jahresabschlusses, dabei insbesondere die Kapitalstrukturen, wie sie sich aus einer Bilanz ergeben. Insoweit wurde die Finanzanalyse im Rahmen der Betriebswirtschaftslehre unter „Finanzierung" und ausführlicher als finanzwirtschaftliche Bilanzanalyse im Abschnitt „Betriebliches Rechnungswesen" behandelt. Hierauf sei zur Vermeidung von Wiederholungen verwiesen. In dem Abschnitt „Kapitaldeckung" wird insbesondere bei den Fragen nach dem „optimalen" Verschuldungsgrad nochmals auf die Auswertungen Bezug genommen.

Arten der Finanzierung

Dem Unternehmen stehen für die Kapitalbereitstellung eine Reihe von Finanzierungsalternativen zur Verfügung. Hinzu kommen Finanzierungsformen, die den unmittelbaren Finanzierungsbedarf eines Unternehmens entlasten. Dazu zählen Leasing, Factoring sowie unter finanzwirtschaftlichem Aspekt das Franchising. Ihnen gemeinsam ist, die Kapitalbindung zu verringern. Dabei sind die Wirtschaftsgüter nicht Teil des Vermögens eines Unternehmens und stehen somit auch nicht in der Aktiva der Bilanz, obgleich sie vom Unternehmen genutzt werden können. Entsprechend entfällt dann auch hierfür der Ausweis einer Finanzierung auf der Passivseite der Bilanz. Diese Formen der Finanzierung werden hier als *kapitalschonende Finanzierung* bezeichnet und im letzten Teil dieses Abschnitts behandelt.

Einteilungskriterien

Die Gliederung nach der Art der Finanzierung erfolgt normalerweise unter den Gesichtspunkten der Rechtsstellung des Kapitalgebers sowie der Mittelherkunft. Abb. 5.1 gibt eine Übersicht über das Zusammenwirken dieser beiden Kriterien.

Rechtsstellung des Kapitals	Herkunft des Kapitals: bei Außenfinanzierung	bei Innenfinanzierung
Eigenfinanzierung	Beteiligungsfinanzierung	Selbstfinanzierung
Fremdfinanzierung	Kredite etc.	Rückstellungen
Neutral	—	Finanzierung aus Kapitalfreisetzung

Abb. 5.1: Übersicht der Finanzierungen

5

Rechtsstellung des Kapitalgebers
Die Einteilung erfolgt danach, ob derjenige, der einem Unternehmen Mittel zur Verfügung stellt, hiermit die rechtliche Stellung eines Kapitaleigners oder die eines Gläubigers übernimmt. Man spricht demnach auch vom Eigenkapital und von Fremdkapital, bzw. von der Eigen- oder der Fremdfinanzierung.

Kapitalherkunft
Hier wird danach unterschieden, ob die Finanzierungsmittel einem Unternehmen von außen aus externen Quellen zur Verfügung gestellt oder aber innerhalb des Unternehmens gebildet wurden, indem beispielsweise durch Erlöse Finanzmittel zufließen, denen nicht oder nicht in voller Höhe Auszahlungen gegenüberstehen. Man spricht hierbei von Außenfinanzierung sowie von Innenfinanzierung.
Die Außenfinanzierung kann erfolgen durch eine Bereitstellung von Beteiligungskapital – also Eigenfinanzierung, oder durch die Gewährung von Krediten – also Fremdfinanzierung. Bei der Innenfinanzierung handelt es sich zum einen um die in den Erlösen enthaltenen Gewinnanteile, die, soweit sie nicht ausgeschüttet werden, dem Unternehmen als Selbstfinanzierung und damit als Teil des Eigenkapitals zur Verfügung stehen. Demgegenüber bedeuten Rückstellungen ihrem Charakter nach Fremdkapital, das jedoch erst in der Zukunft zu Auszahlungen führt und somit in der Zwischenzeit einem Unternehmen als Innenfinanzierung zur Verfügung steht. Rückstellungen werden gebildet für Aufwendungen, die dem Grunde nach entstanden sind, deren Höhe, Anspruchsberechtigte und/oder Zeitpunkt der Zahlungsverpflichtungen jedoch noch ungewiß sind. Sie sind in der Bilanz gesondert ausgewiesen. Mittel aus Kapitalfreisetzung bilden den dritten Teil der Innenfinanzierung. Hierbei handelt es sich z. B. um Aufwendungen für Abschreibungen aus der Nutzung früher getätigter und finanzierter Investitionen, die, soweit durch ausreichende Umsatzerlöse ein Ausgleich erfolgt, einem Unternehmen für neue Dispositionen zur Verfügung stehen, sei es für Ersatzbeschaffungen oder – eventuell auch nur zwischenzeitlich – für anderweitige Verwendungen. Auch aus einer Umschichtung von Vermögensteilen, die keine Absatzgüter sind, können Mittel freigesetzt werden. Da damit frühere Kapitalbindungen aufgelöst werden, deren Finanzierung sowohl über Eigen- als auch über Fremdkapital erfolgen konnte, sind diese Mittel nicht eindeutig dem Eigen- oder Fremdkapital zuzuordnen und somit als gesonderte Form ausgewiesen. Die Finanzierung aus den Kapitalfreisetzungen wurde im Abschnitt „Finanzierung" des Beitrages zur Betriebswirtschaftslehre dargestellt.
Des weiteren kann die Finanzierung nach zusätzlichen Kriterien systematisiert werden, und zwar nach den jeweiligen Unterschieden beim Finanzierungszweck, den Finanzierungsanlässen und der Fristigkeit der überlassenen Mittel.

Finanzierungszweck
Hier wird zunächst nach *Neufinanzierung* sowie nach *Umfinanzierung* unterschieden. Bei der Neufinanzierung handelt es sich um die Bereitstellung von Kapital für Investitionszwecke. Von Umfinanzierung wird bei finanzierungseigenen Zwekken gesprochen, wenn es darum geht, bestehende Finanzierungen zu verlängern oder abzulösen. Es wird daher weiter in Prolongation, Transformation oder Substitution untergliedert. Als *Prolongation* wird die Verlängerung der Kreditdauer bezeichnet bzw. der Kapitalüberlassungsfrist – sie führt also zu einer Fortsetzung der bisherigen Finanzierung. Die *Transformation* ist die Umwandlung einer Kapitalart in eine andere Kapitalart, indem z. B. ein Darlehn – also Fremdkapital – in Eigenkapital umgewandelt wird oder eine kurzfristige Kapitalhergabe in eine Langfristigkeit. Dem gegenüber findet bei der *Substitution* ein Austausch von Kapital statt. Dies bedeutet, daß zunächst Kapital entzogen wird, z. B. durch Fälligkeit oder Kündigung von Eigenkapital – wenn beispielsweise ein Gesellschafter ausscheidet – oder von Kreditverträgen bei Fremdkapital. Hier gilt es dann, durch eine zusätzliche Finanzierung den Kapitalabfluß auszugleichen. Die Substitution kann vom Kapitalgeber ausgelöst werden oder aber vom Unternehmen, wenn ihm heute günstigere Finanzierungsalternativen zur Verfügung stehen als zum Zeitpunkt der Erstfinanzierung.

Finanzierungsanlässe
Unterschieden wird in laufende und besondere Finanzierungen.
Eine *laufende Finanzierung* ist die Kapitalbereitstellung für die in einem Betriebsablauf benötigten Mittel. Dabei kann es durch Saison- oder Konjunktureinflüsse zu Schwankungen im Kapitalbedarf kommen.
Von *besonderen Finanzierungen* wird gesprochen bei Finanzierungsmaßnahmen aus Anlässen, die einmalig oder gelegentlich in größeren oder unregelmäßigen Abständen auftreten. Hierbei handelt es sich insbesondere um Gründung, Kapitalerhöhung, Kapitalherabsetzung sowie Umwandlung, Fusion und Liquidation.
Innerhalb des Abschnitts „Konstitutioneller Rahmen und Sonderanlässe" des ersten Beitrags zur

Betriebswirtschaftslehre wurde auf diese besonderen Anlässe im Zusammenhang mit Sonderbilanzen bereits eingegangen. In bezug auf Beteiligungs- oder Selbstfinanzierung wird im Abschnitt „Kapitaldeckung“ nur die Kapitalerhöhung nochmals behandelt, und zwar mit besonderem Blick auf die aktienrechtlichen Regelungen.

Unterschiedliche Fristigkeiten
Kriterium ist hier, ob die Mittel dem Unternehmen unbefristet zur Verfügung gestellt werden, z. B. bei Beteiligungsfinanzierung ohne zeitliche Begrenzung, oder ob eine befristete Kapitalüberlassung vorliegt. Bei einer befristeten Finanzierung wird nochmals unterschieden in kurz-, mittel- oder langfristig.

Eigenkapital

Das Eigenkapital wurde als Beteiligungsfinanzierung und als Selbstfinanzierung, gegliedert nach den unterschiedlichen Rechtsformen eines Unternehmens, im Abschnitt „Finanzierung“ des Beitrags zur Betriebswirtschaftslehre dargestellt, so daß hier auf eine Wiederholung verzichtet werden kann.

Fremdkapital

Übersicht und Einteilungskriterien
Die verschiedenen Arten des Fremdkapitals lassen sich nach mehreren Kriterien gliedern.

• Fristigkeit
Unterscheidungskriterium ist hier die Dauer der vereinbarten Kapitalüberlassung. Es wird unterschieden in:
- kurzfristige Kredite, deren Laufzeit jedoch sowohl in der Literatur als auch in der Praxis unterschiedlich angegeben wird, z. B. 90 Tage, sechs Monate sowie zumeist mit bis zu einem Jahr;
- mittelfristige Kredite mit einer vereinbarten Laufzeit, die länger als bei kurzfristigen, aber kürzer als bei langfristigen Krediten ist;
- langfristige Kredite mit einer Laufzeit von über vier Jahren – gelegentlich wird die Grenze auch bei fünf Jahren gesetzt.

• Herkunft
Hier wird unterschieden nach Gläubigergruppen, d. h. nach den Kreditgebern:
- Bankkredite,
- Lieferantenkredite,
- Kundenkredite,
- Kredite von verbundenen oder nahestehenden Unternehmen,
- Kredite von sonstigen Personen oder Unternehmen,
- Kredite der öffentlichen Hand.

• Sicherheiten
Mit der Kreditgewährung verbindet der Gläubiger die Erwartung auf fristgerechte Rückzahlung (Tilgung) und Zahlung der vereinbarten Zinsen.
Ausschlaggebend dabei ist die Bonität des kreditaufnehmenden Unternehmens. Bei Unsicherheit wird der Gläubiger möglicherweise durch Einrechnung eines Risikozuschlages höhere Zinsen verlangen. Ggf. kann er auf zusätzlichen Informations- oder Kontrollrechten bestehen bis hin zur Mitsprache oder eventuellen Bestellung von Mitgliedern in den Aufsichtsgremien oder in der Geschäftsführung.
Schließlich kann der Kreditgeber sich weitere Sicherheiten stellen lassen, worauf in den folgenden Unterabschnitten noch eingegangen werden wird. Nach diesem Gesichtspunkt ist zu unterscheiden in:
- Blanko-Kredit: Es werden keine besonderen Sicherheiten verlangt;
- Personalsicherheiten: Hier übernimmt eine dritte Person neben dem Kapitalnehmer die Haftung für einen Kredit;
- Realsicherheiten: Hier werden Sachwerte zur Sicherung eines Fremdkapitals zur Verfügung gestellt.

• Repräsentation durch Urkunden
Unterscheidungskriterium ist hier, ob über den Kreditbetrag eine Urkunde ausgefertigt wird, die beispielsweise eine Übertragung oder die rechtliche Geltendmachung bei Zahlungsverzug erleichtern kann.

• Verbindung zu Lieferungs- und Leistungsvorgängen
Typisches Beispiel hierfür ist der Lieferantenkredit, in dem durch eine Lieferung von Gütern mit Zahlungsziel der Kredit entsteht. Kundenanzahlungen sind die Kreditgewährung als Vorgriff auf künftige Leistungen, durch die eine Kredittilgung erfolgt.

• Mittelbereitstellung
Nach dem Gegenstand der Übertragung auf den Betrieb wird unterschieden in:
- Geldkredite, indem Geldbeträge bzw. Finanzmittel z. B. als Darlehn zur Verfügung gestellt werden;

5

- Sachkredite, von denen u. a. bei Lieferantenkrediten gesprochen werden kann;
- Kreditleihe, d. h. dem Betrieb werden weder Geld noch Sachwerte zur Verfügung gestellt, sondern Sicherheiten, die ihm die Kreditaufnahme erleichtern, hierzu zählen z. B. Akkreditive, Akzept- und Avalkredite.

• Zweckgebundenheit
Zweckgebundene Kredite liegen vor, wenn dem Unternehmen das Fremdkapital nicht zur freien Verfügung übertragen wird. Öffentliche Kredite können z. B. konzentriert für ganz bestimmte Investitionen bereitgestellt werden. Hierzu gehören auch Zwischenfinanzierungen, die mit der endgültigen Kreditgewährung zu tilgen sind.
Nach den verschiedenen Einteilungskriterien werden die Kredite immer wieder in neue Gruppen gegliedert. Im nachfolgenden werden zunächst die Kreditsicherungen behandelt und dann die wichtigsten Kreditarten dargestellt, und zwar gegliedert nach lang- sowie kurzfristigen Krediten. Die vorausgegangene Übersicht der Einteilungskriterien macht die verschiedenen Aspekte deutlich, die bei der Kreditgewährung und Kreditaufnahme von Bedeutung sein können.

Personalsicherheiten
Bei Personalsicherheiten übernimmt eine dritte Person neben dem Kreditnehmer die Haftung für den Kredit. Dies kann wiederum in verschiedener Weise erfolgen.

• Bürgschaft
Rechtsgrundlage sind die §§ 765 ff. BGB und §§ 349 ff. HGB. Durch Vertrag zwischen den Bürgen und dem Gläubiger eines Dritten verpflichtet sich der Bürge dem Gläubiger gegenüber, für die Erfüllung der Verbindlichkeiten des Dritten einzustehen. Grundsätzlich bedarf es für die Erklärung der Bürgschaft der Schriftform. Wird jedoch trotz fehlender schriftlicher Erklärung die gegebene Verpflichtung erfüllt, so erhält sie hiermit Rechtswirksamkeit, d. h. sie kann nachträglich nicht wegen eines Formmangels zurückgefordert werden. Die Bürgschaft kann betragsmäßig oder zeitlich begrenzt werden.
Die eigentliche Kreditgewährung vollzieht sich zwischen dem Gläubiger als Kreditgeber sowie dem Dritten als Kreditnehmer. Die Verpflichtung aus der Bürgschaft wird dann relevant, wenn der Kredit als Hauptschuld nebst Zinsen und sonstigen Nebenkosten nicht fristgerecht zurückgezahlt wird.
Bei der Bürgschaft sind zwei Arten zu unterscheiden:

- *Ausfallbürgschaft:* Hier ist der Bürge erst dann zur Zahlung verpflichtet, wenn der Gläubiger zuvor erfolglos versucht hat, durch Zwangsvollstreckung in das Vermögen des Hauptschuldners die Zahlung zu erreichen. Bis dahin steht dem Bürgen die sogenannte „Einrede der Vorausklage“ zu.
- *Selbstschuldnerische Bürgschaft:* Sie stellt die am weitesten verbreitete und im Handelsverkehr unter Vollkaufleuten vorgesehene Form der Bürgschaft dar, bei der die „Einrede der Vorausklage“ entfällt, also der Bürge auf Verlangen des Gläubigers sofort zur Zahlung verpflichtet ist, wenn der Hauptschuldner nicht fristgerecht geleistet hat.

Werden mehrere Bürgschaften für den gleichen Kredit gestellt, so ist zu klären, in welcher Beziehung die Bürgen zueinander stehen.
Wie auch bei den nachfolgenden Personalsicherheiten hängt die Eignung einer Bürgschaft als Mittel der Kreditsicherung von der Kreditwürdigkeit des Bürgen ab.

• Garantie
Wie bei der Bürgschaft entsteht die Garantie durch einen einseitig verpflichtenden Schuldvertrag, indem der Garantiegeber gegenüber dem Garantienehmer entweder für den Eintritt eines bestimmten Erfolges oder für das Ausbleiben eines Mißerfolges Gewähr übernimmt. Anders als die Bürgschaft ist die Garantie nicht an das Bestehen einer Forderung gebunden. Von Bedeutung ist die Garantie im Außenhandel und zum Teil bei öffentlichen Ausschreibungen.

• Kreditauftrag
Rechtsgrundlage ist § 778 BGB. Die wesentliche Bedeutung des Kreditauftrages liegt gleichfalls bei der Finanzierung von Außenhandelsgeschäften. Der Auftraggeber als Bürge weist einen möglichen Kreditgeber an, einen Dritten (Kreditnehmer) in seinem eigenen Namen und auf eigene Rechnung Kredit zu gewähren. Bezogen auf die Kreditrückzahlung hat der Kreditgeber Anspruch gegenüber dem Kreditnehmer sowie gegenüber dem Auftraggeber als Bürgen.

• Schuldbeitritt
Durch die vertragliche Vereinbarung des Schuldbeitritts übernimmt ein Dritter neben dem Kreditnehmer die gesamtschuldnerische Haftung für einen Kredit.

Realsicherheiten
Im Gegensatz zu den Personalsicherheiten werden hier Sachwerte zur Sicherung eines Kredits

zur Verfügung gestellt. Nach der Art des Sicherungsgutes läßt sich unterscheiden in bewegliches und unbewegliches Vermögen (Immobilien).

• Rechte an beweglichem Vermögen

Das BGB unterscheidet beim Recht an Sachen in Eigentum und Besitz. Insoweit kann der Kreditgeber für die Sicherung seiner Ansprüche zum einen das Eigentumsrecht behalten bzw. auf sich übertragen lassen, während er dem Kreditnehmer das Besitzrecht und damit die Nutzung des Gutes überläßt. Hiermit befassen sich die im folgenden erläuterten Sicherungsrechte: Eigentumsvorbehalt, Sicherungsübereignung sowie Sicherheitsabtretung. Zum anderen kann jedoch dem Kreditgeber das Besitzrecht übertragen werden, während die Eigentumsrechte bei dem Kreditnehmer verbleiben, hierbei handelt es sich dann um die Sicherung durch Pfandrechte.

Eigentumsvorbehalt: Dieser liegt vor, wenn der Käufer zum Besitzer einer beweglichen Sache wird, der Verkäufer jedoch Eigentümer bleibt bis zur vollständigen Zahlung des Kaufpreises. Bei Zahlungsverzug kann der Verkäufer vom Kaufvertrag zurücktreten und die Herausgabe der Sache fordern; im Konkursfall kann der Verkäufer die in seinem Eigentum befindliche Ware aussondern lassen. Bei Lieferantenkrediten ist diese Sicherungsübereignung eine weitverbreitete Form der Sicherung.

Beim *einfachen Eigentumsvorbehalt* ergibt sich jedoch für den Kreditgeber das Problem, daß sein Eigentumsrecht untergehen kann. Dies ist möglich, wenn ein Dritter gutgläubig eine Sache erwirbt (z. B. der Kunde im Handelsgeschäft des Käufers) oder der Käufer Eigentümer durch Verarbeitung der Sache bzw. die Verbindung mit anderen Sachen wird. Ferner kann bei Verbindung des Sicherungsgutes mit einem Grundstück das Eigentum auf den Grundstückseigentümer übergehen. Durch die Vereinbarung eines sogenannten *verlängerten Eigentumsvorbehalts* wird dem Sicherungsbedürfnis insoweit Rechnung getragen, daß bei einer Weiterveräußerung der unter Eigentumsvorbehalt stehenden Sachen die hieraus einem Käufer zustehenden Forderungen im voraus an den Verkäufer zur Sicherung abgetreten werden. Der verlängerte Eigentumsvorbehalt ist zumindest dann sinnvoll, wenn das verkaufte Gut nicht als Anlagegut in der Nutzung des Käufers verbleiben soll, sondern zur Weiterveräußerung vorgesehen ist, wie z. B. beim Warenkauf.

Eine weitere Variante ist der *erweiterte Eigentumsvorbehalt*. Hier wird vereinbart, daß der Eigentumsübergang an einer Ware erst dann erfolgt, wenn auch andere Zahlungsverpflichtungen des Käufers gegenüber dem Verkäufer, z. B. aus weiteren Lieferungen, erfüllt sind.

Sicherungsübereignung: Auch hier verbleibt einem Kreditnehmer das Besitzrecht an den sicherheitsübereigneten Gegenständen, die er weiter benutzen kann. Der Kreditgeber erhält das Sicherungsrecht und einen mittelbaren Besitz durch die schriftliche Vertragsvereinbarung eines sogenannten „Besitzkonstitutes".

In einem Verwertungsfall ist der Kreditgeber berechtigt, diese sicherungsübereignete Sache freihändig zu verkaufen. Probleme für den Kreditgeber können sich dann ergeben, wenn es zu Überschneidungen mit den Rechten Dritter kommt: Das Sicherungsgut steht unter Eigentumsvorbehalt des Verkäufers oder es wurde bereits einem anderen Gläubiger sicherungsübereignet oder es unterliegt dem Pfandrecht eines Vermieters. Darüber hinaus ist zu beachten, daß das Sicherungsgut bestimmbar sein muß und auch bei einem Wertverlust durch den Gebrauch im Verwertungsfall noch zur Kreditsicherung ausreicht.

Man unterscheidet zum einen die *Einzelübertragung*, bei der ein ganz konkret bestimmtes Gut übereignet wird, z. B. eine Maschine oder ein Kfz unter Angabe von Motornummer bzw. Fahrzeugkennzeichnung. Erfolgt eine Sicherungsübereignung in Form eines Rahmenvertrages, der durch Listen über die einzelnen zu übereignenden Sachen jeweils konkretisiert wird, so liegt eine *Mantelübereignung* vor. Sie findet oftmals bei der Absicherung von Bankkrediten Anwendung. Bei der sogenannten *Raumübereignung* wird ein Anwartschaftsrecht auf Eigentum vereinbart für alle Sachen in einem bestimmten Raum.

Sicherungsabtretung: Bei dieser Form – sie wird auch Zession genannt – tritt der Kreditnehmer als Zedent Forderungen, über die er verfügen kann, an den Kreditgeber als Zessionar in einem formfreien Abtretungsvertrag ab. Je nachdem, ob die Sicherungsabtretung dem Drittschuldner gegenüber angezeigt wird, unterscheidet man in *offene* bzw. bei Nichtanzeige in *stille Zession*. Um die Bonität des Kreditnehmers bei Dritten nicht zu gefährden, wird häufig die Form der stillen Zession gewählt. Für einen Kreditgeber ergibt sich jedoch dabei das Risiko, daß die Forderung bereits an einen anderen Zessionar abgetreten wurde bzw. mit Eigentumsvorbehalt belastet ist oder die Forderung vom Kreditgeber nicht abgeführt wird. Dazu kommt noch, daß einige Drittschuldner die Abtretungen vertraglich ausschließen, um nicht durch irrtümliche Falschzahlung – z. B. im Rahmen eines automatisierten Zahlungsverkehrs – bei Verwertung zur nochmaligen Zahlung an den Zessionar verpflichtet zu sein. Auch bei der Sicherungsübereignung kann zum einen eine einzelne Forderung abgetreten werden, z. B. bei der Finanzierung eines Projektgeschäftes. Zur Absicherung eines laufenden Kredites wird jedoch entweder die Form einer Mantelzession – bei der sich der Kreditnehmer verpflichtet, laufende Forderungen in einer bestimmten Gesamthöhe abzutreten durch Übersendung von Rechnungskopien und Debitorenlisten in bestimmten Zeitabständen, z. B. monatlich – oder die Form der Globalzession gewählt, bei der die Forderungen an einen genau abgegrenzten Kundenkreis abgetreten werden, so daß nicht, wie bei der Mantelzession, die ständige Einreichung von Unterlagen erforderlich wird. Zur Absicherung des Verwertungsrisikos läßt sich der Zessionar zumeist eine den Kreditbetrag übersteigende Forderungssumme abtreten, je nach Einzelfall oft z. B. ca. 25 %.

Pfandrecht: Dies ist die Sicherung, bei der das Pfand zwar im Eigentum des Kreditnehmers verbleibt, jedoch der Besitz bzw. das Besitzrecht an einer beweglichen Sache oder an einem Recht an den Kreditgeber zur Sicherung übergeht. Eine solche Übergabe kann in verschiedener Weise erfolgen: durch effektive Übergabe der Sache, Übergabe des Herausgabeanspruchs gegenüber einem Dritten, der im unmittelbaren Besitz der Sache ist und dem die Verpfändung angezeigt wird, Lagerung der Sache unter Mitverschluß des Kreditgebers oder, falls für die Geltendmachung des Besitzanspruchs ein Orderpapier existiert (z. B. Lagerschein), durch Übergabe dieses Orderpapiers, versehen mit einem Indossament. Ist die Forderung ganz oder teilweise fällig, der Verkauf oder die Versteigerung dem Schuldner angedroht und eine entsprechende Wartefrist eingehalten, so kann der Kreditgeber dieses Pfand durch öffentliche Versteigerung oder in bestimmten Fällen, bei denen ein Börsen- oder Marktwert besteht, auch durch den freihändigen Verkauf durch einen öffentlichen Makler verwerten.

Das Pfandrecht ist nicht geeignet, wenn dem Kreditnehmer die Nutzung des Gutes verbleiben soll. Andererseits gewährt sie eine höhere Vorsorge gegen den Untergang des Sicherungsgutes.

- Rechte an unbeweglichem Vermögen (Grundpfandrechte)

Für alle Grundstücke wird bei den zuständigen Amtsgerichten ein Verzeichnis geführt, welches *Grundbuch* heißt. Das jeweilige Grundbuch beinhaltet zunächst für eine Identifizierung zu jedem Grundstück die Aufschrift (Grundbuchbezirk, Nummer des Bandes und des Grundbuchblattes) sowie das Bestandsverzeichnis, in dem die Lage, die Art und Größe des Grundstücks sowie die mit dem Eigentum verbundenen Rechte bezeichnet sind. Danach folgen drei Abteilungen. Aus der ersten Abteilung ist der Eigentümer ersichtlich sowie bei Eigentumswechsel der Rechtsgrund und der Zeitpunkt des Grundstückserwerbs. Die zweite Abteilung enthält eventuelle Lasten und Beschränkungen des Grundstückseigentums, z. B. Erbbau-, Vorkaufs-, Wohn- und Nießbrauchsrechte. In einer dritten Abteilung werden die Grundpfandrechte eingetragen sowie ihre Veränderung und Löschung. Sind mehrere Grundpfandrechte eingetragen, so bestimmt sich das Rangverhältnis untereinander nach der Reihenfolge der Eintragungen, soweit kein Rangvorbehalt und/oder nachträglicher Rangrücktritt im Grundbuch eingetragen ist.

Durch das Grundbuch erhält der Kreditgeber Klarheit und Rechtssicherheit im Bezug auf andere Rechte am Grundstück. Bei den Grundpfandrechten ist zwischen Hypothek (§§ 1113–1190 BGB) und Grundschuld (§§ 1191–1198 BGB) zu unterscheiden.

Hypothek: Die Hypothek als Pfandrecht an einem Grundstück ist untrennbar mit einem genau bezeichneten Darlehn verknüpft und geht mit der Rückzahlung dieses Darlehns unter. Sie wird im Grundbuch eingetragen unter Nennung des Gläubigers, des Forderungsbetrages, des Zinssatzes und des Geldbetrages eventueller Nebenleistungen. Üblicherweise ist der Grundstückseigentümer gleichzeitig der Kreditnehmer, er kann jedoch auch sein Grundstück zur Sicherung des Kredits an einen Dritten zur Verfügung stellen. In diesem Falle haftet er nicht schuldrechtlich für die Kreditsumme, sondern lediglich im Verzug mit seinem Grundstück.

Bei der Hypothek kann wiederum in verschiedene Arten unterschieden werden: Bei der *Verkehrshypothek* braucht der Gläubiger bei der Geltendmachung seines Pfandrechts die Höhe seiner Forderung nicht nachzuweisen, sondern die Beweislast trägt der Schuldner. Die Verkehrshypothek kann als Buchhypothek oder als Briefhypothek ausgestaltet sein. Bei der *Briefhypothek* wird neben der Eintragung im Grundbuch vom Grundbuchamt ein Hypothekenbrief als öffentliche Urkunde ausgefertigt, der schriftlich abgetreten und verpfändet werden kann, ohne daß damit auch eine Grundbucheintragung notwendig wird. Bei der *Buchhypothek* bedarf es zur Abtretung der notariell beurkundeten Einwilligung des Gläubigers sowie der Umschreibung im Grundbuch. Weitere Arten sind die *Sicherungshypothek* und die *Höchstbetragshypothek*, die grundsätzlich eine Buchhypothek sind. In beiden Fällen muß der Gläubiger, wenn er sein Pfandrecht geltend macht, die Höhe seiner

Forderung nachweisen und kann sich nicht allein auf die Eintragung im Grundbuch berufen. Bei der Verkehrshypothek und der Sicherungshypothek erfolgt durch Kreditrückzahlungen eine entsprechende Umwandlung in *Eigentümergrundschuld*. Demgegenüber erlischt die Höchstbetragshypothek nicht mit Rückzahlung des Kredits, sondern lebt wieder auf, wenn erneute Forderungen des Kreditgebers entstehen, daher ist sie besonders geeignet für die Absicherung von Krediten mit schwankender Inanspruchnahme.
Die Verwertung des durch die Hypothek geschaffenen dinglichen Rechts bei Zahlungsverzug des Kreditnehmers erfolgt durch die Zwangsvollstreckung. Hierbei stehen dem Gläubiger zwei Wege offen: Die Zwangsversteigerung und die Zwangsverwaltung. Zur Einleitung der Zwangsvollstreckung ist ein sogenannter vollstreckbarer Titel erforderlich, der entweder im Mahn- oder Klageverfahren erworben werden kann oder durch Ausfertigung einer vollstreckbaren Urkunde durch einen Notar oder ein Gericht, wenn bei der Bestellung der Hypothek eine Klausel zur Zwangsvollstreckung (Unterwerfung in die sofortige Zwangsvollstreckung) vereinbart worden war.

Grundschuld: Sie unterscheidet sich von einer Hypothek dahingehend, daß sie nicht an ein Schuldverhältnis gebunden sein muß. Insoweit eignet sie sich auch als vorsorgliche Kreditsicherung für künftige Inanspruchnahmen oder für die Wiederauffüllung bereits ganz oder teilweise getilgter Kredite. Bei Bankkrediten ist sie heute die übliche Form einer Sicherung durch Grundpfandrechte. Dabei ist für den Kreditnehmer zu beachten, daß bei der Bestellung einer Grundschuld zur Sicherung eines mittelfristigen oder langfristigen Darlehns in aller Regel durch die allgemeinen Geschäftsbedingungen der durch Tilgung freiwerdende Betrag zur Sicherung anderer Forderungen – z. B. aus dem Kontokorrentkredit – herangezogen werden kann. Im wesentlichen gelten für eine Grundschuld ansonsten die gleichen Bestimmungen wie für die Hypothek.
Eine Sonderstellung hat die Eigentümer-Grundschuld, die nicht nur durch Kreditrückzahlung entstehen kann, sondern auch dadurch, daß der Eigentümer für sich selbst eine Grundschuld eintragen läßt und sich damit für künftige Kreditaufnahmen eine entsprechende Rangstelle im Grundbuch sichert. Eine Eigentümergrundschuld kann später verpfändet oder durch Abtretung zur Kreditsicherung verwendet werden.

Langfristige Finanzierung
In der Konzentration auf die langfristigen Finanzierungsmöglichkeiten eines Betriebes wird auf die Darstellung spezieller Finanzierungsformen der öffentlichen Hand wie kommunale Schuldverschreibungen sowie Staatsanleihen ebenso verzichtet wie auf die der Pfandbriefe bei Kreditinstituten. Auch werden nicht behandelt die besonderen Finanzierungsmöglichkeiten im Außenhandel oder auf der Basis staatlicher Förderungsprogramme. Die oft in der Literatur unter langfristiger Finanzierung gleichfalls behandelten Sonderformen wie Leasing und Franchising wurden hier als *kapitalschonende Maßnahmen* aufgefaßt und werden in einem gesonderten Abschnitt beschrieben. Kurzfristige Kredite können zwar, indem sie immer wieder erneut gewährt, verlängert oder prolongiert werden, langfristigen Charakter annehmen – jedoch fehlt ihnen aus der Sicht eines Unternehmens die langfristige Dispositionssicherheit.
Für die langfristige Fremdfinanzierung sind in diesem Rahmen für das Unternehmen von besonderer Bedeutung: Langfristige Darlehn, Anleihen (Obligationen) und Schuldschein-Darlehn.

5

• Darlehn
Als langfristiges Fremdkapital haben die Darlehn *Laufzeiten* von mindestens vier Jahren, häufig aber auch 15, 20 oder mehr Jahre. Zumeist wird mit der Darlehnsvergabe eine feste Grundlaufzeit vereinbart, die ggf. später vertraglich verlängert werden kann. Oftmals werden dem Kapitalnehmer und/oder dem Kapitalgeber vorzeitige Kündigungsrechte eingeräumt, die z. B. nach Ablauf einer vereinbarten Mindestlaufzeit bzw. dem Vorliegen besonderer Gründe wahrgenommen werden können. Solche Gründe können die Nichteinhaltung von Vereinbarungen, erhebliche Verschlechterung der Kreditwürdigkeit des Kreditnehmers oder Fortfall gegebener Sicherheiten sein.
Üblicherweise erfordern langfristige Darlehn neben entsprechender Kreditwürdigkeit die Stellung von besonderen Sicherheiten. Besonders geeignet sind hierzu die Grundpfandrechte. Auch andere Sicherheiten können in Betracht kommen unter Berücksichtigung ihrer Nutzungsdauer, der eventuellen späteren Verwertungsmöglichkeiten und der Laufzeit des Kredits etc. Zur Risikominimierung werden in aller Regel Beleihungsgrenzen zugrunde gelegt, die unterhalb des Verkehrswertes der Sicherheit liegen. Im Mittelpunkt der Prüfung der *Kreditwürdigkeit* eines Kapitalnehmers steht die Einschätzung, inwieweit das Unternehmen in der Lage sein wird, seine Kreditverpflichtungen zu erfüllen, ohne daß auf eine Verwertung der Sicherheiten zurückgegriffen werden muß.
Das Entgelt für die Darlehnsüberlassung ist der Zins. Dabei kann der Zinssatz für die gesamte

Laufzeit bzw. für einen bestimmten Zeitraum als fest vereinbart werden oder aber variabel sein in Anpassung an die jeweiligen Verhältnisse und das Zinsniveau auf dem Kapitalmarkt. Wann im konkreten Fall welche Variante ausgewählt wird, hängt u. a. von den gebotenen Alternativen und der Einschätzung der Zinsentwicklung während der Kreditlaufzeit ab.

Die *Auszahlung* des Darlehns kann in Höhe des Nominalbetrages erfolgen oder unter pari, d. h. einem Unternehmen werden geringere Beträge ausgezahlt, als es als Schuldsumme übernimmt und letztendlich tilgen muß. Der Differenzbetrag wird *Damnum* genannt. In der Bilanz ist die gesamte Verbindlichkeit, also der Nominalbetrag, auszuweisen – das Damnum kann entweder aktiviert und über die Laufzeit verteilt oder direkt als Aufwand im ersten Jahr behandelt werden.

Da sich ein vereinbarter Zinssatz auf die jeweilige Schuldsumme bezieht, spricht man von *Nominalzinsen* im Gegensatz zu den höheren effektiven Zinsen, bei deren Berechnung der Auszahlungskurs und das Damnum als Einmalzinszahlung berücksichtigt werden. Der *Effektivzins* ist also der Zinssatz, der sich ergibt, wenn die Gesamtzinsleistungen auf die tatsächlich zur Verfügung stehenden Finanzmittel bezogen werden. Bei den *Kosten*, die bei dem Vergleich verschiedener Finanzierungsalternativen betrachtet werden müssen, ist immer von dem Effektivzins auszugehen. Weitere Kosten können hinzukommen. Gelegentlich berechnet der Kreditgeber statt oder zusätzlich zum Damnum eine einmalige Bearbeitungsgebühr. Ist für die Bestellung der Sicherheiten eine notarielle Beurkundung vorgesehen, so entstehen hierfür gleichfalls Kosten. Dies ist z. B. bei Grundschulden der Fall, bei denen zusätzlich noch Gebühren für die Eintragung und eventuelle spätere Löschung im Grundbuchamt berechnet werden. Ggf. können noch weitere Kosten hinzukommen, z. B. Gebühren für einen Gutachter bei der Ermittlung des Beleihungswertes. Alle diese Komponenten sind bei einem Kostenvergleich zu berücksichtigen, sowohl bei der Neuaufnahme eines Kredites als auch bei einer Umschuldung, wenn der bisherige Kreditgeber durch einen neuen abgelöst werden soll und Umschreibungen erforderlich werden.

Hinsichtlich der *Tilgung* kann in drei Arten von Tilgungsvereinbarungen unterschieden werden: Annuitätendarlehn, Abzahlungsdarlehn und Festdarlehn. Zusätzlich kann dem Kreditnehmer das Recht zu Sondertilgungen eingeräumt werden.

Der vom Kreditnehmer zu leistende Kapitaldienst besteht aus Zinszahlung und Tilgung. Bei einem *Annuitätendarlehn* erfolgt zunächst eine geringere Tilgung, die jedoch in dem Maße steigt, wie die Zinsen aufgrund des jeweils geringer werdenden zu verzinsenden Restbetrages sinken. Die Summe aus Zinsen und Tilgung bleiben also während der gesamten Laufzeit gleich.

Demgegenüber geht das *Abzahlungsdarlehn* von Tilgungsraten aus, die während einer gesamten Laufzeit gleich bleiben, so daß sich durch die sinkenden Zinsen (die lediglich vom jeweiligen Restbetrag des Darlehns berechnet werden) ein fallender Kapitaldienst ergibt.

Das *Festdarlehn* ist dadurch gekennzeichnet, daß während der Laufzeit eines Darlehns lediglich die Zinsen gezahlt werden und die Tilgung am Ende in einer Summe.

• Anleihen (Obligationen)

Anleihen sind langfristige Darlehn, die durch die Ausgabe von Teilschuldverschreibungen auf dem öffentlichen Kapitalmarkt aufgenommen werden. Sie werden auch *Schuldverschreibungen* oder *Obligationen* genannt. Hierbei handelt es sich um ein Wertpapier, in dem sich der Aussteller (Emittent) den Gläubigern gegenüber zu Leistungen verpflichtet, die in aller Regel die Zahlung eines Geldbetrages am Fälligkeitstag sowie eine laufende, feste Verzinsung beinhalten, in Ausnahmefällen eine Gewinnbeteiligung (Gewinnschuldverschreibungen).

Die von der gewerblichen Wirtschaft – der Industrie, aber auch Handelsbetrieben und sonstigen Unternehmen – ausgegebenen Obligationen werden auch als *Industrieobligationen* bezeichnet. Sonderformen der Industrieobligationen sind die Wandelschuldverschreibungen, Optionsanleihen und Gewinnschuldverschreibungen. Diese Möglichkeit der Fremdkapitalbeschaffung steht in der Regel nur Aktiengesellschaften oder größeren Unternehmungen in anderer Rechtsform offen, die über eine entsprechende Bonität verfügen. Für die Ausgabe von Schuldverschreibungen bedarf es einer besonderen staatlichen Genehmigung. Industrieobligationen haben meistens eine Laufzeit von 10 bis 25 Jahren. Sie dienen einem Unternehmen zur Abdeckung eines hohen Kapitalbedarfs, während die einzelnen Kapitalgeber – die ja in Teilschuldverschreibungen gestückelte Industrieobligationen erwerben – nur geringere Beträge aufzubringen brauchen, oftmals nur ein Mindestbetrag von DM 100,—. Diese Teilschuldverschreibungen sind Urkunden, die aus der eigentlichen Schuldurkunde (Mantel) sowie aus den Coupon- und eventuellen Erneuerungsscheinen (Bogen) bestehen. Seitens des Gläubigers (Obligationär) kann die Obligation nicht gekündigt werden, jedoch hat er die Möglichkeit, seine Schuld-

verschreibung – ähnlich wie eine Aktie – zu veräußern und damit für sich die Gläubigerposition zu beenden, ohne daß es zu Auswirkungen bei der Finanzierung des Unternehmens kommt.
Die Schuldverschreibungen haben einen Rückkaufskurs und einen Ausgabekurs, die voneinander abweichen können. Anders als bei Aktien darf der Ausgabekurs auch unter pari sein. Entsprechend der Unter-pari-Auszahlung von Darlehn ergibt sich auch hier die zu passivierende Verbindlichkeit aus dem Rückzahlungskurs, während der zufließende Finanzierungsbetrag durch den Ausgabekurs (Emissionskurs) bestimmt wird. Die Differenz bildet das *Disagio*, welches unter der aktiven Rechnungsabgrenzung bilanziert und auf die Laufzeit abgeschrieben wird oder direkt als Aufwand behandelt werden kann.
Die Tilgung erfolgt durch Rückkauf (zu der sich der Emittent in der Urkunde verpflichtet hat) entweder für die gesamte Anleihe am Ende der Laufzeit oder aber in Etappen für einzelne Anleiheserien durch Auslosung. Außerdem kann die Gesellschaft auch ihre eigenen Anleihen zurückkaufen. Dies wird insbesondere dann geschehen, wenn der Börsenkurs unter den Rückzahlungskurs gesunken ist und die Gesellschaft über entsprechende Liquidität verfügt.
Die *Wandelschuldverschreibung* ist eine Sonderform der Industrieobligation. Neben einem Anspruch auf Rückzahlung des Nennwertes und der entsprechenden Zinsen wird zusätzlich ein Wahlrecht eingeräumt, die Schuldverschreibung in Aktien umzutauschen. Mit diesem Umtausch erlöschen die Anrechte aus der Schuldverschreibung: aus Fremdkapital wird Eigenkapital. Daher ist bei der Ausgabe von Wandelschuldverschreibungen neben der Beachtung der sonstigen gesetzlichen Vorschriften ein Beschluß der Hauptversammlung mit 3/4-Mehrheit erforderlich, mit dem auch eine bedingte Kapitalerhöhung erfolgt. Auf weitere Einzelheiten kann hier nicht eingegangen werden. Da der Anleger zunächst die Stellung eines Gläubigers einnimmt und die Entwicklung abwarten kann für seine Entscheidung, ob er bei gutem Verlauf doch in eine Beteiligungsanlage wechselt, ergibt sich hieraus die Möglichkeit für das ausgebende Unternehmen, bei für eine Emission neuer Aktien ungünstigen Zeit dennoch bereits Finanzierungsmittel aufzunehmen.
Die *Optionsanleihe* unterscheidet sich von der Wandelschuldverschreibung dahingehend, daß ein Bezugsrecht auf die Aktien der Gesellschaft innerhalb einer festgesetzten Frist zu einem bestimmten Bezugskurs zusätzlich zu den übrigen Rechten aus der Obligation eingeräumt wird. Mit der Ausübung des Optionsrechtes sind also zusätzliche Zahlungen für den Aktienerwerb zu leisten, während die übrigen Rechte aus der Obligation unberührt bleiben. Es erfolgt also kein Umtausch, sondern dem Unternehmen fließen bei Ausübung zusätzlich Eigenkapitalmittel zu. Wie bei den Wandelschuldverschreibungen steht den Aktionären ein Bezugsrecht an den Optionsanleihen zu.
Eine weitere Sonderform sind die *Gewinnschuldverschreibungen*, die jedoch keine besondere Bedeutung erlangt haben. Hier haben die Gläubiger einen begrenzten Gewinnanspruch in Relation zu den Dividenden, entweder ausschließlich oder neben einem festen Mindestzins aus der Schuldverschreibung. Umtausch- oder Bezugsrechte wie bei der Wandelschuldverschreibung bzw. der Optionsanleihe bestehen nicht. Juristisch handelt es sich um Fremdkapital mit Anspruch auf Rückzahlung und entsprechenden Konkursvorrechten – in ihrer Gewinnabhängigkeit ähneln sie der Eigenfinanzierung.

• Schuldscheindarlehn
Schuldscheindarlehn sind gleichfalls ein Mittel zur Beschaffung langfristigen Fremdkapitals im größeren Umfang. Von den Obligationen unterscheiden sie sich rechtlich jedoch dadurch, daß der Schuldschein kein Wertpapier darstellt, sondern lediglich Beweischarakter hat. Zur Übertragung der Forderung reicht nicht die Übergabe des Schuldscheins, sondern es ist eine Forderungsabtretung notwendig. Vielfach wird heute nur ein entsprechender Darlehnsvertrag abgeschlossen und auf die Ausgabe eines Schuldscheins verzichtet. Als Kapitalgeber kommen insbesondere Versicherungen in Betracht. Daher werden an die Sicherung hohe Anforderungen gestellt, um die Deckungsstockfähigkeit eines Schuldscheins zu gewährleisten. Die Hingabe von Schuldscheindarlehn ist nicht genehmigungspflichtig.
Oft werden für die Vermittlung von Schuldscheindarlehn Banken oder Finanzmakler eingeschaltet, insbesondere, wenn die Wünsche des Kreditnehmers nach Höhe und/oder Fristigkeit des Darlehns nicht mit den Vorstellungen eines einzelnen Kreditgebers übereinstimmen. Dabei sind Ausgestaltungsvarianten möglich, inwieweit der Betrieb als Kreditnehmer selbst, die Bank oder der Makler das Fristenrisiko tragen, d. h. bei Fälligkeit von Teilbeträgen für rechtzeitige Anschlußkredite einzustehen.

Kurzfristige Fremdfinanzierung
Grundsätzlich gelten Kredite mit einer Laufzeit von unter einem Jahr als kurzfristig. Dabei ist die Abgrenzung nicht immer eindeutig. So erfolgt z. B.

5

bei Kontokorrentkrediten eine Kreditzusage zumeist für sechs oder drei Monate, wobei bei fortgesetzter Geschäftsverbindung vor Ablauf eine erneute Anschlußzusage erteilt wird. Hier wird also für die Beurteilung als kurzfristiger Kredit auf eine rechtliche Verbindlichkeit abgestellt, während wirtschaftlich oftmals ein solcher „Sockelkredit" mittel- oder langfristig zur Verfügung steht. Kreditiert der Lieferant seinen Kaufpreis, z. B. durch Teilzahlungsvereinbarung, über einen Zeitraum von mehr als einem Jahr, so wird er üblicherweise dennoch als kurzfristiger Kredit behandelt.
Aufgabe der kurzfristigen Finanzierung ist die Abwicklung des laufenden Geschäftsverkehrs und eine Anpassung der Finanzierung an kurzfristig schwankenden Bedarf, z. B. im Saisonablauf. Die nachfolgende Darstellung der einzelnen Kreditarten ist gegliedert von der Beschaffungsseite her in Bankkredite mit verschiedener Ausgestaltung, Kundenkredite, z. B. durch Anzahlung, Lieferantenkredite, Sonderkredite, insbesondere im Zusammenhang mit der Abwicklung von Außenhandelsgeschäften, und die Finanzierung durch sonstige Kreditgeber.

• Bankkredite

Die häufigste Form kurzfristiger Bankkredite ist der *Kontokorrentkredit.* Er dient in besonderer Weise der Sicherung der Zahlungsbereitschaft. Üblicherweise wird einem Kunden ein Kreditrahmen zur Verfügung gestellt, bis zu dem er sein Bankkonto überziehen kann, die Inanspruchnahme des Kredites erfolgt also in einfacher Weise mit der Durchführung des Zahlungsverkehrs. Auf den jeweils in Anspruch genommenen Betrag sind im Rahmen einer Kontokorrentstaffel Zinsen zu entrichten. Gelegentlich wird daneben ein Bereitstellungszins erhoben, der aus der Höhe der Kreditzusage berechnet wird. Zum Teil wird neben der eigentlichen Kreditzusage noch ein Überziehungsrahmen eingeräumt, bei dessen Inanspruchnahme höhere Zinsen anfallen, zum Teil in Form einer sogenannten Überziehungsprovision. Eine Zinsabrechnung erfolgt zumeist monatlich oder quartalsmäßig. Der Kontokorrentkredit ermöglicht dem Unternehmen, in besonders geeigneter Weise seine Kreditinanspruchnahme kurzfristig an dem jeweiligen Bedarf auszurichten. Gehen z. B. Kundenzahlungen früher als erwartet ein, so mindert sich damit der in Anspruch genommene Kontokorrentkredit – ist der Zahlungseingang schleppender als erwartet und/oder sind zu bestimmten Stichtagen höhere Zahlungen fällig, z. B. für Löhne und Gehälter, Steuern und Sozialversicherung, so ermöglicht die Inanspruchnahme des Kontokorrentkredites die fristgemäße Zahlung. Ähnliches gilt auch bei der Zahlung von Lieferantenrechnungen unter Ausnutzung von Skontoabzügen.
Eine besondere Form ist der *Wechselkredit,* der als *Wechseldiskontkredit* oder als *Akzeptkredit* ausgestaltet sein kann. Basis ist der Wechsel, der als Wertpapier den strengen Anforderungen des Wechselgesetzes (siehe auch den Beitrag „Recht des Kaufmannes") unterworfen ist. Über eine Urkunde wird ein privates Vermögensrecht verbrieft, das mit dem Besitz dieser Urkunde geltendgemacht werden kann. Die Wechselforderung ist „abstrakt", d. h., die Einlösungsverpflichtung gilt, unabhängig davon, ob Einreden gegen das zugrundeliegende Geschäft geltendgemacht werden können. Seiner Funktion nach kann der Wechsel Zahlungs-, Sicherungs- und/oder Kreditmittel sein. Beim Kreditmittel wird unterschieden in den Handelswechsel, dem ein Kaufvertrag zugrundeliegt und die Kreditfunktion in der Gewährung eines Zahlungsziels besteht, und dem Finanzwechsel, durch den ein Darlehn gewährt wird. Einzelheiten zum Wechsel – z. B. die wesentlichen Bestandteile und die verschiedenen Ausgestaltungen – werden im Abschnitt „Finanzdisposition und Zahlungsverkehr" behandelt.
Beim *Diskontkredit* räumt die Bank dem Kunden die Möglichkeit ein, seine Besitzwechsel vor ihrer Fälligkeit an das Kreditinstitut zu verkaufen. Dabei wird der Barwert des Wechsels durch die Diskontierung ermittelt, d. h. durch Abzinsung für die Zeit zwischen Aufkauf und Fälligkeit. Die Bank hat dann ihrerseits die Möglichkeit, diese Wechsel bei der Bundesbank zu rediskontieren, sofern sie die entsprechenden Bedingungen erfüllen. Hierzu zählen:

- der Wechsel muß innerhalb von drei Monaten, gerechnet vom Tag des Ankaufes an, fällig sein,
- er muß die Unterschrift von mindestens drei als zahlungsfähig bekannte Verpflichtete tragen (in Ausnahmefällen bei ausreichender Sicherung genügen zwei Unterschriften),
- ihm soll ein Handels- oder Warengeschäft zugrundeliegen,
- er muß an einem Bankplatz bei einem Kreditinstitut zahlbar sein.

Durch den Ankauf des Wechsels wird die Bank zum Mitverpflichteten, wenn der Wechsel nicht ordnungsgemäß eingelöst wird (Wechselprotest). Durch dieses Obligo wird der Wechseleinkauf für die Bank zu einem Kreditgeschäft, für das sie in der Regel ihrem Kunden einen limitierten Rahmen zur Verfügung stellt. Da sich die Bank, wie erwähnt, durch die Rediskontierung des Wechsels – also den Verkauf an die Bundesbank – ihrerseits günstiger refinanzieren kann, sind in der Regel die

Konditionen eines Diskontkredits günstiger als die eines Kontokorrentkredits.
Ein *Akzeptkredit* liegt vor, wenn ein Kreditinstitut den vom Kunden auf sie gezogenen Wechsel durch ihre Unterschrift akzeptiert. Die Bank wird damit zum Wechselverpflichteten, während sich der Kunde dazu verpflichtet, spätestens einen Werktag vor Verfall die entsprechende Deckungssumme zur Verfügung zu stellen. Da die Bank kein Bargeld verwendet, sondern den von ihr akzeptierten Wechsel zur Verfügung stellt, wird auch von der *Kreditleihe* gesprochen. Der Kunde kann dann den Wechsel als Zahlungsmittel weitergeben oder die Bank diskontiert und rediskontiert den Wechsel ihrerseits.
Von den Konditionen her liegt dieser Kredit recht günstig und wird von Banken guten Kunden innerhalb eines bestimmten Rahmens ermöglicht. Insbesondere gilt dies für Akzepte mit einer Laufzeit von 30 bis 90 Tagen und einer Wechselsumme von DM 100.000,— bis DM 1.000.000,—, die über die Privatdiskont AG diskontiert und mit deren Akzept als bundesbankfähiges Papier günstigste Konditionen erlauben.
Unter dem *Lombard-Kredit* versteht man die Gewährung eines kurzfristigen Kredits gegen eine Verpfändung von Waren (Waren-Lombard-Kredit) oder von Wertpapieren (Effekten-Lombard-Kredit). Lombardfähige Gegenstände sind u. a. Edelmetalle, lagernde, schwimmende oder rollende Handelsware, Wertpapiere sowie spezielle Forderungen, wie Sparguthaben oder Lebensversicherungen. Beim eigentlichen Lombardgeschäft bleibt der Kunde Eigentümer und der Kreditgeber erhält lediglich ein Pfandrecht. Beim sogenannten uneigentlichen Lombardkredit geht auch das Eigentum auf den Kreditgeber über – der Kreditnehmer hat nach der Erfüllung seiner Verpflichtungen Anspruch auf Herausgabe gleichartiger Gegenstände. Die Kredite werden in der Regel nur mit einem Teil des Wertes der verpfändeten Güter gewährt. Beim Warenlombard wird das Pfandrecht zumeist durch die Übergabe von Dispositionspapieren erlangt. In den Kosten ist der Lombardkredit etwa denen des Kontokorrents vergleichbar. Er wird zumeist dort eingesetzt, wo kurzfristig für einen vorhersehbaren Zeitraum zusätzliche Mittel erforderlich werden, z. B. auch über die Kontokorrentkreditlinie hinaus.
Der *Avalkredit* ist gleichfalls eine Form der Kreditleihe, indem das Kreditinstitut die Haftung für die Verbindlichkeit eines Kunden gegenüber einem Dritten übernimmt in Form einer Bürgschaft oder einer Garantie. Für das Kreditinstitut entsteht damit eine Eventualverbindlichkeit, d. h., es muß dann einstehen, wenn der Kunde nicht fristgerecht Zahlung leistet. Für den Dritten, der eine Forderung gegenüber den Kunden hat, ergibt sich hierdurch eine erhöhte Sicherheit.
Bank-Avale sind insbesondere dann angebracht, wenn der Kunde Sicherheiten zugunsten Dritter zu stellen hat, z. B. für Garantien, Gewährleistungen oder Zahlungsaufschübe. Hierzu zählen Gewährleistungs-, Leistungs-, Anzahlungs- und Bietungsgarantie sowie Zoll- oder Frachtstundungsbürgschaften. Der Kunde braucht dann durch die Stellung eines Bank-Avals keine Sicherheitsleistungen aus eigenen Finanzierungsmitteln zu hinterlegen. Als Kosten entstehen dem Kunden die von den Banken berechneten Avalprovisionen, die in der Regel bei 1–2,5% p. a. liegen.

5

• Kundenkredit
Leistet der Kunde eine Vorauszahlung, bevor die Lieferung oder Leistung erfolgt, so entsteht ein Kundenkredit. Diese Kreditgewährung des Kunden durch Anzahlung ist vor allem dann üblich, wenn es sich um Lieferungen mit einem hohen Investitionsvolumen und/oder individueller Fertigung handelt, z. B. Anlagenbau, Großmaschinen, Schiffs- und Flugzeugbau sowie Gebäudeerstellung. Der Kundenkredit ist für den Lieferanten zunächst als liquiditätsmäßige Entlastung interessant. Darüber hinaus können auch Sicherungsaspekte von Bedeutung sein, indem der Kunde an der Vertragseinhaltung interessiert wird und ggf. die Anzahlung als Ausgleich für Mindererlöse dienen kann, falls eine anderweitige Verwertung erforderlich wird. Daher kommen Kundenanzahlungen auch bei kleinerem Geschäftsvolumen vor, wenn es sich um Sonderbestellungen oder Maßanfertigung handelt.
Die Tilgung des Kundenkredits erfolgt nicht durch Rückzahlung, sondern durch Erfüllung der Lieferungs- und Leistungsverpflichtung. Üblicherweise wird der Kundenkredit zinslos gewährt. In manchen Fällen erwartet der Kunde jedoch Sicherung für die Vorauszahlung, z. B. durch ein Bank-Aval.

• Lieferantenkredit
Der Lieferantenkredit entsteht, wenn der Lieferant seinem Kunden ein Zahlungsziel einräumt, d. h. die Lieferung und Leistung erbringt, der Kunde jedoch erst mit einer zeitlichen Verzögerung zu bezahlen braucht. Die Kreditgewährung erfolgt also schnell, bequem und formlos. Häufig wird dem Kunden neben dem Zahlungsziel die Möglichkeit geboten, bei früherer Zahlung – sofort oder innerhalb einer kurzen Skontofrist von z. B. acht Tagen – einen Skontobetrag in Abzug zu bringen. Formal ist ein solcher Lieferantenkredit mit Ausnutzung der Zahlungsfrist zinslos, jedoch liegen seine Ko-

sten im entgangenen Skontoertrag. Lauten z. B. Zahlungsbedingungen: vier Wochen netto oder innerhalb einer Woche mit 3% Skonto, so würde das zusätzliche Zahlungsziel von drei Wochen einem Zinssatz von 52% p. a. bedeuten. Selbst bei 2% Skonto und einem Zahlungsziel, das um einen Monat länger ist als diese Skontofrist, entspricht der Skontoverlust noch 24% p. a. Der Lieferantenkredit ist unter diesem Aspekt also sehr teuer. Zumeist lohnt es sich, wenn die Kreditlinie dazu ausreicht, einen Bankkredit in Anspruch zu nehmen und mit Skonto zu zahlen.

Zahlt der Kunde später als vereinbart, so wird auch von einem „erzwungenen" Lieferantenkredit gesprochen. Wie lange der Lieferant dies duldet, hängt von der Geschäftsbeziehung ab.

Als Mittel der Absatzförderung gewährt der Lieferant gelegentlich auch einen weitergehenden Kredit durch die Einräumung einer Valuta von z. B. 60 Tagen bei Erstausstattungen, Frühbezug, Saisonbevorratung, Werbeaktionen u. ä., d. h., nach 60 Tagen kann noch mit Skonto gezahlt werden oder netto zusätzlich nach dem üblichen Zahlungsziel.

Der Lieferantenkredit hat die Form eines Wechselkredits, wenn dem Kunden die Zahlung mit einem Wechsel – mit oder ohne Abzug von Skonto – gestattet wird. In diesem Falle werden normalerweise dem Kunden die Kosten für den Wechsel einschließlich der Abdiskontierung in Rechnung gestellt. Hierauf wird im Rahmen des Zahlungsverkehrs noch einmal eingegangen, ebenso wie auf den Sonderfall eines sogenannten Umkehrwechsels.

Vom Lieferantenkredit zu unterscheiden ist der sogenannte Ausstattungskredit, der zumeist eine längerfristige Darlehnsgewährung darstellt, z. B. bei der Einrichtung von Gaststätten oder Tankstellen.

Die Absicherung des Lieferantenkredits erfolgt meistens im Rahmen der Lieferungs- und Zahlungsbedingungen durch den einfachen oder verlängerten Eigentumsvorbehalt.

• Sonderkredite, insbesondere im Außenhandel

Besonders im Außenhandel können sich bei der Zahlungsabwicklung zusätzliche Probleme ergeben durch den selteneren Kontakt, die räumliche Entfernung, die Transportzeiten zwischen Abgang beim Lieferanten und Ankunft beim Kunden etc. sowie Schwierigkeiten in der Geldeintreibung bei Zahlungsverzug in anderen Rechtsgebieten. So möchte der Lieferant die Ware erst dann absenden, wenn er der Zahlung sicher sein kann – der Kunde möchte erst Zahlung leisten, wenn er die Ware empfängt oder zumindest durch Überlassung von Dokumenten die Verfügungsgewalt erhält. Die räumliche Distanz erschwert dies.

Hier können dann Banken eingeschaltet werden, die dem Exporteur die Zahlung garantieren und dem Importeur zu einer liquiditätsmäßigen Entlastung verhelfen, indem dieser keine Vorauszahlung oder Hinterlegung des Kaufpreises zu leisten braucht. Zumeist sind – in der Regel unter Einschaltung von Wechseln – mindestens zwei Banken beteiligt: die Hausbank des Exporteurs, die Hausbank des Importeurs sowie oftmals zusätzlich deren Korrespondenzbank im Lande des Exporteurs.

Das *Akkreditiv* ist die Verpflichtungserklärung eines Kreditinstitutes, nach Erfüllung bestimmter Voraussetzungen (in der Regel Vorlage von Dokumenten, z. B. Frachtbriefe usw.) Zahlung zu leisten. Häufig wird das Akkreditiv zeitlich befristet. Bei der Abwicklung eines solchen mit einem Akkreditiv abgesicherten Auftrages wird der Lieferant durch entsprechende Priorität in der Fertigung in besonderer Weise um die Fristeinhaltung bemüht sein, um rechtzeitig vor Ablauf des Akkreditives die entsprechenden Dokumente vorzulegen und damit die Zahlung zu sichern.

Weitere Sonderformen sind der *Rembours-Kredit* sowie der *Negoziations-Kredit*, auf die hier nicht weiter eingegangen werden soll.

• Sonstige Kredite

Eine kurzfristige Finanzierung kann neben Banken, Kunden und Lieferanten auch durch andere Kreditgeber erfolgen. Auch Gesellschafter können kurzfristige Kredite zur Verfügung stellen und übernehmen damit zusätzlich die Rolle des Gläubigers. Ebenfalls können befreundete Firmen Kreditgeber sein. Erfolgen z. B. Steuerstundungen, so sind auch dies kurzfristige Kredite mit dem Finanzamt als Kreditgeber.

Rückstellungen als Innenfinanzierung

Rückstellungen werden zum einen gebildet für Verbindlichkeiten, die bereits dem Grunde nach bestehen, aber betragsmäßig noch nicht genau bestimmbar sind. Hierbei wird unterschieden in rechtliche Verpflichtungen wie z. B. Pensions-, Steuer- und Garantierückstellungen sowie Rückstellungen für drohende Verluste, und in wirtschaftliche Verpflichtungen wie z. B. Kulanzrückstellungen. Außerdem können Rückstellungen für unterlassene Aufwendungen, z. B. für Instandhaltung, gebildet werden.

Rückstellungen stellen die Innenfinanzierung im Rahmen der Fremdfinanzierung dar. Sie sind Innenfinanzierung, da sie bereits als Aufwand verrechnet wurden und entsprechend den Gewinn

mindern. Aufgrund ihres Schuldencharakters – Verpflichtungen gegenüber Dritten – gehören sie zum Fremdkapital. Der Finanzierungseffekt ergibt sich aus der zeitlichen Differenz zwischen der Bildung der Rückstellung und ihrer Auflösung, also dem Zeitpunkt, zu dem Zahlungen fällig werden. Je länger diese zeitliche Differenz, umso größer der Finanzierungseffekt. Pensionsrückstellungen haben ihrem Charakter nach besonders langfristige Effekte.
Detaillierter wird die Bildung von Rückstellungen im Abschnitt „Buchführung und Bilanz" des Beitrags „Betriebswirtschaftslehre" behandelt.
Rückstellungen werden im Unternehmen erwirtschaftet. Durch ihre Verrechnung als Aufwand und damit verbundene Gewinnminderung führen sie nicht zu Ausschüttungen und außerdem vermindern sie die steuerlichen Zahlungsverpflichtungen. Insoweit können insbesondere Pensionsrückstellungen ein wichtiges Finanzierungsinstrument sein.

Kapitalschonende Finanzierung

Zwischen Investitionen und dem von ihnen verursachten Kapitalbedarf einerseits und der Finanzierung als Kapitalbereitstellung andererseits besteht ein enger Zusammenhang. Den auf der Aktivseite der Bilanz als Kapitalanlage ausgewiesenen Mittelbindungen stehen auf der Passivseite die Finanzierungsmittel als Kapitalbereitstellung gegenüber. Die Besonderheit von Leasing, Factoring sowie Franchising – letzteres, soweit es unter finanzwirtschaftlichen Gesichtspunkten betrachtet wird – besteht typischerweise darin, daß dem Unternehmen Nutzungsrechte eingeräumt werden, ohne daß die Investition in der Bilanz des Unternehmens auf der Aktivseite auszuweisen ist. Entsprechend entfällt auch auf der Passivseite der Ausweis einer Verbindlichkeit. Gegenüber den traditionellen Formen der Finanzierung vergleichbarer Investitionen ergibt sich hieraus eine Bilanzverkürzung.
Es ist umstritten, ob und, wenn ja, in welcher Weise diese Formen als besondere Art der Finanzierung anzusehen sind. Zum einen wird keine Berechtigung gesehen, sie als besondere Form der Finanzierung zu bezeichnen, so daß sie im Rahmen der Fremdfinanzierung mitzubehandeln sind. Hier wird also weniger auf die rechtlichen Unterschiede und die bilanzmäßige Behandlung abgestellt als vielmehr auf eine wirtschaftliche Betrachtungsweise im Hinblick auf das Eingehen finanzieller Verpflichtungen – in traditioneller Weise also der Kapitaldienst in Form von Zinsen und Tilgung und z. B. beim Leasing die Leasing-Rate. Die extremste Gegenposition besteht darin, sie den übrigen Dauerschuldverhältnissen gleichzusetzen – insbesondere z. B. die Leasing-Rate den sonstigen Mieten – so daß sie gar nicht direkt in die Finanzierung eingehen, sondern lediglich mit den aus ihnen resultierenden Zahlungsverpflichtungen im Finanzplan für die entsprechenden Perioden zu berücksichtigen sind.
Oftmals werden sie als Sonderformen der Finanzierung behandelt, und zwar das Factoring unter den kurzfristigen, sowie Leasing und Franchising unter den langfristigen Fremdfinanzierungen. Bei einer anderen Systematik werden sie in einer gesonderten Gruppe als Kreditsubstitute ausgewiesen, also als eine Finanzierungsform, die eine direkte Kreditaufnahme ersetzt.

5

Wesen der kapitalschonenden Finanzierung

Die Überlegung, nicht traditionell finanzierte Investitionen einzusetzen, beruht auf dem Grundgedanken, daß die Nutzungsmöglichkeiten an einem Wirtschaftsgut für den Unternehmenserfolg wichtiger sind als die Erlangung von Eigentumsrechten. An eine Wirtschaftlichkeitsrechnung für solche Entscheidungen sind jedoch keine geringeren Anforderungen zu stellen als bei direkten Investitionen. Auch hier ist sicherzustellen, daß die zukünftigen Zahlungsverpflichtungen z. B. für Leasing-Raten oder Franchise-Gebühren aus den Erträgen erwirtschaftet werden können oder daß sie – im Falle, daß sie erst zeitversetzt eintreten – ihrerseits zwischenzufinanzieren sind.
Ferner ist zu beachten, daß bei einer Investitionsentscheidung auch die Finanzierung laufender Aufwendungen im Umlaufprozeß zu sichern sind. So können beispielsweise Mittel für Materialbevorratung etc. erforderlich werden. Der Einsatz traditioneller Finanzierungsmittel, die in einer Bilanz auf der Passivseite als Kapital ausgewiesen werden, wird also zumeist nicht vollständig ersetzt, aber doch reduziert. Daher wird hier von kapitalschonender Finanzierung gesprochen.

Leasing

Als Leasing bezeichnet man die mittelfristige oder langfristige Nutzungsüberlassung von beweglichen oder unbeweglichen Investitionsgütern sowie langlebigen Konsumgütern gegen Zahlung eines Mietzinses, der Leasing-Rate. Dabei kann der spätere Eigentumserwerb an den Leasing-Objekten ermöglicht sein – dies ist jedoch nicht Voraussetzung. Im Vordergrund für den Leasing-Nehmer steht die Nutzung, also das Leistungspotential aus der Überlassung des Leasing-Gutes, und weniger das Eigentumsrecht.

5

• Entwicklung des Leasing

Bereits 1877 verwendete die Firma Bell Telephone Company, USA, den Begriff „Leasing". Erster institutioneller Leasing-Geber war 1953 die United Leasing Corporation in San Francisco. Von da aus dehnte sich das Instrument schnell aus.

In Deutschland wurden die ersten Leasinggesellschaften im Jahre 1962 gegründet. Seitdem hat die Zahl der Leasinggesellschaften rapide zugenommen, ebenso der Anteil des Leasings am Gesamtinvestitionsvolumen. Heute besitzt fast jede Bank ihre eigene Leasinggesellschaft oder ist an einer solchen beteiligt. Zumindest werden intensive Geschäftskontakte gepflegt, woraus deutlich wird, daß Leasing als eine nicht zu unterschätzende Alternative zu den klassischen Finanzierungsformen eingestuft wird.

Dabei haben sich eine Vielzahl von Varianten herausgebildet, mit denen sich das Leasing durch unterschiedliche Vertragsgestaltungen den differenzierten Kundenwünschen anpassen will.

• Einteilungskriterien und Grundformen

Nachfolgend werden die wichtigsten Gliederungsmerkmale kurz aufgezeigt, bevor dann nach einer rechtlichen Betrachtung auf die gebräuchlichsten Typen sowie auf die wirtschaftliche Betrachtung des Leasing eingegangen wird. Vertragspartner sind der Leasing-Geber als der Finanzier und der Leasing-Nehmer, z. B. das Unternehmen, welches den Vertragsgegenstand, das Leasing-Objekt, benutzt. Das Entgelt für die Nutzungsüberlassung wird als Leasing-Rate bezeichnet.

Operate Leasing: Operate-Leasing-Verträge sind normale Mietverträge im Sinne des BGB §§ 535 ff. und können von beiden Vertragspartnern in aller Regel kurzfristig gekündigt werden, ohne daß damit die Zahlung von Vertragsstrafen verbunden ist. Der Leasing-Geber trägt also das Risiko, inwieweit er durch Neuvermietung des Leasing-Objektes zu Einnahmen gelangt, die dem Kaufpreis und den Finanzierungskosten etc. entsprechen. Außerdem trägt der Leasing-Geber alle Aufwendungen für Versicherungen, Wartung und Reparaturen. Daher kommen hier zur Risikominimierung in aller Regel nur solche Wirtschaftsgüter in Frage, die so universell einsetzbar sind, daß für sie ein größerer Kundenkreis besteht, also eine Neuvermietung wahrscheinlich ist.

Finance Leasing: Das charakteristische der Verträge über Finanzierungsleasing besteht darin, daß eine bestimmte Grundmietzeit vereinbart wird, während der ein Vertrag unkündbar ist. Zumeist wird die Grundmietzeit so bemessen, daß sich die Investitionssumme in diesem Zeitraum amortisiert hat. Insoweit trägt hier der Leasing-Nehmer das Investitionsrisiko, das sich z. B. aus der Gefahr der technischen oder wirtschaftlichen Veralterung oder der eingeschränkten Nutzbarkeit des Leasing-Objektes für den Leasing-Nehmer ergibt. Außerdem trägt der Leasing-Nehmer hier in aller Regel das Risiko des zufälligen Unterganges sowie die Kosten für Wartung, Reparatur und Versicherung. Das Finanzierungs-Leasing ist daher auch nicht auf reine marktgängige Wirtschaftsgüter beschränkt.

Spezial-Leasing: Ist das Leasing-Objekt auf die speziellen Verhältnisse des Leasing-Nehmers zugeschnitten, so wird vom Spezial-Leasing gesprochen. Nach Ablauf der Grundmietzeit kann das Leasing-Gut in der Regel nur vom Leasing-Nehmer wirtschaftlich genutzt werden, so daß der Leasing-Geber nicht eigentlich am Leasing-Objekt interessiert ist und der Finanzierungsaspekt im Vordergrund steht.

Maintenance-Leasing: Das englische „Maintenance" bedeutet erhalten und steht dafür, daß der Leasing-Geber sich verpflichtet, für die Wartung sowie Reparaturen am Leasing-Objekt aufzukommen. Er wird dies zwar in die Leasing-Raten einkalkulieren, jedoch für den Leasing-Nehmer ergeben sich überschaubare Kosten. Diese Form eignet sich insbesondere dort, wo zwar im Einzelfall einmal höhere Wartungskosten entstehen können, in aller Regel aber recht zuverlässige Durchschnittswerte vorliegen.

• Stellung des Leasing-Gebers

Direktes Leasing: Hier ist der Hersteller des Leasing-Gutes gleichzeitig der Leasing-Geber. Diese auch als *Hersteller-Leasing* bezeichnete Form wird oftmals zur Verkaufsunterstützung als Marketinginstrument eingesetzt, beispielsweise bei Kfz-Herstellern. Außerdem fällt es Herstellern oft leichter, die zuvor genannte Variante des Maintenance-Leasing anzubieten.

Indirektes Leasing: Hier erwirbt der Leasing-Geber als Finanzier das Leasing-Gut vom Hersteller und schließt mit dem Leasing-Nehmer einen Nutzungs- bzw. Mietvertrag ab. Dabei kann die Geschäftsbeziehung des Leasing-Gebers zum Hersteller umfangreicher sein oder auf Veranlassung des Leasing-Nehmers zustandekommen.

Konzern-Leasing: Hierbei handelt es sich um eine Variante, bei der der Leasing-Geber zwar nicht selbst der Hersteller, aber doch mit diesem konzernmäßig verbunden ist.

• Art des Leasing-Gegenstandes

Immobilien-Leasing: Leasing-Objekt sind Grundstücke und Gebäude, die gewerblich genutzt werden, z. B. Verwaltungs- und Geschäftsgebäude,

Produktions- und Lagerhallen, Verbrauchermärkte u. a. Soweit der Leasing-Nehmer Eigentümer des Grundstücks, auf welchem das Gebäude errichtet wird, ist und bleiben soll, wird zumindest ein entsprechend langfristiger Erbpachtvertrag für das Grundstück zugunsten des Leasing-Gebers geschlossen, so daß dieser auch Eigentümer des Gebäudes werden kann. Oftmals kann es sinnvoll sein, Betriebsvorrichtungen nicht mit in den Immobilienvertrag einzuschließen, sondern separat zu leasen.

Investitionsgüter-Leasing (bewegliche Objekte): Hierbei handelt es sich um Gegenstände, die gewerblich, freiberuflich oder im öffentlichen Bereich genutzt werden. Dabei können sich die Verträge auf einzelne oder auf mehrere Investitionsgüter beziehen, letzteres auch in der Ausgestaltung als Rahmenverträge.

Eine besondere Form ist das Plant-Leasing, bei dem komplette Betriebseinrichtungen bzw. Produktionsanlagen etc. vermietet werden.

Konsumgüter-Leasing: Hier ist der Leasing-Gegenstand ein bewegliches Wirtschaftsgut für den privaten Gebrauch, z. B. PKW, Fernseher etc.

Second-Hand-Leasing: Ist das Leasing-Objekt ein gebrauchtes Wirtschaftsgut, z. B. aus einem Leasing-Vertrag mit einem anderen Leasing-Nehmer, so spricht man vom Second-Hand-Leasing.

• Amortisations-Umfang

Voll-Amortisationsverträge: Hierbei handelt es sich um Finanzierungs-Leasing, bei dem die Verträge so gestaltet sind, daß die Leasing-Raten während der Grundmietzeit alle Kosten des Leasing-Objekts abdecken. Hierzu gehören Anschaffungs- bzw. Herstellungskosten, Wartungs-, Versicherungs- und Reparaturkosten sowie sonstige Nebenkosten einschließlich aller Finanzierungskosten nebst einer Gewinnspanne des Leasing-Gebers.

Teil-Amortisationsverträge: Hierbei decken die Leasing-Raten nicht die Gesamtkosten des Leasing-Objektes. Beim Operate-Leasing handelt es sich im Standardfall um eine Teilamortisation, indem durch kürzere Laufzeiten und Kündigungsrechte die Mietdauer nicht für eine volle Amortisation ausreicht und insoweit, wie bereits beim Operate-Leasing vermerkt, der Leasing-Geber ein Investitionsrisiko im Bezug auf eine Anschlußvermietung trägt.

• Sale-and-lease-back-Verfahren

Hier ist der künftige Leasing-Nehmer zunächst Eigentümer des Leasing-Gutes, das er dann an den Leasing-Geber verkauft (sale) und anschließend von diesem wieder zurückmietet (lease back). Einem Leasing-Nehmer fließen auf diese Weise liquide Mittel zu, die er entweder zur Abdeckung von Verbindlichkeiten – und damit zu einer Bilanzverkürzung – oder für anderweitige Investitionen verwenden kann. Durch den Abschluß des Leasing-Vertrages bleibt für das Unternehmen die Nutzung des Wirtschaftsgutes erhalten trotz Kapitalfreisetzung im Zusammenhang mit dem Verkauf. Gelegentlich wird dieses Verfahren auch im Rahmen von Sanierungskonzepten eingesetzt.

Bei einer Bilanzanalyse ist zu überprüfen, ob auf diese Weise stille Reserven oder über einen überhöhten Kaufpreis zusätzliche Veräußerungserlöse zum Zwecke der Ergebnisverbesserung erzielt wurden, denen in der Zukunft dadurch entsprechend höhere Leasingverpflichtungen gegenüberstehen.

Bei Immobilien kann das Sale-and-lease-back-Verfahren auch außerhalb von Sanierungsmaßnahmen durchaus sinnvoll und seriös sein, z. B., wenn gleichzeitig bauliche Erweiterungen vorgenommen werden. Außerdem können steuerliche Überlegungen hinzukommen, gerade auch im Immobilienbereich.

• Rechtliche Beurteilung

Von besonderer Bedeutung ist bei der rechtlichen Beurteilung der Aspekt, ob das Leasing-Gut beim Leasing-Geber oder beim Leasing-Nehmer zu aktivieren ist. Dabei gilt im Bilanzrecht die wirtschaftliche Betrachtungsweise, so daß nicht der zivilrechtliche Eigentumsbegriff zwingender Maßstab ist, sondern die steuerrechtlichen Beurteilungen entscheidend mitprägen.

Zivilrechtliche Einordnung: Dem Prinzip nach handelt es sich bei Leasing-Verhältnissen um Mietverträge, für die die §§ 535 ff. BGB Anwendung finden. Aus der konkreten Vertragsgestaltung können sich jedoch auch noch zusätzliche Aspekte ergeben. Insbesondere, wenn es sich beim Leasing-Nehmer um eine Privatperson oder um einen nicht im Handelsregister eingetragenen Kaufmann handelt, ist das Abzahlungsgesetz – z. B. bei Vollamortisationsverträgen mit Kaufoption – oder die gesetzlichen Regelungen bezüglich der allgemeinen Geschäftsbedingungen zu beachten. Darüber hinaus können aus diesen Verträgen bestimmte Geschäftsbesorgungs-Vereinbarungen oder Treueverhältnisse abgeleitet sein. Vereinzelt – jedoch nicht in Übereinstimmung mit der herrschenden Meinung – wird die Ansicht vertreten, daß Leasing-Verhältnisse als Verträge eigener Art zu interpretieren seien.

Steuerrechtliche Behandlung: Steuerrechtlich ist die Bilanzierung und damit auch steuerliche Behandlung der Leasingverträge durch Schreiben

5

des Bundesfinanzministers – den sogenannten Leasing-Erlassen – klargestellt. Dabei handelt es sich sowohl um das Schreiben vom 19.04.1971 betreffend die ertragsteuerliche Behandlung von Leasing-Verträgen über bewegliche Wirtschaftsgüter als auch um das vom 21.03.1972 betreffend ertragsteuerliche Behandlung von Finanzierungs-Leasing-Verträgen über unbewegliche Wirtschaftsgüter. Hinzu kommt das Schreiben vom 22.12.1975 betreffend steuerrechtliche Zurechnung eines Leasing-Gegenstandes beim Leasing-Geber, welches sich mit der Zurechnung bei sogenannten Teilamortisationsverträgen (die Leasing-Raten der Grundmietzeit decken nicht alle Anschaffungs- oder Herstellungskosten des Leasing-Gebers sowie alle Nebenkosten einschließlich Finanzierungskosten ab) befaßt, die nach der Definition des Schreibens vom 19.04.1971 mithin nicht als Finanzierungs-Leasing anzusehen sind.

Der steuerlichen Zurechnung kommt bei der Behandlung und wirtschaftlichen Beurteilung von Leasingverträgen besondere Bedeutung zu. Daher haben diese Regelung auch Auswirkungen bei der Gestaltung der heute zumeist anzutreffenden Leasing-Verhältnisse, wie sie nachfolgend dargestellt werden.

Dabei geht das Bemühen in der Regel dahin, eine solche Vertragsgestaltung zu wählen, die die Anerkennung der Bilanzierung beim Leasing-Geber sichert. Beim reinen Operate Leasing ist dies der Fall. Beim Spezial-Leasing wird in aller Regel davon ausgegangen, daß eine Aktivierung beim Leasing-Nehmer zu erfolgen hat, da nur bei ihm eine wirtschaftlich sinnvolle Verwendung gegeben ist. Insoweit stehen die Abgrenzungen und Behandlungen der Finanzierungs-Leasing-Verträge mit ihren unterschiedlichen Ausgestaltungen im Mittelpunkt.

- Finanzierungs-Leasing-Verträge unter Berücksichtigung der Leasing-Erlasse des Bundesfinanzministers

Grundsätzlich gilt für die steuerliche Zurechnung eines Leasing-Gegenstandes, entweder auf den Leasing-Geber oder auf den Leasing-Nehmer, daß hierbei die gewählte Vertragsgestaltung, deren tatsächliche Durchführung sowie die Umstände des Einzelfalles zu würdigen sind. Als Leitlinie gilt jedoch die in Abb. 5.2 dargestellte 40–90-Regelung für Finanzierungs-Leasing. Dies besagt, daß das Leasing-Gut dann dem Leasing-Nehmer zuzurechnen und bei diesem zu bilanzieren ist, wenn die Grundmietzeit entweder kürzer als 40% oder länger als 90% einer betriebsgewöhnlichen Nutzungsdauer ist.

Grundmietzeit in Prozent der betriebsgewöhlichen Nutzungsdauer	Zurechnung
< 40	Leasing-Nehmer
40–90	Leasing-Geber
> 90	Leasing-Nehmer

Abb. 5.2: Grundkonzept der Zuordnung gemäß Leasing-Erlaß (ohne Berücksichtigung von eventuellen Nebenabreden)

Dem gegenüber ist grundsätzlich das Leasing-Gut dem Leasing-Geber zuzurechnen, wenn die Grundmietzeit zwischen 40% und 90% der betriebsgewöhnlichen Nutzungsdauer liegt. Bei Immobilien-Leasingverträgen sind die Zurechnungskriterien jeweils für Gebäude sowie für Grund und Boden getrennt zu prüfen. Soweit bei Gebäuden die AfA bemessen wird gemäß § 7 Abs. 4 Satz 1 oder Absatz 5 EStG, gilt als betriebsgewöhnliche Nutzungsdauer ein Zeitraum von 50 Jahren, es sei denn, daß der Leasing-Nehmer den Leasing-Geber an dem Grundstück, auf dem das Leasing-Objekt steht, ein Erbbaurecht eingeräumt hat, das kürzer als die betriebsgewöhnliche Nutzungsdauer des Gebäudes ist. In diesem Falle gilt anstelle der betriebsgewöhnlichen Nutzungsdauer der kürzere Erbbaurechtszeitraum.

Bei einer steuerlichen Zurechnung des Leasing-Gutes beim Leasing-Geber bedeutet dieser Sachverhalt für den Leasing-Nehmer, daß die Leasing-Raten grundsätzlich Betriebsausgaben sind.

Von dieser grundsätzlichen Zuordnung beim Leasing-Geber kann abgewichen werden, wenn im Rahmen des Leasing-Verhältnisses bei der Vollamortisation Kauf- oder Mietverlängerungsoption vereinbart sind oder ein Teilamortisationsvertrag vorliegt. In diesen Fällen sind zusätzliche Prüfungen erforderlich.

Vollamortisationsvertrag mit Optionsrechten: Für bewegliche und unbewegliche Wirtschaftsgüter gelten unterschiedliche Beurteilungskriterien.

- Leasing-Verträge mit Kaufoption: Hier ist dem Leasing-Nehmer das Recht eingeräumt, nach Ende der Grundmietzeit das Leasing-Gut zu erwerben. Dies kann unabhängig von der 40–90-Regelung eine Zurechnung beim Leasing-Nehmer (also in aller Regel ungewollt) zur Folge haben, und zwar:

  bei beweglichen Wirtschaftsgütern, wenn der Kaufpreis kleiner ist als der Restbuchwert unter Anwendung linearer AfA nach den amtlichen AfA-Tabellen bzw. einem niedrigeren gemeinen Wert im Zeitpunkt der Veräußerung.

  Bei Immobilien, wenn der Gesamtkaufpreis niedriger ist als der Gesamtbuchwert, wobei bei

Gebäuden die lineare AfA zugrundezulegen ist bzw. einen niedrigeren gemeinen Wert des Grundstücks im Zeitpunkt der Veräußerung.

- Leasing-Verträge mit Mietverlängerungs-Option: Hier wird dem Leasing-Nehmer das Recht eingeräumt, nach Ablauf der Grundmietzeit das Vertragsverhältnis auf bestimmte oder unbestimmte Zeit zu verlängern. Steuerlich gleich gestellt sind in aller Regel solche Leasing-Verträge, die zwar keine Mietoption vorsehen, jedoch eine Vertragsverlängerung für den Fall, daß der Mietvertrag nicht von einer der beiden Parteien gekündigt wird. Die Regelungen sind, unterschiedlich für bewegliche und unbewegliche Wirtschaftsgüter, sinnverwandt jenen, die für die Kaufoption zugrundegelegt werden, und zwar:
  Bei beweglichen Wirtschaftsgütern, wenn die Summe der Anschlußmieten kleiner ist als der Wertverzehr für den Zeitraum der Anschlußmiete – Basis für die Ermittlung des Wertverzehrs ist der Restbuchwert bzw. der niedrigere gemeine Wert sowie die Restnutzungsdauer lt. AfA-Tabelle. Bei Immobilien erfolgt eine Zurechnung beim Leasing-Nehmer, wenn die Anschlußmiete kleiner oder gleich 75% dessen ist, was für ein nach Art, Lage und Ausstattung vergleichbares Grundstück üblicherweise gezahlt wird.

Teilamortisationsverträge: Hierbei handelt es sich nicht um ein Finanzierungs-Leasing im Sinne des Schreibens des Bundesfinanzministers über die ertragsteuerliche Behandlung von Leasing-Verträgen über bewegliche Wirtschaftsgüter vom 19.04.1971. Mit Schreiben vom 22.12.1975 werden daher zusätzliche allgemeine Grundsätze zur Prüfung der Zurechnungsfrage gegeben.

- Vertragsmodell mit Andienungsrecht des Leasing-Gebers, aber ohne Optionsrecht des Leasing-Nehmers: Danach ist der Leasing-Nehmer, sofern ein Verlängerungsvertrag nicht zustandekommt, auf Verlangen des Leasing-Gebers verpflichtet, den Leasing-Gegenstand zu einem bereits vorher vereinbarten Preis zu kaufen. Der Leasing-Nehmer hat jedoch kein Recht, den Leasing-Gegenstand zu erwerben. Der Leasing-Nehmer trägt also hierbei das Risiko der Wertminderung, während einem Leasing-Geber die Chance der Wertsteigerung verbleibt, da er sein Andienungsrecht nicht ausüben muß. Unter diesen Umständen wird nicht der Leasing-Nehmer, sondern der Leasing-Geber als wirtschaftlicher Eigentümer des Leasing-Gegenstandes angesehen.
- Vertragsmodell mit Aufteilung des Mehrerlöses: Hier wird der Fall behandelt, daß der Leasing-Gegenstand nach Ablauf der Grundmietzeit durch den Leasing-Geber veräußert wird. Hierbei wird der Veräußerungserlös verglichen mit der Restamortisation, d. h. dem Unterschiedsbetrag zwischen den Gesamtkosten des Leasing-Gebers und den in der Grundmietzeit entrichteten Leasing-Raten. Ist der Veräußerungserlös niedriger, so muß der Leasing-Nehmer eine Abschlußzahlung in Höhe dieser Differenz zahlen. Ist der Veräußerungserlös hingegen höher, so müssen mindestens 25% dieses Mehrerlöses beim Leasing-Geber verbleiben, damit der Leasing-Gegenstand dem Leasing-Geber zuzurechnen ist.
- Kündbarer Mietvertrag mit Anrechnung des Veräußerungserlöses auf die vom Leasing-Nehmer zu leistende Schlußzahlung: Es wird davon ausgegangen, daß der Leasing-Nehmer den Leasing-Vertrag kündigen kann, jedoch frühestens nach Ablauf einer Grundmietzeit, die mindestens 40% der betriebsgewöhnlichen Nutzungsdauer beträgt. Bei Kündigung ist eine Abschlußzahlung in Höhe der durch die Leasing-Raten nicht gedeckten Gesamtkosten des Leasing-Gebers zu entrichten. Auf die Abschlußzahlung werden 90% des vom Leasing-Geber erzielten Veräußerungserlöses angerechnet. Deckt dieser anzurechnende Teil des Veräußerungserlöses zusätzlich der vom Leasing-Nehmer bis zur Veräußerung entrichteten Leasing-Raten nicht die Gesamtkosten des Leasing-Gebers, so hat der Leasing-Nehmer die Differenz durch eine Abschlußzahlung auszugleichen. Ein höherer Veräußerungserlös verbleibt in vollem Umfang beim Leasing-Geber, so daß dieser daher nicht nur rechtlicher, sondern auch wirtschaftlicher Eigentümer des Leasing-Gegenstandes ist.

5

• Wirtschaftliche Beurteilung des Leasing

Zur wirtschaftlichen Würdigung von Leasing-Verträgen ist ein Vergleich mit Alternativen vorzunehmen, d. h. in aller Regel mit der traditionellen Finanzierung von Investitionen mit Fremd- oder Eigenkapital. Dabei zeigt sich, daß weder aus der zunehmenden Bedeutung des Leasing allein eine positive Entscheidung für diese Finanzierungsalternative abgeleitet werden kann, noch aus grundsätzlichen Vorbehalten eine Ablehnung berechtigt ist. Vielmehr sind im konkreten Einzelfall verschiedene Gesichtspunkte zu prüfen und gegeneinander abzuwägen.

Auswirkungen auf die Liquiditä: Auf den ersten Blick erfordert Leasing keine eigene Liquidität bei der Finanzierung der Investition. Die bis zum Ablauf der Grundmietzeit aufzuwendenden Leasing-Raten sind höher als die in dieser Zeit aufgelaufenen Abschreibungswerte, da die Grundmietzeit kürzer als die wirtschaftliche Nutzungsdauer ist. Dies bedeutet, daß aus der Nutzung zusätzliche Liquidität zu erwirtschaften ist oder eine Finanzierungslücke entsteht. Dieser Effekt wird verstärkt, je kürzer die Grundmietzeit im Verhältnis zur wirtschaftlichen Nutzung angesetzt ist, oder wenn am Beginn ein Einmalbetrag vereinbart wurde.

Dieses Finanzierungsproblem entspricht jedoch auch dem einer Fremdfinanzierung von Investitionen, wenn die Tilgungsfristen kürzer als die wirtschaftliche Nutzungsdauer sind. Auch bei einem Finanzierungsbedarf für zusätzliche, mit der Investition verbundene Aufwendungen ergibt sich prinzipiell kein Unterschied.

Erhaltung des eigenen Kreditspielraums: Verschiedenen Umfragen zufolge scheint dies ein wesentliches Argument zu sein für eine Entscheidung zugunsten des Leasings. Da bei entsprechender Vertragsgestaltung weder die Investition auf der Aktivseite noch die Fremdfinanzierung auf der Passivseite auszuweisen sind, ergeben sich zunächst bessere Kennzahlen bei der Bilanzanalyse, insbesondere beim Verschuldungsgrad bzw. der Eigenkapitalquote. Hier ist jedoch zu beachten, daß bei der Kreditprüfung z. B. durch Banken Leasing-Verpflichtungen mit berücksichtigt werden. Dann ist es entscheidend, ob die Leasing-Abschlüsse insgesamt als wirtschaftlich sinnvoll oder als „Notfinanzierung" angesehen werden.

Bilanz- und steuerrechtliche Gesichtspunkte: Wie bereits erwähnt, führt Leasing zu einer Bilanzverkürzung gegenüber herkömmlicher Finanzierung. Dies kann vor allem bei der Gewerbesteuer zu positiven Effekten führen, indem eine entsprechende Zurechnung von Dauerschulden beim Gewerbekapital und entsprechend auch von Dauerschuldzinsen beim Gewerbeertrag unterbleiben. Soweit z. B. durch Verluste kein positiver Gewerbeertrag erwirtschaftet wird, relativieren sich diese Effekte.

Durch die Behandlung der Leasing-Raten als Betriebsaufwendungen können sich insbesondere in den ersten Jahren auch bei der Einkommens- bzw. der Körperschaftssteuer steuermindernde Effekte ergeben, die zumindest mit gewissen Zinsvorteilen bewertet werden können. Auch dieser Effekt relativiert sich, wenn aufgrund negativer Ergebnisse auch sonst keine Ertragssteuern fällig werden. Soweit mit steigenden Steuersätzen zu rechnen ist, kann das steuerliche Vorziehen von Aufwendungen sogar per Saldo negative Auswirkungen haben.

Kostenüberlegungen: In die Leasing-Raten werden seitens des Leasing-Gebers die anteiligen Anschaffungs- bzw. Herstellungskosten eingerechnet, die Zinsen für die Finanzierung, Verwaltungskosten sowie kalkulatorische Zuschläge für Wagnis und Gewinn. Soweit z. B. beim Maintenance-Leasing weitere Kosten für Wartung, Reparatur, Versicherung etc. eingerechnet werden, ist beim Kostenvergleich zu berücksichtigen, daß diese in aller Regel, wenn auch eventuell in anderer zeitlicher Verteilung, mit der Nutzung des Wirtschaftsgutes beim Leasing-Nehmer anfallen würden. Die Leasing-Raten sind zu vergleichen mit den bei einer traditionellen Finanzierung anfallenden Kosten wie Abschreibung, Fremdkapitalzins und/oder kalkulatorischer Eigenkapitalzins.

Eine Reihe von Beispielen aus Literatur und Praxis zeigen, daß vielfach die Leasing-Raten durch die Verwaltungskosten und Gewinnmargen des Leasing-Gebers leicht oberhalb der Kosten einer traditionellen Finanzierung liegen. Steuerliche Effekte können dies aber oftmals ausgleichen oder überkompensieren.

Abgesehen von solchen Fällen, in denen Leasing zu besonders günstigen Raten durch das Einrechnen extrem niedriger Zinssätze als Absatzinstrument vom Hersteller offeriert wird, führen direkte Kostenvergleiche oft nur zu so geringen Unterschiedsbeträgen, daß sie alleine für eine Entscheidung nicht ausreichen. Dies gilt insbesondere, wenn in der Alternativrechnung nicht mit einer fristenkongruenten Finanzierung und unterschiedlichen Zinsentwicklungen in der Zukunft gerechnet wird.

Sonstige Vor- und Nachteile des Leasing: Als ein Nachteil des Leasing wird gelegentlich angesehen, daß zusätzliche Aufwendungen erforderlich werden, wenn der Einsatz des Wirtschaftsgutes über die zuerst zugrundegelegte betriebsübliche Nutzungsdauer hinaus für den Leasing-Nehmer sinnvoll ist. Dem wird andererseits eine erhöhte Flexibilität in der Investitionspolitik entgegengehalten.

Vorteile für den Leasing-Nehmer können sich ergeben, wenn der Leasing-Geber durch die Betreuung einer Vielzahl gleichartiger Wirtschaftsgüter die Verwertung des Leasingobjekts am Ende der gewünschten Nutzungszeit durch seine Kontakte zu günstigeren Veräußerungspreisen sowie geringeren Abwicklungskosten durchführen kann. Dies ist z. B. dann gegeben, wenn sich für das Leasing-Gut ein eigener Gebrauchsgütermarkt – ggf. auch grenzüberschreitend – entwickelt hat, auf dem der Leasing-Geber seinerseits auch tätig ist oder entsprechende Kontakte unterhält, während für den Leasing-Nehmer diese Transaktionen oftmals nur in größeren Zeitabständen anstehen. Darüber hinaus können sich Vorteile für den Leasing-Nehmer auch bei der Beschaffung ergeben, wenn entweder durch eine mengenmäßige Bündelung der Leasing-Geber über Rahmenabkommen mit Mengenrabatten günstigere Preise vermitteln kann oder durch Vordispositionen kürzere Lieferzeiten ermöglicht.

Insgesamt kann Leasing als ein brauchbares Instrument im Zusammenhang mit Investitionsentscheidungen gesehen werden. Dabei sind jedoch die konkreten Gegebenheiten jedes Einzelfalles zu prüfen. Besondere Vorsicht ist geboten, wenn die gesamte Finanzsituation des Unternehmens dergestalt ist, daß Leasing als einzige Finanzierungsform für weitere Investitionen erscheint. Dabei besteht dann die Gefahr, daß die in aller Regel mit einer Investition zusätzlich erforderlichen Finanzmittel für den Umlaufprozeß entweder unterschätzt werden oder bei negativen Abweichungen im Verlauf nicht mehr aufgefangen werden können.

Factoring
Factoring ist der Kauf von Geldforderungen mit Ausnahme von Darlehnsforderungen, unabhängig davon, ob der Käufer die Haftung für die Zahlungsfähigkeit des Schuldners übernimmt oder nicht. Das Factoring hat drei Beteiligte, wie auch in der Abb. 5.3 verdeutlicht. Diese drei Beteiligten sind:
- Der Verkäufer der Forderung, auch Klient oder Anschlußkunde genannt: Dabei handelt es sich um ein Industrie-, Handels- oder Dienstleistungsunternehmen, das gegenüber seinen Kunden Forderungen hat, die es nunmehr verkauft.
- Käufer der Forderung, Factor genannt: Hierbei handelt es sich überwiegend um Spezialinstitute, die in der Regel als Tochtergesellschaften oder in sonstiger Weise mit Banken verbunden sind.
- Kunde, auch Debitor oder gelegentlich Abnehmer genannt: Dies ist derjenige, demgegenüber die Forderung des Verkäufers besteht, der sie nunmehr an den Käufer überträgt.

Grundlage des Factoring ist also der Kaufvertrag (§ 433 BGB) über die Forderungen des Klienten, im Gegensatz zu einem Zessionskredit, der einen Darlehnsvertrag darstellt (§ 607 BGB) und bei dem die Zession (d. h. die Abtretung der Forderung) sicherheitshalber und nicht wie beim Factoring erfüllungshalber erfolgt. Dies bedeutet:
- Die übertragenen Forderungen sind nicht mehr Eigentum des Klienten, somit auch nicht mehr als solche in der Bilanz auszuweisen, sondern es entsteht eine Forderung gegenüber dem Factor.
- Die Zahlungen des Factors an den Klienten sind Kaufpreiszahlungen, also keine Kredite, die auf der Passivseite der Bilanz auszuweisen wären.

Damit ergibt sich zunächst ein Aktivtausch (der Klient erhält anstelle der Forderung gegenüber den Kunden eine Forderung gegenüber dem Factor) und nach einer Zahlung des Factors entweder eine Minderung seiner Bankverbindlichkeiten oder zunächst einen Aktivposten in Form von liquiden Mitteln, der letztendlich dann nach der Ablösung von Verbindlichkeiten zu einer Bilanzverkürzung führt.
Das Factoring ermöglicht so dem Klienten, seinen Kunden Zahlungsziele einräumen zu können, ohne die hieraus entstehenden Beträge seinerseits über Kredite finanzieren und in der Bilanz ausweisen zu müssen.

• Funktionen des Factoring
Die Durchführung des Factoring-Geschäfts wird durch drei Funktionen bestimmt.

Finanzierungsfunktionen: Dadurch, daß der Factor vom Klienten Forderungen vor deren Fälligkeit aufkauft und eine Zahlung auf den Kaufpreis leistet, fließen dem Unternehmen früher als sonst liquide Mittel zu, die es zur Finanzierung verwenden kann. Da es sich bei dem Verkauf von Forderungen aus Lieferungen und Leistungen um kurzfristige Forderungen handelt, sollten die so zufließenden Mittel vorwiegend auch zur Abdeckung kurzfristiger Verbindlichkeiten verwendet werden,

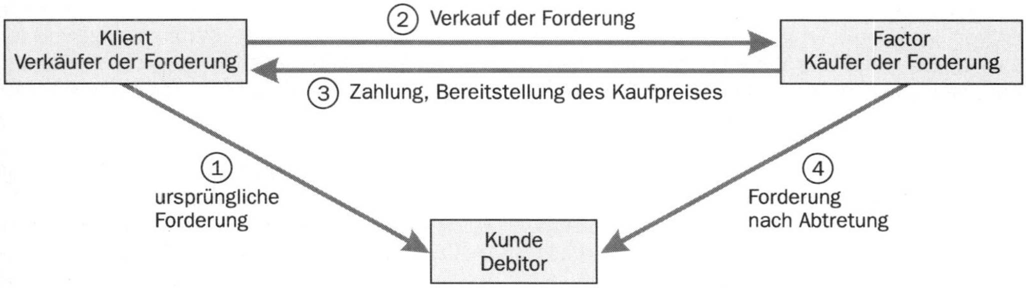

Abb. 5.3: Beteiligte am Factoring

z. B. zur Zahlung von Lieferantenverbindlichkeiten unter Ausnutzung von Skonto oder zur Abdeckung von Kontokorrentkrediten.

In der Regel zahlt der Factor zunächst 90 % der übernommenen Forderungen. 10 % werden einem Sperrkonto zugeführt zum Ausgleich für eventuelle Zahlungsminderungen durch den Schuldner, z. B. für Skonti etc. Nach endgültigem Zahlungseingang und Abrechnung werden die Beträge des
5 Sperrkontos freigegeben.

Die Finanzierungsfunktion des Factorings ermöglicht es dem Unternehmen, bereits kurzfristig für den größten Teil seiner Außenstände über liquide Mittel verfügen zu können und dennoch dem Kunden ein Zahlungsziel einzuräumen. Üblicherweise sollen die im Rahmen des Factoring übertragenen Forderungen eine Laufzeit von 30 bis 90 Tagen bei Inlandsgeschäften haben.

Dienstleistungsfunktion: Die Übernahme von Dienstleistungsfunktionen wird oft als die Grundlage des Factoring bezeichnet. Inwieweit der Klient von den vielseitigen Möglichkeiten Gebrauch macht, hängt von den konkreten Gegebenheiten des Einzelfalles ab. Nachfolgend werden die wesentlichsten Serviceleistungen, die angeboten werden, beschrieben.

Die *Debitoren-Buchführung* entlastet den Klienten von der Verwaltung der im Rahmen des Factoring-Vertrages auf den Factor übertragenen Forderungen aus Warenlieferungen sowie Dienstleistungen. Dazu zählen auch die Kreditwürdigkeitsprüfung, laufende Bonitätsüberwachung und das Mahnwesen.

Mit der *Beratungsfunktion* wird ein weiterer Service angeboten. Besonders, wenn der Factor über seine verschiedenen Aktivitäten Einsicht in Kunden- sowie Zahlungsverhalten gewinnt, kann ihm dies zu einem verhältnismäßig guten Überblick über Entwicklungstendenzen in bestimmten Branchen und Märkten verhelfen, die er in volks- und betriebswirtschaftlicher Beratung seinen Klienten weitergibt. Gerade diese Beratungsfunktion kann sehr weit ausgedehnt werden bis hin zu Rechtsbeistand, insbesondere bei Mahnverfahren, oder Unternehmensberatungen, vor allem in Fragen der Finanzierung.

Das Inkasso, also das Eintreiben von Außenständen säumiger Zahler, ist ein weiterer Teilbereich der Dienstleistungen in Ergänzung zum Mahnwesen.

Delkredere-Funktion: Im Factoring-Vertrag kann des weiteren vereinbart sein, daß der Factor auch das Delkredere, d. h. das Risiko des Forderungsausfalls, übernimmt. Hier wird zumeist vorgesehen, daß der Klient alle seine Forderungen oder zumindest die Forderungen eines klar abgegrenzten Kundenkreises dem Factor anbietet. Dieser übernimmt die Forderungen, nachdem er sie bonitätsmäßig überprüft hat. Üblicherweise setzt der Factor für alle infragekommenden Kunden Kreditlimite fest, in deren Rahmen er das Risiko des Forderungsausfalls voll übernimmt.

In dem Rahmen, wie der Factor das Delkredere-Risiko übernimmt, wird der Forderungsausfall für das Unternehmen kalkulierbar. Falls der Klient an einen Kunden über das vom Factor übernommene Kreditlimit hinaus Lieferungen und Leistungen erbringen will, so weiß er, daß ein besonderes Risiko besteht und er eventuell für zusätzliche Sicherheiten Vorsorge treffen sollte.

• Formen des Factoring

Um sich den unterschiedlichsten Gegebenheiten und Wünschen potentieller Klienten bei der Einführung des Factorings anzupassen, wurde eine Fülle verschiedenster Vertragsgestaltungen entwickelt. Die Merkmale lassen sich im wesentlichen nach drei Gesichtspunkten gliedern, wobei dann die unterschiedlichsten Kombinationen zur Anwendung gelangen.

Unterscheidung hinsichtlich der beanspruchten Funktionen: Kriterium ist hier, inwieweit die zuvor genannten drei Grundfunktionen des Factoring tatsächlich durch die konkrete Vertragsvereinbarung übernommen werden. Da bei der Konzentration auf lediglich eine Funktion kaum noch vom Factoring gesprochen werden kann, lassen sich wiederum verschiedene Typen unterscheiden, und zwar je nachdem ob und, wenn ja, auf welche Funktion verzichtet wird.

Vom *echten Factoring* wird gesprochen, wenn der Kunde das gesamte Leistungsbündel des Factors in Anspruch nimmt. Ein *unechtes Factoring* ist gegeben, falls die Delkredere-Funktion entfällt. Hier verkauft zwar der Klient gleichermaßen seine Forderungen an den Factor, jedoch haftet er für Zahlungsausfälle.

Seltener ist das *Fälligkeits-Factoring* oder auch *Maturity-Factoring* genannt, bei dem von vornherein die Finanzierungsfunktion entfällt. Diese Form ist dann geeignet, wenn das Unternehmen über genügend finanzielle Mittel verfügt und lediglich die übrigen Dienstleistungsfunktionen des Factors nutzen will. Bei genauer Betrachtung handelt es sich hierbei nicht mehr um eine Sonderform der Finanzierung.

Unterscheidung hinsichtlich einer Offenlegung der Forderungsabtretung: Mit dem Verkauf der Forderungen tritt der Klient seine Ansprüche an den Factor ab. Eine weitere Untergliederung erfolgt danach, inwieweit dieser Vorgang den Kunden angezeigt wird.

Ein *stilles Factoring* liegt vor, wenn der Debitor nicht vom Verkauf unterrichtet wird. Folglich zahlt er weiterhin an seinen Lieferanten. In der Praxis wird gelegentlich in der Weise verfahren, daß für diese Zahlungen ein gesondertes Konto – für das ggf. auch der Factor Bankvollmacht erhalten kann – eingerichtet und als einziges auf der Rechnung angegeben wird. Der Kunde kann jedoch auch in anderer Weise mit befreiender Wirkung Zahlung an den Klienten leisten.

Beim *offenen Factoring* wird der Debitor über den Verkauf der gegen ihn bestehenden Forderung an den Factor unterrichtet. Dies bedeutet grundsätzlich, daß Zahlungen nur noch an den Factor zu leisten sind.

Das *halboffene Factoring* ist der Versuch eines Kompromisses zwischen offenem sowie stillem Factoring. Dem Debitor wird die Abtretung nicht angezeigt, jedoch wird auf den einzelnen Rechnungen des Lieferanten lediglich der Factor als Bankverbindung angegeben. Mangels Anzeige ist auch hier eine befreiende Zahlung des Kunden an den Klienten in anderer Weise nicht ausgeschlossen.

Die Behandlung der Offenlegung entspringt einer Abwägung zwischen den Sicherheitsbedürfnissen des Factors und der Vorstellung, daß eine Offenlegung dem bonitätsmäßigen Image des Klienten schaden könnte. Im übernächsten Unterabschnitt, in dem Hemmnisse bei der Einführung des Factoring behandelt werden, soll auf diesen Punkt noch einmal eingegangen werden.

Unterscheidung hinsichtlich der regionalen Ausübung: Hierbei wird danach unterschieden, ob dem Factoring-Vertrag Forderungen zugrundeliegen gegenüber Kunden, die ihren Geschäftssitz im Inland und/oder im Ausland haben. Beim *Inlands-Factoring* haben alle Beteiligten ihren Firmensitz in der BRD. Ist der Schuldner eine ausländische Firma, so liegt ein *Export-Factoring* vor. Üblicherweise sind hier vier Parteien beteiligt, und zwar: Der Klient als Exporteur, der Kunde als Abnehmer im Ausland, der Factor im Inland sowie ein Korrespondenz-Factor im Lande des Abnehmers, mit dessen Hilfe der Inlands-Factor die Geschäfte abwickelt.

• Kosten des Factoring

Das Entgelt für das Factoring richtet sich danach, in welchem Umfang die verschiedenen Funktionsleistungen in Anspruch genommen werden. Die Kosten setzen sich beim echten Factoring, also wenn alle drei Funktionen vereinbart wurden, aus folgenden Komponenten zusammen:

Zins: Dies ist das Entgelt für die Finanzierungsfunktion, also dafür, daß der Factor an den Klienten früher Zahlungen leistet, als der Geldeingang durch die Kundenzahlung erfolgt. Insoweit hängt der Zins von der Länge des Zeitraums zwischen diesen beiden Zahlungen und von der Höhe der Beträge ab. Der Zinssatz orientiert sich in der Regel an dem für kurzfristige Bankkredite. Oftmals ist ein fester Aufschlag, z. B. zwischen 4,5 bis 5,5% zum Diskontsatz vereinbart. Vereinzelt wird auch der etwas höhere Lombardsatz als Basis gewählt bei einer entsprechend geringeren Zurechnung.

5

Factoring-Gebühr: Dies ist der Preis, den der Klient für die vom Factor zu erbringenden Leistungen zu entrichten hat. Die Ermittlung dieser Gebühren wird von folgenden Faktoren mit beeinflußt: Geschäftsvolumen (Umsatz pro Jahr), Anzahl der Ausgangsrechnungen in einer Periode, durchschnittlicher Rechnungsbetrag, Anzahl der Kundenkonten, Anzahl der bewegten Konten, zusätzliche Posten des einzelnen Kontokorrents, Ausmaß von Rücksendungen, Mängelrügen, Stornierungen etc., durchschnittliche Laufzeit der Forderungen, Bonität der Kunden, besondere Wünsche des Klienten. Allgemein gilt: Je höher die durchschnittlichen Rechnungsbeträge, desto geringer der Gebührensatz – je mehr Konten (Kunden), desto mehr Arbeit und damit auch höhere Gebührensätze.

Die Factoring-Gebühren liegen in der Regel zwischen 0,5 bis 2,5% vom Umsatz, wobei bei geringen Jahresumsätzen die Prozentsätze höher liegen als bei hohen Jahresumsätzen und sonstigen vergleichbaren Gegebenheiten. Gelegentlich wird auch ein Festbetrag pro Debitorenkonto und Kalenderjahr berechnet als Ausgleich, z. B. für die regelmäßigen Limitprüfungen. Beim Export-Factoring liegen die Gebühren meistens knapp 0,5% höher.

Delkredere-Gebühr: Hiermit wird das vom Factor übernommene Ausfallrisiko vergütet. Die Delkredere-Gebühr richtet sich also nach der Risikoeinschätzung im konkreten Fall. Sie ist deshalb davon abhängig, wie die Bonität der Kunden beurteilt wird sowie von der durchschnittlichen Höhe und der Laufzeit der Forderungen.

Sondergebühren: Gesonderte Gebühren fallen an, wenn Dienstleistungen in Anspruch genommen werden, die über einen vertraglich vereinbarten Rahmen hinausgehen. Dies kann sinnvoll sein gegenüber der pauschalen Berücksichtigung im Rahmen der Factoring-Gebühr, insbesondere dann, wenn der Umfang solcher Zusatzleistungen und der damit verbundene Aufwand nicht vorher abschätzbar sind. Andererseits können zu viele Sonderposten auch die Zusammenarbeit verkomplizieren.

• Hindernisse beim Einsatz des Factoring

Besonders zwei rechtliche Hindernisse, der verlängerte Eigentumsvorbehalt sowie das Abtretungsverbot behindern die volle Ausnutzung des Factoring-Systems. Hinzu kommen zum Teil noch imagemäßige Vorbehalte.

Verlängerter Eigentumsvorbehalt: Der einfache Eigentumsvorbehalt ist gegeben, wenn sich der Vorlieferant das Eigentum an der von ihm gelieferten Ware vorbehält, bis seine Ansprüche aus Lieferungen befriedigt sind. Läßt er sich darüber hinaus alle Ansprüche aus einem Weiterverkauf der Ware im voraus abtreten, so handelt es sich um einen verlängerten Eigentumsvorbehalt. Dabei entstehen Konkurrenzsituationen zwischen dieser Vorausabtretung der Forderungen im Rahmen des verlängerten Eigentumsvorbehalts und der Zession der Forderung an die Factoring-Gesellschaft, in der Regel im Rahmen einer Voraus-Globalzession. Grundsätzlich gilt in solchen Fällen das Prioritätsprinzip, d. h., die zeitlich erste Abtretung ist wirksam. Hierzu hat die Rechtsprechung jedoch eine Reihe von Einschränkungen und Sonderbehandlungen entwickelt, insbesondere auch unter den Gesichtspunkten von Treu und Glauben, Einhaltung der guten Sitten sowie der Vermeidung von Übersicherungen. Dabei wird das echte Factoring gegenüber dem unechten bessergestellt.

Auf wirtschaftliche Weise läßt sich dieses Problem oft dadurch mindern, daß ein Teil der durch das Factoring gewonnenen Liquidität für eine schnellere Zahlung von Lieferantenkrediten verwendet wird, insbesondere von solchen, für die ein verlängerter Eigentumsvorbehalt gilt. Soweit vorher Zahlungsziele ausgenutzt wurden, kann sich nunmehr durch Skonti-Abzug ein zusätzlicher Rentabilitätsvorteil ergeben.

Abtretungsverbot: Ein weiteres rechtliches Problem ergibt sich dann, wenn Kunden durch ihre Geschäftsbedingungen die Abtretbarkeit der gegen sie gerichteten Kaufpreisforderungen ausschließen. Dies ist häufig bei Großunternehmen der Fall, die sich auf diese Weise davor schützen wollen, daß sie durch Nichtbeachtung einer Abtretung und Zahlung an den ursprünglichen Gläubiger vom neuen Gläubiger (Factor) auf nochmalige Zahlung in Anspruch genommen werden. Gelegentlich wird dieses Hindernis durch Vereinbarungen in der Weise beigelegt, daß der Factor diesen Kunden gegenüber vorab auf die Geltendmachung solcher Ansprüche auf Doppelzahlung verzichtet.

Imagemäßige Vorbehalte: Hierbei handelt es sich um ein eher psychologisches Hemmnis. Es basiert auf der Befürchtung des Unternehmens, daß durch den Einsatz des Factoring sein Image leiden könnte, indem die Geschäftspartner dies als ein Zeichen finanzieller Schwäche und mangelnder Bonität im Bezug auf die klassischen Finanzierungen werten.

Zum einen kann das Unternehmen hier in der Weise Vorsorge treffen, daß es das Factoring nicht überstürzt – z. B. bei einem finanziellen Engpaß –, sondern strategisch geplant und gut vorbereitet einführt. Es sollte dabei zumindest seinen wichtigsten Geschäftspartnern gegenüber die Beweggründe und die Argumente seiner Entscheidung offenlegen, um nicht später in einen Rechtfertigungszwang zu gelangen. Hierauf wird nochmals eingegangen in der Zusammenfassung am Ende des Abschnitts über kapitalschonende Finanzierung. Für die Factoring-Gesellschaften dürfte es ein Anliegen sein, durch geeignete PR-Maßnahmen und entsprechendem Auftreten von der Solidität des Factoring zu überzeugen.

• Factoring-Vertrag

Grundlage des Factoring-Verfahrens ist der Factoring-Vertrag. In ihm werden die gegenseitigen Rechte und Pflichten festgelegt. Daraus ergibt sich, in welchem Umfang die einzelnen Funktionen des Factoring Vertragsgegenstand werden. Factoring ist keine einmalige Finanzierung, sondern seinem Sinne nach auf eine dauerhafte Zusammenarbeit angelegt. Insoweit wird zumeist ein Vertrag auf unbestimmte Zeit geschlossen, der nach einer Grundlaufzeit von z. B. zwei Jahren kündbar ist.

Beim Standard-Factoring, also dem echten Factoring, bei dem alle Grundfunktionen des Factoring eingeschlossen sind, leitet der Klient in der Regel jeden Tag alle seine Ausgangsrechnungen für den infragekommenden Kundenkreis an den Factor weiter, der die Debitorenbuchhaltung führt. Dabei legt der Factor im voraus die Kreditlinien für jeden einzelnen Kunden aufgrund einer Bonitätsprüfung fest. Im Rahmen dieser Kreditlinien übernimmt er das Delkredere-Risiko. Insoweit ist Factoring insbesondere dort geeignet, wo der Klient mit den Kunden nicht einmalige Geschäfte tätigt, sondern in einer laufenden Geschäftsverbindung steht. Zumeist wird mit Abschluß des Factoring-Vertrages vorab eine Globalzession für alle infragekommenden Forderungen abgeschlossen, so daß das Einreichen der Rechnung nicht erst die Abtretung begründet, sondern lediglich dokumentarischen Charakter hat.

Nach Rechnungseingang erhält der Kunde in der Regel bis zu 90 % der gekauften Forderungen bevorschußt. Der Rest verbleibt auf einem Sperrkonto zur Deckung unvorhergesehener Mängelrü-

gen, Skonti oder Boni-Kürzungen etc. Ein sich danach noch ergebender Restbetrag wird ausgezahlt, sobald der Debitor seinerseits gezahlt hat oder der Delkredere-Fall eingetreten ist.
Der Factor haftet also für die Bonität des Kunden. Der Klient haftet für den rechtlichen Bestand der Forderung, d. h. er hat dafür einzutreten, daß der Kunde sich nicht durch Aufrechnungen, Mängelrügen, Vertragsrücktritt, Schadensminderung etc. von der Zahlung befreien kann.

- Vergleich des Factoring mit konkurrierenden Institutionen

Wie bereits ausgeführt, werden im Factoring eine Reihe von Funktionen gebündelt. Im einzelnen konkurrieren sie jedoch mit Alternativmöglichkeiten für das Unternehmen.
Der Finanzierungsfunktion des Factoring kommt der Zessionskredit, also die Kreditgewährung gegen Sicherheitsabtretung von Forderungen, am nächsten. Der rechtliche Unterschied ist, daß es sich einerseits um einen Darlehnsvertrag mit einem Kreditinstitut und andererseits beim Factoring um einen Kaufvertrag handelt. Im ersteren Fall werden Forderungen sicherheitshalber abgetreten, beim Factoring als Erfüllung des Kaufvertrages.
Wirtschaftlich bedeutsam ist, daß bei einem Zessionskredit die Beleihungsgrenze deutlich niedriger liegt. Beim Factoring werden in der Regel ca. 30% mehr finanziert. Hinzu kommt, daß im Rahmen des Factoring-Vertrages zumeist eine weniger starre Kreditlinie festgelegt wird, sondern der Finanzierungsumfang sich dem Umsatz anpaßt. Dies gilt jedoch auch bei rückläufigen Umsatzentwicklungen. Im Zinssatz ergeben sich, wie bereits erwähnt, kaum entscheidende Unterschiede.
Die Dienstleistungsfunktionen können mit verschiedenen Serviceangeboten konkurrieren. So kann der Kunde beispielsweise seine Debitoren-Buchhaltung in einem herstellereigenen oder einem unabhängigen Rechenzentrum durchführen lassen. Dies hatte vor allem in der Vergangenheit für mittlere und kleine Unternehmen eine größere Bedeutung, da heute auch für PC und Kleinrechner leistungsfähige Buchhaltungsprogramme zur Verfügung stehen. Der Vorteil eines Servicebüros liegt zumeist in der umfassenderen Einbindung in die sonstigen Themenfelder der Informationsverarbeitung. Für den Factor spricht, daß er neben der reinen Verarbeitung schon aus Eigenverantwortung auch an einer aussagefähigen Kundenbuchhaltung interessiert ist.
Im Zusammenhang mit dem Mahnwesen und dabei insbesondere dem Inkasso – also dem Beitreiben notleidender Forderungen etc. –, konkurriert das Factoring hier mit Auskunfteien, Inkasso-Büros oder Rechtsanwälten. Ein wesentlicher Unterschied besteht darin, daß beim Factoring der Verkauf der Forderungen vor deren Fälligkeit erfolgt. Die Inanspruchnahme von Serviceleistungen bei der Eintreibung von Forderungen wird hingegen erst vereinbart, wenn Mahnungen nicht zum Zahlungserfolg geführt haben. Der Kostenvergleich zwischen dem Factoring-Angebot und alternativen Serviceleistungen ist im jeweils konkreten Einzelfall durchzuführen. Dabei ist zu berücksichtigen, ob beim Unternehmen im Falle von Servicebüros Abstimmungsarbeiten etc. verbleiben. 5
Die Delkredere-Funktion des Factoring konkurriert mit den Dienstleistungen der Kreditversicherung. Üblicherweise fordern die Kreditversicherungen – anders als der Factor – eine Selbstbeteiligung des Unternehmens. Diese kann nach Kalkulationsschema und Handelsspanne unterschiedlich hoch sein – als Richtzahl gelten etwa 30%. Hinzu kommt, daß im Versicherungsfall der Versicherte dem Versicherer den Ausfall der Forderung nachweisen muß, also auch die Prozeßlast trägt, während der Factor notleidende Forderungen selbst einklagt und einzieht.

- Beurteilung des Factoring

Beim Factoring scheiden die verkauften Forderungen aus dem Vermögen und der Bilanz des Klienten aus, stattdessen entstehen Forderungen an den Factor. Durch Zahlung des Factors erfolgt entweder direkt eine Bilanzverkürzung oder zunächst ein Aktivtausch und nach Verwendung des Mittelzuflusses, z. B. zur Kredittilgung, letztendlich wiederum eine Bilanzverkürzung. Soweit im Rahmen eines unechten Factorings ein Ausfallrisiko beim Klienten verbleibt, ist dies bei der Bewertung der Forderungen gegenüber dem Factor zu berücksichtigen. Nach Ausgleich der Forderungen durch den Factor sind Verbindlichkeiten aus Bürgschaften oder Gewährleistungsverträgen unter der Bilanz zu vermerken bzw. es sind Rückstellungen zu bilden, falls mit dem Ausfall der Forderungen zu rechnen ist. Auf die Beurteilung der kapitalschonenden Finanzierungen in der Zusammenfassung am Ende dieses Abschnitts sei noch einmal verwiesen.
Ein wesentlicher Aspekt zugunsten des Factoring ergibt sich aus der Bündelung der verschiedenen Leistungen. Insoweit ist Factoring insbesondere interessant für Unternehmen, die nicht nur einzelne Servicefunktionen in Anspruch nehmen wollen. Dies sind meistens mittlere Unternehmen. Kleinere scheiden oftmals aus, weil die Bearbeitung für den Factor unwirtschaftlich und damit die Factoring-Gebühren entsprechend hoch sind.

5

Eine besondere Zukunftsentwicklung für das Factoring könnte im Export-Factoring liegen. Dieser Aspekt kann auch für größere Unternehmen von Interesse sein. Hinzu kommt, daß auch für mittlere Unternehmen bei wachsender Internationalität der Außenhandel zunimmt. In der Regel verfügen die Factoring-Gesellschaften über ein internationales Netz von Korrespondenzgesellschaften und sind dem Factors-Chain-International (FCI) angeschlossen. Durch das Export-Factoring kann das oft schwierige Auslandsgeschäft im Bezug auf Zahlungsabwicklung und Nachhalten der Forderungen nahezu genauso problemlos abgewickelt werden wie das Inlandsgeschäft.

Franchising
Franchising ist die Form einer langfristigen und auf den Franchise-Vertrag begründeten Kooperation zwischen einem *Franchise-Geber* einerseits und in der Regel mehreren, rechtlich selbständigen *Franchise-Nehmern* andererseits. Dabei wird einem Franchise-Nehmer gestattet, unter einem für den Franchise-Geber geschützten Namen am Markt aufzutreten, Waren und Dienstleistungen anzubieten sowie Serviceleistungen, Nutzungsrechte und sonstige Unterstützungen des Franchise-Gebers in Anspruch zu nehmen. Der Franchise-Geber erhebt dafür als Entgelt eine einmalige und/oder laufende *Franchise-Gebühr.*

• Wesen und Funktionen
Der besondere Charakter des Franchising liegt in der engen Bindung der Franchise-Partner bei gleichzeitiger Wahrung ihrer rechtlichen Selbständigkeit. Dabei sollen durch den Zusammenschluß die Vorteile eines Großunternehmens mit den Vorzügen kleinerer, flexibler und überschaubarer Einheiten verbunden werden.
Basis der Partnerschaft ist der *Franchise-Vertrag.* Ihm zugrunde liegt das Franchise-Konzept, welches die Besonderheiten der Branche sowie die Marktsituation mit ihren verschiedenen Aspekten berücksichtigen muß. Hier hat der Franchise-Geber zu entscheiden, mit welchem Leistungsangebot er Franchise-Nehmer als Partner gewinnen will. Der Aufbau eines Franchise-Systems wird nur erfolgreich sein, wenn sich die Franchise-Nehmer von der Partnerschaft mehr Nutzen versprechen, als sie andererseits an Franchise-Gebühr zu entrichten haben.
Die Leistungen des Franchise-Geber können z. B. Exclusiv-Produkte, Lizenzen oder auch sonstige Schutzrechte, aber auch Marketingunterstützung oder sonstige Dienstleistungen sein. Auf die unterschiedlichen Gestaltungsmöglichkeiten kann hier im Rahmen eines Beitrages zur Finanzwirtschaft nicht eingegangen werden. Auch absatzwirtschaftliche Aspekte werden nur kurz skizziert – da die Marketing-Überlegungen jedoch zumeist das Rückgrat eines Franchise-Konzepts bilden, wurde auf sie nicht vollends verzichtet. Fragen zur Organisation solcher Systeme oder nach dem Führen im Franchise-Verhältnis werden hier ebenfalls nicht behandelt, obgleich sich aus einer vertraglichen Partnerschaft anstelle der hierarchischen Einordnung spezifische Anforderungen an das Führungsverhalten ergeben. Im Mittelpunkt stehen hier die finanzwirtschaftlichen Aspekte, ohne daß sie im konkreten Fall die entscheidenden Überlegungen beim Abschluß eines Franchise-Vertrages sein müssen. Wirtschaftlichkeitsüberlegungen werden insoweit berücksichtigt, wie sie sich in finanzwirtschaftlichen Abwägungen niederschlagen.

• Absatzwirtschaftliche Aspekte
Die Basis für den erfolgreichen Aufbau eines Franchise-Systems ist dann gegeben, wenn die Franchise-Partner vom gemeinsamen Auftreten im Markt unter einheitlichem Namen bei vertraglicher Kooperation mit entsprechender Funktionsteilung eine bessere Marktstellung, gesichertere Absatzchancen und letztendlich höhere Rendite und/oder ein gemindertes Risiko erwarten können. Dabei können die verschiedenen Gesichtspunkte für den Franchise-Geber und für den Franchise-Nehmer aber unterschiedliche Bedeutung haben.

Absatzwirtschaftliche Aspekte des Franchise-Gebers: Wesentliches Ziel des Franchise-Gebers ist meistens eine Umsatzsteigerung sowie Ausbau und Festigung seiner Marktstellung durch die Vergrößerung des absoluten und relativen Marktanteils. Dabei bietet das Franchise-System dem Franchise-Geber die Chance, zusätzliche Märkte schneller erschließen zu können. Insbesondere, wenn der Franchise-Nehmer durch seine räumliche Nähe über entsprechende Kontakte oder sogar schon bestehende Verkaufsstrukturen in der Region verfügt, können die Standorte wirtschaftlicher und zeitsparender besetzt und gegen die Konkurrenz abgesichert werden.
Das Franchising ermöglicht den Ausbau des Vertriebsnetzes.
Ein weiteres Marketing-Ziel des Franchise-Gebers kann darin liegen, die gesamten Absatzwege besser zu koordinieren und zu kontrollieren. Gerade bei Konsumwaren kann damit der Produzent verstärkt auf den Verkauf seiner Erzeugnisse an den Endverbraucher Einfluß nehmen. Dabei können die Verträge sowie die Konditionen bei den Leistungen und Entgelten so gestaltet sein, daß

auch Kundenservice, Betreuung, Wartung etc. und damit die Wahrung des Produkt-Images gesichert werden.
Handelt es sich beim Franchise-Geber um einen Hersteller, so steht in der Regel der Vertrieb der eigenen Produkte im Vordergrund. Auch Lizenzinhabern bietet das Franchising oft erst die Möglichkeit der Verwertung in einem überschaubaren Zeitraum.
Beim Dienstleistungs-Franchising übernimmt der Franchise-Geber eine Fülle von Servicefunktionen und Marketing-Unterstützungen. Im Bezug auf die Produktangebote handelt es sich dabei zumeist um eine Sortimentsauswahl, d. h. die Qualitätsprüfung, die Preis- und Konditionsvereinbarungen sowie die Listung und administrative Betreuung. Dabei können die Lieferungen über Zentralläger des Franchise-Gebers oder zumeist als Direktlieferungen an den Franchise-Nehmer erfolgen. Das Umsatzziel des Franchise-Gebers besteht dann darin, daß über die Expansion das Gebührenaufkommen erhöht und über die Marktposition abgesichert werden kann.

Absatzwirtschaftliche Aspekte des Franchise-Nehmers: Durch den Beitritt zu einem Franchise-System erwartet der Franchise-Nehmer zumeist gegenüber seiner regionalen Konkurrenz einen Wettbewerbsvorsprung durch eine Nutzung des vom Franchise-Geber aufgebauten Know hows. Er will damit an den Erfahrungen des Franchise-Gebers partizipieren.
Hinzu kommt die Nutzung eines vom Franchise-Geber bekanntgemachten Namens – sei es für ein bestimmtes Produkt oder zumeist für die gesamte Geschäftstätigkeit – sowie die Teilnahme am vorhandenen Image. Oft ermöglicht erst der Zusammenschluß im Franchising den sinnvollen und wirtschaftlichen Einsatz einer überregionalen Werbung und ähnlicher Marketing-Instrumentarien.
Beim Hersteller- oder Lizenz-Franchising kann für den Franchise-Nehmer die Exclusivität eines Produktes bei den absatzpolitischen Überlegungen im Vordergrund stehen. Beim Dienstleistungs-Franchising ist dies die Unverwechselbarkeit des Leistungsangebots, der Geschäftsausstattung sowie der übrigen imagegestaltenden Merkmale.

Gemeinsame absatzwirtschaftliche Ziele: Um eine langfristig erfolgreiche Franchise-Partnerschaft zu ermöglichen, muß das Franchise-Konzept die absatzwirtschaftlichen Aspekte und Ziele sowohl des Franchise-Gebers als auch des Franchise-Nehmers in einem ausgewogenen Verhältnis zueinander berücksichtigen, so daß die Zusammenarbeit für beide nachhaltig Nutzen bietet. Während bei den Konditionen durchaus unterschiedliche Interessenlagen gegeben sein können, sind eine Reihe der absatzpolitischen Ziele nicht konkurrierend, sondern komplementär zueinander, d. h., beispielsweise die Stärkung der Wettbewerbsstellung des Franchise-Nehmers am konkreten Standort und eine Umsatzausdehnung unterstützen die Ziele des Franchise-Gebers im Bezug auf Marktanteil und Umsatzsteigerung.
Oft werden die einzelnen Partner des Franchise-Systems von Außenstehenden nicht als rechtlich selbständige Einheiten, sondern als eine wirtschaftliche Gesamtheit wahrgenommen. Störungen in einem Teilsystem können also zu Irritationen oder negativen Rückschlüssen auf das gesamte System führen. Verstärkt durch den zumeist langfristigen Zusammenschluß erfordert dies eine faire Kooperation und eine sorgfältige Auswahl der Partner.

• Finanzwirtschaftliche Aspekte
Nach der klassischen Begriffsdefinition konzentriert sich Finanzierung auf die Mittelbereitstellung, die Beschaffung von Kapital, das auf der Passivseite der Bilanz ausgewiesen wird. In diesem Sinne ist Franchising kein Finanzierungsmittel. Auch der Zahlungsmittelfluß aufgrund der im Franchise-Vertrag vereinbarten Entgelte begründet noch nicht, von einer gesonderten Finanzierungsweise zu sprechen. Der Finanzierungseffekt wird erst deutlich, wenn im Alternativvergleich berücksichtigt wird, welche zusätzlichen Investitionen und damit verbundenen Finanzierungsanforderungen die Franchise-Partner jeweils für sich zu erbringen hätten, wären sie nicht kooperativ im Franchise-System verbunden.
So kann der Franchise-Geber seine absatzpolitischen Ziele realisieren, ohne z. B. ein eigenes Netz von Filialen oder Niederlassungen aufzubauen und zu finanzieren. Der Franchise-Nehmer kann Konzepte, Dienstleistungssysteme, einen Markennamen etc. nutzen, ohne selbst in die Entwicklung investieren zu müssen mit den damit verbundenen Finanzierungsanforderungen. Wie bei den anderen Formen *kapitalschonender Finanzierung* besteht der Finanzierungseffekt darin, daß einem Unternehmen wirtschaftliche Nutzungen ermöglicht werden, ohne daß eine eigene Kapitalbereitstellung erforderlich wird. Dieser zusätzliche wirtschaftliche Gestaltungsraum wird weder auf der Aktivseite noch auf der Passivseite der Bilanz ausgewiesen.
Die langfristige vertragliche Vereinbarung einer kooperativen Partnerschaft gibt dem Franchising jedoch eine verbindliche Grundlage in der Ausgestaltung der Unternehmenspolitik. Basis ist der Franchise-Vertrag.

5

- Franchise-Vertrag

In einem Franchise-Vertrag sind die gegenseitigen Rechte und Pflichten geregelt. Dabei wird zumeist auch der Rahmen für das Geschäftsverhalten der Beteiligten koordiniert, um ein geschlossenes Auftreten am Markt gewährleisten zu können. Hierzu gehören einheitliche Gestaltung der Geschäftsräume, des Sortiments, der Dienstleistungen etc. wie auch die internen Organisationsregeln und zumeist auch Einheitlichkeit im Rechnungswesen, um Betriebsvergleiche zu ermöglichen. Oftmals sind die Festlegungen sehr detailliert. Sie müssen einerseits konkret und verbindlich sein, zum anderen jedoch flexibel genug, um auch an künftige Entwicklungen angepaßt werden zu können. Dies geschieht oftmals durch einen Verweis auf separate Organisationshandbücher, Listungen etc.

Das Entgelt, die Franchise-Gebühr, die der Franchise-Nehmer an den Franchise-Geber abzuführen hat, ist von Branche zu Branche und je nach Umfang des Konzeptes unterschiedlich. Zumeist wird eine umsatzabhängige laufende Gebühr erhoben, die zwischen 1% und 5% liegt. Üblicherweise wird auch eine einmalige Gebühr berechnet, die wiederum u. a. vom Umfang der Leistungen abhängt. Oftmals wird sie als „Eintrittsgebühr" für neue Franchise-Nehmer von Zeit zu Zeit angehoben, womit die zunehmende Marktbedeutung des jeweiligen Franchise-Systems und die in der Vergangenheit dafür aufgewendeten Aktivitäten abgegolten werden sollen. Außerdem werden z. T. fakultative Zusatzleistungen angeboten, für die dann eine gesonderte Preisliste gilt.

Üblicherweise gilt die Verpflichtung zur Einhaltung eines einheitlichen Konzeptes für Werbung und Verkaufsförderung. Soweit darin überregionale Werbung beinhaltet ist, wird hierfür zumeist eine zusätzliche Umlage bei den Franchise-Nehmern vereinbart, z. B. 2% vom Umsatz.

Im Franchise-Vertrag ist ferner zu klären, inwieweit dem Franchise-Nehmer eine regionale Exclusivität eingeräumt wird. Dabei legt der Franchise-Nehmer zumeist Wert auf einen größeren Schutzraum. Der Franchise-Geber ist oftmals am Anfang geneigt, hier Konzessionen einzugehen, während er längerfristig daran interessiert ist, bei einer zunehmenden Ausdehnung und Verengung des Netzes für die einzelnen Lokalitäten des Franchise-Nehmers überschaubare Einzugsgebiete zu erhalten. Gelegentlich bieten sich hier Lösungswege an, indem zusätzliche Standorte im vorgesehenen Schutzgebiet zulässig sein sollen, jedoch der Franchise-Nehmer ein Vorrecht oder ein Beteiligungsrecht erhält, dessen Ausübung jedoch dann mit zusätzlichen Investitionen verbunden ist.

Von besonderer Bedeutung sind auch die Fragen der Vertragslaufzeit und der Abwicklung bei Vertragsbeendigung. Je intensiver der Franchise-Nehmer mit seinen Geschäftsaktivitäten in das Franchise-System eingebunden ist, umso schwieriger kann es für ihn werden, nach Austritt aus dem Franchise-System in der gleichen Branche tätig zu bleiben. Hinzu kommt, daß der Franchise-Geber seinerseits daran interessiert ist, einen guten Standort, bei dem der Franchise-Name eingeführt wurde, auch über das Ausscheiden eines Franchise-Nehmers hinaus für die Gruppe zu erhalten. Ein diesbezüglicher Interessenausgleich ist nicht immer leicht zu finden.

Gelegentlich beteiligt sich der Franchise-Geber auch an Investitionen des Franchise-Nehmers. Dies ist insbesondere dann der Fall, wenn Finanzierungsaspekte für ihn weniger im Vordergrund stehen als die Vertriebsüberlegungen und das persönliche Engagement des betreffenden Franchise-Partners vor Ort. Gelegentlich ist es dann schwer entscheidbar, inwieweit noch von einer Selbständigkeit des Franchise-Nehmers gesprochen werden kann, die zwar formalrechtlich gegeben, wirtschaftlich aber kaum erkennbar ist. Einige Franchise-Systeme unterscheiden auch in unterschiedliche Typen von Franchise-Verträgen im gleichen System, z. B. danach, wie weit das finanzielle Engagement des Franchise-Nehmers bzw. des Franchise-Gebers geht. Andere trennen in einen für alle einheitlichen Franchise-Vertrag und eventuelle zusätzliche gesellschaftsrechtliche Vereinbarungen beim Franchise-Nehmer, z. B. über Beteiligungen. Hier im Rahmen des Beitrages über Finanzwesen ist festzuhalten, daß es beim Franchising durchaus unterschiedliche Varianten über das finanzielle Engagement gibt.

Oftmals wird den Franchise-Nehmern ein Mitwirkungsrecht, z. B. bei der Weiterentwicklung des Franchise-Konzeptes, eingeräumt, u. a. in Form eines Franchise-Nehmer-Beirates. Besondere Varianten ergeben sich, wenn der Franchise-Nehmer zwar Investor ist, aber nicht derjenige, der das Geschäft vor Ort ausübt und führt. Dann kann ein „Dreiecks-Verhältnis" entstehen zwischen Franchise-Geber – Franchise-Nehmer – Geschäftsleiter. Dabei liegen dann zumeist vertragliche Verhältnisse zwischen Franchise-Geber und Franchise-Nehmer (Franchise-Vertrag) sowie Franchise-Nehmer und Geschäftsleiter (Anstellungsvertrag) vor, während die eigentliche Tagesarbeit sich zwischen Franchise-Geber und Geschäftsleiter vollzieht.

Rein rechtlich begründet der Franchise-Vertrag ein Dauerschuldverhältnis. Dabei kann er Elemente eines Lizenzvertrages oder eines Dienst-

leistungsvertrages annehmen, je nachdem, ob die Überlassung von Schutzrechten etc. oder die Erbringung von Dienst- und Serviceleistungen dominieren.
Abschließend seien einige Beispiele für Franchise-Konzepte in der Praxis genannt: AVIS, Biffar, Coca-Cola, Eduscho, Hertz, Holiday Inn, Mac Donald, OBI, Photo Porst, Rosenthal, Salamander, Tchibo, WMF.

• Aspekte beim Franchise-Nehmer
Oftmals erfolgt der Anschluß an ein Franchise-System zur Absicherung und wirtschaftlicheren Gestaltung der bisherigen Geschäftsaktivitäten. Häufig ist das Franchising aber auch der Weg in die Selbständigkeit („Bleib nicht Angestellter, sondern werde dein eigener Boß"). Die Zauberformel Franchising geht jedoch nicht auf, wenn zwar eine rechtliche und finanzielle Selbständigkeit gegeben, die wirtschaftliche Unabhängigkeit aber nicht gewährleistet ist. Insoweit ist vorher sorgfältig zu überprüfen, inwieweit die Risiken aus dem Handeln auf eigenen Namen und für eigene Rechnung im sinnvollen Verhältnis zu den Erfolgschancen stehen.
Die im Abschnitt „Absatzwirtschaftliche Aspekte" genannten Vorteile sind meistens gegeben. Hierzu zählte, daß der Franchise-Nehmer teilnehmen kann an den Erfahrungen sowie dem eingeführten Franchise-Namen, an einem Wettbewerbsvorsprung durch das vom Franchise-Geber geschaffene Know how und dessen Image. Oft erhält er Zugang zu exclusiven Produkten und/oder einem besonderen Service und/oder Vermarktungskonzepten.
Der finanzielle und auch ertragsmäßige Nutzen für den Franchise-Nehmer besteht in der Regel darin, daß er die umfassenden Konzepte sowie Dienstleistungen nutzen kann, ohne zuvor in ihre Erstellung investieren zu müssen. Die Einmalgebühr beträgt zumeist nur einen Bruchteil solcher Aufwendungen. Durch die laufende Gebühr wird nicht nur eine Aufteilung auf die Nutzungszeit statt einer Vorab-Investition ermöglicht, sondern sie liegen durch die Verteilung auf eine Vielzahl von Franchise-Partnern üblicherweise deutlich unter dem, was für Eigenentwicklungen aufzuwenden wäre, selbst wenn diese nicht so umfassend gestaltet sind.
Für die Aktivitäten am Standort des Franchise-Nehmers sind zumeist die Investitionen für die Ausgestaltung des Geschäftslokals einschließlich Betriebs- bzw. Ladeneinrichtung etc. sowie für die Vorhaltung eines Lagerbestandes aufzuwenden. Hier hängt es vom Franchise-Konzept ab, inwieweit dies durch den Franchise-Nehmer erfolgt – wie es der „Reinkultur" bei der Funktionsverteilung im Franchising entsprechen würde – oder ob hier intensive Unterstützungen durch den Franchise-Geber angeboten oder zumindest vermittelt werden. Wie bereits ausgeführt, wird letzteres dann verstärkt der Fall sein, wenn der Franchise-Geber weniger an den Finanzierungseffekten interessiert ist, sondern an Vertriebsüberlegungen und das Engagement des Partners vor Ort im Vordergrund stehen. In solchen Fällen erfolgt eine weitere finanzielle Entlastung des Franchise-Nehmers.
Weitere wirtschaftlich und damit auch finanziell positive Effekte ergeben sich daraus, daß vielfach die Franchise-Gruppe als Gesamtheit wesentlich günstigere Preise bei Lieferanten erzielen kann, als es für den einzelnen Partner möglich wäre. Gelegentlich entstehen hier Mengenrabatte und Boni in einer Größenordnung, ähnlich der gesamten Franchise-Gebühr.
Die Zugehörigkeit zu einem bekannten Franchise-System kann oftmals die Kreditwürdigkeit bei der Kapitalbeschaffung verbessern. Ist – was gelegentlich geschieht – der wirtschaftliche Gestaltungsrahmen des Franchise-Nehmers im Vertrag allzu sehr eingeengt, so können sich Hindernisse ergeben, wenn der Franchise-Nehmer Existenz-Gründungsdarlehn beantragt. Der Franchise-Nehmer sollte seine finanzielle Belastbarkeit berücksichtigen, besonders, wenn ihm durch das Franchising Kreditmittel zugänglich werden, für die er letztlich die Haftung übernimmt, ihm aber bei den Investitionen sowie den darauf gegründeten Geschäftsaktivitäten wirtschaftlich keine genügende Mitwirkung verbleibt.
Zumeist gewährt das Franchise-System einem Franchise-Nehmer, insbesondere auch bei einer Existenzgründung, ein erhöhtes Maß an Sicherheit und Unterstützung. Die von ihm bereitzustellenden Finanzmittel sind üblicherweise deutlich geringer als bei einer Aktivität außerhalb der Partnerschaft in einem Franchising.

• Interessen des Franchise-Gebers
Motive für den Aufbau eines Franchise-Systems liegen beim Franchise-Geber zumeist in den Zielen, die unter „absatzwirtschaftliche Aspekte" aufgezeigt wurden. Dabei ist Franchising auch unter finanzwirtschaftlichen Überlegungen eine sinnvolle Alternative zum Aufbau von eigenen Vertriebssystemen. Je umfassender das finanzielle Engagement der Franchise-Nehmer, umso stärker die finanzielle Entlastung beim Franchise-Geber.
Zum anderen verursacht die Entwicklung eines marktfähigen Franchise-Konzeptes in der Regel deutlich höhere Investitionen als ein System „für

5

den Hausgebrauch", zumindest am Anfang. Oftmals gilt auch zu berücksichtigen, daß zunächst einige Standorte vom Franchise-Geber so aufzubauen, zu finanzieren und zu führen sind, als handele es sich um einen Franchise-Nehmer, um bei der Suche nach Franchise-Partnern entsprechende Modelle vorweisen zu können. Dann entstehen auch hierfür Anlaufinvestitionen, die zu finanzieren sind. Insoweit zeigt die Praxis, daß die Franchise-Geber zunächst nicht unerhebliche Investitionen und Vorlaufkosten und damit verbundene Finanzierungsvorsorge zu leisten haben, denen dann in der Folgezeit überproportionale Erträge aus den Franchise-Gebühren gegenüberstehen, je nachdem, wie schnell und erfolgreich das Franchise-System ausgedehnt werden kann.

Da der Markt und andere Außenstehende die Franchise-Gruppe, unabhängig von einer rechtlichen Selbständigkeit der Partner, oft als Einheit wahrnehmen, kann z. B. die Insolvenz eines Franchise-Nehmers Auswirkungen für die übrigen oder gar die ganze Gemeinschaft haben. Insoweit ist dann der Franchise-Geber zum Handeln genötigt, unabhängig davon, daß rein rechtlich keine Bürgschaftsverpflichtungen bestehen. Gegebenenfalls ist das notleidende Geschäft des Franchise-Nehmers dann rechtzeitig vom Franchise-Geber oder einer anderen, von ihm gestützten Trägergesellschaft zu übernehmen. Je nach Risikoeinschätzung sollten hierfür finanzielle Vorsorgen getroffen werden.

Ein weiteres finanzielles Engagement des Franchise-Gebers ergibt sich dann, wenn er sich entweder kapitalmäßig beim Franchise-Nehmer beteiligt oder aber wesentliche Teile, sei es der Geschäftsausstattung und/oder des Warenlagers, vorfinanziert. Auch hier sind Vorsorgen zu treffen, die im Störungsfall eine Substanzsicherung und die Weiterbetreibung des Franchise-Nehmer-Geschäfts sichern. Oftmals wird daher in Fällen finanziell stärkeren Engagements des Franchise-Gebers als Weg gewählt, daß der Franchise-Geber die Geschäfslokale anmietet und an den Franchise-Nehmer weitervermietet, um durch ergänzende Vereinbarungen den Standort und damit auch die vor Ort geleisteten Investitionen für die Franchise-Gruppe zu sichern. Auf Einzelheiten kann hier nicht eingegangen werden.

Oftmals bestehen ein Franchise-System und eigene Filialen des Franchise-Gebers parallel zueinander. Insgesamt ermöglich das Franchising dem Franchise-Geber, seine – vornehmlich auch marketing-orientierten – Ziele schneller und umfassender zu realisieren bei deutlich geringeren Investitionen. Entsprechend reduziert sich sein Finanzierungsbedarf.

• Entwicklungstendenzen

Auch in der nächsten Zukunft dürfte das Franchising weiter expandieren. Die Kooperation im Franchise-Konzept kann ein sinnvoller Weg sein zur Existenzgründung und zur Erschließung neuer Märkte, z. B. beim Aufbau in den neuen Bundesländern. Aber auch bei den internationalen Herausforderungen, beispielsweise im erweiterten europäischen Wirtschaftsraum oder der Zusammenarbeit mit den ehemaligen Ostblockländern, kann das Franchising eine sinnvolle Alternative sein gegenüber dem Aufbau eigener Niederlassungen etc. oder der Zusammenarbeit mit ausländischen Partnern lediglich auf der Basis von Kaufverträgen. Durch die Einbeziehung eines selbständigen Franchise-Partners vor Ort kann den regionalen Besonderheiten oft besser Rechnung getragen werden.

Auch Grundgedanken des „Lean-Managements", also Arbeitsteilung und Konzentration auf die eigenen Stärken, entsprechen dem Konzept des Franchising. Insbesondere aus Marketing-Überlegungen, aber auch aus wirtschaftlicher Sicht verbesserter Rentabilität in einer arbeitsteiligen Kooperation wird das Franchising eine zunehmende Bedeutung erlangen. Aus finanzwirtschaftlicher Sicht ist es die Alternative, durch geringere eigene Investitionen die eigenen Finanzierungsmittel – sei es durch Eigen- oder Fremdkapital – zu schonen, oder entsprechende Unternehmens-Zielsetzungen erst finanziell zu ermöglichen.

Entwicklungschancen für kapitalschonende Finanzierungen

Die dargestellten Formen kapitalschonender Finanzierungen sind kein Finanzierungsmittel im traditionellen Sinne, jedoch ein Instrument für den Finanzmanager, die Umsetzung unternehmerischer Zielsetzungen zu ermöglichen, bei reduzierten Investitionen und Kapitalbindungen gegenüber anderen Alternativen und damit verbunden mit einer geminderten Aufnahme klassischer Finanzierungsmittel. In diesem Sinne erweitern sie den finanziellen Aktionsrahmen eines Unternehmens und damit auch den Handlungsspielraum in der strategischen Planung. Die Prüfung, inwieweit die Möglichkeiten dieser Konzepte genutzt werden, sollte sich also an den strategischen Zielen und dem nachhaltigen Einfluß auf die Renditen orientieren.

Soweit dennoch beim Factoring oder beim Leasing, besonders beim Sale-and-lease-back-Verfahren, kurzfristige Überlegungen der Finanzdisposition überwiegen, ist besondere Aufmerksamkeit geboten. Fällt eine Entscheidung zugunsten der neuen Finanzierungsinstrumente aus, weil klassische Kreditmittel dem Unternehmen nicht mehr in ausreichender Höhe zur Verfügung stehen, so werden finanzielle Engpässe überdeckt. Grundsätzlich sind die Formen kapitalschonender Finanzierung nicht als Sanierungsmaßnahmen gedacht. Sollten sie dennoch im konkreten Fall in diesem Sinne einbezogen werden, dann sinnvollerweise nur im Rahmen eines Gesamtkonzepts zur Gesundung des Unternehmens.

• Aspekte kapitalschonender Finanzierung
Leasing, Factoring und Franchising sind mehr als reine Finanzierungsalternativen und haben somit Einfluß auf unternehmerische Ziele, Strategien und grundsätzliche Erwägungen. Drei Aspekte sollen hier angesprochen werden.

Trennung zwischen Besitzen und Betreiben: In der Einführung zur Betriebswirtschaftslehre im Abschnitt „Konstitutioneller Rahmen und Sonderanlässe" wurde unter Betriebsaufspaltung angesprochen, daß gelegentlich eine Trennung zwischen Besitz- und Betriebsgesellschaft sinnvoll sein kann. Dies bedeutet, daß sich die Unternehmensleitung auf das Betreiben des eigentlichen Geschäfts und die Nutzung von Vermögenswerten konzentriert, ohne zuviel finanzielle Mittel in die Bereitstellung derselben zu binden. Die Bereitstellung ist Aufgabe der Besitz-Funktion. Factoring kann zur Minderung der Mittel-Bindung beitragen. Besonders deutlich wird dies beim Leasing sowohl einzelner Vermögenswerte als auch dann, wenn im Rahmen des Plant-Leasing ganze Betriebs- bzw. Werkseinheiten zur Verfügung gestellt werden.
Durch die Entwicklungen des sogenannten „Fond-Leasing" kann der Charakter einer Besitzgesellschaft betont werden. Beim Fond-Leasing wird z. B. für die Finanzierung eines Leasing-Objektes eine eigene Gesellschaft – ein Leasing-Fond – an denen verschiedene Dritte Anteile erwerben können, unter der Verantwortung des Leasing-Gebers gegründet. Hierdurch können sich auch Möglichkeiten der direkten oder indirekten Einbeziehung des leasenden Unternehmens ergeben.

Konzentration auf das eigene „Grundgeschäft": Mit der Konzentration auf das eigentliche Grundgeschäft steht hier verstärkt die Befreiung der Geschäftsleitung von Zusatzfunktionen im Vordergrund, wobei die Möglichkeit der Nutzung zusätzlicher Dienstleistungsangebote ein wichtiger Aspekt ist.
Beim Factoring bedeutet dies die Auslagerung aller mit der Debitoren-Verwaltung zusammenhängenden Aufgaben, zusätzlich zu den sonstigen Dienstleistungsfunktionen. Die im Leasing angebotenen Möglichkeiten ergeben sich dann, wenn nicht das einzelne Objekt im Vordergrund steht, sondern beispielsweise auch der fortlaufende Austausch des Leasing-Gegenstandes im Sinne moderner und betriebsnotwendiger Ausstattung mit Verwertung der Altanlage sowie eventuell weiterer Ausdehnung des Leistungsumfanges, z. B. auf Wartung und Reparaturen. Im Franchising ist die arbeitsteilige Gliederung Teil des Konzepts.

Kooperationen: Hier geht es um den Aspekt des Zusammenschlusses bei gleichzeitiger Erhaltung der Selbständigkeit für das eigene Grundgeschäft. Dabei sollen die Vorteile der Überschaubarkeit selbständiger Einheiten kombiniert werden mit der Nutzung der Chancen im größeren Zusammenschluß. Dies wurde bereits im Zusammenhang mit dem Franchising dargestellt. Soweit sich im Leasing auch Vorteile eines gemeinsamen Einkaufs oder schnellere Umstellung durch vom Leasing-Geber organisiertes Gebraucht-Leasing ergeben, werden auch dort diese Aspekte sichtbar. Auch beim Factoring liegen die Vorteile weniger in günstigeren Finanzierungskonditionen, sondern im Vorteil der Kooperation bei den zusätzlichen Dienstleistungen etc.

• „Marketing- und Finanzierungsmix"
Die Vorteile kapitalschonender Finanzierung liegen zumeist nicht in günstigeren Zinskonditionen, sondern in den zusätzlichen Chancen durch die im Rahmen der Zusammenarbeit gebotenen Dienst- und Nebenleistungen. Dabei kommt den Marketingzielen des Unternehmens bei der Konzentration auf die eigenen Tätigkeitsbereiche besondere Bedeutung zu. Wie bereits erwähnt, ist es sinnvoll, im Rahmen strategischer Planung die Entlastung im Bereich der Finanzierung und die aus der Partnerschaft sich ergebenden Chancen mit dem Marketing-Konzept in Einklang zu bringen. Franchising bedeutet zumeist das langfristige und vertraglich verbindliche Eingehen einer Kooperation.
Factoring läßt sich auch im Rahmen operativer und taktischer Marketing-Überlegungen einbeziehen. Dies kann z. B. gegeben sein, wenn die Konkurrenzanalyse aufzeigt, daß es sinnvoll wäre, im Rahmen des Marketing-Mixes dem Kunden längere Zahlungsziele einzuräumen, dies aber andererseits die finanziellen Möglichkeiten des Unternehmens zu sehr einengen würde. Hier kann Factoring eingesetzt und aktiv beim Kunden eingeführt werden, indem ihm gleichzeitig ein Zusatznutzen (ein längeres Zahlungsziel) geboten wird. Bei dem Vertrieb von Gebrauchsgütern kann ein Unternehmen Leasing gleichfalls im Rahmen seines Marketing-Mixes einsetzen, indem durch die Zusammenarbeit mit einer Leasing-Gesellschaft

5

den Kunden als eine Variante zur Finanzierung ein Leasing-Angebot unterbreitet wird. Das Unternehmen ist dann nicht Leasing-Nehmer, sondern Vermittler.

• Entwicklung zu umfassenden Systemen
In vorangegangenen Abschnitten konnten nur Tendenzen zur Nutzung und Weiterentwicklung aufgezeigt werden. Ihre Chancen gehen über die Nutzung des Finanzierungseffektes deutlich hinaus. Die Weiterentwicklung wird von der Kreativität der Anwender und der Anbieter abhängen. Die Konzentration der Unternehmensleitung auf die eigentlichen Grundaktivitäten gibt Raum für die Bündelung von Leistungsangeboten zu Systemen, die die Geschäftsleitung sinnvoll entlasten. So sind im Rahmen des Franchising Konzepte denkbar, die Leasing mit einbeziehen zur finanziellen Entlastung der Franchise-Nehmer, um bei der Partnerauswahl z. B. das Vertriebs- und/oder Führungspotential etc. des künftigen Franchise-Nehmers stärker gewichten zu können als seine Finanzkraft. Ferner sind Konstellationen vorstellbar, bei denen Factoring erst durch den Einsatz in Verbundgruppen zu wirtschaftlich sinnvollen Konditionen angeboten werden kann.
Die Herausforderungen des Marktes und die zunehmende Ausdehnung der Geschäftsaktivitäten über die Inlandsgrenzen hinaus können den Bedarf nach kapitalschonenden Partnerschaften erhöhen, insbesondere, wenn vom Partner zusätzliche Kompetenz erwartet werden kann.

Kapitalbedarf

Grundlagen

Aus der zeitlichen und/oder betragsmäßigen Diskrepanz zwischen den Ausgaben (Auszahlungen) und Einnahmen (Einzahlungen) ergibt sich der Kapitalbedarf. Üblicherweise muß das Unternehmen zunächst durch Investitionen und Vorlaufkosten die Leistungsbereitschaft herstellen, bevor im Produktionsprozeß Güter und/oder Dienstleistungen erstellt werden, woran sich dann im Absatz die Leistungsverwertung anschließt.
Dieser Zusammenhang wurde in dem gesonderten Beitrag „Betriebswirtschaftslehre" dargestellt, sowohl anhand der Leistungs- und Zahlungsströme in der Einleitung und als betrieblicher Kreislauf zu Beginn des Abschnitts über Investitionen. Hieraus ergibt sich, daß die Auszahlungen zum Teil erheblich früher anfallen als die daraus resultierenden Einnahmen. Dieser Unterschied ist durch die Finanzierung zu überbrücken und wird als Kapitalbedarf bezeichnet.
In der Literatur finden sich unterschiedliche Bestimmungen und Gliederungen der Faktoren, die im einzelnen die Höhe und Dauer eines Kapitalbedarfs beeinflussen. Für die Praxis der Planung ist eine Konzentration auf drei Aspekte sinnvoll, nämlich Leistungsbereitschaft, prozeßbedingter Kapitalbedarf und Kapitaldienst.

Leistungsbereitschaft – Investition
Hierunter ist der Kapitalbedarf zu erfassen, der sich durch Herstellung, Aufrechterhaltung und/oder Erweiterung der Leistungsbereitschaft des Unternehmens ergibt. In aller Regel handelt es sich hierbei um langfristige Investitionen. Dabei kann in die Sach-, Finanz- und immateriellen Investitionen, z. B. Lizenzen, Schutzrechte etc., unterschieden werden. Siehe hierzu den Abschnitt „Investitionen" im Rahmen der Betriebswirtschaftslehre. Planungsbezug ist der Investitionsplan.
Durch die Längerfristigkeit der Mittelbindung ergeben sich auch entsprechende Anforderungen an die Finanzierung, an die Kapital-Bereitstellung. Die Positionen sind in der Regel im Anlagevermögen auf der Aktivseite der Bilanz ausgewiesen.

Prozeßbedingter Kapitalbedarf
Hierzu zählen die Finanzierungsanforderungen, die sich aus dem Leistungsprozeß ergeben. Dies sind zum einen die Mittelbindung in der Bereitstellung der für die Leistungserstellung notwendigen Faktoren wie die Lagerhaltung an Roh-, Hilfs- und Betriebsstoffen, aber auch Vorlaufkosten im Personalbereich, z. B. Schulung und Ausbildung. Dazu kommt noch die Mittelbindung während des Produktionsprozesses einschließlich eventueller Zwischenläger sowie die Lagerhaltung an Fertigerzeugnissen als Puffer zwischen Produktion und Auslieferung. Schließlich können im Absatz Vorlaufkosten zu finanzieren sein sowie Zahlungsziele, die den Abnehmern gewährt werden, also Kundenforderungen.
Der Kapitalbedarf wird somit bestimmt durch die Prozeßanordnung und die Prozeßgeschwindigkeit, das Dispositionsverhalten, die Lagerhaltung und interne Logistik, Einflüsse durch den Beschäftigungsgrad und Anforderungen, die sich aus dem Produktions- und Absatzprogramm, den Branchengegebenheiten etc. ergeben. Entsprechend vielfältig sind auch die Einflußmöglichkeiten.
Die Anforderungen leiten sich aus den laufenden Betriebsausgaben ab. Die Veränderungen wirken sich in der Erhöhung oder Minderung des Umlaufvermögens aus.

Kapitaldienst
Bei Krediten ergibt sich der Kapitaldienst aus Zinsen und Tilgung. Für die Bereitstellung des Eigenkapitals entstehen Finanzierungsanforderungen durch die Gewinnausschüttung einschließlich der auf den Gewinn entfallenden, von dem Unternehmen zu zahlenden Ertragssteuern. Hinzu kommen Entnahmen sowie eventuell Kapitalrückzahlungen, z. B. beim Ausscheiden eines Gesellschafters.
Damit wirken sich einerseits die Zinsen für das Fremdkapital und andererseits die Gewinnanteile für das Eigenkapital auf die Kosten für die Kapitalbereitstellung aus.
Der Finanzierungsbedarf aus Kapitalrückzahlung ergibt sich daraus, daß – vor allem bei Fremdkapital – die Mittel nicht dauerhaft, sondern befristet dem Unternehmen zur Verfügung gestellt werden. Dies ist bereits bei den Entscheidungen über die Mittelbindungen zu berücksichtigen bzw. es sind in der Finanzplanung Vorsorgen zu treffen zur finanziellen Sicherung für das gesamte Unternehmen.

Gesamtplanung

Der Finanzplan als Teil der Gesamtplanung des Unternehmens für eine bestimmte Periode berücksichtigt alle in diesem Zeitraum anfallenden Einzahlungen und Auszahlungen. Unter Berücksichtigung einerseits des Anfangsbestandes an Finanzierungsmitteln und andererseits einer Finanzierungsreserve dient er als Instrument, die Sicherung der Liquidität des Unternehmens zu überwachen.
Zur Finanzplanung siehe auch die entsprechenden Ausführungen im Abschnitt „Finanzierung" des Beitrags zur Betriebswirtschaftslehre sowie den noch folgenden Abschnitt „Kapitaldeckung" des vorliegenden Beitrags. Hier geht es nicht um Details der Finanzplanung selbst, sondern um die Abgrenzung der gesamten Planung zur Planung einzelner Objekte bzw. Projekte.
Der Gesamtplan kann kurz-, mittel- oder langfristig sein. Als langfristig werden in der Regel Pläne für fünf Jahre oder mehr bezeichnet. In der kurzfristigen Finanzplanung, z. B. für ein Jahr, wird weiter unterteilt je Monat, oftmals untergliedert für Rechnungen pro Woche oder auf den jeweiligen Tag. In der Konzentration auf einen Zeitrahmen ist eine solche Planung genaugenommen auch ein „Teilplan", bezogen auf die Gesamtlebensdauer des Unternehmens oder die Nutzungsdauer der verschiedenen Investitionsobjekte bzw. der Prozeßdauer einzelner Projekte. Seine Charakteristik als Gesamtplanung erfährt er dadurch, daß er, wie erwähnt, alle Ein- und Auszahlungen einer Periode berücksichtigt und miteinander in Abstimmung bringt, unabhängig davon, durch welche Maßnahmen sie verursacht werden.
In bezug auf den Kapitalbedarf sind in der Gesamtplanung die einzelnen Maßnahmen aufeinander abzustimmen. Sie berücksichtigt, daß die einzelnen Bereiche im Unternehmen nicht isoliert stehen, sondern miteinander vernetzt sich wechselseitig beeinflussen. Dabei steht die Optimierung des Ganzen unter Beachtung von Synergie-Möglichkeiten im Vordergrund. So kann z. B. durch die Abstimmung in der Produkt- und Sortiments-Gestaltung Einfluß auf den Umfang der Gesamtlagerhaltung genommen werden. Je mehr Erzeugnisse auf die gleichen Roh-, Hilfs- und Betriebsstoffe oder gar Baugruppen in der Zwischenproduktion zurückgreifen, umso größer ist die Synergie in der Lagerhaltung. Andererseits führt eine größere Vielzahl zu entsprechenden Differenzierungen und in aller Regel höheren Lagerhaltungen mit entsprechend größerem Finanzierungsbedarf. Die Abwägungen gegenüber den Vor- bzw. Nachteilen z. B. auf der Absatzseite erfordern meistens eine Gesamtbetrachtung und sind weniger aus der Sicht eines einzelnen Erzeugnisses zu treffen.
Die heute verstärkt unter den Bezeichnungen „Lean Production" bzw. „Lean Management" aufgegriffenen Fragen zu einer Optimierung im Sinne schlankerer Unternehmensgestaltung zielen darauf ab, bei erhöhter Kundenorientierung mit entsprechender Differenzierung durch Vereinheitlichung in Produktion und Vormaterial zu günstigeren Relationen zu gelangen. Lagerhaltungen können aus Bestell- und Bestandsoptimierungen unter Berücksichtigung von Mindestreserven zur Sicherung des Produktionsablaufes sinnvoll sein. Oftmals ergeben sich jedoch Erhöhungen aufgrund unzureichender Dispositionsentscheidungen. Mit der Beschaffung nach dem Prinzip des „Just-in-time" soll für ganze Bereiche die Lagerhaltung und damit die entsprechende Finanzierungsanforderung vermieden werden. Auch die Beschleunigung des Produktionsprozesses, sei es durch die Entwicklung neuerer Produktionstechniken oder besserer interner Logistik, verkürzt die Kapitalbindung und damit den Finanzierungsbedarf. Zwar sind die sich hieraus ergebenden Aufgaben in den verschiedensten Bereichen des Unternehmens zu lösen, im Rahmen der Finanzierung können diese Themen oft bewußt gemacht und Denkanstöße gegeben werden. Dabei bedeutet das „Schlanker machen" eines Unternehmens (Lean Management), die Polster abzu-

5

specken, die sich oft in konjunkturell guten Zeiten an verschiedenen Stellen des Unternehmens gebildet haben. Die kritische Überprüfung der Anforderungen – z. B. im Rahmen des Controllings und der Budgetierung – können zu einer deutlichen Verminderung des Finanzierungsbedarfs führen. Hieraus können sich Finanzreserven ergeben, die u. a. für zusätzliche, zukunftsweisende Projekte genutzt werden können und damit auf Dauer die Existenz des Unternehmens sichern.
Die Ermittlung des Kapitalbedarfs im Rahmen der Finanzplanung sollte also nicht nur eine reine Addition der verschiedenen Finanzanforderungen sein, sondern eine gestalterische, auf die Unternehmensziele ausgerichtete Gesamtplanung.

Kapitalbindung durch Investitionsobjekte und Projekte

Die Einzelbetrachtung von Objekten will die sich hieraus ergebenden Auswirkungen transparent machen. Oftmals werden gegen diese Verfahren systemische Bedenken erhoben, da solche isolierten Betrachtungen die Interdependenz und die Vernetzung innerhalb eines Unternehmens nicht genügend berücksichtigen. Zum einen sprechen jedoch schon eine Reihe von Praktikabilitätsgründen dagegen, bei einer Fülle von Investitionen die Entscheidungen jeweils im Rahmen alternativer Gesamtplanungen durchzuführen. Dies gilt insbesondere für eine Reihe von Ersatzinvestitionen, die als Teil eines Gesamtprozesses die Aufrechterhaltung der Leistungsbereitschaft des Unternehmens sichern soll. Außerdem kann die Berechnung für einzelne Objekte im Sinne einer Art Grenzbetrachtung die Vor- und Nachteile besser erkennbar machen, die mit ihrer Durchführung bzw. mit ihrem Unterlassen verbunden sind.
Andererseits gilt, daß die Einzelbetrachtung dann nicht ausreicht, wenn die Realisierung des Objektes wesentliche Veränderungen in anderen Bereichen erfordert oder zur Folge hat. Dann sind diese Auswirkungen gleichfalls zu berücksichtigen, sei es in Zusatzrechnungen oder in der Gesamtplanung.
Bei den Einzelplanungen haben Investitionen mit ihrer langfristigen Auswirkung besondere Bedeutung; die Wirtschaftlichkeitsrechnung befaßt sich mit den verschiedenen Methoden der Investitionsrechnung. Hierauf wird im nachfolgenden Abschnitt dieses Beitrages eingegangen. Außerdem sei verwiesen auf den Abschnitt „Investitionen" im Rahmen des Beitrages „Betriebswirtschaftslehre". Die Auswirkungen von Investitionen, d. h. die durch sie verursachten Ausgaben und Einnahmen, gehen über den Zeitrahmen einer periodischen Gesamtplanung hinaus. Die Investitionsentscheidung muß jedoch die gesamte Nutzungsdauer beachten.
Die Erstellung von Einzelplänen kann auch bei Projekten, z. B. im Anlage- oder Schiffsbau, sinnvoll sein. Auch wenn hier auf das Projektmanagement nachfolgend nicht weiter eingegangen werden kann, so sollen doch einige Aspekte aufgezeigt werden, die sinnentsprechend berücksichtigt werden können. Solche Projekte sind zumeist nicht zeitgleich mit der Periode der laufenden Planung – langfristige Projekte können über mehrere Perioden hinweggehen. Es soll nicht für einen einzelnen Zeitraum, sondern für das gesamte Projekt die Wirtschaftlichkeit ermittelt werden. Hierzu gehört der Beitrag zur Rendite des Unternehmens und die Anforderungen an die einzelnen Ressourcen. In der Finanzplanung sind die durch die Projekte ausgelösten Finanzierungsanforderungen zu berücksichtigen. Die Projektplanung erhöht die Transparenz für die einzelne Maßnahme. Dies kann möglicherweise Basis sein für die Vereinbarung entsprechender Abschlagszahlungen durch den Kunden, nicht nur aus Liquiditätsgründen, sondern auch aus Vorsichtsüberlegungen, insbesondere, wenn z. B. die erstellten Anlagen kaum für einen anderen Abnehmer in dieser Weise eingesetzt werden können und die Zahlungsfähigkeit oder Abnahmebereitschaft des Kunden unsicher ist.
Einzelrechnungen können sich durch Maßnahmen zur Ablauf- oder Verfahrensänderung ergeben, auf die hier gleichfalls nicht weiter eingegangen wird. Eine besondere Form der Wirtschaftlichkeitsrechnung dient der Entscheidung, inwieweit Produkte und Leistungen im Unternehmen selbst erstellt oder durch Fremdbezug abgedeckt werden sollen. Vielfach erfolgen diese Überprüfungen im Rahmen der Kostenrechnung.
Bei Investitionen sind die Auswirkungen auf die Finanzierung und die Wirtschaftlichkeit zu überprüfen.

Finanzierungsaspekte
Hier ist zunächst der Kapitalbedarf zu bestimmen, der sich aus der Investition ergibt. Ausgangspunkte sind zumeist die Anschaffungs- bzw. Herstellkosten einschließlich sonstiger Nebenkosten sowie die Ausgaben und Einnahmen während der Nutzungsdauer.
Auch in der Praxis wird oftmals ungenügend berücksichtigt, daß neben den Investitionsausgaben, die das Anlagevermögen des Unternehmens betreffen, auch Erhöhungen im Umlaufvermögen verursacht werden können, z. B. zusätzliche La-

gerhaltung – insbesondere, wenn andere Vormaterialien eingesetzt werden, Fertiglager und/oder Erhöhung der Forderungen durch zusätzlichen Umsatz. Selbst wenn sie nicht in eine Gesamtinvestitionssumme eingerechnet werden, sind ihre Auswirkungen beim Finanzierungsbedarf und den dadurch verursachten Finanzierungskosten als effektiver oder kalkulatorischer Zins zu berücksichtigen. In Verbindung zur Kapitaldeckung ist zu beachten, wenn Förderungskredite nur für bestimmte Investitionen gewährt werden.
Durch die Transparenz des Kapitalbedarfs ist sicherzustellen, daß die Finanzierung für die gesamte Nutzungsdauer einer Investition gewährleistet ist. Ergeben sich bereits bei der Planung Unterdeckungen, so ist zur Vermeidung eventueller Illiquidität von einer Investition abzusehen, wenn nicht entsprechende Vorsorgen getroffen werden können.

Beachtung der Rentabilität
Wirtschaftlichkeitsrechnungen dienen der Beurteilung, inwieweit Investitionen rentabel sind, also einen positiven Beitrag zur Unternehmensrendite leisten. Dabei sind die Finanzierungskosten zu berücksichtigen. Auf die verschiedenen Verfahren wird im nachfolgenden Abschnitt eingegangen.

Investitionen und Wirtschaftlichkeitsrechnungen

Investitionsentscheidungen sind für die Sicherung und Weiterentwicklung eines Unternehmens von besonderer Bedeutung. Zum einen wird durch sie das betriebliche Leistungsvermögen im erheblichen Maße mitgestaltet. Zum anderen führen sie zumeist zu beträchtlicher und oft sehr langfristiger Mittelbindung mit den entsprechenden Verpflichtungen des Kapitaldienstes. Hinzu kommen Einflüsse auf die Kosten- und Leistungsstruktur des Unternehmens. Im Rahmen des einführenden Beitrages zur Betriebswirtschaftslehre wurde im Abschnitt „Investitionen – Leistungsbereitschaft" unter dem Abschnitt „Investitionsplanung" ein Vier-Phasen-Modell zur Strukturierung des Entscheidungsprozesses aufgezeigt, worauf hier verwiesen wird. Aufgabe der dritten Phase als Entscheidungsvorbereitung ist es, die Auswirkungen einer Investitionsmaßnahme auf die zukünftige Wirtschaftlichkeit des Unternehmens durch Berechnungen zu veranschaulichen. Dies wird auch als Investitionsrechnung bezeichnet.

Methoden der Investitionsrechnung

Entsprechend der Bedeutung von Investitionsentscheidungen für das gesamte Unternehmen wurden in der betriebswirtschaftlichen Theorie und in der Praxis eine Fülle verschiedener Verfahren der Investitionsrechnungen entwickelt. Dabei konzentrieren sich die Berechnungen ihrer Natur nach auf die zahlenmäßig erfaßbaren Faktoren einer Kapitalanlage, d. h., die rein qualitativen Aspekte bleiben hier unberücksichtigt. Insoweit können Investitionsrechnungen auch nicht Investitionsentscheidungen ersetzen. 5
Für die Anwendung von Rechenverfahren werden Investitionen durch die Erwartungen im Bezug auf die verursachten Auszahlungen und Einzahlungen beschrieben. Zum Teil erfolgt auch eine Beschränkung auf die Ausgaben oder nur auf die zurechenbaren Kosten, insbesondere dann, wenn entweder bei den zu untersuchenden Alternativen keine nennenswerten Unterschiede bei den Einnahmen bzw. Erträgen erwartet werden bzw. wenn eine solche Zurechnung als nicht möglich erscheint.
Investitionsrechnungen sollen eine Hilfestellung für die Beantwortung folgender Fragen bieten:

- Ist ein gewünschtes Investitionsvorhaben wirtschaftlich? Überwiegt der erwartete Nutzen die erforderlichen Aufwendungen, lohnt sich diese Investition? Man spricht hier auch von der Prüfung einer *absoluten Vorteilhaftigkeit*.
- Welche Investitionsalternative ist die vorteilhafteste, wenn zur Durchführung einer Maßnahme unterschiedliche, jeweils für sich wirtschaftliche Investitionsmöglichkeiten zur Verfügung stehen? Hier geht es also um die Auswahl der besten Alternative, so daß auch von einer *relativen Vorteilhaftigkeit* gesprochen wird.
- Wann soll eine bereits im Unternehmen genutzte Anlage durch eine neue ersetzt werden? Die Prüfung bezieht sich also auf einen Wirtschaftlichkeitsvergleich zwischen einer Ersatzinvestition einerseits und der Weiternutzung einer bereits getätigten Investition andererseits. Damit geht es um die Ermittlung des *optimalen Ersatzzeitpunktes*.
  Die Ermittlung der *optimalen Nutzungsdauer* wird teilweise mit in diesem Zusammenhang gesehen, andererseits auch als gesonderte Investitionsentscheidung aufgefaßt.
- Welche Investitionen sollen in ein Investitionsprogramm aufgenommen werden? Soweit nicht alle Investitionsvorhaben realisiert werden können oder sollen, ist eine *Rangfolge* unter den *einzelnen Maßnahmen* festzulegen. Der Wirtschaftlichkeitsvergleich erfolgt prinzipiell nach

5

den gleichen Grundsätzen wie bei der Auswahl von Investitionsalternativen. Jedoch können bei der endgültigen Entscheidung Zusatzüberlegungen eine verstärkte Rolle spielen, z. B. wenn Ersatzbeschaffungen oder Investitionen in bestimmten strategischen Geschäftsfeldern Vorrang erhalten.

Vielfach wird das Investitionsprogramm durch das Volumen der bereitgestellten Finanzmittel begrenzt. Andererseits beeinflußt die Rentabilität der Investitionen die Möglichkeiten und die Bereitschaft, Finanzierungsmittel aufzunehmen. Auf den Aspekt wird im Abschnitt „Kapitaldeckung“ unter dem Punkt „Optimaler Verschuldungsgrad“ nochmals kurz eingegangen. Im übrigen wird die Entscheidung über Investitionsprogramme nicht gesondert behandelt.

Die einzelnen Methoden einer Investitionsrechnung können nach unterschiedlichen Kriterien beurteilt werden. Die wichtigsten sind nachfolgend aufgeführt. Hieraus ergeben sich einerseits die Unterteilungen und andererseits die Gliederung nach Verfahrensgruppen.

- Wird die gesamte erwartete *Nutzungsdauer* einer Investition betrachtet oder nur eine *Teilperiode*, z. B. das 1. Jahr oder ein angenommenes Durchschnittsjahr?
- Ferner wird unterschieden in *kostenorientierte* und *kapitalorientierte* Verfahren. Erstere basieren auf Kosten und Erlösen bzw. Aufwendungen und Erträgen – zumeist als Planrechnung, gelegentlich im Rahmen der Investitionskontrolle auch mit Ist-Werten. Die Ermittlungen erfolgen durch Gewinnvergleichsrechnungen oder durch reine Kostenvergleichsrechnungen, wenn Leistungsaspekte, z. B. bei Alternativentscheidungen, unberücksichtigt bleiben. Die kapitalorientierten Verfahren beruhen auf Einnahmen- und Ausgabenströme.
- Wird der *Zeitfaktor* – also der Umstand, daß die verschiedenen Auszahlungen und Einzahlungen zu unterschiedlichen Zeiten erfolgen – berücksichtigt? Dies kann durch Auf- oder Abzinsung (Diskontierung) erfolgen. Damit wird der Möglichkeit Rechnung getragen, daß eine frühere Einzahlung vorteilhafter ist als eine gleich hohe zu einem späteren Zeitpunkt, da in der Zwischenzeit Zinserträge erwirtschaftet werden können. Entsprechend gilt bei den Auszahlungen ein späterer Zeitpunkt als günstiger gegenüber einem früheren.
- Die Vorteilsentscheidung kann entweder auf *Renditebetrachtungen* basieren oder als Grundlage von dem Zeitraum ausgehen, der benötigt wird, bis sich eine Investitionsausgabe amortisiert.
- Schließlich können Verfahren auch danach beurteilt werden, inwieweit sie Investitionsvorhaben nicht isoliert betrachten, sondern in einer umfassenderen *Gesamtplanung* die wechselseitigen Auswirkungen zu anderen Unternehmensbereichen einbeziehen.

Die letztgenannte simultane Planung ist vornehmliches Anliegen der komplexeren Verfahren. Die traditionellen Methoden der Investitionsrechnung werden üblicherweise eingeteilt in die statischen und in die dynamischen Verfahren.

Statische Verfahren

Bei den statischen Verfahren wird der zeitliche Unterschied beim Anfall der Kosten und Leistungen bzw. Aufwand und Ertrag oder der Auszahlungen und Einzahlungen nicht berücksichtigt. Auch wird nicht die erwartete Gesamtnutzungsdauer betrachtet, sondern eine Periode, die als repräsentativ angesehen wird. Hierbei handelt es sich zumeist um auf ein Jahr bezogene Durchschnittswerte oder um die erste Nutzungsperiode, z. B. bei Entscheidungen über Ersatzinvestitionen.

• Kostenvergleichsrechnung

Bei einer Kostenvergleichsrechnung werden für die verschiedenen Investitionsalternativen die Kosten ermittelt und gegenübergestellt. Als Entscheidungsregel gilt: Die Alternative mit den geringsten Kosten gilt als am wirtschaftlichsten. Auf eine Zurechnung der Erlöse für einzelne Investitionsalternativen wird dabei verzichtet. Dies ist zumeist darin begründet, daß sich die Erlöse gar nicht oder nur unzureichend zurechnen lassen. Gelegentlich wird in der Theorie die Meinung vertreten, daß ohne einen Leistungsbezug nicht von einer Wirtschaftlichkeit gesprochen werden könne. Unabhängig davon sind jedoch diese Verfahren dann für den praktischen Gebrauch akzeptabel, wenn die zu vergleichenden Alternativen im Bezug auf die Leistungsausbringung des Unternehmens indifferent sind, also zu keinen beachtenswerten Erlösunterschieden führen. Teilweise wird den unterschiedlichen Ausbringungsmengen der zu vergleichende Anlagen dadurch Rechnung getragen, daß die Kosten nicht für einen Zeitraum – in der Regel ein Jahr – ermittelt werden, sondern je Leistungseinheit, also z. B. stückkostenbezogen. Bei unterschiedlichen Relationen zwischen Fixkosten und variablen Kosten ist die kritische Ausbringungsmenge zu beachten (siehe Abb. 5.4). Für die Auswahl der geeigneten Investitionen zwischen den Alternativen A_1 und A_2 ist daher von Bedeutung, ob nachhaltig von einer Ausbringungsmenge größer oder kleiner der kritischen Menge ausgegangen werden kann.

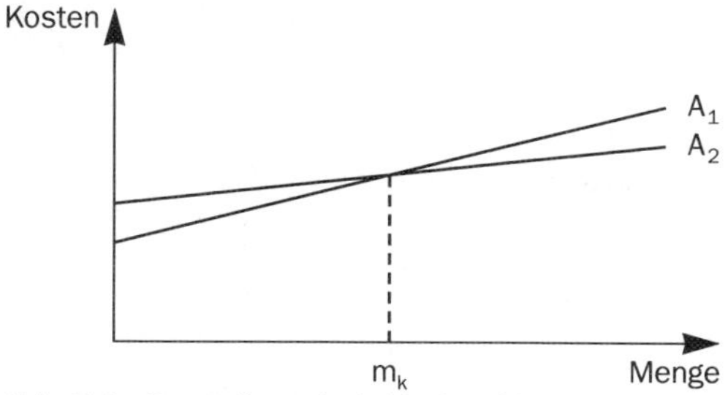

Abb. 5.4: Darstellung der kritischen Menge (m_K)

In welchem Umfang und mit welcher Genauigkeit für die Durchführung einer Kostenvergleichsrechnung die Kosten der Alternativen ermittelt werden, ist bei den verschiedenen Verfahrensvarianten unterschiedlich und abhängig von den Erfordernissen im konkreten Einzelfall. Ergeben sich bei alternativen Maschinenanlagen keine Unterschiede z. B. in Standort, Raumbedarf etc., so kann auf die Ermittlung von Raumkosten verzichtet werden oder es reicht, pauschale Richtwerte anzusetzen. Differieren für die Investitionsalternativen die Anschaffungskosten, die Nutzungsdauer und/oder der Restwert am Ende der Nutzung, so sind neben den laufenden Betriebskosten kalkulatorische Abschreibungen und ein kalkulatorischer Zins zu berücksichtigen. Die sog. Ingenieurformel ist eine in der Praxis häufig und in verschiedenen Varianten angewandte Kostenvergleichsrechnung für eine Zeitperiode – in der Regel ein Jahr – mit entsprechend differenzierter Berücksichtigung der Kosten. Dabei ergeben sich die jährlichen kalkulatorischen Abschreibungen durch die Anschaffungskosten minus dem Restwert am Ende der Nutzung, geteilt durch die Jahre der Nutzungsdauer. Als kalkulatorischer Zins wird ein Durchschnittswert angesetzt, der aus den halben Anschaffungskosten mal kalkulatorischem Zinssatz ermittelt werden kann. Oftmals wird den Anschaffungskosten noch der erwartete Restwert hinzugezählt, bevor durch Halbierung der durchschnittlich zu verzinsende Betrag ermittelt wird. Theoretisch ist dies der sauberste Ansatz, da der durchschnittlich zu verzinsende Betrag sich aus Anschaffungswert minus Restwert dividiert durch 2 plus Restwert ergibt:

$$\frac{A - R}{2} + R = \frac{A + R}{2}$$

In der Abb. 5.5 ist eine Kostenvergleichsrechnung dargestellt, und zwar im Vergleich einer alten Anlage zu einer neuen Anlage, also bezogen auf die Fragestellung einer Ersatzinvestition.

Bei der neuen Anlage wird von einer Investitionssumme, gleich Anschaffungskosten, in Höhe von DM 245.000,—, einer Nutzungsdauer von acht Jahren und einem am Ende der Nutzungsdauer realisierbaren Restwert von DM 5.000,— ausgegangen. Es wird mit einem kalkulatorischen Zinssatz von 10 % gerechnet. Danach ergibt sich:

Kostenarten	Betriebskosten pro Jahr der alten Anlage	der neuen Anlage
Fertigungsmaterial	250.000,—	230.000,—
Materialgemeinkosten (5 %)	12.500,—	11.500,—
Hilfsstoffe	10.000,—	8.000,—
Fertigungslöhne	110.000,—	70.000,—
Lohngemeinkosten (60 %)	66.000,—	42.000.—
Reparatur- und Wartungskosten	35.000,—	9.000,—
Energie- und Betriebskosten	22.000,—	20.000,—
Versicherungen etc.	5.000,—	8.000,—
Sonstige Betriebskosten	25.000,—	25.000,—
	535.500,—	423.500,—
kalkulatorische Abschreibung	20.000,—	30.000,—
kalkulatorische Zinsen	3.250,—	12.500,—
	558.750,—	466.000,—

Abb. 5.5: Kostenvergleichsrechnung

Abschreibungen =

$$\frac{245.000,\!— - 5.000,\!—}{8} = 30.000,\!—$$

kalkulatorischer Durchschnittszins =

$$\frac{245.000,\!— + 5.000,\!—}{2} \times 0{,}1 = 12.500,\!— \text{ pro Jahr}$$

Die alte Anlage hat eine Restnutzungsdauer von 3 Jahren und einen Buchwert von DM 75.000,—. Bei Neuinvestition zum jetzigen Zeitpunkt und einem Verkauf der alten Anlage könnte ein Restwert abzüglich Abbruchkosten von DM 65.000,— erzielt werden – in 3 Jahren wird mit einem solchen in Höhe von DM 5.000,— gerechnet. Durch Ansatz eines Zinssatzes von 10 % ergibt sich:

Jährliche Abschreibung =

$$\frac{65.000,\!— - 5.000,\!—}{3} = 20.000,\!—$$

Zinsen =

$$\frac{65.000,\!—}{2} \times 0{,}1 = 3.250,\!—$$

Diese Werte sind in der Vergleichsrechnung in Abb. 5.5 berücksichtigt, das dann einen jährlichen Kostenvorteil der neuen Anlage in Höhe von DM 92.750,— ausweist gegenüber zunächst DM 112.000,— bei den laufenden Betriebsko-

5

sten. Gerade bei der Berücksichtigung der Restwerte der alten Anlage kommen verschiedene Varianten zum Einsatz. Oftmals wird vom Restbuchwert ausgegangen, vor allem, wenn dieser geringer als der realisierbare Verkaufswert ist. Liegt der Restbuchwert, wie im Beispiel, höher, so ist die vorgestellte Berechnungsweise vorzuziehen, da die Minderung bereits eingetreten und nicht dem Werteverzehr der künftigen Perioden zugerechnet werden sollte. Teilweise wird der im Zeitpunkt der Ersatzinvestition realisierbare Restwert mit einer zusätzlichen Zinsbelastung der Neuanlage zugerechnet. Da jedoch dieser Veräußerungserlös erst durch die Neuinvestition möglich wird, ist eine solche Belastung nicht verursachungsgerecht. Letztendlich liefe sie im Kostenvergleich der beiden Alternativen darauf hinaus, die Zinsbelastung für die Altanlage praktisch zu eliminieren. Auch wenn die Altanlage bereits finanziert ist, wäre es für einen Kostenvergleich unzulänglich, die möglichen Erlöse für die Altanlage bei der Entscheidung über eine Neuinvestition zinsmäßig unberücksichtigt zu lassen.
Die Kostenvergleichsrechnungen sind recht überschaubar und relativ einfach durchführbar. Trotz aller verfahrenstheoretischer Vorbehalte finden sie in der Praxis ihre Anwendung, insbesondere bei Entscheidungen über den Zeitpunkt für Ersatzinvestitionen. Außerdem können sie dann für Alternativentscheidungen eingesetzt werden, wenn der Leistungsrahmen bereits festliegt und Einflüsse auf die Wirtschaftlichkeit nur durch unterschiedliche Kostensituationen gegeben sind.

• Gewinnvergleichsrechnung
Bei der Gewinnvergleichsrechnung handelt es sich um eine Erweiterung der Kostenvergleichsrechnung, indem die Erlöse mit in die Beurteilung einbezogen werden. Durch die Ermittlung nicht nur der einer Investition zuzurechnenden Kosten, sondern auch der entsprechenden Erlöse für eine repräsentative Vergleichsperiode, kann die absolute Vorteilhaftigkeit einer Investition überprüft werden.
Dazu ist jedoch erforderlich, daß alle verursachungsgerechten Kosten berücksichtigt werden, also auch jene, die beim Alternativentscheid der Kostenvergleichsrechnung als entscheidungsirrelevant unberücksichtigt bleiben könnten. Als wirtschaftlich gilt eine Investition dann, wenn die Erlöse größer als die Kosten einschließlich Abschreibung und kalkulatorische Zinsen sind. Im Vergleich mehrerer Alternativen gilt diejenige mit dem höchsten durchschnittlichen Jahresgewinn – also Erlöse minus Kosten – als die wirtschaftlichste Lösung.
Durch die Gewinnvergleichsrechnung können also auch Anlagen mit unterschiedlicher Leistungsausbringung verglichen werden.

• Rentabilitätsvergleichsrechnung
Dieses Verfahren will der Situation Rechnung tragen, daß sich Investitionsentscheidungen vielfach weniger an den Gewinnen als absolute Beträge, sondern nach der Rentabilität richten, also der Verzinsung des eingesetzten Kapitals. Die Rentabilitätsaussage über eine Investition erleichtert sowohl den Vergleich zu anderen Kapitalanlageformen als auch, Relationen zu Kosten der Kapitalbeschaffung unter Berücksichtigung eventueller Risikozuschläge herzustellen.
Die Rentabilität in Prozenten ergibt sich aus durchschnittlichem Gewinn einer Investition zum durchschnittlichen Kapitaleinsatz für diese Investition mal 100. Die Rentabilität ist dann positiv, wenn von einem durchschnittlichen Gewinn ausgegangen werden kann. Welche Rentabilität als ausreichend angesehen werden kann, hängt vom konkreten Einzelfall und der Risikoeinschätzung ab.
Als Entscheidungsregel in der Rentabilitätsvergleichsrechnung gilt: Bei mehreren Alternativen ist jener mit der größten Rentabilität der Vorzug zu geben.

• Amortisationsrechnung
Mit der Amortisationsrechnung wird der Zeitraum ermittelt, in dem das durch die Investition eingesetzte Kapital durch entsprechende Einnahmen zurückgeflossen ist. Dieser Wiedergewinnungszeitraum wird auch Amortisationszeitraum genannt. Die Amortisationsrechnung ist auch als *pay-off-Methode* oder *pay-back-* bzw. *pay-out-Periode* bekannt.
Bei der Amortisationsrechnung steht der Sicherheitsaspekt im Vordergrund. Dabei ist es möglich, den Wiedergewinnungszeitraum einer Investition mit den Fristen eventueller objektbezogener Finanzierungen zu vergleichen. Die Betonung des Sicherheitsmomentes und die Einfachheit der Handhabung sind Gründe dafür, daß dieses Verfahren häufig ergänzend zu anderen Methoden eingesetzt wird.
Eine Investition gilt dann als vorteilhaft, wenn der Amortisationszeitraum im vorgegebenen Rahmen liegt. Beim Alternatiwergleich gilt diejenige Investition mit den kleinsten Wiedergewinnungszeitraum des Kapitaleinsatzes als die vorteilhafteste.
Oftmals wird als Maßstab eine Wiedergewinnungszeit in Jahren vorgegeben. Gelegentlich wird auch eine Betrachtung der Relation zwischen

		Alternative A		Alternative B	
Anschaffungswert/Nutzungszeit		60.000,—/6 Jahre		40.000,—/5 Jahre	
		pro Jahr	kumuliert	pro Jahr	kumuliert
Jahresüberschüsse	1. Jahr	12.000		14.000	
	2. Jahr	16.000	28.000	14.000	28.000
	3. Jahr	20.000	48.000	14.000	42.000
	4. Jahr	24.000	72.000	14.000	56.000
	5. Jahr	24.000	96.000	14.000	70.000
	6. Jahr	24.000	120.000	—	—
Jahresdurchschnitt		20.000,—		14.000,—	
Wiedergewinnungszeit = Anschafffungswert / Jahresdurchschnitt		3,0 Jahre		2,86 Jahre	
Wiedergewinnungszeit gemäß kumulierter Werte (Staffel)		3,5 Jahre		2,86 Jahre	
Durchschnittliche Wiedergewinnungszeit / Nutzungszeit	x100	50%		57,2%	

Abb. 5.6: Amortisationsrechnung

5

Wiedergewinnungszeitraum und erwarteter Gesamtnutzungszeit in die Beurteilung einbezogen. Die Ermittlung erfolgt in der Weise, daß so viele Perioden in die Berechnung einbezogen werden, bis die Summe der Einnahmeüberschüsse gleich der Investitionssumme, also dem Kapitaleinsatz, ist. Dabei sind grundsätzlich zwei Verfahrensvarianten anwendbar:

Zum einen kann hier mit Durchschnittswerten gerechnet werden, d. h., es werden die Erlöse und die Betriebskosten für ein repräsentatives Jahr ermittelt, die Differenz ergibt den durchschnittlichen Jahresüberschuß. In den Betriebskosten sind Abschreibungen nicht enthalten, so daß der Jahresüberschuß aus dem durchschnittlichen Gewinn plus Abschreibungen besteht. Die Anschaffungskosten dividiert durch diesen durchschnittlichen Jahresüberschuß ergeben die Amortisationsdauer.

Werden deutlich unterschiedliche Überschüsse in den einzelnen Jahren erwartet – z. B. weil die Anlage in den ersten Jahren noch nicht voll ausgelastet werden kann – so können die erwarteten Jahresüberschüsse auch in einer Staffelform aufgelistet werden. Die Zeit, die erforderlich ist, damit die kumulierten Jahresüberschüsse gleich den Anschaffungskosten sind, ist die Amortisationsdauer.

Die Abb. 5.6 zeigt die beiden Ermittlungen. Bei der Durchschnittsrechnung ergibt sich eine Amortisationsdauer von 3 Jahren, bei der Amortisationsrechnung nach der kumulativen Methode eine solche von 3,5 Jahren im gegebenen Beispiel A.

• MAPI-Methode

Diese Methode wurde am Machinery-and-Allied-Products-Institute (MAPI), Washington/USA unter Leitung seines Forschungsdirektors Terborgh entwickelt und 1962 vorgestellt. Zielsetzung war es, ein theoretisch fundiertes sowie für die Praxis handhabbares Verfahren zu schaffen.

Vom Ansatz her wird unterschieden zwischen absoluter und relativer Rentabilität. Eine zuverlässige Ermittlung der absoluten Rentabilität wird als unrealistisch angesehen, vor allem durch die Probleme der Leistungszurechnung, insbesondere bei kleinen Investitionsmaßnahmen. Daher steht im Vordergrund die relative Rentabilität, d. h. die Veränderung der Rentabilität je nachdem, ob das Investitionsvorhaben jetzt durchgeführt wird oder erst ein Jahr später bei entsprechend alternativer Kapitalanlage des für die Investition notwendigen Betrages. Daher nennt Terborgh diese Methode auch ein „Mit-ohne-Verfahren“. Dies bringt die Grundidee zum Ausdruck, nachdem nicht die absolute Wirtschaftlichkeit einer Investition überprüft werden soll, sondern Antwort gegeben wird auf die Frage: „Ist es rentabler, diese Investitionsmaßnahme jetzt durchzuführen oder zunächst um ein Jahr zu verschieben und den Betrag alternativ einzusetzen?“ Eine Alternative kann dabei auch eine Geldanlage bzw. das Nichtaufnehmen von Krediten sein. Im nächsten Jahr ist die Rechnung erneut durchzuführen. Die relative Rentabilität wird also als Dringlichkeitszahl für eine Investition ermittelt, da mit steigender relativer Rentabilität immer weniger alternative Kapitalanlagen mit gleicher oder höherer Wirtschaftlichkeit gegeben sind. Die Entscheidungsregel lautet somit: Eine Investitionsalternative ist zu wählen, wenn ihre relative Rentabilität höher ist als die anderweitiger Alternativen der Kapitalanlage eines Unternehmens. In dieser Gesamtschau liegen Vorteile des Verfahrens. Andererseits ergibt sich daraus die Notwendigkeit der möglichst vollständigen Erfassung der verschiedenen Alternativen. Für die praktische Durchführung bietet die MAPI-Methode ein geschlossenes Verfahrens-Kalkül. Hierzu gehören umfangreiche Formulare, die die vollständige Erfassung der verschiedenen Fakten gewährleisten sollen einschließlich Benutzer-Anleitung und die Auswahl von Norm-Annahmen.

5

Da die MAPI-Methode Umfrageergebnissen zufolge von allen hier behandelten statischen und dynamischen Verfahren in der Praxis nur vereinzelt bzw. am wenigsten eingesetzt wird, soll die Durchführung selbst und eine kritische Durchleuchtung der theoretischen Annahmen hier nicht weiter erfolgen. Die Beschränkung des Untersuchungszeitraumes, das Rechnen mit den Durchschnittswerten und die Absolutsetzung von Ausgaben-Strömen charakterisieren die MAPI-Methode als statische Investitionsrechnung, auch wenn einige dynamische Elemente erkennbar sind.

Dynamische Verfahren

In Abgrenzung zu den statischen Verfahren sind die verschiedenen Verfahren der dynamischen Methode im wesentlichen durch drei Aspekte gekennzeichnet:

- Betrachtet wird eine *Totalperiode* – in der Regel die gesamte geplante Nutzungsdauer einer Investition – statt einer Teilperiode, z. B. lediglich das Folgejahr oder ein als repräsentativ angesehenes Durchschnittsjahr.
- Die dynamischen Verfahren sind *kapitalorientiert*, d. h. sie berücksichtigen die durch eine Investition verursachten Ausgaben und Einnahmen. Dem gegenüber stehen die kostenorientierten Verfahren – insbesondere die Kosten- und Gewinnvergleichsrechnungen – die mit Kosten bzw. Aufwendungen sowie Leistungen bzw. Erträgen rechnen.
- Dem *Zeitablauf*, d. h. den unterschiedlichen Zeitpunkten, zu denen die verschiedenen Auszahlungen sowie Einzahlungen anfallen, wird durch *Abzinsung* Rechnung getragen.

Die Vorteilsentscheidung basiert zumeist auf einer Wirtschaftlichkeitsbetrachtung im Sinne der Rendite. Analog einer statischen Amortisationsrechnung kann sie jedoch den Zeitaspekt in Form der Wiedergewinnungszeit (Pay-off-Periode) in den Mittelpunkt stellen.

Eine beispielsweise simultane Einbeziehung anderer Planungsbereiche erfolgt auch in der dynamischen Methode nicht, insoweit wird sie, wie die statischen Rechnungen, den traditionellen Verfahren zugerechnet.

• Finanzwirtschaftliches Kalkül

Der Zeitablauf, dem durch die Abzinsung Rechnung getragen wird, berücksichtigt die Tatsache, daß eine Einzahlung zu einem späteren Zeitpunkt einen finanzwirtschaftlich geringeren Wert hat als eine frühere Einzahlung in gleicher Höhe. Entsprechend ist eine gleich hohe Auszahlung zu einem späteren Zeitpunkt finanzwirtschaftlich geringer zu bewerten als eine frühere Zahlung. Dies ist darin begründet, daß ein verfügbarer Betrag in der Zwischenzeit entweder als Geldanlage Zinserträge erbringt oder als Tilgung verwendet werden kann und damit Zinszahlungen erspart. Der durch Abzinsung – auch Diskontierung genannt – bestimmte Wert einer Einnahme bzw. einer Ausgabe zu einem bestimmten Bezugszeitpunkt wird als *Barwert* oder auch Gegenwartswert bezeichnet. Bei Investitionsrechnungen wird zumeist der Zeitpunkt der Investitionen als Bezugszeit gewählt. Gelegentlich wird auch auf den Endzeitpunkt gerechnet, dann erfolgt jedoch statt einer Abzinsung eine Aufzinsung.

Die Diskontierungsmethode ist ein in der Finanzmathematik generell verwendetes Rechenverfahren, um z. B. auch bei noch nicht fälligen Wechseln oder Renten etc. den Barwert zu berechnen. Gesucht wird dabei der Wert, der zuzüglich Zinsen dem Betrag im späteren Zeitpunkt entspricht. Der Zukunftswert (Z) für den Betrag (B) am Beginn einer Periode bei einem Zinssatz (p) errechnet sich:

$$Z = B + \frac{B \times p}{100} = B \times \left(1 + \frac{p}{100}\right)$$

Wird $1 + \frac{p}{100} = q$ gesetzt, so ergibt sich

$Z = B \times q.$

Daraus folgt: $B = \frac{Z}{q}$

Der Barwert ergibt sich also durch den Betrag am Ende einer Periode, dividiert durch den Abzinsungsfaktor. Der Abzinsungsfaktor wiederum ist abhängig vom gewählten Zinssatz.

Durch die Berücksichtigung von Zins und Zinseszins ergibt sich für die zweite Periode:

$Z = B \times q^2$ oder generell $Z = B \times q^n$

Dabei steht „n“ für die Anzahl der Perioden. Entsprechend gilt bei der Diskontierung:

$$B = \frac{Z}{q^2} \text{ bzw. } B = \frac{Z}{q^n}$$

• Grundlagen

In der kapitalorientierten Methodik der dynamischen Verfahren werden die durch die Investition verursachten Zahlungsströme – Einzahlungen und Auszahlungen – betrachtet. In der praktischen Anwendung der Investitionsrechnungen wird jedoch ein vereinfachendes Kalkül angewendet, indem statt der Zahlungsströme Zahlungsreihen zugrundegelegt werden. Für die Rechnung und Abzinsung wird also nicht von jeder Einzelzahlung ausgegangen, sondern so getan, als würden alle Einnahmen und alle Ausgaben jeweils entweder am Ende oder aber am Anfang einer jeden Periode anfallen. Zu den *kapitalbindenden Ausgaben* für Investitionen zählen:

- *Anschaffungs- oder Herstellungsausgaben* einschließlich der Nebenausgaben, zu denen in diesem Zusammenhang auch eventuelle, ansonsten nicht aktivierungsfähige Eigenleistungen gehören.
- *Keine Ausgaben* sind die *Abschreibungen*. Anders als bei den kostenorientierten Rechnungen würde ein Ansatz der Abschreibungen – die ja die Verteilung der Anschaffungswerte auf die Nutzungsdauer darstellt – zu einer Doppelbelastung führen, da bereits die Anschaffungsausgaben in voller Höhe angesetzt wurden.
- Auch die *Zinsen* stellen *keine Ausgaben* in diesem Zusammenhang dar, da sie durch die Diskontierung berücksichtigt werden.
- Die *laufenden Ausgaben*, die im Zusammenhang mit der Nutzung eines Investitionsgutes stehen, sind für jede Periode zu erfassen. Hierzu zählen u. a. Ausgaben für Löhne, Material, Werkzeuge, Betriebsmittel, Energie, Versicherungen etc. und eventuelle Anteile an den Gemeinkosten.

Zu den *kapitalfreisetzenden Einnahmen* des Investitionsobjektes gehören:

- Als *laufende Einnahmen* die Erlöse für die erstellten Leistungen, berechnet für jede Periode.
- Der *Restwert* als einmaliger Liquidationserlös der Anlage am Ende der Nutzung. In der Realität sind heute oftmals Entsorgungsaufwendungen bei der Ausmusterung zu berücksichtigen, die gelegentlich die Restwerterlöse der Altanlage kompensieren oder gar übersteigen können. Muß mit letzterem Fall gerechnet werden, so wären entsprechende Ausgaben am Ende der Nutzungsperiode anzusetzen.

Die *Auswahl des Zinssatzes* bestimmt den Abzinsungsfaktor und damit den Barwert der Einnahmen und Ausgaben. Abb. 5.7 zeigt den Einfluß des Zinssatzes auf den Barwert von Rückflüssen verschiedener Jahre und damit des Kapitalwertes, der sich nach Verrechnung des Kapitaleinsatzes ergibt. Je höher der Zinssatz, desto geringer die Barwerte, deren Summe dann auch niedriger ausfallen können als der ursprüngliche Kapitaleinsatz. Abb. 5.8 zeigt die Kapitalwertkurve und veranschaulicht, daß der Kapitalwert aus der Summe der Barwerte für die Rückflüsse abzüglich des Kapitaleinsatzes mit steigendem Zinssatz fallen und ab einem bestimmten Zinssatz negativ werden.

	Rückflüsse	Barwert bei p = 6%	p = 8%	p = 10%
1. Jahr	80.000	75.472	74.074	72.728
2. Jahr	100.000	89.000	85.734	82.644
3. Jahr	50.000	41.980	39.692	37.566
Σ Rückflüsse	230.000			
Σ Barwerte		206.452	199.500	192.939
Kapitaleinsatz	200.000	200.000	200.000	200.000
Kapitalwert		+ 6.452	- 500	- 7.062

Abb. 5.7: Einfluß des Zinssatzes auf den Barwert

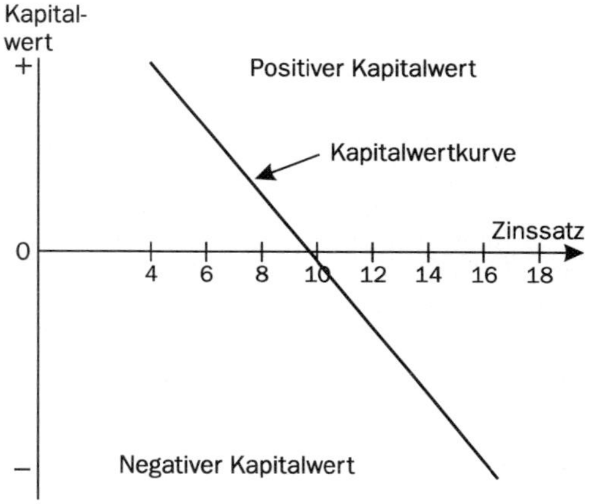

Abb. 5.8: Kapitalwertkurve

Der Zinssatz, der bei der jeweiligen Investitionsrechnung (Kalkulation) zum Ansatz kommt, wird als *Kalkulationszinsfuß* bezeichnet. Die Frage nach der richtigen Ermittlung des Kalkulationszinsfußes gehört zu den umstrittensten Themen der Investitionstheorie. Als Orientierungsgrößen stehen u. a. zur Verfügung:

- Zinssatz für Fremdkapital,
- Zinssatz für alternative Kapitalanlagen,
- Kapitalmarktzins,
- Branchenübliche Zinssätze,

5

5

- Durchschnittsrentabilität, z. B. einer Branche, der Vergangenheit oder für bestimmte Anlagen etc.,
- eine vom Investor geforderte Mindestrendite,
- ein Mischsatz aus den vorgenannten Werten,
- Erhöhung eines zuvor ausgewählten Zinsfußes mit einem Risikozuschlag.

Für die Entscheidung zwischen Investitionsalternativen ist wesentlich, daß der gleiche Kalkulationszinsfuß zur Anwendung kommt – eventuell unterschiedliche Risiken sind in anderer Weise zu berücksichtigen.

Auf der Basis dieser allgemeinen Grundlagen sollen nachfolgend die wichtigsten Verfahren der dynamischen Investitionsrechnung aufgezeigt werden.

• Kapitalwertmethode

Der Kapitalwert ist der Saldo des Barwertes der Einnahmen minus dem Barwert der Ausgaben. Das Ergebnis kann sein:
- *positiver Kapitalwert:* d. h. beim zugrundegelegten Kalkulationszinsfuß ist der Barwert der Einnahmen größer als der der Ausgaben;
- *Kapitalwert = 0:* hier ist also der Kapitalwert der Einnahmen gleich dem der Ausgaben;
- *negativer Kapitalwert:* der Kapitalwert der Einnahmen ist geringer als der der Ausgaben beim zugrundegelegten Kalkulationszinsfuß.

Als *Entscheidungsregel* der Kapitalwertmethode gilt: Eine Investition gilt dann als wirtschaftlich, wenn der Kapitalwert positiv oder zumindest gleich 0 ist. Zwischen mehreren Investitionsalternativen gilt die mit dem höchsten positiven Kapitalwert als die vorteilhafteste.

Üblicherweise erfolgt die Abzinsung auf den Zeitpunkt der Investition, so daß die Investitionsausgabe nicht diskontiert zu werden braucht. Vereinzelt wird das voraussichtliche Ende der Nutzungsdauer als Bezugszeit gewählt. Dabei ist dann statt einer Diskontierung eine Aufzinsung der Einnahmen und Ausgaben vorzunehmen.

Soweit abgesehen vom Anschaffungswert am Beginn in jeder Periode mit einem Überschuß der Einnahmen über die Ausgaben gerechnet wird, können anstelle der Abzinsung der Einnahmen und Ausgaben auch zunächst für jede Periode die Einnahmenüberschüsse ermittelt und dann diskontiert werden. Da, wie bereits erwähnt, Abschreibungen und Zinsen nicht in die laufenden Ausgaben einer Periode eingehen, ist diese Variante durchaus praxisrelevant. Abb. 5.9 zeigt beispielshaft die Ermittlung des Kapitalwertes für eine Anlage A mit einem Anschaffungswert von DM 80.000,—, einer Nutzungsdauer von 6 Jahren und einem Restwert am Ende der Nutzung in Höhe von DM 8.000,—. Insgesamt wird mit Überschüssen in Höhe von DM 120.000,— gerechnet, die sich, wie aufgezeigt, unterschiedlich auf die Jahre verteilen, und zwar in den ersten beiden Jahren lediglich DM 15.000,—, dann zwei Jahre mit DM 25.000,— und die letzten zwei Jahre mit DM 20.000,— Überschuß. Als Kalkulationszinssatz wurden 10% angesetzt. Der Kapitalwert liegt mit DM 10.115,— um DM 1.105,— unter dem Kapitalwert der Alternative B, für die die gleichen Werte angesetzt wurden mit Ausnahme der Verteilung der Überschüsse, die zwar ebenfalls gesamt DM 120.000,— betragen, aber sich gleichmäßig mit DM 20.000,— für jede Periode ergeben und somit für die ersten beiden Jahre höher liegen. Dies soll verdeutlichen, wie sich der Zahlungszeitpunkt auf die Ermittlung des Kapitalwertes auswirkt.

Jahr	Abzinsungsfaktor bei 10%	Anlage A Überschuß	Barwert	Anlage B Überschuß	Barwert
1	0,9091	15.000,—	13.637,—	20.000,—	18.182,—
2	0,8264	15.000,—	12.396,—	20.000,—	16.528,—
3	0,7513	25.000,—	18.783,—	20.000,—	15.026,—
4	0,6830	25.000,—	17.075,—	20.000,—	13.660,—
5	0,6209	20.000,—	12.418,—	20.000,—	12.418,—
6	0,5645	20.000,—	11.290,—	20.000,—	11.290,—
		120.000,—	85.599,—	120.000,—	87.104,—
Restwert		8.000,—	4.516,—	8.000,—	4.516,—
Summe			90.115,—		91.620,—
– Anschaffungswert			80.000,—		80.000,—
= Kapitalwert			10.115,—		11.620,—

Abb. 5.9: Kapitalwertrechnung

Besondere Probleme können sich bei der Beurteilung nach der Kapitalwertmethode ergeben, wenn sich Investitionsalternativen in ihren Anschaffungswerten und/oder ihrer Nutzungsdauer unterscheiden. Erwirtschaftet z. B. bei gleicher Laufzeit eine Anlage A mit DM 100.000,— Investitionssumme einen Kapitalwert von DM 12.000,— und die Alternative B mit einer Investitionssumme von DM 60.000,— lediglich DM 9.000,— Kapitalwert, so kann aus dieser bestehenden Differenz von DM 3.000,— zugunsten der Alternative A noch nicht auf deren wirkliche Vorteilhaftigkeit geschlossen werden. Zu prüfen wäre, inwieweit mit der Differenz bei den Anschaffungswerten in Höhe von DM 40.000,— eine zusätzliche Investition vorgenommen werden könnte, die während der infragekommenden Laufzeit eine Rendite von mindestens DM 3.000,— erbringt. Die Literatur spricht hier von sogenannten *Differenzinvestitionen*. Dieses Verfahren kann auch zu Hilfe genommen werden, wenn für zwei Investitionen zwar jeweils der gleiche Anschaffungswert anfällt, z. B. aber die Alternative X bei einer Nutzungsdauer von 10 Jahren DM 20.000,— Kapitalwert ausweist und die Anlage Y lediglich DM 16.000,—, jedoch bei nur 7 Jahren Nutzungsdauer und damit entsprechend kürzerer Kapitalbindung. Auch hier ergibt sich die Frage, ob im Falle Y für die Differenzzeit von 3 Jahren durch eine Anschlußinvestition ein zusätzlicher Kapitalwert von mindestens DM 4.000,— erwirtschaftet werden kann. In der Praxis haben solche Überlegungen dann oftmals eher spekulativen Charakter, wobei auch die Auswahl des Kalkulationszinssatzes und dessen Entwicklung für die Zukunft mit einzubeziehen sind. Hat man den Kalkulationszinssatz bereits recht hoch gewählt – z. B. als erwartete Eigenkapitalrendite, die mit zusätzlichem Risikozuschlag deutlich über dem Fremdkapitalzins liegt – so ist die Wahrscheinlichkeit für eine Differenzinvestition mit entsprechend hohem Kapitalwert geringer als bei einem niedrigen Kalkulationszinsfuß. Ergeben sich Abweichungen sowohl in den Anschaffungswerten als auch in der Nutzungsdauer, sind noch umfassendere Differenzrechnungen notwendig. Im Abschnitt „Kombination verschiedener Investitionsrechnungsverfahren" wird hierauf nochmals eingegangen.

• Methode des internen Zinsfußes

Hier wird jener Zinssatz ermittelt, bei dem der Kapitalwert, d. h. die Differenz zwischen den abgezinsten Einnahmen- und Ausgabenreihen, gleich 0 ist. In Abb. 5.8 ist dies derjenige Zinsfuß, bei dem die Kapitalwertkurve die Abszisse, auf der die Zinssätze eingetragen sind, schneidet.

Die Beurteilung der Wirtschaftlichkeit einer einzelnen Investition erfolgt danach, ob der so ermittelte interne Zinsfuß gleich oder höher einem erwarteten Kalkulationszinssatz, also einer geforderten Mindestrentabilität, ist. Unter mehreren Investitionsalternativen gilt diejenige mit dem höchsten internen Zinsfuß als die vorteilhafteste. Formal-mathematisch weist die Methode des internen Zinsfußes einige Schwierigkeiten auf, da sich bei mehreren Nutzungsperioden eine Gleichung höheren Grades ergibt. Für die Praxis hat sich jedoch hieraus kein wirkliches Problem ergeben. Durch Näherungsrechnungen mit einem zunächst etwas niedrigeren Zinssatz und positivem Kapitalwert und einem höheren Zinssatz mit negativem Kapitalwert läßt sich durch weitere Näherungsrechnungen und linearer Interpolation sowohl rechnerisch als auch grafisch der interne Zinsfuß ermitteln. Darüber hinaus stehen in der Datenverarbeitung heute entsprechende Rechenprogramme zur Verfügung, auch für PC's.
In der Praxis ist die Methode weit verbreitet, da sie in besonders anschaulicher Weise die Rentabilität einer Investition aufzeigt und es damit erleichtert, die gewonnene Größe z. B. in Relation zu Bankzinsen für Fremdkapital oder durchschnittlichen Unternehmensrentabilität etc. zu sehen.

5

• Annuitätenmethode

Die Annuitätenmethode basiert auf der Kapitalwertmethode. Während der Kapitalwert jedoch den *Totalerfolg* einer Investition ausweist, will die *Annuität* einer Investition ermitteln, welchen über die Rückgewinnung und Verzinsung des gebundenen Kapitals hinausgehenden *konstanten Überschuß* die Investition erwirtschaftet, der jeweils am Ende einer Periode entnommen werden kann. Sie verwendet hierbei den Wiedergewinnungsfaktor, der auch als Rentenbarwertfaktor in der Finanzmathematik zur Ermittlung des Kapitalwerts bei jährlich gleichen Einnahmeüberschüssen verwendet wird. Die Formel des Wiedergewinnungsfaktors lautet:

$$c = \frac{q^n \times p}{q^n - 1}$$

Dabei ist, wie bereits bei zuvor angegebenen Formeln, $q = (1 + p)$, p ist der verwendete Zinssatz. Wie beim Kapitalwert wird sowohl der Barwert der Einnahmen als auch der Barwert der Ausgaben ermittelt. Eine Abweichung ergibt sich lediglich im Bezug auf den Restwert, der nicht als Erlös am Ende der Periode den Einnahmen zugerechnet wird, sondern auf den Investitionszeitpunkt zu diskontieren und von der Summe der Ausgaben abzuziehen ist.

Die Annuität der Einnahmen minus der Annuität der Ausgaben ergibt den durchschnittlichen jährlichen Einnahmeüberschuß. Ist dieser positiv, so gilt die Investition als wirtschaftlich. Unter mehreren Investitionsalternativen ist diejenige mit dem höchsten positiven durchschnittlichen jährlichen Einnahmeüberschuß die vorteilhafteste. In der Theorie und in der Praxis wurden unter Einführung einiger vereinfachender Prämissen Varianten entwickelt, so z. B. eine approximative Annuitätenmethode, auf die hier jedoch nicht näher eingegangen wird.

• Dynamische Amortisationsrechnung
Wie bereits bei der statischen Amortisationsrechnung stehen bei der Ermittlung der Wiedergewinnungszeit nicht Rentabilitätsgesichtspunkte im Vordergrund, sondern Sicherheitsüberlegungen. Sie ist somit risikoorientiert.
Die Entscheidungsregel lautet, daß eine Investition dann als wirtschaftlich anzusehen ist, wenn sich die Investitionssumme innerhalb einer vorgegebenen Zeit amortisiert. Bei Investitionsalternativen gilt diejenige mit der geringsten Wiedergewinnungszeit (Pay-off-Periode) als die vorteilhafteste. Im Vergleich zur statischen Amortisationsrechnung führt die dynamische Methode zu einer längeren Wiedergewinnungszeit, da hier der Kapitaleinsatz zuzüglich Zins und Zinseszinsen auszugleichen ist.

Komplexe Verfahren
Vorbehalte – insbesondere der Investitionstheorie – gegen die dargestellten Investitionsrechnungen der statischen sowie der dynamischen Verfahren richtet sich zum einen dagegen, daß nur in Sonderfällen Investitionsvorhaben isoliert betrachtet werden können, sondern die verschiedenen Investitionsobjekte im Rahmen eines kompletten Investitionsprogrammes einer Unternehmung simultan zu beurteilen und zu entscheiden sind. Dabei habe die Investitionsplanung unter Berücksichtigung der langfristigen Wirkung den Aufbau und die Sicherung der Leistungsbereitschaft des gesamten Unternehmens sowie den Aufbau entsprechend aufeinander abgestimmter Kapazitäten in den einzelnen Teilbereichen einzubeziehen.
Mit diesem Anspruch wird eine die verschiedenen Interdependenzen berücksichtigende Investitionsrechnung zumindest in weiten Teilen zu einer Gesamtplanung für das Unternehmen. Zumeist werden dabei die entscheidungsrelevanten Unternehmensbereiche in Form eines mathematischen Modells abgebildet. Basis ist hierfür insbesondere die *lineare Programmierung* mit einer – oder auch mehreren – linearen Zielfunktionen, linearen Definitionsgleichungen und linearen Nebenbedingungen. Die konkrete Durchrechnung ist oftmals nur mit Hilfe entsprechender EDV-Programme zu bewältigen. Vom Ansatz her erfolgt dabei zumeist eine partielle Konzentration, so daß nach *produktionstheoretischen Modellen* – die in den Simulationsentscheidungen Investitionen, Beschaffung, Produktion und Absatzprogramme in den Vordergrund stellen – und nach *kapitaltheoretischen Modellen* – in deren Mittelpunkt Investitions- und Finanzierungsprogramme stehen – unterschieden wird.
In der Praxis sind vielfach die Voraussetzungen für den Einsatz solcher Modelle nicht gegeben und auch ohne fachkundige Unterstützung nicht einführbar. Hinzu kommt, daß auch diese Modelle an Grenzen stoßen und vielfach für den Entscheider die Zusammenhänge nicht mehr transparent machen. Dabei soll in aller Regel die Investitionsrechnung nicht Entscheidungen ersetzen, sondern vorbereiten. Schließlich haben selbst eine Vielzahl der Großunternehmen für die Fülle der Investitionsentscheidungen ein System auf der Basis traditioneller Investitionsrechnungen im Einsatz. Eine weitere Darstellung komplexer Verfahren würde den Rahmen dieser Abhandlung sprengen und auch der Anforderung nach Praxisnähe nicht weiter gerecht werden.
Dabei ist, unabhängig davon, ob umfassende Modellrechnungen zur Unterstützung zum Einsatz kommen, die nachhaltige Auswirkung von Investitionsentscheidungen auf die Gesamtplanung des Unternehmens zu beachten. Insbesondere umfassende Investitionsvorhaben sollten daher entweder in die strategische Planung einbezogen werden oder zumindest deren Vorgaben berücksichtigen. So könnten sich Probleme ergeben, wenn auf Produktionsengpässe oder unerwartete Gewinnchancen – z. B. durch konjunkturelle Einflüsse oder zusätzliche Absatzchancen, wie sie zum Teil in einigen Branchen nach der Wiedervereinigung gegeben waren – Investitionsentscheidungen getroffen werden, ohne deren langfristige Auslastung und eventuelle Risiken hinreichend geprüft zu haben.

Grenzen der Investitionsrechnung

Die Investitionsrechnungen, gleichgültig wie umfassend die eingesetzten Verfahren ausgestaltet wurden, sind nur so zuverlässig wie die in die Berechnung eingehenden Daten. Dabei kann naturgemäß vielfach auf vorausschauende Prognosen nicht verzichtet werden. Auch sind manche Nebenwirkungen und eventuelle Zusatznutzen nur unvollkommen zu quantifizieren. Insoweit ergeben sich Probleme einerseits aus der Zurechenbarkeit und Erfassung, insbesondere von Zusatznutzen, sowie aus der generellen Unsicherheit bei Planungsdaten, zumal wenn sie, um die Auswirkungen eines Investitionsvorhabens zu beschreiben, weit in die Zukunft reichen. In diesem Sinne ist es bedeutsam, daß Investitionsverfahren nicht nur Berechnungen liefern, sondern auch für die Beurteilung die Spannweite der Entscheidung transparent machen.

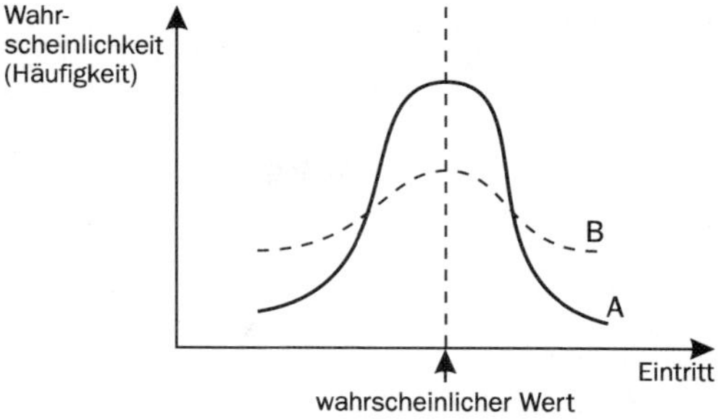

Abb. 5.10: Gauß'sche Normalverteilung

5

Zurechenbarkeit

Dies Problem stellt sich vornehmlich bei der Erfassung der Erlöse. Die Ausgaben bzw. Kostenkomponenten lassen sich in aller Regel den Investitionen verhältnismäßig zuverlässig zurechnen, auch wenn, basierend auf der Kostenrechnung, Gemeinkosten nur über bestimmte Schlüssel verteilt werden. Die Fragestellung geht dann eher dahin, ob der angesetzte Betrag für die Zukunft ausreicht oder das Risiko einer Kostensteigerung besteht. Damit kann es ein Thema der Unsicherheit sein, das im nachfolgenden Unterpunkt behandelt wird. Es kann jedoch auch Unklarheit darüber herrschen, ob noch in der Folgezeit mit beispielsweise zusätzlichen Auflagen oder Anpassungsmaßnahmen gerechnet werden muß. In diesem Falle werden in der Regel Alternativrechnungen durchgeführt, die aufzeigen sollen, in welchem Maße die eventuellen Belastungen noch getragen werden können bzw. ob und ab wann ihr Anfallen zur Unwirtschaftlichkeit der Investition führt.

Bei den Erlösen stellt sich neben der nachfolgend behandelten Frage der Unsicherheit, inwieweit die eingesetzten Beträge tatsächlich realisiert werden können, hier das Thema nach der Berücksichtigung eines sogenannten *Zusatznutzens*.

Dieser Zusatznutzen kann sich zum einen als Nebenwirkung zum betrachteten Bereich ergeben, wenn z. B. durch eine Ersatzbeschaffung in der Produktion ein geringeres Ausfallrisiko gegeben ist, das sich auch in der Versandabteilung auswirkt, in dem die Notwendigkeit von Eilzustellungen oder Teillieferungen entfällt oder doch reduziert werden kann. Dies sind dann zusätzliche Leistungen durch Kosteneinsparungen in anderen Abteilungen, die sich dem Grunde nach erfassen und quantifizieren lassen. Schwieriger wird es andererseits, wenn z. B. durch die Investition in ein neues Abrechnungssystem Informationen künftig für Entscheidungen schneller und detaillierter zur Verfügung stehen. Der Wert, den dies im Bezug auf eine eventuelle Qualitätsverbesserung bei den Entscheidungen hat, ist kaum quantitativ zu bewerten. Häufig wird daher auf die Berücksichtigung solcher Zusatznutzen verzichtet. Liegt hierin jedoch der besondere Vorteil einer Investitionsmaßnahme, indem sie beispielsweise das allgemeine Arbeitsklima, die Zufriedenheit der Mitarbeiter und letztendlich deren Motivation steigern soll, dann kann auf die Einbeziehung dieser eher qualitativen Nebenwirkungen nicht verzichtet werden, um Fehlentscheidungen zu vermeiden.

Unsicherheit

Sicherheit bei Investitionsentscheidungen wäre nur dann gegeben, wenn alle Informationen, auch die über zusätzliche Entwicklungen, zuverlässig und eindeutig erfaßt und in ihrer Größe bestimmt werden könnten. Allgemein spricht man von Sicherheit, wenn kein Zweifel am Eintritt eines bestimmten Ereignisses besteht. Als Wahrscheinlichkeit des zukünftigen Ereignisses ließe sich dies ausdrücken entweder mit einer „1", bei vollkommener Sicherheit darüber, daß das Ereignis eintritt, bzw. als „0", daß es nicht eintritt.

Für Investitionsentscheidungen trifft dieser Zustand einwandfreier Sicherheit fast nie zu, so daß sich das Thema stellt, inwieweit die Unsicherheit zu berücksichtigen ist. Dabei wird üblicherweise unterschieden in Risiko und Ungewißheit.

Als *Risiko* wird bezeichnet, wenn der Eintritt eines Ereignisses nicht mit Sicherheit, sondern nur mit einer Wahrscheinlichkeit erwartet werden kann, die dann größer 0 und kleiner als 1 ist. Von einer objektiven Wahrscheinlichkeit wird dann gesprochen, wenn durch empirische Ermittlungen oder entsprechende Untersuchungen Häufigkeitsverteilungen vorliegen. Läßt sich die Einschätzung nicht auf solche Fakten zurückführen, so spricht man hier von einer subjektiven Wahrscheinlichkeit. Abb. 5.10 zeigt die Ermittlung des wahrscheinlichen Wertes im Zusammenhang mit der Gauß'schen Normalverteilung. Dabei symbolisiert die Kurve A eine höhere Wahrscheinlichkeit als B, da hier die Häufigkeit im wahrscheinlichen Wert dichter ist. Die Abweichungen zeigen den Zu-

5

sammenhang zwischen Risiko und Chance. Solche Wahrscheinlichkeitsrechnungen liegen auch den mathematischen Modellen bei Risikoversicherungen zugrunde. Ist die Zahl der Beteiligten groß genug, so gleichen sich auf Dauer die Risiken und Chancen gegenseitig aus, so daß sich ein statistisch recht zuverlässiger Mittelwert ergibt – die Wahrscheinlichkeit. Hier gilt also das Gesetz der „großen Zahl", während der Einzelfall durchaus abweichen kann. Bei Investitionsvorhaben geht es eher um konkrete Entscheidungen im Einzelfall, so daß die Wahrscheinlichkeit zwar ein Hilfsmittel darstellt, aber nicht von einem Ausgleich von Risiko und Chancen im Zeitverlauf ausgegangen werden kann.

Von *Ungewißheit* als Form der Unsicherheit wird dann gesprochen, wenn die Umweltsituation so völlig unbekannt ist, daß auch keine Wahrscheinlichkeit ermittelt werden kann. Eine einwandfreie Lösung solcher Entscheidungsprobleme ist nahezu unmöglich.

In der Praxis ist jedoch bei sporadisch auftretenden Einzelfällen im Rahmen unvollkommener Informationssysteme, insbesondere im Bezug auf Zukunftsdaten, die Differenzierung der Zufälligkeit bei Risiken und bei Ungewißheit weniger ausgeprägt, so daß häufig alle drei Begriffe (Unsicherheit, Risiko, Ungewißheit) nahezu synonym verwendet werden. Für die Behandlung der Unsicherheiten bei der Beurteilung von Investitionsentscheidungen wurden verschiedene Vorschläge und Verfahren entwickelt, von denen einige nachfolgend skizziert werden.

• Korrekturverfahren

Hier wird mit Risikozuschlägen bzw. -abschlägen gearbeitet, indem entweder bei der Abzinsung mit einem erhöhten Zinssatz gerechnet oder eine doppelte Diskontierung durchgeführt wird. Damit werden die in der Zukunft liegenden Beträge stärker abgewertet, was vor allem zu einer Minderung des Barwerts der Einnahmen und damit per Saldo der Überschüsse führt.

Die Problematik liegt darin, daß hiermit für alle Investitionsalternativen die gleiche Wahrscheinlichkeit zugrundegelegt wird. Dies muß jedoch nicht zutreffend sein. Soll z. B. in dieser Weise dem Risiko überproportional steigender Lohnkosten vorgebeugt werden, so wird gerade in entgegengesetzter Logik durch die höhere Abzinsung eine kapitalintensivere Alternative mit ihrer hohen Anfangsausgabe – die ja nicht abdiskontiert wird – schlechter dargestellt gegenüber einer lohnintensiven Variante mit geringerer Anfangsinvestition aber höheren laufenden Betriebsausgaben infolge höherer Lohnkosten. Andererseits sind Fälle denkbar, in denen dieses Verfahren zu brauchbaren Ergebnissen führt, z. B. beim Risiko steigender Zinssätze. Da hiermit die Entscheidungsfindung auch subjektiv beeinflußt werden kann, sollten solche Vorgaben möglichst zentral erfolgen.

• Risikoanalysen

Mit einem solchen Verfahren wird versucht, für die einzelnen in die Investitionsrechnung eingehenden Größen Wahrscheinlichkeitsfaktoren zu ermitteln. Durch den damit verbundenen Ermittlungs-, Rechen- und Zeitaufwand finden sie in der betriebswirtschaftlichen Praxis, wenn überhaupt, dann meistens bei Großprojekten, Anwendung. Häufig besteht die größte Unsicherheit bei der Prognostizierung der Einnahmen. Als Risikovorsorge konzentriert sich die Rechnung daher vielfach auf die Gewichtung der Einnahmen mit einem Wahrscheinlichkeitsfaktor von < 1 und damit auf den Ansatz reduzierter Einnahmen. Damit gewinnt die unterschiedliche Kostenstruktur der Investitionsalternativen zunehmende Bedeutung. Dies ist z. B. bei der Beurteilung von Alternativen bei Ersatzinvestitionen typisch und vielfach realistisch. Gerade, wenn die zu beurteilende Anlageentscheidung notwendiges Glied in einer Reihe bereits getätigter Investitionen ist, gewinnt die wirtschaftliche Aufrechterhaltung der gesamten Leistungsbereitschaft eine höhere Bedeutung. In der Praxis wird dann jedoch insbesondere bei kleineren Vorhaben durch die Anwendung der Kostenvergleichsrechnung auf die Zurechnung von Einnahmen bzw. Erlösen gänzlich verzichtet.

• Amortisationszeit

Bei der Darstellung der Investitionsrechnungen wurden bereits die statische und die dynamische Amortisationsrechnung – also die Ermittlung der Wiedergewinnungszeit oder auch Pay-off-Periode genannt – behandelt. Für die Beurteilung einer Investition eignen sich diese Verfahren nur bedingt, da die Rentabilitätsgesichtspunkte in den Hintergrund treten. Nach überwiegendem betriebswirtschaftlichen Verständnis ist das Streben nach Sicherheit zwar eine notwendige Nebenbedingung, jedoch kein selbständiges Hauptziel, das es zu maximieren gilt. Das charakteristische für erwerbswirtschaftlich orientierte Betriebe liegt im „Unter-nehmen" und nicht im „Unter-lassen".

Trotz dieser kritischen Betrachtung findet die Amortisationsrechnung in der Praxis zu Recht weite Verbreitung als zusätzliches Verfahren zur Investitionsbeurteilung parallel zu einer an Rendite orientierten Investitionsrechnung. Durch die Betonung auf eine kurze Wiedergewinnungszeit wird insoweit dem Sicherheitsbedürfnis Rechnung getragen, da sich in vielen Fällen die nähere Zukunft leichter prognostizieren läßt als die langfristigen Entwicklungen. Zudem eröffnet sich die Chance, nach der Amortisationszeit über das Anlegen der Beträge erneut entscheiden zu können auf einem dann möglicherweise veränderten Informationsstand.

• Sensitivitätsanalyse
Zum Teil wird sie auch als Sensibilitätsanalyse bezeichnet. Ihr Ziel ist es, die Zusammenhänge zwischen den verschiedenen sich in den Einnahmen und Ausgaben widerspiegelnden Einflußgrößen einer Investition bewußt zu machen. Hierzu zählt insbesondere das Aufzeigen, wie sensibel Output-Größen (z. B. von Kapitalwert, Endvermögen, Rentabilität etc.) auf Veränderungen von Input-Größen (z. B. von Preisen, Absatzmengen, Lebensdauer, Kostenentwicklungen etc.) reagieren. Für ihre Durchführung wurden verschiedene Formen entwickelt. Bei einer *Dreifach-Rechnung* wird zusätzlich zur Ursprungsrechnung jeweils eine zusätzliche Rechnung unter Zugrundelegung sehr günstiger bzw. sehr ungünstiger Datenkonstellationen durchgeführt. Ergibt sich dabei, daß eine Alternative zwar unter günstigen Bedingungen die vorteilhafteste ist, jedoch bei ungünstiger Konstellation zu starken Risiken – möglicherweise zu existenziellen Problemen für das Unternehmen – führt, so kann es sinnvoll sein, z. B. die zunächst zweitbeste Alternative auszuwählen, wenn diese auf schwierigere Situationen weniger sensibel reagiert, also noch zu vertretbaren Ergebnissen führt. Das Verfahren der *Zielgrößen-Änderungsrechnung* untersucht im Rahmen der Sensitivitätsanalyse im Bezug auf die Änderung *einer* Input-Größe die Veränderung des Outputs, zumeist unter der Berechnung des Kapitalwerts. Auch bei der *Kritische-Werte-Rechnung* bildet die Kapitalwertgleichung den Kern des Verfahrens, das den Break-even-Punkt ermitteln will, also den kritischen Wert, bei dem der Kapitalwert noch gerade 0 ist.
Sensitivitätsanalysen verdeutlichen in besonders anschaulicher Weise für den Investor, wie die einzelnen Investitionsalternativen auf eine Veränderung der Datenkonstellation reagieren.

• Entscheidungsbaumverfahren
Im Mittelpunkt der Analyse steht hier die Berücksichtigung alternativer Entwicklungen in den einzelnen Bereichen im Rahmen einer flexiblen Investitionsplanung, der zumeist eine grafische Darstellungstechnik zugrundeliegt. Bei komplexen Strukturen ergibt sich dabei ein umfangreiches Diagramm, wodurch die Datengewinnung und die Berechnung optimaler Lösungen erschwert wird. Dadurch kann die Bezifferung für die verschiedenen Prognosefelder in Relation zu alternativen zeitlichen Entwicklungen für den praktischen Einsatz an Grenzen stoßen. Jedoch kann das Aufzeigen der Entscheidungsstrukturen für Investitionsprojekte in Vorbereitung einer Sensitivitätsanalyse das Aufspüren kritischer Felder unterstützen. Neben der Darstellung einiger Verfahrensansätze sollte aufgezeigt werden, daß es keine Patentlösungen gibt, die durch ein Rechenkalkül oder durch Simulationsmethoden die Risikoabwägung des Investors bei Entscheidungen über Investitionsprojekte ersetzt. Die Transparenz kann jedoch die Bewußtheit bei der Beurteilung verbessern. Dabei gilt, daß das gleiche Verfahren in einigen Fällen zu hilfreichen Erkenntnissen, in anderen Zusammenhängen aber zu fehlerhaften Rückschlüssen führen kann, so daß jeweils der Gesamtkontext einer Investitionsentscheidung, also das Umfeld, zu beachten ist.

Beurteilungsmatrix
Die Abb. 5.11 zeigt eine einfache Beurteilungsmatrix mit vier Feldern. Die Spalten zeigen den Sicherheitsgrad, untergliedert in „wahrscheinlich" und „unsicher", die Zeilen die Zurechenbarkeit in quantifizierbare Nutzen sowie Zusatznutzen. Im Feld 1 wird das Ergebnis einer Investitionsrechnung erfaßt unter Berücksichtigung des quantifizierbaren Nutzens bei einer als wahrscheinlich angesehenen Datenkonstellation. Bei einer Berechnung gemäß Feld 2 wird ein Wertansatz für den Zusatznutzen mit hinzugenommen, was im Ergebnis zu einer Steigerung der ausgewiesenen Wirtschaftlichkeit führt. Die Berechnung gemäß Feld 3 führt ebenfalls zum Ausweis einer erhöhten Vorteilhaftigkeit gegenüber der Berechnung zu Feld 1, da über die als wahrscheinlich angesehene Datenkonstellation hinaus mit günstigeren Werten gerechnet wird, die zwar als möglich aber auch als unsicher eingestuft wurden. Im Feld 4 ergibt sich eine weitere Steigerung, indem sowohl der Zusatznutzen als auch ein erhoffter günstigerer Datenansatz in die Berechnung eingeht. In der Gesamtschau können diese 4 Werte dem Investor die Beurteilung von Risiken und Chancen eines Projektes veranschaulichen.

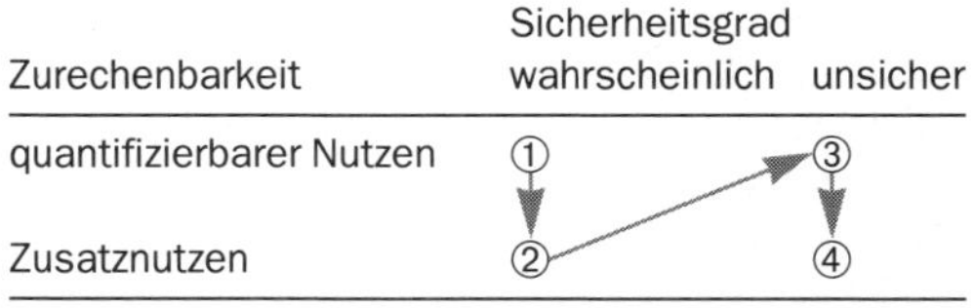

Abb. 5.11: Einfache Beurteilungsmatrix

Zurechenbarkeit	Sicherheitsgrad hoch	mittel	gering
direkt quantifizierbar	①	③	⑥
indirekt quantifizierbar	②	⑤	⑧
kaum quantifizierbar (Zusatznutzen)	④	⑦	⑨

Abb. 5.12: Neun-Felder-Matrix

Vielfach kann eine Erweiterung auf die in Abb. 5.12 aufgezeigte 9-Felder-Matrix hilfreich sein, da sie eine noch differenziertere Betrachtung ermöglicht. Dabei geht die relativ hohe Realisationswahrscheinlichkeit in der ersten Spalte von verhältnismäßig vorsichtig und gesichert angesetzten Annahmen aus, die dritte Spalte von einer geringen Wahrscheinlichkeit, also von besonders günstigen Annahmen, die zwar für möglich gehalten werden, aber doch mit einer größeren Unsicherheit behaftet sind. Die zweite Spalte zeigt einen Mittelwert. Dies kann auch in Analogie zur Dreifach-Rechnung der Sensitivitätsanalyse gesehen werden. In der ersten Zeile ist der direkt sowie in der zweiten der indirekt quantifizierbare Nutzen repräsentiert und in der dritten Spalte ein objektiv kaum zu bewertender Zusatznutzen, der jedoch für eine Investitionsentscheidung durchaus von Bedeutung sein kann. Die Numerierung der neun Felder zeigt, in welcher Reihenfolge üblicherweise eine Erweiterung der Rechnung durchgeführt wird, um die Chancen der Investition aufzuzeigen.

Kombination verschiedener Investitionsrechnungsverfahren

Umfrageergebnissen zufolge setzen viele Unternehmen mehrere Verfahren der Investitionsrechnungen zur Beurteilung von Investitionsvorhaben ein. Die Abb. 5.13 zeigt in einer Rangfolge die Verbreitung verschiedener Investitionsrechnungsverfahren. Die dabei mit dargestellte Entwicklung von den Erhebungen im Jahr 1974 bis zu denen im Jahr 1985 zeigt vor allem eine Rangverbesserung der Methode des internen Zinsfußes und der Kapitalwertmethode, also zweier dynamischer Verfahren, was zum Teil auch durch den zunehmenden Einsatz EDV-gestützter Rechenprogramme erklärt wird, wodurch der Nachteil des höheren Rechenaufwandes zunehmend ausgeglichen wird. Oftmals sind in einem Unternehmen alle vier zuerst genannten Verfahren im Einsatz. Dabei dient die Kostenvergleichsrechnung insbesondere der Beurteilung von Ersatzinvestitionen. Aufgabe der Amortisationsrechnung ist es dabei, in Ergänzung zu den rentabilitätsorientierten Verfahren der Methode des internen Zinsfußes und der Kapitalwertmethode über die Wiedergewinnungszeit den Sicherheitsaspekt zu beleuchten. Nachfolgend erfolgt eine Konzentration auf diese drei Verfahren, deren Ergebnisse nochmals in Relation zueinander betrachtet werden sollen, und zwar im Bezug auf jene Fälle, wo die Vorteilhaftigkeitsentscheidungen zwischen gleichen Investitionsalternativen bei den Methoden unterschiedlich ausfallen.
Die Abb. 5.14 zeigt in drei nicht identischen Beispielen für jeweils zwei Investitionsalternativen die Ergebnisse aus zwei verschiedenen Investitionsrechnungen.
Im ersten Beispiel ist der Fall aus der Behandlung der Kapitalwertmethode übernommen bei unterschiedlichen Anschaffungspreisen und gleicher

Methode	Rang 1985	1974
Methode des internen Zinsfußes	1	2
Amortisationsrechnung	2	1
Kapitelwertmethode	3	5
Kostenvergleichsrechnung	4	4
Rentabilitätsrechnung	5	3
Annuitätsmethode	6	7
Gewinnvergleichsrechnung	7	6
MAPI-Methode	8	8

Abb. 5.13: Verbreitung der Investitionsrechnungsverfahren

Beispiel 1

Alternative	Kapitalwert	Interner Zinsfuß
X	12.000,—	12 %
Y	9.000,—	15 %

Beispiel 2

Alternative	Amortisationszeit (laut Staffel)	Kapitalwert
A	3,5 Jahre	24.000,—
B	2,86 Jahre	13.070,—

Beispiel 3

Alternative	Interner Zinsfuß	Amortisationszeit
D	26 %	4,0 Jahre
E	21 %	2,5 Jahre

Abb. 5.14: Beispiele für einen Methodenvergleich mit unterschiedlichen Rechnungsweisen

Laufzeit, die zu Kapitalwerten X = DM 12.000,— und Y = DM 9.000,— führten. Demnach wäre X die vorteilhafteste Alternative. Nach der Methode des internen Zinsfußes weist jedoch Y mit 15% die höhere Rendite aus. Da die Investitionssumme für Y jedoch nur 60% von der für X beträgt, führt diese höhere Rendite dennoch zu einem geringeren absoluten Überschuß. Für Y, also eine Entscheidung zugunsten des höheren internen Zinsfußes, würde sprechen, daß eine Wirtschaftlichkeit auch dann gewahrt bliebe, wenn z. B. die jährlich zu erwirtschaftenden Überschüsse um 20% sinken oder zunächst unterstellte Finanzierungszinsen von beispielsweise 10% auf 12% oder 13% steigen würden. Bei X würde eine Renditeminderung um 20% bereits den internen Zinsfuß auf unter 10% sinken lassen und damit auch zu einem nicht mehr positiven Kapitalwert führen bzw. ein Zinsanstieg von derzeit 10% auf 12% würde den Kapitalwert dann gleich Null werden lassen.

Sind solche Befürchtungen hier noch nicht realistisch und das Unternehmen verfügt über genügend finanziellen Spielraum, so würde die Entscheidung zugunsten von X DM 3.000,— mehr Gewinn erbringen und damit letztendlich auch eine höhere Eigenkapitalverzinsung. Wie bei den nachfolgenden Beispielen soll auch hier aufgezeigt werden, daß die Gegenüberstellung solch unterschiedlicher Vorteilhaftigkeitsentscheidungen unter Berücksichtigung der Logik der einzelnen Verfahren Hilfestellung geben können, die Hintergründe für eine Investitionsentscheidung zu verdeutlichen.

Im zweiten Beispiel sind die Werte aus den Alternativen der Abb. 5.6 (Amortisationsmethode) entnommen, und zwar für die Ermittlung der Wiedergewinnungszeit aus der Staffelform. Dem gegenübergestellt sind die Kapitalwerte, ermittelt auf der Basis eines kalkulatorischen Zinses von 10%. Während nach der Amortisationsmethode die Entscheidung zugunsten von B ausfallen würde, weist A durch das höhere Volumen (Anschaffungswert DM 60.000,—/DM 40.000,—) und die längere Laufzeit von 6 Jahren gegenüber 5 Jahren einen höheren Kapitalwert aus. Wäre der Kapitalwert auf der Basis von 12% ermittelt, so wäre er für A = 1.916 und für B = 1.846, also sehr viel dichter beieinander. Erscheint jedoch ein Zins von 10% langfristig als realistisch und das Unternehmen verfügt über genügend finanzielle Mittel, auch in einer Zeitperspektive von 3,5 Jahren, so würde die Entscheidung für A zu treffen sein, da hierdurch ein deutlich höherer Gewinnbeitrag erwartet werden kann. Eine stärkere Risikoberücksichtigung würde B favorisieren, bei der die Wiedergewinnungszeit um fast acht Monate kürzer ist.

Eine Gegenüberstellung des internen Zinsfußes zur Amortisationszeit für zwei Alternativen zeigt das Beispiel 3. Für D spricht die höhere Rendite, für E die kürzere Wiedergewinnungszeit. Auch hier ist eine entsprechende Abwägung, wie zuvor, durchzuführen. Dabei kann mit ausschlaggebend sein, mit welchen Fristigkeiten dem Unternehmen Finanzierungsmittel zur Verfügung gestellt werden. Würde z. B. in beiden Fällen zur Finanzierung ein mittelfristiger Anschaffungskredit von 3 Jahren zur Verfügung gestellt, so wäre dieser bei der Alternative E aus den erwarteten Erträgen der Investition zu tilgen, während bei D die Anschlußfinanzierung für das 4. Jahr bedacht werden müßte, auch wenn insgesamt eine höhere Rendite vorliegt. Die Unterschiede zwischen beiden Alternativen könnten sich dadurch ergeben, daß D eine längere Nutzungsdauer hat und/oder mit steigenden Überschüssen in späteren Jahren gerechnet wird.

Im Bezug auf die Kostenvergleichsrechnung können zusätzliche Überlegungen dahingehend angestellt werden, innerhalb welcher Zeit die Kostenvorteile einer Alternative die eventuell mit ihr verbundenen zusätzlichen Investitionen ausgleichen – es wird also die Wiedergewinnungszeit, bezogen auf die Kosten- und Investitionsdifferenzen, ermittelt.

Selbstverständlich können bei der Untersuchung von Investitionsalternativen die verschiedenen Rechenverfahren das gleiche Objekt als das vorteilhafteste ausweisen. In diesem Fall bestätigen sie sich gegenseitig.

Wirtschaftlichkeitsberechnungen brauchen nicht auf Investitionen beschränkt zu bleiben, die bei der Durchführung dann in der Bilanz im Anlagevermögen auf der Aktivseite ausgewiesen werden. Die Methoden der Wirtschaftlichkeitsbetrachtung sind auch anwendbar auf Ausgaben, die als Aufwendungen in einem Jahresabschluß zu behandeln sind, von denen jedoch zusätzliche Erlöse (Einnahmen) in späteren Perioden erwartet werden. Im Rahmen der Bilanz wurde als sogenannte Bilanzierungshilfe für Kapitalgesellschaften die Aktivierung von Ingangsetzungskosten behandelt. Auch hierfür könnten zuvor Wirtschaftlichkeitsbetrachtungen durchgeführt werden, ähnlich wie bei Sachinvestitionen. Entsprechendes gilt für zukunftssichernde Aufwendungen für Forschung und Entwicklung oder in Ausbildung und Mitarbeiterförderung etc. – in diesem Sinne wird in der Betriebswirtschaftslehre auch zum Teil von Personalinvestitionen oder Human Capital gesprochen.

Wirtschaftlichkeitsrechnung bei Kapazitätsabbau

Üblicherweise werden Wirtschaftlichkeitsrechnungen bei Investitionen im weitesten Sinne durchgeführt. Unternehmungen können jedoch auch vor die Aufgabe gestellt werden, z. B. bei nachhaltiger Reduzierung der Nachfrage, vorhandene und in der Vergangenheit geschaffene Leistungskapazitäten abzubauen, d. h. Investitionen vor dem Ende ihrer möglichen Nutzungsdauer aufzulösen oder stillzulegen. Verfügt dabei das Unternehmen nicht über eine einzige, sondern über mehrere Investitionsanlagen, ggf. auch an unterschiedlichen Standorten, so stehen beispielsweise Entscheidungen darüber an, ob an allen Standorten eine nahezu gleichmäßige Reduzierung durchgeführt werden soll oder ein Standort bzw. eine Anlage komplett stillzulegen ist. Auch hier können für den Vergleich der verschiedenen Alternativen Wirtschaftlichkeitsrechnungen durchgeführt werden. Dabei sind z. B. unterschiedliche Betriebskostensätze bei differenzierendem Auslastungsgrad oder Aufwendungen für einen eventuellen Sozialplan etc. zu berücksichtigen. Zusätzliche Erlöse können sich eventuell ergeben, wenn bei Stillegung eines Standortes Grundstück und Gebäude verkaufbar sind. Zumeist geht es bei Wirtschaftlichkeitsberechnungen, bezogen auf Alternativen für einen Kapazitätsabbau, nicht um Rendite im Sinne von Einnahmeüberschüssen, sondern um die Ermittlung der wirtschaftlichsten Lösung im Hinblick auf die geringste Belastung des Unternehmens.
Dabei sind Alternativen mit hohen Anpassungsausgaben in der Startperiode denkbar, z. B. für Sozialplan oder Stillegung. Diese zielen zumeist darauf ab, einerseits einen erhöhten Anfangsaufwand hinzunehmen, andererseits möglichst bald wieder in der Gewinnzone zu sein. Demgegenüber kann auch geplant werden, hohe Einmalaufwendungen möglichst zu reduzieren, auch wenn dies zu weiteren Kostenbelastungen in Folgejahren führt. Der Vergleich kann dann durch Wirtschaftlichkeitsrechnungen erfolgen, beispielsweise indem über dynamische Investitionsrechnungsverfahren auch unter Berücksichtigung der Abzinsung für zu unterschiedlichen Zeiten anfallende Einnahmen und Ausgaben, Rentabilitätsüberlegungen durchgeführt werden. Zusätzlich muß beachtet werden, inwieweit die finanzielle Situation des Unternehmens zusätzliche hohe Ausgaben am Anfang erlaubt.
Die Rechnungen können entweder in der Weise durchgeführt werden, daß zu ermitteln ist, bei welcher Alternative die „negative Rendite" am geringsten wird. Andererseits können auch in Form einer Differenzbetrachtung, bezogen auf die zu verändernde Ausgangssituation, alle Kostenvorteile als Ertrag behandelt und den Ausgaben gegenübergestellt werden. Auf Einzelheiten soll im Hinblick auf die Themenstellung dieses Beitrages nicht weiter eingegangen werden.

Kapitaldeckung

Aufgabe einer Kapitaldeckung ist die Bereitstellung der zur Finanzierung des Kapitalbedarfs notwendigen Mittel. Dabei sind die finanzwirtschaftlichen Ziele zu beachten. Der Abstimmung zwischen Kapitalbedarf und Kapitaldeckung dient die Finanzplanung. Für die Kapitaldeckung wird eine an den Zielen des Unternehmens orientierte „optimale" Kapitalstruktur gesucht, die Thema des zweiten Abschnittes ist. Hierzu zählt insbesondere der Verschuldungsgrad – also das Verhältnis zwischen Eigenkapital und Fremdkapital, sowie die sinnvolle Gestaltung der Fremdfinanzierung. Im dritten Abschnitt wird noch kurz unter „Beteiligungs- und Selbstfinanzierung" auf Aspekte beim Eigenkapital eingegangen.

Finanzplanung

Die Finanzplanung wurde im Abschnitt „Finanzierung" des einleitenden Beitrags zur Betriebswirtschaftslehre – u. a. mit drei Modellbeispielen – behandelt, worauf hier zur Vermeidung von Redundanzen verwiesen wird. Bei der Abstimmung zwischen den verfügbaren Finanzierungsmitteln und erwarteten Einzahlungen einerseits und den sich aus dem Kapitalbedarf ergebenden Auszahlungen andererseits nach Höhe und Fristigkeit für die Planungsperiode können sich grundsätzlich drei Fälle ergeben:
- Die geplanten Einzahlungen entsprechen den geplanten Auszahlungen. Hier besteht kein Finanzierungsbedarf mit Ausnahme eventueller Feinabstimmungen bei der Suche nach kostengünstigeren Varianten.
- Die geplanten Einzahlungen übersteigen die geplanten Auszahlungen. In diesem Fall der Überdeckung besteht eine Liquiditätsreserve, die ertragreich anzulegen ist, z. B. als Fest- bzw. Termingeld oder zur zusätzlichen Tilgung von Fremdkapital, um Zinszahlungen zu ersparen.
- Die geplanten Einzahlungen reichen nicht zur Deckung der geplanten Auszahlungen.

Zur Vermeidung von Zahlungsschwierigkeiten ist für eine Beseitigung dieser Unterdeckung zu sorgen. Dabei kann die Differenz zum einen dadurch behoben werden, daß der Kapitalbedarf an die vorhandenen Finanzierungsmittel angepaßt wird, also Maßnahmen zeitlich verschoben oder ganz gestrichen werden. Zum anderen kann versucht werden, diese Konsequenz durch eine aktive Finanzierung zu vermeiden, indem zusätzliches Kapital beschafft wird. Dabei sind wiederum die finanzpolitischen Ziele zu berücksichtigen. Im Bezug auf die Wirtschaftlichkeit bedeutet dies, daß zwischen dem Nutzen einer Maßnahme, auf die zur Vermeidung von Unterdeckung verzichtet werden muß, und den Kosten einer zusätzlichen Finanzierung abzuwägen ist. Um die Liquidität nachfolgender Perioden nicht zu gefährden, ist zu beachten, inwieweit die Zins- und Rückzahlungsverpflichtungen zusätzlicher Finanzierungen liquiditätsmäßig aus den Rückflüssen der damit dann doch durchgeführten Investition oder aus anderen Quellen gedeckt werden kann. Die Beachtung des Zieles finanzieller Unabhängigkeit kann gefährdet werden, wenn durch Aufnahme zusätzlicher Kredite eine riskante Relation zwischen Eigen- und Fremdkapital entsteht, oder durch die Aufnahme neuen Eigenkapitals sich auch die Gesellschafterverhältnisse ändern.

„Optimale" Kapitalstruktur

Wenn das primäre Ziel in der Erhöhung der Eigenkapitalrendite besteht, so gilt die Hebelwirkung des Fremdkapitalzinses in der Weise, daß so lange die Eigenkapitalrendite erhöht wird, wie durch die damit zusätzlich finanzierten Investitionen die Rendite höher liegt als der Fremdkapitalzins. Dieser Tatbestand wird in der Literatur als Leverage Effekt bezeichnet. Die Abb. 5.15 gibt ein Beispiel. Ausgehend von einer Anfangssituation A, bei der Eigenkapital und Fremdkapital in gleicher Höhe, und zwar je DM 100.000,—, aufgenommen sind, wird das Fremdkapital zu einem Zinssatz von 8% um jeweils DM 100.000,— erhöht bei einer Investition, die im Falle B wie im Ausgang 20% und in den Fällen C und D je 10% Rendite erbringt. Es zeigt sich der weitere Anstieg der Eigenkapitalrendite von zunächst 32% bis auf 48%. Das Risiko besteht jedoch darin, daß die Hebelwirkung auch in der umgekehrten Richtung gilt, also ein Fremdkapitalzins oberhalb einer Grenzinvestition zur Minderung der Eigenkapitalrendite führt. Würde z. B. bei einer Kapitalstruktur gemäß dem Beispiel D (EK = 100, FK = 400) die Gesamtrendite auf 6% sinken, also von 80 auf 30, so ergäbe dies

Alternative	A	B	C	D
Investitionen	200	300	400	500
Gesamtrenatibiltät	40	60	70	80
Fremdkapitel	100	200	300	400
Zinsen (8%)	8	16	24	32
Eigenkapital	100	100	100	100
EK-Rentabilität	32	44	46	48

Abb. 5.15: Beispiel für den Leverage-Effekt

5

bei den Fremdkapitalzinsen von 32 einen Verlust von 2, somit eine negative Eigenkapitalrendite. Beim Sinken der Rendite auf 9,6% (von 80 auf 48) und einer Steigerung des Fremdkapitalzinses von 8% auf 12% wären Fremdkapitalzinsen in Höhe der Gesamtrendite von 48 zu zahlen, so daß das Eigenkapital unverzinst bliebe. Das Risiko besteht also darin, daß gegenüber der ursprünglichen Planung die Rendite sinkt und/oder der Fremdkapitalzins steigt, so daß sich eine negative Differenz zu Lasten des Gewinns ergibt.
In der Literatur werden daher zu Recht eine Reihe von Bedenken erhoben gegen eine Fremdkapitaloptimierung auf der Basis des Leverage-Effekts. Die Kritik kann sich jedoch nicht gegen den Tatbestand wenden, sondern lediglich dagegen, wenn Schlußfolgerungen hieraus zu Unrecht als Handlungsmaßstab genommen werden. Die Wirkungen zu erkennen kann hilfreich sein, genauso wie für einen Autofahrer, der die Höchstgeschwindigkeit und die Beschleunigungsfähigkeit seines Fahrzeuges kennt, ohne ständig mit der Höchstgeschwindigkeit fahren zu müssen. In der Abwägung zwischen Wirtschaftlichkeitsstreben und Sicherheit bedeutet die Beachtung des Leverage-Effektes, daß Risiken und mögliche negative Entwicklungen mit in die Betrachtung einzubeziehen sind, z. B. wie unter den Investitionsrechnungen gezeigt, durch alternative Berechnungen. Dies gilt sowohl im Bezug auf Unsicherheiten bei den erwarteten Erträgen als auch im Hinblick auf steigende Zinsen, soweit nicht die Finanzierung zu festen Zinssätzen bis zum Ende der Wiedergewinnungszeit gesichert ist. Entsprechend sollten bei strategischen Entscheidungen nicht kurzfristige Chancen den Ausschlag geben.
Hinzu kommt, daß die Wirtschaftlichkeit nur eines der finanzwirtschaftlichen Ziele ist. Wird das Risiko in die Ertrags- und Finanzkraft eines Unternehmens von Außenstehenden zurückhaltender eingeschätzt, so kann die Zuverfügungstellung von Fremdkapital und damit die Aufrechterhaltung der Liquidität gefährdet werden. Theoretische Modelle zur Auffindung einer optimalen Kapitalstruktur im Hinblick auf die Relation zwi-

5

schen Eigen- und Fremdkapital haben bisher zu keinem Ergebnis geführt, das in der Literatur überwiegend positive Resonanz und für die Praxis nennenswerte Bedeutung erlangt hätte. Insoweit wird hier darauf verzichtet, diese Konzepte und die Fülle der gegen sie erhobenen Einwendungen darzustellen.

Ein an den Zielen orientiertes Finanzwesen wird stets unter Berücksichtigung der konkreten Situationen und der Risikoabwägung eine Balance zwischen Wirtschaftlichkeitsüberlegungen und Sicherung der Liquidität anstreben. Dabei betonen diese beiden Ziele nicht nur Unterschiede, sondern weisen auch Gemeinsamkeiten auf. So ist die Stabilität eines Unternehmens auf Dauer nur durch entsprechende Gewinne aufrechtzuerhalten, und aus dieser Bonität erwächst das Vertrauen der Geldgeber bei Kapitaleinlagen oder Kreditgewährungen. Befürchtet ein Gläubiger, daß durch mangelnde Ertragslage eines Unternehmens auf Dauer dessen Bestand und damit auch die Erfüllung der Verpflichtungen aus dem Kapitaldienst gefährdet sind, so wird er keine zusätzlichen Mittel bereitstellen. Wird in der Finanzplanung der Kreditrahmen eines Unternehmens voll ausgeschöpft und nur unzureichend Vorsorge für eventuell ungünstigere Wirtschaftsentwicklungen getroffen, so kann sich die Situation ergeben, daß Ertragseinbußen – oder auch nur zeitliche Verschiebungen – zu Mindereinnahmen und damit zu einem Defizit, einer Unterdeckung, führen. In einer solchen Situation ist es dann oftmals schwer, die notwendigen Finanzmittel zusätzlich aufzunehmen, so daß, selbst wenn Illiquidität vermieden werden kann, ggf. doch die finanzielle Unabhängigkeit beeinträchtigt wird. Insoweit erfordert die finanzielle Führung neben einer sorgfältigen Finanzplanung auch vertrauensbildende Maßnahmen bei den Kapitalgebern.

Gegen die aus den finanzwirtschaftlichen Kennziffern abgeleiteten Finanzierungsregeln werden zwar zu Recht eine Reihe von Bedenken erhoben, jedoch sind sie zumindest in der Weise zu beachten, wie ihnen gegenwärtige oder potentielle Geldgeber Bedeutung zumessen. Als vertikale Finanzierungsregel wird das Verhältnis von Fremdkapital zu Eigenkapital festgelegt, z. B. in der Relation 1:1 oder 2:1. Die goldene Bilanzregel verlangt, daß das Anlagevermögen zumindest kleiner ist als das Eigenkapital oder im erweiterten Sinne des Eigenkapitals plus langfristiges Fremdkapital. Im einzelnen wird hier ausdrücklich auf den Abschnitt „Betriebliches Rechnungswesen" im einführenden Beitrag zur Betriebswirtschaftslehre verwiesen, in dem die Bilanzanalyse auch unter finanzwirtschaftlichen Aspekten ausführlicher dargestellt wurde. Abb. 5.16 zeigt die Untersuchungsfelder für die Bilanzkennzahlen bei der Vermögens-, Kapital- und Finanzstruktur.

Neben der Relation von Fremdkapital zu Eigenkapital ist die Fristigkeit der bereitgestellten Finanzmittel in Relation zur Kapitalbindung zu beachten. Hierauf sind die horizontal orientierten Bilanzkennzahlen der Finanzstruktur in Form von Liquiditätsgrad und Deckungsgrad ausgerichtet.

Nicht zuletzt sind die verschiedenen Alternativen der Fremdfinanzierung nach dem Gesichtspunkt der Kapitalkosten, also Zinsen und Nebenkosten, zu berücksichtigen, siehe hierzu auch die Darstellung des Fremdkapitals im Abschnitt „Arten der Finanzierung". Die Inanspruchnahme von Lieferantenkrediten durch Vermeidung von Zahlungen innerhalb einer Skonto-Frist sind dabei in der Regel die teuersten Mittel.

Beteiligungs- oder Selbstfinanzierung

Aktiengesellschaften bieten die weitestgehenden Möglichkeiten, einerseits Zugang zum Kapitalmarkt zu finden und zusätzlich durch die Art der Dividendenpolitik zwischen Kapitalerhöhung durch die Ausgabe neuer Aktien oder Selbstfinanzierung zu entscheiden. Daher werden zunächst

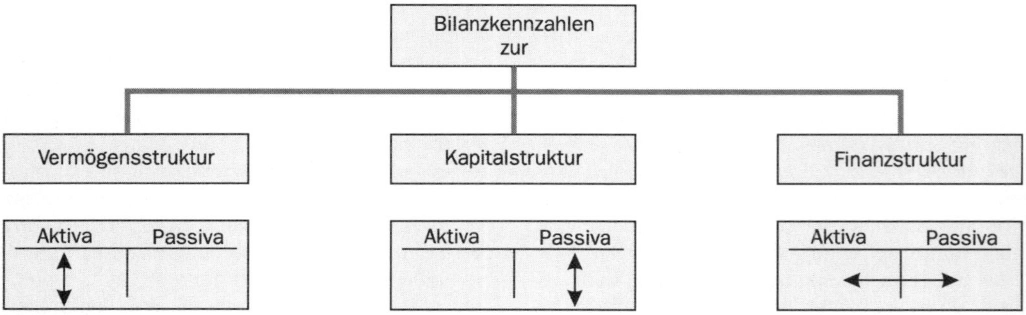

Abb. 5.16: Bilanzbezug der Kennzahlen

in einem Unterabschnitt aktienrechtliche Regelungen dargestellt, bevor dann kurz auf Auswahlkriterien eingegangen wird. Schließlich werden einige Aspekte aufgegriffen, die für kleinere und mittlere Unternehmen bedeutsam sein können. Auf die verschiedenen Rechtsformen wird dabei nicht nochmals speziell abgestellt.

Aktienrechtliche Regelungen

Im Bezug auf die Fungibilität einer Aktie – d. h. die Möglichkeit, Aktien von einem Inhaber auf einen anderen zu übertragen – kann unterschieden werden in *Namensaktien* oder Inhaberaktien. Bei den *Inhaberaktien* ergibt sich das Recht aus dem Besitz der Aktien, so daß eine Übertragung von einem auf einen anderen Inhaber erleichtert wird. Namensaktien sind auf einen Inhaber ausgestellt und erfordern zu ihrer Übertragung ein Indossament und die Eintragung der Änderung in ein *Aktienbuch*. Die Übergabe der Namensaktien kann zusätzlich erschwert werden bei sogenannten „vinkulierten Namensaktien", indem die Zustimmung der Gesellschaft zur Übertragung erforderlich ist.

Grundsätzlich gewährt die Aktie das Stimmrecht, das Recht auf Dividende als Anteil am ausgeschütteten Gewinn, das Bezugsrecht bei der Ausgabe von Aktien durch Umwandlung von Rücklagen sowie die Teilnahme am Liquidationserlös. Bei den sogenannten *Stammaktien* gilt hinsichtlich dieser vier Rechte das Prinzip der Gleichberechtigung. Daneben können jedoch auch Vorzugsaktien ausgegeben werden. Dabei haben insbesondere die sogenannten *stimmrechtslosen Vorzugsaktien* besondere Bedeutung, deren Charakteristikum darin besteht, daß zugunsten eines Dividendenvorrechts auf das Stimmrecht verzichtet wird. Stimmrechtslose Aktien dürfen nur bis zur Höhe des halben Grundkapitals, höchstens aber in Höhe der Stammaktien ausgegeben werden. Das Vorrecht besteht darin, daß den Inhabern solcher Aktien bei der Gewinnverteilung eine Vorab-Dividende zugestanden wird. Diese kann sich entweder nur auf das laufende Jahr berechnen oder aber kumulativ wirken, d. h., nach gewinnlosen Jahren – in denen keine Dividende ausgezahlt werden darf – werden in Gewinnjahren die unterbliebenen Vorzugsdividenden nachgezahlt. Bei stimmrechtslosen Vorzugsaktien lebt nach zwei gewinnlosen Jahren allerdings das Stimmrecht wieder auf.

Durch Kapitalerhöhung gegen Einlagen kann der Gesellschaft zusätzliches Eigenkapital durch die Ausgabe neuer Aktien zugeführt werden. Die Entscheidung über eine solche Kapitalerhöhung bedarf der Zustimmung von mindestens 75% des in der Hauptversammlung anwesenden stimmberechtigten Kapitals. Der Ausgabekurs der neuen Aktien darf wiederum nicht unter pari sein, d. h., er darf nicht unter dem Nennwert der Aktie plus Emissionskosten liegen. Ein darüber hinausgehender Ausgabebetrag ist der Kapitalrücklage zuzuführen. Der Vertrieb solcher neuen Aktien erfolgt üblicherweise über eine Bank bzw. ein Bankenkonsortium.

Die genehmigte Kapitalerhöhung ist die Vorbereitung einer Kapitalzufuhr, in dem die Hauptversammlung mit qualifizierter Mehrheit den Vorstand ermächtigt, während eines begrenzten Zeitraumes (maximal fünf Jahre) das Grundkapital durch Ausgabe neuer Aktien bis zu einem bestimmten Höchstbetrag – maximal die Hälfte des Grundkapitals – zu erhöhen. Da die Kapitalerhöhung durch Einladungsfristen für die Hauptversammlung etc. mit gewissen Aufwendungen und zeitlichen Verzögerungen verbunden ist, ermöglichen solche „Vorratsbeschlüsse" dem Vorstand, schneller zu reagieren, um für die Kapitalerhöhung einen besonders günstigen Zeitpunkt auszuwählen.

Daneben kennt das Aktiengesetz die „bedingte Kapitalerhöhung". Im Gegensatz zur Kapitalerhöhung gegen Einlagen wird hier nicht den Anteilseignern ein Bezugsrecht auf die neuen Aktien eingeräumt, sondern die Kapitalerhöhung bleibt besonderen Fällen vorbehalten: Zur Gewährung von Umtausch- und Bezugsrechten an Gläubiger von Wandelschuldverschreibungen, zur Vorbereitung des Zusammenschlusses mehrerer Unternehmen oder zur Gewährung von Bezugsrechten an Arbeitnehmer der Gesellschaft gegen Einlagen von Geldforderungen, die ihnen aus einer von der Gesellschaft eingeräumten Gewinnbeteiligung zustehen. Der Nennbetrag einer bedingten Kapitalerhöhung darf auch die Hälfte des früheren Grundkapitals nicht übersteigen und erfordert die Zustimmung einer 3/4-Mehrheit in der Hauptversammlung.

Bei der gleichfalls im Aktiengesetz vorgesehenen *Kapitalerhöhung aus Gesellschaftsmitteln* handelt es sich nicht um eine Kapitalerhöhung im eigentlichen Sinne, sondern um die Umwandlung offener Rücklagen in Grundkapital, d. h. aus vorangegangener Selbstfinanzierung wird Beteiligungskapital. Die Abwicklung erfolgt in gleicher Weise wie bei der Kapitalerhöhung gegen Einlage, jedoch mit dem Unterschied, daß diese Aktien durch die Aktionäre im Verhältnis ihrer bisherigen Beteiligung unentgeltlich erworben werden können. Diese sogenannten Bezugsrechte können auch gehandelt werden, was bereits aus Zurechnungsgründen erforderlich ist, wenn der Aktien-

5

bestand eines Aktionärs nicht der Anzahl – oder einem vielfachen davon – der Altaktien entspricht, für die im Verhältnis eine neue Aktie ausgegeben wird: Besitzt z. B. jemand sechs Aktien und für jeweils acht Aktien wird eine Gratisaktie ausgegeben, so muß er entweder zwei Bezugsrechte erwerben oder seine sechs verkaufen.
Der Vollständigkeit halber sind noch die Genußscheine zu erwähnen. Der Genußschein ist eine wertpapierrechtliche Urkunde über ein von einer AG oder GmbH ausgegebenes Genußrecht, das vielfachen Inhalt haben kann und zumeist den Anspruch auf einen Anteil am Reingewinn oder am Liquidationsüberschuß zum Gegenstand hat. Er ist ein reines Vermögensrecht, das keine Beteiligung oder Mitwirkungsrechte beinhaltet. Für die ausgebende Gesellschaft besteht keine Passivierungspflicht. Für die Ausgabe von Genußscheinen ist grundsätzlich die Zustimmung einer 3/4-Mehrheit in der Hauptversammlung erforderlich. Genußscheine können als Inhaber- oder Namenspapiere ausgefertigt werden und haben eine begrenzte Lebensdauer, die durch Kündigung, Rückzahlung oder Fristablauf endet.

Dividendenpolitik und Kapitalbildung bei Aktiengesellschaften
Für die Verwendung von Gewinnen – soweit sie nicht der gesetzlichen oder der satzungsgemäßen Gewinnrücklage zugeführt werden müssen – bestehen grundsätzlich zwei Alternativen. Zum einen kann der Gewinn einbehalten, der freien Gewinnrücklage zugeführt und damit Selbstfinanzierung betrieben werden – in diesem Falle sind 50% als Körperschaftsteuer abzuführen. Im anderen Falle erfolgt eine Ausschüttung in Form der Dividende, die mit 36% Körperschaftsteuer belastet ist – von dem Ausschüttungsbetrag sind nochmals 25% Kapitalertragsteuer einzubehalten und abzuführen. In einem theoretischen Modell können die Auswirkungen dieser beiden Möglichkeiten im Hinblick auf eine Kapitalbildung bei der AG betrachtet werden, wenn unterstellt wird, daß der nach der Ausschüttung den Aktionären verbleibende Nettobetrag wieder in Form von Aktien bei der Gesellschaft angelegt wird. Bei der Selbstfinanzierung liegt die Kapitalbildung bei 50% nach Abzug von 50% Körperschaftsteuer. Im zweiten Fall – der auch als „Schütt-aus-hol-rück-Verfahren" bezeichnet wird – ergibt sich zunächst durch die Anrechenbarkeit der Körperschaftsteuer bei der Ausschüttung zuzüglich der Kapitalertragsteuer beim Empfänger, daß dieser 100% zu versteuern hat und die Belastung sich nach seinem individuellen Steuersatz richtet. Hinzu kommt eventuell noch die Kirchensteuer. Liegt der Steuersatz des Aktionärs im unteren Bereich, so verbleibt ihm ein Betrag von mehr als 50%, z. B. 60% bei einer Einkommen- und Kirchensteuerbelastung von 40%. Hinzu kommt, daß bei der Wiederanlage in Form einer Kapitalerhöhung durch Ausgabe neuer Aktien 1% Gesellschaftssteuer (von 60) sowie Nebenkosten für die Emission einschließlich Druck der Aktien anfallen. Gegenüber der Selbstfinanzierung ergeben sich also nur dann Vorteile, wenn die individuelle Steuerbelastung deutlich unter 50% liegt.
In der Praxis sind jedoch gerade bei Publikumsgesellschaften mit einer Vielzahl von Aktionären einerseits deren individuelle Steuersätze nicht einschätzbar und zum anderen kann die Anlagebereitschaft nicht verbindlich vorhergesagt werden, da in der Regel kein einheitlicher Willensbildungsprozeß vorliegt, sondern zunächst eine Ausschüttungsentscheidung im Rahmen der AG und später eine Anlageentscheidung der einzelnen Aktionäre.
Dabei ist zu beachten, daß insbesondere bei anonymen Verhältnissen zwischen Aktionär und Gesellschaft selbst bei grundsätzlicher Entscheidung für eine Wiederanlage der Dividendenerträge dem Aktionär alternative Anlagemöglichkeiten zur Verfügung stehen, z. B. auch der Erwerb von Aktien anderer Gesellschaften. Dies kann z. B. im Sinne einer Risikostreuung erfolgen. Hinzu kommt, daß die Entscheidung für eine Aktie von mehreren Einflüssen bestimmt wird, u. a. vom Gewinn, der Ausschüttung, dem Bilanzwert, zukünftigen Wettbewerbschancen und Gewinnerwartungen sowie allgemeiner wirtschaftlicher Rahmenbedingungen.
Ohne auf die Dividendenpolitik, zu der die Entscheidungen über die Höhe der Gewinnausschüttung, Rücklagenbildung sowie eventuelle Rücklagenauflösung in den Jahren mit geringeren Überschüssen und bei zuvor erfolgter Reservebildung gehören, näher eingehen zu können, bleibt festzuhalten, daß sie im Zusammenhang mit einer Kurspflege zu sehen ist. Insgesamt gilt es dabei, das Ansehen der Gesellschaft und die Attraktivität der eigenen Aktien so zu gestalten, daß ein möglichst großer Aktionsrahmen geschaffen bzw. erhalten wird, damit bei Bedarf Kapitalerhöhungen durch die Ausgabe neuer Aktien erfolgreich durchgeführt werden können.

Aspekte der Eigenkapitalbildung bei personenorientierten Unternehmen
Viele gerade kleinere Betriebe werden als Einzelunternehmen geführt. Die Gewinnbesteuerung in Form der Einkommensteuer erfolgt beim Unternehmer und nicht bei der Unternehmung, so daß

sich steuerliche Überlegungen im Bezug auf die Ausschüttung nicht ergeben. Die Selbstfinanzierung stellt sich dann als Gewinn minus Privatentnahmen dar. Einlagen sind die Kapitalerhöhung durch die Bereitstellung zusätzlicher Mittel von außen durch den Unternehmer. Die Eigenkapitalbildung durch Selbstfinanzierung wird bestimmt einerseits vom erwirtschafteten Gewinn und zum anderen von den Entnahmen, z. B. für Steuern und für die Lebensführung. Dadurch wird die Kapitalbildung auch begrenzt und reicht oftmals gerade in Phasen der Expansion mit generell positiver Geschäftsentwicklung nicht aus, den zusätzlichen Kapitalbedarf zu decken. Da das Eigenkapital jedoch nicht nur Finanzierungsmittel darstellt, sondern als Haftungskapital auch den Rahmen für die Aufnahme von Fremdkapital beeinflußt, kann eine in Relation zur Geschäftsentwicklung zu geringe Eigenkapitalbildung zu einer Begrenzung der Expansion oder anderen gesellschaftsrechtlichen Überlegungen führen. Letzteres kann z. B. die Aufnahme eines Gesellschafters sein, wodurch jedoch in aller Regel nicht nur die Eigentumsverhältnisse, sondern auch die Gestaltungsfreiheit im Rahmen der Geschäftsführung verändert wird. Ähnliches gilt, wenn bei Personengesellschaften für die Aufnahme zusätzlichen Eigenkapitals weitere Gesellschafter hinzugenommen werden müssen. Aufgabe einer strategisch vorausschauenden Finanzpolitik ist es, solche Entwicklungen möglichst so rechtzeitig vorauszusehen, so daß die notwendigen Verhandlungen ohne Existenzdruck geführt werden können, d. h., der Betreffende kann noch abwägen zwischen den Auswirkungen bei der Aufnahme eines zusätzlichen Gesellschafters oder den Unternehmensergebnissen bei einer geringeren Expansion, die den bestehenden Kapitalverhältnissen angepaßt wird.

Durch die persönliche Haftung des Einzelunternehmers oder des Komplementärs einer oHG kann sich zur Beurteilung der Kreditfähigkeit ein über das ausgewiesene Kapital hinausgehendes Haftungskapital ergeben, wenn der Betreffende über seine Unternehmenseinlage hinaus ein entsprechendes Vermögen hat, z. B. ein Eigenheim mit geringer Schuldenbelastung. Diese persönliche Haftung bedeutet jedoch z. B. im Falle einer Insolvenz, daß zur Abdeckung fälliger Verbindlichkeiten auch auf die Verwertung des Privatvermögens zurückgegriffen werden kann.

Gelegentlich streben daher auch Einzelunternehmer sowie kleine Personengesellschaften durch Gründung oder Umwandlung in eine GmbH die Vermeidung des Risikos einer persönlichen Haftung an. Oftmals erfolgt die Umsetzung jedoch nur inkonsequent, indem Großgläubigern, insbesondere Banken, persönliche Bürgschaften für die Verbindlichkeiten gegenüber der GmbH eingeräumt werden, womit letztendlich wieder die persönliche Haftung begründet wird.

Reicht die Eigenkapitalbildung nicht aus und wird auch keine Lösung durch die Aufnahme zusätzlicher Gesellschafter gesehen, so können z. B. die kapitalschonenden Finanzierungen alternativ in die Betrachtungen einbezogen werden.

Beurteilungen des Eigenkapitalanteils, z. B. mit Hilfe von Kennziffern und Finanzierungsregeln, können Tendenzen für eine künftige Finanzpolitik aufzeigen. Oftmals ergibt sich eine großzügigere Bewertung in Zeiten positiver Geschäfts- und Gewinnentwicklungen, die eine künftige Eigenkapitalbildung durch Selbstfinanzierung erwarten lassen und damit sozusagen im Vorgriff eine zusätzliche Kreditfähigkeit gewähren. Eine Abwägung zwischen der Risikobereitschaft einerseits und dem Vorsichtsprinzip unter Berücksichtigung eventueller Einbußen und Rückschläge, die sich zum Teil auch von außen, z. B. durch Geschäftspartner oder generelle Wirtschaftsentwicklung ergeben können, bleibt letztendlich eine subjektive unternehmerische Entscheidung.

Finanzdisposition und Zahlungsverkehr

Die Disposition und Abwicklung der finanziellen Transaktionen erfolgt durch den Zahlungsverkehr im Rahmen der Finanzverwaltung. Organisatorisch werden diese Aufgaben oftmals – wenn keine eigene Abteilung besteht – der Buchhaltung zugegliedert, oder erfolgen in enger Abstimmung mit ihr. Zur Durchführung stehen vielfach EDV-Programme zur Verfügung.

Disposition

Die Steuerung eines Zahlungsverkehrs erfolgt durch die Disposition. Eine wesentliche Grundlage hierfür ist zumeist der tägliche Finanzstatus, der unter Finanzplanung im Abschnitt „Finanzierung" des einführenden Beitrags zur Betriebswirtschaftslehre dargestellt wurde und die für Zahlungen zur Verfügung stehenden Mittel aufzeigt. Dem gegenüber stehen die zur Zahlung fälligen Verpflichtungen. Dabei sind aus dem Gesichtspunkt der Rentabilität heraus die Skontofristen zu beachten.

Steht z. B. durch nicht ausgenutzte Kreditlinien ein ausreichend großer Finanzierungsrahmen zur Verfügung, so daß selbst ein verzögerter Zahlungseingang einer Forderung nicht zu einem Engpaß führt, so kann sich die Disposition weitgehend auf zuverlässige sowie kostengünstige Abwicklung konzentrieren. Besteht ein geringer finanzieller Spielraum – d. h., es entstehen immer wieder Phasen, in denen die Mittel für eine fristgerechte Zahlung nicht ausreichend zur Verfügung stehen – so gewinnt die Disposition eine zusätzliche Bedeutung.
Hier ist dann möglichst mit einer gewissen Vorschau abzuwägen, welche Zahlungen auf jeden Fall erfolgen müssen, um das Unternehmen und sein Ansehen nicht zu gefährden, und welche Zahlungen eventuell gestreckt werden können, z. B. durch die Inanspruchnahme von zusätzlichen Lieferantenkrediten, selbst wenn dabei auf Skonti-Erträge verzichtet wird. Auch der Inanspruchnahme von Lieferantenkrediten sind Grenzen gesetzt, da deren Bereitschaft zur Kreditgewährung zu beachten ist, um die Materialversorgung des Unternehmens sicherzustellen. Aufgabe einer Finanzplanung ist es, möglichst solche Situationen für die Disposition zu vermeiden oder auf ein Minimum zu reduzieren.

Zahlungsmittel

Zahlungsmittel sind diejenigen Mittel, die zur Erfüllung von Zahlungsverpflichtungen zur Verfügung stehen. Dabei ist zu unterscheiden zwischen Zahlung „an Erfüllungs Statt“ und „erfüllungshalber“.
Von Zahlung an *Erfüllungs Statt* wird dann gesprochen, wenn mit der Zahlung die Verpflichtung des Schuldners gegenüber dem Gläubiger erfüllt ist, also erlischt. Dies erfolgt durch Übergabe von Bargeld oder Verfügung über Buchgeld (s. u.) durch Überweisung.
Durch die Übergabe von Geldersatzmitteln wie Schecks oder Wechsel erfolgt lediglich eine *Zahlung erfüllungshalber*, d. h., der Anspruch des Gläubigers ist nicht mit der Annahme dieser Hilfszahlungsmittel bereits erloschen, sondern erst, wenn der Scheck bzw. der Wechsel eingelöst wurden, ist die Verbindlichkeit des Schuldners gegenüber dem Gläubiger erfüllt.

Bargeld
Das gesetzliche Zahlungsmittel ist das Bargeld, bestehend aus Banknoten und Münzen. Durch Übergabe von Bargeld erfolgt Zahlung an Erfüllungs Statt. Bargeld in Landeswährung muß von jedermann angenommen werden, wobei für Münzen zum Teil ein begrenzter Annahmezwang gilt. In dieser universellen Verwendbarkeit liegt der Vorteil des Bargeldes. Andererseits ergeben sich Nachteile aus dem Verlustrisiko sowie aus den relativ hohen Kosten für eine sichere Aufbewahrung und im Zahlungsverkehr, wenn räumliche Distanzen zu überbrücken sind. Außerdem bringt Bargeld keine Verzinsung.

Buchgeld
Sowohl Sichtguthaben als auch durch Kreditgewährung bereitgestellte Mittel bei Kreditinstituten bilden das Buchgeld, auch als Giralgeld bezeichnet. In der betrieblichen Praxis kommt ihm die weitaus wesentlichere Bedeutung zu, auch wenn es sich um kein gesetzliches Zahlungsmittel handelt. Durch Abhebung kann Buchgeld jederzeit in Bargeld umgewandelt werden (unter Beachtung eventueller Kündigungsfristen) – hierzu sind Kreditinstitute verpflichtet, so daß Buchgeld praktisch dem Bargeld gleichwertig ist.

Scheck
Der Scheck ist ein Wertpapier auf der Grundlage der strengen Form- und Rechtsvorschriften des Scheckgesetzes. Als gesetzliche Bestandteile sind zwingend vorgeschrieben:
- Bezeichnung „Scheck“ im Text der Urkunde,
- unbedingte Anweisung, eine bestimmte Geldsumme zu zahlen,
- Namen des Bezogenen, der zahlen soll, (hierbei handelt es sich um ein Kreditinstitut bzw. ein Postgiroamt),
- Angabe des Zahlungsortes,
- Angabe des Tages und Ortes der Ausstellung,
- Unterschrift des Ausstellers als Verfügungsberechtigten des Kontos.

Hinzu kommen zur sicheren und rationellen Bearbeitung kaufmännische Bestandteile:
- Scheck-Nummer,
- Konto-Nummer,
- Bankleitzahl,
- Schecksumme in Ziffern,
- Guthabensklausel,
- Zahlungsempfänger,
- eine codierte, maschinell lesbare Leiste.

Man unterscheidet in Barschecks, die eine direkte Bareinlösung beim bezogenen Institut ermöglichen, und in Verrechnungsschecks („nur zur Verrechnung“). Des weiteren kann man unterscheiden in Inhaberschecks, die keine Angabe eines Zahlungsempfängers tragen und vom Überbringer, ohne Nachweis einer Berechtigung, eingelöst werden können, und in Orderschecks. Letztere

tragen den Namen des Zahlungsempfängers und – soweit eine Weitergabe zulässig sein soll – den Vermerk „oder Order". Die Übertragung erfolgt hier neben Einigung und Übergabe durch ein Indossament, auch Giro genannt, auf der Rückseite des Schecks. Hierdurch wird sichergestellt, daß eine Einlösung oder Weitergabe jeweils nur durch den Begünstigten erfolgen kann. Kaum Bedeutung hat der sogenannte „Rektascheck", bei dem ein Begünstigter eingetragen ist, jedoch durch die sogenannte negative Orderklausel „nicht an Order" eine Übertragung mit Indossament ausgeschlossen ist und nur eine Zession ermöglicht wird.
Eine besondere Sicherung bieten die Euroschecks, zusammen mit einer Euroscheckkarte, sowie die Einlösungsgarantie bei Tankschecks und Reiseschecks.

Wechsel
Ein weiteres streng förmliches Wertpapier ist der Wechsel. Grundlage ist das Wechselgesetz. Um als Wechsel anerkannt zu werden, müssen die gesetzlichen Bestandteile erfüllt sein:
- Bezeichnung als Wechsel im Text der Urkunde (Wechselklausel),
- unbedingte Anweisung, eine bestimmte Geldsumme zu zahlen,
- Angabe der Verfallzeit, also wann der Wechsel fällig wird,
- Zahlungsort,
- Name des Bezogenen, also dessen, der zahlen soll, er wird auch als Trassat bezeichnet bzw. als Akzeptant, nachdem er den Wechsel angenommen (akzeptiert) hat, in der Regel durch sogenanntes „Querschreiben",
- Name des Wechselnehmers, auch Begünstigter oder Remittent genannt, also derjenige, an den oder an dessen Order gezahlt werden soll,
- Ort und Tag der Ausstellung,
- Unterschrift des Ausstellers, auch Trassant genannt.

Hinzu kommen kaufmännische Bestandteile, die die Abwicklung erleichtern.
Der Wechsel hat drei Beteiligte: den Aussteller, den Bezogenen und den Begünstigten. Dabei kann Aussteller und Begünstigter identisch sein. Ist der Aussteller gleichzeitig der Bezogene, so wird von einem *Solawechsel* gesprochen. Die Zahlungsaufforderung an einen Bezogenen wird damit zu einem Zahlungsversprechen. Die Sicherheit für den Begünstigten reduziert sich insoweit, als er nur auf den Aussteller zurückgreifen kann und nicht, wie bei drei Beteiligten, zusätzlich auf den Bezogenen. Der Solawechsel (Eigenwechsel) wird oft als Sicherungsmittel eingesetzt, und zwar als Schuldschein unter der Strenge des Wechselgesetzes.
Für die Weitergabe eines Wechsels ist neben Einigung und Übergabe ein Indossament erforderlich, so daß sich vom Begünstigten über die Indossaments die Kette verfolgen läßt bis hin zu demjenigen, der dann den Wechsel vorlegt. Wird der Wechsel nicht eingelöst, so haften dem Wechselgläubiger alle Personen als Gesamtschuldner, die den Wechsel ausgestellt, angenommen, indossiert oder mit einer Bürgschaftserklärung versehen haben. Voraussetzung für diesen Rückgriff (Regreß) ist, daß bei Nichteinlösung innerhalb der beiden auf den Zahlungstag folgenden Werktage ein Wechselprotest erfolgt, indem die ordnungsgemäße Vorlage und Nichteinlösung beurkundet wird. Für das Wechselrecht gelten strenge Vorschriften. So können Ansprüche im Wechselprozeß als eine besondere Form des Urkundenprozesses (auch der Scheckprozeß ist ein Urkundenprozeß) durchgesetzt werden (siehe dazu auch den Beitrag „Recht des Kaufmanns").

Zahlungsverkehr

Durch Verfügung über die genannten Zahlungsmittel kann der Zahlungsverkehr des Unternehmens abgewickelt werden. Hierbei wird unterschieden in Barzahlung, halbbare Zahlung und unbare (bargeldlose) Zahlung.

Barzahlung
Die unmittelbare Barzahlung erfolgt, indem Bargeld „von Hand zu Hand" weitergegeben wird. Von mittelbarer Barzahlung wird gesprochen, wenn die Überbringung des Bargeldes erfolgt unter Verwendung eines Wertbriefes oder einer Postanweisung.

Halbbare Zahlungen
Hier wird entweder Bargeld in Buchgeld umgewandelt oder umgekehrt, indem eine Bareinzahlung des Zahlers und Gutschrift auf dem Konto des Empfängers erfolgt bzw. Abbuchung vom Konto des Zahlers und Barauszahlung an den Empfänger. Im ersten Fall kann ein Zahlschein, im zweiten ein Barscheck verwendet werden.

Unbare (bargeldlose) Zahlung
Die Zahlung erfolgt durch Abbuchung vom Konto des Zahlers und durch Gutschrift auf dem Konto des Empfängers. Für die Abwicklung stehen mehrere Formen zur Verfügung.
Durch die *Überweisung* erteilt der Zahlungspflichtige seinem Kreditinstitut den Auftrag, Buchgeld

von seinem Konto zu übertragen auf das Konto des Zahlungsempfängers (Gutschrift). Besondere Formen sind der Dauerauftrag, die Eilüberweisung und die Sammelüberweisung.

Bei dem *Lastschriftverfahren* kann ein Zahlungsempfänger fällige Forderungen durch sein Kreditinstitut beim Kreditinstitut eines Zahlungspflichtigen einziehen lassen. Der Zahlungspflichtige kann seine Zustimmung zum Lastschriftverkehr entweder durch *Einzugsermächtigung* unmittelbar einem Zahlungsempfänger gegenüber erklären oder durch *Abbuchungsauftrag* an sein Kreditinstitut. Der Zahlungspflichtige kann Lastschriften aufgrund seiner Einzugsermächtigung innerhalb von sechs Wochen nach Belastung widersprechen. Dieses Widerspruchsrecht besteht beim Abbuchungsauftrag nicht, jedoch kann dieser jederzeit widerrufen werden.

Die *Scheckzahlung* erfolgt erfüllungshalber, indem der Scheck als Geldersatzmittel dem Empfänger übergeben wird. Dieser reicht ihn dann entweder bei seiner Bank zur Einlösung ein oder reicht ihn seinerseits zahlungshalber weiter. Im Gegensatz zum Wechsel ist der Scheck kein Kreditinstrument, sondern sollte lediglich als Zahlungsmittel verwendet werden, so daß er gemäß Scheckgesetz innerhalb einer Vorlegungsfrist eingereicht werden soll. Diese Frist beträgt bei einem Ausstellungsort im Inland acht Tage, im europäischen Ausland oder einem an das Mittelmeer angrenzenden Land 20 Tage, bei allen übrigen Ausstellungsorten 70 Tage. Zwar ist der Scheck auch nach Ablauf der Vorlegungsfrist noch gültig, jedoch ist das bezogene Institut nicht verpflichtet, ihn noch einzulösen. Durch Vordatierung des Schecks kann die Frist verlängert werden. Wird ein rechtzeitig vorgelegter Scheck nicht eingelöst, so erfolgt eine Feststellung der Einlösungsverweigerung. Dem Scheckinhaber stehen dann Rückgriffsrechte zu. Durch einen Scheckprozeß als Urkundenprozeß können analog zum Wechselprozeß Ansprüche schneller durchgesetzt werden, zumal sich die Einredemöglichkeiten des Scheckausstellers auf die Urkunde beschränken und nicht das zugrundeliegende Geschäft beinhalten.

Gleichfalls erfüllungshalber erfolgt die *Wechselzahlung*. Der Wechsel kann vom Schuldner als Solawechsel ausgestellt werden – indem er als Aussteller und Bezogener fungiert – oder vom Gläubiger ausgestellt sein und dem Schuldner zum Akzept zugestellt werden. Der Wechsel hat zunächst die Funktion als Zahlungsmittel, wenn auch nur als Geldersatz, jedoch mit der Strenge des Wechselgesetzes, wodurch der Wechsel gleichzeitig zum Sicherungsmittel wird. Drittens kann der Wechsel noch die Funktion als Kreditmittel übernehmen, indem die Zeit zwischen Ausstellungs- und Verfalldatum die Gewährung eines Zahlungszieles darstellt. Durch Rediskontierung bei seiner Bank oder durch Weitergabe mit Indossament kann der Gläubiger den Wechsel seinerseits als Geldersatz verwenden, wenngleich seine Mithaftung als Wechselbeteiligter bis zur endgültigen Einlösung bestehen bleibt. Über Ausstellung, Empfang oder Weitergabe von Wechseln wird in den Unternehmungen ein Wechselbuch geführt, aus dem u. a. erkennbar ist, für welche noch im Umlauf befindlichen Wechsel eine eventuelle Mithaftung besteht. Wird absehbar, daß Wechselverpflichtungen nicht termingerecht erfüllt werden können, so ist es sinnvoll, zur Vermeidung eines Wechselprotestes sich rechtzeitig mit dem Wechselinhaber wegen einer Prolongation in Verbindung zu setzen, d. h. der Verlängerung der Wechsellaufzeit durch Ausstellen eines neuen Wechsels.

Die *Kreditkarte* ist ein weiteres Mittel, bargeldlos Waren und Dienstleistungen bei Vertragsunternehmen der Kreditkartenunternehmung zu erwerben oder an bestimmten Stellen auch Bargeld abzuheben. Das Kreditkarteninstitut belastet zumeist monatlich das Konto des Kreditkarten-Inhabers mit den durch die Vertragsunternehmen abgerechneten Leistungen. Hierdurch ergibt sich eine gewisse Kreditgewährung, zumal das Institut den Vertragsunternehmungen gegenüber die Zahlungen garantiert, wenn auch hier zumeist unter Ausnutzung eines Zahlungszieles.

Zunehmende Verbreitung findet das *Electronic Cash-System* als bargeldlose Zahlung bei automatisierten Kassensystemen am sogenannten Point of Sale, z. B. im Handel oder bei Tankstellen. Es setzt voraus, daß der Kunde über ein Konto verfügt, über das abgebucht werden kann.

Der bargeldlose Zahlungsverkehr überwiegt in der betrieblichen Praxis, nicht zuletzt aus Kosten- und Sicherheitsgründen.

Literatur

Blohm/Lüder: Investition. 5. Auflage, München, 1983

Däumler, K. D.: Betriebliche Finanzwirtschaft. 5. Auflage, Herne/Berlin, 1991

Däumler, K. D.: Grundlagen der Investitions- und Wirtschaftlichkeitsrechnung. 6. Auflage, Herne/Berlin, 1989

Hagenmüller, K. F. (Hrsg.): Leasing-Handbuch. 4. Auflage, Frankfurt a. M., 1981

Hahn, O.: Finanzwirtschaft. 2. Auflage, Landsberg, 1983

Hauschild, J.: Finanzorganisation, Finanzplanung und Finanzkontrolle. München, 1981

Mann, R.: Praxisstrategisches Controlling mit Checkliste und Arbeitsformularen. 3. Auflage, Landsberg, 1983

Olfert, K.: Finanzierung. 7. Auflage, Ludwigshafen, 1992

Olfert, K.: Investition. 5. Auflage, Ludwigshafen, 1992

Schneider, D.: Investition und Finanzierung. 5. Auflage, Wiesbaden, 1980

Wöhe/Bilstein: Grundzüge der Unternehmensfinanzierung. 5. Auflage, München, 1988

Personalwirtschaft

6

Menschliche Arbeitsleistung im Betrieb

Eine systematische Darstellung der Personalwirtschaft wird im Beitrag 1 Betriebswirtschaftslehre gegeben. Im folgenden wird daher nur auf Schwerpunkte der praktischen Personalarbeit im Unternehmen eingegangen.
Die steuerrechtlichen Aspekte, die die Lohn- und Gehaltsabrechnung betreffen, werden in Beitrag 10, arbeitsrechtliche Fragen in Beitrag 11 behandelt.

Bei ausschließlich betriebswirtschaftlicher Betrachtungsweise ist der Mensch durch den von ihm geleisteten Beitrag zur Erreichung der betrieblichen Ziele von Interesse, nämlich durch seine Arbeit.
Da es sich beim Menschen jedoch nicht um einen technischen Produktionsfaktor handelt, ist nicht nur die Frage von Bedeutung, wie wichtig seine Arbeit für das Unternehmen ist, sondern auch die Frage, was sie für ihn selbst bedeutet.
Zur Sicherung seiner Existenz benötigt der Mensch materielle und immaterielle Güter. Er braucht sie zur Befriedigung seiner physischen und psychischen Bedürfnisse. In modernen Gesellschaften bekommt man den größten Teil dieser Güter nur durch Bezahlung mit Geld. Die Beschaffung dieses Geldes setzt in der Regel eine Arbeitsleistung voraus. Darüber hinaus werden heute weitere Funktionen der Arbeit als bedeutsam angesehen:

- Arbeit stärkt über das Erleben der eigenen Kompetenz und der Nützlichkeit für die Gesellschaft das Selbstwertgefühl.
- Arbeit ermöglicht soziale Kontakte. Sie kommt damit einem fundamentalen menschlichen Bedürfnis entgegen.
- Für viele Menschen ist die im Arbeitsleben erreichte Position wesentliche Grundlage ihres gesellschaftlichen Status.

Diese Funktionen wurden der Arbeit nicht immer zugeschrieben. So galt in der Antike insbesondere körperliche Arbeit mit der Würde eines freien Menschen als schwer vereinbar. Sie mußte daher überwiegend von Sklaven geleistet werden. Ein Wandel in der Einstellung zur Arbeit wurde durch die christliche Religion, insbesondere durch die protestantische Arbeitsethik, herbeigeführt.
Arbeit wurde danach als Erfüllung oder als auferlegte Last empfunden. Welche Empfindung überwiegend vorhanden war, hing von individuellen Faktoren und insbesondere von den Arbeitsinhalten ab.
Eigenbestimmung und Überschaubarkeit des gesamten Arbeitsprozesses waren überwiegende Kennzeichen der Arbeitswelt in Handel, Handwerk und Landwirtschaft bis zum 19. Jahrhundert. Damit waren übergeordnete Arbeitsziele leichter erkennbar als in der folgenden Zeit der Industrialisierung. Mit der Bildung von Großbetrieben vollzog sich ein tiefgreifender Wandel der Arbeitswelt. Der Einsatz von Technik erforderte eine immer weiter fortschreitende Spezialisierung der Mitarbeiter. Dieser Trend, der eine zunehmende berufliche Qualifizierung notwendig machte, stieß auf ein relativ niedriges formales Bildungsniveau vieler Menschen. Die Zergliederung des Arbeitsprozesses in viele kleine oder leicht erlernbare Arbeitsabschnitte bis hin zu monotonen Einfachstaufgaben war die Folge. Der Rhythmus der Maschine oder des Fließbandes bestimmte das Arbeitstempo des Menschen. Die Folge war, daß diese Art der Arbeit vermehrt als Last empfunden wurde.
Treibende Kraft für diese Entwicklung war das Streben nach wirtschaftlicher Effizienz bei der Arbeitsdurchführung. Die Neigungen und Wünsche der Arbeiter traten dabei in den Hintergrund. Diese Leitidee ermöglichte allerdings die Produktion von Massenkonsumgütern zu Preisen, die auch für die breiten Bevölkerungsschichten erschwinglich waren. Würde man die Bedürfnisse und Wünsche der Menschen bei ihrer Arbeitsgestaltung in den Vordergrund stellen, so wäre dies die Betonung der Humanität als Leitidee. Daß ihr nicht immer gefolgt werden konnte, zeigt, daß ein Spannungsfeld zwischen diesen beiden Leitideen – zumindest in der Vergangenheit – bestand. Für die Zukunft scheinen sich Ansatzpunkte zur Lösung dieses Konfliktes abzuzeichnen.

Personalarbeit im Wandel

Die betriebliche Personalarbeit in den meisten Unternehmen war in der Vergangenheit überwiegend reaktiv und kurzfristig orientiert. Brauchte man neue Mitarbeiter, wurde eine entsprechende Anforderung an die Personalabteilung gestellt. Diese führte dann entsprechende Beschaffungsmaßnahmen durch.
Die Struktur des Arbeitsmarktes wird diesem Vorgehen in Zukunft Grenzen aufzeigen. Trotz Arbeitslosigkeit wird es immer schwieriger, die gesuchten qualifizierten Fach- und Führungskräfte zu finden. Ein weiteres Problem wird darin bestehen, daß die Entwicklung des Wissens innerhalb

der Unternehmen sich dem Tempo des Wissensfortschritts außerhalb der Unternehmen anpassen muß. Durch immer kürzer werdende Halbwertzeiten des Wissens wird es zukünftig nicht mehr ausreichen, sich entsprechendes Know-how auf dem Arbeitsmarkt zu beschaffen. Insbesondere der technische Fortschritt wird betriebliche Anpassungsprozesse immer wieder erforderlich machen. Aber die Geschwindigkeit dieser Prozesse wird steigen und damit die erforderlichen Anstrengungen. Diese Bemühungen werden die betriebliche Personalarbeit verändern. Die Bedeutung der Weiterbildung in den Unternehmen wird steigen.

Eine weitere Herausforderung für die Unternehmen wird der Wandel der Werteorientierung sein. Besonders ausgeprägt erscheint dieser Wandel bei jüngeren Menschen mit höherer Bildung. Sie sind zugleich jene, aus denen die Unternehmen ihre Führungsnachwuchskräfte rekrutieren. Hieraus ergeben sich neue Anforderungen an das Personalmarketing bei der Suche neuer Mitarbeiter und an die Führungssysteme im Unternehmen.

Die heutige populäre und wissenschaftliche Literatur zeigt deutlich den Trend auf, die strategische Bedeutung der Human Resources für die Unternehmen anzuerkennen. Dieser Trend resultiert teilweise aus dem Unvermögen formal-strategischer Planung, befriedigende Ergebnisse zu erbringen. Viele Firmen sahen in den 70er und 80er Jahren die strategische Planung als das Modell an, um konkurrenzfähig zu bleiben. Erfahrung und Forschung haben jedoch gezeigt, daß die formale strategische Planung wichtig ist, aber keine Erfolgsgarantie bietet. Das Management erkennt jetzt, daß zur Erreichung langfristigen Geschäftserfolges nicht nur die Formulierung einer Strategie, sondern auch ihre Umsetzung erforderlich ist. Darüber hinaus sieht das Management heute die Mitarbeiter zunehmend als Schlüsselfaktor für die erfolgreiche Strategieimplementierung an. Damit stellt sich aber auch die Frage, wie die Mitarbeiter verstärkt dafür gewonnen werden können, ihre Energie und ihr Wissen für die Umsetzung von Strategien einzusetzen.

Diese Frage führt somit zur Diskussion über die Bedingungen, unter denen Mitarbeiter heute bereit sind, sich zu engagieren. Allgemein kann gesagt werden, daß man dieses Engagement der Mitarbeiter nur dann gewinnt, wenn man sie vernünftig behandelt. Das setzt voraus, daß die Unternehmen ihre Führungsstuktur, ihre Führungssysteme und ihren Führungsstil den heutigen Anforderungen anpassen.

Diese Anpassungsprozesse zu fördern, ist auch die wesentliche Aufgabe des Personalbereiches.

Während in den 80er Jahren noch überwiegend die Auffassung vertreten wurde, daß die Personalarbeit sich an der Unternehmensstrategie ausrichten müsse, wird heute die Forderung nach einer Integration von Unternehmensstrategie und Personalarbeit gestellt. Es darf z. B. nicht nur gesagt werden, wie der Personalbereich auf die Unternehmensstrategie reagieren soll, es muß auch gefragt werden, welche Strategie mit dem vorhandenen Mitarbeiterpotential heute umgesetzt werden kann. Darüber hinaus ist zu untersuchen, welche quantitativen und qualitativen Anforderungen in Zukunft auf die Mitarbeiter wahrscheinlich zukommen werden.

Neuere Untersuchungen weisen darauf hin, daß ein Unternehmen seine Erfolgschancen in dem Maße erhöhen kann, in dem es strategische Entscheidungen und Human Resources-Funktionen integriert.

Bei dem Bemühen um eine Integration scheinen zahlreiche Kräfte aus dem Umfeld des Unternehmens eine große Rolle zu spielen. Besonders drei Faktoren sind hier entscheidend:

- verstärkter Wettbewerb,
- technologischer Wandel,
- Veränderungen der Arbeitsmarktstruktur.

Auf diese Bereiche soll daher im folgenden kurz eingegangen werden.

Der Einfluß von Umfeldveränderungen auf die Personalarbeit

Verstärkter Wettbewerb

Viele Unternehmen, das gilt gleichermaßen für Industrie-, Handels- und Dienstleistungsunternehmen, sehen sich seit einigen Jahren einer zunehmenden Umfelddynamik gegenüber, von der ein starker Anpassungsdruck ausgeht. Der Zwang zur Anpassung ist für Unternehmen in einer Wettbewerbswirtschaft nicht grundsätzlich neu. Neu ist nur die Dynamik, mit der die notwendigen Anpassungsprozesse – hervorgerufen durch veränderte Marktbedingungen (Absatzbedingungen) – vollzogen werden müssen. Die entsprechenden Schlagworte sind bekannt:

- Sprunghaft zunehmende Sättigung vieler Absatzfelder,
- kurze Lebenszyklen der Produkte und damit auch kürzere Amortisationszeiten,
- zunehmende Variantenvielfalt, steigende Qualifikationsanforderungen und eine erweiterte Lieferbereitschaft.

6

Dies alles engt Spielräume ein und erfordert gleichzeitig – jedenfalls z. T. – ein Umdenken. Wahrscheinlich stehen wir am Beginn einer weltweiten konsequenten Internationalisierung. Die ursprüngliche Bedeutung dieses Wortes scheint uns nahezulegen, daß von nationalen Märkten aus international agiert wird. Dies war in der Vergangenheit richtig. Wir waren gewohnt, zwischen Inlandsmarkt und Exportmärkten zu unterscheiden. Zukünftig gibt es für viele Firmen nur noch einen „Markt", und das ist der Weltmarkt. Natürlich können wir unsere nationale Identität nicht ablegen. Wir erkennen jedoch, daß der nationale Markt und nationale Haltungen an Bedeutung verlieren, wenn wir erfolgreich sein wollen. Die globale Positionierung von Unternehmen und Produkten wird jetzt für viele Firmen zum entscheidenden Thema. Falls es nicht die globale Positionierung ist, so doch – zumindest für die meisten Unternehmen – die Positionierung im EG-Binnenmarkt.

Der traditionelle Ausgangspunkt der Marktsegmentierung und der Produktentwicklung war auf das nationale Marktsegment in seiner größtmöglichen Ausdehnung ausgerichtet. Der Vertrieb auf internationalen Märkten wurde als nützliche und profitable Erweiterung der Geschäftsmöglichkeiten des nationalen Marktes verstanden.

Die Zukunft jedoch erfordert die Identifizierung internationaler Marktsegmente und eine Produktdifferenzierung nach Regionen und Kunden. Kleine, nationale Marktsegmente, die bisher vernachlässigt wurden, werden dann wichtig, wenn sie weltweit in vielen einzelnen Märkten gleichermaßen zu identifizieren sind. Wenn z. B. ein gewisser Prozentsatz der deutschen Jugendlichen vorwiegend Jeans trägt, ist das noch lange kein Grund, sich darauf zu spezialisieren. Wenn sich jedoch in vielen Ländern Teile der Jugendlichen gleich kleiden, nämlich mit T-Shirts, Jeans und Turnschuhen, dann ist damit ein weltweites Segment identifiziert. Unternehmen wie Coca-Cola, Levi-Strauss und Bennetton haben diese Entwicklung bereits verinnerlicht und ihre Produktpalette auf internationale Marktsegmente ausgerichtet. In einer Zeit, in der Medien und insbesondere die Fernsehkanäle, die über Satelliten ausgestrahlt werden, grenzübergreifend empfangen werden können, ist eine länderspezifische Positionierung und Marktbearbeitung kaum mehr möglich. Für die Unternehmen ist es deshalb notwendig, ein einheitliches Image und eine einheitliche Positionierung aufzubauen. Diese bilden das Dach, unter dem eine Differenzierung nach großen Regionen innerhalb der Triade Westeuropa, Nordamerika und Süd-Ost-Asien möglich und sinnvoll ist.

Aber diese Entwicklungen bergen auch Gefahren. Werden die bisherigen Organisationsstrukturen einfach fortgeschrieben, führt dies leicht zu mehr Komplexität und zu absoluter Größe, was wiederum mehr Bürokratie, Unbeweglichkeit und Ineffizienz mit sich bringt.

Eine andere Entwicklung trifft viele Unternehmen im Kern: Die Produktlebenszyklen werden immer kürzer. Neue Moden entstehen und verschwinden wieder. Das gilt nicht nur für Konsumgüter, sondern zunehmend auch für längerlebige Gebrauchsgüter. So verkürzte sich die Produktlebenszeit in den letzten zehn Jahren bei:

- Großrechnern von 7,8 auf 4,4 Jahre,
- Hochleistungskopierern von 5 auf 2 Jahre,
- Autos in Europa auf 6,6, in Japan auf 4,2 Jahre.

Die Zeitspannen zur Amortisation des eingesetzten Kapitals sind somit kürzer geworden. Verzögerungen bei der Markteinführung neuer Produkte können die Gewinnpotentiale der Unternehmen stark beschneiden: Der erste hat die beste Chance, seine Investitionen erfolgreich zu amortisieren. Der zweite macht in der Regel auch noch Gewinn, aber für die folgenden sind oft schon glückliche Umstände notwendig.

Hieraus ergeben sich weitreichende Konsequenzen für Entwicklung, Produktion und Vertrieb. Immer kürzere Produktzyklen können nur bewältigt werden, wenn der klassische, serielle Ablauf aus Vorentwicklung, Konstruktion, Vorserienproduktion, Produktion und Vertrieb überführt wird in einen weitgehend parallelverlaufenden Prozeß, der durch ein interdisziplinäres Projektteam, das alle Beteiligten umfaßt, vorangetrieben wird. Das Schlagwort hierzu lautet simultaneous engineering oder time based management.

Diese grob skizzierten verschärften Wettbewerbsbedingungen fordern neue Organisationsformen und neue Formen der Zusammenarbeit in den Unternehmen. Hier werden die Peronalbereiche in den Unternehmen gefordert sein, ihren Teil zu einer Lösung dieser Probleme beizutragen. Um das kompetent zu tun, müssen die Mitarbeiter der Personalbereiche verstehen, wie sich die Marktverhältnisse ändern und welche neuen Anforderungen an Unternehmen und Mitarbeiter daraus abgeleitet werden müssen. Es reicht heute eben nicht mehr aus, nur über Expertenwissen als Personalfachmann zu verfügen. Die Forderung nach einem ganzheitlichen Zuschnitt für den einzelnen Arbeitsplatz muß auch auf die funktionsübergreifende Zusammenarbeit unterschiedlicher Fachbereiche übertragen werden. Die Anforderungen der Zukunft machen immer mehr ein interdisziplinäres und integriertes Zusammenarbeiten erforderlich.

Technisch-organisatorischer Wandel

Für den gewerblich-technischen Bereich der Industrieunternehmen liegt die Antwort auf die veränderten Marktbedingungen in einer Flexibilisierung der Fertigung mit Hilfe neuer Fertigungstechniken und einem gewandelten Verständnis hinsichtlich der Arbeitsorganisation sowie der Mitarbeiterqualifikation.

Bis in die 70er Jahre hinein dominierte noch ganz allgemein die Vorstellung, der industrielle Leistungserstellungsprozeß werde immer mehr durch weitgehend automatisierte Großanlagen (Fließbänder, Fertigungsstraßen) beherrscht, die auf Massenanfertigung bzw. Großserienbau ausgerichtet sind. Dem Menschen wurde dabei eine immer unwesentlichere Rolle zugedacht. Im Grunde wurde der Arbeitnehmer, weil nicht so exakt (voraus-)berechenbar wie die Maschinenautomaten, als ein „Störfaktor" angesehen, den es nach Möglichkeit durch mehr Technik-Einsatz auszuschalten galt.

Diesen Produktionskonzepten – die stark in der Tradition von Ford und Taylor standen – wurde durch die veränderten Marktbedingungen zunehmend der Boden entzogen. In vielen Industriebetrieben waren die durchschnittlichen Seriengrößen stark rückläufig. Folglich mußten Produktionsmittel und Organisationsformen gefunden werden, die – anders als die Methoden der industriellen Massenfertigung – gerade im mittleren Stückzahlenbereich eine kostengünstigere Fertigung gewährleisteten. Die neue Zauberformel hieß: Effizienz durch Flexibilität.

Die technischen Schlüsselinnovationen, die diese (Organisations-)Flexibilität erst ermöglichten, waren die Mikroelektronik sowie, untrennbar damit verbunden, die moderne Datenverarbeitungstechnologie. Wichtigste Technologien sind: Computergesteuerte Werkzeugmaschinen (NC- und CNC-Maschinen); computergestütztes Konstruieren (CAD); computerintegrierte Fertigung (CIM); Fertigungsroboter sowie Dialog-Datenverarbeitung.

Heute wird immer deutlicher, daß die flexiblen Fertigungstechniken den gesteigerten Ansprüchen der Kunden nach hoher Qualität und Produktionsvielfalt eher gerecht werden als die früheren starren Systeme. Die Zeiten, in denen Henry Fords Ausspruch noch Gültigkeit besaß, daß man bei ihm das Auto in jeder Farbe bekommen könne, „wenn sie nur schwarz ist", gehört heute endgültig der Vergangenheit an.

Der Umgang mit flexiblen Produktionsanlagen verlangt jedoch von den Mitarbeitern nicht nur neue Bedienungskenntnisse, sondern auch ein erweitertes Verständnis für technisch-organisatorische Zusammenhänge.

Dieses Ziel läßt sich aber nicht mit den „denkarmen Strukturen" des Taylorismus erreichen. Moderne Technik stößt immer dann an ihre Grenzen, wenn der Mensch sie nicht mit Geschick, Umsicht, Kreativität und hohem Verantwortungsbewußtsein steuert. Mit dieser Erkenntnis ist auch das Bewußtsein für die qualitative Bedeutung der menschlichen Arbeit gestiegen.

Durch die technischen Veränderungen haben sich in großen Bereichen der Industrie neue Organisationsstrukturen ergeben, für die ein ganzheitlicher Aufgabenzuschnitt kennzeichnend ist. Daneben hat sich auch ein neues Bewußtsein für die Bedeutung der betrieblichen Weiterbildung eingestellt. Hohe Ausfälle beim Anlaufen neuer Produktionsanlagen haben dazu geführt, daß die Qualifizierung der Mitarbeiter parallel zu den Investitionen geplant und ihrer Durchführung eine hohe Priorität beigemessen wird.

Diese Entwicklung sollte von vielen Unternehmen aus dem Handels- und Dienstleistungsbereich sorgfältig beobachtet werden. Neue Informations- und Kommunikationsstechnologien werden auch in diesen Bereichen verstärkt eingesetzt werden müssen und dort ebenfalls zu Veränderungen führen. Gerade Handels- und Dienstleistungsunternehmen, die stärker vom Humankapital als von Sachanlagen abhängig sind, müßten ein Interesse daran haben, daß ihre Mitarbeiter ausreichend qualifiziert und zufrieden sind. Die Chance für diese Unternehmen liegt darin, daß Erkenntnisse und Erfahrungen der Industrie genutzt werden können. Man muß erwarten, daß die Handels- und Dienstleistungsunternehmen mit einem „Time-lag" von weniger als zehn Jahren Fragen hinsichtlich neuer Arbeitsstrukturen unter ganz ähnlichen Vorzeichen wie die Industrieunternehmen zu beantworten haben.

Veränderung der Arbeitsmarktstrukturen

Politik und Unternehmen stehen heute vor einem Problem: Auf der einen Seite werden Perspektiven und Vorausschätzungen benötigt, auf der anderen Seite wird deutlich, daß politische Umbrüche und weltwirtschaftliche Turbulenzen der jüngeren Vergangenheit perspektivische Aussagen schnell hinfällig werden lassen.

Sozialer Wandel, die schnelle Verbreitung neuer Technologien, die deutsche Wiedervereinigung mit ihren sozialen, politischen und wirtschaftlichen Problemen, der Weg zum EG-Binnenmarkt, Auflösungserscheinungen im früheren Ostblock

6

und steigende Wanderungsströme sind Vorgänge, die wohl noch niemand in ihren längerfristigen Auswirkungen exakt einschätzen kann. Trotzdem muß der Versuch gemacht werden, einen Blick in die Zukunft zu werfen, um jedenfalls der Tendenz nach die richtigen Weichenstellungen vornehmen zu können.

Arbeitskräfteangebot

Auf der Angebotsseite des Arbeitsmarktes wird das Erwerbstätigenpotential steigende Anteile von Frauen, Ausländern und älteren Menschen aufweisen. Daneben haben wir es mit höher qualifizierten, aber drastisch schrumpfenden Nachwuchsjahrgängen zu tun. So wird der Anteil der unter 30jährigen Erwerbspersonen von rund 33 Prozent auf rund 20 Prozent sinken. Ihre absolute Zahl wird um ca. 40 Prozent abnehmen, und noch in den 90er Jahren die der über 50jährigen Erwerbspersonen unterschreiten. Damit werden der allgemeine Wissensfortschritt und der von der Mikroelektronik und den anderen veränderten Rahmenbedingungen ausgehende grundlegende Strukturwandel in Zukunft in immer größerem Maße von den Erwerbstätigen mittleren und höheren Alters bewältigt werden müssen.
Bei deutschen Männern ist ein durchweg rückläufiges Erwerbspersonenpotential zu erwarten, schon allein aus demographischen Gründen. Auch das weibliche deutsche Erwerbspersonenpotential fällt aus demographischen Gründen. Dieser Rückgang wird aber durch einen weiteren Anstieg der Erwerbsbeteiligung von Frauen stark abgeschwächt oder überkompensiert, falls die Erwerbsneigung von Frauen überdurchschnittlich zunimmt. Hinweise auf Spielräume liefern internationale Vergleiche. So betrug die Erwerbsbeteiligung von Frauen im Alter von 15 bis 64 Jahren in 1987 in der Bundesrepublik Deutschland 54,1 Prozent, in Norwegen 72,3 Prozent, in Dänemark 75,9 Prozent und in Schweden 79,4 Prozent. Eine zunehmende Frauenbeschäftigung wird jedoch erhebliche Anpassungen im Beschäftigungssystem erfordern. Am wichtigsten dürfte dabei eine höhere Flexibilisierung der Arbeitszeit sein. Schon heute ist etwa die Hälfte aller vollzeitbeschäftigten Frauen an Teilzeitarbeit interessiert.

Arbeitskräftebedarf

Zur Entwicklung der Gesamtwirtschaft und ihrer Sektoren, sowie zur längerfristigen Veränderung des Arbeitskräftebedarfs in den alten Bundesländern bis zum Jahre 2010 nach Sektoren und Tätigkeiten sowie nach Qualifikationen, haben das Institut für Arbeitsmarkt- und Berufsforschung und die Prognos AG in den letzten Jahren längerfristige Strukturprojektionen erstellt. Danach setzt sich der Trend zu den Dienstleistungssektoren und den dienstleistungsorientierten Tätigkeiten fort. Zusammen mit einer zunehmenden Internationalisierung der Märkte und der Verbreitung neuer Technologien wird dies eine beträchtliche Umstrukturierung des gesamtwirtschaftlichen Arbeitskräftebedarfs zur Folge haben. Auf diesen Strukturwandel, nicht auf die absoluten Größenordnungen, die z. T. auch andere Werte annehmen können, kommt es bei den folgenden Aussagen an. Die Zahl der Arbeitskräfte im Bereich der Land- und Forstwirtschaft wird weiter sinken. Im Jahre 2010 werden es noch 0,7 Mio. oder rd. 2 Prozent sein. Ebenfalls abnehmen wird die Zahl der Erwerbstätigen im warenproduzierenden Gewerbe. Hier werden im Jahr 2010 nur noch ein knappes Drittel Beschäftigung finden. Der Beschäftigungsabbau in diesem Sektor würde von 1987 bis 2010 rd. 1,3 Mio. Arbeitsplätze betragen (Abb. 6.1).
Der Weg zur Dienstleistungsgesellschaft wird an der Entwicklung des tertiären Sektors, also den öffentlichen und privaten Dienstleistungen, deutlich. Dieser Bereich könnte im Jahre 2010 rund 19 Mio. (66 %) Arbeitskräften eine Beschäftigung bieten. Nur der Dienstleistungssektor wird in Zukunft noch ein Wachstum aufweisen. Abgesehen von dieser sektoralen Verschiebung wird auch in Produktionsbetrieben der Anteil der Dienstleistungstätigkeiten zunehmen. Dazu gehören z. B. Verwaltungs-, Ausbildungs-, Beratungs- und Dispositionstätigkeiten (Abb. 6.2).

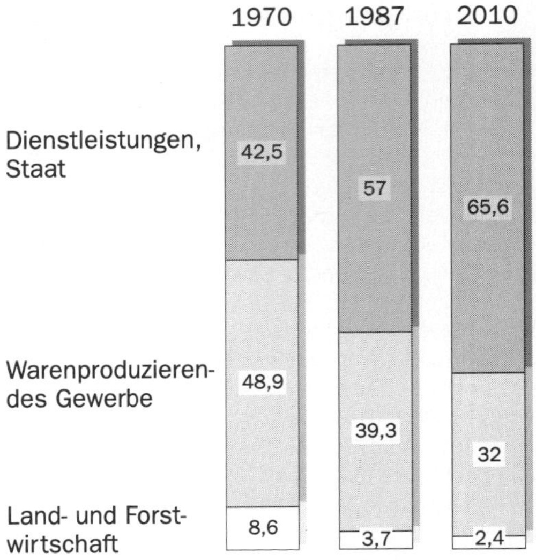

Abb. 6.1: Beschäftigungsquoten volkswirtschaftlicher Sektoren (in %)

Sektor	1970	1987	2010
Land- und Forstwirtschaft	2,3	1,0	0,7
Warenproduzierendes Gewerbe	13,0	10,6	9,3
Dienstleistungen, Staat	11,3	15,4	19,1

Abb. 6.2: Erwerbstätige nach Sektoren (in Mio.)

Von Bedeutung ist jetzt die Frage, welche Qualifikationen aufgrund der Strukturverschiebungen in Zukunft benötigt werden. Mit Sicherheit werden es im Durchschnitt höhere Qualifikationen sein. Das durchschnittliche Qualifikationsniveau des Arbeitskräftebedarfs wird sich bereits durch die veränderte Sektoren- und Tätigkeitsstruktur erhöhen, also selbst dann, wenn sich innerhalb der einzelnen Tätigkeitsfelder die Anforderungen nicht ändern sollten und die Tätigkeitsfelder wie in der Vergangenheit besetzt werden. Die Qualifikationsstruktur ändert sich auch, weil neue Techniken, insbesondere die Organisations- und Kommunikationstechniken sowie die Steuerungs- und Automationstechniken, neue und höhere Anforderungen an die Beschäftigten auf den jeweiligen Arbeitsplätzen stellen werden.

Manuelle Tätigkeiten in Produktion, Lagerung und Transport werden weiter an Bedeutung verlieren. Ebenso einfache Tätigkeiten in Büro und Verwaltung. Dafür werden dispositive sowie kontrollierende und regelnde Tätigkeiten an Bedeutung gewinnen. In Dienstleistungsbereichen werden insbesondere beratende und betreuende Tätigkeiten in den Vordergrund treten (Abb. 6.3).

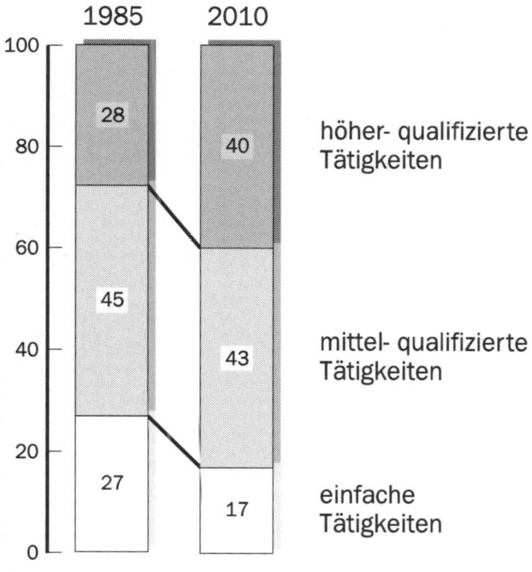

Abb. 6.3: Erwerbstätige nach unterschiedlichen Anforderungsprofilen der Tätigkeiten (in %)

Die Herausforderungen der Zukunft werden dann am besten gemeistert, wenn die Unternehmen genügend qualifizierte Arbeitskräfte haben und der Wissensstand der Mitarbeiter auf der Höhe der Zeit ist. Berufliche Bildung ist daher die wichtigste Zukunftsinvestition für Mitarbeiter und Unternehmen. Sie ist zugleich eine Antwort auf den Fachkräftemangel, über den heute schon viele Betriebe klagen.

Der zunehmende Trend zur Qualifizierung hat nicht nur Bedeutung für die Erstausbildung. Er erfordert auch Anstrengungen im Bereich der Weiterbildung. Berufliche Fortbildung wird für den einzelnen, die Wirtschaft und die Gesellschaft immer wichtiger. Formale Qualifikationsabschlüsse mögen künftig in größerer Zahl als in der Vergangenheit vorliegen. Jedoch entsprechen die Arbeitsanforderungen in vielen neuen Tätigkeitsfeldern häufig nicht mehr dem Zuschnitt konventioneller Fachgrenzen, in denen die Ausbildungsbahnen verlaufen.

Um von einer formalen, durch Ausbildung erworbenen beruflichen Qualifikation zu einer aktuell benötigten Qualifikation zu gelangen, bedarf es einer zusätzlichen, ergänzenden oder sogar alternativen Bildung. Einmal gelernte Inhalte reichen nicht mehr aus und müssen ergänzt werden, andere sind überholt und veraltet.

Noch ein weiterer Tatbestand ist für den wachsenden Stellenwert der beruflichen Weiterbildung ausschlaggebend: Wir können zwar ein hohes Maß an Praxisfertigkeit und Paßgenauigkeit bei Berufseintritt anstreben. Eine Absicherung über 30 bis 40 Berufsjahre hinweg gibt es jedoch nicht.

Jährliche Neueintritte von Frischqualifizierten in das Beschäftigungssytem in beträchtlicher Zahl sorgten bisher für eine ständige Qualifikationsauffrischung. In der zweiten Hälfte der neunziger Jahre wird aufgrund der demographischen Entwicklung dieser Zustrom von Frischqualifizierten abnehmen. Dann werden die Betriebsstrukturen wesentlich von älteren Arbeitnehmern bestimmt. Vor allem ihnen müssen „Up-to-date-Qualifikationen“ vermittelt werden.

Ein kontinuierlicher Weiterbildungsprozeß ist schließlich auch im Hinblick auf die Erhaltung der Wettbewerbsfähigkeit der deutschen Wirtschaft im internationalen Vergleich unverzichtbar. Je mehr ein Unternehmen dem Wettbewerb ausgesetzt ist, desto weniger wird es ohne gut ausgebildete flexible Mitarbeiter mit hoher Qualifikation auskommen.

6

Wertewandel

„Am Anfang der 60er Jahre nahmen für rund ein Viertel der Eltern ‚Gehorsam' und ‚Unterordnung' im Erziehungsprozeß die oberen Rangplätze ein. Innerhalb von nur zwei Jahrzehnten haben sich die Gewichte vollkommen verlagert: ‚Selbständigkeit' war mittlerweile für fast zwei Drittel der Eltern oberstes Ziel, ‚Gehorsam' nur noch für 4 %."
Diese Veränderung der Ziele wird über geänderte Vorstellungen, über Zusammenarbeit und geändertes Verhalten in die Unternehmen hineingetragen. Führungskräfte, die in den 50er Jahren zu Gehorsam und Unterordnung erzogen wurden, treffen auf eine Generation von jungen Menschen, deren Erziehung in den 70er Jahren auf Selbständigkeit ausgerichtet war.
Faßt man die verschiedenen Ergebnisse der Meinungsforschung zusammen, kann man u. a. folgende Schwerpunkte des Wertewandels ausmachen:

- Alte Lebensbereiche werden zunehmend säkularisiert.
- Die Selbstentfaltung und der Lebensgenuß werden betont.
- Die Menschen leben gesundheitsbewußter.
- Die Menschen sind weniger bereit, sich unterzuordnen.
- Die berufliche Arbeit wird weniger als Pflicht gesehen.
- Die Freizeit wird höher bewertet.
- Die Erhaltung der Umwelt hat einen höheren Stellenwert.

Häufig wird der Wertewandel als Rückgang der Pflicht- und Akzeptanzwerte bei gleichzeitigem Anstieg der Selbstentfaltungswerte beschrieben. Dieser Wandel hat jedoch nicht alle Bevölkerungsgruppen gleichermaßen erfaßt. Natürlich existieren daneben in großen Teilen der Bevölkerung andere Motive zur Arbeit, wie Wünsche zur Sicherung der Existenz bzw. zur Steigerung des Lebensstandards und der sozialen Sicherheit.
Am stärksten geprägt ist der Wertewandel bei der Gruppe der unter 30-jährigen und wird besonders deutlich bei Personen mit längerer schulischer und universitärer Ausbildung. Diese Gruppe ist für Unternehmen von besonderer Bedeutung, denn aus ihr rekrutieren sie zunehmend ihren qualifizierten Nachwuchs und ihre zukünftigen Führungskräfte.
Durch zahlreiche Untersuchungen ist belegt worden, daß sich die Ansprüche von Beschäftigten an die Arbeitswelt verändert haben und sich weiterhin verändern werden. Neben der Forderung nach einem guten Einkommen und gesicherten Arbeitsplätzen werden immer stärker Möglichkeiten zur Persönlichkeitsentfaltung, Kreativität, Freiräume bei der Arbeitsgestaltung und einem guten Betriebsklima gefordert.
Wenn die Unternehmen das Engagement und die Leistungsbereitschaft dieser Personen gewinnen und erhalten wollen, müssen sie verstärkt über die betrieblichen Arbeitsbedingungen und über den Führungsstil nachdenken. Hier Veränderungsprozesse einzuleiten, wird insbesondere Bestandteil eines zeitgemäßen Personalmanagement sein.

Strategische Aspekte der Personalarbeit

Die Veränderungen des strategischen Umfeldes wirken sich direkt und indirekt auf die Personalarbeit aus. Veränderte ökonomische und technische Rahmenbedingungen erfordern ein anderes strategisches Vorgehen im Personalmanagement der Unternehmen.
Aufgabe des Personalbereiches ist es, die Mitarbeiter darauf vorzubereiten bzw. bei der Auswahl neuer Mitarbeiter, die richtigen Personen auszuwählen. Die Veränderungen im Wertesystem, vor allem jüngerer Menschen, trifft den Personalbereich direkt. Er muß einen Beitrag dazu leisten, daß Klima und Rahmenbedingungen im Unternehmen so sind, daß die Mitarbeiter bereit sind, sich zu engagieren und Leistung zu erbringen.

Abb. 6.4: Der Einfluß von Wirtschaft, Technik und Gesellschaft auf Strategie, Organisation und Human Resources

Harte und weiche Faktoren im Führungssystem

Aus den USA haben wir ein Instrumentarium übernommen, das mit harten Managementfaktoren, Instrumenten und Techniken ausgerüstet ist. Heute entdecken wir, daß die Bedeutung sogenannter weicher Faktoren im Management zunehmend stärker wird. Inzwischen hat die Bedeutung weicher Faktoren erheblich zugenommen. Insbesondere ist die Fähigkeit, Probleme schnell, systematisch und kreativ zu lösen immer wichtiger geworden.
In der Analyse dieser Entwicklung durch Peters/ Waterman (Auf der Suche nach Spitzenleistung) wird ein sogenanntes „7-S"-Konzept verwendet (Abb. 6.5), das auf der einen Seite zwischen den drei harten Faktoren Strategie, Struktur (Aufbau- und Ablauforganisation) und Managementsystemen und auf der anderen Seite zwischen den weichen Faktoren unterscheidet.
Die weichen Faktoren sind: Der Stil der Führung, das Stammpersonal mit seiner Leistungsfähigkeit und Leistungsbereitschaft, die Spezialkenntnisse im Bereich der Problembewältigung und das Selbstverständnis, welches stark von der Unternehmenskultur geprägt ist.
Während die drei harten Faktoren in der Vergangenheit bewußt und gezielt genutzt wurden, hat man die weichen Faktoren weitgehend vernachlässigt. In Zukunft wird es wichtig sein, die vier weichen Faktoren ebenfalls bewußt dem Wandel der Zeit anzupassen. Die harten Faktoren lenken direkt und explizit das Verhalten der Mitarbeiter durch Anweisungen und formalisierte Regelungen. Die weichen Faktoren steuern indirekt und implizit durch Konsens, akzeptierte Normen und Wertvorstellungen und wirken meist nachhaltiger als direkte Weisungen.

Komplexität sozialer Systeme

Nach von Hayek sind wir nicht in der Lage, komplexe soziale Systeme mit unserer begrenzten Wahrnehmungsfähigkeit wirklich zu begreifen.
Zu solchen komplexen sozialen Systemen gehören auch Unternehmen. Wir lösen die uns unverständliche Komplexität häufig dadurch, daß wir sie auf eine kausale Ursachen-Wirkungs-Kette reduzieren. Wir vernachlässigen dabei Neben- und Wechselwirkungen und wundern uns dann über die Ergebnisse unserer Eingriffe. Unsere Möglichkeiten zur Wahrnehmung und Veränderung von komplexen sozialen Systemen sind einfach außerordentlich beschränkt. Wir sollten uns

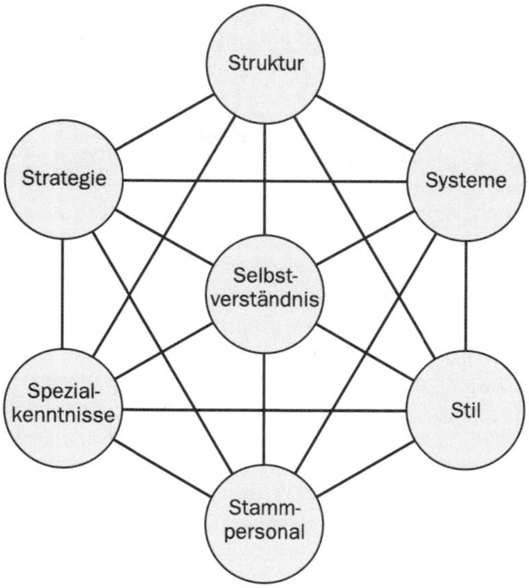

Abb. 6.5: „7-S"-Konzept von Peters/Waterman

daher bei unseren Handlungen stärker darauf konzentrieren, was wir wirklich können. Nämlich das Gestalten von Rahmenbedingungen, in denen sich die Entwicklung auch in ökonomischen und sozialen Systemen vollzieht. Ist nicht eigentlich unser marktwirtschaftliches Modell auf der Makroebene ein gutes Beispiel dafür?
Bei der Gestaltung von Rahmenbedingungen bewähren sich Systeme typischerweise besser als beim Versuch, von übergeordneter Stelle bis zu den einzelnen Entscheidungskomponenten vorzudringen. Dies verlangt, angewandt auf Unternehmen, daß wir deren Eigengesetzlichkeit bei der ökonomischen und sozialen Entwicklung stärker anerkennen. Führung sollte weniger das Verhalten unmittelbar und direkt lenken. Führung sollte vielmehr mittelbar steuern durch ein Organisieren des Dialogs über strategische Prozesse, durch Verfahren der Zielabstimmung und Zielvereinbarungen und durch die Gestaltung von Anreizsystemen.
Stimmen die Rahmenbedingungen, werden qualifizierte Mitarbeiter auch in den Situationen, die nicht vorhersehbar und deshalb auch nicht planbar sind, selbst geeignete Strategien entwickeln, die den Umständen angemessen sind. Die eigentliche Kernstrategie eines Unternehmens ist daher das strategische Management des Humankapitals. Nur wenn wir in Europa human, sozial und vor allem langfristig denken und handeln, können wir uns gegenüber den USA profilieren, die hier Defizite haben. Dies gelingt jedoch nur, wenn nicht unter dem Druck kurzfristiger Rationa-

6

lisierung positive Kulturwerte wie Identifikation, gegenseitiges Vertrauen und beiderseitige Loyalität verletzt werden.

Umsetzung von Strategien

Noch einen weiteren Aspekt sollten Personalbereiche stärker beachten. Warum scheitern viele Strategien trotz sorgfältiger Analysen, trotz Berücksichtigung aller technologischen Aspekte und trotz vorhandener finanzieller Ressourcen? Der Grund liegt meistens darin, daß man bei der Entwicklung von Unternehmensstrategien folgende Frage übersehen hat: Wer setzt die Strategie in die Praxis um? Haben wir das Detailwissen der Mitarbeiter an der Basis durch ihre Einbeziehung entsprechend genutzt? Oder auch: Haben wir das richtige Mitarbeiterpotential für die geplante Strategie? Diese Frage ist besonders wichtig, wenn ein Unternehmen eine Diversifikationsstrategie umsetzen und dabei in fremde Geschäftsfelder eindringen will. Wie unterschiedlich das notwendige Know-how selbst bei benachbarten Geschäftsfeldern ist, wurde deutlich, als Warenhauskonzerne aus dem Stationärhandel in das Feld des Versandhandels eindrangen und viel Lehrgeld zahlen mußten und umgekehrt.
Oft vergehen wertvolle Jahre, ehe einem Unternehmen auffällt, daß sich die gewählten Strategien nicht realisieren lassen, weil man bei der Strategieentwicklung die Human-Resources nicht rechtzeitig mit einbezogen hatte. Oder man erkennt bei der Umsetzung von Unternehmensstrategien, daß Wettbewerber – trotz vergleichbarer Ausgangslagen – einfach erfolgreicher im Konkurrenzkampf abschneiden als das eigene Unternehmen. Bei näherer Analyse läßt sich dann oft feststellen, daß diese Konkurrenten über eine bessere Führungsmannschaft, ein qualitativ höherwertiges Mitarbeiterpotential oder einen erfolgreicheren Führungsstil verfügen. In beiden Fällen liegt der Fehler in einer Unterschätzung der strategischen Bedeutung des Mitarbeiterpotentials. Hinzu kommt, daß die Human-Resources in Zukunft strategisch ohne Zweifel erheblich an Gewicht gewinnen werden. Zum einen werden sie durch die Sozialgesetzgebung in Deutschland zum langfristigen Betriebskapital, zum anderen wird zunehmend deutlich, welchen Wert sie in der erfolgreichen Abgrenzung zum Wettbewerb haben. Der Mobilisierung der Human-Resources und ihres geistigen Potentials zum Zwecke der erfolgreichen Umsetzung von Unternehmensstrategien und der nachhaltigen Stärkung der Wettbewerbsfähigkeit, ist größte Bedeutung beizumessen. Denn es kommt nicht nur darauf an, die optimale Zahl an Mitarbeitern zu haben, sondern insbesondere auch darauf, die Fähigkeiten und Talente zu wecken, die in den Mitarbeitern stekken.
Während das klassische Personalmanagement sich eher mit den operativen Problemstellungen von Personalauswahl, -entwicklung, -führung und -verwaltung beschäftigte, gehen neuere Ansätze darüber hinaus. Sie berücksichtigen insbesondere die Frage, wie man das Humankapital eines Unternehmens in die Strategieentwicklung einbeziehen und es im Wettbewerb optimal nutzen kann. Dabei wird unter Human-Resources die Gesamtheit des Wissens, Könnens und Verhaltens der Menschen im Unternehmen verstanden. Das beinhaltet sowohl das latent vorhandene, als auch das bereits genutzte Potential.
Dabei steht auch die Frage im Vordergrund, welches menschliche Potential ein Unternehmen in der Zukunft braucht, und zwar unter Berücksichtigung von Markt, Wettbewerb, Umwelt, Unternehmenskultur und Geschäftsstrategien. Dabei wird die strategische Bedeutung der Mitarbeiter als eine – in vielen Branchen sogar die wichtigste – Ressource im Wettbewerb um internationale Märkte und zukunftsweisende Technologien besonders hervorgehoben.

Produktivität durch Mitarbeiter

Die Frage, welches Mitarbeiterpotential für die Bewältigung der zukünftigen Anforderungen des Unternehmens benötigt wird, gerät häufig dann in Vergessenheit, wenn die aktuelle wirtschaftliche Situation angespannt ist. Per Definition ist die Produktivität eine relative Meßgröße, die zwei Faktoren zueinander ins Verhältnis setzt: Input und Output. Auf das Humankapital eines Unternehmens bezogen bedeutet es das Verhältnis von erbrachter Leistung zu eingesetzten Ressourcen. Viele Unternehmen vergessen, vor allem unter steigendem Wettbewerbsdruck, daß die Produktivität aus diesen beiden Faktoren besteht und dem Management zwei Stellschrauben zur Erhöhung dieser betriebswirtschaftlich so bedeutenden Größe zur Verfügung stehen. Sie sind geneigt, zuerst an der Zahl der Mitarbeiter zu drehen, um eine Kostensenkung zu erzielen. Diese wird in aller Regel auch relativ kurzfristig erreicht. Es fragt sich aber bisweilen, um welchen langfristig wirkenden Preis und mit welchen strategischen Auswirkungen.
Der Erfolg der herkömmlichen Methoden, die Produktivität durch eine Reduzierung der Ressour-

cen zu erhöhen, gründet sich – vor allem im Gemeinkostenbereich – auf die kurzfristig realisierbaren Kosteneinsparungen. Sie zielen darauf ab, – und zwar eher quantitativ als qualitativ – mit weniger Mitarbeitern die gleiche Leistung oder eventuell auch eine geringere Leistung zu erbringen. Dem kurzfristigen Vorteil steht oft der Nachteil gegenüber, daß die reine Kostenorientierung dieser Maßnahmen zu einer Auswahl führt, die letztlich in bezug auf Qualität und Motivation nicht gerade das optimale Mitarbeiterpotential übrig läßt.
In vielen Ländern wird die mit solchen Kostenmaßnahmen ohnehin verbundene Problematik noch dadurch verschärft, daß die Gesetzgebung die Möglichkeiten für Personalentlassungen stark eingeschränkt und keine freie Wahl hinsichtlich einer qualitativ ausgerichteten Auswahl zuläßt. Der Kündigungsschutz kann dazu führen, daß der Personalabbau nach rein arbeitsrechtlichen Aspekten vorgenommen werden muß, wodurch markt- und wettbewerbsorientierte Kriterien vollends unberücksichtigt bleiben. Dabei kann es geschehen, daß Unternehmen nach solchen Aktionen zwar Personalkosten abgebaut haben, aber nicht mehr über das richtige Personalportfolio verfügen. Entweder haben die besten Mitarbeiter das vermeintlich „sinkende Schiff" zuerst verlassen oder – dank gesetzlich vorgeschriebenen Kündigungsschutzes – ist ein Mitarbeiterstamm verblieben, der nicht mehr den Anforderungen entspricht. Natürlich ist der Personalabbau der einzig gangbare Weg. Dieses gilt vor allem, wenn die wirtschaftliche Situation des Unternehmens keine andere Wahl läßt, als auch kurzfristig Kosten zu senken. Aber gerade dann sollte die Unternehmensleitung nicht vergessen, positive und konstruktive Akzente zu setzen, damit trotz verringerter Mitarbeiterzahl entsprechende Leistung erbracht werden kann. Solche drastischen Schritte sind häufig die Folge einer versäumten kontinuierlichen Anpassung des Unternehmens an sich wandelnde Marktverhältnisse. In guten Zeiten wird häufig großzügig Personal eingestellt oder es wird versäumt, eine Personalreduzierung durch natürliche Fluktuation herbeizuführen. Auch wird in solchen guten Zeiten oftmals nicht genug darauf geachtet, wie der zweite Einflußfaktor der Produktivität, nämlich die Leistung (Output) gesteigert werden kann.

Lean Management

Die oben skizzierten Markt- und Wettbewerbsverhältnisse, und zwar rascher Wandel der Konsumentenwünsche, technologische Veränderungen und verschärfter Wettbewerb, haben in letzter Zeit einen neuen Ansatz zur Führung von Unternehmen unter dem Begriff „Lean Management" populär gemacht. Lean Management ist ein überwiegend von japanischen Unternehmen verwendetes Managementsystem, das Serienproduktion und Dienstleistungen mit ungewohnt niedrigem Aufwand in vorzüglicher Qualität erstellen kann. Lean Management ist ein komplexes System, welches das gesamte Unternehmen umfaßt. Es stellt den Menschen in den Mittelpunkt des unternehmerischen Geschehens und enthält fundierte geistige Leitlinien, Strategien mit neuen Organisationsüberlegungen und naturwissenschaftlich-ingenieurmäßigen Methoden sowie eine Reihe pragmatischer Arbeitswerkzeuge für Mitarbeiter.
In den geistigen Grundlagen werden die Leitgedanken des Unternehmens mit teilweise neuer Bedeutung bestimmt, die z. B. die Vermeidung jeder Verschwendung mit einer konsequenten Verringerung nicht wertschöpfender Tätigkeiten gleichsetzt. Das Konsensprinzip bezieht, bei der Nutzung aller Ressourcen, Lieferanten und Kunden in das Unternehmen ein und nutzt das volle geistige Potential der einfachen Mitarbeiter ebenso wie das der Führungskräfte. Lean Management führt zu einer möglichst weit gehenden Dezentralisierung. In den dezentralen Bereichen werden dann aber gleiche Prinzipien angewandt, wie z. B. strikte Kunden- und Qualitätsorientierung. Daneben spielen Gruppenarbeit und sorgfältige Planung der Aktivitäten eine große Rolle. Zur Umsetzung werden Basisstrategien, wie kontinuierlicher Materialfluß und Just-in-time in Fertigung und Logistik, Simultaneous Engineering in Entwicklung und Produktionsplanung sowie Total Quality Management für Unternehmensqualität eingesetzt. Dazu bedient man sich sowohl einer Reihe hochentwickelter Methoden des Industrial- und Quality-Engineering, als auch einfacher Problemlösungs- und Planungswerkzeuge für jedermann.
Der Begriff Lean Management ist die logische Erweiterung des vom Massachusetts Institute of Technology in einer großen Vergleichsstudie der weltweiten Automobilindustrie geprägten Begriffs „Lean Production", welcher das nach dem Krieg von Toyota entwickelte Produktionssystem mit schlank (lean) und fit kennzeichnete. Die bisher vorliegenden Publikationen zum Lean Management weisen darauf hin, daß eine Reihe dahinterstehender Leitgedanken, Strategien und Instrumente auch dem westlichen Verständnis einer fortschrittlichen Industriekultur entsprechen. Es gibt aber auch Ansätze, die in die westlichen

6

Länder übertragen oder, streng genommen, „zurückübertragen“ werden müßten. Denn nahezu alle Einzelelemente des Lean Management stammen aus Studien der europäisch-amerikanischen Wissenschaft und Technik. Lean Management entwickelte sich in Japan aus der konsequenten Umsetzung aller fortschrittlichen und praktikablen Produktions- und Marketingmethoden der westlichen Industrieavantgarde.
Allerdings lieferten auch die noch vorwiegend handwerklichen Produktionsformen der japanischen Nachkriegsindustrie Anknüpfungspunkte für einige „Lean-Grundsätze“. Lean Management startete in einer Depressionsphase. Scharfe Kreditrestriktionen zwangen dazu, mit sehr wenig Kapital auszukommen. Aus diesem Grund sind die Vermeidung von Verschwendung sowie die Erschließung der quasi „kostenlosen“ Ressourcen menschlicher Intelligenz zwei in allen Strategien und Verfahren wiederzufindende Leitgedanken. Dazu investiert Lean Management sehr viel in die Qualifikation aller Mitarbeiter und stellt die besten Leute an die wertvollsten Anlagen.

Die zehn Arbeitsprinzipien des Lean Management:

1. Teamarbeit
2. Eigenverantwortung
3. Feedback
4. Kundenorientierung
5. Wertschöpfung hat Priorität
6. Standardisierung
7. Ständige Verbesserung
8. Sofortige Fehlerabstellung an der Wurzel
9. Vorausdenken, Vorausplanen
10. Kleine, beherrschte Schritte

Die sechs Grundstrategien des Lean Management:

1. Kontinuierlicher Materialfluß
2. Umfassendes Qualitätsmanagement (Total Quality Management)
3. Integrierte Produktentwicklung (Simultaneous Engineering)
4. Proaktives Marketing
5. Strategischer Kapitaleinsatz
6. Unternehmen als Familie

Wie läßt sich der betriebliche Umsetzungsprozeß in Gang bringen? Analog zum Beginn des „Toyota-Produktionssystems“, muß sich die Unternehmensleitung dem Konzept der fitten und schlanken Organisation mit Haut und Haar verschreiben. Bei der aktiven Umsetzung im Unternehmen wird sie sich dann auch persönlich engagieren. Die Proklamation des permanenten Lernens und Veränderns, beginnt mit der Verpflichtung zur Partnerschaft zwischen der Unternehmensspitze und ihren Mitarbeitern, ihren Kunden und Händlern, ihren Lieferanten und Partnern.
Der Wandel im Unternehmens- und im Produktionsmanagement geht zwar notwendigerweise von oben aus. Sein Scheitern ist aber bereits vorprogrammiert, wenn das Management nicht von Beginn an Verbündete auf allen nachfolgenden Organisationsebenen sucht und findet, und zwar Verbündete auf Dauer. Denn die Reise in die schlanke (lean) Zukunft endet nie. Dies birgt Vorteile. Der Wechsel zu einer schlanken Unternehmenskultur muß nicht abrupt erfolgen; der Kulturschock kann dadurch vermieden werden.
Der Wandel zum Lean Management verlangt keine radikale Alternative zum Bestehenden, sondern eine intelligente und konsequente Weiterentwicklung unternehmenseigener Stärken und Chancen. Dieses Beharren in der Veränderung bietet die Möglichkeit, das für Lean Management typische Sowohl-als-auch-Denken zu trainieren. Die optimale Gangart auf dem unendlichen Weg zur Verschlankung ist zugleich offensiv und behutsam, zielsicher und anpassungsbereit, diszipliniert und flexibel, kräftig und schlank.
Einige Weltkonzerne widmen dem Thema Lean Management bereits ein Maß an Aufmerksamkeit, das erhebliche Auswirkungen auf die Unternehmen selbst, aber ebenso auf ihre Zulieferbetriebe und die betreffenden Wirtschaftsstrukturen haben wird. Das Lean Management kann die Produktion erheblich erhöhen, die Qualität verbessern und gleichzeitig die Flexibilität der Fertigung deutlich steigern. Die aus Europa, den USA und Japan bekannten Beispiele belegen dies eindeutig. Vielleicht birgt Lean Management sogar die umfassende Antwort auf den globalen industriellen Strukturwandel. So jedenfalls sehen es die Autoren der Studie des Massachusetts Institute of Technology.

Personalplanung als Bestandteil der Unternehmensplanung

Der Begriff Personalplanung wird in der Literatur und der Praxis unterschiedlich weit gefaßt. So wird der Begriff häufig sehr eng ausgelegt und nur die Personalbedarfsermittlung darunter verstanden. Das Betriebsverfassungsgesetz verwendet in § 92 den Begriff Personalplanung, ohne jedoch eine vollständige Erklärung des Begriffsinhaltes zu geben. In welchem Umfang der Arbeitgeber den Betriebsrat im Rahmen der Personalplanung zu unterrichten hat, wird nur exem-

plarisch erwähnt, nämlich über den gegenwärtigen und zukünftigen Personalbedarf sowie über die Planung der sich daraus ergebenden Berufsausbildung.
Die Personalplanung vollzieht sich in den einzelnen personalwirtschaftlichen Funktionen als Personalbedarfs-, Personalbeschaffungs-, Personaleinsatz-, Personalentwicklungs- und Personalfreistellungsplanung. Daneben muß die Personalerhaltung und Leistungsstimulation geplant werden. Darüber hinaus sollte ein personalwirtschaftliches Informationssystem aufgebaut werden. Grundsätzlich soll durch eine auf die Zukunft gerichtete Personalplanung die Entscheidungsqualität verbessert werden. Es sollen damit Fehlentscheidungen, die unvorbereitet aus einer aktuellen Situation heraus getroffen werden und weitgehend auf Improvisation beruhen, soweit wie möglich vermieden werden.
Die Personalplanung ist durch mehrere inhaltliche Dimensionen gekennzeichnet. Daraus ergeben sich mehrere mögliche Gliederungsansätze. Außer der Gliederung in kurz-, mittel- und langfristige Personalplanung, ist eine Einteilung in strategische, operative und taktische Personalplanung möglich. Weitere Kriteriengruppen der inhaltlichen Dimension sind Ziele, Maßnahmen und Potentiale.
Bei der strategischen Personalplanung handelt es sich um eine problemorientierte, meist langfristige Planung. Die strategische Planung wird in besonderem Maße von externen Faktoren bestimmt (z. B. gesamtwirtschaftliche, technologische und gesellschaftliche Entwicklung). Das rechtzeitige Erkennen von Trends sowie die Qualifizierung und Bewertung, sind wesentliche Aufgaben der strategischen Personalplanung. Aber auch unternehmensbezogene Informationen, z. B. über die Unternehmenspolitik, das langfristige Produktionsprogramm und geplante Investitionen, sind in die strategische Personalplanung einzubeziehen. Strategische Personalentscheidungen sind in der Regel grundlegender Art und infolgedessen echte Führungsentscheidungen. Die strategische Personalplanung ist eine Rahmenplanung für die operative Personalplanung.
Die operative Planung ist kurz- bis mittelfristig und dient der Erreichung der durch die Personalpolitik und durch die strategische Planung vorgegeben Ziele. Sie ist, im Gegensatz zur problemorientierten Planung, zeitraumorientiert. Der operative Plan enthält Feinziele für bestimmte Perioden und die konkreten Maßnahmen, die zur Zielerreichung eingesetzt werden sollen.
Die taktische Planung ist eine Durchführungsplanung, die kurzfristig orientiert ist. Sie kann unterteilt werden in die dispositive Planung, die die Steuerung regelmäßig ablaufender Prozesse vornimmt, und die Projekt- oder Aktionsplanung, die sich mit der Planung einmaliger Projekte und Aktionen befaßt.
Die dispositive Planung enthält z. B. im Personalbedarfsplan die erforderlichen personellen Kapazitäten und legt im Personaleinsatzplan fest, an welchen Stellen die Mitarbeiter eingesetzt werden. In der Projekt- oder Aktionsplanung werden Aufgaben, die eine gewisse Einmaligkeit aufweisen, analysiert und geplant. Das könnte z. B. eine größere Personalbeschaffungsmaßnahme oder eine Personalfreistellungsmaßnahme, verbunden mit einer Abfindungsaktion, sein.

Personalbedarfsermittlung

Der erste Schritt der Personalplanung ist die Personalbedarfsermittlung. Die Aufgabe der Personalbedarfsermittlung besteht in der Bestimmung der personellen Kapazitäten, die zur Sicherstellung der Erfüllung der betrieblichen Funktionen erforderlich sind. Sie legt den Personalbedarf nach Anzahl (quantitativ), Zeitpunkt und Dauer (zeitlich) sowie dem Einsatzsort (örtlich) fest.
Bei der Personalbedarfsermittlung wird zwischen der Personalbedarfsanalyse und der Personalbedarfsprognose unterschieden. Während die Bedarfsanalyse auf den gegenwärtigen Bedarf ausgerichtet ist, bezieht sich die Bedarfsprognose auf den zukünftigen Bedarf. Die folgende Übersicht zeigt die wichtigsten Verfahren der Personalbedarfsermittlung:

- Intuitive Verfahren:
  Schätzverfahren
  Stellenplan-/Arbeitsplatzmethode
  Kennzahlenmethode
  Funktionendiagramm
- Manpower-Ansatz
- Arbeitswissenschaftliche Methoden:
  REFA
  MTM (Methods-Time-Measurement)
- Heuristisch-Mathematische Verfahren:
  Interpolation
  Trendverfahren
  Multivariable Verfahren (Korrelation, Regression, Netzplantechnik, Simulation).

In der Praxis der Unternehmen wird überwiegend mit den intuitiven Verfahren gearbeitet. Am häufigsten wird der Stellenplan für die Personalbedarfsanalyse verwendet. Der Stellen- oder auch Organisationsplan (Organigramm) ist eine schaubildliche Darstellung der existierenden Positio-

nen. Er gibt Aufschluß über den generellen Verteilungszusammenhang mit Über- und Unterordnungen von Positionen und enthält für jede Position in der Regel den Namen des Positionsinhabers und seine Funktionsbezeichnung. Der Stellenplan stellt eine Gesamtansicht dar, aus der sich vor allem der quantitative Personalbedarf entnehmen läßt.
Informationen über den qualitativen Personalbedarf gibt die Stellenbeschreibung, die Ziele und Aufgaben der Position, Verantwortung und Kompetenzen sowie qualitative Anforderungen an den Stelleninhaber zusammenfaßt. Eine Schwäche der Stellenplanmethode ist darin zu sehen, daß sie formal nicht in der Lage ist, die Vielzahl von Einflußfaktoren zu berücksichtigen und situationsspezifische Wirkungen nur unzureichend wiedergeben kann. Sie ist aber eine einfach zu handhabende Methode, die einen schnellen Überblick gibt, und daher das planerische Grundinstrument der Personalplanung in fast jedem Unternehmen ist.
Der Manpower-Ansatz ist ein für die makroökonomische Bedarfsermittlung geeigneter Ansatz, der als manpower demand oder requirements approach zur Berechnung des notwendigen Anteils an Ausgebildeten in einer Volkswirtschaft entwikkelt wurde. Für die Bundesrepublik Deutschland wurde der Manpower-Ansatz zur Ermittlung des Bedarfs an Führungskräften angewandt.
Bei annähernd gleichem Arbeitsablauf, bei gleichartigen Aufgabeninhalten und regelmäßig wiederkehrenden Aufgaben, wie z. B. bei einer Tätigkeit am Fließband, lassen sich relativ exakte Personalbedarfsanalysen mit Hilfe der Zeitwertmethoden (Arbeitswissenschaftliche Methoden, REFA, MTM) durchführen. Zeitwertmethoden laufen darauf hinaus, den Stellenbedarf als Verhältnis der Arbeitsmenge pro Jahr zu ermitteln. Derartige Methoden sind nicht für Positionen geeignet, deren Arbeitsinhalte nicht normierbar sind, weil häufig Einzelentscheidungen, Koordinations- und Kontrolltätigkeiten anfallen.
Bei den mathematisch-heuristischen Verfahren wird schwerpunktmäßig auf Trendverfahren und multivariable Verfahren bei der Bedarfsprognose zurückgegriffen. Alle Trendverfahren haben gemeinsam, daß eine Fortentwicklung personalbe-

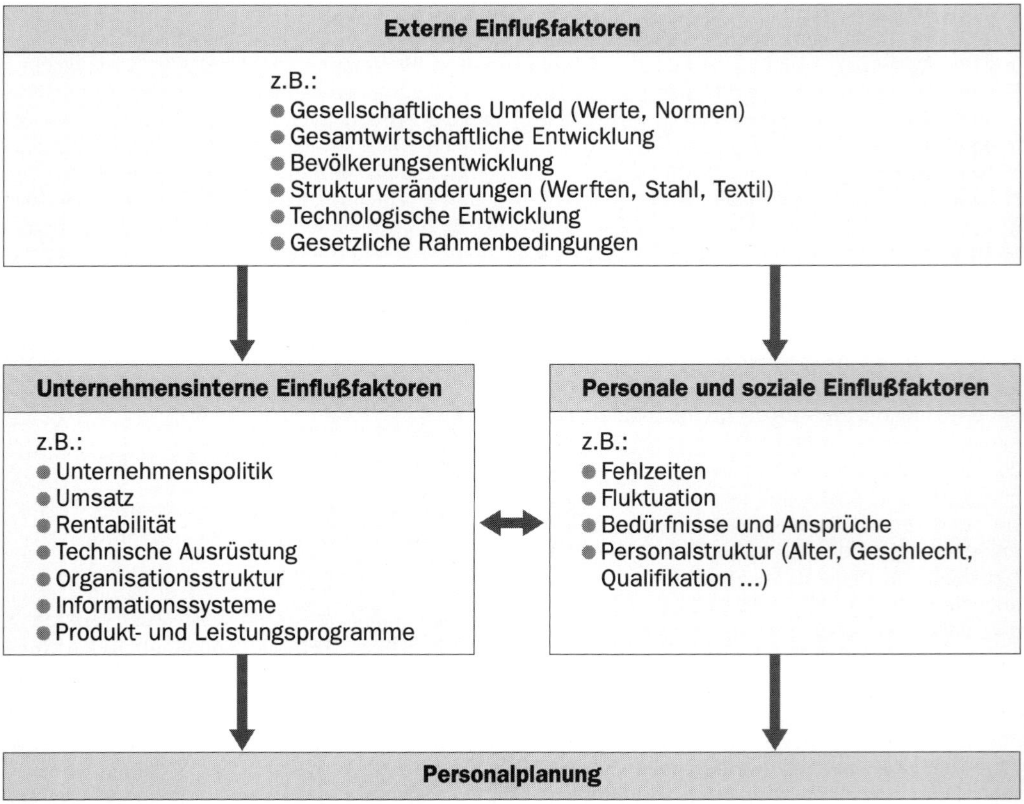

Abb. 6.6: Determinanten des Personalbedarfs

darfswirksamer Zusammenhänge aus der Vergangenheit für die Zukunft angenommen wird. Die Güte der Prognose ist damit von der Konstanz der Einflußfaktoren des Personalbedarfs und der Länge des Referenzzeitraumes in der Vergangenheit abhängig.
Simulationsmodelle berücksichtigen darüberhinaus zukünftig zu erwartende Einflußfaktoren. Sie bauen meist auf Korrelations- und Regressionsanalysen auf. Die Hauptschwierigkeiten bei derartigen Modellen bestehen darin, Einflußfaktoren auf den Personalbedarf auf einer theoretisch fundierten und empirisch gesicherten Grundlage zu finden, um in Simulationsläufen den Einfluß der jeweiligen exogenen Variablen auf die endogenen ableiten zu können.
Die mathematisch-heuristischen Verfahren finden fast ausschließlich in Großkonzernen und in der Öffentlichen Verwaltung Anwendung. Wegen des erheblichen Aufwandes ist das Arbeiten mit diesen Verfahren auch nur dort notwendig und überhaupt zu rechtfertigen.
Im folgenden sollen einige Instrumente aufgezeigt werden, die in der Unternehmenspraxis häufig angewendet werden, einfach zu handhaben sind und einen schnellen ersten Überblick über die personelle Situation in einem Unternehmen geben.

Nachfolgeplanung

In vielen Unternehmen passiert es, daß die Nachfolgefrage für wichtige Führungspositionen zu lange hinausgezögert wird. Dadurch wird die Möglichkeit einer systematischen Vorbereitung des Nachfolgers auf die Position vergeben. Es wird sowieso fast nie gelingen, eine 100%ige Nachfolgeplanung vorzunehmen und umzusetzen, ohne zu sehr in bürokratische Regelungen zu verfallen. Trotzdem sollte eine Nachfolgeplanung im Sinne einer gedanklichen Vorwegnahme zukünftiger personeller Entwicklungen erfolgen, um allzu große Überraschungen zu vermeiden. Bei Aufbau einer solchen Nachfolgeplanung kann mit einer Analyse der Altersstruktur der jetzigen Stelleninhaber begonnen werden. Hier kann man das in der Regel vorhandene Organigramm nutzen.

6

Organigramm heute:

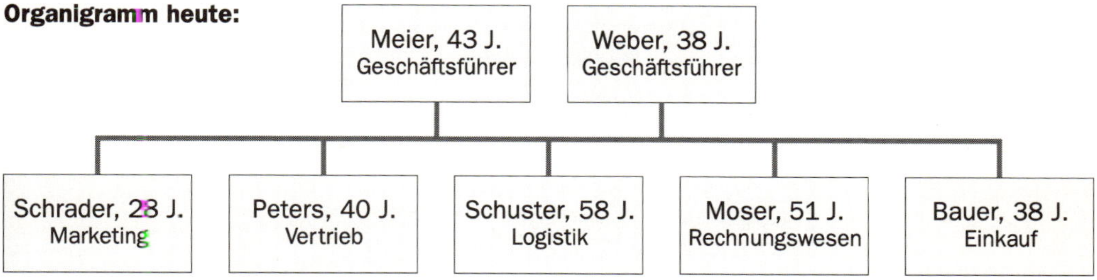

Organigramm in 10 Jahren:

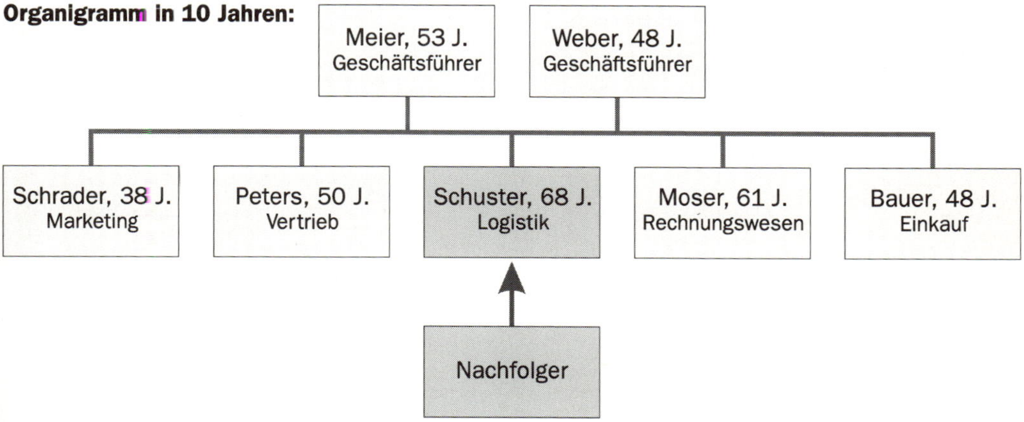

Abb. 6.7: Organigramm heute und in 10 Jahren

Zu dem derzeitigen Alter wird zweckmäßigerweise ein Zeitraum von 10 Jahren hinzugezählt, um einen langfristigen Überblick zu bekommen. Nimmt man einen Zeitraum von 3 bis 5 Jahren hinzu, so wird deutlich, über die Besetzung welcher Positionen man bereits heute konkret nachdenken sollte. Das obige Beispiel zeigt, daß die Position des Leiters der Logistik, je nach Eintritt des Stelleninhabers in den Ruhestand, sicherlich aber vor Ablauf der nächsten 10 Jahre, neu besetzt werden muß. Im Rahmen der Nachfolgeplanung sollten folgende Fragen bedacht werden:

- Welches sind die auch strategisch wichtigen Führungspositionen im Unternehmen?
- Wer sind die jetzigen Stelleninhaber?
- Wieviele Berufsjahre haben diese Personen noch vor sich?
- Wie kann ein möglicher Kandidat auf die Nachfolge vorbereitet werden?
- Welcher Nachfolgekandidat kommt in Frage?
- Wo gibt es Nachfolge-Lücken?
- Was muß kurz- und mittelfristig getan werden, um die Lücken zu schließen?
- Wie sehen Anforderungs-und Stellenprofile aus?

Es bietet sich heute an, die Stellenplanung und die Nachfolgeplanung mit Hilfe des PC zu erstellen. Dazu wird in einer relationalen Datenbank eine Datei aufgebaut, in der die Positionen gespeichert werden und eine weitere, in der die Daten dieser Personen festgehalten werden. Durch Verknüpfungen sind Informationen dann abrufbar. Auch hier kann wieder die Darstellungsform des Organigramms gewählt werden (Abb. 6.8).

Personalportfolio

Falls ein Vorgesetzter seinen Nachfolger nicht in seinem eigenen Bereich findet, kann ein Personalportfolio ein hilfreiches Instrument sein, um mit der Suche eines Kandidaten in anderen Unternehmensbereichen zu beginnen, bevor man extern sucht.

Mit Hilfe des Personalportfolios wird eine Einschätzung der Mitarbeiter nach ihrer derzeitigen Leistung und nach ihrem Entwicklungspotential vorgenommen. Die Mitarbeiter mit niedriger Leistung und niedrigem Entwicklungspotential wer-

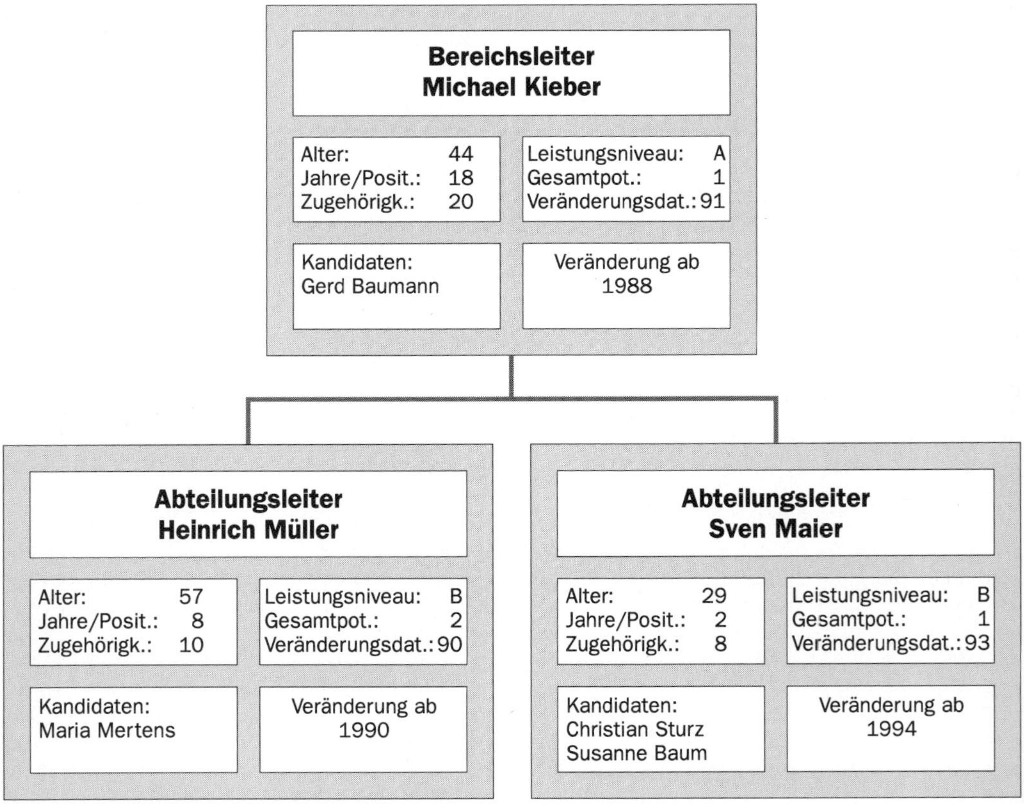

Abb. 6.8: Nachfolgeplanung mit Hilfe des Organigramms

den als „Mitläufer“ bezeichnet. Sie wird es in jedem Unternehmen geben. Die Mitarbeiter mit niedriger aktueller Leistung, denen aber ein hohes Entwicklungspotential zugetraut wird, sind die „Fragezeichen“. Bei ihnen muß gefragt werden, wie die gegenwärtige niedrige Leistung zu erklären ist. Es könnte z. B. ein neuer Mitarbeiter sein, der noch nicht voll eingearbeitet ist, von dem man sich für die Zukunft aber noch viel verspricht. Möglicherweise könnte es sich aber auch um eine Person mit hohem Potential handeln, die mit ihrer momentanen Aufgabe unterfordert ist. In jedem Fall sollte man bei Personen, die diesem Feld zugeordnet sind, genau hinsehen und über Maßnahmen der Personalentwicklung nachdenken. Im Feld der Leistungsträger mit hoher Arbeitsleistung, aber wenig Entwicklungspotential, sind häufig die sogenannten Säulen eines Unternehmens zu finden. Oft handelt es sich bei ihnen um langjährige Mitarbeiter auf Führungsebenen mit viel Erfahrung und großem Engagement. Auch bei diesen Personen ist zu überprüfen, welche Maßnahmen möglich oder notwendig sind, um eine denkbare Enttäuschung über fehlende Aufstiegsmöglichkeiten oder gar eine unerwünschte Fluktuation aufzufangen.

Im Feld der „Spitzenkandidaten“ ist die Chance, Personen relativ kurzfristig für die Nachfolgeplanung zu finden, am größten. Es wird z. T. auch mit einem Portfolio gearbeitet, das eine Einstufung nach niedriger, mittlerer und hoher Leistung bzw. entsprechendem Entwicklungspotential, vornimmt. Es wird dann mit einer entsprechenden Neun-Felder-Matrix gearbeitet. Dadurch kann eine etwas differenziertere Einschätzung vorgenommen werden.

Um eine solche Einschätzung vorzunehmen, kann man in den Unternehmen unterschiedliche Vorgehensweisen und Instrumente erkennen. Auf jeden Fall müssen die Beurteilungen der Vorgesetzten besonders berücksichtigt werden, da sie die Mitarbeiter normalerweise am besten kennen. Das kann durch Befragung der Vorgesetzten geschehen oder auch mit Hilfe eines formalen Beurteilungssystems, das in den meisten größeren Firmen vorhanden ist. Teilweise werden auch Assessment Center zur Identifizierung förderungswürdiger Mitarbeiter durchgeführt. Bei diesen Veranstaltungen, in denen unterschiedliche Aufgaben und Übungen von den Teilnehmern durchgeführt werden müssen, geben mehrere geschulte Beobachter ihre Einschätzung über die Kandidaten ab. Für welches Auswahlverfahren man sich auch entscheidet, auf jeden Fall sollte man versuchen, Gewinner-Verlierer-Situationen zu vermeiden. Sonst besteht leicht die Gefahr, daß man

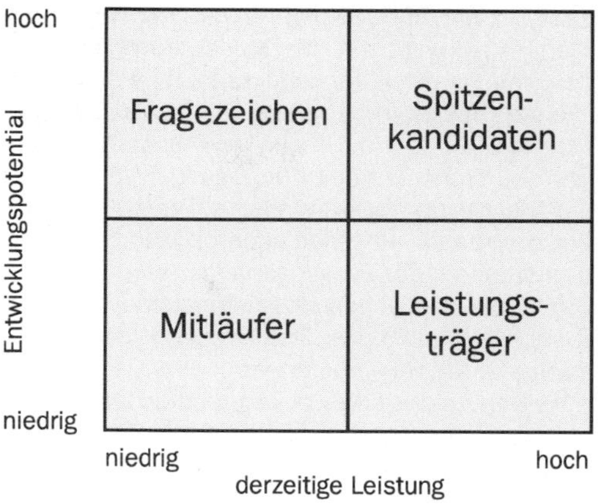

Abb. 6.9: Personalportfolio

Mitarbeiter, die ihre jetzigen Aufgaben gut erfüllen, durch Fluktuation verliert, weil sie für sich keine Entwicklungschancen in dem Unternehmen mehr sehen. Darüber hinaus ist immer zu bedenken, daß eine Portfolioanalyse zwar einen guten Überblick geben kann, aber eben doch ein statistisches Instrument ist, d. h., nur eine Momentaufnahme. Die durch sie wiedergegebene Einschätzung der Mitarbeiter ist vergangenheitsbezogen. Nur unter der Voraussetzung, daß der Mitarbeiter sich in Zukunft genauso verhält und auch die Anforderungen sich nicht ändern und insbesondere keine Beurteilungsfehler vorliegen, ist sie richtig. Aber diese Problematik ist wohl bei jedem Beurteilungsverfahren gegeben.

Suche, Auswahl und Freisetzung von Mitarbeitern

Personalmarketing

Leistungsfähigkeit und Erfolg eines Unternehmens hängen entscheidend von der rechtzeitigen und richtigen Reaktion auf Marktentwicklungen ab. Aber nicht nur ein Reagieren, z. B. auf Änderungen der Bedürfnisstrukturen relevanter Kundengruppen, sondern auch ein systematisches Agieren, das heißt, der Versuch der Beeinflussung und Gestaltung des Marktes im Sinne der Unternehmensziele, gehört längst zum wirkungsvollen unternehmerischen Handeln. Dieses Agieren wird heute in der Regel nicht mehr als eine Maßnahme der Absatzwirtschaft bezeichnet, sondern als Produkt- und Dienstleistungsmarketing, als Absatzmarketing oder einfach als Mar-

6

keting. Unter dem Begriff Marketing wird dann Marktforschung und Marktgestaltung verstanden. Hin und wieder wird Marketing auch als „Führen des Unternehmens vom Markt her“ beschrieben.
Erst viel später wurden Überlegungen angestellt, die Analyse- und Gestaltungsinstrumente vom Absatzmarkt auch auf einen anderen Markt, nämlich den Arbeits- oder Personalmarkt, zu übertragen. Der Widerstand gegen ein Personalmarketing war zunächst relativ groß. Dafür mögen drei Hauptgründe ausschlaggebend sein:

- Wegen strikter arbeits-, tarifrechtlicher und anderer Regelungen bestehen für Unternehmen nur enge Spielräume aktiver Gestaltung des Arbeitsmarktes, etwa bei außertariflichen oder leitenden Mitarbeitern.
- Das „Angebot Arbeitsplatz“ trifft seit rund 20 Jahren auf eine zumindest ausreichende, teilweise auch Über-Nachfrage. Es fanden sich hinsichtlich Zahl und geforderter Qualifikation bis Anfang/Mitte der 80er Jahre im großen und ganzen genügend Arbeitsplatzsuchende. Für Bereiche, in denen dies nicht zutraf, wie z. B. Bergbau, Hoch- und Tiefbau oder Gaststättengewerbe, konnten ausländische Arbeitskräfte genommen werden. Vor diesem Hintergrund gab es wenig Anlaß für ein besonderes Personalmarketing.
- Darüber hinaus werden von Unternehmen und Personalverantwortlichen auch ethische oder unbestimmte Vorbehalte gegen eine Übertragung von Marketingansätzen auf den Personalbereich erhoben. Möglicherweise handelt es sich dabei aber mehr um eine Abwehr gegenüber neuen Herausforderungen oder um ein falsches Verständnis von Marketing. Etwa nach der Formel: Marketing = Werbung = Manipulation.

In den letzten Jahren haben sich allerdings Entwicklungen verdeutlicht oder in Ihren Auswirkungen verschärft, die eine Neuorientierung der Personalpolitk sowie eine Beantwortung der Frage nach einer Marketingkonzeption auch in Hinblick auf den Personalmarkt erfordern. Hierfür werden in der Regel folgende Gründe genannt, die oben bereits ausführlicher beschrieben wurden:

- Wertewandel,
- demographische Entwicklung,
- Mangel an Fach- und Führungskräften,
- einseitige Studien- und Berufswahlentscheidungen (zu wenig Ingenieure und Naturwissenschaftler),
- neue Aufgabenprofile moderner Arbeitsplätze.

Wenn Personalmarketing Lösungsansätze für diese Problemfelder bringen soll, dann darf es sich nicht darauf beschränken, Methoden und Instrumente aus dem Absatzmarketing auf die Personalbeschaffung zu übertragen. Unternehmen und Arbeitsplätze für Menschen attraktiv zu machen und sie zum Eintritt in ein Unternehmen zu bewegen, in dem sie möglichst langfristig motiviert und kreativ Leistungen erbringen, darf nicht auf die Formel „Werbung für Arbeitsplätze“ reduziert werden.
Personalwerbung oder Personal-Image-Werbung in Hinblick auf neue Mitarbeiter ist ein wichtiges Element des Personalmarketing, das nach außen gerichtet ist. Es muß aber ergänzt werden um Maßnahmen, die nach innen gerichtet sind. Personalmarketing muß auch bedeuten, die vorhandenen Mitarbeiter als Kunden zu sehen, also auch den Gedanken des „after-sale-service“ aufzugreifen.
In Hinblick auf den vorhandenen Mitarbeiterstamm eines Unternehmens hat Personalmarketing ein weites Aufgabenfeld. Jeder Personalverantwortliche in den Unternehmen muß begreifen, daß sich der „Personal-Markt“ zu jeder Zeit auch im Unternehmen abspielt. Entscheidungen über quantitatives und qualitatives Leistungsverhalten, „innere“ und „äußere“ Kündigung und vieles mehr, werden von den Mitarbeitern vor dem Hintergrund ihrer betrieblichen und außerbetrieblichen Eindrücke und Erfahrungen täglich getroffen.
Auf dem externen Personalmarkt besteht die Aufgabe darin, über das Unternehmen zu informieren, potentielle Mitarbeiter anzusprechen und für eine Mitarbeit zu interessieren.
Im folgenden soll zunächst auf das Anwerben, die Suche und die Auswahl neuer Mitarbeiter eingegangen werden. Auf die Behandlung bereits vorhandener Mitarbeiter wird an späterer Stelle eingegangen.

Suche neuer Mitarbeiter

Hier kommt es zunächst darauf an, das Unternehmen auf dem Personalmarkt zu profilieren. Das heißt in erster Linie, potentielle Bewerber auf das Unternehmen aufmerksam zu machen, zu informieren und zu einer Bewerbung zu veranlassen. Dabei stehen hauptsächlich folgende Aufgaben im Vordergrund:

- Die spezifische Attraktivität des Unternehmens als Arbeitgeber nach außen darzustellen und zielgruppengerecht zu vermitteln. Hierzu gehört auch die Abgrenzung zu anderen Arbeitgebern. Dabei darf jedoch nichts versprochen werden, was nach einer möglichen Einstellung nicht ge-

halten werden kann. Enttäuschte Erwartungen führen zu unzufriedenen Mitarbeitern.
- Auswahl und Nutzung effektiver Personalbeschaffungswege und -maßnahmen. Das kann z. B. auch die Inanspruchnahme einer professionellen Personalberatung bedeuten.
- Konkrete „Einstiegsangebote" müssen bedarfsgerecht, zielgruppenorientiert und zeitgemäß entwickelt und formuliert werden. Dazu gehören auch die Gestaltung und Plazierung einer möglichen Stellenanzeige sowie die Entwicklung besonderer Ausbildungsprogramme.

Bewerberauswahl

Bedeutung der Bewerberauswahl

Bei der Auswahl von Bewerbern wird im Prinzip eine Prognose über ihr zukünftiges Verhalten und ihre Leistungen erstellt. Man versucht, eine Vorhersage über den beruflichen Erfolg einer Person auf einer bestimmten Position zu machen. Dazu wird häufig die berufliche Vergangenheit eines Bewerbers betrachtet und unterstellt, daß die in einem anderen Unternehmen erzielten Erfolge sich auf der neuen Position und in dem neuen Unternehmen wieder einstellen werden. Dabei wird oft vergessen, daß Einflüsse aus dem Umfeld wesentlich zum Erfolg oder Mißerfolg eines Mitarbeiters beitragen können. Wird allein aus der beruflichen Vergangenheit eine Prognose über die berufliche Zukunft einer Person gestellt, muß mit gegenseitigen enttäuschten Erwartungen gerechnet werden.

Bei der Auswahl neuer Mitarbeiter liegen Chancen und Risiken dicht beieinander. Wird die „richtige Person" eingestellt, gewinnt man einen zusätzlichen Erfolgsfaktor für das Unternehmen. Eine falsche Entscheidung ist oft nur schwer korrigierbar.

Keine größere Investition in neue Anlagen wird ohne Wirtschaftlichkeitsrechnung gemacht. Einstellungen neuer Mitarbeiter werden aber häufig zu leichtfertig vorgenommen. Daß auch hier die Kosten hohe Beträge ausmachen können wird oft vergessen. Die Auswahl neuer Mitarbeiter sollte daher nach gründlicher Vorbereitung und mit höchster Konzentration erfolgen.

Der Einstellungsvorgang bietet ungewöhnliche Chancen für das Unternehmen, Einfluß auf die anforderungsgerechten Qualifikationen der Mitarbeiter zu nehmen. Betrachtet man den enormen Aufwand für die Führung schlecht geeigneter Mitarbeiter im Arbeitsalltag, so werden auch besondere Anstrengungen beim Auswahlverfahren gerechtfertigt.

Anforderungen der Position

Bevor mit der Suche nach geeigneten Personen für eine Position begonnen wird, ist es wichtig, sich Klarheit über die Anforderungen des Arbeitsplatzes zu verschaffen.

Um sich bei der Vielzahl der möglichen Anforderungskriterien besser orientieren zu können, ist es zweckmäßig, Gruppen von Kriterien zu bilden. Dabei hat sich folgende Dreiteilung in der Praxis bewährt.

Die drei Bereiche sind:
- geistige Fähigkeiten,
- Antrieb/Motivation und
- Umgang mit Menschen.

Zur Herausarbeitung der sieben bis zehn wichtigsten Anforderungskriterien für die zu besetzende Position kann es hilfreich sein, eine Liste allgemeiner Anforderungskriterien zu nutzen.

Geistige Fähigkeiten:
1. Intelligenzniveau
2. Analysefähigkeit
3. Kreativität/Innovationsfähigkeit
4. Geistige Beweglichkeit
5. Pragmatismus
6. Mündliche Kommunikation
7. Administrative Fähigkeiten
8. Bildung und Ausbildung
9. Erfahrungen (fachliche/in der Führung)

Antrieb/Motivation:
10. Motivationsniveau
11. Initiative und Entschlußkraft
12. Risikobereitschaft
13. Selbst-Objektivität
14. Ausdauer
15. Unabhängigkeit
16. Verhaltens- und Leistungsstandards
17. Erfolgsstreben
18. „Macher"-Typ
19. Emotionale Reife/Stabilität/Spannkraft
20. Ambitionen
21. Interessen vereinbar mit Erwartungen der Firma

Umgang mit Menschen:
22. Erster Eindruck
23. Durchsetzungsfähigkeit
24. Soziale Flexibilität
25. Teamfähigkeit
26. Begeisterungsvermögen
27. Einfühlungsvermögen

Abb. 6.10: Anforderungskatalog

Die treffende Beschreibung der Anforderungen eines Arbeitsplatzes ist oft mühselig und kostet Zeit. Daher wird sie häufig nicht gemacht. Dadurch nimmt die Gefahr zu, daß bei der Auswahl Fragen der Sympathie bzw. der Antipathie soweit im Vordergrund stehen, daß die Prüfung der Eignung des Bewerbers für den Arbeitsplatz zu kurz kommt.

Interne oder externe Besetzung einer Position

Bei der Besetzung einer Position ist grundsätzlich die Frage zu stellen, ob es einen geeigneten Kandidaten im Unternehmen gibt oder ob auf dem Arbeitsmarkt gesucht werden muß.

Falls es im Unternehmen interessierte und geeignete Personen gibt, ist die interne Stellenbesetzung in der Regel mit einigen Vorteilen für beide Seiten verbunden. Man kennt den internen Bewerber aus der bisherigen Zusammenarbeit oder kann sich über sein Verhalten, seine Leistungen und seine beruflichen Erfolge erkundigen. Er kennt die Position und die Anforderungen und insbesondere auch das Unternehmen und die dort herrschenden Spielregeln. Darüber hinaus ist der internen Stellenbesetzung, wenn möglich, aus Gründen der Mitarbeiterförderung, der Personalentwicklung und der Motivation der Vorzug zu geben.

Außerdem ist die Trennung in interne und externe Auswahl rechtlich verankert. Nach § 93 des Betriebsverfassungsgesetzes müssen freiwerdende Stellen auf Verlangen des Betriebsrates zunächst intern ausgeschrieben werden, bevor sie auf dem externen Arbeitsmarkt angeboten werden. Für die interne und externe Bewerberauswahl werden teilweise unterschiedliche Auswahlverfahren angewandt.

Im folgenden soll auf die Instrumente der externen Bewerberauswahl eingegangen werden, da beim internen Bewerber die Grundsatzentscheidung für die Beschäftigung des Mitarbeiters bereits in der Vergangenheit gefällt wurde. Die Instrumente für die externe Auswahl können jedoch nach entsprechender Modifikation auch für die interne Auswahl genutzt werden.

Instrumente der Bewerberauswahl

• Vorauswahl nach Bewerbungsunterlagen

Ausgangspunkt nahezu aller Auswahlverfahren ist die Analyse der Bewerbungsunterlagen. Die Bewerbungsunterlagen werden häufig als eine erste Arbeitsprobe des Kandidaten betrachtet. Das gilt für Form und Sorgfalt ebenso wie für die Auswahl der Dokumente. Die Bedingungen für den Bewerber gelten dabei als optimal. Er hat nahezu unbegrenzt Zeit für die Anfertigung.

Die Anzahl der Bewerbungen, die bei einem Unternehmen eingehen, hängt von verschiedenen Faktoren ab. Einfluß haben sicherlich die Art der Position, die hierarchische Ebene, die Branche, die Größe des Unternehmens und die Situation auf dem Arbeitsmarkt. Von entscheidender Bedeutung ist darüber hinaus auch die inhaltliche und graphische Gestaltung der Stellenanzeige und die Auswahl der regionalen oder überregionalen Tageszeitung bei der Schaltung einer Annonce.

Bei einer großen Zahl von Bewerbungen bedeutet ihre Bearbeitung auch ein Mengen- und Zeitproblem. Da man im allgemeinen davon ausgeht, daß die größere Zahl der Bewerbungen ungeeignet ist, erfolgt häufig eine Erstdurchsicht nach Negativkriterien, d. h., es wird das Vorliegen bestimmter geforderter Kriterien überprüft. Das können z. B. bestimmte Berufserfahrungen oder ein gewünschtes Lebensalter sein. Eine Feinanalyse wird dann nur bei den Bewerbungen vorgenommen, die als „nicht ungeeignet" übrig bleiben. Diese Auswertung dürfte in aller Regel nach eher subjektiven Einschätzungen vorgenommen werden, da bisher keine wissenschaftlich fundierten Verfahrensweisen vorliegen. Gegenstand der Beurteilung sind zumeist formale und inhaltliche Aspekte, wie Übersichtlichkeit, Fehlerfreiheit, Ausbildungshintergrund, beruflicher Werdegang und fachliche Qualifikation.

Soweit frühere und künftige Berufstätigkeit nicht sehr ähnlich sind, ist die prognostische Sicherheit der Folgerungen aus Bewerbungsunterlagen relativ gering. Schul- und Examensnoten lassen eher eine Schlußfolgerung zu, wenn es um die Prognose weiterer Ausbildungserfolge und nicht um den zukünftigen Berufserfolg geht. Die Bewerbungsunterlagen geben überwiegend nur die „Papierform" eines Kandidaten wider. Trotzdem muß bei großer Bewerberzahl die Mehrzahl der Bewerber auf dieser Basis von dem weiteren Auswahlverfahren ausgeschlossen werden, da ein besseres Instrument für die Vorauswahl bis heute nicht vorliegt.

Die Bewerbungsunterlagen haben heute eine stark vereinheitlichte Form, wodurch ihre Aussagekraft eingeschränkt wird. Diese Tendenz wird durch die Nutzung des PC's beim Erstellen der Unterlagen verstärkt. Vor einer Überinterpretation der Unterlagen muß daher gewarnt werden.

In den Personalabteilungen großer Unternehmen und in Unternehmensberatungen werden bei der Auswertung von Bewerbungsunterlagen vor allem nachfolgende Punkte beachtet (Abb. 6.11).

1 Formale Aspekte:
- Ist die Bewerbung ordentlich und übersichtlich?
- Ist sie fehlerfrei?
- Sind Art und Umfang der Unterlagen der zu besetzenden Position angemessen?

2 Vollständigkeit:
- Ist ein Anschreiben vorhanden, das positiv auffällt?
- Ist ein ausführlicher oder tabellarischer Lebenslauf enthalten?
- Werden genannte Qualifikationen durch Unterlagen nachgewiesen?

3 Erforderliche Ausbildung:
- Welche Noten sind in den Zeugnissen?
- Sind Praktikumsnachweise vorhanden?
- Wie werden ausbildungsbedingte Auslandsaufenthalte dokumentiert?

4 Erforderliche Spezialkenntnisse:
- Welche Sprachkenntnisse sind vorhanden?
- Welche PC- oder EDV-Kenntnisse hat der Bewerber?
- Gibt es sonstige Zusatzausbildungen?

5 Übereinstimmung von Lebenslauf und Belegen:
- Ist der Lebenslauf lückenlos?
- Stimmt die zeitliche Folge der Angaben?

6 Plausibilität von Stellenwechslern:
- Wie ist die Reihenfolge der Positionen?
- Nach wieviel Jahren erfolgte ein Stellenwechsel?
- Sind die Gründe für den Arbeitgeberwechsel nachvollziehbar?

7 Arbeitszeugnisse und Referenzen:
- Stehen die Arbeitszeugnisse in Relation zu der Position? (Ausreichender Umfang, konkrete Nennung von Leistungen oder ein kurzes, sehr allgemeines Zeugnis?)
- Können persönliche Referenzen eingeholt werden?

8 Ergänzende anforderungsspezifische Aspekte:
- Reicht die Berufserfahrung?
- Ist Mobilität gegeben?

9 Offengebliebene Fragen für ein Gespräch vormerken!

Abb. 6.11: Wichtige Punkte bei der Auswertung von Bewerbungsunterlagen

- Das Einstellungsinterview

Das Vorstellungsgespräch bzw. Einstellungsinterview ist die verbreiteste Methode der Personalauswahl in deutschen Unternehmen. Seine Durchführung reicht von der völlig freien Gesprächsführung über teilstrukturierte bis zu vollstrukturierten Varianten mit standardisierten Abläufen und Fragestellungen. Sowohl bei den Auswählenden als auch bei den Bewerbern ist das Interview die am meisten geschätzte Form der Personalauswahl. Die Wissenschaft dagegen beurteilt die prognostische Sicherheit dieser Methode als ziemlich gering. In der Praxis gibt es jedoch keine Anzeichen dafür, daß man aufgrund dieser eher negativen Einschätzung in Zukunft auf das persönliche Gespräch und Kennenlernen verzichten wird. Es stellt sich daher eher die Frage, was das Interview leisten und wie die Sicherheit dieses Instruments zur Bewerberauswahl erhöht werden kann.

6

Interviews bei der Bewerberauswahl können im wesentlichen folgende Funktionen erfüllen:
- Feststellen der Fakten zur Ergänzung oder zur Klärung von Einzelheiten des Lebenslaufs.
- Klärung der Frage des Zusammenpassens von Unternehmen, Vorgesetzten, Kollegen und Bewerber. Hierbei spielen Sympathie, Antipathie, persönliche Erwartungen und Wertvorstellungen bis hin zu rein äußerlichen Merkmalen eine entscheidende Rolle.
- Breitbandinstrument, das erste Hinweise auf mögliche Schwächen oder besondere Stärken gibt, die mit gezielteren Verfahren, wie z. B. einem Test, genauer festgestellt werden sollen.
- Bewertung von Fähigkeiten, Fertigkeiten sowie Motivation des Kandidaten im Hinblick auf die zu besetzende Position.

Verbesserung der Auswahlsicherheit: Die oft bemängelte geringe Sicherheit bei der Bewerberauswahl mit Hilfe des Interviews ist wahrscheinlich auf zwei Umstände zurückzuführen. Der erste Grund liegt in einer oft unzweckmäßigen inhaltlichen und fragetechnischen Gestaltung des Interviews. Die zweite Ursache ist die oftmals unzureichende Informationsverarbeitung des Interviewers während des Gespräches und danach bei der Entscheidungsfindung. Hier sind die Ansatzpunkte für eine Verbesserung der Auswahlsicherheit beim Interview.

Gestaltung des Interviews: Das Interview besteht normalerweise aus zwei Teilen. Im ersten Teil wird der Bewerber befragt, um ein Bild von dessen Persönlichkeit und Eignung zu erhalten. Im zweiten Teil werden dem Bewerber Informationen über die Position, die Aufgaben der Abtei-

6

lung und das Unternehmen gegeben. Darüber hinaus sollte er erfahren, worauf der zukünftige Vorgesetzte besonderen Wert legt.
Wichtig ist, daß diese Informationen erst im zweiten Teil des Gespräches gegeben werden. Sie könnten sonst den Bewerber bei den Aussagen über seine Person zu stark beeinflussen. Im folgenden soll nur auf den ersten Teil des Bewerbungsgesprächs eingegangen werden.

Lebenslauforientierung: Als zweckmäßig für beide Gesprächspartner hat sich eine Lebenslauforientierung des Interviews erwiesen. Sie bildet für beide Seiten einen natürlichen und nachvollziehbaren roten Faden, der dem Interview eine einfache und transparente Grundstruktur gibt. Die Lebenslauforientierung bietet die Möglichkeit, die Entwicklung der Persönlichkeit des Bewerbers so nachzuvollziehen, wie sie tatsächlich stattgefunden hat. Die wichtigsten Teilbereiche des Interviews sind: Schule, Militär/Ersatzdienst, Studium, Berufslaufbahn, Führungsphilosophie, Selbsteinschätzung, Ziele und Pläne für die Zukunft, Familie und Freizeit.
Während des Interviews werden Informationen über Rahmenbedingungen, Reaktionen und eigene Handlungen auf den wesentlichen Stationen und bei bedeutsamen Ereignissen im Leben des Bewerbers gesammelt. Wichtig ist auch, welche Gedanken und Gefühle für ihn damit verbunden sind. Dadurch erhält man aussagekräftige Verhaltensbeispiele. So ist es z. B. aufschlußreich zu wissen, ob eine Person überwiegend nur auf Druck durch andere reagiert hat, oder ob sie häufig von selbst aktiv geworden ist, wenn wir ihre Initiative einschätzen wollen.
Bei den Fragen zur Person sind selbstverständlich immer rechtliche und ethische Grenzen zu beachten. Als Grundsatz gilt, daß nur diejenigen Persönlichkeitsmerkmale erfragt werden dürfen, die sich unmittelbar auf die Arbeitsleistung und das Arbeitsverhalten auswirken. Für Führungskräfte ist dieser Rahmen natürlich größer als für Hilfskräfte, da Anforderungskriterien wie Kommunikations- und Kontaktfähigkeit, Durchsetzungsvermögen, Flexibilität und Initiative die Grenze zum Privaten unschärfer werden lassen.

Anforderungsbezogenheit: Während des Interviews müssen die Anforderungskriterien der Position immer wieder ins Gespräch gebracht werden. Soll z. B. eine Führungsposition mit Verantwortung für Mitarbeiter besetzt werden, ist es sinnvoll, Fragen nach der Führungsphilosophie, nach dem konkreten Verhalten in vergangenen Führungssituationen und nach dem beabsichtigten Verhalten in zukünftigen kritischen Berufssituationen zu stellen. Soll dagegen die Position eines bilanzsicheren Buchhalters ohne Mitarbeiterverantwortung besetzt werden, dann sollten entsprechend fachbezogene Anforderungen stärker in den Vordergrund rücken. Wenn man als Leitfaden für das Interview die Orientierung am Lebenslauf des Bewerbers nimmt, so unterscheidet sich doch jedes Interview durch die unterschiedlichen Anforderungen verschiedener Positionen.

Halbstrukturiertes Interview: Man kann zwischen unstrukturierten, halbstrukturierten und vollstrukturierten Interviews unterscheiden. Bei den unstrukturierten Interviews sind keine Fragen und Themenbereiche vorgegeben. Beim vollstrukturierten Gespräch gibt es einen festen Fragenkatalog. Das halbstrukturierte Interview hat eine Liste von Themen und z. T. auch Fragen als Basis, bietet aber den Freiraum, auf individuelle Besonderheiten der Kandidaten einzugehen. Es sichert durch die Grobstruktur ein systematisches Vorgehen und wahrt dennoch den Vorteil der Flexibilität. Wird es kooperativ durchgeführt, bietet es die Möglichkeit, die Frage nach der Eignung des Bewerbers und dem Zusammenpassen von gegenseitigen Anforderungen und Erwartungen als gemeinsamen Problemlösungsprozeß zu gestalten. Beim kooperativen Interview wird, anders als beim Streß-Interview, darauf verzichtet, mögliche Auskunftswiderstände durch Druck zu brechen.

Fragetechnik im Interview: Man kann einerseits zwischen offenen und geschlossenen Fragen, und andererseits zwischen engen und weiten Fragen unterscheiden. Auf eine geschlossene Frage kann eine kurze Antwort gegeben werden, oft reicht ein „Ja“ oder „Nein“ zur Beantwortung. Beispiel: „War Ihr Urlaub gut?“. Antwort: „Ja“. Offene Fragen fangen in der Regel mit einem Fragewort an und führen normalerweise zu einer längeren Antwort. Beispiel: „Was haben Sie im Urlaub erlebt?“. Antwort: „Zuerst hatte das Flugzeug Verspätung. Dann kam das Gepäck erst zwei Tage später im Hotel an...“. Typische Fragewörter sind „wie, was, wo, weshalb, wieso...“. Die so gestellten Fragen werden deshalb auch häufig als W-Fragen bezeichnet. Auch offene Fragen können eng gestellt werden und führen dann häufig auch zu kurzen Antworten. Beispiel: „Wie war Ihr Eindruck vom Bewerber?“. Antwort: „Gut“. Unsere Chancen, eine ausführliche Antwort zu bekommen steigen, wenn wir eine offene und weite Frage stellen. Beispiel: „Was ist Ihnen an dem Bewerber alles so aufgefallen?“. Antwort: „Er war zunächst sehr aufgeregt. Dann hat er sich beruhigt...“. Durch offene und weite Fragen erhöht sich die Wahrscheinlichkeit für längere Antworten und damit für einen größeren Umfang an Informationen. Durch gezieltes Nachfragen kann der Interviewer dann genau die Punkte weiter vertiefen, die ihm in Hinblick auf das zu überprüfende Anforderungsprofil besonders interessant erscheinen.

Urteilskompetenz des Interviewers: Der Interviewer übt beim Bewerbungsgespräch eine Schlüsselfunktion aus. Untersuchungen weisen – wie zu erwarten – auf erhebliche Unterschiede in der Qualität der Gesprächsführung und in der Urteilskompetenz hin. Dabei kommt der Urteilskompetenz eine vorrangige Bedeutung zu, weil sie die inhaltliche Qualität der Gesprächsführung weitgehend mitbestimmt. Die Urteilskompetenz hängt sicherlich nicht nur von einer angeborenen Intuition ab, sondern auch von einem gewissen Fundus an Expertenwissen. Dieses Wissen ist in den Personalabteilungen großer Firmen und in Unternehmensberatungen sicherlich vorhanden, nicht aber immer bei den Vorgesetzten in den Fachabteilungen.

Es bietet sich daher an, zur Erhöhung der Entscheidungssicherheit die Gespräche gemeinsam zu führen. Dadurch werden die möglichen Fehlerquellen wie Vorinformation, erster Eindruck, Reihenfolge der Informationen, implizite Persönlichkeitstheorien, zu frühes Urteil, Reihenfolge der Kandidaten, eigene Betroffenheit, Sympathie/Antipathie wenigstens zum Teil ausgeschlossen. Ebenfalls hilfreich ist eine Trennung von Informationssammlung und Entscheidung. Die Informationen können dann mit Abstand und in Ruhe betrachtet, gewichtet und interpretiert werden. Für Vorgesetzte, die häufiger Einstellungsentscheidungen treffen müssen, ist darüber hinaus ein Interview-Training zu empfehlen.

• Psychologische Tests

Unser Alltag ist geprägt von Urteilen, die wir über andere Menschen fällen. Jemand erscheint uns als selbstbewußt oder unsicher, entschlossen, schlagfertig, optimistisch oder impulsiv. Wir sprechen hier von Persönlichkeitseigenschaften, die wir an anderen Menschen beobachten. Und aufgrund unserer vorausgegangenen Erfahrungen meinen wir, daß diese oder jene Persönlichkeitseigenschaften für eine Person im Berufsleben förderlich oder hinderlich sind, ganz unabhängig von Intelligenz oder fachlichen Fähigkeiten. Diese Urteile sind letztlich immer subjektiv und verschiedene Beurteiler werden häufig zu unterschiedlichen Einschätzungen kommen. Um diese subjektive Komponente soweit wie möglich zurückzudrängen, werden häufig Tests eingesetzt. Tests sind standardisierte, routinemäßig anwendbare Verfahren zur Messung individueller Verhaltensmerkmale, aus denen Schlüsse auf Eigenschaften der betreffenden Person oder auf ihr Verhalten in anderen Situationen gezogen werden können.

Die Standardisierung psychologischer Testverfahren bezieht sich auf ihren Inhalt, auf die Durchführung und auf die Auswertung. Im Vergleich zu anderen Verfahren ist damit die Grundlage für hohe Objektivität gegeben, da der Einfluß subjektiver Beobachtungs- und Urteilsfehler gering oder ganz ausgeschlossen ist.

In der Berufseignungsdiagnostik finden überwiegend folgende Tests Verwendung: Tests zur Ermittlung der Intelligenz, Tests zur Prüfung allgemeiner Fähigkeiten wie Aufmerksamkeit und Konzentrationsleistung, Tests sensorischer oder motorischer Funktionen sowie Tests, die spezielle Leistungen wie technisches Verständnis erfassen. Dazu kommen Persönlichkeitstests, zu denen auch Interessen- und Motivationstests gerechnet werden. Die Mehrzahl der Tests gibt es in Form von Fragebogenverfahren. Durch diese Verfahrensart kann innerhalb kurzer Zeit auch eine große Zahl von Personen getestet werden. Viele Firmen nutzen daher Tests, wenn eine hohe Anzahl von Bewerbern vorhanden ist als ein wirtschaftliches Instrument zur Vorauswahl. Dieses Vorgehen bietet darüber hinaus den entscheidenden Vorteil, daß durch Test und Interview Ergebnisse aufgrund zweier voneinander unabhängiger Methoden vorliegen. Probleme ergeben sich jedoch häufig dadurch, daß bei einer großen Anzahl von Firmen „hauseigene" Instrumente oder veraltete Tests eingesetzt werden und ihre Interpretation durch Nicht-Fachleute vorgenommen wird. Ein weiteres Problem beim Einsatz von Tests ist darin zu sehen, daß ihre Akzeptanz im deutschsprachigen Raum weitaus geringer ist, als im angelsächsischen Bereich.

• Biographischer Fragebogen

Biographische Fragebogen sind standardisierte Instrumente zur Erfassung von soziodemographischen Variablen, Einstellungen, bisherigen Erfahrungen, schulischen und beruflichen Entwicklungen sowie Aktivitäten und Interessen. Sie sind im wesentlichen eine systematische Zusammenfassung der Informationen, die auch mit Hilfe des Personalfragebogens und des Einstellungsinterviews zusammengetragen werden können. Auch zu Persönlichkeitstests besteht eine gewisse Ähnlichkeit. Die Besonderheit eines biographischen Fragebogens besteht in der Art der Fragestellung. Es werden vornehmlich konkrete, erfahrungsbezogene Fragen gestellt. Unter der Annahme, daß vergangene Erfahrungen und deren subjektive Verarbeitung brauchbare Vorhersagen

6

künftigen Verhaltens sein müßten, wurden biographische Fragebogen in verschiedenen Berufsfeldern erprobt und erfolgreich eingesetzt. Insbesondere für den Versicherungsaußendienst liegt eine Vielzahl von Daten vor.
Das Hauptproblem bei diesem Verfahren liegt darin, daß es an die spezifischen Tätigkeiten und die Besonderheiten der einzelnen Unternehmen angepaßt werden muß. Ein und derselbe Fragebogen kann nicht für unterschiedliche Berufsfelder eingesetzt werden, ohne an Aussagekraft zu verlieren.
Biographische Fragebogen können prinzipiell für zwei Zielsetzungen eingesetzt werden. Zum einen zur Vorauswahl bei großen Bewerberzahlen, und zum anderen als zusätzliches Instrument zur Eignungsprüfung im traditionellen Vorstellungsgespräch.

• Assessment Center
Das Assessment Center ist eine Form der Eignungs- und Leistungsbeurteilung, bei der mehrere Instrumente eingesetzt werden. Es dauert normalerweise ein bis drei Tage. Das Assessment Center ist ein Gruppenauswahlverfahren, an dem 6 bis 12 Kandidaten und mehrere Beobachter teilnehmen. Assessment Center werden zur Auswahl externer Bewerber, häufiger aber noch als Methode der Entwicklung von Mitarbeitern eingesetzt. Vor allem als Maßnahme, den Führungsnachwuchs im Unternehmen zu erkennen und weiter zu fördern, hat das Verfahren in den letzten Jahren Popularität gewonnen.
Die wichtigsten im Rahmen eines Assessment Centers eingesetzten Einzelverfahren sind Gruppendiskussionen mit oder ohne Rollenvorgabe, Wirtschaftsspiele und Managementfälle (neuerdings teilweise computerunterstützt), Vorträge, Einzelaufgaben, Rollenspiele und Tests. Gelegentlich wird auch mit neuen Formen strukturierter Interviews gearbeitet.
Die Leistungen der Teilnehmer im Assessment Center werden von den Beurteilern üblicherweise anhand vorgegebener Skalen eingeschätzt. Diese Skalierungen haben gewöhnlich die Form einer Einstufung (z. B. von 1 bis 10), gelegentlich auch die der Rangreihenbildung. Zum Abschluß eines Assessment Centers wird jedem Teilnehmer eine Rückmeldung über die Eindrücke gegeben, die er hinterlassen hat. Falls die Teilnehmer Mitarbeiter sind, ist auch im Interesse des Unternehmens besondere Sorgfalt und hohes Einfühlungsvermögen erforderlich, damit es nicht zu sogenannten „Gewinner-Verlierer-Situationen" kommt. Anderenfalls könnte Demotivation oder gar eine ungewollte Fluktuation die Folge sein.

Freisetzung von Mitarbeitern

Geht es um arbeitsrechtliche Fragen, so wenden sich Führungskräfte normalerweise an die Spezialisten in der Rechts- oder Personalabteilung. Und das ist auch sicherlich richtig. Dennoch gibt es zwei Bereiche, in denen ein Minimum an Arbeitsrechtskenntnissen für jeden Vorgesetzten wichtig ist, nämlich der Umgang mit dem einzelnen Mitarbeiter und dem Betriebsrat im Vorfeld juristischer Auseinandersetzungen. Angesichts der totalen Verrechtlichung der Arbeitsbeziehungen zählt bei einer Auseinandersetzung am Ende nur, was mit Hilfe der Personalakte auch bewiesen werden kann. Hier beginnt das Spannungsfeld, in dem sich der Vorgesetzte bewegt. Ein gutes Gespräch mit dem Mitarbeiter setzt Vertrauen voraus. Das ist die Grundlage für eine Motivation. Das schriftliche Festhalten des Gespräches schafft ein Klima des Mißtrauens. Der Vorgesetzte steht damit immer vor der Entscheidung, bis zu welchem Punkt Kommunikation und Motivation richtig sind, und wann er übergehen muß zur Abmahnung und Dokumentation.
Kündigungsrechtlich kommt es allein auf die gesetzlichen Kündigungsgründe an. Das ist häufig etwas ganz anderes als das, was den Vorgesetzten menschlich empört.
So kann nach § 626 Abs. 1 BGB fristlos nur aus wichtigem Grund gekündigt werden. Dabei muß man wissen, daß die Maßstäbe für einen wichtigen Grund sehr streng sind. Nach der Rechtsordnung des Bundesarbeitsgerichtes sind kleinere Diebstähle und Veruntreuungen, zumal nach langer Betriebszugehörigkeit, kein wichtiger Grund (BAG v. 20.9.84, DB 1985 S. 655 = NZA 1986 S. 286).
Dagegen kann während der vereinbarten Probezeit, die bis zu sechs Monaten dauern kann, unter Einhaltung der Kündigungsfrist ohne Angabe von Gründen gekündigt werden. Dadurch besteht in der Probezeit die Möglichkeit sowohl für den Arbeitgeber als auch für den Arbeitnehmer zu prüfen, ob die gegenseitigen Erwartungen tatsächlich erfüllt werden.
Besteht das Arbeitsverhältnis länger als sechs Monate, so steht es nach § 1 KSchG unter gesetzlichem Kündigungsschutz. Dann kann das Arbeitsverhältnis einseitig vom Arbeitgeber nur noch aus den drei gesetzlichen Kündigungsgründen beendet werden. Dabei muß es sich um Gründe handeln, die entweder in
– der Person des Arbeitsnehmers liegen,
– im Verhalten des Arbeitsnehmers liegen oder
– aus dringenden betrieblichen Erfordernissen abgeleitet werden.

Nahezu alle betriebsbedingten Kündigungen sind Folge unternehmerischer Organisationsentscheidungen, wie z. B. Betriebsstillegung, Einführung neuer Techniken oder Rationalisierungsmaßnahmen. Das Arbeitsgericht kann dann nur noch überprüfen, ob der Grund für den Stellenabbau in der Unternehmensentscheidung liegt und ob bei dem damit verbundenen Personalabbau soziale Gesichtspunkte ausreichend berücksichtigt worden sind (§ 1 Abs. 3 KSchG).
Kommt es dagegen zu Vertragsstörungen, deren Ursache in der persönlichen Sphäre des Arbeitnehmers liegen, so muß zwischen der personenbedingten und einer verhaltensbedingten Kündigung unterschieden werden. Sind die Vertragsstörungen im Rechtssinne einem Arbeitnehmer zurechenbar, könnte er sie bei gutem Willen vermeiden, so handelt es sich um eine verhaltensbedingte Kündigung. In fast allen Fällen einer verhaltensbedingten Kündigung, z. B. wegen Störungen im Leistungsbereich, gilt der eiserne Grundsatz: Keine Kündigung ohne vorherige schriftliche Abmahnung. Der Begriff Abmahnung ist in keinem Arbeitsgesetz erwähnt. Die Abmahnung hat ihren Ursprung in der Rechtsprechung. Hier zeigt sich eine Besonderheit des deutschen Arbeitsrechts. Richterrecht spielt hier eine gesetzesvertretende Rolle. Die Abmahnung hat drei Funktionen: Die Rügefunktion, die Warnfunktion und die Beweisfunktion. Die letzte Abmahnung vor einer Kündigung sollte nicht älter als ein Jahr sein.
Liegt die Vertragsstörung zwar in der Sphäre des Arbeitnehmers, jedoch außerhalb seiner Beeinflußbarkeit, wie z. B. Krankheit oder schicksalhafter Leistungsverfall, so spricht man von der personenbedingten Kündigung. Die personenbedingte Kündigung ist zukunftsorientiert. Nicht die Fehlzeiten oder schlechten Leistungen der Vergangenheit sind hier der eigentliche Kündigungsgrund, sondern der vom Arbeitgeber zu führende Nachweis, daß die gestörte Austauschbeziehung zwischen Unternehmen und Mitarbeiter auch in Zukunft gestört bleiben wird. Das besondere Problem dieser Kündigung liegt darin, heute beweisen zu müssen, was in Zukunft sein wird.
Wegen der mit einer Kündigung durch den Arbeitgeber häufig verbundenen erheblichen Schwierigkeiten, versuchen die Unternehmen immer mehr, das Arbeitsverhältnis durch einen einvernehmlichen Aufhebungsvertrag zu beenden. In solchen Fällen muß der Arbeitgeber eine Abfindung zahlen. Sie beträgt meistens ein halbes bis ein Monatsgehalt pro Jahr der Betriebszugehörigkeit. Dabei sind bestimmte Höchstgrenzen in Abhängigkeit von Betriebszugehörigkeit und Lebensalter des Arbeitsnehmers zu beachten (s. Beitrag 11).

Anreizsysteme als personalwirtschaftliche Herausforderung

Der psychologische Arbeitsvertrag

Charakteristisches Merkmal des Arbeitsverhältnisses ist eine Austauschbeziehung. Getauscht, so die naheliegende Vorstellung, wird Arbeitsleistung gegen Vergütung. Der Jurist wird vielleicht noch darauf hinweisen, daß seitens des Arbeitnehmers ergänzend zur Arbeitspflicht eine Treuepflicht besteht und der Arbeitgeber neben der Lohnzahlungspflicht sowohl eine Fürsorgepflicht als auch eine Gleichbehandlungspflicht hat. Der Verhaltenswissenschaftler oder der verhaltenswissenschaftlich orientierte Ökonom wird wiederum zusätzliche Facetten, die mit dem Arbeitsverhältnis verbunden sind, im Auge haben.
Seit Anfang der 80er Jahre ist der Begriff des psychologischen Vertrages in die Organisationstheorie gebracht worden. Danach hat das Individuum vielfältige Erwartungen gegenüber der Organisation, und umgekehrt hat das Unternehmen eine Erwartungshaltung gegenüber dem Individuum. Gegenstand dieser Erwartungen ist nicht nur, wieviel Arbeit für welche Bezahlung zu leisten ist, sondern auch das ganze Spektrum von Rechten, Privilegien und Pflichten zwischen Mitarbeiter und Unternehmen. Die für den psychologischen Vertrag wichtigen Erwartungen sind vertraglich meist nicht fixiert, und teilweise lassen sie sich in dieser Form auch gar nicht sinnvoll formulieren. Seitens des Mitarbeiters ist beispielsweise die Erwartung auf faire Behandlung gemeint. Das Unternehmen seinerseits geht vielleicht stillschweigend von der Bereitschaft zu einem hohen Engagement aus.
Die Berücksichtigung der stillschweigenden aber dennoch realen Existenz eines psychologischen Vertrages ist deshalb bedeutsam, weil diesem Konstrukt wesentliche Anregungen für die Gestaltung von Anreizsystemen im Unternehmen entnommen werden können. Mit Hilfe des psychologischen Vertrages ist man außerdem in der Lage, den Wandel in den Arbeitsbeziehungen und in den Erwartungshaltungen von Personen und Unternehmen zu erfassen.
War es einst mehr oder weniger selbstverständlich, das Vertragsverhältnis auch aus psychologischer Sicht praktisch ausschließlich auf den Austausch von Arbeitsleistung und Arbeitsentgelt zu beschränken und damit im Lohn den einzigen bedeutsamen Leistungsanreiz zu sehen, so ist diese Vorstellung vom psychologischen Vertrag mittlerweile hinfällig geworden.

6

Die veränderten gegenseitigen Erwartungen

Trotz mancher Kontroversen ist man sich über die Hauptursachen der veränderten gegenseitigen Erwartungen einig. Es sind die Entwicklung der Technik und der vorhandene Wertewandel. Der Wertewandel hat die Erwartungshaltungen der Mitarbeiter verändert.
Diese Erwartungen können folgendermaßen skizziert werden:
- An Stelle alleiniger materialistischer Orientierung (hohes Einkommen, sicherer Arbeitsplatz) sind zunehmend post-materialistische Werte hinzugekommen. So wird z. B. die Zusammenarbeit mit sympathischen Kollegen oder das Interesse an Tätigkeiten, die als sinnvoll und herausfordernd empfunden werden, immer wichtiger.
- Den sogenannten Pflicht- und Akzeptanzwerten haben sich Selbstentfaltungswerte hinzugesellt. Verschiedentlich kommt es sogar zu einer Substitution der Pflichtwerte durch die Selbstentfaltungswerte.
- Die puritanischen Tugenden wie Pünktlichkeit, Fleiß oder Disziplin verlieren an Bedeutung. Die kommunikativen Tugenden, wie z. B. die Bereitschaft zur Teamarbeit, gewinnen an Bedeutung.

Durch diese Werteverschiebungen haben sich die Erwartungen der Mitarbeiter und damit die aus ihrer Sicht notwendigen Inhalte des psychologischen Arbeitsvertrages verschoben. Damit haben aber auch Anreize Bedeutung erlangt, die vom herkömmlichen Verständnis des Arbeitsverhältnisses nicht abgedeckt werden.
So ist z. B. Eigenverantwortung, die über das reine Ausführen eines Auftrages hinausgeht, bedeutsamer geworden. Wichtig ist auch eine vermehrte Zeitsouveränität. Ebenso stellen herausfordernde Arbeitsinhalte und autonome Entscheidungsbereiche einen Anreiz dar.
Der gesellschaftliche Wandel führt dazu, daß auf der individuellen Ebene Bedürfnisse bzw. Motive verhaltensrelevant werden, die früher in der Arbeitswelt lediglich vereinzelt eine Rolle gespielt haben. Daraus ergibt sich die Notwendigkeit, den Anreizbegriff zukünftig beträchtlich weiter zu fassen.
Auf Seiten der Unternehmen hat vor allem die Entwicklung der Technik zu neuen Erwartungen gegenüber den Mitarbeitern geführt:
- Die Technikentwicklung hat mittlerweile vielfach an einen Punkt geführt, an dem das Management nur noch dann an Effizienz gewinnen kann, wenn es die Arbeitsteilung wieder lokkert.
- Neue Techniken wollen beherrscht werden. Die Erwartungshaltungen von Unternehmen beinhalten daher zwangsläufig auch eine generelle Anpassungs- und Lernbereitschaft der Mitarbeiter. Diese kann und muß durch entsprechende Anreize aktiviert werden.
- Auch die veränderte Zeitperspektive kann Anlaß sein, ein bestehendes Anreizsystem zu verändern. Die wachsende Notwendigkeit zur strategischen Ausrichtung wird behindert, wenn die Anreize so beschaffen sind, wenn auch vermutlich ungewollt, daß kurzfristige Erfolge belohnt werden.
- Insbesondere Großunternehmen haben mit Flexibilitätsproblemen eigener Art zu kämpfen. Um der internen Erstarrung entgegenzuwirken, bietet es sich an, internes Unternehmertum durch geeignete Anreize gezielt zu fördern.

Wirkung von Anreizsystemen

Im Alltag des Unternehmens geht es darum, die Leistungsbereitschaft der Mitarbeiter durch geeignete Anreize anzuregen. Das ist deshalb notwendig, weil die Entscheidung, Mitarbeiter eines Unternehmens zu werden und auch mehr oder weniger regelmäßig am Arbeitsplatz zu erscheinen, nicht automatisch bedeutet, daß es auch aus der Sicht des Unternehmens befriedigend ist. Die Leistungsanreize müssen so beschaffen sein, daß sie die Motive der Mitarbeiter aktivieren bzw. ihre Bedürfnisse befriedigen. Andererseits müssen sie aber auch den Belangen des Unternehmens Rechnung tragen. Dabei wird es wohl immer wieder auch Spannungen zwischen den Bedürfnissen der Mitarbeiter und den Zielen des Unternehmens geben.
Das Bündel der Leistungsanreize kann in vielfältiger Weise klassifiziert werden. Die am häufigsten zu findenen Klassifikationen sollen kurz dargestellt werden.

Materielle und immaterielle Anreize
Daß der Unterscheidung zwischen materiellen und immateriellen Anreizen heute besondere Bedeutung beigemessen wird, kann angesichts des gesellschaftlichen Wertewandels nicht überraschen. Allgemein wird anerkannt, daß den immateriellen Anreizen heute ein höherer Stellenwert zukommt als in der Vergangenheit. Zu ihnen gehören interessante, ganzheitlich gestaltete Aufgaben, Partizipationsmöglichkeiten, mitarbeiterorientiertes Vorgesetztenverhalten, ein angenehmes Betriebsklima u.v.m. Daraus, daß den immateriellen Anreizen heute eine höhere Bedeu-

tung zuzurechnen ist, kann aber nicht automatisch gefolgert werden, daß der materielle Anreiz – speziell also das Entgelt für die geleistete Arbeit – damit automatisch an motivierender Kraft verliert.
Hierbei ist auch die Besonderheit des Geldanreizes zu berücksichtigen. Geld fungiert nämlich als nahezu universelles Mittel der Bedürfnisbefriedigung. Sein instrumentaler Wert besteht darin, „niedergeordnete“ Existenzbedürfnisse ebenso befriedigen zu können, wie „höhergeordnete“ Status-, Macht- oder Wertschätzungsbedürfnisse. Wenn auch von Individuum zu Individuum auf höchst unterschiedliche Weise. Insofern könnte der Stellenwert des finanziellen Anreizes im Zuge des Wertewandels möglicherweise noch gestiegen sein. Die Befriedigung hedonistischer Wünsche kann nämlich durchaus auch teuer sein. Andererseits ist natürlich unverkennbar, daß der finanzielle Anreiz durch die immateriellen Anreize starke Konkurrenz erhalten hat.

Individual-, Gruppen- und unternehmensweite Anreize
Die Unterscheidung zwischen Individual-, Gruppen- und unternehmensweiten Anreizen wird in der Regel auf die monetäre Gratifikation bezogen. So kann z. B. die besondere Leistung eines einzelnen Mitarbeiters zu einer Prämienzahlung führen. Genauso könnte die Leistung einer Gruppe prämiert werden oder es wird eine Prämie an alle Mitarbeiter im Unternehmen gezahlt. Unter sonst gleichen Bedingungen gilt hier, daß Individualanreize leistungswirksamer sind als Gruppenanreize oder gar als verschiedene unternehmensweite Anreize, etwa in Form von Mitarbeitererfolgs- und Kapitalbeteiligungen.
Häufig sind hierbei auch materielle mit immateriellen Anreizen gemischt. Individualanreize spielen beispielsweise im Zusammenhang mit dem betrieblichen Vorschlagswesen eine Rolle. Gruppenanreize sind untrennbar mit dem Qualitätszirkel oder dem Lernstattkonzept verbunden. Unternehmensweite Erfolgs- und Kapitalbeteiligungen werden in den seltensten Fällen rein materiell ausgelegt. Meist umfassen sie gleichzeitig immaterielle Elemente in Form von mehr oder weniger weitreichenden Mitwirkungs- und Mitentscheidungsrechten.

Extrinsische und intrinsische Anreize
Die Unterscheidung nach extrinsischen und intrinsischen Anreizen zielt auf die Quellen der Anreize ab. Extrinsische Anreize dienen als Mittel zum Zweck der Bedürfnisbefriedigung. Der klassische extrinsische Leistungsanreiz ist die Gratifikation, Geld im weiteren Sinne also. Karriereanreize, gewisse Statussymbole oder sogenannte Incentives, die sich vorrangig an Mitarbeiter im Außendienst richten, gehören ebenfalls in diese Kategorie.
Auf den Stellenwert der intrinsischen Motivation stößt man, wenn zunächst verschiedene außerberufliche Tätigkeiten betrachtet werden. Warum beispielsweise nehmen Bergsteiger, Drachenflieger oder Weltumsegler enorme Anstrengungen in Kauf? Offensichtlich hat das jeweilige Tun selbst einen außerordentlich hohen Befriedigungswert. Die Arbeitswelt muß mit weniger spektakulären Aktionen auskommen. Das heißt jedoch nicht, daß sie sich der intrinsischen Motivation verschließen würde.

6

Zu überlegen ist, welche Tätigkeiten bzw. Aufgaben durch folgende Gestaltungsmerkmale an Attraktivität gewinnen könnten:
- Eine Tätigkeit kann weitgehend selbständig erledigt werden (Autonomie);
- Eine Tätigkeit besitzt „Ganzheits-Charakter“ (Identität);
- Eine Tätigkeit verlangt Vielseitigkeit bezüglich der einzusetzenden Fähigkeiten und Kenntnisse (Varietät);
- Nach Beendigung einer Tätigkeit erfolgt eine Rückkopplung über das Arbeitsergebnis (Feedback);
- Eine Tätigkeit hat eine erkennbare Bedeutung (Sinn).

Diese Gestaltungsgrundsätze stehen in deutlichem Gegensatz zu dem Prinzip tayloristischer Arbeitszerlegung. Hier ist wieder an die Technikentwicklung zu erinnern, die – wenn auch noch nicht in allen Bereichen der Wirtschaft – an einen Punkt geführt hat, von dem aus Effizienzgewinne nur noch durch Lockerung der Arbeitsteilung möglich sind. Intrinsische Leistungsanreize, die übrigens auch Arbeitsgruppen gegeben werden können (teilautonome Gruppen), haben also in doppelter Hinsicht einen Bedeutungszuwachs erfahren.
Neben der hier skizzierten Klassifikation von Leistungsanreizen könnte man auch nach speziellen Steuerungszwecken oder Zielgruppen unterscheiden, die erreicht werden sollen.

Die Gestaltung von Anreizsystemen

Wegen unterschiedlicher Motivationsstrukturen werden Mitarbeiter auf Anreize nicht einheitlich, sondern eben individuell reagieren. Die Gestaltung von Anreizsystemen wird dadurch nicht einfacher. Unternehmen, die sich dieser Herausforderung nicht stellen, müssen langfristig damit rechnen, daß sie

- zunehmend Schwierigkeiten haben werden, geeignete Mitarbeiter zu gewinnen und zu binden sowie
- durch physische oder psychische Abwesenheit nur einen Teil der in ihren Mitarbeitern schlummernden Potentiale nutzen können.

Damit wird deutlich, daß eine möglichst die Motive der Mitarbeiter erreichende Anreizgestaltung nicht nur im Interesse der Arbeitnehmer, sondern auch im Eigeninteresse der Unternehmen liegt. Da die Personen unterschiedlich reagieren, müßte eine möglichst weitgehende Individualisierung des Anreizsystems erfolgen. Diese läßt sich dadurch realisieren, daß eine Vielzahl von Anreizsituationen geschaffen wird und die Mitarbeiter sich – unter Beachtung bestimmter Regeln – die von ihnen gewünschten Alternativen selbst auswählen können. Eine solche Individualisierung könnte auf verschiedenen Feldern stattfinden. Einen Teil der Anreizsituationen könnten die Arbeitszeitregelungen ausmachen. Beispielsweise ist die gleitende Arbeitszeit schon in vielen Unternehmen zur Selbstverständlichkeit geworden. Spielräume sind noch vorhanden, wenn von der täglichen über die wöchentliche, monatliche, jährliche bis hin zur Lebensarbeitszeit nach Individualisierungsmöglichkeiten gesucht wird.

Auch in Entgeltsystemen steckt ein beträchtliches Individualisierungspotential. Die bisher zu findenden Regelungen werden meistens als Caféteria-System bezeichnet. Hierbei kann zwischen verschiedenen monetären Zusatzleistungen ausgewählt werden. Ebenso könnte über stärker individualisierte Karrierewege (besonders in Großunternehmen) und über individuelle Aufgabenzuschnitte nachgedacht werden. Insbesondere aber birgt eine individuelle Behandlung der Mitarbeiter durch Vorgesetzte Spielräume für die Motivation der Mitarbeiter und für Führungserfolge des Vorgesetzten selbst.

Führung von Mitarbeitern

Führung ist eine zielbezogene Einflußnahme. Die Mitarbeiter sollen dazu bewegt werden, bestimmte Ziele – die sich meist aus den Zielen des Unternehmens ableiten – zu erreichen. Konkret könnte ein derartiges Ziel beispielsweise in der Erhöhung des Umsatzes, in der Verbesserung des Betriebsklimas oder im Erreichen bestimmter Qualitätsstandards bestehen. Die Wege, auf denen diese Einflußnahme vorgenommen werden kann, sind jedoch höchst unterschiedlich. Gliedert man grob, so ist auf zwei Arten besonders hinzuweisen, die in sich wiederum vielfach ausdifferenziert sind. Es handelt sich dabei einerseits um die Führung durch Strukturen, andererseits um die Führung durch Personen.

Führung durch Strukturen

Das Verhalten vieler Mitarbeiter in Unternehmen wird zielbezogen beeinflußt, ohne daß unmittelbar irgendeine Person diesen Einfluß ausübt. Es sind Strukturen, die Aktivitäten steuern und koordinieren. Solche Strukturen können ganz unterschiedliche Qualität haben. Man denke an Organigramme, Stellenbeschreibungen oder Verfahrensvorschriften. Auch die unterschiedlichen Anreizsysteme, auf die bereits eingegangen wurde, gehören dazu. Zu den verhaltensbeeinflussenden Strukturen zählt ebenfalls die konkrete Gestaltung eines Arbeitsplatzes. Ein Fließband bestimmt in strenger Weise, was ein Arbeiter zu tun hat. Durch die Struktur dieser Technik wird minutiös festgelegt, wie jeder Handgriff wann ausgeführt werden soll.

In welchem Maße in manchen Unternehmen durch Strukturen geführt wird, zeigt sich, wenn man z. B. Filialen oder Zweigstellen zentral gesteuerter Warenhaus-, Restaurant- oder Hotelketten besucht. Ob man in München oder Hamburg einkauft, man wird auf sehr ähnliche Angebote und Angebotspräsentationen stoßen. In Filialen von Fast-Food-Ketten erhält man durch Verfahrensvorschriften eine standardisierte Qualität des Angebotes. Ob man in London oder Paris übernachtet, dem Hotelzimmer ist dies nicht anzusehen. Alles ist bis ins Detail hinein geregelt und festgeschrieben. Raum für die Kreativität einzelner Mitarbeiter besteht kaum. Die Führenden greifen nur dann ein, wenn im zentralgeordneten und vorgeplanten Ablauf Störungen eintreten. Auch der Öffentliche Dienst ist ein Bereich, in dem durch Verfahrensvorschriften in Form von Dienst- und Verwaltungsanweisungen viele Arbeitsvorgänge bis ins Detail geregelt sind.

Führung durch Menschen

Ob die Führung durch Strukturen und einengende Vorschriften strikt geregelt ist oder durch das Abstecken grober Rahmenbedingungen bewußt Freiräume für die Mitarbeiter gelassen werden – es wird zum großen Teil am Vorgesetzen liegen.

Ob ein Dienst nach Vorschrift ausgeübt oder ob flexibel und kreativ gearbeitet wird, hängt letztlich von ihm ab. Stimmung und Klima in dem Arbeitsbereich werden entscheidend durch das Verhalten des Führenden geprägt.
Im folgenden soll zunächst der Frage nachgegangen werden, *was* zu den Aufgaben einer Führungskraft gehört. Danach soll der Frage nach dem *wie*, im Zusammenhang mit dem Führungsverhalten, nachgegangen werden.

Formale Aufgaben bei der Mitarbeiterführung

• Information/Kommunikation
Umfassende Informationen dürfen nicht vorenthalten werden, wenn hohe Leistung gefordert wird. Der Informationsbedarf der Mitarbeiter richtet sich zunächst auf aufgabenbezogene Informationen. Da die Aufgabenerfüllung häufig vom Ausmaß und der Qualität der verfügbaren Informationen abhängt, sind diese direkt leistungswirksam. Dazu gehören auch fachübergreifende Informationen, die den Mitarbeitern das notwendige Verständnis zur Erfüllung ihrer Aufgaben vermitteln.
Darüber hinaus besteht bei den Mitarbeitern ein primär motivationsbezogener Informationsbedarf. Es handelt sich um die regelmäßige, rechtzeitige Information und offene Kommunikation über betriebliche Ziele und Strategien sowie über wichtige unternehmensrelevante Ereignisse und Entscheidungen. Sie führen zu strategiekonformem Denken und Handeln bei Mitarbeitern und auch Führungskräften, die in der Regel eine doppelte Funktion ausüben. Sie sind Vorgesetzte für ihre Mitarbeiter und gleichzeitig Mitarbeiter ihrer eigenen Chefs.
Die Aufgabe, einen erfolgreichen Kommunikationsprozeß herzustellen, ist vielleicht die erste und wichtigste Aufgabe des Führenden. Aus der empirischen Personalforschung ist bekannt, daß bis zu 80 Prozent aller größeren Probleme, die im Betriebsleben Leidensdruck erzeugen, mit dem Gelingen oder Nichtgelingen von Kommunikation und Information zusammenhängen. Da aber Kommunikationsprozesse in hohem Ausmaß unbewußten Einflüssen – wie etwa der selektiven Wahrnehmung – unterliegen, lassen sich Kommunikationsstörungen in der Regel nicht nur rational verstehen und beheben.

• Zielsetzung/Entscheidung
Zur Führung gehört auch immer das Setzen von Zielen bzw. das Vereinbaren von Zielen mit den Mitarbeitern. Wer führen will muß Ziele vor Augen haben und seine Mitarbeiter von der Richtigkeit dieser Ziele überzeugen oder gemeinsam mit seinen Mitarbeitern die Ziele festlegen und verfolgen. Treffsicher definierte Ziele sind für eine effiziente Arbeitssteuerung von großer Wichtigkeit. Ziele geben eine Orientierung und machen eine Aufgabe meßbar. Eine häufig zu findende Klassifizierung von Führungsstilen richtet sich nach dem Grad der Beteiligung von Mitarbeitern am Entscheidungsprozeß.

• Planung
Durch die Planung wird eine systematische Zielerreichung angestrebt. Die Ziele müssen häufig – besonders wenn sie komplex sind – in Unterziele zergliedert werden. Auf diese Unterziele sind dann konkrete Maßnahmenpläne auszurichten. Bei der Planung ist neben der inhaltlichen auch die zeitliche Dimension zu beachten. Das wird auch schon daraus deutlich, daß eine Planung in der Regel für einen festdefinierten Zeitraum vorgenommen wird.

• Motivation
Die Leistungsbereitschaft und damit die Leistung hängen ganz entscheidend von der Motivation ab. Damit eine Führungskraft ihre Mitarbeiter wirklich motivieren kann, muß sie die Persönlichkeitsstrukturen und die Bedürfnisse der Mitarbeiter möglichst gut kennen. Hier wird besonders deutlich, daß Mitarbeiterführung im technokratischen Sinne an ihre Grenzen stoßen muß. Eine rein rationale Führungstechnik vernachlässigt die Gefühle und Emotionen der Menschen. Die Fähigkeit, andere zu motivieren, wird bei Führungskräften immer mehr zu einer zentralen Führungseigenschaft. Das gilt insbesondere dann, wenn immer weniger durch direkte Vorschriften erreicht werden kann.

• Organisation/Koordination/Delegation
Die Organisationsleistung einer Führungskraft schließt die Fähigkeit der Arbeitsteilung, der Koordinierung und die kooperative Leitung des Arbeitsprozesses ein. Durch Delegation von Aufgaben, aber auch von Befugnissen und Verantwortung auf Mitarbeiter, werden deren Potentiale genutzt und Vorgesetzte entlastet.
Häufig ist zu beobachten, daß Aufgaben verteilt werden und Mitarbeiter zur Verantwortung gezogen werden, wenn die Ziele nicht erreicht wurden. Oft wurden ihnen in solchen Fällen aber nicht die Befugnisse übertragen, die für die erfolgreiche Erledigung der Aufgabe notwendig waren. Aufgaben, Befugnisse und Verantwortung müsssen im abgesprochenen Rahmen untrennbar miteinander verbunden sein.

Darüber hinaus ist darauf zu achten, daß die Mitarbeiter ihren Fähigkeiten entsprechend eingesetzt werden. Den richtigen Personen die richtigen Aufgaben zu geben, ist eine wichtige Steuerungsfunktion von Vorgesetzten. Um dabei die richtigen Entscheidungen zu treffen, ist auch Menschenkenntnis erforderlich.

6

• Kontrolle
Schließlich ist die Kontrolle die abschließende Funktion einer Führungskraft. Dabei geht der Trend eindeutig von der permanenten Verhaltenskontrolle zur Leistungskontrolle. Nicht der Weg, wie eine Leistung erbracht wird sollte kontrolliert werden, sondern nur, was bei der Arbeit herausgekommen ist, sollte von Interesse sein. Kontrolle kann als eine gewisse Machtausübung oder sogar als Machtanmaßung vom Mitarbeiter empfunden werden. Sie kann aber auch als eine Herausforderung an eine realistische Betrachtung von Fremd- und Eigenleistung gesehen werden. Ob das eine oder das andere geschieht, hängt wesentlich von der Persönlichkeitsstruktur des Vorgesetzten ab.
Delegieren, informieren, kommunizieren, zusammenarbeiten, Menschen entsprechend ihren Fähigkeiten einsetzen, motivieren, Ziele setzen, kritisieren und Leistungen anerkennen sind nur einige Elemente aus dem Bereich der Führung von Mitarbeitern. Wer Führung jedoch nur als das Zusammenfügen von Elementen betrachtet, degradiert sie zur reinen Technik, die letztlich zur Manipulation werden kann. Wer das tut wird letztlich Schiffbruch erleiden, denn die Mitarbeiter werden Techniken und Tricks bald als reines Mittel zur Leistungssteigerung erkennen. Insofern hat die Vorbildfunktion des Vorgesetzten eine hohe Bedeutung. Sie ist wichtig, damit Führung glaubwürdig bleibt.

Dimensionen der Führung

• Eigenschaftstheorie der Führung
Da Führen eine zielgerichtete Einflußnahme auf andere Menschen ist, wird nicht nur als wichtig angesehen, was getan wird, sondern auch, wie es getan wird. Das aber hängt in starkem Maße von der Person des Führenden ab. Daher hat man sich in der empirischen Führungsforschung stark mit den „Führungseigenschaften" von Personen beschäftigt. Bei den eigenschaftstheoretischen Ansätzen geht man davon aus, daß bestimmte Eigenschaften von Personen für Führungserfolge maßgeblich sind. Man verglich Eigenschaften von Personen, die mit ihrer Gruppe erfolgreich waren, mit denen von Personen, die keinen Erfolg hatten. Ebenso verglich man Personen, die Führungspositionen erreicht hatten mit denen, die keine Führungspositionen erreichten.
Tatsächlich fand man eine Reihe von Persönlichkeitsmerkmalen heraus, die mit dem Führungserfolg bzw. dem Erreichen einer Führungsposition korrelierten:
- Befähigung
  (Intelligenz, Gewandtheit, Urteilskraft)
- Leistung
  (Schulleistung, Wissen, sportliche Leistung)
- Verantwortlichkeit
  (Zuverlässigkeit, Initiative, Ausdauer, Selbstvertrauen, Durchsetzungsfähigkeit)
- Teilnahme
  (Aktivität, Anpassungsfähigkeit, Kooperationsbereitschaft)
- Status
  (sozioökonomische Position, Popularität)

Diese Ergebnisse klingen zunächst plausibel und entsprechen zudem den „Führungstheorien" vieler Laien. Weitergehende Untersuchungen führten aber dann zu dem Ergebnis, daß offensichtlich die Situation mit bedacht werden muß. Die Führungseigenschaften bestimmen zwar das Verhalten, aber nur im Zusammenspiel mit der konkreten Führungssituation bedingen sie den Führungserfolg. Ein bestimmtes Führungsverhalten hat in bestimmten Situationen Erfolg, in anderen Mißerfolg zur Konsequenz. Die Kritik der Eigenschaftstheorie der Führung hatte allerdings gelegentlich die Überinterpretation zur Folge, daß Persönlichkeitseigenschaften gänzlich irrelevant für den Führungserfolg seien. Das ist allerdings überzogen; es muß nur vor Generalisierungen gewarnt werden. Die Eigenschaften müssen vor dem Hintergrund anderer Persönlichkeitsmerkmale der Person interpretiert werden, mit denen sie in Interaktion stehen.

• Der Führungsstil
Gerade auf dem Gebiet der Führungsstile hat sich in der Vergangenheit eine Vielzahl von Modellen, Stilen und Typen herausgebildet. So gibt es inzwischen ca. 50 Führungsstile und Führungsmodelle in der Literatur. Das macht es für den Praktiker oftmals schwierig, sich zurechtzufinden und vor allem zu erkennen, welche Hilfe ein Konzept bei den täglichen Führungsaufgaben geben kann. Die vorhandenen Führungsmodelle können in Realtypen und Idealtypen eingeteilt werden. Zu den Realtypen zählen die Management by... Modelle, wie z. B.:
- Management by delegation,
- Management by exception,
- Management by motivation,

– Management by objectivs,
– Management by results,
– Management by systems.

Diese Modelle zielen in der Regel auf bestimmte Aspekte der Führung ab und versuchen nicht, einen umfassenden Führungsansatz herauszuarbeiten.
Im Gegensatz zu den Realtypen lassen sich die Idealtypen in der Regel einem bestimmten Autor zuschreiben. Beispielhaft genannt werden sollen nur einige wenige Modelle:
– 3-D-Konzept,
– Grid-Modell,
– Harzburger Modell,
– Kontingenzmodell,
– 7-S-Konzeption,
– Theorie X,Y,
– Theorie Z.

Experimentelle Führungsstilforschung: Die experimentelle Forschung hat sich schwerpunktmäßig mit dem „autoritären", dem „demokratischen" und dem „Laissez-Faire" Stil befaßt. In anderen Untersuchungen wurde nur der „autoritäre" mit dem „kooperativen" Führungsstil verglichen. Dabei geht sie von der gleichen Grundannahme aus wie die Eigenschaftstheorie, da sie den Führungstil implizit als Persönlichkeitskonstante versteht. Reales Führungsverhalten ergibt sich stets aus der Interaktion zwischen Personen und Situationen. Diese Interpretationen wurden durch den Versuchsaufbau der Experimente ausgeschlossen. Vor einer generalisierenden Übertragung auf die Führungspraxis in Unternehmen muß daher gewarnt werden. Es dürfte kaum Führungskräfte geben, die immer – ohne Rücksicht auf die Situation – autoritär oder kooperativ sind. Ähnlich vorschnell wäre es, in Trainingsprogrammen alle Führungskräfte auf den kooperativen Führungsstil einzuschwören. Den „besten Führungsstil" gibt es nicht.

Berücksichtigung der Partizipation: Den realen Gegebenheiten in Unternehmen näher als die experimentelle Führungsstilforschung kommt der Versuch, Führungsverhalten zu beobachten, zu beschreiben und in seiner Wirkung auf den Erfolg zu analysieren. Besonders intensiv wurde dies im Rahmen der Ohio-Studie gemacht. Dabei wurden zwei wichtige Dimensionen des Führungsverhaltens herausgearbeitet, nämlich die Mitarbeiterorientierung und die Aufgabenorientierung. Untersuchungen im deutschsprachigen Raum zeigten, daß neben der Aufgaben- und Mitarbeiterorientierung noch eine dritte Dimension von Bedeutung ist, nämlich die Mitwirkungs- oder Partizipationsorientierung.

Partizipationsorientierung bedeutet, daß Mitarbeiter in die Entscheidungsprozesse einbezogen werden, die ihren Arbeitsplatz, ihr Aufgabengebiet, aber auch die Rahmenbedingungen und die Unternehmensstrategie betreffen. Dabei muß das Ausmaß der Partizipation die Qualfikation der Mitarbeiter berücksichtigen.
Eine Partizipation begünstigt die Identifikation mit der Aufgabe, dem Unternehmen und seinen Zielen. Sie erhöht die Bereitschaft zum Einsatz und fördert Arbeitszufriedenheit sowie Arbeitsleistung. Gerade in anspruchsvollen und komplexen Aufgabenbereichen ist der Mitarbeiter im Detail häufig qualifizierter als der Vorgesetzte. Befehl und Fremdkontrolle können wegen mangelnder Detailkenntnis des Vorgesetzten nicht eingesetzt werden; es kommt auf Eigenmotivation und Selbstkontrolle an. Dies ist am ehesten durch partizipative Führung zu erreichen. Der Mitarbeiter identifiziert sich dann mit dem Ziel und erlebt die daran geknüpften Erfolge als eigene, die ihm Befriedigung verschaffen.
Die voneinander unabhängigen Kriterien Aufgabenorientierung, Mitarbeiterorientierung und Partizipationsorientierung, sind positiv besetzt. Man könnte daraus ableiten, daß es wünschenswert erscheint, Vorgesetzte zu einer Optimierung ihres Verhaltens in allen drei Dimensionen zu trainieren. Dies ist sicherlich nicht ganz falsch, vernachlässigt aber dennoch die schon zuvor angesprochene Bedeutung der Situation. Es gibt Situationen, in denen eine hohe Aufgabenorientierung die Leistung fördert, in anderen tut sie es nicht. Es gibt ebenfalls Situationen, in denen Mitarbeiterorientierung die Zufriedenheit fördert, in anderen tut sie es kaum. Die Partizipationsorientierung erweist sich bei hochqualifizierten und motivierten Mitarbeitern als sehr wichtig. Bei wenig motivierten und wenig qualifizierten Personen führt sie eher zu Irritationen.

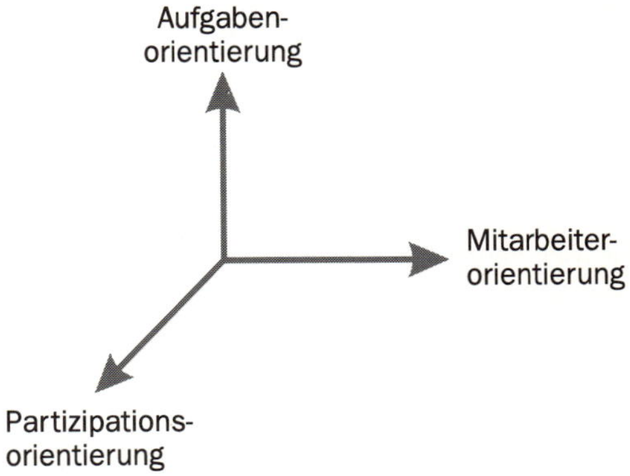

Abb. 6.12: Einzelne Kriterien des Führungserfolgs

6

6

Berücksichtigung der Situation: Die Kritik an eigenschaftstheoretischer Führungsforschung, Führungsstil- und Führungsverhaltensforschung hat einen gemeinsamen Nenner: Es gibt nicht die optimalen Führungseigenschaften, nicht den besten Führungsstil und nicht das ideale Führungsverhalten. Je nach Situation müssen die Anforderungen in jeweils anderer Weise präzisiert werden. Alle Ansätze, die die Person mit der Situation kombinieren (Kontingenzansätze), haben gemeinsam, daß sie für bestimmte Situationen jeweils unterschiedliches Führungsverhalten fordern. Das erste ausformulierte und empirisch begründete Kontingenzmodell stammt von Fiedler (1967). Fiedler geht von einer stabilen und kaum veränderbaren motivationalen Orientierung in der Person des Führenden aus. Diese motivationale Orientierung hat die Pole Mitarbeiterorientierung und Arbeitsorientierung. Diese beiden Pole werden – anders als bei der Ohio-Studie – in Abhängigkeit voneinander gesehen. Überspitzt formuliert kann man sagen, daß Fiedler eine Person als mitarbeiterorientiert bezeichnet, wenn sie ihre Aufgabe als Mittel zu dem Zweck sieht, Kontakt zu ihren Mitarbeitern zu haben. Der aufgabenorientierte Vorgesetzte sieht die Mitarbeiter als Mittel zu dem Zweck, Aufgabenziele zu erfüllen. Als Ergebnis seiner Untersuchungen fordert Fiedler nicht, daß die Vorgesetzten sich in ihrer Orientierung flexibel auf die Führungssituation einstellen, da er davon ausgeht, daß dies nicht trainierbar ist. Statt dessen schlägt er ein Selektionsverfahren vor, bei dem Vorgesetzte ausgewählt werden, die zur Situation passen. Dieser Grundgedanke findet sich in neuerer Zeit bei Ansätzen der strategischen Personalauswahl mit Hilfe der Portfolio-Technik wieder. Die zweite Möglichkeit sieht Fiedler darin, ein Situationsmanagement zu betreiben, d.h. die Situation so zu gestalten, daß sie zum Vorgesetzten paßt.

Weg-Ziel-Modelle der Führung: Von der Motivationslage der Geführten gehen die sogenannten „Weg-Ziel-Ansätze der Führung“ aus. Die Führungssituation wird dabei über die Motivationsstruktur der Mitglieder der geführten Gruppe bestimmt. Sie zentrieren den Blick nicht auf das Verhalten des Führenden, sondern auf die Motivationslage der Geführten. Der Führende muß diese bei den Geführten erkennen, um dann seine Führungsmaßnahmen darauf einzustellen. Umfassende empirische Untersuchungen zur Stützung dieser Theorien liegen noch nicht vor.

Situative Relativierung des Führungsverhaltens: Die Kontingenzmodelle von Reddin (1970, 1981) sowie Hersey und Blanchard (1977) gehen letztlich von den Ohio-Studien bzw. von dem daraus

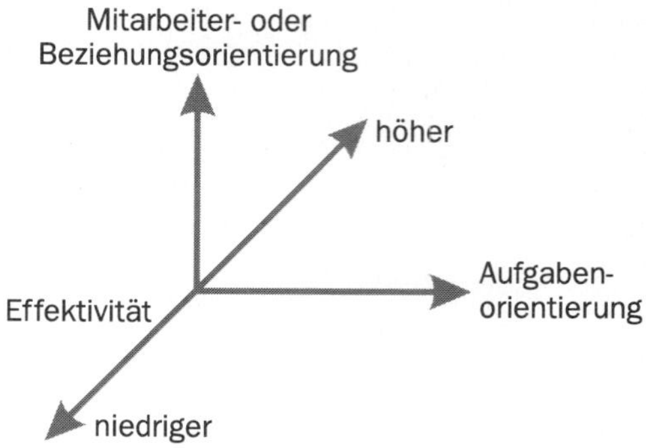

Abb. 6.13: Das 3-D-Modell von Reddin

abgeleiteten Trainingsmodell von Blake und Mouton (1964) aus. Es werden also die beiden Führungsverhaltensdimensionen Mitarbeiterorientierung und Aufgabenorientierung als unabhängig voneinander vorgestellt, aber situativ relativiert. Im „3-D-Ansatz“ von Reddin ist die relativierende dritte Dimension die Effektivität. Jedes Mischverhältnis von Mitarbeiter- bzw. Beziehungsorientierung und Aufgabenorientierung kann, je nach Kontext, effektiv oder ineffektiv ausfallen.

Es ist sicherlich nachvollziehbar, daß je nach situativen Umständen jede beliebige Kombination von Mitarbeiterorientierung und Aufgabenorientierung zu mehr oder weniger Erfolg führen kann. Die Kritik richtet sich bei diesem Modell dagegen, daß Reddin die Effektivität als unabhängige Variable ansieht. Es wird allgemein gefordert, die Effektivität als abhängige Variable und damit als Ergebnis des Führungsprozesses zu betrachten. Wichtiger wäre es gewesen, Situationsparameter zu benennen, die angeben, welche Führungsverhaltenskombinationen unter welchen Bedingungen zur Effektivität führen.

Diesen Gedanken verfolgen Hersey und Blanchard (1977), indem sie den „Reifegrad“ des Mitarbeiters zum zentralen und einzigen Situationsparameter machen. Das Modell schlägt bei geringer Reife der Geführten eine hohe Aufgabenorientierung und eine geringe Mitarbeiterorientierung vor (unterweisen). Bei mäßiger bis hoher Reife wird eine stärkere Mitarbeiterorientierung und eine geringere Aufgabenorientierung empfohlen (partizipieren). Bei sehr hoher Reife der Mitarbeiter wird schließlich eine geringe Mitarbeiterorientierung und eine geringe Aufgabenorientierung vorgeschlagen (delegieren). Dieses Konzept wird kritisiert, da die theoretischen Annahmen einseitig und die empirischen Belege unzureichend seien. Dennoch erfreut sich dieser Ansatz, angesichts seiner Plausibilität, in der Praxis der Führungstrainings hoher Beliebtheit.

• Visionäre und symbolische Führung

Alle bisher dargestellten Führungsansätze, ob sie nun von der Person oder dem Zusammenspiel von Personen und Situationen ausgehen, haben eines gemeinsam: Sie versuchen in einfachen oder komplexen Kausalmodellen Führungserfolg zu erklären, zu prognostizieren und in rational begründeter Weise zu gestalten. Diese Sichtweise wird zunehmend kritisiert. Dem Paradigma „Ursachen erzeugen Wirkungen" wird ein anderes gegenübergestellt. Danach geben wahrgenommene Situationen eine Chance, individuelle oder gemeinsame Pläne zu verwirklichen. Dies erfolgt innerhalb einer bestimmten Unternehmenskultur durch das Aufzeigen von Visionen und durch symbolische Handlungen. Dieses Konzept betont nicht die funktionale Seite der Führung. Funktionale Führung präzisiert Ziele, koordiniert arbeitsteiliges Tun und kontrolliert Ergebnisse.

Führung wirkt darüber hinaus aber auch durch Symbolisierung. Es kommt also nicht allein darauf an, was im Führungsprozeß geschieht, sondern auch darauf, wer etwas tut und wie er es tut. Es macht einen Unterschied, ob eine Entscheidung durch ein Rundschreiben oder einen Aushang den Mitarbeitern bekanntgegeben wird, oder ob dieselbe Entscheidung vom Vorgesetzten den Mitarbeitern persönlich mitgeteilt und erläutert wird. Da es für die Umsetzung nahezu aller Entscheidungen unterschiedliche Wege gibt, wird die Festlegung des Weges auch zur politischen Option mit nicht-rationalen Anteilen. Die Richtigkeit von Entscheidungen kann selten im wissenschaftlichen Sinne bewiesen werden. Darum sind Glaubwürdigkeit und Überzeugungskraft seitens des Führenden von großer Bedeutung. Wenn es einer Führungskraft gelingt, Begeisterung für die gemeinsame Sache zu erzeugen, ist ein wichtiger erster Schritt auf dem Weg zum Ziel getan. Um diese Begeisterung zu erzeugen, brauchen wir allerdings mehr als nur den Realitätssinn der Beteiligten, wir benötigen Visionen. Visionen lassen sich dabei als emotional erlebbare Zielvorstellungen von der Zukunft des Unternehmens beschreiben.

Die Qualität einer Führungskraft steht und fällt mit ihrer Fähigkeit, Ziele emotional erlebbar zu machen und Visionen für die Mitarbeiter attraktiv aufzuzeigen. Visionen, die für Mitarbeiter attraktiv sein sollen, sollten folgenden Grundansprüchen genügen:

- Sie sollten herausfordernd sein,
- sie sollten Sinn bieten,
- und sie sollten in der Vorgabe klar und eindeutig sein.

Der Herausforderungscharakter ergibt sich aus der Tatsache, daß Begeisterung in der Regel nicht durch Unterforderung und Langeweile, sondern durch Faszination für eine bestimmte Sache entsteht. Das führt dann auch zur Bereitschaft, sich über das normale Maß hinaus zu engagieren. Eine Vision muß darüber hinaus auch aufzeigen, welchen potentiellen Nutzen sie für die Mitarbeiter bringt oder welcher Zugewinn an Entfaltungsmöglichkeiten und Chancen bei der Arbeit entstehen werden.

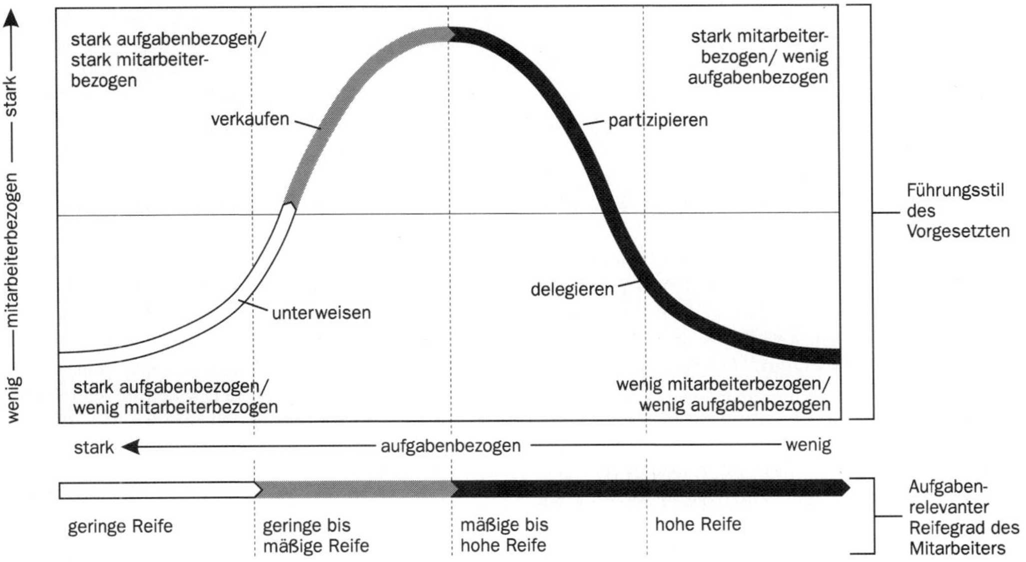

Abb. 6.14: Führung bei unterschiedlichen Personen, nach Hersey und Blanchard

6

Personalentwicklung

Der Begriff Personalentwicklung wird nicht einheitlich verwendet. Als kleinster gemeinsamer Nenner kann wohl von folgender Definition ausgegangen werden: Personalentwicklung umfaßt alle Maßnahmen zur Vermittlung von Qualifikationen, die zur Bewältigung heutiger und zukünftiger betrieblicher Anforderungen erforderlich sind unter Beachtung der Ziele der Mitarbeiter.

Durch Ausrichtung auf die Qualifizierung von Mitarbeitern wird Personalentwicklung von der Organisationsentwicklung abgegrenzt. Die Organisationsentwicklung bezieht zusätzlich zur personellen auch die strukturelle Seite der Arbeit mit ein und zwar sowohl die Aufbau- als auch die Ablauforganisation.

Durch die Ausrichtung der Personalentwicklung auf alle Hierarchie-Ebenen wird keine Mitarbeitergruppe ausgeschlossen. Allerdings erweist es sich in der Praxis als zweckmäßig und notwendig, für bestimmte Maßnahmen die Zielgruppen genau zu definieren.

Die bisweilen vertretene Forderung, das betriebliche Qualifizierungsangebot gleichermaßen an jeden Mitarbeiter zu richten, führt zu dem sogenannten „Gießkannen-Effekt" und kann damit nicht sinnvoll sein. Die Verbesserung der Qualifikation soll dazu dienen, die Anforderungen einer Position mit der persönlichen Qualifikation des Mitarbeiters in Übereinstimmung zu bringen. Dabei werden alle Leistungsterminanten angesprochen. Sowohl die des Könnens als auch des Wollens und zwar in bezug auf gegenwärtige und zukünftige Stellenanforderungen.

Bei den Maßnahmen der Personalentwicklung müssen die Faktoren des Arbeitsumfeldes berücksichtigt werden. Es ist wichtig, den spezifischen Handlungsrahmen konkreter Personalentwicklungs-Systeme zu beachten. So sind z. B. Organisationsstrukturen und Produktionstechnologien Faktoren, die die Spielräume für Maßnahmen der Personalentwicklung bestimmen. Umgekehrt können sie ihrerseits durch Personalentwicklungsmaßnahmen verändert werden. Damit kommt die Personalentwicklung in den Grenzbereich zur Organisationsentwicklung. In der Praxis ist eine genaue Trennung von Personal- und Organisationsentwicklung häufig nur schwer durchzuführen, was allerdings für die praktischen Auswirkungen im Unternehmen unerheblich ist.

Um die Ziele der Mitarbeiter zu beachten, müssen diese bekannt sein. Die Bedürfnisse der Mitarbeiter hängen von ihren individuellen Motiven, Einstellungen und Erwartungen ab. Personalentwicklung erfordert damit ein hohes Maß an Beteiligung der Mitarbeiter schon bei der Entwicklung der Maßnahmen. Durch die doppelte Zielorientierung in Richtung auf Unternehmen und Mitarbeiter ist die Personalentwicklung ein Instrument zur Erreichung institutioneller und individueller Ziele.

Determinanten der Personalentwicklung

Personalentwicklung ist kein autonom gestaltbares Teilsystem. Vielmehr wird ihre Notwendigkeit und ihre Durchführung von zahlreichen externen und internen Einflußfaktoren bestimmt. Daher hängt von deren Kenntnis und zutreffender Berücksichtigung erfolgreiche Personalentwicklung in erheblichem Maße ab. Während die externen Faktoren für das einzelne Unternehmen als zumeist unbeeinflußbare Daten hingenommen werden müssen, sind die internen Faktoren in Grenzen vom Unternehmen variierbar.

Externe Einflußfaktoren

• Gesellschaftliche Aspekte

Die Unternehmen sind in die Gesellschaft eingebettet. Daher übt sie naturgemäß Einflüsse auf die Personalentwicklung aus. Veränderungen der Werthaltungen, Einstellungen und Erwartungen der Menschen führen zu neuen Anforderungen an Unternehmen und damit an die Personalentwicklung. So geht z. B. das zunehmende Streben nach Partizipation einher mit einem gewandelten Führungsverständnis. Das wiederum hat Auswirkungen auf das betriebliche Führungskräfte-Training.

Personalentwicklung hat aber auch selbst gesellschaftspolitisch eine erhebliche Bedeutung. Das duale System der Berufsausbildung beruht auf einer Kooperation zwischen Betrieben und Berufsschulen. Die Schulen vermitteln vorwiegend allgemeines, weitgehend betriebsunabhängiges Grundlagenwissen. Der Schwerpunkt der betrieblichen Bildungsarbeit liegt im Erlernen spezifischer Fähigkeiten und im Sammeln berufspraktischer und betrieblicher Erfahrungen. Aufgabe der Personalentwicklung ist es darüber hinaus, die Qualifikationen der Mitarbeiter dem Wandel anzupassen, der sich in sozialer, technischer und wirtschaftlicher Hinsicht ständig vollzieht. Mit permanenter Qualifizierung der Mitarbeiter schafft Personalentwicklung auch die Grundlagen für berufliche Karrieren.

• Der Arbeitsmarkt

Die Nachfrage der Unternehmen nach Arbeitskräften kann vom Arbeitsmarkt meist nur unvoll-

ständig gedeckt werden. Nur selten stehen Personen in ausreichender Zahl und mit gewünschter Qualifikation zur Verfügung. Das resultiert daraus, daß es den einheitlichen Arbeitsmarkt einer Volkswirtschaft nicht gibt. Er zerfällt in eine große Anzahl von Teilmärkten, die nach z. B. Alter, Qualifikation, Branchen und Regionen sehr differenzierte Merkmale aufweisen.
Das führte in Deutschland in den letzten Jahren dazu, daß der Personalbedarf – trotz Arbeitslosigkeit – vom externen Arbeitsmarkt nicht bzw. in qualitativer Hinsicht nicht ausreichend abgedeckt werden konnte. Dadurch steigt die Bedeutung des Beitrags der Personalentwicklung zur internen Deckung des Personalbedarfs.

• Technischer Wandel
Für eine Industrienation wie Deutschland, die exportorientiert und einem starken Wettbewerb ausgesetzt ist, ist für die Schaffung neuer und die Sicherung vorhandener Arbeitsplätze ein hohes Maß an technischem Fortschritt notwendig. Technischer Fortschritt bedeutet jedoch zugleich, daß nicht nur Arbeitsmittel, sondern auch Arbeitsinhalte und -anforderungen verändert werden. Andererseits vernichtet der technische Fortschritt auch Arbeitsplätze. Die davon betroffenen Mitarbeiter müssen, wenn möglich, auf andere Arbeitsplätze vorbereitet werden.

Interne Einflußfaktoren
Interne Einflußfaktoren, die auf Inhalte und den Umfang von Personalentwicklung wirken, sind z. B. Strategien am Absatzmarkt, Maßnahmen in Produktionsbereichen, Investitions- und Rationalisierungsvorhaben. Sie sind Konsequenzen unternehmerischer Entscheidungen, die ihren Niederschlag in der Unternehmensplanung finden. Sehr häufig werden von solchen Entscheidungen personelle Auswirkungen ausgehen. Diese schlagen sich nieder in Personalplanung und dann in Anforderungen an die Personalentwicklung.

Das System der Personalentwicklung

Eine systematische Personalentwicklung findet statt, wenn in geregelter Weise die Notwendigkeit von Maßnahmen erkannt und für diese dann ein Programm formuliert wird. Es folgt die Durchführung des Programms und schließlich die Erfolgskontrolle.

Die Ermittlung des Entwicklungsbedarfs
Entwicklungsbedarf besteht, wenn die Stellenbesetzung vom Idealzustand abweicht. Das ist immer dann der Fall, wenn der Mitarbeiter im Sinne der Erreichung betrieblicher und individueller Ziele nicht optimal eingesetzt ist. Das Einsatzoptimum für bestehende Arbeitsplätze ist erreicht, wenn:
- die Mitarbeiter-Qualifikation den Stellenanforderungen entsprechen,
- bei sich wandelnden Anforderungen die Qualifikationen entsprechend geändert werden,
- die vorhandenen Qualifikationen bei der Aufgabenerfüllung voll ausgeschöpft werden, d. h. keine ungenutzten Qualifkationspotentiale vorliegen.

Ein Optimum des Personaleinsatzes für aktuell und zukünftig freie Arbeitsplätze liegt vor, wenn:
- eine ausreichende Zahl von Nachwuchskräften vorhanden ist,
- die Kandidaten so auf ihre zukünftigen Aufgaben vorbereitet sind, daß sie bei Übernahme der Stelle über die nötigen Qualifikationen verfügen.

Ein derartiges Einsatzoptimum wird in einem Unternehmen wahrscheinlich fast nie erreicht. Es ist eine idealtypische Situation. Dieser Ansatz macht aber deutlich, an welchen Punkten prinzipiell anzusetzen ist bei der Bedarfsermittlung. Der Personalentwicklungsabteilung muß im Idealfall bekannt sein, welche Aufgaben- und Stellenveränderungen bevorstehen, wie die Stellenanforderungen zur Zeit aussehen und wie sich zukünftig ändern werden. Es müssen aber auch Informationen über die Mitarbeiter vorhanden sein. Es muß bekannt sein, über welche Qualifikationen die Mitarbeiter verfügen und wie sie sich voraussichtlich entwickeln werden. Ebenso müssen Kenntnisse über die Entwicklungsbedürfnisse der Mitarbeiter vorliegen.
Entwicklungsbedarf liegt immer dann vor, wenn eine Deckungslücke zwischen Arbeitsplätzen und Mitarbeitern besteht. Wenn diese Lücke quantitativ ist, sind nicht alle Arbeitsplätze besetzt, es liegen Vakanzen vor. Eine qualitative Lücke liegt dann vor, wenn es bei der Stellenbesetzung eine Diskrepanz zwischen den Anforderungen und den Qualifikationen gibt, d. h., wenn entweder eine Überforderung oder eine Unterforderung des Mitarbeiters vorhanden ist. Solche Deckungslücken können aktuell vorhanden sein oder in der Zukunft entstehen. Besonders schwierig ist es, den zukünftigen Entwicklungsbedarf zu erfassen, da diese Prognosen mit der üblichen Planungsunsicherheit verbunden sind. Die Ermittlung des Entwicklungsbedarfs erfolgt in erster Linie durch
- Mitarbeiterbefragungen,
- Dokumentenanalysen und
- Verhaltensbeobachtungen.

Die Befragung richtet sich in erster Linie an den Mitarbeiter selbst, an seinen Vorgesetzten, aber auch an Trainer. Die Befragung kann in Form eines Interviews vorgenommen werden oder es können Fragebogen eingesetzt werden. Eine Fragebogenerhebung ist zeit- und kostengünstiger, insbesondere, wenn die Zahl der befragten Mitarbeiter groß ist. Auch mit der sogenannten „Critical Incident"-Methode kann der Inhalt von Entwicklungsbedarf festgestellt werden. Dabei werden kritische Vorfälle oder Schwierigkeiten beim Aufgabenvollzug zusammengetragen.

Bei der Dokumentenanalyse geht es in erster Linie um die Auswertung der Leistungsbeurteilung. In vielen Unternehmen werden Beurteilungsbögen eingesetzt, die die Nennung von Entwicklungsbedarf vorsehen.

Verhaltensbeobachtungen werden hauptsächlich durch Vorgesetzte in der Arbeitssituation vorgenommen. Sie können aber auch in Sondersituationen, wie z. B. während eines Rollenspiels, gemacht werden.

Die Ermittlung des Entwicklungsbedarfs stößt in den meisten Unternehmen an praxisbedingte Grenzen. Soll sie vollständig erfolgen, so ist sie mit einem erheblichen Aufwand verbunden. Die Personalentwicklungs-Abteilungen beschränken sich daher häufig auf die Bedarfsermittlung für Schlüsselpersonen bzw. Schlüsselpositionen sowie auf wichtige und überschaubare Zielgruppen. Darüber hinaus können sie im Unternehmen bekannt machen, daß die Möglichkeit der Qualifizierung besteht. Sie sind aber auf die aktive Unterstützung durch Vorgesetzte und Mitarbeiter angewiesen, die ihre Qualifizierungsbedürfnisse an die Personalentwicklungsabteilung herantragen müssen.

Teilbereiche der Personalentwicklung

Im folgenden sollen einzelne wichtige Teilbereiche der Personalentwicklung exemplarisch dargestellt werden.

• Berufliche Aus- und Fortbildung

Unter Ausbildung sollen alle betrieblichen Bildungsmaßnahmen verstanden werden, mit denen Mitarbeitern die erforderliche Qualifikation für bestimmte Tätigkeiten oder Berufe vermittelt werden. Zur Ausbildung gehören insbesondere die Berufsausbildung nach dem Berufsbildungsgesetz, die Trainee-Ausbildung, die sich in der Regel auf Hochschulabsolventen beschränkt und die Anlernausbildung.

Berufsausbildung: In der Berufsausbildung werden erstmalig und systematisch berufliche Kenntnisse und Fähigkeiten erworben. Aufgabe der Berufsausbildung ist nach dem Berufsbildungsgesetz die Vermittlung einer breit angelegten beruflichen Grundbildung und der für die Ausübung einer qualifizierten Tätigkeit erforderlichen fachlichen Fertigkeiten und Kenntnisse. Ferner hat sie den Erwerb der notwendigen Berufserfahrung zu ermöglichen.

In der Bundesrepublik Deutschland erfolgt die Berufsausbildung im dualen System, d. h. an den beiden Lernorten Unternehmen und Berufsschule. Die Ausbildung ist eine wichtige Weichenstellung für den weiteren beruflichen Weg. Besonders deutlich wird das im Öffentlichen Dienst, wo den Berufsabschlüssen Laufbahnen unterschiedlichen Niveaus zugeordnet werden.

Ausgangspunkt der Planung und Durchführung der Berufsausbildung ist die Ausbildungsverordnung. Sie muß mindestens enthalten:

- die Bezeichnung des Ausbildungsberufes,
- die Ausbildungsdauer,
- die Fertigkeiten und Kenntnisse, die Gegenstand der Ausbildung sind (Berufsbild),
- eine Anleitung zur sachlichen und zeitlichen Gliederung der Ausbildung (Ausbildungs-Rahmenplan),
- die Prüfungsanforderungen.

Die Ausbildungsordnung gibt einen Mindeststandard vor und hat den Charakter einer Rechtsverordnung. In Deutschland gibt es ca. 450 anerkannte Ausbildungsberufe. Ein großes Problem ist die schwerfällige Anpassung der Berufsbilder und Ausbildungsordnungen an die veränderten Arbeitsplatzanforderungen aufgrund des technischen und wirtschaftlichen Wandels. Ein Teil der Berufsbilder sind sicherlich veraltet.

Traineeausbildung: Ausbildung mit Hilfe spezieller betrieblicher Einarbeitungsprogramme, die in der Regel auf die Hochschulabsolventen ausgerichtet sind. Sie sollen einen systematischen Gesamtüberblick geben und mit strukturellen Zusammenhängen und konkreten Arbeitsanforderungen vertraut machen. Bei der Traineeausbildung sind keine Rechtsverordnungen zu beachten.

Entsprechend unterschiedlich sind die Traineeprogramme großer Unternehmen. Sie dauern in der Regel ein bis zwei Jahre und erstrecken sich auf die verschiedensten Einsatzbereiche. Häufig sind sie die Mischung eines Trainings off-the-job und eines Trainings on-the-job. Sie beinhalten eine Ausbildungs- und Förderungsfunktion für den Trainee. Für das Unternehmen haben sie auch eine Beschaffungsfunktion. Ein attraktives Traineeprogramm erleichtert die Suche nach qualifizierten Hochschulabsolventen auf dem externen Arbeitsmarkt. Darüber hinaus hat es eine Image-

und Anreizfunktion. Die Imagebildung vollzieht sich auf dem externen Arbeitsmarkt. Der Anreiz besteht in den erhöhten innerbetrieblichen Aufstiegschancen, da weniger „Seiteneinsteiger" ins Unternehmen kommen.

Anlernausbildung: Nicht alle Jugendlichen, die eine Berufstätigkeit anstreben, wollen sich der Mühe einer längeren Ausbildung unterziehen. Für sie kommt eine Anlernausbildung in Frage. Aber auch für Erwachsene, die eine neue Berufstätigkeit ausüben wollen, kann sie von Bedeutung sein. Die Anlernausbildung bietet sich für Arbeitsplätze an, für die eine einfache Unterweisung nicht ausreicht, eine abgeschlossene Berufsausbildung aber nicht erforderlich ist. Eine Anlernausbildung dauert meist einige Monate und ist auf die speziellen Anforderungen eines Arbeitsplatzes zugeschnitten. Sie ist nicht mit einem staatlich anerkannten Abschluß verbunden wie die Berufsausbildung.

• Fortbildung

Unter Fortbildung wird die Vermittlung von Kenntnissen und Fähigkeiten einschließlich Verhaltensweisen verstanden, mit der die Qualifizierung eines Mitarbeiters erhalten oder durch Erweiterung oder Vertiefung verbessert werden soll. Fortbildung soll hier auf bewußte, planmäßige und gezielte Maßnahmen eingegrenzt werden. Berufliche Fortbildung ist von allgemeiner Fortbildung zu unterscheiden. Nach dem Berufsbildungsgesetz soll die berufliche Fortbildung es ermöglichen, die beruflichen Kenntnisse und Fertigkeiten zu erhalten, zu erweitern, der technischen Entwicklung anzupassen oder beruflich aufzusteigen. Fortbildung setzt eine berufliche Ausbildung oder eine längere berufliche Tätigkeit voraus. Anpassungsfortbildung soll der Erhaltung der horizontalen, Aufstiegsfortbildung der vertikalen Mobilität dienen.

Die Fortbildung erstreckt sich nicht nur auf den individuellen Bedarf von Mitarbeitern. Sie kann auch in einer Verbesserung interpersonaler Beziehungen in Gruppen bestehen. Darüber hinaus können aus übergeordneter Sicht des Unternehmens Fortbildungsaktivitäten erforderlich sein, die nicht direkt auf Einzel- oder Gruppenbedürfnisse zurückgeführt werden können.

• Arbeitsstrukturierung

Unter Arbeitsstrukturierung ist die Gestaltung von Inhalt, Umfang und Bedingungen der Arbeit auf der Ebene eines Arbeitssystems zu verstehen. Grundsätzlich gehört die Arbeitsstrukturierung nicht den Instrumenten der Personalentwicklung an. Ausnahmen sind die quantitative und die qualitative Arbeitsfeldvergrößerung. Ihr Ziel ist eine stärkere Erfüllung der Erwartung der Mitarbeiter an ihre Aufgaben. Beide Formen der Arbeitsfeldvergrößerung sind häufig mit zusätzlichem Qualifizierungsbedarf verbunden. Sie werden daher zur Personalentwicklung gezählt.

In der Praxis haben vor allem folgende Formen der Arbeitsstrukturierung unter der Bezeichnung „neuere Formen der Arbeitsorganisation" Beachtung gefunden:
- Job Rotation,
- Job Enlargement,
- Job Enrichment,
- Teilautonome Arbeitsgruppen.

6

Job Rotation: Ein Job Rotation im Sinne einer Versetzung ist gleichbedeutend mit der systematisch gelenkten Übernahme von Aufgaben einer anderen Stelle auf gleicher hierarchischer Ebene. Die Funktionsausübung erfolgt selbständig und in eigener Verantwortung. Der Mitarbeiter soll dabei neue Erfahrungen sammeln und eine Erweiterung der Qualifikation erfahren. Als Vorteile eines Job-Rotation-Programms werden folgende Punkte genannt:
- Es werden Generalisten und keine Spezialisten ausgebildet,
- Der Zwang zur Bewältigung neuer Probleme verhindert ein „Einrosten",
- Durch neue Leute werden neue Ideen in die Arbeitsbereiche gebracht,
- Die Flexiblität der Mitarbeiter wird gefördert,
- Je mehr Personen an einem Job Rotation teilgenommen haben, desto leichter können freie Positionen intern schnell besetz werden.

Es gibt jedoch auch Probleme, die mit einem solchen Programm verbunden sein können:
- Es wird immer Einarbeitungszeit benötigt,
- Vorgesetzte fürchten, gute Mitarbeiter zu verlieren,
- Zu kurze Einsatzzeiten verhindern eine wirkliche Identifikation mit der Aufgabe.

Job Enlargement: Durch Job Enlargement (Aufgabenerweiterung) wird das Arbeitsfeld einer Stelle dadurch vergrößert, daß neue qualitativ etwa gleichwertige Aufgaben hinzugefügt werden. Insgesamt ist für Maßnahmen des Job Enlargement kennzeichnend, daß alte und neue Aufgaben zusammengefügt werden. Es soll der Arbeitszyklus verlängert und damit einer etwaigen Monotonie entgegengewirkt werden. Das Anforderungsniveau bleibt meist annähernd unverändert.

Job Enrichment: An der Aufgabenerweiterung in Form des Job Enlargement wird häufig kritisiert, daß von ihr nur eine begrenzte Motivationswirkung ausgeht. Diesen Mangel versucht man beim Job Enrichment entegenzuwirken. Beim Job Enrichment (Aufgabenbereicherung) werden einer Stelle neue und zwar qualitativ höhere Aufgaben hinzugefügt. Es findet eine Verschiebung auf ein höheres Anforderungsniveau statt. Durch die Übernahme anspruchsvollerer Aufgabeninhalte soll eine höhere Motivation erreicht werden.

Teilautonome Gruppen: Als Teilautonome Gruppen werden solche Arbeitsgruppen bezeichnet, in denen Aufgaben gemeinsam – meist teamartig – erledigt werden. Der Gruppe werden Befugnisse für die Planungs-, Regelungs- und Kontrollfunktion übertragen. Von deren Inhalt hängt der Autonomiegrad der Gruppe ab, die ihren Aufgabenbereich gesamthaft zur kollektiven Verantwortung übertragen bekommt.

• Karriereplanung
Karriere ist ein nicht einheitlich definierter Begriff. Im folgenden soll unter Karriere jede beliebige Stellenfolge einer Person im betrieblichen Stellengefüge verstanden werden. Die oft vorgenommene Einschränkung auf Aufwärtsbewegungen soll nicht gemacht werden. Nicht jeder Positionswechsel muß eine Beförderung im Sinne eines hierarchischen Aufstiegs sein. Außerdem sei an die Tendenz erinnert, daß viele Firmen intensiv an dem Abbau hierarchischer Ebenen arbeiten. Bei flacher werdenden Hierarchien ist es personalpolitisch wichtig, überzogene Erwartungen einer steilen Karriereentwicklung bei den Mitarbeitern zu korrigieren.
Eine Möglichkeit, Karrierestationen besonderer Art zu bieten, ist die Einrichtung von Fachlaufbahnen (Spezialistenlaufbahnen). Sie existieren neben der traditionellen Leitungshierarchie. Positionsinhabern in der Fachlaufbahn sind qualifizierte Spezialaufgaben zugeordnet, ohne daß damit eine Führungsfunktion gegenüber Mitarbeitern verbunden ist. Häufig findet man solche Fachlaufbahnen in Bereichen wie Forschung und Entwicklung, Vertrieb und EDV.
Mit dem Positionswechsel ist der objektive Aspekt der Karriere angesprochen. Daneben gibt es den subjektiven Aspekt. In ihre Karrieren bringen Personen Motive, Ziele, Fähigkeiten, Erwartungen u.a.m. ein, die sich während des Karriereverlaufs auch wandeln können. Eine gleichzeitige Berücksichtigung beider Aspekte bei der Planung von Karrieren erfordert daher die Einbeziehung der Entwicklungsprozesse der einzelnen Personen. Die Karriereplanung nimmt zukünftige tatsächliche Stellenfolgen gedanklich vorweg. Insofern ist Karriereplanung Teil einer umfassenden Personalentwicklung, die sämtliche betrieblichen Einflußmaßnahmen auf die individuelle Entwicklung umfaßt. Nämlich neben der Karrieresteuerung auch die betriebliche Fortbildung und die personenorientierte Arbeitsstrukturierung.

Personalentwicklungs-Methoden

Personalentwicklung kann am Arbeitsplatz oder außerhalb des Arbeitsplatzes stattfinden, dann meist in Form von Kursen, Trainings oder Seminaren.

Personalentwicklung am Arbeitsplatz

• Unterweisung am Arbeitsplatz
Als Form der gelenkten Vermittlung von Erfahrungen ist die Unterweisung am Arbeitsplatz eine vom Vorgesetzten kontrollierbare Vorbereitung auf die Durchführung von Aufgaben. Sie kann auf neue Aufgaben ausgerichtet sein oder auch der Verbesserung der bisherigen Aufgabenerfüllung dienen. Eine bewährte Methode mit zielgerichtetem Ablauf ist die Vier-Stufen-Methode. Sie umfaßt folgende Schritte:
1. Stufe: Vorbereitung
2. Stufe: Vorführen und erklären durch den Unterweisenden
3. Stufe: Nachmachen durch den Mitarbeiter
4. Stufe: Übung, Ansprechpartner für Rückfragen benennen, Kontrolle

• Einsatz als Assistent
Ein Assistent wird an der Erfüllung der Aufgaben, auch von Leitungsaufgaben, seines Vorgesetzten aktiv beteiligt. Beratungstätigkeiten und die Vorbereitung von Entscheidungen bilden dabei den Kern der Tätigkeiten. Dadurch wird der Vorgesetzte entlastet und der Assistent zugleich auf eine Führungsposition vorbereitet. Die Vorteile liegen darin, daß der Assistent vom Vorgesetzten gelenkt und schrittweise in sein Aufgabengebiet eingearbeitet wird.

• Qualitätszirkel
Qualitätszirkel sind organisierte Kleingruppen, deren Mitglieder in der Regel der gleichen hierarchischen Ebene angehören und eine gemeinsame Erfahrungsgrundlage haben. Sie treffen sich auf freiwilliger Basis regelmäßig zur gemeinsamen Diskussion von Problemen ihres Arbeitsplatzes. Sie formulieren diese Probleme, suchen nach Ursachen, erarbeiten Lösungsvorschläge und wirken schließlich an ihrer Realisation mit. Der Einrichtung von Qualitätszirkeln liegt die Idee

zugrunde, Problemlösungspotential von Mitarbeitern, das bisher weitgehend ungenutzt war, zu aktivieren. Der Mitarbeiter wird angeregt, seine Erfahrungen und sein Wissen einzubringen, um an der Lösung von Problemen mitzuarbeiten. Die Probleme sollen in seinem eigenen Arbeitsfeld liegen. Dabei wird von dem Grundgedanken ausgegangen, daß Probleme am besten dort erkannt und beseitigt werden können, wo sie auftreten. Daher wird der vom Problem Betroffene an der Problemlösung beteiligt. Es soll eine veränderte Einstellung der Mitarbeiter zu ihrer eigenen Arbeit erreicht werden. Ihr Qualitätsinteresse soll geweckt, ihr Qualitätsbewußtsein und auch die Qualitätsverantwortung sollen erhöht werden.
Die Qualitätszirkel bestehen aus drei bis zehn Mitgliedern. Die Treffen finden regelmäßig etwa alle 14 Tage statt. Zirkelleiter ist normalerweise der direkte Vorgesetzte. Er übernimmt die Rolle des Moderators in der Gruppe. Im Anfangsstadium vermittelt er den Gruppenmitgliedern Techniken der Problemlösung, später beschränkt er sich auf die Moderation. Üblicherweise werden die Moderatoren durch ein Training auf ihre Aufgabe vorbereitet.

• Lernstatt
Der Lernstatt – abgeleitet von dem Begriff Werkstatt – liegt ein Konzept zugrunde, mit dem das Grundwissen der Mitarbeiter erweitert, Erfahrungen ausgetauscht und die Kommunikation verbessert werden soll. Zu einer Gruppe gehören etwa zehn Mitglieder. Sie treffen sich ca. alle 14 Tage während der Arbeitszeit. Jede Gruppe wird von einem Moderator geleitet, der in der Regel Facharbeiter ist und durch ein Training auf seine Aufgabe vorbereitet wird.
Die Lernstatt ist dem Qualitätszirkel ähnlich. Der Unterschied besteht vor allem in der Zielsetzung. Nicht die Problemlösung, sondern das gemeinsame Lernen steht im Vordergrund.

Personalentwicklung außerhalb des Arbeitsplatzes

• Vortrag
Der Vortrag hat den Vorteil einer systematischen Stoffvermittlung in relativ kurzer Zeit. Es können konzentrierte Aussagen über zentrale Punkte eines Wissensbereiches gemacht werden. An den Vortragenden werden hohe Anforderungen gestellt. Sein Beitrag darf die Teilnehmer weder unter- noch überfordern. Der Erfolg eines Vortrags hängt auch von seiner Anschaulichkeit ab. Nichts ermüdet die Teilnehmer schneller als ein trockener Vortrag auf hohem Abstraktionsniveau.

• Lehrgespräch
Das Lehrgespräch ist eine in Seminaren häufig eingesetzte Methode. Durch das Gespräch zwischen dem Referenten und den Teilnehmern werden diese aktiv in die Erarbeitung des zu vermittelnden Inhalts einbezogen. Der ständige Wechsel zwischen Fragen und Antworten regt die Teilnehmer an, dem Gedankengang des Referenten zu folgen. Das Lehrgespräch wird um so erfolgreicher verlaufen, je homogener der Teilnehmerkreis ist. Für das Lehrgespräch empfehlen sich folgende vier Phasen:
– Einleitung,
– Schaffung einer Gesprächsgrundlage,
– die eigentliche Diskussion,
– Abschluß und Zusammenfassung.

• Fallstudie
Mit Fällen werden konkrete Entscheidungssituationen und Probleme aus der betrieblichen Praxis simuliert. Die Gruppe, der sie präsentiert werden, muß in einer vorgegebenen Zeit einen Lösungsvorschlag erarbeiten. Sie bekommt dazu begrenzte Informationen und versucht mit Hilfe des Wissens aller Gruppenmitglieder Lösungen zu erarbeiten. Die Aufgabe, einen Fall zu lösen, kann auch im Anschluß an einen Vortrag folgen. Dadurch kann die Anwendung des erworbenen theoretischen Wissens auf ein praktisches Problem geübt werden. Durch das Bearbeiten von Fallstudien können die Teilnehmer analytische Fähigkeiten entwickeln. Damit erleichtern sie das Vorbereiten und Fällen von Entscheidungen in der betrieblichen Praxis. Durch den Zwang zur Zusammenarbeit können sie die Bereitschaft zur kooperativen Arbeit fördern. Einen Nachteil stellen die oftmals hohen Kosten der Entwicklung von Fallstudien dar. Bei computergestützten Fallstudien werden darüber hinaus die Teilnehmer zum Teil durch die Komplexität der Modelle überfordert.

• Planspiel
Man kann das Planspiel als Variante der Fallstudie ansehen, da auch hier Entscheidungsprozesse simuliert werden. Häufig geschieht das in formalisierter Weise mit Hilfe mehrgliedriger Modelle. Sie verlaufen über mehrere Perioden, enthalten Entscheidungsrahmen und die Bereiche, in denen die Spieler Entscheidungen treffen können (z. B. Produktions-, Absatz-, Finanzierungs- und Personalbereiche). Als Aktionsgrundlagen werden neben den jeweiligen Spielregeln interne und externe Daten vorgegeben sowie die Entscheidungsergebnisse aus früheren Perioden berücksichtigt.

6

Durch das Planspiel werden die Teilnehmer zu einem systematischen Erarbeiten der Entscheidungsgrundlagen gezwungen. Durch die Mitteilung der Ergebnisse einer Spielperiode erhalten sie eine Rückkopplung über die Ergebniswirkung ihrer Entscheidungen. Darüber hinaus wird durch die Gruppenarbeit die kooperative Zusammenarbeit gefördert. Der Lerneffekt ist dann am größten, wenn das Planspiel die Situation in einem konkreten Unternehmen simuliert. Ein solches Planspiel ist allerdings mit hohen Entwicklungskosten verbunden. Allgemeine Planspiele haben dagegen den Nachteil, daß ihr Abstraktionsgrad sehr hoch ist und damit der Transfer der gemachten Erfahrungen in die Praxis problematisch ist.

• Rollenspiel
Rollenspiele zielen auf eine Beeinflussung des Verhaltens, das bei zwischenmenschlichen Kontakten gezeigt wird, ab. Aufgabe ist dabei die Bewältigung einer konkreten Problemsituation, die den Beteiligten ausführlich beschrieben wird. Dabei handelt es sich entweder um ein Sachproblem, ein persönliches Problem oder um ein Beziehungsproblem zwischen Personen. Häufig liegt auch eine Verknüpfung dieser Problemarten vor. Das Rollenspiel bietet die Chance – im Unterschied zu anderen Lehrmethoden –, daß das Verhalten anschließend geändert wird oder bisheriges Verhalten wenigstens überdacht wird. Im Vergleich zu anderen Lehrmethoden wird nicht nur über Probleme nachgedacht und gesprochen, sondern es wird die Problemsituation nachgespielt. Dadurch wird nicht nur der Verstand gefordert, sondern es werden auch die Emotionen berührt und die Kommunikationsfähigkeit gefordert.
Ein Rollenspiel sollte mit einer Rückmeldung an die Teilnehmer abgeschlossen werden, wenn Verhaltensänderungen angestrebt sind. Auch eine Selbstreflektion der Rollenspielteilnehmer kann nützlich sein.

• Gruppendynamische Trainingsformen
Das Arbeiten in Selbsterfahrungsgruppen ist eine verhaltensorientierte, gruppendynamische Trainingsmethode, die im Zusammenhang mit dem Prozeß der Organisationsentwicklung in der Mitte der 70er Jahre hauptsächlich aus den USA nach Deutschland kam. Verbessert werden sollte damit die Kooperation bei der Zusammenarbeit im Betrieb. Die Bedeutung der Zusammenarbeit stieg mit der Einführung neuer Organisationsformen, wie z. B. der Projektorganisation und neuen Führungskonzeptionen, die eine stärkere Partizipation erforderten. Ein größeres Maß an Kooperation erfordert mehr Menschenkenntnis und Erfahrung bei der Behandlung von Menschen. Das Sensivity-Training sollte den Mitarbeitern diese Qualifikation vermitteln. Es wird beschrieben als eine Lernmethode, die primär Erfahrungen vermittelt, die die Teilnehmer in verschiedenen Begegnungssituationen selbst sammeln. Man zielt dabei auf solche Erfahrungen ab, mit denen Einstellungen beeinflußt und Fähigkeiten des Lernens aus Interaktionen entwickelt werden können. Die konkreten Ziele des Sensivity-Trainings sind:
- Selbsterkenntnis,
- Fähigkeiten zur Diagnose der Persönlichkeit und des Verhaltens von Personen, Gruppen und Organisationen,
- Fähigkeit, die Diagnose der eigenen Person durch andere hinzunehmen,
- Verständnis für zwischenmenschliche Beziehungen in Gruppen,
- Kennenlernen von Bedingungen, die Gruppenarbeit fördern, bzw. hemmen.

In der Praxis scheint die Arbeit in Selbsterfahrungsgruppen ihren Höhepunkt bereits überschritten zu haben. Einzelne Elemente sind aber noch in den Trainings wiederzufinden.
Es gibt bis heute keine gesicherten Berichte über konkret erreichte Erfolge und präzise beschriebene Vorteile, die mit Selbsterfahrungsgruppen erreicht wurden. Erfolgsmeldungen sind meist global formuliert wie: „Größere Offenheit gegenüber den Ansichten der anderen, höhere Empfindsamkeit und besseres Verstehen der zwischenmenschlichen Kontakte“.
Daher soll auf mögliche Nachteile hingewiesen werden:
- Es kann als nicht gesichert gelten, daß in einem Training von drei Tagen bis zu zwei Wochen Persönlichkeitsstruktur und Verhalten auf Dauer geändert werden können.
- Die Trainings bergen das Risiko dramatischer Reaktionen, explosionsartiger Ausbrüche von Emotionen und eventuell schädigender Störungen der Persönlichkeitsstruktur. Sie sollten daher nur von ausgebildeten und erfahrenen Trainern durchgeführt werden. Der Trainer spielt eine zentrale Rolle.
- Schließlich ist die Gefahr nicht zu übersehen, daß Probleme aus der Selbsterfahrungsgruppe auf die spätere Zusammenarbeit im Unternehmen übertragen werden. Es ist daher zu überlegen, ob die Teilnahme an Selbsterfahrungsgruppen besser außerhalb des Unternehmens erfolgen sollte. Externe Trainings könnten hier Vorteile aufweisen. Daran anschließen könnten interne Kommunikationstrainings.

Erfolgskontrolle der Personalentwicklung

Die betriebliche Personalentwicklung soll Änderungen des gegenwärtigen Zustandes im Unternehmen hin zu einem erwünschten Sollzustand bewirken. Dieser neue Zustand kann als Ergebnis (output) von Maßnahmen der Personalentwicklung angesehen werden. Erfolgskontrollen sind demnach Überprüfungen von Entwicklungsmaßnahmen. Würde eine Erfolgskontrolle nur am Ende von Entwicklungsmaßnahmen als Ergebniskontrolle durchgeführt werden, könnten Fehlentwicklungen nicht rechtzeitig erkannt werden. Eine Kurskorrektur wäre nicht mehr möglich. Daher muß eine Erfolgskontrolle vor, während und nach einer geplanten Bildungsmaßnahme ansetzen. Vorher ist z. B. die Homogenität des Teilnehmerkreises zu überprüfen. Ebenfalls muß gefragt werden, ob das Ziel der Entwicklungsmaßnahme mit übergeordneten Unternehmenszielen vereinbar ist. Während der Bildungsmaßnahme erfolgt die Prozeß-Kontrolle. Hier wird u. a. auf individuelle Probleme und Erwartungen der Teilnehmer eingegangen. Nach der Bildungsmaßnahme soll ermittelt werden, inwieweit die Lernziele erreicht wurden.
Zu den größeren Problemen von Erfolgskontrollen gehört sicherlich, daß der ökonomische Erfolg von Personalentwicklungs-Maßnahmen nur schwer meßbar ist. Hauptgrund dafür ist, daß es außerordentlich schwierig ist, z. B. eine Leistungsverbesserung des Mitarbeiters direkt einer Personalentwicklungs-Maßnahme zuzurechnen. Die Ursachen für eine solche Verbesserung könnten auch woanders liegen. Auch bereitet die Formulierung operativer Lernziele dann erhebliche Schwierigkeit, wenn Verhaltensveränderungen angestrebt werden. Immer wenn es um Fragen der Förderung der sozialen Kompetenz und der Lernfähigkeit geht, ist die Erfolgskontrolle an ihre Grenzen angelangt.

Organisationsentwicklung

Organisationen, gleich ob Unternehmen, öffentliche Institutionen, Kirchen oder Verbände, sind auch soziale Organismen, die in Wechselbeziehung zu der sie umgebenden Umwelt stehen. Organisationen können groß oder klein, jung oder alt, flexibel oder unbeweglich sein. Sie haben sich im Zeitablauf zu dem entwickelt, was sie heute sind. Geprägt werden sie dabei von äußeren Bedingungen und von Personen, die in den Organisationen gewirkt haben. Beide, Personen und äußere Bedingungen, gehören der Vergangenheit an. In Zeiten, in denen die äußeren Bedingungen einem Prozeß des Wandels mit hoher Dynamik unterliegen, muß gefragt werden, ob die in der Vergangenheit adäquaten Verhalten der Organisationsmitglieder noch den heutigen Anforderungen entsprechen. Unter Umständen müssen Anpassungs- und Lernprozesse eingeleitet werden. Unter besonders hohem Anpassungsdruck stehen dabei die Unternehmen, denn sie müssen sich im Wettbewerb behaupten und werden in der Regel nicht durch Steuergelder oder Zwangsbeiträge finanziert. Eine von verschiedenen Methoden, notwendige Veränderungs- und Anpassungsprozesse zu betreiben, ist die Methode der Organisationsentwicklung.
Organisationsentwicklung umfaßt Veränderungsprozesse zur Erhöhung der Leistungsfähigkeit unter Einbeziehung der Interessen der Mitarbeiter.

6

Ursprung der Organisationsentwicklung

Die ersten Projekte der Organisationsentwicklung wurden wohl von Mc Gregor sowie von Blake und Shepard in den USA durchgeführt. Mc Gregor beschäftigte sich 1957 mit der Optierung des Lerntransfers von Laboratoriums-Trainings in die Praxis bei der Union Carbide. Etwa zur gleichen Zeit haben Blake und Shepard bei Esso Standard Oil in verschiedenen Raffinerien Programme entwickelt, die auf einer Befragung und Diagnose mit anschließender Auswertung in Gruppensitzungen basierten. Die eigentlichen Wurzeln der Organisationsentwicklung liegen zum Teil schon einige Zeit weiter zurück. Vier verschiedene Quellen haben zum Konzept der Organisationsentwicklung beigetragen.

Die sogenannte Laboratoriumsmethode
Sie ist verbunden mit dem Namen Kurt Lewin, der 1946 im Rahmen von Experimenten zum Problemlösungsverhalten in Gruppen feststellte, daß gruppendynamische Prozesse unter bestimmten Umständen außerordentlich intensive Lernvorgänge auslösen können. Daraus sind die verschiedensten Formen des gruppendynamischen Trainings entstanden.

Die Survey-Feedback-Methode
Darunter versteht man die Durchführung von Einstellungsumfragen bei Mitgliedern einer Organisation mit abschließender Rückkopplung der erlangten Ergebnisse an die Beteiligten sowie deren Verarbeitung in Workshops. Anschließend

werden gemeinsam Maßnahmen entwickelt. In Deutschland wird diese Methode auch als Daten-Rückkopplungsmethode bezeichnet. Auch bei diesem Verfahren stößt man immer wieder auf den Namen Kurt Lewin.

Der Tavistock-Ansatz
Forscher des Londoner Tavistock Institute of Human Relations befaßten sich Ende der 40er Jahre mit Produktivitätseinbußen und hohen Fehlzeiten im englischen Kohlebergbau. Sie stießen dabei auf Zusammenhänge zwischen Veränderungen in der Technologie und Veränderungen in den sozialen Beziehungen der dort arbeitenden Menschen. Sie entwickelten die Theorie der sozio-technischen Systeme. Danach hat eine Veränderung von Technologien zwingend auch eine Veränderung von Sozialstrukturen zur Folge. Sie fordern, daß technische Systeme und soziale Strukturen in sinnvoller Ergänzung ineinandergreifen müssen, damit eine optimale Funktionstüchtigkeit entsteht. Die von Friedlander und Brown vorgenommene Klassifizierung (1974) von Organisationsentwicklungsmaßnahmen in human-prozessuale und technostrukturelle Ansätze macht den starken Bezug zum Tavistock-Ansatz deutlich. Ähnlich unterscheidet Gebert (1974) den personalen Ansatz und den struktualen Ansatz.

Die Aktionsforschung
Unter Aktionsforschung versteht man einen sich ständig wiederholenden Wechsel von Aktionen und ihrer Auswertung mit Daten-Rückkopplung an das Betroffenen-System. Aktionsforschung versteht sich also als Prozeß. Im Rahmen dieses Prozesses greift man bestimmte Probleme auf und formuliert Hypothesen. Aus dem Feedback der erhobenen Daten werden Aktionen zur Veränderung einzelner Systemvariablen entwickelt.

Transparenz und Partizipation

Der Organisationsentwicklungsansatz geht davon aus, daß Mitarbeiter den Wunsch haben, die sie betreffenden Veränderungen mitzugestalten, Anregungen zu geben und Bedenken zu äußern. Dadurch, daß die Betroffenen zu Beteiligten gemacht werden, lassen sich auch das Wissen und die Fähigkeiten der Mitarbeiter nutzen. Zum Teil werden sie Detailwissen haben über das die Vorgesetzten nicht verfügen. Durch die Partizipation der Mitarbeiter verbessert sich in der Regel die Entscheidungsqualität, es verringern sich die Durchsetzungswiderstände und es vermehren sich Ansatzpunkte für innovative Lösungen. Das wiegt den Nachteil des kooperativen Vorgehens, nämlich den zunächst höheren Zeitbedarf, auf. Eingespart wird dieser erste Mehrbedarf an Zeit dann jedoch meistens in der Umsetzungsphase. Nach Möglichkeit sollte sich die Beteiligung der Mitarbeiter über den gesamten Prozeß erstrekken. Allerdings muß sich Partizipation an den Rahmenbedingungen betrieblicher Realität orientieren. Die Grenzen können dort erreicht sein, wo äußere Zwänge, wie Zeitdruck oder Krisensituationen, den Handlungsspielraum beschränken. Begrenzungen können sich auch daraus ergeben, daß die Mitarbeiter überfordert sind. Diese werden durch eine hohe Qualifikation und durch eine große Kooperationsbereitschaft deutlich nach hinten verschoben.

Die Prozeßorientierung der Organisationsentwicklung

Der typische Ablauf eines Organisationsentwicklungsprozesses entspricht im Prinzip der klassischen Problemlösungs-Systematik. Der erste Schritt besteht im Erkennen und Beschreiben des aktuellen oder des befürchteten zukünftigen Problems. Dies setzt das Vorhandensein eines Problembewußtseins voraus. Als nächstes erfolgt die Daten-Sammlung. Hierbei geht es darum, möglichst viele Informationen in Bezug auf das Problem zusammenzutragen, um sachkundig zu werden. Die betrieblichen Probleme stehen jedoch nicht in einem isolierten Raum, sondern sind verwoben mit der Organisation als Gesamtsystem. Die Vernetzung des Problems sowie seiner Ursachen soll die Organisations-Diagnose zutage fördern. Eine Berücksichtigung der innerorganisatorischen Verhältnisse ist außerdem unabdingbare Voraussetzung für die Entwicklung von Lösungsalternativen. Was in einem Unternehmen machbar ist, gilt in einem anderen Unternehmen aufgrund einer anderen Unternehmenskultur als unvorstellbar.
Im nächsten Schritt erfolgt die Datenrückkopplung an die Betroffenen. Häufig ist auch zu beobachten, daß die Einbeziehung der Mitarbeiter in den Problemlösungsprozeß erst zu diesem Zeitpunkt erfolgt. Die Diskussion der gesammelten Daten stellt nicht nur einen Akt der Partizipation dar, sondern dient auch der Validitätsprüfung der bisher erhobenen Fakten und der entwickelten Hypothesen. Die dann folgende Maßnahmen-Planung ist gekennzeichnet durch die Sammlung möglichst vieler Lösungsalternativen und deren Prüfung auf Konsequenz, Nebenwirkungen und zu erwartende Schwierigkeiten bei ihrer Umsetzung.

Erst dann erfolgt die Entscheidung für die Umsetzung der geeignetsten Maßnahme. Dabei sollte in einem Maßnahmenplan festgehalten werden, wer bis wann zur Umsetzung der einzelnen Maßnahmen verantwortlich ist. So vorbereitet kann die Maßnahmendurchführung in Angriff genommen werden. Es entspricht dem Ansatz der Aktionsforschung, daß der Prozeß mit einer Erfolgskontrolle abschließt. Diese Überprüfung der Auswirkungen der beschlossenen Maßnahmen stellt gleichzeitig schon wieder eine Datensammlung dar, die unter Umständen die nächste Prozeßrunde einleitet. In der Praxis hat es sich häufig als zweckmäßig erwiesen, in einem Abstand von einem halben bis zu einem Jahr, Problemlösungssitzungen in Form eines Workshops durchzuführen.

Personalverwaltung als Service-Funktion für die Personalarbeit

Im Gesamtsystem der Personalarbeit sind die Führungsaufgaben der Verhaltenssteuerung, der Personalplanung und -beschaffung sowie der Personalentwicklung Primäraufgaben, die durch Sekundäraufgaben unterstützt werden. Diese Service-Tätigkeiten mit administrativem Charakter werden zusammenfassend als Personalverwaltung bezeichnet.

Aufgaben der Personalverwaltung

Wenn man nach inhaltlichen Gesichtspunkten gliedert, ist eine Aufteilung der Aufgaben der Personalverwaltung nach Informationsbearbeitung, Bearbeitung der Leistungsabgeltung und Personalbewegungen möglich.

Bearbeitung von Personalinformationen

• Personalinformationen

Der Service-Charakter der Personalverwaltung für Primäraufgaben bringt es mit sich, daß die Informationen inhaltlich auf den Informationsbedarf der Personalplanung, der Personalbeschaffung und der Personalentwicklung auszurichten sind. Informationen, die einzelne Mitarbeiter betreffen, werden in der Personalakte gesammelt. Informationen, die eine Gruppe von Mitarbeitern oder alle Mitarbeiter betreffen, können traditionell in einer Personalkartei gespeichert werden. Die Technik, Personalkarteien zu führen, hat sich gewandelt. Karteikästen werden durch elektronische Datenbanken ersetzt.

Personalinformationen, die unveränderliche Personenmerkmale betreffen, wie z. B. Geschlecht, Geburtsdatum und solche, die sich in der Regel nicht kurzfristig ändern, wie z. B. Funktion, werden als Stammdaten bezeichnet. Zu den variablen Daten gehören z. B. Fehlzeiten oder Ausfallzeiten. Diese unterschiedlichen Informationen werden mit unterschiedlicher Häufigkeit und zu verschiedenen Zwecken verwendet. Neben den täglich benötigten Fehlzeitenmeldungen werden vielleicht monatlich abteilungsbezogene Krankenstandsmeldungen erstellt. Nur bei speziellen Anlässen werden Meldungen an Sozialversicherungsträger oder Berufsgenossenschaften weitergegeben. 6

• Personalinformationssysteme

Erst eine rationale und rationelle Verarbeitung der vorhandenen Informationen schafft objektive Grundlagen für Personalentscheidungen und führt weg von der eher intuitiven Entscheidungsfindung. Elektronische Personalinformationssysteme geben dabei eine ganz entscheidende Hilfestellung. Je nach dem erreichten Entwicklungsstand dieser Systeme können zwei Typen unterschieden werden:

Berichtssysteme liefern statistische Auswertungen der vorhandenen Personaldaten, Entscheidungssysteme können zur Vorbereitung von Entscheidungen herangezogen werden.

Computergestützte Informationssysteme enthalten stets zwei Kategorien von Grundkomponenten: Datenbanken einerseits, Modell- und Methodenbanken andererseits. Bei Datenbanken wird meistens eine weitere Unterscheidung vorgenommen. Bei Unterscheidung nach gegenwarts- und zukunftsbezogenen Daten können je eine Personalbestands-Datenbank und eine Personalbedarfs-Datenbank entwickelt werden. Für Zwekke der Personalplanung können beide Datenbanken gegenübergestellt und ausgewertet werden. Eine andere Aufteilung nimmt die Trennung von stellen- und personenbezogenen Daten vor. Man erhält dann eine Arbeitsplatz-Datenbank und eine für Mitarbeiterdaten. Sie ist dann vorzuziehen, wenn Anforderungen und Qualifikationen gegenübergestellt werden sollen, wie das z. B. bei Einstellungs-, Versetzungs- und Fortbildungsentscheidungen der Fall ist.

Eine Methoden- und Modelldatenbank enthält Programme, mit denen Inhalte aus den Datenbanken abgefragt bzw. Auswertungen vorgenommen werden können. Hierfür gibt es konfektionierte Software auf dem Markt.

Heute sind statistische Methoden zur Analyse von Personal- und Arbeitsplatzdaten weit verbreitet. Weiterhin existieren diverse Abrechnungs- und Berechnungsverfahren, z. B. für Lohn- und Gehaltsabrechnung, die Betriebsabrechnung und die Abrechnung gesetzlicher Sozialleistungen. Von der Handhabbarkeit der Datenausgabegeräte und der Möglichkeit des Direktzugriffs zu den Datenbanken hängt es ab, mit welcher Intensität Personalinformationssysteme genutzt werden. Hier hat vor allem die Nutzung von PC's als Ergänzung zum traditionellen Großrechner zu einer Arbeitserleichterung geführt.

6

Über Personalinformationssysteme werden immer noch Diskussionen geführt. Dabei geht es um eine Reihe unterschiedlicher Fragen. Hinsichtlich des Umfangs und der Verwendung der Daten kann bei Mitarbeitern Mißtrauen vorliegen. Diese Probleme können durch rechtzeitige und umfassende Information der Mitarbeiter am besten gelöst werden. Die Wirtschaftlichkeit der Personalinformationssysteme ist ein weiteres Thema. Bisher führt die Kosten-Nutzen-Analyse nur bei Großunternehmen zu positiven Ergebnissen. Einfach deshalb, weil es für den Umgang mit der Menge der Daten in der Vergangenheit keine andere Lösung gab. Durch den Einsatz von PC's stellen Personalinformationen mittlerweile auch für kleinere und mittlere Unternehmen eine wirtschaflich sinnvolle Einrichtung dar.

Rechtliche Probleme ergeben sich in erster Linie im Zusammenhang mit dem Datenschutz. Mit der Möglichkeit die Daten zu sammeln, zu speichern und weiterzuverarbeiten, ist auch die Möglichkeit des Mißbrauchs verbunden. Das Unternehmen muß sicherstellen, daß kein Unberechtigter Zugriff auf die Daten hat. Das kann durch einen Code oder durch eine Kennkarte geschehen. Ein Schutzbedürfnis besteht vor allem in bezug auf sensible Daten, wie z. B. gesundheitliche Merkmale oder familiäre Verhältnisse.

Der Betriebsrat hat nach § 87 Betriebsverfassungsgesetz mitzubestimmen bei der Einführung und Anwendung von technischen Einrichtungen, die dazu bestimmt sind, das Verhalten oder die Leistung der Mitarbeiter zu überwachen.

Vorbereitung und Abwicklung von Personalbewegungen

Personalbewegungen sind Einstellungen, Versetzungen und Entlassungen von Mitarbeitern. Ihre Vorbereitung und Abwicklung kann als eine der klassischen Aufgaben der Personalverwaltung bezeichnet werden.

Einstellung

Nach Abstimmung mit den Fachbereichen sind exemplarisch folgende Schritte vorzunehmen:

- Mit dem Betriebsrat muß geklärt werden, ob eine interne Stellenausschreibung erfolgen soll (§ 93 Betr.VG).
- Kontaktaufnahme mit dem Arbeitsamt, wenn dieser Weg Erfolgsaussichten bei der Bewerbersuche bietet.
- Inseration in den dafür in Frage kommenden Presseorganen.
- Aufbereitung der eingehenden Bewerbungsunterlagen.
- Nach Beschaffung eines Mitarbeiters ist der schriftliche Arbeitsvertrag auszufertigen. Die abgewiesenen Bewerber erhalten ihre Unterlagen zurück.

Versetzungen und Entlassungen

Auch für Versetzungen und Entlassungen erledigt die Personalverwaltung die notwendigen Vorbereitungs- und Abwicklungsarbeiten. In jedem Fall erweisen sich Checklisten, die alle einzelnen erforderlichen Schritte enthalten, als zweckmäßig. Sie sind ein einfaches Hilfsmittel und bieten ein hohes Maß an Sicherheit. Ihre Einhaltung schließt aus, daß wichtige Arbeiten vergessen werden, wie etwa das Ausstellen von Zeugnissen und Arbeitsbescheinigungen.

Lohn- und Gehaltsabrechnung

In diesen Aufgabenbereich der Personalverwaltung fallen sowohl ständig wiederkehrende Arbeiten als auch Sonderaktivitäten.

Die Abrechnung der an die Mitarbeiter zu zahlenden Löhne und Gehälter erfordert eine Mehrzahl von Teiltätigkeiten und die Beachtung vieler Vorschriften. Es sind z. B. Vorschriften über die Lohnsteuer, die Einkommenssteuer, die gesetzlichen Sozialabzüge und die Vermögensbildungszahlungen zu beachten.

Grundlage für die Berechnung der Lohnsteuer sind die Lohnsteuer-Abzugstabellen. Bei den Sozialversicherungsträgern sind die jeweils gültigen Bemessungsgrenzen sowie die Beitragssätze zu beachten. Hinzu kommen u. U. mitarbeiterspezifische Sonderberechnungen, wie z. B. betriebliche Darlehen, Reisekostenabrechnungen oder Trennungsentschädigungen.

Größte Genauigkeit und Fehlerlosigkeit bei diesen Berechnungen ist deshalb wichtig, weil jedes Versehen zur Verärgerung bei den Mitarbeitern führt. Die Entgeltauszahlung erfolgt heute fast ausschließlich bargeldlos durch Überweisung auf ein Konto (zu Einzelheiten s. Beitrag 10, Steuerpraxis).

Organisatorische Eingliederung der Personalverwaltung

Die beschriebenen Aufgaben der Personalverwaltung können in unterschiedlicher Weise auf Arbeitsplätze verteilt und diese zu verschiedenen Abteilungen zusammengefaßt werden. Welche Lösung dafür gefunden wird, ist abhängig von dem anfallenden Arbeitsumfang und damit von der Anzahl der Mitarbeiter.
So kann z. B. die Lohn- und Gehaltsabrechnung in der Personalverwaltung erfolgen oder sie ist dem Rechnungswesen zugeordnet. Mit zunehmender Betriebsgröße bietet sich die Ausgliederung bestimmter Tätigkeiten und die Bildung gesonderter Abteilungen an. Das bietet sich z. B. für die - Bearbeitung arbeitsrechtlicher Fragen und allen Aufgaben, die im Zusammenhang mit einer betrieblichen Altersversorgung stehen, an. In mehrgliedrigen Firmen sind die Abteilungen zweckmäßigerweise in der Zentrale angesiedelt, während die tägliche Routine der Personalverwaltung dezentral den einzelnen Betrieben oder Werken zugeordnet ist.

Literatur

Berthel, J.: Personalmanagement. 3. Auflage, Stuttgart, 1991
Bleicher, K.: Chancen für Europas Zukunft. Frankfurt a. M., 1989
Bösenberg, D./Metzen, H.: Lean Management. 3. Auflage, Stuttgart 1993
Feix, W. E.: Personal 2000. Frankfurt a. M./ Wiesbaden, 1991
Kienbaum, J.: Visionäres Personalmanagement. Stuttgart, 1992
Neges, R.: Personalentwicklung und Weiterbildungserfolg. Wien, 1991
Oechsler, W. A.: Personal und Arbeit. 4. Auflage, München, 1992
Riekhof, H.-C.: Strategien der Personalentwicklung. 2. Auflage, Wiesbaden, 1989
Rosenstiel, L.v. u. a.: Führung von Mitarbeitern. 2. Auflage, Stuttart, 1993
Sarges, W.: Management Diagnostik. Göttingen, 1990
Schanz, G.: Anreizsystem in Wirtschaft und Verwaltung. Stuttgart, 1991
Strutz, H.: Handbuch Personalmarketing. Wiesbaden, 1989
Wagner, D.: Organisation, Führung und Personalmanagement. Freiburg, 1989

Logistik

7

Wesen und Aufgaben

Der Begriff der Logistik ist aus dem Militärischen übernommen, wo er in einem eigenen Führungsbereich alle Maßnahmen umfaßt, die der materiellen Versorgung und Unterbringung der Truppe dienen, einschließlich der Wartung, der Lagerung und des Transports von Gütern, um sie zur richtigen Zeit am richtigen Ort einsatzbereit zu halten. Wenn auch die Logistik nicht den eigentlichen Handlungsauftrag umfaßt, so hat sie dennoch als Hilfsfunktion dermaßen an Bedeutung gewonnen, daß ohne eine optimale Aufgabenerfüllung in der Logistik die Aktionsziele nachhaltig nicht mehr erfolgreich erfüllt werden können.
Im Unternehmen gewinnen gleichfalls Themen der Materialbereitstellung, der optimalen Lagerhaltung, der Warenverteilung, des zwischenbetrieblichen Güteraustausches und innerbetrieblicher Transporte etc. zunehmend an Bedeutung. So hat der Begriff Logistik zunächst in den 50er Jahren in Amerika und seit den 70er Jahren in Deutschland Eingang in die Betriebswirtschaft gefunden. Während am Anfang einzelne Bereiche und Funktionen im Mittelpunkt der Betrachtungen standen, geht die Entwicklung dahin, logistische Aufgabenstellungen in ihrer ganzheitlichen Verpflechtung bereichsübergreifend zu sehen. In einer zunehmend arbeitsteilig gestalteten Wirtschaft, in der der Anteil an Zukaufsartikeln zunimmt, kommt der Logistik steigende Bedeutung zu. Dies gilt nicht nur für das einzelne Unternehmen, sondern auch im gesamtwirtschaftlichen Zusammenhang, wie das erhöhte Aufkommen im Güterverkehr zeigt.

Unternehmenslogistik

Logistik umfaßt das Zusammenspiel von Bewegungs- und Lagervorgängen, durch die Raum und Zeit überbrückt werden. Gegenstand ist der Materialfluß von der Beschaffung bis hin zur Fertigwarenverteilung. Als Führungsaufgabe beinhaltet Logistik die Planung, Steuerung und Kontrolle der hierfür notwendigen Maßnahmen.

Prozeßorientierte Betrachtung
Im einleitenden Kapitel zum Beitrag „Betriebswirtschaftslehre" wurde der güterwirtschaftliche Prozeß als Teil des betrieblichen Wertekreislaufs dargestellt. In der funktionsorientierten Betrachtung wird der Leistungsprozeß in die Bereiche Beschaffung, Produktion und Absatz gegliedert. Dabei wird u. a. das Ziel optimaler Wirtschaftlichkeit dadurch verfolgt, daß in den einzelnen Bereichen optimale Kapazitätsauslastung und minimaler Mitteleinsatz (Kosten) in Relation zur zu erbringenden Leistung angestrebt wird.
Bei der Logistik steht der Leistungsstrom als Prozeß/Ablauf im Mittelpunkt der Betrachtung, sie konzentriert sich weniger auf die Bereiche als Glieder einer Kette. Gegenstand der Prozeßorientierung ist es, den Durchlauf an Waren und Gütern zu optimieren. Daraus ergibt sich eine bereichsübergreifende Sicht.
Vergleichbare Denkansätze ergeben sich in der betrieblichen Organisation bei der Differenzierung in Aufbau- und Ablauforganisation.
Die Logistik dient der optimalen Leistungserbringung und -verwertung in den einzelnen daran beteiligten Abteilungen des Unternehmens. Ziel dabei ist jedoch ein möglichst reibungsloser und zügiger Leistungsablauf, der das Gesamtergebnis optimiert und die sich gegebenenfalls aus Einzelbetrachtungen ergebenden Zielkonflikte aufnimmt. Solche Zielkonflikte können sich typischerweise bei der Lagerdisposition ergeben. Während z. B. die Fertigung im Interesse eines reibungslosen Produktionsablaufes stets über ausreichendes Material verfügen will und tendenziell zu einer höheren Lagerhaltung neigt, strebt der Finanzbereich aufgrund der mit der Lagerhaltung verbundenen Kapitalbindung eine Minimierung an. Zusätzlich hat der Einkauf die Kosten der Lagerhaltung selbst und eventuelle Entwicklungen auf dem Beschaffungsmarkt zu berücksichtigen. Ähnliche Konflikte können sich im Bezug auf ein Fertigartikellager ergeben, indem der Vertrieb jederzeit bei Kundenwünschen Lieferbereitschaft sichern möchte, unabhängig von der für Beschaffung und Produktion benötigten Zeiten.
Auf die sich in diesem Zusammenhang ergebenden Fragen und eine angestrebte Bestandsoptimierung unter Abwägung zwischen Wirtschaftlichkeit und Sicherheit wird an späterer Stelle noch eingegangen werden. Hier bleibt einleitend zunächst noch festzuhalten, daß bei einer starken Ausprägung abteilungsbezogenen Denkens in einem Unternehmen Lägern häufig eine zusätzliche Pufferfunktion zukommt, d. h. die Bestände werden so ausgedehnt, daß die vor- und nachgelagerten Bereiche „entkoppelt" werden, also in ihren Dispositionen nicht mehr so genau miteinander verzahnt sind. Die Folge einer solchen mangelnden Abstimmung sind erhöhte Kosten und zusätzlicher Kapitalbedarf. In der prozeßorientierten Betrachtung, die bereichsübergreifend den Ablauf optimieren will, wird im Sinne einer ganzheitlichen Betrachtung nicht „entkoppelt", sondern „verknüpft", wo sich Berührungspunkte ergeben.

Aus dem bereits genannten Zusammenspiel von Bewegungs- und Lagervorgängen in der Logistik zur Sicherung des Materialflusses und der Verfügbarkeit notwendiger Güter ergeben sich der Transportvorgang und das Lagerwesen als zwei wesentliche und traditionell der Logistik zugeordnete Bestandteile, auf die nachfolgend in jeweils gesonderten Abschnitten eingegangen wird.

Logistik-Konzepte
Aus der Fragestellung, was wann wo in welchen Mengen benötigt wird, ergibt sich der Auftrag an die Logistik
- die richtigen Güter (Objekte oder Waren),
- in der richtigen Menge,
- in der richtigen Qualität,
- gegebenenfalls in richtiger Verpackung bzw. Aufbereitung,
- am richtigen Ort,
- zur richtigen Zeit,
- zu den richtigen, d.h. optimalen, Kosten

zur Verfügung zu stellen. Zur Abwicklung dieser Aufgaben sind die notwendigen Hilfsmittel – z. B. Transporteinrichtungen – zur Verfügung zu halten, auch diese wieder zur richtigen Zeit am richtigen Ort in der richtigen Qualität und zu optimalen Kosten.
Zur Planung und Umsetzung eines entsprechend integrierten Logistik-Konzepts ergeben sich zunächst die Anforderungen nach Vollständigkeit und Transparenz der notwendigen Daten. Zielgrößen sind die Steigerung der Leistungsbereitschaft und der Wirtschaftlichkeit des Gesamtunternehmens. Dies unterstützt die Entwicklung, daß weniger die Perfektion von Insellösungen logistischer Teilfunktionen ausreicht, sondern die Optimierung eines ganzheitlichen Systems anzustreben ist.

Management von Fließsystemen
In der überwiegenden Zahl auch großer Produktionsunternehmen hat sich der Anteil an zugekauften Teilen und ganzen Baugruppen erhöht zu Lasten eigener Wertschöpfung. Damit steigt auch die Anforderung an die Logistik – und zumeist auch deren Kosten – um z. B. in der Montage einen reibungslosen Arbeitsablauf zu sichern. Aufgabe des Managements von Fließsystemen ist es, den Leistungsfluß im Unternehmen wirtschaftlich zu gestalten und ingang zu halten. Dazu gehört es auch, die Vorteile arbeitsteiliger und spezialisierter Fertigung gegenüber einer Eigenfertigung vor Ort zu erhalten, also Vorsorge zu treffen, daß sie nicht weitgehend kompensiert werden durch überhöhte Transport- oder Lagerkosten. Das Bestreben, eigene Lagerhaltung zu minimieren, wird am deutlichsten durch die bei einigen Firmen bereits eingeführte Form der Belieferung nach dem System des *just-in-time*. Dies ist ein Teil dessen, was heute unter *Lean Management* behandelt wird. Der dahinter stehenden Grundidee dient auch die Logistik im Sinne eines Managements von Fließsystemen, indem durch das Vermeiden von Staus und Stillstand das Unternehmen „schlank gehalten" wird.
Die Abb. 7.1 zeigt den in dieser Einleitung behandelten, von der Logistik zu betreuenden Materialfluß, der die am Leistungsprozeß beteiligten Bereiche durchläuft und nur in gesamtbetrieblicher Betrachtung als System optimiert werden kann. Inwieweit dabei Transporte, insbesondere von oder zu Geschäftspartnern, selbst oder durch die Einplanung entsprechender Dienstleistungsunternehmen, also Dritter, durchgeführt werden, ist zu überprüfen und zu entscheiden in der Abwägung von Wirtschaftlichkeits und Sicherheitsüberlegungen.
Durch Leergut und den zunehmenden Anteil an mehrfach verwendbaren Verpackungen – worauf an späterer Stelle nochmals eingegangen werden wird – steigt die Bedeutung des Rückflusses, d. h. eine in entgegengesetzter Richtung fließenden Entsorgungs-Logistik.
Generell kann das prozeßorientierte Management von Fließsystemen mit dazu beitragen, daß

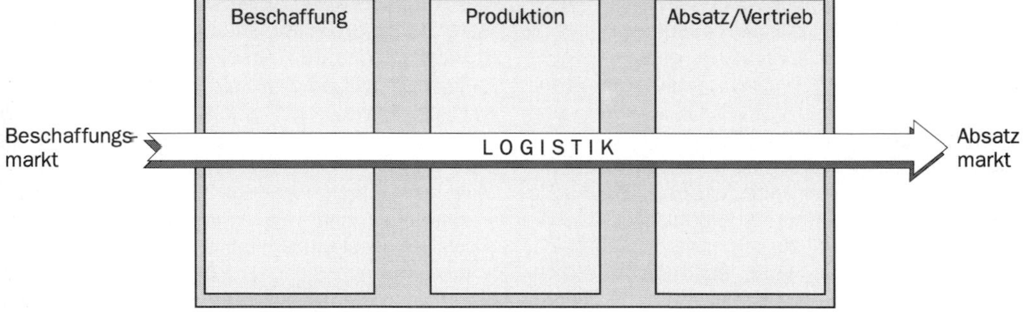

Abb. 7.1: Logistik und Materialfluß

die Beweglichkeit im Unternehmen gefördert wird, sich auf die jeweiligen Situationen einzustellen. Damit erweitert sich der Themenbereich der Logistik über die reine Warenbewegung hinaus. Durch seinen bereichsübergreifenden und verbindenden Ansatz unterstützt es Lösungen, die auf das Unternehmen als Ganzes ausgerichtet sind.

Komponenten der Logistik

Aus der umfassenden Aufgabe, einen funktionsgerechten Materialfluß von der Zulieferung quer durch das ganze Unternehmen hindurch einschließlich der Zustellung im Rahmen der Distribution zu planen, zu organisieren, zu steuern und zu kontrollieren, ergeben sich vielfältige Verknüpfungen zu anderen Unternehmensfunktionen. Bei der speziellen Problemstellung der Logistik standen zunächst technische und wirtschaftliche Aspekte im Vordergrund. Hierbei kann von den traditionellen Komponenten gesprochen werden, zu denen zunehmend die Informationsverarbeitung hinzukommt. Logistische Entscheidungen haben im immer stärkeren Maße auch ökologischen Anforderungen Rechnung zu tragen, so daß dies hier als eine zusätzliche Komponente behandelt wird, ebenso wie die personale Komponente im Sinne logistischen Denkens.

Technische Komponente – Materialfluß
Hierbei geht es primär um die Frage, was wie und mit welchen Hilfsmitteln gelagert oder transportiert wird. Dabei sind technisch funktionsfähige Systeme in Abstimmung auch zur Produktion und zu den Gütern zu entwickeln , die zu transportieren oder zu lagern sind. Die technische Realisierung ist der Teil, in dem Logistik im Unternehmen sichtbar wird. Die Funktionstüchtigkeit eines Systems ist Voraussetzung für die Auswahl, reicht aber für die endgültige Entscheidung allein nicht aus.

Wirtschaftliche Komponente – Wertfluß
Die wertmäßige Gewichtung dessen, was und in welchen Mengen wo eingekauft, gelagert, verarbeitet, zwischengelagert und verkauft werden soll in Verbindung zu den Kosten für Lagerung und Transport sowie im Bezug auf die geplante Leistungserbringung, führen zu wirtschaftlichen Beurteilungen einzelner Alternativen. Technische Verbesserungen können zu einem höheren Wirkungsgrad und damit zur höheren Wirtschaftlichkeit führen. Eine auch unter langfristiger Betrachtung in Relation zu den konkreten betrieblichen Gegebenheiten überzogene technische Perfektionierung kann jedoch die Wirtschaftlichkeit mindern, die es letztendlich zu optimieren gilt.
Zur weiteren Behandlung der Logistik im Rahmen dieses Beitrages ergeben sich drei Ansätze aus der wirtschaftlichen Komponente. Zum ersten sind die aus der technischen Funktionsfähigkeit heraus entwickelten Vorrichtungen im Transport- und Lagerwesen nach Wirtschaftlichkeitsgesichtspunkten zu bewerten. Zum zweiten soll im Bezug auf die Disposition beurteilt werden, welche Güter in welchen Mengen wann bereitzustellen sind, eine Aufgabenstellung, auf die insbesondere im Bereich der Beschaffungs-Logistik eingegangen werden wird. Zum dritten können sich schließlich Auswirkungen ergeben auf die organisatorische Planung in der Abfolge des Leistungsprozesses, in dem angestrebt wird, wertmäßig bedeutende Teile möglichst nicht am Anfang, sondern eher zum Ende hin zu verlagern, um damit eine kürzere Wertbindung zu erreichen mit entsprechend positiven Auswirkungen im Bezug auf Kapitalkosten und Finanzierungsanforderungen.

Informatorische Komponente – Informationsfluß
Die Optimierung in der Planung und Steuerung des Materialflusses und seiner Kontrolle erfordern umfassende und rechtzeitige Informationen. Aus der Prozeßorientierung der Logistik ergibt sich, daß reine bestandsbezogene Werte den Anforderungen nur unzureichend gerecht werden können. Dem Informationswesen in der Logistik ist ein eigener Abschnitt gewidmet. Der Informationsfluß ist den Dispositionsbedürfnissen anzupassen. Um z. B. bei Störfällen rechtzeitig Maßnahmen zur Gegensteuerung einzuleiten, ist auch die Erfassung und Aufbereitung prozeßbegleitender Daten anzustreben.

Umweltschonende Komponente – ökologisches Bewußtsein
Das in einem wesentlichen Maße auch durch die arbeitsteilige Wirtschaft wachsende Transport- und Verkehrsaufkommen sowie die Verpackung der transportierten Güter etc. verursachen entsprechende Umweltbelastungen. Das zunehmende ökologische Bewußtsein zunächst in der Gesellschaft und dann weiter in Politik und Volkswirtschaft beeinflußt im immer stärkeren Maße auch betriebliche Entscheidungen. Zum Teil gehen sie durch entsprechende staatliche Vorgaben und Auflagen bereits in die Wirtschaftlichkeitsüberlegungen ein. In weiten Teilen liegt es noch im Zuständigkeitsbereich der Unternehmen. Die Berücksichtigung ökologischer Aspekte kann dann wahrgenommen werden im Hinblick auf eine Gesamtverantwortung für die Umwelt,

als Vorsorge im Hinblick zu erwartender Auflagen sowie nicht zuletzt aus Wettbewerbsüberlegungen insbesondere dort, wo mit sensiblen Reaktionen der Abnehmer zu rechnen ist.
Der ökologischen Herausforderung an die Logistik ist gleichfalls ein gesonderter Abschnitt gewidmet.

Personale Komponente - logistisches Denken
Je mehr die Logistik als Hilfsfunktion nicht nur in ihrer technischen Ausgestaltung behandelt wird, desto mehr rückt auch die personale Komponente ins Blickfeld. Dabei sind wiederum drei wesentliche Aspekte zu unterscheiden.
Zum einen haben eine Reihe von Untersuchungen gezeigt, daß motiviertes Personal, selbst mit einfacheren logistischen Hilfsmitteln z. B. im Kommissionierbereich, qualitativ und quantitativ höhere Leistungen erbringen kann als Kollegen, die mit besten technischen Hilfsmitteln ausgestattet sind, aber mit geminderter Motivation arbeiten. Dies bedeutet, daß es in aller Regel sinnvoll ist, die Betroffenen in die Vorbereitung logistischer Entscheidungen mit einzubeziehen, so wie es z. B. Konzepte der Organisationsentwicklung im Rahmen der Personalführung vorsehen. Vielfach werden dabei die Betroffenen, wenn sie zu Beteiligten gemacht wurden, auch aus ihrer praktischen Detailkenntnis heraus eine Reihe von Anregungen beisteuern können, die zumeist zu einer Verbesserung der Gesamtkonzeption führen.
Der zweite Aspekt bezieht sich auf die der Logistik gemäßen prozeßorientierten Denkungsweise. Je mehr diese gefördert werden kann gegenüber einer auf den Bereich und auf Teilaufgaben eingeschränkten Sicht, umso größer ist die Chance, daß die Auswirkungen des eigenen Handelns auf einen möglichst reibungslosen Ablauf in Folgebereichen mit berücksichtigt wird. Treten dennoch Störungen auf, so kann eher mit rechtzeitigen Informationen gerechnet werden.
Ein gesonderter Abschnitt befaßt sich mit der organisatorischen Einbindung der Logistik. Hierbei geht es jedoch nicht nur um organisatorische Fragen, sondern um die Einbindung logistischen Denkens auch in Strategieentscheidungen des Unternehmens.

Dimensionen der Logistik

Der umfassende Ansatz der Logistik soll bislang nicht ausreichend abgestimmte Prozesse koordinieren, Insellösungen vermeiden und damit Rationalisierungsreserven aufdecken. Dabei ergeben sich vielfältige Berührungen mit anderen Unternehmensbereichen. Bei den Aufgaben können je nach Anforderungen im konkreten Fall unterschiedliche Schwerpunkte gesetzt sein. 7
Zum einen läßt sich der Gegenstand der Untersuchung als *physische* Logistik in Transport, Lagerung und Kommissionierung einteilen – diesen „traditionellen“ Themen ist jeweils ein Abschnitt gewidmet.
Zum anderen wird die Logistik häufig strukturiert nach ihrem Bezug zu den drei Hauptbereichen des Leistungsprozesses in Beschaffungs-, Produktions- und Distributions- (Absatz-)Logistik. Dabei stehen dann im Rahmen einer *dispositiven* Logistik vielfach Abstimmungsfragen zu den entsprechenden Bereichen im Vordergrund. Hierauf wird im Abschnitt „Bereiche der Logistik“ nochmals eingegangen, sowie auf spezielle Themen, die sich beim Handel ergeben (Handelslogistik).
Abb. 7.2 zeigt eine erweiterte Darstellung der Unternehmenslogistik.

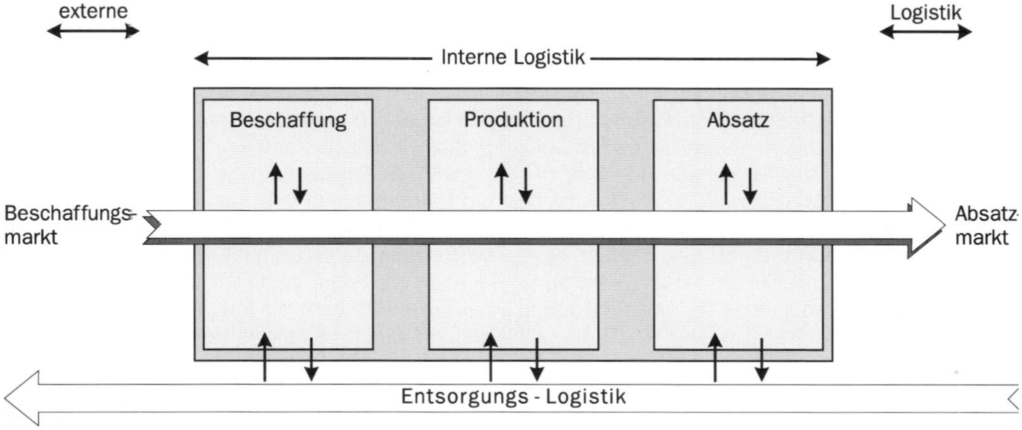

Abb. 7.2: Erweiterte Unternehmenslogistik

7

Neben dem Bezug zu den drei genannten Bereichen wird hier zunächst die gleichfalls oft vorgenommene Einteilung in interne und externe Logistik dargestellt.

Interne Systeme
Unter interner Logistik werden innerbetrieblicher Transport und Lagerung des Materials innerhalb eines Betriebes verstanden. Die Lagerung betreffend handelt es sich dabei zum einen – nach der Warenannahme – um die Einlagerung, z. B. der Roh-, Hilfs- und Betriebsstoffe sowie der Zukaufsteile und der Handelswaren, um eventuelle Zwischenlagerungen im Laufe des betrieblichen Leistungsprozesses sowie um die Übernahme der Fertigfabrikate und der Handelsware, soweit vorgesehen, in ein Absatzlager, bevor dann die Auslieferung erfolgt. Der innerbetriebliche Transport umfaßt die Beförderung der Güter und Waren in einem Werk von einem Produktionsort zu einem anderen oder innerhalb oder zwischen verschiedenen Lägern und Bereichen.
Die Anforderungen an die innerbetrieblichen Beförderungssysteme werden sowohl vom Produkt als auch von den Fertigungsverfahren beeinflußt. Andererseits kann durch die rechtzeitige Einbeziehung logistischer Themen bei der Planung von Produktionsabläufen und der Gestaltung von Fertigungs- und Lagerorten Einfluß auf die Wirtschaftlichkeit des Gesamtprozesses genommen werden. Die Fördereinrichtungen bedingen zum Teil recht hohe Investitionen, Wartungs- und Unterhaltskosten und Personalaufwendungen in der Bedienung. Insoweit sind Umfang und Ausmaß von Transportvorgängen im Bezug auf den gesamten Leistungsprozeß zu optimieren und auf das Fertigungsverfahren abzustimmen. Entsprechendes gilt für die Minimierung von Ein- und Auslagerungsvorgängen.
Eine Senkung der Lager- und Prozeßdurchlaufzeiten führt zu einer Minderung der Mittelbindung.
Bei der Optimierung geht es somit um eine wechselseitige Abstimmung zwischen Produktionsplanung einerseits sowie der Planung und Steuerung des Materialflusses andererseits. Die Kostenentwicklungen der Vergangenheit und zunehmender Wettbewerbsdruck sind sicherlich wesentliche Ursachen, noch nicht genutzte Rationalisierungsreserven durch den Einsatz logistischer Systeme zu realisieren. Hierbei kommt derzeitig der Automobilindustrie eine Vorreiterrolle zu.

Externe Systeme
Unter externen, außerbetrieblichen Transporten wird sowohl der Transport vom Lieferanten zum Kunden als auch jener zwischen verschiedenen Werken bzw. Niederlassungen etc. eines Unternehmens verstanden. Die Organisation und die Durchführung dieser Transporte können sowohl in Eigenregie als auch durch Beauftragung Dritter, z. B. Spediteure, erfolgen. Dabei sind auch unterschiedliche Mischformen denkbar. Dort, wo die zeitlichen und räumlichen Dispositionsanforderungen keine Auslastung eigener Transportmittel ermöglichen oder wo kein Ladegut für die Rückfahrten bereitgestellt werden kann, sich also im größeren Umfange Leerfahrten ergeben, wird die Beauftragung von Spediteuren vielfach eine sinnvolle und wirtschaftliche Alternative sein. Dabei können Speditionsunternehmen die Funktionen für Zwischenlagerungen und Verteilung übernehmen.
Strukturelle Entwicklungen sind heute in vielen Branchen gekennzeichnet durch:
- Zunahme der weltweiten Arbeitsteilung,
- Reduzierung der Fertigungstiefe, d. h. Ausgliederung von Teilen der Fertigung auf Zulieferer,
- Verlagerung arbeitsintensiver Produktionsbereiche ins Ausland,
- Fertigung in kleineren Losgrößen mit dem Ziel der Bestandsreduzierung und damit Minderung der Kapitalbindung in den Fabriken.

Hieraus ergeben sich erhöhte Anforderungen an die Logistik durch geringere Bestellmengen und damit verbundenen häufigeren Belieferungen und der zunehmenden Sensibilität der Produktion im Bezug auf dispositionsgerechte, insbesondere auch zeitgenaue Anlieferung.
Das steigende Volumen gewerblicher Gütertransporte und das generelle Wachstum des Verkehrsaufkommens belasten einerseits die notwendigen Dispositionen des Unternehmens, zeitlich und kostenmäßig, da im Laufe der Jahre auf manchen Strecken die Fahrzeiten sich erheblich verlängert haben oder die Anlieferung z. B. in Innenstadtbereichen (City-Verkehr) deutlich erschwert sind. Andererseits ergibt sich auch eine gesamtwirtschaftliche Komponente, die zu berücksichtigen ist, wenn künftige Belastungen in Grenzen gehalten werden sollen.
Zunehmend entwickeln sich Speditionen über die Wahrnehmung von Lagerfunktionen hinaus zu Logistikunternehmen, die in vielfältiger Weise Partner der Unternehmung werden wollen. Insoweit ist die Frage nach der Durchführung in Eigenregie oder der Übertragung von Aufgabenbereichen auf Dritte immer wieder neu zu überprüfen. Dabei sind verschiedene Kombinationen möglich. Z. B. kann einerseits der Transport einer größeren und geschlossenen Sendung über eine weite Strecke hinweg durch eigene Trans-

portmittel durchgeführt werden, während die „Feinverteilung", d. h. die Zustellung einzelner Partien an die Kunden vor Ort, durch regionale Spediteure erfolgt oder entgegengesetzt werden Transporte über große Strecken einem Spediteur übertragen, während dann zur Kundenzustellung die Ware auf kleine eigene Fahrzeuge übernommen wird, insbesondere, wenn die Anlieferung mit zusätzlichen Dienstleistungen wie Montage, Regaldienst im Handel etc. kombiniert wird.

Verbundene Systeme

Unter verbundenen Systemen wird hier nicht der vorgenannte Mix aus Eigenregie und Beauftragung Dritter im Rahmen der externen Logistik verstanden. Vielmehr sollen hier zwei Aspekte kurz aufgezeigt werden, die auch für später noch zu behandelnde Themen von Bedeutung sind. Dabei handelt es sich zum einen um die Beachtung der Schnittstellen zwischen interner und externer Logistik sowie die Entwicklung und der Zusammenschluß von Dienstleistungsunternehmen zur Erbringung umfassender Service-Leistungen im Rahmen der externen Logistik.

Interne und externe Logistik können nicht isoliert betrachtet werden. Vielmehr ist es sinnvoll, bei der jeweiligen Gestaltung Vorsorge zu treffen, daß der Übergang von einem System zum anderen möglichst wirtschaftlich erfolgen kann, d. h. kostengünstig und mit möglichst wenig Arbeitsvorgängen. Soll z. B. eine eingehende Ware intern auf Paletten zwischengelagert werden, so können ein Umpacken und damit verbunden Arbeitszeit und Kosten gespart werden, falls die Anlieferung auf Paletten erfolgt, die auch intern verwendet werden können. Vergleichbare Überlegungen ergeben sich beim Warenausgang, wenn beispielsweise statt eines Zwischenlagerns der fertiggepackten Waren, die abends abgeholt werden sollen, bereits in Behältern des außerbetrieblichen Transports verstaut werden kann, wie Container, Hänger oder in speziellen Fällen (bei Gleisanschluß) in Eisenbahnwaggons.

Ganz ähnliche Abwägungen sind bei der jeweiligen Auswahl des Verpackungsmaterials möglich. Daher zeigt sich die Interdependenz, wenn insgesamt eine Kostenoptimierung erreicht werden soll.

Je umfassender sich Spediteure entwickeln zu Logistik-Dienstleistern, umso mehr ist die Abstimmung nicht auf Übergabethemen an der Rampe begrenzt. So übernehmen beispielsweise Spediteure auch die Funktion eines Außenlagers, gegebenenfalls die Kommissionierung von Kundenaufträgen sowie die Anlieferung. Hier ist dann ein umfassenderer Datenaustausch erforderlich, so daß es sinnvoll sein kann, die Einbeziehung in den Informationsfluß zu organisieren. Weitere Aufgaben können sich im Bezug auf das Leergut ergeben. Auf der Beschaffungsseite kann der Spediteur z. B. für seinen Kunden bei der Verzollung tätig werden etc.

Zur Erbringung umfassender Service-Leistungen schließen sich teilweise mehrere Spediteure mit Lagerhäusern und eventuell ergänzenden Dienstleistern zu einem Verbund zusammen. Dabei geht es zum einen darum, die Kompetenz als Logistik-Partner dem Unternehmen gegenüber zu erhöhen. Zum anderen wird auch eine Rationalisierung angestrebt, z. B. durch eine verbesserte Abstimmung und eventuelle Zusammenfassung von Sendungen, um durch eine bessere Auslastung Leerfahrten, also Rückfahrten ohne Ladegut, zu vermeiden oder doch zu reduzieren. Hierdurch wird gleichfalls ein Beitrag zur Minderung des Verkehrsaufkommens geleistet. Auf dieses Thema wird im Rahmen des Abschnitts „Ökologische Herausforderung" nochmals eingegangen werden. Dabei stellt offenbar in letzter Zeit zunehmend der sogenannte City-Verkehr – also die Warenanlieferung im Innenstadtbereich – ein aktuelles Problem dar.

Transportvorgang

Die Raumüberbrückung oder Ortsveränderung von *Transportgütern* mit Hilfe von *Transportmitteln* wird als Transport bzw. als Fördervorgang bezeichnet. Jedes Transportsystem besteht demnach aus den folgenden Komponenten:
- dem Transportgut,
- dem Transportmittel,
- dem Transportprozeß.

Der Transportprozeß seinerseits wird beeinflußt insbesondere von der geforderten *Transportleistung* und dem Ort, an dem diese zu erbringen ist (Transportort).

Die Auswahl der Transportmittel erfolgt in Abhängigkeit zum Transportgut und zum vorgesehenen Transportprozeß unter Berücksichtigung der dabei entstehenden Transportkosten. Die Transportsysteme erfahren insbesondere durch die Bestimmung der Transportmittel ihre technisch-physische Ausgestaltung und typische Charakteristika, die Auswirkungen hat u. a. auf die Raumplanung einschließlich eventueller Energie-Anschlüsse, die Personalintensität und auf organisatorische Anforderungen.

7

Transportleistung und Transportkosten

Der Fördervorgang ist in drei Aufgaben zu gliedern:
- Übernahme eines Gutes am Quellort,
- Transport dieses Gutes zu einem bestimmten Zielort (bzw. -platz),
- Übergabe des Gutes am Zielort.

Zusätzliche Handhabungen über die Ausführung des Bewegungsprozesses hinaus können erforderlich werden, wenn das Transportgut am Zielort in einer anderen Verfassung zu übergeben ist als es am Quellort übernommen wird. Derartige Unterschiede können sich z. B. ergeben, wenn eine größere Menge übernommen wird, die Abgabe jedoch in Einzelstücken oder kleineren Mengen erfolgt. Ferner kann das Gut in verpacktem Zustand übernommen, aber anschließend unverpackt abgegeben werden müssen, oder die Übernahme erfolgt z. B. auf einer Palette oder in Transportverpackungen (s. hierzu den Unterabschnitt „Ladehilfsmittel" im Abschnitt „Lagerwesen"), während die Übergabe am Zielort ohne zu erfolgen hat. Weitere Handhabungen können im Drehen oder Wenden während des Transportprozesses liegen. Derartige Zusatzleistungen können mit darüber entscheiden, inwieweit der Transportprozeß automatisiert werden soll oder zusätzliches Personal bereitzustellen ist.

Eine spezielle Dimension der Transportleistung kann im Zeitbezug liegen. Hierzu gehören die Bestimmungen darüber, inwieweit eine kontinuierliche oder eine im festen Zeittakt zu erbringende Transportleistung gefordert wird – wie z. B. bei der Beschickung von Produktionsmaschinen – oder ob Reservezeiten zulässig sind. Diese Reservezeiten können beispielsweise dadurch gegeben sein, daß bei der Übernahme am Quellort und/oder bei der Abgabe am Zielort keine festen Zeiten einzuhalten sind bzw. entsprechende Toleranzen eingeräumt werden. Hieraus ergibt sich der Dispositionsgrad im Bezug auf die Verfügbarkeit des Transportmittels und auf die Planung der Transportzeit. Zur Vermeidung zusätzlicher Lager- und Bewegungsprozesse und dadurch verursachter zusätzlicher Logistik-Kosten geht das Bestreben zunehmend dahin, Zwischenläger zu vermeiden und z. B. die Produktion direkt aus dem bzw. in das Transportmittel anzustreben. Dies erfordert eine terminlich exakte Abstimmung der Transportleistung. Soweit die dadurch notwendigen Aufwendungen, beispielsweise für Reservekapazitäten und Ausfallvorsorge, geringer sind als der damit verbundene Nutzen, ist insgesamt eine Verbesserung der Wirtschaftlichkeit gegeben. In aller Regel ist damit auch eine Verkürzung der Durchlaufzeiten und in der Folge davon der Material- und Kapitalbindung verbunden.

Neben der engen Verknüpfung des Produktionsprozesses mit den übrigen Leistungsvorgängen, z. B. in der Produktion oder der Kommissionierung, steht die Anforderung, bestimmte Transportleistungen in Zeiten außerhalb sonstiger Leistungserstellung zu erbringen. Dies kann z. B. gegeben sein bei der Auffüllung eines Kommissionierlagers oder beim Transport der im Laufe eines Tages versandbereit gestellten Kundensendungen während der Nacht in die Auslieferungsläger bzw. zum Kunden.

Umfang und Häufigkeit der Transportleistung haben Einfluß auf die Auswahl der Transportmittel und auf die Transportkosten. Bei entsprechender Auslastung können höhere Investitionsausgaben für komplexere Transportsysteme wirtschaftlich gerechtfertigt sein, während bei nur sporadischer Anforderung sich möglicherweise einfachere Systeme mit höheren Personal- und sonstigen variablen Kosten besser rechnen. Letztendlich geht es darum, bei der Entscheidung über Transportsysteme deren Kosten zu minimieren im Bezug zum Nutzen der geforderten Transportleistung, also insgesamt die Wirtschaftlichkeit zu optimieren.

Transportort

Beim Transportort wird zunächst – wie bereits im letzten Abschnitt des vorigen Abschnitts beschrieben – zwischen innerbetrieblichem und außerbetrieblichem Transport unterschieden.

Beim außerbetrieblichen Transport können sich besondere Anforderungen an eine transportfähige Verpackung der Güter ergeben, insbesondere bei den Seefrachten.

Insgesamt hat der Transportort – z. B. ob eine geschlossene Halle oder das freie Gelände, wie üblicherweise bei außerbetrieblichen aber auch zum Teil bei innerbetrieblichen Transporten – Einfluß auf die Auswahl der Transportmittel und einen eventuell notwendig werdenden Schutz des Transportgutes.

Der Einfluß des Förderortes bei innerbetrieblichen Transporten in Verbindung mit der Produktion ergibt sich aus den jeweiligen Fertigungstypen. Bei der *Werkbankfertigung* sind Transporte der Materialien, Werkzeuge etc. zum Arbeitsplatz, Fördervorgänge für die Handhabungen am Arbeitsplatz sowie weitere Transporte der gefertigten Produkte notwendig. Ähnliche Aufgaben ergeben sich bei der *Werkstättenfertigung*. Die Anlieferung kann entweder einzeln oder in Losen erfol-

gen, mit oder ohne eventueller Zwischenlagerung an Sammelplätzen mit bedarfsgerechter Verteilung an die Arbeitsplätze. Andererseits müssen bei der Baustellen-Fertigung – z. B. Großmontage, Schiffsbau oder Bauwirtschaft – zusätzlich zu den Materialien etc. auch Betriebs- und Arbeitsmittel sowie Personen zum Arbeitsort transportiert werden.
Eine enge Verbindung zwischen Transportprozeß und Produktion ist bei der *Reihenfertigung* gegeben, auch wenn zwischen den einzelnen Arbeitsplätzen gewisse Puffer – z. B. durch Zeitreserven oder Staustrecken – vorgeplant wurden. Bei der *Fließbandfertigung* ist das Fördermittel getaktet und befördert den Arbeitsgegenstand von Arbeitsplatz zu Arbeitsplatz. Bei der automatischen Fertigung sind Bearbeitungs- und Fördervorgänge miteinander verknüpft. Man unterscheidet in Einzelautomaten, Verbundautomaten und Transferstraßen. Im einzelnen wird hier auf die Produktion nicht weiter eingegangen.

Transportgut

Eine Analyse der infragekommenden Transportgüter dient gleichfalls als Grundlage zur Auswahl der geeigneten Transportmittel. Üblicherweise erfolgt zunächst eine Grobeinteilung in Stückgut, Schüttgut, flüssige Güter und Gase. *Stückgüter* sind Einheiten, die aus einem oder mehreren zu transportierenden Gütern für die Durchführung des Fördervorganges gebildet werden. *Schüttgüter* sind lose Güter, die geschüttet werden können, z. B. Sand, Kies, Schrauben etc. Schüttgüter, Flüssigkeiten und Gase benötigen für den Fördervorgang ein Transportgefäß. Dies können zum einen Kästen, Kessel, Tonnen oder sonstige Behältnisse sein, durch die diese Güter für den Transport analog den Stückgütern aufbereitet werden können. Erfolgt dies nicht, sind spezielle Transportmittel zu wählen, wie beispielsweise Rohrleitungen oder Tankwagen etc.
Die vorgenannte Einteilung der Transportgüter reicht jedoch für die Bestimmung der Transportsysteme nicht aus. Abb. 7.3 gibt einen Überblick über die Eigenschaften der Materialien, gegliedert nach Konsistenz, Gewicht, Gestalt, Empfindlichkeit, Gefährlichkeit und Wert. Bei gefährlichen Gütern sind neben betriebsinternen Überlegungen auch gesetzliche Bestimmungen und Auflagen der Versicherungen zu beachten. Auch beim Wert können Versicherungsvorgaben zu berücksichtigen sein. Schließlich ist für die einzelnen Transportgüter auch das quantitative Aufkommen abzuschätzen. Dabei ist sowohl eine Ist-Analyse vorzunehmen als auch eine Vorausschau auf künftige Entwicklungen, z. B. durch Änderungen im Produktionsprogramm, der Produktionstiefe, der Art der Zukaufsteile etc.
Aus den qualitativen und quantitativen Anforderungen im Bezug auf die anstehenden Transportgüter lassen sich sowohl für die internen als auch für die externen Systeme die entsprechenden Transportmittel auswählen. Dabei können die jeweiligen Volumen und die Vorhersagesicherheit künftiger Entwicklungen mit darüber ausschlaggebend sein, inwieweit spezielle, für den konkre-

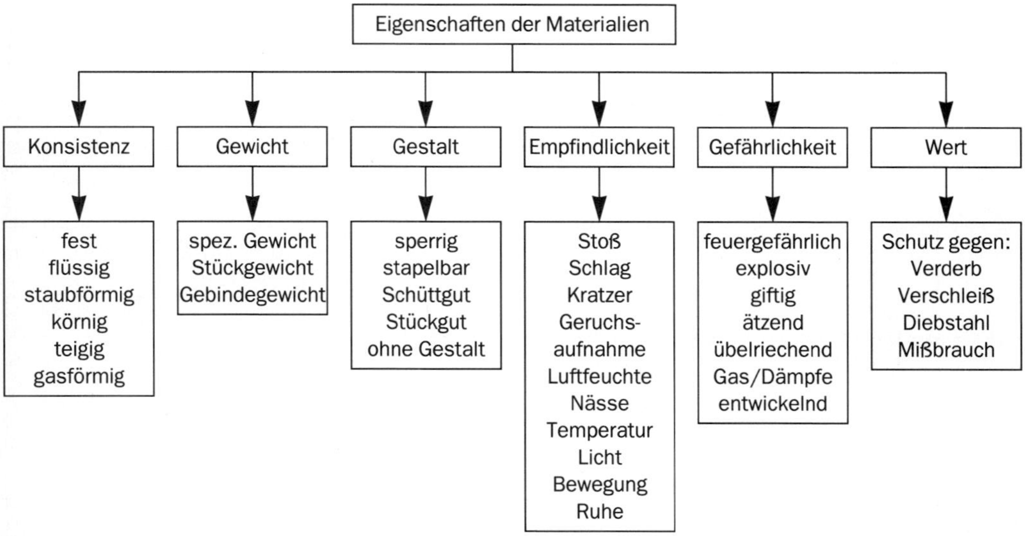

Abb. 7.3: Eigenschaften der Fördergüter

ten Fall besonders leistungsfähige und wirtschaftliche Systeme eingesetzt werden können oder der Vorrang auf flexible universal nutzbare Transportsysteme gelegt werden muß.

Transportmittel

Die Anforderungen und Gegebenheiten bei innerbetrieblichen Transporten sind unterschiedlich gegenüber außerbetrieblichen. Dabei sind innerbetrieblich wesentlich kürzere Distanzen zu überbrücken als im außerbetrieblichen Transport. Entsprechend wurden für beide Einsatzbereiche eine Fülle unterschiedlicher Transportmittel entwickelt.

7

Innerbetriebliche Transportmittel

Innerbetriebliche Transportmittel werden auch als Fördermittel bezeichnet. Zu ihnen zählen alle Einrichtungen, die zur Überwindung horizontaler (waagerechter) und/oder vertikaler (senkrechter) Distanzen dienen.
Nach REFA wird „das Verändern von Arbeitsgegenständen nach Lage oder Ort“ als „Fördern“ bezeichnet. Fördern wird weiter in „Handhaben“ als eine Lageveränderung und „Transportieren“ als eine Ortsveränderung unterschieden . Der allgemeine Sprachgebrauch folgt dieser Differenzierung nicht. Reine Handhabungen erfolgen in der Regel im Zusammenhang mit Produktionsabläufen. Im Bezug auf die Einsatzplanung der Transportmittel kann zu beachten sein, ob bei der Beförderung zusätzliche Handhabungen erforderlich werden, z. B. bei der Übernahme oder Abgabe des Fördergutes.
Für die verschiedenen in der Praxis auftretenden Förderprobleme wird durch die Herstellerindustrie eine Fülle unterschiedlicher Fördermittel angeboten, um eine produktgemäße und fertigungsgerechte Lösung zu erreichen. Üblicherweise erfolgt zunächst die Einteilung in zwei große Gruppen:
– stetig arbeitende Fördermittel (Abb. 7.4),
– nicht stetig arbeitende Fördermittel (Abb. 7.5).
Zu den *Stetigförderern* zählen sämtliche Transportmittel, mit denen Güter auf einem festen und in der Regel gleichbleibenden Weg stetig in horizontaler, vertikaler oder geneigter Richtung bewegt werden. Sie zeichnen sich durch geringen Energiebedarf, wenig Bedienungsaufwand und große Betriebssicherheit aus. Je nachdem, ob die Lastaufnahme durch die Deckenkonstruktion oder durch die Bodenkonstruktion erfolgt, wird in flurfreie bzw. flurgebundene Stetigförderer unterschieden. Rollenbahnen und Bandförderer (auch Förderbänder oder Gurtbandförderer genannt) können ergänzend zur Abb. 7.4 auch als flurgebundene Systeme installiert werden.

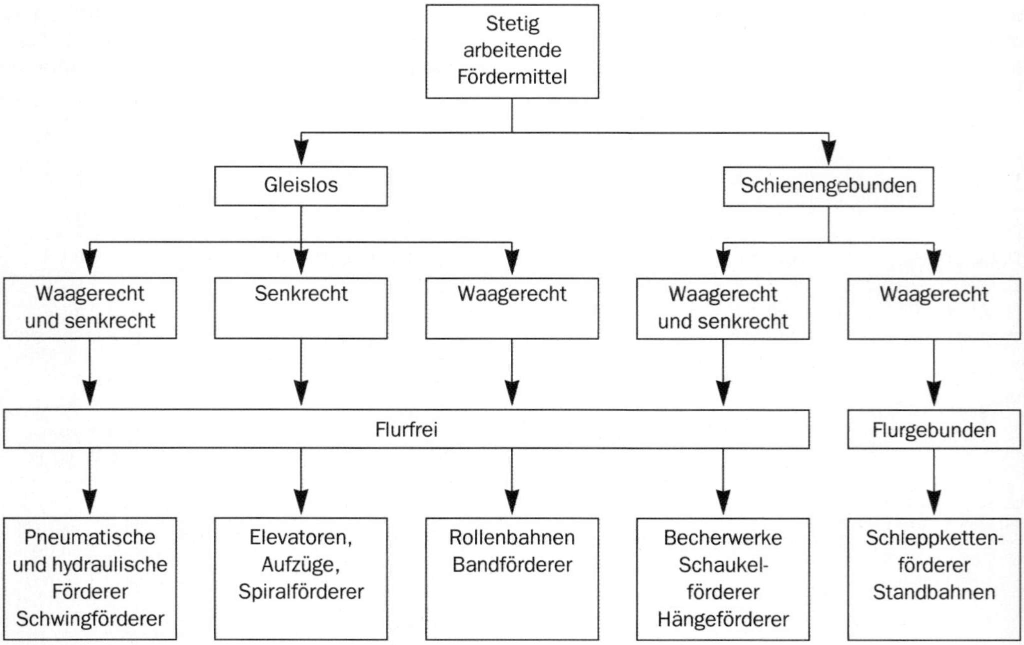

Abb. 7.4: Stetig arbeitende Fördermittel

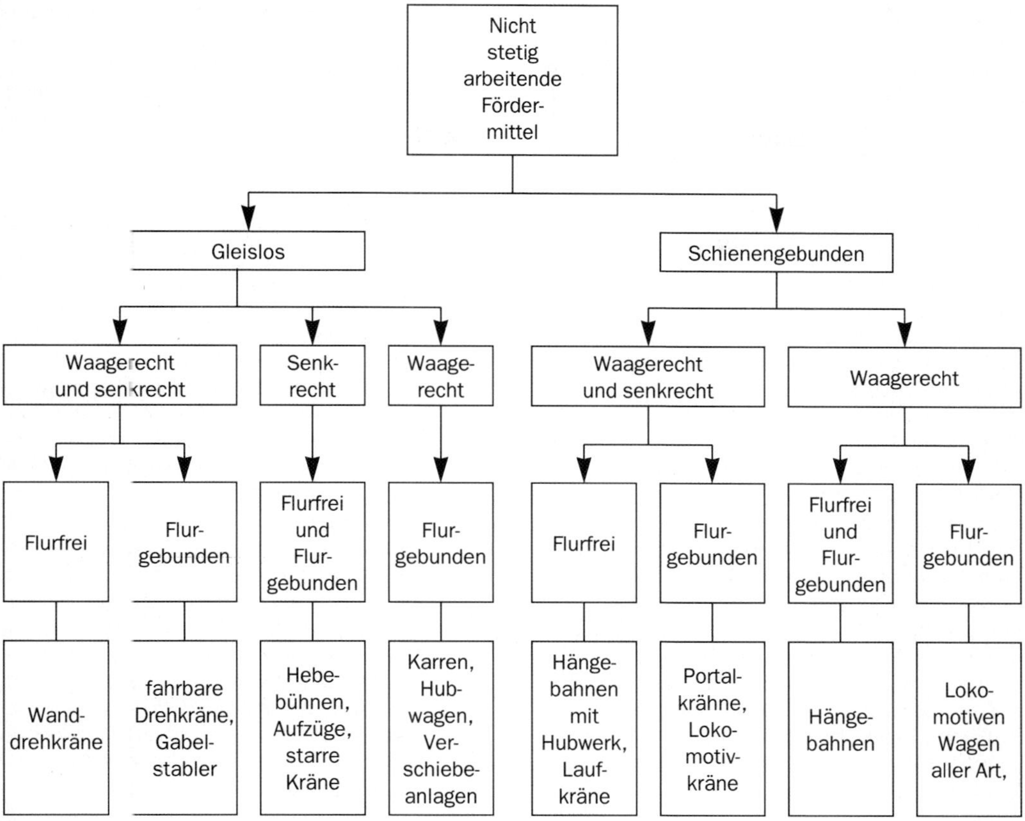

Abb. 7.5: Nicht stetig arbeitende Fördermittel

Zu den *Unstetigförderern* (auch intermittierende Förderer genannt) zählen alle Transportmittel, die im sogenannten Aussetzbetrieb arbeiten. Solche mit überwiegend vertikalen Transportaufgaben werden als Hubförderer bezeichnet. Zu ihnen zählen z. B. Laufkatzen, Aufzüge sowie Brücken-, Portal- und Auslegekräne. Bei den vorwiegend für horizontale Transportaufgaben vorgesehenen Einrichtungen wird, abgesehen von den Hängebahnen, auch von Flurförderzeugen gesprochen. Diese können zum einen als Grubenbahnen, wie beispielsweise zur Förderung im Untertagebau, oder bei Waggons gleisgebunden sein. Zu den gleislosen Flurförderzeugen zählen Gabelstabler, Hubwagen, Schlepper und Anhängerwagen, Karren, LKW sowie in zunehmender Entwicklung fahrerlose Transportsysteme.

Die Fördermittel bei Fließarbeiten können auch danach eingeteilt werden, inwieweit sie ohne zusätzlichen Kraftantrieb auskommen, z. B. durch Nutzung der Schwerkraft des Fördergutes auf Rutschen, Führungsbahnen, Schienen, Rollenbahnen etc. oder ob die Förderung mit Kraftantrieb betrieben wird, wie z. B. bei Gurtband-, Schleppketten- oder Hängeförderern.

Die Auswahl, Konstruktion und Ausführung der Fördermittel sind abhängig von den gestellten Förderaufgaben. Bei der Auswahl sind u. a.

- Tragfähigkeit,
- Abmessung,
- mögliche Förderrichtungen,
- Geschwindigkeit,
- Überwindung von Höhenunterschieden,
- Bedienungsdauer,
- Steuerung,
- Sicherung der Arbeitsreihenfolge sowie,
- Antriebsart

zu berücksichtigen. Die Abstimmung im Bezug auf geforderte Förderleistung, Transportgut und räumliche Gegebenheiten etc. dient zunächst zur Vorauswahl, welche Fördermittel zur Lösung geeignet sind. Innerhalb der einzelnen Fördermittel kann in der Regel wiederum zwischen einer Vielzahl verschiedenener Ausführungen ausgewählt werden. So werden z. B. Gabelstapler in unterschiedlicher Konstruktion, unterschiedlicher Be-

7

lastbarkeit und – je nach Typ – mit Hubhöhen von 3 bis 8 m, als Hochregalstapler sogar bis zu 14 m angeboten. Ferner ist die für die Arbeit notwendige Gangbreite zu berücksichtigen.

Bei der Auswahl der Abmessungen und der Bestimmung der sonstigen Auslegung einer konkreten Anlagewahl kann es sinnvoll sein, Reserven einzuplanen, um Vorsorge für künftige Entwicklungen zu treffen. Auf der anderen Seite ist eine Überdimensionierung zumeist mit erheblich höheren Kosten verbunden, so daß, wie bei anderen Investitionen auch, Wirtschaftlichkeitsrechnungen durchzuführen sind, die neben den reinen Investitionsausgaben und Nebenkosten auch die laufenden Betriebskosten berücksichtigen.

Bei der Auswahl der Antriebsformen innerbetrieblicher Transportmittel ist zu beachten, daß Dieselmotoren zwar im Außenbereich einsetzbar sind, sich aber nicht für einen Dauerbetrieb in geschlossenen Räumen eignen. Insgesamt sind bei der Planung und Installation Sicherheitsbestimmungen einzuhalten und ggf. Abstimmung mit der Gewerbeaufsicht erforderlich.

Bei unterschiedlicher Aufgabenstellung ist zumeist im Unternehmen nicht nur ein einziges Fördermittel im Einsatz. Es geht dann darum, die einzelnen Fördermittel nicht nur für die spezielle Funktion auszuwählen, sondern in einer Gesamtplanung sie zu einem möglichst aufeinander abgestimmten innerbetrieblichen Transportsystem zusammenzufügen. Hierzu kann auch gehören, daß beim Einsatz von Transportbehältern zur Aufnahme des Fördergutes ein sinnvoller Rücktransport der Lademittel eingeplant wird. Soweit an einzelnen Arbeitsplätzen Abfall anfällt, ist gleichfalls ein sinnvoller Abtransport vorzusehen. Soweit sich verschiedene Transportwege kreuzen, ist Vorsorge zu treffen für einen störungsfreien Ablauf.

Rollenbahnen und Förderbänder oder sinnvolle Kombinationen von beiden können nicht nur als reines Transportmittel eingesetzt werden, sondern gleichzeitig als Staubereich dienen. Je größer das Stauvolumen, umso mehr können die Übergabe des Fördergutes und seine Entnahme, z. B. am Ende der Rollenbahn, zeitlich unabhängig gestaltet werden. Dies kann vielfach sehr hilfreich sein und durch entsprechende Streckenführung kann die notwendige Staulänge beeinflußt werden. Andererseits stehen in der Regel die einzelnen Fördergüter in der Reihe ihrer Abgabe an das System hintereinander auf der Rollenbahn. Soll später die Folge der Entnahme geändert werden, so wären zusätzliche Steuerungsvorrichtungen erforderlich. Auf einige spezielle Vorkehrungen wird noch in den Abschnitten „Lagerwesen“ und „Kommissionierung“ eingegangen werden. Ähnliche Aufgabenstellungen können sich jedoch auch im Zusammenhang mit der Produktion ergeben. Hier steht die Darstellung der Transportmittel im Vordergrund. Es sei jedoch schon darauf hingewiesen, daß die Effizienz des Einsatzes der verschiedenen Fördermittel entscheidend von einer zweckgerichteten Planung und Organisation abhängen. Auf einige Aspekte hierzu wird im Rahmen des Abschnitts „Bereiche der Logistik“ noch einzugehen sein.

Besondere Anforderungen an Planung, Konstruktion und Steuerung stellen die *fahrerlosen Transportsysteme*. Sie bieten in besonderer Weise Möglichkeiten für die Rationalisierung logistischer Funktionen von manuellem über teilautomatisiertem bis hin zu vollautomatischem Betrieb. Der wirtschaftliche Einsatz einschließlich der geforderten Flexibilität – z. B. in vielen Aufgabenstellungen höher gegenüber Stetigförderern – und der Nutzungsgrad der fahrerlosen Transportsysteme hängt ab von der Ausgereiftheit der angewendeten Technologie und der organisatorischen Einbindung in das betriebliche Datenverarbeitungssystem. Solche Systeme können zusätzlich mit Robotern für das Be- und Entladen an den Übernahmestationen ausgerüstet sein, um die Problematik der Lastübergabe integriert zu lösen. Insgesamt erfordern solche Systeme relativ hohe Investitionskosten und eine ausgereifte Vorplanung.

Außerbetriebliche Transportmittel

Mehr als andere Bereiche der Logistik wird der außerbetriebliche Transport von externen Bedingungen beeinflußt. Zu diesen Umfeldeinflüssen zählen die vorhandene Infrastruktur der Verkehrswege, externe Transportmittel mit ihren jeweiligen Tarifen, rechtliche Vorschriften sowie zu beachtende Transportnebenkosten, z. B. Straßenbenutzungsgebühr, Hafengebühr, Standgelder, Zölle und eventuelle weitere Gebühren für notwendige Begleitpapiere etc. Abgesehen von den direkt anfallenden Kosten und Nebenkosten des Transports sind bei Wirtschaftlichkeitsbetrachtungen auch die Aufwendungen für Zusatzleistungen zu berücksichtigen, wenn Vorschriften beachtet, Genehmigungen eingeholt und Formulare ausgefüllt werden müssen.

Dies gilt in besonderer Weise im grenzüberschreitenden Verkehr, vor allem außerhalb der Europäischen Union (EU). Es ist von Bedeutung bei der Abwägung, in welchem Umfange die Durchführung in Eigenregie oder als Fremdtransporte erfolgen soll. Im Export- und Importverkehr kann der auf internationalen Transport eingespielte

Spediteur von wirtschaftlichem Nutzen sein durch seine Serviceleistung bei der Planung, Vorbereitung und Abwicklung. Zu der Komplexität im internationalen Warenverkehr zählen die Beachtung der unterschiedlichen Devisen-, Zoll- und Konsulatsvorschriften sowie andere Bestimmungen vieler Länder. Hinzu kommt, daß das Ausstellen von Ursprungszeugnissen erforderlich werden kann ebenso wie bei Akkreditiv-Geschäften die sorgfältige Behandlung zu beachten ist. Für sachkundigen Rat können dem Unternehmen zur Verfügung stehen Fachleute der Außenhandelsbanken oder der Industrie- und Handelskammern sowie nicht zuletzt auch erfahrene Praktiker internationaler Speditionshäuser.

- Transportmittel für die unterschiedlichen Transportwege

Transporte können durchgeführt werden zu Lande, auf Straßen oder Schienen, zu Wasser, auf Flüssen oder Kanälen (Binnenschiffahrt) oder auf See, sowie zur Luft. Für diese verschiedenen Transportwege stehen verschiedenste Transportmittel zur Verfügung: Lastkraftwagen, Eisenbahn, Schiffe und Flugzeuge. Sie sind im einzelnen auf ihre Tauglichkeit für den konkreten Transportauftrag zu überprüfen.
Eine Besonderheit ist der *Rohrleitungstransport*. Im Gegensatz zu den anderen Verkehrsträgern bilden hier Verkehrsweg, Transportgefäß und Transportmittel eine Einheit. Rohrleitungssysteme dienen insbesondere zur Beförderung von Wasser, Erdöl, Erdölprodukten und Erdgas. Auf sie wird hier nicht weiter eingegangen.
Lastkraftwagen (LKW): Sie sind das Transportmittel für den Güterverkehr auf der Straße. Ihr Vorteil liegt in der hohen Flexibilität, wobei das umfangreiche Straßennetz vielfach erlaubt, das Transportgut direkt vom Quellort zum Zielort zu transportieren. Als weitere Vorteile gelten gute Transportkapazität, variabler Einsatz, hohe Tragfähigkeit, relativ hohe Transportgeschwindigkeit, verhältnismäßig gute Zuverlässigkeit und zeitliche Unabhängigkeit. Nachteile bestehen in der hohen Schadstoffemission und in der Unfallgefahr, insbesondere beim Transport gefährlicher Güter. Hinzukommt, daß durch das zunehmende Verkehrsaufkommen die Fahrzeiten zum Teil länger und unkalkulierbarer werden. Dies macht die Einplanung entsprechender Reservezeiten notwendig und führt zu steigenden Kosten.
Während 1950 der gesamte Straßengüterverkehr noch deutlich hinter der Bahn und hinter der Schiffahrt an dritter Stelle lag, ist sein Aufkommen heute höher als das auf beiden anderen Transportwegen zusammen.
Für die Zulassung von Fahrzeugen im Güterfernverkehr sind Genehmigungen erforderlich, für deren Erteilung die Bundesländer zuständig sind. Mit zusätzlichen Genehmigungen, die zu Kontingent-Erhöhungen führen, wird recht sparsam umgegangen, so daß Wartelisten bestehen. Ein erheblicher Zuwachs an Transportkapazität ist jedoch durch den Einsatz schnellerer und über ein höheres Ladevolumen verfügende LKWs eingetreten. Hinzukommt für den gesamten Straßengütertransport, daß der Eigentransport und der Transport auf ausländischen LKWs seit 1972 nicht diesen Beschränkungen unterliegen. Ergänzend ist zu beachten, daß der Speditionsverkehr in den Güternah- und in den Güterfernverkehr gegliedert wird. Zum Güternahverkehr – für die keine Genehmigung erforderlich ist – zählen alle Wegstrecken im Umkreis von 50 km um den Standort. Der LKW ist für fast alle Unternehmungen das einzige außerbetriebliche Transportmittel, bei dem für das Unternehmen die Wahlmöglichkeit zwischen Eigen- und Fremdtransport gegeben ist. Für den Eigentransport besteht im wesentlichen nur eine Meldepflicht. Zu beachten ist jedoch das Beförderungsverbot für Dritte, d. h., es dürfen nur Güter des eigenen Betriebes oder die für den eigenen Betrieb bestimmt sind, befördert werden. Es ist nicht erlaubt, die Lastkraftwagen mit anderen Firmen zu teilen.
Ein wichtiger Zweig der Speditionstätigkeit ist das Sammelladungsgeschäft, das heißt, der Spediteur sammelt Stückgüter von zahlreichen Kunden, fügt sie zu Ladungen mit gleichem Ziel- bzw. Zwischenzielort zusammen und transportiert sie entweder selbst, über die Bahn oder durch ein anderes Unternehmen des gewerblichen Güterfernverkehrs. Für das Unternehmen ergeben sich Vorteile insbesondere immer dann, wenn das Transportvolumen zu den einzelnen Zielorten zu den gewünschten Zeiten geringer ist als das Ladevolumen eines LKWs. Hier würden sich ansonsten nur die beiden häufig unwirtschaftlichen Alternativen ergeben, entweder den LKW nur teilbeladen fahren zu lassen oder aber die Versendung soweit zeitlich aufzuschieben, bis ein größeres Versandvolumen angesammelt wurde. Letzteres wird aber sehr oft von den Kunden, die zunehmend pünktliche, schnelle Belieferung aber teilweise in kleineren Partien (z. B. bei just-in-time) erwarten, nicht akzeptiert. Generell nimmt die Bedeutung der Sammelladung stetig zu.
Bahn: In Deutschland wird der Schienengütertransport primär von der aus der Deutschen Bundesbahn und der Reichsbahn hervorgangenen Deutschen Bahn AG betrieben. Die Vorteile des Schienenverkehrs liegen insbesondere in dem

7

Transport größerer Einzelladegewichte als beim LKW, der Zuverlässigkeit, des Transportes von Gefahrengütern und recht hoher Unfallsicherheit. Das Einhalten von Fahrplänen ist einerseits ein Vorteil, andererseits kann dies ein Grad der Unflexibilität sein, wenn es zu Störungen bei der Anlieferung kommt. In ökologischer Hinsicht wird die Bahn als vorteilhaft eingeschätzt; sie hat niedrigere Verkehrsfolgekosten als der Kraftverkehr und arbeitet mit mit einem höherem Wirkungsgrad hinsichtlich des Teibstoffverbrauchs (s. auch Abschnitt „Ökologische Herausforderungen"). Nachteilig ist, daß nur die wenigsten Firmen über einen direkten Gleisanschluß verfügen und daher zusätzliche Transporte zum und vom Güterbahnhof vorzunehmen haben.

Das Dienstleistungsangebot der Bundesbahn im Bereich Güterverkehr umfaßt den Kleingutverkehr (Stück- und Partiefracht, Termindienst, IC-Kurierdienst und Expreßdienst), den Wagenladungsverkehr sowie den kombinierten Verkehr, auf den an späterer Stelle dieses Abschnitts noch eingegangen werden wird. Aus den Geschäftsberichten der Deutschen Bundesbahn geht hervor, daß im Stückgutverkehr und im Expreßgutverkehr erhebliche Rückgänge in den letzten 20 Jahren zu verzeichnen sind, ebenso wie Rückgänge beim Wagenladungsverkehr. Erhebliche Steigerungsraten sind jedoch beim Containertransport und beim Huckepackverkehr zu verzeichnen, also im Bereich des kombinierten Verkehrs. Zum Beginn des Jahres 1994 soll die privatwirtschaftliche Orientierung der Bundesbahn eingeleitet werden, so daß abzuwarten bleibt, inwieweit Dienstleistungsbereiche entwickelt werden, die geeignet sind, Unternehmen mit ihrem gewerblichen Güteraufkommen bedarfsgerecht zu bedienen und als Kunden verstärkt zu gewinnen.

Binnenschiffahrt: Sie kann eine Alternative oder auch eine Ergänzung zu den Landtransporten auf Straßen oder Schienen sein, indem sie Flüsse und Kanäle als Verkehrswege nutzt. Zu den wichtigsten Binnenwasserstraßen für die Bundesrepublik zählen die großen Flüsse wie Rhein, Weser, Ems, Elbe und die Donau sowie zum Teil für die Binnenschiffahrt erschlossen ihre Nebenflüsse, z. B. der Main. Hinzu kommen Kanäle, die das Verkehrswegenetz erweitern, Flüsse miteinander verbinden und die Streckenführung zwischen Ballungsräumen mit hohem Transportaufkommen und wesentliche Transportumschlagsplätzen für die Binnenschiffahrt erschließen.

Zu den wichtigen Kanälen in Deutschland gehören u. a.: Mittellandkanal, Dortmund-Ems-Kanal, Elbe-Lübeck-Kanal, Küstenkanal, Nord-Süd-Kanal, Main-Donau-Kanal sowie Spree-Kanal und Oder-Havel-Kanal mit besonderer Bedeutung für Berlin und in der Erschließung des Ruhrgebiets zusätzlich noch Rhein-Herne-Kanal, Weser-Datteln-Kanal und Datteln-Hamm-Kanal. Dennoch bleibt als Nachteil für die Binnenschiffahrtstransporte das eingeschränkte Streckennetz und beim Fehlen eigener Umschlagstellen beim Abgangs- oder Zielort die Notwendigkeit von Anschlußtransporten. Außerdem können z. B. Hoch- oder Niedrigwasser sowie eventueller Eisgang witterungsbedingt zu Einschränkungen führen.

Zu den Vorteilen zählen hohes Einzelladegewicht, große Laderäume, das Angebot von Spezialschiffen und vor allen Dingen günstige Beförderungskosten, ferner die Umweltverträglichkeit. Schwerpunktmäßig wird die Binnenschiffahrt genutzt für die Beförderung von transportkostenempfindlichen Massengütern, die in der Regel nicht besonders eilbedürftig sind.

Seegütertransport: Die besondere Bedeutung liegt in der Abwicklung des Güterverkehrs beim Außenhandel. Leistungsvorteile liegen im hohen Einzelladegewicht, großen Laderäumen und dem Angebot von Spezialschiffen. Sie eignen sich für Massengüter und Stückgut ebenso wie für Waren mit speziellen Eigenschaften, für die andere Transportalternativen ausgeschlossen sind. Aufgrund der in der Regel langen Transportzeit und der relativ hohen Transportbeanspruchung sind an die seemäßige Verpackung besondere Ansprüche zu stellen. Im Vergleich zu anderen Transportalternativen im Überseeverkehr ist die Seeschiffahrt besonders kostengünstig, jedoch andererseits auch zeitintensiver.

Zu unterscheiden ist zum einen die Linienschiffahrt, die in festgelegten Routen planmäßig Häfen in der ganzen Welt anläuft. Für das transportnachfragende Unternehmen kann hier mit vorgegebenen Anlieferungsterminen und Transportzeiten sowie tariflichen Kosten kalkuliert werden. Dem gegenüber steht die Tramp-Schiffahrt, die auf den Transport von Massengütern im Gelegenheitsverkehr spezialisiert ist sowie das Chartern von Schiffen.

Luftfrachttransporte: Seine Vorteile liegen insbesondere in der hohen Transportgeschwindigkeit und dem Fortfall besonderer Ansprüche an die Verpackung, wie z. B. im Seegüterverkehr. Dem stehen gegenüber die vergleichsweisen recht hohen Transportkosten. Zu beachten ist weiterhin, daß die Flugzeit von Flughafen zu Flughafen in der Regel nur den weitaus geringsten Anteil an der Gesamttransportzeit ausmacht und die überwiegende Zeit für Vor- und Nachlauf, also die Anlieferung oder die Abholung vom Flughafen sowie für den Umschlag und eventuelle Zollabfertigung

benötigt werden. Insoweit findet der Luftfrachttransport überwiegend auf weiten Strecken Anwendung sowie bei zeitkritischen, zumeist kleineren Sendungen hochwertiger Güter.
Paketverkehr und private Kurierdienste: Der Vollständigkeit halber ist noch anzufügen, daß kleinere Sendungen wie Schriftgut, Päckchen und Pakete auch über die Deutsche Bundespost befördert werden können. Die Aufgabe der Sendungen erfolgt in aller Regel beim Postamt, kann für größere Versender jedoch auch durch einen Abholdienst ergänzt werden. Die Zustellung am Empfangsort erfolgt in aller Regel bis zum Wohn- bzw. Geschäftssitz des Empfängers, soweit dieser nicht Selbstabholer ist. Für die Beförderung gelten verbindliche Gebühren der Post, die gestaffelt sind nach dem Gewicht der Sendung, ggf. unter Berücksichtigung der Abmessungen bei Briefen bzw. der Entfernungszonen bei Paketen. Für die Bundespost besteht eine Kontraktverbindlichkeit, d.h. sie muß Sendungen zur Beförderung gemäß ihren Bedingungen entgegennehmen, auch in entlegene Zustellgebiete. Dies kann für das Unternehmen oft die günstigste Alternative für die Warenzustellung, z. B. an entlegen wohnende Kunden, sein. Darüber hinaus haben sich private Kurierdienste und Paketbeförderungsdienste etabliert, die zumeist deutlich kostengünstiger sind, für die jedoch keine Kontraktverpflichtung besteht, so daß sie sich überwiegend auf Hauptverkehrsgebiete konzentrieren.
In welcher Weise sich die Bundespost oder sonstige Zustelldienste dabei für den Transport auf größeren Strecken zusätzlich zum Lastkraftwagenverkehr auch der Bundesbahn oder der Luftfrachttransporte bedienen, bleibt für den Kunden weitgehend von sekundärer Bedeutung.

• Transportketten und kombinierter Verkehr
Der Begriff der Transportkette wird nach DIN 30780 definiert als „Folge von technisch und organisatorisch miteinander verknüpften Vorgängen, bei denen Personen oder Güter von einer Quelle zu einem Ziel bewegt werden.“ Dabei werden Transportketten unterschieden in:
- *Eingliedrige* Transportketten, d. h. es findet kein Wechsel des Transportmittels statt; man spricht auch vom ungebrochenen Verkehr bzw. vom Direktverkehr.
- *Mehrgliedrige* Transportketten, hier erfolgt im Transportablauf ein Wechsel der Transportmittel, z. B. vom LKW auf die Bahn oder ein Schiff und umgekehrt.

Der Vorteil besteht darin, daß die spezifischen Vorteile der an einer Transportkette beteiligten Transportmittel genutzt werden können. Nachteilig ist insbesondere der zusätzliche Zeitverbrauch und Arbeitsaufwand sowie die damit verbundenen Kosten der Umschlagsvorgänge, d. h. des Wechsels von einem Transportmittel auf ein anderes. Es gilt also, mehrgliedrige Transportketten zu entwickeln und dort einzusetzen, wo die Vorzüge einschließlich der günstigeren Transportkosten die Nachteile überwiegen, so daß sie insgesamt zu einer höheren Wirtschaftlichkeit führen. Für den reibungslosen Ablauf muß zusätzlich ein entsprechender Informationsfluß mit der notwendigen Dokumentationskette aufgebaut werden.
Die mehrgliedrige Transportkette wird ihrerseits wieder unterschieden in den gebrochenen Verkehr und den kombinierten Verkehr. Beim gebrochenen Verkehr erfolgt nicht nur ein Wechsel der Transportmittel, sondern auch ein Wechsel des Transportgefäßes, häufig verbunden mit Zwischenlagerungen.
Im *kombinierten Verkehr* findet nur ein Wechsel des Transportmittels statt, das Transportgefäß wird beibehalten. Durch aufeinander abgestimmte Transportmittel und Transporthilfsmittel soll der Übergang von einem Transportmittel zum anderen ohne Wechsel der Transportgefäße vereinfacht werden. Dies führt zu einer Minderung von Kosten und Zeit beim Umschlag, so daß die Vorteile aus der Kombination der verschiedenen Transportmittel per Saldo als Wirtschaftlichkeit erhalten bleiben. Es sind verschiedene Arten des kombinierten Verkehrs zu unterscheiden.
Beim *Containerverkehr*, auch Behälterverkehr genannt, werden die zu befördernden Waren in einen Container verstaut, so daß beim Wechsel der Transportmittel lediglich der Container umgeladen wird. Unter Container versteht man ein genormtes, dauerhaftes Transportgefäß im Güterverkehr, das leicht zu be- und entladen, sicher zu verschließen und mit Inhalt zwischen verschiedenen Transportmitteln als Ladeeinheit umzuschlagen ist. Der Standardtyp nach den Normen der ISO (Internationale Organisation der Normung) ist ein spritzwasserdichter Stahlkasten mit Stirnwandtür, der gefüllt mindestens 6fach stapelbar ist sowie über genormte Eckbeschläge verfügt zur Befestigung auf Transportmitteln und als Ansatzpunkt für Umschlagsgeräte. Üblich sind 20-Fuß- und 40-Fuß-Container. Sie sind universell einsetzbar als Übersee- und Binnen-Container für Transporte mit Schiffen, Schienen- und Straßenfahrzeugen. Eine optimale Flächenausnutzung beim ISO-Container wird nur durch eine Beladung mit den z. B. in den USA gebräuchlichen ISO-Paletten erreicht, während sich bei den in Europa üblichen POOL-Paletten Verluste in der Flächennutzung ergeben. Die DB-Container sind von der

Deutschen Bundesbahn entwickelt und an den innereuropäischen Schienen- und Straßenverkehr angepaßt. Der Containerverkehr kann durch Kombination aller Transportmittel ausgeführt werden. Der *Huckepack-Verkehr* umfaßt alle Transportsysteme, bei denen ein Transportmittel ein anderes transportiert, d.h. das ursprüngliche Transportmittel wird beim Übergang auf ein anderes mit befördert. Bei der Kombination zwischen Straßen- und Schienentransport werden die LKWs über lange Strecken auf der Schiene transportiert, da letztere weite Entfernungen zu niedrigeren Kosten überwindet, so daß der Huckepack-Verkehr auf der Schiene zumeist ab 500 km, gelegentlich bereits ab 200 km rentabel ist. Für den Huckepack-Verkehr haben sich dabei prinzipiell 3 Techniken herausgebildet:

7

Bei der *rollenden Landstraße* werden komplette Lastzüge oder Sattelzüge auf spezielle Niederflurwaggons der Eisenbahn transportiert, der Fahrer begleitet hierbei in der Regel seinen LKW. Beim *Transport von Sattelanhängern* wird die Zugmaschine nicht mitbefördert; die Sattelanhänger werden entweder mit Hilfe der Zugmaschine auf die Waggons rangiert oder mit Hilfe eines Krans verladen. Die dritte Form ist der *Transport von Wechselbehältern*, d.h. es werden unselbständige Ladeeinheiten, vergleichbar einem Container, eingesetzt, die jederzeit vom LKW trennbar sind und durch einen Kran vom LKW auf den Eisenbahnwaggon oder umgekehrt verladen werden.

Vom *Roll-on/Roll-off-Verkehr* wird gesprochen, wenn Lastkraftwagen einen Teil der Gesamtstrecke auf Binnen- oder Seeschiffen – „schwimmende Straße" – transportiert werden.

Der *Lash-Verkehr* (Lighter aboard ship) ist eine besondere Form des Huckepack-Verfahrens zur Kombination der See- und Binnenschifffahrt. Das Lash-System besteht aus einem Träger- oder Mutterschiff, auch „Huckepack-Frachter" genannt, das über eine bordeigene Umschlagsanlage verfügt, mit der Leichter aufgenommen oder abgesetzt werden können. Diese Leichter werden vor bzw. nach dem Seetransport zu Schubverbänden zusammengestellt und auf den Binnenwasserstraßen zur Be- bzw. Entladestelle gefahren.

Durch den kombinierten Verkehr sollen in besonderer Weise die Vorzüge der in einer Transportkette beteiligten Transportmittel genutzt werden, z. B. durch Verknüpfung der Flexibilität der Lastkraftwagen mit den preisgünstigen Transporten großer Mengen über große Distanzen auf Schienen oder Wasserwegen. Nachteilig sind der Zeitverbrauch und die Kosten durch die Umschlagsvorgänge und eventuelle Wartezeiten an den Umschlagsstellen. In den letzten Jahren hat der kombinierte Verkehr deutlich zugenommen. Inwieweit dies auch künftig geschehen wird, hängt nicht zuletzt von der Entwicklung leistungsfähiger Umschlagsstellen ab. In diesem Sinne sind Knotenpunktsysteme im Entstehen. Knotenpunkte sind Umschlagsplätze (Terminals), die über die notwendigen technischen Hilfsmittel, z. B. Krananlagen, für einen schnellen Güterumschlag von Transportmittel zu Transportmittel und über günstige Verkehrsanbindungen für den vor- und nachgelagerten Transport verfügen. Sie entstehen in den Zentren mit hohem Güteraufkommen und sind mit anderen Knotenpunkten für einen schnellen Direktverkehr verbunden. So setzt auch die Deutsche Bundesbahn spezielle Schnell-Güterzüge für den kombinierten Verkehr im InterCargo-System ein, um für eilige Güter schnelle nächtliche Direktverbindungen zwischen den deutschen Wirtschaftszentren anzubieten.

• Eigen- oder Fremdtransport

Die Auswahl der Transportmittel richtet sich nach der Transportaufgabe, der geforderten Leistung, dem Transportgut, dem notwendigen Lieferbereitschaftsgrad und der Struktur an den Zielorten. Dabei sind neben den Transportkosten u. a. Transportgeschwindigkeit, Zuverlässigkeit, Unabhängigkeit, Unfallrisiko, Puffermöglichkeiten und Flexibilität zu beachten.

Auf Abwägungen bei der Entscheidung über Eigen- und Fremdtransport wurde bereits an früherer Stelle dieses Abschnittes über außerbetriebliche Transportmittel hingewiesen. Hinzukommt, daß die Transportbranche als kapital-, arbeits- und energieintensiv gilt, so daß eine sinnvolle Kapazitätsauslastung die Wirtschaftlichkeit mitbestimmt. Dies mag mit ein Grund dafür sein, daß Erhebungen zufolge nur etwa 15% der außerbetrieblichen Transportleistungen in Eigenregie erfolgen. Beim Einsatz eigener Transportmittel wird zukünftig verstärkt zu prüfen sein, inwieweit diese so auszulegen sind, daß sie in Transportketten, insbesondere im kombinierten Verkehr, eingebunden werden können in Verbindung mit Fremdtransporten. Dies wird Wechselwirkungen haben auch zum Lagerwesen und zur Verpackung im Rahmen der Kommissionierung, so daß der logistische Prozeß als Ganzes optimiert werden kann.

Lagerwesen

Läger dienen der Vorratshaltung unterschiedlicher Güter an den verschiedensten Stellen im Lei-

stungsprozeß. Die eigentliche Lagerung wird umrahmt von den Handhabungen der Einlagerung und der Entnahme. Diesem vorausgeht der Wareneingang bzw. es folgt der Warenausgang. Im Wareneingang geschieht die Annahme der Ware und deren Prüfung, ggf. die Kennzeichnung und ein Umpacken auf die für die Lagerung geforderten Einheiten sowie die Weiterleitung in den eigentlichen Lagerbereich. Zum Teil gelangt die Ware auch ohne das Lager zu berühren vom Wareneingang direkt zur Produktion oder zum Warenausgang.
Bei den von außen eingehenden Waren kann es sich um Roh-, Hilfs- und Betriebsstoffe sowie um fremdbezogene Teile handeln. Innerhalb des Fertigungsprozesses können sich Läger für Halbfabrikate oder Zwischenläger innerhalb der Produktion ergeben. Der Produktion nachgelagert ist das Fertigwarenlager für die Artikel, die nicht sofort ausgeliefert werden. Im Handel entspricht der Fremdbezug den Verkaufswaren, soweit nicht eine Umverpackung, ein Zusammenfügen einzelner Artikel zur Verkaufseinheit oder eine Ergänzung, z. B. durch Hinzufügen von Betriebsanleitungen etc. erfolgt. Diese Maßnahmen können entweder im Rahmen des Wareneinganges, also vor Einlagerung, zwischen zwei zu trennenden Lagerungen oder im Rahmen des Warenausganges erfolgen.
Im Mittelpunkt dieses Abschnitts steht die Lagereinrichtung, nachdem zunächst Lagerfunktionen, Lagerarten und die einzelnen Typen des Lagergutes behandelt wurden.

Lagerfunktionen

Als Grundfunktionen eines Lagers werden üblicherweise angesehen: *Zeitausgleich*, *Mengenausgleich*, *Sortimentsausgleich* und Raumausgleich. Hinzu kommen die Sicherheits- und Reservefunktionen sowie gegebenenfalls eine Reifefunktion.
Zeitausgleich bedeutet, daß der Zeitpunkt des Warenbezuges oder der Fertigstellung nicht den zeitlichen Anforderungen der Nachfrage entspricht. Besonders deutlich wird dies bei Saisonartikeln, sei es, daß die Nachfrage nur zu bestimmten Saisonzeiten auftritt oder aber bei einer zwar über das Jahr verteilten Nachfrage die Produktion nur zu bestimmten Zeiten erfolgt, z. B. im Zusammenhang mit der Ernte bei landwirtschaftlichen Erzeugnissen.
Mengenausgleich ist z. B. bei Unternehmen mit Serienfertigung erforderlich, wenn aus Kostengründen in der Regel größere Mengen in einem Los produziert werden als die unmittelbare Nachfragemenge. Ein Mengenausgleich kann sich auch in der Beschaffung im Rahmen optimaler Bestellmengen ergeben im Bezug auf die Ausnutzung mengenabhängiger günstigerer Preise und/oder vorteilhafterer Transportkosten bei der Anlieferung.
Sortimentsausgleich ist notwendig, wenn Unternehmen ein breites Sortiment herstellen und die einzelnen Produkte zu unterschiedlichen Zeiten oder in verschiedenen eigenen oder fremden Produktionsstätten fertigen. Durch die Lagerhaltung soll dem Kunden ermöglicht werden, unabhängig davon, was gerade gefertigt wird, aus dem gesamten Sortiment zu beziehen. 7
Raumausgleich erfolgt in der Regel durch direkte oder indirekte Zwischenläger auf dem Weg zum Abnehmer immer dort, wo der Ort der Produktion mit dem der Produktverwendung nicht übereinstimmt.
Sicherheits- und Reservefunktion bezeichnet die Pufferfunktion des Lagers, indem durch einen rechtzeitigen Warenbezug nachfolgende Funktionen z. B. in der Produktion störungsfrei bleiben, unabhängig davon, ob Verzögerungen im Warenbezug eintreten.
Reifefunktion ist z. B. bei Wein, bestimmten Käsesorten etc. gegeben, wenn die Ware erst nach einer bestimmten Lagerung zum verkaufsfähigen Zustand heranreift.
Auf die Frage nach der Bestimmung des optimalen Lagerbestandes und den sich daraus ergebenden Abhängigkeiten zu verschiedenen betrieblichen Dispositionen wird im Abschnitt „Organisatorische Eingliederung der Logistik" Bezug zu nehmen sein.
Aus den Grundfunktionen ergeben sich für die Lagerplanung zwei wichtige Leistungsgrößen:
- die *Kapazität*, d. h. das mengenmäßige Volumen als Basis für die erforderliche Lagergröße,
- der *Umschlag*, aus dem Mengen-/Zeitverlauf, woraus sich insbesondere die Anforderungen für die Einlagerungen und Entnahmen ergeben.

Lagerarten

Üblicherweise werden Läger in fünf verschiedene Lagerarten eingeteilt.

Vorratslager

In der Sicherung der Materialverfügbarkeit liegt die Hauptaufgabe des Vorratslagers. Damit soll der störungfreie Ablauf in nachgelagerten Bereichen des Leistungsprozesses gesichert werden. In der Regel ist eine mittlere bis hohe Lagerdauer bei geringer bis mittlerer Umschlagshäufigkeit gegeben.

In der Verbindung zwischen Vorratslager und nachfolgender Produktion wird heute zum Teil auch unterschieden in statisches und dynamisches Lager. Das statische Lager ist ein auch räumlich abgrenzbares Lager, das über Transportmittel mit der Fertigung verknüpft wird.
Dagegen ist das *dynamische Lager* dadurch gekennzeichnet, daß die Lagerung im Fertigungsfluß auf den jeweiligen Transport- und Fördermitteln erfolgt. Die Voraussetzungen zum wirtschaftlichen Einsatz dieser Lagermethode sind:

7

- Großserien und Massenfertigung,
- Stabilität im Produktionsspektrum,
- bedarfsgerechte Losgrößen,
- mengen- und termingerechte Zulieferung,
- Fertigungsorganisation nach dem Fließprinzip und
- gesteuerter, integrierter Informationsfluß.

Die Realisierung dieser Ziele ist durch die Liefermethoden des just-in-time bekanntgeworden. Letztendlich wird angestrebt, eine Lagerhaltung im eigentlichen Sinne zu vermeiden, indem vom Wareneingang aus die Übergabe direkt in die Produktion erfolgt. Damit wird eine separate Ein- und Auslagerung vermieden. Außerdem soll eine Minderung der Lagerdauer erreicht werden.

Umschlagslager
Das Umschlagslager dient vornehmlich dem Umschlag kompletter Gütereinheiten von einem Transportmittel auf ein anderes, sei es im Rahmen einer Transportkette beim außerbetrieblichen Transport oder innerbetrieblich in enger Verknüpfung zum Wareneingang bzw. zum Warenausgang. Charakteristisch für dieses Lager ist die kurze Verweildauer und damit der hohe Umschlag des Lagergutes sowie die Ein- und Auslagerung kompletter Lagereinheiten. Daraus resultiert eine hohe Umschlagsleistung, so daß die Kosten dieser Lagerhaltung wesentlich durch die Lagergutbewegungen bestimmt werden. Dies hat wiederum Auswirkungen auf die Auswahl der Förder- und Transportmittel.

Verteillager
Die Aufgabe des Verteillagers liegt im Zusammenstellen abnehmerorientierter Einheiten, die zum Teil aus einer Vielzahl verschiedener Artikel bestehen können. Das charakteristische Merkmal besteht darin, daß die Artikel in größeren Mengen, oft in ganzen Ladeeinheiten, angeliefert, jedoch in der Regel einzeln oder in kleineren Mengen entnommen werden (Vereinzelung). Dabei erfolgt jedoch häufig gleichzeitig die Entnahme verschiedener Artikel, die zu einer Auslieferungseinheit zusammengefügt werden. Typisch sind mittlere Umschlagshäufigkeit und mittlere Lagerdauer. Der Hauptaufwand an Zeit und Personal entsteht bei der Entnahme, die als Kommissionierung im nachfolgenden Kapitel gesondert behandelt wird.

Verwahrlager
Seine Aufgabe liegt in der Aufbewahrung, d. h. in der Lagerung, Sicherung und auch im Schutz des Lagergutes, das für eine befristete Gebrauchsperiode ausgelagert und anschließend wieder eingelagert wird. Beim Lagergut kann es sich z. B. um wiederverwendbare Vorrichtungen, Formen, Geräte oder Maschinen handeln. Typisch für dieses Lager ist, daß im Grunde kein wirklicher Umschlag erfolgt und in der Regel eine sehr hohe Verweilzeit gegeben ist. Je nach Art des Lagergutes und der zwischenzeitlichen Verwendung kann es sinnvoll sein, im Rahmen der Einlagerung eine eventuelle Wartung oder Überprüfung durchzuführen, um bei der nachfolgenden Entnahme die Funktionssicherheit des Teiles zu gewährleisten.

Sonderlager
In Abhängigkeit vom Lagergut und seiner Verwendung können Sonderlagerungen erforderlich werden, um eine Separierung von anderen Waren und Lagerungen zu gewährleisten. Dabei kann es sich z. B. um ein Zollaufschublager handeln, in dem in Abstimmung mit der Zollverwaltung Ware lagert, für die der Zoll nicht beim Wareneingang, sondern erst bei der Entnahme aus dem Zollager zum freien Verkehr zu entrichten ist. Daraus ergibt sich eine Zollstundung. Zusätzlich sinnvoll ist diese Form dann, wenn später eine zollfreie Wiederausfuhr vorgenommen wird. Über Einlagerung, Bestände und Entnahmen der Lagergüter im Zollaufschublager ist eine gesonderte Lagerbuchhaltung zu führen.
Weitere Sonderläger können eingerichtet werden z. B. für Muster, Messeartikel, Werbematerial, Verpackungsmaterial oder Abfälle, bereits reservierte Lagergüter in Abhollägern oder gefährdete bzw. gefährliche Lagergüter, z. B. in Verschlußlägern oder besonders geschützten Räumen; zum Teil bestehen hier Auflagen der Gewerbeaufsicht oder im Rahmen der Versicherungsvereinbarungen. Auch in diesen Fällen sind entsprechende organisatorische Maßnahmen erforderlich.
Typisch für die Sonderläger ist die Konzentration des Lagergutes und seine lokale Fixierung, oftmals verbunden mit einem Sach-, Personen- oder Zugriffsschutz. Inwieweit besondere Sicherungen, Zutrittskontrollen etc. erforderlich werden, hängt vom konkreten Fall ab.

Lagerguttypologie

Die Lagerung wird wesentlich beeinflußt von der Art des zu lagernden Gutes. Ist z. B. bei Waren mit begrenzter Haltbarkeit (möglicherweise mit der Angabe von Verfalldaten) die Entnahme der jeweils ältesten Ware sinnvoll, so sind entsprechende Vorkehrungen zu treffen, sowohl organisatorisch als auch in der Lagergestaltung, um diese Entnahmereihenfolge zu gewährleisten – FIFO = first in, first out. Bezüglich der verschiedenartigen Eigenschaften der Materialien wird verwiesen auf das Abb. 7.3 im Abschnitt „Transportgut“. Wie bereits erwähnt, kann die besondere Gefährlichkeit eines Lagergutes die Einrichtung von Sonderlägern erforderlich machen. Eventuell werden zum Schutz des Lagergutes bestimmte Anforderungen an Temperatur und Luftfeuchtigkeit gestellt bis hin zu Kühlräumen. Für Güter, bei denen sich während der Lagerung noch ein Reifeprozeß vollzieht, ist häufig eine gewisse „Betreuung“, z. B. durch Kontrolle oder Wenden des Lagergutes, zu organisieren. Die Eigenschaften der Lagergüter bestimmen die im Laufe dieses Kapitels noch zu behandelnden Lagerarten und den Lagerbau.
Häufig wird das Lagergut in 10 Gruppen eingeteilt, wie in Abb. 7.6 als Lagerguttypologien dargestellt. Bei Lagergut, das entweder lose und ohne Ladehilfsmittel angeliefert wird oder durch außergewöhnliche Form gekennzeichnet ist, wie z. B. Fässer, Langgut, Tafeln, Lagertrommeln, Reifen etc. ist im einzelnen zu überprüfen, ob eine spezielle, auf die Eigenschaften des Lagergutes abgestimmte Lagertechnik oder die Nutzung von Ladehilfsmitteln vorteilhaft ist.

Lagereinrichtung

Wesentliche Komponenten der Lagereinrichtung sind die Ladehilfsmittel, die Regale und die Fördermittel im Lager.

Ladehilfsmittel im Lager

Als Ladehilfen bezeichnet werden alle Arten von Paletten, Kästen oder sonstige Vorrichtungen, die den Transport und das Handling der Lagergüter vereinfachen. Ihnen kommt zunächst eine Schutz- und eine Transportfunktion zu. Darüber hinaus können sie zur Identifikation und zur besseren Lagerorganisation eingesetzt werden, z. B. durch Anbringen von Nummern oder auch von maschinenlesbaren Codierungen. Darüber hinaus erfolgt durch die Verwendung von Ladehilfsmitteln bei der Einlagerung unterschiedlicher Lagergüter eine Normierung, die einer weiteren Lagerautomatisierung dienlich ist. Sie dient gleichzeitig der Bereitstellungs- und Entnahmeoptimierung.
Der Handlingsaufwand, d. h. das Ein- und Auslagern der Lagergüter, ist einer der entscheidenden Kostenfaktoren. Die Kostenreduzierung im Lager hängt also stark mit der Optimierung dieser Abläufe zusammen. Oftmals ist auch der Zeitfaktor, also die für den einzelnen Vorgang benötigte Zeit, von entscheidender Bedeutung, um alle im Laufe eines Tages notwendigen Verrichtungen im Lager durchführen zu können. Ladehilfsmittel können vielfach entscheidend zur Zeit- und Kostenreduzierung beitragen.
Unter *Palette* wird eine genormte und dauerhafte Plattform als Unterlage für gestapelte Güter verstanden, die als eine Ladeeinheit mit Gabelstaplern transportiert sowie ein- und ausgelagert werden kann. Man unterscheidet in Flachpaletten ohne Aufbauten und solche Paletten, die entweder dauerhaft als Stahl- bzw. Gitterboxpalette oder durch steckbare Aufsätze wie Kästen, Gitter oder Rahmen für die Aufnahme sonst schwer stapelbarer Güter geeignet sind. Paletten können aus Holz, Metall oder anderen Werkstoffen gefertigt sein und als Einweg- oder Mehrwegpalette eingesetzt werden.
In Europa ist als Mehrwegpalette die sog. POOL-Palette weit verbreitet, und zwar als Flachpalette in der Grundfläche 800 x 1200 mm, einem Eigengewicht von ca. 30 kg und einer Tragfähigkeit von 1.000 kg. Verkehrs-, Handels- und Industriebetriebe des europäischen Palettenpools tauschen POOL-Paletten untereinander aus und vermeiden somit den Rücktransport leerer Paletten. Auch sind POOL-Gitterbox-Paletten im Einsatz. Zusätzlich gibt es Sonderpaletten als Langgut-, Kanister-, Faß- und Reifenpaletten etc. Die Normung der Paletten ist sowohl beim Transportmitteleinsatz als auch für die Planung und Ausnutzung des Lagers von Vorteil.
Als *Kästen* kommen Stapelkästen aus gewöhnlichem Blech, Aluminium oder Kunststoff zum Einsatz sowie Lager-Sichtkästen, deren Stirnseite nur etwa halbhoch und zumeist angeschrägt ist, so daß ein Zugriff auf die im Lagersichtkasten befindlichen Artikel ermöglicht wird, selbst wenn auf dem Lagersichtkasten weitere Kästen gestapelt sind. Wesentliche Sonderformen der Lagerkästen sind Kommissionierbehälter, Euro-Behälter, Datenträgerboxen und Muldenkästen. Hinzu kommen können noch Lagerkörbe. Lagerkästen sind vornehmlich geeignet für die Aufnahme von loser Ware oder Kleinteilen.

7

Lagergutgruppe	Charakteristika	Beispiele
1 Gut auf Ladehilfsmitteln	Einlagerung auf oder in Ladehilfsmitteln	– Flachpaletten – Boxpaletten – Lagerkästen
2 Große Teile	Abmessungen bis 800 x 1200 x 800 mm	– verschiedene
3 Mittelgroße Teile	Abmessungen bis 300 x 300 x 300 mm	– verschiedene
4 Kleinteile unempfindlich	Abmessungen bis 50 x 50 x 50 mm	– Schrauben – Scheiben – Normteile – Lager – Stifte etc.
5 Kleinteile empfindlich	Abmessungen bis 50 x 50 x 50 mm und Entnahme von Zähleinheiten	– elektrische Bauelemente – Schalter – Lampen etc.
6 Sperrige Teile	Außergwöhnliche Abmessungen > 1200 x 1200 mm	– Möbel – Karosserieteile
7 Schwere Teile	Gewicht größer als 1000 kg	– Maschinenteile – Gußteile
8 Sonderteile	Teile, für die ein besonderer Lagertyp infrage kommt	– Fässer – Coils – Reifen – Kanister – Spulen – Ballen – Trommeln – Walzen
9 Tafeln	Eine Abemessung (Dicke) ist wesentlich kleiner als die beiden anderen	– Bleche – Holzplatten – Pappen – Glasscheiben
10 Langgut	Eine Abmessung (Länge) ist wesentlichen größer als die beiden anderen	– Rohre – Halbzeuge – Balken – Bretter – Masten

Abb. 7.6: Lagerguttypologie

Regale

Wird auf den Einsatz von Regalen oder ähnlichen Vorrichtungen verzichtet, spricht man von *Bodenlagerung*, bei der das Lagergut mit oder ohne Ladehilfsmittel auf dem Boden gelagert wird. Das Lagergut wird nicht oder so gestapelt, daß jeder Platz zumeist artikelrein belegt ist und sich im direkten Zugriff befindet Dies wird bevorzugt bei großen und schweren Teilen, bei verschiedenen Formen des Schüttgutes wie z. B. Sand im Außenlager oder für Palettenlagerung angewendet, z. B. auch in Umschlaglägern, von wo aus die Paletten

durch einfache Hubwagen transportiert werden können.
Bei *Blocklagerung* wird gleichfalls auf eine besondere Einrichtung verzichtet. Blocklagerung setzt den Einsatz von Ladehilfen voraus, die je nach Stapelfähigkeit auch übereinander gelagert werden können. Das Lagergut wird in mehreren Einheiten hintereinander in sogenannten „Stapelzeilen" eingelagert. Ein Stapelblock entsteht so aus mehreren Stapelzeilen ohne Zwischengänge. Nur die äußeren Ladeeinheiten sind im direkten Zugriff, so daß größere Lageblocks zumeist Anwendung finden bei geringerer Umschlagshäufigkeit und dem Erfordernis hoher Raumausnutzung oder bei gleicher Ware bzw. Ladegut, das zur gleichen Zeit ein- bzw. ausgelagert wird, da ansonsten ein erheblicher Aufwand beim Zugriff durch notwendiges Umstapeln entsteht.
Regale ermöglichen eine übersichtliche Einlagerung der Lagergüter sowie eine bessere Raumausnutzung, unabhängig von der Stapelfähigkeit des Lagergutes und ohne Beeinträchtigung des Zugriffs auf die zuunterst lagernden Waren.
Die *Ein- und Durchfahrregale* entsprechen im Prinzip der Blocklagerung, jedoch entfällt die Notwendigkeit der Stapelfähigkeit der Ladeeinheiten, da diese vom Regal getragen werden. Je nachdem, ob am Zeilenende der Lagergang geschlossen (Einbahnstraße) oder geöffnet ist, wird in Ein- bzw. Durchfahrregal unterschieden. Durchfahrregale erfordern also eine zusätzliche Fahrfläche, die als Lagerraum verlorengeht, ermöglichen andererseits jedoch kürzere Wege, falls zwischen den Lagergängen gewechselt werden muß.
Unter *Einplatzpalettenregalen* (Längstraverse) werden selbsttragende Regale zur Lagerung von Paletten auf zwei Trägern verstanden. Die Tiefe entspricht der einer Palette, so daß alle Paletten in direktem Zugriff sind. Ein Regalfach innerhalb des Regales wird bestimmt in der Höhe durch den Abstand zwischen den Trägern und vom Abstand der Stützen in seiner Breite, die bestimmt, wie viele Paletten in einem Fach untergebracht werden können. Üblicherweise werden die Fachteilungen so konstruiert, daß bei der Verwendung der Europaletten (800 x 1200 mm) entweder drei Paletten längs oder zwei Paletten quer eingelagert werden können. Im Gegensatz zur Längstraverse werden bei Einplatzregalen mit Quertraverse die Paletten nur an den Seiten abgestützt, d. h. die Stützen sind im Abstand jeweils einer Palette zu setzen, während Querträger oder Verstrebungen nur zur Stabilität der Regalkonstruktion dienen, nicht jedoch zur Aufnahme des Lagergutes. Entsprechend der Abstandsbreite können nicht quadratische Paletten nur in einer Richtung eingelagert werden. Außerdem sind die Anforderungen an die Stabilität der Paletten höher.
Bei einem *Doppelpalettenregal* sind zwei Palettenstellplätze so hintereinander angeordnet, daß sich nur die vordere Palette im direkten Zugriff befindet. Dies führt zu einer besseren Ausnutzung des Raumvolumens im Lager, erfordert andererseits jedoch spezielle Fördermittel, z. B. mit Doppelhubgabel. Um dann zusätzliches Umlagern zu vermeiden, werden in der Regel die vor- und nachgelagerten Paletten artikelrein belegt, d. h. mit gleichartigen Lagergütern.
Im *Durchlaufregal* werden mehrere Ladeeinheiten in sogenannten Kanälen hintereinander gelagert. Die Kanäle können so ausgelegt sein, daß sie entweder für Paletten oder Lagerkästen geeignet sind. Die Kanäle sind, wie im Regal üblich, neben- und übereinander angeordnet. Dabei sind die Ladeeinheiten innerhalb der Kanäle in einer Richtung verschiebbar, und zwar entweder nach dem Schwerkraftprinzip oder dem Antriebsprinzip. Beim Schwerkraftprinzip rücken nach der Entnahme der vorderen Ladeeinheit die nachgelagerten entsprechend auf durch ihr Eigengewicht und eine leichte Neigung (z. B. 13% bei Rollenbahnen) im Kanal. Beim Antriebsprinzip sind zusätzliche Transport- oder Umsetzeinrichtungen für das Nachrücken erforderlich. Bei beiden Prinzipien stehen verschiedene Varianten und Konstruktionsformen entsprechend den Anforderungen und unter Berücksichtigung des Gewichts der Ladeeinheiten zur Verfügung mit zum Teil jedoch erheblichen Unterschieden in den Investitionskosten. Diesen stehen andererseits einige Vorzüge bei der Lagerorganisation gegenüber. Durch die Beschickung der Kanäle auf einer Seite und die Entnahme auf der anderen können Ein- und Auslagerung ohne eine besondere wechselseitige Abstimmung geplant werden. Hinzu kommt, daß die Länge des Kanals als Stau- und Lagerfläche dient und insoweit zusätzlich zur zeitlichen Entzerrung beiträgt, d. h. nach der Entnahme der vorderen Ladeeinheit steht die nächste direkt, z. B. für Kommissioniervorgänge, zur Verfügung, ohne daß in unmittelbarer zeitlicher Abstimmung die Einlagerung des Nachschubs vorgenommen werden muß.
Das *Fließregallager* arbeitet prinzipiell wie das Durchlaufregal, jedoch in vertikaler statt horizontaler Richtung. Das Lagergut ist in Kanälen übereinander gestapelt (statt hintereinander) und wird an der Unterseite je nach Konstruktion automatisch oder manuell entnommen.
Beim *Stockwerklager* sind die Regale in zwei oder mehr übereinander liegenden Ebenen – Stockwerke – eingeteilt, die ein Einlagern bzw. eine Ent-

nahme in den jeweiligen Etagen erlauben. Obere Etagen sind über Treppen erreichbar. Der Einsatz von Flurfördermitteln ist zumeist unmöglich oder zumindest stark eingeschränkt. Daher eignet sich diese Regalform überwiegend für ein großes Sortiment an kleinteiligen Artikeln, die überwiegend einzeln und von Hand entnommen werden.

Bei den *Fachbodenregalen* werden durchgehende Böden eingesetzt, auf die das Lagergut abgelegt werden kann. Sind auch die Seiten und die Rückwand geschlossen, so daß nur ein Zugriff von einer Seite möglich ist, so wird auch vom Fächerregal gesprochen.

Als *Fächerdrehregal* wird ein Regal bezeichnet, das sich um die eigene Achse drehen läßt und in zentrisch zur Achse auf verschiedenen Ebenen angeordneten Fächern eingeteilt ist. *Schubladenregale* ermöglichen den Zugriff auf den Inhalt der Schublade erst, nachdem diese durch eine zusätzliche Manipulation, dem Herausziehen der Schublade, geöffnet wurde.

Generell ist bei der Lagergestaltung eine Abwägung zwischen einem schnellen und reibungslosen Zugriff auf alle Güter und einer hohe Ausnutzung des Lagerraums zu treffen. Durch Gänge und Verkehrswege zwischen den einzelnen Lagerzeilen wird ein Zugriff ermöglicht, jedoch mit einem entsprechenden Anteil an Verkehrsfläche in Relation zur effektiven Lagerfläche. Bei kompakter Lagerung, z. B. beim Block- oder Doppelpalettenlager, also bei einer Lagertiefe mit mehreren hintereinander stehenden Lagereinheiten, ist unter Umständen ein erhebliches Umlagern erforderlich, um an das gewünschte Lagergut zu gelangen. Daher wurden eine Reihe von Lösungsansätzen entwickelt, bei denen die Regale ohne Zwischengänge angeordnet werden, aber für die Ein- und Auslagerung jeweils das gewünschte Regal in den Zugriffsbereich gebracht wird. Hier werden also ganze Regale bewegt. Dies kann in Form eines Umlaufes, einer Umsetzung oder einer Verschiebung erfolgen. Die wesentlichen Grundtypen werden nachfolgend aufgezeigt, wobei sie jeweils als manuelle Bedienung oder auch EDV-gesteuert konstruiert sein können.

Die *horizontalen Umlaufregale* weisen eine in der Horizontalen bewegliche Lastenaufnahme unterschiedlicher Konstruktion auf, beispielsweise an einer Umlaufschiene hängend oder mit einer entsprechenden Bodenkonstruktion. Dabei können Fachböden, Lagersichtkästen, Körbe oder Fächer zur Lastenaufnahme eingesetzt werden. Die Tragfähigkeit ist zumeist begrenzt. Bei den *vertikalen Umlaufregalen*, sie werden auch als *Paternoster-Regale* bezeichnet, laufen die Regalböden in vertikaler Richtung. Zur Bedienung wird der entsprechende Regalboden in eine definierte Arbeitsposition gebracht. Vergleichbare Konstruktionen sind auch bei der Büroablage im Einsatz.

Auch bei den *Umsetzregalen* wird nach horizontalen und vertikalen Ausführungen unterschieden. Die Bewegung der Regale erfolgt durch Umsetzen, das insbesondere in der vertikalen Form zum Teil aufwendige Anlagen erfordert, dem andererseits die Positionierung in gute Griffhöhen gegenübersteht.

Als *Verschieberegallager* wird bezeichnet, wenn mehrere Regalzeilen in der Weise zu einer Einheit verbunden werden, daß sie auf Schienen in Querrichtung parallel verschiebbar sind. Dabei ist jeweils nur an einer Stelle Raum für einen Bedienungsgang, während im übrigen die Regale lückenlos zusammenstehen. Durch die Verschiebemöglichkeit läßt sich jedoch bestimmen, zwischen welchen Regalen der Bedienungsgang geöffnet werden soll.

In ähnlicher Weise sind beim *Einschubregallager* die Regalzeilen ohne Regalgänge nebeneinander angeordnet, jedoch kann nicht durch Verschieben ein Regalgang an einer Stelle geöffnet werden. Vielmehr wird der Zugriff ermöglicht durch das Herausziehen einer Regalzeile, analog einer großen um 90° gedrehten Schublade.

Die Umlauf-, Umsetz- und Verschieberegalläger sind – wenn auch in zum Teil erheblichen Unterschieden abhängig von der Konstruktion und der Schwere der zu lagernden Güter – sehr investitionsintensiv und aufwendig in der Bedienung. Sie werden daher überwiegend dort eingesetzt, wo der Lagerraum extrem teuer ist, z. B. Verkaufsläger in Innenstadtlagen (Einschubregalläger werden oftmals bei Apotheken verwendet), oder wenn aus den verschiedensten Gründen Platzmangel am Standort besteht und eine Auslagerung mit höheren Aufwendungen für zusätzliche Transporte etc. verbunden wäre.

Spezielle Lagergüter wie Rohre, Stangen oder Platten erfordern besondere Lagereinrichtungen, die auf erforderlichen Abmessungen einzurichten sind. Dabei handelt es sich zumeist um Ständerkonstruktionen in verschiedener Ausfertigung. Das Grundsystem kann dabei zum einen tannenbaumähnlich gestaltet sein, d. h. es verfügt über eine breite Aufstandsfläche, wodurch gegenüber anderen, erheblich an Platz sparenden Ständern Aufwendungen für Verankerung und Fundamente weitgehendst vermieden werden. Die weiteren Ausgestaltungen beider Typen sind vom Gewicht des zu lagernden Gutes und seiner Empfindlichkeit abhängig.

Stapelbare *Kassetten* können einerseits in Form von Blocklägern, z. B. als Vorratslager, gestapelt

werden oder als einzelne Kassette zum Zugriff in ein Kassettenregal eines Verteillagers übernommen werden.
Eine weitere Variante ist das Lager-Silo für spezielle Schüttgüter.

Fördermittel im Lager
Um die Arbeitsgänge des Ein- und Auslagerns zu erleichtern und zu beschleunigen, werden lagerinterne Fördermittel eingesetzt. Ladehilfsmittel, Regale und Fördermittel sind aufeinander abzustimmen.
Die Abb. 7.7 zeigt eine Auswahl gebräuchlicher Fördermittel im Lagerbereich beim Einsatz von Paletten als Ladehilfsmittel. Abgesehen von Bauart und Bedienungsform unterscheidet sich ihr Leistungsvermögen insbesondere durch Hubhöhe, Hubgeschwindigkeit und Fahrgeschwindigkeit. Die Angabe zur Gangbreite dient als Hinweis bei der Planung von Lagerbereichen, in denen sie eingesetzt werden sollen.
Der vom Bediener bewegte Handhubwagen und der Elektrohubwagen dienen zum Transport und im Bereich der Bodenlagerung.
Die verschiedenen Gabelstapler sind für Bewegungen in der Horizontalen und der Vertikalen geeignet. Sie können für Transportwege im Lager, zur Be- und Entlagerung im Wareneingang bzw. im

Handhubwagen
Hubhöhe 0,2
Gangbreite 1,5 – 1,8

Elektrohubwagen
Hubhöhe 0,2
Gangbreite 1,5 – 2,1

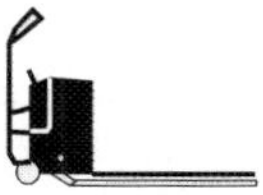

Elektrostapler
Hubhöhe 2,7 – 3,6
Gangbreite 1,8 – 2,5

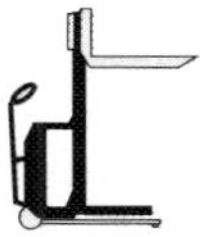

Gegengewichtstapler
Hubhöhe 4,3
Gangbreite 3,0 – 3,7

Gegengewichtsstapler
(dreidrädrig)
Hubhöhe 3,5 – 5,0
Gangbreite 2,8

Quersitzstapler
Hubhöhe 3,0 – 6,5
Gangbreite 2,4 – 2,6

Schubmaststapler
Hubhöhe 6,0 – 8,0
Gangbreite 2,2 – 3,1

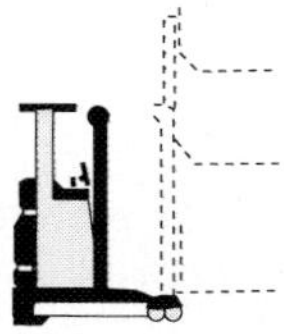

Hochregalstapler
Hubhöhe 14,0
Gangbreite 1,1 – 1,8

Einsäulen-RFZ
Hubhöhe 25,0
Gangbreite 1,4

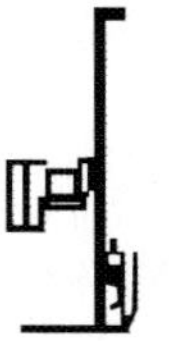

Zweisäulen-RFZ
Hubhöhe 40,0
Gangbreite 1,5

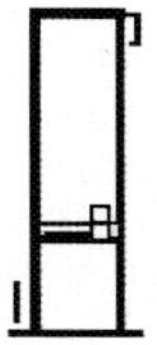

Abb. 7.7: Beispiele für Fördermittel im Lager

Warenausgang und bei der Beschickung von Regalen oder dem Stapeln von Gitterboxen eingesetzt werden. Die verschiedenen Bauarten und Ausführungen sind auf die unterschiedlichsten Anforderungen ausgerichtet. Auch die Anschaffungskosten weisen zum Teil erhebliche Unterschiede aus, so daß es sinnvoll ist, für eine ordnungsgemäße Lagerdurchführung keine zu gering dimensionierte Konstruktion zu wählen, andererseits aus Wirtschaftlichkeitsgründen sich auf die tatsächlich zu fordernden Leistungsmerkmale zu konzentrieren. In geschlossenen Räumen kommen praktisch nur elektrobetriebene Geräte zum Einsatz. Wie bereits für die Versorgung von Doppelpalettenlagern erwähnt, können Stapler auch mit Doppelhubgabeln ausgestattet werden.
Bei größeren Höhen werden Regalbedienungsgeräte eingesetzt, die meist von einer Führungsschiene geleitet werden. Vielfach werden solche Spezialgeräte auch im Regalbereich bei geringeren Höhen, z. B. etwa ab 6 m, eingesetzt. Die von ihnen benötigte Gangbreite ist deutlich geringer, was zu einer besseren Lagerausnutzung führt. Auch sind die Positionen mit ihnen in der Regel schneller anzusteuern. Regalbedienungsgeräte können manuell oder EDV-gesteuert ausgelegt sein. Der letztere Fall ermöglicht einen fahrerlosen automatischen Betrieb, wenn nicht Einzelstücke, sondern jeweils ganze Ladeeinheiten ins Regal eingeräumt oder entnommen werden. Sie verlangen eine entsprechende Lagerorganisation mit der notwendigen EDV-Unterstützung. Regalbedienungsgeräte sind für den Einsatz außerhalb des Regalbereichs einschließlich der Einrichtung für Warenannahme und -übergabe, im Gegensatz zu Staplern, nicht geeignet.
Stetigförderer, wie z. B. Rollenbahnen oder Förderbänder, können im Bereich von Durchlaufregalen eingesetzt werden oder auch zur Weiterbeförderung entnommener Ware, z. B. im Rahmen eines Kommissioniervorganges oder für den Rücklauf von Leergut.

Lagerarten und Lagerbau

Wie aus der Behandlung der Lagereinrichtungen deutlich wurde, lassen sich grundsätzlich drei Lagerungsarten unterscheiden.
Bei der *Einzellagerung* erfolgt die Lagerung am Boden ohne Einrichtung oder durch vereinzelte Regale. Ihre Nachteile liegen insbesondere in der geringen Raum- und Flächennutzung. Ihre Vorteile im geringen Kostenaufwand für Lagereinrichtungen. Diese Art der Lagerung findet beispielsweise bei großen, schweren und sperrigen Teilen, bei Lagerung im Außenbereich, z. B. von witterungsunabhängigem Schüttgut etc. sowie bei Zwischenlägern Anwendung.
Die *Blocklagerung* ist durch ein lückenloses Übereinander- und Nebeneinanderstapeln der Ladeeinheiten charakterisiert. Dazu müssen die Ladeeinheiten stapelfähig sein oder durch Einsatz entsprechender Ladehilfsmittel, z. B. Gitterboxpaletten, stapelfähig gemacht werden. In Abhängigkeit von der Dimensionierung der Stapelblöcke wird eine hohe Raumausnutzung erreicht und damit eine günstigere Relation der Lagerraumkosten zu Ladeeinheiten. Der Nachteil besteht darin, daß ein direkter Zugriff nur auf die äußeren Ladeeinheiten möglich ist und beim Zugriff auf andere Ladeeinheiten zum Teil erhebliches Umstapeln erforderlich wird. Anwendungsbereiche sind insbesondere dort, wo große Mengen gleicher Artikel gelagert werden, wie z. B. im Reservelager, oder das alle Ladeeinheiten zur gleichen Zeit entnommen werden, wie z. B. im Zwischenlager, so daß ein Zugriff auf nicht direkt erreichbare Ladeeinheiten gar nicht oder nur in Ausnahmefällen erforderlich wird.
Bei *Linienlagerung* ist ein direkter Zugang zu jeder einzelnen Lagereinheit ermöglicht. Gestaltungsmöglichkeiten sind hierfür die verschiedenen Formen der Regallagerung, wobei Durchlaufregale zusätzlich Merkmale der Blocklagerung erfüllen. Linienlagerung ist insbesondere dort geeignet, wo unterschiedliche Güter gelagert werden und eine hohe Zugriffshäufigkeit benötigt wird. Dem schnelleren Zugriff gegenüber der Blocklagerung steht eine geringere Raumausnutzung gegenüber.
Die Organisation der Läger kann so vorgenommen werden, daß entweder für jeden geführten Artikel ein fester Lagerplatz vorgesehen ist (Festplatzlagerung), oder daß eingehende Güter an irgendeinem freien Platz gelagert werden (chaotische Lagerung). Die *Festplatzlagerung* hat den Vorteil, daß sich Artikel leicht ohne zusätzliche Hilfsorganisationen auffinden lassen, da die Artikel stets an der gleichen Stelle abgelegt werden. Nachteilig dabei ist, daß die Lagerplatzgröße auf den maximalen Lagerbestand ausgelegt sein muß, wenn eine Zusatzplatzlagerung vermieden werden soll. Aus der Differenz von Durchschnittsbestand zum geplanten Maximalbestand ergeben sich Unterbelegungen und damit geringere Raumausnutzungen im Lagerbereich. Dies führt insbesondere bei Artikeln mit großen Bestandsunterschieden, z. B. durch Saisonabhängigkeit, zu erheblichen Leerräumen.
Die *chaotische Lagerung* ermöglicht, daß praktisch jeder freie Raum für die Lagerung neu eingehender Artikel genutzt werden kann. Dies

kommt einer optimalen Lagerraumausnutzung zugute. Dem steht jedoch gegenüber, daß vor dem Aussuchen eines Artikels immer erst der Lagerort – der in der Regel durch ein System von Lagerplatznummern beschrieben ist – zugeordnet werden muß. Dies erfordert eine umfangreiche und vor allem sorgfältige Lagerbuchhaltung sowie die Sicherung davor, daß nicht Waren ungeplant eingeordnet, umgelagert oder entnommen werden. Bei automatischer Lagerhaltung, z. B. mittels EDV-gesteuerter Regalbedienungsgeräte, ist es ohnehin üblich, die Artikelnummer in die Koordinaten einer Lagerplatznummer umzusetzen.

Unabhängig von der Organisation bei automatisierten oder halbautomatisierten Lägern wird vielfach so verfahren, daß Reserveläger, bei denen ganze Lagereinheiten eingelagert und entnommen werden und schwankende Vorratsmengen zu den einzelnen Artikeln zu verwahren sind, die Organisation der chaotischen Lagerung entspricht. Bei Verteil- und Kommissionierlägern wird üblicherweise zumindest bei Artikeln, die über längere Zeit im Sortiment befindlich sind, die Festplatzlagerung bevorzugt. Dabei wird bei der Bemessung der Lagerplatzgröße üblicherweise nicht von den Maximalbeständen ausgegangen, sondern in Orientierung an durchschnittliche Entnahmemengen und organisatorisch sinnvollen Zeiten zwischen den jeweiligen Wiederauffüllungen aus dem Reservelager wird ein Optimum gesucht. Auf das Kommissionierlager wird noch einmal eingegangen werden im nachfolgenden Kapitel über Kommissionierung.

Die Möglichkeit, durch den Einsatz von Fördermitteln auch höher zu stapeln und in Regalen zu lagern, hat Einfluß auf die Planung der Lagerbauten. Bei Höhen bis 6 m wird von Flachlägern, bei Höhen ab 14 m von Hochlagern und bei 6 – 14 m von mittelhohen Lagerbauten gesprochen. Bei Höhen bis 6 m können noch konventionelle Gabelstapler eingesetzt werden. Danach sind flurgebundene Hochregalstapler (für eine Höhe von etwa 9 m) oder Regalförderfahrzeuge erforderlich. Bei Höhen bis etwa 14 m wird üblicherweise ein festes Gebäude errichtet, in das dann die Regale und sonstige Einrichtungsgegenstände eingefügt werden. Bei Hochregallägern, die zum Teil Höhen bis um 40 m erreichen können, wird zumeist die Regalanlage als eine in sich stabile und insgesamt tragende Konstruktion errichtet und anschließend zu einem Gebäude komplettiert durch das Anbringen einer Außenhaut einschließlich der Bedachung. Hier wird am deutlichsten, daß bereits bei der Planung der Einsatz der vorgesehenen Fördermittel zu berücksichtigen ist z. B. im Hinblick auf die benötigte Gangbreite, auf eventuell zusätzlichen Platzbedarf, wenn Rangiervorgänge vorgesehen sind, sowie auf das Anbringen von Leitschienen etc.

Auch wenn die Lagerhallen zunächst als selbständiges Gebäude errichtet werden, in die dann die Lagereinrichtungen einzufügen sind, so ist eine abgestimmte Planung sinnvoll, um einen wirtschaftlich optimalen Ausgleich zu finden zwischen notwendigen Verkehrsflächen, einer möglichst hohen Raumausnutzung für die eigentliche Lagerhaltung und – was in der Praxis oft zu klein dimensioniert wird – Stauflächen für Zwischenlagerungen. Genügen z. B. die Gangbreiten nicht den Anforderungen der bevorzugten Fördermittel, so muß entweder auf Geräte ausgewichen werden, die den geforderten Leistungsmerkmalen weniger entsprechen aber mit geringeren Gangbreiten auskommen, oder es muß umgebaut werden. Bei zu großen Gangbreiten wird andererseits Platz verschenkt. Ein späteres Umsetzen der Regale ist mit erheblichem Aufwand verbunden.

Sind Sonderläger, z. B. für gefährliche oder gefährdete Güter, erforderlich, so sind auch die entsprechenden Raumanforderungen zu berücksichtigen, beispielsweise feuerfeste Mauern und Türen bei der Lagerung explosionsgefährdeter Waren. Zu beachten ist weiterhin, ob im Bezug auf das Lagergut Anforderungen an Klimabedingungen wie Raumtemperatur und Luftfeuchtigkeit zu stellen sind. Unnötige intensive Beheizung, insbesondere in weitgehend automatisch beschickten Reservelägern führt zu vermeidbarem Energieverbrauch und entsprechend hohen Kosten. Andererseits ist für Räume, in denen sich überwiegend Menschen aufhalten, z. B. in der Packerei, für eine entsprechende Klimatisierung zu sorgen. Auch durch das Öffnen von Außentoren, insbesondere im Winter beim Anliefern oder Ausliefern von Waren, können entsprechende Wärmeschutzeinrichtungen erforderlich werden. Auf die vielfältigen Einzelheiten, die im konkreten Fall in die Planungen einzubeziehen sind, kann hier nicht weiter eingegangen werden. Ihnen ist jedoch genügend Sorgfalt zu widmen. Hierzu gehören auch vorhergehende Überlegungen, wie das Be- und Entladen von Fahrzeugen für den externen Transport erfolgen soll, um durch Rampen, Hebebühnen etc. Vorkehrungen zu treffen, die einen wirtschaftlichen Arbeitsablauf ermöglichen, d. h. wenig zusätzliches Handling, ohne daß zu investitions- und betriebsintensive Geräte eingesetzt werden müssen.

Schließlich ist die räumliche Anordnung des Lagers zu den übrigen Betriebsbereichen möglichst so zu planen, daß innerbetriebliche Transporte und der Einsatz notwendiger Transportmittel optimiert werden können.

Kommissionierung

Nach den VDI-Richtlinien 3590 wird Kommissionierung definiert als:
- Zusammenstellen von bestimmten Teilmengen (Artikeln)
- aus einer bereitgestellten Gesamtmenge (Sortiment)
- aufgrund von Bedarfsinformationen (Aufträgen).

Kommissionierung ist nach dieser Definition die Schnittstelle zwischen der Lagerung und dem Auftrag. Deshalb wird auch von einer „Umformung" eines lagerspezifischen in einen verbrauchsspezifischen Zustand gesprochen. Die Lagerung erfolgt in aller Regel artikelorientiert und in zumeist größeren Mengen. Durch das Kommissionieren werden auftragsgesteuert Einheiten gebildet, die zumeist aus mehreren Artikeln in oftmals recht kleinen Mengen bestehen.

Die auftragsgemäße Übergabe erfolgt entweder an die Fertigung, zur Versendung an Kunden oder zur Auffüllung anderer Läger, z. B. Außenläger, bzw. sonstiger interner Verwendungen wie z. B. Bemusterung für Messen/Ausstellungen bzw. die Ausstattung derVerkaufsrepräsentanten.

Die Grundfunktionen des Kommissionierens lassen sich einteilen in:
- Entnahme einzelner Artikel aus dem Lager,
- auftragsbezogenes Zusammenfügen zu einem Sortiment, im Gebrauch häufig gleichfalls als Auftrag bezeichnet, auch wenn dies zu Verwechselungen der physischen Einheit mit dem Auftrag als Arbeitsvorgabe führen könnte,
- Bereitstellung und Übergabe, z. B. an die Fertigung oder die Versandabteilung bzw. Packerei.

Weitere Aufgaben können hinzukommen:
- Das Bereithalten der Ware im Kommissionierlager einschließlich der dafür erforderlichen Lagerauffüllung, als Vorbereitung der eigentlichen Kommissionierung.
- Die Verpackung, durch die die Auftragssortimente in einen versandfähigen Zustand versetzt werden, als nachgelagerte Funktion.
- Die Transporte als Verbindung zwischen den einzelnen Stationen mit den üblichen Funktionen der Raum- und Zeitüberbrückung.

In den nachfolgenden Abschnitten wird zunächst das Kommissionierlager, der Kommissionierauftrag und schließlich der Kommissioniervorgang behandelt. In einem vierten Abschnitt wird noch auf Fragen der Verpackung einzugehen sein.

Kommissionierlager

Im vorangegangenen Abschnitt wurde bereits das Lagerwesen behandelt, so daß hier nur noch auf die Besonderheiten für das Kommissionierlager einzugehen ist. Aufgabe dieses Lagers ist das Lagern und Bereithalten von Artikeln für die auftragsbezogene Entnahme. Dazu soll die Ware so gelagert sein, daß ein direkter Zugriff ohne zusätzliches Umstapeln ermöglicht wird.

Eine wesentliche Frage besteht darin, wieviel Lagerplatz für jeden einzelnen Artikel und damit für das gesamte Kommissionierlager vorgesehen werden soll. Kleine Dimensionierungen erfordern ein häufiges Nachfüllen und in der Regel ein zusätzliches Reservelager. Bei großer Dimensionierung vergrößern sich auch das Kommissionierlager insgesant und damit die Wege beim Kommissionieren. Dazwischen ist abzuwägen, u.a. durch Berücksichtigung der Umschlagshäufigkeit und der üblichen Entnahmemengen je Auftag, um vorzusorgen, daß möglichst nicht während eines Kommissioniervorganges noch zusätzlich auf das Reservelager zugegriffen werden muß.

Die weitere Frage bezieht sich auf die Anordnung der Lagerplätze für die einzelnen Artikel. Die sogenannte chaotische Lagerung – siehe Abschnitt „Lagerarten" im vorherigen Abschnitt – findet üblicherweise nur bei Reservelägern, wenig jedoch im Kommissionierlager Anwendung. Bei der Zuteilung fester Lagerplätze kann jedoch von unterschiedlichen organisatorischen Überlegungen ausgegangen werden. Das Einlagern der Artikel in der Reihenfolge der Artikelnummern ist für das Auffinden der Ware am einfachsten, da keine zusätzliche Zuordnung zwischen Artikel und Lagerort erforderlich wird. Sie ist jedoch mit einer Reihe von Nachteilen verbunden, so daß ihre Anwendung im Rahmen zunehmender Informationsunterstützung der Lagerwirtschaft abnimmt. Zu den Nachteilen zählen einmal die Schwierigkeiten beim Aufnehmen neuer Artikel, wenn diese nicht fortlaufend numeriert werden, sondern z. B. im Rahmen von Artikelgruppen einzufügen sind. Dann wäre entweder ein Umordnen im Lager erforderlich oder das System müßte durchbrochen werden, z. B. mit Hinweisen auf den tatsächlichen Lagerort an der Stelle im Lager, wo eigentlich dem System nach der Artikel aufzufinden wäre. Ein weiterer Nachteil ist, daß die Artikel oftmals durch Gewicht, Abmessung, sonstige Eigenschaften und die Anzahl der Lagereinheiten recht unterschiedliche Anforderungen an den Lagerplatz stellen, denen dann in laufender Artikelfolge wechselnd Rechnung zu tragen wäre. Außerdem nimmt der Lagerplatz eines Artikels und die damit verbundene Wegestrecke keine Rücksicht auf die Entnahmehäufigkeit. Daher erfolgt oft die Lagerplatzzuordnung in der Weise, daß Artikel mit hoher Zugriffshäufigkeit an Orten mit kurzen Wegestrecken und guten Zugriffsmöglichkeiten (z. B. in Griffhöhe) gelagert werden, man spricht hier auch von einer Lagerung gemäß der ABC-Analyse (vgl. Abschnitt Beschaffungslogistik). Seltener benötigte Artikel liegen dann in den entlegenen Lagerplätzen. Bei einer solchen Organisation werden oftmals einige besonders günstig gelegene und vielfach auch überdimensionierte Lagerplätze bei der grundsätzlichen Artikelzuteilung freigehalten und periodisch mit Artikeln belegt, gemäß besonderer Anforderungen, die sich z. B. aus der Saison, aus Aktionen etc. ergeben können. Ein weiterer Gesichtspunkt – der entweder dominierend oder ergänzend berücksichtigt werden kann – stellt ab auf Gewicht, Abmessung und sonstige Eigenschaften eines Artikels, so daß z. B. schwere Güter tiefer und schon aus Sicherheitsüberlegungen möglichst nicht über Kopfhöhe gelagert werden.

Im Kommissionierlager können Sicherheitsüberlegungen erforderlich werden, auch für besonders gefährliche (z. B. Feuer- oder Explosionsgefahr), gefährdete (z. B. empfindlich gegen äußere Einflüsse) oder wertvolle (insbesondere, wenn sie dann auch noch klein sind) Waren.

Des weiteren ist zu berücksichtigen, daß die Lagerplätze sowohl für die Entnahme als auch für die Nachversorgung und Beschickung zugänglich sein müssen. Häufen sich in einem Bereich die Ein- und Auslagerungsvorgänge, so kann es zu Behinderungen kommen. Durch den Einsatz von Durchlaufregalen läßt sich die Beschickung und die Entnahme räumlich trennen und damit entsteht auch zeitlich ein geringerer Abstimmungsbedarf.

Für die Kommissionierung von Aufträgen, die durch die Produktion veranlaßt werden, sind zumeist Roh-, Hilfs- und Betriebsstoffe, Zukaufsteile, Bauteile oder Halbfabrikate zu lagern. Für die Kommissionierung der Kundenaufträge sowohl bei Produktions- und Handelsunternehmen geht es um die Lagerung von Fertigerzeugnissen und Handelsware (auch Fertig- oder Verkaufslager genannt). Dazu können auch Ersatzteile gehören, soweit hierfür nicht ein gesondertes Lager eingerichtet wird, z. B. wenn es zur Erledigung sowohl interner als auch externer Aufträge dient.

In der Kommissioniertechnik wird zudem zwischen statischer und dynamischer Bereitstellung unterschieden. Bei der *statischen Bereitstellung* („Person zur Ware“) bewegt sich der Kommissionierer entweder zu Fuß oder mit einem entsprechenden Transportgerät zu den Lagerplätzen, an denen er Entnahmen durchzuführen hat. Beim Einsatz von Regalbedienungsgeräten, die eine mehrdimensionale Bewegung ermöglichen – also sowohl horizontal im Lagergang als auch vertikal nach oben bzw. kombiniert diagonal als Wegeverkürzung – wird der Kommissionierer zum Lagerplatz befördert und es kann auch in größeren Höhen gelagert werden. Bei lediglich horizontaler Bewegung, z. B. zu Fuß mit einem Sammelwagen in den Lagergängen, muß die Ware jeweils im Griffbereich angeordnet sein. Als *dynamische Bereitstellung* („Ware zur Person“) wird ein System bezeichnet, bei dem die Wegezeiten des Kommissionierers entfallen, so daß dieser stationär arbeitet, während die zu kommissionierenden Artikel ihm in den jeweiligen Ladeeinheiten zugeführt werden. Dies kann zum einen geschehen durch die Installation eines der verschiedenen Umlauf- oder Umsetz-Regalsysteme, die im Abschnitt der Lagereinrichtung behandelt wurden. Sie sind wesentlich investitionsintensiver als herkömmliche Regalkonstruktionen, führen jedoch andererseits zu Einsparungen bei Förder- und Bedienungsgeräten und den Wegezeiten des Kommissionierers. Welches der Verfahren insgesamt wirtschaftlicher ist, muß unter den Gegebenheiten des konkreten Einzelfalles überprüft werden. Eine weitere Variante besteht z. B. bei automatisch betriebenen Hochregallägern, indem jeweils eine Ladeeinheit, beispielsweise eine Palette, entnommen, dem Kommissionierer in seinem Arbeitsbereich für die Entnahme einzelner Artikel zur Verfügung gestellt und anschließend wieder dem Hochregallager zugeführt wird. Hier werden also nicht ganze Regale, sondern jeweils Lagereinheiten bewegt.

Die Lagerbedienung kann manuell, halb- oder vollautomatisch erfolgen.

Die Organisation des Kommissionierlagers beeinflußt einerseits den Kommissioniervorgang, auf den sie andererseits Rücksicht zu nehmen hat. Insoweit sind beide Bereiche nur im Zusammenhang sinnvoll zu planen und zu optimieren. Umfassende Systeme stellen zudem erhöhte Anforderungen an das Informationssystem, so daß entsprechende Voraussetzungen im EDV-Bereich des Unternehmens zu gewährleisten sind. Auch dies ist bei der Planung und Entscheidung mit einzubeziehen.

7

Kommissionierauftrag

Aufträge können entweder extern durch Kundenbestellungen oder durch interne Anforderungen ausgelöst werden. Dabei können sie entweder manuell oder über die EDV-Anlage erstellt werden. Im letzteren Falle ergibt sich die Möglichkeit, durch die Integration im Informationswesen je nach Stand der betrieblichen Organisation problemlos weitere Prüfungen, Ergänzungen der Bestellangaben, z. B. auch für die Behandlung im Lagerbereich, und sonstige Auswertungen hinzuzufügen. Prüfungen von Kundenaufträgen können sich z. B. auf die Bonität beziehen, also darauf, ob der Auftrag überhaupt ausgeführt werden soll. Hierauf wird nicht weiter eingegangen. Geprüft werden kann ferner, ob für den Kunden rückständige Lieferungen aus früheren Aufträgen offenstehen für Artikel, bei denen zwischenzeitlich ein Wareneingang erfolgt ist, so daß, je nach Vereinbarung mit dem Kunden, dieser Artikel nunmehr der neuen Bestellung für den Kommissionierauftrag hinzugefügt werden könnte. Auf weitere Prüfungsmöglichkeiten im Rahmen der Auftragsannahme, beispielsweise des Ausweichens auf Ersatzartikel bei Nichtlieferbarkeit des ursprünglichen Artikels etc. soll hier nicht eingegangen werden.

Ergänzungen können sich zum einen auf die Hinzufügung des Lagerortes beziehen, um ein schnelles Auffinden bei der Kommissionierung zu ermöglichen. Soweit Gewicht und Abmessungen etc. des gewünschten Artikels gespeichert sind, können Hinweise im Bezug auf die Transportmittel und die beanspruchten Volumen einerseits für die Kommissionierung und zum anderen für die nachfolgende Verpackung bei Kundenaufträgen gegeben werden. Je nach Organisationsform können dabei die erforderlichen Transportbehälter für die Kommissionierung und die notwendige Verpackung für den anschließenden Versandbereich mitdisponiert werden, falls nicht organisatorisch Vorsorge getroffen wurde, daß diese in anderer Weise in den Bereichen in notwendigen Maßen zur Verfügung stehen.

Bei Kundenaufträgen wird in vielen Fällen insbesondere bei Privatkunden und kleineren Sendungen bereits die Rechnung mit erstellt, so daß sie zusammen mit den Waren die Packerei erreicht und den Sendungen beigefügt werden kann. Dies führt dann u.a. zu Einsparungen beim Porto.

Werden z. B. für einen Arbeitstag im voraus die Kommissionieraufträge erstellt, so können weitere Auswertungen über die Anzahl und Art der nachgefragten Artikel und der jeweiligen Mengen etc. Dispositions und Steuerungshinweise geben für den Einsatz von Personal- und Transportmitteln etc. sowohl im Kommissionierbereich als auch in einer nachfolgenden Verpackung bis hin zu der z. B. am Abend benötigten Ladekapazität für den externen Transport der bearbeiteten Sendungen.

Ferner können diese Aufbereitungen dahingehend überprüft werden, ob die Bestände im Kommissionierlager für die Auftragserledigung ausreichen oder ob rechtzeitig eine Auffüllung aus dem Reservelager veranlaßt werden muß. Ggf. sind daraus wieder weitere Fertigungs- oder Beschaffungsaufträge abzuleiten, für die die notwendigen Daten im Informationsverbund bereitgestellt werden können. Eine entsprechend organisierte und sorgfältig geführte Lagerbuchhaltung ermöglicht es außerdem, daß für Terminaufträge entsprechende Mengen reserviert werden, also bei neuen Aufträgen nicht zur Auslieferung freizugeben sind, ohne daß im Lagerbereich eine physische Aussonderung der Artikel erforderlich wird.

Darüber hinaus können Kundenaufträge oder interne Aufträge in unterschiedlicher Weise zu Kommissionieraufträgen aufbereitet werden, je nach Kommissioniertechnik und Organisation des Kommissioniervorganges.

Kommissioniervorgang

Das Kommissionieren kann auftrags- oder artikelorientiert und dabei wiederum jeweils sequenziell oder parallel organisiert sein. Entsprechend sind bei der Bearbeitung der Kommissionieraufträge die Arbeitspapiere zu erstellen.

Als *auftragsorientiert sequenziell* wird ein System bezeichnet, bei dem ein Kommissionierer im Lagerdurchlauf Auftrag für Auftrag die Waren entnimmt und die Artikel eines Auftrags jeweils komplett zusammengestellt abgibt. Die Vorteile liegen in einem übersichtlichen Arbeitsablauf, der geringe Organisationsaufwendungen erfordert. Es ist insbesondere geeignet bei kleinen Lägern mit niedrigen Umschlagsraten und kleinen Entnahmevorkommen, z. B. bei Ersatzteillägern. *Auftragsorientiert parallel* ist ein Verfahren, wenn ein Auftrag nach verschiedenen Lagerbereichen aufgesplittet wird, das Kommissionieren dann parallel in den verschiedenen Lagerbereichen erfolgt und anschließend die Teilmengen zum ursprünglichen Auftrag zusammengefügt werden. Die Vorteile liegen in einer hohen Kommissioniergeschwindigkeit und durch das parallele Kommissionieren in einer schnellen Erledigung auch größerer Aufträge. Oft findet dieses Verfahren Anwendung bei größeren Aufträgen mit unterschiedlichen Artikeln und größeren Lägern, so daß mehrere Kommissionierer gleichzeitig in unterschiedlichen Bereichen tätig sind. Es kann darüber hinaus dann sinnvoll sein, wenn unterschiedliche Lagerformen bestehen und bei einem Auftrag die Artikelentnahme zusätzlich zum normalen Kommissionierlager aus

Sonderlägern erfolgt. Organisatorisch und in der Auftragssteuerung sind Vorkehrungen zu treffen, die sicherstellen, daß spätestens bei der Verpackung alle Teilkommissionierungen am gleichen Ort zusammentreffen.
Ein Verfahren ist *artikelorientiert sequenziell*, wenn mehrere Aufträge gesammelt und zu einem internen Auftrag zusammengestellt werden. Der Kommissionierer entnimmt dann in einem einmaligen Lagerdurchlauf alle erforderlichen Artikel und trennt anschließend den internen Auftrag in die ursprünglichen Aufträge. Der Vorteil liegt in kurzen Wegezeiten und einem übersichtlichen Arbeitsablauf im Lager, zumal der gesamte Vorgang in der Verantwortung eines Kommissionierers verbleibt. Die Anwendung kann sinnvoll sein bei der Bearbeitung vieler kleiner Aufträge, insbesondere in einem weitläufigen Lager mit entsprechend langen Wegezeiten.
Schließlich wird ein Verfahren als *artikelorientiert parallel* bezeichnet, wenn wiederum mehrere Aufträge gesammelt und zu internen Aufträgen zusammengestellt werden, dieser interne Auftrag jedoch für verschiedene Lagerbereiche aufgesplittet und in diesen von unterschiedlichen Kommissionierern parallel bearbeitet werden. Anschließend ist wiederum ein Aufteilen der kommissionierten Waren in die ursprünglichen Aufträge erforderlich. Dies kann entweder bereits in jedem Bereich im Anschluß an den jeweiligen Lagerdurchlauf oder nach dem Zusammenfügen der verschiedenen Teile des internen Auftrages gemeinsam erfolgen. Dieses Verfahren stellt höhere Anforderungen an die Organisation und die Steuerung im Kommissionierbereich, kann jedoch recht sinnvoll sein bei einer hohen Zahl von Aufträgen und Artikeln, insbesondere, wenn diese in unterschiedlichen, zum Teil auch räumlich getrennten Lägern vorgehalten werden. Bei der Aufbereitung der Kommissionieraufträge ist Vorsorge zu treffen, daß eine einigermaßen gleiche Auslastung in den einzelnen Bereichen – eventuell mit gewissen Pufferzeiten zwischen verschiedenen internen Aufträgen – gegeben sind, die sicherstellen, daß zum Zeitpunkt der geplanten Zusammenführung nicht ein interner Teilauftrag im Verzug ist. In teilweise betriebsspezifischer Verfeinerung finden diese Verfahren Anwendung z. B. auch bei Versandhäusern.
Der Kommissioniervorgang selbst ist entsprechend den im Kommissionierlager geschaffenen Strukturen zu organisieren, die bereits dort behandelt wurden. Dabei ist es möglich, daß das Kommissionierlager bei Aufteilung in verschiedenen Abschnitten jeweils auch unterschiedlich ausgerichtet werden kann, z. B. in Abhängigkeit zum jeweiligen Lagergut, dem Umschlagvolumen, der Zugriffshäufigkeit etc. im jeweiligen Sortimentsbereich.
Die Übergabe des Kommissioniergutes, entweder an die Packerei/Versandabteilung oder zur internen Verwendung erfolgt an vorgeplanten Abgabestellen. Diese bestehen entweder im Bereich der nachfolgenden Abteilungen, so daß der Auftrag der Kommissionierung erst mit dem Transport zu diesen Übergabestellen endet, oder die Kommissionierung hält die Aufträge abholbereit und der Transport obliegt den jeweils empfangenden Abteilungen. Die Abholung kann z. B. bei internen Aufträgen an das Ersatzteillager vorgesehen sein. Werden im Verkaufslager Kundenaufträge aufgewickelt, sind für den internen Transport zur Packerei oft Stetigförderer eingesetzt, beispielsweise Rollenbahnen und Transportbänder oder Decken-Kreisförderer etc. Zum Teil sind sie so ausgelegt, daß im Rahmen dieser Systeme die Zusammenführung von Teilaufträgen bei paralleler Kommissionierung zu einem Gesamtauftrag erfolgen kann. Dabei besteht die Möglichkeit, daß die Kommissionierkästen, die als Transporthilfsmittel Verwendung finden und die Artikel eines Auftrages beinhalten, codiert werden, z. B. auch in einer solchen Weise, daß sie maschinell gelesen werden können und innerhalb des Systems die Steuerung erfolgt zur Komplettierung verschiedener zusammengehöriger Kommissionierkästen zu einem vollständigen Auftrag. Selbst dort, wo solche umfassenden Systeme nicht eingesetzt werden, ist jedoch sicherzustellen, daß einmal zusammengefügte Aufträge auch im Transportbereich gesammelt bleiben, so daß bei der anschließenden Auftragsbearbeitung – z. B. beim Verpacken – keine zusätzliche Sucharbeit oder die Gefahr von Verwechselungen entsteht.
Unterschiedliche Auffassungen bestehen darüber, wann und an welcher Stelle die richtige auftragsgemäße Kommissionierung überprüft werden soll. Zum einen kann die Kontrolle als zusätzlicher Arbeitsvorgang eingeplant werden, entweder am Ende der Kommissionierung, also bei der Übergabe, oder innerhalb des Versandbereiches. Im letzteren Falle ist dies dann vielfach verbunden mit einem Umsetzen der Ware vom Transportmittel zwischen Kommissionierung und Versandbereich auf Stauflächen, z. B. auch wiederum in Form von Rollenbahnen, für den jeweiligen Packer. Vielfach wird heute auf separate Kontrollvorgänge verzichtet, sondern dies im Zusammenhang mit dem Packen der Ware durchgeführt.
Nach der Entnahme der Ware zum Verpacken ist ein Rücklauf der Kommissionierkästen logistisch vorzuplanen, so daß sie wieder dem Kommissio-

nierer zur Verfügung stehen. Soweit die räumlichen Verhältnisse dazu geeignet sind, kann dies durch Hängebahnen oder andere Stetigförderer geschehen, die damit gleichzeitig einen Staubereich bilden. Auch das Packmaterial kann entweder direkt an jedem Packplatz bevorratet werden oder mittels Stetigförderer, z. B. wiederum Hängebahnen, jeweils an den Packtischen vorbeigeführt werden und dort im Bedarfsfall entnehmbar sein, während dann an anderer Stelle die Wiederauffüllung erfolgt.

7

Verpackung

Die Ware hat oft einen weiten Weg zurückzulegen bis zum Endverbraucher. Dabei ist sie durch Handhabungen, Zwischenlagerungen und Transport einer Reihe von Belastungen ausgesetzt. Um die Ware hierbei einerseits zu schützen und andererseits die einzelnen Prozesse zu erleichtern, erfolgt eine Verpackung der Ware. Unter Verpackung ist dabei die lösbare Umhüllung eines Gutes zu verstehen.

Funktionen
Zunächst kann die Funktion der Verpackung darin gesehen werden, den Zusammenhalt der Ware zu gewährleisten. Lose Ware oder Kleinteile werden entweder direkt in die Verpackung hinein produziert oder zunächst in größeren Behältern gesammelt und dann abgefüllt. Eine zusätzliche Funktion besteht in der Bildung marktgängiger Verpackungseinheiten. Wird die Produktverpackung durch entsprechende Gestaltung genutzt, als Werbeträger zu dienen und den Verkauf des Produktes zu fördern – was in den meisten Fällen geschieht – so tritt zusätzlich die *Marketingfunktion* hinzu. Insbesondere durch den immer stärkeren Verkaufsanteil in Selbstbedienungsläden oder ähnlichen Organisationen des Einzelhandels hat dieser Einfluß in besonderer Weise zugenommen und die Verpackung anspruchsvoller und aufwendiger werden lassen.
Unter dem Begriff *Logistikfunktion* werden eine Reihe von Unterfunktionen zusammengefaßt, wodurch die Verpackung den Prozeß der Logistik ermöglichen und erleichtern soll.

• Schutzfunktion
Dies besagt, daß durch die Verpackung das Gut vor äußeren Einflüssen geschützt werden soll, z. B. Bruch, Druck, Stoß, aber auch Feuchtigkeit, Temperatur oder sonstige Beeinträchtigungen, z. B. durch Geruchs- und Geschmacksübertragung. Die Schutzfunktion beinhaltet ebenfalls den Schutz vor quantitativem Verlust, sei es beispielsweise durch Auslaufen etc. oder in gewissen Maßen auch gegen Entwendung. Darüber hinaus kann die Verpackung auch dem Schutz der Menschen oder technischer Hilfsmittel vor dem Gut selbst dienen, z. B. bei ätzenden Flüssigkeiten.

• Lagerfunktion
Oftmals wird erst durch Behälter oder andere Verpackungen die Lagerfähigkeit von Gütern geschaffen oder erweitert, indem z. B. dadurch eine Stapelfähigkeit entsteht. Dabei kann eine Standardisierung der Verpackungen hilfreich sein.

• Transportfunktion
Die Verpackung ermöglicht, erleichtert und rationalisiert den Transport der Ware. Indem durch die Verpackung eine größere Anzahl von Waren zu einer Ladeeinheit zusammengefaßt werden, können z. B. das Be-, Um- oder Endladen schneller und kostengünstiger durchgeführt werden.

• Informationsfunktion
Angaben auf der Verpackung können wichtige Informationen über den Verpackungsinhalt, Vorsichtsmaßnahmen bei der Beförderung oder die Zielbestimmung bei Transporten beinhalten. Die Hinweise (z. B. Bruchgefahr, „oben/unten" etc.) können durch Farben und Symbole besonders gekennzeichnet sein. Außerdem können auch maschinenlesbare Codierungen, z. B. Strichcode zur automatischen Identifikation, angebracht sein.

Verpackungssystem
Ein Verpackungssystem besteht aus dem *Packgut*, der Verpackung und dem Verpackungsprozeß. Dabei bestehen wechselseitige Beeinflussungen: Durch das Packgut werden bestimmte Arten der Verpackung präjudiziert oder ausgeschlossen, während diese gleichzeitig mit dem auszuwählenden Verpackungsprozeß abzustimmen sind. Dabei ist dies nicht artikelisoliert zu sehen, sondern im Bezug auf das gesamte Sortiment, um zur rationalen Handhabung, wirtschaftlicher Ausnutzung von Verpackungsmaschinen und möglichst übersichtlicher Bevorratung an Verpackungsmaterial zu gelangen.
Hinzu kommt, daß aus den verschiedenen Funktionen der Verpackung heraus auch unterschiedliche Anforderungen gestellt werden. So steht z. B. unter dem Gesichtspunkt der Verkaufsförderung die Attraktivität im Vordergrund, Lagerung und Transport tendieren zur stabilen und möglichst raumsparenden Verpackung, während aus Kostengründen eine möglichst preisgünstige Umhüllung gewünscht wird.

Beim Packgut und seiner Gestaltung beginnt bereits die Analyse des Verpackungsproblems. Dabei sind seine spezifischen Eigenschaften zu beachten, die bereits als Übersicht in Abb. 7.3 dargestellt wurden. Dabei können sich Auflagen ergeben sowohl aus gesetzlichen Bestimmungen als auch um den Versicherungsschutz aufrecht zu erhalten. Zu beachten ist, daß das Eichgesetz und die Fertigverpackungsverordnung Vorgaben über Form, Maß, Verpackung etc. beinhalten.

Verpackung und logistische Einheiten

Die *Verpackungsverordnung* verpflichtet Hersteller und Händler, die gebrauchten Verpackungen zurückzunehmen und deren fachgerechte Entsorgung sicherzustellen. Dabei werden grundsätzlich drei verschiedene Verpackungsstufen unterschieden.

• Verkaufsverpackung;
Sie ist dazu bestimmt, vom Endverbraucher zum Transport oder bis zum Verbrauch der Ware verwendet zu werden. Hierzu zählen geschlossene oder offene Behältnisse und Umhüllungen von Waren wie Blister, Dosen, Eimer, Becher, Fässer, Flaschen, Kanister, Kartonagen, Schachteln, Säcke, Schalen, Tragetaschen oder ähnliche Umhüllungen. Im Sinne der Verpackungsverordnung gelten auch Einweggeschirr und Einwegbesteck als Verkaufsverpackungen.

• Umverpackung
Sie ist dazu bestimmt, als zusätzliche äußere Verpackung die Abgabe von Waren durch Selbstbedienung zu ermöglichen, Diebstähle zu erschweren oder überwiegend der Werbung zu dienen. Verwendung finden Blister, Folien, Kartonagen oder ähnliche Umhüllungen, die in verkaufsfördernder Weise und/oder auch mit Produktinformationen ausgestaltet werden. Bei kleinen Artikeln im Selbstbedienungsbereich soll oftmals durch eine große Verpackung, z. B. Blisterkarte, der Diebstahl erschwert werden, so daß der Anteil der Verpackung im Bezug zur Ware extrem gesteigert ist.

• Transportverpackung
Ihre Aufgabe besteht darin, die Waren auf dem Weg vom Hersteller bis zum Vertreiber vor Schäden zu bewahren sowie der Sicherheit und dem reibungslosen Ablauf des Transports zu dienen. Als Transportverpackung werden u.a. Fässer, Kanister, Kisten, Säcke und Kartonagen, aber auch Paletten, geschäumte Schalen, Schrumpffolien oder ähnliche Umhüllungen verwendet.

Eine *Rücknahmeverpflichtung* besteht seit dem 01. 12. 1991 bezüglich Transportverpackungen, die an den Lieferanten zurückgegeben werden können. Ab dem 01. 04. 1992 dürfen die Umverpackungen vom Verbraucher im Laden zurückgelassen werden; die Umverpackungen müssen dann einer erneuten Verwendung oder einer stofflichen Verwertung zugeführt werden. Ab dem 01. 01. 1993 müssen auch Verkaufsverpackungen zurückgenommen und wiederverwendet oder verwertet werden. Diesen Rücknahmepflichten können die Händler je nach regionaler Organisation durch Verpackungsentsorgung in unterschiedlicher Form entsprechen. In diesem Zusammenhang ist auch auf die Unterscheidung zwischen Einweg- und Mehrwegverpackung hinzuweisen. Im Abschnitt „Ökologische Herausforderung“ wird auf die Verpackung unter dem Gesichtspunkt dieser Thematik nochmals eingegangen werden.

7

Verpackungsfragen können sich in den logistischen Phasen des Transports, der Lagerung sowie der Zusammenstellung zu Versand- und Ladeeinheiten ergeben. Unter logistischen Einheiten versteht man die Zusammenfassung von Gütern zu größeren Einheiten. Ausschlaggebend ist hierbei die Vorstellung, daß sich der Warenstrom bei einer gegebenen Menge umso problemloser gestalten läßt, aus je weniger Bestandteilen er sich zusammensetzt, so daß die Anzahl der Handhabungen sowie eventuelle Meß- und Zählvorgänge verringert werden können. Ziel ist es dabei, durch logistische Einheiten, die in Form und Abmessung standardisiert sind, den Güterfluß zu vereinfachen, eine bessere Raumausnutzung zu gewährleisten und die anfallenden Kosten zu reduzieren. Dabei sind Lade- und Lagereinheiten soweit als möglich aufeinander abzustimmen im Sinne eines logistischen Warenflusses mit möglichst wenig Aufwendungen beim Umpacken. Die wesentlichen Aspekte zur Bildung logistischer Einheiten sind demnach:

- Standardisierung der Einheiten in Form und Abmessung,
- Zusammenfassung der Güter zu größeren Einheiten,
- Stapelfähigkeit von Einheiten
- Wahl der Einheiten, die eine weitgehend ununterbrochene Transportkette ermöglichen sowie einfach und raumausnutzend zu Transporteinheiten zusammengefaßt werden können.

Unter „Ladehilfsmittel“ wurden bereits im Abschnitt über Lagerwesen Paletten (u. a. die POOL-Paletten mit den dort schon angegebenen Grundflächenmaßen 800 x 1200 mm) und Großbehälter (z. B. der ISO-Container) behandelt. Ver-

packungssmodule mit einer Stellfläche von 400 x 600 mm können sowohl bei der POOL-Palette (vier Stück auf 800 x 1200 mm) oder bei der in der chemischen Industrie gebräuchlichen Palette mit den Maßen 1000 x 1200 mm (= fünf Verpackungsmodule) unter der vollen Ausnutzung der Grundmaße verwendet werden. Insoweit kann es sinnvoll sein, sich soweit als möglich an diesen Maßen bzw. entsprechend weiteren Unterteilungen zu orientieren.
Logistische Einheiten werden praktisch mit Hilfe von Faltkisten, Pappmaterial, Schnüren, Bändern oder Schrumpffolien etc. unter Einsatz von Paletten, Klein- oder Großbehältern gebildet.

Verpackungsprozeß und Automation
Die Gesamtheit der zum Verpacken des Gutes notwendigen Arbeitsschritte werden als Verpackungsprozeß bezeichnet. Dies beinhaltet die Zuführung der leeren Verpackung einschließlich eventueller Verpackungshilfen und des Packgutes zum Verpackungsplatz, die Phasen des eigentlichen Packvorganges bis hin zur Bereitstellung der Verpackungseinheiten zur Weiterversendung. Im Rahmen von Rationalisierungsanalysen ist im jeweils konkreten Fall zu überprüfen, inwieweit es sinnvoll ist, im Bezug auf Verkaufs- und Umverpackung diese vor der Einlagerung, nach Entnahme aus einem eventl. Reservelager oder nach der Kommissionierung durchzuführen. Für eine vorgelagerte Verpackung spricht, daß diese in aller Regel mit höheren Losgrößen rationeller und teilweise durch Einsatz von Automaten durchgeführt werden kann. Andererseits kann eine voluminöse Verkaufsverpackung, wie z. B. bei Kleinteilen gegen Diebstahlschutz, zu zusätzlichen Anforderungen an die Lagerkapazität führen. Dies trifft ebenfalls zu , wenn der gleiche Artikel in unterschiedlicher Verpackung ausgeliefert wird, so daß aus einem Artikel durch die verschiedenen Verkaufsverpackung unterschiedliche Artikel mit mehreren Lagerplätzen und entsprechenden Dispositionsnotwendigkeiten gebildet werden. Differenzierungen können sich durch unterschiedliche Mengen (Stückzahl oder Gewicht) je Verkaufseinheit oder durch kundenspezifische Verpackungen mit unterschiedlichem Aufdruck ergeben, z. B. auch verschiedene Sprachen beim Export.
Aus der zumeist rationelleren Vorverpackung und den entsprechenden Einsparungen in der Versandabteilung nach dem Kommissionieren ist in Abwägung zu den Aufwendungen bei der Lagerhaltung und den zusätzlichen Dispositionen der Bevorratung ein wirtschaftliches Optimum zu finden. Dabei ist ferner zu berücksichtigen, daß in aller Regel die nachträgliche Verpackung eine längere Bearbeitungszeit nach dem Auftragseingang bis zur Auslieferung erfordert. Die Entscheidungen sind jeweils zu treffen unter Abwägung der Gegebenheiten im konkreten Einzelfall. Die Überlegungen hier sollten jedoch noch einmal verdeutlichen, daß im Sinne logistischen Denkens der Gesamtwarenfluß unter wirtschaftlichen Gesichtspunkten zu optimieren ist, also einzelne Arbeitsbereiche und Stationen nicht isoliert, sondern im Gesamtzusammenhang zu sehen sind. Der Einsatz automatischer Verpackungssysteme bis hin zur Eingliederung von Robotern wird aller Voraussicht nach zunehmen. Insoweit sind auch die einmal ausgewählten Verfahren in gewissen Abständen immer wieder zu überprüfen und gegebenenfalls anzupassen.

Informationswesen in der Logistik

Bei einer großen Anzahl logistischer Aufgabenstellungen ist heute eine umfassende und insbesondere termingerechte Erledigung kaum noch ohne die Unterstützung eines entsprechend ausgebauten Informationswesens vorstellbar. In den folgenden Abschnitten sollen die entspechenden Aspekte des Informationswesens aus der logistischen Sicht behandelt werden. Dabei sind auch wechselseitige Beeinflussungen zu beachten. Hier geht es jedoch nicht um die Gesamtdarstellung eines Informationssystems; dazu wird verwiesen auf den gesonderten Beitrag „Informationsverarbeitung".
Das Informationswesen und die Logistik weisen in ihrer Entwicklung und der Einordnung im Unternehmen gewisse Parallelen auf. Beides sind sogenannte *Querschnittsfunktionen*, d. h. sie zählen nicht zu den klassischen Hauptbereichen des Betriebes, unterstützen diese jedoch in ihrer Arbeit durch eine Fülle von Dienstleistungen. Dabei gehen die Serviceleistungen quer durch das Unternehmen (s. auch Abb. 7.1 und 7.2), und ihnen fällt eine bereichsübergreifende Aufgabe zu. Wesentliches Ziel der Logistik ist die Gestaltung eines effizienten Materialflusses innerhalb des Unternehmens sowie von bzw. zu externen Partnern auf der Beschaffungs- oder Absatzseite. Zu den Zielen der Informationsverarbeitung gehört auch, den Fluß der Informationen im Unternehmen zu unterstützen; durch die Entwicklung insbesondere des Datenträgeraustauschs und der Datenfernübertragung werden zunehmend auch externe Geschäftspartner in die EDV gesteuerten Informationswege mit einbezogen. Beide Bereiche haben in den letzten Jahrzehnten die Gestal-

tung der Ablauforganisation nachhaltung beeinflußt, wenn auch in den einzelnen Unternehmen zum Teil unterschiedlich ausgeprägt. Viele Anzeichen sprechen dafür, daß dieser Prozeß noch nicht abgeschlossen ist. Daher spricht vieles dafür, auch der Abstimmung zwischen diesen beiden Einflußbereichen genügend Aufmerksamkeit zu widmen.
Datenverarbeitung – das Aufnehmen (Lesen) von Daten, das Hinzufügen und Ergänzen durch weitere Angaben (z. B. aus Karteien), Auswerten und Bearbeiten (z. B. durch Rechenoperationen) sowie die Datenausgabe (z. B. Schreiben einer bestimmten Bestellung und Ablage der Dispositionspapiere) – sowie ein Informationsaustausch fanden im Unternehmen auch vor der Einführung der EDV statt. Durch zunächst mechanische und dann elektronische Hilfsmittel etc. sind sie jedoch ständig leistungsfähiger geworden. Zu Beginn der elektronischen Datenverarbeitung ging es zunächst um Arbeitsgebiete mit einem großen Datenanfall, überwiegend im operativen Bereich. Mit zunehmender Leistungsfähigkeit kamen dispositive Aufgabenstellungen hinzu. Später wurde die EDV (oder zunehmend Informations- bzw. integrierte Informationsverarbeitung genannt) auch im Bereich der Planung und Steuerung eingesetzt, z. B. bei Prognose- und Entscheidungsrechnungen und gezieltem Informationsaustausch. Auch in der Logistik stand zunächst die Verbesserung von Einzelfunktionen im Lager- und Transportbereich sowie der direkten Manipulation an und mit der Ware im Vordergrund. Heute kann von einem geschlossenen System der Planung, Steuerung und Durchführung einschließlich notwendiger Kontrollen gesprochen werden. Damit erhöht sich die Anforderung an aussagefähige Informationen.

Logistikgerechtes Informationswesen

Folgerichtigerweise ergeben sich die Anforderungen an das Informationssystem aus der Sicht der Logistik aus ihren Aufgaben. Als „Fließsysteme" wollen beide Bereiche dazu beitragen, den Informationsfluß so optimal zu gestalten, daß er einem wirtschaftlichen Warenfluß dient. Die Leistungsausbringung steht also im Mittelpunkt. Dazu müssen zur richtigen Zeit die richtigen Aufträge und Handlungen veranlaßt und überwacht werden sowohl innerhalb der verschiedenen Bereiche des Unternehmens als auch im Bezug auf externe Partner. Der Informationsfluß hat diesen Prozeß vorzubereiten, zu begleiten und bei Abweichungen entsprechende Meldungen zur Gegensteuerung zur Verfügung zu stellen.

Aufgaben aus der Logistik
Die wesentlichen Aufgaben aus der Logistik beziehen sich auf:
- lückenlose Verfolgung des Material- und Warenflusses,
- Verbindung der bisher oft isoliert arbeitenden Teilbereiche,
- Optimierung der Bestände.

Die Lageroptimierung beginnt in der Regel mit der Bedarfsermittlung entweder aufgrund vorliegender Kundenaufträge oder bei Lieferung ab Lager auf der Basis von Prognosen. Nach Abgleichung mit dem verfügbaren Lagerbestand erfolgt dann entweder ein interner Auftrag an die Produktion oder eine Vorgabe zur Warenbeschaffung an den Einkauf; siehe hierzu auch die Abschnitte „Materialwirtschaft – Beschaffung" und „Produktion – Leistungserstellung" im einleitenden Beitrag zur Betriebswirtschaftslehre. Es geht also zunächst um die Fragen, von was wieviel wann zu fertigen oder zu beschaffen ist. Sodann sind für den Fertigungs- und Materialfluß eine entsprechende Terminierungen der einzelnen Stationen sowie eine Kapazitätsplanung vorzunehmen, um einen reibungslosen Ablauf zu gewährleisten. Schließlich sind bei Störungen geeignete Maßnahmen zum Gegensteuern zu veranlassen.

Anforderungen an das Informationswesen
Um den vorgenannten Zielen und Aufgaben gerecht zu werden, sind folgende Anforderungen an das Investitionswesen zu stellen:
- Bereitstellung von sachlich und inhaltlich korrekten Informationen,
- Aktualität der Informationen,
- Vollständigkeit der bereitgestellten Informationen,
- Konzentration auf die für die Maßnahmen oder Entscheidungen notwendigen Daten, so daß nicht durch eine unstrukturierte Informationsflut der Blick für das Wesentliche verlorengeht,
- Verknüpfung zu Informationen aus anderen Bereichen, wenn die vorgesehenen Maßnahmen entweder von diesen beeinflußt oder auf sie Auswirkungen haben,
- Sicherstellung, daß eine notwendige Information auch dann erfolgt, wenn eine betreffende Abfrage unterbleibt (sogenannte Bringpflicht).

Daten werden dann zu Informationen, wenn sie im Sinn- und Handlungszusammenhang und ausgerichtet auf den Zweck aufbereitet werden. Neben der Erledigung von Einzelaufgaben in der Datenverarbeitung gewinnt im Informationswesen somit zunehmend an Bedeutung, einen Informationsfluß sicherzustellen, der den von der Logistik zu gestaltenden optimalen Material- und Leistungsfluß in effizienter Weise unterstützt.

Integration statt Insellösungen

In einer entsprechenden Unternehmenskultur gewinnt die Verantwortung für das Gesamtergebnis unabhängig von der jeweiligen Zuständigkeit der Betroffenen für Detailaufgaben einen hohen Stellenwert. Dies sollte möglichst unterstützt werden durch in diesem Sinne konstruktives Führungsverhalten, begleitende Maßnahmen in der Personal- und Organisationsentwicklung sowie zielorientiertem Controlling. Dies beinhaltet auch eine entsprechende Zielklarheit für alle Beteiligten sowie die Zurverfügungstellung ausreichender und sachdienlich aufbereiteter Informationen, um Auswirkungen des eigenen Handels für den Gesamterfolg beachten zu können.

Teilbereiche
Selbstverständlich ist es die zunächst vorrangige Anforderung an den Leiter eines Bereiches, die in seiner Zuständigkeit liegenden Teilaufgaben optimal zu erledigen. Dies beinhaltet die operative Planung, Disposition, Steuerung und Kontrolle. Planungen sind ihrer Natur nach zukunftsorientiert und erfordern oftmals Prognosen und Annahmen über erwartete Entwicklungen, um rechtzeitig Maßnahmen einzuleiten. Gestaltet sich dann die Realität entscheidend anders, erweist sich die vorausgegangene Planung häufig nicht als optimale Lösung; Korrekturen können erforderlich werden, und leider wird oftmals dann zunehmend die Planung durch Improvisation ersetzt. In vielen Fällen sind jedoch die notwendigen Informationen an anderen Stellen im Unternehmen bereits sehr viel früher verfügbar, sie bleiben jedoch im „Inselbereich" einer Abteilung, ohne auch die Stellen zu erreichen, bei deren Vordisposition sie hilfreich wären. Zeichnet sich z. B. ein hoher Auftragseingang ab, so hat dies zunächst Auswirkungen auf die Auftragsbearbeitung in der Verkaufsabteilung. Zeitversetzt werden im Lagerbereich auch die Kommissionierung und nachfolgend die Packerei davon berührt. Schließlich kann es notwendig sein, rechtzeitig für den Abend die Transportmittel vorzudisponieren, um auch den Versand der bereitgestellten Aufträge zu sichern. Wird ein einzelner Artikel stark abweichend von den bisherigen Erfahrungen und Prognosen nachgefragt, so kann es auch sinnvoll sein, bereits rechtzeitig das Kommissionierlager durch Entnahmen aus dem Reservelager aufzufüllen. Dies gilt insbesondere, wenn z. B. Verkaufsverpackungen nicht vor der Einlagerung ins Reservelager, aber vor der Übernahme ins Kommissionierlager durchgeführt werden. Jede entsprechende Störung im Informationsfluß führt zu einer Verzögerung im Materialfluß. Fehlt sogar bei einem Minderbestand im Reservelager die Information über die Möglichkeit der Nachrüstung dieser Artikel aus dem Reservelager heraus, so kann dies Rückstände und spätere Nachlieferungen mit zusätzlichen Kosten in der Abwicklung und für den Transport nach sich ziehen. Einzelbereiche sind also als Teil eines Ganzen und nicht als Inseln zu sehen, zu führen und mit Informationen zu versorgen. Die Logistik hat aus ihrer Funktion heraus eine Reihe von Berührungen zu den einzelnen Betriebsbereichen mit ihren Teilaufgaben, auf die jedoch hier nicht einzugehen ist. Besondere Aspekte werden noch im Abschnitt „Bereiche der Logistik" angesprochen werden. Einige Teilgebiete innerhalb der Logistik lassen sich wirtschaftlich und aktuell aufgrund des hohen Datenvolumens, der Komplexität der Abhängigkeiten oder der Anforderung an eine schnelle Auswertung sinnvoll fast nur durch die Unterstützung der Informationsverarbeitung lösen. Hierzu zählen z. B. die Tourenplanung und die Disposition über Transportkapazitäten, um eine termingemäße Belieferung zu gewährleisten bei möglichst wenig Leerfahrten, Wartezeiten, Wegestrecken und -zeiten, Umladeaufwendungen etc. und letztendlich damit optimale Kostenbelastung. Für die Lagerplanung im Bezug auf Bevorratungsmengen ebenso wie Lagerplatz- und Wegezeitenoptimierung stehen entsprechend EDV-unterstützte Simulationsmodelle zur Verfügung.

Vernetzung
Aufeinander abgestimmte Planungen und Maßnahmen werden vom Informationswesen durch Vernetzung der einzelnen Teilbereiche und entsprechendem Informationsfluß unterstützt. Für die Schaffung solcher Informationsstrukturen ist es sinnvoll, zunächst den Informationsbedarf zu analysieren. Sodann ist im Informationssystem vorzusehen, bei welchen Informationen wer über deren Eingang, deren Veränderung oder eventuellen Abweichungen über bestimmte Toleranzgrenzen hinaus unterrichtet werden muß.
Ferner ist sicherzustellen, daß bei gleichen Sachverhalten alle Beteiligten über den gleichen Informationsstand verfügen. Wird z. B. die Verkaufsverpackung geändert oder dem Artikel ein Zusatzteil oder eine Informationsbroschüre etc. beigefügt, so reicht es keinesfalls hin, lediglich dem Außendienst neue Prospekte und Verkaufsunterlagen zur Verfügung zu stellen. Die Informa-

tionen werden gleichfalls im Einkauf, bei Fremdbezug in der Eingangskontrolle oder bei Vorverpackung im eigenen Hause in der Rüsterei benötigt. Sie sind sinnvoll für Kommissionierung und Packerei, um entsprechende Kontrollen zu ermöglichen.

Die Umsetzung von möglichst zeitnahen, vollständigen und handlungsorientiert aufbereiteten Informationen in entsprechend verbesserte Leistungsabläufe erfordert darüber hinaus die Flexibilität in der Disposition, auf unterschiedliche Gegebenheiten (bekanntgeworden über die Informationen) mit angemessenen Maßnahmen zu reagieren. Hierzu kann z. B. bei Schwankungen in der Auslastung und beim Auftragseingang die Einführung von Gleitzeiten oder der Wechsel von Mitarbeiterinnen und Mitarbeitern zwischen einzelnen Bereichen gehören. Dies setzt zunächst gewisse Vorausplanungen und Vereinbarungen mit den Mitarbeitern voraus. Darüber hinaus wird eine Informationserfassung für die spätere Abrechnung erforderlich. Möglichst frühzeitige Mitteilungen an die Betroffenen für ihre persönlichen Dispositionen sind wünschenswert. Je besser das Informationswesen dazu geeignet ist, die Dispositionen im Bezug auf Terminierung, Kapazitätsauslastung und Leistungsbereitstellung zu unterstützen, umso eher läßt sich der Material- und Leistungsfluß im Unternehmen optimieren auch im wirtschaftlichen Sinne durch möglichst weitgehende Vermeidung von Staus, zusätzlichen Improvisationen oder dem Bereitstellen nicht benötigter Leistungen. Die bei der Verfolgung dieses Zieles entstehenden Anforderungen an die einzelnen Bereiche im Unternehmen können durchaus unterschiedlich sein und zu Zielkonflikten untereinander führen. Aufgabe eines Informationswesens im weitesten Sinne als Unterstützung der Führungsfunktionen ist es, solche Zielkonflikte möglichst frühzeitig aufzuzeigen, um im Sinne der Gesamtziele den Arbeitsfluß und die Leistungsausbringung zu gestalten.

Organisation der Informationsverarbeitung

Autonome und in sich geschlossene Systeme der Datenverarbeitung für einzelne Bereiche des Unternehmens werden den zuvor aufgezeigten Anforderungen nach integrierten Informationssystemen nur begrenzt gerecht werden können, obgleich sie vielfach noch den gewachsenen Strukturen im Unternehmen entsprechen. Die Abb. 7.8 symbolisiert die Strukturen dezentraler und zentraler Systeme in der Datenverarbeitung. Die Entwicklung sehr komplexer Systeme, die sowohl gemeinsame Datenbestände als auch aufeinander abgestimmte Verarbeitungsprozeduren verbinden, entsprechend zwar den Anforderungen nach Integration, führen in der Praxis jedoch häufig durch die vielfältigen Abhängigkeiten zur Unübersichtlichkeit und zu neuen Problemen. Dies gilt zum Teil bereits bei der Entwicklung solcher Modelle, insbesondere aber, wenn später Veränderungen in Einzelbereichen oder die Hinzunahme neuer Aufgaben erforderlich werden.

7

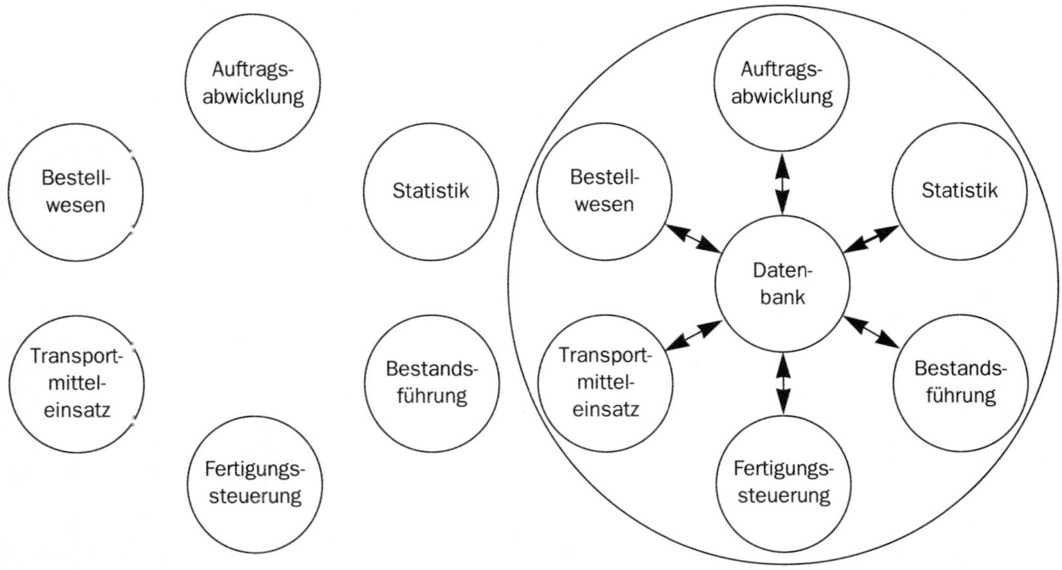

Abb. 7.8: Dezentrales und Zentrales System in der Datenverarbeitung

7

Die Anforderungen gehen dahin, praktikable und überschaubare Systeme zu erhalten und gleichzeitig den Informationsverbund sicherzustellen. Abb. 7.9 zeigt ein Informationssystem zur Integration dezentraler Aufgabenbereiche. Dabei lassen sich die Bearbeitungsvorgänge für die einzelnen Aufgabenbereiche übersichtlich unter der Zuständigkeit der jeweils Verantwortlichen gestalten. Die dazu benötigten oder im Verlauf der Verarbeitung erstellten Daten werden in einem gemeinsamen Informationssystem verwaltet und damit auch für andere berechtigte Anforderungen verfügbar. In einem solchen System lassen sich Weiterentwicklungen in der Datenübermittlung oder zu integrierten Textsystemen etc. einfügen, ebenso wie die Anforderungen an Datenschutz etc. realisieren, der nicht zuletzt durch die zunehmende Installation von Personal Computern und ähnlichen intelligenten Arbeitsstationen in den einzelnen Fachabteilungen in seiner Kontrolle schwieriger, in der Notwendigkeit jedoch größer geworden ist. Für Einzelheiten sei nochmals auf den gesonderten Beitrag „Informationsverarbeitung" verwiesen.
Neben der Organisation der Verarbeitungssysteme und der Informationsaufbereitung selbst sind gelegentlich im Unternehmen auch die organisatorischen Strukturen des formellen Informations- und Berichtswesen anzupassen. Aktuelle und sachdienlich aufbereitete Informationen sollten möglichst unverzüglich die Empfänger erreichen, die sie für die Planung oder Durchführung ihrer Arbeit benötigen. Dies bedeutet, daß lange Umwege, z. B. durch hierarchisch geordnete Weitergabe von Informationen im sogenannten „Dienstweg" wenig geeignet sind. Nicht der Status einer Person, sondern die Notwendigkeit im Arbeitsablauf muß darüber entscheiden, wer wann in welcher Weise Informationen erhält, sei es zur unmittelbaren Veranlassung von Maßnahmen oder zur Kenntnisnahme, sei es in Kurzform oder mit Hintergrundinformationen.

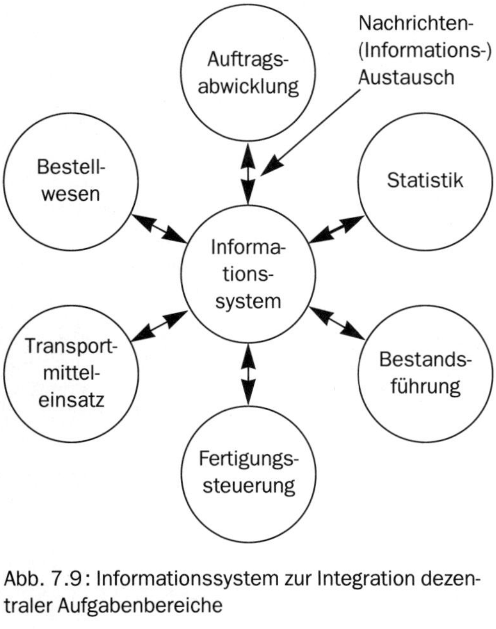

Abb. 7.9: Informationssystem zur Integration dezentraler Aufgabenbereiche

Informationssysteme

Wesentliche Bestandteile eines Informationssystems sind zum einen der Datenbestand, in dem Informationen gespeichert, gepflegt, aufbereitet und zur Abfrage bereitgehalten werden, sowie der Informationsfluß, mit dem die einzelnen Daten zu einer aussagefähigen Information aufbereitet, denjenigen zur Verfügung gestellt werden, die sie für ihre Arbeit benötigen und zugriffsberechtigt sind. Unter dem Gesichtspunkt der Aktualität der Datenbestände kommt der Datenerfassung eine besondere Bedeutung zu.
Auch in der Entwicklung von Systemen können Parallelen zwischen dem Informationswesen und der Logistik gesehen werden ohne die Analogien zu übertreiben. Sie können jedoch durch die unterschiedliche Sichtweise und anderen Hilfsmittel im einen Bereich Anregungen für den anderen Bereich geben. Sie betreffen Datenerfassung mit Plausibilitätskontrollen (Warenannahme und Eingangsprüfung), Datenbestände (Läger zur Speicherung von Waren mit unterschiedlichen Trägersystemen und Zugriffsmethoden) sowie dem Informationsfluß (Transport vom Quell- zum Zielort mit entsprechenden Trägersystemen zur sicheren Übermittlung). In einem Fall geht es um Informationen, im anderen um Material und Waren. Gemeinsam ist ihnen auch die Dienstleistungsfunktion, die integrierende (vernetzte) Betrachtungsweise und die prozeßorientierte Zielsetzung im Sinne einer Optimierung des Leistungsablaufes.

Informationen und Datenbestand
Hier geht es nicht um EDV-technische Fragen wie Datenspeicherung, -zugriff etc., sondern um die organisatorischen Anforderungen einer Integration der Informationen, die das Anliegen der Logistik unterstützt. Dazu sollten alle Daten, die auch von anderen benötigt werden oder für sie hilfreich sind, in die Datenbank einbezogen sein. Die Daten sind so zu speichern, daß sie je nach Informationszweck zu unterschiedlichen Informationen zusammengefaßt und aufbereitet werden können.

Daten über betriebsrelevante Vorgänge sollten so früh als möglich in das Informationssystem übernommen werden. Dies ermöglicht zum einen, den weiteren Verlauf zu verfolgen. Je häufiger Daten verarbeitet oder genutzt werden, ohne nochmals erfaßt werden zu müssen – abgesehen von eventuellen Ergänzungen – desto wirtschaftlicher ist die Verarbeitung. Außerdem werden zumeist die Sicherheit und die Auskunftsbereitschaft erhöht. Wird beispielsweise die Bestellung beim Lieferanten einschließlich der Preisvorgabe in die Datenbank aufgenommen, so kann sie als Information bei der Warenannahme, bei der Rechnungsprüfung, bei der Zubuchung zum Lagerbestand etc. dienen mit einem Minimum an zusätzlichen Eingabenotwendigkeiten. Vor dem Wareneingang dient die Information bereits als Hinweis darauf, daß eine Disposition erfolgt ist mit der Möglichkeit der Terminüberwachung und, falls die Ware selbst abgeholt wird, mit der Einplanung der Transportkapazität im Rahmen der Tourenplanung. Die zur Wareneingangsrechnung ergänzte Bestellung dient als Unterlage in der Buchhaltung und beim Zahlungsverkehr. Außerdem sind nachfolgende statistische Auswertungen möglich, z. B. auch über die Zuverlässigkeit des Lieferanten.
Weitere Vorteile zentraler Datenbestände bestehen darin, daß alle Beteiligten über die gleichen Informationen verfügen. Ändert sich z. B. die Adresse eines Geschäftspartners, so ist dies mit einer einmaligen Erfassung sowohl für die Auftragsbearbeitung, die Buchhaltung, die Versandabteilung, für Werbemaßnahmen etc. verfügbar. Zu klären ist, wer Daten verändern darf, zum Zugriff berechtigt ist oder welche Daten geschützt werden sollen. Die Zuständigkeit für die Datenpflege und Aktualisierung sollte jeweils denen übertragen werden, die einerseits fachlich dafür geeignet sind, üblicherweise im Rahmen ihrer Arbeiten frühzeitig die notwendigen Hinweise erhalten und möglichst für die Abwicklung ihrer eigenen Tätigkeit an einer korrekten und aktuellen Datenpflege interessiert sind.

Informationsfluß
Der Datenfluß umfaßt einmal die Übernahme der Dateneingabe zum Informationssystem und die Weiterleitung der Auswertungen an die Stellen, wo sie benötigt werden. Dies kann intern im Unternehmen oder auch zunehmend im Datenaustausch mit Geschäftspartnern, also extern, geschehen.

• Interner Datentransfer
Hierbei geht es einerseits um den Datenaustausch zwischen verschiedenen Anwendungsbereichen innerhalb der Informationsverarbeitung sowie darüber hinaus in die Bürokommunikation durch Schnittstellen zum Textsystem etc. Auf Einzelheiten hierzu ebenso wie auf den Aufbau von internen und externen Datennetzen wird auf den gesonderten Beitrag „Informationsverarbeitung" nochmals verwiesen.
Für die Aufgabendurchführung innerhalb der Logistik ist von Bedeutung, daß neben dem Ausdruck von Arbeitspapieren und Listen, z. B. für den Wareneingang, die Kommissionierung und den Versand etc. auch Daten zur Steuerung von Maschinen, ähnlich wie im Produktionsbereich, aufbereitet werden können. Hierzu gehört beispielsweise die Steuerung automatischer Regalbediengeräte im Lager. Die Ware wird jeweils auf entsprechenden Ladehilfsmitteln bereitgestellt mit Angabe der Artikelnummer. Das Verarbeitungssystem sucht aus dem Informationsbestand des Lagers einen freien Platz, steuert die Einlagerung des Gerätes und vermerkt die Lagerplatznummer zum Artikel. Erfolgt später eine Anforderung für diesen Artikel, so wird die entsprechende Lagerplatznummer dem Regalbediengerät für die Entnahme übermittelt und die entsprechende Steuerung veranlaßt. Dabei ist es eine Frage der Programmierung, ob z. B. jeweils die zuerst eingelagerte Ware auch wieder als erste entnommen werden soll. Vereinzelt werden bereits auch in der Verpackung Automaten und/ oder Roboter eingesetzt. Auch sie können in den Informationsfluß einbezogen und entsprechend mit Steuerungsdaten versorgt werden.
Die Nachrichten bestehen zunächst aus Datenteilen, die die richtige Übertragung sichern, also über die Datenquelle, und zur Identifikation der Zielstation und Kontrolldaten zur Überprüfung der richtigen Übermittlung und Codierung. Diese Steuerungsdaten werden vom System betreut, so daß sich die Anwender bzw. auch die Anwendungsprogrammierer lediglich um den so transportierten Informationsinhalt zu kümmern brauchen.

• Externer Datentransfer (Datenaustausch)
Zunehmend sind auch Geschäftspartner in das Informationssystem eingebunden. Die ersten Schritte bestanden in einem Datenträgeraustausch, d. h. der Geschäftspartner erhielt die Informationen in maschinenlesbarer Form, z. B. auf einem Magnetband, so daß eine zusätzliche Datenerfassung vermieden wurde. Dies wurde z. B. bei Sammelüberweisungen einschließlich der Lohn- und Gehaltsüberweisungen mit den Banken vereinbart etc. Über Datenfernverbindungen – sei es in Form von Wählverbindungen oder von über-

7

lassenen Leitungen, auch Standleitungen genannt, – ist die direkte Datenübermittlung möglich, ohne daß Datenträger ausgetauscht werden müssen. So können z. B. Bestellungen an den Lieferanten übertragen werden, der sie in seiner EDV verarbeiten kann ohne eine zusätzliche Erfassung. Hierzu zählt z. B. Auftragsabwicklung einschließlich Versandbereitstellung etc. Die Lieferscheine, Rechnungen, sonstige Versandunterlagen können dann ihrerseits parallel zur Ware wieder an die bestellende Firma übertragen werden, die sie ihren Ursprungsbestellungen hinzufügt, die intern erforderlichen Unterlagen aufbereitet, die Rechnung ins Buchhaltungs- und Zahlungssystem übernimmt und ebenfalls nach Freigabe die Wareneingänge in die Lagerrechnung.
Auch Spediteure können in das Informationssystem eingebunden werden, so daß sie rechtzeitig Nachricht über benötigte Transporteinheiten und Zielstationen mit Übernahmedaten und Angaben über Gewicht und Volumen etc. erhalten. Dies ermöglicht eine frühzeitige, aufeinander abgestimmte Planung. Treten Planungsengpässe auf, können rechtzeitig Rückinformationen gegeben werden, um frühzeitige Abstimmungsmaßnahmen zu veranlassen.

Datenerfassung
Betriebsrelevante Daten sollten möglichst bereits erfaßt werden, wenn sie zum ersten Mal in Kontakt zum betrieblichen Informationssystem kommen, also so weit wie möglich am Anfang des Prozesses. Aus der Verfolgung des Datenflusses ergeben sich Informationen über den entsprechenden Material- und Leistungsfluß. Dazu werden an den verschiedenen Stationen des Handlings, sei es in der Produktion oder im Lagerwesen, die entsprechenden Zusatzinformationen erfaßt. Man spricht in diesem Zusammenhang von der Betriebsdatenerfassung (BDE), die zunehmend an Bedeutung gewinnt und über aktuelle Informationserfassung der Steuerung und Kontrolle des logistischen Ablaufes dient.
Die Eingabestationen der BDE müssen robust, einfach in der Bedienung und ihrem Umfeld angepaßt sein. Die Datenaufnahme sollte möglichst ohne umfangreiche zusätzliche Eingaben erfolgen. Dies kann z. B. unterstützt werden durch maschinenlesbare Codierungen an den Transporthilfsmitteln über die durch die vorherige Zuteilung die Ware identifiziert werden kann. Ergänzt durch die Identifikation der lesenden Station und dem Lesezeitpunkt werden Ort und Zeit festgehalten und vervollständigen damit die Information über den Materialfluß. Weitere Informationen können eingegeben werden, z. B. die Personalnummer durch Einstecken einer entsprechenden Plastikkarte durch den Bediener.
Im Einzelhandel kann die verkaufte Ware an der Kasse artikelgenau, z. B. durch Scanner, erfaßt werden, zumindest für große Bereiche des Sortiments. Damit wird für diese Waren eine Bestandsführung ermöglicht, die rechtzeitige Nachdispositionen auslösen kann, auch wenn gewisse Ungenauigkeiten durch Schwund, wie z. B. Ladendiebstahl, Verwechselungen etc. auftreten können.
Eine weitere Möglichkeit der Datenerfassung im laufenden Arbeitsprozeß bietet die sogenannte „mobile Datenerfassung", indem auf kleinen tragbaren Geräten einerseits Vorinformationen zur Verfügung gestellt werden können und zum anderen zusätzliche Daten eingetastet oder durch Lesestift aufgenommen werden. Sie können z. B. eingesetzt werden von Außendienstmitarbeitern bei Bestellaufnahmen, bei Inventuraufnahmen, bei Verkaufsfahrern, für die Rücknahme von Leergut, im Speditionsbereich etc.

Integrierte Informationsverarbeitung
Durch die Erfassung aller relevanten Daten an den einzelnen Stationen am Beginn, während und am Ende des Leistungsprozesses und des Warenflusses sowie der sofortigen Übertragung in den Datenbestand entsteht ein aussagefähiges Informationssystem. Aus diesem können sie abgerufen oder den Stellen zugeleitet werden, die aufgrund dieser Kenntnis Maßnahmen veranlassen müssen. Hierdurch wird für die Logistik der Waren- und Leistungsfluß zunehmend transparent. Dies fördert die Planung, Steuerung und Kontrolle.

Ökologische Herausforderung

In den vorangegangenen Abschnitten dieses Beitrags wurde bereits mehrmals auf ökologische Aspekte hingewiesen. Sie gewinnen insgesamt für unternehmerische Entscheidungen eine zunehmende Bedeutung. Im Bereich der Logistik sind davon insbesondere der externe Transport und die Verpackung betroffen.
In der traditionellen Wirtschaftlichkeitsrechnung wird der Verbrauch von Gütern insoweit berücksichtigt, als hierfür Ausgaben notwendig werden, also Kosten entstehen. Güter, für deren Beanspruchung keine oder nur geringe Aufwendungen das Unternehmen belasten, gehen entsprechend auch nur gemindert in die durch Wirtschaftlichkeitsrechnung gesteuerte Entscheidungsfindung ein.

In der gesellschaftlichen Wertevorstellung haben ökologische Fragen jedoch eine zunehmende Bedeutung erlangt, so daß sie auch bei betrieblichen Entscheidungen zu berücksichtigen sind. Dies wird besonders dort relevant, wo umweltbewußtes Verhalten der Unternehmen vom Kunden honoriert wird bzw. entsprechende Verstöße auf Ablehnung treffen. Hinzu kommt, daß die Akzeptanz begrenzter Umweltressourcen auch im politischen Raum Niederschlag findet. Dies zeigt sich zum einen in Gesetzen und Verordnungen mit Auflagen für das Unternehmen, z. B. zur Minderung der Emmissionen und zum Schutz der Umwelt, siehe Verpackungsverordnung. Sie nehmen direkt Einfluß auf unternehmerisches Handeln und betriebliche Entscheidungen. Indirekter Einfluß über die Wirtschaftlichkeitsrechnung wird dann genommen, wenn durch die Erhöhung von Steuern und Gebühren, z. B. der Mineralölsteuer beim Kraftstoff, die Betriebskosten erhöht werden und somit Investitionen mit einem geringeren Verbrauch zu wirtschaftlicheren Ergebnissen führen können.

Der ökologischen Herausforderung kann sich also ein Unternehmen aus dreierlei Gründen stellen: Zum einen aus der eigenen Verantwortung der Umwelt gegenüber, zweitens um damit eine bessere Akzeptanz bei seinen Kunden zu finden, also Wettbewerbsvorteile zu erlangen, sowie schließlich drittens um staatlichen Regelungen vorzubeugen sei es in Form von gesetzlichen oder ähnlichen Auflagen oder entsprechenden Erhöhungen bei Steuern und Gebühren.

Umweltbelastung durch Transporte

Im Rahmen arbeitsteiliger Fertigung und größerer Wirtschaftsräume haben die Transporte in den letzten Jahrzehnten erheblich zugenommen. Dies konnte insbesondere dadurch geschehen, daß die fertigungsmäßigen Vorteile die zusätzlichen Aufwendungen für den Warentransport überkompensiert haben. Werden z. B. Vorprodukte im Süden erstellt, zur weiteren Montage in den Norden transportiert, um dann als Fertigprodukte wieder zum Vertrieb in den Süden verfrachtet zu werden, so entstehen erhebliche Transportaufwendungen gegenüber regionalen Fertigungen. Die Belastungen entstehen zum einen durch die Emmissionen der Transportmittel. Diese sind besonders intensiv beim LKW-Transport auf der Straße, der jedoch in Relation zu anderen Alternativen einen extrem stärkeren Zuwachs verzeichnet hat. Durch das hohe Verkehrsaufkommen auf den Straßen, durch Staus etc., haben die Transportzeiten zugenommen, was einerseits die Umweltbelastung erhöht, ebenso wie die Transportkosten.

Um den sich hieraus ergebenden Problemen zu begegnen, sind sowohl nationale als auch internationale Maßnahmen erforderlich. Es ist jedoch auch die Privatwirtschaft aufgerufen, entsprechend zu reagieren. Sinnvolle Ansätze sind im zunehmenden Maße zu erkennen.

Ein Weg ist die mehrgliedrige Transportkette, der gebrochene, kombinierte Verkehr, wie er unter außerbetrieblichen Transportmitteln im Rahmen des Abschnitts „Transportvorgang" behandelt wurde. Hierdurch wird es ermöglicht, für die gesamte Transportstrecke die Kosten und die Umweltbelastung zu minimieren durch den Einsatz unterschiedlicher Transportmittel für die lange Distanz einerseits sowie andererseits für die Anlieferung und Auslieferung im Nahverkehr. Im kombinierten Verkehr wird die Umverladung von einem Transportmittel auf ein anderes begünstigt im Verhältnis zur Zeit, zu den Kosten und zur Sicherheit des Transportgutes. An die Logistik werden dabei entsprechende Anforderungen gestellt, aufeinander abgestimmt zur rechten Zeit am rechten Ort in richtiger Dimension die unterschiedlichen Transportmittel und Behälter, z. B. Container, bereitzustellen. Hierbei ist wiederum Vorsorge zu treffen, daß nicht durch diese Bereitstellung zusätzliche Transporte entstehen, die den zuvor erwarteten Nutzen ganz oder zum großen Teil aufwiegen. In diesem Sinne entwickeln sich entsprechende Verbundsysteme, auf die bereits hingewiesen wurde. In Terminals an besonderen Knotenpunkten mit hohem Güteraufkommen werden Verladestationen eingerichtet, die durch eine betriebsübergreifende Disposition die Optimierung ermöglichen. Soweit es sich als sinnvoll erweist zur Anlieferung an diese Terminals oder bei der Abholung, eigene Transportmittel einzusetzen, so sollten diese in die Dispositionskette integriert werden.

Eine besondere Thematik bildet der CityVerkehr. Seine Problematik besteht darin, daß die Anlieferung von Waren im Innenstadtbereich mit großen Fahrzeugen und/oder zu bestimmten Zeiten kaum oder nur mit erheblichen Belastungen möglich ist. Durch die Zusammenarbeit von Spediteuren im Fern- und Nahtransportbereich wird es möglich, den Innenstadtbereich mit besonderen, gegenüber dem Fernverkehr für die City geeigneteren Fahrzeugen zu bedienen. In einem solchen Verbund ist es möglich, Leerfahrten oder Fahrten mit geringer Beladung zu reduzieren und damit auch die Belastung der Innenstädte zu mindern.

Mit einer Expansion des kombinierten Verkehrs und der Entwicklung weiterer Verbundknoten mit rationellen Umlademöglichkeiten ist in der Zukunft zu rechnen. Inwieweit die Bundesbahn nach ihrer geplanten Umstrukturierung als privatwirtschaftlich geführtes Unternehmen hierzu einen größeren Beitrag zu leisten in der Lage sein wird, auch im Interesse der Umweltbelastung – z. B. durch Ausdehnung des Huckepack-Verkehrs und von Schnellverbindungen für LKWs oder Container auf der Eisenbahn – bleibt abzuwarten.

Schonender Umgang mit Ressourcen

7

Neben dem Energieverbrauch und der Umweltbelastung bei den Transporten stellt die Verpackung innerhalb der Logistik einen wesentlichen Bereich dar, in dem Ressourcen verbraucht und Abfälle produziert werden. Insoweit wird künftig noch verstärkt die Kreativität aller Beteiligten gefordert sein, ökologisch und ökonomisch vernünftige Lösungen zu entwickeln und in die Praxis umzusetzen.
Mit der Verpackungsverordnung – die bereits im Abschnitt „Verpackung" im Abschnitt „Kommissionierung" angesprochen wurde – hat der Staat Orientierungsmaßstäbe vorgegeben. Für ihre sinnvolle Realisierung werden noch weitere Detailschritte und die Bündelung der Aktivitäten auf den verschiedenen Ebenen erforderlich sein.
Die Schonung wertvoller Ressourcen bei der Produktion von Verpackungen und die anschließende Abfallproblematik führen zu der Forderung, zunächst dort, wo es möglich ist, Verpackungen sparsamer und sinnvoller einzusetzen, um Abfälle zu vermeiden oder zumindest zu vermindern, und zum anderen, soweit sie anfallen, eine Wiederverwertung – ein Recycling – zu ermöglichen.

Abfallverminderung
Zum einen ergeben sich Einsparungsmöglichkeiten bei der Verkaufsverpackung und vielfach bei der Umverpackung, indem z. B. auf zusätzliche Kartons etc. bei bereits für den Verkauf verpackten Waren verzichtet wird. Die Kunden scheinen dies in zunehmendem Maße nicht nur zu aktzeptieren, sondern positiv in ihre Kaufentscheidungen einzubeziehen. Dabei sind jedoch bei Überlegungen zum Einsatz von Pfandflaschen und -gläsern etc. als Mehrwegverpackungen im Verkauf, andererseits der Ressourcenverbrauch und die Umweltbelastung z. B. durch Rückführung und Reinigung zu beachten. Innerhalb der Logistik stellt sich in besonderer Weise die Frage nach dem sinnvollen Umgang bei Transportverpackungen.
Hierbei ergeben sich wertvolle Ansätze aus der Weiterentwicklung der Mehrwegsysteme. Dabei sollten die Verpackungsmittel und die Mehrweggebinde einigen Anforderungen entsprechen. Zum einen müssen sie durch Konstuktion und Stabilität eine mehrfache Wiederverwendung zulassen. Des weiteren sollen sie standardisiert werden. Dies unterstützt einerseits eine rationalere Lagerhaltung. Darüber hinaus sollte hierdurch erreicht werden, daß sie nicht nur firmenspezifisch, sondern im Austausch einsetzbar sind, also die von einem Unternehmen eingesetzte Verpackung von einem anderen sinnvoll weiterverwendet werden kann. Schließlich sollten die Abmessungen möglichst so gewählt werden, daß sie bei optimaler Raumnutzung in größere Gebinde gestaut werden können.
Die bereits unter „Ladehilfsmittel" im Abschnitt „Lagerwesen" behandelten POOL-bzw. Euro-Paletten (800 x 1200 mm) erfüllen diese Voraussetzungen, so daß z. B. für ein Unternehmen es nicht mehr von Bedeutung ist, ob es nach der Abgabe von Paletten genau seine eigenen zurückerhält oder andere aus dem gemeinsamen Pool.
Weitere Angebote werden entwickelt durch Halbpaletten (800 x 600 mm) bzw. Viertelpaletten (600 x 400 mm) sowie Faltkartons und Nonfood-Behälter. Hinzu kommen Behälter für den Lebensmittelbereich, unterschieden für Obst und Gemüse, Molkereiprodukte, Fleisch und Fisch, jeweils in modularen Größen.

Recycling
Soweit Verpackungsmaterial zu Abfall führt, sollte es soweit als möglich wiederverwertbar sein. Hierzu gehört auch, daß es bei der Trennung nach Werkstoffen eindeutig zugeordnet werden kann, so daß die Aufbereitung erleichtert wird.
Der weitere Aspekt des Recyclings liegt darin, daß möglichst viel der Verpackung – auch der Mehrwegverpackung – aus Recyclingmaterial produziert wird, z. B. Kunststoff-Recyclate aus dem Dualen System. Insoweit wird dann zwar nicht das ursprüngliche Produkt, aber das hieraus gewonnene Material wiederverwendet.

Entsorgung und logistischer Kreislauf

Anzustreben ist, daß für den Rücktransport von Mehrweg-Verpackungen, Gebinden, Leergut und Ladehilfsmitteln möglichst wenig zusätzliche Transporte – die ihrerseits wieder Ressourcen benötigen und die Umwelt beeinträchtigen – erforderlich werden. Entsprechendes gilt für die

Entsorgung der entstehenden Abfälle aus Verpackungsmaterial. Damit wird die ursprüngliche logistische Aufgabe den Warenfluß von der Beschaffung durchs Unternehmen bis hin zum Kunden auf der Absatzseite zu betreuen ergänzt durch einen rückläufigen Strom der Entsorgungs-Logistik für Retouren, Leergut, Austausch-Aggregate, Recycling-Güter und Abfall-Produkte. Beide Ströme zusammen können als logistischer Kreislauf gesehen werden, den es zu optimieren gilt.

Um die Rücktransporte von Mehrweg-Transport-Behältern zu verkürzen wird angestrebt, die Wiederverwender zu versorgen aus möglichst nahegelegenen Orten, an denen die Gebinde freiwerden. In diesem Sinne plant eine Gruppe namhafter Firmen die Schaffung eines gemeinsamen EntsorgerKonsortiums mit einem groß angelegten Pool an Mehrweg-Transport-Verpackungen. Vorgesehen ist die Einrichtung regional verteilter POOL-Zentralen und zusätzlicher Annahmestellen. Aufgrund fest geplanter Entsorgungstouren oder fallweiser Anforderung – sei es telefonisch oder auf der Basis von Datenaustausch – soll das Abholen der leeren Mehrweggebinde in die POOL-Zentralen erfolgen. Dabei werden sie auf Wiederverwendbarkeit geprüft, ggf. gereinigt oder in sonstiger Weise aufbereitet und für eine Neuverwendung bereitgehalten. Durch die Standardisierung der verschiedenen Transport-Verpackungen, die in entsprechend ausreichenden Mengen in Umlauf gehalten werden sollen, soll es möglich sein, die nachfragenden Betriebe jeweils aus dem nächstgelegenen Lager mit geeigneten Transportmitteln zu versorgen. Vorgesehen ist dabei, daß in einer POOL-Bank mit entsprechender EDV-Unterstützung die notwendige Verwaltung durchgeführt wird mit Bestandskontrolle, Disposition, Tourenplanung bei der Zustellung und Abrechnung für jeden einzelnen angeschlossenen Betrieb (Kunden). Dabei soll einerseits die logistische Dienstleistung und andererseits die Verweildauer der Gebinde beim Kunden als Mietkomponente berechnet werden.

Weitere Dispositionsschritte werden sicherlich in die Richtung gehen, die eigentlichen Warentransporte und die Entsorgungslogistik in die Einsatzplanung der Transportmittel und entsprechende Tourenpläne zusammenzufassen, um Leerfahrten, also Fahrten der Transportmittel ohne Ladegut, weiter zu reduzieren. In Verbindung mit kombinierten Transporten entsteht insgesamt dabei ein logistisches Verbundsystem, durch das in überbetrieblicher Zusammenarbeit ökologische Herausforderungen mit ökonomischen Anforderungen optimiert werden.

Organisatorische Eingliederung der Logistik

In vielen Unternehmen sind zumindest in der Vergangenheit eine Reihe logistischer Funktionen von mehreren Stellen im Betrieb wahrgenommen worden. So kann es beispielsweise sein, daß der Einkauf sich mit allen Fragen beschäftigt, die mit dem Wareneingang zusammenhängen. Soweit erforderlich, wurde mit Spediteuren zusammengearbeitet. Auf der anderen Seite ist der Warenausgang, insbesondere die Warenanlieferung an die Kunden, im Zuständigkeitsbereich des Vertriebs, der seinerseits die externen Transporte entweder mit eigenem Zustelldienst oder durch Zusammenarbeit mit Spediteuren löst. Innerbetriebliche Transporte sind dann weitgehend der Produktion zugeordnet. Bei der Lagerhaltung sind verschiedene Zuordnungen anzutreffen. So kann beispielsweise die Verantwortung für das Materiallager beim Einkauf oder bei der Produktion liegen. Beim Fertiglager ist ebenfalls zu entscheiden, inwieweit die Verantwortung noch im Produktionsbereich liegt oder an den Vertrieb abgegeben wird. Bei solchermaßen in verschiedenen Verantwortungsbereichen aufgeteilten Zuständigkeiten wird eine gesamtlogistische Abstimmung deutlich erschwert. Die Gefahr besteht, daß jeder den ihn übertragenen Teil vorrangig aus der Sicht seiner Primäraufgaben löst.

Diese Struktur entspricht oftmals der gewachsenen Organisation. Die Kosten für die Logistik und die Bedeutung für den Unternehmenserfolg haben in den meisten Betrieben in den letzten Jahrzehnten deutlich zugenommen. Hinzu kommen technische Entwicklungen im Lager- und Transportbereich, Integrationsaufgaben zur Datenverarbeitung und ökologische Herausforderungen. Dies alles erfordert zunehmend, organisatorische Voraussetzungen zu schaffen, durch integrierte Lösungen einen reibungslosen Ablauf zu sichern und Rationalisierungs- und Kosteneinsparungsreserven zu nutzen. Hierbei reicht es zumeist nicht aus, einem der Teilbereiche eine zusätzliche Koordinationsfunktion zu übertragen und bei z. B. größeren Investitionsvorhaben externe Berater hinzuzuziehen.

Die Institutionalisierung wesentlicher logistischer Elemente in einem Unternehmen erfordert üblicherweise eine Anpassung, gelegentlich auch eine Teilumstellung der organisatorischen Struktur. Dabei sind selbstverständlich auch übrige interne und externe Einflußgrößen zu berücksichtigen, so daß wie bei anderen organisatorischen Planungsphasen auch, möglichst frühzeitig die

Betroffenen beteiligt werden sollen. Dies zum einen, um deren Detailkenntnisse mit in die Ergebnisse einfließen zu lassen und zum anderen die Motivation der Beteiligten zu erhöhen, Entscheidungen mitzutragen und sich bei der Realisierung zu engagieren.

Zuordnung in der Aufbauorganisation

7

Aufgabe der Organisation ist es, für den Betrieb zweckdienliche Systeme und Strukturen zu schaffen. Dabei wird in Aufbau- und Ablauforganisation unterschieden siehe hierzu auch das Kapitel „Organisation" im einleitenden Beitrag „Betriebswirtschaft". Zur Aufbauorganisation gehört es, durch Zuordnung von Zuständigkeit und Verantwortung die Gliederungsstruktur des Unternehmens aufzuzeigen sowie Bereiche, Abteilungen, Gruppen – eventuell weitere Unterteilungen je nach Betriebsgröße und Aufgabenstellung – zu schaffen.

Zur Einbindung eines Bereiches „Logistik" in die betriebliche Organisationsstruktur stehen grundsätzlich drei Möglichkeiten zur Verfügung:
- Bildung eines Linienbereiches Logistik,
- Schaffung einer Stabsstelle Logistik oder
- Eingliederung der Logistik als Matrixfunktion.

Bei der Entscheidung ergeben sich ähnliche Abwägungen wie bei anderen Querschnittsfunktionen auch, d.h. Bereichen wie z. B. Informationsverarbeitung oder Controlling, die nicht den Grundfunktionen Beschaffung, Produktion und Absatz allein zuzuordnen sind.

Bei kleineren Unternehmen ist durch die geringe Zahl der Führungskräfte die Schaffung verschiedener Abteilungen begrenzt. Hier kann es sinnvoll sein, alle logistischen Aufgaben einem Bereich zuzuordnen, der sie dann als Dienstleistung auch für andere Bereiche wahrnimmt. Für größere Unternehmen bietet sich diese Form jedoch nicht an. Auch wenn sie in ähnlicher Weise gelegentlich anzutreffen ist, um die verschiedenen logistischen Aufgaben zu bündeln, so kann dies meist nur eine Übergangsphase sein, bis endgültige organisatorische Strukturen geschaffen sind.

In Abb. 7.10 ist die organisatorische Eingliederung der Logistik als Linien-, Stabs- oder Matrixfunktion dargestellt.

Eine eindeutige Zuordnung aller logistikbedingten Koordinationsaufgaben zentral in einen Bereich erfolgt bei der Einführung einer *Linienfunktion* Logistik mit voller Weisungsbefugnis, klarer Zuständigkeit und Verantwortung. Dies hat eine Reihe positiver Aspekte wie z. B. Entscheidungsbefugnis, Kompetenz, Eigenverantwortung und Bereichsüberblick, auch bei einer eventuell vielstufigen Ablauforganisation. Auf der anderen Seite können sich Spannungen bei der Einführung ergeben, da eine Reihe von Aufgabengebieten in die neue Zuständigkeit überführt werden, die zuvor in den verschiedenen Bereichen wie Einkauf, Produktion und Vertrieb angesiedelt waren. Hier ist es von besonderer Bedeutung, die entsprechenden Bereiche in die Planung einzubeziehen und eine wirkliche Akzeptanz zu erreichen. War einer der Bereichsleiter bisher bereits extrem stark an logistischen Aufgabenstellungen interessiert, so ist zu überlegen, ob ihm möglicherweise die Leitung des neuen Bereiches „Logistik" übertragen wird. Insgesamt ist zu beachten, daß bei der Leitung solcher Querschnittsfunktionen in besonderer Weise eine gute Zusammenarbeit mit den anderen Bereichen gewährleistet wird.

Bei der Regelung als *Stabsfunktion* verfügt der Logistik-Bereich über keinerlei eigene Entscheidungsbefugnis, zumindest nicht im Sinne einer direkten Durchsetzbarkeit. Die Koordination wird überwiegend durch beratende Tätigkeit wahrgenommen. Bei Zielkonflikten und Problemen in der Umsetzung liegt die Entscheidung und Durchsetzung in der Verantwortung der Unternehmensleitung.

Bei einer *Matrixorganisation* bleibt die direkte Zuständigkeit für die Umsetzung im laufenden Arbeitsprozeß bei den jeweiligen Bereichen. Dem Bereich Logistik sind Richtlinienkompetenz und Kontrollfunktion zuzuweisen. Wie typisch für diese Organisationsform wird Kooperationsbereitschaft und die Fähigkeit zur Zusammenarbeit im Team von den Beteiligten erwartet, um die Ziele der Gesamtverbesserung zu erreichen.

Welche der angesprochenene Organisationsformen bei der Abwägung aller Vor- und Nachteile für ein Unternehmen am geeignetsten ist, läßt sich nur unter den Rahmenbedingungen des konkreten Einzelfalles entscheiden. Die Matrixorganisation bietet sich in aller Regel nur bei größeren Unternehmen und entsprechender Kooperationsbereitschaft der Führungskräfte an. Bei einer Entscheidung hierzu wird mit zu berücksichtigen sein, inwieweit diese Struktur auch für die Regelung bei anderen Querschnittsfunktionen im Unternehmen angemessen ist. Vielfach ist dies für Großunternehmen eine durchaus erwägenswerte Alternative gegenüber einer Linienorganisation, insbesondere bei einer hohen Komplexität und Vielschichtigkeit der logistischen Aufgaben in Verbindung mit den übrigen Tätigkeiten im Betrieb. Vor allem bei einer Linienorganisation bietet sich an, daß Logistik-Controlling nicht dem Linienbereich Logistik, sondern dem Controlling zuzuordnen.

Logistikorientierte Organisation

Organisatorische Gestaltung vollzieht sich stets im Spannungsfeld, einerseits Zuständigkeiten und Verantwortungen eindeutig zuzuordnen sowie andererseits die sich aus der Vernetzung der einzelnen Aufgabenbereiche notwendigen Kooperationen und Gesamtverantwortung zu fördern. Etwas leger ausgedrückt bedeutet dies: Es soll ein Abteilungsegoismus verhindert werden und andererseits ist zu unterbinden, daß sich jeder um alles, möglichst nur nicht um seine eigenen Aufgaben kümmert. Bei komplexen Aufgabenstellungen ist es naheliegend, daß unterschiedliche Einflußfaktoren je nach Sichtweise verschieden bewertet werden und damit in der Folge zu abweichenden Ergebnissen führen können. Als sachbezogene Konkurrenz verschiedener Anliegen führt dies zu dem Thema der Zielkonflikte (siehe hierzu auch das Kapitel „Zielorientierte Unternehmensführung“ im einführenden Beitrag zur Betriebswirtschaftslehre). Die Lösung liegt dann weniger im Ausklammern zusätzlicher Komponenten – was zu unwirtschaftlichen Vernachlässigungen führen kann – sondern in der Orientierung am übergeordneten Gesamtziel. Die Gewichtung der einzelnen Aspekte kann dabei situationsbedingt durchaus unterschiedlich sein, z. B. bei der Festlegung grundsätzlicher Regelungen anders als bei notwendigen Improvisationen im Störungsfall. Hier gilt z. B. auch das Ausgleichsgesetz der Planung, indem es langfristig gilt, Engpaßbereiche zu beseitigen, während sie kurzfristig den Handlungsspielraum begrenzen.
Organisationsformen können solche Zielkonflikte nicht vermeiden, aber Strukturen schaffen, die ei-

7

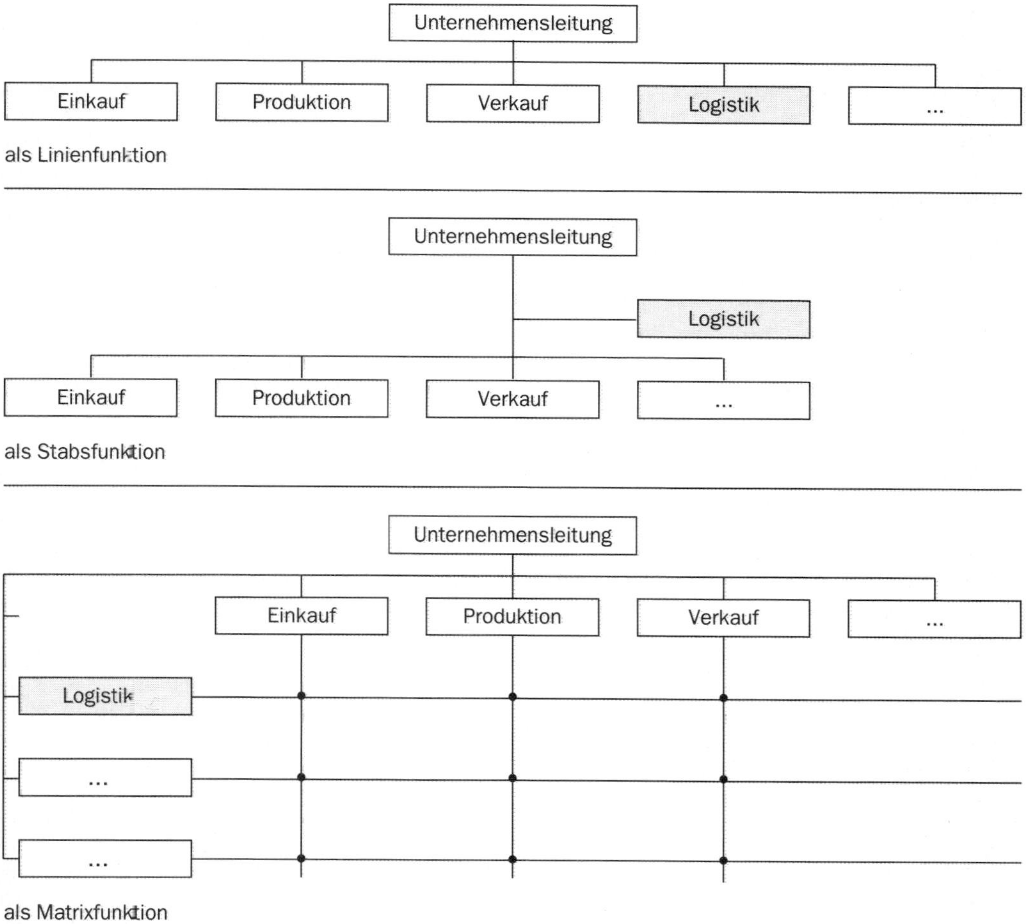

Abb. 7.10: Mögliche Organisationsstrukturen

7

nen konstruktiven Umgang mit ihnen fördern. Ein Prinzip empfiehlt, Entscheidungen über Zielkonflikte möglichst auf die unterste Ebene zu verlagern, die bereits über die notwendige Kompetenz zur Lösung verfügt. Dies führt zu kurzen Entscheidungswegen, die Nutzung der Detailkenntnisse der unmittelbar Betroffenen sowie dazu, daß diejenigen, die am unmittelbarsten von unterschiedlichen Entscheidungen in ihrer Arbeitsweise berührt werden, auch beteiligt sind. Gehen wesentliche Auswirkungen jedoch über diesen Bereich hinaus, so sind die Entscheidungsprozesse so anzusiedeln, daß auch die übrigen betroffenen Bereiche mit eingeschlossen werden. Die organisatorische Anforderung geht dann dahin, unterstützt durch eine entsprechende Personalentwicklung und ein aussagefähiges Informationssystem sicherzustellen, daß solche Themen möglichst frühzeitig erkannt und auch weitergegeben werden, also nicht einseitig zusätzliche Fakten – auch z. B. durch Verzögerungen – geschaffen werden, die den späteren Handlungsrahmen unnötig und oftmals unwirtschaftlich im Sinne der Gesamtziele einengen.
Das charakteristische der logistischen Problemstellung ist dadurch gekennzeichnet, daß Entscheidungen bei Teilfunktionen einerseits bereichsübergreifend im Sinne eines gesamten Materialflusses zu sehen sind und zum anderen im direkten Kontakt stehen zur Gestaltung von Teilaufgaben innerhalb der einzelnen Bereiche. Aus der Aufteilung und Zuordnung solcher Aufgabenstellungen in die typischen Bereiche Beschaffung, Produktion und Absatz/Vertrieb resultieren eine Vielzahl organisatorisch bedingter Logistik-Probleme, man spricht hierbei auch von einem „logistischen Spannungsfeld“. Dies will umschreiben, daß die auf einen der klassischen Bereiche konzentrierte Zielsetzung oftmals differiert mit der prozeßorientierten Sicht betrieblicher Wertschöpfung. Andererseits würde eine Konzentration aller dieser Aufgabenstellungen in die Zuständigkeit einer Logistikabteilung eine Konkurrenz der Anforderungen mit den übrigen Bereichen verursachen. Außerdem könnte dies zu einer Überdimensionierung der Logistik führen mit einer Fülle zusätzlicher Maßnahmen, um die jeweils notwendige Detailkompetenz zu gewährleisten. Wie bereits im vorhergehenden Abschnitt aufgezeigt, kann ein Lösungsansatz in einer Matrixorganisation liegen, indem ein Abstimmungsproblem durch zwei „Anwälte“ repräsentiert wird, und zwar durch die auf die Bereichsfunktionen konzentrierte und die am Gesamtleistungsprozeß orientierte Leitung. Die sich dabei aus der Theorie heraus ergebenden Erwartungen werden nicht immer erfüllt, da die Voraussetzungen hierfür in der Praxis viel Entwicklungsarbeiten erfordern, z. B. Personalwesen zur Kooperationsbereitschaft, aussagefähiges Informationswesen und zielorientierte Unternehmensführung. Dabei verlangen diese Voraussetzungen nicht zwangsläufig die Einführung einer Matrix-Organisation, sondern sind durch entsprechende Zusammenarbeit auch im Rahmen von Linien- und Stabsorganisationen zu lösen.
Die Fähigkeit einer Organisation, mit Zielkonflikten konstruktiv umzugehen und hierin nicht primär die Probleme, sondern die sich daraus auch ergebenden Chancen zu nutzen, wird entscheidend sein, Rationalisierungsreserven aufzudecken, Leistungsverbesserungen zu verwirklichen und damit insgesamt die Wettbewerbsfähigkeit des Unternehmens zu stärken. Die Logistik kann hierzu durch ihr bereichsübergreifendes und prozeßorientiertes Denken beitragen. Zusätzliche Impulse entstehen ferner aus einer integrierten Informationsverarbeitung, einen an Zielen, Planvorgaben (Budget) und Rückmeldungen orientiertem Controlling sowie nicht zuletzt aus einem entsprechenden Führungsverhalten und einer Personalentwicklung, die die Motivation und Lernbereitschaft der Mitarbeiter stärkt und somit zu einer lebendigen, lernfähigen und damit anpassungsbereiten Organisationsentwicklung beiträgt.
In den nachfolgenden Absätzen soll, bezogen auf die Bereiche Beschaffung, Produktion und Absatz skizziert werden, inwieweit Funktionen jeweils diesen Bereichen oder einem neuzuschaffenden Logistik-Bereich zugeordnet werden könnten. Dabei wird untergliedert werden in:
- Typische Logistik-Aufgaben,
- Logistik-relevante Aufgaben und
- Logistik-irrelevante Aufgaben.

Das Spannungsfeld ergibt sich zumeist weniger in der Ausgliederung typischer Logistik-Aufgaben aus den bisher traditionellen Zuordnungen als vielmehr in der Lösung bei den Logistik-relevanten Funktionen.

Beschaffungs-Logistik

Unberührt bleiben die den Einkaufsfunktionen zuzurechnenden Aufgaben wie die Marktbeobachtung, Einholung und Auswertung von Angeboten, Lieferantenauswahl, Preisverhandlungen und Vertragsabschlüsse etc.
Zu den typischen Logistik-Aufgaben zählen die Eingangskontrolle und Einlagerung, die Lagerung sowie die Bestandsüberwachung. Das Festlegen von Verpackungs-, Transport- und Versandvor-

schriften ist zwar einerseits Teil der Vertragsverhandlungen zwischen dem Einkauf und dem Lieferanten, andererseits von solcher Bedeutung für die Logistik, daß es sinnvoll ist, ihr die primäre Zuständigkeit zu übertragen.
Als Logistik-relevant sind anzusehen die Bedarfsermittlung und Disposition einschließlich Festlegung und Überprüfung von Liefermengen und Lieferterminen. In die Abstimmungen mit einzubeziehen sind darüber hinaus Vorgaben aus der Produktion und Bedarfsermittlungen des Vertriebs im Bezug auf den Einkauf von Fertigerzeugnissen. Ferner können finanzwirtschaftliche Richtwerte im Hinblick auf die Gesamtmittelbindung im Lagerbereich zu beachten sein. Siehe hierzu auch das Kapitel „Materialwirtschaft-Beschaffung“ im einleitenden Beitrag zur Betriebswirtschaftslehre. Hier wurden auch für die Sortiments- und Artikelanalyse die „ABC-Analyse (Anteil der Artikel am Umsatz, z. B. A-Artikel können mit 10 % Anteil am Sortiment 70 % vom Umsatz ausmachen) und die XYZ-Analyse (X-Artikel haben eine hohe, Z-Artikel eine geringe Vorhersagegenauigkeit) behandelt. Die Abb. 7.11 zeigt den Automatisierungsgrad bei Dispositionen in Relation zur ABC- und XYZAnalyse.

	A	B	C
X	a	a	a
Y	h	h	a
Z	i	i	h

a = automatisch b = halbautomatisch i = inidviduell

Abb. 7.11: Automatisierungsgrad bei Dispositionen ind Relation zur ABC- und XYZAnalyse

Produktions-Logistik

Dem engeren Bereich der Produktion obliegen insbesondere die Bestimmung von Verfahren und Techniken, die Durchführung der Fertigung und Montage einschließlich Steuerung sowie die Sicherstellung der geforderten Qualität.
Typische Logistik-Aufgaben sind der innerbetriebliche Transport und die Materialbereitstellung sowie die Zwischenlagerung. Inwieweit sie einem eigenständigen LogistikBereich zugeordnet werden oder nur unter deren Mitwirkung im Zuständigkeitsbereich der Produktion verbleiben, ist im konkreten Fall zu entscheiden. Je stärker z. B. Fördermittel eventuell mit Pufferfunktionen zur Zwischenlagerung in den Fertigungsprozeß integriert sind, umso eher wird die Dominanz in der Produktionsabteilung verbleiben. Dann obliegt es dem Logistik-Bereich, Hilfestellungen zu bieten, und zwar einschließlich der Abstimmung mit anderen Bereichen.
Logistik-relevant im Sinne einer ganzheitlichen Prozeßbetrachtung ist die Produktionsplanung inklusive der „make or buy-Entscheidungen“, also der Abwägung, ob Erzeugnisse selbst hergestellt oder zugekauft werden sollen. Bei diesen Überlegungen ist die Logistik einzubeziehen ebenso wie der Einkauf und zusätzlich der Absatz im Bezug auf die Produktionsplanung.
Aus der stärkeren Beachtung ökologischer Anforderungen und eventueller Aufgabenstellungen bei der Entsorgung sowohl im Zusammenhang mit der Fertigung als auch später bei den Produkten kann eine Abstimmung zwischen Produktion und Logistik sinnvoll sein, abgesehen von der Einbeziehung des Marketing-Bereiches.
Im Rahmen des Industrial Engineering wird heute oft die Zusammenarbeit mit der Logistik betont bei der Ersatzteilversorgung, Wartung und Instandhaltung technischer Systeme einschließlich der mit dem Betrieb im Zusammenhang stehenden Entsorgungslogistik. Vielfach wird heute davon ausgegangen, daß ein Großteil der Rationalisierungsmöglichkeiten bei den Fertigungsverfahren auf dem Stand der heutigen Technik realisiert wurden, sich jedoch noch größere Reserven zur Erhöhung der Wirtschaftlichkeit im Bereich der logistischen Abläufe im Fertigungsprozeß ergeben. Eine solche Zusammenarbeit schließt dann Anregungen bei der Produktgestaltung ebenso mit ein wie bei der Raumplanung, prozeßorientierten Zuordnung der Fertigungsstellen etc.
Insbesondere auf die Arbeitsvorbereitung und Planung der Fertigung wird auch verwiesen auf das Kapitel „Produktion – Leistungserstellung“ im einführenden Beitrag zur Betriebswirtschaftslehre.

Absatz-Logistik

Hier werden dem Bereich neben den marketingorientierten Funktionen auch die Fertigwarenläger zugerechnet, auch wenn dies teilweise gesondert dargestellt wird.
Die wichtigsten typischen Absatz-Aufgaben wie Marktforschung, Akquisition einschließlich Werbung, Preisgestaltung, Absatzplanung, Verkauf einschließlich Abschluß des Kaufvertrages sind im Kapitel „Absatz – Leistungsverwertung“ im einführenden Beitrag zur Betriebswirtschaftslehre dargestellt
Zu den typischen Logistik-Funktionen zählen all die Aufgaben, die mit dem Fertigwarenlager, der

Kommissionierung und der Verpackung zusammenhängen bis hin zur Warenzustellung an den Kunden. Dies sind: Eingangskontrolle und Einlagerung, Lagerung selbst, Bestandsüberwachung, Disposition bzw. Bestellauslösung zur Auffüllung des Lagers bzw. der Läger, Kommissionierung, Verpackung und Bereitstellung für den Versand, Transportplanung und Versandabwicklung. Hier bietet sich eine organisatorische Zuordnung zur Logistik an, falls nicht in Großunternehmen gesonderte Abteilungen hierfür geschaffen werden, die dann eine starke Ausrichtung zur Gesamtlogistik des Unternehmens haben.

7

Unterschiedlich behandelt wird, inwieweit die kaufmännische Auftragsabwicklung lediglich Logistik-relevant ist oder als typische Logistik-Aufgabe einzuordnen wäre. Auf jeden Fall erfolgt durch die Einbeziehung der Auftragsabwicklung in ein integriertes Informationssystem die Aufbereitung der für die Distributionslogistik notwendigen Daten. Auf den hier relevanten Kommissionierauftrag wurde schon im Rahmen des Abschnitts „Kommissionierung“ eingegangen.

Die Absatzplanung sowie die Bedarfsmeldung bzw. Bestellauslösung an Produktion bzw. Beschaffung sind Logistik-relevant, liegen jedoch im primären Zuständigkeitsbereich des Absatzes. Über besondere Entwicklungen oder geplante Aktionen sollte die Logistik frühzeitig informiert werden, um rechtzeitig Dispositionen vornehmen zu können, die eine reibungslose Auftragsabwicklung sichern.

Zeitgenaue und wirtschaftliche Warenzustellung gewinnt in vielen Bereichen für die Kunden eine immer größere Bedeutung. Hier wird die Wettbewerbsfähigkeit des Unternehmens entscheidend von dem Leistungsvermögen der Logistik im Bezug auf die Distribution geprägt. Insoweit ist eine enge Abstimmung sinnvoll. Hier sind gegebenenfalls auch die Kunden direkt mit einzubeziehen, um deren wirkliche derzeitigen und auch künftigen Anforderungen berücksichtigen zu können.

Zu den Abstimmungsfragen gehört auch, inwieweit von einem Zentrallager oder von verschiedenen Auslieferungslägern die Kundenbetreuung am besten gewährleistet werden kann. Der Umfang der Service-Leistungen bei der Anlieferung, z. B. Montage, ist mit entscheidend darüber, inwieweit externe Transporte in Eigenregie erfolgen sollten.

Handels-Logistik

Auch wenn Absatz- und Beschaffungslogistik als wesentliche Funktionen im Handel bereits dargestellt wurden, folgt hier noch ein gesonderter Absatz, da sich im Handel zum Teil besondere Kombinationen und zusätzliche Aufgaben ergeben.

Die Aufgabe des Handels wird vielfach als Brückenschlag zwischen Hersteller und Verbraucher umschrieben, d.h. es geht einerseits um Abstimmung zwischen den Angeboten bzw. Nachfragen auf der Beschaffungs- bzw. Absatzseite und zum anderen um die physische Warenverteilung. Hinzu kommen Dienstleistungen wie z. B. Beratung. Die Funktionen des Handels lassen sich auch beschreiben als das Bemühen, die richtige Ware in der richtigen Qualität, richtigen Menge in der richtigen Sortimentszusammenstellung zur rechten Zeit am richtigen Ort zum angemessenen Preis für den Kunden bereitzustellen. Dies deckt sich sehr auffällig mit der Funktionsbeschreibung für die Logistik. Es bestätigt, daß Handelsbetriebe dann erfolgreich sein werden, wenn es ihnen gelingt, neben der richtigen Marktpositionierung und dem am Kunden orientierten Einsatz des MarketingInstrumentariums die Logistik wettbewerbsgerecht zu lösen.

Insoweit gibt es im Handel recht frühzeitige Ansätze zur integrierten Lösung von Warendispositionen und Informationsauswertung, die als Warenwirtschaftssysteme bezeichnet werden. Sie integrieren den Wareneingang, den Warenausgang und das Dispositions- und Bestellwesen. Sie bieten Verbindungen zu marketingmäßigen Auswertungen und zum Datenaustausch mit Geschäftspartnern, beispielsweise der bargeldlose Zahlungsverkehr über Banken einschließlich der Zahlungen mit Kreditkarten. Die rechtzeitige Verfügbarkeit über die vom Kunden nachgefragte Ware steht im Vordergrund.

Der wirtschaftliche Erfolg gerade auch großer Handelsketten wird wesentlich davon beeinflußt, wie gut es ihnen gelungen ist, ein leistungsfähiges Logistik-System mit einem aussagefähigen Informationswesen zu einem geschlossenen Warenwirtschaftssystem mit optimaler Warendisposition zu wirtschaftlichen Kosten zu verbinden (vergleiche hierzu auch die auf den Handel bezogenen Ausführungen im Beitrag „Informationsverarbeitung“). Hierzu gehört die Frage, inwieweit Warenlieferungen vom Hersteller direkt in die einzelnen Verkaufsstellen oder zunächst in ein oder mehrere Zentralläger erfolgen sollen. Soweit Zentralläger eingeschaltet werden, sind hier Dienstleistungen durchzuführen wie z. B. Qualitätskontrolle, Preisauszeichnung, Umverpackung und Bevorratung, so daß dies in den einzelnen Verkaufsstellen zu Entlastungen und geringen Zwischenlagerungen führt. Die zuverlässige und bedarfsgerechte Anlieferung bei den Verkaufsstellen muß selbstverständlich gesichert sein. Besondere logistische Anforderungen ergeben sich im Versandhandel neben den Marketing-Herausforderungen durch den am Katalog orientierten Verkauf. Logistisch sind dabei Mengenprobleme zu lösen, mit denen die Belieferung einer Vielzahl kleiner Privatkunden mit jeweiliger Warenzustellung verbunden ist. Auf weitere Einzelheiten der Handelslogistik einzugehen, würde den Rahmen dieses Beitrages sprengen.

Logistik-Controlling

Die heute im Unternehmen an den verschiedenen Stellen anfallenden Aufwendungen für Logistik haben inzwischen, wenn auch unterschiedlich in den einzelnen Branchen, eine erhebliche Höhe erreicht, zum Teil über 20 % vom Umsatz. Um ein Ausschöpfen der Rationalisierungsreserven zu erleichtern, ist zunächst durch eine systemgerechte Erfassung und Verrechnung der Kosten für die notwendige Transparenz zu sorgen. Dies ist Gegenstand des ersten Abschnittes. Darauf aufbauend sind Maßnahmen für eine wirtschaftlichere Gestaltung zu planen und ihre Umsetzung zu kontrollieren, Themen des zweiten und dritten Abschnittes. Dabei stehen Gesichtspunkte operativer Planung im Vordergrund. Im vierten Abschnitt schließlich werden Impulse für die strategische Planung aufgezeigt.
Im Rahmen dieses Beitrags kann es nicht um die Darstellung eines geschlossenen Systems gehen. Hierzu wird verwiesen zum einen auf den gesonderten Beitrag zur Kostenrechnung sowie auf das Kapitel „Controlling und Budget" im einleitenden Beitrag zur Betriebswirtschaftslehre. Im nachfolgenden geht es um die Aspekte, die sich aus dem Zusammenhang zwischen Controlling und Logistik ergeben.

Erfassung in der Kostenrechnung

Die Kosten- und Leistungsrechnung soll Entscheidungsgrundlagen und Kontrollinformationen liefern. Dazu ist eine entsprechende Erfassung und aussagefähige Auswertung der verursachten Kosten erforderlich. Kostenrechnungssysteme gliedern sich zunächst in folgende Schritte:

- Erfassung der Kosten nach *Kostenarten*, sie ist die Grundlage der Kostenrechnung und bezieht sich auf die Frage, *welche* Kosten angefallen sind.
- Verrechnung der Kosten auf *Kostenstellen*, d.h. die Frage danach, *wo* Kosten angefallen sind; sie ist gleichzeitig die Basis einer Kostenkontrolle für die jeweiligen Verantwortungsbereiche.
- Verrechnung auf die *Kostenträger*, d.h. *wofür*, für welche betriebliche Leistung die Kosten erbracht worden sind. Dies kann die Basis für die Ermittlung von Verrechnungspreisen sein.

Darauf aufbauend ergeben sich entsprechende Auswertungen und Vergleichsrechnungen. Bevor jedoch Vergleiche, z. B. mit anderen Unternehmen der gleichen Branche (zwischenbetrieblicher Vergleich) oder mit früheren Jahren (Zeitvergleich) zu sinnvollen Rückschlüssen führen können, ist sicherzustellen, daß die entsprechenden Zahlen auf vergleichbarer Datenerhebung basieren. Wurden z. B. bei einer Untersuchung des Lagerwesens im einen Falle als Personalkosten nur die reinen Handlingkosten erfaßt, im anderen Falle aber auch die Personalkosten für dispositive Aufgaben, so sind die Ergebnisse nicht ohne weiteres vergleichbar.
Die Basis bietet eine entsprechend detaillierte Erfassung aller für logistische Tätigkeiten anfallenden Kostenarten. Ferner ist der Kostenstellenplan, soweit nicht bereits geschehen, um Logistikkostenstellen zu erweitern, die zumindest in Warenannahme, Eingangslager, innerbetriebliche Transporte, Fertigwarenlager, Kommissionierung, Verpackung und Distribution zu gliedern sind. Je nach Betriebsgröße und Gestaltung des logistischen Prozesses können weitere Unterteilungen sinnvoll sein. Abgesehen von Problemen in der Umstellung- und Anpassungsphase stellen diese Ergänzungen keine besonderen organisatorischen Herausforderungen dar. Für die Weiterverrechnung der Logistik-Kosten auf die Kostenträger sind zumeist eingehendere Untersuchungen erforderlich, wenn nicht durch einfache Verrechnungssätze eine pauschale Zuordnung der nicht unerheblichen Gemeinkosten erfolgen soll ohne einen für künftige Entscheidungen wirklich ausreichenden verursachungsgerechten Bezug.

Planung

Die Planung kann sich zum einen auf eine Kostenvorgabe für eine kommende Periode im Sinne einer Budgetrechnung beziehen. Dabei wird festgelegt, wieviele Mittel welchen Stellen für welche Maßnahmen in der nächsten Periode zur Verfügung stehen. Probleme ergeben sich oftmals daraus, daß mangels geeigneter Vergleichsmaßstäbe auf der Basis früherer Ergebnisse geplant wird unter Hochrechnung erwarteter Mengen- und Preisveränderungen. Unwirtschaftliches Vorgehen in der Vergangenheit läßt sich hierdurch jedoch nicht als Rationalisierungsreserve für künftige Ergebnisverbesserungen aufdecken. Planungen müssen deshalb mehr sein als die Fortschreibung des Ists, sondern sie müssen Kosten- und Leistungszusammenhänge ursachengerecht untersuchen. Hierzu kann das Controlling seinen Beitrag leisten.

Die Vorgabe von Kosten ist eine Seite. Das Bemühen um die Einhaltung in einem Bereich darf jedoch nicht dazu führen, daß in der Qualität, der zeitlichen Zuverlässigkeit etc. ungenügende Leistungen erbracht werden, die dann in anderen Bereichen zu zusätzlichen Aufwendungen führen. In vielen Fällen sind den am innerbetrieblichen Leistungsprozeß beteiligten Abteilungen zwar die Kosten, aber keine Leistungen in der Weise zuzurechnen, daß eine wirkliche Ergebnisrechnung erfolgen kann. Es sollten jedoch für jeden Bereich die wesentlichsten Leistungsziele vereinbart und in einer nachprüfbaren, d.h. möglichst quantitativen Weise bestimmt werden. Das Ziel der Beschleunigung in der Auftragsabwicklung kann z. B. konkretisiert werden durch die Vorgabe „98 % der Aufträge sind innerhalb von 48 Stunden auszuliefern". Eine andere Konkretisierung kann z. B. sein „die Fehlerrate in der Kommissionierung darf X % nicht übersteigen".

Weitere Planungen können sich in Form von Wirtschaftlichkeitsrechnungen für Investitionsentscheidungen bei Lager- und Transportsystemen ergeben. Hierzu gehören auch Alternativen bei der Verfahrensauswahl verschiedener logistischer Prozesse. Allgemein kann die Planung als die gedankliche Vorausnahme künftiger Maßnahmen und Ereignisse angesehen werden. Durch die Berücksichtigung verschiedener Alternativen soll dabei die wirtschaftlich sinnvollste Entscheidung ermittelt werden. Zur Wirtschaftlichkeitsrechnung siehe auch die entsprechenden Ausführungen im Beitrag „Finanzwesen".

Die Planung innerhalb und für die Logistik steht nicht isoliert, sondern ist Teil der betrieblichen Gesamtplanung und muß sich entsprechend an den Unternehmenszielen orientieren. Insoweit sind auch Abstimmungen mit anderen Unternehmensbereichen erforderlich.

Kontrolle

Zur Planung gehört sinnvollerweise die Kontrolle im Bezug auf ihre Einhaltung so wie andererseits die Kontrolle ohne vorhergehende Planung nicht möglich ist. Erst Planung und Kontrolle zusammen werden zu einem sinnvollen Steuerungssystem.

Zunächst hat die Kontrolle eventuelle Abweichungen gegenüber den Vorgaben festzustellen. Erfolgte jedoch die Planung unter der Annahme eines bestimmten Beschäftigungsgrades, der dann im tatsächlichen Verlauf über bestimmte Toleranzgrenzen hinaus entweder nicht erreicht oder überschritten wurde, so sind auf der Basis der tatsächlichen Beschäftigung aus den Planzahlen Soll-Werte zu ermitteln, mit denen dann die Ist-Werte verglichen werden können.

Wesentlicher Teil des Controllings ist die *Ursachenermittlung* bei Abweichungen. Erst wenn diese erkannt sind, können geeignete Maßnahmen der Gegensteuerung eingeleitet werden. Ursachen können zum einen in einer fehlerhaften Planung liegen und es kann sich zeigen, daß effektiv kein besseres Ergebnis erzielbar gewesen wäre. In diesem Falle sollten die Erkenntnisse genutzt werden für künftig verbesserte Planungen. Andererseits können Differenzen aus mangelhafter Durchführung resultieren, so daß hier unmittelbar die Führungsverantwortung einsetzt. Darüber hinaus ist es möglich, daß sich die Umfeldbedingungen, unter denen geplant wurde, entscheidend geändert haben, so daß der Plan nicht eingehalten werden konnte. Hier ist dann zu überprüfen, ob grundsätzlich noch der Ursprungsplan, wenn auch mit angepaßten Werten, weiterzuverfolgen ist oder ob auf Alternativpläne ausgewichen werden soll. Sind z. B. für eine Transportart die Frachtsätze erheblich angehoben worden, so kann es sinnvoll sein, nunmehr auf andere Transportmittel auszuweichen.

Ziel einer Kontrolle ist es, Abweichungen möglichst frühzeitig zu erkennen und geeignete Gegenmaßnahmen einzuleiten. Insoweit ist es sinnvoll, die jeweiligen Planwerte und die entsprechenden Ist-Daten auch den unmittelbar Beteiligten zur Verfügung zu stellen. Dies ermöglicht ihnen einerseits eine schnellere Reaktion. Hinzu kommt, daß zumeist auch die Motivation erhöht wird, Abweichungen zu vermeiden, oder sich um sinnvolle Alternativen zu bemühen. Dies umso mehr, wenn auch eine entsprechende Beteiligung bei der Planvereinbarung erfolgte. Die Fremdkontrolle wird damit durch eine Selbstkontrolle ergänzt.

Strategisches Potential

Der Bezug zwischen strategischer Planung und Logistik ergibt sich zum einen daraus, daß auch die operative Planung für die Logistik auf der strategischen Planung aufbaut. Dabei bezieht die strategische Planung die Unternehmensanalyse und die Umfeldanalyse mit ein. Zur Sicherung der Wettbewerbsfähigkeit des Unternehmens werden auch langfristige Ziele für die Logistik festgelegt. Hierauf wird an dieser Stelle nicht weiter eingegangen werden, da das strategische Management zum einen im Rahmen des einleitenden Beitrags zur Betriebswirtsschaftslehre dargestellt und die Aufgabenbereiche der Logistik, aus denen sich die Entscheidungsfelder ableiten, in den einzelnen Abschnitten dieses Beitrages aufgezeigt wurden.

Daneben kann die Logistik mit ihrem prozeßorientierten und ganzheitlichen Denkansatz Impulse für die strategische Ausrichtung des Unternehmens geben. Ähnlich wie beim Wechsel vom Verkäufermarkt zum Käufermarkt das Marketing über den Absatzbereich hinaus die Unternehmensführung sowie die Strategieentwicklung maßgeblich beeinflußt hat, kann auch die Logistik für die in Zukunft notwendige Orientierung des Unternehmens wertvolle Anregungen geben und Rationalisierungspotential freisetzen durch:

- bereichsübergreifendes Denken,
- Aufnehmen und Lösen von Zielkonflikten sowie
- eine dienstleistungsbezogene Ausrichtung des Unternehmens
- unter Berücksichtigung des auch das ökonomische Umfeld immer stärker bestimmende ökologische Bewußtsein.

Hinzu kommt, daß gerade in der Logistik Entwicklungen im Gange sind, Probleme nicht nur isoliert, sondern auch in Verbundsystemen zu lösen; Tendenzen, die gleichfalls bei einem international enger zusammenwachsenden Markt Bedeutung erlangen können.

Ferner unterstützt die Logistik Ansätze für eine Unternehmensstrategie, wie sie als Grundgedanke auch dem heute häufig diskutierten Thema des Lean Management und Lean Production entsprechen. Hierzu zählt die Optimierung des Waren- und Leistungsflusses im Unternehmen mit entsprechender Reduzierung von Durchlaufzeiten und Lagerbeständen, was wiederum zu einer Minderung der Mittelbindung und damit zu einer Kapitalfreisetzung für andere Maßnahmen mit entsprechender Verbesserung der Leistungs- und Wettbewerbsfähigkeit führt.

Die Logistik kann wertvolle Impulse geben, sie bleibt jedoch eine Dienstleistungsfunktion für die eigentlichen Bereiche der Leistungserstellung und Leistungsverwertung. Am Beginn dieses Beitrages wurde darauf hingewiesen, daß der Begriff „Logistik“ aus dem militärischen Bereich übernommen ist. In Anlehnung daran kann gesagt werden: Logistik gewinnt zwar keinen Krieg, aber ohne eine gute Logistik ist kein Krieg zu gewinnen.

Literatur

Bauer, P.: Planungshilfen zur Bestimmung wirtschaftlicher Lager. Köln, 1984

Baumgarten, H./Zibell, R.M.: Trends in der Logistik. Schriftenreihe der Bundesvereinigung Logistik e.V., Band 18. München, 1988

Bichler, K.: Beschaffungs- und Lagerwirtschaft. Wiesbaden, 1988

Gast, O.: Entwicklung eines Instrumentariums zur Analyse und Grobprojektierung von Logistik-Informationssysteme. Diss., Aachen, 1985

Gießmann, R.: Überprüfung des Einflusses der Variantenvielfalt auf die Effizienz der Logistik. Studienarbeit, Aachen, 1986

Handke, G.: Das Zusammenwirken von Logistik und CIM-Systemen in der Unternehmensstruktur. In: RKW-Handbuch Logistik, Berlin, 1986

Jünemann, R. (Hrsg.): Entsorgungslogistik. Band I, Berlin, 1991. Band II, Berlin, 1993

Kirchner/Zentes (Hrsg.): Führen mit Warenwirtschaftssystemen. Absatzwirtschaft-Schriften zum Marketing – Band 7, Düsseldorf/Frankfurt a.M., 1984

Birker, K.: Steuerung der Warenwirtschaft in kooperativen Gruppen – Fallbeispiel. Ebenda

Kompenhans, K.: Kleiner Leitfaden zur Organisation einer Fertigung. Essen, 1980

Pfohl, H.-C.: Logistik-Systeme. Berlin, 1985

Rühle von Lilienstern, H.: Möglichkeiten und Grenzen der Optimierung logistischer Systeme durch Kennzahlen. In: RKW-Handbuch der Logistik, Berlin, 1983

Schmidt, K.J.: Handbuch – Logistik und Produktionsmanagement. Landsberg/Lech, 1992

Seifert, W.: Entscheidungshilfe für die Auswahl innerbetrieblicher Transportsysteme. In: Fördern und Heben, 31 (1981) 9, S. 671 – 673

Zeitschriften

Jahrbuch der Logistik. Verlagsgruppe Handelsblatt Düsseldorf

Logistik heute. Offizielles Mitteilungsblatt der Bundesvereinigung Logistik e. V. Huss-Verlag, München

Logistik im Unternehmen. Materialfluß, Organisation, Transport. VDI-Verlag, Düsseldorf

Datenverarbeitung und Bürokommunikation

8

Geschichtliche Entwicklung

Die Entwicklung vom mechanischen Rechner für einfache Rechenoperationen bis hin zum elektronischen Rechner in der heute bekanntesten Form des „Personal Computer“ (PC) hat sich in diesem Jahrhundert zumindest ab Mitte der 60er Jahre rasant vollzogen. Wir können uns heute kaum vorstellen, wie ohne den Einsatz dieses Organisationsmittels die Wirtschaft mit der Vielfalt von Daten und Informationen fertig werden sollte.
Der Ablauf der elektronischen Datenverarbeitung deckt sich in seinem Grundprinzip weitgehend mit der Arbeitsweise des Menschen, den sie in seiner Tätigkeit unterstützt und teilweise auch ersetzt. Der Mitarbeiter liest einen Lieferschein und speichert zumindest kurzfristig das Gelesene in seinem Gedächtnis. Im Gehirn werden die Informationen verarbeitet, indem die Daten sortiert und richtig zugeordnet werden und die Berechnung erfolgt. Die Ergebnisse werden dann ausgegeben, indem sie, z. B. auf einem Rechnungsformular, niedergeschrieben werden. Wenn auf dem Lieferschein zu einzelnen Artikeln und Mengen nicht die Preise mit angegeben sind, schaut der Mitarbeiter in seinen Unterlagen und Karteien nach, da er nicht alle Preise im Gedächtnis haben kann – in der elektronischen Datenverarbeitung sprechen wir hierbei von „externen Datenspeichern“. Um die richtige Fakturierung durchzuführen, muß der Mitarbeiter wissen, in welcher Weise aus den verschiedenen Angaben die Rechnung zu erstellen ist, er muß diese Regeln kennen – in der EDV erfolgt dies durch Eingeben und Speichern von Programmen, die bis ins Detail jeden einzelnen Verarbeitungsschritt berücksichtigen.
Von der automatischen Datenverarbeitung (ADV) – im Gegensatz zur manuellen – wird gesprochen, wenn die Verarbeitung durch Maschinen erfolgt. Handelt es sich dabei um elektronische Anlagen, so spricht man von Elektronischer Datenverarbeitung (EDV), gelegentlich findet man die aus dem Englischen stammende Abkürzung EDP (electronic data processing). Die Abkürzung DVA steht für „Datenverarbeitungsanlage“ bzw. DVS für „Datenverarbeitungssystem“. In beiden Fällen wird damit eine maschinelle Einrichtung bezeichnet, die Eingabedaten liest, sie verarbeitet und Ausgabedaten bereitstellt.
Wie im vorigen Absatz deutlich wurde, kann die Datenverarbeitung durch Menschen oder durch Maschinen ausgeführt werden. Die Geschichte der Datenverarbeitung ist die Entwicklung von der manuellen zur automatischen Datenverarbeitung.

Manuelle Datenverarbeitung

Von der manuellen Datenverarbeitung wird gesprochen, wenn die Informationen manuell, d. h. per Hand, also durch den Menschen gesammelt, erfaßt und verarbeitet werden. Er schreibt auch die Eingabedaten, eventuelle Zwischenergebnisse und die Resultate nieder.

Mechanisierte Datenverarbeitung

Auch hier verarbeitet der Mensch die Daten, jedoch mit mechanischen Hilfsmitteln. Die Maschinen sollten im Büro helfen, den stark steigenden Arbeitsanfall zu bewältigen. So wurden mechanische Rechenmaschinen entwickelt, um Zahlen zu verarbeiten. Sie sollten die vier Grundrechenarten beherrschen, zumindest jedoch das Addieren und Subtrahieren mit dem richtigen Stellenübertrag. Die ersten Erfindungen reichen weit zurück: W. Schickard (1623), B. Pascal (1642) und Freiherr von Leibnitz (1677). Die Herstellung setzte jedoch hohe Anforderungen an die Exaktheit der mechanischen Fertigung, so daß erst P. M. Hahn (1778) die erste funktionsfähige 4-Spezies-Maschine baute. Jedoch vergingen noch weitere ca. 50 Jahre, bis in der Mitte des 19. Jahrhunderts Rechenmaschinen in größerer Stückzahl gebaut wurden.
Die mechanisierte Datenverarbeitung mit den Rechenmaschinen wird, wie bereits erwähnt, vom Menschen gesteuert und ausgeführt. Dies führt zu einer wechselseitigen Abhängigkeit zwischen Mensch und Maschine. Das Arbeitstempo und damit die Leistung werden begrenzt durch die Geschwindigkeit der Maschine und durch die Fähigkeit des sie bedienenden Menschen. An diesem Grundprinzip hat sich auch nichts geändert, nachdem die mechanischen Rechenmaschinen durch elektronische Rechner abgelöst wurden.

Automatische Datenverarbeitung

Von der automatischen Datenverarbeitung wird gesprochen, wenn die Maschine die Verarbeitung nach entsprechenden Anweisungen selbständig übernimmt. Da Rechnen eine wesentliche Aufgabe dieser Datenverarbeitungsanlagen ist, werden sie auch „Computer“ genannt, aus dem englischen to compute = rechnen.

Konventionelle Lochkartenmaschinen
Im beginnenden 18. Jahrhundert wurden Lochkarten zur mechanischen Steuerung von Web-

stühlen entwickelt. Zunächst wurden mit Löchern versehene dünne Brettchen benutzt. Später wurden dann Pappkarten verwendet, die zu einer geschlossenen Kartenkette aneinandergehängt werden konnten.
Hermann Hollerith entwickelte 1882 die Idee, Daten auf Lochkarten zu speichern, um sie anschließend nach Merkmalen sortieren und zählen zu können. Zur Erledigung dieser Arbeit baute er Maschinen, die diese Arbeitsschritte selbsttätig abwickelten. Dabei wechselte er von der mechanischen Konstruktion zum elektro-mechanischen Prinzip.
Hollerith war Leiter des amerikanischen Statistischen Amtes und wollte die Auswertung von Fragebögen vereinfachen. 1890 gelang es ihm unter Einsatz der Lochkartentechnik, die Ergebnisse der amerikanischen Volkszählung bereits nach vier Wochen vorzulegen, nachdem 1880 die gleiche Anzahl von Mitarbeitern für die Auswertung mehrere Jahre benötigt hatten.
Erst 1935 wurden sogenannte Tabelliermaschinen eingesetzt, die in der Lage waren, zu addieren sowie Ergebnisse auszudrucken und in andere Karten zu stanzen. Im modernen Sinne werden sie noch nicht als Rechenautomaten bezeichnet. Da sie über kein entsprechendes Gedächtnis verfügten, konnten keine nennenswerten Programmsteuerungen für umfangreiche Operationen und keine Zwischenergebnisse in der Anlage selbst abgespeichert werden. Zwischenergebnisse wurden in Lochkarten ausgestanzt, die dann mit einem Folgeprogramm erneut eingelesen wurden. Gegebenenfalls war zuvor erforderlich, daß diese Karten umsortiert und/oder mit anderen Karten zusammengemischt wurden.
Auf die Arbeitsweise der konventionellen Lochkartenmaschinen wird in den folgenden Abschnitten nicht weiter eingegangen. Lediglich die Lochkarte hat sich bis in die heutige Zeit als Speichermedium für Daten erhalten, wenn auch in stark rückläufigem Umfang.

Elektronische Datenverarbeitungsanlagen

Um 1840 entwarf Charles Babbage in England lochstreifengesteuerte Rechner auf rein mechanischer Basis, die in ihrem Konzept bereits alle wesentlichen Merkmale unserer modernen Computer enthielten:

- Ein vorher ausgearbeitetes Programm übernimmt die Steuerung des Ablaufs,
- umfangreiches Datenmaterial kann abgespeichert werden,
- errechnete Zwischenergebnisse können weiterverwendet werden zur Bewältigung zyklischer Rechenprozesse,
- Daten können auch in einer maschinenlesbaren Form ausgegeben werden, die eine spätere Weiterverarbeitung ermöglicht.

Leider wurde dieser Rechner damals nicht gebaut, weil die geforderte mechanische Genauigkeit die Hersteller überforderte.
In der Zeit von 1940 bis 1946 werden die ersten elektronischen Rechner gebaut und entscheidende Entwicklungen durchgeführt: R. Stibitz (USA), K. Zuse (Deutschland) 1941, H. H. Aiken (USA) 1944, J. P. Eckert und J. W. Mauchly (USA) 1946 sowie J. von Neumann (USA) 1946. Entscheidende Impulse für die Weiterentwicklung geben Konrad Zuse durch die Einführung des Dual-Systems und John von Neumann durch die Idee des „programmierten Ablaufes“ in einem elektronischen Rechner. Dabei wird zuerst eine Abfolge von Befehlen (Instruktionen) in einen Rechner eingegeben, die dann der Reihe nach abgearbeitet werden. Die Menge dieser Abfolge von Instruktionen nennt man Programm. Diese Programme werden später von den externen Speichern, wie Lochkarte, Magnetband oder Magnetplatte, in den internen Speicher des Rechners zur Verarbeitung eingelesen. In der Folgezeit setzt eine so stürmische Entwicklung ein, daß oftmals vielbestaunte Neuheiten innerhalb weniger Jahre veraltet und überholt erscheinen. Entsprechend der technischen Entwicklung und Ausrüstung wird heute auch von verschiedenen Generationen gesprochen.
Die erste Computer-Generation beginnt 1953, als die Industrie die ersten serienmäßig gefertigten Rechner auf den Markt bringt. Sie alle verwenden als Schaltelemente Röhren, die verhältnismäßig raumaufwendig sowie störungsanfällig sind. Die Schaltzeit für eine Rechenoperation (Operationszeit) beträgt etwa 1 Millisekunde (0,001 s).
Die zweite Computer-Generation setzt 1957/58 ein, als bei den Rechnern die Röhren durch Transistoren abgelöst werden. Die Operationszeiten werden wesentlich verkürzt auf 10–100 Mikrosekunden (1 Mikrosekunde = 0,000001 s). Verbesserte Ein- und Ausgabegeräte sowie aufnahmefähigere externe Speicher erhöhen darüber hinaus die Leistungsfähigkeit dieser Anlagen und damit ihre Einsatzmöglichkeiten.
Bei den ab 1964 gebauten Anlagen der dritten Computer-Generation werden Transistoren durch miniaturisierte Schaltkreise (Chips) ersetzt. Die Operationszeiten sinken nochmals auf 1 Mikrosekunde und zum Teil sogar noch darunter. Darüber hinaus werden die Anlagen (Hardware) durch Weiter- und Neuentwicklungen zu umfassenden Systemen ausgebaut, die den verschiedenen Anforderungen angepaßt werden können. Gleichzeitig werden umfassende Programmier- sowie Be-

8

triebssysteme (Software) entwickelt, die für den Einsatz der elektronischen Datenverarbeitung immer entscheidender werden.
Seit Mitte der 70er Jahre spricht man vielfach von Anlagen der vierten Computer-Generation, obgleich die im Einsatz befindlichen EDV-Anlagen in der Regel in der Grundkonzeption ihrer Ausrüstung der dritten Generation entsprechen. Eine konsequente technische Weiterentwicklung hat jedoch zu ganz wesentlicher Erhöhung der internen Speicherkapazität und zur Beschleunigung der Rechnerzeiten geführt. Die Speichermedien werden dabei erheblich verkleinert (Mikroprozessoren). Darüber hinaus wird auch die Kapazität der externen Speicher weiter ausgebaut. Eine wesentliche Weiterentwicklung liegt in den Möglichkeiten des selbständigen Datenaustausches zwischen verschiedenen EDV-Anlagen untereinander oder auch zu kleineren Vorrechnern und Datenstationen. Hiermit können ganze Informationsnetze computergesteuert aufgebaut und verwaltet werden.
Diese Entwicklung hält unvermindert bereits bis in die 90er Jahre an, und ein Ende ist nicht abzusehen. Dies erfordert ein Mehrfaches der bisherigen Speicher- und Verarbeitungsleistungen, so daß diese Systeme wiederum erst durch die technische Entwicklung der Speicher- und Rechnerkapazität der Anlagen ermöglicht wurden. Mit der Entwicklung und zunehmenden Verbreitung der Personal-Computer (PC) ist seit Anfang der 80er Jahre eine Ergänzung und Veränderung der bisherigen Datenverarbeitung festzustellen. Zum einen kann der PC als eigenständiger Rechner eingesetzt werden, mit oder ohne Kommunikationsmöglichkeit zu anderen PCs oder größeren EDV-Anlagen. Darüber hinaus kann jedoch der PC auch integriert werden als Vorrechner oder intelligente Datenstation in einem größeren und gemischten EDV-Konzept.
Die nachfolgenden Abschnitte basieren auf der elektronischen Datenverarbeitung der dritten und überwiegend der vierten Computer-Generation.

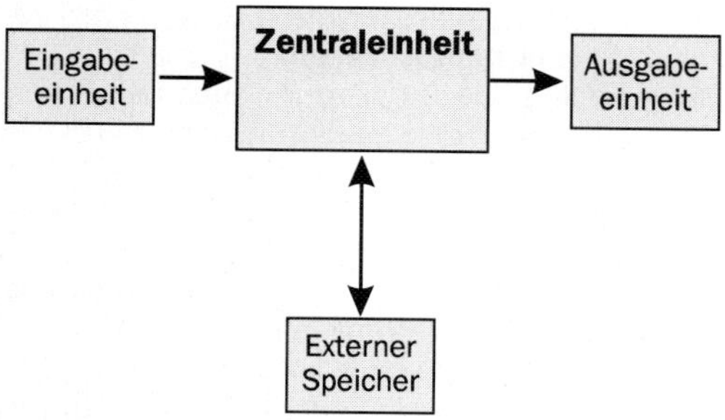

Abb. 8.1: Grundsätzlicher Aufbau eines Rechners

Mittel und Instrumente der Informationstechnik

Bei der Beschreibung der geschichtlichen Entwicklung wurde bisher immer der Begriff „Datenverarbeitung" gewählt, um der Thematik gerecht zu werden. Seit einigen Jahren befindet sich nun diese traditionelle „Datenverarbeitung" in einem starken Umbruch. Durch wesentliche Veränderungen bei den Rechnern und neu hinzukommenden Aufgaben – wie zum Beispiel die Bürokommunikation – reden wir heute, unter Einbezug aller in einem Unternehmen zu lösenden Aufgaben, von „Informationsverarbeitung" oder auch „Informationstechnik".

Rechner

Hardware

Wie bereits zu Anfang dargestellt, bestehen die Aufgaben eines Rechners darin, Eingaben zu lesen, sie dann zu verarbeiten und dann daraus eine Ausgabe zu erstellen. Die heute noch gültige Form eines Rechners, gleich welcher Größe, ist vereinfacht in Abb. 8.1 dargestellt.
Die Erweiterung um externe Speicher wurde gewählt, weil diese eine große Bedeutung im Rechnerumfeld besitzen, obwohl sie ja eigentlich auch Ausgabegeräte sind.

Zentraleinheit

Im Mittelpunkt einer EDV-Anlage steht die Zentraleinheit, in der die eigentliche Datenverarbeitung erfolgt. Häufig wird für Zentraleinheit auch die Abkürzung „CPU" verwendet, von Central Processing Unit. Sie besteht aus Steuerwerk, Rechenwerk und Hauptspeicher (Abb. 8.2).

• Steuerwerk

Das Zusammenspiel und der Arbeitsablauf der gesamten Anlage sowohl innerhalb der Zentral-

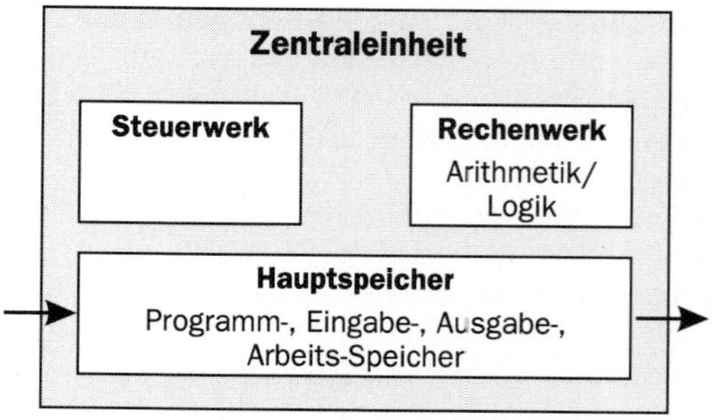

Abb. 8.2: Grundaufbau der Zentraleinheit

einheit als auch zu den Ein- und Ausgabegeräten wird vom Steuerwerk gesteuert. Es sorgt dafür, daß die erforderlichen Programme in den Hauptspeicher eingelesen und von dort aus zur rechten Zeit an das Steuerwerk übertragen werden. Hier werden die Programmbefehle entschlüsselt und die erforderlichen Steuersignale an die benötigten Einheiten zur Übertragung oder an das Rechenwerk gegeben. Das Steuerwerk stellt außerdem sicher, daß keine weiteren Operationen ausgelöst werden, solange Operationen, die vorher beendet sein müssen, noch nicht abgeschlossen sind.

• Rechenwerk
Im Rechenwerk erfolgt die eigentliche arithmetisch-logische Verarbeitung. Hierbei handelt es sich einmal um das Rechnen auf der Basis der vier Grundrechenarten, zum anderen um logische Vergleiche wie gleich, ungleich, größer, kleiner.

• Hauptspeicher
Er ist das Gedächtnis einer EDV-Anlage. Er wird auch im Gegensatz zu einem externen Speicher als interner Speicher bezeichnet. Er nimmt die zur Verarbeitung notwendigen Programme auf, speichert die Eingabedaten bis zur Verarbeitung zwischen, übernimmt eventuelle Zwischenergebnisse und stellt in einem Ausgabebereich die Daten für die Datenausgabe bereit.

• Leistungsfähigkeit einer Zentraleinheit
Die Leistungsfähigkeit einer Zentraleinheit wird in der Regel beschrieben durch die Größe ihrer Speicherkapazität und ihrer internen Geschwindigkeit.
Die Kapazitätsangabe bezieht sich auf die Anzahl der verfügbaren Speicherplätze. Diese werden in Bytes gezählt, wobei die Angabe üblicherweise in K-Bytes (Kilo) erfolgt, wobei ein K-Byte = 1.024 Bytes umfaßt. Die Speicherfähigkeit der Anlagen wurde durch den Wechsel von Kernspeichern zu Halbleitern wesentlich gesteigert.
Die Zugriffszeit ist die Zeitspanne, die benötigt wird, eine Speicherstelle aufzufinden, die Daten zu lesen und für eine Verarbeitung verfügbar zu machen. Früher wurde noch unterschieden zur Zykluszeit als dem kürzestmöglichen Zeitraum zwischen dem Fang zweier unmittelbar aufeinanderfolgender Lese- oder Schreiboperationen.
Durch die virtuelle Speichertechnik besteht die Möglichkeit, die Grenzen des internen Hauptspeichers zu erweitern. Hierbei wird ein Teil auch von Programmen – die sich üblicherweise im Hauptspeicher befinden – auf Magnetplatten als externe Speicher verfügbar gehalten. Wird dieser Programmteil von dem Steuerwerk benötigt, so kann er nicht direkt vom Hauptspeicher abgerufen werden, sondern zunächst muß ein Lesevorgang für diese Programmteile erfolgen. Die virtuelle Speichertechnik erweitert also die Grenzen, die sich aus der Größe des Hauptspeichers ergeben. Sie führt jedoch gleichzeitig in dem Maße, wie von ihr Gebrauch gemacht wird, auch zu einer Verlangsamung der Verarbeitung, da zusätzliche Einlese- und Übertragungsvorgänge notwendig werden.

• Kanäle als Verbindung zwischen Zentraleinheit und Peripherie
Die Kanäle haben die Aufgabe, die Daten zwischen der Zentraleinheit und dem peripheren Einsatz zu übertragen, über sie geht also der Datenfluß zwischen der Zentraleinheit und der Peripherie. Bei früheren Computern war es so, daß diese Übertragung von Daten durch die Zentraleinheit gesteuert und überwacht wurde. Heute sind diese Aufgaben vielfach als Kanalfunktionen auf einen Kanalprozessor übergegangen, einen kleinen Spezialcomputer innerhalb der Hardware. Dieser wird durch Kanalprogramme gesteuert, die weitgehend vom Hersteller geliefert werden. Sie übernehmen die notwendige Steuerung und Prüfung auf fehlerfreie Übertragung. Dadurch wird die Zentraleinheit entlastet, da sie nur noch den Kanalprozessor steuern muß.

• Arbeitsweise einer Zentraleinheit
Wenn die Anlage in Betrieb gesetzt wird, müssen zunächst das Programm in den Hauptspeicher der Zentraleinheit eingelesen („geladen“) und die ersten Programm-Instruktionen von dort in die Steuereinheit übertragen werden. Die Steuereinheit analysiert dann diese Befehle und gibt einige Steuerimpulse. Der erste Steuerimpuls aktiviert z. B. die Eingabestationen, so daß Eingabedaten in den Eingabebereich des Hauptspeichers übernommen werden. Der zweite Impuls steuert die Übertragung von entsprechenden Feldern in das Rechenwerk, und der dritte Impuls löst die Operation im Rechenwerk aus. Hierbei werden die Ergebnisfelder in einen Ausgabebereich übertragen und die eventuellen Zwischenergebnisse in den Arbeitsspeicher. Der vierte Steuerimpuls veranlaßt dann die Übertragung der im Ausgabespeicher bereitgestellten Informationen.

Rechnertypen
Der Siegeszug des PC ist seit Jahren unaufhaltsam. Er führt zu großen Veränderungen innerhalb der Unternehmen, weil damit die bisherigen Formen der Datenverarbeitung erheblich erweitert werden können und ganz neue Strukturen ermög-

licht werden. Eine wesentliche Folge ist zum Beispiel, daß man heute in drei Rechnerklassen einteilt und damit zukünftige Strukturen aufbaut. Diese drei Klassen sind auf der untersten Ebene die Arbeitsplatzsysteme, auf der mittleren Ebene die Server und Abteilungsrechner, sowie auf der obersten Ebene die Zentralrechner.

• Zentralrechner
Zu Beginn der 50er Jahre, als die ersten elektronischen Rechner auf den Markt kommen, beginnt auch das Zeitalter der zentralen Datenverarbeitung. Die Rechner sind noch groß und schwer, sie benötigen sehr viel Strom und geben deshalb auch sehr viel Wärme ab. Die „Programme" auf diesen Rechnern sind in ihren Fähigkeiten sehr begrenzt, und es kann zu einer Zeit auch immer nur ein Programm verarbeitet werden. Da in der Regel die Eingabe für diese Programme ein Stapel (Batch) von Lochkarten ist, prägt man auch den Begriff der Batchverarbeitung.
Die Entwicklung geht für damalige Verhältnisse rasant weiter. Es entstehen die ersten „höheren Programmiersprachen" wie Fortran und Cobol. Die Speicherung wird nicht nur mehr in Lochkarten, sondern auch auf Magnetplatten sowie Magnetbändern durchgeführt.
Ende der 60er Jahre haben große Unternehmen dann selbstverständlich ihre zentrale Datenverarbeitung, und ebenso selbstverständlich ist es, mehrere Batchprogramme parallel abzuarbeiten. Die Leistungsfähigkeit der Anlagen ist so groß, daß man über alternative Eingabemöglichkeiten nachsinnt, und es beginnt der Siegeszug des Bildschirms. Damit ist auch eine neue Verarbeitungsform verbunden, nämlich die Dialogverarbeitung. Nicht mehr die Lochkarte, sondern vorwiegend der Bildschirm dient nun als Eingabemedium von Daten, um diese dann mit Dialog-Programmen in die immer noch zentral verwalteten Dateien einzugeben.
In der Folge davon gewinnt auch die Datenfernverarbeitung an Bedeutung. Um Bildschirme zu betreiben, die nicht im näheren Umfeld des Zentralrechners stehen, werden Datenfernverarbeitungs-Steuereinheiten entwickelt, die einerseits den Zugang zum Rechner ermöglichen und andererseits auch die Steuerung der Bildschirme vor Ort in den weiter entfernten Standorten unterstützen. Verbunden werden diese Datenfernverarbeitungs-Steuereinheiten mit dem Zentralrechner über Leitungen, welche von der Post zur Verfügung gestellt werden.
Mitte der 70er Jahre beginnt dann die Ära der kleineren Rechner. Man bezeichnet sie als MDT(Mittlere Datentechnik)-Anlagen, und sie haben zwar eingeschränkte Funktionen gegenüber den großen Rechnern, reichen für den Mittelstand aber aus, um die wesentlichen kommerziellen Aufgaben zu erledigen. Auch diese Rechner behalten in ihrer Struktur immer noch die bisher gewohnte zentrale Datenverarbeitung bei. Dies bleibt auch bis zum Beginn der 80er Jahre so.
Erst dann verändert sich die Welt der Datenverarbeitung durch das Auftreten der Personal Computer. Zum ersten Mal haben die Anwender Rechenleistung an ihrem Arbeitsplatz. Die Software für diese Geräte, insbesondere im Bereich der Textverarbeitung und der Bearbeitung von Daten in Tabellenform, geht sehr schnell über die Leistungsfähigkeit dessen hinaus, was Zentralrechner bis heute erledigen können. Damit ist die Akzeptanz beim Anwender gesichert, und die Datenverarbeiter stehen zunehmend vor dem Problem der Integration dieser Geräte in ihre bisher „heile zentrale Welt".
All das, was man mit großen Mühen und nach langen Jahren auf den zentralen Systemen endgültig gelöst zu haben glaubte, nämlich das Problem der Ausfallsicherheit, das Problem der Datensicherheit, das Problem des Zugriffschutzes, das Problem der Softwareverteilung, wurde mit einem Schlag in Frage gestellt, da die Anwender diesen Problemen auf ihren Personal Computern keine große Bedeutung beimaßen. Solange nur Textverarbeitung und Tabellenkalkulation auf diesen PCs stattfanden, konnte man dieses Problem auch im wesentlichen vernachlässigen. Der PC stand deshalb in den meisten Unternehmen für die individuelle Freiheit, endlich ohne die Hilfe der schwerfälligen Informatik-Abteilungen kleinere Aufgaben schnell und effizient zu lösen. Die Sicherheitsmechanismen eines Großrechners – absolut notwendig zum Schutz der vielen dort gleichzeitig arbeitenden Anwender und zum Schutz der gespeicherten Informationen – hätten diese Freiheit nur behindert.
Erst Ende der 80er Jahre, als man darüber nachdachte, auch die zentralen Daten auf diese Geräte zu verteilen, als man diese Geräte weiter in die bestehende Landschaft integrierte, sie über Netze in diese Informationsstruktur einbinden wollte, mußte man über diese ganzen Probleme erneut nachdenken. Für viele, die lange Jahre nur in zentralen Strukturen gearbeitet und gedacht haben, war dies zu Anfang ein großes und unlösbares Problem. Und es ist auch sicherlich eine der wesentlichen Ursachen, warum es noch einige Zeit dauern wird, bis zentrale Anwendungslösungen, in die über lange Jahre ja viel Aufwand und viel Gedankengut hinein geflossen sind, sich auf die neuen Strukturen umstellen lassen.

Selbst wenn die Dinge technisch lösbar sind, so bleibt nach wie vor der Mensch, der all das, was er in langen Jahren an Erfahrung gesammelt hat, in Frage stellen muß, um zu neuen Formen der Informationsverarbeitung zu finden. Diese Prozesse sind schmerzhaft und eine Aufgabe, die viele Monate, wenn nicht sogar Jahre in Anspruch nehmen wird. Vor allen Dingen ist mit den neuen Lösungen ja auch eine viel höhere Komplexität verbunden, als es bisher der Fall war.

• Arbeitsplatzsysteme
Zu Beginn der 70er Jahre kamen die ersten Arbeitsplatzsysteme auf den Markt. Sie waren natürlich in Gewicht, Preis und Funktionalität nicht vergleichbar mit dem, was wir heute als Standard eines Arbeitsplatzsystemes ansehen. Die Aufgabenschwerpunkte waren damals die Datenerfassung im Bereich der kaufmännischen Systeme und komplexe Berechnungen im Bereich der technischen Systeme. Aus diesen Anfängen heraus entstanden dann zu Beginn der 80er Jahre beide Arbeitsplatz-Familien (PC und Workstation), die heute den Schwerpunkt der Arbeitsplatzsysteme bilden.
Der PC (Personal Computer) verdankt seinen unaufhaltsamen Siegeszug in die kaufmännischen Abteilungen vor allem seiner hohen Leistung und Anwendungsfreundlichkeit in den Bereichen der Textverarbeitung und Tabellenkalkulation.
Die Workstation (heute in der Regel UNIX-basierte Risc-Systeme) erobert immer weitere Arbeitsgebiete durch ihre hohe Rechenleistung und die großen graphischen Möglichkeiten. Insbesondere zeichnet sie sich durch hohe Leistungsfähigkeit im Bereich der CAD-Anwendungen aus.
Zwischen diesen beiden Familien liegen noch die Systeme der Firma Apple. Diese zeichnen sich durch eine besonders hohe Bedienerfreundlichkeit auf der Benutzerebene aus. Man hat dabei von Anfang an sehr viel Wert auf die graphische Oberfläche gelegt. Dadurch haben diese Systeme besonderen Eingang in jene Berufe gefunden, die gestaltend tätig sind. Dies hat auch bei den Vertretern der beiden anderen Linien dazu geführt, daß sie sich nachträglich sehr stark um diese graphischen Oberflächen bemüht haben. In diesem Sinne hat sich bei den Workstations inzwischen Motif als Oberfläche durchgesetzt, und auf der Seite der Personal Computer sind dies Windows von der Firma Microsoft und der Presentation Manager von der Firma IBM.
Die Familie der Arbeitsplatzsysteme wird vervollständigt durch den ersten Vertreter dieser Klasse, und zwar den am Zentralrechner angeschlossenen Dialogbildschirm. Dieser hat mit den Jahren natürlich auch entscheidende Entwicklungen vollzogen, verliert aber vor allem unter dem Aspekt der Integration zunehmend an Bedeutung.

• Server
Diese Kategorie von Rechnern entstand bei der Vernetzung von Arbeitsplatzsystemen. Ihre Aufgabe liegt deshalb auch in der Steuerung der Netze und in der Bereitstellung von Leistungen (z. B. Daten oder Programme), die nicht nur auf einem Arbeitsplatzsystem, sondern auf mehreren Arbeitsplatzsystemen benötigt werden (vgl. dazu den Abschnitt „Client/Server").

• Abteilungsrechner
Den Abteilungsrechner findet man eigentlich nur bei Großanwendern, und er hat immer eine starke Anbindung an einen Zentralrechner. Er verdankt seine Entstehung im wesentlichen dem Wunsch des Anwenders nach höherem Komfort und höherer Sicherheit. So liefert er Ergebnisse in der Regel schneller als ein weit entfernt stehender und von mehreren Anwendern genutzter Zentralrechner. Der Grund kann auch die mangelnde Übertragungskapazität der Leitungen zwischen dem Zentralrechner und dem Standort der Anwender sein. Außerdem arbeitet er auch bei Ausfall der Verbindung zwischen Abteilungsrechner und Zentralrechner weiter. Der Abteilungsrechner zeichnete sich bisher dadurch aus, daß normale Bildschirme sternförmig an ihn angeschlossen waren. Die derzeitigen Entwicklungen zeigen allerdings deutlich, daß Server und Abteilungsrechner immer stärker ineinander übergehen und eines Tages nur noch eine Kategorie von Rechnern aus dieser Entwicklung hervorgehen wird.

• Telefonanlagen
Telefonanlagen gehörten lange Zeit nicht zum Bereich der Informationstechnik. Dies hat sich in den letzten zehn Jahren entscheidend geändert. Auch Telefonanlagen werden heute in der Regel auf der Basis von digitalen Rechneranlagen aufgebaut. Selbst die Sprachübermittlung erfolgt in vielen Fällen heute nicht mehr analog, sondern digital. Die digitale Darstellung bedeutet, daß man Zeichen (z. B. Ziffern, Buchstaben usw.) verwendet, um die Informationen abzubilden. Die kleinste Einheit eines Zeichens ist ein Bit, das nur zwei Zustände annehmen kann – nämlich „ein" oder „aus". Die analoge Darstellung erfolgt durch physikalische Größen, die sich entsprechend der abzubildenden Information kontinuierlich ändern, wie zum Beispiel durch elektrische Spannungen. In der Bürokommunikation ist auch die Sprache zunehmend Bestandteil der dort zu verwaltenden

Aufgaben. Insofern ist es heute unstrittig, daß Telefonanlagen zum Bereich der Informationstechnik dazugehören.

• Maschinensteuerungen
Dies ist heute noch ein Spezialbereich, den manche wohl nicht der Informationstechnik zurechnen möchten. Tatsache ist allerdings, daß auch hier Rechner und Programme verwendet werden, wie sie auch in der übrigen Informationstechnik üblich sind. Die Rechner zeichnen sich allerdings durch einige besondere Leistungsmerkmale aus. Sie sind normalerweise ereignisgesteuert und benötigen gegenüber anderen Rechnersystemen besonders kurze Reaktionszeiten.

Betriebssysteme

Die für den Betrieb eines Rechners unbedingt notwendige Software ist das Betriebssystem. Zu seinen Aufgaben gehört sowohl die Verwaltung der gesamten Hardware einschließlich der Ein-/Ausgabe-Geräte, als auch die Disposition über die übrige Software. Die Ausstattung der Betriebssysteme der verschiedenen Hersteller und Maschinentypen variiert erheblich. Ihre Ausgestaltung ist immer ein Kompromiß zwischen Bedienungskomfort und Aufwand in Form von Rechenzeit und Speicherbedarf. Daher spielt die Leistungsfähigkeit eines Rechners (Rechengeschwindigkeit und Speicherplatz) eine bedeutende Rolle bei Umfang und Auswahl eines Betriebssystemes. Darüber hinaus sind Kennzeichen von Betriebssystemen, ob sie Einprogramm- und Einbenutzer-Betrieb unterstützen (z. B. MS-DOS), ob sie Einbenutzer- und Mehrprogramm-Betrieb unterstützen (z. B. OS/2) oder ob sie Mehrprogramm- und Mehrbenutzer-Betrieb unterstützen (z. B. UNIX).
Die wichtigsten Betriebssysteme für den primär kaufmännischen Einsatzbereich sind:
- MVS ist das derzeit wohl leistungsfähigste Betriebssystem und steuert die Rechner der IBM ES/9000-Familie (früher und besser bekannt als /370-Rechner). Es ist in der Lage, im oberen Leistungbereich mehrere tausend Anwender mit Rechnerleistung zu versorgen, sich dabei zur Ausfallsicherung mehrerer miteinander verbundener Rechner zu bedienen und Daten von mehreren 100 GB (Gigabyte) zu verwalten.
- VSE ist das Einstiegsbetriebssystem für die ES/9000-Familie der IBM-Rechner mit Einschränkungen gegenüber MVS und deshalb vom Preis her günstiger.
- VM ist das dritte Betriebssystem der IBM ES/9000-Familie. Es zeichnet sich durch besondere Leistungsfähigkeit im Bereich der individuellen Anwendungen (z. B. Programmentwicklung oder Bürokommunikation) aus. Allerdings wird dieser Teil zunehmend durch Arbeitsplatzrechner abgedeckt. Jedoch verbleibt die Fähigkeit, mehrere Betriebssysteme wie MVS, VSE und AIX (Unix-Version von IBM) parallel auf einem Rechner zu unterstützen.
- BS 2000 ist das Betriebssystem der Siemens-Rechner, die ungefähr das Leistungsspektrum der obengenannten IBM-Rechner abdecken. Es faßt viele Fähigkeiten der IBM-Betriebssysteme zusammen, erreicht aber nicht die Leistungsfähigkeit von MVS im oberen Bereich.
- VMS ist das Betriebssystem von DEC. Es versorgt die Rechner-Palette von der Workstation bis zum obersten Leistungsbereich (der nicht ganz die Möglichkeiten der großen IBM-Rechner abdeckt). Ähnlich wie die vorgenannten Betriebssysteme ist VMS bereits lange im Markt und deshalb sehr ausgereift.
- OS/400 ist ausschließlich für die Familie der IBM AS/400 Rechner und zeichnet sich dadurch aus, daß es als einziges Betriebssystem über eine integrierte Datenbank verfügt.
- UNIX wurde mit der Forderung erstellt, daß es hardwareunabhängig sein soll. Deshalb ist es heute auf fast allen Rechnern lauffähig. Im Bereich der technischen Datenverarbeitung hat es sich weitgehend durchgesetzt, weil es dort nicht so sehr darauf ankommt, eine große Menge von Anwendern und Daten zu verwalten.
- MS-DOS ist das Betriebssystem von Microsoft und mit dem Erscheinen des PC eng verbunden. Mit der graphischen Oberfläche WINDOWS wird die Bedienung vereinfacht. Mehrere Programme können mit ihr verfügbar gehalten werden, auch wenn MS-DOS zur gleichen Zeit immer nur ein Programm aktiv unterstützen kann.
- OS/2 wurde zur Behebung der Schwächen von MS-DOS Mitte der 80er Jahre von IBM mitentwickelt. Es ist in der Lage, alle derzeitigen MS-DOS und WINDOWS-Anwendungen gleichzeitig auf einem Rechner ablaufen zu lassen. Da auch eine Einbindung in alle derzeit wichtigen Netzwerke möglich ist, kann man OS/2 als das derzeit umfangreichste Betriebssystem für Arbeitsplatzrechner und auch Server ansehen.
- WINDOWS-NT entwickelt Microsoft als Konkurrenz zu OS/2 mit einem in etwa vergleichbaren Funktionsumfang. Ab 1994 wird es für den Anwender verfügbar sein.

Zur Inbetriebnahme wird nach dem Einschalten eines Rechners als erstes durch IPL (Initial Program Load) das Betriebssystem geladen. Sofern ein Neuladen des Betriebssystems zu einem späteren Zeitpunkt notwendig ist, kann man dies in der Regel durch Auslösen einer speziellen Taste oder Tastenkombination erreichen. Beim IPL wird normalerweise die Grundstellung des Rechners durchgeführt und der sogenannte Supervisor geladen. Der Supervisor als Kern eines Betriebssystems sowie Verbindung zwischen der Hardware und der Betriebssystem-Software liest danach all die Ressourcen ein, die zur Verwaltung des Rechners notwendig sind (siehe auch Abb. 8.3).

Steuerungssysteme

Steuerungssysteme sind nicht unbedingt notwendig für den Betrieb eines Rechners. Sie erleichtern allerdings in vielen Fällen ganz wesentlich seinen Betrieb. Es sind dabei drei Teilbereiche zu unterscheiden: Systemmanagement, der Monitor oder das Time-sharing und die Datenbanken.

Systemmanagement
Das Systemmanagement besteht heute im Kern aus fünf Aufgaben:
- Datensicherheit,
- automatische Speicherverwaltung,
- automatische Produktionssteuerung,
- Kostenmanagement,
- kaufmännische Verwaltung.

Im Rahmen von Datensicherheit, Zugriffsschutz und Revision wird der Zugang von Benutzern und ihr Zugriff auf die Ressourcen des Rechners geregelt. Aufgabe der automatischen Speicherverwaltung ist es, dafür zu sorgen, daß alle Daten nach festzulegenden Regeln regelmäßig gesichert und dem Anwender auf Anforderung wieder zur Verfügung gestellt werden. Dies schließt die Unterstützung aller Speichermedien – wie Platte, Band und CD-ROM – ein. Die automatische Produktionssteuerung hat die Aufgabe, eine Anlage gleichmäßig auszulasten und dafür zu sorgen, daß alle notwendigen Verarbeitungen in der richtigen Reihenfolge und zur richtigen Zeit ablaufen. Sie unterstützt den Nachrichtenaustausch mit dem Bediener des Rechners und außerdem das Management der Druckausgaben. Als vierte Aufgabe bietet das Kostenmanagement die Möglichkeit, den Anwendern die in Anspruch genommenen Ressourcen aufzuzeigen und, wenn nötig, auch zu berechnen. Die letzte Aufgabe ist die kaufmännische Verwaltung eines Rechners. Dabei wird die Konfiguration des Rechners, der benutzten Software, die angeschlossenen Peripheriegeräte sowie die dort benutzte Software und alle dazugehörigen Vertragsbeziehungen gespeichert. Daraus läßt sich dann im Problemfall erkennen, welche Geräte und welche Software der Benutzer einsetzt. Es lassen sich damit die notwendigen Maßnahmen zur Problembeseitigung durch den Benutzer-Service (auch Hot-Line oder Help-Desk genannt) einleiten und bis zur Erledigung verfolgen.

Monitor
Die Monitore oder Time-sharing-Systeme erlauben es, daß mehrere Benutzer parallel zueinander Dialog-Verarbeitung auf dem gleichen Rechner betreiben. Die Zuteilung der Rechnerzeiten erfolgt entweder über zu definierende Zeiteinheiten oder nach prioritätsgesteuerten Algorithmen. Dabei wird insbesondere eine effiziente Nutzung der Ressourcen möglich, da selten alle Anwender gleichzeitig arbeiten und deshalb der Rechner immer nur Ressourcen für die jeweils am System arbeitenden Anwender zur Verfügung stellt.

Datenbanken
Während bisher die Daten für eine bestimmte Anwendung in einfachen Dateien gespeichert wurden, geht man heute verstärkt dazu über, diese Daten in Datenbanken abzulegen. In der Praxis werden meist die folgenden drei Datenbanktypen eingesetzt:
- hierarchische Datenbank,
- relationale Datenbank,
- objektorientierte Datenbank.

Die hierarchische Datenbank ist die älteste Form der Speicherung von Daten in einer Datenbank. Es besteht eine eindeutige Beziehung zwischen den Datentypen, die in Form einer Baumstruktur abgebildet werden.
Die relationale Datenbank ist heute die meistverbreitete Form der Datenbank. Die Daten werden in Form einer Tabelle geführt. Diese besteht aus einem Tabellenkopf (der die Beschreibung der Daten enthält) und den in der Tabelle gespeicherten Daten. Über eine standardisierte Form der Abfragesprache SQL (Structured Query Language) ist es möglich, sehr einfach Informationen aus dieser Datenbank auszulesen.
Bei objektorientierten Datenbanken kann man die Speicherung der Daten nicht so beschreiben wie bei den vorhergehenden Datenbanken. Man muß eher von Informationseinheiten, bestehend aus den Daten sowie den dazu gehörenden Entstehungs- oder Verarbeitungsregeln, sprechen. Eine einheitliche Entwicklung ist dort zur Zeit noch nicht festzustellen.
Bei allen drei Beschreibungen handelt es sich jeweils nur um die Form der internen Datenorganisation. Anwender können von der Bedienung her nicht unbedingt auf den Datenbanktyp schließen.

8

Standard-Software

In vielen Bereichen sind die Unternehmen heute in der Lage, auf Standard-Software zurückzugreifen. Dies ist Software, die entwickelt wurde, um eine bestimmte Aufgabenstellung (z. B. Lohn/Gehalt) für möglichst viele unterschiedliche Nutzer mit einem Software-Produkt abdecken zu können. Die Unternehmen müssen nun nicht mehr mit großem Aufwand und eigenen Anwendungs-Programmierern ihre Aufgaben der „Datenverarbeitung" für die einzelnen Abteilungen selber lösen, sondern können hier zunehmend auf gute Standard-Software zurückgreifen.

Individual-Software

Überall dort, wo Standard-Pakete nicht angeboten werden oder der Benutzer sich nicht den Vorgaben unterwerfen will, werden die betreffenden Aufgabenbereiche durch individuelle Programme übernommen. Heute dürften auf größeren Anlagen diese Programme noch in der Überzahl sein, obgleich das Angebot an Standard-Programmen wächst. Es handelt sich bei den individuellen Programmen um die tatsächlich von den Benutzern gewünschte Verarbeitung, z. B. Rechnungsschreibung, Buchhaltung usw.
Diese Anwendungs-Programme werden heute in höheren Programmiersprachen geschrieben, und durch Umwandlungsprogramme (Compiler) wird aus dem Quellprogramm das verarbeitungsfähige Maschinenprogramm erstellt. Zu den heute verwendeten Programmiersprachen in diesem Umfeld gehören z. B.: Assembler, Cobol, PL/I, RPG, Fortran, Basic sowie C. Diese Programmiersprachen werden heute noch ergänzt durch die sogenannten Programmiersprachen der 4. Generation. Dabei werden die Programmieranweisungen noch einmal erheblich vereinfacht gegenüber den bisherigen Programmiersprachen. Ein Generator stellt dazu einen Rahmen und eine ablauffähige Umgebung zur Verfügung.
Die Abb. 8.3 gibt einen Überblick über die Software, wie sie hier vom Betriebssystem bis zur Individualsoftware behandelt wurde. Am Übergang zwischen der Hardware und Software stehen die Systemsteuerprogramme als Basis des Betriebssystems. Ihnen folgen die weiteren Programme des Betriebssystems für die Verwaltung der Ressourcen. Nahe am Betriebssystem liegen die vom Hersteller in der Regel mitgelieferten Sprachcompiler. Die Steuerungssysteme kann man ebenfalls noch als betriebssystem-nah bezeichnen. Sie übernehmen die Aufgaben des System-Managements. Danach folgen die Standard-Programme und oben auf der Pyramide die individuellen Anwendungsprogramme.

Endbenutzer-Werkzeuge

Unter den Endbenutzer-Werkzeugen versteht man heute die Software-Produkte, mit denen der Anwender nach einer kurzen Einarbeitung von ein bis zwei Tagen in der Lage ist, seine Sachbearbeiter-Aufgaben im Unternehmen eigenständig, d. h. ohne Unterstützung durch eine Informatik-Abteilung, abzuwickeln.
Erste Ansätze in dieser Richtung gibt es schon seit über zehn Jahren mit sogenannten Query-Systemen (Abfragesprachen) auf Zentralrechnern. Der eigentliche Durchbruch fand aber wiederum erst mit Einführung des PC statt. Große Entwicklungen haben deshalb in den letzten Jahren auf Arbeitsplatz-Rechnern stattgefunden, und im folgenden soll deshalb kurz auf vier wichtige Endbenutzer-Werkzeuge eingegangen werden.

• Textverarbeitung
Während hier in der Anfangsphase die Texterfassung und Briefschreibung im Vordergrund stand, haben diese Systeme heute die Funktionalität einer umfangreichen Dokumentenverarbeitung erreicht. Man kann damit Formulare für die einfache Briefschreibung und für Protokolle bis hin zu komplexen Formularen vorgeben. Damit sind für

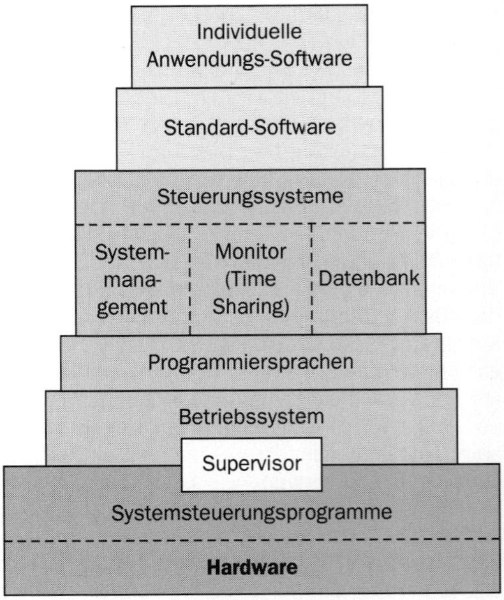

Abb. 8.3: Überblick über die Software-Ebenen

den innerbetrieblichen und externen Schrift- und Dokumentenaustausch alle Anforderungen abgedeckt. Zur Zeit arbeitet man daran, in diese Dokumente auch bewegte Bilder und Sprache einzuarbeiten.

• Tabellenkalkulation und Geschäftsgrafik
Neben der Textverarbeitung ist die Tabellenkalkulation derzeit eines der am häufigsten eingesetzten Produkte. Die Entwicklung hat dazu geführt, daß hier besonders viel Wert auf einfache Eingabe- und Änderungsmöglichkeiten gelegt wird. Darüber hinaus wird viel Wert auf die Zuführung von externen Daten über genormte Schnittstellen gelegt. Der Anwender kann über leistungsstarke Befehle Manipulationen der Daten innerhalb einer Tabelle durchführen.
Die Überführung in Geschäftsgrafik wird in der Regel standardmäßig unterstützt. Neben der Darstellung in Form von Balken, Linien und Tortendiagrammen kann man heute schon neben der zweidimensionalen Darstellung auch dreidimensionale Bilder erhalten. Änderungen in den Werten der Tabelle haben sofort Auswirkungen auf die Grafiken.

• Query-Manager
Query-Manager oder Abfragesprachen erlauben es dem Anwender, der Kenntnis vom Aufbau und Inhalt der Datenstrukturen des Unternehmens hat, sich kurzfristig aussagefähige Auswertungen zu erstellen. Dabei wird die Struktur der Daten ergänzt durch Feldnamen vorgegeben, und der Anwender kann durch Markieren und ergänzende Eingrenzungen sowie Operatoren für die Verbindung von Feldern sehr schnell seine Aufgabe formulieren. Er kann sich die Ergebnisse dann am Bildschirm oder auf dem Drucker entweder in einer Standardform oder auch durch Einsatz eines Listengenerators in der für ihn gewünschten Form aufbereiten.

• Mail-Systeme
Während die vorgenannten Anwendungen heute schon bei vielen Unternehmen im Einsatz sind, findet man Mail-Systeme überwiegend bei Großanwendern. Man kann aber heute davon ausgehen, daß sich dies rasch ändern wird und auch der Mittelstand auf diese Werkzeuge zurückgreifen wird. Innerbetrieblich dienen Mail-Systeme dazu, die anfallenden Protokolle, Anweisungen und Aktennotizen an den jeweiligen Empfänger elektronisch zu versenden. Jeder Anwender mit einem Arbeitsplatzrechner hat auf seinem Rechner einen Postkorb, in dem diese Dokumente abgelegt werden. Für die externe Kommunikation gibt es inzwischen ein genormtes Verfahren unter dem Begriff X.400. Damit ist der Austausch von Dokumenten zwischen verschiedenen Unternehmen möglich, und die derzeit wichtigen Mail-Systeme haben diese Schnittstelle auch eingebaut.

Netze

Netze sind die Straßen der Informationstechnik. So ist der wirtschaftliche Aufschwung in den neuen Ländern eng gekoppelt an den Ausbau des Straßennetzes. Gleiches gilt für die Netze in den Unternehmen. Ohne gut funktionierende Netze ist zukünftige Informationstechnik nicht möglich. Wir unterscheiden hier das LAN (Local Area Network) als unternehmensweites Netz und das WAN (Wide Area Network) als unternehmensübergreifendes Netzwerk. Für das WAN ist bei uns die Post verantwortlich, und damit sind die Entscheidungsspielräume gering.
Diese sind dafür im LAN-Bereich größer. Leider wächst damit auch die Möglichkeit von Fehlern im Bereich der Auslegung dieser Netze. Dies betrifft sowohl die Hardware-Seite als auch die softwaremäßige Steuerung. Ergänzend sei noch das MAN (Metropolitan Area Network) genannt, welches eine Region (z. B. Stadt) abdeckt, aber in diesem Rahmen keine Bedeutung hat.

Aktuelle Entwicklungen

Entwicklungstendenzen

Obwohl Arbeitsplatzsysteme in den letzten Jahren rasante Entwicklungsschritte vollzogen haben, bleiben auch die zentralen Rechner in ihrer Leistung natürlich nicht stehen. Sie werden kleiner und schneller und man wird eine größere Zahl von ihnen in einem Komplex zusammenbinden, so daß sie nach außen wie ein System aussehen. Sie werden sicher vor allem im Bereich der Datenhaltung bzw. der Verwaltung von Datenbanken ihre derzeitigen Vorteile weiter ausbauen und stabilisieren können.
Um kein Mißverständnis aufkommen zu lassen, sei festgehalten, daß zu den Zentralrechnern mit nennenswerten Marktanteilen heute die Produkte der IBM-Serie ES/9000 sowie der IBM-Serie AS/400, alle Systeme der Firma DEC mit dem Betriebssystem VMS und darüber hinaus mehrheitlich UNIX-Systeme zu zählen sind. Hauptsächlich CAD-Anwendungen nutzen heute bereits die mo-

8

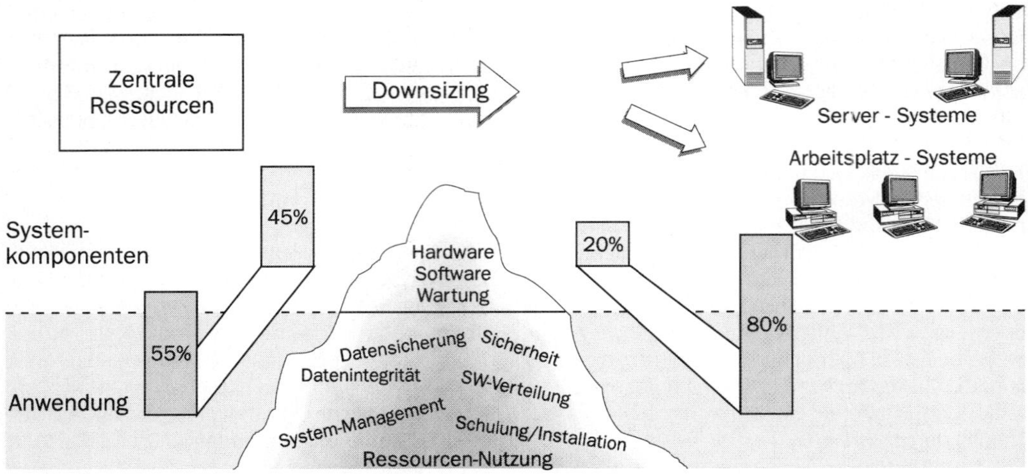

Abb. 8.4: Kostenverteilungs-Unterschiede bei zentralen und dezentralen Lösungen

dernere Client/Server-Technik und fallen daher nicht in die Kategorie der Zentralrechner. In diesem Umfeld bieten UNIX-Rechner, wenn man das Preis-Leistungs-Verhältnis aus der Sicht der Hard- und Software-Kosten betrachtet, derzeit deutlich bessere Kennzahlen.

Falls dies so richtig ist, werden die Hersteller sicherlich in der nächsten Zeit die Relationen für die anderen Systeme durch Preisanpassungen zurechtrücken, um den Trend zu UNIX-Systemen aufzuhalten. Oder aber es wird sich herausstellen, daß die Betrachtung nur der Hardware- und Software-Kosten bei dem Einsatz von integrierter Informations-Verarbeitung nicht ausreicht, daß weitere Kostenarten dazu kommen und UNIX-Systeme dann möglicherweise einigen Nachholbedarf haben (siehe Abb. 8.4). In dem Zusammenhang seien zum Beispiel die Punkte Zugriffschutz und Datensicherheit erwähnt, die im UNIX-Umfeld normalerweise nicht mit der Qualität gelöst sind, wie andere Zentralrechner dies tun.

Die meisten Anwender von Informationstechnik haben in den letzten Jahrzehnten umfangreiche operationale Anwendungen auf ihren zentralen Rechnern mit einer zentralen Datenkontrolle entwickelt. Viele dieser Anwendungen sind gar nicht auf Arbeitsplatzsystemen alleine zu realisieren. Viele Unternehmen werden daher sicher auch in Zukunft in diese Anwendungen investieren und sie weiterentwickeln. Die Schwäche der zentralen Systeme in der Präsentation (Aufbereitung des Bildschirms) wird man zunehmend über Arbeitsplatzsysteme (vor allem PCs) auflösen können. Wenn man dabei eine Unabhängigkeit von bestimmter Hardware oder Betriebssystemen erreichen will, so wird es entscheidend, daß in den Anwendungen drei Punkte sauber beachtet werden, nämlich die Standardisierung der Schnittstelle zur Datenhaltung, zur Präsentation und die Verwendung einer Programmiersprache (z. B. Cobol), die zur Zeit in allen Systemwelten verfügbar ist. Diesem Ziel muß die höchste Priorität eingeräumt werden, da nach seiner Erreichung die Diskussion nach der richtigen Hardware und dem richtigen Betriebssystem kaum noch Bedeutung hat bzw. unabhängig gelöst werden kann.

Bei den Arbeitsplatzsystemen wird die Entwicklung ebenfalls rasant weitergehen. Im Bereich der Präsentation, dort wo die Zentralrechner ihre Schwierigkeiten haben, werden sie rasch weiter wachsen. Unter dem Schlagwort Multimedia werden hier heute schon Systeme angeboten, die neben der graphischen Oberfläche das Bewegtbild und den Ton auf einem Arbeitsplatzsystem vereinen können.

Nachdem nun in der Vergangenheit auf diesen Arbeitsplatzsystemen sehr effiziente und gute Anwendungen entstanden sind (z. B. Textverarbeitung und Tabellenkalkulation), entstehen zunehmend auch operationale Anwendungen unter Einbeziehung vernetzter PCs mit Servern, die vor allem gezielt für spezielle Aufgaben bzw. Abteilungen entwickelt wurden. Gerade auch der Preisverfall im Umfeld der Arbeitsplatzsysteme hat diese Entwicklung besonders gefördert.

Diese Insellösungen können bei einer später notwendigen Integration große Probleme bereiten. Zusätzlich kommt nach neuesten Erkenntnissen auch das Problem hinzu, daß bei diesen Lösungen die Kostenstruktur sich anders darstellt als bisher angenommen. So zeigen die Untersuchungen unabhängiger Beraterfirmen aus den USA wie

„Business Research Group“ die Ergebnisse, wie sie in Abb. 8.4 dargestellt werden.

Diese Entwicklungen zu speziellen Anwendungen wurden sicher auch durch die funktionsorientierten Organisationsformen in unseren Unternehmen stark gefördert (vgl. den Abschnitt „Funktionsorientierung“). Dabei sind die Vorteile:

- Es findet mehr und mehr eine Spezialisierung statt, da in einer Organisationseinheit immer möglichst gleichartige Aufgaben gelöst werden.
- Über organisatorische Verfahrensregelungen werden die Reibungsverluste zwischen den Abteilungen oder Einheiten nach und nach beseitigt.
- Die informationstechnische Unterstützung für diese Einheiten wird schrittweise verfeinert.

Daraus folgt eine ständige Verbesserung der Abläufe und damit auch eine effizientere Bearbeitung. Der Nachteil dieser Vorgehensweise ist, daß dafür Zeit benötigt wird, um diese Verbesserungen Schritt für Schritt durchzusetzen. Eine Veränderung der Einheiten oder Abteilungen führt zu großen Störungen. Sie geschieht aber zwangsläufig, z. B. bei der Einführung eines Standard PPS-Systems (Produktions-Planungs- und Steuerungssystem). Diese Systeme bringen eine Ablaufsteuerung mit, die praktisch nicht mehr zu ändern ist.

Vor allem aber die industriellen Entwicklungen zu kürzeren Produktlebenszyklen und zu kürzeren Durchlaufzeiten lassen diese Organisationsform immer weniger zu. Es geht nicht mehr darum, nach Organisationseinheiten (abteilungsorientiert) zu optimieren, sondern es geht darum, den Durchlauf von Vorgängen durchs Unternehmen geschäftsprozeßorientiert zu optimieren (vgl. Abschnitt „Prozeßorientierung“).

Diese Veränderungen spiegeln sich ebenfalls in dem Ruf nach „Lean Management“ wider. Dabei ist das Ziel eine flachere Organisation als die bisherige hierarchische Gliederung. Man versucht produktivere Abläufe durch ganzheitliche Verantwortung der Mitarbeiter zu erreichen. Man führt kooperative Team-Strukturen ein, um geschäftsprozeßorientierte Abläufe konsequent umsetzen zu können.

Die Unterstützung dieser Organisationsform hat dann allerdings auch große Auswirkungen auf die Informationsverarbeitung. Es bedeutet, daß alle Anwendungen auf alle Daten des Unternehmens jederzeit zugreifen können müssen. Damit bilden diese Daten das Rückgrat für eine Steuerung und Integration aller Unternehmensprozesse.

Der Weg hin zur prozeßorientierten integrierten Informationsverarbeitung ist das Ziel vieler Unternehmen. Der Weg dazu führt nach heutigen Erkenntnissen über ein Unternehmensmodell und die Verbindung der bisher traditionell zentralen Datenverarbeitung mit den neuen Arbeitsplatzsystemen hin zu einer Lösung, die unter dem Schlagwort Client/Server die Diskussion erobert hat. Das Unternehmensmodell als Ausgangspunkt löst dann in Teilbereichen die Erstellung der Geschäftsprozesse und in Verbindung damit anschließend die Erstellung der Teildatenmodelle aus. Ziel der gesamten Entwicklung sind dann schließlich die Erfassung aller Unternehmensprozesse und die Erstellung des Unternehmensdatenmodells.

Voraussagen zu geschäftlichen Entwicklungen

Die Informationstechnik ist zur Zeit durch zwei wesentliche Entwicklungslinien gekennzeichnet – einerseits die technische Entwicklung und andererseits die anwendungsseitige Unterstützung geschäftlicher Vorgänge. Während – wie im letzten Abschnitt beschrieben – auf der technischen Seite die Entwicklung von den zentralen Anlagen hin zu verteilten Rechnern und somit zu den dort genannten Client/Server-Lösungen geht, wird anwendungsseitig die Öffnung der Außenbeziehungen im Mittelpunkt stehen.

Bis heute wurden durch die Informationsverarbeitung hauptsächlich die innerbetrieblichen operativen Systeme weiter entwickelt und zu hoher Funktionalität gebracht. Nun werden sich die Entwicklungen aber auf die Beziehungen des Unternehmens nach außen konzentrieren. Wie Peter G. W. Keen in seinen Untersuchungen feststellte, werden wir folgende geschäftliche Entwicklungen in den nächsten Jahren erleben:

- Zwischen 25% und 80% der Zahlungsströme der Unternehmen werden zumindest rechnergestützt, meist aber sogar im Dialog abgewikkelt werden,
- der elektronische Datenaustausch (EDI) sowie direkte elektronische Partnerschaften mit den wichtigsten Kunden und Lieferanten stellen die Norm dar,
- Zahlungsvorgänge (z. B. eine Zahlung mit EC-Karte) werden zunehmend elektronisch mit Dialogsystemen abgewickelt werden,
- die Bildtechnologie wird eine betriebliche Notwendigkeit,
- organisatorische Veränderungen werden häufig durchgeführt, und
- die Arbeit gestaltet sich in zunehmenden Maße unabhängig von dem Standort des Unternehmens.

8

Alle diese geschäftlichen Entwicklungen stellen eine Herausforderung an das Management dar. Das Management ist aber heute in der Regel auf den Prozeß einer Entwicklung der Informationstechnik nicht vorbereitet. Die Entwicklung der Informationstechnik wird in den Unternehmen nicht auf den obersten Managementebenen abgewikkelt. Diese Aufgabe wurde den Leitern der Informationstechnik, welche auf tieferen Ebenen angesiedelt waren, übertragen.
Die Ursache dafür war, daß Computer, wie bereits gesagt, überwiegend für eine operative Abwicklung der internen Verwaltung eingesetzt wurden. Mit den genannten Entwicklungen verlassen die Unternehmen nun allerdings diese Ebene. Damit wird die Informationstechnik zu einem wesentlichen Faktor für die Positionierung innerhalb des Marktes. Wer diesen Entwicklungen nicht folgen kann, wird auf Dauer am Markt nicht mehr konkurrenzfähig sein.
Das Problem ist, daß alle diese Entwicklungen komplexe organisatorische Änderungen notwendig machen werden. Sie erfordern die sorgfältige Auswahl von betrieblich geschäftlichen Prioritäten und zeitlichen Festlegungen sowie komplizierte technische Entscheidungen. Auch anders als bisher muß man heute davon ausgehen, daß solche Entscheidungen oft erst in drei, fünf oder gar sieben Jahren ihre Auswirkung zeigen. Dies wird auch sofort deutlich, wenn man sich zum Beispiel mit der Umsetzung von Client/Server-Anwendungen im Unternehmen auseinandersetzt.
Um Client/Server-Anwendungen als Ablösung der bisherigen Installationen zu realiseren, sind viele Voraussetzungen zu erfüllen. Wichtig ist ein stabiles, leistungsfähiges und leicht erweiterbares lokales Netzwerk, ohne das eine Client/Server-Anwendung nicht auskommt. Dabei muß vor allem die Anbindung der vorhandenen Rechnerwelt gut gelöst sein, um Anwendern vom Terminal aus den gleichzeitigen Zugriff auf alte und neue Anwendungen zu ermöglichen, da Wechsel selten in einem Zug erfolgen können. Außerdem muß die Frage der Datenhaltung (wenn möglich im Sinne einer verteilten Datenhaltung) sauber gelöst werden, um eine Client/Server-Lösung auch wirklich ausnutzen zu können und nicht nur die alte Technik unter einer neuen Überschrift zu verwenden. Dazu gehört auch die Umstellung der gesamten Software-Entwicklung – wie Arbeit im Netzwerk, Arbeit mit verteilten Datenbanken und Arbeit mit modernen graphischen Benutzerführungen – auf die neuen Technologien.
Da das Management sich selten mit der Entwicklung der Informationstechnik ausreichend auseinandersetzte, konnte es auch nicht die Erfahrung und Sachkenntnis entwickeln, über die es im Bereich der Finanzen oder des Personalwesens verfügt. Das Management läuft hier eher Gefahr, sich von den Artikeln sogenannter „Fachjournalisten" beeinflussen zu lassen, in denen die Entwicklungen auf Zentralrechnern als absolut unsinnig und damit für tot erklärt werden, während man heute als modernes Unternehmen nur noch Client/Server-Lösungen anwenden könnte. Von Ausnahmefällen abgesehen kann kein Unternehmen solch einen Schritt heute verkraften. Experten sind sich heute einig, daß Information – und damit Informationsverarbeitung – neben den Produktionsfaktoren Personal, Material sowie Betriebsmittel und Disposition der vierte gleichwertige Produktionsfaktor ist.
Aus diesem mangelnden Sachverständnis des Managements heraus resultiert dann natürlich auch das Spannungsverhältnis zu den Leitern der Informationsverarbeitung. Man spricht keine gemeinsame Sprache und redet deshalb oftmals aneinander vorbei. Man redet nur noch über Kosten, und damit wird die Tür für langfristige strategische Entscheidungen zugeschlagen.
Grundsätzlich gilt aber für jedes Unternehmen, daß Informationstechnik sich bezahlt machen muß. Das wird dann eintreten, wenn die Informationstechnik eingesetzt wird, um die Aktivitäten zu unterstützen, die auf die Verbesserung der Gewinnstrukturen des Unternehmens (seiner Zielvorgaben) gerichtet sind. Das Spannungsverhältnis wird noch dadurch verstärkt, daß ein heute 60-jähriger in seiner Ausbildung kaum etwas über Informationsverarbeitung gehört hatte. Beim 40-jährigen gehörte es wenigstens schon zur Grundausbildung – der 20-jährige wird mit dem Rechner (PC) groß.

Zielanforderungen

Unsere Firmen sind heute in der Regel umsatzorientiert. Wenn man – vereinfacht dargestellt – vom Umsatz die Kosten abzieht, erhält man den Gewinn als das, was übrig bleibt. Der Gewinn kann also nur durch eine Reduzierung der Kosten oder die Ausweitung des Umsatzes bei höchstens proportionaler Kostenerhöhung gesteigert werden. Im Rahmen einer zunehmend weltweiten Konkurrenz, kürzerer Produktlebenszeiten und besser informierten Konsumenten wird dieser Weg immer schwieriger werden.
Einen Ausweg aus dieser Entwicklung bietet nur die Vorgehensweise, den Gewinn als Zielvorgabe an den Anfang zu stellen. Die Firmen müssen imstande sein, ihre Umsätze, Kosten und Gewinne

auf laufender Basis zu überwachen, so daß sie sofort auf alle gegenläufigen Tendenzen aufmerksam gemacht werden und reagieren können. Nur mit Hilfe der Informationstechnik ist diese Vorgehensweise heute realisierbar.
Als Beispiel für solch eine Vorgehensweise gilt die Luftfahrtindustrie. Dort ist das Ziel, sicherzustellen, daß jedes Flugzeug, das abhebt, den größtmöglichen Gewinn einbringt, und zwar dadurch, daß keine leeren Sitze vorhanden sind, die durch weitere Ermäßigung noch hätten verkauft werden können, und daß keine Sitze mit Passagieren besetzt sind, die einen niedrigeren Flugpreis bezahlt haben, obwohl Fluggäste, die einen höheren Preis bezahlt hätten, abgewiesen wurden. Solche zielvorgabenorientierten Rahmen bilden die Grundlage für ein wirtschaftliches Modell der Informationsverarbeitung als unternehmerisches Hilfsmittel.
Dieser Rahmen beruht auf vier geschäftsorientierten Prinzipien, die als Richtschnur für eine Planung und auch einer wirtschaftlichen Rechtfertigung der Informationsverarbeitung dienen. Die Ziele sind:

- Angesichts sinkender Margen, die sich quer durch alle Industriezweige und in allen Ländern zeigen, sind die Unternehmen gezwungen, ihre Kostenbasis neu zu strukturieren.
- Die Firmen müssen Qualität und Service als Grundbestandteil ihrer geschäftlichen Tätigkeiten behandeln.
- Die Firmen müssen ihre Planungs- und Management-Verfahren in Bahnen bringen, die dem Ertragsmanagement der Luftverkehrs-Industrie gleichen.
- Die Firmen müssen in der Lage sein, „gute" Einnahmen von den „schädlichen" Einnahmen zu unterscheiden.

Es geht im wesentlichen um sieben Komponenten, die mit der Steuerung der Geschäftsstruktur mittels der Informationsverarbeitung verbunden sind:

- wettbewerbsorientierte Positionierung,
- geographisch orientierte Positionierung,
- Umstrukturierung der Organisation,
- anderweitiger Einsatz des Humankapitals mittels und infolge der Informationsverarbeitung,
- Umgang mit den wirtschaftlichen Aspekten des Informationskapitals,
- die Einrichtung der Informationsplattform,
- Angleichung von Geschäft und Technologie.

Auf diese Punkte wird im Rahmen der weiteren Ausführungen soweit eingegangen, wie es sich um die Einrichtung einer Plattform für die Informationsverarbeitung handelt.

Die Verantwortung des Managements

Die Informationstechnik ist dabei, die Abläufe in den Unternehmen immer stärker umzugestalten. Viele Abteilungen sind bereits heute in hohem Maße, manchmal sogar absolut abhängig vom Funktionieren der Informationsverarbeitung. Deshalb wird der Schlüssel zu einem effizienten Management in den kommenden Jahren eine hohe Kompetenz im Umgang mit der Informationstechnik sein. Das Management darf die Entscheidungen im Bereich der Informationstechnik nicht länger allein den Fachleuten der Informationsverarbeitung überlassen.
Die im Bereich des Wettbewerbs, der Technik, der Organisation, der Wirtschaft sowie des Managements bestehenden Wahlmöglichkeiten und Konsequenzen sind heutzutage in bereits so hohem Maße voneinander abhängig, daß sie nicht isoliert voneinander behandelt und bewältigt werden können.
Eine kreative Wettbewerbsstrategie, bei welcher die organisatorischen Fragen ausgeklammert bleiben, oder eine technische Strategie, bei welcher die komplizierten wirtschaftlichen Implikationen der Informationstechnik außer acht gelassen werden, sind nicht nur riskant, sondern wahrscheinlich sogar zum Scheitern verurteilt.
Die auf der Grundlage der Informationstechnik erfolgende Steuerung der Geschäftsabläufe muß das Wechselspiel der obengenannten Elemente ins Gleichgewicht bringen, um effizient zu sein. Ein Katalog notwendiger Entscheidungen, die das Spitzenmanagement zu fällen hat, muß auch folgendes berücksichtigen:

- wettbewerbsorientierte bzw. geographisch orientierte Positionierung,
- die Umstrukturierung der Organisation,
- den anderweitigen Einsatz des Humankapitals,
- die Bewältigung der mit dem Informationskapital der Firma verbundenen wirtschaftlichen Aspekte,
- die Positionierung der firmeneigenen Technologieplattform,
- die Sicherstellung einer Angleichung zwischen unternehmerischem Denken und Handeln einerseits und technischer Planung und Durchführung andererseits.

Die Manager der höchsten Ebenen müssen erkennen, welche die wirklich ausschlaggebenden und dringenden Entscheidungen über die Informationstechnik sind. Nur sie, als Betroffene dieser Entscheidungen, vermögen sie auch zu treffen. Die Verantwortlichen der Informationsverarbeitung können dabei natürlich als Berater mitwirken.

8

Es soll noch einmal erwähnt werden, wie wichtig es ist, Antworten auf die Fragen rechtzeitig zu geben und sie nicht vor sich her zu schieben, da lange Vorlaufzeiten vergehen, bis viele solcher Entscheidungen Wirkung zeigen.

Falls die Manager sich nun zu einer Beantwortung dieser Fragen durchringen und eine Strategie für die Informationsverarbeitung aufstellen, so wird natürlich auch die Frage nach der Umsetzung gestellt. Es gibt inzwischen ausreichend große Erfahrungen, die nachweisen, daß Anwendungsentwicklungen dann erfolgreich und benutzerfreundlich gestaltet wurden, wenn die Verantwortung bei den betrieblichen Fach-Abteilungen lag.

Hier ist es wichtig, noch einmal die beiden Extreme der Möglichkeiten zu beleuchten, in dem diese Anwendungen umgesetzt wurden. Es war entweder nur der vorhandene zentrale Rechner zur Umsetzung dieser Aufgaben erlaubt, oder die Abteilungen realisierten diese Anwendungen auf einer eigenen informationstechnischen Basis, die ihre Anwendung am besten unterstützte. Letzteres führte zwar zu guten Anwendungslösungen, ermöglichte aber keinen Austausch von Informationen zwischen den Abteilungen und verhinderte damit auch eine Integration im Sinne des Unternehmens. Die Umsetzung einer geschäftsprozeßorientierten Organisation wird damit praktisch unmöglich.

Der Weg, wie diese Fehlentwicklungen aufgefangen werden können, ist bekannt. Die technische Infrastruktur der Informationsverarbeitung muß von den Anwendungen getrennt werden. Da eine konsequente Durchsetzung dieses Weges jedoch der Rückendeckung des Managements bedarf, wird er nur selten realisiert.

Im Rahmen einer Architektur muß die unternehmensweite Plattform für eine Informationsverarbeitung festgelegt werden. Diese Architektur sollte möglichst auf der Basis von zur Zeit vorhandenen Standards allgemeine und im ganzen Unternehmen anwendbare Normen für die Auswahl von Hardware, Software und Netzen beschreiben. Weiterhin gehören dazu die Verfahren zur Datensicherheit und zum Systemmanagement. Je besser diese Architektur es ermöglicht, die zur Zeit gängigen Produkte einzusetzen, desto größer werden damit die Möglichkeiten für zukünftige Weiterentwicklungen.

Dort wo das Management nicht in der Lage ist, diese Vorgehensweise zu stützen und voranzutreiben, wird die Informationsverarbeitung nur begrenzt ihre Leistungen für das Unternehmen umsetzen können. Die Gefahr, daß nebeneinander

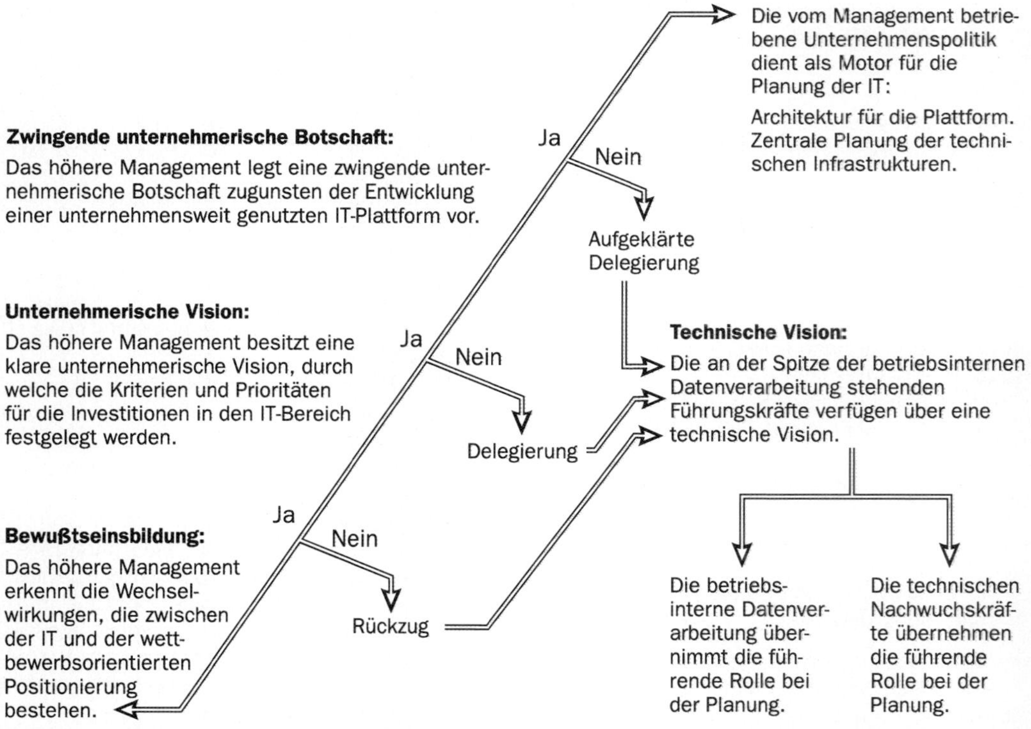

Abb. 8.5: Entscheidungsebenen und -prozesse im Management (n. Keen, Informationstechnologie, Ueberreuter)

einzelne, nicht miteinander verbundene Anwendungen entstehen, ist sehr groß. Nur auf dem Wege über die Architektur ist die gemeinsame Nutzung von Informationen quer durch alle Produktbereiche und Standorte unternehmensübergreifend möglich.

Bei der Definition einer Plattform für die Informationsverarbeitung müssen die zentralen Komponenten für die Steuerung der Geschäftsstruktur mittels einer Informationstechnik festgelegt werden. Die Schlüsselfaktoren dafür sind:

- Die Informationstechnik-Plattform einer Firma ist die wesentliche Determinante für den „Grad ihrer unternehmerischen Freiheit", der ihr während der 90er Jahre zur Verfügung stehen wird – die unternehmerische Funktionalität der Plattform bestimmt, welche Informationstechnologie-abhängigen Produkte und Dienstleistungen realisierbar sind und welche nicht. Die Plattform ermöglicht oder verhindert zukünftige unternehmerische Optionen.
- Die Plattform besteht aus einer gemeinsam genutzten Basis zur Bereitstellung von Datenverarbeitungs-Diensten, deren unternehmerische Funktionalität sich durch die beiden Dimensionen „Reichweite" und „Spannweite" definieren läßt.
- „Reichweite" definiert die Standorte, die durch eine Plattform miteinander verbunden werden können, von den lokalen Arbeitsplatzrechnern (Workstations) und Computern innerhalb ein und derselben Abteilung über im Inland befindliche Kunden und Lieferanten bis hin zu internationalen Standorten oder – was heute noch als unerreichbares Ideal erscheinen mag, in fünf Jahren aber vielleicht machbar ist – zur Verbindung mit jedermann überall auf der Welt.
- „Spannweite" bestimmt die Informationen, die system- und dienstleistungsübergreifend unmittelbar und automatisch gemeinsam genutzt werden können. Beim einen Extrem können nur jene Systeme, die auf genau der gleichen Hardware und Software aufgebaut sind, die Nachrichten und Daten verarbeiten, die von irgendeinem anderen von ihnen erstellt wurden. Beim anderen Extrem kann jede Transaktion, jedes Dokument, jede Nachricht und sogar jede telefonische Nachricht, die mittels Computer generiert wurden, in sämtlichen anderen Systemen verwendet werden.

Das Ziel muß sein, mit Hilfe der Informationsverarbeitung den Gewinn als am Anfang aller Überlegungen stehend und nicht als Endergebnis zu behandeln.

8

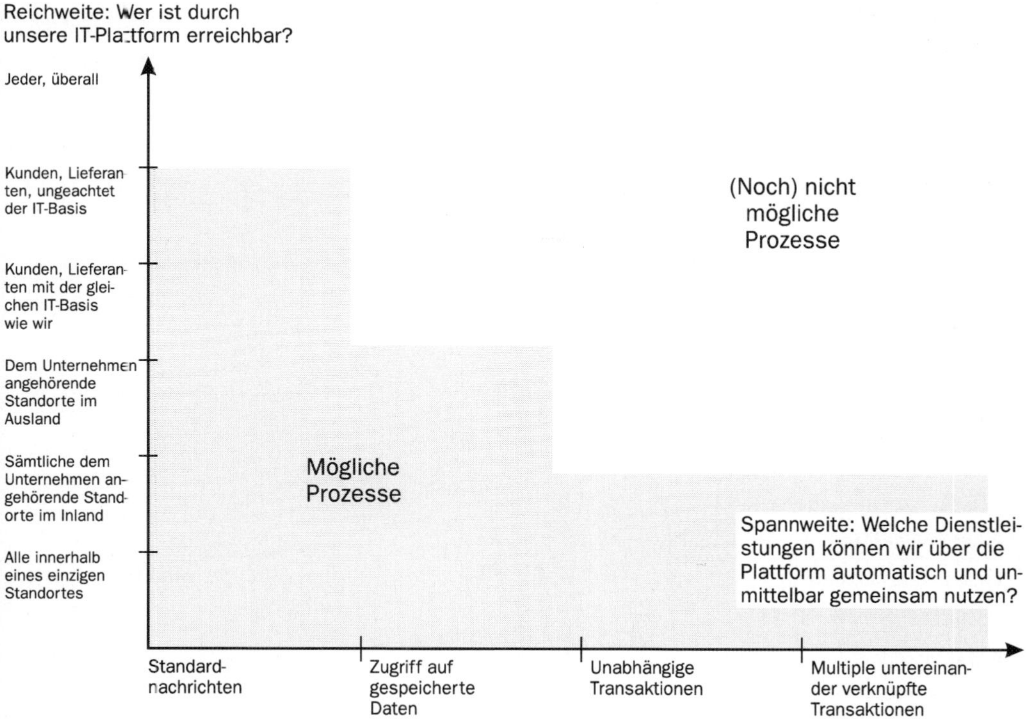

Abb. 8.6: Plattform und Reichweite von Informationstechnologie im Unternehmen (nach Keen, a. a. O.)

Grundlagen der integrierten Informationsverarbeitung

Wie bereits erwähnt, müssen wir uns heute mit zwei grundsätzlichen Formen der Informationsverarbeitung auseinandersetzen: der funktionsorientierten und der prozeßorientierten.

Funktionsorientierung

Die Abb. 8.7 zeigt die tayloristische oder funktionsorientierte Form. Hierbei sollen zwei Dinge deutlich werden. Es wird eine Unterteilung in zwei wesentliche Funktionsbereiche eines Fertigungsunternehmens vorgenommen – und zwar die Produktion sowie die Verwaltung. Die Gründe für diese Unterteilung werden im folgenden ausführlich erläutert werden. Die Abbildung soll außerdem zeigen, daß die Funktionseinheiten (Abteilungen) heute in aller Regel eigenständige Anwendungen einsetzen, die darüber hinaus eine eigene – anderen nicht zugängliche – Datenhaltung verwenden und im Extremfall auch noch auf einer eigenen Hardware ablaufen. Eine Kommunikation mit anderen Funktionseinheiten findet kaum statt.

Die Nachteile sind:
- Mangelnde Aktualität der Daten (die Daten werden manuell oder bestenfalls im Filetransfer von einem System ins andere System übertragen).
- Mehrfacherfassung der gleichen Daten auf unterschiedlichen Systemen.
- Individuelle Informationsverarbeitung ist nur mit hohem Aufwand realisierbar.

Die Vorteile sind:
- Die Anwendungsunterstützung in der Abteilung kann immer stärker spezialisiert und verbessert werden, um damit die Aufgaben möglichst gut zu lösen.
- Gute organisatorische Verfahren regeln die Arbeit zwischen den Abteilungen und verhindern damit Reibungsverluste.
- Die Abläufe werden ständig verbessert und führen zu effizienter Bearbeitung.

Um es noch einmal zu wiederholen, es wird auch in der Zukunft manches Unternehmen geben, das nach dieser Form seine Informationsverarbeitung gestaltet. Dies trifft besonders für Unternehmen zu, die entweder klein sind, oder in ihren Strukturen sehr wenig Veränderungen in den nächsten Jahren erfahren werden.

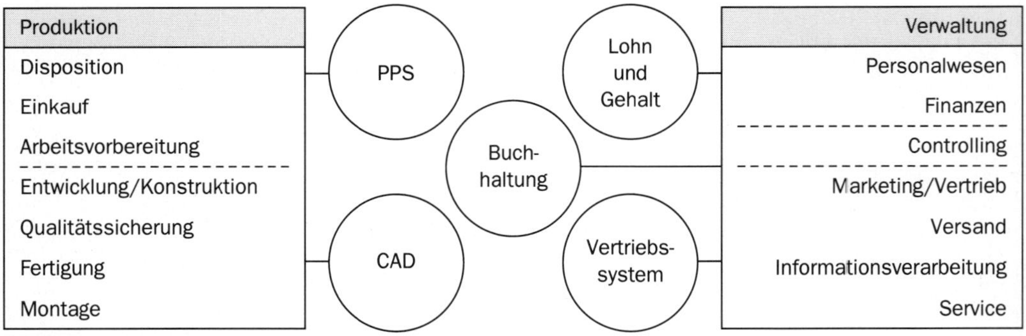

Abb. 8.7: Funktionsorientierte Gliederung der DV-Aufgaben

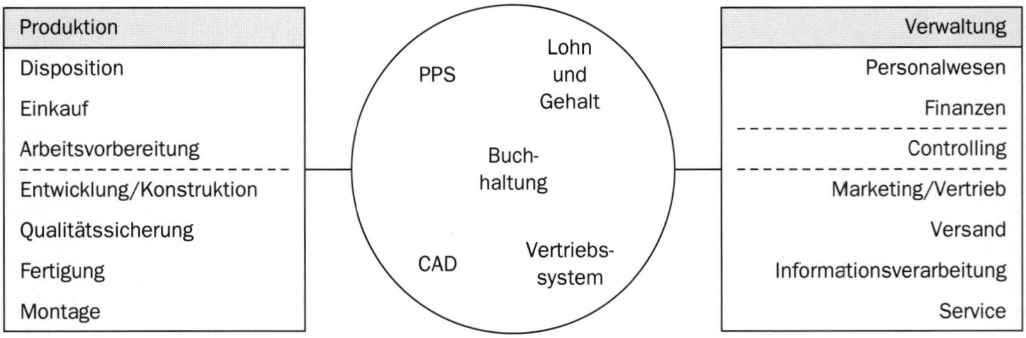

Abb. 8.8: Prozeßorientierte Organisation der DV-Aufgaben

Prozeßorientierung

Die Mehrzahl der Unternehmungen wird sich aufgrund der veränderten Situation dem Prozeß der Umorientierung von der funktionsorientierten (tayloristischen) Arbeitsweise hin zur vorgangsorientierten (prozeßorientierten) Arbeitsweise widmen müssen.
Die Abb. 8.8 macht die Unterschiede zur vorherigen Lösung deutlich. Alle Anwendungen greifen auf eine einheitliche Datenbasis zu. Während die in Abb. 8.7 beschriebene Lösung das Nebeneinander von Anwendungen zuläßt, steht hier die Integration im Mittelpunkt aller Überlegungen. Die Anwendungen müssen unabhängig von der Datenhaltung sein. Die Datenhaltung wird aus Sicht der Informationstechnik damit zu einem zentralen Baustein des Unternehmens. Dahinter steht die Forderung: einmal erfaßte Daten stehen bedarfsgerecht jeder Anwendung und jedem Anwender (soweit er dazu autorisiert ist) zur Verfügung. Bei Unternehmen, die diesen Weg gehen, sollte es heute in der Regel dazu führen, daß als erstes ein Unternehmensmodell erstellt wird. Wie bereits unter „Entwicklungstendenzen“ beschrieben, findet als nächstes eine Sammlung der Unternehmensprozesse statt. Daraus entsteht dann ein Unternehmensdatenmodell (UDM). Um die Architektur der Informationstechnik zu vervollständigen, fehlen dann als letzter Teil nur noch die Festlegungen für die Kommunikation. Die integrierte Informationsverarbeitung baut demnach auf den Bausteinen Kommunikation, Daten und Prozesse auf, wie sie in Abb. 8.9 das Fundament der Konstruktion bilden.
Diese Abbildung zeigt, was Grundlage der nachfolgenden Überlegungen ist. Da ist einerseits die Basis einer integrierten Informationsverarbeitung mit den Bausteinen Kommunikation, Daten und Prozesse, sowie andererseits die Unterscheidung in die beiden Unternehmensbereiche Verwaltung und Produktion. Eine solche Unterteilung wurde gewählt, weil es neben vielen Gemeinsamkeiten zwischen diesen beiden Bereichen (z. B. die Bürokommunikation) doch im Bereich der Datenbanken und der Kommunikation unterschiedliche Anforderungen und Entwicklungen gibt.
So kann man bei den Datenbanken heute feststellen, daß sich der technische Bereich stärker in Richtung objektorientierter Datenbanken entwickelt, während der Verwaltungsbereich bei den zum Teil bereits eingeführten relationalen Datenbanken bleiben wird (siehe Abschnitt „Datenbanken“). Diese Entwicklungen sind aber noch zu jung, als daß man hier von einer gefestigten Aussage sprechen könnte. Es ist auch denkbar, daß

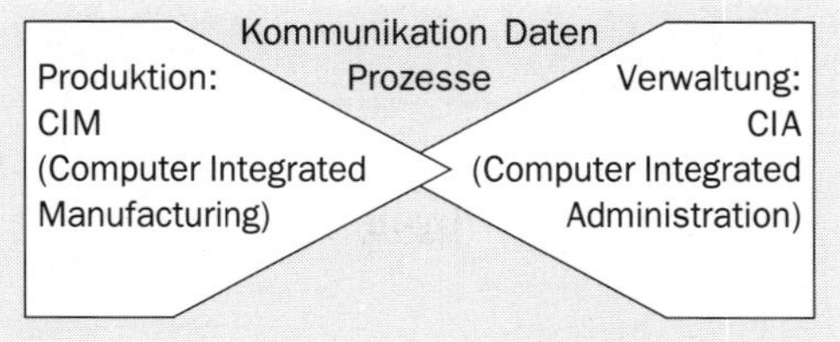

Abb. 8.9: Fundament einer integrierten Informationsverarbeitungs-Lösung

relationale Datenbanken sich in Richtung Objektorientierung so weiter entwickeln, daß zukünftig beide Bereiche wieder unter einer Datenbank abgewickelt werden können.
Bei der Kommunikation werden vor allem im Bereich der Produktion und dort speziell bei den Maschinensteuerungen Anforderungen gestellt, die in der Verwaltung nicht auftreten und die später unter der Überschrift „Steuerungskommunikation“ erläutert werden.

Unternehmensmodelle und Prozesse

Wie bereits ausgeführt, ist der Ausgangspunkt für die Umsetzung der integrierten Informationsverarbeitung das Unternehmensmodell. Es gibt Software, die Unternehmensmodelle als Basis anbietet und dann die Dokumentation der Geschäftsprozesse sowie die Erstellung des daraus abzuleitenden Datenmodells unterstützt.
Die Abb. 8.10 zeigt ein solches Modell. Im ersten Schritt erfolgt die Definition der Unternehmensziele so, wie sie in diesem Beispiel für ein Fertigungsunternehmen der Ausgangspunkt des Unternehmensmodells sind. Man hat dann die Aufteilung in die sechs wichtigsten Funktionsbereiche eines Fertigungsunternehmens gewählt.
Im nächsten Schritt werden nun für jeden dieser Funktionsbereiche optimale Ablauf- bzw. Prozeßketten erarbeitet. Dabei werden auch die übergreifenden Aufgaben und Schnittstellen zu anderen Bereichen definiert. Es gibt inzwischen ausreichend Hilfestellungen, Programme und Erfahrungen, um für Unternehmen solch ein Unternehmensmodell komplett zu erarbeiten.
Mit Hilfe der Servicefunktionen der Informationsverarbeitung werden die so erarbeiteten Prozesse unter Einsatz der Basisbausteine Daten und Kommunikation nun umgesetzt, um das Tagesgeschäft zu erledigen. Hinter den Servicefunktionen der Informationsverarbeitung stecken die Aufgaben der unternehmensweiten Unterstützung von Kommunikation, Entscheidungen, Anwendungsentwicklungen sowie der Präsentation.

8

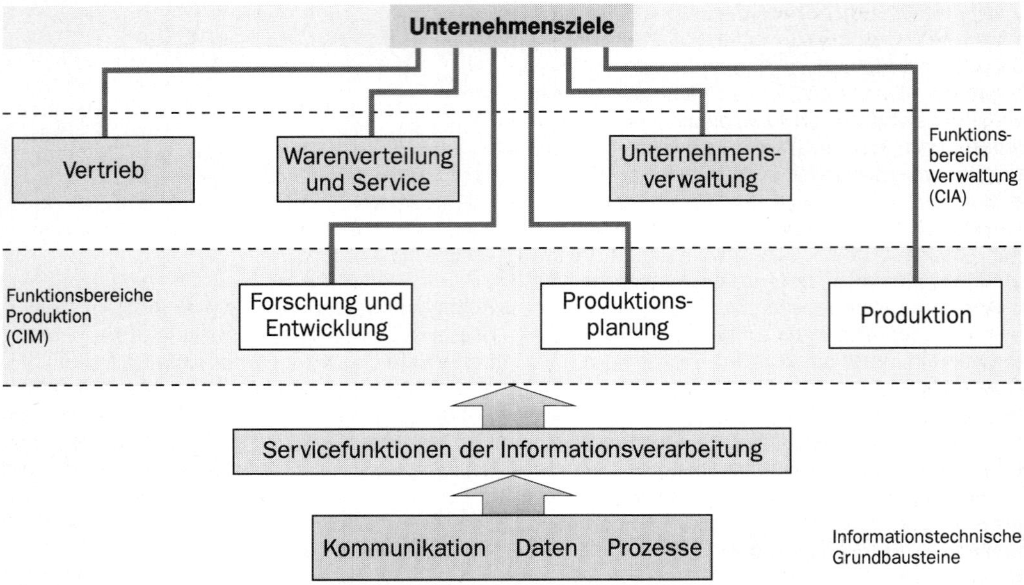

Abb. 8.10: Unternehmensmodell als Grundlage für eine DV-Lösung

Datenmodell und Daten

Mit dem Unternehmensmodell eng verbunden ist das Datenmodell. Gelegentlich werden Unternehmensmodell und Datenmodell auch zusammengefaßt behandelt. Dies geschieht vor allen Dingen beim objektorientierten Ansatz, weil dort die Zusammenfassung von Prozessen und Daten zu Objekten führt. Andererseits sind aus informationstechnischer Sicht Daten schon lange ein wesentlicher Bestandteil der durchzuführenden Aufgaben, ohne daß diese heute objektorientiert bearbeitet werden. Außerdem wird über den Einsatz von Standard-Software, die heute in der Regel ablauforientiert ist, jeweils ein Datenmodell von außen in das Unternehmen hineingetragen.

Damit stellt sich die Aufgabe, aus eigenen Daten und den von außen kommenden Datenmodellen ein eigenes und unternehmensweites Datenmodell zu bilden. Die Ziele dabei sind:

- Das Datenmodell enthält alle relevanten Daten des Unternehmens.
- Es findet eine Vereinheitlichung der Datenbezeichnungen statt.

Falls dieses Datenmodell dann zum Beispiel in einer relationalen Datenbank mit integriertem Datenverzeichnis (Data Dictionary) abgespeichert werden kann, ist eine der wichtigsten Forderungen der integrierten Informationsverarbeitung erfüllt. Jeder Mitarbeiter kann dann auf die für ihn relevanten Daten zugreifen, sofern er dazu autorisiert und die Kommunikation sauber gelöst ist.

Kommunikation und technische Infrastruktur

Integrierte Informationsverarbeitung ist ohne eine funktionierende Kommunikation nicht denkbar. Hinsichtlich der Funktionalität muß die Kommunikation folgende Anforderungen abdecken:

- Bereitstellung der erforderlichen Kommunikationsressourcen für die unternehmensweite Datenhaltung.
- Jeder Mitarbeiter muß von seinem Arbeitsplatz aus auf die für ihn relevanten Daten zugreifen können.
- Jeder Mitarbeiter muß auf die für ihn relevanten Anwendungen der vorhandenen Zielsysteme zugreifen können.
- Jeder Mitarbeiter hat auch bei unterschiedlichen Zielsystemen nur ein Arbeitsplatzsystem (Terminal/Workstation).
- Überwachung, Service und Sicherheit des Kommunikationsnetzes müssen zu jeder Zeit gewährleistet sein.

Dies alles sind Forderungen für die innerbetriebliche Kommunikation. Darüber hinaus gilt es natürlich auch für die Kommunikation, die Außenbeziehungen zu gestalten. Dort ist die Gestaltungsfreiheit eingeschränkt, weil es dabei immer um Partner geht, auf die man keinen direkten Einfluß hat. Es geht dabei darum, gemeinsam Verfahren und Vorgehensweisen zu definieren, mit denen man kommuniziert. Obwohl in diesem Bereich natürlich zunehmend normierte Verfahren eingesetzt werden (z. B. EDI), findet man gerade auch in diesem Umfeld häufig individuelle Lösungen, die zwei Partner miteinander vereinbart haben. Innerbetrieblich sieht es anders aus. Dort kann man heute handeln und die Forderung erfüllen: Jeder vorhandene oder zukünftig mögliche Arbeitsplatz soll mit dienstunabhängigen Kommunikationsanschlüssen versorgt sein.

In der Vergangenheit wurden bei der Verkabelung eines Gebäudes für Sprach- und Datenübermittlung sowie für die Telekommunikation jeweils separate Kabel, Anschlußdosen, Stecker etc. verwendet.

So benötigte z. B. die Telefonverkabelung verdrillte Kupferkabel, das Computersystem Koaxialkabel unterschiedlichster Ausführungen, und wenn später ein lokales Netzwerk (LAN) installiert wurde, kamen verdrillte Kupfer- oder Koaxialkabel zum Einsatz, die in den wenigsten Fällen den bereits installierten Kabeln entsprachen. Genausowenig waren Stecker, Adapter, Buchsen oder Anschlußkabel miteinander zu verbinden. Veränderungen in der internen Organisation, Umzüge von einzelnen Mitarbeitern, die Verlegung von ganzen Abteilungen oder die Anschaffung eines neuen Computersystems bedeutete neue Verkabelung mit hohem Zeit- und Kostenaufwand und in vielen Fällen eine zusätzliche Variante zu den bereits vorhandenen Verkabelungsstrukturen.

Aus dieser mißlichen Situation heraus erwuchs die Nachfrage nach einer einheitlichen Verkabelungsstruktur, mit der es möglich war, zum Beispiel in Neu- und Erweiterungsbauten oder in neu geschaffenen Bereichen alle Sprach- und Datensysteme über ein einheitliches Kabelmedium zu übertragen und die Terminals und andere Endgeräte über die gleiche Standard-Wandsteckdose anzuschließen. Diese Struktur mußte gleichzeitig einheitlich, einfach zu erweitern und flexibel sein, um mit den zukünftigen Anforderungen problemlos und kostengünstig zu wachsen.

Auf diesen Wunsch stellte man sich zuerst in den USA ein. Hier entwickelten und verwirklichten – wieder nur herstellerspezifisch – die Firmen IBM das IBM-Verkabelungssystem, AT & T das SYSTIMAX bzw. das PDS-System, die Firma Digital das DEC-Connect-System, Ungermann-Bass und Nevada-Western sowie AMP oder SEL ihre Systeme. Einheitliche Kabelstrukturen werden bei allen Systemen entweder nur zum Teil realisiert oder gelten nur für das Kabel innerhalb eines solchen Verkabelungssystems. IBM beispielsweise läßt die Telekommunikation vollkommen unberücksichtigt, Ungermann-Bass und Synoptics bieten mit ihren Gebäudekonzentratoren technisch interessante Geräte, sind aber teuer und bringen nur wenige wirkliche Vorteile.

Führt man den Inhalt aller oben erwähnten herstellerspezifischen Systeme auf den Grundgedanken zurück, so steht an erster Stelle die Forderung nach der Unterstützung und Integration folgender Systeme:

- IBM 5250/3270,
- Ethernet 10 Mbps,
- Token Ring 4/16 Mbps,
- RS 232,
- FDDI,
- ISDN,
- Telefon usw.

und somit nach

- analoger und digitaler Sprachübertragung,
- serieller Datenübertragung,
- LAN's.

Unter der Prämisse, ein gleiches Kabel für alle Dienste einzusetzen, arbeitet ein strukturiertes Verkabelungssystem vorzugsweise mit paarweise verseilten Leitungen. Ein solches Kabel, auch UTP- bzw. STP-Kabel genannt, ist sogar in der Lage, FDDI-Datenübertragung, in diesem Fall TPDDI genannt, über Strecken von bis zu 70 Metern zu gewährleisten. Die Kabelführung in den Gebäuden entspricht der Stern-Topologie, wie sie auch bei der Telefon-Verkabelung und in diversen LAN's genutzt wird. Diese Struktur mit einem oder bei größeren Gebäuden mit mehreren verteilten Zentren erlaubt eine einfache Änderung und Umkonfigurationen an einzelnen Arbeitsplätzen, weil jeder Arbeitsplatz von dem zugehörigen Netzknoten ausgehend angeschlossen wird und somit jede Verbindungsleitung unabhängig von allen anderen funktioniert. Andere Netz-Topologien – wie die Bus- oder Ring-Systeme – können ohne Veränderungen an der systemspezifischen Hardware problemlos in diese sternförmige Struktur eingebunden werden.

Die Stern-Topologie ermöglicht die Realisierung eines kompletten Gebäude-Verteilersystems, dessen Kupferkabel-Netz aus mehreren Sub-Systemen aufgebaut ist.

Beschreibung der einzelnen Sub-Systeme

• Das Arbeitsplatzsystem

Das Arbeitsplatzsystem ist über unterschiedliche Anschlußschnüre, Adapter oder Stecker, Daten- sowie Sprachendgeräte mit der Wandanschlußsteckdose eines Arbeitsplatzes verbunden. Die Anschlußdose besteht aus einem Anschluß für die Telekommunikation und zwei Anschlüssen für die Datenkommunikation. In einem Raum sollte, je angefangener 10 m^2-Grundfläche, ein Arbeitsplatzanschluß vorgesehen werden.

8

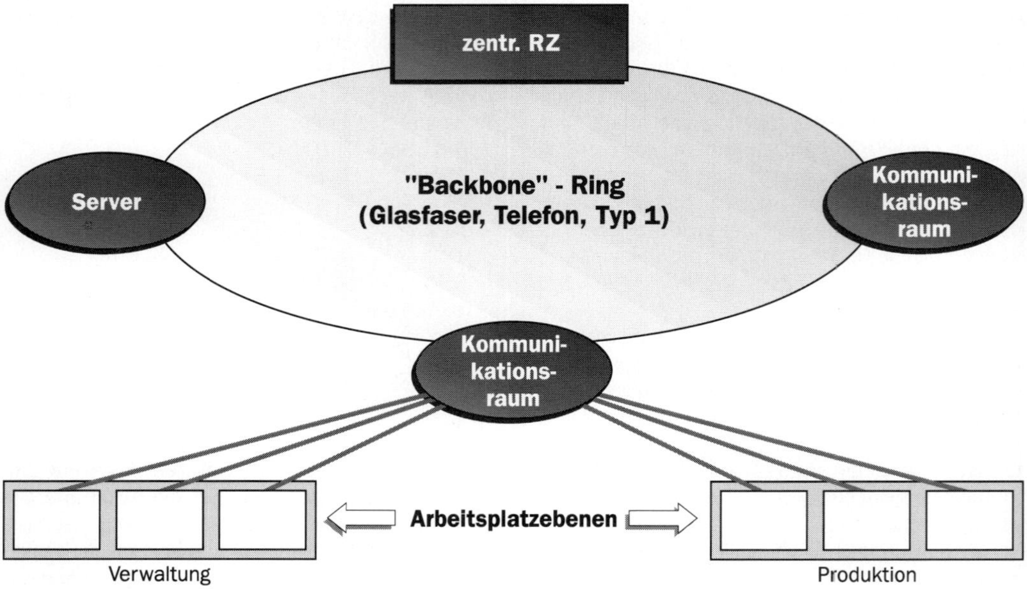

Abb. 8.11: Backbone-System

• Das Etagensystem
Das Etagensystem verbindet sternförmig über 2-paarige Kabel die jeweils auf einer Etage oder bei kleineren Installationen in einem Gebäude befindlichen Anschlußdosen mit den Etagen- oder Gebäudeverteilern. Die gestellten Anforderungen an die Übertragungskapazität und die universelle Verwendbarkeit werden von einem UTP-Kabel der richtigen Qualität erfüllt.

• Das Gebäude- oder Etagenverteiler-System
Das Gebäude- oder Etagenverteiler-System besteht aus einer löt- und schraubfreien Anschlußtechnik für alle zu integrierenden Komponenten auf jeder einzelnen Ebene oder Etage in modularer Bauweise. Unter allen verfügbaren Stecksystemen eignet sich auch hier am besten ein Rangierverteiler mit TAE-Buchsen. Im Gegensatz zu den von vielen Firmen propagierten Stecksystemen mit dem sogenannten Western-Plug besitzt dieser Stecker eine hohe mechanische Festigkeit und eine flächige Kontaktierung.

• Das Backbone-System
Das Backbone-System verbindet über Glasfaserkabel und/oder mehrpaarige Kupferkabel die Gebäude- oder Etagenverteiler mit dem Hauptverteiler. Für die Telekommunikationsdienste reicht ein entsprechend hochpaariges Kupferkabel aus. Für eine gebäudeüberspannende Backbone-Verkabelung der Datenkommunikationsdienste sollte jedoch ausschließlich Lichtwellenleiter (LWL)-Kabel verwendet werden. LWL-Kabel werden heute ausschließlich aus Glasfaser hergestellt. Es gibt allerdings erste erfolgreiche Versuche mit Kunststoffen. Deshalb könnte der Einsatz von diesen LWL-Kabeln in bestimmten Teilbereichen in Kürze möglich sein. Der günstige Preis wird wahrscheinlich der Hauptvorteil sein.

• Das Hauptverteiler-System
Das Hauptverteiler-System bildet die Integration aller vom Host-Rechner (Zentralrechner), der Telefonzentrale oder dem PC-Server angebotenen Kommunikationsdienste mit der Backbone-Verkabelung. Hier werden die ankommenden Kabel auf ein Anschluß-System geführt, das prinzipiell dem eines Etagen- oder Gebäudeverteilers entspricht. Damit kann den einzelnen Etagen oder Gebäudeteilen der gedachte Kommunikationsdienst zugeordnet werden, gleichgültig, ob nun Kupfer oder LWL Übertragungsmedium ist.
Die Vorteile und die Komponenten eines solchen strukturierten Verkabelungssystems lassen sich folgendermaßen zusammenfassen:
– Verwendung eines einheitlichen Übertragungsmediums für Sprach- und Datenübertragung,
– nur noch Einsatz von LWL- und UTP-Kabeln,
– verbesserte Flexibilität durch modulare Anschlußtechnik,
– Komponenten und Kabel gemäß dem ISDN-Standard,
– Integration unterschiedlicher Hardware-Standards und Übertragungs-Systeme,

- gleiches System für Gebäude- oder Geländeverkabelung,
- einfache Systemerweiterung durch modularen Aufbau,
- hohe Datenübertragung bis 100 Mbps,
- zukunftssichere Verkabelung, da z. B. ein Gebäude im Hinblick auf zukünftige Nutzung vorbereitend verkabelt werden kann.

Client/Server

Wenn man die bisher zur integrierten Informationsverarbeitung gemachten Aussagen zusammennimmt und versucht, sie in die Praxis umzusetzen, so muß das Ergebnis eigentlich ein Zentralsystem mit ausschließlich an diesem Rechner angeschlossenen Arbeitsplatzsystemen sein, die ebenfalls nur von diesem Rechner gesteuert werden (Terminals).
Das wäre aus Sicht der Informationsverarbeitung die einfachste und mit heute verfügbaren Techniken auch am leichtesten zu verwaltende und abzusichernde Lösung. Die Vorteile wären:

- einfache Installation einer unternehmensweiten Datenbank,
- einheitliche Gestaltung der Oberfläche für den Anwender,
- einheitliche Umsetzung von Unternehmensprozessen in Anwendungen, und
- einfache Verfahren der Systemverwaltung, Systemsicherung und Netzsteuerung.

Allerdings gibt es bei einer solchen Vorgehensweise auch einige gravierende Nachteile:

- Der Ausfall des Rechners legt das ganze Unternehmen lahm,
- der Rechner muß auf die größtmögliche Lastspitze ausgelegt werden,
- die graphischen Fähigkeiten heutiger Arbeitsplatzsysteme können auf den Terminals nicht genutzt werden, und damit geht nachweislich Produktivität verloren,
- es findet ein Verzicht auf die hohe Funktionalität von Anwendungen (z. B. Textverarbeitung) statt, die heute effizienter auf Arbeitsplatzsystemen laufen.

Die Kombination der Stärke von Zentralrechner-Systemen bzw. Servern mit den Möglichkeiten heutiger Arbeitsplatzsysteme führt zu dem Begriff der Client/Server-Lösungen.
Der entscheidende Durchbruch zu solchen Lösungen wird heute eigentlich nur noch dadurch aufgehalten, daß die Datenbanken die Verteilung von Daten auf Client und Server noch nicht voll unterstützen. Allerdings sind erste Lösungen (verteilte Datenbanken) verfügbar und so kann man davon ausgehen, daß in den nächsten 1–2 Jahren der Durchbruch gelingen wird.
Abb. 8.12 zeigt auch, zumindest in groben Dimensionen, wie die Verteilung der Aufgaben vom Zentralrechner auf den Client und den Server verlagert wird. Insbesondere bei Präsentation und Anwendung wird der Client dem Server die meisten Aufgaben abnehmen.

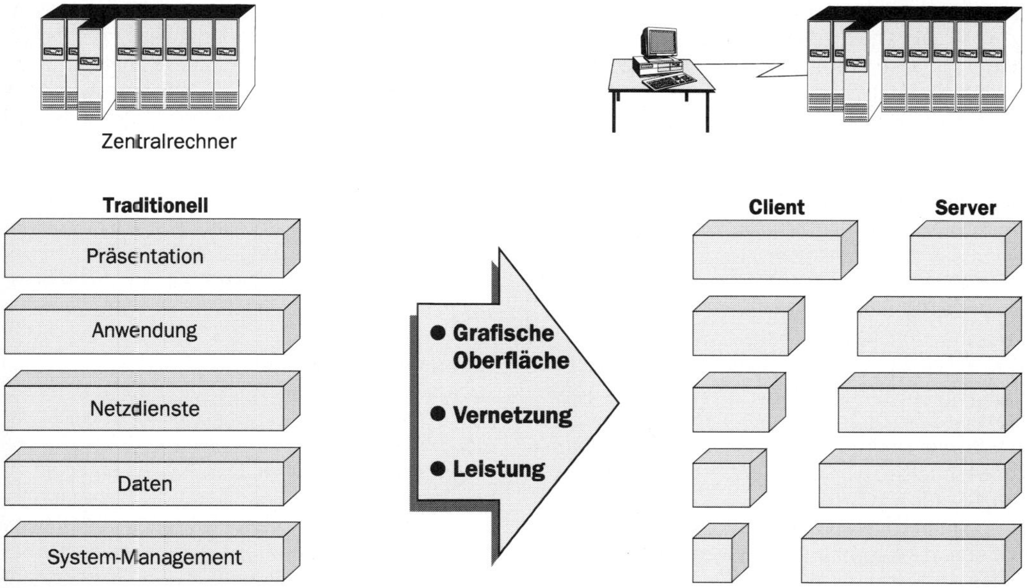

Abb. 8.12: Entwicklung zum Client/Server-System

8

Architektur und Standards

Inhalt für die Architektur einer Plattform für die Informationstechnik sind vor allen Dingen Standards. Die Architektur muß den Ausgleich schaffen, zwischen all den Anforderungen, die an die Informationstechnik gestellt werden. Das wird sich in der Realität nicht vollständig erfüllen lassen, deshalb muß sie insbesondere:

- einen größtmöglichen Schutz für die bislang getätigten Investitionen in Informationstechnik bieten,
- die Möglichkeiten schaffen, daß neue Technologien eingesetzt werden können,
- langfristig den Weg für die Integration aller Ressourcen im Bereich der Informationstechnik definieren,
- neue Standards für offene Systeme und die eigenen unternehmerischen Normen zulassen, wodurch vor allem auch die Kommunikation zu anderen erweitert wird.

Anwendungen, die auf dieser Basis neu erstellt werden, greifen dann auf gemeinsame Daten zu, können Informationen mit anderen Anwendungen austauschen und sind offen für die Kommunikation nach außen. Standards sind die Schlüssel zur Integration.

Durch die Wahl der Standards wird das Gerüst der Architektur bestimmt. Mit dieser Architektur wird, insoweit es die Informationstechnik betrifft, die technische Strategie des Unternehmens festgelegt. Die in Abb. 8.6 dargestellte Kombination von Reichweite und Spannweite (Funktionalität) ist wiederum Ausgangspunkt für diese Überlegungen. Die Funktionalität, die hier erreicht werden soll, bestimmt die Normen und Standards, die für die Architektur damit notwendig werden. Daraus ergibt sich dann auch eine bestimmte Abhängigkeit von Produkten und Systemen der Anbieter.

Standards im Rahmen der Architektur müssen für mindestens vier Bereiche definiert werden: Anwendung, Kommunikation, Datenzugriff und Präsentation. Für den Bereich der Kommunikation wird das Problem der Abhängigkeit heute durch zwei Standpunkte gekennzeichnet.

Den einen Standpunkt vertreten diejenigen, die „die reine Lehre der offenen Systeme" vertreten. Dort ist OSI (Open Systems Interconnection) die Basis aller Überlegungen und der Ausgangspunkt für Standards, die in einem Unternehmen eingeführt werden müssen.

Den anderen Standpunkt vertreten diejenigen, die schon lange Informationsverarbeitung betreiben und damit zwangsläufig aus der IBM-Welt kommen. IBM hat als einziges Unternehmen umfangreiche Produkte auf der Basis von Architekturen realisiert. Deshalb geht auch gerade im Bereich der Kommunikation an dem von IBM erarbeiteten Produkt SNA (Systems Network Architecture) kein Weg vorbei. Die weitaus größte Zahl der mittleren und großen Unternehmen, die über mehrere Standorte landesweit, länderübergreifend oder sogar weltweit verfügen, arbeiten heute in der Informationstechnik auf der Basis von SNA. Da SNA gegenüber OSI auch heute noch ein höheres Maß an Funktionalität bietet (insbesondere im Bereich der Netzwerküberwachung mit Netview), wird dies sicherlich auch noch einige Zeit so bleiben.

Dies gilt um so mehr, als IBM in den letzten Jahren große Anstrengungen unternommen hat, in SNA alle heute verfügbaren OSI-Standards einzubauen oder aber zumindest die Kommunikation mit OSI-Standards zu ermöglichen. Man darf hier feststellen, daß alle Anbieter neben IBM, die heute Marktbedeutung haben, von ihren Produkten Brücken zu SNA geschaffen haben. Dies gilt z. B. für DECnet von DEC (Digital Equipment Corporation), den Macintosh von APPLE oder das derzeit auf der LAN-Ebene (Local Area Network) am meisten installierte Netzwerk-Produkt Netware von Novell.

Man kann aber feststellen, daß durch die zunehmende Verbreitung von UNIX, welches die OSI-Standards am stärksten benutzt und auch vorantreibt, die OSI-Standards zunehmend im Markt an Bedeutung gewinnen. Es wäre deshalb nicht erstaunlich, wenn eines Tages OSI und SNA ineinander aufgehen. Dies ist auch deshalb möglich, weil die IBM derzeit große Anstrengungen unternimmt, ihr UNIX-Betriebssystem AIX mit der dazugehörigen Workstation RS/6000 massiv in den Markt hineinzutragen und dort erfolgreich Marktanteile zu erobern.

Nach den vorgenannten Betrachtungen können die nachfolgenden Ausführungen also auch nur der Versuch sein, die Bemühungen um eine Standardisierung für die vier genannten wichtigen Bereiche der Informationsverarbeitung nach dem jetzigen Stand wiederzugeben.

Anwendungsentwicklung

Auch hier hat IBM mit AD/Cycle eine Architektur geschaffen, mit der die Anwendungsentwicklung standardisiert werden soll. Abb. 8.13 zeigt diese Architektur im Überblick. Dies ist das Ergebnis eines fast 20-jährigen Bemühens der gesamten Informationsindustrie, die Entwicklung von Anwendungssoftware zu verbessern. Die Zahl der CASE-Produkte (Computer Aided Software Engineering) ist inzwischen so groß, daß die meisten vor der

Auseinandersetzung mit diesem Thema zurückschrecken. Vor allen Dingen gibt es in diesem Umfeld beim Einsatz von CASE-Produkten aus den letzten Jahren, von Einzelfällen abgesehen, keine wirklich positiven Erfahrungen.

Der Prozeß der Anwendungsentwicklung wird traditionell in mehrere Phasen unterteilt. Das Dilemma dieser Phasen war genau das gleiche wie bei den Funktionsbereichen der Unternehmen im Rahmen der tayloristischen Arbeitsweise. Die Ergebnisse einer Phase standen nicht automatisch der nächsten Phase zur Verfügung. Erst die Integration der Phasen durch ein übergeordnetes Modell kann dieses Problem lösen. Bisher haben die meisten CASE-Produkte nur eine Phase der Anwendungsentwicklung unterstützt und keine automatische Weitergabe der Ergebnisse an die nächste Phase geboten. Erst mit der Integration aller Produkte und damit der automatischen Übergabe der Ergebnisse einer Phase an die nächste werden überhaupt erst die Grundlagen für die Akzeptanz solcher Modelle in der Praxis geschaffen.

Aber selbst wenn hier eines Tages eine durchgängige konsistente Lösung für die Anwendungsentwicklung geschaffen wird, so bleibt immer noch das Problem der Menschen, die diese Dinge anwenden sollen. Es wird viel Zeit und viele Schulungsmaßnahmen benötigen, um die derzeitigen Anwendungsentwickler mit den neuen Verfahren vertraut zu machen und sicherzustellen, daß sie dort effizient mitarbeiten.

Während in anderen Bereichen der Informationstechnik immer wieder Fortschritte erzielt worden sind, ist der Bereich der Anwendungsentwicklung in weiten Teilen fast noch auf dem Stand von vor 10–15 Jahren. Insofern können in diesem Bereich sicher auch die größten Fortschritte erzielt werden, wenn es gelingt, geeignete Verfahren zur Verfügung zu stellen.

Neben der Auswahl der richtigen CASE-Umgebung stellt sich in diesem Bereich noch die Frage nach

A: Aktivitäten, die den gesamten Lebenszyklus einer Anwendung überspannen:

Prozeßmanagement
Projektmanagement
Dokumentation
Leistungsüberwachung
Editierung
Abfrage/Berichterstellung
Prototyping
Wiederverwendung
Auswirkungsanalyse

B: Werkzeugaktivitäten im Lebenszyklus einer Anwendung:

Anforderungen

Unternehmensmodellierung
Definition der Verarbeitungsanforderungen
Definition der E-/A-Anforderungen
Definition externer Daten

Analyse/Design

Design der Anwendungsstruktur
Definition der Logik
Definition von Hilfefunktionen und Nachrichten
Design der Bildschirmanzeigen
Design von:
- Berichten
- Dateien
- Daten
- Datenbanken
- Umgebung

Erstellung

Aktivitäten:
- Erstellung der Logik
- Erzeugung von Hilfe- und Nachrichtentexten und Bildschirmanzeigen
- Erzeugung von E-/A-Operationen für Dateien, Datenbanken und Berichten

Methoden:
- compilargestützt
- Generierung
- wissensbasiert

Test

Aufbau von Prozeduren
Bereitstellung von Programmen
Definition von Testdaten
Erstellung von Testfällen
Test und Fehlerbeseitigung
Systemtest
Auswertung der Ergebnisse
Testverwaltung
Testabdeckung

Integration und Wartung

Systemauslieferung
Freigabe und Überwachung
Wartung und Änderung existierender Codes
Umstrukturierung
Informations-Rückgewinnung aus Code

Abb. 8.13 A und B: Struktur zur Standardisierung der Anwendungsentwicklung (AD/Cycle nach IBM)

den Programmiersprachen. Von wenigen Ausnahmen abgesehen, kann man in diesem Umfeld heute davon ausgehen, daß sich zwei Programmiersprachen durchsetzen werden. Dies ist zum einen COBOL, das aufgrund seiner weiten Verbreitung und seiner Verfügbarkeit auf allen derzeit bekannten wichtigen Plattformen herstellerunabhängig auch in Zukunft großen Raum einnehmen wird. Vor allem die von den Zentralrechnern kommenden Anwendungsprogrammierer sind in der Regel mit dieser Programmiersprache vertraut. Daneben wird dann auf Dauer noch die Programmiersprache C bestehen können. C ist die Hauptprogrammiersprache für UNIX-Systeme und wird auch auf Arbeitsplatzsystemen (PCs) häufig eingesetzt. Vor allem die Weiterentwicklung in Richtung Objektorientierung (beispielsweise C++) eröffnen dieser Sprache große Möglichkeiten. Auch C ist heute auf allen wichtigen Plattformen verfügbar.
Wenn es nun noch gelingt, bei der Anwendung die Schnittstellen zum Datenzugriff und zur Präsentation (der Aufbereitung des Bildschirms) zu standardisieren, sind die Voraussetzungen geschaffen, daß Anwendungen portierbar werden. Dies bedeutet, daß sie unabhängig von den Zielsystemen sind, auf denen sie ausgeführt werden, und damit die Trennung von Anwendung und DV-technischer Infrastruktur gelungen ist.

Kommunikation

Die Auswahl der Kommunikations-Architektur (OSI oder SNA) erfolgte bei den meisten Unternehmen in der Regel anhand der bereits installierten Hardware. Darunter gibt es eine Reihe von weiteren Festlegungen zu treffen, um die Informationstechnik auf zukünftige Aufgaben vorzubereiten. Für die Steuerung der lokalen Netze gilt es eine Auswahl zu treffen zwischen Netware und dem LAN-Manager. Allen weiteren Produkten auf dieser Ebene geben die Experten nur noch geringe Chancen für nennenswerte Marktanteile.
Neben einer softwaremäßigen Steuerung der Netze für die standortübergreifenden Verbindungen (OSI oder SNA) sowie lokaler Verbindungen (Netware oder LAN-Manager), gibt es im Rahmen der Kommunikation noch zwei weitere wichtige Ebenen. Dies ist zum einen die Ebene der Protokolle und zum anderen die Ebene der physikalischen Verbindungen. Zu den physikalischen Verbindungen sei auf die Ausführungen im Abschnitt „Kommunikation und technische Infrastruktur" verwiesen.
Die Ebene der Protokolle muß weiterhin in die Protokolle für LAN's und WAN's unterschieden werden. Im Bereich der WAN's war über lange Zeit das von SNA genutzte SDLC-Protokoll (Synchronous Data Link Control) vorherrschend. Daneben gewinnt aber zunehmend das X.25-Protokoll mit dem HDLC-Verfahren (High Level Data Link) an Bedeutung. Dies unter OSI standardisierte Verfahren wird heute von fast allen Herstellern unterstützt. Auch IBM hat dieses Protokoll in den letzten Jahren in die meisten Produkte eingebaut. So wird X.25 in seiner Bedeutung für die Übertragung noch zunehmen, bevor es möglicherweise durch neue Verfahren wie ATM (Asynchron Transfer Mode), die für schnelle Datenübertragung und ganz andere Architekturen geeignet sind, ergänzt und vielleicht eines Tages ersetzt wird.
Im Bereich der lokalen Netze haben sich aus den vielfältigen Entwicklungen der letzten Jahre vier Protokolle durchgesetzt – es sind dies: Ethernet, Token Ring, FDDI sowie MAP. Das MAP-Protokoll wird ausschließlich im Produktionsbereich eingesetzt und ist unter der Federführung von General Motors entwickelt worden, um speziell die Anforderungen in diesem Bereich zu erfüllen.
Ethernet ist derzeit der am weitesten verbreitete Standard. Ethernet ist preisgünstig und gerade bei kleinen bis mittleren Netzen mit nicht allzu hohen Übertragungsraten besonders günstig. Die Übertragungsgeschwindigkeit beträgt 10Mbit/s.
Der Token Ring ist von der IBM entwickelt und zur Reife gebracht worden. Er hat in den letzten Jahren zwar Anteile gewonnen, aber Ethernet sicherlich noch nicht eingeholt. Der Token Ring arbeitet mit bis zu 16Mbit/s und garantiert aufgrund seines Verfahrens eine zeitlich gesicherte Übertragung und stellt dies auch bei hohen Datenraten sicher. Große Netze werden deshalb vorteilhafter nach dem Token Ring-Verfahren installiert.
Das FDDI-Verfahren (Fiber Distributed Data Interface) mit einer Geschwindigkeit von 100Mbit/s wird normalerweise als Verbindung (Backbone) von lokalen Netzen eingesetzt. Nachdem es ursprünglich nur für Glasfaserkabel geeignet war, zeigen die Entwicklungen der letzten Jahre, daß es ebenso wie die anderen Protokolle auch auf UTP-Kabeln funktionsfähig ist. Dort, wo es also um sehr hohen Datentransfer geht, wird damit FDDI auch am Arbeitsplatz nutzbar.

Datenzugriff

Im Bereich des Datenzugriffs war die Welt bisher in Ordnung. Neben SQL (Structured Query Language) gibt es derzeit keinen Standard, der den Zugriff auf Daten oder Datenbanken regelt. Im Rahmen der Einführung von objektorientierten Datenbanken wird nun aber wieder die Frage gestellt, ob SQL auch dort die geeignete Sprache für den Zugriff auf diese Daten ist.

IBM hat inzwischen einen weiteren Versuch unternommen, den Austausch von Daten zwischen Datenbanken zu standardisieren. Mit DRDA (Distributed Relational Database Access) hat sie eine Architektur veröffentlicht, mit der es möglich ist, IBM-Datenbanken oder auch Datenbanken anderer Hersteller so miteinander zu verbinden, daß sie sich für den Benutzer wie eine einzige verteilte Datenbank darstellen. Der Markt und damit der Anwender muß nun wieder einmal entscheiden, ob er diese Architektur annimmt. Entscheidend wird natürlich auch sein, ob andere Datenbank-Anbieter diesem Weg folgen oder eigene Architekturen ankündigen werden.

Präsentation
Auch in diesem Umfeld hat IBM wesentlich die Entwicklung bestimmt. Mit CUA (Common User Access) wird die Oberfläche einerseits auf einem zeichenorientierten und andererseits auf graphischen Bildschirmen beschrieben. Für die graphische Oberfläche hat IBM diese Standards dann im Presentation-Manager des Betriebssystems OS/2 realisiert. Unter UNIX gab es zu Anfang konkurrierende Entwicklungen, von denen sich jetzt das Produkt Motif zum allgemeinen Standard weiterentwickelt hat.

Informationsverarbeitung in der Verwaltung

Bürokommunikation

Die Bürokommunikation ist eine der zentralen Aufgaben der Informationsverarbeitung. Sie liefert die übergeordnete Verbindung aller Aufgaben im Bereich der Verwaltung und reicht selbst in die Produktion, soweit es dort um verwaltende Tätigkeiten geht. Wenn man sich die Ziele der Bürokommunikation ansieht, wird klar, vor welch riesiger Aufgabe die Informationsverarbeitung bei der Realisierung dieser Ziele steht. Es geht darum:
- unter Präsentation einer einheitlichen Benutzeroberfläche (CUA) neben der Lieferung von Büroanwendungen (Text, Kalkulation, Termine, Ressourcen) die Integration zu bestehenden operativen Anwendungen (Buchhaltung, Fakturierung usw.) zu lösen,
- Ablage, Archivierung und Wiederauffinden aller Vorgänge und Dokumente sicherzustellen,
- die interne Kommunikation (z. B. Mailing) und die externe Kommunikation (z. B. Telefax, X400, EDI) zu lösen.

Bei der Komplexität und Vielfalt dieser Aufgabenstellung wird noch einmal deutlich, wie wichtig es ist, hier mit Standards zu arbeiten. Nachdem in der Produktion die Forderung nach „Lean-Production" inzwischen weitgehend akzeptiert und auch bereits von vielen umgesetzt worden ist, taucht nun zunehmend im Bereich der Verwaltung die Forderung nach „Lean-Management" auf.
Dahinter steht als Konsequenz die Forderung nach prozeßorientiertem Arbeiten und damit verbunden die Durchsetzung von weniger Hierarchiestufen im Unternehmen. Das wiederum bedeutet für den einzelnen Mitarbeiter, daß er mit mehr Informationen ausgestattet werden muß als bisher, um der höheren Verantwortung gerecht werden zu können. Die Umsetzung der obengenannten Ziele der Bürokommunikation wird einen wesentlichen Beitrag zur Lösung dieser Probleme leisten.

Aufgabenbereiche

Wie bereits in Abb. 8.10 dargestellt, besteht in dem hier verwendeten Unternehmensmodell der Bereich Verwaltung aus drei wesentlichen Funktionsbereichen. Es sind dies der Vertrieb, die Warenverteilung und Service sowie die Unternehmensverwaltung. Bei der Erbringung von Leistungen für diese Bereiche wird aus Sicht der Informationsverarbeitung eine weitere Aufgliederung notwendig, wie sie auch in Abb. 8.8 schon einmal angedeutet wird. Die Informationen aus den Abb. 8.8 und 8.10 sind noch einmal zusammengetragen worden und in Abb. 8.14 aus Sicht der Informationsverarbeitung aufbereitet.
Aus dem Bereich Vertrieb entsteht hier das Marketing auf der Planungsebene und der Vertrieb auf der Verwaltungsebene. Aus dem Bereich Warenverteilung und Service entstehen die Bereiche Versand und Service auf der Verwaltungsebene.
Die größte Aufgliederung findet für den Bereich Unternehmensverwaltung statt. Dort entstehen die Bereiche EIS (Executive Information System) und Controlling auf der Planungsebene sowie Personal, Finanzen und Informationsverarbeitung auf der Verwaltungsebene.
Alle vorgenannten Bereiche benötigen die fachliche und spezifisch softwaretechnische Unterstützung der Informationsverarbeitung. Ergänzt wird die Verwaltung durch die übergreifende Funktion der Bürokommunikation, die nicht nur auf der Arbeitsplatzebene die notwendigen Hilfsmittel wie Textverarbeitung und Tabellenkalkulation liefert, sondern auch den Zugriff auf die drei Ebenen löst und die Verbindungen nach außen unterstützt.

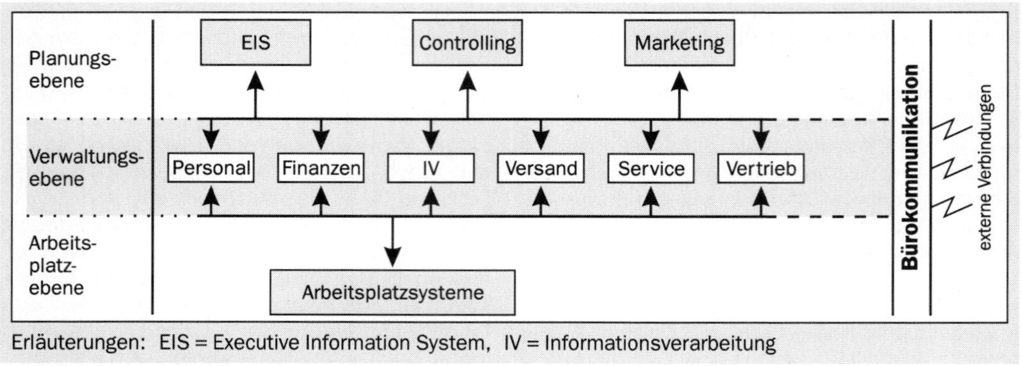

Abb. 8.14: DV-Struktur unter dem Blickwinkel der Bürokommunikation

8

Verwaltungsebene

Personal

Die Hauptaufgabe besteht hier in der Personalabrechnung. Diese hat eine lange Tradition aus Sicht der Informationsverarbeitung, denn es war eine der ersten Aufgaben, die überhaupt mit Hilfe von Rechnern abgewickelt wurden. Heutige gute Personalabrechnungssysteme zeichnen sich vor allem dadurch aus, daß es sehr leicht und einfach möglich ist, individuelle Auswertungen über den Personalbestand anzufertigen. Wichtig ist auch die Textverarbeitung in Verbindung mit der Personalabrechnung, um die vielfältig anfallenden administrativen Aufgaben abzuwickeln.
Außerdem hat die Teachware in diesem Umfeld eine gewisse Bedeutung erlangt. Mit Hilfe von Teachware ist es möglich, computergestützt bestimmte Aufgabenstellungen eigenständig ohne weitere Unterstützung zu erlernen. Die meisten PC-Produkte (z. B. Textverarbeitung) besitzen heute standardmäßig eine Teachware, um die ersten Schritte mit dem jeweiligen Produkt zu lernen.

Finanzen

Das was über die Personalabrechnungen gesagt wurde, gilt gleichermaßen für die Buchhaltung im Bereich Finanzen. Zunehmend an Bedeutung gewinnen hier die informationstechnisch unterstützten Vorgänge der Verwaltung von Finanzströmen des Unternehmens. Vor allem der Austausch von Finanzdaten mit Banken geschieht heute schon per Datenträger (Magnetband oder Disketten), oft aber auch im direkten Austausch über Datenleitungen.
Im Handel nutzen immer mehr Kunden die Möglichkeit der EC-Karte, bargeldlos direkt zu bezahlen. Neben der Verwaltung des Anlagevermögens hat in Fertigungsunternehmen auch die Kostenrechnung oft eine hohe Bedeutung. Außer den Kostenstellen- und Kostenarten-Rechnungen werden hier auch die kalkulatorischen Zahlen der produzierten Produkte ermittelt.

Informationsverarbeitung

Die Informationstechnik setzt ebenfalls Softwareprodukte ein, um eigene Aufgabenstellungen zu lösen. Es gibt zwei Bereiche, bei denen schwerpunktmäßig die Unterstützung von Informationstechnik benötigt wird. Dies ist zum einen die Anwendungsentwicklung, wie sie bereits im Absatz Standards weiter oben beschrieben wurde.
Zum anderen sind dies alles Aufgaben, die mit der Sicherstellung des informationstechnischen Betriebes verbunden sind. Darunter fällt vor allem das Operating für die Zentralrechner sowie die Server/Abteilungsrechner und die damit verbundenen Verfahren des automatischen Betriebs und der Datensicherung. Darunter fällt auch die Verwaltung der im Bereich der Informationstechnik eingesetzten Geräte sowie ihre softwaremäßige Überwachung im Hinblick auf Datensicherheit, Zugriff auf Anwendung, Austausch von Informationen untereinander und mit externen Partnern.

Versand

Informationstechnisch gesehen ist hier nicht sehr viel Aufwand nötig, denn wenn vorher sorgfältig gearbeitet wurde, gilt es hier nur noch zu kontrollieren und die Dinge für den Kunden entsprechend aufzubereiten. Der Aufwand erhöht sich, wenn die Ware exportiert werden muß. Dazu sind heute noch umfangreiche Erklärungen und Papiere notwendig.

Service

Neben dem Vertrieb ist dieser Bereich stark für das Image des Unternehmens beim Kunden verantwortlich.

Die Steuerung von Wartungseinsätzen bei Kunden von Unternehmen, die Investitionsgüter produzieren oder die kundenindividuelle Preisauszeichnung von Gütern im Handelsbereich sind Beispiele von Aufgaben der Informationsverarbeitung in diesem Bereich. Ebenso wichtig ist die Auskunftsbereitschaft über alle Güter, die das Unternehmen produziert oder mit denen es handelt durch qualifizierte Abfragen auf die vorhandenen Daten.

Vertrieb
Schwerpunkt der Tätigkeit ist die Abwicklung der Angebots- und Auftragsbearbeitung. Dabei rückt immer mehr die Qualität der Angebotsbearbeitung, und zwar inhaltlich wie auch äußerlich, in den Vordergrund. Neben dem Inhalt der gespeicherten Daten sind hier zunehmend die modernen Produkte der Bürokommunikation geeignet, diese Ansprüche in bezug auf die äußere Form zu erfüllen. Zur Koordinierung der Vertriebsmitarbeiter im Außendienst hat vor allem der Handel inzwischen umfangreiche informationstechnische Systeme entwickelt. Dabei bekommt insbesondere der Auswertung und Einbeziehung von statistischen Daten eine besondere Bedeutung zu.

Executive Information System (EIS)
Dies sind Informationssysteme für Führungskräfte, die entscheidungsvorbereitend und unterstützend auf die speziellen Anforderungen von Managern im kaufmännischen Bereich zugeschnitten sind. Sie präsentieren im voraus definierte und gesichtete Informationen, wie z. B. wichtige Marktindikatoren oder Leistungsmaßstäbe, allerdings zunehmend verbunden mit direkten Daten aus den online zugänglichen betrieblichen Verarbeitungssystemen der Unternehmen.
Ihr Ziel und Zweck ist es, die Informationen in einer Art und Weise zu organisieren, zu analysieren und darzustellen, die den Managern dabei behilflich sein kann, sich ein klares Bild von wesentlichen Trends und Ereignissen zu formen, noch bevor es zu spät ist, etwas dagegen zu unternehmen. Sie unterscheiden sich damit von den Management-Informations-Systemen (MIS), die sich ausschließlich auf buchhalterische Daten aus der Vergangenheit stützen und setzen einen Schritt in Richtung auf die Management-Alarmisierungs-Systeme.

Controlling
Das Controlling bezieht seine Vorgaben aus den Zielen der Unternehmensleitung und den daraus erarbeiteten Planungen aller Bereiche. Es formt daraus in Abstimmung mit den Verantwortlichen das Budget als Planungsinstrumentarium. Das Budget dient dann im Abgleich mit den Ist-Werten dazu, in Abstimmung mit den einzelnen Bereichen eventuell notwendige Korrekturen einzuführen und ihre Durchführung nachzuhalten.

Marketing
Was das Controlling im wesentlichen nach innen leistet, ist Aufgabe des Marketings in der Außenbeziehung zum Kunden. Anhand der Zielvorgaben der Unternehmensführung werden mit Hilfe des Vertriebs und der Produktion durch das Marketing die Pläne für die Marktansprache festgelegt. Es geht letztlich darum herauszufinden, mit welchen Produkten welche Umsätze gemacht werden sollen und unterstützende Maßnahmen zum Erreichen der Zielvorgaben durchzuführen.

Forderungen

Neben der Umsetzung der mit der Bürokommunikation verbundenen Ziele gibt es zwei weitere Bereiche, denen die Informationstechnik große Aufmerksamkeit widmen sollte.
Zum einen ist dies die Verbesserung der externen Kommunikation. Hier gilt es vor allen Dingen den Datenaustausch zu Kunden und Lieferanten sowie Banken zu verbessern. Damit werden nicht nur die innerbetrieblichen Abläufe einfacher und benötigen weniger Personal, sondern diese Verfahren sind auch schneller, sicherer und damit kostengünstiger als die zur Zeit verwendeten Methoden.
Zum anderen ist dies die stärkere Einbeziehung der Anwender bei der Lösung obenstehender Aufgaben. Dies gilt nicht nur bei der Produktauswahl, sondern vor allen Dingen auch bei der späteren Anwendung der ausgewählten Produkte. Es müssen Verfahren und Hilfsmittel verfügbar sein, mit denen der Anwender für ihn relevante individuelle Anpassungen vornehmen kann. Diese Möglichkeiten eröffnen sich insbesondere auch durch die objektorientierten Lösungen, die zunehmend auf den Markt kommen.

Informationsverarbeitung in der Produktion

Genau wie in der Verwaltung, so läßt sich auch in der Produktion eine Einteilung in Ebenen durchführen. Die Ansätze in den Abb. 8.8 sowie 8.10 sind hier in der Abb. 8.15 zusammengefaßt. Dabei

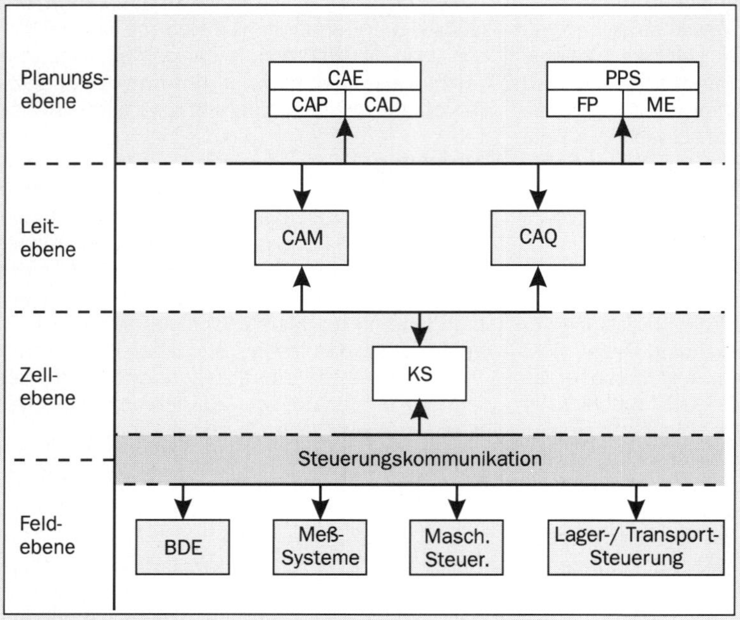

Erläuterungen:

CAE = Computer Aided Engineering
CAP = Computer Aided Planning
CAD = Computer Aided Design
PPS = Produktions-Planungs-System
FP = Fertigungsplanung/Disposition
ME = Materialwirtschaft/Einkauf
CAM = Computer Aided Manufacturing
CAQ = Computer Aided Quality Assurance
KS = Kommunikations-/Steuerungsrechner
BDE = Betriebsdaten-Erfassung

Abb. 8.15: DV-Struktur unter dem Blickwinkel der Produktion

wird hier Forschung und Entwicklung unter dem Modul CAE mit den Teilmodulen CAP und CAD dargestellt. Die Produktionsplanung findet sich wieder in dem Modul PPS mit den Teilmodulen FP und ME. Damit ist die Planungsebene beschrieben, und es bleibt die Leitebene mit der Produktion, bestehend aus den Modulen CAM und CAQ.

Aufgabenbereiche

Computer Aided Design (CAD)

Das Erstellen von Zeichnungen mit Hilfe von Computern hat heute bereits einen hohen Stand erreicht. Es finden zwar noch einige Neuentwicklungen statt, aber man konzentriert sich heute mehr auf das Umfeld der Zeichnungserstellung.
Die dort noch weitgehend ungenutzten Möglichkeiten werden deutlich, wenn man weiß, daß ca. 80% der Produktionskosten eines Teiles bereits bei der Konstruktion festgelegt werden. Über die drei Maßnahmen der Verwendung von Industrienormen, dem Einsatz von Werksnormen und der Konstruktion entsprechend den Notwendigkeiten von Bearbeitungszentren lassen sich diese Kosten stark beeinflussen. Wenn dann noch über Computersimulation der Zusammenbau von Teilen zu Baugruppen möglich wird, ist hier ein hohes Maß an Unterstützung durch die Informationstechnik erreicht.

Computer Aided Planning (CAP)

Hier findet die Umsetzung der Zeichnungen in Arbeitspläne statt, und es wird, soweit noch nicht geschehen, das Material bestimmt. Dabei erfolgt auch die Festlegung auf die Maschinen, auf denen gefertigt werden soll, und es finden erste Ermittlungen der Durchlaufzeiten statt.

Fertigungsplanung/Disposition

Die vom Kunden bestätigten Aufträge werden für einen Durchlauf durch die Produktion technisch aufbereitet. Es folgt eine terminliche Einlastung anhand der Wunschtermine des Kunden in das bestehende Fertigungsprogramm.
Das Ergebnis sind, soweit das eigene Lager den Bedarf nicht decken kann, interne oder externe Fertigungsaufträge sowie Material- und Kaufteilanforderungen.

Materialwirtschaft/Einkauf

Im Rahmen von Lager, Einkauf und Wareneingang werden die Anforderungen der Disposition (allerdings ohne die internen Fertigungsaufträge) bearbeitet, und es wird dafür gesorgt, daß sie rechtzeitig verfügbar sind. In diesem Umfeld erfolgt dann auch die Auswahl und Pflege der Lieferanten. Im Rahmen des Einkaufs werden oftmals computergestützte mathematische Modelle eingesetzt, um die Wiederbeschaffungszeit von Teilen zu optimieren.

Computer Aided Manufacturing (CAM)
In diesem Bereich werden die innerbetrieblichen Aufträge gefertigt und anschließend zusammen mit den vom Einkauf bereitgestellten Teilen zu den fertigen Produkten montiert. Hier hat die Informationstechnik eine der schwierigsten Aufgaben zu bewältigen. Es geht darum, die Ressourcen Material, Werkzeuge, Maschinen, Menschen und Termine so in Einklang zu bringen, daß jede der Ressourcen immer zum richtigen Zeitpunkt und in ausreichender Menge an dem Ort verfügbar ist, an dem sie benötigt wird.
In kleineren Unternehmen kann diese Aufgabe noch keine Software so gut lösen wie ein qualifizierter Meister. Vor allem kann diese Ressourcen-Verwaltung nur so gut sein, wie sie die zu verwaltenden Ressourcen auch kontrollieren kann. Die Frage der schnellen und vollständigen Rückmeldung von Ereignissen bestimmt damit den Erfolg dieser Systeme.

Computer Aided Quality Assurance (CAQ)
In einer Zeit, in der Preisvergleiche immer einfacher möglich sind, wird die Qualität eines Produktes zu einem der wichtigsten Faktoren für einen Verkaufserfolg. Qualitätssicherung ist deswegen eine Maßnahme, die den gesamten Produktionsprozeß, beginnend beim Zeichnungsentwurf und der Zeichnungserstellung, begleiten muß.
Diese Aufgabe wird erst in wenigen Fällen von der Informationstechnik unterstützt, während die Qualitätskontrolle der fertigen Teile und Produkte heute gelöst ist. Stellt man erst bei den fertigen Teilen fest, daß sie nicht der gewünschten Qualität entsprechen, so gibt es nur noch die Möglichkeiten, den Preis herabzusetzten, nachzubessern oder das gesamte Los zu vernichten. Dieser massive Gewinnverlust läßt sich durch Qualitätssicherung über den gesamten Produktionsprozeß hinweg vermeiden.

Steuerungskommunikation

Ähnlich wie die Bürokommunikation im Bereich der Verwaltung gewinnt die Steuerungskommunikation im Bereich der Produktion immer mehr an Bedeutung. Während die Verbindung zur Zellebene und der dort installierten Kommunikations-/Steuerungsrechnern zuverlässig mit den vorhandenen Produkten gelöst wurde, sind auf der Feldebene noch zwei Hauptprobleme zu lösen:
- der zuverlässige Transport von Daten zwischen der Feldebene und der Zellebene sowie
- der gesicherte Transport von Informationen zwischen den Systemen der Feldebene in Zeiteinheiten, die im Mikro- bis Millisekundenbereich liegen.

Der Datentransport zur Zellebene ist nur deswegen kritisch, weil hier sehr hohe Datenmengen anfallen können, ohne daß von vornherein klar ist, welche dieser Informationen wirklich wichtig sind.
In Richtung Feldebene gibt es zwar einen Standard mit MAP (Manufacturing Automation Protocol) und mit MMS (Manufacturing Message Service) ein standardisiertes Verfahren für den Austausch von Nachrichten im Produktionsbereich, aber außer der bereits früher genannten General Motors haben nur wenige Unternehmen diese Standards heute eingesetzt. Darüber hinaus gibt es in diesem Umfeld eine Vielfalt von Produkten und Verfahren, wie es sich der Laie kaum vorstellen kann.
Verständlich wird dies, wenn man sich klarmacht, daß im Gegensatz zu Computern die Werkzeugmaschinen eine viel längere Lebensdauer haben. Zehn Jahre sind hier eher der Normalfall – viele Maschinen stehen noch länger in den Unternehmen. Das bedeutet auch, daß eine Steuerungskommunikation den gesamten Zeitraum der Entwicklung von speicherprogrammierbaren Steuerungen (SPS) sowie mit Numeric Control (NC) gesteuerten Werkzeugmaschinen von ihren Anfängen an bedienen muß. Hinzu kommen noch die Versorgung von Robotern und Lager-/Transportsteuerungen.
Abgerundet wird die Problemstellung durch Meßsysteme und Betriebsdatenerfassungssysteme (BDE) wie Arbeitsgang-An- und -Rückmeldung, Lagerbuchungen, Zeitdatenerfassung, Zugangskontrolle, Montagerückmeldungen usw. Die großen Hersteller wie IBM und HP haben diese Problematik erkannt, mit der sie natürlich auch in ihren eigenen Produktionsstätten konfrontiert werden, und bieten heute Software-Produkte für die Lösung der Probleme in diesem Bereich an.

8

Forderungen

Genau wie im Verwaltungsbereich gibt es auch hier zwei wesentliche Forderungen, die zum Teil auch wieder im Verwaltungsbereich ihre Gültigkeit haben. Sie gewinnen hier deshalb besondere Bedeutung, weil die Menschen im Produktionsbereich im Umgang mit Computern noch nicht den Stand erreicht haben, wie es in den Verwaltungsbereichen heute üblich ist, und Stillstand in der Produktion bedeutet in der Regel hohe Ertragseinbußen.
Da ist zum einen die Forderung vor allem nach zuverlässigen Systemen in rauher und schmutziger

Umgebung mit einer sicheren und verteilten Datenhaltung, sowie der Einführung von Standards der Informationstechnik.
Zum anderen gilt dort ganz besonders die Durchsetzung einer einfachen einheitlichen Bedienung der Terminals und Arbeitsplatzsysteme und, damit verbunden, die leichte Erlernbarkeit aller verwendeten Funktionen und die flexible Anpassung dieser Funktionen an die betrieblichen Notwendigkeiten. Dabei kommt es darauf an, die Arbeiten möglichst in den Arbeitsablauf zu integrieren und keine zusätzlichen Funktionen zu schaffen.

8

Informationsverarbeitung im Handel

Im Abschnitt „Grundlagen der integrierten Informationsverarbeitung" und dort unter der Überschrift „Unternehmensmodell und Prozesse" wurde mit Abb. 8.10 das Beispiel eines Unternehmensmodells vorgestellt. Analog dazu werden in Abb. 8.16 die sechs wichtigsten Funktionsbereiche eines Handelsunternehmens dargestellt. Dieses Modell ist wiederum beispielhaft – wie auch schon in dem vorgenannten Abschnitt Ausgangspunkt für die weiteren Überlegungen. Ein wesentlicher Unterschied wird sofort deutlich. Im Handel wird der Funktionsbereich Produktion (CIM) durch den Funktionsbereich Warenwirtschaftssystem (WWS) ersetzt. Dieses Modell hat, ebenso wie dies für den Bereich der Fertigungsunternehmen gilt, nicht den Anspruch, allgemeingültig zu sein. Es soll vielmehr die Vorgehensweise dokumentiert werden, mit der man aus Sicht der Informatik einmal alle Aufgabenbereiche dokumentieren und die entsprechenden Unterstützungsmaßnahmen definieren kann. Auf der Ebene des Funktionsbereiches Verwaltung gibt es grundsätzliche Gemeinsamkeiten zwischen den Produktions- und Handelsunternehmen. Deswegen wird im folgenden nur auf die Abweichungen eingegangen.

Handelsspezifische Bereiche der Verwaltung

Wenn man die Abb. 8.17 mit Abb. 8.14 vergleicht, so läßt sich feststellen, daß Abweichungen nur auf der Verwaltungsebene mit den neuen Bereichen Planung, Werbung und Verkaufsförderung bestehen. Für die übrigen Bereiche, und zwar EIS (Exekutive Information System), Controlling, Marketing, Personal, Finanzen sowie Informationsverarbeitung sind im wesentlichen auch die Aussagen aus dem Abschnitt „Informationsverarbeitung in der Verwaltung" gültig.
Die weiteren Betrachtungen konzentrieren sich deshalb auf die Bereiche Planung, Werbung und Verkaufsförderung, die zwar auch im Marketingbereich eines Produktionsunternehmens auftreten, aber im Handel eine besondere Stellung einnehmen.

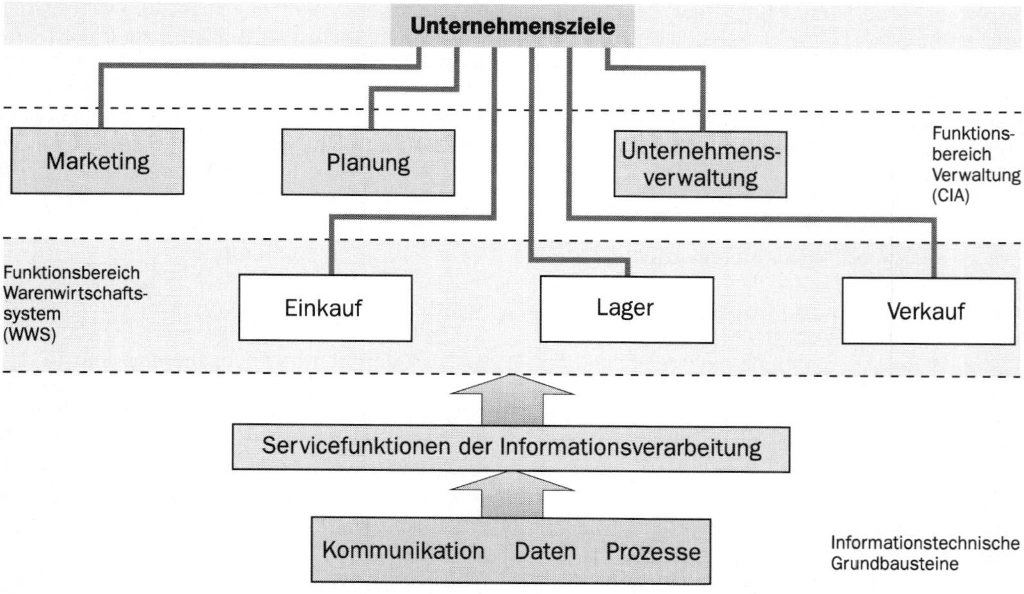

Abb. 8.16: Struktur eines Handelsunternehmens unter dem Blickwinkel der Datenverarbeitung

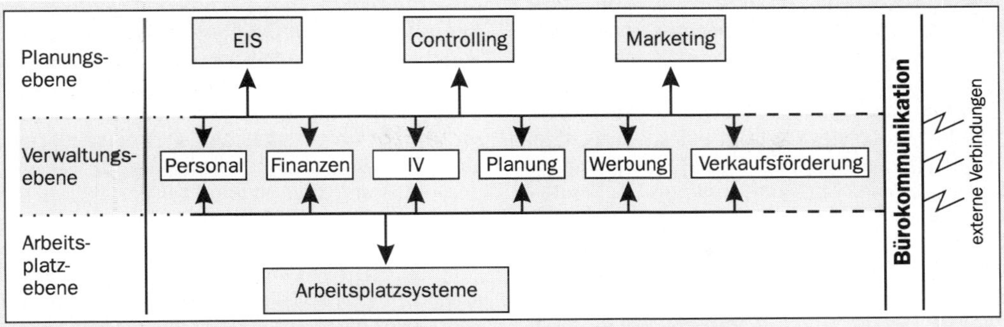

Erläuterungen: EIS = Executive Information System, IV = Informationsverarbeitung

Abb. 8.17: DV-Struktur unter dem Blickwinkel eines Handelsunternehmens

8

Planung
Das Thema Planung wird hier noch einmal als eigenes Thema herausgezogen, da im Handel neben den üblichen Planungsverfahren des Controlling eine wesentliche Aufgabe in der Sortimentsplanung und der Limitplanung besteht.
Der Aufgabenbereich der Sortimentsplanung umfaßt die Entwicklung des Artikelbestandes in der Zukunft. Die wesentlichen Einflüsse sind hier die Entwicklungen auf der Abnehmerseite (Kunden), mögliche Veränderungen bei Lieferanten und statistische Informationen der Warenwirtschaft. Die Limitplanung ist eine Ergänzung der Sortimentsplanung, und zwar wird dort der Rahmen festgelegt, in dem in bestimmten Warengruppen-Bereichen Einkaufsvolumina getätigt werden können. Hier ist der hauptsächliche Eingangswert die statistische Auswertung der Warenbewegungen in der Vergangenheit.
In diesem Zusammenhang sei schon einmal kurz auf die Bedeutung der statistischen Information hingewiesen. Im Handel wird darüber diskutiert, ob Warenbewegungen artikelgenau oder auf Warengruppen-Ebene erfaßt werden sollen. Auf diese Fragestellung wird im Abschnitt „Aufgabenbereiche des Warenwirtschaftssystems" ausführlich eingegangen. Hier sei nur erwähnt, daß die Qualität der Planung verbessert werden kann, wenn es möglich ist, auch für den Einzelartikel statistische Informationen zu erhalten.

Werbung
Für die Werbung eines Handelsunternehmens gibt es derzeit wenig Unterstützung durch die Informationstechnik, wenn man davon absieht, daß in der Bürokommunikation eine Terminverwaltung zur Hilfestellung eingesetzt werden kann und aus der Planung heraus durch das Werbebudget der Rahmen für den Umfang der Werbung vorgegeben wird.

Verkaufsförderung
Für die Verkaufsförderung gilt das gleiche wie für die Werbung. Allerdings läßt sich hier die Qualität der Maßnahmen verbessern, wenn man auf die ausgewerteten Abverkaufsdaten zurückgreifen kann. Je mehr Informationen man von der Warengruppen-Ebene bis auf den einzelnen Artikel herunter bekommt, desto besser wird die Qualität der Auswertung. Die Aussage gilt natürlich ebenso für Aktionen, die in bestimmten Bereichen zusammengestellt werden, um den Verkauf attraktiver zu gestalten.

Aufgabenbereiche des Warenwirtschaftssystems

Der Erfolg von Handelsunternehmen ist in hohem Maße von der Qualität der Warenwirtschaft abhängig. Diese Aussage gilt erst einmal unabhängig davon, ob die Warenbewegungen mit oder ohne Hilfe informationstechnischer Unterstützung abgewickelt werden. Dabei gilt, daß mit zunehmender Zahl der Warenbewegungen (Anzahl der Artikel, Umschlagshäufigkeit) die Abwicklung ohne informationstechnische Unterstützung heute undenkbar ist. Bei großen Unternehmen wird die Warenwirtschaft nicht nur zu einem Qualitäts-, sondern auch zu einem Quantitätsproblem, trotz aller Leistungsfähigkeit der heute zur Verfügung stehenden Rechner.
Forderungen nach artikelgenauer Erfassung aller Warenbewegungen scheitern deshalb bei großen Unternehmen oft auch heute noch, weil ein wirtschaftlicher Einsatz der Informationstechnik zur Erfüllung dieser Forderungen kaum möglich ist. Dies gilt besonders auch für die Warenausgangsseite. Dazu wird im Rahmen der Ausführungen zu POS-Systemen (Point of Sales) noch einmal eingegangen.

Auf der Wareneingangsseite wurden bereits in den 70er Jahren Lösungen eingeführt, die heute, auch bei Häusern mit großem Sortiment, mit der derzeit vorhandenen Technik einsetzbar sind. Basis dafür ist das Vorhandensein eines entsprechenden Artikelstamms. Die Warenbewegungen wurden im wesentlichen Statistikgruppen-, Warengruppen- und Abteilungs-orientiert behandelt. Im Rahmen dieser Gruppenbildung wurde natürlich laufend der Lagerbestand überwacht. Dabei wurde das Ausufern des Lagerbestandes durch eine Limitvorgabe verhindert. Die Gefahr dabei war, daß bei bestimmten schlecht gehenden Artikeln Überbestände entstanden und die zuständigen Verkäufer sich dann, um die Limitvorgabe einzuhalten, im Einkauf zurückhielten. Dies führte dazu, daß auch gutgehende Artikel nicht mehr rechtzeitig nachdisponiert wurden. Die Entwicklung war nur dadurch zu verhindern, daß die Warenbewirtschaftung artikelgenau arbeitet. Im folgenden wird beispielhaft geschildert, wie das Bestellwesen und der Wareneingang artikelgenau abgewickelt werden kann.

Voraussetzung dafür ist ein Gerät für die mobile Datenerfassung (MDE) und ein Arbeitsplatzrechner (z. B. PC), der über eine Datenleitung an den Verarbeitungsrechner angeschlossen ist. Das System der mobilen Datenerfassung hat nicht nur den Vorteil einer sehr rationellen Eingabe, sondern ermöglicht dem Verkäufer auch, daß er seine Bestellungen im Laden am Regal durchführen kann, damit also vor Ort bleibt und sich nicht ins Büro zurückziehen muß. Für diese Form der Bestellaufnahme ist vorauszusetzen, daß ein Etikett mit der Artikelnummer am jeweiligen Platz des Artikels, z. B. am Haken oder an der Wand, angebracht ist. Falls diese Nummer in computerlesbarer Form gegeben ist, so kann sie per Lesestift in das MDE-Gerät eingelesen werden. Zusätzlich sollte dieses Etikett Hinweise auf Mindestbestand und Soll-Bestellmenge enthalten. Der Verkäufer hat nun, wenn er vor dem Artikel steht, sofort die Information über den Mindestbestand und kann den aktuellen Bestand nachsehen. Ist der aktuelle Bestand höher als der Mindestbestand, so braucht keine Bestellung zu erfolgen. Andernfalls erfolgt die Bestellaufnahme dadurch, daß er die Artikelnummer in das mobile Datenerfassungsgerät eintippt oder sie per Lesestift einliest. Soweit die Bestellmenge mit der Soll-Bestellmenge übereinstimmen soll, ist die Eingabe einer Menge nicht erforderlich, da sie automatisch bei Bearbeitung der Bestellung im Rechner hinzugefügt wird. Die Eingabe einer Bestellmenge ist also nur dort erforderlich, wo eine Abweichung von der Soll-Bestellmenge gewünscht wird.

Die so per MDE aufgenommenen Bestellungen werden dann entweder per Wählverbindung zum Verarbeitungsrechner oder auf den in der Verkaufsstelle stehenden Arbeitsplatzrechner übertragen und dann am Abend vom Verarbeitungsrechner von dort ausgelesen. In der Nacht erfolgt im Verarbeitungsrechner die Ergänzung um Texte und die Bewertung, indem Preise zugefügt werden und der Bestellwert pro Zeile und Lieferant ermittelt wird. Es erfolgt keine direkte Übertragung an den Lieferanten, sondern der Verkaufsstandort bekommt die Bestellungen in Form von Bestellhinweisen zur endgültigen Freigabe nochmals zur Verfügung gestellt.

Dabei können zusätzliche Unterstützungen mitgeliefert werden. Durch die Ermittlung des Gesamtwertes der Bestellung ist es z. B. möglich festzustellen, ob durch eine geringfügige Erhöhung des Wertes die Bestellung auch frachtfrei aufgegeben werden kann. Außerdem kann das Verarbeitungssystem Hinweise liefern für den Fall, daß die eingegebenen Bestellmengen aufgrund der im Verarbeitungssystem durchgeführten statistischen Ermittlungen zu hoch oder zu niedrig erscheinen. Der Verkäufer kann dann entweder die ursprüngliche Bestellmenge belassen oder aufgrund der Hinweise Korrekturen durchführen. Falls auch die Seite des Abverkaufes artikelgenau durchgeführt wird, können hier sogar Hinweise auf Artikel desselben Lieferanten, die nicht mitbestellt wurden, bei denen aber aufgrund der artikelgenauen Bestandsrechnung im Verarbeitungsrechner festgestellt wurde, daß der Bestand unter den Mindestbestand abgesunken ist, gegeben werden.

Nachdem der Verkäufer diese Bestellung mit den durchgeführten Korrekturen abgeschlossen hat, wird für ihn ein Bestellkontrollbogen ausgedruckt und vom Verarbeitungsrechner die damit fertige Bestellung bei der nächsten Datenübertragung wieder abgeholt. Dieser Bestellkontrollbogen enthält alle Informationen, die auch der Bestellsatz enthält und zusätzlich die Angaben, die notwendig sind, um den Wareneingang zu bearbeiten. Dazu gehören z. B. die Postenwerte zur Kontrolle der Wareneingangsrechnung sowie die VK-Preise für die Preisauszeichnung. Soweit die fertigen Bestellungen nicht direkt per Datenaustausch vom Verarbeitungsrechner an den Lieferanten übertragen werden, erfolgt zunächst der Ausdruck der Bestellungen und der noch notwendige Versand. Im Verarbeitungsrechner werden die Bestellungen gleichzeitig als disponierter Wareneingang abgespeichert und dienen in der Bestandsrechnung des Artikels zur Weiterberechnung vom aktuellen verfügbaren zum disponierten Lagerbestand. Für die Frage, ob eine Bestellung aufgege-

ben werden muß, ist ja nicht der aktuelle Bestand, sondern der disponierte Lagerbestand maßgeblich, weil sonst Mehrfachbestellungen erfolgen könnten, beispielsweise bei einer verspäteten Lieferung. Auch dies kann nunmehr ohne Probleme vom Verarbeitungsrechner her überwacht werden.
Wenn der Wareneingang erfolgt, wird die Bearbeitung in der Verkaufsstelle anhand des Bestellkontrollbogens mit all seinen Hinweisen, z. B. für eine Preisauszeichnung, durchgeführt. Auf dem Arbeitsplatzrechner werden dann die Lieferantennummer, das Rechnungsdatum sowie der Nettorechnungssummenwert eingegeben, die daraufhin außerdem um die Bestellnummer und den Bestellwert aus dem Bestellkontrollbogen ergänzt werden. Sofern die Lieferung Abweichungen enthält, werden Artikelnummer, abweichende Menge und abweichender Wert eingegeben. Damit ist dann eine Nullkontrolle durchzuführen, weil die Summen aus Bestellwert und Abweichungen den Nettowarenpreis ergeben müssen. Diese Vorgehensweise der Abweichungserfassung beim Wareneingang bedeutet eine erhebliche Erleichterung und Verminderung des Aufwandes beim Wareneingang.
Insbesondere dort, wo Lieferanten bestellgenau liefern, wird damit der Aufwand einer artikelgenauen Erfassung geringer als die früher übliche Form der Wareneingangserfassung. Nach Übermittlung dieser Wareneingangsmeldungen zum Verarbeitungsrechner werden die entsprechenden Umbuchungen vom disponierten Zugang zum Wareneingang durchgeführt. Gleichzeitig erfolgt die Übertragung der Informationen an die Buchhaltung, die daraus die Zahlung veranlassen kann. Ebenfalls erfolgt die Weitergabe der Informationen an die Statistik. Der Kreislauf auf der Bestell- und Wareneingangsseite ist geschlossen. Damit wird bereits eine wesentlich bessere Aussagefähigkeit des Warenwirtschaftssystems im Sinne der artikelgenauen Behandlung erreicht.
Ein weiterer Schritt in Richtung Bestellunterstützung soll dies noch einmal verdeutlichen. Nach Übertragung der Statistikdaten ist eine Überprüfung der Mindestbestandsmengen und der Soll-Menge durch den Verarbeitungsrechner möglich. Dabei werden die Werte der vergangenen 12–24 Monate herangezogen, um die Saison- und Trend-Einwirkungen zu berücksichtigen. Die Erfahrung zeigt, daß es für den aufnehmenden Verkäufer vor Ort relativ schwierig ist, zu erkennen, wann er bei seiner Bestelleingabe von der Soll-Bestellmenge abweichen muß und wann nicht. Selbst mathematische Verfahren können nicht verhindern, daß die aktuelle Entwicklung von der in der Vergangenheit abweicht. Um dem Verkäufer hier weitere Hilfestellungen zu geben, wurde ein Bestellrhythmus entwickelt. Er beruht darauf, daß bei der Ermittlung von Mindestbestand und Soll-Bestellmenge eine bestimmte Bestellhäufigkeit sich als Zeitraum zwischen zwei Bestellungen bei der prognostizierten Absatzentwicklung ergibt. Die Zeit zwischen zwei Bestellungen ergibt den Bestellrhythmus. Durch Weitergabe des Bestellrhythmus und des Hinweises, wann die letzte Bestellung erfolgt ist, erkennt der Verkäufer nunmehr, ob der Zeitpunkt, zu dem erneut der Mindestbestand unterschritten wird (als der neue Bestellzeitpunkt) zeitlich früher oder später liegt als der Bestellzeitpunkt, der bei der Ermittlung der Soll-Bestellmenge zugrunde gelegt wurde. Liegt der aktuelle Zeitpunkt früher, so bedeutet dies, daß der Abgang in der jüngsten Vergangenheit schneller war, als in der Statistik berücksichtigt. Dies bedeutet in der Regel, daß es sinnvoll ist, eine größere Menge zu bestellen. Liegt der Zeitpunkt später, so ist dies ein Beleg dafür, daß die Ware langsamer abfloß und es sinnvoll ist, zu überlegen, ob eine geringere Menge bestellt werden soll.
Die artikelbezogene Bestandsführung im Verarbeitungsrechner macht es ebenfalls möglich, in regelmäßigen Abständen (z. B. wöchentlich) darauf hinzuweisen, daß Artikel unter den Mindestbestand abgesunken sind, ohne daß eine Bestellung vorliegt.
Nach diesen Überlegungen zu einer artikelgenauen Erfassung der Warenbewegungen auf der Bestell- und Wareneingangsseite gelten die folgenden Betrachtungen den drei Funktionsbereichen Einkauf, Lager und Verkauf mit den daraus resultierenden Unterfunktionen, wie sie in Abb. 8.18 dargestellt sind.

Einkauf

- Sortimentsfindung

Die Sortimentsfindung gliedert sich in zwei Teilbereiche. Zum einen gilt es, das bestehende Sortiment zu überarbeiten und zu bereinigen, und zum anderen müssen Ergänzungen in Form von neuen Produkten gefunden werden. Die Qualität der Sortimentsbereinigung hängt dabei wesentlich davon ab, wie gut die Informationen aus der Warenausgangsseite statistisch aufbereitet und flexibel den Verantwortlichen zur Verfügung gestellt werden. Das Finden von neuen Artikeln war bisher ein Prozeß zwischen Lieferant und Handelsunternehmen, der sehr stark durch Kommunikation geprägt war. Ergänzt wurde dieser Teil durch Prospekte und Muster der gewünschten Artikel. Hier ist es heute durch Einsatz der Informations-

	Einkauf	Lager	Verkauf
Planungsebene	Sortimentsfindung Musterung	Lagergestaltung	Flächennutzung
Abwicklungsebene	Warenbeschaffung Sortimentszuordnung	Wareneingang Warenbearbeitung Transportsteuerung Bestandshaltung und Inventur Kommissionierung Warenausgang Warennachforderung	Wareneingang Warenbearbeitung Bestandshaltung und Inventur Verkauf Warennachforderung
Point of Sale (POS)			Kassensystem

Abb. 8.18: Struktur zur artikelgenauen Erfassung der Warenbewegungen

8

technik möglich, mit Hilfe von Bildkatalogen in Form von CD-Rom's neben den Artikelinformationen auch hochwertige Bildinformationen zum Artikel an die Einkaufsabteilungen weiterzugeben.

• Musterung
Auch im Bereich der Musterung werden die oben genannten Bildkataloge eventuell in weiter verfeinerter Form ihren Einzug halten. Daneben ist dort aber die Präsentation der Ware (z. B. für modische Artikel) unverzichtbar und wird damit auch Bestandteil der Musterung bleiben. Ansonsten gilt hier ähnlich wie bei der Werbung der Hinweis auf die Unterstützungsfunktionen der Bürokommunikation.

• Warenbeschaffung
In der Warenbeschaffung wird alles abgewickelt, was sich um eine Bestellung herum ergibt. Dazu gehören der Kontakt zum Lieferanten und die Pflege eines Lieferantenstammes. Dazu gehört aber z. B. auch die Überwachung der zeitlichen Abläufe einer Bestellung. Und es geht hin bis zum Abwickeln von Reklamationen.

• Sortimentszuordnung
Diese Aufgabe findet man nur dort, wo es darum geht, mehrere Verkaufsstellen zu betreuen. Mit den einzelnen Verkaufsstellen und aus den statistischen Daten heraus soll das richtige Sortimentsprogramm für die jeweilige Verkaufsstelle entwickelt werden, um vor allem im Rahmen der Warenbeschaffung die ordnungsgemäße Belieferung sicherzustellen.

Lager
Die wichtigste Aufgabe des Lagers besteht darin, den Warenfluß zu optimieren. So müssen z. B. bevorratete Artikel keine teure Verkaufsfläche belegen, sondern können sehr schnell über das Lager nachdisponiert werden. Wenn vom Lager mehrere Verkaufsstellen versorgt werden, so erfolgt der Ausgleich gleichartiger Artikel, die unterschiedlich gut abverkauft werden, über das Lager.

• Lagergestaltung
Die gute Umsetzung dieser Aufgabe führt dazu, daß die Flächen innerhalb eines Lagers immer gut genutzt sind. Dies kann hingehen bis zur physikalischen Umgestaltung eines Lagers, so daß sich die Größen- und Mengenrelationen der gelagerten Artikel stark verändern. Im kleinen Lager ist eine solche Aufgabe sicher weitgehend durch den optischen Eindruck lösbar. In großen Lagern kann diese Aufgabe nur gelöst werden, wenn das Warenwirtschaftssystem die entsprechenden Informationen liefert, um diese Dispositionsfunktion durchzuführen.

• Wareneingang
Die Vorgehensweise im Wareneingang wurde bereits zu Beginn des Abschnitts „Aufgabenbereiche des Warenwirtschaftssystems" geschildert. Es sei noch einmal angemerkt, daß die Abweichungsbearbeitung für die Frage der informationstechnischen Unterstützung eine wichtige Rolle spielt. So kann eine Abweichung bei der Menge entweder dadurch entstehen, daß nicht die geforderte Menge geliefert wurde, oder aber auch dadurch, daß ein Teil der angelieferten Artikel beim Transport beschädigt wurde. Entsprechend muß eine Nachbearbeitung solche unterschiedlichen Abweichungsmöglichkeiten berücksichtigen.
Ebenso ist hier zu klären, ob bei einer Teillieferung die Nachlieferung der fehlenden Artikel gefordert werden soll oder ob darauf verzichtet wird.

• Warenbearbeitung
Nach Durchlaufen des Wareneingangs wird die Ware für das Lager vorbereitet. In der Regel wird

über Einlagerungsstrategien der richtige Platz für die Lagerung der Ware ermittelt. Die Ware wird mit ihrem jeweiligen Lagerplatz gekennzeichnet und an die Transportsteuerung übergeben. Falls die Abgabeeinheit der Ware von der Liefereinheit abweicht, so erfolgt an diesem Punkt meist auch schon die Umarbeitung in die Abgabeeinheiten.

• Transportsteuerung
Dort wo die Einlagerung der Ware nicht mehr mit der Hand, sondern mit mechanischen Hilfen erfolgt, ergibt sich oft eine komplexe Aufgabenstellung für eine informationstechnische Unterstützung und die mechanische Abwicklung des Einlagerungsprozesses. Es muß nicht nur der richtige Lagerplatz in der richtigen Größe und im richtigen Bereich ermittelt werden. Es muß oftmals auch gelöst werden, bei einer Fahrt des Transportgerätes mehrere Artikel in der optimalen Ablaufreihenfolge in die Fächer einzusortieren (Travelling-Salesman-Problem).
Ein vergleichbares Optimierungsproblem ergibt sich auch beim Ausfassen von Waren. Die Qualität, in der diese Aufgaben abgewickelt werden, geben damit einen Anhaltspunkt dafür, wie effizient die vorhandene Lagerfläche ausgenutzt wird.

• Bestandshaltung und Inventur
In einem idealen Lager, in dem die Einlagerungen und Auslagerungen nach den vorgenannten Mechanismen immer perfekt geschehen, dürfte je Artikel nie eine Differenz zwischen Soll- und Ist-Bestand auftreten. In der Praxis gibt es aber immer wieder Fälle, wie z. B. Bruch beim Einlagern, die dafür sorgen, daß dieser Regelkreis unterbrochen wird.
Deshalb ist es notwendig Korrekturmaßnahmen vorzusehen, die es ermöglichen, Bestandsabweichungen auch außerhalb von Wareneingang und Warenausgang zu dokumentieren. Es ist gerade im Handel sehr wichtig, diese Korrekturen auch mit den richtigen Werten zu dokumentieren, um die Aufgaben der Bestandsbewertung sauber erfüllen zu können.
Eine Teilaufgabe dieser Bestandsführung innerhalb des Lagers ist die Inventur. Je besser die Bestandsbewegungen mit Menge und Wert dokumentiert werden, desto einfacher wird natürlich die Inventur.

• Kommissionierung
Die Warennachforderungen der Verkaufsstellen lösen Aktivitäten in der Kommissionierung aus. Wie bereits im Abschnitt „Transportsteuerung“ erwähnt, hängt die effiziente Arbeit der Kommissionierung im wesentlichen davon ab, wie gut die benötigten Waren in den richtigen Mengen sowie zu den richtigen Zeitpunkten in der Kommissionierung vorrätig sind. Die optimale Lösung dieser Aufgabe erfordert einen hohen informationstechnischen Aufwand. Falls es gelingt, ist das Ergebnis eine zügige und vollständige Belieferung der Verkaufsstellen.

• Warenausgang
Analog zum Wareneingang wird hier die ausgehende Ware genau kontrolliert. Auch hier muß die Entscheidung getroffen werden, was mit eventuellen Abweichungen vom bestellten Volumen passieren soll. Falls das Lager für die Verkaufsstelle die Preisauszeichnung übernimmt, so geschieht das in der Regel an dieser Stelle. Dazu muß die Informationstechnik sicherstellen, daß zum Zeitpunkt der Warenausgangskontrolle im richtigen Zeitpunkt die richtigen Etiketten mit den Preisen für die jeweilige Verkaufsstelle gedruckt werden können. Voraussetzung ist, daß die Instrumente verfügbar sind, mit denen individuelle Preise für jede Verkaufsstelle gepflegt werden können.

• Warennachforderung
Für die Warennachforderung gilt das gleiche wie für die Bestandshaltung (s. o.). Bei einem geschlossenen System können die Warennachforderungen durch entsprechende Dispositionsverfahren automatisch ausgelöst werden. Voraussetzung ist wieder, daß artikelgenau und fehlerfrei gearbeitet wird. In der Regel ist aber auch hier jederzeit der manuelle Eingriff möglich, um Korrekturen durchführen zu können und damit das System an Veränderungen anzupassen.

Verkauf
Der Verkauf ist in vielen seiner Funktionen identisch zum Lager. Insbesondere dann, wenn auf ein Zwischenverkaufslager verzichtet wird. Deshalb wird hier auf die Beschreibung der Punkte „Wareneingang“, „Warenbearbeitung“, „Bestandshaltung und Inventur“ sowie „Warennachforderung“ verzichtet. Die unter der Überschrift „Kommissionierung“ beschriebene Etikettierung findet im Verkauf allerdings schon in der Warenbearbeitung statt.
Außerdem ist im Verkauf die Frage des geschlossenen Warenflusses noch viel schwerer zu realisieren als im Lager. Diebstahl gestaltet die Bestandshaltung und die automatische Ermittlung der Warennachforderungen schwieriger. Deshalb wird im Verkauf auch heute noch die Ermittlung von Warennachforderungen durch die eingangs genannte Organisation mit Hilfe von MDE-Geräten (siehe oben) unterstützt.

• Flächennutzung

Die Frage der Flächennutzung gewinnt gerade dort, wo für Verkaufsflächen teure Mieten bezahlt werden müssen, zunehmend an Bedeutung. Diese Aufgabe wird natürlich einerseits durchs Marketing sehr stark bestimmt. Andererseits werden aber auch zunehmend die Informationen aus dem Warenwirtschaftssystem berücksichtigt, um entsprechende Anordnungen treffen zu können.
Es gibt heute auf Personalcomputern eigenständige Software-Lösungen für eine Regal- und Verkaufsflächenoptimierung. Die Nutzung läßt sich dadurch optimieren, daß die artikelspezifischen Daten, wie z. B. Abmessungen und Ertragswerte, per Datenaustausch diesen Softwarepaketen zugeführt werden. Es wird wieder deutlich, wie wichtig auch hier die artikelgenaue Erfassung der Abverkäufe ist.

• Erfassung des Verkaufs

Dort wo Massenware verkauft wird, ergibt sich allerdings nicht immer eine Notwendigkeit noch das Vorhandensein von informationstechnischer Unterstützung. Anders sieht dies beim Einzelverkauf aus. Dort, wo moderne Kassensysteme artikelgenaue Abverkäufe ermöglichen, bieten diese Systeme in aller Regel auch die Möglichkeit, Auskünfte, wie etwa Bestand und Bestellzeiten, artikelgenau aus diesen Systemen abzurufen. Damit wird zusätzlich eine verbesserte Qualität der Kundenbetreuung möglich. Bis hin zur Auslieferung an den Kunden kann darauf aufbauend eine neue Dienstleistung erbracht werden.

Kassensystem – POS

Der POS (Point of Sale) hat im Verkauf zentrale Bedeutung. Neben der Kundenberatung erfüllt er eine wesentliche Rolle im Rahmen der Kundenbetreuung und der Erfüllung von Kundenwünschen. Im Sinne des Warenflusses wird, wie bereits mehrfach erwähnt, hier die Grundlage für die Qualität des Warenflusses gelegt.
Die Diskussion, ob der Abverkauf bezogen auf Artikel oder Warengruppen erfolgen sollte, läuft schon seit vielen Jahren. Sie wird auch noch einige Zeit weitergehen, obwohl es inzwischen eine Reihe von guten Lösungen für die Erfassungen des artikelgenauen Abverkaufs gibt. Wenn das Sortiment einer Verkaufsstelle ca. tausend Artikel umfaßt, dann ist die Erfassung heute nicht mehr sehr schwierig. Schwieriger ist dies z. B. in großen Warenhäusern, wenn das Sortiment mehr als 800.000 Artikel umfaßt. Beim artikelgenauen Abverkauf müssen die Artikelinformationen in der Kasse gespeichert sein. Dies bedeutet, daß nach Eingabe der Artikelnummer und der Menge von der Kasse ein Artikeltext, der Einzelpreis und der Gesamtpositionsbetrag geliefert wird. Falls der Artikel ein maschinell lesefähiges Etikett hat, so wird die Artikelnummer heute in der Regel durch Lesepistolen oder Scanner-Systeme erfaßt. Aber auch die Eingabe einer bis zu 6-stelligen Artikelnummer ist nicht aufwendiger als die vorher verwendete Form der Eingabe einer Artikelgruppennummer und des Preises.
Selbst wenn bei einem großen Haus nicht alle 800.000 Artikel in einer Kasse gespeichert sein müssen, sondern nur Bruchteile davon aus dem jeweiligen Sortimentsbereich, so kann man sich doch leicht vorstellen, welcher informationstechnische Aufwand dahinter steht, bei einer solchen Dimension auch sicherzustellen, daß ein Kassenablauf ohne Datenverlust vonstatten geht und keine Störungen im Abverkauf auftreten. Weiterhin muß jede Preisänderung zum richtigen Zeitpunkt und gesichert im jeweiligen Kassensystem verfügbar sein. Dazu kommt außerdem noch, daß diese Kassensysteme heute nicht nur rechnen und drucken, sondern auch Schecks ausfüllen und Verbindung zum nächsten Kreditkarten-Autorisierungsrechner herstellen können. Das ganze funktioniert gesichert nur dann, wenn im Hintergrund (Backoffice) die entsprechenden Funktionen zur Verfügung stehen, um eine notwendige Pflege dieses Systems durchzuführen.

Forderungen

Durch den Wandel vom Verkäufer- zum Käufermarkt wird es heute immer wichtiger, die richtigen Kundenbedürfnisse zu entdecken. Das bedeutet eine Verstärkung der Kundenbindung auf der Verkaufsseite. Dies kann dadurch geschehen, daß man im Bereich der Kassensysteme auch die Kundeninformationen mit erfaßt und dann aus der Kombination Kunde und Artikel auch aktiv die Kundenbeziehung pflegen kann.

Literatur

Birker, K.: Betriebliche Organisation/Elektronische Datenverarbeitung, in: Ziegler, F. (Hrsg.): Betriebswirtschaftliches Grundwissen
Birker, K.: Absatzwirtschaft – Schriften zum Marketing, Band 7. Verlagsgruppe Handelsblatt, 1984
Boell, H. P.: Lokale Netze. MC Graw-Hill, 1989
Corzilius, R.: AD/Cycle. München/Wien, 1992
Enders, H.: Die Rolle zentraler Systeme in Client/Server-Umgebung. IBM, 1993
Keen, P. G.W.: Informationstechnologie: Der Weg in die Zukunft. Ueberreuter, 1992
Ziegler, F. (Hrsg.): Betriebswirtschaftliches Grundwissen. Essen, 1982

Zeitschriften:
Computerwoche EXTRA: Erscheinungsweise 3–5 mal jährlich
Computerwoche FOCUS: Erscheinungsweise 3–5 mal jährlich

Steuerpraxis

Abgabenordnung und Einteilung der Steuern

Einkommensteuer
Einkunftsarten, Ermittlung von Gewinn- und Überschußeinkünften, Betriebsausgaben, Sonderausgaben

Lohnsteuer
Bemessung, Steuerklassen, Lohnsteuerermäßigung, lohnsteuerliche Gestaltungsmöglichkeiten

Körperschaftsteuer
Ermittlung des steuerpflichtigen Einkommens, Tarife und Anrechnungsverfahren

Umsatzsteuer
Allphasennettobesteuerungssystem, Vorsteuerabzug, Eigenverbrauch und Gesellschafterverbrauch

Gewerbesteuer
Gewerbeertrag und Gewerbekapital, Festsetzung der Gewerbesteuer, Gewerbesteuerrückstellungen

Vermögensteuer
Vermögensarten, Zusammenveranlagung von Ehegatten

Erbschaft- und Schenkungsteuer

Grund- und Grunderwerbsteuer

Übersicht über sonstige relevante Steuern

Steuerpraxis

Definition der Steuern

Steuern sind einmalige oder fortlaufende Geldleistungen, die keine Gegenleistung für eine besondere Leistung darstellen und von einem öffentlich-rechtlichen Gemeinwesen zur Erzielung von Einnahmen allen auferlegt werden, bei denen der Tatbestand zutrifft, an den das Gesetz die Leistungspflicht knüpft; die Erzielung von Einnahmen kann Nebenzweck sein.
Zölle sind Steuern im Sinne der Abgabenordnung (§ 3 AO).
Diese Begriffsbestimmung der Abgabenordnung enthält mehrere Begriffsmerkmale. Nur, wenn sämtliche nachstehend aufgeführten Merkmale
9 gegeben sind, handelt es sich um Steuern.

- Es muß sich um *Geldleistungen* und nicht um Naturalleistungen handeln.
- Die Geldleistungen dürfen *keine Gegenleistung* für eine besondere Leistung darstellen.
- Die Geldleistungen müssen von einem *öffentlich-rechtlichen Gemeinwesen* (z.B. Bund, Ländern und Gemeinden) zur Erzielung von Einnahmen auferlegt werden.
- Die Geldleistungen müssen allen auferlegt werden, *bei denen der Tatbestand zutrifft, an den das Gesetz die Leistungspflicht knüpft.*

Der Tatbestand ist beispielsweise bei demjenigen gegeben, der einen steuerpflichtigen Umsatz ausführt oder steuerpflichtigen Arbeitslohn bezieht.

Abgabenordnung (AO)

In der Steuergesetzgebung unterscheidet man zwischen Einzelsteuergesetzen (Spezialsteuergesetze), wie z. B. Einkommensteuergesetz (EStG), Umsatzsteuergesetz (UStG), und allgemeinen Steuergesetzen. Die Abgabenordnung (AO) gehört zu der zweiten Gruppe und wird oft als *„Grundgesetz des Steuerrechts"* bezeichnet. Sie enthält grundlegende Bestimmungen, die für alle Steuern gelten.

Besteuerungsverfahren
Die jeweilige Steuerschuld eines Steuerpflichtigen hängt von der Bemessungsgrundlage ab. Es handelt sich hierbei um einen Betrag entsprechend der Höhe des Einkommens oder des Vermögens einer natürlichen oder juristischen Person. Diese Grundlage kann entweder durch *„Selbstveranlagung"* des Steuerpflichtigen ermittelt werden, wie bei der Umsatzsteuervoranmeldung, oder *durch das Finanzamt,* das den Steuerpflichtigen gegebenenfalls zur Abgabe einer Steuererklärung auffordert.

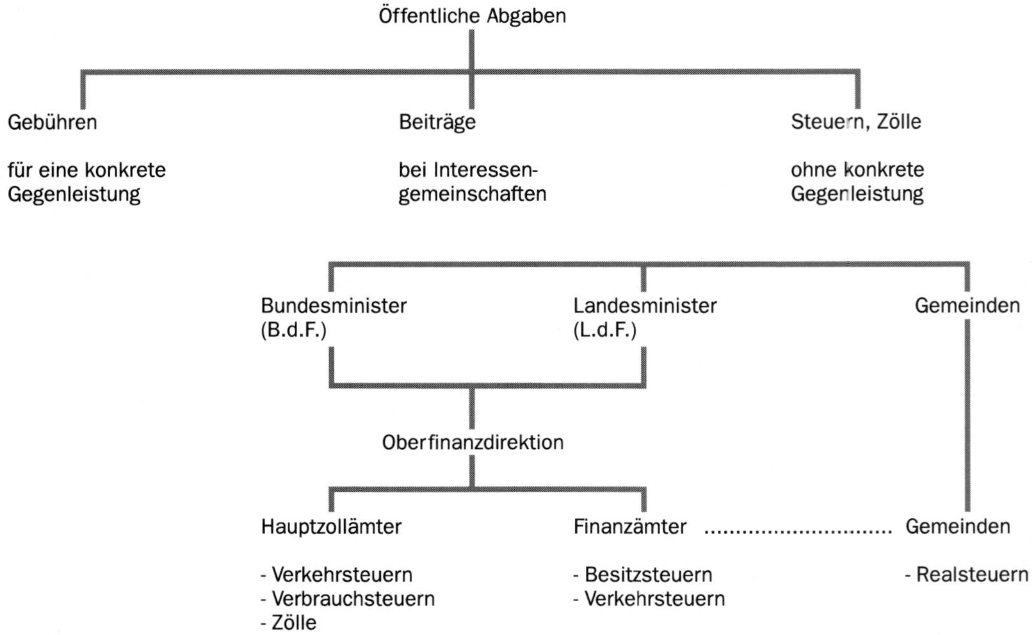

Abb. 9.1: Einteilung der öffentlichen Abgaben

Im ersten Falle berechnet der Steuerpflichtige die Steuer selbst, im zweiten macht er dem Finanzamt gegenüber nur die Angaben zur Ermittlung (§ 149 ff AO), z.B. bei der Einkommensteuer. Anhand der Bemessungsgrundlage stellt das Finanzamt die Steuer fest und erteilt einen Steuerbescheid. Er enthält Angaben über:

- Besteuerungsgrundlage,
- Höhe der Steuer,
- Fälligkeit,
- Angaben darüber, in welchen Punkten er von der Steuererklärung abweicht,
- Rechtsbehelfsbelehrung.

  Kann der Steuerpflichtige eine Steuerschuld nicht fristgerecht (binnen eines Monats nach Erhalt des Steuerbescheides) oder gar nicht zahlen, kann er einen Antrag auf *Stundung oder Erlaß* stellen. Ansonsten erhebt das Finanzamt bei nicht oder zu spät eingegangener Zahlung einen *Säumniszuschlag.*

Kommt es indes zu einer verspäteten Abgabe der Steuererklärung, so kann das Finanzamt einen *Verspätungszuschlag* erheben (§ 152 AO).

Außergerichtliche Rechtsbehelfe

Sie ermöglichen den Finanzbehörden, ihre Entscheidungen noch einmal zu überprüfen, ohne daß ein gerichtliches Verfahren eingeleitet wird. Man unterscheidet hier zwei Rechtsbehelfe:

- Einspruch (§ 348 AO)

  Der Einspruch wird vom Steuerpflichtigen gegen Steuerbescheide eingelegt,und zwar direkt beim Finanzamt. Die Entscheidung wird ebenfalls vom Finanzamt gefällt.
- Beschwerde (§ 349 AO)

  Beschwerde legt man gegen alle anderen Verfügungen des Finanzamtes ein, z. B. Zwangsanordnungen des Finanzamtes usw., und zwar ebenfalls beim zuständigen Finanzamt. Jedoch wird die Entscheidung durch die nächsthöhere Verwaltungsbehörde gefällt. In der Regel handelt es sich um die Oberfinanzdirektion.

Gerichtliche Rechtsbehelfe

Ist der außergerichtliche Weg erfolglos gewesen, so besteht die Möglichkeit, gerichtlich vorzugehen. Auch hier unterscheidet man zwei verschiedene Rechtsbehelfe:

- Klage (§ 40 FGO)

  Die Klage wird gemäß §40 Finanzgerichtsordnung beim Finanzgericht eingelegt. Der Steuerpflichtige ist nicht verpflichtet, sich von einem Anwalt vertreten zu lassen.
- Revision (§ 115 FGO)

  Gegen das Urteil eines Finanzgerichtes steht den Beteiligten, d. h. sowohl dem Finanzamt als auch dem Steuerpflichtigen, die Revision an den Bundesfinanzhof (BFH) zu. Allerdings ist sie nur möglich, wenn der Streitwert über 10.000 DM liegt, oder eine Grundsatzentscheidung erwartet wird.

Steuervergehen

Die steuerlichen Zuwiderhandlungen können aufgeteilt werden in:

- Steuerstraftaten (§ 369 ff AO)

  Es handelt sich hierbei um strafbare Verletzungen von Pflichten, die die Steuergesetze auferlegen. Bei solchen Steuervergehen (z. B. Steuerhinterziehung) kommt es immer zu einem Strafverfahren, in dem die Staatsanwaltschaft (Steuerfahndung) Anklage erhebt. Wird der Angeklagte verurteilt, kommt es zu einer Eintragung ins Strafregister.
- Steuerordnungswidrigkeiten (§ 377 ff AO)

  Es handelt sich hierbei nicht um strafbare Handlungen, sondern um Ordnungswidrigkeiten, die nach den Steuergesetzen mit Geldbußen geahndet werden (z. B. Steuerverkürzung, Steuergefährdung). Es kommt also zu einem Bußgeldverfahren, in dem der Bußgeldbescheid vom Finanzamt zugestellt wird. Gegen diesen Bescheid ist binnen einer Woche der Einspruch möglich. Es erfolgt jedoch keine Eintragung ins Strafregister.

Einteilung der Steuern

Einteilung der Steuern nach ihrer wirtschaftlichen Auswirkung

Leitender Gesichtspunkt hier ist die Frage, wer die Steuer letztendlich zahlt. Man unterscheidet direkte und indirekte Steuern.

- *Direkte Steuern*

  Die Person, die die Steuer nach dem Gesetz zu entrichten hat, der Steuerschuldner, hat sie auch selbst wirtschaftlich zu tragen. In diesem Fall sind also Steuerschuldner und Steuerträger ein und dieselbe Person (z. B. Einkommensteuer).
- *Indirekte Steuern*

  Hier kann die Steuer vom Steuerschuldner auf eine andere Person, den Steuerträger, abgewälzt werden. Somit sind Steuerschuldner und Steuerträger nicht identisch (z. B. Umsatzsteuer).

Einteilung der Steuer in der Verwaltungspraxis

Ordnungskriterium hier ist die Fragestellung, was Gegenstand der Besteuerung ist. Im Laufe der Jahre hat sich folgende Einteilung in der deutschen Verwaltungspraxis durchgesetzt:

1. Besitzsteuern
– Personensteuern
Es handelt sich um Steuern auf Besitzwerte wie Einkommen und Vermögen natürlicher und juristischer Personen (z. B. Einkommensteuer).
– Realsteuern
Realsteuern zielen auf die Bedeutung bestimmter Besitzgegenstände ab, wie z.B. ein Grundstück oder ein Gewerbebetrieb. Darum bezeichnet man sie auch oft als Objektsteuern (z. B. Grundsteuer).
2. Verkehrsteuern
Durch sie werden rechtliche oder wirtschaftliche Akte und Vorgänge besteuert, wie etwa der Kauf eines Grundstückes oder der Warenfluß zwischen den Teilnehmern am Wirtschaftskreislau. (z. B. Umsatzsteuer).
3. Verbrauchsteuern
Es handelt sich hier um indirekte Steuern, die in der Regel den Übergang von bestimmten Waren in den Verkehr erfassen. Besteuert werden so Waren des Massenkonsums (Bier, Branntwein, Kaffee, Salz, Tabak u.a.), und zwar auf Grund von Einzelgesetzen.
Dabei wird die Steuer in den Verkaufspreis der jeweiligen Ware einkalkuliert und somit auf den Endverbraucher als Steuerträger abgewälzt.
Die Verbrauchsteuern werden von den Zollämtern verwaltet und fließen dem Bund zu (Bundessteuern).
Eine Ausnahme bildet die Biersteuer, die eine Landessteuer ist, und die Getränkesteuer, die den Gemeinden zufließt.
4. Zölle
Sie werden als Einfuhr- und Ausfuhrzölle bei Warenbewegungen über die Grenze erhoben.

9

Einteilung der Steuern		
nach der Auswirkung	nach der Verwaltungspraxis	je nachdem, wem die Steuern nach Art. 106 GG zufließen (Ertragshoheit)
Direkte Steuern: – Einkommensteuer – Vermögensteuer – Lohnsteuer – Grundsteuer – Grunderwerbsteuer *Indirekte Steuern:* – Umsatzsteuer – Zölle – Verbrauchersteuern: Branntweinsteuer Tabaksteuer Spielkartensteuer	*Besitzsteuern:* Personensteuern – Einkommen: Einkommensteuer Körperschaftsteuer – Vermögen: Vermögensteuer Realsteuern: – Gewerbesteuer – Grundsteuer *Verkehrsteuern:* – Umsatzsteuer – Grunderwerbsteuer – Versicherungsteuer *Zölle:* – Einfuhrzölle – Ausfuhrzölle *Verbrauchsteuern:* – Mineralölsteuer – Getränkesteuer – Einfuhrumsatzsteuer – Branntweinsteuer – Tabaksteuer – Spielkartensteuer – Zuckersteuer – Biersteuer – Salzsteuer – Kaffeesteuer	*Bundessteuern:* – Zölle – Versicherungsteuer – Verbrauchsteuer (mit Ausnahme der Biersteuer) *Landessteuern:* – Vermögensteuer – Kraftfahrzeugsteuer – Grunderwerbsteuer – Biersteuer – Erbschaftsteuer *Gemeindesteuern:* – Gewerbesteuer – Grundsteuer – Hundesteuer – Vergnügungsteuer *Gemeinschaftsteuern:* (Bund, Länder, Gemeinden) – Umsatzsteuer – Einkommensteuer – Körperschaftsteuer – Lohnsteuer

Abb. 9.2: Einteilung der Steuern

Unternehmensteuern Betriebliche Steuern	*Steuern des Unternehmers*
– Gewerbesteuer – Kraftfahrzeugsteuer – Grundsteuer (auf Betriebsgrundstücke und -gebäude)	– Einkommensteuer – Kirchensteuer (des Inhabers) – Vermögensteuer – Grundsteuer (auf Privatgrundstücke und -gebäude) – Körperschaftsteuer (GmbH)
Buchungen: Buchungen als Aufwand (Betriebsausgaben)	*Buchungen:* Buchung als Privatentnahme (Einzelunternehmung und Personengesellschaften) bzw. Buchung als nicht abzugsfähige Betriebsausgabe (Kapitalgesellschaften)

Abb. 9.3: Steuern des Unternehmens und Steuern des Unternehmers

Einkommensteuer

Grundzüge

Hier erfolgt zunächst ein Überblick. Auf die Einzelheiten wird in den folgenden Abschnitten eingegangen werden.

Einkommensteuerpflicht
Einkommensteuerpflichtig sind nur die natürlichen Personen. Personengesellschaften des Handelsrechts (OHG, KG) und des bürgerlichen Rechts (BGB-Gesellschaft) sind nicht selbst einkommensteuerpflichtig; die von ihnen erzielten Einkünfte werden aber unmittelbar bei den einzelnen Gesellschaftern zur Einkommensteuer erfaßt.
Nicht unter das Einkommensteuergesetz (EStG) fallen die nichtnatürlichen Personen, insbesondere also die Kapitalgesellschaften, die nach dem Körperschaftsteuergesetz besteuert werden.
Das Einkommensteuergesetz unterscheidet zwischen unbeschränkter und beschränkter Steuerpflicht.
Unbeschränkt einkommensteuerpflichtig sind alle natürlichen Personen, die im Inland ihren Wohnsitz oder gewöhnlichen Aufenthalt haben, ohne Rücksicht auf Alter, Geschlecht oder Nationalität. Sie sind mit ihren sämtlichen Einkünften, also auch den Einnahmen aus dem Ausland, steuerpflichtig. Um eine Doppelbesteuerung solcher ausländischen Einkünfte zu vermeiden, sind mit einer Vielzahl von Staaten Abkommen zur Vermeidung von Doppelbesteuerungen abgeschlossen worden.
Wer im Inland keinen Wohnsitz oder gewöhnlichen Aufenthalt hat, ist mit seinen inländischen Einkünften beschränkt steuerpflichtig.
Beschränkt Steuerpflichtige sind ohne Rücksicht auf ihren Familienstand stets nach dem Grundtarif, dem Tarif für Ledige, mit mindestens 25 v. H. des Einkommens zur Einkommensteuer heranzuziehen.

Ermittlung des zu versteuernden Einkommens
Unter Einkommen versteht das Einkommensteuergesetz den Gesamtbetrag aller Einkünfte aus sieben für die Besteuerung maßgeblichen Einkunftsarten. Einnahmen, die nicht aus diesen Einkunftsarten stammen, gelten nicht als im Sinne des EStG zu besteuerndes Einkommen. Die Ermittlung der Höhe des Einkommens erfolgt unter Berücksichtigung des Ausgleichs und des Abzugs von Sonderausgaben und außergewöhnlichen Belastungen.
Im einzelnen werden die in Abb. 9.4 dargestellten Einkunftsarten unterschieden.
Die Ermittlung des zu versteuernden Einkommens erfolgt nach dem in Abb. 9.5 gezeigten Schema.

Ermittlung der festzusetzenden Einkommensteuer
Die festzusetzende Einkommensteuer (§ 2 Abs.6 EStg) ist wie folgt zu ermitteln:
Steuerbetrag

a) laut Grundtabelle/Splittingtabelle für Ledige/Verheiratete

oder

b) nach dem bei Anwendung des Progressionsvorbehalts (§ 32 EStG) sich ergebenden Steuersatz

Einkunftsarten	Einkünfte	Einkunftsermittlung
1. Land- und Forstwirtschaft	Gewinn oder Verlust	Betriebsvermögensvergleich Begriffe: Betriebsausgaben und Betriebseinnahmen
2. Gewerbebetrieb		
3. Selbständige Arbeit		
4. Nichtselbständige Arbeit	Überschuß der Einnahmen über die Werbungskosten	Einnahmen abzüglich Werbungskosten
5. Kapitalvermögen		
6. Vermietung und Verpachtung		
7. Sonstige Einkünfte i. S. des § 22 EStG		

Abb. 9.4: Die sieben Einkunftsarten

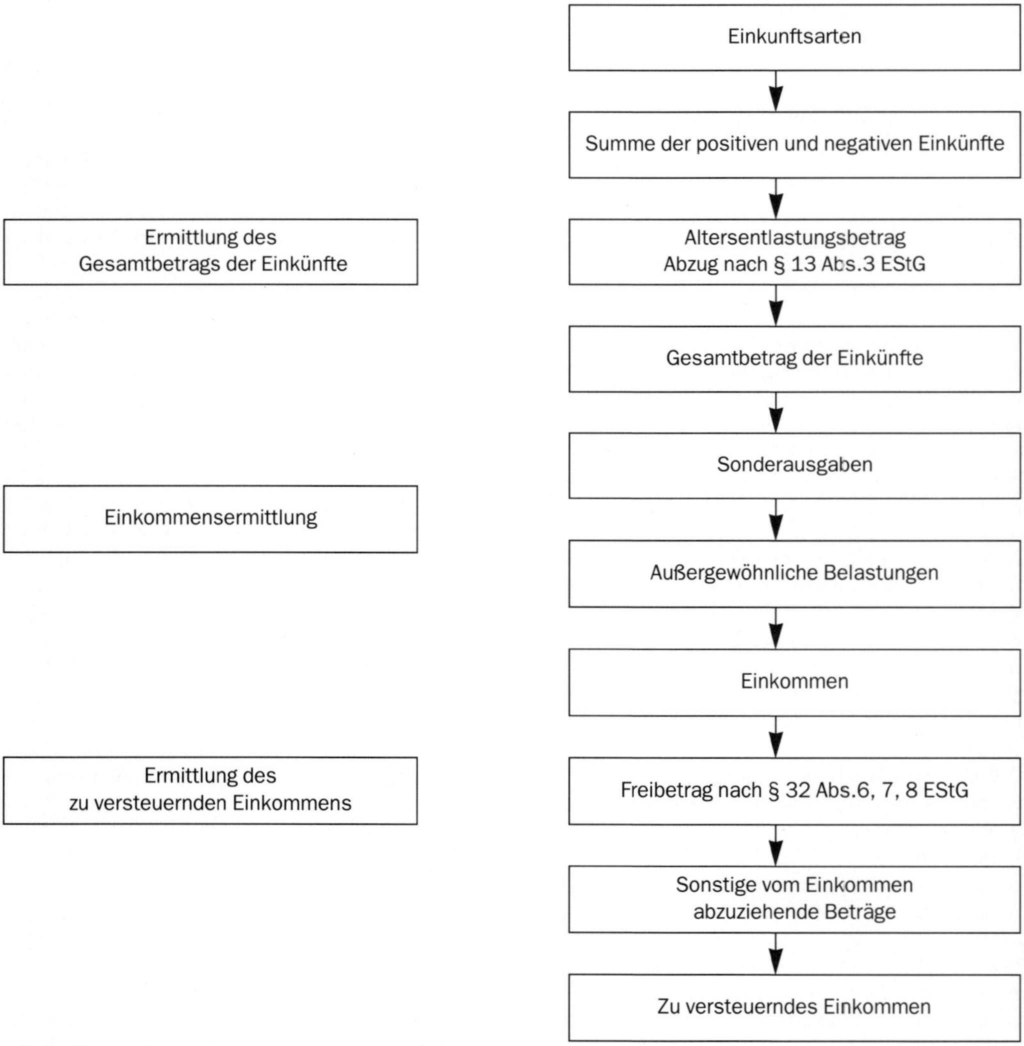

Abb. 9.5: Ermittlung des zu versteuernden Einkommens

+ Steuer aufgrund der Berechnung nach den §§ 34, 34b, 34c Abs.4 EStG
= tarifliche Einkommensteuer (§ 32a Abs.1, 5 EStG)
– ausländische Steuern nach § 34c Abs.1 und 6 EStG, § 12 AStG
– Steuerermäßigung bei Land- und Forstwirten nach § 34e EStG
– Steuerermäßigung für Einkünfte aus Berlin (West) nach den §§ 21, 22 BerlinFG
+ Steuern nach § 34c Abs.5 EStG
– Steuerermäßigung nach den §§ 16, 17 BerlinFG (bis 1991)
– Steuerermäßigung für Steuerpflichtige mit Kindern bei Inanspruchnahme erhöhter Absetzung für Wohngebäude oder der Steuerbegünstigungen für eigengenutztes Wohneigentum (§ 34f EStG; sogen. Baukindergeld)
– Steuerermäßigung bei Mitgliedsbeiträgen und Spenden an politische Parteien und unabhängige Wählervereinigungen (§ 34g EStG)
– Steuerermäßigung bei Belastung mit Erbschaftsteuer (§ 35 EStG)
+ Nachsteuer nach den §§ 30, 31 EStDV
= festzusetzende Einkommensteuer (§ 2 Abs. 6 EStG)

Einkünfte

Die der Besteuerung nach dem Einkommensteuergesetz zu unterwerfenden Einkünfte sind Reineinkünfte (Nettoprinzip).Die Einkünfte sind eine Differenzgröße zwischen den Erträgen (in Geld oder Geldwert) im Rahmen einer Einkunftsart und den Aufwendungen, die zur Erzielung und Erhaltung der Einkünfte notwendig sind.
Das EStG unterscheidet zwei Methoden der Einkunftsermittlung: Einkünfte können als Gewinn oder als Überschuß der Einnahmen über die Werbungskosten dargestellt werden

Gewinneinkünfte

Bei Land- und Forstwirtschaft, Gewerbebetrieb und selbständiger Arbeit entsprechen die Einkünfte dem Gewinn (§ 2 Abs.2 Nr. 1 EStG). Der allgemeine steuerliche Gewinnbegriff ist in § 4 EStG folgendermaßen beschrieben:
„Gewinn ist der Unterschiedsbetrag zwischen dem Betriebsvermögen am Schluß des Wirtschaftsjahres und dem Betriebsvermögen am Schluß des vorangegangenen Wirtschaftsjahrs, vermehrt um den Wert der Entnahmen und vermindert um den Wert der Einlagen". Es sind eine Bilanz und eine Gewinn- und Verlustrechnung aufzustellen.

Beispiel:
Die Bilanzen des Rechtsanwalts A weisen auf der Passivseite folgendes Kapital aus:

Bilanz auf den 31.12. des Geschäftsjahres 01	40.000 DM
Bilanz auf den 31.12. des Geschäftsjahres 02	55.000 DM

In 02 betrugen die Entnahmen 26.000 DM und die Einlagen 4.000 DM.
Der Gewinn des Wirtschaftsjahres 02 beträgt:

Betriebsvermögen auf den 31.12.02	55.000 DM
Betriebsvermögen auf den 31.12.01	40.000 DM
Betriebsvermögenszuwachs	15.000 DM
+ Entnahmen 02	26.000 DM
./. Einlagen 02	4.000 DM
Gewinn des Wirtschaftsjahres 02	37.000 DM

9

Überschußeinkünfte

Neben den Gewinneinkünften unterscheidet das EStG Überschußeinkünfte (§ 2 Abs.2 Nr.2 EStG). Als Einkunftsermittlungsmethode vorgeschrieben wird die Feststellung des Überschusses der Einnahmen über die Werbungskosten für die
– Einkünfte aus nichtselbständiger Arbeit,
– Einkünfte aus Kapitalvermögen,
– Einkünfte aus Vermietung und Verpachtung und
– sonstige Einkünfte i.S. des § 22 EStG.

Darstellung der einzelnen Einkunftsarten

Bei den einzelnen Einkunftsarten ist zu beachten:

• Einkünfte aus Land- und Forstwirtschaft
Was zu den Einkünften aus Land- und Forstwirtschaft gehört, wird in § 13 Abs.1 EStG im einzelnen definiert. Es handelt sich dabei in erster Linie um Einkünfte, die durch „die planmäßige Nutzung der natürlichen Kräfte des Bodens und die Verwertung der dadurch gewonnenen Erzeugnisse" erzielt werden.

• Einkünfte aus Gewerbebetrieb
Nach § 15 Abs.1 EStG sind Einkünfte aus Gewerbebetrieb:
1. Einkünfte aus gewerblichen Unternehmen,
2. Einkünfte aus Mitunternehmerschaften, das sind OHG, KG, Gesellschaft bürgerlichen Rechtes, die sog. atypische stille Gesellschaft (der stille Gesellschafter hat Anteil am Gewinn und an den Vermögensänderungen beim Ausscheiden), Partenreedereien,

9

3. Gewinnanteile der persönlich haftenden Gesellschafter einer KGaA, soweit sie nicht auf Aktienbesitz entfallen.

Bei den unter 2 und 3 genannten Steuerpflichtigen sind den Gewinnanteilen alle von der Gesellschaft gewährten Vergütungen für besondere Leistungen (Geschäftsführertätigkeit, Darlehensgewährung, Überlassung von Wirtschaftsgütern) dieser Personen (Gesellschafter) hinzuzurechnen. Ferner zählen auch Gewinne aus bestimmten Veräußerungsgeschäften wie der Veräußerung des ganzen Gewerbebetriebes oder eines Teilbetriebes, eines Mitunternehmeranteiles, eines Komplementäranteiles einer KGaA oder aus der Veräußerung von Anteilen an einer Kapitalgesellschaft, an der der Veräußerer wesentlich beteiligt ist (> 25%; § 17 EStG), zu den Einkünften aus Gewerbebetrieb.

Beispiel:

Alle Einkünfte aus einer OHG als Personengesellschaft sind Gewinn (und somit auch gewerbesteuerpflichtig).

Berechnung des Gesamtgewinns

Gewinn lt. Handelsbilanz/OHG	200.000 DM
+ Gehalt an Gesellschafter	36.000 DM
+ Pacht für Grundstück	5.000 DM
Gewinn lt. Steuerbilanz	241.000 DM

Das Kapital beträgt für Erz 150.000 DM; für Stein 200.000 DM und zusammen 350.000 DM.

Gewinnverteilung in DM

	Erz	Stein	Gesamt
Kapitalverzinsung 4 v. H.	6.000	8.000	14.000
Gehalt an Gesellschafter Stein		36.000	36.000
Pacht an Gesellschafter Erz	5.000		5.000
Rest nach Köpfen	93.000	93.000	186.000
Summe	104.000	137.000	241.000

Jeder Gesellschafter ist mit dem auf ihn entfallenden Anteil steuerpflichtig. Soweit Veräußerungsgewinne vorliegen, sind diese gem. § 34 EstG tarifbegünstigt; d.h., es kommt der halbe Steuersatz zur Anwendung.

• Einkünfte aus selbständiger Arbeit

Im EStG wird der Begriff der selbständigen Arbeit nicht explizit definiert. Das Gesetz zählt nur zahlreiche Beispiele auf und unterscheidet Einkünfte aus freiberuflicher Tätigkeit, Einkünfte aus nicht gewerblichen Lotterieeinnahmen, Einkünfte aus Testamentsvollstreckung, Aufsichtsratsvergütungen und ähnlicher selbständiger Arbeit. Einkünfte aus selbständiger Arbeit und aus gewerblicher Tätigkeit sind schwierig voneinander abzugrenzen (Einzelheiten siehe Abschn. 135 EStR).

• Einkünfte aus nichtselbständiger Arbeit

Hierzu gehören Gehälter, Löhne, Gratifikationen, Tantiemen und andere Bezüge und geldwerte Vorteile, die für eine Beschäftigung im öffentlichen oder privaten Dienst gewährt werden; aber auch Wartegelder, Ruhegelder, Witwen- und Waisengelder und andere Bezüge und Vorteile aus früheren Dienstleistungen.

• Einkünfte aus Kapitalvermögen

Einkünfte aus Kapitalvermögen sind Erträge aus Kapitalanlagen, vorausgesetzt, daß sie nicht einer Gewinneinkunftsart oder den Einkünften aus Vermietung und Verpachtung zuzuordnen sind. Zu diesen Einkünften zählen:

- Dividenden und sonstige Bezüge aus Anteilen an juristischen Personen zuzüglich deren anrechenbarer Körperschaftsteuer,
- Einkünfte aus partiarischen Darlehen, soweit der Darlehensgläubiger kein Mitunternehmer ist, und Einkünfte aus einer Beteiligung als typischer stiller Gesellschafter,
- Zinsen aus Kapitalanlagen, also Sparbuchzinsen, Anleihezinsen, Bausparzinsen, Diskont bei Wechseln,
- Einkünfte aus der Veräußerung von Zinsen- und Dividendenscheinen,
- bei der Veräußerung oder Abtretung auf- oder abgezinster Wertpapiere und Forderungen (z. B. Zero-Bonds) diejenigen Kapitalerträge, die auf die Besitzzeit entfallen,
- besondere Entgelte oder Vorteile, z.B. in Form einer verdeckten Gewinnausschüttung.

Von den Einkünften aus Kapitalvermögen sind nach Abzug der Werbungskosten 6.000 DM bzw. bei Zusammenveranlagung von Ehegatten 12.000 DM (bis zum 31.12.1992 600 bzw. 1.200 DM) als Sparer-Freibetrag abzuziehen (§ 20 Abs.4 S.1 u. 2 EStG). Der Werbungskosten-Pauschbetrag beträgt 100 DM bzw. bei Zusammenveranlagung von Ehegatten 200 DM (§ 9a S.1 Nr.2 EStG).

Zinsabschlagsteuer

Ab Veranlagungszeitraum 1993 wurde eine Zinsabschlagsteuer von 30% auf Zinsen von Kapitalforderungen (oberhalb des Sparerfreibetrages und des Werbungskosten-Pauschbetrages von 6.100/12.200 DM) eingeführt. Ausgenommen sind Privatdarlehen, Girokonten bis 1% Verzinsung, Bausparzinsen bei Wohnungsbauprämie oder Arbeitnehmersparzulage, Stückzinsen und Interbankgeschäfte. Tafelgeschäfte unterliegen einer Zinsabschlagsteuer von 35%. Steuerausländer sind generell befreit. Bei Steuerinländern erfolgt eine Anrechnung auf die ESt-Schuld.

• Einkünfte aus Vermietung und Verpachtung
Einkünften aus Vermietung und Verpachtung sind Einkünfte aus der Überlassung von nicht geldlichen Vermögensteilen (Realvermögen), insbesondere von Sachen und Rechten, an andere Personen auf dem Wege der Vermietung oder Verpachtung bzw. durch ähnliche Absprachen. Diese Einkünfte sind wie die Entgelte für die Überlassung von Kapitalvermögen, die von § 20 EStG erfaßt werden, den Vermögenseinkünften zuzurechnen. Die Unterarten der Einkünfte aus Vermietung und Verpachtung sind in § 21 EStG abschließend aufgeführt. Im einzelnen handelt es sich um:
- Einkünfte aus Vermietung und Verpachtung von unbeweglichem Vermögen, insbesondere von Grundstücken, Gebäuden, Gebäudeteilen und von grundstücksgleichen Rechten, wie z. B. Erbbau- und Mineralgewinnungsrechten (§ 21 Abs. 1 Nr. 1 EStG; siehe auch Abschn. über Gebäudeabschreibungen).
- Einkünfte aus der Vermietung und Verpachtung von Sachen (§ 21 Abs. 1 Nr. 2 EStG).
- Einkünfte aus der zeitlich begrenzten Überlassung von Rechten (§ 21 Abs. 1 Nr. 3 EStG). Hierzu zählen insbesondere Einkünfte aus der Überlassung von Urheberrechten, geschützten Erfindungen und gewerblichen Erfahrungen (z. B. Lizenzgebühr für die Überlassung eines Patentes).
- Einkünfte aus der Veräußerung von Miet- und Pachtzinsforderungen (§ 21 Abs.1 Nr.4 EStG), da der Erlös aus der Veräußerung das Entgelt für eine Nutzungsüberlassung darstellt.

Einkünfte aus Vermietung und Verpachtung können jedoch nach § 21 Abs.3 EStG nur dann vorliegen, wenn die betreffenden Miet- oder Pachteinnahmen nicht im Rahmen einer betrieblichen Einkunftsart oder der Einkünfte aus nichtselbständiger Arbeit erzielt werden. Einkünfte aus Vermietung und Verpachtung haben subsidiären Charakter.

• Sonstige Einkünfte i.S.d. § 22 EStG
Die Bezeichnung „sonstige Einkünfte" ist mißverständlich, da diese Einkunftsart keine Restmenge darstellt, die den anderen Einkunftsarten nicht zuordenbar ist. Vielmehr gehören der Kategorie nur die explizit in § 22 EstG aufgeführten Einkünfte an. Dabei fallen sonstige Einkünfte nur dann an, wenn die betreffenden Einkünfte nicht einer anderen Einkunftsart zuzurechnen sind. § 22 EStG hat also grundsätzlich eine subsidiäre Stellung gegenüber den anderen sechs Einkunftsarten. Allein der Tatbestand der Spekulationseinkünfte i.S.d. § 23 EStG hat Vorrang vor dem Tatbestand der Einkünfte aus der Veräußerung von Anteilen an Kapitalgesellschaften bei wesentlicher Beteiligung i.S.d. § 17 EStG.

Zu den sonstigen Einkünften zählen:
- Einkünfte aus wiederkehrenden Bezügen, insbesondere Leibrenten.
- Einkünfte aus Unterhaltsleistungen, sofern der Geber diese nach § 10 Abs.1 Nr.1 EStG als Sonderausgaben abziehen kann.
- Einkünfte aus sonstigen Leistungen, z.B. aus der gelegentlichen Vermittlung und Vermietung beweglicher Gegenstände. Diese Einkünfte bleiben steuerfrei, wenn sie weniger als 500 DM betragen. Ab 500 DM unterliegt der gesamte Betrag der Besteuerung (Freigrenze).
- Einkünfte aus Entschädigungen, Amtszulagen, Zuschüssen zu Krankenversicherungsbeiträgen, Überbrückungsgeldern, Sterbegeldern u. ä.
- Einkünfte aus Spekulationsgeschäften. Dazu zählen nach § 23 EStG alle Geschäfte, bei denen
  1. die Veräußerung früher erfolgt als der Erwerb,
  2. der Zeitraum zwischen Anschaffung und Veräußerung bei Grundstücken nicht mehr als zwei Jahre beträgt und bei anderen Wirtschaftsgütern (insbesondere Wertpapieren) nicht mehr als sechs Monate.

Gewinne aus Spekulationsgeschäften bleiben steuerfrei, wenn der gesamte Jahresgewinn weniger als 1.000 DM beträgt (§ 23 Abs. 4 EStG). Verluste dürfen nur bis zur Höhe der Spekulationsgewinne im gleichen Kalenderjahr abgesetzt werden.

Steuerpflichtig ist bei Leibrenten der Ertragsanteil (vgl. Abb. 9.6).

Werbungskosten-Pauschbetrag § 9a Nr.3 EStG	200 DM
Freigrenze bei Einkünften aus *Leistungen* § 22 Ziff. 3 EStG	499 DM
Freigrenze bei Einkünften aus *Spekulationsgeschäften* § 23 Abs.4 EStG	999 DM

Einkünfte aus *Unterhaltsleistungen* („Realsplitting"), soweit sie beim Geber nach § 10 Abs.1 Nr.1 EStG abgezogen werden (§ 22 Ziff. 1a EStG), ab VAZ 1990 max. 27.000 DM (siehe Abb. 9.6).

Beispiel: Ein Arbeitnehmer tritt nach Vollendung seines 65. Lebensjahres in den Ruhestand und bezieht ein jährliches Altersruhegeld aus der gesetzlichen Rentenversicherung. Die Rente betrug im Kalenderjahr 12.000 DM. Der Steuerpflichtige hat sonstige Einkünfte in folgender Höhe:

Einnahmen 24 v. H. (Ertragsanteil) von 12.000 DM =	2.880 DM
./. Werbungskosten-Pauschbetrag (§ 9a Nr.3 EStG)	200 DM
Sonstige Einkünfte	2.680 DM

Bei Beginn der Rente vollendetes Lebensjahr des Rentenberechtigten	Ertrags-anteil in v. H.	Bei Beginn der Rente vollendetes Lebensjahr des Rentenberechtigten	Ertrags-anteil in v. H.	Bei Beginn der Rente vollendetes Lebensjahr des Rentenberechtigten	Ertrags-anteil in v. H.
0–2	72	42	48	66	23
3–5	71	43–44	47	67	22
6–8	70	45	46	68	21
9–10	69	46	45	69	20
11–12	68	47	44	70	19
13–14	67	48	43	71	18
15–16	66	49	42	72	17
17–18	65	50	41	73	16
19–20	64	51	39	74	15
21–22	63	52	38	75	14
23–24	62	53	37	76–77	13
25–26	61	54	36	78	12
27	60	55	35	79	11
28–29	59	56	34	80	10
30	58	57	33	81–82	9
31–32	57	58	32	83	8
33	56	59	31	84–85	7
34	55	60	29	86–87	6
35	54	61	28	88–89	5
36–37	53	62	27	90–91	4
38	52	63	26	92–93	3
39	51	64	25	94–96	2
40	50	65	24	ab 97	1
41	49				

Abb. 9.6: Leibrenten-Tabelle in § 22 EStG

Ermittlung der Gewinne bei Gewinneinkünften

Gewinnermittlungsmethoden

Was als „Einkunft“ aus Land- und Forstwirtschaft, Gewerbebetrieb oder aus selbständiger Arbeit zu gelten hat, entspricht jeweils dem aus der entsprechenden Einkunftsart erwirtschafteten Gewinn. Im einzelnen sieht das EStG folgende *Verfahren der Gewinnermittlung* vor:

- Gewinnermittlung durch *Betriebsvermögensvergleich* nach § 4 Abs. 1 EStG

Der Gewinn ergibt sich aus der Differenz zwischen den Betriebsergebnissen zweier aufeinanderfolgender Geschäftsjahre.
Diese Gewinnermittlungsart gilt für:

- Land- und Forstwirte, die nach §§ 140 und 141 AO verpflichtet sind, Bücher zu führen und regelmäßig Abschlüsse zu machen, oder freiwillig Bücher führen und Abschlüsse machen;
- Angehörige freier Berufe, die freiwillig Bücher führen und regelmäßig Abschlüsse machen;
- nicht buchführungspflichtige Gewerbetreibende, die auch freiwillig keine Bücher führen, aber auch keine für die Gewinnermittlung nach § 4 Abs. 3 EStG erforderlichen Aufzeichnungen haben, bzw. bei denen nicht festgestellt werden kann, daß sie die Gewinnermittlung nach § 4 Abs. 3 EStG gewählt haben.

Die Gewinnermittlung nach § 4 Abs. 1 EStG erfolgt mittels einer *originären* Steuerbilanz, die nur auf steuerlichen Vorschriften beruht und bei der nicht die Grundsätze ordnungsmäßiger Buchführung (GoB) zu beachten sind.

- Gewinnermittlung durch *Betriebsvermögensvergleich nach § 5 EStG*

Diese Gewinnermittlungsart gilt für alle Gewerbetreibende, die als Vollkaufleute buchführungspflichtig sind und aufgrund jährlicher Bestandsaufnahme Abschlüsse machen müssen oder freiwillig Bücher führen und Abschlüsse erstellen.
Unterliegen Gewerbetreibende nicht der abgeleiteten Buchführungspflicht, so kann sich eine *ori-*

ginäre Buchführungspflicht aus § 141 AO ergeben. Diese setzt voraus:
- Umsätze von mehr als 500.000 DM,
- Betriebsvermögen von mehr als 125.000 DM,
- Gewinn aus Gewerbebetrieb von mehr als 36.000 DM.

Dies bedeutet, daß bei der Erstellung der Steuerbilanz grundsätzlich das Maßgeblichkeitsprinzip der Handelsbilanz für die Steuerbilanz gem. § 5 Abs.1 EStG zu beachten ist. In diesem Sinne handelt es sich bei dieser Steuerbilanz um eine *derivative,* d. h. abgeleitete *Steuerbilanz.*

• Gewinnermittlung durch *Einnahmen-Ausgabenrechnung* nach § 4 Abs. 3 EStG
Hier definiert sich der Gewinn als Überschuß der Betriebseinnahmen über die Betriebsausgaben. Diese Art der Gewinnermittlung kommt in Betracht für Kleingewerbetreibende, Angehörige freier Berufe und sonstige Selbständige i. S. d. § 18 EStG, die nicht aufgrund gesetzlicher Vorschriften verpflichtet sind, Bücher zu führen und regelmäßige Abschlüsse zu erstellen.

• Gewinnermittlung durch *Anwendung von Durchschnittssätzen* nach § 13a EStG.
Gilt für Betriebe der Land- und Forstwirtschaft, die nicht buchführungspflichtig sind und auch freiwillig keine Bücher führen sowie weitere hier aufgeführte Voraussetzungen erfüllen.

• Gewinnermittlung durch *Schätzung nach § 162 AO*
Eine Schätzung muß erfolgen, wenn die Buchführung formelle oder materielle Mängel aufweist.

Betriebsausgaben
Betriebsausgaben sind die Aufwendungen, die durch den Betrieb veranlaßt sind. Sie mindern den Gewinn, entstehen somit nur bei den Gewinneinkunftsarten, also den Einkünften aus Land- und Forstwirtschaft, Gewerbebetrieb und selbständiger Arbeit.
Gewisse betrieblich veranlaßte Ausgaben läßt das Einkommensteuergesetz jedoch nicht zum Abzug zu, obwohl sie ihrem Charakter nach Betriebsausgaben sind .
Absetzbar als Betriebsausgaben sind:

• Werbeträger (Abschn. 20 Abs.2 EStR)
Pro Jahr und Empfänger bis zu einer Freigrenze von 75 DM. Zu den Anschaffungs-/Herstellungskosten rechnen auch die Kosten der Kennzeichnung als Werbeträger sowie die Umsatzsteuer, soweit sie nicht als Vorsteuer abziehbar ist.

• Bewirtungsaufwendungen (§ 4 Abs.5 Nr. 2 EStG)
Aufwendungen für Bewirtung von Personen aus *geschäftlichem* Anlaß sind nur abzugsfähig
- zu 80% der Aufwendungen,
- die als angemessen anzusehen sind und
- deren *betriebliche* Veranlassung nachgewiesen ist (Ort, Tag, Teilnehmer, Anlaß, Höhe).

Die Rechnung ist bei Gaststättenbewirtung beizufügen.

• Reisekosten
Zu den Betriebsausgaben gehören insbesondere die *Reisekosten,* die Kosten einer betrieblich (oder beruflich) veranlaßten Reise. Eine Geschäftsreise liegt vor, wenn der Steuerpflichtige aus betrieblichen oder beruflichen Gründen in einer Entfernung von mindestens 15 km von seiner regelmäßigen Betriebsstätte (Stätte der Berufsausübung) oder von seiner Wohnung tätig wird.
Wird die Geschäftsreise von der Wohnung des Steuerpflichtigen aus angetreten, so muß die Mindestentfernung von 15 km auch von der Wohnung aus gegeben sein. Für die Entfernungsberechnung ist bei Benutzung öffentlicher Verkehrsmittel die Fahrtstrecke, z. B. Tarifentfernung, in anderen Fällen – insbesondere bei der Benutzung eines eigenen Kraftfahrzeuges – die kürzeste benutzbare Straßenverbindung maßgebend.
Reisekosten sind
- die Fahrtkosten,
- die Mehraufwendungen für Verpflegung,
- die Übernachtungskosten,
- die Nebenkosten.

Wie alle Betriebsausgaben müssen auch diese Aufwendungen belegt werden, damit ihr Abzug anerkannt wird.

• Fahrtkosten (Abschn. 38 LStR, Abschn. 119 Abs.3 EStR)

Bei Dienstreisen/Geschäftsreisen
- Tatsächliche Aufwendungen für persönliche Benutzung eines Beförderungsmittels;
- für Benutzung eines eigenen Fahrzeugs

1.bei Einzelnachweis:
Hier wird ein Kilometersatz aus den jährlichen Gesamtkosten zur Anwendung gebracht.
Zur Berechnung:
Jährliche Gesamtkosten = Betriebskosten, Wartungs- und Reparaturkosten, Garage am Wohnort, Kfz-Steuer, Halterhaftpflicht- und Fahrzeugversicherungen, Zinsen für Anschaffungsdarlehen und AfA.

9

AfA-Nutzungsdauer (ND) bei PKW mit Jahresfahrleistung
- bis 15.000 km 8 Jahre
- über 15.000 km
  vorauss. ND, jedoch mind. 4 Jahre

2. ohne Einzelnachweis siehe Abb. 9.7.

Für die Mitnahme von an der Dienstreise teilnehmenden Arbeitnehmern erhöht sich der Kilometersatz von 52 Pf. um jeweils 3 Pf. und der Kilometersatz von 23 Pf. um 2 Pf. für jede Person.

Bei Dienstgang/Geschäftsgang
wie bei Dienstreisen.

• Verpflegungsmehraufwendungen
(Abschn. 39 LStR, Abschn. 119 Abs.3 u. 4 EStR)
Verpflegungsmehraufwendungen
- höchstens: tatsächliche Verpflegungsaufwendungen (einschl. USt) vermindert um Haushaltsersparnis (= $^1/_5$ der tatsächl. Aufwendungen), bis zum Höchstbetrag
- mindestens: maßgebender Pauschbetrag

Bei Dienstreisen im Inland
Pausch- u. Höchstbeträge für Verpflegungsmehraufwand und Vorsteuer-Pauschalierung (12,3%) (siehe Abb. 9.8).

Bei Auslandsdienstreisen
Es gelten länderweise unterschiedliche Höchst- und Pauschbeträge (Tagegelder) gemäß Bekanntmachung durch das Bundesfinanzministerium (BFM). Kürzungsregeln gelten analog den Inlandsdienstreisen.

• Übernachtungskosten
Übernachtungskosten für persönliche Inanspruchnahme einer Übernachtungsunterkunft
- Im Inland ist grundsätzlich der Einzelnachweis der tatsächlichen Aufwendungen erforderlich; ansonsten Schätzung.
- Im Ausland gelten Pauschbeträge (Übernachtungsgelder) gemäß Bekanntmachung durch das BFM.

Kürzung bei Gesamtpreis incl. Frühstück
- im Inland um 7 DM,
- im Ausland um 15% des Pauschbetrags am Unterkunftsort bei mehrtägiger Dienstreise.

Die Erstattung durch den Arbeitgeber ist steuerfrei im Rahmen
- des zulässigen WK-Abzugs;
- der tatsächlichen Aufwendungen oder
- in Höhe eines Pauschbetrages von 39 DM für jede Übernachtung im Inland, wenn die Unterkunft nicht unentgeltlich oder verbilligt war.

Bei Fahrtätigkeit wird kein steuerfreier Pauschbetrag erstattet, wenn im Fahrzeug übernachtet wird.

• Reisenebenkosten
Als Reisenebenkosten gelten die tatsächlichen Aufwendungen für
- Beförderung, Versicherung und Aufbewahrung von Gepäck,
- Ferngespräche und Schriftverkehr (beruflich) mit Arbeitgeber oder Geschäftspartner,
- Straßenbenutzung, Parkplatz, Schadenersatz bei Verkehrsunfall,
- berufliche Unfallversicherung.

• Vorsteuerabzug bei Reisekosten (§§ 36 bis 38 UStDV, Abschn. 196 UStR)
Bei Einzelnachweis erfolgt ein Abzug der ausgewiesenen Vorsteuern.
Bei Umsatzsteuerpflichtigen sind die Beträge um die in ihnen enthaltene Umsatzsteuer, die als Vorsteuer abziehbar ist, zu kürzen. Die Vorsteuern, die aus Anlaß einer Geschäfts- oder Dienstreise, eines Geschäfts- oder Dienstganges sowie eines Vorstellungsbesuches im Erhebungsgebiet anfallen, sind nach den allgemeinen Regeln des § 15 UStG abziehbar (Abschn. 196 Abs. 1 UStR).

Abzug von pauschalen Vorsteuern
(§§ 36 UStDV, Abschn. 196 Abs. 7ff. UStR)
Bei der Reisekostenabrechnung nach Pauschbeträgen (Dienst- oder Geschäftsreise) können die

Fahrzeug	Kilometersatz		Vorsteuer		
				9,2%*)	9,8%*)
Kraftwagen	ab 01.10.1991	52 Pf.	3,95 Pf. (7,6%)	4,78 Pf.	
	ab 01.01.1993	52 Pf.	4,26 Pf. (8,2%)		5,09 Pf.
Motorrad oder Motorroller	ab 01.10.1991	23 Pf.	1,75 Pf. (7,6%)	2,12 Pf.	
	ab 01.01.1993	23 Pf.	1,89 Pf. (8,2%)		2,25 Pf.
Moped/Mofa	ab 01.10.1991	14 Pf.	1,06 Pf. (7,6%)	1,29 Pf.	
	ab 01.01.1993	14 Pf.	1,15 Pf. (8,2%)		1,37 Pf.
Fahrrad	ab 01.10.1991	7 Pf.	0,86 Pf. (12,3%)	0,64 Pf.	
	ab 01.01.1993	7 Pf.	0,91 Pf. (13,0%)		0,69 Pf.

*) Bei Gesamtpauschalierung aller im Unternehmen anfallenden Reisekosten eines Kalenderjahres

Abb. 9.7: Pauschalierung von im Unternehmen anfallenden Reisekosten

	Pauschbetrag DM	Vorsteuer ab 1.1.93 DM	Nettobetrag DM
1 Eintägige Geschäfts- und Dienstreisen im Inland			
Verpflegungsmehraufwand:			
Abwesenheit			
über 12 Stunden	35,–	4,31	30,69
10 bis 12 Stunden	28,–	3,44	24,56
8 bis 10 Stunden	17,–	2,09	14,91
6 bis 8 Stunden	10,–	1,23	8,77
2 Mehrtägige Geschäfts- und Dienstreisen im Inland			
Verpflegungsmehraufwand:			
Abwesenheit			
über 12 Stunden	46,–	5,66	40,34
10 bis 12 Stunden	36,–	4,43	31,57
8 bis 10 Stunden	23,–	2,83	20,17
6 bis 8 Stunden	13,–	1,60	11,40
3 Geschäfts- und Dienstgang			
Verpflegungsmehraufwand:			
nur bei mehr als 6stündiger Abwesenheit	8,–	0,98	7,02
4 Tätigkeit von Arbeitnehmern auf ständig wechselnden Einsatzstellen, sofern keine Dienstreise			
Verpflegungsmehraufwand:			
nur bei mehr als 6stündiger Abwesenheit	8,–	0,–	8,–
5 Tätigkeit auf Fahrzeugen, sofern keine Dienstreise			
Verpflegungsmehraufwand:			
über 6 Stunden	8,–	0,–	8,–
über 12 Stunden	16,–	0,–	16,–
6 Übernachtungs-Pauschbetrag bei Dienstreisen von Arbeitnehmern			
je Übernachtung	39,–	4,80	34,20
Die Pauschale gilt nur beim Kostenersatz durch den Arbeitgeber.			

7 Höchstbeträge für nachgewiesene Verpflegungsmehraufwendungen

7.1 bei **Dienstreisen:** **Abwesenheit**	über 12 Stunden	10 bis 12 Stunden	8 bis 10 Stunden	nicht mehr als 9 Stunden
	64,–	51,–	32,–	19,–

7.2 Bei **Geschäfts-** und **Dienstgängen**	19,–
7.3 bei **Einsatzwechseltätigkeit** täglich	19,–
7.4 bei **Fahrtätigkeit** täglich	19,–

Verpflegungsmehraufwand sind die Gesamtkosten abzüglich 1/5 dieser Kosten; mindestens kann der jeweilige Pauschbetrag angesetzt werden

Abb. 9.8: Pauschalierung der Reisekosten von Arbeitnehmern

Vorsteuern wie folgt pauschal abgezogen werden. Abziehbar sind vom jeweils erstatteten Betrag (maximal in Höhe der einkommensteuerlichen bzw. lohnsteuerlichen Pauschbeträge) bei

Verpflegungsmehraufwendungen 12,3%

Übernachtungskosten (nur bei pauschaler Erstattung an AN) 12,3%

Benutzung des eigenen PKW, Motorrads/-rollers 8,2%

des eigenen Fahrrads (bei Erstattung an AN) 13,0%

Benutzung eines fremden KFZ (durch den Unternehmer) 5,7%

9

• Gesamtpauschalierung der Vorsteuer
Anstelle des zuvor behandelten gesonderten Vorsteuerabzugs kann für alle Reisekosten bei Geschäfts-/Dienstreisen im Erhebungsgebiet ein Pauschsatz von 9,2% bis 1992 und 9,8% ab 1993 als Vorsteuer abgezogen werden, jedoch maximal nach den einkommensteuerlich bzw. lohnsteuerlich anerkannten Reisekosten.

Bewertung der Wirtschaftsgüter
Die Wirtschaftsgüter, die in der Bilanz ausgewiesen sind, müssen bewertet werden.
Dabei unterscheidet das Einkommensteuergesetz zwischen abnutzbaren Wirtschaftsgütern des Anlagevermögens, nicht abnutzbaren Wirtschaftsgütern, Verbindlichkeiten, Entnahmen und Einlagen. Das Handelsrecht kennt dagegen nur Anlage- und Umlaufvermögen. Trotz dieses Unterschieds stimmen die Bewertungsregeln aber zum großen Teil überein.
Zum abnutzbaren Anlagevermögen gehören vor allem Gebäude, Maschinen, Inventar, Kraftfahrzeuge usw.

• Geringwertige Wirtschaftsgüter (§ 6 Abs.2 EStG)
Geringwertige Wirtschaftsgüter des abnutzbaren Anlagevermögens, Güter mit einem Anschaffungs- oder Herstellungspreis von nicht mehr als 800 DM, können im Jahr der Anschaffung oder Herstellung voll abgeschrieben werden. Die Aufwendungen können sofort als Kosten gebucht werden. Eine Aktivierung (Ansatz in der Bilanz) entfällt.

• Absetzungen für Abnutzung (AfA)
Die Absetzungen für Abnutzung, im allgemeinen Sprachgebrauch Abschreibung genannt, kommen in Betracht bei abnutzbaren Wirtschaftsgütern des Anlagevermögens, deren Verwendung oder Nutzung durch den Steuerpflichtigen sich erfahrungsgemäß auf einen Zeitraum von mehr als einem Jahr erstreckt. Die Aufwendungen für das Wirtschaftsgut werden in jährlichen Teilbeträgen auf die Gesamtnutzungsdauer des Gutes verteilt. Die Teilbeträge stellen Betriebsausgaben dar. Die Verteilung der Abschreibung auf die Gesamtnutzungsdauer des Wirtschaftsgutes kann nach verschiedenen Methoden erfolgen.
– Bei der *linearen* Abschreibung werden die Anschaffungskosten in gleichmäßigen Jahresbeiträgen auf die betriebsgewöhnliche Nutzungsdauer verteilt.

Beispiel:
Anschaffungskosten 10.000 DM, geschätzte Nutzungsdauer 5 Jahre, jährliche Abschreibung folglich 2.000 DM.

– Bei der *degressiven* Abschreibung werden die Absetzungsbeträge vom jeweiligen Buchwert abgezogen; sie werden also von Jahr zu Jahr niedriger.

Beispiel:
Anschaffungskosten 10.000 DM, Abschreibung im
1. Jahr (30 v. H. von 10.000 DM =) 3.000 DM, im
2. Jahr (30 v. H. von 7.000 DM =) 2.100 DM, im
3. Jahr (30 v. H. von 4.900 DM =) 1.470 DM usw.

Der Steuerpflichtige kann bei allen beweglichen Wirtschaftsgütern diese Abzugsmethode anwenden. Der Abschreibungsbetrag darf jedoch das Dreifache des linearen Satzes nicht übersteigen; er darf nicht höher als 30 v. H. der Anschaffungs- oder Herstellkosten sein (siehe Abb. 9.9).

• Sonder-AfA zur Förderung kleiner und mittlerer Betriebe
(§ 7g EStG, Abschn. 83 EStR)
Für neue bewegliche Wirtschaftsgüter des Anlagevermögens, die im Jahr der Anschaffung/Herstellung im Betrieb des Steuerpflichtigen zumindest 90% betrieblich genutzt werden und die mindestens 1 Jahr in einer inländischen Betriebsstätte dieses Betriebes verbleiben, kann neben der AfA gem. § 7 Abs. 1 oder 2 EStG eine Sonder-AfA von bis zu 20% der AK/HK insgesamt in den ersten 5 Jahren in Anspruch genommen werden. Voraussetzung dafür ist, daß der Ein-

Betriebsgewöhnliche Nutzungsdauer (Jahre)	Degressive AfA (v. H. des Buchwertes) Bei Anschaffung oder Herstellung ab 30.07.1981 (§ 7 Abs.2 Satz 2 EStG)
4–10	30,00
11	27,27
12	25,00
13	23,08
14	21,43
15	20,00

Abb. 9.9: Degressive AfA für bewegliche Wirtschaftsgüter des Anlagevermögens, § 7 Abs.2 EStG

heitswert des betreffenden Betriebes nicht mehr als 240.000 DM und das Gewerbekapital nicht mehr als 500.000 DM beträgt.

• Sonderabschreibungen für Gebäude
Für Gebäude gilt folgende Sonderregelung:
- Bei Gebäuden, die nach dem 31.12.1924 fertiggestellt worden sind, können jährlich 2 v. H.,
- bei Gebäuden, die vor dem 01.01.1925 fertiggestellt worden sind, können jährlich 2,5 v. H. der Anschaffungs- oder Herstellungskosten bis zur vollen Absetzung abgezogen werden.
- Bei Gebäuden, die vor dem 01.01.1925 fertiggestellt worden sind, können jährlich 2,5 v. H. der Anschaffungs- oder Herstellkosten bis zur vollen Absetzung abgezogen werden.

Für Gebäude können die in Abb. 9.11 dargestellten Sonderabschreibungen in Anspruch genommen werden.

Überschußermittlung

Neben den Gewinneinkünften unterscheidet das EStG Überschußeinkünfte (§ 2 Abs.2 Nr.2 EStG). Als Einkunftsermittlungsmethode wird die Feststellung des Überschusses der Einnahmen über die Werbungskosten für die
- Einkünfte aus nichtselbständiger Arbeit,
- Einkünfte aus Kapitalvermögen,
- Einkünfte aus Vermietung und Verpachtung und
- sonstige Einkünfte i.S.des § 22 EStG

vorgeschrieben.

9

Gebäudeabschreibungen – linear und degressiv

	§ 7 Abs.4 EStG	§ 7 Abs.5 Satz 1 Nr. 1 EStG	§ 7 Abs.5 Satz 1 Nr. 2 EStG	§ 7 Abs.5 Satz 2 EStG
Objekt	Sämtliche Gebäude, ausgenommen selbstbewohnte	Wirtschaftsgebäude* im Inland	Sämtl. Gebäude im Inland, mit Ausnahme von Wirtschaftsgebäuden* u. selbstbewohnten Gebäuden	Gebäude im Inland, soweit sie zu Wohnzwecken vermietet sind
AfA-Berechtigter	Bauherr; Erwerber	Bauherr; Erwerber (aber nur, wenn die Anschaffung spätestens im Fertigstellungsjahr erfolgt)	Bauherr; Erwerber (aber nur, wenn die Anschaffung spätestens im Fertigstellungsjahr erfolgt)	Bauherr; Erwerber (aber nur, wenn die Anschaffung spätestens im Fertigstellungsjahr erfolgt)
Bemessungsgrundlage	Herstellungs- bzw. Anschaffungskosten (unbegrenzt)	Herstellungs- bzw. Anschaffungskosten (unbegrenzt)	Herstellungs- bzw. Anschaffungskosten (unbegrenzt)	Herstellungs- bzw. Anschaffungskosten (unbegrenzt)
Abschreibungssatz	2% bei Fertigstellung nach dem 31.12.1924 (vorher 2,5%); Wirtschaftsgebäude* 4%	4 Jahre je 10% 3 Jahre je 5% 18 Jahre je 2,5%	8 Jahre je 5% 6 Jahre je 2,5% 36 Jahre je 1,25%	4 Jahre je 7% 6 Jahre je 5% 6 Jahre je 2% 24 Jahre je 1,25%
AfA-Beginn	Anschaffung oder Fertigstellung (nur zeitanteilig)	Anschaffung oder Fertigstellung (voller Jahresbetrag)	Anschaffung oder Fertigstellung (voller Jahresbetrag)	Anschaffung oder Fertigstellung (voller Jahresbetrag)
Zeitliche Voraussetzungen	Bei Wirtschaftsgebäuden*: Bauantrag nach dem 31.03.1985	Bauantrag nach dem 31.03.1985	Bauantrag oder Herstellungsbeginn bzw. Erwerb nach dem 29.07.1981	Bauantrag bzw. Erwerb nach dem 28.02.1989
Anwendung im Beitrittsgebiet	Ohne Einschränkung	Nur für Gebäude und Eigentumswohnungen, die nach dem 31.12.1990 fertiggestellt oder angeschafft werden		

* Gebäude bzw. -teile, die zum Betriebsvermögen gehören und nicht Wohnzwecken dienen

Abb. 9.10: Gebäudeabschreibungen – linear und degressiv

Sonderabschreibungen für Gebäude

	§ 7c EStG	**§§ 7h, 7i EStG**	**§ 7k EStG**	**§§ 3 u. 4 Fördergebietsgesetz**
Objekt	An- und Ausbauten von Wohnungen an bestehenden Gebäuden im Inland	Gebäude in Sanierungsgebieten bzw. Baudenkmale	Mietwohnungen in Gebäuden im Inland	Gebäude aller Art im Fördergebiet*
AfA-Berechtigter	Bauherr	Bauherr, Erwerber, in bestimmten Fällen	Bauherr; Erwerber (aber nur, wenn die Anschaffung spätestens im Fertigstellungsjahr erfolgt)	Bauherr, Erwerber (beim Privatvermögen nur, wenn Anschaffung spätestens im Fertigstellungsjahr erfolgt)
Bemessungsgrundlage	Herstellungskosten (max. DM 60.000 DM pro Wohnung)	Herstellungskosten; Anschaffungskosten nach Abschluß des Kaufvertrags (unbegrenzt)	Herstellungs- bzw. Anschaffungskosten (unbegrenzt)	Herstellungs- bzw. Anschaffungskosten (unbegrenzt) nachträgl. Herstellungskosten
Abschreibungssatz	5 Jahre je 20%	10 Jahre jeweils zu 10%	5 Jahre bis zu 10% 5 Jahre bis zu 7% anschließend je 31/3% vom Restwert	bis zu insgesamt 50% innerhalb der ersten 5 Jahre (beliebig verteilbar) zzgl. 2% lineare AfA
AfA-Beginn	Fertigstellung (voller Jahresbetrag)	Abschluß der jeweiligen Baumaßnahme (voller Jahresbetrag möglich)	Anschaffung oder Fertigstellung (voller Jahresbetrag)	Fertigstellung oder Anschaffung
Zeitliche Voraussetzungen	Bauantrag nach dem 02.10.1989 und Fertigstellung vor dem 01.01.1993	anwendbar auf Maßnahmen nach dem 31.12.1990 (vorher §§ 82g u. i. EStDV)	Bauantrag bzw. Erwerb nach dem 28.02.1989 u. Fertigstellung vor dem 01.01.1996	Fertigstellung oder Anschaffung nach dem 31.12.1990 u. vor dem 01.01.1995
Sonstige Voraussetzungen	5 Jahre Vermietung zu Wohnzwecken	Bescheinigung der Gemeinde bzw. Denkmalbehörde	10 Jahre Vermietung mit Belegungs- und Mietpreisbindung	–
Anwendung in den neuen Bundesländern	Ja, wenn Fertigstellung bzw. Abschluß der entsprechenden Baumaßnahmen nach dem 31.12.1990 erfolgt			Ja und in Berlin (West)

* Fördergebiet sind die Länder Berlin (Ost und West), Brandenburg, Mecklenburg-Vorpommern, Sachsen, Sachsen-Anhalt und Thüringen.

Abb. 9.11: Sonderabschreibungen für Gebäude

Ermittlungszeitraum ist stets das Kalenderjahr; Ausnahmen sind für diese Einkünfte nicht zugelassen (§ 2 Abs. 7 EStG).
Es können auch negative Überschüsse entstehen (Einnahmen < Werbungskosten = Verlust).

Einnahmen

Einnahmen (§ 8 Abs. 1 EStG) sind alle Güter, die in Geld oder Geldeswert bestehen und dem Steuerpflichtigen im Rahmen einer Einkunftsart (§ 2 Abs. 1 Nr. 4 bis 7 EStG) zufließen; sie müssen

dabei regelmäßiger Ertrag der Einkommensquelle sein.
Einnahmen, die nicht in Geld bestehen (geldwerte Vorteile), müssen in Geldeinheiten umgerechnet werden (§ 8 Abs.2 EStG). Solche Sachbezüge sind mit den üblichen Mittelpreisen des Verbrauchsorts anzusetzen.

Werbungskosten
Aufwendungen zur Erwerbung, Sicherung und Erhaltung der Einnahmen werden als Werbungskosten (§9 Abs 1 EStG) bezeichnet. Sie sind bei der Einkunftsart abzusetzen, bei der sie erwachsen sind; es muß also ein unmittelbarer Zusammenhang mit den Einnahmen bestehen. Das Gesetz nennt zwar eine Reihe von Beispielen (§ 9 Abs.1 Nrn.1-7 EStG), die das Wesen der Werbungskosten kennzeichnen, da aber eine erschöpfende Aufzählung möglicher Werbungskosten fehlt, ist davon auszugehen, daß alle Aufwendungen (Ausgaben), die dem Zweck der Erwerbung, Sicherung und Erhaltung einer Einkunftsart unmittelbar zuzuordnen sind, als Werbungskosten gelten.

- *Abgrenzung zwischen Werbungskosten und Lebenshaltungskosten*

Bei der Einkunftsermittlung gilt das Prinzip, daß Lebensführungskosten, die Ausdruck persönlicher Verhältnisse sind, nicht berücksichtigt werden dürfen. Als je individuelle Lebenshaltungskosten gelten sie als Einkommensverwendung und sind nicht dem objektivierbaren Aufwand zum Erhalt dieses Einkommens zuzurechen. Repräsentationsaufwendungen und Aufwendungen für Ernährung, Kleidung und Wohnung sind in der Regel Kosten der Lebensführung i. S. des § 12 EStG (Abschn. 22 Abs. 1 LStR, Abschn.117 Abs. 2 EStR).

Sonderausgaben

Im Ermittlungsschema für das zu versteuernde Einkommen wird die Zwischensumme *Gesamtbetrag der Einkünfte* noch um die Sonderausgaben und die außergewöhnlichen Belastungen vermindert. Erst nach Abzug dieser Kosten ergibt sich dann das zu versteuernde Einkommen nach § 2 Abs. 4 EStG.
Sonderausgaben sind Ausgaben des Steuerpflichtigen, die nicht bei einer einzelnen Einkunftsart, sondern nur vom Gesamtbetrag der Einkünfte abgezogen werden dürfen. Sie sind ihrem Wesen nach nicht abziehbare Ausgaben der Lebenshaltung (§ 12 EStG), die der Gesetzgeber ausnahmsweise, vor allem aus sozial- oder steuerpolitischen Gründen, zum Abzug zuläßt.

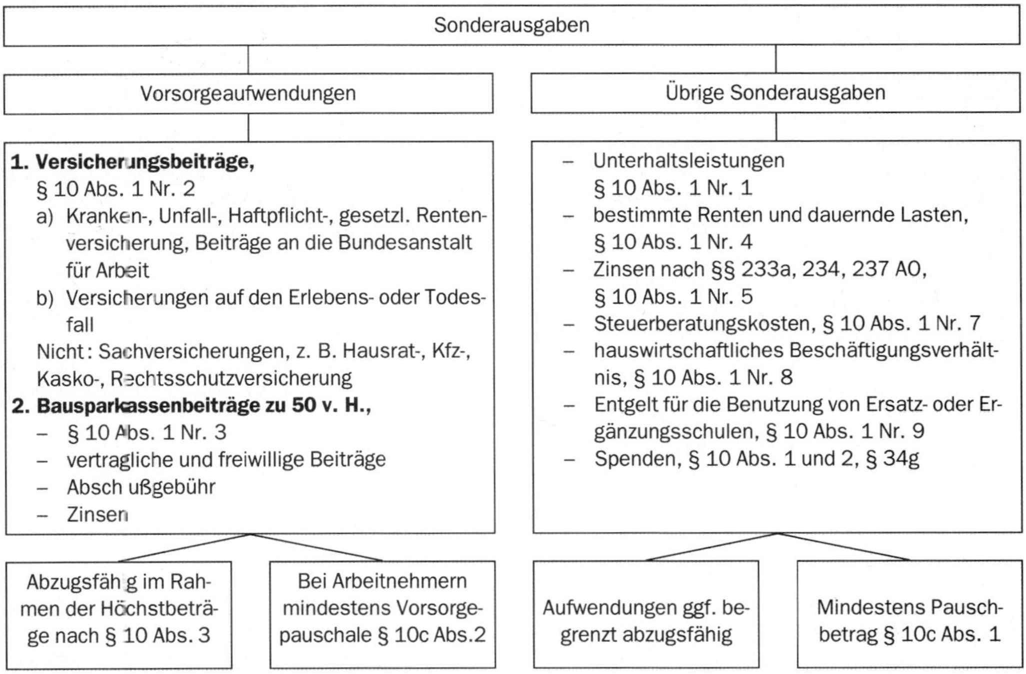

Abb. 9.12: Übersicht über die Sonderausgaben

In den §§ 10 – 10e EStG sind die Sonderausgaben erschöpfend aufgezählt. Andere Ausgaben gelten daher nicht als Sonderausgaben. Weitere Privataufwendungen kann ein Steuerpflichtiger nur unter dem Gesichtspunkt der außergewöhnlichen Belastungen (siehe nachfolgenden Abschnitt) nach dem § 33 – 33c EStG in Abzug bringen.

Vorsorgeaufwendungen

Zu den Vorsorgeaufwendungen zählen:

1. Beiträge zu Kranken-, Unfall- und Haftpflichtversicherungen, zu den gesetzlichen Rentenversicherungen und an die Bundesanstalt für Arbeit;
2. Beiträge zu den folgenden Versicherungen auf den Erlebens- oder Todesfall:
   9 – Risikoversicherungen, die nur für den Todesfall eine Leistung vorsehen,
   – Rentenversicherungen ohne Kapitalwahlrecht,
   – Rentenversicherungen mit Kapitalwahlrecht gegen laufende Beitragsleistung, wenn das Kapitalwahlrecht nicht vor Ablauf von zwölf Jahren seit Vertragsabschluß ausgeübt werden kann,
   – Kapitalversicherungen gegen laufende Beitragsleistung mit Sparanteil, wenn der Vertrag für die Dauer von mindestens 12 Jahren abgeschlossen worden ist.
3. 50 v. H. der an Bausparkassen zur Erlangung von Baudarlehen geleisteten Beiträge.

Vorsorgeaufwendungen sind nur beschränkt abzugsfähig. Es ist daher eine Höchstbetragsberechnung durchzuführen. Für Arbeitnehmer gibt es hier außerdem eine Vorsorgepauschale (s. „Lohnsteuer").

• Aufzuwendende und abziehbare Vorsorgeaufwendungen

Zu unterscheiden sind Vorwegabzug, Grundhöchstbetrag, hälftiger Höchstbetrag mit jeweils doppelten Beträgen für zusammenveranlagte Ehegatten.

– Vorwegabzug (nur für o.a. Vers.-Beiträge)
ab VAZ 1993 6.000/12.000 DM

zu kürzen bei Rentenversicherungspflichten und Pensionsberechtigten um 9%, zusätzlich im Falle des Krankenversicherungsschutzes um 3% – ab VAZ 1993 4% und im Fall des Arbeitslosenversicherungsschutzes um 3% – des Arbeitslohns oder der Einnahmen bzw. der Einkünfte (höchstens der zu Beginn des VAZ maßgebenden Rentenversicherungs-Beitragsbemessungsgrenze) gemäß § 10 Abs.3 Nr. 2 Satz 2 EStG.

– Grundhöchstbetrag
Für alle Vorsorgeaufwendungen
ab VAZ 1993 2.610/5.220 DM

– Hälftiger Höchstbetrag
Für alle Vorsorgeaufwendungen
mit nur 50%iger Steuerwirksamkeit
ab Veranlagungszeitraum
(VAZ) 1993 2.610/5.220 DM

Beispiel:

Die Vorsorgeaufwendungen eines ledigen Steuerpflichtigen (kein Arbeitnehmer) betragen für ein Kalenderjahr

Versicherungsbeiträge	6.000 DM
Bausparbeiträge 6.400 DM, davon 50 v. H.	3.200 DM
	9.200 DM

Der Höchstbetrag für die beschränkt abzugsfähigen Vorsorgeaufwendungen errechnet sich wie folgt:

Versicherungsbeiträge	6.000 DM	
Vorwegabzug	6.000 DM	6.000 DM
	0 DM	
Bausparkassenbeiträge ($^{1}/_{2}$)	3.200 DM	
	3.200 DM	
Grundhöchstbetrag	2.610 DM	2.610 DM
	590 DM	
Hälftiger Höchstbetrag (1/2 von 590 DM, höchstens von 2.610 DM)		295 DM
		8.905 DM

In Höhe von 8.905 DM sind die Vorsorgeaufwendungen steuerlich abzugsfähig.
Wegen der Kürzung der Vorsorgeaufwendungen muß man mehr an Beiträgen aufwenden als man absetzen kann.

Aufzuwendende und abziehbare Höchstbeträge bei Vorsorgeaufwendungen	ab 1993
Maximale Aufwendungen	DM
– mit ungekürztem Vorwegabzug	11.220/22.440
– bei erschöpftem Vorwegabzug	5.220/10.440
– dito nur für Bausparbeiträge	10.440/20.880
und maximal steuerwirksame Beträge	
– mit ungekürztem Vorwegabzug	9.915/19.830
– bei erschöpftem Vorwegabzug	3.915/ 7.830

Beispiel:

Ein Ehepaar, beide Unternehmer, zahlte 1993 25.000 DM für private Versicherungen. Dieser Betrag kann nicht voll abgesetzt werden, sondern nur 22.440 DM. Somit werden hierbei 19.830 DM maximal steuerlich abgesetzt.

Andere Sonderausgaben

– Renten und dauernde Lasten

Vertraglich vereinbarte Zahlungen als Gegenleistung für einen erworbenen Betrieb oder wegen

einer Verpflichtung per Erbvertrag; Renten (gleichhohe Zahlungen): Ertragsanteil ansetzen; dauernde Lasten (unregelmäßige Zahlungen): vollen Jahresbetrag ansetzen.
– Unterhaltszahlungen
An den geschiedenen oder getrennt lebenden Gatten bis 27.000 DM pro Jahr; Partner muß erhaltenen Unterhalt versteuern.
– Kirchensteuer
Zahlungen im Jahr (einschließlich aller Nachzahlungen aus früheren Jahren abzüglich erhaltener Erstattungen).
– Steuerberatungskosten
Gebühren für Beratung und Hilfe; Fahrt-, Porto- und Telefonkosten, Fachliteratur.
– Berufsausbildung oder Weiterbildung in einem nicht ausgeübten Beruf
Kursgebühren, Fachbücher, Fahrt- und Übernachtungskosten, Verpflegungsmehraufwand wie bei Dienstreisen. Bei Ausbildung am Wohnort bis 900 DM, bei auswärtiger Unterbringung bis 1.200 DM pro Jahr; gleiche Beträge für den Ehegatten.
– Hausgehilfin
Höchstens 12.000 DM pro Jahr. Voraussetzung ist ein sozialversicherungspflichtiges Beschäftigungsverhältnis; im Haushalt müssen mindestens zwei Kinder unter zehn Jahren sein (bei Alleinstehenden genügt ein Kind) oder eine hilflose Person mit Behindertenausweis (Gruppe H).
– Spenden und Mitgliedsbeiträge (§§ 10b, 34g, 52 Abs. 13b u. 24a EStG)

Spenden zur Förderung	
kirchlicher, religiöser und	
gemeinnütziger Zwecke	bis 5%
mildtätiger Zwecke ab VAZ 1990	bis 10%
wissenschaftlicher und anerkannt	
förderungswürdiger kultureller Zwecke	bis 10%
des Gesamtbetrags der Einkünfte oder	bis 2%
des Umsatzes + Lohnsumme als SA	
abzugsfähig (§ 10b Abs. 1 EStG).	

– Mitgliedsbeiträge und Spenden an politische Parteien
Sie führen zur Minderung der tariflichen ESt um 50 v. H. solcher Ausgaben, max. 600 DM/bei Zusammenveranlagung 1.200 DM.
– Zinsen auf Steuernachforderungen (§ 10 Abs. 1 Nr. 5 EStG)
Zinsen auf Steuernachforderungen (§ 233a AO), Aussetzungs- und Stundungszinsen sind als SA abzugsfähig
– Schulgeld (§ 10 Abs. 1 Ziff. 9 EStG)
30% des Schulgeldes einer Ersatz- oder Ergänzungsschule (mit Ausnahme der Entgelte für Beherbergung, Betreuung und Verpflegung), falls man für das Kind einen Kinderfreibetrag erhält.

Steuerbegünstigung der zu eigenen Wohnzwecken genutzten Wohnung im eigenen Haus

Auch für die zu *eigenen Wohnzwecken genutzte Wohnung* im eigenen Haus wird ein Abzugsbetrag eingeräumt, der wie Sonderausgaben bei der Ermittlung des Einkommens abgezogen werden kann. Gem. § 10e EStG sind für die Abzüge Höchstbeträge festgelegt.

§ 10e-Förderung im Überblick
Je nachdem, zu welchem Stichtag der Bauantrag gestellt, mit dem Bau begonnen oder der Kaufvertrag unterschrieben wurde, gelten unterschiedliche Förderbedingungen:
– seit dem 01.10.91:
4 Jahre lang 6%, 4 Jahre lang 5% Abschreibung
Bemessungsgrundlage maximal 330.000 DM
Abschreibung maximal 19.800 DM/16.500 DM
zeitliche Verteilung über 8 Jahre
Einkommensgrenze ab 01.01.92
Bei Neuobjekten Schuldzinsenabzug von 12.000 DM über 3 Jahre.
– 01.01.91 bis 31.09.91:
8 Jahre lang 5% Abschreibung
Bemessungsgrundlage maximal 330.000 DM
Abschreibung maximal 16.500 DM
zeitliche Verteilung über die ersten 4 Jahre,
kein Schuldzinsenabzug
keine Einkommensgrenzen bis 31.12.91
– vor dem 01.01.91:
8 Jahre lang 5% Abschreibung
Bemessungsgrundlage maximal 330.000 DM
Abschreibung maximal 15.000 DM
zeitliche Verteilung über die ersten 4 Jahre,
kein Schuldzinsenabzug
keine Einkommensgrenzen

Beispiel zu § 10e:
Für ein am 01.03.1992 neu gekauftes Haus, nahm der Bauherr 350.000 DM der Kaufsumme von 450.000 DM als Darlehen auf. Einzug war zum 01.07.1992. Das Damnum betrug 28.000 DM. Der Zinssatz lag bei 10% p.a., das ergibt also für die vier Monate bis zum Einzug 11.667 DM, für die zweite Jahreshälfte nach Bezug 17.500 DM Schuldzinsen (abzugsfähig bis 12.000 DM). Im ersten Jahr sieht die Rechnung wie folgt aus:

1. Vorkosten	39.667 DM
2. 6% Abschreibung	19.800 DM
3. Schuldzinsen	12.000 DM
Gesamtreduzierung des Einkommens	71.467 DM

Bei einem angenommenen Einkommen von 120.000 DM reduziert sich das zu versteuernde Einkommen auf 48.533 DM. Die im Ehegatten-

9

9

Steuervergünstigungen für eigengenutzte Wohnungen

	§ 10e EStG	**§ 10f EStG**	**§ 7 Fördergebietsgesetz**	**§ 10h EStG**
Begünstigte Objekte	Wohnung im eigenen Haus, eigengenutzte Eigentumswohnung	Zu eigenen Wohnzwecken genutzte Baudenkmale u. Gebäude in Sanierungsgebieten	Zu eigenen Wohnzwecken genutzte Gebäude im Beitrittsgebiet *	Unentgeltlich an nahe Angehörige überlassene Wohnung im eigenen Haus
Berechtigte Personen	Bauherr, Erwerber (Nicht Einzelrechtsnachfolger)	Bauherr, Erwerber (nur für bestimmte Anschaffungskosten)	Eigentümer	Bauherr
Bemessungsgrundlage	Herstellungs- bzw. Anschaffungskosten der eigengenutzten Wohnung zzgl. 50% der Anschaffungskosten für Grund u. Boden	Herstellungskosten: Anschaffungskosten nach Abschluß des Kaufvertrages Erhaltungsaufwendungen	Erhaltungsaufwendungen, nachträgliche Herstellungskosten	Herstellungskosten des Wohnungsausbaus
Höchstbetrag der Bemessungsgrundlage	330.000 DM; bei Anschaffung oder Fertigstellung vor dem 01.01.1991: 300.000 DM	Keine Begrenzung, aber Kürzung um evtl. Zuschüsse aus öffentl. Mitteln	Insgesamt 40.000 DM für die Zeit vom 01.01.1991–31.01.1994	330.000 DM
Höhe der Vergünstigung (abzgf. wie Sonderausgaben)	4 Jahre je bis zu 6% 4 Jahre je bis zu 5% bei Bauantrag, Baubeginn oder Erwerb nach dem 30.09.1991 (vorher: 8 x 5%)	10 Jahre jeweils bis zu 10% der Bemessungsgrundlage	10 Jahre jeweils bis zu 10% der Bemessungsgrundlage	4 Jahre bis zu 6% 4 Jahre bis zu 5%
Beginn der Förderung	Jahr der Fertigstellung oder Anschaffung und Eigennutzung	Fertigstellung bzw. Abschluß der Baumaßnahmen	Jahr der Zahlung	Jahr der Fertigstellung und unentgeltlichen Überlassung
Objektbeschränkung	Jeder Steuerpflichtige erhält Vergünstigung nur für 1 Objekt, Ehegatten für 2 Objekte. Objektverbrauch nach § 7b EStG zählt mit	Jeder Steuerpflichtige erhält Vergünstigung nur bei 1 Gebäude, Eheleute bei 2 Gebäuden. Keine Anrechnung auf § 10e EStG	Keine Objektbeschränkung	Keine Objektbeschränkung, keine Anrechnung auf Objektbeschränkung nach § 10e EStG
Sonstige Voraussetzungen	Gesamtbetrag der Einkünfte darf 120.000 DM bzw. 240.000 DM nicht übersteigen, wenn Bauantrag oder Kauf nach dem 31.12.1991	Voraussetzungen des § 7h oder § 7i EStG müssen vorliegen	Ausführung der Arbeiten vom 01.01.1991–31.12.1994	Wie § 10e; Baumaßnahme an bestehendem eigengenutztem Gebäude nach dem 30.09.1991

Abb. 9.13: Steuervergünstigungen für eigengenutzte Wohnungen (Teil 1)

Abzug von sonstigen Aufwendungen	Vorkosten bis zum Einzug; Schuldzinsenabzug bei neuen Wohnungen: 3 Jahre bis zu 12.000 DM, wenn 6% Grundförderung möglich ist	Nein	Nein	Vorkosten: ja; Zinsen u. andere Aufwendungen: nein
Baukindergeld (§ 34f EStG)	Ja **	Nein	Nein	Nein
Anwendung in den neuen Bundesländern	Ja, bei Anschaffung oder Fertigstellung nach dem 31.12. 1990. Falls Objektverbrauch eingetreten ist, ist zusätzliches Objekt begünstigt	Ja, bei Fertigstellung oder bei Abschluß der Baumaßnahme nach dem 31.12.1990	Ja, ausschließlich in den neuen Bundesländern	Ja

* Beitrittsgebiet sind die Länder Berlin (Ost), Brandenburg, Mecklenburg-Vorpommern, Sachsen, Sachsen-Anhalt und Thüringen

** Das Baukindergeld beträgt pro Kind bei Anschaffung oder Fertigstellung nach dem 31.12.1986: 600 DM; nach dem 31.12.1989: 750 DM; nach dem 31.12.1990: 1.000 DM.

(siehe auch Eintragung von Freibeträgen auf der LSt-Karte)

Abb. 9.13 (Teil 2)

9

splitting fälligen 28.846 DM Steuern sinken auf 7.870 DM im Jahr. Der Bauherr hat im ersten Jahr des Hausbesitzerlebens also 20.976 DM vom Fiskus erhalten.

Verluste vor dem Einzug ins eigene Haus:
Dazu gehören sämtliche Kosten für Reparaturen, Modernisierung, Makler, Finanzierung (Schuldzinsen, Disagio, Provisionen, Abschlußgebühren für Bausparvertrag usw.).

Außergewöhnliche Belastungen

Erwachsen einem Steuerpflichtigen zwangsläufig größere Aufwendungen als der überwiegenden Mehrzahl der Steuerpflichtigen in gleicher wirtschaftlicher Lage, so kann er Aufwendungen für außergewöhnliche Belastungen geltend machen (§ 33 Abs. 1 EStG). Dies bedeutet, daß Aufwendungen, die üblicherweise in den Bereich der privaten Lebensführung und damit eigentlich unter das Abzugsverbot des § 12 EStG fallen, aufgrund der Bestimmungen in §§ 33-33c EStG doch abgezogen werden dürfen.

Es handelt sich hierbei bspw. um Aufwendungen für die Wiederbeschaffung von Hausrat oder Kleidung nach Unglücksfällen oder um Aufwendungen für Arzneimittel, wenn ihre durch Krankheit bedingte Zwangsläufigkeit und Notwendigkeit durch eine ärztliche Verordnung nachgewiesen ist.

Zu den außergewöhnlichen Belastungen, die nur beschränkt abzugsfähig sind, zählen Unterhaltsleistungen an Personen, für die der Steuerpflichtige keinen Kinderfreibetrag erhält, Aufwendungen für die Berufsausbildung eines Kindes, für das der Steuerpflichtige einen Kinderfreibetrag erhält, Aufwendungen für die Beschäftigung einer Haushaltshilfe in besonderen Fällen (zu Einzelheiten siehe § 33a EStG), ferner die besonderen Aufwendungen von Körperbehinderten (§ 33b EStG) sowie in bestimmten Fällen die Kinderbetreuungskosten bei Alleinstehenden (§ 33c EStG).

1. *Ausbildungsfreibeträge* (§ 33a Abs. 2 EStG)
Kinder unter 18 Jahre
– bei auswärtiger Unterbringung 1.800 DM
Kinder über 18 Jahre
– im Haushalt lebend 2.400 DM
– bei auswärtiger Unterbringung 4.200 DM

2. Freibetrag für *Bewohner von Alten- und Pflegeheimen*
§ 33a Abs.3 EStG; Dieser beträgt 1.200 DM
und bei Unterbringung zur dauernden Pflege 1.800 DM

3. Freibetrag für *Haushaltshilfe* (§ 33a Abs. 3 EStG) 1.200 DM
– wenn der Steuerpflichtige oder sein nicht dauernd getrennt lebender Ehegatte über 60 Jahre

alt ist oder bei Krankheit einer zum Haushalt gehörigen Person;
– Bei Hilflosigkeit oder Schwerbehinderung einer zum Haushalt gehörigen Person 1.800 DM

4. Kinderbetreuungskosten

Kinderbetreuungskosten können nur auf Antrag für bis zu 16 Jahre alte Kinder berücksichtigt werden, die zum Haushalt eines *Alleinstehenden* gehören, soweit die Aufwendungen wegen Erwerbstätigkeit, wegen Krankheit oder Behinderung des Alleinstehenden entstehen. *Ehegatten* können Kinderbetreuungskosten geltend machen, wenn die Aufwendungen wegen Krankheit oder Behinderung eines Ehegatten entstehen.

Abzugsbeträge:
– bei Alleinstehenden oder Ehegatten mit 1 Kind max. 4.000 DM
– für jedes weitere Kind weitere 2.000 DM

9

Pauschbeträge:
– bei Alleinstehenden o. Ehegatte mit 1 Kind 480 DM
– für jedes weitere Kind weitere 480 DM

Gehören das Kind bzw. die Kinder zum gemeinsamen Haushalt zweier Alleinstehender, so sind die Abzugsbeträge hälftig aufzuteilen.

5. Behinderten-Pauschbetrag (§ 33b EStG, Abschn. 194 EStR)

Er beträgt bei einem Grad der Behinderung (GdB) von

25 und 30%	600 DM
35 und 40%	840 DM
45 und 50%	1.110 DM

6. Hinterbliebenen-Pauschbetrag (§ 33b EStG)

Er beträgt 720 DM
wenn laufende Hinterbliebenenbezüge bewilligt worden sind.

7. Unterstützungsbedürftige Personen

Anrechenbar sind bei einem Alter bis 18 Jahre 3.024 DM, sonst 5.400 DM abzüglich der eigenen Einkünfte und Bezüge der unterstützungsbedürftigen Person, soweit sie 4.500 DM übersteigen. Dies gilt auch bei Unterhaltszahlungen an den geschiedenen Ehepartner.

8. Pflege-Pauschbetrag

Für Pflege und Betreuung einer dauernd erheblich hilfsbedürftigen Person in der eigenen oder in deren Wohnung: 1.800 DM.

Verlustabzug

Bei der Ermittlung des Gesamtbetrages der Einkünfte werden in vielen Fällen nicht nur positive, sondern auch negative Einkünfte zu berücksichtigen sein. Die Berücksichtigung dieser negativen Einkünfte erfolgt im Rahmen der Ermittlung des Gesamtbetrags der Einkünfte durch den sog. *„Verlustausgleich"*. Ein weiteres Instrument zur Berücksichtigung negativer Einkünfte ist der sog. *„Verlustabzug"* nach § 10d EStG, der jedoch nicht schon bei der Ermittlung des Gesamtbetrags der Einkünfte, sondern erst im folgenden Schritt, bei der Ermittlung des zu versteuernden Einkommens, durchgeführt wird.

Verluste, die bei der Ermittlung des Gesamtbetrags der Einkünfte nicht ausgeglichen werden, sind bis zu einem Betrag von insgesamt 10 Mio. DM wie Sonderausgaben vom Gesamtbetrag der Einkünfte des zweiten dem Veranlagungszeitraum vorangegangenen Veranlagungszeitraums abzuziehen; soweit ein Abzug danach nicht möglich ist, sind sie wie Sonderausgaben vom Gesamtbetrag der Einkünfte des ersten dem Veranlagungszeitraum vorangegangenen Veranlagungszeitraums abzuziehen.

Nicht ausgeglichene Verluste sind in den folgenden Veranlagungszeiträumen wie Sonderausgaben vom Gesamtbetrag der Einkünfte abzuziehen.

Zeitliche Reihenfolge des Verlustabzuges:
– Verlustentstehungsjahr
– Verlustrücktrag
– Verlustvortrag

Den Verlustvortrag gibt es auch bei der Gewerbesteuer, nicht aber den Verlustrücktrag.

Kinderfreibetrag, Haushaltsfreibetrag

Schließlich sind als weitere Abzugsbeträge noch der Kinderfreibetrag gem. § 32 Abs. 6 und der Haushaltsfreibetrag gem. § 32 Abs. 7 EStG zu berücksichtigen.

§ 32 Abs. 6 EStG sieht vor, daß neben dem Kindergeld für jedes zu berücksichtigende Kind des Steuerpflichtigen ein Kinderfreibetrag i. H. v. 2.052 DM zu berücksichtigen ist; bei Zusammenveranlagung wird für jedes Kind ein Kinderfreibetrag i. H. v. 4.104 DM gewährt. Steuerpflichtige, die nicht nach dem Splitting-Verfahren oder getrennt vom Ehegatten veranlagt werden und mindestens ein Kind zu versorgen haben, erhalten einen Sonderfreibetrag von 5.616 DM (Haushaltsfreibetrag; vgl. § 32 Abs. 7 EStG).

Veranlagung und Einkommensteuer-Tarif

Die Einkommensteuer zählt zu den *Veranlagungssteuern*, für die in einem förmlichen Verfahren, dem Veranlagungsverfahren, die Besteuerungsgrundlagen ermittelt werden und die Steuer festgesetzt wird. Veranlagungszeitraum ist das Kalenderjahr. Der Steuerpflichtige wird von dem Ergebnis der Einkommensteuerveranlagung durch den Einkommensteuerbescheid unterrichtet. Im Rahmen der Einkommensbesteuerung sind folgende Veranlagungsformen zu unterscheiden:

- die Einzelveranlagung (§ 25 EStG),
- die Veranlagung von Ehegatten (§ 26 EStG),
- Zusammenveranlagung von Ehegatten (§ 26 b EStG),
- getrennte Veranlagung von Ehegatten (§ 26 a EStG).

Alle Personen, für die nicht die Ehegattenveranlagung in Betracht kommt, werden einzeln veranlagt. *Einzelveranlagung* bedeutet, daß für eine einzelne steuerpflichtige Person die Einkommensteuer auf Grund des zu versteuernden Einkommens festgesetzt wird, wobei deren persönliche Verhältnisse Berücksichtigung finden.

Die Veranlagung von Ehegatten findet entweder als Zusammenveranlagung oder als getrennte Veranlagung statt, wobei den Ehegatten für jeden Veranlagungszeitraum erneut ein Wahlrecht zwischen diesen beiden Veranlagungsformen zusteht.

Die *Zusammenveranlagung* von Ehegatten vollzieht sich nach dem sog. *Splittingverfahren* (§ 32a Abs. 5 EStG). Dieses Verfahren basiert auf dem Prinzip, daß das addierte zu versteuernde Einkommen beider Ehegatten halbiert, hierauf die Steuerbelastung nach der Grundtabelle ermittelt und anschließend verdoppelt wird. Dadurch wird der Grundfreibetrag automatisch zweifach berücksichtigt.

Der zur Zeit gültige Formeltarif der Einkommensteuer (§ 32a EStG) verwendet vier Stufen und drei Formeln und ist folgendermaßen aufgebaut:

- Es besteht ein allgemeiner Freibetrag von 5.616 DM (Grundfreibetrag).
- Es folgt eine Proportionalzone zwischen 5.617 bis 8.153 DM. Der Steuersatz beträgt 19%.
- Es schließt sich eine Progressivzone für Einkommen zwischen 8.154 DM und 120.041 DM an.
- Es folgt abschließend eine proportionale Endstufe für Einkommen ab 120.042 DM, die einheitlich mit 53% belastet wird.

Für gewerbliche Einkünfte sind ab 1994 nur noch 47% ESt. zu zahlen.

Zusammenfassend ergeben sich die in Abb. 9.14 dargestellten Grenz- und Durchschnittssteuersätze.

Erhebungsformen für ESt und Tarif

Die Einkommensteuer wird in dreierlei Weise erhoben: als Lohnsteuer, als Kapitalertragsteuer und als veranlagte Einkommensteuer.

Lohnsteuer

Bei den Einkünften aus nichtselbständiger Arbeit wird die Steuer vom Arbeitslohn abgezogen.

Im derzeitigen Steuersystem ist die Lohnsteuer keine selbständige Steuer neben der Einkommensteuer, sondern stellt eine besondere Erhebungsform der Einkommensteuer dar, sie wird jedoch in einem eigenen Kapitel gesondert dargestellt. Für die Lohnsteuer gilt das sog. *Quellenabzugsverfahren,* d.h., die Steuer wird vom Arbeitgeber einbehalten und an das Finanzamt abgeführt. Der Lohnsteuerabzug erfolgt unter Berücksichtigung der persönlichen Verhältnisse des Arbeitnehmers.

Kapitalertragsteuer

Das Quellenabzugsverfahren wird auch bei der Kapitalertragsteuer (§§ 43-45c EStG) angewendet, die ebenso wie die Lohnsteuer keine selbständige Ertragsteuer ist, sondern ein Teil der Einkommensteuer. Die Kapitalertragsteuer wird mit einem proportionalen Satz erhoben. Wird der Steuerpflichtige zur Einkommensteuer veranlagt, wird die einbehaltene Kapitalertragsteuer zwar auf die endgültige Einkommensteuerschuld angerechnet, auf die Gesamteinkünfte inklusive der Kapitalerträge jedoch der progressive Einkommensteuertarif angewendet, so daß auch die Kapitalerträge dem individuellen Einkommensteuersatz unterliegen, der höher oder auch geringer als der Vorabzug sein kann.

Nach § 43 EStG unterliegen der Kapitalertragsteuer:

- Dividenden, Zinsen, Ausbeuten und sonstige Bezüge aus Aktien, Kuxen, Genußrechten, An-

zu versteuerndes Einkommen in DM	Grenzsteuersatz	Durchschnittssteuersatz
1 5.617–8.153	19%	0–5,79%
2 8.154–120.041	19–53%	5,79–33,95%
3 ab 120.042	53%	33,95 bis fast 53%

Abb. 9.14: Grenz- und Durchschnittssteuersätze der Einkommensbesteuerung

teilen an Gesellschaften mbH oder Genossenschaften;
- Einkünfte aus der Beteiligung als typischer stiller Gesellschafter bzw. aus der Hingabe von partiarischen (d. h. mit Gewinnbeteiligung versehenen) Darlehen;
- Zinsen aus Wertpapieren, wenn diese bestimmte Voraussetzungen erfüllen.

Der Steuersatz beträgt derzeit i.d.R. 25 % des Kapitalertrags; eine Ausnahme bilden die Zinsen aus bestimmten festverzinslichen Wertpapieren, bei denen der Steuersatz 30 % beträgt.

Eine *Freistellung von der Kapitalertragsteuer* und von dem ab 1993 zu erhebenden Zinsabschlag kann nach wie vor durch die Vorlage einer Bescheinigung des zuständigen Finanzamts erreicht werden, nach der der Steuerpflichtige nicht zur Einkommensteuer veranlagt wird (sogenannte *NV-Bescheinigung*). Im Zusammenhang mit der ab 1993 wirksam werdenden Verzehnfachung des Sparer-Freibetrags auf 6.000/12.000 DM (Alleinstehende/Verheiratete) ist durch das Zinsabschlaggesetz ein *weiteres Verfahren* zur Freistellung von der Kapitalertragsteuer und/oder vom Zinsabschlag eingeführt worden. Zusammen mit dem Werbungskosten-Pauschbetrag für Kapitalerträge von 100/200 DM (Alleinstehende/Verheiratete) ermöglicht der neue Sparer-Freibetrag eine Freistellung von der Kapitalertragsteuer und/oder vom Zinsabschlag bis zu 6.100/12.200 DM jährlich. Um eine derartige Steuerfreistellung zu erreichen, kann der Steuerpflichtige dem die Kapitalerträge auszahlenden Kreditinstitut einen *Freistellungsauftrag* nach amtlich vorgeschriebenem Vordruck erteilen.

Veranlagte Einkommensteuer

Wer nicht der Lohnsteuer unterliegt, hat grundsätzlich eine Einkommensteuererklärung abzugeben. Auf die Einkommensteuererklärung verzichtet das Finanzamt, wenn der Gesamtbetrag der jährlichen Einkünfte unter dem Grundfreibetrag von 5.616 DM liegt; bei Zusammenveranlagung von Ehegatten verdoppelt sich der Betrag.

Die veranlagte Einkommensteuer ist die allgemeine Erhebungsform der Einkommensteuer, bei der die gezahlte Lohnsteuer, Kapitalertragsteuer sowie Vorauszahlungen berücksichtigt werden.

Die Einkommensteuererklärung ist bis zum 31. Mai des folgenden Jahres abzugeben. Eine Verlängerung bis Ende September wird ohne weiteres genehmigt. Wird ein Steuerberater eingeschaltet, so kann der Abgabetermin noch weiter hinausgeschoben werden.

Allerdings sind vierteljährliche Vorauszahlungen zu leisten, und zwar am 10. März, am 10. Juni, am 10. September, am 10. Dezember. Die Vorauszahlungen bemessen sich nach der letzten Veranlagung. Eine Anpassung an veränderte Verhältnisse des laufenden Jahres ist vorzunehmen (§ 37 EStG). I.d.R. zeigen die Steuerpflichtigen alle einkommensteuermindernden Umstände dem Finanzamt an, während sie bei den einkommensteuererhöhenden Tatbeständen eher zurückhaltend sein werden, so daß oft eine beträchtliche Abschlußzahlung anfällt, die bei größeren Unternehmen erst zwei, drei oder noch mehr Jahre nach Ablauf des Veranlagungszeitraumes gezahlt wird und daher mit 6 % zu verzinsen ist.

Lohnsteuer

Wesen der Lohnsteuer

Die Lohnsteuer ist keine selbständige Steuer, sondern lediglich eine besondere Erhebungsform der Einkommensteuer. Sie wird im Wege des Abzugs beim Arbeitgeber erhoben. Steuerschuldner ist der Arbeitnehmer. Der Arbeitgeber haftet allerdings für die richtige Berechnung und Abführung der Lohnsteuer. Den Steuerabzug hat der Arbeitgeber vorzunehmen. Er richtet sich dabei nach der Steuerkarte, die ihm der Arbeitnehmer vorzulegen hat und die neben den Personalien auch die Steuermerkmale (Steuerklasse, Zahl der Kinder, Freibeträge) enthält.

Arbeitnehmer und Arbeitslohn

Arbeitnehmer sind Personen, die aus einem gegenwärtigen oder früheren Dienstverhältnis Arbeitslohn beziehen. Ein Dienstverhältnis liegt vor, wenn der Beschäftigte dem Arbeitgeber seine Arbeitskraft schuldet. Der Arbeitnehmer ist weisungsgebunden und steht in einem Unterordnungsverhältnis zu seinem Arbeitgeber.

Arbeitslohn sind alle Einnahmen, die dem Arbeitnehmer aus dem Dienstverhältnis in Geld oder Sachleistungen zufließen. Der Begriff des Arbeitslohns bezieht sich auf die ungekürzte Einnahme, also den Bruttoarbeitslohn.

Fließt der Arbeitslohn in Sachbezügen zu, z. B. durch Bezug von freier Kleidung, freier Wohnung, Heizung, Beleuchtung, Kost, Deputaten usw., so sind die Sachbezüge als geldwerte Vorteile mit den üblichen Mittelpreisen des Verbrauchsorts anzusetzen.

Die endgültige Lohnsteuer bemißt sich nach dem Jahresarbeitslohn. Ist die Jahreslohnsteuerschuld geringer als die Summe der in den einzel-

nen Lohnzahlungszeiträumen (Monat, Woche) einbehaltenen Lohnsteuerbeträge, findet ein permanenter Lohnsteuerjahresausgleich statt, den grundsätzlich der Arbeitgeber durchführen muß. Dem Lohnsteuerpflichtigen wird dann ein evtl. überzahlter Betrag erstattet.
Das Veranlagungsverfahren sieht eine Anrechnung der Lohnsteuer auf die Einkommensteuer oder eine Erstattung zuviel einbehaltener Lohnsteuer vor. Ein Veranlagungszwang besteht z. B. dann, wenn der Arbeitnehmer mehrere Dienstverhältnisse eingegangen ist und dabei die Proportionalzone des Einkommensteuertarifs überschritten wird, also 8.153 DM bei Ledigen bzw. 16.307 DM bei Verheirateten (§ 46 Abs. 2 Nr. 2 EStG).
Daneben gibt es auch eine Antragsveranlagung von Arbeitnehmern. Hierher gehören vor allem die Fälle, in denen sich wegen der besonderen Technik des Lohnsteuerrechts *Freibeträge* nicht für das ganze Kalenderjahr, sondern nur für einige Monate auswirken können.

Erhebung der Lohnsteuer
Bei Einkünften aus nichtselbständiger Arbeit wird die Einkommensteuer durch Abzug vom Arbeitslohn erhoben (Lohnsteuer), soweit der Arbeitslohn von einem Arbeitgeber gezahlt wird. Der Arbeitnehmer ist Schuldner der Lohnsteuer. Die Lohnsteuer entsteht in dem Zeitpunkt, in dem der Arbeitslohn dem Arbeitnehmer zufließt. Der Arbeitgeber hat die Lohnsteuer für Rechnung des Arbeitnehmers bei jeder Lohnzahlung vom Arbeitslohn einzubehalten. Wenn der vom Arbeitgeber geschuldete Barlohn zur Deckung der Lohnsteuer nicht ausreicht, hat der Arbeitnehmer dem Arbeitgeber den Fehlbetrag zur Verfügung zu stellen oder der Arbeitgeber einen entsprechenden Teil der anderen Bezüge des Arbeitnehmers zurückzubehalten.

Bemessung der Lohnsteuer
Die Höhe der Lohnsteuer ergibt sich aus den Lohnsteuertabellen (Jahres-, Monats-, Wochen- und Tagestabellen).
Ausgangswert ist der Bruttoarbeitslohn, der um etwaige, auf der Lohnsteuerkarte eingetragene Freibeträge gekürzt wird.
Für den so gekürzten Arbeitslohn ist die Lohnsteuer aus der für den Lohnzahlungszeitraum geltenden Lohnsteuertabelle zu ermitteln. Dabei ist die auf der Lohnsteuerkarte eingetragene Steuerklasse und Zahl der Kinder maßgebend. Die sich danach ergebende Lohnsteuer ist vom Arbeitslohn einzubehalten.
Die Lohnsteuer-Tabellen beruhen auf dem Einkommensteuer-Tarif mit der Besonderheit, daß sie aus praktischen und technischen Gründen Steuerklassen aufweisen.

Steuerklassen
Die einzelnen Steuerklassen im Überblick:

• Steuerklasse I
gilt für ledige und geschiedene Arbeitnehmer sowie für verheiratete Arbeitnehmer, deren Ehegatte im Ausland wohnt oder die von ihrem Ehegatten dauernd getrennt leben. Verwitwete Arbeitnehmer gehören ebenfalls in die Steuerklasse I, wenn der Ehegatte im Vorjahr verstorben ist.

• Steuerklasse II
gilt für die zu Steuerklasse I genannten Arbeitnehmer, in deren Wohnung mindestens ein Kind – gleichgültig ob mit Haupt- oder Nebenwohnung – gemeldet ist, für das sie einen Kinderfreibetrag erhalten. Kinder, die bei beiden Elternteilen gemeldet sind, werden für Zwecke der Steuerklasseneinteilung nur einem zugeordnet.
Beispiel:
Geschiedene Ehegatten haben zwei Kinder. Die Kinder sind in der Wohnung der Mutter gemeldet. Auf der Lohnsteuerkarte der Mutter wird deshalb die Steuerklasse II eingetragen. Der Vater erhält, selbst wenn er die Unterhaltskosten für die Kinder trägt, eine Lohnsteuerkarte mit der Steuerklasse I, und zwar auch dann, wenn für die Mutter keine Lohnsteuerkarte ausgestellt wird.

• Steuerklasse III
gilt für verheiratete Arbeitnehmer, wenn beide Ehegatten im Inland wohnen, nicht dauernd getrennt leben und der Ehegatte des Arbeitnehmers keinen Arbeitslohn bezieht und in die Steuerklasse V eingereiht wird.

• Steuerklasse IV
gilt für verheiratete Arbeitnehmer, wenn beide Ehegatten Arbeitslohn beziehen, im Inland wohnen und nicht dauernd getrennt leben

• Steuerklasse V
tritt für einen Ehegatten an die Stelle der Steuerklasse IV, wenn der andere Ehegatte in die Steuerklasse III eingereiht wird.

• Steuerklasse VI
ist auf der zweiten oder weiteren Lohnsteuerkarte von Arbeitnehmern zu bescheinigen, die nebeneinander von mehreren Arbeitgebern Arbeitslohn beziehen. Diese Lohnsteuerkarte sollte dem Arbeitgeber vorliegen, von dem der niedrigere Arbeitslohn (gekürzt um etwaige Freibeträge) bezogen wird.

• Sonderregelungen für Bezieher niedriger Einkommen

Ab 1993 kommt es aufgrund einer Verwaltungsregelung für Bezieher niedriger Einkommen bereits zu einer *Steuerentlastung*. Das steuerfreie Existenzminimum wird für Ledige auf *12.000 DM* und für Verheiratete auf *19.000 DM* festgesetzt. Nach der getroffenen Regelung bleiben ab 1993 beim Lohnsteuerabzug *folgende unten aufgeführte Jahresarbeitslöhne unberücksichtigt.*

	Steuerfreier Arbeitslohn	Steuerentlastung
Alleinstehend, Steuerklasse I	17.227 DM	1.233 DM
Alleinstehend, 1 Kind, Steuerklasse II/0,5	26.353 DM	1.233 DM
Verheiratet, kein Kind, Steuerklasse III/0	25.867 DM	1.462 DM
Verheiratet, 2 Kinder, Steuerklasse III/2	35.857 DM	1.462 DM
Doppelverdiener, Steuerklasse IV/0	14.149 D	731 DM

9

Lohnsteuerermäßigung

Die Lohnsteuer soll möglichst einfach erhoben werden. Eine Reihe von Frei- und Pauschbeträgen ist deshalb bereits in den Lohnsteuertabellen eingearbeitet:
- der Grundfreibetrag 5.616 DM,
- der Arbeitnehmer-Pauschbetrag für Werbungskosten 2.000 DM,
- der Pauschbetrag für Sonderausgaben 108 DM
- die Vorsorgepauschale und (bei Steuerklasse II) der Haushaltsfreibetrag sowie
- der Kinderfreibetrag 4.104 DM.

Alle diese Beträge werden bei der Steuerberechnung berücksichtigt, ohne daß ein Extra-Antrag gestellt werden muß. Auch der Freibetrag bei Versorgungsbezügen und der Altersentlastungsbetrag bei Rentnern und Pensionären, die weiter arbeiten, sowie der Tariffreibetrag bei einer überwiegenden Beschäftigung in den neuen Bundesländern oder im Ostteil Berlins, werden vom Arbeitgeber ohne besonderes Zutun angerechnet.

Vorsorgepauschale

Hat der Steuerpflichtige Arbeitslohn bezogen, so wird für Vorsorgeaufwendungen eine Vorsorgepauschale abgezogen, wenn der Steuerpflichtige nicht Aufwendungen nachweist, die zu einem höheren Abzug führen. Die Vorsorgepauschale beträgt 18 v. H. des Arbeitslohns, jedoch
1. höchstens 6.000 DM abzüglich 16 v. H. des Arbeitslohns zuzüglich
2. höchstens 2.610 DM, soweit der Teilbetrag nach Nummer 1 überschritten wird, zuzüglich
3. höchstens die Hälfte bis zu 1.305 DM, soweit die Teilbeträge nach Nummer 1 und 2 überschritten werden.

Beispiel:

für zusammenzuveranlagende Ehegatten zur Berechnung der ungekürzten Vorsorgepauschale für 1993 aus Abschn.64 Abs.4 LStG 1993.

Ehemann: rentenversicherungspflichtig, 63 Jahre alt, Arbeitslohn 60.000 DM, darin enthalten Versorgungsbezüge im Sinne des § 19 Abs.2 Nr.2 EStG (Werkspension) 10.000 DM;

Ehefrau: rentenversicherungspflichtig, 60 Jahre alt, Arbeitslohn 18.000 DM.

Ermittlung der Bemessungsgrundlage für die Vorsorgepauschale:

		Ehemann	Ehefrau
		DM	DM
Arbeitslohn		60.000	18.000
abzüglich Versorgungsfreibetrag 40 v. H. von 10.000 DM (Höchstbetrag von 6.000 DM nicht überschritten)	=	– 4.000	
verminderter Arbeitslohn		56.000	18.000
gemeinsame Bemessungsgrundlage		74.000 DM	

(Zur Berechnung der Vorsorgepauschale siehe nächste Seite.)

Die Vorsorgepauschale wird vom Finanzamt bei der Einkommensermittlung des Arbeitnehmers abgesetzt, falls die nachgewiesenen Vorsorgeaufwendungen nicht höher sind.

Durch die Eintragung eines Freibetrags auf der Lohnsteuerkarte ermäßigt sich die Lohnsteuer, die der Arbeitgeber vom Arbeitslohn einbehalten muß. Freibeträge können beim Finanzamt beantragt werden, wenn bestimmte Aufwendungen oder Pauschbeträge zustehen.

Ein Antrag auf Eintragung eines Freibetrags wegen erhöhter Werbungskosten, erhöhter Sonderausgaben oder außergewöhnlicher Belastungen kann nur dann gestellt werden, wenn die Aufwendungen bzw. die abziehbaren Beträge insgesamt eine Antragsgrenze von 1.200 DM überschreiten. Wer einen Freibetrag auf der Lohnsteuerkarte eintragen läßt, ist verpflichtet, nach Ablauf des Kalenderjahres unaufgefordert eine Einkommensteuererklärung abzugeben. Ausgenommen sind die Fälle, in denen auf der Lohnsteuerkarte lediglich der Pauschbetrag für Behinderte oder der Pauschbetrag für Hinterbliebene eingetragen worden ist.

Berechnung der Vorsorgepauschale:
18 v. H. der gemeinsamen Bemessungsgrundlage von 74.000 DM = 13.320 DM höchstens

a) 12.000 DM abzüglich (16 v. H. der gemeinsamen Bemessungsgrundlage von 74.000 DM) 11.840 DM (aber kein Negativergebnis) =		160 DM
b) 13.320 DM abzüglich 160 DM =	13.160 DM	
Höchstbetrag (2 x 2.610 DM =)	5.220 DM	
der niedrigere Betrag ist anzusetzen		5.220 DM
c) 13.320 DM abzüglich (160 DM + 5.220 DM =) 5.380 DM = 7.940 DM, zur Hälfte =	3.970 DM	
Höchstbetrag (2 x 1.305 DM =)	2.610 DM	
der niedrigere Betrag ist anzusetzen		2.610 DM
insgesamt		7.990 DM
Abrundung auf den nächsten durch 54 ohne Rest teilbaren Betrag ergibt die Vorsorgepauschale		7.938 DM

9

Bei Ehegatten sind für die Feststellung, ob die Antragsgrenze überschritten wird, die Anforderung beider Ehegatten zugrunde zu legen. Die 1.200-DM-Grenze wird nicht verdoppelt.

Beispiel:

Ein Arbeitnehmer beantragt die Eintragung folgender Aufwendungen auf der Lohnsteuerkarte:

Fahrten zwischen Wohnung und Arbeitsstätte	1.000 DM
Verpflegungsmehraufwendungen aus Anlaß von Dienstreisen	1.300 DM
voraussichtliche Kirchenlohnsteuer	600 DM
Grundförderung nach § 10e EStG	15.000 DM
insgesamt steuerlich berücksichtigungsfähige Aufwendungen	17.900 DM

Im Ergebnis sind 15.000 DM als Steuerfreibetrag auf der Lohnsteuerkarte des Arbeitnehmers einzutragen. Werbungskosten und Sonderausgaben bleiben außer Ansatz, weil nach Kürzung der Werbungskosten um den Arbeitnehmer-Pauschbetrag die Antragsgrenze von 1.200 DM nicht überschritten wird (2.900 DM ./. 2.000 DM = 900 DM).

Steuervergünstigungen für eigengenutzte Wohnungen

Als Freibetrag können die folgenden Vergünstigungen eingetragen werden:

- Die *Grundförderung* für eine nach 1986 erworbene oder fertiggestellte Wohnung von maximal 15.000 DM jährlich (§ 10e Abs. 1 bis 5 EStG). Das gleiche gilt für Ausbauten und Erweiterungen (§ 10e Abs.2 EStG).
- Die sog. *Vorkosten* nach § 10e Abs.6 EStG. Dazu gehören bestimmte Aufwendungen, die vor dem Einzug in die Wohnung anfallen, z. B. ein vorher gezahltes Damnum für einen Bankkredit sowie vorher durchgeführte Reparaturarbeiten nach Erwerb einer gebrauchten Wohnung.
- Das *Baukindergeld,* das unter bestimmtem Voraussetzungen neben der Grundförderung für Kinder gewährt wird (§ 34f Abs.2 EStG). Im Rahmen der Veranlagung wird dabei ein Betrag von 1.000 DM pro Kind von der Steuer abgezogen. Für die Eintragung auf der Lohnsteuerkarte muß der Steuerabzugsbetrag in einen Steuerfreibetrag umgerechnet werden. Einzutragen ist deshalb für jedes Kind ein Freibetrag von 4.000 DM.

Steuervergünstigungen können in jedem Falle auch mit der Jahreseinkommensteuererklärung beantragt werden. Die Eintragung auf der LSt-Karte führt jedoch zu recht früher Steuerersparnis, weil der Nettoarbeitslohn hierbei schon während des Jahres angepaßt wird.

Beispiele für Werbungskosten:

- Fahrten zwischen Wohnraum und Arbeitsstätte
  Bei Benutzung des eigenen PKW: 0,65 DM pro Entfernungs-Kilometer und Arbeitstag (pro Jahr können Sie 230 Tage ansetzen). Bei Bahn-, Bus- oder Taxifahrten zählen die tatsächlichen Kosten gemäß Fahrkarte oder Quittung.
- Arbeitsmittel
  Aktentasche, Schreib- und Zeichengerät, Taschenrechner, Fachliteratur, typische Berufskleidung mit den tatsächlichen Aufwendungen. Arbeitsmittel über 920 DM mit den Kosten, verteilt auf die Nutzungsdauer.
- Dienstreisen
  Fahrtkosten bei öffentlichen Verkehrsmitteln in der tatsächlichen Höhe. Bei eigenem PKW

Das Lohnsteuer-Ermäßigungsverfahren auf einen Blick

Ermäßigungsgründe	**Fundstelle EStG**	**Eintragungsfähig**	**Ermittlung der 1.200 DM-Grenze**	**Höhe des Steuerfreibetrags**
1. Kinder Freibeträge (§ 32 I – VI EStG)	§ 39 III Nr.3 § 39 IIIa	Ohne Antrags-	Entfällt: stets zu	1.512/3.024 DM je Kind (=Zähler 0,5/1,0)
2. Haushalts-Freibetrag (§ 32 VII EStG)	§ 39 III Nr.2, § 39 IIIa	grenze	berücksichtigen	5.616 DM (=Steuerklasse II)
3. Voraussichtliche Kosten	§ 39a I			
3.1 Werbungskosten (§ 9 EStG)	Nr.1	Antrags-	Voraussichtl. tatsächliche Werbungskosten ./. 2.000 DM (ArbN-PB)	Voraussichtl. tatsächliche Werbungskosten abzügl. 2.000 DM
3.2 Sonderausgaben (§ 10 – § 10b, § 34g Nr.1 EStG) ohne Vorsorgeaufwendungen (§ 10 I Nr.2 u. 3 EStG)	Nr.2	grenze: 1.200 DM	Sonderausgaben (ohne Kürzung um 108/216 DM)	Sonderausgaben abzüglich 108/216 DM
3.3 Außergew. Belastungen (§§ 33, 33a, 33b VI, 33c EStG)	Nr.3		Ag. Belastungen (ohne Kürzung zumutbare Belastung)	Ag. Belastungen ggf. Kürzungen um zumutbare Belastung
3.4 Pauschbetrag für Behinderte u. Hinterbliebene (§ 33b I – V EStG)	Nr.4	Ohne Antrags-	Entfällt: stets zu	
3.5 Vergünstigungen beim Grundbesitz (§§ 7b, 10e, 34f EStG, §§ 14a, 15, 15b BerlinFG)	Nr.5	grenze	berücksichtigen	Ermittlung durch Veranlagungsstelle u. Mitteilung an Lohnsteuerstelle des Finanzamts

Abb. 9.15: Das Lohnsteuer-Ermäßigungsverfahren auf einen Blick

tatsächliche Kosten (Voraussetzung Fahrtenbuch) oder 52 Pfennig je Kilometer. Übernachtungskosten: tatsächliche Kosten. Verpflegungsmehraufwand (80% des Quittungsbetrages): höchstens 64 DM pro Tag. Oder Pauschalen: bei eintägigen Inlandsreisen 35 DM täglich; bei mehrtägigen Inlandsreisen 46 DM täglich; bei Auslandsreisen unterschiedliche Pauschalen je nach Reiseland. Bei unter zwölfstündiger Abwesenheit nur anteilige Pauschalen.

– Dienstgänge
(bei weniger als 20 Kilometer Entfernung) Fahrtkosten wie bei Dienstreisen; Verpflegungsmehraufwand: 80% des Quittungsbetrages, maximal 19 DM je Dienstgang; bei mehr als sechsstündiger Abwesenheit pauschal 8 DM.

– Ständig wechselnde Einsatzstellen
Fahrt-, Verpflegungs- und Übernachtungskosten wie bei Dienstreisen für die Dauer von drei Monaten.

– Arbeitszimmer
Nach Quadratmetern anteilig auf das Arbeitszimmer entfallende Miete/Kosten für Haus oder Wohnung inkl. Heizung, Strom, Reinigung, Reparaturen, Kosten der Einrichtung; ggf. auch Abschreibung anteiliger Baukosten (Architekten-Rechnung).

– Telefonkosten
Für dienstliche Gespräche vom Privattelefon die anteiligen Grundgebühren plus Gebühreneinheiten.

– Fortbildung
Seminargebühren, Fahrt- und Übernachtungskosten, Mehraufwand für Verpflegung wie bei Dienstreisen; ebenso die Nebenkosten für Telefonate, Fachbücher und Arbeitsmittel.

– Doppelte Haushaltsführung
Kosten für eine wöchentliche Heimfahrt mit eigenem PKW: 0,65 DM pro Entfernungs-Kilometer, mit Bahn, Bus oder Taxi tatsächliche Kosten. Miete oder Unterbringungskosten am

Arbeitsort. Verpflegungsmehraufwand: 80% der tatsächlichen Kosten, höchstens je 64 DM, für die ersten 14 Tage, später höchstens 22 DM, oder Pauschale: für die ersten 14 Tage je 46 DM, danach 16 DM pro Tag.

– *Sonstige* Kosten
Beispielsweise Bewerbungskosten, Gebühren für Gehaltskonto, Ausgaben für Berufskleidung, Kosten für einen beruflich veranlaßten Umzug.

Pauschalierung der Lohnsteuer

• Überblick

Die Erhebung der Lohnsteuer in Form fester Pauschsätze (15% bzw. 25%) kann zu erheblichen Steuerersparnissen führen. Würde dieser Arbeitslohn im Rahmen des Jahresausgleichs oder der Einkommensteuerveranlagung normal besteuert, wäre meist ein wesentlich höherer Steuersatz anzuwenden.

Die folgende Übersicht macht deutlich, wann das Gesetz eine Pauschalierung der Lohnsteuer zuläßt.

Der Arbeitgeber kann die Lohnsteuer mit einem Pauschsteuersatz von 25 v. H. erheben, soweit er

- *arbeitstäglich Mahlzeiten* im Betrieb an die Arbeitnehmer unentgeltlich oder verbilligt abgibt oder Barzuschüsse hierfür an ein anderes Unternehmen leistet,
- Arbeitslohn aus Anlaß von Betriebsveranstaltungen zahlt,
- Erholungsbeihilfen gewährt, wenn diese zusammen mit Erholungsbeihilfen, die in demselben Kalenderjahr früher gewährt worden sind, 300 DM für den Arbeitnehmer, 200 DM für dessen Ehegatten und 100 DM für jedes Kind nicht übersteigen.

Der Arbeitgeber kann die Lohnsteuer mit einem Pauschsteuersatz von 15 v. H. für Sachbezüge in Form *der unentgeltlichen oder verbilligten Beförderung eines Arbeitnehmers zwischen Wohnung und Arbeitsstätte* und für Zuschüsse zu den *Aufwendungen des Arbeitnehmers für Fahrten zwischen Wohnung und Arbeitsstätte erheben.*

Der Arbeitgeber hat die pauschale Lohnsteuer zu übernehmen. Er ist Schuldner der pauschalen Lohnsteuer. Der pauschal besteuerte Arbeitslohn und die pauschale Lohnsteuer bleiben bei einer Veranlagung zur Einkommensteuer und beim Lohnsteuer-Jahresausgleich außer Ansatz. Die pauschale Lohnsteuer ist weder auf die Einkommensteuer noch auf die Jahreslohnsteuer anzurechnen.

Pauschalierung der Lohnsteuer für Teilzeitbeschäftigte (§ 40a LStG):

1. Der Arbeitgeber kann unter Verzicht auf die Vorlage einer Lohnsteuerkarte bei Arbeitnehmern, die nur kurzfristig beschäftigt werden, die Lohnsteuer mit einem Pauschsteuersatz von 25 v. H. des Arbeitslohns erheben. Eine kurzfristige Beschäftigung liegt vor, wenn der Arbeitnehmer bei dem Arbeitgeber gelegentlich, nicht regelmäßig wiederkehrend beschäftigt wird, die Dauer der Beschäftigung 18 zusammenhängende Arbeitstage nicht übersteigt und
   - der Arbeitslohn während der Beschäftigungsdauer 120 DM durchschnittlich je Arbeitstag nicht übersteigt oder
   - die Beschäftigung zu einem unvorhersehbaren Zeitpunkt sofort erforderlich wird.
2. Der Arbeitgeber kann unter Verzicht auf die Vorlage einer Lohnsteuerkarte bei Arbeitnehmern, die nur in geringem Umfang und gegen geringen Arbeitslohn beschäftigt werden, die Lohnsteuer mit einem Pauschsteuersatz von 15 v. H. des Arbeitslohns erheben. Eine Beschäftigung in geringem Umfang und gegen geringen Arbeitslohn liegt vor, wenn bei monatlicher Lohnzahlung die Beschäftigungsdauer 86 Stunden und der Arbeitslohn 560 DM nicht übersteigt; bei kürzeren Lohnzahlungszeiträumen darf die Beschäftigungsdauer 20 Stunden und der Arbeitslohn 130,66 DM wöchentlich nicht übersteigen.
3. Die Pauschalierungen nach den Absätzen 1 und 2 sind unzulässig bei Arbeitnehmern, deren Arbeitslohn während der Beschäftigungsdauer

9

Teilzeitarbeit und Lohnsteuer (§ 40 EStG)

Personen	**Aushilfen**	**Teilzeitbeschäftigte**
Beschäftigung höchstens	kurzfristig = bis 18 Tage	dauernd = bis zu 86 Stunden im Monat, bis zu 20 Stunden in der Woche
Arbeitslohn höchstens	in der Stunde bis zu 19,60 DM, am Tage bis zu 120 DM	in der Stunde bis zu 19,60 DM, in der Woche bis zu 130,66 DM, im Monat bis zu 560 DM
Lohnsteuerkarte	keine	keine
Pauschalsteuer	25%	15%

Abb. 9.16: Teilzeitarbeit und Lohnsteuer (§ 40 EStG) Werte für 1994

Teilzeitarbeit und Sozialversicherung

Personen	Aushilfen	Teilzeitbeschäftigte
Beschäftigung	kurzfristig = im Jahr bis zu 2 Monate oder 50 Tage	dauernd = bis zu 15 Stunden in der Woche
Arbeitslohn	unbegrenzt	im Monat bis zu 560/440 DM*
Sozialversicherung	keine	keine

Abb. 9.17 Teilzeitarbeit und Sozialversicherung

* Werte für 1994 West/Ost

19,60 DM durchschnittlich je Arbeitsstunde übersteigt.
Bei Aushilfskräften ist immer auch die Regelung der Sozialversicherung mitzuberücksichtigen.

Pauschalierung der Lohnsteuer bei bestimmten Zukunftssicherungsleistungen (§ 40b LStG)

9

1. Der Arbeitgeber kann die Lohnsteuer von den Beiträgen für eine *Direktversicherung* des Arbeitnehmers und von den Zuwendungen an eine *Pensionskasse* mit einem Pauschsteuersatz von 15 v. H. der Beiträge und Zuwendungen erheben. Die pauschale Erhebung der Lohnsteuer von Beiträgen für eine Direktversicherung ist nur zulässig, wenn die Versicherung nicht auf den Erlebensfall eines früheren als des 60. Lebensjahres abgeschlossen und eine vorzeitige Kündigung des Versicherungsvertrags durch den Arbeitnehmer ausgeschlossen ist.
2. Absatz 1 gilt nicht, soweit die zu besteuernden Beiträge und Zuwendungen des Arbeitgebers für den Arbeitnehmer 3.000 DM im Kalenderjahr übersteigen.
3. Von den Beiträgen für eine *Unfallversicherung* des Arbeitnehmers kann der Arbeitgeber die Lohnsteuer mit einem Pauschsteuersatz von 15 v. H. der Beiträge erheben, wenn mehrere Arbeitnehmer gemeinsam in einem Unfallversicherungsvertrag versichert sind und der Teilbetrag 120 DM im Kalenderjahr nicht übersteigt.

In Abb. 9.19 sehen Sie nochmals einen zusammenfassenden Überblick über die Möglichkeiten der Lohnsteuer-Pauschalierung.

Private Nutzung eines Dienstwagens durch den Arbeitnehmer

Stellt der Arbeitgeber ein Dienstfahrzeug für Privatfahrten zur Verfügung, so ist der darin liegende Vorteil nach allgemeinen Grundsätzen steuerpflichtiger Arbeitslohn. Zahlt der Arbeitnehmer ein Entgelt, so ist der geldwerte Vorteil um das Entgelt zu kürzen. Die Leistung des Arbeitgebers ist eine Vermietung, die bei diesem der Umsatzsteuer unterliegt.
Die *Höhe* des geldwerten Vorteils ist wie folgt zu berechnen:

– Fahrten zwischen Wohnung und Arbeitsstätte
Der geldwerte Vorteil beträgt 0,52 DM je gefahrenen km. Dabei ist mindestens von 180 Fahrten jährlich auszugehen. Eine geringere Nutzung muß nachgewiesen werden.
– Übrige Privatfahrten
Führt der Arbeitnehmer (z. B. auch der angestellte Geschäftsführer) ein *Fahrtenbuch* (Mindestinhalt: Aufzeichnung der einzelnen Fahrten mit Angabe der Reisestrecke, des Reisegrunds und der gefahrenen km), so ergibt sich der Ansatz aus folgender Formel:

$$\text{Geldwerter Vorteil in DM} = \frac{\text{Gesamtkosten des KFZ im Kalenderjahr}}{\text{Gesamtfahrleistung im Kalenderjahr}} \times \text{privater Km-Leistung}$$

Ist die Berechnung der Gesamtkosten mit erheblichem Verwaltungsaufwand verbunden (z.B. weil mehrere Fahrzeuge unterhalten werden), so ist ein km-Satz von 0,52 DM anzusetzen.

– Wird kein Fahrtenbuch geführt und läßt sich der Anteil der privat gefahrenen km auch nicht anders nachweisen, so ist der geldwerte Vorteil wahlweise mit 30-35 % der Gesamtkosten des Fahrzeugs oder monatlich mit 1 % des Bruttolistenpreises (zzgl. Sonderausstattung) anzusetzen.

Beispiel:
Listenpreis 50 TDM (mit Umsatzsteuer), Nutzungsdauer fünf Jahre, laufende Kosten –,50 DM/km; Fahrleistung: betrieblich 15.000 km, Fahrten zwischen Wohnung und Arbeitsstätte 5.000 km, übrige Privatfahrten 10.000 km.

1. Methode: Ansatz der tatsächlichen Kosten/km für Privatfahrten
   a) Fahrten zwischen Wohnung und Arbeitsstätte 5.000km –,52DM/km = 2.600,– DM
   b) Übrige Privatfahrten
      Lfd. Kosten = –,50DM/km
      10.000km 5.000,–DM

Abschreibung = 3.333,–DM

10.933,–DM

Steuerliche Behandlung der versicherten Versorgungsleistungen beim Arbeitnehmer und Arbeitgeber

	Pensionsverpflichtung	Unterstützungskasse	Direktversicherung	Pensionskasse
Lohnsteuerpflicht der Finanzierungsleistungen	Zuführung nicht lohnsteuerpflichtig –	Zuwendungen nicht lohnsteuerpflichtig –	Pauschale Versteuerung durch Unternehmen möglich, sonst Vorsorgeaufwendung im Rahmen der Höchstbeträge	
Pauschsteuerregelung			Für Beträge bis zu 3.000 DM jährlich für jeden Arbeitnehmer oder einen durchschnittlichen Betrag bis zu 3.000 DM jährlich, wobei der einzelne Betrag 4.200 DM jährlich nicht übersteigen darf. Für Beiträge anläßlich des Ausscheidens des Arbeitnehmers vervielfacht sich der Betrag von 3.000 DM mit der Anzahl der abgeleisteten Dienstjahre abzügl. der pauschal besteuerten Beiträge des laufenden und der 6 vorangegangenen Kalenderjahre (§ 40b EStG)	
Rentenleistungen beim Betriebsangehörigen	Lohnsteuerpflichtig, jedoch Freibetrag von 40% (höchstens 4.800 DM jährlich) nach § 19 Abs.2 EStG		Rentenbesteuerung nach § 22 EStG	
Kapitalleistungen beim Betriebsangehörigen	Lohnsteuerpflichtig, jedoch Freibetrag von 40% (höchstens 4.800 DM jährlich) nach § 19 Abs.2 EStG. Drittelung der Einkünfte und Verdreifachung der hierauf entfallenden Einkommensteuer möglich (§ 34 Abs.3 EStG		Nicht steuerpflichtig; Ausnahme: Zinsen, sofern die Versicherung nach dem 31.12.1973 abgeschlossen und nach Form oder Mindestlaufzeit nicht nach § 10 EStG sonderausgabenbegünstigt	Nicht steuerpflichtig

Abb. 9.18: Steuerliche Behandlung der versicherten Versorgungsleistungen beim Arbeitnehmer und Arbeitgeber

2. Methode: Ansatz von –,52 DM/km für übrige Privatfahrten
   a) Fahrten zwischen Wohnung und Arbeitsstätte – wie oben – 2.600,– DM
   b) Übrige Privatfahrten 10.000km 0,52DM/km 5.200,– DM

   7.800,– DM

3. Methode: Ansatz von 30-35%
   a) Fahrten zwischen Wohnung und Arbeitsstätte – wie oben – 2.600,– DM
   b) Übrige Privatfahrten
      Lfd. Kosten = –,50DM/km
      30.000km = 15.000,–DM
      Abschreibung =
      50TDM/5 J = 10.000,– DM

   30% von 25.000,– DM 7.500,– DM

   10.100,– DM

4. Methode: Ansatz von monatlich 1% des Listenpreises für übrige Privatfahrten
   a) Fahrten zwischen Wohnung und Arbeitsstätte – wie oben – 2.600,– DM
   b) Übrige Privatfahrten 1% von 57.500 DM x 12 Monate 6.900,–DM

   9.500,–DM

Die günstigste Methode ist hier die Nr. 2. Der Arbeitnehmer darf die für ihn günstigste Methode wählen und kann somit seine Lohnsteuer beeinflussen.

Es besteht eine Umsatzsteuerpflicht der Privatnutzung des Dienstwagens

Umsatzsteuerlich gesehen, erbringt der Arbeitgeber eine sonstige Leistung (Vermietung eines PKW), die der Umsatzsteuer mit dem Regelsteuersatz von 15% unterliegt. Das Entgelt (die Gegenleistung) des Arbeitnehmers besteht in einem

9

Möglichkeiten der Lohnsteuer-Pauschalierung

Gesetzliche Vorschrift	§ 40 EStG			§ 40 a EStG			§ 40b EStG	
	Abs. 1 Nr. 1	Abs. 1 Nr. 2	Abs. 2	Abs. 1	Abs. 2	Abs. 3	Abs. 1	Abs. 3
Begünstigter Arbeitslohn	Sonstige Bezüge (bis 2.000 DM je Arbeitnehmer und Kalenderjahr)	Lohnsteuernacherhebung (ohne Beitragsgrenze)	– Arbeitstägliche Mahlzeiten – Steuerpflicht. Betriebsveranstaltungen – Erholungsbeihilfen (Obergrenzen) – Fahrten zwischen Wohnung und Arbeitsstätte (Obergrenze § 9 EStG)	Kurzfristige Beschäftigung	Laufende Beschäftigung	Aushilfskräfte in der Land- und Forstwirtschaft	– Direktversicherung – Pensionskasse bis 3.000 DM jährlich	Gruppenunfallversicherung bis 120 DM pro Arbeitnehmer und Jahr
und Anforderungen	Ermittlung der Lohnsteuer nach der Lohnsteuerkarte muß schwierig oder unverhältnismäßig aufwendig sein Antrag des Arbeitgebers und Genehmigung durch das Betriebsstättenfinanzamt erforderlich			bis – 18 Tage – 120 DM/ Tag oder unvorhersehbarer Einsatz – 19,60 DM Stundenlohn	bis – 86 Stunden mtl. – 560 DM mtl. – 19,60 DM Stundenlohn			
Lohnsteuersätze	Durchschnittlicher Nettosteuersatz		25 v. H./ bzw. 15 v. H. (Fahrten zw. Wohnung u. Arbeit) § 40a EStG	25 v. H.	15 v. H.	3 v. H.	15 v. H.	15 v. H.

Abb. 9.19: Möglichkeiten der Lohnsteuer-Pauschalierung

Anteil seiner Arbeitsleistung. Bewertet wird der Umsatz mit dem lohnsteuerlichen Wert, wobei zu beachten ist, daß dieser die Umsatzsteuer enthält.
Die Umsatzsteuer beträgt demnach:
Methode 1:
10.933 DM x 13,04% = 1.425,60 DM
Methode 2:
7.800 DM x 13,04% = 1.017,12 DM
Methode 3:
10.100 DM x 13,04% = 1.317,04 DM
Methode 4:
9.440 DM x 13,04% = 1.230,98 DM

Steuerfreie Zuwendungen an Arbeitnehmer

Die nachfolgenden Zuwendungen darf der Arbeitgeber steuerfrei an den Arbeitnehmer leisten.
- Aufmerksamkeiten:
  Sachzuwendungen bis zu 60 DM
- berufliche Weiterbildung, wenn überwiegend im betrieblichen Interesse*
- typische Berufskleidung, unentgeltliche Gestellung; Entschädigungen nur unter besonderen Voraussetzungen*
- übliche Betriebsveranstaltungen, Sachleistungen bei überwiegend eigenbetrieblichem Interesse 200 DM
- Dienstreisen, volles Tagegeld bei eintägigen Reisen 35 DM
  volles Tagegeld bei mehrtägigen Reisen 46 DM
- Direktversicherungen, Pauschalierung mit 15% bis zu 3.000 DM
  bei Sammelversicherungen bis zu 4.200 DM
- doppelte Haushaltsführung,
  Mehraufwand für Verpflegung 46 bzw. 16 DM
  Kosten der Zweitwohnung täglich 39 bzw. 8 DM
- Entlassung aus einem Dienstverhältnis
  Abfindung steuerfrei bis 24.000 DM
  bei vollendetem 50. Lebensjahr und 15jährigem Dienstverhältnis bis 30.000 DM
  bei vollendetem 55. Lebensjahr und 20jährigem Dienstverhältnis 36.000 DM
- Fahrtkosten bei Dienstreisen, Dienstgängen und bei Einsatzwechseltätigkeit (20km und Drei-Monats-Grenze) je Fahrtkilometer mit Privatkraftfahrzeug 0,52 DM
- Firmenwagen für Privatfahrten,
  Schätzung mit monatlich 1% des Kaufpreises oder 30-35% der Gesamtkosten
- Firmenwagen für Fahrten zwischen Wohnung und Arbeitsstätte,
  geldwerter Vorteil je Entfernungskilometer 0,52 DM
  Privatwagen für Fahrten zwischen Wohnung und Arbeitsstätte,
  Pauschalierung möglich mit 15% oder je Entfernungskilometer 0,52 DM
  Pauschalierung auch bei Zuschüssen bis zur Höhe der Pauschbeträge
- Geburtshilfen (Drei-Monats-Frist) je Kind 700 DM
- Heiratsbeihilfen (Drei-Monats-Frist) 700 DM
- Jubiläumsgeschenke
  bei 10jährigem Arbeitnehmerjubiläum 600 DM
  bei 25jährigem Arbeitnehmerjubiläum 1.200 DM
  bei 40-, 50- oder 60jährigem Arbeitnehmerjubiläum, ggf. vorweggenommene Zahlungen bis zu 5 Jahren vor dem Jubiläum 2.400 DM
  bei 25jährigem – oder einem mehrfachen davon – Bestehen der Firma des Arbeitgebers (Geschäfts-oder Firmenjubiläum) 1.200 DM
  (gilt auch für solche Arbeitnehmer, die wegen Erreichung der Altersgrenze oder wegen Berufsunfähigkeit nicht mehr im Dienstverhältnis stehen oder deren Dienstverhältnis wegen Grundwehr- oder Zivildienst ruht)
- Rabatte bei der verbilligten Abgabe von Waren und Dienstleistungen bis zu 2.400 DM
  außerdem Kürzung des Preises um 4%
- Reisenebenkosten, z.B. Telefon, Einzelnachweis erforderlich *
- Sammelbeförderung unter weiteren Voraussetzungen *
- Übernachtungskosten bei Dienstreisen im Inland 39 DM
- Umzugskosten: Einzelnachweis erforderlich *
- Zinsersparnisse aus Arbeitgeberdarlehen
  bei Darlehen bis 5.000 DM
  Zinsersparnisse sind anzunehmen, soweit der Zinssatz unter 6% liegt

* in tatsächlich angefallener Höhe steuerfrei

9

Lohnsteuerliche Gestaltungsmöglichkeiten

Ehegatten-Arbeitsverhältnis

Vor allem bei mittelständischen Unternehmen und freiberuflichen Praxen sind Ehegatten-Arbeitsverhältnisse steuerlich günstig. Das Arbeitsverhältnis muß jedoch tatsächlich bestehen. Die *steuerlichen Vorteile* liegen auf der Hand:
- Der Arbeitgeber-Ehegatte kann die Gehaltszahlungen (einschl. des von ihm zu erbringen-

den Anteils zur Sozialversicherung) und freiwillige Sozialleistungen (z.B. die Beiträge für eine Direktversicherung) *gewinnmindernd* abziehen. Bei der *Gewerbesteuer* führt dies zu einer endgültigen Steuerersparnis.

- Bei der Einkommensteuer werden zwar die Einkünfte der Ehegatten bei der Zusammenveranlagung zusammengerechnet, trotzdem ergibt sich aber auch hier eine Steuerentlastung, weil der Arbeitnehmer-Ehegatte von seinem Bruttoarbeitslohn den *Arbeitnehmer-Pauschbetrag von 2.000 DM* abziehen kann. Außerdem können *Werbungskosten,* die über diesen Betrag hinausgehen, abgesetzt werden.
- Wird der Arbeitnehmer-Ehegatte nur in geringem Umfang und gegen geringen Arbeitslohn tätig, kann die *Lohnsteuer* – anstelle des normalen Steuerabzugs aufgrund einer vorgelegten Lohnsteuerkarte – mit einem auf den Arbeitslohn bezogenen *Pauschsteuersatz* berechnet werden (§ 40a EStG). Dies ist zulässig, wenn noch andere Arbeitnehmer beschäftigt sind. Der Vorteil dieser Gestaltung liegt darin, daß der Arbeitgeber-Ehegatte die Lohnsteuer als Schuldner übernimmt. Folge: Bei der Zusammenveranlagung wird der Arbeitslohn nicht angesetzt; die an sich darauf entfallende Einkommensteuer ist *abgegolten.* Die Steuerersparnis fällt um so günstiger aus, je höher der Grenzsteuersatz ist.
- Günstig ist die Vereinbarung von Versorgungsleistungen aus einer *Direktversicherung* oder *Pensionszusage.* Die Beiträge, die der Arbeitnehmer-Ehegatte an eine Lebensversicherung oder Pensionskasse zusätzlich zum vertraglichen Arbeitslohn bis zu einem Jahresbetrag von *3.000 DM* – evtl. auch 4.200 DM – bezahlt, müssen lediglich *pauschal* der Lohnsteuer unterworfen werden (§ 40b EStG).

  Der Steuervorteil bei einer Pensionszusage besteht darin, daß der Gewinn des Unternehmens sofort um die Zuführungsbeträge zur Pensionsrückstellung gemindert wird, während der Arbeitnehmer-Ehegatte die Pension erst versteuern muß, wenn sie ihm tatsächlich ausgezahlt wird, also erst in der Zukunft. Nach heutiger Rechtslage steht ihm dann der *Versorgungsfreibetrag* in Höhe von 40% der Bezüge, höchstens 4.800 DM jährlich, zu.

Weitere *Einkommensteuer-Ersparnisse* ergeben sich u. a. durch

- Zuschläge für Sonntags-, Feiertags- und Nachtarbeit (§ 3b EStG);
- Jubiläumszuwendungen (§ 4 LStDV);
- Heirats- und Geburtsbeihilfen, auch wenn der Arbeitgeber-Ehegatte Vater des Kindes ist (§ 3 Nr.15 EStG).

Angestellte Gesellschafter/Geschäftsführer (GF) einer GmbH

Im Gegensatz zu den Einzelunternehmern und Mitunternehmern bei Personengesellschaften wie OHG, KG, GbR, bei denen alles, was ihnen aus dem Betrieb zufließt, „Gewinn" ist (und als Einkünfte aus Gewerbebetrieb auch der Gewerbesteuer unterliegt), können die Inhaber von Anteilen an Kapitalgesellschaften wie GmbH von dieser Gesellschaft auch Arbeitslohn beziehen, den diese einschließlich aller Zusatzleistungen als Betriebsausgabe absetzen kann.

Der GmbH-GF muß einen Arbeitsvertrag mit der GmbH abschließen, an der er beteiligt ist. Ihm stehen alle steuerlichen Rechte eines typischen Arbeitnehmers zu, d.h., alles, was üblich, angemessen und vereinbart ist, kann lohnsteuerlich Arbeitslohn sein. Was dem GF zufließt, mindert den Gewinn der GmbH. Überhöhte Leistungen dürfen jedoch den Gewinn nicht mindern, dies kann sonst zu verdeckten Gewinnausschüttungen und damit auch zu steuerlichen Nachteilen bei der Körperschaftsteuer auch im Verlustfall und bei Verlustvorträgen führen.

Ist der GF zu weniger als 50% am Kapital beteiligt, wird er als typischer Arbeitnehmer sozialversicherungspflichtig. Die GmbH hat ihm dann lohnsteuerfreie (§ 3 Nr.62 EStG) Zuschüsse zur Krankenversicherung (KV) und Rentenversicherung (RV) zu zahlen.

Da die GmbH als Arbeitgeber zusätzlich den gleichen Sozialversicherungsanteil aufwenden muß und diesen auch als Betriebsausgabe absetzen kann, kann sie durch ersparte Steuern dem GF eine gesetzliche Altersversorgung aufbauen und ihn auch in die gesetzliche KV bringen. Die Beitragspflicht zur Arbeitslosenversicherung (AV) entfällt bei einer Beschäftigung unter 18 Stunden pro Woche.

Die Verpflichtung zur gesetzlichen KV und RV besteht nicht, wenn der GF als „beherrschender Gesellschafter" mindestens 50% GmbH-Anteile hält. Er wird dann steuerlich als „Unternehmer" und nicht mehr als „Arbeitnehmer" betrachtet. In diesem Fall sind Zuschüsse der GmbH zu KV und RV (private und gesetzliche) des GF lohnsteuerpflichtig.

Für die GF von GmbH's können wie für Arbeitnehmer-Ehegatten auch Direktversicherungen (pauschalversteuert mit 15% LSt) abgeschlossen und Pensionszusagen (Rückstellungen) gemacht werden; gegebenenfalls mit Rückdeckung durch eine Lebensversicherung.

Veranlagung von Arbeitnehmern

Wer Lohnsteuer zahlt, hat in einer Reihe von Fällen dennoch eine Einkommensteuererklärung abzugeben (§§ 46 EStG, 56 EStDV), z. B.
- bei einem Gesamtbetrag der Einkünfte von über 27.000 DM (bei Zusammenveranlagung von Ehegatten 54.000 DM, wenn nur einer der Ehegatten Einkünfte aus einem Dienstverhältnis hat);
- wenn die nicht der Lohnsteuer unterworfenen Einkünfte über 800 DM betragen;
- wenn beide Ehegatten Arbeitslohn beziehen und bei einem Lohnsteuer nach der Steuerklasse V oder VI einbehalten worden ist;
- wenn einer der Ehegatten getrennte Veranlagung nach §§ 26, 26a EStG beantragt;
- wenn bestimmte Kinder- und Sonderausgabenvorschriften berücksichtigt werden sollen;
- bei Beendigung der Ehe durch Scheidung und Tod;
- bei Heirat.

Körperschaftsteuer

Der Gewinn als das Einkommen der juristischen Personen unterliegt der Körperschaftsteuer (KSt); daher wird diese Steuer allgemein auch als die Einkommensteuer der juristischen Personen bezeichnet. Mit der Einkommensteuer natürlicher Personen besitzt die KSt große Ähnlichkeit, was sich nicht zuletzt darin ausdrückt, daß viele Bestimmungen des Einkommensteuergesetzes auch für die Körperschaftsteuer relevant sind.
Steuersystematisch wird die KSt zu den Personensteuern gezählt und ist wie alle Personensteuern nicht als Betriebsausgaben abzugsfähig; wirtschaftlich läßt sie sich aber als Objektsteuer verstehen, da sie den Reinertrag des Objektes *Betrieb* besteuert.

Steuerpflicht

Der Körperschaftsteuer (KSt) unterliegen nach § 1 Abs. 1 Nr. 1 KStG
- Kapitalgesellschaften: Aktiengesellschaften (AG); Kommanditgesellschaften auf Aktien, Gesellschaften mit beschränkter Haftung (GmbH), Kolonialgesellschaften, bergrechtliche Gewerkschaften;
- Erwerbs- und Wirtschaftsgenossenschaften;
- Versicherungsvereine auf Gegenseitigkeit;
- sonstige juristische Personen des privaten Rechts;
- nichtrechtsfähige *Vereine,* Anstalten, Stiftungen und andere Zweckvermögen des privaten Rechts;
- Betriebe gewerblicher Art von juristischen Personen des öffentlichen Rechts.

Diese Körperschaften sind unbeschränkt steuerpflichtig, wenn sie ihre Geschäftsleitung oder ihren Sitz im Inland haben. Die unbeschränkte Steuerpflicht ist sachlich und erstreckt sich auf sämtliche inländischen und ausländischen Einkünfte (§ 1 Abs. 2 KStG). Sie entspricht der unbeschränkten Steuerpflicht für natürliche Personen nach dem EStG.

Abgrenzung des körperschaftsteuerlichen Einkommens

Ebenso wie die Einkommensteuer bemißt sich auch die Körperschaftsteuer nach der Höhe des zu versteuernden Einkommens, das ein Betrieb innerhalb eines Kalender- bzw. Wirtschaftsjahres erwirtschaftet hat (§ 7 Abs.1 und 3 KStG). 9
Zwar richtet sich die Berechnung des körperschaftsteuerlichen Einkommens grundsätzlich nach den *Vorschriften des Einkommensteuergesetzes* über die Gewinnermittlung, Bewertung, Absetzung für Abnutzung etc., gleichwohl deckt sich das körperschaftliche Einkommen nicht mit dem einkommensteuerlichen Einkommen.
Einkommen i. S. d. Körperschaftsteuergesetzes kann alle Einkunftsarten umfassen, außer Einkünften aus unselbständiger Arbeit. Bei Vereinen kommen z. B. häufig Einkünfte aus Kapitalvermögen oder aus Vermietung und Verpachtung in Betracht. Bei Kapitalgesellschaften und anderen Körperschaftsteuerpflichtigen, die nach dem HGB Bücher zu führen haben, sind alle Einkünfte als Einkünfte aus Gewerbebetrieb zu behandeln (§ 8 Abs. 2 KStG). Die Möglichkeit, Sonderausgaben geltend zu machen, entfällt.
Ferner ist zu berücksichtigen, daß Kapitalgesellschaften als juristische Personen, im Gegensatz zu Personengesellschaften, eine eigene Rechtspersönlichkeit besitzen, mit der Folge, daß sie privatrechtliche Verträge mit ihren Gesellschaftern abschließen können, deren Folgekosten, wie z. B. Gehälter, grundsätzlich auch steuerlich als Betriebsausgabe anerkannt werden.

Überblick über die Besteuerung bei der Gesellschaft und beim Gesellschafter

Die von einer Kapitalgesellschaft erzielten Gewinne unterliegen bei dieser als eigenständiger juristischer Person der Besteuerung vom Einkommen nach Maßgabe des KStG. Deswegen können z. B. die von einer GmbH erzielten Einkünfte nicht unmittelbar bei den Gesellschaftern besteuert werden. Sind die Gesellschafter einer Kapitalgesellschaft zugleich deren Arbeitnehmer, gehören die gezahlten Löhne und Gehälter grundsätzlich zu den Betriebsausgaben der Gesellschaft.

Die Gesellschafter beziehen insoweit Einkünfte aus nichtselbständiger Arbeit. Miet-, Pacht- und Darlehnsverträge zwischen Gesellschafter und Gesellschaft führen dementsprechend ebenfalls zu entsprechenden Einkünften der Gesellschafter und somit zu Betriebsausgaben der Gesellschaft.

Die KSt ist gem. § 10 Nr.2 KStG bei der Ermittlung des Einkommens der Kapitalgesellschaft nicht abziehbar. Insoweit besteht Übereinstimmung mit der Besteuerung natürlicher Personen.

Eine Besteuerung des von der Kapitalgesellschaft erzielten Gewinns bei den Gesellschaftern kommt nur dann und insoweit in Betracht, als die
9 Gesellschaft Gewinne an die Gesellschafter ausgeschüttet hat.

Aufgrund des gemäß den Rechtsvorschriften zu treffenden Gewinnverteilungsbeschlusses erfolgt die Ausschüttung (Gutschrift) an die Gesellschafter. Im Zeitpunkt des Zuflusses bezieht der Gesellschafter mit diesen Gewinnanteilen/Dividenden Einkünfte aus Kapitalvermögen i. S. des § 20 Abs.1 Nr.1 EStG. Damit erwirbt er zugleich einen Anspruch auf Anrechnung der darauf entfallenden und bei der Ausschüttung einbehaltenen KSt auf seine persönliche ESt-Schuld (vgl. § 36 Abs.2 Nr.3 EStG). (siehe auch den Unterabschnitt „Anrechnungsverfahren" weiter unten)

Die zunächst von der Kapitalgesellschaft entrichtete KSt wird damit bei dem Gesellschafter angerechnet. Die Begründung des KSt-Anrechnungsanspruchs beim einzelnen Gesellschafter hat also dieselbe Auswirkung, als ob der einzelne Gesellschafter eine entsprechende ESt-Vorauszahlung entrichtet hätte. Durch dieses Verfahren der körperschaftsteuerlichen Anrechnung wird im Ergebnis erreicht, daß auch die von einer Kapitalgesellschaft erzielten und ausgeschütteten Gewinne letztendlich nur einmal, und zwar beim Gesellschafter, besteuert werden.

Ermittlung des zu versteuernden Einkommens einer Kapitalgesellschaft (§ 7 Abs.1 KStG)

Bemessungsgrundlage

Bemessungsgrundlage für die tarifliche KSt ist das zu versteuernde Einkommen (§ 7 KStG), das sich aus dem Einkommen i. S. des § 8 KStG nach Abzug der Freibeträge (§§ 24 und 25 KStG) ergibt. Bei der steuerlichen Gewinnermittlung sind die steuerlichen Bilanzierungsvorschriften zu beachten. Da diese zum Teil von den handelsrechtlichen Vorschriften abweichen, ergeben sich Unterschiede in der Höhe des Gewinnes laut Handels- und Steuerbilanz. Außerdem weicht der steuerliche Gewinnbegriff in § 4 Abs. 1 EStG vom handelsrechtlichen Begriff *Bilanzgewinn* ab. Daher sind Korrekturen am Handelsbilanz-Gewinn erforderlich.

Handelsrechtlich ermittelt sich der *Bilanzgewinn* wie folgt:

Jahresüberschuß bzw. Jahresfehlbetrag laut Handelsbilanz
+/– Gewinn- bzw. Verlustvortrag
\+ Entnahmen aus Kapitalrücklagen bzw. Gewinnrücklagen
– Einstellungen in Gewinnrücklagen

= Bilanzgewinn bzw. Bilanzverlust (vgl. § 158 Abs. 1 AktG)

Aus dieser Verweisungskette ergibt sich bei einer GmbH und AG im Prinzip folgende Gleichung:

Zu versteuerndes Einkommen = Einkommen = Einkünfte aus Gewerbebetrieb = Gewinn = aus der Handelsbilanz abgeleiteter Steuerbilanzgewinn, ggf. modifiziert durch die Spezialvorschriften des KStG.

Korrektur der Gewinnermittlung durch das KStG
1. Bilanzgewinn/-verlust
2. \+ verdeckte Gewinnausschüttungen und Ausschüttungen jeder Art (§ 8 Abs.3 KStG)
3. \+ nichtabzugsfähige Aufwendungen gemäß § 10 KStG
4. \+ anzurechnende KSt auf vereinnahmte Kapitalerträge
5. \+ Zuführung zu den Rücklagen
6. – nicht steuerpflichtige Vermögensmehrung
7. – Sanierungsgewinne

Weiterentwicklung zum zu versteuernden Einkommen (Abschn. 26 a KStR)
1. Summe der Einkünfte aus den einzelnen Einkunftsarten
2. – Verlustabzugsbetrag (§ 2a Abs.3 Satz1 EStG)
3. \+ Hinzurechnungsbetrag (§ 2 Abs.1 Satz 3 AIG)
4. = Summe der Einkünfte

---

5. – Ausbildungsplatz-Abzugsbetrag
6. – Freibetrag bei Einkünften aus Land- und Forstwirtschaft
7. – ausländische Steuern vom Einkommen (§ 26 KStG i.V.m. § 34c EStG)
8. – Spenden und Beiträge (§ 9 Nr.3 KStG)
9. \+ zuzurechnendes Einkommen von Organgesellschaften (§§ 14, 17, 18 KStG)

10.= Gesamtbetrag der Einkünfte

11. – ggf. Ausgaben im Sinne von § 10 Abs. 1 Nr. 6 EStG, soweit nicht als Betriebsausgaben oder Werbungskosten abziehbar
12. – Verlustabzug (§ 10 d EStG, § 2 Abs. 1 Satz 2 AIG, § 2 a Abs. 3 Satz 2 Abs. 5, 6 EStG)

---

13. = Einkommen
14. – Freibetrag für bestimmte Körperschaften (§ 24 KStG)
15. – Freibetrag für Erwerbs- und Wirtschaftsgenossenschaften sowie Vereine, die Land- und Forstwirtschaft betreiben (§ 25 KStG)

---

16. = Zu versteuerndes Einkommen

Freibeträge für bestimmte unbeschränkt steuerpflichtige Körperschaften (§ 24 KStG), Personenvereinigungen und Vermögensmassen betragen 7.500 DM (höchstens jedoch in Höhe des Einkommens) während der ersten 10 Jahre nach Gründung, sowie für bestimmte Erwerbs- und Wirtschaftsgenossenschaften sowie Vereine, die Land- und Forstwirtschaft betreiben (§ 25 KStG), 30.000 DM (höchstens jedoch in Höhe des Einkommens).

Beispiel:

Steuerbilanzgewinn	850.000 DM
– Gewinnvortrag	– 180.000 DM
– steuerfreie Zinsen (§ 3a EStG)	– 10.000 DM
+ damit zusammenhängende Aufwendungen	+ 200 DM
+ Vermögensteuer (§ 10 Nr.2 KStG)	+ 14.800 DM
+ Körperschaftsteuer (§ 10 Nr. 2 KStG)	+ 825.000 DM
+ Geldbuße (§ 4 Abs.5 Nr.8 EStG)	+ 20.000 DM
+ Geldstrafe (§ 10 Nr.3 KStG)	+ 100.000 DM
+ Spenden, gezahlt	+ 180.000 DM
= körperschaftsteuerlicher Gewinn	1.800.000 DM
– abziehbare Spenden	– 150.000 DM
= zu versteuerndes Einkommen	1.650.000 DM

Steuersätze (Tarif)
Die Tarife gemäß § 23 KStG betragen ab dem Veranlagungszeitraum 1990:
1. 50% vom zu versteuernden Einkommen bei:
– unbeschränkt steuerpflichtigen Kapitalgesellschaften (Aktiengesellschaften, Kommanditgesellschaften auf Aktien, Gesellschaften mit beschränkter Haftung, bergrechtlichen Gewerkschaften);
– Körperschaften und Personenvereinigungen, deren Leistungen bei dem Empfänger zu den Einkünften aus Kapitalvermögen i. S. d. § 20 Abs. 1 Nr. 1 oder 2 des EStG gehören;
– Stiftungen im Sinne des § 1 Abs. 1 Nr. 4 und 5 KStG (Stiftungen des privaten Rechts).
2. 46% des zu versteuernden Einkommens bei:
– unbeschränkt stpfl. Körperschaften, Personenvereinigungen und Vermögensmassen i. S. d. § 1 Abs. 1 Nr. 3 bis 6 KStG (mit Ausnahme der oben angeführten);
– beschränkt stpfl. Körperschaften, Personenvereinigungen und Vermögensmassen i. S. d. § 2 Nr. 1 KStG.
3. 36% als Ausschüttungsbelastung des ausgeschütteten Gewinns vor Abzug der KSt bei Ausschüttung durch unbeschränkt stpfl. Kapitalgesellschaften (§ 27 Abs. 1 KStG) oder sonstige unbeschränkt stpfl. Körperschaften (§ 43 KStG).
Ein Solidaritätszuschlag fällt an 1991, 1992 und 1995.
Ab 1994 beträgt die:

Tarifbelastung bei Gewinneinbehaltung	45%
und die Ausschüttungsbelastung	30%

9

Anrechnungsverfahren
(Anrechnung der KSt auf die ESt der Gesellschafter)
Während einerseits die Gewinne der Kapitalgesellschaften der Körperschaftsteuer unterliegen, sie andererseits aber im Falle der Ausschüttung beim Anteilseigner in Form der Einkommensteuer (bzw. Körperschaftsteuer) erneut besteuert werden, stellt sich das Problem der *wirtschaftlichen Doppelbesteuerung* der Gewinne von Körperschaften.
Das geltende Körperschaftsteuergesetz vermeidet diese Doppelbelastung, indem es die auf Ausschüttungen der Körperschaften lastende Körperschaftsteuer grundsätzlich auf die Einkommensteuer (bzw. Körperschaftsteuer, wenn der Gesellschafter wiederum eine juristische Person ist) der Ausschüttungsempfänger anrechnet. Die Grundkonzeption ist dabei folgende:
– Die Körperschaftsteuer beträgt grundsätzlich 50% (bis Veranlagungszeitraum 1989: 56%, ab 1994: 45%); dieser Steuersatz wird als *Tarifbelastung* bezeichnet.
– Die Körperschaftsteuer beträgt bei Ausschüttungen immer 36% (ab 1994: 30%) *Ausschüttungsbelastung.* Das führt bei bisher mit 50% (bzw. 56%) besteuerten Gewinnanteilen zu einer Herabschleusung und einem Körperschaftsteuer-Guthaben; soweit die Ausschüttung auf bisher der Körperschaftsteuer nicht unterliegende Vermögensmehrungen entfällt, ist eine Hinaufschleusung von 0% auf 36% erforderlich, so daß eine Körperschaftsteuer-Erhöhung eintritt.
– Die Körperschaftsteuer wird beim Anteilseigner in Höhe der Ausschüttungsbelastung von 36%

(ab 1994: 30%) auf seine Einkommensteuer- bzw. Körperschaftsteuer-Schuld angerechnet.
Im Ergebnis führt das geltende Körperschaftsteuerrecht dazu, daß nur noch der nicht ausgeschüttete Gewinn (außerdem jedoch auch die nicht abziehbaren Aufwendungen) mit Körperschaftsteuer belastet ist, während ausgeschüttete Gewinne lediglich mit der persönlichen Einkommen- bzw. Körperschaftsteuer des Anteilseigners belastet werden.
Unter *Anrechnungsverfahren* ist zum einen die *Herstellung der Ausschüttungsbelastung* bei der ausschüttenden Gesellschaft (§§ 27 bis 47 KStG) und zum anderen die *Anrechnung der Körperschaftsteuer* bei den Anteilseignern zu verstehen.
Das folgende Rechenmodell geht von den ab
9 1994 geltenden Tarifen und einem zu versteuernden Gewinn von 100 DM aus, so daß alle Zahlen in der Modellrechnung zugleich als Prozentpunkte interpretiert werden können:

1. Gewinn vor Körperschaftsteuer		100 DM
2. ./. Körperschaftsteuer 45% (gem. § 23 Abs. 1 KStG)		45 DM
3. mit Körperschaftsteuer belasteter Betrag (– verwendbares Eigenkapital)		55 DM
4. Minderung der Körperschaftsteuer bei Ausschüttung		
– Tarifbelastung	45 DM	
– Ausschüttungsbelastung 30%	30 DM	15 DM
5. Ausschüttbarer Gewinn (= Bardividende)		70 DM
6. verbleibende Ausschüttungsbelastung		
Gewinn vor KSt	100 DM	
– Ausschüttbarer Gewinn	70 DM	30 DM

Die Bardividende muß gemäß §§ 49 Abs. 1 KStG und 43 Abs. 1 Ziff I EStG von der ausschüttenden Körperschaft grundsätzlich noch um 25% Kapitalertragsteuer (KESt) gekürzt werden.

Bardividende	70,00 DM
./. 25% KESt (von 70 DM)	17,50 DM
Auszahlung an Anteilseigner	52,50 DM

Die Entlastung der ausgeschütteten Gewinne von KSt und KESt erfolgt auf der Ebene der Anteilseigner grundsätzlich durch Anrechnung (§ 36 Abs. 2 Ziff. 3 EStG) auf die jeweils persönliche Einkommensteuerschuld. Die Bestimmungen des Einkommensteuergesetzes über die Anrechnung und Vergütung der KSt bzw. KESt gelten grundsätzlich auch für Körperschaften (vgl. § 49 Abs. 1 KStG).

Der Ertrag des Anteilseigners setzt sich aus zwei Teilen zusammen:
- der *Bardividende* und
- der *anrechenbaren KSt und KESt.*

Die Besteuerung der Ausschüttungen beim Anteilseigner ist nach folgendem Berechnungsschema vorzunehmen:

steuerpflichtige Einnahme:	
Auszahlung	52,50 DM
einbehaltene KSt	30,00 DM
dgl. KESt	17,50 DM
insgesamt	100,00 DM

Die angenommene ESt.-Belastung des Anteilseigners beträgt 34%, womit gilt:

34% von 100 DM =		34,00 DM
./. anzurechnende KSt	30,00 DM	
dgl. KESt	17,50 DM	47,50 DM
Erstattungsanspruch des Anteilseigners	./.	13,50 DM

Umsatzsteuer

Der Charakter der Umsatzsteuer

Die Umsatzsteuer ist steuertechnisch als *Verkehrsteuer* ausgestaltet; sie wirkt wirtschaftlich aber als eine allgemeine *Verbrauchsteuer,* die den Endverbrauch aller Leistungen des Wirtschaftsverkehrs belasten soll und indirekt erhoben wird.
Verkehrsteuern knüpfen an Vorgänge des Rechts- oder Wirtschaftsverkehrs an. Steuerobjekt ist der Verkehrsvorgang selbst. Bei der Umsatzsteuer wird der wirtschaftliche Leistungsaustausch als Verkehrsvorgang besteuert, der darin besteht, daß Unternehmer Leistungen gegen Entgelt erbringen.
Als allgemeine Verbrauchsteuer erfaßt die Umsatzsteuer den *Endverbrauch* von Gütern und Leistungen aller Art. Besteuert wird die wirtschaftliche Kraft des Verbrauchers, die in der Verwendung von Einkommen oder Vermögen zum Erwerb von Gütern und sonstigen Leistungen besteht.
Entsprechend dem Doppelcharakter der Umsatzsteuer als Verkehrsteuer und als Verbrauchsteuer sind Steuer*schuldner* und Steuer*träger* verschiedene Personen. Steuerschuldner ist der *Unternehmer,* der Lieferungen und sonstige Leistungen erbringt, also den besteuerten Verkehrsvorgang ausführt. Steuerträger, also der mit der Umsatzsteuer wirtschaftlich Belastete, ist der

Verbraucher, der Endabnehmer (Konsument) der Lieferungen und sonstigen Leistungen. Diese Wirkung wird durch die Überwälzung der Umsatzsteuer erreicht: Der Unternehmer entrichtet zwar die Steuer, bleibt aber unbelastet, da er die Steuer seinem Abnehmer weiterberechnet. Da nur ein Endverbraucher als Leistungsempfänger mit der Umsatzsteuer belastet sein soll, bedarf es bei Abnehmern, die Unternehmer sind, einer Aufhebung der Belastungswirkung. Dies wird durch den Vorsteuerabzug erzielt. Im unternehmerischen Bereich wirkt sich die Umsatzsteuer daher grundsätzlich erfolgsneutral aus.

Umsatzsteuersystem
Die Umsatzsteuer hat das Wesen einer Allphasensteuer. Das bedeutet, daß sie alle Stufen des wirtschaftlichen Prozesses erfaßt: der Produzent, der Großhändler, der Einzelhändler zahlen jeweils auf ihrer Umsatzstufe Steuer. Da nur der Unternehmer Steuerschuldner ist, kann das Gesetz im verfahrensrechtlichen Bereich die Steuer als Selbstveranlagungssteuer gestalten: Der Unternehmer gibt eine Steueranmeldung beim Finanzamt ab, in der er die Zahllast der Umsatzsteuer selbst errechnet und den Zahlungsbetrag zum gesetzlich bestimmten Fälligkeitstage entrichtet. Auf diese Weise entlastet die Wirtschaft die Finanzverwaltung, indem sie – gesetzlich veranlaßt – die Ermittlung übernimmt. Die Angaben werden im Rahmen von Betriebsprüfungen durch die Finanzverwaltung kontrolliert.
Das Allphasennettobesteuerungssystem mit *Vorsteuerabzug* ist so gestaltet, daß jede Umsatzstufe nur die eigene Wertschöpfung besteuert und die letztendliche Steuerlast an den Endverbraucher weitergibt.
Beispiel:
Produzent P veräußert Waren an den Großhändler G zum Preise von 10.000 DM + 1.500 DM USt. G verkauft diese Ware zum Preise von 15.000 DM + 2.250 DM USt an den Einzelhändler E weiter. E seinerseits findet einen privaten Abnehmer A, dem er die Ware für 18.000 DM + 2.700 USt DM verkauft.
P muß zwar (unterstellt, er hat keinen Vorsteuer-Abzug) 1.500 DM USt an das Finanzamt abführen. Diese bekommt er aber über den Kaufpreis von G bezahlt, so daß er nicht mit Umsatzsteuer belastet ist.
G hat eine Zahllast von 750 DM. Dies entspricht genau dem auf seine Wertschöpfung von 5.000 DM entfallenden Steuerbetrag von 15%.
G ist ebenfalls nicht mit Umsatzsteuer belastet: Die an P bezahlte Umsatzsteuer bekommt er vom Finanzamt als Vorsteuer erstattet und seine zu zahlende Umsatzsteuer wälzt er über den Preis auf seinen Abnehmer E ab.
Genau dasselbe spielt sich auf der Einzelhändlerstufe ab.
Erst A, der keinen Vorsteuerabzug vornehmen kann, muß die Umsatzsteuer tatsächlich bezahlen (= Steuerträger), da er Endverbraucher ist.
Das Finanzamt erhält über die drei Umsatzstufen hinweg 1.500 DM + 750 DM + 450 DM = insgesamt 2.700 DM an Umsatzsteuer.
(siehe Abb. 9.20)
Gelangt die Ware nicht an den Endverbraucher, z. B. weil die Ware bei E untergeht, so erhält das Finanzamt im Endeffekt keine Umsatzsteuer (= Verbrauchsteuercharakter der Umsatzsteuer.)

Steuerbare Umsätze
Eine allgemeine Definition des Umsatzbegriffes gibt das Umsatzsteuergesetz nicht, vielmehr zählt es die Voraussetzungen auf, die erfüllt sein müssen, damit ein *steuerbarer Umsatz* vorliegt. Nach § 1 Abs. 1 UStG unterliegen folgende Umsätze der Umsatzsteuer:

1. *Lieferungen und sonstige Leistungen,* die ein Unternehmer im Erhebungsgebiet (Deutschland) gegen Entgelt im Rahmen seines Unternehmens ausführt.
2. Der *Eigenverbrauch* eines Unternehmers. Er umfaßt die folgenden Tatbestände:
   – Ein Unternehmer *entnimmt im Inland Gegenstände* aus seinem Unternehmen für Zwecke, die *außerhalb des Unternehmens* liegen.

	P → G	G → E	E → A (Endverbraucher)
	1. Umsatz	2. Umsatz	3. Umsatz
	10.000 DM	15.000 DM	18.000 DM
USt-Schuld	1.500 DM	2.250 DM	2.700 DM
VSt	0 DM	1.500 DM	2.250 DM
Zahllast	1.500 DM	750 DM	450 DM

Abb. 9.20: Allphasennettobesteuerungssystem

9

- Ein Unternehmer führt im Rahmen seines Unternehmens sonstige Leistungen der in § 3 Abs. 9 UStG bezeichneten Art für Zwecke aus, die *außerhalb des Unternehmens* liegen (er benutzt z. B. den betrieblichen PKW für private Fahrten).
- Ein Unternehmer tätigt im Inland Aufwendungen, die nach § 4 Abs. 5 EStG bei der Gewinnermittlung als *nichtabzugsfähige Betriebsausgaben* ausscheiden (z. B. Aufwendungen für Geschenke an Geschäftsfreunde über 75 DM netto, Aufwendungen für Gästehäuser) oder nach § 12 Nr. 1 EStG als nichtabzugsfähige Ausgaben nicht abgezogen werden dürfen (z. B. Bewirtung von Geschäftsfreunden anläßlich eines „runden" Geburtstages).

3. Unentgeltliche Lieferungen und sonstige Leistungen, die Körperschaften wie GmbH und Personenvereinigungen im Erhebungsgebiet an ihre Anteilseigner, entsprechende Personen oder diesen nahestehende Personen ausführen (sog. *Gesellschafterverbrauch*).
4. Die Einfuhr von Gegenständen in das Zollgebiet *(Einfuhrumsatzsteuer).*
5. Der *innergemeinschaftliche Erwerb im Inland* gegen Entgelt (diese Regelung trat am 01.01.1993 in Kraft).

Lieferungen, sonstige Leistungen, Eigenverbrauch, Gesellschafterverbrauch und innergemeinschaftlicher Erwerb unterliegen der Umsatzsteuer nur, wenn sie im Inland bewirkt werden.

Unternehmer im Sinne des Umsatzsteuergesetzes

Nach § 2 Abs. 1 UStG ist *Unternehmer,* wer eine gewerbliche oder berufliche Tätigkeit ausübt. Unternehmer kann folglich eine natürliche Person, ein juristische Person oder auch ein Zusammenschluß von Personen (OHG, KG, Stiftung, Kartell) sein. Körperschaften des öffentlichen Rechtes sind dann umsatzsteuerliche Unternehmer, wenn sie Betriebe gewerblicher oder land- und forstwirtschaftlicher Art betreiben.

Unter die *gewerbliche oder berufliche Tätigkeit* wird gem. § 2 Abs. 1 Satz 3 UStG „jede nachhaltige Tätigkeit zur Erzielung von Einnahmen, auch wenn die Absicht, Gewinn zu erzielen, fehlt..." subsumiert.

Steuerpflicht

Steuerbare Umsätze können kraft ausdrücklicher Vorschrift von der Umsatzsteuer *befreit* sein. Diese Befreiungen sind in den §§ 4 bis 9 UStG geregelt. Trifft eine Befreiungsvorschrift zu, dann ist der steuerbare Umsatz steuerfrei, d. h., er wird nicht mit der Steuer belastet. Ist keine Befreiungsvorschrift anwendbar, ist der steuerbare Umsatz zugleich steuerpflichtig.

Den Zusammenhang zwischen Steuerbarkeit und Steuerpflicht verdeutlicht Abb. 9.21.

Bemessungsgrundlage

Zur Feststellung der Höhe der Steuerschuld bei Vorliegen eines steuerpflichtigen Umsatzes ist zunächst die *Bemessungsgrundlage* zu ermitteln. Das ist der Wert, an den die Steuer anknüpft. Dies ist regelmäßig das Entgelt, also die Gegenleistung, meist ein Geldbetrag.

Steuersatz

Auf die Bemessungsgrundlage ist der *Steuersatz* anzuwenden. Die für die Umsatzsteuer maßgeblichen Steuersätze sind 15% und 7%.

Steuerschuld

Aus der Anwendung des Steuersatzes auf die Bemessungsgrundlage ergibt sich die *Steuerschuld.*

Vorsteuerabzug

Die Steuerschuld kann um die abzugsfähige Vorsteuer vermindert werden.

Berechnung der zu entrichtenden Umsatzsteuer

Zur Berechnung der zu entrichtenden Umsatzsteuer siehe Abb. 9.21.

Einzelheiten der „steuerbaren Umsätze"

Lieferungen und sonstige Leistungen

Lieferung bedeutet gem. § 3 Abs. 1 UStG Verschaffung der Verfügungsmacht über Gegenstände, mithin können nur Sachen geliefert werden. Gegenstand der Besteuerung ist immer nur das Erfüllungsgeschäft, also die tatsächlich bewirkte Leistung. Entscheidend dafür, daß eine Leistung vorliegt, ist das Verschaffen der tatsächlichen Verfügungsmacht an dem geleisteten Gegenstand, wobei *umsatzsteuerlich* nicht so sehr der Übergang des rechtlichen Eigentums, sondern der Übergang des *wirtschaftlichen Eigentums* ausschlaggebend ist.

Rechte und Dienstleistungen zählen zu den *sonstigen Leistungen.* Gegenstand der Umsatzsteuer ist dabei die Erbringung der einzelnen Leistung. Ferner ist Voraussetzung für das Vorliegen eines umsatzsteuerbaren Vorgangs, daß eine *Leistung gegen Entgelt* erfolgt ist. Entgelt ist alles, was der Empfänger der Leistung aufwendet, um sie zu erhalten, zumeist also Geld als Kaufpreis, aber auch Sachen (Tausch).

Schema zur Berechnung der zu entrichtenden Umsatzsteuer

Zeile		Bemessungsgrundlage (volle DM)	Steuer DM	Steuer Pf.
1	Steuerpflichtige Umsätze			
2	Lieferungen und sonstige Leistungen zu 7 %			
	zu 15 %			
3	Eigenverbrauch			
	a Entnahme von Gegenständen zu 7 %			
	zu 15 %			
	b Entnahme von sonstigen Leistungen zu 7 %			
	zu 15 %			
	c Aufwendungen im Sinne des § 4 Abs.5 Nr.1 – 7 oder Abs.7 oder § 12 Nr.1 EStG zu 7 %			
	zu 15 %			
4	Unentgeltliche Leistungen von Gesellschaften an ihre Gesellschafter usw. zu 7 %			
	zu 15 %			
5	Summe			
6	In den Rechnungen unberechtigt ausgewiesene Steuerbeträge (§ 14 Abs.2 und 3 UStG)			
7	Zurückzuzahlende Vorsteuerbeträge (§ 15a UStG)			
8	Summe			
9	Abziehbare Vorsteuerbeträge			
	a Vorsteuerbeträge (Umsatzsteuer und Einfuhrumsatzsteuer), die nicht vom Abzug ausgeschlossen sind (§ 15 UStG)			
	b Vorsteuerbeträge nach Durchschnittssätzen (§ 23 UStG)			
	c Nachträglich abziehbare Vorsteuerbeträge (§ 15a UStG)			
10	Umsatzsteuer/Überschuß			
11	Anrechenbare Umsatzsteuer aus Abzugsverfahren			
12	Verbleibende Umsatzsteuer/ Verbleibender Überschuß			
13	Vorauszahlungssoll (einschließlich Sondervorauszahlung)			
14	Zu entrichtende Umsatzsteuer (Abschlußzahlung) / Erstattungsanspruch			

Abb. 9.21: Schema zur Berechnung der zu entrichtenden Umsatzsteuer

Eigenverbrauch und Gesellschafterverbrauch

Da ein Unternehmer auch selbst Letztverbraucher sein und zu diesem Zweck Gegenstände aus seinem Unternehmen verbrauchen kann, ist in § 1 Abs. 1 Nr. 2 UStG der Eigenverbrauchstatbestand kodifiziert worden. Als Eigenverbrauch kommen drei Sachverhalte in Betracht, für die der Unternehmer Umsatzsteuer zahlt:

1. Ein Unternehmer *entnimmt Gegenstände aus seinem Unternehmen* für Zwecke, die außerhalb seines Unternehmens liegen. Dieser Fall der Privatentnahme kann nur dann auftreten, wenn bei einem Unternehmer neben der Unternehmenssphäre auch eine Privatsphäre existiert; also hauptsächlich bei natürlichen Personen. Beispiel: Ein Juwelier schenkt seiner Frau ein Collier, das er aus seinem Betrieb entnimmt.
2. Ein Unternehmer führt im Rahmen seines Unternehmens sonstige Leistungen aus, die außerhalb des Unternehmens liegen. Beispiele: Ein Malermeister streicht unentgeltlich die Wohnung eines Angehörigen. Ein Unternehmer benutzt den Firmen-PKW für seine Urlaubsreise.
3. Ein Unternehmer tätigt im Inland nichtabzugsfähige Betriebsausgaben und Repräsentationsaufwendungen i. S. d. § 4 Abs. 5 Nr. 1-7 und Abs. 7 EStG.

9

Beispiele für die Entnahme von Gegenständen (1):

- Ein Gastwirt schenkt aus Anlaß seines Firmenjubiläums Freibier an seine Kunden aus.

Es liegt kein Eigenverbrauch vor, da keine Entnahme zu unternehmensfremden Zwecken erfolgt.

- Ein Bekleidungshändler verschenkt Anzüge während des Sommerschlußverkaufs.

Da keine privaten Motive maßgeblich sind, handelt es sich nicht um Eigenverbrauch.

- Ein Autohändler schenkt seiner Frau einen PKW aus Firmenbestand. Es liegt Eigenverbrauch vor.

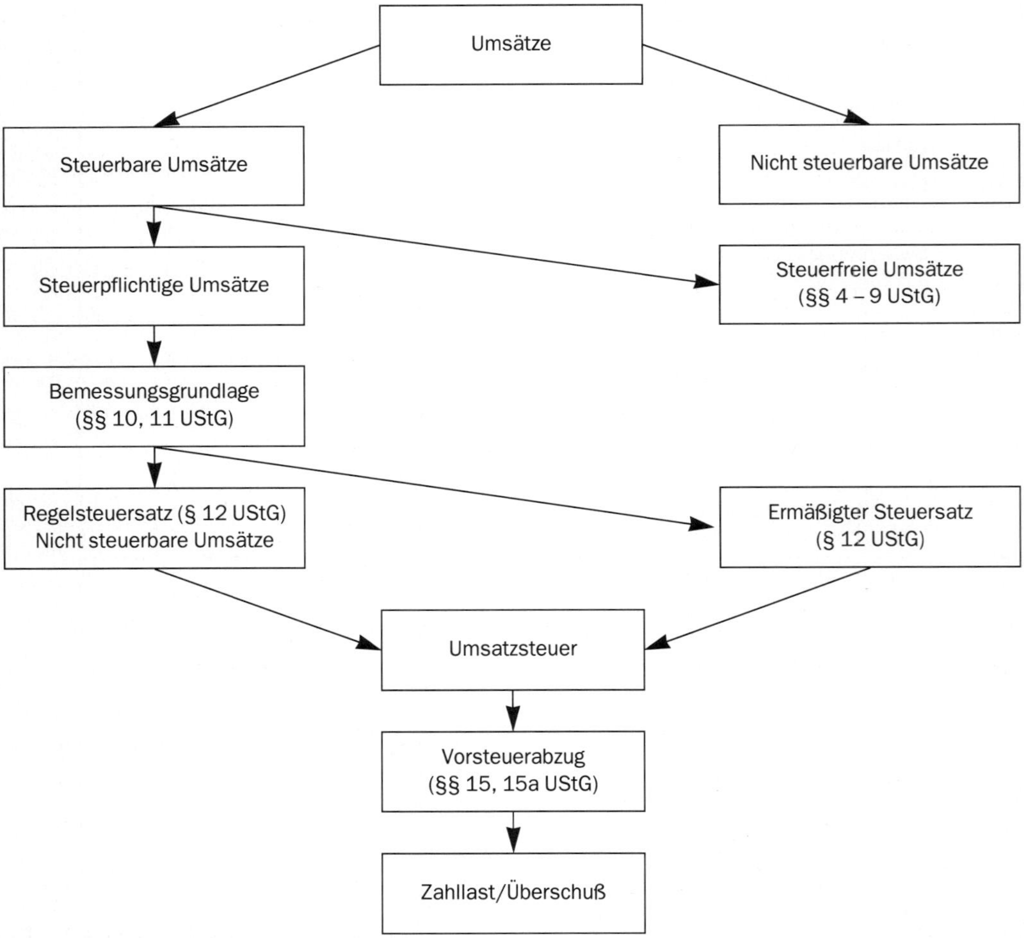

Abb. 9.22: Steuerbarkeit und Steuerpflicht

Beispiele für Eigenverbrauch durch Entnahme sonstiger Leistungen (2):
- Ein Architekt fertigt unentgeltlich einen Bauplan für das Haus seiner Verlobten. Es liegt Eigenverbrauch durch Leistungsentnahme vor.
- Ein Steuerbevollmächtigter macht unentgeltlich Steuererklärungen für seine Schwester. Der Vorgang ist als Eigenverbrauch umsatzsteuerpflichtig.
- Ein Fabrikant stellt den Betriebsgärtner zur Pflege seines privaten Gartens ab. Er tätigt damit Eigenverbrauch durch Leistungsentnahme.
- Ein Unternehmer benutzt den Firmenwagen zu Privatfahrten und das betriebliche Telefon zu privaten Gesprächen. In beiden Fällen ist Eigenverbrauch durch Leistungsentnahme verwirklicht.
- Ein Bauunternehmer bessert die Fassade seines selbstgenutzten Einfamilienhauses aus. Der Bauunternehmer tätigt Eigenverbrauch.

Ist der *Unternehmer als juristische Person eine Körperschaft* (z. B. GmbH oder AG), so werden die Leistungen des Unternehmens an die Anteilseigner nicht als Eigenverbrauch bezeichnet. Vielmehr sind unentgeltliche Lieferungen und sonstige Leistungen von Körperschaften an ihre Anteilseigner, Gesellschafter, Mitglieder oder diesen nahestehende Personen dem Eigenverbrauch des Unternehmers einer Personengesellschaft zwar gleichgestellt, werden aber in diesem Falle als Gesellschafterverbrauch bezeichnet. Entnimmt bspw. ein Gesellschafter einer GmbH Mobiliar aus dem Unternehmen, an dem er beteiligt ist, für die Wohnungseinrichtung seines Sohnes, ohne dafür ein Entgelt an die GmbH zu leisten, so handelt es sich um einen steuerbaren Gesellschafterverbrauch (umsatzsteuerpflichtig) und um eine verdeckte Gewinnausschüttung (bezüglich der Körperschaftsteuer).

Als *nahestehende* Personen gelten nicht nur Angehörige i. S. von § 15 AO, sondern jeder, zu dem der Gesellschafter enge rechtliche, persönliche oder wirtschaftliche Beziehungen unterhält. Auch die juristischen Personen anderer Gesellschaften kommen als nahestehende Personen in Betracht. Der Begriff der nahestehenden Personen entspricht der bei der Körperschaftsteuer im Rahmen der verdeckten Gewinnausschüttung verwendeten Begriffsfassung.

Einfuhr

Die *Einfuhr* ist nach dem Umsatzsteuer-Binnenmarktgesetz ein *eigener Steuertatbestand* (§ 1 Abs. 1 Nr. 4).

Ab dem 01.01.1993 liegt eine Einfuhr im Sinne des Umsatzsteuergesetzes jedoch nur dann vor, wenn Gegenstände *aus dem nicht zur europäischen Gemeinschaft (EG) gehörenden Drittlandsgebiet (z. B. Türkei) in das Zollgebiet* der EG verbracht werden.

Während die von den Lieferungen, sonstigen Leistungen und dem Eigenverbrauch erhobene Umsatzsteuer zwar wie eine Verbrauchsteuer wirkt, steuertechnisch aber eine Verkehrsteuer ist, stellt die Einfuhrumsatzsteuer auch rechtlich eine *Verbrauchsteuer im Sinne der AO* (§ 21 Abs. 1) dar.

Die *Belastung eingeführter Waren mit Einfuhrumsatzsteuer soll zu einer völligen Gleichstellung der Importwaren mit den vergleichbaren inländischen Erzeugnissen führen.* Deshalb stimmen die Steuersätze der Einfuhrumsatzsteuer mit denjenigen der Umsätze im Inland überein. Die Einfuhrumsatzsteuer soll wie die USt nur den privaten und vergleichbaren Verbrauch belasten. Sie ist deshalb *im Unternehmerbereich grundsätzlich als Vorsteuer abzugsfähig* (§ 15 Abs. 1 Nr. 2). 9

Innergemeinschaftlicher Erwerb aus der EG

Mit dem durch das Umsatzsteuer-Binnenmarktgesetz ab 01.01.1993 neu in das Umsatzsteuergesetz eingeführten Tatbestand des *innergemeinschaftlichen Erwerbs gem. § 1 Abs. 1 Nr. 5 und §1a* wird – für den gewerblichen Warenverkehr – lediglich der Steuertatbestand der *Einfuhr ersetzt.* Innergemeinschaftliche Lieferungen liegen vor bei folgenden Tatbestandsmerkmalen:
- Lieferung eines Unternehmers im Rahmen seines Unternehmens in einem Mitgliedstaat der EG;
- an einen anderen Unternehmer für dessen Unternehmen in der EG;
- an eine juristische Person, die nichtunternehmerisch handelt.
- Transport des Liefergegenstandes aus dem Staat der Lieferung in einen anderen Mitgliedstaat der EG oder
- aus dem übrigen Gemeinschaftsgebiet in ein Zollfreigebiet.

Der innergemeinschaftlichen Lieferung auf der Seite des Lieferanten steht der innergemeinschaftliche Erwerb auf der Seite des Käufers gegenüber.

Für den Geschäftsverkehr zwischen *Unternehmern* mit USt-Identifikationsnummer gilt grundsätzlich das Bestimmungslandprinzip. Die Lieferung ist für den Lieferanten ein *steuerfreier Umsatz.* Voraussetzung dafür ist u.a. die Erwerbsteuerpflicht des Abnehmers.

Der Abnehmer muß den *innergemeinschaftlichen Erwerb* als solchen in der USt-Erklärung bzw. -Voranmeldung deklarieren und Steuer auf innergemeinschaftlichen Erwerb anmelden. Der Unternehmer kann diese Steuer gleichzeitig als Vorsteuer in Abzug bringen, zahlt also nichts.

Beispiel:
Die Deutsch AG erwirbt ein Gerät von einem französischen Unternehmen:

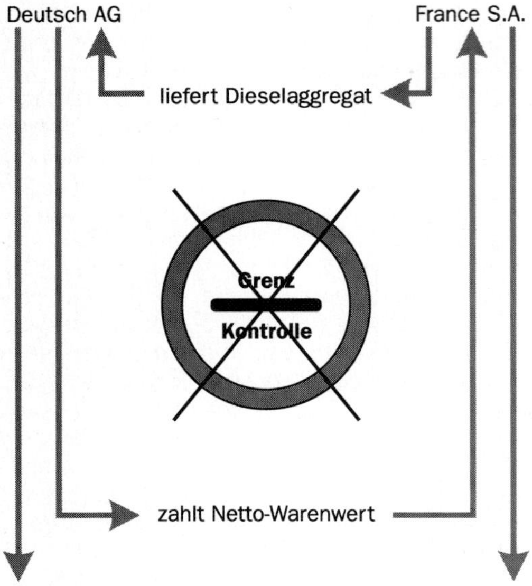

Abb. 9.23: Umsatzbesteuerung bei Importen aus EG Ländern

9

Beispiel:
Die Deutsch AG liefert Ware an einen französischen Unternehmer:

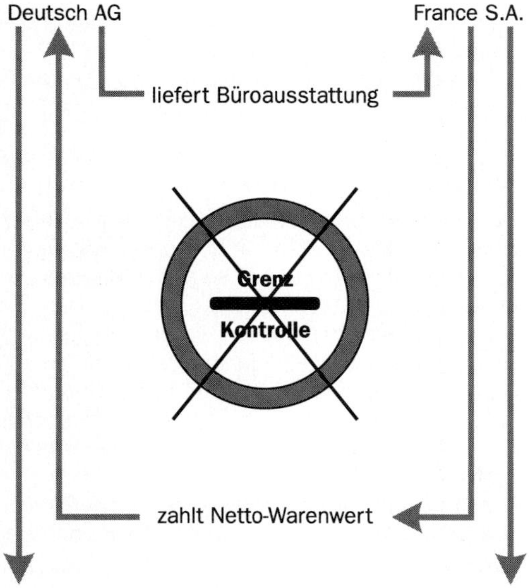

Abb. 9.24: Umsatzbesteuerung bei Exporten in EG Länder

Unternehmen können für ihre innergemeinschaftlichen Lieferungen grundsätzlich Umsatzsteuer*freiheit* beanspruchen. Dabei müssen folgende Voraussetzungen erfüllt sein und vom Unternehmer nachgewiesen werden können:
- Unternehmereigenschaft des Kunden,
- Transport von einem EG-Mitgliedstaat in einen anderen EG-Mitgliedstaat,
- gewerbliche oder unternehmerische Verwendung beim Kunden,
- Erwerbsteuerpflicht des Kunden.

Lieferung an Private in der EG unter der Lieferschwelle
Liegt der Gesamtumsatz des Lieferanten *unterhalb* der *Lieferschwelle,* so gilt grundsätzlich das *Ursprungslandprinzip,* und die Ware wird im Inland versteuert, in dem der Verkauf erfolgt.
Es handelt sich hierbei – im Gegensatz zum Fall der Abholung – um einen EG-Umsatz, nämlich um eine *„im Inland steuerpflichtige EG-Lieferung".* Diese Unterscheidung ist wichtig, da diese Umsätze in den für die Lieferschwelle maßgeblichen Betrag einfließen.
Beispiel:
Die Deutsch AG liefert an französischen Privatmann unter der Lieferschwelle (siehe Abb. 9.25).

Lieferung an Private in der EG über der Lieferschwelle
Liegt der Umsatz *über* der Lieferschwelle, so gilt das Bestimmungslandprinzip, und der Umsatz muß im jeweils *anderen* EG-Land versteuert werden. Im Gegensatz zur Geschäftsbeziehung zwischen Unternehmen, bei der der Kunde selbst für die Abführung der Steuer verantwortlich ist, muß bei einer Lieferung an *Privatpersonen* der *Lieferant* die Steuer im anderen EG-Mitgliedstaat deklarieren und abführen.
Es handelt sich um einen „im Inland nicht steuerbaren" und „im anderen EG-Land steuerpflichtigen Umsatz". Es gelten dabei die Besteuerungsregeln und Steuersätze des anderen EG-Mitgliedstaates.
Beispiel:
Die Deutsch AG liefert über der Lieferschwelle an französischen Privatmann (siehe Abb. 9.26).
Die Lieferschwellen sind in jedem EG-Staat unterschiedlich hoch.

Abholung im EG-Ausland
Eine Privatperson kauft in einem anderen EG-Land Waren ein und nimmt diese gleich mit oder holt sie ab. Für den Verkäufer macht es in diesem Fall keinen Unterschied, ob der Käufer aus dem Inland oder aus einem anderen EG-

Mitgliedstaat kommt. Die Ware unterliegt ganz normal der inländischen Umsatzsteuer. Es liegt aus Sicht der Buchhaltung kein EG-Umsatz vor. Dies ist wohl der wichtigste Fall im deutschen Einzelhandel: ein EG-Ausländer kauft eine Ware in Deutschland. Es gibt keine USt-Erstattung. Der Ausländer zahlt wie ein Inländer deutsche USt.

Bemessungsgrundlage

Um die Umsatzsteuer für steuerpflichtige (also steuerbare, nicht steuerbefreite) Umsätze errechnen zu können, bedarf es neben des Steuersatzes eines Wertmaßstabes, der Bemessungsgrundlage genannt wird. Die Steuer ergibt sich dann durch Multiplikation der Bemessungsgrundlage mit dem Steuersatz (siehe Abb. 9.27).

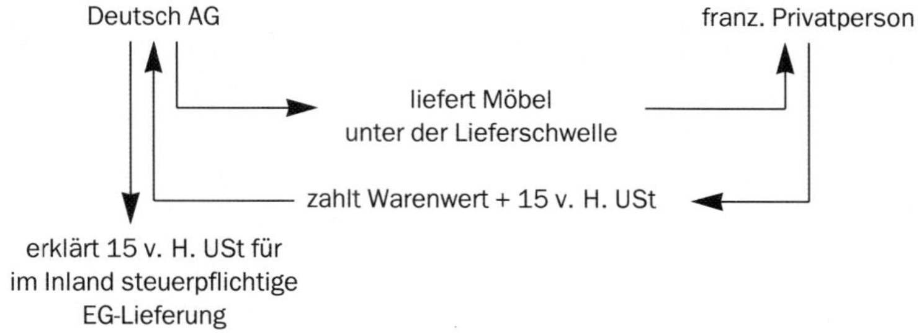

Abb. 9.25: Umsatzbesteuerung nach dem Ursprungslandprinzip

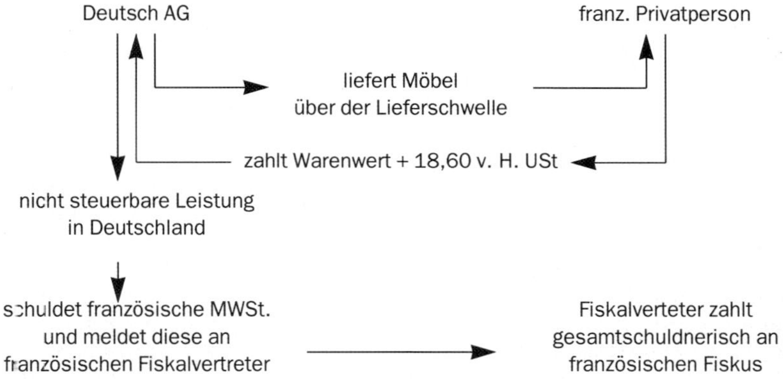

Abb. 9.26: Umsatzbesteuerung nach dem Bestimmungslandprinzip

Die Bemessungsgrundlage für die Umsatzsteuer		
Umsätze nach § 1 UStG	Bemessungsgrundlage	UStG
Lieferungen und sonstige Leistungen nach § 1 Abs. 1 Nr. 1	**Entgelt**	§ 10 Abs. 1
Eigenverbrauch (EV) Entnahme-EV nach § 1 Abs. 1 Nr. 2a	**Einkaufspreis** (+ evtl. Nebenkosten) bzw. **Selbstkosten**	§ 10 Abs. 4 Nr. 1
Leistungs-EV nach § 1 Abs. 1 Nr. 2b	anteilige **Kosten**	§ 10 Abs. 4 Nr. 2
Repräsentations-EV nach § 1 Abs.1 Nr. 2c i. V. m. § 4 Abs. 5 EStG	**Aufwendungen**	§ 10 Abs. 4 Nr. 3
Einfuhr nach § 1 Abs. 1 Nr. 4	**Zollwert** bzw. Entgelt	§ 11

Abb. 9.27: Die Bemessungsgrundlage für die Umsatzsteuer

9

9

Steuersätze

Das UStG kennt z. Z. folgende Steuersätze:
- 15% als allgemeinen Steuersatz (§ 12 Abs. 1 UStG),
- 7% als ermäßigten Steuersatz (§ 12 Abs. 2 UStG).

Ermäßigt sind vor allem folgende Umsätze:
- Lieferung von Lebensmitteln mit Ausnahme der Lieferung von Speisen und Getränken zum Verzehr an Ort und Stelle (Restaurants etc.);
- Lieferung oder Vermietung von Büchern, Kunstgegenständen und Sammlungen;
- Leistungen der Zahntechniker;
- bestimmte künstlerische Leistungen;
- Einräumung, Übertragung und Wahrnehmung von Urheberrechten.

Vorsteuerabzug

Der Vorsteuerabzug ist das besondere Merkmal des Mehrwertsteuersystems. Durch ihn wird die auf dem Vorumsatz lastende Umsatzsteuer rückgängig gemacht, so daß eine Steuerkumulierung auf den folgenden Umsatzstufen vermieden und eine wettbewerbsneutrale Versteuerung erreicht wird. *Träger* der Umsatzsteuerschuld ist daher ungeachtet der Anzahl der Umsatzstufen der zum Vorsteuerabzug nicht berechtigte *Verbraucher.* Alle sich im Wettbewerb befindlichen Waren und Dienstleistungen (einschließlich der Einfuhren) werden also auf der Stufe des Verbrauchers – unabhängig von der Anzahl der Zwischenstufen – bei gleichem Steuersatz gleichmäßig belastet.

Der Vorsteuerabzug ist grundsätzlich bei allen für das Unternehmen ausgeführten Umsätzen und bei der Einfuhr von Gegenständen aller Art für das Unternehmen zulässig.

Für die Vornahme des Vorsteuerabzugs kommt es ebenfalls grundsätzlich nicht darauf an, wann die über den Umsatz ausgestellte Rechnung vom Unternehmer bezahlt worden ist, wann die Umsätze, für die dem Unternehmer Vorsteuerbeträge in Rechnung gestellt worden sind, zur Ausführung eigener Umsätze verwendet werden oder welcher Steuersatz diesen Umsätzen zugrunde liegt. Der Vorsteuerabzug steht vielmehr dem Unternehmer unabhängig vom Zeitpunkt der späteren Verwendung mit der Rechnungsstellung zu.

Voraussetzungen für den Vorsteuerabzug sind:

1. Persönliche Voraussetzungen
   Zum Vorsteuerabzug berechtigt ist nur der *Unternehmer* (§ 15 Abs. 1 UStG). Weitere persönliche Voraussetzungen sind nicht gefordert, so daß auch *ausländische* Unternehmer in den Genuß des Vorsteuerabzugs gelangen können (vgl. Abschn. 191 UStR). Für sie ist ein spezielles Erstattungsverfahren vorgesehen.
2. Sachliche Voraussetzungen
   Gemäß § 15 Abs. 1 Nr. 1 UStG ist abzugsfähig die von *anderen Unternehmern gesondert in Rechnung gestellte Steuer* für Lieferungen oder sonstige Leistungen, die *für das Unternehmen ausgeführt* worden sind.
3. Von anderen Unternehmern
   Der Vorsteuerabzug ist möglich, wenn die Umsatzsteuer von *anderen Unternehmern* in Rechnung gestellt worden ist. Nur ein anderer Unternehmer kann daher das Recht zum Vorsteuerabzug vermitteln. Fehlende Unternehmereigenschaft des Leistenden geht zu Lasten des Leistungsempfängers. Er muß sich im Zweifel die Unternehmereigenschaft seines Vertragspartners nachweisen lassen.
4. Gesondert in Rechnung gestellt
   Die Vorsteuer muß in einer Rechnung oder in ergänzenden Unterlagen (§ 31 Abs. 1 UStDV) ausgewiesen sein. Auch eine *Gutschrift* ermächtigt den Aussteller unter den Voraussetzungen des § 14 Abs. 5 UStG zum Vorsteuerabzug (Abschn. 192 Abs. 7,8 UStR).

Ausnahmen sind:
- Kleinbetragsrechnungen, deren Gesamtbetrag 200 DM nicht übersteigt, brauchen nicht den Namen und die Anschrift des Leistungsempfängers sowie den Tag der Lieferung oder sonstigen Leistung zu enthalten. Der Steuerbetrag braucht nicht gesondert ausgewiesen zu werden. Es genügt die Angabe des Bruttoentgelts. Allerdings muß zusätzlich der Steuersatz angegeben sein (§ 35 Abs. 1, § 33 UStDV, Abschn.194 UStR).
- Fahrtausweise

Gewerbesteuer

Allgemeines

Die Gewerbesteuer ist die größte Steuereinnahmequelle der Gemeinden. Bund und Länder sind durch eine Umlage beteiligt. Die Gewerbesteuer (GewSt) gehört zu den sog. Realsteuern, d. h., nicht eine Person, sondern ein Gegenstand, der Gewerbebetrieb, steht im Mittelpunkt der Besteuerung. Sie ist eine *Gemeindesteuer* und wird von den Gemeinden erhoben.

Sie wird daher auch kaum abgeschafft werden, es sei denn, die Gemeinden erhalten weitere

Anteile an anderen Steuern, z. B. ESt, KSt, USt, zum Ausgleich.
Die Erhebung der Gewerbesteuer ist an das Bestehen eines Gewerbebetriebes gebunden; es ist dabei ohne Belang, wer Eigentümer des Betriebes ist und wem die Erträge daraus zufließen.
Grundlage für die Besteuerung ist die *Ertragskraft* des Betriebes. Diese wird gemäß § 6 GewStG determiniert durch die beiden Komponenten
- Gewerbeertrag,
- Gewerbekapital.

Mit der Gewerbesteuer sollen die Betriebe nach dem *Äquivalenzprinzip* einen finanziellen Beitrag zu den Lasten leisten, die sie selbst durch ihre Existenz und zusätzlich durch die von ihnen beschäftigten Arbeitnehmer den Gemeinden verursachen.

Steuerobjekt der Gewerbesteuer

Gegenstand der Gewerbesteuer sind:
Gewerbebetriebe im Sinne des Einkommensteuergesetzes (§ 2 Abs. 1 GewStG)
- gewerblich tätige Einzelunternehmen
- gewerblich tätige Personengesellschaften
- gewerblich geprägte Personengesellschaften

Gewerbebetriebe kraft Rechtsform (§ 2 Abs. 2 GewStG)
- Kapitalgesellschaften
- Erwerbs- und Wirtschaftsgenossenschaften
- Versicherungsvereine auf Gegenseitigkeit

Gewerbebetriebe kraft wirtschaftlichen Geschäftsbetriebes (§ 2 Abs. 3 GewStG)
- sonstige juristische Personen des privaten Rechtes
- nichtrechtsfähige Vereine

Bei *Personengesellschaften* ist gem. § 5 Abs. 1 S.3 GewStG die *Gesellschaft* Steuerschuldner und bei *Kapitalgesellschaften* sowie anderen juristischen Personen die *juristische Person.*

Grundschema der Gewerbesteuer-Ermittlung

Besteuerungsgrundlagen sind nach § 6 GewStG *der Gewerbeertrag* und *das Gewerbekapital.* Mit Hilfe dieser Größen will man die Ertragskraft erfassen und besteuern. Die Ertragskraft ist somit *nicht mit dem Gewinn* gleichzustellen.
Besteuerungsgrundlage soll vielmehr das sein, was *der Betrieb* in einem Geschäftsjahr insgesamt erwirtschaftet hat.
Ausgangswert ist der Gewinn. Es sind die Beträge *hinzuzurechnen,* die über den Gewinn hinaus erwirtschaftet wurden, z. B. Zinsen für langfristige Darlehen, Gewinnanteil eines typischen stillen Gesellschafters. Diese hatten als *Betriebsaufwand* den Gewinn gekürzt.
Ferner sind Beträge vom Gewinn *zu kürzen,* die *nicht* vom Gewerbebetrieb erwirtschaftet und somit nicht der Ausdruck *seiner* Ertragskraft sind ,z. B. Gewinnanteile aus der Beteiligung an einer OHG, wenn diese den Gewinn erhöht haben.
Bei der Ermittlung der zweiten Besteuerungsgrundlage, dem Gewerbekapital, hat der Gesetzgeber das gleiche Schema angewandt. Der kapitalmäßige Ausgangswert ist der Einheitswert des gewerblichen Betriebs, der im Grunde nur die *Differenz zwischen Aktivvermögen* und *Passivvermögen* (angesetzt unter Beachtung der Vorschriften des Bewertungsgesetzes) ist. Neben diesem Einheitswert sind noch andere Kapitalkräfte ertragswirksam, die dem Ergebnis *hinzugerechnet* (z. B. langfristige Darlehen) bzw. von ihm *gekürzt* (z. B. Beteiligung an einer OHG) werden müssen (siehe Abb. 9.28). 9

Gewerbeertrag

Ausgangsgröße ist der einkommen- oder körperschaftsteuerpflichtige *Gewinn* aus Gewerbebetrieb; durch Hinzurechnungen und Kürzungen ergibt sich der Gewerbeertrag.

Hinzurechnungen zum Gewinn
Dem Gewinn aus Gewerbebetrieb werden gem. § 8 GewStG folgende Beträge wieder hinzugerechnet, soweit sie bei der Ermitttlung des Gewinns abgesetzt worden sind:
- die *Hälfte der Zinsen,* die wirtschaftlich mit der Gründung oder dem Erwerb des Betriebs oder mit der Erweiterung oder Verbesserung des Betriebs zusammenhängen oder der nicht nur vorübergehenden Verstärkung des Betriebskapitals dienen, in der Praxis als Dauerschuldzinsen bezeichnet;
- *Renten und dauernde Lasten,* die wirtschaftlich mit der Gründung oder dem Erwerb des Betriebs oder eines Anteils am Betrieb zusammenhängen, ausgenommen dann, wenn sie beim Empfänger zur Steuer nach dem Gewerbeertrag heranzuziehen sind;
- die Gewinnanteile des *typischen stillen Gesellschafters,* wenn sie beim Empfänger nicht zur Steuer nach dem Gewerbeertrag heranzuziehen sind;
- die Gewinnanteile, die an persönlich haftende Gesellschafter einer Kommanditgesellschaft auf Aktien (KGaA) auf ihre nicht auf das Grund-

Gewerbeertrag	Gewerbekapital
Gewinn gem. § 7 GewStG	Einheitswert gem. § 12 Abs1 GewStG
+ Hinzurechnungen gem. § 8 GewStG	+ Hinzurechnungen der Hälfte der Dauerschulden, die 50.000 DM übersteigen gem. § 12 Abs.1 GewStG
./. Kürzungen gem. § 9 GewStG	./. Kürzungen gem. § 12 Abs.3 GewStG
./. Kürzungen Gewerbeverlust gem. § 10a GewStG	
= Gewerbeertrag	= Gewerbekapital
./. Freibetrag gem. § 11 Abs.1 GewStG Ab 1993 bei natürlichen Personen und Personengesellschaften in Höhe von 48.000 DM	./. Freibetrag (120.000DM) gem. § 13 GewStG
x Steuermeßzahl gem. § 11 GewStG	x Steuermeßzahl gem. § 13 GewStG
= Steuermeßbetrag nach dem Gewerbeertrag	= Steuermeßbetrag nach dem Gewerbekapital

+ Zusammenrechnung

= einheitlicher Steuermeßbetrag

gem. § 14 Abs. 1 GewStG

x Hebesatz

Der ermittelte Steuermeßbetrag wird mit dem Hebesatz der berechtigten Gemeinde multipliziert, wodurch die vom Unternehmen zu zahlende Gewerbesteuerschuld ermittelt ist.

= Gewerbesteuer

– bereits geleistete GewSt-Vorauszahlungen
= GewSt-Abschlußzahlung

Abb. 9.28: Bestimmung von Gewerbeertrag und Gewerbekapital zur Ermittlung der Gewerbesteuer

kapital gemachten Einlagen oder als Vergütung (Tantieme) für die Geschäftsführung verteilt worden sind;

- die *Hälfte der Miet- und Pachtzinsen für die Benutzung* der nicht in Grundbesitz bestehenden Wirtschaftsgüter des *Anlagevermögens,* die im Eigentum eines anderen stehen. Das gilt nicht, soweit diese Zinsen beim Vermieter oder Verpächter zur Steuer nach dem Gewerbeertrag heranzuziehen sind, es sei denn, daß ein Betrieb (Teilbetrieb) vermietet und verpachtet wird und der Jahresbetrag der Zinsen 250.000 DM übersteigt;
- die *Anteile am Verlust einer OHG,* einer KG oder einer anderen Personengesellschaft (Mitunternehmerschaft);
- bei den körperschaftsteuerpflichtigen Gewerbebetrieben die Spenden mit Ausnahme der Ausgaben zur Förderung wissenschaftlicher Zwecke.

Kürzungen des Gewinns

Die Summe des Gewinns und der Hinzurechnungen wird *gem. § 9 GewStG gekürzt um:*

- *1,2 v. H. des Einheitswerts* des zum Betriebsvermögen des Unternehmers gehörenden

Grundbesitzes. Für Grundstücksunternehmen gilt insoweit eine Sonderregelung;
- die *Anteile am Gewinn einer OHG,* einer *KG* oder einer anderen Personengesellschaft (Mitunternehmerschaft), wenn die Gewinnanteile bei Ermittlung des Gewinns angesetzt worden sind;
- die *Gewinne aus einer inländischen Kapitalgesellschaft,* an der das Unternehmen mindestens zu 10% am Grund- oder Stammkapital beteiligt ist (Schachtelerträge), wenn die Gewinnanteile bei Ermittlung des Gewinns angesetzt worden sind;
- den Teil des Gewerbeertrages eines inländischen Unternehmens, der auf eine nicht im Inland gelegene Betriebsstätte entfällt;
- die bei der Ermittlung des Gewinns aus Gewerbebetrieb des Vermieters oder Verpächters berücksichtigten *Miet- oder Pachtzinsen* für die Überlassung von nicht im Grundbesitz bestehenden Wirtschaftsgütern des Anlagevermögens, soweit sie dem Gewinn aus Gewerbebetrieb des Mieters oder Pächters hinzugerechnet worden sind;
- die nach dem EStG bei der Ermittlung des Einkommens abgezogenen *Spenden* zur Förderung wissenschaftlicher Zwecke, soweit sie aus Mitteln des Gewerbebetriebes einer natürlichen Person oder Personengesellschaft entnommen worden sind.

Vom so ermittelten Gewerbeertrag ist gegebenenfalls der vorgetragene Gewerbeverlust aus Vorjahren abzuziehen.

Dauerschulden

Wichtigste Hinzurechnung bei der Ermittlung des Gewerbeertrages sind die Entgelte für Dauerschulden.

Liegen Dauerschulden vor, sind 50% der im Wirtschaftsjahr für Dauerschulden aufgewendeten und als Betriebsausgaben abgesetzten Entgelte hinzuzurechnen.

- Zu den hinzuzurechnenden Entgelten gehören: Zinsen, Damnum (Disagio), Vorfälligkeitsentschädigung, die für die vorzeitige Rückzahlung zu entrichten sind, Darlehensprovision, Vergütungen für ein partiarisches Darlehen, Genußrechte und Gewinnobligationen, an den Gläubiger geleistete Kreditprovisionen, Umsatzprovision (soweit sie als Entgelt für eine Kapitalüberlassung anzusehen sind), Vermittlungsprovision und Maklergebühren.
- Nicht zu den hinzuzurechnenden Entgelten gehören: Bereitstellungs- und Zusageprovisionen für nicht in Anspruch genommene Kredite, Geldbeschaffungskosten, laufende Verwaltungskosten, Depotgebühren, Währungsverluste, Mahngebühren, Vergütungen für Bürgschaftsakzepte, Sicherungskosten des Kredits (Kosten einer Bürgschaft, Avalprovisionen, Beurkundungskosten, Kosten einer Schätzung usw.), Zinsen bzw. Entgelte, im Zusammenhang mit steuerfreien Einnahmen, von Dritten gezahlte Entgelte.

9

Werden *Kontokorrentkredite* vom Kreditnehmer mit einem *Mindestkredit* dauernd (d. h. mindestens ein Jahr) in Anspruch genommen, *so stellt dieser Betrag eine Dauerschuld dar.* Dieser Kredit-Bodensatz ist als Dauerschuld anzusehen. Als niedrigster Schuldenbestand kommt der Betrag in Ansatz, der an mehr als 7 Tagen hintereinander nicht überschritten wurde.

Beispiel:

Die negativen Salden eines Kontokorrentkontos haben 1993 zwischen 83.000 DM und 400.000 DM geschwankt. Die niedrigsten Schuldsalden betrugen:

zwei Tage	83.000 DM	ein Tag	90.000 DM
ein Tag	86.000 DM	zwei Tage	95.000 DM
ein Tag	88.000 DM	ein Tag	97.000 DM

Die niedrigsten Schuldsalden an sieben Tagen bleiben außer Betracht, so daß in Höhe von 97.000 DM eine Dauerschuld vorliegt (Abschn.47 Abs.8 GewStR).

Bei 10% Zinssatz sind also 9.700 DM Zinsen als Entgelte für Dauerschulden zur Hälfte, also mit 4.850 DM der Gewerbeertragsteuer zu unterwerfen.

Eine mögliche Gegenmaßnahme ist:

Weist ein Kontokorrentkonto an mindestens *acht Tagen* im Jahr einen positiven Saldo auf, ergeben

Betriebliche Schulden

1. Typische Dauerschulden	**2. Sonstige betriebliche Schulden**
Schulden im Zusammenhang mit a) der Gründung b) dem Erwerb oder c) der Erweiterung bzw. Verbesserung des Betriebs oder eines Teilbetriebs bzw. eines Anteils an einem Betrieb	a) Schulden des *laufenden Geschäftsverkehrs* b) Schulden, die der *nicht nur vorübergehenden Verstärkung* des *Betriebskapitals* dienen (bei dieser Art von Schulden liegt ebenfalls eine Dauerschuld vor)

Abb. 9.29: Betriebliche Schulden

sich hieraus keine gewerbesteuerlichen Hinzurechnungen.
Möglichkeiten zur Vermeidung von Hinzurechnungen sind bei Kontokorrentkredit gegeben.
Es werden mindestens zwei Girokonten unterhalten. Durch Steuerung der Zahlungszugänge und der Zahlungsausgänge wird im Laufe eines Jahres jeweils jedes Konto für mindestens 8 Tage im Guthaben (Plus) gehalten.
Werden von *ein und derselben Bank mehrere Kontokorrentkredite* für denselben Zweck gewährt, ist zu beachten, daß diese für die Beurteilung der Dauerschuldfrage zusammenzurechnen sind. Vorsorglich sollten daher die Kontokorrentkredite von *verschiedenen Banken* beansprucht werden. Gegebenenfalls sind größere Zahlungen kurzfristig hinauszuschieben, so daß die geringeren Schulden- bzw. Guthabenstände einige Tage länger stehen bleiben. Zu beachten ist dabei, daß Salden von Freitagen jeweils 3 Tage stehen bleiben.
Nicht anerkannt werden dagegen folgende Maßnahmen:

- Ein Unternehmer nimmt für ein bis zwei Wochen einen Kredit auf und überweist diese Gelder auf das Girokonto, um so Guthabenbestände zu bekommen.
- Die Darlehensaufnahme erfolgt für einen Zeitraum von weniger als 12 Monaten. Nach der Rückzahlung wird aufgrund einer schon vorher zwischen dem Darlehensgeber und dem Unternehmer getroffenen Vereinbarung sogleich wieder in gleicher Weise ein Darlehen eingeräumt.
- Zur Abdeckung betrieblicher Kontokorrentschulden werden für einen kurzen Zeitraum (z.B. ein bis zwei Wochen) nur aus steuerlichen Gründen Privatgelder in den Betrieb eingelegt.

9

Berechnung der Gewerbeertragsteuern
Nachdem der Gewerbeertrag feststeht, läßt sich die Gewerbeertragsteuer wie folgt berechnen:

	Gewerbeertrag x Steuermeßzahl
=	Steuermeßbetrag nach dem Gewerbeertrag x Hebesatz der Gemeinde
=	Gewerbeertragsteuer

Nur bei natürlichen Personen und Personengesellschaften ist der Gewerbeertrag ab *1993* um einen Freibetrag i. H. v. 48.000 DM zu kürzen. Die Steuermeßzahl zur Ermittlung des Steuermeßbetrages nach dem Gewerbebetrag für natürliche Personen und Personengesellschaften ergibt sich anhand eines *Staffeltarifes,* der folgendes Aussehen hat:

Freibetrag	48.000 DM	
die nachfolgenden ersten	24.000 DM	1%
nachfolgende weitere	24.000 DM	2%
nachfolgende weitere	24.000 DM	3%
nachfolgende weitere	24.000 DM	4%
nachfolgende weitere Beträge		5%

Bei allen anderen Gewerbebetrieben, z. B. GmbH, AG, beträgt die Steuermeßzahl 5%. Dies gilt sowohl für den Veranlagungszeitraum 1993 als auch für spätere Veranlagungszeiträume.
Beispiel:
200.000 DM Gewerbeertrag bei einer GmbH:
200.000 DM x 5% = 10.000 DM Steuermeßbetrag nach dem Gewerbeertrag
200.000 DM bei einer Personengesellschaft:

48.000 DM frei		
24.000 DM zu	1%	240 DM
24.000 DM zu	2%	480 DM
24.000 DM zu	3%	720 DM
24.000 DM zu	4%	960 DM
144.000 DM		
56.000 DM zu	5%	2.800 DM
200.000 DM		

5.200 DM Steuermeßbetrag nach dem Gewerbeertrag

Da die geringere Gewerbesteuer kostenmindernd wirkt und somit den Gewinn erhöht, ist auf dieser Grundlage nochmals die Gewerbesteuer zu berechnen. In der Praxis erhöht sich der Meßbetrag dann von 5.200 DM z.B. um fast 690 DM bei einem Hebesatz von 300%.
Der *Steuermeßbetrag nach dem Ertrag* wird danach mit dem *Hebesatz* der Gemeinde multipliziert, um die Gewerbesteuer zu berechnen. In der Praxis geschieht dies jedoch nur zusammen mit der Berechnung der Gewerbekapitalsteuer.
Beispiel für eine GmbH:
Gewerbeertrag: 100.000 DM
x Steuermeßzahl nach dem Gewerbeertrag 5%
Steuermeßbetrag nach dem Gewerbeertrag 5.000 DM
x Hebesatz Stadt Wiesbaden 470%
= Gewerbeertragsteuer der GmbH 23.500 DM
(ohne Gewerbekapitalsteuern).

Das Gewerbekapital

Das Gewerbekapital ist die *zweite Besteuerungsgrundlage* für die Berechnung der Gewerbesteuer. Als *Gewerbekapital* gilt gem. § 12 Abs. 1 GewStG der Einheitswert des gewerblichen Betriebs im Sinne des Bewertungsgesetzes, vermehrt um die *Hinzurechnungen* nach § 12 Abs. 2 und vermindert um die *Kürzungen* nach § 12 Abs. 3. Ausgangswert zur Berechnung des Gewerbekapitals bildet also der Einheitswert des gewerblichen Betriebs, d.h. der *Einheitswert des Betriebsvermögens.* Das Betriebsvermögen entspricht dem Eigenkapital des § 4 Abs.1 EStG, wobei Zusammensetzung und Bewertung zum Teil abweichen.

Maßgebend ist gem. § 12 Abs. 5 GewStG der Einheitswert der auf den *letzten Feststellungszeitpunkt* (Hauptfeststellungs-, Fortschreibungs- oder Nachfeststellungszeitpunkt) *vor dem Ende des Erhebungszeitraumes lautet.* Hauptfeststellungen für alle Gewerbebetriebe erfolgen alle 3 Jahre, so zum 01.01.1992, 1995 usw.

Das auf einen bestimmten Stichtag ermittelte *Gewerbekapital* ist für die nachfolgenden Erhebungszeiträume *so lange maßgebend, bis ein neuer Einheitswert auf einen späteren Stichtag ermittelt ist.* Zwischen zwei Hauptfeststellungen kann eine Anpassung des Einheitswertes jeweils zum 01.01. jeden Jahres erfolgen, wenn sich eine Veränderung von mehr als 10% ergeben hat.

Hinzurechnungen und Kürzungen zum Einheitswert

Ebenso wie bei der Ermittlung des Gewerbeertrags sind auch bei der Feststellung des Gewerbekapitals bestimmte Hinzurechnungen und Kürzungen vorzunehmen. Es wird dabei versucht, das *gesamte im Betrieb langfristig arbeitende Kapital* (Eigen- und Fremdkapital) zu erfassen.

Da bei der Ermittlung des Einheitswerts die Betriebsschulden abgezogen werden, müssen dem Einheitswert zur Ermittlung des Gewerbekapitals die *langfristigen Verbindlichkeiten* wieder hinzugerechnet werden. Von besonderer Bedeutung ist das *Stichtagsprinzip,* wonach alle Hinzurechnungen in der Höhe auf den Stichtag vorzunehmen sind, in der sie bei der Ermittlung des Einheitswerts (des gewerblichen Betriebs) abgezogen worden sind.

Ausgangsgröße (Einheitswert des Gewerbebetriebs nach BewG)

Hinzurechnungen nach § 12 Abs. 2 GewStG

- Hälfte des Betrages der Dauerschulden, der 50.000 DM übersteigt
- Verbindlichkeiten, die § 8 Nr. 2 entsprechen (Renten, dauernde Lasten)
- Einlagen typischer stiller Gesellschafter
- vom Betrieb genutzte Wirtschaftsgüter, die nicht in seinem Eigentum stehen

Kürzungen nach § 12 Abs. 3 GewStG

- Summe der Einheitswerte der Betriebsgrundstücke
- Werte der Beteiligungen an Personengesellschaften
- Werte von Schachtelbeteiligungen an Kapitalgesellschaften
- Werte, die dem Gewerbekapital eines anderen Betriebs nach § 12 Abs. 2 Nr. 2 GewStG zugerechnet werden

= Gewerbekapital

Als *Gewerbekapital* gilt der Einheitswert des Gewerbebetriebs mit den Änderungen durch *Hinzurechnungen und Kürzungen.* Diese Änderungen erklären sich wie beim Gewerbeertrag aus der Tatsache, daß außer dem Einheitswert des Betriebsvermögens noch andere Kapitalkräfte wirksam sind.

Dem Einheitswert des gewerblichen Betriebs werden folgende Beträge *hinzugerechnet:* 9

- die *Verbindlichkeiten,* die den Schuldzinsen, Renten und dauernden Lasten und den Gewinnanteilen des stillen Gesellschafters bei der Hinzurechnung zum Gewerbeertrag entsprechen, soweit sie bei der Feststellung des Einheitswerts abgezogen worden sind.
  Verbindlichkeiten, die den Schuldzinsen entsprechen, werden nur hinzugerechnet, soweit der abgezogene Betrag *50.000* DM übersteigt; der übersteigende Betrag wird *zur Hälfte* hinzugerechnet (siehe auch den Unterabschnitt „Dauerschulden" im Kapitel über Gewerbeertrag);
- die Werte (Teilwerte) der nicht in Grundbesitz bestehenden Wirtschaftsgüter, die dem Betrieb dienen, aber im Eigentum eines Mitunternehmers oder eines Dritten stehen, soweit sie nicht im Einheitswert des gewerblichen Betriebs enthalten sind.
  Das gilt nicht, wenn die Wirtschaftsgüter zum Gewerbekapital des Vermieters oder Verpächters gehören, es sei denn, daß ein Betrieb (Teilbetrieb) vermietet oder verpachtet wird und die im Gewerbekapital des Vermieters oder Verpächters enthaltenen Werte der überlassenen Wirtschaftsgüter des Betriebs 2,5 Mio. DM übersteigen.

Beispiel: Hinzurechnung von Krediten

Ein Gewerbebetrieb hatte am 01.01.1993 einen Einheitswert von 120.000 DM, bei dessen Ermittlung als Dauerschulden ein langfristiges Darlehen von 180.000 DM und als Kontokorrentkredit ein Betrag von 20.000 DM abgezogen wurden. Der Mindestbetrag an Kontokorrentschulden, der in der Zeit vom 01.01.1993 bis 31.12.1993 für länger als sieben Tage bestanden hat, betrug 10.000 DM.

Das Gewerbekapital per 31. 12. 1993 errechnet sich wie folgt:

Einheitswert (01.01.1993)		DM 120.000,–
+ Hinzurechnungen		
Dauerschulden:		
langf. Darlehen	DM 180.000,–	
Kontokorrent	DM 10.000,–	
	DM 190.000,–	
– Freibetrag	DM 50.000,–	
50% von	DM 140.000,–	DM 70.000,–
Gewerbekapital (31.12.1993)		DM 190.000,–

Die Summe des Einheitswerts des gewerblichen Betriebs und der Hinzurechnungen wird gekürzt um:

- die Summe der Einheitswerte, mit denen die Betriebsgrundstücke in dem Einheitswert des gewerblichen Betriebs enthalten sind;
- den Wert (Teilwert) einer zum Gewerbekapital gehörenden Beteiligung an einer OHG, einer KG oder einer anderen Personengesellschaft (Mitunternehmerschaft);
- den Wert (Teilwert) einer zum Gewerbekapital gehörenden Beteiligung an einer inländischen Kapitalgesellschaft, wenn die Beteiligung mindestens 10% des Grund- oder Stammkapitals beträgt;
- die dem Gewerbekapital eines anderen hinzugerechneten Werte für die nicht in Grundbesitz bestehenden Wirtschaftsgüter des Anlagevermögens, soweit sie im Einheitswert des gewerblichen Betriebs des Eigentümers enthalten sind;
- das Gewerbekapital von Betriebsstätten, die das Unternehmen im Ausland unterhält.

9

Berechnung der Gewerbekapitalsteuer

Das Gewerbekapital ist um einen *Freibetrag i.H.v. 120.000 DM* zu kürzen (§ 13 Abs.1 und 2 GewStG).

Bei der Berechnung der Gewerbekapitalsteuer ist von einem *Steuermeßbetrag* auszugehen, der durch Anwendung eines Prozentsatzes *(Steuermeßzahl)* ermittelt wird, welcher im Normalfall 0,2% des auf volle 1.000 DM abgerundeten Gewerbekapitals beträgt.

Bei einer isolierten Berechnung des Gewerbekapitals ist schließlich noch der Steuermeßbetrag nach dem Gewerbekapital mit dem Hebesatz der berechtigten Gemeinde zu multiplizieren.

Beispiel: GmbH

Gewerbekapital (s.o.)	190.000 DM
– Freibetrag	120.000 DM
	70.000 DM
x Steuermeßzahl nach dem Gewerbekapital	2 ‰
= Steuermeßbetrag nach dem Gewerbekapital	140 DM
x Hebesatz (z.B.470%)	470 %
= Gewerbekapitalsteuer	658 DM

Festsetzung der Gewerbesteuer

In der Praxis wird vom Finanzamt jeweils der Meßbetrag nach dem Gewerbeertrag und Gewerbekapital ermittelt und zum *einheitlichen Steuermeßbetrag* zusammengerechnet.

Der ermittelte einheitliche Steuermeßbetrag wird dem Unternehmen und der Betriebsgemeinde mitgeteilt.

Das Gemeindesteueramt multipliziert ihn mit dem Hebesatz und berechnet somit die Gewerbesteuer des Unternehmens.

Die Hebesätze der Gemeinden sind unterschiedlich hoch. Sie sind somit ein Faktor der Standortwahl.

Beispiel:

Hebesatz		
Bad Schwalbach	300%	
Frankfurt	500%	
Gewerbesteuer bei einem einheitlichen Meßbetrag von		100.000 DM
Bad Schwalbach	300.000 DM	
Frankfurt	500.000 DM	

Zerlegung des Steuermeßbetrages

Erstreckt sich eine Betriebsstätte auf mehrere Gemeinden oder unterhält ein Gewerbebetrieb Betriebsstätten in mehreren Gemeinden, so ist der einheitliche Steuermeßbetrag in die auf die beteiligten Gemeinden entfallenden Anteile (Zerlegungsanteile) zu zerlegen. Zerlegungsmaßstab ist im allgemeinen das Verhältnis der Summe der in den einzelnen Betriebsstätten gezahlten Arbeitslöhne zueinander, bei Wareneinzelhandelsunternehmen zur Hälfte das Verhältnis der Betriebseinnahmen und zur anderen Hälfte das Verhältnis der Arbeitslöhne.

Die beteiligten Gemeinden wenden ihren Hebesatz auf den Zerlegungsanteil an und erhalten so die ihnen zustehende Gewerbesteuer.

Gewerbesteuerrückstellung

Da die Gewerbesteuer eine bei der Gewinnermittlung abzugsfähige Betriebsausgabe ist, mindert sie den einkommen- oder körperschaftsteuerpflichtigen Gewinn, der die Grundlage der Berechnung des Gewerbeertrages bildet. Dies bedeutet, der Gewerbeertrag ist erst zu berechnen, wenn die Gewerbesteuer vom Gewinn abgezogen wor-

den ist. Die Gewerbesteuer ist aber ihrerseits durch die Höhe des Gewerbeertrages bestimmt. Eine genaue Berechnung der Gewerbeertragsteuer ist daher nur mit Hilfe mathematischer Formeln bzw. in stufenweiser Näherung möglich.
Die Gewerbesteuerschuld entsteht mit Ablauf des Kalenderjahres, für das sie erhoben wird. Sie ist von der Höhe des Gewinnes abhängig, der wiederum exakt nur ermittelt werden kann, wenn die Gewerbesteuer als Aufwand feststeht. Da dies aber nicht exakt möglich ist, muß die voraussichtlich noch zu zahlende GewSt-Abschlußzahlung als Rückstellung in die Bilanz eingestellt werden.

Vermögensteuer und Bewertungsgesetz

Ihrem Wesen nach ist die Vermögensteuer (VSt) wie die Einkommensteuer und die Körperschaftsteuer eine Personensteuer und belastet damit das Vermögen der natürlichen und juristischen Personen; wie bei der Einkommensteuer finden auch bei natürlichen Personen die persönlichen Verhältnisse des Steuerpflichtigen Berücksichtigung.
Während die Ertragsteuern das wirtschaftliche Ergebnis (Gewinn, Überschuß) als Bemessungsgrundlage erfasssen, soll die Vermögensteuer das Einkommen aus Vermögensbesitz (fundiertes Einkommen) zusätzlich belasten, wobei das Vermögen nur ihre Bemessungsgrundlage darstellt.

Steuerpflicht

Auch das Vermögensteuergesetz (VStG) unterscheidet ähnlich wie das EStG und KStG zwischen unbeschränkter und beschränkter Steuerpflicht.
Unbeschränkt steuerpflichtig sind nach § 1 VStG
- natürliche Personen, die im Inland einen Wohnsitz oder ihren gewöhnlichen Aufenthalt haben;
- nichtnatürliche Personen (Körperschaften, Personenvereinigungen und Vermögensmassen), die im Inland ihre Geschäftsleitung oder ihren Sitz haben.

Beschränkt steuerpflichtig (§ 2 VStG) sind
- natürliche Personen, die im Inland weder einen Wohnsitz noch ihren gewöhnlichen Aufenthalt haben;
- sowie Körperschaften, Personenvereinigungen und Vermögensmassen, die weder ihre Geschäftsleitung noch ihren Sitz im Inland haben.

Bemessungsgrundlage

Das Vermögen bildet die Bemessungsgrundlage für die Vermögensteuer. Der Vermögensteuer unterliegt nach § 4 Abs. 1 Nr. 1 VStG
- bei unbeschränkt Steuerpflichtigen das Gesamtvermögen (§§ 114 bis 120 BewG),
- bei beschränkt Steuerpflichtigen das Inlandsvermögen (§ 4 Abs. 1 Nr. 2 VStG, § 121 BewG).

Gesamtvermögen
Bei unbeschränkt Steuerpflichtigen i.S. des VStG ist der Wert des gesamten Vermögens (Gesamtvermögen) zu ermitteln (§ 114 BewG). Es umfaßt sämtliche Wirtschaftsgüter, die einer der in der Folge dargestellten vier Vermögensarten zuzurechnen sind; das sind nicht nur inländische, sondern auch ausländische Vermögenswerte.
Der Gang der Ermittlung des Gesamtvermögens ergibt sich aus § 118 Abs. 1 BewG. Er läßt sich wie folgt schematisch darstellen:

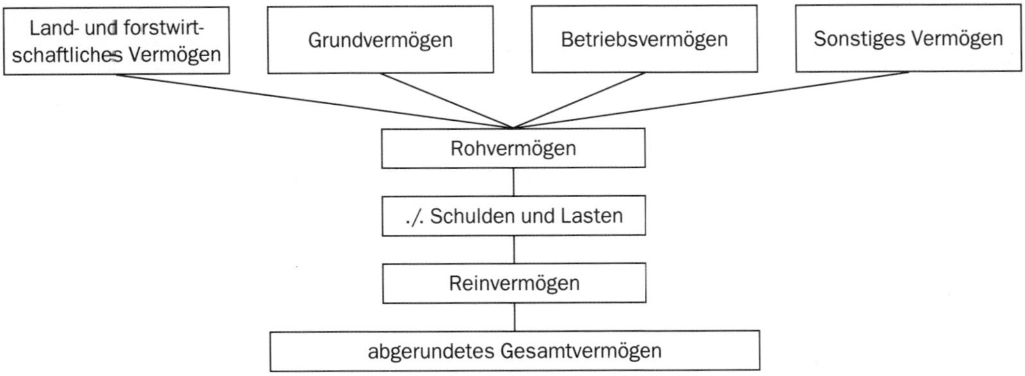

Abb. 9.30: Die vier Vermögensarten

Die Summe der Werte aller vier Vermögensarten ergibt das Rohvermögen; von diesem werden die Schulden und sonstigen Abzüge abgesetzt, da nur das Reinvermögen erfaßt werden soll (§ 118 BewG).

Das Rohvermögen

Das Rohvermögen ergibt sich aus der bloßen rechnerischen Zusammenfassung (Addition) der vier bewertungsrechtlichen Vermögensarten i. S. des § 18 BewG. Die ersten drei Vermögensarten (land- und forstwirtschaftliches Vermögen, Grundvermögen und Betriebsvermögen) sind mit den für sie gemäß § 19 BewG festgestellten Einheitswerten anzusetzen. Dabei ist die Sondervorschrift von 1964 für die Anwendung der Einheitswerte § 121a BewG zu beachten. Danach sind Grundstücke (§ 70 BewG) und Betriebsgrundstücke für die Feststellung des Einheitswerts des Betriebsvermögens und für die Vermögensteuer mit 140 v. H. des Einheitswerts anzusetzen. Ausländisches Sachvermögen (land- und forstwirtschaftliches Vermögen, Grundvermögen und Betriebsvermögen) ist gemäß § 31 BewG mit dem gemeinen Wert i. S. des § 9 BewG anzusetzen (siehe Abb. 9.31).

9

Die Vermögensarten

Grundvermögen

Zum Grundvermögen gehören alle Grundstücke, sofern sie nicht im Einheitswertbescheid als Betriebsgrundstücke bezeichnet sind oder zum land- und forstwirtschaftlichen Vermögen gehören. Als Grundvermögen gelten auch Erbbaurechte, ferner Gebäude auf fremdem Grund sowie Wohnungseigentum, Teileigentum, Wohnungserbbaurecht und Teilerbbaurecht.
Grundstücke sind in der Vermögensteuererklärung mit dem Einheitswert anzugeben.
Bei der Vermögensteuerveranlagung werden die Einheitswerte vom Finanzamt mit 140% angesetzt (§ 121a BewG). Da die Einheitswerte nach den Wertverhältnissen vom 01.01.1964 festgesetzt worden sind, erfaßt die Vermögensteuer trotz des erhöhten Ansatzes von 140% nur einen Bruchteil des tatsächlichen Verkehrswertes der Grundstücke. Durch Verlagerung von anderem Vermögen, z.B. Kapitalvermögen in Grundvermögen, kann daher in erheblichem Umfang Vermögensteuer gespart werden. Dies gilt um so mehr, wenn der Grundbesitz ganz oder teilweise fremdfinanziert wird, denn Schulden (z. B. auch Hypotheken u. ä.) werden mit ihrem Nennbetrag berücksichtigt.

Betriebsvermögen

Der Umfang des Betriebsvermögen wird in § 95 Abs.1 BewG festgelegt. Es umfaßt alle Wirtschaftsgüter, die
- zu einem gewerblichen Betrieb gehören,
- dessen Hauptzweck dienen und
- dem Betriebsinhaber gehören.

Bewertung des Vermögens

Vermögensart	1. Land- und forstwirtschaftliches Vermögen	2. Grundvermögen	3. Betriebsvermögen	4. Sonstiges Vermögen
wirtschaftliche Einheit	Betrieb der Land- und Forstwirtschaft	Grundstück	gewerblicher oder gleichgestellter Betrieb	einzelnes Wirtschaftsgut
Bewertungsgegenstand im einzelnen	Wirtschaftsteil und Wohnteil	Grundstück	einzelnes Wirtschaftsgut	einzelnes Wirtschaftsgut
Netto-/Bruttoermittlung	Brutto	Brutto	Netto	Brutto
Bewertungsmaßstab	Einheitswert bzw. gemeiner Wert	gemeiner Wert	i.d.R. Teilwert	gemeiner Wert
Wertverhältnisse	01.01.1964	01.01.1964 (140%)	Mischung	aktueller Zeitpunkt
Bewertungsverfahren	Vergleichswertverfahren	Ertrags- und Sachwertverfahren	Einzelbewertung	Einzelbewertung
Feststellung von Einheitswerten	ja	ja	ja	nein

Abb. 9.31: Bewertung des Vermögens

Für gewerbliche Betriebe und für das einem freien Beruf dienende Vermögen findet auf den 01.01. 1993 eine Hauptfeststellung der Einheitswerte statt. Fortschreibungszeitpunkt ist der 01.01.1994.

• Freibetrag für das Betriebsvermögen
Inländisches Betriebsvermögen, für das ein Einheitswert für Zwecke der Vermögensteuer festgestellt und das insgesamt positiv ist, bleibt ab 01.01.1993 bis zu einem Betrag von 500.000 DM bei der Ermittlung des Gesamtvermögens außer Ansatz. Der übersteigende Betrag ist mit 75% anzusetzen (§ 117a BewG).
Die Steuervergünstigungen erhalten alle natürlichen Personen und die in § 1 Abs. 1 Nr. 2 VStG aufgeführten Körperschaften, Personenvereinigungen und Vermögensmassen, soweit ihnen insgesamt positives Betriebsvermögen zuzurechnen ist. Dies gilt auch für beschränkt Steuerpflichtige (§ 3 AStG).
- für inländisches gewerbliches Betriebsvermögen (auch freiberufliches Vermögen) 500.000 DM
- für den Freibetrag übersteigendes gewerbliches Betriebsvermögen Ansatz zu 75%
- für den Freibetrag übersteigendes Seeschiffsvermögen, das im internationalen Verkehr eingesetzt ist Ansatz zu 50%

Bei Zusammenveranlagung erhält jedes Mitglied der Veranlagungsgemeinschaft für sein ihm zugerechnetes Betriebsvermögen, soweit dieses insgesamt positiv ist, den Freibetrag bis zur Höhe von 500.000 DM.

Beispiel:
Eine OHG, bestehend aus Eltern und Kind erklärt Betriebsvermögen in Höhe von insgesamt 770.000 DM. Dieses Vermögen setzt sich, wie im untenstehenden Beispiel dargestellt, zusammen.

Die Vergünstigungen für das Betriebsvermögen gelten nur für die Vermögensteuer, nicht aber für die Gewerbe- und Erbschaftsteuer. Diese Vergünstigungen wirken sich insbesondere für kleinere und mittelständische Unternehmen und freiberufliche Praxen etc. aus. Im Einzelfall kann es daher günstig sein, Vermögen einschließlich Betriebsgrundstücken in das Betriebsvermögen einzubringen.

Sonstige Vermögen
Die nachfolgende Tabelle zeigt wichtige Wirtschaftsgüter des Sonstigen Vermögens, sowie die Freibeträge und Freigrenzen (siehe Abb. 9.32). Freibeträge bedeuten hier, daß nur der jeweils übersteigende Betrag in Ansatz kommt. Bei Freigrenzen dagegen ist der Gesamtbetrag anzugeben, sobald die Freigrenze überschritten ist.

Veranlagung

Die Vermögensteuer ist eine Veranlagungssteuer, die in einem förmlichen Festsetzungsverfahren festgesetzt wird. Das Veranlagungsverfahren wird durch die Abgabe einer Steuererklärung unter Verwendung eines amtlichen Vordrucks eingeleitet und mit der Erteilung eines Steuerbescheids abgeschlossen. 9
Grundsätzlich besteht Einzelveranlagung.

Zusammenveranlagung von Ehegatten
In der Vermögensteuererklärung ist das Vermögen beider Ehegatten aufzuführen. Ehegatten werden zusammen veranlagt, wenn zum jeweiligen Veranlagungszeitpunkt, z. B. am 01.01. 1993, beide unbeschränkt steuerpflichtig sind und nicht dauernd getrennt leben. Es muß eine nach bürgerlich-rechtlichen Vorschriften rechtsgültige Ehe bestehen. Ehegatten können ausnahmsweise ihr Vermögen getrennt erklären, wenn ein berechtigtes Interesse vorliegt, z. B. wenn sie am Stichtag zwar verheiratet waren, im Zeitpunkt der Abgabe der Erklärung aber in Scheidung lebten oder geschieden waren. An der Zusammenveranlagung ändert das jedoch nichts. Bei der Zusammenveranlagung wird für jeden Ehegatten ein Freibetrag von 70.000 DM gewährt, zusammen also 140.000 DM.
Das Vermögen von Ehegatten wird für die Ermittlung des Gesamtvermögens zusammengerechnet.

Art	Ehemann DM	Ehefrau DM	Kind DM	Gesamt DM
Einzelunternehmen	200.000			200.000
Beteiligung an Personengesellschaft I	550.000	150.000	50.000	750.000
Beteiligung an Personengesellschaft II	- 60.000	- 60.000	- 60.000	- 180.000
Summe	690.000	90.000	- 10.000	770.000
Freibetrag nach § 117a Satz1 u. Abs.3 BewG	500.000	90.000	0	590.000
verbleibendes Betriebsvermögen	190.000	0	- 10.000	180.000
abzusetzendes Betriebsvermögen (75%)	142.500	0	- 10.000	132.500

Art der Wirtschaftsgüter	Freibetrag	Freigrenze	Vervielfältiger
Auf DM laufende Geldguthaben und Zahlungsmittel	1.000 DM		Bei Zusammenveranlagung mehrerer Personen (Ehegatten, Kinder) nach § 14 VStG Vervielfachung der Freibeträge und Freigrenzen mit der Anzahl der zusammenveranlagten Personen
Kapitalvermögen i.S. des § 110 Abs.1 Nr.1 – 3	10.000 DM		
Noch nicht fällige Ansprüche aus privaten Versicherungen	10.000 DM		
Wirtschaftsgüter des land- und forstwirtschaftlichen und des gewerblichen Vermögens sowie Bodenschätze		10.000 DM	
Wirtschaftsgüter in möbliert vermieteten Wohnungen		10.000 DM	
Edelmetall, Edelsteine, Perlen, Münzen und Medaillen		1.000 DM	
Schmuckgegenstände aus edlem Metall und Luxusgegenstände		10.000 DM	
Kunstgegenstände, Sammlungen		20.000 DM	
Gesetzliche Unterhaltsansprüche, wenn Berechtigter und Verpflichteter nicht zusammen zur Vermögensteuer veranlagt werden	Der 20.000 DM übersteigende Teil des Kapitalwertes (bei Zusammenveranlagung ganz steuerfrei)		Keine Vervielfachung
Rentenansprüche bei Alter (60 Jahre) und Behinderung	100.000 DM des Kapitalwertes		

Abb. 9.32: Wirtschaftsgüter des Sonstigen Vermögens

Zusammenveranlagung mit Kindern

Ebenso wird das Vermögen von Eltern mit dem Vermögen derjenigen Kinder zusammengerechnet, mit denen sie zusammen zu veranlagen sind. Eltern können mit Kindern, die das 18., aber noch nicht das 27. Lebensjahr vollendet haben, zusammenveranlagt werden, wenn die folgenden Voraussetzungen sämtlich erfüllt sind:

- Alle Antragsteller sind unbeschränkt steuerpflichtig.
- Das Kind ist unverheiratet oder lebt von seinem Ehegatten dauernd getrennt.
- Das Kind gehört zum Haushalt der Eltern.
- Das Kind befindet sich noch in der Berufsausbildung oder leistet dazwischen den gesetzlichen Grundwehr- oder Zivildienst, oder ein freiwilliges soziales Jahr ab.
- Das Kind kann mangels Ausbildungsplatz eine Berufsausbildung nicht beginnen oder fortsetzen.

Für jedes Kind wird bei der Zusammenveranlagung ein Freibetrag von 70.000 DM gewährt (§ 6 Abs.2 VStG).

Eine Zusammenveranlagung auf Antrag ist dann von Vorteil, wenn das Kind ein Vermögen von weniger als 70.000 DM besitzt.

Freibeträge für natürliche Personen	DM
1. unbeschränkt steuerpflichtige Personen	70.000
2. Ehegatten bei Zusammenveranlagung	140.000
3. jedes Kind, das mit einem Steuerpflichtigen oder mit Ehegatten zusammen veranlagt wird	70.000
Weitere Freibeträge bestehen für	
4. Steuerpflichtige, die das 60. Lebensjahr vollendet haben oder voraussichtlich für mindestens 3 Jahre behindert mit einem Grad der Behinderung von 100% sind	50.000
5. Ehegatten bei Zusammenveranlagung, wenn bei beiden Ehegatten die Voraussetzungen gemäß Nr. 4 gegeben sind	100.000

Steuersatz

Für die Vermögensteuer gilt ein proportionaler Steuersatz, und zwar beträgt der allgemeine Steuersatz (siehe auch Abb. 9.33)

Berechnungsschema der Vermögensteuer

A. Berechnung des steuerpflichtigen Vermögens

1. Land- und forstwirtschaftliches Vermögen		Einheitswert DM	
2. Grundvermögen			
a) inländisches 140 v. H. von	DM		
b) ausländisches	DM		
	gemeiner Wert DM	DM	
3. Betriebsvermögen unter Berücksichtigung der Steuervergünstigungen nach § 117a BewG		Einheitswert DM	
4. Sonstiges Vermögen (§ 110 BewG)			
a,b) Kapitalforderungen	DM		
c) Steuererstattungs-/vergünstigungsansprüche	DM		
d) Forderungen aus stiller Beteiligung	DM		
e,f) Zahlungsmittel, Sparguthaben u. dgl. bei natürlichen	DM	➜ Beachte: Ab dem VZ 1995 ist der Freibetrag zunächst von der Summe a) bis f) abzuziehen. Ein etwaiger Restbetrag ist dann von der Summe g) bis k) abzuziehen.	
Personen nach Abzug des Freibetrages von 1.000 DM	DM		
g) Anteile an Kapitalgesellschaften			
h) Festverzinsliche Wertpapiere	DM		
i,k) Investmentzertifikate und Anteile an offenen Immobilienfonds sowie Geschäftsguthaben bei Genossenschaften	DM		
Summe a) – k)	DM		
Freibetrag nach § 110 Abs.2 und 3 BewG	10.000 DM		
verbleibendes Kapitalvermögen	DM		
l) Ansprüche aus Lebens- und Kapitalversicherungen nach Abzug des Freibetrages von 10.000 DM	DM		
m) Renten, Nutzungen, Erbbauzinsen usw. Der Kapitalwert wurde gekürzt um (§ 111 Nr.9 BewG) 100.000 DM	DM		
n) Edelmetalle, Edelsteine, Perlen, Münzen und Medaillen	DM	(Freigrenze: 1.000 DM)	
o) Schmuckgegenstände, Gegenstände aus edlem Metall, Luxusgegenstände	DM	(Freigrenze: 10.000 DM)	
p) Kunstgegenstände und Sammlungen	DM	(Freigrenze: 20.000 DM)	
q) Anderes Sonstiges Vermögen, Sachleistungsanspruch	Rohvermögen		
5. Abzüge (§ 118 BewG)			
6. Gesamtvermögen abgerundet auf volle tausend DM nach unten (§ 4 Abs.2 VStG)			
7. Freibeträge (§ 6 VStG)			
a) für den Ehemann	70.000 DM	(ab 1995 120.000 DM)	
b) für die Ehefrau	70.000 DM	(ab 1995 120.000 DM)	
c) für Kinder (§ 6 Abs2 VStG)	je 70.000 DM	(ab 1995 120.000 DM)	
d) wegen Alters oder Behinderung	evtl. je 50.000 DM		
8. Verbleibt steuerpflichtiges Vermögen (§ 9 VStG)			

B. Berechnung der Vermögensteuer

C. Steuerpflichtiges Vermögen

Steuersatz 0,5 v. H. bei natürlichen Personen (§ 10 VStG)
Steuersatz 0,6 v. H. bei Vereinen, Stiftungen und Körperschaften — v. H. ______ DM

D. Jahressteuerschuld

Abb. 9.33: Berechnungsschema der Vermögensteuer

9

- für natürliche Personen 0,5% des steuerpflichtigen Vermögens,
- für Körperschaften 0,6% des steuerpflichtigen Vermögens (§ 10 Abs. 1 VStG).

Beispiel:
Die Eheleute V und M haben ein zusammengerechnetes Gesamtvermögen von 400.000 DM. Ihr 22jähriger, noch in Berufsausbildung befindlicher Sohn hat 10.000 DM eigenes Vermögen.
Durch einen gemeinsamen Antrag aller Beteiligten auf Zusammenveranlagung tritt – abgesehen von der Vervielfachung der Freibeträge und Freigrenzen bei der Ermittlung des sonstigen Vermögens (vgl. § 110 Abs.3 BewG) – insgesamt eine Minderung des steuerpflichtigen Vermögens um 60.000 DM ein, wie die nachfolgende Berechnung zeigt:

9

Steuerpflichtiges Vermögens bei Zusammenveranlagung aller Beteiligten: Gesamtvermögen der Veranlagungsgemeinschaft (vgl. § 119 BewG)		410.000 DM
./. Freibeträge für die Ehegatten (§ 6 Abs.1 VStG)	140.000 DM	
./. Freibeträge für den Sohn (§ 6 Abs.2 VStG)	70.000 DM	210.000 DM
Steuerpflichtiges Vermögen		200.000 DM

Die Erbschaft- und Schenkungsteuer

Steuergegenstand

Nach § 1 Abs.1 ErbStG unterliegen folgende Vorgänge der Erbschaftsteuer:
- der Erwerb von Todes wegen,
- die Schenkung unter Lebenden,
- die Zweckzuwendungen,
- alle 30 Jahre das Vermögen von Stiftungen oder Vereinen, sofern sie im wesentlichen Interesse einer Familie errichtet worden sind.

Die Erbschaftsteuer erfaßt den unentgeltlichen Erwerb von Vermögen, und zwar den Erwerb von Todes wegen (durch Erbanfall, Vermächtnis, Pflichtteilsanspruch) und den Erwerb unter Lebenden durch Schenkung.
Weitere Tatbestände sind die Zweckzuwendungen. Das sind Zuwendungen von Todes wegen oder freigebige Zuwendungen unter Lebenden, die mit der Auflage verbunden sind, zugunsten eines bestimmten Zwecks verwendet zu werden, sowie das Vermögen einer Familienstiftung oder eines im Interesse einer Familie errichteten Vereins. In den Fällen einer Familienstiftung wird die Erbschaftsteuer in Zeitabständen von 30 Jahren seit dem Zeitpunkt des ersten Übergangs von Vermögen auf die Stiftung erhoben.

Steuerpflicht und Freibeträge

Erbschaftsteuerpflicht ist gegeben, wenn entweder der Erblasser oder der Erwerber Inländer sind (§ 1 ErbStG) (siehe Abb. 9.34)

Besondere Versorgungsfreibeträge für Ehegatten und Kinder

Ehegatten (Ist um den Kapitalwert der Versorgungsbezüge zu kürzen)	250.000 DM
Für jedes Kind bis zu 5 Jahren	50.000 DM
von mehr als 5 bis 10 Jahren	40.000 DM
von mehr als 10 bis 15 Jahren	30.000 DM
von mehr als 15 bis 20 Jahren	20.000 DM
von mehr als 20 bis Ende des 27. Lebensjahres	10.000 DM
Übersteigt der steuerpflichtige Erwerb	150.000 DM

so verringert sich der Freibetrag um den 150.000 DM übersteigenden Betrag

Sachliche Freibeträge
Hausrat einschließlich Wäsche und Kleidung, sowie Kunstgegenstände und Sammlungen

Steuerklasse I und II	je Person	40.000 DM
übrige Steuerklassen	je Person	10.000 DM
Andere bewegliche, körperliche Gegenstände		
Steuerklasse I und II	je Person	5.000 DM
übrige Steuerklassen	je Person	2.000 DM

Steuersätze

Einen Überblick über die Steuersätze der Erbschaft- und Schenkungsteuer bietet die Abb. 9.35

Berücksichtigung früherer Erwerbe

Mehrere Erwerbe innerhalb von 10 Jahren werden zusammengerechnet (§ 14 ErbStG).

Verfahren
Jeder der Erbschaftsteuer unterliegende Erwerb ist vom Erwerber binnen einer Frist von drei Monaten nach Kenntnis des Anfalls dem Finanzamt anzumelden. Anzeigepflichten bestehen ferner für Gerichte, Behörden, Beamte und Notare über diejenigen Beurkundungen, Zeugnisse und Anordnungen, die für die Festsetzung einer Erbschaftsteuer von Bedeutung sein können, insbesondere für die Standesämter („Totenliste“).

Persönliche Freibeträge bei Erben und Beschenkten

Steuerklasse	Personenkreis	Freibetrag
I	Ehegatten Kinder und Stiefkinder, Kinder verstorbener Kinder und Stiefkinder	250.000 DM 90.000 DM
II	Alle anderen Abkömmlinge der Kinder und Stiefkinder, die Eltern und Voreltern bei Erwerb von Todes wegen	50.000 DM
III	Eltern und Voreltern (soweit nicht Steuerklasse II), Geschwister, Abkömmlinge ersten Grades von Geschwistern, Stiefeltern, Schwiegerkinder, Schwiegereltern, geschiedener Ehegatte	10.000 DM
IV	Alle übrigen Erwerber und die Zweckzuwendungen	3.000 DM

Abb. 9.34: Persönliche Freibeträge bei Erben und Beschenkten

Steuersätze

Steuerpflichtiger Erwerb bis DM	% in der Steuerklasse I	II	III	IV
50.000	3	5	11	20
75.000	3,5	7	12,5	22
100.000	4	8	14	24
125.000	4,5	9	15,5	26
150.000	5	10	17	28
200.000	5,5	11	18,5	30
250.000	6	12	20	32
300.000	6,5	13	21,5	34
400.000	7	14	23	36
500.000	7,5	15	24,5	38
600.000	8	16	25	40
700.000	8,5	17	27,5	42
800.000	9	18	29	44
900.000	9,5	19	30,5	46
1.000.000	10	20	32	48
2.000.000	11	22	34	50
3.000.000	12	24	36	52
4.000.000	13	26	38	54
6.000.000	14	28	40	56
8.000.000	16	30	43	58
10.000.000	18	33	46	60
25.000.000	21	36	50	62
50.000.000	25	40	55	64
100.000.000	30	45	60	67
über 100.000.000	35	50	65	70

Abb. 9.35: Steuersätze der Erbschaft- und Schenkungsteuer

9

Beispiele:
Becker schenkt seinem Sohn 490.000 DM. Nach Abzug des Freibetrages von 90.000 DM unterliegen die restlichen 400.000 DM in Steuerklasse I einem Steuersatz von 7 %. Die Erbschaftsteuer beträgt also 28.000 DM.
Müller schenkt seiner Tochter ein Einfamilienhaus. Der Vekehrswert des Hauses beträgt 500.000 DM, sein Einheitswert nur 85.000 DM. Wegen des Freibetrages von 90.000 DM fällt keine Erbschaftsteuer an.

Es kann also sinnvoll sein, kein Geld zu schenken, sondern Gebäude zu kaufen und diese zu verschenken oder zu vererben.
Auch bei künftig steigenden Einheitswerten von Grundbesitz spart dies Erbschaftsteuer.

9

Grundsteuer

Die Gemeinden erheben von dem auf ihrem Gebiet gelegenen Grundbesitz eine Grundsteuer. Zum Grundbesitz gehören das land- und forstwirtschaftliche Vermögen, das Grundvermögen und die Betriebsgrundstücke. Steuerschuldner ist der Eigentümer des Grundbesitzes, im Falle des Erbbaurechts auch der Berechtigte. Neben dem Steuerschuldner haftet der Nießbraucher.

Berechnung der Grundsteuer

Für die Besteuerung ist der Einheitswert maßgebend, den die Finanzämter nach den Vorschriften des Bewertungsgesetzes festgestellt haben. Die Finanzämter stellen gleichzeitig den Steuermeßbetrag fest, der durch Anwendung eines Tausendsatzes (Steuermeßzahl) auf den Einheitswert ermittelt wird.
Die Gemeinde berechnet den Jahresbetrag der Grundsteuer nach einem Hundertsatz des Steuermeßbetrags (Hebesatz). Diesen Hebesatz setzt die Gemeinde jährlich fest; er muß für alle in der Gemeinde gelegenen Grundstücke oder für alle land- und forstwirtschaftlichen Betriebe gleich hoch sein.

Steuermeßzahlen

§ 14 GrStG:	
– Betriebe der Land- und Forstwirtschaft	6 v.T.
§ 15 GrStG:	
– bebaute und unbebaute Grundstücke	3,5 v.T.
Ausgenommen:	
– Einfamilienhäuser	
für die ersten 75.000 DM des EW	2,6 v.T.
für den Rest des EW	3,5 v.T.
– Zweifamilienhäuser	3,1 v.T.

Beispiel:
Für ein Grundstück in Wiesbaden
1. werden zum 01.01.1994 festgestellt:
   Einheitswert: 35.400 DM
   Grundstücksart: Einfamilienhaus
   Wohnungseigentum/Teileigentum
   Vermögensart: Grundvermögen
2. Berechnung des Grundsteuermeßbetrages
   Einheitswert 35.400 DM x Steuermeßzahl 3,5 v.T.
   = Steuermeßbetrag 123,90 DM
3. Berechnung der Grundsteuer
   Steuermeßbetrag x Hebesatz 350 %
   = Grundsteuer 433,65 DM

Grunderwerbsteuer

Der Grunderwerbsteuer unterliegt der Umsatz von inländischen Grundstücken. Steuerpflichtig sind insbesondere Rechtsgeschäfte, die Eigentumsveränderungen an Grundstücken zum Gegenstand haben, also Kauf-, Tausch-, Übergabe-, Auseinandersetzungsverträge, Meistgebot in der Zwangsversteigerung, ersatzweise auch die Auflassung, ferner die Übertragung der Verfügungsmacht und die Anteilsvereinigung bei Gesellschaften.
Den Grundstücken stehen gleich Erbbau-, Erbpachtrechte und Gebäude auf fremden Grund und Boden.

Besteuerungsgrundlage

Die Steuer wird grundsätzlich vom Wert der Gegenleistung berechnet, regelmäßig also vom Kaufpreis, nur ausnahmsweise – wenn eine Gegenleistung nicht vorhanden ist und bei der Anteilsvereinigung – vom Wert des Grundstücks (Einheitswert).

Steuersatz

Die Grunderwerbsteuer beträgt 2 v. H. der Bemessungsgrundlage.

Steuervergünstigungen

Steuerfrei sind u.a.
- der Grundstückserwerb, wenn die Bemessungsgrundlage 5.000 DM nicht übersteigt;
- der Grundstückserwerb von Todes wegen oder im Wege der Schenkung unter Lebenden;
- Grundstückserwerb durch Miterben zur Nachlaßteilung;
- Grundstückserwerb durch Personen, die mit dem Veräußerer in gerader Linie verwandt sind;
- Grundstückserwerb durch den Ehegatten des Veräußerers;
- Grundstückserwerb durch den früheren Ehegatten des Veräußerers im Rahmen der Vermögensauseinandersetzung nach der Scheidung;
- Erwerb eines zum Gesamtgut gehörigen Grundstücks durch Teilnehmer an einer fortgesetzten Gütergemeinschaft zur Teilung des Gesamtgutes;
- Rückerwerb eines Grundstücks durch den Treugeber bei Auflösung des Treuhandverhältnisses.

Verfahren

Behörden, Beamte und Notare sind verpflichtet, die unter das Grunderwerbsteuergesetz fallenden Rechtsvorgänge, die sie beurkundet oder über die sie eine Urkunde entworfen und darauf eine Unterschrift beglaubigt haben, dem örtlich zuständigen Finanzamt, meist einem bestimmten Grunderwerbsteuer-Finanzamt, anzuzeigen.
Der Erwerber eines Grundstücks darf erst dann als Eigentümer im Grundbuch eingetragen werden, wenn eine sog. Unbedenklichkeitsbescheinigung des Finanzamts vorliegt. Diese Bescheinigung wird nur erteilt, wenn die Steuer gezahlt, sichergestellt oder gestundet worden ist oder wenn Steuerfreiheit besteht.

Kraftfahrzeugsteuer

Der Kraftfahrzeugsteuer unterliegt die Haltung von KFZ im Verkehr auf öffentlichen Straßen (Landessteuer). Sie wird bei PKW und Motorrädern nach dem Hubraum, bei LKW und Anhängern nach dem Gesamtgewicht erhoben.
Sie beträgt bei Krafträdern 3,60 DM pro 25 cm^3 Hubraum im Jahr, bei PKW, die vor
1986 zugelassen sind: 18,80 DM je 100 cm^3,
und bei PKW, die ab 1986
zugelassen sind: 21,60 DM je 100 cm^3

Beispiel:
PKW mit 1 486 cm^3
15 x 18,80 DM = 282 DM bzw.
15 x 21,60 DM = 324 DM

Schadstoffarme PKW mit Benzinmotor werden besteuert mit:
13,20 DM je 100 cm^3,
PKW mit Dieselmotor mit:
29,60 DM je 100 cm^3.

Die Umrüstung von vor 1991 zugelassenen PKW mit Ottomotor wird einmalig mit einem Zuschuß zwischen 550 DM und 1.200 DM gefördert.
Die Jahressteuer bei LKW und Anhängern bei einem Gesamtgewicht bis zu 2000 kg beträgt 22 DM je 200 kg; bei darüber hinausgehendem Gewicht kommt ein progressiver Tarif zum Ansatz.

Beispiel:

LKW 7 Tonnen	= 882,50 DM
LKW 16 Tonnen auf zwei Achsen	= 3.407,50 DM
LKW 16 Tonnen auf drei Achsen	= 2.957,00 DM

Übersicht über sonstige Steuern

In der Folge werden in alphabetischer Reihenfolge sonstige wichtige Steuern erläutert.
– Getränkesteuer
Versteuert wird der Getränkepreis in Gaststätten (Gemeindesteuer) bis 10%.
– Hundesteuer
Versteuert wird die Haltung von Hunden (Gemeindesteuer) in privaten Haushalten mit dem Ziel, die Zahl der Hunde zu begrenzen (Umweltverschmutzung). Sie ist keine Gebühr für die Verschmutzung von Bürgersteigen und Parks.
– Jagd- und Fischereisteuer
Sie wird als Luxussteuer auf den Jahresjagdwert oder die Jahrespacht erhoben (Landkreissteuer).
– Kaffeesteuer
Versteuert wird die Einfuhr bzw. Herstellung von Kaffee zum Verbrauch in der BRD (Bundessteuer).
Steuersatz: 4,30 DM je kg Röstkaffee
9,35 DM je kg Kaffeekonzentrate
– Kirchensteuer
Bemessungsgrundlage ist die Einkommensteuer (nach Abzug von 300 DM je Kind). Je nach Bundesland betragen die Steuersätze zwischen 8 und 9%. Steuerpflichtig sind die Mitglieder einer kirchlichen Körperschaft des öffentlichen Rechts. Die Kirchensteuer ist unbeschränkt im Jahr der Zahlung als Sonderausgabe bei der ESt abzugsfähig.
– Mineralölsteuer
Gegenstand der Besteuerung ist der Verbrauch von Mineralöl als Kraft- oder Heizstoff(Bundessteuer).
Die Steuer je Liter beträgt für:

unverbleites Benzin	0,82 DM
verbleites Benzin	0,92 DM
Dieselkraftstoff	0,55 DM
leichtes Heizöl	0,08 DM
schweres Heizöl	0,03 DM

– Rennwett-,Lotterie- und Sportwettsteuer
Besteuert werden die Geldeinsätze bei Wettern und Spielern in Höhe von 16 $^2/_3$ des gezahlten Betrages (Landessteuer).
– Schankerlaubnissteuer
Entsteht bei Erhalt der Erlaubnis zum Betrieb einer Gaststätte; nur in Hessen, Rheinland-Pfalz und Baden-Würtemberg.
– Schaumweinsteuer
Sie beträgt je Liter Schaumwein 2,66 DM,
je Liter Obst- oder Fruchtschaumwein 0,53 DM.
– Solidaritätszuschlag 1995
Er wird ab 1995 auf die ESt-, Lohn- und Körperschaftsteuer in Höhe von 7,5% erhoben (Bundessteuer).

– Spielbankabgabe
Sie beträgt 80% der Bruttospielerträge (Saldi zwischen Einsätzen und Gewinnen der Spieler).
– Tabaksteuer
Die vom Bund erhobenen Steuersätze betragen:

Zigaretten	0,12 DM pro Stück
Zigarren, Zigarillos	0,031 DM pro Stück
Rauchtabak	45 DM pro kg
Pfeifentabak	21 DM pro kg

– Vergnügungssteuer
Vergnügungsteuer wird als Gemeindesteuer von Tanzveranstaltungen, Filmvorführungen und den Umsätzen von Spiel- und Unterhaltungsgeräten. erhoben.
– Versicherungsteuer
Versteuert werden die Prämien von Versicherungen (Bundessteuer). Die Steuer beträgt zwischen 2 und 12% der Prämie je nach Art der Versicherung; ausgenommen Lebens- und Krankenversichrungen. Beispiel: Hausrat 11,6%; Betriebsunterbrechung 10%.
– Zölle
Zölle werden als Bundessteuern zum Schutz der deutschen Wirtschaft gegen Auslandswettbewerb erhoben. Mit den EG-Ländern besteht eine Zollunion, d. h., innerhalb der EG-Staaten gibt es keine Zölle. Die EG-Staaten wenden gegenüber Drittländern, z. B. Türkei, einen einheitlichen Zolltarif an.
Mit fast allen Staaten (Mittelmeeer, Afrika, Karibik, Osteuropa) bestehen Abkommen.
Im Warenverkehr mit den Staaten der Europeen Free Trade Association (Österreich, Schweiz, Schweden usw.) sind Zölle für gewerbliche Waren fast alle abgeschafft.

9

Literatur

Ax/Fuchs/Große: Abgabenordnung und Finanzgerichtsordnung. 13. Auflage, Stuttgart, 1990
Blümich: Einkommensteuergesetz, Körperschaftsteuergesetz, Gewerbesteuergesetz, Nebengesetze. 13. Auflage, München, 1990
Bunjes/Geist: Umsatzsteuergesetz. 3. Auflage, München, 1990
Falterbaum/Barthel: Bewertungsrecht/Vermögensteuer. 9. Auflage, Achim, 1989
Schneider, D.: Grundzüge der Unternehmensbesteuerung. 4. Auflage, Wiesbaden, 1985
Wöhe, G.: Betriebswirtschaftliche Steuerlehre.
Bd. I. 1. Halbband 6. Auflage, München, 1988
2. Halbband 6. Auflage, München, 1986
Bd. II. 5. Auflage; München; 1990

Zeitschriften
NMB-Handausgabe Deutsche Steuergesetze. 10. Auflage, Verlag Neue Wirtschaftsbriefe, Herne/Berlin, 1990

Recht des Kaufmanns

Grundbegriffe des Bürgerlichen- und des Handelsrechts
Rechtssubjekte und Rechtsobjekte
Rechtsgeschäfte
Stellvertretung und Vollmacht
Vertragsschluß
Leistungsstörungen

Grundzüge des Bürgerlichen Rechts
Vertragliche und gesetzliche Schuldverhältnisse
Sachenrecht
Erbrecht

Grundzüge des Gesellschafts- und Wirtschaftsrechts
Der Kaufmann und sein Handelsgewerbe
Gesellschaften des Bürgerlichen- und des Handelsrechts
Gewerberecht

Kaufmännisch relevante Rechtsgebiete
Wertpapierrecht, Prozeßrecht, Insolvenzrecht, Wirtschaftsstrafrecht

Arbeitsrecht

Berufsausbildungsrecht

Tarifvertragsrecht

Arbeitsgerichtsbarkeit

Einleitung

Unter Recht im objektiven Sinn versteht man die Gesamtheit der Rechtsnormen (Gesetze und Rechtsverordnungen), die in einem bestimmten örtlichem Bereich zu einer bestimmten Zeit Gültigkeit haben und deren Durchsetzung durch den Staat garantiert wird. Die Rechtsnormen werden von dem dazu durch die Verfassung bestimmten Organ, beispielsweise den Bundestag, nach einem förmlichen Verfahren erlassen und verkündet.

Neben dem staatlich gesetzten geschriebenen Recht gibt es ein ungeschriebenes Recht, nämlich das Gewohnheitsrecht, das immer mehr an Bedeutung verloren hat. So sind beispielsweise im Gegensatz zur Enteignung, die gesetzlich geregelt ist, die Haftungsinstitute des enteignenden Eingriffs und des enteignungsgleichen Eingriffs gewohnheitsrechtlich anerkannt. Von enteignungsgleichem Eingriff spricht man, wenn rechtswidrig durch hoheitliche Maßnahmen in einen geschützten Gegenstand (Sache oder Recht) eingegriffen wird und dadurch dem Berechtigten ein Sonderopfer für die Allgemeinheit auferlegt wird. Auch der enteignende und der enteignungsgleiche Eingriff verpflichten den Staat zur Entschädigung.

Von dem objektiven Recht ist das subjektive Recht zu unterscheiden. Das subjektive Recht schützt die Berechtigung einer Person (natürliche oder juristische Person) beispielsweise an Gegenständen. Beispiel: Recht des Eigentümers, Anspruch auf Zahlung.

Die Rechtsnormen sind entweder dem privaten oder dem öffentlichen Recht zuzuordnen. Das

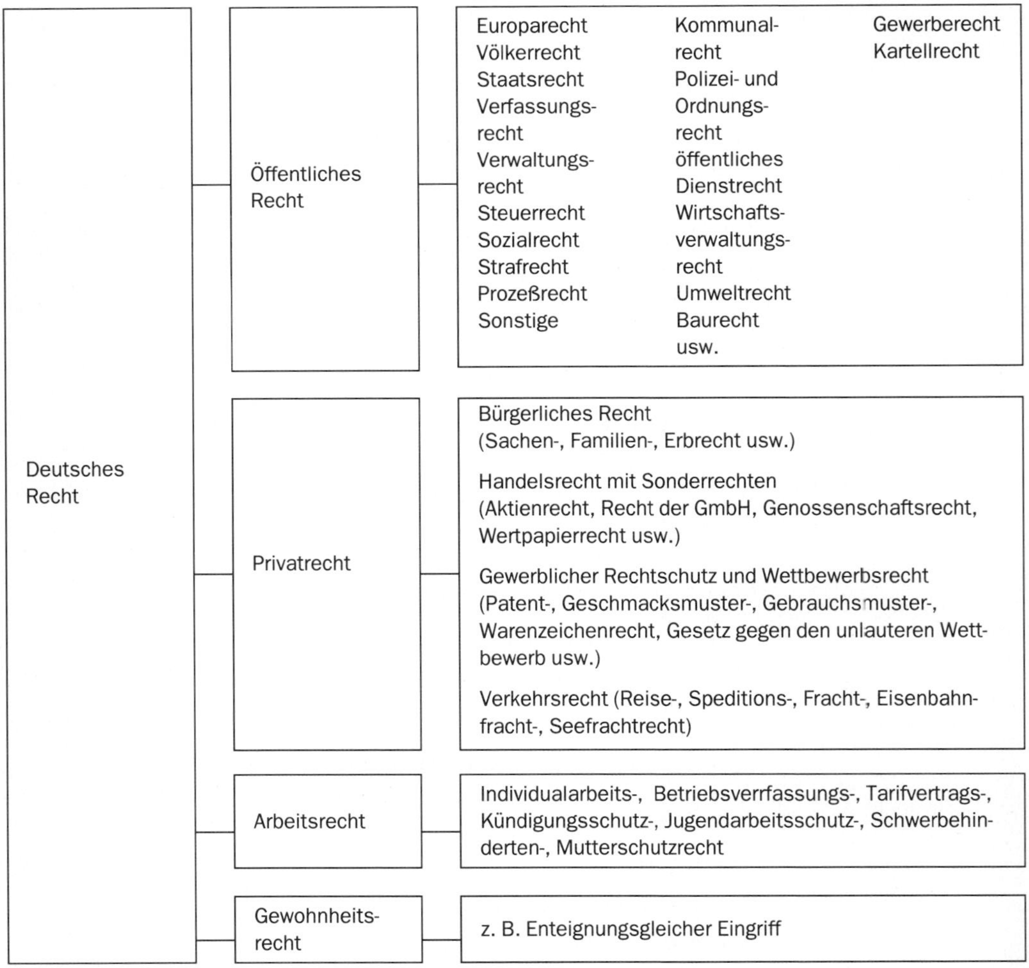

Abb. 10.1: Übersicht über die Rechtsgebiete

Privatrecht regelt die Beziehungen der einzelnen untereinander. Hierzu gehören vor allem das Bürgerliche Gesetzbuch und das Handelsgesetzbuch. Das öffentliche Recht erfaßt die Beziehungen des Einzelnen zum Staat oder zu anderen Trägern hoheitlicher Gewalt. Es regelt auch das Verhältnis der Hoheitsträger und ihrer Organe zueinander. Hierzu zählen u. a. Staatsrecht, Völkerrecht, Verwaltungsrecht usw.. Es gibt Rechtsnormen, die sowohl Züge des privaten als auch des öffentlichen Rechts haben, wie beispielsweise das Arbeitsrecht. Zur Unterscheidung der einzelnen Rechtsgebiete wird auf das Schaubild Bezug genommen (Abb. 10.1). Mit welchen Rechtsvorschriften ein Gewerbetreibender in erster Linie zu tun hat, hängt von dem Wirtschaftszweig ab, in dem er tätig ist. An dieser Stelle können zur Beschränkung des Stoffes nur die deutschen Rechtsnormen behandelt werden, und zwar auch nur, soweit sie den Kaufmann betreffen. Auch dieses Gebiet ist noch so umfangreich, daß jeweils nur ein Überblick über die rechtlichen Regelungen vermittelt werden kann. Für alle behandelten Gesetze gibt es geeignete Textausgaben. Das Literaturverzeichnis soll dem interessierten Leser dazu dienen, sich mit bestimmten Materien intensiver zu befassen.

Für den Kaufmann sind insbesondere Grundkenntnisse des Handelsrechts mit seinen Sonderrechten und des gewerblichen Rechtschutzes sowie des Wettbewerbsrechts von Bedeutung. Immer wichtiger wird die Kenntnis des Arbeitsrechtes, weshalb es besonders ausführlich dargestellt wird. Die Rechtsgebiete sind nur verständlich, wenn Kenntnisse der Grundbegriffe und Grundregeln der zu behandelnden Gebiete vorliegen, die zunächst vermittelt werden sollen.

Grundbegriffe und Grundregeln des bürgerlichen Rechts und des Handelsrechts

Rechtssubjekte

Träger von Rechten und Pflichten können nur rechtsfähige Personen (Rechtssubjekte) sein. Hierbei unterscheidet man zwischen natürlichen und juristischen Personen.

Natürliche Personen

- Rechtsfähigkeit

Die Rechtsfähigkeit eines Menschen (natürliche Person) beginnt mit der Vollendung der Geburt (§ 1 BGB) und endet mit seinem Tode. Zum Schutz der natürlichen Person bestehen zahlreiche Schutzvor-

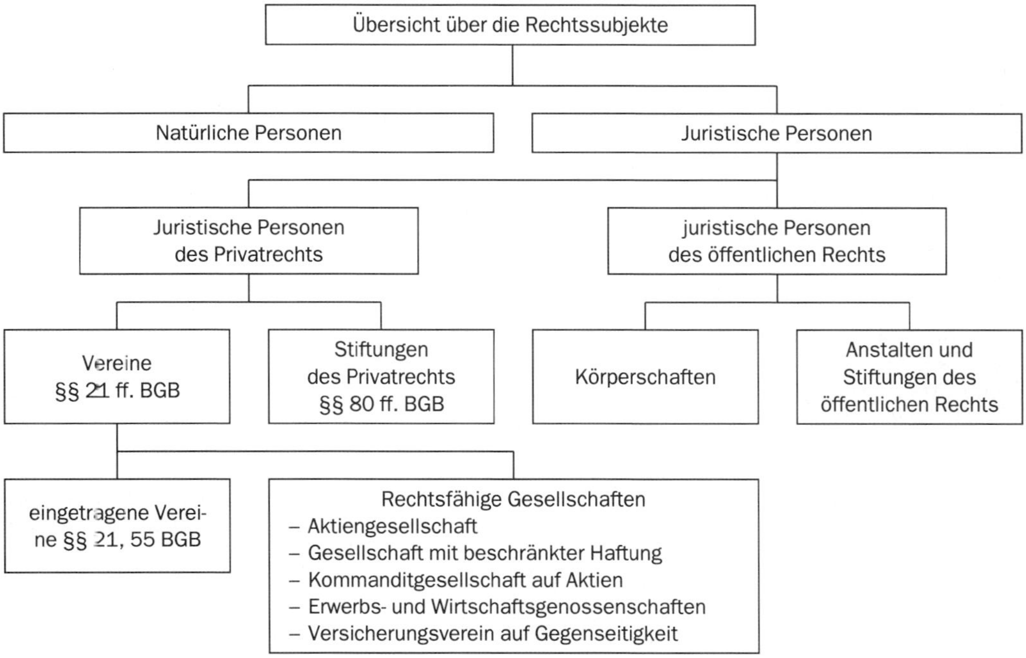

Abb. 10.2: Übersicht über die Rechtssubjekte

10

schriften (z. B. Schutz des Lebens, Körpers und Gesundheit, § 823 Abs. 1 BGB; Schutz des Namens § 12 BGB). Aus der Rechtsfähigkeit folgt noch nicht die Fähigkeit, selbständig Rechte und Pflichten rechtswirksam begründen zu können. Das kann nur derjenige, der auch geschäftsfähig ist.

• Geschäftsfähigkeit
Geschäftsunfähig ist,
- wer noch nicht das 7. Lebensjahr vollendet hat (§ 104 Nr. 1 BGB);
- wer sich in einem die freie Willensbestimmung ausschließenden Zustand krankhafter Störung der Geistestätigkeit befindet, sofern nicht der Zustand seiner Natur nach nur ein vorübergehender ist (§ 104 Nr. 2 BGB).

Die vormals in 104 Nr. 3 BGB normierte Geschäftsunfähigkeit wegen Geisteskrankheit Entmündigter ist durch das Betreuungsgesetz vom 01.01.1992 aufgehoben worden. Anstelle der Entmündigung ist nunmehr die Betreuung getreten, die auf die Geschäftsfähigkeit grundsätzlich keinen Einfluß hat.
Willenserklärungen von Geschäftsunfähigen sind nichtig (§ 105 Abs. 1 BGB). Der gute Glaube an die Geschäftsfähigkeit wird nicht geschützt. Ebenfalls nichtig sind Willenserklärungen, die im Zustand der Bewußtlosigkeit oder vorübergehenden Störung der Geistestätigkeit abgegeben werden, z. B. Vollrausch (§ 105 Abs. 2 BGB).
Beschränkt geschäftsfähig sind Minderjährige vom 7. bis zur Vollendung des 18. Lebensjahres (§ 106 BGB). Die von einem Minderjährigen abgegebene Willenserklärung ist nur wirksam, wenn
- er durch das Rechtsgeschäft lediglich einen rechtlichen Vorteil erlangt(§ 107 BGB), z. B. durch Schenkung, nicht aber durch Abschluß eines Kaufvertrages, da er durch diesen zu einer Gegenleistung verpflichtet wird,
- sein gesetzlicher Vertreter in die Abgabe der Willenserklärung eingewilligt oder sie nachträglich genehmigt hat (§§ 107, 108 BGB). Bis zur Erteilung der Genehmigung ist der Vertrag schwebend unwirksam (§ 108 BGB),
- er die vertragsgemäße Leistung mit Mitteln bewirkt, die ihm zu diesem Zweck von seinem gesetzlichen Vertreter oder mit dessen Zustimmung von einem Dritten überlassen worden sind (§ 110 BGB, sog. Taschengeldparagraph),
- er durch seinen gesetzlichen Vertreter mit Zustimmung des Vormundschaftsgerichts zum selbständigen Betrieb eines Erwerbsgeschäfts ermächtigt worden ist (§ 112 BGB),
- er von seinem gesetzlichen Vertreter ermächtigt worden ist, in ein Arbeitsverhältnis zu treten (§ 113 BGB).

Mit Vollendung des 18. Lebensjahres ist eine natürliche Person voll geschäftsfähig.

• Deliktsfähigkeit
Neben der Geschäftsfähigkeit ist die Deliktsfähigkeit von Bedeutung. Sie betrifft die Frage, wann jemand für die Folgen eigener schadensersatzpflichtiger Handlungen verantwortlich gemacht werden kann. Auch hier differenziert das Gesetz nach Lebensalter (vgl. 828 Abs. 2 BGB). Die wichtigsten Altersgruppen sind in Abb. 10.3 zusammengefaßt.

Juristische Personen
Neben den Menschen als natürlichen Personen können auch juristische Personen Träger von Rechten und Pflichten sein, soweit ihnen die Rechtsordnung eine eigene Rechtsfähigkeit verliehen hat. Hierbei ist zu unterscheiden zwischen juristischen Personen des Privatrechts und des öffentlichen Rechts.

• Juristische Personen des Privatrechts
Die Rechtsfähigkeit privatrechtlicher juristischer Personen wird entweder durch staatliche Genehmigung oder – wie im Regelfall – durch Eintragung in eines vom zuständigen Gericht geführtes Register (Handelsregister, Genossenschaftsregister) herbeigeführt. Vor allem im Handelsrecht kommt ihnen besondere Bedeutung zu. Wichtige juristische Personen des Privatrechts sind neben Verein (§ 21 ff. BGB) und Stiftung (§ 80 ff. BGB) die GmbH und die AG, auf die noch gesondert eingegangen wird.
Die juristische Person selbst ist weder handlungs- noch deliktsfähig. Sie handelt vielmehr durch ihre Organe (Geschäftsführer, Vorstand). Unerlaubte Handlungen von Organen, die diese in Ausführung der ihnen zustehenden Verrichtungen begehen, werden der juristischen Person nach § 31 BGB zugerechnet.
Daneben gibt es Personenzusammenschlüsse, die zwar keine juristischen Personen sind, jedoch ebenfalls gewisse selbständige Rechte haben (Beispiel: die OHG, die unter ihrer Firma Eigentum erwerben, vor Gericht klagen oder verklagt werden kann).

• Juristische Personen des öffentlichen Rechts
Juristische Personen des öffentlichen Rechts werden grundsätzlich durch Gesetz oder aufgrund eines Gesetzes errichtet. Hierbei kann es sich handeln um
- Körperschaften (z. B. Gemeinden),
- Anstalten (z. B. Universitäten) oder
- Stiftungen.

Lebensalter	Gesetzliche Regelung	Rechtsfolge
Geburt	Rechtsfähigkeit (§ 1 BGB) Geschäftsfähigkeit (§ 104 Nr. 1 BGB)	Fähigkeit, Träger von Rechten und Pflichten zu sein
Bis zum 7. Lebensjahr	Deliktsfähigkeit (§ 828 I BGB)	Nichtigkeit von abgegebenen Willenserklärungen (§ 105 BGB)
Bis zum 14. Lebensjahr	Strafunmündigkeit	Nichtverantwortlichkeit für unerlaubte Handlungen
Vom 7. bis zum 18. Lebensjahr	Beschränkte Geschäftsfähigkeit (§§ 106 ff. BGB)	Schuldunfähigkeit (§ 19 StGB) Bis auf wenige Ausnahmen bedürfen Rechtsgeschäfte der Zustimmung des gesetzlichen Vertreters.
Vom 14. bis zum 18. Lebensjahr	Beschränkte Deliktsfähigkeit (§ 828 II BGB)	Beschränkte Haftung für unerlaubte Handlungen, soweit die zur Erkenntnis der Verantwortlichkeit erforderliche Einsicht vorhanden ist.
Ab 18. Lebensjahr	Beschränkte Strafmündigkeit als Jugendlicher im Strafverfahren (§ 1 JGG)	Strafrechtlich verantwortlich, soweit fähig, das Unrecht der Tat einzusehen und nach dieser Einsicht zu handeln (§ 3 JGG)
Vom 18. bis zum 21. Lebensjahr	Geschäftsfähigkeit	Fähigkeit, rechtswirksame Willenserklärungen abzugeben
	Deliktsfähigkeit	Volle Verantwortlichkeit für unerlaubte Handlungen
	Strafrechtliche Verantwortlichkeit als Heranwachsender (§ 1 JGG)	U.U. Anwendung von Jugendstrafrecht

Abb. 10.3 Übersicht 2 BGB (angelehnt an Klunzinger, Bürgerliches Gesetzbuch, S. 27)

10

Als Träger öffentlicher Gewalt nehmen sie zumeist hoheitliche Aufgaben wahr. Für den Bereich des Privatrechts erlangen die juristischen Personen des öffentlichen Rechts mit ihrer Errichtung Rechtsfähigkeit. Sie können gleichermaßen wie die juristische Person des Privatrechts am privaten Rechtsverkehr teilnehmen und haften hierbei ebenso wie diese für schadensersatzpflichtige Handlungen ihrer Organe.

Rechtsobjekte

Der rechtlichen Herrschaft der Rechtsubjekte unterliegen als Rechtsobjekte Sachen und Rechte.

Sachen
Sachen im Sinne des Bürgerlichen Gesetzbuches sind nur körperliche Gegenstände (§ 90 BGB). Tiere zählen nicht zu den Sachen (§ 90 a BGB). Zu unterscheiden sind:
- bewegliche Sachen: Mobilien
- unbewegliche Sachen: Grundstücke
- vertretbare Sachen: die im Verkehr nach Zahl, Maß und Gewicht bestimmt werden, wie Geld, Wertpapiere (§ 91 BGB)
- nicht vertretbare Sachen: individuell bestimmte Gegenstände (Gemälde)
- verbrauchbare Sachen: deren bestimmungsgemäßer Gebrauch im Verbrauch oder der Veräußerung besteht, wie Geld, Lebensmittel, Benzin (§ 92 BGB)
- Bestandteile: sind Teile einer einheitlichen Sache. Können Bestandteile einer Sache nicht voneinander getrennt werden, ohne daß der eine oder andere zerstört oder in seinem Wesen verändert wird, handelt es sich um wesentliche Bestandteile, (§ 93f BGB, z. B.: verschweißte Teile; mit einem Grundstück fest verbundene Sachen). Wesentliche Bestandteile können nicht Gegenstand besonderer Rechte sein, sondern teilen das Schicksal der Hauptsache. So kann beispielsweise ein Haus nur durch Übereignung des Grundstücks veräußert

werden (Ausnahme: Eigentumswohnungen). Nicht zu den Bestandteilen eines Grundstückes zählen dagegen die sog. Scheinbestandteile, die nur vorübergehend mit Grund und Boden verbunden sind (§ 95 BGB).
- Zubehör: sind bewegliche Sachen, die, ohne Bestandteil der Hauptsache zu sein, dem wirtschaftlichen Zweck der Hauptsache zu dienen bestimmt sind und zu ihr in einem dieser Beziehung entsprechenden räumlichen Verhältnis stehen (§ 97 BGB, Beispiel: Maschinen einer Fabrik, Vieh in einem landwirtschaftlichen Betrieb). Bedeutung erlangt dies in folgenden Fällen:
  Kaufverträge erstrecken sich im Zweifel auch auf das Zubehör (§ 314 BGB);
  Pfandrechte an einem Grundstück (Hypotheken, Grundschuld) erstrecken sich nach § 1120 BGB auch auf das Grundstückszubehör.

Rechte
Die nicht körperlichen Gegenstände bezeichnet man als Rechte, beispielsweise:
- Persönlichkeitsrechte (z. B. Namensrecht)
- dingliche Rechte (z. B. Eigentum, Grundpfandrechte)
- Ansprüche (§ 194 BGB). Hierzu zählen alle schuldrechtlichen Forderungen (z. B. Forderung auf Zahlung des Kaufpreises).

Rechtsgeschäfte

Im Rahmen der bestehenden Gesetze können Rechte und Pflichten begründet werden. Daraus folgt, daß eine natürliche oder juristische Person durch Abgabe einer oder mehrerer Willenserklärungen gegenüber einer anderen Person den in der Erklärung bezeichneten rechtlichen Erfolg herbeiführen kann. Diesen Vorgang bezeichnet man als Rechtsgeschäft. Hierbei ist zu unterscheiden in:

einseitige Rechtsgeschäfte: Hier wird der rechtliche Erfolg bereits durch Abgabe der Willenserklärung herbeigeführt (Beispiel: Kündigung, Anfechtung).

mehrseitige Rechtsgeschäfte: Die Herbeiführung des Rechtserfolges bedarf der Abgabe mehrerer – übereinstimmender – Willenserklärungen (Kaufverträge, Mietverträge).

Willenserklärung
Wesentlicher Bestandteil eines Rechtsgeschäfts ist die Willenserklärung. Der Begriff der Willenserklärung ist gesetzlich nicht definiert. Da sie einen bestimmten Rechtserfolg herbeiführen möchte, besteht sie aus einem äußeren Erklärungstatbestand (dem „Erklärten") und einem inneren Willenstatbestand (dem „Gewollten").

• Erklärungstatbestand
Die Erklärung muß objektiv darauf schließen lassen, daß eine bestimmte Rechtsfolge gewollt ist. Dies kann geschehen durch:
- ausdrückliche Erklärung
- erkennbares Verhalten (Kopfnicken)
- stillschweigend, wenn ausnahmsweise eine Verpflichtung zur Gegenäußerung besteht.

Grundsätzlich ist Schweigen keine Willenserklärung; wer schweigt, erklärt nichts. Soweit dem Schweigen rechtlich überhaupt eine Bedeutung zukommt, gilt es zumeist als Ablehnung (§ 108 Abs. 2, 177 Abs. 2 BGB). Nur ausnahmsweise gilt Schweigen als Zustimmung, so z. B. bei Bestehen eines Handelsbrauches (§ 346 HGB).

• Willenstatbestand
Das Erklärte muß weiterhin dem inneren Willen des Erklärenden entsprechen. Der innere Wille besteht aus folgenden Komponenten:

Handlungswille Der Erklärende muß bei Abgabe seiner Erklärung das Bewußtsein haben, rechtserheblich zu handeln. Dies fehlt beispielsweise bei Reflexhandlungen, Bewegungen im Schlaf etc.

Erklärungsbewußtsein: Der Erklärende muß wissen, daß er mit seiner Handlung etwas rechtlich Erhebliches erklärt und mit einem Rechtsbindungswillen handeln. Der Rechtsbindungswille fehlt insbesondere bei Erklärungen, die der Vorbereitung eines Rechtsgeschäfts dienen (Beispiel: Auszeichnungen in Schaufensterauslagen) und bei bloßen Gefälligkeitsverhältnissen. Auf ein fehlendes Erklärungsbewußtsein kann sich der Handelnde jedoch dann nicht berufen, wenn er bei der Abgabe der Erklärung hätte erkennen müssen, daß diese als Willenserklärung aufgefaßt wird (Beispiel: Handzeichen im Rahmen einer Versteigerung.

Geschäftswille: Gemeint ist hier der Wille des Erklärenden, durch die Erklärung eine bestimmte Rechtsfolge herbeiführen zu wollen. Der Geschäftswille ist nicht notwendiger Bestandteil der Willenserklärung und berechtigt den Erklärenden bei dessen Fehlen allenfalls zur Anfechtung der Willenserklärung nach § 119 Abs. 1 BGB.

Wirksamwerden der Willenserklärung
Nicht empfangsbedürftige Willenserklärungen werden bereits mit ihrer Abgabe (Beispiel: Testament, § 2247 BGB), empfangsbedürftige Willenserklärungen erst mit Zugang bei dem Erklärungs-

empfänger wirksam (§ 130 BGB). Unproblematisch ist dies in Fällen mündlicher Erklärung gegenüber Anwesenden oder telefonischer Erklärung, wenn der Empfänger sie richtig verstanden hat. Bei einer schriftlichen Willenserklärung ist ein Zugang dann gegeben, wenn sie so in den Machtbereich des Empfängers gelangt ist, daß unter normalen Umständen mit ihrer Kenntnisnahme durch ihn zu rechnen ist (Briefkasten). Annahmeverweigerung oder Nichtöffnen eines Briefes verhindern den Zugang nicht. Der Zeitpunkt des Zugangs kann u. a. bei fristgebundenen Rechtsgeschäften (Beispiel: Kündigung zu einem bestimmten Termin) wichtig sein.
Nach Abgabe der Willenserklärung eingetretene Willensmängel sind unbeachtlich, es sei denn, dem Erklärungsempfänger ist vor oder mit ihrem Zugang gleichzeitig ein Widerruf zugegangen. Die Wirksamkeit der Willenserklärung bleibt ebenfalls unbeeinträchtigt davon, ob der Erklärende nach deren Abgabe stirbt oder geschäftsunfähig wird (§ 130 BGB).

Formbedürftige Willenserklärungen
Willenserklärungen sind grundsätzlich formfrei gültig. Die Einhaltung einer besonderen Form ist nur dann erforderlich, wenn dies zwischen den Parteien ausdrücklich vereinbart oder aber vom Gesetz vorgeschrieben ist. Für Kaufleute bestehen weitere Ausnahmen (vgl. 350 HGB). Man unterscheidet 3 Arten der Form:

• (einfache) Schriftform
Ist nach dem Gesetz die schriftliche Form einer Willenserklärung vorgeschrieben, muß die Urkunde vom Aussteller eigenhändig durch Namensunterschrift oder (bei Analphabeten) mittels notariell beglaubigten Handzeichens unterzeichnet werden (§ 126 BGB). Die Erklärung selbst muß nicht eigenhändig geschrieben sein (Ausnahme: Testament, § 2247 BGB). Beispiele für gesetzliche Schriftform: Mietverträge über Grundstücke mit Laufzeiten von mehr als einem Jahr (§ 566 BGB); Bürgschaftserklärung durch einen Nichtkaufmann (§ 766 BGB).
Die Vertragsparteien können die gesetzliche Schriftform auch für formfreie Rechtsgeschäfte vereinbaren (§ 127 BGB).

• Öffentliche Beglaubigung
Ist nach dem Gesetz öffentliche Beglaubigung vorgeschrieben, muß die Erklärung schriftlich abgefaßt und die Unterschrift des Erklärenden von einem Notar beglaubigt werden (§ 129 BGB). Beglaubigt wird nur die Echtheit der Unterschrift, nicht aber die Richtigkeit des Inhalts der Erklärung. Bedeutsam ist die öffentliche Beglaubigung vor allem bei Erklärungen gegenüber Behörden (Handelsregisteranmeldungen § 12 HGB, Grundbucheintragungen § 29 Grundbuchordnung).

• Notarielle Beurkundung
Sieht das Gesetz die notarielle Beurkundung eines Vertrages vor, ist die gesamte Erklärung vor einem Notar abzugeben. Dabei genügt es, wenn zunächst der Antrag und sodann die Annahme des Antrages durch den Notar beurkundet werden (§ 128 BGB). Die Einzelheiten sind im Beurkundungsgesetz geregelt. Die Beweiskraft der Urkunde erstreckt sich hier auch auf den Inhalt der Erklärung (§ 415 ZPO). Beispiele: Grundstückskaufvertrag (§ 313 BGB), Schenkungsversprechen (§ 518 BGB), Erbverträge (§ 2276 BGB).
Auch im Gesellschaftsrecht ist häufig notarielle Beurkundung erforderlich (Beispiel: Gesellschaftsvertrag einer GmbH).
Rechtsgeschäfte, bei denen die gesetzlich vorgeschriebene Form nicht eingehalten ist, sind nichtig. Dies gilt im Zweifel auch für die Nichteinhaltung der durch Rechtsgeschäft vereinbarten Form (§ 125 BGB).

Bedingung/Befristung
Sollen die mit der Abgabe einer Willenserklärung verbundenen Rechtsfolgen nicht unmittelbar eintreten, können diese von einer Bedingung oder Befristung abhängig gemacht werden.

• Bedingung
Bei einer Bedingung machen die Vertragsparteien die Wirkung des Rechtsgeschäfts von einem zukünftigen ungewissen Ereignis abhängig (Beispiel: „falls", „unter der Voraussetzung"). Hierbei unterscheidet man die:
aufschiebende Bedingung: Die Rechtsfolgen der Willenserklärung werden erst mit Eintritt eines in der Zukunft liegenden Ereignisses wirksam (§ 158 Abs. 1 BGB). Beispiel: Kauf unter Eigentumsvorbehalt. Der Eigentumserwerb steht unter der aufschiebenden Bedingung der vollen Kaufpreiszahlung.
auflösende Bedingung: Die Wirksamkeit des Rechtsgeschäfts endet mit dem Eintritt der Bedingung (§ 158 Abs. 2 BGB). Beispiel: Einräumung eines Wohnrechtes zu Gunsten der unverheirateten Tochter bis zu ihrer Heirat.
Bedingungen sind grundsätzlich bei allen Rechtsgeschäften zulässig, soweit sie nicht im Einzelfall bedingungsfeindlich sind (Beispiel: Eheschließung, § 13 Ehegesetz; Gestaltungsrechte wie Kündigung, Anfechtung, Rücktritt).

10

• Befristung

Bei einer Befristung sollen die Rechtswirkungen einer Willenserklärung erst mit dem Eintritt eines zukünftigen gewissen Ereignisses eintreten oder nur bis dahin andauern (§ 163 BGB).Beispiel: Abschluß eines Mietvertrages ab dem 01. Januar oder bis zum 31. Dezember des kommenden Jahres.

Mängel der Willenserklärung

Für die Fälle, in denen die Willenserklärung nicht dem Willen des Erklärenden entspricht, ist wegen der unterschiedlichen gesetzlichen Regelungen zwischen dem bewußten und unbewußten Auseinanderfallen von Wille und Erklärung zu unterscheiden:

• Bewußtes Auseinanderfallen von Wille und Erklärung

Das bewußte Auseinanderfallen von Wille und Erklärung ist in den §§ 116 – 118 BGB geregelt.

Geheimer Vorbehalt (§ 116 BGB): Hat sich der Erklärende insgeheim vorbehalten, das von ihm Erklärte nicht zu wollen, ist dies aus Gründen des Vertrauensschutzes des Erklärungsempfängers unbeachtlich. Die Willenserklärung ist wirksam. Sie ist nur dann nichtig, wenn der andere den Vorbehalt kennt, da er in diesen Fällen nicht schutzwürdig ist.

Scheingeschäft (§ 117 BGB): Eine Willenserklärung ist auch nichtig, wenn sie im Einverständnis mit dem Erklärungsempfänger nur zum Schein abgegeben wird.

Scherzerklärung (§ 118 BGB): Gibt der Erklärende eine nicht ernst gemeinte Willenserklärung ab, in der Erwartung, daß der andere Teil diese kennt, ist die Willenserklärung ebenfalls nichtig. Unter Umständen kann der Erklärungsempfänger Schadensersatz verlangen (§ 122 BGB).

• Unbewußtes Auseinanderfallen von Wille und Erklärung (Irrtum)

Bei einem unbewußten Auseinanderfallen von Wille und Erklärung ist die Willenserklärung wirksam. Sie kann allerdings durch einseitige empfangsbedürftige Willenserklärung angefochten werden, mit der Folge, daß sie als von Anfang an nichtig anzusehen ist (§ 142 BGB). Als Irrtum kommen in Betracht:

Inhaltsirrtum (§ 119 Abs. 1 BGB): Der Erklärende irrt über den Inhalt, d. h. die Bedeutung der abgegebenen Willenserklärung (Beispiel: Unterschreiben eines Kaufvertrages in der Meinung, einen Mietvertrag zu unterzeichnen).

Erklärungsirrtum (§ 119 Abs. 1 BGB): Der Erklärende wollte eine Willenserklärung dieses Inhaltes nicht abgeben, insbesondere Versprechen oder Verschreiben (Beispiel: Bestellung von 1000 l Öl, statt 100 l).

Eigenschaftsirrtum (§ 119 Abs. 2 BGB): Der Erklärende irrt über Eigenschaften einer Person oder Sache, die im Verkehr als wesentlich angesehen werden (Beispiel: Irrtum über die Zahlungsfähigkeit eines Kunden, Echtheit eines Gemäldes).

Eine Willenserklärung kann ferner angefochten werden, wenn sie durch einen Erklärungsboten unrichtig übermittelt worden ist (§ 120 BGB).

Ein bloßer Irrtum über den Beweggrund zur Abgabe einer Willenserklärung (Motivirrtum) rechtfertigt nicht die Anfechtung (Beispiel: keine Anfechtung eines Kaufvertrages über ein Hochzeitsgeschenk, wenn die Hochzeit nicht stattfindet).

Mit erklärter Anfechtung wird die Willenserklärung nichtig. Allerdings hat der Anfechtende den Schaden zu ersetzen, den Dritte durch ihr Vertrauen auf die Wirksamkeit der Willenserklärung erleiden (§ 122 BGB).

Angefochten werden können auch Willenserklärungen, die zustandegekommen sind aufgrund:

- arglistiger Täuschung (§ 123 Abs. 1 BGB), Beispiel: Kauf eines Bildes, das vom Verkäufer wahrheitswidrig als echt bezeichnet wurde oder
- widerrechtlicher Drohung (§ 123 Abs. 2 BGB), Beispiel: Drohung mit einer Strafanzeige gegenüber dem Schuldner bei Nichtzahlung.

Die Anfechtung muß unverzüglich nach Kenntnisnahme des Anfechtungsgrundes erklärt werden (§ 121 BGB). Bei arglistiger Täuschung und widerrechtlicher Drohung beträgt die Anfechtungsfrist 1 Jahr (§ 124 BGB).

Inhaltliche Grenzen des Rechtsgeschäfts

Die Privatautonomie stößt dort auf ihre Grenzen, wo sie gegen gesetzliche Verbote und grundlegende Prinzipien der Rechtsordnung verstößt.

• Gesetzliche Verbote

Rechtsgeschäfte, die gegen ein gesetzliches Verbot (Verbotsgesetz) verstoßen, sind nichtig (§ 134 BGB). Verbotsgesetze sind alle Rechtsnormen, die sich gegen die Vornahme des Rechtsgeschäftes richten. Wann ein Verbotsgesetz vorliegt, ist eine Frage des Einzelfalls (Beispiel: unerlaubte Arbeitsvermittlung nach §§ 4, 13 Arbeitsförderungssgesetz; Verstoß beider Vertragspartner gegen §§ 1, 2 des Gesetzes zur Bekämpfung der Schwarzarbeit).

• Allgemeine Sittenwidrigkeit/Wucher

Nach 138 Abs. 1 BGB ist ein Rechtsgeschäft, das gegen die guten Sitten verstößt, nichtig. Ein

Nichtige Rechtsgeschäfte bei	Anfechtbare Rechtsgeschäfte bei
– Geschäftsunfähigkeit §§ 104, 105 BGB – Kenntnis des geheimen Vorbehaltes, § 116 S. 2 BGB – Scheingeschäft § 117 BGB – Scherzerklärung § 118 BGB – Formverstoß § 125 BGB – Verstoß gegen ein gesetzliches Verbot § 134 BGB – Sittenwidrigkeit/Wucher § 138 BGB	– Inhaltsirrtum § 119 I BGB – Erklärungsirrtum § 119 I BGB – Eigenschaftsirrtum § 119 II BGB – falscher Übermittlung § 120 BGB – arglistiger Täuschung § 123 I BGB – widerrechtlicherDrohung § 123 II BGB

Abb. 10.4: Übersicht über nichtige/anfechtbare Rechtsgeschäfte

Verstoß gegen die guten Sitten liegt vor, wenn durch das Rechtsgeschäft das Anstandsgefühl aller billig und gerecht Denkenden verletzt wird (Beispiel: Ausnutzen einer Monopolstellung, Knebelungsverträge, Gläubigerbenachteiligung oder als aktuelles Beispiel: entgeltliche Leihmütterverträge).
Als Sonderfall der allgemeinen Sittenwidrigkeit ist in § 138 Abs. 2 BGB das wucherische Rechtsgeschäft genannt. Danach ist ein Rechtsgeschäft insbesondere nichtig, durch das jemand unter Ausbeutung der Zwangslage, der Unerfahrenheit, des Mangels an Urteilsvermögen oder der erheblichen Willensschwäche eines anderen sich oder einem Dritten für eine Leistung Vermögensvorteile versprechen oder gewähren läßt, die in einem auffälligen Mißverhältnis zu der Leistung stehen.

Stellvertretung und Vollmacht

Stellvertretung ist die Abgabe oder Entgegennahme von Willenserklärungen für einen anderen in dessen Namen. Die Erklärung wirkt unmittelbar für und gegen den Vertretenen, wenn der Vertreter vertretungsbefugt ist. Die Stellvertretung ist nicht nur bei Rechtsgeschäften, sondern auch bei geschäftsähnlichen Handlungen (Mahnung) zulässig, soweit sie nicht im Einzelfall ausgeschlossen ist (so z. B. bei höchstpersönlichen Rechtsgeschäften wie Eheschließung, Testamentserrichtung).
Bei der Stellvertretung sind grundsätzlich 3 Personen beteiligt:
- der Vertreter:
  der die Willenserklärung für einen anderen abgibt oder entgegennimmt;
- der Vertretene:
  als derjenige, für den die Willenserklärung abgegeben oder entgegen genommen wird und bei dem die Rechtsfolgen der Willenserklärung eintreten sollen;
- der Dritte:
  bei dem der Vertreter im fremden Namen ein Rechtsgeschäft tätigt.

Merkmale der Stellvertretung
- Der Stellvertreter gibt eine eigene Willenserklärung ab (im Gegensatz zum Boten, der lediglich eine fremde Willenserklärung weitergibt). Aus diesem Grunde muß er wenigstens beschränkt geschäftsfähig sein (§ 165 BGB).
- Der Stellvertreter gibt die Willenserklärung in fremdem Namen ab. Dies muß ausdrücklich oder zumindest durch erkennbares Verhalten erfolgen (Offenkundigkeitsprinzip). Kein Stellvertreter ist daher der sog. mittelbare Stellvertreter, der zwar für fremde Rechnung, aber in eigenem Namen handelt (Kommissionär, Treuhänder).
- Für etwaige Willensmängel, die die Wirksamkeit des Rechtsgeschäftes berühren können, ist die Person des Vertreters, nicht die des Vertretenen maßgeblich (§ 166 BGB). Beispiel: Anfechtung wegen Irrtums nur, wenn sich der Vertreter geirrt hat, nicht bei Irrtum des Vertretenen.
- Das Innenverhältnis zwischen Vertreter und Vertretenen (zumeist Mietvertrag oder Auftrag) ist streng zu unterscheiden von dem zwischen Vertreter und Dritten bestehenden Außenverhältnis. Dieses berechtigt den Stellvertreter gegenüber dem Dritten, für und gegen den Vertretenen Willenserklärungen abzugeben (Vertretungsmacht).

Arten der Stellvertretung
Die Vertretungsmacht kann auf folgenden Fällen beruhen:

• Gesetz
Hierzu zählt die Vertretungsmacht von gesetzlichen Vertretern (Eltern), von Organen juristischer Personen, von Gesellschafter-Geschäftsführern einer OHG sowie die gesetzlich geregelte Anscheinsvollmacht der Ladenangestellten nach § 56 HGB.

• Rechtsgeschäft
Die durch Rechtsgeschäft erteilte Vertretungsmacht bezeichnet man gemäß § 166 Abs. 2 BGB

als Vollmacht. Die Vollmacht wird erteilt durch einseitige empfangsbedürftige Willenserklärung, die entweder gegenüber dem zu Bevollmächtigenden (Innenvollmacht) oder gegenüber Dritten (Außenvollmacht) abgegeben wird. Sie ist grundsätzlich formfrei, selbst wenn das abzuschließende Geschäft formbedürftig ist.

• Genehmigung
Ein zunächst ohne Vertretungsmacht abgeschlossenes – und damit schwebend unwirksames – Rechtsgeschäft kann durch nachträgliche Genehmigung des Vertretenen wirksam werden (§ 179 BGB).

• Rechtsschein
Selbst wenn keine Vollmacht erteilt und das Rechtsgeschäft auch nicht genehmigt wurde, ist zum Schutze des Rechtsverkehrs von einer wirksamen Stellvertretung auszugehen, wenn
- der „Vertretene" es wissentlich zuläßt, daß ein anderer für ihn als Vertreter auftritt und hiergegen nicht einschreitet (Duldungsvollmacht) oder
- der „Vertretene" zwar das Auftreten eines anderen als sein Stellvertreter nicht kennt, er dies aber bei pflichtgemäßer Sorgfalt hätte erkennen und verhindern können (Anscheinsvollmacht).

Nach Art und Umfang der Vollmacht unterscheidet man zwischen Vertretung in allen Geschäften (Generalvollmacht), in bestimmten Arten von Geschäften (Artvollmacht) oder nur für ein bestimmtes Geschäft (Spezialvollmacht). Bedeutsame Fälle der Vollmacht sind im Handelsrecht die Prokura und die Handlungsvollmacht, auf die an anderer Stelle näher eingegangen wird (s. S. 721).

Erlöschen der Vertretungsmacht
Die Vollmacht kann jederzeit widerrufen werden und erlischt mit Beendigung des Innenverhältnisses (z. B. Kündigung eines Angestellten). Gegenüber gutgläubigen Dritten gilt sie allerdings als fortbestehend,
- bis zur Anzeige ihres Erlöschens, wenn sie durch Erklärung gegenüber Dritten erteilt wurde (§ 170 BGB),
- bis zum Widerruf durch öffentliche Bekanntmachung, wenn auch die Vollmachtserteilung öffentlich bekannt gegeben wurde (§ 171 BGB),
- bis zur Rückgabe der Vollmachtsurkunde oder deren Kraftloserklärung, soweit dem Dritten eine schriftliche Vollmachtsurkunde ausgehändigt wurde (§ 172 BGB).

Stellvertretung ohne Vertretungsmacht
Schließt jemand als Vertreter ohne Vertretungsmacht im Namen eines anderen einen Vertrag, gilt folgendes (§ 177 ff. BGB):
- Der Vertrag ist schwebend unwirksam.
- Der Dritte kann den Vertrag widerrufen, solange er von dem angeblich Vertretenen nicht genehmigt ist.
- Der Vertreter haftet dem Dritten wahlweise auf Erfüllung des Vertrages oder Schadensersatz. Hat der Vertreter den Mangel der Vertretungsmacht nicht gekannt, so ist er nur zum Ersatz des Schadens verpflichtet, den der andere durch sein Vertrauen auf die Wirksamkeit der Vertretungsmacht erlitten hat.
- Der vollmachtlose Vertreter haftet nicht, wenn der Dritte die fehlende Vertretungsmacht kannte, kennen mußte oder selbst in seiner Geschäftsfähigkeit beschränkt war und ohne Zustimmung seines gesetzlichen Vertreters gehandelt hat.

Vertragsschluß

Verträge sind Rechtsgeschäfte zwischen mehreren – zumeist zwei – Personen, die durch Abgabe von zwei übereinstimmenden Willenserklärungen (Angebot und Annahme) zustandekommen.

Angebot
Das Angebot ist eine auf den Vertragsschluß gerichtete, einseitige empfangsbedürftige Willenserklärung. Sie muß so genau abgefaßt sein, daß die bloße Zustimmung des anderen Teils (Annehmenden) zur Einigung der Vertragsparteien führt. Hiervon zu unterscheiden ist die bloße Aufforderung an Dritte zur Abgabe eines Angebots (z. B.: Zeitungsanzeigen, Warenauszeichnungen). Wird das Angebot nicht ausdrücklich als freibleibend bezeichnet, ist der Anbietende an das Angebot bis zu dessen Ablehnung oder bis zum Abschluß der Annahmefrist gebunden.

Annahme
Die Annahmeerklärung ist ebenfalls eine einseitige empfangsbedürftige Willenserklärung. Sie muß ausdrücklich erklärt werden, kann aber im Einzelfall auch stillschweigend durch schlüssiges Verhalten erfolgen. Ausnahmsweise ist eine Annahmeerklärung entbehrlich, wenn sie nach der Verkehrssitte nicht zu erwarten ist oder der Antragende hierauf verzichtet hat. Verzichtet wird hierbei aber nur auf den Zugang, nicht auf die Annahmeerklärung selbst. Schweigen kann grundsätzlich nicht zur Annahme eines Angebotes führen. Etwas anderes gilt

nur in den Fällen, in denen die Leistung auch ohne ausdrückliche Vereinbarung zwischen den Vertragsparteien in Anspruch genommen wird (z. B.: Elektrizität, öffentliche Verkehrsmittel). Hier kommt der Vertrag durch die tatsächliche Inanspruchnahme zustande (faktischer Vertrag).
Es gelten folgende Annahmefristen:
- befristete Angebote können immer nur innerhalb der jeweils gesetzten Frist angenommen werden (§ 148 BGB).
- Angebote unter Anwesenden und telefonische Angebote können nur sofort angenommen werden (§ 147 Abs. 1 BGB).
- Angebote an Abwesende können nur bis zu dem Zeitpunkt angenommen werden, in dem der Antragende den Zugang der Antwort unter regelmäßigen Umständen erwarten kann (§ 147 Abs. 2 BGB). Einzubeziehen sind die üblichen Postlaufzeiten zuzüglich angemessener Überlegungsfrist.

Die verspätet zugegangene Annahmeerklärung gilt als neues Angebot. Ist die verspätete Annahme rechtzeitig abgesandt worden und mußte der Antragende dies erkennen, so hat er dem anderen Teil die Verspätung unverzüglich anzuzeigen; andernfalls gilt die Annahme als nicht verspätet (§ 149 BGB).
Grundsätzlich müssen der Inhalt von Angebot und Annahme übereinstimmen. Eine Annahmeerklärung, die inhaltlich von dem Angebot abweicht, gilt als neues Angebot (§ 150 BGB). Solange sich die Vertragsparteien noch nicht über alle Punkte des Vertrages einig sind, gilt der Vertrag in der Regel als nicht zustandegekommen (§ 154 BGB). Nehmen die Parteien irrig an, sie hätten sich über alle Punkte geeinigt, gilt das Vereinbarte, wenn anzunehmen ist, daß der Vertrag auch ohne Einigung über den noch offenen Punkt geschlossen sein würde (§ 155 BGB). Anderenfalls ist der Vertrag nicht zustandegekommen.

Vertragsarten
Besondere Bedeutung hat der schuldrechtliche Vertrag, der zur Begründung eines Schuldverhältnisses dient (Verpflichtungsvertrag). Hierbei unterscheidet man:
- einseitig verpflichtende Verträge, z. B. Schenkung;
- unvollkommen zweiseitig verpflichtende Verträge, z. B. Auftrag;
- gegenseitige Verträge. Hier stehen die beiderseitigen Vertragspflichten in einem Austauschverhältnis (Beispiel: bei einem Kaufvertrag die Verpflichtung des Verkäufers zur Übergabe der verkauften Sache und die des Käufers zur Kaufpreiszahlung).

Durch Verfügungsverträge werden in Erfüllung des schuldrechtlichen Vertrages Vermögenswerte übertragen. Das Verfügungsgeschäft ist grundsätzlich unabhängig von dem schuldrechtlichen Grundgeschäft. Weist das Grundgeschäft Mängel auf (Nichtigkeit, Anfechtung), bleibt hiervon die Wirksamkeit des (abstrakten) Verfügungsgeschäfts unberührt. Allerdings hat der rechtsgrundlos Leistende einen Herausgabeanspruch aus ungerechtfertigter Bereicherung (s. Übersicht).
Auch im Familien- und Erbrecht finden sich Verträge (z. B. Ehevertrag, Erbvertrag).

Anspruch, Einwendungen, Einreden

Anspruch
Anspruch ist das Recht, von einem anderen ein Tun oder Unterlassen zu fordern (§ 194 BGB). Ansprüche beruhen zumeist auf einem Schuldverhältnis (Beispiel: Anspruch des Käufers gegen den Verkäufer auf Übergabe der veräußerten Sache, Anspruch des Verkäufers gegen den Käufer auf Zahlung des Kaufpreises, § 433 BGB) oder einem absoluten Recht (z. B. Eigentum). In der Praxis spielt die Durchsetzung von Ansprüchen eine herausragende Rolle. Die wichtigsten sind zusammengefaßt (siehe Abb. 10.5).
Die Erfüllung eines Anspruchs kann verweigert werden, wenn ihm Einwendungen oder Einreden entgegenstehen.

Einwendungen
Hierbei unterscheidet man:
- rechtshindernde Einwendungen
  Hier ist der Anspruch nicht entstanden (Beispiel: Nichtigkeit eines Vertrages wegen Geschäftsunfähigkeit, Wuchers);
- rechtsvernichtende Einwendungen
  Hier ist der Anspruch zwar entstanden, besteht jedoch nicht mehr (Beispiel: Aufrechnung, Erlaß).

Einwendungen sind in einem Rechtsstreit grundsätzlich von Amts wegen zu berücksichtigen.

Einreden
Hier besteht der Anspruch, dieser kann jedoch vorübergehend oder dauernd nicht durchgesetzt werden, z. B.: der Verkäufer verlangt Zahlung des Kaufpreises, der Käufer beruft sich auf Stundung (Anspruch vorübergehend nicht durchsetzbar) oder auf Verjährung (Anspruch dauernd nicht durchsetzbar).
Das Bestehen einer Einrede ist im Prozeß nicht von Amts wegen zu beachten, sondern nur bei ihrer Geltendmachung.

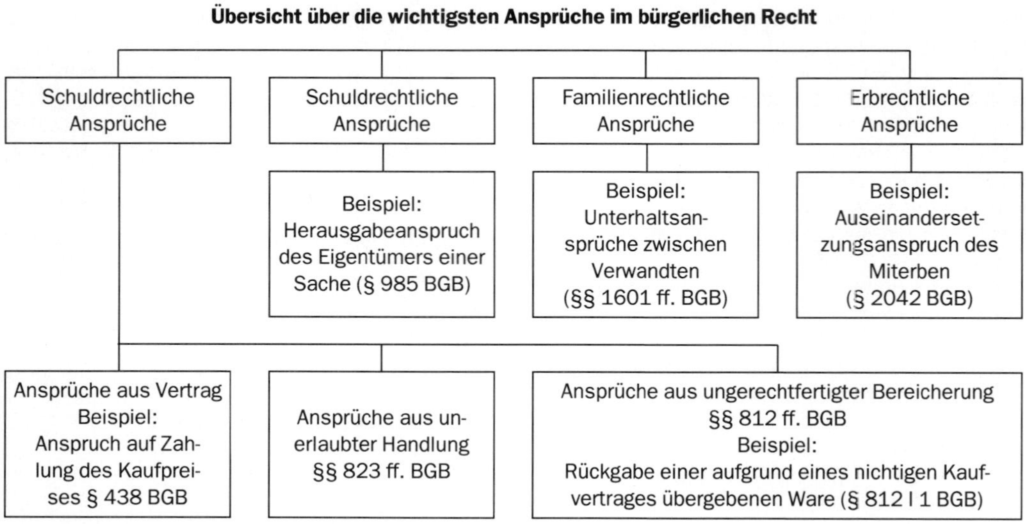

10

Abb. 10.5: Übersicht über die wichtigsten Ansprüche im bürgerlichen Recht

Verjährung

Bis auf wenige Ausnahmen unterliegen Ansprüche der Verjährung. Nach Eintritt der Verjährung hat der Verpflichtete ein Leistungsverweigerungsrecht, der Anspruch ist nicht mehr durchsetzbar. Wird ein verjährter Anspruch gleichwohl erfüllt, kann die Leistung nicht mehr unter Berufung auf die Verjährung zurückgefordert werden. Die Verjährungsfrist beträgt grundsätzlich 30 Jahre, sie kann allerdings vertraglich abgekürzt, in der Regel aber nicht verlängert werden (§ 225 BGB). In den §§ 196 ff. BGB sieht das Gesetz zahlreiche Ausnahmen zu der 30-jährigen Verjährungsfrist vor. Wichtig sind folgende Verjährungsfristen:

- 6 Wochen:
  Mängelhaftung beim Viehkauf (§ 481, 490 BGB).
- 6 Monate:
  Mängelhaftung beim Kauf beweglicher Sachen (§ 477 BGB).
- 1 Jahr:
  Mängelhaftung beim Grundstückskauf (§ 477 BGB).
- 2 Jahre:
  Ansprüche der Kaufleute und Handwerker aus Warenlieferungen und Geschäftsbesorgung, Lohn- und Gehaltsansprüche der Arbeitnehmer, Ansprüche der Ärzte, Zahnärzte, Rechtsanwälte und Notare (§ 196 BGB).
- 3 Jahre:
  Schadensersatzansprüche wegen unerlaubter Handlung (§ 852 BGB).
- 4 Jahre:
  Ansprüche auf Rückstände von Zinsen, Mieten und Pachten (§ 197 BGB).
- 5 Jahre:
  Mängelgewährleistungsansprüche aus einem Werkvertrag bei Bauwerken (§ 638 BGB).

Rechtskräftig festgestellte Ansprüche verjähren erst in 30 Jahren, auch wenn der zugrundeliegende Anspruch einer kürzeren Verjährungsfrist unterliegt (§ 218 BGB). Die Verjährungsfrist beginnt in der Regel mit der Entstehung des Anspruchs, bei kürzeren Verjährungsfristen oftmals erst mit Schluß des Jahres der Fälligkeit (§ 198 ff. BGB). Die Verjährung kann gehemmt sein, beispielsweise durch Stundung oder andere Leistungsverweigerungsrechte (§ 202 ff. BGB). Die Hemmung der Verjährung bewirkt, daß sie mit Eintritt des Hemmungsgrundes ruht und erst nach dessen Wegfall weiterläuft. Der Ablauf der Verjährungsfrist kann weiterhin unterbrochen werden, beispielsweise durch Klageerhebung, Zustellung des Mahnbescheides (§§ 208 ff. BGB). Nach Ende der Unterbrechung beginnt die Verjährungsfrist in voller Länge erneut zu laufen (§ 217 BGB).

Begriff und Inhalt der Schuldverhältnisse

Schuldverhältnisse nennt man alle Rechtsbeziehungen zwischen Personen, nach denen die eine Person – der Gläubiger – berechtigt ist, von der anderen – dem Schuldner– eine Leistung zu fordern (§ 241 BGB). Bei gegenseitigen Verträgen sind beide Vertragsparteien zugleich Gläubiger und Schuldner (Beispiel: Der Verkäufer ist Gläu-

biger des Kaufpreisanspruchs und zugleich Schuldner des Anspruchs auf Übergabe der verkauften Sache). Schuldverhältnisse werden zumeist durch Verträge begründet; für das Zustandekommen gelten die allgemeinen Regelungen über die Rechtsgeschäfte (§§ 104 ff. BGB). Sie können aber auch durch Gesetz entstehen, sofern die gesetzlichen Voraussetzungen erfüllt sind (so z. B. bei einer unerlaubten Handlung).
Gemäß §§ 241 – 432 BGB ist das Recht der Schuldverhältnisse untergliedert in einen allgemeinen Teil, der für alle Schuldverhältnisse gilt, und einen besonderen Teil (§§ 433 -853 BGB), der sich mit den einzelnen Schuldverhältnissen befaßt.
Wesentlicher Bestandteil des (vertraglichen) Schuldverhältnisses ist die Einigung, welche Leistungen wann, von wem und wo zu erbringen sind.

Stückschuld/Gattungsschuld
Richtet sich der Leistungsanspruch auf die Lieferung von Sachen, ist zwischen Stück- und Gattungsschuld zu unterscheiden. Während bei der Stückschuld ein jeweils individuell bestimmter Gegenstand zu liefern ist, sind bei der Gattungsschuld Sachen von mittlerer Art und Güte zu liefern (§ 243 Abs. 1 BGB), Beispiel: Bestellung von 10 Zentnern Kartoffeln.

Leistungsort
Im Falle der Holschuld gem. § 268 BGB hat der Schuldner seine Leistung im Zweifel an seinem Wohnsitz zu erbringen. Zur Leistung am Wohnsitz des Gläubigers ist er dann nur bei besonderer Vereinbarung verpflichtet (Bringschuld). Bei einer Schickschuld bleibt der Wohnsitz des Schuldners zwar Leistungsort, der Schuldner muß aber auf seine Gefahr und Kosten den Leistungsgegenstand an den Gläubiger versenden. Der gesetzlich geregelte Fall der Schickschuld ist die Geldschuld (§ 270 BGB).
Der Leistungsort ist vor allem bedeutsam für die Zuständigkeit eines Gerichts.

Leistungszeit
Ist eine Leistungszeit weder vereinbart noch den Umständen zu entnehmen, kann der Gläubiger die Leistung sofort verlangen, der Schuldner hat sie sofort zu erbringen (§ 271 BGB).

Zurückbehaltungsrecht
Hat der Schuldner gegenüber dem Gläubiger einen Gegenanspruch, kann er trotz Bestehens eines fälligen Anspruchs des Gläubigers seine Leistung bis zur Bewirkung der Gegenleistung in folgenden Fällen verweigern:

- Einrede des nicht erfüllten Vertrages (§ 320 BGB)

bei gegenseitigen Verträgen (Beispiel: der Käufer kann die Kaufpreiszahlung solange verweigern, bis ihm die verkaufte Sache vom Verkäufer übergeben worden ist). § 320 BGB findet keine Anwendung, wenn der Schuldner zur Vorleistung verpflichtet ist. Im Falle der Klageerhebung führt die Einrede des nicht erfüllten Vertrages nur zur Zug-um-Zug Verurteilung des Schuldners (§ 323 BGB).

- Allgemeines Zurückbehaltungsrecht (§ 273 BGB)

In allen übrigen Fällen ist der Schuldner zur Verweigerung der Gegenleistung berechtigt, wenn
– er einen fälligen Gegenanspruch hat (auch ein verjährter Gegenanspruch gewährt ein Zurückbehaltungsrecht, wenn er zum Zeitpunkt der Entstehung des Anspruchs des Gläubigers noch nicht verjährt war) und
– beide Ansprüche auf demselben rechtlichen Verhältnis beruhen (sog. Konnexität). 10

Hierbei ist nicht erforderlich, daß beide Ansprüche aus demselben Schuldverhältnis folgen; ausreichend ist vielmehr ein einheitlicher, zusammenhängender Lebenssachverhalt (Beispiel: Ansprüche aus ständiger, beiderseitiger Geschäftsverbindung aufgrund verschiedener geschlossener Verträge).
Bei Herausgabeansprüchen besteht ein Zurückbehaltungsrecht wegen getätigter Verwendungen auf den herauszugebenden Gegenstand gemäß § 273 Abs. 2 BGB. Das Zurückbehaltungsrecht kann gesetzlich oder durch Vertrag ausgeschlossen sein (Beispiel: §§ 556 Abs. 2, 580 BGB).

- Kaufmännisches Zurückbehaltungsrecht (§ 369 ff. HGB)

Wesentlich weiter geht das kaufmännische Zurückbehaltungrecht. Bei Forderungen unter Kaufleuten besteht an beweglichen Sachen und Wertpapieren ein Zurückbehaltungsrecht wegen fälliger Forderungen aus allen abgeschlossenen beiderseitigen Handelsgeschäften. Konnexität ist nicht erforderlich. Bei erfolgter Konkurseröffnung, Zahlungseinstellung oder fruchtloser Zwangsvollstreckung besteht ein Zurückbehaltungsrecht auch für noch nicht fällige Forderungen. Anders als in § 273 BGB gewährt das kaufmännische Zurückbehaltungsrecht dem Kaufmann auch ein Befriedigungsrecht, er kann seine Ansprüche aus den zurückbehaltenen Sachen befriedigen (§§ 371 HGB, 49 Abs. 1 Ziff. 4 KO)

Zinspflicht
Geldschulden sind regelmäßig zu verzinsen. Die Zinspflicht kann auf Gesetz oder – in der Regel –

auf einer Vereinbarung beruhen. Das BGB kennt bis auf wenige Ausnahmen lediglich eine Zinspflicht in Fällen des Verzuges und eingetretener Rechtshängigkeit (§ 246, 288, 291 BGB). Die Zinshöhe beträgt 4%; ein höherer Zinssatz kann unter Umständen als Schadensersatz verlangt werden (§ 288, 286 BGB). Beispiel: Der Gläubiger muß wegen Zahlungsverzuges des Schuldners einen höher verzinslichen Bankkredit in Anspruch nehmen.
Im Falle von beiderseitigen Handelsgeschäften sind ab Fälligkeit der Forderung 5% Zinsen zu zahlen (§ 352 ff. HGB). Bei Forderungen aus Wechsel und Scheck beträgt der Zinssatz 2% über dem Diskontsatz der Deutschen Bundesbank, mindestens aber 6%.
Durch Vereinbarung können Zinspflicht und Zinshöhe abweichend geregelt werden (Grenze: Sittenwidrigkeit wegen Wuchers, 138 Abs. 2 BGB). Zinseszinsen dürfen im voraus nicht vereinbart werden (§ 248 BGB).

Verschulden, Haftung, Schadensersatz

Neben der Haftung des Schuldners für die Erfüllung seiner vertraglich übernommenen Verpflichtungen ist seine Haftung für von ihm oder Dritten verursachte Schäden bedeutsam.

Haftung für eigenes Handeln

Grundsätzlich ist der Schuldner – sofern deliktsfähig – für von ihm verursachte Schäden voll verantwortlich. Er haftet hierbei für Vorsatz und Fahrlässigkeit (§ 276 BGB). Vorsatz bedeutet Wissen und Wollen des Schadenseintrittes (Beispiel: Einwerfen einer Fensterscheibe). Fahrlässig handelt, wer den Schadenseintritt zwar nicht gewollt, hierbei jedoch die im Verkehr erforderliche Sorgfalt außer Acht gelassen hat (§ 276 Abs. 2 BGB) (Beispiel: Zerstörung einer Fensterscheibe durch unvorsichtigen Umgang mit einer Leiter).
Für den Kaufmann gilt nach § 347 HGB die Regelung „Sorgfalt eines ordentlichen Kaufmannes“.
In bestimmten Fällen beschränkt sich die Haftung des Schuldners auf die Sorgfalt, die er in eigenen Angelegenheiten anzuwenden pflegt (Beispiel: unentgeltlicher Verwahrer, § 690 BGB; Gesellschafter, § 708 BGB). Bei Schaffung eines bestimmten Gefahrenrisikos besteht unter Umständen auch eine verschuldensunabhängige Haftung (sog. Gefährdungshaftung), Beispiele: Haftung des Kraftfahrzeughalters (§ 7 StVG), Haftung für Schienenbahnen, Energieanlagen (Haftpflichtgesetz); Tierhalterhaftung (§ 833 BGB).

Haftung für das Handeln anderer

- Haftung für Erfüllungsgehilfen

Regelmäßig haftet der Schuldner nur bei eigenem Verschulden. Im Rahmen eines bestehenden vertraglichen Schuldverhältnisses muß sich der Schuldner jedoch auch das Verschulden seines gesetzlichen Vertreters oder seines Erfüllungsgehilfen zurechnen lassen (§ 278 BGB). Erfüllungsgehilfe ist, wer mit dem Willen des Schuldners bei Erfüllung einer ihm obliegenden Verbindlichkeit als seine Hilfsperson tätig wird.
Beispiel: der Elektriker haftet für die von seinem Mitarbeiter in Ausführung von Kabelarbeiten verursachten Schäden. Er haftet jedoch nicht für einen Diebstahl, den der Mitarbeiter bei der Montage in der Wohnung des Kunden begeht, da der Diebstahl nicht „in Erfüllung“ des Auftrages begangen wurde.

- Haftung für Verrichtungsgehilfen

Wer einen anderen zu einer Verrichtung bestellt, haftet für Schäden, die der Gehilfe in Ausführung der Verrichtung durch eine unerlaubte Handlung einem Dritten zufügt (§ 831 BGB). Verrichtungsgehilfe ist, wer von den Weisungen des Geschäftsherrn abhängig ist und dem von diesem eine Tätigkeit übertragen worden ist. Der Verrichtungsgehilfe muß den Tatbestand einer unerlaubten Handlung erfüllen (§ 823 ff. BGB), wobei es für die Haftung des Geschäftsherrn auf sein Verschulden nicht ankommt.
Beispiel: der angestellte Kraftfahrer verursacht einen Verkehrsunfall.
Im Gegensatz zur Vertragshaftung des § 278 BGB ist hier ein Enlastungsbeweis möglich. Eine Haftung scheidet aus, wenn der Geschäftsherr den Verrichtungsgehilfen sorgfältig ausgewählt hat oder aber der Schaden auch bei sorgfältiger Auswahl entstanden wäre.
Beispiel: der angestellte Kraftfahrer verfügt über gute Zeugnisse und fährt seit Jahren unfallfrei.
Die Ersatzpflicht tritt nicht ein, wenn die unerlaubte Handlung des Gehilfen nicht „in Verrichtung“ begangen worden ist.

- Haftung für Kinder

Für unerlaubte Handlungen, die entweder Minderjährige oder wegen ihres geistigen oder persönlichen Zustandes sonstige aufsichtsbedürftige Personen Dritten zufügen, haftet der Aufsichtspflichtige, z. B. die Eltern (§ 832 BGB). Auch hier ist ein Entlastungsbeweis möglich, wenn der Aufsichtspflichtige nachweist, daß er seiner Aufsichtspflicht genügt hat oder der Schaden auch bei gehöriger Aufsicht entstanden wäre.

Rechtsfolgen
Derjenige, der im Rahmen eines vertraglichen oder gesetzlichen Schuldverhältnisses seine Pflichten verletzt, muß den dadurch entstehenden Schaden ersetzen. Durch den Schadensersatz soll in erster Linie der ursprüngliche Zustand wiederhergestellt werden (§ 249 S. 1 BGB, sog. Naturalrestitution). Bei Verletzung einer Person oder Sache sowie in Fällen, in denen die Wiederherstellung nicht möglich oder unverhältnismäßig aufwendig ist, besteht ein Anspruch auf Entschädigung in Geld (§§ 249 S. 2, 251 BGB). Der Schadensersatz umfaßt auch den entgangenen Gewinn (Beispiel: der Kaufmann hätte die bei dem Transport zerstörten Waren mit Gewinn weiterveräußern können).
Ersetzt wird grundsätzlich nur der Vermögensschaden. Ausnahmen bestehen in gesetzlich geregelten Fällen (z. B. Schmerzensgeld bei Körperverletzungen, §§ 253, 847 BGB). Bei einem Mitverschulden des Geschädigten hängt die Schadensersatzverpflichtung vom Grad des beiderseitigen Verschuldens ab (§ 254 BGB).

Leistungsstörungen

Vor und bei der Durchführung eines Schuldverhältnisses kann es zu folgenden Störungen kommen, die eine Erfüllung der Leistungspflicht erschweren oder ausschließen, ggf. auch Schadensersatzansprüche auslösen können:
- Verzug – die Leistung wird nicht rechtzeitig erbracht oder angenommen.
- Unmöglichkeit – die Leistung kann überhaupt nicht oder nicht mehr erbracht werden.
- Positive Forderungsverletzung – die Leistung wird schlecht erbracht, so daß weitere Schäden entstehen.
- Verschulden bei Vertragsschluß – es werden vorvertragliche Pflichten verletzt.
- Wegfall der Geschäftsgrundlage – die Vertragsdurchführung wird unzumutbar.

Schuldnerverzug (§ 284 ff. BGB)
Die Voraussetzungen des Schuldnerverzuges sind:
- Ein fälliger und durchsetzbarer Anspruch des Gläubigers.
- Eine Mahnung des Gläubigers, Klageerhebung oder Zustellung eines Mahnbescheids. Die Mahnung ist eine einseitige empfangsbedürftige Willenserklärung, die eine bestimmte und dringende Aufforderung an den Schuldner zur Leistung beinhalten muß. Eine Mahnung ist entbehrlich, wenn für die Leistung eine Zeit nach dem Kalender bestimmt ist (§ 284 Abs. 2 BGB) oder aber der Schuldner die Leistung bereits vor oder nach Fälligkeit ernsthaft und endgültig verweigert hat.
- Verschulden einer nicht rechtzeitigen Leistung (§ 285 BGB).

Rechtsfolgen des Schuldnerverzuges sind:
- Zinspflicht in Höhe von 4% (bei Kaufleuten 5%, 352 HGB).
- Der Ersatz des Verzögerungsschadens (§ 286 Abs. 1 BGB). Beispiel: Ersatz der Schäden, die dem Käufer entstehen, weil er seinerseits nicht die nicht rechtzeitig gelieferte Ware veräußern kann.
- Schadensersatz wegen Nichterfüllung, wenn die Annahme der Leistung infolge des Verzuges für den Gläubiger nicht mehr sinnvoll ist (§ 286 Abs. 2 BGB).
- Bei gegenseitigen Verträgen (beispielsweise bei einem Kaufvertrag) kann der Gläubiger dem Schuldner eine angemessene Nachfrist zur Erbringung der Leistung setzen, verbunden mit der Androhung, die Annahme der Leistung nach Fristablauf zu verweigern. Nach fruchtlosem Fristablauf kann der Gläubiger wahlweise Schadensersatz wegen Nichterfüllung verlangen oder vom Vertrag zurücktreten (§ 326 BGB).

10

Gläubigerverzug (§ 293 ff. BGB)
Der Gläubiger einer Leistung kommt in Verzug, wenn er die ihm ordnungsgemäß angebotene Leistung nicht annimmt (§ 293 BGB). Ein Verschulden ist nicht erforderlich. Die wichtigsten Rechtsfolgen des Gläubigerverzuges sind:
- Der Schuldner hat während des Gläubigerverzuges nur noch Vorsatz und grobe Fahrlässigkeit zu vertreten (§ 300 BGB).
- Wegfall der Zinspflicht bei einer verzinslichen Geldschuld (§ 301 BGB).
- Der Schuldner ist berechtigt, die zu erbringende Leistung zu hinterlegen oder, wenn die geschuldete Leistung zur Hinterlegung nicht geeignet ist, diese versteigern zu lassen und den Erlös zu hinterlegen (§ 372 ff., 383 ff. BGB). Im Handelsrecht gelten gemäß § 373 HGB Sondervorschriften.
- Ist eine lediglich der Gattung nach bestimmte Sache geschuldet (Gattungsschuld), geht die Gefahr des zufälligen Unterganges bei Nichtabnahme auf den Gläubiger über; der Schuldner wird damit von seiner Leistungsverpflichtung frei (§ 300 Abs. 2 BGB).

Unmöglichkeit der Leistung
Folgende Arten der Unmöglichkeit der Leistung sind zu unterscheiden:

- Objektive Unmöglichkeit:
  Niemand kann die Leistung erbringen (Beispiel: das verkaufte Gemälde ist vor der Lieferung verbrannt).
- Subjektive Unmöglichkeit (auch Unvermögen):
  Der Schuldner kann allein die Leistung nicht erbringen, die Leistung ist aber an sich möglich (Beispiel: dem Händler gelingt es nicht, die von ihm zu liefernde Ware zu beschaffen).
- Ursprüngliche Unmöglichkeit:
  Die Leistung war bereits bei Vertragsschluß unmöglich.
- Nachträgliche Unmöglichkeit:
  Die Leistung ist erst nach Vertragsschluß unmöglich geworden.
- Zu vertretende/nicht zu vertretende Unmöglichkeit.

Wegen der Rechtsfolgen der Unmöglichkeit der Leistung wird auf folgende Übersicht verwiesen.

10

Positive Forderungsverletzung
Hierunter fallen alle schuldrechtlichen Pflichtverletzungen, die weder Unmöglichkeit noch Verzug begründen und auch nicht von den Gewährleistungsvorschriften erfaßt werden (Beispiel: Lieferung kranker Tiere, durch die gesunde Tiere des Käufers angesteckt werden). Die Rechtsprechung gewährt in diesen Fällen einen Schadensersatzanspruch entsprechend den §§ 280, 286, 325, 326 BGB.

Verschulden bei Vertragsschluß („culpa in contrahendo")
Bereits bei Eintritt in Vertragsverhandlungen besteht zwischen den Beteiligten ein vorvertragliches Schuldverhältnis, aufgrund dessen diese darauf vertrauen dürfen, daß ihnen bei der Anbahnung eines Vertrages kein Schaden entsteht (Beispiel: bei Betreten eines Warenhauses stol-

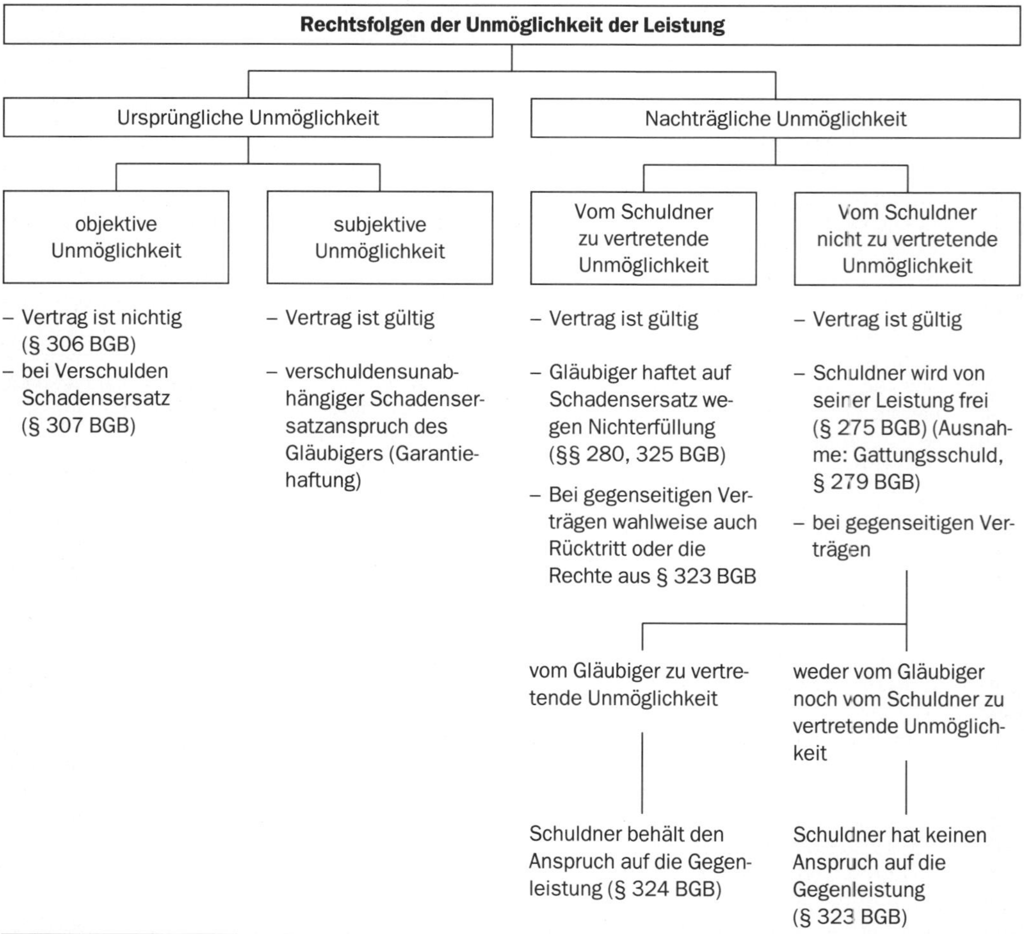

Abb. 10.6: Rechtsfolgen der Unmöglichkeit der Leistungserbringung

pert der Kunde über eine unachtsam abgestellte Teppichrolle) und sie vom Vertragspartner über alle wesentlichen Punkte des Vertrages aufgeklärt werden. Eine schuldhafte vorvertragliche Pflichtverletzung begründet nach der Rechtsprechung einen Schadensersatzanspruch.

Wegfall der Geschäftsgrundlage
Regelmäßig haben die Vertragspartner bei Abschluß eines Vertrages Vorstellungen über das Vorhandensein und Bleiben bestimmter grundlegender Umstände, die zwar nicht Vertragsinhalt geworden, andererseits aber auch nicht ein bloßes Motiv geblieben sind. Fehlt diese Grundlage von Beginn an oder fällt sie später weg und ist dem Schuldner das Festhalten an dem Vertrag nicht mehr zumutbar, kann er die Anpassung des Vertrages an die veränderten Umstände oder aber – wenn dies nicht möglich ist – Rückabwicklung des Vertrages verlangen.

Beendigung des Schuldverhältnisses

Schuldverhältnisse können enden durch:
- Erfüllung (§ 362 ff. BGB),
- Hinterlegung (§ 372 ff. BGB),
- Aufrechnung (§ 387 ff. BGB),
- Erlaß (§ 397 BGB).

Erfüllung
Das Schuldverhältnis erlischt, wenn die geschuldete Leistung an den Gläubiger bewirkt wird (Erfüllung, § 362 BGB). In der Regel muß hierbei ein bestimmter Leistungserfolg eintreten (Beispiel: Bei einem Kaufvertrag schuldet der Verkäufer Übergabe und Übereignung der vertraglichen Sache, § 433 BGB). Diese erfolgt durch Abschluß eines weiteren Verfügungsgeschäfts nach § 929 BGB. Der Gläubiger hat dem Schuldner bei Empfang der Leistung auf dessen Verlangen hin eine Quittung zu erteilen (§ 370 BGB). Ist über eine Forderung ein Schuldschein ausgestellt, kann der Schuldner Rückgabe des Schuldscheines verlangen (§ 371 BGB).
Erbringt der Schuldner eine andere als die geschuldete Leistung, kann das Schuldverhältnis ebenfalls erlöschen, wenn der Gläubiger diese als Erfüllung annimmt (Leistung an Erfüllungs Statt, § 364 Abs. 1 BGB). Beispiel: Der Schuldner bietet dem Gläubiger statt der geschuldeten Geldleistung die Übereignung seines Fahrzeuges an; der Gläubiger ist hiermit einverstanden. Regelmäßig soll eine Ersatzleistung nur dazu dienen, dem Gläubiger eine zusätzliche Befriedigungsmöglichkeit zu verschaffen (Leistung erfüllungshalber, § 364 Abs. 2 BGB). Beispiel: Hingabe eines Wechsels oder Schecks. In diesen Fällen bleibt das Schuldverhältnis solange bestehen, bis sich der Gläubiger aus der Ersatzleistung tatsächlich befriedigt hat (Einlösung des Wechsels, Schecks).

Hinterlegung
Befindet sich der Schuldner laut §§ 293 ff. BGB in Annahmeverzug oder in unverschuldeter Ungewißheit über die Person des Gläubigers, kann er Geld, Wertpapiere, Urkunden sowie Kostbarkeiten hinterlegen (§ 372 BGB). Durch die erfolgte Hinterlegung erlischt dann der Erfüllungsanspruch (§ 378 BGB). Nicht hinterlegungsfähige Sachen (z. B. verderbliche Waren) kann der Schuldner öffentlich versteigern lassen und den Erlös hinterlegen. Beim Handelskauf können auch nicht hinterlegungsfähige Sachen in einem öffentlichen Lagerhaus oder in anderer sicherer 10
Weise hinterlegt werden (§ 373 HGB).
Hinterlegungsstelle ist das für den Leistungsort zuständige Amtsgericht. Einzelheiten regelt die Hinterlegungsordnung.

Aufrechnung
Ein Schuldverhältnis kann auch durch Verrechnung von beiderseitigen Forderungen erlöschen (Aufrechnung 387 BGB). Voraussetzung der Aufrechnung sind:
- Gegenseitigkeit der Forderungen: Der Schuldner der einen muß Gläubiger der anderen Forderung sein.
- Gleichartigkeit der Forderungen: Sie ist regelmäßig nur bei Geldforderungen oder Gattungsschulden derselben Gattung gegeben.
- Erfüllbarkeit: Die Forderung des Aufrechnenden muß fällig, durchsetzbar und einredefrei sein. Auch die Aufrechnung mit einer verjährten Forderung ist möglich, wenn diese zu dem Zeitpunkt, in dem sie noch nicht verjährt war, der Forderung des Gläubigers aufrechenbar gegenüberstand (§ 390 BGB).

Die Aufrechnung bewirkt, daß die Forderungen, soweit sie sich decken, als in dem Zeitpunkt als erloschen gelten, in welchem sie zur Aufrechnung geeignet einander gegenüber getreten sind. Die Aufrechnung wird erklärt durch einseitige empfangsbedürftige Willenserklärung (§ 388 BGB) oder durch Aufrechnungsvertrag (Beispiel: Saldenausgleich beim Kontokorrent, § 355 HGB).

Erlaß
Der Erfüllungsanspruch kann schließlich dadurch erlöschen, daß der Gläubiger dem Schuldner durch Vertrag die Schuld erläßt (Erlaßvertrag, 397 BGB).

10

Wechsel des Gläubigers oder Schuldners

Bis auf wenige Ausnahmen sind Schuldverhältnisse nicht an bestimmte Personen als Gläubiger oder Schuldner gebunden. So können bereits kraft Gesetzes Rechte und Pflichten entweder insgesamt (Gesamtrechtsnachfolge – Beispiel: Erbfall) oder einzeln (Einzelrechtsnachfolge – Beispiel: Forderungsübergang auf den Bürgen, wenn dieser die Schuld begleicht, § 774 BGB) übergehen. Den rechtsgeschäftlichen Wechsel des Gläubigers bezeichnet man als Abtretung (Zession), den rechtsgeschäftlichen Schuldnerwechsel als Schuldübernahme.

Abtretung
Forderungen werden durch Vertrag zwischen dem bisherigen Gläubiger (Zedent) und dem künftigen Gläubiger (Zessionar) übertragen (§ 398 BGB). Die abzutretende Forderung muß bestimmt oder – wenn eine künftige Forderung abgetreten werden soll – zumindest bestimmbar sein. Zulässig ist auch die Abtretung aller künftigen Forderungen aus einem bestimmten Geschäftsbetrieb (Beispiel: Globalzession zur Absicherung von Krediten. Zu beachtende Grenze: Knebelung oder unangemessene Übersicherung von mehr als 20%, §§ 138 BGB, 9 AGBG). Eine Forderung, die abgetreten werden soll, muß die Bedingung erfüllen, pfändbar zu sein (§ 400 BGB). Wird dieselbe Forderung mehrfach abgetreten, geht die erste Abtretung allen übrigen vor (Prioritätsprinzip). Mit der abgetretenen Forderung gehen auch alle Sicherungs- und Nebenrechte auf den neuen Gläubiger über (§ 401 BGB). Beispiel: Hypotheken, Pfandrechte, Bürgschaften.
Die Abtretung ist grundsätzlich formfrei gültig. Eine Ausnahme gilt für die Abtretungserklärung von Briefhypotheken und Briefgrundschulden. Auf Verlangen des Neugläubigers hat der Altgläubiger eine öffentlich beglaubigte Urkunde über die Abtretung auszustellen.
Da der Schuldner keinen Einfluß auf die Abtretung hat, bestehen zu seinen Gunsten folgende Schutzbestimmungen:

- Solange der Schuldner die Abtretung nicht kennt, kann er mit befreiender Wirkung an den Altgläubiger leisten (407 BGB).
- Aufrechnungsmöglichkeiten gegenüber dem Altgläubiger bleiben auch gegenüber dem Neugläubiger bestehen (§ 406 BGB).
- Einwendungen, die gegenüber dem Altgläubiger bestanden, können auch gegenüber dem Neugläubiger erhoben werden (§ 404 BGB).
- Nach Anzeige der Abtretung bleiben Leistungen des Schuldners an den Neugläubiger auch dann wirksam, wenn die Abtretung unwirksam ist.

Schuldübernahme
Bei der Schuldübernahme tritt ein neuer Schuldner durch Vertrag an die Stelle des alten Schuldners in das Schuldverhältnis ein (§§ 414 ff. BGB). Der grundsätzlich formfreie Vertrag kann geschlossen werden:

- zwischen dem Gläubiger und dem neuen Schuldner oder
- zwischen dem altem und dem neuen Schuldner, dann jedoch nur mit Genehmigung des Gläubigers.

Durch die Schuldübernahme wird der bisherige Schuldner von seiner Leistungsverpflichtung frei, der neue Schuldner tritt mit allen Rechten und Pflichten in das Schuldverhältnis ein. Der neue Schuldner kann dem Gläubiger alle Einwendungen entgegenhalten, die auch dem bisherigen Schuldner zustanden; allerdings kann er nicht mit einer dem bisherigen Schuldner zustehenden Forderung aufrechnen (§ 417 BGB). Für die Forderung bestellte Sicherungs- und Vorzugsrechte erlöschen (§ 418 BGB). Eine Sonderregelung besteht für die Übernahme von Hypothekenschulden bei Erwerb eines Grundstücks (§ 416 BGB).

Schuldbeitritt/Erfüllungsübernahme
Von der Schuldübernahme zu unterscheiden ist der Schuldbeitritt und die Erfüllungsübernahme. Beim Schuldbeitritt tritt der neue Schuldner neben den alten Schuldner und haftet neben diesem. Bei der Erfüllungsübernahme verpflichtet sich der Dritte lediglich gegenüber dem Schuldner, dessen Gläubiger zu befriedigen. Eine eigene Haftung gegenüber dem Gläubiger wird hierdurch nicht begründet.

Mehrheit von Schuldnern und Gläubigern

Wird eine Leistung von mehreren Personen geschuldet, ist wie folgt zu unterscheiden:

Teilschuld:
Jeder Schuldner schuldet in der Regel den gleichen auf ihn entfallenden Anteil (§ 420 BGB). Gegen jeden der einzelnen Schuldner kann Klage auf einen Teil der Leistung erhoben werden. Beipiel: Errichtung einer gemeinschaftlichen Wohnungseigentumsanlage durch mehrere Wohnungseigentümer. Hinsichtlich des Werklohns haften die Wohnungseigentümer nur in Höhe ihrer Miteigentumsanteile.

Gesamtschuld:
Jeder Schuldner schuldet die gesamte Leistung, der Gläubiger kann sie jedoch nur einmal verlan-

gen. Hat ein Schuldner erfüllt, kann er von den übrigen Schuldnern Ausgleich verlangen (§§ 421, 426 BGB). Die Gesamtschuld ist üblicherweise die Regel (§ 427, 840 BGB). Beispiel: Der Halter eines Kraftfahrzeuges und der Fahrer haften als Gesamtschuldner für den Unfallschaden. Gegen jeden einzelnen Gesamtschuldner kann Klage auf die gesamte Leistung erhoben werden.

Gesamthandschuld
Die Schuldner schulden die gesamte Leistung insgesamt, der Gläubiger kann sie nur von der Gemeinschaft verlangen. Beispiel: OHG, KG, GbR. Klage kann nur gegen die gesamte Hand erhoben werden (vgl. 124 HGB), unter Umständen auch gegen die einzelnen Gesamthänder (§ 128 HGB). Entsprechendes gilt, wenn eine Forderung einer Mehrheit von Gläubigern zusteht:

Teilforderung:
Jeder Gläubiger kann nur einen – in der Regel gleichen – Teil fordern (§ 420 BGB).

Gesamtforderung:
Jeder Gläubiger kann die gesamte Leistung fordern, der Schuldner braucht sie nur einmal zu erbringen (§ 428 BGB).

Gesamthandsforderung:
Nur die Gesamtheit der Gläubiger kann die Leistung verlangen; der einzelne Gläubiger kann allenfalls Leistung an die Gesamthand fordern. Beispiel: Erbengemeinschaft (§ 2039 BGB).

Grundzüge des Bürgerlichen Rechts

Vertragliche und gesetzliche Schuldverhältnisse

Allgemeine Geschäftsbedingungen (AGB)
In Zeiten der Massenproduktion und des Massenkonsums sind für die Vielzahl der anfallenden gleichartigen Geschäftsvorfälle einheitliche Vertragsregelungen erforderlich. Dabei werden häufig vorformulierte Vertragsbestimmungen verwandt, die von einer Vertragspartei – ohne daß hierüber eine ausdrückliche Abrede getroffen wird – der anderen Vertragspartei bei Abschluß eines Vertrages auferlegt werden (Allgemeine Geschäftsbedingungen (AGB)). Beispiel: Zahlungs- und Lieferungsbedingungen.
Da die verwandten AGB häufig den Verwender einseitig begünstigen und insbesondere der rechtsunkundige Verbraucher die Bedeutung des „Kleingedruckten" nicht erkennt, sieht das Gesetz zur Regelung des Rechts der Allgemeinen Geschäftsbedingungen vom 09.12.1976 (AGBG) deren Inhaltskontrolle vor.
Danach werden AGB nur Vertragsbestandteil, wenn der Verwender den Vertragspartner ausdrücklich oder durch deutlich sichtbaren Aushang auf sie hinweist und der Verwender dem Vertragspartner die Möglichkeit gibt, in zumutbarer Weise von ihrem Inhalt Kenntnis zu nehmen und der Vertragspartner mit ihrer Geltung einverstanden ist (§ 2 AGBG).
Klauseln in AGB, die so ungewöhnlich sind, daß der Vertragspartner mit ihnen nicht zu rechnen braucht, sind unwirksam (§ 3 AGBG). Widersprechen die AGB den vereinbarten Vertragsbedingungen, gelten letztere (§ 4 AGBG). Zweifel bei der Auslegung von AGB gehen zu Lasten des Verwenders (§ 5 AGBG).
Nach der Generalklausel des § 9 AGBG sind AGB unwirksam, wenn sie den Vertragspartner entgegen den Grundsätzen von Treu und Glauben unangemessen benachteiligen. Darüber hinaus sieht das Gesetz in zahlreichen Einzelfällen die Unwirksamkeit von AGB-Klauseln vor.
Beispiele:
- Unangemessen lange oder nicht hinreichend bestimmte Fristen für die Annahme oder Ablehnung eines Angebots oder zur Leistungsbestimmung;
- Vorbehalt einseitiger Leistungsänderungen, Rücktritt vom Vertrag ohne sachlichen Grund;
- unangemessene Vergütung für den Verwender bei Kündigung oder Rücktritt vom Vertrag;
- Vorbehalt der Preiserhöhung bei Lieferung innerhalb von 4 Monaten;
- Ausschluß von Leistungsverweigerungs- und Zurückbehaltungsrechten;
- Ausschluß oder Begrenzung der Haftung des Verwenders auch für vorsätzliche oder grob fahrlässige Vertragsverletzungen;
- Ausschluß oder Begrenzung von Gewährleistungsrechten bei Lieferung neu hergestellter Sachen.

Eine Beschränkung der Gewährleistungsrechte auf Nachbesserung oder Ersatzlieferung ist nur zulässig, wenn bei Fehlschlagen der Nachbesserung der Vertragspartner Herabsetzung der Vergütung oder Vertragsauflösung verlangen kann. Die Haftung für das Fehlen von zugesicherten Eigenschaften kann grundsätzlich nicht ausgeschlossen werden.
Sind AGB-Klauseln ganz oder teilweise unwirksam, bleibt der Vertrag im übrigen gültig. Die ungültige Klausel wird durch die einschlägige gesetzliche Bestimmung ersetzt.

Das AGBG findet keine Anwendung bei Verträgen auf dem Gebiet des Arbeits-, Familien-, Erb- und Gesellschaftsrechts (§ 23 AGBG). Einige Vorschriften, insbesondere die Klauselverbote gemäß §§ 10 u. 11 AGBG, finden auf Kaufleute im Rahmen ihres Gewerbetriebes keine Anwendung (§ 24 AGBG).
Zur wirksamen Kontrolle von AGB können rechtsfähige Verbraucherverbände, Verbände zur Förderung gewerblicher Interessen sowie Industrie- und Handelskammern oder Handwerkskammern den Verwender von unwirksamen AGB auf Unterlassung und Widerruf in Anspruch nehmen (§ 13 AGBG). Klagen und rechtskräftige Urteile werden in einem vom Bundeskartellamt geführten Register erfaßt; über bestehende Eintragungen ist auf Antrag jedermann Auskunft zu erteilen (§ 20 AGBG).

10

Verbraucherschutz

• Verbraucherkreditgesetz

Am 01.01.1991 ist das Verbraucherkreditgesetz (VerbrKG) in Kraft getreten. Durch das VerbrKG ist insbesondere das „Gesetz über die Abzahlungsgeschäfte (AbzG)" abgelöst worden. Das AbzG ist nur noch anwendbar auf Verträge, die vor dem 01.01.1991 geschlossen worden sind. Dem VerbrKG unterfallen danach sämtliche Verbraucherkredite einschließlich der Abzahlungsgeschäfte.
Das VerbrKG ist anwendbar auf Kreditverträge. Hierzu zählen:
- Darlehen: sämtliche Darlehensgeschäfte von Banken, Sparkassen etc.;
- Zahlungsaufschub: hierunter fällt der gesamte Bereich des früheren Abzahlungsgesetzes (die Ware wird sofort – in der Regel unter Eigentumsvorbehalt – geliefert, der Kaufpreis wird in Raten gezahlt) sowie sonstige Zahlungsaufschübe, wie z. B. das Kreditkartengeschäft oder Stundung des Kaufpreises;
- sonstige Finanzierungshilfen: hierunter fallen vor allem Leasingverträge.

Darüberhinaus unterfallen dem VerbrKG Kreditvermittlungsverträge, nach denen es ein Kreditvermittler unternimmt, einem Verbraucher einen Kredit zu vermitteln oder ihm die Gelegenheit zum Abschluß eines Kreditvertrages nachzuweisen (vgl. § 1 VerbrKG).
Das Gesetz gilt nur für „Kreditgeber" und „Verbraucher". Kreditgeber sind solche Personen, die Kredite im Rahmen ihres Gewerbes oder sonstigen beruflichen Tätigkeit gewähren. Die private Kreditgewährung ist daher nicht Gegenstand des VerbrKG. Verbraucher ist derjenige, der den Kredit privat, d. h. außerhalb einer ausgeübten gewerblichen oder selbständigen Tätigkeit, aufnimmt.
Das Gesetz findet keine Anwendung auf Verträge,
- bei denen der ausgezahlte Kreditbetrag oder Barzahlungspreis 400,00 DM nicht übersteigt;
- wenn sie der Existenzgründung dienen und 100.000,00 DM übersteigen;
- in denen dem Verbraucher ein Zahlungsaufschub bis zu 3 Monaten eingeräumt wird;
- die ein Arbeitgeber mit einem Arbeitnehmer zu Zinsen abschließt, die unter den marktüblichen Sätzen liegen (§ 3 VerbrKG).

Der Verbraucherkredit bedarf stets der Schriftform (§ 4 VerbrKG). Der Inhalt des Kreditvertrages ist gesetzlich zwingend vorgeschrieben. Hierbei ist zu unterscheiden zwischen „Kreditverträgen im Allgemeinen" und „Teilzahlungskrediten" (insbesondere Abzahlungsgeschäften), wie sich aus Abb 10.7 ergibt.
Fehlt eine der erforderlichen Angaben oder ist die Schriftform nicht eingehalten, ist der Kreditvertrag nichtig. Bei „Allgemeinen Kreditverträgen" tritt Heilung ein, sobald der Verbraucher das Darlehen empfängt, bei „Teilzahlungs-Kreditverträgen"(§ 6 VerbrKG), sobald dem Verbraucher die Sache übergeben oder die Leistung erbracht ist.
Der Kreditvertrag wird erst wirksam, wenn der Verbraucher nicht binnen einer Frist von 1 Woche den Widerruf erklärt (§ 7 VerbrKG).
Für drittfinanzierte Geschäfte (insbesondere finanzierter Kauf) bestehen Sonderregelungen (verbundene Geschäfte, § 9 VerbrKG). Hervorzuheben ist hier die Möglichkeit, daß der Verbraucher die Rückzahlung des Kredits gegenüber dem Kreditgeber verweigern kann, soweit ihn Einwendungen aus dem Kaufvertrag gegenüber dem Verkäufer zur Leistungsverweigerung berechtigen würden. Liegt ein Sachmangel vor, kann der Verbraucher die Rückzahlung des Kredits erst verweigern, wenn Nachbesserung oder Ersatzlieferung fehlgeschlagen sind.
Im Falle des Schuldnerverzuges kann der Kreditgeber grundsätzlich 5% Zinsen über dem jeweiligen Diskontsatz der Deutschen Bundesbank verlangen (§ 11 VerbrKG).
Den Gesamtkredit kann der Kreditgeber fällig stellen, wenn
- der Verbraucher mit mindestens 2 aufeinander folgenden Teilzahlungen ganz oder teilweise und mit mindestens 10 v. H., bei einer Laufzeit des Kreditvertrages über 3 Jahre mit 5 v. H. des Nennbetrages des Kredites oder des Teilzahlungspreises in Verzug ist und
- der Kreditgeber dem Verbraucher erfolglos eine 2-wöchige Frist zur Zahlung des rückständigen

Erforderliche Angaben bei:

(§ 4 Abs. 1 Nr. 1 VerbrKG)	(§ 4 Abs. 1 Nr. 2 VerbrKG)
– Nettokreditbetrag, ggf. Höchstgrenze des Kredits; – wenn möglich, den Gessamtbetrag aller vom-Verbraucher zu entrichtenden Teilzahlungen einschließlich Zinsen und sonstiger Kosten; – die Art und Weise der Rückzahlung des Kredits oder, wenn eine Vereinbarung hierüber nicht vorgesehen ist, die Regelung der Vertragsbeendigung; – der Zinssatz und alle sonstigen Kosten des Kredits, die im einzelnen zu bezeichnen sind, einschließlich etwaiger vom Verbraucher zu tragender Vermittlungskosten; – der effektive Jahreszins, oder, wenn eine Änderung des Zinssatzes oder anderer preisbestimmter Faktoren vorbehalten ist, der anfängliche effektive Jahreszins; – die Kosten einer Restschuld- oder sonstigen Versicherung, die im Zusammenhang mit dem Kredit abgeschlossen wird; – zu bestellende Sicherheiten.	– der Barzahlungspreis – der Teilzahlungspreis (Gesamtbetrag von Anzahlung und allem vom Verbraucher zu entrichenden Teilzahlungen einschließlich Zinsen und sonstigen Kosten); – Betrag, Zahl und Fälligkeit der einzelnen Teilzahlungen; – die Kosten einer Versicherung, die im Zusammenhang mit dem Kreditvertrag abgeschlossen wird; – die Vereinbarung eines Eigentumsvorbehalts oder einer anderen, zu bestellenden Sicherheit.

Abb. 10.7: Übersicht über erforderliche Angaben bei Kreditverträgen

10

Betrages mit der Erklärung gesetzt hat, daß er bei Nichtzahlung innerhalb der Frist die gesamte Restschuld verlangen kann (§ 12 VerbrKG).

Sind die vorstehenden Voraussetzungen erfüllt, kann der Kreditgeber auch vom Vertrag zurücktreten (§ 13 VerbrKG).

• Haustürwiderrufsgesetz

Durch das Gesetz über den Widerruf von Haustürgeschäften und ähnlichen Geschäften vom 16.01.1986 (HausTWG) soll ein weiterer Schutz der Verbraucher vor übereilten Geschäftsabschlüssen erreicht werden.

Wenn die auf Abschluß eines Vertrages über eine entgeltliche Leistung gerichtete Willenserklärung eines Kunden (Erklärenden)

- durch mündliche Verhandlungen an seinem Arbeitsplatz oder im Bereich einer Privatwohnung,
- anläßlich einer, von der anderen Vertragspartei oder von einem Dritten zumindest auch in ihrem Interesse durchgeführten Freizeitveranstaltung oder
- im Anschluß an ein überraschendes Ansprechen in Verkehrsmitteln oder im Bereich öffentlich zugänglicher Verkehrswege

zustandekommt, so ist die Erklärung erst wirksam, wenn der Erklärende sie nicht binnen einer Frist von einer Woche schriftlich widerruft. Unter bestimmten Voraussetzungen ist das Widerrufsrecht ausgeschlossen (§ 1 HausTWG). Nach erklärtem Widerruf sind gegenseitig empfangene Leistungen zurückzugewähren (§ 2 HausTWG).

Der Kauf nach bürgerlichem Recht

Der Kaufvertrag ist ein gegenseitiger schuldrechtlicher Vertrag, durch den sich der Verkäufer zur Übertragung des Kaufgegenstandes und der Käufer zur Zahlung des Kaufpreises verpflichtet (§ 433 BGB). Gegenstand eines Kaufvertrages können Sachen, Rechte, Forderungen, Gesellschaftsanteile und sogar ganze Unternehmen sein.

Für das Zustandekommen eines Kaufvertrages gelten die allgemeinen Regelungen. Erforderlich ist danach die wirksame Einigung der Vertragsparteien (Angebot und Annahme) über den Inhalt des Kaufvertrages. Weist der Kaufvertrag Mängel auf (Beispiel: Abweichen von Angebot und Annahme, Nichtigkeit wegen Sittenwidrigkeit, Anfechtung) sind die bereits erbrachten Leistungen nach den Regeln über die ungerechtfertigte Bereicherung zurückzugewähren (§§ 812 ff. BGB). Auf diese wird später eingegangen (vgl. Kapitel Ungerechtfertigte Bereicherung).

Der Abschluß eines Kaufvertrages ist grundsätzlich formfrei (wichtigste Ausnahme: Grundstückskaufvertrag, § 313 BGB), allerdings ist Schriftform stets zu empfehlen. Dabei ist darauf zu achten, daß der Kaufgegenstand, Qualität, Mängel, Lieferungs- und Zahlungstermine usw. exakt bezeichnet sind. Bestätigungsschreiben und AGB sind genau zu prüfen, bei Abweichungen von den vereinbarten Bedingungen ist sofort zu widersprechen.

Für den Handelskauf bestehen Sonderregelungen (s. Kapitel Kauf nach Handelsrecht).

Welches Recht für grenzüberschreitende Verträge anzuwenden ist, richtet sich in erster Linie nach der Parteivereinbarung, im übrigen nach dem internationalen Privatrecht der beteiligten Länder. Beispielhaft zu nennen sind für den Bereich der Bundesrepublik Deutschland das Haagener einheitliche Kaufrecht (EKG) sowie das seit dem 01.01.1991 in der BRD geltende einheitliche UN-Kaufrecht.

• Pflichten des Verkäufers

Hauptpflicht des Verkäufers ist es, den Kaufgegenstand dem Käufer zu übergeben (§ 433 BGB). Verkaufte Sachen müssen übereignet, Rechte übertragen bzw. abgetreten werden. Als schuldrechtliches Verpflichtungsgeschäft ist der Kaufvertrag stets vom Erfüllungsgeschäft zu trennen. Der Käufer einer Sache wird daher nicht schon durch Abschluß des Kaufvertrages, sondern erst mit der in dessen Durchführung vorgenommenen Übereignung Eigentümer. In zahlreichen Fällen des täglichen Lebens fallen Verpflichtungs- und Verfügungsgeschäft in einen Akt zusammen (Beispiel: Kauf im Supermarkt).

Darüber hinaus ist der Verkäufer verpflichtet, dem Käufer den Kaufgegenstand frei von Rechten Dritter zu verschaffen, z. B. frei von dinglichen Rechten (§ 434 BGB). Er haftet bei dem Verkauf einer Forderung oder eines Rechts für deren rechtlichen Bestand (§§ 434, 437 BGB). Der Verkäufer haftet weiter dafür, daß die Sache zum Zeitpunkt des Gefahrenüberganges nicht mit Fehlern behaftet ist, die den Wert oder die Tauglichkeit zu deren gewöhnlichen oder im Vertrag vorausgesetzten Gebrauch aufheben oder mindern könnten (§§ 459 ff. BGB). Außerdem haftet er dem Käufer für das Fehlen zugesicherter Eigenschaften (§ 463 BGB).

• Pflichten des Käufers

Hauptpflicht des Käufers ist die Zahlung des vereinbarten Kaufpreises. Die Zahlung hat in der Regel bar Zug-um-Zug gegen Übergabe der Ware zu erfolgen, sofern keine Zahlungsfristen eingeräumt sind.

Weiterhin trifft den Käufer die Pflicht, die Kaufsache abzunehmen. Dies kann unter anderem wesentlich sein bei leicht verderblichen oder sperrigen Gütern. Weitere Pflichten des Käufers enthalten die §§ 449, 450, 452 BGB.

• Gefahrübergang

Grundsätzlich trägt der Verkäufer bis zur Übergabe an den Käufer die Gefahr des zufälligen Unterganges oder einer zufälligen Verschlechterung der Kaufsache (§ 446 BGB). Schickt der Verkäufer jedoch die verkaufte Sache an einen anderen Ort als den Erfüllungsort geht die Gefahr des zufälligen Untergangs oder der Verschlechterung bereits zu dem Zeitpunkt auf den Käufer über, sobald der Verkäufer die Sache dem Versender (Spediteur, Post) übergeben hat (Versendungskauf, § 447 BGB)

• Störungen der vereinbarten Leistung

Können Verkäufer oder Käufer die ihnen obliegenden Leistungen überhaupt nicht, verspätet usw. erbringen, gelten die bereits dargestellten Bestimmungen über die Leistungsstörungen (s. Kapitel Leistungsstörungen). Beispiele: Der Verkäufer kann die zu liefernde Maschine nicht beschaffen, weil sie nicht mehr hergestellt wird (Unmöglichkeit der Leistung); der Verkäufer liefert die Ware nach mehreren Mahnungen erst mit 3-monatiger Verspätung; der Käufer zahlt den Kaufpreis nicht fristgerecht (Verzug); die verkauften Tiere werden zwar fristgerecht geliefert, sind aber krank und stecken die Herde des Käufers an (positive Forderungsverletzung).

Wird die Leistung vom Verkäufer erbracht, aber mangelhaft, ist zwischen Rechts- und Sachmängeln hinsichtlich der Folgen zu unterscheiden:

Rechtsmängelhaftung: Liegt ein Rechtsmangel vor, kann der Käufer auf Erfüllung bestehen, die Einrede des nicht erfüllten Vertrages erheben, Schadensersatz wegen Nichterfüllung verlangen oder vom Vertrag zurücktreten (§§ 434 ff., 440, 320 ff. BGB). Beispiel: die verkaufte Sache ist mit dem Pfandrecht eines Dritten belastet, das nicht durch gutgläubigen Erwerb erlischt.

Sachmängelhaftung: Für Sachmängel und das Fehlen zugesicherter Eigenschaften haftet der Verkäufer wie folgt:

– Gewährleistungsansprüche wegen Sachmängeln bei einer Stückschuld (individuell bestimmte Sache, Beispiel: Gemälde): der Käufer kann Wandelung (Rückgängigmachung des Kaufvertrages) oder Minderung (Herabsetzung des

Kaufpreises) verlangen. Fehlt der verkauften Sache eine zugesicherte Eigenschaft oder hat der Verkäufer den Sachmangel arglistig verschwiegen, kann der Käufer statt Wandelung oder Minderung Schadensersatz wegen Nichterfüllung verlangen (§§ 462, 463 BGB).

- Gewährleistungsanprüche wegen Sachmängeln bei einer Gattungsschuld (nach Gattungsmerkmalen bestimmte Sache, Beispiel: Kartoffeln): Dem Käufer stehen dieselben Gewährleistungsansprüche wie bei einer Stückschuld zu. Außerdem kann er Lieferung einer mangelfreien Sache verlangen (§ 480 BGB).

Die Gewährleistungsvorschriften finden entsprechende Anwendung bei dem Kauf von Standard-Software, Erfindungen, Urheberrechten sowie beim Unternehmenskauf. Für den Viehkauf bestehen Sonderbestimmungen (§§ 481 ff. BGB).

Gewährleistungsansprüche sind ausgeschlossen, wenn der Käufer den Mangel bei Vertragsschluß kennt. Bei grob fahrlässiger Unkenntnis haftet der Verkäufer nur, wenn er den Fehler arglistig verschwiegen oder dessen Abwesenheit zugesichert hat (§ 460 BGB).

Gewährleistungsansprüche können durch Vertrag eingeschränkt oder ausgeschlossen werden (Beispiel: Verkauf eines Pkws „wie besichtigt unter Ausschluß jeder Gewährleistung"). Der vertragliche Haftungsausschluß ist jedoch nichtig, wenn der Käufer den Mangel arglistig verschweigt (§ 476 BGB).

Die Gewährleistungsfristen betragen bei beweglichen Sachen 6 Monate, bei Grundstücken 1 Jahr (§ 477 BGB).

Der in Kaufverträgen häufig verwandte Begriff der „Garantie" ist mehrdeutig. Häufig wird es sich lediglich um eine andere Bezeichnung für die bereits bestehende gesetzliche Gewährleistung handeln oder beschränkt diese auf den Anspruch auf Nachbesserung (Reparatur). Ist die „Garantiefrist" länger als die Verjährungsfrist der Gewährleistungsansprüche, wird dadurch die gesetzliche Verjährungsfrist verlängert oder beginnt erst mit Entdeckung des Mangels innerhalb der Garantiefrist zu laufen. Eine selbständige Garantie im Sinne einer Übernahme der Gefahr für künftige weitere Schäden (z. B. Garantie für die Belastbarkeit eines Materials) ist denkbar, aber nur selten anzunehmen. In jedem Falle ist hierfür ein eindeutiger und erkennbarer Verpflichtungswille des Verkäufers erforderlich.

Besondere Arten des Kaufvertrages

• Kauf unter Eigentumsvorbehalt
Hat sich der Verkäufer einer beweglichen Sache das Eigentum bis zur Zahlung des Kaufpreises vorbehalten, so ist im Zweifel anzunehmen, daß die Übertragung des Eigentums unter der aufschiebenden Bedingung vollständiger Zahlung des Kaufpreises erfolgt und der Verkäufer zum Rücktritt vom Vertrag berechtigt ist, wenn der Käufer mit der Zahlung in Verzug kommt (§ 455 BGB). Der Verkäufer bleibt daher bis zur vollständigen Kaufpreiszahlung Eigentümer der Sache. Erst mit Zahlung erwirbt der Käufer das Eigentum. Bis dahin steht ihm lediglich ein Anwartschaftsrecht zu, das wie das Eigentum übertragen werden kann.

Der Kauf unter Eigentumsvorbehalt spielt als Sicherheit des Verkäufers eine wesentliche Rolle bei Abzahlungsgeschäften. Besondere Sicherungsmittel sind ferner:

- der erweiterte Eigentumsvorbehalt: dieser sichert nicht nur die Kaufpreisforderung, sondern sämtliche Forderungen aus der bestehenden Geschäftsverbindung;
- der verlängerte Eigentumsvorbehalt: Hier ist der Verkäufer zur Weiterveräußerung und Verarbeitung der Sache befugt. An die Stelle des Eigentums tritt zur Sicherung der Kaufpreisforderung die aus der Weiterveräußerung entstehende Forderung an den Zweiterwerber bzw. die neue Sache (Arbeitsprodukt).
- Kauf nach Probe oder Muster

Wird die Ware nach einer Probe oder einem Muster bestellt, gelten die Eigenschaften der Probe oder des Musters als zugesichert. Bei abweichender Lieferung können die Gewährleistungsansprüche des § 463 BGB geltend gemacht werden (§ 494 BGB).

• Kauf auf Probe
Der Kaufvertrag ist unter der aufschiebenden Bedingung der Billigung des Gegenstandes durch den Käufer abgeschlossen. Die Billigung steht im Belieben des Käufers (§§ 495, 496 BGB).

• Kauf auf Umtausch
Die Ware kann vom Käufer zurückgegeben werden. Im Gegensatz zum Kauf auf Probe bleibt die Kaufvertragsverpflichtung bestehen.

• Vorkaufsrecht
Der Vorkauf ist ein Vertrag mit dem späteren Verkäufer, durch den dem Vorkaufsberechtigten das Recht eingeräumt wird, in einen Kaufvertrag einzutreten, den der Verkäufer zukünftig mit einem Dritten abschließt (§ 504 BGB). Im Falle des Verkaufs muß der Verkäufer dem Vorkaufsberechtigten unverzüglich Mitteilung machen; der Vorkaufsberechtigte kann dann in den abgeschlossenen Kaufvertrag zu den vereinbarten Bedingungen eintreten (§§ 510, 505 BGB).

Praktische Bedeutung haben Vorkaufsrechte vor allem bei Grundstücken. Sie bedürfen der notariellen Beurkundung und können in das Grundbuch eingetragen werden (§§ 313, 1094 ff. BGB).

Kauf nach Handelsrecht

Gehört der Abschluß von Kaufverträgen für einen Kaufmann zum Betrieb seines Handelsgewerbes, finden die Vorschriften des HGB über die Handelsgeschäfte Anwendung. Es ist Minderkaufmannseigenschaft (vgl. Kapitel Der Kaufmann und sein Handelsgewerbe) ausreichend, es sei denn, das Gesetz sieht ausdrücklich Vollkaufmannseigenschaft vor (vgl. § 351 HGB). Die Vorschriften über die Handelsgeschäfte gelten für beide Vertragspartner, auch wenn nur einer Kaufmann ist. Ausnahmen bestehen in den gesetzlich geregelten Fällen (beiderseitige Kaufmannseigenschaft ist erforderlich bei der Geltendmachung von kaufmännischen Zurückbehaltungsrechten, §§ 369 ff. HGB; Geltendmachung von Gewährleistungsrechten, §§ 377 ff. HGB).

10

Es bestehen folgende Besonderheiten:

• Handelsbrauch

Kaufleute müssen auf die im Handelsverkehr geltenden Gewohnheiten und Gebräuche Rücksicht nehmen (§ 346 HGB). Handelsbräuche gelten auch dann, wenn sie nicht ausdrücklich vereinbart worden sind. Sie sind im Rechtsverkehr zwischen Kaufleuten verbindlich.

• Kaufmännisches Bestätigungsschreiben

Es entspricht allgemeiner kaufmännischer Übung, den Inhalt eines zuvor mündlich, fernmündlich oder telegrafisch geschlossenen Vertrages schriftlich zu bestätigen. Ist der Empfänger mit dem Inhalt des Schreibens nicht einverstanden, muß er diesem unverzüglich widersprechen. Anderenfalls gilt sein Schweigen als Zustimmung; der Vertrag ist mit dem Inhalt des Bestätigungsschreibens zustandegekommen (vgl. hierzu auch die Regelung in § 362 HBG).

• Rügepflicht

Ist der Kaufvertrag ein beiderseitiges Handelsgeschäft, trifft den Käufer eine verschärfte Rügepflicht. Er muß die Ware unverzüglich nach Erhalt untersuchen und erkennbare Mängel umgehend dem Verkäufer anzeigen. Anderenfalls gilt die Ware als genehmigt. Bei geschlossener Ware besteht die Pflicht zur Entnahme einer Stichprobe. Zeigt sich der Mangel erst später, so muß die Rüge unverzüglich nach seiner Entdeckung ausgesprochen werden (§ 377 HGB). Die Untersuchungs- und Rügepflicht gilt auch, wenn die Ware nach Art und Menge abweicht, sofern die gelieferte Ware nicht offensichtlich so von der Bestellung abweicht, daß mit einer Genehmigung nicht gerechnet werden konnte (§ 378 HGB).

• Annahmeverzug

Ist der Käufer in Annahmeverzug, kann der Verkäufer die Ware auf Gefahr und Kosten des Käufers in einem öffentlichen Lagerhaus oder in sonst sicherer Weise hinterlegen. Nach vorheriger Androhung ist er auch befugt, die Ware öffentlich zu versteigern, ggf. zum laufenden Börsen- oder Marktpreis zu veräußern. Bei verderblicher Ware kann eine vorherige Androhung unterbleiben (§ 373 HGB). Liegt der Erlös beim Selbsthilfeverkauf unter dem vereinbarten Kaufpreis, ist der Verkäufer zur Zahlung der Differenz verpflichtet.

• Kaufmännisches Zurückbehaltungsrecht

Es wird auf das Kapitel Zurückbehaltungsrecht verwiesen.

• Gutgläubiger Erwerb

Die Möglichkeit des gutgläubigen Erwerbs ist erweitert. Nach § 366 Abs. 2 HGB wird über die gesetzliche Regelung des § 932 BGB hinaus auch der gute Glaube an die Verfügungsbefugnis geschützt.

• Kontokorrent

Stehen die Vertragspartner in ständiger Geschäftsverbindung und werden die gegenseitigen Forderungen in bestimmten Zeitabständen verrechnet (Kontokorrent), verlieren die Einzelforderungen mit ihrer Saldierung an Selbständigkeit. Sie können ab diesem Zeitpunkt nicht mehr abgetreten oder verpfändet werden. Pfändung und Klage sind nur noch möglich bezüglich des danach bestehenden Saldos (§ 375 HGB). Die Anerkennung des Saldos ist ein abstraktes Schuldanerkenntnis (§ 781 BGB).

• Fixgeschäft

Ist bei einem Handelskauf vereinbart, daß die Leistung zu einer bestimmten Zeit oder innerhalb einer bestimmten Frist zu bewirken ist, kann der Käufer bei Fristüberschreitung vom Vertrag zurücktreten oder Schadensersatz wegen Nichterfüllung verlangen. Erfüllung kann er nur verlangen, wenn er bei dem Verkäufer nach Fristablauf sofort auf der Erfüllung besteht (§ 376 HGB).

• Spezifikationskauf

Behält sich bei einem Handelskauf der Käufer einer beweglichen Sache die nähere Bestimmung

über Form, Maß oder ähnliche Verhältnisse der Ware vor und kommt er mit seiner Verpflichtung, die Art der Ware zu bestimmen, in Verzug, kann der Verkäufer selbst die Bestimmung vornehmen und dem Käufer dies unter Fristsetzung mitteilen. Trifft der Käufer innerhalb der gesetzten Frist keine andere Bestimmung, gilt die Wahl des Verkäufers als vereinbart.
Der Verkäufer kann stattdessen auch Schadensersatz wegen Nichterfüllung verlangen oder vom Vertrag zurücktreten (§ 375 HGB).

Werkvertrag, Werklieferungsvertrag

- Werkvertrag

Der Werkvertrag ist ein gegenseitiger schuldrechtlicher Vertrag, durch den sich der Unternehmer zur Herstellung des „versprochenen" Werkes, der Besteller zur Zahlung der vereinbarten Vergütung verpflichtet (§ 631 BGB). Im Gegensatz zum Dienstvertrag (§§ 611 ff. BGB) wird hier nicht ein bloßes Tätigwerden, sondern ein bestimmter Erfolg geschuldet. Beispiele: Errichtung eines Bauwerks, Handwerkerarbeiten wie Reparatur und Herstellung von Gegenständen, Beförderungsverträge.
Der Unternehmer muß das bestellte Werk fristgerecht (§ 636 BGB) und ordnungsgemäß herstellen. Der Besteller ist verpflichtet, das Werk abzunehmen (§ 640 BGB). Abnahme bedeutet körperliche Hinnahme des Werkes verbunden mit der Erklärung des Bestellers, daß er das Werk als vereinbarungsgemäße Leistung anerkenne.
Bei Sachmängeln hat der Besteller einen Anspruch auf Nachbesserung, ggf. auf Neuherstellung (§ 633 BGB). Unterbleibt die Nachbesserung oder schlägt sie fehl, kann der Besteller nach vorheriger Fristsetzung mit Ablehnungsandrohung wahlweise Wandelung oder Minderung und wenn der Unternehmer den Werkmangel zu vertreten hat, auch Schadensersatz wegen Nichterfüllung verlangen (§§ 634, 635 BGB). Nimmt der Besteller ein mangelhaftes Werk in Kenntnis des Mangels ab, stehen ihm die Gewährleistungsrechte der §§ 633, 634 BGB nur zu, wenn er sich diese bei der Abnahme vorbehalten hat (§ 640 BGB).
Die Gewährleistungsansprüche des Bestellers verjähren bei beweglichen Sachen in 6 Monaten, bei Arbeiten an einem Grundstück in einem Jahr, bei Bauwerken in 5 Jahren (§ 638 BGB). Wird einem Bauvertrag die Verdingungsordnung für Bauleistungen (VOB) zugrundegelegt, gelten bezüglich der Sachmängelhaftung abweichende Regelungen. Insbesondere beträgt die Verjährungsfrist bei Bauwerken hier lediglich 2 Jahre.
Für seine Forderungen aus dem Werkvertrag hat der Unternehmer ein gesetzliches Pfandrecht an den von ihm hergestellten oder ausgebesserten beweglichen Sachen des Bestellers, wenn diese in seinen Besitz gelangt sind, § 640 BGB (Beispiel: Pfandrecht an einem reparierten Kraftfahrzeug).

- Werklieferungsvertrag

Bei einem Werklieferungsvertrag stellt der Unternehmer das Werk aus von ihm zu beschaffenden Stoffen her (§ 651 BGB). Soweit es sich um die Herstellung vertretbarer Sachen handelt, wird der Werklieferungsvertrag rechtlich als Kaufvertrag behandelt (Beispiel: Serienerzeugnisse). Bei der Herstellung nicht vertretbarer Sachen findet teils Kaufvertragsrecht, teils Werkvertragsrecht Anwendung (Beispiel: Fertigung eines Maßanzuges aus vom Schneider zu beschaffenden Stoffen).

Beförderungsverträge

Verträge über den Transport von Personen oder Sachen sind in der Regel Werkverträge. Für bestimmte Vertragsgestaltungen bestehen allerdings Sonderregelungen.

- Reisevertrag

Aufgrund des Reisevertrages verpflichtet sich der Reiseveranstalter gegenüber dem Reisenden, eine Gesamtheit von Reiseleistungen gegen Zahlung des vereinbarten Reisepreises zu erbringen (§ 651a BGB).
Bis zum Reiseantritt kann der Reisende verlangen, daß anstatt seiner ein Dritter an der Reise teilnimmt (§ 651b BGB). Der Reisende kann jederzeit ohne Angabe von Gründen vom Reisevertrag zurücktreten, ist aber in diesem Falle zur Zahlung einer angemessenen Entschädigung an den Reiseveranstalter verpflichtet (§ 651i BGB).
Bei Mängeln in der Reisedurchführung kann der Reisende Abhilfe verlangen und den Reisepreis mindern (§ 651c, d BGB). Bei erheblichen Mängeln oder Unzumutbarkeit der Fortsetzung der Reise kann der Reisende den Reisevertrag kündigen (§ 651i BGB). Hat der Reiseveranstalter den Mangel zu vertreten, kann der Reisende Schadensersatz wegen Nichterfüllung sowie eine angemessene Entschädigung wegen nutzlos aufgewendeter Urlaubszeit verlangen (§ 651f BGB). Bei Vorliegen höherer Gewalt können sowohl der Reisende als auch der Veranstalter den Reisevertrag kündigen (§ 651j BGB).
Die Gewährleistungsansprüche sind innerhalb eines Monats nach der vertraglich vorgesehenen Beendigung der Reise gegenüber dem Reisever-

10

anstalter geltend zu machen und verjähren in 6 Monaten (§ 651g BGB).

• Speditionsgeschäft
Durch den Speditionsvertrag übernimmt der Spediteur die Güterversendung durch einen Frachtführer oder Verfrachter von Seeschiffen (§ 407 Abs. 1 HGB). Der Spediteur führt den Transport nicht selbst aus, bestimmt aber Art und Weg der Versendung und schließt den Frachtvertrag im eigenen Namen, jedoch für Rechnung des Versenders ab. Die Tätigkeit ähnelt der des Kommissionärs, so daß die Vorschriften über die Kommission teilweise Anwendung finden (§ 407 Abs. 2 HGB).
Der Spediteur ist nicht berechtigt, dem Versender eine höhere als die mit dem Frachtführer oder Verfrachter bedungene Fracht zu berechnen (§ 408 Abs. 2 HGB); sein Entgelt besteht in der Provision (§ 409 HGB). Wegen der ihm zustehenden Ansprüche hat der Spediteur ein gesetzliches Pfandrecht an den sich in seinem Besitz befindlichen Speditionsgütern (§ 410 HGB).
Der Spediteur hat ein Selbsteintrittsrecht, d. h. er kann die Beförderung des Gutes auch selbst ausführen. Macht er von diesem Recht Gebrauch, hat er zugleich die Rechte und Pflichten eines Frachtführers und kann neben der Provision auch die Frachtgebühren verlangen (§ 412 HGB). Der Spediteur haftet nicht für das Verschulden der Frachtführer nach § 278 BGB, sondern nur bei etwaigem Auswahlverschulden (§ 408 Abs. 1 HGB). Besondere Bedeutung haben die „Allgemeinen Deutschen Spediteurbedingungen" (ADSp), deren Anwendung ausdrücklich oder stillschweigend vereinbart werden kann. In diesen wird die Haftung des Spediteurs eingeschränkt; der Spediteur hat die Ware auf Kosten des Versenders zu versichern.

• Frachtgeschäft
Bei einem Frachtgeschäft verpflichtet sich der Frachtführer gegenüber dem Absender zur Beförderung von Gütern zu Lande, auf Flüssen oder sonstigen Binnengewässern (§ 425 HGB).
Der Frachtvertrag kommt zustande zwischen Frachtführer und Absender zu Gunsten des Empfängers (Vertrag zu Gunsten Dritter, § 328 BGB). Der Empfänger selbst ist nicht Vertragspartner, allerdings stehen ihm aufgrund des Frachtvertrages vereinzelte Rechte zu (§§ 434, 435 HGB).
Aufgrund des Frachtvertrages ist der Frachtführer zur Beförderung des Frachtgutes verpflichtet. Er haftet für den Verlust oder die Beschädigung des Gutes zwischen Annahme und Abholung sowie für das Überschreiten der Lieferfrist. Hierbei hat er für das Verschulden „seiner Leute" (§ 431 HGB) und eingeschalteter Unterfrachtführer (§ 432 HGB) einzustehen. Durch den Frachtvertrag wird der Anspruch auf den Frachtlohn begründet. Wegen der ihm zustehenden Ansprüche hat der Frachtführer ein gesetzliches Pfandrecht an dem Frachtgut (§ 440 ff. HGB).
Der Absender hat dem Frachtführer alle erforderlichen Begleitpapiere zu übergeben (z. B. für die Verzollung) und auf Verlangen einen Frachtbrief auszustellen. Der Frachtbrief ist eine Beweisurkunde über den Inhalt des Frachtvertrages und wird mit der Ware zum Empfänger versandt. Bei der Beförderung mit Kraftfahrzeugen und Eisenbahn ist ein Frachtbrief zwingend vorgeschrieben. Vom Frachtbrief zu unterscheiden ist der Ladeschein (§§ 444 ff. HGB), der vom Frachtführer ausgestellt und dem Absender übergeben wird, der ihn dem Empfänger aushändigt. Der Ladeschein berechtigt zum Empfang der Ware; die Auslieferung erfolgt nur gegen quittierte Rückgabe des Ladescheins (§ 448 HGB). Bei der Eigentumsübertragung der Ware kann die Übergabe des Ladescheins die Übergabe der Ware ersetzen.
Sonderbestimmungen gelten für das Frachtgeschäft im Güterkraftverkehr mit Kraftfahrzeugen (Güterkraftverkehrsgesetz und Kraftverkehrsordnung), für den Güterverkehr auf Binnengewässern (Binnenschiffahrtsgesetz und Gesetz über den gewerblichen Binnenschiffsverkehr) sowie für den Luftfrachtverkehr (Luftverkehrsgesetz). Kein Frachtvertrag ist die Beförderung von Gütern mit der Post (§ 452 HGB), die sich nach besonderen öffentlich-rechtlichen Bestimmungen richtet.

• Eisenbahnfrachtgeschäft
Als wichtigster Unterschied zum sonstigen Frachtgeschäft ist bei den Eisenbahnen des öffentlichen Verkehrs die gesetzlich geregelte Beförderungspflicht hervorzuheben (§ 453 HBG). Die Bundesbahn ist beispielsweise zur Beförderung auch dann verpflichtet, wenn diese unwirtschaftlich ist.

• Seefracht
Der Seefrachtvertrag wird (§§ 556 ff. HGB) zwischen dem Befrachter (Absender) und dem Verfrachter (Frachtführer des Seehandels, Reederei) abgeschlossen. Der Frachtvertrag bezieht sich entweder auf die Inanspruchnahme des ganzen Schiffes oder eines bestimmten Teils (Charter- oder Raumfrachtverträge) bzw. auf die Beförderung einzelner Güter (Stückgutverträge). In der Praxis hat sich die im HGB nicht geregelte Zeitcharter herausgebildet (Inanspruchnahme des

Schiffes inklusive Besatzung für eine bestimmte Zeit).
Der Empfang der Ware am oder auf dem Schiff wird durch Ausstellung eines Konnossementes bestätigt, das der Verfrachter dem Ablader ausstellt (§ 642 HGB). In diesem verpflichtet sich der Verfrachter zur Auslieferung der Ware an den Empfangsberechtigten im Bestimmungshafen. Ebenso wie der Ladeschein des Frachtführers gehört auch das Konnossement zu den Wertpapieren (vgl. § 643 HGB). Es wird regelmäßig an Order ausgestellt und kann durch Indossament übertragen werden (§§ 363, 647 HGB). Die Bedeutung des Konnossements liegt darin, daß es rechtlich an die Stelle der Ware tritt, d. h. durch Einigung über den Eigentumsübergang und Übergabe des Konnossements kann das Eigentum an der sich auf See befindlichen Ware übertragen werden (§ 650 HGB). Das Konnossement berechtigt zum Empfang der Ware. Das Frachtgut ist nur gegen Rückgabe wenigstens einer quittierten Ausfertigung des Konnossements auszuliefern (§§ 648, 653 HGB). Der Verfrachter trägt die gesamten gewöhnlichen und ungewöhnlichen Kosten der Schiffahrt, wie Lotsen- und Hafengeld, Schlepplohn, Quarantänegelder etc. (§ 621 HGB). Die Frachtvergütung ist in der Regel vom Empfänger zu entrichten (§ 614 HGB).

Verwahrung, Lagergeschäft

Durch den Verwahrungsvertrag verpflichtet sich der Verwahrer, eine ihm vom Hinterleger übergebene bewegliche Sache aufzubewahren (§ 688 BGB). Die Verwahrung kann entgeltlich oder unentgeltlich erfolgen; bei Kaufleuten ist regelmäßig eine entgeltliche Verwahrung anzunehmen (§§ 689 BGB, 354 HGB). Macht der Verwahrer zum Zwecke der Aufbewahrung Aufwendungen, die er für erforderlich halten darf oder entsteht ihm durch die Beschaffenheit der hinterlegten Sachen ein Schaden, ist ihm der Hinterleger zum Ersatz verpflichtet (§§ 693, 694 BGB). Die Haftung des Verwahrers ist davon abhängig, daß die Verwahrung entgeltlich oder unentgeltlich erfolgt (§§ 690, 276 BGB).
Werden vertretbare Sachen in der Weise hinterlegt, daß das Eigentum auf den Verwahrer übergehen und dieser verpflichtet sein soll, Sachen von gleicher Art, Güte und Menge zurückzugewähren, finden die Vorschriften über das Darlehen (§§ 607 ff. BGB) Anwendung (Beispiel: Sparkasseneinlagen).
Einige wichtige Formen der Verwahrung sind besonders geregelt:
- Hinterlegung von Wertpapieren bei Banken (Depotgesetz vom 04.02.1937);
- Öffentlich-rechtliches Verwahrungsverhältnis bei der Hinterlegung (§§ 372 ff. BGB, Hinterlegungsordnung vom 10.03.1937);
- Verwahrung von Sachen des Gastes im Beherbergungsgewerbe (§§ 701 ff. BGB).

Eine Sonderform des Verwahrungsvertrages ist das handelsrechtliche Lagergeschäft (§§ 416 ff. HGB). Der Lagerhalter übernimmt gewerbsmäßig die Lagerung und Aufbewahrung von Gütern.
Man unterscheidet zwischen der Einzellagerung und der Sammellagerung. Bei der Sammellagerung, die nur mit ausdrücklicher Einwilligung des Einlagerers zulässig ist, werden vertretbare Sachen mit anderen Sachen gleicher Art und Güte vermischt, § 419 Abs. 2 HGB (Beipiel: Früchte einer Handelsklasse von verschiedenen Erzeugern). Bei der Einzellagerung bleibt der Einlagerer Eigentümer, bei der Sammellagerung werden die Einlagerer Miteigentümer. Sollen die eingelagerten Güter in das Eigentum des Lagerhalters übergehen, handelt es sich um ein Darlehen (§ 419 Abs. 3 HGB). 10
Der Lagerhalter hat einen Anspruch auf Aufwendungsersatz und auf das Lagergeld (§ 420 HGB). Zur Sicherung seiner Ansprüche kann er ein gesetzliches Pfandrecht am Lagergut in Anspruch nehmen(§ 421 HGB). Der Lagerhalter kann einen Lagerschein ausstellen, durch den er sich verpflichtet, das Lagergut gegen Rückgabe des Scheins auszuhändigen. Der Lagerschein kann Rekta-, Inhaber- oder Orderpapier sein (vgl. Kapitel Wertpapierrecht). Orderlagerscheine dürfen nur unter der Maßgabe einer gesetzlichen Ermächtigung ausgestellt werden (§ 363 Abs. 2 HGB – Orderlagerscheinverordnung vom 16.12. 1931). Durch die Übertragung des Orderlagerscheins kann das Eigentum an der eingelagerten Ware übertragen werden (§ 424 HGB).

Dienstvertrag, Auftrag, Geschäftsführung ohne Auftrag

• Dienstvertrag

Der Dienstvertrag ist ein gegenseitiger schuldrechtlicher Vertrag, durch den sich jemand zur Leistung von Diensten gegen Vergütung verpflichtet (§§ 611 ff. BGB). Aus dem Dienstvertragsrecht des BGB ist das Arbeitsrecht hervorgegangen, das sich zwischenzeitlich zu einem eigenen Rechtsgebiet entwickelt hat.
Wird nach dem Dienstvertrag eine selbständige Tätigkeit wirtschaftlicher Art geschuldet (Beispiel: Beauftragung eines Rechtsanwaltes), liegt eine entgeltliche Geschäftsbesorgung vor. Auf diese finden weitgehend die Vorschriften des Auftragsrechts Anwendung (§ 675 BGB).

10

• Auftrag

Der Auftrag ist ein Vertrag, durch den sich der Beauftragte verpflichtet, ein ihm vom Auftraggeber übertragenes Geschäft für diesen unentgeltlich zu besorgen (§ 662 BGB). Vom Dienst- und Werkvertrag unterscheidet sich der Auftrag durch seine Unentgeltlichkeit und ist daher bei Kaufleuten nur selten anzutreffen (vgl. aber § 396 HGB). Der Beauftragte hat den Auftrag im Zweifel persönlich auszuführen (§ 664 BGB), ist an Weisungen des Auftraggebers gebunden, muß über den Stand und die Ausführung des Geschäfts Auskunft erteilen und alles herausgeben, was er aus der Geschäftsführung erlangt (§§ 666 f. BGB).

Der Auftraggeber ist zur Leistung eines Vorschusses sowie zum Ersatz der Aufwendungen verpflichtet, die der Beauftragte für erforderlich halten durfte (§§ 669 f. BGB).

Der Auftrag endet durch Zeitablauf oder Zweckerreichung. Er kann vom Auftraggeber jederzeit widerrufen, vom Beauftragten jederzeit gekündigt werden (§ 671 BGB).

• Geschäftsführung ohne Auftrag

Eine Geschäftsführung ohne Auftrag liegt vor, wenn jemand ein Geschäft für einen anderen besorgt, ohne von ihm beauftragt oder ihm gegenüber sonst dazu berechtigt zu sein (§ 677 BGB). Beispiel: Zahlung der Rechnung für einen Anderen; Löschen des Brandes in einer fremden Wohnung; Hilfeleistung für ein bewußtloses Unfallopfer; Kauf eines Barockschrankes für einen Antiquar in der Annahme, daß dieser die Kaufgelegenheit ausgenutzt hätte.

Der Geschäftsführer muß objektiv und subjektiv im Interesse eines Anderen handeln.

- Entspricht die Geschäftsführung dem Interesse und dem wirklichen oder mutmaßlichen Willen des Geschäftsherrn, kann der Geschäftsführer wie ein Beauftragter Ersatz seiner Aufwendungen verlangen (§ 683 BGB). Entsprechendes gilt, wenn der Geschäftsherr die Geschäftsführung genehmigt (§ 684 S. 2 BGB).
- Widerspricht die Geschäftsführung dem Interesse oder dem Willen des Geschäftsherrn, kann der Geschäftsführer nur die Herausgabe etwaiger Vorteile verlangen, die der Geschäftsherr erlangt hat (§ 684 S. 1 BGB).
- War für den Geschäftsführer erkennbar, daß seine Art der Geschäftsführung nicht dem Willen des Geschäftsherrn entsprach, ist er unter bestimmten Umständen zum Schadensersatz verpflichtet (§ 678 BGB).

Darlehen

Wer Geld oder andere vertretbare Sachen als Darlehen empfangen hat (Darlehensnehmer), ist verpflichtet, dem Darlehensgeber das Empfangene in gleicher Art, Güte und Menge zurückzuerstatten (§ 607 BGB). Regelmäßig werden Darlehen nur gegen Entgelt (Zinsen) gewährt. Häufig wird ein Abschlag von der Darlehenssumme gemacht (Disagio), so daß die Effektivverzinsung über dem vereinbarten Nominalzinssatz liegt.

Ist die Rückerstattung des Darlehens vertraglich nicht geregelt, wird es mit der Kündigung durch den Darlehensgeber oder Darlehensnehmer fällig. Die gesetzliche Kündigungsfrist bei fest verzinslichen Darlehen beträgt für den Darlehensnehmer je nach Ausgestaltung 1 bis 6 Monate. Darlehen mit veränderlichem Zinssatz können jederzeit unter Einhaltung einer Kündigungsfrist von 3 Monaten gekündigt werden. Hiervon abweichende Vereinbarungen sind grundsätzlich unwirksam (§ 609 a BGB).

Der Kreditsicherung kommt bei Darlehen besondere Bedeutung zu. Beispielhaft zu nennen wären Wechsel, Forderungsabtretung, Bürgschaft, Sicherungsübereignung von Waren, Hypothekenbestellung.

Bürgschaft, Garantie

Die Bürgschaft ist ein einseitig verpflichtender Vertrag, durch den sich der Bürge gegenüber dem Gläubiger verpflichtet, für die Erfüllung der Verbindlichkeit eines Dritten einzustehen (§ 765 BGB). Die Bürgschaftserklärung bedarf grundsätzlich der Schriftform (§ 766 BGB), sofern es sich nicht um das Handelsgeschäft eines Vollkaufmanns (s. Kapitel Der Kaufmann und sein Handelsgewerbe) handelt (§ 350 HGB). Die Verpflichtung des Bürgen ist vom Bestand der Hauptschuld abhängig (sog. Akzessiorität, § 767 BGB). Der Bürge kann alle dem Hauptschuldner zustehenden Einreden (z. B. Verjährung) geltend machen, auch wenn der Schuldner auf diese verzichtet haben sollte (§ 768 BGB). Er kann ferner die Leistung verweigern, solange der Schuldner anfechten oder der Gläubiger sich durch Aufrechnung gegenüber dem Schuldner befriedigen kann (§ 770 BGB). Er kann weiterhin die Befriedigung des Gläubigers verweigern, solange dieser nicht eine Zwangsvollstreckung gegen den Hauptschuldner ohne Erfolg versucht hat (Einrede der Vorausklage, § 771 BGB). Auf die Einrede der Vorausklage kann sich der Vollkaufmann nicht berufen (§ 349 HGB). Sie ist auch ausgeschlossen, wenn der Bürge auf sie verzichtet hat (selbstschuldnerische Bürgschaft) sowie in Fällen, in denen die Zwangsvollstreckung gegen den Schuldner wesentlich erschwert wird (§ 773 BGB).

Hat der Bürge den Gläubiger befriedigt, geht dessen Forderung gegen den Schuldner einschließ-

lich bestellter Sicherheiten auf ihn über (§§ 774, 412, 401 BGB).
Während bei der Bürgschaft die Verpflichtung des Bürgen vom Bestand der Hauptschuld abhängt, wird beim Garantievertrag eine selbständige Haftung des „Garantiegebers" für den Erfolg oder das Risiko eines anderen Geschäfts übernommen. In diesem Falle ist es oftmals eine Frage der Auslegung, ob in der Garantieerklärung tatsächlich ein Garantieversprechen, eine Bürgschaftserklärung oder ein Schuldbeitritt zu erblicken ist.

Schuldversprechen, Schuldanerkenntnis
Das Schuldversprechen ist ein Vertrag, durch den eine Leistung in der Weise versprochen wird, daß das Versprechen die Verpflichtung selbständig begründen soll, § 780 BGB (Beispiel: „Ich verspreche, zu zahlen"). Das Schuldanerkenntnis ist ein Vertrag, durch den das Bestehen eines Schuldverhältnisses anerkannt wird, § 781 BGB (Beispiel: „Ich erkenne an, zu schulden").
In beiden Fällen wird eine vom bereits vorhandenen Schuldverhältnis losgelöste, abstrakte Verpflichtung begründet. Einwendungen und Einreden aus dem Schuldverhältnis können hiergegen nicht mehr erhoben werden. Schuldversprechen und Schuldanerkenntnis bedürfen der Schriftform, soweit nicht für das Schuldverhältnis eine strengere Form vorgeschrieben ist.
Soll ein Schuldversprechen und Schuldanerkenntnis nur dazu dienen, ein vorhandenes Schuldverhältnis zu bestätigen, haben sie lediglich deklatorischen Charakter. Sie bewirken eine Beweiserleichterung für den Gläubiger und schneiden dem Schuldner alle Einwendungen und Einreden aus dem Grundgeschäft ab, die dieser bei Abgabe kannte oder mit denen er rechnen mußte.

Miete
Der Mietvertrag ist ein gegenseitiger schuldrechtlicher Vertrag, durch den sich der Vermieter gegenüber dem Mieter zur Gewährung des Gebrauchs der vermieteten Sache, der Mieter zur Zahlung des vereinbarten Mietzinses an den Vermieter verpflichtet (§ 535 BGB). Gegenstand des Mietvertrages kann eine bewegliche Sache oder eine unbewegliche Sache (Wohn- oder Gewerberaum, Grundstück) sein. Der Abschluß eines Mietvertrages ist grundsätzlich formfrei möglich. Für Mietverträge über Grundstücke und Räume mit einer Laufzeit von mehr als einem Jahr ist die Schriftform erforderlich, anderenfalls gilt der Vertrag auf unbestimmte Zeit geschlossen (§§ 566, 580 BGB). Veräußert der Vermieter eines Grundstücks dieses nach Abschluß eines Mietvertrages an einen Dritten, tritt dieser anstelle des Vermieters in das bestehende Schuldverhältnis ein (§ 571 BGB, „Kauf bricht nicht Miete").

• Pflichten des Vermieters
Der Vermieter hat dem Mieter die vermietete Sache in einem zum vertragsgemäßen Gebrauch geeigneten Zustand zu überlassen und zu erhalten (§ 536 BGB). Hierzu gehört auch die Pflicht zur Durchführung von „Schönheitsreparaturen", sofern diese Verpflichtung nicht vertraglich auf den Mieter übertragen ist. Der Vermieter muß alles unterlassen, was den vertragsgemäßen Gebrauch der Mietsache beeinträchtigen könnte, und Störungen beseitigen.

• Pflichten des Mieters
Der Mieter ist zur Zahlung des vereinbarten Mietzinses verpflichtet, § 535 BGB. Ob und in welchem Umfange von ihm Nebenkosten zu zahlen sind, richtet sich nach der Parteivereinbarung. Eine Erhöhung des Mietzinses kann durch Vereinbarung oder Änderungskündigung erfolgen. Bei der Wohnraummiete ist die Änderungskündigung durch § 1 des Gesetzes zur Regelung der Miethöhe (MHG) ausgeschlossen. Danach kann der Vermieter mit Zustimmung des Mieters die Anpassung der Miete an die ortsübliche Vergleichsmiete („Mietspiegel") nur verlangen, wenn die Miete seit mindestens 1 Jahr unverändert ist. Der Mietzins kann ferner zur Umlage der Kosten für bauliche Verbesserungen oder wegen Kapital- oder Betriebskostenänderungen erhöht werden (§§ 2, 5 MHG).
Zahlt der Mieter den Mietzins nicht oder gerät er mit der Zahlung in Verzug, kann der Vermieter
- den Verspätungsschaden verlangen (§ 286 BGB) oder
- den Mietvertrag unter bestimmten Voraussetzungen fristlos kündigen (§ 554 BGB).

Kommt der Mieter mit der Durchführung von Schönheitsreparaturen in Verzug, kann der Vermieter die Arbeiten selbst durchführen und Aufwendungsersatz verlangen (§ 538 Abs. 2 BGB analog).
Der Mieter hat die Pflicht, die Mietsache pfleglich zu behandeln und auftretende Mängel umgehend dem Vermieter anzuzeigen (§ 545 BGB). Maßnahmen, die der Erhaltung, Verbesserung und Modernisierung der Mietsache dienen, hat der Mieter zu dulden (§ 541 a, b BGB).
Nutzt der Mieter die Mietsache trotz Abmahnung in vertragswidriger Weise, kann der Vermieter auf Unterlassung klagen und gegebenenfalls das Mietverhältnis fristlos kündigen (§§ 550, 553 BGB).

Untervermietung ist nur mit Zustimmung des Vermieters zulässig.
Wegen seiner Forderungen besteht zu Gunsten des Vermieters ein gesetzliches Pfandrecht an allen eingebrachten, beweglichen Sachen des Mieters (§ 559, 580 BGB).

• Sach- und Rechtsmängel
Ist die Mietsache zum Zeitpunkt der Überlassung mit einem Fehler behaftet, der ihre Tauglichkeit zu dem vertragsgemäßen Gebrauch aufhebt oder mindert oder entsteht später ein solcher Fehler, so ist der Mieter zur Minderung des Mietzinses berechtigt (§ 537 BGB). Ist der Mangel schon bei Vertragsschluß vorhanden oder entsteht er später infolge eines Umstandes, den der Vermieter zu vertreten hat, oder kommt der Vermieter mit der Mängelbeseitigung in Verzug, kann der Mieter Schadensersatz wegen Nichterfüllung verlangen (§ 538 Abs. 1 BGB). Bei Verzug des Vermieters kann der Mieter den Mangel auch selbst beseitigen und Ersatz seiner Aufwendungen verlangen (§ 538 Abs. 2 BGB). Die Gewährleistungsrechte stehen dem Mieter nicht zu, wenn er bei Vertragsschluß den Mangel kannte oder grob fahrlässig nicht kannte (§ 539 BGB).
Für Rechtsmängel gelten die Sachmängelvorschriften entsprechend (§ 541 BGB). Der Mieter kann das Mietverhältnis fristlos kündigen, wenn ihm der vertragsgemäße Gebrauch der Mietsache ganz oder teilweise nicht gewährt oder nachträglich entzogen wird und eine dem Vermieter gesetzte Abhilfefrist erfolglos verstrichen ist.

• Beendigung des Mietverhältnisses
War das Mietverhältnis nur für eine fest bestimmte Zeit abgeschlossen, so endet es mit Fristablauf (§ 564 Abs. 1 BGB). Es endet außerdem durch Abschluß eines Aufhebungsvertrages oder durch Kündigung. Bei der Kündigung ist zu unterscheiden zwischen der ordentlichen (fristgebundenen) und außerordentlichen (fristlosen) Kündigung.
Die fristlose Kündigung ist geregelt in §§ 542, 544, 554a BGB (Kündigung des Mieters) und den §§ 551, 554, 554 a BGB (Kündigung des Vermieters).
Soweit im Mietvertrag nichts anderes bestimmt ist, gelten für die ordentliche Kündigung die gesetzlichen Kündigungsfristen des § 565 BGB. Bei einem Mietverhältnis über Wohnraum muß die Kündigung spätestens am 3. Werktag eines Monats für den Abschluß des übernächsten Monats erklärt werden. Nach 5, 8 und 10-jähriger Mietzeit verlängern sich die Kündigungsfristen um je 3 Monate. Sonderregelungen bestehen für Werkmietwohnungen (§§ 565 b ff. BGB).
Die Kündigung von Wohnraum bedarf stets der Schriftform. Ausnahmen bestehen für nur zum vorübergehenden Gebrauch vermietete Räume (Beispiel: Ferienwohnungen) oder möblierte Räume in der vom Vermieter selbst bewohnten Wohnung (§ 564 a BGB).

• Kündigungsschutz
Nach § 564 b BGB ist eine ordentliche Kündigung von Wohnraummietverhältnissen nur zulässig, wenn der Vermieter ein berechtigtes Interesse an deren Beendigung hat. Als berechtigtes Interesse kommen insbesondere in Betracht:
- schuldhafte, nicht unerhebliche Vertragsverletzung durch den Mieter;
- Eigenbedarf des Vermieters für sich und die zu seinem Hausstand gehörenden Personen und Familienangehörigen;
- wirtschaftliche Nachteile des Vermieters.

In dem Kündigungsschreiben sollen die Gründe der Kündigung angegeben und der Mieter auf sein Widerspruchsrecht nach § 556a BGB hingewiesen werden. Der Kündigungsschutz des § 554b BGB besteht nicht für solche Wohnräume, die zu nur vorübergehendem Gebrauch vermietet sind, und möblierte Räume in der vom Vermieter selbst bewohnten Wohnung; in bestimmten Fällen verlängert sich allerdings die gesetzliche Kündigungsfrist (§ 564b Abs. 4 – 7 BGB).
Einer Kündigung von Wohnraum kann der Mieter nach der sog. „Sozialklausel" des § 556a BGB widersprechen, wenn die Beendigung des Mietverhältnisses für ihn oder seine Familie eine Härte bedeuten würde, die auch unter Würdigung der berechtigten Interessen des Vermieters nicht zu rechtfertigen ist. Eine Härte liegt insbesondere dann vor, wenn Ersatzwohnraum zu angemessenen Bedingungen nicht beschafft werden kann. Der Mieter kann dann Fortsetzung des Mietverhältnisses verlangen. Kommt eine Einigung nicht zustande, wird über die Fortsetzung und über die Dauer und die Bedingungen durch Urteil entschieden. Die Sozialklausel gilt auch dann, wenn das Mietverhältnis für bestimmte Zeit geschlossen ist (§ 556b BGB). Ist die nach Ablauf der Mietzeit einvernehmlich oder durch Urteil festgesetzte weitere Mietzeit abgelaufen, kann eine nochmalige Fortsetzung nur bei einer wesentlichen Änderung der Verhältnisse verlangt werden (§ 556 c BGB).
Der Kündigungsschutz des § 556a BGB steht dem Mieter nicht zu, wenn er selbst gekündigt oder Grund zur fristlosen Kündigung gegeben hat.

Pacht, Leihe

• Pacht
Der Pachtvertrag ist ein gegenseitiger schuldrechtlicher Vertrag, durch den sich der Verpächter gegen Zahlung des vereinbarten Pachtzinses verpflichtet, dem Pächter den Gebrauch des verpachteten Gegenstandes und den Genuß der nach den Regeln einer ordnungsgemäßen Wirtschaft gezogenen Früchte zu überlassen (§ 581 Abs. 1 BGB). Im Gegensatz zur Miete bezieht sich die Pacht nicht nur auf Sachen, sondern auch auf Rechte (z. B. Patente) und gewährt ein Nutzungsrecht (Beispiel: Ernte bei einer Landpacht). Im übrigen finden die Vorschriften über die Miete weitestgehend entsprechende Anwendung (§ 581 Abs. 2 BGB).

• Leihe
Durch den Leihvertrag verpflichtet sich der Verleiher, dem Entleiher den Gebrauch der Sache unentgeltlich zu gestatten (§ 598 BGB). Von der Miete unterscheidet sich die Leihe dadurch, daß sie unentgeltlich ist. Entgegen dem allgemeinen Sprachgebrauch handelt es sich daher bei der Überlassung eines „Leihwagens" rechtlich um einen Mietvertrag.

Leasing, Factoring, Franchising

• Leasing
Der Leasing-Vertrag ist gesetzlich nicht geregelt und hat sich in Deutschland nach amerikanischem Vorbild entwickelt. Durch den Leasing-Vertrag verpflichtet sich der Leasing-Geber gegenüber dem Leasing-Nehmer, eine Sache auf Zeit gegen Entgelt zum Gebrauch zu überlassen. Je nach Inhalt des Leasing-Vertrages unterscheidet man das
- Finanzierungs-Leasing: Hier wählt der Leasing-Nehmer das Leasing-Gut beim Hersteller aus, welches sodann vom Leasing-Geber durch Kauf erworben und dem Leasing-Nehmer gegen Entgelt überlassen wird.
- Operating-Leasing: Hier verpflichtet sich der Leasing-Geber neben der Gebrauchsüberlassung auch zur Überwachung und Betreuung der geleasten Sache.

Da beim Leasing-Vertrag die Gebrauchsüberlassung gegen Entgelt im Vordergrund entsteht, ist grundsätzlich Mietrecht anwendbar. Es gelten jedoch folgende Besonderheiten:
- Während der vereinbarten Grundmietzeit – die in der Regel kürzer als die Nutzungsdauer der Sache ist – ist das Recht des Leasing-Nehmers zur ordentlichen Kündigung des Leasingvertrages ausgeschlossen. Häufig wird dem Leasing-Nehmer das Recht eingeräumt, die geleaste Sache nach Ablauf der Grundmietzeit zu einem Restwert zu erwerben (Mietkauf).
- Entgegen der Regelung in § 536 BGB trägt der Leasing-Nehmer sowohl die Kosten der Instandhaltung als auch das Risiko des zufälligen Untergangs oder der Verschlechterung der geleasten Sache.
- Ein Ausschluß der Sachmängelgewährleistung nach §§ 537 ff. BGB ist gegenüber dem Leasing-Nehmer zulässig, sofern die Gewährleistungsansprüche des Leasing-Gebers aus dem Kaufvertrag mit dem Hersteller an den Leasing-Nehmer abgetreten werden.

Im Falle eines Zahlungsverzuges des Leasing-Nehmers kann der Leasing-Geber entweder nach § 286 BGB den Verspätungsschaden verlangen oder unter den Voraussetzungen des § 554 BGB den Leasing-Vertrag fristlos kündigen und den Kündigungsschaden in Höhe der durch die Leasing-Raten nach Verwertung des Leasing-Gutes nicht gedeckten Gesamtkosten verlangen.
Der Vorteil des Leasing-Vertrages liegt für den Leasing-Nehmer vor allem darin, daß er für die geleaste Sache nicht die vollen Anschaffungskosten aufbringen muß und die Leasing-Raten steuerlich als Betriebskosten absetzen kann.

10

• Factoring
Bei einem Factoring-Vertrag überträgt der Unternehmer durch Abtretung Forderungen gegen seine Kunden auf den Factor (Kreditinstitut, Factoringgesellschaft). Nach Entstehung der Forderung zahlt der Factor dem Unternehmer den Gegenwert der Forderung abzüglich seiner Provision und zieht die Forderung ein.
Beim echten Factoring trägt der Factor das sog. Delcredere-Risiko, d. h. das Risiko der Uneinbringlichkeit der Forderung. Rechtlich handelt es sich um einen Forderungskauf.
Beim unechten Factoring trägt der Unternehmer das Risiko des Forderungsausfalles, d. h. der Factor kann im Falle der Uneinbringlichkeit der Forderung bei dem Unternehmer Rückgriff nehmen. Die Abtretung erfolgt in diesem Fall regelmäßig erfüllungshalber zur Kreditsicherung.

• Franchising
Bei dem in den Vereinigten Staaten entwickelten Franchising handelt es sich um einen Vertrag, in dem ein Unternehmer (Franchisegeber) einem anderen Unternehmer (Franchisenehmer) für dessen Unternehmen gegen Entgelt, ggf. unter Verwendung einer gemeinsamen Firma, bestimmte Handelsgüter, Marken, Warenzeichen, Vertriebs-

wege, Serviceleistungen usw. (Know-how) überläßt. Der Franchisevertrag ist dem Pachtvertrag ähnlich, enthält darüberhinaus aber auch Elemente des Kauf-, Werk-, Miet-, und Gesellschaftsrechts.
Der Vorteil des Franchising liegt in der Vertriebserleichterung, der einheitlichen Marketing-Konzeption und gleichmäßiger Kostenverteilung auf die Gesamtheit der angeschlossenen Mitglieder. Beispiele: Gastronomiebetriebe (Mc Donalds), Drogerien („Ihr Platz").

Vergleich
Der Vergleich ist ein gegenseitiger schuldrechtlicher Vertrag, durch den der Streit oder die Ungewißheit der Parteien über ein Rechtsverhältnis im Wege gegenseitigen Nachgebens beseitigt wird (§ 779 BGB). Er ist grundsätzlich formfrei gültig, es sei denn, er enthält selbst ein formbedürftiges Rechtsgeschäft (Grundstückskaufvertrag, § 313 BGB). Besondere Bedeutung hat der Vergleich in einem Rechtsstreit (Prozeßvergleich), da aus ihm auch vollstreckt werden kann (§ 794 Abs. 1 Nr. 1 ZPO).

Ungerechtfertigte Bereicherung (§§ 812 ff. BGB)
Über die Vorschriften der ungerechtfertigten Bereicherung sollen Vermögensverschiebungen, die zwar rechtlich wirksam vollzogen, sachlich aber nicht gerechtfertigt sind, rückgängig gemacht werden.
Beispiel: Der Händler verkauft und übereignet an einen Minderjährigen ein Fahrrad. Die Eltern lehnen jedoch eine Genehmigung des Kaufvertrages ab. – Der abgeschlossene Kaufvertrag ist gemäß § 108 BGB nichtig. Ein Anspruch auf Zahlung des Kaufpreises besteht daher nicht. Andererseits hat der Minderjährige durch das (abstrakte) Verfügungsgeschäft wirksam Eigentum erlangt, weil die Eigentumsübertragung für ihn lediglich rechtlich vorteilhaft war (§ 929 BGB). Für den Eigentumserwerb fehlt es jedoch an einem „rechtlichen Grund". Der Minderjährige ist daher ungerechtfertigt bereichert; der Verkäufer kann die Herausgabe des Fahrrades verlangen. Durch die ungerechtfertigte Bereicherung entsteht ein gesetzliches Schuldverhältnis.
Die Grundbestimmung des Bereicherungsrechts ist § 812 Abs. 1 S. 1 BGB. Danach ist derjenige, der durch die Leistung eines anderen oder in sonstiger Weise auf dessen Kosten etwas ohne rechtlichen Grund erlangt, zur Herausgabe verpflichtet. Der Bereicherte muß daher zunächst „etwas erlangt" haben. Hierfür reicht jeder Vermögensvorteil aus (Eigentum, Rechtsposition, Ersparung von Aufwendungen). Dies muß entweder durch „Leistung" eines anderen oder „in sonstiger Weise" erfolgt sein. „Leistung" ist jede bewußte und gewollte Vermögensverschiebung (dies kann auch ein Schuldanerkenntnis gemäß § 812 Abs. 2 BGB sein). Eine Bereicherung in „sonstiger Weise" ist gegeben, wenn entweder der Bereicherte selbst (z. B. der Dieb) oder ein Dritter die Vermögensverschiebung vorgenommen hat. „Auf Kosten" des Entreicherten ist die Bereicherung eingetreten, wenn ein und derselbe Vorgang auf der einen Seite einen Gewinn, auf der anderen Seite einen Verlust unmittelbar herbeigeführt hat. Ohne rechtlichen Grund ist die Bereicherung erfolgt, wenn dieser von Anfang an fehlte (Beispiel: Nichtigkeit des Vertrages) oder später weggefallen ist.
Für den Fall der Verfügung eines Nichtberechtigten sieht § 816 BGB eine Sonderregelung vor. Trifft ein Nichtberechtigter über eine Sache oder ein Recht eine Verfügung, die dem Berechtigten gegenüber wirksam ist (Beispiel: gutgläubiger Erwerb, § 932 BGB), so ist er diesem zur Herausgabe des durch die Verfügung Erlangten verpflichtet (Beispiel: des erhaltenen Kaufpreises). Erfolgt die Verfügung unentgeltlich, muß der Empfänger das Empfangene herausgeben.
Die Herausgabeverpflichtung erstreckt sich nicht nur auf das Erlangte selbst, sondern auch auf die gezogenen Nutzungen oder ersatzweise erlangten Sachen oder Rechte (§ 818 Abs. 1 BGB). Bei Unmöglichkeit der Herausgabe ist Wertersatz zu leisten (§ 818 Abs. 2 BGB). Die Herausgabeverpflichtung erlischt, wenn der Empfänger nicht mehr bereichert ist (§ 818 Abs. 3 BGB). Gemäß §§ 818 Abs. 4, 819 BGB haftet der Bereicherte verschärft, wenn er den fehlenden Rechtsgrund kennt oder der Bereicherungsanspruch rechtshängig wird.

Unerlaubte Handlungen (§§ 823 ff. BGB)
Wenn in die Rechte eines anderen widerrechtlich eingegriffen wird und dieser dadurch einen Schaden erleidet, kann er von dem Schädiger Schadensersatz verlangen (unerlaubte Handlung). Im allgemeinen ist Verschulden (Vorsatz oder Fahrlässigkeit, § 276 BGB) des Schädigers erforderlich; nur in Ausnahmefällen besteht eine verschuldensunabhängige Haftung (Gefährdungshaftung).
Durch die unerlaubte Handlung wird zwischen den Beteiligten ein gesetzliches Schuldverhältnis begründet.
Im Gesetz sind zahlreiche Einzeltatbestände der unerlaubten Handlung geregelt:
– Verletzung des Lebens, des Körpers,

- der Gesundheit, der Freiheit, des Eigentums
- oder eines sonstigen Rechts (§ 823 Abs. 1 BGB).

Als sonstige Rechte kommen nur sog. absolute Rechte, die gegenüber jedermann wirken, in Betracht (Beispiel: Namensrechte, Urheberrechte, das Recht am eingerichteten und ausgeübten Gewerbebetrieb; nicht hingegen das Vermögen oder Forderungen). Auch ein Unterlassen kann den Tatbestand der unerlaubten Handlung erfüllen, sofern eine Rechtspflicht zum Handeln besteht (Beispiel: Der Unternehmer ist verpflichtet, dafür zu sorgen, daß Wege, Treppen, Aufzüge usw. in seinem Betrieb verkehrssicher sind).

- Verstoß gegen ein Gesetz, das den Schutz des einzelnen bezweckt (§ 823 Abs. 2 BGB).

Als Schutzgesetze kommen zahlreiche Bestimmungen des Strafrechts (§§ 263, 266 StGB), des Straßenverkehrsrechts usw. in Betracht.

- Kreditgefährdung durch Behaupten oder Verbreiten wahrheitswidriger Tatsachen (§ 824 Abs. 1 BGB).

Beispiel: Unwahre Veröffentlichungen über ein vermeintlich unlauteres Geschäftsgebahren oder über die Zahlungsfähigkeit einer Firma. Die Schadensersatzpflicht entfällt, wenn der Täter oder Mitteilungsempfänger ein berechtigtes Interesse an der Behauptung hat und ihre Unwahrheit nicht kennt (§ 824 Abs. 2 BGB).

- Vorsätzlicher Verstoß gegen die guten Sitten gemäß § 826 BGB.

Diese Vorschrift schützt nicht nur bestimmte Rechtsgüter, sondern das Vermögen schlechthin. (Beispiel: bewußt wahrheitswidrige Auskünfte über einen Schuldner zur Kredittäuschung; Zahlung von Schmiergeldern an einen Angestellten zur Erreichung günstiger Vertragsbedingungen).

- Haftung für Verrichtungsgehilfen und für Kinder (§§ 831, 832 BGB).

Haben mehrere gemeinschaftlich als Mittäter eine unerlaubte Handlung begangen, ist jeder für den Schaden verantwortlich (§ 830 BGB). Sie haften als Gesamtschuldner (§ 840 BGB).

Der aufgrund einer unerlaubten Handlung zu leistende Schadensersatz erstreckt sich auch auf die Nachteile hinsichtlich des Erwerbs und des Fortkommens des Verletzten (§ 842 BGB). Wird infolge einer Körper- oder Gesundheitsverletzung die Erwerbsfähigkeit des Verletzten aufgehoben oder gemindert, ist der Schadensersatz in Form einer Rente zu leisten (§ 843 BGB). Bei Körper-, Gesundheits- oder Freiheitsverletzungen kann der Geschädigte auch Schmerzensgeld verlangen (§ 847 BGB).

Schadensersatzansprüche aus unerlaubter Handlung verjähren in 3 Jahren nach Kenntnis des Verletzten von dem Schaden und der Person des Ersatzpflichtigen ohne Rücksicht auf diese Kenntnis in 30 Jahren (§ 852 BGB).

Verschuldensunabhängige Haftung nach dem Produkthaftungsgesetz (ProdhaftG) vom 15.12.1989

Wird jemand durch den Fehler eines nach dem 01.01.1990 in Verkehr gebrachten Produkts getötet, sein Körper oder seine Gesundheit verletzt oder eine Sache beschädigt, ist der Hersteller (Importeur, ggf. Lieferant) verpflichtet, dem Geschädigten den daraus entstehenden Schaden zu ersetzen (§ 1 ProdhaftG). Weitere Tatbestände der Gefährdungshaftung sind:

- Tierhalterhaftung (§ 833 BGB);
- Haftung des Kraftfahrzeughalters (§ 7 StVG);
- Haftung des Eisenbahnunternehmers und des Inhabers einer Energieanlage (Haftpflichtgesetz).

Sachenrecht

Gegenstand des Sachenrechts sind die rechtlichen Beziehungen einer Person zu einer Sache. Das Sachenrecht regelt neben dem Besitz die unmittelbaren Rechte an einer Sache. Diese sog. „dinglichen Rechte" wirken als absolute Rechte gegenüber jedermann, im Gegensatz zu schuldrechtlichen Ansprüchen, die nur zwischen bestimmten Personen bestehen. Die wichtigsten dinglichen Rechte sind neben dem Eigentum als umfassendem Recht die sog. beschränkt dinglichen Rechte (Nießbrauch, Grundpfandrechte). Die dinglichen Rechte sind im Sachenrecht abschließend geregelt.

Besitz und Eigentum

Im Gegensatz zum allgemeinen Sprachgebrauch sind Besitz und Eigentum zu unterscheiden. Besitz ist die rein tatsächliche, Eigentum die rechtliche Herrschaft einer Person über eine Sache. Häufig vereinigen sich Besitz und Eigentum in einer Person. Andererseits besitzen der Mieter, Entleiher oder sogar der Dieb die tatsächliche Herrschaft über eine Sache, ohne Eigentümer zu sein.

Bei beweglichen Sachen besteht eine gesetzliche Vermutung, daß der Besitzer zugleich Eigentümer ist (§ 1006 BGB, Ausnahme: gestohlene, verlorene oder abhandengekommene Sachen). Zugunsten des Besitzers bestehen zahlreiche Schutzvorschriften. Gegen die Entziehung des Besitzes durch verbotene Eigenmacht darf sich der Besitzer mit Gewalt erwehren. Handelt es sich um eine

10

bewegliche Sache, darf er sie dem auf frischer Tat betroffenen oder verfolgten Täter mit Gewalt wieder abnehmen; handelt es sich um ein Grundstück, darf er sich des Besitzes durch Entsetzung des Täters wieder bemächtigen (§ 859 BGB). Bei verbotener Eigenmacht besteht ein Anspruch auf Wiedereinräumung des Besitzes (§ 861 BGB).

Wer eine Sache besitzt, ohne dem Eigentümer gegenüber hierzu berechtigt zu sein, hat diese an ihn herauszugeben (§ 985 BGB). War der Besitzer bei dem Erwerb des Besitzes hinsichtlich seines Besitzrechtes nicht im guten Glauben oder erfährt er später von dem Rechtsmangel, besteht eine verschärfte Haftung. Er hat bei Verlust, Zerstörung oder Beschädigung der Sache Schadensersatz zu leisten, die gezogenen Nutzungen herauszugeben und kann nur Ersatz der notwendigen Verwendungen verlangen (§ 990 BGB).

Demgegenüber kann der Eigentümer mit der Sache nach Belieben verfahren und andere von jeder Einwirkung ausschließen, soweit dem nicht Gesetze oder die Rechte von Dritten entgegenstehen (§ 903 BGB). Das Eigentum unterliegt der sog. Sozialbindung (Art. 14 Abs. 2 GG), d.h. sein Gebrauch soll zugleich dem Wohl der Allgemeinheit dienen. In diesem Rahmen können Inhalt und Schranken des Eigentums gesetzlich bestimmt werden (Beispiel: Vorschriften des Baurechts, Umweltrechts).

Gemäß § 1004 BGB kann der Eigentümer Unterlassung und Beseitigung von Störungen seines Eigentums sowie von jedem Besitzer Herausgabe der Sache verlangen, sofern dieser kein Recht zum Besitz hat (§ 985 BGB). Beispiel: Mieter hat Recht zum Besitz.

Das Eigentum kann auf verschiedene Art erworben werden; der häufigste Fall ist der rechtsgeschäftliche Eigentumserwerb. Hierbei ist zwischen dem Eigentumserwerb an beweglichen Sachen und an Grundstücken zu unterscheiden.

Eigentumserwerb an beweglichen Sachen

Die wichtigsten Formen des Eigentumserwerbes sind:

- Einigung zwischen Eigentümer und Erwerber über den Eigentumsübergang und Übergabe der Sache (§ 929 S. 1 BGB).
- Ist der Erwerber bereits im Besitz der Sache, genügt die Einigung über den Eigentumsübergang (§ 929 S. 2 BGB).
- Will der Eigentümer im Besitz der Sache bleiben, kann die Übergabe durch Vereinbarung eines Miet- oder Leihvertrages oder eines sonstigen Besitzmittlungsverhältnisses mit dem Erwerber ersetzt werden, durch das der Erwerber mittelbarer Besitzer wird (§ 930 BGB). Beispiel: Der bisherige Eigentümer mietet die Sache von dem Erwerber an. Hierunter fällt auch die noch gesondert abzuhandelnde Sicherungsübereignung (s. gleichnamiges Kapitel).
- Ist die Sache im Besitz eines Dritten, kann die Übergabe dadurch ersetzt werden, daß der Eigentümer dem Erwerber den Anspruch auf Herausgabe der Sache abtritt (§ 931 BGB).
- Handelsrechtliche Sonderformen der Eigentumsübertragung sind die Übergabe des Lagerscheins, Ladescheins oder Konnossements, durch die die Übergabe der Ware ersetzt werden kann (§§ 424, 450, 650 HGB).
- Ist der Veräußerer nicht Eigentümer der Sache, kann der gutgläubige Erwerber unter den Voraussetzungen nach §§ 932 ff. BGB gleichwohl das Eigentum an der Sache erwerben. Ein gutgläubiger Erwerb tritt jedoch dann nicht ein, wenn die Sache dem Eigentümer gestohlen worden, verlorengegangen oder sonst abhanden gekommen war. Dies gilt nicht für Geld- oder Inhaberpapiere sowie für Sachen, die im Wege öffentlicher Versteigerung veräußert worden sind (§ 935 BGB).

Das Eigentum kann auch erworben werden durch:

- Gesamtrechtsnachfolge im Erbfall (§ 1922 BGB).
- Verbindung, Vermischung, Verarbeitung gemäß §§ 946 ff. BGB. Beispiel: Einbau von Baumaterialien auf einem Grundstück.
- Aneignung einer herrenlosen Sache (§§ 958 ff. BGB).
- Ersitzung bei zehnjährigem gutgläubigen Eigenbesitz (§ 937 BGB).
- Zuschlag in der Zwangsversteigerung (§ 817 ZPO).

Eigentumserwerb an Grundstücken

Grundstücke werden durch Auflassung und Eintragung der Rechtsänderung in das Grundbuch erworben (§§ 873, 925 BGB). Auflassung ist die dingliche Einigung zwischen Veräußerer und Erwerber über den Eigentumsübergang, die bei gleichzeitiger Anwesenheit beider Vertragspartner vor einem Notar erklärt werden muß.

Mit Grund und Boden fest verbundene Gebäude können als wesentliche Bestandteile nicht Gegenstand besonderer Rechte sein (§ 93 BGB); sie werden daher mit dem Grundstück erworben. Auch das Grundstückszubehör geht im Zweifelsfalle mit dem Grundstück auf den Erwerber über (§ 926 BGB).

Eine Ausnahme gilt für Eigentumswohnungen. Als Gebäudeteile sind sie zwar wesentlicher Bestandteil; gleichwohl kann an ihnen nach dem

Wohnungseigentumsgesetz vom 15.03.1951 Sondereigentum erworben werden. Das Grundstück, die gemeinschaftlichen Anlagen, Treppenhaus und Dach stehen hingegen im Gemeinschaftseigentum der Wohnungseigentümer (§ 1 WohnungseigentumsG). Wie bei Grundstücken erfolgt die Übertragung von Wohnungseigentum durch Auflassung und Eintragung in das Wohnungsgrundbuch (§§ 4 – 7 WohnungseigentumsG).
Wesentliche Bedeutung für das gesamte Liegenschaftsrecht hat das Grundbuch. Das Grundbuch ist ein bei dem Amtsgericht – Grundbuchamt – geführtes öffentliches Register, das über Grundstücke und Rechte an Grundstücken Auskunft gibt. Das Verfahren vor dem Grundbuchamt richtet sich nach der Grundbuchordnung (GBO). Für jedes Grundstück wird in der Regel ein besonderes Grundbuchblatt angelegt (§ 3 GBO). Im sog. Bestandsverzeichnis wird das Grundstück nach Lage, Art und Größe katastermäßig erfaßt. Im übrigen gliedert sich das Grundbuchblatt in 3 Abteilungen (Abt.):

- Abt. I enthält den Namen des Eigentümers,
- Abt. II sämtliche dinglichen Belastungen mit Ausnahme der Grundpfandrechte (Beispiel: Grunddienstbarkeiten, Erbbaurechte) und
- Abt. III die auf dem Grundstück lastenden Hypotheken, Grund- und Rentenschulden. Die Einsicht in das Grundbuch ist jedermann gestattet, der ein berechtigtes Interesse nachweisen kann (§ 12 GBO).

Erst mit Eintragung in das Grundbuch werden Rechtsänderungen wirksam. Zugunsten des Rechtsverkehrs gilt der Inhalt des Grundbuches als richtig und vollständig (§ 891 BGB), es sei denn, daß ein Widerspruch gegen die Richtigkeit eingetragen oder dem Erwerber die Unrichtigkeit bekannt ist (§ 892 BGB).
Eintragungen in das Grundbuch werden nur auf Antrag veranlaßt. Bis auf wenige Fälle (Beispiel: Auflassung) genügt hierfür die einseitige Bewilligung des Betroffenen (§§ 13, 19 GBO).
Zur Sicherung eines schuldrechtlichen Anspruchs auf Rechtsänderung kann zur Rangwahrung eine Vormerkung (§ 883 BGB), gegen die Unrichtigkeit des Grundbuchs zur Vermeidung gutgläubigen Erwerbs ein Widerspruch (§ 899 BGB) eingetragen werden.

Pfandrechte
Das Pfandrecht ist ein dingliches Recht, kraft dessen der Gläubiger berechtigt ist, wegen seiner Ansprüche Befriedigung aus dem verpfändeten Gegenstand (Sache oder Recht) zu suchen. Die Pfandrechtsbestellung dient oftmals der Kreditsicherung. Pfandrechte können auch an Grundstücken (Grundpfandrechte) bestellt werden.

• Grundpfandrechte
Pfandrechte an Grundstücken sind die Hypothek, Grund- und Rentenschuld.
Die Hypothek belastet ein Grundstück in der Weise, daß an den Hypothekengläubiger eine bestimmte Geldsumme zur Befriedigung einer ihm zustehenden Forderung aus dem Grundstück zu zahlen ist (§ 1113 BGB). Die Hypothek entsteht durch Einigung und Eintragung in das Grundbuch (§ 873 BGB). Der Gläubiger kann sich aus dem Grundstück nur insoweit befriedigen, als die hypothekarisch gesicherte Forderung tatsächlich besteht. Gläubiger der Hypothek und Gläubiger der Forderung müssen stets identisch sein, nicht jedoch Hypothekenschuldner (Grundstückseigentümer) und Schuldner der Forderung (Beispiel: Der Vater bestellt zur Sicherheit des von seinem Sohn aufgenommenen Bankkredits eine Hypothek an seinem Grundstück). Da die Hypothek von der Forderung abhängig ist („Akzessorietät"), können beide nur gemeinsam übertragen werden (§ 1153 BGB).
Unterschieden werden Buch- und Briefhypothek (§ 1116 BGB). Die wesentlichen Unterschiede liegen in der Übertragung des Rechts. Die im Grunbuch eingetragene Buchhypothek kann nur durch Einigung und Grundbucheintragung übertragen werden, die Briefhypothek durch schriftliche Abtretungserklärung und Übergabe des Hypothekenbriefes (§ 1154 BGB). Derjenige, der sich auf eine ununterbrochene Kette von öffentlich beglaubigten Abtretungserklärungen berufen kann, kann auch eine von einem nicht berechtigten Zedenten stammende Briefhypothek gutgläubig erwerben (§§ 1155, 1138 BGB).
Wird die der Hypothek zugrundeliegende Forderung getilgt, wandelt sich die Hypothek unter Wahrung der eingetragenen Rangstelle in eine Eigentümergrundschuld um (§§ 1163, 1177 BGB). Dies ist u. a. wesentlich in Fällen der Zwangsversteigerung des Grundstücks, da die Grundpfandrechte entsprechend ihrer Rangfolge bedient werden. Aus diesem Grund hat daher eine erstrangige Hypothek einen wesentlich höheren Sicherungswert als nachrangige Grundpfandrechte. Zugunsten der nachrangigen Hypothekengläubiger wird jedoch oftmals eine Löschungsvormerkung eingetragen, nach der ihr Recht im Rang vorrückt, wenn das vorgehende Recht befriedigt wird (§ 1179 BGB).
Im übrigen unterscheidet man in Verkehrs- und Sicherungshypothek. Bei der Verkehrshypothek wird vermutet, daß dem Hypothekengläubiger ei-

ne Forderung in der im Grundbuch genannten Höhe zusteht. Bei der Sicherungshypothek – die nur Buchhypothek sein kann – muß der Gläubiger Bestand und Höhe der Forderung beweisen können (§ 1184 BGB). Ein gutgläubiger Erwerb der Sicherungshypothek ist ausgeschlossen.

Die Grundschuld belastet ein Grundstück in der Weise, daß aus dem Grundstückswert eine bestimmte Geldsumme an den Grundschuldgläubiger zu zahlen ist. Im Gegensatz zur Hypothek ist sie nicht vom Bestand einer Hauptforderung abhängig (§ 1191 BGB). Entsteht die Forderung nicht oder erlischt sie später, verwandelt sich die Grundschuld nicht in eine Eigentümergrundschuld, sondern bleibt eine Fremdgrundschuld. Da die Grundschuld unabhängig vom Bestand einer Forderung ist, erleichtert sie die Rechtsverfolgung. Die Vorschriften über die Hypothek finden entsprechende Anwendung (§ 1192 BGB).

Die Rentenschuld ist eine Grundschuld, bei der an regelmäßig wiederkehrenden Terminen eine bestimmte Geldsumme aus dem Grundstück zu entrichten ist (§§ 1199 ff. BGB).

• Pfandrechte an beweglichen Sachen und Rechten

Zu unterscheiden sind:
- rechtsgeschäftliche Pfandrechte (§§ 1204 ff. BGB),
- gesetzliche Pfandrechte, z. B. Vermieterpfandrecht (§ 559 BGB), Werkunternehmerpfandrecht (§ 647 BGB), Pfandrecht des Kommissionärs, Spediteurs, Lagerhalters und Frachtführers (§§ 397, 410, 421, 440 HGB),
- Pfändungspfandrechte, die bei der Zwangsvollstreckung entstehen.

Zur Bestellung eines vertraglichen Pfandrechtes an einer beweglichen Sache, ist die Einigung zwischen dem Eigentümer und dem Pfandgläubiger sowie Übergabe der Sache erforderlich (§ 1205 Abs. 1 BGB). Ist ein Dritter im Besitz der Sache, genügt neben der Einigung die Abtretung des Herausgabeanspruchs und die Anzeige der Verpfändung an den Besitzer (§ 1205 Abs. 2 BGB).

Dagegen scheidet eine Verpfändung aus, wenn der Eigentümer im Besitz der Sache bleibt.

Wird die Forderung fällig (Pfandreife), ist der Gläubiger berechtigt, zum Zwecke der Befriedigung seiner Ansprüche das Pfand nach vorheriger Androhung im Wege der Versteigerung zu verkaufen (§§ 1228, 1233 BGB). Soweit der Erlös dem Gläubiger gebührt, erlischt die Forderung; im übrigen tritt der Erlös an die Stelle des Pfandes und steht dem Eigentümer zu (§ 1247 BGB).

Rechtsgeschäftliche Pfandrechte können auch an allen übertragbaren Rechten bestellt werden (Beispiel: Forderungen, Wertpapiere). Die Verpfändung einer Forderung ist dem Schuldner anzuzeigen (§ 1280 BGB). Die Bestimmungen über die rechtsgeschäftlichen Pfandrechte finden auf die gesetzlichen Pfandrechte entsprechende Anwendung (§ 1257 BGB).

• Sicherungsübereignung

Eine Verpfändung der Gegenstände der Betriebs- und Geschäftsausstattung (Maschinen, Fahrzeuge und Warenlager) zur Kreditsicherung wäre unpraktikabel, weil die Verpfändung die Übergabe des Besitzes voraussetzt (§ 1205 BGB), so daß der Kaufmann die Gegenstände nicht weiter nutzen könnte. Aus diesem Grunde hat sich im Geschäftsleben die sog. Sicherungsübereignung herausgebildet. Bei dieser einigen sich der Schuldner (Sicherungsgeber) und der Gläubiger (Sicherungsnehmer) über den Eigentumsübergang des Sicherungsgutes und vereinbaren zugleich, daß der Sicherungsgeber weiterhin zum Besitz der Gegenstände als Entleiher berechtigt sein soll (§ 930 BGB). Kommt der Sicherungsgeber seinen Verpflichtungen gegenüber dem Sicherungsnehmer nicht nach, kann dieser die Herausgabe des Sicherungsgutes verlangen und die Gegenstände zur Rückführung seiner Forderung verwerten. Andererseits ist er nach Tilgung der Verbindlichkeiten verpflichtet, das Eigentum an den Sicherungsgeber zurückzuübereignen.

Notwendig ist stets die konkrete Bezeichnung der sicherungsübereigneten Gegenstände, ggf. deren räumliche Absonderung (z. B. in einem Warenlager).

Werden die sicherungsübereigneten Gegenstände von einem Dritten im Wege der Zwangsvollstreckung gepfändet, kann der Sicherungsnehmer Drittwiderspruchsklage erheben und die Zwangsvollstreckung für unzulässig erklären lassen (§ 771 ZPO). Im Konkurs der Sicherungsgebers kann er abgesonderte Befriedigung verlangen (§ 48 KO).

Beispiel für eine Sicherungsübereignung:

„Zur Sicherung aller Ansprüche, insbesondere aus der gesamten Geschäftsverbindung, übereignet die Firma M der B-Bank die in ihrem Besitz befindlichen, in dem als Vertragsbestandteil beigefügten Verzeichnis aufgeführten Sachen.

Der Sicherungsgeber versichert, daß er Eigentümer der Sachen und zur freien Verfügung über sie berechtigt ist, insbesondere, daß die Sachen nicht dem Eigentumsvorbehalt eines Dritten unterliegen und weder gepfändet, verpfändet noch anderweitig zur Sicherheit übereignet sind. Es ist ihm bekannt, daß er zur Abgabe dieser Erklärung nicht berechtigt ist, wenn die Sachen ihm unter Eigentumsvorbehalt ge-

liefert und bei Abgabe der Erklärung von ihm noch nicht endgültig bezahlt sind.
Die Sachen dienen zur Sicherheit für alle bestehenden und künftigen, auch bedingten oder befristeten Forderungen der B-Bank gegen die Firma M aus der Geschäftsverbindung sowie aus Wechseln, die von Dritten hereingegeben werden, Bürgschaften, Abtretungen oder gesetzlichem Forderungsübergang.
Die Vertragsparteien einigen sich dahin, daß das Eigentum an den Sachen mit Abschluß des Vertrages auf die B-Bank übergeht. Die Übergabe wird dadurch ersetzt, daß die B-Bank dem Sicherungsgeber die übereigneten Sachen leihweise beläßt und ihm die Weiterbenutzung gestattet. Die B-Bank kann das Besitzrecht widerrufen, wenn sie dies für erforderlich halten darf. Der Sicherungsgeber verpflichtet sich, die Sachen ordnungsgemäß zu verwahren, auf seine Kosten instandzusetzen und pfleglich zu behandeln.
Die B-Bank ist berechtigt, bei Vorliegen eines wichtigen Grundes, insbesondere wenn der Kreditnehmer seinen Verpflichtungen aus diesem Vertrag oder aus der Geschäftsverbindung mit der B-Bank nicht nachkommt, ihre Rechte geltend zu machen. Die B-Bank kann unter den genannten Voraussetzungen die Herausgabe der Sachen vom Sicherungsgeber verlangen.
Sobald die B-Bank wegen ihrer sämtlichen Ansprüche gegen den Kreditnehmer befriedigt ist, ist sie verpflichtet, das Sicherungsgut freizugeben.

Köln, den....“

Die Sicherungsübereignung ist ein typisches Sicherungsmittel der Banken. Lieferanten sind in der Regel durch Vereinbarung eines Eigentumsvorbehaltes abgesichert (§ 455 BGB). Übereignet ein Schuldner einen, ihm unter Eigentumsvorbehalt gelieferten Gegenstand zur Sicherheit an eine Bank, erwirbt diese kein Eigentum, und zwar auch nicht gutgläubig, solange sie nicht den unmittelbaren Besitz an dem Gegenstand erlangt hat (§ 933 BGB).
Führt sie zu einer Knebelung des Schuldners, kann eine Sicherungsübereignung als Verstoß gegen die guten Sitten nichtig sein (§ 138 BGB).

• Sicherungsabtretung

Auch Forderungen werden häufig zur Sicherung an Gläubiger abgetreten (§ 398 BGB). In der Praxis üblich ist Abtretung von Außenständen (sog. Globalabtretung oder -zession).

Beispiel:

„Zur Sicherung aller Ansprüche aus der gesamten Geschäftsverbindung tritt die Firma M. – nachstehend der Zedent genannt – der B-Bank, die ihr aus Warenlieferungen und Leistungen sowie aus Verkäufen gegen alle Kunden bzw. Schuldner mit den Anfangsbuchstaben „A-Z“ gegenwärtig und zukünftig zustehenden Forderungen ab.
Die Abtretung bezieht sich auf die Forderungen, die in dem Geschäftsbetrieb der Firma M. entstanden sind oder künftig entstehen. Mit den Forderungen werden alle Nebenansprüche abgetreten. Die Abtretung umfaßt auch etwaige Gewährleistungsansprüche des Zedenten gegenüber seinen Lieferanten.
Der Gesamtbetrag der abgetretenen Forderungen soll um 20 v. H. über dem Umfang der gesicherten Forderungen liegen.
Der Zedent verpflichtet sich, der B-Bank jeweils zum Quartalsende laufende Bestandsverzeichnisse der oben bezeichneten Forderungen zu übersenden, erstmals mit Abschluß dieses Vertrages.
Der Zedent versichert für alle in die Bestandsverzeichnisse aufgenommenen Forderungen, daß sie zu Recht bestehen und weder gepfändet, verpfändet noch anderweitig abgetreten sind (mit Ausnahme von Abtretungen aufgrund des verlängerten Eigentumsvorbehalts von Lieferanten). 10
Die Forderungen dienen zur Sicherheit für alle bestehenden und künftigen, auch bedingten oder befristeten Forderungen der B-Bank gegen die Firma M. aus ihrer Geschäftsverbindung sowie aus Wechseln, die von Dritten hereingegeben werden, Bürgschaften, Abtretungen oder gesetzlichem Forderungsübergang.
Die gegenwärtigen Forderungen gehen mit Abschluß dieses Vertrages, die künftigen mit ihrer Entstehung auf die B-Bank über. Neben den Forderungen werden alle für sie haftenden Sicherheiten sowie die Rechte aus den zugrundeliegenden Rechtsgeschäften, soweit sich dies nicht bereits aus dem Gesetz ergibt (§ 401 BGB), auf die B-Bank übertragen.
Der Zedent übergibt der B-Bank gleichzeitig Abtretungsanzeigen an die Drittschuldner. Die B-Bank wird sie den Drittschuldnern vorläufig nicht vorlegen, ist jedoch nach ihrem billigen Ermessen jederzeit dazu berechtigt. Auch kann sie die Forderungen bei Fälligkeit unmittelbar einziehen, wenn sie dies für erforderlich halten darf.
Die B-Bank ist berechtigt, bei Vorliegen eines wichtigen Grundes, insbesondere wenn der Kreditnehmer den Verpflichtungen aus diesem Vertrag oder aus der Geschäftsverbindung mit der B-Bank nicht nachkommt, über die abgetretenen Forderungen und über die Sicherungsrechte auch in anderer Weise als durch Einziehung bzw. Veräußerung nach ihrem billigen Ermessen zu verfügen.
Sobald die B-Bank wegen ihrer sämtlichen Ansprüche gegen den Kreditnehmer befriedigt ist, ist sie verpflichtet, ihre Rechte aus der Forderungsabtretung freizugeben. Sie ist schon vorher auf Verlangen zur Teilfreigabe verpflichtet, sobald und soweit sie diese Rechte nach den Grundsätzen ordnungsgemäßer

Kreditsicherung zur Sicherung ihrer Ansprüche nicht mehr benötigt.

Köln, den .....“

Erbrecht

An dieser Stelle wird nicht auf das Familienrecht eingegangen, weil es in der täglichen Arbeit des Kaufmanns kaum eine Rolle spielt. Von Bedeutung ist hingegen das Erbrecht.
Mit dem Tode endet die Rechtsfähigkeit eines Menschen. Die Vorschriften des Erbrechts regeln den Übergang von Vermögensrechten und Pflichten auf seine Erben.
Das Vermögen geht als Ganzes auf die Erben über (§ 1922, sog. Gesamtrechtsnachfolge). Der Erblasser kann durch Verfügung von Todes wegen (Testament, Erbvertrag) bestimmen, wer sein Erbe
10 sein soll (sog. gewillkürte Erbfolge). Fehlt eine letztwillige Verfügung, tritt die gesetzliche Erbfolge ein.

Gesetzliche Erbfolge

Gesetzliche Erben können nur die Verwandten, der Ehegatte oder – wenn ein gesetzlicher Erbe nicht vorhanden ist – der Staat (§ 1936 BGB) sein. Die gesetzliche Erbfolge der Verwandten richtet sich nach dem sog. Parentelsystem, d. h. sie werden ihrer Abstammung nach in Ordnungen eingeteilt.
- Erben 1. Ordnung sind gemäß § 1924 BGB die Abkömmlinge des Erblassers (Kinder, Enkelkinder usw.).
- Erben 2. Ordnung sind die Eltern des Erblassers und deren Abkömmlinge, § 1925 BGB.
- Erben 3. Ordnung sind die Großeltern des Erblassers und deren Abkömmlinge, § 1926 BGB.

Solange auch nur ein Mitglied der vorherigen Ordnung vorhanden ist, schließt dieses die Verwandten der nächsten Ordnung aus (§ 1930 BGB). Der überlebende Ehegatte des Erblassers erbt neben den Verwandten der 1. Ordnung ein Viertel neben Verwandten der 2. und 3. Ordnung die Hälfte. Sind weder Verwandte der 1. und 2. Ordnung noch Großeltern vorhanden, wird der Ehegatte Alleinerbe. Lebten der überlebende Ehegatte und der Erblasser im gesetzlichen Güterstand der Zugewinngemeinschaft, erhöht sich der gesetzliche Erbteil des Ehegatten um 1/4 auf 1/2. Diese Regelung kann für den Ehegatten dann nachteilig sein, wenn der Zugewinn nahezu den gesamten Nachlaß ausmacht.
Nichteheliche Kinder galten bis 1970 nur mit der Mutter verwandt. Durch das Gesetz über die Rechtsstellung nichtehelicher Kinder vom 01.07.1970 wurden diese beim Tode des Vaters und dessen Verwandten wirtschaftlich den ehelichen Kindern gleichgestellt. Allerdings werden sie nicht Erbe, sondern erhalten einen gegen die Erben gerichteten Erbersatzanspruch in Höhe des Erbteils (§ 1934 a BGB). Zwischen dem 21. und 27. Lebensjahr kann das nichteheliche Kind einen vorzeitigen Erbausgleich in Geld verlangen (§ 1934 d BGB).

Gewillkürte Erbfolge

• Testament
Bei der gewillkürten Erbfolge ist das Testament der Regelfall der letztwilligen Verfügung. Das Testament kann entweder als öffentliches Testament vor einem Notar (§§ 2232 ff. BGB) oder als Nottestament vor dem Bürgermeister und zwei Zeugen, ggf. auch vor 3 Zeugen errichtet werden (§§ 2249 ff. BGB). Voll geschäftsfähige voll-

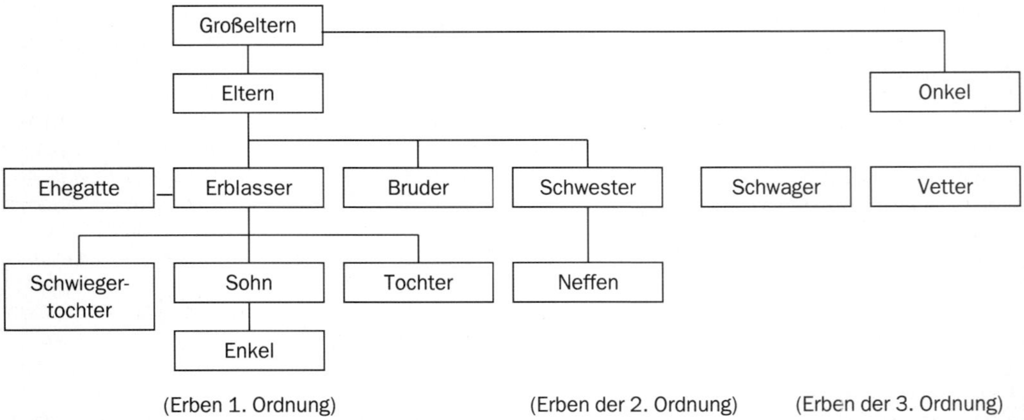

Abb. 10.8: Übersicht über die gesetzliche Erbfolge

jährige Personen können ein eigenhändiges Testament (§ 2247 BGB), Minderjährige ab dem 16. Lebensjahr ein öffentliches Testament errichten. Die Regel ist das eigenhändige Testament. Es muß eigenhändig geschrieben und unterschrieben sein; eine Stellvertretung scheidet aus. Es soll Orts- und Datumsangabe, die Unterschrift sowie Vor- und Familiennamen enthalten. Das Testament kann jederzeit widerrufen werden; liegen mehrere Testamente vor, gilt das letzte.
Ehegatten können ein gemeinschaftliches Testament errichten (§§ 2265 ff. BGB). Bei einem privatschriftlichen Testament reicht es aus, wenn es von dem einen Ehegatten eigenhändig verfaßt und von dem anderen mitunterschrieben wird. Ein einseitiger Widerruf ist nur unter erschwerten Voraussetzungen möglich. Eine häufig verwandte Form ist das sog. „Berliner Testament", durch das sich die Ehegatten gegenseitig zu Alleinerben mit der Bedingung einsetzen, daß nach dem Tod des überlebenden Ehegatten der beiderseitige Nachlaß an einen Dritten (zumeist die Kinder) fallen soll (§ 2269 BGB).
Inhalt eines Testamentes können vor allem die Erbeinsetzung, Vermächtnisse und Auflage sein.

– Erbeinsetzung:
ist die Zuwendung des Vermögens als ganzes oder eines nicht unerheblichen Teils auf eine oder mehrere Personen (§§ 1922, 2018 ff. BGB).

Beispiel:
„Meine Tochter Sabine Schmitz setze ich als Erbin zu 3/4, meine Nichte Bettina Schmitz als Erbin zu 1/4 ein".

– Vermächtnis:
ist definiert als Zuwendung eines bestimmten Gegenstandes oder Vermögensteils ohne Erbeinsetzung (§§ 1939, 2147 ff. BGB). Die bedachte Person erwirbt dabei nur einen schuldrechtlichen Anspruch gegen den (die) Erben auf Übertragung des Vermächtnisses (§ 2174 BGB).

– Auflage:
ist die Verpflichtung des Erben oder Vermächtnisnehmers, den Gegenstand in einer bestimmten Weise zu verwenden (§§ 1940, 2192 ff. BGB).

Grundsätzlich ist der Erblasser in der Bestimmung seiner Erben frei (Grenze: Sittenwidrigkeit). Durch letztwillige Verfügung übergangene gesetzliche Erben können von dem (den) Erben den Pflichtteil in Höhe der Hälfte des Wertes des gesetzlichen Erbteils verlangen (§ 2303 BGB). Der Entzug des Pflichtteils ist nur in Ausnahmefällen möglich (§ 2333 BGB).

Beispiel für ein gemeinschaftliches Testament (sog. Berliner Testament):

Wir, die Eheleute Josef Schmitz und Maria, geb. Jansen, setzen uns gegenseitig als Alleinerben ein. Als Erben des Längstlebenden setzen wir unsere Kinder Thomas und Antje Schmitz zu gleichen Teilen ein.

Köln, den ....

Josef Schmitz   Maria Schmitz

• Erbvertrag
Die stärkste Bindung des Erblassers tritt durch Abschluß eines Erbvertrages mit dem Bedachten ein (§§ 1941, 2274 ff. BGB). Durch den Erbvertrag kann der Erblasser Erbeinsetzung, Vermächtnisse und Auflagen mit vertraglicher Bindung derart regeln, daß eine Aufhebung nur gemeinsam mit dem Vertragspartner möglich ist. Ein Erbvertrag kann grundsätzlich nur vor einem Notar geschlossen werden.

• Rechtsstellung der Erben
Mit dem Tod des Erblassers gehen nicht nur sein gesamtes Vermögen, sondern auch alle seine bestehenden Verbindlichkeiten auf die Erben über (§§ 1922, 1967 BGB). Der Erbe kann die Erbschaft binnen 6 Wochen (u. U. 6 Monaten) durch öffentlich beglaubigte Erklärung gegenüber dem Nachlaßgericht ausschlagen (§ 1944 BGB). Die Ausschlußfrist beginnt mit dem Zeitpunkt der Kenntnis des Erben vom Erbfall und dem Grund seiner Berufung, bei Testamenten oder Erbverträgen mit ihrer Verkündung. 10
Hat der Erbe die Erbschaft angenommmen oder aber die Frist zur Ausschlagung versäumt, haftet er unbeschränkt, d. h. auch mit seinem privaten Vermögen, für die Nachlaßverbindlichkeiten des Erblassers (§§ 1967 ff.). Hierzu zählen u. a. die persönlichen Schulden des Erblassers sowie Pflichtteilsansprüche, Vermächtnisse, Erbschaftssteuern, Beerdigungskosten usw..
Der Erbe kann jedoch seine Haftung auf den Nachlaß beschränken, und zwar u. a. durch
– Beantragung der Nachlaßverwaltung oder des Nachlaßkonkurses (§ 1975 BGB);
– Beantragung des Nachlaßvergleichsverfahrens (§§ 1980 BGB, 113 VerglO).

Hinterläßt der Erblasser mehrere Erben, bilden diese gemäß §§ 2032 ff. BGB eine Erbengemeinschaft. Die Erbengemeinschaft ist eine Gesamthandsgemeinschaft. Jeder Miterbe kann über seinen Erbanteil verfügen, nicht aber über einzelne Nachlaßgegenstände. Jeder Miterbe kann jederzeit die Auseinandersetzung mit der Erbengemeinschaft verlangen. Zum Nachweis seiner Erbenstellung erhält der Erbe auf Antrag vom Nachlaßgericht einen Erbschein (§§ 2353 ff. BGB).

Grundzüge des Gesellschafts- und Wirtschaftsrechts

Der Kaufmann und sein Handelsgewerbe

Das Recht des Kaufmanns ist im Handelsgesetzbuch vom 10.05.1987 (HGB) geregelt. § 1 Abs.1 HGB bestimmt, daß grundsätzlich Kaufmann ist, wer ein Handelsgewerbe betreibt. Dabei ist unter Gewerbe die planmäßige, erlaubte, dauerhafte Tätigkeit zur Gewinnerzielung zu verstehen. Ein Gewerbe betreibt danach zunächst nicht, wer einer nicht selbständigen Erwerbstätigkeit nachgeht. Ebensowenig fallen die zwar selbständigen, aber nicht gewerblichen Bereiche unter § 1 Abs.1 HGB, wie insbesondere die freien Berufe (Ärzte, Rechtsanwälte, Schriftsteller, Künstler) und die
10 Landwirte. Ein Handelsgewerbe betreibt nur der, der bestimmte, in § 1 Abs.2 HGB enumerativ aufgezählte Tätigkeiten ausführt oder – ohne das zu tun – einen Gewerbebetrieb von einer solchen Größe betreibt, daß er in kaufmännischer Weise eingerichtet sein muß (§ 2 HGB).
Kaufmann kann grundsätzlich jeder Geschäftsfähige werden. Ein Minderjähriger kann das allerdings nur, wenn er hierzu von seinem gesetzlichen Vertreter, beispielsweise Eltern, ermächtigt wird und das Vormundschaftsgericht die Genehmigung erteilt (§ 112 BGB). In diesem Falle kann er alle Rechtsgeschäfte vornehmen, die der Geschäftsbetrieb mit sich bringt. Ausgenommen sind solche Rechtsgeschäfte, zu denen der gesetzliche Vertreter, beispielsweise die Eltern, bei Tätigwerden für ihr minderjähriges Kind selbst der Genehmigung des Vormundschaftsgerichts bedürfen (§§ 1643, 1821 ff. BGB). Das gilt insbesondere für Grundstücksgeschäfte und die Eingehung von Wechselverbindlichkeiten.
Das Handelsgesetzbuch unterscheidet verschiedene Arten von Kaufleuten.

Mußkaufmann
Derjenige, der eines der in § 1 Abs.2 HGB aufgeführten Grundhandelsgewerbe betreibt, ist auch ohne Eintragung in das Handelsregister und ohne Rücksicht darauf, ob er das will, Kaufmann. Zu den Grundhandelsgewerben zählen folgende:

- Die Anschaffung und Weiterveräußerung von beweglichen Sachen (Waren) oder Wertpapieren, ohne Unterschied, ob die Waren unverändert oder nach einer Bearbeitung oder Verarbeitung weiterveräußert werden. Zu den Warenkaufleuten gehören insbesondere Groß- und Einzelhandelsgeschäfte mit beweglichen Sachen sowie die Herstellung von Waren aus erworbenen Stoffen, also die industrielle Fertigung, ferner auch Handwerker, Fleischer, Schneider, Gastwirte, Baustoffhändler usw.. Hierzu zählen nicht der Personenkreis, der sich mit dem An- und Verkauf von Grundstücken befaßt (weil Grundstücke keine beweglichen Sachen sind) und die sog. Urproduktion (Bergbau, Fischerei), weil die Waren nicht angeschafft werden.
- Die Übernahme der Bearbeitung oder Verarbeitung von Waren für andere, sofern das Gewerbe nicht handwerksmäßig betrieben wird (hierzu gehören Bauunternehmen, Reparaturbetriebe, Färbereien usw.). Dabei ist die Grenzziehung, ob ein Unternehmen handwerksmäßig oder industriell betrieben wird, im Einzelfall oft nicht möglich. Ob ein Unternehmen industriell oder handwerklich betrieben wird, richtet sich nach seinem Gesamtbild und nicht nach Größe, Umsatz, Kapital und Zahl der Beschäftigten. Im Handwerksbetrieb arbeitet der Inhaber in der Regel persönlich mit, er beschäftigt überwiegend ausgebildete Mitarbeiter, der Anteil der menschlichen Arbeit überwiegt gegenüber der maschinellen Fertigung.
- Die Übernahme von Versicherungen gegen Prämie.
- Die Übernahme der Beförderung von Gütern oder Reisenden zur See, die Geschäfte der Frachtführer oder der zur Beförderung von Personen zu Lande oder auf Binnengewässern bestimmten Anstalten sowie die Geschäfte der Schleppschiffahrtsunternehmer.
- Die Geschäfte der Kommissionäre, der Spediteure oder der Lagerhalter.
- Die Geschäfte der Handelsvertreter oder Handelsmakler.
- Die Verlagsgeschäfte sowie die sonstigen Geschäfte des Buch– oder Kunsthandels.
- Die Geschäfte der Druckereien, sofern das Gewerbe nicht handwerksmäßig betrieben wird.

Bei dem Mußkaufmann ist zu unterscheiden, ob er Voll– oder Minderkaufmann ist. Kaufleute, die ein Grundhandelsgewerbe betreiben, gelten als Minderkaufleute, wenn ihr Gewerbebetrieb nach Art oder Umfang einen in kaufmännischer Weise eingerichteten Geschäftsbetrieb nicht erfordert (§ 1 Abs.1 HGB). Wann der kaufmännisch eingerichtete Geschäftsbetrieb nach Art und Umfang erforderlich ist, kann im Einzelfall – wie die oben erwähnte Abgrenzung zwischen handwerksmäßig und industriell – zu Schwierigkeiten führen. Bei der Art der Gewerbetätigkeit sind die Vielfalt der Leistungen und Erzeugnisse, bei dem Umfang der Geschäftstätigkeit Umsatzvolumen, Zahl und Funktion der Mitarbeiter, Betriebsgröße, Zahl der

Lieferanten und Abnehmer zu berücksichtigen. Die Abgrenzung zwischen Voll- und Minderkaufmann ist von nicht geringer rechtlicher Bedeutung, wie sich aus § 4 Abs.1 HGB ergibt. Da der Minderkaufmann keine Firma führen muß, ist er in der Wahl seiner Geschäftsbezeichnung frei. Er muß nicht in das Handelsregister eingetragen werden. Er braucht keine Handelsbücher zu führen und kein Inventar sowie keine Bilanz aufstellen. Er kann keine Prokura erteilen und auch keine offene Handelsgesellschaft oder Kommanditgesellschaft gründen. Eine Bürgschaftsverpflichtung entsteht für ihn nur bei Einhaltung der Schriftform.

Sollkaufmann
Unternehmer, die kein Grundhandelsgewerbe gem. § 1 Abs.2 HGB betreiben, gelten als Sollkaufleute, sofern sie nach Art und Umfang einen in kaufmännischer Weise eingerichteten Gewerbebetrieb benötigen und ihre Firma in das Handelsregister eingetragen wird (§ 2 HGB). Im Gegensatz zum Mußkaufmann hat also die Eintragung des Sollkaufmanns im Handelsregister konstitutive Wirkung, weil die Kaufmannseigenschaft vor der Eintragung noch nicht besteht. Zu den Sollkaufleuten können unter anderem Hotels, Sanatorien, Kinos, Theater, Lehranstalten, Auskunfteien, Bauunternehmer, Bauhandwerker, Bergbau gehören.

Kannkaufmann
Grundsätzlich ist ein land- oder forstwirtschaftlicher Betrieb kein Kaufmann (§ 3 Abs.1 HGB). Inhaber land- oder forstwirtschaftlicher Unternehmen, die einen in kaufmännischer Weise eingerichteten Gewerbebetrieb führen, können auf Antrag jedoch in das Handelsregister eingetragen werden. Auch in diesem Falle werden sie mit der Eintragung Kaufleute, und zwar Vollkaufleute. Das gilt auch, wenn mit einem landwirtschaftlichem oder forstwirtschaftlichem Betriebe ein Nebengewerbe verbunden ist, beispielsweise ein Sägewerk (§ 3 Abs.3 HGB).

Scheinkaufmann
Von Scheinkaufmann spricht man zunächst dann, wenn eine Firma im Handelsregister eingetragen ist, ohne daß das unter ihr betriebene Gewerbe ein Handelsgewerbe ist oder einen in kaufmännischer Weise eingerichteten Geschäftsbetrieb erfordert (§ 5 HGB). Ist beispielsweise der Minderkaufmann im Handelsregister eingetragen, obgleich er hierzu, wie dargestellt, nicht verpflichtet ist, muß er sich kraft Rechtscheins wie ein Vollkaufmann behandeln lassen, weil das Handelsregister öffentlichen Glauben genießt und eine Eintragung als richtig gilt. Auch ohne Eintragung im Handelsregister kann die Kaufmannseigenschaft kraft Rechtschein entstehen, wenn jemand durch sein Auftreten im Geschäftsverkehr den entsprechenden Eindruck hervorruft und gutgläubige Dritte auf den Rechtschein der Kaufmannseigenschaft vertrauen.

Formkaufmann
Die Handelsgesellschaften werden ohne Rücksicht auf den Gegenstand ihres Unternehmens als Kaufleute behandelt (§ 6 HGB). Zu den Handelsgesellschaften gehören nicht nur die Personenhandelsgesellschaften (OHG, KG, GmbH & Co. KG), sondern auch die Körperschaften (GmbH, AG, e.G.). Der Unterschied zwischen den Gesellschaftsformen liegt darin, daß die Personenhandelsgesellschaften bereits mit dem Abschluß eines Gesellschaftsvertrages entstehen, während die Körperschaften erst mit der Eintragung im Handelsregister zur Entstehung gelangen.

Die Firma
Die Firma eines Kaufmanns ist der Name, unter dem er im Handel sein Geschäft betreibt und seine Unterschrift abgibt (§ 17 Abs.1 HGB). Die Firma führt nur der Vollkaufmann. Er kann unter seiner Firma im Handelsverkehr auftreten und unter ihr klagen und verklagt werden sowie Gegenstände (Forderungen und Sachen) erwerben. In der Firma findet sich der unternehmerische Goodwill, also der Ruf, das Ansehen und die Kreditwürdigkeit eines Kaufmanns. Dieser hat deshalb ähnlich dem Eigentum ein absolutes Recht an seiner Firma, das er gegen Mißbrauch durch Unterlassungsklage schützen kann. Wenn ihm durch Verschulden eines Dritten bei unbefugtem Firmengebrauch ein Schaden entstanden ist, kann er auch auf Schadensersatz klagen. Die Firma ist mit dem Unternehmen untrennbar verbunden, kann also nicht ohne dieses veräußert werden (§ 23 HGB). Umgekehrt ist die Veräußerung des Unternehmens ohne die Firma möglich. Da die Firma in sehr vielen Fällen einen wertvollen Bestandteil des Unternehmens bildet, sollte der Erwerber im Falle einer Unternehmensveräußerung auf die Übernahme der eingeführten Unternehmensbezeichnung Wert legen und hierfür bereit sein, einen höheren Kaufpreis zu zahlen. Führt der Erwerber das Unternehmen mit der übernommenen Firma jedoch weiter, läuft er gem. § 25 HGB Gefahr, daß er für die entstandenen Verbindlichkeiten des früheren Inhabers haftet (§ 25 Abs.1 HGB). Die Vereinbarung eines Haftungsausschlusses ist Dritten gegenüber nur wirksam,

10

wenn sie in das Handelsregister eingetragen und bekanntgemacht oder wenn sie von dem Erwerber oder dem Veräußerer dem Dritten mitgeteilt wurde (§ 25 Abs.2 HGB). Entsprechende Haftungsgrundsätze gelten für die Erben eines Handelsgeschäftes bei Firmenfortführung und bei Eintritt als Gesellschafter in die Firma eines Einzelkaufmanns oder in eine bestehende Handelsgesellschaft (§§ 27, 28, 130 HGB). An verschiedenen Stellen des HGB finden sich die wichtigsten Grundsätze, die das Recht der Firma regeln. Hierzu gehören:

- Firmenwahrheit

Der Grundsatz der Firmenwahrheit bedeutet, daß die Firmenbezeichnung der Realität entsprechen muß. Der Einzelkaufmann muß daher seinen Familiennamen mit mindestens einem ausgeschriebenen Vornamen als Firma führen (§ 18 Abs.1 HGB). Zusätze zur Unterscheidung von anderen Firmen sind gesetzlich zulässig. Sie sind jedoch verboten, wenn sie den Verkehr über Art und Umfang des Geschäftes täuschen (§ 18 Abs.2 HGB).

Beispiel:

Klaus Müller eröffnet einen Textilhandel mit mehreren Angestellten. Er ist Mußkaufmann gem. § 1 Abs.2 Nr. 1 HGB. Als solcher ist er zur Eintragung seiner Firma in das Handelsregister verpflichtet. Er kann die Firma „Klaus Müller, Textilhandlung" wählen, nicht dagegen jedoch die Firmenbezeichnung „Klaus Müller, Internationaler Textilhandel". Das kann er nur, wenn er mit seinem Unternehmen auch internationale Handelsbeziehungen unterhält.

Welche Firmenbezeichnung bei Gesellschaften gewählt wird, hängt vom Gesellschaftstyp ab. Bei Personenhandelsgesellschaften (OHG, KG) muß die Firma kraft Gesetzes den Namen wenigstens eines Gesellschafters mit einem das Gesellschaftsverhältnis andeutenden Zusatz enthalten (§ 19 Abs.1 HGB).

Beispiel:

Hans Schmidt und Georg Müller gründen eine offene Handelsgesellschaft. Firma: Hans Schmidt und Georg Müller oder Hans Schmidt & Co. oder Georg Müller & Co..

Bei einer Kommanditgesellschaft dürfen allerdings nur die Namen persönlich haftender Gesellschafter in der Firma erscheinen, nicht die von Kommanditisten (§ 19 Abs.4 HGB). Ist bei der OHG oder der KG ein persönlich haftender Gesellschafter keine natürliche Person, muß die Firma die Haftungsbeschränkung erkennen lassen (§ 19 Abs.5 HGB). Die Aufnahme der Haftungsbeschränkung „GmbH & Co." in die Firma ist also zwingend erforderlich.

Bei den Körperschaften (GmbH, AG) wird die Firma in der Regel dem Gegenstand des Unternehmens entnommen und muß den Gesellschaftszusatz „AG" oder „GmbH" enthalten. Die GmbH kann auch eine Personen– oder Mischfirma wählen (§ 4 GmbHG).

Beispiel: Klaus Müller GmbH
Klaus Müller Textil GmbH

Ansonsten ist bei den Körperschaften die Sachfirma die Regel (§§ 4, 279 AktG, 3 GenG).

- Firmenklarheit

Der Grundsatz bedeutet, daß sich jede neue Firma von allen an demselben Ort bereits bestehenden und in das Handelsregister eingetragenen Firmen deutlich unterscheiden muß. Bei gleichen Namen ist die Beifügung eines unterscheidenden Zusatzes vorgeschrieben (§ 30 HGB). Diese Bestimmung gewährt heute keinen umfassenden Schutz der Firma mehr. Der Verletzte kann jedoch generell gegen die Benutzung seiner Firma, sofern diese Verwechslungen hervorrufen kann, aufgrund von § 16 des Gesetzes gegen den unlauteren Wettbewerb (UWG) auf Unterlassung klagen.

- Firmenbeständigkeit

Der Grundsatz der Firmenbeständigkeit besagt, daß die Firma nicht ohne das Handelsgeschäft, für welches sie geführt wird, veräußert werden kann (§ 23 HGB). Ändert sich der Name des Geschäftsinhabers oder wird das Handelsgeschäft von einem anderen erworben, kann die Firma unverändert weitergeführt werden (§§ 21, 22 HGB). Auch bei Eintritt eines Gesellschafters in eine Einzelhandelsfirma oder bei Hinzutreten weiterer Gesellschafter oder Ausscheiden von Gesellschaftern bleibt die Firma unverändert. Die Firma gibt nach diesen, gesetzlich zulässigen Veränderungen nicht mehr die wirkliche Lage wieder, so daß durch die Firmenbeständigkeit der Grundsatz der Firmenwahrheit durchbrochen wird. Kollision zwischen Firmenwahrheit und Firmenbeständigkeit wird zumindenstens in den Fällen, in denen es um den Umfang der Haftungspflicht des Kaufmanns geht, im Interesse des Handelsverkehrs zugunsten des Vorrangs der Firmenwahrheit entschieden.

- Firmeneinheit

Firmeneinheit bedeutet, daß der Kaufmann für sein Handelsgeschäft nur eine Firma führen darf, wie sich aus § 17 Abs.1 HGB ergibt.

- Firmenöffentlichkeit

Der Grundsatz der Firmenöffentlichkeit besagt, daß die Firma der Öffentlichkeit bekanntgegeben werden muß. Dies geschieht durch die Eintragung der Firma in das Handelsregister (§ 29 HGB).

Das Handelsregister und seine Bedeutung

Das Handelsregister ist ein bei den Amtsgerichten geführtes öffentliches Register, in dem alle eintragungspflichtigen und eintragungsfähigen Tatsachen über alle Vollkaufleute, die in dem jeweiligen Gerichtsbezirk ihren Sitz haben, aufgenommen werden. Das Handelsregister hat die Aufgabe, der Allgemeinheit, insbesondere aber den Geschäftspartnern eines Kaufmanns, Auskunft über seine grundlegenden Daten zu geben. Aus diesem Grunde ist jedermann die Einsicht in das Handelsregister und die zum Handelsregister eingereichten Schriftstücke gestattet. Von den Eintragungen und den zum Handelsregister eingereichten Schriftstücken kann eine Abschrift gefordert werden (§ 9 Abs.1 u. 2 HGB). Im HGB ist an verschiedenen Stellen festgelegt, welche Angaben von dem Vollkaufmann in das Handelsregister einzutragen sind. Dies sind vor allem Angaben, die die Firma, den Inhaber und die Vertretungsberechtigung betreffen. Beispiele sind der Sollkaufmann (§ 2 HGB), die Eintragung der Firma (§ 29 HGB) die Erteilung der Prokura und ihr Erlöschen (§ 53 Abs.1 u. 3 HGB). Vereinzelt können Tatsachen auch ohne Rechtspflicht zur Anmeldung gebracht werden, wenn das HGB eine Möglichkeit zur freiwilligen Eintragung ausdrücklich vorsieht. Das ist beispielsweise bei der Eintragung des Nebengewerbes eines land- oder forstwirtschaftlichen Betriebes (§ 3 Abs.3 HGB) oder von Haftungsausschlüssen (§§ 25 Abs.2 o. 28 Abs.2 HGB) der Fall.

Alle Eintragungen werden im Bundesanzeiger und in einem weiteren Blatt, das das Amtsgericht bestimmt, veröffentlicht. Anmeldungen zur Eintragung können persönlich oder schriftlich vorgenommen werden. Die Unterschrift auf schriftlichen Anmeldungen und den zur Aufbewahrung bestimmten Zeichnungen von Unterschriften müssen öffentlich beglaubigt sein. Das Amtsgericht als Registergericht kann die Anmeldung, zu der der Vollkaufmann kraft Gesetzes verpflichtet ist, durch Zwangsgeld bis zu DM 10.000,00 erzwingen (§ 14 HGB). Die Eintragungen in das Handelsregister erfolgen in den Abteilungen A und B. Die Abteilung A enthält die Angaben über die Einzelkaufleute, die OHG und die KG, die Abteilung B enthält solche über die Kapitalgesellschaften.

Die Eintragung in das Handelsregister hat in der Regel nur rechtsbekundende (deklaratorische) Wirkung, da sie bereits vor der Eintragung wirksam gewordene Rechtsverhältnisse offenbart. So wird Prokura an einen Dritten mit der Erteilung durch den Kaufmann wirksam und nicht erst durch die Eintragung in das Handelsregister. Derjenige, der ein Grundhandelsgewerbe gem. § 1 Abs.2 HGB betreibt, ist Mußkaufmann. Die Eintragung der Firma eines Vollkaufmanns in das Handelsregister wirkt deshalb nur deklaratorisch. In anderen Fällen werden Rechte und Pflichten erst durch die Eintragung begründet. So werden Soll- und Kannkaufleute erst durch die Eintragung zum Kaufmann. Kapitalgesellschaften entstehen als juristische Personen erst mit Eintragung in das Handelsregister.

Die Eintragung der eintragungspflichtigen Tatsache, beispielsweise der Firma, oder ihre Unterlassung kann im Hinblick auf die Publizität des Handelsregisters weitreichende Folgen für den Kaufmann haben. Denn durch § 15 HGB wird der gute Glaube an die Richtigkeit des Handelsregisters gesetzlich geschützt.

Ist eine Tatsache, die in das Handelsregister eingetragen werden muß, nicht eingetragen und bekannt gemacht, kann sich der Vollkaufmann gegenüber Dritten nicht auf die Tatsache berufen, es sei denn, daß sie diesem bekannt war (§ 15 Abs.1 HGB – negative Publizität des Handelsregisters). Ein Schulbeispiel ist die Entziehung der Prokura. Wurde diese noch nicht ins Handelsregister eingetragen und bekanntgemacht, muß der Kaufmann alle Geschäfte, die der frühere Prokurist noch unbefugt für ihn vornimmt, gegen sich gelten lassen.

Ist die einzutragende Tatsache jedoch eingetragen und bekanntgemacht, muß sie jeder gegen sich gelten lassen (§ 15 Abs.2 HGB – positive Publizität des Handelsregisters). Einschränkungen gelten nur bei Rechtshandlungen, die innerhalb von 15 Tagen nach der Bekanntmachung vorgenommen wurden, wenn der Dritte beweist, daß er die Eintragung weder kannte noch kennen mußte. In dem obigen Beispiel, wenn der frühere Prokurist innerhalb von 15 Tagen nach Bekanntmachung noch Geschäfte macht, sind diese wirksam, wenn der Dritte die fehlende Legitimation weder kannte noch kennen mußte.

Der Vollkaufmann hat die Verpflichtung, die Bekanntmachung eigener Anmeldungen auf ihre Richtigkeit zu überprüfen. Ist die Bekanntmachung nämlich unrichtig, muß der Vollkaufmann sie gegen sich gelten lassen, es sei denn, daß sie einem Dritten, der sich auf die Unrichtigkeit beruft, bekannt war (§ 15 Abs.3 HGB).

Die Hilfspersonen des Kaufmanns

Der Kaufmann muß sich zur Bewältigung der Aufgaben seines Unternehmens in den meisten Fäl-

10

len anderer Personen bedienen. Das kann in der Weise geschehen, daß er diese in sein Unternehmen eingliedert. Man spricht dann von unselbständigen Hilfspersonen (Arbeiter, Angestellte). Wenn diese unselbständigen Hilfspersonen kaufmännische Dienste leisten, bezeichnet man sie als Handlungsgehilfen. Neben den unselbständigen Hilfspersonen gibt es noch selbständige Hilfskräfte des Kaufmanns. Sie unterscheiden sich von den Handlungsgehilfen durch ihre Selbständigkeit und Kaufmannseigenschaft. Hierzu zählen insbesondere die Handelsvertreter, Handelsmakler und Kommissionäre, im weiteren Sinne aber auch die Spediteure, Frachtführer und Lagerhalter.

• Handlungsgehilfe

Das Sonderrecht des Handlungsgehilfen ist geregelt in §§ 59 ff. HGB. Die Bestimmungen haben weitgehend ihre Bedeutung dadurch verloren, weil auch die Handlungsgehilfen als Arbeitnehmer weitestgehend dem Arbeitsrecht unterliegen, das an anderer Stelle ausführlich dargestellt ist.

• Handelsvertreter

Handelsvertreter ist, wer als selbständiger Gewerbetreibender ständig damit betraut ist, für einen anderen Unternehmer Geschäfte zu vermitteln oder in dessen Namen abzuschließen (§ 84 Abs.1 S. 1 HGB). Bei der Einstufung wird von Gesetzes wegen entscheidend auf die Selbständigkeit des Handelsvertreters abgestellt. Selbständig ist nur, wer im wesentlichen frei seine Tätigkeit gestalten und seine Arbeitszeit bestimmen kann (§ 84 Abs.1 S. 2 HGB). Fehlt es an der Selbständigkeit, gilt der Handelsvertreter als Angestellter (§ 84 Abs.2 HGB). Der – selbständige – Handelsvertreter ist Kaufmann (Minder- oder Vollkaufmann) gem. § 1 Abs.2 Nr.7 HGB. Im Unterschied zum Kommissionär, der im eigenen Namen handelt, schließt der Handelsvertreter Geschäfte im fremden Namen ab. Seine ständige Tätigkeit für einen oder bestimmte Unternehmer unterscheidet ihn u. a. vom Handelsmakler.

Der Handelsvertreter ist meistens Firmenvertreter. Ist er ausnahmsweise lediglich als Einfirmenvertreter tätig, unterliegt er ähnlich einem Arbeitnehmer dem besonderen arbeitsrechtlichen Schutz (§ 92 a HGB). Die rechtlichen Beziehungen zwischen einem Unternehmer und dem Handelsvertreter werden regelmäßig durch einen als Geschäftsbesorgungsvertrag zu qualifizierenden Handelsvertretervertrag geregelt, dessen Inhalt sich aus §§ 84 ff. HGB ergibt. Der Vertrag ist grundsätzlich formfrei. Jeder der Vertragspartner kann jedoch Schriftform verlangen (§ 85 Abs. 1 HGB). Aus dem Vertrag zwischen dem Unternehmer und dem Handelsvertreter ergeben sich für letzteren folgende wesentliche Pflichten:

- Pflicht zum Tätigwerden (§ 86 Abs. 1 HGB). Der Handelsvertreter verstößt demnach gegen seine vertragliche Hauptpflicht, wenn er sich nicht um die Vermittlung oder den Abschluß von Geschäften bemüht.
- Pflicht zur Wahrung der Interessen des Unternehmers (§ 86 Abs.1 HGB).
- Pflicht zur unverzüglichen Benachrichtigung des Unternehmers, sobald er ein Geschäft vermittelt oder abgeschlossen hat (§ 86 Abs. 2 HGB).
- Pflicht des Handelsvertreters bei der Vermittlung und dem Abschluß von Geschäften die Sorgfalt eines ordentlichen Kaufmanns einzuhalten, beispielsweise bei der Auswahl der Geschäftspartner (§ 86 Abs. 3 HGB).
- Pflicht des Handelsvertreters, ihm vom Unternehmer anvertraute oder ihm bekanntgewordene Geschäfts- und Betriebsgeheimnisse nach Beendigung des Vertragsverhältnisses nicht zu verwerten oder anderen bekanntzugeben (§ 90 HGB).
- Pflicht des Handelsvertreters, ein vertraglich eingegangenes Wettbewerbsverbot einzuhalten (§ 90 a HGB).

Aus dem Vertragsverhältnis ergeben sich folgende Rechte des Handelsvertreters gegenüber dem Unternehmer:

- Anspruch auf Zahlung von Provision. Der Handelsvertreter hat einen Anspruch auf Provision für alle während des Vertragsverhältnisses abgeschlossenen Geschäfte, die auf seine Tätigkeit zurückzuführen sind oder mit Dritten abgeschlossen werden, die er als Kunde geworben hat (§ 87 Abs. 1 HGB). Wird ein vermitteltes Geschäft durch den Unternehmer nicht abgeschlossen, entsteht kein Provisionsanspruch. Die Höhe der Provision wird grundsätzlich zwischen dem Handelsvertreter und dem Unternehmer vertraglich vereinbart. Wurde ausnahmsweise keine Regelung getroffen, gilt der übliche Satz (§ 87 b Abs. 1 HGB). Der Provisionsanspruch entsteht nicht schon bei Vermittlung oder Geschäftsabschluß mit dem Kunden,sondern erst dann, sobald und soweit dieser das Geschäft ausgeführt hat (§ 87 a Abs. 1 HGB).

  Wenn der Unternehmer das Geschäft ausgeführt hat, besteht zwar ebenfalls ein Anspruch auf Provision; nach § 87 a Abs. 1 u. 2 HGB entfällt der Anspruch jedoch, wenn feststeht, daß der Kunde nicht leistet. Wenn der Unternehmer das abgeschlossene Geschäft ganz oder teilweise nicht ausführt, bleibt der Provisionsanspruch des Handelsvertreters in jedem Falle bestehen, es sei denn, daß dem Unternehmer die Ausführung des Geschäftes ohne sein Verschulden unmöglich oder unzumutbar wurde (§ 87 a Abs. 3 HGB). Neben der dargestellten Abschlußprovision kann der Handelsvertreter in folgenden Fällen eine besondere Provision verlangen:

Eine Delcredereprovision steht ihm dann zu, wenn er sich gegenüber dem Unternehmer vertraglich schriftlich verpflichtet, für die Erfüllung der Verbindlichkeit aus einem Geschäft mit einem Kunden einzustehen (§ 86 b Abs. 1 HGB).

Eine Inkassoprovision kann der Handelsvertreter dann fordern, wenn er den Auftrag übernommen hat, fällige Beträge vom Kunden einzuziehen (§ 87 Abs. 4 HGB).

Für eine Geschäftsbesorgung oder Dienstleistung, die nicht bereits vertraglich geschuldet wird, kann der Handelsvertreter die Provision, die ihm als Kaufmann zusteht, fordern (§ 354 Abs. 1 HGB).

Erwähnenswert ist, daß mit der Zahlung der Provision auch die dem Handelsvertreter in seinem regelmäßigen Geschäftsbetrieb entstandenen Aufwendungen abgegolten sind. Einen Anspruch auf Ersatz der Aufwendungen hat er nur – weil unüblich – dann, wenn eine ausdrückliche Vereinbarung mit dem Unternehmer getroffen wurde (§ 87 d HGB).

Der Unternehmer ist verpflichtet, über die Provisionsansprüche des Handelsvertreters monatlich abzurechnen (§ 87 c Abs. 1 HGB). Dabei kann der Handelsvertreter von dem Unternehmer verlangen, daß ihm zu Kontrollzwecken ein Buchauszug über alle Geschäfte vorgelegt wird, für die ihm Provision zusteht (§ 87 c Abs. 2 HGB).

- Anspruch des Handelsvertreters auf Zahlung eines Ausgleichs bei Vertragsbeendigung. Der Handelsvertreter kann von dem Unternehmer bei Beendigung des Vertrages einen angemessenen Ausgleich verlangen, wenn dieser von einem neuen, vom Handelsvertreter geworbenen Kunden auch noch nach Beendigung des Vertrages erhebliche Vorteile hat, der Handelsvertreter durch die Beendigung Ansprüche auf Provision verliert und die Zahlung eines Ausgleichs der Billigkeit entspricht (§ 89 b HGB). Der Ausgleichsanspruch unterliegt einer Ausschlußfrist von 3 Monaten, die mit der Beendigung des Vertragsverhältnisses beginnt (§ 89 b Abs. 4 HGB).
- Anspruch des Handelsvertreters gegen den Unternehmer auf Karenzentschädigung (§ 90 a Abs. 1 S. 3 HGB). Dieser Anspruch steht dem Handelsvertreter zu, wenn er sich gegenüber dem Unternehmer schriftlich verpflichtet hat, höchstens 2 Jahre mit ihm nicht in Wettbewerb zutreten.
- Anspruch des Handelsvertreters gegen den Unternehmer auf Unterstützung (§ 86 a Abs. 1 HGB). Der Unternehmer muß dem Handelsvertreter die zur Ausübung dessen Tätigkeit erforderlichen Unterlagen, wie Muster, Zeichnungen, Preislisten, Werbedrucksachen, Geschäftsbedingungen zur Verfügung stellen. Er hat ihn außerdem unverzüglich über die Entwicklung vermittelter oder abgeschlossener Geschäfte zu unterrichten (§ 86 a Abs. 2 HGB).
- Anspruch des Handelsvertreters auf Geltendmachung eines Zurückbehaltungsrechts (§ 88 a HGB). Der Handelsvertreter kann nach Beendigung des Vertragsverhältnisses an den ihm übergebenen Unterlagen wegen seiner fälligen Ansprüche auf Provision ein Zurückbehaltungsrecht gegenüber dem Unternehmer geltend machen.

10

Der Handelsvertretervertrag wird im allgemeinen durch ordentliche oder außerordentliche Kündigung beendet (§§ 89, 89 a HGB).

Er endet auch durch einvernehmliche Aufhebung oder durch den Tod des Handelsvertreters.

Nach Art. 29 EGHGB finden auf die Handelsvertretervertragsverhältnisse, die in der Zeit vor dem 01.01.1990 begründet sind und an diesem Tage noch bestehen, die §§ 86, 86 a, 87, 87 a, 89, 89 b, 90 a u. 92 c HGB in der am 31.12.1989 geltenden Fassung nur bis zum Ablauf des Jahres 1993 Anwendung.

• Handelsmakler

Handelsmakler ist nach § 93 HGB, wer gewerbsmäßig für andere die Vermittlung von Verträgen über die Anschaffung oder Weiterveräußerung von Waren oder Wertpapieren, über Versicherungen, Güterbeförderungen, Schiffsmiete oder sonstige Gegenstände des Handelsverkehrs übernimmt, ohne ständig damit betraut zu sein. Der Handelsmakler ist Mußkaufmann (Minder– oder Vollkaufmann) gem. § 1 Abs. 2 Nr.7 HGB. Von dem Handelsmakler ist der Zivilmakler des BGB zu unterscheiden (§§ 652 ff. BGB). Der wesentliche Unterschied zwischen beiden ist der, daß der Handelsmakler nur Verträge über Gegenstände des Handelsverkehrs, der Zivilmakler dagegen alle Geschäfte vermitteln kann. Beispiel: Grundstücksgeschäfte, Unternehmensveräußerungen, Ehevermittlung. Ein Zivilmakler kann nur gem. § 2 HGB Vollkaufmann werden, also nur dann, wenn sein Gewerbebetrieb nach Art und Umfang eine kaufmännische Einrichtung erfordert. Handelsmakler und damit Mußkaufmann wird er jedoch nur, wenn er den Gegenstand der Vermittlung einschränkt. Ebensowenig ändert sich an der Mußkaufmannseigenschaft des Handelsmaklers etwas, wenn dieser vereinzelt auch einen Grundstücks– oder Unternehmenskauf vermittelt. Der Handelsmakler unterscheidet sich vom Handelsvertreter vor allem dadurch, daß er nicht aufgrund eines Dauerverhältnisses für einen oder mehrere Unternehmer tätig wird (s. Abb. 10.9). Der Handelsmakler ist nicht Interessenvertreter nur einer Partei, sondern Vermittler zwischen beiden Parteien.

Sobald das vermittelte Geschäft abgeschlossen wurde, hat der Handelsmakler unverzüglich jeder Partei eine von ihm unterzeichnete Schlußnote zuzustellen, die die Parteien, den Gegenstand und die Bedingung des Geschäfts enthält (§ 94 Abs 1 HGB). Die Schlußnote dient nur als Beweisurkunde.

10

Außerdem muß der Handelsmakler ein Tagebuch führen, in das er alle vermittelten Abschlüsse täglich einzutragen hat (§ 100 Abs.2 HGB). Auf Verlangen hat er den Parteien Tagebuchauszüge zur Verfügung zu stellen.

Dem Handelsmakler steht ein Anspruch auf Maklerlohn (Courtage) zu, wenn der Vertrag durch seine Vermittlung zustandegekommen ist. Besteht keine Vereinbarung, wer den Maklerlohn zu zahlen hat, ist diese von beiden Parteien je zur Hälfte zu entrichten (§ 99 HGB).

• Kommissionär

Kommissionär ist, wer es gewerbsmäßig übernimmt, Waren oder Wertpapiere für Rechnung eines anderen (des Kommittenten) in eigenem Namen zu kaufen oder zu verkaufen (§ 383 HGB). Der Kommissionär ist Mußkaufmann (Minder– oder Vollkaufmann) nach § 1 Abs. 2 Nr. 6 HGB. Der Unterschied zum Handelsvertreter besteht darin, daß dieser im fremden Namen handelt, der Kommissionär die Geschäfte jedoch im eigenen Namen abschließt. Der Handelsmakler vermittelt, der Kommissionär schließt Verträge im eigenen Namen selbst ab (s. Abb. 10.9). Insbesondere aufgrund des verstärkten Auftretens von Handelsvertretern hat das Kommissionsgeschäft erheblich an wirtschaftlicher Bedeutung verloren. Von Interesse ist es nur noch im Kunsthandel, beim Warenim– und -export und insbesondere im Wertpapiergeschäft (sog. Effektenkommission). Der Kommissionsauftrag kann gem. § 383 HGB als Einkaufs– oder Verkaufskommission abgeschlossen werden. Aufgrund dieses Auftrages kauft oder verkauft der Kommissionär Waren oder Wertpapiere im eigenen Namen. Die Rechte und Pflichten aus dem abgeschlossenen Vertrag mit dem Dritten treffen also den Kommissionär selbst; zwischen dem Kommittenten und dem Dritten entstehen keine Vertragsbeziehungen.

Aus dem Kommissionsvertrag ergeben sich folgende Pflichten des Kommissionärs:

- Er hat das gegenüber dem Kommittenten übernommene Geschäft auszuführen (§ 384 HGB).
- Bei der Ausführung hat er das Interesse des Kommittenten wahrzunehmen (§ 384 Abs. 1 S. 1 HGB).
- Bei Ausführung des übernommenen Geschäfts hat er eine Benachrichtigungspflicht (§ 384 Abs. 2 HGB).
- Der Kommmissionär ist weisungsgebunden (§ 384 Abs.1 HGB).
- Den Kommissionär trifft eine Haftung für Verlust und Beschädigung des Kommissionsgutes (§ 390 Abs. 1 HGB).
- Der Kommissionär ist verpflichtet, Rechenschaft abzulegen und das herauszugeben, was er aufgrund des Kommissionsauftrages erlangt hat (§ 384 Abs. 2 HGB).
- Den Kommissionär trifft eine Delcredere-Haftung, sofern er diese vereinbarte (§ 394 HGB). Der Verkaufskommissionär wird im allgemeinen nicht Eigentümer der ihm vom Kommittenten überlassenen Waren oder Wertpapiere. Diese werden vielmehr nach Abschluß des Geschäfts mit dem Dritten direkt vom Kommittenten an diesen übereignet. Dagegen erwirbt der Einkaufskommissionär von dem Dritten in der Regel Eigentum, bevor er dieses an den Kommittenten aufgrund des Kommissionsvertrages weiterübertragen muß.

Aus dem Kommissionsvertrag ergeben sich folgende Rechte des Kommissionärs:

- Der Kommissionär kann die vereinbarte Provision fordern, wenn das Geschäft ausgeführt wurde oder nur aus einem in der Person des Kommittenten liegenden Grund unausgeführt blieb (§ 396 Abs. 1 HGB);
- als Vergütung für die Empfangnahme, Verwahrung und Weiterleitung des Kommissionsgutes kann er gem. § 396 Abs. 1 HGB.eine Auslieferungsprovision fordern.
- Die Delcredere-Provision steht ihm wie auch dem Handelsvertreter – zu, wenn er gegenüber dem Kommittenten für die Erfüllung der Verbindlichkeit des Dritten vertraglich einsteht (§ 394 Abs. 1 HGB).
- Er kann Aufwendungsersatz, beispielsweise für Transport, Versicherung, Lagerung usw. des Kommissionsgutes fordern (§ 396 Abs. 2 HGB). Dieses Recht steht dem Handelsvertreter – wie dargestellt – nur bei besonderer Vereinbarung zu.

- Der Kommissionär hat wegen seiner Ansprüche ein gesetzliches Pfandrecht an dem Kommissionsgut (§ 397 HGB).
- Er hat schließlich das Recht des sog. Selbsteintritts, d. h., er kann bei Waren oder Wertpapieren, die einen Börsen oder Marktpreis haben, selbst als Käufer oder Verkäufer des Kommissionsgutes auftreten (§ 400 ff. HGB). Da der Kommittent hierdurch nicht schlechter als bei Einschaltung eines Dritten gestellt wird, erhält der Kommissionär auch bei Selbsteintritt einen Provisionsanspruch.

• Kommissionsagent
Der Gewerbetreibende wird als Kommissionsagent bezeichnet, der von einem Unternehmer ständig damit betraut ist, für dessen Rechnung, aber im eigenen Namen, Waren oder Wertpapiere zu verkaufen. Der Kommissionsagent, dessen Rechtsverhältnis gesetzlich nicht geregelt ist, unterscheidet sich vom Kommissionär dadurch, daß er nur verkauft und durch den Kommissionsagentenvertrag an einen Unternehmer dauerhaft gebunden ist.
Aus diesem Grunde werden zu seinem Schutz die Bestimmungen des Handelsvertreterrechts zur Kündigung, dem Ausgleichsanspruch und der Wettbewerbsabrede entsprechend angewendet (vgl. Abb. 10.9).

Die Befugnis zur Vertretung des Kaufmanns
Der Kaufmann kann sämtliche, in seinem Unternehmen anfallenden Rechtsgeschäfte in den seltensten Fällen selbst abschließen und ausführen. Aus diesem Grunde ist es erforderlich, daß ihn seine Mitarbeiter (unselbständige oder selbständige) vertreten dürfen. Wie bereits dargestellt, wird die Befugnis zur Vertretung durch einen anderen dadurch eingeräumt, daß diesem Vollmacht erteilt wird (§§ 166 Abs. 2, 167 Abs. 1 BGB). Da das im bürgerlichem Recht geregelte Vertretungsrecht jedoch den Anforderungen des kaufmännischen Verkehrs nicht genügt, wurde dieses durch handelsrechtliche Sonderbestimmungen modifiziert. Handelsrechtlich ausgestaltete Vollmachten sind insbesondere die Prokura und die Handlungsvollmacht. Nur der Vollkaufmann kann beide erteilen, der Minderkaufmann nur die Handlungsvollmacht (§ 4 Abs.1 HGB). Die Prokura kann nur einer natürlichen, nicht einer juristischen Person erteilt werden.

• Prokura
Die Erteilung der Prokura kann nur durch ausdrückliche Erklärung des Inhabers des Handelsgeschäftes oder seines Vertreters erfolgen (§ 48 Abs. 1 HGB). Sie kann einer Person (Einzelprokura) oder mehreren Personen (Gesamtprokura) erteilt werden. Für die Erteilung der Prokura ist keine Form, beispielsweise Schriftform, vorgeschrieben. Die Erteilung ist im Handelsregister einzutragen (§ 53 Abs. 1 HGB). Die Eintragung hat nur bekundende (deklaratorische) Wirkung, weil die Prokura bereits mit ihrer Erteilung entsteht. Auch das Erlöschen der Prokura bedarf der Eintragung. Der Prokurist zeichnet, indem er der Firma seinen Namen mit einem die Prokura andeutenden Zusatz beifügt.

10

Unterschied zwischen Handelsvertreter, Handelsmakler und Kommissionär

Selbständiger Handelsvertreter	Handelsmakler	Kommissionär
Handelt gewerbsmäßig	Handelt gewerbsmäßig	Handelt gewerbsmäßig
in fremden Namen	in fremden Namen	im eigenen Namen
für fremde Rechnung	für fremde Rechnung	für fremde Rechnung
vom Unternehmer ständig beauftragt	nicht ständig beauftragt	nicht ständig beauftragt
Mußkaufmann	Mußkaufmann (Zivilmarkler: kein Kaufmann, evtl. Sollkaufmann)	Mußkaufmann
vermittelt nur Geschäfte, sofern nicht Abschlußvertreter	vermittelt nur Geschäfte	schließt selbst mit Dritten ab; hat Selbsteintrittsrecht
Anspruch auf Provision gegen den Unternehmer; in der Regel kein Aufwendungsersatz	Anspruch auf Provision gegen beide Vertragspartner; in der Regel kein Aufwendungsersatz	Anspruch auf Provision u. Aufwendungsersatz gegen Kommittenten

Abb. 10.9

10

Beispiel:
Kölner Metallwarengesellschaft mbH. ppa. Müller.

Bei der Frage, wie weit der Prokurist den Kaufmann vertreten kann, ist zwischen dem Außen– und dem Innenverhältnis zu unterscheiden. Im Außenverhältnis, also gegenüber Dritten, ist der Umfang der Prokura gesetzlich genau vorgeschrieben (§§ 49, 50 HGB). Danach kann der Prokurist alle Arten von gerichtlichen und außergerichtlichen Geschäften und Rechtshandlungen vornehmen, die der Betrieb eines Handelsgewerbes mit sich bringt, beispielsweise Personal einstellen und entlassen, Handlungsvollmacht erteilen, Darlehen aufnehmen, Schenkungen machen, Grundstücke erwerben, Forderungen abtreten, Prozesse führen u.s.w.. Kraft Gesetzes kann er nicht dem Kaufmann gehörende Grundstücke veräußern oder belasten (§ 49 Abs. 2 HGB). Da es sich bei den Geschäften und Rechtshandlungen, zu denen er aufgrund der Prokura befugt ist, um solche handeln muß, die der Betrieb eines Handelsgewerbes mit sich bringt, kann er keine dem Kaufmann zustehenden höchstpersönlichen Rechte ausüben oder Handlungen vornehmen, die das Unternehmen verändern. Der Prokurist kann daher keine Privatgeschäfte des Kaufmanns erledigen, Prokura erteilen, die Bilanz des Unternehmens unterzeichnen, das Unternehmen selbst einstellen oder veräußern, die Firma ändern, Gesellschafter aufnehmen und Antrag auf Eröffnung des Konkursverfahrens stellen.

Im Innenverhältnis, also in dem mit dem Prokuristen geschlossenen Dienstvertrag, kann der Kaufmann in gesetzlich vorgeschriebenem Umfang die Prokura weiter einschränken. Hält sich der Prokurist nicht an die vereinbarte Einschränkung, macht er sich schadensersatzpflichtig. Dritten gegenüber wirkt die Einschränkung jedoch nicht. Eine Ausnahme stellt die Filialprokura dar, wonach die Prokura auf eine Zweigniederlassung beschränkt werden kann, wenn diese unter einer anderen Firma geführt wird (§ 50 Abs. 3 HGB).

Die Prokura erlischt bei Beendigung des Dienstvertrages mit dem Kaufmann (§ 168 BGB), bei ihrem Widerruf (§ 52 Abs. 1 HGB) und bei Tod des Prokuristen. Kraft Gesetzes tritt kein Erlöschen der Prokura im Falle des Ablebens des Kaufmanns ein (§ 51 Abs. 3 HGB).

• Handlungsvollmacht

Im Gegensatz zur Prokura ist der Umfang einer Handlungsvollmacht gesetzlich nicht festgelegt, sondern wird von dem Vollmachtgeber frei bestimmt (§ 54 Abs. 1 HGB). Als Handlungsvollmacht wird jede von einem Kaufmann im Rahmen seines Handelsgewerbes erteilte Vollmacht, die nicht Prokura ist, angesehen. Sie ermächtigt nur zu den gewöhnlichen Geschäften, die der Betrieb des jeweiligen Handelsgewerbes des Kaufmanns mit sich bringt, und zwar entweder

- zum Betriebe des gesamten Handelsgewerbes (Generalvollmacht);
- zu einer bestimmten Art von Geschäften des Handelsgewerbes (Artvollmacht) oder
- zu einzelnen, zum Handelsgewerbe gehörenden Geschäften (Spezialvollmacht).

Aus § 54 Abs. 1 u. 2 HGB geht hervor, welche Handelsgeschäfte der Handlungsbevollmächtigte ohne besondere Befugnis des Kaufmanns nicht abschließen darf:

- branchenunübliche Rechtsgeschäfte
- ungewöhnliche Rechtsgeschäfte
- Veräußerung und Belastung von Grundstücken
- Eingehung von Wechselverbindlichkeiten
- Aufnahme von Darlehen
- Prozeßführung

Der Handlungsbevollmächtigte zeichnet mit einem das Vollmachtsverhältnis ausdrückenden Zusatz (§ 57 HGB).

Beispiel:
„Kölner Metallwarengesellschaft mbH. i. V. Müller",
oder für „Kölner Metallwarengesellschaft mbH. Müller".

Die Handlungsvollmacht kann jederzeit widerrufen werden.

Eine Eintragung in das Handelsregister ist nicht erforderlich.

• Ladenvollmacht

Bei Angestellten, die im Laden oder Warenlager eines Kaufmanns beschäftigt sind, wird vermutet, daß sie zu Verkäufen und der Empfangnahme, die in einem derartigen Laden oder Warenlager gewöhnlich geschehen, bevollmächtigt sind.

Beispiel:
Entgegennahme von Waren, Übereignung von Sachen, Annahme des Kaufpreises, nicht jedoch Einkauf von Waren, Rücktritt vom Kaufvertrag (vgl. § 56 HGB).

• Abschlußvollmacht für Handelsvertreter

Bei dem Handelsvertreter wird vermutet, daß er von dem Kaufmann zum Abschluß von Kaufverträgen bevollmächtigt ist (§ 55 Abs.1 HGB). Die Abschlußvollmacht ermächtigt ihn jedoch nicht, geschlossene Verträge zu ändern, insbesondere Zahlungsfristen zu gewähren. Die Annahme von Zahlungen bedarf einer besonderen Inkassovollmacht (§ 55 Abs.3 HGB).

Die Gesellschaften des Bürgerlichen– und des Handelsrechts

Unter einer Gesellschaft versteht man den Zusammenschluß mehrerer Personen zur Erreichung eines gemeinsamen Zweckes. Grundlage der Gesellschaft ist der Gesellschaftsvertrag oder die Satzung, durch den der gemeinsame Zweck, die Rechtsform, die Beteiligung, die Haftung, die Vertretung, Gewinn– und Verlustverteilung u.s.w. geregelt werden. Bei den Gesellschaften unterscheidet man zwischen Personen– und Kapitalgesellschaften. Die Grundform der Personengesellschaften ist die Gesellschaft des bürgerlichen Rechts (sog. BGB-Gesellschaft). Betreibt diese ein vollkaufmännisches Handelsgewerbe, entsteht eine Handelsgesellschaft (sog. qualifizierte BGB-Gesellschaft) in der Gestalt einer offenen Handelsgesellschaft (OHG) oder Kommanditgesellschaft (KG). Die im Handelsrecht geregelte stille Gesellschaft stellt ebenfalls eine Personengesellschaft dar.
Zu den Kapitalgesellschaften (auch Körperschaften genannt) zählen insbesondere die GmbH, die AG, die e.G. sowie die KGa.A., die sämtlich in Sondergesetzen geregelt sind. Die Grundform der Kapitalgesellschaften ist der im Bürgerlichen Recht geregelte Verein (§§ 55 ff. BGB). Der wesentliche Unterschied zwischen den Personen– und Kapitalgesellschaften besteht darin, daß bei der Personengesellschaft die Gesellschafter selbst Träger aller gesellschaftlichen Rechte und Pflichten sind, während die Kapitalgesellschaften als juristische Personen, unabhängig von ihren Mitgliedern, im Rechtsverkehr auftreten. Die Personengesellschaften entstehen bereits mit dem Abschluß eines Gesellschaftsvertrages, während die Kapitalgesellschaften erst mit Eintragung im Handelsregister als juristische Person existent werden (vgl. Abb. 10.10).

Gesellschaftsformen

Personalgesellschaften	
Gesellschaft bürgerlichen Rechts (BGB-Gesellschaft)	Die Gesellschafter verpflichten sich durch den Abschluß eines Gesellschaftsvertrages zur Förderung eines gemeinsamen Zweckes.
Offene Handelsgesellschaft (OHG)	Der Gesellschaftsvertrag ist auf den Betrieb eines vollkaufmännischen Handelsgeschäfts unter gemeinschaftlicher Firma eingerichtet, wobei alle Gesellschafter den Gesellschaftsgläubigern gegenüber unbeschränkt, persönlich und gesamtschuldnerisch haften.
Kommanditgesellschaft (KG)	Der Gesellschaftsvertrag ist auf den Betrieb eines vollkaufmännischen Handelsgeschäfts unter gemeinschaftlicher Firma gerichtet, wobei die Haftung der Kommanditisten auf den Betrag einer bestimmten Vermögenseinlage beschränkt ist, während die Komplementäre unbeschränkt haften.
Stille Gesellschaft	Der Vertrag ist auf die Beteiligung an einem Handelsgeschäft gerichtet. Die Einlage des stillen Gesellschafters geht in das Vermögen des Geschäftsinhabers über, während der stille Gesellschafter eine Gewinnbeteiligung erhält.
GmbH & Co. KG	Kommanditgesellschaft mit einer GmbH als Komplementärin.
Körperschaften	
Verein	Personenzusammenschluß, der auf einen beliebigen Zweck gerichtet ist und Rechtsfähigkeit durch die Eintragung in das Vereinsregister erhält.
Gesellschaft mit beschränkter Haftung (GmbH)	Die Gesellschaft ist auf einen beliebigen rechtsfähigen Zweck gerichtet und entsteht als juristische Person durch die Eintragung ins Handelsregister. Die Gesellschafter sind mit Einlagen auf das in Stammanteile zerlegte Stammkapital beteiligt.
Aktiengesellschaft (AG)	Die Gesellschaft ist auf einen beliebigen rechtsfähigen Zweck gerichtet und entsteht als juristische Person durch die Eintragung in das Handelsregister. Ihr Grundkapital ist in Aktien zerlegt. Die Gesellschafter sind durch Übernahme der Aktien an der Aktiengesellschaft beteiligt.

Abb. 10.10

BGB-Gesellschaft

Dies ist ein Zusammenschluß von mindestens 2 Personen, die sich verpflichten, einen gemeinsamen Zweck in der in dem Gesellschaftsvertrag festgelegten Weise zu fördern und insbesondere die vereinbarten Beiträge zu leisten (§ 705 BGB). Der Gesellschaftsvertrag bedarf der Form.
Beispiel:
Beurkundung bei Einbringung von Grundstücken gem. § 313 BGB.
Die BGB-Gesellschaft kann für alle, gesetzlich erlaubten Zwecke gegründet werden.
Beispiele:
Bürogemeinschaften, Rechtsanwaltssozietäten, Arbeitsgemeinschaften, Zusammenschlüsse von Minderkaufleuten, Kartelle.
Die zur Förderung des Zwecks von jedem Gesellschafter zu erbringenden Beiträge müssen nicht geldlicher Art sein, sondern können auch in Dienstleistungen bestehen. Die Führung der Geschäfte und die Vertretung gegenüber Dritten nach außen erfolgt grundsätzlich durch alle Gesellschafter (§§ 709, 714 BGB). Die – geldlichen – Beiträge der Gesellschafter und die durch die Geschäftsführung für die Gesellschaft erworbenen Gegenstände werden gemeinschaftliches Vermögen der Gesellschafter (§ 718 Abs.1 BGB). Über seinen Anteil am Gesellschaftsvermögen und an den einzelnen dazugehörenden Gegenständen kann der Gesellschafter jedoch nicht verfügen (§ 719 Abs.1 BGB). Der Gesellschafter kann grundsätzlich nur einen Anspruch auf Zahlung des Auseinandersetzungsguthabens nach Beendigung der Gesellschaft erheben. Für Verbindlichkeiten der Gesellschaft haften alle Gesellschafter nicht nur gemeinsam (gesamtschuldnerisch), sondern jeder einzelne von ihnen persönlich und unbeschränkt mit seinem Privatvermögen. Die Gesellschaft wird durch folgende Ereignisse aufgelöst:
- Kündigung gegenüber den übrigen Gesellschaftern, vertragliche Aufhebungsvereinbarung
- Zeitablauf
- Kündigung durch einen Privatgläubiger eines Gesellschafter
- Konkurs eines Gesellschafters
- Nichterreichung des verfolgten Zweckes

Nach der Auflösung ist die Liquidation des Vermögens der Gesellschaft gesetzlich vorgeschrieben. Liquidation bedeutet, daß das Vermögen der Gesellschaft versilbert wird. Die der Gesellschaft von einem Gesellschafter zur Benutzung überlassenen Sachen werden – da kein Gesellschaftsvermögen – zurückgegeben. Aus dem Liquidationserlös werden zunächst die Schulden der Gesellschaft reguliert und dann die Einlagen der Gesellschafter zurückerstattet. Ergibt sich ein Überschuß, wird er entsprechend den vereinbarten Gewinnanteilen verteilt. Für einen Verlust haben die Gesellschafter entsprechend ihrer Verlustbeteiligung aufzukommen.

Offene Handelsgesellschaft (OHG)

Diese ist auf den Betrieb eines (vollkaufmännischen) Handelsgewerbes unter gemeinschaftlicher Firma gerichtet, wobei die Gesellschafter den Gesellschaftsgläubigern gegenüber persönlich, unbeschränkt und gesamtschuldnerisch haften, wie das bei der Gesellschaft bürgerlichen Rechts dargestellt wurde (§§ 105 Abs. 1, 128 HGB). Die wesentlichen Merkmale der OHG sind:
- eine aus mindestens 2 Personen bestehende Gesellschaft; als Gesellschafter kommen auch juristische Personen in Betracht;
- Betrieb eines vollkaufmännischen Handelsgewerbes (sonst BGB-Gesellschaft);
- persönliche, unbeschränkte und gesamtschuldnerische Haftung aller Gesellschafter.
- gemeinschaftliche Firma.

Die OHG entsteht zwischen den Gesellschaftern mit Abschluß des Gesellschaftvertrages. Sie ist spätestens dann wirksam, wenn sie im Handelsregister eingetragen wird (§ 123 Abs. 1 HGB). Beginnt die OHG ihre Geschäfte bereits vor der Eintragung, tritt die Wirksamkeit nach außen mit dem Zeitpunkt des Geschäftsbeginns ein (§ 123 Abs. 2 HGB). Obwohl die OHG als solche keine juristische Person ist, also nicht selbständig Träger von Rechten und Pflichten sein kann, kommt ihr kraft Gesetzes Teilrechtsfähigkeit zu (§ 124 HGB). So kann die OHG unter ihrer Firma Rechte erwerben und Verbindlichkeiten eingehen, Eigentum und andere dingliche Rechte an Grundstücken erwerben und vor Gericht klagen und verklagt werden (§ 124 Abs. 1 HGB). Über ihr Vermögen kann das Konkursverfahren eröffnet und in ihr Vermögen die Zwangsvollstreckung betrieben werden. Für das deliktische Verhalten ihrer Gesellschafter haftet die OHG wie eine juristische Person (§ 31 BGB). Bei der OHG sind das Innenverhältnis, d. h. das Rechtsverhältnis der Gesellschafter untereinander, und das Außenverhältnis, d. h. das Rechtsverhältnis der Gesellschafter zu Dritten, scharf zu unterscheiden:

Innenverhältnis

Die Rechtsbeziehungen der Gesellschafter werden in erster Linie durch den Gesellschaftsvertrag geregelt. Die Vorschriften der §§ 110 bis 122 HGB finden nur dann Anwendung, wenn keine vertragliche Regelung getroffen wurde (§ 109 HGB). Nach der gesetzlichen Bestimmung ist jeder Gesellschafter allein zur Geschäftsführung berechtigt und verpflichtet. Der Umfang der Geschäftsführung erstreckt sich auf alle Handlungen, die der gewöhnliche Betrieb des Handelsgewerbes der OHG mit sich bringt. Zur Vornahme von Handlungen, die darüberhinaus gehen (sog. außergewöhnliche Geschäfte), ist ein Gesellschafterbeschluß erforderlich (§ 116 Abs. 2 HGB).

Beispiel für außergewöhnliche Geschäfte:
Übertragung des Gesellschaftsvermögen, Aufnahme neuer Gesellschafter.

Gesellschafterbeschlüsse sind – sofern nichts anderes vereinbart ist – grundsätzlich einstimmig zu fassen (§ 119 Abs. 1 HGB). Am Schluß eines jeden Geschäftsjahres ist die Bilanz der OHG zu erstellen und der Gewinn oder der Verlust zu ermitteln. Der auf einen Gesellschafter entfallende Gewinn wird seinem Kapitalanteil zugeschrieben, der auf ihn entfallende Verlust davon abgeschrieben. Ergibt sich nach der Bilanz ein Jahresgewinn, werden zunächst 4% Zinsen auf Kapitaleinlage der Gesellschafter gezahlt und der überschüssige Gewinn nach Köpfen auf die Gesellschafter verteilt (§§ 120 Abs. 2, 121 HGB). Sofern nichts anderes vereinbart, ist jeder Gesellschafter berechtigt, Entnahmen bis zu einem Betrag von 4% des für das letzte Geschäftsjahr festgestellten Kapitalanteils zu entnehmen. Darunter ist das auf dem Kapitalkonto ausgewiesene Guthaben des Gesellschafters zu verstehen, das sich aus seiner Einlage und den gutgeschriebenen Gewinnen, vermindert um Abschreibungen, Entnahmen und Verlusten zusammensetzt.

Außenverhältnis
In dem Rechtsverhältnis der Gesellschafter zu Dritten wird insbesondere die Vertretungsbefugnis der Gesellschafter ausführlich geregelt. Zur Vertretung der OHG nach außen ist jeder Gesellschafter allein ermächtigt, sofern er nicht durch Gesellschaftsvertrag von der Vertretung ausgeschlossen ist (§ 125 Abs. 1 HGB). Im Gesellschaftsvertrag kann auch bestimmt werden, daß alle oder mehrere Gesellschafter nur in Gemeinschaft zur Vertretung der OHG ermächtigt sein sollen (sog. Gesamtvertretung). Es kann auch vertraglich geregelt werden, daß die Gesellschafter, wenn nicht mehrere zusammen handeln, nur in Gemeinschaft mit einem Prokuristen zur Vertretung der OHG ermächtigt sein sollen (§ 125 Abs.3 HGB). Diese Abweichungen von der Regel der Einzelvertretung aller Gesellschafter müssen in das Handelsregister eingetragen werden. Die Vertretungsbefugnis umfaßt alle gerichtlichen und außergerichtlichen Geschäfte und Rechtshandlungen einschließlich der Veräußerung und Belastung von Grundstücken sowie der Erteilung und des Widerrufs einer Prokura im Namen der OHG mit der Folge, daß diese berechtigt und verpflichtet wird (§ 126 Abs. 1 HGB). Eine Beschränkung des Umfangs der Vertretungsmacht ist Dritten gegenüber unwirksam. Die Vertretungsmacht kann einem Gesellschafter auf Antrag der übrigen Gesellschafter gerichtlich entzogen werden, wenn ein wichtiger Grund vorliegt. Als solcher wird insbesondere grobe Pflichtverletzung oder Unfähigkeit zur ordnungsgemäßen Vertretung im Gesetz genannt (§ 127 HGB).

Auflösung der OHG
Die OHG wird im wesentlichen aus denselben Gründen wie die BGB-Gesellschaft aufgelöst (§ 131 HGB). Auf Antrag eines Gesellschafters kann die OHG vor dem Ablauf der für ihre Dauer bestimmten Zeit durch Urteil aufgelöst werden, wenn ein wichtiger Grund vorliegt (§ 133 Abs. 1 HGB). Zur Vermeidung der Auflösung kann schon im Gesellschaftsvertrag bestimmt werden, daß im Falle der Kündigung, des Todes des Gesellschafters oder des Konkurses über sein Vermögen die OHG unter den übrigen Gesellschaftern oder – im Todesfall – mit seinen Erben fortbestehen soll (§§ 138, 139 HGB). Wurde die Gesellschaft jedoch aufgelöst, findet genauso wie bei der BGB-Gesellschaft eine gesetzlich geregelte Liquidation des Vermögens der OHG statt (§§ 145 ff. HGB). Nach dem Abschluß der Liquidation ist das Erlöschen der Firma zur Eintragung in das Handelsregister anzumelden (§ 157 HGB).

10

Kommanditgesellschaft (KG)

Die KG ist wie die OHG eine Personengesellschaft zwischen mindestens 2 Personen, die ein vollkaufmännisches Handelsgewerbe unter gemeinschaftlicher Firma betreibt. Während jedoch bei der OHG alle Gesellschafter in der dargestellten Weise persönlich und unbeschränkt haften, ist bei einem oder einigen Gesellschaftern der KG die Haftung gegenüber den Gesellschaftsgläubigern auf den Betrag einer bestimmten Vermögenseinlage beschränkt. Diese Gesellschafter nennt man Kommanditisten. Auch bei der KG muß ein Gesellschafter, der Komplementär, persönliche und unbeschränkte Haftung gegenüber den Gläubigern übernehmen (§ 161 HGB). Die Höhe der von dem Kommanditisten gesellschaftsvertraglich übernommenen Vermögenseinlage ergibt sich für Dritte aus dem Handelsregister. Nur wenn der Kommanditist die Hafteinlage erbracht hat, ist er von der Haftung für die Gesellschaftsverbindlichkeiten der KG ausgeschlossen (§ 171 Abs. 1 HGB). Die Haftung lebt wieder auf, wenn die Einlage zurückbezahlt wird oder der Kommanditist Gewinnanteile entnimmt, während sein Kapitalanteil durch Verlust unter den Betrag der geleisteten Hafteinlage herabgemindert ist (§ 172 Abs. 4 HGB). Kommanditisten sind von der Geschäftsführung und der Vertretung der Kommanditgesellschaft grundsätzlich ausgeschlossen (§§ 164, 170 HGB). Durch Gesellschaftsvertrag können ihnen jedoch im Innenverhältnis Geschäftsführungsbefugnisse eingeräumt werden, nicht jedoch die Vertretungsbefugnis eines Komplementärs. Eine beschränkte Vertretungsbefugnis kann dem Kommanditisten notfalls durch die Erteilung der Prokura eingeräumt werden. Als Gesellschafter stehen dem Kommanditisten Kontrollrechte zu (§ 166 HGB). Diese berechtigen ihn, die Mitteilung des Jahresabschlusses in Abschrift zu verlangen und dessen Richtigkeit durch Einsicht in die Bücher und Papiere der KG zu überprüfen. Mit Ausnahme der Sonderregelungen finden auf die KG die Vorschriften über die OHG Anwendung (§ 161 Abs. 2 HGB).

Stille Gesellschaft

Von einer stillen Gesellschaft spricht man dann, wenn sich jemand (der sog. Stille) an dem Handelsgewerbe eines Kaufmanns (Voll- oder Minderkaufmann) durch eine Einlage beteiligt, die in dessen Vermögen übergeht (§ 230 Abs. 1 HGB). Durch die stille Gesellschaft wird intern eine Beteiligung an einem bereits bestehenden Handelsgewerbe eingegangen. Sie ist eine nicht rechtsfähige Personengesellschaft, jedoch keine Handelsgesellschaft. Von der BGB-Gesellschaft unterscheidet sie sich dadurch, daß die Verlustbeteiligung des Stillen auf die von ihm geleistete Einlage beschränkt ist (§ 232 Abs. 2 BGB). Der Stille hat geringere Kontrollrechte als der Gesellschafter der Gesellschaft bürgerlichen Rechts (§ 233 Abs. 2 HGB). Von den Handelsgesellschaften (OHG und KG) unterscheidet sich die stille Gesellschaft dadurch, daß kein Handelsgewerbe unter einer gemeinschaftlichen Firma betrieben wird. Die stille Gesellschaft wird auch nicht im Handelsregister eingetragen.

Die Vermögenseinlage des stillen Gesellschafters besteht fast immer in einer Geldsumme. Sie kann aber auch in sonstigen Vermögenswerten bestehen, beispielsweise Grundstücken usw...

Der stille Gesellschafter hat keine Vertretungsmacht und haftet nicht für die Gesellschaftsverbindlichkeiten. Er hat nur Anspruch auf Gewinnbeteiligung (§ 231 Abs. 1 HGB). Am Verlust nimmt der Stille teil, es sei denn, die Verlustbeteiligung wurde im Gesellschaftsvertrag ausgeschlossen (§ 231 Abs. 2 HGB).

Die stille Gesellschaft wird durch Kündigung des Kaufmanns, des stillen Gesellschafters oder dessen Gläubigers aufgelöst (§ 234 Abs. 1 HGB). Es findet danach die Liquidation der stillen Gesellschaft statt, wobei die zur Zeit der Auflösung schwebenden Geschäfte von dem Kaufmann abgewickelt werden. Der stille Gesellschafter nimmt am Gewinn und Verlust, der sich aus diesen Geschäften ergibt, teil (§ 235 HGB).

Verein

Der Verein ist ein auf Dauer angelegter Zusammenschluß von Personen zur Verwirklichung eines gemeinsamen Zweckes mit körperschaftlicher Verfassung, wobei sich die körperschaftliche Organisation in einem Gesamtnamen, in der Vertretung durch einen Vorstand und in der Unabhängigkeit vom Wechsel der Mitglieder äußert. Man unterscheidet den rechtsfähigen und den nicht rechtsfähigen Verein. Der rechtsfähige Verein, dessen Zweck nicht auf einen wirtschaftlichen Geschäftsbetrieb gerichtet ist, erlangt seine Rechtsfähigkeit durch Eintragung in das Vereinsregister des zuständigen Amtsgerichts (§ 21 BGB).

Beispiel: Groß- und Grundbesitzervereine, Berufs- und Interessenvereine.

Ist der Zweck des Vereins auf einen wirtschaftlichen Geschäftsbetrieb gerichtet, erlangt er Rechtsfähigkeit durch staatliche Verleihung (§ 22 BGB).

Beispiel: Taxizentrale

Der nichtrechtsfähige Verein unterscheidet sich vom rechtsfähigen allein durch das Fehlen der Rechtsfähigkeit. Der nichtrechtsfähige Verein als solcher kann daher nicht Träger von Rechten und Pflichten sein. Erwirbt der rechtsfähige Verein Vermögen, sind das beim nichtrechtsfähigen Verein sämtliche Mitglieder als Gesamthandsgemeinschaft. Bei dem Erwerb eines Grundstückes wird der rechtsfähige Verein als Eigentümer im Grundbuch eingetragen, bei Übereignung (Auflassung) an den nichtrechtsfähigen Verein die Gesamthandsgemeinschaft unter dem Namen aller Mitglieder. Der nichtrechtsfähige Verein kann jedoch verklagt werden. Gegen ihn ist die Zwangsvollstreckung möglich. Über sein Vermögen kann ein Konkurs- oder Vergleichsverfahren stattfinden.

Beispiel für nichtrechtsfähigen Verein:
Arbeitgeberverbände, Gewerkschaften, Studentenverbindungen.

Sowohl der rechtsfähige als auch der nichtrechtsfähige Verein handelt im Rechtsverkehr durch Organe. Einzelorgane sind:
- der Vorstand,
- die Mitgliederversammlung.

Der Vorstand tritt im Rechtsverkehr für den Verein auf. Die Mitgliederversammlung trifft die Entscheidungen über die Angelegenheiten des Vereins durch Mehrheitsbeschluß. Bei zum Schadensersatz verpflichtenden Handlungen haftet beim rechtsfähigen Verein dieser für das Verschulden seiner Organe unabhängig vom Haftungsgrund (§ 31 BGB).

Im nichtrechtsfähigen Verein trifft die Haftung, bei Vorliegen einer zum Schadensersatz verpflichtenden Handlung durch das Organ, alle Vereinsmitglieder, jedoch beschränkt auf das ihnen gehörende Gesamthandsvermögen. Der Verein kann durch Beschluß der Gesellschafterversammlung oder Konkurs aufgelöst werden. Es findet danach die Liquidation statt.

Gesellschaft mit beschränkter Haftung (GmbH)

(Gesetz betreffend die Gesellschaften mit beschränkter Haftung i. d. F. vom 20.05.1898, zuletzt geändert durch Gesetz vom 12.09.1990)

Die GmbH ist eine Gesellschaft mit eigener Rechtspersönlichkeit, die zu jedem gesetzlich zulässigen Zweck durch eine oder mehrere Personen errichtet werden kann und für deren Verbindlichkeiten den Gläubigern gegenüber nur das Gesellschaftsvermögen haftet (§§ 1, 13 Abs. 2 GmbHG).

Die GmbH wird durch notariellen Gesellschaftsvertrag gegründet, der folgenden Mindestinhalt haben muß (§§ 2 Abs. 1, 3 Abs. 1 GmbHG):
- Firma und Sitz der Gesellschaft
  Die Firma der Gesellschaft muß entweder von dem Gegenstand des Unternehmens entlehnt sein oder die Namen der Gesellschafter oder den Namen wenigstens eines derselben mit einem das Vorhandensein eines Gesellschaftsverhältnisses andeutenden Zusatz enthalten (§ 4 Abs. 1 GmbHG).
- Gegenstand des Unternehmens
  Unter Gegenstand des Unternehmens ist der Zweck, zu welchem die Gesellschaft gegründet wird, zu verstehen.
- Betrag des Stammkapitals
  Das Gesellschaftskapital heißt bei der GmbH Stammkapital und umfaßt die Summe aller Stammeinlagen. Das Stammkapital muß mindestens DM 50.000,00 betragen (§ 5 Abs. 1 GmbHG).
- Betrag der Stammeinlagen
  Unter Stammeinlage ist die Einlage zu verstehen, die jeder Gesellschafter auf das Stammkapital von mindestens DM 50.000,00 aufgrund gesellschaftsvertraglicher Vereinbarung leisten muß. Sie muß mindestens DM 500,00 betragen (§ 5 Abs. 1 GmbHG).

Bei der Anmeldung zum Handelsregister muß eine Mindesteinzahlung von 25% auf jede Stammeinlage erfolgt sein, mindestens aber DM 25.000,00 auf das Stammkapital (§ 7 Abs. 2 GmbHG). Nach der Höhe der Stammeinlage bestimmt sich der Geschäftsanteil jedes Gesellschafters (§ 14 GmbHG). Die Stammeinlage hat Bedeutung für das Stimmrecht, die Gewinnverteilung und einen Liquidationserlös.Mit der Eintragung im Handelsregister entsteht die GmbH als juristische Person mit folgenden beschriebenen Organn:
- Gesellschafterversammlung
- Geschäftsführer
- Aufsichtsrat

10

Die Gesellschafterversammlung

Sie ist das oberste Gesellschaftsorgan, durch welches sämtliche, für die GmbH wesentlichen Entscheidungen durch formlosen Beschluß mit einfacher Mehrheit erfolgen. Nach § 46 GmbHG gehören zu den Aufgaben der Gesellschafterversammlung:
- Feststellung des Jahresabschlusses und Gewinnverteilung;
- Einforderung von Einzahlungen auf die Stammeinlage;
- Rückzahlung von Nachschüssen;
- Teilung oder Einziehung von Geschäftsanteilen;
- Bestellung und Abberufung von Geschäftsführern sowie deren Entlastung;
- Maßregeln zur Prüfung und Überwachung der Geschäftsführung;
- Bestellung von Prokuristen und Handlungsbevollmächtigten;
- Geltendmachung von Ersatzansprüchen, welche der Gesellschaft aus der Gründung oder Geschäftsführung gegen Geschäftsführer oder Gesellschafter zustehen;
- Vertretung der Gesellschaft in Prozessen, welche sie gegen die Geschäftsführer führen muß.
  Geschäftsführer

Die Gesellschaft kann einen oder mehrere Geschäftsführer haben, die sie allein oder zusammen gerichtlich und außergerichtlich vertreten (§ 35 Abs. 1 HGB). Die Vertretungsmacht ist nach außen unbeschränkbar. Im Innenverhältnis kann sie durch Gesellschaftsvertrag oder durch Beschluß der Gesellschafterversammlung eingeengt werden (§ 37 Abs.1 HGB). Verletzt der Geschäftsführer seine Vertretungsbefugnis, haftet er der Gesellschaft für den entstandenen Schaden (§ 43 Abs. 2 GmbHG). Insbesondere haftet er für die unerlaubte Rückzahlung des Stammkapitals (§ 43 Abs. 3 GmbHG). Außer gegenüber der Gesellschaft kann er sich auch Dritten gegenüber schadensersatzpflichtig machen, sofern die Voraussetzungen einer unerlaubten Handlung vorliegen. Unabhängig davon haftet der Geschäftsführer aufgrund besonderer gesetzlicher Bestimmung persönlich für Steuerschulden der GmbH, wenn durch vorsätzliche oder grob fahrlässige Verletzung der ihm nach § 34 AO obliegenden Verpflichtungen Steueransprüche verkürzt werden. Dasselbe gilt für die Nichtabführung der Sozialversicherungsbeiträge eines Arbeitnehmers. Ein Verstoß wird besonders unter Strafe gestellt.

Aufsichtsrat
Die Gesellschaft kann einen Aufsichtsrat bestellen, sofern das im Gesellschaftsvertrag vorgesehen ist (§ 52 Abs.1 GmbHG). Vorgeschrieben ist ein Aufsichtsrat nur bei solchen Gesellschaften, die mehr als 500 Arbeitnehmer beschäftigen (§ 129 Abs. 1 BetrVG i. d. F. v. 21.12.1988 i. Vbg. m. § 77 BetrVG 1952).
Die GmbH wird u. a. durch Ablauf der im Gesellschaftsvertrag bestimmten Zeit, durch Beschluß der Gesellschafterversammlung mit qualifizierter Mehrheit (3/4 der abgegebenen Stimmen), gerichtliches Urteil, Eröffnung des Konkursverfahrens usw. aufgelöst (§ 60 Abs. 1 GmbHG). Die Auflösung ist im Handelsregister anzumelden und von den Geschäftsführern, die nach Auflösung gesetzliche Liquidatoren sind, dreimal bekanntzugeben. Danach wird die Liquidation durchgeführt.

Aktiengesellschaft (AG)

(Aktiengesetz vom 06.09.1965, zuletzt geändert durch Gesetz vom 30.11.1990)
Die AG ist eine Gesellschaft mit eigener Rechtspersönlichkeit, deren Gesellschafter an dem in Aktien zerlegten Grundkapital beteiligt sind, ohne persönlich für die Verbindlichkeiten der Gesellschaft zu haften (§ 1 AktG).
Die Höhe des Grundkapitals, die mindestens DM 100.000,00 betragen muß, wird im Gesellschaftsvertrag (Satzung) festgelegt (§ 7 AktG).
Die Aktie, die einen Bruchteil des Grundkapitals darstellt, muß einen Mindestnennbetrag von DM 50,00 haben (§ 8 Abs. 1 AktG). Als Stamm– und Vorzugsaktie verbrieft sie das Mitgliedschaftsrecht des Aktionärs. Sie kann als Inhaber– oder Namensaktie ausgegeben werden (§ 10 Abs. 1 AktG). Die auf den Inhaber lautenden Inhaberaktien können ohne Einfluss der Gesellschaft jederzeit wie bewegliche Sachen veräußert werden. Mit der Übereignung geht das Mitgliedschaftsrecht auf den Neuerwerber über. Namensaktien werden wie ein Wechsel durch Einigung, Übergabe und Indossament übertragen (§ 68 Abs. 1 AktG). Da der Neuerwerber im Verhältnis zur AG nur dann als Aktionär gilt, wenn er als solcher im Aktienbuch eingetragen ist, ist eine entsprechende Namensumschreibung erforderlich (§§ 67 Abs.2, 68 Abs. 3 AktG). Zum Zwecke der Gründung einer AG müssen mindestens 5 Personen in notariell beurkundeter Form die Satzung vereinbaren, zunächst alle Aktien übernehmen und die Gesellschaft zum Handelsregister anmelden.
Die AG, deren Gesellschaftsstruktur sich vorzüglich für Großunternehmen eignet, hat 3 gesetzlich zwingend vorgeschriebene Organe.

Hauptversammlung.
Die Hauptversammlung ist das wichtigste Organ der Aktiengesellschaft, in der die Aktionäre in Ausübung ihres Mitgliedschaftsrechts Auskunft verlangen und über wesentliche Angelegenheiten der Gesellschaft abstimmen können (§ 118 AktG). Soweit nicht Gesetz oder die Satzung eine qualifizierte Mehrheit erfordern, bedürfen die Beschlüsse der Hauptversammlung der einfachen Stimmenmehrheit (§ 133 Abs. 1 AktG). Insbesondere hat die Hauptversammlung über folgende Tagesordnungspunkte abzustimmen:

- Bestellung der Mitglieder des Aufsichtsrates
- Verwendung des Bilanzgewinns
- Entlastung der Mitglieder des Vorstandes und des Aufsichtsrates
- Bestellung des Abschlußprüfers
- Satzungsänderungen
- Maßnahmen der Kapitalbeschaffung und der Kapitalherabsetzung
- Bestellung von Prüfern zur Prüfung von Vorgängen bei der Gründung oder der Geschäftsführung
- Auflösung der Gesellschaft (§ 119 Abs. 1 AktG).

Vorstand
Der Vorstand ist das geschäftsführende Organ der AG und vertritt diese im Rechtsverkehr nach außen (§§ 77, 78 AktG). Der Vorstand wird durch den Aufsichtsrat auf die Dauer von höchstens 5 Jahren bestellt. Wiederholte Bestellung ist zulässig (§ 84 Abs. 1 AktG). Nach dem Montan-Mitbestimmungsgesetz vom 21.05.1951 ist bei Unternehmen mit mehr als 1000 Arbeitnehmern ein Arbeitsdirektor als Vorstandsmitglied zu installieren. Nach dem Montan-Mitbestimmungsergänzungsgesetz vom 07.08.1956 gilt dieselbe Regelung bei jeder Aktiengesellschaft mit mehr als 2000 Arbeitnehmern.

Aufsichtsrat

Der Aufsichtsrat ist Kontrollorgan der Aktiengesellschaft und hat die Geschäftsführung zu überwachen (§ 111 Abs. 1 AktG).

Er hat die Aufgabe, die Vorstandsmitglieder zu bestellen und abzuberufen (§ 84 AktG) sowie die AG gegenüber diesen gerichtlich und außergerichtlich zu vertreten (§ 112 AktG). Nach dem Montan-Mitbestimmungsgesetz besteht der Aufsichtsrat aus 15 Mitgliedern, davon je 7 aus Vertretern der Anteilseigner und der Arbeitnehmerschaft sowie einem weiteren Mitglied. Nach dem Montan-Mitbestimmungsergänzungsgesetz besteht der Aufsichtsrat zur Hälfte aus Arbeitnehmervertretern und Anteilseignern.

Eingetragene Genossenschaft (e.G.)

(Gesetz betreffend die Erwerbs- und Wirtschaftsgenossenschaften vom 20.05.1898, zuletzt geändert durch Gesetz vom 30.11.1990)

Die eingetragene Genossenschaft ist nach Art des Vereins eine rechtsfähige Körperschaft, die die Förderung des Erwerbs oder der Wirtschaft ihrer Mitglieder durch einen gemeinschaftlichen Geschäftsbetrieb zum Gegenstand hat und deren Mitgliederzahl nicht geschlossen ist (§ 1 GenG).

Von den rechtsfähigen Gesellschaften (GmbH u. AG) unterscheidet sie sich u. a. wesentlich dadurch, daß sie nicht selbst Gewinne erzielt, sondern die wirtschaftlichen Interessen ihrer Mitglieder fördern will. Auch sind ihre Mitglieder (Genossen) intensiver persönlich an ihr beteiligt als bei den rechtsfähigen Gesellschaften.

Beispiele für e.G.: Wohnungsbaugenossenschaften, Konsumvereine, Kreditvereine.

Die Genossenschaft gilt kraft Gesetzes als Formkaufmann, ohne daß es auf die Art ihres Betriebes ankommt (§ 17 Abs.2 GenG). Sie entsteht durch schriftlichen Vertrag zwischen mindestens 7 Personen und Eintragung in das beim Amtsgericht geführte Genossenschaftsregister (§§ 4, 5, 10 GenG). Der schriftliche Vertrag, das Statut, muß kraft Gesetzes einen bestimmten Inhalt haben (vgl. §§ 6, 7 GenG), u. a. Regelungen über die Firma, den Gegenstand des Unternehmens und die von den Genossen zu übernehmenden Geschäftsanteile. Die e.G. muß als Sachfirma auftreten, die die Bezeichnung „eingetragene Genossenschaft“, zumindest aber die Abkürzung „e. G.“ enthalten muß (§ 3 GenG). In der Wahl des Gegenstandes ihres Unternehmens ist sie frei. Das Statut muß den Betrag, bis zu welchem sich die einzelnen Genossen mit Einlagen beteiligen können (Geschäftsanteil) sowie die Einzahlungen hierauf regeln. Im Statut muß auch vertraglich bestimmt werden, ob die Genossen im Konkurs der Genossenschaft zur Befriedigung der Forderungen der Gläubiger Nachschüsse unbeschränkt, beschränkt auf eine bestimmte Haftsumme oder überhaupt nicht zu leisten haben.

Die Genossenschaft hat wie die AG ähnliche Organe, nämlich Generalversammlung (Vertreterversammlung), Vorstand und Aufsichtsrat.

Sonderformen der Kommanditgesellschaft

Außer der AG und der GmbH kommt im Geschäftsleben der gesetzlich nicht geregelten GmbH & Co. keine geringe Bedeutung zu. Bei ihr ist persönlich haftender Gesellschaft eine GmbH. Die Rechte und Pflichten der Gesellschafter bestimmen sich nach dem Recht der Kommanditgesellschaft.

Im Aktiengesetz ist die Kommanditgesellschaft auf Aktien (KGa.A.) geregelt (§§ 278 ff. AktG). Die KGa.A. ist eine Gesellschaft mit eigener Rechtspersönlichkeit, bei der mindestens ein Gesellschafter den Gesellschaftsgläubigern unbeschränkt haftet (persönlich haftender Gesellschafter) und die übrigen an dem in Aktien zerlegten Grundkapital beteiligt sind, ohne persönlich für die Verbindlichkeiten der Gesellschaft zu haften (Kommanditaktionäre). Die Gesellschaft wird durch die persönlich haftenden Gesellschafter im Innenverhältnis und nach außen vertreten. In der Hauptversammlung haben diese nur ein Stimmrecht für ihre Aktien (§ 285 Abs.1 AktG).

Bei der Wahl der Gesellschaftsform spielen viele, insbesondere auch steuerrechtliche Gesichtspunkte eine Rolle. Zur Erleichterung des Verständnisses werden in Abb. 10.11 die wichtigsten Gesellschaftsformen gegenüber gestellt.

Wirtschaftsrecht

Gewerberecht

Gewerbe ist jede auf Gewinnerzielung gerichtete, auf Dauer angelegte, erlaubte, selbständige Tätigkeit mit Ausnahme der Urproduktion (z. B. Landwirtschaft, Bergbau etc.), künstlerischer und wissenschaftlicher Tätigkeit, sowie der freien Berufe (Ärzte, Rechtsanwälte, Steuerberater etc.).

Das Gewerberecht gehört dem öffentlichen Recht an und regelt die Voraussetzungen, unter

Vergleich der Gesellschaftsformen

	BGB-Gesellschaft	OHG	KG	GmbH	AG
Juristische Person	nein	nein	nein	ja	ja
Geschäftsführungsbefugnis	alle Gesellschafter	jeder Gesellschafter einzeln	jeder Komplementär einzeln, Kommanditisten nicht	Geschäftsführer, die nicht Gesellschafter zu sein brauchen	Vorstand braucht nicht Aktionär zu sein
Hauptpflichten der Gesellschafter	Mitarbeit, Zahlung der Einlage	Mitarbeit, Zahlung der Einlage	Komplementär wie bei OHG; Kommanditisten: Zahlung der Einlage	Einzahlung der Stammeinlage	Zahlung der Einlage
Haftung der Gesellschafter für Gesellschaftsschulden	unmittelbar und unbeschränkt gegenüber den Gläubigern	unmittelbar und unbeschränkt gegenüber den Gläubigern	Komplementär wie bei OHG; Kommanditisten bis zur Zahlung der Einlage unmittelbar; aber auf die Einlage beschränkt, nach Zahlung der Stammeinlage nicht	Haftung nur gegenüber der GmbH, beschränkt auf die Stammeinlage; ggf. Deckungspflicht für andere Stammeinlagen	Haftung gegenüber der AG nur auf Zahlung der Einlage

Abb. 10.11:
Vergleich der Gesellschaftsformen

denen ein Gewerbe betrieben werden kann. Neben der Gewerbeordnung i. d. F. vom 01.01.1978 (GewO) ist das Gewerberecht in zahlreichen Nebengesetzen geregelt. Beispielhaft zu nennen sind das Bundesimmissionsschutzgesetz (BImSchG), die Handwerksordnung und das Gaststättengesetz.

Grundsätzlich besteht Gewerbefreiheit, d. h., der Betrieb eines Gewerbes ist jedermann gestattet (§ 1 GewO).

Gesetzliche Beschränkungen der Gewerbefreiheit sind nur innerhalb der durch Art. 12 Abs.1 GG gezogenen Grenzen zulässig (Freiheit der Berufswahl und der Berufsausübung). Eingriffe in das Recht der Berufswahl und der Berufsausübung sind nur in engen Grenzen möglich.

Als Einschränkung der Freiheit der Berufswahl kommen in Betracht:

- Das Berufsverbot, das nur in besonders krassen Ausnahmefällen gerechtfertigt sein kann. Beispiel: Verbot privater gewerblicher Arbeitsvermittlung.
- Objektive Zulassungsvoraussetzungen – Beschränkung des Zugangs zu bestimmten Berufen, insbesondere wegen Fehlens eines öffentlichen Bedürfnisses. Beispiel: Eröffnung eines Linienverkehrs zur Personenbeförderung (§ 13 Abs.2 PersBifG). Objekte Zulassungsbeschränkungen sind nur zulässig zur Abwehr nachweisbarer oder höchstwahrscheinlich schwerer Gefahren für ein überragend wichtiges Gemeinschaftsgut.
- Subjektive Zulassungsvoraussetzungen – Beschränkung des Zugangs aus individuellen Gründen. Bespiel: Befähigungsnachweise wie die „Meisterprüfung“ im Handwerk. Gesetzliche Zulassungsbeschränkungen sind nur zum Schutze eines wichtigen Gemeinschaftsgutes gerechtfertigt.

Die Berufsausübung wird ebenfalls durch Gesetz oder aufgrund eines Gesetzes geregelt werden. Eingriffe sind auch hier nur zulässig, soweit vernünftige Erwägungen des Gemeinwohls es für zwecksmäßig erscheinen lassen. Beispiel: Verhängung bestimmter Auflagen, Regelung der Ladenschlußzeiten usw..

Nach dem Grundsatz der Verhältnismäßigkeit darf der Gesetzgeber zwischen mehreren Regelungsmöglichkeiten nur diejenige wählen, die den geringsten Eingriff in das geschützte Grundrecht der Berufsfreiheit mit sich bringt.

Zum Schutze der Allgemeinheit macht die GewO in zahlreichen Fällen die Aufnahme eines Gewerbes von der Erteilung einer Erlaubnis abhängig, die nur unter bestimmten Voraussetzungen erteilt wird. So kann die Erlaubnis u. a. von der Schaffung sachlicher Grundlagen (technische Anlagen, Schaffung bestimmter Räumlichkeiten) und/oder von der Erfüllung persönlicher Voraussetzungen (Befähigung, Zuverlässigkeit) abhängig gemacht werden. So bedürfen einer Gewerbeerlaubnis u. a. Betreiber von Spielsalons (§ 33 c GewO), Pfandleiher (§ 34 GewO), Makler, Bauträger, Baubetreuer (§ 34 c GewO), Gastwirte (§ 2 GaststG), Betreiber einer genehmigungspflichtigen Anlage nach dem Bundesimmissionsschutzgesetz (§ 4 BImSchG).

Je nach Art des Gewerbes unterscheidet man in

- stehende Gewerbe (§§ 15 ff. GewO; Nebengesetze z. B. GaststG);
- Reisegewerbe (§§ 55 ff. GewO);
- Marktverkehr (§§ 64 ff. GewO), wie Messen, Ausstellungen, Märkte.

Neben den allgemeinen gewerberechtlichen Bestimmungen findet auf Gewerbebetriebe, die handwerklich betrieben werden (Be– und Verarbeitung von Stoffen in Einzelfertigung, persönliche Mitarbeit des Betriebsinhabers) die Handwerksordnung i. d. F. v. 28.12.1965 (HandwO) Anwendung. Voraussetzung ist allerdings, daß das betriebene Gewerbe zu einem der Gewerbe gehört, die in der Anlage A des Gesetzes aufgeführt sind. Die HandwO enthält u. a. Vorschriften über die Berufsausbildung, Gesellen– und Meisterprüfung, Voraussetzungen zum selbständigen Betrieb eines Handwerks sowie über die Organisation des Handwerks in den Handwerksinnungen und Handwerkskammern.

Die selbständigen Handwerksmeister werden in einer bei der zuständigen Handwerkskammer geführten Handwerksrolle eingetragen (§ 6 HandwO). Selbständige Handwerker können sich zur Förderung ihrer gemeinsamen gewerblichen Interessen zu einer Handwerksinnung zusammenschließen (§ 52 ff. HandwO). Die Handwerkskammern dienen der Interessenvertretung der Handwerker und werden von den obersten Landesbehörden als Körperschaften des öffentlichen Rechts gebildet (§§ 90 ff. HandwO). Im Kammerbezirk besteht eine gesetzliche Pflichtmitgliedschaft für sämtliche selbständigen Handwerker, handwerksähnliche Betriebe sowie für Gesellen und Auszubildende dieser Gewerbebetreibenden.

Zu den wesentlichen Aufgaben der Handwerkskammern gehören:

- Förderung der Interessen des Handwerks;
- Unterstützung der Behörden in der Förderung des Handwerks durch Anregungen, Vorschläge und Gutachten;
- Bestellung und Vereidigung von Sachverständigen;

– Führung der Handwerksrolle und des Verzeichnisses der Berufsausbildungsverhältnisse (Lehrlingsrolle);
– Regelung der Berufsausbildung und Überwachung ihrer Durchführung;
– Erlaß der Prüfungsordnung und Errichtung von Prüfungsausschüssen.

Spitzenorganisation zur zentralen Interessenvertretung des Handwerks in der Bundesrepublik Deutschland ist der Zentralverband des Deutschen Handwerks.

Steuerpflichtige Gewerbetreibende sind zugleich Mitglieder in der Industrie- und Handelskammer, sofern sie im Kammerbezirk eine Niederlassung, Betriebs- oder Verkaufsstelle unterhalten. Die Industrie- und Handelskammern sind unter der Rechtsaufsicht der Landes stehende Körperschaften des öffentlichen Rechts (§§ 3 ff. des Gesetzes zur vorläufigen Regelung des Rechts der Industrie- und Handelskammern vom 18. 12.1956). Die Kosten der Industrie- und Handelskammer werden – soweit sie nicht durch andere Einnahmen gedeckt sind – durch Beiträge der Kammerangehörigen aufgebracht (§ 2 des Gesetzes). Die Aufgaben der Industrie- und Handelskammer sind vor allem:

– Interessenwahrnehmung der Kammerangehörigen,
– Förderung der gewerblichen Wirtschaft,
– Unterstützung und Beratung von Behörden durch Vorschläge, Gutachten und Berichte,
– Wahrung von Anstand und Sitte des ehrbaren Kaufmanns.

Spitzenorganisation der Industrie- und Handelskammern auf Bundesebene ist der Deutsche Industrie- und Handelstag.

Gewerblicher Rechtsschutz

Begriff

Der gewerbliche Rechtsschutz bezweckt den Schutz der geistig-gewerblichen Leistung. Schutzgegenstand ist danach die laufende Betätigung des Unternehmers und die Sicherung des Leistungsergebnisses hieraus. Die unternehmerische Betätigung kann sich nur auf der Grundlage eines freien Wettbewerbs entfalten, der im wesentlichen durch das Gesetz gegen den unlauteren Wettbewerb (UWG) und das Gesetz gegen Wettbewerbsbeschränkungen (GWB) geschützt wird. Dabei will das UWG die Qualität des Wettbewerbs dahingehend sichern, daß ein fairer Wettbewerb stattfindet. Demgegenüber will das GWB die Existenz des freien Wettbewerbs sicherstellen.

Das Leistungsergebnis wird – soweit gegenständlich – durch Sondergesetze geschützt, wie insbesondere das Patent-, Gebrauchsmuster-, Geschmacksmuster- und Warenzeichengesetz. Das Urheberrecht hat eigenständigen Charakter und gehört nicht zum gewerblichen Rechtsschutz, obgleich zwischen ihm und dem Geschmacksmusterrecht nur ein gradueller Unterschied besteht. Es wurde deshalb von einer Darstellung Abstand genommen. Das Geschmacksmusterrecht zählt nur deshalb zu den gewerblichen Schutzrechten, weil die nach der geschützten Vorlage herzustellenden Muster und Modelle gewerblich verwertbar sein müssen, was bei dem Urheberrecht grundsätzlich nicht erforderlich ist. Dieses entsteht, anders als die in den Sondergesetzen geregelten Schutzrechte, ohne ein förmliches Verfahren in der Person des Urhebers. Die gewerblichen Schutzrechte entstehen dagegen grundsätzlich erst durch Eintragung in ein öffentliches Register und durch öffentliche Bekanntmachung. Die gewerblichen Schutzrechte begründen vor allem Ausschließlichkeitsrechte an der Nutzung des Rechtsguts. Es steht dem Patentinhaber beispielsweise die Befugnis zu, den Erfindungsgegenstand herzustellen, anzubieten, in Verkehr zu bringen und zu gebrauchen. Gegen den, der das Patent verletzt, kann der Berechtigte mit der Schadensersatz- und Unterlassungsklage vorgehen.

Gewerbliche Schutzrechte

An gewerblichen Schutzrechten sind insbesondere folgende zu erwähnen:

• Patente

(Patentgesetz 1981 i. d. F. v.16.12.1980 – PatG)
Patente werden für Erfindungen erteilt, die neu sind, auf einer erfinderischen Tätigkeit beruhen und gewerblich anwendbar sind (§ 1 Abs. 1 PatG). Danach setzt die Patentfähigkeit Erfindungen voraus, die neu sind, gewerblich angewendet werden können und eine erfinderische Tätigkeit (Erfindungshöhe) aufweisen.

Erfindung: Das Gesetz schützt nicht alle erfinderischen Leistungen, sondern nur solche, die auf dem Gebiet der Technik erbracht werden. Technik ist Naturbeherrschung. Zur Natur und damit zum Gebiet der Technik gehört in erster Linie die unbelebte Natur. Schutzfähig sind danach Erfindungen, die willkürliche Einwirkungen der äußeren menschlichen Machtmittel auf leblose Dinge zum Gegenstand haben, wie beispielsweise Erfindungen auf dem Gebiet der Physik und Chemie, die Konstruktion neuer Maschinen und Geräte. Zur Natur gehört auch das Pflanzenreich.

Die Beeinflussung und Ausnutzung der biologischen Kräfte von Pflanzen liegt auf dem Gebiet der Technik. § 2 Nr. 2 PatG schließt jedoch grundsätzlich für Pflanzen und für im wesentlichen biologische Verfahren zur Züchtung von Pflanzen die Patentfähigkeit aus, sofern sie im Artenverzeichnis zum Sortenschutzgesetz aufgeführt sind. Patentfähigkeit kommt auch nicht Entdeckungen sowie wissenschaftlichen Theorien und mathematischen Methoden, ästhetischen Formschöpfungen, Plänen, Regeln und Verfahren für gedankliche Tätigkeiten, für Spiele oder für geschäftliche Tätigkeiten sowie für Programme für Datenverarbeitungsanlagen zu (§ 1 Abs. 2 Ziff.1, 2 u. 3 PatG).

Neuheit: Eine Erfindung gilt als neu, wenn sie nicht zum Stand der Technik gehört. Der Stand der Technik umfaßt alle Kenntnisse, die vor dem für den Zeitrang der Anmeldung des Patents maßgeblichen Tag durch schriftliche oder mündliche Beschreibung, durch Benutzung oder in sonstiger Weise der Öffentlichkeit zugänglich gemacht wurden (§ 3 Abs. 1 PatG).

Gewerbliche Anwendungsmöglichkeit: Eine Erfindung gilt als gewerblich anwendbar, wenn ihr Gegenstand auf irgendeinem gewerblichen Gebiet einschließlich der Landwirtschaft hergestellt oder benutzt werden kann (§ 5 Abs. 1 PatG). Verfahren zur chirurgischen oder therapeutischen Behandlung des menschlichen oder tierischen Körpers und Diagnostizierverfahren, die am menschlichen oder tierischen Körper vorgenommen werden, gelten nicht als gewerblich anwendbare Erfindungen (§ 5 Abs.2 PatG).

Erfinderische Tätigkeit: Eine Erfindung beruht nur dann auf einer erfinderischen Tätigkeit, wenn sie sich für den Fachmann nicht in naheliegender Weise aus dem Stand der Technik ergibt (§ 4 PatG). Es kommt also darauf an, daß die von dem Erfinder gefundene Lösung eine Erfindungshöhe besitzt, d. h., sie muß über dem Durchschnittskönnen der Fachleute auf dem einschlägigen technischen Gebiet liegen. Bei Fehlen der Erfindungshöhe kommt die Möglichkeit des Erwerbes eines Gebrauchmusterrechts in Betracht, weil dieses geringere Anforderungen an die Erfindungshöhe stellt.

Wie bereits erwähnt, entsteht das gewerbliche Schutzrecht im Gegensatz zum Urheberrecht nicht von selbst, sondern wird durch staatlichen Hoheitsakt verliehen. Zuständig hierfür ist das Deutsche Patentamt, das über die Erteilung des Patentes durch Beschluß entscheidet. Erteilt das Deutsche Patentamt das Patent, wird die Entscheidung zusammen mit der Patentschrift im Patentblatt veröffentlicht. Mit der Veröffentlichung im Patentblatt treten die gesetzlichen Wirkungen des Patentes erst ein (§§ 49 Abs. 1, 58 Abs. 1 PatG).

Der Entscheidung durch das Deutsche Patentamt geht ein förmliches Verfahren voraus (§§ 35 ff. PatG). Die Erfindung ist schriftlich mit dem Antrag auf Erteilung eines Patentes auf den vorgeschriebenen Formularen unter Beifügung der geforderten Unterlagen anzumelden, wobei die Erfindung so deutlich und vollständig zu offenbaren ist, daß ein Fachmann sie nachvollziehen kann (§ 35 Abs. 2 PatG). Der Anmelder, der mit dem Erfinder nicht identisch zu sein braucht, hat darzustellen, wie er das Recht auf das Patent erlangt hat (§ 37 Abs. 1 PatG).

Nach Eingang der Anmeldung mit Unterlagen prüft das Patentamt lediglich, ob die Anmeldung offensichtliche formelle oder materielle Mängel aufweist (§ 42 Abs. 1 u. 2 PatG). Formelle Mängel sind beispielsweise das Fehlen von Unterlagen, materielle, wenn erkennbar ist, daß keine Erfindung vorliegt oder diese nicht anwendbar ist. Stellt das Deutsche Patentamt Mängel fest, fordert das Patentamt den Patentsucher auf, diese innerhalb einer bestimmten Frist zu beseitigen oder Stellung zu nehmen. Werden die formellen Mängel nicht beseitigt oder wird die Anmeldung aufrechterhalten, obgleich eine patentfähige Erfindung offensichtlich nicht vorliegt, erfolgt die Zurückweisung der Anmeldung. Ist die Anmeldung nicht zu beanstanden, wird diese 18 Monate nach dem Anmeldetag zur Unterrichtung der Öffentlichkeit offengelegt (§ 31 Abs. 2 PatG). Die sachliche Prüfung auf Patentfähigkeit erfolgt auf besonderen, gebührenpflichtigen Prüfungsantrag, der bereits bei der Anmeldung gestellt oder innerhalb von 7 Jahren seit der Anmeldung nachgeholt werden kann (§ 44 PatG). Bis zur Stellung des Prüfungsantrages genießt die Patentanmeldung bereits einen gewissen Schutz, weil derjenige, der den Gegenstand der Anmeldung unerlaubt benutzt, zur Zahlung einer angemessenen Entschädigung verpflichtet ist (§ 33 Abs. 1 PatG). Wird der Prüfungsantrag innerhalb der 7-Jahres-Frist nicht gestellt, gilt die Patentanmeldung als zurückgenommen (§ 58 Abs. 3 PatG). Im Falle der Antragstellung findet eine auf einer von einem Sachprüfer vorgenommenen Recherche beruhende amtliche Prüfung statt, nach der die Anmeldung entweder zurückgewiesen oder aber die Erteilung des Patentes, wie dargestellt, beschlossen wird.

Innerhalb von 3 Monaten nach der Veröffentlichung der Patenterteilung können Dritte Einspruch gegen das Patent erheben, beispielsweise mit der Begründung, es handele sich nicht um eine patentfähige Erfindung (§ 59 Abs. 1 PatG). Bleibt der Einspruch erfolglos, wird das Patent aufrechterhalten, hat er Erfolg, wird es – ganz oder teilweise – durch Beschluß widerrufen. Gegen alle Beschlüsse des Patentamtes findet die Beschwerde an das Bundespatentgericht statt, das darüber grundsätzlich in letzter Instanz entscheidet, jedoch die Rechtsbeschwerde an den Bundesgerichtshof zulassen kann, wenn eine Rechtsfrage von grundsätzlicher Bedeutung zu entscheiden ist oder die Fortbildung des Rechts oder die Sicherung einer einheitlichen Rechtsprechung eine Entscheidung erforderlich macht (§ 100 PatG). Auch nach der Erteilung des Patentes kann dieses u. a. für nichtig erklärt werden, wenn sein Gegenstand nicht patentfähig ist oder das Patent die Erfindung nicht so deutlich und vollständig offenbart, daß ein Fachmann sie ausführen kann (§§ 21 Abs. 1 Ziff.1 u. 2, 22 PatG). 10 Die Nichtigkeit erfolgt durch Klageerhebung bei dem Patentgericht (§ 81 PatG). Das Bundespatentgericht entscheidet durch Urteil, gegen die die Berufung zum Bundesgerichtshof zulässig ist (§ 110 Abs. 1 PatG).

Rechtswirkungen des Patents: Das veröffentlichte Patent wird in der Patentrolle eingetragen (§ 30 PatG) und hat folgende Rechtswirkungen:
Nur der Patentinhaber ist befugt, die patentierte Erfindung zu benutzen. Ohne Zustimmung des Patentinhabers ist jedem Dritten folgendes verboten:

- Ein Erzeugnis, das Gegenstand des Patents ist, herzustellen, anzubieten, in Verkehr zu bringen, zu gebrauchen oder zu den genannten Zwecken zu führen oder zu besitzen.
- Ein Verfahren, das Gegenstand des Patents ist, anzuwenden oder, wenn der Dritte weiß oder es aufgrund der Umstände offensichtlich ist, daß die Anwendung des Verfahrens ohne Zustimmung des Patentinhabers verboten ist, zur Anwendung anzubieten;
- Ein durch ein Verfahren, das Gegenstand des Patentes ist, unmittelbar hergestelltes Erzeugnis anzubieten, in Verkehr zu bringen, zu gebrauchen oder zu den genannten Zwecken entweder einzuführen oder zu besitzen (§ 9 PatG).

Der Patentinhaber hat das Recht, durch Lizenzvertrag einem Dritten die beschränkte Nutzung des Patentrechtes zu gestatten, beispielsweise zur Herstellung des patentierten Gegenstandes (Herstellungslizenz), Vertrieb des patentierten Gegenstandes (Vertriebslizenz) oder Gebrauch des patentierten Gegenstandes (Gebrauchslizenz). Er kann auch im Wege der Lizenzvergabe das Patent ausschließlich übertragen (§ 15 Abs. 2 PatG). Patente können auch übertragen, vererbt, verpfändet und gepfändet werden (§§ 15 Abs. 1 PatG, 1274 BGB). Sie haben eine Schutzdauer von 20 Jahren, beginnend mit dem Tag, der auf die Anmeldung der Erfindung beim Deutschen Patentamt erfolgt (§ 16 Abs. 1 PatG). Außer durch Ablauf der Schutzfrist kann es durch Widerruf, Nichtzahlung der Gebühren oder Nichtigerklärung durch das Bundespatentgericht erlöschen.
Wer unerlaubt eine patentierte Erfindung benutzt, kann von dem Verletzten auf Unterlassung der Handlung gerichtlich in Anspruch genommen werden (§ 139 Abs. 1 PatG). Daneben besteht die Möglichkeit, den Verletzer auf Schadensersatz in Anspruch zu nehmen, wenn die Nutzungshandlung vorsätzlich oder fahrlässig vorgenommen wurde (§ 139 Abs. 2 PatG). Für diese Rechtsstreitigkeiten sind die Zivilkammern der Landgerichte ohne Rücksicht auf den Streitwert ausschließlich zuständig (§ 143 Abs. 1 PatG). In strafrechtlicher Hinsicht sind bestimmte Formen von Patentverletzungen mit Freiheitsstrafe bis zu 3 Jahren oder mit Geldstrafe unter Strafe gestellt (§ 142 Abs.1 PatG). Handelt der Täter gewerbsmäßig, ist die Strafe Freiheitsstrafe bis zu 5 Jahren oder Geldstrafe (§ 142 Abs.2 PatG). Der Patentschutz ist international anerkannt, insbesondere auch durch die Pariser Verbandsübereinkunft zum Schutz des gewerblichen Eigentums vom 20.03.1983. Für deutsche Erfinder besteht die Möglichkeit, außer dem deutschen auch das europäische Patent durch einen entsprechenden Antrag beim Europäischen Patentamt in München zu erlangen.

Arbeitnehmererfindungen: Die Rechte an Erfindungen und technischen Verbesserungsvorschlägen von Arbeitnehmern im privaten und im öffentlichen Dienst, von Beamten und Soldaten werden durch das Gesetz über Arbeitnehmererfindungen vom 25.07.1957 geregelt. Das Gesetz unterscheidet zwischen Diensterfindungen und freien Erfindungen. Diensterfindungen sind solche, die während der Dauer eines Arbeitsverhältnisses gemacht werden und entweder aus der dem Arbeitnehmer im Betrieb übertragenen Tätigkeit entstehen oder maßgeblich auf Erfahrungen oder Arbeiten des Betriebes beruhen (§ 4 d. Ges.). Alle übrigen Erfindungen des Arbeitnehmers sind freie Erfindungen. Diensterfindungen stehen grundsätzlich dem Arbeitgeber zu. Aus diesem Grunde trifft den Arbeitnehmer gegenüber dem Arbeitgeber eine Meldepflicht (§ 5 Abs. 1 d. Ges.). Dieser kann die Erfindung in Anspruch nehmen, und zwar entweder unbeschränkt, so daß alle Rechte auf ihn übergehen, oder beschränkt auf ein Recht zur Benutzung der Erfin-

dung (§ 6 d. Ges.). Nimmt der Arbeitgeber die Erfindung ganz oder teilweise in Anspruch, muß er eine angemessene Vergütung zahlen (§§ 9 d. Ges.). Die Höhe der Vergütung wird vertraglich vereinbart, wobei zur Ermittlung einer angemessenen Vergütung auf die Richtlinien, die der Bundesminister für Arbeit erläßt, zurückgegriffen werden kann (§ 11 d. Ges.). Wird keine Einigung erzielt, hat der Arbeitgeber die Vergütung durch eine begründete schriftliche Erklärung an den Arbeitnehmer festzusetzen und entsprechend der Festsetzung die Vergütung zu zahlen (§ 12 Abs. 3 d. Ges.). Der Arbeitnehmer kann der Festsetzung widersprechen, wenn er mit dieser nicht einverstanden ist. Widerspricht er nicht, so wird die Festsetzung für beide Teile verbindlich (§ 12 Abs. 2 d. Ges.). Wird keine Einigung erzielt, kann eine Schiedsstelle beim Deutschen Patentamt angerufen und gegen deren Entscheidung ggf. Klage erhoben werden (§§ 29 ff.).
Freie Erfindungen, die im Arbeitsbereich des Betriebes des Arbeitgebers verwendbar sind und während der Dauer des Arbeitsverhältnisses gemacht wurden, hat der Arbeitnehmer dem Arbeitgeber schriftlich mitzuteilen und ihm ein Recht zur Benutzung zu angemessenen Bedingungen anzubieten (§§ 18, 19 d. Ges.). Schriftliche Verbesserungsvorschläge eines Arbeitnehmers, die nicht patent- oder gebrauchsmusterfähig sind, kann der Arbeitgeber ohne weiteres in Anspruch nehmen. Er schuldet dem Arbeitnehmer jedoch dann eine angemessene Vergütung (§ 20 d. Ges.).

- Gebrauchsmuster
(Gebrauchsmustergesetz i. d. F. v. 28.08.1986 mit späteren Änderungen – GebrMG)

Als Gebrauchsmuster werden Erfindungen geschützt, die neu sind, auf einem erfinderischen Schritt beruhen und gewerblich anwendbar sind. Damit werden an die Gebrauchsmusterfähigkeit einer Erfindung dieselben Anforderungen wie an die Patentfähigkeit mit der Ausnahme gestellt, daß die Erfindungshöhe geringer sein kann, wie sich aus der Formulierung „erfinderischer Schritt" ergibt. Das Gebrauchsmuster wird daher auch als kleines Patent bezeichnet. Die frühere gesetzliche Regelung, daß sich gebrauchsmusterfähige Erfindungen auf Arbeitsgerätschaften oder Gebrauchsgegenstände beziehen müssen, wurde durch Art. 5 des Gesetzes vom 07.03. 1990 (BGBl. I. S. 161) aufgehoben. Dem Gebrauchsmusterschutz unterliegen bisher nicht die Verfahrenserfindungen (§ 1 Abs. 2 GebrMG). Um Gebrauchsmusterschutz zu erlangen, ist eine ordnungsgemäße Anmeldung erforderlich, die einen oder mehrere Schutzansprüche, eine Beschreibung des Gegenstandes des Gebrauchsmusters und die Zeichnungen, auf die sich die Schutzansprüche beziehen sollen, enthalten muß (§ 4 Abs. 2 GebMG). Die Anmeldung wird durch das Deutsche Patentamt überprüft, wobei sich die Prüfung neben den formellen Schutzvoraussetzungen nur noch darauf erstreckt, ob die angemeldete Erfindung wegen Verstoßes gegen die öffentliche Ordnung oder die guten Sitten, als Pflanzensorte oder Tierart oder als Verfahrenserfindung vom Gebrauchsmusterschutz ausgeschlossen ist (§ 2 GebrMG). Die materiellen Schutzvoraussetzungen, nämlich die Neuheit, das Vorliegen eines erfinderischen Schritts und gewerbliche Anwendbarkeit werden dagegen im Eintragungsverfahren von der Prüfung ausgenommen (§ 8 Abs. 2 GebrMG). Nach Prüfung verfügt das Deutsche Patentamt die Eintragung in die Rolle für Gebrauchsmuster. Mit der Eintragung wird das Gebrauchsmuster als Schutzrecht erworben (§ 11 Abs. 1 GebrMG).

Lagen die Voraussetzungen für die Erteilung des Gebrauchsmusters nicht vor oder ist das Muster bereits aufgrund früherer Patent- oder Gebrauchsmusteranmeldungen geschützt, kann jeder bei dem Deutschen Patentamt schriftlich beantragen, das Gebrauchsmuster zu löschen (§ 15 Abs. 1 Ziff. 1 u. 2, 16 GebrMG). Das Deutsche Patentamt teilt dem Inhaber des Gebrauchsmusters den Löschungsantrag mit und fordert ihn auf, sich hierzu innerhalb eines Monats zu erklären. Widerspricht er nicht rechtzeitig, so erfolgt die Löschung von amtswegen (§ 17 Abs. 1 GebrMG). Wehrt sich der Inhaber, findet eine mündliche Verhandlung vor dem Deutschen Patentamt statt, in der über den Antrag auf Löschung entschieden wird (§ 17 Abs. 3 GebrMG). Gegen den Beschluß findet dann Beschwerde an das Patentgericht statt (§ 18 Abs.1 GebrMG). Aufgrund der Eintragung ist der Inhaber allein befugt, den Gegenstand des Gebrauchsmusters zu benutzen. Jedem Dritten ist es – wie beim Patent – verboten, ohne Zustimmung des Inhabers ein Erzeugnis, das Gegenstand des Gebrauchsmusters ist, herzustellen, anzubieten, in Verkehr zu bringen oder zu gebrauchen oder zu den genannten Zwecken einzuführen oder zu besitzen (§ 11 Abs. 1 GebrMG). Wer unberechtigt das Gebrauchsmuster benutzt, kann vom Verletzten auf Unterlassung in Anspruch genommen werden (§ 24 Abs. 1 GebrMG). Der Verletzer macht sich schadensersatzpflichtig, wenn er die Handlung vorsätzlich oder fahrlässig vornimmt (§ 24 Abs. 2 GebrMG). Er kann sich zudem wegen Vergehens gegen das Gebrauchsmustergesetz unter den dort genannten Voraussetzungen strafbar ma-

10

chen (§ 25 GebrMG). Das Gebrauchsmuster kann – wie das Patent – übertragen und vererbt werden (§ 22 Abs. 1 GebrMG). Zur Nutzung können Lizenzen erteilt werden (§ 22 Abs. 2 GebrMG). Der Gebrauchsmusterschutz dauert 3 Jahre und kann durch Zahlung der jeweils fälligen Gebühren zunächst um 3 Jahre, sodann um jeweils 2 Jahre bis auf höchstens 10 Jahre verlängert werden (§ 23 Abs. 1 u. 2 GebrMG).

- Geschmacksmuster
(Geschmacksmustergesetz vom 11.01.1876 mit späteren Änderungen – GeschmMG)
Unter Geschmacksmuster versteht man das Recht, ein gewerbliches Muster oder Modell ganz oder teilweise nachzubilden, wenn Muster oder Modelle neue und eigentümliche Erzeugnisse darstellen (§ 1 GeschmMG). Gegenstand des Geschmacksmusterschutzes sind danach flächige Darstellungen (Muster) und räumliche Darstellungen (Modelle) von gewerblichen Erzeugnissen, die geeignet sind, auf den Formen- und Farbensinn des Betrachters zu wirken. Gesetzliche Voraussetzung für den gewerblichen Rechtschutz ist außerdem die Neuheit und Eigentümlichkeit des Musters oder Modells (§ 1 Abs. 2 GeschmMG). Nach höchstrichterlicher Rechtssprechung ist ein Muster (Modell) dann als neu anzusehen, wenn es im Zeitpunkt der Anmeldung den inländischen Fachkreisen weder bekannt war noch bei zumutbarer Beachtung einschlägiger Gestaltungen bekannt sein konnte. Als eigentümlich ist ein Muster (Modell) zu bewerten, wenn es auf eine selbständige, schöpferische Leistung zurückzuführen ist, die über das Durchschnittskönnen eines Mustergestalters hinausgeht.
Auf diesem Hintergrund können nicht nur Tapetenmuster, Lederwaren, Kleiderschnitte, Schmuckstücke, Zierschriften usw. geschmacksmusterfähig sein, sondern auch die Kombination von Farben und Formen sowie Material und Gestaltung. Das Geschmacksmuster entsteht bereits mit der Herstellung des Musters (Modells) durch den Urheber. Der Urheber erlangt den Schutz gegen Nachbildung des Musters (Modells) jedoch nur, wenn er dieses beim Deutschen Patentamt zur Eintragung in das Musterregister anmeldet (§ 7 Abs. 1 GeschmMG). Die nachträgliche Eintragung hat nur deklaratorische Bedeutung. Der Inhaber des Geschmacksmusters hat das Recht der Nachbildung (§ 1 Abs. 1 GeschmMG). Er kann wegen verbotener Nachbildung Unterlassungs- und Schadensersatzansprüche geltend machen (§ 14 a GeschmMG). Wer ohne Genehmigung des Inhabers eines Geschmacksmusters die Nachbildung eines Musters oder Modells in Verbreitungsabsicht herstellt, macht sich strafbar und riskiert eine Freiheitsstrafe bis zu 3 Jahren oder Geldstrafe (§ 14 Abs. 1 GeschmMG). Das Geschmacksmuster ist vererblich und übertragbar sowie lizenzfähig (§ 3 GeschmMG). Sein Schutz dauert 5 Jahre und beginnt mit dem Tag, der auf die Anmeldung folgt. Die Schutzdauer kann um jeweils 5 Jahre bis auf höchstens 20 Jahre verlängert werden. Die Verlängerung der Schutzdauer wird in das Musterregister eingetragen (§ 9 Abs. 1 u. 2 GeschmMG).

- Warenzeichen
(Warenzeichengesetz i. d. F. v. 02.01.1968 – WZG)
Das Warenzeichen ist ein Kennzeichen (Symbol), dessen sich ein Gewerbetreibender zur Unterscheidung der Waren seines Geschäftsbetriebs von den Waren anderer bedient (§ 1 Abs. 1 WZG). Dienstleistungen können unter einer warenzeichengeschützten Dienstleistungsmarke angeboten werden (§ 1 Abs. 2 WZG). Warenzeichen können in einem Wortzeichen (z. B.: Persil, Nivea, Shell), einem Bildzeichen (z. B.: VW-Zeichen, Mercedes-Stern) oder einem Wortbildzeichen (z. B.: Bayer-Kreuz, Salamander-Zeichen) bestehen. Kein Warenzeichencharakter kommt den Freizeichen zu (§ 4 Abs. 1 WZG). Ein Freizeichen liegt vor, wenn das an sich unterscheidungskräftige Zeichen bereits von einer großen Zahl von nicht miteinander in Verbindung stehenden Gewerbetreibenden unbeanstandet gebraucht wird, wie beispielsweise der Äskulapstab für pharmazeutische Artikel, der Totenkopf für Gifte, der Schwan für Federn. Warenzeichen sind u. a. auch nicht solche Zeichen, die keine Unterscheidungskraft haben oder ausschließlich aus Zahlen, Buchstaben oder Worten bestehen, die Staatswappen, Staatsflaggen oder andere staatliche Hoheitszeichen usw. (§ 4 Abs. 2 WZG).
Das Warenzeichen ist bei dem Deutschen Patentamt schriftlich anzumelden, wobei der Geschäftsbetrieb, in dem das Zeichen verwandt werden soll, genannt und ein Verzeichnis der Waren, für die es bestimmt ist, sowie eine Darstellung des Warenzeichens beigefügt werden muß (§ 2 WZG). Sind die Anmeldungsvoraussetzungen erfüllt, veröffentlicht das Deutsche Patentamt die Anmeldung im Warenzeichenblatt (§ 5 Abs. 1 u. 2 WZG). Wer für gleiche oder gleichartige Waren oder Dienstleistungen bereits früher ein mit dem angemeldeten Zeichen übereinstimmendes oder verwechselbares Zeichen angemeldet hatte, kann innerhalb von 3 Monaten Widerspruch gegen die Eintragung des neu angemeldeten Zeichens erheben (§ 5 Abs. 4 WZG). Wird kein Widerspruch erhoben oder die Übereinstimmung

des Zeichens verneint, wird dieses in die Zeichenrolle eingetragen. Wird Übereinstimmung mit einem anderen Zeichen festgestellt, wird die Eintragung versagt (§ 6 Abs. 2 WZG). Der Anmeldende kann gegen den Widersprechenden innerhalb eines Jahres nach Rechtskraft der Entscheidung des Deutschen Patentamtes Klage erheben. Das Warenzeichen erlangt Rechtschutz durch Eintragung in die vom Deutschen Patentamt geführte Zeichenrolle. Erst mit der Eintragung erlangt der Inhaber das ausschließlich Recht, das Zeichen auf Waren der angemeldeten Art, ihrer Verpackung oder Umhüllung anzubringen, die so bezeichneten Waren in Verkehr zu bringen und das Zeichen auf Ankündigungen, Preislisten usw. abzubilden (§ 15 Abs. 1 WZG).
Seit dem 23.04.1992 ist es gesetzlich möglich, das Warenzeichen selbständig, d. h. ohne den Geschäftsbetrieb, zu übertragen. Der Schutz des eingetragenen Zeichens dauert 10 Jahre, beginnend mit dem Tag der Anmeldung (§ 9 Abs. 1 WZG). Er kann um jeweils 10 Jahre verlängert werden (§ 9 Abs. 1 WZG). Aufgrund seines Warenzeichens kann der Inhaber mit der Unterlassungsklage gegen jeden vorgehen, der für gleiche oder gleichartige Waren ein übereinstimmendes oder verwechselbares Zeichen widerrechtlich gebraucht (§§ 24 Abs. 1, 31 WZG). Wer schuldhaft handelt, ist dem Inhaber zum Ersatz des daraus entstandenen Schadens verpflichtet (§ 24 Abs.2 WZG). Die vorsätzliche Verletzung des Warenzeichens wird mit Freiheitsstrafe bis zu 6 Monaten oder Geldstrafe bedroht (§ 24 Abs. 3 WZG). Dieselbe Funktion wie das Warenzeichen hat die Ausstattung einer Ware oder ihre Verpackung oder Umhüllung usw., die innerhalb beteiligter Verkehrskreise als Kennzeichen gleicher oder gleichartiger Waren eines anderen gilt (§ 25 Abs. 1 WZG). Gegenstand der Ausstattung können nicht nur das Warenzeichen selbst, sondern auch körperhafte Gestaltungen, Artkombinationen usw. sein. Beispiele: Steinhäger-Flasche, Farbzusammenstellung wie Gelb-Rot für Shell, Blau-Weiß für Aral, Blau-Gold für 4711.
Es gibt Warenzeichen mit derart überragender Verkehrsgeltung, daß bei ihnen die Gefahr besteht, daß sie von anderen Firmen für ihre Artikel benutzt werden, ohne daß Warengleichartigkeit besteht. Beispiel: Benutzung des Mercedes-Sterns, des Bayer-Kreuzes für Lebensmittel.
In diesem Falle reicht das Warenzeichenrecht zum Schutz gegen die drohende Verwässerung nicht aus. Auch das Gesetz gegen unlauteren Wettbewerb kann wegen Fehlens eines Wettbewerbsverhältnisses nicht herangezogen werden. In diesem Falle ergibt sich der Schutz des Warenzeichens als absolutes Recht aus dem Gesichtspunkt des Eingriffs in das Recht am Unternehmen (§ 823 Abs.1 BGB).

• Sonstige gewerbliche Schutzrechte
Zum Schutz von Patenten, Gebrauchsmustern und Geschmacksmustern wurden 2 neue gewerbliche Schutzrechte gesetzlich ermöglicht:
Halbleiterschutzgesetz vom 22.10.1987: (Gesetz über den Schutz der Topographien von mikroelektronischen Halbleitererzeugnissen)
Nach dem Halbleiterschutzgesetz werden dreidimensionale Strukturen von mikroelektronischen Halbleitererzeugnissen (Topographien) geschützt, wenn und soweit sie eine Eigenart aufweisen (§ 1 Abs. 1). Eine Topographie weist Eigenart auf, wenn sie als Ergebnis geistiger Arbeit nicht nur durch bloße Nachbildung einer anderen Topograhie hergestellt und nicht alltäglich ist (§ 1 Abs. 2). Der Schutz der Topographie beginnt am Tage der ersten öffentlichen geschäftlichen Verwertung oder ersten Anmeldung beim Deutschen Patentamt und endet mit Ablauf des 10. Kalenderjahres nach dem Jahr des Schutzbeginns (§ 5 Abs. 1 u. 2). Voraussetzung für die Geltendmachung des Schutzes ist die Anmeldung beim Patentamt (§ 5 Abs. 2). Der Schutz der Topograhie hat die Wirkung, daß allein der Inhaber des Schutzes befugt ist, sie zu verwerten (§ 6 Abs. 1).
Sortenschutzgesetz vom 11.12.1985: Unter das Sortenschutzgesetz fällt jede Pflanzensorte, die in dem zum Gesetz gehörigen Artenverzeichnis aufgeführt ist, sofern sie unterscheidbar, homogen, beständig und neu sowie durch eine eintragbare Sortenbezeichnung bezeichnet ist (§ 1 Abs. 1). Die Voraussetzungen werden vom Bundessortenamt in Hannover geprüft, bevor Eintragung in die Sortenschutzrolle beim Bundessortenamt erfolgt.

Unlauterer Wettbewerb (UWG)
(Gesetz gegen den unlauteren Wettbewerb vom 07.06.1909 m. Änderungen)
Wie bereits dargelegt, bezweckt das Gesetz gegen den unlauteren Wettbewerb (UWG) den Schutz der unternehmerischen Betätigung im freien Wettbewerb. Es will die Fairnis des Wettbewerbs sicherstellen, was durch die im einzelnen noch abzuhandelnden Bestimmungen erreicht werden soll.

• Die Generalklausel des § 1 UWG
Für den Gesetzgeber war es von Anfang an unmöglich, die Vielfalt der immer weiter zunehmenden und sich ständig wandelnden Formen unfai-

ren Verhaltens in Einzeltatbeständen zu erfassen. Hierauf ist es zurückzuführen, daß man bei Erlaß des Gesetzes gegen den unlauteren Wettbewerb eine Generalklausel schaffen und es den Gerichten und der Wissenschaft überlassen mußte, diese auszugestalten und der rasanten wirtschaftlichen Entwicklung anzupassen. Auf diese Weise wurden im Verlaufe der Zeit bestimmte Verhaltensweisen im Wettbewerb herausgearbeitet, die der Generalklausel des § 1 UWG unterfallen. Nach der Bestimmung kann auf Unterlassung und Schadensersatz in Anspruch genommen werden, wer im geschäftlichen Verkehr zu Zwecken des Wettbewerbs Handlungen vornimmt, die gegen die guten Sitten verstoßen.Im folgenden werden die drei Rechtsvoraussetzungen geklärt, die den Handlungsrahmen abstecken, innerhalb dessen § 1 UWG zur Anwendung gelangen kann.

Geschäftlicher Verkehr: Der Begriff des geschäftlichen Verkehrs ist unproblematisch. Er enthält alle Handlungen, die außerhalb der Privatsphäre von einer Person in Beziehung zu anderen zu Erwerbszwecken vorgenommen werden. Bei Kaufleuten wird ein Handeln im geschäftlichen Verkehr vermutet.

Handeln zu Wettbewerbszwecken: Die Wettbewerbshandlung setzt ein Wettbewerbsverhältnis voraus. Sie muß objektiv geeignet sein, den eigenen oder einen fremden wirtschaftlichen Erfolg auf Kosten der Mitbewerber zu fördern. Mitbewerber sind Gewerbetreibende gleicher oder verschiedener Branchen und Wirtschaftsstufen, die sich an denselben Abnehmer oder Lieferantenkreis richten. In subjektiver Hinsicht muß der, der die Wettbewerbshandlung vornimmt, eine Wettbewerbsabsicht haben, also die Absicht, eigenen oder fremden Wettbewerb zu fördern. Danach kann nicht nur ein Gewerbetreibender, sondern jeder, der eigene oder fremde Geschäftszwecke fördern will, eine Wettbewerbshandlung vornehmen, beispielsweise auch ein Privatmann, die Presse oder der Rundfunk, wenn sie den wirtschaftlichen Erfolg eines Unternehmers fördern wollen.

Sittenwidrigkeit: Ein Verstoß gegen die Generalklausel liegt nur dann vor, wenn die Wettbewerbshandlungen gegen die guten Sitten verstoßen. Die Beurteilung, wann eine Wettbewerbshandlung sittenwidrig zu nennen ist oder nicht, bereitet außerordentliche Schwierigkeiten. Die Gerichte haben seit Jahrzehnten in einer kaum überschaubaren Zahl von Urteilen in Wettbewerbsprozessen über den Begriff „Sittenwidrigkeit“ zu entscheiden gehabt. Nach diesen Entscheidungen lassen sich im wesentlichen vier Fallgruppen besonders hervorheben:

- Kundenfang
  Die Kundenwerbung als solche ist nicht sittenwidrig, weil der kaufmännnische Wettbewerb darauf beruht. Die Kunden sollen durch die Werbung beeinflußt werden, daß sie kaufen. Geschieht die Einflußnahme jedoch mit unlauteren Mitteln oder auf unlautere Weise, die sich auf die freie Kaufentscheidung des Kunden auswirkt, liegt ein Fall der Sittenwidrigkeit vor. Beispiele: Das „Anreißen“, wenn Passanten auf der Straße angesprochen werden, um sie dort zum Kauf zu bewegen oder in das Geschäft zu locken; die Zusendung unbestellter Waren; das Schneeballsystem; die Werbung durch Telefonanrufe bei Privatpersonen; das Verteilen von Orginal-Packungen als Gratis-Proben; Lockvogelangebote usw.
- Ausnutzung fremder Arbeitsergebnisse
  Fremde Arbeitsergebnisse können grundsätzlich genutzt werden, sofern sie nicht unter dem gewerblichen Sonderrechtschutz stehen (Patente usw.). Dieser Grundsatz der Zulässigkeit der Ausnutzung fremder Arbeitsergebnisse hat jedoch seine Grenzen, wenn zu der bloßen Nachahmung noch besondere, sittenwidrige Umstände hinzutreten. Beispiele: Das Verschaffen von Geschäfts- und Betriebsgeheimnissen durch das Schmieren von Arbeitnehmern des Mitbewerbers; das planmäßige oder zielbewußte Ausbeuten der Gütevorstellung der Kundschaft von einer bestimmten Ware des Wettbewerbers, beispielsweise der genaue Nachbau einer nicht oder nicht mehr geschützten Maschine.
- Behinderung
  Behinderungen der Mitbewerber sind eine unvermeidliche Folge des Wettbewerbs. Wenn diese Behinderungen auf der eigenen Leistung oder Tüchtigkeit beruhen, sind sie erlaubt, auch wenn sie einen fremden Geschäftsbetrieb stören. Anders ist es jedoch, wenn unlautere Mittel eingesetzt werden, um dadurch einen Mitbewerber in seiner unternehmerischen Betätigung einzuschränken oder auszuschalten.
  Beispiele: Ausnutzung einer Monopolstellung; Abfangen von Kunden, die den Konkurrenten aufsuchen wollen; Anschwärzung; vergleichende Werbung (Anpreisung der eigenen Leistung unter gleichzeitiger Herabwürdigung der Leistung des Mitbewerber).
- Rechtsbruch
  Eine Wettbewerbshandlung kann auch sittenwidrig sein, wenn sie gegen wertbezogene Vorschriften verstößt. Beispiele: Lieferung apothekenpflichtiger Arzneimittel an Drogerien, Verkauf ohne Rezept (Arzneimittelgesetz); Verstoß

gegen die Vorschrift über die Mindestangaben bei Arzneimittelwerbung; Verstoß gegen das Lebensmittelgesetz.

Rechtsfolgen des Verstoßes gegen § 1 UWG: Der Verletzte kann Unterlassung verlangen (§§ 1, 13 Abs.2 S. 1 UWG). Die Unterlassung setzt die Wiederholungsgefahr der unlauteren Wettbewerbshandlung voraus. Der Verletzte kann ferner Beseitigung verlangen, wenn die durch die wettbewerbswidrige Handlung eingetretene Beeinträchtigung noch fortdauert (§ 1004 BGB). Ihm steht auch ein Schadensersatzanspruch zu (§ 1 UWG).

• Einzeltatbestände des UWG

Neben der Generalklausel des § 1 UWG gelten eine Reihe von Bestimmungen, die besondere, unlautere Wettbewerbshandlungen betreffen. Wird gegen sie verstoßen, stehen dem Verletzten Unterlassungs-, Beseitigungs- und Schadensersatzansprüche zu. Diese Wettbewerbshandlungen sind in aller Regel auch unter Strafe gestellt. Bei der geschäftlichen Verleumdung (§ 15 UWG) kann der Verletzte verlangen, daß die Verurteilung des Verletzers öffentlich bekanntgemacht wird (§ 23 Abs. 1 UWG). Die Unterlassungs– und Schadensersatzansprüche verjähren schon in 6 Monaten nach Kenntnis des Anspruchsberechtigten von der Wettbewerbshandlung und der Person des Verpflichteten, spätestens in 3 Jahren (§ 21 Abs. 1 UWG). Zur Vermeidung von Rechtsstreitigkeiten können Einigungsstellen, die bei den Industrie– und Handelskammern bestehen, angerufen werden (§ 27 a UWG). Bei den Einzeltatbeständen handelt es sich um die folgenden:

Irreführende und strafbare Werbung (§§ 3, 4 UWG): Wer zu Wettbewerbszwecken im Geschäftsverkehr irreführende Angaben über geschäftliche Verhältnisse macht, insbesondere über die Beschaffenheit, den Ursprung, die Herstellungsart oder die Preisbemessung einzelner Waren usw., kann auf Unterlassung verklagt werden, auch wenn er die Unwahrheit seiner Angaben nicht kannte. Macht er wissentlich unwahre Angaben in der Absicht, den Anschein eines besonders günstigen Angebotes hervorzurufen, macht er sich strafbar.

Werden die Behauptungen von einem Angestellten oder Beauftragten aufgestellt, ist neben diesem auch der Inhaber des Geschäfts strafbar, wenn die Handlung mit seinem Wissen geschah (§§ 3, 4 UWG).

Verbote besonderer Werbe– und Vertriebsmethoden: Im wesentlichen handelt es sich um die folgenden:

- Verbot der öffentlichen Ankündigung eines Konkurswarenverkaufs (§ 6 UWG)
- Verbot der Hersteller– und Großhändlerwerbung (§ 6 a UWG)
- Verbot des Kaufscheinhandels (§ 6 b UWG)
- Verbot progressiver Kundenwerbung (§ 6 c UWG)
- Verbot der Werbung mit Mengenbeschränkungen (§ 6 d UWG)
- Verbot von Preisgegenüberstellungen (§ 6 e UWG)

Sonderveranstaltungen: Unter Sonderveranstaltungen versteht man außergewöhnliche Verkäufe zu herabgesetzten Preisen. Ihre Ankündigung und Durchführung ist grundsätzlich unzulässig (§ 7 Abs.1 UWG). Folgende Sonderverkäufe können bei Beachtung besonderer Anmeldeformalitäten und zeitlicher Grenzen durchgeführt werden:

- Saisonschlußverkäufe (§ 7 Abs. 3 UWG)
- Jubiläumsverkäufe (§ 7 Abs. 3 Ziff. 2 UWG)
- Ausverkäufe, beispielsweise wegen Geschäftsaufgabe (§ 8 Abs. 2 UWG)
- Räumungsverkäufe (§ 8 Abs. 1 UWG)

Bestechung von Angestellten: Wer im geschäftlichen Verkehr zu Zwecken des Wettbewerbs einem Angestellten oder Beauftragten eines geschäftlichen Betriebes einen Vorteil als Gegenleistung dafür anbietet, verspricht oder gewährt, daß er ihn oder einen Dritten bei dem Bezug von Waren oder gewerblichen Leistungen in unlauterer Weise bevorzuge, macht sich strafbar und kann von dem Inhaber des Betriebs oder der Kammer, der dieser angehört (Industrie– und Handelskammer, Handwerkskammer) auf Unterlassung in Anspruch genommen werden (§§ 12 Abs. 1, 13 Abs. 2 UWG).

Anschwärzung, geschäftliche Verleumdung (§§ 14, 15 UWG): Anschwärzung liegt vor, wenn jemand zu Zwecken des Wettbewerbs über das Geschäft, die Waren oder gewerblichen Leistungen eines anderen oder über die Person eines Geschäftsinhabers Tatsachen behauptet oder verbreitet, die nicht nachweisbar und geeignet sind, den Geschäftsbetrieb oder den Kredit des Inhabers zu schädigen.

Der Verletzte kann Unterlassung oder Schadensersatz verlangen. Werden derartige Tatsachenbehauptungen wider besseres Wissen aufgestellt oder verbreitet, liegt der Straftatbestand der geschäftlichen Verleumdung vor, der mit Freiheitsstrafe bis zu einem Jahr oder mit Geldstrafe bedroht ist (§ 15 Abs. 1 UWG).

Schutz geschäftlicher Bezeichnungen: Unlauterer Wettbewerb ist auch die Benutzung eines Namens, einer Firma oder einer besonderen Bezeichnung im Geschäftsverkehr, die zu Verwechslungen mit dem Namen, der Firma oder der besonderen Bezeichnung führen kann, deren sich ein anderer unbefugterweise bedient. Die Ähnlichkeit muß so stark sein, daß im Geschäftsverkehr die Annahme entstehen kann, die Waren stammten aus derselben Firma. Der Verletzte kann auf Unterlassung und Schadensersatz klagen (§ 16 UWG).

Verrat von Geschäfts- oder Betriebsgeheimnissen: Strafbar und schadensersatzpflichtig macht sich derjenige, der als Arbeitnehmer ein Geschäfts- oder Betriebsgeheimnis, das ihm aufgrund des Dienstverhältnisses anvertraut worden oder zugänglich geworden ist, während der Geltungsdauer des Dienstverhältnisses unbefugt an jemanden mitteilt, und zwar entweder zu Zwecken des Wettbewerbs oder aus Eigennutz oder in der Absicht, dem Geschäftsinhaber Schaden zuzufügen (§ 17 Abs. 1 UWG). Strafbar und schadensersatzpflichtig macht sich auch der, der ein verratenes Geschäftsgeheimnis zu Zwecken des Wettbewerbs oder aus Eigennutz unbefugt verwertet oder weitergibt (§ 17 Abs. 2 Ziff.2 UWG).

• Einzeltatbestände außerhalb des UWG

In der Praxis sind 2 Gruppen von Tatbeständen des unlauteren Wettbewerbs von Bedeutung, nämlich die Rabatt- und Zugabeverbote.

Rabattverbot (Rabattgesetz) (Gesetz über Preisnachlässe vom 25.11.1932 mit Änderungen): Unter Rabatt versteht man die Preisermäßigung, die dem Kunden durch einen Nachlaß vom allgemein angekündigten oder geforderten Preis durch den Kaufmann gewährt wird. Die Ankündigung und das Gewähren von Rabatten im geschäftlichen Verkehr mit dem Endverbraucher ist nur in folgenden Fällen zulässig:

- Barzahlungsnachlaß bis zu 3%;
- Mengennachlaß mehrerer Stücke oder größerer Mengen von Waren;
- Sondernachlässe, beispielsweise als Angestelltennachlässe an Belegschaftsmitglieder, die Waren zum Verbrauch im eigenen Haushalt beziehen, oder als Großverbrauchernachlässe gegenüber solchen Personen, die aufgrund besonderer Lieferungs- oder Leistungsverträge Waren oder Leistungen in großen Mengen abnehmen.

Zugabeverbot (Zugabeverordnung vom 09. 03. 1932 mit allen Änderungen): Die Zugabe ist eine besondere Form der Werbereklame. Grundsätzlich ist es im geschäftlichen Verkehr verboten, neben einer Ware oder Leistung eine Zugabe anzubieten, anzukündigen oder zu gewähren, weil der Kunde in seinem Kaufverhalten unsachlich beeinflußt und damit der Wettbewerb verfälscht wird. Ausnahmen sind u. a. nur in folgenden Fällen erlaubt:

- wenn lediglich Reklamegegenstände von geringem Wert, die als solche durch eine dauerhafte und deutlich sichtbare Bezeichnung der reklametreibenden Firma gekennzeichnet sind, oder geringwertige Kleinigkeiten gewährt werden;
- wenn die Zugabe in einem bestimmten oder auf bestimmte Art zu berechnenden Geldbetrag besteht;
- wenn die Zugabe nur in handelsüblichem Zubehör zur Ware oder in handelsüblichen Nebenleistungen besteht;
- wenn die Zugabe in der Erteilung von Auskünften oder Ratschlägen besteht;
- wenn zugunsten der Bezieher einer Zeitung oder Zeitschrift Versicherungen bei beaufsichtigten Versicherungsunternehmungen oder Versicherungsanstalten abgeschlossen werden.

Die Verletzung des Rabattgesetzes und des Zugabeverbotes können Unterlassungs- und Schadensersatzansprüche auslösen und als Ordnungswidrigkeit mit Geldbuße geahndet werden.

Wettbewerbsbeschränkungen (Kartellgesetz; GWB;)

(Gesetz gegen Wettbewerbsbeschränkungen i. d. F. d. Bekanntmachung vom 20.02.1990)

Es wurde bereits eingangs darauf hingewiesen, daß das Kartellgesetz bezweckt, die Existenz des freien Wettbewerbs zu erhalten. Deshalb bestimmt § 1 Abs. 1 S. 1 GWB, daß Verträge, die Unternehmen oder Vereinigungen von Unternehmen zu einem gemeinsamen Zweck abschließen, und Beschlüsse von Vereinigungen von Unternehmen unwirksam sind, soweit sie geeignet sind, die Erzeugung oder die Marktverhältnisse für den Verkehr mit Waren oder mit gewerblichen Leistungen durch Beschränkung des Wettbewerbs zu beeinflussen. Solche Verträge werden auch als Kartelle bezeichnet. Bei den Ausnahmen von dem grundsätzlichen Kartellverbot sind Erlaubnis- und Anmeldekartelle zu unterscheiden.

• Erlaubniskartelle

Das sind solche Kartelle, die erst wirksam werden, wenn die Kartellbehörde sie ausdrücklich erlaubt.

Hierzu gehören:

- Strukturkrisenkartelle, die der planmäßigen Anpassung der vorhandenen Kapazitäten an den gesunkenen Absatz dienen (§ 4 GWB). Sie dürfen erlaubt werden, wenn die vorgesehene Re-

gelung notwendig ist und die Gesamtwirtschaft und das Allgemeinwohl berücksichtigt.
- Rationalisierungskartelle, die der Rationalisierung wirtschaftlicher Vorgänge dienen und geeignet sind, die Leistungsfähigkeit oder Wirtschaftlichkeit der beteiligten Betriebe in technischer, betriebswirtschaftlicher oder organisatorischer Beziehung wesentlich zu heben und dadurch die Bedarfsdeckung zu verbessern (§ 5 Abs. 1 u. 2 GWB).
- Exportkartelle (§ 6 Abs.2 GWB)
- Importkartelle (§ 7 GWB).

• Anmeldekartelle

Diese bedürfen keiner Erlaubnis. Es genügt eine Anmeldung bei der Kartellbehörde. Bestimmte Anmeldekartelle werden erst wirksam, wenn die Kartellbehörde nicht innerhalb von 3 Monaten widerspricht (Widerspruchskartelle), andere werden sofort mit der Anmeldung wirksam (einfache Anmeldekartelle). Zu den Widerspruchskartellen gehören u. a. Konditionenkartelle (§ 2 GWB), Rabattkartelle (§ 3 GWB) usw..
Einfache Anmeldekartelle sind Exportkartelle ohne Inlandswirkung (§ 6 Abs. 1 GWB). Bei Verstößen gegen das Kartellgesetz kann das Kartellamt eingreifen, u. a. durch Verbotsverfügungen oder die Möglichkeit, Kartelle für unwirksam zu erklären (§ 18 GWB). Verstöße gegen Anordnungen oder Empfehlungen der Kartellbehörde sind Ordnungswidrigkeiten, die mit hohen Geldbußen geahndet werden können (§ 38 ff. GWB).

Sonstige wesentliche Rechtsgebiete

Wertpapierrecht

Ein Wertpapier ist eine Urkunde, die ein Privatrecht in der Weise verbrieft, daß es ohne diese nicht geltend gemacht werden kann. Wertpapiere können verschiedene Rechte verbriefen, wie Forderungsrechte (Wechsel, Scheck), dingliche Rechte (Hypothekenbrief) oder Mitgliedschaftsrechte (Aktie). Bei dem jeweiligen Wertpapier kann es sich um ein Inhaberpapier, Orderpapier oder Rektapapier handeln.
Der wesentliche Unterschied zwischen Inhaber- und Orderpapier einerseits und Rektapapier andererseits liegt in der Art der Übertragung des verbrieften Rechts. Bei Inhaber- und Orderpapieren folgt das „Recht aus dem Papier“ dem „Recht am Papier“. Derjenige, der das Inhaberpapier in Händen hat oder das Orderpapier durch eine Indossamentenkette auf dem Papier nachweisen kann, ist berechtigt, den Anspruch gegen den Verpflichteten geltend zu machen. Das Rektapapier wird durch Abtretung der verbrieften Forderung übertragen. Das „Recht am Papier“ folgt daher dem „Recht aus dem Papier“.

Inhaberpapiere

Das verbriefte Recht wird wie eine Sache durch Einigung und Übergabe des Wertpapiers übertragen (§ 929 BGB). Das Inhaberpapier kann gutgläubig erworben werden, und zwar selbst dann, wenn es dem Eigentümer gestohlen worden oder abhandengekommen ist (§ 935 Abs. 2 BGB). Beispiele: Inhaberschuldverschreibung (Hypothekenpfandbrief, Kommunal- und Industrieobligationen, Lotterielos), Inhaberaktie, Inhabergrundschuldbrief.

Orderpapiere

Hierunter versteht man Wertpapiere, in denen ein bestimmter Anspruchsberechtigter namentlich benannt ist. Der Aussteller verpflichtet sich jedoch, auch an den zu leisten, der durch Indossament des Benannten oder durch eine von diesem ausgehende Indossamentenkette als Berechtigter bezeichnet ist. Das Indossament ist eine schriftliche Erklärung, die in aller Regel auf die Rückseite des Wertpapiers gesetzt wird und folgende Standardformulierung mit nachträglicher Unterschrift hat: „Für mich an ... “. Die Übertragung des Orderpapiers erfolgt durch Übereignung des Wertpapiers und Indossament. Ein gutgläubiger Eigentumserwerb ist möglich, wie sich für den Wechsel aus Art. 16 Abs. 2 WG, den Scheck aus Art. 21 SchG und für sonstige Orderpapiere aus §§ 364 Abs. 2, 365 Abs. 1 HGB ergibt.
Die Übertragung des Wertpapiers hat zur Folge, daß besondere Rechtswirkungen ausgelöst werden, die bei der gewöhnlichen Abtretung und der einfachen Übereignung nicht vorkommen:
- Beweisfunktion (= Garantiefunktion)
  Die Urkunde garantiert für den Bestand des Rechts.
- Legitimationsfunktion
  Die Urkunde weist den Inhaber als Berechtigten aus.
- Transportfunktion
  Durch die Übertragung der Urkunde wird das verbriefte Recht übertragen.

Bei den Orderpapieren wird zwischen den geborenen Orderpapieren und den gekorenen Orderpapieren unterschieden. Geborene Orderpapiere sind, auch wenn sie keine Orderklausel enthalten, Wechsel (Art. 11 Abs. 1 WG), der Scheck (Art. 14 Abs. 1 SchG) und die Namensaktie (Art.

68 Abs. 1 AktG). Zu den geborenen Orderpapieren zählt auch der auf den Namen lautende Investmentanteil (§ 18 Abs. 1 KAGG i. V. m. § 68 AktG). Er verbrieft den Anteil am Investmentfonds einer Kapitalanlagegesellschaft.
Gekorene Orderpapiere können erst durch die Klausel „oder an Order" auf dem Wertpapier indossierbar gemacht werden. Gekorene Orderpapiere sind die kaufmännischen des § 363 HGB, nämlich die kaufmännische Anweisung (§ 363 Abs.1 Satz 1 HGB), kaufmännischer Verpflichtungsschein (§ 363 Abs. 1 Satz 2 HGB), das Konnossement (§§ 363 Abs. 2, 642 ff. HGB), der Ladeschein (§§ 363 Abs. 2, 444 ff. HGB), der Lagerschein (§§ 363 Abs. 2, 424 HGB) und die Transportversicherungspolice (§ 363 Abs. 2 HGB). Fehlt die positive Orderklausel, handelt es sich um Rektapapiere, bei denen das „Recht am Papier dem Recht aus dem Papier" folgt.

Rektapapiere
Auch bei Rektapapieren wird wie bei den Orderpapieren eine bestimmte Person als Berechtigter aufgeführt. Es fehlt jedoch die Orderklausel oder sie ist, wie beim Rektawechsel und Rektascheck, ausgeschlossen (sog. negative Orderklausel). Rechtsinhaber ist der genannte Berechtigte oder sein Rechtsnachfolger. Wie bereits dargelegt, folgt die Übertragung nicht durch Übereignung der Urkunde, sondern durch Abtretung des verbrieften Rechts (§ 398 BGB). In den vom Gesetz vorgeschriebenen Fällen ist außer der Abtretung die Übergabe des Wertpapieres zu deren Wirksamkeit vorgeschrieben, wie beispielsweise bei dem Hypothekenbrief (§ 1154 Abs. 1 BGB). Im Gegensatz zu den Inhaberpapieren muß bei den Rektapapieren der Aussteller nicht gegenüber dem jeweiligen Inhaber, sondern direkt (= recta) gegenüber dem Berechtigten, also dem namentlich Benannten, leisten. Eine Unterart der Rektapapiere sind die sog. qualifizierten Legitimationspapiere des § 808 BGB. Das sind solche Papiere, in denen der Gläubiger des verbrieften Anspruchs zwar namentlich genannt ist, der Schuldner aber mit befreiender Wirkung an den Inhaber leisten kann.
Beispiele:
Sparbuch, Pfandschein, Bankdepotschein.

Karten, Marken und ähnliche Urkunden
Werden Karten, Marken oder ähnliche Urkunden, in denen ein Gläubiger nicht bezeichnet ist, von dem Aussteller unter Umständen ausgegeben, aus welchem sich ergibt, daß er dem Inhaber zu einer Leistung verpflichtet sein will, so kann dieser gegen ihn den Leistungsanspruch erheben. Der Aussteller wird auch durch die Leistung an einen nicht zur Verfügung berechtigten Inhaber befreit (§§ 807 i. Vbg. m. 793 Abs.1 BGB). Beispiel: Fahrkarten, Eintrittskarten, Biermarken, Lotterielose.

Wechsel, Scheck
Zu der besonderen Darstellung dieser Wertpapiere siehe Beitrag „Finanzwesen", Abschnitt „Finanzdisposition und Zahlungsverkehr".

Prozeßrecht

(Zivilprozeßordnung vom 30.01.1877; ZPO)
Unter dem Begriff „Prozeßrecht" versteht man im allgemeinen die gesetzlichen Vorschriften, die die Durchführung eines Gerichtsverfahrens in dem jeweiligen Rechtsgebiet durch die dort installierten Gerichtszweige regeln.
In dem besonderen Prozeßrecht sind die für den einzelnen Gerichtszweig verbindlichen Bestimmungen geregelt, wie für die Zivilgerichtsbarkeit die Zivilprozeßordnung, für das Strafverfahren die Strafprozeßordnung, für das Verwaltungsgerichtsverfahren die Verwaltungsgerichtsordnung usw. (vgl. Abb. 10.12) Für die tägliche Arbeit des Kaufmanns sind insbesondere Grundkenntnisse der ZPO von Bedeutung. Hier wird das Verfahren der Gerichte der ordentlichen Gerichtsbarkeit in bürgerlichen Rechtsstreitigkeiten (Zivilprozesse) generell geregelt. Ausgenommen ist der Teil, der die arbeitsrechtlichen Streitigkeiten betrifft. Dieser ist den Gerichten der Arbeitsgerichtsbarkeit zugewiesen und findet seinen Niederschlag im Arbeitsgerichtsgesetz (ArbGG). Im Verfahren vor den Arbeitsgerichten finden die Vorschriften der ZPO jedoch weitgehend Anwendung. Das gilt nicht für die Gerichte der Verwaltungs-, der Sozial– und der Finanzgerichtsbarkeit, für die gesonderte Verfahrensordnungen bestehen.
Innerhalb des Zivilprozesses wird zwischen Erkenntnis- und dem Vollstreckungsverfahren unterschieden. Das Erkenntnisverfahren führt von der Erhebung der Klage bis zum rechtskräftigen Urteil. Dabei stehen dem Kläger 3 Arten von Klagen zur Verfügung, nämlich die Leistungs-, die Feststellungs- und die Gestaltungsklage. Mit der Leistungsklage bezweckt der Kläger die Verurteilung des Beklagten zu einem Tun oder Unterlassen, beispielsweise der Zahlung eines Geldbetrages. Durch die Feststellungsklage wird ein Gerichtsurteil über das Bestehen oder Nichtbestehen eines Rechtsverhältnisses erstrebt (§ 256 Abs. 1 ZPO). Durch das Urteil aufgrund einer Gestaltungsklage wird ein Rechtsverhältnis geändert, beispielsweise eine Ehe geschieden.

Zu dem Erkenntnisverfahren ist als besondere Verfahrensart das im 7. Buch der ZPO geregelte Mahnverfahren zu zählen (§§ 688 ff. ZPO). Hierdurch wird dem Gläubiger die Möglichkeit eröffnet, schneller und günstiger ein Recht auf Zahlung durchzusetzen.
Der zweite Teil des Zivilprozesses, das Vollstreckungsverfahren, dient der Vollstreckung des im Mahnverfahren erlangten Vollstreckungsbescheides, des im Erkenntnisverfahren ergangenen Urteils oder anderer gesetzlicher Vollstreckungstitel, wie beispielsweise Gerichtsvergleiche, Kostenfestsetzungsbeschlüsse usw. (§ 794 ZPO).

Erkenntnisverfahren

• Mahnverfahren
Kommt ein Schuldner seiner Verpflichtung nicht nach, wird er im kaufmännischen Verkehr mehrmals, zuletzt unter Fristsetzung und Klageandrohung, gemahnt. Wenn auch diese Maßnahme nicht fruchtet, kann der Gläubiger wahlweise Antrag auf Erlaß eines Mahnbescheides stellen oder Klage erheben. Das Mahnverfahren ist grundsätzlich nur wegen eines Anspruchs auf Zahlung eines bestimmten Betrages in inländischer Währung gegen einen Schuldner im Inland möglich (§ 688 Abs. 1 ZPO). Wenn der Mahnbescheid dagegen im Ausland zugestellt werden müßte, wäre das Mahnverfahren nur beschränkt möglich (§ 688 Abs. 3 ZPO). Es ist unter anderem ausgeschlossen, wenn die Zustellung des Mahnbescheides durch öffentliche Bekanntmachung erfolgen müßte und wenn die Geltendmachung des Anspruchs von einer noch nicht erbrachten Gegenleistung abhängig wäre (§ 688 Abs. 2 ZPO). Für Verbraucherkredite steht das Mahnverfahren ab 01.01.1992 nur noch eingeschränkt zur Verfügung. Für den Erlaß des Mahnbescheides ist sachlich zuständig das Amtsgericht (§ 689 ZPO). Von der gesetzlich eingeräumten Möglichkeit, die Bearbeitung der Mahnbescheide zur schnelleren und rationelleren Abwicklung einem einzigen Amtsgericht innerhalb mehrerer Amtsgerichtsbezirke oder eines Landes ohne Rücksicht auf den Wohnort des Schuldners zu übertragen, haben bereits verschiedene Bundesländer Gebrauch gemacht.
So ist für das gesamte Land Nordrhein-Westfalen das Amtsgericht Hagen in Mahnsachen allein zuständig. Das Mahnverfahren beginnt mit dem Antrag auf Erlaß eines Mahnbescheides auf dem amtlich vorgeschriebenen Formular. Der Antrag muß enthalten:
- Bezeichnung der Parteien, ihrer gesetzlichen Vertreter und der Prozeßbevollmächtigten;
- Bezeichnung des Gerichts, bei dem der Antrag gestellt wird, und des Gerichts, das für ein streitiges Verfahren zuständig ist;
- Bezeichnung des Anspruchs und genaue Angabe der verlangten Leistung, wobei für Ansprüche aus Verträgen, für die das Verbraucherkreditgesetz gilt, erschwerte Anforderungen gestellt werden;
- die Erklärung, daß der Anspruch nicht von einer Gegenleistung abhängt oder daß die Gegenleistung bereits erbracht ist;
- handschriftliche Unterschrift (§ 690 ZPO).

Bei maschinell bearbeiteten Mahnbescheiden durch die von den Landesjustizverwaltungen ausschließlich bestimmten Amtsgerichte ist die Zahlung der Auslagen und Gebühren erst bei Erlaß des Vollstreckungsbescheides notwendig (§ 65 Abs. 3 GKG). Das Amtsgericht prüft nur die Förmlichkeiten des Antrages, nicht die Richtigkeit der Behauptungen (§ 692 Abs. 1 Ziff. 2 ZPO). Sind die Förmlichkeiten erfüllt, wird der Mahnbescheid erlassen und dem Antragsgegner zugestellt. Spätestens mit der Zustellung wird eine Frist gewahrt oder die Verjährung des Anspruchs unterbrochen (§§ 209 BGB, 693 Abs. 2 ZPO). In dem Mahnbescheid ist unter anderem die Aufforderung enthalten, innerhalb von 2 Wochen seit Zustellung die Schuld zu regulieren oder bei dem Gericht Widerspruch einzulegen. Außerdem wird der Antragsgegner darüber unterrichtet, daß gegen ihn Vollstreckungsbescheid ergehen kann, wenn er keinen Widerspruch einlegt. Der Vollstreckungsbescheid ist ein zur Vollstreckung geeigneter Titel. Wie das Verfahren abläuft, wenn der Schuldner es unterläßt, gegen den Mahnbescheid Widerspruch oder gegen den Vollstreckungsbescheid Einspruch einzulegen, geht aus der beigefügten Übersicht hervor (vgl. Abb. 10.12).

• Allgemeine Voraussetzungen des Klage verfahrens
Spätestens bei der Klageerhebung müssen in formeller Hinsicht im wesentlichen nachstehende Voraussetzungen vorliegen:
Parteifähigkeit: In dem auf Klage anhängig gemachten Rechtsstreit werden Kläger und Beklagter als Partei bezeichnet. Jede der Parteien muß parteifähig sein. Parteifähig ist grundsätzlich der, der auch rechtsfähig ist (§ 15 Abs. 1 ZPO). Parteifähig sind daher alle natürlichen und juristischen Personen. Kraft besonderer gesetzlicher Regelung kommt auch den Personalgesellschaften (OHG und KG) Parteifähigkeit zu (§§ 124, 161 Abs. 2 HGB). Auch der nicht rechtsfähige Verein kann vor Gericht verklagt werden (§ 50 Abs. 2 ZPO).

10

10

Prozeßfähigkeit: Von der Parteifähigkeit zu unterscheiden ist die Prozeßfähigkeit. Die Fähigkeit, als Kläger oder als Beklagter einen Prozeß führen zu können, hängt ausschließlich davon ab, ob die jeweilige Partei sich durch Verträge verpflichten kann (§ 52 ZPO). Diese Voraussetzung trifft nur auf den Volljährigen zu. Prozeßunfähig sind daher natürliche Personen unter 7 Jahren, eine juristische Person oder Personalgesellschaften. Beschränkt geschäftsfähig und daher auch prozeßunfähig ist der Minderjährige über 7 Jahre. Eine Ausnahme besteht, wenn der Minderjährige zum selbständigen Betrieb eines Erwerbsgeschäftes ermächtigt worden ist, für den Umfang aller Geschäfte, den dieser mit sich bringt (§ 112 BGB). Dies gilt auch, wenn ein Minderjähriger ermächtigt worden ist, eine Arbeit zu übernehmen, für die Geschäfte, die sich aus der Eingehung des Arbeitsverhältnisses ergeben (§ 113 BGB). Die Prozeßfähigkeit der Prozeßunfähigen liegt vor, wenn sie ordnungsgemäß vertreten werden, beispielsweise die juristische Person durch ihr Organ und der Minderjährige durch seine Eltern.

Anwaltszwang: Auch bei Vorliegen der Partei– und Prozeßfähigkeit ist eine Partei nicht generell befugt, einen Zivilprozeß allein zu führen. Kraft Gesetzes ist sie vielmehr verpflichtet, sich in Rechtsstreitigkeiten vor dem Land-, Oberlandesgericht oder Bundesgerichtshof durch einen dort zugelassenen Rechtsanwalt vertreten zu lassen (§ 78 Abs. 1 ZPO). Dagegen kann sich eine Partei mit Ausnahme der Ehesachen bei dem Amtsgericht selbst vertreten oder durch einen Dritten, der nicht Rechtsanwalt sein muß, vertreten lassen, sofern er prozeßfähig ist (§ 79 ZPO). Der Bevollmächtigte muß sich durch schriftliche Prozeßvollmacht ausweisen können (§ 80 Abs. 1 ZPO).

Zuständigkeit der Zivilgerichte: Spätestens bei der Klageerhebung muß geklärt sein, welches Zivilgericht örtlich und sachlich erstinstanzlich zuständig ist.

Örtlich zuständig ist grundsätzlich das für den Wohnsitz des Beklagten zuständige Gericht, wenn kein ausschließlicher Gerichtsstand gesetzlich vorgeschrieben ist (§§ 12, 13 ZPO). Hat der Beklagte keinen Wohnsitz, ist das Gericht des Aufenthaltsortes im Inland und, wenn ein solcher nicht bekannt ist, das Gericht des letzten Wohnsitzes zuständig. Für Klagen gegen juristische Personen und Personengesellschaften besteht grundsätzlich die Zuständigkeit des Gerichts an ihrem Sitz (§ 17 Abs. 1 ZPO).

Ausschließliche Gerichtsstände bestehen u. a. für Klagen, durch die das Eigentum oder eine dingliche Belastung an einem Grundstück geltend gemacht werden (§ 24 ZPO). In Mietsachen besteht die ausschließliche Zuständigkeit des Amtsgerichts, in dessen Bezirk sich der Wohnraum befindet (§ 29 a ZPO). Nach dem Umwelthaftungsgesetz ist für Klagen gegen den Inhaber einer Anlage, durch die ein Schaden verursacht wurde, das Gericht ausschließlich zuständig, in dessen Bezirk die Einwirkung von der Anlage auf die Umwelt ausgegangen ist (§ 32a ZPO).

Die „sachliche Zuständigkeit" klärt die Frage, welches erstinstanzliche Gericht der Sache nach zuständig ist. Sie ist im Gerichtsverfassungsgesetz vom 27.01.1877 (GVG) geregelt und richtet sich im allgemeinen nach dem Streitgegenstand (§ 23 Ziff. 1 GVG). Ohne Rücksicht auf den Streitwert ist das Amtsgericht ausschließlich zuständig für Mietstreitigkeiten über Wohnraum, wegen Viehmängel, wegen Wildschadens, insbesondere aber in Kindschafts-, Unterhalts- und Ehesachen (§ 23a ZPO). Das Amtsgericht ist in vermögensrechtlichen Angelegenheiten bei einem Streitgegenstand bis DM 10.000,00 seit dem 01.03. 1993 zuständig. Vor die Landgerichte gehören alle Rechtsstreitigkeiten vermögensrechtlicher Art, die nicht den Amtsgerichten zugewiesen sind, also solche mit einem Streitgegenstand über DM 10.000,00 (§ 71 Abs. 1 ZPO). Erwähnenswert ist, daß bei dem Landgericht eine Kammer für Handelssachen gebildet werden kann, die anstelle der Zivilkammer solche Rechtsstreitigkeiten ausschließlich entscheidet (§ 94 GVG). Handelssachen sind u. a. Klagen gegen einen Kaufmann aus Geschäften, die für beide Teile Handelsgeschäfte sind (§ 95 Abs. 1 Ziff. 1 HGB), aus einem Wechsel (§ 95 Abs. 1 Ziff. 2 HGB), aufgrund des Scheckgesetzes (§ 95 Abs. 1 Ziff. 3 HGB).

Bei den Amtsgerichten entscheiden grundsätzlich Amtsrichter als Einzelrichter. Seit dem 01. 03. 1993 ist auch auf Landgerichtsebene vorgesehen, daß in der Regel der Rechtsstreit von einem Einzelrichter entschieden wird, wenn dieser keine besonderen rechtlichen oder tatsächlichen Schwierigkeiten aufweist und nicht von grundsätzlicher Bedeutung ist (§ 348 Abs. 1 ZPO). Das Landgericht ist ferner für Berufungen gegen Urteile des Amtsgerichts, mit Ausnahme der Ehe- und Familiensachen, als Rechtsmittelinstanz zuständig. Das Oberlandesgericht und der Bundesgerichtshof sind nur Rechtsmittelgerichte (vgl. Abb. 10.12).

Vollkaufleute können für Rechtsstreitigkeiten die örtliche, sachliche und internationale Zuständigkeit eines Gerichts vereinbaren (§ 38 Abs. 1 ZPO). Eine Gerichtsstandsvereinbarung zwischen einem Kaufmann und einem Nichtkaufmann oder zwischen Nichtkaufleuten ist nur in ganz beschränktem Umfange möglich (§ 38 Abs. 2 u. 3 ZPO).

Übersicht über die Zuständigkeiten der ordentlcihen Gerichte für Klagen und Rechtsmittel im Zivilprozeß

1. Instanz (Klageerhebung)	Amtsgericht – Einzelrichter – Klagen bis zu DM 10.000,00 und bes. Zuständigkeiten, z. B. Mietstreitigkeiten, Ehesachen, Unterhaltsansprüche, bestimmte Familiensachen	Landgericht – Zivilkammern (3 Berufsrichter), Kammer für Handelssachen (1 Berufsrichter, 2 ehrenamtliche Richter) oder Einzelrichter – Klagen, soweit Amtsgericht nicht zuständig ist
2. Instanz (Berufung)	Landgericht – Zivilkammer (3 Richter) – keine Berufung, wenn der Beschwerdewert DM 1.500,00 nicht übersteigt	Oberlandesgericht – Zivilsenat (3 Richter)
3. Instanz (Revision)	Bundesgerichtshof – Zivilsenat (5 Richter) – in einzelnen Familiensachen, sonst nicht möglich	Bundesgerichtshof – Zivilsenat (5 Richter) – wenn das Oberlandesgericht die Revision zugelassen hat oder bei einem Beschwerdewert über DM 60.000,00. Zuständig auch für die sogenannte Sprungrevision gegen Urteile der Landgerichte (§ 566a ZPO)

10

Abb. 10.12

• Die Klageerhebung

Im Mahnverfahren ist die Klageerhebung entbehrlich, weil das Amtsgericht, das den Mahnbescheid oder Vollstreckungsbescheid erlassen hat, auf den Widerspruch bzw. Einspruch des Schuldners den Rechtsstreit nach Begleichung der Gerichtskosten an das zuständige Gericht abgibt. Mit der Abgabe ist die Streitsache bereits rechtshängig (§ 696 Abs.3 ZPO). Der Antragsteller (Gläubiger) muß seinen Anspruch nur binnen 2 Wochen in einer einer Klageschrift entsprechenden Form gegenüber dem Gericht, das nunmehr zuständig ist, begründen (§ 697 Abs. 1 ZPO). Ohne ein vorangegangenes Mahnverfahren kann ein Anspruch auch durch Klageerhebung bei dem zuständigen Gericht verfolgt werden. Das geschieht durch Einreichung der Klageschrift und ihre Zustellung an den Beklagten (§ 253 Abs. 1 ZPO). Die Klageschrift muß folgende Mindestangaben enthalten (§ 253 Abs. 2 ZPO):

- die Bezeichnung der Parteien und des Gerichts;
- die bestimmte Angabe des Gegenstandes und des Grundes des erhobenen Anspruchs;
- die Ankündigung eines bestimmten Antrages.

Dieser richtet sich nach dem Ziel der Klage, nämlich danach, ob eine Leistung, die Feststellung eines Rechtsverhältnisses oder die Gestaltung einer Rechtslage begehrt wird.

Angabe von Beweismitteln: Die Angabe von Beweismitteln ist für den Inhalt der Klageschrift zwar nicht zwingend vorgeschrieben. In den meisten Fällen wird der Beklagte jedoch die zur Begründung des Anspruchs angegebenen Fakten bestreiten, weshalb der Kläger gezwungen wird, danach erst in einem neuen Schriftsatz seine Beweise aufzuführen, was zu Verzögerungen führen kann.

Gesetzliche Beweismittel sind:

- der Beweis durch Augenschein, beispielsweise die Hausbesichtigung (§§ 371 ff. ZPO);
- der Zeugenbeweis (§§ 373 ff. ZPO);
- der Beweis durch Sachverständige (§§ 402 ff. ZPO);
- der Beweis durch Urkunden (§§ 415 ff. ZPO);
- der Beweis durch Parteivernehmung (§§ 445 ff. ZPO).

Unterschrift: Nur in einem Verfahren vor dem Amtsgericht kann der Kläger, im Anwaltsprozeß nur der bei dem betreffenden Gericht zugelassene Anwalt unterschreiben. Die Einreichung der Klageschrift durch Telefax ist wirksam.

Nach Eingang der Klage und Zahlung der Gerichtsgebühr wird diese von amtswegen, d. h. durch die Geschäftsstelle des Gerichts, zugestellt. Die Zustellung erfolgt durch amtlich handelnde Zustellungsorgane, beispielsweise den

Gerichtsvollzieher (§ 166 ZPO). Dieser kann sich dabei, was in der Praxis die Regel ist, der Post bedienen (§ 193 ZPO). Mit der Zustellung der Klage an den Beklagten ist der Rechtsstreit rechtshängig (§ 261 Abs. 1 ZPO). Die Rechtshängigkeit bewirkt, daß gesetzliche Fristen, insbesondere die Verjährung eines Anspruchs, unterbrochen wird (§§ 209 BGB, 262 ZPO).

- Ablauf des Verfahrens nach Einreichung der Klage

Der Rechtsstreit wird u. a. durch den Beschleunigungsgrundsatz bestimmmt, der besagt, daß das Verfahren möglichst kurzfristig in einem einzigen, umfassend vorbereiteten Verhandlungstermin abgeschlossen werden soll. Dabei bestehen zwischen dem Verfahren vor dem Landgericht und dem vor dem Amtsgericht nur geringe Unterschiede. Gemäß § 272 Abs. 2 ZPO hat das Landgericht die Wahl, entweder einen frühen ersten Termin zur mündlichen Verhandlung oder ein schriftliches Vorverfahren zur Vorbereitung des Haupttermins zu bestimmen. Zu dem frühen ersten Termin ist der Beklagte bereits mit der Zustellung der Klageschrift zu laden (§ 274 Abs. 2 ZPO). Das Gericht kann ihm eine Frist zur schriftlichen Klageerwiderung setzen (§ 275 Abs. 1 ZPO). Ist das schriftliche Vorverfahren zur Vorbereitung des Haupttermins bestimmt, fordert das Gericht den Beklagten mit Zustellung der Klage auf, binnen einer Notfrist von 2 Wochen nach Zustellung anzuzeigen, ob er sich gegen die Klage verteidigen will. Über die Folgen einer Versäumung der Frist ist er zu belehren. Zugleich ist ihm eine Frist von mindestens 2 weiteren Wochen zur schriftlichen Klageerwiderung zu setzen. (§ 276 ZPO). Unterläßt der Beklagte die Erklärung, daß er sich gegen die Klage verteidigen will, kann gegen ihn Versäumnisurteil ergehen (§ 331 Abs.3 ZPO). Die Parteien müssen ihre Angriffs- und Verteidigungsmittel unter Beachtung der ihnen vom Gericht gesetzten Fristen frühzeitig und vollständig vorbringen, wenn sie nicht riskieren wollen, daß ihr Vorbringen als verspätet zurückgewiesen wird. Das kann zur Folge haben, daß sie in einem Rechtsstreit unterliegen, den sie bei fristgerechter Bearbeitung gewonnen hätten. Im Termin zur mündlichen Verhandlung (früher erster Termin bzw. Haupttermin) wird der Sach- und Streitstand erörtert. Die erschienenen Parteien werden hierzu persönlich gehört. Im Anschluß an die streitige Verhandlung werden die Anträge aus der Klageschrift und dem Erwiderungsschriftsatz verlesen. Der streitigen Verhandlung folgt unmittelbar die Beweisaufnahme.

Im Anschluß an die Beweisaufnahme wird der Sach- und Streitstand erneut mit den Parteien erörtert (§ 278 Abs. 2 ZPO). Spätestens in diesem Zeitpunkt besteht die Möglichkeit, den Rechtsstreit zu erledigen. Das kann dadurch geschehen, daß der Kläger die Klage zurücknimmt, der Beklagte den Anspruch anerkennt oder beide Parteien einen Vergleich miteinander schließen. Ist keine Regelung in der vorgeschilderten Weise möglich, schließt das Gericht die mündliche Verhandlung und bestimmt Termin zur Verkündung einer Entscheidung. Bei dieser kann es sich um ein Urteil oder einen Beweisbeschluß handeln, nach dem in einem späteren Termin eine Beweisaufnahme durchgeführt wird.

Erscheint eine der Parteien trotz Ladung nicht zum Termin zur mündlichen Verhandlung, kann das Gericht auf Antrag der erschienenen anderen Partei Versäumnisurteil erlassen. Erscheint der Kläger nicht, wird die Klage abgewiesen (§ 330 ZPO). Bei Säumnis des Beklagten wird das Vorbringen des Klägers als zugestanden angesehen und der Klage stattgegeben (§ 331 Abs. 1 ZPO). Gegen das Versäumnisurteil kann binnen einer Notfrist von 2 Wochen, gerechnet ab Zustellung, Einspruch eingelegt werden (§ 339 Abs. 1 ZPO). Der Einspruch wird durch Einreichung eines Schriftsatzes eingelegt, der folgenden Mindestinhalt haben muß:

- die Bezeichnung des Urteils, gegen das der Einspruch gerichtet wird;
- die Erklärung, daß Einspruch eingelegt wird;
- die Begründung des Einspruchs (§ 340 Abs. 2 ZPO).

Ist der Einspruch form- und fristgerecht erfolgt, wird der Prozeß in die Lage zurückversetzt, in der er sich vor Eintritt der Säumnis befand (§ 342 ZPO). In einer neuen mündlichen Verhandlung wird der Rechtsstreit entschieden. Erscheint die säumige Partei zur mündlichen Verhandlung wiederum nicht, ergeht 2. Versäumnisurteil, durch das der Einspruch verworfen wird (§ 345 ZPO). Gegen das 2. Versäumnisurteil kann Berufung nur mit der Begründung eingelegt werden, ein Fall der Säumnis habe nicht vorgelegen (§ 513 Abs. 2 ZPO).

Die prozessualen Bestimmungen des landgerichtlichen Verfahrens gelten auch für das amtsgerichtliche mit folgenden wesentlichen Einschränkungen:

- Fehlen des Anwaltszwangs
  Es kann jede prozeßfähige Person auftreten und verhandeln. Ausnahme: Ehe- und Familiensachen (Anwaltszwang).
- Zulässigkeit des Kleinverfahrens
  gemäß § 495 a ZPO

Danach kann das Amtsgericht sein prozessuales Verhalten nach billigem Ermessen bestimmen, wenn der Streitwert DM 1.000,00 nicht übersteigt. Die mündliche Verhandlung ist nur auf Antrag erforderlich. Das Urteil braucht keinen Tatbestand zu enthalten und Entscheidungsgründe dann nicht, wenn ihr wesentlicher Inhalt in dem Verhandlungsprotokoll niedergelegt worden ist (§ 495 a Abs. 2 ZPO).

• Rechtsmittel gegen Urteile

Gegen erstinstanzliche Urteile findet die Berufung, gegen Urteile des Oberlandesgerichts als Berufungsinstanz Revision statt.

Berufung: Gegen Urteile des Amtsgerichts und erstinstanzliche Urteile des Landgerichts findet die Berufung statt, wenn in vermögensrechtlichen Streitigkeiten der Wert des Beschwerdegegenstandes über DM 1.500,00 liegt. Sonst ist die Berufung unzulässig. Sie muß innerhalb eines Monats nach Zustellung des Urteils durch Einreichung einer Berufungsschrift beim Berufungsgericht eingelegt werden (§§ 516, 518 ZPO). Ist vorher eine wirksame Zustellung nicht erfolgt, beginnt die Berufungsfrist spätestens 5 Monate nach Verkündung des Urteils zu laufen. Die Berufung ist entweder in der Berufungsschrift oder innerhalb eines weiteren Monats in einem gesonderten Schriftsatz zu begründen (§ 519 ZPO). Im Berufungsverfahren wird der Rechtsstreit in tatsächlicher und rechtlicher Hinsicht neu verhandelt, wobei die Parteien neue Tatsachen und Beweismittel vortragen können. Ist die Berufung unbegründet, wird sie durch Urteil zurückgewiesen. Ist sie ganz oder zum Teil begründet, wird das erstinstanzliche Urteil aufgehoben oder abgeändert und durch eine neue Entscheidung ersetzt.

Revision: Mit der Revision können nur die Entscheidungen des Berufungsurteils eines Oberlandesgerichts darauf überprüft werden, ob das Gesetz verletzt wurde, weil eine Rechtsnorm nicht oder nicht richtig angewandt wurde (§§ 549, 550 ZPO). Die Revision ist zulässig, wenn sie das Oberlandesgericht besonders zugelassen hat (§ 546 Abs. 1 ZPO) oder wenn ohne besondere Zulassung in vermögensrechtlichen Streitigkeiten der Beschwerdewert DM 60.000,00 übersteigt (§ 564 Abs. 1 ZPO) oder wenn das Berufungsgericht eine bei ihm eingelegte Berufung als unzulässig verworfen hat (§§ 547 ZPO). Auch wenn der Beschwerdewert erreicht ist, kann das Revisionsgericht die Annahme der Revision ablehnen, sofern die Sache keine grundsätzliche Bedeutung und die Revision im Ergebnis auch keine Aussicht auf Erfolg hat (§ 554 b ZPO).

Die Revision wird binnen einer Frist von einem Monat seit Zustellung des Urteils des Berufungsgerichts bei dem Bundesgerichtshof eingelegt. Sie muß durch einen dort zugelassenen Rechtsanwalt in einem besonderen Schriftsatz begründet werden, wenn sie nicht bereits in der Revisionsschrift enthalten war (§ 554 Abs. 2 ZPO). Erwähnenswert ist, daß auch gegen die im ersten Rechtszug erlassenen Endurteile der Landgerichte anstelle der Berufung Revision eingelegt werden kann, wenn die andere Partei damit einverstanden ist (§ 566 a ZPO). Ist die Revision unbegründet, wird sie zurückgewiesen, ist sie begründet, kann der Bundesgerichtshof das angefochtene Urteil aufheben und selbst entscheiden oder die Sache an das Oberlandesgericht zurückverweisen (§§ 564, 565 ZPO).

• Besondere Verfahrensarten

Außer dem Mahnverfahren sind noch folgende vereinfachte Verfahren erwähnenswert:

Urkunden- und Wechselprozeß (§§ 592 ff. ZPO)

Der Urkunden- und Wechselprozeß begründet für Ansprüche, die durch Urkunden belegt werden können, ein erleichtertes Verfahren. Im Urkunden- und Wechselprozeß kann geklagt werden, wenn folgende Voraussetzungen vorliegen:

- die Angabe in der Klage, daß im Urkundenprozeß geklagt wird (§ 593 Abs. 1 ZPO);
- der geltend gemachte Anspruch muß auf Zahlung einer bestimmten Geldsumme oder auf Leistung einer bestimmten Menge anderer vertretbarer Sachen oder Wertpapiere lauten (§ 592 ZPO);
- die zur Begründung des Anspruchs erforderlichen Tatsachen können durch Urkunden belegt werden (§ 592 ZPO), bspw. Wechsel.

Der Klageschrift sind die Urkunden in Urschrift oder Abschrift beizufügen. Der Urkundenprozeß zeichnet sich dadurch aus, daß die Verteidigungsmöglichkeiten des Beklagten erheblich eingeschränkt sind. Denn auch er kann seine Behauptungen nur durch Urkunden oder Parteivernehmung beweisen (§ 595 Abs. 2 ZPO). Hat der Beklagte beispielsweise eine Forderung bereits beglichen und kann die Zahlung nur durch einen Zeugen beweisen, kann er diesen im Urkundenprozeß nicht vernehmen lassen, weil dies gesetzlich ausgeschlossen ist. In der mündlichen Verhandlung wird die Klage als in der gewählten Prozeßart unstatthaft abgewiesen, sofern es dem Kläger nicht gelingt, seinen Anspruch durch Urkunden zu belegen (§ 597 Abs. 2 ZPO). Ansonsten ergeht Urteil zu seinen Gunsten im Urkundenprozeß. Hat der Beklagte dem gegen ihn erhobenen Anspruch widersprochen, ohne daß er sein

Vorbringen durch Urkunden oder Parteivernehmung beweisen kann, wird er zwar verurteilt, die Ausführung seiner Rechte wird ihm aber für das Nachverfahren vorbehalten (sog. Vorbehaltsurteil, § 599 Abs. 1 ZPO).
Der Kläger kann aus dem Vorbehaltsurteil zwar vollstrecken (§ 708 Nr. 4 ZPO). Er trägt jedoch das volle Risiko, auf Schadensersatz in Anspruch genommen zu werden, wenn in dem Nachverfahren, in dem alle Beweismittel zugelassen sind, der Beklagte seine Behauptungen beweisen kann, das Vorbehaltsurteil daraufhin aufgehoben und die Leistungsklage abgewiesen wird. Das geschieht beispielsweise, wenn der Zeuge bestätigt, daß die Forderung in seinem Beisein bezahlt wurde (§§ 600 Abs. 2, 302 Abs. 4 ZPO). Der Wechsel- und Scheckprozeß ist eine besondere Form des Urkundenpozesses und unterscheidet sich von diesem insbesondere dadurch, daß besonders kurze Ladungsfristen zum Termin vorgesehen sind (§ 604 ZPO).

Schiedsgerichtsverfahren (§§ 1025 ff. ZPO): Durch das Schiedsgerichtsverfahren können zivilrechtliche Streitigkeiten zwischen den Parteien anstatt durch die staatlichen Gerichte auch durch private (sog. Schiedsgerichte) entschieden werden. Insbesondere in der Wirtschaft sind Schiedsgerichte gebräuchlich. Sie bieten die Möglichkeit, durch Fachleute, die nicht Juristen sein müssen, Streitigkeiten richtig, schneller und kostengünstiger entscheiden zu lassen. Andererseits besteht die Gefahr, daß eine Partei durch die Vereinbarung eines Schiedsverfahrens und Einflußnahme auf die Besetzung des Schiedsgerichts ihre wirtschaftliche Machtstellung ausnutzt und wirtschaftlich Abhängige benachteiligt werden. Aus diesem Grunde wurde das Schiedsverfahren unter die Kontrolle staatlicher Gerichte gestellt.
Die Zuständigkeit des Schiedsgerichts muß durch einen besonderen schriftlichen Schiedsvertrag vereinbart werden, es sei denn, er bezieht sich auf ein beiderseitiges Handelsgeschäft von Vollkaufleuten (§ 1027 Abs. 2 ZPO). Der Schiedsvertrag muß sich ferner auf ein bestimmmtes Rechtsverhältnis und die hieraus entstehenden Rechtsstreitigkeiten erstrecken (§ 1026 ZPO). Ist in dem Schiedsvertrag eine Bestimmung über die Ernennung der Schiedsrichter nicht enthalten, wird von jeder Partei ein Schiedsrichter ernannt (§ 1028 ZPO). Das Verfahren vor dem Schiedsgericht wird grundsätzlich durch den Schiedsvertrag und von den Schiedsrichtern bestimmt (§ 1034 Abs. 2 ZPO). Die Schiedsrichter müssen jedoch die Parteien hören und den dem Streit zugrundeliegenden Sachverhalt ermitteln.
Das Schiedsverfahren wird entweder mit einem Schiedsvergleich (§ 1044 a ZPO) oder einem Schiedsspruch abgeschlossen, die die Wirkungen eines rechtskräftigen Urteils haben (§ 1040 ZPO). Das Schiedsgericht veranlaßt die Zustellung einer Ausfertigung des Schiedsspruches an die Parteien und hinterlegt diese auf der Geschäftsstelle des zuständigen Gerichts (§ 1039 Abs. 2 u. 3 ZPO). Ein Rechtsmittel gegen den Schiedsspruch ist ausgeschlossen. Der Unterlegene kann nur unter den Voraussetzungen, die in § 1041 Abs. 1. ZPO enumerativ aufgezählt sind, die Aufhebung des Schiedsspruchs durch das zuständige Gericht erwirken, beispielsweise, wenn ihm in dem Schiedsverfahren kein rechtliches Gehör gewährt wurde, der Schiedsspruch nicht mit Gründen versehen ist, kein gültiger Schiedsvertrag zugrundelag usw..
Die Zwangsvollstreckung aus dem Schiedsvergleich oder Schiedsspruch kann erst nach Vollstreckbarerklärung durch das zuständige Gericht durchgeführt werden (§ 1042 Abs. 1 ZPO). Zu diesem Zweck ist ein entsprechender Antrag bei ihm einzureichen, über den dieses durch Beschluß, im Falle einer mündlichen Verhandlung durch Endurteil entscheidet. Gegen den Beschluß kann Widerspruch, gegen das Urteil Berufung eingelegt werden.
Für eine Entscheidung im Rahmen des schiedsrichterlichen Verfahrens ist das Amts- oder Landgericht zuständig, das in dem Schiedsvertrag als zuständig bezeichnet ist und, bei Fehlen einer Vereinbarung, das Amts- oder Landgericht, das für die gerichtliche Geltendmachung des Anspruchs zuständig wäre (§§ 1045 Abs. 1, 1046 ZPO). Durch das Rechtspflege-Vereinfachungsgesetz vom 17.12.1990 wurde die Möglichkeit zum Abschluß eines Anwaltsvergleichs geschaffen (§ 1044 b ZPO). Danach gelten bei einem Vergleich, der von den Parteien und ihren Rechtsanwälten unterschrieben ist und in dem sich der Schuldner der sofortigen Zwangsvollstreckung unterwirft, hinsichtlich der Vollstreckbarkeit die Vorschriften über den schiedsrichterlichen Vergleich entsprechend.

• Prozeßkosten- und Beratungshilfe

Die Kosten eines Rechtsstreits bestehen aus den Gerichtskosten und solchen der Parteien, vor allem den Anwaltskosten. Zu Gerichts- und Anwaltskosten gehören auch sonstige Auslagen. Wer die Kosten letztlich zu tragen hat, entscheidet das Gericht durch Urteil (§ 308 Abs. 2 ZPO). Grundlage für seine Kostenentscheidung sind die §§ 91 ff. ZPO. Danach hat grundsätzlich die unterliegende Partei die gesamten Kosten des

Rechtsstreits zu tragen, auch die der anderen Partei ersetzen (§ 91 Abs. 1 ZPO). Wenn beide Parteien teils obsiegen, teils unterliegen, sind die Kosten gegeneinander aufzuheben oder im Verhältnis des Obsiegens und Unterliegens auf die Parteien zu verteilen (§ 92 ZPO). Über die Höhe der zu erstattenden Kosten entscheidet das erstinstanzliche Gericht auf entsprechenden Antrag der Parteien (§ 104 Abs. 1 ZPO). Beim erstinstanzlichen Gericht ist grundsätzlich der Rechtspfleger für die Festsetzung der Kosten zuständig. Gegen seine Entscheidung besteht binnen einer zweiwöchigen Notfrist der Rechtsbehelf der Erinnerung. Hilft der Rechtspfleger nicht ab, muß er die Akte dem Gericht vorlegen, das durch Beschluß entscheidet. Hiergegen kann binnen einer Frist von 2 Wochen seit Zustellung sofortige Beschwerde eingelegt werden. Der Rechtsschutz durch die Gerichte kann nicht daran scheitern, daß eine Partei (Kläger oder Beklagter) ihr Recht nicht wegen fehlender Geldmittel verfolgen kann. Es besteht deshalb die Möglichkeit, Prozeßkostenhilfe oder außergerichtlich Beratungshilfe in Anspruch zu nehmen.

Prozeßkostenhilfe: Prozeßkostenhilfe wird einer Partei vom Gericht auf Antrag bewilligt, wenn

- die beabsichtigte Rechtsverfolgung oder –verteidigung hinreichende Aussicht auf Erfolg bietet und nicht mutwillig erscheint und
- die Partei die Kosten der Prozeßführung nicht, nur zum Teil oder nur in Raten aufbringen kann, was sich im wesentlichen nach sozialrechtlichen Maßstäben und einer gesetzlichen Tabelle bestimmt (§§ 114, 115 ZPO).

Entsprechend dem Beschluß, durch den über die Prozeßkostenhilfe entschieden wird, hat die beantragende Partei Gerichtskosten und Kosten eines ihr beigeordneten Rechtsanwalts nicht, nur zum Teil oder nur in Raten zu bezahlen (§ 122 ZPO). Verliert die Partei, der Prozeßkostenhilfe gewährt wurde, den Rechtsstreit, muß sie die Kosten ihres Gegners aus eigener Tasche voll tragen (§ 123 ZPO).

Beratungshilfe: Nach dem Beratungshilfegesetz vom 18.06.1980 wird einem Rechtsuchenden Hilfe für die Wahrnehmung von Rechten außerhalb eines gerichtlichen Verfahrens auf Antrag gewährt (Beratungshilfe). Voraussetzung ist, daß der Rechtsuchende die erforderlichen Mittel nach seinen persönlichen und wirtschaftlichen Verhältnissen nicht aufbringen kann, keine anderen Möglichkeiten für eine Hilfe zur Verfügung stehen und die Wahrnehmung der Rechte nicht mutwillig ist. Der Antrag ist bei dem Amtsgericht zu stellen. Ist er begründet, gewährt das Amtsgericht in einfachen Fällen die Beratungshilfe selbst. Anderenfalls stellt es einen Berechtigungsschein zur Beratungshilfe durch einen Rechtsanwalt aus. Die Gebühr für die Beratungshilfe kostet ohne Rücksicht auf den Streitwert nur DM 20,00 (§ 8).

Vollstreckungsverfahren

Die Zwangsvollstreckung ist die Durchsetzung eines titulierten Anspruchs durch staatliche Zwangsmaßnahmen. Dabei werden die Beteiligten nicht als Kläger und Beklagter, sondern als Gläubiger und Schuldner bezeichnet. Gläubiger ist derjenige, dessen titulierter Anspruch vollstreckt, Schuldner der, gegen den der titulierte Anspruch durchgesetzt werden soll. Die Zwangsvollstreckung erfolgt durch staatliche Vollstreckungsorgane, nämlich Gerichtsvollzieher, das Amtsgericht oder das Prozeßgericht.

• Voraussetzungen der Zwangsvollstreckung

Die Zwangsvollstreckung ist erst zulässig, wenn drei Voraussetzungen gegeben sind, nämlich ein Vollstreckungstitel, die Vollstreckungsklausel und die Zustellung des Titels vor Zwangsvollstreckungsbeginn.

Vollstreckungstitel: Hierzu zählen (§§ 704, 794 ZPO):

- Endurteile, die rechtskräftig oder für vorläufig vollstreckbar erklärt sind;
  Ist das Urteil nur gegen Sicherheitsleistung vorläufig vollstreckbar, darf mit der Zwangsvollstreckung erst begonnen werden, wenn die Sicherheitsleistung durch eine öffentliche oder öffentlich beglaubigte Urkunde nachgewiesen und eine Abschrift dieser Urkunden zugestellt ist (§ 751 Abs. 2 ZPO).
- vor einem deutschen Gericht abgeschlossene gerichtliche Vergleiche;
- Vollstreckungsbescheide;
- Kostenfestsetzungsbeschlüsse;
- für vollstreckbar erklärte Schiedssprüche, für vollstreckbar erklärte schiedsrichterliche Vergleiche und Anwaltsvergleiche (vgl. § 1044b ZPO);
- gerichtliche oder notarielle Urkunden über einen Anspruch auf Zahlung einer bestimmten Geldsumme oder Leistung einer bestimmten Menge anderer vertretbarer Sachen oder Wertpapiere, in denen sich der Schuldner der sofortigen Zwangsvollstreckung unterworfen hat.

Vollstreckungsklausel: Die Vollstreckungsklausel ist der amtliche Vermerk auf dem Titel, daß dieser vollstreckbar ist. Die Vollstreckungsklausel lautet (§ 725 ZPO):

„Vorstehende Ausfertigung wird dem usw. (Bezeichnung der Partei) zum Zwecke der Zwangsvollstreckung erteilt".

Sie ist der Ausfertigung eines Urteils am Schluß beizufügen, von dem Urkundsbeamten des Prozeßgerichts zu unterschreiben und mit dem Gerichtssiegel zu versehen. Durch die Vollstreckungsklausel kann der Titel für oder gegen einen Rechtsnachfolger übertragen werden, und zwar durch den Urkundsbeamten, wenn die Rechtsnachfolge durch öffentliche oder öffentlich beglaubigte Urkunden nachgewiesen werden kann (§ 727 Abs. 1 ZPO).

Zustellung: Der Titel muß demjenigen, gegen den vollstreckt werden soll, zugestellt werden, und zwar spätestens gleichzeitig mit dem Beginn der Zwangsvollstreckung (§ 750 Abs. 1 ZPO).

Die Vollstreckungsmaßnahmen

Welche Vollstreckungsmaßnahmen erforderlich sind, hängt in erster Linie von dem zu vollstreckenden Titel ab. Dabei unterscheidet die Zivilprozeßordnung die folgenden:

10

- titulierte Zahlungsansprüche (§§ 803, 882a ZPO);
- Titel auf Herausgabe und Leistung von Sachen (§§ 883 – 886 ZPO);
- Titel auf Vornahme von vertretbaren und unvertretbaren Handlungen (§§ 887 – 889 ZPO) sowie auf Unterlassung und Duldung (§ 890 ZPO);
- Titel auf Abgabe von Willenserklärungen (§§ 894 – 898 ZPO).

Eine Übersicht über die einzelnen Zwangsvollstreckungsmöglichkeiten bietet Abb. 10.13.

• Eidesstattliche Versicherung und Haft

Hat die Pfändung nicht zur vollständigen Befriedigung des Gläubigers geführt oder macht dieser glaubhaft, daß er durch Pfändung Befriedigung seiner Forderung nicht vollständig erlangen könne, ist der Schuldner auf Antrag verpflichtet, seine gesamten Vermögensverhältnisse in einem Vermögensverzeichnis zu offenbaren und dessen Richtigkeit eidesstattlich zu versichern (§ 807 Abs. 1 ZPO). Den Antrag auf Abgabe der eidesstattlichen Versicherung hat der Gläubiger bei dem für den Wohnort des Schuldners zuständigen Amtsgericht zu stellen (§ 899 ZPO). Dem Antrag ist die vollstreckbare Ausfertigung des Titels, die Zustellungsurkunde und die Unpfändbarkeitsbescheinigung des Gerichtsvollziehers beizufügen.

Hat der Schuldner bereits in den letzten 3 Jahren die eidesstattliche Versicherung abgegeben, unterrichtet das Gericht den Gläubiger und setzt das Verfahren nur auf Antrag fort (§ 900 Abs. 2 ZPO). Anderenfalls wird ein Termin bestimmt und der Schuldner hierzu persönlich geladen. Verweigert er in dem Termin ohne Grund die Abgabe der eidesstattlichen Versicherung oder erscheint er nicht, hat das Gericht auf Antrag des Gläubigers die Haft zur Erzwingung der Abgabe anzuordnen und Haftbefehl zu erlassen (§§ 901, 906 ZPO). Aufgrund des Haftbefehls kann der Schuldner auf die Dauer von höchstens 6 Monaten in Haft genommen werden, bis er die eidesstattliche Versicherung abgibt (§ 913 ZPO). Nach Abgabe der eidesstattlichen Versicherung ist er unverzüglich aus der Haft zu entlassen (§ 902 Abs. 2 ZPO). Das Amtsgericht als Vollstreckungsgericht führt ein Schuldnerverzeichnis, in dem alle Personen erfaßt sind, die die eidesstattliche Versicherung abgegeben haben oder gegen die die Haft angeordnet war (§ 915 Abs. 1 ZPO).

In dem Schuldnerverzeichnis, aus dem jedem Auskunft erteilt werden kann, wird der Schuldner erst nach 3 Jahren gelöscht, sofern er nicht vorher den Gläubigeranspruch befriedigt (§ 915 Abs. 2 ZPO).

• Arrest und einstweilige Verfügung

Die Durchführung eines Rechtsstreits, insbesondere, wenn er über mehrere Instanzen geht, kann lange Zeit in Anspruch nehmen. In der Zwischenzeit kann die Vollstreckung des Anspruchs unter Umständen vereitelt werden (Beispiele: der Schuldner verschleudert sein Vermögen oder wandert aus, die Vermögenslage einer Firma verschlechtert sich) oder es treten nicht wiedergutzumachende Schäden durch Dritte, insbesondere durch unerlaubte Wettbewerbshandlungen, ein. Diesem Bedürfnis tragen die in der Praxis äußerst wichtigen Eilverfahren des Arrestes und der einstweiligen Verfügung Rechnung (§§ 916 ff. ZPO).

Der Arrest: Voraussetzungen des Arrestes sind:

- das Vorliegen eines Arrestanspruches, also einer Geldforderung oder eines Anspruchs, der in eine Geldforderung übergehen kann (§ 916 ZPO);
- das Bestehen eines Arrestgrundes, d. h., es muß objektiv zu besorgen sein, daß ohne Eilverfahren die künftige Zwangsvollstreckung wegen des geldlichen Anspruches gefährdet ist (§ 919 ZPO). Beispiel: Vorbereitungen zur Flucht, Beiseiteschaffen von Vermögenswerten.

Das Arrestverfahren beginnt mit dem Arrestgesuch des Gläubigers, das entweder bei dem Gericht, bei dem der zu sichernde Anspruch geltend gemacht werden müßte, oder dem örtlich zuständigen Amtgericht eingereicht werden kann. In dem Arrestgesuch müssen Arrestanspruch und Arrestgrund bezeichnet und glaubhaft gemacht werden. Als Mittel der Glaubhaftmachung kommt in der Regel die Vorlage von eidesstattlichen Ver-

Arten der Zwangsvollstreckung (ZV)

§§ 704 ff. ZPO, Zwangsvollstreckungsgesetz

- Zwangsvollstreckung wegen Geldforderungen (§§ 803 ff. ZPO)
  - ZV in das bewegliche Vermögen (§§ 803 ff. ZPO)
    - ZV in bewegliche Sachen (§§ 808 ff. ZPO)
      - Die Sachen werden vom Gerichtsvollzieher gepfändet und im Regelfall öffentlich versteigert (§§ 808, 814 ZPO)
    - ZV in Forderungen und andere Vermögensrechte (§§ 828 ff. ZPO)
      - Vollstreckungsgericht pfändet die Forderung und überweist sie dem Gläubiger (Pfändungs- und Überweisungsbeschluß) (§§ 829, 835 ZPO)
  - ZV in das unbewegliche Vermögen (§§ 864 ff. ZPO, ZVG)
    - Zwangsversteigerung (§§ 15 ff, ZVG)
    - Zwangsverwaltung (§§ 146 ff, ZVG)
    - Zwangshypothek (§ 867 ZPO)
- Zwangsvollstreckung wegen anderer Ansprüche (§§ 883 ff. ZPO)
  - ZV wegen Herausgabe oder Leistung von Sachen (§§ 883 ff. ZPO) Beispiele: Rückgabe eines geliehenen Pelzmantels; Anspruch auf Lieferung von Kartoffeln; Räumung einer Wohnung
    - Gerichtsvollzieher nimmt Sache dem Schuldner weg und übergibt sie dem Gläubiger
  - ZV wegen Vornahme einer Handlung
    - ZV wegen Vorwegnahme einer vertretbaren Handlung (§ 887 ZPO) Beispiel: Bau einer Mauer
      - Prozeßgericht ermächtigt den Gläubiger zur Ersatzvornahme auf Kosten des Schuldners
    - ZV wegen Vornahme einer unvertretbaren Handlung (§ 888 ZPO) Beispiele: Auskunfterteilung, Rechnungslegung
      - Prozeßgericht hält Schuldner durch Zwangsgeld oder Haft zur Vornahme der Handlung an z. T. sind solche Ansprüche nicht vollstreckbar Beispiele: Schuldner bedarf zur Handlung der Mitwirkung eines Dritten; Verurteilung zur Leistung von Diensten aus einem Dienstvertrag. In diesen Fällen besteht u. U. Anspruch auf Schadensersatz (§ 893 ZPO)
    - ZV zur Abgabe von Willenserklärungen (§ 894 ZPO) Beispiel: Einigungserklärung über die Übertragung eines Grundstückes
      - Mit Rechtskraft des Urteils gilt die Willenserklärung als abgegeben
  - ZV zur Erwirkung von Duldungen oder Unterlassungen (§§ 890 ff. ZPO) Beispiele: Duldung der Benutzung eines Weges; Unterlassung von unlauteren Wettbewerbshandlungen
    - Nach Strafandrohung verurteilt das Prozeßgericht den Schuldner wegen Zuwiderhandlung zu Ordnungsgeld oder Haft
      - Widerstand des Schuldners gegen Vornahme einer Handlung kann der Gerichtsvollzieher brechen (§ 892 ZPO)

Abb. 10.13

sicherungen in Betracht (§ 294 ZPO). Einen Beweis braucht der Gläubiger nicht zu führen. Das Gericht kann über das Arrestgesuch ohne mündliche Verhandlung entscheiden (§ 921 Abs.1 ZPO). Es kann auch mündliche Verhandlung bestimmen, zu der der Gegner geladen wird. Die Entscheidung ohne mündliche Verhandlung erfolgt duch Beschluß. Wird dem Arrestgesuch stattgegeben, ergeht der Arrestbefehl. Hiergegen kann der Schuldner Widerspruch einlegen (§ 924 Abs.1 ZPO), über den das Gericht aufgrund mündlicher Verhandlung durch Urteil entscheidet. Bei Zurückweisung des Arrestgesuches hat der Gläubiger das Recht der Beschwerde (§ 567 ZPO). Die Vollziehung des Arrestes kann in alle Gegenstände (Sachen und Rechte) des Vermögens des Schuldners vorgenommen werden und erfolgt nach den allgemeinen Vorschriften über die Zwangsvollstreckung (§ 928 ZPO). Die Vollziehung muß innerhalb eines Monats seit Erlaß des Arrestbefehls erfolgen, weil sie nach Ablauf der Frist unzulässig wird (§ 929 Abs.2 ZPO). Der sofort vollstreckbare Arrestbefehl führt nicht zur Befriedigung des Gläubigers, sondern nur zur Sicherung des Arrestanspruchs.

Bewegliche Sachen oder Forderungen werden daher gepfändet, jedoch noch nicht versteigert oder überwiesen. Durch einen gegen den Schuldner angeordneten persönlichen Arrest kann dieser in Haft genommen oder in seiner persönlichen Freiheit in sonstiger Weise beschränkt werden (§§ 918, 933 ZPO). Der persönliche Arrest ist nur zulässig, wenn der dingliche Arrest nicht ausreicht, um die gefährdete Zwangsvollstreckung in das Vermögen des Schuldners zu sichern (§ 918 ZPO).

Erweist sich die Anordnung des Arrestes nachträglich als ungerechtfertigt, muß der Gläubiger dem Schuldner den Schaden ersetzen, der diesem aus der Vollziehung des Arrestes oder dadurch entsteht, daß er Sicherheit leistet, um die Vollziehung abzuwenden oder die Aufhebung des Arrestes zu erwirken (§ 945 ZPO).

Einstweilige Verfügung: Die einstweilige Verfügung kann in folgenden Fällen beantragt werden:

- wenn zu besorgen ist, daß durch eine Veränderung des bestehenden Zustandes die Verwirklichung des Rechtes einer Partei vereitelt oder wesentlich erschwert werden könnte (§ 935 ZPO) Beispiel: Sicherung des Anspruchs auf Herausgabe einer Sache, auf Duldung der Benutzung eines Weges, auf Unterlassung von ehrverletzenden oder kreditschädigenden Äußerungen;
- wenn die einstweilige Verfügung zur Abwendung wesentlicher Nachteile oder zur Verhinderung drohender Gewalt oder aus anderen Gründen notwendig erscheint (§ 940 ZPO).

Beispiele:

Regelung von Mietstreitigkeiten.

Das Verfahren der einstweiligen Verfügung entspricht grundsätzlich dem des Arrestprozesses (§ 936 ZPO). Bei dem zuständigen Gericht muß ein Antrag gestellt und der Anspruch und der Verfügungsgrund glaubhaft gemacht werden. Das Gericht bestimmt nach freiem Ermessen durch Beschluß oder Urteil, welche Anordnungen zur Erreichung des Zwecks erforderlich sind (§ 938 Abs.1 ZPO).

Das einstweilige Verfügungsverfahren ist von besonderer Bedeutung im Wettbewerbsrecht.

Insolvenzrecht

Unter dem Begriff Insolvenzrecht faßt man das Konkurs- und Vergleichsrecht zusammen. Das Insolvenzrecht der alten Bundesrepublik ist in zwei Gesetzen geregelt, nämlich der Konkursordnung vom 10.02.1877 i. d. F. v. 17.05.1898 (KO) und der Vergleichsordnung vom 26.02.1935 (VerglO). Für das Gebiet der früheren DDR kommt das bereits seit dem 01.07.1990 geltende und durch den Einigungsvertrag vom 31.08.1990 nur geringfügig modifizierte Gesamtvollstreckungsrecht zur Anwendung. Der Entwurf einer für die gesamte Bundesrepublik einheitlichen geltenden Insolvenzordnung (InsO) wurde zwischenzeitlich verabschiedet und tritt am 01.01.1997 in Kraft.

Hier wird nur das noch gültige Insolvenzrecht der alten Bundesrepublik dargestellt.

Gerät eine natürliche und juristische Person in wirtschaftliche Schwierigkeiten, stehen ihr zur Behebung folgende Möglichkeiten zur Verfügung:

- Außergerichtlicher Vergleich
  Sie kann versuchen, sich mit ihren Gläubigern privatrechtlich zu einigen. Dabei muß sie sämtlichen Gläubigern dieselben Rechte einräumen, bspw. dieselbe Quote zur Zahlung auf deren Forderung anbieten.
  Grundsätzlich müssen alle Gläubiger an dem außergerichtlichen Vergleich teilnehmen und dem vom Schuldner gemachten Angebot auch zustimmen. Das gilt insbesondere, wenn bestimmten Gläubigern günstigere Bedingungen als den übrigen angeboten werden sollen. Die Chancen für einen solchen Vergleich sind erfahrungsgemäß äußerst gering.
- Abschluß eines Vergleichs im gerichtlichen Vergleichsverfahren
- Stellung des Antrages auf Eröffnung des Konkursverfahrens über ihr Vermögen.

Diese Möglichkeit bleibt dem Schuldner nur, wenn sein Vermögen noch nicht einmal ausreicht, den nicht bevorrechtigten Gläubigern die gesetzliche Mindestquote von 35% auf ihre anerkannte Forderung zu zahlen, die der gerichtliche Vergleich erfordert.

Nach Eröffnung des Konkursverfahrens hat der Schuldner die Möglichkeit, einen Zwangsvergleich mit seinen Gläubigern zu schließen. Dieser setzt geringere Anforderungen voraus.

Konkursrecht

Der Konkurs nach der Konkursordnung ist ein gerichtliches Verfahren zur Vollstreckung in das gesamte Vermögen des Schuldners mit dem Ziel der gleichmäßigen Befriedigung aller Konkursgläubiger.

• Voraussetzungen der Konkurseröffnung

Das Konkursverfahren wird vom Amtsgericht als Konkursgericht auf Antrag des Schuldners (sog. Eigenantrag) oder Antrag eines Gläubigers eröffnet (§ 103 KO). Ist der Schuldner keine natürliche Person, ist bei Personalgesellschaften (OHG, KG u. KGa.A.) jeder persönlich haftende Gesellschafter, bei Kapitalgesellschaften (AG, GmbH, e.G.) und bei nicht rechtsfähigen Vereinen jedes Mitglied des Vorstandes berechtigt (§§ 208, 210, 213 KO, 63 GmbHG, 100 GenG). Der Konkursantrag bedarf keiner Form. Er kann schriftlich oder zu Protokoll der Geschäftsstelle des zuständigen Amtsgerichts erklärt werden.

Die Eröffnung des Konkursverfahrens setzt voraus, daß der Schuldner konkursfähig ist und bei ihm mindestens einer von zwei Insolvenzgründen vorliegt.

Konkursfähig sind alle natürlichen und juristischen Personen (GmbH, AG, KGa.A., GmbH & Co. KG, e.G.). Konkursfähigkeit besitzen aber auch OHG und KG, der rechtsfähige und nicht rechtsfähige Verein. Über einen Nachlaß kann Konkurs eröffnet werden. Nicht konkursfähig sind die BGB-Gesellschaft und die Stille Gesellschaft. Über das Vermögen von Bund, Ländern und Gemeinden kann kein Konkursantrag gestellt werden.

Insolvenzgründe sind die Zahlungsunfähigkeit und Überschuldung.

Zahlungsunfähigkeit ist das auf dem Mangel an Zahlungsmitteln beruhende andauernde Unvermögen des Schuldners, seine fälligen und ernsthaft eingeforderten Geldschulden noch im wesentlichen zu berichtigen. Sie ist besonders dann anzunehmen, wenn der Schuldner seine Zahlungen eingestellt hat (§ 102 Abs. 2 KO).

Überschuldung liegt vor, wenn durch eine Vermögensbilanz festgestellt wird, daß die Passiven die Aktiven überwiegen, so daß für die Befriedigung der Forderungen der Gläubiger kein ausreichender Haftungsstock mehr vorhanden ist. Konkursgrund ist bei natürlichen Personen, der offenen Handelsgesellschaft und der Kommanditgesellschaft nur die Zahlungsunfähigkeit, bei juristischen Personen (Kapitalgesellschaften) auch die Überschuldung, bei dem Nachlaß nur die Überschuldung.

Der Gläubiger muß sowohl seine dem Konkursantrag zugrundeliegende Forderung als auch den Insolvenzgrund glaubhaft machen (§ 105 Abs. 1 KO). Ein Titel wird nicht vorausgesetzt.

• Abweisung des Konkursantrages oder Konkurseröffnung

Liegen die formellen Voraussetzungen bei Konkursantragstellung vor, veranlaßt das Amtsgericht von amtswegen die notwendigen Ermittlungen zum Insolvenzgrund. Es setzt einen Sachverständigen ein, kann den Konkursantragsschuldner hören und entsprechend der Notwendigkeit Sicherungsmaßnahmen treffen, insbesondere die Übergabe der Sache an einen treuhänderischen Konkursverwalter (Sequestration) anordnen.

Sind die formellen Voraussetzungen nicht gegeben oder ist ein Insolvenzgrund nicht feststellbar, erfolgt Abweisung des Konkursantrages durch Beschluß als unzulässig oder unbegründet.

Auch wenn sämtliche Voraussetzungen für die Eröffnung des Konkursverfahrens vorliegen, kann der Konkursantrag abgewiesen werden, sofern eine die Kosten des Verfahrens deckende Masse nicht vorhanden ist (§ 107 Abs. 1 KO).

Sind die Voraussetzungen zur Eröffnung des Konkursverfahrens gegeben und eine entsprechende Masse vorhanden, wird das Konkursverfahren durch Beschluß über das Vermögen des jetzt als Gemeinschuldner bezeichneten Schuldners eröffnet. In dem Beschluß wird der – vorläufige – Konkursverwalter (Sequester), der Termin zur Gläubigerversammlung und der Prüfungstermin für die anzumeldenden Konkursforderungen bestimmt (§ 110 KO). Zugleich wird der offene Arrest angeordnet, durch den den Schuldnern des Gemeinschuldners verboten wird, an diesen zu leisten, und den Besitzern von Sachen, die dem Gemeinschuldner gehören, aufgegeben, diesen Besitz und ihre Ansprüche, die sie an den Sachen haben, dem Konkursverwalter anzuzeigen (§ 118 KO).

Der Eröffnungsbeschluß wird öffentlich bekanntgemacht und den Gläubigern und Schuldnern des Gemeinschuldners zugestellt. Der Konkurs wird außerdem dem Handelsregister mitgeteilt und im

10

Grundbuch eingetragen. Gegen den Eröffnungsbeschluß steht dem Gemeinschuldner, gegen den Beschluß, durch den die Konkurseröffnung abgelehnt wurde, demjenigen, der den Eröffnungsantrag gestellt hat, sofortige Beschwerde zu (§ 109 KO).

Durch die Konkurseröffnung verliert der Gemeinschuldner nicht seine Rechts– und Geschäftsfähigkeit und kann weiter wie bisher am Rechtsverkehr teilnehmen. Dennoch hat die Konkurseröffnung für ihn nicht unerhebliche persönliche und vermögensrechtliche Einschränkungen zur Folge. Er hat die Verpflichtung, sich von seinem Wohnort nur mit Erlaubnis des Gerichts zu entfernen (§ 101 Abs. 1 KO). Gegen ihn kann Postsperre angeordnet werden (§ 121 KO). Mit der Konkurseröffnung ist er als Vormund nicht mehr einsetzbar (§ 1781 Ziff. 3 BGB) und kann nicht mehr für das Vermögen seiner Kinder sorgen (§ 1670 Abs. 1 BGB). Ehrenämter, wie das eines ehrenamtlichen Richters, kann er nicht übernehmen. Er ist zur Auskunfterteilung gegenüber Konkursverwalter, Gläubigerausschuß und Gläubigerversammlung verpflichtet (§ 100 KO). Ihn trifft die Verpflichtung zur Abgabe der eidesstattlichen Versicherung auf Antrag des Konkursverwalters oder Gläubigers (§ 125 KO).

In vermögensrechtlicher Hinsicht bleibt der Gemeinschuldner zwar Eigentümer seines Vermögens. Die Verwaltungs– und Verfügungsbefugnis verliert er jedoch (§ 6 KO). Diese wird während der Dauer des Konkursverfahrens durch den vom Gericht bestellten Konkursverwalter wahrgenommen, der verpflichtet ist, nach Konkurseröffnung das Vermögen des Gemeinschuldners sofort in Besitz zu nehmen und zu verwerten (§ 117 Abs. 1 KO). Der Verlust der Verwaltungs– und Verfügungsbefugnis tritt nach Konkurseröffnung über das Vermögen einer juristischen Person (Kapitalgesellschaft) bei deren Organen (Geschäftsführer, Vorstand) ein.

Verfügt der Gemeinschuldner noch nach Konkurseröffnung über Gegenstände seines Vermögens, sind diese Verfügungen den Konkursgläubigern gegenüber grundsätzlich unwirksam (§ 7 KO). Der gute Glaube des Erwerbers an die Verfügungsmacht des Gemeinschuldners ist nicht geschützt. Eine Ausnahme gilt nur bei Erwerb von Grundstücken und Schiffen, sofern die Konkurseröffnung nicht im Grundbuch oder Schiffsregister eingetragen war.

Zahlt der Geschäftspartner des Gemeinschuldners nach Konkurseröffnung an diesen, wird er von seiner Leistungspflicht nur dann frei, wenn das Geleistete in die Konkursmasse gelangt, also beispielsweise vom Gemeinschuldner an den Konkursverwalter abgeliefert wird. Der Leistende wird auch befreit, wenn ihm die Eröffnung des Konkursverfahrens unbekannt war. War die Leistung nach der öffentlichen Bekanntmachung erfolgt, trifft ihn die Beweislast, daß ihm die Eröffnung des Verfahrens nicht bekannt war (§ 8 Abs. 3 KO).

Erwähnt werden muß, daß die obigen Ausführungen nicht für den Erwerb und die Veräußerung von Gegenständen (Sachen und Rechten) gilt, die der Gemeinschuldner nach Konkurseröffnung erwirbt. Dieser Neuerwerb wird von dem Konkursbeschlag nicht erfaßt.

• Abwicklung des Konkursverfahrens

Mit der Eröffnung des Konkursverfahrens und seiner Bestellung werden auf den Konkursverwalter als öffentlichen Amtsträger aufgrund der ihm eingeräumten Verwaltungs-und Verfügungsbefugnisse zahlreiche Aufgaben übertragen, die nachstehend kurz dargestellt werden:

Abwicklung von Verträgen: Bei der Abwicklung laufender Verträge, die von dem Gemeinschuldner vor Konkurseröffnung abgeschlossen wurden, kommt es darauf an, ob sie ganz oder teilweise erfüllt wurden:

Hat der Gemeinschuldner den Vertrag voll erfüllt, ist der Geschäftspartner zur Erbringung der Gegenleistung an die Konkursmasse verpflichtet.

Hat der Geschäftspartner seinerseits die geschuldete Leistung voll erbracht, steht aber die Gegenleistung des Gemeinschuldners noch aus, kann er seine Leistung nicht zurückverlangen, es sei denn, er habe sich bei Lieferung einer Sache das Eigentum vorbehalten (§§ 455 BGB, 43 KO). Ist das nicht der Fall, muß er seine Rückforderung als Konkursforderung zur Konkurstabelle anmelden.

Handelt es sich um einen gegenseitigen Vertrag, der zur Zeit der Konkurseröffnung von dem Gemeinschuldner und dem Geschäftspartner nicht oder nicht voll erfüllt war, hat der Konkursverwalter ein Wahlrecht (§ 17 KO).

Wählt er Erfüllung, muß auch er die Leistung voll aus der Masse erbringen.

Lehnt er die Erfüllung ab, erlöschen die beiderseitigen Erfüllungsansprüche und der Geschäftspartner kann nur einen Schadensersatzanspruch wegen Nichterfüllung als Konkursforderung geltend machen (§§ 325, 326 BGB, 26 KO).

Bei Fixgeschäften über die Lieferung von Waren, die einen Markt– oder Börsenpreis haben, steht dem Konkursverwalter das Wahlrecht nicht zu, wenn der Zeitpunkt der Lieferung erst nach der Eröffnung des Verfahrens eintritt.

Bei Arbeitsverhältnissen, bei denen der Gemeinschuldner Arbeitgeber ist, kann sowohl der Kon-

kursverwalter als auch der Arbeitnehmer das Dienstverhältnis mit gesetzlicher Kündigungsfrist kündigen (§ 22 KO). Bestehen Lohn– oder Gehaltsrückstände, kann es sich um Masseschulden (§ 59 Abs. 1 Ziff.3 a KO) oder bevorrechtigte Konkursforderungen (§ 61 Abs. 1 Ziff.1 KO) handeln. Lohn- oder Gehaltsforderungen für die Zeit ab Konkurseröffnung bis zum Ablauf der gesetzlichen Kündigungsfrist sind gleichfalls vorrangig zu befriedigende Masseschulden i. S. v. § 59 Abs. 1 Ziff. 2 KO.
Wenn der Gemeinschuldner Vermieter (Verpächter) ist und der Mietgegenstand (Pachtgegenstand) dem Mieter (Pächter) im Zeitpunkt der Konkurseröffnung bereits überlassen war, ist der Konkursverwalter an den Vertrag gebunden. Für den Fall, daß der Gemeinschuldner Mieter (Pächter) ist und der Mietgegenstand (Pachtgegenstand) ihm überlassen war, kann sowohl der Vermieter (Verpächter) als auch der Konkursverwalter mit gesetzlicher Frist kündigen (§ 19 KO).

Behandlung schwebender Prozesse durch den Konkursverwalter: Schwebende Prozesse, die die Konkursmasse betreffen, werden durch die Konkurseröffnung unterbrochen (§ 240 ZPO).
Prozesse, bei denen der Gemeinschuldner Kläger war (sog. Aktivprozesse), kann der Konkursverwalter wieder aufnehmen (§§ 10 KO, 250 ZPO).
Rechtsstreitigkeiten, in denen der Gemeinschuldner Beklagter war (sog. Passivprozesse), kann sowohl der Kläger als auch der Konkursverwalter aufnehmen, wenn die Klage von Aus- oder Absonderungsberechtigten oder von Massegläubigern erhoben worden war. Ist der Prozeß von einem Konkursgläubiger in Gang gesetzt worden, bleibt er unterbrochen. Er kann erst wieder aufgenommen werden, nachdem der Gläubiger seine Forderung zur Konkurstabelle angemeldet hat und diese in einem Prüfungstermin bestritten wurde (§§ 10 ff., 144 Abs. 2, 146 Abs. 3 KO, 240 ZPO).

• Ermittlung des Umfanges der Konkursmasse
Eine der wichtigsten Aufgaben des Konkursverwalters ist die Ermittlung der Konkursmasse. Die Konkursmasse umfaßt zunächst das gesamte, einer Zwangsvollstreckung unterliegende Vermögen des Gemeinschuldners, welches ihm zur Zeit der Eröffnung des Verfahrens gehört (§ 1 Abs. 1 KO). Diese Konkursmasse wird im allgemeinen als „Sollmasse" bezeichnet. Sachen, die nicht gepfändet werden können, gehören grundsätzlich nicht zur Sollmasse.

Beispiele:
Fernsehgerät, beruflich benötigter Pkw.

Auch Familien- und Persönlichkeitsrechte, Firmen- und Urheberrechte sind unpfändbar. Dem Gemeinschuldner ist es unbenommen, eine Erbschaft anzunehmen oder auszuschlagen, ohne daß ein Gläubiger oder der Konkursverwalter hiergegen rechtlich etwas unternehmen kann.
Als „Istmasse" wird die Konkursmasse bezeichnet, die der Konkursverwalter letztlich in Besitz nimmt. Diese wird im Laufe eines Konkursverfahrens verändert, weil der Konkursverwalter verschiedene, in der Konkursordnung aufgeführte Handlungen vornehmen muß:

- die Abwicklung noch nicht erfüllter gegenseitiger Verträge des Gemeinschuldners (§§ 17 ff. KO);
- die Erfüllung der Ansprüche von aus- und absonderungsberechtigten Gläubigern (§§ 43 ff. KO);
- Aufrechnung von Forderungen des Gemeinschuldners gegenüber Gläubigern oder von diesen gegenüber dem Konkursverwalter (§§ 53 ff. KO);
- die Anfechtung von Rechtshandlungen des Gemeinschuldners (§§ 29 ff. KO);
- die Erfüllung von Ansprüchen von Massegläubigern (§§ 58 ff. KO).

Nach der Bereinigung der Konkursmasse auf die vorgeschilderte Weise spricht man von „Teilungsmasse". Als „Schuldmasse" (Passivmasse) wird die Gesamtheit der im Konkurs zu berichtigenden Forderungen bezeichnet.

• Feststellung der Teilungsmasse
Aussonderung: Befindet sich in der Konkursmasse ein dem Gemeinschuldner nicht gehörender Gegenstand, kann der Berechtigte die Aussonderung aus der Konkursmasse verlangen (§ 43 KO).

Beispiel:
Herausgabeanspruch auf unter Eigentumsvorbehalt gelieferte, noch nicht bezahlte Ware.

Absonderung: Von einem Recht zur Absonderung spricht man dann, wenn der Absonderungsberechtigte an einem Gegenstand, der zur Konkursmasse gehört, ein wirksames Verwertungsrecht hat. Ein solches besitzen Hypotheken– und Grundschuldgläubiger an den Grundstücken des Gemeinschuldners, Inhaber von gesetzlichen und rechtsgeschäftlichen Pfandrechten, Inhaber von Pfändungspfandrechten aufgrund Zwangsvollstreckung, die vor Konkurseröffnung durchgeführt wurde. Zur Absonderung berechtigen auch handelsrechtliche Zurückbehaltungsrechte (§§ 369 ff. HGB) und Sicherungsrechte, wie die Sicherungsübereignung und Sicherungsabtretung.
Die Absonderung wird im allgemeinen dadurch bewirkt, daß der Konkursverwalter den mit dem Absonderungsrecht belasteten Gegenstand verwertet und den Erlös in Höhe des Anspruchs des Gläubigers an diesen auszahlt (§ 127 Abs. 1 KO).

Aufrechnung: Hat der Gläubiger eine Forderung gegen den Gemeinschuldner, ist er nach Konkurseröffnung grundsätzlich zur Aufrechnung befugt (§ 53 KO). Das Aufrechnungsrecht steht auch dem Konkursverwalter zu. Eine Aufrechnung im Konkursverfahren ist unter den Voraussetzungen des § 55 KO unzulässig.
Zugunsten des Gläubigers ist die Aufrechnungsmöglichkeit dadurch erleichtert, daß er auch mit Forderungen aufrechnen kann, die nicht gleichartig und noch nicht fällig sind (§ 54 KO).

Anfechtung im Konkurs: Erfahrungsgemäß wird gerade in der letzten Zeit vor Konkurseröffnung das Vermögen dadurch geschmälert, daß der Gemeinschuldner Notverkäufe durchführt, um an liquide Mittel zu kommen, den Gläubigern, die ihm am meisten zusetzen, Sicherheiten gibt, Werte vor dem Zugriff der Gläubigerschaft an Freunde oder Verwandte verschiebt usw.. Um diese Rechtshandlungen, die vor Konkurseröffnung von dem Gemeinschuldner wirksam vorgenommen worden sind und dadurch den Massebestand schmälern, zugunsten der Gesamtheit der Konkursgläubiger rückgängig machen zu können, dient die Anfechtung im Konkurs. Sie kann nur von dem Konkursverwalter und nur binnen Jahresfrist geltend gemacht werden (§§ 35, 41 KO). Die Anfechtungserklärung des Konkursverwalters führt nicht wie die Anfechtung von Rechtsgeschäften nach dem BGB zur Nichtigkeit der Rechtshandlung (§ 142 BGB), sondern zur Verpflichtung, die aus dem Vermögen des Gemeinschuldners entfernten Werte zurückzugewähren (§ 37 KO). Kommt derjenige, der zur Rückgabe verpflichtet ist, der Aufforderung des Konkursverwalters nicht nach, muß dieser fristwahrend Klage einreichen. Wurde eine Gegenleistung gewährt, ist diese dem Anfechtungsgegner zurückzugewähren, soweit sie sich noch in der Masse befindet oder die Masse um sie bereichert ist; anderenfalls hat der Anfechtungsberechtigte nur eine Konkursforderung (§ 38 KO). Beispiel: Der Gemeinschuldner hat eine wertvolle Maschine an einen Dritten anfechtbar zu einem Schleuderpreis verkauft. Dieser muß die Maschine auf Anfechtung des Konkursverwalters herausgeben, hat jedoch einen Anspruch auf Rückzahlung des Kaufpreises.
Das Gesetz unterscheidet 3 Möglichkeiten der Anfechtung im Konkurs, nämlich:
- Konkursanfechtung (§ 30 KO).
- Absichtsanfechtung (§ 31 KO).
  Anfechtbar sind Rechtshandlungen, die der Gemeinschuldner in der dem anderen bekannten Absicht der Gläubigerbenachteiligung vorgenommen hat, und unter bestimmten Voraussetzungen entgeltliche Verträge des Gemeinschuldners mit seinem Ehegatten, seinen Verwandten oder Verschwägerten im letzten Jahr vor Konkurseröffnung.
- Schenkungsanfechtung (§ 32 KO).
  Anfechtbar sind Schenkungen des Gemeinschuldners, soweit sie den Rahmen gebräuchlicher Gelegenheitsgeschenke überschreiten, und zwar alle unentgeltlichen Verfügungen im letzten Jahr vor Eröffnung des Konkursverfahrens und alle unentgeltlichen Verfügungen zugunsten des Ehegatten in den letzten 2 Jahren vor Konkurseröffnung.

Masseverbindlichkeiten
Aus der Istmasse sind vor allen übrigen Gläubigern zunächst die Masseverbindlichkeiten (Masseschulden und Massekosten) voll zu befriedigen (§ 37 KO).
Masseschulden sind:
- Ansprüche aus zweiseitigen Verträgen des Gemeinschuldners, deren Erfüllung der Konkursverwalter zur Konkursmasse verlangt hat oder die auch noch nach Konkurseröffnung weiterlaufen, beispielsweise Mietverträge und Arbeitsverhältnisse bis zum Auslaufen der Kündigungsfrist.
- Ansprüche, die aus Geschäften oder Handlungen des Konkursverwalters entstehen, z. B. aus Verträgen, die er im Rahmen der Verwaltung schließt.
- Ansprüche u. a. der Arbeitnehmer, der Träger der Sozialversicherungen, der Bundesanstalt für Arbeit auf Beiträge und Umlagen, soweit diese Ansprüche bis 6 Monate vor Konkurseröffnung rückständig sind,
- Ansprüche aus ungerechtfertigter Bereicherung der Masse (vgl. § 59 KO).

Massekosten sind:
- die Gerichtskosten des Konkursverfahrens;
- die Ausgaben für Verwaltung, Verwertung und Verteilung der Konkursmasse einschließlich der Vergütung für den Konkursverwalter;
- eine eventuell dem Gemeinschuldner und seiner Familie bewilligte Unterstützung.

• Ermittlung der Schuldenmasse
Zur Schuldenmasse zählen nur die Ansprüche eines Gläubigers, die dieser vor Konkurseröffnung gegen den Gemeinschuldner erworben hat. Kraft Gesetzes können im Konkursverfahren folgende Ansprüche nicht geltend gemacht werden und fallen daher aus der Schuldenmasse heraus (§ 63 KO):
- die seit der Eröffnung des Verfahrens laufenden Zinsen;

- die Kosten, welche den einzelnen Gläubigern durch ihre Teilnahme an dem Verfahren erwachsen;
- Geldstrafen gegen den Gemeinschuldner;
- Forderungen aus einer Freigiebigkeit des Gemeinschuldners unter Lebenden oder von Todes wegen;
- familienrechtliche Unterhaltsansprüche für die Zeit nach Konkurseröffnung, es sei denn, der Gemeinschuldner hafte als Erbe des Verpflichteten (§ 3 Abs. 2 KO).

Außerdem gehören folgende Ansprüche nicht zur Schuldenmasse:

- familienrechtliche Ansprüche gegen den Gemeinschuldner;
- höchstpersönliche Ansprüche gegen den Gemeinschuldner auf Leistung;
- Ansprüche der aus- und absonderungsberechtigten Gläubiger, soweit der Gemeinschuldner nicht zugleich persönlicher Schuldner ist;
- Masseschulden und Massekosten.

Vor Befriedigung werden die Forderungen in Rangklassen eingeteilt. Die Befriedigung wird nach der Rangordnung, bei gleichem Rang und nicht ausreichender Masse nach dem Verhältnis der Beträge vorgenommen (§ 60 KO). Die Vorrechte entsprechend den Rangklassen (sog. bevorrechtigte Forderungen) sind im Gesetz enumerativ aufgeführt (§ 61 Ziff. 1 – 5 KO). Nach Befriedigung der Vorrechtsforderungen kommen die übrigen Konkursforderungen zum Zuge (§ 61 Ziff. 6 KO).

Bevorrechtigte Konkursforderungen: Das sind in der Reihenfolge der Rangklassen:

- Ansprüche der Arbeitnehmer des Gemeinschuldners und der ihnen gleichgestellten Personen sowie der Träger der Sozialversicherung und der Bundesanstalt für Arbeit für das letzte Jahr vor Konkurseröffnung, soweit die Forderungen nicht Masseschulden sind;
- Ansprüche des Bundes, der Länder, der Gemeinden und Gemeindeverbände auf öffentliche Abgaben aus dem letzten Jahr vor Konkurseröffnung;
- Forderungen der Kirchen und Schulen, öffentlichen Verbände usw. wegen der Abgaben und Leistungen aus dem letzten Jahr vor Konkurseröffnung;
- Forderungen der Ärzte, Tierärzte, Apotheker, Hebammen und Krankenpfleger wegen Kur- und Pflegekosten aus dem letzten Jahr vor Konkurseröffnung;
- Ansprüche der Kinder, Mündel und Pflegebefohlenen in Bezug auf ihr der Verwaltung durch den Gemeinschuldner unterliegendes Vermögen.

Nicht bevorrechtigte Konkursforderungen: Das sind insbesondere die ungesicherten Ansprüche aus Verkäufen.

Nach der Eröffnung des Konkursverfahrens kann der Gläubiger innerhalb der Anmeldefrist bei dem Amtsgericht seine bevorrechtigte oder nicht bevorrechtigte Forderung schriftlich oder zu Protokoll der Geschäftsstelle anmelden. Die angemeldete Forderung muß auf einen bestimmten Betrag in Deutscher Mark lauten. Grund und Höhe der Forderung, die Entstehungszeit und ein beanspruchtes Vorrecht muß angegeben werden. Zinsen für die Zeit von der Fälligkeit der Forderung bis zur Konkurseröffnung, nicht auch für die Folgezeit können gefordert werden (§ 63 Ziff. 1 KO). Der Anmeldung der Forderung sind Nachweise über deren Existenz, wie Urteile, Schuldscheine, Wechsel beizufügen.

Anmeldungen bei dem Konkursverwalter statt dem Amtsgericht sind rechtlich ohne Wirkung. Wird die Forderungsanmeldung trotz eröffneten Konkurses unterlassen, nimmt der Gläubiger nicht am Verfahren teil; er wird deshalb auch bei der Verteilung der Masse nicht berücksichtigt.

Die angemeldeten Forderungen werden beim Amtsgericht in eine Tabelle (Konkurstabelle) aufgenommen und in dem Prüfungstermin nach Betrag und Rang geprüft. Die Prüfung kann folgendes Ergebnis haben:

- Der angemeldeten Forderung widerspricht weder der Konkursverwalter noch der Gemeinschuldner oder ein Konkursgläubiger.
- Die Forderung gilt als festgestellt. Die Eintragung dieser Feststellung in die Konkurstabelle hat die Wirkung eines rechtskräftigen Urteils gegenüber allen Konkursgläubigern (§ 144 ff. KO). Nach Beendigung des Konkursverfahrens kann sich der Konkursgläubiger vom Amtsgericht einen mit der Vollstreckungsklausel versehenen Auszug aus der Konkurstabelle erteilen lassen und gegen den Schuldner vollstrecken (§ 164 KO). Hat der Gemeinschuldner im Prüfungstermin der Forderung widersprochen, muß der Gläubiger gegen ihn nach Beendigung des Konkursverfahrens im Klagewege vorgehen.
- Gegen die angemeldete Forderung wird vom Konkursverwalter oder einem Konkursgläubiger im Prüfungstermin Widerspruch eingelegt.
- Der Widerspruch wird in die Konkurstabelle eingetragen. Die Berechtigung des Widerspruchs wird nicht im Prüfungstermin untersucht. Vielmehr muß der Konkursgläubiger die Berechtigung seiner Forderung außerhalb des Konkursverfahrens durch Feststellungsklage gegen den Konkursverwalter oder den bestreitenden Gläu-

10

biger klären lassen (§ 146 Abs. 1 KO). Aufgrund eines obsiegenden Urteils des Konkursgläubigers wird die Konkurstabelle später berichtigt (§ 146 Abs. 7 KO). Wird die titulierte Forderung eines Gläubigers im Prüfungstermin bestritten, muß nicht dieser, sondern der Bestreitende Klage erheben (§ 146 Abs.6 KO).
- Widerspricht der Gemeinschuldner der angemeldeten Forderung, ist der Widerspruch während des Konkursverfahrens unerheblich.
- Vom Gemeinschuldner bestrittene Forderungen werden bei der Verteilung der Masse berücksichtigt.

• Verteilungsverfahren
Die Verteilung der verwerteten Konkursmasse erfolgt durch den Konkursverwalter (§ 167 KO). Dieser hat vorab aus der Konkursmasse die Masseschuldansprüche zu berichtigen (§§ 57 ff. KO). Reicht diese zur vollständigen Befriedigung nicht aus, sind zunächst die Masseschulden (§ 59 KO) und dann die Massekosten (§ 58 KO) gemäß der in § 60 KO aufgeführten Rangfolge zu befriedigen. Der Verwalter kann mit Ermächtigung des Konkursgerichts Zahlungen an die festgestellten, bevorrechtigten Konkursgläubiger leisten (§§ 61, 170 KO). Auch an die nicht bevorrechtigten Gläubiger können Zahlungen geleistet werden.
Berücksichtigt werden:
- festgestellte Forderungen;
- bestrittene, aber titulierte Forderungen;
- bestrittene, nicht titulierte Forderungen, sofern der Gläubiger fristgerecht Feststellungsklage erhoben hat;
- Ausfallforderungen (§ 153 KO).

Man unterscheidet 3 Arten von Verteilungen:

Abschlagsverteilung: Sie findet statt, wenn hinreichende Masse vorhanden ist (§ 149 KO),

Schlußverteilung: Sie findet erst nach vollständiger Verwertung der Masse mit Genehmigung des Konkursgerichts statt. Der Konkursverwalter hat einen Schlußbericht und ein Schlußverzeichnis zu fertigen und dem Gericht vorzulegen. Hiergegen können Einwendungen im gerichtlichen Schlußtermin vorgebracht werden (§ 162 KO).

Nachtragsverteilung: Fließen nach dem Schlußtermin noch Beträge zur Masse zurück oder werden frei, findet eine Nachtragsverteilung statt (§ 166 KO).

Nach dem Schlußtermin wird das Konkursverfahren durch Beschluß des Konkursgerichts aufgehoben (§ 163 KO). Ein nach Befriedigung sämtlicher Gläubigerforderungen vorhandener Überschuß wird dem Gemeinschuldner ausgezahlt. Soweit die Forderungen der Konkursgläubiger im Konkurs nicht befriedigt wurden, können diese gegen den Gemeinschuldner wieder unbeschränkt im Wege der Einzelzwangsvollstreckung aus dem mit der Vollstreckungsklausel versehenen Auszug aus der Konkurstabelle vorgehen.

Der Zwangsvergleich

Die Konkursordnung sieht für den Gemeinschuldner die Möglichkeit vor, nach Abhaltung des Prüfungstermin und noch vor Vornahme der Schlußverteilung mit seinen nicht bevorrechtigten Konkursgläubigern einen Zwangsvergleich zu schließen (§ 173 KO). Er setzt voraus, daß die Konkursmasse zur Befriedigung der Masseschulden und Massekosten sowie aller bevorrechtigten Konkursgläubiger ausreicht, weil diese durch einen Zwangsvergleich nicht betroffen werden. Der Zwangsvergleich hat für die nicht bevorrechtigten Gläubiger den Vorteil, daß sie in aller Regel eine höhere Quote als im Konkursverfahren erhalten können und für den Gemeinschuldner, daß ihm ein Teil seiner Verbindlichkeiten erlassen wird.
Der Zwangsvergleich kommt unter 3 Voraussetzungen zustande:

• Vergleichsvorschlag
Der Vergleichsvorschlag muß angeben, in welcher Weise die Forderungen der nicht bevorrechtigten Gläubiger befriedigt werden sollen und ob und in welcher Art eine Sicherstellung geleistet wird (§ 174 KO). Er ist unzulässig, wenn der Gemeinschuldner flüchtig ist, die Abgabe der eidesstattlichen Versicherung über sein Vermögen verweigert oder wegen Bankrotts (§ 283 StGB) rechtskräftig verurteilt worden oder gegen ihn eine gerichtliche Untersuchung wegen desselben Deliktes anhängig ist (§ 175 KO). Der Zwangsvergleich muß allen nicht bevorrechtigten Konkursgläubigern gleiche Rechte gewähren (§ 181 Abs. 1 KO). Er wird auf der Geschäftsstelle zur Einsicht der Beteiligten niedergelegt.
Das Amtsgericht bestimmt Vergleichstermin und macht diesen öffentlich bekannt. Zum Termin sind der Gemeinschuldner, der Konkursverwalter und die nicht bevorrechtigten Konkursgläubiger unter Mitteilung des Vergleichsvorschlags gesondert zu laden. In der Bekanntmachung ist zu vermerken, daß der Vergleichsvorschlag auf der Geschäftsstelle des Konkursgerichts zur Einsichtnahme vorliegt (§ 179 KO).

• Abstimmung über den Vergleichsvorschlag
In dem Vergleichstermin wird über den Vergleichsvorschlag durch die Gläubigerversammlung abgestimmt. Zur Annahme des Vergleiches

ist die Mehrheit der im Termin anwesenden stimmberechtigten Gläubiger erforderlich. Diese muß allein oder zusammen mit den nicht erschienenen, aber zustimmenden Gläubigern mindestens $^3/_4$ der Gesamtsumme aller zum Stimmen berechtigten Forderungen erreichen (§ 182 Abs. 1 KO). Wird nur eine Mehrheit erreicht, so kann der Gemeinschuldner bis zum Schluß des Termins die einmalige Wiederholung der Abstimmung in einem neuen Termin verlangen (§ 182 Abs. 2 KO).

• Bestätigung des Zwangsvergleichs
Der Zwangsvergleich bedarf der Bestätigung durch das Konkursgericht, das entscheidet, nachdem es die Gläubiger und den Konkursverwalter gehört hat (§ 184 Abs. 1 KO).
Die Bestätigung oder Verwerfung des Zwangsvergleiches erfolgt durch zu verkündenden Beschuß (§ 185 KO). Gegen den Beschluß ist sofortige Beschwerde möglich, die dem Gemeinschuldner und jedem nicht bevorrechtigten Konkursgläubiger zusteht (§ 189 Abs. 1 KO). Die Gründe für die Verwerfung des Zwangsvergleich von amtswegen ergeben sich aus §§ 186 u. 187 KO. Danach ist der Vergleich u. a. zu verwerfen, wenn er den Gläubigern nicht mindestens 20% ihrer Forderung gewährt und dieses Ergebnis auf ein unredliches Verhalten des Gemeinschuldners, insbesondere darauf zurückzuführen ist, daß dieser durch ein solches Verhalten die Eröffnung des Konkursverfahrens verzögert hat. Der Vergleich kann verworfen werden, wenn das gleiche Ergebnis auf leichtsinniges Verhalten des Gemeinschuldners zurückzuführen ist (§ 187 KO). Hieraus folgt, daß der Vergleich auch bestätigt werden kann, wenn eine geringere Quote als 20% geboten wird, sofern dem Gemeinschuldner ein unredliches Verhalten nicht nachgewiesen wird.
Im Gegensatz zum außergerichtlichen Vergleich hat der rechtskräftig bestätigte Zwangsvergleich zur Folge, daß er für und gegen alle nicht bevorrechtigten Konkursgläubiger auch dann wirksam ist, wenn diese an dem Konkursverfahren oder an der Beschlußfassung über den Zwangsvergleich nicht teilgenommen oder gegen den Vergleich gestimmt haben (§ 193 Abs. 1 KO).
Aus dem rechtskräftig bestätigten Zwangsvergleich können die nicht bevorrechtigten Konkursgläubiger gegen den Gemeinschuldner die Zwangsvollstreckung betreiben (§ 194 KO). Wenn die Zwangsvollstreckung fruchtlos ausfällt, kann der Gläubiger keine Klage auf Aufhebung des Zwangsvergleichs wegen Nichterfüllung seiner Forderung erheben (§ 195 KO). Unter bestimmten Voraussetzungen wird der Zwangsvergleich jedoch aufgehoben, beispielsweise bei nachträglicher rechtskräftiger Verurteilung des Gemeinschuldners wegen Bankrotts (§§ 283, 283a StGB).

Vergleichsrecht

• Organe des Verfahrens
Die Organe des Verfahrens sind:
Die Vergleichsgläubiger: Das sind grundsätzlich alle persönlichen Gläubiger des Schuldners, die zur Zeit der Eröffnung des Vergleichsverfahrens einen Vermögensanspruch gegen ihn haben (§ 25 VerglO). Die Vergleichsgläubiger entsprechen im wesentlichen den nicht bevorrechtigten Gläubiger im Konkursverfahren. Aussonderungsberechtigte, in der Regel auch absonderungsberechtigte Gläubiger und solche, deren Forderungen im Konkurs ein Vorrecht genießen, nehmen nicht am Vergleichsverfahren teil (§§ 26, 27 VerglO). Solche Gläubiger, die erst in den letzten 30 Tagen vor Stellung des Antrags auf Eröffnung des Vergleichsverfahrens durch Zwangsvollstreckungsmaßnahmen eine Sicherung oder Befriedigung erhalten haben, bleiben Vergleichsgläubiger (§ 28 VerglO). Nach der Eröffnung des Vergleichsverfahrens können bis zur Rechtskraft der dieses Verfahren abschließenden Entscheidung keine Zwangsvollstreckungen gegen den Vergleichsschuldner vorgenommen werden (§ 47 VerglO). Anträge von Gläubigern auf Eröffnung des Konkursverfahrens bleiben während des Vergleichsverfahrens ausgesetzt (§ 46 VerglO). Die Aufgabe der Gläubigerversammlung besteht im wesentlichen darin, über Annahme oder Ablehnung des Vergleichsvorschlages zu befinden.
Der Vergleichsverwalter: Schon mit Eingang des Vergleichsantrages hat das Gericht einen vorläufigen Vergleichsverwalter zu bestellen, auf den die Vorschriften über den Vergleichsverwalter entsprechend Anwendung finden (§ 11 VerglO). Der Vergleichsverwalter hat eine wesentlich schwächere Stellung als der Konkursverwalter. Er übernimmt nicht die Verwaltung des Schuldnervermögens, sondern hat die Verpflichtung, in eigener Verantwortung die wirtschaftliche Lage des Schuldners zu prüfen und die Geschäftsführung sowie die Ausgaben für die Lebensführung des Schuldners und seiner Familie zu überwachen (§ 39 VerglO). Der Vergleichsschuldner hat dem Vergleichsverwalter jederzeit die Einsicht in Bücher und Geschäftspapiere zu gestatten, außerdem alle erforderlichen Auskünfte zu erteilen (§ 40 VerglO). Der Vergleichsverwalter steht unter der Aufsicht des Amtsgerichts und ist allen Beteiligten für die Erfüllung seiner Pflichten verantwortlich (§ 42 VerglO).

Der Gläubigerbeirat: Dieser kann zur Unterstützung und Überwachung des Vergleichsverwalters bestellt werden, wenn dies mit Rücksicht auf den Umfang des Betriebes des Vergleichsschuldners erforderlich ist (§§ 44, 45 VerglO).

- Ablauf des Vergleichsverfahrens

Vergleichsantrag des Schuldners: Der Antrag auf Eröffnung des Vergleichsverfahrens kann nur von einem Schuldner gestellt werden, der konkursfähig ist (§§ 2, 108, 109 ff. VerglO). Der Vergleichsgrund entspricht dem Konkursgrund, setzt also Zahlungsunfähigkeit und/oder Überschuldung voraus (§ 2 Abs. 1, S. 3 VerglO). Der Antrag des Vergleichsschuldners kann schriftlich oder zu Protokoll der Geschäftsstelle des zuständigen Amtsgerichts (Vergleichsgerichts) gestellt werden.

Vergleichsvorschlag: Der Vergleichsvorschlag
10 muß den Vergleichsgläubigern mindestens 35% ihrer Forderung gewähren (§ 7 Abs. 1 VerglO). Je nachdem, was der Vergleich bezweckt, kann er inhaltlich verschieden sein.

Der Stundungsvergleich bezweckt nur die Stundung der Forderungen bei Gewährung vereinbarter oder üblicher Zinsen. Bei dem Erlaßvergleich wird die Herabsetzung der Forderung bei sofortiger Zahlung des herabgesetzten Betrages erstrebt. Der kombinierte Stundungs- und Erlaßvergleich (sog. Quotenvergleich) hat die Befriedigung der Forderungen der Gläubiger innerhalb einer bestimmten Frist mit einer bestimmten Quote bei Erlaß der Restforderung im Auge.

Bei dem Liquidationsvergleich kann der Schuldner gemäß § 7 Abs. 4 VerglO sein Vermögen ganz oder teilweise den Gläubigern zu Verwertung überlassen. Dieser Liquidationsvergleich muß jedoch nicht nur die Forderung der am Vergleichsverfahren nicht beteiligten Gläubiger voll decken, sondern auch den Vergleichsgläubigern die Mindestquote von 35% voraussichtlich gewähren. Will der Vergleichsschuldner längere Zahlungsfristen als 1 Jahr in Anspruch nehmen, beträgt der Mindestsatz 40% der Forderungen (§ 7 Abs. 2 VerglO). Er erhöht sich sogar auf über 40%, wenn die Zahlungsfrist mehr als 18 Monate beträgt. Der Vergleichvorschlag muß allen Gläubigern gleiche Rechte gewähren (§ 8 Abs. 1 VerglO).

Dem Antrag auf Vergleichseröffnung hat der Vergleichsschuldner zahlreiche Unterlagen beizufügen, die im Gesetz genauestens vorgeschrieben sind (§§ 4 – 6 VerglO). Erwähnenswert sind insbesondere der Vermögensstatus (§ 4 Abs. 1, Ziff. 1, 5 VerglO), die Bilanzen sowie Gewinn– und Verlustrechnungen der letzten 3 Jahre (§ 5 VerglO), ein spezifiziertes Gläubiger– und Schuldnerverzeichnis (§ 6 VerglO). Da die Vergleichsordnung nur einem vertrauenswürdigen Schuldner zur Verfügung stehen soll, werden zahlreiche Angaben benötigt, beispielsweise zu den Gründen, die zur Zahlungsunfähigkeit oder Überschuldung geführt haben, ob gegen ihn ein Ermittlungsverfahren wegen betrügerischen Bankrotts anhängig ist und innerhalb der letzten 5 Jahre ein von ihm gestellter Antrag auf Eröffnung des Vergleichsverfahrens oder Konkursverfahrens rechtskräftig eröffnet oder mangels Masse rechtskräftig abgelehnt wurde.

Prüfung des Amtsgerichts: Das Amtsgericht hat von amtswegen sämtliche erforderlichen Ermittlungen in die Wege zu leiten (§ 116 VerglO) und eine Äußerung der amtlichen Berufsvertretung des Vergleichsschuldners einzuholen (§ 14 VerglO). Nach Eingang der Äußerung der amtlichen Berufsvertretung entscheidet das Vergleichsgericht über die Eröffnung oder die Ablehnung (§ 16 VerglO). Wird die Eröffnung abgelehnt, so ist über die Eröffnung des Anschlußkonkursverfahrens von amtswegen zu entscheiden (§ 19 VerglO). Gegen die Entscheidung steht dem Vergleichsschuldner sofortige Beschwerde zu (§ 19 Abs. 2 VerglO).

Bei Vorliegen der Voraussetzungen der §§ 17, 18 der VerglO ist die Ablehnung der Eröffnung zwingend vorgeschrieben, beispielspweise.

- wenn der Schuldner flüchtig ist oder sich verborgen hält oder auf eine an ihn ergehende Ladung des Gerichts ohne genügende Entschuldigung ausbleibt,
- oder wenn gegen ihn wegen betrügerischen Bankrotts eine gerichtliche Untersuchung oder ein wieder aufgenommenes Verfahren anhängig ist.

Wird das Vergleichsverfahren eröffnet, ernennt das Gericht einen Vergleichsverwalter, der im allgemeinen mit dem vorläufigen Vergleichsverwalter identisch ist, und bestimmt einen Vergleichstermin, der nicht mehr als einen Monat später anzusetzen ist (§ 20 Abs. 1 VerglO). Der Eröffnungsbeschluß wird öffentlich bekanntgemacht und bei Kaufleuten auch im Handelsregister eingetragen. Die Eröffnung des Vergleichsverfahrens nimmt dem Schuldner nicht die Verwaltungs– und Verfügungsbefugnis über sein Vermögen. Er wird in seiner Geschäftsführung jedoch vom Verwalter überwacht. Seine Verfügungsbefugnis kann nur beschränkt werden, wenn das Gericht ein Veräußerungsverbot anordnet (§§ 58 ff. VerglO). Verbindlichkeiten, die nicht zum gewöhnlichen Geschäftsbetrieb gehören, soll der Schuldner nur mit vorheriger Zustimmung des Vergleichsverwalters eingehen (§ 57 Abs. 1, S. 1 VerglO). Das Eingehen von Verbindlichkeiten, die nicht zum gewöhnlichen Geschäftsbetrieb gehören, soll der Schulder unterlassen, wenn der Verwalter Einspruch erhebt (§ 57 Abs. 1, S. 2 VerglO). Der Schuldner kann mit Ermächtigung des Vergleichsgerichts die Erfüllung gegenseitiger Verträge, die bei Eröffnung des Vergleichsverfahrens von beiden Vertragsparteien noch nicht vollständig erfüllt sind, ablehnen, wenn die Erfüllung den Vergleich gefährden würde und die Ablehnung dem Vertragsgegner keinen unverhältnismäßigen Schaden bringt.

• Vergleichstermin
Im Vergleichstermin hat der Vergleichsverwalter über die Lage, insbesondere über die Ursachen des Zusammenbruchs des Schuldners, die Angemessenheit des Vergleichsvorschlages und die Aussichten auf Erfüllung des Vergleichs zu berichten (§ 40 Abs. 3 VerglO). Der Vergleichsvorschlag ist zu verlesen und die eingeholte Äußerung der Berufsvertretung ihrem Inhalt nach bekanntzugeben (§ 66 Abs. 1 VerglO). Es wird danach das Stimmrecht der Vergleichsgläubiger festgestellt. Vergleichsgläubiger, die in dem vom Schuldner aufzustellenden Gläubigerverzeichnis nicht eingetragen sind, müssen ihre Forderung schriftlich oder zu Protokoll der Geschäftsstelle des Amtsgerichts anmelden (§ 67 Abs. 1 VerglO). Die Forderungen der Vergleichsgläubiger werden anhand des Gläubigerverzeichnisses erörtert (§ 70 VerglO). Wenn weder der Schuldner noch der Vergleichsverwalter noch ein Vergleichsgläubiger die Forderung bestreitet, ist sie zur Abstimmung über den Vergleich stimmberechtigt (§ 71 Abs.1 VerglO). Werden Forderungen bestritten, entscheidet im Vergleichstermin das Gericht über das Stimmrecht, ohne daß damit eine verbindliche Entscheidung über den Bestand der Forderung getroffen wird (§ 71 Abs. 2 VerglO). Zur Annahme eines Vergleichsvorschlages ist genauso wie beim konkursrechtlichen Zwangsvergleich eine doppelte Mehrheit erforderlich, nämlich Kopf- und Summenmehrheit.
Gemäß § 74 Abs. 1 VerglO muß dem Vergleichsvorschlag die einfache Mehrheit der im Termin anwesenden oder schriftlich zustimmenden Gläubiger zustimmen, die zugleich mindestens $^3/_4$ der Forderungen der stimmberechtigten Gläubiger repräsentieren. Gewährt der Vergleichsvorschlag den Gläubigern nicht mindestens die Hälfte ihrer Forderungen, muß die erforderliche Summenmehrheit mindestens 80% der Forderungen betragen (§ 74 Abs. 3 VerglO).
Stimmen die Vergleichsgläubiger dem Vergleichsvorschlag nicht zu, stellt das Amtsgericht das Verfahren ein und entscheidet von amtswegen über die Eröffnung des Anschlußkonkursverfahrens (§§ 100 Abs. 1, Ziff. 8, 102 Abs. 1 VerglO).
Stimmen die Vergleichsgläubiger dem Vorschlag mit den erforderlichen Mehrheiten zu, bedarf der Vergleich der Bestätigung des Gerichts (§§ 78 ff. VerglO). Die Bestätigung ist nach § 79 VerglO u. a. zu versagen, wenn der Schuldner wegen Flucht oder eines gerichtlichen Verfahrens wegen betrügerischen Bankrotts vergleichsunwürdig ist oder der Vergleich unlauter zustande gebracht worden ist oder der Vergleich dem gemeinsamen Interesse der Vergleichsgläubiger widerspricht. Gegen die Versagung der Bestätigung ist sofortige Beschwerde durch den Vergleichsschuldner möglich (§ 80 Abs. 2 VerglO). Die Entscheidung des Amtsgerichts wird verkündet und der wesentliche Inhalt des Vergleichs den Vergleichsgläubigern mitgeteilt.
Der vom Gericht bestätigte Vergleich wirkt – wie der Zwangsvergleich im Konkursverfahren – für und gegen alle Vergleichsgläubiger, auch wenn sie an dem Verfahren nicht teilgenommen oder gegen den Vergleich gestimmt haben (§ 82 Abs. 1 VerglO). Aus dem bestätigten Vergleich in Verbindung mit einem Auszug aus dem berichtigten Gläubigerverzeichnis kann der Gläubiger gegen den Schuldner die Zwangsvollstreckung betreiben, sofern nicht im Gläubigerverzeichnis vermerkt ist, daß die Forderung vom Schuldner oder vom Vergleichsverwalter bestritten wurde (§ 85 Abs. 1 VerglO). Wie beim Zwangsvergleich verliert auch der gerichtliche Vergleich seine Wirkung, wenn der Schuldner im Zusammenhang mit dem Vergleichsverfahren wegen Bankrotts (§§ 283, 283 a StGB) oder wegen Abgabe einer falschen eidesstattlichen Versicherung (§ 156 StGB) rechtskräftig verurteilt wird (§ 88 Abs. 1 VerglO). Unter bestimmten Voraussetzungen kann der Vergleich auch von einem Vergleichsgläubiger nachträglich noch angefochten werden (§ 89 Abs. 1 VerglO). Die in dem Vergleich gestundeten oder teilweise erlassenen Forderungen leben gegenüber dem Gläubiger wieder auf, dem gegenüber der Vergleichsschuldner mit der Erfüllung des Vergleichs in Verzug gerät (§ 9 Abs.1 VerglO).

Wirtschaftsstrafrecht

Bereits durch das 1. WiKG (Erstes Gesetz zur Bekämpfung der Wirtschaftskriminalität vom 29.07.1976) und insbesondere das 2. WiKG (Zweites Gesetz zur Bekämpfung der Wirtschaftskriminalität vom 15.05.1986) wurden bereits bekannte Straftatbestände nicht nur neu gefaßt oder ergänzt, sondern völlig neue geschaffen. Das gilt auch für das Ordnungswidrigkeitenrecht, das Verstöße insbesondere gegen das Umwelt-, Außenwirtschaft-, Wirtschaftsstraf- und Arbeitsrecht mit hohen Geldbußen bedroht. Bei dem Umfang der Materie ist es nicht möglich, auch noch die wesentlichen Änderungen im Ordnungswidrigkeitenrecht darzulegen. Die Darstellung des Strafverfahrensrechts nach der Strafprozeßordnung vom 01.02.1877 i. d. F. v. 07.04.1987, zuletzt geändert am 12.09.1990 (StPO) kann trotz zahlreicher Änderungen im wesentlichen beibehalten werden.

Strafverfahrensrecht

Das Strafverfahren wird aufgrund einer Anzeige oder von Amts wegen durch Polizei oder Staatsanwaltschaft eingeleitet. Ergibt sich aufgrund der Ermittlungen ein hinreichender Tatverdacht, der zur Verurteilung eines Beschuldigten wegen eines Straftatbestandes mit Wahrscheinlichkeit führt, erhebt die Staatsanwaltschaft die öffentliche Anklage bei dem zuständigen Gericht (§ 170 Abs.2 StPO). Besteht kein genügender Anlaß zur Erhebung der Anklage, stellt die Staatsanwaltschaft das Verfahren ein (§ 170 Abs.2 StPO).

Zuständiges Gericht ist entweder das Amtsgericht (Einzelrichter oder Schöffengericht) oder das Landgericht (Große Strafkammer). Die Zuständigkeit richtet sich nach Art und Schwere der Tat. Nach Prüfung der Anklage läßt das Gericht diese durch unanfechtbaren Eröffnungsbeschluß zu (§§ 207 Abs. 1, 210 Abs.1 StPO) oder lehnt die Eröffnung des Hauptverfahrens ab. In diesem Falle steht der Staatsanwaltschaft sofortige Beschwerde zu (§ 210 Abs. 2 StPO). Nach Erlaß eines Eröffnungsbeschlusses bestimmt das Gericht die Hauptverhandlung, führt diese unter Ausschöpfung sämtlicher Beweise durch und entscheidet danach durch Urteil auf Bestrafung oder Freispruch. Gegen das Urteil können sowohl die Staatsanwaltschaft als auch der Verurteilte Rechtsmittel einlegen. Gegen Urteile des Amtsgerichts kann Berufung, gegen erstinstanzliche der großen Strafkammer Revision eingelegt werden. Bei geringen Vergehen kann das Amtsgericht (Einzelrichter) auf Antrag der Staatsanwaltschaft ohne Hauptverhandlung einen schriftlichen Strafbefehl erlassen (§§ 407 ff. StPO). Der Einzelrichter kann im Strafbefehlsverfahren auf eine Freiheitsstrafe bis zu einem Jahr erkennen, wenn diese zur Bewährung ausgesetzt wird und der Beschuldigte einen Verteidiger hat. Der rechtzeitig, d. h. innerhalb von 2 Wochen nach Zustellung, eingelegte Einspruch führt dazu, daß über die Straftat in einer Hauptverhandlung entschieden wird.

Das Strafensystem und seine rechtliche Regelung gelten nur für das kriminelle Strafrecht, wie es im Strafgesetzbuch vom 15.05.1871 i. d. F. v. 10.03.1987, zuletzt geändert durch das Betreuungsgesetz vom 12.09.1990 (StGB) und in den strafrechtlichen Nebengesetzen kodifiziert ist. Das gilt u. a. nicht für das Jugendstrafrecht, das Ordnungs- oder Verwaltungsstrafrecht, das eine Kodifizierung im Gesetz über Ordnungswidrigkeiten i. d. F. v. 19.02.1987 (OWiG) gefunden hat und die sog. Disziplinarstrafen des Beamtenrechts oder die Ehrengerichtsbarkeit für Ärzte, Rechtsanwälte usw.. In diesen Fällen werden – abgesehen vom Jugendstrafrecht – Bußgelder oder Disziplinarstrafen verhängt.

Bei den kriminellen Straftaten unterscheidet man zwischen Haupt- und Nebenstrafen. Hauptstrafen sind solche, auf die allein erkannt werden kann, Nebenstrafen solche, die nur zusammen mit einer Hauptstrafe verhängt werden können. Hauptstrafen sind die Freiheitsstrafe und die Geldstrafe. Die Freiheitsstrafe ist zeitlich oder lebenslänglich. Das Höchstmaß der zeitigen Freiheitsstrafe ist 15 Jahre, ihr Mindestmaß beträgt einen Monat (§ 38 StGB). Die Geldstrafe wird in Tagessätzen verhängt. Sie beträgt mindestens 5 und höchstens 360 volle Tagessätze (§ 40 Abs. 1 StGB). Die Höhe eines Tagessatzes bestimmt das Gericht unter Berücksichtigung der persönlichen und wirtschaftlichen Verhältnisse des Täters. Dabei geht es in der Regel von dem Nettoeinkommen aus, das der Täter durchschnittlich an einem Tag hat oder haben könnte. Ein Tagessatz wird auf mindestens DM 2,00 und höchstens DM 10.000,00 festgesetzt (§ 40 Abs. 2 StGB). Zur Nebenstrafe rechnet das StGB heute nur noch das Fahrverbot (§ 44 StGB).

Bei Strafverfahren gegen Jugendliche ist das Jugendgerichtsgesetz i. d. F. v. 11.12.1974, zuletzt geändert am 30.08.1990 (JGG) zu beachten. Es findet auf Jugendliche, die zur Zeit der Tat 14, aber noch nicht 18, und auf Heranwachsende, die zur Zeit der Tat 18, aber noch nicht 21 Jahre alt waren, Anwendung, auf Heranwachsende jedoch nur, wenn der Täter zur Tatzeit nach seiner sittlichen und geistigen Entwicklung noch einem Jugendlichen gleichstand oder es sich um eine Jugendverfehlung handelt (§ 105 JGG). Ob die kriminelle Tat des Jugendlichen oder Heranwachsenden als Verbrechen oder Vergehen anzusehen ist, richtet sich nach dem auf Erwachsene anwendbaren Strafgesetzbuch (§ 4 JGG). Die Folgen der Jugendstraftat werden jedoch nicht mit Freiheits- oder Geldstrafe bestraft, sondern gegen den Jugendlichen oder Heranwachsenden werden je nach Schwere der Tat Erziehungsmaßregeln, Zuchtmittel oder Jugendstrafe angeordnet. Erziehungsmaßregeln sind unter anderem Erteilung von Weisungen (§ 9 JGG). Zuchtmittel sind Verwarnung, Erteilung von Auflagen und der Jugendarrest bis höchstens 4 Wochen (§§ 13, 16 JGG). Die Jugendstrafe ist Freiheitsentzug in einer Jugendstrafanstalt und kann zeitlich zwischen mindestens 6 Monaten bis höchstens 5 Jahren verhängt werden (§§ 17 Abs. 1, 18 Abs. 1 JGG). Handelt es sich bei der Tat um ein Verbrechen, für das nach dem allgemeinen Strafrecht eine Höchststrafe von mehr als 10 Jahren Freiheitsstrafe angedroht ist, beträgt das Höchstmaß der Jugendstrafe 10 Jahre (§ 18 Abs. 1 S. 2 JGG).

Allgemeines Strafrecht
Strafbar macht sich derjenige, der vorsätzlich oder fahrlässig einen gesetzlich geregelten Straftatbestand verwirklicht. Das kann er als Täter (§ 25 StGB), Anstifter (§ 26 StGB) oder durch Beihilfe (§ 27 StGB) tun. Auch der Versuch einer strafbaren Handlung ist unter Strafe gestellt, wenn das im Gesetz ausdrücklich bestimmt ist. Die Strafbarkeit einer Straftat kann dann entfallen, wenn der Täter nicht rechtswidrig handelte, beispielsweise im Falle der Notwehr (§ 32 Abs. 1 StGB). Eine Straftat liegt nicht vor, wenn ein Täter bei Begehung der Tat wegen einer krankhaften seelischen Störung, wegen einer tiefgreifenden Bewußtseinsstörung oder wegen Schwachsinns oder einer schweren anderen seelischen Abartigkeit unfähig ist, das Unrecht der Tat einzusehen oder nach dieser Einsicht zu handeln (§ 20 StGB). Ist die Fähigkeit des Täters, das Unrecht der Tat einzusehen oder nach dieser Einsicht zu handeln, bei Begehung der Tat erheblich vermindert, kann er bestraft werden, die Strafe kann jedoch gemildert werden (§ 21 StGB). Eine Straftat kann nicht nur vorsätzlich, sondern auch fahrlässig begangen werden. In diesen Fällen erfolgt eine Bestrafung nur, wenn das Strafgesetz Fahrlässigkeit ausdrücklich unter Strafe gestellt hat.

Besondere Straftatbestände
Einzelne Straftatbestände sind nicht nur in dem StGB, sondern auch in den zahlreichen Nebengesetzen geregelt. Die für den Kaufmann wichtigen Straftatbestände sind:

- Diebstahl (§ 242 StGB)

Diebstahl ist die Wegnahme fremder beweglicher Sachen in der Absicht, sie sich rechtswidrig zuzueignen. Strafe: Freiheitsstrafe bis zu 5 Jahren oder Geldstrafe. Der Versuch ist strafbar. Für besonders schwere Fälle des Diebstahls sind Freiheitsstrafen von 3 Monaten bis zu 10 Jahren angedroht, z. B. bei Einbruchdiebstahl, Nachschlüsseldiebstahl, gewerbsmäßigem Diebstahl, Diebstahl aus einer Kirche, Diebstahl von Sachen von Bedeutung für Wissenschaft, Kunst oder Geschichte, Diebstahl, wobei die Hilflosigkeit eines anderen, ein Unglücksfall oder eine gemeine Gefahr ausgenutzt wird oder Diebstahl von waffenscheinpflichtigen Handfeuerwaffen oder solchen Waffen, die dem Kriegswaffenkontrollgesetz unterliegen (§ 243 Abs. 1 StGB). Noch härter mit Strafe bedroht sind Diebstähle, bei deren Begehung Waffen mitgeführt werden (§ 244 StGB).

10

- Unterschlagung (§ 246 StGB)

Unterschlagung ist die rechtswidrige Aneignung fremder beweglicher Sachen, die der Täter bereits in Besitz oder Gewahrsam hat. Strafe: Freiheitsstrafe bis zu 3 Jahren oder Geldstrafe. War die Sache dem Täter anvertraut, kann eine Freiheitsstrafe bis zu 5 Jahren oder Geldstrafe verhängt werden. Der Versuch ist strafbar.

- Hehlerei (§ 259 StGB)

Hehlerei begeht, wer seines Vorteils wegen Sachen an sich bringt, von denen er weiß oder den Umständen nach annehmen muß, daß sie durch eine strafbare Handlung erlangt sind.
Beispiel:
Kauf von Diebesgut
Strafe: Freiheitsstrafe bis zu 5 Jahren, bei gewerbs- oder gewohnheitsmäßiger Hehlerei wird eine Freiheitsstrafe von 6 Monaten bis zu 10 Jahren verhängt (§ 260 StGB). Auch der Versuch ist strafbar.

- Betrug (§ 263 StGB)

Wegen Betruges wird bestraft, wer in der Absicht, sich oder einem Dritten einen rechtswidrigen Vermögensvorteil zu verschaffen, bei dem Geschädigten durch Vorspiegelung falscher oder durch Entstellung oder Unterdrückung wahrer Tatsachen einen Irrtum hervorruft, durch den dieser eine Vermögensverfügung trifft, die ihm Schaden zufügt.
Beispiel:
Vortäuschen eines Diebstahls, um Versicherungsleistungen zu erhalten.
Strafe: Freiheitsstrafe bis zu 5 Jahren oder Geldstrafe, in besonders schweren Fällen Freiheitsstrafe von 1 bis zu 10 Jahren. Der Versuch ist strafbar.

10

• Computerbetrug (§ 263 a StGB)
Computerbetrug begeht, wer in betrügerischer Absicht das Vermögen eines anderen dadurch beschädigt, daß er das Ergebnis eines Datenverarbeitungsvorgangs durch unrichtige Gestaltung des Programms, durch Verwendung unrichtiger oder unvollständiger Daten, durch unbefugte Verwendung von Daten oder sonst durch unbefugte Einwirkung auf den Ablauf beeinflußt.
Strafe: Freiheitsstrafe bis zu 5 Jahren oder Geldstrafe.

• Subventionsbetrug (§ 264 StGB)
Es handelt sich hier um eine besondere Form des Betruges. Wer einer für die Bewilligung einer Subvention zuständigen Behörde (Subventionsgeber) über subventionserhebliche Tatsachen für sich oder einen anderen unrichtige oder unvollständige Angaben macht, die für ihn oder den anderen vorteilhaft sind, den Subventionsgeber entgegen den Rechtsvorschriften über die Subventionsvergabe über subventionserhebliche Tatsachen in Unkenntnis läßt oder in einem Subventionsverfahren eine durch unrichtige oder unvollständige Angaben erlangte Bescheinigung über eine Subventionsberechtigung oder über subventionserhebliche Tatsachen gebraucht, wird mit Freiheitsstrafe bis zu 5 Jahren oder mit Geldstrafe und in besonders schweren Fällen mit Freiheitsstrafen von 6 Monaten bis zu 10 Jahren bestraft. Auch leichtfertiger (fahrlässiger) Subventionsbetrug ist unter Strafe gestellt. Wer freiwillig verhindert, daß aufgrund der Tat die Subvention nicht gewährt wird, bleibt straflos.

• Kapitalanlagebetrug (§ 264 a StGB)
Kapitalanlagebetrug begeht, wer im Zusammenhang mit dem Vertrieb von Wertpapieren, Bezugsrechten oder von Anteilen, die eine Beteiligung an dem Ergebnis eines Unternehmens gewähren sollen oder im Zusammenhang mit dem Angebot, die Einlage auf solche Anteile zu erhöhen, in Prospekten oder in Darstellungen oder Übersichten über den Vermögensstand hinsichtlich der für die Entscheidung über den Erwerb oder die Erhöhung erheblichen Umstände gegenüber einem größeren Kreis von Personen unrichtige vorteilhafte Angaben macht oder nachteilige Tatsachen verschweigt.
Strafe: Freiheitsstrafe bis zu 3 Jahren oder Geldstrafe.

• Kreditbetrug (§ 265 b StGB)
Freiheitsstrafe bis zu 3 Jahren oder Geldstrafe riskiert, wer einem Betrieb oder Unternehmen im Zusammenhang mit einem Antrag auf Gewährung, Belassung oder Veränderung der Bedingungen eines Kredits für einen Betrieb oder ein Unternehmen oder einen vorgetäuschten Betrieb oder ein vorgetäuschtes Unternehmen über wirtschaftliche Verhältnisse unrichtige oder unvollständige Unterlagen, namentlich Bilanzen, Gewinn- und Verlustrechnungen, Vermögensübersichten oder Gutachten vorlegt oder schriftlich unrichtige oder unvollständige Angaben macht, die für den Kreditnehmer vorteilhaft und für die Entscheidung über einen solchen Antrag erheblich sind, oder solche Verschlechterung der in den Unterlagen oder Angaben dargestellten wirtschaftlichen Verhältnisse bei der Vorlage nicht mitteilt, die für die Entscheidung über einen solchen Antrag erheblich sind.
Strafe: Freiheitsstrafe bis zu 3 Jahren oder Geldstrafe.

• Untreue (§ 266 StGB)
Untreue ist die vorsätzliche Schädigung fremden Vermögens durch Mißbrauch einer durch Gesetz, behördlichen Auftrag oder Rechtsgeschäft begründeten Vertretungsmacht oder durch Verletzung der Verpflichtung, fremde Vermögensinteressen wahrzunehmen.
Beispiel:
Vorsätzliche Schädigung einer AG durch Vorstands- und Aufsichtsratsmitglieder der Gesellschaft.
Strafe: Freiheitsstrafe bis zu 5 Jahren oder Geldstrafe, in besonders schweren Fällen Freiheitsstrafe bis zu 10 Jahren.

• Vorenthalten und Veruntreuen von Arbeitsentgelt (§ 266 a StGB)
Wer als Arbeitgeber Beiträge des Arbeitnehmers zur Sozialversicherung oder zur Bundesanstalt für Arbeit der Einzugsstelle vorenthält oder sonst Teile des Arbeitsentgeltes, die er für den Arbeitnehmer an einen anderen zu zahlen hat, dem Arbeitnehmer einbehält, sie jedoch an den anderen nicht zahlt und es unterläßt, den Arbeitnehmer spätestens im Zeitpunkt der Fälligkeit oder unverzüglich danach über das Unterlassen der Zahlung an den anderen zu unterrichten, macht sich strafbar.
Strafe: Freiheitsstrafe bis zu 5 Jahren oder Geldstrafe.

• Mißbrauch von Scheck- und Kreditkarten (§ 266 b StGB)
Derjenige, der die ihm durch die Überlassung einer Scheck- oder einer Kreditkarte eingeräumte Möglichkeit, den Aussteller zu einer Zahlung zu veranlassen, mißbraucht und diesen dadurch schädigt, wird mit Freiheitsstrafe bis zu 3 Jahren oder Geldstrafe bestraft.

• Urkundenfälschung (§ 267 StGB)
Urkundenfälschung begeht derjenige, der zur Täuschung im Rechtsverkehr eine unechte Urkunde herstellt oder eine echte Urkunde verfälscht oder eine unechte oder verfälschte Urkunde benutzt. Dabei sind Urkunden verkörperte Gedankenerklärungen, die geeignet und bestimmt sind, im Rechtsverkehr einen Beweis zu erbringen und ihren Aussteller erkennen lassen. Urkunden sind danach nicht nur Schriftstücke, sondern beispielsweise auch Autokennzeichen, Fahrkarten usw.. Strafe: Freiheitsstrafe bis zu 5 Jahren oder Geldstrafe. Erwähnenswert ist in diesem Zusammenhang der durch das zweite WiKG vom 15.05.1986 geschaffene Tatbestand der Fälschung von Vordrucken für Euroschecks und Euroscheckkarten (§ 152 a StGB).

Computerstrafrecht
Ohne den immer größer werdenden Einsatz von Datenverarbeitungsanlagen ist das Wirtschaftsleben heute nicht mehr möglich. Parallel hierzu ist bedauerlicherweise ein steigender Trend erkennbar, daß diese technischen Einrichtungen insbesondere von intelligenten Straftätern in der verschiedensten Weise mißbraucht werden. Das bisherige Strafrecht reichte nicht aus, sämtliche strafbaren Handlungen im Zusammenhang mit dem Einsatz von Computern zu erfassen, weshalb insbesondere durch das zweite WiKG vom 15.05.1986 völlig neue Straftatbestände in das StGB aufgenommen werden mußten. Außer dem schon erwähnten Computerbetrug (§ 263 a StGB) sind hier folgende Straftatbestände zu erwähnen:
- Fälschung technischer Aufzeichnungen (§ 268 StGB)
- Fälschung beweiserheblicher Daten (§ 269 StGB)
- Mittelbare Falschbeurkundung (§ 271 StGB)
  Mittelbare Falschbeurkundung begeht, wer unter anderem bewirkt, daß Erklärungen, Verhandlungen oder Tatsachen, welche für Rechte oder Rechtsverhältnisse von Erheblichkeit sind, in öffentlichen Urkunden, Büchern, Dateien oder Registern als abgegeben oder geschehen gespeichert werden, während sie überhaupt nicht oder in anderer Weise oder von einer Person in einer ihr nicht zustehenden Eigenschaft oder von einer anderen Person abgegeben oder geschehen sind.
  Strafe: Freiheitsstrafe bis zu 1 Jahr oder Geldstrafe, bei betrügerischer Absicht Freiheitsstrafe von 3 Monaten bis zu 5 Jahren (§ 272 Abs. 1 StGB). Wer von einer falschen Datenspeicherung nach § 271 StGB oder in betrügerischer Absicht nach § 272 StGB Gebrauch macht, wird in derselben Weise bestraft.
- Urkundenunterdrückung (§ 274 StGB)
Diese wird unter anderem dadurch begangen, daß der Täter eine technische Aufzeichnung, welche ihm entweder überhaupt nicht oder nicht ausschließlich gehört, in Nachteilsabsicht vernichtet oder beweiserhebliche Daten, über die er nicht oder nicht ausschließlich verfügen darf, in Nachteilsabsicht löscht, unterdrückt oder unbrauchbar macht.
- Datenveränderung (§ 303 a StGB)
- Computersabotage (§ 303 b StGB)
  Computersabotage begeht, wer eine Datenverarbeitungsanlage, die für einen fremden Bereich, ein fremdes Unternehmen oder eine Behörde von wesentlicher Bedeutung ist, dadurch stört, daß er Daten löscht, unterdrückt oder unbrauchbar macht oder eine Datenverarbeitungsanlage oder einen Datenträger zerstört, beschädigt, unbrauchbar macht, beseitigt oder verändert.
  Strafe: Freiheitsstrafe bis zu 5 Jahren oder Geldstrafe. Der Versuch ist strafbar.
  Der Tatbestand der Datenveränderung (§ 303 a StGB) und der Computersabotage (§ 303 b StGB) wird nur auf Antrag des Geschädigten verfolgt, es sei denn, daß ein öffentliches Interesse an der Strafverfolgung besteht.
- Ausspähen von Daten (§ 202 a StGB)
  Computerspionage begeht, wer unbefugt Daten, die elektronisch, magnetisch oder sonst nicht unmittelbar wahrnehmbar gespeichert sind, sich oder einem anderen verschafft, obgleich sie nicht für ihn bestimmt und gegen unberechtigten Zugang besonders gesichert sind.
  Strafe: Freiheitsstrafe bis zu 3 Jahren oder Geldstrafe. Auch in diesem Falle erfolgt Strafverfolgung nur auf Antrag (§ 205 Abs. 1 StGB).

Konkursstrafrecht
Der Konkurs als solcher ist nicht unter Strafe gestellt, weil niemand, der am Wirtschaftsverkehr teilnimmt, davor geschützt ist, auch ohne sein Verschulden insolvent zu werden. Das haben die Konkursverfahren der vergangenen Jahre oft bewiesen. Der Zweck der Vorschriften über Konkursstraftaten will – mit Ausnahme der Verletzung der Buchführungspflicht (§ 283 b StGB) – ganz bestimmte, wirtschaftlich verantwortungslose und damit pflichtwidrige Verhaltensweisen in einer wirtschaftlichen Krisensituation, in die ein am Wirtschaftsverkehr Beteiligter geraten ist, sowie die Herbeiführung einer solchen Krisensituation durch pflichtwidriges Verhalten oder Unterlassen erfassen. Weiteres zusätzliches Erfordernis ist in

allen Fällen die Zahlungseinstellung, die Eröffnung eines Konkursverfahrens oder die Abweisung des Eröffnungsantrags mangels Masse. Die vertretungsberechtigten Organe von Kapitalgesellschaften (Körperschaften) sind kraft Gesetzes verpflichtet, bei Zahlungsunfähigkeit oder Überschuldung ohne schuldhaftes Zögern Antrag auf Eröffnung des Konkurs- oder Vergleichsverfahrens zu stellen. Zweck der strengen Vorschriften über Konkursstraftaten ist zunächst, die Gläubiger vor einer Beeinträchtigung ihrer Ansprüche zu schützen. Sie dienen aber auch dem Schutz allgemeiner Belange, nämlich dem Schutz der Gesamtwirtschaft, die in aller Regel durch die Konkursstraftaten mitbetroffen ist.
Folgende Konkursstraftaten sind erwähnenswert:

• Verpflichtung für organschaftliche Vertreter zur Stellung des Antrages auf Eröffnung des Konkurs- oder gerichtlichen Vergleichsverfahrens
Bei Zahlungsunfähigkeit oder Überschuldung ergibt sich für eine Körperschaft die Verpflichtung, Konkurs anzumelden. Die Verpflichtung ergibt sich für die GmbH aus § 64 GmbHG, für die Aktiengesellschaft aus § 92 AktG, für die Kommanditgesellschaft auf Aktien aus § 278 Abs. 3 i. Vbg. m. § 92 AktG und für die eingetragene Genossenschaft aus § 99 GenG. Kommen die verantwortlichen Organe ihrer Verpflichtung nicht nach, machen sie sich strafbar (vgl. §§ 84 GmbH, 401 AktG, 408 AktG, 148 GenG).
Eine Verpflichtung zur Beantragung des Konkurs- oder gerichtlichen Vergleichsverfahrens besteht für den Kaufmann (Voll- oder Minderkaufmann) und die vertretungsberechtigten Gesellschafter von Personengesellschaften nicht.

• Bankrott (§ 283 StGB)
Wegen Bankrotts kann der Kaufmann oder bei Kapitalgesellschaften das vertretungsberechtigte Organ mit Freiheitsstrafen bis zu 5 Jahren oder mit Geldstrafe, in besonders schweren Fällen mit Freiheitsstrafe bis zu 10 Jahren, bestraft werden, wenn er bei drohender oder eingetretener Zahlungsunfähigkeit oder Überschuldung bestimmte Handlungen begeht. Wie bereits eingangs dargelegt wurde, tritt die Strafbarkeit jedoch nur ein, wenn der Täter die Zahlungen tatsächlich eingestellt hat oder über sein Vermögen das Konkursverfahren eröffnet oder die Eröffnung mangels Masse abgelehnt worden ist. Folgende Handlungen sind besonders zu erwähnen:
- das Verheimlichen oder Beiseiteschaffen von Vermögensstücken;
- das Eingehen von Verlust- oder Spekulations- oder Differenzgeschäften mit Waren oder Wertpapieren entgegen den Grundsätzen einer ordnungsgemäßen Wirtschaft;
- der Verbrauch übermäßiger Beträge durch unwirtschaftliche Ausgaben, Spiel oder Wette;
- das Vortäuschen anderer Rechte oder die Anerkennung erfundener Rechte;
- die unterlassene Führung gesetzlich vorgeschriebener Handelsbücher oder deren Veränderung, so daß die Vermögensübersicht erschwert wird;
- das Beiseiteschaffen von Handelsbüchern vor Ablauf der Aufbewahrungsfrist;
- Verstöße gegen das Bilanzierungsrecht nach HGB;
- Verringerung des Vermögensstandes oder Verschleierung der wirklichen geschäftlichen Verhältnisse in einer den Anforderungen ordnungsgemäßer Wirtschaft grob widersprechenden Weise.

Besonders schwere Fälle werden mit Freiheitsstrafe von 6 Monaten bis zu 10 Jahren geahndet.

• Verletzung der Buchführungspflicht (§ 283 b StGB)
Wegen Verstoßes gegen diese Bestimmung macht sich strafbar, wer unter anderem Handelsbücher, zu deren Führung er gesetzlich verpflichtet ist, zu führen unterläßt oder so führt oder verändert, daß die Übersicht über seinen Vermögensstand erschwert wird, Handelsbücher oder sonstige Unterlagen, zu deren Aufbewahrung er nach Handelsrecht verpflichtet ist, vor Ablauf der gesetzlichen Aufbewahrungsfristen beiseite schafft, verheimlicht, zerstört oder beschädigt und dadurch die Übersicht über seinen Vermögensstand erschwert. Wegen eines Vergehens gem. § 283 b StGB ist auch strafbar, wer entgegen dem Handelsrecht Bilanzen so aufstellt, daß die Übersicht über seinen Vermögensstand erschwert wird oder es unterläßt, die Bilanz seines Vermögens oder das Inventar in der vorgeschriebenen Zeit aufzustellen.
Auch hier gilt, daß die Strafbarkeit davon abhängig ist, daß der Täter seine Zahlungen eingestellt hat oder über sein Vermögen das Konkursverfahren eröffnet oder der Eröffnungsantrag mangels Masse abgewiesen worden ist.
Strafe: Freiheitsstrafe bis zu 2 Jahren oder Geldstrafe

• Gläubigerbegünstigung (§ 283 c StGB)
Wegen Gläubigerbegünstigung wird bestraft, wer in Kenntnis seiner Zahlungsunfähigkeit einen Gläubiger absichtlich oder wissentlich vor den anderen Gläubigern begünstigt, indem er ihm eine Sicherheit oder Befriedigung gewährt, die ihm

nicht oder nicht in der Art oder nicht zu dieser Zeit zusteht. Strafe: Freiheitsstrafe bis zu 2 Jahren oder Geldstrafe.

• Schuldnerbegünstigung (§ 283 d StGB)
Schuldnerbegünstigung begeht unter anderem, wer in Kenntnis der dem Schuldner drohenden Zahlungsunfähigkeit dessen Vermögensbestandteile mit dessen Einwilligung oder zu dessen Gunsten beiseite schafft oder verheimlicht. Strafe: Freiheitsstrafe bis zu 5 Jahren oder Geldstrafe, in besonders schweren Fällen Freiheitstrafe von 6 Monaten bis zu 10 Jahren. Der Versuch ist strafbar. Auch in diesem Falle kann die Tat nur verfolgt werden, wenn der Schuldner seine Zahlungen eingestellt hat oder über sein Vermögen das Konkursverfahren eröffnet oder der Eröffnungsantrag mangels Masse abgewiesen worden ist.

Umweltschutzstrafrecht
Eine immer größere Bedeutung wird in Zukunft der Umweltschutz haben. Bereits durch das am 01.07.1980 in Kraft getretene 18. Strafrechtsänderungsgesetz wurden die wichtigsten Vorschriften des Umweltschutzstrafrechts in dem neuen 28. Abschnitt des StGB zusammengefaßt. Ziel der Reform war, die in zahlreichen Einzelgesetzen verstreute Materie zu vereinheitlichen, die Straftatbestände zu präzisieren und das Bewußtsein der Öffentlichkeit für die Sozialschädlichkeit von Umweltbelastungen zu schärfen. Folgende Straftatbestände sind erwähnenswert:

• Verunreinigung eines Gewässers (§ 324 StGB)
Strafe: Freiheitsstrafe bis zu 5 Jahren oder Geldstrafe. Der Versuch ist strafbar.

• Luftverunreinigung und Lärm (§ 325 StGB)
Strafe: Freiheitsstrafe bis zu 5 Jahren oder Geldstrafe. Der Versuch ist strafbar.

• Umweltgefährdende Abfallbeseitigung (§ 326 StGB)
Danach macht sich unter anderem strafbar, wer unbefugt Abfälle,
- die Gifte oder Erreger gemeingefährlicher und übertragbarer Krankheiten bei Menschen oder Tieren enthalten oder hervorbringen können;
- die explosionsgefährlich, selbstentzündlich oder nicht nur geringfügig radioaktiv sind ;
- die nach Art, Beschaffenheit oder Menge geeignet sind, nachhaltig ein Gewässer, die Luft oder den Boden zu verunreinigen oder sonst nachteilig zu verändern;
- außerhalb einer dafür zugelassenen Anlage lagert, ablagert, abläßt oder sonst beseitigt.

Strafe: Freiheitsstrafe bis zu 3 Jahren oder Geldstrafe.

• Unerlaubtes Betreiben von Anlagen (§ 327 StGB)
Strafbar macht sich, wer ohne die erforderliche Genehmigung oder entgegen einer vollziehbaren Untersagung eine kerntechnische Anlage betreibt, eine betriebsbereite oder stillgelegte kerntechnische Anlage besitzt oder ganz oder teilweise abbaut. Strafe: Freiheitsstrafe bis zu 5 Jahren oder Geldstrafe.

• Unerlaubter Umgang mit Kernbrennstoffen (§ 328 StGB)
Strafe: Freiheitsstrafe bis zu 5 Jahren oder Geldstrafe.

• Gefährdung schutzbedürftiger Gebiete (§ 329 StGB)
Strafe: Freiheitsstrafe bis zu 2 Jahren oder Geldstrafe.

• Schwere Umweltgefährdung (§ 330 StGB)
Schwere Umweltgefährdung liegt unter anderem dann vor, wenn bei Verstoß gegen § 324 Abs. 1 StGB (Verunreinigung eines Gewässers), § 326 Abs. 1 o. 2 StGB (Umweltgefährdende Abfallbeseitigung), § 327 StGB (Unerlaubtes Betreiben von Anlagen), § 328 Abs. 1 o. 2 StGB (Unerlaubter Umgang mit Kernbrennstoffen) oder § 329 Abs. 1 – 3 StGB (Gefährdung schutzbedürftiger Gebiete) Leib oder Leben eines Menschen, fremde Sachen von bedeutendem Wert, die öffentliche Wasserversorgung oder eine staatlich anerkannte Heilquelle gefährdet wird.
Strafe: Freiheitsstrafe von 3 Monaten bis zu 5 Jahren.

• Schwere Gefährdung durch Freisetzen von Giften (§ 330 a StGB)

Vergehen gegen das Wirtschaftsstrafgesetz 1954
(Gesetz zur weiteren Vereinfachung des Wirtschaftsstrafrechts i. d. F. v. 03.06.1975)
In dem Gesetz werden Verstöße gegen Sicherstellungsvorschriften (Wirtschafts-, Verkehrs-, Ernährungs- und Wassersicherstellungsgesetz) als Vergehen mit Freiheitsstrafe bis zu 5 Jahren oder Geldstrafe mit Strafe bedroht. In besonders schweren ist die Strafe Freiheitsstrafe nicht unter 6 Monate. Der Versuch ist strafbar. Besondere Bedeutung kommt heute § 5 (Mietpreisüberhöhung) zu. Danach kann mit einer Geldbuße bis zu DM 50.000,00 belegt werden, wer vorsätzlich

oder leichtfertig für die Vermietung von Räumen zum Wohnen oder damit verbundenen Nebenleistungen unangemessen hohe Entgelte fordert, sich versprechen läßt oder annimmt. § 5 stellt eine Ordnungswidrigkeit dar. Mietpreisüberhöhung kann auch den Tatbestand des Wuchers erfüllen, wenn der Täter die Zwangslage, die Unerfahrenheit, den Mangel an Urteilsvermögen oder die erhebliche Willensschwäche eines anderen dadurch ausbeutet, daß er sich oder einem Dritten für die Vermietung von Räumen zum Wohnen oder damit verbundene Nebenleistungen Vermögensvorteile versprechen oder gewähren läßt, die in einem auffälligen Mißverhältnis zur Leistung stehen (§ 302 a Abs. 1 Ziff. 1 StGB).
Strafe: Freiheitsstrafe bis zu 3 Jahren oder Geldstrafe, in besonders schweren Fällen Freiheitsstrafe von 6 Monaten bis zu 10 Jahren.

10

Vergehen gegen das Gesetz gegen den unlauteren Wettbewerb vom 07.06.1909 (UWG)
Die in dem Gesetz enthaltenen Straftatbestände dienen nicht nur zur Bekämpfung des unlauteren Wettbewerbsverhaltens eines Konkurrenten, sondern auch der echten Wirtschaftskriminalität. Dennoch werden die Taten – mit Ausnahme der in den §§ 4 und 6 c UWG bezeichneten – grundsätzlich nur auf Antrag verfolgt, es sei denn, daß in bestimmten Fällen, die in den §§ 17, 18 und 20 UWG aufgeführt sind, ein besonderes öffentliches Interesse an der Strafverfolgung besteht (§ 22 Abs. 1 UWG). Folgende Straftaten, die Vergehen sind, sind erwähnenswert:

• Strafbare Werbung (§ 4 UWG)
Strafbare Werbung begeht u. a., wer in der Absicht, den Anschein eines besonders günstigen Angebots hervorzurufen, in öffentlichen Bekanntmachungen über geschäftliche Verhältnisse, insbesondere über die Beschaffenheit, den Ursprung, die Herstellungsart oder die Preisbemessung von Waren oder gewerblichen Leistungen usw. wissentlich unwahre und zur Irreführung geeignete Angaben macht. Strafe: Freiheitsstrafe bis zu einem Jahr oder Geldstrafe.

• Progressive Kundenwerbung (§ 6 c UWG)
Den Straftatbestand erfüllt u. a., wer es im geschäftlichen Verkehr unternimmt, Nichtkaufleute zur Abnahme von Waren oder gewerblichen Leistungen durch das Versprechen zu veranlassen, ihnen besondere Vorteile für den Fall zu gewähren, daß sie andere zum Abschluß gleichartiger Geschäfte veranlassen, wobei diesen ebenfalls Vorteile für eine entsprechende Werbung weiterer Abnehmer gewährt werden sollen.
Strafe: Freiheitsstrafe bis zu 2 Jahren oder Geldstrafe.

• Angestelltenbestechung (§ 12 UWG)
Angestelltenbestechung begeht, wer im geschäftlichen Verkehr zu Zwecken des Wettbewerbs einem Angestellten eines geschäftlichen Betriebes einen Vorteil als Gegenleistung dafür anbietet, verspricht oder gewährt, daß er ihn oder einen Dritten bei dem Bezug von Waren oder gewerblichen Leistungen in unlauterer Weise bevorzugt.
Strafe: Freiheitsstrafe bis zu einem Jahr oder Geldstrafe.

• Verleumdung (§ 15 UWG)
Mit Freiheitsstrafe bis zu einem Jahr oder Geldstrafe wird bestraft, wenn wider besseres Wissen über das Gewerbsgeschäft eines anderen, über die Person des Inhabers des Geschäfts, über die Waren oder gewerblichen Leistungen eines anderen Tatsachen der Wahrheit zuwider behauptet oder verbreitet werden, die geeignet sind, den Betrieb des Geschäfts zu schädigen.

• Verrat von Geschäfts- oder Betriebsgeheimnissen (§ 17 UWG)
Danach macht sich strafbar, wer als Angestellter, Arbeiter oder Lehrling eines Geschäftsbetriebes ein Geschäfts- oder Betriebsgeheimnis, das ihm aufgrund des Dienstverhältnisses anvertraut oder zugänglich wurde, während des Dienstverhältnisses unbefugt an Dritte zum Zwecke des Wettbewerbs, aus Eigennutz oder in der Absicht, dem Inhaber des Geschäftsbetriebs Schaden zuzufügen, mitteilt.
Strafe: Freiheitsstrafe bis zu 3 Jahren oder Geldstrafe, in besonders schweren Fällen Freiheitsstrafe bis zu 5 Jahren oder Geldstrafe.

• Verwertung von Vorlagen (§ 18 UWG)
Strafbar macht sich danach, wer die ihm im geschäftlichen Verkehr anvertrauten Vorlagen oder Vorschriften technischer Art, insbesondere Zeichnungen, Modelle, Schablonen, Schnitte, Rezepte zu Zwecken des Wettbewerbs oder aus Eigennutz unbefugt verwertet oder an Dritte mitteilt.
Strafe: Freiheitsstrafe bis zu 2 Jahren oder Geldstrafe.

Verstöße gegen das Arbeitsförderungsgesetz
Immer größere Bedeutung kommt dem Arbeitsförderungesetz (AFG vom 26.06.19699) und dem Arbeitnehmerüberlassungsgesetz (AÜG vom 07. 08.1972) und der Einhaltung der entsprechenden Vorschriften zu. Nachstehende Verstöße werden als Vergehen geahndet:

• Unbefugte Arbeitsvermittlung von und nach dem Ausland (§ 227 Abs. 1 AFG)

Danach macht sich u. a. strafbar, wer ohne vorherige Zustimmung der Bundesanstalt für Arbeit oder ohne deren Auftrag einen Arbeitnehmer für eine Beschäftigung als Arbeitnehmer im Ausland oder im Ausland für eine Beschäftigung als Arbeitnehmer im Inland anwirbt oder vermittelt. Strafe: Freiheitsstrafe bis zu 3 Jahren oder Geldstrafe, in besonders schweren Fällen Freiheitsstrafe von 6 Monaten bis zu 5 Jahren.

• Strafbare Beschäftigung ausländischer Arbeitnehmer (§ 227 a Abs. 1 AFG)

Mit Freiheitsstrafe bis zu 3 Jahren oder mit Geldstrafe wird der Arbeitgeber bestraft, der einen nichtdeutschen Arbeitnehmer, der keine Arbeitserlaubnis besitzt, zu Arbeitsbedingungen beschäftigt, die in einem auffälligen Mißverhältnis zu den Arbeitsbedingungen deutscher Arbeitnehmer stehen die die gleiche oder eine vergleichbare Tätigkeit ausüben.

• Verleihung nichtdeutscher Leiharbeitnehmer ohne Arbeitserlaubnis (§ 15 AÜG)

Gegen die Strafbestimmung verstößt, wer als Verleiher einen nichtdeutschen Arbeitnehmer, der eine Arbeitserlaubnis nicht besitzt, einem Dritten, ohne hierfür die erforderliche gesetzliche Befugnis zu haben, überläßt.
Strafe: Freiheitsstrafe bis zu 3 Jahren oder Geldstrafe, in besonders schweren Fällen Freiheitsstrafe von 6 Monaten bis zu 5 Jahren.

• Entleih nichtdeutscher Arbeitnehmer ohne Arbeitserlaubnis (§ 15 a AÜG)

Strafbar macht sich, wer als Entleiher einen ihm überlassenen nichtdeutschen Arbeitnehmer, der keine Arbeitserlaubnis besitzt, zu Arbeitsbedingungen des Leiharbeitsverhältnisses tätig werden läßt, die in einem auffälligen Mißverhältnis zu den Arbeitsbedingungen deutscher Leiharbeitnehmer stehen, die die gleiche oder vergleichbare Tätigkeiten ausüben.
Strafe: Freiheitsstrafe bis zu 3 Jahren oder Geldstrafe, in besonders schweren Fällen Freiheitsstrafe von 6 Monaten bis zu 5 Jahren.

Steuerstrafrecht

Maßgebend sind die Strafbestimmungen der Abgabenordnung vom 16.03.1976 (AO 1977), insbesondere:

• Steuerhinterziehung (§ 370 AO)

Steuerhinterziehung begeht u. a., wer den Finanzbehörden oder anderen Behörden über steuerlich erhebliche Tatsachen unrichtige oder unvollständige Angaben macht oder die Finanzbehörden pflichtwidrig über steuerlich erhebliche Tatsachen in Unkenntnis läßt und dadurch Steuern verkürzt oder für sich oder einen anderen nicht gerechtfertigte Steuervorteile erlangt. Der Versuch ist strafbar.
Strafe: Freiheitsstrafe bis zu 5 Jahren oder Geldstrafe, in besonders schweren Fällen Freiheitsstrafe von 6 Monaten bis zu 10 Jahren.

• Bannbruch (§ 372 AO)

Mit Freiheitsstrafe bis zu 5 Jahren oder mit Geldstrafe wird bestraft, wer Gegenstände entgegen einem Verbot einführt, ausführt oder durchführt, ohne sie der zuständigen Zollstelle ordnungsgemäß anzumelden.

• Gewerbsmäßiger, gewaltsamer und bandenmäßiger Schmuggel (§ 373 AO)

Strafbar macht sich u. a., wer gewerbsmäßig Eingangsabgaben hinterzieht, eine Hinterziehung von Eingangsabgaben oder einen Bannbruch begeht, bei denen er eine Schußwaffe bei sich führt oder als Mitglied einer Bande, die sich zur fortgesetzten Begehung der Hinterziehung von Eingangsabgaben oder des Bannbruchs verbunden hat, unter Mitwirkung eines anderen Bandenmitglieds die Tat ausführt.
Strafe: Freiheitsstrafe von 3 Monaten bis zu 5 Jahren.

• Steuerhehlerei (§ 374 AO)

Steuerhehlerei begeht u. a., wer Erzeugnisse oder Waren, hinsichtlich deren Verbrauchssteuern oder Zoll hinterzogen wurden, einkauft oder sonst sich oder einem Dritten verschafft, sie absetzt oder abzusetzen hilft, um sich oder einen Dritten zu bereichern.
Strafe: Freiheitsstrafe bis zu 5 Jahren oder Geldstrafe.

Folgen einer Bestrafung für den Kaufmann

Wird ein Kaufmann rechtskräftig wegen einer Straftat verurteilt, die er unter Mißbrauch eines Handelsgewerbes oder unter grober Verletzung der mit ihm verbundenen Pflichten begangen hat, kann ihm das Gericht die Ausübung des Handelsgewerbes für die Dauer von 1 bis zu 5 Jahren verbieten, wenn die Gesamtwürdigung seiner Person und der von ihm begangenen Tat die Gefahr erkennen läßt, daß er bei weiterer Ausübung erhebliche rechtswidrige Taten der begangenen Art wieder begehen wird. In extremen Fällen kann Berufsverbot für immer angeordnet werden (§ 70 Abs. 1 StGB).

Auch ohne Anordnung des Berufsverbots kann die Verurteilung wegen Wirtschaftsdelikten, insbesondere Konkursdelikten, dazu führen, daß er auf die Dauer von 5 Jahren seit der Rechtskraft des Urteils kein Vertretungsorgan einer Kapitalgesellschaft (Geschäftsführer; Vorstand) sein kann (§§ 6 Abs.2 GmbHG; § 76 Abs.3 AktG).
Die Verwaltungsbehörde kann bei Verurteilung die Ausübung des Handelsgewerbes wegen Unzuverlässigkeit untersagen (§ 35 GewO).

Arbeitsrecht

Rechtsquellen

10

Das Arbeitsrecht regelt das Recht der abhängigen und nicht selbständigen Arbeit. In Ermangelung eines einheitlichen Arbeitsgesetzbuches ist es in eine Vielzahl von Gesetzen aufgespalten. Man unterscheidet das „Individualarbeitsrecht", welches sich mit dem einzelnen Arbeitsverhältnis (z. B. Arbeitsvertrag) befaßt, von dem kollektiven Arbeitsrecht, das die kollektive Gestaltung von Arbeitsbedingungen zum Inhalt hat (z. B. Tarifvertragsrecht). Das Verhältnis der Bestimmungen zueinander ist bedeutsam, wenn in mehreren Rechtsquellen ein Tatbestand gleichzeitig geregelt ist. So kann z. B. der Urlaubsanspruch einzelvertraglich, in einer Betriebsvereinbarung, im Tarifvertrag oder im Bundesurlaubsgesetz unterschiedlich geregelt sein. In diesen Fällen geht die einzelvertragliche – weil regelmäßig umfassendere – Abrede den übrigen Regelungen vor. Trotz seiner unterschiedlichen Rechtsquellen hat sich das Arbeitsrecht als sog. Schutzrecht der Arbeitnehmer zu einem besonderen Rechtsgebiet entwickelt.
Das ehemals in der DDR geltende Arbeitsgesetzbuch (DDR-AGB) wurde nach Wirksamkeit des Beitritts am 03.10.1990 bis auf wenige, befristete Ausnahmen außer Kraft gesetzt.

Der Arbeitsvertrag

Arbeitsverhältnisse werden durch Abschluß eines Arbeitsvertrages zwischen Arbeitnehmer und Arbeitgeber begründet.

Arbeitnehmer
Der Begriff des Arbeitnehmers ist gesetzlich nicht definiert. Nach allgemeiner Meinung fallen hierunter solche Personen, die in einem persönlichen Abhängigkeitsverhältnis zur Leistung weisungsgebundener, fremdbestimmter Arbeit gegen Entgelt verpflichtet sind. Je nach Art der ausgeübten Tätigkeit unterscheidet man zwischen Angestellten und Arbeitern, obgleich die Einteilung in den letzten Jahren wegen ihrer rechtlichen Angleichung an Bedeutung verloren hat.
Angestellte leisten überwiegend geistige Arbeit, d. h. sie üben regelmäßig eine kaufmännische, büromäßige oder sonst gehobene Tätigkeit aus. Eine Sonderrolle – z. B. im Betriebsverfassungs- und Mitbestimmungsrecht – nehmen die leitenden Angestellten ein, die aufgrund ihrer betrieblichen Stellung unternehmerische Teilaufgaben wahrnehmen und daher arbeitgeberähnliche Funktionen ausüben. Hierzu zählen insbesondere Prokuristen, Generalbevollmächtigte oder sonstige Personen mit erheblichem eigenen Entscheidungsspielraum. Arbeiter sind alle übrigen Arbeitnehmer, die keine Angestellten sind.
Keine Arbeitnehmer sind die sog. Selbständigen, z. B. Kaufleute, Handwerker oder Angehörige der freien Berufe. In Teilbereichen werden Selbständige ausnahmsweise dem Arbeitnehmer gleichgestellt, sofern es sich um arbeitnehmerähnliche Personen handelt (§ 5 ArbGG). Hierzu zählen insbesondere Heimarbeiter sowie die Einfirmenvertreter des § 92 a HGB.

Arbeitgeber
Arbeitgeber ist jede natürliche oder juristische Person, die einen anderen in abhängiger Arbeit beschäftigt. Die Funktion des Arbeitgebers wird bei juristischen Personen durch deren vertretungsberechtigtes Organ ausgeübt, so z. B. bei einer Aktiengesellschaft durch den Vorstand, bei der GmbH durch die Geschäftsführung. Wird der Betrieb in der Rechtsform einer Gesellschaft bürgerlichen Rechts geführt, sind Arbeitgeber die Gesellschafter.

Arbeitsvertrag
Durch einen Arbeitsvertrag verpflichtet sich der Arbeitnehmer zur Leistung abhängiger Arbeit gegen Zahlung der vereinbarten Vergütung durch den Arbeitgeber. Als Sonderfall des Dienstvertrages finden die §§ 611 – 630 BGB Anwendung, Ergänzungen enthalten die §§ 59 ff. HGB für kaufmännische Angestellte und die §§ 105 ff. GewO für technische Angestellte und gewerbliche Arbeitnehmer. Darüberhinaus erwachsen aus dem Arbeitsverhältnis bestimmte Nebenpflichten (Treuepflicht des Arbeitnehmers, Fürsorgepflicht des Arbeitgebers).
Aufgrund des personenrechtlichen Einschlages des Arbeitsvertrages sind die allgemeinen Regelungen des BGB nur bedingt anwendbar. Nichtigkeit (z. B. nach §§ 107, 134, 138 BGB) oder An-

fechtung (z. B. nach § 119 BGB) lösen die gewöhnlichen Folgen (Nichtigkeit) nur dann aus, wenn das Arbeitsverhältnis noch nicht durch Aufnahme der Tätigkeit vollzogen ist. Nach Arbeitsaufnahme kann die Unwirksamkeit nur noch mit Wirkung für die Zukunft geltend gemacht werden (sog. faktisches Arbeitsverhältnis). Für die bereits geleistete Arbeit besteht daher im vollen Umfange Anspruch auf Lohnzahlung, Urlaub usw.
Der Abschluß eines Arbeitsvertrages ist grundsätzlich nicht an eine bestimmte Form gebunden. Ausnahmen bestehen bei Berufsausbildungsverträgen (§ 4 Berufsbildungsgesetz) und bei Vereinbarung eines Wettbewerbsverbotes nach § 74 HGB. Für den Abschluß des Arbeitsvertrages gilt Vertragsfreiheit. Mindestens erforderlich ist jedoch eine Einigung über den Eintrittszeitpunkt und die Art der geschuldeten Tätigkeit. Ist eine bestimmte Vergütung nicht vereinbart, so ist bei Bestehen einer Taxe die taxmäßige, in Ermangelung einer Taxe die übliche Vergütung als vereinbart anzusehen (§ 612 Abs. 2 BGB).
Sozialversicherungspflichtige Arbeitnehmer müssen vom Arbeitgeber bei der zuständigen Krankenkasse, jede Neueinstellung beim Arbeitsamt angemeldet werden. Der Arbeitnehmer hat dem Arbeitgeber die Lohnsteuerkarte und Versicherungsnachweispapiere, ggf. auch noch weitere Unterlagen auszuhändigen.

Besonderheiten bei der Personalauswahl

Bei geplanten Neueinstellungen sind zunächst bestehende Informations- und Mitbestimmungsrechte des Betriebsrates zu beachten (§§ 92, 93, 95, 99 BetrVG). Bedeutsam sind weiterhin Beschäftigungsverbote und -gebote. So ist eine Beschäftigung von Kindern grundsätzlich verboten. Frauen müssen gleichbehandelt (§ 611 a BGB) und dürfen mit zahlreichen Arbeiten nicht beauftragt werden. Ausländer, die nicht einem Mitgliedsland der EG angehören, benötigen eine Aufenthalts- und Arbeitserlaubnis. Die Arbeitserlaubnis kann befristet oder eingeschränkt erteilt werden und kann eine bestimmte Aufenthaltsdauer in der Bundesrepublik Deutschland voraussetzen. Die Erteilung einer Arbeitserlaubnis für ausländische Ehegatten ausländischer Arbeitnehmer steht im Ermessen des Arbeitsamtes. Kindern von Ausländern ist die Arbeitserlaubnis zu erteilen, wenn sie vor Vollendung des 18. Lebensjahres einem Elternteil in die Bundesrepublik gefolgt sind. Asylberechtigten kann nach einjährigem Aufenthalt die Arbeitserlaubnis erteilt werden.
Weder Arbeitgeber noch Arbeitnehmer können zum Abschluß eines Arbeitsvertrages gezwungen werden. Nach dem Schwerbehindertengesetz ist jedoch jeder Arbeitgeber mit 16 oder mehr Arbeitsplätzen verpflichtet, 6 v. H. der Arbeitsplätze mit Schwerbehinderten oder Gleichgestellten zu besetzen. Wird diese Pflicht nicht erfüllt, hat der Arbeitgeber eine monatliche Ausgleichsabgabe von DM 200,00 für jeden nichtbesetzten Pflichtplatz zu leisten.
Von weiterer Bedeutung ist das Fragerecht des Arbeitgebers bei Neueinstellungen. Grundsätzlich sind nur solche Fragen zulässig, die in konkreter Beziehung zu dem angestrebten Arbeitsplatz stehen und an deren Beantwortung der Arbeitgeber ein berechtigtes Interesse hat (so z. B. nach der Ausbildung, beruflichem Werdegang, bestehenden Krankheiten etc.). Nach einer bestehenden oder künftigen Schwangerschaft darf ebenfalls gefragt werden, sofern dadurch nicht männliche Bewerber bevorzugt werden (§ 611 a BGB). Auch Vorstrafen dürfen erfragt werden; eine Mitteilungspflicht besteht jedoch nur dann, wenn diese in das Führungszeugnis aufzunehmen sind. Gibt der Arbeitnehmer auf eine zulässige Frage eine falsche Antwort, berechtigt dies den Arbeitgeber zur Anfechtung des Arbeitsvertrages wegen arglistiger Täuschung.

Pflichten des Arbeitnehmers

- Arbeitspflicht

Die Arbeitspflicht des Arbeitnehmers ist begründet in § 611 BGB, wonach derjenige, der Dienste zusagt, zur Leistung der versprochenen Dienste verpflichtet ist. Die Arbeit ist im Zweifel in Person zu leisten, eine Stellvertretung scheidet regelmäßig aus (§ 613 BGB). Der Inhalt der Arbeitspflicht bestimmt sich nach dem Arbeitsvertrag und der Verkehrsauffassung. Im Rahmen der arbeitsvertraglichen Vereinbarungen hat der Arbeitgeber das Recht, Zeit, Ort und Art der Leistung zu bestimmen (Direktionsrecht). Der zeitliche Umfang ist regelmäßig im Arbeits- oder Tarifvertrag geregelt. Gesetzliche Beschränkungen sehen u. a. die Arbeitszeitordnung, das Jugendarbeitsschutzgesetz und das Mutterschutzgesetz vor. Innerhalb dieser Grenzen können vom Arbeitgeber Überstunden angeordnet werden. Arbeitsbeginn und Arbeitsende unterliegen der Mitbestimmung des Betriebsrates. Vom Direktionsrecht nicht gedeckt ist eine einseitige Anordnung des Arbeitgebers auf Leistung von Kurzarbeit. Wegen der damit verbundenen Lohnminderung ist hierfür stets eine arbeits- oder tarifvertragliche Vereinbarung erforderlich. Der Betriebsrat hat ein Mitbestimmungsrecht (§ 87 I Nr. 3 BetrVG).
Nimmt der Arbeitgeber eine ordnungsgemäß angebotene Arbeitsleistung nicht an (Annahmever-

10

zug), behält der Arbeitnehmer seinen Vergütungsanspruch (§ 615 BGB). Dies gilt selbst dann, wenn der Arbeitgeber den Arbeitnehmer wegen einer Betriebsstörung (etwa bei Stromausfall) tatsächlich nicht beschäftigen kann, da derartige Umstände vom Arbeitnehmer nicht zu vertreten sind und regelmäßig der Sphäre des Arbeitgebers zuzurechnen sind (Betriebsrisiko).
Eine Nebentätigkeit des Arbeitnehmers außerhalb der Arbeitszeit ist zulässig, sofern nicht der Arbeitgeber ein berechtigtes Interesse an ihrer Unterlassung hat (z. B. Tätigkeit bei einem Mitkonkurrenten). Gesetzliche Nebentätigkeitsverbote enthalten die §§ 60 ff. HGB für den kaufmännischen Handlungsgehilfen. Die in der Praxis häufig als Schwarzarbeit anzutreffende Nebentätigkeit kann nach dem Gesetz zur Bekämpfung der Schwarzarbeit bei Auftraggeber und Auftragnehmer mit Geldbußen bis zu DM 50.000,00 geahndet werden.

• Gehorsamspflicht
Aus dem Direktionsrecht des Arbeitgebers folgt die Pflicht des Arbeitnehmers, den Anordnungen des Arbeitgebers im Rahmen des Arbeitsvertrages hinsichtlich Zeit, Ort und Art der übertragenen Tätigkeit Folge zu leisten (vgl. § 121 GewO, § 9 S. 2 Nr.3 BBeG).

• Treuepflicht
Aus dem Arbeitsvertrag folgen für den Arbeitnehmer weitere Nebenpflichten, die als Treuepflichten bezeichnet werden. Sie besagen allgemein, daß sich der Arbeitnehmer über die Arbeitspflicht hinaus für die Interessen des Arbeitgebers und des Betriebes einzusetzen und alles zu unterlassen hat, was den Arbeitgeber oder den Betrieb schädigen könnte. Der Umfang der Treuepflicht ist sehr weit. Beispielhaft zu nennen sind die Verschwiegenheitspflicht über Geschäfts- und Betriebsgeheimnisse, die Pflicht zur Schadensanzeige und Schadensabwendung, das Verbot der Annahme von Schmiergeldern sowie das bereits erwähnte Wettbewerbsverbot für den Handlungsgehilfen (§§ 74 ff. HGB).

• Verletzung der Arbeitnehmerpflichten
Erfüllt der Arbeitnehmer schuldhaft seine Arbeitspflicht nicht, stehen dem Arbeitgeber nachstehende Rechte zu:
- Klage auf Erfüllung der Arbeitsleistung. Zwar ist ein solches Urteil nach § 888 II ZPO nicht vollstreckbar. Allerdings kann der Arbeitgeber für den Fall der Weigerung gleichzeitig auf Zahlung einer vom Arbeitsgericht nach freiem Ermessen festzusetzenden Entschädigung klagen.
- Verweigerung der Lohnzahlung nach § 320 BGB.
- Schadensersatz wegen Nichterfüllung nach § 325 BGB, soweit durch das Ausbleiben der Arbeitsleistung dem Arbeitgeber ein Schaden entstanden ist. Demgegenüber steht dem Arbeitgeber das in § 325 BGB gewährte Rücktrittsrecht nicht zu, da insoweit die Vorschriften über die Kündigung vorrangig sind.
- Schadensersatz in Höhe eines Wochenlohnes bei gewerblichen Arbeitern, soweit dieser rechtswidrig seine Arbeit verläßt und es sich um einen Kleinbetrieb unter 20 Arbeitnehmern handelt (§ 124 b GewO). Für gewerbliche Angestellte gilt diese Regelung auch dann, wenn kein Kleinbetrieb vorliegt (§ 133 c GewO). Macht der Arbeitgeber diese Entschädigungsansprüche geltend, sind weitergehende Schadensersatzansprüche ausgeschlossen.
- Fristlose Kündigung nach § 626 BGB, sofern der Arbeitnehmer trotz mehrfacher Aufforderung seine Arbeitspflicht nicht erfüllt. Bei schuldhafter Schlechterfüllung der Arbeit oder Verletzung von Nebenpflichten stehen dem Arbeitgeber folgende Rechte zu:
- Klage auf Erfüllung des Arbeitsvertrages (z. B. Unterlassen von geschäftsschädigenden Äußerungen).
- Schadensersatz wegen Schlechterfüllung aus positiver Vertragsverletzung sowie unerlaubter Handlung (§§ 823 ff. BGB).
- Ordentliche Kündigung des Arbeitsvertrages, da zumeist in Fällen der Schlechterfüllung ein wichtiger Grund zur fristlosen Kündigung nicht vorliegen wird.

Verstöße gegen die Treuepflicht können strafbar sein, z. B. die Annahme von Schmiergeldern (§ 12 UWG) oder die Verletzung der Verschwiegenheitspflicht (§ 17 UWG).

Die Haftung des Arbeitnehmers für Personen- und Sachschäden

• Haftung gegenüber dem Arbeitgeber
Grundsätzlich haftet der Arbeitnehmer dem Arbeitgeber für von ihm vorsätzlich oder fahrlässig (§ 276 BGB) verursachte Personen- und Sachschäden aus positiver Vertragsverletzung und unerlaubter Handlung.
Dieses Ergebnis kann dann unbillig sein, wenn die Schäden bei besonders risikobehafteten, sog. gefahrgeneigten Arbeiten eingetreten sind, bei denen erfahrungsgemäß auch einem sorgfältigen Arbeitnehmer Fehler unterlaufen, die zwar vermeidbar sind, mit denen aber angesichts der menschlichen Unzulänglichkeit gerechnet wer-

den muß. Hierzu zählen insbesondere die Tätigkeit als Kraftfahrer, Kran- oder Lokomotivführer. In diesen Fällen wird das Haftungsrisiko wie folgt verteilt:

- Vorsatz und grobe Fahrlässigkeit hat der Arbeitnehmer im vollen Umfange zu vertreten.
- Bei mittlerer Fahrlässigkeit erfolgt zwischen dem Arbeitnehmer und dem Arbeitgeber eine Schadensteilung.
- Bei leichtester Fahrlässigkeit haftet der Arbeitnehmer nicht.

Diese Einschränkung der Arbeitnehmerhaftung wird heute immer mehr auch auf nicht gefahrgeneigte Arbeiten angewandt. Entscheidend sind stets die Umstände des Einzelfalles.

• Haftung gegenüber Bebetriebsangehörigen
Die Haftung gegenüber Arbeitskollegen bestimmt sich zunächst nach den §§ 636, 637 RVO. Für Personenschäden haftet der Arbeitnehmer nur bei Vorsatz und auch nur bei Unfällen im allgemeinen Verkehr. In allen übrigen Fällen tritt die gesetzliche Unfallversicherung ein. Für diese besteht bei Vorsatz und grober Fahrlässigkeit die Möglichkeit, Rückgriffsansprüche für von ihr erbrachte Leistungen geltend zu machen (§ 640 RVO). Für Personen- und Sachschäden, die nicht den §§ 636, 637 RVO unterfallen, haftet der Arbeitnehmer in vollem Umfange aus unerlaubter Handlung (§ 823 BGB). Liegen die Voraussetzungen für eine gefahrgeneigte Arbeit vor, hat der Arbeitnehmer gegenüber dem Arbeitgeber ggf. einen Freistellungsanspruch.

• Haftung gegenüber Dritten
Gegenüber Dritten haftet der Arbeitnehmer aus unerlaubter Handlung (§ 823 BGB). Bei gefahrgeneigter Arbeit kommt auch hier ein Freistellungsanspruch gegenüber dem Arbeitgeber in Betracht.

Pflichten des Arbeitgebers

• Lohnzahlungspflicht
Die Hauptpflicht des Arbeitgebers besteht in der Lohnzahlung (§ 611 BGB). Höhe und Fälligkeit des Lohnes sind regelmäßig im Tarifvertrag oder in einer Betriebsvereinbarung geregelt, anderenfalls gelten die Bestimmungen des Arbeitsvertrages. Ist eine Vergütungsvereinbarung nicht getroffen oder unwirksam, gilt eine Vergütung als stillschweigend vereinbart, wenn die Dienstleistung nur gegen eine Vergütung zu erwarten ist. Ist die Höhe der Vergütung nicht bestimmt, ist bei Bestehen einer Taxe der taxmäßige Lohn, anderenfalls die übliche Vergütung als vereinbart anzusehen (§ 612 BGB). Grundsätzlich hat der Arbeitgeber die Vergütung in bar und in deutscher Währung auszuzahlen (§ 115 GewO). Üblich ist heute die Überweisung auf ein Girokonto. Naturalvergütungen sind ebenfalls zulässig und werden oftmals zusätzlich gewährt (z. B. Dienstwagen, Deputate etc.).
Bestimmt sich beim Zeitlohn die Vergütung nach der Anzahl der geleisteten Arbeitsstunden, wird gewerblichen Arbeitnehmern häufig ein Akkordlohn gezahlt. Bei diesem richtet sich die Höhe der Vergütung nach dem erzielten Arbeitsergebnis. Zu unterscheiden ist zwischen dem sog. Zeitakkord (Vergütung des geleisteten Arbeitsergebnisses innerhalb eines vorgegebenen Zeitraumes) und dem sog. Geldakkord (Vergütung je hergestellten Stückes). Die Festlegung des Akkordlohnes unterliegt der Mitbestimmung des Betriebsrates (§ 87 I Nr.11 BetrVG). Auch kaufmännische Angestellte erhalten neben einem Festgehalt oftmals weitere leistungsbezogene Vergütungen, so z. B. eine unmittelbare Beteiligung am Gewinn des Arbeitgebers (Tantieme) oder eine prozentuale Beteiligung an vermittelten Geschäften (Provision).

10

Gratifikationen werden aus besonderem Anlaß als zusätzliches Arbeitsentgelt gewährt (Weihnachtsgeld, Jubiläum). Hierauf hat der Arbeitnehmer dann einen Rechtsanspruch, wenn der Arbeitgeber die Zuwendung nicht ausdrücklich als freiwillig bezeichnet hat (betriebliche Übung). Vereinbarte Rückzahlungsvorbehalte für den Fall, daß der Arbeitnehmer vor einem bestimmten Bezugszeitraum ausscheidet, sind zulässig, allerdings dürfen die Fristen nicht übermäßig lang sein.
Für vermögenswirksame Leistungen gilt das 5. Vermögensbildungsgesetz in der Fassung vom 19.02.1987. Sie können durch vermögenswirksame Anlagen von Teilen des Arbeitslohnes oder durch zusätzliche Leistungen erbracht werden. Auf Verlangen des Arbeitnehmers ist der Arbeitgeber verpflichtet, einen derartigen Vertrag abzuschließen. Die Leistungen können im Tarifvertrag, in einer Betriebsvereinbarung oder im Arbeitsvertrag vereinbart sein. Für einkommensschwache Arbeitnehmer wird aus öffentlichen Mitteln eine Sparzulage gezahlt, soweit die Einkünfte aus nicht selbständiger Arbeit DM 27.000,00, bei zusammenveranlagten Ehegatten DM 54.000,00 im Kalenderjahr nicht übersteigen. Je nach Art der Anlage beträgt die Höhe der Zulage 10 v. H. oder 20 v. H. der vermögenswirksamen Leistungen (Höchstbetrag DM 936,00).
Als wichtigste Lohn- und Gehaltsabzüge kommen Lohnsteuer und Arbeitnehmeranteile zur Sozial-

versicherung sowie Zahlungen an Gläubiger des Arbeitnehmers aufgrund erklärter Abtretungen oder Pfändungen in Betracht. Der Arbeitgeber selbst kann mit eigenen Ansprüchen – z. B. wegen Schlechterfüllung der Arbeitsleistung – gegen die Lohnansprüche des Arbeitnehmers aufrechnen. Abtretung und Aufrechnung sind ausgeschlossen, soweit die Lohnansprüche unpfändbar sind (§§ 394, 400 BGB).

• Lohn ohne Arbeit
Auch wenn die Arbeitsleistung nicht erbracht wird, sind Lohn und Gehalt in folgenden Fällen weiter zu zahlen:
- Bei Annahmeverzug des Arbeitgebers (§ 615 BGB).
- Bei vom Arbeitgeber zu vertretender Unmöglichkeit (§ 324 BGB). Bei einer vom Arbeitgeber nicht zu vertretenden Unmöglichkeit bleibt der Vergütungsanspruch dann bestehen, wenn die Unmöglichkeit der Arbeitsleistung seiner Sphäre zuzuordnen ist (Betriebsrisikol).
- Wenn der Arbeitnehmer für eine verhältnismäßig nicht erhebliche Zeit durch einen in seiner Person liegenden Grund ohne sein Verschulden an der Arbeitsleistung verhindert ist (§ 616 BGB). Beispiele: Krankheit, Tod eines Angehörigen, Behördengang.
- Urlaubsvergütung nach § 11 BurlG. Der Mindesturlaub für Arbeitnehmer beträgt 18 Werktage, Jugendliche und Schwerbehinderte erhalten Zusatzurlaub. Erkrankt der Arbeitnehmer während seines Urlaubes, so werden die durch ärztliches Attest nachgewiesenen Tage der Arbeitsunfähigkeit auf den Jahresurlaub nicht angerechnet.
- Lohnfortzahlung im Krankheitsfall über die Dauer von 6 Wochen, § 1 LFZG (Arbeiter), § 63 HGB (kaufmännische Angestellte), § 133 c GewO (Technische Angestellte), § 616 Abs. 2 BGB (übrige Angestellte).

10

• Fürsorgepflicht
Der Treuepflicht des Arbeitnehmers entspricht die Fürsorgepflicht des Arbeitgebers. Sie verpflichtet den Arbeitgeber u. a., den Arbeitnehmer vor Gefahren für Leib und Leben zu schützen, soweit die Art der Dienstleistung es gestattet (§ 618 BGB, § 62 HGB, § 120 a GewO). Hierzu zählt insbesondere die Schaffung von gesetzlich vorgeschriebenen oder üblichen Schutzvorrichtungen in den Geschäfts- und Betriebsräumen. Gesetzliche Ausprägungen der Fürsorgepflicht sind die Beurlaubung zwecks Stellensuche nach erfolgter Kündigung (§ 629 BGB) sowie die Pflicht zur Zeugniserteilung (§ 630 BGB). Weitere Pflichten des Arbeitgebers bzw. Rechte des Arbeitnehmers ergeben sich aus den §§ 81 ff. BetrVG. So hat der Arbeitgeber den Arbeitnehmer über dessen Aufgabe und Verantwortung im Betrieb zu unterrichten, über bestehende Unfall- und Gesundheitsgefahren zu belehren und eingetretene Änderungen in seinem Arbeitsbereich mitzuteilen. Der Arbeitnehmer hat das Recht, in betrieblichen Angelegenheiten, die seine Person betreffen, gehört zu werden. Er hat das Recht, in über ihn geführte Personalakten Einsicht zu nehmen. Der Arbeitnehmer hat weiterhin ein Beschwerderecht, soweit er sich vom Arbeitgeber oder anderen Arbeitnehmern nachteilig oder ungerecht behandelt fühlt. Der Arbeitgeber hat über die Behandlung der Beschwerde zu entscheiden.

Die Haftung des Arbeitgebers für Personen- und Sachschäden

• Haftung gegenüber dem Arbeitnehmer
Die Haftung des Arbeitgebers für beim Arbeitnehmer eingetretene Personenschäden ist beschränkt durch die §§ 636, 637 RVO. Danach hat der Arbeitgeber bei Personenschäden nur für Vorsatz und für Unfälle bei Teilnahme im allgemeinen Verkehr einzustehen. Bei Vorsatz und grober Fahrlässigkeit kann der Sozialversicherungsträger beim Arbeitgeber Rückgriff nehmen (§ 640 RVO). Für Personenschäden, die nicht unter die §§ 636, 637 RVO fallen sowie für Sachschäden haftet der Arbeitgeber aus positiver Vertragsverletzung und unerlaubter Handlung (§§ 823 ff. BGB).

• Haftung gegenüber Dritten
Gegenüber Dritten haftet der Arbeitgeber nach den allgemeinen Grundsätzen, insbesondere hat er nach § 831 BGB für unerlaubte Handlungen der Arbeitnehmer einzustehen, sofern diese – wie regelmäßig – als seine Verrichtungsgehilfen tätig geworden sind.

Beendigung des Arbeitsverhältnisses

Das Arbeitsverhältnis endet in folgenden Fällen:
- Zeitablauf
  Ein auf bestimmte Zeit geschlossener Arbeitsvertrag endet mit Fristablauf, ohne daß es einer Kündigungserklärung bedarf (§ 620 BGB). Die Befristung bedarf stets eines sachlichen Grundes. Erleichterte Zulassungsvoraussetzungen sieht § 1 Beschäftigungsförderungsgesetz bis zum 31.12.1995 vor. Eine mehrfache Verlängerung eines befristeten Arbeitsverhältnisses ist als Umgehung der Kündigungsschutzvorschriften unwirksam.

- Bedingungseintritt
  Bei Vorliegen sachlicher Gründe ist es zulässig, das Ende des Arbeitsverhältnisses vom Eintritt einer Bedingung abhängig zu machen (z. B. Vertretung eines erkrankten Arbeitnehmers).
- Aufhebungsvertrag
  Das Arbeitsverhältnis kann jeder Zeit einvernehmlich aufgehoben werden (§ 305 BGB).
- Kündigung
  Praktisch wichtigster Beendigungsgrund.
- Anfechtung/Nichtigkeit
  Durch wirksame Anfechtung (§§ 119, 123 BGB) oder Nichtigkeit (§§ 134, 138 BGB) des Arbeitsvertrages findet das Arbeitsverhältnis ebenfalls seine Beendigung.
- Entscheidung des Arbeitsgerichtes
  Das Arbeitsverhältnis kann auch durch Urteil oder Beschluß des Arbeitsgerichtes enden (§§ 9 KschG, 100 BetrVG).
- Tod des Arbeitnehmers
  Das Arbeitsverhältnis endet dagegen nicht bei Tod des Arbeitgebers, bei Erreichen der Altersgrenze (abweichende Vereinbarungen sind zulässig), bei einem Betriebsübergang nach § 613 a BGB (das Vertragsverhältnis geht auf den Übernehmer über), Konkurs der Arbeitgebers (aber Kündigungsmöglichkeit nach § 22 KO), Grundwehrdienst oder Zivildienst des Arbeitnehmers.

• Kündigung

Die Kündigung ist eine einseitige empfangsbedürftige Willenserklärung. Einer Annahmeerklärung bedarf es nicht. Schriftform ist gesetzlich nicht vorgeschrieben, in Arbeitsverträgen jedoch häufig vereinbart und stets anzuraten. Bei bestehenden Kündigungsfristen muß die Kündigungserklärung innerhalb dieser Frist zugehen. Durch die Kündigung wird das Arbeitsverhältnis vom Zeitpunkt ihrer Wirksamkeit an für die Zukunft aufgelöst. Soll durch die Kündigung eine Änderung von bestehenden Arbeitsbedingungen herbeigeführt werden, liegt eine sog. Änderungskündigung vor (Beispiel: „Ich werde am 31.12. ausscheiden, wenn ich nicht DM 200,00 mehr Gehalt bekomme.").

Der Betriebsrat ist vor jeder Kündigung anzuhören. Eine ohne Anhörung des Betriebsrates ausgesprochene Kündigung ist daher unwirksam (§ 102 BetrVG). Die Kündigung von Schwerbehinderten ist von der Zustimmung der Hauptfürsorgestelle abhängig. Zugleich sind stets die Bestimmungen des Kündigungsschutzgesetzes zu beachten.

Bei der Kündigung ist grundsätzlich zu unterscheiden in:

- Ordentliche Kündigung, die in der Regel an die Einhaltung bestimmter Fristen gebunden ist.
- Außerordentliche Kündigung aus wichtigem Grund.

10

• Ordentliche Kündigung

Die Kündigungsfristen für Arbeiter und Angestellte sind einheitlich neu geregelt in § 622 BGB. Nach der bis zum 07.10.1993 gültigen und am 15. 10. 1993 außer Kraft getretenen Fassung wurde zwischen einem Arbeiter und einem Angestellten differenziert, wie sich aus untenstehender Abb. ergibt. Nach der jetzt gültigen Neufassung kann das Arbeitsverhältnis eines Arbeitnehmers (Arbeiters oder Angestellten) mit einer Frist von 4 Wochen zum 15. oder zum Ende eines Ka-

Übersicht über die gesetzlichen Kündigungsfristen für Arbeiter und Angestellte

Kündigungsfrist	**Arbeiter/Angestellte**	**Lebensalter**	**Beschäftigungsdauer**
2 Wochen	Arbeiter	unabhängig	bis 5 Jahre
6 Wochen zum Quartalsende	Angestellte	unabhängig	bis 5 Jahre
1 Monat zum Monatsende	Arbeiter	30	nach 5 Jahren
2 Monate zum Monatsende	Arbeiter	35	nach 10 Jahren
3 Monate zum Quartalsende	Arbeiter	45	nach 20 Jahren
3 Monate zum Quartalsende	Angestellte	30	nach 5 bis 12 Jahren
4 Monate zum Quartalsende	Angestellte	33	nach 8 bis 12 Jahren
5 Monate zum Quartalsende	Angestellte	35	nach 10 bis 12 Jahren
6 Monate zum Quartalsende	Angestellte	37	nach 12 Jahren

Abb. 10.14

10

lendermonats gekündigt werden. Bei einer Kündigung durch den Arbeitgeber richtet sich die Dauer der Kündigungsfrist nach der Dauer der Zugehörigkeit des Arbeitnehmers zum Betrieb, wie sich aus § 622 Abs. II BGB im einzelnen ergibt.
Kürzere – als die gesetzlichen – Kündigungsfristen sind nur in Ausnahmefällen möglich (§ 622 Abs. V BGB).
Ist die Kündigungsfrist vertraglich verlängert worden, darf die Frist zur Kündigung durch den Arbeitnehmer nicht länger sein als die des Arbeitgebers. Ist der Arbeitsvertrag auf Lebenszeit oder für längere Zeit als 5 Jahre abgeschlossen, so kann das Arbeitsverhältnis vom Arbeitnehmer nach Ablauf von 5 Jahren mit sechsmonatiger Kündigungsfrist gekündigt werden.

• Kündigungsschutz

Die Kündigungsmöglichkeiten des Arbeitgebers sind beschränkt durch das Kündigungsschutzgesetz. Danach ist eine ausgesprochene Kündigung nur rechtmäßig, wenn sie nicht sozial ungerechtfertigt ist (§ 1 Abs. 3 KSchG).
Das KSchG gilt:

- nur in Betrieben, in denen in der Regel mehr als 5 Arbeitnehmer (ohne Auszubildende) beschäftigt sind. Bei der Feststellung der Zahl der beschäftigten Arbeitnehmer sind nur solche zu berücksichtigen, deren regelmäßige Arbeitszeit wöchentlich 10 Stunden oder monatlich 45 Stunden übersteigt (§ 23 KSchG) und
- nur für die Kündigung solcher Arbeitnehmer, deren Arbeitsverhältnis in demselben Betrieb oder Unternehmen ohne Unterbrechung länger als 6 Monate bestanden hat.

Sozial gerechtfertigt ist die Kündigung nur dann,

- wenn sie auf in der Person oder in dem Verhalten des Arbeitnehmers liegenden Gründen beruht, wie z. B. lang andauernde Krankheit, sofern für die Zukunft weitere Fehlzeiten zu erwarten sind; schwerwiegende Pflichtverletzungen (personen- oder verhaltensbedingte Kündigung);
- wenn sie durch dringende betriebliche Erfordernisse, die einer Weiterbeschäftigung des Arbeitnehmers im Betrieb entgegenstehen, bedingt ist, wie z. B. Rationalisierung, Auftragsrückgang (betriebsbedingte Kündigung). Trotz Bestehens dringender betrieblicher Gründe ist die Kündigung dann sozial ungerechtfertigt, wenn der Arbeitgeber bei der Auswahl des Arbeitnehmers soziale Gesichtspunkte nicht oder nicht ausreichend berücksichtigt hat (§ 1 Abs.3 KSchG).

Hält der betroffene Arbeitnehmer die Kündigung für sozial ungerechtfertigt, kann er binnen 1 Woche nach Kündigung Einspruch beim Betriebsrat einlegen (§ 3 KSchG) und muß binnen 3 Wochen nach Zugang der Kündigung Klage bei dem Arbeitsgericht auf Feststellung erheben, daß das Arbeitsverhältnis durch die Kündigung nicht aufgelöst ist (§ 4 KSchG).
Eine verspätete Klageerhebung ist nur in Ausnahmefällen zulässig (§ 5 KSchG). Versäumt der Arbeitnehmer die 3-wöchige Klagefrist, gilt die Kündigung als von Anfang an rechtswirksam (§ 7 KSchG).
Hat der Betriebsrat der Kündigung widersprochen, muß der Arbeitgeber den Arbeitnehmer auf dessen Verlangen nach Ablauf der Kündigungsfrist bis zum rechtskräftigen Abschluß des Rechtsstreits bei unveränderten Arbeitsbedingungen regelmäßig weiterbeschäftigen (§ 102 Abs.5 BetrVG).
Über diese gesetzliche Regelung hinaus wird vom Bundesarbeitsgericht ein Weiterbeschäftigungsanspruch auch dann bejaht, wenn die Voraussetzungen des § 102 Abs.5 BetrVG nicht gegeben sind.
Stellt das Arbeitsgericht fest, daß die Kündigung unwirksam war, besteht das Arbeitsverhältnis zu unveränderten Bedingungen fort.
Der Arbeitgeber hat dem Arbeitnehmer das Arbeitsentgelt seit der Entlassung nachzuzahlen. Der Arbeitnehmer muß sich jedoch dasjenige anrechnen lassen,

- was er zwischenzeitlich durch anderweitige Arbeit verdient;
- was er hätte verdienen können, wenn er es nicht böswillig unterlassen hätte, eine ihm zumutbare Arbeit anzunehmen;
- was ihm an öffentlich-rechtlichen Leistungen infolge der Arbeitslosigkeit gezahlt worden ist.

Ist dem Arbeitnehmer die Fortsetzung des Arbeitsverhältnisses nicht zuzumuten, hat das Gericht auf Antrag des Arbeitnehmers das Arbeitsverhältnis aufzulösen und den Arbeitgeber zur Zahlung einer angemessenen Abfindung zu verurteilen (§ 9 f. KSchG).
Einen über das Kündigungsschutzgesetz hinausgehenden Kündigungsschutz haben:

- Betriebsratsmitglieder
  Deren ordentliche Kündigung ist ausgeschlossen:
  - von der Aufstellung des Wahlvorschlages bis zur Bekanntgabe des Wahlergebnisses,
  - während der Amtszeit, 1 Jahr ab Beendigung der Mitgliedschaft für gewählte Mitglieder,
  - 6 Monate ab Bekanntgabe des Wahlergebnisses für nicht gewählte Mitglieder.
- Schwangere Frauen
  Die Kündigung gegenüber einer Frau während

der Schwangerschaft und bis zum Ablauf von 4 Monaten nach der Entbindung ist unzulässig, wenn dem Arbeitgeber zum Zeitpunkt der Kündigung die Schwangerschaft oder Entbindung bekannt war oder innerhalb von 2 Wochen nach Zugang der Kündigung mitgeteilt wird (§ 9 MuSchG). In Ausnahmefällen kann die Arbeitsverwaltung die Kündigung für zulässig erklären.

– Schwerbehinderte
Die Kündigung des Arbeitsverhältnisses eines Schwerbehinderten durch den Arbeitgeber bedarf der vorherigen Zustimmung der Hauptfürsorgestelle. Die Kündigungsfrist beträgt mindestens 4 Wochen (§§ 15 ff. SchwbG).

• Außerordentliche Kündigung
Das Arbeitsverhältnis kann von jedem Vertragsteil jederzeit aus wichtigem Grund ohne Einhaltung einer Kündigungsfrist gekündigt werden, wenn Tatsachen vorliegen, aufgrund derer dem Kündigenden unter Berücksichtigung aller Umstände des Einzelfalles und unter Abwägung der Interessen beider Vertragsteile die Fortsetzung des Arbeitsverhältnisses bis zum Ablauf der Kündigungsfrist oder bis zu seiner vereinbarten Beendigung nicht zugemutet werden kann.
Die Kündigung kann nur innerhalb von 2 Wochen ab dem Zeitpunkt erfolgen, ab dem der Kündigungsberechtigte von den für die Kündigung maßgebenden Tatsachen Kenntnis erlangt (§ 626 BGB).
Als wichtiger Grund kommen u. a. schwerwiegende Vertragsverstöße, Verstoß gegen die Treue- oder Verschwiegenheitspflicht etc. in Betracht. Maßgeblich sind die jeweiligen Umstände des Einzelfalles.
Nach Ausspruch der Kündigung entstehende wichtige Gründe können nicht nachgeschoben werden. Sie rechtfertigen allenfalls eine erneute Kündigung. Der Arbeitnehmer hat einen Anspruch auf einen seiner bisherigen Leistungen entsprechenden Teil der Vergütung. Wurde die Kündigung durch ein vertragswidriges Verhalten des Kündigungsempfängers veranlaßt, so ist dieser zum Ersatz des durch die Aufhebung des Arbeitsverhältnisses entstandenen Schadens verpflichtet (§ 628 BGB). Arbeitnehmer, die unter das Kündigungsschutzgesetz fallen, können die Unwirksamkeit der außerordentlichen Kündigung nur innerhalb der 3-Wochen-Frist des § 4 KSchG geltend machen.

• Massenentlassungen
Massenentlassungen hat der Arbeitgeber dem Arbeitsamt anzuzeigen, bevor er in Betrieben mit in der Regel
– mehr als 20 oder weniger als 60 Arbeitnehmern mehr als 5 Arbeitnehmer,
– mindestens 60 und weniger als 500 Arbeitnehmern 10 v. H. der im Betrieb regelmäßig beschäftigten Arbeitnehmer oder aber mehr als 25 Arbeitnehmer,
– mindestens 500 Arbeitnehmern mindestens 30 Arbeitnehmer

innerhalb von 30 Kalendertagen entläßt (§ 17 Abs. 1 KSchG). Die Anzeige muß Angaben über den Namen des Arbeitgebers, den Sitz und die Art des Betriebes, die Zahl der in der Regel beschäftigten Arbeitnehmer, die Zahl der zu entlassenden Arbeitnehmer, die Gründe für die Entlassungen und den Zeitraum, in dem die Entlassungen vorgenommen werden sollen, enthalten. Der Betriebsrat ist über die Gründe der Entlassung zu unterrichten. Die Stellungnahme des Betriebsrates ist der Anzeige beizufügen. Ein Verstoß gegen die Anzeigepflicht hat zur Folge, daß die Kündigung unwirksam ist. Die ordnungsgemäße Anzeige bewirkt eine Entlassungssperre. Die danach ausgesprochenen Entlassungen werden vor Ablauf eines Monats nach Eingang der Anzeige beim Arbeitsamt nur mit Zustimmung des Landesarbeitsamtes wirksam; die Zustimmung kann rückwirkend bis zum Tage der Antragstellung erteilt werden. Im Einzelfall kann das Landesarbeitsamt bestimmen, daß die Entlassungen nicht vor Ablauf von längstens 2 Monaten nach Eingang der Anzeige beim Arbeitsamt wirksam werden (§ 18 KSchG). Ist der Arbeitgeber nicht dazu in der Lage, die zu entlassenden Arbeitnehmer während der Sperrfrist voll zu beschäftigen, kann das Landesarbeitsamt Kurzarbeit zulassen (§ 19 KSchG).

• Betriebsübergang
Geht ein Betrieb oder ein Betriebsteil durch Rechtsgeschäft auf einen neuen Inhaber über, werden dadurch die bestehenden Arbeitsverhältnis grundsätzlich nicht beendet. Vielmehr tritt der Übernehmer nach § 613 a Abs.1 BGB in sämtliche Rechte und Pflichten aus den im Zeitpunkt des Überganges bestehenden Arbeitsverhältnissen ein. Der bisherige Arbeitgeber haftet neben dem neuen Inhaber für die übernommenen Verpflichtungen, soweit sie vor dem Zeitpunkt des Überganges entstanden sind und vor Ablauf von einem Jahr nach diesem Zeitpunkt fällig werden, als Gesamtschuldner (§ 613 a Abs.2 BGB). Eine Kündigung der Arbeitsverhältnisse durch den bisherigen Arbeitgeber oder durch den neuen Inhaber wegen des Betriebsüberganges ist unwirksam (§ 613 a Abs.4 BGB).

10

• Zeugniserteilung
Bei Beendigung des Arbeitsverhältnisses kann der Arbeitnehmer vom Arbeitgeber ein schriftliches Zeugnis über dessen Art und Dauer fordern. Auf Verlangen des Arbeitnehmers hat sich das Zeugnis auch auf seine Leistung und Führung zu erstrecken, sog. qualifiziertes Zeugnis (§§ 630 BGB, 73 HGB, 113 GewO). Das Zeugnis muß alle Tatsachen und Bewertungen beinhalten, die für die Beurteilung des Arbeitnehmers wesentlich sind, der Wahrheit entsprechen und wohlwollend abgefaßt sein.

• Arbeitslosengeld/Arbeitslosenhilfe
Findet der Arbeitnehmer nach Beendigung des Arbeitsverhältnisses nicht sofort einen neuen Arbeitsplatz, kann er sich bei dem zuständigen Arbeitsamt arbeitslos melden und Gewährung von Arbeitslosengeld beantragen.
Das Arbeitslosengeld beträgt z. Zt. für Arbeitslose mit mindestens 1 Kind 68, für alle übrigen 63 v. H. des um die gesetzlichen Abzüge verminderten Arbeitsentgeltes (§ 111 AfG). Anspruchsberechtigt ist, wer arbeitslos ist und mindestens 360 Tage einer beitragspflichtigen Beschäftigung innerhalb der letzten 3 Jahre nachgegangen ist. Die Dauer des Anspruchs auf Arbeitslosengeld beträgt mindestens 6 Monate und verlängert sich bei älteren Arbeitslosen (§ 106 AfG). In bestimmten Fällen bestehen Sperrfristen (§ 119 AfG). Arbeitslosenhilfe erhalten solche Arbeitslose, die entweder wegen fehlender Anwartschaften oder Überschreitens der Höchstdauer keinen Anspruch auf Arbeitslosengeld haben. Die Arbeitslosenhilfe beträgt z. Zt. für Arbeitslose mit 1 Kind 58, für alle übrigen 56 v. H. des letzten Nettoarbeitsentgeltes. Anspruchsberechtigt ist, wer vor Arbeitslosenmeldung entweder Arbeitslosengeld bezogen oder mindestens 150 Kalendertage einer beitragspflichtigen Beschäftigung nachgegangen ist. Die Arbeitslosenhilfe soll nicht länger als 1 Jahr gewährt werden (§§ 134 ff. AfG).

Recht der Berufsbildung

Berufsausbildung

Die vormals in verschiedenen Gesetzen (HGB, HandwO, GewO) geregelte Berufsausbildung wurde durch das Berufsbildungsgesetz (BBiG) vom 14.08.1969 vereinheitlicht. Es gilt für alle Berufszweige mit Ausnahme des öffentlichen Dienstes und der Seeschiffahrt.

Nach § 1 Abs.2 BBiG hat die Berufsausbildung
- eine breit angelegte berufliche Grundbildung und
- die für die Ausübung einer qualifizierten beruflichen Tätigkeit notwendigen fachlichen Fertigkeiten und Kenntnisse in einem geordneten Ausbildungsgang zu vermitteln und ferner
- den Erwerb der erforderlichen Berufserfahrungen zu ermöglichen.

Berufsausbildungsvertrag
Ein Berufsausbildungsverhältnis kommt zustande durch Abschluß eines schriftlichen Berufsausbildungsvertrages zwischen dem Ausbilder (vormals: Lehrherr) und dem Auszubildenden (vormals: Lehrling), §§ 3, 4 BBiG. Bei minderjährigen Auszubildenden haben dessen gesetzliche Vertreter den Vertrag zu unterzeichnen. Sein wesentlicher Inhalt ist in § 4 BBiG gesetzlich zwingend vorgeschrieben.
Der Ausbildende hat unverzüglich nach Abschluß des Berufsausbildungsvertrages diesen zur Eintragung in das von der zuständigen Stelle (Industrie- und Handelskammer) geführte Ausbildungsverzeichnis anzumelden.
Auszubildende einstellen darf nur, wer persönlich geeignet ist, ausbilden nur derjenige, der hierzu persönlich und fachlich geeignet ist. Persönlich nicht geeignet ist insbesondere, wer Kinder und Jugendliche nicht beschäftigen darf oder wiederholt und schwer gegen die Vorschriften des BBiG verstoßen hat. Fachlich nicht geeignet ist, wer die erforderlichen beruflichen Fertigkeiten und Kenntnisse oder die erforderlichen berufs- und arbeitspädagogischen Kenntnisse nicht besitzt (§ 20 BBiG). Die für die fachliche Eignung erforderlichen beruflichen Fertigkeiten und Kenntnisse besitzt nur, wer das 24. Lebensjahr vollendet hat und
- die Abschlußprüfung in einer dem Ausbildungsberuf entsprechenden Fachrichtung bestanden hat,
- eine Abschlußprüfung an einer deutschen Hochschule, einer öffentlichen oder staatlich anerkannten deutschen Ingenieurschule oder höheren Wirtschaftsschule in einer dem Ausbildungsberuf entsprechenden Fachrichtung bestanden hat und eine angemessene Zeit in seinem Beruf praktisch tätig gewesen ist oder
- eine anerkannte Prüfung an einer Ausbildungsstätte oder vor einer Prüfungsbehörde in einer dem Ausbildungsberuf entsprechenden Fachrichtung bestanden hat und eine angemessene Zeit in seinem Beruf praktisch tätig gewesen ist (§ 76 BBiG).

Im handwerklichen Bereich ist grundsätzlich nur der als fachlich geeignet anzusehen, der die Meisterprüfung bestanden hat (§ 21 HandwO). Weiterhin dürfen Auszubildende nur eingestellt werden, wenn die Ausbildungsstätte nach Art und Einrichtung für die Berufsausbildung geeignet ist und die Zahl der Auszubildenden in einem angemessenen Verhältnis zur Zahl der Ausbildungsplätze oder zur Zahl der beschäftigten Fachkräfte steht, es sei denn, daß die Berufsausbildung nicht gefährdet wird (§ 22 BBiG).

Pflichten des Ausbildenden (§§ 6-8, 10-12 BBiG)
Der Ausbildende hat
- dafür zu sorgen, daß dem Auszubildenden die Fertigkeiten und Kenntnisse vermittelt werden, die zum Erreichen des Ausbildungszieles erforderlich sind, und die Berufsausbildung in einer durch ihren Zweck gebotenen Form planmäßig, zeitlich und sachlich gegliedert so durchzuführen, daß das Ausbildungsziel in der vorgesehenen Ausbildungszeit erreicht werden kann;
- selbst auszubilden oder einen Ausbilder ausdrücklich damit zu beauftragen;
- dem Auszubildenden kostenlos die Ausbildungsmittel, insbesondere Werkzeuge und Werkstoffe, zur Verfügung zu stellen, die zur Berufsausbildung, zum Ablegen von Zwischen- und Abschlußprüfungen erforderlich sind;
- den Auszubildenden zum Besuch der Berufsschule sowie zum Führen von Berichtsheften anzuhalten, soweit solche im Rahmen der Berufsausbildung verlangt werden, und diese durchzusehen;
- dafür zu sorgen, daß der Auszubildende charakterlich gefördert sowie sittlich und körperlich nicht gefährdet wird;
- den Auszubildenden für die Teilnahme am Berufsschulunterricht und an Prüfungen freizustellen;
- dem Auszubildenden bei Beendigung des Berufsausbildungsverhältnisses ein Zeugnis auszustellen;
- dem Auszubildenden eine angemessene Vergütung zu gewähren, die nach dem Lebensalter des Auszubildenden so zu bemessen ist, daß sie mit Fortschreiten der Berufsausbildung, mindestens jährlich, ansteigt.

Eine Verletzung der Ausbildungspflichten kann als Ordnungswidrigkeit mit einer Geldbuße geahndet werden (§ 99 BBiG), zur Entziehung der Befugnis zur Einstellung von Auszubildenden führen (§ 24 BBiG) und unter Umständen eine Schadensersatzpflicht gegenüber dem Auszubildenden begründen.

Pflichten des Auszubildenden (§§ 9 BBiG)
Der Auszubildende hat sich zu bemühen, die Fertigkeiten und Kenntnisse zu erwerben, die erforderlich sind, um das Ausbildungsziel zu erreichen.
Er ist insbesondere verpflichtet
- die ihm im Rahmen seiner Berufsausbildung aufgetragenen Verrichtungen sorgfältig auszuführen;
- an Ausbildungsmaßnahmen teilzunehmen, für die er freigestellt wird;
- den Weisungen zu folgen, die ihm im Rahmen der Berufsausbildung vom Ausbildenden, vom Ausbilder oder von anderen weisungsberechtigten Personen erteilt werden;
- die für die Ausbildungsstätte geltende Ordnung zu beachten;
- Werkzeug, Maschinen und sonstige Einrichtungen pfleglich zu behandeln;
- über Betriebs- und Geschäftsgeheimnisse Stillschweigen zu wahren.

Beginn und Beendigung des Berufsausbildungsverhältnisses
Das Berufsausbildungsverhältnis beginnt mit einer Probezeit von mindestens 1 Monat bis höchstens 3 Monaten. In dieser Zeit kann es von beiden Seiten jederzeit ohne Einhaltung einer Kündigungsfrist gekündigt werden.
Die Dauer des Ausbildungsverhältnisses wird vertraglich festgelegt und beträgt regelmäßig 3 Jahre. Es endet mit Ablauf der Ausbildungszeit. Besteht der Auszubildende vor Ablauf der Ausbildungszeit die Abschlußprüfung, so endet das Ausbildungsverhältnis mit Bestehen der Abschlußprüfung. Besteht der Auszubildende die Abschlußprüfung nicht, so verlängert sich das Ausbildungsverhältnis auf sein Verlangen hin bis zur nächsten Wiederholungsprüfung, höchstens jedoch um 1 Jahr.
Nach Ablauf der Probezeit kann das Ausbildungsverhältnis von beiden Seiten ohne Einhaltung einer Kündigungsfrist schriftlich aus wichtigem Grund und darüberhinaus vom Auszubildenden mit einer Kündigungsfrist von 4 Wochen gekündigt werden, wenn er die Berufsausbildung aufgeben oder sich für eine andere Berufstätigkeit ausbilden will. Eine Kündigung aus wichtigem Grund ist unwirksam, wenn die ihr zugrundeliegenden Tatsachen dem Kündigenden länger als 2 Wochen bekannt sind. Wird das Ausbildungsverhältnis nach der Probezeit vorzeitig aufgelöst, so kann der Ausbildende oder der Auszubildende Schadensersatz verlangen, wenn der andere Teil den Grund für die Auflösung zu vertreten hat. Ein Schadensersatzanspruch des Ausbildenden ist

ausgeschlossen, wenn der Auszubildende die Berufsausbildung aufgegeben hat oder sich für eine andere Berufstätigkeit ausbilden will.
Nach Beendigung des Berufsausbildungsverhältnisses besteht keine Verpflichtung der Vertragsparteien, ein Arbeitsverhältnis zu begründen, es sei denn, etwas anderes ist arbeits- oder tarifvertraglich bestimmt. Wird der Auszubildende allerdings im Anschluß an das Berufsausbildungsverhältnis tatsächlich beschäftigt, ohne daß hierüber ausdrücklich etwas vereinbart worden ist, so gilt ein Arbeitsverhältnis auf unbestimmte Zeit als begründet (§ 17 BBiG).

Prüfungswesen (§§ 34 ff. BBiG)
In den anerkannten Ausbildungsberufen werden für den Auszubildenden gebührenfreie Abschlußprüfungen durchgeführt. Zuständig hierfür sind die bei den Industrie- und Handelskammern bzw. Handwerkskammern eingerichteten Prüfungsausschüsse.

Durch die Abschlußprüfung ist festzustellen, ob der Prüfling die erforderlichen Fertigkeiten beherrscht, die notwendigen praktischen und theoretischen Kenntnisse besitzt und mit dem im Berufsschulunterricht vermittelten, für die Berufsausbildung wesentlichen Lehrstoff vertraut ist. Die Abschlußprüfung kann zweimal wiederholt werden. Dem Prüfling ist über das Ergebnis ein Zeugnis auszustellen. Für die Meisterprüfung gelten die §§ 45 ff. HandwO.

Berufliche Fortbildung/Umschulung

Berufliche Fortbildung und Umschulung sind ebenfalls einheitlich im BBiG geregelt und werden durch die Arbeitsverwaltung gefördert (§§ 33 ff. AfG). Teilweise werden individuelle Hilfen in Form von Darlehen oder Zuschüssen gewährt (§§ 40 ff. AfG). Die berufliche Fortbildung soll es ermöglichen, die beruflichen Kenntnisse und Fertigkeiten zu erhalten, zu erweitern, der technischen Entwicklung anzupassen oder den beruflichen Aufstieg zu ermöglichen (§ 1 Abs. 3 BBiG). Es handelt sich hierbei regelmäßig um solche Maßnahmen, die mit einer Abschlußprüfung enden. Demgegenüber soll die Umschulung zu einer anderen beruflichen Tätigkeit befähigen (§ 1 Abs. 4 BBiG). Ziel von Umschulungsmaßnahmen ist es, die berufliche Mobilität zu sichern oder zu verbessern (§ 47 AfG). Voraussetzung hierfür ist, daß der Umzuschulende bereits zuvor beruflich tätig war. Bei der Durchführung betrieblicher Bildungsmaßnahmen hat der Betriebsrat ein Mitbestimmungsrecht (§ 98 BetrVG).

Arbeitsschutzrecht

Das Arbeitsschutzrecht dient dazu, den Arbeitnehmer vor den Gefahren des Arbeitslebens zu schützen, indem dem Arbeitgeber und teilweise auch dem Arbeitnehmer vom Staat Pflichten auferlegt werden, deren Erfüllung durch verwaltungsrechtliche Zwangsmittel (§§ 139 b ff. GewO), Ordnungsgeld und unter Umständen auch durch Geld- oder Freiheitsstrafen (§§ 147 ff. GewO) durchgesetzt werden können. Die Vorschriften des Arbeitsschutzrechtes gehören dem öffentlichen Recht an und können einzelvertraglich nicht abbedungen werden. Zuständig für die Einhaltung des Arbeitsschutzes sind die Gewerbeaufsichtsämter, die Bergämter (für den Bergbau), die Berufsgenossenschaften (für die Unfallverhütung) sowie die Ordnungs- und Polizeibehörden.
Die Verletzung des Arbeitsschutzrechts hat in erster Linie verwaltungs- und strafrechtliche Konsequenzen. Daneben sind seine Bestimmungen Schutzgesetze im Sinne des § 823 Abs.2 BGB, so daß ihre Verletzung auch individualrechtliche Schadensersatzansprüche des Arbeitnehmers und ggf. des Arbeitgebers auslösen kann.
Sachlich unterscheidet man zunächst zwischen Gefahren- und Arbeitsschutzgesetzen. Hinsichtlich des geschützten Personenkreises ist zu unterteilen in Vorschriften, die für alle Arbeitnehmer und Arbeitgeber gelten, und solchen, die besondere Personengruppen betreffen, wie etwa die Frauen, Jugendlichen, Schwerbehinderten und die Heimarbeiter.

Gefahrenschutz

Im Anwendungsbereich der Gewerbeordnung ist der Arbeitgeber verpflichtet, Maßnahmen zum Schutz gegen Gefahren für Leib und Leben der Arbeitnehmer zu treffen (§§ 120 a – c, 139 g – h GewO). Soweit die Natur des Betriebes es gestattet, hat der Arbeitgeber für Schutzvorrichtungen an Maschinen, genügend Licht, ausreichenden Luftraum, Staubschutz, Toiletten, Ankleide- und Waschräume und Gemeinschaftsunterkünfte zu sorgen. Die zuständigen Behörden sind befugt, im Wege der Verfügung für einzelne Anlagen die Ausführung derjenigen Maßnahmen anzuordnen, welche zur Durchführung des Gefahrenschutzes erforderlich und nach der Beschaffenheit der Anlage ausführbar erscheinen (Vgl. hierzu auch die Arbeitsstätten VO vom 20.03.1975, in der die Gestaltung der Arbeitsplätze und Arbeitsumgebung umfänglich geregelt ist). Bedeutsam ist weiterhin

das Gesetz über Betriebsärzte, Sicherheitsingenieure und andere Fachkräfte für Arbeitssicherheit. Danach sind Betriebsärzte und Fachkräfte für Arbeitssicherheit zu bestellen, soweit dies im Hinblick auf
- die Betriebsart und die damit für die Arbeitnehmer verbundenen Unfall- und Gesundheitsgefahren,
- die Zahl der beschäftigten Arbeitnehmer und die Zusammensetzung der Arbeitnehmerschaft und
- die Betriebsorganisation, insbesondere im Hinblick auf die Zahl und die Art der für den Arbeitsschutz und die Unfallverhütung verantwortlichen Personen

erforderlich ist. Die Betriebsärzte und Fachkräfte für Arbeitssicherheit können nur mit Zustimmung des Betriebsrates bestellt und abberufen werden. Unfallverhütungsvorschriften werden weiterhin von den Berufsgenossenschaften erlassen.

Arbeitszeitschutz

Die Arbeitszeit ist regelmäßig einzel- oder tarifvertraglich geregelt. Durch die Schutzvorschriften der Arbeitszeitordnung (AZO) werden die Höchstgrenzen der zulässigen Arbeitszeit festgelegt. Die AZO geht von einer täglichen Arbeitszeit von 8 Stunden aus, läßt aber auch eine andere Verteilung zu, soweit die tägliche Arbeitszeit von 10 Stunden nicht überschritten wird. Das Gewerbeaufsichtsamt kann Ausnahmen zulassen. Die Zulässigkeit von Sonn- und Feiertagsarbeit wird beschränkt. In Notfällen und anderen außergewöhnlichen Fällen ist Mehrarbeit zulässig, wenn auf andere Weise deren Folgen nicht beseitigt werden können.
Dasselbe gilt, wenn eine verhältnismäßig geringe Zahl von Arbeitnehmern an einzelnen Tagen mit Arbeiten beschäftigt werden, deren Nichterledigung das Arbeitsergebnis gefährdet oder einen unverhältnismäßigen wirtschaftlichen Schaden zur Folge haben würde. Für Frauen bestehen Sondervorschriften, die einen verstärkten Schutz sowohl hinsichtlich der Arbeitszeit als auch bezüglich ihrer Beschäftigung beinhalten. Die AZO gilt für alle Arbeitnehmer über 18 Jahre und – bis auf wenige Ausnahmen – in Betrieben und Verwaltungen aller Art.
Bestimmte Ladenschlußzeiten legt das Gesetz über den Ladenschluß fest, welches die Schliessung von Verkaufsstellen zu bestimmmten Zeiten anordnet. Das Gesetz zur Einführung eines Dienstleistungsabends ermöglicht die Öffnung von Verkaufsstellen an Donnerstagen bis 20.30 Uhr.

Die Sonn- und Feiertagsarbeit ist generell geregelt in den §§ 105 b – e GewO. Sie ist grundsätzlich verboten, allerdings bestehen zahlreiche Ausnahmen.
Hinsichtlich des Beginns und Endes der täglichen Arbeitszeit einschließlich der Pausen sowie Verteilung der Arbeitszeit auf die einzelnen Wochentage besteht ein Mitbestimmungsrecht des Betriebsrates (§ 87 BetrVG).

Frauenarbeitsschutz

Das öffentlich-rechtliche Arbeitsschutzrecht gilt für Frauen verstärkt.

Arbeitszeitschutz

Über die bereits genannten Schutzbestimmungen der AZO hinaus dürfen weibliche Arbeitnehmer mit Vor- und Abschlußarbeiten höchstens 1 Stunde über die zulässige Dauer der täglichen Arbeitszeit hinaus beschäftigt werden. Die tägliche Arbeitszeit darf 10 Stunden nicht überschreiten. Frauen dürfen in der Zeit von 20.00 bis 6.00 Uhr sowie an Sonn- und Feiertagen nicht nach 17.00 Uhr beschäftigt werden. In mehrschichtigen Betrieben ist eine Tätigkeit bis 23.00 Uhr erlaubt. Ausnahmen bestehen für bestimmte Gewerbe, wie z. B. Gast- und Schankwirtschaften, Hotelwesen etc., in denen Frauen typischerweise die Arbeit verrichten. Frauen haben einen Anspruch auf längere Mindestruhepausen als Männer.

Beschäftigungsverbote

Eine Beschäftigung von weiblichen Arbeitnehmern mit schweren Arbeiten ist verboten, so z. B. im Bergbau, Kokereien, Hochöfen- und Stahlwerken sowie im Baugewerbe, außer wenn die Tätigkeit zur Berufsausbildung nachgewiesen werden muß und eine Gesundheitsgefährdung nicht zu befürchten steht (§ 16 AZO).

Mutterschutz

Erwerbstätige, werdende oder stillende Mütter werden umfassend durch das Mutterschutzgesetz (MuSchuG) geschützt.
- Für werdende oder stillende Mütter sind am Arbeitsplatz die erforderlichen Schutzmaßnahmen zu treffen (§ 2 MuSchuG).
- Werdende Mütter dürfen nicht mit schweren körperlichen Arbeiten und nicht mit Arbeiten beschäftigt werden, bei denen sie schädlichen Einwirkungen ausgesetzt sind (§ 4 MuSchuG).
- Werdende und stillende Mütter dürfen nicht mit Mehrarbeit, Nachtarbeit und an Sonn- und Feiertagen beschäftigt werden (§ 8 MuSchuG).

10

- Werdende Mütter dürfen überhaupt nicht beschäftigt werden, soweit nach ärztlichem Zeugnis Leben oder Gesundheit von Mutter und Kind bei Fortdauer der Beschäftigung gefährdet ist, in den letzten 6 Wochen vor der Entbindung nur mit ihrem ausdrücklichen Einverständnis und den ersten 8 Wochen, bei Früh- oder Mehrlingsgeburten in den ersten 12 Wochen, nach der Entbindung (§§ 3, 6 MuSchuG).
- Stillenden Müttern ist auf ihr Verlangen hin eine Stillzeit von mindestens täglich 1 Stunde zu gewähren (§ 7 MuSchuG).
- Während der Schwangerschaft und bis zum Ablauf von 4 Wochen nach der Entbindung ist eine Kündigung des Arbeitsverhältnisses durch den Arbeitgeber ausgeschlossen, wenn diesem zur Zeit der Kündigung die Schwangerschaft oder Entbindung bekannt war oder innerhalb zweier Wochen nach Zugang der Kündigung mitgeteilt wird. Eine Ausnahme vom Kündigungsverbot besteht für die Arbeitnehmerinnen, die in einem Familienhaushalt mit hauswirtschaftlichen, erzieherischen oder pflegerischen Arbeiten voll beschäftigt sind; letztere erhalten bei Kündigung eine Sonderunterstützung aus Bundesmitteln (§§ 9, 12 MuSchuG).
- In der Zeit der Mutterschutzfristen erhalten die weiblichen Arbeitnehmer Mutterschaftsgeld, und zwar entweder zu Lasten der gesetzlichen Krankenkasse oder aus Bundesmitteln (§ 13 MuSchuG, §§ 200 ff. RVO).

Die bisher geltende Regelung über die Gewährung von Mutterschaftsurlaub wurde ersetzt durch das Gesetz über die Gewährung von Erziehungsgeld und Erziehungsurlaub (Bundeserziehungsgeldgesetz). Bei der Erwerbstätigkeit beider Ehegatten kann statt der Mutter nun auch der Vater Erziehungsurlaub in Anspruch nehmen, um das Kind zu betreuen und zu erziehen. Der Erziehende hat einen Anspruch auf Erziehungsurlaub bis zur Vollendung des 3. Lebensjahres eines Kindes, das nach dem 31.12.1991 geboren ist. Der Anspruch kann nicht durch Vertrag ausgeschlossen oder beschränkt werden. Der Arbeitnehmer muß den Erziehungsurlaub spätestens 4 Wochen vor dem Zeitpunkt, von dem ab er ihn in Anspruch nehmen will, vom Arbeitgeber verlangen und gleichzeitig erklären, für welchen Zeitraum er Erziehungsurlaub in Anspruch nehmen will. Der Arbeitgeber darf das Arbeitsverhältnis ab dem Zeitpunkt, von dem an Erziehungsurlaub verlangt worden ist, höchstens jedoch 6 Wochen vor Beginn und während des Erziehungsurlaubes nicht kündigen. Erziehungsgeld wird vom Tag der Geburt an bis zur Vollendung des 18. Lebensmonates gewährt. Für Kinder, die nach dem 31.12.1992 geboren worden sind, besteht der Anspruch bis zur Vollendung des 24. Lebensmonates.

Das Erziehungsgeld beträgt z. Zt. DM 600,00 monatlich.

Jugendarbeitsschutz

Der Jugendarbeitsschutz ist geregelt im Jugendarbeitsschutzgesetz (JArbSchG) und gilt für Kinder und Jugendliche. Kind im Sinne dieses Gesetzes ist, wer noch nicht 14 Jahre alt, Jugendlicher, wer 14, aber noch nicht 18 Jahre alt ist. Kinderarbeit ist grundsätzlich verboten (§ 5 JArbSchG). Ausnahmen bestehen für Beschäftigungen zum Zweck der Beschäftigungs- und Arbeitstherapie, im Rahmen des Betriebspraktikums während der Vollschulzeit und bei der Erfüllung einer richterlichen Weisung. Über 13 Jahre alte Kinder dürfen bis zu 3 Stunden in der Landwirtschaft und bis zu 2 Stunden werktäglich mit dem Austragen von Zeitungen und Zeitschriften oder mit Handreichungen beim Sport beschäftigt werden. Jugendliche, die der Vollschulzeit unterliegen, gelten ebenfalls als Kinder (§ 7 JArbSchG). Da die Vollschulzeit regelmäßig 9 Jahre beträgt, fallen auch Jugendliche unter 15 Jahren unter das Verbot der Kinderarbeit. Jugendliche, die der Vollschulzeit nicht unterliegen, ausnahmsweise aber noch nicht 15 Jahre alt sind, dürfen im Berufsausbildungsverhältnis und außerhalb dessen nur mit leichten und für sie geeigneten Tätigkeiten bis zu 7 Stunden täglich und 35 Stunden wöchentlich beschäftigt werden.

Jugendliche, die 15, aber noch nicht 18 Jahre alt sind, dürfen nicht mehr als 8 Stunden täglich und nicht mehr als 40 Stunden wöchentlich beschäftigt werden. Zu ihren Gunsten bestehen erhöhte Ruhepauseregelungen (§ 11 JArbSchuG). An Samstagen, Sonn- und Feiertagen, sowie zwischen 20.00 Uhr und 6.00 Uhr dürfen Jugendliche nicht beschäftigt werden; die Ausnahmen sind eng begrenzt (§§ 14 ff. JArbSchuG).

Schwerbehindertenschutz

Durch das Schwerbehindertengesetz (SchwbG) soll die Eingliederung von Schwerbehinderten in Arbeit, Beruf und Gesellschaft gesichert werden. Schwerbehindert im Sinne des Gesetzes sind Personen mit einem Grad der körperlichen, geistigen oder seelischen Behinderung von wenigstens 50 v. H. (§§ 1, 3 SchwbG). Personen, deren Grad der Behinderung mindestens 30 v. H. beträgt, sollen auf ihren Antrag hin Schwerbehinderten

gleichgestellt werden, wenn sie infolge ihrer Behinderung ohne die Gleichstellung einen geeigneten Arbeitsplatz nicht erlangen oder erhalten können (§ 2 SchwbG). Der Grad der Behinderung wird durch die Versorgungsämter festgestellt (§ 4 SchwbG).
Jeder private Arbeitgeber, der über mindestens 16 Arbeitsplätze – ohne Ausbildungsplätze – verfügt, hat auf wenigstens 6 v. H. der Arbeitsplätze Schwerbehinderte zu beschäftigen (§ 5 SchwbG). Eine Einstellungspflicht des Arbeitgebers besteht nicht. Wird die Pflicht jedoch nicht erfüllt, hat der Arbeitgeber eine Ausgleichsabgabe von monatlich DM 200,00 je unbesetzten Arbeitsplatz zu zahlen. Der Arbeitgeber hat Schwerbehinderte so zu beschäftigen, daß sie ihre Fähigkeiten und Kenntnisse voll verwerten und weiterentwickeln können, und die vorhandenen Arbeitsräume, Maschinen und Gerätschaften entsprechend einzurichten (§ 14 SchwbG). Schwerbehinderte – nicht aber ihnen Gleichgestellte – haben Anspruch auf 5 Arbeitstage Zusatzurlaub im Urlaubsjahr (§ 47 SchwbG).
Nach einer Beschäftigungsdauer von 6 Monaten besteht ein besonderer Kündigungsschutz. Die ordentliche Kündigungsfrist beträgt mindestens 4 Wochen. Die ordentliche und außerordentliche Kündigung des Arbeitsverhältnisses durch den Arbeitgeber bedarf der vorherigen Zustimmung der Hauptfürsorgestelle (§§ 15 ff. SchwbG). Die Prüfung der Rechtmäßigkeit der Kündigung obliegt den Arbeitsgerichten, die Prüfung der Rechtmäßigkeit der Zustimmung durch die Hauptfürsorgestelle den Verwaltungsgerichten.
In Betrieben, in denen mindestens 5 Schwerbehinderte ständig beschäftig sind, wählen diese zu ihrer Interessenwahrnehmung einen Vertrauensmann oder eine Vertrauensfrau (§§ 24 ff. SchwbG).

Heimarbeit

Wegen der zumeist wirtschaftlichen Abhängigkeit von ihren Auftraggebern sind Heimarbeiter und die ihnen gleichgestellten Personen ebenfalls schutzwürdig. Sie sind zwar keine Arbeitnehmer, werden aber in einigen Teilbereichen wie Arbeitnehmer behandelt (sog. arbeitnehmerähnliche Personen). Durch das Heimarbeitsgesetz wird ein begrenzter Arbeitsschutz bezüglich der Entgeltberechnung, der Möglichkeit tarifvertragsähnlicher Entgeltfestsetzung, der sonstigen Arbeitsbedingungen und des Kündigungsschutzes gewährleistet.
Für Streitigkeiten zwischen Heimarbeiter und Auftraggeber sind die Arbeitsgerichte zuständig.

Die Mitbestimmung im Betrieb

Die betriebliche Mitbestimmung basiert auf dem Betriebsverfassungsgesetz (BetrVG) vom 15.01.1972 (zuletzt geändert am 20.12.1988) und regelt die Mitbestimmung der Arbeitnehmer in den sozialen, personellen und wirtschaftlichen Angelegenheiten eines Betriebes.
Träger der einzelnen Rechte und Pflichten der Betriebsverfassung sind:
- der Arbeitgeber
- der Betriebsrat
- die Betriebsversammlung
- evtl. der Gesamt- und Konzernbetriebsrat
- die Jugend- und Auszubildendenvertretung
- evtl. die Gesamt-Jugend- und Auszubildendenvertretung.

Gewerkschaften und Arbeitgeberverbände sind keine Organe der Betriebsverfassung. Zur Wahrnehmung der betrieblichen Mitbestimmung ist allerdings den Beauftragten der im Betrieb vertretenen Gewerkschaften nach Unterrichtung des Arbeitgebers regelmäßig Zutritt zum Betrieb zu gewähren (§ 2 BetrVG). 10

Der Betriebsrat

Wichtigstes Organ der Betriebsverfassung zur Vertretung der Arbeitnehmerinteressen ist der Betriebsrat.

Bildung und Wahl des Betriebsrates
In Betrieben mit in der Regel mindestens 5 ständigen wahlberechtigten Arbeitnehmern, von denen 3 wählbar sind, werden Betriebsräte gewählt (§ 1 BetrVG). Ein Einrichtungszwang besteht nicht. Der Begriff des Betriebes ist im Betriebsverfassungsgesetz nicht definiert. Im einzelnen ist, wie in Abb. 10.15 dargestellt,zu unterscheiden.
Nach Maßgabe dieser Regelung kann ein Betriebsrat gewählt werden:
- in Betrieben mit mindestens 5 wahlberechtigten Arbeitnehmern (§ 1 BetrVG) unter Einbeziehung aller Betriebsteile (außer denen, die nach § 4 Abs. 1 BetrVG selbst einen Betriebsrat wählen können), der Nebenbetriebe mit weniger als 5 wahlberechtigten Arbeitnehmern (§ 4 Satz 2 BetrVG), aller selbständigen Betriebe des Unternehmens mit demselben „arbeitstechnischen Zweck“ mit weniger als 5 wahlberechtigten Arbeitnehmern (§ 4 Satz 2 BetrVG analog);
- in Betriebsteilen mit mindestens 5 wahlberechtigten Arbeitnehmern, die räumlich weit vom Hauptbetrieb entfernt sind (§ 4 Satz 1 BetrVG);

Einheit	Betrieb	Nebenbetrieb	Betriebsteil
Definition	Arbeitsorganisatorische, im personellen und sozialen Bereich selbständige Einheit im Rahmen eines oder mehrerer Unternehmen.	Selbständiger Betrieb, der dem technischen Zweck des Hauptbetriebes dient	Untereinheit eines Betriebes ohne selbständige arbeitsorganisatorische Einheit.
Betriebsverfassungsrechtliche Rechtsfolge	§ 1 BetrVG: Möglichkeit der Errichtung eines Betriebsrates, sofern 5 wahlberechtigte Arbeitnehmer beschäftigt, von denen 3 wählbar sind.	§ 4 Satz 2 BetrVG Soweit der Nebenbetrieb die Voraussetzungen des § 1 BetrVG nicht erfüllt, ist er dem Hauptbetrieb zuzuordnen.	§ 4 Satz 1 BetrVG: Er gilt dann als selbständiger Betrieb, wenn die Voraussetzungen des § 1 BetrVG erfüllt sind und er räumlich weit entfernt vom Hauptbetrieb oder durch Aufgabenbereich und Organisation selbständig ist.

10

Abb. 10.15: Möglichkeiten zur Errichtung eines Betriebsrates gemäß der betriebsverfassungsrechtlichen Rechtsfolge

- in Nebenbetrieben mit mindestens 5 wahlberechtigten Arbeitnehmern (§ 4 Satz 2 BetrVG).

Wahlberechtigt sind alle mindestens 18 Jahre alten Arbeitnehmer. Arbeitnehmer im Sinne des Betriebsverfassungsgesetzes sind Arbeiter und Angestellte einschließlich der zu ihrer Berufsausbildung Beschäftigten. Als Arbeitnehmer gelten nicht Geschäftsführer einer GmbH, Vorstandsmitglieder einer AG, Gesellschafter einer OHG, sowie leitende Angestellte, wie z. B. Prokuristen und Generalbevollmächtigte (vgl. § 5 Abs. 3 BetrVG). Letztere können in Betrieben mit in der Regel 10 leitenden Angestellten sog. Sprecherausschüsse wählen (vgl. das Sprecherausschußgesetz vom 20.12.1988). Wählbar sind alle wahlberechtigten Arbeitnehmer, die mindestens 6 Monate dem Betrieb oder dem Unternehmen angehören oder als in Heimarbeit Beschäftigte in der Hauptsache für den Betrieb gearbeitet haben (§ 8 BetrVG). Entgegen der ursprünglichen Regelung im Betriebsverfassungsgesetz 1952 spielt die Staatsangehörigkeit nunmehr keine Rolle mehr.

Die Mitgliederzahl des Betriebsrates ist abhängig von der Anzahl der wahlberechtigten Arbeitnehmer (§ 9 BetrVG). Der Betriebsrat besteht mit in der Regel

- 5 bis 20 Wahlberechtigten aus 1 Mitglied;
- 21 bis 50 Wahlberechtigten aus 3 Mitgliedern;
- 51 bis 150 Wahlberechtigten aus 5 Mitgliedern;
- 151 bis 300 Wahlberechtigten aus 7 Mitgliedern;
- 301 bis 600 Wahlberechtigten aus 9 Mitgliedern;
- 601 bis 1000 Wahlberechtigten aus 11 Mitgliedern, usw.;
- 7001 bis 9000 Wahlberechtigten aus 31 Mitgliedern.

Bei Betrieben mit mehr als 9000 Arbeitnehmern erhöht sich die Mitgliederzahl für je angefangene weitere 3000 Arbeitnehmer um 2 Mitglieder. Besteht der Betriebsrat aus mindestens 3 Mitgliedern, müssen Arbeiter und Angestellte entsprechend ihrem zahlenmäßigen Verhältnis vertreten sein (§ 10 BetrVG). Eine hiervon abweichende Verteilung der Betriebsratsitze kann durch eine getrennte Abstimmung beider Gruppen herbeigeführt werden (§ 11 BetrVG). Arbeiter und Angestellte wählen ihre Vertreter in getrennten Wahlgängen, soweit nicht zuvor gemeinsame Wahl in geheimer Abstimmung beschlossen wurde. (§ 14 BetrVG). Zur Wahl des Betriebsrates können von 1/20 aller oder aber von mindestens 50 Gruppenangehörigen Vorschläge gemacht werden. Das Vorschlagsrecht steht auch den im Betrieb vertretenen Gewerkschaften zu (§ 14 Abs.5, Abs.6 BetrVG). Die Einzelheiten des Wahlverfahrens regelt die Wahlordnung vom 16.01.1972. Betriebsratswahlen finden einheitlich regelmäßig alle 4 Jahre in der Zeit vom 01. März bis 31. Mai statt. Die Kosten der Betriebsratswahlen trägt der Arbeitgeber (§ 20 BetrVG).

Amtsführung des Betriebsrates

Die regelmäßige Amtszeit des Betriebsrates beträgt 4 Jahre. Die Mitgliedschaft im Betriebsrat

endet u. a. durch Niederlegung des Amtes oder Beendigung des Arbeitsverhältnisses. Der Betriebsrat ist kein gesetzlicher Vertreter der Arbeitnehmer und übt daher bestehende Mitbestimmungsrechte im eigenen Namen aus. An Weisungen der Arbeitnehmer oder der Betriebsversammlung ist er nicht gebunden. Auch die Möglichkeit der Abwählbarkeit ist nicht gegeben. Nur bei groben Pflichtverletzungen können mindestens $^1/_4$ der wahlberechtigten Arbeitnehmer, der Arbeitgeber oder eine im Betrieb vertretene Gewerkschaft beim Arbeitsgericht den Ausschluß eines Mitgliedes oder die Aufhebung des Betriebsrates beantragen. Der Ausschluß kann auch vom Betriebsrat selbst beantragt werden (§ 23 BetrVG). Der Betriebsrat wählt aus seiner Mitte einen Vorsitzenden und dessen Stellvertreter. Bei 9 oder mehr Mitgliedern ist vom Betriebsrat ein Betriebsausschuß zu wählen, der die laufenden Geschäfte des Betriebsrates führt.
Die Betriebsratssitzungen werden vom Vorsitzenden einberufen, der die Tagesordnung festsetzt und die Verhandlung leitet. Als Kollegialorgan trifft der Betriebsrat seine Beschlüsse mit der Mehrheit der Stimmen der anwesenden Mitglieder. Weder der Vorsitzende noch sein Stellvertreter sind zu selbständigen Entscheidungen befugt. Die Betriebsratsitzungen sind nicht öffentlich. Der Arbeitgeber nimmt nur an solchen Sitzungen teil, die entweder auf sein Verlangen hin anberaumt sind oder zu denen er ausdrücklich eingeladen worden ist. Auf Antrag von $^1/_4$ der Mitglieder oder der Mehrheit einer Gruppe des Betriebsrates kann ein Beauftragter einer im Betriebsrat vertretenen Gewerkschaft an den Sitzungen beratend teilnehmen.
Die Mitglieder des Betriebsrates führen ihr Amt unentgeltlich als Ehrenamt. Sitzungen des Betriebsrates finden grundsätzlich während der Arbeitszeit statt. Der Betriebsrat kann während der Arbeitszeit Sprechstunden einrichten. Seine Mitglieder sind von ihrer beruflichen Tätigkeit ohne Minderung des Arbeitsentgeltes freizustellen, wenn und soweit dies nach Umfang und Art des Betriebes zur ordnungsgemäßen Durchführung ihrer Aufgaben erforderlich ist. Bei Betrieben mit mehr als 300 Arbeitnehmern ist grundsätzlich eine Mindestanzahl von Betriebsratsmitgliedern freizustellen. Zum Ausgleich für eine Betriebsratstätigkeit, die aus betriebsbedingten Gründen außerhalb der Arbeitszeit durchzuführen ist, hat das Mitglied Anspruch auf entsprechende Arbeitsbefreiung unter Fortzahlung des Arbeitsentgelts. Ein Freistellungsanspruch besteht weiterhin für die Teilnahme an bestimmten Schulungs- und Bildungsveranstaltungen, soweit diese Kenntnisse vermitteln, die für die Arbeit des Betriebsrates erforderlich sind.
Die durch die Tätigkeit des Betriebsrates entstehenden Kosten trägt der Arbeitgeber. Dieser hat auch die für die Sitzungen, Sprechstunden und laufende Geschäftsführung erforderlichen Räume, sachlichen Mittel und Büropersonal zur Verfügung zu stellen. Beiträge der Arbeitnehmer für Zwecke des Betriebsrates dürfen nicht erhoben werden (§ 40 f. BetrVG).
Zu Gunsten von Betriebsratsmitgliedern bestehen besondere Schutzvorschriften. So dürfen Mitglieder des Betriebsrates und andere Arbeitnehmervertretungen in der Ausübung ihrer Tätigkeit nicht gestört oder behindert oder wegen ihrer Tätigkeit benachteiligt oder begünstigt werden. Die ordentliche Kündigung ist nach § 15 KSchG ausgeschlossen. Andererseits sind die Betriebsratsmitglieder verpflichtet, Betriebs- und Geschäftsgeheimnisse, die ihnen wegen ihrer Zugehörigkeit zum Betriebsrat bekannt geworden und vom Arbeitgeber ausdrücklich als geheimhaltungsbedürftig bezeichnet worden sind, während und auch nach ihrer Amtszeit nicht zu offenbaren oder zu verwerten.

Allgemeine Grundsätze der betrieblichen Mitbestimmung

Arbeitgeber und Betriebsrat haben unter Beachtung der geltenden Tarifverträge vertrauensvoll und im Zusammenwirken mit den im Betrieb vertretenen Gewerkschaften und Arbeitgebervereinigungen zum Wohl der Arbeitnehmer und des Betriebs zusammenzuarbeiten (§ 2 BetrVG). Arbeitgeber und Betriebsrat haben mindestens einmal monatlich zu einer Besprechung zusammenzutreten. Dabei haben sie über strittige Fragen mit dem ernsten Willen zur Einigung zu verhandeln und Vorschläge für die Beilegung von Meinungsverschiedenheiten zu machen. Maßnahmen des Arbeitskampfes zwischen Arbeitgeber und Betriebsrat sind unzulässig.
Kommt es zu einer Einigung, kann dies in Form einer
– Betriebsvereinbarung oder
– Regelungsabrede
erfolgen.

• Betriebsvereinbarung
Hierbei handelt es sich um eine schriftliche Vereinbarung zwischen Arbeitgeber und Betriebsrat, die von beiden Seiten unterzeichnet sein muß (§ 77 Abs. 2 BetrVG). Betriebsvereinbarungen gestalten unmittelbar und zwingend die einzelnen Arbeitsverhältnisse (§ 77 Abs. 4 BetrVG) und sind

wie Gesetze auszulegen. Die Durchführung der Betriebsvereinbarung obliegt dem Arbeitgeber, da der Betriebsrat nicht durch einseitige Handlungen in die Leitung des Betriebs eingreifen darf. Betriebsvereinbarungen können mit einer Frist von 3 Monaten aufgekündigt werden. Arbeitsentgelte und sonstige Arbeitsbedingungen, die durch Tarifvertrag geregelt oder üblicherweise geregelt sind, können nicht Gegenstand einer Betriebsvereinbarung sein, es sei denn, der Tarifvertrag läßt den Abschluß ergänzender Betriebsvereinbarungen explizit zu (§ 77 Abs. 3 BetrVG). Kommt eine Einigung nicht zustande, kann zur Beilegung der Meinungsverschiedenheiten eine paritätisch besetzte Einigungsstelle mit einem unparteiischen Vorsitzenden gebildet werden. Der Spruch der Einigungsstelle ersetzt die fehlende Einigung jedoch nur in dem vom Betriebsverfassungsgesetz ausdrücklich genannten Fällen; in den übrigen Fällen ist der Spruch nur dann bindend, wenn sich beide Parteien zuvor oder nachträglich diesem unterwerfen (§ 46 BetrVG). Die Entscheidung der Einigungsstelle ist eine Ermessensentscheidung, die durch das Arbeitsgericht überprüft werden kann (§ 2 a Abs. 1 Nr. 1 ArbGG). Die Kosten der Einigungsstelle trägt der Arbeitgeber.

• Regelungsabrede
Im Gegensatz zur Betriebsvereinbarung hat die formlose Regelungsabrede keinen unmittelbaren Einfluß auf die von ihr betroffenen einzelnen Arbeitsverhältnisse und verpflichtet den Arbeitgeber lediglich zu ihrer Durchführung. Insbesondere ist sie nicht geeignet, eine bereits bestehende Betriebsvereinbarung abzulösen.

Allgemeine Aufgaben des Betriebsrates

Der Betriebsrat hat u. a. folgende allgemeine Aufgaben (§ 80 BetrVG):
- darüber zu wachen, daß die zu Gunsten der Arbeitnehmer bestehenden Vorschriften eingehalten werden;
- beim Arbeitgeber Maßnahmen zu beantragen, die dem Betrieb und der Belegschaft dienen;
- Anregungen von Arbeitnehmern und Jugendvertretungen entgegenzunehmen und ggf. auf deren Erledigung hinzuwirken;
- die Eingliederung Schwerbehinderter und sonstiger besonders schutzbedürftiger Personen zu fördern;
- die Wahl einer Jugend- und Auszubildendenvertretung vorzubereiten und durchzuführen;
- die Beschäftigung älterer Arbeitnehmer sowie die Eingliederung ausländischer Arbeitnehmer im Betrieb zu fördern.

Die Mitbestimmung in sozialen Angelegenheiten (§ 87 BetrVG)

Die Mitbestimmungsrechte des Betriebsrates sind in § 87 BetrVG am stärksten ausgeprägt. Danach hat der Betriebsrat, soweit eine gesetzliche oder tarifliche Regelung nicht besteht, u. a. in folgenden Angelegenheiten mitzubestimmen:
- Fragen der Ordnung des Betriebs und des Verhaltens der Arbeitnehmer im Betrieb;
- Beginn und Ende der täglichen Arbeitszeit einschließlich der Pausen sowie bei der Verteilung der wöchentlichen Arbeitszeit;
- Aufstellung allgemeiner Urlaubsgrundsätze und des Urlaubsplans;
- Anwendung von technischen Überwachungseinrichtungen bezüglich des Verhaltens und der Leistung der Arbeitnehmer;
- Zuweisung und Kündigung von Werkswohnungen;
- Fragen der betrieblichen Lohngestaltung sowie bei der Festsetzung von Akkord und Prämiensätzen.

Eine ohne Zustimmung des Betriebsrates durchgeführte mitbestimmungspflichtige Maßnahme des Arbeitgebers ist unwirksam. § 87 BetrVG gibt dem Betriebsrat ein sog. Initiativrecht, d. h. er kann selbst bei dem Arbeitgeber die Durchführung einer mitbestimmungspflichtigen Maßnahme beantragen. Kommt eine Einigung nicht zustande, entscheidet die Einigungsstelle, deren Spruch die Einigung zwischen Betriebsrat und Arbeitgeber ersetzt (§ 87 Abs. 2 BetrVG; vgl. Abb. 10.16).

Die Mitbestimmung in personellen Angelegenheiten (§§ 92 ff. BetrVG)

Bei Betrieben mit in der Regel mehr als 20 wahlberechtigten Arbeitnehmern muß der Betriebsrat jeder Einstellung, Eingruppierung, Umgruppierung und Versetzung zustimmen. Die Zustimmung darf nur in bestimmten, gesetzlich geregelten Fällen verweigert werden (§ 99 BetrVG). Dies muß innerhalb einer Woche nach Unterrichtung durch den Arbeitgeber schriftlich erfolgen; anderenfalls gilt die Zustimmung als erteilt. Verweigert der Betriebsrat seine Zustimmung, kann der Arbeitgeber beim Arbeitsgericht beantragen, die Zustimmung zu ersetzen.

Vor jeder ordentlichen oder außerordentlichen Kündigung ist der Betriebsrat zu hören. Die Kündigungsgründe sind ihm mitzuteilen. Eine ohne Anhörung des Betriebsrates ausgesprochene Kündigung ist unwirksam (§ 102 BetrVG). In zahlreich gesetzlich geregelten Fällen kann der Betriebsrat der Kündigung widersprechen. Der Widerspruch muß innerhalb einer Woche schriftlich

Mechanismus der Mitbestimmung in Fällen des § 87 BetrVG

Initiative Arbeitnehmer/Betriebsrat	
Verhandlungen mit dem Betriebsrat	Einigung in Form einer – Regelungsabrede – Betriebsvereinbarung
keine Einigung	
Verhandlung vor der Einigungsstelle	Mögliche Entscheidungen: 1. Einstellung des Verfahrens wegen Unzuständigkeit; 2. Aussetzung des Verfahrens bis zur Entscheidung des anhängigen Beschlußverfahrens über den Bestand des Mitbestimmungsrechtes des Betriebsrates; 3. Regelung mit Wirkung einer Betriebsvereinbarung/Regelungsabrede
Rechtsbehelfe von Arbeitgeber und Betriebsrat gegen den Spruch der Einigungsstelle (Beschlußverfahren §§ 2 a I Nr.1, 80 ff. ARG)	Zu 1.: Antrag auf Feststellung der Zuständigkeit der Einigungsstelle; Zu 2.: Antrag auf Feststellung, daß die Einigungsstelle zur Fortsetzung des Verfahrens verpflichtet ist; Zu 3.: Antrag auf Feststellung der Unwirksamkeit des Spruches wegen 1. fehlender Zuständigkeit der Einigungsstelle; 2. Ermessensüberschreitung (2-Wochen-Frist)
Rechtsbehelfe aus dem Spruch der Einigungsstelle	1. Klage des begünstigten Arbeitnehmers auf die im Spruch vorgesehenen Leistungen (Urteilsverfahren) 2. Antrag des Betriebsrates auf Durchführung des Spruches der Einigungsstelle (Beschlußverfahren)

Abb. 10.16

erfolgen. Hat der Betriebsrat der Kündigung form- und fristgerecht widersprochen und der Arbeitnehmer Kündigungsschutzklage erhoben, muß der Arbeitgeber den Arbeitnehmer auf dessen Verlangen hin bis zum rechtskräftigen Abschluß des Rechtsstreites bei unveränderten Bedingungen weiterbeschäftigen (§ 102 Abs. 5 BetrVG).
Auch in Fragen der Personalplanung (§§ 92 ff. BetrVG) und Berufsbildung (§§ 96 ff. BetrVG) hat der Betriebsrat Beratungs- und Mitbestimmungsrechte.

Die Mitbestimmung in wirtschaftlichen Angelegenheiten (§§ 106 ff. BetrVG)

In Unternehmen mit in der Regel mehr als 100 ständig beschäftigten Arbeitnehmern ist ein Wirtschaftsausschuß zu bilden (§ 106 BetrVG). Dieser besteht aus 3 – 7 Mitgliedern, die dem Unternehmen angehören müssen, darunter mindestens einem Betriebsratsmitglied. Die Mitglieder des Wirtschaftsausschusses werden vom Betriebsrat bestimmt. Der Ausschuß soll einmal monatlich zusammentreten. Der Unternehmer hat an den Sitzungen teilzunehmen und den Ausschuß rechtzeitig und umfassend über die wirtschaftlichen Angelegenheiten des Unternehmens unter Vorlage der erforderlichen Unterlagen zu unterrichten. In Unternehmen mit in der Regel mehr als 20 wahlberechtigten ständigen Arbeitnehmern hat der Unternehmer die Arbeitnehmer über die wirtschaftliche Lage und Entwicklung des Unternehmens mündlich zu unterrichten; in Unternehmen mit mehr als 1000 Arbeitnehmern muß die Unterrichtung schriftlich erfolgen.
In Betrieben mit mehr als 20 wahlberechtigten Arbeitnehmern hat der Unternehmer den Betriebsrat über geplante Betriebsänderungen, die wesentliche Nachteile für die Belegschaft oder erhebliche Teile der Belegschaft zur Folge haben können, rechtzeitig und umfassend zu unterrichten und mit diesen zu beraten (§ 11 BetrVG). Als Betriebsänderungen gelten:

- Einschränkung, Stillegung und Verlegung des ganzen Betriebs oder von wesentlichen Betriebsteilen;
- Zusammenschluß mit anderen Betrieben;
- grundlegende Änderungen der Betriebsorganisation, des Betriebszwecks oder der Betriebsanlagen;
- Einführung grundlegend neuer Arbeitsmethoden und Fertigungsverfahren.

In diesen Fällen muß zwischen dem Unternehmer und dem Betriebsrat ein Interessenausgleich über die geplante Betriebsänderung versucht und zum Ausgleich oder zur Milderung der wirtschaftlichen Nachteile der Arbeitnehmer ein Sozialplan aufgestellt werden (§ 112 BetrVG). Kommt eine Einigung über den Sozialplan nicht zustande, entscheidet die Einigungsstelle über die Aufstellung eines Sozialplanes.

10

Sonstige Organe der Betriebsverfassung

Gesamtbetriebsrat
Bestehen in einem Unternehmen mehrere Betriebsräte, so ist zwingend ein Gesamtbetriebsrat zu errichten (§§ 47 ff. BetrVG). In den Gesamtbetriebsrat werden Vertreter der einzelnen Betriebsräte entsandt. Er ist zuständig für Angelegenheiten, die das Gesamtunternehmen oder mehrere Betriebe betreffen und nicht durch einzelne Betriebsräte innerhalb der Betriebe geregelt werden können. Mindestens einmal jährlich hat der Gesamtbetriebsrat die Vorsitzenden und die stellvertretenden Vorsitzenden der Betriebsräte sowie die Mitglieder der Betriebsausschüsse zu einer Betriebsräteversammlung einzuberufen.

Konzernbetriebsrat
Sind mehrere Unternehmen zu einem Konzern gemäß § 18 AktG zusammengeschlossen, kann durch Beschlüsse der einzelnen Gesamtbetriebsräte, die 75 v. H. der dem Konzern angehörigen Unternehmen repräsentieren, ein Konzernbetriebsrat errichtet werden (§§ 54 ff. BetrVG).

Jugend- und Auszubildendenvertretung
In Betrieben mit in der Regel 5 Arbeitnehmern, die das 18. Lebensjahr noch nicht vollendet haben oder die zu ihrer Berufsausbildung beschäftigt sind und das 25. Lebensjahr noch nicht vollendet haben, werden alle 2 Jahre Jugend- und Auszubildendenvertretungen gewählt (§§ 60 ff. BetrVG). Zu ihren Aufgaben zählen:
- beim Betriebsrat Maßnahmen zu beantragen, die den Jugendlichen und Auszubildenden dienen, insbesondere in Fragen der Berufsbildung;
- darüber zu wachen, daß die zu Gunsten von Jugendlichen und Auszubildenden geltenden Schutzvorschriften eingehalten werden;
- Anregungen von Jugendlichen und Auszubildenden entgegenzunehmen und ggf. bei dem Betriebsrat auf deren Erledigung hinzuwirken.

In bestimmten Fällen kann die Jugend- und Auszubildendenvertretung an den Sitzungen des Betriebsrates teilnehmen.
Bestehen in einem Unternehmen mehrere Jugend- und Auszubildendenvertretungen ist eine Gesamt-Jugend- und Auszubildendenvertretung zu errichten (§ 72 f. BetrVG).

Betriebsversammlung
Die Betriebsversammlung ist eine nicht öffentliche Versammlung der Arbeitnehmer des Betriebs, die vom Betriebsratsvorsitzenden geleitet wird (§§ 42 ff. BetrVG). Sie ist vom Betriebsrat vierteljährlich einzuberufen und ein Tätigkeitsbericht zu erstatten. Der Arbeitgeber hat mindestens einmal jährlich in der Betriebsversammlung über das Personal- und Sozialwesen sowie über die wirtschaftliche Lage und Entwicklung des Betriebs zu berichten. Die Betriebsversammlung kann dem Betriebsrat Anträge unterbreiten und zu seinen Beschlüssen Stellung nehmen. Ein eigenes Mitbestimmungsrecht hat sie nicht.

Sprecherausschüsse

Da das Betriebsverfassungsgesetz auf leitende Angestellte nicht anwendbar ist, sieht das Gesetz über Sprecherausschüsse für leitende Angestellte (SprecherausschußG) die Möglichkeit der Bildung von Sprecherausschüssen vor. Danach werden in Betrieben mit in der Regel 10 leitenden Angestellten (§ 5 Abs.3 BetrVG) Sprecherausschüsse der leitenden Angestellten gewählt, wenn dies die Mehrheit der leitenden Angestellten verlangt (§§ 1, 7 SprecherausschußG). Die Wahl findet zeitgleich mit den Betriebsratswahlen statt. Das SprecherausschußG enthält keine Mitbestimmungsrechte der leitenden Angestellten, sondern lediglich einzelne Mitwirkungsrechte (§§ 25 ff. SprecherausschußG). Arbeitgeber und Sprecherausschuß können jedoch schriftliche Richtlinien über den Inhalt, Abschluß oder Beendigung von Arbeitsverhältnissen vereinbaren. Der Inhalt dieser Richtlinien gilt dann für die Arbeitsverhältnisse unmittelbar und zwingend, soweit dies zwischen Arbeitgeber und Ausschuß vereinbart ist (§ 28 SprecherausschußG). Der Sprecherausschuß ist vor jeder Kündigung eines leitenden Angestellten zu hören. Eine ohne Anhörung ausgesprochene Kündigung ist unwirksam. In Anlehnung an die Regelungen im Betriebsverfassungsgesetz besteht auch hier die Möglichkeit der Bildung eines Gesamt-, Unternehmens- oder Konzernsprecherausschusses.

Die Mitbestimmung im Unternehmen

Die Mitbestimmung im Unternehmen umfaßt die Beteiligung der Arbeitnehmer im Aufsichtsrat und Vorstand von großen Unternehmen. Sie ist in folgenden Gesetzen geregelt:

- Gesetz über die Mitbestimmung der Arbeitnehmer in den Aufsichtsräten und Vorständen der Unternehmen des Bergbaus und der eisen- und stahlerzeugenden Industrie von 1951 (Montan-MitbestG)
- Montan-MitbestimmungsErgänzungsG von 1956
- Gesetz über die Mitbestimmung der Arbeitnehmer von 1976 (MitbestG)
- Mitbestimmung nach dem Betriebsverfassungsgesetz von 1952 (BVG)

Montan-Mitbestimmung

Das Montan-Mitbestimmungsgesetz aus dem Jahre 1951 umfaßt Unternehmen des Bergbaus und der eisen- und stahlerzeugenden Industrie mit in der Regel mehr als 1000 Arbeitnehmern und sieht eine paritätische Mitbestimmung vor. Der danach zu bildende Aufsichtsrat besteht aus 11 Mitgliedern. Er setzt sich zusammen aus:

- 4 Vertretern der Anteilseigner und einem weiteren Mitglied;
- 4 Vertretern der Arbeitnehmer und einem weiteren Mitglied;
- einem weiteren Mitglied (11. Mann).

Die weiteren Mitglieder dürfen in keinem Verhältnis zum Unternehmen oder zu Spitzenorganisationen der Gewerkschaften und Arbeitgeberverbänden stehen. Der sog. 11. Mann wird mehrheitlich vom Aufsichtsrat vorgeschlagen und gewählt. Ihm kommt erhebliche Bedeutung bei Pattsituationen zu, in denen letztlich seine Stimme den Ausschlag gibt.

Als gleichberechtigtes Mitglied der Geschäftsführung oder des Vorstandes ist ein Arbeitsdirektor zu bestellen, der sich vornehmlich mit den sozialen Belangen der Arbeitnehmer zu befassen hat. Der Arbeitsdirektor darf nicht gegen die Stimmen der Mehrheit der Arbeitnehmervertreter im Aufsichtsrat bestellt oder abberufen werden.

Für Konzerne, die unter die Montan-Mitbestimmung fallende Unternehmen beherrschen, gilt das Montan-Mitbestimmungs-Ergänzungsgesetz 1956 (sog. „Holding-Novelle").

Danach besteht auch eine Mitbestimmung in den Holdinggesellschaften. Erfüllt ein Konzern nicht mehr die Voraussetzungen des Montan-Mitbestimmungsgesetzes, so richtet sich die Mitbestimmung weiterhin nach diesem, wenn die Montan-Unternehmen mindestens $^1/_5$ der Umsätze sämtlicher Konzernunternehmen erreichen oder mehr als 2000 Arbeitnehmer beschäftigen (Gesetz zur Sicherung der Montan-Mitbestimmung vom 20.12.1988).

Mitbestimmungsgesetz 1976

Das Mitbestimmungsgesetz 1976 umfaßt alle Kapitalgesellschaften und Genossenschaften mit in der Regel mehr als 2000 Arbeitnehmern und sieht ebenfalls eine paritätische Mitbestimmung vor. Bei Konzernen werden die Arbeitnehmer der Tochtergesellschaften denen der Obergesellschaft hinzugerechnet. Das Gesetz gilt nicht für Personengesellschaften (z. B. OHG) und Tendenzbetriebe (Zeitungsverlage, religiösen Bestimmungen dienende Betriebe). Je nach Anzahl der beschäftigten Arbeitnehmer besteht der Aufsichtsrat aus je 6, 8 oder 10 Mitgliedern der Anteilseigner und Arbeitnehmer. Auf der Arbeitnehmerseite müssen 2 oder 3 Vertreter der Gewerkschaften sowie mindestens 1 leitender Angestellter, 1 Angestellter und 1 Arbeiter vertreten sein. Die Arbeitnehmervertreter werden im Unternehmen bis zu 8000 Arbeitnehmern direkt, darüberhinaus durch Wahlmänner gewählt; die Arbeitnehmer können sich auch für das jeweils andere Wahlverfahren entscheiden. Die Aufsichtratsmitglieder der Anteilseigner werden im üblichen Verfahren bestellt, so z. B. bei der AG durch die Hauptversammlung der Aktionäre (§ 101 AktG).

Der Aufsichtsratvorsitzende und sein Stellvertreter werden vom Aufsichtrat mit $^2/_3$ Mehrheit gewählt. Wird diese Mehrheit nicht erreicht, wählen die Anteilseigner den Vorsitzenden und die Arbeitnehmervertreter den Stellvertreter. Dies ist insofern bedeutsam, weil dem Aufsichtsratvorsitzenden bei Stimmengleichheit in Abstimmungen eine Zweitstimme zusteht. Bei Abwesenheit des Vorsitzenden geht das Zweitstimmenrecht nicht auf seine Stellvertreter über. Insoweit kann hier von einer vollen paritätischen Mitbestimmung nicht gesprochen werden. Dies gilt im be-

10

sonderen für die in Geschäftsführung oder Vorstand erforderliche Bestellung eines Arbeitsdirektors, der – entgegen der Montan-Mitbestimmung – hier auch gegen den Willen der Arbeitnehmervertreter im Aufsichtsrat gewählt werden kann.

Mitbestimmung nach dem BVG 1952

Im übrigen kommt nach §§ 76 ff. BVG 1952 eine Beteiligung der Arbeitnehmer im Aufsichtsrat bei folgenden Unternehmen in Betracht:
- Aktiengesellschaft und Kommanditgesellschaft auf Aktien (Ausnahme: Familiengesellschaft mit weniger als 500 Arbeitnehmern);
- Gesellschaft mit beschränkter Haftung und bergrechtliche Gewerkschaft mit eigener Rechtspersönlichkeit, sofern mehr als 500 Arbeitnehmer beschäftigt sind;
- Erwerbs- und Wirtschaftsgenossenschaften mit mehr als 500 Arbeitnehmern;
- Versicherungsvereinen auf Gegenseitigkeit mit mehr als 500 Arbeitnehmern, sofern ein Aufsichtrat gebildet wurde.

In diesen Unternehmen besteht der Aufsichtsrat zu $^1/_3$ aus Arbeitnehmervertretern, die von den wahlberechtigten Arbeitnehmern des Unternehmens gewählt werden.

10

Tarifvertragsrecht

Koalitionsfreiheit und Tarifautonomie

Art. 9 Abs. 3 Grundgesetz (GG) gewährleistet Arbeitgebern und Arbeitnehmern das Recht, zur Wahrung und Förderung der Arbeits- und Wirtschaftsbedingungen Vereinigungen (Koalitionen) zu bilden, sog. Koalitionsfreiheit. Danach ist es jedermann gestattet, Koalitionen (Gewerkschaften, Arbeitgeberverbände) zu gründen, ihnen beizutreten und in ihnen zu bleiben (positive Koalitionsfreiheit), aber auch ihnen fernzubleiben (negative Koalitionsfreiheit).

Weiterhin wird durch Art. 9 Abs. 3 GG der Bestand der Koalitionen gewährleistet, d. h. der Staat darf die Existenz der Koalitionen und ihren Fortbestand nicht gefährden. Aus der Koalitionsfreiheit folgt insbesondere die sog. Tarifautonomie, d. h. das Recht der Koalitionen, im Rahmen der bestehenden Gesetze Mindestarbeitsbedingungen durch Abschluß von Tarifverträgen zu schaffen.

Abschluß und Inhalt des Tarifvertrages

Rechtsgrundlage für den Abschluß eines Tarifvertrages ist das Tarifvertragsgesetz vom 25.08. 1969 (TVG). Danach sind zuständig für den Abschluß eines Tarifvertrages die Gewerkschaften, einzelne Arbeitgeber (Firmentarif) sowie Vereinigungen von Arbeitgebern. Unter Umständen können auch Zusammenschlüsse von Gewerkschaften und Arbeitgeberverbänden (Spitzenorganisationen) im Namen der ihnen angeschlossenen Verbände Tarifverträge abschließen (§ 2 TVG).

Zu den wichtigsten Berufsverbänden auf Arbeitnehmerseite zählen der Deutsche Gewerkschaftsbund und die Deutsche Angestelltengewerkschaft. Die Arbeitgeber sind in zahlreichen Einzelverbänden organisiert. Dachverband ist die Bundesvereinigung der Deutschen Arbeitgeberverbände (BDA).

Der Tarifvertrag ist eine Vereinbarung zwischen Arbeitgeber- und Arbeitnehmervereinigungen, die in ihrem schuldrechtlichen Teil Rechte und Pflichten der Tarifsvertragsparteien bestimmt und in ihrem normativen Teil Rechtsnormen festschreibt, die den Inhalt, den Abschluß und die Beendigung von Arbeitsverhältnissen sowie betriebliche und betriebsverfassungsrechtliche Fragen betreffen. Er bedarf stets der Schriftform (§ 1 TVG).

Aus dem schuldrechtlichen Teil folgt insbesondere die Verpflichtung der Tarifvertragsparteien, während der Laufzeit des Tarifvertrages – unter Umständen auch noch nach dessen Aufkündigung – keine Arbeitskampfmaßnahmen zu ergreifen, die der Durchsetzung solcher Punkte dienen sollen, die im Tarifvertrag geregelt sind (sog. Friedenspflicht). Darüberhinaus werden häufig Schlichtungsvereinbarungen getroffen, nach denen die Tarifvertragsparteien verpflichtet sind, vor Aufnahme von Arbeitskampfmaßnahmen ein Schlichtungsverfahren erfolglos durchzuführen. Die Tarifvertragsparteien trifft weiterhin eine Durchführungspflicht, d. h. sie müssen bei ihren Mitgliedern auf die Durchführung des Tarifvertrages hinwirken. Ein Verstoß gegen den schuldrechtlichen Teil des Tarifvertrages kann Ansprüche auf Vertragserfüllung und ggf. Schadensersatzansprüche begründen.

Der normative Teil des Tarifvertrages kann folgende Regelungen enthalten:
- Inhaltsnormen – Diese betreffen solche Regelungen, die den Inhalt des Arbeitsverhältnisses betreffen (z. B. Löhne, Urlaub, Kündigungsfristen etc.).
- Abschlußnormen – Hierzu zählen u. a. Formvorschriften für den Abschluß eines Arbeitsvertra-

ges, Abschlußverbote (z. B. bestimmte Arbeitnehmer auf bestimmten Arbeitsplätzen zu beschäftigen) und Abschlußgebote (z. B. Wiedereinstellungspflicht von Arbeitnehmern nach Arbeitskämpfen).
- Betriebsnormen – z. B. Bestimmungen zur Schaffung bestimmter Betriebseinrichtungen, Aufstellung einer Betriebsordnung.
- Betriebsverfassungsrechtliche Normen – Hierunter fallen solche Bestimmungen, die Regelungen des Betriebsverfassungsgesetzes ändern oder ergänzen (vgl. §§ 3, 86 BetrVG).

Die Bestimmungen des normativen Teils eines Tarifvertrages wirken wie ein Gesetz unmittelbar und zwingend für die Arbeitsverhältnisse der Mitglieder der Tarifvertragsparteien. Einzelvertragliche Bestimmungen, die den Regelungen im Tarifvertrag widersprechen, sind unwirksam. Eine Ausnahme gilt nur:
- soweit dies im Tarifvertrag gestattet ist oder
- wenn sie eine Änderung der Regelungen zu Gunsten der Arbeitnehmer enthalten (sog. Günstigkeitsprinzip, § 4 Abs. 3 TVG).

Auch nach Ablauf des Tarifvertrages gelten seine Rechtsnormen weiter, bis sie durch eine andere Abmachung ersetzt werden (§ 4 Abs. 5 TVG).

Nach Abschluß des Tarifvertrages ist dieser innerhalb eines Monats an den Bundesminister für Arbeit und Sozialordnung sowie an die obersten Arbeitsbehörden der Länder, auf deren Bereich sich der Tarifvertrag erstreckt, zu übersenden und wird in ein bei dem Bundesarbeitsministerium geführtes Tarifregister eingetragen (§§ 6 f. TVG). Die Arbeitgeber sind verpflichtet, die für ihren Betrieb maßgebenden Tarifverträge an geeigneter Stelle im Betrieb auszulegen.

Tarifverträge gelten nicht ohne weiteres für alle Arbeitsverhältnisse, sondern nur dann, wenn
- beide Vertragsparteien tarifgebunden, d. h. Mitglieder der Verbände sind, die den Tarifvertrag abgeschlossen haben (§ 3 Abs.1 TVG) oder
- beide Vertragsparteien den Tarifvertrag ausdrücklich zum Inhalt des Arbeitsvertrages gemacht haben oder
- der Tarifvertrag vom Bundesminister für Arbeit und Sozialordnung für allgemeinverbindlich erklärt worden ist (§ 5 TVG).

Arbeitskampfrecht

Aus der Tarifautonomie folgt das Recht der Tarifvertragsparteien, ihre tariflichen Meinungsverschiedenheiten mittels Kampfmaßnahmen durchzusetzen. Das Arbeitskampfrecht ist gesetzlich nicht geregelt; seine Rechtmäßigkeitsvoraussetzungen wurden vielmehr durch Richterrecht geschaffen. Als Arbeitskampfmaßnahmen kommen in Betracht:
- der Streik
- die Aussperrung
- der Boykott

Streik

Bei einem Streik handelt es sich um eine gemeinsame und planmäßige Arbeitsniederlegung von mehreren Arbeitnehmern zur Erreichung eines gemeinsamen Ziels.

Der Streik ist unter folgenden Voraussetzungen zulässig:
- Der Streik muß der Erreichung eines Kampfzieles dienen, das Gegenstand eines Tarifvertrages sein kann. Ein politischer Streik, der sich gegen den Staat richtet, ist rechtswidrig.
- Der Streik muß verhältnismäßig sein und darf erst nach Ausschöpfung aller Verhandlungs- und Schlichtungsmöglichkeiten als letztes Mittel (ultima ratio) eingesetzt werden. Insbesondere muß zuvor die satzungsmäßig vorgeschriebene Urabstimmung durchgeführt und die erforderliche Mehrheit der organisierten Arbeitnehmer der Durchführung des Streiks zugestimmt haben.
- Kurze, zeitlich befristete Warnstreiks während laufender Tarifvertragsverhandlungen sind zulässig, nicht jedoch Sympathiestreiks anderer Gewerkschaften.
- Der Streik muß von einer tariffähigen Partei organisiert und durchgeführt werden. Ein sog. wilder Streik einzelner Arbeitnehmer ist rechtswidrig; allerdings kann dieser von der Gewerkschaft übernommen werden und ihn dadurch rückwirkend rechtfertigen.
- Der Streik darf nicht gegen die tarifvertragliche Friedenspflicht verstoßen. Ein Streik während der Laufzeit eines Tarifvertrages ist unzulässig.

Aussperrung

Hierunter versteht man die zielgerichtete, planmäßige Nichtzulassung von Arbeitnehmern zur Arbeit und Lohnzahlungsverweigerung durch einen oder mehrere Arbeitgeber. Regelmäßig wird es sich um eine Abwehraussperrung als Reaktion auf einen Streikaufruf handeln. Ob und in welchem Umfange die Arbeitgeber ihrerseits eine Angriffsaussperrung erklären können, ist höchst umstritten und bislang höchstrichterlich noch nicht entschieden. Wie der Streik steht auch die Aussperrung unter dem Grundsatz der Verhältnismäßigkeit.

Rechtsfolgen von Streik und Aussperrung

Streik und Aussperrung führen grundsätzlich nicht zur Auflösung der Arbeitsverhältnisse, sondern lediglich zu deren Suspendierung. Die Hauptpflichten aus dem Arbeitsvertrag (Arbeitspflicht/Lohnpflicht) ruhen während der Arbeitskampfmaßnahmen. Soweit die streikenden Arbeitnehmer der organisierenden Gewerkschaft angehören, erhalten sie von dieser Streikunterstützung. Wegen der Neutralitätspflicht des Staates wird während der Dauer eines Arbeitskampfes an die unmittelbar hiervon betroffenen Arbeitnehmmer kein Arbeitslosen- oder Kurzarbeitergeld gezahlt. Mittelbar betroffenen Arbeitnehmern werden diese Leistungen nur unter bestimmten Voraussetzungen gewährt (§ 116 AfG). Nicht organisierte streikende Arbeitnehmer sind daher bei Bedürftigkeit auf Gewährung von Sozialhilfe angewiesen. Nach Beendigung des Arbeitskampfes leben die Rechte und Pflichten aus dem Arbeitsverhältnis wieder auf; der Arbeitgeber hat die streikenden Arbeitnehmer wieder zu beschäftigen.

Boykott

Der Boykott ist die Aufforderung, mit dem Boykottierten keine rechtlichen oder wirtschaftlichen Beziehungen zu unterhalten. Beispiele für einen Boykott im Arbeitskampf: Aufforderung der Gewerkschaft, bei einem bestimmten Arbeitgeber nicht zu arbeiten; Warnung des Arbeitgeberverbandes vor der Einstellung bestimmter Arbeitnehmer ("schwarze Liste"). Beim Arbeitskampf treten Boykottaufrufe zumeist flankierend zu Streik und Aussperrung. Seine Zulässigkeit ist stets von den Umständen des Einzelfalles abhängig.

Arbeitsgerichtsbarkeit

Rechtsstreitigkeiten in Arbeitssachen sind der Arbeitsgerichtsbarkeit zugewiesen. Zuständigkeit und Verfahren sind geregelt im Arbeitsgerichtsgesetz (ArbGG) i. d. F. v. 02.07.1979. Das Verfahren ähnelt weitgehend dem der ordentlichen Gerichtsbarkeit in Zivilsachen. Die Vorschriften der Zivilprozeßordnung finden daher entsprechende Anwendung, soweit im Gesetz nichts anderes bestimmt ist.

Es bestehen allerdings folgende Besonderheiten:

- In bestimmten, gesetzlich geregelten Fällen entscheidet das Gericht nicht im Urteilsverfahren, sondern im Beschlußverfahren (§§ 2 a, 80 ff. ArbGG).
- Vor dem Arbeitsgericht können die Parteien den Rechtsstreit selbst führen. Vor den Landesarbeitsgerichten und dem Bundesarbeitsgericht besteht grundsätzlich Anwaltszwang; Vertreter von Gewerkschaften, Arbeitgebervereinigungen und Zusammenschlüsse solcher Verbände können sich allerdings auch vor dem Landesarbeitsgericht selbst vertreten.
- Vor dem Arbeitsgericht und Landesarbeitsgericht sind bestimmte, nicht rechtsfähige Personenvereinigungen parteifähig (§ 10 ArbGG, anders § 50 ZPO). Eine als nicht rechtsfähiger Verein organisierte Gewerkschaft kann daher Klage vor dem Arbeitsgericht erheben.
- Die Gerichtsgebühren sind vor allem in der ersten Instanz ermäßigt. So wird bei dem Arbeitsgericht nur eine einmalige Gebühr erhoben, die z. Zt. bis zu einem Streitwert von DM 100,00 DM 3,00, für jede weitere angefangene DM 100,00 je DM 3,00 und höchstens DM 500,00 beträgt. Ein Kostenvorschuß muß im Gegensatz zum Zivilprozeß nicht geleistet werden.
- Auch für den Fall, daß eine Partei obsiegt, besteht kein Kostenerstattungsanspruch gegenüber der unterliegenden Partei.
- Für die Arbeitsgerichtsbarkeit finden die Vorschriften über die Gerichtsferien keine Anwendung.
- Vor den Arbeitsgerichten findet eine Güteverhandlung statt. Erst wenn sich die Parteien im Gütetermin nicht einigen, wird der Rechtsstreit streitig vor der Kammer verhandelt.

Die Arbeitsgerichtsbarkeit gliedert sich in 3 Instanzen. Erstinstanzlich ist das Arbeitsgericht zuständig, das in Kammern aufgeteilt und mit einem Berufsrichter als Vorsitzenden und zwei ehrenamtlichen Richtern besetzt ist, die jeweils aus dem Kreis der Arbeitgeber und der Arbeitnehmer bestellt werden. Je nach Art des Rechtsstreits entscheidet das Gericht im Urteils- oder Beschlußverfahren. In der zweiten Instanz entscheiden die Landesarbeitsgerichte. Die Besetzung entspricht der der Arbeitsgerichte. Die Landesarbeitsgerichte entscheiden über Berufungen gegen Urteile und über Beschwerden gegen Beschlüsse der Arbeitsgerichte (§§ 8, 33 ff. ArbGG). Dritte Instanz ist das Bundesarbeitsgericht mit Sitz in Kassel. Das Bundesarbeitsgericht besteht aus Senaten, die mit einem Vorsitzenden Richter, zwei Berufsrichtern und zwei ehrenamtlichen Richtern besetzt sind (§ 41 ArbGG). Es entscheidet über die Revision gegen Urteile und über Rechtsbeschwerden gegen Beschlüsse der Landesarbeitsgerichte.

Urteilsverfahren (§§ 2, 46 ff. ArbGG)

Die Arbeitsgerichte sind im Urteilsverfahren u. a. sachlich zuständig für:
- bürgerliche Rechtsstreitigkeiten zwischen Tarifvertragsparteien oder zwischen diesen und Dritten aus Tarifverträgen oder über das Bestehen oder Nichtbestehen von Tarifverträgen oder unerlaubter Handlungen, soweit es sich um Maßnahmen zum Zwecke des Arbeitskampfes oder um Fragen der Vereinigungsfreiheit handelt (§ 2, Nr. 1, 2 ArbGG);
- bürgerliche Rechtsstreitigkeiten zwischen Arbeitnehmern und Arbeitgebern aus dem Arbeitsverhältnis, über das Bestehen oder Nichtbestehen eines Arbeitsverhältnisses und dessen Nachwirkungen sowie aus unerlaubten Handlungen, soweit diese mit dem Arbeitsverhältnis in Zusammenhang stehen (§ 2 Nr. 3 ArbGG);
- bürgerliche Rechtsstreitigkeiten zwischen Arbeitnehmern untereinander aus gemeinsamer Arbeit und unerlaubter Handlung, soweit diese im Zusammenhang mit dem Arbeitsverhältnis stehen (§ 2 Nr. 9 ArbGG).

Die Vorschriften der Zivilprozeßordnung gelten entsprechend. Wegen der Einzelheiten wird auf die §§ 46 ff. ArbGG verwiesen. Gegen die Urteile der Arbeitsgerichte kann binnen 1 Monats Berufung bei den Landesarbeitsgerichten eingelegt werden, soweit der Beschwerdewert DM 800,00 übersteigt oder das Arbeitsgericht die Berufung im Urteil zugelassen hat (§ 64 ArbGG). Gegen Urteile eines Landesarbeitsgerichts ist die Revision an das Bundesarbeitsgericht zulässig, wenn die Revision im Urteil des Landesarbeitsgerichts zugelassen worden ist (§ 72 ArbGG).

Beschlußverfahren (§§ 2 a, 80 ff. ArbGG)

Im Beschlußverfahren sind die Arbeitsgerichte sachlich zuständig für:
- Angelegenheiten aus dem Betriebsverfassungsgesetz und Sprecherausschußgesetz (§ 2 a Nr. 1, 2 ArbGG);
- Angelegenheiten aus dem Mitbestimmungsgesetz, dem Mitbestimmungsergänzungsgesetz und dem Betriebsverfassungsgesetz 1952, soweit über die Wahl von Vertretern der Arbeitnehmer in den Aufsichtsrat und über ihre Abberufung zu entscheiden ist (§ 2 a Nr.3 ArbGG);
- die Entscheidung über die Tariffähigkeit und Tarifzuständigkeit einer Vereinigung (§ 2 a Nr.4 ArbGG).

An die Stelle der Klageschrift tritt im Beschlußverfahren eine Antragsschrift. Wegen der Einzelheiten wird auf die §§ 80 ff. ArbGG verwiesen. Die Vorschriften der Zivilprozeßordnung gelten auch hier entsprechend, allerdings mit der Besonderheit, daß das Arbeitsgericht nicht an den von den Parteien vorgetragenen Sachverhalt gebunden ist, sondern diesen von Amts wegen aufzuklären hat. Die Entscheidung ergeht durch Beschluß. Hiergegen ist die Beschwerde an das Landesarbeitsgericht zulässig. Die für das Berufungsverfahren geltenden Vorschriften sind entsprechend anwendbar (§ 87 ArbGG). Das Landesarbeitsgericht entscheidet ebenfalls durch Beschluß, gegen den die Rechtsbeschwerde an das Bundesarbeitsgericht zulässig ist, wenn sie vom Landesarbeitsgericht zugelassen worden ist (§ 92 ArbGG).

Schiedsverfahren (§ 101 ff. ArbGG)

In bestimmten Fällen können die Parteien die Zuständigkeit der Arbeitsgerichtsbarkeit durch die Vereinbarung ausschließen, daß die Entscheidung durch ein Schiedsgericht erfolgen soll. Dies gilt insbesondere für bürgerliche Rechtsstreitigkeiten zwischen den Tarifvertragsparteien oder Rechtsstreitigkeiten aus einem Arbeitsverhältnis, das sich nach einem Tarifvertrag bestimmt, der überwiegend für Bühnenkünstler, Filmschaffende, Artisten oder Kapitäne und Besatzungsmitglieder i. S. d. Seemannsgesetzes gilt (§ 101 ArbGG). Das Schiedsgericht muß aus einer gleichen Anzahl von Arbeitnehmern und Arbeitgebern bestehen (§ 103 ArbGG). Die Zwangsvollstreckung aus dem Schiedsspruch findet nur statt, wenn dieser von dem Vorsitzenden des Arbeitsgerichts, das für die Geltendmachung des Anspruchs zuständig wäre, für vollstreckbar erklärt worden ist (§ 109 ArbGG). Unter bestimmten Voraussetzungen kann auf Aufhebung des Schiedsspruchs geklagt werden (§ 110 ArbGG).

10

Literatur

Baumbach/Hefermehl: Wettbewerbsrecht. 16. Auflage, München, 1990

Baumbach/Hefermehl: Warenzeichenrecht. 12. Auflage, München, 1985

Baumbach/Duden/Hopt: Handelsgesetzbuch. 28. Auflage, München, 1989

Baumbach/Lauterbach/Albers/Hartmann: Zivilprozeßordnung. 51. Auflage, München, 1993

Beck'sches Personalhandbuch, Band I: Arbeitsrechtslexikon. München, 1992

Böhle/Stamschräder/Kilger: Vergleichsordnung. 11. Auflage, München, 1986

Brox: Allgemeines Schuldrecht. 18. Auflage, München, 1990

Brox: Besonderes Schuldrecht. 17. Auflage, München, 1991

Dreher/Tröndle: Strafgesetzbuch. 44. Auflage, München, 1988

Emmerich: Das Recht des unlauteren Wettbewerbs. 3. Auflage, München, 1990

Emmerich: Kartellrecht. 5. Auflage, München, 1988

Erman: Kommentar zum Bürgerlichen Gesetzbuch. 1. Band (1 - 853) 2. Band (854 - 2385) 8. Auflage, Münster, 1989

Hanau/Adomeit: Arbeitsrecht. 10. Auflage, 1992

Hubmann: Gewerblicher Rechtsschutz. 5. Auflage, München, 1988

Hubmann/Rehbinder: Urheber- und Verlagsrecht. 7. Auflage, München, 1991

Klunzinger: Grundzüge des Handelsrechts. 5. Auflage, München, 1990

Klunzinger, Grundzüge des Gesellschaftsrechts. 6. Auflage, München, 1990

Kipp-Coing: Erbrecht. 14. Bearbeitung, Tübingen, 1990

Kuhn-Uhlenbruck: Konkursordnung. 10. Auflage, München, 1986

Larenz: Lehrbuch des Schuldrechts. Band I, Allgemeiner Teil. 14. Auflage, München, 1987

Larenz: Lehrbuch des Schuldrechts. Band II, Halbband 1, Besonderer Teil. 12. Auflage, München, 1986

Medicus: Allgemeiner Teil des BGB. 4. Auflage, Heidelberg, 1990

Medicus: Schuldrecht II, Besonderer Teil. 5. Auflage, Köln, 1991

Müller-Gugenberger: Wirtschaftsstrafrecht. Münster, 1987

Palandt: Bürgerliches Gesetzbuch. 52. Auflage, München, 1993

Rittner: Einführung in das Wettbewerbs- und Kartellrecht. 2. Auflage, Heidelberg, 1985

Rittner: Wirtschaftsrecht. 2. Auflage, Heidelberg, 1987

Schaub: Arbeitsrechtshandbuch. 7. Auflage, München, 1992

Schönke-Schröder: Strafgesetzbuch. 24. Auflage, München, 1991

Steckler: Wirtschaftsrecht. 2. Auflage, Ludwigshafen, 1991

Uhlenbruck: Die anwaltliche Beratung bei Konkurs- und Vergleichsantrag. Schriftenreihe des Kölner Anwaltverein e.V., Band 3, Essen

Uhlenbruck: Die anwaltliche Beratung des Gläubigers im Konkurs des Schuldners. Schriftenreihe des Kölner Anwaltverein e.V., Band 5, Essen

Uhlenbruck: Insolvenzrecht. Baden-Baden, 1983

Wenzel: Urheberrecht für die Praxis. 2. Auflage, Stuttgart, 1990

Volkswirtschaftslehre

Grundlagen
Güter, Bedürfnisse, Ökonomisches Prinzip

Produktionsfaktoren
Boden – Arbeit – Kapital

Markt und Preise
Angebot und Nachfrage
Staatliche Preisfestsetzungen
– Unechte und echte Taxe
– Elastizität von Angebot und Nachfrage

Marktformen
Vollständige Konkurrenz
– Preisbildung
– Krisenverhalten
Monopol (mit Amoroso-Robinson-Formel)
Oligopol
Unvollkommene Märkte

Geldmarkt
Quantitätstheorie
Einkommenstheorie
Monetäres Gleichgewicht

Sozialprodukt

Wirtschaftskreislauf
Grundstruktur
Staatliche Aufgaben

Ziele der Wirtschaftspolitik
Beschäftigungs- und Vollbeschäftigungspolitik
Preis- und Geldwertstabilität
Wachstum

Internationale Wirtschaftsbeziehungen
Theorie und Struktur des Außenhandels
Zahlungsbilanz, -ausgleich
Devisenbewirtschaftung

Europäische Gemeinschaft
Entstehung – Aufbau – Ziele
Europäische Union/
Wirtschafts- und Währungsunion

Grundfragen der Volkswirtschaftslehre

Güterknappheit und Bedürfnisse

Wirtschaften ist jedes menschliche Handeln, das darauf gerichtet ist, die Spannung und den Unterschied zwischen Knappheit der Güter und Unersättlichkeit der Bedürfnisse soweit wie möglich zu verringern.
Das Ergebnis der wirtschaftlichen Tätigkeit ist der Ertrag. Eine Verbesserung der Güterversorgung wird nur erreicht, wenn der Aufwand, der bei der Beschaffung von Gütern notwendig ist, kleiner ist als der Ertrag: Prinzip der Erzielung eines Reinertrages.

Die Knappheit der Güter
Alle Dinge, die geeignet sind, menschliche Bedürfnisse zu befriedigen, nennen wir Güter. In der Regel muß der Mensch tätig werden, um sich durch Arbeit Güter zu beschaffen. Nur wenige Güter stellt die Natur in unbegrenzter Menge zur Verfügung. Güter, die der Mensch durch seine Tätigkeit gewinnt und bewirtschaftet, nennt man knappe Güter. Davon zu unterscheiden sind die freien Güter, die in so großer Menge vorhanden sind, daß eine Bewirtschaftung nicht notwendig ist.

11

Die Unersättlichkeit der Bedürfnisse
Die Knappheit der Güter ist kein absolutes Kriterium, denn die Güter sind nur knapp im Verhältnis zur Unersättlichkeit der Bedürfnisse. Im Prinzip ist die Knappheit der Güter nicht zu beseitigen, da die Bedürfnisse der Menschen unendlich groß sind; während die von der Natur zur Verfügung gestellten Güter in der Regel knapp, d. h. begrenzt sind. Aus der Diskrepanz zwischen Knappheit der Güter und Unersättlichkeit der Bedürfnisse entsteht die Notwendigkeit des Wirtschaftens.

Das wirtschaftliche (ökonomische) Prinzip

Das ökonomische Prinzip kennzeichnet die Richtlinien des wirtschaftlichen Handelns. Dieses ist bestrebt, einen bestimmten Erfolg mit geringsten Mitteln zu erreichen oder mit gegebenen Mitteln einen höchstmöglichen Erfolg zu erzielen. Das ökonomische Prinzip ist ein rein formales Prinzip. Es kennzeichnet die Art der Durchführung des wirtschaftlichen Handelns und sagt nichts aus über die Motive und Ziele des menschlichen Handelns. Subjektiv handelt jeder Mensch nach dem ökonomischen Prinzip. Die Rangordnung der menschlichen Bedürfnisse ist jedoch bei den einzelnen Menschen so verschieden, daß auch ihr Handeln unterschiedlich ist.
Die eigene Skala der Bedürfnisse kann nicht auf andere Menschen übertragen werden. Das Individuelle dieser Aussage muß daher aufgehoben (eliminiert) werden – die subjektive Fassung des ökonomischen Prinzips muß durch eine objektive Fassung ersetzt werden.

Das ökonomische Prinzip in seiner objektiven Fassung
Ein Wirtschaftender handelt nach dem objektiven ökonomischen Prinzip, wenn er ein Verhalten wählt, das von der Mehrheit der Menschen zu einem bestimmten Zeitpunkt als vernünftig angesehen wird.
Auf der *Angebotsseite* handelt die Mehrzahl der Anbieter nach dem Erwerbsprinzip, das den höchsten Gewinn (Gewinnmaximierung) zum Ziel hat. Die Anbieter handeln daher in unserer gegenwärtigen Wirtschaftsordnung nach einem objektiven wirtschaftlichen Prinzip, wenn sie die Gewinnmaximierung bejahen.
Auf der *Nachfrageseite* versuchen die Konsumenten bei der Nachfrage nach Produkten den höchsten Nutzen (Nutzenmaximierung) zu erreichen. Das ökonomische Prinzip auf der Nachfrageseite wird in den drei Gossenschen Gesetzen ausgedrückt.

• Die Gossenschen Gesetze
Diese Gesetze wurden nach dem Nationalökonomen Hermann Heinrich Gossen (1810–1858) benannt.

Erstes Gossensches Gesetz: Die Intensität eines fortlaufend befriedigten Bedürfnisses nimmt mit zunehmender Sättigung ab.
Oder anders ausgedrückt: Der Grenznutzen (die Nützlichkeit der letzten Teileinheit eines Gütervorrats) nimmt mit zunehmender Menge ab, z. B.:

Nützlichkeit des ersten	Glases Wasser	=	10
Nützlichkeit des zweiten	Glases Wasser	=	9
Nützlichkeit des dritten	Glases Wasser	=	8
Nützlichkeit des vierten	Glases Wasser	=	7
usw.			

Der Grenznutzen nimmt ab, weil bei der Vermehrung des Gütervorrats (hier z. B. des Wassers) unwichtigere Bedürfnisregungen befriedigt werden. Die Grenznutzenbetrachtung hat Bedeutung, da für die Bewertung des gesamten Gütervorrats der Grenznutzen entscheidend ist. Wenn wir nämlich auf eine Teileinheit eines bestimmten Bedürfnisses verzichten, dann verzichten wir immer auf die letzte Teileinheit. Der Grenznutzen ist eine Funktion der Menge einer bestimmten Gütergattung. Je kleiner die Menge eines Warenvorrats ist, um so größer ist die Nützlichkeit der letzten Teileinheit. Darüber hinaus hängt der Grenznutzen von dem objektiven Nutzen des Gutes ab. Wenn z. B. Brot und Gold in gleicher Menge vorhanden wären, dann wäre der Grenznutzen des Brotes höher als der des Goldes, da Brot ein lebenswichtiges Gut ist.

Zweites Gossensches Gesetz: Alle Bedürfnisse werden bis zum gleichen Intensitätsgrad hinab abgedeckt, so daß die verbleibenden Bedürfnisregungen in allen Bedürfnisgattungen gleich sind.

Das erste Gossensche Gesetz bezieht sich nur auf eine „Gütergattung" – das zweite Gossensche Gesetz vergleicht den Grenznutzen beim Vorhandensein verschiedener Güttergattungen, z. B.:

Intensität des Bedürfnisses in absoluten Zahlen:

Brot	Kleidung	Wohnung	Unterhaltung
10			
9	9		
8	8	8	
7	7	7	7
6	6	6	6
5	5	5	5

Das zweite Gossensche Gesetz zeigt, wie auf der *Nachfrageseite* (Haushalt) die vorhandenen geringen Mittel auf die einzelnen Gütergattungen verteilt werden, um die höchstmögliche Bedürfnisbefriedigung zu erzielen. Bei sehr geringen Mitteln wird der Nachfrager zuerst Brot (Intensität des Bedürfnisses = 10) kaufen. Bei wachsendem Einkommen werden nach und nach auch andere Bedürfnisse befriedigt, wobei die Mittel so verteilt werden, daß der Grenznutzen in allen Verwendungsarten gleich ist (im Beispiel = 5). Auf der *Angebotsseite* (im Betrieb) fragen die Produzenten Produktionsfaktoren nach, mit denen sie einen Ertrag erwirtschaften, so daß sich der Nutzen in diesem Bereich in Erträgen widerspiegelt. Das zweite Gossensche Gesetz ist in den Unternehmen verwirklicht, sobald die Grenzerträge aller eingesetzten Produktionsfaktoren gleich sind. Die letzte Geldeinheit, die für jeden Produktionsfaktor angegeben wird, muß den gleichen Grenzertrag erbringen (Minimalkostenkombination).

Die Anwendung des zweiten Gossenschen Gesetzes birgt jedoch Probleme, denn

- psychische Regungen kann man nicht in jedem Fall quantitativ ausdrücken, und
- das Gesetz ist nur exakt, wenn eine völlige Teilbarkeit der Gütereinheiten angenommen wird. Wohnungen usw. können nicht in Teileinheiten gekauft werden.

Drittes Gossensches Gesetz: Bei einer Wiederholung der Bedürfnisbefriedigung nimmt die Intensität der Bedürfnisse ab (dynamische Betrachtungsweise, da ein Zeitintervall berücksichtigt wird).

Die Produktionsfaktoren

Als Produktion bezeichnet man jede Bereitstellung von Gütern für den Konsum. Auch die Bereitstellung von Dienstleistungen in Handel, Verkehr und den typischen Dienstleistungsbetrieben ist in diesem Sinne eine Produktion. Ein Produktionsfaktor ist ein Gut, mit dem andere Güter erstellt werden können. An der Güterproduktion in der Wirtschaft sind in der Regel drei Produktionsfaktoren beteiligt: Boden, Arbeit und Kapital.

Boden

Der Boden ist als passiver Wirtschaftsfaktor Standort für die landwirtschaftliche und industrielle Erzeugung; als aktiver Wirtschaftsfaktor, als Produktionselement, wird der Boden zum Abbau von Bodenschätzen (Rohstoffquelle) und als Anbauboden (Landwirtschaft) genutzt.

Heute findet man den Boden kaum noch in der ursprünglichen, von der Natur geschaffenen Form vor. Der Mensch hat den knappen Boden verbessert und durch mannigfache Formen der Bewirtschaftung verändert. Ein Modell der Bodennutzung entwickelte der deutsche Nationalökonom Johann Heinrich Thünen (1783–1850) in seiner Schrift „Der isolierte Staat". Er baute damit als erster Ökonom ein Modell auf durch Abstraktion empirischer Faktoren und versuchte darzulegen, wie die Landwirtschaft ihren Standort wählt, wenn folgende Prämissen gegeben sind:

- Ein Konsumentenzentrum, das in der Mitte eines isolierten Kreises liegt,
- Böden mit gleicher Fruchtbarkeit,
- gleicher Stand der Agrartechnik und
- einheitlicheTransportmittel.

Unter diesen Voraussetzungen versuchte Thünen festzustellen, welche ökonomischen Faktoren den Anbau der Produkte in den Kreisen um den Mittelpunkt bestimmen. Er stellte dabei drei Faktoren heraus:

- Transportkosten,
- Verderblichkeit der Produkte,
- Höhe der Anbaukosten = Arbeitsintensität.

Wenn unter den gegebenen Prämissen nur die drei genannten Faktoren den Standort der landwirtschaftlichen Produktion bestimmen, wird, von innen nach außen gesehen, folgende Standortwahl getroffen:

- Veredlungsprodukte
  Grund: Wegen hoher Arbeitskosten können diese Produkte nicht mit zusätzlichen Transportkosten belastet werden.
- Forstwirtschaft
  Grund: hohe Transportkosten
- Fruchtwechselwirtschaft
  Grund: intensive Form der landwirtschaftlichen Produktion mit relativ hohen Kosten.
- Weidewirtschaft
- Extensive Dreifelderwirtschaft
- Extensive Viehwirtschaft

Die von Thünen dargelegten Anbauringe sind Vorläufer der heutigen modernen Modellanalysen in der volkswirtschaftlichen Lehre. Sie haben – wie alle Modelle – eine gewisse Wirklichkeitsnähe. Die Landwirtschaft in den Randzonen der Ballungszentren hat z. B. vom Stadtmittelpunkt aus gesehen teilweise eine Standortwahl in der genannten Reihenfolge getroffen. Absolute Gültigkeit hat das Modell jedoch nur, wenn die genannten vier Prämissen vorliegen.
1909 untersuchte der deutsche Nationalökonom und Soziologe Alfred Weber (1868–1958) die industrielle Standortwahl in der Schrift „Über den Standort der Industrie".

Das Ertragsgesetz
Der Mensch kann durch zunehmenden Einsatz von Arbeit und Kapital den Ertrag einer bestimmten Bodenfläche steigern. Durch bessere Bearbeitung und Aufwand von Düngemitteln wird aber nur ein Teil der Faktoren, die das Pflanzenwachstum bestimmen, günstiger gestaltet. Auf andere Faktoren, wie Regen, Licht und Wärme, hat der Mensch keinen Einfluß. Die moderne Bodenbewirtschaftung versucht auch diese Faktoren miteinzubeziehen, z. B. durch Berieselungsanlagen. Es gibt jedoch einen Punkt, in dem alle das Pflanzenwachstum bestimmenden Faktoren in einem günstigen Verhältnis stehen (Optimalpunkt). Steigert der Mensch nun den Aufwand von Arbeit und Kapital, also jener Faktoren, die seinem Einfluß unterliegen, über diesen Punkt hinaus, so steigt zwar noch der auf dieser Bodenfläche erzielte Gesamtertrag, doch steigt der Gesamtertrag nicht so schnell wie der zusätzliche Aufwand an Arbeit und Kapital. Ist also der Punkt des günstigsten Wirkungsverhältnisses aller Faktoren, der Optimalpunkt, überschritten, entsprechen einem zusätzlichen Aufwand an Arbeit und Kapital immer geringer werdende Zuwächse am Gesamtertrag (Grenzerträge). Diesen Sachverhalt bezeichnet man als das Gesetz vom abnehmenden Bodenertrag. Diese Bezeichnung ist jedoch insofern irreführend, als sie keinen Hinweis darauf enthält, daß die Ertragszuwächse vor Erreichen der Optimalkombination steigen.
Das Ertragsgesetz ist eine spezielle Fassung des allgemeinen Gesetzes vom Minimum, d. h. der Erfolg ist immer bestimmt von einem Faktor, der im Minimum vorhanden ist. Wenn z. B. ein Industriebetrieb mehrere Abteilungen mit gleicher Kapazität hat, eine Abteilung aber kleiner ist, so bildet sie den „Flaschenhals" in einem Produktionsprozeß. Vor diesem „Flaschenhals" staut sich eine Produktion. Das Endergebnis ist bestimmt durch diesen „Flaschenhals". Der Erfolg wird also bestimmt von dem Faktor, der im Minimum vorhanden ist. Der Betrieb muß die einzelnen Abteilungen so auslasten, wie dieser „Flaschenhals" es zuläßt.

• Prämissen des Ertragsgesetzes
- Nur ein Produktionsfaktor wird variiert, während die anderen beiden konstant gehalten werden müssen (sonst kann der wechselnde Ertrag nicht dem variierenden Faktor zugerechnet werden).
- Das qualitative Niveau der Produktionsfaktoren darf sich nicht ändern (durch technischen Fortschritt usw.), damit die Kontinuität des Ertragsverlaufes gewahrt wird.
- Das Ertragsgesetz wird güterwirtschaftlich gesehen. Neutralität des Geldes wird unterstellt, d. h. vom Geld, Wert des Geldes, erfolgt keine Beeinflussung.
- Es handelt sich nicht um komplementäre Produktionsfaktoren (Produktionsfaktoren, die sich gegenseitig ergänzen, z. B. Füllhalter/Tinte).

• Ableitung des Ertragsgesetzes
Klärung von Begriffen:

Gesamtertrag	=	gesamter Ertrag
Durchschnittsertrag ØE	=	Gesamtertrag dividiert durch die Menge der eingesetzten Produktionsfaktoreinheiten
Grenzertrag E'	=	Ertrag, der durch die Aufwendung einer weiteren Produktionsmitteleinheit dem Gesamtertrag zuwächst – das ist das Steigerungsmaß des Gesamtertrages.

Formulierung des Ertragsgesetzes: Bei einer gegebenen Kombination der drei Produktionsfaktoren werden die zusätzlichen Aufwendungen ei-

Arbeiter	Gesamtertrag	Durchschnittsertrag	Grenzertrag
1	2	2	2
2	5	2,5	3
3	10	3,3	5
4	16	4	6
5	25	5	9
6	35	5,5	8
7	40	5,7	7
8	46	5,74	6
9	51	5,65	5
10	55	5,5	4

Beim Grenzertrag von 9 ist im Beispiel das Maximum des Grenzertrages erreicht. Durchschnittlich gesehen ist das Maximum aber noch nicht erreicht. Hier ist die Schwelle des Ertragsgesetzes.
Die Durchschnittserträge steigen noch weiter, denn die Grenzerträge sind noch höher als die Durchschnittserträge. Sie steigen so lange, bis beide gleich sind. In unserem Fall erreicht der Durchschnittsertrag sein Maximum bei einem Einsatz von 8 Arbeitern. Zwischen 8 und 9 werden sich also Durchschnittsertrag und Grenzertrag schneiden. Hier liegt das Betriebsoptimum.
Der Grenzertrag sinkt schneller ab als der Durchschnittsertrag, da sich auf die Errechnung des Durchschnittsertrages der Grenzertrag auswirkt.

Abb. 11.1: Beispiel für die Ableitung des Ertragsgesetzes

nes Faktors bei Konstanthaltung der beiden anderen, darunter des Bodens, bis zur Schwelle des Ertragsgesetzes zunehmende Grenzerträge ergeben. Von diesem Punkt an sinkt der Grenzertrag ab, während der Durchschnittsertrag bis zum Betriebsoptimum weiter steigt. Es lassen sich vier Phasen unterscheiden (Abb. 11.2):

I. E' und ØE steigen. E' steigt stärker als ØE.
II. E' sinkt ab, aber ØE steigt an.
III. E' und ØE sinken beide, jedoch E' sinkt stärker als ØE.
IV. E' wird negativ, der Gesamtertrag nimmt absolut ab.

Kritik des Ertragsgesetzes: Kritik wird nur an der exakten Fassung geübt, nicht an dem Tatbestand als so chem, denn in der Tendenz ist das Ertragsgesetz immer gültig:

- Ein Produktionsfaktor soll variiert werden. Das ist in den meisten Fällen nicht möglich, denn auch die anderen Faktoren müssen variiert werden, wenn auch in verschiedenem Maße. Man kann den Ertrag nicht einem Faktor genau zurechnen, sondern nur allen Faktoren in ihrer Gesamtheit.
- Das qualitative Niveau darf nicht geändert werden. Es ändert sich einmal mit Durchführung eines technischen Fortschritts, und zum anderen kann allein eine quantitative Vermehrung des ersten Faktors zur qualitativen Verbesserung führen. Wenn beispielsweise mehr Beschäftigte eingestellt werden, kann die Arbeitsteilung größer werden, der einzelne kann sich besser spezialisieren.
- Das Ertragsgesetz ist güterwirtschaftlich gefaßt, um Preisschwankungen auszuschalten. Diese Prämisse kann beibehalten werden, da das Ertragsgesetz ein naturwissenschaftliches Gesetz ist.
- Die Produktionsfaktoren dürfen keinen komplementären Charakter haben, sondern müssen beschränkt substitutiv, d. h. gegeneinander austauschbar sein. Auch diese Voraussetzung trifft nicht immer zu, da einige Produktionsfaktoren sich gegenseitig ergänzend bedingen.

11

• Anwendung des Ertragsgesetzes

Das Ertragsgesetz gilt zunächst im theoretischen Modell. Das Ertragsgesetz besagt, daß eine ungleichmäßige Variation möglich ist, es wird nur ein Faktor variiert, während die anderen konstant gehalten werden. Der amerikanische Volkswirtschaftler John Bates Clark (1847–1938) hat das Gesetz vom abnehmenden Ertragszuwachs zum allgemeinen Ertragsgesetz verallgemeinert und gezeigt, daß das Gesetz nicht nur für das Modell Gültigkeit hat.
Auf die Landwirtschaft ist das Ertragsgesetz immer anzuwenden, da dort ein Faktor tatsächlich konstant gehalten wird. Das Ertragsgesetz des Modells ist jedoch von dem der realen Landwirtschaft zu trennen; denn im Modell macht es keine Schwierigkeit, einen Faktor konstant zu halten.

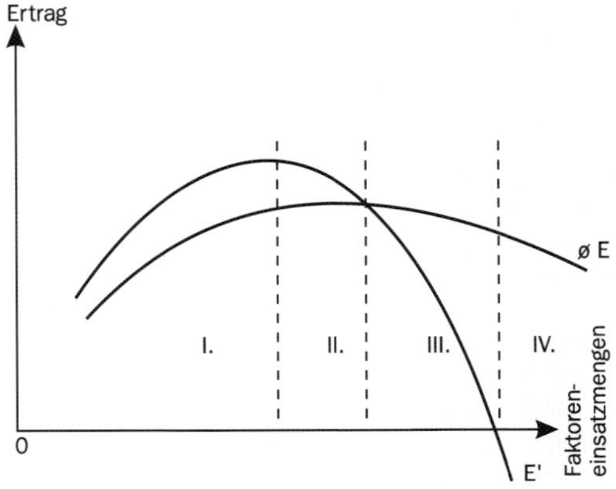

Abb. 11.2: Graphische Ableitung des Ertragsgesetzes

Für die Industrie ist zu prüfen, ob auch dort ein Faktor konstant gehalten wird. Gewöhnlich nimmt man an, daß die Kapazität konstant ist, und leitet dann die Erträge ab. Die Kapazität eines Betriebes ist aber „naturgemäß" nicht konstant, denn seine Kapazität kann regelmäßig vergrößert werden. Weiter sagt man, daß es in der Industrie einen Faktor gibt, den dispositiven Faktor (= unternehmerische Leitung), der von einem bestimmten Punkt an ins Minimum gerät. Beispiel: Bei einem gegebenen Betrieb mit zentraler Leitung und bestimmtem Einsatz von Arbeit und Kapital kann man den Betrieb, die Kapazität, die Arbeitskräfte sowie die Standortböden vergrößern, jedoch die Leistung des Unternehmers, der an der Spitze steht, kann nicht vergrößert werden (= bürokratisierte Leitung). Je größer der Betrieb ist, umso leichter können Führungsfehler den Betriebsprozeß stören (Zusammenbruch großer Konzerne). In diesen Fällen besteht jedoch die Möglichkeit, neue Betriebe zu gründen, die wieder ihre eigenen Leiter haben.

Das Ertragsgesetz gilt also auch für die Industrie, jedoch mit bestimmten Unterschieden zur Landwirtschaft, in der das Optimum eher erreicht wird als in der Industrie.

Arbeit

Als Arbeit wird jede körperliche und geistige Tätigkeit des Menschen bezeichnet, die darauf abzielt, einen Ertrag (Einkommen) zu erzielen. Ohne eine planmäßige menschliche Tätigkeit, die auf ein wirtschaftliches Ziel gerichtet ist, können der gegebene Gütervorrat und die Versorgung der Menschen nicht verbessert werden.

Arten der Arbeit

Der Produktionsfaktor Arbeit ist kein einheitliches Gut. Wir können vielmehr zahlreiche Arten von Arbeit unterscheiden; die Arbeitsleistung und damit die Qualität der Arbeit jedes einzelnen Menschen ist eine individuelle Erscheinung. Die wichtigsten Gliederungen der Arbeitsarten ergeben sich bei einer Unterscheidung nach den Kriterien:

Ausbildung: Ein wichtiges Unterscheidungsmerkmal der verschiedenen Arbeitsarten sind vor allem der Gang und die Dauer der Ausbildung. Bestimmte Tätigkeiten können nur von besonders ausgebildeten Kräften übernommen werden: Wir sprechen von gelernter Arbeit. Im Gegensatz dazu steht die ungelernte Arbeit.

Art der Tätigkeit: Betrachtet man irgendein Unternehmen, so können wir je nach der Stellung in diesem Unternehmen zwischen leitender (dispositiver) und ausführender Arbeit unterscheiden. Die dispositive Arbeit hat dafür zu sorgen, daß die einzelnen Tätigkeiten aller im Betrieb Beschäftigten planmäßig ablaufen und sich sinnvoll ergänzen. Sie gewährleistet also die Koordinierung betrieblicher Vorgänge im Bereich der Produktion. Weiterhin zielt die Leitung einer Unternehmung auf ein erfolgreiches Handeln am Absatz- und Beschaffungsmarkt. Dahinter verbirgt sich der oft sehr komplexe Vorgang der Festlegung einer allgemeinen Geschäftspolitik, in deren Mittelpunkt das zukünftige Produktionsprogramm sowie der Produktionsumfang stehen. Eine leitende Tätigkeit zeichnet sich also durch in eigener Verantwortung getroffene Entscheidungen aus. Im Gegensatz dazu empfängt die ausführende Arbeit Anweisungen von der Leitung und wird aufgrund dieser Anweisungen tätig.
Mit dieser Unterscheidung hängt die Trennung in geistige sowie körperliche Arbeit oft eng zusammen. Da eine rein körperliche Arbeit jedoch ohne geistige Leistung, ohne Überlegung und Aufmerksamkeit usw. kaum denkbar ist, will diese Unterscheidung nur das Überwiegen der körperlichen oder geistigen Leistung betonen.

• Bevölkerung und Arbeitszeit

Die einer Volkswirtschaft zur Verfügung stehende Gütermenge hängt entscheidend vom Ausmaß der insgesamt verfügbaren Arbeit ab. Dieses Ausmaß wird in erster Linie von der Bevölkerungszahl eines Landes bestimmt. Bei gegebener Bevölkerung ergibt sich die gesamte Arbeitsmenge aus dem Verhältnis der Erwerbstätigen oder Erwerbsfähigen zur Gesamtbevölkerung (Erwerbsquote); somit erlangen der Altersaufbau der Bevölkerung und ihr Gesundheitszustand besondere Bedeutung.
Ein weiterer Bestimmungsfaktor für das Ausmaß der verfügbaren Arbeit ist die Arbeitszeit, d. h. die Zeit, die die Erwerbstätigen an ihrem Arbeitsplatz verbringen. Die Leistungsfähigkeit des einzelnen Arbeiters leidet aber durch eine übermäßige Ausdehnung der täglichen Arbeitszeit. Da die Arbeitsleistung also im gleichen Maße von der Arbeitszeit wie von der Arbeitsintensität abhängt, ist die Regelung der Arbeitszeit nicht nur ein soziales, sondern auch ein wirtschaftliches Problem. Für die Güterversorgung entscheidend ist die Frage, in welchem Umfang die verfügbare Arbeit auch tatsächlich genutzt wird, d. h. ob Arbeitslosigkeit besteht.

• Die Qualität der Arbeit

Neben der insgesamt verfügbaren Arbeitsmenge, also der Quantität, muß eine Volkswirtschaft ihr besonderes Augenmerk auf die Qualität der Arbeit richten. Die Arten und Qualitäten der in einer Volkswirtschaft verfügbaren Arbeit werden vor allem durch die Ausbildung bestimmt. Außer von der Ausbildung hängt die Qualität der Arbeit von der Leistungsfähigkeit, Sorgfalt, Umsicht und anderen im Wesen und Charakter des Arbeitenden begründeten Merkmalen ab. Je besser also die Qualität der Arbeit, desto größer die Ergiebigkeit, also die Produktivität der Arbeit. Bei gegebenem Stand der Ausbildung wird die Qualität der Arbeit ferner durch die gesundheitliche Verfassung der Bevölkerung, durch die Arbeitsbedingungen, die sozialen Verhältnisse usw. mit beeinflußt. Für den Staat ergeben sich somit weitreichende und wichtige Aufgaben im Hinblick auf eine Verbesserung dieser Bedingungen.

• Ausbildung und Entwicklungsstadium der Volkswirtschaft
Es hat sich gezeigt, daß mit fortschreitender Industrialisierung höhere Anforderungen an den Grad der Ausbildung gestellt werden. Mit zunehmender Automatisierung und Technisierung der Produktion können immer weniger ungelernte oder nur angelernte Arbeiter eingesetzt werden. Maschinen verrichten in immer größerem Maße rein mechanische und „körperliche“ Arbeit – die menschliche Arbeit erstreckt sich mehr und mehr auf die Bedienung dieser Maschinen, setzt also entsprechende technische Kenntnisse voraus.

• Investitionen in den Menschen
Der Staat hat die Verpflichtung, durch Schaffung moderner Schulen, Förderung begabter Schüler usw. den Stand der Ausbildung nicht nur zu erhalten, sondern immer mehr zu verbessern. Ausgaben des Staates auf diesem Gebiet – man kann von „Investitionen in den Menschen“ einer Volkswirtschaft sprechen – erweisen sich als sehr produktiv und tragen ebenso wie Ausgaben auf dem Gebiet der Forschung wesentlich zu einer Steigerung oder zumindest zur Beibehaltung des Wirtschaftswachstums bei.

Kapital

Das Wort Kapital wird im allgemeinen Sprachgebrauch im unterschiedlichen Sinn verwendet. Im volkswirtschaftlichen Sprachgebrauch ist Kapital ein Produktionsfaktor neben Boden und Arbeit. Als Kapital bezeichnet man Güter, die nicht für den Konsum produziert werden, sondern für die weitere Güterproduktion eingesetzt werden. Kapital sind also Maschinen, Werkzeuge etc. Der vermehrte Einsatz in der Produktion führt zu einer Vermehrung des Produktionsergebnisses. Kapital entsteht durch Sparen und wirtschaftlich sinnvolle Investitionen. Ein Vorrat hergestellter Güter wird in den Produktionsprozeß eingesetzt und auf indirektem Wege dem Endverbraucher zur Verfügung gestellt. Man bezeichnet daher auch Kapital als „produziertes Produktionsmittel“.
Kapital ist in diesem Sinne ein eigener Produktionsfaktor, obwohl er selbst ein Ergebnis des Einsatzes der Produktionselemente Arbeit und Boden ist. Im Kapital (z. B. Maschine) sind Faktoren vereinigt, die nutzbar gemacht werden können und einen Ertrag erbringen, der mit den einzelnen Produktionsfaktoren Arbeit und Boden allein nicht erzielt werden kann. Außerdem kann die Produktion durch den Einsatz von Kapital stark beschleunigt werden.

Kapitalbildung in der Naturalwirtschaft

In der niederen Wirtschaftsform der Naturalwirtschaft bildet sich Kapital, wenn folgende Voraussetzungen erfüllt sind:

- Konsumverzicht: Die Herstellung eines Fischnetzes oder eines Pfluges erfordert für eine gewisse Zeit einen Verzicht auf einen möglichen Konsum.
- Subsistenzmittelfond: Der Hersteller eines Pfluges benötigt einen Vorrat an Gütern, um während der Produktionszeit des Pfluges zu existieren (nicht immer notwendig).
- Investition: Durch Vereinigung von Arbeit und Material wird das Kapitalgut hergestellt.

Kapitalbildung in der modernen Wirtschaft

• Freiwilliges Sparen
In der modernen Geldwirtschaft vollzieht sich die Kapitalbildung im Prinzip in der gleichen Weise wie in der Naturalwirtschaft. Da in der modernen Wirtschaft jedoch Kapital schon vorhanden ist, wird bei der neuen Kapitalbildung ein Prozeß in Gang gesetzt, der bei vorhandenen Konsum- und Produktionsgütern folgendermaßen verläuft:
Einige Personen verzichten auf einen Teil ihres möglichen Konsums, indem sie einen Teil des Einkommens zurücklegen. Sie sparen. Wenn sie weniger Konsumgüter kaufen, geht die Nachfrage nach Konsumgütern zurück. Die Preise der Konsumgüter fallen. Die Produzenten haben aber mit gleichen Kosten zu rechnen, denn es ist eine Erscheinung der Wirtschaft, daß die Preise der Kostengüter (Produktionsgüter) starrer sind als die der Konsumgüter. Infolgedessen verringern sich die Gewinne. Grenzproduzenten, die mit Verlust produzieren müssen, scheiden aus. Es folgt eine

Freisetzung von Arbeitskräften und Materialien. Wenn die Preise der Kostengüter genauso stark sänken wie die Konsumgüterpreise, dann würde keine Einschränkung der Gewinne und der Produktion erfolgen. Das Sparen hätte unter diesen Voraussetzungen eine negative Wirkung. Sparen ohne Investitionen würde daher zu einer Depression führen.

Die negative Wirkung ist aber im Regelfalle nicht zu verzeichnen. Es erfolgt bei einem Konsumverzicht ein steigendes Angebot an Sparmitteln, so daß der Zinssatz sinkt. Wenn der Zinssatz sinkt, wird eine Reihe von Unternehmen Kredite nachfragen. Die Sparmittel fließen so in die Investitionssphäre, und die Unternehmen fragen mehr Produktionsfaktoren nach. Sie erhalten sie aus der Konsumgütersphäre, da dort durch den Konsumverzicht Güter freigesetzt worden sind. Der Kreislauf wird so wieder geschlossen, und nach der Investition tritt wieder Vollbeschäftigung ein.

11

Die Klassiker der Nationalökonomie (Vertreter: A. Smith, D. Ricardo, J. B. Say, J. St. Mill – 18./19. Jahrhundert) sagten, im Endeffekt sind Sparen und Investieren immer gleich. Die Übereinstimmung wird durch den Zinsmechanismus hervorgerufen. Es kann daher keine Konjunkturen und Krisen geben, es herrscht immer Vollbeschäftigung. Die Realität hat jedoch ein Auseinanderfallen von Sparen und Investieren gezeigt. Darauf haben die Vertreter der schwedischen Schule, vor allem der schwedische Nationalökonom Wicksell (1851–1926), hingewiesen.

• Mißlungenes Sparen

Die schwedischen Nationalökonomen haben versucht, die Fälle aufzudecken, bei denen das Sparen größer ist als das Investieren – das sind die Fälle des mißlungenen Sparens. Diese Fälle sind nur konstruierbar, wenn der Zinsmechanismus von anderen Faktoren überdeckt, d. h. unwirksam wird.

1. Fall: Die Konsumenten beginnen mit einer Spartätigkeit. Sie bringen das gesparte Geld aber nicht auf den Kapitalmarkt, sondern sie horten es, weil sie pessimistischer Erwartung sind. Sie wollen das Geld in liquider Form behalten. In diesem Falle fehlt die Investition. Es entsteht eine permanente Arbeitslosigkeit, da die Arbeitslosen nicht wieder in den Produktionsprozeß eingegliedert werden können.

2. Fall: Die Konsumenten sparen und bringen dieses Geld zu den Banken. Die Banken sehen, daß die Wirtschaftslage schlecht ist, da laufend Unternehmen zusammenbrechen. Sie sind nicht gewillt, Kredite zu geben. Mit den Sparmitteln erhöhen sie ihre Liquidität (nur für eine bestimmte Zeit möglich). Die notwendigen Investitionen erfolgen nicht. Arbeitslosigkeit ist die Folge.

3. Fall: Die Banken sind gewillt, das Geld auszugeben. Die Sparbeträge stauen sich aber bei den Banken wegen der ablehnenden Haltung der Unternehmer. Auch in diesem Fall kommt es zu einer Depression.

4. Fall: Die Unternehmer nehmen Kredite auf, verwenden sie aber nicht für Investitionen – sie horten das Geld, um liquide zu bleiben (Kassenreserve). Die Wirkung ist wie in den ersten drei Fällen.

5. Fall: Die Unternehmer nehmen Kredite auf, aber nicht für Investitionszwecke, sondern zum Konsumieren. Damit liegt nur eine Konsumverschiebung vor, die nicht den Wirkungen der ersten vier Fälle entspricht. In diesem Fall wird die Nachfrage der Unternehmen nach Konsumgütern steigen. Die steigende Nachfrage nach Konsumgütern führt zur Anregung der Konsumgüterindustrie. Die Produktionsfaktoren, die vorher freigesetzt worden waren, werden wieder eingesetzt. Die Vollbeschäftigung ist damit grundsätzlich gewahrt. Es ist jedoch keine Investition erfolgt, so daß auch in diesem Falle von mißlungenem Sparen gesprochen werden kann.

6. Fall: Die Unternehmer investieren die Kredite. Die Investition erweist sich jedoch als Fehlinvestition, da diese Kapitalgüter nicht nachgefragt werden. Die eingesetzten Produktionsfaktoren werden daher wieder freigesetzt.

Im klassischen System konnte es die Fälle des mißlungenen Sparens nicht geben. Die Klassiker unterstellen den „homo oeconomicus". Nach ihrer Ansicht handeln alle Menschen nach dem erwerbswirtschaftlichen Prinzip. Da sie so handeln, wird eine steigende Hortungstätigkeit zu einem steigenden Zinssatz führen. Es lohnt sich dann, wieder Geld auf dem Kapitalmarkt anzubieten, so daß der Zinssatz sinkt und die Unternehmer investieren. Wenn das Geld bei den Banken liegen bleibt, wird der Zinssatz sinken. Für die Unternehmer wird es dann von einem gewissen Punkt an lohnend, Kredite nachzufragen, da sie nach dem erwerbswirtschaftlichen Prinzip handeln.

Auch die übrigen Fälle sind mit der klassischen Auffassung nicht vereinbar, weil nach der klassischen Theorie ein Zins nur aus dem Mehrertrag des Kapitals gezahlt werden kann. Wenn die Unternehmer jedoch horten oder konsumieren, fällt kein Mehrertrag an, um damit den Zins zu zahlen.

• Selbstfinanzierung

Eine Selbstfinanzierung unterscheidet sich von der erstgenannten Art einer Kapitalbildung darin, daß Sparer und Investor personengleich sind. Gemeinsam ist beiden Formen der Kapitalbildung die Freiwilligkeit des Sparens. Wenn ein privater Unternehmer einen Teil seines Einkommens spart und wieder im eigenen Betrieb investiert, so ist das Selbstfinanzierung. Das gleiche gilt für eine Kapitalgesellschaft (AG, GmbH), die nur einen Teil ihres Gewinns ausschüttet und den Rest im Unternehmen verwendet.

• Finanzpolitische Zwangskapitalbildung
Die Bezeichnung deutet schon auf den Unterschied zu den bisher genannten Arten der Kapitalbildung hin: Der Konsumverzicht wird erzwungen. Durch Steuererhebung zwingt der Staat den Steuerzahler, auf möglichen Konsum zu verzichten. Werden diese Mittel vom Staat nicht dem öffentlichen Verbrauch zugeführt (Theater, Parkanlagen usw.), sondern produktiv eingesetzt (insbesondere in den staatseigenen Unternehmen oder durch staatliche Kreditgewährung an private Unternehmen), liegt Kapitalbildung vor.
Auch Zwangsversicherungen stellen eine solche Zwangskapitalbildung dar, da die Versicherungsinstitute einen Teil der ihnen zufließenden Mittel zur Reservebildung benutzen und diese Reserven als Kredite an Investoren weitergeben.

• Geldpolitische Zwangskapitalbildung
Auch diese Art der Kapitalbildung wird durch erzwungenen Konsumverzicht erreicht. Ausgelöst – bewußt oder unbewußt – wird dieser Vorgang durch eine Vermehrung der Geldmenge.
Wenn die Zentralnotenbank (in der Bundesrepublik Deutschland die Bundesbank) durch großzügigere Kreditvergabe an investitionsbereite Unternehmen die Geldmenge vergrößert, so verändert sich die Gütermenge zunächst nicht. Da der größeren Geldmenge ein gleich großes Güterangebot gegenübersteht, müssen die Preise steigen. Die bisherigen Geldbesitzer werden geschädigt, insbesondere müssen die Konsumenten mit nominell gleichbleibenden Einkommen ihren Verbrauch einschränken (Konsumverzicht), weil sie wegen der gestiegenen Preise nur eine geringere Gütermenge kaufen können. Die Unternehmen hingegen haben mit Hilfe der zusätzlichen Geldmittel Investitionen vorgenommen. Man könnte sagen, hier liegt die Investition zeitlich vor dem Konsumverzicht, denn eine Preissteigerung, die den Konsumverzicht erzwingt, wird erst durch die zusätzliche Nachfrage der Investoren nach Kapitalgütern usw. verursacht.
Die Nachteile der Zwangskapitalbildung liegen darin, daß die Konsumenten wahrscheinlich ihre freiwillige Spartätigkeit einschränken werden, um ihr bisheriges Lebensniveau zu halten. Es ist daher zweifelhaft, ob sich die Kapitalbildung per Saldo erhöht, denn eine finanzpolitische oder geldpolitische Zwangskapitalbildung kann durch die Einschränkung der freiwilligen Spartätigkeit kompensiert oder gar überkompensiert werden. Außerdem ist bei geldpolitischer Zwangskapitalbildung die Gefahr von Fehlinvestitionen gegeben, da die auftretenden Verschiebungen der Preise die Wirtschaftsrechnung der Unternehmungen erschweren. Es ist nicht mehr gewährleistet, daß die Investitionen in den ertragreichsten Unternehmen vorgenommen werden.
Diese Art der Kapitalbildung kommt einer Enteignung der Sparer und Verbraucher gleich. Dabei ist der soziale Gesichtspunkt noch nicht berücksichtigt, denn die Bezieher kleiner Einkommen werden von einer Geldentwertung ungleich härter betroffen als die Bezieher großer Einkommen.

Markt und Preise

Angebot und Nachfrage

Angebot und Nachfrage von Gütern und Dienstleistungen werden in einer marktwirtschaftlich orientierten Volkswirtschaft über die Preise reguliert. Das Angebot an Waren wird erweitert, wenn der Preis der Güter steigt, es wird reduziert, wenn die Preise sinken.
Umgekehrt verhält sich die Nachfrage. Wenn die Preise fallen, steigt die Nachfrage, während bei Preiserhöhungen die Nachfrage sinkt.
Dieser beschriebene Marktmechanismus sorgt dafür, daß Anbieter und Verbraucher sich in einer Marktwirtschaft frei entscheiden, welche Güter und Dienste produziert bzw. in Anspruch genommen werden (Was, Wie, Für wen produziert werden soll).

Die Angebotskurve
Unter einer Angebotsfunktion oder -kurve versteht man die Beziehung zwischen den Preisen und Mengen, die die Produzenten bereit sind zu erzeugen und zu verkaufen. Auf der Preisgeraden sind die Preise in DM für das jeweilige Gut angegeben, auf der Mengengeraden die Menge in Stück. Steigt aus einem Anlaß der Preis für das Gut, so erhöhen die Anbieter gleichzeitig ihre Einnahmen. Das führt dazu, daß ihre Bereitschaft, die Ware zu verkaufen, ebenfalls steigt. Also werden sie mehr von diesen Waren anbieten, sei es, daß sie ihre Lager abbauen oder die Produktion erhöhen.

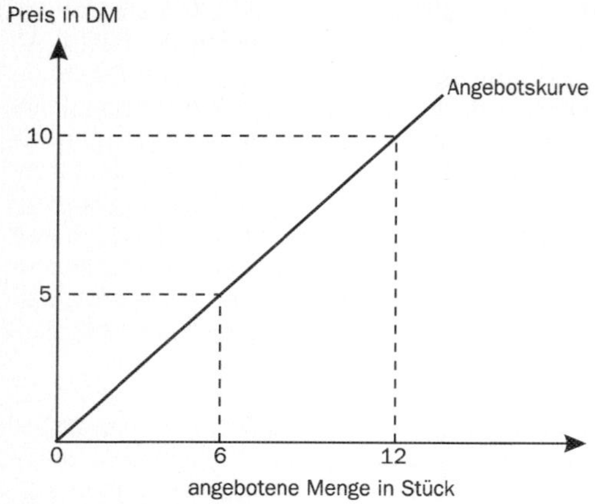

Abb. 11.3: Angebotskurve

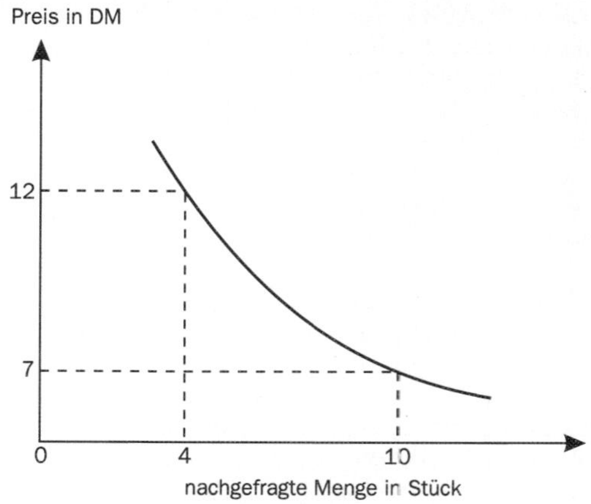

Abb. 11.4: Nachfragekurve

11

Beispiel: Für irgendein beliebiges Gut sei der Preis DM 5,— pro Stück (siehe Abb. 11.3). Zu diesem Preis werden 6 Einheiten dieses Gutes angeboten. Steigt nun der Preis für die Ware auf DM 10,— pro Stück an, so lohnt es sich für die Anbieter, mehr von dieser Ware auf den Markt zu bringen. Das Angebot erhöht sich zum Beispiel auf nunmehr 12 Stück.
Es zeigt sich, daß steigende Preise für ein Gut – infolge der höheren Einnahmen und Gewinne – in der Regel zu einer Ausweitung des Angebots führen. Andererseits bedeuten sinkende Preise gleichzeitig Rückgang des Angebots.

Die Nachfragekurve
Das Verhalten der Nachfrage ist dem des Angebots entgegengesetzt. Bei hohen Preisen sind grundsätzlich nur wenige Personen bereit, eine Ware abzunehmen, also nachzufragen. Bei niedrigen Preisen können sich dagegen mehr Personen den Kauf der betreffenden Ware leisten, die Nachfrage steigt. Die Abb. 11.4 der Nachfragekurve gilt für das folgende Beispiel:
Der Preis für eine Flasche Sekt beträgt in einem Geschäft DM 12,—. Zu diesem Preis sind pro Tag nur 4 Personen bereit, eine Flasche zu kaufen. Setzt der Händler nun den Preis für dieselbe Flasche Sekt auf DM 7,— herunter, so steigt die Nachfrage, d. h., daß er am Tag nunmehr 10 Flaschen absetzen kann.
Sinkende Preise führen also in der Regel zu einem Ansteigen der Nachfrage, steigende Preise dagegen zu einem Rückgang der Nachfrage.
Von der hier aufgezeigten Tendenz im Verhalten der Anbieter und Nachfrager gibt es jedoch viele Ausnahmen. So wird beispielsweise die Nachfrage nach lebensnotwendigen Waren bei steigenden Preisen kaum oder gar nicht zurückgehen.

Gleichgewichtspreis

Das partielle Marktgleichgewicht beinhaltet ein Gleichgewicht von Angebot und Nachfrage auf einem bestimmten Markt, wobei durch die „ceteris-paribus“-Voraussetzung (sinngemäß „unter sonst gleichbleibenden Bedingungen“) von den anderen Märkten abstrahiert wird.
Betrachtet man die funktionale Abhängigkeit auf dem partiellen Markt eines homogenen Gutes, so stellt man fest, daß bei einem geringeren Preis für ein Gut im Regelfall das Angebot geringer sein wird. Ist dagegen der Preis für ein Gut hoch, wird im Regelfall auch ein großes Angebot zu verzeichnen sein. Diese Feststellung kann in einem Koordinatensystem dargestellt werden.
Die Angebotskurve bringt zum Ausdruck, daß das Angebot mit Erhöhung des Preises steigt. Sie drückt das funktionale Verhältnis zwischen Preis und Angebot aus: A = f(P).

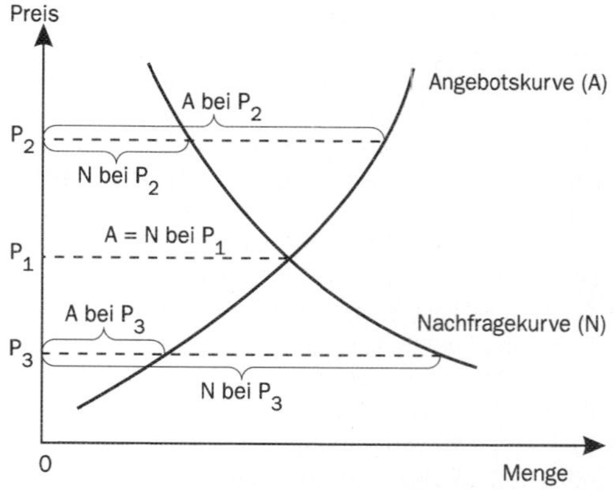

Abb. 11.5: Funktionale Preistheorie und partielles Marktgleichgewicht

Dasselbe führen wir für die Nachfrage durch. Bei geringem Preis wird im Regelfall eine hohe Nachfrage zu verzeichnen sein, bei höherem Preis wird die Nachfrage mengenmäßig kleiner werden. Die Nachfragekurve gibt das funktionale Verhältnis zwischen Preis und Nachfragemenge wieder. Die Nachfrage ist also: N = f(P).
Nehmen wir an, der Preis P_2 spielt sich auf dem Markt ein. Die Menge zum Preis P_2 ermitteln wir, indem wir durch den Punkt P_2 eine Parallele zur X-Achse ziehen, bis diese die Nachfragekurve schneidet. Es wird also zu diesem Preis die Menge x_2 nachgefragt. Diese ermitteln wir, indem wir von dem Schnittpunkt der Preisgeraden mit der Nachfragekurve das Lot auf die X-Achse fällen. Damit wir zum Angebot kommen, müssen wir die Preisgerade weiterziehen bis zum Schnittpunkt mit der Angebotskurve. Hierdurch ermitteln wir auch auf der X-Achse die zum Preis P_2 angebotene Menge x_2. Wir stellen fest, daß beim Preis P_2 die angebotene Menge größer ist als die nachgefragte Menge. Dieser Überschuß des Angebots über die Nachfrage wird die Anbieter veranlassen, sich gegenseitig zu unterbieten, um ihr Angebot an den Mann zu bringen. Es wird also aufgrund der Konkurrenz der Anbieter eine Preissenkung einsetzen. Nehmen wir nun an, der Preis sinkt auf P_3. Wir ermitteln wie vorher die zu diesem Preis angebotene und nachgefragte Menge x_3 und stellen fest, daß nun die nachgefragte Menge größer ist als die angebotene Menge. Der Preis wird durch Überbieten der Nachfrager steigen.
Bei einem Preis, der über dem Gleichgewichtsniveau liegt, ist das Angebot größer als die Nachfrage. Wenn der Preis unter dem Gleichgewichtsniveau liegt, ist die Nachfrage größer als das Angebot. Der Preis des Gleichgewichts liegt also in dem Punkt, in dem sich Angebots- und Nachfragekurve schneiden. Dieser Preis ist P_1.
Der Marktpreis kann davon abweichen, aber immer wieder besteht eine Tendenz zum Gleichgewichtspreis P_1 durch Druck der Übernachfrage bzw. des Überangebots. In diesem Punkt besteht somit ein partielles und stabiles Gleichgewicht. Wenn eine Störung sich im Punkt P_2 festsetzte und das Überangebot über die Nachfrage erhalten bliebe, dann ergäbe sich ein labiles Gleichgewicht. Würde die Störung kumulieren und laufend noch stärker werden, der Preis also immer weiter über P_2 nach oben schnellen, dann bestände ein unstabiles Gleichgewicht.
Daraus folgt für den Gleichgewichtspreis P_1, daß bei diesem Preis der mengenmäßige Umsatz bei gegebener Nachfrage- und Angebotsstruktur der höchstmögliche ist und Angebot und Nachfrage übereinstimmen.

Beim Preis P_2 kann der Umsatz nur gleich der Nachfrage sein, denn es kann nicht mehr umgesetzt werden, als nachgefragt wird. Das überschüssige Angebot kommt nicht zum Zuge. Beim Preis P_3 kann der Umsatz nur der angebotenen Menge entsprechen, da die überschüssige Nachfrage nicht zum Zuge kommt, weil kein Angebot mehr da ist. Beim Preis P_1 ist der mögliche Umsatz maximal.

Staatliche Preisfestsetzungen (Taxen)

Der Staat kann in den Preisbildungsprozeß eingreifen und Preise (Taxen) festsetzen. Eine Taxe ist ein staatlich festgesetzter Preis. Man unterscheidet unechte (Ordnungstaxen) sowie echte Taxen.

Die unechte Taxe

Sie entspricht dem echten Gleichgewichtspreis (dem Preis P_1). Der Staat kann unter Umständen einen Preis festsetzen, der dem Gleichgewichtspreis auf dem Markt entspricht, und dafür verschiedene Gründe anführen, wenn der Markt von sich aus den echten Gleichgewichtspreis nicht finden kann, z. B. aus mangelnder Markttransparenz. Es können auch Friktionen vorhanden sein, die ein richtiges Finden des Gleichgewichtspreises verhindern. In diesen Fällen setzt der Staat einen Preis fest, der dem Gleichgewichtspreis entspricht.
Der Staat braucht aber eine Datenkenntnis dafür, daß er die richtige „unechte Taxe" findet. Er muß das Angebot und die Nachfrage zu den verschiedensten Preisen kennen. Daraus ersieht man, daß eine exakte unechte Taxe kaum möglich ist. Sie wird auch nur bei großen Abweichungen vom Gleichgewichtspreis die Auswirkung haben, den Preis an den Gleichgewichtspreis anzugleichen. Der Staat kann sich beispielsweise experimentell an den Gleichgewichtspreis angleichen, indem er sich Stück für Stück herantastet.

Die echte Taxe

Echte Taxen sind staatlich festgesetzte Preise, die vom Gleichgewichtsniveau abweichen. Es gibt verschiedene Möglichkeiten, die im Nachfolgenden dargestellt werden.

• Preis über Gleichgewichtsniveau
Dies gilt z. B. bei P_2. Es kann sich um einen Festpreis oder einen Mindestpreis handeln.
Festpreis: Beim Festpreis werden Abweichungen nach oben wie nach unten nicht geduldet.

11

Mindestpreis: Im Regelfall wird die echte Taxe jedoch ein Mindestpreis sein, wenn sie über dem Gleichgewichtsniveau liegt. Dieser Mindestpreis besagt, daß der Preis nicht unterschritten, wohl aber überschritten werden darf.
Bei einer Preisfestsetzung in der Landwirtschaft haben wir meist Mindestpreise. Preise, die über dem Gleichgewichtsniveau liegen (Mindestpreise bzw. Festpreise), dienen dem Schutz der Produzenten. Sie können auch festgesetzt werden im Rahmen der Autarkiebestrebungen des Staates. Man will dann durch den höheren Preis erreichen, daß das Angebot ausgedehnt wird.
Bei diesen Preisfestsetzungen besteht ein Problem. Beim Preis P_2 ist im Beispiel das Angebot größer als die Nachfrage. Der Staat wird dann mit einer alleinigen Preisfestsetzung nicht auskommen. Damit der Markt funktioniert, muß er versuchen, die Nachfrage dem Angebot anzugleichen, sonst würde nur eine Überproduktion entstehen. Theoretisch könnte man sich vorstellen, daß der Staat das Angebot auf die Nachfrage einschränkt, d. h., daß er den Preis P_2 zu einem fiktiven Gleichgewichtspreis macht, indem er das überschüssige Angebot reduziert. In diesem Fall würde die Angebotskurve ein Stück nach links verschoben werden.
Diese Möglichkeit gibt es nur theoretisch, wenn man die Gründe für die Festsetzung echter Taxen (Mindestpreis) näher betrachtet. Der Staat will ja erreichen, daß der Produzent geschützt wird. Das wird er nicht erreichen, wenn er das Angebot einschränkt. Er muß also die Nachfrage dem Angebot angleichen.
Es gibt nun mehrere Möglichkeiten, die Nachfrage auszudehnen, z. B. durch Propaganda („Trinkt mehr Milch", usw.) oder durch Subventionen (vor allem bei Lebensmitteln) an bestimmte Konsumentenschichten. Der Staat kann auch selbst als Käufer auftreten (Lagerhaltung des Staates, Vorratswirtschaftspolitik, landwirtschaftliche Vorratsstelle, usw.), oder er ordnet an, daß bestimmte Güter, die starke überschüssige Produktion haben, zugunsten solcher, die verhältnismäßige Unterproduktion aufweisen, eingeschränkt werden müssen.

• Preis unter Gleichgewichtsniveau
Dies gilt z. B. bei P_3. Es kann sich um einen Höchstpreis oder einen Festpreis handeln.
Höchstpreis: Der Höchstpreis darf nicht überschritten, kann jedoch unterschritten werden. Höchstpreise schützen die Konsumenten.
Auch hier ist ein Problem zu beachten. Die Nachfrage ist zu diesem Preis größer als das Angebot. Es muß also das Angebot an die Nachfrage angeglichen werden, d. h. ausgedehnt werden. Dabei gibt es verschiedenen Möglichkeiten.
Festpreis: Der Staat kann z. B. Subventionen an die Unternehmer zahlen, um ihre wirklichen Kosten zu senken. Bei den effektiven Kosten wäre das Angebot kleiner. Es werden durch die Subventionen die Kosten, die die Anbieter zu tragen haben, verringert und das Angebot vergrößert. Diese Angebotsausdehnung kommt aber nur zustande durch Verfälschung der echten Kostenlage. Die Subvention ist also eine „marktinkonforme Maßnahme". Eine andere Möglichkeit ist, die Nachfrage auf das kleinere Angebot einzuschränken mit Hilfe von Rationierung und Kontingentierung. Eine wirklich vorhandene Nachfrage wird dadurch eingeschränkt. Diese letzte Maßnahme dient auch dem Schutz des Konsumenten, da die Lasten von allen getragen werden. Wenn der Preis höher liegt, könnten schwächere Schichten somit weniger kaufen als die besser gestellten Schichten mit höherem Einkommen.

Zusammenfassend kann gesagt werden, daß bei echten Taxen eine Preisfestsetzung allein nicht genügt. Es muß darüber hinaus versucht werden, Angebot und Nachfrage einander anzugleichen.

Elastizität des Angebots und der Nachfrage
Die Neigung der Angebots- und Nachfragekurven hängt von der Elastizität des Angebots und der Nachfrage ab. Es gibt verschiedene Arten der Elastizität.

Direkte Elastizitäten:
dies sind
- die Preiselastizität des Angebots und der Nachfrage und
- die Einkommenselastizität.

Indirekte Elastizitäten:
dazu zählen
- die Kreuzelastizität und
- die Substitutionselastizität (ein Unterfall der Kreuzelastizität).

Für die Neigung der Angebots- und Nachfragekurve ist nur die Preiselastizität des Angebots und der Nachfrage interessant, daher wird zunächst nur diese näher betrachtet.
Definition: Unter der Preiselastizität des Angebots und der Nachfrage versteht man den Grad der Reaktion des Angebots oder der Nachfrage auf Preisänderungen.
Preiselastizität der Nachfrage: Fallunterscheidung für die Elastizität (E):
$E = 1$ Angebot und Nachfrage verändern sich in prozentual gleichem Maße wie der Preis. Wenn der Preis steigt, wird die Nachfrage

also in prozentual gleichem Maß zurückgehen. Das Produkt aus Preis und Menge (p · m = Gesamterlös) bleibt konstant.

E > 1 Bei einer Preiserhöhung geht die Nachfrage in prozentual stärkerem Maße zurück. Der Gesamterlös (p · m) wird geringer, da die Mengenrückgänge größer sind als der Preisanstieg.

E = ∞ Grenzfall: Bei einer Preiserhöhung wird die Nachfrage gleich Null, bei einer Preissenkung wird die Nachfrage unendlich groß.

E < 1 Bei einer Preiserhöhung geht die Nachfrage in prozentual schwächerem Maße zurück. Der Gesamterlös (p · m) steigt an. Die Preiserhöhung führt zu einem prozentual geringeren Mengenausfall.

E = 0 Grenzfall: Bei einer Preiserhöhung bleibt die Nachfrage gleich groß.

Bei diesen Fällen der Preiselastizität der Nachfrage ist die Tatsache wichtig, daß die Bewegungen von Preis und Menge entgegengesetzt verlaufen. Bei lebensnotwendigen Gütern ist die Nachfrage verhältnismäßig starr, bei Luxusgütern ist sie verhältnismäßig elastisch. Bei den lebensnotwendigen Gütern ist die Nachfrage ziemlich unabhängig von der Höhe des Preises, da zu einer Sicherung des Existenzminimums bestimmte Güter notwendig sind (siehe Abschnitt Monopol).

Preiselastizität des Angebots: Hier sind die Bewegungen von Preis und Menge gleichgerichtet. Steigt der Preis, dann steigt auch das Angebot – fällt der Preis, geht das Angebot zurück.

Marktformen

Das Verhalten der Marktteilnehmer ist u. a. abhängig von der Morphologie (Formen und Gestaltung) der Märkte. In der vollständigen Konkurrenz sind z. B. viele Anbieter auf dem Markt. Wenn nun einer dieser Anbieter versuchen würde, sich monopolistisch zu verhalten, z. B. einen überhöhten Preis festzusetzen, dann würde er seinen gesamten Absatz verlieren. Die Nachfrager akzeptieren in der vollständigen Konkurrenz keinen Preis, der über dem Niveau der anderen Anbieter liegt.

In der vollständigen Konkurrenz können die Anbieter entsprechend der Morphologie des Marktes nur nach den Spielregeln der vollständigen Konkurrenz anbieten. Dies gilt für alle anderen Marktformen entsprechend. Die Anbieter können sich auf einem bestimmten Markt nicht autonom verhalten. Der deutsche Nationalökonom Walter Eucken (1891–1950) nennt in seiner Marktformenlehre fünf Marktformen: Vollständige Konkurrenz, Teiloligopol, Oligopol, Teilmonopol und Monopol.

Er unterscheidet weiter offene und geschlossene Märkte, freie und gesetzte Preise. Die Marktformen, die Eucken analysiert, sind Marktformen eines vollkommenen Marktes, wobei der vollkommene Markt gekennzeichnet ist durch eine völlige Markttransparenz und wirtschaftliche Gleichartigkeit der Güter (gleichartig in den Augen der Konsumenten). Es kann bei völliger Markttransparenz für eine Ware nur einen Preis geben. Das gilt für alle Marktformen. Es ist nur eine Mengenanpassung möglich, keine Preisanpassung. Die Menge ist der Aktionsparameter.

Vollständige Konkurrenz

Der Preis ist ein Datum (feststehende Größe), die der Anbieter in der vollständigen Konkurrenz nicht beeinflussen kann. Ein Kennzeichen der vollständigen Konkurrenz ist, daß eine Vielzahl von Anbietern auf dem Markt ist, von denen jeder nur eine kleine Menge anbietet, die nicht ins Gewicht fällt in Relation zum Gesamtangebot, so daß Änderungen einzelner Angebote keine Preisänderungen verursachen. Nur wenn alle Marktteilnehmer ihre gesamten Angebote ändern, ändert sich auch der Preis. In der Marktform der vollständigen Konkurrenz wird eine volle Markttransparenz, d. h. Übersicht über Angebot, Nachfrage und Preis, unterstellt. Alle angebotenen Güter müssen in den Augen der Anbieter und Käufer gleichwertig (homogen) sein. Außerdem setzt man die Neutralität des Geldes und eine freie Konkurrenz voraus. Der Staat muß innerhalb der freien Konkurrenz die liberalen Freiheitsrechte (Eigentum, Erbrecht, Gewerbefreiheit, Vertragsfreiheit, Koalitionsfreiheit, Niederlassungsfreiheit) garantieren.

Vollständige Konkurrenz gibt es nur in der Wirtschaftstheorie der Marktformen, eine „freie Konkurrenz“ (ein wirtschaftspolitischer Begriff) ist eine Voraussetzung für die vollständige Konkurrenz.

Das Verhältnis von Grenzerlös und Preis

Es soll angenommen werden, daß die Ausbringung in der vollständigen Konkurrenz um eine Einheit vermehrt wird. Der zusätzliche Gesamterlös entspricht zugleich dem Preis und Grenzerlös, da Preise und Grenzerlöse in der vollständigen Konkurrenz gleich sind.

Ausbringung	Gesamterlös	Preis	Grenzerlös
1	10	10	10
2	20	10	10

11

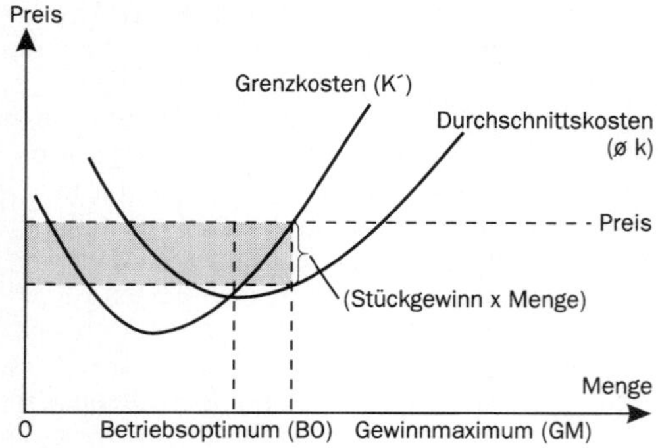

Abb. 11.6

In der vollständigen Konkurrenz ist der Preis immer gleich dem Grenzerlös. Da das Gewinnmaximum für alle Marktformen dort liegt, wo der Grenzerlös gleich den Grenzkosten ist, wird in einer vollständigen Konkurrenz das Gewinnmaximum erreicht, wenn Grenzkosten gleich Preis (Grenzerlös) sind (Abb. 11.6).

11

Allgemein gilt: Grenzerlös = Grenzkosten

in der vollständigen Konkurrenz gilt:
Preis = Grenzerlös

Gewinnmaximum in der vollständigen Konkurrenz:
Grenzkosten = Preis

Preisbildung in der vollständigen Konkurrenz

Das Gewinnmaximum eines Unternehmens liegt in der vollständigen Konkurrenz im Schnittpunkt von Grenzkosten und Preis. Im Schnittpunkt von Grenzkosten (K') und Durchschnittskosten (ØK) liegt das Betriebsoptimum, dort wird der höchste Stückgewinn erreicht, aber nicht der höchste Gesamtgewinn, da dieser von der ausgebrachten Menge abhängt, die im Betriebsoptimum jedoch noch nicht den höchsten Wert erreicht hat.

Da die Grenzkosten bis zum Gewinnmaximum noch unter dem Preis liegen, wird durch jede zusätzlich ausgebrachte Einheit der Gesamtgewinn erhöht, obwohl die Durchschnittskosten steigen. Erst wenn die Grenzkosten die Preisgerade überschritten haben, erhalten wir einen Grenzverlust. Der Gesamtgewinn wird jetzt abnehmen (ist insgesamt aber nicht negativ), da die Kosten jeder weiteren Einheit nicht mehr ganz über den Preis hereingeholt werden.

Entsprechend dem Verlauf der Kostenkurven gibt es Betriebe, die in der Gewinnzone ohne Gewinn und Verlust oder mit Verlust arbeiten. Der intramarginale („innerhalb dieser Zone liegende") Betrieb erzielt einen Gewinn, da die Durchschnittskosten unter dem Preis liegen (Abb. 11.7/A). Er erzielt in Höhe des Produktes aus Menge · Stückgewinn die Differentialrente (Produzentenrente). Der Grenzbetrieb (Abb. 11.7/B) ist dadurch gekennzeichnet, daß der Preis im niedrigsten Punkt der Durchschnittskostenkurve liegt. Der Betrieb arbeitet ohne Gewinn, hat aber auch keinen Verlust. Der submarginale („unter der Grenze liegende") Betrieb hat eine Durchschnittskostenkurve, die über dem Preis liegt. Die Differenz zwischen Durchschnittskostenkurve und Preis spiegelt den Stückverlust wider. Ein Gesamtverlust entsteht in Höhe des Produktes aus Stückverlust · Menge (Abb. 11.7/C).

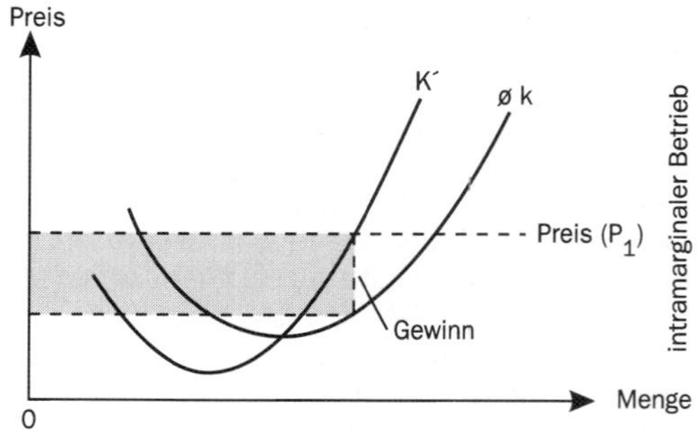

Abb. 11.7/A

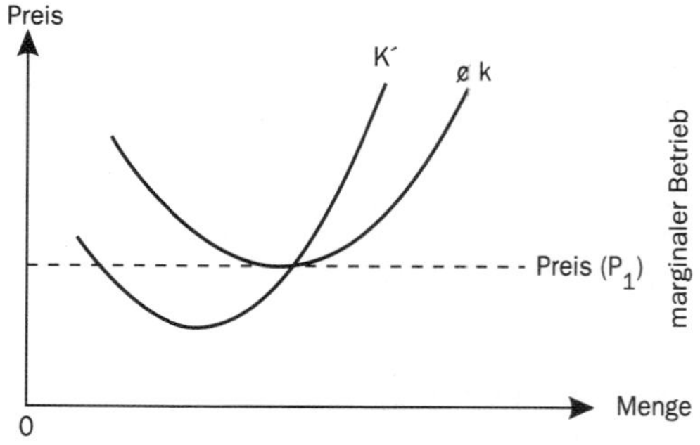

Abb. 11.7/B

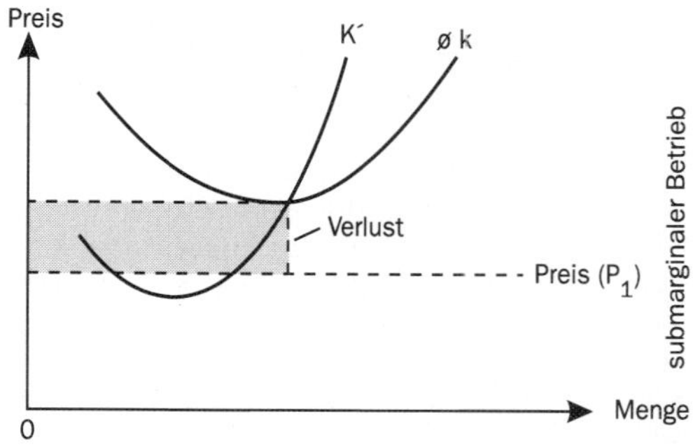

Abb. 11.7/C

Verhalten der Anbieter in Krisenzeiten

Mit Blick auf Abb. 11.8 soll angenommen werden, daß der Preis P_1 im Betriebsoptimum liegt. Der Betrieb kann noch produzieren, er hat weder Gewinn noch Verlust. Die Nachfrage geht nun wegen einer Krise zurück. Dieser Nachfragerückgang bewirkt, daß der Preis absinkt. P_2 liegt nun unter den Durchschnittskosten, und das Unternehmen erleidet einen Verlust. Wird das Unternehmen aufgrund dieses Verlustes entscheiden, die Produktion stillzulegen?

Die Differenz zwischen den Durchschnittskosten (Ø k) und variablen Durchschnittskosten (v. Ø k) entspricht dem Block der fixen Kosten. Wenn der Preis auf P_2 gefallen ist, sind die variablen Durchschnittskosten noch gedeckt. Auch der Teil der fixen Kosten, der zwischen Betriebsminimum und Preis P_2 liegt, ist noch gedeckt. Die fixen Kosten, die über der Preisgeraden P_2 liegen, sind nicht gedeckt. Wenn der Preis zwischen Betriebsoptimum und Betriebsminimum liegt, sind alle variablen Kosten sowie noch ein Teil der fixen Kosten gedeckt, es lohnt sich also noch zu produzieren. Wenn der Betrieb stillgelegt wird, fallen weiterhin fixe Kosten an; arbeitet er weiter, hat er noch einen Teil davon gedeckt, und der Verlust ist kleiner als bei Stillegung der Produktion. Der Preis könnte im Extremfall bis zum Betriebsminimum und unter Einrechnung der Stillegungskosten auch noch unter das Betriebsminimum sinken, ehe man die Produktion einstellt.

Sinkt der Preis jedoch unter das Betriebsminimum, dann ist es sinnvoll, den Betrieb stillzulegen, da auch variable Kosten ungedeckt bleiben. Wenn ein Betrieb in eine Krise kommt und anzunehmen ist, daß diese konjunktureller und nicht struktureller Art ist, dann ist es zweckmäßig, weiter zu produzieren. Dauert die Krise jedoch länger, würde der Betrieb dauernd Verlust erleiden. Bei einem Substanzverzehr ist es richtig, den Betrieb einzustellen.

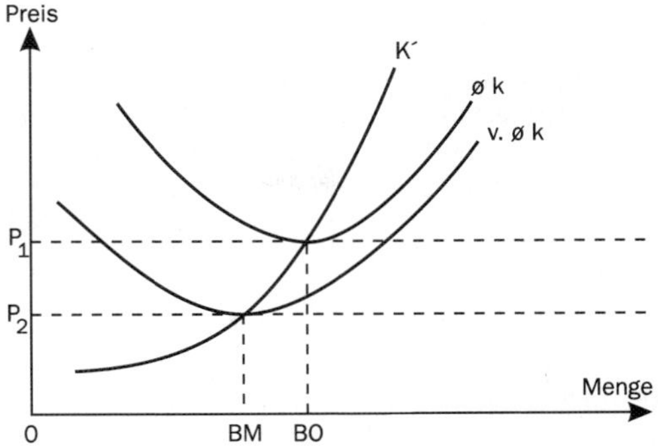

Abb. 11.8

Kurz- und langfristige Anpassung

Kurzfristige Grenzkosten haben einen steileren Kurvenverlauf als langfristige. Das beruht auf der kurzfristigen mangelnden Teilbarkeit der Produktionsfaktoren. Der Block der starren Kosten ist kurzfristig sehr groß.

Es soll angenommen werden, daß der Ausgangspreis P_1 sowohl den kurzfristigen als auch den langfristigen Grenzkosten entspricht (Abb. 11.9). Das Gewinnmaximum wird dann nicht nur kurzfristig, sondern auch langfristig realisiert. Der Preis steigt von P_1 auf P_2. Der Betrieb wird sich dieser Preissteigerung zunächst kurzfristig anpassen. Er wird sein kurzfristiges Angebot vergrößern bis zum Schnittpunkt des Preises P_2 mit der kurzfristigen Grenzkostenkurve. Im Rahmen der kurzfristigen Anpassung kann das Angebot nur gering ausgeweitet werden.

Bei der langfristigen Anpassung wird die Kapazität erweitert. Das bedeutet, daß der Betrieb die langfristigen Grenzkosten an den Preis angleicht, d. h. den Schnittpunkt der langfristigen Grenzkostenkurve mit der Preisgeraden anstrebt. Das Angebot wird um dieses Stück ausgedehnt. Man kann eine neue kurzfristige Grenzkostenkurve einzeichnen, die diesem Niveau entspricht, denn bei der Erweiterung der Kapazität ist der Verlauf der

11

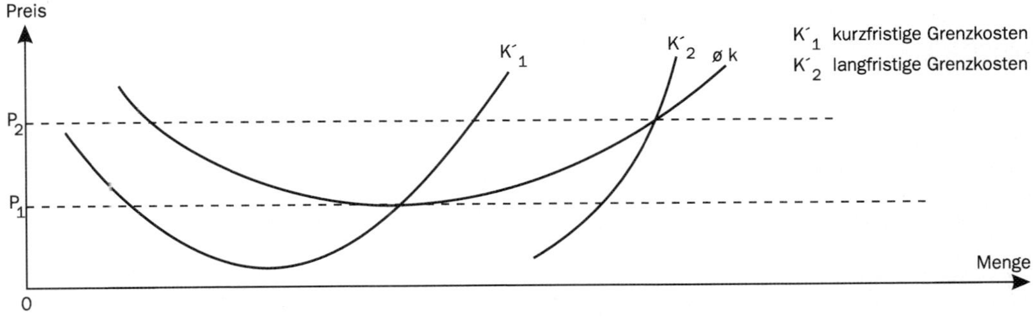

Abb. 11.9

kurzfristigen Grenzkosten nicht mehr der gleiche. Die kurzfristige Grenzkostenkurve muß auch die Bedingung des Gewinnmaximums erfüllen, d. h. durch den Schnittpunkt von langfristiger Grenzkostenkurve und Preis gehen. Bei weiteren Preissteigerungen wird ständig ein Wechsel zwischen kurz- und langfristiger Grenzkostenkurve erfolgen.

Monopol

Der Monopolist bringt ein bestimmtes Gut als einziger auf den Markt. Eine Konkurrenz von homogenen Gütern, die völlig substituierbar sind, ist dabei ausgeschlossen, eine Konkurrenz von heterogenen, bedingt substituierbaren Gütern besteht dagegen. Perlon konkurriert z. B. mit Nylon. Beide haben ein Monopol und brauchen die Konkurrenz gleichartiger Güter nicht zu fürchten, aber wohl die Konkurrenz heterogener Güter.
Auch der Monopolist handelt nach dem Gesetz des erwerbswirtschaftlichen Angebots. Wie sieht aber seine Gewinnmaximierungs-Politik aus? Er wird versuchen, die Grenzkosten mit dem Grenzerlös in Übereinstimmung zu bringen. Beim Monopol ist aber der Preis nicht mit dem Grenzerlös identisch. Der Preis liegt ständig über dem Grenzerlös, er ist kein Datum, der Monopolist kann ihn von sich aus beeinflussen. Der Monopolist kann als Aktionsparameter entweder Preis oder Menge wählen. Wenn er den Preis festsetzt, ist die Menge gegeben. Wenn er den Preis als Aktionsparameter festsetzt, ist die Menge ein Erwartungsparameter. Das Verhältnis von Aktions- und Erwartungsparameter ergibt sich aus der Preis-Absatz-Funktion. Die Preis-Absatz-Kurve ist zunächst zu untersuchen, um das Verhältnis von Menge und Preis festzustellen.

Menge	Preis	Gesamterlös	Grenzerlös	
1	20	20	20	
2	16	32	12	(Preis sinkt auf 16)
3	12	36	4	(Grenzerlös = Preis minus Erlösverlust bei den vorhergehenden Einheiten)
4	8	32	4	

Beim Preis von 20 wird 1 Einheit abgesetzt. Gesamterlös ist 1 x 20 = 20; ebenso ist der Grenzerlös = 20. Beim Preis von 16 werden 2 Einheiten abgesetzt. Grenzerlös ist Preis minus Erlösverlust = 16 - 4 = 12.

Wenn der Monopolist seine Produktion ausdehnt, wird er auch einen Preisverfall hinnehmen müssen. Die Preissenkung bezieht sich auf alle ausgebrachten Einheiten. Man kann beim Monopolisten nicht Preis und Grenzerlös gleichsetzen, da der Monopolist durch den Absatz der zusätzlichen Einheiten einen Mehrerlös hat – aber auch Erlösverlust, der durch den Preisrückgang der gesamten Einheit begründet ist. Daher muß der Grenzerlös niedriger sein als der Preis, da vom Zusatzerlös der Erlösverlust bei der vorgehenden Einheit abgezogen werden muß (Abb. 11.11).
Durch die Einbeziehung der Grenzkostenkurve erhalten wir die gewinnmaximale Ausbringung des Monopolisten. Sie wird im Cournotschen (Cournot – französischer Mathematiker und Volkswirt, 1801–1877) Punkt verwirklicht (Schnittpunkt von Grenzkosten und Grenzerlös). Der Preis muß also höher liegen als Grenzkosten und Grenzerlös (Abb. 11.12).

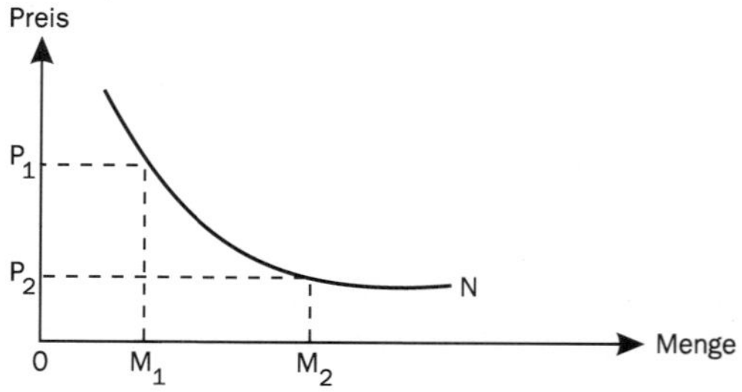

Abb. 11.10

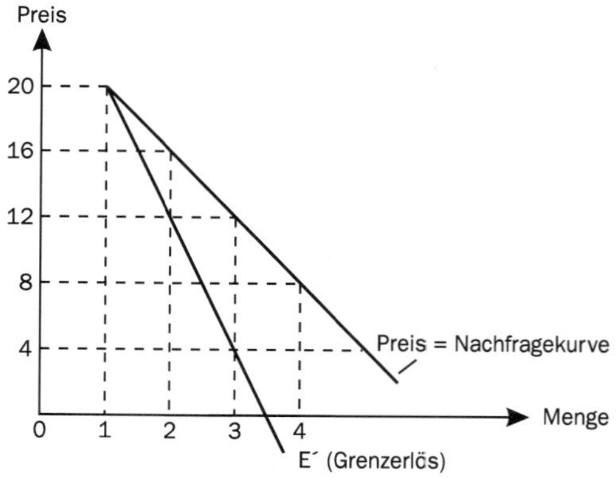

Abb. 11.11

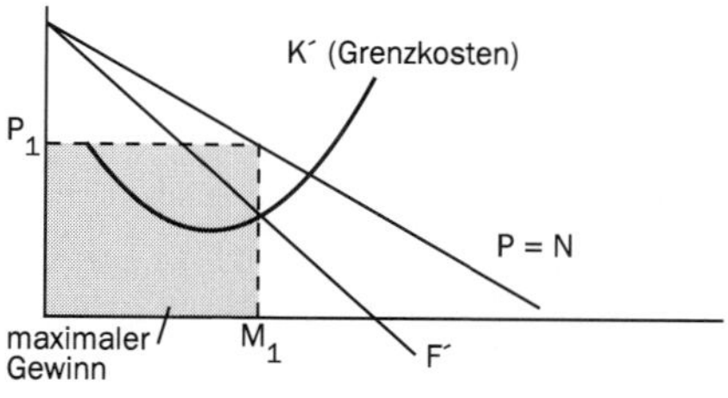

Abb. 11.12

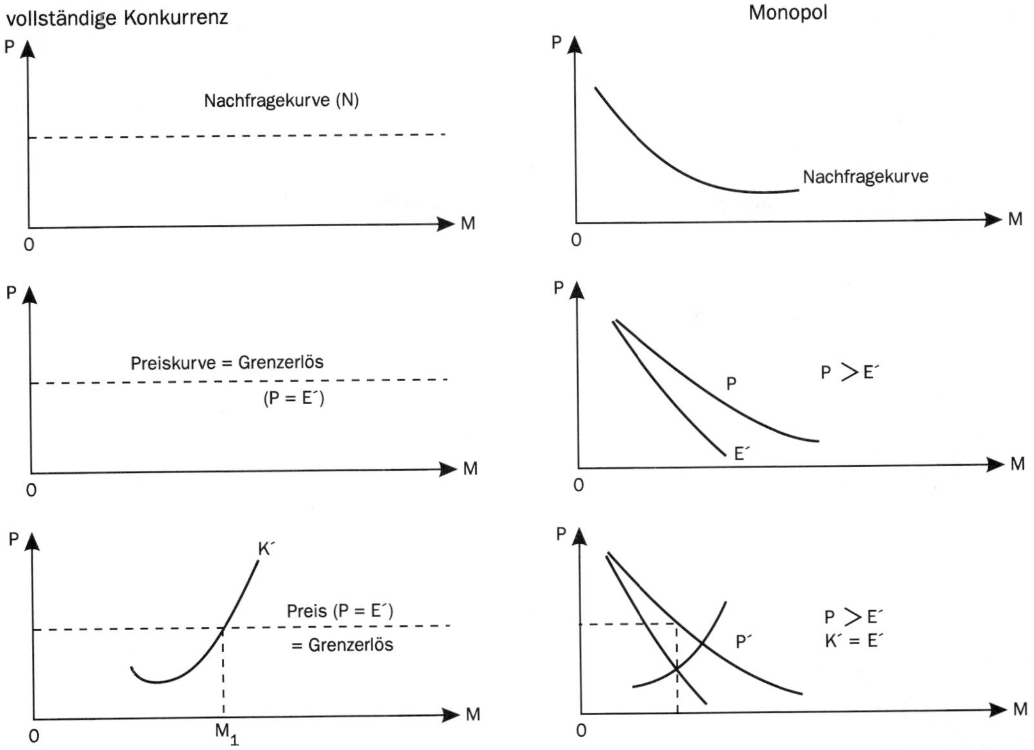

Abb. 11.13: Unterschiede von Monopol und vollständiger Konkurrenz, dargestellt an der Nachfrageelastizität

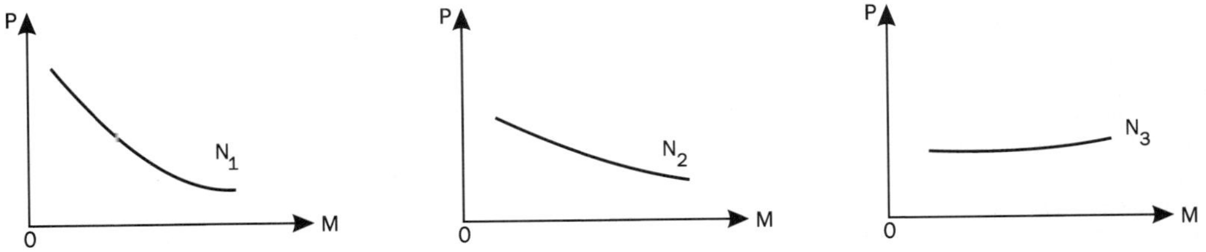

Abb. 11.14

Amoroso-Robinson-Formel

Die Formel ist nach dem italienischen Nationalökonom Amoroso (1886–1965) und dem englischen Nationalökonom Robinson benannt. Für einen einzelnen Betrieb in der vollständigen Konkurrenz ist die Preiselastizität der Nachfrage unendlich (∞) groß. Wenn er seinen Preis erhöht, wird er sofort alle Nachfrage verlieren. Beim Monopol ist die Elastizität der Nachfrage kleiner als unendlich. Je flacher eine monopolistische Nachfragekurve verläuft, je größer also die Elastizität ist, desto mehr nähert das Monopol sich dem Fall der vollständigen Konkurrenz.

Ein Beispiel: Wenn ein Monopolist viele Konkurrenten hat, die Substitutionsprodukte herstellen, wird er bei einer Preiserhöhung viele Kunden verlieren, so daß die Nachfragekurve sehr stark geneigt ist. Wenn auf der anderen Seite ein Monopolist keine Substitute hat, verläuft die Nachfragekurve sehr steil. In der Neigung der Nachfragekurve äußert sich damit auch die Stärke der Monopolisten.

Je steiler die Nachfragekurve ist, desto stärker ist der Monopolist; je flacher die Nachfragekurve ist, desto schwächer ist der Monopolist und desto größer ist die Zahl der Konkurrenten, die Substitutionsprodukte herstellen. Daher ist die vollständige Konkurrenz letztlich nichts anderes als ein Grenzfall des Monopols mit einer völlig elastischen Nachfrage.

Formel

$$F' = P - \frac{P}{E}$$

P = Preis
E = Elastizität
F' = Grenzerlös

Zahlenbeispiele

– Preis = 10
Elastizität = unendlich
= vollständige Konkurrenz

$$F' = 10 - \frac{10}{\infty} = 10$$

$\underline{F' = 10}$

– Elastizität ist größer als 1, nämlich 5

$$F' = 10 - \frac{10}{5}$$

$\underline{F' = \ 8}$

Die Differenz zwischen Grenzerlös und Preis ist relativ gering. Die Monopolstellung noch schwach, man nähert sich dem Fall der vollständigen Konkurrenz.

– Elastizität = 1

11

$$F' = 10 - \frac{10}{1}$$

$\underline{F' = \ 0}$

Die Elastizität der realistischen Fälle des Monopols muß immer zwischen 1 und unendlich liegen, sonst wird der Grenzerlös negativ.

– Elastizität kleiner als 1, nämlich 0,5

$$F' = 10 - \frac{10}{0{,}5}$$

$\underline{F' = -10}$

– Elastizität = 0

$$F' = 10 - \frac{10}{0}$$

$\underline{F' = -\infty}$

Aus diesen Fällen kann man ableiten:

– Je kleiner die Nachfrageelastizität, desto mehr ist der Monopolpreis vom Grenzerlös entfernt, desto stärker ist die Macht des Monopolisten.
– Je größer die Nachfrageelastizität, desto mehr nähert sich der Monopolist einer vollständigen Konkurrenz, desto kleiner wird die Differenz zwischen Preis und Grenzerlös – desto schwächer ist also seine Monopolstellung.

Sonderfälle der Monopolpreisbildung

Der Monopolist hat einige Möglichkeiten, seinen Gewinn über den normalen Cournotschen Punkt hinaus auszudehnen.

• Die Möglichkeit der Preisdifferenzierung

Für ein Monopolgut können verschiedene Preise gefordert werden. Dem Monopolisten muß es als Voraussetzung für die Preisdifferenzierung dabei

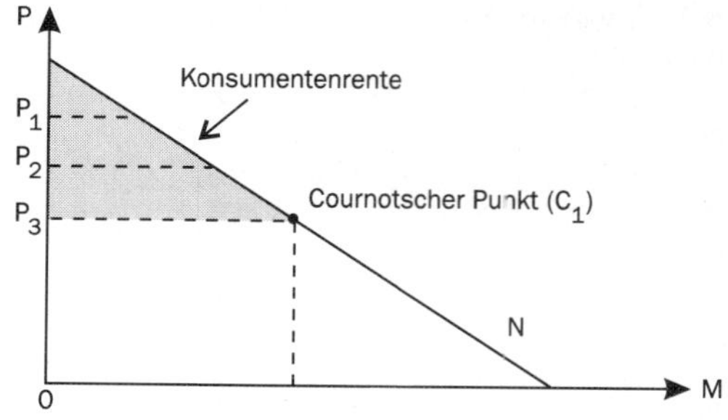

Abb. 11.15

gelingen, den Markt aufzuteilen. Ein vollkommener Markt wird dann zu einem unvollkommenen Markt, der sich aus mehreren vollkommenen Teilmärkten zusammensetzt. Auf diesen vollkommenen Teilmärkten gibt es nur einen Preis.

Zeitliche Preisdifferenzierung: Beispiel: Farbfernsehgeräte. Zuerst werden höhere Preise für wohlhabende Schichten verlangt. Der Monopolist schöpft dabei die Konsumentenrente ab. Dann geht er allmählich mit seinem Preis herunter, bis er den normalen Monopolpreis erreicht hat. Dem Monopolisten fällt die gesamte Konsumentenrente zu, indem er eine sukzessive Preisabstufung durchführt.

Räumliche Preisdifferenzierung: Die Abstufung der Preise setzt eine räumliche Marktteilung voraus. Das wird z. B. möglich durch Zollgrenzen.

Allgemeine Preisdifferenzierung: Beispiel: Fahrkartenpreise für 1. und 2. Klasse. Der Unterschied der Leistungen rechtfertigt in der Regel nicht die Höhe der Preisdifferenz. Die Marktteilung erfolgt unter Ausnutzung sozialer Differenzierungstriebe.

• Faktoren, die den Gewinnspielraum des Monopolisten einengen

Sehr hohe fixe Kosten engen den Gewinnspielraum des Monopolisten ein, und zwar aus folgendem Grunde: Wenn ein Betrieb hohe fixe Kosten hat, wird die Durchschnittskurve steiler abfallen. Geht nun die Nachfrage zurück, kann der Mono-

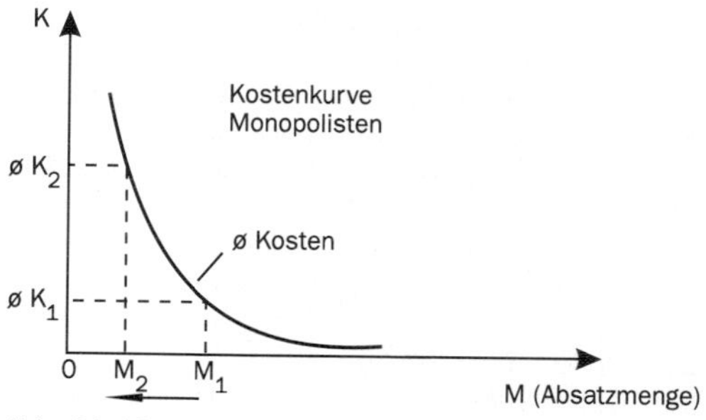

Abb. 11.16

polist wegen der hohen fixen Kosten sein Angebot nicht ohne weiteres einschränken, da er sonst in eine Phase der steigenden fixen Kosten hineingerät.
Eine große Elastizität der Nachfrage kann ebenfalls einen Gewinnspielraum einengen. Wenn die Nachfragekurve des Monopolisten sehr elastisch ist, geht schon bei einer kleinen Preiserhöhung die Nachfrage sehr stark zurück. In diesem Fall nähert sich der Monopolist dem Fall der vollständigen Konkurrenz. Bei dieser Marktform ist die Bewegungsfreiheit des Monopolisten stark eingeschränkt. Ist dagegen die Nachfragekurve steiler, kann der Monopolist seinen Preis erhöhen, ohne daß die Nachfrage stark zurückgeht. Aus diesem Grund ist ein Monopol bei lebensnotwendigen Gütern gefährlicher als bei Luxusgütern.

• Die Substitutionsmöglichkeit
Die Substitution ist bereits in der Elastizitätskurve enthalten, jedoch gibt es auch eine Substitutionsmöglichkeit, die eine andere Auswirkung hat. Wenn ein Monopolist sehr viele Substitutionsgüter zu erwarten hat, wird seine Nachfrage einigermaßen elastisch sein. Würde z. B. ein Automobilwerk seinen Preis stark erhöhen, würde ein Großteil der Nachfrager andere Autos kaufen.
Die Substitution kann, braucht sich aber nicht in der elastischen Nachfrage (N) äußern. Man kann sagen, wenn die Substitution groß ist, verläuft die Nachfragekurve ziemlich flach. Abb. 11.17/Fall 1: Die aufkommende Substitution braucht sich nicht so zu äußern, daß die Nachfragekurve flacher als vorher verläuft – sie kann sich auch in einer Verschiebung dieser Kurve nach links äußern, wobei der Elastizitätsgrad der gleiche bleibt. Abb. 11.17/ Fall 2: Diesen Fall hat Robinson herausgestellt, und zwar folgendermaßen:
Es ist eine bestimmte Nachfragekurve N_1 vorhanden sowie eine Durchschnittskostenkurve, z. B. eine Nachfragekurve für Nylon. Für dieses Nylon hat jemand ein Monopol. Nun kommt das Substitutionsprodukt Perlon auf den Markt. Dieses Aufkommen von Perlon braucht sich nicht darin zu äußern, daß die Nachfragekurve nach Nylon nun elastischer wird, sondern es bewirkt einfach eine Verschiebung der Nachfragekurve nach links auf N_2. Bei Beibehaltung des gleichen Preises wird Nylon nun in kleineren Mengen als bisher nachgefragt. Die Elastizität bleibt gleich. (In den meisten Fällen wird man aber eine Änderung der Elastizität und eine Nachfrageverschiebung feststellen.) Im Extremfall kann sich die Nachfragekurve so weit nach links verschieben, bis sie die Durchschnittskostenkurve tangiert. In einem solchen Fall haben wir einen Monopolisten, der ohne Ge-

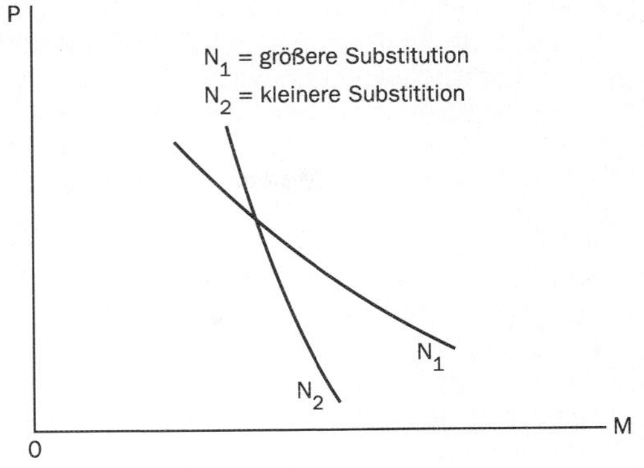

Abb. 11.17/Fall 1

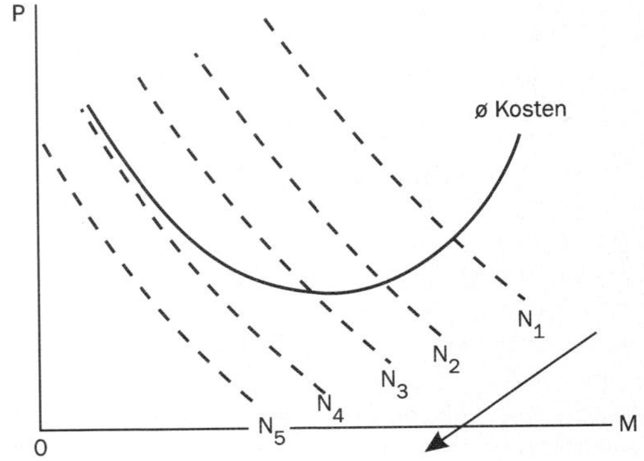

Abb. 11.17/Fall 2

winn, aber auch ohne Verlust arbeitet. Verschiebt sie sich noch weiter, arbeitet der Monopolist sogar mit Verlust, wenn er weiter produziert.
An diesem Beispiel sieht man, daß die überkommene Vorstellung vom Monopolisten, der immer einen sehr hohen Gewinn hat, nicht ganz stimmt. Der Gewinn kann stark verringert werden durch die Konkurrenz von heterogenen, bedingt substituierbaren Gütern. Die Substitution ist also ein selbständiger Faktor zur Einengung des Gewinnspielraums. Es ist hier die Substitution gemeint, die sich äußert in der Konkurrenz um substitutive Produktion (Tangenten-Phänomen von Joan Robinson).

Oligopol

Das Oligopol soll dargestellt werden am Beispiel des einfachsten Falles, des Dyopols. Beim Oligopol sind wenige Anbieter, beim Dyopol nur zwei Anbieter auf dem Markt. Der Prozeß der Preisbildung beim Dyopolisten hängt ab vom Verhalten dieser beiden Dyopolisten. Es gibt zwei mögliche

Verhaltensweisen – die Unabhängigkeitsposition sowie die Abhängigkeitsposition. In der Unabhängigkeitsposition bringt ein Dyopolist ein Angebot auf den Markt ohne Rücksichtnahme auf die angebotene Menge des zweiten. Er verhält sich so, als ob er allein auf dem Markt wäre. In der Abhängigkeitsposition bringt der Dyopolist eine Menge auf den Markt, die die angebotene Menge des anderen Anbieters berücksichtigt. Er paßt also sein Angebot an die Menge des zweiten Anbieters an. Aufgrund der beiden Verhaltensweisen ergeben sich drei Möglichkeiten der Preisbildung:

- beide Anbieter wählen die Abhängigkeitsposition (Cournotsches Dyopol),
- beide Anbieter wählen die Unabhängigkeitsposition (Bowley-Fall des Dyopols),
- ein Anbieter wählt die Unabhängigkeitsposition, der andere erstrebt die Abhängigkeitsposition (asymmetrisches Dyopol).

11

Unvollkommene Märkte

Unter einem unvollkommenen Markt versteht man einen Markt, auf dem die Voraussetzungen des vollkommenen Marktes (Markttransparenz, wirtschaftliche Gleichartigkeit der Güter) nicht gegeben sind. Da die Güter wirtschaftlich gesehen heterogen sind, kann für die Güter auf dem unvollkommenen Markt nicht ein einheitlicher Preis gefordert werden. Es bestehen mehrere Preise.

Heterogenität der Güter
Güter können durch die im Folgenden beschriebenen Ursachen heterogen werden.

• Sachliche Differenzierungen
Die Güter sind in den Augen der Konsumenten im Regelfall dann verschieden, wenn sie sachliche Unterschiede aufweisen. Man hätte z. B. einen unvollkommenen Zigaretten-Gesamtmarkt, wenn die einzelnen Zigarettenmarken sachlich verschieden wären und im Regelfall dann auch von den Konsumenten als wirtschaftlich ungleichartig angesehen würden.

• Personelle Präferenzen
Sachlich völlig gleiche Güter können verschiedene Preise erzielen, weil sie in den Augen der Käufer als ungleichartige Güter erscheinen. Der Konsument hat bestimmte Präferenzen für einen Laden, eine Person oder eine Firma.

• Räumliche Differenzierungen
Die Güter erzielen an verschiedenen Orten verschiedene Preise. Das kann auch der Fall sein, wenn die Markttransparenz fehlt; dies ist jedoch nicht gleichzusetzen mit räumlicher Differenzierung. Die räumlichen Differenzierungen sind in jedem Fall ein Ausdruck für die Heterogenität der Güter. Die Preisverschiedenheit der Güter an verschiedenen Orten kann exakt den Transportkostenunterschied widerspiegeln. In diesem Sinne kann man dann nicht von räumlicher Differenzierung sprechen. Der Preis entspricht den Kosten, die an verschiedenen Orten verschieden sind. Ist jedoch der Preisunterschied größer als der Transportkostenunterschied, dann kann man von einer räumlichen Differenzierung oder räumlicher Präferenz sprechen. Räumliche Präferenzen fallen in vielen Fällen mit personellen Präferenzen zusammen. Jemand kann z. B. ein Gut billiger in Frankfurt kaufen als in München, aber er will es in München kaufen.

• Zeitliche Differenzierungen
Güter können zu verschiedenen Zeitpunkten verschiedene Preise erreichen. Die zeitlichen Präferenzen sind aber nicht in jedem Fall Ausdruck der Heterogenität der Güter, denn verschiedene Preise zu verschiedenen Zeiten können auch darauf beruhen, daß die Höhe des Angebotes oder die Kostenstruktur zu verschiedenen Zeiten unterschiedlich ist.
Zeitliche und räumliche Differenzierungen sind nur mit Vorsicht als Ursache für die Heterogenität der Güter aufzufassen, und zwar nur dann, wenn der Preis der Güter auch Ausdruck einer verschiedenartigen Wertschätzung ist und nicht bedingt ist durch verschiedene Kosten.
Der vollkommene Markt wird durch die fehlende Markttransparenz und heterogene Güter zu einem unvollkommenen Markt. Der unvollkommene Gesamtmarkt kann sich aber zusammensetzen aus einer Reihe von vollkommenen Teilmärkten. So kann der Textilmarkt einer Stadt insgesamt gesehen ein unvollkommener Gesamtmarkt sein, weil die Textilien aufgrund der Präferenzen und der fehlenden Markttransparenz verschiedene Preise erzielen. Die einzelne Verkaufsstraße, auf der Textilien angeboten werden, ist dagegen eventuell ein vollkommener Teilmarkt innerhalb des unvollkommenen Gesamtmarktes. Er ist dadurch gekennzeichnet, daß auf ihm die Preise für Textilien gleich sind.
Auf einem Teilmarkt kann jede Marktform des vollkommenen Marktes vorhanden sein, vollständige Konkurrenz, Oligopol und Monopol. Der vollkommene Teilmarkt ist meistens mit einem Einzelbetrieb oder Geschäft identisch. Im Normalfall wird eine monopolistische Angebotstendenz vorherrschen, denn jedes Textilgeschäft hat bestimmte

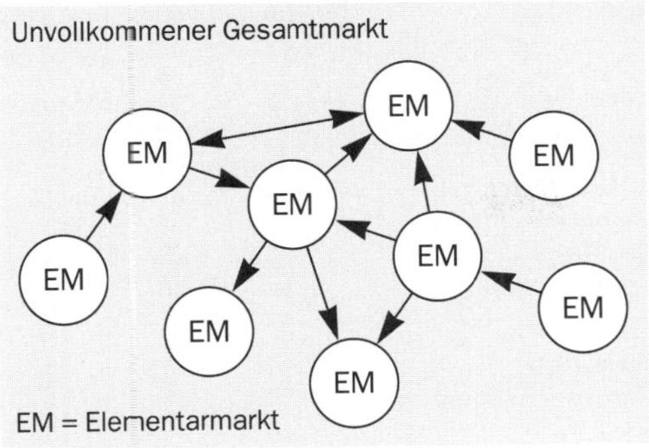

Abb. 11.18: Vollkommener Teilmarkt

Präferenzen. Die Waren des einen Geschäftes unterscheiden sich von den Waren des anderen Geschäftes. Jeder Betrieb hat im Prinzip irgendeine, wenn auch noch so schwache Monopolstellung. Präferenzen der Anbieter sind in unserer heutigen Wirtschaft nicht selten, so daß eine monopolistische oder heterogene Konkurrenz auf den Märkten vorherrscht.
Man kann sagen, daß der vollkommene Teilmarkt in der Regel immer identisch ist mit einem Monopol. Einen solchen Teilmarkt bezeichnet der deutsche Nationalökonom H. v. Stackelberg (1905–1946) als Elementarmarkt (EM) oder als Punktmarkt, weil faktisch keine räumliche Ausdehnung des Marktes vorhanden ist. Abb. 11.18 verdeutlicht das. Die Teilmärkte haben eine monopolistische Struktur. Jeder dieser Teilmärkte hat jedoch Konkurrenz zu fürchten, und zwar nicht die Konkurrenz von homogenen Gütern, sondern die Konkurrenz von bedingt substituierbaren Gütern, d. h. die Konkurrenz um heterogene Güter.

Unvollständige Konkurrenz
Unter unvollständiger Konkurrenz versteht man einen Wettbewerb zwischen Monopolisten um bedingt substituierbare Güter auf einem unvollkommenen Gesamtmarkt. Diese Konkurrenz bezeichnet man auch als monopolistische oder heterogene Konkurrenz (unvollkommene sowie unvollständige Konkurrenz sind gleiche Begriffe).
Bei den Märkten unterscheidet man vollkommene und unvollkommene Märkte. Sprechen wir jedoch von den Wettbewerbsverhältnissen auf diesen Märkten, dann ergeben sich verschiedene Möglichkeiten.

- Polypolistische Konkurrenz

Auf dem unvollkommenen Gesamtmarkt können viele Monopolisten, d. h. viele Punktmärkte, miteinander im Wettbewerb stehen. Man spricht dann von einem Unterfall der unvollständigen Konkurrenz, der polypolistischen Konkurrenz. Es ist eine Konkurrenz vieler Monopolisten auf einem unvollkommenen Markt (Gesamtmarkt).
Ein Vergleich zwischen polypolistischer Konkurrenz und vollständiger Konkurrenz verdeutlicht das Wesen der polypolistischen Konkurrenz. Sowohl auf dem vollkommenen Markt mit vollständiger Konkurrenz als auch in der polypolistischen Konkurrenz haben wir zunächst eine Vielzahl von Anbietern. Bei der vollständigen Konkurrenz stehen jedoch viele Anbieter im Wettbewerb um homogene Güter, bei der polypolistischen Konkurrenz stehen viele Anbieter im Wettbewerb um heterogene Güter. In der vollständigen Konkurrenz kann nur Mengenpolitik betrieben werden, da homogene Güter vorhanden sind. Bei der polypolistischen Konkurrenz kann dagegen Preispolitik betrieben werden, weil die Güter heterogen sind. Die Nachfragekurve ist geneigt und verläuft nicht parallel zur X-Achse. Bei vollständiger Konkurrenz rechnet der Anbieter damit, daß nur die Menge sein Aktionsparameter ist, in der polypolistischen Konkurrenz rechnet der Anbieter damit, daß sein Absatz vom Preis der anderen Anbieter abhängt, er glaubt aber nicht, daß Änderungen seines eigenen Preises (P_1) den anderen Anbieter veranlassen, seinen Preis (P_2) als Folge der Veränderung von P_1 zu revidieren, so daß bei der polypolistischen Konkurrenz die Preise für alle Anbieter verschieden sind.

- Preisoligopol

Wenn nicht viele, sondern nur wenige Anbieter auf einem unvollkommenen Markt miteinander im Wettbewerb stehen, spricht man von einem Preisoligopol oder Preisdyopol, das sich vom Mengendyopol eines vollkommenen Marktes unterscheidet. Beim Mengendyopol konkurrieren homogene Güter, beim Preisdyopol dagegen heterogene Güter. Daraus folgt, daß es beim Mengendyopol nur eine Mengenpolitik gibt, beim Preisdyopol ist dagegen eine Preispolitik möglich. Die Preispolitik des Dyopolisten ist dadurch gekennzeichnet, daß der Anbieter 1 damit rechnet, daß sein Absatz auch vom Preis (P_2) des Anbieters 2 abhängt und daß der Anbieter 2 auf Änderungen des Preises P_1 irgendwie reagieren wird (oligopolistische Verhaltensweise nach Schneider, deutscher Nationalökonom, 1900–1970). Da jeder einen größeren Marktanteil hat, muß diese Reaktion von jedem Anbieter gesehen werden.
Bei einem Preisdyopol sind mehr Konstellationen möglich als beim Mengendyopol. Es gibt z. B. eine Unabhängigkeitsposition und Abhängigkeitsposition in bezug auf die Menge und den Preis. Dem asymmetrischen Dyopol beim Mengendyo-

11

Vollkommener Markt
(Konkurrenz zwischen homogenene Gütern)

vollständige Konkurrenz — Mengenoligopol — reines Monopol

Unvollständige Konkurrenz
(heterogene Konkurrenz oder monopolistische Konkurrenz)

polypolistische Konkurrenz — Preisoligopol

Unvollkommener Markt
(Konkurrenz zwischen heterogenen Gütern)

Abb. 11.19: Gegenüberstellung vollkommener Markt und unvollkommener Markt

pol entspricht beim Preisdyopol der Fall der price-leadership. Auch die oligopolistische Verhaltensweise ist abhängig von der Morphologie der Märkte, d. h. von der Anzahl der Marktteilnehmer.
Die unvollständige Konkurrenz ist ein Sammelbegriff für die Marktformen des unvollkommenen Marktes, polypolistische Konkurrenz und Preisdyopol. Die vollständige Konkurrenz des vollkommenen Marktes kann nur verglichen werden mit der polypolistischen Konkurrenz, das Preisoligopol mit dem Mengenoligopol. Auf dem vollkommenen Markt gibt es keinen Sammelbegriff, der der unvollständigen Konkurrenz entspricht. Die unvollständige Konkurrenz faßt Marktformen des unvollkommenen Marktes zusammen. Aus diesem Grund kann man die unvollständige Konkurrenz nicht mit einer Marktform des vollkommenen Marktes vergleichen.
Diese Betrachtungen analysieren die Marktform einer Marktseite, entweder Angebot oder Nachfrage. Wenn man beide Marktseiten betrachtet, dann muß man die Marktformen jeweils kombinieren, wenn z. B. auf der Angebots- und Nachfrageseite ein Monopol vorliegt, dann spricht man von einem bilateralen Monopol.

Der Geldmarkt

Die klassische Theorie des Geldes war eine reine Theorie des güterwirtschaftlichen Kreislaufs. Sie abstrahierte bei ihren Betrachtungen vom Geld und untersuchte die güterwirtschaftlichen Vorgänge auf der Produktions- und Nachfrageseite, ohne die Einflußmöglichkeiten des Geldes auf einen güterwirtschaftlichen Kreislauf darzustellen. Die Klassiker waren der Meinung, daß das Geld immer neutral sei. So entstand die Vorstellung von einem „Geldschleier", die der englische Nationalökonom John Stuart Mill (1806–1873) geprägt hat. Das Geld ist danach ein Schleier, der über die güterwirtschaftlichen Vorgänge gebreitet ist, aber von sich aus diese güterwirtschaftlichen Vorgänge nicht verändert und beeinflußt.
Um die güterwirtschaftlichen Vorgänge in ihrer Reinheit beobachten zu können, muß man den Schleier beiseite ziehen. Die Vertreter der Klassik waren der Auffassung, daß durch Geld die güterwirtschaftlichen Abläufe nicht verändert würden. Geld war nur ein multiplikativer Faktor, der zur Umrechnung abstrakter Tauschrelationen in konkrete Geldpreise diente. In der güterwirtschaftlichen Theorie der Klassik werden nur die rein güterwirtschaftlichen Tauschbeziehungen festgestellt, die sich aus der Gütersphäre ergeben. Man fügt dann das Geld ein und multipliziert die Gütermengen mit der Geldmenge und kommt zu den konkreten Preisen. Diese sind höher, wenn die Geldmenge größer ist, und umgekehrt. Das Geld selbst verfälscht aber von sich aus niemals die güterwirtschaftlichen Tauschrelationen. Es drückt sich nur in konkreten Geldpreisen aus und bringt sie auf einen einheitlichen Maßstab.

Die Quantitätstheorie

Die Geldtheorie, die von der klassischen Schule vertreten wurde und die Neutralität des Geldes widerspiegelt, ist die Quantitätstheorie. Sie ist in ihrer naiven Form erstmalig entwickelt worden von den Merkantilisten Jean Bodin (französischer Staatsrechtler, 1530–1596) und Bernardo Davanzati (italienischer Nationalökonom des 16. Jahrhunderts). Sie stellten die Formel auf:

$$G = P \times H$$

G = Geldmenge
P = Preisniveau (Preis aller Güter)
H = Handelsvolumen (Gütervolumen)

Die Formel sagt, daß die gesamte Geldmenge G immer dem Gütervolumen mal Preis entsprechen muß.
In dieser Formel ist nicht die Umlaufgeschwindigkeit des Geldes berücksichtigt. Daher wurde eine abgewandelte Quantitätstheorie von David Hume (englischer Philosoph und Historiker, 1711–1776) und John Locke (englischer Philosoph und Politiker und Lehrer von Adam Smith, 1632–1704) entwickelt. Die Formel lautet:

$$G \times U = P \times H$$

U ist die Umlaufgeschwindigkeit des Geldes, die Häufigkeit, mit der das Geld in einer Wirtschaftsperiode den Gütern kaufend gegenübertritt. Wenn man eine konstante Gesamtgeldmenge hat, dann kann diese in einer Periode schneller oder langsamer umlaufen, d. h. schneller oder langsamer die jeweilige Hand oder Kasse wechseln. Wenn die Umlaufgeschwindigkeit steigt, dann bedeutet das, daß die Anzahl der Kaufakte, die mit dieser Geldmenge in einer Periode getätigt werden, größer ist. Das führt dazu, daß bei einer konstanten Geldmenge die Preise steigen.
Veränderungen der Umlaufgeschwindigkeit des Geldes sind gleichzusetzen mit Horten und Enthorten. Die Umlaufgeschwindigkeit verfolgt den Lauf des Geldes von Kasse zu Kasse. Mit dem Begriff des Hortens will man dagegen ausdrükken, wie lange das Geld liegenbleibt. Wenn Geld länger gehortet wird, hat das dieselbe Wirkung wie die Verringerung der Umlaufgeschwindigkeit. Bleibt aber umgekehrt das Geld nicht sehr lange in den Kassen liegen, pulsiert es schnell durch die Wirtschaft, wird durch dieses Enthorten die Umlaufgeschwindigkeit erhöht.
Die Umlaufgeschwindigkeit hängt auch ab von der Länge der Einkommensperioden. Wenn Gehälter wöchentlich ausgezahlt werden, ist die Umlaufgeschwindigkeit größer als bei monatlichen Zahlungen, da die durchschnittliche Kassenhaltung kleiner ist.
Zusammenfassend kann gesagt werden, daß das Preisniveau nicht nur durch Veränderungen der Geldmenge beeinflußt wird, sondern bei einer Konstanz der Geldsumme auch durch die Umlaufgeschwindigkeit. Wenn die Umlaufgeschwindigkeit ansteigt, muß das Preisniveau steigen. Steigt das Handelsvolumen, dann muß entweder das Preisniveau fallen oder die Geldseite größer werden.
Die Quantitätstheorie ist statischer Natur. Man nimmt an, daß bei Veränderungen eines Faktors die anderen Faktoren sich mit unendlich großer Reaktionsgeschwindigkeit angleichen, damit wieder eine Gleichheit zustande kommt.

Die Quantitätstheorie kann noch erweitert werden durch die Einbeziehung des Giralgeldes. Die Formel lautet:

$$G \times U + G' \times U' = P \times H$$

G' = Giralgeld
U' = Umlaufgeschwindigkeit des Giralgeldes

- Kritik an der Quantitätstheorie

Die Vertreter der Quantitätstheorie, u. a. der Amerikaner Milton Friedman, betonen, daß vor allem Veränderungen der Geldmenge entscheidend für Veränderungen des Preisniveaus, des Gütervolumens oder des Volkseinkommens sind. Dabei werden die Fragen nach den Ursachen der Veränderungen des Geldvolumens oder des Volkseinkommens vernachlässigt. Unter Umständen bewirkt ein Anstieg der Nachfrage eine Erhöhung der Geldmenge. Da in der Volkswirtschaft alle Daten sich wechselseitig beeinflussen, sind einseitige Kausalitätsaussagen problematisch.
Eine erhöhte Geldmenge fließt an einer ganz bestimmten Stelle in die Wirtschaft. Das Geld sikkert dann sukzessive durch die Wirtschaft und spricht die verschiedenen Preise in zeitlich unterschiedlichen Stufen an. Im Rahmen dieses Zeitablaufs, diesem Hintereinander der Preisveränderungen, ergibt sich eine Verschiebung der Preisrelationen, die dadurch bedingt ist, daß nicht alle Preise im gleichen Moment von der Erhöhung der Geldmenge angesprochen werden, wie die reine Quantitätstheorie annimmt. Man könnte die Quantitätstheorie gelten lassen, wenn man sagt, daß diese nicht kurz-, sondern nur langfristig gilt, und zwar langfristig dann, wenn das Geld durch die gesamte Wirtschaft durchgesickert ist und schließlich alle Preise verändert hat. In diesem Fall könnte doch noch angenommen werden, daß am Ende dieses Prozesses das Verhältnis der Preise dasselbe ist wie am Anfang. Diesen Standpunkt vertraten die Vertreter der Quantitätstheorie, wenn sie von langfristigen Auswirkungen sprachen.
Die einzelnen Preise haben jedoch einen unterschiedlich großen Grad an Flexibilität. Die Preise der Konsumgüter sind z. B. flexibler als die Preise der Produktionsgüter, ein Monopolpreis ist starrer als ein Konkurrenzpreis. Dieser Teil der Kritik zeigt deutlich, daß sich die Preisrelationen verschieben müssen, weil die Preise unterschiedlich beweglich sind. Die Güter, auf die die Nachfrage trifft, werden in verschiedenen Marktformen angeboten, und die Preise sind verschieden flexibel. Daher kann gesagt werden, daß die Quantitätstheorie wohl in der Tendenz, nicht aber in den einzelnen differenzierten Marktabläufen ihre Gültigkeit hat.

11

Die Einkommenstheorie

Die Einkommenstheorie des Geldes berücksichtigt den Zeitfaktor und untersucht den Lauf des Geldes durch die Volkswirtschaft im zeitlichen Ablauf (Abb. 11.20):
In Periode 1 wird aufgrund einer Geldmengenerhöhung das Einkommen gebildet (Einkommensbildungs-Periode).
In Periode 2 wird das Einkommen verwendet für den Kauf von Konsumgütern oder Investitionsgütern. (Es kann auch gehortet werden.) Die Unterscheidung zwischen Konsum- und Investitionsgütern zeigt, daß man zwischen den Preisrelationen der Konsum- und Investitionsgüter in dieser Theorie unterscheidet.
In Periode 3 wird das Geld, das in Periode 2 verausgabt wurde, Einkommen bei den Verkäufern der Konsum- und Investitionsgüterindustrie.
In Periode 4 wird dieses Einkommen wieder verausgabt, so daß sich Einkommensbildung und Einkommensverwendung abwechseln.
Die Einkommenstheorie des Geldes verfolgt den Lauf des Geldes durch die Volkswirtschaft in der Zeit und insbesondere ihre Einwirkung auf die Bildung der relativen Preise. Sie ist zunächst eine rein formale Theorie. Der schwedische Nationalökonom Wicksell (1851–1926) und der englische Nationalökonom Keynes (1883–1946) haben die Störungen des Wirtschaftsablaufs durch die Veränderungen des monetären Gleichgewichts dargestellt.

Das monetäre Gleichgewicht

Das monetäre Gleichgewicht unterscheidet sich vollkommen von dem statischen Gleichgewicht der klassischen Theorie. Alle Störungen des statischen Gleichgewichts rufen Reaktionskräfte hervor, die sofort wieder zum Gleichgewicht zurückführen. Es ist demnach unbedingt stabil. Alle Störungen des monetären Gleichgewichts hingegen werden weitere Störungen hervorrufen, die einen Prozeß auslösen, der immer weiter vom Gleichgewicht fortführt. Es ist eindeutig instabil.
Diese Unterschiede zwischen den Auffassungen des statischen sowie monetären Gleichgewichts lassen sich an folgendem Beispiel darstellen: Eine Veränderung der Geldmenge bewirkt nach der Quantitätstheorie, daß sich sofort wieder ein neues Gleichgewicht herstellt, und zwar ein Gleichgewicht rein güterwirtschaftlicher Art. Das eigene Wirken des Geldes wird aus der Betrachtung herausgelassen. Störungen des monetären Gleichgewichts führen jedoch – wie oben gezeigt – zu kumulativen Störungen. Die Nichtneutralität des Geldes erzeugt Bewegungen der Konjunktur, deren Verlauf den Wicksellschen kumulativen Prozessen entspricht.
Das monetäre Gleichgewicht ist dann gegeben, wenn ein Geldzins besteht, der dem natürlichen Zins entspricht, Sparen und Investieren in Übereinstimmung bringt und das Preisniveau gleichbleibend hält.

Geldzins
Der Geldzins ist der von den Kreditbanken festgesetzte Zinssatz. Er wird auch als Marktzins bezeichnet. Dieser Geldzins ist die Resultante von Geldangebot und Geldnachfrage.
Das Geldangebot wird dabei bestimmt von dem Angebot an Sparmitteln, von der Geld- und Kreditschöpfung und der Enthortung. Die Kreditnachfrage richtet sich nach der Nachfrage nach Geld für Investitionszwecke, nach der Nachfrage nach Geld für Hortungszwecke sowie nach der Nachfrage nach Geld für konsumtive Zwecke.

Der schwedische Nationalökonom Wicksell (1851–1926) und der englische Nationalökonom Keynes (1883–1946) haben die Störungen des Wirtschaftsablaufs durch die Veränderungen des monetären Gleichgewichts dargestellt.

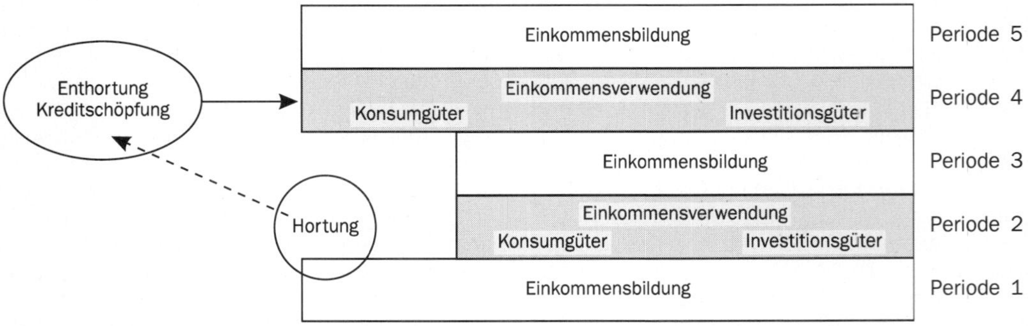

Abb. 11.20: Einkommenstheorie

Der Geldzins ist demnach nicht die Resultante von Sparen und Investieren, sondern von Geldangebot und Geldnachfrage. Wenn der Geldzins, die Geldnachfrage und das Geldangebot übereinstimmen, dann heißt das nicht, daß Sparen und Investieren gleich sind.

Natürlicher Zins

Der natürliche Zins ist die sogenannte Grenzproduktivität des Realkapitals, d. h. der Ertrag, den eine Kapitaleinheit in der schlechtesten Verwendungseinheit stiftet. Die Höhe der Grenzproduktivität des Kapitals hängt ab von der Menge aller verfügbaren Kapitalgüter. Je größer diese Menge, desto schlechter und je kleiner diese Menge, desto größer ist die Grenzproduktivität.
Warum besteht bei Gleichheit von Geldzins und natürlichem Zins ein Gleichgewicht? Angenommen, der Geldzins sei 5. Der natürliche Zins sei größer, z. B. 10. Die Unternehmen machen dann bei einer Investition größere Gewinne. Diese werden sie veranlassen, die Investition noch weiter auszudehnen. Es ist noch kein Gleichgewicht erreicht.
Wenn dagegen der Geldzins 15, also größer als der natürliche Zins 10 ist, dann machen die Unternehmer Verluste. Die veranlassen sie, die Investition einzuschränken, so daß auch hier noch kein Gleichgewicht erreicht ist.
Erst, wenn Geldzins und natürlicher Zins übereinstimmen, besteht weder Veranlassung, die Investition auszudehnen, noch die Investition einzuschränken. Deshalb kann man sagen: Beim monetären Gleichgewicht besteht weder Neigung zur Investition noch Neigung zur Desinvestition.

Sparen und Investieren

Der zweite Bestimmungsgrund des monetären Gleichgewichts lautet: Der Geldzins, bei dem monetäres Gleichgewicht besteht, soll Sparen und Investieren ins Gleichgewicht bringen (also nicht nur Geldangebot und Geldnachfrage).
Es soll angenommen werden, daß der natürliche Zins (die Grenzproduktivität des Kapitals) steigt. Dann werden die Unternehmer mehr Kredit nachfragen, so daß der Geldzins steigt, und zwar auf das Niveau des natürlichen Zinses. Erhöht sich der Geldzins, wird auch durch die Zinserhöhung die Sparquote steigen, so daß der Geldzins und der natürliche Zins in einem Gleichgewicht sowie das Sparen und das Investieren in einem Gleichgewicht sind.
Wir können also sagen, daß die beiden Gleichgewichtsbedingungen (der Geldzins soll dem natürlichen Zins entsprechen und das Sparen dem Investieren) miteinander vereinbar sind.

Konstantes Preisniveau

Die dritte Bedingung eines monetären Gleichgewichts ist das konstante Preisniveau. Diese dritte Bedingung ist nicht mit den beiden ersten vereinbar. (Sie würde es höchstens in einer stationären Wirtschaft sein können, in der das Preisniveau konstant bleibt und ein monetäres Gleichgewicht herrscht.) Bei Konstanz eines Preisniveaus kann es kein monetäres Gleichgewicht geben. Es wurde bereits festgestellt, daß monetäres Gleichgewicht mit neutralem Geld gleichzusetzen ist und daß bei einer konstanten Geldmenge das Preisniveau mit dem Wirtschaftswachstum wechselt.

Beispiele des monetären Gleichgewichtes

Wenn die Preise sinken, muß der Staat, der eine Politik des wertstabilen Geldes verfolgt, Kaufkraft (Geld) in die Wirtschaft pumpen, und zwar in einen bestimmten Sektor. Wir nehmen an, in die Investitionsgüterindustrie. Bekommt diese mehr Geld, wird sie bestrebt sein, ihre Produktion auszudehnen, indem sie Investitionen vornimmt. Die Investitionsgüterindustrie dehnt sich nun stärker aus als die Konsumgüterindustrie. Dadurch tritt eine Disproportionalität in der Produktion ein. Diese kann sich so auswirken, daß ein einmaliger Geldstrom nicht genügt, um die begonnene Investition zu Ende zu führen. Sie bleibt dann halb vollendet liegen und führt zu einem Zusammenbruch in der Investitionsgüterindustrie.
Mit dem Geldstoß kann die Investition aber auch zu Ende geführt worden sein. Wenn dann die Investitionsgüter produziert sind, werden sie eingesetzt für eine Herstellung von Konsumgütern. Es kommt daher zu einem großen zusätzlichen Konsumgüterangebot auf dem Markt. Dadurch sinken die Preise der Konsumgüter. Es tritt also eine Depression vom Konsumgütersektor her ein. Wird evtl. die Geldmenge weiter erhöht, um das Preisniveau der Konsumgüter zu halten, wird diese Verzerrung nur noch vergrößert. Eine ähnliche Wirkung erfolgt, wenn man die Geldmenge in die Konsumgüterindustrie leitet. Auch hier entsteht eine Disproportionalität, da sich die Konsumgüterindustrie stärker ausdehnt als die Investitionsgüterindustrie.
In den USA herrschte in den Jahren 1926 bis 1929 eine Hochkonjunktur bei konstanten Preisen, weil die Geldmengenerhöhung kompensiert wurde durch den technischen Fortschritt. Es wurde ein Zeitalter der ewigen Prosperität vorausgesagt. 1929 erfolgte der Zusammenbruch in stärkster Form, da sich nach dem deutschen Nationalökonom und Soziologen Röpke (1899–1966) „unter der Käseglocke des konstanten Preisniveaus" Verzerrungen im Aufbau der Preise vollzogen, die

11

notwendig zum Zusammenbruch führen mußten. Die Oberfläche war glatt, aber darunter wirkten Verzerrungen, die eine Krise unvermeidbar machten. Beim konstanten Preisniveau ist die Oberfläche immer glatt, aber es können sich Verschiebungen der Preisrelationen vollziehen, die eine Disproportionalität zur Folge haben und ein Eingreifen erfordern.

Störungen des monetären Gleichgewichts und die Wicksellschen kumulativen Prozesse

• Der kumulative Prozeß nach oben
Durch den technischen Fortschritt kann der natürliche Zins über den Geldzins steigen. Höhere Ertragschancen veranlassen dann die Unternehmer, ihre Investitionen auszudehnen. Sie fordern dazu höhere Kredite bei den Banken. Da Banken aber am elastischen Band ihrer Liquidität orientiert sind (Kreditschöpfungsmöglichkeit), gewähren sie Kredite, ohne den Geldzins zu erhöhen.
11
Da der Ausgangspunkt des Prozesses ein Gleichgewicht bei Vollbeschäftigung ist, werden die Unternehmen des Investitionsgütersektors, die die Kredite verwenden, Produktionsfaktoren aus der Konsumgüterindustrie abziehen. Dies wird ihnen gelingen, da sie höhere Preise und Löhne bieten. Als Folge werden die Konsumgüterproduktion und das Konsumgüterangebot sinken und die Preise steigen. Die Einkommensbezieher mit gleichbleibendem Einkommen werden, da sie weniger konsumieren können, zum Sparen gezwungen, womit die vorgenommenen Investitionen ex post finanziert werden.
Die steigenden Konsumgüterpreise erhöhen aber auch die Gewinne dieser Industrie, so daß auch die Konsumgüterunternehmen bestrebt sind, ihre Erzeugung auszuweiten, und nunmehr Produktionsfaktoren aus der Investitionssphäre abzuziehen versuchen. Das gelingt ihnen aber nicht. Wenn nämlich die Preise der Konsumgüter steigen, erhöht sich auch die Rentabilität der Investitionen, so daß die Produktionsfaktoren im Kapitalgütersektor eingesetzt bleiben bzw. sogar noch neue herangezogen werden.
Kennzeichen des Aufschwungprozesses ist also eine Disproportionalität, eine Überdimensionierung des Investitionsgütersektors auf Kosten der Erzeugung von Konsumgütern. Der Prozeß kann nicht ad infinitum weitergehen. Er findet seinen Endpunkt, wenn die Banken aufgrund von Liquiditätsrücksichten gezwungen sind, die Kreditexpansion zu stoppen und den Geldzins zu erhöhen. In diesem Fall können zwei Situationen auftreten:
- Die eingeschlagenen Produktionsumwege sind halb vollendet, sie können aufgrund fehlender Kredite nicht mehr zu Ende geführt werden. Es tritt dann der Zusammenbruch vom Investitionsgütersektor her ein (Zusammenbruchsthese von Hayek und Mises, österreichische Volkswirtschaftler: v. Hayek, 1899–1992, v. Mises, 1881–1973).
- Die Produktionsumwege sind beendet. Dann kommt ein so großer Strom an Konsumgütern auf den Markt, daß die Preise der Konsumgüter rapide sinken müssen. Es tritt dann der Zusammenbruch vom Komsumgütersektor her ein (Zusammenbruchsthese von Schumpeter, österreichischer Volkswirtschaftler, 1883–1950).

• Reinigungskrise
Es wird zunächst angenommen, daß die Banken am Ende des Konjunkturaufschwunges den Geldzins nur auf den Stand des natürlichen Zinses setzen, ihn aber nicht darüber erhöhen. Dann wird ein monetäres Gleichgewicht auf erhöhter Ebene erreicht, auf der sich die Reinigungskrise vollzieht. In der Reinigungskrise werden die im Aufschwung entstandenen Disproportionalitäten beseitigt.

• Der kumulative Prozeß nach unten
Es ist unrealistisch anzunehmen, daß der Geldzins nur auf dem Stand des natürlichen Zinses angepaßt wird. Es kann unterstellt werden, daß die in der Reinigungskrise auftretenden Zusammenbrüche die Banken aufgrund pessimistischer Zukunftserwartungen veranlassen, den Geldzins über den natürlichen Zins zu setzen, so daß nun die Kreditexpansion in eine Kreditkontraktion umschlägt. Wenn in der Reinigungskrise Fehler der Kreditinflation beseitigt wurden, so bewirkt die sekundäre Depression eine Krediteflation.
Wenn nämlich die Geldmenge sinkt, dann sinken auch Nachfrage und Preise der Fertigfabrikate. Wicksell unterstellt, daß die Löhne der Abwärtsbewegung der Preise mit einem „time-lag“ nachhinken. So entstehen Verluste, die dazu führen, daß Grenzbetriebe ausfallen und Arbeitslosigkeit auftritt. Da die Nachfrage weiter sinkt, verstärkt sich der Prozeß kumulativ. Im Depressionsprozeß wird als „conditio sine qua non” (d. h. als „eine Bedingung, ohne die es nicht geht“) eine dauernde Verminderung der effektiven Geldmenge unterstellt. Man kann annehmen, daß die Geldmenge nicht endlos gesenkt werden kann, da Konsumenten und Unternehmer nach einer langen Kaufzurückhaltung Ersatzbeschaffungen durchführen müssen, wobei sie auf ihre Horte zurückgreifen und enthorten. Außerdem kann die Liquiditätsreserve der Banken so groß geworden sein, daß sie eine weitere Vergrößerung nicht mehr als

wünschenswert erachten und gewillt sind, Kredite in die Wirtschaft zu geben und den Geldzins senken, um dies zu erleichtern.
Wenn aus diesen beiden Gründen die Geldmengenverringerung gestoppt wird, stabilisiert sich das Preisniveau. Daraufhin beginnt die Nachfrage zu steigen, so daß ein neuer Aufschwungprozeß entsteht. Diese Wendung wird noch dadurch unterstützt, daß sich die Löhne schließlich den gesenkten Preisen anpassen, so daß die Unternehmen wieder erneut in eine Gewinnsituation kommen.
Wicksell schaffte mit seiner Analyse des monetären Gleichgewichts die materielle Fassung der Einkommenstheorie des Geldes. Sie berücksichtigt den Ablauf der Wirtschaft in einem Zeitprozeß und untersucht die Verschiebung der Preisrelationen zwischen Konsumgüterpreisen und Investitionsgüterpreisen (Gegensatz zur Quantitätstheorie).
Der Ansatz von Wicksell ist trotz aller Unterschiede mit der klassischen Theorie vereinbar, die von der Vorstellung eines Gleichgewichts bei Vollbeschäftigung ausging, das zwar gestört werden kann, aber stets wieder zustandekommt. Demgegenüber erkannte Wicksell, daß dieses Gleichgewicht nicht der Regelfall, sondern ein Ausnahmefall war. Der Wirtschaftsablauf bewegt sich nicht im Gleichgewicht bei Vollbeschäftigung, sondern vollzieht sich in Form der kumulativen Prozesse nach oben und unten. Der englische Nationalökonom Keynes (1883–1946) wandte sich noch weiter gegen die klassische Theorie. Er erkannte vor allem nach der Weltwirtschaftskrise, daß Arbeitslosigkeit keine temporäre, sondern eine permanente Erscheinung sein kann, die auf institutionelle Schwächen des Wirtschaftssystems zurückzuführen ist. Er war im Gegensatz zur Klassik und zu Wicksell der Auffassung, daß die Arbeislosigkeit sich nicht von selbst beseitigt, sondern bestehen bleiben kann, wenn nicht der Staat selbst mit bestimmten Maßnahmen eingreift, worauf in dem Abschnitt über die Ziele der Wirtschaftspolitik eingegangen werden wird.

Das Sozialprodukt

Die Entstehung des Sozialproduktes

Die Produktionsleistung der Wirtschaft ist das Sozialprodukt. Damit ist nicht nur die Erzeugung von Industrie, Handwerk sowie Landwirtschaft gemeint, sondern die Leistungen aller Bereiche, die zur Steigerung der Einkommen beitragen – auch die Tätigkeit der Beamten, Architekten oder Fußballprofis. Es ist freilich nicht unproblematisch, die so unterschiedlichen Leistungen nach einem einheitlichen Schema zu bewerten und zusammenzufassen. Was den Wert einer Ware oder Leistung bestimmt, darüber gibt es verschiedene Theorien, z. B. die Grenznutzenlehre, die Arbeitswerttheorie usw. Die statistische Praxis hat jedoch nur einen Anhaltspunkt: den Marktpreis der Güter und Leistungen. Dies ist ein Wertmaßstab, der aber nach der Marktstellung der Anbieter (Monopol, Oligopol, freie Konkurrenz) beträchtlichen Schwankungen unterliegt. Auch sind im Rahmen der gesamten volkswirtschaftlichen Leistung einige Tätigkeiten zu bewerten, die keinen Marktpreis haben, wenngleich auch ihr Gegenwert als Einkommen auf dem Markt in Erscheinung tritt. Das sind vor allem die Dienstleistungen des Staates. Man bewertet sie nach der Höhe der Aufwendungen der öffentlichen Hand für die Bediensteten sowie nach dem Netto-Mietwert der öffentlichen Gebäude.
Berücksichtigt man diese und andere Unvollkommenheiten und beachtet man ferner, daß es eine Art Ermessensfrage ist, wie die in den Marktpreisen enthaltenen Abschreibungen und indirekten Steuern zugerechnet werden, dann wird man zwar nicht den Respekt vor der statistischen Arbeit verlieren, ihre Ergebnisse jedoch mit der gebotenen Zurückhaltung betrachten und vor allem die internationalen Vergleiche des Sozialprodukts mit Vorsicht genießen.
Die Bedeutung der volkswirtschaftlichen Gesamtrechnung liegt auch weniger in der Ermittlung der absoluten Leistung der Volkswirtschaft und ihrer Bereiche als vielmehr in der Darstellung der Beziehungen und Abhängigkeit zwischen den Wirtschaftsbereichen und den verschiedenen Geld- und Güterströmen.
Einige Hinweise auf eine statistische Ermittlung des Sozialprodukts erleichtern das Verständnis für das System. Ausgangspunkt sind die Produktionswerte (Umsatz einschließlich Bestandsveränderung und selbsterstellte Anlagen). Der Produktionswert eines Unternehmens ist jedoch regelmäßig höher als seine eigene Leistung, da im Produktionswert auch der Wert der Vorleistungen (Roh-, Hilfs- und Betriebsstoffe) steckt, die von anderen Unternehmen bezogen wurden. Eine Addition aller Produktionswerte würde folglich dazu führen, daß ein und dieselbe Erzeugung oder Leistung auf mehreren Stufen des Wirtschaftsprozesses erfaßt und mehrfach berücksichtigt würde. Um dies zu vermeiden, werden die Produktionswerte der Wirtschaftszweige um den Wert der

enthaltenen Vorleistungen vermindert. Dazu werden auf der Grundlage von Kostenstrukturerhebungen besondere Quoten ermittelt. Die Summe der um die Vorleistungen verminderten Produktionswerte aller Wirtschaftszweige einschließlich Staat (Personalkosten und Netto-Mieten) und privater Haushalte (Aufwendungen für Angestellte) ergibt die Gesamtproduktion der Volkswirtschaft oder das Brutto-Sozialprodukt.
Man spricht vom „Brutto"-Sozialprodukt, weil in diesem Betrag, dessen Ausgangspunkt die Umsätze sind, die kalkulatorischen Abschreibungen, die indirekten Steuern und die Subventionen enthalten sind. Erst nach Abzug der Abschreibungen und indirekten Steuern ergibt sich die effektive Leistung oder Wertschöpfung der Wirtschaft: das Netto-Sozialprodukt. Es errechnet sich folgendermaßen:

Gesamtsumme aller Verkäufe (bew. zu Marktpreisen)
– Käufe bei anderen Unternehmen

11

= Brutto-Sozialprodukt (bewertet zu Marktpreisen)
– Abschreibungen

= Netto-Sozialprodukt (bewertet zu Marktpreisen)
– indirekte Steuern (z. B. Mehrwertsteuer)
+ Subventionen

= Netto-Sozialprodukt = Volkseinkommen

Die Verteilung des Sozialproduktes

Funktionelle und personelle Verteilungslehre

Die Verteilungslehre ist ein Spiegelbild der Lehre von der Produktion. In der Lehre von der Produktion wird untersucht, wie die drei Produktionsfaktoren an der Entstehung des Sozialproduktes mitgewirkt haben. In der Verteilungslehre wird untersucht, wie das Volkseinkommen auf die drei Produktionsfaktoren verteilt wird (z. B. nach dem Anteil an der Herstellung des Sozialproduktes). Als einen vierten Faktor kann man evtl. den dispositiven Faktor hinzufügen.
Es wird zwischen funktioneller und personeller Verteilung unterschieden. Die funktionelle Verteilungslehre untersucht die Verteilung des Volkseinkommens auf die einzelnen Produktionsfaktoren gemäß der Grenzproduktivität der Produktionsfaktoren. In der personellen Verteilungslehre wird die Verteilung des Volkseinkommens auf Personen und rechtliche Gebilde in konkreten Situationen verfolgt. Die funktionelle Verteilungslehre ist Gegenstand der Wirtschaftstheorie, die personelle Verteilungslehre ein Bestandteil der Wirtschaftspolitik, insbesondere der Sozialpolitik.

Die funktionelle Verteilungslehre ist werturteilsfrei, während die personelle bewerten muß. Sie untersucht z. B., ob die Entlohnung der im Wirtschaftsprozeß tätigen Personen gerecht ist. In der funktionellen Verteilungslehre wird dagegen die Theorie der Preisbildung für die Produktionsfaktoren Arbeit, Boden und Kapital dargestellt.

Die moderne Richtung der funktionellen Verteilungslehre

In der modernen Verteilungslehre unterscheidet man ebenso wie in der modernen Preistheorie zwischen einer funktionalen und einer kausalgenetischen Betrachtung.
Die kausalgenetische Verteilungslehre deckt die Faktoren auf, die hinter dem Arbeitsangebot und der Arbeitsnachfrage stehen, während die funktionale Betrachtung die Auswirkungen von Datenänderungen untersucht. Unternehmer vergleichen z. B. Lohn und Ertrag der Arbeit. Stellen sie fest, daß der Grenzertrag höher ist als der Lohn, so werden sie mehr Beschäftigte einstellen, im anderen Falle entlassen. Ein Gleichgewicht besteht, wenn Grenzertrag und Lohn gleich sind (Grenzproduktivitätstheorie).
Man unterscheidet zwischen einer makro- und einer mikroökonomischen Grenzproduktivitätstheorie. Die makroökonomische Grenzproduktivitätstheorie analysiert die ganze Volkswirtschaft, die mikroökonomische einzelne Betriebe. In der mikroökonomischen Grenzproduktivitätstheorie wird ein bestimmtes Reservoir an Arbeitskräften in einer bestimmten Arbeitsart untersucht. Wenn die Arbeitskräfte sukzessiv in einem Produktionsprozeß hereingeschleust werden, kommt der erste Arbeiter in die lohnendste Verwendung. Nach der Produktivität des letzten Arbeiters richtet sich der Lohn aller Arbeiter. Die makroökonomische Version gilt gesamtwirtschaftlich für eine Arbeitsart. Es wird unterstellt, daß der Lohn nicht von Anfang an gegeben ist. Der Gleichgewichtslohn ist das Endergebnis eines Prozesses.

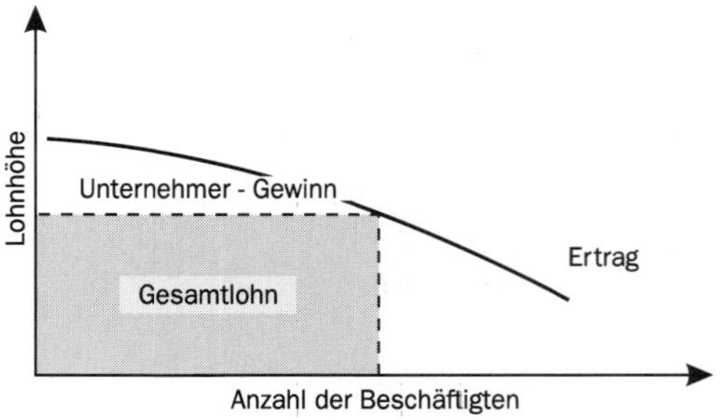

Abb. 11.21: Die mikroökonomische Grenzproduktivitätstheorie

Die mikroökonomische Grenzproduktivitätstheorie

Die mikroökonomische Grenzproduktivitätstheorie betrachtet den einzelnen Betrieb, für den der Lohn von Anfang an gegeben ist. Der Lohn ist mikroökonomisch für den Betrieb ein Datum, dem sich der Unternehmer anzupassen hat. Der einzelne Betrieb wird daher Arbeiter einstellen bis zum Schnittpunkt der Lohngeraden mit der Grenzertragskurve. Das schraffierte Viereck der Zeichnung (Abb. 11.22) ist der Überschuß des Gesamtertrags über die Lohnsumme (Stückertrag · Menge = Gesamtertrag). In diesem Überschuß sind der Unternehmergewinn, der Zins und die Grundrente enthalten.
Ein Grenzbetrieb weist keine Differenz zwischen Durchschnittsertrag und Lohn aus. Der Gesamtertrag entspricht der Gesamtlohnsumme. Es entsteht kein Unternehmergewinn, Zinsen und die Grundrente werden nicht erstattet. Wenn in dem ersten Beispiel der Überschuß des Gesamtertrages über die Gesamtlohnkosten allein auf die Faktoren Boden und Kapital (also auch der Gewinn auf diese beiden) zurückzuführen ist, jedoch auf den Faktor Arbeit kein überschüssiger Ertrag entfällt, würde dieser Betrieb in bezug auf den Faktor Arbeit bereits ein Grenzbetrieb sein.
Ist der Lohn höher als der durchschnittliche Gesamtertrag, so ist die Lohnsumme größer als der Gesamtertrag. In diesem Fall wäre der Betrieb in bezug auf den Faktor Arbeit submarginal (siehe Abb. 11.24).

Die makroökonomische Grenzproduktivitätstheorie

Wenn man die Summe der eingestellten Arbeiter und ihre Löhne ermittelt, erhält man die Nachfragekurve nach Arbeit. Zeichnet man dazu noch eine Angebotskurve ein, so ergibt sich ein Gleichgewichtspunkt, der anzeigt, zu welcher Lohnsumme die jeweiligen Betriebe wie viele Beschäftigte einstellen (siehe Abb. 11.25).

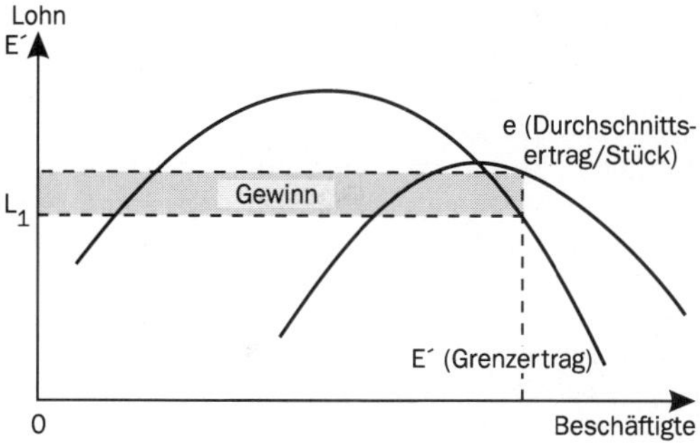

Abb. 11.22

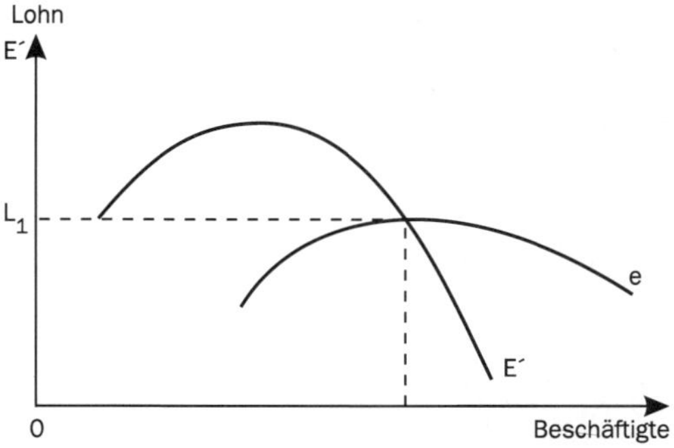

Abb. 11.23

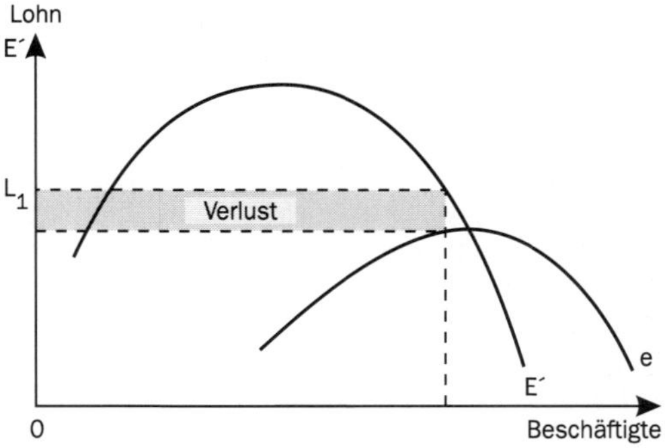

Abb. 11.24

11

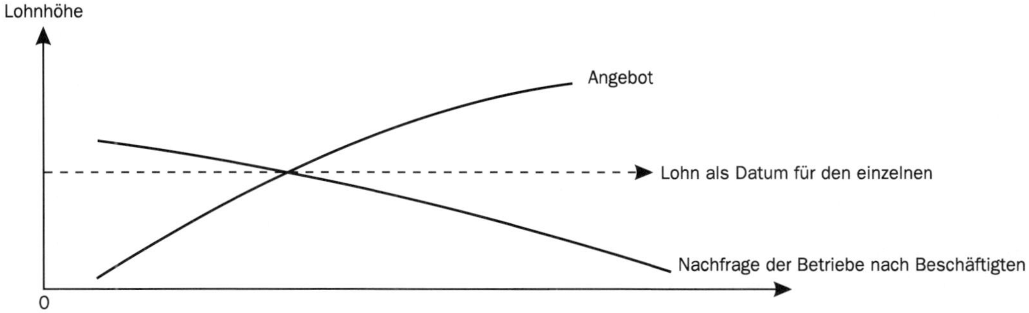

Abb. 11.25

11

Die kausalgenetische Betrachtungsweise, d. h. die Bestimmungsgründe des Arbeitsangebotes

Nach der Disutility-Theorie der Cambridge-Schule vergleicht der Arbeiter bei seinem Arbeitsangebot das Leid der Arbeit mit dem Nutzen des Lohnes, die disutility mit utility. Wo diese Größen gleich sind, liegt das Gleichgewicht. Wenn der Nutzen des Lohnes größer ist als das Leid der Arbeit, wird das Arbeitsangebot ansteigen und umgekehrt. Unterstellt wird dabei, daß der Arbeiter seine eigene Arbeitszeit bestimmen kann. Die Arbeitszeit unterliegt heute aber tariflichen kollektiven Regelungen. Trotzdem ist diese These nicht falsch. Der Arbeiter kann zwar als einzelner den Gleichgewichtspunkt nicht bestimmen, aber die Vereinigung der Arbeiter hat einen Einfluß auf die Länge der Arbeitszeit. Diese Lohntheorie gilt jedoch nur für Marktformen der vollständigen Konkurrenz. Im allgemeinen ist auf dem Arbeitsmarkt aber ein bilaterales Monopol gegeben. Auf der einen Seite stehen die Gewerkschaften, auf der anderen die Arbeitgeberverbände, so daß die Lohnbildung in Wirklichkeit abhängig ist von den Machtpositionen auf dem Arbeitsmarkt.

Der österreichische Nationalökonom Böhm-Bawerk (1851–1914) untersuchte, ob eine Lohnbildung, die mittels Machteinflüsse vom Gleichgewicht fortführt, sich auf Dauer behaupten kann. Er verneint dieses und stellt fest, daß bei einem Lohn, der durch Machteinflüsse über das Gleichgewichtsniveau heraufgesetzt wird, aufgrund des hohen Lohnes viele Arbeiter diesen Beruf ergreifen werden, so daß hier langfristig ein Überangebot an Arbeitskräften entsteht. Dieses Überangebot, das zu Arbeitslosigkeit führt, muß schließlich dazu führen, daß die Gewerkschaften in Lohnreduktionen einwilligen. Wenn umgekehrt der Lohn unter dem Gleichgewichtsniveau liegt, wird keiner den Beruf ergreifen, und es entsteht ein Engpaß. Daher wird auf diesem Engpaßgebiet der Lohn erhöht. Ökonomische Gesetzmäßigkeiten müßten sich so auf die Dauer gegenüber Machteinflüssen durchsetzen.

Der Wirtschaftskreislauf

Grundstruktur

Vor über 200 Jahren hat der französische Naturrechtler und Nationalökonom Francois Quesnay (1694–1774) eine Darstellung des wirtschaftlichen Kreislaufs, sein berühmtes Tableau économique, veröffentlicht. Die Beobachtung, daß alle Wirtschaftsvorgänge wechselseitig voneinander abhängen, ist also nicht neu. Die moderne Statistik der Entstehung, Verteilung und Verwendung des Sozialprodukts hat an die Stelle der Einzeltabellen ein in sich geschlossenes Darstellungssystem, nämlich ein Kontensystem mit doppelter Buchung, gestellt.

Die Tabellen der Sozialproduktsrechnung zeigen bei der Entstehung, Verteilung und Verwendung der Einkommen jeweils nur die letzte Phase, nur einen Querschnitt durch den Wirtschaftsprozeß. Sie zeigen die Produktion, aber nicht die Beziehungen zwischen den Produzierenden, sie zeigen den Endstand einer Einkommensverteilung, aber nicht die Bewegungen, die zu ihm geführt haben. Sie zeigen die letzte Verwendung dieser Einkommen, aber nicht auch Zwischenphasen, wie das Sparen, die Finanzierung und die Vermögensbildung. Um alle diese Phasen in das Gesamtbild einzubauen, empfahl sich das Kontensystem. So entstand, durch Erweiterung der Sozialproduktsrechnung und durch ihre Auflösung in Konten, die volkswirtschaftliche Gesamtrechnung, die moderne Form des 200 Jahre alten Tableau économique. Der Buchhaltung des Betriebes vergleichbar, ist die volkswirtschaftliche Gesamtrechnung die Buchhaltung der Volkswirtschaft eines Landes. Nur dem Wesen nach sind beide Rechnungen verschieden, da sich der Erfolg des Betriebes aus der Differenz von Aufwand und Ertrag ergibt, der Erfolg der Volkswirtschaft dagegen am Steigen und Sinken der Produktionsleistung gemessen wird.

Der „Nationalbuchhalter" muß natürlich großzügiger verfahren als sein Kollege im Betrieb. Hilflos würde er sich im Labyrinth der Zahlen verstricken, wollte er alle Wirtschaftszweige sowie alle wirtschaftlichen Tätigkeiten getrennt verbuchen. Damit eine Bilanz der Volkswirtschaft übersichtlich bleibt, gilt es, die wirtschaftlich Handelnden und ihre Transaktionen in große Gruppen zusammenzufassen. Von der OEEC wurde daher ein Standardschema entwickelt, dessen Schwergewicht bei der Einkommensverteilung und Einkommensverwendung liegt. Die an der Wirtschaft Beteiligten wurden in drei große Gruppen eingeteilt, die für eine Analyse des Wirtschaftsablaufs von besonderer Bedeutung sind, und zwar in „Unternehmen", „Staat" und „Haushalte".

Für eine vereinfachte und übersichtliche Darstellung des Wirtschaftsgeschehens werden u. a. folgende Konten gebildet:

- Nationales Produktionskonto,
- Einkommenskonto Haushalte,
- Einkommenskonto Kapitalgesellschaften,

- Einkommenskonto Staat,
- Vermögensänderungskonto,
- Konto Ausland.

Bei den Unternehmen liegt das Schwergewicht der wirtschaftlichen Tätigkeit auf der Produktion, beim Staat spielt die Umverteilung der Einkommen die größte Rolle, und bei den Haushalten stehen Verbrauch und Ersparnis im Vordergrund. Doch im Grunde sind die drei Institutionen an allen wirtschaftlichen Transaktionen – wenn auch in verschiedenem Umfange – beteiligt.

Im einfachen Wirtschaftskreislauf liefern die Unternehmungen Konsumgüter an private Haushalte, während die Haushalte den Unternehmungen Arbeitsleistungen zur Verfügung stellen. Den beiden genannten realen Strömen fließen monetäre Ströme parallel. Die Unternehmen zahlen für die Arbeitsleistungen Geld (= Einkommen der Haushalte). Die Haushalte verwenden die Geldbeträge für Konsumausgaben. Dieser geschlossene Kreislauf wird durch Abb. 11.26 verdeutlicht. Im Kontensystem stellt sich das Kreislaufschema wie in Abb. 11.27 dar.

In dieser einfachen Kreislaufbetrachtung werden die tatsächlichen ökonomischen Zusammenhänge auf den Kern reduziert. Der Bankensektor, die öffentlichen Haushalte und das Ausland bleiben noch unberücksichtigt. Das Prinzip des Kreislaufs wird aber deutlich sichtbar. Der Nationalökonom Say (1767–1832) hat die Zusammenhänge mit seinen Worten „Alle Güter kaufen alle Güter" verdeutlicht – anders ausgedrückt: Das Gesamteinkommen, also das Volkseinkommen, entsteht in einer Produktionssphäre und wird an die am Produktionsprozeß Beteiligten verteilt und von ihnen wieder ausgegeben. Aus diesem Zusammenhang wird klar, daß in einem bestimmten Zeitabschnitt nur soviel Einkommen gebildet werden kann, wie wertmäßig Endgüter erzeugt wurden. Es kann nur soviel verbraucht werden, wie produziert worden ist, und schließlich können nur so viele Güter und Dienstleistungen produziert worden sein, wie für Verbrauchs- (und Investitions-)Zwecke auch ausgegeben werden. In diesem Sinne kann es keine allgemeine Überproduktion, keine Konjunkturen und Krisen geben.

In der Naturalwirtschaft oder in der arbeitsteiligen Volkswirtschaft des 17./18. Jahrhunderts hatte das Saysche Modell des Wirtschaftskreislaufs einen realen Hintergrund. Wenn man dieses Modell an die tatsächlichen, heute gegebenen ökonomischen Sachverhalte annähern will, muß berücksichtigt werden, daß die Haushalte nicht ihr gesamtes Einkommen für Konsumgüter ausgeben, sondern einen Teil ihres Einkommens sparen. Dieses Sparen würde als isolierter Akt den Wirtschaftskreislauf unterbrechen und in ein Ungleichgewicht bringen – ein deflationistischer Prozeß würde eingeleitet. Eine negative Wirkung

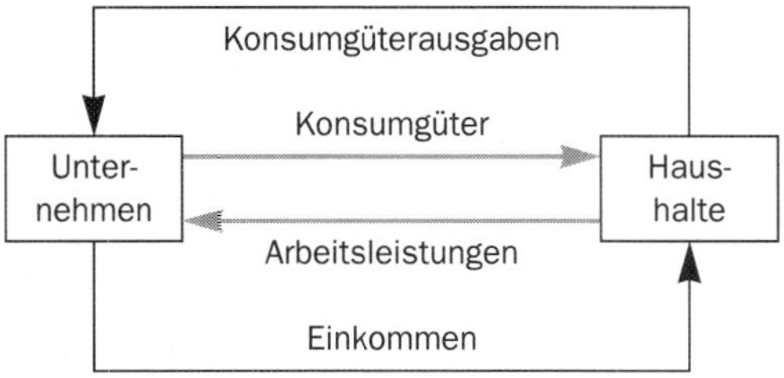

Abb. 11.26

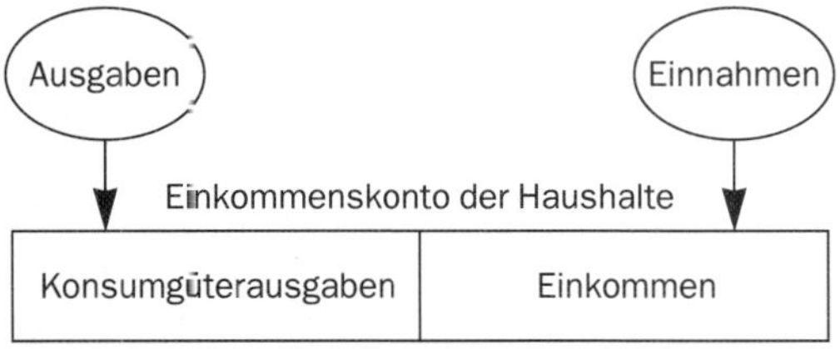

Abb. 11.27/A: Wirtschaftskreislauf im Kontensystem

Einkommenskonto der Haushalte

Ausgaben	Einnahmen
Konsumgüterkäufe, Ersparnis	Einkommen aus Arbeitsleistungen

Nationales Produktionskonto

Ausgaben	Einnahmen
Volkseinkommen (Netto-Wertschöpfung)	Umsatz = Verkäufe an private Haushalte (Netto-Investition)

Einkommenskonto der Kapitalgesellschaften

Ausgaben	Einnahmen
Körperschaftsteuer, Ersparnis der Unternehmen	Unverteilte Gewinne vor Steuerabzug

Einkommenskonto des Staates

Ausgaben	Einnahmen
Staatlicher Konsum, Transferzahlungen an private Haushalte, Ersparnis	Indirekte Steuern minus Subventionen, Körperschaftsteuer, Direkte Steuern der privaten Haushalte, Faktoreinkommen

Abb. 11.27/B: Darstellung der Konten

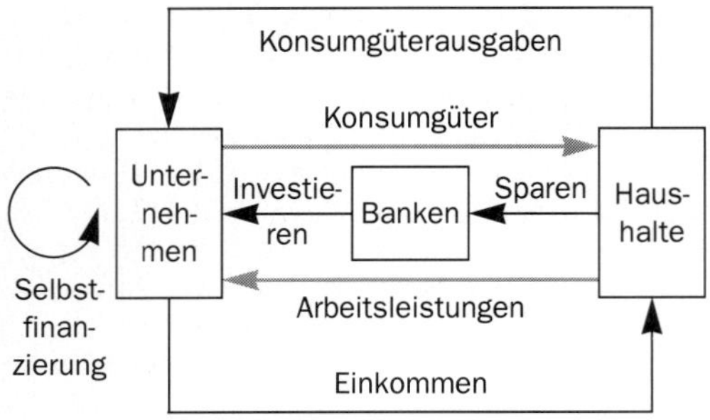

Abb. 11.28

tritt in der Regel aber nicht ein, da diese Sparmittel über die Banken in die Investitionssphäre fließen. Die Unternehmen fragen mit den zur Verfügung gestellten Geldmitteln die Produktionsfaktoren nach, die im Bereich der Haushalte durch Konsumverzicht (Sparen) freigesetzt wurden. Der zunächst durch das Sparen unterbrochene Kreislauf wird durch die Investition wieder geschlossen – das Niveau der Beschäftigung bleibt konstant. Abb. 11.28 zeigt den Zusammenhang (vergleiche auch den Abschnitt „Kapitalbildung in der modernen Wirtschaft", insbesondere die Fälle des mißlungenen Sparens).

11

Abb. 11.28 zeigt, daß die Unternehmen einen Teil ihrer Umsatzerlöse nicht als Einkommen weitergeben, sondern als Gewinne behalten und diese Gewinne investieren. Man spricht hier von Selbstfinanzierung. Die Selbstfinanzierung ist in marktbeherrschenden Unternehmen besonders hoch, sie wird durch einen Zinssatz kaum reguliert, da dieses Geld in der Regel den Bankkreislauf nicht berührt.

Bei den Unternehmen müssen die Kapitalgesellschaften noch herausgestellt werden. Während das Einkommen, das in den Personalgesellschaften erzielt wird, sich unmittelbar als Einkommen bestimmter Haushalte niederschlägt, ist das Einkommen von Kapitalgesellschaften nur der juristischen Person Kapitalgesellschaft zurechenbar. Darum steht neben dem Einkommenskonto der Haushalte das Einkommenskonto der Kapitalgesellschaften (Abb. 11.27/B).

Wirtschaftskreislauf und Staat

In einer modernen Volkswirtschaft begnügt sich der Staat nicht mehr nur mit der Aufgabe eines Nachtwächters, der lediglich Gesetze und Spielregeln überwacht. Seit der Weltwirtschaftskrise von 1930 und den daraus resultierenden Lehren des englischen Nationalökonomen Keynes greift der Staat aktiv in das Wirtschaftssystem ein. Er zahlt nicht nur Renten und Ausbildungsbeihilfen (Transferzahlungen) an viele Haushalte. Daneben werden Löhne und Gehälter sowie Sachgüter der verschiedensten Art für staatliche Aufgaben verbraucht und investiert (staatlicher Konsum). Einen immer stärker anwachsenden Ausgabenposten bilden die mannigfachen Subventionen, die vor allem den Unternehmungen zufließen und einen direkten Eingriff in den Wirtschaftskreislauf darstellen. Die Einnahmen für die Ausgaben erhält der Staat durch indirekte Steuern (Steuern, die von den Unternehmungen vor der Ermittlung des einkommensteuerpflichtigen Gewinnes von den Erträgen abgesetzt werden, z. B. Mehrwertsteuer, Zölle, Tabaksteuer, Mineralölsteuer u. a., Verbrauchsteuern), direkte Steuern (Einkommensteuer, Lohnsteuer), Körperschaftsteuern sowie zu einem geringen Teil durch eigene Einnahmen aus staatlichen Unternehmen, staatlichem Wertpapierbesitz etc. (Faktoreinkommen).

Die staatlichen Ausgaben sollen sich in der modernen Wirtschaft nicht allein nach den vorhandenen Einnahmen, sondern vor allem nach der jeweiligen Konjunktursituation richten. In einer ausgesprochenen Hochkonjunktur muß der Staat beispielsweise Gelder horten, also sparen, ohne zu investieren. Ein umgekehrtes Konjunkturverhalten ist bei einer Wirtschaftsflaute (z. B. 1967/68 sowie 1975) notwendig. Das Einkommenskonto der öffentlichen Haushalte hat die Positionen wie in Abb. 11.27/B. Der Wirtschaftskreislauf verläuft nach dem Schema in Abb. 11.29, wenn der Staat aktiv in den Wirtschaftsprozeß eingreift.

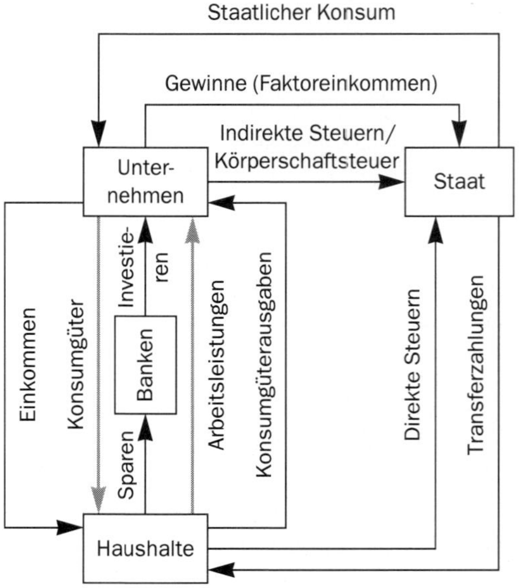

Abb. 11.29

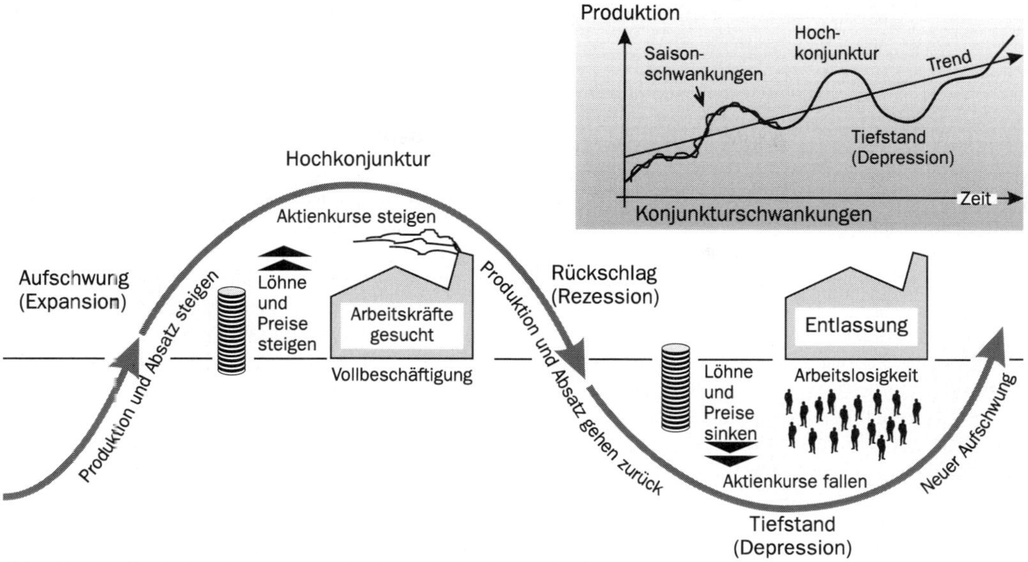

Abb. 11.30: Konjunkturbewegungen in einer Marktwirtschaft

Ziele der Wirtschaftspolitik

Der Wirtschaftsablauf in der Marktwirtschaft ist niemals gleichmäßig. Mißverhältnisse zwischen Spartätigkeit und Investitionsbereitschaft beeinflussen ebenso die Wirtschaftslage wie auch die sich stets wandelnden Verbrauchergewohnheiten. Technische Neuerungen, Naturereignisse und politische Maßnahmen können ebenfalls Störungen hervorrufen.

Bei sich wiederholenden kurzfristigen Änderungen der Wirtschaftslage spricht man von Saisonschwankungen, die meistens nur einzelne Wirtschaftszweige (z. B. Baugewerbe oder Landwirtschaft infolge ungünstiger Witterung) betreffen und auf die gesamte Volkswirtschaft ohne großen Einfluß bleiben. Dagegen wirken sich die längeren Wirtschaftsschwankungen, nämlich die Konjunkturschwankungen, auf die gesamtwirtschaftliche Aktivität aus. Die einzelnen Phasen des Konjunkturablaufs bezeichnet man als Aufschwung (Expansion), Hochkonjunktur, Rückschlag (Rezession) und Tiefstand (Depression).

In der Phase des Aufschwungs steigen Produktion und Absatz. Zusätzliche Arbeitskräfte werden eingestellt. Mit steigenden Einkommen der Arbeitnehmer erhöht sich die Nachfrage nach Konsumgütern. Bei zunächst noch niedrigen Zinssätzen nehmen die Unternehmen für ihre Investitionsvorhaben hohe Bankkredite auf. An der Börse steigen die Aktienkurse. Die Hochkonjunktur ist gekennzeichnet durch eine Voll- und Überbeschäftigung; es besteht ein Mangel an Arbeitskräften. Die Produktionskapazitäten sind voll ausgelastet. Preise und Löhne steigen weiter. Die Investitionsbereitschaft der Unternehmen läßt etwas nach, zumal sich in den übermäßig vergrößerten Investitionsgüterindustrien Absatzschwierigkeiten bemerkbar machen. In Krisenzeiten verringert sich der Absatz. Die Produktion wird eingeschränkt, es kommt zu ersten Entlassungen. Die Konsumgüternachfrage geht zurück, obgleich die Preise niedriger werden. Die Banken verteuern die Kredite, die Aktienkurse fallen. Die Konjunkturbewegung hat den Tiefstand erreicht. Große Arbeitslosigkeit, Betriebsstillegungen sind die sichtbaren Merkmale. Da der Absatz stockt, werden keine Investitionen mehr vorgenommen. Die niedrigen Löhne und Zinssätze veranlassen die Unternehmen, ihre Produktion langsam wieder auszuweiten, wenn durch konjunkturgerechte Maßnahmen des Staates der Anstoß für eine Wirtschaftsbelebung gegeben wird.

Die Wirtschaftspolitik versucht, die Konjunktur in einer Volkswirtschaft durch entsprechende Eingriffe zu steuern. Nach § 1 des Gesetzes zur Förderung der Stabilität und des Wachstums der Wirtschaft (StWG) sind im Rahmen der marktwirtschaftlichen Ordnung gleichzeitig ein hoher Beschäftigungsstand, ein stabiles Preisniveau, ein angemessenes Wirtschaftswachstum und ein außenwirtschaftliches Gleichgewicht anzustreben. In allen Industrieländern ist zur Zeit die Beseitigung der hohen Arbeitslosigkeit das vordringliche Problem.

11

11

Beschäftigungspolitik

Formen der Arbeitslosigkeit

• Die friktionelle Arbeitslosigkeit
Bei einer Produktionsumstellung, die in der Regel auf Nachfrageverschiebungen zurückgeführt werden kann, geht eine Nachfrage in einem Sektor zurück, so daß Beschäftigte entlassen werden. Infolge des Rückgangs der Nachfrage in diesem Sektor wird die Nachfrage in einem anderen Sektor steigen (gleiche Geldmenge wird unterstellt), so daß der Sektor die entlassenen Arbeiter einstellen kann. Da die Beschäftigung gleich bleibt, bestand nur eine temporäre Arbeitslosigkeit.
Es wird unterschieden zwischen einer freiwilligen und einer unfreiwilligen friktionellen Arbeitslosigkeit. Bei der freiwilligen Arbeitslosigkeit geben die Arbeiter freiwillig ihren Arbeitsplatz auf, um sich bessere Beschäftigungen zu suchen. Bei der unfreiwilligen Arbeitslosigkeit müssen sie wegen einer Nachfrageverschiebung ihren Arbeitsplatz verlassen, werden aber von einem anderen Sektor aufgenommen.

• Die strukturelle Arbeitslosigkeit
Die friktionelle Arbeitslosigkeit kann leicht umschlagen in eine strukturelle Arbeitslosigkeit. Die strukturelle Arbeitslosigkeit entsteht:
- aufgrund der Disproportionalität in der Zusammensetzung der Produktionsfaktoren.
  In Deutschland bestand z. B. nach 1945 eine typische Disproportionalität zwischen den Produktionsfaktoren Arbeit und Kapital. Im Verhältnis zu den verfügbaren Arbeitskräften war zu wenig Kapital vorhanden. Es fehlten die komplementären Faktoren, mit denen die Arbeiter ausgestattet werden mußten, so daß sie nicht beschäftigt werden konnten. Diese Disproportionalität wurde noch verstärkt durch das Mißverhältnis zwischen Arbeitsmöglichkeiten und Wohnungen: So gab es im Ruhrgebiet Arbeitsmöglichkeiten, aber keine Wohnungen und in Schleswig-Holstein Wohnungen, aber keine Arbeitsmöglichkeiten;
- aufgrund der Disproportionalität zwischen den einzelnen Arbeitsarten.
  Wenn es beispielsweise zu viele Bergleute gibt, können diese strukturell arbeitslos sein. Es besteht auch eine typische strukturelle Arbeitslosigkeit bei den älteren Angestellten. Das Angebot entspricht nicht der Nachfrage nach dieser Arbeitsart.
- aufgrund der Disproportionalität in der Zusammensetzung der einzelnen Wirtschaftszweige. Die Größe einzelner Zweige der Wirtschaft entspricht nicht dem Nachfragebild. In einem überdimensionierten Industriezweig kann Arbeitslosigkeit herrschen, während andere Industrien vollbeschäftigt sind.

• Die konjunkturelle Arbeitslosigkeit
Die konjunkturelle Arbeitslosigkeit entsteht im Wicksellschen Prozeß nach unten (in der Depression) dadurch, daß die Löhne in der Abwärtsbewegung mit einem time-lag nachhinken. Sie ist gesamtwirtschaftlicher Natur (nicht beschränkt auf einzelne Wirtschaftsgebiete oder Arbeitsarten), denn im kumulativen Prozeß sinkt die wirksame Geldmenge und damit die wirksame Nachfrage auf allen Gebieten in etwa gleichmäßig, so daß eine generelle Produktionsminderung und Arbeitslosigkeit zu verzeichnen sind. Die Degression würde nicht entstehen, wenn die Löhne im gleichen Maße wie die Preise reduziert würden.

• Die stabilisierte Arbeitslosigkeit
Die stabilisierte Arbeitslosigkeit entsteht durch ein zu hohes Lohnniveau in einer Wirtschaft, die sich im Gleichgewicht befindet. Man kann zwei Hauptfälle unterscheiden.

Vollbeschäftigung: Der Ausgangspunkt kann ein Gleichgewicht der Wirtschaft bei Vollbeschäftigung sein. Beispiel:

Sozialprodukt	Beschäftigte	Löhne
100	10	10
100	5	20
200	10	20

Jeder Beschäftigte ist im Beispiel mit 1/10 am Sozialprodukt beteiligt. Wird in dem Beispiel eine Lohnerhöhung durchgesetzt, etwa von 10 auf 20, während das Sozialprodukt gleich bleibt, dann können nur noch 5 Arbeiter beschäftigt werden, die anderen 5 wären stabilisiert arbeitslos, weil die Löhne zu hoch sind. Eine andere Situation entsteht, wenn das Sozialprodukt im gleichen Maße wie die Löhne steigt. In diesem Fall könnte jeder Arbeiter mit einem Anteil von 20 am Sozialprodukt partizipieren.
In einem einzelnen Betrieb, der bestimmte Güter mit bestimmten Kosten produziert, kann sich eine Lohnerhöhung unterschiedlich auswirken. Die Lohnerhöhung führt in der Regel zunächst zu einer Erhöhung der Kosten. Dieser Fall kann mehrere Auswirkungen haben:
- Die Unternehmen versuchen, die erhöhten Löhne auf die Preise abzuwälzen, sie werden also die Preise heraufsetzen. Gelingt ihnen das, tritt trotz Lohnerhöhung keine Arbeitslosigkeit ein. Die erhöhten Preise werden aber zu weiteren Lohnforderungen führen, diese wiederum zu

Preiserhöhungen usw. (Lohn-Preis-Spirale). Offenbar gelingt dieser Fall aber nur dann, wenn eine ziemlich starre Elastizität der Nachfrage unterstellt wird – wenn also trotz einer Preiserhöhung die Nachfrage nicht auf ein anderes Gut übergeht.

- Wenn bei einer elastischen Nachfrage die Löhne heraufgesetzt werden, können die zusätzlichen Kosten nicht auf die Preise abgewälzt werden, da dann die Nachfrage zurückgehen würde. Die Preise müssen also konstant gehalten werden. Wenn wir aber erhöhte Kosten und konstante Preise haben, muß die Produktion eingeschränkt werden, und es entsteht eine stabilisierte Arbeitslosigkeit.
- Es gibt noch eine dritte Möglichkeit, bei der eine Lohnerhöhung weder durch Preiserhöhungen noch durch Entlassungen abgefangen wird: Die Unternehmer verzichten vielmehr auf einen Teil ihres Einkommens. In diesem Fall wird eine Verlagerung des Volkseinkommens stattfinden. Das Einkommen der Unternehmer wird geringer und die Einkommen der Arbeiter und Angestellten höher. Das Ziel wird von den Gewerkschaften angestrebt. Es ist jedoch zu beachten, daß dies nur eine Möglichkeit von dreien ist.

Diese Beispiele zeigen, daß eine Lohnerhöhungspolitik zur Arbeitslosigkeit führen kann, wenn sich das Sozialprodukt nicht so stark vergrößert wie die Löhne und unter der Voraussetzung einer elastischen Nachfrage. Im Rahmen des Wirtschaftswachstums (steigendes Sozialprodukt) ist eine Lohnerhöhung gerechtfertigt, u. U. auch in einer Depression, wenn durch eine Lohnerhöhung die Nachfrage verstärkt und die Produktion angeregt werden soll.

Unterbeschäftigung: Statt von einem Gleichgewicht der Wirtschaft bei Vollbeschäftigung auszugehen, kann auch eine stabilisierte Arbeitslosigkeit in einem Gleichgewicht bei Unterbeschäftigung (Keynes) unterstellt werden. Nach Keynes verläuft der kumulative Prozeß nach unten in ein Gleichgewicht bei Unterbeschäftigung aus. Dieses bleibt bestehen, weil die Löhne zu hoch sind und nicht den gesenkten Preisen angepaßt werden. Es entsteht so eine Arbeitslosigkeit durch eine Lohnstabilisierungspolitik, während im ersten Fall eine Lohnerhöhungspolitik die Arbeitslosigkeit auslöst.

Eine stabilisierte Arbeitslosigkeit unterscheidet sich von der konjunkturellen Arbeitslosigkeit dadurch, daß die konjunkturelle Arbeitslosigkeit besteht, solange der Wirtschaftsprozeß nach unten noch läuft. Ist der Prozeß aber bereits ausgelaufen, ist also ein Gleichgewicht bei Unterbeschäftigung erreicht, dann besteht eine stabilisierte Arbeitslosigkeit. Sie ist gewissermaßen die Fortsetzung der konjunkturellen Arbeitslosigkeit.

• Die saisonale Arbeitslosigkeit
Die saisonale Arbeitslosigkeit entsteht bei jahreszeitlichen Schwankungen der Beschäftigung bestimmter Branchen, z. B. in der Bauindustrie, Fremdenverkehrsindustrie, Zuckerindustrie usw.

Vollbeschäftigungspolitik

Hierbei geht es um eine Vollbeschäftigungspolitik nach Keynes. Keynes versucht, die Arbeitslosigkeit letztlich nur durch eine Maßnahme zu beseitigen – durch eine Geldmengenexpansion.

Arten der Geldmengenexpansion
Eine Geldmengenexpansion kann verschiedene Formen annehmen, die nachfolgend behandelt werden.

11

• Politik des „easy money“
Bei der Politik des „billigen Geldes“ wird der Zins durch staatliche Maßnahmen gesenkt. Der niedrige Zins soll die Unternehmer veranlassen, mehr zu investieren sowie mehr Kredite nachzufragen. Eine solche Maßnahme hilft aber nicht in jedem Fall, denn:

- In der Krise sind die Erwartungen der Unternehmen wahrscheinlich derart pessimistisch, daß sie sich auch durch starke Zinssenkungen nicht zu einer Investition entschließen können.
- Nach der Keynesschen Deutung bedeutet ein sinkender Zinsfuß eine steigende Hortungsquote. Es kann also geschehen, daß die Mehrnachfrage der Unternehmer nach Krediten kompensiert wird durch eine steigende Hortung der Konsumenten, so daß im Endeffekt keine Vermehrung der wirksamen Geldmenge sowie der Nachfrage stattfindet – die wirksame Geldmenge kann durch eine Überkompensation sogar sinken.

• Redistributive Besteuerung
Eine redistributive, d. h. umverteilende Besteuerung bewirkt, daß die Bezieher höherer Einkommen stark besteuert werden, weil der Hang zum Konsum bei ihnen nicht sehr groß ist und Geld gehortet wird. Die erhöhten Steuereinnahmen werden den Beziehern kleiner Einkommen in Form von Zuschüssen gegeben, da bei diesen der Hang zum Konsum größer ist. Durch diese Maßnahme wird eine Steigerung des Hanges zum Konsum erreicht, also auch eine Steigerung der wirksamen Geldmenge. Es ist aber zu beachten, daß bei den

hohen Einkommensbeziehern nicht in jedem Fall die Hortungsbeträge abgeschöpft werden, sondern auch u. U. echte Investitionsbeträge.

• Staatliche Investitionen
Der Staat investiert selbst, weil er keine Möglichkeit sieht, die private Investition anzuregen. Gelingen also weder die „easy money"-Politik noch die redistributive Besteuerung, investiert er beispielsweise im Straßenbau. Diese Investitionen finanziert der Staat durch Geldschöpfung, d. h.: Er gibt mehr aus, als er einnimmt. Der Staat hofft, daß durch diese Investitionen die Multiplikatoren in Gang gesetzt werden. Über die Einkommensbildung und Verwendung werden dann in der zweiten und dritten Phase die privaten Industrien angeregt.

• Die „beggar-my-neighbour-policy"
Sie bezieht sich auf den Außenhandel und bedeutet sinngemäß, „den Nachbarn zum Bettler zu machen". Im Rahmen dieser Politik versucht man, die Last einer Arbeitslosigkeit durch bestimmte Außenhandelsmaßnahmen auf das Nachbarland abzuwälzen. Diese Politik beruht auf der Theorie des Außenhandelsmultiplikators. Danach ist ein Export nützlich, er ist gleichbedeutend mit einer Primärinvestition. Ein Import ist schädlich, da dadurch Einkommen und Beschäftigung zurückgehen. Im Rahmen dieser Politik werden Exportförderungen und Steuerrückvergütungen, Exportsubventionen, Importrestriktionen und Maßnahmen zur Devisenbewirtschaftung vom Staat beschlossen. Die Steigerung des Exports über den Import würde, wenn sie gelänge, die Arbeitslosigkeit auf den Nachbarn übertragen. In der Regel handelt das Nachbarland jedoch ebenso, so daß ein Wettlauf zwischen den Exportförderungsmaßnahmen stattfindet und eine Restriktion des Imports folgt.

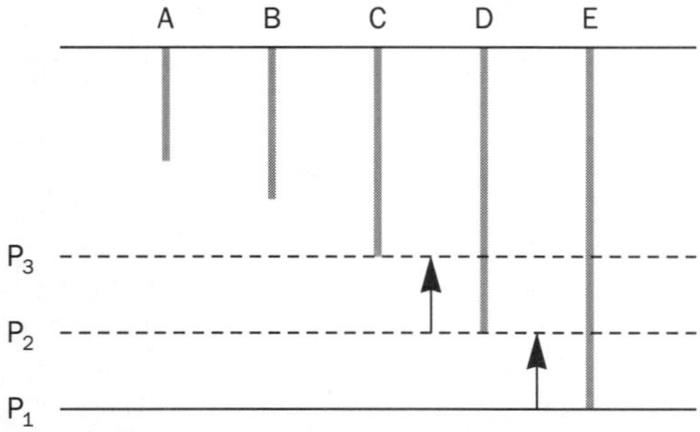

A = Sektor mit Unterbeschäftigung
E = Sektor mit Vollbeschäftigung
P_1 = Preis vor der Geldmengenexpansion

Abb. 11.31: Geldmengenexpansion

Alle Maßnahmen zur Vollbeschäftigung bewirken letztlich eine Erhöhung der wirksamen Geldmenge – eine monetäre Expansion. Sie ist nach Keynes die einzige wirksame Maßnahme. Er glaubt, jede Arbeitslosigkeit durch eine Geldmengenexpansion beseitigen zu können, obwohl die einzelnen Gründe der Arbeitslosigkeit völlig unterschiedlich sind. Keynes geht nicht den Ursachen der Arbeitslosigkeit nach, sondern er orientiert sich am Symptom. Immer wird die Kreditspritze als Universaltherapie angesetzt. Es ist jedoch zu prüfen, ob die einzelnen Ursachen nicht eine unterschiedliche Behandlung erfordern.

Wirkungen der Geldmengenexpansion
Welche Wirkungen treten auf, wenn die Arbeitslosigkeit generell durch eine Geldmengenexpansion beseitigt werden soll?

• Geldmengenexpansion und strukturelle Arbeitslosigkeit
Die strukturelle Arbeitslosigkeit ist dadurch gekennzeichnet, daß irgendwelche Disproportionalitäten zwischen Produktionsfaktoren, Arbeitsarten oder Industriezweigen vorhanden sind. Daraus kann gefolgert werden, daß die Arbeitslosigkeit nicht gesamtwirtschaftlicher Natur ist, sondern sich auf einzelne Sektoren beschränkt. In mehreren Sektoren herrscht Unterbeschäftigung, weil hier starke Strukturfehler vorliegen, in anderen ist die Beschäftigung sehr gering, der nächste Sektor wiederum ist vollbeschäftigt, und ein vierter ist vielleicht überbeschäftigt (Engpaßsektor), da hier Produktionsfaktoren im Minimum vorhanden sind.
Es wird angenommen, daß die Sektoren (A bis E) in unterschiedlichem Maße beschäftigt sind und eine Geldmengenexpansion erfolgt. Die erhöhte Geldmenge schlägt sich nieder in einer erhöhten Nachfrage. Diese wird sich offenbar nicht nur auf einen Sektor richten, sondern alle fünf Sektoren erfassen.
Nach einer ersten Geldmengenerhöhung (Abb. 11.31) wird der Sektor A seine Produktion erhöhen, jedoch nicht seine Preise, da der erhöhten Nachfrage ein höheres Angebot folgt. Auch in den Sektoren A bis D kann das Angebot erhöht werden. Der Sektor E kann dagegen seine Produktion nicht erhöhen, weil er schon vollbeschäftigt war. In ihm werden bei erhöhter Nachfrage die Preise steigen. Wird die Geldmenge weiter erhöht, um Vollbeschäftigung herzustellen, so werden in den Sektoren A bis C noch Produktionsausweitungen ohne Preissteigerungen erfolgen. Der Sektor D wird aber ebenfalls in die Preissteigerungen einbezogen.

Je weiter die Geldexpansion betrieben wird, um so stärker ist das Ausmaß der Preissteigerung. In immer mehr Betrieben entstehen dann Engpässe. Die Beseitigung einer strukturellen Arbeitslosigkeit durch Geldmengenexpansion wird begleitet sein von einer sich schnell ausbreitenden Inflation, da in der Regel immer mehr Wirtschaftssektoren in die Engpaßsituation geraten. Da kein Staat rapide Preissteigerungen in Kauf nehmen kann, antwortet er gewöhnlich mit einem Preisstopp, der aber allein nicht genügt. Es kommen hinzu Mengenkontingentierungen, Devisenmaßnahmen im Außenhandel usw. Eine Maßnahme zieht die andere nach sich, so daß die monetären Maßnahmen zur Beseitigung der strukturellen Arbeitslosigkeit letztlich zum planwirtschaftlichen System führen, wie es in Deutschland von 1936 ab geschah. Bis dahin gab es brachliegende Kapazitäten, und die Geldmengenexpansion wirkte nur kompensatorisch. Als 1936 die Geldmengenexpansion weitergeführt wurde, obwohl die Wirtschaft bereits weitgehend vollbeschäftigt war, traten Preissteigerungen ein, die deshalb ab 1936 zum Preisstopp führten.

- Geldmengenexpansion und konjunkturelle Arbeitslosigkeit

Die Erhöhung der wirksamen Geldmenge ist sinnvoll, wenn eine konjunkturelle Arbeitslosigkeit beseitigt werden soll, und zwar aus zwei Gründen:

– Die konjunkturelle Arbeitslosigkeit tritt im Wicksellschen kumulativen Prozeß nach unten auf. Er entsteht durch eine Verminderung der wirksamen Geldmenge, durch eine Nichtneutralität des Geldes. Gegenmaßnahme muß in diesem Fall eine Vermehrung der wirksamen Geldmenge sein. Eine monetäre Vollbeschäftigungspolitik stellt so die Neutralität des Geldes und die Konstanz der wirksamen Geldmenge wieder her. Diese typische kompensatorische Geldmengenexpansion wirkt nicht inflationstreibend, wenn die Geldmenge nur so weit ausgedehnt wird, wie in der Depressionsphase die Geldmenge verringert wurde. Geht man darüber hinaus, wirkt sie inflatorisch, und die Preise steigen, d. h. der kumulative Prozeß nach oben beginnt. Es besteht die Gefahr, daß die Notenpresse, die in Gang gesetzt wurde, nicht rechtzeitig wieder gestoppt wird.

– Die konjunkturelle Arbeitslosigkeit äußert sich in einer gesamtwirtschaftlichen Flaute. Es ist meist eine Überkapazität in allen Wirtschaftszweigen vorhanden. Wenn dann die Geldmenge und damit die Nachfrage erhöht wird, ist damit zu rechnen, daß diese erhöhte Nachfrage in allen Sektoren auf brachliegende Kapazitäten stößt, so daß die Produktion ohne wesentliche Preissteigerungen erhöht werden kann. Wenn z. B. in einer Depression sofort nach ihrem Beginn die Geldmenge vergrößert wird, wirkt sie sich vor allem kompensatorisch auf die Zweige aus, die zunächst von dieser Depression erfaßt wurden.

- Geldmengenexpansion und stabilisierte Arbeitslosigkeit

Die stabilisierte Arbeitslosigkeit kann aus mehreren Ursachen entstehen.

Lohnstabilisierungspolitik: Sie setzt am Ende des kumulativen Prozesses nach unten ein, wenn sich in ihm ein Gleichgewicht bei Unterbeschäftigung eingependelt hat. Diese Form der Arbeitslosigkeit entspricht einer konjunkturellen Flaute. Dementsprechend ist auch eine Geldmengenexpansion vertretbar, weil hier Produktionsfaktoren auf allen Sektoren brachliegen. (Die stabilisierte Arbeitslosigkeit schließt sich in der Regel an die konjunkturelle an.) Wenn das Gleichgewicht bei Unterbeschäftigung jedoch schon sehr lange besteht, ohne daß hier Maßnahmen getroffen worden sind, kann sich in der Zwischenzeit die Struktur der Nachfrage geändert haben. Die Geldmengenexpansion kann dann Sektoren erfassen, in denen keine Depression nach unten stattgefunden hat. Mit ihr darf also nicht zu lange gewartet werden, weil sich das Nachfragebild im Zeitablauf ändert.

Partielle Lohnerhöhungspolitik: Wenn in diesem Fall die Geldmenge expandiert, hat das eine ähnliche Wirkung wie bei der strukturellen Arbeitslosigkeit. Die Löhne sind auf einigen Sektoren erhöht worden, auf anderen Sektoren nicht. In einigen Sektoren gibt es eine stabilisierte Arbeitslosigkeit, weil aufgrund der hohen Lohnforderungen die übrigen Arbeiter erhöht am Sozialprodukt partizipieren. Bei einer monetären Vollbeschäftigungsmaßnahme werden jedoch Preissteigerungen nicht zu vermeiden sein.

- Adäquate Mittel zur Beseitigung der Arbeitslosigkeit

Es wurde festgestellt, daß eine Geldmengenexpansion nicht sinnvoll ist, um strukturelle und bestimmte Arten der stabilisierten Arbeitslosigkeit zu beseitigen. Welche Maßnahmen sind aber nun zweckmäßig?

Maßnahmen zur Beseitigung der stabilisierten Arbeitslosigkeit: Die Ursache der stabilisierten Arbeitslosigkeit ist im Fall Lohnerhöhungspolitik, bei dem die Geldmengenexpansion unangebracht schien, in erhöhten Löhnen zu suchen. Es ist also zu fordern, daß die Löhne gesenkt werden, damit

durch Lohnreduktion Vollbeschäftigung erreicht wird. Der Prozeß würde in diesem Fall folgendermaßen ablaufen: Die Löhne werden gesenkt. Daraufhin haben die Unternehmen geringere Kosten und höhere Gewinne. Wenn die Unternehmen diese erhöhten Gewinne dazu verwenden, ihre Produktion auszudehnen – d. h. zu investieren –, wird die Beschäftigung steigen. Diese Annahme kann gemacht werden, wenn keine allgemeine Depression vorhanden ist und eine Unterbeschäftigung nur einzelne Gebiete erfaßt hat, so daß die Erwartungen optimistisch sind. Im anderen Fall werden die Unternehmen die Beträge wahrscheinlich horten und nicht investieren.
Wenn die Unternehmen diese erhöhten Gewinne horten, bedeutet das, daß die Gesamtnachfrage nach Gütern infolge der Lohnreduktionen zurückgeht und sich die wirksame Geldmenge verringert. Da die Mindernachfrage nicht kompensiert wird durch eine Mehrnachfrage nach Investitionsgütern, müssen die Nachfrage abnehmen und die Preise der Produktion sinken. Es gibt zwei Möglichkeiten:

- Wenn die Preise im gleichen Maße sinken wie vorher die Löhne, sind die Reallöhne konstant, obwohl die Nominallöhne gesenkt wurden. Sind aber die Reallöhne gleichbleibend, dann kann keine Mehrbeschäftigung stattfinden (Sonderfall). Jeder Beschäftigte hat nach wie vor den gleichen Anteil am Sozialprodukt. Eine Mehrbeschäftigung ist aber nur dadurch möglich, daß der Anteil des einzelnen am Sozialprodukt zugunsten bisher Arbeitsloser verringert wird.
- Wenn die Reallöhne gesenkt werden, d. h., daß die Preissenkung nicht so stark ist wie die Lohnsenkung, dann können mehr Arbeiter am Sozialprodukt partizipieren, also neue Beschäftigte eingestellt werden. Die Kaufkraft der Gesamtlöhne bleibt in diesem Falle, sie wird nur verlagert auf bisher Arbeitslose. In diesem Falle ist also eine erhöhte Beschäftigung zu erreichen. Beispiel:

Sozialprodukt	Reallohn	Arbeiterzahl
100	20	5
100	10	10

Maßnahmen zur Beseitigung der strukturellen Arbeitslosigkeit: Alle Maßnahmen mikroökonomischer Natur können ergriffen werden, da die strukturelle Arbeitslosigkeit nicht einheitlich ist, sondern verschiedene Formen annehmen kann. Bei einer Disproportionalität zwischen den Produktionsfaktoren kann der Faktor Kapital oder der Faktor Arbeit verstärkt werden. Bei einer Disproportionalität zwischen den Arbeitsarten müssen Berufsumschulungen und ähnliche Maßnahmen durchgeführt werden. Bei einer Disproportionalität zwischen den einzelnen Wirtschaftszweigen kann der unterbesetzte Wirtschaftszweig zusätzlich gefördert werden.

Preisstabilität (Geldwertstabilität)

Die Stabilität des Geldes (Kaufkraft der DM) ist ein wichtiges Ziel der Wirtschaftspolitik. Obwohl die DM als eine besonders stabile Währung gegenüber anderen Währungen gilt, hat auch diese seit der Währungsreform von 1948 etwa zwei Drittel ihrer ursprünglichen Kaufkraft eingebüßt. Der Wert eines Geldes hängt von der Menge der Güter – die man mit einer bestimmten Geldmenge kaufen kann – ab. Die Entwicklung der Kaufkraft des Geldes läßt sich an den Preisveränderungen eines bestimmten Warenkorbes ermitteln. Die Statistik legt zur Zeit einen Warenkorb zugrunde, der für die Gebrauchsgewohnheiten eines repräsentativen Haushaltes des Jahres 1985 typisch

Abb. 11.32: Meßlatte für die Preise – der Warenkorb

ist. Dieser Warenkorb im Werte von DM 3.105,— wird gleich 100 gesetzt.
Wenn der Preisindex für die Lebenshaltung aller privaten Haushalte im Jahre 1990 zum Beispiel gleich 115 betrug, dann sind die Ausgaben für den Warenkorb um 15% gestiegen, und die Kaufkraft der DM hat sich entsprechend verringert. Die Wirtschaftstheorie hat eine Reihe von Ursachen herausgearbeitet, die für das Entstehen des allgemeinen Preisanstieges verantwortlich sein können. In der wirtschaftlichen Praxis treten zumeist verschiedene Ursachen der schleichenden Inflation gleichzeitig auf.

Nachfrageinduzierte Inflation
Das Preisniveau einer Volkswirtschaft steigt an, wenn das gesamte Güter- und Dienstleistungsangebot mit der Entwicklung der Nachfrage nicht Schritt halten kann. Die Gesamtnachfrage wird in die einzelnen Nachfragebereiche Privathaushalte, Unternehmen, Staat und Ausland gegliedert. Anhand dieser läßt sich prüfen, ob in einzelnen Bereichen Preissteigerungen ausgelöst werden.

Kosteninduzierte Inflation
Den häufigsten Grund einer schleichenden Geldentwertung bilden die Kostensteigerungen. Dabei können folgende Kostenarten für die Geldentwertung verantwortlich sein: Arbeitskosten (Löhne, Gehälter, Sozialabgaben etc.), Kapitalkosten (Mieten, Zinsen, Abschreibungen etc.), Kostensteuern (Mehrwertsteuer, Mineralölsteuer etc.). Bei festen Wechselkursen werden die Preissteigerungen auf dem Weltmarkt über die Einfuhr der Güter (Rohstoffe, Energie etc.) importiert. Dabei wird von einer importierten Inflation gesprochen. Im Wirtschaftsraum der EG müssen sich alle Handelspartner bemühen, ein starkes Preis- und Kostengefälle durch eine hohe wirtschaftliche Konvergenz zu vermeiden, um eine importierte Inflation in einem Mitgliedsland zu vermeiden. Wenn die Preis- und Kostenentwicklungen in einzelnen Partnerländern kumulieren, kann die importierte Inflation nur durch Wechselkursänderungen gestoppt werden.

Die Rolle der Geldversorgung
Innerhalb der Wirtschaftswissenschaft herrscht Uneinigkeit darüber, ob die Geldversorgung, d. h. die Ausweitung der Geldmenge, eine eigenständige Inflationsquelle ist. Nach Auffassung der deutschen Bundesbank hängt die Stabilität des Preisniveaus auf mittlere Sicht von einem angemessenen Wachstum der Geldbestände in der Volkswirtschaft ab. Die Geldbestände sollen nach ihrer Auffassung im Ausmaß des Potentialzuwachses der Wirtschaft (korrigiert um langfristige Veränderungstendenzen in der Umlaufgeschwindigkeit des Geldes) wachsen, um das Ziel Preisstabilität zu erreichen.
Weit verbreitet ist die Ansicht, daß es einen Konflikt zwischen den Zielen einer Vollbeschäftigung und der Preisstabilität gibt. Die Abb. 11.33 zeigt den empirischen Zusammenhang zwischen Inflationsrate und Arbeitslosenquote in der Bundesrepublik Deutschland in den Jahren 1980–1991. Die These, daß eine steigende Geldentwertung zu sinkender Arbeitslosigkeit führt, kann empirisch für die Bundesrepublik nicht bestätigt werden. Die Erwerbslosigkeit, die in den Jahren 1989–1991

11

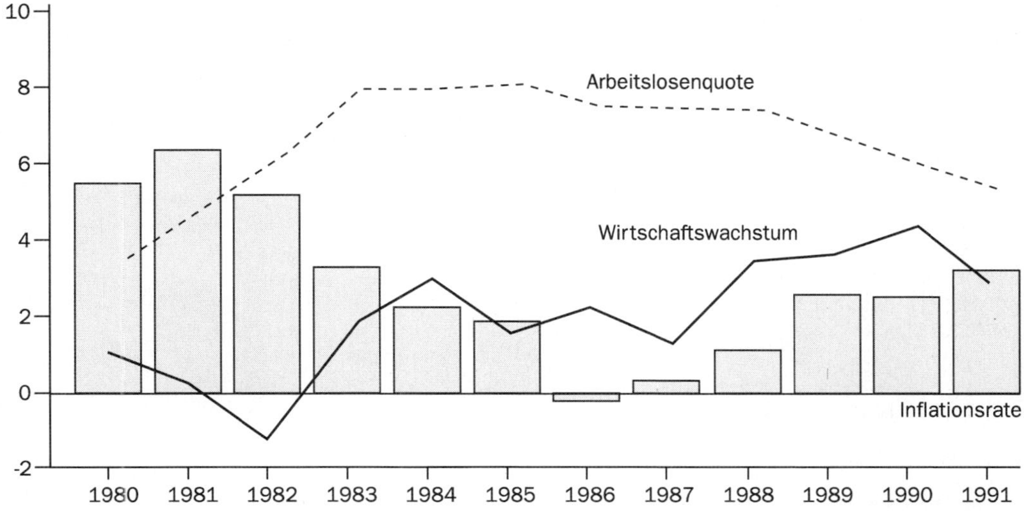

Abb. 11.33 Quelle: Statistisches Bundesamt

deutlich gesunken war, hatte 1992 wieder zugenommen, und zwar auf 1,8 Mio Arbeitslose, d. h. 5,9 % bei einer Inflation, die sich um 4 % bewegte; sie stieg Anfang 1994 auf 2,6 Mio, d. h. 8,5 %.

Wachstum

Die stetige Zunahme des realen Sozialprodukts ist als Ziel der Wirtschaftspolitik im Stabilitätsgesetz ausdrücklich verankert, da die Höhe des Sozialprodukts die Güterversorgung in einer Volkswirtschaft und damit das Pro-Kopf-Einkommen bestimmt.
In einer stets wachsenden Volkswirtschaft können wichtige Ziele der Wirtschaftspolitik, wie z. B. die Vollbeschäftigung oder die Verwirklichung des sozialen Ausgleichs, leichter verwirklicht werden. Die prozentuale Zu- oder Abnahme des Sozialproduktes in einem Jahr gegenüber dem Vorjahr bezeichnet man als Wachstumsrate. Die nominelle Wachstumsrate berücksichtigt die jeweiligen Preise, während das reale Wachstum preisbereinigt, d. h. auf Preise eines Basisjahres bezogen wird (siehe auch Abb. 11.34).

Die absolute Höhe des Produktionsergebnisses und die Steigerung des Produktionsergebnisses – das Wachstum – hängen von der Kapitalbildung, der Vermehrung des Arbeitsangebotes, dem technischen Fortschritt, den natürlichen Ressourcen und sozio-kulturellen Bedingungen in einer Volkswirtschaft ab.

Die Kapitalbildung
Entscheidend für eine hohe Kapitalbildung in der Volkswirtschaft ist die Netto-Investition, die über die Ersatzinvestition hinausgeht und neue Anlagen der Wirtschaft zuführt. Kapitalbildung ist nur durch Sparen möglich. Die Sparsumme ist in der Regel von der Höhe eines Volkseinkommens und der jeweiligen Sparquote abhängig.
Neben der Sparquote der privaten Haushalte, die über das Bankensystem den Unternehmen für Investitionen zur Verfügung gestellt werden kann, haben Unternehmen auch die Möglichkeit, nicht ausgeschüttete Gewinne direkt zu investieren. Bei relativ niedrigen Löhnen erfolgte z. B. vor allem in der unmittelbaren Nachkriegszeit der Bundesrepublik eine hohe Kapitalbildung durch diese Form der Selbstfinanzierung und in der Folge ein

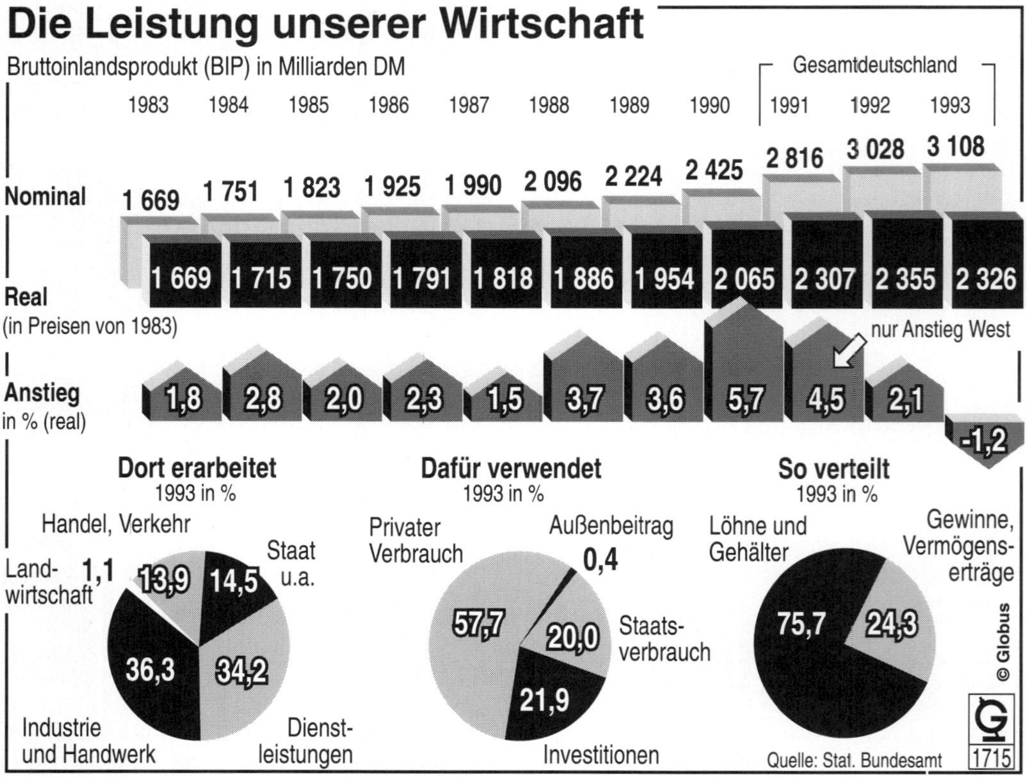

Abb. 11.34: Bruttosozialprodukt in der Bundesrepublik Deutschland in Mrd. DM

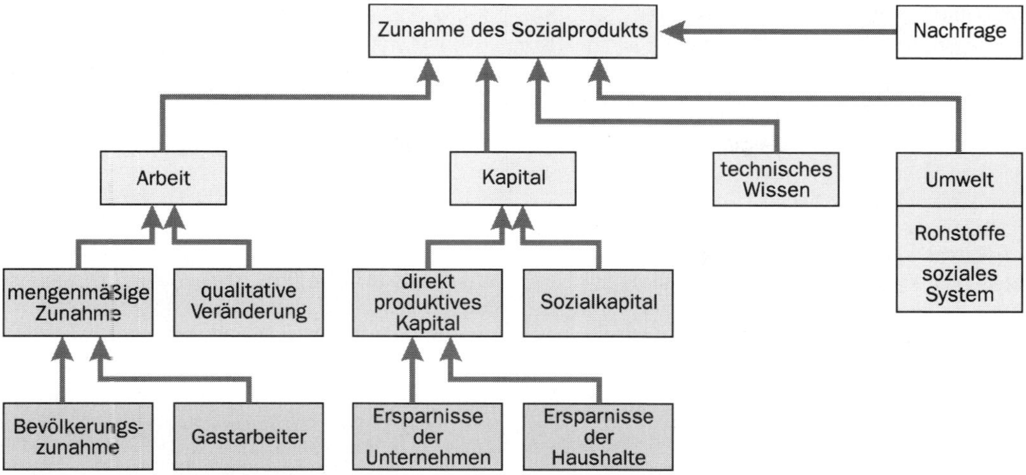

Abb. 11.35: Wachstumsfaktoren

schnelleres Wachstum der Wirtschaft. Der Staat kann ebenfalls in den Kapitalbildungsprozeß eingreifen, indem er die Steuern erhöht und entweder selbst investiert oder Gelder den Unternehmen als zinsgünstige Kredite zur Verfügung stellt.

Das Arbeitsangebot
Ein entscheidender Faktor für die Höhe des Sozialprodukts und die Wachstumsrate der Volkswirtschaft ist der Umfang des quantitativen und qualitativen Arbeitsangebotes. Bei gegebenen Ressourcen und einem bestimmten Kapitalstock ermöglicht ein optimaler Einsatz des Faktors Arbeit ein wesentlich verbessertes Wirtschaftswachstum. Die Grenzen eines Wirtschaftswachstums werden bei einem vermehrten Arbeitseinsatz und einem gegebenen Kapital durch das Gesetz vom abnehmenden Ertragszuwachs bestimmt. Das Arbeitsangebot kann allerdings nicht nur quantitativ, sondern auch qualitativ verbessert werden, wodurch sich die Wachstumschancen der Volkswirtschaft weiter verbessern lassen. Das Ausbildungsniveau der Beschäftigten ist daher für die Produktivität der Wirtschaft ein wichtiger Faktor. Ein gut ausgebautes Bildungssystem und berufliches Ausbildungssystem verschaffen den westlichen Industrieländern einen entscheidenden Vorsprung gegenüber Ländern, die Defizite im Ausbildungssektor aufweisen.

Technischer Fortschritt
In der Wirtschaft kann die Effizienz der Faktoren Kapital und Arbeit langfristig durch grundlegende technische Neuerungen (Dampfmaschinen, Elektrizität, Computer etc.) oder entscheidende organisatorische Verbesserungen erhöht werden. Volkswirtschaften mit neueren technischen Verfahren haben in diesem Sinne einen Vorsprung gegenüber Ländern mit traditionellen Fertigungsverfahren und damit auch erhöhtes Wachstum. Der Nationalökonom Schumpeter (1883–1950) spricht von dynamischen Unternehmen, die neue Verfahren und Produkte einführen und infolge der Durchsetzung des neuen technischen Wissens das Wachstum der Wirtschaft ankurbeln.
Einen Überblick über die Wachstumsfaktoren gibt die Abb. 11.35. Sie zeigt zugleich, aus welchen Gründen das Wachstum einer Volkswirtschaft begrenzt werden kann. Neben einem Arbeitskräftemangel, einer rückläufigen Kapitalbildung und einem stagnierenden technischen Know-how ist vor allem die starke Umweltbelastung in der modernen Volkswirtschaft ein immer größeres Problem.

11

Die internationalen Wirtschaftsbeziehungen

Theorie und Struktur des Außenhandels

Die güterwirtschaftliche Theorie des Außenhandels wurde bereits von dem englischen Volkswirtschaftler Ricardo (1772–1823) entwickelt. Er zeigte, daß Außenhandel abgewickelt wird, wenn ein Land ein Gut zu geringeren Kosten als ein anderes Land erzeugt und das andere Land ebenfalls Güter mit einem absoluten Kostenvorteil anbieten kann. Nach der Theorie der komparativen Kostenvorteile, ebenfalls von Ricardo, können Handelsbeziehungen jedoch auch zwischen zwei Län-

dern bestehen, die keinen absoluten, sondern einen relativen (komparativen) Kostenvorteil haben.
Im Vordergrund des Außenhandels steht der Austausch von Waren aller Art: Rohstoffe, Halbfabrikate, Fertigerzeugnisse, Konsumgüter und Investitionsgüter werden heute von allen Ländern in irgendeiner Form exportiert und importiert.
Der Umfang der internationalen Dienstleistungen im Rahmen der Außenwirtschaft eines Landes ist verschieden. Groß ist er bei den führenden Ländern im Weltverkehr und im Tourismus. Für sie erbringt der sogenannte unsichtbare Export einen wichtigen Anteil der Deviseneinnahmen.
Die Verkehrsleistungen für Personen, Waren und Nachrichten sind Voraussetzung für den Warenhandel und für jede andere Art von Austausch wirtschaftlicher Güter zwischen den Orten ihrer Entstehung sowie den Orten ihrer Bestimmung. Diese Leistungen müssen aber nicht nur schnell und zuverlässig erbracht werden, sondern vor allem auch zu Kosten, die den Austausch nicht unterbinden. Der Anteil der Fracht an den Güterpreisen ist verhältnismäßig hoch – im Durchschnitt sind rund 15% des Wertes aller Güter Frachtkosten. Diese beeinflussen nicht nur einen gewichtigen Teil der Devisenausgaben und -einnahmen eines Landes, sondern vor allem auch Art und Umfang des internationalen Warenverkehrs.
Ein immer wichtiger werdender Faktor der internationalen Wirtschaftsbeziehungen ist der Fremdenverkehr, in manchen Ländern ist er sogar bedeutendster Devisenbringer. Obwohl seinem Wesen nach Dienstleistung, beeinflußt er auch andere Bereiche der Außenwirtschaft, z. B. den Warenverkehr durch Geschenke und Andenken oder den Import von Gütern, die man bei Auslandsreisen kennengelernt hatte.
Für einige Staaten bildet die Versicherungswirtschaft einen nicht unerheblichen Teil des Dienstleistungsverkehrs. Von den übrigen international wichtigen Dienstleistungen seien noch erwähnt: Provisionen, Werbe- und Messekosten, Lizenzen und Patente, Filmgeschäfte. Nach der für die Gliederung der Zahlungsbilanz meist üblichen Form werden auch die Kapitalerträge in der Dienstleistungsbilanz aufgeführt, ebenso von Regierungsstellen des In- und Auslands in Anspruch genommene oder erbrachte Dienstleistungen, auch die Leistungen für ausländische militärische Dienststellen.

Die Zahlungsbilanz

Auf dem Devisenmarkt treffen alle Käufe und Verkäufe von Devisen und alle Forderungen und Verbindlichkeiten, die aus dem Außenhandel entstehen, zusammen. Alle Vorgänge werden in einer Bilanz, der Zahlungsbilanz, erfaßt.
Die Zahlungsbilanz eines Landes ist die Gegenüberstellung aller in das Ausland geleisteten und vom Ausland empfangenen Zahlungen. Je nachdem, ob die ersteren oder die letzteren Zahlungen überwiegen, spricht man hier von einer „passiven“ oder einer „aktiven“ Bilanz. Bei der Vielfalt von Zahlungsvorgängen, welche täglich in beiden Richtungen über die Staatsgrenzen hinweg vorgenommen werden, wäre es Zufall, würden sich beide Größen – die Zahlungsein- und die Zahlungsausgänge – völlig entsprechen. Die Differenz zwischen geleisteten und empfangenen Zahlungen

	Wert in Mrd. US-Dollar	Anteil	Änderung (in %)	
			1991	1992
1. USA	447	12,1	7,2	6,0
2. Bundesrepublik Deutschland	429	11,6	-4,3	6,6
3. Japan	340	9,2	9,6	7,9
4. Frankreich	236	6,4	0,2	8,6
5. Großbritannien	191	5,2	-0,1	3,5
6. Italien	175	4,7	-0,5	3,2
7. Niederlande	140	3,8	1,1	5,0
8. Kanada	135	3,6	-0,4	5,8
9. Belgien/Luxemburg	123	3,3	0,4	4,0
10. Hongkong	118	3,2	20,0	20,0
11. Volksrepublik China	85	2,3	15,9	18,2
12. Taiwan	81	2,2	13,3	7,0
13. Südkorea	77	2,1	10,5	6,8
14. Schweiz	66	1,8	-3,6	6,8

Abb. 11.36: Die größten Exportnationen

ist der Zahlungsbilanzsaldo, der je nachdem, welche Seite überwiegt, aktiv oder passiv ist. Der Saldenausgleich zwischen den einzelnen Staaten erfolgt in der Regel in Gold oder Devisen.

Die Arten der Zahlungsvorgänge sind verschieden. Güter werden gekauft und verkauft, Dienstleistungen werden erbracht oder in Anspruch genommen, Übertragungen von Vermögenswerten ins Ausland oder von dort ins Inland finden statt. Es dient einem besseren Verständnis einer Zahlungsbilanz, wenn man sie nach den Beweggründen der Zahlungsvorgänge untergliedert. Die Abgrenzung der einzelnen Teilbilanzen voneinander kann dabei verschieden sein.

Als Zahlungsbilanz einer Volkswirtschaft bezeichnet man die Aufzeichnung (Statistik) aller ökonomischen Transaktionen (= Export und Import von Sachgütern, Dienstleistungen und Vermögenstiteln) zwischen Inländern und Ausländern für eine bestimmte Periode (in der Regel ein Jahr). Diese Statistik dient Informationszwecken. Sie liefert einen Überblick über die zeitliche Entwicklung und die Strukturwandlungen der internationalen Transaktionen und informiert somit die für die Wirtschaftspolitik Verantwortlichen speziell über die Entwicklung der außenwirtschaftlichen Liquidität. Die Zahlungsbilanz ist keine Bilanz im üblichen Sinne, denn sie verzeichnet nicht Bestände, sondern Umsätze.

Alle Transaktionen, die zu den Zahlungseingängen führen, sind Kreditposten (mit Pluszeichen), und alle Posten, die zu den Zahlungsausgängen führen, sind Debet- oder Sollposten (mit Minuszeichen). Alle Transaktionen sind im Rahmen der gesamten Zahlungsbilanz doppelt zu verbuchen. So steht z. B. der in der Handelsbilanz zu berücksichtigenden Ausfuhr eines Gutes in der Kapitalbilanz eine Zunahme der Devisen-Guthaben des Exporteurs (bei Barzahlungen) oder ein Anstieg seiner langfristigen Auslandsforderungen (bei Kreditgewährung) gegenüber.

In der Zahlungsbilanz erscheinen fünf Grundtypen von Transaktionen mit dem Ausland:

- Austausch von Waren und Diensten gegen Waren und Dienste,
- Austausch von Waren und Diensten gegen Kapital (Warenlieferungen gegen Barzahlung),
- Austausch von Kapital gegen Kapital (z. B. Anlage eines Bankguthabens im Ausland in ausländischen Wertpapieren),
- Übertragung von Waren und Dienstleistungen ohne unmittelbare Gegenleistung (z. B. Reparationen),
- Übertragung von Kapital ohne unmittelbare Gegenleistung (z. B. Zuschüsse an internationale Organisationen, Entwicklungshilfe).

Aus diesen fünf Grundtypen ergeben sich dann Teilbilanzen in der Zahlungsbilanz.

Es gibt kein international anerkanntes Schema für die Aufstellung der Zahlungsbilanz. In der Bundesrepublik Deutschland wird seit 1954 folgendes Schema benutzt:

A. Bilanz der laufenden Posten und des Kapitalverkehrs
   - I. Laufende Posten
     1. Waren und Dienstleistungen
        - a) Warenhandel (Ausfuhr + / Einfuhr -)
        - b) Dienstleistungen (Einnahmen + / Ausgaben -)
     2. Unentgeltliche Leistungen (fremde + / eigene -)
   - II. Kapitalleistungen (fremde + / eigene -)
     1. Langfristige
        - a) private
        - b) öffentliche
     2. Kurzfristige
        - a) private
        - b) öffentliche

B. Unaufgeklärte Differenz zwischen Devisenbilanz und Bilanz der laufenden Posten und des Kapitalverkehrs (Restposten)

C. Devisenbilanz (Veränderungen der Währungsreserven der Deutschen Bundesbank)

Stellt man diese Kredit- und Debetposten bilanzartig einander gegenüber, so erhält man das folgende Schema:

Kredit (also Zahlungseingänge):	Debet (also Zahlungsausgänge):
1. Warenexporte	1. Warenimporte
2. Dienstleistungsexporte	2. Dienstleistungsimporte
3. Unentgeltliche Leistungen (Geschenke und Hilfszahlungen des Auslandes)	3. Unentgeltliche Leistungen (Geschenke und Hilfszahlungen an das Ausland)
4. Kapitalimport	4. Kapitalexport
5. Goldexport	5. Goldimport
Insgesamt ...DM	Insgesamt ...DM

Der Aufbau der Zahlungsbilanz (die Teilbilanzen)

Die Zahlungsbilanz läßt sich nach den Arten der Transaktionen in Teilbilanzen aufteilen, und zwar in die Leistungsbilanz (Waren- und Dienstleistungen), in die Schenkungsbilanz (unentgeltliche Leistungen), die Kapitalverkehrsbilanz und die Gold-

11

und Devisenbilanz (Gold und Devisen der Zentralnotenbank).

• Die Leistungsbilanz
Sie ist ein Oberbegriff für zwei weitere Teilbilanzen.

Handelsbilanz: Die Handelsbilanz als Gegenüberstellung aller Ex- und Importe von Waren (fob-Werte). Das bedeutet, daß für alle Ex- und Importe der Wert bei Überschreiten der Grenzen des Exportlandes – einschließlich anfallender Kosten der Beladung auf ein Transportmittel – zugrunde gelegt wird.

Dienstleistungsbilanz: Die Bilanz der unsichtbaren Ex- und Importe. Hierzu gehören beispielsweise Frachten, Versicherungszahlungen, Zahlungen für Patente und Lizenzen, Touristenverkehr, Zinsen und Dividenden sowie die Leistungen für die ausländischen Streitkräfte, die im Inland stationiert sind.

Der Saldo in einer Leistungsbilanz ist gleichzeitig der Außenbetrag in der volkswirtschaftlichen Gesamtrechnung. Er zeigt, ob ein Land über seine Verhältnisse lebt oder nicht.

• Die Schenkungsbilanz
Sie enthält die Gegenbuchungen für alle unentgeltlichen Güter- und Kapitalbewegungen.

• Die Kapitalverkehrsbilanz
In dieser Bilanz sind die internationalen Kapitalbewegungen aufgezeichnet. Das Netto-Auslandsvermögen einer Volkswirtschaft nimmt zu, wenn die Forderungen größer und/oder die Verbindlichkeiten kleiner werden = Kapitalexport.

Forderungen und Verbindlichkeiten mit einer Laufzeit von unter einem Jahr werden zu den kurzfristigen Kapitaltransaktionen gerechnet, die Forderungsrechte mit mehr als einjähriger Laufzeit machen die langfristigen Kapitalbewegungen aus.

Der Kapitalexport wird in der Zahlungsbilanz als Debetposten (d. h. mit Minuszeichen) geführt – der Kapitalimport als Kreditposten erfaßt.

• Die Grundbilanz
Sondertransaktionen und Bewegungen im kurzfristigen Kapitalverkehr überlagern die Zahlungsbilanzvorgänge. Um diese Beeinflussungen auszuschalten, wird oft eine Grundbilanz erstellt.

• Die Gold- und Devisenbilanz
Sie gibt den effektiven Niederschlag aller Zahlungsvorgänge in den Bereichen des Waren- und Dienstleistungsverkehrs, der unentgeltlichen Leistungen sowie der Kapitalbewegungen wieder. In einem Land mit liberalisiertem Zahlungsverkehr sind diese Reserven jederzeit für die Abwicklung des zwischenstaatlichen Zahlungsverkehrs verfügbar.

• Der Restposten der Zahlungsbilanz
Dieser Lückenbüßer der Zahlungsbilanzstatistik verdankt seine Existenz dem Umstand, daß bestimmte Transaktionen nicht erfaßt werden können oder bei Schätzungen irgendwelcher Posten Irrtümer unterlaufen. Bedeutend ist vor allem die ungenaue Erfassung der privaten Kredite im Rahmen des Warenhandels. Zahlungsziele brauchen nicht gemeldet zu werden.

Das Gleichgewicht der Zahlungsbilanz

Die Teilbilanzen einer Zahlungsbilanz sind normalerweise niemals ausgeglichen. Die Zusammenfassung aller Teilbilanzen, also die beiden Seiten einer Zahlungsbilanz, müssen sich jedoch stets entsprechen.

Oft bezeichnet man die Zahlungsbilanz in der Praxis dann als aktiv, wenn der Gold- und Devisenbestand des Banksystems zunimmt. Dies geschieht dann, wenn die mit Zahlungseingängen verbundenen Transaktionen der Bilanzen entsprechend größer sind als die zu Zahlungsausgängen führenden Transaktionen. Der Überschuß wird dann durch die Gold- und Devisenzuschüsse ausgeglichen.

• Autonomes und induziertes Gleichgewicht
Die Zahlungsbilanz kann fiktiv in autonome und induzierte Transaktionen aufgeteilt werden. Induzierte Transaktionen verdanken ihr Entstehen anderen Posten der Zahlungsbilanz. Beispiel: Hohe Importe zwingen zu einer Kreditaufnahme, um einen Abfluß der Währungsreserven zu vermeiden. Die autonomen Transaktionen verdanken ihr Dasein dagegen externen Erscheinungen. Beispiel: Hohe Exporte der Unternehmen werden nicht für einen Ausgleich von Zahlungsbilanz-Posten getätigt, sondern um beispielsweise Preisunterschiede auszunutzen.

• Zahlungsbilanzpolitische Maßnahmen
Ziel aller zahlungsbilanzpolitischen Maßnahmen ist die Erreichung oder Sicherung eines Bilanz-Gleichgewichts. Vorübergehend – etwa zur Aufstockung der Gold- und Devisenreserven – kann ein Zahlungsbilanzüberschuß sinnvoll sein. Hier stehen folgende Mittel zur Verfügung:
- binnenwirtschaftlich: Die Deflationspolitik (Preise, Einkommen – Geld- und Kreditkontraktion),
- außenwirtschaftlich: Eine Aufwertung oder Abwertung und steuerliche Maßnahmen im Außenhandel.

Der Zahlungsbilanzausgleich

Zahlungsbilanzausgleich bei einer Goldwährung

Steigt in einem Land der Goldvorrat aufgrund zusätzlicher Goldfunde an, wird die Geldmenge erhöht. Die Expansion der Geldmenge führt zu einem Ansteigen des Preisniveaus im Inland. Dieser Anstieg führt zu einer Importsteigerung, da das Ausland relativ billiger wird, so daß der Import den Export übersteigt. Dadurch entsteht im Ansatzpunkt des Prozesses eine unausgeglichene passive Zahlungsbilanz. Diese steigenden Importe aus dem Ausland werden durch einen Geldexport bezahlt – aus dem Inland fließt Gold ins Ausland. Da hierbei die Golddeckung sehr stark zurückgeht, muß im Inland auch die Geldmenge verringert werden. Daher sinkt das Preisniveau, wodurch auch der Import zurückgeht, bis der Ausgleich der Zahlungsbilanz erreicht ist. Im Ausland wird umgekehrt die Geldmenge erhöht, so daß sich auch dort ein Ausgleich anbahnt. Diese „Nivellierungstheorie“ wurde von David Hume (1711–1776) aufgestellt.

- Der Geldmengen-Preismechanismus bei einer Goldwährung

Eine steigende Nachfrage der deutschen Importeure nach Gütern (beispielsweise aus den USA) führt dazu, daß mehr Dollar nachgefragt werden, um die Importe bezahlen zu können. Steigt damit nun die Nachfrage nach Dollar, dann muß auch der Preis für den Dollar, d. h. der Wechselkurs des Dollar ansteigen. Die deutschen Importeure müssen für den Dollar mehr deutsche Geldeinheiten hergeben als früher. Die USA werden so für den deutschen Importeur teurer.

Der Wechselkurs (= der Preis für ausländisches Geld, ausgedrückt in heimischer Währung) kann aber nicht beliebig steigen, sondern nur bis zum sogenannten oberen Goldpunkt (= Goldexportpunkt), denn die erhöhten Importe aus den USA können nicht nur in Dollar bezahlt werden, sondern auch mit Gold als internationalem Zahlungsmittel. Wenn die steigende Nachfrage nach Dollar zu einem Ansteigen des Wechselkurses führt, dann wird die Bezahlung mit Gold günstiger als mit Dollar. Der obere Goldpunkt, bei dem nicht mehr mit Dollar, sondern mit Gold bezahlt wird, ist dann erreicht, wenn die Einlösekosten des Goldes + Transportkosten + Versicherungskosten geringer sind als die Geldsumme, die man aufwenden muß für den Kauf der entsprechenden Dollarsumme. Wenn die steigenden Importe aber nicht mehr mit Dollar, sondern mit Gold bezahlt werden, fließt Gold aus dem Inland ab, so daß als Primärwirkung die Golddeckung verringert wird. In einem zweiten Stadium wird als Sekundärwirkung die Geldmenge verringert, vor allem durch entsprechende Maßnahmen der Diskontpolitik – das Preisniveau beginnt zu fallen.

Umgekehrt fließt den USA Gold zu, wodurch sich deren Golddeckung erhöht und das Preisniveau dort steigt. Wenn so in Deutschland das Preisniveau gesunken sowie in den USA angestiegen ist, gehen in Deutschland die Importe zurück, weil die USA relativ teurer und Deutschland relativ billiger geworden ist. Der deutsche Export steigt an, und der passive Saldo der Zahlungsbilanz wird wieder beseitigt. Es kommt daher ein Gleichgewicht der Bilanz über den Geldmengen-Preismechanismus, d. h. über eine Veränderung der Geldmenge und der folgenden Veränderung des Preisniveaus, zustande.

Beim Geldmengen-Preismechanismus bleibt der Wechselkurs relativ stabil. Er kann nur zwischen dem oberen und dem unteren Goldpunkt schwanken – der untere Goldpunkt ist der Goldimportpunkt, der deutsche obere Goldpunkt entspricht dem amerikanischen unteren Goldpunkt.

11

Der Geldmengen-Preismechanismus hat drei Voraussetzungen:

- Es dürfen keine größeren Handelshemmnisse entstehen; der Import und der Export müssen sich frei und ohne staatliche Regulierung abwickeln.
- Es muß völlige Flexibilität der Preise bestehen, und zwar aus zwei Gründen:
  Wenn in einem Land die Goldmenge verringert und dann die Geldmenge kontrahiert wird, sollen die Preise sinken. Bei einem relativ starren Preisniveau wird jedoch bei einer reduzierten Geldmenge das Preisniveau nicht sinken, so daß der Export nicht ansteigen und damit der Import nicht entsprechend zurückgehen kann. Der Ausgleichsmechanismus klappt also nicht. Bei einer Starrheit der Preise, vor allem der Kostenpreise, führt die Geldmengenverringerung zu Depressionen und Arbeitslosigkeit.
- Auf eine autonome Konjunkturpolitik muß verzichtet werden, ebenso auf eine Vollbeschäftigungspolitik. Wenn in einem Land die Golddekke verringert wird, dann müßte auch die Geldmenge entsprechend verkleinert werden. Bei einer Vollbeschäftigungspolitik verbietet sich aber gerade diese Maßnahme. Die Geldmenge wird im Gegenteil vergrößert, um eine inländische Depression zu verhindern. Der Ausgleich der Zahlungsbilanz kann daher nicht erfolgen. Eine Geldpolitik, die eine innerwirtschaftliche Stabilität gleichzeitig anstrebt, ist nur schwer zu verwirklichen. Wenn der Ausgleich der Zah-

lungsbilanz angestrebt wird, dann muß oft auf innerwirtschaftliche Stabilität verzichtet sowie unter Umständen Arbeitslosigkeit und Krisen in Kauf genommen werden. Will man umgekehrt eine innerwirtschaftliche Stabilität erreichen, z. B. Vollbeschäftigung im Inland, dann muß die Geldmenge expandiert werden, wodurch wiederum die Zahlungsbilanz unausgeglichen wird. Der Goldmechanismus konnte vor dem 1. Weltkrieg funktionieren, da damals kaum autonome Konjunkturpolitik betrieben wurde.

Zahlungsbilanzausgleich bei einer freien Währung

Es gibt im Prinzip zwei Möglichkeiten, bei freier Währung einen Zahlungsbilanzausgleich zu erreichen, und zwar durch den Geldmengen-Preismechanismus oder den Wechselkurs-Mechanismus.

- Der Geldmengen-Preismechanismus bei einer freien Währung

11

Wenn beispielsweise die Nachfrage nach amerikanischen Waren steigt, erhöht sich ebenso die Nachfrage nach US-Dollar. Diese Nachfragesteigerung müßte zu einer Erhöhung des Dollar-Kurses führen. Um das zu vermeiden, wird die Geldmenge reduziert. (Bei der Goldwährung erfolgte das automatisch.) Wenn die Geldmenge reduziert wird, sinkt auch das Preisniveau, der überschüssige Import geht zurück, so daß der Ausgleich der Zahlungsbilanz wieder hergestellt ist.
Der Ausgleich der Zahlungsbilanz wird durch eine Veränderung von Geldmenge und Preisniveau erzielt und nicht durch eine Veränderung des Wechselkurses. Dieser bleibt grundsätzlich konstant. Der Zahlungsbilanzausgleich wird herbeigeführt durch eine entsprechende Geldpolitik. Wenn man eine zu hohe aktive Zahlungsbilanz hat, muß die Geldmenge vergrößert werden.
Der Vorteil des Geldmengen-Preismechanismus ist der stabile Wechselkurs, der Nachteil ist, daß keine autonome Konjunkturpolitik betrieben werden kann.

- Der Wechselkurs-Mechanismus

Beim Wechselkurs-Mechanismus kommt der Ausgleich einer Zahlungsbilanz nicht zustande durch die Bewegung von Geldmenge und Preisniveau, sondern durch Schwankungen eines Wechselkurses. Dieser Wechselkurs paßt sich den Schwankungen des Exports und Imports an.
Ein Beispiel: In Deutschland steigt die Nachfrage nach amerikanischen Waren und nach US-Dollar, weil in Deutschland Geldmengenexpansion betrieben worden ist. Wenn jetzt nicht versucht wird, den steigenden Import durch eine Geldmengen-

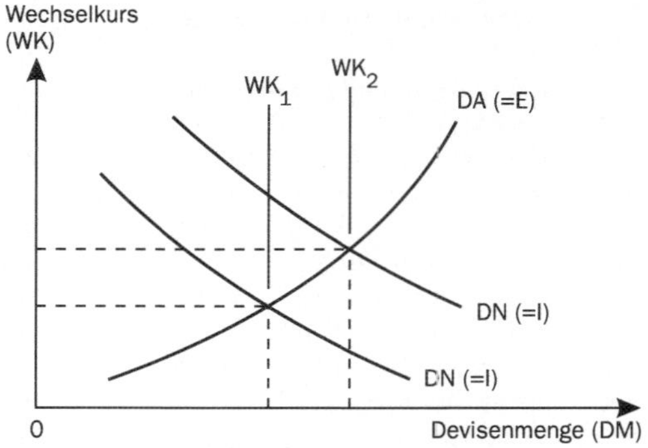

Abb. 11.37: Der Wechselkurs-Mechanismus

reduktion abzubremsen, wird der Wechselkurs, d. h. der Preis für den Dollar, laufend steigen. Damit wird Amerika für Deutschland teurer, bedingt durch die Steigung des Wechselkurses. Das aber bedeutet, daß von einem bestimmten Punkt an der deutsche Import aus den USA zurückgeht. Wenn Amerika für Deutschland immer teurer wird, wird umgekehrt Deutschland für Amerika immer billiger, denn der Amerikaner bekommt für einen Dollar nun mehr DM, so daß der Export steigt.
Die Nachfragekurve der Devisen ist zugleich die Importkurve, die Angebotskurve der Devisen ist identisch mit der Exportkurve. Im Ansatz liegt im Schnittpunkt dieser beiden Kurven der Gleichgewichtskurs bei WK_1. Wenn nun die Devisennachfrage steigt, dann verschiebt sich der Nachfragekurs der Devisen nach rechts – damit steigt auch der Wechselkurs des Dollar, und zwar so lange, bis wieder ein Gleichgewichtskurs erreicht ist und somit Export und Import gleich sind.
Der Wechselkursmechanismus hat den Nachteil, daß der Wechselkurs ständig schwankt. Dadurch kommt ein Unsicherheitsmoment in den Außenhandel. Der Vorteil besteht darin, daß man eine autonome Konjunktur betreiben kann. Man kann die Geldmenge so stark verändern, wie man will – es kommt immer wieder ein Gleichgewicht in der Zahlungsbilanz zustande, weil ständige Veränderungen des Wechselkurses stattfinden. Die Geldpolitik braucht nicht mehr in den Dienst der außenwirtschaftlichen Stabilität gestellt zu werden, sie kann innerwirtschaftlichen Zielsetzungen dienen. Der Wechselkursmechanismus basiert auf der Kaufkraft-Paritätstheorie von Gustav Cassel, die besagt, daß der Wechselkurs immer die Tendenz hat, das Verhältnis eines Preisniveaus zwischen einzelnen Ländern widerzuspiegeln. Wenn z. B. in Deutschland für ein Gut im Durchschnitt DM 2,— bezahlt wird und in den USA 1 Dollar, dann wäre der Wechselkurs 1 : 2, d. h. 1 Dollar = DM 2,—.

Einmalige Wechselkursanpassungen – Abwertung und Aufwertung
Bei strukturell bedingten, einseitigen, langanhaltenden Devisenzuflüssen oder Devisenabflüssen wird es oft zweckmäßig sein, die Wechselkurse neu festzusetzen. Besonders kommt eine Neufestsetzung in Betracht, wenn wegen Überbewertung der Währung Devisenabflüsse den Gold- und Devisenfonds der Notenbank zu erschöpfen drohen. Die Neufestsetzung des Wechselkurses in diesem Fall wird als Abwertung bezeichnet. Dabei wird der Wechselkurs, der Preis für eine ausländische Währungseinheit, heraufgesetzt. Der gleichen Menge ausländischer Währungseinheiten entsprechen nach Abwertung mehr Einheiten der inländischen Währung. Bei der seltener vorkommenden Aufwertung wird der Wechselkurs herabgesetzt. Damit soll anhaltend wachsenden Gold- und Devisenzuflüssen entgegengewirkt werden.

• Vorteile einer Abwertung
Der mengenmäßige Export wird forciert und damit die Beschäftigung erhöht. Wenn der Wechselkurs sinkt, dann wird das Inland für das Ausland billiger, so daß mehr exportiert werden kann und dadurch die Beschäftigung steigt.
Offensichtlich kommt es aber nicht nur auf eine Steigerung der Exportmenge, sondern auch auf eine Forcierung des Exportwertes an. Nur wenn dieses erreicht wird, kann später auch mehr importiert werden. Der Exportwert wird aber nur forciert, wenn die Nachfrageelastizität des Auslandes größer als 1 ist. Ist die Nachfrageelastizität dort kleiner als 1, dann würde trotz mengenmäßiger Exportsteigerung die Wertsumme des Exports zurückgehen, und man könnte nicht mehr von einem größeren Vorteil sprechen. Es würden die terms of trade verschlechtert, da man quantitativ mehr exportiert, aber mengenmäßig weniger importieren kann.

• Nachteile einer Abwertung
Ebenso wie durch die Abwertung der Export verbilligt wird, wird – vom Ausland her gesehen – der Import verteuert. Wenn der inländische Wechselkurs sinkt, steigt der ausländische; das Ausland wird für das Inland teurer, und der Import wird erschwert. Vor allem bei der Einfuhr von Rohstoffen sowie wichtigen Nahrungsmitteln ist es möglich, daß sich eine Verteuerung des Imports nun über weitere Preissteigerungen im Inland fortsetzt. Es setzt eine Preissteigerungswelle ein, die den Vorteil der Exportsteigerung wieder zunichte machen kann, da durch die Preissteigerung im Inland die Exporte für das Ausland teurer werden, so daß der Export wieder zurückgeht.
Die Veränderungen des Wechselkurses verschieben die Kosten- und Preisrelationen zwischen den Ländern und erschweren damit eine Standortbereinigung. Bei einem bestimmten Wechselkurs kann beispielsweise der deutsche Stahlpreis günstiger sein als der Preis der französischen Stahlindustrie. Entsprechend wird die deutsche Stahlindustrie auf- bzw. ausgebaut. Die Franzosen werten nun ab. Der französische Stahl ist dadurch in Deutschland billiger, und die Expansion der deutschen Stahlindustrie erweist sich nachträglich als falsch.
Somit können also durch Abwertung einer Währung Kosten-Preis-Relationen zwischen Ländern verfälscht und Standortbereinigungen verhindert werden. Die Abwertung (Devalvation) ist zu rechtfertigen, wenn:
- wenig Rohstoffe und Nahrungsmittel importiert werden,
- der Anteil der eingeführten Rohstoffe an den Kosten gering ist,
- im Inland noch unausgenutzte Kapazitäten vorhanden sind, so daß Preissteigerungen durch Kostendegressionen kompensiert werden,
- durch die Abwertung der Wechselkurs der Kaufkraftparität angeglichen wird.

• Aufwertung
Bei der Aufwertung einer Währung wird der Wert inländischer Zahlungseinheiten beim Umtausch in die ausländischen Zahlungseinheiten erhöht. Es entstehen im Inland die umgekehrten Wirkungen wie bei einer Abwertung.
Zweck einer Aufwertung ist zumeist die Normalisierung der Zahlungsbilanz, d. h. die Beseitigung eines andauernden, strukturellen Zahlungsbilanzüberschusses. Dieser Überschuß der Zahlungsbilanz entsteht dann, wenn zwischen dem Wechselkurs (Außenwert der Währung) und dem weltwirtschaftlichen Austauschpotential des eigenen Landes ein Unterschied derart zustande kommt, daß die heimische Währung, gemessen an ihrer Kaufkraft im Verhältnis zu ausländischen Währungen, unterbewertet wird. Dieser zu niedrig angesetzte Kurs verteuert insbesondere für eine importabhängige Volkswirtschaft die benötigten Rohstoffe und löst dadurch eine Tendenz zur Verteuerung der inländischen Güterproduktion aus.

Die Devisenbewirtschaftung

Das System der Devisenbewirtschaftung
Neben verkehrswirtschaftlichen Methoden gibt es planwirtschaftliche Methoden eines Zahlungsbilanzausgleiches, d. h. die Devisenbewirtschaf-

tung. Sie entstand, als während des 1. Weltkrieges alle drei Voraussetzungen eines Goldstandards – der Verzicht auf Handelshemmnisse, flexible Preise und der Verzicht auf autonome Konjunkturpolitik – aufgegeben wurden. Bereits vor dem 1. Weltkrieg wurde die erste Voraussetzung weitgehend zerstört, indem verschiedenste Handelshemmnisse eingeführt wurden, vor allem die Schutzzölle stärker ausgebaut wurden. Hinter der Schutzzollmauer konnten sich weitgehend ungestört Monopole entwickeln, weil der internationale Wettbewerb nicht mehr vorhanden war. Die Monopole zerstörten weitgehend die Flexibilität des Preissystems. Wenn aber die Flexibilität der Preise nicht mehr gegeben ist, wenn die Preise starr werden, kann nicht ohne Folgen bei einer Verkleinerung der Golddeckung die Geldmenge verringert werden, Depressionen würden die Folge sein (beispielsweise durch die Starrheit aller Kostengüterpreise). In einem solchen Fall wird man aber nicht mehr auf eine autonome Konjunkturpolitik verzichten können – zur Vermeidung der Depression muß vielmehr zu einer autonomen Konjunkturpolitik übergegangen werden, etwa zur Vollbeschäftigungspolitik. Dieser Übergang zur autonomen Konjunkturpolitik wurde nach dem 1. Weltkrieg vollzogen und daher der Goldmechanismus außer Kraft gesetzt.

Der Nachholbedarf der europäischen Länder war in der Nachkriegszeit sehr groß. Die Importe aus den USA stiegen stark an, um den Nachholbedarf befriedigen zu können. Die gestiegenen Importe wurden größtenteils mit Gold bezahlt, so daß in den meisten europäischen Ländern die Golddecke vermindert wurde. Nach den Regeln des Goldstandards hätte man in den betreffenden Ländern nun die Geldmenge verkleinern müssen. Das geschah aber nicht, aus Angst vor einer Depression. Auf der anderen Seite floß den USA Gold zu, das in den USA zu einer Geldmengenvermehrung hätte führen müssen. Dies aber wurde aus Angst vor einer Inflation unterlassen. Das Gold wurde vielmehr gehortet. Es wurde also weder in Europa die Geldmenge verringert, noch wurde sie in den USA vermehrt, so daß das Preisniveau sich nicht veränderte. Die passive Zahlungsbilanz in den europäischen Ländern konnte nicht beseitigt werden. Der Importsog hielt an, bis schließlich die europäischen Länder alle Goldvorräte verausgabt hatten und die Goldwährung durch eine freie Währung ersetzten.

Ihre Autarkiebestrebungen veranlaßten die Staaten ebenfalls, ihre Goldwährung aufzugeben. Eine freie Währung erfordert nicht unbedingt planwirtschaftliche Methoden eines Zahlungsbilanzausgleiches. Der Zahlungsbilanzausgleich hätte auch durch den Geldmengen-Preismechanismus hergestellt werden können. Beide Möglichkeiten standen zur Verfügung, aber die meisten Staaten wollten doch autonome Konjunkturpolitik betreiben, insbesondere Vollbeschäftigungspolitik. Die Devisenbewirtschaftung sollte in dieser Situation den Vorteil des stabilen Wechselkurses mit dem Vorteil der Möglichkeit zu autonomer Konjunkturpolitik vereinigen.

Der Wechselkurs wurde nun vom Staat auf ein bestimmtes Niveau festgesetzt. Dieser Wechselkurs mag am Anfang ein echter Gleichgewichtskurs gewesen sein. Da aber in der Folgezeit ständig Geldmengenexpansion betrieben wurde, die zu Erhöhungen des Preisniveaus führte, wurde der zu Beginn richtige Wechselkurs zu einem falschen, d. h. einem gleichgewichtslosen Kurs.

Wenn dies zutrifft, muß künstlich ein Ausgleich zwischen Export und Import geschaffen werden, und zwar durch eine Mengenkontingentierung im Außenhandel. In Abb. 11.38 ist der gestoppte Wechselkurs WK_1 zunächst ein Gleichgewichtskurs. Durch die staatliche Vollbeschäftigungspolitik werden die Geldmenge und das Preisniveau

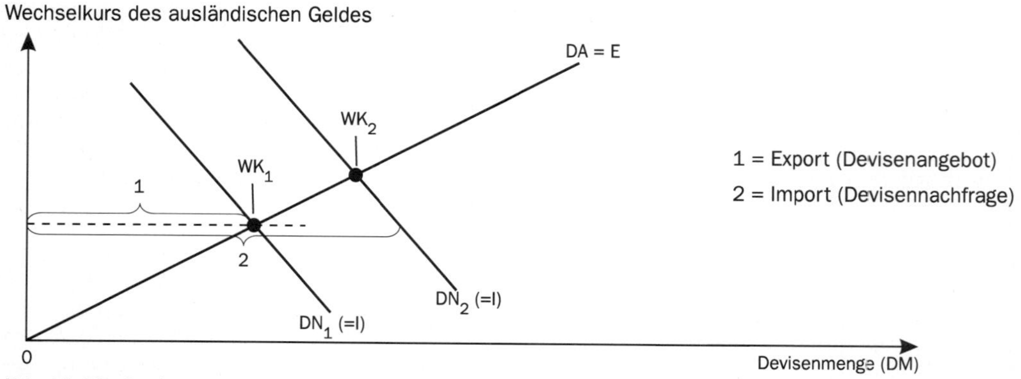

Abb. 11.38: Devisenmenge

erhöht, die Devisennachfrage steigt, und dadurch steigen auch die Importe. Nun hätte sich ein neuer Wechselkurs WK_2 auf einem erhöhten Niveau einspielen müssen, aber der Kurs WK_1 sollte konstant bleiben. Bei diesem kleinen Niveau ist der Export viel kleiner als der Import.
Um hier künstlich ein Gleichgewicht zu schaffen, muß nun der Export durch künstliche (staatliche) Maßnahmen forciert werden, z. B. durch Exportsubvention, um den Export auf eine gewünschte Importhöhe zu steigern, oder es muß der überschüssige Import durch Importrestriktion verkleinert werden. In all diesen Fällen besteht kein liberaler Außenhandel mehr. Die Importrestriktion erreicht man durch Devisenbewirtschaftung, indem die Devisen kontingentiert werden. Jeder Importeur muß Devisen beantragen, wenn er importieren will. Diese werden jedoch nur genehmigt, wenn der Import nicht größer wird als der Export.
Kennzeichen einer Devisenbewirtschaftung sind somit ein gestoppter Wechselkurs sowie Importrestriktionen, wobei das notwendige Ausmaß der Importrestriktionen um so größer wird, je weiter man die Geldmengenexpansion betreibt (die Devisen-Nachfragekurve verschiebt sich immer weiter nach rechts).

Arten der Handelsabkommen im Rahmen der Devisenbewirtschaftung

• Das Mengenabkommen
Beim Mengenabkommen wird zwischen den beiden beteiligten Ländern eine auszutauschende Gütermenge fixiert, wobei bestimmte Preise zugrunde gelegt werden. Nachteil ist, daß sich die Preisrelationen zwischen den auszutauschenden Gütern verändern können. Wenn z. B. der Preis für Inlandswaren steigt, der Preis für die Waren des Auslands jedoch konstant bleibt, muß nach diesem Handelsabkommen trotzdem die vorher vereinbarte Menge ausgetauscht werden.

• Das Zahlungsabkommen
Beim Zahlungsabkommen wird nicht die Menge der auszutauschenden Waren, sondern der Geldbetrag festgelegt, in dessen Höhe man die Waren austauschen will. Preisveränderungen haben keinen Einfluß.

• Das Verrechnungsabkommen
Beim Verrechnungsabkommen zahlen die Importeure ihre Schuld nicht direkt den ausländischen Lieferanten, sondern auf ein Verrechnungskonto ein, das für das Lieferland im Inland geführt wird. Aus den Geldern, die sich auf den Verrechnungskonten befinden, werden die inländischen Exporteure bezahlt. Entsprechendes geschieht im Ausland. Wenn der Export sowie der Import übereinstimmen, sind diese Verrechnungskonten ausgeglichen.

Kritik an der Devisenbewirtschaftung
Der handelspolitische Kontrollapparat wird durch eine Devisenbewirtschaftung stark ausgedehnt. Allein in Deutschland stieg in den dreißiger Jahren dieser Kontrollapparat um das Achtfache an.
Wenn bei der Devisenbewirtschaftung vom multilateralen Handelsverkehr zum bilateralen übergegangen wird, wird zugleich die Konvertibilität der Währungen, d. h. freie Austauschbarkeit der Währungen, aufgegeben. Diese Konvertibilität ist mit einem multilateralen Handelsverkehr gekoppelt, bei dem nicht die Zahlungsbilanz jedes einzelnen Landes gegenüber jedem anderen Partnerland ausgeglichen sein muß, sondern nur die Zahlungsbilanz eines Landes gegenüber dem Gesamtpartner „Welt". Dieser multilaterale Handelsverkehr basiert auf einer freien Konvertierbarkeit der Währungen.

11

Die Konvertierbarkeit ist bei der Einführung der Devisenbewirtschaftung nicht mehr gegeben, da dann nicht mehr die Devisen eines Landes gegen die Devisen eines anderen Landes ausgetauscht werden können. Diese Austauschbarkeit ist nicht mehr möglich, weil Wechselkurse gestoppt sind und auf einem Niveau liegen, das nicht mehr der Angebots- und Nachfragekurve nach Devisen entspricht. Bei einer Devisenzwangswirtschaft muß notwendigerweise zu einem bilateralen Handelsverkehr übergegangen werden, d. h. jedes Land muß seine Zahlungsbilanz jedem Land gegenüber in Übereinstimmung bringen und nicht mehr gegenüber dem Gesamtpartner „Welt". Überschüsse können nicht mehr gegen Schulden eines anderen Landes ausgetauscht werden.
Der bilaterale Handelsverkehr hat eine Reihe von Nachteilen. Das Außenhandelsvolumen zwischen den zwei Staaten muß notwendigerweise zurückgehen, weil es sich im Umfang nach dem schwächeren Handelspartner richten muß.
Länder mit international weniger gefragten Waren sind gegenüber Ländern mit „gefragteren" Waren benachteiligt. Spanien hat z. B. typische Exportartikel. Im multilateralen Handelsverkehr kann es seine Apfelsinen an alle Länder verkaufen, im bilateralen muß es hingegen mit jedem einzelnen Land gesondert abrechnen.
Der Handel wird aus den Bahnen der komparativen Kostenvorteile herausgenommen. Ein Land kann nicht mehr seine benötigten Produkte dort kaufen, wo sie am günstigsten sind, sondern nur dort, wo ein Handelsvertrag besteht.

Die Europäische Gemeinschaft (EG)

Nach dem Ende des 2. Weltkrieges wurden regionale Wirtschaftszusammenschlüsse geschaffen, um die wirtschaftliche und politische Integration Europas voranzutreiben. Ein erster Schritt war die Gründung der Montanunion, die 1952 in Kraft trat und den Kohle- und Stahlmarkt der Beitrittsländer Frankreich, Italien, Bundesrepublik Deutschland, Holland, Belgien sowie Luxemburg gemeinsamen Regelungen unterwarf. 1957 wurde von den Mitgliedstaaten der Montanunion die Europäische Wirtschaftsgemeinschaft (EWG) errichtet.
1967 entstand durch die Zusammenlegung mit der Europäischen Atomgemeinschaft (EURATOM) die Europäische Gemeinschaft (EG). 1973 schlossen sich Großbritannien, Dänemark sowie Irland an. Der Beitritt von Griechenland (1981), Portugal und Spanien (1986) erweiterte die ursprüngliche Sechsergemeinschaft auf zwölf Mitglieder.

11

Die Mitgliedstaaten der EG verpflichteten sich vor allem, die Zölle und mengenmäßigen Beschränkungen bei der Ein- und Ausfuhr abzuschaffen. Eine gemeinsame Agrarpolitik und die Beseitigung der Hindernisse für den freien Personen-, Dienstleistungs- und Kapitalverkehr waren weitere Ziele, die im Vertrag festgelegt wurden.

Organe der EG

Zur Durchführung der vereinbarten Ziele wurden entsprechende Organe eingerichtet (Abb. 11.40, hier schon auf die Europäische Union umgestellt).

Das Europäische Parlament
Das Europäische Parlament besitzt Mitentscheidungsrechte, vor allem bei Angelegenheiten des Binnenmarktes und Haushaltsfragen, bei der Aufnahme neuer Mitgliedstaaten und dem Abschluß von Assoziierungsverträgen, und Beratungs- und Kontrollbefugnisse. Es kann der Kommission das Mißtrauen aussprechen. Die 518 Abgeordneten werden in allgemeiner und unmittelbarer Wahl auf fünf Jahre gewählt. Das Sekretariat des Europäischen Parlaments hat seinen Sitz in Luxemburg, Plenarsitzungen finden in Straßburg statt.

Der Europäische Rat
Als Europäischer Rat treten die Staats- bzw. Regierungschefs der Mitgliedstaaten zusammen, um

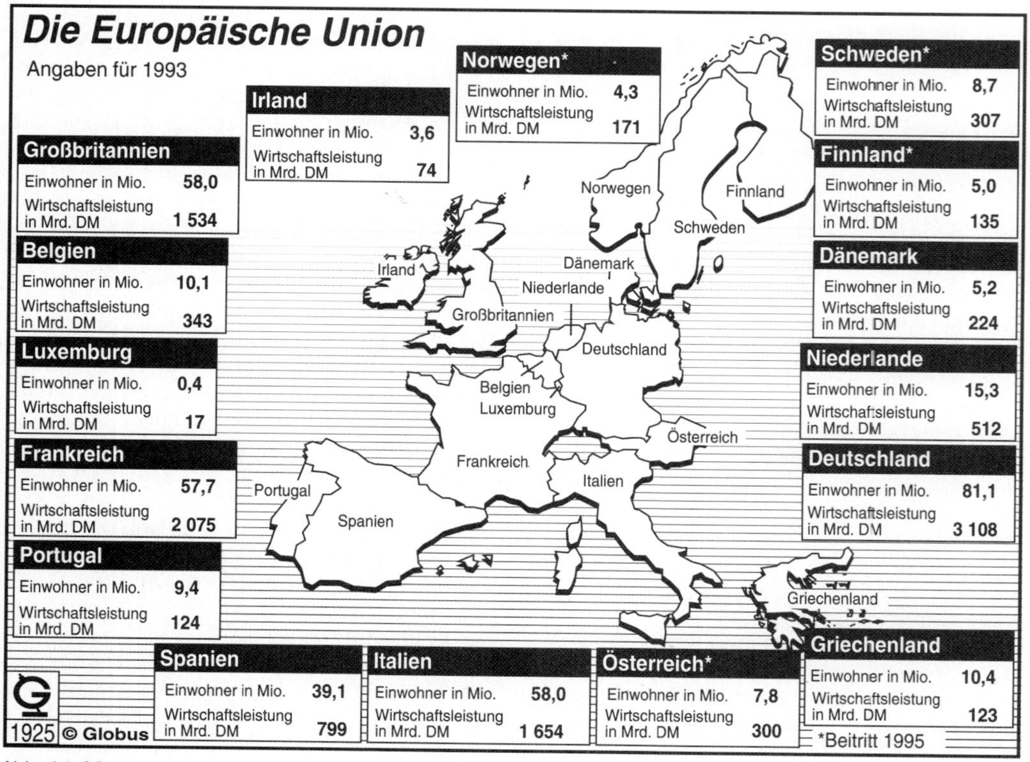

Abb. 11.39

wichtige Angelegenheiten der Gemeinschaft und außenpolitische Fragen zu erörtern.

Der Ministerrat
Der Ministerrat, das Entscheidungsorgan der Gemeinschaft, setzt sich aus Vertretern der Regierungen der Mitgliedstaaten zusammen. Seine Besetzung richtet sich danach, ob außenpolitische, wirtschafts-, finanz- oder argrarpolitische Fragen etc. erörtert werden. Er erstellt jährlich den Haushaltsplan der Gemeinschaft und leitet ihn dem Europäischen Parlament zu, das den Entwurf abändern kann.

Die Europäische Kommission
Die Europäische Kommission ist die „Regierung" der EG. Sie hat die Beschlüsse des Ministerrates durchzuführen und den EG-Haushalt zu verwalten. Eigene Vorschläge an den Ministerrat werden von ihr erarbeitet. Die 17 von den Mitgliedstaaten entsandten Kommissare sind für einzelne Teilbereiche zuständig, wobei sie von 17.000 Mitarbeitern unterstützt werden. Der Sitz der Kommission befindet sich in Brüssel.
Der Warenaustausch zwischen den Mitgliedstaaten der EG ist seit der Gründung der Gemeinschaft von 30% auf über 50% gestiegen. Die Öffnung der Handelsgrenzen erleichterte die Importe und Exporte, und durch den Wettbewerbs- und Spezialisierungseffekt ergaben sich für die Produzenten und die Verbraucher Vorteile. Gleichzeitig konnte der Ausgleich zwischen ärmeren und reicheren Regionen verbessert und damit das wirtschaftliche Gefälle innerhalb der EG-Länder gemildert werden.
In den achtziger Jahren wurde die Integrationspolitik jedoch schwieriger. Je mehr die wirtschaftliche Integration von peripheren Bereichen (Zollabbau bzw. Vereinheitlichung) in die Kernbereiche der nationalen Souveränität (Steuern, Sozialpolitik, Konjunktur-, Währungs- und Stabilitätspolitik) vordringt, desto größer werden die nationalen Widerstände gegen eine Übertragung von Kompetenzen auf die Gemeinschaftsebene.
Die Krisen des gemeinsamen Agrarmarktes mit seiner Überschußproduktion, seiner Abschottung gegenüber den Weltmärkten und dem hohen Subventionsbedarf zeigen deutlich, daß nur eine gemeinsame Wirtschafts- und Währungsunion mit dem Ziel der politischen Einigung versuchen kann, die wirtschaftlichen und sozialen Probleme in der EG zu lösen. 11

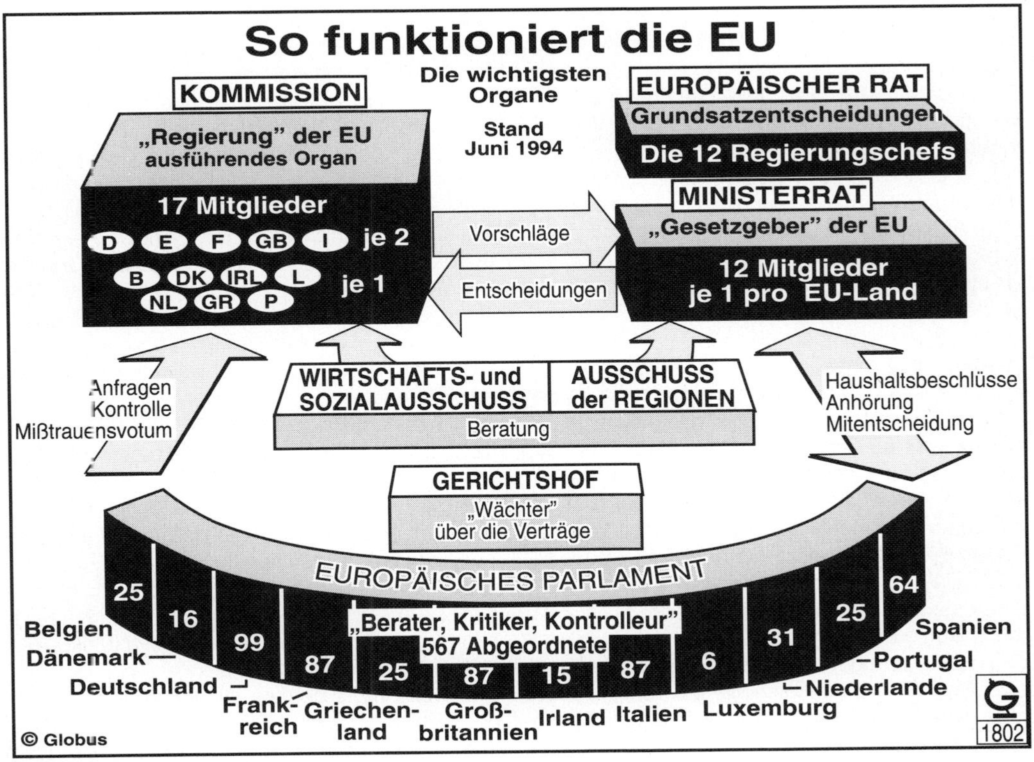

Abb. 11.40: Die wichtigsten Organe der EU

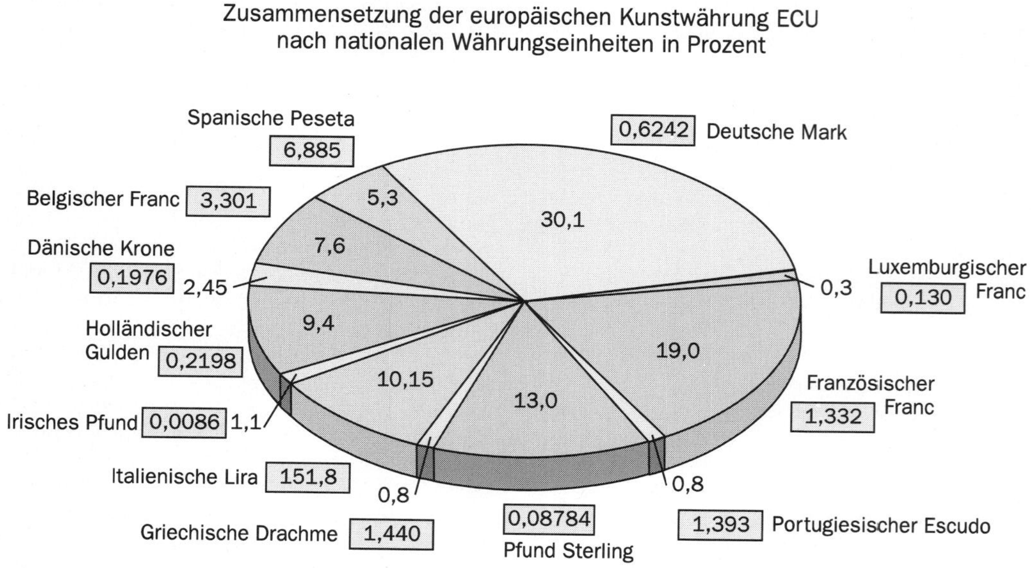

Abb. 11.41: Europas Währungskorb

Quellen: Deutsche Bundesbank, EG-Kommission

Die Europäische Union als Wirtschafts- und Währungsunion

Der Vertrag über eine Europäische Union ist eine neue Stufe bei der Verwirklichung einer immer engeren Europäischen Gemeinschaft. Grundlage dieser Union, wie sie im Dezember 1985 in Maastricht beschlossen wurde, ist die bisherige EG mit ihren Regelungen. Kern der darüber hinausgehenden Beschlüsse ist die Schaffung der Europäischen Wirtschafts- und Währungsunion mit einer Europäischen Währungsbehörde und einer künftigen einheitlichen Währung. Dadurch sollen die bisherigen Friktionen, die den Binnenmarkt der EG belasten, beseitigt werden und ein Raum ohne Binnengrenzen geschaffen werden.
In dieser Währungsunion sollen die Länder der EG mit bisher unterschiedlichen Währungen und eigener Geldpolitik zu einem einheitlichen Währungsgebiet werden. Bestrebungen zum Aufbau einer Währungsunion sind so alt wie die Europäische Gemeinschaft. Zur Zeit ist das Europäische Währungssystem (EWS – seit 13. März 1979) im EG-Raum für den zwischenstaatlichen Handels- und Kapitalverkehr maßgebend. Mit dem EWS, das feste Wechselkurse innerhalb der EG schaffen sollte, wurde eine künstliche Währungseinheit (ECU = European Currency Unit) geschaffen. Der ECU ist keine eigenständige Währung, mit der man irgendwo in Europa seine täglichen Einkäufe erledigen kann, er wird von keiner Notenbank herausgegeben.

Der ECU ist ein reines Kunstprodukt. Er ergibt sich als Währungskorb, in dem die einzelnen nationalen Währungen je nach ihrem ökonomischen Gewicht mit unterschiedlichen Anteilen vertreten sind. Obwohl der ECU zunächst nur zur Verwendung durch öffentliche Institutionen gedacht war, haben ihn im Laufe der achtziger Jahre die Geld- und Kapitalmärkte für sich entdeckt, weil der Kurs des ECU relativ stabil ist und den Geldanlegern vergleichsweise hohe Zinserträge geboten werden.
Nach der Einführung des EWS gingen die Inflationsraten in fast allen Teilnehmerstaaten zurück. Die Währungsturbulenzen Anfang der neunziger Jahre zeigten aber, daß die zugelassenen Schwankungen innerhalb der damaligen Bandbreite von plus/minus 2,25% nicht für alle Mitgliedsländer ausreichend waren. Großbritannien sowie Italien verließen deshalb im Jahre 1992 bis auf weiteres das System der relativ festen Wechselkurse.
Der Vertrag von Maastricht will nun eine echte Währungsunion schaffen, in der Wechselkursveränderungen nicht mehr möglich sind. Die erste Stufe der Währungsunion begann im Jahre 1990. Alle Mitgliedstaaten verpflichteten sich, ab diesem Zeitpunkt ihre Geldpolitik aufeinander abzustimmen und die bestehenden Beschränkungen im Kapitalverkehr abzubauen.
Die zweite Stufe begann am 1. Januar 1994 mit der Errichtung eines europäischen Währungsinstituts, des Vorläufers der Europäischen Zentralbank. In der dritten Stufe wird dann die Währungs-

union gebildet. Ihr Beginn ist nicht eindeutig festgelegt. Ende Dezember 1996 wird der Europäische Rat feststellen, ob die Mehrheit der Länder der Europäischen Gemeinschaft alle Eintrittsbedingungen für die Währungsunion erfüllt, und gegebenenfalls ein Datum für ihren Beginn festlegen. Wenn bis Ende 1997 dieser Zeitpunkt nicht festgelegt worden ist, beginnt die dritte Stufe ab 1. Januar 1999.

Mit Beginn der dritten Stufe werden die Wechselkurse eindeutig festgesetzt. Gemeinsame Banknoten und Münzen wird es zunächst noch nicht geben. Die unterschiedlichen Geldscheine (DM, Gulden usw.) sind im Übergang die unterschiedliche Papierform der neuen Währung. Träger der Geldpolitik in der zukünftigen Europäischen Währungsunion soll das „Europäische System der Zentralbanken" (ESZB) werden, das aus der Europäischen Zentralbank (EZB), der zentralen europäischen Geldinstanz (vgl. Bundesbank), sowie den nationalen Notenbanken besteht.

Folgende Bedingungen müssen erfüllt sein, damit die einzelnen Staaten der EG der Währungsunion beitreten können:

- Ein EG-Mitgliedstaat muß im letzten Jahr vor der Entscheidung über seine Aufnahme eine Inflationsrate erreicht haben, die um höchstens 1,5% über der Inflationsrate in jenen drei EG-Mitgliedstaaten liegt, die den kleinsten Anstieg der Verbraucherpreise verzeichnen können.

Die EG-Mitglieder und die Konvergenzkriterien des Maastrichter Vertrages von 1992

	Inflationsrate	Budgetsaldo[1]	Staatsschuld[1]	Langfr. Zinsniveau
EG-Kriterien	3,9	-3,0	60,0	10,0
Frankreich	2,6	-2,8	50,1	9,0
Luxemburg	3,4	-0,4	6,8	7,9
Dänemark	2,1	-2,3	74,0	8,9
Irland	2,9	-2,5	99,0	9,1
Belgien	2,4	-6,7	132,2	8,7
Deutschland	4,8	-3,2	43,3	8,0
Großbritannien	5,1	-6,1	45,9	9,1
Niederlande	3,1	-3,5	79,8	8,2
Spanien	6,0	-4,6	47,4	12,2
Griechenland[2]	16,0	-13,4	106,7	19,0
Italien	5,3	-10,5	106,8	12,4
Portugal	9,1	-5,6	66,2	11,7

[1] jeweils Prozent des Brutto-Inlandproduktes
[2] Zinsniveau: Diskontsatz

Abb. 11.42 Quelle: IW (iwd 17/'93)

- Ein Staat kann der dritten Stufe nur beitreten, wenn er kein übermäßiges öffentliches Defizit aufweist. Dabei darf im Rahmen des Haushaltsdefizits die Neuverschuldung höchstens 3% des Brutto-Inlandprodukts ausmachen. Im Rahmen der Schuldenlast dürfen die öffentlichen Schulden nicht höher als 60% des Brutto-Inlandprodukts sein.
- Die Währung eines Staates, der aufgenommen werden will, muß innerhalb der letzten zwei Jahre vor seinem Beitritt die Wechselkursbandbreiten des EWS ohne Abwertung eingehalten haben.
- Der Zinssatz für staatliche Wertpapiere mit langer Laufzeit darf höchstens 2% höher liegen als die entsprechenden Zinsen in den drei Ländern mit den niedrigsten Inflationsraten.

Wenn heute schon Zulassungen für die Europäische Währungsunion erteilt werden müßten, käme nicht mehr als ein Kleinst-Klub zustande, da nur wenige Länder alle Beitrittskriterien erfüllen, die der Maastrichter Vertrag festlegt.

Vor- und Nachteile der Einheitswährung

Als Vorteil einer einheitlichen Währung werden die Ersparnisse bei den Umtausch- und Kurssicherungskosten im europäischen Handel sowie der stärkere Wettbewerb infolge besserer Markttransparenz herausgestellt. Nach Berechnungen der Kommission sollen sich diese Vorteile auf ein halbes Prozent des EG-Sozialproduktes belaufen. Außerdem nennt die EG-Kommission als gesamtwirtschaftliche Vorteile eine engere Koordination der Geldpolitik und damit eine größere Preisstabilität in Europa.

Kritiker wenden ein, daß die Währungsunion nur befürwortet werden kann, wenn das politische Ziel der Einheit Europas dahintersteht. Das System kann nur funktionieren, wenn in den einzelnen EG-Ländern auch einheitliche wirtschaftspolitische Ziele verfolgt werden. Anhaltende Inflationsunterschiede durch hohe Haushaltsdefizite verzerren z. B. bei fixen Wechselkursen die Wettbewerbssituation. In der künftigen Währungsunion können die nationalstaatlichen Gremien keine eigenständige Geld- und Währungspolitik betreiben, um bestimmte wirtschaftspolitische Ziele zu erreichen. Ein einzelnes Mitgliedsland kann z. B. nicht mehr mit der Senkung der Zinsen auf veränderte wirtschaftliche Situationen reagieren, auch eine autonome Beschäftigungspolitik mit geldpolitischen Instrumenten verbietet sich.

Diese Beispiele zeigen, daß eine Währungsunion letztlich auch eine politische Union erfordert, die für die gesamte Wirtschaftspolitik aller Mitgliedstaaten verantwortlich ist.

Literatur

Adam, H.: Bausteine der Volkswirtschaftslehre. Köln, 1991
Altmann, J.: Volkswirtschaftslehre – Einführende Theorie mit praktischen Bezügen. 1990
Ashauer, G.: Grundwissen Wirtschaft. Stuttgart, 1990
Bartling, H./Luzius, F.: Grundzüge der Volkswirtschaftslehre. München, 1991
Baßeler, U. u. a.: Grundlagen und Probleme der Volkswirtschaft. Köln, 1990
Bundeszentrale für politische Bildung: Wirtschaftspolitik, Schriftenreihe Band 292. Bonn, 1990
Eick, J.: So nutzt man den Wirtschaftsteil einer Zeitung. Frankfurt, 1990
Eucken, W.: Die Grundlagen der Nationalökonomie. Berlin, 1989
Frank, W.: Volkswirtschaft – Lehre und Wirklichkeit. Darmstadt, 1992
Füth, G. u. a.: Volkswirtschaftslehre. Darmstadt, 1992
Grass, R. D./Stützel, W.: Volkswirtschaftslehre – Eine Einführung auch für Fachfremde. München, 1988
Heinrichsmeyer, W. u. a.: Einführung in die Volkswirtschaftslehre. Stuttgart, 1988
Kösters, P.-H.: Ökonomen verändern die Welt – Lehren, die unser Leben bestimmen. Hamburg, 1983
Müller, J. H./Peters, H.: Einführung in die Volkswirtschaftslehre. Herne, 1991
Preiser, E.: Nationalökonomie heute. München, 1990
Samuelson, P. A./Nordhaus, W. D.: Volkswirtschaftslehre in 2 Bänden. Köln, 1987
Siebert, H.: Einführung in die Volkswirtschaftslehre. Stuttgart, 1991
Streit, M. E. u. a.: Wie funktioniert das? Die Wirtschaft heute. Mannheim, 1984
Woll, A.: Allgemeine Volkswirtschaftslehre. Stuttgart, 1990

Stichwortverzeichnis

V